中国音乐家名录

（2009版）

Chinese Musicians Directories

中国音乐家协会编

人民音乐出版社
PEOPLE'S MUSIC PUBLISHING HOUSE

图书在版编目（CIP）数据

中国音乐家名录：2009版/中国音乐家协会编
北京：人民音乐出版社，2009.12
ISBN 978-7-103-03778-2

Ⅰ.①中… Ⅱ.①… Ⅲ.①音乐家-人名录-中国

Ⅳ.①K825.7-61

中国版本图书馆CIP数据核字（2009）第211801号

责任编辑：王 华
特约编辑：沈尊光 邹 薇
封面设计：王 丽

人民音乐出版社出版

（北京市海淀区翠微路2号 邮政编码：100036）

Http://www.rymusic.com.cn

E-mail:rmyy@rymusic.com.cn

新华书店北京发行所经销

北京时捷印刷有限公司印刷

850×1168毫米 16开 12插页 84印张

2009年12月北京第一版 2009年12月北京第一次印刷

印数：1—10,000册 定价：299.00元

邓小平同志于 1988 年 5 月 11 日题签

中國音樂家名錄

邓小平

中国音乐家协会历届领导人

吕　骥

贺绿汀

马思聪

查阜西

李焕之

李凌

周巍峙

丁善德

时乐濛

赵渢

才旦卓玛

孙慎

周小燕

吴祖强

李德伦

沈亚威

严良堃

施光南

瞿 维

瞿希贤

喻宜萱

谷建芬

傅庚辰

吴雁泽

王立平

王世光

李谷一

闵惠芬

金铁霖

陆在易

鲍惠荞

赵季平

徐沛东

王次炤

叶小钢

印 青

余 隆

宋 飞

宋祖英

张国勇

努斯来提·瓦吉丁　　　　　孟卫东　　　　　　　顾 欣

彭丽媛　　　　　　　　廖昌永　　　　　　　谭利华

主　编

徐沛东

执行主编

沈尊光

副主编

（排名不分先后）

刘钦明　　晨　枫　　李培隽　　田晓耕　　韩新安

王效恭　　杜庆云　　于文浩　　邹启炎　　韦小华

编　辑

（排名不分先后）

于显文　　钟　蕾　　刘书先　　朱为中　　庄瑞生　　赵光新　　张洪玮

鄂林木　　张素然　　关　彬　　阎惠昀　　徐晓霞　　李玉龙　　秦燕云

王晓兵　　黄俊兰　　陈志强　　王仁刚　　张锡海　　王　宏　　黄晓玲

李毅康　　李小方　　李红东　　严济颖　　乔译萱　　绳长杰　　陆士彬

张大勇　　吴美玲　　吕　晴　　徐春晓　　刘　京　　邹　薇　　王　丽

欧阳凤霞　陈兴平　　栾燕燕　　袁利臣　　张　鹏　　张　博　　韩　露

前　言

徐沛东

在举国上下欢庆新中国60华诞之际，《中国音乐家名录》（2009版）付梓出版。《名录》中收录了14000余名音乐家的艺术简介，时间跨度之大、收入条目之多、记载资料之丰富，足可谓是蔚为大观。所以它的出版、发行，既是中国音乐发展的集中展示和检阅的一个缩影，亦是我们文艺战线向祖国华诞献出的一份厚礼。

从1949年至今，中国音乐与共和国同步前行，已走过60年的光辉历程。60年来，几代新中国的音乐人执著于时代，钟情于人民。他们吹响时代号角，创作出一大批鼓舞人心的音乐精品；他们筚路蓝缕、孜孜以求，开创出一条中国特色社会主义音乐事业的发展道路。60年来，中国音乐事业正是循着这一道路，以歌唱社会主义建设事业、歌唱改革开放的伟大实践为主题，号召和组织广大音乐家和音乐工作者扎根生活，敏锐地捕捉时代的闪光点，用跳动的音符追寻记录日新月异的时代风貌，用华彩的乐章礼赞共和国风采。我们欣慰地看到，在今天的中国音乐舞台上，老一辈音乐家常葆艺术青春，一大批年富力强的中青年音乐家成为鼎力中坚，更有众多的音乐新秀苗壮成长，祖国的音乐事业已具备强劲的发展潜力和永续的创作活力。

60年来，中国音乐家协会在全国广大音乐家和音乐工作者的鼎力支持下，广泛开展采风创作、演出观摩、比赛评奖、理论评论、教育培训和对外交流等活动，音乐队伍人才辈出，不断发展壮大，音乐事业与时俱进，不断取得新成就，音乐创作硕果累累，精品佳作频现，这些为满足人民群众的文化需求，推动音乐事业的长足发展都起到了有力的促进作用。

今年，适逢中华人民共和国成立60周年和中国音乐家协会成立60周年。为展现中国音乐家协会会员的艺术风采，我们在上世纪90年代初出版的《中国音乐家名录》基础上，出版了《中国音乐家名录》（2009版）。《名录》在编纂过程中坚持实事求是的原则，力求做到和体现权威性、知识性、简明性的统一，使之成为可信、可读、可用、可存的工具书，是一本艺术界、音乐界和社会各界值得珍藏的史料专辑。

《名录》在前后两个版本的编纂过程中，得到了党和国家领导人和文艺界领导、音乐界的专家及学者等多方面的关注和支持。特别值得一提的是，本书的书名是当年由敬爱的邓小平同志亲自题写。今天看来，更是无比珍贵。

谨以此书向中国广大的音乐家致敬！

是为序。

2009年12月于北京

编 辑 说 明

一、《中国音乐家名录》（2009版），仍沿用邓小平同志于1988年5月11日亲笔题签的书名，弥足珍贵！原《中国音乐家名录》于1990年9月由广西人民出版社出版，编入当时在册的中国音协会员近六千人。

二、《中国音乐家名录》（2009版），同样为中国音乐家协会会员名录辞典，凡2009年12月底前入会的中国音乐家协会会员，均在收编之列，总计为14248人。

三、2009版《名录》人物条目征集工作，早在2004年3月首发通知，后又于2006、2007、2009年先后四次发出通知，历时五年。特别是在2009年3月的通知中告知老会员（1988年6月底前入会的）："如果在此补充通知截稿日期（5月15日）还收不到您的艺术简介，则在本《名录》中，我们只能沿用原《名录》中您的条目，请予谅解！"

四、本《名录》条目内容一般以本人提供的"艺术简介"为依据，已故会员条目有的为其亲属所代笔。本人（含亲属）未能撰写条目文稿的，则由编者从会员登记表中摘录，或在会员资料库中查找，或将原《名录》条目编入。因有的会员表是多年前填写的，信息无法更新，在所难免。

五、条目文字的多少，主要取决于编者所掌握的资料内容，依据编辑规范要求，经反复修订而成。因篇幅所限，文字从简，一般不予评价，与音乐无关或关系不大的内容尽量删除。并在专有名称中使用简略语，如"鲁迅文学艺术学院"简称"鲁艺"，"世界青年、学生和平友谊联欢节"简称"世界青年联欢节"，"中国音乐家协会"简写成"中国音协"，"中国人民解放军总政歌舞团"简称"总政歌舞团"，"中央人民广播电台"简写成"中央电台"，等等。

六、条目中凡作曲家、演奏家、歌唱家、指挥家、歌词作家等的一、二级职称已略去，一是由于历史原因，有相当数量的老会员无职称；二是因中国音协会员入会条件要求职称均在二级以上（含二级），无须再标示会员资格。其它专业因从业特殊要求，如从事音乐教育的副教授、教授职称，仍予以保留。

七、条目内容包括姓名、生卒年（逝世年不详的，则注"已故"）、概括语（专业）、性别（只注女性）、民族（只注少数民族）、籍贯、主要经历（含职务、任职单位、社会职务）及艺术成就等。

八、本《名录》以入集者姓名的汉语拼音为序。为便于读者查找，同时编有简约的姓氏笔画索引。

编 者

2009年12月

总　目

汉语拼音目录索引

姓氏笔画目录索引

汉语拼音索引

A

B

E

F

G

H

M

索引
X

索引 **Z**

姓氏笔画索引

A

阿　金（1944— ）

作曲家。藏族。四川乡城人。1960年入四川音乐学院民族班进修二胡专业，后在中央民族学院艺术系干部作曲理论班进修。曾任甘孜藏族自治州歌舞团副团长。中国少数民族音乐学会理事、四川音协理事。作有歌曲《毛主席派来好门巴》《这里住过总司令》《牧歌》，作有舞蹈音乐《锅庄舞》《贡嘎雪莲》。为电视专题片《国策生辉照藏家》创作音乐并获一等奖。1984年后任《中国戏剧音乐集成·四川藏戏分卷》责编，并任《甘孜州民歌卷》《甘孜州藏戏音乐卷》编辑及《吉祥的颂歌》主编。

阿　泡（1930—1966）

女民歌演唱家。苗族。贵州台江人。1950年参加西南少数民族文工团。在1953年全国民间文艺汇演中获"苗族歌手"称号。曾为全国政协委员和中国音协第二届理事。原在贵州省歌舞团工作。

阿　桑（1955— ）

女高音歌唱家。苗族。贵州黄平人。1978年毕业于中央民族学院艺术系，后在贵州黔东南州歌舞团工作。1980年获全国少数民族文艺汇演独唱优良奖。在艺术片《姹紫嫣红》中担任独唱。

阿　旺（1937— ）

女歌唱家。苗族。贵州台江人。省政协第五、六届委员。1966年毕业于上海音乐学院声乐系，曾任贵州省民族歌舞团副团长、省音协副主席。中国少数民族声乐学会理事。1978年参加全国民族民间唱法独唱、二重唱会演，自创自唱的《李子歌》《朋友，请来喝杯丰收酒》，获优秀曲目奖。1980年参加全国少数民族文艺汇演，获优秀表演奖。1982年应上海音乐学院贺绿汀院长邀请，赴上海参加"著名歌唱家黄虹、何纪光、阿旺独唱音乐会"。曾赴美国、加拿大、法国、波兰演出。获波兰第二十五届国际民族艺术节声乐比赛独唱"金杯奖"第一名，演唱曲目获团体"金山杖"金奖。创作并演唱的《歌唱美丽的好家乡》，由上海唱片厂录制唱片，出版有《贵州苗寨情歌——阿旺专辑》盒带，演唱曲目大多为自己创编。

阿古拉（1957— ）

四胡演奏家、作曲家。蒙古族。内蒙古科右前旗人。内蒙音协理事、兴安盟音协副主席。先后获自治区专业比赛一等奖、文化部二等奖、广电部二等奖及首届蒙古四胡电视大赛杰出贡献奖。曾赴新加坡、日本举办个人独奏音乐会。搜集、整理蒙古族民歌、乌力格尔、好来宝等数百首。创作器乐、声乐、舞蹈音乐作品近百首（部），

其中器乐曲《欢乐的草原》获1984年度萨日娜奖，舞蹈音乐《白鹿与神泉》《四海飘香》获自治区"五个一工程"奖，歌曲《妈妈的呼唤》《那达慕的篝火》《代钦塔拉草原》《科尔沁婚礼》及合唱《五月的曙光》，四胡大齐奏《追风骏马》等获自治区不同奖项。

阿克俭（1933— ）

小提琴演奏家、作曲家。重庆人。1953年毕业于中央音乐学院少年班，后升本科管弦系。1957年转上海音乐学院管弦系，主修小提琴。1959年起任上海交响乐团小提琴演奏员、交响乐《智取威虎山》创作组长、乐团创作组长。作有小提琴独奏与乐队《洪湖》幻想曲、《千年的铁树开了花》，长笛独奏与乐队《彝族的旋律》，四重奏《翻身道情》《茉莉花》，小乐队合奏曲《快乐的罗嗦》《节日圆舞曲》，管弦乐《花彝之歌》《夜曲》及管弦乐专辑《乡音》。编写、录制数十首小提琴曲并出版唱片。

阿拉泰（1957— ）

女中音歌唱家。蒙古族。内蒙古锡盟人。中国音协第七届理事。内蒙古广播电视艺术团演员，内蒙古文联副主席、音协主席，全国十、十一届政协委员，全国第六、七届全国人大代表。1983年在中国音乐学院进修。参加全国少数民族会演、全国部分省区少数民族青年独唱调演，均获优秀表演奖。中央电台以"蒙古青年女中音歌手阿拉泰和她演唱的歌曲"为题举办专题音乐节目。曾获"受全国听众喜爱演员"提名奖。为内蒙古电台、电视台录制近千首蒙汉语歌曲，其中有《蒙古心》《这是我的家乡》《父亲的教诲母亲的爱》《夜曲》等。曾赴美国、日本、韩国、菲律宾、蒙古、俄罗斯、澳大利亚、新西兰等国演出，参加2007年维也纳内蒙古新年音乐会，任独唱节目。

阿布拉克（1939—已故）

作曲家。维吾尔族。新疆托库逊人。1985年入阿图什文工团工作。作有歌曲《祖国》《有名的阿图什无花果》《美丽的柯朗河》，柯族舞剧音乐《帕米尔的春天》获1976年新疆舞剧比赛作曲一等奖。

阿里别克（1929—1997）

民族乐器演奏家。哈萨克族。新疆伊犁人。自幼学习民族乐器，1950年入伊犁文工团。作有哈萨克族乐曲《初春》《草原上的新生活》等。

阿民布和（1929— ）

作曲家。蒙古族。内蒙古哲盟人。1947年始从事部队文艺工作，1962年毕业于中央音乐学院作曲系进修班。曾任内蒙军区文工团团长，音协内蒙分会第三届常务理事。作有歌曲《一轮红日照草原》《美丽的草原我的家》。

阿日布杰（1941— ）

男中音歌唱家、合唱指挥家。蒙古族。内蒙古阿右旗人。先后任内蒙古军区文工团、军委工程兵文工团、基本建设工程兵文工团和武警总部文工团独唱演员、歌队队长和声乐指导。1965年选送上海音乐学院声乐系进修。1977

年获总政治部颁发的优秀表演奖。演唱的作品有《草原上升起不落的太阳》《嘎达梅林》《我的快骏马》。录制发行有《思念家乡》《草原颂》等专辑盒带和《我们的快骏马》《吉祥草原》CD专辑。曾在蒙古国和北京举办个人独唱音乐会。论著有《蒙古族草原长调的歌唱方法》（获世界学术贡献奖），合编《蒙族民歌一千首》（共五卷）。

阿不都外力（1919—已故）

音乐活动家。维吾尔族。新疆伊犁人。1934年从事音乐工作，曾任伊犁文工团副团长、自治区政协委员。长期搜集整理伊犁民歌。曾主演歌剧《艾力甫·赛乃姆》。

阿拉腾奥勒（1942— ）

作曲家。蒙古族。内蒙古哲盟人。1968年毕业于天津音乐学院作曲系，后在内蒙广播电视艺术团工作。中国音协理事、音协内蒙分会副主席、内蒙政协第四、五届委员。作有歌曲《美丽的草原我的家》《请喝一碗马奶酒》，合唱《祝福歌》，电影交响组曲《沙漠的春天》，管弦乐《乌主格尔主题随想曲》。

阿拉坦胡雅格（1935—1986）

作曲家。蒙古族。内蒙古哲盟人。1955年毕业于内蒙古民族师范学校，在内蒙古广播电台文艺部任蒙文编辑。著有蒙文版《乐理》《小学音乐课教材》。作有歌曲《团结好》，获1984年全国民族团结歌曲征集一等奖。

阿拉坦其其格（1955— ）

女歌唱家。蒙古族。内蒙古人。1973年参加工作，1983年调入内蒙古广播电视艺术团任独唱演员。1982年以来曾获国家、省部级以上奖项二十余次。录制专辑CD、VCD、DVD、电视专题片二十余种。多次出国访问演出。参加长调民歌申报联合国非物质文化遗产等方面的演唱会和艺术研讨会。内蒙古师大音乐学院院长，硕士生导师，中央民族大学音乐学院客席教授。

阿木提·沙比提（1930— ）

民族乐器演奏家。维吾尔族。新疆人。1950年入新疆歌舞团任演奏员，后任新疆民族乐团团长。曾赴苏联、土耳其等国演出，任音乐指导。

阿衣贤木克尤木（1950— ）

女民歌演唱家。维吾尔族。新疆巴楚人。1962年入巴楚文工团，后任喀什地区文工团独唱演员。演唱歌曲有《歌唱毛主席，歌唱共产党》。

阿孜古丽·吐尔逊（1959— ）

女歌唱家。维吾尔族。新疆伊犁人。1973年在擦布查尔县文工团工作。1980年考入上海音乐学院民族班。1984至1989年在新疆民族乐团工作，1989年至今在新疆木卡姆艺术团工作。1986年参加新疆第三届《天山之声》音乐会演唱声乐套曲《天山之歌》获特别表演奖，1988年参加新疆首届青年歌手电视大赛获民族唱法一等奖，1992年参加全国少数民族"和山杯"声乐大赛获美声唱法三等奖。

录制专辑盒式带维语《布谷鸟》，哈语《同龄人》。还用维、哈、汉语为《幸福之歌》《神秘的驼队》《孤女恋》等11部电影演唱主题歌和插曲。

阿依木妮莎·尼亚孜（1927—已故）

女高音歌唱家。维吾尔族。新疆人。1943年入喀什文工团，1953年入中央民族歌舞团工作，1966年任新疆艺术学院民歌教员。第三届全国人大代表，全国政协第五、六届委员。

阿不力克木·阿不都拉（1927—已故）

作曲家。维吾尔族。新疆伊犁人。1944年入民族军军乐队，1958年入新疆军区歌舞团工作。作有歌曲《我们伟大领袖毛泽东》，获全国二次文代会一等奖。歌集《我们的歌声》。

阿布都热西提·吐合提（1943— ）

作曲家。维吾尔族。新疆麦盖提人。1956年入新疆歌舞团工作，1980年入上海音乐学院作曲系进修。作有管弦乐《沙漠驼铃》获1981年文化部管弦乐曲比赛鼓励奖，歌曲《天山之歌》获新疆自治区成立39周年一等奖。

阿不都热合曼·阿尤甫（1956— ）

指挥家。维吾尔族。新疆莎车人。1972年起在新疆歌舞团乐队任演奏员，1992年由上海音乐学院指挥系毕业，后在新疆歌舞团、新疆爱乐乐团交响乐团任指挥。曾先后指挥过上海音乐学院"大自然"交响乐团、上海交响乐团、新疆联合乐团等乐团，演出贝多芬、瓦格纳等作曲家的多部大型交响乐作品。指挥演出音乐作品有《恰尔朵木卡姆组曲》《刀郎人的舞会》及大合唱《天山之歌》等。创作有四十集音乐广播剧《马合默德哈什》音乐，以及五十余首独唱、独奏、重奏和舞蹈音乐等。

阿不都·克尤木·长德里（1939— ）

作曲家。维吾尔族。新疆乌鲁木齐人。曾在新疆石油管理局宣传队任小提琴、艾捷克演奏员。1976年后任克拉玛依市歌舞团演奏员、音乐创作员、副团长。作有《克拉玛依在前进》《油田我的家乡》《油田颂歌》《欢呼》等歌曲，由中央台、自治区台录音、播放并制作盒带。器乐曲《油田之春》等由新疆广播电台汉语台播放。曾赴新疆各地、陕西、四川、西藏阿里等地演出。

阿不都卡德尔·阿不都拉（1934— ）

歌唱家。维吾尔族。新疆喀什人。1975、1978年全国少数民族独唱独奏会演被评为优秀独唱演员。曾出访欧、非及阿拉伯、东南亚等国演出担任独唱。后任新疆歌舞团艺委会副主任。

阿不都卡德尔·卡衣托夫（1935— ）

作曲家。维吾尔族。新疆鄯善人。新疆乌鲁木齐市儿童艺术剧团创作员。作有歌曲《青春的风》《我的愿望》《毛主席的恩情唱不完》等。

艾 品（1945— ）

作曲家。云南昆明人。1979年毕业于昆明师院艺术系音乐进修班作曲专业。曾任云南省儿童音乐学会秘书长、云南音乐教育学会理事、昆明市盘龙区教师进修学校高级讲师。多年从事儿童音乐创作，有歌曲、文章及专著发表。作品获全国和地方奖二十余次。作有歌曲《唱支最美的歌》《采蘑菇》《高高的景颇山》等。

艾碧珈（1923—2002）

女钢琴教育家。贵州贵阳人。1945年毕业于北京师范大学音乐系。曾任北京师范学院音乐系钢琴教研室、教学法教研室主任。北京市教师合唱团钢琴伴奏。编有《卫星电视小学教师培训钢琴教材》等。

艾春华（1934— ）

音乐教育家。吉林大安人。中国历代孔庙雅乐保存与传播中心名誉会长。1958年毕业于原北京艺术师范学院音乐系。先后在山东曲阜师大、广东韶关音乐学院从事音乐教学及地方戏曲剧团、歌舞团作曲、指挥和编导工作。历任韶关学院音乐系主任、韶关音协副主席、广东高教学会音乐专业委员会副主任。参加国家重点研究项目和地方文艺志书《集成》编纂，完成曲阜孔庙祭孔乐舞挖掘整理工作，再现1984至1985年曲阜孔庙及1989年北京孔庙的祭孔乐舞。获文化部、国家民委等颁发的荣誉证书和各种奖项。著有《中国历代孔庙雅乐》。

艾桂兰（1947— ）

女钢琴演奏家、教育家。辽宁人。曾任宁夏艺术学校副教授。1988年毕业于中国函授音乐学院音乐教育系，曾就读于沈阳音乐学院及上海音乐学院。1968年入宁夏京剧团，曾在现代京剧《红灯记》《智取威虎山》及舞剧《白毛女》中任大提琴演奏员，同时兼任钢琴伴奏。曾任1975年全国体操比赛宁夏代表团钢琴伴奏。培养了一批钢琴人才，有学生曾在多项钢琴比赛中获奖。

艾立群（1955— ）

作曲家。山东莒南人。1983年毕业于中央音乐学院作曲系。中国广播艺术团副团长。中国音协第六、七届理事。作有交响诗《普佗音诗》，电影音乐《干杯！女兵们》《共和国不会忘记》《长征》《血性山谷》《邓小平》《红棉袄 红棉裤》《一见钟情》，电视剧音乐《望长城》《毛泽东》《邓小平》《中华之门》《中华之剑》《中华之盾》《我们的队伍向太阳》等。

艾买提江（1939—已故）

作曲家。维吾尔族。新疆库车人。1956年入上海音乐学院作曲系进修。曾在新疆文化厅木卡姆研究室工作。作有歌曲《万岁，中国共产党》，舞曲《迎新娘》，交响组曲《欢乐的节日》，撰有《著名维族木卡姆大师吐地阿洪》等文。

艾依提·纳赛尔（1933— ）

双簧管演奏家。维吾尔族。新疆吐鲁番人。1956年入新疆生产建设兵团文工团任双簧管演奏员。1959年在中央乐团进修。1973年入新疆歌剧团任乐队队长。

艾拜都拉·吐尔迪（1941— ）

作曲家。维吾尔族。新疆伊宁人。曾在中央戏剧学院表演系学习。曾在新疆歌剧团工作。作有歌曲《敬爱的周总理》，弹拨乐曲《祖国是花园》，维吾尔族歌剧音乐《艾里甫与赛乃姆》。

安 波（1915—1965）

作曲家。山东牟平人。1936年毕业于济南师范学校。1938年入延安鲁艺音乐系学习，后任教员、研究员。历任冀察热辽鲁艺学院院长、东北鲁艺音乐部长、东北人艺院长、中国音乐学院院长等职。曾任中国音协常务理事、中国文联委员、全国人大第三届代表。作有秧歌剧音乐《兄妹开荒》，歌剧《纪念碑》，歌曲《拥军花鼓》《就义歌》（合作）。编著有《秦腔音乐》《关于陕北说书音乐》《东北民歌选》《东蒙民歌选》（合作）。

安 达（1948— ）

歌词作家。四川达州人。1981年开始文艺创作，发表大量歌词作品，荣获各类奖项三十余次。歌曲《痴情留凉山》《山里少年》分别获四川省民间声乐舞蹈大赛，中国少年儿童声乐、器乐大赛二等奖。2004年《我要回家》获四川省第十三届"群星奖"一等奖，《梨乡春秋》获中国第二届群众创作歌曲大赛金奖。多次为市、县大中型文艺活动策划、撰稿并为省内、外企业、学校创作行业歌曲数十首。达州市第二届文联委员、市音协副主席。

安 冬（1963— ）

女歌唱家。彝族。四川人。1976年入贵州铜仁文工团，后入贵州省歌舞团。1984年毕业于上海音乐学院声乐系进修班，同年入空军政治部歌舞团。1988年获全国青年歌手电视大奖赛通俗唱法专业组第二名。

安 红（1958— ）

女小提琴演奏家。山西人。1978年毕业于中央音乐学院小提琴专业。1980年赴东京音乐学院留学，后在中央音乐学院管弦系任教。1987年随青年交响乐团出访欧洲。

安 华（1951— ）

男高音歌唱家。天津人。曾在黑龙江建设兵团六师文工队任演员。1973年调总政歌舞团。1987年在解放军艺术学院音乐系进修，并先后在交响乐《智取威虎山》，组歌《井冈山颂》，大型表演唱《理想之歌》等多部剧目中担任领唱、独唱，在第四届文艺汇演中获奖，并在电台、电视台录音、录像。多次随团下部队及边防哨卡演出。

安 杰（1926— ）

音乐编辑家。河北昌黎人。1948年入东北音工团。曾任《文化艺术出版社》特约编辑。合编有《艺术科学规划会议资料》《中国音乐年鉴》《琴歌》。

安　静（1930—2001）

歌词作家。甘肃人。1949年从事部队文艺工作。曾任新疆生产建设兵团文联副主席，新疆政协第六届委员。词作歌曲《举杯祝贺》《啊！新城》广为传唱，《我的朋友古里巴哈》于1983年获全国调演歌曲创作二、三等奖。另作有《兵团组歌》。

安　军（1936—　）

作曲家。甘肃酒泉人。1949年始从事部队文艺工作，后在兰州军区文工团工作。作有歌曲《谢谢你，小闹钟》《青年进行曲》，铜管乐曲《民兵进行曲》。

安　妮（1935—已故）

女民歌演唱家。回族。黑龙江哈尔滨人。1948年入东北文化教育工作队任歌舞演员，后为宁夏歌舞团演员兼声乐教员。主演花儿剧《曼苏尔》等，作有无伴奏花儿《毛主席好比红太阳》《塞上欢歌》等。

安　渝（1938—　）

作曲家。重庆人。1950年始从事文艺创作。曾任四川省南昌市凉山州歌舞团副团长。作有舞蹈音乐《阿哥追》《清清小河边》，其中《清》于1986年获第二届全国舞蹈比赛音乐创作二等奖。

安宝慧（1944—　）

女声乐教育家。回族。河北保定人。1968年毕业于山西大学艺术系音乐专业。1971至1980年任太原市歌舞团独唱演员、歌唱队长，1981至1989年任山西省歌舞剧院歌剧团演员，期间曾获省、市优秀演员奖。1989年任太原师范专科学校艺术系主任，后任太原师范学院音乐系教授。发表声乐论文十几篇，合著两部。曾任太原市音协副主席。

安保元（1934—　）

指挥家。回族。河北保定人。1949年考入华北大学文艺三部，曾演唱《兄妹开荒》《松花江上》。后调华北人民文艺工作团任小号副首席。1953年起任中国杂技团民乐队指挥，参加各类重大活动的演出并担任指挥。先后赴亚洲、非洲、欧洲四十余国百余个城市演出。中国民族管弦乐学会理事、中华杂技音乐研究会副会长。

安春振（1914—　）

音乐活动家。满族。辽宁新民人。1938年赴延安，就读于陕北公学、抗大、鲁艺及华北联大音乐系。1939年始从事部队文艺、宣传及音乐工作。历任西南人艺音乐系主任、西南音专副校长、四川省音协常务副主席兼任省文联秘书长、四川音乐学院副院长兼乐团团长、峨影副厂长兼乐团团长、省音协常务副主席、第四届全国音协理事、省音协名誉主席。作品《党在敌后方》曾获晋绥文艺奖。

安国敏（1931—　）

指挥家、作曲家。朝鲜族。黑龙江密山人。中国音协第四届理事，延边音协第三届主席。1948年从事音乐工作，1951年始在延边歌舞团任指挥、作曲，后任副团长。曾在中央乐团德国专家指挥班学习。指挥大量延边歌舞演出，并指挥多部交响乐、歌剧、舞剧和影视音乐。所作歌剧音乐《阿里郎》（合作）获第一届"文华奖"，伽倻琴组曲《沈清》获全国第三届音乐作品三等奖，舞蹈音乐有《顶水舞》，随想曲《我的故乡》及歌曲《森林大海啊，我是海鸥》《金达莱》分别获中国音乐金钟奖铜奖、银奖、优秀歌曲奖。出版有《安国敏歌曲集》。

安继麟（1939—　）

作曲家。朝鲜族。吉林人。曾任延边音协副主席，延吉市文联副主席，延吉市朝鲜族艺术团团长。1962年毕业于吉林艺专作曲大专班。创作有歌曲舞蹈音乐、说唱音乐。《延边唱谈》等四部被辑入《中国大百科辞典》，歌曲《长白阿里郎》获全国民族团结歌曲征集二等奖，舞蹈《快乐的建设场》（作曲）获全国少数民族舞蹈比赛二等奖，歌曲《花鸟飞来》获广西国际民歌大赛金奖，作曲集《长白新阿里郎》，合作编译音乐丛书《音乐知识》，合著《中国朝鲜族音乐史》《中国朝鲜族音乐大全》。

安建华（1955—　）

作曲家。浙江温州人。温州市电视台文艺部制片人。1973年毕业于温州戏曲学校。曾任温州市歌舞团、瓯剧团指挥、作曲。作有歌曲《月亮河边的孩子》《不再是梦想》，舞蹈音乐《半夜鸡叫》《蛐蛐瑶》，电视音乐《永远的廊桥》《江南秋》等，分别获各类奖项。

安金玉（1960—　）

女高音歌唱家、声乐教育家。陕西西安人。西安音乐学院副院长，硕士生导师，中国音协第七届理事。1982年毕业于西安音乐学院声乐系。1982至2004年在陕西省歌舞剧院歌舞团任独唱演员。后在西安音乐学院任教。1985年获全国聂耳·冼星海作品演唱比赛特别奖，全国电视大奖赛荧屏奖。1992年获全国第五届青年歌手电视大奖赛专业组美声唱法第一名，1994年获文化部"文华奖"。

安静之（1961—　）

女大提琴演奏家。北京人。1980年毕业于中央音乐学院管弦系。1984年任中国广播艺术团合唱团小乐队、交响乐团演奏员。1982年参加全国大提琴"中国作品比赛"获第三名，1984年举办个人独奏音乐会。曾与多名指挥家合作演出贝多芬九部交响乐系列音乐会、纪念柴科夫斯基诞辰150周年系列音乐会、纪念莫扎特音乐会，与大提琴家马友友合作的音乐会。随团赴维也纳金色大厅举办新春民族音乐会，并先后赴欧洲七国三十多个城市演出。

安礼利（1945—　）

女声乐教育家。四川成都人。1969年毕业于四川音乐学院声乐系。先后任职于重庆市歌舞团、省五七艺校、四川省舞校歌剧科。1985年被评为优秀教师。在《乐苑》上发表声乐论文两篇。从教三十多年培养众多优秀声乐人才，数名学生在全国歌剧调演、全省声乐大赛中分获优秀演员奖、美声唱法三等奖、民族唱法一、二等奖。

安立坤（1929— ）

女音乐编辑家。辽宁大连人。1947年参加东北民主联军总政宣传队，1948年于第四野战军文工二团任乐队副队长。1952年毕业于中南部队艺术学院。1958年在广东电台任音乐组长、文艺部副主任，曾负责组织京、津、沪、粤四省市电台联合举办的空中音乐会实况直播。曾任广东音协常务理事、羊城音乐事业基金会常务副秘书长。1960年于中国音乐研究所学习，编辑《民族音乐概论》。

安亮山（1963— ）

音乐理论家、教育家。山西大同人。山西戏剧职业学院副院长、教授，省音协副主席。1978年始从事音乐教育。先后毕业于天津音乐学院、中国音乐学院。著有《和声学教程》获山西省社科研究优秀成果优秀奖，论文《戏曲锣鼓经在视唱练耳多声部节奏教学中的理论与实践》获山西省教学成果二等奖。作品《社会主义在中国》获山西省委宣传部第七届"五个一工程"奖。2007年获第五届"山西省青年科技奖"，并获"青年教育专家"称号。

安禄兴（1941— ）

音乐教育家。山东潍坊人。山东艺术学院教授、硕士生导师、国家教委人文社科评审委员会通讯评委、山东东方艺术学院常务院长、中国戏曲音乐理论研究会常务副会长。1960年山东艺专毕业，后任教于山东省戏曲学校、山东艺术学院，曾任民族音乐研究室主任。出版著述有《中国戏曲音乐基本理论》《京剧音乐初探》《吕剧音乐初探》。主编《戏曲音乐新论》（获奖文集）《中国戏曲音乐论集》《山东地方戏曲音乐》《山东曲艺音乐》及专著《民族音乐宫调研究》。编写教材数十部，发表论文百余篇，创作戏曲音乐剧目多部（首）。

安庆骠（1941— ）

扬琴演奏家。辽宁沈阳人。1960年考入中央音乐学院民乐系，1963年毕业，后分配到中国歌剧舞剧院任民乐团扬琴演奏员、弹拨乐声部长。参加过多类国家重大演出，并多次赴法国、西班牙、挪威、以色列等国演出。参加过多种合奏、广东音乐、重奏等的音像录制。

安如砺（1939— ）

二胡演奏家、教育家。山西榆次人。中国音协二胡学会会长、刘天华研究会副会长。曾任中国音乐学院器乐系主任、教授。1963年毕业于北京艺术学院音乐系。为蒋风之先生的真传弟子，继承蒋派二胡精华。培养众多优秀二胡演奏家。作品有二胡协奏曲《六月雪》《锦上添花》，专著《二胡教学艺术》《二胡教学系统工程》等。1994年应邀任台湾中国文化大学国乐系客座教授，1996年在香港举办"安如砺二胡演奏会"。1989年获ART杯中国乐器国际比赛"园丁奖"。1999年获文化部"区永熙优秀音乐教育奖"。2009年应邀担任第三届世界德尔斐大会评委。

安晓宇（1967— ）

音乐编辑家。安徽合肥人。中国国际广播电台文艺部主任编辑。1990年毕业于北京广播学院文艺编辑系。撰有《首届中国风格钢琴作品国际比赛综述》《以史鉴今，继往开来》《二十一世纪国际广播中的音乐节目》《未来广播音乐节目的几种形态预测》《春天的故事》《共和国的歌声》等16个广播音乐节目分获中国广播文艺政府奖、中国文化新闻奖等一、二、三等奖。曾参与策划和组织第二届"友谊之夜——中外友好人士新年联欢晚会""首届喜马拉雅杯中国风格钢琴作品国际比赛"等大型音乐活动。

安艺坤（1934— ）

男高音歌唱家、声乐教育家。天津人。1948年毕业于华东军大文艺系。曾在雪枫文工团，济南军区文工团，山东歌舞剧院任声乐指导、演唱队长、艺委会副主任。1957年获省首届音乐会演独唱一等奖。演出歌剧《赤叶河》《白毛女》《江姐》《洪湖赤卫队》《货郎与小姐》等十几部。从事声乐教学，发现培养人才，所教学生分获国际比赛大奖、省电视大赛一等奖、广西邀请赛金奖，"文华奖""梅花奖"，省歌剧一等奖。

安英勋（1946—已故）

手风琴演奏家。朝鲜族。黑龙江密山人。1973年入辽宁歌舞团，后为手风琴演奏员兼作曲。作有歌曲《迎来又一个丰收年》《顶水姑娘》。

安玉洙（1946— ）

女音乐活动家。朝鲜族。辽宁丹东人。1970年毕业于沈阳音乐学院师范系声乐专业。1970年入本溪歌舞团任声乐演员兼声乐教员，1977年调本溪市群艺馆任音乐舞蹈部主任。创建本溪市广播合唱团、溪春合唱团，任团长兼指挥。参加《中国民族民间舞蹈集成》编撰工作，其中七个舞蹈音乐编入国家卷并获三等奖。培养出大批优秀声乐学生。论文《浅谈歌唱的呼吸》等获省优秀论文奖。

安云凤（1939— ）

歌剧表演艺术家。辽宁人。1959年毕业于辽宁省舞蹈学校声乐班，后入辽宁歌剧院任歌剧演员。曾在《货郎与小姐》《情人》《芳草心》等歌剧中饰演男主角。

安之语（1942— ）

作曲家。陕西绥德人。1956年考入西安音乐学院附中少年班音乐专业。1967年毕业于西安音乐学院本科，分配到河南豫剧院后转入豫剧三团从事音乐创作。发表作品百余首（部），作有豫剧《朝阳沟》等数十部戏曲音乐，《郑成功》等八部电影音乐，《包公》等30部电视剧音乐，《水泊神韵》等十余首器乐曲。撰有《戏曲乐队伴奏织体写法》等文数十篇。作品曾多次获国家和省级奖励。

安志顺（1932— ）

打击乐演奏家。陕西绥德人。1947年参加绥德分区文工团。曾任陕西省歌舞剧院古典艺术团乐队指挥。创作演奏打击乐小合奏《鸭子拌嘴》《老虎磨牙》在第六届亚洲音乐论坛和专题讨论会上被评为优秀作品和好作品。1987年获省首届艺术节梅花鼓独奏一等奖。

A
B

敖昌群（1950— ）

作曲家、音乐教育家。四川成都人。1977年考入四川音乐学院作曲系，毕业后留校任教，硕士生导师、教授、四川音乐学院院长。中国音协第六、七届理事，四川省文联副主席、音协主席。为数十部电影、电视剧、话剧、舞剧等作曲。作有歌曲《我爱你，中华》《妈妈格桑拉》，交响序曲《纪念》，管弦乐《羌山风情》，第一弦乐四重奏《青春年华》，小提琴与钢琴奏鸣曲《b小调奏鸣曲》，钢琴组曲《童年》，管弦乐套曲《康巴音诗》，电影音乐《黑太阳·南京大屠杀》《血魂》，电视专题片音乐《飞越四川》《泸沽湖》，合唱《太阳之歌》《世纪之梦》。1993年以访问学者身份赴美国密歇根大学音乐学院一年。

敖学祺（1922—1990）

音乐编辑家。四川乐山人。40年代肄业于重庆国立音乐院声乐专业。曾任《西南音乐》《音乐世界》等刊执行编辑、副编审。撰有《川剧艺术特色及其运动规律初探》等，曾获四川省1986年科研优秀成果论著奖。

敖登高娃（1928— ）

女歌唱家。蒙古族。内蒙古科尔沁人。1948年起从事声乐艺术。1950年赴北京参加国庆演出，1953年赴朝慰问演出，同年参加慰问解放军演出。1955年参加慰问苏联红军演出。1963年考入中央音乐学院声乐系干部进修班，后入中国音乐学院学习声乐。1959年赴蒙古国及苏联演出，1983年赴日本考察交流演出。内蒙古第三届人大代表，内蒙古自治区文联委员及荣誉委员。独唱曲目有《敖包相会》（为电影插曲录制蒙语曲目），《鹿花马》《金叶玛》《毛主席走遍全中国》《锁住太阳，留住哥哥》等，均自编自演，有的曲目录制唱片。

敖特根巴雅尔（1938—2002）

马头琴演奏家、教育家。蒙古族。内蒙古人。1960年毕业于内蒙古艺术学校马头琴专业，留校任教。曾编写五年制马头琴教材（马头琴的各种演奏法及《忙格斯》等十几首独奏曲），曾参加全国少数民族民歌调演，参加科教片《草原建设》和故事片《阿丽玛》的音乐录音工作。培养的学生在内蒙各文艺团体均为骨干力量。

B

巴达拉（1936— ）

作曲家。鄂温克族。内蒙古呼和浩特人。1961年毕业于中央民族学院，后从事蒙古族等少数民族传统音乐的整理、录音、编辑、播出。曾任内蒙古电台蒙语文艺部主任、主任编辑，中国马头琴学会常务理事、内蒙古合唱协会常务理事。创作歌曲三百余首。主要有《红太阳》《红心向着北京城》《达斡尔族人民歌唱党》《马头琴的

回声》《我的蒙古歌》，合唱《高举革命红旗》及儿童歌曲《上学去》等。出版有《儿童歌曲集》《四胡演奏法》《草原歌声专集》。部分作品在中央及自治区电台播放或由中国唱片社录制唱片。多次应邀担任自治区各类声乐大赛评委。

巴达玛（1954— ）

女歌唱家。蒙古族。内蒙古巴彦淖尔人。1970年入乌特拉中旗乌兰牧骑工作。曾入上海音乐学院进修。内蒙古四届人大代表。自编自演歌曲《乌拉特我的家乡》于1979年被评为内蒙乌兰牧骑会演优秀作品，并获优秀表演奖。

巴特尔（1958— ）

小提琴演奏家。蒙古族。内蒙古人。内蒙古民族歌舞剧院交响乐团首席，内蒙古大学艺术学院小提琴客席教授。1975年毕业于中央民族学院艺术系小提琴专业。曾参加李德伦、严良堃、金正平、张培豫、田久保裕等指挥家的个人专场音乐会。在《重归西尼河》《哑探》《珠岚的故事》《暖春》《西尼喇嘛》《血太阳》《疯蝶雨人》《兰草地红草地》等电影、电视剧中担任小提琴独奏。

巴依尔（1942—已故）

马头琴演奏家。达斡尔族。黑龙江龙江人。1958年始从事演奏。曾任内蒙古呼伦贝尔盟民族歌舞团编创室主任。1980年全国少数民族汇演获优秀表演奖。作有马头琴独奏曲《朝霞》，著有《马头琴教程》。

巴图朝鲁（1942— ）

作曲家、儿童剧作家。蒙古族。内蒙古苏尼特右旗人。原内蒙古电台"小骏马"少儿合唱团团长。从1960年开始创作发表作品，如《马头琴的传说》《和平友谊之歌》《牧场的夏天》《我们的世界笑哈哈》等。其中获自治区和全国奖的三十余首。《祖国多美好》《母亲》等12首作品被选入蒙文中小学音乐课本和幼儿教材。曾组建蒙古族第一支少儿合唱团和第一支木偶演出队。编辑出版蒙语小学音乐课有声教材和幼儿音乐有声教材。2007年获自治区"杰出作曲家"称号。

巴图额日（1930— ）

作曲家。达斡尔族。内蒙呼伦贝尔人。1948年入内蒙歌舞团。曾在内蒙民族剧团工作。音协内蒙分会第三届常务理事。作有歌曲《嫩江情》，小提琴曲《草原的春天》，歌剧音乐《家乡的早晨》。

巴格达提（1955— ）

音乐教育家。哈萨克族。新疆巩留人。1975年入巩留县文工团并任乐队队长，1978年在新疆师范大学音乐系学习，1982年至今在新疆师大音乐系任教，1992年在哈萨克斯坦国立音乐学院学习音乐理论。出版有歌曲专辑《飞翔的歌》《歌声》，参加编写哈文《中小学音乐课本》，录制《野骆驼》《同龄人》盒式带。编著有维文《音乐基础理论》，发表论文《中学音乐教育艺术》《关于哈族中学的音乐教学法》等。发表音乐作品百余首，多次获得各种

奖项，其中作品《崇高的母亲》获一等奖，《鞭子颂》获二等奖。1999年获自治区授予的"德艺双馨"称号。

巴音满达（1942— ）

音乐教育家、作曲家。蒙古族。内蒙古哲盟人。1956年入内蒙歌舞团工作。1957年考入上海音乐学院附中，1966年毕业于上海音乐学院作曲系，后调内蒙古艺术学校从事教育工作，任视唱练耳、和声、配器等课程，后任该校音乐科副主任。作有科教片音乐《草原暮色》，故事片音乐《阿丽玛》。1982年为全国少数民族体育运动会开幕式大型艺术体操作曲，为电影《危险的蜜月旅行》作曲。

巴哈尔古丽（1963— ）

女歌唱家。维吾尔族。新疆和田人。新疆军区文工团声乐演员。中国音协第七届理事。1987年入解放军艺术学院音乐系，师从柳达明老师。曾任新疆和田文工团声乐演员。1984年参加新疆"新蕾音乐会"获第一名，同年获全国首届"青年歌手电视大赛"民族唱法专业组优秀歌手奖，1986年获全国大奖赛第二名。1996年举办《最美的还是我们新疆》个人演唱会。演唱《最美的还是我们新疆》和《天山儿女》分别获中宣部1996、1999年"五个一工程"奖。在第七届全军文艺汇演中获个人表演二等奖，在第八、九届全军文艺汇演中获特别贡献奖。2005年被新疆维吾尔自治区妇联评为"十大女杰"。曾随全国青年代表团、新疆歌舞团赴巴基斯坦、沙特、阿联酋等国家演出。中央电视台特邀演员，连任三届央视电视大奖赛评委。第十届全国妇联代表。

白　村（1926—1998）

指挥家。辽宁人。1946年从事文艺工作。先后毕业于东北师范大学、上海音乐学院指挥系进修班。曾任广州乐团指挥兼音乐艺术研究室主任。

白　红（1960— ）

女声乐教育家。山东济宁人。1980年由河南省焦作卫校西医专业毕业。1983年入河南师大音乐系音乐教育专业学习，毕业后留校，1991年赴上海交大文学院研究生课程班进修，2003年赴中国艺术研究院音研所学习音乐治疗学。培养一批音乐师范生，出版《卡拉OK一点通》《新编实用歌唱大全》教材及《老歌》歌曲集，发表论文数十篇。河南师大音乐系艺教中心主任。

白　洁（1930—已故）

指挥家。满族。辽宁辽中人。1948年肄业于辽东学院音乐系。后于沈阳音乐学院进修。曾任辽宁歌舞团指挥。作有舞曲《在果园里》。

白　莉（1956— ）

女音乐编导家。山东人。1975年、1983年先后毕业于中央民族学院艺术系和上海音乐学院管弦系。1984年入中央电视台文艺部。编导节目有《民族之春联欢会》《古今戏曲大汇唱》《旅游之夜》。

白　翎（1956— ）

女音乐教育家。回族。广西桂林人。1982年毕业于广西艺术学院音乐系作曲专业。广西艺术学院学术委员会委员、艺术学院音乐学院副教授、视唱练耳教研室主任、硕士生导师。1988年入中央音乐学院进修，2001年被选派为中国音乐学院国内访问学者。发表过一些音乐作品和多篇教学论文，曾获国家级、省级奖。

白　龙（1960— ）

歌唱家。满族。吉林辉南人。济南市歌舞剧院演员、济南音协理事。1978年毕业于济南市九中。曾在歌舞剧《雪域丰碑——孔繁森》中扮演孔繁森。担任主要角色的大型歌舞剧《鹤飞》于2003年获全国"文华奖"。1992年获全国十大城市优秀青年歌手擂台赛二等奖，1996、2005年分获山东省少数民族文艺汇演一等奖。曾随院出访捷克斯洛伐克、土库曼斯坦。

白　萌（1959— ）

歌唱家。河南巩义人。西安音乐学院音乐教育系副主任。曾就学于西安音乐学院、上海音乐学院。先后在中央、上海、福建、海南、陕西、西安电视台举办的大型文艺演出中担任独唱。在第五届全国歌手大赛中获二等奖与首届中国青少年艺术新人选拔赛"园丁奖"和"优秀辅导员"称号。撰有《浅谈声乐教学中的几个问题》《表现音乐是学习美声唱法的关键》。

白　榕（1929—2004）

歌词作家。安徽芜湖人。1952年毕业于北京大学中文系。曾在安徽省文联文艺理论研究室工作。作有《战士的针线包》《浪花与小草》《春归江南》《春江夜渡》等。

白　韦（1920— ）

音乐活动家。福建闽侯人。1938年入延安鲁艺音乐系学习，后长期从事音乐工作。1953年入黑龙江省文化局任领导工作。曾任省文联副主席、音协黑龙江分会主席。

白　雯（1959— ）

小提琴演奏家。满族。北京人。陕西省乐团交响乐队中提琴演奏员。1972至1974年进修于西安音乐学院。曾任陕西三原文工团、十九军文工团乐队首席。参加西北音乐周全部演出和系列音乐会。组织策划第三届陕西艺术节、抗击非典"我们携手同心"电视晚会、省庆祝新中国成立55周年暨振兴秦腔艺术20周年优秀剧目展演、纪念抗战胜利60周年文艺晚会，分别获一等奖、先进集体奖、优秀演奏奖。曾为全国春节电视文艺晚会录制节目，获第九届全国电视文艺"星光奖"。撰有《浅谈乐队弦乐指法的选择与运用》《如何体现小提琴作品的风格与音乐灵魂》。

白　霞（1926— ）

女音乐活动家。山西人。早年积极参加抗日救亡歌咏活动。1948年于国立边疆学校毕业后入湖南音专学声乐。1949年参加四野某师宣传队。1952年毕业于中原大学文艺学院，调武汉市文化俱乐部从事宣传群众业余音乐舞蹈的组织及教学。1955年调中国音协负责音乐欣赏、对外音乐文化交流以及资料工作。曾编译整理多册音乐文化交流及音乐欣赏资料。

白　霞（1958— ）

女声乐教育家。满族。辽宁大连人。1978年从事声乐教育及演出工作。毕业于哈尔滨师范大学，进修于中央音乐学院。大连百霞音乐影视艺术培训学校校长。曾在大连市少年宫、大连电视台少儿艺术培训中心声乐教授。歌曲《站在世界领奖台》《党是母亲，祖国是家》获全国歌曲创作一等奖。论文《谈少儿声乐教学的几个关系》获辽宁省论文研讨比赛一等奖。获大连市"巾帼标兵"称号。

白　岩（1926—已故）

作曲家。河北定县人。1944年从事文艺工作。1950年入中央音乐学院专修科学理论作曲。曾任总政歌剧团艺术指导。作有歌曲《美军坦克有十怕》，合唱《我们的大炮打的好》，歌舞剧音乐《志愿军战歌》，诗歌联唱《边疆战歌》等。

白秉权（1930— ）

女歌唱家、声乐教育家。陕西绥德人。曾任陕西省歌舞剧院独唱演员、声乐教员，陕西音协理事，省政协委员。1947年参加工作。曾主演《刘胡兰》等歌剧。50年代获独唱一等奖，演唱的《赶牲灵》《跑旱船》录制唱片。1958年出版个人自编自唱专集《陕北民歌独唱集》。改编获奖作品有《回娘家》《走西口》《送情郎》《送大哥》《枣园来了秧歌队》。《圪梁梁上的二妹妹》（与贺艺合作）获中宣部"五个一工程"奖。论文有《怎样唱好民歌》《民族唱法的两个基本功》《民族唱法的关闭》。出版专著《民族歌唱方法研究》。

白昌懋（1941— ）

作曲家。浙江宁波人。曾任九通电子音像出版社副社长、副总编辑、编审，湖北省音协理事、创委会副主任，湖北省编辑学会常务理事、武汉市杂技团作曲兼指挥。1966年毕业于湖北艺术学院理论作曲系。作有歌曲《边塞哨兵》《沿着长江走一走》《请听我说》《霞光曲》等数百首，其中有百余首作品获国家级、省、市级奖。编辑出版图书百余种、音乐图书四十余种、音像制品百余种。2001年被授予中国音像协会荣誉证书。

白朝晖（1957— ）

作曲家、音乐活动家。河北赵县人。中国音协第五、六、七届理事，河北省音协常务副主席兼秘书长。1982年毕业于河北师范学院音乐系。先后在河北师范、承德师范、省群艺馆任职。1991年始在河北音协工作。组织河北省首届钢琴、少儿电子琴比赛，组织全省词、曲作家创作大赛。组织参加历届中宣部"五个一工程"奖和中国音乐"金钟奖"等全国性大赛，均获奖。作有歌曲《爱撒四季情飘五洲》获河北省"乌龙戏珠杯"三等奖，《韶山颂》获"纪念毛泽东同志诞辰100周年征歌"二等奖，《亲吻五星红旗》《记住我们的国歌》分获一等奖。2008年曾作为

北京奥运会圣火的火炬手参加传递。

白诚仁（1932— ）

作曲家。四川成都人。1955年毕业于东北鲁艺声乐系。后任湖南省歌舞团团长。中国音协常务理事、湖南省音协主席。省政协常委。曾走遍三湘四水，收集大量民歌。作有声乐曲《挑担茶叶上北京》《洞庭鱼米乡》《小背篓》《苗岭连北京》，口笛曲《苗岭的早晨》，大合唱《韶山颂》，大型歌舞音乐《灯花》，声乐套曲《湖南民歌联唱》，合唱交响诗《屈原》，表演唱《琵琶夜歌》。合作及主创的有大型歌舞音乐《风雷颂》，舞剧音乐《红缨》，舞蹈音乐《阿妹上大学》《屈原投江》，电影音乐《枫树湾》等。创作有《山的儿子》《找到了》等声乐曲及《山鬼》等声乐协奏曲。

白崇先（1935— ）

手风琴演奏家。满族。辽宁大连人。1951年入沈阳公安总队文艺训练班学习手风琴。曾任中国歌剧舞剧院演奏员。1955年获部队文艺汇演手风琴独奏二等奖。曾随团赴北非四国演出。作有手风琴独奏曲《石油工人的凯歌》。

白定蓉（1943— ）

女高音歌唱家、声乐教育家。重庆人。1967年毕业于四川音乐学院声乐系。在昆明军区国防歌舞团任独唱演员及声乐教员。1982年转业到云南艺术学院，从事声乐教学，培养一批优秀人才。1989年获院级优秀教学成果一等奖，1996年被评为省高校德育先进工作者。云南省高校教授合唱团及银潮合唱团艺术指导。

白凤鸣（1909—已故）

曲艺表演艺术家。北京人。自幼随父学唱京韵大鼓。12岁登台演唱，在上海、南京、武汉、天津等地公演。曾任中央广播说唱团团长。录有京韵大鼓、单弦牌子曲等唱片。

白凤岩（1888—1974）

曲艺表演艺术家。北京人。生于曲艺世家。师从韩永禄学习三弦、琵琶。为梅花大鼓《别紫鹃》《龙女听琴》及京韵大鼓《梅花庄》等编词谱曲。曾任中央广播说唱团艺术指导。

白国杰（1953— ）

歌唱家。吉林人。1976年入安徽淮南市歌舞团任独唱演员。1992年调入安徽艺术职业学院。曾在安徽省首届艺术节上获声乐一等奖。1988年进入安徽省艺术学校首届专科班，两年后举行毕业独唱音乐会。1991年借调至空政歌舞团专场演出《江姐》。1993年获全国首届"大自然"杯声乐比赛美声唱法提名奖。论文《对高等艺术职业教育三年制声乐教学的思考》获全国职业教育优秀论文奖。

白国贤（1927—已故）

作曲家。回族。河北定县人。1938年从事部队文艺工作。1939年、1944年先后入华北联大文艺部、延安鲁艺戏音系学习。1949年后从事民兵工作。曾任宁夏吴忠军分区

政委。作有歌曲《练兵歌》《全民齐武装》。

白海波（1960— ）

女高音歌唱家。蒙古族。辽宁人。1986年毕业于天津音乐学院声乐系，留校任教。曾获第二届全国青年歌手电视大奖赛专业组美声唱法第五名。1986年获天津"希望杯"电视大奖赛美声唱法第一名。曾在美国留学。

白鹤福（1946— ）

民族管乐演奏家。回族。河北承德人。1968年从事部队文艺工作。1976年始入承德市歌舞团乐队任独奏演员，演奏笛子、唢呐、二胡等多种民族乐器。作有笛子独奏曲《避暑山庄的早晨》《热河欢歌》《山村新貌》《故乡情》，唢呐曲《迎春花会》，埙独奏曲《海峡情》等。在2004年河北音协举办的敦煌"秦川杯"民乐大赛中，获民族管乐专业组一等奖。培养的学生多人考入专业艺术院校，十多名学生在市文艺团体及教学岗位工作。

白虎文（1943— ）

二胡演奏家。山西沁县人。1959年考入山西艺术学院音乐系，师从何悟春学习二胡演奏。1962年入山西省歌舞剧院民乐团工作，1979年后担任乐队首席。曾赴日本、韩国、法国及香港、台湾等国家和地区演出，独立或合作演奏出版有《叙事曲》《开花调变奏曲》《虎头山上迎朝阳》等二胡独奏曲。中国民族管弦乐学会常务理事、中国二胡学会常务理事、中国音协考级委员会专家评委、山西音协表演艺术委员会主任、山西音协二胡学会会长。

白慧谦（1947— ）

三弦演奏家。北京人。自幼师从于白凤岩学习三弦，1960年入中国广播说唱团，15岁即为多位曲艺演唱家伴奏。创作单弦《打箩筐》《星期六》等节目，在全国比赛中获一、二等奖。受聘于中国音乐学院、北京大学等院校任三弦教师。多次应邀出访美国、英国、香港等地。曾在英国伦敦皇家节日大厅演奏厅、牛津市政大厅、美国纽约卡内基音乐厅演出。撰有《白凤岩与少白派》等文。

白金虎（1957— ）

三弦演奏家。山西浑源人。1973年毕业于内蒙古艺术学校音乐系三弦专业，分至内蒙古二人台艺术团乐队任演奏员。每年随团下乡演出百余场，参加音乐界的社会活动。出版二人台盒带等，担任三弦、中阮演奏。参加《中国民族民间器乐集成·内蒙古卷》的三弦曲记谱工作。

白立平（1958— ）

歌词作家。满族。内蒙古赤峰人。赤峰市民族歌舞团副团长，内蒙古音协常务理事。1984年毕业于辽宁大学中文系，2003年结业中央音乐学院音乐学硕士研究生课程班。演出和发表二百多首作品，获国家省部级创作奖二十余项。作有舞蹈诗剧《太阳契丹》，组歌《内蒙古礼赞》，歌词《深深眷恋的草原》《生在草原，恋在草原》《七月的玉米地》《草原·星星·梦》等，论文《关于"意新为上"的阐释》。歌词集《深深眷恋的草原》。

白丽萍（1963— ）

女歌唱家、声乐教育家。山东诸城人。民革委员。沈阳音乐学院声乐副教授、硕士生导师。1987年毕业于沈阳音乐学院民族声乐系。曾任沈阳歌舞团独唱演员。发表《论通俗演唱》等文多篇。曾随团到日本、新加坡等地演出。2002年举办"白丽萍个人演唱会"，2005年举办《因为有你》白丽萍教学实验音乐会。教授的学生多人次在国内外比赛中获奖，其中"阳光微笑演唱团"五个学生于2007年获文化部"首届全国知识产权组歌大赛"二等奖。

白凌芸（1929— ）

女音乐教育家。黑龙江齐齐哈尔人。1954年毕业于东北音专作曲系本科，后在沈阳音乐学院和吉林艺术学院进修。曾任吉林省四平幼儿师范学校音乐老师。几十年来一直从事儿童音乐教育与儿童歌曲创作，发表儿童歌曲有《金铃儿叮叮铛》《山娃娃音乐会》《春天多么美》《小蜜蜂的歌》《弟弟是个科学迷》《祖国春天》《我们从小热爱党》等百余首。

白陆平（1954— ）

音乐教育家、理论家。陕西黄陵人。西安音乐学院副院长，教授。长期从事专业教学和音乐教育学科理论研究，先后发表《演奏心理素质引论》《专业个别课教学法断想》《知识经济时代音乐教育的功能与作用》等文十余篇。出版专著一部。主编基础教材36册。主编中、小学音乐教师参考用书18册。曾获教育部曾宪梓基金优秀教学成果三等奖。教育部艺术教育委员会委员、中国音协手风琴学会副会长、陕西音协理事。

白民善（1943— ）

歌唱家。黑龙江哈尔滨人。1961年入伍到广州军区战士歌剧团，1964年毕业于广东音乐专科学校。曾参加《洪湖赤卫队》《江姐》《朝阳沟》等十余部歌剧的演出，并在多部歌剧中担任主要角色。从1969年起先后任歌队副队长、团长助理、副团长、艺术指导。曾参加多届全军文艺汇演，并获优秀演员奖。中国演出家协会理事、广州歌剧学会副会长。

白平生（1951— ）

低音长号演奏家。天津人。任职于中国电影交响乐团。1970年考入天津京剧团管弦乐队，后又考入天津歌舞剧院交响乐团、天津交响乐团，曾任交响乐队队长。1988年自费赴日本留学，就读于东京国际音乐学院本科、研究科。后又考入东京桐朋学园大学外国人特别研究科。1993年毕业回国后任北京交响乐团低音长号演奏员。1997年调入中国电影乐团。2000年出版《长号基础教程》并录制同名教程和《长号演奏入门》音像作品。

白世海（1956— ）

作曲家、指挥家。吉林人。吉林市音舞协会副主席。先后毕业于延边艺术学院小提琴专业、天津音乐学院作曲系。曾任吉林市歌舞团创作室主任。创作管弦乐序曲《秧歌会》《北方风情素描》，舞蹈音乐《北方有条不冻的江》《松花江放船歌》，歌曲《重新问问我自己》等音乐作品。指挥吉林市歌舞团乐队演出歌舞晚会、歌剧、交响音乐会数百场。2001年起任长影乐团客席指挥，指挥演出交响音乐会、电影音乐晚会数十场。现任北华大学音乐学院教授、青年交响乐团团长、指挥、艺术总监。

白淑兰（1929— ）

女声乐教育家。蒙古族。北京人。1954年毕业于东北音专声乐系。1970年入沈阳歌舞团任声乐教员。曾任沈阳音乐学院师范系声乐教员。

白述先（1945— ）

小提琴教育家。吉林松源人。1967年毕业于吉林艺术学院音乐系小提琴专业，后任吉林省歌舞团小提琴演奏员，吉林市歌舞团管弦乐队小提琴首席兼乐队指挥。1986年任吉林师范学院音乐系小提琴教师，1997年任该院音乐系副主任、副教授。2000年任北华大学艺术学院副院长。

白天保（1932— ）

小号教育家。河南汝南人。1956年毕业于上海音乐学院管弦系。曾在四川音乐学院管弦系任教。著有《初学小号者应当具备的基本乐理和吹奏法》《七首小号连音音色练习》，作有小号独奏曲《洱海心声》。

白文舜（1930—已故）

单簧管教育家。朝鲜族。吉林龙井人。1946年入吉东军区宣传队。1956年入文化部所办德国专家讲学班进修。曾任延边艺校音乐部副主任、高级讲师。录有唱片《庆丰收》《牧童舞曲》等。

白晓颖（1949— ）

女作曲家。回族。河北承德人。1966年后历任承德地区京剧团首席小提琴、群艺馆辅导员、《群众演唱》编辑、市歌舞团业务副团长、艺术研究所副所长。曾参与承德地区《民歌和民间器乐》集成、《民间文学》集成、《承德戏曲全志》《承德地区曲艺志》《中国历史文化名城大辞典》等编撰。作有《月色江声》（词），《野菊花》（曲）等数十首歌曲和《大墙·三月》《夜行》等多首诗作。协助承德民族师专组建"老教授避暑山庄宫廷音乐社"，任艺术监督。

白新民（1956— ）

女歌剧表演艺术家。新疆阿克苏人。1981年入上海戏剧学院进修音乐表演，1994年毕业于阿克苏校。1971年始任阿克苏歌舞团演唱队独唱演员、副团长、团长。曾演唱《塔里木组歌》《阿里姑娘学纺织》。在小歌剧《边防红哨》《柜中缘》《拾麦穗》《拾玉镯》《渡口》中饰女主角。大型民族歌剧《楚河岸边的石鲁特人》（任女一号）获自治区一等奖，并获文化部优秀剧目奖。导演兼任女角的大型歌剧《一个少女和她的三个追求者》，曾获文化部优秀新剧目奖。

白兴礼（1929— ）

作曲家。山东临朐人。福建音协顾问。1948年从事部队文艺工作。后到大学学习作曲4年，毕业后任职于福建省音工组和艺术馆，筹备成立福建音协并主持工作。曾任《福建群众音乐》主编、福建音协副主席。选题责编《福建民间器乐曲选》《海峡之声歌曲选》等出版，记录整理五十余万字的曲谱《南曲选集》出版。主要作品有大合唱《汀江红旗颂》（合作），组歌《畲乡风情》等六部，小歌剧《补锅》以及歌曲二百余首。部分作品获全国、华东区省级金银奖。

白英杰（1926— ）

音乐编导家。广西梧州人。中南音专作曲系毕业，先后任中南音附小校长、广东电视台音乐编导、广州大学音响系讲师、华南文艺成人学院音乐系客座副教授。1959年出版的《儿童钢琴曲》收录了其四手联弹的《号角舞曲》和钢琴曲《西藏民歌》并被中央音乐用作儿童钢琴教材。在广东电视台播出的歌剧《称心如意》，歌剧《茶花女》《江姐》和音乐舞蹈史诗《东方红》中任电视编导。1988年担任在香港举办的亚洲、太平洋歌唱比赛评委，1989年任"省港杯"歌唱大赛评委。

白永欣（1970— ）

女歌唱家。河北乐亭人。中国广播艺术团合唱团声部长。1995年毕业于沈阳音乐学院声乐系，2002年赴意大利留学。2003年获意大利第二届"露易茹·斯特拉梅茜"国际声乐比赛第三名，并获第七届"阿尔卡莫国际声乐比赛"第四名，在第六届"巴勒莫声乐比赛"中获第二名。曾在"迪·斯太方诺"剧院演出歌剧《弄臣》、在罗西尼歌剧院演出歌剧《蓝丝之旅》、在德、法、奥等6国巡回演出歌剧《蝴蝶夫人》32场，该剧在北京保利剧院演出。

白云娥（1929— ）

女儿童音乐编辑家。江苏镇江人。1949年毕业于上海国立幼儿师范专科学校，同时就读于上海中华业余音乐学校。1949年任二野战军三兵团歌唱演员，曾演唱《兄妹开荒》《翻身道情》。1957至1985年任中央人民广播电台少儿部小喇叭节目组、"星星火炬"节目组文学、音乐编辑。作有《我们的生活多么好》《国旗国旗我爱你》等幼儿歌曲。其中《我们的生活多么好》获1981年第二次全国少儿文艺创作二等奖。1983年率中央广播电台少儿合唱团赴日本访问演出，任副团长。

白兆平（1935— ）

二胡演奏家。山东蓬莱人。1949年参加部队文工团。1958年任宁夏歌舞团独奏演员兼民乐队首席。

白贞少（1943— ）

女音乐教育家。朝鲜族。吉林和龙人。延边音协理事。1963年起从事音乐教育，培养了许多优秀音乐人才。曾赴日本、韩国、美国演出中担任木琴独奏。创作扬琴独奏曲《生命之歌》《快乐的插秧》并录制唱片，其朝鲜族扬琴改革曾荣获文化部科技成果三等奖。撰有《白贞少扬琴独奏曲集》《木琴教程》《木琴曲集》等。

白振清（1932— ）

指挥家。河北人。1950年毕业于中南军区部艺音乐系。曾任乌鲁木齐部队歌舞团指挥。作有管弦乐《序曲》获总政优秀作品奖。

白志群（1948— ）

女音乐编导家。北京人。1965年毕业于解放军艺术学院舞蹈系。曾任总政歌舞团演员、编导，解放军艺术学院教员。曾任中央电视台文艺部歌舞组编导。编导的电视片《蒲公英晚会》获1984年全国优秀栏目二等奖。

白志艺（1964— ）

音乐教育家。福建泉州人。泉州师范学院艺术学院南音系主任、副教授。福建省音协理事。2001年毕业于福建师范大学，曾任泉州师范学校、泉州师专教师。撰有《点击现代主义音乐流派》《从民歌的结构审美看民族音乐审美》，歌曲作品有《两岸情深》《月圆的时候我们相聚》（获海峡之声广播电台二等奖），2006年组织南音系师生参加北京国际音乐节南音专场演出。

白智运（1942— ）

音乐编辑家。北京人。1966年毕业于中央民族学院艺术系作曲专业，后入青海歌舞团任教。1976年调中央电视台任音乐编辑。曾在中国电视剧制作中心音乐室工作。曾为《黎乡风情》等作曲。担任中日合拍《丝绸之路》音乐、音响总设计，其中《楼兰》获日本文部省大奖。

白忠义（1943— ）

作曲家。回族。上海人。武汉音协理事，武汉市群众文化系列职称评审委员会委员。先后创作歌、舞曲数百首。大部分在刊物发表、舞台展演、电台播放。歌曲《土家老幺妹》（舞蹈作曲）获文化部"群星奖"金奖，歌曲《送你一路三峡情》获文化部"群星奖"银奖，《我们是光荣的长江海员》《改革开放富起来》获全国行业歌曲征集金奖。《撑船的汉字》《长江船嫂》《开湖渔歌》《月亮渔歌》等均为获奖歌曲。

白宙伟（1955— ）

音乐编辑家、音乐活动家。北京人。《音乐周报》董事长、总编辑。1985年毕业于中国人民大学。1986至2009年任《北京晚报》文化新闻部记者。曾在《人民日报》《光明日报》《中国青年报》《北京青年报》等报刊上发表大量有关文化、音乐等方面的通讯、评论及报道。策划组织北京首届国际歌剧、舞剧演出季开幕式，2004年在居庸关举行的"世界巨星长城演唱会"等大型文艺活动。

白·达瓦（1946— ）

马头琴演奏家。蒙古族。内蒙古昭乌达盟人。1966年任内蒙古民族剧团演奏员。1982年获全国民族器乐观摩演出优秀表演奖。作有马头琴独奏曲《幸福之歌》等，编有《马头琴演奏法》。

白登朗吉（1939— ）

作曲家。藏族。四川巴塘人。1957年入中央民族学院预科学习，1959年就读于该院文艺系理论作曲班，师从于盛礼洪、田联韬、金正平。毕业后任西藏歌舞团专职作曲，1986年任教于西藏大学艺术系。曾任中国音协常务理事、西藏自治区音协副主席、西藏大学艺术系副主任，副教授。作有歌曲《我的家乡好》，1983年获全国民族团结征歌评选一等奖，作有舞蹈音乐《欢腾的麦场》，电影音乐《松赞干布》，笛子独奏曲《春到拉萨》（1980年获全国少数民族文艺汇演一等奖），民族舞剧《热芭情》（与格桑达合作），出版有个人创作歌曲选集《雪山情》。

白玛旺堆（1964— ）

作曲家。藏族。西藏乃东人。西藏山南地区艺术团团长。2003年毕业于上海音乐学院作曲系。歌曲有《党旗上飘扬着中国的春天》《青藏铁路》《真情》《情歌对唱》《西藏的脚步》等。曾获"优秀演员奖"和"作品优秀奖"。曾出访法国、西班牙、荷兰等国家。

白玛央宗（1969— ）

女歌唱家。藏族。西藏拉萨人。1986年毕业于中国音乐学院声系。曾任武警西藏总队文工团副团长、西藏音协理事。武警军乐团独唱演员、声乐指导。1999年起先后在文化部主办的全国第九届"群星奖"声乐大赛、全军文艺调演、广西国际民歌节"中国民歌大赛"中分别获金奖、一等奖、银奖。多次参加中央电视台春节歌舞晚会和"心连心"艺术团的演出。拍摄《洗衣歌》《岗巴拉山的阳光》等多部音乐电视，发行个人专辑《走进西藏》。

柏淼（1961— ）

胡琴演奏家。回族。北京人。中国歌剧舞剧院民族乐团首席、民族管弦乐学会实验乐团首席。师从刘明源先生学习板胡、二胡、高胡及中胡演奏。在多部歌剧、舞剧和各种大型晚会、音乐会演出中担任独奏、领奏。1993年出版首张板胡专辑。在民乐学会成立时首演组曲《虞美人》担任京胡独奏，在首届京胡独奏音乐会中演奏《戏彩》，在大型民族音乐会《岁月如歌》中担任首席外还担任电二胡及京胡独奏。1993年获"第一届大阪国际室内乐大赛"银奖，并多次在国际、国内重大比赛中获各种奖项。近年来业余教授二胡，培养出不少优秀人才。2008年评为文化部优秀专家。

柏春生（1949— ）

歌词作家。湖南祁阳人。广东省物价局原调研员。1988年毕业于广东华南师范大学政治系。作词歌曲《今朝好时光》获全国第二届群众创作歌曲大赛金奖，《精彩年华》获银奖。其它作词歌曲有《军人风采》《金色希望》《牵挂》《中华大团圆》《大江风帆》等。

班安（1960— ）

歌唱家。内蒙古丰镇人。山西大同市歌舞剧院声乐队队长。1989年就读于北京声乐研究所，师从林俊卿。1989年获第五届全国青年歌手"五洲杯"电视大奖赛荧屏奖。

B

1993年获中华奥运希望之船歌手大奖赛银奖。

班 一（1967— ）

音乐教育家。河南夏邑人。河南大学音乐学系副教授，硕士生导师，系主任。河南省教育学会音乐教育专业委员会常务理事。1991年毕业于河南大学民族歌剧班，主要从事"中国传统音乐""中国音乐史"教学及研究。发表《"梨园第子"称谓考源》《世界音乐之"趋同"与"存异"》等论文，其中《使戏曲打击乐融入以中华母语音乐为主体的素质教育的思考》获中国音协音乐教育委员会高师音乐课程改革研讨会论文评比三等奖，《音乐专业课程体系改革研究》获河南高等教育教学优秀成果一等奖。参编《音乐鉴赏》《素质教育名著导读》。

包 锐（1956— ）

女歌唱家。满族。黑龙江哈尔滨人。进修于哈尔滨师范大学艺术学院音教系。1976年入伍，历任哈尔滨市消防文工团演员、团长、副政委等职。创作的拉场戏、表演唱、话剧、小品等在全省演播。曾获"哈尔滨之夏"优秀奖、黑龙江歌坛回顾声乐比赛民族组二等奖和首届中国音乐"金钟奖"黑龙江赛区一等奖。组织编导两部电视专题片获公安部两个年度"金盾文化奖"。MTV《我们是女兵》《假如你不认识我》两次获全国军旅MTV大赛银奖。

包桂芳（1932—1981）

女高音歌唱家。黑龙江海伦人。1948年始从事专业演唱。1954年入中央音乐学院学习，1959年赴索非亚国立音乐学院进修。回国后在中央音乐学院任教。1963年入长影乐团工作并举办个人独唱音乐会。1978年入吉林省歌舞剧院，成立"包桂芳声乐教学小组"。曾任省文政协委员。

包恒智（1931— ）

作曲家。回族。青海西宁人。1950年入青海民族学院文艺班学习，兼任板胡演奏员。1979年入省群艺馆工作。作有民族器乐曲《牡丹花开》《牧笛》《布谷鸟叫了》。

包京辉（1972— ）

歌剧表演艺术家。北京人。中央歌剧院歌剧团男中音演员。1997年毕业于中央音乐学院声歌系。曾任中央民族乐团合唱队演员。在歌剧《费加罗的婚礼》《魔笛》《弄臣》《艺术家的生涯》中扮演重要角色，在亨德尔的清唱剧《弥赛亚》中担任领唱，在《黄河大合唱》中任领唱，在中央歌剧院演出的《茶花女》中任男爵的B角。曾主办个人独唱音乐会。

包民选（1953— ）

管乐演奏家。重庆人。四川广播交响乐团副团长。1971年起先后在云南生产建设兵团一师宣传队、解放军35218部队宣传队、峨眉电影制片厂乐团民乐队任演奏员、乐队队长、办公室主任、副团长。出版有《格莱美金曲》《星光萨克斯》等萨克斯CD。为《孔雀飞来阿瓦山》《秘密战》《被告山杠爷》等百余部电影、电视剧配乐。四川电台录制播出笛子独奏曲《家乡山歌美》等作品。

包世伟（1944— ）

女钢琴教育家。湖南人。1963年起在中国歌剧舞剧院任钢琴演奏员及舞剧音乐指导。其钢琴教学的学生在全国钢琴考级中每年获有优秀成绩，并在历届"希望杯"等钢琴比赛中获奖。近年来，获"TOYAMA杯"儿童组一等奖的指导教师"园丁奖"、首届中国青少年艺术新人选拔大奖"园丁奖"，2002年获"咪多"比赛"园丁奖"、首届"伟辉杯"钢琴比赛"最佳指导老师奖"等。

包文君（1938— ）

女音乐教育家。上海人。1962年毕业于沈阳音乐学院声乐系，曾在总政歌舞团工作。后入解放军艺术学院任教。撰有《关于复调音乐听觉的培养和训练》《略谈声乐学生的视唱训练问题》等文。

包学良（1930— ）

作曲家。宁夏青铜峡人。1949年参加文工团，先后从事乐队指挥与作曲。曾指挥演出《草原之歌》《刘胡兰》等大型歌剧十多部。创作大型歌剧音乐《向阳川》《月亮湾》等十余部，并为大型舞剧《西北的一颗红星》谱写音乐。歌剧《咫尺天涯》曾于1989年在北京参加第二届中国艺术节演出，花儿剧《牡丹月里来》参加1994年兰州第四届中国艺术节演出。

包玉林（1934— ）

民族音乐理论家。蒙古族。内蒙哲盟人。1951年入内蒙军区文工团，1961年任内蒙歌剧团乐队首席。曾在内蒙艺术研究所工作。著有蒙古族《说书调》，作有歌剧音乐《草原曙光》，歌曲《党的恩情母亲的爱》。

包玉明（1963— ）

马头琴演奏家。蒙古族。辽宁阜新人。先后毕业于内蒙古哲里木盟艺术学校、内蒙古师范大学艺术系。阜新蒙古族自治县民族艺术团团长兼文化局副局长。曾在第二届中华之声音乐会、亚洲艺术节、永恒的奥运大型晚会担任独奏，在辽宁省少数民族地区文化建设巡礼器乐比赛、省第三届少数民族文艺调演中分别获独奏第一名、二等奖。创作演奏的马头琴独奏《吉祥》《蒙乡儿女的祝愿》获金奖。出版《古韵之声》获"市优秀青年演奏家""德艺双馨优秀文艺人才"称号。

宝 贵（1944— ）

作曲家。蒙古族。内蒙古通辽人。1964年到旗乌兰牧骑工作，历任副团长、团长、旗文化局副局长兼艺术总指导。内蒙古乌兰牧骑学会副会长，通辽市政协委员。创作的歌曲《雕花的马鞍》《白云团团》《在那白云飘落的地方》，分别获1984年自治区第五届艺术创作"萨日纳奖"等。曾多次被评为自治区乌兰牧骑先进工作者。1995年当选为自治区劳动模范。

宝 音（1959— ）

作曲家。蒙古族。内蒙古锡林郭勒人。曾任东乌旗乌兰牧骑演员队长，盟群众艺术馆馆长，盟歌舞团团长，盟文化体育局副局长。锡盟音协副主席。创作大量器乐曲、歌曲、舞蹈音乐、电视剧音乐，其中歌曲《神马颂》《圣洁的心愿》《摇篮曲》等分别获自治区第七、八、九届"五个一工程"奖、第八届"萨日纳"奖及"建设民族文化大区征歌"一等奖、中央人民广播电台征歌比赛二等奖。出版《宝音歌曲集》。

宝音德力格尔（1934— ）

女歌唱家。蒙古族。内蒙古呼伦贝尔人。曾任内蒙古歌舞团独唱演员、内蒙古艺术学校副校长。中国音协理事、内蒙古自治区音协副主席。1953年参加"第一届全国民间音乐舞蹈会演"，演唱蒙古族民歌"长调"获优秀演员奖。曾在波兰获第五届世界青年联欢节民歌演唱金质奖章。1963年入内蒙古艺校声乐研究班学习，后留校任教，担任民族声乐等课程的教学。善于演唱和表现蒙古族长调民歌辽阔、悠长、激情的特色。演唱曲目有《辽阔的草原》《我的家乡》《漂亮的骏马》。

鲍　伟（1966— ）

音乐教育家。安徽淮南人。安徽滁州学院音乐系副主任、副教授。1987年毕业于安徽师大。撰有《钢琴演奏中怯台心理分析与调控》《视奏与背奏的心理活动浅析》，2005年获省第五届小提琴比赛优秀教师奖，指导的男声小合唱获省大学生艺术歌曲比赛一等奖。

鲍　跃（1959— ）

长号演奏家。满族。北京人。1973年始学习长号，翌年考入中央音乐学院附中，1983年毕业于中央音乐学院。同年分配至中央歌剧院交响乐队任低音长号演奏员、乐队副队长。1989年受聘于该院交响乐团任演奏员兼副团长。曾参加《军民进行曲》《农村曲》《马可·波罗》《茶花女》等歌剧演出。曾与李德伦、小泽征尔等国内外指挥家合作演出音乐会。随团赴香港、澳门、芬兰演出歌剧《卡门》《蝴蝶夫人》等。

鲍传华（1940— ）

作曲家。湖北人。毕业于华中师范大学，历任宜昌地区创作员，当阳市文化馆馆长、文化局副局长、文联副主席及当阳市音协主席和宜昌市音协副主席。曾出版歌曲集《山水长相宜》，为音乐风光片《三国故地当阳美》、风情片《三国的太阳》、音乐艺术片《月亮河》（合作），山歌剧《打新柜》、电视连续剧《关公》等作曲。

鲍蕙荞（1940— ）

女钢琴演奏家、教育家。广东珠海人。1962年毕业于中央音乐学院钢琴系，同年留校任教。1963年就读中央音乐学院钢琴系硕士研究生。1970年始任中国交响乐团钢琴独奏家。中国音协第五、六届副主席，第七届顾问并兼任中国音协全国乐器演奏（业余）考级委员会专家委员会副主任，曾任中国文联全国委员。1960年获中央音乐学院中国钢琴作品比赛一等奖，1961年获"乔治·艾涅斯库国际钢琴比赛"五等奖。曾分别获全国钢琴选拔赛、全国肖邦钢琴作品选拔赛第一名。1985年获全国第四届器乐作品

评比"优秀演奏奖"。曾出任"路易斯·西加尔国际钢琴比赛"、"第六届阿瑟·鲁宾斯坦国际钢琴大师比赛"评委。2004年后任第11届布加勒斯特音乐比赛、第49届哈恩国际钢琴比赛、南非UNISA国际钢琴比赛、第4届第比利斯国际钢琴比赛评委。获中国唱片总公司首届"金唱片"奖。录制出版二十余种音像制品。多次出任国内钢琴比赛评委或评委会主席，2007年起任"中国国际钢琴比赛"评委会主席。先后赴近三十个国家和地区演出。

鲍莉莉（1935— ）

女钢琴演奏家。浙江湖州人。1956年毕业于南京艺术学院钢琴系。1956年始在中央新闻电影制片厂、电影乐团任钢琴伴奏。1957年起在中央戏剧学院表演系、形体教研室任教，后任钢琴教研组组长，教授。曾为表演系、导演系剧目担任音乐设计及钢琴演奏，如日本荒诞喜剧《水中都市》（话剧），意大利浪漫话剧《史加本诡计》及苏联现代剧、老式喜剧。

鲍铁军（1951— ）

低音提琴演奏家。河北南皮人。曾任铁道兵政治部文工团演奏员，1979年调中国歌舞剧院管弦乐团任团长兼演奏员。曾多次参加全军及全国文艺汇演，参与伴奏的小舞剧《军民鱼水情》、舞蹈《雪中送炭》、管子独奏《江河水》等获各种奖项。进入歌剧舞剧院后排演多部歌剧、舞剧，其中有《伤逝》《文成公主》《篱笆墙的影子》等。

鲍延义（1936—已故）

歌唱家。辽宁大连人。1954年入旅大歌舞团。1961年毕业于沈阳音乐学院声乐系。曾任该院声乐系副主任、副教授。

鲍元恺（1944— ）

作曲家。北京人。厦门大学艺术研究所所长、中国音协创作委员会副主任、中国音协第六届理事。1957年入中央音乐学院附中，1967年毕业于中央音乐学院作曲系。曾在天津音乐学院作曲系任教，教授。作有交响诗《献给建设者》，交响声乐套曲《春之声》《第一交响曲——人民的儿子》，中国传统音乐交响系列《中国风》之管弦乐组曲《炎黄风情》《京都风华》《戏曲经典》《华夏童谣》《台湾音画》等七个篇章。撰有《瓦格那的艺术道路》《巴托克作品研究》《理论与实践》等文。在专业教学方面，培养一批优秀的作曲家，有多名成为艺术院校教授。

暴　侠（1933— ）

作曲家。黑龙江庆安人。1948年从事音乐工作，毕业于沈阳音乐学院作曲系。作有歌剧《兴安岭战歌》《带枪的新娘》，大合唱《大庆战歌》《森林号子联唱》，交响乐《鄂伦春组曲》《唐诗组曲》，歌曲《鄂伦春马队在巡逻》《松花江船歌》《白嘎拉山情歌》《天上的星星》。获国家一等奖的有《小猎人》《嘿！我的小马驹》，获省一等奖的有《索加哈》《东方雄师》。出版有《大荒歌》创作歌曲选，《鄂伦春民歌选》《唐诗大合唱、唐诗童声大合唱》。在国家各级报刊上发表歌曲作品近百首。

B

贝宇杰（1955— ）

唢呐演奏家。北京人。1979年考入海政歌舞团任唢呐独奏演员，曾获全军文艺调演优秀表演奖。1987年调中央民族歌舞团任民乐队队长、独奏演员，后任团长、艺术总监。中国演出家协会理事、中国音协民族管乐研究会会长。多次为电台、电视台、唱片社录音。演奏唢呐协奏曲有《唢呐情话》《窦娥冤》等。参与策划、组织第二、三届全国少数民族文艺汇演开、闭幕式等大型文艺晚会。北京电视台"音乐人生"栏目以"贝宇杰艺术发展及成长道路"专题报道。曾随团赴二十多个国家演出。

毕　成（1957— ）

歌唱家。辽宁沈阳人。1991年毕业于解放军艺术学院声乐系，曾任沈阳军区空政文工团演员，1987年入沈阳军区前进歌舞团。曾主演歌剧《白莲花》《苍原》《琵琶行》《出发之前》。1992年参演中日联合排演的歌剧《歌仙——小野小町》任男主角。曾获辽宁省第二届电视歌手大赛优秀歌手奖，第四届省电视歌手大赛二等奖，文化部第六届文华表演奖，全国歌剧调演优秀演员奖等。

毕爱明（1916—已故）

小提琴教育家。江苏常州人。1930至1935年随苏联专家学习小提琴。先后在重庆西南美专音乐科、长江音专、蜀中艺专、西南人民艺术学院、四川音乐学院任小提琴讲师，副教授。后任器乐系副主任、学术委员会副主任。改编小提琴独奏曲有《南泥湾》。

毕昌兰（1921— ）

女声乐教育家。贵州桐梓人。1941至1944年在国立音乐院声乐系学习。曾任贵州师范大学艺术系教授、顾问，音协贵州分会顾问，第三届全国人大代表，贵州省第一、二、三、五、六届人大代表。

毕长安（1956— ）

次中音号、上低音号演奏家。辽宁人。解放军军乐团教研室次中音号、上低音号专业教员。1972年考入军乐团学习上低音号。同时兼修各科音乐理论课。1976年分配到乐队，先后担任上低音号演奏员、声部首席、声部长。1991年考入解放军艺术学院音乐系，系统学习主课及中外理论。1998年出版管乐系列讲座《军乐博士》VCD。2002年出版《次中音号、上低音号演奏教程》。

毕大可（1946— ）

作曲家。山东威海人。1969年沈阳音乐学院民乐系毕业，曾任大连人民广播电台文艺台副总监。作有板胡独奏曲《丰收的喜悦》、小提琴曲《渔歌》、民族管弦乐曲《欢庆胜利》、管弦乐《南海音画》等。曾为《脚步》《岳父的生日》等六十余部电视剧、广播剧作曲、配器，其中广播剧《杨儒》《新娘泪》获全国广播剧评选最高奖"优秀广播剧奖"。曾出访东南亚四国。

毕德科（1951— ）

戏曲作曲家。陕西眉县人。1969年毕业于西安音乐学院附中。1970年入陕西省眉县剧团。1985年任陕西省铜川市秦剧团作曲与乐队指挥及业务团长、团长。2001年任陕西省铜川市文联副主席。所创作的戏曲音乐作品有多部在陕西省暨铜川市获奖，部分被收入《中国戏曲音乐集成·陕西卷》。

毕凤岐（1950— ）

女音乐理论家。吉林怀德人。1969年毕业于吉林艺术学院音乐系。曾任长春评剧院演奏员，吉林省艺术研究所音舞美研究室主任，长春市《艺术集成》音乐编辑，《中国曲艺音乐集成·吉林卷》副主编、编辑部主任。撰有《跨世纪的音乐流程——满族戏曲音乐纵览》《长白山区的木把歌舞》《新时期崛起的评剧丑角唱腔》《佛教世俗化与朝鲜族僧舞的流行》等，多篇获奖。

毕国祥（1962— ）

打击乐演奏家。北京人。1977年起学习打击乐演奏，先后师从金纪广、沙玉华等。1980年入中央歌剧院交响乐团，任打击乐演奏员、声部长。先后参演的歌剧有《茶花女》《卡门》《蝴蝶夫人》《阿依古丽》《马可·波罗》等，参加多部交响乐作品的演出，多次担任领奏。

毕家治（1950— ）

音乐活动家。江西赣州人。1981年起曾任江西宁都县文联音乐舞蹈协会副主席兼秘书长，1992年后任赣州市章灵区文化馆馆长。撰有《略论群众文化与京九铁路接轨》《关于乡镇文化发展战略的思考》等多篇，作有歌曲《献给当代》《庐山夏夜曲》《中国的怀念》《七月抒情》等多首，其中部分作品获奖。主持大、中型文化艺术活动数百场次，如"94中国宋城文化节"开幕大型文艺表演等，组建赣州市十大群众文化艺术团等。

毕践新（1950— ）

作曲家。辽宁丹东人。曾任宝鸡艺术剧院副院长兼歌舞团团长、广东西江大学音乐系理论教研室主任、惠州市歌舞团副团长。毕业于西安音乐学院作曲系。作有男女声对唱《十里墩》，大型古典神话舞剧《萧史弄玉》，客家方言唱片《客家山歌——原声态》及《水深也有造桥人》，客家方言新山歌《客家妹子爱唱歌》，电影电视《绿色情缘》《东山，你好！》。出版有《阳光颂——毕践新创作歌曲精选128首》歌集，撰有《在科技高度发展的现代对客家山歌的编曲及创新》《客家流行歌曲及流行音乐》等文。是广东省《广州大典》《万紫千红百花开》《寻梦》等音像品的主要编创人之一。作品曾多次获奖。

毕可志（1947— ）

歌词作家。山东威海人。1970年从事专业剧团乐队工作。1980年调入威海市工人俱乐部。多年策划、组织多次大型职工音乐会，并进行歌词创作和小提琴教学工作。发表歌词《胶东风光美》《老战友》《心里燃着一团火》《请到北京来》《小妹妹》《牵着月亮的手》等多首。《珍惜时光》获中国微型文学大赛创作一等奖。

毕昆峰（1970— ）

巴松演奏家。山东平阳人。安徽省马鞍山市京燕乐器总汇店员。1994年毕业于上海音乐学院管弦系。1992年获中国院校室内乐比赛"木管五重奏"组第一名。1994年任北京交响乐团演奏员，参加了1994年首都《黄河》万人大合唱演出，1996年随团赴韩国各地访问演出。1997年、1998年在北京、广州等地进行香港回归巡回演出。

毕少军（1962— ）

音乐活动家。山东莱芜人。1989年毕业于山东艺术学院音乐系。山东威海青少年活动中心副主任。策划、组织威海庆"十一"篝火晚会、威海市青年歌手大赛、市首届文艺比赛、威海市首届电视歌手大奖赛、纪念建党71周年机关合唱大赛、威海"昆仑杯"卡拉OK歌手大赛以及威海第二届文艺比赛等群众文化活动。曾参加广东"金龙杯"人民公仆歌手大赛并获优秀歌手奖。

毕庶勤（1929— ）

作曲家。山东荣成人。1946年始从事音乐创作。1962年毕业于上海音乐学院理论作曲系进修班。曾任广州军区战士歌舞团创作组长、编导、研究员，广州军区海上文化工作队队长，音协广东分会副主席。创作有大量各种音乐作品，曾获军内外创作奖五十余件。歌曲有《当兵为什么光荣》《戒烟歌》，舞蹈音乐《夜练》《飞钹》，大合唱《幸福花开万年长》《井岗沙田组歌》，话剧配乐《南海长城》《神州风雷》。撰有《谈革命歌曲创作》《声乐创作知识》等文。出版有《毕庶勤歌曲选》专集。

毕武国（1955— ）

作曲家。山东文登人。曾任文登市文化馆馆长。曾组织开展全市性大型群众文化活动百余场。多首歌曲在报刊上发表、获奖。《默默追求的歌》获省首届词曲大赛二等奖，《水带工人之歌》《要让企业鹏程万里》分别获首届"黄河口杯"行业金曲大赛银奖、铜奖，《我爱黄土地呵，我爱中国》获全国第九届"群星奖"三等奖，《一路高歌向明天》《妈妈的牵挂》均获奖。主编《文登之声》歌曲选，出版《毕武国歌曲选》。撰有《浅谈少儿钢琴教育的现状走势和改革》等文，获省艺术科学优秀成果奖。

毕小茜（1949— ）

女钢琴教育家。浙江宁波人。中国音乐学院教师。1969年毕业于中央音乐学院附中，师从黄安爵、应诗真、洪士珪。曾任二炮文工团钢琴演奏员。曾为香港普通话儿童歌曲精选系列、《七子之歌》配钢琴伴奏，参加国内外重要演出活动的钢琴演奏及钢琴伴奏。培养的多名学生考入音乐艺术院校和中直文艺院团。

毕晓世（1957— ）

作曲家、指挥家。山东人。1974年入广东省"五·七"艺校学习小提琴。1980至1982年在上海音乐学院指挥专业学习。曾任职广东省歌舞团。1977年组建"紫罗兰"轻音乐队，1987年组建"新空气"音乐组合，后任广东歌剧院指挥。歌曲《父亲》获首届全国民歌、通俗歌曲"孔雀杯"作曲配器金奖、广东省校园歌曲创作大奖赛金奖，《人生韵律》《满天烛火》获首届广东广播歌曲"健牌"大奖赛金奖。《龙的命运》《山沟沟》分别获"华生杯"创作一等奖及广州"山水金曲大赛"作曲金奖。曾被聘为广州星海音乐学院乐队合奏课教师、广州乐团交响乐队客座指挥。

毕耀宗（1934— ）

作曲家。黑龙江齐齐哈尔人。1951年毕业于东北鲁艺。1954年毕业于东北音专作曲系。曾任北京歌舞团副团长。作有歌剧音乐《焦裕禄》《山鹰》《夏氏姐妹》。

毕忠义（1956— ）

演奏家、音乐活动家。山西人。中国音协第六、七届理事。1974年参加工作，任兰州市歌舞团演奏员。1979年就读于西安音乐学院管弦系。1983年毕业分配至甘肃省音协工作，1987年任协会副秘书长，后任秘书长、驻会副主席。2002年获中国音乐"金钟奖"组织奖，1999年获甘肃省第一届声乐器乐大赛二等奖。

秘子义（1935— ）

作曲家。河北晋县人。1958年毕业于职工业校高中班。后为河北省艺术研究所《燕赵新声》编辑。撰有《漫谈农村题材歌词》《学习群众语言》等。创作、发表歌曲多首，其中《春天来到社员家》1980年获河北省独唱独奏音乐会优秀奖，《幸福路上步步高》1983年获贵州省农村歌曲征歌二等奖，《我爱祖国爱家乡》《家乡水美人更亲》录制唱片。

边巴（1960— ）

指挥家。藏族。西藏拉萨人。西藏歌舞团乐队指挥。曾在中央民族大学艺术系、上海音乐学院民乐系和作曲指挥系、中央乐团社会音乐学院指挥大师班学习。先后获全区文艺汇演二胡演奏一等奖、全国少数民族文艺汇演演奏一等奖等多种奖项。随西藏艺术团访问意大利、瑞士、希腊等国。多次在西藏大型音乐会、文艺演出中担任指挥。2004年被聘为西藏大学艺术学院客座教授。

边多（1933— ）

作曲家。藏族。西藏日喀则人。1960年入上海音乐学院民乐系学习。曾在西藏藏剧团工作。曾任音协西藏分会第一届常务理事，五省区藏戏学会副会长。作有藏戏音乐《卓娃桑姆》《朗萨雯波》。撰有《论"堆谐"音乐的历史演变过程及品种》。

边江（1943— ）

作曲家。北京人。1956年考入中央音乐学院少年班，1967年毕业于中央音乐学院作曲系。曾任总政军乐团、北京军区战友歌舞团创作员。作有军乐合奏《红军胜利到达陕北》并获全军汇演优秀作品奖，舞蹈音乐《师长在哪》《清风送爽》分别获建国30、40周年全国汇演二、三等奖。参与集体创作的大型歌舞《长城颂》获军区一等奖，参与集体创作的电视剧《吴晗》获华表一等奖。

边 军（1919—已故）

音乐活动家。安徽蚌埠人。1938年入延安抗大学习。历任西北战地服务团和抗敌剧社音乐队长，延安鲁艺音乐系研究生兼教员，华北联大文工团音乐队长，中央民族歌舞团、东方歌舞团副团长等职。

边 洛（1965— ）

作曲家。藏族。西藏江孜人。西藏自治区歌舞团音乐创作员、西藏音协理事、西藏文艺理论研究会研究员、中国管乐协会理事、西藏音像出版社音乐艺术总监。1977年入江孜文艺学院作曲系。交响幻想曲《图腾断想》获全区首届交响作品大赛二等奖，交响素描《洁》获全国少数民族文艺大赛创作一等奖。电视剧《达玛拉山的誓言》《藏边深处》，歌舞剧《大雁颂》，歌舞《金色岁月》，歌曲《祝福祖国》《思念远方的亲人》《香巴拉并不遥远》《相约青藏》《神奇的铁龙》等分别获西藏自治区及国家奖。撰有《谈谈西藏通俗歌曲发展与状况》等文多篇，出版有《后藏民间音乐选集》《圣地之歌》（合作）等。

边宝驹（1930— ）

歌唱家。回族。安徽寿县人。1949年入华北大学三部音乐科，后入中央歌舞团、中央乐团合唱队工作。曾任中央乐团社会音乐学院声乐系副主任兼指挥。曾受聘为北京大专院校讲授指挥课。

边发吉（1957— ）

琵琶演奏家。河北肃宁人。河北省杂技团琵琶演奏员。1982年获全国民族器乐观摩演出表演奖。作有琵琶独奏曲《渔鼓》获省首届文艺振兴奖。录有琵琶独奏专辑。

边桂荣（1953— ）

女高音歌唱家。吉林通化人。1968年入通化市文工团。1971年入长影乐团。曾为《艳阳天》《创业》《金光大道》《车轮滚滚》《黄河少年》《刑场上的婚礼》《大渡河》《花园街五号》等多部影片录制主题歌及插曲。

卞 萌（1966— ）

女钢琴演奏家。浙江嵊州人。1978年考入上海音乐学院附中，后攻读大学本科及硕士研究生。多次在沈阳、上海等城市举办的国际、国内钢琴比赛中获奖。1990年赴苏联圣彼得堡国立里姆斯基——柯萨科夫音乐学院研究生部深造，获艺术博士、音乐艺术（演奏）博士双学位，成为中国第一个获双博士学位的钢琴艺术留学生，俄文专著《中国钢琴文化形成与发展》在圣彼得堡出版。1996年回国，任中央音乐学院钢琴主科副教授并举办个人独奏音乐会。编著《世界儿童钢琴名曲集》《车尔尼钢琴快速练习曲299》《巴赫小型序曲与赋格曲》等。

卞国福（1940— ）

音乐教育家。安徽肥西人。大学音乐欣赏、基本乐理教师。1960年毕业于皖南大学艺术系音乐专业，后开始从事音乐教育工作。曾任安徽省文化厅厅长，安徽省音协名誉主席。创作歌曲《北京夜曲》《祖国颂》《七月的船歌》等四十多首，出版音乐家故事集《世界音乐家故事大观》等。组织领导安徽省首届歌舞节，推出舞剧《冬兰》和安徽一系列地方歌舞节目。

卞敬祖（1938— ）

声乐教育家。江苏武进人。1964年毕业于上海音乐学院声乐系，留校任教。曾参加编写《音乐欣赏手册》。

卞留念（1962— ）

作曲家、演奏家。江苏南京人。1984年毕业于南京艺术学院音乐系二胡专业。东方歌舞团音乐总监及音乐指挥。中国音协第七届理事。连续十余年担任中央电视台春节文艺晚会音乐主创、统筹、指导、总监。曾任广西南宁国际民歌艺术节大型歌舞晚会、中国电视金鹰奖颁奖晚会、中国北京国际电视周文艺晚会、第六届中国艺术节、第十和十一届全运会、东亚运动会、亚运会、大运会音乐总监，第二十一届大运会闭幕式音乐总设计。从事专业创作二十多年，先后推出歌曲《今儿高兴》《愚公移山》《欢乐中国年》《心情不错》《火火的北京》《爱的火焰》等大量作品及近百部影视音乐。多次获全国"五个一工程"奖、央视春节晚会各级别奖项及全军文艺汇演金奖，2008年获中共中央、国务院先进个人勋章。

卞善仪（1937— ）

钢琴教育家。浙江嵊州人。1958年毕业于安徽师范学院艺术系钢琴主科。先后在安庆师院、安徽师范大学等校任教，硕士生导师。培养钢琴人才众多。曾担任安徽师大钢琴教研室主任、安徽钢琴学会筹备组主委、省考级评委。编著《车尔尼钢琴练习曲选集》《小钢琴家基训手册》及钢琴教程十余集。撰有《谈车尔尼的历史贡献及其钢琴练习曲作品》等文，并有译著多篇。

卞小贞（1946— ）

女高音歌唱家。江苏镇江人。海政文工团独唱演员。1969年毕业于解放军艺术学院音乐系。其演唱的曲目有《太阳最红，毛主席最亲》《泉水叮咚响》《西沙，我可爱的家乡》等。曾为《春天》《南海风云》《萨里玛柯》等电影配唱。获第三、第四届全军文艺汇演优秀演员和优秀表演奖。1980年演唱的《泉水叮咚响》被评为全国15首优秀抒情歌曲。1997年被总政文化部授予"热心为兵服务的文艺战士"称号，2004年被授予由美国世界艺术家协会颁发的"首次中国著名歌唱艺术家奖"。

卞玉珠（1934— ）

女音乐教育家。河北人。辽宁师范大学音乐系副教授。1956年毕业于东北师大音乐系，后在北京艺术师范学院音乐系学习。1957年在原旅大师范音乐科任教，1985年调辽宁师大筹建音乐系并担任本科生、研究生钢琴及钢琴作品欣赏讲座课。发表文章《辛勤耕耘，硕果累累》《春风荡漾，琴声悠悠》《对钢琴热中几个问题的思考》，专题广播《鲍蕙荞钢琴独奏音乐会评介》。

卞祖善（1936— ）

指挥家。江苏镇江人。1950年考入育才学校音乐组，后转入上海音乐学院附中，1961年毕业于上海音乐学院指挥系。1962年始任北京舞蹈学校实验芭蕾舞团（中央芭蕾舞团前身）常任指挥，1979至1999年任该团首席指挥。中国音协第四、五届理事，中国交响乐团联盟主席。指挥演出有《吉赛尔》《天鹅湖》《巴黎圣母院》《鱼美人》《红色娘子军》等舞剧。并在国内各地客串指挥，从事普及推广交响乐的工作。出版音乐文集《乐海管蠡》。

别海音（1950— ）

男高音歌唱家。四川成都人。毕业于中国音乐学院声乐系、歌剧系。曾任广西柳州地区民族歌舞剧团副团长、上海市邦德学院艺术系声乐教师、广西交响乐团特约演员。曾获上海"桑塔纳杯"广西赛区美声组一等奖、全国美声组新人奖、广西民族音舞调演演唱一等奖。参与创作指导歌剧《大瑶山人》获自治区剧展一等奖。2000年在广西成功举办个人独唱音乐会。

冰　河（1930—已故）

作曲家。四川自贡人。曾在某军、海军北海舰队及原国防科委等文工团任专职作曲。作品有《金瓶似的小山》《黑姑娘的歌》《雪花》等。为《七七事变》等多部影视片作曲。分别举办过冰河歌曲和管弦乐作品音乐会。将70首世界著名器乐曲改编的歌曲分三次六场公演，并由中央电视台播出。还将一批中国民歌译配成英文。其创作、改编和译配之作已编为五个专集在京沪和济南、西安出版。

波音图（1931— ）

歌唱家。蒙古族。辽宁人。1948年毕业于鲁艺学院。1960年入沈阳音乐学院声乐系进修。长期从事部队文艺工作。曾在工程兵文工团工作。

薄连琪（1946— ）

男高音歌唱家。天津人。1971年始任战友文工团独唱演员。1985年任中央民族乐团独唱演员。为电影《盲流》，电视剧《正月里来是新春》配唱插曲。

薄森海（1937—2008）

作曲家。江苏靖江人。曾任上海音协副秘书长。1973年毕业于上海音乐学院作曲系，后就职于上海市工人文化宫。曾在上海沪剧团、淮剧团从事戏曲音乐创作。作有歌曲《学习英雄解放军》（合作）等。为沪剧《赤通战鼓》，淮剧《母与子》创作音乐。淮剧音乐《金鞭记》获建国40周年上海文化艺术节"优秀成果奖"。著有《淮剧音乐及其唱腔流派》。

薄一彬（1918— ）

音乐教育家。河北枣强人。1943年毕业于北京师范大学音乐系。1944年起在日本国立东京音乐学校学习并在中华学校任教。50年代回国在北京师大、北京师范学院音乐系任教。现侨居日本。

薄占武（1932— ）

音乐教育家。河北丰润人。原北京市少年宫民族乐队指挥。1958年毕业于中央音乐学院民族器乐系二胡专业，分配到西安音乐学院任民乐教师。1973年调北京市少年宫。80年代初发起组织"北京市少年儿童民族器乐比赛"。为音乐院校和艺术团体输送众多优秀人才。

卜　瑶（1947— ）

低音大提琴演奏家。满族。辽宁沈阳人。中国少数民族戏剧学会理事。1957至1960年先后在中央音乐学院业余附小少年班、天津音乐学院附小学习钢琴。1966年毕业于天津音乐学院附中低音提琴专业。1968至2006年任河北省唐山市歌舞剧团演奏员、乐队队长、副团长、团长。在参加各类音乐会、歌剧、舞剧、交响乐演出的同时，还参与多部皮影、评剧、京剧的演出。曾获多项奖励。培养的多名低音大提琴的学生分别考入音乐院校及艺术团体。

卜　炎（1927— ）

作曲家。安徽濉溪人。1949年入皖北青年文工团。同年入上海音乐学院音教班进修。1956年入安徽省群众艺术馆任音乐组长，后在音乐舞蹈工作室工作。作有舞蹈音乐《扑蝶舞》，歌曲《皮筋牵着两颗心》，编有《安徽民间音乐》。

卜灿荣（1949— ）

高胡演奏家。广西人。1968年毕业于广州音专附中民乐系。为百余部粤剧进行音乐创作。曾获第五、七届中国戏剧节"优秀音乐唱腔奖"。创作多首广东音乐作品，其中高胡与交响乐《出海》曾于1995年与中央交响乐团合作在北京音乐厅演出。1993年在广州举办"卜灿荣作品音乐会"，多次举办个人音乐会，1997年中国唱片公司出版"卜灿荣广东音乐作品演奏专辑"。随团多次赴美国、法国、荷兰、日本等国演出。曾为广州市音协副主席。

卜大炜（1951— ）

音乐学家。北京人。1977年入中央歌剧院交响乐团任中提琴演奏员。曾在中国艺术研究院研究生部研修并通过音乐学专业硕士研究生课程。发表大量音乐评论文章和音乐译文。编订出版《弦乐四重奏曲集》（一），翻译出版《索尔蒂回忆录》《我的前79年——斯特恩回忆录》《铃木教学法——天才儿童教育的理论与实践》。担任过媒体专栏主持和特约评论员，出任过广播电台的特邀嘉宾、中央电视台音乐频道撰稿人。

卜万业（1955— ）

长号演奏家。内蒙古人。中国管弦乐学会理事。1975年毕业于内蒙古艺术学院，后任内蒙古民族歌舞剧院首席长号。1978年在中央乐团、中央音乐学院进修。2000年获自治区第二届室内乐大赛二等奖。2002年举办长号独奏音乐会。曾开设自治区大号演奏课，并被内蒙古师范大学音乐学院等院校聘为专业教师和客席教授。十余篇论文分别在《当代中国理论与实践》《草原艺坛》等刊出。

卜锡文（1938— ）

音乐理论家。陕西安康人。1958年毕业于西北师院艺术系，在该院音乐系任教。曾任中国传统音乐学会理事，中国音乐教育研究会常务理事。著有《花儿的体系与流派》《"双基双轨"音乐教育发展战略初探》。

卜中平（1936— ）

作曲家。辽宁沈阳人。1958年毕业于本溪师范学校。创作的《我和神佛GOODBYE》曾获"吉祥之声"全国征歌创作一等奖，《理想之歌》获辽宁少儿音乐表演会优秀节目奖，舞蹈音乐《爱》获辽宁"柱石杯"文艺大赛优秀创作奖，管乐曲《喜迎香港回归》获市优秀创作奖。多次担任全市大型集会迎宾管乐队指挥，并组建新风乐团，出任团长兼艺术指导。为部队、厂、矿、机关、高等艺术院校和专业文艺团体培养了大量文艺人才。

布 瓦（1933— ）

作曲家。蒙古族。新疆和丰人。1955年在自治区音乐培训班学习。曾在和丰县文工队工作。作有歌曲《牧民爱跟共产党》《毛主席的恩情永不忘》，器乐曲《欢乐的牧民》等。

布尔固德（1957— ）

歌唱家。蒙古族。北京人。1976年毕业于北京社会音乐学院管弦专业，1986年毕业于解放军艺术学院管弦系。1976年在福州军区前锋歌舞团乐队任演奏员，曾在南京军区某军文工团任创作员，1988年始在福建歌舞剧院任演员。撰有《浅谈在通俗歌曲演唱中如何吐字清晰》《大陆港台流行音乐三足鼎立》《大管哨片"二合一"制作方法》等文。为福建电视台《赌城风雨情》《梦·蓝天·大海》《这一方热土》《走向天堂》等电视剧演唱录制主题歌。参加历年来省内的重要音乐活动、节日的大型文艺晚会，担任独唱、重唱。

C

才 潜（1952— ）

作曲家、音乐活动家。中国大众音乐协会常务理事、中国音乐家网站总编、北京卫视阳光国际传播总监。1983年毕业于沈阳音乐学院作曲系。创作有交响音乐、影视音乐作品及百余首歌曲。长期担任大型音乐活动总策划、组委会秘书长，策划并组织"海军八一大型舰艇甲板音乐会""2008中国杯全国新创作歌曲、歌词、音乐论文暨歌手演唱评选"等活动。

才旦卓玛（1937— ）

女高音歌唱家。藏族。西藏日喀则人。1956年参加日喀则文工团，任歌唱演员。1958年入上海音乐学院民族班学习，师从于王品素教授。1959年，在北京参加国庆十周年演出崭露头角。1964年，参加大型音乐舞蹈史诗《东方红》的演出。1963年毕业后，任西藏歌舞团独唱演员。中国音协第三、四、五届副主席，第六、七届顾问，中国文联执行副主席，第五届全国人大常委等。曾任西藏歌舞团团长、西藏自治区文联主席。主要演唱曲目有《毛主席的光辉》《在北京的金山上》《翻身农奴把歌唱》《唱支山歌给党听》《年轻的朋友》《金珠玛米》《美丽的西藏，我的家乡》《阿玛来洪》等。曾多次举行个人独唱音乐会，出版有《才旦卓玛独唱歌曲选》《美丽的拉萨河》等五盒演唱专辑，曾获金唱片奖。曾率西藏歌舞团赴北欧五国访问演出，出访过五大洲三十多个国家。

采东宾（1949— ）

音乐活动家。黑龙江哈尔滨人。中国平煤神马集团公司工会副主席、文联主席兼文工团团长。曾任中国煤矿文联副秘书长，中国煤矿音协副主席，河南省音协理事，平顶山市音协主席。1968年起先后在平煤集团公司京剧团、说唱团、文工团担任演职员和领导工作。创作数十首歌曲，部分作品获奖。每年率文艺团体下厂矿慰问演出达百场，多次组织团（队）参加中央电视台及省市级组织的各类文艺活动。曾随中国煤矿文工团赴埃及、阿联酋演出。

蔡 国（1951— ）

大提琴演奏家。山东人。1962年学习大提琴。1969年任内蒙古包头市歌舞团乐队首席大提琴。1973年调二炮文工团乐队任首席大提琴。先后参加了1977、1987、1992、1999四届全军文艺汇演。1986年毕业于解放军艺术学院。1994年被聘为总政交响乐团演奏员，并参加乐团首演。1996年以来，在北京音乐厅、中山音乐堂、国图音乐厅演出施特劳斯、莫扎特、贝多芬各类专场音乐会百余场。

蔡 洪（1934— ）

女高音歌唱家。天津人。1951年入志愿军文工团任独唱演员。曾师从于保加利亚专家契尔金。1959年入总政歌舞团，曾在军艺音乐系工作。演唱曲目有《晴朗的一天》等。曾饰歌剧《红鹰》中女主角。

蔡 瑾（1973— ）

女琵琶演奏家。北京人。中国歌剧舞剧院民族管弦乐团琵琶演奏员兼节目主持人。毕业于中国音乐学院器乐系本科。多次在国内各地演出，多次出访澳大利亚、加拿大、美国、奥地利、希腊、泰国、韩国、日本及香港、澳门等国和地区，曾在悉尼歌剧院、维也纳金色大厅等演出，曾担任音乐剧《兵马俑》琵琶独奏，在北美巡演72场。出版《琵琶自学入门图解》，录制出版《家乡》《梦幻田园》等音像资料，在中央电视台录播琵琶齐奏《十面埋伏》及音乐欣赏等节目。

蔡 葵（1928— ）

女高音歌唱家。吉林人。毕业于长春女子师范大学音乐系。1946年参军在东北文艺工作团任教员、独唱演员和歌剧、话剧演员。曾主演话剧《考验》《抓壮丁》及歌剧

《兄妹开荒》《土地还家》。随部队参加三下江南、四保临江、黑山阻击战役的慰问演出。1951年赴前苏联等国家参加世界青年学生与和平友谊联欢节演出并任女高音声部长。1953年随慰问团赴朝鲜演出。1956年入中央广播合唱团，先后参加音乐舞蹈史诗《东方红》《中国革命之歌》及贝多芬《欢乐颂》演出。曾应邀赴日本联欢交流。

蔡 璐（1945— ）

女作曲家。江苏常熟人。1968年毕业于上海音乐学院作曲系。曾在上海美术电影制片厂工作。作有美术片音乐《好猫咪咪》《我的朋友小海豚》《黑猫警长》，钢琴音诗《拼搏》，长笛组曲《海边即景》。

蔡 谦（1954— ）

音乐教育家。河南灵宝人。河南省灵宝市实验高中教务处副主任、高级讲师。1986年、1989年分别毕业于洛阳教育学院音乐系、河南大学音乐系。撰有《琴童考级大有益处》等文，合著《中国声乐教育手册》《钢风琴弹唱》等。发表歌曲《西出阳关》于2004年获《歌曲》杂志"晨钟奖"，《荡秋千》获河南省首届MTV"群星奖"金奖、河南省第八届"黄河之滨"音乐周金奖。编导灵宝市春节晚会"金灵春韵""祝福灵宝""金城之春""春涌金城"在省卫视播出。

蔡 祥（1957— ）

二胡演奏家。天津人。1980年毕业于天津音乐学院民乐系二胡专业，后考入天津广播电视艺术团，任乐队队长。曾在天津广播电台录制百余首二胡、高胡独奏曲、重奏曲，其中《豫乡行》《平湖秋月》《鸟投林》《渔舟唱晚》《来自草原的祝福》等在电台播出。还为多部电视剧录制音乐。撰有《对二胡艺术的回眸与思考》《二胡演奏艺术的思考》等文。

蔡 岩（1960— ）

女歌唱家。山东诸城人。曾在哈师大艺术系、海政歌舞团青年歌手培训中心第一期"明星班"进修。先后获全国成才之路声乐大奖赛金奖及省级各类声乐比赛奖三十余次。被省文化厅授予"为黑龙江省文化艺术事业做出突出贡献的人员"。在国家级音乐刊物发表歌曲十余首。

蔡 央（1964— ）

音乐教育家。广西南宁人。广西艺术学院音乐系教研室主任。1986年毕业于广西艺术学院。论文《我国小学音乐教育存在的问题》获"广东省首届儿童音乐教育研讨会"一等奖。曾代表学院赴美国参加亚斯潘国际音乐节演出扬琴独奏。所指导的两名学生参加中南五省、市扬琴大赛均获一等奖。

蔡 毅（1930— ）

女声乐教育家。湖南长沙人。1949年始从事部队文艺工作。毕业于湖南大学声乐系。1950年任中央歌剧院合唱队员。1953年参加中国艺术团赴苏联、蒙古演出，赴罗马尼亚参加第四届世界青年联欢节获合唱二等奖。1956年

开始从事音乐教育工作，历任歌舞团、艺术学校、戏曲剧团声乐教师。发表《论戏曲演员的声乐训练》，获江西省首届优秀论文评选二等奖。1987年应中国艺术研究院、中国戏曲音乐学会、福建声乐学术讨论会邀请，在会上宣读《论戏曲男学员变声期的声乐训练》。

蔡 箴（1936— ）

女声乐教育家。上海人。曾就职于江苏徐州群艺馆。1953年入志愿军声乐训练班，后任华东炮兵文工团及沈阳军区前进歌剧团歌唱演员。曾创办徐州市首个声乐教研组织"蔡箴声乐艺术小组"，并受聘担任徐州师范学院音乐系兼职教师。培养了一批声乐人才，有多位学生在全国及江苏省的比赛中获奖。

蔡 忠（1943— ）

圆号演奏家。上海人。原上海交响乐团演奏员、党支部副书记。1960年赴上海音乐学院管弦乐训练班学习圆号。1962至1972年先后在上海歌剧院管弦乐队，1972年调上海交响乐团任圆号演奏员。演奏有歌剧《蝴蝶夫人》《江姐》，芭蕾舞剧《三角帽》，舞蹈史诗《椰林怒火》，《贝多芬第五交响曲》《天鹅湖》组曲，肖邦《e小调钢琴协奏曲》等。与国外许多著名指挥家合作演出。

蔡炳才（1936—2006）

歌唱家。上海人。原上海乐团歌唱演员。1960年毕业于上海音乐学院附中，分配到上海合唱团（上海乐团）任独唱演员。在历届"上海之春"及"哈尔滨之夏"中担任独唱、重唱。先后随"上海青年艺术团""上海中日友好代表团"赴越南、日本访问演出。为多部电影配音。

蔡朝阳（1965— ）

男高音歌唱家。广东潮州人。1990年毕业于广东省肇庆师范专科学校音乐系，后任广东省江门市群众艺术馆馆长。撰有《让歌唱艺术添上翅膀》。所作歌曲《落雨天》《老榕树下》分别获省群众文艺创作评选三等奖、铜奖。演唱歌曲多次获全国及广东省比赛金奖、优秀奖。策划、组织江门市侨乡之春、江门侨乡艺术节、市纪念抗战胜利60周年暨星海之声万人歌咏会等音乐会并担任艺术总监。

蔡德予（1935— ）

音乐理论家。江西龙南人。1956年由江西师范中文专业毕业后在艺术系长期从事艺术理论、音乐文学和美学教学，教授。撰写《倾斜、曝光、担忧》《'格式塔'与音乐心里审美场》《'乐记'美学思想五题》《老子的音乐美学思想》《马克思论音乐》等数十篇论文。出版《歌词审美与技巧》五部，歌词集《天鹅之恋》。发表歌词百余首，其中部分获奖。

蔡恩佳（1950— ）

音乐教育家。四川人。四川理工学院音乐系特聘教授，自贡市鸿鹤中学高级音乐教师。长期从事音乐教育，研究与探索各年龄段学生的教学规律，任教从学前班到高三共13个年级的音乐课，被评为学生"最喜欢的课"。撰

写发表有多篇教学论文并获奖。撰有《职业高中幼教专业音乐教材》。创作、刊发歌曲、器乐曲、组歌上百首，有的获奖。不少学生考入各音乐院校或文艺团体。

蔡国屏（1934— ）

男高音歌唱家。广东中山人。1956至1979年在中央电台广播乐团合唱团从事声乐工作，曾师从苏联专家学习。1958年始任合唱团独唱演员。为广播、电视演播过许多中外歌曲，部分录制唱片、盒带。曾为《赤峰号》《勐龙沙》等故事影片录制主题歌。在国家迎宾大型演出中担任《祖国颂》等歌曲领唱、独唱，在大型音乐舞蹈史诗《东方红》中任歌曲《松花江上》的男高音独唱并录制唱片。演唱作品收入《20世纪中华歌坛名人百集珍藏版》。

蔡海波（1957— ）

作曲家、电视导演。河北保定人。河北大学艺术学院音乐系主任、教授。发表多篇音乐电视的创作理论与实践学术论文。所创作的音乐作品及导演的音乐电视近百次在全国获奖，其中作曲、导演的儿童音乐电视《嘎子嘎》《太行娃》《梦中的油灯》《冬天的故事》《杂技娃》《我和奶奶跳皮影》分别获中国电视"金童奖""金鹰奖"、中国儿童音乐电视导演奖、作品奖。歌曲《歌声迎来新世纪》获首都庆祝建国50周年征歌奖。出版《蔡海波声乐作品专辑》等多部。

蔡洪涛（1947— ）

歌唱家。江西九江人。历任九江市歌舞团舞蹈队、歌队队长、编创员。曾主演大型歌剧《货郎与小姐》《追鱼》《徐九经升官记》等近十部，大型舞剧《井冈山》《闪闪的红星》等五部。为电视片《青山情》《红土地》《老区奇葩》配唱主题歌。声乐论文获首届"江西音乐论文"征辑三等奖。演唱、创作歌词、诗歌多次获奖。

蔡惠泉（1925—1997）

打击乐演奏家。江苏苏州人。1954年始入中国广播民族乐团。改编乐曲《海上锣鼓》并任领奏。1987年获广播电视部排鼓改革科技进步奖。撰有《丰收锣鼓的创作体会》。

蔡纪凯（1937— ）

小提琴演奏家。江苏南京人。1946年入国立音乐院幼年班，后就读于中央音乐学院附中、本科，在校曾任乐队首席。1957年入天津歌舞剧院任管弦乐队首席、乐队队长。1981年考入广州乐团，任广州交响乐团首席。1984年任广东歌舞剧院乐队首席兼队长。1993年起受聘于深圳艺术学校任小提琴教师。有学生获美国路易斯安娜州专业比赛第一名、国内专业文艺团体小提琴比赛第一名。

蔡际洲（1952— ）

音乐学家。甘肃宁县人。毕业于武汉音乐学院，获硕士学位，后为该院音乐学系教授。中国传统音乐学会理事、中国戏曲音乐理论研究会常务理事。1994至2002年任《黄钟》副主编。撰写、主编、参编有《引商刻羽：长江流域的音乐》等十余部，发表《南北曲形成的文化生态》等文七十余篇。参加国家"七五"重点研究项目，获文化部颁发的"集体成果奖"和全国艺术科学规划领导小组颁发的"文艺集成志书编纂成果二等奖"，另有多篇论文在全国性音乐论文评奖中获一等奖、二等奖。

蔡建金（1958— ）

手风琴演奏家。福建仙游人。毕业于福建师范大学。1982年起任仙游师范学校音乐教师，高级讲师。中国手风琴学会理事，福建省手风琴学会常务理事。手风琴独奏多次参加福建省武夷山音乐舞蹈节获创作奖和演奏奖。参加福建省第一、二届青年手风琴比赛获一等奖。录制盒带《手风琴经典名曲》（合作），所创作的手风琴曲《蔗乡欢歌》《山歌随想曲》被编入《中国手风琴曲100首》。主编福建省中等师范学校选修课本《手风琴》。参加《手风琴教程》编写。编著《贝司手风琴教程》。

蔡子人（1926— ）

歌词作家。山东人。1947年后入东北人艺创作室，并集体创作歌剧《立功》，演出于全国文代会。1949年创作歌词《中苏团结力量大》（张凤曲），1950年改为《全世界人民团结紧》并获文化部二等奖。1973年后任文化部编审与高职称评委，《艺术教育》与《新文化史料》主编及《中外文化交流》编委。1980年后考察港、泰、德并参与文艺评论。1990年后创作散文、诗、词、赋等数百篇。

蔡敬民（1939— ）

新竹笛教育家。江苏沛县人。大学本科毕业。曾在南京艺术学院任教。改革的新竹笛获文化部科研奖。著有《蔡敬民笛曲选》《新竹笛笛子及演奏》等，作有新竹笛协奏曲《春光》，录有唱片《蔡敬民新竹笛独奏》。

蔡静仪（1926—1994）

女声乐教育家。上海人。1942年先后就读于西安西北音乐院、重庆国立音乐院，1949年毕业于北平国立艺专声乐系。曾任中央乐团独唱教研室主任，广州音专、星海音乐学院声乐系主任、教授。撰有《声乐一定要走民族化道路》《声乐艺术如何洋为中用》《女中音、男中音培训的规律》等论文。

蔡觉民（1954— ）

音乐教育家、作曲家。四川广安人。1990年毕业于首都师范大学音乐系，后任湛江师范学院艺术学院副院长、教授。撰有《奥尔夫音乐教学法的构成》《高师音乐课程的综合性结构探讨》《音乐教育的审美体验模式》等文。出版《中外音乐鉴赏》《音乐教育的理论基础》等多部。创作歌曲《草原上的小河》《秋雨濛濛》等。2002年为广东省大学生运动会会歌《放飞青春》作曲。

蔡克翔（1930— ）

作曲家。湖北武汉人。1964年毕业于中央音乐学院作曲系。长期任中央歌剧院专业作曲。主要作品有歌剧《一百个新娘》主题曲，合唱《京崖独立队之歌》《瑶山夜歌》，独唱《拥有一片故土》《热烈欢呼，纵情歌唱》以及为电视片《腾飞的青岛》《戈壁红花》《北戴河》《亚非拉乒乓友谊赛》等创作的音乐。另有歌曲《库尔勒香梨》《香茶歌》《周总理窗前的灯光》《我的海南岛》等，由中国唱片社或刊物出版。

蔡来有（1940—　）

声乐教育家。广东潮汕人。1960年考入广州音乐专科学校（现星海音乐学院），1963年毕业于该校声乐系。曾任韩山师院艺术系常务副主任。被聘为第九届全国城市职工歌手比赛评委，并多次被聘在潮州市广播电台讲授声乐知识和热线咨询活动。培养、辅导近三百名学生考取各类艺术院校。为地方、学校、部队培养多名优秀歌手。其中有三名在全国性各类歌手比赛中分获金、银奖、优秀奖。

蔡兰秋（1964—　）

女高音歌唱家。江苏泰兴人。1984年入江苏盐城市歌舞团，历任舞蹈队、声乐队演员、队长。作有歌曲《风调雨顺的中国》，发表有《为了心中的歌声》《歌曲演唱贵在创新》，参加泰兴"银杏杯"歌舞晚会、省新年"三下乡"文艺演出团、赴韩国巡演，均担任独唱、主持人。曾获省音舞节独唱金奖、"五星工程"演唱金奖、全国"大学生艺术节"独唱金奖。

蔡立彤（1944—　）

作曲家。广西平南人。曾为广西戏曲音乐学会会长。1959年学习器乐演奏，后又学习作曲、和声、复调。作有歌曲《中华一家人》，组歌《暴风雨交响诗》（7首）等四十多首（部），为三集电视剧《王祥林》，风光风情片《情醉资江》，小舞剧《三看亲》等作曲、配器、指挥，在全国播出。撰有《谈徐九经的唱腔设计》《浅谈桂剧高腔的特点与发展》（合作）等文。另为桂剧、彩调剧、电视小品等作曲数十部。曾任广西文化音像出版社社长、总编，《歌海》编委会主任，《中国戏曲音乐集成·广西卷》副主编。

蔡良玉（1940—　）

女音乐理论家。福建晋江人。中国艺术研究院研究员。1946年随父母在美国定居，1950年回国。1966年毕业于中央音乐学院音乐理论系。从事西方音乐史、美国音乐研究。1982、1991年两次赴美进修考察。被评为文化部优秀专家。多次参加联合国教科文组织保护非物质遗产工作。著有《扼住命运咽喉的人——介绍贝多芬》《美国专业音乐发展简史》《美国音乐文论集》（合编）《西方音乐文化》《交汇的视野》《世界艺术史·音乐卷》（合作）《古琴艺术汉英双语小辞典》。

蔡梅孩（1951—　）

作曲家。上海人。1975年毕业于昆明师范学院艺术系。曾在部队做文化工作。1981年任重庆电视台音乐编辑及作曲。参与《山那边是海》《黑豹突击队》《巴桑和他的弟妹们》多部影视剧的作曲，电视剧《悬崖百合》配乐获得中国电视飞天奖优秀音乐奖，大型民俗片《西藏文化系列》获1993年"五个一工程"奖、四川国际电视艺术节金熊猫奖提名。

蔡妙妙（1951—　）

女钢琴教育家。福建人。1978年考入福建师大音乐系学习，毕业后从事高等师范音乐教育及少儿钢琴教学。任集美大学艺术教育学院钢琴副教授。培养许多优秀学生，多人次获全国及亚洲钢琴比赛奖项，本人获全国优秀教师。

蔡敏超（1946—　）

女小提琴演奏家。上海人。中国音协小提琴专业考官。自幼担任上海市少年宫管弦乐队首席。1962年被保送至中央音乐学院学习。1970年入湖北歌剧团任交响乐团首席。在武汉首演小提琴协奏曲《梁祝》，并应邀赴北京、南京、杭州等地演出。在歌剧《洪湖赤卫队》《泪血樱花》由中国唱片社、中央电视台录制全剧时任首席及独奏。组织并参加室内乐团在各地演出。1992年随团赴香港参加"神州艺术节"。1999年应邀赴美国IOWA州参加音乐节担任独奏并进行交流访问。

蔡明强（1955—　）

小提琴演奏家。湖北安陆人。1976年毕业于武汉音乐学院音乐系，后任孝感市京剧团首席小提琴。1984年后任孝感市文化局社文科科长、孝感音协副主席。组织并导演多场大型文化活动、专场文艺演出、电视直播晚会。参加音乐伴奏的楚剧《虎将军》《中原突围》，获"文华奖""五个一工程"奖。创作、配乐市运动会团体操音乐，导演《宇济之光》大型文艺晚会开幕式。

蔡明中（1937—　）

作曲家、音乐教育家。河南开封人。1954年毕业于开封艺校，1958年毕业于河南艺术学院音乐系，主修理论作曲和小提琴。原开封市音舞协会主席兼秘书长。河南省音协常务理事。作有歌曲《祖国永在我心中》《花鼓调》《故乡的胭脂河》《归来吧香港》在报刊发表并获奖。论文《河南花鼓概述》获1992年省级论文一等奖。创办开封市少儿艺术学校。曾执笔改编移植大型豫剧《苗山颂》。由市豫剧团在全国部分省市巡回公演。在艺术集成志书编纂工作中获国家级奖励。多次获河南省优秀小提琴教师。

蔡佩莹（1927—已故）

女歌剧表演艺术家。江苏宿迁人。1949年毕业于国立戏剧专科学校。曾任南京军区歌舞团演员。全国政协第四届委员，江苏省第三届人民代表、第四届政协委员。主演歌剧《红霞》。

蔡其平（1955—　）

歌唱家。湖北宜昌人。1970年入伍，1978年考入广州军区战士歌舞团。1986年在全国青年首届民歌、通俗歌曲大赛中获"孔雀杯"金奖。1991年在广州举办的全国十大最受欢迎歌手评选活动中，被评为"万千星辉耀中华，十大最受欢迎歌手"。1997年在广州市委宣传部主办的全国征歌活动中，创作的歌曲《您说那一天您要来》（作曲）

获一等奖，同年获广东省"五个一工程"奖。

蔡启明（1937— ）

钢琴教育家。福建人。1959年毕业于沈阳音乐学院钢琴系。后在中央音乐学院钢琴系任教。现在国外。编有《辽宁省中小学音乐教师参考书》。

蔡曲旦（1916—已故）

歌唱家。广东揭阳人。1936年毕业于印尼爪哇吧达维亚音乐院声乐系。1938年归国从事抗日救亡歌咏活动。长期从事音乐教育工作。1956年入音协广东分会工作。曾多次举行独唱音乐会。

蔡荣强（1957— ）

小提琴演奏家。浙江杭州人。1970年入杭州歌舞剧院乐团任小提琴首席。曾在上海交响乐团学习。参加歌剧《江姐》《杜鹃山》，中日合演的《特洛伊女人》，舞剧《小刀会》《白蛇与许仙》等的伴奏。参加指挥家韩中杰等的交响音乐会，歌唱家张建一等的独唱音乐会。参加多场综合性音乐歌舞晚会，电台、电视台许多音乐作品的录音。

蔡瑞升（1941— ）

小提琴演奏家。广东中山人。1953入上海音乐学院附中学习小提琴。1960年入上海交响乐团，任第二小提琴首席、艺术委员会委员。1977年后被聘为上海音乐学院兼课教师。2004年被选为上海音协小提琴专业委员会理事。曾随上海交响乐团多次赴德国、美国、日本和澳洲等15个国家地区演出。

蔡绍序（1910—1974）

声乐教育家。四川安岳人。曾任四川艺专音乐系、四川大学副教授、教授。新中国成立后曾任西南军政文工团副团长、上海音乐学院声乐系教授。录有独唱《槐花几时开》唱片。曾赴苏、波、匈、罗、捷等国演出。

蔡胜德（1940— ）

二胡演奏家。江苏南京人。1962年毕业于南京师范大学。在苏州市歌舞团工作。曾任空政文工团歌剧《江姐》乐队首席。作有乐曲《延河新花》《情海琴思》等。

蔡时英（1939— ）

音乐活动家。广东潮州人。1961年毕业于广州音乐专科学校理论作曲及小提琴专业，留校任教。后在广东民族歌舞团从事演奏、指挥和作曲。1967年起任该团主要领导。1980年后历任广东省文化厅艺术处长、音协秘书长、音协专职副主席。1995年后任省文联党组书记、专职副主席，中国文联全国委员。曾任广东省政协委员、省政协教科文卫体委员会副主任。长期从事音乐理论、评论，其文字散见于各报刊。曾率团赴美、非和欧洲九国。

蔡世贤（1947— ）

钢琴家、音乐教育家。广西桂林人。曾为广西艺术学院音乐教育学院院长、硕士生导师。全国师范院校钢琴研究会副主任委员、广西音协副主席。担任钢琴伴奏教学研究、论文写作等课程的教学。编撰各类音乐教材7部。作有钢琴曲《Do Sol Re——白裤瑶印象》等百余首（部），其中获国家级及省级奖8项。撰写论文获教育部及省级奖多项。获教育部颁发"全国学校艺术教育先进个人"称号、曾宪梓教育基金会教师奖三等奖。曾赴美、日等国研修并赴港、澳、台地区交流。

蔡松琦（1939— ）

音乐教育家、理论家。广东揭阳人。中国音协第五届理事，广东省政协常委。1962年毕业于上海音乐学院理论作曲系，师从瞿维、黎英海等。星海音乐学院教授、原院长。广东省音协副主席，省政协常委。从事音乐教育多年，发表论著数十种。有《流行音乐和声技法》《二十世纪音乐精粹》《二十世纪的音乐语言》《和声音响的多维性》《近现代和声的线条思维与线条结构》等。

蔡天翼（1946— ）

作曲家。江西南昌人。1964年入南昌市文工团。1965年入江西省公安厅文工团。1980年入南昌市西湖区文化馆，任副馆长。作有儿童音乐剧《手挽着手》，歌舞音乐《小伙伴柑桔林》，舞蹈音乐《小小摄影家》《灯的语言》，二胡齐奏曲《斑鸠调》《甜妞妞》，琵琶齐奏曲《井冈山下种南瓜》，歌曲《集合在五星红旗下》《山寨女教师》《走在春光里》《中南海的灯光》等。

蔡廷瑞（1945— ）

声乐教育家。湖南长沙人。毕业于武汉音乐学院声乐系。曾任湖南省长沙市群众艺术馆馆长，后任湖南涉外经济职业学院音乐系声乐教授兼湖南省声乐艺术委员会副会长、长沙市音协副主席。出版专著两部，发表出版论文三十多篇，创作发表大量声乐作品，其中有12件在全国获奖。歌曲《湘女神韵》曾获文化部"群星奖。"同时培养了许多国内外有影响的音乐艺术人才，并获文化部颁发的"优秀声乐辅导奖"与中央电视台"优秀园丁奖"。

蔡王彬（1939— ）

音乐活动家。福建莆田人。1960年毕业于晋江专区艺术学校作曲班。历任晋江专区歌剧团乐队队长、首席，福建艺校泉州歌剧班负责人，市艺术馆副馆长，市音协秘书长。一直从事群众音乐活动中的创作、培训、组织、辅导。参加中国《民间舞蹈》《民间器乐》《曲艺音乐》《戏曲音乐》等集成工作，获文化部、国家民委、全国艺术科学规划领导小组及福建省文化厅的表彰。

蔡文峰（1967— ）

古筝演奏家。广东汕头人。1990年毕业于星海音乐学院民乐系，后任广州歌舞团乐队独奏演员。曾参加"西贡"艺术节、广州春节赴港艺术团、国庆文艺晚会等演出。作有古筝曲《夜雨思乡》《童真》，歌曲《改变》《西出阳关》《人在江湖》等，发表有《浅谈筝的左手按弦技法》《关于电吉他与木吉他的力度问题》。出版《筝演奏法》《古筝实用教程》《流行歌曲改编的古筝曲集》

《魔筝》古筝独奏专辑及《生活的声音》《流行古筝》。举办"金石有情"个人独奏音乐会。

蔡习宁（1955— ）

女音乐教育家。江西上饶人。1980年毕业于江西赣南师专艺术系，同年从事音乐教育工作，1995年毕业于江西师范大学音乐系。曾在上海音乐学院进修声乐，在上海交通大学文艺系完成硕士研究生主要课程。江西宜春学院艺术学院副教授。先后出版《乐理视唱教程》《中外音乐欣赏》等国家级教材，发表论文十余篇。培养一批优秀的学生在多项比赛中获奖。

蔡宪理（1934— ）

小提琴演奏家。陕西泾阳人。原兰州军区战斗歌舞团乐队队长兼首席。1949年5月入伍并从事部队文艺工作。1951年参加原西北军区艺术训练班培训，学习小提琴及乐理、作曲。1952年为小歌剧《用啥办法学》谱曲并获奖。1957年在西安音乐学院进修小提琴。参加电影《红鹰》《柯山红日》的录音。曾任甘肃省首届全省器乐比赛评委并参加第一、二、四届全军文艺汇演。后任《狼牙山五壮士》《丰收歌》等舞蹈乐队指挥。

蔡筱丽（1940— ）

女音乐编辑家。安徽合肥人。1962年毕业于兰州艺术学院。曾任宁夏《民族之声》编辑部副主任，音协宁夏分会副秘书长、常务理事。作有歌词《日子甜了歌也多》《甜滋滋的日子在前头》。

蔡延坤（1963— ）

音乐教育家。广东潮安人。广东潮安县教育局青少年宫校外教育主任。1989年中国函授音乐学院音乐教育系毕业。论文《用换声手段扩展儿童音域》获全国教学论文大赛二等奖。参加广东省乡村歌手大赛获潮安赛区二等奖。编排辅导的《卓玛》节目获全国儿童艺术展演二等奖，并获优秀编导称号。2004年辅导学生参加全国第二届"星星火炬"才艺大赛获声乐组金奖，本人获优秀指导教师奖。

蔡英俊（1954— ）

作曲家。黑龙江人。创作大量歌曲、舞蹈音乐、器乐曲及大、小型评剧十余部，多部在历年黑河电视台春节晚会及省台播映。其中评剧《大青山》《血泪情》等赴省参加汇演并获奖。1989年作曲的电视风光片《鄂乡行》在省内及香港播放。1992年创作的舞蹈音乐《罕拜篝火》《挥巾舞》参加省舞蹈大赛并获奖。大量作曲、配器、指挥的作品在省内及全国各地巡演千余场。1994年被聘为黑龙江省艺术学校黑河分校教师，被评为省中青年拔尖人才。

蔡余文（1921— ）

作曲家。广东陆丰人。1994年始参加新音乐社、新中国剧社、中原剧社、华南文工团、华南歌舞团。毕业于中央音乐学院进修班。作有歌曲《我们的队伍来了》《春天的后面不是秋》，舞剧《牛郎织女》（合作），改编无伴奏合唱《半个月亮爬上来》获第四届世界青年联欢节银质奖，载入《20世纪华人音乐经典》。参与整理并任艺术指导的《抛网捕鱼》，获第六届世界青年联欢节金质奖。著有《广东丝弦乐》（合作）。

蔡则平（1960— ）

女高音歌唱家。江苏人。1987年获上海市首届重唱比赛二等奖，1993年获第十五届"上海之春"女高音独唱表演奖，1995年个人音乐专辑片《和平、母亲》获全国音乐电视比赛金奖及第十届全国星光奖，1996年获第三届"立邦杯"戏歌大赛演唱银奖。1997年由上海音乐出版社出版专著《声乐的演唱与教学》（合作），1997与2000年先后赴韩国及全国各地参加演出，并录制MTV、CD。2001年赴美国交流、演出，并分别在犹大州和洛杉矶举行三场独唱音乐会。

蔡振斌（1935— ）

大提琴演奏家。上海人。1950年入上海警备区文工团军乐队，后入总政军乐团，1961年任中国广播艺术团交响乐团大提琴演奏员、大提琴首席。曾参加演出音乐舞蹈史诗《东方红》，现代京剧《沙家浜》等，随团出访欧洲多国以及赴澳门和香港国际艺术节演出，随团与众多指挥家合作演出贝多芬全套交响乐作品，曾与大提琴演奏家马友友等世界著名音乐家合作演出。

蔡振起（1959— ）

低音提琴演奏家。天津人。1985年毕业于天津音乐学院本科低音提琴专业。曾任北京军区宣传队演奏员。1985年入中央民族歌舞团管弦乐队，任低音提琴演奏员。曾参加华北音乐节演出，随中国青年艺术团赴朝鲜以及罗马尼亚演出，随团赴英国、德国、西班牙演出。曾策划《财政之春》文艺晚会。撰有《关于低音提琴右手运弓技巧的几点体会》等文。

蔡振忠（1941— ）

长号教育家。天津人。1966年毕业于天津音乐学院。长期从事长号的演奏与长号、大号的教学工作，为天津音乐学院及附中制定长号、大号教学大纲。多年来培养一批国家级专业人才。作有长号独奏《牧民的春天》，改编爵士乐《康定情歌》。著有《长号演奏技巧训练》《长号基本功训练》。发表论文《长号演奏问题的解析》《长号演奏的右手技术问题》。

蔡正菁（1942— ）

女作曲家。上海人。1966年毕业于上海音乐学院理论作曲系。1968年任贵阳市京剧团《苗岭风雷》剧组作曲。1972年任合肥市歌舞团作曲。1984年任安徽文艺出版社编辑、副编审。其担任作曲的电视片《徽州风情》于1987年获全国对外宣传优秀电视节目三等奖。钢琴作品《牛歌》《摘石榴》编入《中国儿童钢琴曲》，《对花谜》编入《少年儿童钢琴曲选》。责编的《音乐心理学基础》《达尔克罗兹体态律动学入门》《铃木钢琴教学法》《奥尔夫儿童音乐教学法初步》编入《中国图书大辞典艺术卷》中。

仓传德（1935— ）

女高音歌唱家。天津人。1950年始先后入东北鲁艺、东北音专、中央音乐学院声乐系学习。曾在总政歌剧团工作。曾随团赴几内亚、伊拉克、法国演出。曾在沈阳市举行独唱音乐会。

仓道沅（1943— ）

女音乐教育家。江苏泗阳人。湖南省中师音乐教研会理事长、常德市音协副主席。曾任常德东方艺术学校校长。1965年毕业于湖南师大音乐系。曾任地区歌剧团声乐指导，参加歌剧《江姐》《向阳川》《白毛女》等剧目的演出，并任女主角。所教学生多次在全国、省市大赛中获奖。指挥合唱《山童》等获省一等奖，全国二、三等奖。多年来为高等院校输送上百名学生，有的赴美学习。曾担任全国中师教材编委，发表论文多篇。曾获全国曾宪梓教育基金优秀教师三等奖。

仓友廉（1957— ）

作曲家。山东聊城人。山东聊城东昌府区文化馆馆长。1979年、1983年分别毕业于山东艺术专科学校音乐系与山东艺术学院音乐系，发表音乐作品多件，部分获奖。其中歌曲《歌唱孔繁森》1996年获山东群众文艺创作三等奖，聊城八角鼓表演唱《祝寿》2000年获山东计生文艺汇演二等奖，无伴奏少年合唱《世纪之吻》获全国第二届"蒲公英奖"与山东选拔赛三等奖。指导训练工、矿、事业单位合唱队，担任指挥。

苍海平（1964— ）

作曲家。江苏南京人。温州大学音乐学院副教授。1980年在重庆石油专科学校学习石油地质。1983年考入青海师范大学音乐系主修理论作曲，1987年毕业后在青海艺术学校、青海师范大学音乐学院任教。1993年在首都师范大学音乐学院进修理论作曲和钢琴。1997年在青海举办个人作品音乐会。创作的声乐作品有《中华源头》《凤阳吹来清新的风》《青海之恋》等，钢琴作品《黄土高原素描》《花儿钢琴组曲》等。出版有《江河原恋歌——苍海平声乐作品及论文集》。

操明花（1962— ）

女民歌演唱家。安徽歙县人。1990年受聘为安徽省歌舞团声乐特邀演员，同年结业于中国音乐学院。2005年毕业于解放军艺术学院成教中国语言文学专业。曾获省、市歌唱大赛四个一等奖，全国公益、城市、企业歌曲评选活动三个演唱金奖。演唱的《十二月花》《黄山美》等一大批民歌被中央广播电台、中国国际广播电台播出。出版发行《云海歌仙黄山情》民歌专辑。

曹岑（1914—已故）

男中音歌唱家。北京人。1938年毕业于上海国立音乐专科学校。曾在武汉音乐学院任教。声乐教授。

曹澄（1948— ）

指挥家。辽宁旅顺人。1962年毕业于沈阳音乐学院附中，1980年到沈阳音院钢琴系进修，1989年毕业于上海音乐学院作曲指挥系。任辽宁乐团指挥及福建交响乐团客席指挥。指挥的作品有《瑶族舞曲》《森吉德玛》、圣-桑《引子与回旋随想曲》、勃拉姆斯《第二交响曲》、贝多芬《第五交响曲》等中外著名作曲家的作品，指挥上海交响乐团录制交响舞剧《丝海箫音》。

曹丁（1955— ）

指挥家。河北人。上海乐团常任指挥。1971年考入山西歌舞团，历任首席圆号、钢琴伴奏、歌剧演员及音乐创作。1976年入中央音乐学院作曲系进修，1985年毕业于该院指挥系。曾任山西歌舞团、北京歌舞团、北京交响乐团指挥，上海爱乐合唱团、上海交响乐团管弦乐团艺术指导，中国广播交响乐团、天津乐团客席指挥。指挥有歌剧《情人》，柴科夫斯基《第五交响曲》，贝多芬《第八交响曲》，海顿清唱剧《创世纪》及《黄河大合唱》等。

曹红（1935— ）

女高音歌唱家、声乐教育家。陕西延川人。中国铁路文工团声乐教员。1955年毕业于西北艺术学院音乐系，分配至武汉艺术剧院任演员、女高音声部长。1960年入中国铁路文工团，先后任歌剧团演员、歌舞团声乐教员。1984年赴上海音乐学院进修。长期担任艺术指导和声乐教学。撰有《歌唱演员的分类》《共鸣对歌唱的作用》《歌手与歌剧》等。合作发表文章数十篇。著有《怎样欣赏外国古典音乐》。中央电台《九州艺苑》曾播出介绍其的专访。

曹欢（1954— ）

小提琴演奏家。江苏人。中央歌剧院交响乐团首席、副团长。中国音协第七届理事。1985年毕业于中央音乐学院。1970年入昆明军区歌舞团。1974年调中央歌剧舞剧院。1976年始任独奏演员，1988年起任交响乐团首席。在国内外的音乐舞台上曾同多位中外音乐家、指挥家合作演出中外歌剧数十部，其中有歌剧《茶花女》《弄臣》《卡门》《图兰朵》《乡村骑士》等和中国歌剧《刘胡兰》《草原之歌》《阿依古丽》等。还经常演奏贝多芬、柴科夫斯基、马勒、肖斯塔科维奇等近现代作曲家和中国作曲家的交响乐作品。

曹建（1926— ）

音乐教育家。湖南人。曾为上海音乐学院管弦系副教授。1948年毕业于上海体专，并开始拜师学习二胡、大提琴。1949年任湖北省文工团音乐研究员。1951年到上海音乐学院工作，任二胡、低音提琴课，曾兼任南京艺术学院、上海师大及武汉音专的低音提琴课。培养低音提琴学生均为各院团业务骨干，有多人考取美国大学研究生。发表论文《低音提琴的揉弦问题》《器乐演奏与生理学》。

曹进（1959— ）

音乐编导家。吉林人。任职于总装备部政治部宣传部。1983年毕业于沈阳音乐学院作曲系，曾在沈阳军区、总参谋部、总政治部、国防科工委等单位从事音乐创作及文艺演出组织工作。1994年曾被派往澳门组建澳门宇宙卫视并出任艺术总监。先后执导"科学在中国"大型文艺演出，庆祝航天英雄杨利伟胜利凯旋后的"飞天"文艺晚会，并在中央电视台"心连心"赴航天城慰问演出中任总导演。曾两次担任亚洲音乐节评委、评判长。作有歌曲《祖国不会忘记》《无悔的选择》《请祖国检阅》，曾获中宣部"五个一工程"奖和解放军文艺奖一等奖。

曹克（1925— ）

作曲家。河北安平人。1951年毕业于中央音乐学院作曲系进修班，先后任中国音协山西分会秘书长、副主席，山西省文联第三届委员。作有歌曲《抗美援朝纪念章》、歌剧音乐《闲不住》等。

曹蓝（1919—2007）

女音乐活动家。广东台山人。1940年入延安鲁艺音乐系学习。后留校在音乐部工作。曾在晋冀鲁豫文联、中原大学文艺研究室、音协武汉分会、重庆市音协、西南军区政治部等单位长期从事音乐研究和组织工作。1953年始任中国音协办公室主任，后任副秘书长。

曹蕾（1972— ）

女长笛演奏家。陕西人。1995年毕业于中央音乐学院管弦系。历任中国广播艺术团乐队长笛首席，中国交响乐团、中国爱乐乐团乐队演奏员。演出大量中外作品，全套贝多芬的作品，多次赴欧洲、日本、港澳台等地以及在金色大厅等演出，在全国巡演多次，并参加中国三峡工程的庆演活动。2000年参加全国第二届长笛比赛，获优秀奖。

曹莉（1945— ）

女高音歌唱家。黑龙江佳木斯人。中国民族声乐学会理事。1969年毕业于中国音乐学院歌剧系，师从王福增、李华瑛。曾任海军政治部歌舞团独唱演员。演唱《思亲曲》获全国歌曲评选大奖。出版有《乡音清曲——曹莉演唱歌曲100首》歌曲集。在海南创办国际置业有限公司，开发民俗风情文化旅游项目。共演唱歌曲三百余首，为十余部电影、电视片和话剧配录主题歌及插曲。曾参加中央电视台举办的春节联欢晚会等大型演出活动，曾任电视连续剧《水浒外传》等四部电视片副导演或音乐编辑。

曹理（1936— ）

女音乐教育家。北京人。首都师大音乐学院教授。1990年始先后担任中国音协音乐教育学专业委员会理事长及名誉理事长。多次承担国家教育科学及教育部科研项目，为《普通学校音乐教育学》等专项负责人。出版著作二十余部。主编《普通学校音乐教育学》获国家教委人文社会科学优秀成果二等奖，主编《音乐学科教育学》获中国图书奖及全国教育图书二等奖。1960年获北京市劳动模范称号，1993年获全国教育系统劳动模范称号，1997年获曾宪梓高等师范院校优秀教师二等奖。

曹丽（1953— ）

女手风琴演奏家。满族。黑龙江哈尔滨人。长春电影制片厂乐团演奏员。1975年毕业于吉林艺术学院音乐系。1978年毕业于沈阳音乐学院音乐系。在《女人的力量》《狼犬历险记》《走过迷魂谷》《女模特之死》《古堡小夜曲》《长空雄鹰》等影片配乐中担任手风琴、电子琴、合成器演奏。手风琴独奏曲目有《牧民歌唱毛主席》《快乐的女战士》《排山倒海，乘胜追击》《敬爱的毛主席》。并担任手风琴教学及全国手风琴考级评委。

曹鹏（1925— ）

指挥家。江苏江阴人。1946年入山东大学文艺系。1961年毕业于莫斯科柴科夫斯基音乐学院。曾任上海乐团艺术总监、首席指挥，上海交响乐团音乐顾问、常任指挥。在苏联期间指挥演出歌剧《塞维利亚的理发师》，指挥全苏广播乐团举办中国作品音乐会，首次在国外演出小提琴协奏曲《梁祝》、歌剧《草原之歌》等。排演众多中外歌剧、舞剧、交响音乐作品。曾应邀指挥上海歌剧院在国内首演歌剧《蝴蝶夫人》。曾率上海交响乐团、上海乐团赴多国及香港、澳门地区访问演出。1990年应邀访问美国、日本，出席波士顿国际中国音乐研讨会，并在曼尼斯音乐学院讲学。应邀兼任同济大学音乐教授、上海城市建设学院名誉教授、上海市学生交响乐团顾问及首席指挥。培养了众多青年指挥家。曾获国务院颁发的表演艺术突出贡献奖、宝钢高雅艺术特别荣誉奖、上海文学艺术奖。1995年创建曹鹏艺术中心。

曹启（1952—2007）

作曲家、音像编辑家。安徽寿县人。安徽音像出版社社长助理、编辑部主任，安徽省新闻出版工作者协会理事，合肥音乐舞蹈家协会常务理事。1971年入伍，任文艺宣传队音乐创作员，后转业至合肥人民广播电台任职。创作发表各类音乐作品数百余部（件），录制编辑出版音乐、戏曲等多种载体的音像制品数百部，出版个人作品专集系列光盘一部。先后获国家评比一、二、三等奖，荣誉奖等十余次。曾在皖举办个人作品演播研讨会。

曹强（1967— ）

女音乐编辑家。四川武胜人。浙江音协《中小学音乐教育》副主编。1991年毕业于安徽师范大学音乐系。曾编辑《中小学音乐教育》期刊47期，选编《中小学歌曲精萃》。参与编辑《钢琴天使》（共5册），浙江省教育科学2006年规划课题《钢琴教育与构建和谐社会——教育现状分析及教育普及对策的研究》。主编《流行钢琴金曲》。

曹群（1956— ）

男中音歌唱家。北京人。毕业于湖北艺术学院声乐系。曾任铁道兵文工团、北京歌舞团独唱演员。在武汉、北京举办独唱音乐会。1986年获英格兰第三届大格里姆斯比国际歌唱家比赛一等奖和"历亚克·赛德肖"纪念奖。

曹伟（1957— ）

音乐教育家。湖南长沙人。湖南省音协副主席，声乐艺术委员会副会长，长沙市音协副主席。1982年毕业于湖南师范学院艺术系音乐专业，主修声乐。曾历任长沙市东区人民政府文化科长，共青团长沙市委副书记，望城县副县长，长沙市文化局副局长，政协长沙市文化、卫生、体育委员会主任，长沙市文联党组书记，长沙学院特聘客座教授。培养的声乐学生多名考入中央、上海等音乐学院。

曹 畏（1943— ）

音乐活动家。江苏人。上海交响乐爱好者协会秘书长。1968年毕业于上海戏剧学院戏剧文学系，同年到江苏吴江军垦农场劳动锻炼。1973年进入上海合唱团，后转入上海交响乐团，曾任宣传主任。撰写了许多音乐报道、评论、专访等，部分文章被收入《上海改革风云录》《上海文化艺术志》《上海文化年鉴》等，与夏宏合撰《旋律中的天堂》。任《爱乐者》和《上海音协》内刊责任编辑。

曹 霄（1931— ）

音乐编辑家。辽宁人。1951年毕业于东北鲁迅艺术学院音乐系。先后任辽西文化局音乐组创作员、辽西电台音乐编辑、锦州师范音乐教员，1973年任锦州人民广播电台文艺部音乐编辑。作有音乐评论《清新、健美质朴、甜润的歌声》，音乐随笔《谈谈生活与音乐》，音乐广播讲座《怎样欣赏音乐》《怎样欣赏民族器乐》，音乐专题《是淫威还是挑战》《北国心声，他乡情韵》等。编制的《祖国啊，请您听我说》获全国广播文艺交换节目一等奖。

曹 星（1935— ）

作曲家、合唱指挥家。江苏南通人。曾为中国合唱协会理事、浙江省音协特邀顾问、杭州市音协主席。1957年起曾师从保无奇及杨嘉仁，自修作曲、指挥。后曾在杭州专业文艺团体任作曲、指挥。曾倡议并参与组织首届"西湖之春"音乐节。作有歌曲《龙井茶，虎跑水》获省一等奖，女声合唱套曲《西湖四季》与《西湖船歌》《忆江南》《苏堤春晓》，民族器乐合奏《怀念》《修海塘》，笛子独奏《幽兰逢春》（合作），曾参与创建西子女声合唱团并任团长。1997曾率该团赴泰国及香港演出。

曹 勇（1945— ）

歌词作家。山东济南人。1963年毕业于中央音乐学院附中民族声乐学科。曾任中国煤矿文工团创作员。中国音乐文学学会副秘书长。作有歌词《我们是黄河泰山》，电视音乐片《松花湖金秋》《冰雪的故乡》文学本。

曹 震（1954— ）

男中音歌唱家。天津人。中国广播艺术团合唱团演员。1977年毕业于北京广播学院艺术系声乐专业，分配到中国广播艺术团。曾担任独唱、领唱、四重唱、八重唱、合唱等。1984年随团出访日本与日本少女合唱团合作演出日本清唱剧《良宽》，扮演良宽和尚受到日本观众好评。1988年再次赴日本参加宝塚国际室内合唱比赛获金奖。1996年参加合唱团录制的无伴奏合唱获中国金唱片奖。

曹 正（1920—1998）

古筝演奏家、音乐教育家。辽宁新民人。1939年毕业于北京古乐研究班。原中国音乐学院教授。曾任北京市音协理事、北京市古筝研究会会长等。幼年师从于古筝名家娄树华。1947年，在徐州熏风筝社教授筝，并举行筝独奏音乐会。1948年，任教于南京国立音乐院，成为我国第一位开设古筝专业课的教师。1950年后分别执教于东北鲁艺（现沈阳音乐学院）、西安音乐学院、上海音乐学院。六十年代始长期执教于中国音乐学院。早年即设计筝演奏的指法符号，并将工尺谱译成简谱和五线谱。演奏有《高山流水》《渔舟唱晚》等曲目，录制唱片流传海内外。撰有《筝话》《谈筝的技术及其革新》《关于二四谱和二四谱与工尺谱关系的探讨》等文。专著有《古筝演奏法》。

曹 中（1931— ）

音乐编辑家。上海人。1949年任上海《广播歌声》编辑，并兼任上海广播乐团合唱指挥。后任《宁夏歌声》《民族之歌》编辑部主任、《塞上文谈》副主编。曾为宁夏文联文艺研究室副主任，音协宁夏分会第三届常务理事，自治区政协第四届委员。

曹 周（1959— ）

音乐教育家。辽宁大连人。1982年毕业于河南大学艺术系，后从事中学音乐教育，为全国艺术院校培养和输送了许多优秀学生。1994年分别在"中南六省音乐教学比赛""河南省中小学音乐器乐教学比赛"及"洛阳市中小学音乐教学比赛"中获一等奖。组织排练的合唱节目获国家级一等奖和优秀奖，河南省、洛阳市一等奖多次，同时评为国家级和省级优秀辅导员，所在学校被省市教委评为艺术教育的窗口示范学校。

曹安和（1905—2004）

女音乐理论家。江苏无锡人。1929年毕业于北平国立大学女子文理学院音乐系。曾任中国艺术研究院音乐研究所研究员。获第二届中国音乐"金钟奖"终身成就奖。著有《时薰室琵琶指径》，合编《文板十二曲琵琶谱》《弦索十三套》《阿炳曲集》。

曹安玉（1954— ）

女音乐教育家。重庆人。四川省教育科学研究所教研员。曾就读于四川音乐学院师范系音乐教育专业，并在南充某厂子弟学校任音乐教师。撰有《对中小学音乐师资培训模式的思考》等文。主编《四川省中小学音乐教科书》《四川省中等师范音乐选修教材》《四川省高中音乐试用教材》《四川省乡土音乐教材》《少儿合唱、合奏曲选》《童声考级资料》。曾获四川省政府教育科学研究成果一等奖，全国优秀音乐教师及全国艺术教育先进工作者。

曹炳范（1924— ）

音乐编辑家。江苏昆山人。1945至1946年肄业于私立上海音乐专科学校。1946至1950年肄业于国立音乐专科学校管弦系小提琴专业。1950至1958年任职于中央歌剧院乐团（曾任首席），1958至1981年任职于国家广播交响乐团（曾任首席），1981至1994年任职于人民音乐出版社词典编辑室，参与数部词书的编辑、翻译工作，并主持翻译《牛津音乐简明词典》。

曹伯涛（1961— ）

作曲家。陕西延安人。延安市宝塔区文化馆音乐干部。1990年毕业于西安音乐学院作曲系。歌曲《不灭的火炬》于1992年获"中国潮金曲"征歌优秀创作奖，《安塞腰鼓》获第六届中国民族歌曲演创大赛精品金奖，《想我的人》获第七届中国民族民间歌曲演创大赛"精品调"奖。2004年获陕西第五届舞蹈大赛业余组优秀组织辅导奖。2006年获"创作优秀专家"奖。

曹长钦（1959— ）

音乐编导家。山东蒙阴人。日照市电视台文体中心副主任，导演。市音舞协会副主席。先后在《天津歌声》等刊物发表《奉献给亲爱的祖国》《沂蒙山水美》《我家住在大海边》等歌曲二十余首。《祖国给我理想》获山东省校园歌曲征集二等奖。日照市实验小学校歌《理想之船在这里起航》曾获优秀创作奖。撰有《当代歌曲与广播电视》《浅谈歌唱发声的基本原理》等文，均为获奖作品。连续十余年担任日照市电视台春节晚会导演，近四年执导的电视春节晚会，均获山东省电视综艺晚会类一等奖。

曹长树（1933— ）

低音提琴演奏家。河北黄骅人。1953年毕业于西安音乐学院管弦系，后入中国儿童艺术剧院，1961年任中央芭蕾舞团低音提琴首席兼声部长。

曹成章（1928— ）

戏曲音乐家。河北临西人。1946年冀南艺校毕业后参加冀南文工团，1949年参加省文工团。1953年始历任河北省音工组副组长、邯郸专区平调落子剧团团长、河北省出版局文艺编辑室副主任、河北省音协副主席。作有戏曲音乐武落子《端花》《借髢髢》在邯郸、北京、天津、北戴河等地演出。《端花》拍成电影，《借髢髢》出版发行。武安平调《天仙配》《两狼山》《游春》及武安落子《高山流水》《两兄弟》等，在省会演获奖后，省电台及中央电台播出。编辑出版有戏剧、歌曲、曲艺专集等。主编《20世纪中国歌曲集萃》。

曹承筠（1937— ）

音乐教育家。重庆人。1962年毕业于苏联莫斯科音乐学院。回国后在上海音乐学院管弦系及音院附中，担任竖琴教学工作，副教授。编著有《中国竖琴教程》三本。

曹春耀（1927— ）

大提琴演奏家。河北乐亭人。1951年入哈尔滨市文工团任演奏员。曾任中国歌剧舞剧院民乐队队长。并随团赴苏联、美国演出。

曹翠省（1944— ）

女高音歌唱家。河北晋州人。1968年毕业于天津音乐学院民族声乐系。曾任山东省艺术馆音乐科副科长、《中国民间歌曲集成·山东卷》编委，并获得全国艺术科学规划领导小组颁发的编纂成果二等奖。1990年在九省市民歌调演中获优秀组织奖和辅导一等奖。曾发表论文数篇，其中

《论民族歌唱演员的全面修养》获优秀论文奖，《谈戏曲演员的声音训练》获中国戏曲音乐国际研讨会二等奖。创作歌曲《故乡的老井》《如果真是那样该有多好》分别获全国第八、九届"群星奖"，山东省选拔赛二等奖。

曹德森（1955— ）

音乐活动家。河北人。中国音协第六、七届理事。1976年毕业于天津音乐学院附中，后分配到天津市杂技团工作，先后任乐队演奏员、办公室主任、艺术室主任。曾赴德国、奥地利、澳大利亚、日本、埃及、伊朗、伊拉克等国演出。2005年调入天津音协，先后任副秘书长、秘书长、常务副主席。策划组织实施大型比赛演出及音乐会数十场，组织创作的歌曲《为祖国守岁》《天蓝蓝》获中宣部"五个一工程"奖，参与创作的歌曲《与海相依的土地》在央视播出，《好运北京》获华北赛区唯一金奖。组织推荐合唱声乐及钢琴选手分别获两届"金钟奖"铜奖。

曹德维（1963— ）

二胡演奏家。天津人。中国音乐学院国乐系副主任、副教授、硕士生导师，中国音协二胡学会秘书长。曾获首届海内外江南丝竹比赛一等奖。1993年在北京音乐厅举办"曹德维胡琴音乐会"。先后发表《论二胡的揉弦技法》《二胡运弓之我见》《二胡教学六论》等多篇论文。编著《少儿二胡启蒙》及合编中国音乐学院校外《考级教程》，出版《二胡演奏技巧训练》。录制《刘天华二胡曲集》《弦韵——曹德维胡琴专辑》《蓝色梦幻——二胡新音乐曹德维专辑》等激光唱片。曾赴美、德、法、荷、日、新西兰等国和港澳台地区演出。

曹东方（1957— ）

小号演奏家。河北人。1977年始历任北京军区炮五师宣传队、全总文工团小号演奏员，1991年起任中央芭蕾舞团交响乐团首席小号演奏员。曾参加芭蕾舞剧《天鹅湖》《罗密欧与朱丽叶》《灰姑娘》《红色娘子军》《杨贵妃》等演出，1991年在500名音乐家参加的"交响乐之春"大型交响音乐会中担任第一小号演奏，同年参加由意大利指挥家拉法指挥的世界大师级歌唱家在香港演出的大型歌剧《阿伊达》中任第一小号，曾随团赴台湾等地演出芭蕾舞剧《天鹅湖》。

曹东扶（1898—1970）

古筝演奏家。河南邓县人。师范学校肄业。曾任河南师专、中央音乐学院和四川音乐学院民乐教师，河南省歌舞团艺术顾问。作有筝曲《闹元宵》《变体孟姜女》，著有《曹东扶筝曲集》等。

曹光平（1942— ）

作曲家。上海人。1965年毕业于上海音乐学院作曲系。曾在四川省文化厅、省川剧院工作。曾任星海音乐学院教授、硕士生导师，广东省音协副主席。创作有11部交响曲及大量舞剧、声器乐及影视音乐作品，其中30件在国内外获奖。《赋格音诗》获全国第四届音乐作品评选二等奖及广东鲁迅文艺奖，《女祸》经中国音协和国际现代音

C

乐协会评选参加1988年ISCM世界现代音乐节，《四重奏》在美国"第21届音乐作品比赛"中获奖，《夜思》在美国长风国际作曲比赛中获第一名大奖，《春晓》在台湾交响乐作曲比赛中获奖。三次举办个人作品音乐会。2002年获文化部"区永熙音乐教育奖"。

曹桂芬（1938— ）

女古筝演奏家。河南人。曾任中国古筝学会副会长。1954年加入开封市曲剧团，任古筝演奏员。后分别任开封市京剧团、文工团伴奏、独奏演员。1963年参加"全国首届独唱独奏会"，演出《陈杏元落院》《曲牌联奏》等古筝曲3首，由中国唱片社录制唱片后被《屈原》《桂林山水》影片采用。1978年调入河南省曲剧团，并赴港、澳、台演出。制作专题三十余个，录制曹派筝曲百余首，发行多张唱片和磁带。1991年由河南电视台拍摄《古筝赋》专题，在中央台重播。2003年应邀赴台湾艺术大学讲学。

曹国樑（1947— ）

长笛演奏家。江苏东台人。1960年就读于天津音乐学院，师从长笛教授沈兴华。天津交响乐团首席长笛。1982年参加上海全国长笛比赛并获奖。1983年由天津人民广播电台录制专题节目《莺歌婉转，珠落玉盘》。1999年举办个人长笛独奏音乐会。曾在天津市各大专院校举办长笛学习班，并被市教委聘为考级、认证、比赛评委。

曹国强（1951— ）

作曲家、音乐教育家。山东临朐人。1982年毕业于山西大学音乐学院作曲专业。作有交响诗《我们这一代》，器乐曲《月下鹤舞》，声乐曲《祈求》，电视片《五台山》《山妹》等音乐作品百余件。发表《论音乐创作的情感思维》论文及《居高声自远》等乐评文章百余篇。与李凌等发起创立中国函授音乐学院，并主持全面工作。曾任山西省青年音协主席。先后任《音乐学习》《音乐函授》《迎接美育的春天》《音乐艺术博览》《世界音乐教育集萃》等书刊执行主编、副主编及《佛学辞典》顾问委员会副主任。

曹宏凯（1962— ）

音乐理论家、教育家。天津人。1980年任天津市曲艺团演奏员。1989年毕业于天津音乐学院，副教授。学术专著有《曲海艺珠》，论文有《河南坠子在天津的流变及其成因》《21世纪天津法鼓现状考察》《从天津地域文化看天津曲艺说观众》《论当今地域说唱文化与文艺创作》《中国传统器乐曲曲牌（银纽丝）考辨》等数十篇。主持"天津市文化艺术科学规划"（省部级）项目两项，参研国家哲学、社会科学基金项目一项。

曹鸿昌（1930— ）

戏曲音乐家。辽宁丹东人。天津艺术研究所研究员。1949年从事部队音乐工作。创作歌曲五十余首，其中《青年战士奔赴边疆》曾由中央电台向全国广播教唱。曾为河北省戏曲学校整理、出版折子戏教材三十余出。所作曲的歌剧《黄骅》在电台转播后，被多个剧种相继移植演出。

曾任《中国戏曲音乐集成》特约编审员、天津卷副主编。曾参与整理、出版戏曲志、戏曲音乐集成、资料汇编等。获文化部"艺术科学国家重点科研项目"个人一等奖。

曹鸿武（1935— ）

音乐编导家。四川成都人。1951年入西南炮兵政治部文工团。1958年毕业于西南音专声乐系。曾任新疆人民广播电台文艺部主任兼音乐编导，音协新疆分会常务理事。

曹火星（1924—1999）

作曲家。河北平山人。曾任天津市歌舞剧院院长，天津文化局局长、文联副主席、舞协主席、音协主席，中国音协常务理事，中国文联委员，天津市人大常委。1938年参加革命工作。先后在晋察冀边区群众剧社与华北群众剧社当演员、音乐队长、创作组长等。1940年在华北联大文艺部音乐系学习。1943年在北京房山霞云岭堂上村创作出了《没有共产党就没有新中国》。1956年在中央音乐学院专家班进修。作有舞剧《石义砍柴》《太行红旗》，歌剧《南海长城》，歌曲《拥护共产党》《小山雀》《我们祖国到处是春天》《我们是装卸工》《喜雨》等。

曹积琏（1942— ）

音乐教育家、琵琶演奏家。山东烟台人。曾任牡丹江市工人文化宫文化科长兼市总工会文体中心副主任、市音协副主席及市民族管弦乐学会会长、中国民族管弦乐学会理事、文化部社会艺术水平考级考官。副研究馆员。1957年师从李廷松先生学习琵琶，先后工作于本地文工团、京剧团、工人文化宫。1985年获市级"优秀创作员"称号。多件作品获省、市级及国家级奖励。长期从事民族拨弹乐器教学，多年被评为"全国优秀指导教师"。2004年获市委、市政府颁发的"牡丹江市文艺突出成就奖"。

曹继斌（1943— ）

歌词作家。贵州毕节人。曾任贵州六盘水市政协机关工会主席、《东方词家》编委。历任教师、秘书、行政科长、市宗教处处长、助理调研员。作有歌词《苗家司机苗家爱》《车进苗山幸福来》，并获奖。部分歌词谱曲后由贵州省电台播放。

曹家定（1932— ）

女高音歌唱家。江苏扬州人。1949年入部队文工团。曾任总政歌舞团合唱队员及民歌独唱演员。1952年获全军第一届文艺比赛三等奖。演唱男女声二重唱《藏胞歌唱解放军》。

曹家为（1963— ）

歌词作家。江苏泰州人。江苏音乐文学学会理事。毕业于解放军艺术学院。现任泰州市体育局纪检组长。业余创作大量词曲作品，百余首被央视和省市卫视、《歌曲》《词刊》等媒体发表或演播。曾获文化部艺术局、中国音协创委会"歌唱祖国"全国征歌比赛优秀创作奖，全军"战士文艺奖"创作一等奖，"苏州之歌"征歌第二名，"烽火八十年、党在我心中"征歌比赛三等奖等。出版有两本词曲集体和一张CD专辑。

曹建国（1949—2005）

笙演奏家。河北人。1972年始在中国电影乐团任演奏员。作有乐曲《劈山引来幸福水》《牧场春色》《王昭君》。撰有《管乐用气》（合作）。

曹建平（1953— ）

女音乐教育家。湖北宜昌人。1986年毕业于武汉音乐学院音乐教育系。湖北宜昌二中音乐教师，市音协副主席。创作歌曲《老师的眼睛》获校园歌曲比赛十佳作品。指导编排的女声小合唱《山楂树》《春雨沙沙》《乘着歌声的翅膀》分获比赛一、二等奖。培养大批学生考入专业院校。撰有《浅谈乐理教学》《范唱在声乐教学中的作用》。著有《基本乐理学习与解题分析》。

曹金祺（1935— ）

小号演奏家。河北固安人。1951年从事部队音乐工作，后任海政歌舞团独奏演员。曾进修于上海音乐学院、中央音乐学院及德国、美国专家小号训练班。作有小号独奏曲《帕米尔春天》获全军第三届会演优秀作品奖。

曹俊山（1929—1993）

作曲家。辽宁营口人。1947年始从事部队文艺创作。曾任广州军区创编室副主任。作有歌曲《我的丈夫是英雄》《颂歌一曲唱韶山》。

曹连生（1947— ）

男高音歌唱家。山东淄博人。武警部队文工团副团长，1965年考入中国音乐学院附中声乐专业，1983年毕业于上海音乐学院声乐系并举办声乐作品个人演唱会。1969年入中央乐团合唱队，同年入独唱独奏小组，在交响音乐《沙家浜》中担任郭建光的演唱。1977年调入国防科工委政治部文工团，同年演唱《蓝天里有一颗会唱歌的星》，获全军第四届文艺汇演优秀奖。演唱曲目有《革命传统永发扬》《你可想起边防军》《唱一支最美的依玛堪》等曾由中央电视台向全国播放。2000年在家乡创办曹连生声乐艺术培训中心。

曹孟里（1917— ）

戏曲声乐教育家。湖南长沙人。早年从事音乐工作。1948年毕业于国立上海音专声乐系。曾在香港音乐院任教。1950年入北京人艺歌剧队为歌剧演员，后到湖南花鼓戏剧院任教。

曹明辉（1947— ）

作曲家。重庆人。重庆市艺术馆音乐辅导干部。在全国和省级获奖、发表、出版演播的作品数百件。歌曲《三峡的浪花》分别获文化部创作金奖，并被选入中宣部100首爱国主义教育推荐歌曲。《青春红岩》被选入中国音协推荐的100首少儿新歌中。2006年为数字电影《山乡溢彩》创作主题歌。独唱《春天多美好》《走进三峡》，青春组合《重庆欢迎朋友来》，合唱《我们的老家在延安》，歌舞

《朝天门》，舞蹈《苗歌》，音乐剧《一路平安》均为经常演出节目。

曹鹏举（1950— ）

作曲家。云南昆明人。曾就读于云南艺术学院音乐系。先后在云南瑞丽县文工队、州歌舞团从事音乐创作。1981年调云南省民族艺术研究所。1987年毕业于北京人文函授大学。创作、发表歌曲百余首，为《金沙水拍》《太阳部落的女儿》《迷人的金缅桂》《在那个美丽的地方》等十余部电影、电视剧作词、作曲，为第五届全国民族运动会开幕式创作主题歌。歌曲《竹楼小夜曲》《舂米歌》《放羊山歌》《小木果赶街》《我爱我家小竹楼》《酒歌》《金线、银线、彩线》《布朗弹唱》《边寨小夜曲》《白族三道茶》均获奖。

曹仁山（1936— ）

大提琴演奏家。江苏武进人。曾任上海乐团管弦乐团大提琴声部首席。1951年入上海青年文工团学习双簧管，1952年任华东人艺双簧管和大提琴演奏员。1955年师从张伟才、陈鼎臣学习大提琴。1962年起先后入上海歌剧院、上海京剧团、上海乐团管弦乐团任大提琴首席兼声部长，并担任独奏，同时兼二胡、板胡独奏。在第一届"上海之春"演奏的板胡协奏曲《翻身不忘共产党》作为优秀节目录制唱片。

曹汝群（1926—2000）

音乐理论家。重庆人。1945年入武昌艺专学习。曾任云南省民族艺术研究所所长、《民族音乐》主编、《中国戏曲音乐集成》（云南卷）主编、《中国民族民间歌曲集成》（云南卷）副主编、音协云南分会常务理事。

曹汝森（1941— ）

音乐教育家。上海人。1965年毕业于上海音乐学院声乐系。曾任江西省音协常务理事、省声乐学会常务副会长、教授、硕士生导师，江西师范大学音乐系主任。在学术刊物上发表学术论文十余篇，出版《简明歌唱训练手册》等5部。曾获江西省教委高校优秀教学、科研成果奖。所教学生多次获中央电视台全国青年歌手大赛"荧屏奖"和全国大学生艺术节艺术歌曲比赛奖。

曹绍德（1952— ）

倍大提琴演奏家。江苏南京人。南京民族乐团演奏员。曾任南京市歌舞团演奏员。撰有《繁盛的唐代琵琶文化》等论文，作有歌词《春雨江南》《迎春花》等。曾参加第六届中国艺术节民族音乐会、纪念华彦钧一百周年音乐会等重大演出并任倍大提琴首席。曾随团出访澳大利亚、奥地利等国家。

曹时娟（1963— ）

女歌唱家。湖南人。海南省音协副主席、省政协委员。曾三次获海南省青年歌手大奖赛一等奖，1994年获全国第六届青年电视歌手大奖赛优秀奖，1995年获全国音乐电视MTV大奖赛银奖，1998年举办独唱音乐会，1999年获全

国"企业之歌"大奖赛金奖。创作歌曲《生命的风采》获省"五个一工程"奖。曾随团赴日本、摩洛哥等国演出。1996年被共青团海南省委授予"五四"青年奖章。

曹士波（1955— ）

作曲家。江苏沭阳人。江苏省淮安市文化馆文艺部主任。曾在南京艺术学院进修作曲。作有歌曲《中国升起金色的希望》获江苏省第二届音乐舞蹈节创作一等奖，为电视片《洪泽湖纪事》创作主题歌及背景音乐，该片获江苏省文艺片一等奖，为电视片《桃花几月开》《大地听新涛》创作主题歌及背景音乐，分别获江苏省社教节目二、三等奖，少儿舞蹈《小马奋蹄》获全国儿童舞蹈大赛音乐创作银奖，曾为江苏省第五届农民运动会创作会歌等。

曹世华（1947— ）

男高音歌唱家。回族。湖南常德人。毕业于湖南师大音乐系。1970年在常德地区歌舞团任独唱演员，1980年调湖南广播电视艺术团，后任广州电视台艺术团艺术总监。多次参加央视、音协主办的大型演出活动，参加1991年中央电视台春节联欢晚会。为三十余部广播剧、电视剧配唱主题歌和插曲，为中央台和省台录制歌曲多首。1984年在上海举办独唱音乐会。出版有独唱专辑，多次获演唱奖。

曹文工（1942— ）

作曲家、指挥家。山西人。1960年就读于首都师范大学，1962年入全总文工团任笛子独奏演员，1979年起，先后在中央音乐学院、中国音乐学院声乐系乐队任演奏员、副队长，1994年任中国音乐学院实验乐团副团长兼作曲、指挥。创作并出版笛子独奏曲《枫桥夜泊》，协奏曲《黄土魂》，笙独奏曲《四季》，唢呐协奏曲《秦川风情》，弹拨乐合奏《孟姜女》，民乐合奏《乐海轻舟》等。

曹贤邦（1947— ）

作曲家、音乐编辑家。湖北公安人。河北省音协主席、河北省文联副主席。中国音协第六、七届理事。曾任《通俗歌曲》杂志社社长。1965年入伍，任文艺宣传队指挥、作曲。1986年毕业于天津音乐学院作曲系。1991年出版《曹贤邦歌曲选》。歌曲《我们的希望小学》获中宣部第六届"五个一工程"奖、文化部第八届"文华奖"、第四届"中国广播金奖"，合唱歌曲《晒盐的汉子》获中宣部第九届"五个一工程"优秀作品奖、第四届中国音乐金钟奖，歌曲《西柏坡·我是你的读者》获中宣部第十届"五个一工程"奖，歌曲《我的长江》获"长江颂"征歌一等奖。2007年出版个人声乐作品《邦乐》专辑。

曹祥仪（1934— ）

音乐活动家。江苏徐州人。1950年入南京海军学校学习。1959年入海政歌舞团、歌剧团演奏低音提琴。1981年入中国音乐学院，任院长办公室副主任。

曹效建（1952— ）

指挥家。江苏阜宁人。安徽合肥市文化局艺术研究室副主任，安徽省音协理事，合肥市音协副主席，合肥市民族乐团团长、指挥。1970至2003年在合肥市歌舞团任乐队演奏员、指挥、团长。所指挥的歌舞《共和国抒情》、歌剧《火鸟》获安徽省艺术节一等奖。指挥有《长征组歌》、合肥市合唱节万人合唱、以及一年一度的合肥地区"国风乐韵"新年音乐会等。

曹新华（1943— ）

作曲家。湖北省随州人。曾任随州市花鼓剧团作曲、乐队指挥、副团长，随州市群众艺术馆馆长，市文化局副局长，市文物局副局长，随州音协副主席。作品有历史剧《白银千两》《魂断洛阳宫》，现代剧《家庭公案》《牛文别代号》《翠平卖猪》，歌剧《报童》，歌舞《革命历史组歌》，舞蹈《红井颂》等，承担现代京剧《龙江颂》《杜鹃山》，歌剧《洪湖赤卫队》《江姐》《刘三姐》等二十余台（部）大型音乐作品的乐队指挥。作有歌曲《神农风》《洪山吟》《编钟讲述的故事》等。曾侯乙编钟与民族管弦乐《神农赋》等三十余部作品曾在湖北电台、电视台播出。撰有论文《从曾侯乙编钟音列调式研究管窥随州花鼓戏源流及主腔风格的形式》。

曹新华（1956— ）

歌唱家。普米族。云南宁蒗人。第八届云南省政协委员。1984年毕业于上海音乐学院声乐系民族班。同年入云南省歌舞团任独唱演员。全国第二届少数民族青年声乐比赛获优秀奖，云南民族艺术节演唱《歌唱美丽的云南》获声乐比赛二等奖，演唱《大山给我的好歌喉》获广播金奖。在大型歌舞剧《爱的足迹》、民族舞剧《阿诗玛》《泼水节》、舞蹈《啊傈僳》《敲响铜鼓》《神秘的孟巴拉西》中担任主唱。为电视剧《五朵金花的儿女们》《南方的丝绸之路》等演唱插曲。录有演唱专辑。

曹新云（1942— ）

女民歌演唱家。安徽蚌埠人。1958年入蚌埠市歌舞团。1980年入中央音乐学院歌剧系进修。1979年获文化部颁发的演出二等奖、省优秀演员奖。

曹鑫龙（1940— ）

指挥家。上海人。1963年毕业于上海音乐学院指挥系。曾任广东省歌舞团指挥。指挥有舞剧《白毛女》，歌舞剧《燎原火炬》，歌舞《南海小哨兵》，电影音乐《枫树湾》。

曹修杰（1935— ）

小提琴教育家。山东青岛人。1957年调入兰州军区战斗文工团任小提琴演奏员。1976至1978年赴中央音乐学院干部进修班学习小提琴。曾任西北师范大学音乐系、西北民族学院音舞系及甘肃省艺术学校的小提琴客座教师。1984年为创建兰州市中学生管弦乐团的主要发起人之一。甘肃省音乐家协会小提琴教育委员会副会长。

曹学安（1933— ）

作曲家。北京人。原云南民族电影制片厂作曲。1955年毕业于西北艺术学院音乐系，同年入山西省歌舞团，后在中央新闻电影纪录片厂创作室任职。曾任纪录片《今日柬埔寨》作曲，为电视片《春城花》及电视剧《深情》作曲，并获1980年全国电视节目奖项。作品管弦乐《第一云南组曲》获"黑龙杯"全国管弦乐作曲大赛创作奖。

曹延彬（1933— ）

指挥家。重庆人。曾为中国交响乐爱好者学会理事及重庆分会会长。师从李德伦、韩中杰、严良堃、彭修文学习指挥。自1951年相继担任重庆市文工团、歌舞剧团、歌舞团常任指挥。指挥音乐会、歌舞晚会、舞剧、合唱数百场。参加过五届四川省音乐舞蹈调演及三届全国音乐舞蹈调演。在音乐电视片《山韵》中担任指挥并获全国二等奖，参加过两届全国合唱节并分别获红梅奖、铜奖第一名。曾指挥重庆市万人大合唱纪念音乐会和多台钢琴及交响乐队音乐会。

曹燕珍（1955— ）

女民歌演唱家。上海人。毕业于上海音乐学院。曾为广州空军文工团演员，后入上海民族乐团。为百余部影视片配唱。以演唱百花奖故事片《乡情》主题歌《盼哥》一举成名，多次获全国金奖、一等奖。多次在国内外举行独唱音乐会。录制唱片三十余张，歌曲数百首。担任第六届全运会主题歌演唱。首创出版导游式主题MTV《明月升上海》。曾随团赴海外演出，赢得"中国的矫燕"赞誉。

曹以桦（1950— ）

中提琴演奏家。浙江人。上海交响乐团党支部书记、副总经理、事业发展基金会秘书长。1963、1969年分别毕业于上海音乐学院附小、附中，后留校任教。1973年起历任上海歌剧院演奏员、中提琴首席、乐队副队长、上海芭蕾舞团支部书记、副团长、上海舞剧院支部书记、副院长。先后率团赴香港、美国访问演出，并参加著名卡内基音乐厅建立100周年音乐会。

曹永安（1948— ）

古筝演奏家。河南邓县人。1969年毕业于中央音乐学院附中。曾任河南省歌舞团独奏演员。演奏曲目有《高山流水》《渔舟唱晚》《赏秋》《和蕃》等。编有《曹东扶筝曲集》（合作）。

曹玉萍（1954— ）

女高音歌唱家、声乐教育家。河北人。安徽省音协副主席，省音协声乐专业委员会副会长，安徽艺术职业学院副教授。1974年毕业于安徽省艺术学校，1980年毕业于上海音乐学院，先后师从王学新、温可铮教授。从事声乐专业教学及演唱多年，为安徽省培养一大批声乐人才。本人曾获省"优秀青年歌手"奖，"全国首届校园歌手大赛"一等奖，文化部"区永熙优秀音乐教育奖"，教育部"优秀指导教师"奖。出版个人演唱专辑，主编全国艺术水平考级安徽省声乐教程。撰有多篇声乐教学方面的论文。

曹玉珍（1937— ）

女钢琴教育家。甘肃兰州人。1956至1963年先后就读于西北师范学院艺术系附中、兰州艺术学院、西北师范大学主修钢琴。1963年毕业于西北师大。曾任兰州市歌舞团（现兰州歌舞剧院）钢琴演奏员。1978年起任教于现西北民族大学音乐舞蹈系钢琴专业，教研室主任，副教授。长期从事钢琴教学与研究，学生遍及全国各地。撰有《遵循教学规律，提高钢琴课教学质量》《钢琴教学与学生的性格特点》《略论演奏家的思维》等多篇论文发表于省级以上报刊。

曹元德（1941— ）

二胡演奏家。江苏江阴人。曾任南京军区前线歌舞团独奏演员。中国音协二胡协会理事。1987年调上海民族乐团。创作了十多首二胡乐曲以及两部小歌剧音乐和舞蹈音乐。二胡曲《闽江行》《相望》《牧羊女》《春游太湖》等作品在音乐作品比赛中分别获一、二等奖和优秀创作奖，舞蹈音乐《采蘑菇》获总政文化部音乐创作优秀奖，在第一、二届海内外江南丝竹比赛中获一、二等奖。1982年获上海音协"德艺双馨"奖。在二胡教学中为音乐院校及文艺单位输送了众多二胡音乐人才。曾与其兄曹元龙在上海举办二胡教学成果汇报专场音乐会。

曹悦孙（1928— ）

声乐教育家。北京人。1952年毕业于北京燕京大学音乐系。同年任中央音乐学院声乐系教师。1958年任天津音乐学院声乐系主科教师，历任教研室主任、声乐副教授兼硕士生导师，首届教学督导教师。天津市第七、八届政协委员。两次赴台湾师范大学、辅仁大学、嘉义大学等高校进行讲学及交流。开设《声乐基本功及声乐教学要点》《意大利语音及歌唱法》《德文语音及歌唱法》讲座。

曹云汉（1930— ）

打击乐演奏家。黑龙江哈尔滨人。1946年毕业于黑龙江省军政学校，后入东北文艺工作第二团。曾任中央乐团演奏员。作有乐曲《小小旅行家》，民乐曲《花木兰》。

曹振中（1954— ）

作曲家。河北秦皇岛人。1988年毕业于中国函授音乐学院音乐教育专业。1971年入工程兵某部宣传队任手风琴演奏员兼作曲。1981年调新疆北疆军区文工队任副队长。1984年任秦皇岛市总工会文体部副主任、市音协主席。作有歌曲《天山女民兵》《人人讲礼貌》《边防文工队员之歌》《美丽的阿拉马力》《我是秋天的小树叶》《阿帕，我亲爱的妈妈》《纺织工人之歌》等，并获奖项。曾策划组织许多大型文艺演出。

曹子萍（1925— ）

手风琴演奏家。浙江鄞县人。曾为上海音乐学院钢琴系手风琴专业教授。曾任上海手风琴协会副会长，上海老年音乐协会理事，上海乐团独奏、伴奏员。编写出版手风琴教材有《保卫黄河》《吉普赛之歌》《霍拉舞曲》《洪湖赤卫队随想曲》及圣-桑的《引子与回旋随想曲》、帕格尼尼的《无穷动》等。在上海和平饭店老年爵士乐队任爵士钢琴演奏员并随队赴美国、日本、新加坡及香港、澳门、台湾等地演出。

曹·道尔基（1958— ）

作曲家。蒙古族。新疆人。1987年毕业于上海音乐学院作曲指挥系，同年入中央民族歌舞团。创作声乐作品《手帕》《枣红马》《太阳的故乡》等，为多部影视作品创作音乐，其中电影《东归英雄传》获第十四届中国电影金鸡奖最佳音乐奖。创作多部器乐作品，其中《交响变奏曲》获全国第六届音乐作品评奖纪念奖，被选送参加日本朝日电视台举办的管弦乐作品比赛。

草田（1921— ）

作曲家。广东中山人。1953年入《香港商报》任外电翻译，后入香港长城电影公司任音乐编导，并从事作曲及合唱指挥。曾任香港草田合唱团指挥、广东音协理事。为多部电影编写插曲，多次在香港举办音乐会。

岑冰（1926— ）

男高音歌唱家。广东台山人。1948年入南京中央音乐院，1952年毕业于四川外语学院俄文系，后任北京师范学院音乐系副教授。1964年在全军第三届文艺汇演中获优秀演员称号。所教学生有程志、邓韵、刘旭峰、牟玄甫等。

岑汉伟（1939— ）

歌唱家。壮族。广西人。广西音协理事，广西对外文化艺术交流促进会副会长。1964年毕业于广西艺术学院，曾到广西各少数民族地区收集、整理民歌。1966年调入广西歌舞团，在《江姐》《刘三姐》等歌剧中担任主演。1984年任广西歌舞团领导后，组织大量音乐节目的创作和演出。曾参加过独唱、重唱、小组唱、表演唱、合唱的演出。写过一些歌词作品，有表演唱《上门去》等。1993至1996年任广西国际民歌节组委会委员、文艺部部长。

岑乐驷（1928— ）

作曲家、歌唱家。浙江人。1949年从事革命文艺工作，曾创作《庆祝中苏友好同盟互助条约签订》在怀仁堂演出。获奖歌曲有《故乡的母亲》《生命之光》《世纪沧桑话香港》。1979年自创自奏《倍大提琴》、自唱《轻音乐》，为黑龙江歌舞剧院保留节目。1977年组成"红烛"夫妻重唱组，曾获首届全国老年文艺调演声乐类金奖，之后又获CCTV"非常6+1"金奖等多种奖项。

岑元鼎（1934— ）

中提琴演奏家。安徽人。1956年毕业于中央音乐学院，后入中央乐团交响乐队。曾任交响乐队副队长、中提琴首席。先后随团赴朝鲜、日本演出。

柴珏（1935— ）

作曲家。黑龙江巴彦人。沈阳音乐学院原作曲系教授、研究生导师。1950年参加志愿军文工团。1958年毕业于沈阳音乐学院作曲系。培养数十位民族器乐作曲家。创作各种专业练习曲15册。著有《民族器乐创作知识》《通俗歌曲创作分析》《怎样弹三弦》及论文数十篇。创作出

版各种形式器乐作品、声乐曲数百首，有十余首在全国性比赛中获奖。2007年被授予"民乐艺术终身贡献奖"。

柴林（1963— ）

单簧管演奏家。蒙古族。河北人。内蒙古民族歌舞剧院交响乐团团长、单簧管首席、萨克斯管独奏演员，国际单簧管协会会员。1986年毕业于内蒙古师范大学音乐学院，师从演奏家吴林先生主修单簧管兼修理论作曲。先后参加全国交响乐展播，第六届中国艺术节，建国50周年优秀剧目进京展演及首届全国精品剧目工程等大型活动。受聘于内蒙古师范大学音乐学院、内蒙古大学艺术学院等校单簧管、萨克斯管客席教授。

柴莺（1961— ）

女歌唱家。陕西人。1983年毕业于西北师范大学音乐系，留校任教。1993年赴上海音乐学院进修两年。曾获甘肃省第二届青年声乐比赛一等奖、第七届全国青年歌手电视大奖赛甘肃预选赛专业组美声唱法一等奖、国庆50周年全国产业系统文艺展演铜奖、首届中国音乐"金钟奖"新时期中国艺术歌曲演唱比赛甘肃选拔赛一等奖。1995年在兰州举办个人独唱音乐会。多次担任省市声乐比赛评委。

柴本尧（1943— ）

作曲家。上海人。1960年入上海音乐学院专科班学习。1978年始在上海文艺出版社任音乐编辑。作有歌曲《南京路上好八连》《我的年轻朋友》。

柴国麓（1926— ）

歌词作家。湖南湘潭人。1950年入西南人民艺术学院音乐系。曾在云南群众艺术馆工作。词作《兄弟一条心》获全国民族团结征歌一等奖，《站在高山望家乡》等。

柴俊芳（1940— ）

女音乐教育家。山东人。西安音乐学院副教授。1964年毕业于西安音乐学院声乐系。曾在中央音乐学院、上海音乐学院进修，师从沈湘、王福增、斯义桂教授，并参加吉诺·贝吉声乐班。多次参加本院及陕西音协举办的演出活动，担任独唱、领唱。在长期的声乐教学中，培养的学生在国内外声乐比赛中获各种奖项。

柴瑞铭（1938— ）

音乐编辑家。山东济南人。1959年毕业于山东艺专并留校任教于键盘教研室。1963年始任山东歌舞团钢琴、手风琴演奏员兼创作员。历任山东音协秘书长、副主席、常务副主席，兼任《音乐小杂志》编审。出版已录制唱片有歌曲《俺队的新事实在多》《东海渔歌》，曾以合唱、古筝独奏曲、笛子独奏曲出版、演出。《无名小卒》曾获全国CSR—2系列音乐工程齐唱歌曲征集评选优秀创作奖。

柴永兴（1966— ）

作曲家。云南墨江人。1989年毕业于西南师大音乐学院。中国音协第六、七届理事，贵州省音协驻会副主席兼

C

副秘书长。撰有《歌手请充电》《钢琴教学多隐忧》《钢琴教学的几点思考》等文。创作歌曲《赤水河上赛龙舟》《秀丽的天河潭》《西部风流》《贵州恋歌》等，舞蹈音乐《峡江情诗》《风车谣》获文化部"群星奖"和"蒲公英奖"银奖，舞蹈《山妞妞》《海马舞》《金丝银丝》参加上海国际少儿艺术节和新加坡华族文化节，《花花河》获省少儿艺术节一等奖。曾担任首届"中国贵阳白云风筝节"、首届布依族"六月六"歌会大型歌舞、"阳明文化节"开幕式等活动的作曲。

柴志英（1949— ）

音乐教育家。北京人。解放军艺术学院音乐系专业基础教研室主任、硕士生导师。1970年入山西忻县地区文工团任指挥，同年入解放军总后勤部政治部宣传队。1976年调国防科委文工团，任演奏员、音乐创作员。曾先后毕业于中国函授音乐学院作曲系与解放军艺术学院音乐系作曲班。1999年获解放军院校"育才奖"银奖。主要作品有电视连续剧音乐《敌营十八年》，舞蹈音乐《摇篮》，交响序曲《塞上风情——节日》，电视剧《摇篮》主题歌与配乐及合唱《边关颂》。出版有《解放军音乐史》（执笔者之一）以及《音乐作品赏析》《曲式与作品分析学习指南》等。

柴志勇（1946— ）

长号演奏家。陕西人。1960年考入天津歌舞剧院训练队学习长号专业，师从王春生。后在乐队中担任第二长号、首席长号演奏员。1985年调入天津交响乐团担任首席长号、乐队队长、行政副团长、业务副团长、团长兼书记，并任天津爱乐协会会长。

昌承育（1935— ）

手风琴演奏家。河南伊川人。1955年毕业于西北人民艺术学院，后任四川省歌舞剧院手风琴演奏员。曾为四川省歌舞剧院音乐舞蹈学校校长、中国手风琴学会常务理事、四川省手风琴学会常务副会长。演奏的《多快乐》《抬工号子》《红太阳升起来》等由中国唱片社录制唱片。多次随团赴中东地区及非洲、欧洲数国演出，并应邀担任全国及省青年手风琴邀请赛评委。1996年率学生赴法国参加第二十九届国际手风琴比赛并任评委，被授予法兰西共和国手风琴联盟教育中心荣誉教授。

昌英忠（1957— ）

作曲家、音乐教育家。藏族。四川金川人。1988年四川音乐学院作曲系毕业后留校任教，副教授。作有歌曲《熊猫的摇篮》（获中宣部"五个一工程"奖），《我的妈妈在西藏》（广播文艺奖银奖），《甘巴拉》（中国广播新歌金奖），作有民族管弦乐《雷神的启示》，舞蹈音乐《雪地新生》，电影诗文《九寨磨坊》，电视剧音乐《花祭》《爱又如何》《下课雄起》多部，《啊，雀儿山》获中宣部"五个一工程"奖。为第六届全国大学生运动会、四川国际电视节大型晚会开、闭幕式创作音乐。撰有《多效应音乐的未来》。

常 波（1959— ）

埙、笛子演奏家。陕西汉中人。宁夏歌舞团民乐队演奏员兼乐队队长。先后就读于银川师范学院音乐系、宁夏大学音乐系。曾在银川市杂技团任演奏员。演出有牛头埙独奏《沙湖风光好》，民族管乐联奏《西部六彩》，二胡、古筝、牛头埙三重奏《古夏梦》等。先后参加西北音乐周塞上音乐会、西海音乐会、西夏土风等艺术节演出，并随团赴日本、美国、德国、奥地利、香港演出。

常 畅（1957— ）

指挥家、作曲家。山西大同人。南京军区前线歌舞团常任指挥、艺术指导。江苏交响乐团客席指挥，南艺音乐学院客座教授，江苏管乐学会副会长。相继毕业于解放军艺术学院、南艺研究生班，并在上海音乐学院学习指挥。曾任福州军区前锋歌舞团常任指挥。曾指挥前线歌舞团乐队、合唱队参加第二届北京国际合唱节，获专业组一等奖，先后两次获全军专业文艺汇演指挥奖，指挥南艺交响乐团在北京参加首届全国大学生艺术展演，获专业组一等奖，其声乐作品在文化部、中国音协等主办的"迎香港回归"音乐作品评选中获银奖，序曲《茉莉飘香》获第六届中国艺术节大奖。多年来指挥录制出版大量音乐作品。

常 春（1942— ）

作曲家。四川泸县人。四川宜宾市政协第八、九、十届委员。1985年由长春电影制片厂音乐创作函授部作曲班结业，1988年由中国音协四川分会词曲创作辅导班结业。早年在四川泸州专区文工团任独唱兼作曲，后任职于宜宾歌舞团。作品有独唱《山区粮站好热闹》（作词），《高高举起幸福杯》《山乡春歌》《时代英雄徐洪刚》等，大型藏族歌剧《印度洋边漂泊人》获银奖。

常 峰（1960— ）

音乐编辑家。山西太原人。太原市群艺馆馆长，山西省音协理事，太原市音协副主席兼秘书长。1980年毕业于太原市艺校音乐专业。1989年在南京艺术学院进修作曲。曾任太原市歌舞团副团长。主持、编撰《中国民族民间器乐曲集成·山西卷》太原部分与《太原群众文化史》《太原群众文化报》《省城群众文化论文集》。参与编辑出版《太原民歌选集》与《娄烦民歌俗话集》。发表论文三十余篇。曾率太原市民间艺术团赴德国参加"中国文化节"展演。先后获国家、省、市级奖三十余项。

常 明（1956— ）

音乐教育家。河北人。北京市少年宫文艺部音乐教师。曾在临夏回族自治州文艺宣传队、歌舞团任独唱演员。作有歌曲《小黄帽》《童心的宫殿》。参加音乐舞蹈史诗《中国革命之歌》中《祖国颂》的合唱演出，并受文化部嘉奖。筹建少年宫少儿声乐队。辅导学生参加多种声乐、器乐比赛和演出获"最佳教师指导奖"。参与《中国文艺大系1976—1982音乐集》的编辑。

常春城（1943— ）

歌词作家。河北邯郸人。河北邯郸日报社副总编辑。

1991年毕业于中国社科院研究生院新闻系。在《词刊》等刊发表词作数百首，数十首在全国、省市征歌中获奖。有的歌曲曾由著名歌唱家演唱并辑入多部歌曲集CD专集。著有《心声》音乐文学专辑。

常存有（1932—1987）

戏曲音乐理论家。山西芮城人。1949年入西北公安军文工团任小提琴演奏员。1950年入西北艺术学院音乐系进修。后任山西省群艺馆音乐组长。撰有《试析二人台音乐的调式与旋律》，编有《山西民间锣鼓集萃》。

常鹤龄（1938—1986）

双簧管演奏家。河北人。1956年入上海音乐学院进修。后在德国双簧管专家班进修。曾任空政文工团副团长。原在空军学院工作。1964年获全军第三届文艺汇演优秀表演奖。

常宏伟（1932— ）

板胡演奏家。满族。北京人。1949年参加人民文工团。曾任中国歌剧舞剧院民族乐队副队长。

常建仁（1962— ）

单簧管演奏家。回族。新疆乌鲁木齐人。新疆兵团歌舞剧团首席单簧管演奏员、乌鲁木齐市管乐协会理事。1981年毕业于新疆艺术学校音乐科。曾参加本团大量文艺演出活动及各类音乐会。演出节目有歌曲《军垦人的歌》，舞蹈《天山英魂》，舞剧《红色娘子军》，独幕歌剧《风雪阿里》，交响乐《红旗颂》及《长征组歌》等。

常敬仪（1937— ）

女音乐教育家、作曲家。黑龙江哈尔滨人。星海音乐学院教授，原作曲系副主任。曾任多届广东音协理事。1961年毕业于中央音乐学院作曲系。作有艺术歌曲《君子兰》，合唱组歌《祖国你可曾听到》，器乐曲交响诗《飞夺泸定桥》，弦乐四重奏《烈士》，大提琴与乐队《抒情与即兴》等。为电视剧《铁床》《广九姑娘》配乐。有多首歌曲获奖。多次任省内赛事评委。撰有《马思聪第三小提琴与钢琴奏鸣曲的内在自我》《江文也声乐作品的艺术特色》等多篇论文。

常静之（1940— ）

女戏曲音乐家。广西桂林人。人民音乐出版社编审。1967年毕业于中国音乐学院。1984年评为国家出版局先进工作者，多次在电台、电视台主持播讲戏曲节目，多年在音乐学院兼授戏曲课。著作有《中国戏曲及其音乐》《常香玉唱腔赏析》《论梆子腔》《中国近代戏曲音乐研究》《艺术不老》等。中国艺术研究院特邀研究员。中国戏曲音乐学会副会长、《中国戏曲音乐集成》副主编。

常立人（1950— ）

男高音歌唱家。山东济南人。山东淄博临淄区文化馆副馆长。1997年毕业于山东省中学教师进修班声乐系。发表《一专多能之我见》等文。曾分别在山东青年歌手暨新

作品大赛，山东文化馆专业技能比赛，全国声乐舞蹈、器乐大赛老年组声乐比赛中获第二名、一等奖和金奖。

常立善（1932— ）

作曲家。锡伯族。新疆察布查尔人。1954年毕业于西北艺术学院。曾在新疆伊犁哈萨克自治州文化艺术研究室工作。作有歌曲《唱吧百灵鸟》《青年之歌》，冬不拉合奏曲《欢乐的草原》。

常连祥（1952— ）

词曲作家。河北泊头人。毕业于河北师大音乐专业。沧州电视台主任编辑。先后在省级以上媒体发表并播放各类音乐作品百余首（件）。音乐艺术片《枣乡情》获全国"金牛奖"，歌曲《闹春》《我的北方》获全国广播新歌征评、全国当代农民征歌创作奖，舞蹈音乐《晚霞新韵》获全国第十届"群星奖"金奖，杂技音乐《晃板》《顶车定车》参加"中国艺术节"和"吴桥国际杂技艺术节"，戏剧音乐《纪晓岚》《老嘎爷挡车》参加"河北省戏剧节"并获奖，音乐故事《何满子》获中国音乐故事征评三等奖。曾在文艺晚会中任总导演、艺术总监。

常留柱（1934— ）

男高音歌唱家、声乐教育家。上海人。1954年考入上海音乐学院声乐系，1960年毕业并留校任教。同年支援边疆，去西藏歌舞团任演唱和教学工作，之后任自治区文化局副局长等职。演唱《在北京的金山上》（首唱），《格桑拉》等藏族民歌以及本人作词作曲的《我心中的歌献给解放军》等歌。曾获西藏民歌演唱比赛一等奖。出访过北欧五国和尼泊尔。1980年回上海音乐学院声乐系任教，曾任系主任。著有《藏族民歌及其演唱技巧》等论文。

常明之（1938— ）

女音乐教育家。吉林人。50年代初从事音乐、舞蹈工作。1959年考入中央音乐学院声乐歌剧系。毕业后从事演唱与教学工作。1979年调入中国戏曲学院作曲系任基本乐科教学。80年代初受聘中央音乐学院作曲系视唱练耳教研室任客座教师10年之久，副教授。1988至1991年被中国戏曲学院评为教书育人先进工作者。1994年被评为北京市优秀教育工作者。

常曲川（1954— ）

作曲家。河北深州人。1985年曾入河北师大音乐系，1987年任衡水地区群艺馆作曲，1986年由省音协等联合举办"常曲川声乐作品独唱音乐会"。先后在省级刊物、电台、电视台发表作品六十余件，其中《好年头 好兆头》在省创作评奖中获二等奖，《农家人迎客不握手》《情系一方热土》获一等奖，《山里人》在全国第五届"群星奖"作品评奖中获金奖，同时获省"五个一工程"作品奖及精品特别奖。

常士继（1939— ）

作曲家。山西榆次人。曾为山西晋中学院音乐系教授，晋中市音协主席，山西省音协常务理事兼创作委员会

副主任。1964年毕业于山西大学艺术系，后从事音乐教育、歌曲创作及理论研究工作。在省和国家级音乐刊物上发表各类歌曲百余首，文章二十余篇。搜集、整理山西民歌、民乐近千首，出版《吕梁民歌》三集，其中百余首被收入《中国民歌》（山西卷）中。

常受宗（1924— ）

音乐理论家。教育家。河北宁河人。1945年入西北音乐院，1947年入国立音专。1949年9月被上海军管会聘为第一届校务委员会委员。1954年创作唢呐协奏曲《节日》。毕业于上海音乐学院作曲系，留校任教。曾任专家工作组组长、作曲系副主任、院办副主任、主任、上音副研究员。发表有《作曲家贺绿汀》《贺绿汀的音乐教育思想》等文，《上音简史》《贺绿汀全集》主要撰稿人之一。曾任全国第三、四届文代会代表，上海音协理事。

常树蓬（1940—2008）

音乐编辑家。河北泊头人。1966年毕业于天津音乐学院作曲系。原人民音乐出版社二编室主任。《中国民族民间器乐曲集成·北京卷》常务副主编、《中国民间歌曲集成》特约编审。曾任多种管弦乐总谱、器乐曲集百余种音乐图书的责任编辑。编著有《笛子高级练习曲选》（合作），《琵琶曲集》《笛子曲集》《二胡曲集》等。撰有《源于传统，刻意创新——简论曲祥的笛子演奏与笛曲创作》《刘天华及其十首二胡曲》《琵琶弹奏多秦声——试评琵琶曲〈渭水情〉》等文。出版有《儿童舞曲》《农村即景》《江南小景》《祖国，在你的旗帜下》等器乐、声乐作品。曾获新闻出版署优秀图书编辑奖。

常苏民（1910—1993）

音乐教育家、作曲家。山西长治人。1929年毕业于山西国民师范学校。1937年从事抗日救亡宣传工作。后曾任晋西北鲁艺分院音乐系主任。1953年任西南音专校长。1958年始任四川音乐学院院长、《音乐搜索》主编、四川省音协主席、第四届全国文联委员、中国音协第四届常务理事。作有电影音乐《刘胡兰》《猛河的黎明》《黄河少年》《风流千古》。电影《神圣的使命》中的插曲《心上人啊！快给我力量》，《漩涡里的歌》中插曲《船工号子》《人家的船儿桨成双》广为流传。另有电影纪录片音乐《巴蜀洞天》，舞台艺术片音乐《打金枝》。专著有《山西梆子音乐》《常苏民、陶嘉舟电影歌曲选》。

常维圻（1933— ）

作曲家。满族。黑龙江呼兰人。1948年入东北音工团工作，曾任吉林省吉剧团副团长兼指挥。作有板胡协奏曲《兰桥》，担任吉剧《队长不在家》音乐设计。

常文海（1955— ）

钢琴教育家。甘肃镇原人。天水师范学院音乐系教师。1978年入西北师范大学音乐系学习，毕业后任首钢天水珉山厂中学教师。发表论文《略谈歌唱性旋律的弹奏》《怎样上好第一节钢琴课》《关于高师普修钢琴集体课教材的思考》，编撰有《电子琴技法教程》。指导的学生在省级各类钢琴比赛均获前二名，其中有部分学生考入中国音乐学院等音乐院校。

常香玉（1923—已故）

女豫剧表演艺术家。河南巩县人。九岁登台演出。1948年始历任香玉社社长、河南豫剧院院长、河南省戏曲学校校长。曾为河南省文化厅顾问、省文联副主席、剧协河南分会主席。沈阳音乐学院名誉教授。全国妇联常务理事。第一、二、三、五、六、七届全国人大代表。曾在第一届全国戏曲汇演和首届中国艺术节获荣誉奖。主演豫剧《拷红》《白蛇传》《朝阳沟》《李双双》等。

常向群（1954— ）

音乐编辑家。满族。黑龙江人。哈尔滨电视台影视中心编导。1968年开始从事文艺工作，曾在文工团任"样板戏"伴奏和创作员。1986年毕业于沈阳音乐学院作曲系干修班。先后在株洲电台、哈尔滨经济电台、电视台影视中心任编辑。撰写的音乐、戏曲专题多次获国家、省各种奖项。1996年在第十届全国广播歌曲征评中，《长城之歌》获作曲金奖，《情思中华》获第十一届作曲银奖。多次参与晚会策划和创作，并获全国、省级评比各种奖项。

常肖梅（1932— ）

女音乐教育家。江苏南京人。1957年毕业于上海音乐学院理论作曲系。曾任哈尔滨师范大学艺术学院副教授。1979年自费赴澳大利亚学习声乐。1989年创设"声乐曲分析及处理"课，在全国首届大学教学成果奖中获国家级优秀奖。作曲的《边寨组曲》（杜南词），《忆江南》（白居易词），分别由上海和人民音乐出版社出版。专著《歌曲处理学》，1989年由黑龙江教育出版社出版。1991年被聘为黑龙江省第三届声乐比赛评委。1995年被聘为"全国乐器演奏（业余）考级"钢琴评委。

常新杰（1932— ）

低音提琴演奏家。辽宁沈阳人。曾任内蒙古大学艺术学院教务长、高级讲师。1948年参加内蒙古文工团任低音提琴演奏员。1962年毕业于上海音乐学院管弦系低音提琴专业，同年任上海交响乐团低音提琴首席及声部长。1972年调海拉尔呼盟民族歌舞团任低音提琴演奏员，80年代先后任内蒙艺校、内蒙古大学艺术学院低音提琴教师。作有低音提琴独奏曲《奔》《路》，小提琴合奏《水浮莲》，歌曲《莫力达瓦的春天》《灵泉水》。翻译[俄]《低音提琴教科书》序言部分。

常学礼（1945— ）

作曲家。河北唐山人。1963年为话剧《迎春花》《不准出生的人》作曲。1971年调入唐山市歌舞团，任独唱演员兼作词作曲。1979年师从王世儒、胡德风、徐新学习合唱指挥。1984年任歌舞团编导室主任，1992年调入市评剧团任副团长。2003年调入市艺术研究所。音乐作品有歌剧《大海作证》《红房子》，组歌《抗震组歌》，舞蹈《梦影》《沸腾的土地》，评剧《红龙泉》《成兆才》。指挥合唱《祖国颂》《长征组歌》选曲。导演歌剧《三个女儿的婚事》《时髦青年与怪味鸡》以及"全国第二届城运会闭幕式"等多台文艺晚会。

常宇宏（1943— ）

作曲家。山东博兴人。1966年毕业于西安音乐学院作曲系。曾在陕西乐团工作。作有合唱《鬲溪梅令》，小提琴协奏曲《"碗碗腔"主题叙事曲》，幻想曲《秦始皇兵马俑》。

常曾刚（1924— ）

音乐评论家。陕西米脂人。1938年参加革命，1943年开始从事音乐工作。1951年毕业于中央音乐学院专修科。曾任中国音协理论委员会委员、中国音协西安分会副主席兼秘书长、《群众音乐》主编。编著有《新疆民歌》《郧鄂牌子音乐》《郧鄂清曲剧选》。著有音乐评论文集《乐路鳞爪》，诗文选《钟吕集》，格律诗集《心声录》。

常治国（1933— ）

手风琴演奏家。陕西高陵人。1954年毕业于西北艺术学院音乐系，后留校任教。1963年于沈阳音乐学院进修后，开设手风琴、板胡课。同年调入铁一局文工团任手风琴、板胡演奏员。编有手风琴练习曲、中外名曲集、民歌练习等数册。陕西省电视台多次录播其手风琴独奏曲《春游》等。为艺校及文艺团体培养了一批演奏人才。出版《柯尔克孜人民歌唱毛主席》手风琴独奏曲。

常尊九（1930—已故）

音乐教育家。山东平邑人。1943年始从事音乐工作。1951年毕业于上海音乐学院专修科。后调任新疆音乐工作组组长、群艺馆馆长、新疆艺术学校副校长。1984年创建新疆少儿业余音乐小学，任名誉校长。1987年参与创建新疆函授音乐学院并任院长。规范了部分常用音乐术语的维吾尔译文。曾组织编撰具有民族特色的维吾尔文音乐教材，长期从事音乐教学，为新疆培养了一大批艺术人才。新疆维吾尔自治区音协理事、音教委主任。

昶燕明（1945— ）

女钢琴教育家。满族。北京人。中国音乐学院附中钢琴教师。1967年毕业于中央音乐学院钢琴系，后随全体毕业生赴解放军农场劳动锻炼。1972年分配到原中央五七艺术大学京剧系担任钢琴伴奏，后在中国戏曲学院担任钢琴伴奏。1980年调中国音乐学院，先后在学院及附中担任钢琴教学。多次任中国音协全国业余钢琴考级评委。

畅秦菊（1945— ）

女歌唱家、声乐教育家。山西万荣人。1960年考入西安音乐学院附中，1963年考入该院声乐系，毕业后任汉中歌剧团演员兼声乐教师及西安音乐学院音教系声乐教研室主任、系副主任、硕士导师。曾在歌剧《江姐》《洪湖赤卫队》《小二黑结婚》《风云前哨》《红梅岭》《第二次婚礼》中担任主要角色。学生多次在专业声乐大赛中获奖。撰写发表有《谈歌唱吐字问题》《高师声乐教学建设

探索》《论歌唱中的共鸣》等文。

钞守业（1940— ）

小提琴演奏家。河南人。1962年毕业于山西艺术学院音乐系，分配至山西省歌舞剧院任演奏员。曾在太原市杂技团、歌舞团任乐队队长、指挥兼作曲，在山西电台任音乐编辑。1986年任山西省民间音乐舞蹈大赛评委，并为山西省参加全国民间音乐舞蹈大赛节目录音，曾获省政府颁发的二等功奖励。作有小提琴协奏曲《民歌主题叙事》，小提琴独奏曲《深切怀念周总理》。编撰有大量专题音乐节目，主编《空中音乐杂志》。

钞艺萍（1962— ）

女音乐教育家、歌唱家。河南南阳人。毕业于河南大学音乐系，曾赴天津音乐学院管弦系深造。郑州轻工业学院艺术教育中心教研室主任。1999年获"全国第八届城市职工歌手邀请赛"民族唱法银奖。歌词《慈爱的父亲》《多彩人生》《大别山的故事》等在河南省歌曲创作评选中获奖。在2001年"全国大学生艺术歌曲比赛"中，所编排的节目荣获国家教育部、文化部等颁发的优秀奖和河南赛区一、二等奖。主编大学生素质教育教材《中外艺术歌曲100首暨演唱提示》，并在《交响音乐赏析》一书中任副主编。

晁东旭（1935— ）

板胡演奏家。满族。河南周口人。1949年毕业于周口市立中学。曾任黄河文工团乐队队长，后为中国歌剧舞剧院演奏员。为《人欢马叫》《友与敌》等歌剧作曲并参加演出。移植豫剧《沙岗村》为歌剧。作有器乐曲《春风杨柳》。曾任歌剧《槐荫汉》音乐指挥，在歌剧《白毛女》《窦娥冤》演出中担任板胡演奏。

晁元清（1965— ）

女歌唱家。青海人。青海师范大学音乐系副教授，青海音协理事。1990年毕业于西安音乐学院音乐教育系，2000年考入中央音乐学院硕士学位班，2002年在中央音乐学院完成硕士学位独唱音乐会。曾多次参加全国青年歌手电视大奖赛青海赛区比赛获金奖和一等奖，并代表青海参加全国电视大奖赛和中国音乐《金钟奖》比赛。2003年参加青海、湖州电视台春节联欢晚会。曾担任2002年青海电视台业余歌手大赛和2004年全国青年歌手大奖赛青海公开赛评委。

巢志珏（1940— ）

女钢琴教育家。浙江嘉兴人。1964年毕业于上海音乐学院钢琴系。曾任中央民族学院艺术系钢琴伴奏，并在上海音乐学院任教。曾与荷兰籍大提琴家林克汉合作演出。

朝 鲁（1958— ）

歌唱家。蒙古族。内蒙古呼伦贝尔人。呼和浩特市政协常委、第八届全国青联委员。内蒙古自治区劳动模范。毕业于中央音乐学院。1978年起先后在呼伦贝尔市民族歌舞团和内蒙古直属乌兰牧骑艺术团任独唱演员。2002年后

在内蒙古大学艺术学院音乐系任教。曾赴美国、日本等国演出。曾获首届全区电视大奖赛一等奖、全国少数民族声乐大赛一等奖。撰有《来自大自然的声音——蒙古族长调》等文数篇。

潮 鲁（1960— ）

音乐教育家、理论家。蒙古族。内蒙古海拉尔人。内蒙古音协理事。1995年毕业于内蒙古师范大学音乐系音乐教育、作曲理论专业，2003年毕业于福建师范大学民族音乐学系博士研究生。历任呼伦贝尔艺术学校，内蒙古师范大学音乐学院理论部、研究发展部副主任、院长助理、教授。作有合唱歌曲《那是我的大草原》《蒙古族骑手》《海青马》，马头琴独奏曲《雁》等多首作品。发表《古老的题材，崭新的印象》《关于马背民族的节奏》《蒙古族长调牧歌研究现状及思考》等文多篇，著有《蒙古族长调牧歌研究》已由内蒙古文化出版社出版发行。

车 明（1920— ）

作曲家。浙江镇海人。1938年入延安鲁艺音乐系学习，长期从事音乐工作。1951年任长春电影制片厂作曲，1968年任珠江电影制片厂作曲。作有电影音乐《平原游击队》《大浪淘沙》《春歌》等。

车 英（1957— ）

歌唱家。山东福山人。1985年毕业于沈阳音乐学院。辽宁歌剧院院长、辽宁剧协副主席。1985年获辽宁省首届"聂耳·冼星海声乐作品"演唱比赛一等奖。1990年开始，在歌剧《归去来》《苍原》《沧海》中饰演男主角，分别获文化部"优秀演员奖""文华表演奖""梅花奖""金钟表演奖"。2000年被中国文联授予"德艺双馨"文艺家，2002年被文化部授予"优秀专家"，2004年获辽宁省"五一"奖章。

车国振（1946— ）

小号演奏家、教育家。朝鲜族。吉林辉南人。1968年入延边歌舞团，后在延边京剧团任演奏员，1978年在延边大学艺术学院音乐系任教。1982年毕业于中央音乐学院干修班管弦系，1992年毕业于吉林艺术学院音乐教育系，副教授。撰有《正确的呼吸在小号演奏中的重要性》《器乐示范教学给学生的启发》《浅谈小号每日基本练习》。编有《小学生小号音阶练习》《小号独奏曲选》。所教学生获省文化厅"新苗杯"少儿艺术系列大赛小号一等奖。

车久仪（1933— ）

女声乐教育家。上海人。1957年肄业于南京艺术学院音乐系声乐专业，后在广州乐团任合唱队员，并担任领唱、独唱。1961年调云南省歌舞团任独唱演员、声乐教员。曾主演歌剧《货郎与小姐》。1983年在昆明举办学生独唱音乐会。

车荣德（1929— ）

作曲家。重庆人。1954年毕业于西南音专作曲系。曾在成都市曲艺团。作有歌曲《放筏》《少年进行曲》《苹果树下》。

车若娟（1955— ）

女作曲家。内蒙古呼市人。自1973年起先后进修于天津音乐学院、中央音乐学院、中国音乐学院作曲系，1987年毕业于北京师范学院音乐系。任内蒙古呼市歌舞团、市民间歌舞剧团编导室音乐创作。作有歌曲《梦里总是把青城拥抱》《欢迎你到草原来》《澳门连着牧民的心》《好甜的歌儿唱草原》等多首，曾获历届"昭君杯"大赛作曲、配器奖，"五个一工程"奖等诸多奖项。撰有《谈二人台音乐既保持传统风格又体现时代精神》《一朵绚丽的萨日娜花》等论文。

车绍留（1963— ）

音乐教育家。云南保山人。1990年毕业于云南艺术学院音教系。1980年曾在保山市歌舞团，后在保山师专任音乐系主任。2006年始任保山音协副主席。撰有《音乐素质培养与合唱》《高师音乐教育专业手风琴教学的改革》《边远地区民族声乐教学与人才培养研究》等文。作有《人民教师之歌》《山水韵》《九龙放歌》《古道师旅》等歌曲。为云南省声乐精品课程负责人，2007年任云南省青年电视歌手大赛民族唱法评委。

车文芬（1953— ）

女声乐教育家。山东武城人。1970年始曾在河北邢台市京剧团任演员，1979年毕业于河北师范大学艺术系，任师大音乐学院声乐系教师、副教授。1981年入天津音乐学院进修声乐，2001年于河北大学艺术学院研究生毕业。撰有《歌唱的动力源于正确的呼吸》《高等师范院校应开设公共音乐课》《美感教育在声乐教学中的运用》等文。科研创作有《高校音乐专业课程改革的设想与实施》等。1999年举办"教学二十周年师生演唱会"。曾获中宣部等举办的"全国大学生艺术歌曲比赛"指导教师二等奖。

车向前（1946— ）

二胡演奏家。重庆人。1960年入峨影乐团工作。1962年入四川音乐学院学习。曾任四川省曲艺团副团长。曾赴法、德、美等国演出及讲学。作有二胡协奏曲《满江红》，重奏曲《剑门春意浓》，琵琶曲《巴山风情》。

车兆鑫（1955— ）

单簧管演奏家。满族。辽宁大连人。总政军乐团教研室单簧管教师。1972年考入军乐团学习单簧管专业，1985年毕业于中央音乐学院管乐系。曾担任军乐团单簧管声部首席，1996年任教于解放军艺术学院音乐系，其培养的学生曾在国际邀请赛中获第一名。编著出版《单簧管基础教程》等。

车子昭（1939— ）

小号演奏家、教育家。重庆人。1951年从事部队文艺工作。1959年进修于中央音乐学院。先后任铁道兵文工团、中国铁道建筑总公司文工团副团长兼歌舞团团长。铁道部艺术系列高级职称评委会评委。1975年全国调演获小号独奏优秀节目。作品有小号独奏《天山新歌》等。所指导的金帆乐团和教授的乐团和学生，多次在北京和全国以及国际比赛中获奖。1991年被北京团市委和少工委授予"北京市关心少先队奖"。

陈 斌（1956— ）

音乐教育家。江苏泰兴人。扬州大学艺术学院副教授、艺术教育中心主任。1982年毕业于南京师大音乐学院。在扬州大学艺术学院从事合唱指挥及声乐教学工作。主持完成校科研课题两项，发表多篇论文。《论普通高校大学生合唱队的训练》获优秀教研论文二等奖，并两次获教师声乐比赛二等奖。所教学生多次获省、市声乐奖。合唱作品《清风行》获江苏省教育厅一等奖，《祖国颂》等获省大学生艺术节优秀表演奖。合唱指挥在校内外演出中屡获殊荣。

陈 澄（1966— ）

女古筝演奏家。湖南长沙人。江苏省教育学院音乐系副教授。1991年毕业于南京师范大学音乐系，2000年毕业于中国音乐学院。历任扬州市歌舞团演奏员，扬州大学音乐学院教师。发表论文《音乐流变检索》《谈视唱练耳教学》。出版《陈澄与筝独奏专辑》盒带、CD。古筝独奏曲《寒鸦戏水》《云庆》《满山春色》分别在中央电台、中央电视台播出。

陈 川（1946— ）

作曲家。四川成都人。四川通俗音乐协会主席，成都理工大学广播影视学院教授、院长顾问。毕业于中国音乐学院作曲系。长期从事民族音乐研究和创作，培养一批民族歌手。为歌剧《天涯歌女》《惹刹神殿》作曲。创作改编《康定溜溜城》《美丽的哈拉玛》《茶马古道》等歌曲和舞蹈音乐《溜溜康定溜溜情》《踢踏舞》等。作品多次获全国比赛金奖和银奖。撰有《鄂尔多斯民歌解析》《康区嘎谐——驰名中外的巴塘弦子》。著有《琴弦上的梦》（歌曲集），《井冈山颂》（大合唱），《中国少数民族乐器大观》。出版《陈川作品大全》《西部吼声》音像专辑。获"中国民族音乐创作策划大师"称号和中国民族音乐"伯乐奖"。

陈 达（1930— ）

作曲家。江苏人。1949年为某军文工团演员，1950年为志愿军文工团作曲、指挥，1954年调某文工团任作曲、指挥，1973年任江苏通州市歌舞团作曲、指挥。曾为《荷花盘子》舞蹈作曲，该舞蹈赴中南海与日本演出。《粮食工人之歌》获全国工人歌曲大赛银奖，《泥巴巴》获全国儿童歌曲大赛一等奖。在全国省以上音乐刊物发表大量歌曲，其中《妈妈爱娃，娃爱妈》《海峡那边有座岛》被选入优秀群众歌曲集。

陈 丹（1959— ）

小提琴演奏家。黑龙江人。陕西乐团演奏员。曾进修于中央音乐学院小提琴专业。在陕西第二届艺术节、陕西新剧（节）目观摩演出、陕西电视台"钟楼杯"演出、陕西文化厅"电信杯"第三届艺术节及各类文艺活动中，任副首席小提琴。撰有论文《论小提琴演奏中的不足》。

陈 丹（1967— ）

作曲家。湖北黄石人。解放军军乐团创作室创作员。1981年考入军乐团学习长笛，后任演奏员。1997年毕业于中央音乐学院作曲系，后从事专业创作。作品多次获国际及全军音乐赛事奖项并在国内、外上演。作品有《缺月挂疏桐》《朝天阙》《采香》《永远的军乐》等。2002年出版发行《永远的军乐》个人作品专辑。2002年赴非洲厄立特里亚工作一年，荣获厄立特里亚总统嘉奖令和国防部嘉奖令。

陈 地（1920—已故）

作曲家。湖北武汉人。毕业于善德英语专校。1933年入汉声乐艺社，曾在延安鲁艺、华大任教，延安中央乐团任提琴首席。后为中国音乐研究所研究员。作有歌剧音乐《不死的人》，电影音乐《智取华山》。

陈 巅（1930— ）

音乐评论家。黑龙江庆安人。1946年入西满军区二分区文工团，后任黑龙江省艺术研究所所长，音协黑龙江分会第二届副主席。有《发挥音乐艺术的特殊功能》等文。

陈 东（1972— ）

女钢琴教育家。满族。辽宁阜新人。1994年毕业于河北大学音乐系、2004年获该校硕士学位，后任河南省艺术学校音乐系钢琴教研室主任、高级讲师。撰有《钢琴演奏中的触键与表情》《中等艺术学校钢琴教学实施创新教育的必要性》等文，2004年省文化厅举办的首届艺术教育"百位名师"被评为"钢琴名师"称号。所教学生多名在全国、省级钢琴比赛中获奖。主编《河南省艺术学校社会艺术考级钢琴教材》（一至五级，上册）。

陈 栋（1955— ）

音乐教育家。广西人。广西艺术学院音乐教育学院副主任、扬琴副教授。先后就读于广西艺术学院、中央音乐学院。作有扬琴独奏《刘三姐主题幻想曲》《红水河船歌》《红水河随想》。获1991年第一届广西"牡丹杯"扬琴大奖赛一等奖。论文《国乐神韵，民族之魂》获"全国高师课程改革研讨会"二等奖，《壮族音调与扬琴曲创作思维》获广西文化厅《歌海》杂志社最佳论文奖。

陈 芳（1965— ）

女音乐教育家。湖北武汉人。武汉市十七中学教师。1988年毕业于江汉大学艺术系。撰有论文《浅谈音乐教学中的创新教育》《音乐教学必须重视情感因素》。编写并出版《音乐教师用书》。曾指挥十七中初中组和高中组合唱团，分获"武汉市中学生合唱比赛"一等奖。本人曾获武汉硚口区及武汉市中学音乐优质课一等奖，并多次被评为先进教师。

陈 放（1958— ）

女钢琴教育家。湖北人。河南大学艺术学院教授，从事高校钢琴专业教学、研究及社会钢琴音乐普及教育。所培养的学生分别考入全国各类音乐院校本科生、研究生。多人次在省以上各类钢琴和综合音乐比赛中获奖。先后在《中国音乐学》《人民音乐》《河南大学学报》等刊物发表论文二十余篇，两次担任河南省教委人文学科音乐科研项目负责人。曾策划并参与组织河南省首届少年儿童钢琴比赛及首届河南省钢琴（业余）考级活动，中国音协河南考级评委。

陈 峰（1928— ）

女声乐教育家。浙江余姚人。1942年从事音乐工作，曾入上海音乐学院进修声乐。长期从事声乐教学，后在湖南师范学院艺术系任教。1945年首唱歌曲《读书郎》。

陈 福（1946— ）

小号演奏家。北京人。1970年毕业于总政军乐团学员队。总政军乐团演奏员。1964年曾参加大歌舞《东方红》的演出及电影拍摄。多次参加电视台、广播电台、电影的录音、录像工作。先后数次完成国家重大庆典、演出、外事司仪任务。曾随团赴泰国、法国及港澳地区访问演出。

陈 刚（1934—已故）

作曲家。湖北宜昌人。1949年始从事部队文艺工作。曾任宜昌市艺术创作室主任、河南音协第三届常务理事、宜昌市文联副主席，市音协名誉主席。创作音乐作品百余部（首），电视艺术片《李师师》参加中央电视台庆祝建国三十周年展播，舞蹈音乐《春江水暖》1987年获湖北省第三届舞蹈比赛音乐创作三等奖，弹拨乐四重奏《秋声赋》1988年获湖北省民间音乐舞蹈电视比赛创作一等奖。1994年任湖北省第九届运动会大型团体操作曲。曾任第三届湖北三峡艺术节开幕式大型文体表演作曲。

陈 钢（1935— ）

作曲家。回族。上海人。1949年始从事部队文艺工作，1960年毕业于上海音乐学院作曲系。为该院教授。中国音协第三、四届理事，音协上海分会常务理事，第九届上海市人大代表。作有小提琴协奏曲《梁山伯与祝英台》（合作）《王昭君》《阳光照耀着塔什库尔干》《苗岭的早晨》《金色的炉台》等小提琴曲和《双簧管协奏曲》。

陈 光（1944— ）

扬琴演奏家。天津人。1965年入北京军区歌舞团，曾随团赴罗马尼亚、香港、澳门演出。

陈 光（1958— ）

作曲家。北京人。北京市音乐家协会理事、房山区音乐舞蹈家协会主席、房山区文化馆馆长、文化局副局长。自幼学习手风琴，1980年毕业于牡丹江师范音乐专业，后在黑龙江虎林县文化馆工作。1984年调入北京市房山区文化馆。创作音乐作品百余首，多次获全国、市级奖项。其中歌曲《龙的摇篮》获演唱金奖、创作铜奖。歌曲《北京绿柳》在中央电视台、北京电视台播出。2003年被评为"首届北京市群众文化明星"。

陈 红（1959— ）

女高音歌唱家。辽宁大连人。河北省政协委员、河北省音协副主席、河北艺术职业学院音乐系主任。1982年毕业于河北师范大学艺术系声乐专业，获文学学士学位。撰有《高音的获得》等文。1983年入河北省歌舞剧院任独唱演员。演出千余场，录制各类歌曲百余首。多次参加声乐比赛，曾获全国第二届青年歌手电视大奖赛专业组美声唱法"荧屏奖"、全国歌剧调演优秀演员奖、中国音乐年首届"金钟奖"银奖。

陈 红（1959— ）

女音乐教育家。广东五华人。广东省佛山市第三中学艺术科科长。1986年星海音乐学院音乐教育系毕业，1989年中国函授音乐学院理论作曲系进修。多次任区级、校级举办的大型文艺晚会的艺术总监，长期担任学校合唱团的培训兼指挥，合唱团在省市的合唱比赛中多次获奖。撰写《音乐教学中情感训练》与《合唱训练兴趣培养》分获教学论文一、二等奖。

陈 红（1962— ）

女歌唱家、教育家。江西莲花人。任教于江西财经大学艺术与传播学院。1988年毕业于江西师范大学音乐系。曾在江西省首届MTV选拔赛、"光明杯""昌河杯"歌手大赛中获独唱二等奖。多次获省"辅导奖""园丁奖"。2003年任江西省"弘扬井冈精神，兴我美好江西"万人歌咏大会副总导演。曾随团赴日本参加国际艺术节。

陈 闳（1934— ）

音乐文学家、作曲家。北京人。1949年从事部队文艺工作，曾参加抗美援朝，两获军功章。后任江西广播电视艺术团编导、南昌市群艺馆副研究馆员。创作有大量少儿歌曲，获奖作品有《党的春风暖我家》《冬天的童话》《快乐的园丁》《党的阳光暖在心窝里》。出版有个人歌词作品集《少女的日记》，童话儿歌CD专辑、盒带专辑《小夜莺》《悄悄话》以及儿童歌舞剧《七棵小果树》《美妙的小音符》《漂亮的小熊》等。撰有论文《为儿童奉献更丰美的精神食粮》。

陈 洪（1907—2002）

音乐理论家。广东海丰人。早年留学法国，1932年后历任广州音乐院副院长、上海国立音专教授兼教务主任、国立音乐院、中央大学教授。新中国成立后任南京大学、南京师范大学教授兼系主任。中国音协二、三、四届理事，历届江苏省文联、音协副主席。获首届中国音乐"金钟奖"终身成就奖。著有《对位化和声学》等书。

陈 洪（1941—2001）

作曲家。湖北长阳人。曾为湖北长阳土家族自治县歌舞剧团艺术指导。1960年入宜昌地区歌舞团。收集整理大量民族民间音乐资料，出版有《土家吹打乐》等，担任

《中国曲艺音乐集成.湖北卷》编委，发表论文有《土笛初辨》等。所创作的土家族婚俗系列舞蹈剧《土里巴人》曾获文华编导奖及湖北省"五个一工程"奖，并参加第四届中国艺术节以及国庆45周年展演。

陈 华（1953— ）

女音乐教育家。福建福州人。福州艺术师范学校高级讲师、副校长。1982年毕业于福建师范大学音乐系。除担任音乐教学、组织管理外，还担任钢琴提高班的教学。指导学生参加全国中师"器乐录像比赛"获钢琴演奏二等奖，指导女声小组唱参加全国中师"声乐录像比赛"获演唱二等奖及省音乐周声乐比赛一等奖。作有舞蹈音乐《青春旋律》。撰有《钢琴教学点滴》《幼师音乐教改之我见》《中师生声乐自学能力的培养》等。

陈 骅（1950— ）

音乐活动家。重庆人。1989年毕业于西南师范大学音乐学院音乐系，历任解放军54军宣传队声乐分队分队长，重庆市群众艺术馆音乐部主任、副馆长。曾组织举办过多次大型群众文化活动、文艺演出、讲座等。创作编导大型歌舞《巴渝风》，组织庆香港回归大型文艺晚会《东方梦圆》，编导中国龙灯艺术节开幕式晚会《龙之魂》，以及民族风情歌舞《太阳出来喜洋洋》等，演出获得极大成功，曾获国家级创作和表演金奖。

陈 欢（1959— ）

女小提琴演奏家。湖南长沙人。珠江电影制片公司乐团声部长。1978年毕业于黑龙江省艺术学院。曾任黑龙江省评剧团演奏员。撰有《电影音乐的艺术魅力》等文章。曾参加故事片《警魂》的音乐录制，出版《交响乐普及教育》《儿童小提琴入门》VCD。曾参加第三届中国音乐"金钟奖"开幕式及国内有关音乐会的演出。

陈 辉（1966— ）

音乐教育家。浙江温岭人。浙江台州学院艺术学院高级讲师。曾在《人民音乐》《音乐周报》《中国音乐教育》《中国文化报》《音乐生活》《中小学音乐教育》等刊物发表文章百余篇，其中2篇论文获教育部奖。曾任《音乐生活》杂志专栏作者，全国师范院校音乐教材编委。编著出版有教材《大学音乐基础与欣赏》《中外音乐简史及名作赏析》《音乐欣赏普修教程》。

陈 慧（1963— ）

女高音歌唱家。河北辛集人。北京教育学院宣武分院二部音乐教研员。1995年首都师范大学音乐系毕业。发表《浅谈如何在音乐教学中加强对学生审美能力的培养》《波动的旋律线》《音乐高考的喜与忧》等文多篇并获奖。指导多名教师在北京市教委举办的基本功比赛中获奖。曾被北京市、区教委授予"优秀青年教师""优秀教育工作者"等称号。

陈 建（1934— ）

音乐编辑家。浙江乐清人。1963年毕业于哈尔滨艺术学院音乐系理论作曲专业，后任浙江人民广播电台主任编辑。采录的歌曲《南屏晚钟》《田野的风》在全国电台系统历届"广播新歌"评奖中获金奖。发表有《音乐的表现手段琐谈》《用美好的音乐节目来陪伴人民的生活》《音乐欣赏的联想和想象》《音乐的社会功能》等文。

陈 健（1912—已故）

小提琴演奏家。江苏苏州人。1932年毕业于苏州美专西画系，师从意大利籍富华教授学习小提琴。1940年入重庆中华交响乐团任第二小提琴首席。1952年起任总政歌舞团乐队首席。1979年调解放军艺术学院音乐系任教。作有小提琴独奏曲《五指山之歌》等。

陈 健（1932—已故）

音乐教育家。河南商丘人。1951年毕业于开封艺术学校音乐大专班。后为商丘师范高级讲师。撰有《音乐教育改革初探》，主编《音乐教育参考资料》《音乐·美术》《音乐知识十二讲》《歌队指挥法》，编有小学、幼儿园音乐教材多种。作有合唱《战马飞奔》，儿童歌曲《长高吧小树》，钢琴四手联弹《豫东民歌主题与变奏》。曾参与组织河南省第一届中师歌舞会演。

陈 健（1949— ）

作曲家。安徽宿州人。1975年进修于安徽师大艺术系。蚌埠市文化局创研室作曲。发表歌曲三百余首，为电视剧作曲九部，戏曲作曲、舞蹈音乐数十部。各类作品获国家、省部级奖励百余次。其中《大树参天》《窦娥冤》获文化部"映山红戏剧节"作曲一等奖，歌曲《醉了花鼓乡》《奶奶的故事》分获中央电视台'96MTV大赛和军旅歌曲大赛金奖，《老侉头》等获"五个一工程"奖，舞蹈音乐《瞧这帮鼓架子》《兰花赋》《娘》分获"荷花奖""群星奖"银奖。撰有《淮夷人擅乐》等多篇论文。出版个人音乐作品VCD专辑。

陈 杰（1931— ）

作曲家。广西钦州人。1950年从事部队文艺工作，1962年入军艺学习理论作曲。后任空军蓝天幼儿艺术团指导。作有歌曲《秋收暴动歌》《闪亮的星》。参加歌舞《革命历史歌曲表演唱》编配。

陈 杰（1948— ）

音乐教育家。湖南长沙人。曾为湖南省妇女儿童活动中心副研究馆员、湖南二胡专业委员会副会长兼秘书长、中国音协二胡学会理事。1969年毕业于湖南艺术学校，后任衡阳市歌舞团二胡演奏员兼作曲。主要作品有歌剧《红军鞋》《瑶山春》《报童之歌》，歌曲《望月》《夸春华》《欢欢喜喜庆七一》《请喝一杯湖之酒》。培养多名优秀音乐人材，多次获湖南二胡独奏比赛和全国少儿电子琴比赛"园丁奖"和组织辅导奖。

陈 洁（1944— ）

女高音歌唱家。回族。甘肃陇南人。曾任职甘肃省话剧团、武警部队文工团、兰州市文工团、宝鸡市话剧团。

师从林俊卿、莫西教授学习声乐。在《草原之歌》《杜鹃山》等多部歌剧中扮演主要角色。演唱中外歌曲五十余首。在《西安事变》等多部话剧中扮演主要角色，在本团9部创作演出剧目中获个人表演奖。

陈　捷（1927—　）

女作曲家。上海人。1942年参加从事革命文艺工作。1950年始，先后入华东越剧实验剧团、上海越剧院，历任作曲、团长、院党总支副书记等。1956至1959年入上海音乐学院作曲进修班学习。曾为越剧《梁祝》《西厢记》《金山战鼓》《父子争先》《争儿记》《火椰树》编曲、作曲，为电影美术片《一只鞋》作曲。越剧《梁祝》获全国第一届戏曲观摩演出大会音乐作曲奖（合作），1952年与薛岩合作编辑出版《越剧曲调》。

陈　捷（1947—　）

扬琴演奏家。辽宁营口人。中国民族管弦乐学会会员、辽宁扬琴学会副会长。自幼受扬琴教育家、演奏家宿英先生的亲传。1964年考入沈阳军区前进歌舞团任独奏演员，后任民乐队队长等职。作有扬琴曲《夜战歼敌》《彩蝶飞舞》，锣鼓扬琴曲《辽河鼓乐》等，多次获奖并出版曲谱。1989年改革新型乐器——锣鼓扬琴。获1992年文化部文化科技进步三等奖。曾出访日本、朝鲜等国演出。

陈　静（1972—　）

女高音歌唱家。河南洛阳人。河南省歌舞演艺集团演员，河南省音协副主席。曾获央视第五届青歌赛专业组民族唱法三等奖、全国省级电视台歌手大赛银奖、河南省艺术歌曲大赛金奖，并被授予河南省"德艺双馨艺术家""省学术学科带头人"等称号。撰有《谈谈声乐艺术的声情并茂》等文，出版专辑《我的大中原》。曾在河南省文艺精品工程《木兰诗篇》中扮演女主角花木兰。

陈　娟（1944—　）

女大提琴演奏家。上海人。1968年毕业于中央音乐学院管弦系。1973年入中国广播交响乐团。曾与李德伦、郑小瑛等指挥家合作演出莫扎特、贝多芬、柴科夫斯基、西贝柳斯、肖斯塔科维奇等的交响乐作品。曾两次与马友友先生合作，先后演出肖斯塔科维奇《大提琴第一协奏曲》、德沃夏克《b小调大提琴协奏曲》。参加庆祝香港回归交响合唱演出。

陈　娟（1967—　）

女钢琴教育家。山东淄博人。济南市妇女儿童中心少儿培训高级教师。1988、2002年先后毕业于山东艺术学院艺术师范系、山东师大音乐系。曾任济南市五十八中音乐教师。撰有《初学钢琴应注意的问题》等文，其中《初学钢琴如何培养良好的学习习惯》获山东省校外素质教育论文评选一等奖。辅导的学生多次在山东、华东、华中赛区等钢琴比赛中获一、二、三等奖。

陈　娟（1975—　）

女歌唱家。土家族。湖北宜昌人。毕业于北京大学艺术系研究生班。湖北省青联文员、宜昌市政协委员、宜昌音协理事。现就职于宜昌市文联组联部。先后获文化部第五、九届"群星奖"表演二等奖、优秀奖，湖北省第十二届青歌赛民族民间唱法一等奖，CCTV-3《星光大道》2005年度月冠军。还多次参加央视《新视听》《与您相约》《曲苑杂坛》等演唱录制，并为多家省市电视台演唱录制节目。曾获宜昌市"十大杰出青年"称号。

陈　军（1960—　）

手风琴演奏家。土家族。四川涪陵人。四川音乐学院钢琴系手风琴专业副教授、硕士生导师，中国音协手风琴学会副会长。1982年毕业于四川音乐学院器乐系。1984至1987年借调至中央乐团音乐艺术家小组。1986年在北京音乐厅举行手风琴独奏音乐会，后在上海、成都举办多场。1987年获首届全国青年手风琴邀请赛一等奖。1988年受中国音协委派，赴美国纽约参加庆祝美国手风琴家协会成立50周年举行的国际键盘手风琴比赛，获"杰出演奏奖"。1995年赴俄罗斯参加第二届波罗地海国际手风琴比赛，获成人组第一名，被评委会授予比赛唯一大奖。

陈　军（1968—　）

二胡演奏家。江苏常熟人。总政歌舞团二胡独奏演员。中国音协二胡学会理事。自幼随父陈耀星习二胡，并先后毕业于中央音乐学院作曲系、社会音乐学院民乐系，后入解放军艺术学院音乐系深造。曾在全国少年儿童器乐比赛、北京青年二胡比赛中获三等奖，在首届全国民族器乐"山城杯"电视大赛中获一等奖。作有《太湖风》《姑苏春晓》《水与情的旋律》《望月》《报春》《盼归》《黄土地的诉说》《京韵》等二胡曲，其中《椰岛风情》获电视大赛第三名。曾赴美国、日本、俄罗斯演出。多次在国内外举办个人独奏音乐会，曾任国际比赛评委。

陈　钧（1942—　）

琵琶演奏家。湖北武汉人。1959年进入武汉歌舞剧院。武汉音协副主席、武汉地区琵琶协会会长。1983年以来多次举办个人琵琶独奏音乐会。作品有琵琶曲《琴台抒怀》《清江船歌》《茶山新歌》《欢乐的草原》《达姆、达姆》及琵琶协奏曲《十面埋伏》等。

陈　凯（1964—　）

大提琴演奏家。天津人。中央歌剧芭蕾舞剧院大提琴首席。1987年毕业于中央音乐学院，同年入中央歌剧院任演奏员。1986年举办个人独奏音乐会，首演《马思聪大提琴协奏曲》（全曲），曾参加数十部世界经典歌剧和交响乐作品以及室内乐作品的演奏。多次随团出访芬兰等国家和地区，参加国际歌剧节及音乐节演出。曾组建中央歌剧院弦乐四重奏组。1997年与小提琴家梁大南、曹丁、毛东黎等合作演出《贝多芬三重协奏曲》。出版CD《陈凯大提琴独奏精选》。

陈　珂（1924—　）

女声乐教育家。湖南醴陵人。1946年毕业于重庆国立音乐院声乐系，1952年入中央实验歌剧院、1958年入北京电影学院表演系任声乐教员。曾在北京师范大学音乐系及北京艺校兼课。

陈 克（1930—1998）

歌词作家。浙江桐乡人。1952年毕业于上海剧专，后在上海乐团任创作员。上海音乐文学学会副会长。作有合唱音画《敦煌》，小品《挑河泥》《台钟》，盒带歌曲专集《朝霞》。

陈 奎（1952— ）

作曲家。安徽无为人。安徽省巢湖市地方海事局教育科科长。1994年毕业于南京高等交通学校。作词作曲的歌曲《航标灯》获安徽省精神文明建设"五个一工程"第六届入选作品奖、巢湖地委授予全区精神文明建设"五个一工程"特别贡献奖，歌曲《我们是人民的纪检监察员》获省反腐倡廉歌曲创作、评选和演唱活动一等奖。

陈 岚（1926—已故）

女指挥家。湖南宁远人。1948年肄业于上海国立音专作曲系，曾任重庆歌舞团副团长、音协四川分会副秘书长、音协重庆分会副主席、四川省文联委员。

陈 磊（1936— ）

作曲家、戏曲音乐家。湖南邵阳人。1956年任邵阳市花鼓戏剧团作曲兼主胡。1958年入武汉中南音专进修二胡及音乐理论，1964年调邵阳地区实验歌剧团任作曲兼指挥。后调任娄底地区艺术馆，曾任湖南省音协常务理事、娄底地区音协主席。在省级以上刊物发表歌剧音乐、花鼓戏音乐、器乐曲数十部，部分作品获奖。作有歌曲《山里人唱起打渔歌》，歌剧音乐《新委员》《月夜归来》，花鼓戏音乐《队里抬花轿》等。发表音乐论文十余篇，计二十余万字。编著有《湖南花鼓戏音乐》等。

陈 磊（1957— ）

作曲家。陕西人。新疆生产建设兵团音协副秘书长。长期从事群众文化工作。1989年毕业于杭州教育学院音乐系。创作音乐作品二百余首，有近二十首歌曲和歌舞音乐作品获国家、省级奖，有五十余首歌曲编入《准葛尔放歌》《银线情》歌曲集。发表多篇音乐论文。2000年由新疆生产建设兵团音协组织召开陈磊歌曲作品研讨会。

陈 蕾（1957— ）

女歌唱家。山东人。1975年考入安徽省歌舞团，后任独唱演员。1978年入上海音乐学院进修。曾主演《货郎与小姐》《泪血樱花》《台湾剑客》《三个女儿的婚事》等多部歌剧。录有独唱专辑《再会吧，叮当》《心问》等。1989年获华东16城市青年歌手电视大奖赛一等奖。曾与美国艺术家联袂拍摄音乐艺术片《虹》《走不完的爱》。在1992年"华鑫杯"全国名歌手电视大赛中获银奖。曾参加中央电视台"祝您幸福""三八"文艺晚会的演唱。

陈 蕾（1964— ）

女钢琴教育家。四川成都人。西南大学音乐学院钢琴系教师。1981年起先后就学于西南大学，天津、沈阳音乐学院钢琴系。作有《台湾民歌钢琴曲》。撰有《弘扬民族音乐，放眼祖国未来》《高等师范音乐专业钢琴课教学初探》《感受音乐，体验快乐——评龚耀年"外国民歌儿童钢琴曲集"》。著有《钢琴基本技巧训练》。

陈 力（1933— ）

女小提琴演奏家。山东黄县人。文化部艺术局原党委书记、分党组成员。1944年入胶东军区西海分区文工团，1948年入东北鲁迅艺术学院进修小提琴。1950至1956年先后在东北音工团、东北歌舞团、中央歌舞团、中央乐团任小提琴演奏员。演奏有贝多芬、柴科夫斯基、肖邦等音乐家的作品。曾与由伊万诺夫、阿诺索夫指挥的苏联国家交响乐团合作演出。随团赴朝鲜、原苏联、德国访问演出。

陈 力（1956— ）

女高音歌唱家。辽宁人。1972年入长春京剧团任演员，后在海南岛海口市琼力公司任职。1977年到长春一汽参加业余演出活动，曾立一等功。1984年借调中国电视剧制作中心，为电视连续剧《红楼梦》配唱全部插曲。1986年获全国第二届青年歌手大奖赛"新人奖"。

陈 立（1919— ）

音乐活动家。江苏吴县人。1938年参加革命工作，曾入华北联大音乐系学习，长期从事部队文艺团体组织领导工作。曾任广东艺校副校长，后到旅游局工作。作有歌曲《反封锁》，歌剧音乐《劳工苦》。

陈 莲（1943— ）

女音乐评论家。陕西延安人。1967年毕业于中央音乐学院理论系。后在中央人民广播电台文艺部工作。所撰《古画新声——介绍箜篌与箫组曲（清明上河图）》获1987年第24届亚洲太平洋广播联盟大会"放送文化基金奖"大奖。

陈 良（1925— ）

指挥家、音乐教育家。浙江上虞人。曾任广西艺术学院音乐系主任、副院长，上海音乐学院副院长。上海合唱协会顾问。1944年入上海音乐学院声乐系，并组织新音乐社，出版《新音乐》《春之歌选》。后任天津音工团、中央乐团合唱指挥。1953年率中国青年艺术团赴罗马尼亚合唱比赛获银质奖章。歌曲《红领巾之歌》获全国群众创作、少儿文艺创作二等奖，《光荣军属王大娘》获三等奖。在广西民间歌舞剧《刘三姐》中任音乐组长，设计全剧音乐并创编合唱，获全国歌剧创作一等奖，演出二等奖。编著有《合唱指挥知识》《陈良抒情歌曲》《老年合唱歌曲集》。论文有《中国戏曲音乐改革——从刘三姐音乐设计谈起》《中国多声部民歌与中国民族合唱》。

陈 亮（1945— ）

作曲家。重庆人。四川简阳艺术团作曲、民乐团团长。1960年任简阳文工团乐队二胡演奏员。历任简阳市川剧团业务副团长、广告艺术团团长。曾在山西刊大中文系、中国剧协二期高级创作班学习。创作发表各类文艺作品二百余件，其中大型现代剧目《杏花二月天》获省"五个一工程"奖，戏剧小品《收费站》《夜归情》等获中国曹禺戏剧文学小品小戏奖，《家庭作业》《聪明的笨贼》获四川省文化厅创作二等奖。

陈　林（1948— ）
歌词作家。广西北流人。毕业于中国音乐学院作曲系音乐文学专业。2007年为中国音乐学院高级访问学者。作品有《南天南海南沙》《母亲》《长恨歌》。1995年始从事音乐文学研究，撰有《歌词语言的表达方式》《桂东南歌谣用语解读》《六朝民歌之"隐语"及其遗韵》《广西区内吴格歌谣的保存与发展——吴声歌曲遗迹初探》《岭南吴格歌谣考》《汉唐时期西域音乐对中国音乐文学的影响》《音乐文学在音乐史学研究中的举证作用》。

陈　琳（1921—2004）
女声乐教育家。湖南人。1946年毕业于国立音乐院声乐系，1949年始在中央音乐学院声乐系任教。教授。学生有柳达民、李诚、李兰宗、莫纪纲。

陈　灵（1924—1995）
声乐教育家。辽宁沈阳人。1942年就读西安音乐学院，1949年毕业于国立艺术专科学校声乐系。曾任北京电影乐团合唱队队长、上海歌剧院声乐艺术指导、星海音乐学院声乐副教授。

陈　灵（1966— ）
女音乐教育家。湖南长沙人。广州市少年宫合唱培训中心主任。1986年毕业于湖南湘南大学音乐系。1999年在美国盖帝艺术中心进修教学法。1987年获"湖南第二届歌手大赛"二等奖。2005年在"第二届国际童声合唱比赛"中指挥广州少年宫合唱团获三项金奖。2007年参加"全国中小学艺术展演"指挥市少年宫合唱团获一等奖。个人获优秀指导教师奖。

陈　岭（1946— ）
作曲家。河南正阳人。驻马店市文化艺术学校副校长。曾任驻马店地区文化局创研室专业作曲兼指挥。1981年参加《中国戏曲音乐集成·河南卷》《中国曲艺音乐集成·河南卷》编委及部分剧、曲种撰写工作。1988年获文化部科研成果奖，1992年主编和撰写的《中国曲艺音乐集成·驻马店地区卷》获省文化厅等三单位颁发的科研一等奖。曾为广播系列剧《李白》作曲兼指挥，获全国电台节目交换会一等奖。为大型现代剧《边境山旮旯》作曲，获文化部音乐创作奖。

陈　玲（1954— ）
女高音歌唱家。福建厦门人。1983年毕业于上海音乐学院声乐系，后在厦门市歌舞团工作。1980年获"福建省独唱、二重唱、独奏比赛"独唱一等奖，重唱二等奖，1986年获华东六省市民歌比赛一等奖。

陈　洛（1955— ）
音乐理论家。广西人。广西教育学院院长。毕业于广西艺术学院，后留校任教。1997年就读于中央民族大学获法学硕士学位，同年赴日本研修，主攻社会文化策略，后考取中央民族大学博士研究生获法学博士学位，入天津大学获博士后。发表歌曲六十余首，发表论文四十多篇。著有《民族地区文化产业论》《中国西部人力资源开发》《人力资源与人力资本对接论》。主编《教学前沿问题研究丛书》，合著《基础教育课程改革通览》（音乐篇）。

陈　枚（1934— ）
女中音歌唱家。浙江温州人。1953年入上海广播乐团，同年入上海音乐学院声乐系进修，1957年师从苏联声乐专家奥尔菲诺夫。后在中国广播艺术团合唱团工作。演唱并录制唱片有重唱《蔚蓝的海洋》《鸽子》等。

陈　旻（1964— ）
女高音歌唱家。重庆人。四川省成都艺术剧院歌舞团声乐演员。1990年中央音乐学院声歌系毕业。2003年在成都举办《深情咏叹》—唱响成都陈旻独唱音乐会，2004年出版首张个人专辑《蓉城恋》。曾获中央电视台全国第八届青年歌手电视大赛专业组美声荧屏奖、优秀奖，获文化部"全国新人新作声乐大赛"专业组美声优秀歌手奖。

陈　敏（1951— ）
女钢琴演奏家。广东人。原任职于总政歌舞团，现受聘于中国爱乐乐团。曾获1985年"全国第四届音乐作品评奖"钢琴独奏演奏奖，第五届全军文艺汇演获钢琴独奏表演奖和1996年中国流行歌坛十年成就奖"乐手奖"。师从中央音乐学院钢琴教育家朱工一。曾出版多张独奏激光唱片，为《马思聪音乐作品全集》录制出版"钢琴独奏专辑"和"钢琴弦乐五重奏"激光唱片，并在国内首演马思聪钢琴独奏作品。

陈　明（1926— ）
作曲家。河北威县人。1938年从事部队音乐工作，曾在中央音乐学院进修。1959年入长影乐团任副团长兼作曲。作有电影音乐《云雾山中》《三进山城》《车轮滚滚》，大合唱《铁人颂》。

陈　明（1930— ）
女小提琴演奏家。山东青岛人。1955年毕业于中央音乐学院管弦系，同年入中央歌剧院管弦乐队工作。

陈　模（1939— ）
女音乐教育家。广东番禺人。毕业于中央音乐学院钢琴系。广东省业余钢琴考级委员会委员。多次担任省、市、区钢琴比赛评委。发表论文《谈成年人的钢琴教学》《浅谈钢琴伴奏——艺术指导》。翻译《巴赫六首大提琴无伴奏组曲上、下》。主要致力于钢琴的业余普及、教学及培训教师工作，在广东省"春燕艺术团""广州业余少儿音乐学校"、中央音乐学院主办的"钢琴培训中心"主教钢琴。曾任佛山"刘诗昆钢琴艺术中心""中山市业余艺术学校"的钢琴师及东莞、广州的"刘诗昆钢琴艺术中心"钢琴教学主管。

陈 平（1928— ）

音乐编辑家。安徽人。1949年毕业于清华大学哲学系。后任人民音乐出版社理论编辑、副总编辑、编审。

陈 萍（1957— ）

女古筝教育家。江苏如皋人。江苏省徐州市青少年宫培训部高级教师。1981至2003年先后毕业于江苏徐州师大数学系，江苏教育学院、南京艺术学院音乐系研究生课程进修班。撰有《古筝不古》《音乐与语文》《少儿古筝教学艺术初探》等文，其中《注重听觉能力的培养有助于提高学生的音乐演奏能力》分获江苏省论文评比二等奖。培养的古筝学生数十人次获全国、省级奖，本人多次获"园丁奖"。

陈 萍（1959— ）

女歌唱家。湖南人。毕业于湖南师大音乐系。湖南省音协声乐艺委会理事。1975至1982年从事湖南花鼓戏表演，主演过《秦香莲》《哑女告状》等大型剧目16部。1982年调入湖南省歌舞剧院，曾担任多部歌舞剧及省内主办的多个大型文艺晚会的独唱和领唱，并为《武陵源》《韶山星火》等二十余部电视剧、电视音乐片演唱主题歌和插曲。1992年获湖南省"十佳歌手"称号，1994年获全国第六届青歌赛民族专业组荧屏奖，同年获中国音协主办的全国首届"中华歌会"大赛民族唱法三等奖，2000年评为湖南省"德艺双馨"中青年文艺家。曾随团出访香港、波兰、新加坡。

陈 圻（1960— ）

双簧管演奏家。湖北蕲春人。湖北省黄梅戏剧院演奏员。1977年毕业于武汉音乐学院附中，2002年毕业于湖北广播电视大学。曾任湖北黄岗地区歌舞团演奏员。担任音乐制作的黄梅戏电视连续剧《貂蝉》获1991年中国电视戏曲电视剧飞天奖。曾为电视剧《雏燕飞》作曲。作有歌曲《我想飞》。

陈 琪（1952— ）

笙演奏家。安徽宿州人。安徽省歌舞剧院民族乐团笙独奏演员。省音协民族管乐艺术委员会理事。1980年调安徽省歌舞团乐队。独奏曲目有《红花遍地开》《冬猎》《秦王破阵》等。其中《风雨丽人行》和黄梅戏《长恨歌》等获"五个一工程"奖、文华奖。参加国内外艺术活动和演出数百场。并先后随团赴墨西哥演出。其学生在全国笙专业比赛获银奖与省第一届大学生艺术展演获专业组一等奖，本人获优秀指导教师奖。发表有《淮风溯源》《漫话笙竿》《谈民间吹打乐中的即兴演奏》《广陵散随想》等文。

陈 前（1963— ）

男高音歌唱家。广东梅县人。1987年毕业于广州星海音乐学院，后任广东歌舞剧院歌剧团独唱演员。参加过各类大型文艺晚会。演唱电视系列片《客家人》主题歌《我是客家人》。在"金钟奖"开幕式上演唱《欢乐山歌》获"五个一工程"奖。2004年由太平洋影音公司出版民歌二重唱专辑《又见艳阳天》。

陈 黔（1962— ）

作曲家。浙江温州人。总政军乐团创作员。1985年毕业于四川音乐学院作曲系。曾任贵州歌舞团钢琴演奏员。作有管乐曲《欢迎你——来自远方的朋友》《热血》《第一管乐交响曲》，小号与交响管乐队双重奏协奏曲《裂距》，小号独奏曲《卡巴耶》等，并分别获奖。举办个人管乐交响乐作品音乐会。出版个人管乐作品CD专辑。为电影《与你同住》、电视剧《亚细亚人》作曲。

陈 擎（1970— ）

双簧管演奏家。广东人。广州交响乐团双簧管首席。参加演出数百场交响音乐会。随团赴亚、欧、非、澳等国及地区。近年热衷于室内乐演奏，创建"广州交响乐团木管五重奏组"，并作为驻团重奏组定期举行专场演奏会。

陈 琼（1971— ）

钢琴演奏家、教育家。湖北仙桃人。1994年毕业于武汉音乐学院。2001年于该院钢琴专业研究生毕业任杭州师范大学音乐学院系主任、副教授。曾举办多次钢琴独奏及专场伴奏音乐会。撰有《论拉赫玛尼诺夫艺术歌曲中钢琴伴奏的表现功能》《巴赫与亨德米特赋格曲的比较研究》《钢琴演奏与练习中的听觉意识及训练》《拉赫玛尼诺夫艺术歌曲中的和声手法》，参编《钢琴基础教程》。

陈 瑟（1930— ）

女高音歌唱家。江苏人。1950年江苏社会教育学院艺术系肄业。后为中国广播艺术团合唱团演员。

陈 树（1971— ）

作曲家、歌词作家。四川隆昌人。风雅颂音乐工作室总监。词作有《九月九的酒》《步步高》《许愿》，歌曲作品有《老磨房》《良心》等。

陈 恕（1963— ）

女音乐理论家。黑龙江哈尔滨人。1988年毕业于哈尔滨师范大学音乐系。黑龙江省艺术研究所研究员，黑龙江省音协第四届理事。申报课题《黑龙江北方民族音乐文化研究》获全国艺术科学"十五"计划2001年度立项，此项课题将填补我国北方少数民族音乐文化研究的空白。著有《赫哲族音乐史》《中国民间歌曲集成·黑龙江卷》（赫哲族民歌概述、俄罗斯族民歌概述），《中国曲艺音乐集成·黑龙江卷》（伊玛堪概述），《中国器乐曲集成·黑龙江卷》（萨满祭祀乐述略、蒙古族器乐曲述略）等。发表学术论文近百篇，并获各级艺术科研奖励多项。

陈 涛（1932— ）

作曲家。江苏赣榆人。1947年参加部队文工团，后在黑龙江省龙江剧实验剧院工作。作有歌曲《走向祖国的边疆》《女邮递员之歌》，龙江剧《天鹅饰新装》。

陈 涛（1956— ）

音乐教育家。河南沈丘人。1979至1981年在河南省淮阳师范艺术专业学习，1991年毕业于河南大学音乐系（函授），任教于河南濮阳第二师范，高级讲师。作有二胡曲《春满校园》《春韵》，歌曲《你可知园丁想什么》《俺家住在荷花湾》。演唱的《为祖国干杯》，获1999年百日广场文艺活动一等奖。撰有《浅谈中师声乐教学》，获河南省教委中师教师论文一等奖，《合唱指挥刍议》获三等奖。被聘为《中师音乐素质教育训练丛书》课题负责人。

陈 彤（1970— ）

音乐制作人。天津人。1990年毕业于首都师范大学音乐系。创作歌曲《跟我跳舞》《快乐遥控器》《幸福花园》《2008年申奥宣传片》音乐等，有的分别获第七届团中央精神文明建设"五个一工程"入选作品奖等。多次为中央电视台、浙江电视台、中央人民广播电台等创作台标音乐，其中为新加坡华语电视台创作的台标音乐获"纽约国家广告节"银奖。2006年被聘为中国音乐排行榜颁奖晚会评审团评委。

陈 婉（1925— ）

女钢琴教育家。广东海丰人。从教于广东省艺专、华南文艺学院、武汉音乐学院，从事钢琴教学达57年。曾任武汉音乐学院钢琴系主任、教授，湖北省钢琴考级（业余）评委会主任，首届全国钢琴比赛及其它全国性、地方性比赛的评委。新中国成立前在香港师从夏利科教授学琴多年，结业于伦敦圣三音乐学院钢琴高级班。后师从德国钢琴家罗兰·勃莱克施奈德尔。所教学生有十余名到国外留学，多人次在国际比赛中获奖。

陈 威（1930—1999）

音乐理论家。广东澄海。星海音乐学院音乐研究所代所长、副研究员。1957年毕业于中南音专作曲系。1962年进修于中央音乐学院民族音乐作曲系。曾任教于中南音专、湖北艺术学院、武汉音乐学院作曲系。作有交响诗《黄麻起义》，民族管弦乐《节日欢庆》。论文有《潮州宫调法》《潮州音乐概论》。

陈 卫（1957— ）

钢琴演奏家。广东潮州人。1977年毕业于星海音乐学院音乐系钢琴专业。先后在广州乐团、中国唱片广州公司艺术团担任钢琴、电子琴、手风琴、电子合成器的演奏及创作、配器、监制、艺术团副团长。后任广东大卫音乐工作室音乐总监。出版电子音乐"舞曲大全"，钢琴与乐队《少女的祈祷》，钢琴独奏集《中国情调钢琴》《梦幻钢琴世界》《现代钢琴情调音乐》等。2004年组建"三朝"乐队，并举办音乐会、出版CD专辑。

陈 文（1928— ）

女钢琴演奏家。山东青岛人。1951年毕业于中央音乐学院钢琴系。先后在中央歌剧院、东方歌舞团、中央音乐学院任演奏员、教师。曾赴泰国、新加坡、港、澳演出和讲学。后在中央乐团社会音乐学院任钢琴教师。

陈 悟（1932— ）

女歌唱家。河北玉田人。1949年始在北京军区文工团任演员、合唱队长兼教导员。曾随团赴罗、阿、苏、日访问演出。

陈 纤（1948— ）

女音乐理论家。广东蕉岭人。毕业于广州星海音乐学院，主修民乐、声乐。曾任演员、作曲、艺术管理。后任汕头市文化局局长。广东省音协理事。创作的潮州方言歌《华厦龙舟鼓》《雨微微》等作品在广州羊城音乐花会和省艺术节中获奖，并在东南亚潮人中传唱。撰写的论文有《体制改革是文化建设的根本》《建树中国市场演艺营销新理念》《造就新世纪潮剧表演艺术家问题的思考》。主编《潮州音乐人物传略》。2003年率汕头潮乐团在北京中山音乐堂举办"绿色的旋律"中国潮州音乐专场演奏会。

陈 新（1961— ）

男中音歌唱家。山西人。海南师范学院艺术系教研室主任、副教授，海南省中小学音乐教育专业委员会理事长。1986年毕业于西北民族学院艺术系，先后任教于新疆师范大学音乐系和海南师范学院艺术系。发表论文《音乐艺术的抒情性与想象性》等十余篇。主编《中外名曲欣赏》等多部。曾多次在全国和省级青年歌手大奖赛中获奖。1998年在海南建省10周年大庆与中国广播交响乐团合作大型合唱音诗《椰岛九歌》中任独唱，并出版CD。

陈 幸（1949— ）

音乐活动家。江苏盐城人。盐城工人文化宫主任室副主任。作有歌舞《红军路》《继续前进》《霞落九天》（词曲），双人舞《悟》（编舞作曲），联唱《大江南北心连心》（词曲），歌曲《源远流长》（词），器乐合奏《抗日出征》，诗歌表演《红心铁骨》，均获各种奖项。策划组织大型演出活动二百余场次，各种培训班近200个。撰有《努力发展职工文化事业初探》，获江苏省群众文化理论研究成果评选银奖。

陈 岫（1937— ）

女声乐教育家。北京人。中国煤矿文工团艺术室原声乐辅导员。1959年毕业于抚顺煤矿学院。曾参加《珍珠塔》《王贵与李香香》等歌剧的演出及中央乐团交响乐《沙家浜》电影拍摄。多次深入山西、陕西、吉林等矿区进行辅导，学生多人在全国、省市比赛中获奖，有的获央视青歌赛荧屏奖，有的考入国家文艺团体。

陈 旭（1949— ）

钢琴教育家、作曲家。甘肃平凉人。广东湛江师范学院艺术学院教授。1974年毕业于西北师范大学音乐系。曾任甘肃天水歌舞团作曲，浙江丽水学院和甘肃艺术学校教师。在《音乐研究》等期刊发表论文数十篇。出版有《魂牵梦绕的土地—陈旭声乐作品选》。在电视台等媒体播出发表作品百余件，获奖三十余项。歌曲《艺术摇篮》获银奖，撰文《高师和声与复调课程'二合一'教学设想》《论传统作曲理论的重构》，均获二等奖。

陈 玄（1918—2006）

男中音歌唱家、声乐教育家。浙江奉化人。曾任西南大学音乐学院教授、重庆声乐研究会会长、重庆音协名誉顾问。1935年始师从斯义桂、苏石林（俄），赵梅伯学习美声唱法。1945年毕业于国立音乐分院，师从应尚能教授，毕业后曾在各地举行独唱音乐会。1946年始在福建音专、香港音乐院、中央戏剧学院任教。曾任中央歌剧院声乐教研组组长。1979年任教于西南师范学院音乐系。著有《谈声乐教学基本要领》，撰写《谈周小燕教授声乐教学》《关于美声唱法教学的方方面面》《一代名师应尚能教授》等文。

陈 旋（1947— ）

作曲家。湖北黄石人。1975年在市职工文工团任团长、指挥。1983年在中原歌舞团任作曲、指挥、创作室主任。1986年在黄石市群众艺术馆从事音乐创作，任文艺部主任。后为湖北佬陈旋文化艺术教育中心校长、黄石企业文化协会会长、市政协第十届政协委员。1992年策划实施由国家农业部农垦司、《农民日报》《音乐周报》举办的"全国首届农场场歌曲大赛"并任艺术指导、评委。

陈 汛（1956— ）

女歌唱家。安徽合肥人。1972年起从事声乐表演艺术。合肥市歌舞团艺术委员会主任。主演过多部歌剧、话剧，获国家级奖项3次，并获中央人民广播电台"听众最喜爱的歌手"提名奖，两次获安徽省艺术节"演员奖"。近年来参与导演的作品4部，其中话剧《风驰瑶岗》获全国"五个一工程"奖。

陈 焉（1931— ）

女高音歌唱家。江苏泰县人。1949年入华北大学第三部音乐系学习，同年入中央音乐学院音工团，后为中央乐团合唱队独唱演员。演唱有《小河淌水》《依拉拉》《我的花儿》《燕子》《安东尼达罗曼斯》。

陈 艳（1959— ）

女音乐教育家。河南开封人。1982年毕业于河南大学艺术学院。郑州大学音乐系副主任、教授、硕士生导师。中国琵琶研究会理事。河南博物院"华夏古乐"编钟乐团艺术总监。撰有《中原弦索琵琶音乐研究》《音乐知识400问》，主编《古老编钟的启示——中国音乐鉴赏》，参加编写《大学生素质教育名著名作导介》。主持、合作省级、厅级科研项目多项，其中《河南派琵琶艺术》等获河南省社科重点调研课题一等奖。发表论文二十余篇，其中《略论老子"大音希声"的音乐审美观》等获省一等奖。

陈 燕（1951— ）

女音乐教育家。湖南长沙人。1975年毕业于西北师范大学音乐系并留校任教。1990年调入辽宁师范大学音乐系从事视唱练耳教学，并开展音乐教学方面的研究，被聘为辽宁省艺术教育委员会委员，曾任音乐系主任。在各级刊物发表论文数十篇，编撰视唱练耳教材数套。

陈 耀（1939— ）

大筒演奏家。湖南长沙人。湖南省戏曲音乐专业委员会秘书长、湖南省大筒艺术委员会会长。担任主奏花鼓戏剧目百余部，创作花鼓戏音乐数十部，主奏的《喜脉案》《桃花汛》《乡里警察》《老表轶事》《阿弥石》等多次获"文华奖""五个一工程奖"及全国电视"飞天奖"，并两次获主琴金奖。《老表轶事》获作曲金奖。曾出访美国、丹麦、瑞典、法国。发表论文数篇并获奖。编写有《大筒考级曲目》等书。

陈 怡（1953— ）

女作曲家。广东广州人。1978年考取中央音乐学院作曲系后攻读研究生，1980年在英国剑桥大学学习作曲，取得硕士学位，1986年考取美国纽约哥伦比亚大学攻读作曲理论博士学位。北京市八届人大代表。作有钢琴曲《多耶》获全国第四届音乐作品评奖一等奖，木管五重奏获1988年美国新作品讨论会比赛奖。

陈 茵（1968— ）

女音乐教育家。江苏海门人。江苏省戏剧学校音乐科高级讲师。1995年毕业于南京艺术学院音乐系。曾获江苏省首届"真善美"广播歌手大赛一等奖，江苏省首届"职教之星"艺术节青春歌手大赛专业组指导教师一等奖。撰有《歌唱中的声与情》《假唱终要休止》等论文。指导的学生和合唱团多次在全国及本省音乐赛事上获一、二等奖。

陈 音（1966— ）

女古筝演奏家。布依族。广西平乐人。执教于贵州大学艺术学院音乐系。1988、1998年先后毕业于上海音乐学院民乐系、贵州师大音乐学院。曾在第二届"海内外江南丝竹大赛""花溪之夏大赛"中分获三、一等奖。多次获"园丁奖""优秀指导教师奖"。曾拍摄MTV音乐片、录制VCD个人独奏专辑，举办"古筝教学音乐会"。改编古筝曲《高山流水》。撰有《古筝左手演奏技法及其特点》《浅谈古筝南北乐派的创新与发展》《谈少年儿童的素质教育》等论文。先后赴法、德、荷等国演出。

陈 缨（1970— ）

女音乐教育家。湖南湘乡人。兰州师专音乐系副教授。1993年毕业于西北师范大学音乐系。曾获"爱我中华"全国优秀歌手大赛西部赛区专业组美声唱法一等奖，全国总决赛优秀奖。另获"力亚尔杯"金城歌手大赛二等奖。所教学生在中国青少年"艺术新人"选拔赛中获奖。

陈 莹（1934— ）

女音乐编辑家。天津人。1949年从事部队音乐工作。后入西北艺术学校学习。1978年到中国音协工作。曾任中国音协办公室主任、中国音乐家音像出版社副社长。编辑过《建国后参加国际音乐比赛获奖一览》等资料。

陈莹（1944— ）

女歌唱家。辽宁营口人。1960年入丹东歌舞团，1982年调辽宁歌舞团。演出二人转《女队长》《二送金秋》分获辽宁曲艺汇演、全国部分省市文艺调演优秀节目奖。多次参加东三省音乐周、沈阳音乐周、哈尔滨之夏、人民大会堂"五一"联欢等大型演出活动。为故事片《幽谷恋歌》《小翠》配唱插曲，为中国唱片社录制盒式录音带。

陈颖（1965— ）

大管演奏家。江苏泗洪人。中国广播艺术团电影交响乐团大管首席演奏员。1986年四川音乐学院毕业。1984年代表四川音乐学院参加在上海举行的全国首届大管交流会，获第一名。

陈勇（1954— ）

笛子演奏家。山东曹县人。山东省曹县文化馆馆长。曾分别进修于山东艺术学院、中国音乐学院。1988年参加文化部中国民间艺术团出访埃塞比亚、津巴布韦、毛里求斯等国，演出曲目有笛子独奏曲《姑苏行》《沂河欢歌》等。1992年笛子独奏《故乡情深》获山东省文化馆业务技能比赛优秀表演奖，2004年笛子独奏《沂蒙欢歌》获山东省文化、艺术馆业务干部技能比赛二等奖。参加《中国民族民间器乐集成·山东卷》的编撰工作，记录整理了民间唢呐曲《耍孩儿》等。

陈勇（1955— ）

作曲家。云南人。中国音协第五、六、七届理事，云南音协主席。1982年毕业于云南艺术学院理论作曲专业本科。1996年任云南艺术学院副院长，教授。近年来创作、发表各类音乐作品数百首，并多次获奖。其中艺术歌曲《火把节的火把》获全国第七届"五个一工程"奖，《月光恋》获全国"广播文艺政府奖"。已出版《寻找太阳升起的地方》等三部专著。

陈勇（1957— ）

评弹演唱家。浙江绍兴人。苏州评弹学校教务处长。苏州市音协副主席。2002年毕业于南京艺术学院音乐学院研究生班。曾任苏州市评弹团演员。作有评弹套曲《天涯黄昏后》（合作）获国庆四十周年全军文艺调演创作二等奖，作曲的评弹歌曲《笑中缘》获中国广播电视学会、北京电视台2001年举办的广播电视戏歌邀请赛铜奖。

陈勇（1959— ）

歌唱家。湖南长沙人。新疆克拉玛依市群艺馆文艺部主任。1981年毕业于西安音乐学院。曾任克拉玛依市歌舞团独唱演员。撰有《合唱音乐文化在石油企业发展中的作用》等文。创作的舞蹈音乐《圣水》获全国第二届企业舞蹈比赛三等奖。培养的学生多人考取中央音乐学院等国内音乐艺术院校。

陈瑜（1931— ）

女歌唱家、声乐教育家。云南大理人。1956年毕业于中央音乐学院声乐系，曾获该院首次中国歌曲演唱比赛第一名。毕业后入中央乐团任独唱演员。演唱的《水仙女》咏叹调，由捷克斯洛伐克拍摄纪录片。《高原山歌》《在塔里木的田野上》录制唱片。60年代曾在交响乐《沙家浜》中任阿庆嫂的演唱。1986年始在中央音乐学院声乐歌剧系兼职任教，培养有杨光（1996年获巴黎国际声乐比赛女声第二名，并获英国"卡迪夫世界歌手"国际声乐比赛大奖），吴培（中央乐团独唱演员，获1995年第二届聂耳·冼星海全国声乐比赛二等奖），陈小朵（2005年在文化部举办的第七届全国声乐比赛中获第二名）等歌唱家。

陈圆（1935— ）

女大提琴教育家。山东青岛人。1949年入中央音乐学院管弦系大提琴专业，毕业后留校任教。1956年在苏联专家瓦·谢·契尔瓦沃夫班进修。曾任中央音乐学院教授。中国音协大提琴学会常务理事。发表有《大提琴演奏与气功》《将中西方审美观点渗入专业教学》等文。创立《东方元极大提琴演奏法》。培养的学生有多名在国内外大提琴比赛中获奖。曾获"文化部荣誉证书"、北京市总工会"优秀教育工作者"称号。多次赴台湾、香港、乌克兰等地讲学。出版《感受大提琴与元极—陈圆教授70华诞暨教学50周年音乐会》DVD光盘，北京陈圆大提琴艺术中心承办两届"爱琴杯"全国大提琴比赛。

陈源（1930— ）

花灯剧作曲家。蒙古族。云南石屏人。毕业于昆明师范学校艺术科。曾任云南省花灯剧团艺术委员会主任。曾为《孔雀公主》《探干妹》《老海休妻》等百余出花灯剧设计音乐唱腔，其中《探干妹》《喜中喜》被云南省文艺学校花灯科作为教学剧目。《刘成看菜》《王秀鸾》《张灯结彩》等剧唱腔已出版发行。发表有《富于彝族风味的建水花灯》《谈花灯音乐改革》《怎样设计花灯剧的音乐唱腔》等花灯调查报告及文章十余篇。

陈远（1944— ）

音乐评论家。广东海丰人。中山市教育局教研室教研员。1985年毕业于广东省电视大学中山分校。专著有《乐海帆》《弦上的情怀》等。2005年任澳门中乐团特约撰稿人，中山电视台"名曲博览"主持人。

陈允（1955— ）

小提琴演奏家。广东新会人。1982年毕业于中央音乐学院，1983年赴澳大利亚悉尼音乐学院学习二年。后在中央音乐学院管弦系室内乐教研室工作。1982年在英国朴茨茅斯国际弦乐四重奏比赛中获"梅纽因奖"。

陈哲（1954— ）

歌词作家。北京人。1983年始从事歌词创作，词作有《无名的道路》《血染的风采》《让世界充满爱》（合作），曾多次获奖，并录有盒带专辑。

陈哲（1972— ）

女钢琴教育家。浙江青田人。1993年毕业于江西师大音乐学院。江西科技示范学院音乐学院副教授。曾在省大学生艺术歌曲比赛，首届小合唱、重唱比赛及全国大学生艺术节担任钢琴伴奏，并分获金奖、二等奖。发表《钢琴的演变及其在演奏风格上的区别》《对高校音乐系钢琴教学的分析与思考》《民歌与赣南客家的民俗活动》。出版专著《江西客家民歌研究》（合作，任副主编）。

陈真（1967— ）

女高音歌唱家。河南洛阳人。1989年毕业于河南大学音乐系。北京军区政治部战友文工团队演员。在近20年的演唱活动中，先后获河南省戏曲青年演员汇演表演一等奖、河南省首届戏曲大赛表演二等奖、全国青年歌手电视大奖赛业余组民族唱法三等奖、全国民歌邀请赛金奖第一名、文化部群星奖表演一等奖。中国唱片公司为其出版《国色天香》个人演唱专辑。

陈植（1956— ）

小提琴演奏家。江苏常熟人。陕西歌舞剧院演奏员、乐队队长。1981、1987年先后毕业于天津音乐学院、上海音乐学院管弦系。曾任陕西戏曲研究院乐队演奏员。在歌剧《张骞》《司马迁》，秦腔剧《蔡伦》及各类音乐比赛、文艺演出中，担任乐队首席小提琴，并任部分乐段的小提琴独奏。

陈志（1934— ）

女戏曲音乐理论家。云南昆明人。1956年毕业于东北音专理论作曲系，曾任人民音乐出版社编辑，后为中国艺术研究院戏曲研究所副研究员。撰有《京剧二黄、反二黄唱腔的调式》。

陈志（1936— ）

吉他演奏家、教育家。福建长汀人。中国广播吉他乐团团长、艺术指导兼指挥，中央音乐学院古典吉他教授、古典吉他教研室主任、硕士生导师。曾任巴黎音乐学院、伦敦皇家音乐学院客座教授。北京音协理事、北京吉他学会理事长。1982年创办中国第一所古典吉他学校。1987年组织举办首届中国国际吉他艺术节。1990年在中央音乐学院创建古典吉他专业。多次应邀赴数十个国家和地区访问、讲学。学生曾数次在国际吉他比赛中获奖。出版有多部吉他音乐专著，录制有《古典吉他世界名曲指导》《古典吉他基础教程》教学VCD。

陈重（1919—2002）

民族乐器教育家。上海人。早年自学民族乐器，1940年创建"上海国乐研究会"，后入上海"今虞琴社"。曾任天津音乐学院副教授。改编苏南吹打乐《大步步高》，撰有《怎样吹箫》（合作）《介绍古琴》等。研制有九孔陶埙。

陈紫（1919—1999）

作曲家。广东惠阳人。曾任中国歌剧舞剧院副院长、中国音协理事。中学时参加"一二·九"进步学生运动，曾加入民族解放先锋队。1940年毕业于延安鲁迅文学艺术学院音乐系，师从冼星海、吕骥等学作曲。后分别任职于鲁艺音工团、东北鲁艺、东北文工团。新中国成立后，任职于中国歌剧舞剧院。作有《白毛女》（合作），《刘胡兰》《春雷》《窦娥冤》等十余部歌剧音乐，《全家光荣》《金凤树开花》等二十余部小歌剧音乐，合唱《铁树开花》，舞剧音乐《和平鸽》，电影音乐《上海姑娘》及部分器乐曲、歌曲。

陈蔼如（1929— ）

女声乐教育家。回族。辽宁沈阳人。1948年入东北大学音乐系学习。历任东北二团、中国青年艺术剧院、中国儿童艺术剧院乐队演奏员、歌唱演员。1956年在中国广播合唱团担任演员兼声乐教员。1975年任北京广播学院声乐教员。1977年任中国广播艺术团声乐副教授。

陈爱娟（1968— ）

女古筝演奏家。福建福州人。福建艺术学校讲师、中国古筝学会理事、福建中山艺术团副团长。先后就读于福建艺术学校、上海音乐学院。1993年举办"陈爱娟古筝独奏音乐会"。多次参加"东南亚民俗艺术节""香港中乐综合汇演音乐会"与"上海之春"中国优秀中青年民乐演奏家音乐会"等活动。曾到香港演艺学院任教。出版《茉莉芬芳》《小河淌水》等多张CD专辑。创办"福州爱娟古筝艺术学校"，其学生参加文化部主办的比赛曾获金奖。多次被文化部等授予"园丁奖"。

陈安华（1940— ）

筝教育家、演奏家。广东潮州人。星海音乐学院教授、筝硕士生导师，中国民族管弦乐学会常务理事，广东音协理事，中国古筝学会副会长。1963年毕业于广州音专筝专业并留校任教。1964年赴沈阳音乐学院进修。师从罗九香等南北筝界名师学艺，为南筝传人。应邀赴境外演出、讲学。出版有《中国岭南筝谱》《出水莲花，香飘九州》《"客家筝派"本源论萃》及个人独奏、教学专辑。撰有《承秦筝正统，传太古遗音》《从筝的沿革看〈世界筝〉的趋向》《谈筝曲创作的标题性、旋律性、民族性》《关于古筝教学规范化的思考》《曲高和众，雅俗共赏》等。1990年倡导建设"岭南古筝学派"。

陈安宁（1949— ）

作曲家。湖南华容人。1987年湖南吉首大学音乐系毕业，留校任教。曾在贵州省铜仁地区京剧团任团长。现任广东韩山师范学院音乐系理论教研室主任。发表有论文《芳香的行腔品味—对彭丽媛民族声乐演唱的观与析》。创作歌曲《土家有条梯子街》《厦门、金门》《苗家姑娘笑了》《感谢你选择了我》《一腔热血铸警魂》等获全国及地区多项奖。

陈白华（1932— ）

女音乐教育家。四川成都人。1949年入四川音乐学院钢琴系学习。1956年毕业于上海音乐学院作曲系并留院任教。从事视唱练耳、曲式与作品分析，钢琴即兴伴奏，指挥系钢琴艺术辅导等教学。编写的教材有《曲式与作品分析》《钢琴伴奏法》，撰有《怎样为歌曲配钢琴伴奏》《电子琴即兴伴奏的编配》。编写钢琴曲《原野》、合唱曲《走西口》等及多首歌曲和小提琴钢琴伴奏谱。多次举办音乐师资培训并应邀到兄弟院校讲学。

陈宝华（1953— ）

双簧管演奏家。山东成武人。1970年考入南京艺术学院，后入江苏省京剧院乐队。江苏省歌舞剧院交响乐团管乐队队长。曾参加歌剧《弄臣》《茶花女》《孙武》的演出，以及"长江卫星之夜""文艺大广角""新春音乐会""绿都之春""纪念抗战五十周年""迎回归，庆团圆""百年丰碑""前进的苏州"等文艺晚会，担任双簧管演奏，并由省市电视台录播。

陈宝君（1957— ）

民乐演奏家。天津人。1977年毕业于天津音乐学院，同年进入中国歌舞团（原中央歌舞团），精通近30种民族弓弦乐器演奏技能，先后出访过二十余个国家和地区，以独奏、重奏、领奏等多种演奏形式为主，并首创了"胡琴系列"器乐表演形式。入选大型民族音乐家画册《国乐精萃》《中国民族乐器图鉴》。所撰《中国胡琴系列说》连载于《乐器》杂志。曾为中国音协二胡学会理事、中国胡琴专业委员会理事等。

陈葆辉（1954— ）

笛子演奏家。山东龙口人。1976年考入海军政治部歌舞团任独奏演员，后入中央民族歌舞团民乐队任独奏演员。演奏的独奏曲目有《喜燕报春晓》《渔歌声声唱丰年》《欢乐的鄂尔多斯》《哈萨克的牧场》等，民族管乐器演奏有《傣家情》《珠穆朗玛之恋》《海韵》等，曾为蒋大为、关牧村等几十位歌唱家伴奏。参与伴奏（任洞箫领奏）的舞蹈《莲花女》获全国舞蹈比赛二等奖。

陈葆坤（1944— ）

作曲家、指挥家。广东人。中国民族管弦乐学会理事、广东音协理事。60年代毕业于广州音专。历任广东歌舞剧院笛子独奏演员、作曲、指挥、副团长、团长、民族乐团艺术指导。其创作、指挥、演奏共获奖三十余次，作品已录制三十余盘唱片及卡带。获国家级奖的作品有《新春锣鼓》《渔女船歌》《狮乡童谣》等。《南韵》在《钟与钟乐》组曲中获1991年亚太地区电视广播联合会文化基金奖，多部民族管弦乐、舞剧、大型歌舞、声乐作品获省级奖。曾先后出访欧、亚、港、澳。

陈本洪（1933— ）

作曲家。四川广安人。曾先后在上海音乐学院音乐工作团和上海歌剧院任演奏员兼作曲。参与创作歌剧《天门岛》《人参仙子》《忠王李秀成》。1966年应上海舞校之邀参与创作舞剧《白毛女》。1968年入上海芭蕾舞团任作曲。参与创作剧目《苗岭风雷》《闪闪的红心》《桃花潭》等数十部，其中舞剧《白毛女》入选二十世纪华人创作经典，独幕舞剧《桃花潭》被选入参加在美国举办的庆

祝联合国成立50周年庆典演出。

陈碧琴（1952— ）

女钢琴教育家。上海人。1976年毕业于南京艺术学院音乐系，分配至无锡市歌舞团任钢琴演奏员，1980年调入南京音乐学院键盘系任教。论文《钢琴副科的因材施教》《怎样培养钢琴的视奏能力》《大学生的艺术教育之管见》和《浅谈成人钢琴专业的教学》分别发表于《艺苑》《高教研究与探索》等期刊。

陈碧青（1929— ）

女声乐教育家。广东兴宁人。原江苏省歌舞剧院声乐教师，兼任南京师大音乐系教师。1945年参加抗敌演剧宣传七队在梅县开办的战时艺术训练班，结业后留七队为队员，参与演出《军民进行曲》《新年大合唱》《黄河大合唱》等歌舞节目。1948年就读国立上海音专声乐系，师从洪达琦、周小燕教授，1956年毕业后在南京军区前线歌舞团、江苏省歌舞剧院从事演唱和声乐教学。60年代初举办个人独唱音乐会。从事声乐教学四十余年，培养了大批声乐人才，多名学生在全国、全军及省市声乐大赛中获奖。

陈秉福（1940— ）

音乐编辑家。广东汕头人。中国唱片总公司广州公司编辑部主任。曾任广东广播电视乐团独唱演员。多年来组织创作、录制、出版有《汉乐精选》《潮州锣鼓》《庙堂音乐》《广东音乐》等作品。

陈秉义（1952— ）

音乐理论家、教育家。山东沂水人。1977年毕业于沈阳音乐学院，后任该院音乐教育系主任、教授、硕士生导师。中国教育学会音乐专业委员会常务理事、中国音乐史学会理事、辽宁音协理事。著有《中国优秀历史歌曲》《中国音乐史》《古埙艺术》《中国音乐通史概述》《普通高校中国音乐》《新音乐教育论稿》。撰有《试论中国周前乐舞中的音乐审美意识》《论中国古琴音乐的山水意境和人的精神》等。2004年获辽宁省优秀教师称号，2005年获文化部区永熙音乐教育奖，被评为辽宁省教学名师。

陈炳铮（1928— ）

吟诵学家。福建福州人。1949年毕业于上海国立暨南大学。业余研究吟诵学（包括诗词吟咏艺术）五十余年，创建融文学、音乐、语言于一体的新艺术品种"吟诵曲"。为古典诗歌、古文、辞赋、楹联、当代诗词与新诗、泰戈尔抒情诗等谱吟诵曲千余首。已在海内外发表大量吟诵曲及多篇论文。曾7次获全国、省级奖。出版有磁带9盒、曲集两册与《中国古典诗歌译写集及吟诵论文》。曾多次与海外友人作吟咏交流，被日本吟诗界誉为"中国吟诵第一人"。

陈昌兰（1960— ）

女歌剧表演艺术家。四川云阳人。1978年入四川音乐学院进修声乐专业。1990年调四川省歌舞剧院歌剧团任演员。曾在《刘三姐》《货郎与小姐》《天仙配》《明星的

遭遇》《明月几时有》《江姐》等歌剧中担任女主角。获第六届全国青年歌手电视大奖赛四川赛区民族专业组第一名、全国"华鑫杯"名歌手大赛银奖、全国声乐比赛优秀表演奖，获四川省十佳歌手称号。

陈超敏（1960— ）

女音乐教育家。福建泉州人。1999年福建师范大学硕士研究生结业。泉州幼儿师范学校教师。先后获省首届青年歌手卡拉OK大赛"青年歌手"称号、第七届武夷音乐舞蹈节演唱一等奖。发表《浅谈幼师唱歌教学》《培养合格的幼儿音乐教师》《试论声乐中的情感表现》等文。参加福建省声乐比赛荣获多项奖励。所培养学生参加钢琴专业水平考试成绩优秀，本人获优秀教师奖。

陈朝汉（1955— ）

作曲家、教育家。湖北武汉人。1982年毕业于武汉音乐学院作曲系。任教于华中师范大学音乐学院作曲专业硕士生导师，曾获华中师范大学教学优秀一等奖。近百次获省、市以及文化部、中央人民广播电台创作奖，两次获武汉市文学艺术基金奖、"五个一工程"奖以及湖北省文学艺术领域政府奖。2004年获中国音乐"金钟奖"（作品奖），2005年获湖北省"金编钟奖"创作特别奖、次年获省"楚天群星奖"金奖。曾担任大型民族风情歌舞《汉水谣》、武汉市第六届运动会开幕式、湖北第四届少数民族运动会开幕式、2007年全国城市主题歌等大型文艺项目的作曲、编曲和录制。

陈朝儒（1924— ）

二胡演奏家、教育家。四川梁平人。1947年毕业于南京国立音乐学院。1948年在济南举办3场个人二胡独奏音乐会。曾先后担任天津音乐学院音乐工作团、中央歌舞团、中央民族乐团乐队首席。1985年前后任社会音乐学院及首都联合大学民乐系主任、器乐教研室主任，并先后赴苏联、波兰、德国等十多个国家演出。1982年组建"北京二胡研究会"。曾任中国音协二胡学会名誉会长。

陈成章（1948—2003）

双簧管演奏家。湖北武汉人。1964年毕业于武汉市艺术学校，同年任武汉歌舞剧院乐队双簧管演奏员，1987年入湖北省歌剧团，1993年任武汉音乐学院管弦系教师。参演多部现代京剧、舞剧、以及交响乐作品的演奏，1965年参演音乐舞蹈史诗《东方红》，多次随团参加全国文艺汇演以及广交会等活动演出，任首席双簧管。为武汉电台录制《陈成章双簧管独奏曲》专题节目，编写双簧管教学曲《敬祝毛主席万寿无疆》、五重奏《快乐的女战士》等，撰有《浅谈双簧管的演奏技术与音乐表现》等文。

陈承恩（1946— ）

作曲家。福建莆田人。1964年毕业于省艺校莆田戏曲学校。1982年修业于省艺校作曲大专班。原莆田县莆仙戏一团副团长兼作曲。曾为戏曲《秋风辞》设计音乐，为《状元与乞丐》音乐配器。为《刘贺登基》《烛影摇红》等戏曲所设计的音乐，获多届省汇演音乐设计奖。器乐

曲《心愿》获省政府"闽星奖"银奖。戏曲音乐磁带《雨亭记》《孟丽君》，音乐磁带《妈祖颂》（合作）出版发行。发表多篇论文。

陈崇仁（1931— ）

作曲家。浙江东阳人。曾任职于浙江东阳市婺剧团、省音协一至四届理事。1953年、1961年先后毕业于浙江省立杭州师范音乐科、中央音乐学院函授作曲。编写《速成识谱法》，编著《民族调式和声讲义》，主编《东阳市音乐乡土教材》中小学二册等。发表歌曲百余首，作有歌曲《我是一个小司机》，笛子三重奏《幸福渠畔春来早》《迎春》等。为大小戏曲谱曲百余本，其中《独立大队》《双血衣》《春梅》等均获省音乐创作奖，折子戏《徐策跑城》参加全国汇演获银奖第一名。参加省地县的民歌民乐集成工作，整理侯阳高腔音乐14本，发表论文50余篇。

陈楚良（1940— ）

歌词作家。湖南长沙人。曾为湖南省音协理论创作委员会常务副秘书长、长沙市音协副主席、市音乐文学学会会长。毕业于湖南师院音乐系声乐专业。发表大量诗歌、歌词、歌曲、散文、报告文学等，其中百余件在全国、省、市文艺创作中获奖。作有改词作曲的《想起雷锋劲就来》，合作作词的组歌《风华正茂》及作词的《大拜年》《党心民心心连心》《全国第五届城运会进行曲》等，并参加创作声乐套曲《青年毛泽东在长沙》。

陈传容（1956— ）

二胡演奏家、指挥家。重庆人。1978年毕业于四川省川剧学校留校任二胡教师，1982年毕业于上海音乐学院民乐系。历任煤矿文工团、海政文工团、空政文工团演奏员，参加几十场歌剧《江姐》的演出，及中央台"庆八一"晚会的演出。1986年调入中国儿童少年活动中心任二胡教师。创作、改编民乐合奏《企鹅之舞》《傣族风情》《罗马尼亚歌曲》《花好月圆》《音乐之声》等多首，二胡齐奏《战马奔腾》，及柳琴、唢呐、古筝独奏曲等。带领少年民乐团参加中央电视台春节晚会、中国艺术节、民乐比赛等活动，并赴俄罗斯、台湾等地演出。培养的学生在各类赛事中获奖并考入高等音乐学府。

陈传熙（1916— ）

作曲家、指挥家。广西人。1944年毕业于国立音专钢琴系本科，副科双簧管。1946年入上海工部局交响乐队任演奏员。后任国立上海音专、上海音乐学院教授。1951年随中国青年文工团赴柏林参加第三届世青节，后赴奥地利、苏联及东欧各国访问演出。1952年任上海交响乐团指挥。1958年调任上海电影乐团首席指挥。为故事片配乐达五百部以上，其中有《林则徐》《聂耳》《红色娘子军》《舞台姐妹》《天云山传奇》《阿诗玛》，美术片《大闹天宫》《牧笛》，译制片《简爱》《巴黎圣母院》以及电视剧《水浒》《聊斋》。曾任第四届中国音协理事，上海市政协第五、六届常委。获第二届中国音乐"金钟奖"终身成就奖。

陈春光（1957— ）

作曲家。黑龙江哈尔滨人。1974年入伍在部队基层战士演出队工作，后进入长春电影制片厂乐团，1986年上海音乐学院毕业。解放军二炮文工团作曲。所创作的作品涉及影视音乐、声乐、器乐等领域。其中钢琴曲《怡》曾获首届中国国际广播电台主办的中国风格钢琴作品国际比赛第二名、全军首届"文艺新作品奖"二等奖。代表作品有女高音、箫、古琴和交响乐队的《出征》，古筝和管弦乐队的《乌日娜》，琵琶与扬琴二重奏的《中国鼓》，弦乐三章《从军诗草》及管弦乐组曲《民族风情素描六首》。

陈春玲（1960— ）

女声乐教育家。河南开封人。郑州大学音乐系副教授。1979年考入河南大学艺术系主修声乐专业，1983年毕业分配到郑州大学从事音乐教育。1987年获郑州市首届青年文化艺术周美声唱法第一名。1990年获河南省首届青年"卡拉OK"大奖赛美声唱法第二名。1995年获全国"索华杯"河南赛区总决赛美声唱法二等奖。1998年获全国高校音乐教师声乐比赛一等奖。发表论文有《关于大学生艺术美教育浅谈》《论当代大学生的美育实践及其意义》等十余篇。参编论著有《大学生音乐修养ABC》。

陈淳彦（1957— ）

作曲家。广东广州人。原广东音协副秘书长，《岭南音乐》副主编，理论创作室主任。现旅居美国。从事音乐唱片和中华文化推介工作。1982年毕业于广州音乐学院理论作曲系。曾创作大、中型音乐作品多部，参与第三至六届"羊城花会"及"百歌颂中华"等多项大型活动的组织、策划、实施工作。编纂《广东地方志》音乐部分。

陈从伟（1940— ）

音乐教育家。江苏徐州人。1963年毕业于南京师范大学音乐系。曾任新疆军区生产建设兵团某团音乐组长、徐州十二中音乐教师。从事中学音乐教学工作，多名学生考入高等音乐院校。撰有《要多关心农村中小学音乐教育》《纤夫号子与国际歌》《音乐家学的基础——培养学生识谱能力》等文，举办讲座《钢琴伴奏的写作基础》《谈中小学音乐教法》。组织训练学校管乐队，培训手风琴、钢琴学员近二百人。

陈大德（1944— ）

钢琴演奏家。四川成都人。毕业于西南音专附中钢琴专业。曾任成都市歌舞剧院演奏员。1994年参加大型神话舞剧《卓娃桑姆》演出，获中国文联颁发"中华民族二十世纪舞蹈经典评比展演"提名奖。作有舞蹈音乐《为了永远的纪念》，获文化部颁发创作一等奖。为舞蹈《哑人的欢乐》作曲，获文化部颁发二等奖。1999年参加管弦乐《羌山风情》演奏，获四川省文化厅颁发一等奖。

陈大方（1944— ）

女琵琶演奏家、教育家。浙江人。曾任贵州大学艺术学院高级讲师。全国琵琶考级高级评委。中国琵琶专业委员会常务理事、贵州琵琶学会副会长。1964年毕业于贵州大学艺术系音专。曾在基层及贵阳市京剧团工作。所教学生有数十名获全国及全省比赛奖项，十余名学生考取中央、上海等音乐学院。发表论文数篇，多次举办个人独奏音乐会，两次赴德、法、西、比、荷等国演出。

陈大康（1935— ）

双簧管演奏家、音乐活动家。四川彭山人。原国家广电总局长城艺术公司总经理。1953年入中央歌舞团学习队，后入中国广播交响乐团，任双簧管首席。1959年入中央音乐学院捷克专家班进修。后曾任中国广播交响乐团业务团长。长期从事艺术管理及艺术交流活动。多次组织、策划贝多芬、柴科夫斯基等音乐家的纪念音乐会，连续八年组织中国音乐家参加历届澳门国际音乐节的演出活动和中国广播交响乐团赴欧洲多个国家访问演出，并组织数十次国际民间文化艺术交流活动，邀请世界各地音乐家及艺术团体来华演出。曾改编、创作《谁不说俺家乡好》《旱天雷》《草原牧歌》等双簧管独奏曲。

陈大明（1958— ）

作曲家、音乐教育家。江西萍乡人。西安音乐学院作曲系教研室主任。1993年毕业于该院作曲系研究生。所作歌曲《黄河从我身边流过》《香港·1997》《梦里也别忘了咱的家》《黄昏走来》，分获全国"五个一工程"提名奖、文化部音乐作品大赛铜奖、陕西"五个一工程"优秀奖等，交响乐《狂想音诗》获陕西交响乐作品比赛一等奖，管弦乐《盼归》获少儿音乐舞蹈大赛一等奖，钢琴曲《序曲》获首届中国钢琴国际比赛广播奖。撰有《论调性逻辑系中的和声游移态》等文。

陈大琦（1929— ）

作曲家。江苏东海人。1949年初任淮北盐特区文艺工作队歌队及乐队指挥，后从事歌曲创作并有多首发表于报刊。1953年毕业于上海音乐学院作曲系音乐干部专修班，同年入江苏省扬剧团。先后在四十余部新编、改编剧目和戏曲艺术影片《百岁挂帅》，戏曲电视剧《琼花飘香》等影视片中担任作曲。出版有扬剧《百岁挂帅唱腔选》等。1986年任《中国戏曲音乐集成·江苏卷》副主编兼扬剧音乐分卷主编。

陈大同（1935— ）

作曲家。广东阳江人。1950年任解放军某部文工团团员，毕业于南昌航空学院，长期任工厂乐队作曲、指挥。1972年曾作曲、指挥演出七场歌剧《红线银针》，独幕歌剧及曲剧各一部，创作大量歌曲、器乐曲，其中五十余首获奖或在中央及省市电台、电视台播出。其中《我的家乡吕梁山》与《肩扛日月走四方》，分获全国歌曲广播创作奖与全国工人歌曲征集优秀奖。

陈大伟（1939— ）

作曲家。上海人。1965年毕业于上海音乐学院民乐系，后入上海电影乐团工作。作有民乐合奏曲《飞天》《大江东去》。获第三届全国音乐评选二等奖及三等奖。

C

陈大伟（1964—）

钢琴演奏家。山东人。青岛海韵音乐专修学校校长。1978年在成都军区歌舞团任钢琴演奏员，后考入山东师范大学艺术系音乐专业，毕业后到青岛幼师任教。1988年考入上海音乐学院钢琴大师班，1992年调入青岛歌剧院任钢琴独奏演员，曾多次在重大庆典中演奏钢琴协奏曲《黄河》。多次在文艺大赛中获得优异成绩，所教学生在省级、市级及钢琴考级中获优异成绩。

陈大荧（1921—已故）

作曲家。广东潮阳人。1941年始从事部队音乐工作，1956年毕业于上海音乐学院作曲系进修班。曾任音协江苏分会常务理事、南京市音协副主席、音协上海分会秘书长。作有歌曲《淮海战役组歌》《小河的水静静流》等。

陈大忠（1955—）

音乐教育家。安徽阜南人。阜南县实验中学教师。1972年在阜南县文工团任队指挥兼作曲，后任阜南县师范学校音乐部主任。1985年起先后在中国函授音乐学院、安徽省教育学院、阜阳师范学院音乐教育系学习。撰有论文《音乐教学应注意能力的培养》《谈音程教学》等。获奖歌曲有《秦淮风光美》《山里孩子的歌》《我穿上威武的军装》等。培养一批音乐人才，有多名学生考入高等艺术院校。

陈代霖（1933—）

作曲家、音乐教育家。布依族。贵州正安人。1956年毕业于沈阳音乐学院作曲系。西安音乐学院教授，历任师范系副主任、教研室及音乐教育系主任。中国合唱协会理事，陕西合唱协会副会长。作有合唱套曲、大合唱、歌舞剧、歌剧等各种声乐体裁的作品。其中《女社员小唱》《好园丁》等获国家级奖。《我们青春的摇篮》《啊，森林》《天上的果园》等获省级奖。撰有《汗滴苗圃—童声合唱的创作与排练札记》《歌曲写作实例剖析》等论文和教材。曾获西安市"优秀合唱指挥"、陕西省"民族团结进步先进个人"、国家"有突出贡献专家"称号。

陈丹曦（1967—）

女钢琴教育家。福建福州人。1989年毕业于福建师大音乐系，后在首师大及中央音院钢琴系进修，2004年毕业于福建师大音乐学院研究生班，留校任教，后任钢琴教研室副主任、副教授。撰有《美，因为人类无尽的追求而永恒》《音乐教育与心智开发》《民歌的活性存在》《现代钢琴音乐及其演奏问题的几点看法》《品味傅聪》等文。其中《给你一把音乐欣赏的金钥匙》获征文二等奖、《研究性学习与高师钢琴课教学》获二等奖。

陈道斌（1971—）

歌词作家、音乐制作人。四川人。广州军区政治部战士文工团创作员。中国音乐文学学会常务理事。作品有歌舞剧《好兵李向群》，音画《神圣》《使命》，歌曲《情系人民》《人民心疼你》《梦中的卓玛》《康定情缘》《中国之约》等。作品多次获中宣部"五个一工程"优秀

作品奖，香港SHCA流行歌曲创作大赛冠军歌曲，上海亚洲音乐节最佳作品奖，全军文艺汇演创作一等奖等。

陈德宝（1946—）

圆号演奏家。天津人。1960年任海政歌舞团圆号演奏员，铜管分队分队长、乐队队长等职。先后参加了大量本团及中央音乐团体的音乐会、交响乐、歌剧、舞剧、大型歌舞、影视音乐的演出和录音工作。2002年参与编辑和撰稿《战士音乐欣赏手册》。

陈德潜（1932—）

作曲家。广东澄海人。1955年毕业于东北音专作曲系。曾任广东歌舞剧院专业作曲。作有管弦乐曲《跳花坡》，舞剧音乐《牛郎织女》《珍珠》（合作）。

陈涤非（1948—）

作曲家。辽宁沈阳人。先后师从白洁、龚荣光、徐占海、王宗鑑等学习小提琴、作曲、指挥。21岁起在报刊上发表歌曲。历任文工团首席小提琴、作曲、指挥、市文化馆长、市音协理事、省文化艺术出版社副总编。多年来发表大量音乐作品，其中歌曲《祖国，春天的故乡》获全国主旋律歌曲征集金奖，《有一个美丽的村寨》获全国少儿卡拉OK作品一等奖及中央电视台MTV银奖，出版有个人歌曲专辑《蓝色的交响》。

陈甸华（1954—）

作曲家。吉林双辽人。1970年入双辽县文工团，1980年调四平市群众艺术馆，1988年任四平市艺术研究室主任、研究馆员、四平市音协主席。发表各类音乐作品三百余件。歌曲《关东情》获中国广播新歌政府金奖，《满家阿哥也在变》舞蹈音乐《东北花鼓》获文化部"群星奖"，《山乡新韵》等十余首作品分获中国音协歌曲评比一、二等奖，出版《吉林单鼓》等专著十余部。2000年被吉林省政府批准为有突出贡献的专业技术拔尖人才。

陈鼎臣（1925—）

大提琴教育家。福建漳州人。1949年毕业于国立上海音专。曾任上海交响乐团大提琴首席。后入上海音乐学院任教、中国大提琴教师协会副主席。译有《皮尔蒂大提琴随想曲》。

陈恩光（1925—）

音乐教育家。湖北人。1952年毕业于中央音乐学院理论作曲系，并留系任教。1958年调天津音乐学院，任教研室主任、系主任，教授。主要从事和声教学，为硕士研究生开设专业课、英文音乐文献选读，指导研究生的专题研究和论文写作。曾发表《广西壮族的多声部民歌》《和声自学辅导》《美国高等学校的专业音乐教育》和编译《俄罗斯的音乐理论思想》。出版《和声习题写作指南》。

陈发仁（1943—）

男中音歌唱家。安徽合肥人。中国音协第六届理事。毕业于安徽师范大学艺术系，曾编辑出版三十余首男中音

独唱歌曲。演唱的《红叶》《爸爸的摇篮曲》《贝壳》《海峡的风》等作品为多家唱片社集锦发行，舞台演唱有《莫斯科郊外的晚上》《太阳的儿子》《在那遥远的地方》《走进西部》等作品。曾担任歌剧《大海作证》《不准出生的人》中的男主角，为《孔雀飞来阿佤山》《新四军》《华佗》等影视剧演唱主题曲。曾任安徽省文化厅长、省委宣传部副部长、省文联主席、省音协主席等职。著有《陈发仁歌外歌》《歌外戏》《歌外随想》等。

陈凤兰（1963— ）

女扬琴教育家。蒙古族。内蒙古人。内蒙古大学艺术学院扬琴教授、硕士生导师，中国民管会扬琴专业委员会理事。1984年毕业于中央民族大学音乐学院。曾获内蒙古第三届室内乐大赛重奏一等奖，CCTV中国民族器乐大赛优秀展演奖，第二届全国大学生艺术展演比赛指导教师一等奖。发表《扬琴在二人台音乐中的艺术表现》《中国扬琴在内蒙古民乐合奏中的实用性探索》等文。出版高校教材《蒙古族风格民乐重奏曲集》与CD《琴声中的草原——蒙古族风格民乐重奏合奏专辑》。培养的学生多人次在区内外专业大赛中获奖，本人多次获高校优秀教师称号。

陈凤伦（1927— ）

音乐文学家。辽宁辽阳人。1953年毕业于东北师大中文系，1956年从事音乐文学教育工作。在沈阳音乐学院音乐文学系任教。作有《琵琶诗选注》《古筝诗选注》等。

陈凤文（1959— ）

巴松演奏家。北京人。中国巴松协会副会长，中央歌剧院交响乐团巴松首席。1974年考入中央音乐学院附中。1979年入中央音乐学院。曾任中国歌剧舞剧院管弦乐团巴松独奏演员和首席。曾参加《卡门》《托斯卡》《图兰朵》《蝴蝶夫人》《奥赛罗》《茶花女》《绣花女》《弄臣》《阿依达》等歌剧及多场音乐会的演出。曾赴日本、美国、新加坡、香港演出歌剧。

陈凤祥（1938— ）

作曲家。江苏人。1958年毕业于安徽师范大学艺术系，后任安徽省芜湖地区文化局创作员。作有《儿童钢琴小曲集》，民乐曲《春满江南百花娇》，著有《怎样为歌曲配风琴伴奏》。

陈福利（1944— ）

歌词作家。吉林磐石人。1964年毕业于吉林艺术学院音乐系，后任职于吉林省歌舞剧院。秦皇岛市歌舞团团长。创作有上百首歌词作品获奖。曾为《佩剑将军》等电影及《年轮》《中国模特》等电视剧创作主题歌词和插曲歌词。出版有歌词集《多彩的人生》《爱的花束》。歌曲《我们爱大海》获文化部和国家海洋局优秀作品奖，《咱们的领路人》获全国广播新歌大赛银奖。《七色光之歌》获"金号杯"中国十大金榜歌曲提名大奖。著有《论歌词的音乐性》《浅谈歌词的通俗与浪漫》等文。主编有《独唱歌曲经典》《齐唱重唱歌曲经典》《合唱歌曲经典》。

陈福美（1925— ）

女钢琴教育家。上海人。上1944年考入上海音乐学院钢琴系。后曾在中央歌舞团任钢琴艺术辅导，并在中央音乐学院钢琴系任教。后任广西艺术学院钢琴教研室主任，并在广西巡回演出中任钢琴独奏，1979年任上海音乐学院附小校长，支部书记。任教期间领导师生为国家培养出一批在国际国内获奖的优秀学生，编著《儿童钢琴趣味教程》。编注钢琴教本《孩子们的拜厄》《布格缪勒》作品100、105、109号。1998年在无锡"夕阳红全国老年电视合唱大赛"中任钢琴伴奏获银奖。

陈复君（1927— ）

女音乐翻译家。湖北武汉人。曾在北京外国语学院学习俄语，1961年在中央音乐学院音乐学系进修，后为中央音乐学院音乐研究所副译审。译著有《欧美歌剧史纲》《巴赫声乐作品的表演风格》《外国歌剧故事集》。

陈富民（1941— ）

扬琴教育家。四川开县人。1964年毕业于四川音乐学院民乐系。从事扬琴教学近40年。编写扬琴教材十余册。曾任该院附中副校长，院民乐系副主任、副教授。成都市音协理事、市扬琴研究会第一届会长、市业余音乐教育扬琴专业等级考试委员会副主任委员，新疆扬琴学会顾问。1993年随四川音乐学院访问团出访俄罗斯、乌兹别克斯坦、哈萨克斯坦进行学术交流。作有扬琴独奏曲《铁牛高唱丰收歌》《哀思》，扬琴协奏曲《苏武叙事曲》等。

陈高潮（1955— ）

作曲家。河北人。河南省鹤壁市文化局局长，市音协名誉主席，曾任文联党组书记、主席。1978年毕业于河南大学音乐系。创作各类音乐作品二百余件，发表、演播、演出获奖百余件。主要作品有男女二重唱《大庆花开香万代》，男声独唱《煤城夜色》，童声合唱《白鸽啊，你飞向何方》，合唱《这方土地是我们的根》，民族管弦乐《草原之歌》，二胡独奏曲《欢腾的矿山》，木管五重奏《剪窗花》（改编），歌舞套曲《鸽子畅想》等。组织、举办多场大型音乐文艺活动。组织参演的农村小戏《调查》获文化部群星奖金奖第一名。

陈根明（1941— ）

圆号演奏家。上海人。1965年毕业于苏联列宁格勒国立音乐学院并获优等生荣誉证书，回国后曾在中央音乐学院任教，后为中央乐团交响乐队演奏员。

陈关键（1939— ）

作曲家。湖南长沙人。毕业于湖南艺术学院音乐系，长期从事音乐教育及音乐创作。曾发表歌曲及论文百余首（篇），多次获奖，并为电视音乐片《机车情》谱曲。1991年任广州蓓蕾艺术学校副校长，后任广州爱乐艺术中心副校长，副教授。兼在华南师大音乐系任教。1996年任湖南艺术专修学院常务副院长，后任省音协合唱专业委员会理事，株洲九方老年合唱团团长兼指挥，常春艺术团副

C

团长兼指挥。多次参加全国合唱比赛获金奖、铜奖。合作出版《钢琴、电子琴考级教程》。

陈官凤（1938— ）

女高音歌唱家。吉林榆树人。1954年入吉林省歌舞团，1985年毕业于吉林艺术学院戏曲系导修班，后为吉林省歌舞剧团导演。曾在歌剧《小二黑结婚》《星星之火》中饰女主角。导演歌剧《茶花女》。

陈官煊（1938— ）

歌词作家。四川达县人。曾为四川省达州市作家协会主席。现旅居美国洛杉矶。60年代起在全国各地正规刊物上发表大量歌词，其中大部分被谱曲发表。已出版歌词选《这方土》及诗集14部。70年代的《长大当个好社员》曾传唱。作品《乡音》获亚洲音乐节中国作品征集三等奖，《中国龙舞起来》获第五届中国艺术节征歌集二等奖，《红嫂奶奶》获淮海战役五十周年征歌一等奖，《我爱巴山红杜鹃》《琳琅茶喷喷香》获四川省首届文艺创作奖，《我家住在桃花乡》获云南省征歌优秀奖，《农家孩子》获中央电视台儿童歌曲征歌二等奖。

陈光辉（1957— ）

指挥家。黑龙江哈尔滨人。深圳市群众艺术馆研究馆员、深圳音协合唱团艺术总监兼指挥。曾在哈尔滨歌剧院工作。毕业于上海音乐学院声乐系干部专修班，1988年为上海音乐学院作曲指挥系代培生，1994年结业于中央音乐学院指挥系进修班。在哈尔滨歌剧院上演的十多部歌剧中饰演男主角。多年来担任交响音乐会、合唱音乐会的指挥，指挥的合唱团多次在国内合唱比赛中获金奖。2001年指挥哈尔滨建设合唱团在第五届意大利国际合唱比赛中获两项金奖、一项银奖。

陈光明（1932— ）

双簧管演奏家。湖北宜昌人。1951年始先后任中国青年艺术团、中央歌舞团、中央乐团交响乐队双簧管演奏员。1962年入天津音乐学院任教。1978年入人民音乐出版社任编辑。

陈光宪（1954— ）

中提琴演奏家。上海人。毕业于上海音乐学院管弦系和上海大学国际工商与管理学院。曾在部队文工团、上海歌剧院、上海交响乐团任小提琴、中提琴演奏员及中提琴副首席。曾任上海歌剧院乐团团长、院长助理、副院长。上海交响乐团总经理、团长，中国音协第七届理事，上海音协常务理事，上海演出行业协会常务理事，上海市发展交响乐基金会理事长、中国交响乐联盟理事。曾在中央电视台、上海电视台和大学作音乐讲座。

陈光泽（1949— ）

音乐教育家。福建莆田人。1993年毕业于中国逻辑与语言函授大学群文系。1987年始在福建省莆田市青少年宫培训处任教员、副主任。曾获省文化厅举办的少儿民乐比赛指导教师二等奖，获文化部、广电部举办的全国民间音乐舞蹈比赛一等奖，获华东地区少儿民乐比赛辅导二等奖等。2001年被莆田市委宣传部、莆田市文化局聘为莆田市天妃民族乐团团长。

陈光正（1941— ）

作曲家。重庆人。1965年毕业于四川音乐学院作曲系。后任重庆市京剧团作曲、指挥。重庆音协理事及民族音乐委员会副主任。曾为《三峡红灯》《巫山神女》《最后的时刻》《涂山女娇》等数十部大中型京剧作曲并指挥演出。创作有《凉山之晨》《欢乐的金沙江》《歌唱科学的春天》《新重庆明日更辉煌》《新嫁娘》等百余首声乐、器乐曲，大部分在省市刊物发表或在电台播出。

陈光中（1939— ）

音乐教育家。浙江苍南人。1961年毕业于南京师范学院音乐系。先后任南京幼师暨女子中等专业学校副校长、高级讲师。南京市音协名誉理事。1989年起从事师范音乐教育。曾参加《中国民间歌曲集成·江苏卷》的收集、整理、编辑工作。作有歌舞音乐《丹顶鹤飞来了》，女声三重唱《美好的青春在哪里》《园丁生活使我们年轻》，笛子四重奏《姑苏行》。少儿歌曲《国旗的一角飘在我胸前》获1991年江苏省少儿歌曲创作一等奖。曾应邀在盐城市歌舞团任舞剧《白毛女》指挥及大型歌舞《新四军在盐城》的合唱指挥。撰写音乐论文多篇。

陈光洲（1943— ）

作曲家。海南琼山人。1963年毕业于星海音乐学院理论作曲系。先后任职于海南省歌舞团、艺术研究院、群艺馆。海南省音协名誉主席。作有大型舞剧《甘工鸟》获国家级奖，《椰壳舞》音乐获国家金奖。为香港政府委约创作管弦乐《龙灯狂舞》《噜莎莎》。交响序曲《永恒记忆》，小提琴协奏曲《乡魂》，幻想交响组曲《山森舞会》，钢琴作品《海之滨》，无伴奏合唱《海南黎族民歌改编曲五首》、交响合唱《椰岛九歌》。出版《太阳河恋歌》《春天的旋律》歌曲集。创作影视音乐有《明月照天涯》等九部。为舞蹈《山高山长》《从天山到五指山》等20部创作音乐。

陈广岐（1931— ）

作曲家。安徽蚌埠人。毕业于安徽师范大学。曾任蚌埠市艺术研究所副所长、副研究馆员，蚌埠市音协副主席。创作发表歌曲百余首，为花鼓灯歌舞剧《摸花轿》作曲，获省创作奖、优秀个人奖，并由西安电影制片厂拍成电影。为泗州戏《她就是妈妈》《船家外传》等设计唱腔、作曲，并获省、市创作奖。所撰写的《凤阳花鼓戏》《安徽大鼓》等及其挖掘整理的部分唱腔、曲目分别被收入《中国戏曲音乐集成·安徽卷》等卷中。

陈广生（1958— ）

长笛演奏家。广东广州人。1982年参加全国长笛比赛获青年组四等奖，1983年获第三届"羊城音乐花会"长笛表演奖，同年毕业于广州音乐学院管弦系，后考入广州交响乐团。随团参加英国皇家芭蕾舞团、北京国际音乐节、澳门国际艺术节、维也纳金色大厅、文化部在巴黎举办的中国文化年的演出以及在卢森堡、荷兰、埃及等地巡回演出。曾与著名小提琴家帕尔曼、大提琴家麦斯基、王健、钢琴家郎朗、李云迪，指挥家韦瑟等合作演出。

陈桂香（1953— ）

女钢琴教育家。北京人。1969年在内蒙兵团宣传队任女高音独唱演员。1978年毕业于首都师范大学音乐系。北京教育学院石景山分院高级教师，中国音协全国声乐考级高级考官，中国音乐教育专业委员会会员，北京音乐教育研究会理事。撰写多篇钢琴教学文章，发表在《器乐》杂志上，多篇音乐教育、教学论文获北京市一等奖，十多次获北京市优秀指导教师奖，两次获国家级指导教师奖，2001年被教育部评为全国学校艺术教育先进个人。

陈国红（1963— ）

女钢琴教育家。安徽安庆人。毕业于东北师范大学音乐学院，后任该校副教授、硕士生导师。作有《钢琴四手联弹教学的几点好处》《中日高师两校音乐教育专业招生考试内容比较分析》《参赛钢琴选手的教学指导方法探究》等文和专著《钢琴教程》《钢琴音乐教程》。

陈国华（1923— ）

指挥家。辽宁抚顺人。1949年毕业于长白师范学院音乐系，1954年入中央歌舞团专家指挥班进修，后任哈尔滨师大音乐理论作曲教研室主任、副教授。曾指挥《黄河大合唱》《攻克柏林》等合唱。

陈国金（1946— ）

作曲家。安徽安庆人。1969年毕业于安徽合肥师范学院艺术系。安徽省音协副主席、安庆市音协主席、省文联委员、省政协委员，安庆市政协常委、原市文联主席、书记。为安徽省文联系统先进工作者。创作演播音乐及黄梅戏作品二百多首，其中有数十首作品获省级以上奖。出版有《陈国金创作歌曲200首》，《风铃高高挂》——陈国金VCD光盘作品13首、CD作品21首。作有《地球，美丽的地球》《网虾小唱》《青青石板路》《傻哥哥莫发傻》《我爱庄稼一枝花》《雨花花》。

陈国劳（1930— ）

声乐教育家。广东云浮人。1952年毕业于中南部队艺术学院声乐专业。1952年被选入中南地区文艺代表队参加全军第一届文艺汇演，参赛歌曲《我是一个兵》等获一等奖。1953年后在中央音乐学院华东分院声乐系进修。1956年组团参加第一届全国音乐周时担任大合唱中领唱。后回广州军区战士歌舞团，1950年后任该团主要独唱演员和声乐教员。第一届"羊城音乐花会"表演了《码头工人》等歌曲。1978年后调广州音乐学院声乐系任教。曾任教研组长、系副主任、副教授。

陈国模（1937— ）

作曲家。湖北武汉人。1959年入湖北艺术学院音乐系，毕业后分配在武汉市楚剧团工作，后任武汉市群艺馆副馆长、武汉音协理事、市少儿歌曲研究会会长。作有歌曲《采莲曲》获创作三等奖，《长江、你永远披上日月的光辉》《啊，长江，美丽的江》均获创作一等奖等多首。撰有《群众音乐活动的新收获》《伟大的德国作曲家——贝多芬》《生动的语言深刻的启示》等文。曾参加湖北省民歌集成收集、整理并任编委。

陈国权（1937— ）

音乐理论家、指挥家。广西客家人。武汉音乐学院教授。中国合唱协会理事、湖北合唱协会副会长。曾任湖北音协副主席，武汉市政协第七、八、九届委员。1951年起在广西容县地委文工团、广西歌舞团等单位工作。1961年毕业于中南音专作曲系，后留校任教，硕士生导师。曾被湖北省政府授予"有突出贡献的中青年专家"称号。现任武汉音乐学院合唱团、交响乐团、武汉星海合唱团、武汉之声合唱团指挥，广东、湖南、海南等地多家合唱团客座指挥。曾率团赴奥地利、加拿大、新加坡、韩国及中国台湾、香港参赛、演出。

陈海燕（1956— ）

女歌剧表演艺术家。广东人。上海歌剧院演员。1970至1977年就职于上海"五七"京剧训练班。在歌剧《江姐》《丹桔颂》《血与火》《喜事的烦恼》《海峡之花》《风流年华》《芳草心》中任主要角色。为《铁道游击队》《微山湖》《严凤英》《美食家》《台湾情侣的奇遇》等五十余部影视剧配唱录制主题歌及插曲。1988年在上海音乐厅举办独唱音乐会。1978年获上海市优秀演员奖、1988年获"飞天奖"一等奖。出版发行《香格里拉》《好时光》《铁道游击队》等近十盒录音带。

陈汉森（1937— ）

作曲家。福建泉州人。曾就职于泉州师范学院。声乐曲《织鱼网》曾入选1974年《战地新歌》第三集。《昨夜梦见荡秋千》获中央电视台"少儿歌曲创作比赛"纪念奖。《月亮和太阳》获《福建音乐》"十佳优秀歌曲"创作奖，《校园里有一排小树》获省第二届"八闽新曲"歌曲评选创作奖。《家乡的蚵仔煎》《阿仔噢噢困》分别获泉州、厦门语歌曲大奖赛二等奖。1992年由泉州音协等单位主办"陈汉森执教35年声乐作品音乐会"。

陈和昭（1952— ）

音乐教育家。重庆江津人。毕业于四川音乐学院、西南师范大学音乐教育专业。曾在重庆江津师范、江津中学任音乐教师。重庆市音协钢琴专业委员会理事，市电子琴学会理事、考级评委。培养一批声乐、键盘学生，为大专院校输送师资人才。撰写、发表论文二十余篇。改编有《电子琴独奏曲二十首》。创作、发表并获奖的歌曲、舞蹈音乐作品数十首（件），其中作词、作曲的《父亲》1995年获首届全国农民歌手赛暨作品征集重庆市第一名。编配、伴奏并制作MIDI音乐近二百件（首）。

陈恒芳（1952— ）

作曲家。壮族。广西东兰人。广西河池市群众艺术馆馆长。毕业于广西艺术学院音乐系。创作有《瑶家心中的歌》《拣红豆》《一个春天的童话》《金凤凰》《壮乡山与水》《红棉花开》等数百首歌曲和二十余部舞蹈、歌剧、彩调剧音乐。其中有三十余首歌曲及舞蹈音乐分别在省、全国获金、银、铜奖和优秀奖。有《广西河池市壮族傩戏音乐考》等8篇论文在省及全国有关学术研讨会上宣读，或在有关刊物上发表。曾被授予"先进个人"称号。

陈红冰（1950— ）

女歌剧表演艺术家。浙江绍兴人。先后进修于上海音乐学院、杭州师范学院。杭州歌舞团副团长，浙江省音协副主席，浙江省声乐专业委员会主任，杭州市文联副主席、市音协主席。第八、九届全国人大代表。曾主演过多部大型歌剧《洪湖赤卫队》《江姐》《杜鹃山》《不准出生的人》等。多次举办个人音乐会，多次随省市音乐家代表出国演出。并担任省内外重大声乐比赛评委。

陈宏宇（1946— ）

女高音歌唱家。上海人。1983年入中央音乐学院声乐系师资进修班。1985年在北京举行独唱音乐会。曾任北京教师学院东城分院声乐教师。后在美国留学。

陈泓茹（1952— ）

女声乐教育家。江苏苏州人。南京晓庄学院音乐系主任。1974、1985年先后毕业于安徽师大音乐学院、南京艺术学院。1996年获全国高校音乐教师声乐比赛二等奖。撰有论文《论高师声乐教学中的教与学》《论音乐在情感教育中的作用》《论音乐在素质教育中的作用》等。参与编写《大学综合性音乐教材》《当代大学生歌曲集》。任《乐理基础与视唱练耳》主编之一，《乐理基础与名曲赏析》《交响乐赏析教程》副主编。参与校级课题《声乐分级教学改革》。

陈洪濂（1926— ）

女声乐教育家。江西萍乡人。1942年四川国立音乐院声乐系肄业。后在江西省师范大学音乐系任教、音协江西分会常务理事、省文联委员。录制有江西民歌唱片《斑鸠调》《铜钱歌》。

陈洪美（1953— ）

作曲家。广东徐闻人。广东音协理事，湛江市音协主席。1975年毕业于星海音乐学院声乐系，1979年结业于星海音乐学院作曲系。曾在大专院校艺术系任教。获国家级奖项的作品主要有《血液的爱》《牵着母亲的手》《雷州半岛换了人间》《啊，鹤湖，青年运河》《老同学》等。曾获广东省歌手大赛"优秀歌手奖"。近年来，两次获"广东省年度优秀音乐家"奖，多次获湛江市文化艺术精品一等奖，并获"中国民歌创作民间艺术大师"奖。

陈洪兴（1955— ）

作曲家。广东人。中山市群艺馆副馆长。1976年毕业于湛江师院文艺专修班，后在中学任教。1977年后从事文化工作。音乐作品有多件获奖，并在刊物上发表，有的拍成MTV。作有歌曲《那缕乡情》《绿色的祝愿》《巡线的小伙》等。其中《大沙田的传说》2001年在香港举办的纪念辛亥革命100周年大型晚会及在成都举办的"抗击非典"晚会上演唱。MTV多次在湖南卫视和中山电视台播放。

陈鸿林（1957— ）

作曲家。江苏人。1983年毕业于曲阜师范大学音乐系，主修音乐理论。后任山东省音协理事、临沂市音协主席、临沂电视台副台长。自1974年开始在省内外报刊上发表大量音乐作品，曾获各级银奖与一、二、三等奖多次。为十余部电视剧或电视系列片作曲并担任MIDI音乐制作，其中有的获省"精品工程奖"，有的在中央电视台播出。策划并由临沂市音协主办三届"临沂市原创音乐大赛"。

陈鸿文（1930— ）

音乐教育家、音乐活动家。海南人。中国合唱协会常务理事、海口合唱协会主席、海南函音学院院长。曾就学于长白、海南师院音乐本科，从教五十余年。任历届省、市音乐教研会长（兼），五、六、七、八届文联和政协委员，音协常务副主席，高级职称评委。多次被评为省、市先进教育工作者，代表省参加全国音教改研讨会和教材编写。出版有《中学音乐试用课本》，发表有《教育子女追求真正的美》等十多篇论文。

陈鸿志（1955— ）

作曲家。福建长汀人。龙岩市音协副主席。1982年毕业于福建艺术学校作曲大专班。1971年开始音乐创作，作有舞台戏曲音乐四十余部，歌曲百余首。其中歌曲《山里姑娘爱唱歌》获福建省歌曲创作一等奖，《理想在煤台闪光》《福华笑迎宾朋来》《客家酒歌》《客家妹子》等获"世纪之声"全国歌曲大赛、全国工人歌曲征歌等各类奖项。音乐作品《我是龙岩人》等曾在闽西流传。

陈华杰（1951— ）

音乐教育家。福建龙岩人。中专毕业后学习作曲。曾任省重点中、小学及龙岩教育学院音乐教师，龙岩地区音乐教育行政总管，省音乐教育研究会常务理事。福建省民族管弦乐学会理事，龙岩地、市音协常务副主席兼秘书长，龙岩文化馆副馆长。创作、发表《小桥弯弯》《人逢佳节倍思亲》等大量歌曲。主编出版闽西音乐家优秀歌曲专集。多次组织大型广场音乐会。三次获省教委、省文化厅、团省委的联合表彰。

陈华强（1964— ）

打击乐演奏家。吉林长春人。1980年就读于山西大学附中，1987年毕业于山西大学音乐系，1993年在辽宁师范大学音研所深造。1987年始在山西大学音乐学院任教，副教授。撰有《拉丁打击乐漫谈》《小鼓及其滚奏谈》《晋南锣鼓窥》《鼓板与三晋戏曲谈》《浅谈日本视觉摇滚》，《管弦乐曲〈邀舞〉赏析》《提高音乐素质加强基础训练》《试论晋鼓及其威风锣鼓与降州锣鼓之关系》《曲艺杂谈》等。

C

陈华山（1943— ）

音乐教育家。福建惠安人。泉州幼儿师范学校音乐组长，泉州市音协常务理事。1967年毕业于师大音乐系本科。曾进修于上海音乐学院。作有轻音乐《新苗》，木偶剧《大象救兔子》（音乐），女声小组唱《我队有个新队长》，著有《钢（风）琴维修教程》等。论文《推陈出新，歌剧典范》《围绕稳定，寓教于乐，活跃校园，辐射社会》《歌声琴韵绕古城，倩影欢音遍侨乡》等。

陈华珍（1922— ）

女大提琴教育家。上海人。星海音乐学院大提琴副教授。1944年考入国立福建音乐专科学校主修钢琴，师从钢琴家李加禄教授。1947年毕业后在广东佛山华英中学教授钢琴和大提琴。新中国成立后任广州市文工团、华南歌舞团大提琴演奏员、声部长，1956年任广州交响乐团大提琴首席。1960年调入广州音专任教大提琴。曾获省政府颁发的从事教育25年"教书育人，桃李芬芳"荣誉证书和省音协颁发的从事音乐工作逾40年作出贡献荣誉证书。曾多次担任全国大提琴比赛评委。

陈怀平（1947— ）

男高音歌唱家。河北安新人。1965年考入解放军艺术学院音乐系学习声乐。毕业后分配至国防科委20基地政治部"火线"文工团。1979年调入全总文工团歌舞团从事声乐表演艺术。几十年来演唱有大量不同风格的歌曲，曾赴军营、工厂、矿山、油田、港湾，为广大战士和职工群众演唱数千场。演唱的原创歌曲有《汽笛声声》《农家小院笑醒了》《林海新歌》《真诚的祝愿》《劳模赞》。

陈惠龙（1952— ）

笛子演奏家。上海人。安徽省歌舞剧院民乐团团长。中国民族管弦乐学会常务理事、安徽音协副主席、安徽竹笛专业委员会会长。曾任中国音乐"金钟奖"评委。出生于音乐世家，师从陆春龄，后又得到刘管乐、陈重、赵松庭等老一辈演奏家的指点。多次为国内外元首、贵宾演奏。发表数篇论文，编著《快速笛子入门》等书。先后应邀赴欧洲、亚洲、非洲三十余个国家演出。在第七届亚洲音乐节上，以笛子第一名的成绩获优秀表演奖。

陈惠明（1951— ）

女作曲家。福建厦门人。就职于福建泉州南音艺术研究院。泉州音协理事。创作歌曲三百余首，八十余首在征歌中获奖，其中15首作品在全国性大赛中获奖。有七十余首在刊物发表，6件音乐作品专辑、两个MTV专辑先后在电视台、电台播出和专题介绍。代表作《惠安女》多次在中央电视台播出，《一生有你做朋友》获全国词曲比赛一等奖。曾出版个人创作歌曲选，举行个人作品音乐会。

陈慧尔（1934— ）

女小提琴演奏家。上海人。1957年毕业于上海音乐学院，后入上海交响乐团。1961年始任乐团副首席。1986年曾赴美国留学考察。

陈吉风（1964— ）

音乐教育家。辽宁营口人。吉林艺术学院招办主任、副教授。撰有《民族器乐教学与人才培养关系》等论文，合著有《袖珍音乐辞典》。

陈吉田（1939— ）

双簧管演奏家。山东淄博人。曾在德国双簧管演奏家魏切希专家班学习。陕西乐团首席双簧管演奏员。与多位指挥家合作排演交响曲、协奏曲等百余部，其中参加交响序曲《天山》的演出，获交响乐比赛一等奖。交响乐戏与歌《沁园春·雪》的演出，获广电部一等奖。经常参加独奏、重奏小组演出，《山丹丹开花红艳艳》的独奏曾作为中央电视台、香港凤凰卫视的台标音乐播放。为《人生》《野山》《老井》等百余部电影、电视配乐录音。

陈纪芳（1949— ）

作曲家。浙江鄞县人。1990至1991年在新疆艺术学院成人大专班学习作曲。1969年在新疆工模具厂学校任音乐教师，1974年始在新疆巴州歌舞团任作曲、指挥、副团长。作有马头琴二重主题变奏曲《特日古特随想曲》，民族歌剧《魂系东归路》，大型歌舞《西北蒙古人》及电视艺术片《巴西艾根之情》等，其中《魂系东归路》获创作奖、演出一等奖。为维吾尔剧《塔依尔与优赫拉》，话剧《爱的长河》指挥，获自治区调演音乐剧创作一等奖。

陈济略（1905—1990）

琵琶教育家。四川铜梁人。四十年代创建了我国近代的专业国乐队。曾在四川音乐学院任教。1980年创建四川琵琶学会任主席。著有《琵琶音阶琶音练习曲》。

陈继生（1941— ）

民乐指挥家。浙江人。重庆民族乐团、重庆杂技团常任指挥。中国民族管弦乐学会理事，指挥专业委员会理事。1957年进入重庆杂技团民乐队任二胡演奏员，1968年从事指挥工作。1978年在中央民族乐团师从秦鹏章先生学习指挥。参与重庆各大型民族管弦乐的演出活动。1963至1991年四次随重庆杂技团赴英，法，秘，菲演出。长期担任重庆电视台、学校及非职业民乐团的音乐指导和指挥。

陈继续（1934— ）

音乐教育家。河北阜平人。1949年入天津歌舞团任演奏员，1962年毕业于匈牙利布达佩斯李斯特音乐学院，后任天津音乐学院副院长。译有柯达依合唱曲三首，编有《小提琴练习曲》。

陈佳南（1932— ）

指挥家。江苏苏州人。曾任南京军区前线歌舞团合唱指挥。中国合唱协会理事。1951年在军事学院文工团任演员、演奏员，1954年调华东艺术剧院任合唱指挥、声乐教员。曾师从黄友葵教授与指挥家何仿、杨鸿年。随团赴亚欧多个国家演出。参加大型音乐舞蹈史诗《东方红》指挥小组工作。指挥的合唱《南方有这样一片森林》获省一等奖，合唱组曲《大别山》获第五届全军合唱指挥优秀奖。

陈家滨（1929—1988）

作曲家。四川成都人。1948年入晋冀鲁豫军区军教文工团，后在音协山西分会民间音乐研究室工作。作有北路梆子音乐《红石榴》，神池道情《山村卫生员》，歌剧音乐《向阳村》。撰有《五台山寺庙音乐初探》。

陈家海（1953— ）

作曲家、指挥家。河南商城人。1977年毕业于河南大学音乐系。河南大学艺术学院副院长、教授、硕士生导师，河南音协副主席，全国高师合唱学术委员会主任。1979年始在《音乐创作》《中国音乐》《歌曲》等刊物发表《祖国最可爱》《好似一对金凤凰》《夕阳恋着黄河》等及论文近六十篇（首）。出版专著六部，其中《合唱名曲指挥设计》获河南省第三届文艺创作优秀著作奖。多次率团参加国内外合唱比赛获金奖。1996、2004年曾两次获河南省优秀指挥奖，2007年获中国音协"最佳指挥奖"。

陈家骅（1933— ）

作曲家。广东台山人。深圳艺术学校、深圳音协顾问。1953和1956年先后毕业于华南文艺学院音乐系、中南音专作曲系。曾任广州音专教师、广州音乐学院作曲系副主任、深圳艺术学校校长、深圳交响乐团团长、深圳音协副主席、中国音协音教委委员、深圳市第一届人大代表。作品有单簧管独奏《草原牧歌》，男女声三重唱《鼓手与琴师》，电影音乐《英雄诗篇》，三场歌剧《海滨激浪》《革命烈士诗抄合唱组曲》等以及百余首群众歌曲。

陈家立（1936— ）

女钢琴教育家。浙江平阳人。1958年毕业于沈阳音乐学院钢琴系，后任中央音乐学院声乐系钢琴伴奏。作有钢琴伴奏谱《十月里响起一声春雷》。现居香港。

陈家齐（1934—已故）

唢呐演奏家。四川南充人。1961年始从事教学工作。曾为中央音乐学院副教授。编著有《唢呐基础教程》《唢呐传统乐曲选》《唢呐曲选》。作有乐曲《又是一个丰收年》《天府好》《铁牛开进山区来》。

陈家铨（1926— ）

女钢琴教育家。江苏吴县人。曾在中央音乐学院任钢琴必修课、附中、附小钢琴共同课教师。所教学生多人次在各种比赛中获奖。著有《儿童初级钢琴曲集》《钢琴教材》（1—4册，合编）。

陈家鑫（1942— ）

钢琴调律师。湖北武汉人。1964年毕业于解放军艺术学院音乐系，后留校从事琴律和维修。1969年转业到武汉音乐学院。中国音协钢琴调律学会常务理事、武汉音乐学院音乐厅专职高级调律师。多年来，培养了一批学生，现都承担艺术院校和企业的钢琴调律工作。曾为国外数百名音乐家举办音乐会调试钢琴。先后应邀到北京、广州、

上海、兰州等地讲学。论文有《钢琴调律中的几个问题》《赴德国史坦威钢琴公司进修考察报告》等。

陈家训（1943— ）

戏曲作曲家。河南商丘人。1956年任商丘专区越调团演员。后入开封戏曲学校音乐班进修，河南省越调剧团团长。河南戏曲音乐学会理事。作有戏曲音乐及歌曲二百余件（首），《收姜维》《诸葛亮吊孝》《李天保娶亲》（合作）等越调剧分别拍摄成彩色戏曲艺术片。为十四集电视戏曲艺术片《诸葛亮出山》《空城记》担任作曲，二十余个剧目由中央电视台及省电视台播放。戏曲《吵闹亲家》1992年获"五个一工程"奖和"文华奖"，《七擒孟获》《史作善》均为获奖剧目。作有《黄泛区人民想念毛主席》等歌曲。

陈家友（1954— ）

作曲家、音乐教育家。广西玉林人。广西玉林师范学院艺术系副教授。1982年毕业于广西艺术学院音乐师范系。主编高等师范专科学校教材《音乐基础知识和基本技能》。发表舞蹈音乐、歌曲、器乐曲等数十部（首），其中《赶歌圩》等被选为全国少儿器乐比赛指定曲目。曾获"全国优秀教师"称号及"曾宪梓教育基金"三等奖。

陈嘉瑞（1929—已故）

音乐理论家。天津人。1949年毕业于中国大学，后任天津音乐学院中国音乐史教师、天津群艺馆民族古典乐团团长兼指挥。著有《中国古代音乐史》等。

陈稼华（1935— ）

小提琴演奏家。浙江东阳人。1945年考入国立音乐院幼年班主修小提琴。1950年参加第三野战军文工团。1955年入上海音乐学院进修小提琴专业。1963年在"上海之春"小提琴比赛中获三等奖及民族乐曲演奏优秀奖，录制小提琴曲《江南春早》唱片。与上海音乐学院管弦乐队及上海交响乐团合作演出《梁祝》小提琴协奏曲。1964年参加音乐舞蹈史诗《东方红》演出，任民乐队首席。1984年任南京军区政治部前线歌舞团团长。曾随团赴朝鲜、苏联、奥地利、波兰、印尼、美国、加拿大等国演出。曾任江苏省音协副主席。

陈建安（1956— ）

音乐教育家。江苏无锡人。江苏教育学院分院无锡高等师范学校副教授。1996年毕业于南京师范大学音乐系。曾任无锡市经济中学教师，全国高等院校小学教育专业教材《音乐》主编。编有《合唱指挥知识及学生合唱作品精选》《合唱指挥与合唱训练》，撰有《音乐教师综合素质要提高》等，并获全国、省市一、二等奖。指导的学生与合唱团获全国、省、市奖。多次获"优秀教师奖"。

陈建华（1953— ）

乐器学教育家。江苏人。曾任南京艺术学院音乐系主任、交响乐团团长、高等职业教育学院院长，教务处、研究生处、科研处处长，江苏省管乐学会会长。1996年起

担任硕士生导师，培养出第一位巴松专业研究生。发表专业论文数十篇，出版音乐专业用书12种，论文、著作多次获奖。撰著的《管乐器手册》为西洋管乐器方面的理论专著，并编著有《外国著名管乐演奏家词典》《外国著名音乐表演艺术家辞典》。

陈建华（1957— ）

音乐教育家、歌唱家。江苏泰州人。泰州高等师范艺术系副主任、泰州市音协副主席。培养一批声乐专业人才和音乐教师，部分学生在全国和省级声乐大赛中获奖。2001年获教育部"全国优秀教师"称号。先后在武汉音乐学院、泰州市举办个人独唱音乐会，并在省、市声乐大赛中多次获一等奖。撰写有《音乐的默化作用与学校艺术教育》《歌唱技能形成的阶段性与心理特征》等文。辅导、指挥的多个合唱团分别获奖，其中为春兰集团辅导的《春兰人的歌》获新世纪全国"企业之歌"大赛金奖。

陈建平（1954— ）

作曲家。湖北武汉人。1986年毕业于武汉音乐学院作曲系。1970入襄阳地区文工团任演奏员，1986年始在襄樊市歌舞剧团任作曲。作有舞蹈《笑哈哈》《爱之问》获音乐创作二等奖，担任"歌在古城、舞在古城"晚会作曲。为《家乡人爱唱自己的歌》《乡情》《这里曾是荒原》《襄樊风韵》《华夏掠影》等电视片作曲。担任音乐编创及指挥的《洪湖的女儿》在湖北第三届长江歌会首演并于1992年初进京演出，在全国上演三百多场，获"五个一工程"奖、"文华奖"。个人被授予重大贡献奖。作有男声独唱《父亲》《拾彩贝》。

陈建平（1958— ）

长笛演奏家。浙江盘安人。福建省歌舞剧院交响乐团副团长，首席长笛。1975年考入福建省艺术学校。先后师从南京艺术学院张志华教授、中央音乐学院朱同德教授学习长笛。1982年入福建省歌舞剧院。多次在福建省各类比赛中获奖。2000年发起成立了福建省管乐艺术协会，任会长。同时任福建音乐学院长笛教师。

陈建新（1954— ）

音乐教育家。河北河间人。山东济南市青少年宫艺术团教师。1996年毕业于曲阜师范大学音乐教育专业。培养大批民乐演奏人才，学生多次在民乐大赛中获奖。2001年在首届全国少儿民族乐队邀请赛中，获"阳光奖"及优秀指导教师奖。撰有《儿童二胡的教与学》《儿童·民乐·事业》《少儿民族乐队的组织与训练》，曾获华乐少儿民乐研讨会二等奖。

陈建新（1954— ）

作曲家。四川广元人。四川省旺苍县文化馆馆长、副研究馆员。旺苍音舞协会主席、县鼓城山艺术团团长。1988年从事群文工作，培育辅导大批青少年文艺人才。创作百余首歌曲及舞蹈音乐，部分作品获奖。主要作品有歌曲《工行姑娘多豪迈》《桃李芬芳春满园》《将军老兵》《鹿亭溪·温泉水》及舞蹈音乐《土地》《红橘丰收

了》，为大型组舞《女皇传奇》作音乐设计，其中《老妈妈》获中国首届老年艺术节舞蹈类金奖。数次担任广元市春节晚会及大型专题晚会的音乐创作。出版有《陈建新音乐作品选》。

陈建勋（1953— ）

指挥家。河北唐山人。厦门音协副主席。先后任福建省歌舞剧院、浙江省歌舞剧院、厦门市歌舞剧院指挥，并在福州、杭州两地指挥60台、108台钢琴与交响乐队现场演出。1998年在浙江省第五届音舞节获指挥奖第一名。

陈建英（1958— ）

女高音歌唱家。福建福州人。福建师大音乐学院副教授、声乐教研室主任。1982年毕业于福建师大音乐系。撰有《汉语歌唱语言艺术训练》《民族语言与歌唱的关系》等文。曾在华东六省一市春节联欢会等大型音乐会中担任独唱。多次在各级声乐比赛中获奖，1989年获福建省青年歌手大奖赛第一名，1990年获第四届央视青歌赛荧屏奖，1992年获全国名歌手暨新歌曲电视邀请大赛演唱作品银奖，全国十大城市优秀青年歌手擂台赛民族唱法特等奖。

陈剑波（1970— ）

吉他演奏家、音乐教育家。福建莆田人。福州名星艺术有限公司总经理，福州名星艺术团团长。曾在多所大中院校举办吉他音乐会、讲座百余场，开办50期吉他培训班，投资创建"中国吉他网"，策划、组织陈志吉他大师班暨"吉声之夜"天之骄子古典吉他音乐会。出版有《古典吉他名曲精选》《吉他弹唱即兴伴奏教程》《少儿吉他弹唱入门》等十余本音乐书籍及《民谣吉他入门》VCD等。

陈剑晨（1911—2005）

口琴艺术家、音乐活动家。浙江嵊县人。1933年创建亚声口琴会，1935年创建上海口琴会任会长。1939年首创以口琴为电影《红粉飘零》配音，创办全国唯一口琴月刊《上海口琴界》。新创口琴演奏技法，合奏一律用C、#C调吹奏原调、口琴弦乐四重奏等。1956年参加"第一届全国音乐周"，同年被上海市长陈毅任命为市文教公司副经理。1981年荣获国际口琴录音带比赛合奏第二名。先后编辑出版《口琴吹奏法》《口琴曲集》等五十余种口琴书籍，编著数百首活页曲谱。多次与海内外同仁进行交流演出，培训有大批学员。

陈剑一（1955— ）

手风琴教育家。山西人。山西大学音乐系教师。中国音协手风琴学会理事。1982年毕业于天津音乐学院本科。改编有《手风琴复调乐曲选》，撰有《风箱—手风琴的灵魂》等。编曲、演奏、出版《中外电子琴曲精选》录音带。曾获省"园丁奖"、宋庆龄基金会"优秀教师奖"。

陈江风（1957— ）

词曲作家。浙江景宁人。浙江省丽水地区群众艺术馆副研究馆员。1985、1992年分别毕业于杭州师范学院音乐系、中国音乐学院作曲系。曾在浙江云和县文工团任司

鼓，在浙江庆云县文化馆任馆长。作有歌曲《乡情醉心头》《山寨风情》《故乡的小山寨》，器乐曲《序曲》，舞蹈音乐《畲山听樵》，歌舞音乐《畲山风》等。

陈洁冰（1960— ）

女二胡演奏家。安徽人。上海舞剧院二胡独奏演员。曾先后任东海舰队文工团、上海歌剧院独奏演员。1982年毕业于上海音乐学院民族器乐系干部进修班。1977年获全军第四届文艺汇演优秀演奏奖、1980年获海军文艺汇演优秀演奏奖、1982年获全国民族器乐独奏比赛优秀演员一等奖。曾随团出访希腊、澳大利亚任艺术指导、独奏、领奏。出版发行《陈洁冰二胡独奏曲专辑》。

陈洁明（1955— ）

音乐制作人、歌词作家。广东梅县人。1978年毕业于广东艺校作家班，同年分配到广东省音乐家协会。1985年调《现代人报》社担任文艺版编辑、记者，并开始流行音乐的填词、企划、评论、推广工作。中国音协流行音乐学会副秘书长。有作品六百多首被海内外多家唱片公司出版发行，近百首作品获奖，其中有《我的爱对你说》《女人天生爱做梦》《夜玫瑰》《山情》《梦壮乡》《蝴蝶吻花山》及海尔企业形象歌曲《真诚到永远》等。还为《家园》《情满珠江》《岁月如歌》《叶剑英青年时代》等四十多部电视剧及近百台电视晚会创作主题歌。

陈金来（1947— ）

作曲家。云南建水人。1960年参加工作，任小提琴演奏员、乐队队长、教员，后任创作室主任，艺委会副主任兼乐队指挥。红河哈尼族彝族自治州歌舞团书记兼副团长，红河州音协主席、云南音协理事。曾在中国音乐学院作曲系进修。作品多次入选对外交流节目。先后应邀赴西欧、北欧、东南亚多个国家及港、澳、台地区演出。

陈金子（1982— ）

女高音歌唱家。山东青岛人。中石油华北销售公司文体中心文艺干事。2005年毕业于中央民族大学音乐学院，1995年获辽宁省"鹏达杯"第四届青年歌手电视大赛通俗组荧屏奖，2002年获首届中国职工艺术节声乐选拔赛暨第三届全国石油职工歌手大赛三等奖，2005年获第五届中国石油职工艺术节"管道杯"大赛声乐比赛美声组一等奖。

陈锦生（1936— ）

评剧作曲家。辽宁葫芦岛人。曾为沈阳评剧院一团副团长。辽宁省音协理事，沈阳市音协民族音乐委员会副主任。为诸多经典剧目操琴、演出、录音、录像，并为本院的许多剧目作曲。1960年获沈阳市汇演个人优秀伴奏奖与沈阳市音乐创作奖。曾在全国振兴评剧交流演出中获"文华奖"优秀作曲奖，在全国戏曲现代观摩演出中获优秀音乐设计奖。作曲的《水墙》《疙瘩屯》《雪花飘飘》《天职》等分别获中宣部"五个一工程"入选作品奖、中国戏剧节优秀作曲奖。撰写、出版《著名演员菊桂芳的演唱艺术》。

陈锦生（1942— ）

女歌唱家。湖北仙桃人。河南省舞协主席。曾任河南省文联副厅级巡视员。1957年考入河南省歌舞团，先后主演歌剧《刘三姐》《江姐》《洪湖赤卫队》，交响音乐《沙家浜》及歌剧《豹子湾战斗》《花轿传奇》等。1984获河南省声乐比赛一等奖。组织采风与策划编排的大型原创音乐舞蹈诗《春潮河南》获河南省十大文艺成果奖。1996年中国舞协授予"著名舞蹈活动家"荣誉称号。2003年被省委宣传部聘为河南省文艺精品工程专家组成员。

陈锦文（1943—2006）

作曲家。高山族。台湾苗栗人。中国民主同盟盟员。1966年由广州音乐专科学校毕业后在广州音乐学院专修作曲。创作有歌舞《青年英雄赞歌》，获广州市优秀文艺奖，歌曲《风筝，风筝快飞吧》与管弦乐组曲《夏令营之歌》分别获广东省文学艺术作品奖。《风筝》一曲被编入小学音乐课本。1984年为10集电视连续剧《双星恨》创作音乐，并指挥广州乐团进行录制，歌曲《对渔歌》获"亚洲杯"十大优秀歌曲奖。曾率"广州小天使交响乐团"赴马来西亚吉隆坡、槟城等巡回演出。

陈进贤（1953— ）

男低音歌唱家。广西合浦人。广西艺术学院教授、硕士生导师。1976年毕业于广西艺术学院。1983年毕业于上海音乐学院声乐系进修班。曾在广西歌舞剧院，担任独唱演员、歌队队长。2000年调入广西艺术学院任教。九次获省级声乐比赛一、二等奖，一次全国奖。为广西南宁电视台拍摄个人音乐电视片《南宁红豆红》，为中央电台、广西电视台等录制独唱、重唱歌曲近百首。

陈经荣（1950— ）

作曲家。湖南长沙人。曾为衡阳市艺术研究所所长、衡阳市音协副主席、衡阳市政协常委。创作大量歌剧、戏剧音乐和不同体裁的音乐作品。其中歌剧《无手的军礼》《假如今生再来》，祁剧《甲胄祭》等十余部作品获国家级、省级奖励。舞蹈音乐《瑶妹洗月》《老俏妹》《媳雨》获文化部、省文化厅奖励。歌曲《乡下有好酒》《湘妹子》等作品五次获省"五个一工程"奖。2003年被评为衡阳市劳动模范，2009年评为衡阳市"德艺双馨"文艺工作者。衡阳市跨世纪艺术带头人。

陈荆发（1965— ）

音乐教育家。江西永新人。1981年毕业于江西师范大学艺术系。从教三十余年来，培养众多音乐人才。有学生在江西省大学生文艺调演中获声乐表演奖，在省总工会文艺调演中获声乐表演奖。1992年在全省中学音乐教师专业技能竞赛中获"钢琴、声乐、作曲"三项全能第二名。创作歌曲及教学论文在省、地、县刊物上发表。曾获"新余市民办学校优秀教师"荣誉称号。

陈精根（1944— ）

作曲家。安徽怀宁人。1965年开始从事教育与剧团乐队工作。1986年结业于上海音乐学院作曲系，后任安徽省黄梅戏剧院创研室主任。曾完成大量舞台剧、电影、电视剧、广播剧等的音乐创作。《未了情》曾获文化部"文华奖"音乐创作奖，电视剧《春》获中国戏曲音乐"孔三传"优秀作曲奖。作品曾三次获全国"五个一工程"奖，多次获安徽和湖北省"五个一工程"奖。发表《黄梅戏音乐程式探微》《王少舫和黄梅戏音乐》等论文三十多篇。

陈景梧（1932— ）

女音乐教育家。湖南郴州人。1956年毕业于中南音专，后在武汉音乐学院任教，讲授音乐基础课。

陈敬堂（1941— ）

指挥家、作曲家。安徽芜湖人。1961年毕业于安徽艺术学院并留校任教。后为安徽省歌舞剧院民族乐团常任指挥，安徽爱乐合唱团、童声合唱团艺术总监。指挥演出歌剧《柯山红日》《血泪仇》，舞剧《小刀会》《白毛女》，京剧《程长庚》等及声乐、器乐作品、专题音乐舞蹈晚会数十部（台）及电影音乐《摸花轿》，电视连续剧、电视风光片音乐多部。指挥录制声乐、器乐作品数百首。曾获"江淮之秋"歌舞节指挥奖。作有大量舞蹈、杂技、小歌剧、电视剧音乐及声乐、器乐作品，其中近百首（部）被录制成唱片、盒带。出版有《陈敬堂歌曲选》。

陈静凡（1953— ）

女声乐教育家。山西五台人。衡阳市音协副主席，衡阳市文化局艺术科长。曾任衡阳市艺术学校副校长。1971年任湖南省常宁县歌剧团演员，主演现代京剧《杜鹃山》《红灯记》《沙家浜》等。1973年任衡阳地区歌剧团演员，主演《红松店》《洪湖赤卫队》《骄杨》等十几部歌剧。曾先后参加全国音乐调演和曲艺调演。1985年任衡阳市艺术学校声乐教师，多次获优秀指导教师奖。

陈静芳（1946— ）

女音乐编辑家。上海人。1969年毕业于上海音乐学院理论作曲系。1973年分配到湖南省歌舞团。先后在湖南、浙江电台文艺部任音乐编辑，1984年任浙江音像出版社编辑部主任，1997年任浙江电子音像出版社音像部主任。编辑、制作、出版大量音像节目，其中《江南丝竹八大名曲》《浙江越剧小百花十姐妹金曲》《中国20世纪优秀少儿歌曲十大金曲》等获全国性奖项。浙江音协理事。

陈静梅（1964— ）

女音乐教育家、小提琴演奏家。河南信阳人。河南省信阳师范学校艺术系副教授、教研室副主任。1989年毕业于河南大学音乐系。撰有《浅谈如何引导中师生正确对待流行歌曲》《论高师音乐教育对素质教育的作用》等文。合作主编有《大学生音乐基础》《当代儿童喜爱的歌曲200首》。获奖作品有论文《随风潜入夜，润物细无声》（河南教育论文一等奖），小提琴独奏曲《师魂》（省教育厅、文化厅创作二等奖），2000年获省第八届"黄河之滨"音乐周演奏金奖、组委会银奖。

陈久麟（1952— ）

音乐活动家。福建长乐人。1988年毕业于福建电大三明分校中文系。福建省三纲集团公司宣教部部长。作有歌曲《钢城颂》《祖国，您走过半个世纪》《生活主人就是你》《钢城抒怀》《三钢工人之歌》等。出版《钢城星空》文集。组织策划庆祝建国50周年、建党80周年、纪念毛泽东诞辰110周年、邓小平诞辰80周年等大型音乐活动。2004年被授予首届"福建省职工艺术家"称号。

陈钧枢（1928— ）

作曲家。四川富顺人。1950年入西康省人民革命干部学校文艺班学习。曾任四川省歌舞团等团专业作曲与凉山彝族自治州歌舞团创作员。撰有《勇于探索、大胆创新》等文。创作音乐作品多件，其中舞蹈音乐有《马帮送来幸福种》，器乐曲有《颗粒还家》，歌曲有《军民同饮团结茶》等。其中《月亮出来照窗台》于1956年获四川省群众歌曲创作二等奖，《党是蓝天，我是白云》《心中升起吉祥的彩云》等歌曲，在中央、省市广播电台播放。

陈俊华（1946— ）

女歌唱家。湖北孝感人。湖北省歌舞歌唱演员。1959年考入湖北省艺术学院六年制舞蹈班，1965年起任职省歌舞团。曾在大型民族歌舞《编钟乐舞》中担任男女声表演唱并赴台湾、美国、加拿大演出。在歌剧《洪湖赤卫队》中与王玉珍合作，扮演秋菊。在众多重大演出中均担任领舞、领唱。撰有《漫谈报幕艺术》。

陈俊玲（1973— ）

女高音歌唱家。福建德化人。福建师大音乐学院声乐系副教授。1990年毕业于泉州师范学校音乐班，1994、2002年先后毕业于福建师大音乐系本科、研究生班。发表《浅述印度"拉格"及其特征》等文八篇，编著《声乐考级曲集》（一套三集）（合作）。在大型清唱剧《虎门长啸》中饰林则徐夫人。1995年获全总中华少年文学艺术作品大赛演唱一等奖，第九届福建音乐舞蹈节专业民族组演唱银奖。多次获"伯乐奖""优秀指导教师奖"。

陈俊生（1963— ）

小提琴教育家。广东汕头人。华南师范大学音乐学院副院长。1987年毕业于星海音乐学院。撰有《如何在教学中克服小提琴演奏的怯场心里》《高等师范院校小提琴教学的形成和方法》《小提琴音准训练问题探究》《高师小提琴集体课组织与方法的探讨》《小提琴揉弦技巧的训练及应用》等文。所辅导的学生多次获全国及省市奖项，本人获优秀辅导奖。

陈俊源（1932— ）

作曲家、指挥家。湖南长沙人。1949年起历任四野炮政文工团、军委总政文工团、牡丹江农垦局文工团、哈尔滨歌剧院、黑龙江省歌舞团演奏员及作曲兼指挥。1981年调湖南广播电视艺术团任指挥。先后师从黄飞立、秋里、罗忠镕等人学习指挥、作曲。作有舞剧音乐《蚌壳姑娘》《抗日烽火》《南方怒火》等，为电视剧《风满潇湘》谱曲，改编湖南民歌为混声合唱、无伴奏合唱，在中央及各省、市电视台、电台录音播放，电视风光片音乐《索溪秀色》作为出国交流片与国外交流。

陈康河（1958— ）

圆号演奏家。河北人。1981年毕业于广州星海音乐学院管弦系，后在广东省粤剧团与广州交响乐团任圆号演奏员。1993年编配《中华经典舞曲》第4、5集，由广州太平洋影音公司出版录音带与CD唱片，1982年在第三届"羊城音乐花会"管乐器独奏观摩评奖中获青年组优秀奖。1993年参加第五届广东艺术节"交响乐伴名伶名曲音乐会"并获优秀演出奖。同年在首届全国指挥大赛中担任铜管声部长、圆号首席。

陈克非（1956— ）

作曲家。辽宁营口人。1978年毕业于黑龙江省艺术学校，1983年毕业于沈阳音乐学院作曲系。后入黑龙江省评剧团任乐队队长，1995年始在黑龙江省歌舞剧院，任副院长。为《独占花魁》《第二堂课》《苏宁》《大山里》等评剧作曲，并为多部评剧配器、指挥，为黑龙江省交响乐团近百首作品配器，创作《塞北随想曲》。担任大型晚会、艺术节、交响音乐会等演出总监。撰有《黑龙江省评剧团乐队伴奏及体制改革》《评剧音乐中器乐曲创作漫谈》等文。

陈克正（1931—1998）

歌词作家。辽宁盖州人。曾任总政治部歌舞团创作员、创作室主任。中国音协《歌曲》杂志编委。1949年入中南军政大学湖北分校，后任总政文工团歌唱演员。1958年开始从事业余文学创作。发表有大量歌词作品，六十余首参加全国、全军文艺汇演及音乐比赛并获奖。获奖词作有独唱《再见吧，妈妈》《回延安》《塔里木河》，表演唱《库尔班大叔您上哪儿》，女声合唱《请到我们山区来》，群众歌曲《军民团结向前进》，合唱《把祖国打扮得更美丽》，交响音画《峡谷风雪》，组歌《绿色的远山》等。著有歌词专集《一束山茶花》。曾出访朝鲜、缅甸、俄罗斯、乌克兰、立陶宛等国，并先后获捷克斯洛伐克伏契克奖章、波兰战士奖章、罗马尼亚红星勋章。

陈奎及（1942— ）

音乐评论家、歌词作家。山东烟台人。1962年毕业于山东艺专音乐系。曾任军队单位的创作员、副编审，总政歌剧团团长。用本名和夏晓、宇晓、冬一等笔名发表作品、论文二百多万字。作有歌词《我为祖国守大桥》，作品集《月亮总是圆的》，论文集《歌词创作与音乐》，剧本《克里木参军》，电视台本《五十六个祝福》。作品曾4次获"五个一工程"奖、"文华奖"。

陈坤鹏（1961— ）

二胡教育家。广西武宣人。广西艺术学院音乐学院副教授。1983年毕业于广西艺术学院。曾任广西柳州地区文工团演奏员。撰有《二胡的音准问题及其教学方法论》等论文，有的曾获广西高校教育教学优秀论文评选三等奖。

编著有《独弦琴教程》。

陈兰娥（1946— ）

女歌唱家。河北石家庄人。1965年考入中国音乐学院歌剧系，1973年分配到中国煤矿文工团歌舞团任独唱演员，1987年从事音乐教学工作。其培养的学生在中央电视台"五洲杯"大奖赛中获民族唱法、美声唱法优秀奖及第六届"通业杯"全国青年歌手大奖赛业余美声唱法优秀奖。部分学生考入中央音乐学院、解放军艺术学院、中央戏剧学院表演。2002年本人在中央国家机关离退休干部迎十六大文艺节目演出比赛中获声乐比赛三等奖。

陈兰晞（1947— ）

女歌唱家。四川人。1964年入伍担任春雷文工团独唱、重唱演员。曾在京剧《红灯记》中扮演李铁梅。后调湖北省歌舞剧院任歌唱演员。曾获湖北省声乐比赛一等奖、全国广播新歌金奖、全国金融歌曲比赛一等奖、首届武汉"樱花杯"声乐比赛日本歌曲演唱奖。曾任全国、全省文艺界重大专场演出及出国演出的节目主持。曾出访日本、美国、加拿大、苏联、法国等国家和台湾、香港地区。发表论文《关于报幕艺术之我见》。

陈乐昌（1949— ）

作曲家、指挥家。江苏南京人。曾任天津乐团作曲、指挥兼艺术室主任。1982年毕业于天津音乐学院作曲专业，历任天津京剧团、广播电视艺术团、歌舞剧院提琴演奏员、作曲兼指挥。先后指挥贝多芬、勃拉姆斯、李斯特等作品并指挥演出京剧《智取威虎山》《奇袭白虎团》等剧目。1983年担任京剧《一代元戎》《香妃》《枫树湾》等剧目的音乐设计并获优秀奖。1986年参与《文学艺术新术语词典》的编撰工作。

陈乐书（1921—已故）

音乐教育家。浙江平阳人。早年就读于上海音乐馆，师从陈又新、司徒海城学小提琴，后就读于浙江大学。曾任温州师范学院音乐科负责人。从事音乐教学几十年，先后任中学及高等师范音乐教员，培养众多音乐人才。作有《文化轻骑兵》《人民天下喜事多》《歌唱王杰》《喜报》等歌曲，撰有《指挥家樊承武》，出版有《浙江音乐家小传》《浙江师范音乐教材》《二胡曲选》《音乐教学经验选集》。曾任浙江省音协理事，温州市音协顾问。

陈莉君（1963— ）

女歌唱家。山东陵县人。辽宁芭蕾舞团声乐队演员。1992年进修于中国音乐学院声乐系。曾在沈阳曲艺团任演员。自1991年起在"华鑫杯""鹏达杯""国联杯"等各级各类大奖赛中获有多种奖项，并在许多大型晚会及音乐会中担任独唱。演唱的曲目有《孟姜女》《在希望的田野上》《父老乡亲》等。撰有《唱情是歌唱的灵魂》《语言是唱情的保证》《音乐的类型及审美意义》。

陈黎明（1955— ）

小号演奏家。蒙古族。内蒙古人。1970年参加工作。

先后任内蒙伊盟歌舞团、北京军区战友歌舞团、内蒙古歌舞团小号演奏员、小号首席。参加舞剧《白毛女》《红色娘子军》《长征组歌》的排练和演出。所演奏的小号协奏曲《草原颂》在中央电视台音乐频道播出。创作的小号与钢琴四重奏《小青马》获自治区第二届室内乐作品比赛一等奖。1999年举办个人独奏暨作品音乐会。改编了大量中外名曲为管乐合奏、重奏。曾任两届艺术系列高级评委。

陈礼瑄（1937— ）

指挥家。浙江镇海人。1955年毕业于上海行知艺术师范，后考入上海乐团学馆合唱班和中国音协举办的合唱指挥训练班。1958年入安徽省歌舞团任歌剧演员和合唱指挥。指挥的曲目有《黄河大合唱》《太行山上》《在希望的田野上》等。编写教材《合唱训练法教材》《声乐基本知识讲座》等。创作小舞剧《捣毁战略村》音乐，组曲《淮河大合唱》（合作）等。编配多声部合唱《我爱你，中国》等。

陈礼旺（1944— ）

作曲家。安徽安庆人。原安徽省安庆市黄梅戏剧院作曲指挥。1962年由安庆市艺术学校音乐科毕业。1988年上海音乐学院函授班结业。曾在安庆地区黄梅戏剧团、安庆市黄梅戏二团任作曲、指挥。作有歌曲《春满人间》《看姥姥》，管弦乐《天仙配交响诗》《黄梅欢歌》，歌剧《两块六》，舞剧《春米乐》，黄梅戏《红霞万朵》，黄梅戏电视连续剧《七仙女与董永》等，部分作品获奖。撰有《花腔板腔化的尝试》等文。

陈力群（1952— ）

作曲家。福建人。毕业于福建艺术学校、福建师范大学。1980年任福建省杂技团作曲、指挥及乐队队长。1993年到福建省文化厅艺术处工作。1996年任福建艺术学校副校长。曾随杂技团赴全国各地及港、澳地区指挥演出数百场，作曲的杂技节目《单拐倒立》《小蹬人》《头顶竿》《对手滚杯》均在国际杂技比赛中获金奖。多篇论文在全国刊物发表，其中两篇获国家奖，两篇获省级奖。

陈立伯（1954— ）

作曲家。湖北宜都人。宜都市文艺创作室主任。1976、1984年分别毕业于湖北艺术专科学校音乐系与湖北艺术学院作曲系。撰写论文数篇，合编文艺专集《旋转的星空》《这片热情的土地》。先后为楚剧10部、歌剧3部、舞蹈三十余件作曲、创作歌曲百余首。为话剧、电视专题片创作编辑音乐十余部，创作改编器乐曲二十余首，发表作品六十余件。获各级奖三十余项，其中作曲的舞蹈《垒》获"群星奖"银奖，歌曲《柳笛》获"宏达杯"中国长江歌手大赛创作一等奖。

陈立煌（1955— ）

小提琴演奏家、教育家。安徽蚌埠人。曾在黄山市歌舞团任职，现任安徽省花鼓灯歌舞剧院小提琴首席、指挥、艺术中心主任。排演《红色娘子军》等芭蕾舞剧及本团创作的《玩灯人的婚礼》等歌舞剧，录制的音乐作品获

奖三十余首。指挥排演多场交响音乐会，有《黄河》《梁祝》《红旗颂》及国外作曲家的经典作品。在小提琴教学上，为上海音乐学院等院校输送一批优秀人才。

陈立群（1948— ）

小提琴演奏家。河北人。西安歌舞剧院管弦乐队小提琴首席兼独奏演奏员。先后就读西安文化局器乐培训班、沈阳音乐学院管弦系。参加演出有《天鹅湖》《红色娘子军》《白毛女》《草原儿女》《小刀会》《沂蒙颂》等舞剧十余部。1983年起，举办独奏音乐会三十余场。曾获西安青年会演小提琴演奏奖。1987年参加英国"爱丁堡国际艺术节"任首席小提琴。创作、编写、出版《小提琴独奏曲六首》（合作）。

陈立伟（1953— ）

音乐教育家。上海人。1971年考入原安徽生产建设兵团文工团任手风琴演奏员。1978年毕业于安徽师范大学艺术系音乐教育专业留校任教，副教授，主授手风琴、电子琴。曾任中国音协手风琴学会理事及安徽音协手风琴委员会副会长。

陈立新（1959— ）

笛子演奏家。山东青岛人。吉林省歌舞剧院民族乐团副团长、笛子首席。1996年举办个人笛子独奏音乐会。曾以笛子独奏《鹧鸪飞》获吉林省第四届中青年演员评比民族器乐一等奖。创作笛子独奏曲《松江春》获优秀创作奖。另作有笛子独奏曲《人民列车》，葫芦丝独奏曲《山寨之夜》。发明的巴乌葫芦丝一体乐器获国家专利，并获第四届国家专利技术优秀发明奖一等奖。出版有多张笛子、巴乌、葫芦丝演奏专辑及教学片。曾随团赴欧、非、亚洲二十余个国家访问演出。

陈立志（1963— ）

作曲家。满族。黑龙江伊春人。黑龙江呼玛县文化馆副馆长。论文《论创造性人才与儿童艺术教育》获省群文科研成果论文评奖一等奖，《北疆高寒地区群众文化工作初探》获省群文论文评奖二等奖。歌曲《鄂伦春的生活是艳阳天》获黑龙江省第十届"黑土地杯"一等奖，《飘香的热土》获文化部第三届"群星奖"优秀奖、《鄂伦春风情舞》获"全国民间音乐舞蹈比赛"三等奖。组建大兴安岭地区第一支少年管乐队。

陈丽娜（1936— ）

女音乐教育家。山东济南人。曾任山东省艺术教育委员会委员。1957年毕业于山东师范学院艺术系，后调至北镇中学任教。在长期音乐教学工作中，培养了一批音乐人才。创作的少儿歌曲《我有一把好吉它》《世界属于谁》及《渤海平原花盛开》《红烛赞》等歌舞音乐分别获省、地级奖。《音乐教学中兴趣的培养》《高中音乐欣赏课教学路径探微》等论文发表于《中国音乐教育》《山东音乐教育》等刊物并获省、地级论文奖。多次被评为省级优秀教师、劳动模范，滨州市音协名誉主席。

陈丽卿（1945— ）

女高音歌唱家。山东人。1970年毕业于沈阳音乐学院。东方歌舞团任独唱演员。多次随团赴欧、亚、非等国演出，曾赴日本学习考察，并举办独唱音乐会。录有《月明是故乡》《小草花》《心中歌》等唱片。

陈丽玉（1957— ）

女钢琴教育家。福建建瓯人。福建南平高级中学音美教研组高级讲师。1982年毕业于福建师大音乐系。曾任南平教师合唱团钢琴伴奏。先后在省"校园艺术节""庆祝国庆50周年""庆祝澳门回归"等合唱比赛中获奖。并在各类艺术节、音乐会中担任声乐指导、钢琴伴奏、艺术指导，获优秀"辅导奖""教师奖"。培养众多音乐人才。撰有《小奏鸣曲作品浅析》《关于钢琴弹奏的完整性训练》等文。

陈励强（1933— ）

女音乐教育家。广东新会人。1953年毕业于华南文艺学院音乐系。1956年毕业于武汉中南音专作曲系，毕业后留校任作曲系和声教师。1956年在中央音乐学院苏联专家古诺夫和声班进修。1978年任广州音乐学院（现星海音乐学院）音乐基础课副教授。撰写有论文《我国音乐院校视唱练耳教学回顾与展望》等。

陈良森（1931— ）

声乐教育家。上海人。1955年毕业于华东师范大学音乐系，后任杭州师范学院声乐系副主任。曾参加歌剧《白毛女》《不准出生的人》演出。

陈亮基（1944— ）

音乐教育家。江苏常州人。1987年毕业于西安音乐学院声乐系。历任江苏溧阳文工团声乐演员、常州市群艺馆音乐干部、音舞部主任、副研究馆员。撰有《全国民间舞蹈音乐集成·江苏卷》等。创作并获奖的歌曲有《园林美》《五彩的情怀》《绿色的飘带》等。参加独唱、五重唱、男声四重唱分别获不同奖项。策划、组织并参与许多场省级或全国的音乐艺术活动。

陈林阁（1948— ）

作曲家。黑龙江哈尔滨人。哈尔滨歌剧院副院长。1967年毕业于黑龙江艺术学校音乐专业，后毕业于哈尔滨师范大学音乐系。曾在哈尔滨京剧、评剧院任演奏员、指挥、作曲。先后担任京剧《红灯记》《杜鹃山》《小刀会》和评剧《锁郎记》《家》等剧目乐队指挥和作曲配器。参加《中国戏曲志·黑龙江卷》等志书的编撰。发表音乐论文二十余篇。被黑龙江文化厅授予艺术集成志书优秀科研成果二等奖。连续七届被市政府评为"哈尔滨之夏"音乐会优秀组织者。

陈灵芝（1940— ）

女古筝、扬琴演奏家。贵州镇远人。贵州师范大学原音乐系器乐教研室主任，副教授。1958年入贵州大学艺术系附中学习扬琴专业，后入本科兼修古筝。1965年毕业留校任教。1975年参加贵州省"民族器乐调演"任扬琴独奏，并晋京汇报演出。1981年参加贵州省第一届"苗岭之声"音乐节比赛获古筝独奏二等奖。作品《欢乐的苗寨》（合作）获创作奖。曾随团出访中美州巴拿马等三国，担任古筝独奏和扬琴伴奏。发表《漫谈古筝的基本功及其训练》等论文，改编筝曲独奏《春江花月夜》。

陈玲娟（1945— ）

女钢琴教育家。上海人。大连音协理事，大连市钢琴学会理事。1965年毕业于上海音乐学院附中钢琴专业，后曾在吉林省和龙市任教。1980年起先后在大连师范学校和辽宁师范大学音乐学院任钢琴教师。1999年任辽宁师范大学音乐学院钢琴教研室主任、副教授。为各级院校输送众多音乐人才，有学生分别获国家及省市奖项。先后在《中国高等教育研究论丛》《乐府新声》《艺术广角》等刊物发文多篇。

陈聆群（1932— ）

音乐史学家。江苏吴江人。1961年毕业于上海音乐学院音乐学系，后留校任教。中国音乐史教研组长、中国音乐史学会副会长、《中国大百科全书》中国近现代音乐学科副主编、聂耳、冼星海全集编委。著有《中国民主革命时期音乐史》等。

陈露茜（1942— ）

女音乐理论家。广东梅县人。1965年毕业于北京大学，后任教于北京广播学院。1978年起在中国艺术研究院音研所从事音乐翻译和研究。曾应意大利亚洲学会之邀，由文化部派赴意大利作学者访问。先后参加《中国大百科全书（音乐舞蹈卷）》《二十世纪外国音乐家词典》《简明音乐辞典》等辞书有关条目的撰写及意大利有关音乐民族学、音乐史书籍的编写。在国内外发表近三十万字有关亚欧等国音乐学和音乐文化的译稿和论文。现在意大利罗马从事音乐民族学研究。

陈鲁杰（1947— ）

歌词作家。内蒙古满洲里人。曾任满洲里市文联常务副主席，呼伦贝尔市政协委员、满洲里市政协委员、呼伦贝尔市影视家协会副主席。1980年毕业于山西师大中文系。曾任满洲里电视台编导，录制有《飘向世界的深情》等多部电视音乐艺术片。1991年起主持满洲市文联工作。曾举办个人声乐作品音乐会。歌曲《我爱这银色的草原》列入《中国民歌榜》，《可爱的边疆满洲里》《满洲里——我可爱的家园》分别获全国旅游歌曲大赛银奖、全国首届城市歌曲大赛金奖。出版有音乐作品盒带《放歌满洲里》和文学作品集《鲁杰作品选》，曾主编《满洲里创作歌曲集》。

陈侣白（1925— ）

歌词作家、诗词吟诵家。福建福州人。编审。原福建省作家协会秘书长。中国音乐文学学会第一、三、四届理事，福建省音协顾问，省音乐文学学会会长，省国学经典吟诵艺术团团长。出版多卷本诗文总集和歌词集、诗集等九部。为台湾高山族民歌填词的《月下杵歌》，译词的

《马兰恋歌》等广泛流传。歌词作品分别在中国音协"共和国五十年"征歌、中国文联"中华情"征歌中获优秀作品奖、创作奖（皆即一等奖），其诗词吟诵被列为福建省非物质文化遗产名录项目。

陈玛原（1922—　）

作曲家。广东人。潮州市音协名誉主席、澄海潮乐研究会顾问、澄海古筝协会顾问。1949年任随军工作队长。新中国成立后，历任潮、澄、饶、沃文工队长、潮汕地委文工团工委兼乐队队长、中学音乐教师、潮州市歌舞团编导组长、汕头市音协副主席、潮州市文联副主席。1950年出席中南区文代会。2001年被广东省音乐学院授予"岭南音乐名家"荣誉称号。

陈麦波（1911—1984）

音乐活动家。四川渠县人。1935年毕业于上海持志大学。曾任青海省文化局局长、青海省广播事业局局长、中国音协第二届常务理事。新中国成立后，长期从事文艺工作。曾组织举办过众多大型音乐活动。

陈满云（1958—　）

女高音歌唱家。湖北武汉人。毕业于解放军艺术学院音乐系。先后任武汉军区胜利歌舞团、广州军区战士歌舞团独唱演员。所演唱的歌曲《牧童》获中宣部第五届"五个一工程"奖，并拍成MTV。1996年获全国"歌颂孔繁森声乐作品比赛"演唱奖。1995年由中国唱片广州公司录制出版独唱专辑《牧童》。1999年后致力于群众文艺工作。

陈茂坚（1940—　）

二胡演奏家。海南人。1964年毕业于广州音专（星海音乐学院前身），同年留校任教，副教授。中国二胡学会常务理事。1963年参加第四届"上海之春"全国二胡比赛，获新作品演奏优秀奖。1980年以来，与人合作录制《花间蝶》《花市漫步》等大量广播音乐。1982、1985年分别被聘参加广东高胡比赛和全国二胡比赛评委。改编有《解放军来到咱黎村》等二胡重奏曲，编配有《读书郎》等独奏曲。曾在广州参赛中获一等奖。

陈茂锦（1934—　）

民族乐器教育家。福建福清人。1956年毕业于福建师范学院艺术系，后在福建师范大学音乐系任教。编著有《闽南筝曲选集》《闽筝初探》等曲集和论文。

陈梅生（1922—　）

作曲家。福建泉州人。泉州南音专家。八年抗战与诸弟参加救亡歌咏活动。新中国成立后为抢救继承发扬民间音乐，放弃任教中学十年的教师职位，请调民间高甲戏大众剧社。先后任泉州高甲、木偶、歌剧、南音等剧（乐）团作曲，后任艺校教员、泉州师范艺术学院特聘研究员，作有歌曲、新南曲、戏曲、电影音乐及任国家志书集成《福建卷》四个分卷的编纂、撰写等，共获全国奖六项和世界第三届木偶联欢节银奖。

陈美琦（1937—　）

女音乐理论家。黑龙江哈尔滨人。吉林省文联文艺理论研究室研究员。1964年毕业于沈阳音乐学院作曲系理论专业。曾任《音乐生活》《文艺争鸣》杂志编辑。编有麦新歌文集《大刀进行曲》及《革命音乐家麦新研究资料》专辑，撰写麦新年谱、麦新创作研究论文等。著有《交响乐之父——海顿》《世界犹太裔文化名人传》（音乐家部分），《音乐启示录》—校园文化丛书之一、《音乐作品欣赏导析》（合著），《音乐作品欣赏实用教程》（下篇）以及中外作曲家创作研究论文、评介文章等数十篇。

陈美山（1955—　）

双簧管演奏家。辽宁瓦房店人。1972年考入解放军军乐团，后考入军乐团第二期专业技术进修班。军乐团三队双簧管首席、声部长，参加完成国家和军队重要的外事司礼演奏任务千余次，随团赴国内、外演出数百场，多次在参加的各种演出中担任独奏、领奏。多年来参加完成"802"阅兵、国庆大典、亚运会等司礼任务。

陈民材（1941—　）

作曲家。湖北武汉人。1957年参军，历任武汉军区胜利文工团、市豫剧团乐队演奏员、指挥、作曲。1981年调任市总工会工人艺术室副主任。曾在湖北艺术学院学习，作有古筝独奏《抗洪战歌》，歌曲《建设者之歌》《我们生活充满阳光》《美啊，心灵美》，吹打乐《欢庆》，豫剧清唱《周总理你在哪里》，戏剧《凌云壮志》《水乡游击队》等。组建武汉市职工艺术团，组织参加音乐会、调演、电视大奖赛等并任作曲、艺术指导。培养多名学生考入高等音乐学府并在演出中获奖。

陈民健（1928—　）

作曲家。湖南人。曾任职于湖南邵阳市歌剧团。其创作的大合唱《歌唱女战斗英雄郭俊卿》曾获解放军"八一"文艺创作二等奖。歌曲《白帆》获湖南1957年作曲二等奖。《摇篮曲》蒋宝璋独唱，由中国唱片公司以录音盒带形式出版。《大雁》获中国和平统一促进会二等奖。曾为影片《翠谷钟声》作曲。抒情轻音乐剧《草莓之恋》由邵阳市歌剧团演出，并获湖南1989年戏剧节作曲奖。另外创作歌剧、舞剧、管弦乐曲等二十多部（首），共获各级创作奖40个。

陈民宪（1954—　）

歌词作家。浙江宁波人。宁波市旅游局副局长、宁波市音协主席、浙江省音乐文学学会常务理事。1985年毕业于浙江广播电视大学汉语言专业。曾任内蒙古生产建设兵团文宣队创作员，宁波市群艺馆馆长、文化局副局长、文联副主席。作有中国戏曲"梅花奖"颁奖晚会主题歌《咏梅》、全国"群星奖"颁奖晚会主题歌《今夜》。获奖词作有《阿拉村里的巧匠郎》《北京时间》《吉祥的港湾》等。多次策划、组织各类大型演出活动。

陈敏庄（1930—　）

女声乐教育家。江苏南京人。1955年毕业于上海音乐学院，并留校任教。

陈名三（1929— ）

　　歌词作家。广东佛山人。曾任广西梧州市歌舞团团长，广西音协理事、常务理事，广西儿童音乐学会理事，梧州市文联副主席、音协副主席。自1950年在解放军某部文工团乐队任小提琴演奏员时开始音乐创作，1960年起历任广西梧州市歌舞团乐队队长、指挥、创作员、艺委会副主任、团长。作有歌词《好字歌》《乡梦》《如果有人问我》《壮乡有个菠萝的海》《老师，请接受我军人的敬礼》等百余首词、曲作品，有多首获奖。

陈明大（1950— ）

　　音乐教育家、理论家。满族。辽宁辽阳人。毕业于东北师范大学音乐系，后在吉林艺术学院、天津音乐学院作曲系进修。长春大学音乐学院教授。2001年参与创建长春大学人文学院音乐系并任系主任。著有《实用音乐大全》《生命如歌——中国第一部特殊教育音乐作品专辑》。撰有《盲人高等音乐教育研究》《论交响乐队的科学组合》。作有钢琴与乐队《创业者前奏曲》，大型声乐套曲《长白山英雄组歌——抗联颂》等。

陈明玳（1924—1999）

　　女音乐教育家。四川铜梁人。1951年由西南师范学院音乐系毕业。先后在贵州师范学院、贵州大学、贵州艺术专科等校从事视唱练耳专业教学，副教授。编有取材于贵州少数民族的《单声部听写教材》以及为适应不同培养目标和要求的视唱练耳教材多种。编写《视唱练耳教学与内心听觉的培养》《视唱练耳教学值得重视和经验总结》。

陈明德（1929— ）

　　小号演奏家、教育家。吉林长春人。1948年在部队军乐队任首席小号，1949年1月作为步兵师前导军乐队参加解放北平入城式。后在鲁迅文艺学院音工团、中央音乐学院音工团、中央歌舞团、中央乐团任首席小号。1953和1955年被选派到中国青年艺术团任首席小号，参加第四、五届世界青年联欢节音乐会。1956年随东德哈雷音乐学院院长柯拉契克教授班进修小号演奏与教学。1961年毕业于上海音乐学院本科小号专业，分配到天津音乐学院任小号、圆号、长号教师，管弦系教研室主任、教授、硕士生导师。

陈明恩（1943— ）

　　指挥家。福建福州人。1965年毕业于福建师范艺术系音乐专业。1970年后在部队文艺团体从事音乐创作、表演，后任乐队指挥。1982年转入音乐院校做音乐教育工作，福建师大音乐理论教研室副主任。重点从事"合唱与指挥"教研。作有大型声乐套曲《宝塔山英雄赞》、歌剧音乐《紫曲河畔》，分别参加全军第三、四届文艺汇演获创作表演奖。撰文《合唱的音准》《合唱的协调》《合唱指挥的艺术表现》等。曾指挥《黄河大合唱》的演出。

陈明法（1937— ）

　　指挥家。上海人。1963年毕业于西安音乐学院民乐

系，后任西北民族学院艺术系指挥兼作曲。1971年任陕西省民间艺术剧院指挥兼作曲教师。先后受聘担任甘肃省民族歌舞团、西安音乐学院、陕西省歌舞剧院等大型民族乐队和电声混合乐队客座指挥。作有民乐合奏曲《陕北民歌》，歌舞表演《友谊赛》，大型秦腔剧《嫦娥奔月》《孙悟空三调芭蕉扇》《土行孙下山》，大型歌舞剧《日月传奇》。发表论文《略谈乐队的训练》。

陈明华（1950— ）

　　女歌唱家。江苏南京人。1971年开始从事专业文艺工作，师从歌唱家家藏玉琰。常州市歌舞团声乐负责人。曾在歌剧《江姐》《刘三姐》《小二黑结婚》《杨开慧》《母与子》《梁祝》，现代京剧《红灯记》《龙江颂》《红云岗》，话剧《于无声处》《张海迪》，滑稽戏《阿混新传》《三约湖心亭》《团团转》《我肯嫁给他》等一系列剧目中担任女主角。1995年随江苏艺术团出访加拿大，进行文化交流演出。曾在省内声乐大赛中获奖。

陈明华（1971— ）

　　女歌唱家。江苏人。武警江苏总队政治部文工团团长。出版个人演唱《民歌新潮》专辑。在南京举办个人演唱会。1991年以来先后获江苏新民歌大赛一等奖、文化部"江南好"歌舞晚会表演唱"文华奖"、中国音乐电视大赛MTV《拔根芦柴花》获铜奖、文化部中国社会音乐研究会全国城市歌曲大赛两个演唱金奖、全国武警部队文艺调演演唱金奖、全军第六届"三角杯"军旅歌曲MTV大赛《橄榄绿的梦》获金奖等。

陈明礼（1954— ）

　　音乐教育家。江苏东台人。1980年毕业于南京艺术学院音乐系作曲专业。任职于盐城师范学院。长期从事音乐理论的研究和教育工作。发表论文三十余篇。创作的二胡齐奏《滩涂晨曲》获1991年江苏省第二届音舞节创作一等奖、文化部1992年全国民间音乐、舞蹈比赛优秀创作奖。创作歌曲、舞蹈音乐多首分别获省级比赛奖。

陈明曼（1950— ）

　　女竖琴演奏家。福建福州人。福建省歌舞剧院交响乐团演奏员。分别毕业于上海音乐学院、福建艺术学校。参加演出舞剧《红色娘子军》《白毛女》，交响音乐《沙家浜》，钢琴协奏曲《黄河》以及音乐会上百场，并曾参加李德伦、韩中杰、卞祖善、黄晓同、陈燮阳、台湾指挥家陈澄雄等著名指挥家指挥的专场音乐会。1989年获福建省第二届中青年演员比赛竖琴独奏铜奖。

陈明山（1933—2002）

　　作曲家。山西临猗人。1954年毕业于西北艺术学院音乐系。曾任甘肃省陇剧团团长、甘肃音协常务理事。主要从事陇剧音乐的研究，合作新创慢板、二流、紧板、散板等新板式，获中国戏曲音乐"新兴剧种开拓金牌奖"。并为陇剧演出剧目谱曲数十部。作有《枫洛池》《打神告庙》《斩秦英》《异域知音》获甘肃省演出一等奖，《燕河风波》获省演出二等奖。曾任陇剧《天下第一鼓》艺术

总监，该剧获文化部"文华奖"新剧目奖。编辑有《甘肃歌选》，创办《祁连歌声》。撰有《陇剧音乐概论》《陇剧的诞生与发展》《陇剧唱腔版式概论》等文。

陈铭道（1948— ）

音乐学家。四川成都人。1982年毕业于西南师范大学音乐系，获学士学位，1984年毕业于中国艺术研究院研究生部，获硕士学位。后为《中国音乐》副主编。撰有《川剧高腔梆腔研究》《论音乐技能》《不断突破陈规的交响乐》等文。

陈铭志（1925—2009）

作曲家、音乐教育家。河南西平人。1946年考入国立上海音乐专科学校作曲组，先后师从谭小麟、丁善德、邓尔敬教授，1951年毕业于上海音乐学院并留校任教。曾任上海音乐学院作曲系主任、教授。中国音协第四届理事。获第五届中国音乐"金钟奖"终身成就奖。作有钢琴曲《序曲与赋格二首》《钢琴复调小曲十一首》《钢琴小品八首》，大提琴曲《欢乐舞曲》《湘江之歌》《草原赞歌》。撰有《对我国民间音乐中复调因素的初步探讨》《复调思维》，著有《赋格曲写作》《复调音乐写作基础教程》等。从事作曲教学四十余年，培养王酩、金复载、奚其明、徐景新等一批作曲家。

陈茉玲（1950— ）

女作曲家。江苏常州人。江苏镇江市音协副主席。1976年毕业于南京师范学院音乐系，1979年到镇江市群众艺术馆工作。1996年调任镇江市艺术创作研究中心从事作曲及声乐教学。作品《水乡小夜曲》《江南梦境》分获全国第五届"群星奖"创作一等奖、三等奖，江苏省民歌、民舞、民乐大赛一等奖。《拥抱明天》《运河两岸好家乡》获江苏省第四届、第五届精神文明建设"五个一工程"奖，并发表论文多篇。曾获江苏省音乐考级声乐优秀指导教师称号。

陈慕光（1964— ）

女扬琴演奏家。广东汕头人。1979年毕业于广东汕头地区戏曲学校。曾任广州乐团扬琴演奏员。1984年起任职广东歌舞剧院民族乐团，任乐团扬琴首席、弹拨乐声部长。中国民族管弦乐学会会员。曾获"中国第二届民间艺术节""山西国际锣鼓节"比赛金奖，"首届省港澳广东音乐邀请赛"一等奖。参加香港国际青年艺术节。录制多款广东音乐、潮州音乐、汉调音乐等盒带、CD专辑。曾出访欧洲、加拿大、日本、东南亚及港澳地区。

陈慕霞（1929—已故）

女音乐教育家。河北武清人。1956年毕业于江西师范学院艺术科。多年从事音乐教育及宣传工作，先后担任南昌市青少年合唱团指挥，南昌职业技术师范学院音乐系教师，培养了一批音乐人才。撰有《世界音乐教育点滴》《谈知声、知音与知乐》等文。1949年曾参演《黄河大合唱》并担任《黄河怨》独唱。

陈慕珍（1937— ）

女音乐教育家。广东广州人。1963年毕业于北京师范大学教育系学前专业。曾任肇庆市机关第二幼儿园、肇庆市精华幼儿园园长，中国音协教委委员，肇庆市音协常务副主席，肇庆市幼教学会理事长。毕生从事幼教事业。80年代始，借鉴奥尔夫音乐教育理论原理，按幼儿年龄特点，为肇庆地区掀起幼儿学习乐器及书画艺术的热潮，培养一批艺术幼苗，在省及全国比赛中多次获奖。1988年为"全国第三届国民音乐教育研讨会"作现场示范教学。

陈乃木（1942— ）

琵琶演奏家。四川南充人。曾在重庆工人民族乐团、重庆爱乐民族乐团担任指挥，在重庆市歌剧院琵琶演奏员。先后在四川音乐学院、中央音乐学院进修，并在福建台州市艺术学校担任音乐顾问。改编有弹拨乐合奏曲《天山之春》《大跃进把码头的面貌改》，京剧曲牌《夜深沉》。合作创作琵琶独奏曲《羌寨夜会》及琵琶协奏曲《巴河激浪》。曾赴台湾举办个人独奏音乐会。

陈乃胜（1936— ）

圆号演奏家。广东汕头人。中国音协圆号学会副秘书长。海军驻港部队、广东汕头爱乐乐团艺术顾问，全国社会艺术水平考级考官。1955年参军入海军南海舰队文工团，后调海政军乐队转海政歌舞团。曾进修于总政军乐团和上海音乐学院。长期担任圆号首席和独奏演员。作曲、改编乐曲有《海上女民兵》《民歌变奏曲》《山丹丹开花红艳艳》《唱支山歌给党听》等。曾获全军军乐比赛优秀演员奖。多次受到海军和全军联合军乐团的嘉奖。

陈南岗（1946— ）

女钢琴教育家。贵州遵义人。1969年毕业于中央音乐学院钢琴系。曾任解放军艺术学院音乐系钢琴伴奏、中央音乐学院附中校长、中央音乐学院副院长。1985年获全国聂耳、星海声乐作品演唱比赛钢琴伴奏奖。

陈南宏（1971— ）

女音乐教育家。江西德安人。1991年毕业于江西师大音乐系，获硕士学位。江西教育学院钢琴教师兼函授教研室主任、副教授。论文《论音乐教育与素质教育》《论中国钢琴曲创作的发展沿革》等先后获省音乐论文评选不同奖项。歌曲《举起这杯迎新的酒》《春风暖我心》等先后在全国省级评比中获奖。讲授《钢琴》《即兴伴奏编配法》《曲式与作品分析》《钢琴演奏风格的变迁》《肖邦升c小调即兴幻想曲的主要练习课题》等课程。

陈年芳（1941— ）

女歌唱家。广东澄海人。曾任广东音协理事、珠海市音协副主席。60年代在广东广播电视文工团、广州军区战士歌舞团从事声乐演唱。曾在"羊城音乐花会"、澳门电视台、香港大会堂"俄罗斯金曲演唱会"中担任独唱、重唱。创作儿童歌曲《谁唱歌》，并为香港、澳门儿童创作普通话歌曲百余首。出版录音盒带《是谁送我红玫瑰》。

陈念祖（1950— ）

歌词作家。浙江慈溪人。上海东方电视台文艺编导、电视撰稿人。上海音乐家协会理事、上海电视家协会理事、上海音乐文学学会副会长。80年代起担任大型电视文艺晚会撰稿。发表大量歌词作品，其中百余首歌曲在各类征歌比赛中获奖。出版有《爱的回答》《风从东方来》《母爱》个人歌词专集。曾为数百台电视文艺晚会和电视栏目、数十部电视连续剧创作主题歌和插曲。

陈凝芳（1941— ）

女长笛演奏家。江苏人。1963年毕业于湖北艺术学院管弦系，同年入中央乐团任交响乐队、独唱独奏小组及木管五重奏组的长笛演奏工作。曾举行独奏音乐会，所在的木管五重奏组1980年获全国音乐观摩评比二等奖。

陈盘寿（1941— ）

二胡演奏家、作曲家。江苏无锡人。1965年毕业于南京艺术学院音乐系。江苏省歌舞剧院民族乐团演奏员。1965年赴越南参加文化工作队。创作并演奏的高胡、竖琴二重奏曲《人勤春早》《春回太湖》获创作演出奖。《梅花吟》在首届海内外江南丝竹创作演奏比赛中获作品三等奖、演奏二等奖。创作《芦笙边寨之恋》《春意》《蕉乡情韵》分别获江苏省一、二、三届音乐舞蹈节作品二等奖。曾随团赴美国七城市访问演出。

陈培檀（1937— ）

作曲家。山东阳古人。结业于沈阳音乐学院夜大作曲系。曾任职于金州区电视台。大连市音协第一、二、三届副主席。1958年开始发表作品，创作、发表、播映大量词曲作品，多首获奖。1982年举办专题音乐会。出版有歌曲集《执著的爱》《陈培檀歌曲选》，举办"陈培檀行业歌曲获奖作品研讨会"。连续九届当选为县（区）人民代表。获大连市先进文化站长称号。

陈培信（1934—已故）

作曲家。浙江苍南人。1958年毕业于北京艺术师范学院，后任贵阳市文化局副局长。作有小提琴独奏曲《欢乐的苗山》，钢琴协奏曲《诺德仲》。

陈培勋（1921—2007）

作曲家、音乐教育家。广西合浦人。曾定居香港。1941年毕业于上海国立音乐专科学校作曲系。后执教于曲江广东省立艺专等学校。新中国成立后，在中央音乐学院作曲系任教，教授。曾任作曲系配器教研室主任。80年代曾应邀赴香港在浸会学院音乐艺术系任教。作有交响音诗《心潮逐浪高》《从头越》，第二交响乐《清明祭》，交响音画《流水》，幻想序曲《王昭君》《欢乐的春江花月夜》，钢琴曲《卖杂货》《旱天雷》《思春》《双飞蝴蝶变奏曲》。《从头越》获国庆三十周年全国音乐作品评奖创作一等奖，《清明祭》获第一届全国交响作品评奖优秀奖。曾获第二届中国音乐"金钟奖"终身成就奖。

陈培元（1958— ）

作曲家。河南沁阳人。洛阳师范学院音乐学院副教授。1987、1991年先后毕业于洛阳市教育学院、河南大学音乐二系，后就读于中央音乐学院指挥系。曾任洛阳市教育学院音乐系副主任。撰文并发表《也谈钢琴的手型问题》《我是如何教学生听记节奏》。歌曲《感动中国》《父母情深》分获"河南省十三、十四届歌曲创作评比"一等奖，舞蹈音乐《柳绿花红》获"河南省第七届民族民间歌舞大赛"金奖。指挥师院管乐团在河南大学生艺术节中获一等奖。著有《中外合唱名曲赏析与排练提示》。参编《合唱》《欧美流行音乐著名巨星图典》等。

陈沛英（1934— ）

女小提琴演奏家。蒙古族。北京人。1950年入防空部队文工团。1955年入东北音乐专科学校本科管弦系。1959年入中国铁路文工团乐队任小提琴副首席，1981年任该团艺术辅导部副主任，为基层文艺干部讲学等。1981年创办爱艺艺术学校。

陈鹏年（1934— ）

作曲家、音乐教育家。江苏南通人。1951年选送中央音乐学院华东分院第三期干部专修班，1961年毕业于上海音乐学院理论作曲系。南京艺术学院教授。江苏省文联第五届副主席、省音协主席、江苏高校艺术教育研究会理事长。长期从事音乐创作和作曲技术理论的教学与研究工作。作有交响声乐套曲《唐代诗词四首》，合唱曲《太湖》，为古筝与民乐队而作的《叙事曲》，管弦乐组曲《水乡行》及众多艺术歌曲、舞剧音乐、舞蹈音乐、影视音乐，部分作品获省级以上奖励。撰有《歌曲创作中的若干技术问题》等数十篇音乐论文。

陈齐丽（1933— ）

女作曲家。广东汕头人。1955年毕业于中央音乐学院作曲系，后留校任教。1956年在苏联专家任教的"全国视唱练耳课教师进修班"和"全国和声课教师进修班"在职进修。1959年在天津音乐学院任教，后在天津市曲艺杂技团和广州乐团任音乐创作员。创作《渔家十二姐妹》获全国歌曲优秀奖，《胜利全靠党指引》录制唱片，为《椅子顶》写的音乐被香港电影《万紫千红》选作配乐，另创有《苗山赶秋歌》等6首合唱曲和《思乡》《篝火旁》《南粤秀色》等管弦乐曲，其中合唱曲获省级奖，《南粤秀色》在加拿大、英国演出。曾参与编写《鄂尔多斯民歌选》《鄂伦春简史》《民族音乐概论》等。

陈其钢（1951— ）

作曲家。浙江人。1983年毕业于中央音乐学院作曲系，后留校任教。1984年赴法国师从梅西安学习作曲。作有单簧管与弦乐四重奏《易》获第二届法国国际单簧管节作曲比赛第一名，单簧管与钢琴《晨歌》，长笛与竖琴《回忆》，室内乐六重奏《梦之旅》，大提琴与交响乐团《逝去的时光》，芭蕾舞剧音乐《大红灯笼高高挂》，民族室内乐与大交响乐团的协奏曲《蝶恋花》，大交响乐团《五行》六个人声与管弦乐队《看不见的声音》，女高音、单簧管与管弦乐队《一个法国女人的梦》等。法国音乐版权组织授予陈其钢最高终身音乐荣誉奖"交响乐大奖"2008年任第29届北京奥运会音乐总监，并创作主题歌《我和你》。

陈其莲（1957— ）

女声乐教育家。江苏南通人。1982年毕业于沈阳音乐学院声乐系留校任教。1980年获全国音乐院校声乐比赛三等奖，1981年获辽宁省优秀一级青年歌手称号。

陈其射（1947— ）

音乐理论家。安徽当涂人。1974年毕业于安徽师范大学音乐系，同年在阜阳师范学院音乐系后任系业务主任。曾参加《中国古代乐律文献辑要》《近人乐律论著提要》以及科研项目《中国传统音乐旋法》《我国音乐审美历程》的编撰。撰有《试论三分损益律学思维前兆》等文。作有《青春》《再见吧，亲爱的校园》（均获一等奖）等歌曲。担任中国古代音乐史、歌曲创作、合唱指挥的教学工作。编写教材《中国古代音乐史（上下册）》等5部。

陈其雄（1937— ）

作曲家。海南人。曾任广东电视大学南艺分院兼职音乐教授。1961年毕业于广州音乐专科学校。任广东歌舞剧院专业作曲。1989年任中国唱片社广州分社音乐制作人。作有交响诗《甘工鸟的传说》，电影音乐《廖仲恺》《雅马哈鱼档》《蛤蟆博士》，电视剧音乐《一代风流》《苦斗》《江淮大侠》，组歌《农讲所》（合作），清唱剧《赤岗风雷》。出版唱片广东音乐套曲《羊城新八景》，歌曲《搭错车的少女》及选集《音乐创作》等。

陈其妍（1930— ）

女钢琴教育家。上海人。早年师从丁善德及拉扎罗夫教授，多次在钢琴比赛中获奖。1956年起在上海音乐学院钢琴系从事钢琴教学工作。培养了大批钢琴人才。所编写的教材被音乐学院广泛应用。曾参加上海音乐学院附中《中学钢琴初级教程》的编写工作。改编的《松溪河水盘山流》被纳入《钢琴基础教程》中。1987年获上海市文联荣誉证书及上海音乐学院教学成绩优秀奖。

陈启云（1954— ）

作曲家。重庆人。四川音协理事。毕业于西安音乐学院理论作曲系。曾任新疆生产建设兵团歌舞剧团作曲、指挥。四川师大艺术学院电脑作曲和传统理论作曲副教授，曾任副院长。作有歌曲《喊一声大西北我的亲爹亲娘》《党旗飘扬在我心里》，歌剧《夫妻犁》，交响合唱套曲《烽火索马里》，歌舞剧音乐《风雪阿里》，舞蹈音乐《生活从这里开始》，扬琴二重奏《瀚海绿魂》《第一交响乐》《第二交响乐》《第三交响乐》，撰有《发展电脑音乐，培养适用性音乐人才》《发展数字化音乐教育，培养现代音乐人才》。

陈启增（1963— ）

大提琴演奏家。回族。北京人。1981年毕业于中央音乐学院管弦系大提琴专业。先后在中国广播交响乐团、中国爱乐乐团任大提琴演奏员。从1986年起多次参加澳门国际音乐节的演出。1988年随团赴奥地利、德国、法国、意大利演出。为电台、电视台录制了大量的音乐节目及春节晚会等。

陈起行（1958— ）

音乐教育家。福建莆田人。莆田市音乐教育研究会副会长，荔城区音协副主席，中学高级教师。1998年被省教委授予"福建省优秀中小学音乐教师"称号。擅于笛子演奏与教学。1992年获莆田市首届器乐比赛青年组一等奖。近年来所培养的学生，获全国性大赛三等奖、创作奖、演奏奖的有4次，华东地区二等奖1次，省市一等奖4次。

陈起英（1940— ）

女声乐教育家。湖北天门人。1959年就读于湖北艺术学院声乐系。曾任湖北省民间歌舞团及黄冈地区汉剧团歌唱演员，1981年到河南洛阳师范学院艺术系任教。曾率团代表湖北省赴全国各地进行慰问演出。为舞剧《白毛女》伴唱多达百场。参编《中国民间歌曲集成》湖北黄冈分卷。为中央音乐学院、西安音乐学院等高校输送不少音乐人才。撰有《初探唱名法与律制的关系》《民歌——民族音乐的乳汁》等文。

陈强岑（1951— ）

南箫演奏家。福建人。论文有《尺八的改进》《中国尺八南箫之改进》《南箫新韵》，编著有《中国南箫》一书。1986年由香港兴顺唱片公司出版个人独奏专辑，1987年由厦门音像出版社、香港兴顺唱片公司联合录制的其用笛子、南箫、巴乌、葫芦丝、五种民族管乐器演奏《闽南民间小调轻音乐》专集。1986年用改革南箫与上海电影乐团合作录制的电影《苦藏的恋情》音乐，获法国第十届亚非拉三大洲国际电影节"最佳音乐奖"。1992年用个人新研制的"加键高、中、低系列南箫"与上海交响乐团合作录制的舞剧《丝海箫音》音乐，获文化部"文华奖"。

陈巧姑（1956— ）

女童声合唱指挥家、声乐教育家。浙江温州人。浙江省声乐特级教师、中国儿童音乐学会理事、中国合唱协会童声合唱委员会委员、温州市音协副主席。先后毕业于温州戏曲学校、杭州师范大学音乐系，曾师从聂中明学习合唱指挥。所辅导、指挥的温州少年艺校童声合唱团、男童合唱团和声乐节目，先后获文化部"群星奖"及中国合唱协会、国际童声合唱委员会、中国音协等颁发的多种奖项，本人多次获优秀指挥奖。曾举办个人"声乐教学、获奖节目"专场音乐会。出版《少年儿童声乐教学大纲》。

陈庆峰（1942— ）

钢琴演奏家。江苏无锡人。1973年毕业于上海音乐学院钢琴系，曾任济南军区文工团钢琴演奏员。后任音协上海分会副秘书长。上海音乐学院兼课教师。

C

陈庆林（1956— ）

女歌唱家。江苏苏州人。苏州市歌舞团演出办公室主任兼声乐队队长。自1986年起先后获苏州市"凯声杯"声乐比赛通俗唱法一等奖，首届音舞节通俗唱法二等奖，"金三角"声乐大赛通俗唱法二等奖，省第二届青年歌手大赛专业组通俗二等奖及省第二届音舞节独唱三等奖。1992年举办"庆林的追求"独唱音乐会。1999年获苏州市第八届新剧目调演女声独唱一等奖，江苏省第四届音乐舞蹈节声乐演唱三等奖。

陈去非（1963— ）

女古筝演奏家。福建人。福建省歌舞剧院、歌舞团古筝演奏员。1982年毕业于福建省艺术学校。曾先后赴美国、日本、朝鲜、巴西、香港、新加坡等地交流演出。演奏的《闽南筝曲》多次在福建省海峡之声广播电台及省电台播出。《蜻蜓点水》与《春雨未晴》被编入《中国古筝名曲荟萃》之中。1997年参加福建省第八届音乐舞蹈节器乐比赛获金奖。

陈荃有（1968— ）

音乐学家、编辑家。河南宝丰人。人民音乐出版社编审。先后毕业于洛阳师范学院、厦门大学、上海音乐学院，于2000年获文学博士学位。后入《音乐研究》编辑部，任常务副主编。在全国学术期刊发表十多篇论文。学术专著有《中国青铜乐钟研究》。审阅、加工有大量论文及书稿，担任多部音乐学术著作的责任编辑。曾任中国音乐史学会副会长、中国音乐评论学会副秘书长。

陈蓉蓉（1940— ）

女中音歌唱家。福建莆田人、生于印度尼西亚。1965年毕业于天津音乐学院，后留校任教。曾任声乐系副主任、音乐教育系声乐教研室主任，教授。培养多批优秀师资和演员。擅长演唱东南亚民歌和南美民歌以及中国艺术歌曲。应邀为中国唱片社和太平洋音像公司录制唱片和磁带多种，并参加北京、天津、上海、广州等地的大型演出活动。多次担任全国和省市级声乐比赛评委。

陈汝棠（1938— ）

大提琴演奏家。广东广州人。1963年毕业于湖北艺术学院管弦系，后入中央乐团交响乐队，任队长。中国音协大提琴学会常务理事，交响乐爱好者学会常务理事。

陈汝陶（1943— ）

作曲家。江西樟树人。供职于江西省艺术研究所。1959年起先后从事戏曲音乐演奏、作曲、指挥、理论研究等。谱写有七十余部赣剧演出剧目的音乐，创作有数部舞蹈音乐、电视剧音乐及数十首歌曲。部分在省级、中央电台、电视台播放，并获省级与全国一、二等奖。在省级以上报刊上发表论文、评论五十余篇，编著的《江西地方戏"临川四梦"唱腔选》由人民音乐出版社出版。

陈汝翼（1915—1983）

钢琴教育家。辽宁辽阳人。1941年毕业于日本东京武藏野音乐学校，1942年入北京师大任教，后在吉林国立长白师院、东北鲁艺任教，1958年入沈阳音乐学院为副教授兼附中校长。

陈瑞华（1936— ）

指挥家。广东新会人。1949年参加粤中军分区文工团。1952年毕业于中南部队艺术学院音乐系小号专业。曾任华南军区文工团、中南剧院乐队演奏员，广州军区战士歌舞团艺术指导。在全军文艺汇演中曾多次获指挥奖。舞蹈音乐《椰林醉了》（合作）获全军汇演音乐二等奖。

陈瑞麟（1943— ）

笛子演奏家。广东东莞人。广东音乐研究会副会长。1960年加入广东音乐曲艺团任独奏演员，历任广东青年曲艺团乐队队长，广东音乐曲艺团副团长。80年代多次随广东民间艺术团、广东音乐曲艺团赴香港、澳门及美国、加拿大等国演出。改编和吹奏的笛子独奏曲《旱天雷》1976年由中国唱片社录制唱片，作品《友谊花开》《喜欢天》分别获1984年、1986年广州市音乐创作二、三等奖，1986年获全国广东音乐邀请赛一等奖。

陈润生（1914—1994）

指挥家。山东长清人。从十四岁起参加军乐队，后在汉口音乐传习所学习，1949年始在上海乐团铜管乐队、上海管乐团等单位任指挥。后在上海图书馆工作。

陈若菊（1934—已故）

女音乐教育家。北京人。曾任南京艺术学院音乐系声乐副教授。1952年毕业于南京市立师范学院，曾任南京军区前线歌舞团独唱演员。并获第三届全军文艺汇演优秀奖，1958、1960年分别录制《三杯美酒敬亲人》《唱得幸福落满坡》唱片。曾参加1959年第七届世界青年联欢节及赴印尼参加"万隆会议"十周年庆祝活动演出。撰有《咽部是个主要共鸣腔》《美声唱法学习笔记》等文。

陈三龙（1943— ）

作曲家。福建人。编辑的获奖音乐节目《七个音符，一部人生》《台湾岛上听歌声》，分获福建省广播奖一等奖与中国广播奖三等奖，《团圆之后》获福建省广播奖一等奖、全国一等奖、中国广播奖二等奖。发表《爸爸回家很晚》《我们是明天的太阳》《好朋友》《人生的旅途》《神州站起林则徐》等歌曲及论文《筝曲渔舟唱晚的音乐》《创、唱、录的艺术追求》等。

陈三全（1930— ）

作曲家。山西新绛人。1947年始从事部队文艺工作。1954年结业于文化部电影局电影音乐作曲班，同年起任中央新闻纪录电影制片厂音乐编辑。1958年调新疆电影制片厂任作曲，艺术办公室主任。中国电影音乐学会常务理事、新疆音协名誉理事。作有歌剧音乐《夺印》《李双双》，舞剧音乐《红衣新歌》，电影音乐《阳光灿烂照新疆》《新疆好》《伞花》《向导》《草原枪声》。

陈善志（1962— ）

中阮演奏家。重庆人。自幼随重庆杂技艺术团三弦演奏家刘厚兴老师学习三弦，1978年考入中央音乐学院附中，在三弦演奏家肖剑声的指导下学习三弦。1981年入中国音乐学院，师从阮演奏家王仲丙老师，1983年师从打击乐演奏家李真贵副修打击乐，1985年毕业进入中国电影乐团民族乐团。先后参加近百部影视剧的音乐录制工作，参与大量唱片、磁带、CD的音乐录制，演出遍及国内外广大地区。2004年任中国广播艺术团民族乐团阮演奏员。

陈尚文（1931— ）

女声乐教育家。江苏南京人。南京艺术学院成人教育学院声乐教授。1956年毕业于中央音乐学院声乐系。留校做民族声乐辅导教学工作，后调入铁道兵文工团任独唱演员。1959年调到中国音乐研究所。曾参加编写全国音乐艺术院校民族音乐课程教材《民族音乐概论》，编选民族音乐参考资料《说唱音乐》《说唱曲种》。1981年到南京艺术学院音乐系教授民族音乐理论、演唱。1987年后在该院成教院、高职院教授声乐。

陈少峰（1957— ）

音乐教育家。广东人。星海音乐学院作曲系视唱练耳专业副教授，中国视唱练耳学会理事，星海音乐学院作曲系基础训练教研室主任。1985年毕业于广州音乐学院，1984年在中央音乐学院作曲系学习。1986年起任教星海音乐学院。长期致力于教学、科研、创作等工作，曾发表多篇学术论文，编写过教材和创作过器乐与声乐作品。在推动学院基础训练学科的改革与发展方面，作出重要贡献。

陈少军（1953— ）

音乐教育家。安徽阜阳人。1970年在安徽省阜阳市文工团任乐队队长。1978年在安徽大学蚌埠师范艺术分校学习，后任阜阳市第一职业高中教师。所培养的学生曾在第十三届推新人活动中分获成人组声乐十优、少年组十优、器乐组十优。多名学生分别考入上海、武汉及中国音乐学院等院校。作有男声四重唱《黄山之恋》，获省职工调演创作一等奖。《我是一朵小红花》入选阜阳市优秀创作歌曲集。

陈少豫（1964— ）

二胡、司鼓演奏家。山东东明人。中国石化中原歌舞团二胡、司鼓演奏员。1976年起先后在开封地区豫剧团及兰考县豫剧团乐队学习，1984年毕业于河南商丘戏曲学校音乐班，同年入中原歌舞团。曾在电视艺术片《中原油歌》《石油旋律》《龙乡情》中担任演奏员，并在全国石油石化文化大赛器乐比赛中获一等奖。发表论文《豫剧板式来源》《打击乐器演奏手法》《简谈豫剧司鼓技术》《推陈出新是表演艺术的生命》等。

陈少芝（1937— ）

女高音歌唱家。山东人。1949年参加文艺工作，先后为济南市少年文工团、山东省话剧团演员，山东省艺术学校、济南市歌舞团声乐教员，演唱队队长。山东音协

理事、济南市音协顾问。多年来曾先后主演民族歌剧《红珊瑚》《小二黑结婚》《江姐》《刘三姐》《王贵与李香香》，并演唱有大量中外名曲。近年来培养的专业、业余歌手在声乐比赛中获得多种奖项。1998年举办"陈少芝获奖学生音乐会"与"陈少芝声乐教学研讨会"。

陈绍中（1942— ）

中提琴演奏家。广东人。1963年毕业于中央音乐学院附中，同年入广州乐团。曾任珠影乐团、广州乐团中提琴首席，广东音协理事，广东交响乐爱好者学会常务理事，中国交响乐发展基金会常务理事。1986年任广州乐团交响乐团副团长，1989年任广州乐团团长。1992年与海珠区共建"小天使交响乐团"。1996年调广东音像出版社任社长。曾受聘星海音乐附中教授中提琴，并在珠江钢琴集团公司工人管弦乐团任中提琴声部指导教师。

陈声钢（1963— ）

钢琴教育家。浙江杭州人。1985年毕业于杭州师范学院音乐艺术学院，历任该院钢琴教师、钢琴系副主任、副教授。学生多次在国内外重大比赛中获奖。在教学中多次获国家级及省市级奖励。论文《钢琴即兴伴奏之我见》获《音乐研究》等四家单位联合颁发的"优秀论文奖"。《肖邦钢琴前奏曲浅释》《巴赫作品的风格和特点》等分别在《黄钟》《钢琴艺术》《交响》《天籁》发表。讲授的钢琴教学VCD由浙江大学出版社出版。1996年获浙江省文化厅和教育厅联合颁发的"优秀教师指导奖"。

陈胜海（1954— ）

音乐编辑家、评论家。北京人。人民音乐出版社高级编辑。从事音乐编辑工作20年，编辑出版各类音乐图书、乐谱百余种。央视音乐频道及北京电视台古典音乐栏目撰稿人。为《人民音乐》《高保真音响》《音乐周报》等撰写各类古典音乐作品评介、演奏家评论、音乐会评论及唱片评论文章，《引子与回旋随想曲——浅释两位大师的演奏》《钢琴大师阿什肯纳吉荙京演奏断想》《华裔音乐家林克昌访谈印象》等百余篇。出版有《走进音乐大师》。

陈士可（1937— ）

女歌剧作家、歌词作家。湖南平江人。云南昆明民族歌舞团编导、创作组组长。1956年毕业于西南人民艺术学院表演系。撰有《100＝0》等文。作有歌剧多部，其中有《两姐妹》《白鹇鸟之歌》等，《砍不断的情弦》获昆明现代戏调演编剧二等奖。发表歌词数百首，主要有《阿波毛主席》《刺刀颂》《一朵花儿一支歌》《星星衬下弹起琴》等。多首词作歌曲获奖，其中《神鹰颂》于1990年获全国"民族之声"征歌二等奖。曾为《婴案女》《古比崖堡》等多部电视剧配歌词，为多部歌舞晚会撰稿，撰稿的大型儿童歌舞《高原娃》获中国第三届艺术节一等奖。

陈士森（1948— ）

作曲家。上海人。1975年毕业于西安音乐学院作曲系，1990年毕业于西安音乐学院研究生班，留校任教。先后任陕西宝鸡市文工团小提琴演奏员、市歌舞团指挥、编

c

导室副主任、音乐创作组组长。在中央音乐学院学报等学术刊物发表《音级集合理论的现实意义与展望》等学术论文十余篇，编著教材《交响音乐的基本知识和欣赏》《现代音高结构理论及应用》。曾获西安音乐学院科研成果奖。西安音乐学院学术、学位委员会委员、作曲系副教授、硕士生导师。

陈士雄（1932—2003）

钢琴教育家。浙江乌镇人。1958年毕业于北京艺术师范学院音乐系（现中国音乐学院），先后任杭州音乐专科学校、杭州艺专、温州师范学院、杭州师范学院、浙江师范大学音乐系钢琴教师及杭州大学钢琴系副教授。其创作的艺术体操音乐在1981年在全国大学生运动会比赛中获全国亚军。曾在杭州举办"陈士雄副教授学生钢琴演奏会"。作品有小提琴独奏曲《瓯江的早晨》，钢琴组曲《艺术体操即兴伴奏》，论文《音乐在艺术体操中的作用》等。1992年应邀赴深圳任美育中心钢琴教授。

陈士英（1936— ）

音乐编辑家。陕西人。1959年毕业于西安音专作曲系，后任音协贵州分会《音乐资料》编辑。作有歌曲《诉衷情》（合作）《我爱花溪》《红旗大合唱》，撰有《革命音乐家——张曙》。

陈世宾（1945— ）

作曲家、音乐理论家。四川成都人。1963年毕业于山西省戏曲学校音乐专业，1979年入天津音乐学院作曲系攻读硕士学位。后留校任教，任系副主任及山西大学音乐系副教授。撰有论文《论巴托克多调式和声中的和弦结构形式》《贝多芬钢琴奏鸣曲对古典乐派和声语言的发展》《歌剧音乐多声配置的几个基本问题》等。译文有（美）塞申斯《现代和声手法指南》和（德）亨德米特《论作曲教育》等，作有戏曲艺术片音乐《三关点师》和晋剧音乐《齐王拉马》等并获省级奖。

陈世芳（1947— ）

女钢琴教育家。河南博爱人。1968年毕业于西北师范大学音乐系，后调玉门石油管理局文工团任演奏员。1980年始在西北民族学院任钢琴教师，副教授。编有《电子琴初步》，撰有《浅谈钢琴伴奏的艺术表现》《试论钢琴演奏中的感情投入》《音乐养生疗法浅谈》《钢琴音乐在欧洲音乐史上的地位》等文。曾获教学一等奖和被授予省少儿器乐比赛优秀教师奖。多次任钢琴考级评委。

陈世华（1924—已故）

女声乐教育家。四川涪陵人。1948年毕业于上海音专声乐系，后在四川音乐学院任教。

陈世棠（1951— ）

作曲家。辽宁沈阳人。曾任辽宁省锦州市少儿音乐学会副会长。1979年结业于沈阳音乐学院业大作曲班。曾任铁岭地区文工团作曲、指挥，1985年入锦州市群众艺术馆任创编、调研部主任。为舞蹈《我们也来扭秧歌》创作

音乐参加中国艺术节的演出，为童话剧《蚊子和蜻蜓》配乐，获辽宁省创作一等奖，为电视剧《大嫂子反赌队》作曲。创作多部拉场戏及二人转音乐，其中《攀亲家》获文化部二等奖。撰写论文获得国家及省级奖项。

陈世友（1954— ）

合唱指挥家。福建泉州人。1982年毕业于福建师大艺术系，1983年于福建高师研究生班结业。后曾在建阳师范、泉州师范任职，1999年调泉州师院音乐系任系主任。作有合唱《腾飞吧泉州》，女声小组唱《山野的风》，萨克斯三重奏《丢丢铜，火车进山洞》。撰有《谈师范学校合唱队的发声训练》《如何使合唱达到力度上的协调统一》等多篇文章。曾获福建省第七届学校音乐周合唱比赛一等奖，福建省第二届校园文化节合唱比赛一等奖。

陈寿楠（1931—已故）

指挥家。江苏江阴人。1953年毕业于北京师范大学音乐系，后任长沙市歌舞剧院艺术总监，音协湖南分会常务理事。曾指挥歌剧《灯花》《骄杨》《三个女儿的婚事》（兼作曲），撰有《指挥与教唱》。

陈受谦（1946— ）

作曲家。吉林人。中国音协第六届理事、中国电影音乐协会理事、吉林省音协主席、长春音协主席。1968年毕业于吉林艺术学院音乐系。创作有歌剧、舞剧、电影、电视剧、电影音乐片、电视艺术片等大量音乐作品。电影音乐作品有《两宫皇太后》《镖王》等二十多部，任《林海雪原》《纪委书记》《康熙王朝》等数百集电视剧总监、作曲、作词、指挥，创作有20首寓教于乐的青少年歌曲《成语歌曲》。歌曲《哦，明天》和《我是春风我是爱》两度选入中央电视台春节联欢晚会，《美丽富饶的松花湖》被选为"庆祝建国35周年天安门庆祝游行歌曲"。

陈书舫（1924—1996）

女川剧表演艺术家。河北人。长期从事川剧表演艺术事业，曾任四川省川剧院院长，为第一、二、三、四、五届全国人大代表。主演《柳荫记》获全国戏曲会演剧本、演出、演员一等奖。1959年曾赴东欧演出《秋江》。

陈书章（1948— ）

音乐活动家。山东青岛人。辽河油田文化处处长、辽宁省盘锦市音协主席。作有歌曲《星星，你听我说》《沙漠走来一队钢铁骆驼》《中华民族大团结》。撰有《论新形势下如何搞好企业基层文化活动》。二十多年来热心组织各类赛事和音乐活动，先后被评为文学艺术发展组织奖及石油文艺开拓贡献奖。

陈淑敏（1968— ）

女歌唱家、戏剧表演艺术家。河南济源人。1992年考入河南大学音乐系主修声乐。1996年毕业入总政歌剧团。在歌剧《玉鸟兵站》《党的女儿》《野火春风斗古城》《太阳之歌》及音乐剧《芦花白，木棉红》《白莲》《清明上河图》中饰女主角。曾获中国戏剧"香玉杯"艺术奖

"中国豫剧十大名旦"金奖，第九、十七届中国戏剧"梅花奖""白玉兰"主角奖，曹禺优秀演员奖及全军展演演员一等奖等。全国戏剧与歌剧双"梅花奖"获得者。

陈淑琬（1928— ）

女高音歌唱家。广东番禺人。1956年毕业于上海音乐学院声乐系，参加布拉格第四届世界青年学生代表大会担任独唱。后在中国广播艺术团合唱团从事声乐教学工作。

陈述刘（1946— ）

作曲家。湖南岳阳人。先后毕业于江西师范学院音乐系、上海音乐学院作曲指挥系。曾为广东音协理事。历任星海音乐学院作曲系副主任、音乐教育系主任，教授、硕士生导师。曾获全国高师优秀教师奖、广东省优秀教师奖等。出版《丫—彝歌—重奏作品五首》《陈述刘独唱歌曲选》。作有《第二钢琴协奏曲》，歌剧《天上有颗冥王星》，低音笛与乐队《冷月》，三重奏《姜白石主题》，钢琴五重奏《丫—彝歌》，合唱音诗《江山多娇》及艺术歌曲《这就是我的祖国》等。其中多首（部）作品获奖。

陈树本（1952— ）

音乐活动家。回族。江苏淮安人。淮安市音舞协会副主席，清浦文化馆长，文联秘书长。1970年始先后在省歌舞团、区文化局、文化馆担任管弦乐队、合唱团指挥、声乐指导、大提琴演奏员。屡次随团参加全国、华东、省、市专业、业余文艺调演并时有获奖。创作大量歌曲、乐曲，先后有百余首在全国、省、市征歌大赛、调演中获金、银、铜奖。撰有二十多篇论文在省级以上刊物发表。

陈树林（1950— ）

板胡演奏家。天津人。北京军区战友歌舞团板胡独奏演员。创作演奏作品曲目《家乡的喜讯》1975年由中国唱片社录制唱片，《立功喜报送到家》1979年为庆祝30周年国庆献礼获文化部二等奖。《竹林情》《金鸡报晓》《河北风》等作品，分别刊载在《板胡曲选》《中国民族器乐博览板胡卷》等书刊上，还编入《全军文化艺术干部自学考试大纲》，及中国音乐学院、天津音乐学院等大专院校板胡专业教材。曾随解放军艺术团访问罗马尼亚、老挝、香港、澳门。在电影《长征组歌》中担任板胡领奏。

陈树三（1898—1974）

古琴演奏家。湖北沔阳人。早年毕业于湖北省立法政专门学校。自幼学习古琴。曾被聘为武汉市群艺馆顾问，古琴研究组组长，民族音乐研究所通讯研究员，音协武汉分会第一、二届常务理事。著有《古琴三线谱读法》。

陈树滋（1946— ）

小提琴演奏家。福建人。1961年在福建歌舞团管弦乐队担任演奏员，1985年调至福建交响乐团，任乐团首席，担任独奏、领奏。兼任福州市中学生交响乐团艺术指导及福州市小提琴指导教师。培养了一批小提琴演奏人才，获省文化厅颁发的荣誉证书。曾参加芭蕾舞剧《白毛女》

《红色娘子军》及交响音乐会，并为省电视台及电影、电视剧录音。曾获演奏一等奖。

陈硕子（1970— ）

女高音歌唱家。广东中山人。1992年毕业于广州星海音乐学院。1993年进修于中央音乐学院声歌系。1998年赴奥地利维也纳音乐学院深造。1998年及2000年先后获"大红鹰杯"及"步步高杯"全国青年歌手电视大奖赛优秀歌手奖，并随中央电视台"心连心艺术团"赴内蒙古慰问演出。创作的声乐作品《阳光口岸》于1999年获广东省文化厅举办的"全省文艺作品评比活动"一等奖。曾举办多场"海的女儿"独唱音乐会。

陈思敏（1939— ）

音乐教育家。云南凤庆人。毕业于中央音乐学院管弦系圆号专业。1961年始从事演奏、指挥、教学工作。1985年入中国福利会少年宫从事音乐教育。

陈思思（1976— ）

女歌唱家。湖南常德人。二炮文工团团独唱演员。全国青联委员、第十届人大代表。2003年毕业于解放军艺术学院文学艺术系、硕士研究生。演唱流传的歌曲有《情哥去南方》《共度好时光》《美丽之路》。多次参加中央电视台春节晚会及"心连心"艺术团等演出活动，并在河北、四川等十几家电视台举办个人演唱会。为《屈原》《天书情话》等多部影视剧配唱主题歌。曾获中央电台"听众最喜欢的歌手"奖、第六届中国音乐电视大赛金奖、第八届全军文艺汇演一等奖、全国"五个一工程"奖及第八届中国艺术节文华奖等，并担任北京红十字协会等多家"爱心大使"。

陈松龄（1932—1998）

音乐教育家、作曲家。江苏苏州人。原上海师范大学音乐系教师兼党支部书记。1961年毕业于上海音乐学院作曲系，同年入上海工人文化宫从事音乐创作及辅导。1979年入上海师大音乐系教授"歌曲作法""歌曲伴奏写法""管弦乐配器法""曲式与作品分析"课。作有歌曲《五好工人歌》《想起党》《大庆赞》，小号独奏曲《山歌》，管弦乐组曲《青海记行》，芭蕾舞剧音乐《攀登》。编著《曲式与作品分析》教材。

陈素娥（1956— ）

女高音歌唱家、歌剧表演艺术家。北京人。旅居意大利。1983年毕业于中央音乐学院歌剧系，后入中央歌剧院任演员。曾主演歌剧《蝴蝶夫人》，1989年获中国戏剧"梅花奖"。1990年获意大利驻华大使馆特别奖学金赴意深造，师从帕纳里埃罗教授。后曾在世界各大剧院主演《蝴蝶夫人》二百余场，被誉为目前世界歌剧舞台上最为出色的"蝴蝶夫人"扮演者之一。曾被美国达拉斯歌剧院评为2000至2001年度最佳演员，并获玛利亚·达拉斯奖。另外还在多部歌剧中饰演主要角色，是当今活跃在国际音乐舞台上的女高音歌唱家之一。

C

陈汤辉（1954— ）

作曲家。广东龙川人。广东省音协理事，惠州市音协主席、名誉主席。1970年始从事部队文艺工作，曾任解放军某师政治部副主任。1984年到星海音乐学院作曲系进修。1988年举办"汤辉声乐作品音乐会"。1993年出版《汤辉歌曲选100首》。歌曲《写封信给妈妈说》《小老板从军记》《南方的风》获总政治部优秀奖，女声表演唱《赵燕清的三件宝》，男声小合唱《啊，志愿兵》，歌舞《当兵铁了心》获广州军区优秀奖，组歌《英雄花开》《战地与故乡》在北京、广州演出受到好评。队列歌曲《神枪手就是我》《打靶谣》《战士的美》在部队传唱。1995年广州军区授予"战士文艺奖"。

陈堂明（1936— ）

作曲家。湖北武汉人。《湖北日报》高级记者，湖北音协第三、四届理事，省文联第四、五届委员，省政协第五、六届委员。1950年开始发表音乐作品，其中《片片嫩茶片片香》《大海和白云》分获全国歌曲创作二等奖和首届"中华歌会"银奖。《两口子割麦》《千里春风送北京》和《武当风光美》（词）等歌曲被录制成唱片。

陈特明（1944— ）

歌词作家、影视剧作家。湖南益阳人。原鹰潭市文化局长、调研员，中国道教文物收藏馆长，中国音乐文学会三、四、五届理事。出版个人专著16部，其中《春天的眼睛》《记忆的回声》《彩色的喷泉》为歌词集。有百余部（集）的电视剧、舞台剧在中央和海内外电视台、戏剧舞台演播。作词歌曲《永远的井冈山》《天安门广场抒怀》《山里山外》获中宣部"五个一工程"奖，《又是八月桂花开》获中国音乐"金钟奖"。有多件作品入选《中学生课本》和文艺史志。曾被授予"全国百家电视艺术工作者"、江西省劳动模范、省先进文化工作者等。

陈天戈（1930— ）

音乐活动家、编辑家。湖北武汉人。1949年肄业于清华大学。曾任北京市文化局副局长。中国音协第四届理事、中国音协社会音乐委员会副主任、中国音协《歌曲》编委、北京音协顾问。创作有《青年友谊圆舞曲》《走向生活》等歌曲。曾主编《北京歌声》。数十年来，参与组织举办过众多国庆游行、庆祝活动等大型音乐活动。

陈天国（1938— ）

音乐理论家。广东潮州人。1962年毕业于广州音乐专科学校，后留校任教。星海音乐学院研究员。善于演奏潮州二弦、三弦、椰胡等多种乐器，多次参加国际、国内学术研讨会和讲学。1968年改革三弦获文化部科技奖。编著《三弦演奏法》《广东民间三弦曲选》《潮州二弦曲选》等多册教材，发表学术论文百余篇。从事潮州音乐和广东佛教音乐的抢救收集、整理研究和教学工作。合作编著出版《潮州大锣鼓》《潮州音乐研究》《潮州禅和板佛乐》《潮州古谱研究》《广东客家板佛乐》等。

陈天乐（1919—1993）

琵琶演奏家。上海人。1933年入上海国际音乐会，1953年入中央歌舞团。1958年调贵州大学任教。后为贵州艺专教授。作有琵琶曲《大渡河》《黄河》《草海》。

陈添寿（1942—1997）

喉管演奏家。广东台山人。人称"喉管王"。1960年考入华南歌舞团，曾任广东歌舞剧院民族乐团独奏演员、星海音乐学院客座教授。创作的广东喉管独奏曲《故乡万里情》，获全国第三届"民族器乐新作展播"优秀作品奖和优秀独奏奖，《春风笑语》获第五届"广东国际艺术节"作品二等奖。

陈万才（1952— ）

歌唱家。江苏人。1976年毕业于哈尔滨师范大学艺术系，1987年入上海戏剧学院导演系学习。1980年任哈尔滨歌剧院独唱演员、导演。在全国各大城市演出数百场，为多部影视剧配唱。曾导演歌剧《太阳，气球，流行色》《仰天长啸》等。1989年以来多次担任"哈尔滨之夏"音乐会、"哈尔滨冰雪节"等演出活动的导演并多次获奖。

陈万仕（1961— ）

歌词作家。苗族。湖南吉首人。广州军区政治部干部处处长。先后毕业于沈阳音乐学院音乐文学系，湖南师范大学文学院研究生班。先后有诗歌、歌词、学术论文、电视剧等四十余篇作品在全国、全军中获奖。曾出版《妈妈教音乐》（合著），《兵山诗草》（诗集），《音乐文学艺术谈》《立正稍息与看齐》（小说集）。

陈万桢（1918— ）

音乐教育家、合唱指挥家。福建闽侯人。1940年毕业于福建音专师资班。曾在福建多所中学任教。福建师范学院艺术系教授。福建省音乐教育研究会副理事长。多年从事合唱指挥及音乐教学工作。编著有全国高师音乐教材《合唱》《中等学校音乐教学法》。曾举办"福建师大音乐学院陈万桢教授从教60周年合唱音乐会"。获福建省文联"福建省首届老文艺家成就奖"。

陈维芬（1939— ）

女作曲家。辽宁大连人。大连大学师范学院音乐系副主任。1954年入东北音专附中作曲学科学习，1966年毕业于沈阳音乐学院理论作曲系。曾先后在佳木斯市京剧团、本溪市歌舞团任作曲，在沈阳音乐学院作曲系任讲师。撰有《勇于探索，善于创造》《简析钢琴曲"垄上行"》等。作有歌曲《学习王杰一心干革命》《公社社员心向党》，钢琴独奏曲《军港之夜》《党啊，亲爱的妈妈》，其双簧管独奏曲《牧歌》获校庆作品比赛二等奖。

陈维文（1947— ）

女电子琴演奏家。上海人。1978年入上海电视台。出版有《夜晚的陌生人》《青少年电子琴演奏示范》等独奏盒带专辑。

陈卫东（1959— ）

音乐活动家、歌唱家。北京人。北京音协驻会副主席兼秘书长，中国音协第六、七届理事。曾任北京文化艺术音像出版社编辑部主任。参与组织歌唱北京创作及音乐会、亚运会征歌、环保大型音乐会及各种类型的音乐会、研讨会。策划组织中国歌曲创作的世纪回顾与展望大型研讨会、北京新春民族音乐会、北京合唱节、管乐节及多位音乐家作品研讨会等大型系列活动。编辑制作的多种音乐类音像制品多次获国家级奖，其中《中国音乐家大系》系列CD于1998年获国家新闻出版署颁发的音乐类作品奖。

陈卫东（1962— ）

作曲家。福建人。曾任厦门市群艺馆副馆长，并进修于中央音乐学院作曲系。中国社会音乐研究会理事、厦门市台湾艺术研究所副研究员。创作歌曲《鼓浪屿》《冬天来厦门》《我的厦门》等多部，其中《怕回家的孩子》获全国少儿征歌电视大奖赛一等奖，《阿美情歌》获中央电视台"爱我中华"全国表演唱大赛一等奖，曾出版发行《陈卫东音乐作品集》CD专辑。其中《我的厦门》已成为厦门城市形象之歌。

陈文培（1936— ）

钢琴教育家。福建福州人。福建师范大学音乐系钢琴教研室主任、系副主任。1956年毕业于福建师范学院音乐专科，后在上海音乐学院钢琴系学习。曾为电视片《瑜伽健美操》录制钢琴伴奏曲。发表有《浅论钢琴视奏中几个问题》《试论哲学思维对钢琴教学与演奏的启迪》等。《高师教学的综合改革》获国家二级优秀教学成果奖。

陈文锐（1936— ）

大提琴演奏家。上海人。1962年毕业于中央音乐学院管弦系，后在中央芭蕾舞团工作。

陈文生（1949— ）

歌唱家。江苏人。1976年毕业于南京艺术学院音乐系，后入省歌舞剧院任独唱演员。曾在省首届音乐节获民族唱法二等奖，"长江杯"声乐比赛一等奖，另在其它比赛中获特等奖、银奖。在歌剧《三月三》《春江飞燕》《月亮花》中饰演主角和配角。曾随江苏无锡歌舞团参加文化部调演，在中南海演出，随团赴日本演出。

陈文涛（1932— ）

笛子演奏家。四川人。曾任云南省歌舞团管弦乐队第一长笛兼管乐声部长。云南省歌舞团歌唱家伴奏乐队的执行排练者。在上千场舞台演出中担任主奏、独奏。从上世纪50年代至80年代，曾为外国来访的二十多位国家元首及各国政要作过数十场专场演出。1961年随周恩来总理率领的中国政府代表团艺术团赴缅甸访问演出。笛子独奏节目曾数次入选，并几进中南海为党和国家领导人专场演出。

陈文宇（1935— ）

音乐教育家。安徽霍山人。1957年毕业于山东师范学院艺术系音乐专业。历任中学及师范学校音乐教师、枣庄市音乐教育研究会秘书长、山东省音教研究会理事、枣庄市教育局教研室音乐教研员。作有歌曲《植树歌》及独唱、表演唱、唢呐独奏曲等多首，曾参加汇演并获奖。辅导学校合唱队参加"红五月歌咏比赛"、合唱录音比赛，分获一、二等奖。

陈文源（1939— ）

女小提琴教育家。重庆人。1963年毕业于四川音乐学院本科，曾任管弦系副主任，教授。四川音乐学院学术委员会委员、四川音协小提琴教育研究专业委员会副会长。撰有《试论小提琴发音与弦振动的关系》《小提琴演奏中广义平衡原理的重要性》《谈谈室内乐与音乐能力的培养》等文，改编小提琴独奏曲若干首。学生数人在省、市及全国比赛中多次获奖。1995年应德国DAAD之邀，赴德进行学术交流访问。

陈希望（1957— ）

作曲家。安徽人。1983年毕业于安徽省艺术学院作曲专业。1985至1989年进修于中国音乐学院理论作曲系。后任安徽省凤台一中艺术教研组组长。创作的舞蹈音乐《黄毛丫头》获文化部、广电部二等奖，舞蹈音乐《淮河娃》《千里长淮一条线》《溪畔俏兰》《东方芭蕾花鼓灯》分获首届国际少儿艺术节金奖、省第七届花鼓灯灯会创作一等奖等。《永幸河畔稻花香》获省第二届灯会一等奖。歌曲《五洲爱我花鼓灯》《啊，凤凰》《东方芭蕾花鼓灯》获省创作歌曲一等奖。1992年被省文联授予艺术家称号。2001年被省教育厅授予艺术教育先进个人。

陈锡昌（1927— ）

音乐教育家、指挥家。福建南平人。毕业于福建师范学院音乐专修科。1953年后历任小学、杭州第五中学、杭州师范学校音乐教师。曾在全市中等学校汇演时指导的合唱《英雄们战胜大渡河》获演出奖，在杭师合唱团参加"红五月革命歌曲演唱会"获演出和指挥奖。创作的《满党陇上采香茶》在中学生文艺汇演中获创作奖和演出奖。在长期任教期间培养了中小学音乐教师近千人，有的入高校师范院校音乐系深造，后留校任教。

陈锡文（1948— ）

歌词作家。山东曲阜人。山东胜利油田胜大集团总公司党校教师。1985年毕业于山东曲阜师大中文系本科。撰有《民歌的魅力》等论文，著有歌词集《船儿轻轻》（合作），发表歌词、作词歌曲数百首。省部级以上获奖百余首。10余首制成CD、VCD、MTV。歌曲《多彩的希望农工商》获"黄河口杯"行业金曲展评大赛银奖，歌曲《跟你走》获全国"石油之歌"征歌一等奖，《胜大人托起鲜红的太阳》获"世纪之声"全国歌曲大赛银奖。曾被中国石油音舞协会授于"石油文艺百佳新人"称号。

陈锡源（1942— ）

作曲家。山东威海人。烟台市音乐家协会名誉主席。1962年毕业于烟台艺术学校音乐班后，相继在烟台文工团、烟台市艺术馆等单位从事器乐演奏、音乐创作和辅导

c

工作。1993年以来，曾任烟台市文化局副局长、烟台市文联副主席、烟台市音乐家协会主席、山东省音协理事等。发表音乐作品四十余首及评论、散文、论文等百余篇。歌曲《渔家姑娘战大海》《乡情曲》及舞蹈曲《元宵夜》等作品曾获省级奖。

陈熙然（1951— ）

男高音歌唱家。江苏南京人。1976年考入中国广播合唱团。曾在中央电视台举办的"纪念贝多芬诞辰160周年"系列音乐会中担任交响合唱《欢乐颂》的领唱，在德沃夏克的大型弥撒合唱中担任领唱。担任领唱的歌曲还有无伴奏合唱《草原情歌》《红莓花开》《小河淌水》等。为中央电视台中华卡拉OK"大家唱"栏目及音像公司录制的独唱歌曲有《我骑着马儿过草原》《星星索》《鸽子》《莫斯科郊外的晚上》《清平乐·六盘山》《沁园春·雪》等中外歌曲六十余首。

陈喜洋（1969— ）

男高音歌唱家。蒙古族。吉林松原人。吉林石油集团公司工会文体中心辅导员。先后毕业于吉林省广播电视大学艺术学院、吉林艺术学院成人教育学院音乐系。曾任吉林油田职工艺术团歌唱演员。在全国职工文化大赛、省第四届中青年演唱评比中分别获三、二等奖，首届蒙古族歌曲电视大赛优秀奖，省第四届青年歌手电视大赛金奖。"天翼擂台赛"民族组四期擂主，所演唱创作歌曲《井场上飘来一首歌》在中央电视台播放。

陈显兰（1946— ）

女小提琴演奏家。广西博白人。1959年考入广西艺术学院附中，1966年毕业于学院音乐系大专小提琴专业。后任广西壮族自治区歌舞剧院交响乐团演奏员。参加大量中外交响乐作品、歌剧、舞剧及歌舞作品的排练演出，并为歌剧《喜事的烦恼》配器。1987年后从事小提琴普及教育，教过的学生有数百。被聘为全国小提琴考级考官。

陈显煊（1951— ）

音乐活动家。山东青岛人。济宁市青少年宫工会主席、市音协副主席兼秘书长。曾担任济宁市京剧团首席小提琴，培养的学生数十人考入部队文工团和艺术院校。在青少年宫建立市少儿艺术团、青年合唱团、青年艺术团。多次在市重大音乐活动中担任总策划、总导演。曾邀请著名音乐家来市参加"孔子文化节"开幕式，曾组织市文艺骨干"三下乡"活动，在田间、地头为农民演出。

陈献玉（1932— ）

作曲家。安徽人。1950年入上海音乐学院作曲系进修，1953年始从事戏曲和电影音乐创作，曾任浙江电影制片厂作曲、中国音协第二届理事、音协浙江分会副主席。作有越剧音乐《春香传》《借罗衣》，电影音乐《重要的一课》《人小志大》。

陈祥文（1955— ）

音乐教育家、指挥家。黑龙江佳木斯人。1983年毕业于齐齐哈尔师范学院音乐系，后在浙江杭州从事音乐教育。1995年进修于上海音乐学院作曲指挥系。后任浙江教育学院艺术学院常务副院长兼书记、浙江省合唱协会副会长。曾多次获中国合唱节、中国童声合唱节、浙江省专业音舞节金奖、优秀指挥奖和中国童声合唱艺术贡献奖。多次赴德、英、奥、法等国访演。发表文章及音乐作品六十余篇（首），获国家级、省级音乐创作奖二十余项。

陈小兵（1952— ）

音乐教育家。江苏无锡人。任教于南京师大音乐系。1974、1985年分别毕业于南京师大、上海音乐学院音乐系，1989年就读于美国纽约联合学院音乐系，曾先后担任《竹笛》《民族音乐概论》《音乐欣赏》《西方音乐史》《乐器法》等课程的教学。撰有《十二音序列的集结态》《试论标题音乐的性质》。合作译著《曲式及其演进》。曾为《中国大百科全书》《教育大辞典》撰写条目。

陈小东（1955— ）

音响导演、高级录音师。江苏南京人。江苏音像出版社制作中心主任。1987年毕业于广州大学录音专业，主要从事音乐制作工作。创意、策划、制作的许多唱片在海内外出版发行。多年来为全国各艺术团体、唱片机构、广播电影电视机构录制大量音响艺术作品，其中众多作品获中宣部"五个一工程"奖、文化部"文华奖"、电影"华表奖"、电视"飞天奖"、中国广播政府奖及国家出版总署优秀音像制品奖。

陈小华（1960— ）

女音乐活动家。山东聊城人。河南安阳群众艺术馆文艺部副主任。1984年毕业于山东师范大学艺术系。1994年入中国音乐学院进修。歌曲《那一天红旗下举起右手》获河南第四届"五个一工程"奖，《雨中的蔷薇花》获"全国和谐之声盛世新歌评选"一等奖。发表论文四篇，其中《声乐不能只凭感觉教学》《想象在声乐教学中的作用及其应用》分获河南音乐理论研讨会二、三等奖。两次获省级青少年歌舞比赛优秀个人组织奖，指导的学生曾在第三届全国残疾人歌手大赛中获银奖。

陈小娟（1944— ）

女音乐教育家。四川成都人。原四川攀枝花市攀钢实验学校艺术部主任、高级教师。1967年毕业于西南师范学院音乐与语言文学系。作有歌曲《教育处处歌》《我是一个播种者》《心愿》，并获奖。撰有论文《怎样选择、培养考师范院校的音乐生》《童声合唱及其训练》。被评为攀枝花市音乐学科带头人，省"先进工作者""优秀教师"。创办"攀枝花小杜鹃音乐学校"。

陈小雷（1937— ）

音乐教育家、作曲家。浙江温州人。温州市教育局教学研究院音乐教研员。中学高级教师。曾被聘为浙江教育出版社《中学音乐课本》编委，中国广播电视出版局《新歌集粹》专辑副主编。1985年以来，历任浙江音协理事、温州市音协副主席。论文《音乐教育与创造力》被评为浙江音教著作一等奖。合唱《快鹿扬蹄声声摧》。获全国工人征歌银奖，舞蹈音乐《柑林曲》获全省创作、演出一等奖。发表各类声乐作品百余首。被温州市人民政府授予"金鹿奖""丰收奖""百花奖"等荣誉称号。

陈小莉（1954— ）

女小提琴教育家。福建福州人。1982年毕业于福建师范大学音乐系、留校任教。1985年入上海音乐学院进修。曾演出小提琴独奏。创立"小莉艺术班"，获优秀辅导教师奖。撰有《儿童小提琴教学体会》。参与编写《文艺演出手册》的器乐部分。

陈小林（1935— ）

中提琴演奏家。浙江宁波人。1950年入苏北军区文工团军乐队，1961年任中国广播交响乐团演奏员。曾随团与日本松山树子芭蕾舞团首次来华合作演出，参演全军文艺汇演、音乐舞蹈史诗《东方红》等，担任现代京剧《红灯记》等剧目的伴奏。曾参演贝多芬及柴科夫斯基系列音乐会，随团赴香港及澳门巡回演出，多次随团与大提琴家马友友等世界著名音乐家合作演出。

陈小林（1968— ）

男高音歌唱家。四川南充人。曾先后任职于河南油田青少年宫、文体中心、工人文化宫。河南油田音协秘书长。1990年天津音乐学院民声系毕业。《歌唱者的表演技巧》等多篇论文在相关期刊上发表。作有歌曲《十年风雨路》《璀璨的群星》。参加文化部和全国石油系统以及各地主办的声乐比赛中曾获奖。被中国石油文联授予"百佳新人奖"。

陈小曼（1933— ）

女歌剧表演艺术家。江苏常州人。1950年参加志愿军，任文艺指导员。1954年先后入沈阳空军、空政文工团任独唱及歌剧主要演员。演唱歌曲有《杜娟》《小杜鹃》等，能用方言演唱山东琴书、昆曲、闽剧，用俄、英、西、日、印语演唱外国歌曲。主演过歌剧《江姐》《红色飞行员》《风云前哨》，主演评剧《夺印》，京剧《杜鹃山》及电影《历歌》。先后获全军汇演一等奖、全军歌剧优秀奖。曲艺《一号台》获全军一等奖。撰有《将军教我唱革命歌》《喉室在声乐中的作用》。

陈小平（1956— ）

男高音歌唱家。江苏扬州人。江苏演艺集团歌剧团副团长。1978年参加江苏省首届民族民间独唱、重唱调演，后选送北京参加全国民族民间独唱、重唱调演。1979年调入江苏省歌舞剧院任独唱演员。曾获江苏文化厅直属院（团）剧、节目汇报演出独唱演员奖，江苏省首届男女声对唱、重唱二等奖，省第二届音乐舞蹈节对唱二等奖，第三届音舞节对唱三等奖，"孔雀杯"全国青年首届民族通俗歌曲大赛独唱优秀奖以及第六届中国艺术节《好一朵茉莉花》对唱大奖。

陈小奇（1954— ）

词曲作家。广东普宁人。1982年毕业于中山大学中文系，同年入中国唱片总公司广州分公司，历任编辑、企划部主任等职。1993年调任太平洋影音公司总编辑、副总经理。1997年调任广州电视台音乐总监，同年创立广州陈小奇音乐有限公司，任总监。中国音协第七届理事、中国音乐文学学会副主席、中国轻音乐学会副主席。作有《涛声依旧》《大哥你好吗》《我不想说》《九九女儿红》等。创作大量词曲作品并获众多奖项。《跨越巅峰》《又见彩虹》被定为运动会会歌，《又见彩虹》和《高原红》获中国音乐"金钟奖"。曾获中国最杰出音乐人奖，词曲作家奖。举办个人作品演唱会五次。所制作的电视连续剧《姐妹》获电视"金鹰奖""鲁迅文艺奖"。

陈小群（1959— ）

女高音歌唱家。上海人。毕业于上海音乐学院声乐系，1991年赴奥地利莫扎特音乐与戏剧表演艺术大学深造。1997年荣获"艺术歌曲和清唱剧演唱家文凭"。在国际声乐比赛中屡屡获奖。并多次在国内外举办独唱音乐会。出版《陈小群演唱的欧洲经典艺术歌曲》CD。2000年起在文化部举办的国际声乐比赛、德国"新声音"国际歌剧比赛北京赛区、日本静冈国际歌剧比赛、中国音协"金钟奖"等各类比赛中担任声乐评委。1997年进入上海音乐学院从事声乐教育工作，为声乐系副教授。

陈小涛（1961— ）

男高音歌唱家。四川宜宾人。1983年毕业于空政歌剧学员班，后任空政歌舞团演员、声乐队副队长。1993年毕业于解放军艺术学院音乐系大专班。作有歌曲《当兵的地方》（获第六届全军文艺调演一等奖），《分别的时候》（获"华声杯"作词、作曲两枚金牌）等。在歌剧《江姐》，轻歌剧《玉鸟兵站》，音乐报导剧《长江边的故事》扮演男主角，均获奖。演唱《麻辣烫》获"五个一工程"奖。曾为电视连续剧《西游记》《西施》等录制插曲，录有《红军不怕远征难》等歌曲，多次参加春节联欢晚会、"同一首歌"等综艺晚会的演唱。曾获第七届全军文艺调演一等奖，"歌颂孔繁森"演唱比赛优秀演唱奖。

陈小玮（1972— ）

女小提琴演奏家。福建福州人。1986年毕业于福建艺校，后在上海音乐学院附中学习，1995年毕业于上海音乐学院管弦系。分配至福建省歌舞剧院交响乐团，任副首席。1997年在福州举办个人独奏音乐会，与青岛交响乐团合作演出，担任独奏，1997年获"省武夷音乐舞蹈节"比赛银奖。撰有《向你介绍波尔卡》《弦乐的视奏与练习》等文。曾参加李德伦专场音乐会、新年音乐会、世界经典歌剧片断音乐会、蔡继琨百龄音乐会的演出。

陈小珍（1954— ）

女音乐教育家。浙江温州人。温州市群艺馆音乐室主任。曾任温州戏校演员、市歌舞团独唱演员。曾获浙江省首届音舞节声乐比赛二等奖，全国第二届"蒲公英"少儿音乐大赛表演、辅导银奖，省乡镇文艺汇演辅导奖。

陈晓芳（1955— ）

女音乐教育家。江西人。毕业于江西师范学院艺术系。江西上饶师范学院音乐系副主任、副教授。在国家、省级刊物发表学术论文二十余篇。其中有《对中国民间多声思维文化背景的几点思考》《婺源傩舞的锣鼓》《实习的独特功能》《高师音乐教育专业的课程改善与中小学音乐教育接轨研究》等。

陈晓光（1948— ）

歌词作家、诗人。河北人。文化部副部长，中国文联副主席。第八、九、十、十一届全国政协委员，全国政协教科文卫委员会副主任，中国音乐文学学会副主席，中国音协第六、七届理事。曾任中国文联党组成员、书记处书记，中国音协分党组书记，《词刊》主编、编审。1966年开始诗歌创作，已发表、录制播出大量歌词、诗作品，结集出版《黄河上的太阳——晓光词作歌曲选集》《晓光歌诗选集》，词集《心归何处》，文集《文化是源远流长的河》等。作词歌曲有《在中国大地上》《光荣与梦想》《乡音乡情》《采蘑菇的小姑娘》《我像雪花天上来》《踏歌起舞》《江山》等数十首，获"五个一工程"奖等奖项。其中《那就是我》和《在希望的田野上》被选入联合国教科文组织亚太地区音乐教材，并入选"二十世纪华人音乐经典"。《光荣属于亚细亚》被亚洲奥林匹克理事会确定为会歌。1992年获中国"金唱片"创作特别大奖。曾任大型音乐舞蹈史诗《复兴之路》领导小组常务副组长兼总指挥。

陈晓虹（1926— ）

女民歌演唱家。山东单县人。1944年从事部队文艺工作，新中国成立后在上海歌剧院歌舞团担任独唱。擅长演唱苏北民歌。

陈晓虹（1952— ）

女音乐编辑家。浙江镇海人。上海东方广播电台音乐编辑。1985年毕业于上海教育学院。发表《广播音乐编辑的定位》等文。编辑、制作出版《红领巾之歌》《乘着歌声的翅膀》《中外摇篮曲》等音乐专辑，采、编、制作《中国作曲家访谈专辑》等音乐专题节目十二辑。

陈晓铃（1938— ）

词曲作家。四川遂宁人。1955年始从事艺教工作。遂宁市教委原兼职艺术教研员，遂宁市音舞协会秘书长，市音乐文学创作部主任。创作大量艺教论文和词曲，数十件获奖，四次获市"五个一工程"奖。《歌曲》《音乐生活》《工人音乐报》等十多家报刊选用作品。作有《小伞花》《人民的儿子》《明月伴我回三峡》《屈原礼赞》。著有《歌词集》《诗文集》。省市电台、电视台曾以"川中铃声""美的使者"作专题评介。

陈晓梅（1969— ）

女中提琴演奏家。云南昆明人。1997年毕业于云南艺术学院管弦系，先后任昆明交响乐团、广州交响乐团演奏员。参加北京国际音乐节、香港艺术节、澳门艺术节的演出。2002年随乐团与小提琴大师帕尔曼在广州音乐厅合作演出。曾随团赴日本、韩国、奥地利、法国、荷兰、卢森堡、埃及、澳洲、新西兰等国家进行访问演出。

陈晓敏（1957— ）

作曲家。广东河源人。广东音协理事、河源市音协主席、河源市群众艺术馆馆长。曾任专业剧团乐手。创作声乐、器乐作品三百余首（篇），歌曲《东方的河》获广东省"祖国在我心中新歌创作大赛"一等奖，童声合唱《祖国你好》获文化部主办的全国第二届"蒲公英奖"银奖、广东省"五个一工程"奖、"广东省群众文艺作品评选"一等奖。论文《各家音乐的范畴及文化现象分析》获文化部"优秀论文奖"。出版发行个人音乐作品CD专辑3张。被广东音协评为"2003年广东省优秀音乐家"。

陈晓琴（1956— ）

女歌剧表演艺术家。山西人。1970年入忻州地区文工团。1983年毕业于中央音乐学院歌剧系。后在中央歌剧院工作。曾主演歌剧《茶花女》《芳草心》《牧马人》。

陈晓音（1961— ）

钢琴教育家。山西人。先后毕业于上海音乐学院钢琴系和内蒙古师范大学音乐系。后在内蒙古艺术学院器乐系从事钢琴主课教学，任钢琴教研室主任。1999年调入江苏戏剧学校音乐科担任钢琴主课教学。培养一批钢琴演奏与教学人才，有数名学生获得省、市级奖，多名学生在解放军艺术学院等院校担任钢琴教学及伴奏工作。本人被评为江苏音协优秀指导教师。

陈肖容（1934— ）

女声乐教育家。广东南海人。1950年起从事演唱工作，1960年毕业于上海音乐学院声乐系。曾任星海音乐学院声乐系主任，教授。1992年评为广东省高教系统教书育人先进教师，1994年应澳门大学教育学院邀请在该校讲学。1995年应澳门市政厅邀请，带领声乐系全体师生参加冼星海诞辰90周年音乐会演出。出版有《唱歌技法》VCD和《谈声乐教学中因材施教的运用》等。

陈啸海（1943— ）

作曲家。湖南长沙人。1961年毕业于新疆广播电视学校文艺班器乐专业。1989年毕业于中国函授音乐学院理论作曲班。曾为新疆广播文工团学员，后调博尔塔拉蒙古自治州文工团任演奏员、创作员、创作组组长兼指挥。创作歌曲《博尔塔拉牧民永跟共产党》《新塔拉人民热爱毛主席》等，歌舞《风从大寨来》《红山花》等，舞蹈音乐《林海尖兵》《草原红花》等，笛子独奏曲《草原新牧工》等，蒙族歌曲《恩重的母亲》等及合唱《各族人民团结紧》。出版《新歌博尔塔拉蒙古民长场调曲集》等。

陈燮阳（1939— ）

指挥家。江苏武进人。1965年毕业于上海音乐学院，师从黄晓同教授。1985年起先后赴苏联、日、意、美、英、瑞士、韩、德、奥、法等多个国家和港、澳、台地区演出。1998年以来，多次率中央民族乐团赴奥地利、德国、丹麦及维也纳金色大厅和柏林爱乐大厅演出。2000年率该团赴美国、巴黎参加"中华文化美国行"及"中国文化季"等系列演出活动。2002年上海音乐出版社出版其指挥的《朱践耳交响曲集》系列唱片。全国政协委员、上海市政协委员、上海音协副主席、中国音协第五、六届理事、上海交响乐爱好者协会会长、上海交响乐团音乐总监兼首席指挥。曾任中央歌剧院院长、艺术总监。

陈新光（1942— ）

作曲家。上海人。1967年毕业于上海音乐学院管弦系。曾任上影乐团首席大管、乐队队长、副团长和艺委会副主任，并从事音乐创作。1996年任上海广播交响乐团作曲。为《财迷心窍》《歧路英雄》《东方美女》《208号客机》等故事片及二十余部科教片作曲。还为《筱丹桂》《叶挺将军》《影子》等数百集电视剧及动感电影《冒险旅行》《漂流》等作曲，获广电部影片音响效果奖。民乐合奏《大江东去》（合作）获全国民族器乐曲三等奖。

陈信昌（1941— ）

作曲家。黑龙江哈尔滨人。黑龙江省杂技团作曲、指挥。省音协理事。1961年毕业于哈尔滨艺术学院音乐系器乐专业，留校任教。1962至1970年在黑龙江省文工团、黑龙江省歌舞团任演奏员。1954年获全国器乐比赛优秀奖。谱写四十余首杂技音乐。撰写《吉他讲座》并录制盒带。1986、1987年吉他讲座、扬琴讲座在省台开播。曾随歌舞团、杂技团赴巴基斯坦、伊拉克、朝鲜、德国、奥地利等国演出。

陈兴福（1946—2008）

手风琴演奏家。山东人。曾任中国手风琴协会副会长、中国电影艺术团团长。先后在中国煤矿文工团、中国电影乐团任手风琴独奏演员。80年代多次赴日本演出数百场。1997年由中国唱片社录制发行陈兴福手风琴独奏《打虎上山》《蓝色多瑙河》专辑，在中央电视台连续播放介绍其发明的《双音轮指》技法，并成功演播《李斯特狂想曲》《肖邦练习曲》《打虎上山》等18首曲目。

陈星梅（1943— ）

女低音提琴演奏家。江西人。曾就读于中央音乐学院附中低音提琴专业。先后就职于广州乐团、珠影乐团。演奏数百首中外作曲家的交响乐、管弦乐及协奏曲等作品。参加《海外赤子》《孙中山》等多部电影音乐录制，参加广州音乐舞蹈史诗《东方红》《九七香港回归》大合唱等大型演出活动。

陈雄华（1943— ）

二胡演奏家。广东兴宁人。1960年考入华南歌舞团，后任广东歌舞团和广东歌舞剧院民族乐团独奏演员、副队长、副团长、乐队首席。曾获"第三届羊城音乐花会"二胡比赛一等奖、"全国广东音乐邀请赛"一等奖及"海峡情"广东优秀音乐作品二等奖。舞蹈《望夫》获第四届艺术节作曲一等奖。为二十余部电影和电视剧配录二胡独、领奏。出版数十张个人独奏专辑。2002年起分别在广州星海音乐厅和澳门文化中心举行个人胡琴独奏音乐会。曾三次赴葡萄牙参加世博会演出及澳门国际音乐节。作有《海峡情》《山魂》等二胡曲。

陈秀菊（1928— ）

女歌唱家。生于印尼，祖籍福建。1951年考入北京大学化学系，毕业后曾在天津、北京任中学音乐教师。1959年考入中央民族歌舞团，任歌唱演员兼声乐教师。主要演唱曲目有《美丽的梭罗河》《我爱你，中国》等。多次随团赴全国各地巡回演出。曾应邀赴美国、印度尼西亚等国访问演出。

陈秀莲（1944—已故）

女音乐教育家。浙江镇海人。1970年毕业于上海音乐学院民族音乐理论专业本科。1973年调南京艺术学院任本科及附中视唱练耳教学。撰写发表论文《三种音律在单声部视唱中的运用》《节奏记忆的训练》等，编写教材《单声部视唱教材（一）》《多声部视唱教材》《高级视唱、视奏》等。

陈秀贞（1935— ）

女声乐教育家。福建晋江人。1951年从事音乐教育工作。1956年在福建师范学院音乐专科学校学习。1960年入上海音乐学院声乐教师进修班，学习声乐。1962年在福建师范学院音专教学，任声乐教研室主任、省音协声乐培训中心教务主任。所撰《民族化声乐教学初探》作为第二届全国高师声乐教学研讨会的交流材料，发表于福建师大学报，同年被转载于《音乐·舞蹈研究》，并于1995年获全国首届"远航杯"民族音乐教育优秀论文三等奖。

陈旭光（1950— ）

歌词作家。河北景县人。中国铁路文工团团长、党委书记。1983年毕业于北京人文函大。1997年于中央党校经济管理专业本科毕业。曾在解放军某部从事新闻写作，在内蒙古军区政治部骑兵团从事文艺创作，及北京铁路局大同分局宣传部任干事。创作歌词八十余首。作品《中国第一路》获第四届全国铁路文学奖，《追太阳》获中国电视金奖，《燃烧的烛光》《大院》获中宣部"五个一工程"奖。出版诗集《巨龙吟》《中国第一路》。

陈序彬（1962— ）

单簧管演奏家。山东文登人。1980年毕业于解放军艺术学院军乐系。解放军军乐团演奏员、中国单簧管协会理事。曾多次完成国家重大庆典、演出、外事司礼任务。曾在北京音乐厅、人民大会堂、红塔礼堂单簧管独奏《韦伯第一协奏曲第一乐章》《莫扎特A大调协奏曲第一乐章》《羌歌》等乐曲。曾赴芬兰参加哈米纳国际音乐节并赴俄罗斯演出独奏《秦川新貌》。1998年参加北京国际单簧管音乐节与四十余位各国单簧管演奏家同台演出。合作出版《从零起步学单簧管》《中国音乐学院校外音乐考级全国通用教材》（上下册）。

陈学娅（1943— ）

女音乐编辑家。福建福州人。1967年毕业于上海音乐学院作曲系。1985年后历任上海文艺、上海音乐出版社副总编辑，1985年后历任《音乐爱好者》《儿童歌声》《歌迷》杂志主编和《吉他之友》主编。曾任上海音乐学院本科兼职教师。发表过《中国民歌讲座26讲》《中国十大名曲》及交响大合唱《巴黎公社》（合作词曲）等。曾任全国中师音乐教材主编、上海职教《艺术欣赏》、上海中小学音乐、艺术教材及《中国吉他》主编、上海吉他艺术协会会长，上海音协音乐教育委员会副主任。

陈雪帆（1929— ）

歌词作家。浙江奉化人。1949年参军，历任文工团员、队长、创作组长。宁波市音协主席、名誉主席。作品《美丽的心灵》获文化部、中国音协"优秀群众歌曲奖"等多个奖项，并编入亚太地区音乐教材和国内小学语文教科书。出版有歌词集《美丽的心灵》。2002年由宁波市音协、市青少年宫联合举办"陈雪帆词作音乐会"。

陈雪筠（1942— ）

女钢琴教育家。山东人。曾为贵州省钢琴协会理事、省政协第七届委员、贵州师大音乐系副主任、教授、硕士生导师。长期从事钢琴教学，不少学生活跃在国内外音乐舞台，有的在音乐院校任教或就读。学生考级成绩突出，获九级、十级的有多人，在北京、香港、厦门、广州等各种比赛中获奖的学生数人。2004年在德国威斯巴登国际钢琴比赛中学生获二组一等奖、三组二等奖。曾获全国学校艺术教育先进个人，2002年获优秀指导教师称号。

陈勋华（1945— ）

作曲家。广东梅州人。1966年从事文艺工作。毕业于广州音专作曲系。创作歌曲《送情哥》获第二届全国民歌大赛金奖，大型山歌剧《等郎妹》音乐第八届中国戏剧节一等奖，歌曲《圆圆谣》获CCTV第五届少儿音乐MTV大赛银奖。1998年被评为"广东省文联各文艺家协会优秀中青年会员"，2005年被评为"广东省劳动模范"。

陈雅明（1962— ）

女月琴、阮演奏家。黑龙江哈尔滨人。1979年考入解放军艺术学院后任音乐系月琴、阮专业副教授。民族管弦乐学会阮专业委员会副秘书长。1982年参加文化部主办的全国首届民族器乐比赛，获月琴组第一名。1995年参加民族管弦乐学会主办的国际华夏民族器乐比赛获优秀演奏奖。1999年出版《陈雅明月琴艺术荟萃》CD。2002年入选民族管弦乐学会青年演奏家艺术团。

陈雅先（1960— ）

女音乐教育家。福建仙游人。福建师范大学音乐学院教授、硕士生导师。长期从事高师视唱练耳课的教学，并致力于基本乐科课程研究。所负责的重点课程被评为福建师范大学"优秀课程"并被授予该校青年科研先进个人、

优秀青年教师、校青年教师课堂教学优秀奖和九五优秀科研成果奖。在《音乐研究》《人民音乐》《中国音乐教育》等刊物及大学学报上发表有关论文三十余篇，独立编著书籍1部，参编3部，其中10篇（部）获奖。

陈延杰（1972— ）

女歌唱家。吉林延吉人。中央民族乐团声乐演员。1991年考入中国音乐学院歌剧表演系，1996年毕业。1997年在中国少数民族艺术孔雀奖声乐大赛中获优秀演唱奖。2001年在首届中国音乐"金钟奖"新时期中国艺术歌曲演唱比赛中获铜奖。

陈妍虹（1963— ）

女音乐编辑家。白族。云南大理人。中央电视台音频部主任编辑，自1983年起从事电视音乐专业工作。参编《电视歌曲500首》（两卷），撰写并发表论文10篇。在建国50周年大型文献电视片《新中国》中，担任音乐部分负责人。曾担任重大题材特别节目"情满中国—2008抗击冰雪专题文艺晚会"和"爱的奉献—宣传文化系统抗震救灾大型募捐活动"，以及十届中央电视台春节联欢晚会音乐总监，多次获电视文艺"星光奖"特别奖。曾参与组织四届全国青年歌手电视大奖赛，担任中央电视台"心连心"艺术团多次慰问演出节目的音乐策划、音乐总监。

陈言放（1959— ）

声乐教育家。福建福清人。厦门大学音乐系副教授。1986年毕业于福建师大音乐系，1989年进修于中央音乐学院干修班，师从沈湘教授。著有《意、法、德、英歌唱语言指南》。编著《意大利语语言歌唱教程》。撰有《关于歌剧〈伪君子〉及其音乐》《音乐教育面向21世纪教学改革发展思路》《提高高等师范音乐专业学生素质之我见》等文。曾获"喜得宝杯"新人新作歌曲大赛美声银奖。

陈艳明（1960— ）

女歌唱家。山西五台人。1982年毕业于山西大学艺术系。1984年始在山西省歌舞剧院任声乐演员。1990年在大型民间歌舞《黄河儿女情》中担任独唱、伴唱，节目获文化部"文华奖"。1992年获山西省青年歌手电视大奖赛一等奖，在"十佳歌星"大赛中获"最佳歌星"奖。1995年参加山西、山东、河南、河北四省纪念抗战五十周年大型电视晚会，MTV音乐电视《那年、那月、那天太行山》在中央电视台播放。获中国音乐"金钟奖"山西赛区声乐第一名，获省文化厅举办的首届声乐"杏花奖"比赛第一名，并参加歌剧《刘胡兰》的演出。

陈尧灿（1942— ）

小提琴教育家。福建人。1957、1965年先后毕业于四川音乐学院附中、川音本科小提琴专业，同年任贵州兴义地区文工团艺术指导及小提琴教师，1986年任重庆艺术学校音乐科主任。编写合唱《苗岭新歌》，器乐曲《新疆舞曲》《延边舞曲》及小提琴练习曲等。1971年任《红灯记》《智取威虎山》等剧伴奏的小提琴首席。1972年调重庆市歌舞团任乐队首席，并举行个人"独奏音乐会"。教

授的多名学生在各级比赛中获奖。

陈耀星（1941— ）

二胡演奏家。江苏常熟人。中央民族大学、解放军艺术学院等客座教授。1962年毕业于南京艺术学院音乐系，师从于马友德、甘涛、瞿安华、程午嘉教授。二炮文工团独奏演员、乐队副队长、艺术指导。创作二胡独奏曲《战马奔腾》，获全军第四届文艺汇演优秀创作奖、表演奖。中国音协、二炮政治部文化部曾联合举办"陈耀星二胡独奏音乐会"。参加首届中国艺术节民族器乐专场演出获"金杯奖"。创作的《陕北抒怀》分获全国民族器乐作品比赛二、三等奖。另创作改编新作有《影》《山村小景》《立功喜报寄回家》《追猎》《腾飞》《盼》等二胡独奏曲和协奏曲。多次举办个人独奏音乐会并应邀讲学。

陈野石（1956— ）

长号演奏家。湖南长沙人。1985年毕业于解放军艺术学院音乐系。后任武警政治部文工团乐队长号演奏员。曾在广播交响乐团、北京交响乐团、中国电影乐团、总政歌剧团等的演出活动中担任低音长号演奏员。1991年为建党70周年创作的歌曲《颂歌》曾在中央电视台播放。2002年创作大合唱《赞美祖国》在北京合唱节比赛中获创作奖。

陈一涵（1973— ）

女琵琶演奏家。浙江温州人。自幼学习琵琶。1985年考入中国音乐学院附中，师从吴俊生教授。1991年举办独奏音乐会，同年以优异成绩保送进入中国音乐学院器乐系本科，师从王范地，刘德海教授。1995年毕业留校任教。1996年加盟华夏室内乐团担任演奏员。随团在国内外举办专场音乐会百余场。录制多张CD唱片。1989年曾获ART杯中国乐器国际比赛少年专业组三等奖。1995年获富利通杯中国乐器国际比赛三等奖。曾多次出访日本、法国、美国、波兰、葡萄牙、澳门等地演出。现移居美国，加盟纽约长风中乐团。

陈一鸣（1954— ）

音乐教育家。山东临沂人。山东师范大学音乐学院教授。1982年毕业于曲阜师范学院。曾任临沂市文工团乐队演奏员。撰有《钢琴演奏技能的形成分析》《我国手风琴事业的发展分析与展望》《心理音高与物理频率》等文，著有《手风琴学习新法》，编著有《手风琴入门》。曾任《手风琴教程》副主编。

陈宜通（1970— ）

作曲家。福建永泰人。福建音协言信艺术中心艺术总监。福州市音协理事。曾师从郭祖荣学作曲，师从宋谨学理论。2000年创办福州言信艺术培训学校。2005年被福建省总工会、省文化厅评为"福建省职工艺术家"。举办"陈宜通钢琴作品音乐会""言信之夜音乐会""蓝色之夜音乐会"。创作有大量声乐、器乐作品及撰写音乐论文十余篇。歌曲《红红的中国结》《我们这一辈》《人鱼同乐》《娘家》《科技特派员进村来》，分别获奖。

陈宜鑫（1953— ）

歌唱家。甘肃兰州人。1983年毕业于中央音乐学院歌剧系（大专），后为兰州军区战斗歌舞团副团长。曾在歌剧《带血的项链》《古兰丹姆》《伤逝》中饰男主角，曾获全军中青年声乐比赛三等奖，甘肃省第二、三届青年歌手大奖赛获美声组第一名。央视青歌赛荧屏奖，并被中央电视台聘为特邀演员。先后赴法国、波兰等地演出。

陈贻埕（1947— ）

作曲家。福建晋江人。1967年毕业于福建艺术学校。从事音乐创作多年，《情醉碗花》《土楼·娃娃》《小小金溪边》等舞蹈音乐，在福建省文艺比赛中获一等奖。担任闽西汉剧《史碑案》《春娘曲》《播皮子七七》等大型剧目的音乐设计，在福建省戏曲汇（展）演中多次获奖，为闽西汉剧《白蛇传》《西厢记》《祝枝山嫁女》等剧目谱写音乐，曾由中国唱片社上海分社和香港东方唱片公司录制成唱片。专著有《闽西汉剧唱腔概论》。

陈贻鑫（1926— ）

指挥家、音乐教育家。湖北武汉人。中央音乐学院指挥系教授，陶行知研究会副会长。1946年毕业于陶行知育才学校、留校任教。后任中央歌舞团、中央乐团大提琴演奏员、天津歌舞剧院首席指挥。曾在德国专家伐斯林指挥班进修。先后与中央乐团交响乐队、中央歌剧院乐团等国内众多乐团合作演出中外交响乐、歌剧、舞剧、大合唱等数十部。其中芭蕾舞剧《西班牙女儿》《一千零一夜》《斯巴达克》，舞蹈诗剧《津卫》，歌剧《绣花女》《伤逝》《原野》均为国内首演。作有管弦乐《抗战随想曲》《小号协奏曲》等。合唱《谷子在仓里叫》《胜利花》《台湾玉镯》获台湾歌曲比赛曲类佳作奖，著有《指挥法基础》，译有《外国著名指挥家词典》，文集《管弦笔耕共交响》。

陈颐颃（1934— ）

女高音歌唱家。江苏苏州人。1950年参加文艺工作，1959年毕业于上海音乐学院声乐系，曾在安徽省艺校任教。省第三、七届人大代表。1959年在《幸福河大合唱》中任《彩云》乐章独唱。

陈义明（1951— ）

二胡演奏家。湖南长沙人。湖南省音协驻会副主席兼秘书长，湖南省第八届文联委员，中国音协二胡学会常务理事。1975年调入湖南省花鼓戏剧院任二胡演奏员。1988年调入湖南省文联。1999年毕业于中国函授音乐学院理论作曲系（大专）及湖南师大行政管理专业（大专）。曾为三十部电视剧、广播剧、电影、戏剧配器和录音，参与举办湖南省各种比赛近百次。曾灌制二十余盒花鼓戏磁带。歌曲论文在省级以上刊物发表并在比赛中获奖。编著有《二胡演奏邓丽君歌曲选》《跟我学二胡》等。2002年获省文联系统"德艺双馨"称号。

陈毅刚（1957— ）

圆号演奏家。辽宁大连人。1972年入总政军乐团学员队学习圆号演奏专业。1983年在国家教委夜大学习三年，历任军乐团二队演奏员，团部机关干事，一队政委、队长。参加过多届党代会、人大、政协全国会议开闭幕式和国庆35、50周年大典以及迎送各国首脑、外宾的司礼演奏。组织参与香港回归交接仪式现场音乐、司礼、纪念抗战胜利50周年音乐会"民族魂"、纪念长征胜利60周年音乐会和庆祝西藏自治区成立40周年演出等活动。为在我国举办的世乒赛、亚运会等重大国际体育赛事演奏、演出。

陈镒康（1936—2009）

儿童歌词作家。上海人。1954年毕业于行知艺术师范。长期从事中小学及师范教学工作。写了不少艺术教育的论文，创作发表故事、剧本、小说、童话等，并发表大量儿童歌词。获全国及省市奖项百余个，出版个人专集十余本，《少年迪斯》《小鲤鱼》等音带三十余盒。《小主人报》《上海艺术报》曾举办"陈镒康作品演唱会"。

陈懿德（1923— ）

女钢琴教育家。福建宁德人。1946年毕业于福州私立华南女子文理学院，曾入上海音乐学院钢琴系进修。后曾在厦门大学、福建师范大学、上海音乐学院任教。福建师范大学音乐系键盘教研组副主任，副教授。福州市第六、七届政协委员。翻译有《钢琴演奏技术的哲学》等文。

陈茵素（1916—已故）

女音乐教育家。广东台山人。1938年入延安鲁迅艺术学院学习。曾任江西艺术学院副院长、省文联副主席、音协江西分会副主席、省政协第四、五届委员。

陈应时（1935— ）

音乐学家。上海人。1964年毕业于上海音乐学院民族音乐系理论专业，留校任教，上海音乐学院音乐学系教授、博士生导师。1989年应邀为英国女皇大学访问学者。1990年应聘为英国剑桥大学访问教授。2004年应聘任美国阿肯色大学访问教授。先后获上海市哲学社会科学优秀论文奖、文化部科技成果奖、国家教委首届人文社会科学研究优秀成果艺术学二等奖。

陈应天（1946— ）

声乐教育家。四川西昌人。1970年毕业于四川音乐学院声乐系，留校任教，声乐系副教授、硕士生导师。从事声乐教学近四十年，培养大批优秀艺术人才，多人在全国、省市比赛中获奖。1970年后对嗓音形态学和声乐学之间的对应原理进行过大量调查和科研，发起筹备成立"成都市嗓声研究协会"。多次参加声乐教学大纲、教材的编写工作。发表《儿童及青少年嗓音问题》《声乐教学应防止的问题》等文多篇，曾获世界学术贡献奖论文金奖、全国新时期人文科学优秀成果二等奖。

陈应萱（1924— ）

女钢琴教育家。上海人。1949年毕业于上海音乐学院键盘系，后在南京师范大学音乐系任教。撰有《钢琴教学中的几个问题》，译有《莫扎特的b小调幻想曲》等。

陈英端（1947— ）

女琵琶演奏家、音乐教育家。河北人。1969年毕业于天津音乐学院民乐系，曾任天津音乐学院附中民乐学科主任。天津音乐学院副教授。中国民族管弦乐协会琵琶专业委员常务理事。培养有大批学生，部分学生在1989年"中国乐器国际比赛"、天津市第二、三届"华夏未来"民族器乐比赛、"天华杯"全国少年琵琶比赛中分别获二等奖、三等奖。创作琵琶独奏曲《林卡欢歌》，重奏曲《心中的太阳》由人民音乐出版社出版。

陈英男（1937—2004）

圆号演奏家。河北人。1948年参军，先后任鲁南军区文工团员、军委军乐团一队首席圆号、声部长，中央广播交响乐团首席圆号、声部长，甘肃省歌舞团圆号演奏员。曾与苏联国家交响乐团、苏联西伯利亚芭蕾团联合演出《一八一二》序曲，与捷克室内乐专家演出贝多芬《管乐六重奏》。参加故事片《水上春秋》，记录片《雷锋》的录音，参加舞剧《红色娘子军》《丝路花雨》的演出。

陈膺政（1944— ）

作曲家。四川蓬溪人。1958年入四川音乐学院附中学习，1964年入中国音乐学院学习。1973年调第二炮兵文工团创作室工作。创作歌曲《彝家欢歌》《石榴熟了》《大海连着家乡的小河》，组歌《丹心颂》（合作），舞蹈音乐《胡日亚勒》，电影音乐《国庆赞》等。部分作品在全国、全军征歌评奖和文艺汇演中获奖。出版少儿舞蹈、体操音乐《花儿朵朵》《欢乐的民族花》《跳、跳、跳》《幼儿趣味操》等多部儿童歌舞音乐录像带。

陈永光（1945— ）

音乐教育家。福建建瓯人。中专毕业后一直从事音乐教育和普及工作。历任武夷山市第一中学音乐教师、艺术教研组组长，市音乐教育研究会会长，市音协主席，市文联常务理事，福建省南平地区音乐教育研究会常务理事，南平地区音协常务理事。先后培养数十名学生考取省内外音乐院校。多篇论文在省刊发表并获奖。多次获地市园丁奖、艺术指导奖，1998年获福建省先进音乐教师奖。

陈永华（1945— ）

音乐编辑家、词作家。江苏如东人。江苏文艺出版编辑室主任、副编审，曾任职江苏人民出版社、江苏省出版集团。毕业于南京大学中文系。出版诗集《爱的旅程》《水乡梦》《无声的云》。发表有大量诗作及文学、影视剧本、理论文章百余万字。发表歌词数百首，出版《歌词集》《陈永华文集》。词作《共和国在赶路》获省优秀歌曲奖。填词《无锡景》收入《中国MTV流行金曲100首》。编辑音乐图书《民族器乐概论》《江南丝竹音乐》《杨荫浏全集》（12卷），撰有《词坛名家话絮》。

陈永连（1931—已故）

音乐理论家。黑龙江齐齐哈尔人。1958年毕业于北京艺术师范学院，曾任北京艺术学院、中国音乐学院教师。后为中央音乐学院创作研究室副研究员。曾译配有多首日本歌曲。

陈永禄（1912— ）

二胡演奏家。浙江慈溪人。曾在广西艺术学院任教。演奏曲目有二胡与箫重奏《萧风曲》，录有盒带《江南丝竹专辑》两集，出版有二胡演奏谱《中花六板》，琵琶演奏谱《塞上曲》。

陈永彤（1968— ）

女钢琴教育家。北京人。北京舞蹈学院音乐部钢琴演奏员。曾就读于北京师范大学艺术系，2000年毕业于首都师范大学音乐系。发表论文《对舞院钢琴选修课教学的探讨》（合作），《论证音乐伴奏中情感的信息转移及力的转化》（合作），编选并出版《中国舞基本功训练钢琴伴奏曲选14首》。

陈永信（1945— ）

作曲家。河北安国人。1970年师从作曲家魏作凡学习作曲。曾在黑龙江省京剧团及黑龙江广播电视爱乐乐团任小提琴演奏员和作曲。1990年入第二炮兵政治部文工团任作曲。创作小提琴协奏曲《青年》，歌曲《再见吧朋友》，舞蹈音乐《剑之旗》《聆听宇宙》等。为黑龙江电视台和中央电视台等举办的多台大型文艺晚会担任音乐编辑，为张暴默等多位歌唱家的演唱专辑担任配器。

陈勇铁（1940— ）

作曲家。广东人。作品有影视音乐《竹林隐士》《保镖哈斯尔》《聊斋》《三言两拍》，出版有《阿铁歌曲选》，获奖作品有《童话的世界》《第一次写信给你》《故乡的南曲》《同一个名字叫中国》等。

陈勇新（1938— ）

作曲家、音乐理论家。广东人。1958年毕业于中南音专附中，先后在佛山市文工团、粤剧团任指挥、作曲、音乐设计，后任佛山市群众艺术馆副馆长，副研究馆员及广东佛山市音协主席。1996年舞蹈音乐《闹秋》获"群星奖"金奖。音乐文集《轨迹》1999年由广州出版社出版。曾任《中国曲艺志》《中国民间音乐集成》广东卷编委。

陈渝光（1945— ）

女小提琴演奏家。浙江萧山人。1967年毕业于中央音乐学院管弦系，1968年入中央芭蕾舞团交响乐队任第二小提琴首席。

陈余明（1958— ）

小提琴演奏家。江苏东海人。江苏交响乐团演奏员。1979年毕业于南京晓庄师范。曾任南京市雨花台区工农小学音乐教师。曾参加演出数十部中外交响乐经典作品，参加全国歌剧汇演、上海艺术节、中国艺术节等重要演出，参加电视剧、歌曲、舞蹈、戏曲的音乐录制。

陈玉琛（1939— ）

作曲家。山东济南人。淄博市音协名誉主席。1958

年毕业于济南师范。1982年调入淄博市艺术馆。发表歌曲三百余首，获奖五十余次。其中《中国，我们的好家园》获山东省"五个一工程"奖，《电业工人之歌》获"世纪之声"全国征歌金奖。出版《陈玉琛歌曲选》《聊斋俚曲》《明清俗曲研究》。长期对聊斋俚曲进行全面系统研究并取得成果。

陈玉成（1944— ）

长号演奏家。北京人。1963年毕业于中央音乐学院附中，后入中国电影乐团任长号首席，铜管声部长。并从事教学工作。

陈玉丹（1956— ）

女音乐教育家。广西梧州人。毕业于广西艺术学院，后为该院音乐教育学院教授、硕士生导师。中国音乐教育学学会常务理事。参加或主持国家、省级教育科研项目多项及编写大、中、小学音乐教材数十本，出版《音乐教学与创造性思维培养》等2部。撰写的音教论文分别获教育部、中南六省、省级不同奖项，指导学生获奖数十项。曾获园丁奖、优秀教学成果奖、优秀科研成果奖。曾赴美、法、意大利讲学与艺术交流。

陈玉国（1963— ）

歌词作家。山西繁峙人。安徽省音乐文学学会副主席，安徽省声乐学会理事，铜陵市音协秘书长。1986年毕业于安徽阜阳师范学院艺术系，后在铜陵市铜官山区文化馆工作。作词歌曲《太阳的儿子》获1993年STV"春兰杯"歌曲创作大赛奖、1994年第六届"通业杯"全国青年歌手电视大奖赛作品创作奖。作品《蓝色宣言》1998年获"南麂杯"全国海洋歌曲征集比赛铜奖。作品《走向西部》2001年获中宣部第八届"五个一工程"奖。

陈玉熙（1945— ）

小提琴演奏家。河南安阳人。1985至1987年在河南省安阳高等师范学院音乐系学习。1969年入安阳市文工团任演奏员，1978年调安阳市工人文化宫文艺科，任科长。作有儿童音乐剧《小杰克》，舞蹈音乐《纺织姑娘》。参加《沙家浜》《红灯记》《红色娘子军》等京剧的演出，指挥安阳市职工管弦乐团演出音乐会，组织文化宫青少年音乐班，培养歌唱、演奏人才。

陈御麟（1945— ）

胡琴演奏家、作曲家。北京人。1959年入中国建筑文工团，1963年调海政文工团任二胡、板胡、高胡演奏员，民乐队首席。曾任中国民族管弦乐学会常务理事、副秘书长。参加第四届全军文艺汇演、建国30周年全国文艺调演，分获优秀演奏奖和一等奖。中央电台、电视台先后录制播出音乐专题《驾驭高胡的乐手》《海政歌舞团陈御麟作品专辑》。为广播剧《古墓遇险》作曲获"亚广联"奖，为电视剧《韶山情》作曲获二等奖。编著《五线谱入门》《二胡基础演奏法》《二胡名曲精选30首》，出版独奏VCD。

陈裕昆（1925— ）

男高音歌唱家。广东大埔人。先后毕业于华南人民文艺学院、中南音专声乐系，后留校任教。曾任武汉歌舞剧院演员，武汉师范学院、肇庆学院声乐讲师，星海音乐学院肇庆分部声乐副教授。曾在湖北省、肇庆市电台录制播放多首中外歌曲，并在肇庆举行独唱和师生独唱音乐会。发表论文《高等师范专科学校的声乐教学》《意大利美声唱法教学探索》。系《声乐教育手册》编委。

陈裕仁（1932— ）

作曲家。海南人。执教于海南大学艺术学院音乐系。创作歌曲百余首，发表及电台播放的有《送你一枚西沙螺》《美丽的万泉河》《春风引我海南游》《每当我来到万泉河》《海南放缆扬征帆》。获奖入集的有《根在海南》《海南军区二所所歌》《笑迎八方宾客来》《校园畅想曲》等，其中《我们的队旗多么美丽》在"宇宏杯"全国少儿歌曲作品电视大赛中获优秀奖。出版有《海南赞歌—陈裕仁创作歌曲选集》，编有《五线谱乐理》《歌曲作法》等五本教材，并撰有音乐论文多篇。

陈毓波（1952— ）

小提琴演奏家。辽宁沈阳人。总政歌剧团乐队首席。1969年毕业于沈阳音乐学院附中小提琴专业。曾在工程兵文工团、北京军区战友文工团任演奏员。为交响音画《北方森林》担任乐队首席。参加排演歌剧《党的女儿》，获全军文艺汇演乐队演奏一等奖。参加本团创作的歌剧和外国歌剧《这里的黎明静悄悄》以及《特区回旋曲》《中国歌剧精选》《二十世纪华人音乐经典》等音乐会演出。

陈毓麟（1929— ）

小号演奏家。上海人。1954年入新影乐团，1956年入上海电影乐团任首席小号，1987年获上海"电影小百花奖"最佳演奏员奖。录有《世界电影名曲欣赏》小号独奏集盒带。

陈毓泽（1942—已故）

小提琴演奏家。辽宁沈阳人。1962年毕业于沈阳音乐学院附中，1967年毕业于沈阳音乐学院管弦系。后在锦州市评剧团任演奏员，1979年始入锦州市歌舞团任指挥。创作有三人舞《草原雄鹰》音乐。参加全国调演，1979年指挥演出歌剧《刑场上的婚礼》，1980年指挥演出歌剧《货郎与小姐》，1985年指挥演出《卡门第一、第二组曲》获指挥奖。作有歌曲《锦州一小村》获市作品奖。

陈元浦（1925—2008）

作曲家。湖北天门人，印尼归侨。1949年底在潮汕文工团任职，1953年调海南省歌舞团。作品有歌曲《海南美》，获1984年海南广播、电视台征歌活动一等奖，器乐曲《回忆》《流水欢歌》《叮咚舞曲》曾在首都、广州、上海等地演出。《相会在山栏园》（合作）获全国第三届音乐作品三等奖并赴香港与新加坡演出，舞蹈音乐《半边裙子》《喜送粮》《踩波曲》获1979年广东文艺调演一等奖，《摸螺》获中华民族世纪舞蹈经典提名奖。2003年获

海南音协颁发的首届《金椰奖》终身荣誉勋章。

陈园园（1965— ）

女音乐活动家。浙江人。武汉大学文学学士。深圳市委宣传部文艺处副处长，深圳市音协理事。1995年始分管深圳音乐事业宏观规划和重点创作工作，参与策划组织歌曲《春天的故事》《走进新时代》《走向复兴》《在灿烂阳光下》《永远的小平》等及交响乐《春天的故事》《长城》，交响合唱《希望》《祖国万岁》，大型儒家文化交响乐《人文颂》，大型梵呗交响乐《神州和乐》等多部。承办中国音乐金钟奖流行音乐大赛、央视音乐电视大赛、国际钢琴协奏曲比赛等音乐赛事。策划建立闵惠芬、印青等深圳音乐工作室。主编出版多部歌曲专集、CD专辑。撰写《关于深圳文艺精品生产方式的研究与思考》，参与撰写《重塑城市的文化品格—论深圳文艺精品生产》等文。

陈远杰（1939— ）

作曲家。新疆乌鲁木齐人。1960年始从事音乐创作。曾在乌鲁木齐市文化局工作。作有交响乐《交响叙事曲》（合作），舞蹈音乐《绣花帽》《节日》（合作），歌曲《远方来的骆驼客》《挤牛奶》。

陈云华（1961— ）

女钢琴教育家。江西人。1980年毕业于赣南师范学院并任教。1994年在首都师范大学进修。1996年由江西师范大学音乐系研究生班毕业并留校任教。曾举办个人钢琴独奏音乐会，并为许多音乐会担任钢琴伴奏。撰有《钢琴教学中应重视的几个问题》《高师钢琴伴奏应重视对音乐作品的分析》等。著有《音乐基础教程》。

陈云仙（1939— ）

女钢琴教育家。海南文昌人。天津音协理事及钢琴学会会长，天津音乐学院主科教授、硕士生导师。1964年毕业于天津音乐学院钢琴专业并留校任教。除主科教学外，还开设钢琴教学法等课程。1991年在全国钢琴主科教学研讨会宣读论文《钢琴重量弹奏法》，被大会评为优秀论文，后在中央音乐学院学报上发表。1994年被评为天津市"三八"红旗手。1995年被评为天津高教系统教学楷模，业绩被全国妇联收入《中国巾帼大典》第一卷。

陈泽龙（1942— ）

作曲家。江西安县人。原九江市庐山区文化馆馆长、副研究馆员。1962年由九江师范音专班毕业，1989年由中国函授音乐学院理论作曲系毕业。曾任九江市音协顾问。九江民间文艺家协会常务理事。撰写论文百余篇，编著个人论文集《群文研究与实践》，56篇获省、市论文奖。曾任《中国民间歌曲集成·江西卷》采编。挖掘、整理、录制德安吴山杨柳村《潘太公游春》太公戏，《傩舞》表演，被编入《江西傩舞、傩戏》集成。发表歌曲《垦荒队员之歌》《江西有座共青城》等百余首。《龙宫洞歌》等多首获全国优秀广播文艺节目一等奖，《歌唱香港回归祖国》《石化颂》等获全国优秀广播歌曲词曲金奖。

陈增棠（1935—　）

作曲家。湖南长沙人。1955年始从事音乐创作，后任陕西歌舞剧院古典艺术团副团长。作有舞蹈音乐《女社员》、古典乐舞音乐《仿唐乐舞》（合作）。

陈战魁（1950—　）

歌词作家。山东人。胜利油田音舞协会主席、中石化音舞协会常务理事。1980年毕业于同济大学。撰有《好的歌词来源于生活》《群众文化是塑造企业品牌的熔炉》，出版音乐文学专辑《心中的歌》。歌曲《摇着黄河走东西》获中央电视台第六届青歌赛创作三等奖、山东省第七届精品工程展评一等奖，《我是石油人》获山东"五一"文化奖。曾组织承办中石化首届艺术节片区文化展演，所组织的大合唱获全国产业文化展演金奖。

陈兆鹤（1933—　）

长号演奏家。北京人。1951年从事部队文艺工作，曾在朝鲜人民军协奏团进修长号。后为总政歌剧团演奏员。曾随团赴罗、苏、朝等国演出。

陈兆槐（1949—　）

琵琶演奏家、音乐编辑家。广东台山人。广东电视台节目中心节目总监、广东省音协理事。1968年毕业于广州音乐专科学院民乐系。作有琵琶独奏曲《高峡平湖》，为香港纪录片《潮梅春光》音乐配器兼乐队指挥，编写《幸福山乡日子甜》《对歌》等五首器乐曲，由中国唱片社出版。1983年调广东电视台，主编"一曲难忘"专栏，任"艺术长廊"监制，创办"艺术太空"栏目获第十届全国电视文艺"星光奖"。2001年撰写《电视音乐与音响》第六章《音乐节目的电视制作》。

陈照华（1938—　）

扬琴演奏家。广东广州人。原广州星海音乐学院民乐系主任、广州扬琴协会会长。1962年毕业于广州音专。编著大学扬琴专业教材共9册11本。其中有广东音乐曲集、创作曲集、外国曲集、重奏曲集、练习曲集等。业余少儿扬琴教材3册。创作《瑶山新歌》《快乐的少先队员》《金鸡与凤凰》《雨景生情》等扬琴曲。改革广东扬琴，解决了扬琴转调问题，获文化部1978年科技奖。先后举办5届规模盛大的广州扬琴之花音乐会，两届穗港澳扬琴音乐会和首届扬琴之花夏令营。1991年举行陈照华副教授从教30年师生音乐会。在广州少年宫举办两届广州市欢乐扬琴庆"六一"的大型庆祝活动。多年来培养了大批专业学生。

陈哲深（1938—　）

作曲家。广东台山人。曾任江门市音协副主席、台山市音协主席。曾有三十多件作品在全国获奖，其中广东音乐《水乡儿女绣春色》获国家"群星奖"，《送荔枝》《打工妹》分别获中国音协创作奖、广东音协一等奖。1988年随台山民间艺术团赴美国、香港演出，1995年获北京中国第二届农博会汇演团体金奖。出版有《陈哲深音乐作品选集》《台山民间歌曲集》。近年被江门市委授予"江门市优秀文艺家"称号。曾任台山市文化馆副馆长、

文联副主席，广东音协第四届理事、江门市音协第二届主席，台山政协第四至八届常委。

陈振铎（1905—1999）

二胡教育家。山东人。1928年入上海国立音乐院，1933年毕业于北平大学艺术学院，师从刘天华。长期从事二胡教学、演奏、研究工作。曾在重庆、南京国立音乐院，中央音乐学院，中央民族学院任教。1933年主编《刘天华先生纪念册》，著有《二胡演奏法》《刘天华作品研究》。学生有张锐、刘文金等。

陈振昆（1929—　）

音乐教育家。满族。吉林人。生于日本东京。1954年毕业于沈阳音乐学院作曲系。哈尔滨师范大学艺术学院音乐教育系教授。专著有《基础和声学》（合著），撰有《关于高师音乐专业和声学选修课教学规格探讨》。

陈振援（1956—　）

音乐活动家。广东东莞人。2000年毕业于星海音乐学院教育系。曾任东莞市中小学艺术教研会会长。撰有《把乡土民歌引进课堂的思考》《器乐教育的思考与实践》《加强音乐教研工作，全面提高学生音乐综合素质》，并获论文评比一等奖。承担《中小学、幼儿园学生音乐综合素质评价体系的构建》课题的研究工作。创作歌曲二百余首，其中《莞城中心小学校歌》入选《全国优秀校歌大全》。组织、指导的阳光小学合唱团在参加"全国首届中小学艺术展演"中获小学组合唱一等奖。曾创办民乐试办学校，被评为"艺术教育先进个人"。

陈镇锡（1943—　）

打击乐演奏家。广东人。任职于广东潮州群艺馆。中国民族管弦乐学会打击乐专业委员会荣誉理事。1956年参加潮阳民间音乐团并任副团长。曾到法国、美国、新加坡、马来西亚、香港潮乐团任教，参加中法文化年及赴香港、澳门的演出。1983年合作编写《潮州大锣鼓》。司鼓录制的大锣鼓片有《欢庆》《抛网捕鱼》《庆丰收》《海上渔歌》《十仙庆寿》《六国封相》《双咬鹅》《吴汉兴师》等。2000年参加全国鼓王大赛获优秀表演奖。

陈震琮（1946—　）

大管演奏家。北京人。1961年参军，毕业于总政军乐团学员队。任军乐团乐队大管声部长、首席。自1965年始，参加众多演出活动。在各种音乐会中担任独奏。主要演奏曲目有《保尔协奏曲》《咆哮的老狗熊》《匈牙利幻想曲》《牧羊姑娘》。改编、编配有部分曲目，并参与"参观乐队""音乐杂谈"等节目的创作和表演。多次担任节目主持人。

陈正福（1934—　）

指挥家。浙江宁波人。1961年毕业于上海音乐学院合唱指挥专业。先后在福建省歌舞团、浙江京剧团和浙江歌舞团担任指挥，后调浙江大学从事教学。曾任中国高等教育学会音乐教育专业委员会副理事长、浙江省合唱协会

常务理事兼指挥委员会副主任。指挥的作品有《黄河大合唱》，歌剧《小二黑结婚》及《血泪仇》，芭蕾舞《红色娘子军》《白毛女》《葛蓓莉亚》，交响乐《沙家浜》，大型歌舞《东海战歌》，京剧《杜鹃山》。撰写有《指挥家长寿奥秘初探》《试论合唱艺术在大学生全面发展过程中的功能》等文。

陈正生（1937— ）

音乐理论家。江苏南京人。中国竹笛专业委员会、上海民族乐器一厂顾问。早年学习民族器乐演奏，后从事音乐理论研究。曾发表大量音律学、音乐声学、音乐史，以及乐器制作工艺等方面论文。对古代音乐文献作了不少诠释。善制箫、笛，对箫、笛从历代演变和制作工艺的发展、成声原理和最佳音色的激发条件及对荀勖笛律和朱载堉异径管律等方面有深刻理解。

陈植美（1935— ）

女音乐教育家、作曲家。四川成都人。1950年参军，曾任绵阳军分区文工队、成都军区战雷歌舞团歌舞演员。1956年考入四川音乐学院，后保送至中央音乐学院进修。1961年毕业留川音担任乐理、视唱练耳课教学。1977年调峨眉电影制片厂任作曲。曾为电影《梨园传奇》《大雁北飞》，电视剧《天涯何处无芳草》《这一片难忘的雪野》等作曲，编配音乐共三十余部。

陈志昂（1927— ）

作曲家。山东龙口人。1938年参加革命。1940年毕业于胶东鲁迅文学艺术学院。曾长期从事音乐创作，曾任空政文工团艺术指导，太原市青年歌舞团编导，中央电视台文艺部主任、高级编辑。中国音协第四届理事，中国音协表演艺术委员会副主任，中国电视艺术家协会理事，中国电影音乐学会常务理事。作有歌曲《解放区的天》，歌剧音乐《打击侵略者》，舞剧音乐《在森林中》。曾参与组织并主持首届全国青年歌手电视大奖赛，参与历届全国电视文艺"星光奖"、全国电视剧"飞天奖"的评审工作。

陈志芳（1936— ）

音乐教育家。湖北洪湖人。1949年参加部队文工队。1952年入解放军军乐团担任萨克斯管演奏员，1955年任乐队萨克斯管首席。1956年兼任军乐学校器乐教员。1977年任军乐团学员队（兼军艺军乐中专班）教员。是新中国较早从事萨克斯管演奏的专业演奏员和教员。培养了许多高水平的专业演奏员。

陈志刚（1955— ）

小提琴演奏家。浙江温州人。浙江省歌舞剧院交响乐团首席小提琴演奏员。1975年毕业于浙江省艺术学校，曾随团出访法国、德国、瑞士、韩国等国家。

陈志莲（1936— ）

声乐教育家。福建福清人。福建师大音乐学院声乐教授。1956年毕业于福建师大音乐系，先后任福建广播电台音乐编辑、福州军区前锋歌舞团声乐教师、福州市文化局

音工室主任。1978年至今先后任系声乐舞蹈教研室主任、省逸仙艺苑音乐舞蹈研究会副会长。1981年进修于上海音乐学院声乐系。多次举办个人音乐会。曾参加1956年全国第一届音乐周、1964年第3届全军文艺汇演。1997年获中宣部文艺局颁发的首届中华校园歌曲电视大赛大学组"优秀辅导奖"及校园歌曲"园丁奖"。发表论文数篇并著有《声乐理论教材》。

陈志凝（1943— ）

女长笛演奏家。广东新会人。1962年毕业于中央音乐学院管弦系。后任中国电影乐团首席长笛。

陈志谦（1934—已故）

作曲家。河北吴桥人。1956年毕业于南京艺术学院，1970年入湖北省襄樊市歌舞团。曾任职于山东渤海文工团、内蒙古包头市歌舞团。创作歌剧（曲）《清红传》《当红军的哥哥回来了》《珍珠墙》等十余部，独唱歌曲以及混声合唱等五百余首，其中《宴歌》《草原牧笛》《草原两朵英雄花》在《歌曲》发表。撰有《襄阳民歌的起源与特点》等文，出版《陈志谦歌曲选》。

陈志强（1955— ）

音乐活动家。北京人。四川大学专科毕业。1970年入伍，1987年转业到中国作协工作。先后任中国作协秘书处副处长，中国音协办公室主任、人事处处长，中国音协研究部主任。参与筹划、组织启动金钟奖、鼓浪屿钢琴艺术节和金钟奖落户广州等工作，并参与组织北京国际乐器展、建党80周年系列音乐会等多项重大音乐活动以及参与音代会、理事会等大量的组织和会务工作。著有《千年祝福》（合作），编著《记忆中的歌》。撰有《2008音乐热点述评》《首届散文、杂文奖评述》等文。

陈志音（1954— ）

女音乐编辑家、音乐评论家。山西芮城人。《音乐周报》副总编。1982年毕业于西南师范大学音乐学院。2001年于中国艺术研究院研究生课程班音乐学专业结业。在中央电视台文艺部担任过特约编导、撰稿人。参与制作的大型电视专题片两次获国家电视"星光奖"。长期从事歌曲创作与音乐评论、音乐理论、音乐新闻的撰写。获省级以上专业奖项17个。

陈志远（1931—2008）

作曲家。浙江苍南人。1949年从事部队文艺工作，历任文工团乐队指挥、音乐编导。1962年入中央音乐学院作曲系干部班进修，后调国防科委文化部。作有歌曲《走上教练场》《好不过人民当了家》《诉衷情·赠远洋测量船队》等。曾任中国音协秘书，原《中国音乐通讯》《中国音乐报》及《音乐生活报》编辑。合作编撰有《中国音乐家名录》（1990年版）及《中外歌唱家辞典》。

陈治海（1938— ）

音乐教育家。江苏人。第三届武汉音协音教委主任。1963年毕业于湖北艺术学院声乐系。曾在师范学院任教及

任武汉市音乐教研员。1978年后在武汉教育学院任艺术系主任、教授。曾任武汉音协第二届副主席、湖北省美育研究会副会长、声乐和钢琴比赛评委，兼任多个合唱团指挥和艺术指导。1993年被国家教委聘为《中学教师之友丛书—音乐卷》主编。1994年获湖北省优秀教学二等奖。1997年获全国曾宪梓教育基金优秀教师三等奖。

陈致年（1939— ）

作曲家。山西定襄人。1960年入内蒙巴盟歌舞团，后任巴盟民间歌剧团团长、音协内蒙分会常务理事。作有二人台音乐《卖马》，舞蹈音乐《公社送粮队》。改编中胡独奏曲《四季》。

陈中秋（1946— ）

音乐活动家。湖南湘乡人。1969年毕业于武汉大学中文系。曾任广东省韶关地区采茶剧团团长、文化局副局长、韶关市委宣传部副部长、市文联主席、广东省文化厅副厅长、省文联副主席、政协常委。一直从事文艺创作和文艺行政管理工作。先后完成剧本12个，其中木偶剧《五羊传奇》获文化部"金狮奖"金奖。创作有大量歌词、散文并组织多次大型音乐活动、文艺演出、艺术比赛、广东省艺术节、羊城音乐花会、少儿艺术花会、历届春节晚会及巍巍昆仑中国魂、新世纪的太阳、盛世中华等大型演出，任主要策划与总体设计。出版《陈中秋剧作选》。

陈中权（1946— ）

音乐教育家。河北交河人。毕业于西安音乐学院，后留院任教，其间曾在中央音乐学院进修。省、市音乐专业学会常务理事。发表作品二十余篇，曾获陕西省专业音乐理论研究论文三等奖、航空部二等奖、"伯乐"奖、教改论文奖。演唱获省级二等奖。指挥合唱多次在省、市级获奖。1999年西安市文代会向其颁发市委、市文联"嘉奖"证书。

陈钟驹（1927— ）

作曲家。山东掖县人。1945年从事文艺工作，1946年调入东北鲁艺音乐系学习。1947年始先后在东北电影制片厂、北京电影制片厂、上海科影厂从事电影音乐编辑、创作等工作，其间曾在中央电影局作曲班进修一年。1960年始在上海美术电影厂任专职作曲，曾为科教片《棉花铃虫》《庐山风景》，美术片《冰上遇险》《半夜鸡叫》《小鸭呼呼》等三十余部作曲。电影歌曲有《冰山上开出友谊花》《小蓖麻》《小鸭呼呼》等。

陈钟敏（1961— ）

作曲家。黑龙江人。任职于《百花洲》文艺出版社。1983年毕业于江西师大音乐系、1999毕业于江西师大中文系。曾出版专著《少年儿童钢琴、电子琴简易演奏法》《风琴演奏技巧》。作有《小花和小草》《战士的青春》等多首歌曲，并在报刊上发表或获奖。编辑《中国十大古典名曲》等书获华东地区奖或省级奖。2000年策划并创办音乐教育期刊《琴童》。

陈仲华（1952— ）

歌唱家。天津人。1982年毕业于哈尔滨师范大学艺术系。曾获黑龙江省首届青年歌手大奖赛二等奖。同年入中国煤矿文工团。历任歌舞团独唱演员、歌队队长，中国煤矿文工团艺术学校校长、声乐教员。

陈仲侠（1957— ）

长笛演奏家。江苏南通人。1972年江苏省革命文艺学校管弦系毕业。江苏省歌舞团管弦乐队、江苏演艺集团交响乐团长笛演奏员。自1972年以来，参与所在乐团举办的中国经典歌剧、舞剧、音乐作品的演出，并参加外国交响乐、歌剧作品的演出，担任独奏、领奏、重奏。主要剧目有《红色娘子军》《白毛女》《江姐》《五姑娘》。

陈仲岳（1932—1996）

作曲家。湖北沔阳人。1949年起任职于华东军政大学文工团，师从陈洪教授，学习配器、作曲。1958年始任宜昌地区歌舞剧团编导、团长、艺术顾问。曾深入鄂西、三峡等地收集民歌万余首，发掘出两个小三度叠置的"减三音歌"。创作有十余部歌剧音乐、百余部舞蹈音乐及大量歌曲及声乐组曲《土家风情》等。其中舞蹈音乐《山风》及《柳笛》《竹乡小哥妹》等歌曲获奖，《我们山区好地方》《请你年年来桔乡》等歌曲广为流传。曾为宜昌市音协顾问，《中国民间歌曲集成·湖北卷》（宜昌分卷）音乐主编。

陈卓莹（1908—1979）

粤剧音乐家。广东南海人。1927年从事音乐教育工作。曾任广东民间音乐团副团长，音协广东分会第一副主席。著有《粤曲写唱常识》《粤曲演唱入门》《粤剧音乐研究》。

陈子华（1951— ）

音乐教育家。广东汕头人。1970年毕业于广州音乐专科学校。曾任广东省梅州地区山歌剧团演奏员。1981年起任汕头幼儿师范学校音乐高级讲师、教研组组长。1998年起任汕头音协钢琴分会会长。1992年获广东省首届"珠江少儿钢琴比赛"园丁奖，1994年论文《钢琴教学整体活动机制的调谐》获国家教委三等奖，《论钢琴弹奏中手部之'微调'》等文在《钢琴艺术》发表。

陈子信（1925—1968）

小提琴演奏家。辽宁辽中人。1946年入张家口华大音乐系学习。历任华大文工一团乐队队员、华大三部音乐科干事、中央音乐学院音工团团员、中央歌舞团演奏员、中央乐团乐队队长等职。

陈自明（1932— ）

音乐学家。江苏苏州人。1949年始先后就读于南京音乐学院和中央音乐学院管弦系，留校任教，教授、博士生导师、党委书记。曾参与创建中国第一个乐器制造专业（中央音乐学院附中乐器制造专业），后在民族音乐研究所从事民族乐器改良的研究。七十年代后期在中央音乐学院音乐学系开始研究亚非拉美音乐，撰写多篇介绍亚非拉美乐器的文章。曾获巴西政府授予的洛博斯奖章。曾多次率团出访亚、非、欧、拉美多个国家考察。1998年赴西班牙考察研究一年欧洲民间音乐，开设"世界民族音乐"课程，主持召开"世界民族音乐与中国"的学术会议，成立中国音协世界民族音乐学会，并当选为会长。曾在中央电视台专栏举办"秘鲁音乐""印度音乐""外国民歌"等专题讲座。出版专著《拉丁美洲音乐》，合著有《东方音乐文化》《中外音乐与名曲赏析》。

陈宗明（1960— ）

作曲家。福建仙游人。漳州第二职业中专学校教研组长。福建职业技术教育学会音乐、幼教委常务理事。毕业于福建师范大学。曾任仙游鲤华二团乐队队长、南安师范教师，被评为漳州中学优秀指导教师。1978年从事莆仙戏乐队工作和音乐创作。作有歌曲《明月照归程》《人民永远跟党走》《把握今天就是希望》和大型团体操音乐《龙江情韵》。发表论文二十余篇。MIDI音乐制作（合作）《抛砂螺》《竿球舞》分获第七届少数民族运动会二、三等奖。

陈宗清（1962— ）

音乐教育家。福建仙游人。仙游县第一中学音乐教师。1987、2005年分别毕业于福建艺校音乐大专班、集美大学艺术学院音乐系。1987年以来组织、开展、参加校内外文艺晚会、音乐比赛百余次。多次被评为省、市学校音乐周先进单位。曾获第十三届学校音乐周蒲田市中学组文艺晚会比赛一等奖。辅导的学生在音乐赛事上获奖百余人次。本人曾获全国、省优秀教师辅导奖、"园丁奖"。

陈宗群（1919— ）

钢琴教育家。江苏扬州人。毕业于重庆国立音乐学院钢琴主科、理论作曲副科。解放前曾在上海进步的中学任音乐教师。担任上海青年会、上海中小学教师联谊会举办的歌咏指挥及学校的钢琴伴奏，解放后在上海人民广播电台教歌，先后在军管会文艺处音乐室、上海市文化局音乐室、上海乐团工作。后任中央音乐学院教师。曾由军管会指派去上海戏剧学院任教合唱课。

陈祖臻（1930— ）

作曲家。四川南充人。1949年就读于重庆重华学院，后入北京艺术学院进修。1952年后历任川北文工团、重庆市工人文工团演奏员、中华全国总工会歌舞团专业作曲、山西晋东南文工团指挥兼作曲及南充地区歌舞剧院艺术室主任。作有舞蹈音乐《纺纱舞》、小歌剧《海上渔歌》（合作）、歌曲《三门峡的炮声》，五幕歌剧《急浪丹心》，童话歌舞剧《金翅鸟》，木偶歌舞剧《玉莲花》等，有的作品获奖。在《洪湖赤卫队》《江姐》《白毛女》《红色娘子军》等剧目演出中任指挥。

陈佐湟（1947— ）

指挥家。上海人。1965年毕业于中央音乐学院附中钢琴专业。1980年毕业于中央音乐学院指挥系，师从郑小瑛、韩中杰、黄飞立、李德伦等指挥家。后留学赴美国密西根大学音乐学院深造，师从著名指挥家古斯塔夫·迈尔教授，获音乐艺术博士学位，成为我国第一位获得博士学位的指挥家。曾应邀担任美国威切塔交响乐团、罗得岛爱乐乐团等多个乐团的音乐总监及指挥。1987年任中央乐团首席常任指挥，先后率中央乐团交响乐队、中国青年交响乐团、中国少年交响乐团等乐团六次成功地出访欧洲、亚洲多个国家。1996年回国组建中国交响乐团，并任首任艺术总监。2004年应邀出任上海爱乐乐团艺术总监。

陈佐辉（1961— ）

打击乐演奏家。广东人。中国打击乐学会理事、广东省音协理事、广东歌舞剧院民族乐团团长兼打击乐首席。先后获"广东音乐全国邀请赛"一等奖、"山西国际锣鼓节比赛"金奖，作品《社庆》在北京"国庆45周年大型文艺晚会"被选为优秀节目，个人获突出贡献奖。在第五届"羊城音乐花会"首演打击乐协奏曲《凤凰涅槃》，曾举行"打击乐独奏音乐会"，多次应邀与香港、台湾、澳门、新加坡等中乐团合作演出，参加"94葡萄牙里斯本——世界博览会"和"03维也纳金色大厅——中国新春音乐会"的演出。撰有《潮州大锣鼓的司鼓艺术》等文。多次在港、澳、台讲学并举行鼓乐专题讲座，作曲并领奏大型锣鼓节目《鼓舞升平迎接香港回归》《龙腾虎跃》。

晨 枫（1939— ）

歌词作家、音乐文学评论家。陕西蒲城人。毕业于兰州大学中文系。二炮文工团原创作室主任、中国音乐文学学会第五届副主席，《歌曲》编委。曾出任全军艺术系列高级职务评委、首届"解放军文艺大奖"评委。作词歌曲《火箭兵的梦》《阿里阿里》《祖国像妈妈一样》获全军文艺调演一等奖、中宣部"五个一工程"奖，曾在部队与社会流传。参与创作并执笔的6场歌剧《琴箫月》由原海政歌剧团在北京公演，主题曲《彩云归》曾被传唱。出版有歌词选集《蓝河谷》《太阳河》，歌词评选集《词苑履痕录》，散文选集《昨夜星辰昨夜风》，专著《中国当代歌词史》《盗天火的诗人》及所主编的《百年中国歌词博览》（A、B、C卷）。

晨 耕（1923—2001）

作曲家。满族。河北完县人。曾任北京军区战友文工团团长、艺术指导，中国音协第四届书记处常务书记。《歌曲》杂志编委，原《中国音乐家名录》主编。1937年参加八路军，后调部队文工团。1942年毕业于华北联合大学文艺学院音乐系。1949年，任开国大典军乐队指挥。1952年调北京军区战友文工团。1954至1958年，在中央音乐学院作曲系进修班学习，师从江定仙。作有歌曲《两个小伙儿一般高》《我和班长》《百灵鸟，你往哪儿飞》《歌唱光荣的八大员》《忆战友》，军乐曲《骑兵进行曲》《子弟兵和老百姓》（合作），电影音乐《槐树庄》《桂林山水》《烽火少年》（合作），《万水千山》（与时乐濛合作）等。参与大型音乐舞蹈史诗《东方红》的音乐创作，主持并参与大型声乐组曲《长征组歌》的创作（合作），其作品参加全军历届文艺汇演并获奖。歌曲

《忆战友》《百灵鸟，你往哪儿飞》分别获建国三十周年文艺作品评奖一等奖、二等奖。1984年出版《战友之歌——晨耕歌曲选》。

晨　炜（1952— ）

女音乐教育家。达斡尔族。内蒙古呼伦贝尔人。1995年毕业于内蒙古师范大学音乐系本科。历任呼伦贝尔盟民族歌舞团、大兴安岭林业文工团乐队演奏员，大兴安岭林业师范学校、内蒙古大学艺术学院音乐系教师、副教授。在《内蒙古艺术》《艺术教育》《中国音乐》等刊物发表《木库连与达斡尔民间音乐》《论音乐的文化思考》《木库连的文化价值探析》等论文多篇，编著教材《视唱练耳教程——单声部视唱》投入教学使用。曾获内蒙古高等教育教学成果二等奖。

谌国璋（1925— ）

音乐翻译家。湖北武汉人。毕业于上海的苏联商学院外语系。曾在西安音乐学院从事外语教学。译著有《我的小提琴教学法》《钢琴教学法》《小提琴经典乐曲的解释》等。

谌向阳（1965— ）

女扬琴演奏家。湖南长沙人。扬琴首席。毕业于中国音乐学院。曾获全国民族器乐比赛优秀表演奖、海内外江南丝竹比赛一等奖，乌兹别克斯坦"萨摩尔罕"国际音乐比赛最高荣誉。曾在美国卡内基音乐厅、肯尼迪艺术中心、林肯艺术中心、联合国大厦、奥地利维也纳金色大厅、法国香榭里舍大剧院演出。曾担任"全国青少年民族乐器独奏比赛""世界华人青少年艺术大赛"等评委。录制《国乐名家——谌向阳扬琴专辑》CD，发表《论扬琴左右手的配合》等文，编写出版个人专著《名家教扬琴》并出版教学VCD。

谌亚选（1918—1984）

音乐理论家。江西南昌人。清华大学数学物理系肄业。后入延安鲁艺学习音乐。曾在中央音乐学院创作研究室工作。译有《乐队指挥法》《木管乐器研究》《格林卡论》等。

成　钢（1959— ）

作曲家。河北宣化人。1976年起考入张家口地区歌舞团任二胡独奏演员，曾在多部歌剧、舞剧及音乐会中担任伴奏、独奏。1984年调入张家口市宣化区文化馆从事群众文化工作。曾参与组织各类文艺演出数百场次。常年深入基层辅导，培养二胡学生百余人。作有歌曲《祖国母亲，我爱你》《路之歌》《故乡的小河》《一生感动》等近百首。河北省张家口市音协副主席，政协张家口市宣化区常委，获张家口市"德艺双馨"文艺家称号。

成达泰（1952— ）

男高音歌唱家。山东济南人。先后毕业于解放军理工大学工程系、中央党校经济管理系。在歌剧《不准出生的人》《江姐》《星光啊星光》《霜天红叶》《春夜晚灯》《野蔷薇》《芳草心》《洪湖赤卫队》中饰扎西、甫志高、祝光明等。在众多重大演出中担任独唱、重唱、领唱。在全军文艺调演、福建青年歌手大奖赛中获各种奖项，1986年演唱《两地书，母子情》获北京合唱节一等奖，优秀表演奖。

成方圆（1960— ）

女歌唱家。湖南人。1980年毕业于中央音乐学院附中二胡专业。后入中央乐团任演奏员。1981年入东方歌舞团为独唱演员。全国青联委员，中国音协第六届理事。录有《成方圆独唱专集》盒带，《在夏季里》等唱片专集。

成公亮（1940— ）

古琴教育家。江苏宜兴人。1960年毕业于上海音乐学院附中古琴专业，1965年毕业于上海音乐学院民族音乐理论作曲系。曾在南京艺术学院音乐系任教。

成嘉佑（1924—已故）

女声乐教育家。四川成都人。1946年毕业于金陵女子文理学院音乐系。1950年肄业于美国爱沃华州立大学研究院声乐专业。曾任西安音乐学院声乐系副主任。译配外国歌曲《卡咪娜》，歌剧《波西米亚人》第一幕。

成建平（1950— ）

女指挥家、作曲家。山西临县人。1968年任部队文化干事并在文艺宣传队担任乐器演奏员、作曲、指挥兼创作组长，有大量音乐作品演出或发表。后任西安市莲湖区少年宫高级音乐教师、陕西省小天鹅艺术团副团长兼少年交响乐团团长。创作的舞蹈音乐《真好玩》获全国少年儿童歌舞作曲二等奖。1989年指挥少年交响乐团获陕西省艺术节演奏一等奖，同年十月举办首场交响音乐会。1997年参加全国城区少年宫汇演获一等奖。曾率团赴芬兰、德国文化交流演出。

成静忠（1947— ）

双簧管演奏家、教育家。山西榆社人。1970年考入武汉军区胜利歌舞团。后师从双簧管演奏家、教育家张问仁学习双簧管演奏艺术。先后担任胜利歌舞团双簧管首席、乐队队长、歌舞队教导员。1986年调至济南军区司令部组建军乐队。1988年率军乐队参加全国第一届城运会和全军军乐行进表演。哈尔滨对外贸易公司总经理，市外贸系统工会文体部长。

成露霞（1952— ）

女音乐教育家。河北石家庄人。1979年毕业于河北师范大学艺术系。曾在石家庄第二中学任教。1992年始在河北师范大学音乐学院任教，后任院长、教授。撰有《高师音乐教育要注重师范性》《围绕成长目标，实施素质教育》《论音乐与文字的关系》等十余篇文章。曾参加全国中学音乐课本的编写工作（六册），著有《中学教学模式与方法》（获省"九五"重点图书奖），《音乐教育研究》（获省文艺振兴奖一等奖），1991年组织两千多名学生参加全国"我向党来唱支歌"音乐知识竞赛获集体一等奖、个人组织奖、园丁奖。2008年获河北师大"教书育人"模范教师称号。

成锡智（1943— ）

　　作曲家。陕西汉中人。1966年毕业于西安音乐学院作曲系。曾任中国煤矿文工团创作员。作有电视剧音乐《麦客父子》《李信与红娘子》。

成晓芳（1961— ）

　　女高音歌唱家。山西人。山西省歌舞剧院交响乐团副团长。民盟山西省委文化工作委员会副主任。1982年毕业于山西大学艺术系。1984年入山西省歌舞剧院任独唱演员。在歌剧《初恋时我们不懂得爱情》《山婚》《刘胡兰》《酒干淌卖无》中担任女主角。1992年获山西省青年歌手电视大奖赛"最佳歌手"称号。

程　波（1953— ）

　　歌唱家。山东人。1979年入中国歌剧舞剧院歌剧团任演员。1981年入中国音乐学院声乐系进修。1983年起先后入中央乐团社会音乐学院，日本东京师大音乐系、洗足学园大学歌剧研究所学习。1989年在日本组建中国民族歌舞团任团长。曾在歌剧《救救她》《白毛女》《原野》《六斤县长》中饰演主要角色。在音乐舞蹈史诗《中国革命之歌》中担任领唱、独唱。演唱有《火车开进柴达木》《咱们的人民铁道兵》。曾组织策划日、中合作的歌剧《徐福的传说》，并饰演秦始皇。

程　池（1971— ）

　　钢琴演奏家、音乐制作人。陕西西安人。1993年毕业于中央音乐学院钢琴系。中国广播合唱团钢琴演奏员。参与过实景演出《印象·刘三姐》的音乐创作，并为电视剧《不能没有你》《大宋提刑官》《夫妻时差》，电影《绿茶》《妈妈》《猜猜猜》等多部影片创作主题音乐。1996年创作新概念音乐获中音新音乐比赛优秀奖，与三宝合作音乐剧《新白蛇传》，合作演出《勃兰登堡协奏曲》，2001年合作完成"三宝个人作品音乐会"。纪录片《作家与城市》《发现曾侯乙墓》《中国故事》（获星光杯银奖），电视剧《落差》、舞蹈《拓疆》。

程　浩（1926—已故）

　　女高音歌唱家。江西新建人。毕业于国立中央大学艺术系。曾任中国音乐学院歌剧系声乐教研室副主任。

程　宏（1923— ）

　　作曲家。陕西临潼人。1938年在陕甘宁边区师范学习，1939年毕业后分配到八路军后方留守兵团政治部宣传队，1943年调地方文艺单位工作。1950年在中央音乐学院进修，1952年毕业时谱写歌曲《新中国力量大》（西雅词），1953年获全国歌曲创作二等奖。此后一直在文艺单位从事伴奏、演奏及作曲。作品有秦腔音乐设计《王贵与李香香》等。曾在银川市文化局任领导工作。1985年任文化局顾问、宁夏回族自治区音协顾问。

程　恺（1940— ）

　　作曲家。山东曲阜人。1961年入中央音乐学院作曲系。1968年入中央芭蕾舞团任作曲。作有歌曲《毛主席是咱社里人》《一个美丽的传说》《木鱼石的传说》（合作），芭蕾舞剧音乐《草原儿女》，电视连续剧音乐《爱新觉罗·浩》及套曲《在夏季里》。出版有歌词集。

程　良（1932—1996）

　　作曲家。山西祁县人。曾在祁县、榆次市地方剧团及晋中文化局音工组任作曲、指挥，曾为晋中音协主席。为古装戏《何巧娘》《风筝误》《赚文娟》，现代评剧《她们》《正姑娘》，晋剧《胭脂案》《社长的女儿》《琼花》音乐设计及作曲。歌曲《大寨的山，大寨的水》《插稻秧》《月是故乡明》《咱们都是队里人》《晋阳之秋》《清粼粼的汾水欢腾地流》《潇河水村边边上流》等刊发或播出。搜集整理有《左权民歌180首》。

程　麟（1945— ）

　　音乐教育家。湖北武汉人。曾任武汉市第一师范教师。1985年毕业于武汉音乐学院师范教育部，曾任兰州军区文工团及湖北省荆州地区文工团乐队演奏员。作有歌曲《望月》，七场歌剧《柳直荀》以及花鼓戏《海峡情》等，参加过全国第四届大学生运动会开幕演出管乐团的组建与训练。编著出版教材《小学歌曲与伴奏》等六部，发表《演奏教学法的实用价值与运用》等文，并获曾宪梓教育基金中等师范学校教师奖。

程　羚（1962— ）

　　女小提琴演奏家。安徽宿州人。1984年毕业于安徽师大艺术系，后入安徽省歌舞剧院交响乐团任演奏员。撰有《浅论器乐演奏艺术》等文。与中外指挥家合作演奏数百首中外著名乐曲及影视歌剧、舞剧、名曲名段，多次参与海内外著名交响音乐会。培养小提琴学生数十人在省市比赛中获奖。本人多次获优秀教师、优秀园丁奖。

程　龙（1964— ）

　　作曲家。黑龙江鹤岗人。毕业于哈尔滨师大音乐学院音乐教育系，师从汪立三等。南通大学音乐系理论作曲副教授。作有歌曲《我向往的地方》《师乡之歌》《红铜鼓》《山歌作嫁妆》《节日的歌》《欢乐的海》《咱在党旗下举过手》，分别在《歌曲》《儿童音乐》《音乐生活》《音乐周报》等音乐报刊上发表，并分别在"中国之春"等全国性歌曲征评中获奖。《天上的卓玛》《良宵》《神州舞台展风采》曾在中央电视台播出。

程　路（1953— ）

　　歌唱家。河北乐亭人。1985年毕业于上海音乐学院，师从周小燕教授。任教于星海音乐学院声乐系。曾在黑龙江省歌舞团、福州军区前锋歌舞团、哈尔滨歌剧院任声乐演员兼教员。1985年始先后获文h部、中国音协举办的全国聂耳·洗星海声乐作品大赛特别奖，"金龙杯"全国歌手邀请赛专业组银奖及黑龙江省政府颁发的文艺大奖。曾赴西班牙学习意大利歌剧、赴意大利佛罗伦萨留学，后获意大利第四届马里奥·德尔·莫那柯国际歌剧歌唱家比赛特别奖。曾两次举办个人独唱音乐会。

程 牧（1959— ）

作曲、指挥家。满族。辽宁沈阳人。1983年毕业于西安音乐学院。1986年赴上海音乐学院进修作曲、指挥。中国音协第六、七届理事，宁夏音协副主席、宁夏大学音乐学院教授。曾指挥舞剧《西夏女》，钢琴协奏曲《黄河》等多台大型文艺演出。创作《西夏组曲》《弦歌》《红绿蓝畅想曲》等多部器乐曲和舞蹈音乐。其中舞蹈音乐《口弦舞》《山盼盼》，歌曲《流云溪水》《山丹情》《祖国，心中的太阳》《呼唤》分别在全国各类比赛中获奖。

程 娜（1925—已故）

女钢琴教育家。河南开封人。1949年毕业于燕京大学音乐系。先后在师大音乐系、北京艺术学院、中国音乐学院、中央音乐学院任教。编有钢琴教材多册。

程 泰（1935— ）

音乐编辑家。湖北应城人。先后在江汉军区文工队、湖北军区文工团、湖北省文工团乐队任演奏员。1958年任黄石人民广播电台文艺部主任兼音乐编辑，制作音乐专题节目、撰写大量中外音乐名家名作评介文字，发表音乐评论文章八十余篇，创作、翻译歌曲及搜集整理民歌多首。1984年任黄石市文化局局长。创建黄石市音乐、舞蹈中等文化艺术学校。1985年倡议并举办湖北省辖七市声乐金杯大奖赛。

程 维（1955— ）

歌唱家。天津人。1972年入天津人艺任歌剧演员。1983年毕业于中央音乐学院声系。后在中央歌剧院工作。在歌剧《艺术家生涯》《费加罗的婚礼》《卡门》《蝴蝶夫人》中扮演角色。

程 焱（1953— ）

歌词作家。山东人。中国工商银行甘肃分行宣传处干部。1979年入中国人大攻读文艺理论专业研究生，同年转入兰州大学攻读中国现代文学史专业研究生。所作《山嫂子赶集》获"陕西省优秀歌曲征集评选"一等奖，《风筝在飘》《天上一朵云彩》《宝葫芦》分获甘肃省"优秀少儿歌曲征集评选"二等奖、三等奖，歌词《一样的心愿》获《歌曲》编辑部、中国文联出版公司联合举办的"如意杯"成才之路大赛金奖。歌曲《山雀雀》《老祖父》《蛇女》等十余首录入盒带出版发行。

程 燕（1959— ）

女歌唱家。黑龙江哈尔滨人。河北保定市群艺馆开拓部主任。1982、1993年分别毕业于河北师大艺术系、中央音乐学院声歌系。十次在全国省市级声歌比赛中获奖，其中2001年获河北省"燕赵新苗奖"比赛一等奖，2006年获第五届全国"四进社区"文艺展演铜奖，2000年获河北省青年业余歌手电视大赛组织奖与校园歌手比赛辅导奖，2006年获中国音乐学院全国艺术水平考级大赛北京赛区优

秀园丁奖。

程 云（1920— ）

作曲家、音乐理论家。安徽灵璧人。1938年起历任延安青年艺术剧院作曲、指挥、乐队队长，武汉歌舞剧院院长，中央歌舞团总负责人，中共武汉市委宣传部副部长等职。曾为中国音协第一、二、四届常务理事，第三、四届民族音乐委员会副主任，音协武汉分会主席。发表音乐理论、艺术译论文章数百篇。音乐作品主要有《红绸舞》《牧马舞曲》《正月十五闹元宵》。编导的大型歌、舞、诗、乐《九歌》曾获文化部第四届文华奖和中宣部"五个一工程奖"。获第二届中国音乐"金钟奖"终身成就奖。

程 志（1946— ）

男高音歌唱家。湖北红安人。1965年入总政歌舞团工作。毕业于中央音乐学院歌剧系。在歌剧《伤逝》中任主角，在音乐舞蹈史诗《中国革命之歌》中任独唱、领唱。

程安国（1955— ）

歌词作家。安徽颍上人。中国艺术研究院特邀创作员、安徽省音乐文学学会副主席、阜阳市音协副主席、《徽风》词刊主编。先后在《词刊》《解放军文艺》等报刊和电台、电视台播放有大量文艺作品，有百件作品获奖。《出门远行》《大妈》《中国民俗》《山村》连续四年入选《中国年度最佳歌词选》。作词歌曲《幸福水流到小湾河》《一腔热血铸忠诚》《田野的春天》《思乡谣》等由张华敏、阎维文等演唱。出版歌词集《有一条美丽的河》《中国龙》。

程必呈（1944— ）

音乐教育家。陕西安康人。1964年始任陕西省安康师范学校音乐教师。1986年任安康市音协主席。在从事音乐教学、分管音体美教学期间购置百余台钢琴，于1987年始开设音乐专业班，成为全市培养小学教师和基层文化工作者的基地。并开设成人专科教学点。组织、策划安康"龙舟节"、电视文艺晚会、演出活动。

程昌福（1954— ）

民歌演唱家。四川江津人。在重庆市歌舞团工作。1985年获全国"聂耳·冼星海声乐作品演唱比赛"民族唱法组铜质奖，1986年获全国青年首届民歌通俗歌曲比赛优秀奖。

程春春（1952— ）

女音乐教育家、作曲家。安徽绩溪人。毕业于杭州师范学院音乐系。浙江衢州二中高级音乐教师。浙江省儿童音乐学会副会长，衢州市音协副主席。培养许多音乐人才，数十人考入中国音乐学院、上海音乐学院、中国传媒大学等院校。撰写、发表多篇论文。百余首歌曲在各地发表、播放、演出或获奖。其中《酒窝》《小马过河》《金项链之歌》《雨中小花伞》在全国评选中获奖。出版有儿童声乐套曲专辑《坐上火车去香港》《中华少年手拉手——程春春校园歌曲选》《雨中小花伞——程春春儿童歌曲

选》CD专辑。曾获"浙江省巾帼建功标兵""全国优秀音乐教师"等称号。

程大明（1964— ）

次中音号演奏家。辽宁岫岩人。1977年入解放军军乐团学员队学习次中音号，1985年入解放军西安政治学院法律系学习，1999年入解放军艺术学院学习文学创作。历任军乐团学员队班长，三、二队演奏员，声部长、一队副队长。参加多届党代会、全国人大、政协和迎送各国首脑及外宾的礼仪演奏。参加建国35周年大典、双拥文艺晚会、全军文艺汇演、世纪大阅兵、世界军体理事会、亚运会等国内外重大庆典的演奏、演出活动。随团出访泰国、芬兰、新加坡、法国及香港、澳门。

程大兆（1949— ）

作曲家。山东人。毕业于西安音乐学院作曲系作曲专业研究生。广州珠江电影制片厂作曲、西安音乐学院客座教授、中央民族乐团特邀作曲、中国音协第五、六届理事、广东音协副主席、广东省政协委员。曾创作管弦乐作品三十余部，电影、电视剧音乐《周恩来》《邓小平》《情满珠江》《英雄无悔》等八十余部，论文十余篇。《第二交响曲》，电视剧音乐《神禾塬》，歌剧《芦花白木棉红》《第三交响曲》，舞剧《丝道随想》，民族管弦乐《老鼠取亲》，分别获"飞天奖""全国歌剧优秀作曲奖""全军第七届文艺汇演作曲一等奖""全国第九届音乐作品比赛一等奖"。先后两次举办个人交响音乐作品音乐会。1995年被广东省授予"优秀中青年文艺家"。

程东明（1943— ）

二胡教育家。安徽定远人。曾任安徽音协理事，省民族弓弦乐委员会副会长。1967年毕业于合肥师范学院艺术系音乐专业。曾在全椒县任中学音乐教师、县剧团团长、文化馆馆长兼戏剧编曲和音乐工作。1987年调任滁州师专（现为滁州学院）音乐系副主任，讲授二胡、中国音乐史等课程。2003年受聘于中国音协为全国社会艺术水平高级考官。2003年分别获中国音协二胡学会、安徽省委宣传部等部门颁发的"园丁奖"荣誉证书。

程光华（1927—已故）

作曲家。满族。辽宁沈阳人。1947年毕业于东北大学文学院音乐系，任东北鲁艺工作团小提琴演奏员。曾任宁夏歌舞团业务团长、中国音协常务理事、宁夏音协副主席、自治区政协常委。撰有《二胡演奏法》及译文《乐器的管理与维修》。作有管弦乐《丰收组曲》，歌剧音乐《塞上星火》，电影音乐《农垦新歌》，电视剧音乐《塞上烽火》，舞蹈音乐《口弦舞》，声乐套曲《塞上谣》。曾对现代评剧《小女婿》的唱腔进行改革（与苏扬合作），该剧1952年获文化部全国戏曲观摩会演音乐奖。

程桂兰（1955— ）

女歌唱家、歌剧表演艺术家。北京人。1970年入伍，毕业于解放军艺术学院音乐系。1974年入南京军区前线歌舞团，1992年调总政歌剧团任副团长。第六届中国音

协理事。曾主演歌剧《党的女儿》和音乐剧《芦花白，木棉红》。获第15届全国戏剧梅花奖、全军第六届文艺汇演表演一等奖、上海戏剧白玉兰奖主角奖、全国戏曲大赛金奖。曾赴美国、加拿大、德国等数十个国家演出。首唱歌曲《太湖美》流传甚广。被总政治部表彰为"热心为兵服务的文艺战士"，中国音协首批"德艺双馨"会员。

程红奕（1972— ）

女大提琴演奏家。回族。山东章丘人。中国广播艺术团电影交响乐团演奏员。1991、1995年先后毕业于吉林省艺术学院音乐系和中央音乐学院管弦系。参加本团所演奏的大量中外名曲和各种不同形式的演出。

程化栋（1927— ）

作曲家。河北人。1944年参加冀中军区火线剧社，1946年至三纵队前哨剧社，1949年调十九兵团文工团，1951年参加抗美援朝，1955年调铁道兵文工团。历任乐队、合唱队队长，文工团副团长、指挥、创作组长等职。曾在中央音乐学院、上海音乐学院学习。作品有《英雄的队伍在前进》《机制灵活的小部队》《红旗插上老秃山》等获志愿军汇演一等奖，《请喝一杯酥油茶》《金珠玛米亚古都》《革命熔炉火最红》（合作），并为多部影视剧、歌剧、舞蹈作曲配乐。部分作品制成唱片、光盘发行。

程惠生（1934— ）

小提琴演奏家。安徽宿州人。安徽音协小提琴委员会常务理事，中国音协小提琴考级评委，安徽音协第二、三届理事。曾任省音协小提琴考级和重要比赛评委。早年曾在中央音乐学院和上海音乐学院进修小提琴。先后任治淮委员会政治部文工团、省歌舞团、芜湖地区歌剧团乐队队长、指挥兼首席小提琴。指挥作品有《红霞》《江姐》《货郎与小姐》《雷峰塔》等歌剧、舞剧作品十多部。独奏、重奏《二泉映月》《云雀》《莫扎特弦乐小夜曲》等。撰写《论演奏与演奏员修养》等文。

程建林（1949— ）

歌词作家。内蒙古赤峰人。内蒙古文化音像出版社社长、总编。1985年毕业于内蒙古师范大学中文系。曾任赤峰市京剧团演奏员，赤峰市文化局艺术科副科长、科长，赤峰市民族歌舞团团长，内蒙古电影制片厂厂长。上世纪80年代初期开始歌词创作，已创作各类歌词二百余首，作品有《深深牧人情》《草原魂》《啊，草原》《这一天》《骏马与草原》《还是那金杯银杯》等。多首作品在《歌曲》《草原歌声》上发表并在内蒙古电视台和中央电视台播出并获各种奖励。

程建平（1954— ）

手风琴教育家。山西人。1982年毕业于河南大学音乐学院。后任华南师范大学音乐系主任、教授、硕士生导师。广东音协理事。发表论文四十余篇、音乐作品十余首（部），参与编写教材4部，其中《高师专科音乐专业教学改革的实践与思考》《关于师范音乐教育改革的构想》获全国论文一等奖、《高师艺术教育改革实验与研究》获广

东省优秀教学成果一等奖。任《中小学音乐教科书》副主编，《全国普通高中音乐教科书》主编。

程静子（1918—1983）

女音乐教育家。江苏人。1941年上海国立音专肄业。1942年起先后在福建国立音专和重庆国立音乐院声乐系任教。1950年入中央实验歌剧院、1957年入中央音乐学院附中教声乐。

程俊明（1934— ）

琵琶演奏家、教育家。陕西人。曾任中国琵琶研究会北京市副组长。1956年考入中央音乐学院民族音乐系琵琶演奏专业，毕业后在中央民族乐团担任琵琶独奏演员、声部长、琵琶首席和音乐指导。曾先后在西北民院艺术系、西北师大任教。创作的琵琶合奏曲《报喜》《社会主义好》《我们要和时间赛跑》在中央人民广播电台播放，《老六板变奏曲》录制成唱片，创编的小合奏《晋南郿户》多次为外事活动和国家领导人演出。1997年应邀赴伦敦参加香港回归音乐会。

程立炎（1938— ）

二胡教育家。湖北新洲人。1963年毕业于西安音乐学院民族管弦乐系二胡专业。在陕西省汉中市群众艺术馆任馆长其间从事民族民间音乐收集、整理、研究。副研究馆员。主编有《汉中端公戏音乐》《汉中器乐曲集》，参与主编的有《汉中民歌集成》《汉调桄桄戏音乐》。发表论文及音乐作品二十多篇（件），在群艺馆和陕西理工学院艺术系兼任二胡教师。

程烈清（1944— ）

作曲家。江西人。作有清唱剧《还魂曲》获北京第二届合唱节二等奖，《荆钗记》获全国首届新剧目"文华奖"，高安采茶戏《木乡长》配器获全国"五个一工程"奖，吉安采茶戏《远山》获全国"五个一工程"奖，戏剧电视剧《孙成打酒》获全国戏曲"飞天奖"，戏剧电视剧《竹乡女人》获全国戏曲"飞天奖"，《月照松林美如画》获首届全国中华戏歌大赛作曲一等奖。

程玫玫（1959— ）

女歌唱家。河南三门峡人。河南省三门峡市外国语中学音美组高级教师。1988年毕业于河南大学音乐系。1987年获河南省纺织系统业余歌手选拔美声组第一名。1988年获河南省第四届"黄河之滨"声乐大赛特别奖，1995年获中华全国卡拉OK大赛河南赛区美声组二等奖。

程美德（1917—1961）

女钢琴教育家。湖北武汉人。1938年毕业于南京金陵女子文理学院钢琴系。曾在缅甸仰光、澳门、上海、重庆等地任教。1945年赴英国伦敦深造。新中国成立后为中央音乐学院钢琴系副教授。

程明秦（1944— ）

作曲家。安徽人。1968年毕业于沈阳音乐学院作曲系。历任沈阳军区歌舞团、基建工程兵文工团指挥。曾在武警文工团工作。创作并指挥歌剧《菊花岛》《红井》《丹心颂》。

程南豪（1924— ）

作曲家。江西南城人。1947年毕业于江西音乐专科学校。1951年入上海音乐学院进修。曾任江西省赣剧团作曲、省文艺学院音乐系副主任、省戏校戏曲音乐教研组长、《中国民间歌曲集成》及《中国戏曲音乐集成》（江西卷）编审。

程茹辛（1925—1990）

作曲家。江苏滨海人。1950年毕业于上海音乐学院音教班。曾任《江苏音乐》主编。作有歌曲《江南农民翻身大合唱》《三杯美酒敬亲人》，撰有《二泉映月音调渊源探索》《民间乐语初探》等。

程汝洲（1926— ）

管子演奏家。河北沧州人。全总文工团歌舞团演奏员。熟悉河北民间器乐曲，创编有《河北梆子》《逛新城》等管子独奏曲。改革制作的中音篌管，曾参加中国音协举办的乐器改革展览会。多次参加全国民间音乐舞蹈会演、全国产业文工团会演等演出活动并获奖。演奏的管子曲目由电台、电视台播放。

程瑞征（1924—2008）

作曲家。山西长治人。曾任天津音协副主席。1937年在山西参加牺牲救国同盟会。1940年在延安鲁迅艺术文学院学习与工作。1945年起在张家口华北文工团，联大文工团任团员、教员。新中国成立后，历任北京、华北文联、华北音工组创作员、组长及天津市文化局群众文化处长，兼任天津市群众艺术馆馆长、市文化局党委常委、副局长等职。1954年在天津市中央音乐学院进修班学习。作有歌曲《工厂之歌》《节日圆舞曲》等。

程寿昌（1935— ）

指挥家。曾在海军政治部歌舞团工作。曾任上海芭蕾舞团指挥。

程书援（1954— ）

作曲家。河南商城人。驻马店市文联副主席。1984年毕业于河南大学政治教育系。曾任空军某部宣传队副队长。歌曲《携手新世纪》获河南省第五届"五个一工程"奖，歌曲《楼上楼下》《麦子熟了》分获2004年、2005年河南省第六、七届"五个一工程"奖，歌曲《豫剧声声》获河南省第十一届创作歌曲评奖一等奖，2001年河南省委宣传部授予其"河南省优秀文艺工作者"称号，并被省人事厅、省文联表彰。

程淑安（1932— ）

女声乐教育家。江苏南京人。1953年毕业于南京师范学院音乐系。曾在南京师范大学音乐系任教、声乐教研室副主任。撰有《喉头稳定对歌唱的作用》《歌唱的呼吸》，译有《男声的训练》等。

程树生（1945— ）

音乐编辑家。湖南安乡人。1969年起任湖南电台音乐组组长、文艺部副主任、文艺台副总监。1983至1985年在湖北艺术学院作曲系学习，后为电台业务指导，湖南省音协理事。所采编的音乐专题《大山恋歌》获1994年中国广播文艺一等奖，省"五个一工程"奖。歌曲《共和国礼赞》《山里的哩哩》与音乐专题《龙笛凤箫奏千秋》均获1998年中国广播文艺三等奖。歌曲《花蕊上跳动的旋律》《田野上飘来的音符》《七月抒怀》《月是故乡明》均获省广播电视优秀节目一等奖。写有多篇歌评文章，编有《歌曲创作广播讲座》系列节目。

程天健（1954— ）

音乐教育家。陕西人。西安音乐学院音乐学系中国音乐教研室主任、副教授、硕士生导师，中国民族管弦乐学会竹笛专业委员会理事。1982年毕业于西安音乐学院中国乐器演奏系。1997年毕业于西安音乐学院音乐学系获音乐学硕士学位。发表有民族音乐研究论文数篇。著有《长安古乐谱》《长安古乐研究论文选集》《中国民族音乐概论》。1991年随长安古乐团出访欧洲六国。1997年赴台湾参加"台北市传统艺术季"。1999年赴乌兹别克斯坦参加第二届国际音乐节。2003年赴马来西亚吉隆坡出演"秦风秦韵"民族音乐会，担任笛、箫演奏。

程午嘉（1902—1985）

琵琶教育家。上海人。1928年毕业于上海复旦大学。后在上海、北京、南京等地从事国乐演奏。1945年始从事音乐教学工作，主授琵琶。新中国成立后历任山东大学、华东艺专、南京艺术学院教授。

程希逸（1916— ）

声乐教育家。江西新建人。1947年毕业于重庆国立音乐学院声乐系。新中国成立前参加抗日救国音乐、戏剧活动暨任中学、专业学校音乐教师。建国后在中央音乐学院音工团、中央乐团任教育科长、教研组长。1956年调四川音乐学院任声乐系副教授、教授、副系主任。多年来培养大批优秀歌唱家、声乐教授及音乐工作者。

程湘君（1931— ）

女音乐编辑家。浙江东阳人。1949年始从事音乐工作。1959年毕业于上海音乐学院声乐系。曾任中央人民广播电台民族部主任编辑。

程霄龙（1964— ）

大管演奏家。回族。山东章丘人。吉林歌舞剧院交响乐团演奏员。1988年毕业于吉林艺术学院。1999年获省第三届中青年器乐比赛三等奖。与美国、俄罗斯及国内的指挥家合作演出多场交响音乐会。

程晓峰（1957— ）

音乐教育家。江西婺源人。婺源紫阳一小工会主席、

督导处主任。在教学的同时从事作曲、歌唱、指挥及钢琴、电子琴、手风琴、二胡、京胡演奏。培养大批音乐人才，有六十余首作品在各类报刊发表或获奖。曾出任大型庆典活动合唱指挥，并获得政府嘉奖。

程晓凤（1966— ）

女高音歌唱家。重庆人。四川音乐学院声乐二系副教授。1991年毕业于四川音乐学院声乐系，2002年结业于本院研究生班。撰有《论声乐随想曲 春江花月夜 的意境美》《论歌唱力度的运用》等论文。1998年获西南六省（区、市）优秀歌手电视大奖赛美声组银奖。1997、2007年先后在四川音乐学院音乐厅举办"程晓凤、江向乐独唱音乐会""程晓凤副教授独唱音乐会"。曾在歌剧《弄臣》选段《天之骄子》中演唱吉尔达。

程晓华（1970— ）

长笛演奏家。北京人。中国爱乐乐团长笛副首席。1982年考入中央音乐学院附中管弦乐科，1992年毕业于中央音乐学院管弦系。同年调入中央歌剧院任乐队首席长笛。中国爱乐乐团成立后任乐团长笛副首席。曾演奏《图兰朵》《蝴蝶夫人》等十余部歌剧，并演奏贝多芬、马勒、勃拉姆斯、柴科夫斯基及国内作曲家的作品。

程欣民（1955— ）

指挥家。黑龙江哈尔滨人。毕业于中央音乐学院指挥系。1970年考入省杂技团乐队，兼任作曲、指挥。1986年任黑龙江省歌舞剧院交响乐团与民族乐团指挥。受聘于哈尔滨师范大学艺术学院和省艺术职业学院。曾率哈尔滨音协合唱团赴俄罗斯、台湾等地演出专场音乐会。2000年参加中国"国际合唱节"获银奖。指挥省歌民乐团与台湾高雄市国乐团联袂演出《华夏乐韵两岸情》。2002年获省音协"红天鹅杯"合唱比赛金奖。在历年新年音乐会和"哈尔滨之夏"等音乐会上，指挥交响乐团演奏莫扎特、贝多芬、勃拉姆斯、柴科夫斯基等作曲家的经典作品。

程新春（1932— ）

女大提琴演奏家。辽宁海城人。1949年入中国青年艺术剧院乐队任大提琴首席、曾任中央歌剧院大提琴首席、全国大提琴学会理事。

程学勤（1938— ）

黄梅戏作曲家。安徽安庆人。1954年入安庆市黄梅戏一团，任作曲与主胡演奏。其作曲的剧目有《朱门玉碎》《红霞万朵》《公主与皇帝》《王熙凤与尤二姐》《卖油郎》《泪洒相思地》《黄山情》《山乡情悠悠》等。近二十本大、小剧目录制成VCD。历年来获省级以上奖项有作曲奖、"金鹰奖""飞天奖""天安奖"、美国南海"金猴奖""华表奖"等。先后为黄梅戏谱曲的大、小剧目近二百部。

程学勇（1956— ）

音乐教育家。河北昌黎人。毕业于河北师范大学音乐系。河北科技师范学院艺术学院副院长、副教授。河北省

音乐教育专业委员会理事、秦皇岛市器乐协会理事。1975年从事音乐教育工作，并组织、指挥乐队、合唱队及大型演出。指导的军乐队、民乐队、合唱队曾多次在省、市级比赛中获奖，并有多篇论文获奖。为河北省优秀教师。

程义浩（1949— ）
歌词作家。湖北京山人。曾任县文化馆长、戏剧创作室主任、县文联常务副主席，省音乐文学学会副会长。发表歌词作品多次获奖。《请到我们山里来》入选中国音协"建设者之歌"音乐会，《我们和九十年代握手》获全国首届"九十年代之歌"一等奖，《我是农民》获全国征歌"最佳作品"奖，《蝴蝶》由中央电视台作为"每周一歌"播放，并获全国第五届音乐电视作品铜奖，《思念你，我的蝴蝶》入选中央音乐学院辅助教材《中国独唱歌曲选·5》。

程义明（1932— ）
指挥家。山东东平人。总政军乐团原副团长。1946年从事部队文艺工作。曾就读于军乐学校、中央音乐学院指挥系。曾担任国庆大典联合乐团总指挥，并参加《东方红》《椰林怒火》指挥组。歌曲作品有《打过长江去，解放全中国》《怀念罗荣桓》等。为管乐谱《中华人民共和国国歌》配器。发表论文《谈音乐表演艺术的"两重性"》《现代管乐艺术》等。离休后辅导业余管乐团和指挥教学。

程音章（1925—1999）
作曲家。河北安平人。1944年入延安鲁艺学习。1953年入上海音乐学院进修。曾任总政军乐团副团长。作有歌曲《两地梦》《欢乐的手风琴》，器乐曲《运动员进行曲》（合作），《向国防现代化进军》。

程永华（1955— ）
单簧管演奏家。河南偃师人。1974年毕业于总政军乐团学员队，后任该乐团演奏员。先后参加录制外国名曲集、宴会用曲、进行曲等多盘盒带和CD。圆满完成每年"两会"的演奏任务。曾在欢迎外国元首的国宴上独奏"云雀"。获第七届全军文艺汇演个人演奏一等奖。

程玉忱（1961— ）
双簧管演奏家。山东黄县人。1981年始在哈尔滨歌剧院交响乐团任演奏员。1995年毕业于上海音乐学院干修班管弦系。同年举办程玉忱独奏音乐会，演奏圣-桑《奏鸣曲》，斯特拉文斯基《三首无伴奏曲》，莫扎特《A大调协奏曲》等。与众多指挥家合作演出肖斯塔科维奇《第五交响曲》，德沃夏克《第九交响曲》，贝多芬《第九交响曲》《第五交响曲》，黄安伦的交响诗《巴颜喀拉》等。在1997年新年音乐会中担任单簧管独奏，演奏格什温《兰色狂想曲》，同年举办木管五重奏室内乐音乐会。

程远谟（1936— ）
声乐教育家。黑龙江哈尔滨人。1961年任黑龙江省歌舞剧院声乐演员。曾获黑龙江省委宣传部、省文化厅、文联颁发的荣誉证书。在长期的教学生涯中，为祖国乐坛培养了许多优秀人才，被授予"黑龙江歌坛回顾"（1977—1997）群星荟萃大奖和组委会优秀园丁奖。曾受聘于北京市朝阳区文化馆培训部，并出任声乐大赛评委。

程远誌（1942— ）
声乐教育家。黑龙江哈尔滨人。1960年入总政歌剧团。1979年入解放军艺术学院音乐系任教。曾在歌剧《杜鹃山》《傲蕾·一兰》中担任主要演员。1977年在全军第四届文艺汇演中主演歌剧《狂飙曲》获个人表演奖。

程蕴华（1929— ）
女音乐教育家。江苏常州人。1956年毕业于南京师范学院音乐专修科。曾在江苏无锡师范任教。编有《小学音乐科教学参考资料》及中师音乐教材。

程振福（1932— ）
音乐教育家。浙江人。曾任西北师院音乐系民乐教研室主任，副教授。1958年北京艺术师范学院音乐系毕业。曾获西北师院科研三等奖、西北师院优秀教师奖。撰有论文《二胡的换把》。多年来从事二胡、视唱练耳、民族打击乐及民乐合奏的教学。

程志勇（1948— ）
打击乐演奏家。辽宁沈阳人。1960年就读于辽宁省戏曲学校。先后在沈阳市青年文工团、铁道兵政治部文工团、中国歌剧舞剧院民族乐团任打击乐演奏员。参加演出《智取威虎山》《红灯记》《杜鹃山》等现代京剧，先后参加文化部慰问团赴西藏庆祝解放20周年、赴云南老山前线、赴新疆导弹发射场基地以及文化部"心连心"艺术团（山西）的演出，分别担任木琴独奏、首席定音鼓。

程卓如（1918—1966）
女音乐教育家。江苏吴县人。1941年毕业于金陵女子文理学院音乐系。曾任中学钢琴教师。1951年入上海音乐学院，历任该院附属少年班主任、视唱练耳教研组主任，附中副校长、副教授。

池 驰（1933— ）
女民歌演唱家、教育家。四川人。1954至1973年在铁道部二局文工团任独唱演员，曾任副团长。先后师从四川清音名家李月秋和歌唱家郭兰英学习。1962年入四川音乐学院进修声乐。1957、1958年两次被文化部推荐赴日本访问演出。1960年在贵州省音协举办的民歌、器乐比赛中获民歌独唱一等奖，被评为贵州省文教群英会文化工作先进工作者，获贵州省人民政府颁发的奖状。1977年始在四川省川剧学校从事艺术教育工作，任教务主任。

池秋实（1936— ）
音乐教育家。山东历城人。1954年毕业于抚顺师范学校。1956年于辽宁省音协举办的音乐理论专习班进修。长期从事中小学音乐教育工作。曾任抚顺市音协副秘书长、辽宁音协音乐教育委员会委员、辽宁省中学音乐教研会理事、全国中学音乐教师联谊会理事、《学校音乐》报编

委。中学音乐高级教师、省特级教师。创作歌曲《辅导员
—我们的朋友》等百余首，撰写音乐教学论文十余篇，与
他人合作编写儿童科普读物《小小学校》。1991年被国家
教委、人事部授予"全国教育系统劳动模范"称号。

池日成（1935—已故）

小提琴演奏家。朝鲜族。吉林和龙人。1951年始从事
部队文艺工作。曾赴朝鲜国立交响乐团学习。后任吉林省
歌舞剧院交响乐队首席。

池祥生（1947— ）

三弦演奏家。北京人。1966年毕业于中国音乐学院附
中。1969年入河南省歌舞团。1977年入东方歌舞团任独奏
演员。作有三弦独奏曲《劈山引水战太行》《回延安》。
录有《中州春行》盒带。

池英旭（1962— ）

笛子教育家。福建尤溪人。1983年毕业于福建师范
大学音乐学院并留校在管弦系任教。撰有《民族乐队的交
响化问题》《笛技三法》《脚踏实地，循序渐进》《竖笛
与学校音乐教育》《南音洞箫及其艺术特质初探》。著有
《福建南音》（合作）。

迟 瑛（1928— ）

音乐活动家。吉林人。1946年入辽宁军分区宣传队工
作，1952年毕业于中南军区部队艺术学院音乐系，曾任公
安军文工团指挥、中央广播艺术团管弦乐团副团长，后在
中央电视台工作。

迟 铮（1952— ）

单簧管演奏家、教育家。北京人。曾在延安县民众剧
团工作，后为西安音乐学院管弦教研室主任。1990年在单
簧管中国作品比赛中获"优秀表演奖"。撰有《单簧管教
学漫谈》，译有《初学单簧管指导》。获陕西省政府"教
学成果"二等奖。曾在台湾怀仁音乐厅举办个人单簧管独
奏音乐会。

迟德顺（1947— ）

歌词作家。辽宁大连人。先后任解放军铁道兵文工团
声乐演员、歌队队长，海军旅顺基地军人俱乐部主任。曾
入解放军艺术学院干部进修班学习。1986年调至大连市文
联，任组联部部长。辽宁音乐文学学会副主席，大连市音
协副主席、秘书长。有大量歌词、歌曲作品发表或演唱。
出版有歌词集《北方的海》《美的大海》，歌曲集《迟德
顺作词歌曲选》，磁带《谁不爱生活》以及CD《情系神
州》等。

迟福铎（1962— ）

歌词作家。辽宁瓦房店人。辽宁瓦房店日报社周末部
主任。1992年毕业于辽宁文学院文学系。作词歌曲有《大
雪原》《盐工的爱》《远离祖国的日子》《农民之歌》
《出海》等，以上作品均曾获奖。

迟海云（1962— ）

单簧管演奏家。山东海阳人。中国单簧管学会理事。
总政军乐团一队乐队首席、单簧管声部长、独奏演员。
1977年考入军乐团学员队，毕业后任演奏员。1993年毕业
于解放军艺术学院，并举办个人独奏音乐会。先后完成了
大量外事司礼演奏任务及全国人大、政协及香港回归演出
任务，曾随团赴日本、法国、德国演出和全国巡演，并多
次担任独奏。曾在98北京国际单簧管艺术节演出中独奏韦
伯《第二协奏曲》。在军乐团各种比赛、考核中多次获一
等奖。出版有个人演奏专辑。

迟淑清（1931— ）

女中提琴演奏家。山东掖县人。1947年入长春电影制
片厂。1949年调至中国电影乐团。1965年后任中央乐团中
提琴首席。1958年参加我国首演著名芭蕾舞剧《天鹅湖》
《海侠》。并随团赴缅甸、朝鲜等国演出。1987年任宋庆
龄基金会华音音乐学校教师兼校务委员和室内乐团指导教
师。合编《少年儿童小提琴系列教材》由北京海淀区教育
局出版。1988年任北京金帆交响乐团艺术指导。后任人大
附中金帆交响乐团专业指导教师。

迟运功（1943— ）

作曲家。吉林通化人。原通化市文化馆主任、书记，
吉林音协理事、通化市音乐舞蹈协会常务副主席。1962
年入沈阳音乐学院管弦系进修，1964年毕业于吉林艺术学
院音乐系低音提琴专业。曾任通化市京剧团乐队队长。作
有歌曲《老把头的歌》《这里是人参的故乡》《五千年的
古树在唱歌》等，有的获奖。曾任《中国民歌集成》通化
地区东北民歌收集领导小组成员。撰有《怎样教唱歌曲》
《漫谈音乐的精神力量》。曾创办《长白山歌曲》杂志，
并任主编。

叱培虹（1963— ）

女钢琴教育家。宁夏人。1985、1996年先后毕业于首
都师范大学艺术系音乐专业、音乐系钢琴专业。曾任青海
西宁师范专科学校、青海师范大学音乐系教师、副教授。
长期从事音乐教育工作，1995年获青海青年教师钢琴比赛
二等奖。发表《大学音乐欣赏教育中审美能力的培养》
《唐代以诗入乐的歌曲形式及乐调来源》《中西方古代哲
学思维的差异及对音乐的影响》等文多篇。

初 瑞（1960— ）

男高音歌唱家。山东莱阳人。2000年毕业于解放军
艺术学院文学艺术系。1983年始在北京军区战友文工团
歌队。1984年参加中央电视台"南国元宵歌会"演唱《灯
节》。曾参加首体大型音乐会"为修复长城"义演，赴西
藏参加庆祝自治区成立20周年活动及赴云南老山地区演
出。1989年在京举办个人独唱音乐会。1990年参加北京电
视台春节晚会、1995年央视春节晚会演唱《草原之夜》，
1997年参加"香港回归"直播演唱会。2000年拍摄《小哨
所》《中华颂歌》MTV并被中央台评为优秀奖。曾赴意大
利、法国参加庆祝中华人民共和国成立晚会等。

初 曙（1945— ）

作曲家。黑龙江人。辽宁省音协理事，本溪市音协主席、名誉主席。曾获省"优秀文艺作品年奖"、市"五个一工程"奖，省文联、省音协优秀作品奖，被省音协授予优秀指导教师称号。作有舞蹈音乐《快乐的小蜻蜓》，独唱《我和小花》《矿工妻子的深情》，合唱《我们是光荣的炼铁工人》，童话歌舞剧《善良的小青蛙》等六十余个作品在全国获奖。独唱《祝你一路平安》《我就住在画中央》，组歌《蓝盾组歌》，音乐剧《鸿雁情》等二百余个作品获省级奖。另有大型团体操音乐《腾飞吧，山城》。

初 旭（1941— ）

作曲家。黑龙江哈尔滨人。黑龙江电视台文艺部导演。曾先后在吉林广播乐团、伊春歌舞团、黑龙江歌舞团从事专业作曲。创作并发表音乐作品数百首。作有电视剧《郊外有一片绿茵》音乐等14部，广播剧《拜访无花果》音乐等12部。著有《外国音乐家漫话》。撰有《漫话乐队》等文四十余篇。编导音乐风光片《冰雪情》获全国一等奖。音乐专题片《黑土系军魂》，获"星光奖"。音乐专题片《北疆风情》《甜蜜的旋律》均获奖。

初巨光（1954— ）

小提琴演奏家。山东人。1975年毕业于广州星海音乐学院管弦系，1976年任广州交响乐团演奏员。曾与中外许多著名指挥家合作演出大量世界著名交响乐曲、中国优秀乐曲，并随团赴维也纳、法国、德国、荷兰、美国、埃及、韩国、港澳等地演出。1983年师从广州著名指挥家白村先生学习指挥，1993年受聘于广州小天使交响乐团任指导老师、指挥，并率该团在省内外演出，应邀赴马来西亚、新加坡、韩国访问演出。

初青燕（1945— ）

女钢琴演奏家、教育家。辽宁人。1960年考入北京军区战友歌舞团，长期从事演奏、伴奏、教学。曾担任音乐舞蹈史诗《东方红》《长征组歌》及全军文艺汇演等大型活动乐队伴奏，并获优秀伴奏奖。师从中央音乐学院钢琴系潘一鸣教授，主修钢琴。后担任我国著名歌唱家及合唱伴奏。多次赴日本、香港等地演出。

储达政（1954— ）

歌唱家。上海人。1976年在甘肃嘉峪关市文工团任独唱演员。1977年在上海乐团、甘肃省歌剧院进修。1978年考入西北师院音乐系声乐专业，毕业后在嘉峪关市歌舞剧团任独唱演员。1989年在江苏扬州市文化宫任声乐教师、科长、副主任。扬州市音协副秘书长。曾获全国第九届"群星奖"银奖，江苏省第四、五届音乐舞蹈节金奖。论文《培养青少年歌手的几点体会》《男高音的声乐教学与训练》曾获一、二等奖。

储乃和（1954— ）

大提琴演奏家。江苏宜兴人。天津广播电视艺术团办公室主任。1975年毕业于天津音乐学院，先后入汉沽文工团、天津广播电视艺术团担任独奏和伴奏演员。参加天津市政府历届春节晚会、海河之春的演出以及第五届华北音乐节的演出。

储声虹（1920—2001）

声乐教育家。贵州贵阳人。1938年参加抗日歌咏活动。1941至1947年，先后在国立剧专乐剧科、国立音乐分院、国立音乐院主修声乐。新中国成立后，参与组建湖南花鼓戏剧团、湖南民间歌舞团，曾任湖南民间歌舞团团长。后参与筹建湖南省艺术学院并任声乐、合唱教师。在四十余年的声乐教学生涯中，培养了一大批音乐人才。发表有多篇音教论文，编撰有多部声乐教材。湖南师范大学艺术学院教授，曾任湖南音协主席、中国音协理事、湖南音协名誉主席。

储望华（1941— ）

钢琴教育家。江苏宜兴人。1963年毕业于中央音乐学院钢琴系，留校任教。参加钢琴协奏曲《黄河》《蝶恋花》《南海儿女》《飞行》创作。曾在澳大利亚留学。

褚玉生（1955— ）

音乐教育家。河北沧州人。沧州市二中艺术组组长。1979年毕业于河北师大音乐系。一直从事音乐教学、辅导、歌曲创作、教研工作。1986年在天津音乐学院进修，2001年参加"园丁工程"国家级中、小学音乐骨干教师培训，并被评为优秀学员。发表论文、歌曲多篇（首），论文《浅谈音乐教学中如何培养学生的创造力》获国家级优秀论文奖，歌曲《小红旗小白旗》获省级一等奖，欣赏课《蓝色多瑙河》获市级优质课一等奖。

楚德新（1943— ）

民族音乐家。土家族。湖南张家界人。原张家界市群艺馆馆长。湖南音协理事，湖南音协二胡、打击乐及理论创作委员会理事，张家界市音协主席。器乐曲《毕兹卡的节日》1986年获全国民间音乐大赛一等奖，歌曲《土家歌唱共产党》1993年获文化部"群星奖"，《土家儿童迎客歌》获第二届中国少年儿童歌曲卡拉OK大赛三等奖。

楚世及（1940— ）

指挥家。辽宁庄河人。中国电影乐团民乐团指挥。1961年就读中央音乐学院民乐系作曲专业，1964年随中央音乐学院民乐专业转中国音乐学院作曲系，学习指挥、作曲，1966年毕业于中国音乐学院。曾在中央乐团、济南军区前卫歌舞团、国防科委文工团任指挥。后调中国音乐学院附中，任作曲学科主任、副校长。1987年调中国广播艺术团民乐团任乐团指挥、团长。长期从事指挥工作，指挥过大量中外名曲。

楚兴元（1953— ）

作曲家。甘肃武威人。二炮文工团创作员。1970年入甘肃武威歌舞剧团任小号演奏员，同年入伍至二炮某基地演出队任乐手兼作曲。1973年考入天津音乐学院作曲系。1978年调二炮文工团任创作员。作有《朋友，请听我唱支歌》《当兵的男儿走四方》《第二炮兵进行曲》《感动中国》等大量歌曲及管弦乐《新疆舞曲》。《火箭兵的梦》获国庆40周年全军文艺调演一等奖，《故乡的小路》获1990年全国广播新歌金奖，《升起来》获第二届全国工人之歌一等奖。出版歌集《火箭兵的梦》，音响专辑《爱情河》《女儿情》《剑曲、乡情》。曾为歌剧《文成公主》和电视连续剧《百团大战》《天缘》等作曲。

楚伦布和（1948— ）

作曲家。达斡尔族。黑龙江人。1980年毕业于沈阳音乐学院作曲系。曾任内蒙古呼伦贝尔盟歌舞团副团长。作有歌曲《莫日格勒河之歌》，舞剧音乐《呼伦与贝尔》。

褚庭桂（1933—2009）

指挥家。云南昆明人。1948年就读于云南省立昆华师范学校艺术科。1951年参军入昆明军区歌舞团从事指挥及作曲。指挥演出歌剧《窦娥冤》，舞剧《红色娘子军》以及歌舞节目。1965年参加国家对外文委组织的中国民间艺术团赴马里、几内亚、毛里塔尼亚、加纳等国访问演出任指挥。参加全军第三届、第四届文艺汇演获优秀指挥奖。创作器乐曲《凤尾竹》获中央电台1985年全国轻音乐曲比赛二等奖。1989年任云南省音协表演艺术委员会委员。

褚云霞（1978— ）

女高音歌唱家。江苏南通人。江苏省演艺集团歌舞剧院演员。1996、2001、2006年先后毕业于南通师范学校音乐班、扬州师大艺术系、南京艺术学院成教院。发表《从古琴到琴歌》等文。2006年拍摄个人音乐电视《你的世界我最懂》。曾赴美国、朝鲜、新加坡、马来西亚、日本、澳门等地演出，担任独唱。参加央视心连心艺术团赴黑龙江、陕西演出。参加朝鲜第24届艺术节获演唱金奖，参加第九届央视青歌赛获专业组铜奖。

慈伟珍（1961— ）

女高音歌唱家、声乐教育家。辽宁丹东人。广西师范学院教授。1976年考入沈阳话剧团学员队。1996年毕业于中国音乐学院歌剧系演唱专业。曾在广西话剧团和广西歌舞团任演员。主演话剧、电视剧与广播剧，担任影视配音、节目主持与演唱演员，多次参加声乐比赛均获大奖，在2001年第十一届"孔雀奖"少数民族声乐大赛中先后获美声唱法广西第一名和全国第二名。

次 旦（1951— ）

竹笛演奏家。藏族。西藏拉萨人。1970年毕业于中央民族学院艺术系。1973年到西藏歌舞团工作。演奏有《春到拉萨》《高原风光无限好》。改编笛子独奏曲《欢腾的拉萨》。1978年曾随团赴北欧五国演出。

次仁德吉（1946— ）

女民歌演唱家。藏族。西藏那曲吉人。1975年入上海音乐学院声乐系进修，后任西藏歌舞团演员。曾为电影《泥石流》《金色大雁》配唱插曲。

丛宝璋（1930— ）

作曲家。山东蓬莱人。1948年开始从事文艺工作，曾任大连歌舞团演奏员、创作员、创编室主任。创作了大量的声乐、器乐作品。作有舞蹈音乐《花鼓舞》，该舞曾获第六届世界青年联欢节金质奖、中华民族二十世纪中国舞蹈经典作品奖。先后参与创作电视音乐片《旅顺口，祖国的军港》《金钥匙的赞歌》《江海魂》《蓝色的浪涛下》等多部声乐套曲、组歌。

丛才德（1957— ）

歌唱家。吉林人。1998年毕业于哈尔滨师范大学音乐理论系。1979年入西藏军区政治部文工团，1986年始在黑龙江省歌舞剧院任独唱演员，合唱团团长。撰有《民族歌唱的追求》《音乐的作品风格与演唱风格》等文。曾分别赴朝鲜、韩国参加文化艺术交流。1995年赴俄罗斯参加庆祝二战胜利50周年、1998年赴加拿大埃德蒙顿市演出，2002年赴香港参加"中秋彩灯会"演出活动。

丛星原（1959— ）

音乐教育家。江苏姜埝人。1977年任扬州市木偶剧团乐队竹笛演奏员，1985年毕业于南京师范大学音乐学院。笛子独奏《湖光帆影》曾先后获江苏省"三民"比赛创作、表演一等奖，文化部优秀表演奖，江苏省首届民乐大赛二等奖。1992年在扬州、南京举办"丛星原民族管乐独奏音乐会"。1993年出版个人独奏专辑。发表音乐论文十余篇。被南京艺术学院、江苏省音协评为优秀教师。

丛选祥（1928— ）

作曲家。辽宁大连人。1954年始从事音乐创作。曾在辽宁省歌舞团工作。作有歌曲《辽宁九月好风光》《浪花啊浪花》，舞剧音乐《珍珠湖》（合作）。

丛煜滋（1954— ）

圆号演奏家。山东文登人。中国音协圆号学会副会长。就读于总政军乐团学员班，1979年赴上海音乐学院进修，1985年考入音乐学院管乐系，毕业后担任军乐团圆号首席。多年来完成军乐团大量外事工作和国家重大庆典阅兵任务，并随团出访法国、德国、奥地利、西班牙、芬兰、瑞士、俄罗斯及东南亚、港澳地区。曾获第一届全国圆号比赛第二名，文化部艺术院校圆号比赛外国作品演奏特别奖。编著有《圆号初级教程》和《圆号考级教程》。

崔 华（1954— ）

女歌剧表演艺术家。北京人。1977年考入中国歌剧舞剧院任歌剧演员，同年在全国纪念毛主席逝世周年晚会中担任舞蹈《绣金匾》领唱，后在《小二黑结婚》《刘胡兰》《窦娥冤》《徐福的传说》《将军情》《古兰丹姆》等多部歌剧中饰演主要角色。1987年毕业于中央乐团社会音乐学院，后任职于中国歌剧院。1999年参加文化部举办纪念"老人节"大型歌舞晚会担任独唱，参加全国宗教界举办的音乐会在清唱剧《亨德尔》中担任领唱并赴香港演出，并曾四次赴日本演出。

崔 捷（1954— ）

作曲家。满族。黑龙江人。1982年毕业于齐齐哈尔师院艺术系音乐本科。历任吉林东丰县文工团演员、黑龙江嫩江县文化馆馆员、四平幼儿师范音乐教师、四平电视台艺术中心主任编辑。作有广播音乐专题《美的开阔，美的质朴》，合唱《因为有了我们》《离弦的箭，闪光的电》及歌曲《一片绿叶不成荫》《我们是好朋友》等。

崔 静（1958— ）

女扬琴演奏家。北京人。中国儿童音乐学会副会长，中国民族管弦乐学会理事、扬琴学会常务理事，中国歌剧舞剧院民乐团副团长。参加多部歌剧、舞剧及音乐会的演出，担任多部大型电视连续剧音乐的编辑、监制。在全国首届民族器乐独奏观摩比赛中获扬琴独奏表演奖，参加录制的广东音乐《平湖秋月》磁带专辑获"云雀奖"。随中央代表团参加西藏和平解放40周年庆祝活动，被文化部授予"珠穆朗玛奖"。参加音乐监制的电视剧《影子》《辘轳、女人和井》曾获第九、十一届全国电视剧"飞天奖"和长篇连续剧二、三等奖，歌曲《踏歌起舞》获第八届中宣部"五个一工程"奖。

崔 澜（1938— ）

小号演奏家。吉林长春人。1962年毕业于中央音乐学院管弦系。同年入中央芭蕾舞团任乐队副队长。

崔 琳（1937— ）

作曲家。山东平原人。1963年毕业于山东艺专理论作曲专业。曾任文工团编导、《乐坛》编辑部主任、安徽省音协秘书长。作有歌曲《毛主席去安源》《荡秋千的小姑娘》《葡萄与晚风》，歌剧《失去的新娘》。撰有《漫谈音乐形象》《花鼓灯歌的曲式特点》等。任《中国民间歌曲集成·安徽卷》副主编，获文化部"编纂成果集体奖"，"编纂成果个人一等奖"。

崔 仑（1970— ）

作曲家。朝鲜族。黑龙江五常人。哈尔滨歌剧院艺术室创作员。1997、2008年先后毕业于解放军空军政治学院经济管理系、哈尔滨师范大学音乐学系。曾任武警黑龙江总队文工团演奏员，哈尔滨朝鲜艺术馆文艺部辅导员。歌曲《我要自豪地唱起国歌》获全国第九届"群星奖"音乐比赛铜奖，黑龙江省"共和国五十年"献给祖国的歌创作大赛一等奖。歌曲《北方赞歌》《爱农就是爱自己》分获"黑龙江第二届歌曲创作大赛、第五届全国朝鲜族少儿艺术创作"金奖。

崔 敏（1932— ）

作曲家。山东兖州人。1949年起从事音乐工作。曾任济南铁路局华铁剧团军乐队指挥助理，中国铁路文工团乐队弦乐组组长，歌舞团乐队副队长，歌剧团乐队队长兼指挥，总团创作室音乐创作员。北京口琴协会理事，中国吉它研究会会长，上海《吉它之友》编辑部顾问。作有歌剧《刘顺喜》《血泪仇》音乐，舞蹈音乐《友谊歌》《筑路工人》。为话剧《红岩》《广阔天地》《王建设当官》配

乐，为电视音乐风光片《美丽的北京》，电影纪录片《毛泽东号》谱曲，以及近百首轻音乐和吉他曲。

崔 明（1947—已故）

男高音歌唱家。北京人。毕业于中国音乐学院。河南省歌舞剧院独唱演员、省音协常务理事。为《偈师傅》《明天会更好》《走中原》《新来的校长》等多部电视剧、广播剧录制主题歌。曾多次在全国及省级声乐大赛中获奖。其中《新来的校长》获中宣部"五个一工程"优秀作品奖。1999年举办个人独唱音乐会。录制出版独唱专辑《中原情歌》和《河南民歌精选》，拍摄《将军的回忆》。先后出访过日本、德国、意大利等国。

崔 钦（1942— ）

男中音歌唱家。吉林永吉人。1960年始从事歌剧和声乐艺术。曾在吉林省歌舞剧院工作。并在多部中外歌剧中任重要角色。1980年参加全国民族民间唱法会演，被评为优秀节目。

崔 青（1944— ）

作曲家。新疆伊犁人。1964年毕业于新疆艺术学院音乐系。《新疆文化艺术志·音乐志》副主编。作有《啊中华》《天池美》《月光，美丽的月光》等。部分作品在全国及新疆获奖，其中《情人》1987年入选上海音乐学院声乐教材，《花园一样的新疆，亚克西》等多首作品入选全国大中小学音乐教材。1999年任电视专题片《中国新疆印象》音乐总体设计及编辑，获新疆"五个一工程"奖。在"99迎接新世纪全国校园新歌征集活动"中获奖。主编出版《达坂城的姑娘歌曲集》《达坂城的姑娘》《甜甜的歌儿迎贵客》《萨拉姆·欢乐的新疆》《美丽的乌鲁木齐》等多部歌曲集。

崔 权（1972— ）

作曲家。朝鲜族。吉林长春人。中国音乐学院附中理论作曲系教研室教师。1995年毕业于中国音乐学院作曲系。曾为电影《重庆谈判》《刮痧》，电视剧《天怒》《白色陷阱》，舞剧《澳门新娘》《天地七月情》，昆剧《贵妃东渡》等创作音乐。

崔 新（1953— ）

作曲家。江苏海安人。1988年毕业于上海音乐学院作曲系。江苏省歌舞剧院工作。作有二胡协奏曲《枫桥夜泊》获全国第三届器乐作品评奖三等奖，小提琴协奏曲《秧歌》获省小型管弦乐作品比赛三等奖。

崔 杨（1961— ）

女扬琴演奏家。河南沈丘人。1982年毕业于河南大学艺术系音乐专业。后在商丘市中学任教。1989年任商丘市音协副主席兼秘书长、文联办公室主任。作有歌曲《友谊是支永恒的歌》《假如生命可以重复》，撰有《浅谈艺术歌曲的欣赏》一文。1981年为二胡教育家王寿庭任扬琴伴奏，为《二泉映月》《汉宫秋月》《春雨》等10首扬琴曲写伴奏。1988年始为市春节晚会演奏《唱支山歌给党听》

《山丹丹开花红艳艳》，并任晚会主持人。《明天我要去南方》《黄河水》等曲目获河南省"五个一工程"奖，2001年被省委宣传部授予省优秀文艺工作者。

崔　瑛（1929— ）

作曲家。河北安平人。曾为中国二胡学会特邀理事。1946年入华北联大政治经济学院学习。1948年从事部队音乐工作，曾任乐队队长、指挥。1952年师从蒋风之教授专修二胡，并任二胡独奏演员。作有《雷达兵之歌》《高射炮兵》《我为祖国飞翔》《毛主席派来的知心人》等歌曲，多次获部队歌曲创作奖。1978年调中国音协民族音乐委员会，曾任民乐组组长。发表有民族音乐与老一辈音乐家的介绍和评论文章。

崔炳奎（1943— ）

作曲家。朝鲜族。韩国庆尚北道人。中国朝鲜族音乐研究会副秘书长、全国电子琴协会理事、黑龙江省电子琴协会副会长、省音协朝鲜族音乐专业委员会常务副会长。1963年毕业于哈尔滨艺术学院音乐系，1985年任哈尔滨市朝鲜民族艺术团团长兼艺术总监，1989年率团赴美国纽约、华盛顿等12大城市演出。所创作品《辣椒红了》《少年与狗爬犁》均获文化部颁发的"群星奖"铜奖，歌曲《祖国春天多么美》《绿色的主人》等多首作品在全国各类征歌活动中获一、二等奖和优秀作品奖。在文艺集成志书编纂工作中先后被评为省先进工作者和省模范工作者。

崔炳元（1958— ）

作曲家。辽宁凤城人。陕西省乐团团长、省音协副主席、陕西省有突出贡献专家、第十届陕西省政协委员。作有钢琴组曲《西藏素描》（全国第四届音乐比赛获奖作品），交响音画《飞天——敦煌舞韵》，交响诗《背山的人》《拓荒人》（获全军第五、六届文艺汇演创作一等奖），铜管乐合奏《黄河瀑布进行曲》（参加首届北京国际铜管艺术节），民族音乐剧《娘啊娘》，交响诗《炎黄颂》，交响组曲《大唐》。为电影《犬王》《家在远方》，话剧《轩辕黄帝》《又一个黎明》，电视剧《梧桐雨》《龙年档案》《双枪老太婆》《女人心事》《热血兵团》，大型歌舞诗乐《蓬莱梦寻》《周颂》等谱写音乐。大型乐舞《轩辕黄帝颂》，交响组曲《大唐》，管弦乐《九曲秧歌黄河阵》多次在比赛中获奖，并分别由中国爱乐乐团及上海爱乐乐团演出。

崔炳哲（1955— ）

圆号演奏家、教育家。朝鲜族。辽宁抚顺人。沈阳音乐学院附中副教授。1976年毕业于沈阳音乐学院管弦系。1979年入上海音乐学院管弦系进修。1986至1987年在朝鲜平壤音乐舞蹈大学管弦系深造。1987年举办个人圆号独奏音乐会、1997年随沈阳青年交响乐团赴韩国参加国际音乐节任首席圆号。撰写并发表《论圆号的正确发音》《莫扎特与他的第三圆号协奏曲》《理查·斯特劳斯与他的相隔六十年的两个协奏曲》《如何解决圆号的音准问题》《浅谈圆号的循环换气》。

崔昌奎（1935— ）

作曲家。朝鲜族。吉林延吉人。曾任中国朝鲜族音乐研究会副秘书长，延边音协副秘书长、名誉副主席。1948年学习音乐。1950年入哈尔滨苏联高等音乐学校。1952年起先后入延边歌舞团、长影乐团、中国煤矿文工团任小提琴、手风琴演奏员。1964年中央音乐学院作曲系毕业后仍在延边歌舞团工作。作有歌剧《阿里郎》（合作）获"文华奖"，管弦乐《白桦》获省政府"长白山"文艺奖。多部舞蹈音乐获国家、省级奖。著有《崔昌奎作曲集》。

崔承德（1935—已故）

声乐教育家。朝鲜族。吉林人。1961年毕业于东北音专及沈阳音乐学院，分配到哈尔滨歌舞剧院。后历任延边歌舞团演员及教员、延边艺校组长、延边群艺馆文艺部长、延边艺术学院教师。以声乐教学为主，培养大批歌舞团和艺校的演员和教员。在艺术馆工作期间，组织各种延边汇演活动。撰文《论大型歌剧阿里郎》《声乐的真相》，合编朝语《音乐辞典》。

崔次植（1942— ）

作曲家。朝鲜族。吉林扶余人。1965年毕业于哈尔滨艺术学院理论作曲系。并在吉林市广播电台文艺部任主任编辑。作有管弦乐组曲《蛤蜊滩的传说》，交响诗《长白山，英雄的山》。

崔德坤（1938— ）

长笛演奏家。土家族。重庆人。1955年参军入部队文艺团体。1961年毕业于中国人民解放军上海军乐学校。历任吉林省军区军乐队首席长笛、独奏演员，新疆军区军乐队首席长笛、独奏演员，新疆军区歌舞团乐队首席长笛、队长，兼任新疆艺术学院长笛教授。曾应聘于吉林省艺术学院教授长笛，应邀参加长影乐团交响音乐会担任首席长笛。曾获全军首届军乐观摩汇演优秀演奏员奖、第四届文艺汇演舞蹈音乐创作二等奖、建党70周年大合唱比赛指挥奖。

崔恩蕖（1959— ）

女音乐教育家。湖南长沙人。湖南第一师范音乐系教授。1982年毕业于湖南师范大学音乐系。曾相继在湖南师大附中、湖南吉首大学音乐系任教师。撰有《本土民族音乐文化资源的开拓与研究》获2005年教育部论文大赛二等奖，《论舒伯特歌曲的艺术魅力及其教学》获省论文大赛一等奖。主持和参与湖南省级课题三项。

崔逢春（1950— ）

作曲家。朝鲜族。黑龙江哈尔滨人。1973年入赤峰市民族歌舞团。后考入天津音乐学院作曲系，毕业后回团。先后任作曲、指挥、副团长、团长。内蒙古大学艺术学院音乐系理论作曲教研室主任。作有民族舞剧《香溪情》（合作）等两部，舞蹈曲《牛角饰》等多（部）首，钢琴组曲《草原小诗》，琴箫合奏《胡笳十八拍》，歌曲《生在草原、恋这草原》《这一天》等近百首。另作有民族器乐曲、电视剧音乐等作品。

崔美兰（1959— ）

女作曲家。朝鲜族。吉林珲春人。延边音协理事，珲春市文化馆副馆长。1978年毕业于延边师专音乐专科班。1980年起在珲春市文化馆工作、副研究馆员。作有《母子情》等十余首歌曲，曾获省少数民族文艺汇演独唱二等奖，省文化馆业余表演赛独唱三等奖，论文《群众文化研究》发表在省级刊物上，二十多次获省、州音乐辅导奖。

崔其煜（1930— ）

音乐理论家。广东广州人。星海音乐学院副教授。1957年毕业于中南音专作曲系。曾参加编写《中国近代音乐史》及资料汇编。

崔泉馨（1969— ）

声乐教育家。江苏徐州人。1993年毕业于中国音乐学院歌剧系，结业于法国、乌克兰声乐大师班。历任中国歌剧舞剧院歌剧团演员，星海音乐学院社音系教研室主任。曾获全国艺术歌曲比赛专业组第二名，广州市新作品演唱一等奖，中国音乐"金钟奖"铜奖。三次举办个人独唱音乐会。培养多名学生在全国声乐比赛中获奖。发表《谈歌唱中的共鸣及三腔共鸣》《歌剧的低速是暂时的》《谈三种唱法的嫁接》等论文多篇。

崔如峰（1958— ）

萨克斯演奏家。辽宁瓦房店人。1976年毕业于总政军乐团学员班。解放军军乐团演奏员。自1972年以来，曾多次完成国家重大庆典、演出、外事司礼任务。先后参加国庆35周年大典、香港回归、澳门回归、国庆50周年大典等重大演奏任务。翻译出版《萨克管演奏艺术》（合作），《萨克管演奏曲集》（合作），《爵士乐小号演奏教程》。录制百余盘交响乐、军乐、民乐等CD唱片。

崔三明（1932— ）

作曲家。朝鲜族。黑龙江密山人。曾任延边音协副主席，《音乐创作》特约编委，第二届中国朝鲜族音乐研究会会长。1947年为东北联军战士，后任松江鲁艺延边歌舞团演奏员。1955年入朝鲜国立音乐大学学习作曲。1959年任延边艺术学校教员，1961年任延边歌舞团创作室主任。歌剧音乐《阿里郎》（合作）获"文华奖"、优秀作曲奖。舞蹈音乐《看水员》，歌曲《祖国怀抱多温暖》等二十余首作品，分获省级国家级奖。另作有交响诗《海兰江》等多部器乐、交响曲，12部影视音乐。出版有《崔三明歌曲集》《山间小径》等。

崔世光（1948— ）

钢琴家、作曲家。辽宁丹东人。1967年毕业于中央音乐学院附中钢琴学科。1978年返母校本科进修。1984年任中央乐团独奏演员，多次随中国音乐家小组赴欧洲及苏联巡回演出。后赴美国Syracuse大学深造，1986年获钢琴硕士学位，1987年获作曲硕士学位，后受聘在该大学任教六年。作有《钢琴与乐队交响狂想曲》，钢琴独奏《谐谑曲》《高丽亚那组曲》《相遇在地平线上》《刘天华即兴曲》《山曲集》《山东风俗组曲》，均为中外钢琴家选用

的中国作品曲目。其作品与演奏多次在国内（含台湾）及美国获奖。

崔守利（1941— ）

男高音歌唱家。辽宁沈阳人。1961年入军艺音乐系学习。1965年入成都军区歌舞团。1970年入总政歌舞团，任独唱，领唱。演唱有《前进吧！祖国》。

崔树平（1939— ）

歌唱家。北京人。1958年入中央歌舞团，1960年调入中央民族乐团，担任男声小合唱、四重唱、领唱、男高音声部长。演唱有《游击队歌》《对花迷》《阿细跳月》《星星索》等。曾参加音乐舞蹈史诗《东方红》《中国革命之歌》演出。为北京及中央电台录制合唱《学习王杰好榜样》等歌曲数十首，并录制播出本人创作、演唱的歌曲《我走在公社的大路上》《焦裕禄窗前那盏灯》。多次为外宾和港、澳、台同胞演出。

崔顺德（1932— ）

音乐理论家。朝鲜族。吉林和龙人。先后任延边艺术学院艺术系主任、教务处副主任、副院长，教授。1957年东北大学音乐系毕业后到延边艺术学院任教，曾任中国朝鲜族音乐研究会会长，延边音协副主席，中国少数民族音乐学会副会长。1987年赴美国夏威夷大学音乐大学研修。撰写《1945年以后半个世纪中国朝鲜族音乐》》等多篇论文发表在美国、大阪、平壤、北京等学术会议上。出版《音乐基础知识》等四部。

崔维聪（1934— ）

小提琴演奏家。上海人。1950年始从事部队文艺工作。1954年入北京军区文工团。作有歌曲《欢庆胜利》《请到塞外走一走》《军民共建文明村》，乐曲《边塞风光》及舞蹈音乐《军刀闪亮》等。

崔文湘（1925— ）

女声乐教育家。浙江鄞县人。武汉音乐学院声乐系教授、硕士生导师。早年就读于上海沪江大学英文系，兼修本校音乐系合唱，后转入南京国立音乐院声乐系。1949年起先后任教于湖南音专、湖北教育学院、华中师范大学音乐系、湖北艺术学院、武汉音乐学院。从事声乐教学及科研工作五十余年，培养了大批人才，其中多人在国内国际声乐比赛中获奖。撰有论文《发声的生理概念及其在歌唱实践中的作用》《声音的高位置与共鸣》。

崔文玉（1952— ）

作曲家。山东掖县人。贵州省文联副主席、省音协主席、中国音协六、七届理事，民盟贵州省委副主委。1998年任贵州大学艺术学院院长、硕士生导师。政协贵州省第八、九届委员，第十一届贵州省人大常委会委员。音乐作品先后在各类比赛中获奖八十余项，主要获奖作品有《第一钢琴奏鸣曲》，交响乐《山曲》，民乐四重奏《韵》，钢琴五重奏《苗岭随想》，声乐作品《高原，我的家》《老支书》《山歌》《走向未来》。曾于2000年获中国文

联授予的全国"德艺双馨文艺家"称号。

崔晓光（1931— ）

作曲家。河北乐亭人。1953年东北鲁迅文艺学院音乐部毕业。原中国人民解放军国防大学副教授。创作歌曲三百余首，其中《为了前线早胜利》《红色的队伍》《人民战士为人民》《继往开来再创辉煌》《金秋最美丽》等在军区、省、市以上单位获奖。《西柏坡我心中的歌》和《祖国啊，您是我心中的根》在2006年原创音乐评选活动中分别获一、二等奖。

崔新国（1945— ）

男高音歌唱家。安徽合肥人。1965年安徽艺术学校毕业。后在安徽省歌舞团、空政歌舞团任声乐教员。1979年于上海音乐学院进修，后任安徽艺术学校高级讲师。撰有《浅谈歌唱中的三要素》发表于《艺术教育》。曾在歌剧《我爱祖国的蓝天》《江姐》中担任主要角色。在多部电视剧中出演主角并担任主题歌演唱，在重要演出中担任独唱。所培养的部分学生考入音乐学院并在大赛中获奖。

崔学珠（1957— ）

作曲家。朝鲜族。吉林图们人。延边音协理事、延边儿童音乐学会副会长。毕业于延边师专音乐专业，后任图们铁路实验小学音乐教员，延边电视台少儿部主任、音乐编辑。多年来组织并带领"小花朵艺术团"多次出访俄罗斯、韩国等国家。创作八十余部作品，其中器乐曲《春之歌》，舞蹈曲《我要飞》，歌舞曲《祖国怀抱永远是春》分别获全国性文艺评奖一等奖。1990年被省教委评为教学能手，1994年被铁道部评为优秀教员。

崔义光（1941— ）

作曲家。朝鲜族。吉林图们人。1964年毕业于中央民院艺术系。曾在吉林省歌舞剧团工作。作有歌曲《拖拉机手之歌》，小提琴齐奏《我们是青年突击队》，交响管弦乐《帕米尔随想曲》。

崔永昌（1925— ）

民歌演唱家。山西长治人。1938年始从事部队文艺工作。曾在总政歌剧团工作，后任江西南昌警备区副政委。演唱有《三套黄牛一套马》，主演歌剧《柯山红日》，作有歌词《桂花开放幸福来》等。

崔永春（1948— ）

音乐教育家。朝鲜族。吉林和龙人。延边音协副秘书长，中国朝鲜族音乐研究会副秘书长，延边管乐学会常务副会长。曾任延边大学艺术学院管弦乐教研室主任、音乐系副主任、系党总支书记、学院教务处处长，教授。1966年毕业于延边艺术学校，先后在延边歌舞团、延边京剧团任演奏员。1984年毕业于上海音乐学院。论文《论双簧管音色》等二十余篇发表在各级刊物上，其中《双簧管演奏与教学艺术》获省级学术研究一等奖。

崔禹铁（1936— ）

歌唱家。朝鲜族。吉林安图人。1955年入延边歌舞团声乐训练班学习。后入延边歌舞团合唱队任演员兼队长、艺术指导。1981年到中央戏剧学院导演进修班学习。作有歌词《送肥》《赶集》《我们的生活蒸蒸日上》等近百首。参加《刘胡兰》《白毛女》《龙江颂》等歌剧演出，有的任主角兼导演。演出对唱剧《水灾沟的变迁》等十多部，其中有的自编（词）自导、自演。导演并参与编剧的民族歌剧《阿里郎》参加观摩演出中获"文华奖"。

崔玉琮（1927—2005）

作曲家。北京人。曾任天津市河北梆子剧院艺术室主任。1946年始从事革命文艺工作。1948年入东北晋察热辽联大鲁艺学习。1957年毕业于中央音乐学院作曲系。分配至天津市河北梆子剧院任作曲、编剧。主创或参与演出、整理、改编的剧目有《花园赠珠》《倒厅门》《荀灌娘》《泗洲城》《生死牌》《空城计》《冬去春来》《兰陵王》等河北梆子剧及《江姐》等京剧。撰有《河北梆子男生唱腔改革》入选《全国梆子声腔学术交流会论文》一书。曾为《天津戏曲记事》撰写《宝珠钻小传》等文。曾参与《中国戏曲音乐集成·天津卷》（河北梆子）的编纂工作。

崔玉花（1966— ）

女手风琴演奏家、教育家。朝鲜族。吉林汪清人。延边音乐家协会副秘书长，延边大学艺术学院教务处副处长、副教授。1984年入汪清县天桥岭林业局文工团，1989年延边大学艺术学院毕业后留校任教。获"中华杯"首届手风琴比赛第三名，中国首届"鹦鹉"杯手风琴比赛第二名，中国首届手风琴艺术节铜奖，第六届中国国际手风琴比赛指导奖，法国第33届国际手风琴比赛银质奖章。论文《解放前大众歌谣研究》在国际学术会议宣读。

崔裕康（1941— ）

作曲家。湖南长沙人。曾任湖南省音协第三、四、五届理事，第六届湖南省音协荣誉理事。长期从事中小学音乐教育，后从事出版。发表以儿童歌曲为主的音乐作品百余首，其中《好雪花》《包粽子》《可爱的学校》等曾获全国奖。发起并参与编辑《贺绿汀全集》，曾策划、责编、出版有多部音乐图书，编辑有《中国古代音乐家故事和传说》《抗战歌曲选》等。

崔渊淑（1934— ）

作曲家。朝鲜族。吉林人。1951年始从事部队音乐工作。1958年毕业于河北艺术专科学校。《延边音乐》副主编，曾任延边人民出版社音乐编辑，延边音协秘书长。负责编辑出版《延边朝鲜族歌曲选》（合作），《论郑律成》（合作），《中国朝鲜族歌曲选》（合作），8位作曲家作曲集等。著有《崔渊淑作曲集》。创作音乐作品数百首，其中二百余首分别发表或播放。歌曲《千里豆满江》获州金达莱音乐创作奖，《海兰江畔的笑声》获省广播电台征歌银奖。

崔臻和（1964— ）

作曲家、音乐制作人。黑龙江齐齐哈尔人。1979年参加工作。中山市群艺馆副馆长、中山市音协主席。作有乌钦《萨日朗的传说》《渔歌》获文化部"群星奖"金奖，歌曲《讷依耶》获中华民歌大赛一等奖，《爱唱乌钦的阿爸》获中宣部第九届"五个一工程"优秀作品奖、"中国广播新歌"金奖和政府奖、中华民歌大赛十大金曲奖，《燕子》获中国原创歌曲奖，《海峡之梦》获全国优秀流行歌曲大赛一等奖、中宣部第十一届"五个一工程"优秀作品奖。出版个人CD专辑《神奇的达斡尔》《阿爸的草原》《咸水谣》《十二木卡姆》《听雨》等，著有《拉场戏音乐》《生长牧歌的地方》等。

崔镇九（1937— ）

手风琴演奏家。朝鲜族。吉林龙井人。1956年参加志愿军，历任志愿军司令部军乐队、解放军军乐团演奏员，后为延边广播电视艺术团队员。曾参加在朝鲜慰问志愿军的演出，参加国庆大典晚会和阿尔巴尼亚国庆节音乐会的演出与在北京中山公园庆祝"六·一节"的演出以及献给老山英雄的电视文艺节目录制等。

崔峥嵘（1969— ）

女高音歌唱家。吉林人。1993年毕业于中国音乐学院歌剧系，在校期间曾主演歌剧《茶花女》片段中的薇奥列塔、《深宫欲海》中的虞姬。同年在北京首都剧场公演《原野》，饰演"金子"。曾应包头市歌舞团之邀，主演大型歌剧《舍楞将军》，获文化部"文华新剧目"奖及中宣部"五个一工程"奖。后应上海歌剧院之邀，主演普契尼歌剧《蝴蝶夫人》。1998年获文化部声乐比赛美声组第一名，同年获广东省颁发的"南粤教坛新秀"奖，"1998年度广东省宣传文化精品奖"。两次举办"崔峥嵘独唱音乐会"。曾随广州交响乐团出访欧洲巡演。

崔中民（1931— ）

音乐教育家。山东人。1956年毕业于山东师范学院艺术专修科音乐专业，后任淄博第五中学音乐教师。曾组织学生参加历届市、区文艺汇演，并获演出、创作奖，曾任淄博中学音乐教学大赛评委、"柳泉艺术节"评委。作有歌曲《半工半读就是好》《高举红旗跟党走》《红花向阳》等，并在省、市级刊物发表，合编《淄博市初中音乐试用教材》。

崔祝平（1940— ）

女小提琴演奏家。浙江杭州人。1960年毕业于中央音乐学院附中。曾任中央乐团演奏员。

崔宗舜（1957— ）

男中音歌唱家。河北蠡县人。1975年先后在总后及国防科委文工团工作。1978年入上海音乐学院声乐系进修班学习。总政歌剧团任演员。1985年获全国聂耳·冼星海声乐作品演唱比赛美声唱法男声组铜质奖。

D

达 珍（1949— ）

女歌唱家。西藏拉萨人。1963年从事歌曲演唱。曾在拉萨市歌舞团工作。1982年在西藏自治区文艺调演中获一等奖。演唱有《堆谐》《郎玛》《降措林林》等。

达国华（1932— ）

女声乐教育家。回族。上海人。1957年毕业于上海音乐学院。曾任宁夏艺术学校副校长。高级讲师。音协宁夏分会第一、二届副主席。宁夏政协第四届委员。

达·仁沁（1931— ）

作曲家。蒙古族。黑龙江郭后旗人。1948年始从事部队文艺工作。曾任内蒙音像出版社社长。作有歌曲《我的快骏马》《骑兵师之歌》，编有《红色的花朵》《蒙古民歌五百首》等歌集。

达·桑宝（1928—已故）

作曲家。蒙古族。内蒙镶黄旗人。1949年始从事部队文艺工作。曾任内蒙艺术研究所顾问、研究馆员，音协内蒙分会常务理事、中国少数民族音乐学会理事。作有歌曲《草原的主人》《阳光》。

达吾提·阿吾提（1939—已故）

民族乐器演奏家。维吾尔族。新疆喀什人。1956年入新疆疏附县文工团。曾任新疆歌舞团演奏员。代表曲目有热瓦甫独奏曲《我的热瓦甫》《夏地亚娜》等。

达吾来提·哈力克（1939—已故）

多木布拉演奏家。哈萨克族。新疆阿勒泰人。曾就职于伊犁州文艺研究协会，伊犁州音协副主席，州政协常委。曾任伊犁州文工团乐队演奏员。1957年参加"全国文艺汇演"获一等奖。创作数十首乐曲，演奏哈萨克民间音乐三百余首，在中央电台及新疆电台播出。收集有大量各民族民间音乐、歌曲，并用多木布拉演奏14个民族的乐曲。编辑《曲源》音乐集。

笪斯勇（1951— ）

音乐活动家。安徽芜湖人。贵州馀阳文化馆音乐部主任。1989年毕业于中国函授音乐学院、歌曲《小康中国》获"中国首届群众创作歌曲大赛"金奖。《中学生之歌》获"全国校园歌曲选拔"活动优秀作品奖，《诗乡姑娘》获遵义市文艺作品征集活动优秀奖。指挥合唱队获"遵义市反腐倡廉合唱比赛"二等奖。

代 尕（1939—）

作曲家。藏族。四川甘孜人。1962年考入上海音乐学院作曲系。曾任青海玉树州文化局副局长，中国音协第三届、第四届理事，青海省音乐家协会常务理事。长期从事音乐创作，作有舞蹈音乐《英雄赵文昌》《雪原小鹰》《美酒献给党》《欢乐的赛箭节》。

代 琳（1945—）

女歌唱家。满族。辽宁沈阳人。1963年毕业于哈尔滨艺术学院声乐专业，后在总政军乐团、北京歌舞团任独唱演员。1964年参加全军军乐会演获声乐作品演唱优秀奖。70年代初多次获黑龙江文艺调演声乐比赛一等奖。1978年始曾在电影乐团、北影乐团任声乐演员，并为中央及省、市电台、音像公司录制中外歌曲百余首，出版有个人独唱专辑及二重唱专辑盒带。演唱曲目有《黄水谣》《黄河怨》《岩口滴水》《红莓花儿开》《喀秋莎》及《安东尼达浪漫曲》。主编有《盘王大歌》等。

代荣名（1943—）

女二胡演奏家。辽宁人。中国广播艺术团民族乐团演奏员。1971年至1973年，借调到中国京剧院《红灯记》剧组。1975年为故事片《海霞》配乐并担任独奏。多次参加小乐队，为民歌、戏曲演出伴奏。80年代初到90年代末，参与大量中外音乐作品的演奏、录音、录像、录制唱片等。随团赴港、澳、台、日、新、马、泰等地演出。辅导学生乐团在区市级比赛中分别获得个人一、二等奖及大乐队二等奖，并赴港、澳、台演出。

戴 滨（1970—）

女歌唱家。湖南人。1989年毕业于武汉音乐学院附中，1994年毕业于中国音乐学院，同年任中国歌舞团独唱演员兼节目主持人。多次参加全国巡演及文化部大型演出、春节晚会等。1996年在全国青年歌手大赛上获专业组三等奖，同时获文化部民歌大赛演唱奖。曾随团出访新加坡、越南、老挝等国家。录制有唱片专辑《情醉瑞雪》。

戴 戡（1941—）

音乐编辑家。北京人。1963年毕业于西安音乐学院作曲系。曾任音协陕西分会《音乐天地》编辑部主任。作有歌曲《相思树》获全国首届民歌通俗歌曲大奖赛陕西赛区优秀作品奖。

戴 梅（1947—）

女钢琴教育家。重庆人。1965年毕业于四川音乐学院钢琴专业，重庆文理学院音乐系副教授。全国钢琴考级考官，重庆市钢琴专业委员会副会长，重庆市艺术特长生专家考评组评委，重庆刘诗昆钢琴艺术中心特聘专家。常任钢琴考评工作和钢琴大赛的评委。所作歌曲《教师之歌》获重庆市高等院校文艺汇演创作奖、演出奖，《童年的梦》《春雨》获重庆市首届艺术节高等院校文艺调演三等奖及组织奖。培养的学生在重庆市历次钢琴比赛和全国推新人钢琴大赛中获奖。曾多次获重庆市教委颁发的"优秀

指导教师"和"优秀园丁"奖。

戴 亚（1964—）

笛子演奏家。浙江人。1990年毕业于中央音乐学院。1982至1986年任杭州歌舞团笛子独奏演员。曾为赵松庭曲集录制磁带。演奏有《三五七》等。参加香港"中国四新秀音乐会"并随杭州歌舞团赴日本演出。先后获"山城杯"全国民族器乐电视大赛笛子演奏一等奖和杭州"西湖之春"笛子演奏比赛第一名。

戴 音（1973—）

女扬琴演奏家。江苏苏州人。1993年毕业于南京艺术学院附中音乐系，同年入南京民族乐团任演奏员，后任乐队队长。曾参加葡萄牙"世界博览会"演出，第四届法国一米奥斯国际舞蹈音乐艺术节演出，台湾"千禧岁末"音乐会，首届"世界华人论坛"会议文艺晚会，维也纳金色大厅"金陵寻梦"音乐会，北京人民大会堂"和平颂"专场音乐会，德国、荷兰"奥斯菲尔德"艺术节等。创作曲目《拉丁风情》《茉莉芬芳》获"四月之春"朝鲜国际艺术节金奖。

戴 羽（1933—）

小提琴演奏家。江苏宿迁人。1946年参加苏北军区六分区文工队。1949年调苏南军区文工团，师从秦西弦学习小提琴。1951年调铁道兵文工团赴朝鲜参战。1955至1956年在上海音乐学院进修小提琴，师从赵志华。1958年调宁夏歌舞团任首席小提琴。任全国业余小提琴考级评委。

戴定澄（1957—）

音乐理论家、教育家。上海人。澳门理工大学艺术学院院长，作曲理论博士、教授。主要研究欧洲早期多声音乐及澳门城市音乐学。曾任上海音协副主席，上海师大音乐学院院长。1994至1996年在日本国立静冈大学访问研修，2001年应邀任英国新堡大学访问教授。兼任中央音乐学院、星海音乐学院、台湾师范大学等学府的客席研究员、教授。出版专著《欧洲早期和声的观念与形态》《欧洲文艺复兴合唱曲选》《键盘和声与即兴弹奏》《音乐教育在澳门》《音乐表演在澳门》《音乐创作在澳门》《澳门音乐简史》。主编《音乐教育展望》《澳门高等艺术教育学科展望丛书》（3册）等。

戴定中（1947—）

指挥家。河南人。1966年毕业于四川音乐学院附中，1985年入中央党校函授学院学习。曾任攀枝花市歌舞剧团指挥、团长，市文化局长。指挥舞剧《红色娘子军》《白毛女》，京剧《杜鹃山》，歌剧《热血情丝》等作品。组织参加了四川省历届"蓉城之秋"音乐会的排演工作及全市性的音乐活动等。

戴恩田（1933—已故）

小提琴演奏家。河北吴桥人。1962年毕业于中央音乐学院管弦专修科。曾任中央芭蕾舞团演奏员。曾随团赴

朝、阿、罗、南、德、奥演出。

戴桂娣（1957— ）

女音乐活动家。浙江镇海人。山东音协副秘书长。先后参与组织"千里采风"，"泰山行"歌曲创作活动，第一届"孔孟乡音""蓬莱阁杯"歌曲征集活动，第三、四届"齐鲁风情"新作品演唱大赛，"黄土地，母亲情"电视音乐晚会等大量音乐活动。组织全国音乐考级工作，培养大批音乐人才。所作歌词《齐鲁风情》获省二等奖。

戴海英（1960— ）

女音乐活动家。江苏连云港人。江苏苏州市吴中区文化馆文艺辅导部主任。1979、1988年先后毕业于江苏连云港艺校、中国函授音乐学院江苏分院声乐科。曾在连云港海川区文化馆、市群艺馆文艺科工作。发表《因地制宜创特色、保护优先拓新路》等文，其中《从现代精神中激活情感，从文化碰撞中开拓新意》获文化部等单位举办的全国群众文化论文评奖二等奖。歌曲《跨世纪的太阳》获中国音协等单位举办的"世纪之声"全国歌曲大赛二等奖。

戴宏威（1935—2001）

作曲家。满族。北京人。1951年从事部队音乐工作。1960年毕业于中央音乐学院作曲系，曾任该系副主任。作有舞剧音乐《红色娘子军》（合作），现代京剧音乐《平原作战》《红灯记》（合作）。

戴洪祥（1928— ）

提琴研制家。北京人。1951年始从事高级提琴制作。曾在北京提琴厂工作。全国五一劳动奖章获得者。北京市第八、九届人大代表。主制的小提琴，在1980年参加日本国际提琴展示会上被评为样板琴，称戴氏琴。1983年在联邦德国参赛，获音质第一名金奖。

戴慧明（1954— ）

作曲家。重庆人。湖北省音乐培训与传播中心主任。湖北省音协理事，社会音乐活动委员会、音乐权益保障委员会委员，湖北省音协音乐考级委员会委员。作有歌曲《巫山我的天上人间》《山那边的歌》《老屋》《梦中的驼梁山》。为三十余部（集）电视剧、VCD、CD作曲，编辑出版《革命历史歌曲选集》，个人作品专辑《戴慧明歌曲选》由沈阳出版社编辑出版。

戴家声（1936—2005）

小号演奏家。浙江湖州人。1951年始从事小号演奏。曾任上海铜管研究学会副会长。上海交响乐团首席小号。曾担任贝多芬第一至第九交响乐小号演奏。

戴嘉枋（1949— ）

音乐理论家。浙江宁波人。中国音协第六、七届理事。1983年由中央音乐学院音乐学系本科毕业，任教于上海音乐学院音乐学系。1992年调任中央音乐学院学报副主编、音乐研究所副所长、院长助理、研究员。后任文化部教育司副司长、中国音乐学院党委书记兼常务副院长、中国音协理论委员会副主任等。教育部人文社会科学重点研究基地、中央音乐学院音乐学研究所所长，教育部高等学校艺术类专业教学指导委员会副主任兼秘书长、音乐舞蹈分委员会主任，中国音乐史学会会长。出版有《中国音乐简史》《走向毁灭——"文革"文化部长于会泳沉浮录》《样板戏的风风雨雨——江青、样板戏及内幕》《面临挑战的反思——戴嘉枋音乐文集》等。发表有关"文革"音乐等研究论文三十余篇，其中《论京剧"样板戏"的音乐改革》获北京市文联第二届"文艺评论奖"一等奖。

戴建平（1948— ）

作曲家。河南濮阳人。先后任河南安阳文化艺术学校音乐教师，濮阳县文工团、县大弦戏剧团作曲。长期从事古老稀有剧种"大弦戏"的音乐创作。作有《雏凤凌空》《水淹罗成》《淤河姻缘》等四十余部，并在电台、电视台录音播放和为多个国家外宾演出。作有笛子独奏曲《火龙阵》《黄河谣》，器乐曲《古潭新韵》在省民间音舞大赛中获"银杯奖"。收集、整理民歌《放风筝》《黄河号子》等多首，被收入《中国民歌集成》《中国民歌集成（河南卷）》。

戴劲松（1971— ）

作曲家。四川成都人。1991年毕业于中国音乐学院作曲系，师从施万春教授。中央戏剧学院音乐剧教员。从事音乐剧创作、研究和教学。音乐剧作品《青春时光》获2005年四川戏剧比赛作曲一等奖，《同一个月亮》获湖南省戏剧调演作曲田汉奖，《想变成蜜蜂的孩子》《怪物的眼泪》获文化部、中国文联"优秀音乐创作奖""五个一工程"奖，歌曲《一生的美丽只为你打扮》获2002年中央电视台青年歌手电视大奖赛专业组创作歌曲铜奖。音乐剧《伪君子》2007年赴罗马尼亚、法国参加莫里哀戏剧节。2008年担任美国百老汇音乐剧《名扬四海》中方音乐总监及指挥。2009年儿童剧《红孩子》获"五个一工程"奖。

戴敬国（1932— ）

歌剧表演艺术家。山东青岛人。1949年初参加解放军华东区铁路警备司令部文工团。1950年调北京中国铁路文工团。曾任歌剧团副团长、中铁文工团副总团长。1954年在哈尔滨师从意大利歌唱家阿恰依拉学习声乐，1957年参加文化部苏联专家吉明采娃声乐班。曾担任独唱演员，并在歌剧《在鸭绿江上》《工农一家》《血泪仇》《两代人》《洪湖赤卫队》《在清川江上》《小二黑结婚》《刘介梅》《焦裕禄》及《星星之火》中任主要演员。从1953年始在中铁文工团组织建设了一支50多人的专业合唱队，活跃在首都和全国铁路建设新线工地上。

戴君义（1947— ）

声乐教育家、歌唱家。湖南长沙人。1971年调入益阳地区文工团任演员，1973年任湖南省歌舞团声乐演员，1977年在中央歌剧院进修。1998年调省艺术研究所剧目室从事嗓音矫治和声乐教学工作，1987年由湖南师范大学音乐大专毕业。有数十名学生考入音乐学院声歌系，有多人多次在全国、省、市声乐比赛中获奖。1993年组建知音合唱团，任团长兼指挥，并在省、全国合唱比赛中多次获金、银奖。发表论文《歌唱"乐器"的构建》《浅谈呼吸与歌唱》。参与《高职影视表演专业'声、形、台、表'合练法研究》课题。

戴克明（1945— ）

音乐教育家。黑龙江哈尔滨人。哈尔滨师大艺术学院副院长。中国音协声乐学会常务理事。1967年毕业于哈尔滨师范大学艺术系。曾就职解放军铁道兵文工团。发表多篇论文，并获国家、省级奖。获省优秀教育工作者荣誉称号及"曾宪梓教育基金"奖。曾主持26、27届"哈尔滨之夏"音乐会——哈师大艺术学院专场音乐会演出，有十余首作品参加演出并获奖。

戴明瑜（1938—已故）

音乐翻译家。陕西绥德人。曾为西安音乐学院外语教学编译室主任、副教授，陕西省翻译家协会常务理事兼副秘书长。音乐译著《十九世纪的交响乐与协奏曲》《乐队与乐器》《视唱练耳教学中内心听觉的训练》《音乐旋律学》等，音乐学术译文《二十世纪的交响乐》等百余篇，音乐研究论文、音乐评论《二十世纪的音乐研究成果与翻译》等二十余篇，编写《音乐专业英语阅读教材》。曾先后两次分别获省级学术成果奖及院内学术成果奖。

戴鹏海（1929— ）

音乐理论家。湖南长沙人。1949年从事音乐工作。1961年毕业于上海音乐学院。为该院音乐研究所研究员。曾任《歌剧艺术》编委会副主任。合编有《黄自遗作集》，撰有《黄自年谱》《让历史作证》。

戴谱生（1924— ）

女钢琴教育家。浙江宁波人。毕业于国立上海音专。曾任上海交响乐团独奏演员。曾在上海音乐学院任教。

戴启煌（1935— ）

声乐教育家。河南光山人。1954年参加文艺工作。先后在重庆市歌舞团、四川歌舞团任歌唱演员。在《小二黑结婚》《红珊瑚》等多部歌剧中担任主要角色。1960年随团赴叙利亚、埃及等国，完成了大马士革国际博览会等演出任务。1977年调四川舞蹈学校从事声乐教学，曾任校长、高级讲师，四川音协理事。发表《微声训练在声乐教学中的应用及其价值》《探索、实践、思考——四川省舞校歌剧专业教学点滴》等文。

戴如修（1933— ）

声乐教育家。湖南大庸人。1957年毕业于上海音乐学院声乐系。曾任厦门大学艺术教育学院音乐系声乐教研室主任。

戴瑞吉（1935— ）

作曲家、音乐教育家。江西吉安人。中学音乐教师。1953年以来发表歌曲数百首，其中《青年拖拉机手之歌》等由电台播放，另有三十余首在各类评比中获奖。在教学中创造性运用奥尔夫、柯达伊教学法，把乐器引进课堂。以器乐、唱歌、乐理讲授、音乐欣赏四同步。发表论文近百篇，多篇在全国获优秀论文奖。1993年被香港东方文化中心聘为音乐研究部研究员。多次出席全国性音乐教育（学术）研讨会。出版有《音乐教育文选》《春天在微笑》歌曲集。

戴世伶（1915—2002）

女音乐教育家。湖北武汉人。1935年毕业于北平大学女子文理学院音乐系，并留校任教。后相继担任青木关国立音乐院讲师、清华大学音乐室导师。1954年调中央音乐学院任教，长期在作曲系担任视唱练耳教学，副教授。曾编写《中国单声部视唱教材》第一、二册。曾获中央音乐学院建院40周年荣誉银奖，2000年获中央音乐学院肖友梅音乐教育促进会授予的"肖友梅音乐教育建设奖"。

戴述国（1942— ）

词曲作家。湖北天门人。1965年毕业于解放军艺术学院音乐系并留校任教，曾任音乐理论教员及教研室主任等职，并担任《中国近现代音乐史》《词曲写作》等课程。北京现代音乐学院副院长、副教授。发表词曲作品和理论文章《红太阳升起的地方》《这样的人儿我才爱》《精神文明之歌》《春雨》等，《测绘兵之歌》获全军征歌比赛一等奖，《工程兵之歌》被总参颁布为代工程兵兵种歌。

戴树屏（1931— ）

音乐教育家。江苏姜堰人。1949年入苏州原国立社会教育学院艺术系学习，1956年从上海华东师范大学音乐系毕业，任山东师范学院音乐理论助教。1978年始历任山东艺术学院音乐系助教、讲师、副教授、音乐理论教研室副主任、音乐系副主任。1985年任杭州师范学院音乐系副教授、教授。从教四十余年，先后担任过十多门课程的教学和教材编写，已出版《新和声教程》《键盘和声与歌曲伴奏》《民族音乐钢琴曲集—茉莉花》等。

戴天佑（1936— ）

大提琴演奏家。满族。黑龙江哈尔滨人。1958年毕业于沈阳音乐学院管弦系。曾任辽宁歌剧院交响乐队大提琴首席，兼任沈阳工业大学美育教授。

戴宛秋（1934— ）

女高音歌唱家。湖北武汉人。1957年毕业于上海音乐学院声乐系，同年分配到陕西省歌舞剧院歌剧团任歌剧演员。在《货郎与小姐》等歌剧中担任主要角色，并在音乐会中担任独唱。1970年任专业声乐教员，在多部歌剧中任声乐指导。曾担任陕西省及西安市历届声乐比赛评委。

戴学忱（1936— ）

女民歌演唱家。天津人。1956年入中央歌舞团。1961年入中央民族乐团工作。1957年参加第六届世界青年联欢节合唱比赛，领唱《瞧情郎》获金质奖。

戴永常（1939— ）

作曲家。江苏南京人。副研究馆员。发表音乐作品千余件，全国获奖百余次。其中歌曲《巫山神女》《心灵的阳光》《竹乡小哥妹》获全国性的歌曲评选中获奖。1994年出版个人作曲专辑盒带《巫山神女》及《竹乡小哥妹》。发表音乐论文多篇。曾为多部电视剧作曲，其中电视连续剧《徐三爹新传》于1993年春节在央视一套播出。

戴于吾（1936— ）

作曲家。江苏宜兴人。1959年毕业于中央音乐学院作曲系。曾在《歌曲》《音乐创作》编辑部工作，后调入人民音乐出版社，1993年任该社总编辑、编审。后为中国合唱协会理论创作委员会主任。出版有《声乐曲五十首》《童声合唱曲二十首》《小伙伴的歌——少年儿童歌曲80首》《忆江南——中国古诗词》CD等专著。1995与2003年分别在北京和南京举行个人独唱、合唱作品专场音乐会。

戴玉强（1963— ）

男高音歌唱家、歌剧表演艺术家。河北文安人。总政歌剧团歌剧演员。1984年就读于中央戏剧学院表演系，1991年就读于解放军艺术学院音乐系。曾任山西省歌舞剧院歌剧团演员。先后获文华表演奖、中宣部"五个一工程"奖、"全军文艺汇演"一等奖、戏剧"梅花"奖、"全国青年歌手大奖赛"银奖、第四届"金唱片奖""第一届日本静冈国际歌剧比赛"第一名、"第二届比利时维尔维埃国际声乐比赛"第三名。曾在英国皇家歌剧院主演歌剧《图兰朵》《绣花女》《托斯卡》，在美国底特律等剧院主演歌剧《阿依达》《卡门》等。

戴玉升（1934— ）

戏曲音乐家。江苏高邮人。曾任江苏射阳县文化局射阳县淮剧团团长，后任江苏省淮剧团二队队长。担任音乐设计的戏曲《夺娇记》曾获全国戏曲观摩演出音乐设计一等奖。作有歌曲合唱《滨海草滩鲜花开》《故乡的路》等。撰有《淮剧唱腔的历史源流》《淮剧唱腔的曲式与板式》《再谈继承与创新》等文，曾获射阳人民政府颁发的从事戏曲音乐工作35周年荣誉证书。

戴玉祥（1950— ）

音乐教育家。江苏南京人。《人民日报》社文化影视中心主任。中国歌剧研究会理事、上海舞蹈学校名誉校长。1974年毕业于南京师范大学音乐系，同年入扬州师院高邮分院任教，1977年考入福州军区空军文工团，1985年入中央音乐学院进修指挥，1987年任空政文工团团长。编撰有《视唱练耳》《歌曲作法》《指挥入门》等教材。创作的歌曲有《凯旋门前迎亲人》《海岛雷达兵》。

戴云华（1934—已故）

女大管教育家。河北藁城人。1950年从事部队文艺工作。1955年入中央音乐学院管弦系学习。1959年在捷克大管专家班进修两年，毕业后留校任教。曾任附中管乐学科主任。

戴增仁（1942— ）

高胡演奏家。回族。辽宁丹东人。1959年考入辽宁

歌舞团任乐队首席，1984年任副团长。曾参加歌剧《草原烽火》，舞剧《王贵与李香香》《珍珠湖》及多台民族歌舞、民族音乐会的排演工作。曾赴朝鲜、日本等国演出《珍珠湖》及民族歌舞音乐会，任民乐队首席。在《辽宁日报》等报刊发表《闪光的珍珠》等艺术评论、文艺通讯数十篇。1993年调辽宁省文化艺术人才中心任主任。

戴增胜（1941— ）

歌唱家、声乐教育家。黑龙江哈尔滨人。1964年毕业于哈尔滨艺术学院声乐系，先后师从李兰宗、于忠海教授。曾任山西省歌舞剧院、浙江省歌舞团演员，总团歌队队长。曾参加大型歌舞《壮志移山河》《焦裕禄》、歌剧《白毛女》的演出并任重要角色，曾在畲族歌舞《幸福水》中任领唱并录制唱片。1983年组织五人音乐普及独唱小组深入杭州各大学、中学演出并讲学。培养了一批声乐人才。

戴中晖（1957— ）

小号演奏家。辽宁沈阳人。中国交响乐团小号首席。1979年就读于沈阳音乐学院管弦系，1983年任沈阳音乐学院管乐学科教师。1989至1996年在美国南加州大学音乐学院深造。其间任美国Sanfa、Mouica交响乐团、Riversiae爱乐乐团小号首席，曾参加首届全国小号演奏比赛获奖，在美国匹茨堡第二届国际现代音乐节任独奏。1995年在北京音乐厅举办独奏音乐会。2002年中央电视台第三套节目播出其专题独奏音乐会。录制唱片数张。应邀赴美讲学、举办独奏音乐会。近年曾在国内多所院校讲学。

戴自新（1941— ）

歌词作家、文艺评论家。四川安岳人。《中国企业之歌》编委、省音乐文学学会理事、省老年大学合唱团副团长、《贵州日报》社高级记者。1966年毕业于贵州大学。三十余年创作各种风格歌词数百首，被省内外著名作曲家谱曲百余首，其中《我美丽的大西南》《瀑布雨》《月夜唱起敬酒歌》《倾听母亲的心跳》《国酒醇厚九州醉》等被国内著名歌唱家演唱，并获国家和省级各项音乐奖励。

丹　增（1962— ）

歌唱家。藏族。西藏白朗人。就职于西藏自治区歌舞团。西藏自治区青联副主席、中国音协理事、中国西藏文化保护与发展协会理事。先后毕业于西藏大学艺术系、上海音乐学院声乐系。曾获全国少数民族"孔雀奖"声乐大赛一等奖，第二、三、四届全国青年歌手电视大奖赛专业组民歌唱法"优秀歌手"奖，"长江杯"民歌演唱大赛银奖，第一、二届西藏自治区专业声乐比赛"特等奖"，"金龙杯"全国专业歌手邀请赛民族唱法"特别奖"，《才旦卓玛基金奖》演唱大赛专业组银奖。出版《丹增演唱专辑》《丹增演唱专辑、CD、DVD》光碟。1998年获西藏文学艺术界的最高荣誉"珠穆朗玛"文学艺术奖。

丹慧珍（1943— ）

女歌唱家。回族。河北大名人。1968年毕业于沈阳音乐学院民族歌剧班。后入辽宁歌剧院工作。曾主演歌剧

《洪湖赤卫队》。演唱《拉骆驼的黑小伙》等歌曲获全国少数民族会演优秀节目奖。

旦巴坚参（1958—）

作曲家。藏族。西藏拉萨人。1972年入拉萨市歌舞团。1982至1985年在四川音乐学院作曲系进修，结业后在本团从事专业作曲。西藏自治区第八届、九届政协委员，拉萨市第八届政协委员、第九届政协常委，民族艺术团创作组组长。创作歌曲、器乐、舞蹈等大量音乐作品，两次出版个人作品专辑，多次在西藏自治区内外的重大比赛中获奖。其中1999年获中宣部第七届"五个一工程"奖，1996、2000年分别获"才旦卓玛艺术基金奖"金奖，2001年获第四届"珠穆朗玛"文学艺术奖。1997、2000年分别获拉萨市首届和第二届圣地文学艺术奖。

但功浦（1941—2005）

女钢琴教育家。四川成都人。1955年入四川音乐学院附中，1963年毕业于四川音乐学院钢琴系。后调至新疆军区生产建设兵团文工团，1970年入河南省歌舞团，1983年始在四川音乐学院钢琴系任教，成教中心教研室主任、教授，硕士生导师。撰有《论钢琴演奏中自我意识的升华与超越》《对浪漫派钢琴音乐的反叛与变异》等多篇，选编、注释《歌曲钢琴伴奏教材》三册，编写拜厄《钢琴基本教程》教学版（合作），1996、1998年两次为学生长笛独奏音乐会伴奏，曾为学生组织多场独奏音乐会，所教学生在多次比赛中获奖，多次出任钢琴比赛评委。

但昭立（1944—）

音乐教育家。重庆人。绵阳师范学院音乐系教授、音乐学科带头人。四川省音乐教学委员会副理事长、绵阳市音协顾问。曾在峨影乐团、凉山歌舞团、中唱成都分社工作。1985年调入绵阳师院，后任音乐系主任。从事视唱练耳、合唱与指挥、小提琴等教学及音乐创作。承担完成多项国家、省部级科研课题。发表论文三十余篇，其中多篇获国家和省级一等奖。作品《踏青》等获四川广播新歌"十佳歌曲"奖、第三届全国青歌赛四川赛区优秀歌曲创作奖。

但昭义（1940—）

钢琴教育家。重庆人。曾任广东省及深圳市音协副主席、深圳钢琴学会会长。1964至1995年在四川音乐学院任教，1995年10月调深圳艺术学院。先后培养不少优秀钢琴演奏人才，在国际钢琴比赛获奖达21人次，其中7次获得第一名。有学生获英国利兹比赛第四名，李云迪获肖邦比赛第一名并成为第一位与世界著名古典唱片公司DGG签约的中国钢琴家。

党尔廉（1937—2006）

歌唱家。陕西韩城人。1959年毕业于西安音乐学院声乐系。先在福建省艺术学院任教，后调陕西省歌舞剧院任歌唱演员，兼任该院歌舞团副团长等职。演唱作品有《伏尔加船夫曲》《跳蚤之歌》《码头工人歌》等。1971年中央电台录制《军民大生产》向全国播放教唱。1976、1980

年陕西省电视台电视专题采访所唱《故乡绿色的山岗》《世界人口将成倍往上翻》向全省播放。

党世才（1941—）

古琴家。甘肃靖远人。曾为白银市音协顾问、靖远县文联副主席。曾出席1983年在北京召开的"全国第二次古琴打谱学术经验交流座谈会"和1985年在扬州召开的"全国第三次古琴打谱学术经验交流座谈会"。译谱演奏明代《神奇秘谱》中之《大雅》《古风操》等曲。1990年、1995年两次出席在成都召开的"中国古琴艺术国际交流会"，并担任学术委员会委员。演奏《敦煌古乐》中之《品弄》《缺字弄》。曾发表《陇上琴话》等琴学论文。

党昕光（1933—）

戏曲作曲家。陕西人。1951年起在陕西省戏曲研究院华剧团任职，并任艺术指导。1962年结业于西安音乐学院函授作曲系。作有二胡曲《喜丰收》，小演唱《修木权》。为华剧《常青指路》《贵妃醉酒》《杨贵妃》《真的，真的》，眉户古典戏《屠夫状元》，眉户现代戏《杏花村》（后被搬上银幕），《两个女人和一个男人》《爱与恨》《帮工与主人》等设计唱腔及音乐，上述剧目均先后获文化部艺术局音乐创作一等奖及陕西、山西省音乐创作一等奖。出版有《碗碗腔音乐》。

党音之（1939—2007）

作曲家。陕西合阳人。1962年毕业于西安音乐学院作曲系。曾在陕西延安歌舞剧团工作。作有歌曲《观灯》，笛子独奏曲《边区运输队》，歌剧音乐《三十里铺》。

党永庵（1938—）

歌词作家。陕西人。陕西省音乐文学学会主席、西安市音协副主席、中国音乐著作权协会理事、《词刊》编委。1959年毕业于西安音乐学院管弦系。曾任报社编辑、记者及剧团编剧。1978年调入陕西乐团任创作员。1986年起先后任汉中市及渭南市副市长。创作发表有大量歌词作品，大型多乐章作品三十余部，歌词论著五十余万字。曾两次举办个人作词歌曲音乐会，出版歌词作品集4部。作有《我们这一代》《青春献给伟大的党》《微笑的太阳》《三月茶歌》《珍惜她》以及大型歌剧《飒爽英姿》《春催山红》（合作）等。

党允武（1926—）

音乐活动家。陕西人。1945年入延安中央管弦乐团任小提琴演奏员。曾任文化部演出公司副经理。

党忠心（1957—）

长笛演奏家。辽宁锦州人。曾在沈阳音乐学院进修，师从长笛演奏家于继学教授。锦州市歌舞团管弦乐队首席长笛。2002年应邀担任沈阳爱乐乐团长笛客座首席，2003年应邀担任辽宁渤海大学乐团客座首席。2005年始在音乐刊物发表学术文章多篇。2006年被中国音乐学院授予"优秀长笛教师"。在第三届中国文艺展示活动中被聘为辽宁省组委会副主任。曾任第二届世界华人青少年艺术节辽宁赛区评委。

德德玛（1947— ）

女中音歌唱家。蒙古族。内蒙古额济纳旗人。中央民族歌舞团独唱演员。13岁成为内蒙古阿拉善盟额济纳旗乌兰牧骑演员。1962年入内蒙古艺术学校学习声乐，师从罗兰如、章珍芳等。1964年考入中国音乐学院民族班，师从姜家祥。曾任内蒙古巴彦绰尔盟歌舞团、银川市文工团独唱演员，内蒙古歌舞团歌剧演员。曾向蒙古族民歌手哈扎布学唱民歌。1986年被评为"全国听众喜爱的歌唱演员"。1988年在北京举行"德德玛独唱音乐会"。曾获"全国民族唱法十大女歌唱家评选"第一名。演唱曲目有《草原夜色美》《草原上有一颗明亮的珍珠》《小黄马》《美丽的草原我的家》等蒙、汉语歌曲。

德伯希夫（1927—2007）

作曲家、指挥家。蒙古族。内蒙赤峰人。曾任内蒙古音协主席、名誉主席。中国音协二、三、四届常务理事。1953年于东北鲁艺音乐部干部理论作曲班毕业。1955至1957年随苏联指挥专家班学习。1957年秋随中国歌剧与音乐代表团赴苏联观摩考察。1984年到日本演出。创作大型合唱六部，以及歌剧、舞剧音乐《猎人与金丝鸟》《草原儿女》（合作），并获指挥奖。歌曲《各族人民心连心》《牧民的伙伴》获一等奖。出版两册音乐作品选集和《绿色长城交响大合唱》，有10部作品录制唱片及盒带并在北京音乐厅举办个人音乐会。

德吉次白（1965— ）

女歌唱家。藏族。西藏阿里人。阿里地区文工团独唱演员。1987年毕业于中央民族学院音舞系。曾获西藏青年歌手电视大奖赛一等奖，全国少数民族声乐比赛金奖。1988年参加北京音协、中国少数民族声乐学会在北京音乐厅联合举办的少数民族音乐会。

德西措毛（1942— ）

女歌唱家。藏族。青海玉树人。1956年入西北民族学院文艺班学习。1959年入青海省民族歌舞剧团任歌舞演员。全国第五届人大代表，省第五届人大代表。

德西美朵（1957— ）

女高音歌唱家。藏族。四川巴塘人。先后毕业于四川音乐学院、上海音乐学院声乐系。1975年在四川峨嵋电影厂乐团任演员。1989年在西藏歌舞团任独唱演员，副团长。曾参加第六届全国民运会开、闭幕式、中央电视台"心连心"艺术团、西藏民主改革40周年及国庆50周年献礼晚会、北京国际音乐节、上海国际艺术节及自治区和平解放50周年大庆"金色岁月"和建党80周年"风采颂"等大型晚会演出。获全国少数民族声乐比赛一等奖，"珠穆朗玛"文学艺术奖、才旦卓玛基金大赛专业组金奖等。曾获"中国民族十大女高音歌唱家"和2000年第三届"中国十大女杰"提名和"文化部优秀专家"称号。

德勒格日玛（1935— ）

女民歌演唱家。蒙古族。北京人。1949年入内蒙文工团。曾在呼和浩特群众艺术馆工作。1957年内蒙首届歌舞小戏汇演获表演奖。首唱《王二嫂过新年》《小青马》。

邓 彬（1939— ）

戏曲作曲家。广东中山人。1952年就读于江苏省丹阳艺术师范音乐科，1958至1961年在中央音乐学院作曲系进修。曾任江苏省丹阳市文化局剧目工作室主任、艺术科长。主要从事群众歌曲、舞蹈音乐、戏曲音乐创作，其戏曲电视片《大哥，您好》获"金鹰奖"，丹剧《称婆婆》获群星奖金奖，舞蹈《蚕女情》获银奖。

邓 川（1967— ）

女小提琴演奏家。北京人。中国交响乐团演奏员。1990年毕业于中央音乐学院管弦系小提琴专业。曾任中央乐团交响乐队、北京爱乐室内乐团演奏员。参加中央乐团在国内外交响音乐会的演出及"爱乐女"室内乐团的演出，担任独奏、重奏，代首席。参加中美合拍电视剧《新大陆》的拍摄，并任重要角色。曾受中央乐团委派赴珠海"香港区艺术培训中心"任教半年。与指挥家韩中杰和武汉交响乐团合作，独奏贝多芬《小提琴协奏曲》。

邓 虹（1961— ）

女琵琶演奏家。江西安福人。江西省杂技团乐队演奏员。1977年南昌市八一学校高中毕业。曾任江西新亚职业技术学院艺术系琵琶教师，后借调到省歌舞剧院。所教学生获全省第一届琵琶比赛二等奖，第一、二届器乐重奏、小合奏专业组比赛三等奖及青少年民乐团北京邀请赛"龙音杯"阳光奖。曾代表江西省赴日本演出担任琵琶独奏。

邓 俭（1932— ）

作曲家。吉林榆树人。曾任吉林四平市群艺馆馆长、研究馆员，市音协主席。发表有大量歌曲作品，获奖百余首，《姑娘窗前看霜花》等20首获金、银奖。为长影科教片《侧充式播种机》谱曲分获省、国家二、三等奖。由江苏、吉林等音像出版社录制盒带、唱片、光盘六十余首歌曲共4辑。在国家、省刊物发表论文10篇。获全国文化系统先进工作者及文化部、国家民委授予民间音乐集成编纂贡献奖，省文联"二分之一世纪音乐成就贡献奖"。曾出版4集歌曲选。

邓 璐（1965— ）

女声乐教育家。四川安丘人。上海市奉贤区育秀实验学校教师。1999年毕业于哈尔滨师范大学。曾任黑龙江齐齐哈尔市富拉尔基发电总厂子弟中学教师。论文《学中有乐，乐中有学》1994年获齐齐哈尔市教育学会一等奖。1992年获黑龙江省电力职工第五届文艺汇演二等奖。

邓 卫（1948— ）

演奏家、作曲家。湖北枣阳人。旅居澳大利亚。1960年考入中央音乐学院附中，1964年就读于中国音乐学院附中。1977年入东方歌舞团。曾获全国民族器乐独奏观摩演

D

出表演奖，作有琵琶协奏曲《伊犁的早晨》等。1984年赴澳大利亚留学，攻读昆士兰音乐学院研究生，后获昆士兰科技大学博士学位。任职于昆士兰音乐学院交响乐团。创作有钢琴奏鸣曲、协奏曲、室内乐、艺术歌曲作品数十件，发表有多篇论文并多次获澳大利亚政府及有关大学颁发的研究基金、奖学金。

邓 尧（1932— ）

歌唱家。江苏人。曾为江苏省歌舞剧院院办主任、声乐教员，并曾先后进修于南京师大音乐系、南京艺术学院音乐系，师从崔庆蕖、黄友葵。曾任江苏省总工会文工团独唱演员。1956年获江苏省首届职工文艺调演优秀演出奖。曾在歌剧《五十块钱》《白毛女》《刘三姐》中扮演老王、杨白劳、莫海仁。曾参加"援越抗美"文工队，并获越方奖状及奖章。

邓 韵（1947— ）

女中音歌唱家、歌剧表演艺术家。广东开平人。广州歌剧学会名誉会长。1965年任广州军区战士歌舞团独唱演员，曾演唱《红色女话务兵》《我爱梅园梅》等歌曲。1981至1984年就读于朱莉亚音乐学院美国歌剧中心。1985年始在美国大都会歌剧院任歌剧演员。作为第一位与纽约大都会歌剧院签约的中国歌唱家，首次参加演出《尤金·奥涅金》中的奥丽嘉。曾演唱《圣杯》《弄臣》《蝴蝶夫人》《卡门》《游吟夫人》等多部歌剧。1992年在华盛顿参加演出中国歌剧《原野》。1994年和2001年在国内举办独唱音乐会，2002年举办"世界经典歌剧选曲音乐会"。

邓保信（1940— ）

作曲家、指挥家。天津人。曾任天津歌舞剧院作曲，天津爱乐合唱团指挥，天津音协理事。1966年毕业于天津音乐学院理论作曲系本科。历任河北京剧团指挥、省文化厅音乐唱腔研究室创作员、《河北歌声》音乐编辑。合作创作歌剧《广厦抒情曲》《银杏树下的爱情》《梦的衣裳》《歌魂》，歌舞剧《太阳潮》《COSL之歌》《战洪图》《收租院》，声乐套曲《向大海进军》《祖国啊太阳》等。发表播出作品三百余部（首），获奖五十余件。曾指挥排演现代京剧《沙家浜》《海港》《红灯记》《杜鹃山》《磐石湾》等。

邓步君（1956— ）

女音乐活动家。江西南昌人。江西省音协理事。1990年毕业于江西师范大学艺术学院。历任抚州地区歌舞团声乐演员、地区群艺馆、文化局、文艺学校音乐干部、副馆长、校长。曾参加江西省井岗之春、永铜杯、古山杯、艺术节，全国"群星奖"声乐比赛、青年歌手大赛并获优秀奖、一等奖。组织策划市春节文艺晚会、庆祝建国50周年、庆祝建党80周年等大型文艺晚会。撰有《新时期企业文化管理初议》《小城市节日文化新思考》。担任《中国民族民间器乐曲集成（抚州卷）》编辑、《中国说唱音乐集成》编委。

邓超荣（1948— ）

作曲家。广东电白人。1970年毕业于广州音专附中——广东艺术专科学校。曾任湛江市粤剧团及歌舞团乐队指挥、深圳交响乐团副团长、深圳报刊记者、总编辑。粤海啤酒集团及深圳金威啤酒有限公司副总经理。1965年起发表歌曲及器乐曲四百余首，音乐论文50篇。歌曲《秋的恋歌》获1996年全国音乐电视大赛金奖。歌曲专集《邓超荣歌曲选》、报告文学《都市浪漫曲》均获深圳市政府"大鹏文艺奖"。英国伦敦学会乐团客座指挥、广东音协理事、深圳市音协副主席。

邓承群（1945— ）

作曲家、指挥家。贵州安顺人。1964年毕业于贵州大学艺术系音乐专业，后任铜仁地区文工团乐队演奏员、作曲、指挥，及教师进修学院音乐科教员。历任贵州省东方音像出版公司音乐编辑，贵州人民广播电台乐队队长、指挥。作有歌曲《歌唱亿家好生活》《最美丽》《酒歌献给党》《吊脚楼》及合唱《喊太阳》《大山回声》《遍山红花开》多首，有的获征歌奖、优秀创作奖、广播节目奖等多个奖项。在省"苗岭之声"合唱艺术节获指挥奖。为电影、电视剧编配音乐多部，并为春节文艺晚会作曲。

邓础锋（1919— ）

戏剧音乐作曲家。广东三水人。长期从事戏曲音乐设计工作。1951年自组"蓝宝石乐队"在广州配合曲艺团参加接待外宾演出，后参加"曲艺大队"负责音乐设计。1953年参加中南地区和全国戏曲观摩汇演，获音乐设计奖。曾先后在广州粤剧团、广东粤剧院负责音乐设计及伴奏。作品有《宝莲灯》《红楼二尤》《拉郎配》，现代戏《迎春花》等。

邓传荣（1956— ）

中提琴演奏家。重庆人。1972年入重庆歌舞团乐团，先后任中提琴演奏员、声部首席、作曲配器。1997年担任乐团团长。创作多首歌曲、乐曲。组织策划一系列大、小型音乐会。培养了一些音乐后备力量。

邓德英（1948— ）

女歌唱家。云南弥渡人。先后在昆明军区歌舞团任独唱演员、歌队队长及声乐教员，在驻昆某集团军组建文工队兼任声乐教员。1973年入北京军区歌舞团进修声乐。在交响音乐《沙家浜》，京剧《智取威虎山》中担任主角。曾赴老挝慰问筑路部队。独唱曲目有《苍山歌声永不落》《养蜂姑娘》《洱海水》《大理美，大理好》等，并录制唱片。为中央和地方电台录制《妈妈的歌声》《欢乐的泉水》等几十首歌曲。为《祝福你孔雀之乡》《空谷兰》等电视剧录制主题歌。

邓东升（1935— ）

音乐教育家。河北雄县人。1957年毕业于北京艺术师范学院音乐系，后到太原第二师范任教。1986年调至太原师专任艺术系音乐理论作曲教研室主任。1987年主编并出版《大学校园歌曲》与《中学校园歌曲》两集，发表论文数篇。获奖与发表的歌曲有二十余首，其中《每当我走过这里》获省级征歌奖，《将来会有那么一天》获太原市优秀作品奖，《永久的缅怀》获山西省"黄河杯"征歌奖，民歌改编无伴奏合唱曲《绣荷包》在中国合唱节获奖。

邓尔敬（1918—1996）

音乐教育家。湖北京山人。1934年入武昌艺术专科学校，师从俄籍音乐家罗滨莫娃习声乐、钢琴。1941年毕业于上海国立音专作曲专业，师从黄自及德籍音乐家弗兰克尔。1943年起任重庆国立音乐院分院副教授。后随音院回上海并曾兼任沪江大学音乐系教学工作。新中国成立后执教于上海音乐学院。曾任上海音乐学院作曲指挥系主任、教授，中国音协《音乐创作》杂志副主编，上海音协常务理事。从教四十余年，培养了施咏康、陈铭志、刘福安等作曲家。作有器乐曲、歌曲多首。声乐套曲《负重行》中的《挑夫之歌》在抗战期间广为流传。出版有《儿童钢琴曲四首》《小提琴即兴曲》等。

邓尔惕（1932— ）

歌唱家。湖北人。1950年参加华东军政委员会文化部直属音乐工作团，后参加上海乐团工作。1957年毕业于上海音乐学院声乐系本科，同年回上海乐团，曾任男高音声部长、艺术室常务副主任。曾负责建立24人无伴奏合唱小组并担任指挥和声乐指导。作有男声合唱《社员挑河泥》，合唱《丰收喜洋洋》《农村组歌》。

邓冠东（1955— ）

作曲家、音乐编导家。山东枣庄人。曾任山东枣庄电视台文艺部主任。1979年毕业于山东艺术学校，后于山东艺术学院作曲专业进修，1996年毕业于曲阜师范大学音乐系函授班。曾发起并导演鲁南三地市春节电视文艺晚会，策划创办"送您一支歌""荧屏广角"等新栏目，策划并组织多届枣庄市青年歌手电视大奖赛，发掘一批青年歌手。歌曲《为了生活更好》《白衣天使之歌》等获中国音协颁发的奖项，并获十多项省级创作奖项。

邓光华（1940— ）

音乐教育家、民族音乐学家。苗族。贵州思南人。贵州师大督导、省艺教委常务副主任，贵州省音乐教育研究会理事长、民族文化学会副会长。先后任贵州师大音乐系主任、民族音乐研究所所长、教授、硕士生导师，贵州音协第三届副主席、第四届顾问。撰有《论音乐教育原理》等文百余篇。著有《傩与艺术、宗教》等。主编高校教材《中国民族民间音乐》《音乐的魅力》。为《中国少数民族艺术词典》《中国大百科词典》《新中国大事辑要》撰写十余万字条目。多次获优秀科研成果奖。

邓国平（1964— ）

歌唱家、作曲家。广东人。毕业于星海音乐学院和中央音乐学院。广东佛山市文联秘书长、佛山市音协副主席。90年代开始获歌唱、指挥、作曲等奖项，多次赴海外演唱。广东省文联等单位曾在广州举办"唱响主旋律·邓国平2006歌曲创作研讨会"和2008年抗震救灾歌曲《我爱大

山里的孩子》专辑首发式，并送6000张专辑到四川灾区。《完美自我超越自我》定为广东省第五届残运会会歌，《轻舟队员之歌》入选广东音协50年优秀作品，《最亲的人》《伴你成长》分别获广东省征歌二等奖。

邓海伦（1950— ）

女高音歌唱家。山东青岛人。1972年入湖南省歌舞团任独唱演员。湖南省政协委员。1979年获湖南省音乐舞蹈调演独唱演出奖，1981年获省"青年歌曲"评比演唱一等奖。演唱曲目有《你说这该感谢谁》《请到我们洞庭来》等。

邓季芳（1948— ）

女钢琴教育家。江西人。沈阳音乐学院钢琴系教授，硕士研究生导师。1968年钢琴专业毕业。从事钢琴专业教育近三十年。曾经先后兼任沈阳音乐学院附中副校长、大学本科钢琴系党支部书记兼副主任等职。其教授过的学生有多人在国内和省市各类钢琴赛事中获奖，其本人获优秀指导教师奖。多次应邀担任国内和省市钢琴比赛评委。在省级学术刊物上先后发表论文十余篇，其中有两篇获市优秀科技成果论文类二、三等奖。

邓家骧（1931— ）

双簧管演奏家。辽宁营口人。1948年从事部队音乐工作。1959年入上海音乐学院管弦系进修。曾任工程兵文工团副团长。所作交响诗《草原英雄小姐妹》获1964年全军军乐会演优秀奖。

邓建栋（1963— ）

二胡演奏家。江苏无锡人。中国音协第七届理事、二胡学会副会长，中国刘天华、阿炳民族音乐基金会理事，中国音乐学院、中国人民大学客座教授。1989年毕业于南京艺术学院。1985年获首届中国北京二胡邀请赛一等奖，1987年获首届江南丝竹比赛二等奖，1999年获第七届全军文艺汇演二等奖，2008年获第六届中国金唱片奖。所创作的《姑苏春晓》获第三届全国民族管弦乐展播作品一等奖，《草原风韵》（合作）获第二届中国徐州国际胡琴艺术节金奖。首演《第一二胡狂想曲》《第二二胡狂想曲》《第三二胡狂想曲》《乔家大院组曲》《天山风情》等新作品。多次举行个人独奏音乐会。2008年在维也纳金色大厅举行《二泉映月》——邓建栋二胡独奏音乐会"。出版个人演奏专辑数张。多次担任全国二胡比赛评委。

邓建平（1953— ）

作曲家。四川人。四川省内江市音协副主席。1974年起任新疆陆军六师文工团小提琴演奏员兼作曲。创作有舞蹈、歌舞《矿井场上的花手巾》《大山里的妹子》《共和国的质检人》分别获四川省职工文艺调演、省煤炭系统调演、四川省政府、全国质检系统文艺调演一、二、三等奖及优秀奖。1998年在威远举办"威远，我的家乡——音乐作品迎春晚会"。创作歌曲（合作）《永远的怀念》由宋祖英演唱。2005年创作的歌曲《质量月之歌》《百姓爱好官》先后获四川省质量月文艺晚会、四川省"廉政歌曲大赛"一、三等奖。各级刊物、电视台、晚会上发表、播

出、演出作品百余首。

邓九如（1898—1970）

扬琴演奏家。山东人。17岁时开始学习山东琴书的演唱及扬琴伴奏。20岁开始登台演唱并巡回演出。新中国成立后入济南市曲艺团工作。

邓坤莲（1952— ）

女声乐教育家。广东高州人。1975年毕业于星海音乐学院音乐系。历任广东遂溪县文艺宣传队、湛江市歌舞团独唱演员及湛江市艺术学校教师。曾在电视片《古城新绿》《遂溪—中国第一甜县》中任独唱，在"密国杯"歌赛中获冠军。多次举办个人独唱音乐会、师生演唱会。培养大批声乐人才，相继考入解放军艺术学院等专业院校，并在各类声乐大赛中获奖。多次担任声乐大赛、中青年教师艺术大赛评委。

邓立志（1960— ）

笛子演奏家。天津人。1969年师从笛子演奏家陆金山、刘管乐。1979年毕业于天津艺术学院，2001年毕业于天津师大研究生院。后任天津市红桥区文化和旅游局副局长。演奏曲目有《挂红灯》《顶嘴》《非洲战鼓》《欢腾的边疆》等。曾获全国首届民族器乐比赛优秀奖。策划、组织省、市一级文化活动数百场。发表数篇论文，作有《桃花堤，美无比》《彩带花环》等歌曲。

邓列加（1961— ）

小提琴演奏家。黑龙江人。1983年毕业于解放军艺术学院音乐系、1995年毕业于德国特罗辛根音乐大学弦乐系。历任解放军二炮文工团乐队演奏员、西安音乐学院管弦系副教授、中国歌剧舞剧院乐团副首席。历年为中央电视台春节晚会录制音乐，为大型电视连续剧《水浒》《百年恩来》《大宅门》《牵手》等录音，参加电影名曲音乐会、现代京剧名家名段交响音乐会、李焕之作品音乐会、美国指挥大师的大师班音乐会、歌剧《蝴蝶夫人》《好莱坞原版电影音乐会》等大型演出，均任乐队副首席。

邓列奇（1968— ）

音乐教育家、中提琴演奏家。黑龙江哈尔滨人。1991年毕业于沈阳音乐学院管弦系。黑龙江艺术职业学院副教授。中国音协黑龙江考级委员会评委。为全国音乐院团和高等艺术院校培养一批中提琴演奏人才。1998年举办"邓列奇中提琴专场音乐会"。编撰出版有《中提琴四十二首练习曲》。作有中提琴独奏曲《古道》。发表《中提琴如何演奏中国乐曲》《浅析中提琴音色力度和弓法的运用》《弦乐四重奏与中提琴》等文。多次获优秀指导教师奖与辅导奖。录制四重奏《巧姑娘》《二泉映月》。

邓明智（1948— ）

女音乐活动家。重庆巫山人。1984、1988年先后进修于四川音乐学院、毕业于中央文化干部管理学院。先后任四川凉山彝族自治州文工团演员，涪陵地区群艺馆、文化馆副馆长、书记。多次举办全区声乐辅导培训班，举办各种大型群众文化活动，调演、会演及乌江音乐会、"祖国颂"万人大合唱等。多次获创作、表演、辅导奖。撰有《群众文化与精神文明》《地域特色文化思考》《植根于希望的田野》《广场文化在社区文化建设中的地位与作用》等，多篇获奖。

邓启元（1943— ）

歌唱家。湖南桂东人。1960年入武汉人艺歌剧团。1968年毕业于中央音乐学院声乐系，后入广东省歌舞团。1975年入中国铁路歌舞团工作，曾任该团副团长。曾担任二重唱、表演唱、领唱、小合唱等节目。

邓如金（1939— ）

作曲家、音乐理论家。广西贵县人。1964年毕业于广西艺术学院音乐系理论作曲专业。先后任广西农村文化工作队、广西杂技团作曲、指挥，广西艺术研究所音乐研究室主任、音乐舞蹈部主任、研究员。创作歌剧4部，歌曲、器乐曲、杂技、武术音乐若干。撰写论文数十篇，合著《中国瑶族风土志》，主编《中国民间歌曲集成·广西卷》《桂南采茶音乐》。1988、1997年获文化部艺术集成志书先进工作者和编撰优秀成果奖。广西音协第四、五届理事兼理论委员会主任。

邓韶琪（1917—已故）

女歌剧表演艺术家。河北大城人。1947年毕业于国立上海音专声乐系。1950年入中央歌剧院任独唱演员兼声乐教员。曾在歌剧《茶花女》中任主角。在朝鲜、德国举行过独唱音乐会。

邓诗绵（1940— ）

音乐教育家。福建泉州人。曾训练、指挥创建侨乡少儿国乐团，在全国、华东比赛中多次获奖，并赴京、港、台、新、马等地访演。作品及论文屡获全国奖。移居香港后仍致力音乐教育事业，策划、指挥大型音乐会，率团赴加拿大等地演出。所撰《扬帆竞追民族魂》获香港"中华文化杯"优秀文学奖，新作《香港的泉州人》参赛获奖。香港中华文化总会副理事长、中国民族器乐考级协会副主席、北区中乐团团长、总监，香港雅乐艺术团总监。

邓世伟（1943— ）

音乐活动家。四川人。1966年毕业于四川音乐学院民乐系。曾在四川凉山州歌舞团、绵阳市歌舞团和绵阳市文化局从事专业文艺、器乐演奏、音乐组织和群众文化教学工作。多次成功举办全市性大型音乐活动，有十余篇学术论文在省以上刊物发表或会议宣讲。1995年起任四川绵阳市文联副主席。四川省音协理事，绵阳市音协主席。

邓述西（1922—2004）

男中音歌唱家、声乐教育家。湖北江陵人。1943年毕业于国立湖北师范学院音乐系，师从喻宜萱教授。后从事演唱和教学工作。1944年参加抗日救亡演出活动，先后在歌剧《秋子》《孟姜女》中担任角色，并为电影《江南春晓》男主角配唱。1948年在苏北解放区文艺训练班任教，1950年起在中央戏剧学院担任声乐教学和领导工作，教授。著有《舞台发声基础训练》（与姜煤合著），曾应邀在香港演艺学院、美国纽约海韵合唱团讲学。

邓思义（1947— ）

指挥家。重庆人。曾任攀枝花市歌舞剧团团长、文联常委、市音协副主席。四川音协理事。1992年调四川省歌舞剧院任歌剧团乐队常任指挥。曾指挥歌剧、舞剧、交响乐、歌舞等，演出数百场。在"20世纪华人音乐经典作品"系列演出中，指挥演出大型歌剧《洪湖赤卫队》。指挥录制《棒球少年》《金沙江畔的旋律》《山里人》等电视音乐。创作音乐作品数十首，部分作品曾在省、市获奖并发表。

邓同进（1958— ）

歌唱家。河南登封人。河南黄河科技大学音乐学院副教授。1986年毕业于河南大学艺术系。曾任郑州铁路局文工团声乐队队长等。多次在省市声乐比赛中获奖，其中1989年获首届河南省电视歌星大奖赛民族唱法三等奖，1992年获第二届全国石油职工文化大赛演唱一等奖，1997年获河南青年歌手卡拉OK大赛民族唱法二等奖。2003年参加郑州广播电台、音协举办的抗非典广播音乐会。

邓伟民（1957— ）

作曲家。江西南昌人。江西师大音乐学院副院长、教授、博士生导师，江西省文联副主席、省音协副主席，省中青年学科带头人，省政协委员。2003年获首届江西省高校教学名师奖。1981年毕业于江西师大音乐学院，学士学位。1985至1987年在上海音乐学院作曲指挥系学习。音乐作品分获首届、第三届中国音乐"金钟奖"，中宣部第八届"五个一工程"奖和其它奖项。创作管弦乐曲、影视音乐多部，并出版三部音乐作品专辑。

邓伟平（1959— ）

小提琴演奏家。江西南昌人。1987年毕业于江西师大艺术学院音乐系。江西省歌舞剧院副院长。小提琴独奏曾多次获奖，演奏《打起手鼓唱起歌》获江西省1984年音乐作品比赛个人演奏二等奖，1986、1988年分获"全国小提琴中国作品演奏比赛"全省选拔赛第一名和音乐舞蹈节第一名。撰文《论小提琴民族化中滑音的运用》获江西省第二名。在参加《梁祝》小提琴协奏曲、门德尔松e小调小提琴协奏曲第一乐章、《流浪者之歌》等演出中任乐团首席。中国音协江西省业余小提琴考级评委。

邓文洁（1936— ）

女歌唱家。四川成都人。总政歌舞团声乐教员。1961年毕业于中央音乐学院声乐系。曾在"纪念音乐系张曙音乐会"中担任男女声二重唱，在26届世界乒乓球邀请赛文艺演出中任《祖国颂》领唱，在音乐舞蹈史诗《东方红》中参加合唱并担任歌曲《松花江上》独唱。曾为电影《水上春秋》配音重唱，为电视片《戈壁红花》配音独唱、领唱。在电台录音播放的歌曲有《山歌向着青天唱》《春潮》等。

邓希路（1957— ）

音乐教育家。广东人。1986年毕业于星海音乐学院作曲系，后任该院音乐学系副主任。开设课程有《西方音乐史》《中国近现代音乐史》《传统西洋曲式学》《音乐学分析》《音乐美学》《音乐学概论》。为研究生部开设《西方音乐边缘历史文化背景》等，同时承担西方音乐史方向的硕士研究生导师。为《星海全集》乐谱责任编辑。连续十年担任广州电台古典音乐的专栏主持。发表近百篇音乐研究文章。

邓先超（1933— ）

音乐编导家。江苏南京人。1953年毕业于江苏师范学院艺术系。1956年入德国柏林音乐学院录音导演专业班进修。曾任文化部科技委员，中国录音录像出版总社录音总导演。

邓小英（1958— ）

女声乐教育家。江苏南京人。1977年考入南京师范学院音乐系。1982年本科毕业留校任教，硕士生导师。1983年考入上海音乐学院声乐系进修班。1986年起在南京举办三场个人独唱音乐会。曾先后获全国第二届青年歌手电视大奖赛专业组美声唱法"荧屏奖"，江苏省首届聂耳冼星海声乐比赛二等奖，全国第二届聂耳冼星海声乐比赛优秀奖。2000年获江苏省高等教育优秀教学成果二等奖。曾发表论文二十余篇。

邓小珠（1953— ）

女歌唱家。广东梅州人。1973年毕业于广东歌舞团学员班，后进修于中央音乐学院声乐系。曾随团赴香港、澳门、西欧等地区和国家进行演出、比赛。参演作品有《贝九合唱终曲》《安魂曲》《创世纪》《黄河大合唱》、歌剧《阿依达》等。先后获北京第二届合唱节、北京第三届合唱节、法国南锡第九届国际合唱节一等奖、最佳表演奖、表演艺术大奖。1998年获"哈夏"合唱比赛二等奖。

邓晓雷（1953— ）

小提琴演奏家。福建厦门人。厦门歌舞剧院交响乐团首席，剧院艺术委员会主任。厦门音协理事，厦门音协小提琴专业艺术委员会副主任。1987年毕业于天津音乐学院管弦系小提琴专业。1988年在鼓浪屿举办小提琴独奏音乐会多次在省内外比赛中获奖。参加演奏的歌剧《阿美姑娘》曾获文化部"文华新剧目奖"。曾赴泰国、新加坡、马来西亚等国演出。在2002年第四届柴科夫斯基国际青少年音乐比赛的开幕式上，担任大型交响乐团首席。曾任第六届全国少儿小提琴演奏比赛评委。

邓欣欣（1950— ）

女歌唱家。上海人。曾任山西省歌舞剧院歌舞团独唱演员、合唱团负责人，副团长、交响乐团书记兼副团长。在大型民间歌舞《黄河儿女情》《黄河一方土》《黄河水长流》等剧目中担任独唱、领唱及合唱。从事音乐工作40

D

年，在全国各地演出千余场，并赴新加坡、法国、香港、台湾等地演出。录制多首歌曲及影视剧插曲，多次在声乐比赛中获奖。

邓修良 (1927—)

指挥家。河北人。曾任职于中央民族乐团。晋察冀文艺研究会理事、副秘书长。1939年就读于华北联合大学文艺部二队，1951年曾在中央音乐学院干训班学习音乐。1938年起先后任七月剧社、边区西北战地服务团少年艺术队、前卫剧社小提琴、板胡、京胡演奏员。1947年起任兵团文工团乐队队长、合唱指挥，1954年起先后任民族音乐研究所助理研究员及中央民族乐团办公室主任。作有歌曲、小歌剧等。撰写《湖南音乐采访报告》《河南音乐采访报告》等文，并多次参加重要演出。

邓修萍 (1955—)

女音乐活动家。安徽芜湖人。安徽省群众艺术馆馆员。1973年起曾先后任职于巢湖地区文工团、合肥市歌舞团、江苏常州市歌舞团乐队小提琴演奏员。曾自筹资金创办安徽省"杜鹃花少年弦乐团"，成立"杜鹃花童声合唱团"，策划十余场少儿专场音乐会。其童声合唱团和少年弦乐团获得省级六个一等奖。发表文章《小荷才露尖尖角》《杜鹃花少年弦乐团再创辉煌》《少儿小提琴教学必须注意的几个问题》等。

邓学文 (1940—)

作曲家。广西桂林人。1964年毕业于广西艺术学院音乐系理论作曲专业。先后在广西文联、钦州市文化局创作组、市歌舞团、市群艺馆等单位从事作曲、指挥和群众文化理论研究。曾任广西音协第四、五届理事，副研究馆员。在省级及省级以上刊物发表歌曲六十多首、论文十余篇。有二十余首歌曲和舞蹈音乐作品在省级及省级以上比赛中获奖。指挥钦州市歌舞团演出大型歌剧《江姐》《刘三姐》及多部作品合唱、器乐合奏。所教的学生曾获全国比赛二等奖，十多名学生通过中国音协十级考级。

邓怡如 (1926—)

作曲家。陕西洋县人。1948年参加革命，1957年毕业于中央音乐学院作曲系本科。从1949年始，在全国四十余家报刊发表歌曲近二百首，论文等十余篇。歌曲《期待》等14首在全国及省市征歌中获奖。歌曲《巡逻》入选《中国新文艺大系（1972至1982年）音乐集》。《胜利歌儿唱起来》《背篓新歌》等流传较广。还创作有歌剧音乐及大合唱《大江东去》，小提琴曲《月夜抒怀》，钢琴曲《欢度新曲》等。

邓映易 (1920—2004)

女音乐译配家。北京人。毕业于辅仁、燕京大学，后入上海国立音专深造。先后任上海音工团、中央歌舞团、中央乐团、山西大学音乐学院演员、教授。曾参加赴朝慰问团及世界青年联欢节。1957年始译配外国歌曲，出版有贝多芬《欢乐颂》《舒伯特歌曲集》、舒曼《妇女爱情与生活》、马勒《大地之歌》《英语经典歌曲101首》等，合作译配《歌剧选曲》《男高音咏叹调》等。中译英《黄河儿女情》《黄河一方土》《跟我学唱英语歌》，译配宗教歌曲千余首。为《简明不列颠百科全书》撰写音乐家传记。出版《邓映易诗歌集》。

邓咏辛 (1927—)

作曲家。山东烟台人。大连歌舞团创作员。1948年考入关东社教团，担任管弦乐队首席兼作曲。1961年于沈阳音乐学院作曲系毕业。先后在大连歌舞团、大连京剧团从事作曲、指挥。创作交响乐12部，舞蹈音乐、室内乐、歌剧、民族管弦乐、器乐曲、歌曲等二百余部（首），作有交响组曲《六幅水墨画》，第二小提琴协奏曲《E羽调式小提琴协奏曲》，舞蹈音乐《木兰剑》，室内乐第一弦乐四重奏《乡音》（四乐章），第二弦乐四重奏《敕勒歌》。其中多部作品获奖。

邓玉华 (1942—)

女高音歌唱家。北京人。16岁考入中国煤矿文工团，师从魏鸣泉、卢德武等学习声乐，曾进修于中国音乐学院。先后任中国煤矿文工团总团副团长，中国音协第五、六届理事，中国煤矿文联音协主席。演唱《毛主席来到咱农庄》《毛主席是咱社里人》《革命熔炉火最红》等歌曲及电影《地道战》插曲《毛主席的话儿记心上》《闪闪的红星》插曲《映山红》。参加大型音乐舞蹈史诗《东方红》，演唱《情深谊长》获"中国金唱片"奖。曾获全国民族、民间独唱优秀演唱奖，百年电影歌曲"优秀演唱奖"，央视"春晚"观众喜爱节目二等奖，举办"情深谊长——邓玉华独唱音乐会"，并获中央电视台"星光杯"奖。为几十部影视片配唱插曲和主题歌，并录制唱片和盒带CD、VCD多集。曾随东方歌舞团出访非、亚、美、欧几十个国家。被中国扶贫委员会授予"扶贫形象大使"称号与"全国煤炭工业劳动模范"。

邓玉华 (1947—)

作曲家。满族人。湖南邵阳人。邵阳市群众艺术馆副研究馆员。1986年获"湖南省职工自学成才奖"。1994年获第二届湖南文学艺术"突出贡献奖"，1996年评为省文化系统先进个人。创作发表大量音乐作品，其中在中央、省级评奖中获奖八十余件。曾三次获文化部"群星奖"，三次获省"五个一工程"奖。其中歌曲《民族魂》获第三届"群星奖"金奖，《咱老百姓》等获省"五个一工程"奖，舞蹈音乐《送清泉》获全国"建设之光"作曲一等奖。《苗家小阿妹》等分别获第四、五届全国少儿卡拉OK电视大赛二等奖。

邓玉玺 (1937—)

民乐演奏家。安徽滁州人。曾任职于滁州市歌舞团。1959和1992年曾获安徽省民乐大赛一等奖。1996年因研制成"邓氏鼻笛"，而被授予有突出贡献的优秀指导老师。为中央电视台摄制的《琅琊风光艺术片》中创作并演奏《琅琊风光好》主题音乐。创作有笛子独奏曲《万岁，毛主席》《老农讲家史》《亚非拉人民齐战斗》，箫曲《醉翁亭泉吟》等二十余首。曾任滁州市音协副主席、安徽大学艺术学院与滁州市师专竹笛专业教师。

邓在军（1937— ）

女音乐编导家。四川荣昌人。1950年始从事部队文艺工作。1957年入上海戏剧学院进修。曾任中央电视台文艺部主任编导。多次担任春节联欢晚会导演、总导演。曾获全国首届电视文艺"星光杯"编导奖、最佳节目奖。

邓志成（1935— ）

作曲家。江西乐平人。曾任江西上饶地区音协副主席，《中国民间歌曲集成·江西上饶地区分卷》责任主编。作有歌曲《颂歌献给方志敏》《两条半枪闹革命》。

邓宗安（1932—已故）

中提琴演奏家。重庆人。1950年始在西南青年文工团和部队文工团演奏中提琴。1956入中央乐团交响乐队。作有中提琴独奏曲《四川花鼓》，合唱曲《下四川》等。

邓宗舒（1931— ）

音乐理论家、教育家。重庆人。河北师大音乐学院教授，省音协顾问。1954年于国立西师音乐系毕业。曾任西南军区、西藏军区文工团作曲及指挥。后入中央音乐学院作曲系进修。1978年后在高校任教，任系主任。发表有作曲理论、名曲剖析、古曲研究等论文百余篇。曾任全国高师理论作曲学会副会长、中国合唱协会理事。

邓祖纯（1938— ）

作曲家。贵州黄平人。1963年毕业于贵州大学艺术系。曾在贵州师范大学艺术系任教。音协贵州分会第四届常务理事。作有舞蹈音乐《聋哑妹上学了》《信儿捎给台湾小朋友》，歌曲《生活啊生活》，钢琴曲《二部赋格曲》。

狄俊勉（1939— ）

女声乐教育家。江苏溧阳人。曾任苏州市江苏省新苏师范学校教师。1963年毕业于南京艺术学院音乐系，同年入江苏省盐城地区文工团任独唱演员，后任湖南师范大学艺术系教师。多次举办个人独唱音乐会，并培养了一批声乐人才及合唱人才。撰有《借鉴美声唱法发展民族声乐》等文，曾参与《中师音乐专业教学大纲》的编写。

迪里拜尔（1958— ）

女高音歌唱家。维吾尔族。新疆喀什人。1976年入新疆歌舞团，1980年入中央音乐学院声乐歌剧系学习、获硕士学位，后在中央歌剧院工作。1984年获第一届米·海林国际歌唱比赛女声组第二名，同年秋季应邀在芬兰举行个人独唱音乐会。

邸格子（1914—1982）

民族乐器演奏家。河北定县人。1949年始从事部队文艺工作。1957年入江西省歌舞团。长期从事唢呐、管子、双海笛演奏。曾任江西省第三届人大代表、政协委员。

邸建有（1961— ）

作曲家。河北人。1974年从事文艺工作，曾任大同矿务局文工团团长，现在同煤集团文体发展中心工作。曾率全团演职人员数次参加全国及省、市、区各种慰问及汇演、比赛演出。发表创作歌曲《九龙江连浊水溪》《银色的云啊金色的雨》《黄河、母亲河》。获山西省"五个一工程"优秀歌曲的作品有《矿工的妈妈》《我们和祖国》《为了老百姓》，歌曲《沙海里的母亲》在全国首届"母亲之歌"征集活动中荣获优秀歌曲奖。

邸作人（1929— ）

作曲家。辽宁北镇人。1949年考入华北大学音乐科。1958年毕业于西安音乐专科学校。后任甘肃省陇剧团作曲。曾任中国音协第四届常务理事、甘肃省音协副主席。作有歌曲《挂红灯》，歌剧音乐《向秀丽》，陇剧音乐《武则天》《枫洛池》。发表有多篇音乐论文。

刁蓓华（1934— ）

女音乐翻译家。广东兴宁人。1955年毕业于北京俄语专科学校。为中央音乐学院音研所副研究员。译有《柴科夫斯基浪漫曲》《指挥家的境界》，合译《各国音乐文化》。

刁继承（1951— ）

作曲家。四川成都人。进修于四川音乐学院作曲系。原乐山市歌舞剧团团长兼作曲、演奏。现任乐山市演出公司法人代表。创作的男高音与合唱《我的祖国瓦几瓦》、女声二重唱《红黄黑——彝家的色彩》、人声与打击乐《唤山》、男高音与童声伴唱《峨眉背二哥》、男高音与男声小合唱《平羌船歌》分别获得各种奖项。男高音独唱《我的乡恋在乐山》MTV在中央电视台播出，获全国城市电视文艺评选三等奖。

刁玉泉（1966— ）

作曲家。安徽人。浙江省音协理事、省群艺馆副馆长、副研究馆员。1982年入伍，曾任驻金华某部文工队队长、武警浙江省总队文工团政委。歌曲《军人的希望》《我对军旗诉说》等分获全军战士文艺汇演、武警总部文艺创作全国群星奖及团中央"五个一工程"歌曲奖。《老墙门》《皮影戏儿》等分别获中国第七届艺术节文化部群星奖及全国校园歌曲征歌一等奖。《你是一面飘扬的旗》获全国反腐倡廉征歌一等奖，《钢筋班的棒小伙》获中宣部"五个一工程"奖。

刁正则（1934— ）

女长笛演奏家。上海人。1950年就读于上海私立美术专科学校音乐系，主修钢琴。后进入中国福利会儿童艺术剧院，师从韩宗杰、尹政修学习长笛，任木管声部长。曾参加京剧《智取威虎山》中西乐队伴奏工作。1972年调上海交响乐团任长笛演奏员、乐务及器乐保管员。曾获上海市文化局先进工作者称号。

丁　端（1924— ）

女钢琴教育家。浙江杭州人。肄业于四川江津白沙

D

国立女子师范学院音乐系、重庆青木关国立音乐学院钢琴系。1948年调浙江幼儿师范学校，高级讲师。从事青少年及幼儿园钢琴教学四十余年，对钢琴启蒙教学卓有成就，培养大批学生。

丁 虹（1938— ）

小提琴演奏家。山东人。1949年参加山东省鲁中南区歌剧团。1950年起在华东大学、山东大学艺术系学习。1956年毕业于华东艺专音乐系。1956至1996年在电影乐团、中国京剧团、中国歌剧舞剧院工作。曾任剧院管弦乐团团长。

丁 炬（1919— ）

女作曲家。天津人。中国电影音乐协会理事。1938年参加山西决死四纵队宣传队，随部队边战斗边进行抗日救亡宣传。1940年入延安鲁艺音乐系学习，毕业后留鲁艺合唱队。1946年到齐齐哈尔市文联工作，后任齐齐哈尔市文工团团长。1949年调入东北电影制片厂任音乐科科长兼乐队队长。1950年调上海科学教育电影制片厂任音乐组组长兼作曲。1958年调北京科学教育电影制片厂任音乐组组长兼作曲。曾任《苏州园林》《一天等于二十年》《双轮双铧犁》《西藏农奴制》《西双版纳农业生产》《石油勘探》《地震》《对虾》等影片的作曲，其中《石油勘探》获优秀电影音乐奖。

丁 乐（1932— ）

女民歌演唱家。北京人。1948年参加东北音乐工作团。1957年参加莫斯科第六届世青节合唱比赛获金奖，其领唱的歌舞《花儿与少年》《草原上的热巴》均获金奖。1996、1998年，两度随音协民歌合唱团赴香港演出。2001年参加台北市传统艺术季开幕式——中国民歌之夜《远方的客人》音乐会。独唱歌曲有《翻身道情》《信天游》《蓝花花》《瞧情郎》《采花》，并录制唱片和音带。

丁 鸣（1925— ）

理论家、音乐教育家。山东莱芜人。毕业于鲁艺文艺学院音乐系、上海音乐学院作曲系进修班。沈阳音乐学院前院长，教授、编审。1939年始从事文艺工作。曾任鲁艺音乐部、东北音专、中国音协辽宁分会、辽宁省文化局领导职务。中国音协理事、常务理事，辽宁省文联二、三届副主席、顾问，辽宁省音协二、三届主席、名誉主席。《中国民族民间器乐曲集成》全国编委、副主编，辽宁省卷主编。《音乐生活》《乐府新声》期刊主编、顾问，《沈阳音乐学院院史》主编。《冼星海全集》《当代中国》丛书音乐卷编委。作品有合唱《森林之歌》《胜利花开遍地红》《祖国的东北》，歌剧《在边境线上》。歌曲《春雨》《秋收》《白山黑水颂》等。理论著作《歌曲作法教程》（合作），论文集《千山东话》。

丁 铭（1939— ）

作曲家。宁夏银川人。银川市音乐家协会名誉主席。1962年毕业于兰州艺术学院音乐系理论作曲专业，分配到甘南歌舞团从事演奏、作曲、指挥，1978年任银川市文工团团长、作曲、指挥。1987年任银川市艺术研究室主任至2000年。主要作品有歌剧音乐《马五哥与尕豆妹》（合作），舞蹈音乐《金珠玛米请您喝杯酥油茶》，管弦乐《青春圆舞曲》，为女高音与乐队而作《春光》，童声合唱《描春》，戏曲音乐《嫦娥奔月》。论文《花儿——当代西北回族地区音乐创作的基石》等多部。部分作品获全国及省级奖。

丁 宁（1943— ）

女小提琴演奏家。山东胶州人。1966年毕业于四川音乐学院器乐系小提琴专业。曾任重庆市歌剧院乐队首席小提琴、市音协常务理事，市京剧团小提琴演奏员。在众多大型音乐会中担任独奏及伴奏。1954年在重庆市少年儿童文艺汇演中获小提琴独奏一等奖，1979年获重庆市专业剧团青少年演员汇报演出一等奖，1984年随歌剧院赴京参加全国戏剧调演获乐队伴奏二等奖。1989年担任弦乐首席小提琴为日本著名歌唱家南一城举办的个人独唱音乐会伴奏。其演奏的诸多小提琴曲目，由省、市电台、电视台播放。

丁 平（1926—已故）

作曲家。河北定县人。1938年始从事部队音乐工作。后在北京军区歌舞团从事音乐创作。曾入中央音乐学院、解放军艺术学院进修作曲。1970年调唐山市人武部任副政委。作有歌曲《英雄的汽车司机》《花儿朵朵向太阳》（合作）等。

丁 琦（1960— ）

歌唱家。回族。河南焦作人。河南焦作市音协副主席。1981年任焦作市歌舞团手风琴独奏演员。1984年在参加河南省第二届"黄河之滨"音乐周中获专业组手风琴二等奖。1986年结业于上海音乐学院作曲指挥系作曲专业。1987年任焦作市群众艺术馆音乐部主任，1998年毕业于中央文化干部管理学院声乐专业。1999年参加河南省第二届青年歌手大赛获美声唱法专业组一等奖。2000年任焦作市青年合唱团团长、指挥。2002年主演小歌剧《爱的奉献》获河南省第八届音乐比赛金奖。

丁 辛（1922— ）

作曲家。浙江宁波人。1938年赴延安抗大学习，后任八路军七月剧社音乐组长。所作歌曲《大反攻》《小槐树》《大清河北血泪多》《新中国青年进行曲》等收入抗日战争及解放军战争歌曲选中。1949年随军挺进西北，途中创作《边防战士责任大》。1951年任新疆军区文艺科长。1953年被军委选送入中央音乐学院干部进修班学习。1962年任天津乐团团长。1973年任天津音乐学院作曲系主任，培养和扶植不少音乐人才。创作有大量歌曲，采集民歌数百首，编入《山西民歌选》《河北民歌集》。

丁 义（1962— ）

男高音歌唱家。满族。辽宁沈阳人。华南师范大学音乐系副教授。1989年毕业于沈阳音乐学院民族声乐系。曾任广东歌舞剧院独唱演员。2001年调入华南师范大学音乐系任教。多次随艺术家代表团赴日、美、新加坡、泰国及香港、澳门地区演出。出版《无奈的情歌》独唱专辑。曾由广东音协先后两次主办"丁义个人独唱音乐会"。

丁　毅（1962— ）

歌剧表演艺术家。甘肃人。澳大利亚悉尼国家歌剧院首席男高音，中国音乐学院声乐系教授。1986年考入西安音乐学院，毕业留校任教，后进入中央音乐学院学习。1995年因成功主演歌剧《图兰多》，调到中央歌剧院任男主角。1999年开始步入国际乐坛。主演的歌剧有《茶花女》《托斯卡》《弄臣》《浮士德》《乡村骑士》《卡门》《诺尔玛》等。除歌剧之外，演唱曲目还有威尔第《安魂曲》、马勒《大地之歌》、罗西尼《弥撒曲》以及中国传统民歌。2006年获由欧洲艺术委员会和罗马政府共同颁发的"艺术家成就大奖"。

丁霭悦（1942— ）

女指挥家。回族。福建晋江人。1966年毕业于上海音乐学院指挥系。曾任江苏省歌舞剧院常任指挥。1985年曾两度赴日本参加国际比赛。1987年获省首届音舞节优秀指挥奖。

丁宝筠（1919—1985）

女声乐教育家。山东胶县人。1942年毕业于华中大学。相继在福州协和大学、福州大学、福建师大艺术系任教。曾任民革福建省委委员、福建省妇联执委。

丁伯苓（1939—1981）

女古筝演奏家。河南开封人。自幼学筝，先后师从曹正、曹东扶、赵玉斋、罗九香等著名筝家。1960年毕业于沈阳音乐学院。后在沈阳音乐学院、武汉音乐学院任教。作有《清江放排》《打雁》《欢腾的草原》。

丁草萱（1958— ）

二胡教育家。江苏扬州人。1998年毕业于南京师范大学音乐系，后任扬州市第九中学音乐教师、市教育局教研室研究员。作有歌曲《老师的微笑，老师的目光》获江苏省文艺调演歌曲评选一等奖，发表有《'吹、拉、弹、唱'与音乐教学的关系》《竖笛与歌唱教学的相互促进》获省音乐教育论文评比一、二等奖，编写江苏中、小学音乐教材及教学参考书各册中多个章节。

丁昌信（1936— ）

作曲家。回族。山东青州人。先后在《歌曲》《儿童音乐》《山东歌声》等发表歌曲作品，其中获全国、省、市级各类奖项五十余个。有多首作品收入多种歌曲选集或教材。2006年出版个人歌曲专集《梦开始的地方》。代表作品有《工厂的百灵》《山楂熟了》《心儿捧给兵哥哥》《走四川》《喊一声北大荒》《跟你走》等。1997年被授予"青州市十佳业余文化工作者"称号。

丁朝原（1945— ）

女音乐编导家。江苏金坛人。1970年毕业于中央音

学院音乐系。曾任中央电视台专题部音乐编导。担任专题节目《远方的旋律》《达尼埃尔·吉沙尔》及"1984年春节联欢晚会"音乐编导。

丁承策（1933— ）

作曲家。广西靖西人。1955年毕业于东北音专作曲系。曾在广西歌舞团工作。作有舞蹈音乐《瑶族婚礼舞》，表演唱《壮族歌圩》（合作），歌剧音乐《刘三姐》（合作）。

丁承运（1944— ）

演奏家、音乐学家。河南邓州人。早年毕业于湖北艺术学院民族器系，1972年执教于河南大学，现任武汉音乐学院长江传统音乐文化研究中心主任、教授，湖北省音协伯牙琴会会长。发表论文《中国造琴传统抉微》《清、平、瑟调考辩》《琴调溯源》《古瑟调弦与旋宫法钩沉》《中国古代调式音阶发隐》等数十篇，打谱发掘琴曲《神人畅》《白雪》《六合游》《石上流泉》等十余首。1995年获国家教委全国高等学校人文社会科学研究优秀成果二等奖。多次在国内外举办古琴及琴瑟合鸣音乐会。2006年出版首张《琴瑟和鸣》专辑。

丁春泉（1937— ）

音乐教育家。江苏人。曾任南京师范大学音乐系声乐副教授。1960年毕业于南京师范学院音乐系。撰写的《声乐教学要重视歌唱心理研究》《高师声乐教学探讨》被编入南京师大音乐系所编《音乐文集》中。

丁存麟（1938— ）

作曲家、音乐教育家。湖北天门。武汉中小学音乐教研会副会长、副教授。1957年调入武汉洪山区从事音乐教育与教研工作。创作歌词、歌曲有《我和星星打电话》《农讲所精神代代传》《小鲤鱼跳龙门》《十佳少年十朵花》《数字儿歌》等3首歌曲，选入《中华校园歌曲大家唱》曲库（幼儿版），发表《小学音乐节奏训练初探》等文数十篇，出版《中小学器乐教学法》等专著。曾获湖北省优秀科研成果一等奖。多次被评为武汉市劳动模范，中央电台《星星火炬》节目曾专题介绍。

丁恩昌（1946— ）

歌词作家。山东博山人。淄博市音协第二、三届副主席，第四届副主席兼秘书长。1968年从事部队文艺创作。作品《沸腾的工地》（施光南曲），《悄悄闪光》（火星曲）获全国工人征歌金奖，《我的家乡在山东》《小小桂花香》《泰山景》等二十余首出版唱片。《小老鼠找朋友》等选入九年义务教育课本。为电影《军中大赛》《大雁赶春天》等撰写脚本并作词。出版专集《人生方程》《丁恩昌作词歌曲选》。被授予淄博市首批拔尖人才。五次立一、二、三等功。

丁逢辰（1939— ）

女钢琴教育家。上海人。1965年毕业于苏联敖得萨音乐学院。曾任上海音乐学院附中钢琴科副主任。译有克列

姆迈夫《贝多芬32首钢琴奏鸣曲》。

丁孚祥（1918—2002）

大提琴教育家。山东日照人。1937年毕业于山东省立剧院音乐系。曾为四川音乐学院管弦系主任、教授，音协四川分会第一届副主任委员，四川省第四届政协委员，四川省文联执委。

丁干贞（1932— ）

作曲家。河南罗山人。武汉音协顾问。1949年始从事部队宣传文艺工作，曾任副师职教员、党史办主任等职。1963年毕业于中央音乐学院函授部和专班。曾任中国音协武汉分会副主席兼理论创作委员会主任。发表有歌曲二百余首，有的由吴雁泽、胡晓晴等演唱，在电台播出或录制唱片。部分作品在全军、省市获奖。编著《古代音乐故事》及歌曲集十余册，撰写音乐、评论、专访三十余篇。

丁贵文（1932— ）

男高音歌唱家、声乐教育家。满族。辽宁沈阳人。1958年毕业于东北音乐专科学校，原任沈阳音乐学院声乐学院系主任教授。培养出一批声乐人才，有的在国内外声乐比赛中获奖。60年代起举办个人独唱会，并在1987、1989年应邀赴日本东京、仙台等地举行独唱会。1991年赴朝鲜演出。1992年赴美国哈佛大学、COE大学举行独唱会并讲学。为中央电台、辽宁电台录制近百首民歌及创作歌曲。1987、1989年被文化部聘为全国声乐比赛评审委员。1996年在美国录制CD共25首中国民歌，被美国朱莉亚音乐院、波士顿音乐院收藏。

丁国栋（1942— ）

小提琴教育家。北京人。1965年毕业于中央音乐学院管弦系，分配到新疆艺术学校音乐科任小提琴教员、音乐系副主任、副教授。为自治区培养、输送一批专业演奏人才，不少学生在演出中获奖成为业务骨干。编写教材《试论儿童的小提琴教学》《小提琴作品分析》等。参加舞剧、交响乐、电台录音等工作均任首席小提琴。

丁国利（1945— ）

扬琴演奏家。回族。北京人。曾任全总文工团民乐队扬琴演奏员兼队长。自幼随兄丁国舜学习扬琴演奏。出版或获奖作品有扬琴独奏《山丹花开》《放排》《苏轼》《昭君怨》《幸福泉》等。曾随艺术家代表团赴法国、香港等国家和地区演出并担任独奏。

丁国舜（1939— ）

扬琴演奏家。回族。北京人。自幼学扬琴。1956年入中国广播艺术团民族乐团。独奏曲有《龙灯》《珠落玉盘》。创作改编有《双手开出幸福泉》。撰有《扬琴演奏法》。

丁海鱼（1941— ）

音乐制作家。陕西乾县人。毕业于中国音乐学院民乐系笛子专业，后分配到北京京剧院任演奏员。1983年起任中国

国际广播电台文艺部采录组组长及艺术指导。为大型音乐会策划、组织、录音，录制MTV音响带，为电视剧、戏曲、音乐晚会录制音乐。其音响作品多次获奖。全国民族管弦乐展播征集作品评委，"富利杯"中国民族器乐独奏大赛初赛评委。应邀参加马来西亚全国华乐节。所制作的《苗岭踏歌》在上海国际音乐节上获音响制作"银编钟奖"。

丁宏安（1937— ）

女音乐教育家。浙江杭州人。1954年入读中南音专附中，主修声乐。1962年毕业于湖北艺术学院声乐系（前中南音专，现武汉音乐学院），曾任教于中学、武汉教育学院艺术系。1988年调入星海音乐学院音乐教育系任声乐教师。

丁宏才（1940— ）

作曲家。安徽临泉人。曾任职于临泉县城南小学，组织学生参加"全国音乐知识大赛"获园丁奖。多年来分别在《乐坛》《湘江歌声》《福建音乐》《儿童音乐》等刊发作品。其中《分别的时候》获89年安徽省"华夏之声"征歌二等奖，《我们的理想从这里飞翔》获96年"世纪之声"全国歌曲大赛银奖，《五十六个民族一个圆》获全国首届"森雀杯"音教论文、音乐作品大赛二等奖，《国旗上有颗星星是我》获安徽省"迎接97香港回归"音乐作品征集大赛二等奖。

丁宏才（1941— ）

音乐教育家。安徽临泉人。1958年毕业于安徽省阜阳市师范学校。后为临泉县城南小学教师。作有歌曲《唱我可爱的祖国》《节日的礼花》《雨后的林中》《小花园》《出门远行》等。其中《五十六个民族一个圆》获首届"森雀杯"音教论文音乐作品大赛三等奖，《我们的理想从这里飞翔》获歌曲大赛银奖，《国旗上有颗星星是我》获省"迎接香港回归音乐作品征集"二等奖。

丁洪根（1953— ）

中胡演奏家。江苏苏州人。1977年毕业于北京广播学院艺术系。原中国广播民乐团副团长兼中胡演奏员。曾随团赴新加坡、泰国、台湾、美国、德国、瑞士、奥地利等十多个国家与地区演出。参与第一届中国艺术节、千人大乐、电影《中国民族管弦乐队》拍摄的组织工作，组织与参加了包括获金唱片奖《流水操》在内的数十张唱片的录制。在业余普及教学中，多次被中国音协评为优秀教师。

丁纪园（1942— ）

女古琴家。河南邓州人。河南大学教授，硕士生导师。1962年入沈阳音乐学院师从顾梅羹学习古琴。1970年毕业于湖北艺术学院民乐系。从事古琴及琴学理论的研究，发表有琴学理论、相和五调、燕乐二十八调、白石道人自度曲等论文二十余篇。专著有《白石道人歌曲译谱新注》（稿本·合著），曾应邀参加自1983年以来的历届国内、国际古琴打谱会，发掘整理打谱《汉宫秋》《风云际会》《古怨》《楚歌》《庄周梦蝶》《宋玉悲秋》琴曲古

谱。2002年创立河南省音协古琴专业委员会任会长。

丁继高（1912—已故）

小提琴教育家。江苏淮安人。早年师从奥籍教授哈巴罗、俄籍教授欧罗甫学小提琴。后长期从事小提琴教学，任教于南开大学、北洋大学。后入天津歌舞团。曾任音协天津分会创作委员会副主任。

丁家琳（1939— ）

指挥家、作曲家。四川成都人。广东省音协顾问，中国电影音乐学会常务理事。1962年毕业于中央音乐学院指挥系。历任华南歌舞团、《东方红》指挥组、广东歌舞剧院、珠影乐团指挥，珠影乐团团长。曾为二百余部影视片录制音乐，2001年指挥澳门中乐团参加第十五届"澳门国际音乐节"演出。曾为电影《与魔鬼打交道的人》《乡音》（获金鸡奖）等三百余部影视片作曲，为第六届全运会团体操作曲。《珠江船歌》获全国轻音乐评比二等奖，《听泉曲》获2000年全国合唱节创作奖。

丁家岐（1929— ）

作曲家。黑龙江密山人。1948年从事部队文艺工作。1952年处女作《毛泽东的铁鹰》在全军文艺汇演中获奖。1959年进修于中央音乐学院作曲系。曾任空政文工团创作组长。作有《随时准备飞向战场》《青春圆舞曲》《雄鹰之歌》（萧华词），《万里飞行万里歌》《要婆婆》《跟着我们亲爱的党》等歌曲。《随时准备飞向战场》曾改编为军乐曲作为国庆三十五周年阅兵式用曲。作有舞蹈音乐《敦煌彩塑》，电影音乐《女飞行员》（合作），曾为现代京剧《红灯记》《平原作战》管弦乐作曲、配器（合作），作品多次获奖。

丁嘉宝（1951— ）

民间音乐家。回族。河南潢川人。大专毕业。长期从事群众音乐工作，大量作品在省、市以上发表与演出与播放发表论文百余篇，曾获多项国家、省市创作奖与科研成果奖。长期专注于豫南民间音乐，系信阳市音乐、舞蹈、民间文艺协会副主席。

丁柬诺（1936— ）

女钢琴演奏家。上海人。自幼随父丁善德教授学琴，5岁即登台演奏。13岁考入上海音乐学院钢琴系，师从吴乐懿教授，1958年毕业。1960年随艺术代表团赴苏联各大城市演出。此后长期担任中央民族歌舞团首席钢琴演奏员，并从事中国五十六个民族的音乐艺术研究和钢琴演奏。在钢琴艺术上对表现中国不同民族音乐的复杂而多变的节奏，进行过刻苦的探索与研究，并在理论上有着自己独到的见解。

丁健如（1939— ）

中提琴演奏家。回族。北京人。五十年代初入中央音乐学院少年班并毕业于该院大学本科管弦系。六十年代初入中央乐团交响乐队任演奏员。

丁金铭（1959— ）

音乐教育家。黑龙江人。河南省电子琴学会、省手风琴学会副会长，洛阳市音协少年合唱团指挥。1983年毕业于河南大学音乐系，后任中学音乐教师。曾编写洛阳市中小学音乐教材《口琴与竖笛》并任副主编。长期从事手风琴及电子琴课外教学，多次获河南省电子琴、手风琴优秀辅导教师奖，2000年参加全国第三届中、小学生电子琴大赛获得优秀辅导教师奖。

丁兰级（1920—已故）

女音乐教育家。浙江杭州人。曾在上海沪江大学、上海音乐馆及上海音乐学院进修钢琴。1953年调入杭州幼儿师范任教，教授钢琴、声乐及音教法，曾任音乐教研组长。培养多名学生考入各大音乐院校并在各类比赛中获奖。退休后在杭州教育学院、杭州中华业余学院教授钢琴、音教法等课程。

丁莉莉（1962— ）

女声乐教育家。江西樟树人。江西新余市第六届人大常委、市文联副主席。1980年毕业于江西省宜春师范专科学校艺术系、主修声乐，后任中学音乐教师。1984年入新余市群艺馆。先后任辅导员、音舞科科长及青少宫主任、市音舞协会副主席。曾获江西省第三、四、五届少儿艺术节声乐辅导一等奖，第五届少儿歌曲卡拉OK电视大赛指导教师奖和"弘扬井冈精神，兴我美好江西"卡拉OK电视大奖赛公务员甲组第一名。

丁留强（1964— ）

词曲作家。河南荥阳人。河南省荥阳市文化馆音乐专干、河南魅力音乐工作室主任、艺术总监。1991年在中国音协《词刊》主办的词曲及指挥研修班深造。1997年在全国吉他弹唱邀请大赛中任总策划、组委会和评委会主席。作曲的《亲兄弟》在中央电视台"同一首歌"中由陈思思演唱，作词的《兵马俑》在陕西省政府和中国音协主办的"陕西旅游歌曲大奖赛"中获二等奖。

丁鲁峰（1943— ）

板胡演奏家。江苏宜兴人，1962年毕业于中央音乐学院附中。后入中央民族乐团任独奏演员。1980年获文化部直属院团观摩评比演出表演一等奖。演奏有《美丽的塔什库尔干》《胜利中的怀念》。曾随团赴日本演出。

丁敏科（1957— ）

音乐教育家。回族。山东青州人。山东民族技师学院副教授。1977年起先后参加山东省民间音乐调演、潍坊市第四届国际风筝会等演出。创作歌曲《枣儿红了》《深山里的小溪》，分别获市一等奖与省大学生会演二等奖。1991年参编中师音乐教材。论文《谈中师音乐课中视唱练耳教学》在全国第五届国民音乐研讨会上获奖，整理《青州锣鼓》曲谱入选《中国民间器乐曲集成》。曾获省优秀教师、全国曾宪梓教育基金会三等奖及市拔尖人才称号。

D

D

丁明德（1932— ）

大提琴演奏家。江苏苏州人。1960年毕业于上海音乐学院管弦系大提琴专业，分配到中央芭蕾舞团任大提琴演奏员。三十余年间，参加所有舞剧及交响音乐会的演出。

丁明堂（1932— ）

作曲家。江苏泰兴人。1953年毕业于军队政治干部学校。原解放军后勤学院政委。早期参加抗日救亡歌咏活动，1945年入新四军苏中文工团。1950年随中国人民志愿军赴朝作战时开始歌曲创作。作有《向雷锋同志学习》《一切工作为革命》等百余首歌曲，其中《我们这一代》广为流传。选编出版诗词集《中国女排之歌》《中华园丁之歌》《雷锋颂歌》（获首届"中国青年优秀图书奖"），歌曲集《教师颂歌》《雷锋颂歌》。曾获中央军委颁发的独立功勋荣誉章。

丁丕业（1937— ）

作曲家、音乐教育家。北京人。曾任广西音协理事、创作委员会副主任。1960年毕业于中央音乐学院作曲系，分配至广西艺术学院任教，培养作曲人才多名。发表《论器乐曲创作中的板块结构感》《谈音乐教育中的感觉培养》《歌曲创作札谈》等论文。作有歌曲《采棉姑娘》获1955年北京大中学生文艺汇演优秀节目奖，《京岛的小路》获全国1987年广播新歌创作奖、广西最高文艺奖首届铜鼓奖。创作多首（部）作品发表于《当代抒情歌曲续集》《歌曲》上，有的获国家、省级奖。

丁其安（1937— ）

作曲家。湖南安乡人。石首市群艺馆原工会主席。1956年参加工作。1973年入湖北艺术学院作曲班进修。上世纪80年代于中国函授音乐学院理论作曲系毕业。歌曲作品《迎接红军打回来》参加全国重唱调演，《一字歌》全省推荐。《一对虾子凫过河》《晚风》等在电台播放，《莫罗嗦》《石匠歌》等获地、省一、二等奖。《念红军》等15首民歌及《跳三鼓》《十样景》选入国家艺术科研重点项目《中国民间歌曲》等集成，并受到文化部表彰。出版《丁丁歌曲选》和音乐作品选《桃花山放歌》。

丁仁远（1950— ）

音乐活动家。上海人。北京天元工贸公司总经理、支部书记。1996年起，先后任中华老人文化交流促进会副秘书长，万象影视制作中心主任，尤文图斯访华比赛组委会主任，弗拉明戈访华比赛组委会主任。

丁汝芬（1963— ）

女扬琴家。安徽人。1985年毕业于安徽艺术学院并留校任教，1989年毕业于中央音乐学院民乐系。先后参加中国艺术节、接待外宾等重要演出，在"全国民族器乐作品比赛"中担任独奏。曾获"全国民族器乐比赛欢摩演出"（南方片）优秀表演奖和"沈心工奖学金"。

丁善德（1911—1995）

作曲家、钢琴家、音乐教育家。江苏昆山人。1935年毕业于上海国立音专钢琴系。曾任天津女子师范学院音乐系教授、私立上海音乐校长、南京国立音乐院教授。1947年赴法国巴黎音乐院专攻作曲。1949年毕业回国，任上海音乐学院教授、副院长兼作曲系主任。中国音协第三、四届副主席，先后担任柏林国际舒曼钢琴比赛、波兰国际肖邦第六届钢琴比赛、比利时伊丽莎白皇后国际钢琴比赛评委。在国内多次举行个人钢琴独奏会。作品有《长征交响曲》《新中国交响组合》《黄浦江大合唱》。儿童钢琴组曲《快乐的节日》，钢琴曲《新疆舞曲》《中国民歌主题变奏曲》。艺术歌曲《歌颂毛主席》《延安夜月》《爱人送我向日葵》《丰收山歌》。民歌编曲并配钢琴伴奏《太阳出来喜洋洋》《槐花几时开》《玛依拉》《想亲娘》《可爱的一朵玫瑰花》。专著有《单对位法》《复对位法》《赋格写作技术纲要》及《作曲技法探索》。出版有《丁善德钢琴曲集》《丁善德艺术歌曲集》等。

丁绍亮（1948— ）

音乐教育家。山东胶南人。吉林省抚松县文化馆馆长、书记。1990年毕业于吉林省艺术学院音乐专科。作有舞曲《参童嬉戏》《欢庆》《赞美你，可爱的故乡》《长白山放歌》《祖国明珠长白山》。改编创作并演奏的京剧协奏曲《夜深沉》于1991年获吉林省文化干部文艺表演大赛演奏一等奖，创作三等奖。在吉林省各种音乐赛事中，多次获"优秀指导教师奖""园丁奖"，指导的二胡学生多次获一等奖。

丁胜利（1954— ）

胡琴演奏家。安徽人。毕业于上海音乐学院。曾赴欧、美、非及东南亚多国访问演出。在联合国大厦、维也纳金色大厅、纽约卡内基音乐厅、柏林爱乐大厅、巴黎香榭丽舍大剧院、雅典哈罗德古剧场等演奏中国民族音乐。参加由中央民族乐团、日本音乐集团和韩国国立管弦乐团共同组建的亚洲乐团，并以独奏家身份参加香港第32届世界胡琴节演出。曾录制多首胡琴独奏曲磁带和CD唱片，其中有香港及台湾录制出版的CD唱片《中华绝曲》及《历史长河——介绍丁胜利胡琴演奏艺术》VCD。

丁师勤（1939— ）

音乐教育家、作曲家。甘肃兰州人。张掖市音协名誉主席。以创作裕固族民族风格和地方特色的音乐见长，发表歌曲百余首，数十件音乐作品获奖。作有《祁连山黑河水》《山歌越唱羊越多》《我的草原》《裕固新歌》《我爱家乡的红枣林》《历史不会忘记》。撰文《中师音乐教学中的基本技能训练浅谈》和《民族音乐艺术中的瑰宝——裕固族民歌的音乐特点浅谈》。挖掘、收集、整理《裕固族姑娘就是我》等数十首裕固族民歌，收入《中国少数民族民歌集成》。

丁始瑗（1933— ）

女歌唱家。山东日照人。1949年在华北人民革命大学学习，1952年入天津人民艺术剧院歌舞团，任领唱、女声小合唱及重唱等。曾在中央音乐学院学习声乐。1957年调总政文工团歌舞团合唱队，经常参加军队和国家的重大庆典活动，及外事迎宾的演出。参加音乐舞蹈史诗《东方红》及全军文艺汇演的演出。

丁仕刚（1938—1995）

小提琴演奏家。江苏武进人。1950年学习小提琴。曾任甘肃省歌剧团乐队及省交响乐团首席、省音协理事。曾为三十余部歌剧伴奏或任领奏，在数百场音乐会中担任小提琴独奏，并为《彼岸》《人命关天》等歌剧作曲，为《延水长》《二次婚礼》、等多部歌剧及百件声乐、器乐作品配器。创作并发表有小提琴独奏曲《放筏歌》《花儿小回旋曲》，小提琴协奏曲《纪念堂颂》，编有《美丽大眼睛》《阿里山情歌》《洗衣歌》《阿尔巴尼亚舞曲》等。撰写、发表《论弦乐四重奏的技术准备》《小提琴演奏初期定格》等文。曾受聘执教于西北师范大学音乐系、甘肃省艺校。

丁是娥（1923—已故）

女沪剧表演艺术家。浙江湖州人。1933年师从丁婉娥学沪剧。1942年始从事沪剧演唱。1953年入上海沪剧团工作，曾任团长。第五届全国人大代表，全国文联委员。主演《罗汉钱》，1952年获全国戏曲观摩演出演员一等奖。

丁叔邻（1929— ）

声乐教育家。山东人。1991年获山东省"朱华杯"农民歌手大奖赛辅导奖。学生孔丽参加山东省首届青年农民歌手大奖赛获民族唱法二等奖，学生李兴参加中国音协民族音乐委员会、山东省音协联合主办的革命老区沂蒙山杯民歌演唱会获民族唱法二等奖，学生杜金爱获农民歌手美声唱法二等奖。

丁喜才（1920—1994）

音乐教育家。陕西府谷人。自幼演唱演奏榆林小曲。1953年在第一届全国民间音乐舞蹈会演中获奖，后受聘在上海音乐学院教授民间音乐。学生有鞠秀芳等。

丁先红（1949— ）

作曲家。河南人。中学高级教师。发表音乐作品、音乐评论、教育教学论文数百首（篇），有近百首音乐作品在市、省及全国征歌评选中获奖。部分歌曲被选入全国义务教育课程标准实验教科书、江苏省小学音乐教科书。曾被评为南京市优秀教师"行知奖"。出版有歌曲选集《沙漠里的脚窝》。

丁献芝（1941— ）

作曲家、民族音乐学家。浙江嵊州人。1959年从事文艺工作。原福建艺术学院宁德分校校长。福建音协常务理事、宁德音协主席、名誉主席。作有《畲家歌颂毛主席》《畲山路》《畲家妹子》《海上闽东》组曲、越剧《荷花嫂》等。作品曾获广电部"星光奖"、文化部"群星奖"、中国文联"山花奖"等奖项。论文有《畲族双音及窥源》《畲族音乐及其传统分类》《畲族民歌曲调探析》《三弦音论》《越剧三弦》等四十余篇。曾为中国大百科

全书撰写《畲族音乐》条目。

丁相杰（1956— ）

大提琴教育家。山东青岛人。1970年在山东歌舞团管弦乐队任大提琴演奏员。1982年毕业于中央音乐学院管弦系大提琴专业，师从王祥教授。山东艺术学院大提琴副教授、管弦教研室主任、硕士生导师。承担并完成山东省教育厅的科研立项，先后发表论文多篇，曾获山东省文化厅颁发的"优秀论文奖"，多次被学院评为"优秀教师"。2002年随"山东民族乐团"赴维也纳金色大厅演出。

丁小春（1951— ）

女歌词作家。天津人。1978年开始专业文艺创作。1983年毕业于中国音乐学院作曲系文学专业。后在沈阳军区歌舞剧团工作。词作有《杨梅甜》《踏遍青山》等。

丁晓里（1954—2005）

作曲家。北京人。8岁入中央音乐学院附小习钢琴。1970年始从事部队文艺工作，曾任武汉军区歌舞团首席单簧管演奏员，后任职总政歌舞团创作室。1987年毕业于中央音乐学院作曲系干部进修班。作有康塔塔《梅岭三章》，交响随想曲《长城》，为超大型乐队而作的《黄河狂想》《交响叙事曲》，交响序曲《灯塔颂》，管弦乐组曲《大三峡》，管弦乐《松则亚拉》，十二集文献纪录片音乐《周恩来》，电视连续剧音乐《贺兰雪》，歌曲《北京星光》，其中舞蹈音乐《荷花赋》《沂蒙儿女》分别获全军文艺汇演音乐一等奖。

丁雅贤（1936— ）

女歌唱家。吉林桦甸人。沈阳音乐学院民族声乐系原主任、教授、硕士研究生导师。首唱《人民公社是金桥》《勤俭是咱们的传家宝》。在京剧《海港》中饰演方海珍。举办个人演唱会与师生音乐会。培养大批优秀学生。1980年在全国首次提出"声、字、味、情、表、神"六功兼备说，载入《中国大百科全书》。撰有《谈民族声乐演员的基本功》《润腔技法与符号》《对民族声乐体系的探讨》等论文。主编《民族声乐教学曲选》。

丁言仪（1943— ）

女扬琴演奏家。浙江宁波人。1968年毕业于上海音乐学院。1964年起担任二胡演奏家闵惠芬的扬琴伴奏，经常演出并录制音带和唱片。曾被聘为上海音乐学院及附小的兼职扬琴教师。1993年与上海民族乐器厂联合设计敦煌牌93型扬琴（现名敦煌牌403型扬琴），1999年由上海音乐出版社出版《青少年学扬琴》，其中有的乐曲由本人演奏录制成音带出版。2002年出版由其主讲的《青少年学扬琴》VCD。

丁永安（1943— ）

作曲家。回族。浙江杭州人。作有少儿歌曲《东海小民兵》《让我们手拉手》《我家住在大海边》《西湖花儿开》《五爱歌》《赶小海》《我是农家小歌手》及女声齐唱《毛主席夸咱半边天》等，其中数首收入全国及省编小学音乐课本和《全国少儿歌唱考级歌曲集》。长期从事音

D

乐教育、音乐编辑工作。浙江省儿童音乐学会会长。

丁永光（1938— ）

音乐教育家、作曲家。北京人。1962年毕业于西安音乐学院理论作曲系。后调入陕西省歌舞团。所创作的作品被演出、发表及电台播放的歌剧、舞蹈音乐与声、器乐近百件。其中《红装素裹》《边区运盐队》《瓜地挑瓜》获陕西省音乐舞蹈作品二、三等奖，歌曲《骆驼与驼铃》获"献给祖国的歌"创作三等奖，独舞音乐《木兰从军》获文化部全国舞蹈比赛三等奖。撰文及论述有《曾与肖华将军的一段创作生活》《音乐教学探讨》等。

丁玉美（1939— ）

女钢琴演奏家。山东烟台人。1965年毕业于沈阳音乐学院钢琴系。1969年演出钢琴伴唱《红灯记》。后入中央歌剧院，为《茶花女》《蝴蝶夫人》《卡门》《丑角》《图兰多》《绣花女》《马可波罗》《结婚奏鸣曲》等歌剧和音乐剧《乐器推销员》担任钢琴伴奏。曾在贝基、布吕梅、瑞施、泽亚妮等声乐大师班担任音乐指导。在多场音乐会中担任钢琴伴奏，曾赴芬兰等地演出。

丁煜伦（1968— ）

作曲家。云南人。1991年起从事部队文艺工作，1998年起从事音乐教育及管理工作。云南省音乐家协会常务理事、音乐创作委员会副主任。主要音乐作品有《雪花飘飘》《在中国的名片上》《亲吻故乡土》《蓝色的月亮》《山里的男人》《云南写意》等。有多部作品获奖。

丁源生（1942— ）

声乐教育家。湖南岳阳人。1965年毕业于云南艺术学院声乐专业，分配到云南省花灯剧团任声乐指导兼演员。1973年调云南省艺术学校。三十多年来为我国音乐院校输送了一批人才，也为本省各艺术团体培养了大量声乐演员。1998年同夫人赵丽芬在云南艺术剧院举行俩人的学生音乐会，云南电视台进行两次录像转播，省市7家媒体作了专题报道。

丁泽馨（1923—1988）

女音乐教育家。重庆人。1946年毕业于南京金陵女子大学音乐系。后从事音乐教学工作。曾任西南师范学院音乐系钢琴教研室主任。录有《匈牙利狂想曲》等独奏曲。

丁兆清（1923—1995）

音乐教育家、作曲家。甘肃兰州人。1949年于香港三育书院神学系肄业。曾任兰州师范专科学校音乐系主任、甘肃省音协副主席、音教委主任。毕生从事音乐教育及音乐创作。作有歌曲百余首，《桃花雨》《教师之歌》《火车穿过十里山》《婚姻自主歌》《陇原儿女奔四化》《铃铛树》等。其中《铃铛树》《陇原儿女奔四化》《甘肃好联唱》分别获甘肃省优秀歌曲一等奖、二等奖。出版有《丁兆清少年儿童歌曲集》。发表有《"花儿"的兴盛和启示》《要重视民族民间音乐》等文。

丁肇环（1966— ）

歌唱家。山东青岛人。济南军区前卫文工团演唱队副队长。曾任青岛市歌舞剧院演员。曾获"青岛市首届电视歌手大奖赛"专业组通俗唱法一等奖，演唱歌曲《弟兄》获"第八届全军文艺汇演"二等奖。为《东瞧瞧西望望》《警察故事》《王乐意》《美丽青岛》等多部电视剧、电视片演唱主题歌。作有歌曲《恋字怎样写》《青春影集》《想念你》《信念》等。

丁振华（1940— ）

音乐教育家。江苏仪征人。曾任中国教育学会音教专业委员会理事、中国音协广东分会音教委副主任、广东教育学会音教专业委员会副主任。1987年参与第六届全运会大型团体操《凌云志》的创编兼任音乐总监，2000年参与全国第七届中学生运动会大型歌舞《朝阳之歌》的主创工作。荣获广州市学校合唱节、舞蹈节特殊贡献奖。主编《广州市九年义务教育中小学乡土音乐》《广州市中小学综合实践活动》《性与健康》等教材。广州市教育局艺教委常务副主任、中央音乐学院钢琴教学基地广州琴星学校校监。广东省合唱学会副会长、广州市音协副主席。

丁芷诺（1938— ）

女小提琴教育家。上海人。上海音乐学院教授。曾任上海音协主席。1962年毕业于上海音乐学院。1960年参加柏林舒曼国际弦乐四重奏比赛获奖，后留校从事小提琴及室内乐教学。组织、指挥了多支室内乐队。指导的"学生四重奏"多次在国际比赛中获奖。学生中不少在国际、国内小提琴独奏比赛中获奖。创办"丁善德音乐学校"。在厦门鼓浪屿、哈尔滨等地举行弦乐夏令营。改编多首弦乐四重奏、小提琴齐奏、弦乐合奏。专著《小提琴基本功强化训练教材》被评为文化部优秀教材一等奖。

丁志忠（1924— ）

曲艺演奏家。河南密县人。1938年始从事河南坠子伴奏工作。曾任河南省曲艺团副团长、中国曲协河南分会第一届副主席。

丁宗亮（1939— ）

大提琴演奏家、音乐教育家。回族。山东章丘人。1958年入武汉中南民族学院预科艺术班主修二胡、扬琴。后转入中央民族学院艺术系预科学习大提琴。1965年毕业后任中央民族歌舞团大提琴首席。曾随团赴美国、哥伦比亚等国家。参加过各种大、中、小型音乐歌舞晚会、中外联合音乐演奏会及器乐独奏会等。1963年演出舞剧《凉山巨变》时任乐队队长。参与、组织和演奏由中央广播电台录制的8场舞剧音乐。创作器乐曲《金凤来》，歌曲《送肥忙》《跃进歌》。采用民族歌曲及乐曲改编为多首大提琴演奏和练习曲。

丁作清（1954— ）

手风琴演奏家。江苏滨海人。1977年毕业于首都师范大学音乐系键盘专业。1977年始在新疆建设兵团歌舞剧团任手风琴演奏员，后任办公室主任、业务副团长、党委书记。曾担任男、女声小合唱、独唱及木琴独奏、二重奏的伴奏。在话剧《一双绣花鞋》《唐人街上的传说》中扮演角色。1990年参加慰问团赴新疆兵团农六师演出，担任电子琴、手风琴演奏。1993年组织策划大型文艺晚会《兵团人怀念毛主席》获演出组织一等奖，1994年参与庆祝兵团成立40周年主题歌舞晚会，获策划编导奖。为兵团组织排练演出活动的导演之一，获个人导演奖。曾带队赴广州、佛山、珠海等地演出。

东丹甘（1935—　）

芦笙演奏家、作曲家。苗族。贵州黄平人。1950年参加新中国一周年庆典观礼，于怀仁堂为中央领导演出。后在贵州省歌舞团工作。曾参加赴朝慰问团、第一届全国音乐周及10年大庆全国文艺汇演。曾应聘到上海音乐学院、中央音乐学院任教。在全国首届民族器乐独奏观摩演出会任评委并作示范演出。改革芦笙，获省"重大贡献科技成果奖"。创作舞蹈、舞剧、影视音乐，声器乐作品百余件。其中《春到苗岭》《苗家地方花一样》获省作曲一等奖，移植演奏《草原牧歌》获表演一等奖为彩色艺术片《蔓萝花》编曲（合作），获捷克、瑞士海加诺国际电影优秀奖及荣誉奖。撰有《芦笙史探索》获国际芦笙文化研讨会论文二等奖，《关于苗族基督教歌谱之我见》获省民族文化优秀科研成果三等奖。曾任中国音协理事。

董　锋（1958—　）

钢琴教育家。土家族。重庆人。重庆市涪陵师范学院音乐系副主任。先后就读于四川音乐学院、西南师大音乐学院、中央音乐学院。曾任职于重庆酉阳县文教局、师范学校。编有《重庆三峡库区民间音乐精选》，作有歌曲《把希望交给含苞的花蕾》《山山唱起幸福歌》。管弦乐《花灯》曾获全国首届"聂耳杯"优秀作品奖。在四川省首届大学生艺术节中获"指导教师奖"。

董　肯（1930—　）

女歌唱家、声乐教育家。河北沧州人。1944年始从事音乐工作，曾在部队文工团任独唱演员、编导组长、声乐组组长。1953年毕业于上海音乐学院声乐系，师从周小燕教授。曾任江西省歌舞团歌队队长兼独唱演员，江西省文艺学院音乐系副主任、声乐副教授，江西省群艺馆副馆长，江西音协常务理事、顾问。1986年曾获文化部颁发的优秀声乐教学二等奖。

董　琪（1925—　）

指挥家。满族。辽宁丹东人。1946年始从事部队文艺工作。1954年任军委训练总监部军乐监督。1956年任中央广播乐团管弦乐队指挥。后为江苏省歌舞团副团长。

董　伟（1963—　）

作曲家。吉林长春人。1990年上海音乐学院作曲系毕业。吉林艺术学院音乐学院作曲系副教授。发表《西方传统作曲技法与现代音乐作曲技法探析》《浅析西方二十世纪作曲技法》等论文。作有歌曲《奔向未来》《我的中华》《故乡的黑土地》。

董　阳（1954—　）

作曲家。四川成都人。四川省音乐舞蹈研究所主任。先后就读于云南艺术学院、四川音乐学院作曲系、中央音乐学院指挥系。曾任昆明军区歌舞团助理指挥、二提琴首席，成都市歌舞剧院助理指挥。所作《随想曲第一号》和交响音画《火把节组曲》分获"云南省首届交响乐作品比赛"一、二等奖，舞蹈音乐《竹板乐》获"四川省少年宫舞蹈比赛"一等奖，《普天同庆》获"全国少儿舞蹈比赛"银奖。撰有《川西道教音乐调查报告》等文。

董　怡（1982—　）

女古筝演奏家。甘肃人。英国爱丁堡大学经济学与经济史双荣誉硕士。自幼从名师习筝。曾获"朝阳96中国古筝传统曲目演奏邀请赛"第二名，中央音乐学院古筝专业校外水平考级最高级九级证书。中国唱片总公司出版为其三部古筝演奏个人专集。在音乐电视《临安遗恨》中演奏古筝，获第二届布达佩斯国际音乐电视艺术节评委团特别新人奖。在中外艺术节中举办多场独奏、协奏音乐会。

董　毅（1958—　）

女音乐教育家。重庆人。1982、2004年先后毕业于西南师范学院音乐系、俄罗斯格涅辛音乐学院声乐表演系。曾任中学音乐教师，重庆师范学院音乐系副教授。曾参加全国青年歌手电视大奖赛、中华校园歌曲大赛、红五月文艺调演等并获独唱特等奖、十佳歌手、校园歌手等称号。在四川新年音乐会、华人之春音乐会等大型演出中任独唱。撰有《'字正腔圆'浅论》《音乐与文学写作》《美声唱法与中国当代创作歌曲的演唱》《音乐美育的素质教育功能》等，多篇获奖。

董　源（1923—已故）

作曲家。昆明人。早年参加抗日救亡群众歌曲创作。1946年四川北碚国立歌剧学校肄业。1949年在上海从事音乐工作。1964年入上海沪剧团、任副团长。作有《翻身花》等歌曲。担任沪剧《罗汉钱》《白毛女》音乐设计。

董　政（1962—　）

作曲家。重庆人。重庆三峡歌剧团团长。1984至1986年就读于四川音乐学院作曲干修班，1991年毕业于中国函授音乐学院四年制大专班作曲专业。作有歌曲《三峡人》《呼唤你》《手扳心，脚指尖》等，为《三峡榨房汉》等舞蹈作曲，写有《三峡韵》等器乐作品及音乐电视艺术片《峡郡溪城》等。部分作品在评比中获一、二等奖。曾被评为市先进组织策划工作者，获首次"三峡文艺奖"，2000年获全国文化系统先进工作者称号。

董爱琳（1927—　）

女中音歌唱家。浙江宁波人。1946年毕业于上海圣约翰大学经济系。1952年入上海乐团工作。1953年获第四届"世界青年联欢节"声乐比赛三等奖。曾任上海市政协第

三、四届委员。

董长武（1946— ）

音乐编导家、作曲家。吉林长春人。中央电视台高级编导。1967年毕业于吉林省艺术学院音乐系，曾任战友文工团京剧团首席小提琴。1984年入中央电视台担任文艺编导。作曲、导演、策划音乐艺术片《鹿铃回响的地方》《北国音画》《拥抱大地的旋律——纪念人民音乐家施光南》等，多次获国家电视"星光奖"一、二等奖。作为总导演，记录中国民族乐团首次登上世界音乐圣殿—维也纳金色大厅的历史时刻。之后多次出访欧洲，荣获国家电视金鹰奖。为乔羽、刘炽、施光南、李焕之、雷振邦、王昆、李双江等拍摄专题艺术片。多次担任"心连心"艺术团总导演，并执导"庆祝澳门回归—天安门庆典晚会"。

董常禄（1952— ）

作曲家。河北巨鹿人。邢台市群艺馆馆长。1977年毕业于河北师大音乐系，1986年在中央音乐学院进修声乐。创作舞蹈音乐《邢台秧歌鼓》《小乌龟》，歌曲《邢台山水多壮美》《山乡夜色美》《多劳多得多快活》《姑娘驾船采红菱》《勤劳的双手点石成金》《胜利就在不远的前方》等数十首。培养的学生有多名考入音乐院校、文艺团体和文化馆站，有的成为河北省十佳歌手。

董传清（1950— ）

男高音歌唱家。湖北沙市人。1971年从事部队文艺工作。1988年毕业于湖北省荆州师范学校。曾任沙市市音协主席，荆州音协主席，湖北音协理事。1979年率队参加沈阳军区调演获第一名，1980年代表沙市市参加湖北第一届琴台音乐会，演唱《巫山情歌》《峡江水手歌》被中国音协、全国总工会评为优秀歌手。1988年在沙市组织第二届群众艺术月，多次组织市级大型演出活动。2001年组织老年合唱团参加全国第三届"永远的辉煌"合唱节获"夏荷金奖""优秀组织奖"。

董大民（1930— ）

京剧作曲家。河北唐山人。1945年始从事部队文艺工作。1959年任北京公安部队文工团乐队队长兼指挥。1961年入中央音乐学院进修两年。后在云南省京剧院编导室工作，担任京剧现代戏《孔雀岭》，移植京剧现代戏《豹子湾战斗》音乐设计（合作）和管弦乐配器。曾任云南音协副秘书长、第二届省音协副主席兼秘书长。

董大勇（1938— ）

音乐理论家。陕西西安人。1960年毕业于陕西师范大学历史系。曾任《音乐天地》月刊主编。中国音协第四届理事。撰有《新翻羽调浅探》《浩然正气壮河岳》。

董德君（1967— ）

单簧管演奏家。辽宁人。沈阳音乐学院管弦系副教授。中国音协单簧管学会常务理事。1991年毕业于沈阳音乐学院管弦系。1997年毕业于中央音乐学院硕士学位班，先后师从刘少立、陶纯孝教授。2003年赴德国斯图加特音乐学院深造，师从诺贝特·凯撒教授。曾多次在北京、沈阳等地举办独奏、重奏音乐会。曾担任2001年"第二届全国青少年单簧管演奏比赛"评委。获"辽宁省优秀青年骨干教师"称号。

董恩俊（1938— ）

作曲家。河南周口人。1960年毕业于许昌师专，先后在许昌地区豫剧团、平顶山市一中、市文化馆、市师范学校任教。创作音乐作品四百余件，其中部分作品在全国、省、市征歌活动中获奖，并在中央、省、市电台、电视台播放，或出版。曾获全国优秀教师、省特级教师。

董桂伶（1948— ）

歌词作家。河北唐山人。唐山群艺馆副馆长。1986年毕业于廊坊师院。撰有《走向新世纪的唐山文化》等文。作词歌曲《晚霞情》2000年获北京国际合唱节铜奖。出版歌词集《我想对你说》。

董洪德（1931—1994）

作曲家。山东高青人。1944年始从事部队文艺工作。1951年毕业于上海音乐学院音教班。曾任济南军区歌舞团副团长兼指挥。作有交响组曲《祖国》，器乐曲《旭日东升》（合作），舞剧音乐《高山下的花环》（合作）。

董华璋（1945— ）

作曲家、笙演奏家。上海人。新疆兵团音协副主席，石河子市音协主席、文联委员。1963年师从唢呐演奏家任同祥学习唢呐与笙。历任笙独奏演员、指挥、作曲、编导室主任等，并担任师范院校教学工作。1981年参加指挥家陈传熙的"交响音乐会"，并赴北京参加全国调演。1986年参加"太湖艺术节"演出担任笙独奏，1995年指挥新疆绿洲合唱团参加北京"全国职工合唱大赛"获一等奖。演奏创作笙协奏曲、笙独奏曲、声乐曲、舞蹈舞剧音乐及话剧作曲配乐等，多次在全国及省、市获奖。

董焕林（1962— ）

作曲家、音乐活动家。吉林松原人。1988年毕业于吉林艺术学院音乐系。先后任吉林油田职工艺术团乐队演奏员、吉林石油集团工会文体中心创作组辅导员。所配器作品《认识我》《油海欢歌》《东方红》《我们是新时代吉林石油工人》《唱支山歌给党听》，创作舞蹈音乐和歌曲近百首在各种晚会演出或电视台播放。在组织参加各级比赛中，分别获省音乐舞蹈大赛美声一等奖、四重唱二等奖、歌咏大赛二等奖，指挥的合唱获一等奖和指挥奖。

董焕琳（1963— ）

女音乐活动家。河南上蔡人。河南省音协理事。曾任河南省音协副秘书长，现任省文联组联处处长。1986年毕业于河南大学艺术系音乐教育专业。从事全省音乐的组织管理工作。参与组织"黄河之滨"音乐周4届及纪念毛泽东诞辰100周年音乐会、两届全省青年歌手大赛、少儿器乐比赛等大型音乐活动。参与组织每年一次的全省创作歌曲评选、"五个一工程"歌曲创作、音乐创作研讨会暨组织词曲作者深入生活等，参与组织每年一次的乐器考级工作。

董兼济（1914—已故）

音乐理论家。安徽芜湖人。1944年毕业于重庆国立音乐院作曲系。后为天津音乐学院作曲系副教授。音协天津分会第三届理事。作有歌曲《驰向春天的海洋》，编有《管弦乐配器法》等。

董建功（1958— ）

小提琴演奏家。河南西华人。河南越调剧团行政团长。1980年毕业于周口师院音乐系。曾率团到全国18个省市巡回演出。开办少儿小提琴演奏培训班。参加伴奏剧目《吵闹亲家》获中宣部"五个一工程"奖、文化部"文华新剧目奖"。《七擒孟获》获河南省第七届戏剧大赛"伴奏奖"和第二届中国戏曲"金三角"交流演出"音乐奖"。《史作善》《尽瘁祁山》分获河南省第六、九届戏剧大赛"伴奏奖"。撰有《刍议越调音乐与首席沿革》《试析越调艺术与农民审美心理》。

董金池（1946— ）

大提琴演奏家。天津人。1969年毕业于天津音乐学院。天津交响乐团大提琴首席、独奏演员。1989年自费赴美国留学。自1993年以来举办六十多场中国风格独奏音乐会和讲学活动。天津音协、天津交响乐团举办"中国风——董金池大提琴独奏音乐会"及研讨会。创作、改编四十多首大提琴独奏曲，如《江河水》《欢乐的草原》《摇篮曲》《二泉映月》《草原风情》《伟大的北京》《向往》及协奏曲《长城》《鸿雁》等。出版其创编的大提琴曲集，录制出版独奏唱片，电台、电视台多次播出音乐专题。

董金明（1962— ）

二胡演奏家。江苏南京人。1987年毕业于南京艺术学院音乐系。江苏省文化馆文艺部副主任。曾在南京艺术小学（南京小红花艺术团）任教。曾先后对来自十多个国家的数百名外国学生讲授二胡，并多次应邀赴德国、荷兰、比利时、希腊、日本等国举办二胡独奏音乐会和教学活动。在南京、北京、上海、武汉等地举办二胡独奏音乐会，1997年在德国用二胡与德国音乐家共同演绎爵士音乐。由江苏出版总社与德国WDR广播电视局出版了CD《民风情韵》。曾策划、组织举办2002年南京国际爵士音乐展演会并任音乐总监。

董锦汉（1957— ）

作曲家、指挥家。白族。云南大理人。1979年入云南省歌舞团任独奏演员。1987年毕业于中央民族大学音乐系作曲专业，后攻读二胡专业，毕业留校，先后任民乐系主任，硕士生导师。中国二胡协会理事、北京音协理事。曾深造于中央音乐学院指挥进修班。作有二胡协奏曲《望夫云》及声、器乐作品，举办个人二胡演奏会、作品音乐会及交响乐作品音乐会（合作），曾指挥中央少数民族乐团举办二十余场音乐会。先后率团赴亚洲、欧洲数国及港、澳地区演出。2005年组建"阳光女孩"——世界博览会中

国馆民乐组合，并任艺术总监、指挥。出版有《优秀二胡曲选》《音乐欣赏入门》并发表多篇论文。

董京安（1953— ）

作曲家。北京人。1970年考入战友歌舞团。曾在中央音乐学院进修作曲，后毕业于解放军艺术学院作曲专业。曾任战友歌舞团歌队队长，编导室创作员。主要作品有交响叙事诗《潮》，音乐剧《青春如歌》，选入总政2004年双拥晚会，并获金奖，国庆献礼电视片《友谊之路》，歌曲《国旗飘》等。

董晶晶（1974— ）

女歌唱家。北京人。总政歌剧团独唱演员。毕业于解放军艺术学院音乐系，师从孟玲教授。1994年获全军"军营之声"歌手大奖赛民族唱法金奖。随北京市民间艺术团出访韩国，在庆祝汉城建都600周年大型庆典上演唱歌曲《阿里郎》和《五哥放羊》。曾在京、津、沪、粤"国防之声"大赛中获民族唱法银奖，全国第七届电视歌手大奖赛民族唱法银奖第一名。2001年获首届全军"声乐新人新作大赛"银奖。同年拍摄公益歌曲音乐电视《农信情》。举办有个人独唱音乐会。

董九儒（1942— ）

琵琶演奏家。河北人。1965年于天津音乐学院毕业后留校任教。多年来从事教学和参与演出活动，创作音乐作品有弹拨乐合奏曲《牧民歌唱新生活》《歌唱解放军》《春之曲》《樱花》，舞蹈音乐《苍山雨歌》，歌曲《党啊，指引我们团结胜利向前》《祖国好》。

董军工（1936— ）

男高音歌唱家。山东蓬莱人。1961年参加长春市业余合唱团。曾任辽宁歌舞团独唱演员。演唱有《毛主席走遍祖国大地》《满载友谊去远航》等。

董兰萍（1958— ）

女高音歌唱家。河南鹤壁人。1982年考入中国音乐学院，师从仲伟教授。1985年考入中央民族乐团任独唱演员。1986年参加北京合唱节，在新编合唱《瞧情郎》中领唱大段唱腔获专业组一等奖。1992年参加北京电视台青年歌手大奖赛获民族唱法第一名。曾两次在央视春节联欢晚会上分别演唱《珊瑚颂》《送给妈妈的茉莉花》，在文化部春晚演唱《茉莉花》等。曾在电视连续剧《郑板桥》中演唱片尾曲《竹枝词》，在《杨三姐告状》中演唱主题歌及插曲。曾三次举办个人独唱音乐会。2009年被文化部授予"德艺双馨"艺术家称号。

董蕾蕾（1980— ）

女歌唱家。辽宁大连人。1997年从事演唱，先后获第四届上海亚洲音乐节"十佳歌手"称号、青歌赛辽宁赛区通俗唱法第一名、第十一届"新盖中盖杯"全国青歌赛通俗唱法金奖。曾在歌剧《八女投江》中饰演女主角胡秀芝，音乐剧《茉莉花》中饰演女主角茉莉，音乐剧《英雄后羿》中饰演女主角嫦娥。音乐作品有《飞鸟》《菩提

D

树》《重生》《父亲》《我们的爱最美丽》等。

董立强（1963— ）

作曲家。山东荣成人。1997年毕业于日本东京艺术大学研究生院作曲系，2000年在中央音乐学院作曲系博士生班学习。历任中国唱片总公司音乐编辑、中央音乐学院附中理论学科教师、中央音乐学院作曲系副教授。作有管弦乐《蜀道难》《春天的印象》，戏曲交响乐《金沙江畔》，室内乐《秋声赋》，《钢琴小组曲》及独唱歌曲《心的爱恋》等。作有电视剧音乐《星梦》《沉浮》《历史的天空》，电视文献纪录片《刘少奇》，电影音乐《冲出亚马逊》，电视电影《曾克林出关》等大量影视音乐。

董明德（1947— ）

作曲家。陕西宝鸡人。从事音乐创作、指挥、演奏以来。创作了大量声乐、器乐作品，其中三十余首在音乐刊物上发表或在中央电视台及省级电视台、电台播放。四十多首在全国、省、市演出及创作比赛中获奖。两次被中华全国总工会评为全国职工文化先进个人，两次被宝鸡市委宣传部、市文联授予艺术创作荣誉奖。曾任陕西音协常务理事，宝鸡市音协主席。陕西宝鸡工人文化宫、副主任、副研究馆员。

董培成（1949— ）

作曲家、指挥家。山东济南人。山东文化音像出版社编辑录制部主任。1991年毕业于山东艺术学院音乐系理论作曲专业。发表音乐作品数百件，主要有舞蹈音乐《浪潮随想曲》等三十余首，电视音乐、音乐电视片《泉城和太阳一同升起》等二十余部（集），小型器乐曲吹打乐《欢庆胜利》等十余首，大型器乐曲交响声乐套曲《李清照》等十余首。多首歌曲获奖，其中有男声小合唱《海岛篮球赛》于1980年获南京军区文艺汇演优秀创作奖，男声独唱《脚手架上乐悠悠》于1984、1985年分获山东建设者之歌创作一等奖、济南市文艺创作一等奖。曾指挥演出《海港》《智取威虎山》《沙家浜》《红灯记》等多部现代京剧及中外音乐作品多件。

董瑞华（1952— ）

作曲家。江苏徐州人。1971年开始从事专业艺术工作。1980年毕业于南京艺术学院音乐系作曲专业。曾任江苏省梆子剧团业务团长、徐州教育学院音乐系主任、江苏省政协委员。曾担任《汉风乐舞》《大风赋》《运河四季歌》三部歌舞剧，《李瓶儿》《华山情仇》等四十余台戏剧作品的作曲，舞蹈音乐曾获省艺术节作曲金奖、民间艺术"山花奖"，音乐作品曾参加数十场综艺节目的演出。曾任《中国戏曲音乐集成·江苏梆子戏分卷》副主编，《江苏梆子戏志》中音乐部分撰稿人。部分声乐、器乐作品曾在省、部级比赛中获奖。

董山河（1938— ）

木琴演奏家。江苏苏州人。1950年入上海中国福利会儿童艺术剧院，1975年入上海歌舞团任独奏演员。长期从事儿童音乐创作及演奏。作有歌曲《公社孩子心欢笑》《嬉水》等，录有木琴专辑唱片。

董天庆（1932— ）

音乐活动家。山西广灵人。1951年入山西雁北文工团工作，任指挥。1953年入中国戏曲研究院。曾任中国艺术研究院资料馆副馆长。编著有《怎样识简谱》（合作），《胡松华演唱歌曲集》（合作）。

董铁志（1930— ）

歌词作家。河南郾城人。早年毕业于无锡艺专。1949年参军。历任工程兵宣传科长、文教科长、红叶艺术团顾问。词作歌曲多次获奖并灌成唱片。作品有《抓革命，促生产》《芝麻开花节节高》《农村变乐园》《春风催开幸福花》《工程兵组歌》。诗词作品部分载入《董铁志书法选集》。2003年为总参老战士合唱团创作歌词《坚决贯彻"三个代表"》刊登在《人民日报》。

董维光（1934— ）

大提琴演奏家。山东寿光人。1952年入中央戏剧学院附属歌舞剧院乐队工作。曾任中央乐团演奏员。参加独奏、重奏演出。曾参加钢琴协奏曲《黄河》创作。1955年参加世界青年联欢节获集体项目比赛金质奖。

董维松（1930— ）

音乐学家、戏曲音乐学家。河北黄骅人。1945年始从事部队文艺工作。1959年毕业于中央音乐学院作曲系。中国音乐学院教授、硕士生导师，中国传统音乐学会副会长，中国戏曲音乐理论研究会理事长。出版有《河北梆子（蝴蝶杯）》，《汉剧（宇宙锋）音乐分析》《民族音乐学译文集》（合编）等专著。发表有《中国传统音乐学与乐种学及分类方法》《论民族音乐中的三部性结构》《民族音乐结构形态中的程式性与非程式性》《试论戏曲音乐学问题》等论文二十余篇。从事戏曲音乐教学三十余年，编写教材二十余篇，并指导硕士研究生数名。

董文华（1962— ）

女高音歌唱家。辽宁沈阳人。1977年入沈阳军区歌舞团。曾在解放军艺术学院音乐系学习。现为总政歌舞团独唱演员。1985年获文化部"聂耳·冼星海声乐作品演唱比赛"银质奖。1986年获首届全国听众喜爱的歌唱演员评选第一名。演唱有《十五的月亮》《春天的故事》《血染的风采》《长城长》等。

董文琴（1936— ）

女音乐编辑家。上海人。1959年毕业于上海外国语学院俄语系。曾任中央人民广播电台文艺部外国音乐组副组长、主任编辑。

董希哲（1929— ）

作曲家。朝鲜族。吉林延吉人。曾任延边音协副主席、延边州政协委员。1944年入延吉师范学校学习，1946年任解放军吉东保安军政治部文工团、延边文工团演奏员。1956年任延边广播电台音乐部主任。歌曲作品《每当走过老师的窗前》获全国第二届少儿文艺作品二等奖，并获全国红领巾喜爱的歌征集"乐友奖"。歌曲《兄弟姐妹欢聚一堂》获全国民族团结歌曲评奖一等奖。出版《故乡的山坡上》等二部歌曲集。

董夏琴（1937— ）

女高音歌唱家。浙江余姚人。1956年获浙江省文艺汇演优秀人才奖。1957年入浙江民间歌舞团（现浙江歌舞剧院）任独唱演员。曾演唱民歌《西湖十景》《幸福的歌》等，并在歌剧《刘胡兰》《刘三姐》《血泪仇》《小二黑结婚》及革命历史歌曲表演唱中担任主要角色。业余声乐教学培养的学生在各种大、小比赛中获奖。

董晓明（1954— ）

小号演奏家。江苏镇江人。1973年毕业于陕西省歌舞剧院学员培训班。后入北京中央乐团学习小号演奏。1973年先后在陕西省歌舞团、陕歌轻音乐团、陕歌音乐舞蹈团任乐队演奏员、队长。撰有《小号演奏中的呼吸与位置》。曾参演歌剧《张骞》获中国戏曲"金三角"交流演出特等奖、国家"五个一工程"奖。秦腔《蔡伦》获第四届国家"文华奖"。曾参加国际游船节、广播音乐节、西安古文化节开幕式、中韩国际戏剧节演出及舞剧《白毛女》《红色娘子军》等演出。

董欣荣（1927— ）

音乐教育家。辽宁人。1947年初参军入冀察热辽鲁艺戏曲音乐系学习。1951年转业，先后任小学音乐教师、黑山县文化馆音乐干部。其间，曾出席原辽西省先进教育工作者代表大会，被评为先进音乐工作者。1980年组建黑山县半拉门镇半农半艺剧团，所编写的剧本《女儿的婚事》三次受到省文化厅表彰，五次受市文化局嘉奖。长期坚持音乐教学，有百余名学生毕业于全国音乐院校。

董学尧（1941— ）

小提琴教育家。白族。云南大理人。1960年于中央音乐学院附中毕业，后在广西艺术学院音乐系从事小提琴演奏及管弦乐合奏的教学工作，组建广西第一个学生管弦乐团。培养了大批小提琴人才，并有多人在国内外的比赛中获奖。2001年在全国第七届青少年小提琴比赛中获文化部颁发的"评委特别奖"。多次获广西"优秀教师"及"先进工作者"称号。1988年始担任广西小提琴学会会长，为历届"全国少儿小提琴比赛"评委。

董永祥（1950— ）

作曲家。山西运城人。1991年毕业于山西大学艺术系，1995年入山西师大硕士研究生班。1968年任山西运城市蒲剧团乐队队长、音乐设计。1985年始在山西临汾市文化艺术学校任教务处副主任，高级讲师。撰有《论蒲剧音乐的推陈出新》《论蒲剧音乐"落板"与"甩腔"的差异》《浅谈声乐教学与戏曲声乐教学的相互渗透》等文分获省论文二等奖。著有《蒲苑心声》。为蒲剧《阴阳盒》作曲获省创作一等奖，为《蝴蝶杯》作曲获第四届中国戏剧节音乐设计奖，歌曲《永远的老兵》获省第六届"五个一工程"优秀作品奖。

董羽平（1938— ）

女歌唱家。内蒙古赤峰人。1958年入中央歌舞团。1962年任中央民族乐团合唱队员、学员班声乐教员。演出有合唱《锁龙潭》《库里森科》等。曾参加演出"纪念聂耳·冼星海"作品音乐会和音乐舞蹈史诗《东方红》。多次在人民大会堂为外国友人及国家元首演出。先后参加"振兴中华音乐会"，第二、三届合唱节和历届"国际合唱节"等演出。两次出访香港。

董雨霖（1929—1981）

作曲家。辽宁北镇人。1945年始从事部队文艺创作。原在海政文工团工作。作有歌曲《人民海军向前进》《代代高唱红军歌》，管乐曲《自由的小帆船》。

董兆武（1937— ）

小号演奏家、作曲家。山东济宁人。1954年毕业于山西省艺术学校，后在中央音乐学院进修两年，50年代始任山西省歌舞剧院交响乐团首席小号、铜管乐声部长，兼任省内艺术院校小号教学工作和青少年管乐普及工作，培养一批管乐演奏人才。创作有独奏、重奏、合奏乐曲及歌曲《下井采煤乐悠悠》等，出版《铜管五重奏曲集》。

董振厚（1931—1985）

男高音歌唱家。辽宁旅顺人。1950年始从事部队文艺工作。曾随保加利亚契尔金教授学习声乐。毕业于上海声乐研究所。原为沈阳军区歌舞团独唱演员。演唱有《我为伟大祖国站岗》《在那桃花盛开的地方》。

董志学（1940— ）

低音提琴演奏家。河北人。1967年毕业于中央音乐学院管弦系。任职于中央乐团、中国交响乐团、中国爱乐乐团、北京交响乐团。数十年来演奏过大量中外交响乐作品，其中有钢琴协奏曲《黄河》首演，贝多芬、马勒、柴科夫斯基交响乐作品。在中央乐团期间，还曾担任过独唱独奏组的低音提琴独奏演出。曾赴西安、青岛、哈尔滨等地演出。多次将中国优秀交响乐作品，介绍给世界各国。

董智渊（1964— ）

二胡演奏家。山东人。山东歌舞剧院民族乐团首席。毕业于山东艺术学院音乐系，后入山东歌舞剧院民族乐团任二胡独奏演员。其演奏的作品有二胡与乐队《绿色思念》与《迎亲》，曾获山东省艺术表演团体青年演员比赛一等奖及"中国民族器乐"独奏大赛三等奖、文化部第八届"文华新剧目奖"。2003年获省文化厅"优秀专业人才"称号。曾随山东民族乐团赴维也纳金色大厅演出。

董忠有（1946— ）

钢琴演奏家。江苏南通人。首届南通市钢琴学会会长，第六届南通市音协副主席。1966年毕业于南京师范学院音乐系钢琴专业。后任南通市歌舞团钢琴演奏员。经常

D

在各种演出活动中担任钢琴独奏与伴奏。曾在全国刊物上发表多篇论文。所教学生多人在各种比赛中获奖与考取专业艺术院校，本人多次被评为优秀钢琴指导教师。

董自伦（1952— ）

作曲家。江苏赣榆人。连云港市音协常务副主席兼秘书长。曾任赣榆县黑林文化站站长、连云港市文化局音乐研究会副会长。先后毕业于江苏省文化干部学校和徐州师范大学。在中央、省、市媒体发表千余件音乐、曲艺、戏剧作品，有二百余件在各级比赛中获奖。其中歌曲《我们放飞五彩的生活》被定为中国第五届国际风筝会会歌。出版有创作歌曲集和曲艺小品集。

都绍武（1944— ）

圆号演奏家。吉林长春人。1960年入长影乐团，1966年任首席圆号、铜管声部长。吉林音协第四届理事。曾参与数百部影视音乐的录制，参加交响乐、管弦乐及大量音乐会的演出。创作改编有铜管五重奏、圆号独奏、重奏《送我一枝玫瑰花》《高原之歌》《游击队歌》《青春圆舞曲》《草原上升起不落的太阳》。1984年赴北京参加全国电影乐团公演，任北影乐团、上影乐团、长影乐团联合组成的"交响乐"首席圆号。

窦 青（1968— ）

女钢琴教育家、理论家。山东潍坊人。潍坊学院音乐系主任兼党总支书记，教授。中奥维也纳音乐学院院长。1990年自山东师范大学音乐学院毕业，1994年考入上海音乐学院钢琴系进修，同年获日本YAMAHA双排键电子琴国际五级演奏证书。首都师范大学钢琴硕士。曾获山东省青年教师钢琴比赛二等奖、优秀伴奏奖。《高校音乐专业金字塔式教学模式的探索与实践》获省级教学成果二等奖，《关于中国钢琴练习曲》获省社科联三等奖，先后在全国音乐期刊发表论文二十余篇。

窦伯超（1932— ）

作曲家。陕西韩城人。1949年始从事部队文艺工作。1958年毕业于西安音专作曲系。曾任音协陕西分会音乐教育委员会副主任。作有维吾尔族舞剧音乐《太阳出来了》，歌剧音乐《红桃满园》。

窦登贵（1936— ）

板胡演奏家。新疆乌鲁木齐人。1950年从事文艺工作。曾在青海省民族歌舞团任板胡演奏员、乐队指挥。作有板胡独奏曲《江河源头花盛开》《喜庆丰收》，舞蹈音乐《雪山雄鹰》。

窦剑波（1954— ）

巴松演奏家。山东青州人。1970年入总政军乐团学员队学习，后任该团演奏员、巴松首席、三队队长。曾参加国庆40周年焰火晚会队列表演，亚运会开幕式军乐队队列表演，参加1995年世界妇女大会欢迎晚会的编导工作。多次参加军乐团出访等演出活动的编排。

窦立勋（1916—1983）

小提琴教育家。广东广州人。1931年始就读于广州音乐学院、上海国立音专。1938年后曾在上海音专、上海市交响乐队从事教学及演奏活动。新中国成立后曾任上海音乐学院管弦系副主任、教授，音协上海分会常务理事。

窦龙德（1963— ）

音乐活动家。甘肃敦煌人。1985年毕业于大庆石油学院。大庆油田文艺部部长。作有歌曲（曲）《走向春天》《光荣与梦想》，辅导创作曲艺《找油人》获第十一届"群星奖"曲艺类银奖。策划组织大庆油田发现40周年暨新中国成立50周年双庆文艺晚会、"春光"迎春晚会、"铁人队伍永向前"大型主题歌曲演唱会。率现代京剧《周总理与大庆人》晋京在中南海演出。策划拍摄的音乐电视片《油海放歌》《希望之歌》在中央电视台播出。获中国文联"德艺双馨"奖。

窦嵋山（1919—已故）

音乐活动家。山东莘县人。曾就读于昆明艺专及青木关国立音乐院理论作曲系。1945年后在重庆女子师范学校等单位从事教育工作。1956年到重庆艺术馆工作。

窦玉英（1964— ）

女歌唱家。河北承德人。承德民族师专音乐系教师。1989年毕业于河北师范学院音乐系。撰有《浅谈承德满族音乐的继承和发展》《试论独唱歌曲的二度创作》。多次在省市声乐比赛中获奖，其中1994年获承德市文艺大赛美声组一等奖，1995年获河北省第三届青年歌手电视大赛"荧屏奖"。

杜 滨（1949—2005）

作曲家。天津人。1970年入新疆军区文工团，1974年入天津音乐学院作曲系进修。原唐山歌舞团编导室作曲，后任河北歌舞剧院院长、河北音协副主席。作有歌曲《高粱红了》《深情的小路》等，其中《走进敦煌》《拉萨河》获中宣部"五个一工程"奖，另有轻歌剧音乐《时髦青年与怪味鸡》。

杜 聪（1962— ）

竹笛演奏家。上海人。1978年在上海音乐学院附中学习，1985年毕业于上海音乐学院民乐系。先后在上海民族乐团、上海歌舞团及总政歌剧团任演奏员。曾在上海、台北和北京音乐厅举办个人竹笛独奏音乐会，1995年获第三届中国金唱片奖，1996年获宝钢高雅艺术奖，录制有50余盘CD。

杜 光（1929—已故）

音乐教育家。河南开封人。1953年毕业于华中师范学院音乐科，后从事音乐教育工作。1961年入湖南师范学院艺术系任教。曾任音协湖南分会副主席。作有歌曲《友谊的歌声》《荡秋千》。

杜 慧（1947— ）

女音乐教育家。河南洛阳人。曾就读于河南大学、首都师大音乐系。1965年开始音乐教学工作。曾任职于河南洛阳师范学院音乐学院。发表论文十余篇，曾获国际论文奖。1999年在"中国少年儿童声器乐大赛"中被评为优秀指导教师。2002年获"港兴杯洛阳之春歌舞晚会"最佳伯乐奖，2004年在"中日韩国际少儿艺术大赛"中被评为"优秀辅导教师"。

杜 鹃（1964— ）

女古筝演奏家。河南汝南人。1985、1995年先后毕业于河南戏曲学校音乐班、河南大学音乐系。任河南群艺馆少儿部副主任。曾在河南民族乐器电视大奖赛中获古筝第一名，在民间音舞比赛中获个人演奏金奖，在民族器乐独奏大赛中获优秀演奏奖。所辅导的筝合奏《汉江韵》《丰收锣鼓》及筝独奏《闹元宵》分获特别奖、"蒲公英"奖金奖、园丁奖。撰有《浅谈筝的摇指分类与训练》《谈古筝考级中的几个问题》。

杜 康（1965— ）

女歌唱家。回族。云南昆明人。陈爱莲艺术团独唱演员。1976年云南省艺术学校花灯科毕业后，入云南省歌舞团从事云南民歌演唱。1986年毕业于中国音乐学院声乐系。1987年入北京军区某师演出队任独唱演员、副队长兼艺术指导。多次参加北京、昆明、中央电视台等主办的演出活动，均任独唱。曾获聂耳音乐作品演唱比赛第二名，首届中国"长江杯"民歌大赛银奖。录有个人演唱专辑。

杜 克（1955— ）

指挥家。河北唐山人。唐山市歌舞团指挥、作曲。曾指挥《小二黑结婚》《少奶奶的扇子》《唐山的龙年》等多部歌剧、音乐会。舞剧《轩辕皇帝》（合作）获"文华奖"，MIDI作品《紫色》在全国首届电脑音乐评比中获奖，管弦乐《婚礼圆舞曲》（合作）在中华婚庆歌曲征集活动中获奖，全国第二届城市运动会开幕式大型文体表演《城市之光》的音乐获河北省文艺振兴奖，音乐剧《唐山的龙年》（合作）获河北省第六届戏剧节音乐创作奖。

杜 利（1922—1990）

音乐教育家。广东花县人。1940年入延安鲁艺音乐系，1950年入中央音乐学院进修作曲，后任中国音乐学院代理院长。作有歌剧音乐《硫磺厂》，歌曲《世界人民团结紧》《斗士之死》。

杜 林（1934— ）

作曲家。山西五寨人。1948年从事部队文艺工作。曾就读于西南艺术学院，后在上海第四石油机械厂工作。作有歌曲《祖国的边疆新西藏》《春到喜马拉雅》，二胡独奏曲《洁白的哈达》。

杜 玲（1956— ）

女歌唱家。壮族。广西人。江西省歌舞团独唱演员。1973年毕业于江西省京剧团学馆学员班京剧专业，后任本团演员。曾获首届华东六省一市民歌次赛专业组一等奖，"中国长江歌会大赛"银奖，全国第五届"群星奖"银

奖。先后为中央、省市电台、电视台录制歌曲五十余首，《雷锋踏着春光来》由上海唱片社录制唱片，并在多个省市电台"每周一歌"播放。曾任江西省"威猛"乐团团长和独唱演员，赴二十余个省市巡回演出，每年数百场次。曾赴台湾演出，撰有《加强海峡两岸的声乐艺术交流》。

杜 鸣（1956— ）

作曲家。河南开封人。曾就读湖南师范大学音乐系。1972年入湖南省歌舞团任乐队演奏员、指挥，后在湖南省广播电视厅音像出版社任编辑部主任。1992年历始任广州军区战士歌舞团创编室创作员、副主任、主任，2006年任广州军区政治部战士文工团副团长，2007年始任广州军区政治部战士文工团团长。作有舞蹈音乐《西楚悲歌》《虎门魂》，音乐剧《白莲》，民族音画《八桂大歌》，歌曲《情系人民》《摆呀摆》，曾分别在第五届"桃李杯"舞蹈比赛、第七届中国戏剧节、第三届中国音乐"金钟奖"、文化部文华大奖评比中获优秀音乐创作奖。

杜 宁（1955— ）

手风琴演奏家、教育家。山西五台人。1982年毕业于上海音乐学院钢琴系。解放军艺术学院音乐系副教授、中国音协手风琴学会副秘书长、北京市手风琴学会副会长、辽宁省手风琴学会会长。撰文《如何移植钢琴作品为手风琴曲》《手风琴如何训练演奏巴赫创意曲》，专著《钢琴即兴伴奏讲义》已作为沈阳音乐学院教材。作有手风琴合奏《少年先锋队队歌》，手风琴四重奏《阳光》分获辽宁省器乐创作及北京第二届国际手风琴艺术节比赛一等奖。曾于沈阳音乐学院举办个人手风琴、钢琴独奏音乐会。所培养学生多次获奖。

杜 平（1932—已故）

歌唱家。黑龙江哈尔滨人。1948年入部队文工团，1955年入中国铁路文工团。曾在《洪湖赤卫队》《江姐》等歌剧中扮演角色。独唱曲目有《货郎与小姐》选曲等。作有歌曲《车站的灯光》。

杜 萍（1962— ）

女高音歌唱家。辽宁人。1980年入宁夏歌舞团，1981年入中央音乐学院进修，1985年赴加拿大参加亚太地区文化艺术节。1986年获第二届全国青年歌手电视大奖赛"优秀歌手奖"。1987年随中央电视台特约青年歌唱家艺术团赴新加坡演出。

杜 钳（1930— ）

作曲家。广东海南人。1955年毕业于中央音乐学院作曲系，后在中央音乐学院作曲系和上海音乐学院苏联复调音乐专家班在职进修。1958年起先后在天津音院作曲系任教，在天津市评剧团、广州珠影乐团、广州乐团任创作员。作有《不当英雄不下山》《清江放排》等二十余首歌曲，《茶山情》等管弦乐曲，多件作品发表、演出、中央和省电台播出或编入中小学音乐教材，部分作品获省级奖。出版有《和声习题示范》。

D

杜 玺（1933— ）

女声乐教育家。重庆人。1955年毕业于西南师范大学音乐系。1960年入上海音乐学院声乐系教师进修班学习。原任贵州省艺专声乐教研组长。

杜 鹰（1943— ）

扬琴演奏家。内蒙古呼和浩特人。1976年毕业于天津音乐学院民乐系。原内蒙古歌舞团副团长。曾随团多次出国演出。

杜 宇（1967— ）

女古筝演奏家。河南汝南人。河南省豫剧三团乐队演奏员。1986年毕业于武汉音乐学院民乐系。撰有《浅论古筝入门》于2001年获第四届河南省音乐论文评奖二等奖，另有撰文数篇。2000年获河南省"百泉杯"青少年器乐大赛专业组古筝金奖，2001年获河南省专业器乐比赛二等奖，连续多年获河南省戏剧大赛音乐伴奏奖。曾与来豫的法国国际舞剧院、德国国际歌剧院艺术家们同台演奏《渔舟唱晚》《秦桑曲》等曲目。曾随团赴新加坡、美国访问演出古筝专场音乐会。担任中国音协乐器考级考官。

杜勃兴（1926—已故）

作曲家。辽宁沈阳人。毕业于中央音乐学院作曲系，在西安音乐学院作曲系任教。作有钢琴协奏曲《激流》，交响诗《带镣行》。参加秦腔移植《海港》音乐设计。

杜次文（1939— ）

笛子演奏家。北京人。1962年毕业于中央音乐学院民乐系，后入中央民族乐团。作有独奏曲《阿里山，你可听到我的笛声》等。在影视片《二泉映月》《知音》《凤求凰》配乐中担任独奏。

杜大威（1942— ）

歌唱家。浙江绍兴人。曾为上海乐团演员。1970年毕业于上海音乐学院声乐系并留校任教，后任浙江省歌舞团演员。曾演出《长征组歌》，歌剧《伤痕》《江姐》《货郎与小姐》《白毛女》《蝙蝠》等剧目，并参加"上海艺术节"及"澳门艺术节"等演出及随团多次出国演出。

杜棣生（1917—2001）

音乐理论家、作曲家。河南内乡人。1935年肄业于河南东岳艺专。1948年参与创建南阳专署文工队（团），1953年起在中南音乐专科学校开创古筝、音乐史、说唱音乐等民乐教学。1960至1988年参与"民歌、民舞、戏曲、曲艺、器乐、宗教乐、文艺志"等省市集成的工作，考证发现端公舞、招魂等楚俗乐舞。曾任襄樊市音舞协会名誉主席。著有《江汉文化研究》《中国音乐典籍选读》《古筝演奏法》《笙竽吹奏法》《唢呐吹奏法》《武当道教乐》《越调戏曲史话》《江汉民歌考源》。

杜恩武（1962— ）

二胡演奏家。蒙古族。沈阳人。1978年考入沈阳音乐学院附中，1986年毕业于该院民乐系并入中央歌舞团乐队。多次随团出访新加坡、越南等国家演出。创作的二胡独奏曲《追求》曾在广播电台播出。所撰写的《谈二胡演奏中的揉弦应》一文曾在学术会上交流。从1997年起相继参加过在北京音乐厅举办的音乐会、中央电视台春节晚会以及北京国际音乐节开幕式演出等，并担任二胡独奏。曾在全国二胡比赛中获优秀表演奖。

杜尔修（1947— ）

钢琴教育家。满族。辽宁海城人。1966年毕业于吉林艺术学院，分配至河南省歌舞剧院任钢琴伴奏。1985年在中央电视台举办的"全国少儿木偶剧大赛"中，其担任钢琴伴奏的河南省电视台选送剧目获二等奖。1997年被全国乐器考级（业余）河南考区办公室与省音协评为优秀钢琴教师。

杜菲菲（1950— ）

女小提琴演奏家。广东花都人。1970年毕业于中央音乐学院附中管弦乐科，同年入北京京剧团任首席小提琴。1973年调全总文工团任乐队首席。曾参加京剧《奇袭白虎团》《智取威虎山》，芭蕾舞剧《天鹅湖》《红色娘子军》，歌剧《图兰朵特》《卡门》等演出。在舞剧《三圣母》中担任独奏。作有器乐合奏曲《太阳岛》。

杜凤琦（1958— ）

男高音歌唱家、歌剧表演艺术家。黑龙江齐齐哈尔人。1981、1984年分别毕业于黑龙江省艺术学校声乐科、齐齐哈尔市话剧团中戏校外班表演科。先后任齐齐哈尔市话剧团文工队演员，辽宁歌剧院演员剧团副团长。曾演出歌剧《苍原》《沧海》，话剧《野菜》《北方一个多雨的夏天》，小品《一件小事》，轻歌剧《红海滩》等。参加演出的歌剧《苍原》曾获"文华奖""优秀剧目奖"，《沧海》获中国第六届艺术节优秀剧目奖，还曾获小品大赛一等奖等诸多奖项。

杜海建（1955— ）

作曲家。河北鹿泉人。鹿泉市文化馆副馆长。1984年开始自学作曲，在国家及省内、外发表、演播获奖歌曲作品百余首。1977年歌曲《苦苦恋着她》获河北省"河北文艺振兴奖"。曾三次获石家庄市"文艺繁荣奖"，被评为鹿泉市专业技术拔尖人才，1998年被评为石家庄市专业技术拔尖人才。

杜鹤鸣（1931— ）

音乐教育家、音乐理论家。河南开封人。1957年毕业于北京艺术师范学院音乐系理论作曲专业。河南大学音乐系主任、教授、硕士生导师。曾任教于郑州艺术学院。发表有《试论德彪西的和声手法》《协和观念及其它》《同主音场及其它》《德彪西钢琴作品选析》《关于音列》等文。任高师院校《和声通用教程》套书副主编及二卷主编，河南省统编《中学音乐教材》套书主编。

杜洪泉（1953— ）

音乐教育家。山东沂水人。广东省惠州学院音乐副教授。1982年毕业于山东曲阜师范大学音乐系留校任教。1990年调入广东肇庆教育学院。1993年调入广东惠州大学筹办音乐教育专业。1996年指挥惠州大学合唱团获省大学生文艺汇演一等奖、全国二等奖。曾任惠州市委"七一"万人大合唱总指挥。2001年为歌舞童话剧《明天吧，明天吧》作曲，获精神文明建设"五个一工程"奖。论文《从溪山琴况谈当今器乐教学与演奏》获省科学论文一等奖。

杜厚臣（1922—2003）

圆号演奏家。湖北黄陂人。1938年入汉口钜源音乐传习所学习，后任上海交响乐团第一圆号。

杜华峰（1951— ）

作曲家、音乐活动家。山东潍坊人。山东省文联委员、潍坊市音协主席，潍坊电视台副台长。曾在部队从事文艺工作，后转业至广播电视系统。长期从事大型音乐活动的组织、编导。曾参与电视连续剧《郑板桥》，广播剧《心中的旋律》等剧目的音乐创作。歌曲《中国鼓》《相信未来》多次获国家、省级奖励。

杜吉刚（1958— ）

男高音歌唱家、歌剧表演艺术家。山东即墨人。1983年毕业于解放军艺术学院音乐系，后任二炮文工团独唱演员。1987年入中央音乐学院声歌系进修。1988年调入中央歌剧院。天津音乐学院声乐系副主任、教授。1995年任澳大利亚悉尼歌剧院、新西兰歌剧院客座演员。1990年获中央电视台全国青年歌手电视大赛专业组第二名，1992年获首届"歌王·歌后"挑战者奖，1993年获第四届法国马赛国际歌剧比赛男子组第二名。主演有意大利歌剧《茶花女》《弄臣》《图兰朵》《诺尔玛》《乡村骑士》，在贝多芬《第九交响乐》中担任男高音领唱，在亨德尔《弥赛亚》，清唱剧《洛神赋》中任男高音独唱。

杜吉林（1944— ）

歌唱家、音乐活动家。满族。河北赵州人。1968年毕业于中央音乐学院歌剧系。曾任广州军区战士歌舞团演员、教员。1973年转业后，曾任宁夏回族自治区文化厅副处长、处长，宁夏歌舞团书记、团长，宁夏文联第三、四、五届委员，宁夏音协副主席。宁夏文化厅助理巡视员、宁夏音协顾问、中美文化促进会名誉理事。曾策划、组织舞剧《西夏女》，大型民族乐舞《西夏七风》《漠海羌笛》《九州新月》等一批在大西北有影响的剧目，为《西北音乐周》的发起人、组织者之一。

杜继平（1957— ）

指挥家。上海人。中石化音协副主席兼秘书长、中原歌舞团团长。1992年毕业于中央音乐学院指挥系干部班。2001年筹建中国石化音协。曾指挥五十多部不同时期、风格、流派的交响乐作品。曾在中国文联、中国音协、中华全国总工会、中央电视台、文化部组织的文艺展演、比赛活动中获奖。获"中国石化文艺活动组织贡献奖"。

杜家治（1933— ）

作曲家。重庆人。曾为重庆市歌舞团创作室主任暨艺培训中心常务副主任。1949年毕业于中央音乐学院附中小提琴专业。1950年入重庆文工团、歌舞团，历任小提琴演奏员、视唱练耳教员、指挥、作曲。作有器乐曲《嘉陵江之歌》《秋菊》《白鳝仙子》，歌曲《清水烧茶敬亲人》《青春似火》《猎人情歌》《十月圆舞曲》及电视剧音乐《绣泉情思》《重庆掌故会仙桥》，舞蹈音乐《金色的边疆》《千年铁树开了花》，杂技音乐《水碗》《舞流星》等。曾指挥钢琴协奏曲《黄河》在重庆首演。

杜嘉菁（1932— ）

女钢琴教育家。北京人。1944至1949年先后在重庆陶行知育才学校、南京明德女中、南京国立音乐学院选修钢琴，曾师从易开基。1949年在上海入中央音乐学院华东分院钢琴系学习。师从李翠贞、张隽伟，于1956年毕业。后分配至南京军区前线歌舞团任钢琴演奏员。1960年调至解放军艺术学院音乐系任钢琴教研组组长，副教授。兼声乐、器乐、歌剧、舞蹈、戏剧、形体等伴奏。

杜建纲（1940—2007）

作曲家。河北人。1966年毕业于中央音乐学院作曲系。曾在人民音乐出版社器乐编辑部任编辑，广州军区战士歌舞团任作曲、创编室副主任，珠江电影制片公司艺术中心作曲，珠影乐团团长。兼任星海音乐学院作曲系客席教授。曾任广州歌剧学会会长、刘诗昆钢琴艺术中心（广州）艺术总监。作有大型舞剧音乐一部、话剧音乐四部、电影故事片音乐12部、电视连续剧音乐十余部、电视音乐艺术片一部（二集），交响声乐作品两部、管弦乐作品一部，还有声乐作品。其中有多部（首）作品获奖。

杜建国（1952— ）

小提琴演奏家。河北藁城人。河北交响乐团副团长。2004年毕业于中共中央党校函授学院法律系。曾任四川省攀枝花市歌舞团、河北省歌舞剧院乐团副团长、乐队演奏员。先后师从四川音乐学院夏敬熙教授、中央音乐学院刘育熙教授。参加乐团重组首场音乐会、本团推出的音乐季、纪念抗战胜利六十周年以及其它交响音乐会的演出。曾随团赴法国演出。

杜建中（1953— ）

作曲家。河南新乡人。1989年毕业于河南广播电视大学理论作曲系，后为河南省新乡市豫剧团作曲。作有歌曲《一个劳动者的心声》《农家谣》。发表有《河南曲剧（慢垛）调式的多样性》《二胡连弓换弦的弓法运用》，著有《基础乐理与视唱练耳》。先后为豫剧《老羊山》《状元媒》《困皇陵》，曲剧《姐妹皇后》《望京楼》《芦苇情》等四十余部大戏设计唱腔音乐，并为电影纪录片《新乡划新图》与电视风光片《绿城新歌》作曲。

杜金彪（1994— ）

音乐活动家。天津人。1983年始从事群众文化工作，曾任天津市第一工人文化宫副研究馆员。策划、组织中华大家唱群众歌唱比赛，96全国歌舞厅、卡拉OK厅新歌、新人、新风大赛，第43届世界乒乓球锦标赛开、闭幕式等，并获"精神文明特别贡献奖"及"组织工作先进个人"荣誉称号。曾与有关部门策划组织数十个外国音乐团体来华访问交流演出活动。

杜锦玉（1926—）

女歌唱家。陕西人。1945年在西北文工团二团主演《白毛女》。1953年在西安歌舞剧团主演《小二黑结婚》中的小芹，曾获演员甲等奖。1956年获陕西首届戏曲会演演员一等奖。曾当选陕西省先进文化工作者，并出席全国先进文化工作者代表大会。1957年任中央歌舞团独唱演员，演唱《赶牲灵》等民族风格浓郁的歌曲。1960年入上海声乐研究所进修。1984年后在文化部老艺术家合唱团任女高音声部长，1997年获文化部"老有所为"奖章。

杜丽华（1933—）

女高音歌唱家。山西五台人。1955年毕业于四川音乐学院。后在云南省歌舞团工作。音协云南分会副主席，省政协第四、五届常委。曾为电影《阿诗玛》配唱插曲，演唱有《姑娘生来爱唱歌》。

杜六石（1926—已故）

音乐教育家。满族。吉林长春人。1949年毕业于东北鲁艺音乐系。后任沈阳音乐学院师范系副主任，副教授。撰有《音乐的继承、交流与发展》，电视片音乐《赵玉斋的古筝艺术》等。

杜美丽（1933—）

女钢琴教育家。湖北武汉人。山东师范大学音乐学院钢琴副教授、山东艺术学院音乐系兼职钢琴教授、山东聊城大学音乐系及湖北黄冈师范学院音乐系客座教授。山东钢琴学会理事、中国音协及山东钢琴考级评委。1956年毕业于华中师范学院音乐系本科。历任武汉艺术师范学院、湖北黄冈师范专科学校钢琴、和声、视唱练耳等课程教师。撰有《为交响乐正名》《什么是协奏曲》。合著《中外名曲欣赏》1986年获全国优秀畅销书等多种奖项。

杜鸣心（1928—）

作曲家、音乐教育家。湖北潜江人。早年求学于陶行知创办的育才学校，后毕业于莫斯科柴科夫斯基音乐学院作曲系。曾长期任中央音乐学院作曲系主任。主要作品有舞剧《鱼美人》《红色娘子军》（与吴祖强等人合作），其第一钢琴协奏曲《春之采》曾获1994年第八届全国交响乐比赛头奖。另有交响乐《长城颂》、交响诗《春天的故事》、舞剧《玄凤》以及京剧交响乐《杨门女将》、钢琴协奏曲、小提琴协奏曲、交响合唱、大型民乐合奏等各类音乐作品多部。曾于80年代为美国迪斯尼公司"奇妙世界"游乐园环幕电影《中国奇观》配乐，为内地电影《原野》《伤逝》，电视连续剧《洗星海》《牡丹仙子》以及香港电视剧《神雕侠侣》，台湾电视剧《心历其境》等创作音乐。出版有大量录音制品。培养了众多作曲人才。

杜启民（1957—）

单簧管演奏家。辽宁大连人。1972年入解放军军乐团学习单簧管演奏。军乐团三队演奏员。参加过近千次迎送各国首脑和外宾的仪式演奏和演出活动以及与党和国家重大会议开闭幕式和每年全国人大、全国政协代表大会开闭幕式的演奏。参加建国35、50周年等国庆大典、澳门回归的交接仪式的演出，全军文艺汇演以及国内数百场为广大群众、部队官兵的慰问演出，并赴日本、比利时、法国等国演出。

杜青林（1961—）

笛子演奏家。吉林长春人。吉林省歌舞剧院民族乐团团长。1986年毕业于吉林省艺术学院音乐系，同年入吉林省歌舞剧院任演奏员。1987年获"吉林省第一届中青年器乐比赛"一等奖。曾受文化部委派赴日本、沙特阿拉伯、英国、德国、美国进行文化交流演出。

杜庆兰（1947—）

女长笛演奏家、音乐教育家。云南昆明人。1960年就读于中央音乐学院附中长笛专业，师从马思芸教授，毕业后分配至南京军区文工团，后调总参通讯兵部文工团任长笛演奏员。1976年借调总政歌剧团参加歌剧《杜鹃山》演出。1978年转业至北京邮电大学，为该校创建美育教育中心、艺术教育中心，并分别任中心主任。任教期间为北京邮电大学、北方交通大学学生主讲"中外名曲赏析与乐理"等课程。1986年与清华、北航等大学音乐老师倡导成立全国高校音乐教育学会，任北京音乐教育学会常务理事。出版有《中外名曲赏析与乐理》，发表有《理工科大学生与音乐》等文。

杜庆云（1946—）

音乐编辑家、音乐活动家。云南昆明人。曾就读于中央音乐学院附中，1985年毕业于中央广播电视大学中文专业。1978年入人民音乐出版社，1987年调中国音协。曾任《人民音乐》副编审、中国音协会员工作部副主任、东方古筝学会理事、中国民族管弦乐协会宣传部顾问及中国文采声像出版公司副总编辑。曾参与策划组织1989年ART杯中国民族乐器国际比赛，香港"首届道教科仪音乐国际学术研讨会"，1993年云南丽江大研洞经乐队首次晋京演出及相关学术研讨活动等。出版有《乐海浪花——杜庆云音乐评论集》和电影剧本《丽江纳西风情》《纳西古乐撷英》（合作，该片由北京科教电影制片厂等联合摄制，1994年对海内外发行）。

杜日升（1955—）

大提琴演奏家。山西人。内蒙古民族歌舞剧院副院长。1991年毕业于内蒙古师大中文系。曾在内蒙古乌海市文工团、内蒙古民族歌剧团任大提琴首席。参加伴奏歌剧、蒙古剧《雪中之花》《褐色的鹰》《乌云其其格》《草原情》等，并任首席。多次与中外指挥家合作演出。受聘任教于西藏甘南、新疆巴州、山西代县等文艺团体。

杜如松（1964— ）

竹笛演奏家。浙江人。1989年毕业于上海音乐学院民族音乐系本科。后分配至浙江民乐团任竹笛演奏员。作有低音大笛独奏曲《扁舟载月》《畲家乐》，笛子与乐队《闺中怨》，葫芦丝独奏曲《阿昌情歌》等，并均录制激光唱片。曾在"上海之春"音乐会、"山城杯"电视大奖赛、民乐大奖赛中获奖。1992年随中国音协组团赴突尼斯演出。曾在杭州举办"杜如松笛子独奏音乐会"。

杜瑞安（1956— ）

歌唱家。浙江人。1981年毕业于上海音乐学院声乐系，同年起先后任中国电影乐团、全总文工团独唱演员。曾为电影《少林寺》，电视剧《凤凰城情丝》等录制主题歌、插曲。多次参加中央及省电视台各类晚会及青岛艺术节、杭州"大众电视之声""歌坛新秀"音乐会，出版有《青春的脚步》磁带。曾举办"杜瑞安专场音乐会"。

杜声洪（1931— ）

歌唱家。北京人。1960年毕业于中央音乐学院声乐系。曾任山东艺校教师、山东省歌舞团独唱演员。后任厦门集美师范系音乐科副教授。1977年在天津与杨德富合开个人独唱音乐会。

杜矢甲（1915—已故）

歌唱家、作曲家。回族。北京人。1933年考入京华艺专音乐系学小提琴。1934年考入上海国立音乐专科学校弦乐组，后转学声乐，师从俄籍教授苏石林。1938年赴延安任鲁艺、华北联大音乐系声乐教员。曾举行独唱音乐会，并创作有大合唱《秋收突击》，歌曲《七枝花》《淮河船夫曲》《拿起我们的红缨枪》《青山青》等。1952年参与筹建中央民族歌舞团，任音乐指导。作有歌舞音乐《春天来到了》，合唱曲《苗岭山，清江水》《八月里来好风光》《英雄骑马寨边走》，声乐组曲《欢乐的苗家》《十三陵水库大合唱》，独唱曲《春风吹遍克拉玛依》《我最爱金色的北京》，少儿歌曲《少先队之歌》《排排树苗迎春笑》。曾任中央民族歌舞团艺术顾问、中央民族学院文艺术研究所副所长、中国音协理事、中国少数民族音乐学会顾问。

杜思春（1966— ）

钢琴教育家。湖北随州人。1995年毕业于武汉音乐学院师范部，1998年毕业于该院研究生部课程班。1987年始在随州师范任教，随州职业技术学院人文艺术系主任。撰有《松·通·集中—试论钢琴演奏技巧的三要素》《贝多芬与"致爱丽丝"》《走出技术的误区—论钢琴音乐文化教育》。培养中小学合格音乐师资，先后辅导数十人考入音乐院校。

杜天文（1926— ）

作曲家。山西定襄人。1952年毕业于中央音乐学院理论作曲专修科。曾任峨嵋电影制片厂厂长，音协四川分会第二届常务理事，四川省第七届人大常委、省文联副主席。中国文联第四届委员。作有歌曲《峨眉组歌》《沱江谣》，舞剧音乐《芙蓉花》。

杜万成（1958— ）

歌唱家。黑龙江哈尔滨人。1979年考入哈尔滨歌剧院。1983年毕业于中国音乐学院歌剧系，多年来从事歌剧表演、独唱、重唱。在大型歌剧《仰天长啸》《江姐》等剧目中担任主要角色。曾在"黑龙江歌坛回顾"群星荟萃大奖赛中获专业美声唱法金奖，第25届"哈尔滨之夏"全国艺术歌曲大奖赛中获优秀奖。

杜希贤（1948— ）

女钢琴演奏家。陕西西安人。曾任陕西省歌舞剧院歌剧团演奏员，省音协理事。1969年毕业于西安音乐学院，曾借调中央音乐学院声歌系任艺术指导，并受聘兼任陕西师范大学艺术系教师。长期担任各类演出活动等钢琴伴奏，指导并排演《草原之歌》《芳草心》等多部歌剧，担任歌剧《张骞》创作组成员。参加电影及电视剧《黄土地》的配乐录音。多次任各类钢琴比赛及钢琴考级评委。

杜向黎（1958— ）

音乐活动家。山东人。烟台电视台文艺部主任。1971年考入济南军区前卫歌舞团乐队任小提琴演奏员。1986年至烟台电视台任文艺编导，多年来担任烟台电视台春晚总导演。《向着未来远航》《盛世飞虹》等晚会获山东省优秀电视文艺一等奖。作有《我的烟台》《马到成功》《青春的喝彩》等二十余首歌曲，在中央电视台、山东电视台播出。主办"天使之声——中外钢琴、小提琴名曲演奏会""吕思清小提琴独奏音乐会"等十几台音乐会。在烟台市新年音乐会上，演奏《沉思》《查尔达什》等名曲。

杜向音（1934— ）

女歌唱家。甘肃天水人。1954年毕业于西北艺术学院音乐系。历任玉门油矿文工团、西北铁路第一工程局独唱演员，新疆军区政治部歌舞团演员。在歌剧《白毛女》《小二黑结婚》《红霞》《洪湖赤卫队》《江姐》中扮演女主角。曾随团进京在中南海怀仁堂向中央领导汇报演出。长期以来还担任声乐教学培养人才。

杜小甦（1961— ）

作曲家。江苏南通人。江苏省演艺集团创作室主任。江苏音协理事、创作委员会副主任，江苏省政协委员。1987年毕业于南京艺术学院音乐作曲系。获奖作品数十部（首），其中歌曲《青春与世界联网》获第四届"金钟奖"优秀作品奖、2007年中宣部"五个一工程"奖入选奖、江苏省"五个一工程"优秀作品奖，大型四幕舞剧《早春二月》音乐获"第四届江苏省音舞节"音乐金奖，舞蹈音乐《空鼓》《城市女儿》分获第六届江苏省舞蹈比赛、第四届江苏省音舞节金奖。曾担任"第八届全国中学生运动会开幕式大型文艺表演"、"第九届全国中学生运动会开幕式大型文艺表演"等大型音乐活动音乐总监。参与数十台重要大型晚会的音乐制作。

D

D

杜晓慧（1960— ）

女声乐教育家。辽宁辽阳人。燕山大学艺术学院音乐系副教授。1986至2004年分别毕业于东北师大、西南师大、莫斯科同立师大音乐系。发表《民族音乐的学习方法》《谈换声阻力与声区统一》等文十余篇。为国家课题《高等师范院校声乐教材》完成三首俄罗斯歌曲的作品介绍。为DVD盘《攻读意大利语入门》担任助讲。

杜晓十（1953— ）

音乐教育家、理论家。北京人。中国音协教育委员会委员、北京音协理事、中国教育学会音乐教育专业委员会副秘书长、高师理论作曲学会会长。1990年毕业于首都师范大学理论作曲专业获硕士学位，1995至1996年在美国作访问学者。教授、博士生导师。主要从事和声学、西方20世纪音乐、音乐科技领域的教学和研究工作。曾发表论文数十篇及教材和专著、译著多部，主持全国教育科学"九五""十五"重点课题，并多次担任各类音乐论文评议专家。曾任首都师范大学音乐学院副院长，现任人民音乐出版社副总编辑。

杜兴成（1949— ）

作曲家。贵州绥阳人。八一电影制片厂音乐组长。1969年入伍，1975年毕业于中央民族学院艺术系，1983年入中央音乐学院作曲系深造。曾任贵州省军区演出队创作员、文化处干事。作有歌曲《战友之歌》《忘不了你呀，妈妈》，钢琴组曲《乡梦》，影视音乐《草地》《马贼的妻子》《彭德怀》《中流砥柱》等。曾获全国第一届音乐作品奖，首届"解放军文艺奖"，影片"金鸡奖""华表奖""五个一工程"奖。在贵州设立有"杜兴成文艺奖"。出版《战友之歌》《在这片土地上》光盘专辑。

杜学丽（1964— ）

女高音歌唱家。天津人。中国煤矿文工团歌舞团女高音歌唱演员和节目主持人。1987年毕业于天津音乐学院声乐系。曾多次赴俄罗斯、格鲁吉亚、马来西亚、摩洛哥、突尼斯等国演出。

杜学玉（1931—已故）

女歌唱家、声乐教育家。黑龙江阿城人。1948年入东北鲁迅文学艺术学院音工团。1951年为东北鲁艺声乐研究生。1952年调辽宁省歌舞团任独唱演员，曾获东北文艺汇演独唱优秀表演奖。沈阳音乐学院声乐系副教授。辽宁音协一届、二届理事。先后参加《刘胡兰》《草原烽火》《红色种子》《草原之歌》《江姐》等歌剧的演出，并饰演主要角色。多年来培养一大批学生，部分学生获全国、全军及省级声乐比赛一、二等奖。曾获沈阳音乐学院颁发的教学成果奖。撰有《论声乐人才培养》。

杜雅超（1946— ）

女古筝演奏家。辽宁沈阳人。深圳古筝学会副会长。12岁进入艺术院校学习古筝。1974年起任长影乐团古筝演奏员，后受聘于深圳大学艺术系。1994年出版《杜雅超古筝独奏专辑》。在国家级及省级刊物发表多篇学术论文并获奖。为《佩剑将军》《血沃中华》等二十余部电影录制古筝独奏。编辑出版戏曲、民歌、民乐等声像制品四十余部。多次被评为长影"三八"红旗手、深圳市优秀教师。

杜亚雄（1945— ）

音乐学家。甘肃兰州人。1968年毕业于甘肃师范大学音乐系。1981年毕业于南京艺术学院音乐系民族民间音乐理论专业研究生班。原任中国音乐学院音乐学系副主任。著有《中国少数民族音乐》。1987年获文化部首批有突出贡献的国家级专家奖励。

杜迎春（1944— ）

女歌唱家。北京人。1960年入中央歌舞团学员班，后调中央民族乐团任演员。曾参加音乐舞蹈史诗《东方红》《中国革命之歌》北京一、二、三届合唱节、"纪念聂耳·冼星海音乐会""中国艺术节"的演出，参加亚运会开幕式合唱、中央台春节晚会伴唱、毛主席诞辰100周年诗词演唱会、纪念中国共产党成立70周年的演出等。为电影《大红灯笼高高挂》配音。

杜友农（1941— ）

词曲作家。湖南人。毕业于军事院校军乐系。南通市文联委员、曲协名誉主席、江苏省音协名誉理事。1963年任上海警备区军乐队队员。转业后在南通市群艺馆、广播电台任职。1990年起任南通市文联组联部主任，曾任江苏省音协常务理事、南通市音协副主席。百余首词曲作品、戏剧、小品、曲艺著作在省以上刊物发表、出版，并在江苏、河北、黑龙江、福建获奖。

杜育民（1919—已故）

音乐活动家。四川人。1936年于四川艺专肄业。1938年后在延安鲁艺、部艺、中央管弦乐团学习和工作。曾任文化部群文局艺术处长。

杜兆植（1929— ）

作曲家。广东番禺人。1953年毕业于中央音乐学院作曲系，师从于瞿希贤、王震亚等教授，后任内蒙古歌舞团专业作曲、中国音协理事。长期从事音乐创作，作有管弦乐曲《森吉德玛幻想曲》《成陵祭》，舞剧《护符》（合作），《达那巴拉》等。还创作有部分器乐独奏曲、歌曲及影视音乐作品。

杜竹松（1965— ）

唢呐演奏家。浙江东阳人。浙江歌舞剧院演奏员。1993年毕业于上海音乐学院。1994年入中央音乐学院学习。曾在浙江婺剧团任唢呐演奏员。先后在首届浙江音乐节、全国"朱载堉杯"唢呐邀请赛、1995年北京国际中国民族器乐独奏大赛中，获唢呐演奏各类奖。作有歌曲《青春浪潮》《爱，失去时》，唢呐曲《断桥情》，民族管弦乐曲《闹元宵》。举办个人独奏音乐会。曾随团赴日、意、韩等国及香港、台湾演出。

杜祖良（1929— ）

音乐教育家。山东潍坊人。1950年入山东省音干班学习，后为潍坊第一中学高级教师。曾获省优秀教师称号。

端木仲璋（1956— ）

音乐教育家。江苏苏州人。1982年毕业于安徽师范大学艺术系，后在合肥幼儿师范学校音乐教研组任教。1992年在全国第三届音乐知识大赛《延安精神代代传》中获"园丁奖"，为黄梅戏《玉堂春》电视剧制作电脑音乐，并先后为抗洪救灾晚会《抗洪序曲》及华东六省一市春节晚会黄梅歌舞《剪窗花》配器制作。

段　洁（1946— ）

女钢琴演奏家。安徽合肥人。1955至1965年先后毕业于天津音乐学院音乐附小、附中、钢琴专业。后历任教育系统音乐教员、北京少年宫文艺辅导员，中国电影乐团、中央歌剧院钢琴演奏员。举办多期文艺培训班，为文艺团体输送多名人才。编写音乐教材多册。曾参加大型歌舞《中国革命之歌》的演出，为多部电影、电视、广播录音。参加歌剧《蝴蝶夫人》《屈原》等的钢琴排练。

段　岭（1959— ）

女高音歌唱家。河南开封人。广州星海音乐学院声乐副教授。1985年毕业于星海音乐学院声乐系，后就读华南师范大学音乐系研究生班。1977至1999年先后在海军南海舰队文工团、广州军区战士歌舞团任独唱演员。1981年首唱的《南海好》在海军调演中获一等奖，1991年获"成才杯"演唱金奖，1995年首唱的《军嫂》获中国广播新歌演唱银奖，1996年在文化部主办的全国声乐比赛中获二等奖。发表有《呼唤音乐素质教育》等文多篇。出版演唱专辑《著名中国歌剧选曲》《军嫂》等。

段长清（1953— ）

作曲家、指挥家。湖北大冶人。1970年任湖南黔阳地区歌舞团小号演奏员，而后任指挥。先后师从胡海林、徐新、卞祖善等学习作曲与指挥。1981年调怀化地区群艺馆。曾指挥湖南省歌舞团录制电影《湘黔战歌》、电视艺术片《踏花追歌》音乐。所作歌舞《五溪风情》在第二届中国艺术节展演，舞蹈音乐《醉了，苗乡》《手狮》《咯罗打打》，歌曲《月亮，小草》先后获湖南省民族歌舞或歌曲创作一等奖。曾随团赴波兰及非洲四国演出《醉了，苗乡》，并在日本爱知世博会上展演《咯罗打打》。

段存洲（1932— ）

作曲家。山东青岛人。1958年始从事文艺工作。青岛市鼓舞团作曲、指挥、团长。青岛市歌舞剧院艺术顾问。作有轻音乐曲《海滨恋歌》，交响诗《石老人的故事》，管弦乐组曲《青岛之夏》（4首），管弦乐曲《渔鼓迎春》《潮汐》，小提琴与乐队《崂山春早》《鲁风一号》，大型舞剧音乐《孔子畅想曲》，歌剧音乐《爱的回旋》，舞蹈音乐《祭海》，合唱歌曲《青岛，美丽的岛城》。

段高成（1953— ）

作曲家。河南沁阳人。1970年考入解放军艺术学院，后任总政军乐团外事乐队单簧管演奏员。曾投师于著名指挥家李德伦、程义名学习指挥、作曲。1978年转业到河南长城歌舞团任团长，单簧管独奏演员，后任沁阳群众艺术馆文艺部主任。创作《故乡颂》《女兵与唢呐》《党的恩情说不完》《穆斯林的后代》《北行道章》等获全军或地区优秀创作奖。现与河南大学艺术系商业艺术学校联合编写《中原艺术名人录》。

段广武（1942— ）

作曲家、演奏家。辽宁人。1962年毕业于天津音乐学院器乐系。政协吉林市第八、九、十届委员会委员、常委。作有《汽笛长鸣穿林海》《边寨月夜》《草原欢歌》等乐曲。1994年参加韩国亚太民族音乐学会第一届年会，获"最高演出奖"。1995年为联合国第四届妇女大会演出，获组委会"荣誉证书"。

段鹤聪（1938— ）

作曲家、演奏家。山西襄汾人。陕西省老科学技术教育工作者协会文艺分会副会长。先后任职于陕西省乐团、省歌舞剧院、省火线文工团。作有歌剧音乐《巴山歌》，民族管弦乐曲《非洲战鼓》（编配），《欢庆胜利》《二胡齐奏曲五首》，歌曲《万岁毛主席，万岁共产党》，《金达莱向着周总理开》获纪念周总理百年诞辰全国十优作品奖，《啊，光荣的印刷工人》获全国"黄河口"杯金奖，《锣鼓太平年》获全国校园艺术作品大赛"诚信杯"一等奖。并为西安事变纪念馆谱写馆歌。

段辉宇（1954— ）

作曲家。重庆人。青海省民族歌舞剧团小提琴演奏员、作曲、指挥。1983年曾入中央音乐学院作曲系进修，曾参加全国文艺调演，全国少数民族文艺汇演，西北音乐周等演出，并创作大量歌曲作品，其中《七彩江河源》获全国"五个一工程"奖提名奖，《青海游》在中央电视台春节晚会演出。曾多次担任中央电视台青年歌手电视大奖赛青海赛区决赛及众多音乐会的指挥。

段继抒（1946— ）

作曲家。吉林人。毕业于上海音乐学院作曲系，师从陈钢、赵晓生教授。省政府文史研究馆馆员。文化部优秀教师。作有歌曲《走进校园》获中宣部"五个一工程"奖，并列为百首向全国少儿推荐歌曲之一。《大浪丰碑》成为安徽省抗洪救灾传唱歌曲。钢琴曲《奏鸣曲》获中国风格钢琴作品国际比赛第九名。管弦组曲《花鼓灯舞曲》获全国管弦乐作品比赛第二名，并作为1993年在北京音乐厅的演出曲目。著有《音乐理论基础与应用》。

段建锋（1958— ）

小提琴教育家。湖南湘乡人。1971年入甘肃武威歌舞团。1976至1978年在上海音乐学院进修。1995年始在甘肃歌舞团任乐队首席。撰有《丁仕刚先生小提琴教学点滴》。作有歌曲《爬山调》《铁锤和镰刀》《我幸福地爱

D

你》《撑船的汉子》《咱们炉前的棒小伙》。小提琴教学中所教学生在省内各种比赛中获一、二名，多名学生考入音乐院校，本人被授予"园丁奖""优秀辅导员"称号。

段连海（1934—2002）

单簧管演奏家、教育家。山西祁县人。1949年曾在太原及山西省文工团等任单簧管首席。1955年入中央歌剧舞剧院进修。后任山西艺术学院、师范学院单簧管教师、客座教授。山西文化艺术学校高级讲师。指挥演出钢琴协奏曲《黄河》、交响诗《嘎达梅林》《卡门序曲》。获山西省艺术中专音舞比赛指挥一等奖。作有《藏寨大合唱》，歌剧《焦裕禄》（合作），撰有《唐诗音乐描写初探》等文。编撰有《单簧管音阶琶音音程练习》《基础乐理》《音乐欣赏》等教材。出版有《蒲剧音乐》。

段露影（1958— ）

女琵琶演奏家。辽宁锦州人。安徽省徽剧团演奏员。1978年毕业于安徽省艺校。曾任安徽省歌舞团弹拨乐声部长。撰有《浅析琵琶技巧"吟"》等文，参加省内的许多重大演出活动。演奏曲目有《十面埋伏》《飞花点翠》。

段平泰（1926— ）

作曲家。北京人。1951年毕业于中央音乐学院作曲系，后为该院作曲系教授。作有歌曲《燕子》，钢琴曲《京剧主题赋格曲》，译著有《复调音乐》等。

段启诚（1924— ）

二胡教育家。四川温江人。1950年毕业于四川省立艺术专科学校音乐系作曲及二胡专业。四川音乐学院民族器乐系教授，四川省音协二、三届顾问。1961年参加文化部全国二胡、琵琶教材会议二胡教材的审定工作。1985年北京全国二胡邀请赛评委及1995年全国青少年二胡大赛评委。1980至1986年任四川音乐学院民族器乐系主任，四川省高等艺术院校音乐学科职称评审委员会评委，历届四川省"蓉城之秋"音乐会评委及中国音协二胡学会顾问。

段时俊（1925— ）

作曲家。四川井研人。1948年入华东军大，1949年入华东大学文艺系学习，并任华大文工团合唱队指挥。1950年入山东大学艺术系学习作曲，毕业后入上海电影厂。1953年调文化部电影局学习电影音乐作曲。1956年调北影厂任作曲，兼任《电影新歌选》责编。为儿童故事片《风筝》，纪录片《五月的节日》《北京名胜》作曲。创作民族管弦乐曲《北京的早晨》《昆明湖上》和歌曲《北京之歌》《花间之歌》。为美术片《小发明家》《渔童》作曲，主题歌被收入中小学音乐教材。1960年调上海美影厂任专职作曲，先后为三十余部美术片作曲，其中《人参娃娃》《鹬蚌相争》等多次在国际国内评比中获奖。

段五一（1946— ）

音乐活动家。山西娄烦人。1968年毕业于中央音乐学院。1969年到广州军区战士歌舞团工作。1976年转业任北京邮局宣传队独唱演员。1978年始在中国音协工作。先后任理论创作委员会秘书、创作委员会主任助理、委员会工作部主任、组联部主任、音协分党组成员、副秘书长，曾任吕骥、李焕之秘书。参与组织中国音乐"金钟奖"等全国性的音乐活动，并组织多种评奖、采风、创作、演出活动以及大型学术研讨会等，其中有第一至第八届全国音乐作品评奖、改革开放十年优秀作品评奖、《在希望的田野上》采风、为十一届亚运会歌曲创作征集等活动及"李慕良京剧音乐作品音乐会""新作品汇报音乐会"，三届音乐美学研讨会，三届交响乐研讨会等。

段学军（1961— ）

音乐理论家、教育家。河北邢台人。河北师大音乐学院理论教研室副教授。2004年毕业于中央音乐学院作曲系。撰有《试论初级钢琴教学中音乐结构意识的培养》《钢琴教学中良性心理技能形成分析》《在儿童器乐学习中我们应扮演什么角色》等文。作有合唱《再塑辉煌》《满江红》，扬琴协奏曲《古道行》等。

段学礼（1951— ）

唢呐演奏家。山东泰安人。济南军区政治部文工团乐队演奏员。1988年毕业于山东师范学院艺术系。曾任泰安地区梆子剧团乐队演奏员。1999年随团参加总政举行的"流金岁月世纪弦歌"音乐会，同年参加全军第七届文艺汇演及建党80周年民族音乐会，均担任管乐声部长、唢呐首席和领奏。曾随民间艺术团赴芬兰、意大利、菲律宾等国。随"红星民族乐团"在维也纳金色大厅举行"中国马年春节音乐会"担任唢呐独奏咔戏《打宫门》和领奏《大得胜》。作品有《锔大缸》《鸟语花香》《洞房花烛》。

段永纯（1965— ）

声乐教育家。辽宁昌图人。厦门大学艺术学院音乐系声乐教研室主任、副教授。1989年毕业于中央音乐学院声歌系。曾参加福建音协主办的"全省中青年歌唱家声乐专场音乐会"。编著《大学生合唱歌曲选集》。发表《艺术歌曲的演唱与教学》《谈歌曲艺术在美育中的重要性》《浅谈舒伯特传世之作〈冬之旅〉的演唱及教学》等文。

段又娣（1934— ）

女音乐教育家。北京人。先后参加中央人民广播电台学生合唱团、中国音协合唱团、劳动人民文化宫合唱团，并在北京市独唱比赛中获一等奖。1958年入中国煤矿歌剧团为主要演员。曾参加1959、1969年国庆大合唱。1964年任空政歌剧团演员、声乐教员，培养声乐人才。1978年任北京市朝阳区青少年活动中心音乐教师，为专业团体输送了数名歌唱演员。1985年任北京市教育学院朝阳分院音乐教师，从事声乐、乐理、钢琴、指挥、教学及演出活动。

段雨强（1957— ）

笙演奏家。山东郓城人。山东省柳子剧团团长。主编《柳子戏音乐曲牌大成》《柳子戏唱段精选》《柳子戏史料汇编》《柳子戏图象大观》《张春雷与柳子戏》。为柳子戏《御碑亭》作曲。

D

段正学（1946— ）

作曲家。河南洛阳人。湖北省音协副主席、湖北电视台文艺中心主任。1966年起在武汉军区从事部队文艺工作。创作发表歌曲二百余首，多次获全军、大军区和省级创作奖，其中《官兵友爱歌》曾被总政文化部选入12首歌曲向全军推荐。1986年起在湖北电视台从事电视编导工作，先后策划执导《中国江南三大名楼中秋晚会》《月涌大江流》《中华一家亲》《龙凤呈祥》等多台大型电视节目和音乐艺术片，多次获中国电视金鹰奖和电视文艺星光奖。主编《山路十八弯——湖北电视台电视歌曲集》。

敦都布（1935—已故）

作曲家。蒙古族。内蒙古呼盟人。1956年始从事部队文艺工作。曾在内蒙古军区文工团工作。作有歌曲《美丽的北疆》《礼物》，马头琴独奏曲《心中的歌》。

顿珠次仁（1951— ）

歌唱家。藏族。西藏日喀则人。西藏歌舞团男高音独唱演员。西藏音协理事、全国少数民族声乐学会理事。1980年毕业于上海音乐学院声乐系。历任西藏军区文工团歌队队长、西藏歌舞团副团长。曾获全军第四届文艺汇演表演奖，第一、二届全国青年歌手电视大奖赛荣誉奖、荧屏奖、西藏赛区第一名，中国长江歌会银质奖，全国少数民族声乐大赛一等奖、西藏赛区第一名，西藏自治区政府文学艺术最高奖。曾赴美、英等十余个国家演出。

多布杰（1956— ）

作曲家。藏族。西藏贡嘎人。西藏山南地区群艺馆作曲，西藏音协第三届理事。1985年毕业于内蒙艺校音乐科。曾任西藏山南地区艺术团乐队队长、作曲、指挥、团长。儿童歌曲《1加1》在2008年全区首届青少年儿童创作大赛中获一等奖。多次出任山南地区大型演出指挥。多首作品在省级刊物上发表并录制成CD、VCD。1999年代表西藏赴北京参加国庆50周年大型民族歌舞演出。

多吉次仁（1958— ）

作曲家。藏族。西藏人。西藏音乐家协会理事。1981年毕业于西藏师范学院艺术系。1981年入西藏日喀则地区歌舞团工作。1983年考入中国音乐学院作曲系，毕业后回日喀则地区歌舞团任专业作曲。1996年调入西藏自治区电视台任文艺部音编室从事音乐创作及电视音乐编辑。作有歌曲、民族器乐曲、交响诗、管弦乐等，多次在区内外举办的音乐创作比赛中获奖。

多吉欧珠（1959— ）

作曲家。藏族。西藏亚东人。中国音协第六、七届理事，西藏音协常务副主席兼秘书长。毕业于西藏大学艺术系，后担任《西藏歌舞》专职编辑。1985年参加《中国民族民间器乐曲集成·西藏卷》的编纂工作。所作歌曲《我们的青春放出光芒》获拉萨地区创作一等奖，《颂歌献给共产党》获二等奖，《我的家乡亚东美》获三等奖，《盼望奥运》获"盼奥运"征歌评选二等奖，器乐曲《颂歌献给共产党》获全国音乐创作比赛

三等奖。在"全国农民歌手大赛"中作品《祝福西藏》获新作奖，《西部情》和《西藏——咱们的家园》在全国西部情歌手大赛中分别获作品一、二等奖。出版个人专辑《吉祥之歌》《啊！我的雪域》。

多杰仁宗（1945— ）

作曲家。藏族。青海人。中国音协理事。1968年毕业于中央民族学院艺术系。后任青海省民族歌舞剧团乐队队员、创作员、副团长等职。2002年任新改建的青海省民族歌舞剧院副院长。青海省文联第五届委员和省音协三、四届副主席。作有无伴奏合唱组歌《雪山恋》，交响诗《雪山》以及《青海地区藏传佛教音乐》等文。

E

额尔敦朝鲁（1930— ）

作曲家、音乐编辑家。蒙古族。内蒙古科左中旗人。原内蒙古军区文工团乐队指挥。1947年参军，曾参加辽沈战役黑山狙击战。1950年任内蒙军区文工团乐队指挥。1958年毕业于沈阳音乐学院作曲系。曾任中国音协第四届理事，内蒙音协副主席兼秘书长，内蒙文联副主席。创办并任《草原歌声》主编，《中国民歌集成》全国编委，《中国民歌集成·内蒙古卷》主编。作品有《我爱我的战马》（合作），《乘马冲击》，小合唱《牧场细雨》《团结的力量》《草原上的检察官》，电影音乐《蒙根花》，改编混声合唱《我的家乡》分别获"萨日娜""全军第四届文艺汇演"以及文化部"群星奖"等奖项。

俄珠多吉（1944— ）

指挥家。藏族。西藏日喀则人。西藏自治区歌舞团团长，西藏音协主席、中国音协理事。1964年毕业于天津音乐学院小提琴专业，后任西藏歌舞团管弦乐队首席小提琴。1978年在上海音乐学院作曲指挥系学习。曾指挥交响乐作品、舞剧音乐、管弦乐、电影、电视、广播、话剧音乐作品六百余部（首），多次指挥西藏歌舞团管弦乐队及峨眉交响乐团、上海交响乐团、北京交响乐团。组织、创作并排演藏族器乐组曲《雪域大法会》参加第二届中国艺术节，香港第21届国际艺术节，澳门第四届艺术节及新加坡第一届亚洲演艺节。曾率中国西藏艺术团赴英、法、德等国及香港、澳门地区演出。

鄂林木（1936— ）

女高音歌唱家。满族。辽宁北镇人。1949年入战斗剧社少艺队。1955年入总政歌舞团。担任领唱的歌曲有《鸽子》《石榴花开胭脂红》《我们的朋友遍天下》《祖国万岁》第三乐章。曾任中国音协组联部副主任。原《中国音乐家名录》副主编。

鄂尔登格（1932—已故）

作曲家。蒙古族。内蒙古西乌珠穆沁人。1951年加入锡盟工委宣传队，1954年创作《牧羊姑娘》，获全区文艺汇演二等奖。创作歌曲、器乐曲四百多首。其中在草原上广为传唱的有《锡林河》《像撒缰的骏马在草原上飞奔》《快乐的挤奶员》《牧马人的喜悦》等。1984年锡盟文化处举办"额尔登格作品音乐会"。出版有《艺术大师额尔登格名曲》《额尔登格歌曲选》。2004年锡盟文体局等联合再次为其举办作品音乐会和研讨会。曾获"锡盟文化事业发展特殊贡献奖"。历任锡盟文工团副团长、文化处创研室主任、音协主席、文联名誉主席，内蒙古音协理事。

尔　里（1942— ）

双簧管演奏家。回族。重庆人。1990年毕业于新疆大学中文系。1963年入新疆石河子歌舞团任演奏员，1974年始在兵团歌舞剧院任演奏员。撰有《音乐抒情功能探微》《萨克斯管颤音技术》《论木管乐器的音准问题》等文。作有歌曲《各族人民心向党》《沙枣花》《白帆》等，女声二重唱《奶茶情》获新疆歌曲征集评选二等奖。作有双簧管独奏《山鹰》，改编有《赶牲灵》《牛郎欢歌》，编曲有木管五重奏《铃鼓舞》《红头绳》，《美丽的巴音格楞》获创作奖。

尔孜莫依果（1962— ）

女高音歌唱家。彝族。云南人。1977年入四川凉山歌舞团。1984年毕业于上海音乐学院声乐系，后入中央民族歌舞团工作。1982年获全国少数民族青年演员调演"优秀表演奖"。演唱有《陪我阿哥守边防》《三峡美》。

F

凡今航（1931—已故）

作曲家。黑龙江哈尔滨人。1946年始从事作曲。曾任啥尔滨评剧院艺术顾问。中国戏曲音乐学会理事，音协哈尔滨分会副主席。担任评剧《白蛇传》音乐设计。著有《评剧音乐概论》。

樊　琳（1974— ）

女高音歌唱家。山西太原人。1994年毕业于山西艺校，1998年毕业于中国音乐学院歌剧系。后入北京市公安局首都警官合唱团。曾首唱《金盾之歌》获最佳表演奖。2000年随首都警官合唱团参加国际合唱节比赛获金奖，参加"黄河杯"青年歌手大奖赛获一等奖。2000年参加第九届全国青年歌手电视大赛获美声组铜奖。参加公安部演出慰问团赴山东、江苏、福建、江西演出，任独唱。

樊　薇（1972— ）

女琵琶教育家、演奏家。河北石家庄人。1994年与2003年分别毕业于中央音乐学院民乐系本科、琵琶研究生班。现为该院民乐系副教授。2002年获文化部主办的民乐独奏青年专业组金奖。2005年获美国纽约"乐府国际音乐大奖"。曾在北京音乐厅、杭州大剧院及美国纽约卡内基音乐厅、波士顿音乐厅举办独奏音乐会。出版樊薇琵琶专辑《诉》，撰写发表论文《论刘德海〈人生篇〉演奏技巧的运用》《琵琶名曲赏析》。所教学生有多名在文化部、音乐学院举办的比赛中获奖。

樊步义（1927— ）

作曲家。山西夏县人。曾任北京市京昆振兴协会副秘书长，北方昆曲剧院艺委会艺术室副主任。作有电影音乐《桃花扇》，担任京剧《闯王旗》、昆曲《春江琴魂》音乐设计，编有《昆曲传统曲牌选》等。

樊承武（1932— ）

指挥家。浙江温州人。1960年毕业于上海音乐学院。曾任上海舞剧院副院长。曾指挥过上海、浙江、江苏、山东乐团演出交响音乐会。1982年赴法国考察进修，应邀指挥拉穆勒乐团在巴黎举行音乐会。

樊德林（1935— ）

音乐教育家。江苏南京人。1958年毕业于南京师范学院音乐系。曾任南京师范大学音乐系主任，音协江苏分会第二、三届常务理事，音乐教育委员会副主任。

樊奋革（1935— ）

作曲家。陕西横山人。1949年始从事文艺工作。1955年毕业于西北艺专音乐系。1973年入西安音乐学院作曲系进修。曾任陕西文联委员，音协陕西分会常务理事，榆林地区文工团副团长。作有歌剧音乐《春燕展翅》。

樊国生（1954— ）

二胡教育家。江西南昌人。江西科技师范学院音乐学院副院长。1987年毕业于江西师大。编著有教材《现代文艺组织概论》，撰有《高师音专器乐教学改革探索与实践》，作有板胡独奏曲《园丁的喜悦》等。1990年获江西音乐舞蹈艺术节板胡独奏三等奖。

樊华丽（1941— ）

琵琶教育家。河北冀州人。1958年考入天津音乐学院附中，师从全国著名琵琶大师林石城、李松庭、陈重等。1961年任河北省歌舞团演奏员。1974年调河北省艺术学校任教，后任河北省艺术职业学院副教授，中国琵琶委员会常务理事。培养了一批琵琶专业艺术人才，不少学生在国家、省、市级各种比赛中获奖。1980年举办个人独奏音乐会。多次荣获"教学奖""纪功奖"。曾四次应邀参加全国高等音乐艺术院校琵琶研讨会并发表过数篇论文。

樊家城（1943— ）

竹笛演奏家。陕西渭南人。1963年毕业于西安音乐学院民乐系，到山西大学任教。曾任山西大学青年艺术团副团长、山西大学音乐学院民乐系主任、民乐团指挥。中国竹笛专业委员会常务理事。现任山西兴华职业艺术学院副院长、教授、硕士生导师。其发表的主要学术论文有《南北丝竹乐之异同》《晋北吹打探微》《传统音乐与新世纪音乐教育的思考》《山西民间吹打乐及其生存环境》等。

樊建勤（1934— ）

女钢琴教育家。浙江绍兴人。1958年毕业于中央音乐学院钢琴系并留校任教，曾任附中副校长。培养众多音乐人才，有的在全国青少年钢琴比赛中获不同奖项。创作、编著《钢琴初级教材》《成年人钢琴教材》，译注、出版《每日12首》六册，翻译《乐理自学手册》，撰有《注意儿童的心理、生理特点——写在儿童钢琴比赛之后》《关于钢琴基本练习中邑音的指法规律》。多次被评为院优秀教师和北京市教育系统先进工作者。

樊金海（1935— ）

歌唱家。陕西人。1955年毕业于西北艺术学院声乐专科。同年入中央歌舞团工作，曾任中央乐团合唱队演员。随团参加菲律宾第一届亚洲合唱节演出。

樊曼琳（1931— ）

女声乐教育家。四川人。1951年毕业于中央音乐学院声乐系。曾任长春师范学院声乐教研室主任。著有《中国民族声乐练习曲30首》。

樊民宁（1958— ）

音乐教育家。山东人。1980年毕业于山东济宁师专艺术系后留校任教。1985年、1997年分别毕业于中央音乐学院声歌系、曲阜师大音乐系。撰写、发表《表演前的心理倾向》《由绘画色彩看歌唱音色》数篇文章。曾获山东省第三届音乐舞蹈节专业组演出三等奖与获山东高等师范院校青年教师声乐比赛美声演唱一等奖，1991年获山东省保密宣传文艺汇演银奖，分别于1995、2005年获全国农民歌手演唱大赛辅导金奖及全国青少年艺术大赛金伯乐奖。

樊汝武（1925— ）

民族乐器家。山西原平人。1953年毕业于西北军大艺术学院音乐系。1956年入公安军文工团。1957年参加莫斯科第六届世青节，同年随总政艺术团出访蒙古。1958年在北京民族乐器厂任工程师，参与扬琴、板胡、阿细三弦、扎年、伽倻琴、二胡、琵琶、琴倻筝、三弦等民族乐器的改革与研制。撰有《扬琴来源之我见》《十二平均律品相数据表》《怎样选古筝》《怎样选琵琶》等文发表于报刊，其中《十二平均律品相数据表》解决了品相乐器的音准问题。著有《古筝制作》《琵琶制作》《中国民族乐器规格集》等。

樊润河（1931— ）

作曲家。浙江常山人。1958年始从事戏曲音乐创作。曾任浙江越剧院三团副团长。作有越剧电影艺术片音乐《五女拜寿》获1985年电影"金鸡奖"，全国戏曲现代戏

优秀唱段大奖赛获奖唱段《姐弟情》《觅知音》。

樊世杰（1949— ）

作曲家。陕西延安人。延安歌舞剧团作曲。1990年毕业于西安大学（成人自考），并在中央音乐学院作曲系进修。撰有《陕北民歌音乐探微》《试论歌曲调式的双重性》。多次在全国、省市征歌中获奖，其中《日子越过越红火》2005年获《歌海》杂志社全国征歌一等奖，《庄稼人把秋歌扭起来》2001年分获全国"五个一工程"入选作品奖、省优秀作品奖。《打红枣》在中央省市广播电台播放。《枣园灯》获陕西第九届艺术节演唱一等奖。

樊兆青（1955— ）

小提琴演奏家。陕西榆林人。陕西歌舞剧院歌剧团团长。1972、1982年先后入西安、上海音乐学院进修。曾任榆林地区文工团、延安歌舞剧团小提琴首席。独奏曲目有《千年铁树开了花》《毛主席的恩情唱不完》《新疆之春》《梁祝》等。参与伴奏《蓝花花》《刘三姐》《洪湖的女儿》《张骞》《司马迁》等多部歌剧。作有歌曲《独白》，陕北词书《情话陕北》，音乐舞诗《提起家来家有名》文学剧本。撰有论文《风的启示》《"司马迁"——中国歌剧的世纪霞光》。

樊志刚（1944— ）

大提琴教育家。山西太原人。1965年就读于西安音乐学院附中大提琴专业，同年入延安歌舞团。1980年派往中央音乐学院进修。后为西安音乐学院大提琴副教授、研究生导师。被文化部聘为全国大提琴比赛评委。曾获本院"优秀教师""优秀教育工作者"和单项教学成果奖。1984年本人参加陕西省音协举办中外作品比赛获中国作品钢琴重奏二等奖。所教学生在全国比赛中获不同组别的不同奖项。发表论文《试论大提琴演奏左手技巧的准确性、灵活性、完整性》《大提琴演奏与教学文集》等。

樊祖林（1954— ）

作曲家。湖北红安人。湖北红安文化局副局长。1974年在湖北艺术学院进修。曾任红安县楚剧团团长兼音乐设计和作曲，红安县音协主席。曾为楚剧《罗家剑》《青年董必武》《征婚记》作曲。作有歌曲《颂董老》《中国有个将军县》《永远的红安》《乡下爸妈》《山里妹》《红安红》等。曾为大型革命历史楚剧《风雨情缘》作曲，并获湖北省"第三届楚剧艺术节"作曲一等奖。

樊祖荫（1940— ）

作曲家、音乐理论家。浙江余姚人。中国音乐学院教授、博士生导师、《中国音乐》主编、中国少数民族音乐学会会长。1956年在上海音乐学院附中与本科学习作曲专业，1965年毕业于中国音乐学院，其后在中国音乐学院与中央音乐学院轮流执教。历任中国音乐学院音乐研究所副所长、教务处长、作曲系主任、院长。发表各种体裁音乐作品二百余首（部），各类学术论文近百篇。著有《中国多声部民歌概论》《和声写作教程》《中国五声性调式和声的理论与方法》等。1995年获文化部优秀教材二等奖，

1999年获文化部首届"区永熙优秀音乐教育奖"。

范 焘（1968— ）

指挥家。辽宁沈阳人。1987年毕业于沈阳音乐学院附中。1995年毕业于上海音乐学院指挥系，同年入中国电影乐团任指挥。兼任北京交响乐团、上海交响乐团、青岛交响乐团、福建交响乐团、上海歌剧院、深圳交响乐团、天津交响乐团、黑龙江交响乐团客座指挥。曾获西贝柳斯国际指挥大赛特别奖。

范 光（1935— ）

演奏家。四川南充人。1950年考入川北文工团，1952年全团调重庆为西南工会文工团，后为重庆市工会文工团，1956年全团调北京并入全国总工会文工团。曾任乐队行政组长，1990至1995年任乐队队长。参加过许多重要演出，到过二十几个省区的厂矿、工厂，为广大职工演出。

范 江（1946— ）

歌词作家。河北卢龙人。1978年毕业于武汉大学中文系。主要歌词作品有：《我们的希望小学》（合作）1997年获中宣部"五个一工程"奖。《妈妈的怀，爸爸的肩》2003年获"中国人口文化奖"金奖。《沙，沙，沙》1993年获文化部"群星奖"铜奖。1993年由广西民族出版社出版歌词集《有这样一条河》。曾任秦皇岛市音协副主席。

范 磊（1965— ）

单簧管演奏家。湖南人。先后毕业于中央音乐学院附中、本科，1988年获美国奥柏林音乐学院"艺术家"文凭。多次代表中央音乐学院在杭州、福州、北京、青岛等地演出。1985年获全国单簧管比赛第一名，同年获法国土伦国际单簧管比赛荣誉证书。先后在西雅图国际青年单簧管比赛、巴尔迪摩国际比赛、美国TCS青年比赛中获第四名、半决赛权、决赛权。其录音多次在纽约电台"青年艺术家"节目中播放。

范 琳（1955— ）

小号演奏家。北京人。中央歌剧院交响乐团首席小号演奏员。1969年始先后在海政歌舞团、中国电影乐团学习小号，曾师从中央音乐学院冀瑞锐教授。1971年入北京杂技团任小号演奏员，1977年调中央歌剧院交响乐团。录制出版《兰色小号》《小号金曲》个人演奏系列专辑。曾随团赴日本、芬兰、法国与世界著名交响乐团合作演出。

范 陆（1931— ）

歌唱家、声乐教育家。河北饶阳人。1945年参军从事文艺工作。1961年毕业于上海音乐学院。曾任山东艺术学院音乐系主任、声乐教授。1963年在北京中南海演出。培养了大批文艺干部和声乐人才。撰写有《永远为兵歌唱》《关于男高音训练的意见》等文。曾在山东艺术学院、上海音乐学院、交通大学举办个人专场独唱音乐会。

范 音（1928— ）

作曲家。黑龙江齐齐哈尔人。任辽宁省本溪市第一届音协副主席。1946年考入东北大学文学院学习，1948年参加东北鲁艺音乐工作团，1950年入东北鲁迅文艺学院学习作曲、指挥，1953年分配到辽宁省本溪文工团、评剧团、市群艺馆从事专业作曲。曾为新编评剧《沈慧英》谱曲，并获东北区作曲奖。民族器乐曲《王昭君》获三等奖。先后为《祥林嫂》《摆箭会》《家》等二十余部评剧作曲。创作的歌曲《山村成立了满族乡》及《党中央指引幸福路》分别获创作奖。

范 禹（1923— ）

歌词作家。辽宁沈阳人。贵州省黔南文学艺术研究所研究员。1946年就读于沈阳艺术学院演剧科。1952年从中央实验歌剧院调入中央民族歌舞团创作室。1962年入贵州黔南文学研究所。作有歌词《远方的客人请你留下来》获1957年莫斯科第六届世界年青年联欢节歌曲比赛"金质奖章"。作有《天山之歌》《凉山巨变》大型舞剧伴唱等歌词。翻译小泽征尔自传《指挥生涯》，主持编纂《布依族古歌叙事歌集》《布依族情歌集》。主编《水族情歌选》《水族文学史》。合编《布依族古歌叙事歌选》。

范丙士（1936— ）

歌词作家。浙江杭州人。四川省泸州市文联调研员。1984年起在泸州市文联工作，任第二届主席，及四川省文联常务委员、省音乐文学学会理事。组织、协调、指导泸州市群众参与创作，建立音乐词曲创作组，发现培养词作人才。作有歌词《咱们工人干劲大》《咱们革新队都是年轻娃》《我亲爱的妈妈就是祖国》《春天在哪里——纺织女工的歌》《弯弯的小河》《妹是山花哥是柳》等。

范泊芳（1968— ）

女古筝演奏家。天津人。1992年毕业于天津音乐学院民族器乐系，获学士学位。毕业后到天津歌舞剧院民族乐团担任独奏演员。中国民族管弦乐学会天津馆学会常务理事。曾获天津市第二届"文艺新人"奖。2001年当选天津市"文艺新星"。曾随团赴泰国、德国、意大利等十几个亚、欧国家进行访问演出。并在维也纳金色大厅和悉尼歌剧院演奏。发表有《论古筝演奏艺术的审美特征》等文，2004年为中央电视台"风华国乐"录制筝协奏曲《洛神》并播出。在天津电台和电视台录播民族器乐的发展与古筝演奏专题节目和讲座。

范泊凌（1963— ）

唢呐演奏家。天津人。1985年毕业于中国音乐学院。中国歌舞团演奏员。创作歌曲《叫我唱歌就唱歌》《山寨情》，二重奏《倾诉》及唢呐独奏曲《茶山处处春》等。编写《中音加键唢呐教程》。1999年参加中央电视台《综艺大观》节目录制。曾随团赴菲律宾、澳门、香港访演。

范长达（1941— ）

作曲家。安徽人。1961年毕业于安徽艺术学院戏曲音乐科作曲专业。先后在安徽省黄梅戏剧团、铜陵市黄梅戏剧团、文工团、京剧团、群艺馆、市文化局从事作曲、乐队指挥和群众音乐工作。主要作品有黄梅戏《杨立贝》

F

《红灯记》《井下春》等11部，歌曲《小小钎头扁又圆》等。文章有《民间音乐素材在音乐创作中的运用》等。

范成伦（1944— ）

作曲家。广西南宁人。1962年始从事部队文艺工作，曾任广西军区、广州军区艺术团作曲兼指挥。毕业于广西民族学院。后任广西彩调剧团、广西京剧团、广西文化艺术干部学校主要领导兼音乐创作、音乐高级教师。曾连续两届任广西音协理事，南宁市音协副主席。创作有大量的声乐、舞蹈、歌剧、曲艺等各种形式的音乐作品。著有《范成伦歌曲集》及个人声乐作品CD专辑，多次获国内、军内优秀音乐作品奖。

范丹鹏（1967— ）

女音乐教育家。河南郑州人。河南省艺术学校高级讲师。1990年毕业于河南大学音乐系。从事钢琴和音乐理论教学。撰有《豫剧音乐的继承与超越》《历史现状及思考》多篇文章，教学论文《我省戏曲艺术教育的现状及当代走向》《面向21世纪的音乐教育》《注重能力培养，提高综合素质》获省级一、二等奖。在《河南现代戏曲优秀唱段卡拉OK专辑》《魏俊英唱段专辑》中担任配器。

范额伦（1940— ）

音乐理论家。上海人。1982年毕业于上海音乐学院音乐研究所理论编译研究生班。在该研究所从事小提琴艺术史研究。译有电影《卡尔·奥尔夫教学法在日本》等片及《柯达伊教学法》。

范二水（1933— ）

作曲家、评论家。河北人。宁夏音乐家协会顾问、儿童音乐学会名誉会长、音乐教育研究会副理事、吴忠市音协主席。1943年参加抗日剧团，1948年参军，历任军分区宣传员、一军文工团组长、二师文艺队政治指导员。1954年毕业于解放军第一政治干部学校，获国家学术奖金。1956年获中华人民共和国解放奖章。1959年转业任县、地文化馆长、书记、文教局副局长兼文宣队长、文联主席、宁夏文联委员、常委、音协副主席。

范福民（1949— ）

声乐教育家。安徽宿县人。1974年毕业于安徽师范大学艺术系音乐专业，同年到南京艺术学院艺术系进修，后又到上海音乐学院声乐系进修。安徽师大声乐系表演艺术与教学法专业硕士生导师。曾演唱过《过雪山草地》《饮酒歌》《风从东方来》等歌曲。参与撰写《当代百科知识大词典》中的音乐、戏曲、曲艺部分。撰有《声、音、乐——声乐教学艺术谈》等文。曾任《当代社会科学大辞典》艺术学科编委。

范歌声（1958— ）

小提琴演奏家。陕西西安人。全国社会艺术水平考级委员会小提琴高级考官。7岁随父学习小提琴，后师从陕西乐团肖仲禄老师和中央音乐学院黄晓芝教授。1979年参军任南疆军区政治部文工团小提琴首席。1984年转业之后

任陕西乐团小提琴演奏员、首席中提琴演奏员、声部长。二十多年来与国内外著名指挥家、独奏家合作演出大型交响音乐会近百场。

范冠印（1933— ）

音乐教育家。山东宁津人。曾为河北师范学院音乐系教师、副教授。1958年毕业于河北天津师范学院音乐系。曾任河北保定地区第四师范音乐教师。撰有《二胡演奏中的气息控制》《浅谈早期音乐教育》《乐以载道亦载理》《二胡演奏与文学修养》等文。所培养的学生曾获1989年中国乐器"ART杯"国际比赛二胡青年组二等奖。

范广勋（1936— ）

作曲家。河北枣强人。苏州音协主席。1949年从事部队音乐工作。1963年毕业于南京艺术学院作曲专业。先后在江苏省苏昆剧团、苏州歌舞团、苏州科技大学音乐系工作。歌曲《苏州夜歌》获全国二等奖，《香雪海》《虎丘路》等歌曲获省级奖，并录制成盒带、唱片。舞蹈音乐《干将莫邪》《绣娘》在全国获奖。《园林行》《苏州好风光》《吴国木屐》等舞蹈在省及华东六省市比赛中获奖。为日本电影《天平之甍》中国部分作曲，并为《万元户》《无罪的女囚》《真娘》《范仲淹》等电视剧作曲。

范桂娟（1964— ）

女歌唱家、声乐教育家。黑龙江人。1991年毕业于中央音乐学院，1992年考入中国歌剧舞剧院歌剧团任演员。先后参加了歌剧《将军情》《白毛女》《悲怆的黎明》《八女投江》《杨贵妃》《阿依达》《拉美摩尔的露琪亚》《罗密欧与朱丽叶》《图兰朵》等二十多部中外歌剧和近百场国家大型晚会的演出。多次随剧院出访日本、香港、澳门等地和受国家各大部委委派赴贫困山区慰问演出，在演出中担任独唱、重唱。首都联合大学中国歌剧舞剧院艺术分校声乐教授。

范国强（1956— ）

音乐教育家。浙江杭州人。澳大利亚堪培拉大学教育学硕士。1972年始，先后在部队与地方从事音乐教育和组织工作。1993年创办杭州远东艺术学校，后发展为远东教育集团，任总校长、音乐教授。历任杭州市音协副主席、浙江省音协理事、浙江省声乐学会秘书长、浙江省合唱协会秘书长、中国合唱协会常务理事、文化部中华儿童文化艺术促进会秘书长。2004年曾率中国少儿艺术代表团参加第26届国际儿童艺术节比赛获特等成功奖。

范国勋（1931— ）

歌唱家、音乐教育家。四川自贡人。毕业于沈阳音乐学院声乐系。贵州电子琴学会常务理事。1949年入某军政治部文工团。1952年调海政文工团任演员，后转业至贵州歌舞团任教员、演员。演出近二十部大、小歌剧。撰写有论文《贵州苗族"飞歌"的演唱风格》与《贵州民族声乐练习曲》一册。历任贵州航大音专副主任、电大艺专副主任、中国函授音乐院贵州分院副院长、贵州民族学院成人高等艺术专科学校校长，众多学生在全国、省级比赛中获

奖，或成为贵州音乐骨干。

范国彰（1939— ）

女声乐教育家。贵州黔西人。广西艺术学院声乐教授。1963年毕业分配到贵州省歌舞团歌队工作，曾任歌队队长。1967年开始从事声乐教学，为贵州省歌舞团、贵阳市歌舞团、贵州民族歌舞团培养众多学员。1989年调广西艺术学院任教。撰有《声乐艺术实践四题》《声乐人才选拔浅议》《关于开发新曲目》《杂谈乐感》《蕉林飘香醉煞人》等文章。为大型艺术工具书《中国少数民族艺术词典》撰稿数条。

范国忠（1939— ）

唢呐演奏家。河北雄县人。天津音乐学院教授，硕士生导师。唢呐学会常务理事。1962年毕业于天津音乐学院民乐系，留校任教。在四十多年的教学生涯中，为国家培养了大批专业人才。作品有歌曲《姐妹送肥》《山村迎亲人》《知识青年下乡来》等十余首，唢呐曲《送粮路上唱丰收》《胜利秧歌》《赶会》《秦韵》等十余首，论文有《吹唢呐之气》《我对唢呐改革的几点意见》《浅谈河北唢呐之流派》。编著有《唢呐练习曲选》《唢呐演奏法》《唢呐技艺基础训练》。

范宏勋（1926— ）

低音提琴演奏家。北京人。曾受聘为低音提琴学会常务理事。1949年前曾任北京圣弥厄尔教堂管风琴演奏员。1951年考入中央音乐学院音工团，后转入新建立的中央歌舞团。1955年随团赴华沙参加第五届世界青年联欢节。1956年转至新组建的中央乐团，1978年随本团交响乐队赴朝鲜，后赴港澳地区演出。参与国际著名音乐家奥依斯特拉赫、斯特恩、梅纽因等多位名家演出音乐会。作有歌曲《三峡门》等。

范惠春（1930— ）

大管演奏家。吉林人。1948年入东北鲁艺歌剧团。1954年入中央实验歌剧院。1960年在中央音乐学院捷克大管专家班进修。之后在中央歌剧院工作。著有《大管哨片的制作及演奏方法》。

范继森（1917—1968）

钢琴教育家。江苏南京人。1935年入上海国立音专。1938年在重庆国立实验管弦乐团任钢琴演奏员。曾为重庆国立音乐院副教授。新中国成立后任上海音乐学院钢琴系主任。学生有洪腾、李其芳、杜鸣心。

范建明（1955— ）

音乐教育家。湖北人。1978年毕业于武汉音乐学院作曲系、留校任教。1989年调中国音乐学院任教，后任作曲系视唱练耳教研室主任。撰有《主体化节奏训练》《音乐教育理论研究的金三角结构》等文。著有《主体化节奏训练教程》《音乐开窍》《简明视唱练耳教程》《基本乐科教程》。

范金城（1944— ）

圆号演奏家。北京人。1961年在北京艺术学院附中器乐科学习圆号，1964年在中国音乐学院附中学习唢呐，1970年由中国音乐学院器系毕业。1973年起在河南省歌舞剧院交响乐团任圆号首席。曾参加本院舞剧演出的《红色娘子军》《天鹅湖》《草原儿女》，歌剧《洪湖赤卫队》《江姐》《货郎与小姐》，钢琴协奏曲《红旗渠颂》《黄河》，管弦乐与交响乐曲《春节序曲》《在中亚西亚草原上》等几十首乐曲的演出，并为独唱、舞蹈、电影音乐等伴奏、配乐。

范晋国（1961— ）

小号演奏家。山西人。1978年考入银川市文工团，任管弦乐队首席小号。1981年在中央音乐学院进修，同年参加美国小号专家安德森在京举办的学习班。1997年毕业于宁夏大学音乐系。2001年任宁夏歌舞团团长，宁夏音协第四届理事，宁夏音协副主席。2001年在全国少数民族文艺汇演中获金奖。2002、2003年先后率团赴奥地利及香港、澳门、台湾演出。

范竞马（1958— ）

男高音歌唱家。江苏人。1982年毕业于四川音乐学院声乐系。1985年入中央音乐学院进修班学习，留校任教。曾获全国青年歌手电视大奖赛专业组第二名。1987年获英国卡迪夫世界歌唱家国际声乐比赛优胜奖。

范兰古（1953— ）

作曲家。广东英德人。清远市群众艺术馆副馆长。曾任乳源艺术团乐队队长、团长，乳源文化局长，清远市音协主席。创作作品多次获奖，其中女声独唱《南方有一道美丽的风景线》1991年被广东省委宣传部评为第三届"五个一工程"奖，男女声二重唱《瑶山小景》2001年获广东省第二届群众音乐舞蹈花会比赛铜奖和辅导奖。

范立方（1938— ）

作曲家。河南辉县人。毕业于新乡地区师范学校，先后从事音乐教育、戏曲音乐创作及理论研究。曾发表《祖国好》《姑娘爱上这地方》等歌曲多首，并为电影戏曲艺术片《程咬金照镜子》《七品知县卖红薯》，戏曲电视剧《麻风女》及《银杏情》等大量戏曲舞台剧设计唱腔并作曲，为《剪窗花》等电视戏曲小品及多种体裁的电视晚会作品创作音乐。单独或与人合作出版《豫剧音乐通论》《豫剧传统曲牌音乐》《黄河恋》《梨园春流行唱段选》《豫剧唱腔音乐欣赏常识》等。

范列波（1953— ）

女音乐教育家。上海人。江苏教育学院无锡分院高等师范学校高级讲师。1977年毕业于赣南师范艺术系，后相继在中央乐团，南京师大音乐系进修。曾任赣南师范学院、无锡师范学校教师。论文《论中师生歌曲艺术能力的培养》《师范生歌唱艺术的呼吸之我见》分获1995、1999年江苏教育教学论文评比一等奖。曾受聘国家教育部体卫艺教育司编写教材。指导的学生十余人在全国、省市音乐

赛事上获一等、二等奖。参加表演唱《大运河之夜》获
1999年全国表演唱大赛一等奖。

范乃孝（1932—2002）

作曲家。辽宁桓仁人。1948年从事部队文艺工作。
1962年毕业于中央音乐学院作曲系进修班。曾任中国音协
办公室主任、《歌曲》编辑部主任、《儿童音乐》副主编
等。作有电影音乐《竞赛中的故事》，话剧音乐《张思
德》，戏曲音乐《双玉缘》，大合唱《为了六十一个阶级
兄弟》（合作），组歌《海滨夏令营》及《奇怪的姑娘》
（合作），《穿上军装拿起枪》《踢毽子》等歌曲。

范宁平（1948— ）

二胡演奏家。黑龙江牡丹江人。原甘肃敦煌艺术剧院
演奏员。在舞剧《丝露花雨》中任首席二胡。在各类文艺
演出及音乐会中担任二胡、板胡、京胡独奏。曾获甘肃首
届、二届专业器乐比赛一等奖，省首届声乐、器乐大奖赛
一等奖。随团赴法、日、意、葡、俄、泰、朝等十余个国
家演出。

范秋华（1956— ）

女高音歌唱家。河北人。毕业于南京艺术学院音乐
系，就职于江苏省歌舞团。1984年评为省优秀独唱演员。
1985年获全国聂耳·冼星海声乐作品演唱比赛特别奖。

范荣芳（1948— ）

作曲家。江西瑞昌人。原瑞昌市采茶剧团作曲、主
胡。1969年师从黄忠伯学习音乐知识和二胡演奏。发表及
获奖有《唱园园》《金矿夜美人更美》等歌曲，《春锣》
《自从蔡郎来我店》等戏曲，《瑞昌采茶戏音乐浅析》等
数十件（首），出版有《瑞昌采茶戏唱腔选编》《范荣芳
音乐作品选》和个人作品专辑CD唱片。

范上娥（1942— ）

女古筝演奏家。上海人。1966年毕业于上海音乐学院
民乐系。1967年入中国电影乐团。北京古筝研究会理事。
1981年赴香港参加亚洲作曲家大会并演出。1982年赴加拿
大举办独奏音乐会。1987年赴香港演出并讲学。

范绍台（1929— ）

小提琴教育家。云南昆明人。1947年考入南京国立音
乐学院管弦系，1949年上海音乐学院管弦系毕业后应聘为
中南军区艺术学院小提琴教师。历任西南军区文工团、总
政治部文工团首席小提琴兼教师、西南师范大学音乐系小
提琴主讲和教研室副主任。曾任全国少儿小提琴教育联谊
会理事、四川省小提琴教育研究委员会常务理事，1987年
任重庆儿童音乐学会会长。发表《我对幼儿小提琴教学的
体会》《论幼儿小提琴教学规律》《铃木小提琴教学法简
析》《初级小提琴教程》等文。译有《爱德华·爱尔加及其
小提琴协奏曲》《十九世纪协奏曲评介序言》。

范圣宽（1932— ）

小提琴演奏家。山东黄县人。1946年入哈尔滨高等音

乐学院。1949年始先后入哈尔滨文联管弦乐队、北京歌剧
舞剧院，以及中央乐团交响乐队副首席。曾随团赴日本、
朝鲜演出。

范圣琦（1933— ）

萨克斯演奏家、指挥家。山东黄县人。1948年始从
事音乐工作。1956年入中央音乐学院管弦系进修。后任中
国铁路文工团歌舞团指挥兼艺术指导。创建"老树皮"乐
队，录制有大量音像制品。中国体操队艺术顾问。

范士华（1937— ）

歌唱家。广东大埔人。1954年参加华南歌舞团。1989
年随广州乐团赴京参加第三届合唱节比赛并获一等奖。

范曙光（1950— ）

作曲家。广东英德人。1970年始从事部队文艺工作。
1975年进修中央民族学院艺术系研习作曲。英德市文联
主席、文化局副局长。创作有大量音乐作品，发表、获奖
八十余件。作有《燃烧的红菊》《跳春光》《茶乡美》
《侗乡小歌台》，分别获"晨钟奖"，民族歌曲创演奖，
中国群文歌曲创作奖，全国校园歌曲征歌大赛一等奖。出
版有《一路踏歌》，CD唱片《难忘故乡情》《心儿和你一
起飞》等。被授予"广东省优秀音乐家"称号。

范四亭（1945— ）

指挥家。山东德平人。1964年毕业于解放军艺术学
院。1975年入中央音乐学院作曲、指挥系进修，师从黄飞
立教授。原总政军乐团常任指挥。曾任天安门广场国庆大
典千人乐团指挥及全军军事演习阅兵式、亚运会文艺表演
等大型活动的乐团指挥。指挥演奏过数十个国家的国歌和
大量中外乐曲。多次随团赴芬兰、俄罗斯、新加坡等国
演出。改编录制有军乐曲《春节序曲》《边防巡逻一路
歌》，获创作改编一等奖。

范维斌（1969— ）

中提琴演奏家。山东人。1993年毕业于中央乐团社
会音乐学院。1990至1996年在中央乐团室内乐队任中提琴
演奏员。后在中国交响乐团任中提琴演奏员。1991年随中
央乐团室内乐队参加"北京交响乐之春"音乐会、1992年
参加在国际艺苑中央乐团室内乐队举办的数场弦乐四重奏
音乐会。1996年以来随团赴欧洲巡演、参加1998新年音乐
会、北京国际音乐节及国庆50周年献礼演出等数十场。多
次与飞利浦公司合作录制多张CD唱片。

范维灵（1936— ）

戏曲音乐家。江苏南京人。重庆市渝中区川剧团乐队
演奏员。作品有混声合唱《奔向明天，奔向未来》，管乐
合奏曲《圆舞曲》等。1950年参军，曾任华北炮兵文工团
军乐队演奏员、5044部队军乐队演奏员。

范伟强（1956— ）

作曲家。山东新泰人。1977年毕业于中央音乐学院作
曲系。1980年入上海音乐学院作曲系学习。曾任长影音乐

创作室副主任。作有影视片音乐《假如有明天》《梅山奇案》《路边吉他队》。

范卫刚（1958—）

　　小号演奏家。海南文昌人。先后毕业于四川省"五七"艺校、四川音乐学院管弦系、四川师范学院。四川省舞蹈学校音乐科副主任、小号专业教师，四川省音协管乐专业委员会理事。曾参加中国音乐周、历届"蓉城之秋"音乐周及"让世界充满爱""百花双奖"等大型文艺演出，参加并录制《十月风云》《苗岭风雷》《张露萍》《编织的天网》等影视歌曲作品。2002年获西南地区青年教师器乐比赛第三名。

范西姆（1939—）

　　民族音乐学家。壮族。广西人。1966年毕业于中国音乐学院。曾任广西民族文化艺术研究院音乐、舞蹈室副主任，研究员。原《歌海》编辑部主编，中国少数民族音乐学会副会长。1984年开创性举办广西少数民族歌手班，发掘广西壮族、侗族三声部民歌。作有歌曲《壮乡美》《送客歌》《三月木棉红绯绯》《踢纱情》《毛南山歌比泉多》《唱天谣》《生活美如霞》，歌舞剧《蛇郎》，并撰有《壮族音乐史》。《中国民间歌曲集成·广西卷》副主编，《中国曲艺音乐集成·广西卷》主编，1998年获广西壮族自治区人民政府荣誉勋章。

范小桥（1942—）

　　女中提琴演奏家。上海人。美国纽约ACMP音乐协会会员和顾委会顾问。1955年考入中央音乐学院少年班，1966年中央音乐学院管弦系小提琴、中提琴双专业本科毕业。曾任该院管弦乐团、爱乐女室内乐团、中铁文工团首席中提琴。多次受邀参加中央乐团、中央芭蕾舞团、中央广播交响乐团、京剧院乐队和欧洲十几个国家的演出。长期在北京市少年宫和音乐学院教授提琴。曾任中央音乐学院第一届校友会常务理事兼副秘书长。

范晓艺（1956—）

　　男中音歌唱家。山东济南人。山东歌舞剧院歌舞团副团长。1975年毕业于山东艺校。参加"泉城之秋""庆香港回归"等大型晚会、音乐会，在歌舞团、交响乐团、民族乐团演出中担任独唱、四重唱等。参加《青春之歌》《江姐》《大海作证》等歌剧的演出并担任重要角色，在《原野》中饰男主角仇虎，在《徐福》中饰徐福。多次获奖，其中1985年获全国聂耳·冼星海声乐作品比赛特别奖，1991年获第二届山东文艺团体青年演员比赛一等奖。

范秀东（1970—）

　　女高音歌唱家。山东人。1991年毕业于首都师大音乐系。1992年入山西省歌舞剧院。在《黄河儿女情》中担任独唱和对唱。1991年以来先后获山西青年歌手电视大奖赛选拔赛民族唱法一等奖，全国"华鑫杯"名歌手暨新歌曲电视邀请赛铜奖，全国电视文艺"星光奖"，山西电视文艺一等奖。1995年拍摄的MTV《祝福生日》在中央电视台播出。1996年举办《桃花红，杏花白》个人专场演唱会。

1998年拍摄个人演唱专题片《寻梦》。1999年参加中央电视台"心连心"艺术团赴麻田演出。

范业伟（1945—）

　　音乐编辑家。辽宁大连人。1976年入中央音乐学院作曲系进修。曾任中国录音录像公司音乐编辑。作有第一届亚非拉乒乓球邀请赛、儿童团体操、第一届中日青年友好联欢大会团体操及第二届全国工人运动会团体操音乐。

范永生（1933—）

　　歌唱家。广东南海人。1953年入中央歌舞团学员班，1956年入中央乐团。1965年随中国大学生艺术团赴法国参加国际大学生联欢节，1966年随天津歌舞团赴日本演出。担任独唱。

范由群（1924—）

　　音乐教育家。四川成都人。1953年毕业于上海音乐学院管弦系，同年入中央乐团管弦乐队任演奏员。1958年在贵州大学艺术系任小号教师，1990年任上海音乐学院管弦系教师。为国家培养数十名小号人才，有学生曾在匈牙利国际赛中获优秀特别奖，或成为上海音乐学院青年教师、或成为上海乐团小号演奏员等。曾赴德国、匈牙利、罗马尼亚、保加利亚、捷克、波兰、苏联、奥地利等国巡回演出。1985年被授予省劳动模范称号。

范玉梅（1938—）

　　女民歌演唱家。湖北武汉人。1957年入武汉军区歌舞团工作。在全军第二、三、四届文艺汇演中获优秀表演奖。

范玉祥（1936—）

　　双簧管演奏家。四川成都人。1951年参加重庆市文艺工作团。1954年入上海交响乐团、1957年入中央乐团任双簧管演奏员。1958年后任重庆市文艺工作团、重庆市歌舞剧团、重庆歌剧院乐队任双簧管首席和声部长。担任省、市专业和业余教学、辅导，培养了一批双簧管演奏人才。

范裕纶（1933—2000）

　　歌唱家。四川南充人。曾为中国音协四川音协常务理事。1953年赴朝慰问演出。1954年为全国拥军演出。1955年在世青年节演唱《嘉陵江号子》《尖尖山》《栽泡桐》荣获金质奖章，随团赴波兰、阿尔巴尼亚、保加利亚、蒙古、苏联演出。1956年参加"布拉格之春"音乐节，在捷克、芬兰、瑞典演出。同年任全国第一届"音乐周"声乐秘书，演唱《好久没到这方来》《黄杨扁担》《嘉陵江号子》录制唱片。

范元绩（1945—）

　　钢琴教育家。浙江人。毕业于上海音乐学院附中，1981年入沈阳音乐学院作曲系进修。曾任沈阳音乐学院钢琴系主课教研室主任、教授、硕士生导师。全国首届中国钢琴演奏比赛秘书长，全国考级评委。发表论文、乐评、专题文章等百余篇。撰有《钢琴演奏中的气功应用初探》

F

《郎朗回乡记》等文。出版乐谱《钢琴童谣》，创作钢琴曲《安塞腰鼓》《少年钢琴协奏曲》等。出版发行CD《车尔尼599钢琴练习曲》《莱蒙钢琴练习曲50首》等。

范元祝（1959— ）

笙演奏家、教育家。四川成都人。1982年毕业于西南师范学院音乐系，1986年入上海音乐学院音研所进修。1982年始在贵州民族学院任教，教授。撰有《为笙的教学、普及与提高》《笙说》等二十余篇文章，作有歌曲《南盘江之歌》《高原上的杜鹃花》。改编笙曲多首，其中《翻身的日子》参加第二届"苗岭之声"音乐节。曾获第三届"苗岭之声"优秀伴奏奖。1995年有多首笙演奏作品在省台录制，1999年在"遵义之春"独奏音乐会上演奏。1982年后分别改良22簧加键笙、26键芦笙、37簧加键笙、28簧加键笙。

范远安（1955— ）

音乐教育家。山西人。山东大学威海分校艺术学院副教授、键盘教研室主任。1976年毕业于山西艺术学校，1982年毕业于山西大学，曾任山西艺术学院钢琴教师、音乐系主任。2000年随中国艺术团赴美国参加艺术节演出。同年被文化部授予"文化部优秀专家"称号。

范沼溇（1935— ）

男高音歌唱家。湖南长沙人。1951年入空政歌舞团。1960年毕业于北京外语学院俄语系。曾任中央广播电台俄语播音员兼音乐编辑。1965年入中央广播合唱团任声部长。译配有电影《这里的黎明静悄悄》插曲。

范哲明（1954— ）

作曲家。辽宁沈阳人。沈阳音乐学院副院长、教授。中国音协第六、七届理事，辽宁音协副主席。1982年毕业于沈阳音乐学院作曲系，留校后继续攻读硕士学位研究生，1988年赴美国拉沃恩大学学习，2000年赴匈牙利李斯特音乐学院学习。创作多部管弦乐、室内乐及舞蹈音乐作品，其中管弦乐《新年圆舞曲》《晨祀》获全国管弦乐作品比赛二等奖及优秀作品奖。创作歌曲百余首，其中《祖国赞美诗》获中央电视台"五洲杯"青年歌手电视大赛优秀作品奖，《想着太阳走》《有一支歌》获中宣部"五个一工程"奖。

范振江（1947— ）

短号演奏家。北京人。1967年毕业于解放军军乐团学员队，后在解放军艺术学院音乐系深造。总政军乐队短号演奏员。曾参加全军文艺汇演（南京站）小乐队获一等奖，参加全军第三届、第四届文艺调演，获优秀奖。合作改编阿尔巴尼亚乐曲《欢乐吧祖国》为短号二重奏。多次参加国家重大外事演出活动及各国首脑来华访问的欢迎仪式。随团赴泰国、芬兰、俄罗斯、新加坡等地演出。

范志华（1949— ）

女钢琴家、音乐教育家。江苏吴县人。高级讲师。7岁师从苏联专家学钢琴，1985年进修于河北师范大学夜大钢琴专业。1980年始先后参加国家、省、市各类汇演、歌手大奖赛、合唱比赛等。多次受聘于唐山市多所学校及天津音乐学院夜大学，担任钢琴课的教学，为合唱团及相关歌曲作品专题做钢琴伴奏的录音。1998、2000年分别主办大型钢琴家独奏、声乐家独唱音乐会。发表论文曾获奖，所教学生多人在钢琴比赛中获一、二、三等奖。

范志卿（1930— ）

军乐教育家。河北人。军乐团原副团长、中国音协管乐协会高级顾问。1947年参军从事音乐工作。1952至1966年任乐团上海训练班主任，为全军培养军乐优秀人才。1957年成立军乐学校任班主任兼视唱练耳教员。1966年任军乐团学员队队长。多次参加国庆大典，任乐队指挥。国庆35周年大典成立千人军乐团，任副团长。

范中占（1946— ）

指挥家。山东人。就职于西宁铁路分局车务段工会。1997年毕业于青海师范大学音乐系。曾任西宁铁路分局文化工作队作曲、指挥。1985年参加铁道部文化列车调演获优秀指挥奖。歌曲作品《车务工人之歌》被《中国企业之声》收录。多次参加西北五省及青海省、兰州铁路局大型音乐活动，并任西宁铁路分局代表队乐队指挥。

方　斌（1957— ）

歌词作家。河南新县人。河南音协副主席、洛阳市文联主席。1971年在解放军军乐团学员队学习，1974年毕业分至该团工作。近年来十多次在全国各类诗歌比赛中获奖，作词歌曲《聚》《你是花的兄弟姐妹》先后获第五、六届河南省"五个一工程"评选优秀歌曲奖。出版有文学作品集《美丽的谎言》《凉水泡茶》。

方　芳（1935— ）

音乐活动家。四川泸州人。15岁参加志愿军某军文工团赴朝参战演出。1955至1959年在解放军军乐指挥学校、上海军乐训练班学习。多次参加天安门国家庆典和阅兵仪式。1977至1990年先后任武汉军区胜利京剧团和胜利文工团团长。参与组织、创作排演器乐、歌舞、大型现代京剧、新编历史剧等节目，获全军和全国文艺调演优秀演出奖。发表《学会在音乐演奏中运用辩证法》。任湖北省老干部艺术团团长。

方　芳（1940— ）

作曲家。河北张家口人。张家口音协名誉主席。河北省第九届人大常委。1960年张家口艺术专科学校毕业，任地区歌舞团作曲、指挥。后进修于中国函授音乐学院。1984年调市艺术研究所。发表作品有《战士别故乡》等三百余件，其中《沙沙沙》《什么是友谊》《石油老爸》等五十余件在全国和省级征歌中获奖。《春风春雨东方来》等4件作品获河北省"五个一工程"奖。为管弦乐《战火红旗》，小提琴《诺恩吉娅》，二胡《塞外随想曲》和为《杏林风波》等数十部歌剧以及《塞外牧歌》《桑干河》等多部电视片作曲。

F

方兢（1926—2002）

音乐活动家。河北蠡县人。1945年始从事文艺创作。曾任河北音像出版社社长。音协河北分会第三、四届常务理事。撰有《三弦演奏法》。

方堃（1922— ）

音乐教育家。浙江象山人。1938年参加宁波地下党领导的抗日宣传队，1945年参加昆明学生运动，1946至1948年参加北平学生运动，担任清华大学"大家唱"歌咏队队长兼指挥。1949年毕业于清华大学电机系。曾担任中共华北局党校文工团音乐队长兼指挥。1956至1981年任中央音乐学院附中副校长、校长，后任中央音乐学院教务长、清华大学音乐室主任。曾任国家教委艺术教育委员会委员、常务委员，全国高校音乐教育学会副理事长、理事长。

方萌（1935— ）

音乐编辑家。辽宁海城人。早年毕业于辽阳师范音乐专科及沈阳教育学院中文系。1954年任丹东师范音乐教师。1959年调鞍山歌舞剧团任创作员。1979年调辽宁音协办《会刊》，次年进《音乐生活》先后任编辑、副主编，兼辽宁音协音乐教育委员会副主任。1987年赴匈牙利学习柯达伊教学法，归国后，创立柯达伊学会，任副会长。经常为报刊撰写音乐评论，出版音乐文集《乐苑拾英》，并为《简明艺术辞典》撰写有"音乐"类辞条。

方明（1952— ）

女高音歌唱家。回族。安徽蚌埠人。1974年起因演唱歌曲《颂歌一曲唱韶山》《芝麻开花节节高》《林中的小路》等登上舞台，同年调入中央民族歌舞团。1980年毕业于中央音乐学院。曾获文化部1974年全国文艺调演及1980年全国民歌调演奖。1996年起多次举办个人演唱会。演唱的新作品有《金鹰之歌》《我爱北京》《幸福花儿漫四方》等。出版发行唱片二十余张，磁带、CD、VCD、MTV六十余种。曾任北京市政协委员、中华民族文化促进会常务理事等。

方明（1956— ）

声乐教育家。山东蓬莱人。1987年毕业于沈阳音乐学院声乐系。任教于沈阳市青少年宫艺术部，沈阳市童声合唱协会理事、市音协理事。在十多年的声乐教学中，所辅导的学生在全国、省市演唱比赛中多次、多人获得各种奖项，本人多次获辅导一等奖、省先进教师。撰有《对儿童声乐训练的点滴体会》一文。2000年辽宁省电视台青少部等举办《红花情、绿叶心》——方明儿童声乐教学成果暨作品音乐会，沈阳电视台等举办"园丁与花朵——方明"少儿声乐专场音乐会。

方鸣（1981— ）

作曲家。安徽合肥人。南京军区前线文工团团长。中国音协第七届理事。1984年入上海音乐学院作曲、指挥系，毕业于本科作曲。舞剧音乐《风雨红棉》，大型民族音画《八桂大歌》，舞剧《一把酸枣》《天边的红云》均获"文华奖"音乐奖。曾任2008年残奥会开幕式音乐总设计、作曲，并为主题歌《和梦一起飞翔》作曲。歌曲《草地红军》《海燕》均获"五个一工程"奖，舞剧音乐《妈祖》《牡丹亭》获"荷花杯"最佳创作奖，《穿越》获文化部第六届全国舞蹈比赛最佳音乐奖。作品多次获全军各类比赛一等奖。

方琦（1937— ）

女声乐教育家。安徽人。1952年由印尼回国后就读于旅顺中学。1960年毕业于沈阳音乐学院声乐系，后入辽宁歌剧院任演员。曾主演《货郎与小姐》《江姐》等歌剧。1972年回沈阳音乐学院任教，曾任声乐系教研室主任等。1979年入国防科工委文工团任教员，并受聘于北京师范大学、北京海淀区艺术师范学校、北京市文化局"明日之星"艺术学校，从事声乐教学。

方琼（1965— ）

女高音歌唱家、声乐教育家。湖南人。上海音乐学院声乐系民族声乐教研室主任。1989年毕业于上海音乐学院声乐系，2000年以访问学者身份在美国马里兰大学音乐学院学习一年。曾获第七届央视青歌赛专业组民族唱法金奖、中央电视台MTV"最佳新人奖"、上海市育才奖等。出版发行CD《泸沽湖情歌》《情人的眼泪》等，主演歌舞剧《太阳鸟》，主唱芭蕾舞剧《白毛女》。在日本、新加坡、美国、加拿大和本国举办多场独唱音乐会。指导学生数人获央视第十、十一届青歌赛，第四、五届"金钟奖"，第十三届"孔雀杯"金、银、铜奖。曾任"金钟奖"、央视青歌赛、全国高校声乐大赛评委。

方靰（1919—1988）

指挥家、作曲家。广东澄海人。曾任中国音协一、二、三届理事。1937年在上海参加救亡歌咏活动，1938年入延安陕北公学，1939年入延安鲁迅文学艺术学院音乐系。1952年任总政歌舞团合唱指挥兼队长。曾任天津警备区政治部副主任、总后文化部副部长等职。1954年随总政歌舞团出访苏联、捷克斯洛伐克、罗马尼亚、波兰等国，曾获苏联红旗勋章、罗马尼亚红星勋章、波兰复兴十字勋章。1955年师从苏联指挥家杜马舍夫学习指挥。曾指挥过《淮海战役组歌》《黄河大合唱》《解放军大合唱》《长征大合唱》和《祖国颂》等合唱及《梦幻》《回声》《牧歌》等无伴奏合唱。作有《保卫大西北》《共青团员之歌》《我站在铁索桥上》等歌曲及《无敌三勇士》《红布条》等歌剧音乐。多次获全军指挥奖、创作奖。

方石（1954— ）

作曲家。重庆人。中国音协第六、七届理事。1982年毕业于武汉音乐学院作曲系。湖北音协驻会副主席、湖北省有突出贡献中青年专家、武汉音乐学院客座教授。从事作曲编曲录制，创作各类音乐作品数百部（首）。歌曲《亲爱的中国我爱你》《入党申请书》《有个小姑娘》《我们和野人》《巴山鼓舞》《我家就在长江边》《土家情歌一直嘎思得》《格拉丹东雪光》《母亲在，家就在》《长大了，回不去了》《好日子慢慢过》等数十首分别获中宣部"五个一工程"奖、中国音乐"金钟奖"、文化部新作奖、群星奖等奖项。另作有交响序曲《鹤归》，管弦乐《BIZIKA》，大型组歌《中国有条汉正街》，歌剧《红鞋》，交响合唱《祖国万岁》，电子计算机音乐《钟馗打鬼》等。为《真诚》等多部电视剧作曲。多次任大型晚会音乐监制。

方 霞（1963— ）

女歌唱家。安徽。1988年毕业于安徽师大艺术系音乐专业，1992年考入上海音乐学院声乐系进修声乐。后在安徽艺术职业学院任声乐教师。2000年曾获安徽省首届青年歌手大赛美声组三等奖，2004年获省第七届艺术节专业组美声唱法三等奖。论文《声乐教学微探——女中音声部训练漫谈》获中国中等艺术教育学会年会二等奖。2005年春曾参加安徽电视台大型公益演出"江淮情"——走进科大专场演出，2006年举办个人独唱音乐会。

方 瑛（1954— ）

女音乐制作人、作曲家。广东广州人。策划、制作了《父老乡亲》《珠穆朗玛》等众多歌曲及《中华金碟》《中国音乐电视珍藏版》等系列畅销音像制品。多次获国家音像大奖、中国唱片金碟奖、全国"五个一工程"奖等。创作的《黄埔军人》电影音乐获美国好莱坞国际电影节最佳原创电影音乐奖，歌曲《莲美人》获第七届中国音乐电视大赛最佳制作奖。

方 于（1903—2002）

声乐教育家。江苏常州人。1927年毕业于法国里昂大学文科。曾为云南艺术学院声乐教授。译有《西哈诺》《诗人海涅的爱》《克里斯丁》等法国名剧。1986年在昆明举办"方于教授声乐民族化教学汇报音乐会"。

方 圆（1947— ）

女手风琴演奏家。上海人。曾在上海乐团工作，后定居新加坡。曾任中国音协手风琴学会常务理事，上海手风琴协会副主席。美国手风琴家协会会员，美国手风琴教师协会会员。1980年赴美学习，曾应邀任百慕达国际手风琴比赛和芝加哥全美手风琴比赛评委，并举行演出及讲座。

方阿泉（1939—已故）

作曲家。福建人。1958年参加工作。先后在《歌曲》《福建歌声》《心声》等歌刊发表歌曲，有多首在全国性征歌中获奖。主要作品有《北引之歌》《水电工人的足迹》《祖国啊，我深深爱上你》，还为多部歌仔戏谱曲，并创作新编锦歌与闽南语歌曲。曾任中国水利文协音乐、舞蹈、戏剧分会理事，龙海市音协副主席。

方斌林（1952— ）

音乐活动家。湖南湘潭人。毕业于湖南师范大学艺术学院音乐系声乐专业。后到湖南岳阳石油化工总厂文工团任团长兼声乐、舞蹈演员，随后任厂工会文艺专干、文化宫主任。曾策划、组织总厂文艺汇演"云溪之春"晚会。多次受岳阳市委宣传部、组织部邀请参加抗洪救灾义演。曾参加省、市声乐比赛获银、铜奖。作有歌曲《岳阳人家》《将军颂》。

方炳云（1916— ）

民族乐器教育家。浙江义乌人。1941年入中央广播电台国乐组。1948年毕业于国立音乐院国乐组。曾任湖北艺术学院、武汉音乐学院器乐系副主任。编有《琵琶基础》等教材。

方博渊（1944— ）

作曲家。上海人。1972年起，相继任苏州市歌舞团作曲、平江区文化馆副馆长。苏州"吴平"国乐团团长，苏州市第十届政协委员。作有二胡、中胡二重奏《父女情》获全国百家城市电视台音乐电视大赛金奖。歌曲《春游山塘》获全国第二届"群星奖"优秀作曲奖，竹笛二重奏《双飞曲》获全国民间音乐舞蹈比赛优秀作曲奖。广播剧《大漠雄风》获中国广播文艺协作会评选一等奖，喜剧《一二三，齐步走》《青春跑道》获全国"五个一工程"奖。曾任苏州音协副主席。

方成甫（1908—已故）

声乐教育家。浙江金华人。1930年毕业于上海美专音乐系，曾任该校音乐系教授。后在南昌铁路中学任教。音协江西分会顾问，省文联第三届委员，第四届常务理事。

方初善（1933— ）

女高音歌唱家。朝鲜族。生于朝鲜咸镜北道。1947年参加文艺工作。1959年入中央音乐学院声乐系进修。曾为中央广播合唱团独唱演员。1957年获第六届世界青年联欢节声乐比赛银质奖。

方道平（1925—已故）

作曲家。河南唐河人。1948年参加革命。先后在河南南阳军分区宣传队、总政文工团、工程兵文工团工作。作有歌曲《官兵亲又亲》《工兵战士朋友多》《巴山顶上唱新歌》。

方光诚（1935— ）

戏曲音乐家。湖北汉川人。1959年毕业于湖北艺术学院民族器乐系。曾任湖北省戏剧研究所副所长。先后在湖北省文工团、湖北省汉剧团、湖北省楚剧团任演奏员与作曲。并为二十多部戏作曲，其中楚剧《双教子》1965年参加中南区戏曲汇演，后被选为"中南区小戏进京汇报演出团"演出剧目，撰有《汉剧西皮探源记行》，曾为《中国戏曲音乐集成·湖北卷》《中国戏曲剧种大辞典》等书编撰辞条。

方光耀（1958— ）

音乐学家。蒙古族。新疆昌吉人。新疆艺术学院音乐学院副院长。1977年入新疆伊犁州歌舞团任笛子演奏员。1986年毕业于中央民族大学音乐系。作有《笛子与钢琴》《青海，绿色的海》《当我从天安门前走过》等器乐、声乐作品，并获奖。撰有论文《对弘扬民族音乐文化之我见》《竹笛演奏艺术风格与音色》《演奏心理障碍及其克服》等。著有《音乐表演美学系列研究》，获甘肃高校"优秀成果三等奖"。

方国庆（1934— ）

打击乐演奏家。浙江宁波人。1951年毕业于中央音乐学院少年班钢琴专业，后任中央乐团首席定音鼓、打击乐声部长。其间除交响乐演出外，还担任钢琴、木琴独奏和室内乐演奏。为数百部（集）电视剧和电影《人到中年》《骆驼祥子》《阳光灿烂的日子》《四渡赤水》等配乐并担任指挥。曾赴德、奥、西、美、日、俄等国以及港澳台地区演出。先后被多所高等艺术院校聘请为客座教授。曾担任中国音协打击乐学会会长，交响乐学会理事，文化部应聘资格考评委员。

方国桢（1936— ）

作曲家。四川乐山人。四川大学化学教授。1953年发表歌曲《包办对不对》，被聘为《西南音乐》通讯员，曾观摩演出十多年，创作《祖国就在咱心中》等16首歌曲。曾编导《抗日联唱》，指挥演出《反美风暴大合唱》，创作上演七场歌剧《蓝文忠》。曾在四川音乐学院学习长笛、次中音号、长号。创建四川大学教授合唱团，指挥演出《黄河大合唱》《晚会》《森吉德玛》《北京喜讯到边寨》《新疆之春》等。2008年赴美期间，作有古筝曲《丰收》，钢琴曲《忆双亲》《愉悦曲》《舒展曲》《畅抒曲》《欢欣曲》等。

方惠生（1931— ）

作曲家、音乐编辑家。四川乐山人。1954年西南音专（今四川音乐学院）作曲系毕业。相继在四川省歌舞团、四川省文化厅工作。作过编辑。1957年调回四川省音协，曾任四川省音乐家协会副秘书长、省业余乐器考级委员会秘书长、四川音协音教委主任。曾率团访问日本广岛等地。出版有《方惠生音乐作品及文选》，作有《祖国在飞跃向前》《四川的水，广岛的月》等。

方家连（1934— ）

作曲家。上海人。1951年入安徽军区滁县分区文工团，1957年毕业于山东师范大学艺术系，1959年调蚌埠市歌舞团。主要作品有歌舞剧音乐《摸花轿》获省一等奖（并拍成电影），歌舞剧音乐《玩灯人的婚礼》获全国创作二等奖，舞蹈音乐《算盘声声》获华东二等奖，《牧鹅少女》获华东二等奖。作有电视连续剧音乐《天拄情雪》。部分作品录制唱片、出版专辑或发表。

方建华（1955— ）

小提琴演奏家。福建莆田人。兰州歌舞剧院副院长、中国交响乐团联盟理事、兰州音协副主席。曾为《白毛女》《红色娘子军》等多部舞剧伴奏。作为第二首席参加演出大型交响音乐会二十余场。2005年率团在兰州、北京、悉尼歌剧院举办"经典敦煌"交响音乐会。本院创排的《大梦敦煌》《蓝花花》等大型舞剧曾分获"五个一工程"奖、"国家精品工程"奖等。

方建军（1962— ）

音乐考古学家。河南禹州人。1982年毕业于河南大学音乐系，1988年毕业于中国艺术研究院研究生部。曾赴山西、陕西、河南、湖南等地考查音乐文物并测音，后在西安音乐学院教授《中国古代乐器》课，同时担任《中国音乐文化大系·陕西卷》主编。发表《陕西出土音乐文物》《考古发现先商磬试探》《先秦文字所反映的十二律名称》《续论秦公编钟的音阶与组合》《中国西部摇滚乐之兴起》等。

方锦龙（1963— ）

琵琶演奏家。安徽人。广东省艺术研究所锦龙工作室艺术总监。1980年以来，先后赴欧、亚、澳、非多国和港、澳、台地区演出。大型琵琶协奏曲《静夜思》获首届"中国艺术节"金杯奖及首届省、港、澳"广东音乐邀请赛"专业组"精英奖"。在日本举行的"21世纪地球系列音乐会"上，首次用11种失传已久的古乐器成功再现了唐风古韵，2002年设立了"锦龙中国乐器馆"，展出个人收藏的中外乐器逾百件。近年来据史料挖掘、制作了失传经年的五弦琵琶。发行了几十张指挥、演唱、演奏的个人专辑，并有多篇论文在海内外发表。

方君默（1922— ）

歌词作家。安徽枞阳人。曾为安徽省歌舞团创研室编剧。1948年毕业于安徽大学中文系。作品音乐电视片《黄山之歌》曾获全国优秀片奖，作有歌曲《歌就是我，我就是歌》曾获华东六省一市新潮民歌"春申歌台SMIEC杯"电视邀请赛歌曲创作一等奖、《月光花》等分获省优秀奖、一等奖，另有诸多作品被国内许多音像出版社出版发行。

方可杰（1954— ）

作曲家。回族。河南许昌人。河南艺术研究院院长，河南省音协副主席。1990年毕业于中央音乐学院，师从苏夏教授学习作曲。作有第一交响曲《故土》，交响组曲《江山多娇》，交响幻想曲《圣光龙门》，定音鼓协奏曲《风》，管弦乐《热巴舞曲》《大起板》，钢琴与排鼓《生命》，无伴奏合唱《禅》及大量戏曲音乐。2006年在北京举办《故土——方可杰交响乐作品音乐会》。作品多次获国家政府奖并由国内外著名乐团演出。出版有交响乐专辑。被文化部评为"优秀专家"。

方立平（1949— ）

音乐理论家。上海人。曾为上海文艺出版集团上海音乐出版社编审。中国音协刘天华研究所秘书长。毕业于北京大学中文系。出版《乐神之子——世界十大音乐家》《圣殿的巡礼》《'我'与'非我'的和谐》等5部。主编有《刘天华记忆与研究集成》《宗教妙语》《休闲丛书》《闵惠芬二胡艺术研究文集》（合编），《中国和谐社区文化丛书》（合编）等。论文《'林氏咽音练声体系'综论——兼谈'艺术与科学'的结合》《我们该怎样继承刘天华的遗产》等在学术交流演讲。

F

方玲玲（1955— ）

女歌唱家。江苏淮安人。1970年为前线歌舞团歌队学员，后任演员。1986年毕业于上海音乐学院干部进修班。曾在本团排演的《沙家浜》中担任阿庆嫂。1975年参加文化部组织的全国调演中演唱《我爱井冈山》，1977年参加全军第四届文艺汇演担任独唱，先后演唱外国歌曲《人们叫我咪咪》《蝴蝶夫人》《水仙女》等歌剧选曲和艺术歌曲，中国歌曲《黄河怨》《铁蹄下的歌女》《玫瑰三愿》等百余首。曾参加江苏首届"玄武湖之春"独唱音乐会。

方龙哲（1940—已故）

作曲家。朝鲜族。吉林延边人。1958年入延边歌舞团。1980年入西安音乐学院作曲系进修。曾在延边艺校任教。作有歌曲《妈妈，祝您长寿》，伽倻琴独奏曲《春到长白山》。

方妙英（1930— ）

女音乐教育家、作曲家。上海人。1956年在武汉音乐学院任教。1984年创建厦门大学音乐系，教授、硕士生导师。合著《民族音乐概论》《门类艺术探美》《闽台民间艺术散论》。论文《论楚宫》《论楚羽》《十二声音乐思维》等。作有电视片《西陵峡畔》，葫芦丝独奏曲《三月三》，组歌《海峡情》。合唱《中华魂》在菲律宾、泰国演出。1989年、1993年、1997年分别获八闽新曲唯一荣誉奖、厦门市百龄奖、福建音乐学院柯贤炳音乐奖。

方佩荃（1943— ）

女音乐编辑家、钢琴家。上海人。1964年毕业于中央音乐学院钢琴系。曾任青海省艺术学校音乐系、舞蹈系钢琴伴奏。1965年分配到中央新闻纪录电影制片厂任音乐编辑，先后编辑中、外各类纪录片《少奇同志人民怀念您》《历史的经念》《巴金》《今昔西藏》《冰上芭蕾》《罗马喷泉》等数百部，曾获得布达佩斯体育电影节特别奖、意大利米兰国际海洋电影节最佳纪录片奖等国际奖项及"星花奖""金鸡奖"音乐编辑单项奖。

方浦东（1942— ）

笙、埙演奏家。湖北红安人。1959年入北京公安文工团，1960年入中国歌剧舞剧院任演奏员。参演歌剧《白毛女》《小二黑结婚》，舞剧《宝莲灯》《小刀会》等数十部作品。与人创作研制34簧加键扩音笙。与人合作创作笙协奏曲《春华秋实》，由台北国立音专实验乐团在台湾首演。录制埙独奏曲《望月》《一叶知秋》等，录制个人音乐专题。撰写多篇关于笙与埙演奏的文章，发表于《中国教育报》《乐器杂志》等刊物。

方仁慧（1933— ）

女钢琴家、音乐教育家。浙江杭州人。1952年毕业于南京金陵女子大学音乐系钢琴专业。先后执教于上海音乐学院、沈阳音乐学院、南京艺术学院，教授。撰有《钢琴教学的几点要素》《论钢琴指法艺术》等文。1988年移居美国，先后应邀在纽约州宾汉顿等大学作题为《中国钢琴音乐的发展》的讲学并演奏。1995年出任美国林达中美文

化交流中心董事长，多次组织中国旅美音乐家在中美两国演出。同年组织旅美杰出中国音乐家、作曲家赴北京、上海音乐厅演出，并与中央音院、上海音院进行学术交流。

方日良（1922—2003）

小提琴演奏家。广东中山人。1946年入入上海交响乐团。1975年曾随团赴澳大利亚、新西兰演出。

方绍墀（1929— ）

作曲家。安徽安庆人。任职于安徽省黄梅戏剧院。新中国成立初期，历任安庆地委文工团、安徽省文工团音乐组长、作曲。1959年毕业于上海音乐学院理论作曲系作曲专业。此后一直在安徽省黄梅戏剧院任作曲。作品有黄梅戏音乐《天仙配》，黄梅戏电影音乐《牛郎织女》《龙女》，黄梅戏电视连续剧音乐《西厢记》《朱熹与丽娘》《团圆之后》，电视艺术片音乐《千里共婵娟》（为苏东坡《大江东去》等八首词谱曲），舞台剧音乐《红楼梦》《党的女儿》。2004举办方绍墀作品演唱会。

方世豪（1933—已故）

音乐编辑家。四川广安人。1949年在部队文工队任队员，1953年调重庆广播电台任音乐编辑，后任文艺部主任。作有歌曲《苗族同胞细听我说分明》《抗美援朝之歌》《祖国颂》，歌剧《军民鱼水情》，歌舞剧《战士和荣誉》等。撰写评论和录音报导《乐坛新花》《评四川音乐学院交响乐队在渝演出》《访来自新疆歌舞之乡的艺术使者》，说介古曲《阳关三叠》《梅花三弄》，评介《法国印象派音乐家德彪西和他的交响音画 大海》等。

方是英（1954— ）

小号演奏家。四川成都人。四川省管乐专业协会常任理事。1972年在云南省京剧院学院随小号演奏家朱萱学习小号，毕业后在云南京剧院工作。1978年到中央乐团随小号演奏家陈佳敏学习小号。1978年调入四川省歌舞剧院任乐团首席小号演奏员及管乐声部长。一直担任独奏，重奏，合奏及交响乐的演奏。

方崧甫（1926— ）

合唱指挥家。湖南人。上世纪四十年代初在国立戏剧专科学校学习歌剧。1950年入中央歌剧院工作。曾任中国音协合唱指挥学会常务理事。北京市第七届政协委员。曾担任多部中外歌剧合唱指挥。1981年获文化部优秀指挥奖。

方天行（1952— ）

作曲家。上海人。曾先后就读上海音乐学院、武汉音乐学院。中国音协第七届理事、广东音协副主席，曾任广州军区政治部战士歌舞团团长。作品有歌剧《党的女儿》（合作），五弦柳琴协奏曲《盼——遥寄海天的思念》，钢琴组曲《梦境》，歌曲《正义的旋风》《香港一九九七》《情系人民》，舞剧《虎门魂》（合作），歌舞剧《好兵李向群》（合作），曾获文化部"文华奖"作曲奖两次，中宣部"五个一工程"优秀作品奖三次，全国

第三届音乐作品比赛三等奖，中国音乐"金钟奖"组委会特别奖，全军文艺汇演作曲一等奖、优秀奖，96中国音乐电视大赛金奖、解放军文艺奖、全军文艺新作品优秀作曲奖等。

方夏灿（1938— ）

作曲家。朝鲜族。吉林和龙人。1966年由中央民族学院艺术系作曲本科毕业并留校任教，教授。曾获中央民族大学教学优秀成果奖与中央民族大学音乐学院特殊贡献奖。其创作的双簧管与乐队组曲《故乡行》，管弦乐《安适》，影视音乐《中国朝鲜族》《黑脸女婿》等均获国家级、省部级奖。参加《中国大百科全书·音舞卷》《音乐百科全书》撰稿，《中国民间歌曲集成》《中国曲艺音乐集成》部分省卷的审稿工作，并获优秀编审奖。发表《朝鲜族音乐发展综述》等文。

方晓俊（1956— ）

指挥家、作曲家。湖北武汉人。1986年毕业于武汉音乐学院作曲系指挥专业。后在武汉歌舞剧院任小提琴演奏员，在交响乐团任指挥，1988年始在武汉音像出版社任副社长。1978年在全市专业人员考核中获小提琴演奏专业一等奖，1980年起担任乐团独奏演员，演奏《梁祝》及门德尔松《e小调小提琴协奏曲》。在歌剧团时演奏大、小歌剧近三十台。指挥贝多芬《第五交响乐》《阿莱城姑娘》及施光南作品音乐会，并指挥自己作曲的多部电视、广播剧音乐。编辑并参与制作录音录像作品五十多盘。担任责编、制作人、监制的音乐CD《编钟乐舞》《楚韵》及其中的《盘王之女》被"亚广联"评为"金奖"。

方晓天（1925— ）

女歌剧表演艺术家。山西晋城人。长期任职于中央歌剧院。教授。1941年参加抗敌演剧二队，演出过《放下你的鞭子》《小放牛》等。1946年到晋冀鲁豫解放区参加华北人民文工团，曾主演《刘月花动员参军》《防旱备荒》《兄妹开荒》等剧目。1949年起，曾先后主演过大型歌剧《赤叶河》《王贵与李香香》《刘胡兰》《茶花女》《春雷》《青年近卫军》等。1964年后导演的歌剧有《南海长城》《刘胡兰》与荣获1980年文化部新编剧目评比演出导演二等奖的《第一百个新娘》。全国政协第二、三、四、五届委员。

方学春（1943— ）

小提琴演奏家。朝鲜族。吉林人。1966年延边艺术学校小提琴专业毕业，长期在延边歌舞团任小提琴演奏员。1985年获延边州器乐比赛一等奖，并随团赴朝鲜、俄罗斯、韩国等国演出。发表《演奏中弦乐器最佳音色秘绝》等文多篇。中国朝鲜族音乐研究会会员。

方耀梅（1922— ）

音乐教育家。广东广州人。1945年毕业于国立福建音专理论作曲专业。1949年以来先后任职华南人民文学艺术学院、武汉中南音专、广州音专，历任讲师、教务处负责人。1985年调华南文艺业余大学任副教务长兼音乐系副主任。编写《民族视唱》《群众歌曲创作与研究》等教材，撰有多篇音乐教育论文。

方一方（1953— ）

歌词作家。湖北罗田人。湖北五峰文体旅游局主任科员。1989年毕业于宜昌地区党校大专班哲学系。撰有《土家族习俗沿袭与孔子的美学思想》《丰富的艺术资源、深厚的文化底蕴》等论文。著有词作、散文专辑《贝锦卡的家园》，三十余首词作发表。主要获奖词作有《唖酒歌》获全国第九届"群星奖"音乐比赛金奖、省第四届"楚天群星奖"金奖，《鸽子花》获第六届全国少儿电视节目"金童奖"音乐电视三等奖。搜集整理民歌20余首，收入《中国民歌集成·湖北卷》。

方应暄（1927— ）

男高音歌唱家。江苏灌云人。1949年毕业于南京大学（原中央大学），并留校任音乐系助教。1953年调华东军区解放军艺术剧院音乐部。1954年调总政歌舞团，长期担任独唱、声乐教学工作。经常深入海边防为部队演出，在军内外培养了大批声乐人才。曾先后随中国人民解放军歌舞团、中国青年艺术团、中国民间歌舞团赴苏、捷、波、罗匈、阿、奥、朝、蒙、缅等国访问演出。

方泽廷（1935— ）

作曲家。吉林长春人。1950年始从事部队文艺工作。1958年毕业于沈阳音乐学院。原海政歌剧团乐队首席、海政歌舞团乐队二提琴首席、小提琴分队队长。写有多部独唱、重唱、队列歌曲、男声合唱、混声合唱、管弦乐等各类体裁的声器乐作品。作有混声合唱《保卫祖国神圣海疆》（词曲获全军第四届文艺汇演创作奖），男女声二重唱《在辽阔的海洋上巡航》（词曲），交响序曲《大海》，管弦乐《舰队在前进》，合唱《我们的心》（词曲）等。曾获全军第四届文艺汇演演奏奖。

方振翔（1927— ）

作曲家。山东蓬莱人。1947年入长春电影制片厂，曾在该厂音乐创作室工作。作有电影音乐《雨后》，电视片音乐《千里姻缘》。

方之光（1950— ）

作曲家。上海人。曾任南京军区文化部文艺处副处长。1986年毕业于江西师大中文系。作有器乐合奏《欢乐的连队》获军区文艺汇演优秀创作奖。歌曲《幸福水》获军区文艺汇演创作一等奖，组歌《我们的海岛好》获全军文艺汇演优秀创作奖。曾为电视剧《军营门外》《恨》《望子成龙》作曲。编有《中外吉他弹唱曲100首》《踏进缤纷的音乐世界》。

方芝芬（1946— ）

女高音歌唱家。浙江镇海人。上海民族乐团独唱演员、上海音乐学院音乐教育系声乐兼职副教授。毕业于上海音乐学院声乐系，师从周小燕、胡靖舫、郑倜教授。后入上海乐团、上海民族乐团担任独唱。1978年获上海青年演员会演一等奖，代表上海市参加全国民族民间唱法会演。曾为多部电影、电视剧配唱并录制个人演唱专辑。

方志新（1954— ）

音乐教育家。安徽广德人。安徽滁州学院音乐系主任、副教授。中国教育学会音乐教育专业委员会会员、安徽省音协声乐学术委员会理事、滁州市政协委员、民盟滁州学院支部主委。1982年于安徽师范大学艺术系音乐专业毕业后分配到滁州师专（现为滁州学院）任教。发表多篇学术论文，其中《语音在歌唱中的重要作用》《科学发声是永保嗓音艺术青春的法宝》两篇论文被《中国高教研究》评为优秀论文一等奖。曾在《歌曲》杂志上发表歌曲《母亲——中国》。

方智诺（1941— ）

音乐教育家。山东莱州人。中国教育学会音教专委理论作曲学术委员会副主任、研究生导师、教授。1965年毕业于哈尔滨艺术学院作曲专业。曾任哈师大艺术学院音乐系主任。撰有《音乐构成论》等多部著作和教材，其中《歌曲分析与写作》获2002年全国高校优秀教材奖。作有管弦乐曲《龙江怒涛》，部分作品在各级刊物上发表，歌曲《校园催春》等多首获奖。曾获1999年全国曾宪梓教育基金会高师院校教师奖二等奖。

房爱珍（1959— ）

女高音歌唱家。浙江人。内蒙古赤峰市民族歌舞剧院声乐队队长。1977年毕业于沈阳音乐学院声乐系。撰有论文《音乐与生命》《运用胸腹式呼吸增强声音表现力》。演唱《美丽的德力格尔玛》《深深眷恋的草原》《草原上有一座美丽的城》等歌曲在中央、内蒙电台、电视台播放。2004年赴韩国进行文化交流演出。1984年获内蒙古东四盟首届声乐表演一等奖，1998年获内蒙古环保文艺调演二等奖。

房保民（1947— ）

作曲家。河北磁县人。1971年始从事文艺创作。曾在河北省邯郸群众艺术馆工作。作有歌曲《小瓜棚》《秋风伴我走太行》。

房鸿明（1930— ）

作曲家。广东化州人。1951年毕业于东北鲁艺师资班。后任沈阳音乐学院音乐研究所中国音乐研究室主任、副教授。作有歌曲《春耕谣》，著有《歌曲的旋律法》等。

房金明（1955— ）

小号演奏家。河北满城人。内蒙古民族歌舞剧院交响乐团演奏员。1982年毕业于天津音乐学院。曾参加《白毛女》《红色娘子军》多个舞剧和《沙家浜》等多个交响乐的演出。1980年参加由文化部举办的全国第一届少数民族汇演。1999年参加内蒙古电视台春节音乐会的演出，任首席小号。参加小号与钢琴四重奏《小青马》的演奏获中国第六届艺术节、全国第二届"室内乐作品暨演奏演唱大赛"一等奖。

房小速（1960— ）

演奏家。河北威县人。1977年毕业于湖北艺术学院附中，同年任湖北省歌剧舞剧院交响乐团演奏员，后任团长。参加演出有《红绫》《红豆相思》《相思泪》《报童》《江姐》《洪湖赤卫队》《泪血樱花》等歌剧及数百场音乐会。1992年赴香港参加神州艺术节，连续四次随本院乐舞《钟鸣楚天》剧组赴法国及西班牙巡演，为音乐事业作出了突出贡献。

房晓敏（1956— ）

作曲家、音乐教育家。广东化州人。星海音乐学院作曲系主任，广东省音协理事。1982年于沈阳音乐学院毕业后留校任教。1986年赴上海音乐学院作曲指挥系学习。作有梆笛、扬琴、琵琶、古筝、二胡五重奏《五行》，获1992年美国纽约第一届"长风奖"国际中国民族器乐作曲赛首奖。打击乐与乐队《凤凰涅槃》，获1993年第五届"羊城音乐花会"音乐作品奖、1996年"广东省第五届鲁迅文艺奖"音乐奖。著有《五行作曲法》。

房新华（1958— ）

女歌唱家。山东长岛人。南京军政治部文工团话剧演员。1970年入南京军区政治部宣传队，1994年任前线话剧团演员。曾在话剧《淮海大战》《第二个春天》《红旗飘飘》和歌剧《红霞》《芳草心》等扮演主要角色。演唱歌曲《雨打芭蕉淅沥沥》获八十年代新一辈新人新作奖。其演唱的《小草》广为流传。曾获全军文艺调演优秀演员奖、文化部一等奖、全国第二届戏剧梅花奖及第七届曹禺杯优秀表演金奖，获荣誉演员及前线文艺特等奖。

房亚红（1955— ）

女声乐教育家。江苏大丰人。1976年毕业于南京艺术学院音乐系，留校任教，后任声乐系副主任。曾在上海音乐学院声乐系进修。撰有《歌唱与情感辨证关系之管见》《歌唱中的字腔关系》等文。所培养的学生在省、市以及全国性的声乐比赛中多次获奖。

房益发（1959— ）

二胡演奏家。辽宁大连人。任职于大连市金州区文化馆。发明站立式二胡演奏琴托获得国家专利。自学获得了辽宁省教育学院音乐系的大专和本科毕业证书。师从蒋巽风。曾得到果俊明、唐毓斌、刘长福教授的指教。创作歌曲《警察叔叔辛苦了》《家是一首歌》《家是一幅画》获金奖，动感站立式二胡与演唱多次参加央视《星光大道》《神州大舞台》《与您相约》等大型演出。曾被选为大连市金州区劳动模范及北京2008年奥运火炬手。

费承铿（1937— ）

音乐教育家。江苏苏州人。徐州师范大学音乐学院教授、硕士研究生导师，人民教育出版社特约主编。1956年起从事音乐教育工作，先后在小学、中学、中师、幼师、高师任音乐教师并从事音乐创作。出版有《青少年学和声》《钢琴即兴伴奏练习册》《小学音乐教学》《趣味钢琴曲》。主编中小学、中师音乐课本多套。1996、2006年曾两次举办个人作品音乐会。

费邓洪（1950— ）

音乐学家。黑龙江人。广东音协理事，广东当代文艺研究所、音乐研究室主任，星海音乐学院、广州芭蕾舞团、广东亚视演艺学院兼职教授。长期致力于音乐美学、艺术学的研究与讲授，并广泛涉猎戏剧、化妆、相声、电视、艺术评论、艺术演讲等领域。发表论文五十余篇，有6项成果分别获省部级以上奖。出版有《弦外之音——隐内容初探》一书，并主编《论乐岭南》《广东省首届儿童音乐研讨会论文集》。2003年获广东省优秀音乐家称号。

费明仪（1935— ）

女高音歌唱家。江苏吴县人。先后毕业于南京国立音乐院钢琴专业、法国巴黎大学音乐艺专声乐专业。1964年在香港创办明仪合唱团并任团长、指挥兼音乐总监。香港浸会学院声乐教授。曾多次在新加坡、马来西亚、南朝鲜、台湾、香港及北京举办个人独唱音乐会。改编并主演中国歌剧《甜姑》。

费师逊（1934— ）

音乐理论家。江苏海安人。曾任广东省音研所研究员。曾就读于上海复旦大学中文系。1962年毕业于上海音乐学院民族音乐理论专业。从事瑶族、黎族音乐和广东粤乐与潮乐的研究。论文有《民族音乐与文化流》《简论'内向文化'与中国文化史上的三次大融合》《解释中国传统音乐功能性的三幅图表》《跳禾楼——远古稻作文化的遗存》《从珠江地域的民歌比较中看古族遗音》《中国少数民族传统音乐》中《瑶族音乐》《黎族音乐》两章，并在《海上丝路音乐学研究觅踪》中对广东粤乐和潮乐的乐律学问题，从自然律角度作了原创性探讨。

费维耀（1962— ）

音乐编辑家。浙江平湖人。1989年毕业于上海音乐学院音乐学系，2008年获工商管理MBA硕士，现为在读工商管理DBA博士。1989年入上海音乐出版社，历任编辑、编辑室主任、总编辑、社长、编审。中国音协第七届理事，上海音协常务理事。2004年被评为"全国新闻出版业有突出贡献中青年专家"，2007年被评为"上海领军人才"，同年被评为"全国新闻出版行业领军人才"。

费泽彪（1955— ）

小号演奏家。回族。山西大同人。1976年毕业于山西省艺术学校音乐科，同年入山西省歌舞剧院。历任演奏员、队长、团长、副院长。演奏有小号二重奏《到敌人后方去》《打靶归来》。在歌剧《希望之火》《酒干倘卖无》《初恋》，歌舞剧《哑姑泉》中担任小号首席。多次在大型音乐会与文艺演出中担任组织策划、艺术总监。

丰　琪（1926—已故）

指挥家。陕西西安人。1943年始入西北音乐学院、南京国立音乐院学习。1956年在德国指挥专家班进修。历任西南军区文工团、总政歌舞团、陕西歌舞剧院指挥。曾出访朝鲜、苏联及东欧各国演出。

丰淑芳（1936— ）

女二胡演奏家、教育家。湖南湘阴人。西安音乐学院副教授、中国音协二胡学会理事。1959年于西安音乐专科学校毕业后留校任教，曾任民乐系弦乐教研室主任。为西北等地区培养了大批二胡演奏和教学人才。发表《论二胡右手运弓技法》等文和《山寨春晓》《丰收乐》《迷糊新曲》等作品。专著《二胡教程》获中国艺术界名人展示会优秀奖和陕西省科研成果二等奖。录制CD《延河忆事曲——丰芳二胡创作演奏专辑》。多次获院系教学成果奖。曾应邀赴新加坡、港、台参与演出教学活动。

枫　波（1930— ）

民族音乐理论家。河北涉县人。湖北省群众艺术馆研究馆员。1944年起从事部队文艺宣传工作。曾入西南人民艺术学院音乐系学习。后在志愿军某军文工团从事音乐及战地宣传工作，作有歌曲《伟大的战士邱少云》等。曾获朝鲜人民民主主义共和国三级国旗勋章、军功章。历任湖北省民间歌舞团副团长、省曲艺团团长、省群众艺术馆馆长，发表有论文《姊妹歌与竹枝词》《论民歌倚声填词》《蛮腔楚调与汉音的交汇》等。曾为《中国音乐词典》《大百科全书》《音乐百科全书》撰写词条，出版有《鄂西山歌初探》。曾主编《中国曲艺音乐集成》湖北卷，《中国曲艺志》湖北卷。1997年获文化部两项"国家重点科研项目集成志书编纂成果奖"。

封玉书（1931— ）

指挥家。陕西西安人。1949年入西政文工团乐队。1951年始从事指挥。1956年指挥歌剧《打击侵略者》《董存瑞》获志愿军军乐汇演指挥奖。1963年毕业于中央音乐学院指挥系本科，曾指挥学院合唱团演出《伟大的战士雷锋》《我们走在大路上》及歌剧、民乐合奏等。先后任前线军乐队、前线歌剧团、江苏京剧院、江苏乐团指挥，演出歌剧、现代京剧、舞剧、交响乐、合唱音乐会等十余部，其中指挥首演《芳草心》歌剧获国家奖。在北京、南京、上海等地创办指挥训练班，培养大量文艺骨干。

鄷子玲（1929— ）

女声乐教育家。河北永年人。1949年入北京师范大学音乐系，师从沈湘、胡雪谷、应尚能。其间在中央电台《教唱新歌》节目中教唱。1953年毕业后任少年广播合唱团指挥。1956年起先后任北师大、北京艺术学院、北京师范学院声乐教研室主任、教授。1957年与应尚能教授在山东、福建、上海等省市举行独唱音乐会。演唱曲目有《夜莺》《月亮颂》《沁园春·雪》《我爱你，中国》等。培养有靳玉竹、周桂珠、宋连生、樊其光等一批声乐人才。著有《歌唱语音练习曲》《歌唱语音训练》及《高等师范院校声乐教学大纲》。

冯　北（1923— ）

音乐活动家。广东鹤山人。1942年参加新音乐社的活动。1944年就读于国立剧专乐剧科，1945至1948年就读于军乐学校，后任广州市职业学校音乐教师。1951年调至广州市文联音乐部工作，1977年任广州市文联组联部副部长。之后一直从事广州市群众音乐活动。

冯丹（1963— ）

女钢琴家。四川江安人。1984年毕业于重庆西南师大音乐系。重庆西南师大音乐学院钢琴教研室副教授。编著有教材《巴赫二部创意曲集》（合作）《巴赫初级钢琴曲集》。撰有《试论建立和完善钢琴业余考级体系》。出版有教学音带和CD《拜耳钢琴基本教程——钢琴与乐队》。

冯丹（1968— ）

钢琴演奏家。天津人。1986年毕业于中央音乐学院附中，1990年毕业于中央音乐学院钢琴系。后在中央乐团交响乐队任演奏员，1996年始在中国交响乐团任演奏员。参加本团重要演出，出访日本、澳大利亚、德国及港澳台地区。1997年赴俄罗斯参加"中国文化节"演出。录制大量影视作品，担任新作品演奏如与刘云志合作录制CD，与戴中晖、韩国良、新世纪室内乐团合作录制CD、VCD。

冯蕙（1937— ）

女歌唱家。天津人。1956年入中央歌舞团任声乐演员，1957年赴莫斯科参加第六届世界青年联欢节，获合唱比赛金奖。1960年入中央民族乐团，1978年调入中国音协。先后就职于民族音乐委员会和表演艺术委员会，任副主任。先后组建中国音协二胡学会、民族管乐研究会、扬琴学会、雷琴学会、马头琴学会、古筝学会等。曾多次主办"中华之声""华夏之声""民族之声"等大型音乐会及东北古乐、新疆十二姆卡木等专场演出和学术交流活动。曾主办纪念刘天华、华彦钧（阿炳），吕骥等人的纪念音乐会和学术研讨会，以及刘德海、陆春龄、德德玛等百余人的独奏独唱音乐会。曾主办全国民族管乐大赛、全国少数民族声乐大赛等活动。民进中央文艺委员、中国音协雷琴研究会名誉会长。曾与高伟编辑出版《中老年大合唱》等。

冯凯（1958— ）

小提琴演奏家。江苏人。武汉乐团演奏员。1979至1982年就读于上海音乐学院，师从张世祥教授。曾任武汉歌舞剧院歌剧团演奏员。参加《第二次握手》《启明星》等多部歌剧的演出。参加乐团和美国、德国等国家的指挥合作，演出多部交响乐、协奏曲。曾代表乐团到德国杜伊斯堡交响乐团进行专业交流，并参加该团的音乐会演出。曾随团赴日本演出。

冯宁（1943— ）

作曲家。江苏南京人。毕业于西安音乐学院理论作曲系。曾任地区群艺馆音乐干部。1984年任陕西省商洛剧团副团长兼作曲、指挥。作有歌曲《我愿做那洁白的浪花》《小雨点的歌》，改编二胡独奏曲《怀想曲》《闹社火》，山歌剧音乐《鸡窝凹的人家》，花鼓剧音乐《换猪》《六斤县长》（合作）《屠夫状元》（配器），发表《陕南民间小戏的声腔分类》等民间音乐研究论文。1992

年调陕西省艺术师范学校任教，曾受教育部艺教司委派主持编写中等艺术师范学校统一教材《钢琴》共三册。

冯萍（1960— ）

女琵琶演奏家。江苏无锡人。江苏省锡剧团乐队演奏员。1980年毕业于江苏戏剧学校锡剧科。出版担任琵琶伴奏的录音盒带三十余盒，其中有王根兴演唱的《孟姜女》，蒋昌湧演唱的《秋香送茶》《绣荷包》等。曾在"江苏民族器乐新作品专场音乐会""金叶风情民族音乐会"、第六届中国艺术节演出中担任琵琶演奏。

冯秦（1934—已故）

长号演奏家。陕西平民人。1953年毕业于西北艺术学院音乐系，同年入中国儿童艺术剧院乐队。1961年入中央芭蕾舞团工作。

冯欣（1958— ）

女高音歌唱家。山东临沂人。国安乐团副团长。1972年从事文艺工作。1982年毕业于曲阜师范大学艺术系。曾获全国第九届"群星奖"银奖、中央国家机关声乐比赛一等奖、中央电视台第六届"通业杯"青年歌手电视大奖赛民族唱法荧屏奖、国家安全系统声乐比赛一等奖等。曾由国际文化交流音像出版社出版个人独唱专辑《圣洁的清莲》，并由中央电视台等拍摄MTV《无花果》《深情的目光》等作品。曾随北京艺术团赴国外演出。

冯瑄（1945— ）

女钢琴教育家。陕西西安人。西安音乐学院声乐系钢琴伴奏、艺术指导、教研室主任、副教授。1986年毕业于西安音乐学院干部专修班钢琴系。撰有论文《论声乐曲的钢琴伴奏艺术》《试论歌曲即兴伴奏》《论歌剧演唱与钢琴伴奏》。作有陕北民歌《当红军的哥哥回来了》伴奏谱。曾为百余场独唱音乐会担任钢琴伴奏，并赴京参加声乐比赛。在大型交响音乐会、歌剧咏叹调专场音乐会演奏羽管键琴。1994年以来曾任钢琴考级评委。

冯玉（1956— ）

圆号演奏家。山东潍坊人。解放军军乐团演奏员。多次参加国庆大典、广场阅兵等军乐演奏和各种形式的音乐会及全国调演、全军文艺汇演录音录像百余次。为来华访问的几十个国家元首举行司礼演奏。先后担任圆号首席、声部长，有时担任独奏和领奏。曾随团赴日本参加世界军乐大会，赴芬兰、德国、俄罗斯、新加坡、英国、法国及香港、澳门演出。

冯远（1952— ）

音乐活动家。江苏无锡人。中国文联副主席、党组成员、书记处书记，中国美协副主席。1980年浙江美术学院中国画系研究生毕业，师从方增先。曾任文化部艺术司司长、中国美术馆馆长、浙江省政协委员。撰写论文、评论、教材近百万字，出版画集、专著15种。作有《从生命意识到审美知觉》《水墨人物画教材》《冯远画集》等。

F

冯爱群 (1958—)

女音乐教育家。云南玉溪人。1982年毕业于内蒙古师范大学音乐系，后任内蒙古自治区呼和浩特市第二职业中专声乐教师。曾在第五、六届全国青年歌手电视大奖赛中获美声唱法优秀歌手奖和三等奖，1997年获全国首届中华校园歌曲电视大赛教师组二等奖，2005年在首届中国优秀青少年合唱决赛中，获优秀指挥奖，同年被评为内蒙古自治区职业教育优秀教师。长期从事音乐教学，撰写与发表声乐教学论文数篇。

冯伯阳 (1952—)

音乐教育家。吉林长春人。中国音协第七届理事。1978年入吉林艺术学院学习作曲理论，毕业后留校。任吉林艺术学院院长、音乐学教授、吉林艺术学院学报主编、吉林省音协主席。主要研究音乐史学、音乐教育学、音乐文化人类学等。曾主编数本音乐理论著作，发表过数十篇音乐论文。

冯步岭 (1937—)

音乐教育家。河北南宫人。50年代末毕业于河南大学艺术学院音乐系，后从事戏曲音乐工作。曾为数十出豫剧剧目创作音乐和唱腔设计，并在河南省多次戏曲调演中获奖。1978年调入河南大学音乐系任教，历任音乐二系音乐教研室主任、艺术学院音乐系教授等职。出版《中国民歌欣赏》《民族音乐基础教程》《中外音乐名作欣赏》《大学音乐修养教程》等。发表《对二泉映月几种不同演奏谱的初步探讨》《音乐欣赏要突出民族性》等文四十余篇。

冯灿文 (1920—)

音乐教育家、作曲家。北京人。1936年参加抗日救亡歌咏运动，1939年入国立上海音专。作品有歌曲《铁要趁热打》等，民歌填词《大反攻》，歌剧《血泪仇》（部分唱段），器乐曲《凤阳花鼓组曲》，电影音乐《百万雄师下江南》（合作）等。论文有《发展我国各类音乐教育之我见》《苏联历史上对音乐家的两次批判》《解放思想，实事求是，继续深入地研究中国近现代音乐史》等。曾三次获二十五军政治部文艺创作奖。

冯长路 (1936—)

指挥家。陕西西安人。1966年毕业于上海音乐学院指挥系。曾在陕西乐团任指挥。指挥有舞剧《白毛女》《红色娘子军》，小提琴协奏曲《梁山伯与祝英台》，管弦乐曲《春节序曲》。

冯成杰 (1947—)

戏曲音乐家。江苏江都人。1960年考入扬州专区艺术学校表演专业，后分配至扬州专区扬剧团。1964年起，先后任演员、乐队演奏员、作曲、业务副团长、团长。1982年在南京艺术学院音乐系进修。1989年调江都市文化局剧目创作室，参加《戏曲音乐集成（江苏卷）》编辑。曾任职于江都市文化馆。

冯成学 (1938—)

作曲家。四川成都人。毕业于四川南充师范音乐美术班。收集、整理、编印《民间歌曲，民间器乐曲》苍溪县卷、《四川灯戏音乐集成》苍溪县卷等5个专集。数十首曲牌唱腔和民歌被选入《中国戏曲音乐集成》《中国民间歌曲集成》，获文化部表彰。创作大量歌曲，发表歌曲数百首，50首获各级奖项，其中有《小白鸽》《吹起我的小竹笛》《校园的小路》《月亮船》《亮丽丽》等。

冯德新 (1936—)

板胡演奏家。河北容城人。1945年参加冀中北进剧社。先后在河北军区文工团，华北军区文工团、总政歌舞团、歌剧团任板胡演奏员。曾随团赴东欧、香港、澳门访问演出。1994年演出交响乐《白毛女组曲》，担任板胡独奏。曾在《白毛女》《柯山红日》《党的女儿》等数十部歌剧中担任伴奏。创作歌舞剧音乐《卖椰子的姑娘》和数十首歌曲，发表多篇歌剧评论。1954年获"解放奖章"，1993年获"独立功勋"荣誉奖章。

冯定震 (1951—)

手风琴演奏家。河南商丘人。商丘文联协会部部长、商丘市音协副主席。曾入湖北艺术学院学习，后任部队文艺宣传队乐队队长。作有歌曲《首长来咱炊事班》《政委挑泡》等，参与组织辅导的鼓舞2003年获省金奖。

冯斗南 (1935—)

作曲家、理论家。安徽人。1949年入伍，转业后从事过教学、演奏、指挥、作曲，并长期在江西省文艺研究所任职。出版有《郭祖荣交响乐诠释》上、中、下三册，《中国交响音乐名曲诠释》三卷，编有《世界交响名曲诠释》六卷。作有轻音乐《花星集24朵》，《第三交响曲》。《长虹交响八阵图——立交桥庆典序曲》，谱例文字获江西音乐一等奖。《交响序曲21》获50年国庆纪念奖。《海底花园的交响大合唱》《宇宙飞船#F红星号》，谱例与文字获世界学术文库金奖。

冯鄂生 (1934—)

音乐教育家。四川江安人。1955年毕业于西南师大音乐系，曾在该院任教。曾任国家教委艺术教育委员会委员。著有《和声学教材》上、下册。

冯福宽 (1939—)

歌词作家。回族。河北大厂人。1963年西北大学中文系毕业。曾为陕西电台高级记者，陕西穆斯林对外文化经济促进会副会长。曾获陕西省民族团结进步先进个人称号。作品有歌曲《山丹丹花开红艳艳》（合作），叙事组歌《蓝花花》等。叙事组歌《蓝花花》除演出、参加全国比赛以外，并改编、制作成同名广播音乐诗剧、同名舞台艺术片，在全国各地电台、电视台播映。出版有诗词集《黄土魂》《山花赋》《穆斯林之歌》《绿色的黄土高原》等。

冯高显 (1941—)

作曲家。云南建水人。1965年在文工团从事音乐创作和乐器演奏。曾任开远市歌舞团团长。1993年始从事电脑音乐创作。《苗山飞来一朵红霞》《来也匆匆，去也匆匆》等二十余件作品在全国大赛中获奖。出版歌曲集《绿色玫瑰》，盒带、CD四辑。作有交响乐一部，电视、舞蹈、歌剧、歌曲和卡拉OK伴奏等音乐作品数百首（部），获开远市政府颁发"艺术创作突出贡献奖"。

冯光弼（1930—1996）

长号演奏家。河北易县人。1949年入华北军区战斗剧社。1953年始入总政歌舞团乐队。曾多次随团出国访问演出。参加演奏的主要曲目有贝多芬第五、第六交响乐及《长征组歌》《祖国万岁》等。

冯光涛（1926— ）

指挥家。浙江绍兴人。1948年毕业于北平师范大学音乐系。1950年始从事电影音乐指挥工作。曾任中国电影乐团指挥。指挥有电影音乐《林家铺子》《暴风骤雨》《少林寺》。

冯光钰（1935— ）

民族音乐学家、音乐教育家。重庆人。1961年毕业于四川音乐学院，后留校任教。1981年调中国音协，曾任中国音协书记处常务书记、中国民族音乐集成总编辑部主任。负责《中国民间歌曲集成》《中国民族民间器乐集成》《中国戏曲音乐集成》《中国曲艺音乐集成》的日常编纂工作。获文化部授予的艺术学科国家重点项目"特殊贡献个人奖"。现为辅仁音乐学院院长、国家非物质文化遗产保护工作专家委员会委员、中国音协民族器乐学会会长、中国戏曲音乐理论研究会会长、中国少数民族音乐学会名誉会长、中国古琴学会名誉会长。兼任多所音乐学院客座教授及研究生导师。发表有大量学术文章及音乐评论。出版有22本音乐专著，其中有关音乐传播研究的著作有《中国同宗民歌》《客家音乐传播》《戏曲声腔传播》《曲艺音乐传播》《中国同宗民间乐曲传播》《音乐与传播》《双年文录——音乐传播与资源共享探新》。

冯桂荣（1958— ）

女歌唱家。辽宁鞍山人。1983年毕业于解放军艺术学院声乐系，任总政歌舞团歌队演员。曾参加中央电视台春节联欢晚会、首届"五个一工程"奖颁奖晚会、中央电视台"心连心艺术团"赴鞍钢的演出。曾获"天第杯"青年歌手邀请赛银奖、第六届"通业杯"全国青年歌手电视大奖赛专业组美声唱法二等奖、演唱歌曲《把爱留在这里》获"连环杯"广播新歌金奖。

冯国臣（1941— ）

小提琴演奏家。山东昌黎人。1966年毕业于沈阳音乐学院管弦学科，同年入中国电影乐团。历任小提琴演奏员、副团长、团长。曾参加电影音乐《香魂女》，电视剧音乐《红楼梦》《周总理外交风云》等大量录音工作，并参加各类音乐会演出。

冯国林（1938— ）

作曲家、音乐教育家。河北丰南人。天津音乐学院作曲系教授。1961年毕业于天津音乐学院并留校任教，曾任该院首届教代会执委会副主席。1995年和1996年被分别评为市级优秀教师和劳动模范。作有笛子独奏《苦去甜来全靠党》《运粮忙》，板胡独奏《大清河畔话当年》，民乐合奏《闹新春》《丝路》，歌曲《黄河滔滔寄深情》《更美是天津》《东方神韵》《祖国万岁》等，作品在天津和全国获奖。著有《用民间音调写歌》《歌曲作法》《钢琴即兴伴奏教程》《河北梆子唱腔研究》等。

冯华荣（1943— ）

女音乐编辑家。山东招远人。1965年毕业于哈尔滨艺术学院音乐系。师从王孝芹老师。后在中央音乐学院师从于李维勃、李晋玮和沈湘教授。毕业后曾任部队文工团独唱演员、教员。1982年进入中国唱片总公司。高级编辑。其获奖的作品有先秦、汉魏六朝、唐、宋、元、明、清和"军魂"等系列音像制品。

冯怀禁（1933— ）

音乐教育家。北京人。曾任西安音乐学院声乐系钢琴伴奏、副教授。1956年就读于中央音乐学院。1951年参军后曾任海政文工团乐队队员、北京舞蹈学校钢琴伴奏。1986年以来多次与声乐系青年教师合作参加音乐会演出，撰有《如何弹好声乐伴奏》。

冯慧航（1920—2001）

女钢琴教育家。广东广州人。曾任职于广州星海音乐学院钢琴系。1938年毕业于广东省立女子师范。1939至1946年在越南义安等侨中任钢琴教师。1956至1987年在中南音专附中、广州音专、广州音院、星海音院任钢琴副教授。论文有《师范系钢琴教学法研究》《浅谈声乐系钢琴必修科教学》等，编写供幼师用《钢琴初级教材》。

冯季清（1951— ）

音乐教育家。浙江余姚人。上海师范大学音乐系副教授、硕士生导师。1977年毕业于上海音乐学院，后入澳大利亚南昆士兰大学学习。撰有《关于美声教学的谈话——周小燕美声教学概述》等文，开设音乐讲座1200余场。主持《音乐欣赏教学法》《音乐思维的再创作》等课题。

冯继先（1931— ）

作曲家。重庆人。曾师从英国人贝特利·包启荣学钢琴与理论作曲，师从胡静翔学小提琴。肆业于复旦大学文史系。1959年毕业于上海音乐学院作曲系，分配至哈尔滨歌剧院任专职作曲。1982年调西南师大教授作曲，硕导、学部委员。主编《知识性词曲集》《世界金奖金唱片通俗歌曲集》。获奖作品有舞剧音乐《春归雁》，合唱《春晓》，交响音画《边疆速写》，歌剧《向阳人家》《焦裕禄》（合作），《山城》，电视音乐《从森林里来的孩子》《欢笑的凉山》《抗战主题管弦乐四首》《川鄂大江名胜录》（合作）。

F

冯家慧（1941— ）

女声乐教育家。湖北武汉人。湖北民族声乐研究会主任。湖北童声研究会副会长。1965年毕业于湖北艺术学院声乐系，后留校任教。曾任武汉音乐学院声乐系民族声乐教研室主任、声乐教授。分别于1995至2002年间举办"春蚕之声""秋之恋歌"和"报答"三场独唱音乐会。培养了一批优秀学生在全国、省市各种声乐比赛中获奖。2002年被湖北省教育厅授予"优秀指导教师"奖，同年获文化部颁发的"第四届区永熙优秀音乐教师奖"。

冯坚荣（1967— ）

女高音歌唱家。广东商州人。江苏省歌舞剧院歌剧团演员。1988年毕业于杭州师大音乐系。发表《让歌声流进听众的心灵》《浅谈美声演唱》等文。在参加全国、省内外数百场大型音乐演出中担任独唱、领唱、重唱、组唱、合唱。曾获第四届"华威杯"江苏声乐大赛银奖，第五、六届江苏音乐舞蹈节演唱二等奖、优秀奖。

冯建科（1958— ）

歌词作家。河南人。1975年起在濮阳歌剧团任小提琴演奏员、编剧。创作古装剧《唐宫奇冤》，小歌剧《买电视》，由河南省歌舞团演出。1983年调入中原油田歌舞团任创作组副组长。曾在《中原油歌》《石油的旋律》《油城年风》《华夏七月情》等四十余部电视艺术片中担任作词、撰稿。1993年任中原油田音协副主席、秘书长。2001年调入中国石化音乐舞蹈家协会任办公室副主任。出版《油海情韵》《春到中原》文艺作品专集。

冯建英（1954— ）

女歌唱家。北京人。1973年在中央乐团学员班学习。1976年任中央乐团合唱团（中国交响乐团合唱团）演员。演唱《海韵》《阿细跳月》《小白菜》《听妈妈将那过去的事情》等作品。随团赴美国、加拿大、马来西亚、新加坡及港、澳、台地区演出。还参加影视《彩云归》的插曲，大型音乐故事《贝多芬》中的独唱，郭沫若的《云中君》，风光片《西湖的春天》的二重唱录音、录像，为云南音像公司录制轻音乐盒带，为北京市教育局录制有小学教学示范磁带等。

冯健雪（1948— ）

女高音歌唱家。陕西长安人。1960年入陕西乐团。1977年入上海音乐学院学声乐。陕西省歌舞剧院院长。陕西文联副主席、省音协副主席。1981、1987年两次获陕西省音乐舞蹈调演独唱一等奖。1986年获"黄河歌会"独唱特别奖及"海峡之声"演唱一等奖。演唱有《毛主席的恩情比海深》《红军哥哥回来了》。曾为《黄土地》《人生》等电影和电视剧、广播剧配唱主题歌。首唱的《女儿歌》《叫声哥哥快回来》《黄土地放歌》等广为流传。出版有《走西口》《打樱桃》《黄土地上的信天游》及《冯健雪歌唱全集》等专辑。1998年入选"20世纪百位歌唱家"专辑。曾获中国电影百年"中国电影歌曲优秀演唱奖"。全国"三八"红旗手。多次应邀赴几十个国家访问演出。

冯洁轩（1942— ）

音乐史学家。江苏金坛人。1981年毕业于中国艺术研究院研究生部音乐学系，获文学硕士学位。为中国音乐研究所副研究员。撰有《论郑卫之音》《"乐"字析疑》《务头考》《说徽》等。

冯金发（1941— ）

作曲家。陕西人。曾任江苏省文艺家企业家联谊会秘书长。1961年毕业于西安音乐学院声乐专业，同年入陕西省乐团合唱队。1962年入新疆军区文化部任文化干事。1980年调江苏省音协《江苏音乐》杂志任编辑。作有歌曲《战士自有战士乐》《罗曼蒂克之梦》《路》（合作），电视片主题歌《笑不了歌》，电视剧《少年李时珍》、儿童故事片《中国神童》音乐。曾演唱《听说咱解放军下了乡》《毛主席的战士最听党的话》《真像一对亲兄弟》。

冯锦新（1969— ）

男高音歌唱家。广东肇庆人。珠海市音协理事。1992年毕业于广州星海音乐学院，1997年进修于中央音乐学院声歌系。曾获第七届城市歌手邀请大赛美声组冠军、第六届"羊城音乐花会"青年组美声唱法一等奖、第九届"步步高杯"全国青年歌手电视大奖赛优秀歌手奖，并随中央电视台"心连心艺术团"赴内蒙古演出。举办过多场独唱音乐会，多次应邀到台湾、港澳、北京等地演出。

冯俊卿（1951— ）

作曲家。河南温县人。1975年毕业于河南大学音乐系理论作曲专业。长期从事音乐教学和社会群众文化活动工作。研究馆员。独立完成了民间音乐、舞蹈、器乐曲和曲艺音乐集成四个温县卷的编纂工作，其中器乐曲和曲艺音乐集成均入选国家卷出版发行。搜集改编的男声表演唱《打硪歌》获河南省第五届民族民间音乐舞蹈调演优秀节目二等奖。挖掘、整理的民间稀有打击乐《司马懿得胜鼓》获第一届河南艺术节优秀节目奖。发表文章和论文二十余篇，发表、获奖和演出创作歌曲三十余首。出版有作品集《清风放歌》。

冯克煊（1932— ）

小提琴演奏家。四川人。1950年始从事部队文艺工作。曾任中国广播交响乐团副首席。曾担任小提琴协奏曲《梁山伯与祝英台》独奏，音乐舞蹈史诗《东方红》乐队副首席。

冯坤贤（1919—2005）

女歌唱家、声乐教育家。广东广州人。1937年投身抗日救亡运动。1946年毕业于国立音乐院分院声乐系。后任教于国立福建音专。曾在福州、香港、九龙举办个人独唱音乐会。1950年调中央戏剧学院教授声乐，后任教于中央歌剧院，1958年调西南师大音乐系任教，教授。撰有《论歌曲演唱艺术的字正腔圆》等文。译著有《青少年变声期的特征与嗓音保护》《歌唱的艺术》《威尔第》。

冯兰芳（1951— ）

女音乐教育家。北京人。首都师范大学音乐学院副教授、普通高校音乐教育方向硕士生导师、《高校音教》主编。1975年毕业于北京师范大学音乐系，毕业后在中央音乐学院进修，后在首师大研究生班毕业。主持全国教育科学规划"十五"重点课题。合著有《学校艺术教育史》《美的启迪》，全日制普通高级中学教科书《音乐》等。撰有《普通高校公共艺术进修课程的定位与思考》《普通高校音乐欣赏课教学探讨》《思辩现代音乐》等文三十余篇。2000年被教育部评为全国学校艺术教育先进个人。

冯力斌（1960— ）

歌唱家、音乐教育家。陕西延川人。1989年西安音乐学院声乐系毕业。西安音乐学院干部人事处处长，副教授。发表《歌唱训练中的"对接"》《通俗演唱教学漫谈》《歌唱艺术的整体性》等多篇论文。参加几十部歌剧、话剧的演出，扮演多种角色。在数十场大型文艺演出、音乐会中担任独唱、领唱、重唱。所教学生多人次在陕西及全国性的音乐赛事中获一、二等奖。

冯敏德（1950— ）

音乐教育家。江苏南通人。南京师大音乐系毕业。南通少年宫副主任。培养的学生分别考取上海音乐学院钢琴系、管弦系及该院附小钢琴专业，有学生获全国风筝大赛钢琴组第一、第三、第六名。2004年发明乐器易学排笛被国家知识产权局受理。编有《易学排笛吹奏法》。

冯明洋（1936— ）

音乐学家。河南人。广东音乐研究所副所长、研究员。1949年考入中南部队艺校。1959年毕业于西安音乐学院。曾在广西艺术学院任教。后参加广西采风队并发表《那坡音乐普查报告》。编纂出版《广西民间歌曲选》《中国传统民歌400首》。系《中国音乐词典》《中国大百科全书·音乐舞蹈卷》《中国近代音乐家传》《中国民间歌曲集成·广西卷》《广东百科全书》《桂林抗战文艺词典》编委。专著有《浩歌·桂林抗战音乐运动》《越歌·岭南本土歌乐文化论》《音乐文化论稿》。曾获广西民族音乐论文、广东文艺理论评论及国家文艺集成志书编纂成果一等奖，中国音乐"金钟奖"理论评论二等奖。

冯乔槐（1939— ）

指挥家。四川邻水人。1966年毕业于四川音乐学院。曾任四川歌舞剧院歌舞团副团长兼乐队指挥。作有二胡与乐队《草地随想》，民乐合奏《欢乐的节日》。

冯秋生（1950— ）

歌唱家。北京人。1985年就读于中华全国律师函授中心法律中心专业。曾在中国歌剧舞剧院学声乐。历任首钢文工团、全总歌舞团、中国歌舞团声乐演员。参与组织"华声音乐会""龙年之夏"音乐会。在"北京国际黄金旅游年"主持近百场演出。在中央民族乐团演出中任独唱、重唱、合唱及节目主持人。创作的歌曲《清晨，国旗在校园里升起》获三等奖。

冯荣宗（1921— ）

声乐教育家。重庆人。1944年毕业于国立音乐院声乐系。曾任重庆歌剧团声乐教员。音协重庆分会第一届常务理事。曾主演歌剧《奥涅金》。

冯锐翔（1932— ）

音乐教育家。陕西人。1954年西北艺术学院毕业。曾任西北民族歌舞团创作员、省文化局音乐干部，后任职于西北民族学院艺术系，副教授。编写有《乐理》《和声》《中国音乐史》等教材，撰有《藏族——拉卜楞民间歌舞音乐》《'花儿'调式初探》《'丝路'与甘肃民间音乐》等文，作有民乐合奏曲《撒拉舞曲》《热巴新歌》，发表歌曲数十首。

冯瑞丽（1974— ）

女歌唱家。河北怀安人。1993年毕业于河北艺术学校，1999年毕业于解放军艺术学院音乐系。曾在张家口市艺术团任演员，1999年始入总政歌剧团任演员。曾多次参加北京电视台、中央电视台及文化部等单位大型晚会的演出。曾获河北省第八届青歌赛专业通俗组第一名、第八届全国青歌赛专业通俗组第一名并获特等奖、第七届全军文艺汇演表演二等奖。2000年在乌克兰举行的斯拉夫国际流行声乐大赛获金奖第一名，同年于莫斯科举行的首届德尔菲艺术节流行音乐大赛上获银牌。在大型音乐轻歌剧《玉鸟兵站》中扮演阿蓬，为《黄河的渡过》《逃之恋》等40部电视剧演唱主题歌及插曲。

冯少佳（1941— ）

作曲家。广东南海人。广州市文艺创作研究所音研室副主任、《音乐研究与创作》主编。创作音乐作品数百件，其中三十余首获奖。合唱《滨海谣》被国家音教委评为优秀少儿合唱歌曲，《我们多快活》获1994年"全国少儿歌曲新作"创作奖。出版歌曲专集《冯少佳歌曲选》《金色的童年》，发表论文四十余篇，其中多篇获奖。

冯少先（1939— ）

月琴演奏家。黑龙江海伦人。1957年入哈尔滨市歌舞团。曾任黑龙江省歌舞剧院民族乐团团长、艺术指导，黑龙江省音协副主席。1958年对月琴进行改革，大大丰富了月琴的演奏技巧与表现力。创作有月琴组曲《北方生活素描》。编创有《百万雄师过大江》《鄂伦春篝火》等独奏曲，演奏并录制CD唱片。编著有《月琴演奏法》。

冯世全（1944— ）

音乐编辑家、作曲家。山西柳林人。曾任中国音协杂志社社长、《北方音乐》执行主编、《音乐生活》杂志社常务副主编、中国社会音乐研究会副会长兼秘书长。从事部队文艺工作及音乐创作。1977年任《人民音乐》编委。1978年入《歌曲》编辑部，任编辑部主任。作有《我要喊你一声"妈妈"》《竹林小院我的家》《小桥》《三峡人家》《结伴同行》《北京的桥》《伟大的北京》《喊一声

F

我的三峡》等歌曲，多次获奖。策划并参与组织的在希望的田野上、建设者的歌、总政歌舞团合唱音乐会、听众喜爱的十五首广播歌曲评选、中央歌舞团声乐作品欣赏、未来词曲作家、演唱家成才之路、全国群众歌咏大赛等大型音乐活动。曾任历届全国广播新歌评选、全国青年歌手电视大奖赛、"孔雀杯"全国歌手大赛、"歌王歌后"全国歌手大赛等活动评委、裁判长。

冯顺江（1952— ）

音乐教育家。北京人。顺义区少年宫副主任、区教育系统高职评委会音乐组组长。1979年毕业于北京师范学院音乐系。2000年以来有多首声乐作品被选入《儿童歌声》及其他歌曲集中，歌曲《月亮船》在《儿童音乐》《音乐快递》《校园歌曲》联合举办的"首届全国接班人校园歌曲"征歌活动中获"最佳作品"奖。2003年组织了"牛栏山饮料杯首届北京市郊区青少年儿童钢琴音乐节"的大型比赛活动。多次任北京市校外教育系统市、区级的音乐专业比赛评委。

冯婉珍（1932— ）

女歌唱家。湖北大冶人。1954年毕业于华中师范学院音乐科，后入中央歌舞团。曾在中央乐团工作，担任独唱、二重唱。配有外国合唱曲《希伯莱奴隶的合唱》《黄昏之歌》，撰有《评"挪威合唱团"》等文。

冯往前（1958— ）

音乐教育家。湖南常德人。1987年毕业于湖南师范大学音乐学院并留校任教，从事作曲、配器、小提琴、视唱练耳等课程的教学，教授。1991年赴上海音乐学院作曲指挥系深造。近年来在《音乐创作》《歌曲》《儿童音乐》《湘江歌声》等刊物发表小提琴与钢琴作品《潇湘音诗》，声乐作品《木叶情歌》等数十首，出版《视唱基础教程》及《简谱视唱与听力训练》。发表《浅谈中国当代音乐创作与批评的民族性与后殖民性》等论文多篇。在国家或省级歌曲创作比赛中多次获奖。

冯维箫（1962— ）

小提琴演奏家。江苏徐州人。全国社会艺术水平小提琴考级高级考官、徐州市歌舞团首席小提琴兼独奏员。1979年在中央音乐学院进修小提琴专业。曾参加首届国际《金瓶梅》学术讨论会的专场演出。向中央音乐学院、中国音乐学院、中央民族大学、南京艺术学院等输送一批优秀人才。被文化部、中国音协、江苏省音协、文化厅授予"优秀辅导教师"称号。2001年应中央电视台邀请录制小提琴独奏曲《花儿为什么这样红》。

冯文俊（1956— ）

音乐文学家。云南永胜人。1983年毕业于云南师范大学中文系。任职于云南丽江文化局艺术创作室。曾为丽江市第一、二届国际东巴文化艺术节、丽江撤地设市、小凉山火把节狂欢之夜、大凉山第四届国际火把节、昆明第四界国际旅游节等大型文艺表演撰稿作词，为民族舞蹈诗《蓝月亮》、民族舞蹈诗《丽水金沙》撰稿。出版词作，

发行专辑、选辑VCD、DVD、CD、盒带近20件。歌词《七个月亮》《蓝月亮》《纳西人》《女神》《四方街》《太阳月亮好》等，20多首获国家级、省级金、银、铜奖。

冯文起（1941— ）

男中音歌唱家。江西赣州人。1963年毕业于上海音乐学院声音系，江西省音协理事、江西声乐学会副秘书长，赣州市音协名誉主席。从事歌剧，声乐专业艺术三十多年。曾任独唱演员、团长、书记等职务。长期担任声乐指导、合唱训练工作。在歌剧《江姐》《长冈红旗》《友谊与爱情的传说》等十多台剧目中担任主角。在获文化部第七届文华新剧目奖的大型歌舞剧《长长的红背带——献给客家母亲》中担任声乐指导。发表并获奖的论文有《为建立中国声乐学派而努力学习》《论声带在唱高低音时的变化和调整》等。江西省第五届政协委员。

冯逴龄（1930—1988）

音乐编辑家。广西桂林人。1953年毕业于广西艺术专科学校作曲系。原任《天津民歌》主编，《中国民间歌曲集成》（天津卷），《中国民族民间器乐曲集成》（天津卷）常务副主编。曲作有义和团组歌《大地风雷》。

冯晓华（1953— ）

女音乐教育家。浙江杭州人。中国音协理事，武汉音协常务副主席兼秘书长。1981年毕业于武汉师院汉口分院艺术系，留校任教。1985年任武汉市江汉大学艺术系副主任，1997年调武汉市文联武汉音协工作。曾任中国音协音教委师范院校钢琴学会理事。论文有《成人钢琴集体课初探》《音乐艺术的奇葩——漫话钢琴》《钢琴教学中视谱及背谱能力的训练》《论听音乐》。1997年获武汉市"五一"劳动奖章。

冯晓泉（1969— ）

唢呐演奏家、作曲家。黑龙江哈尔滨人。毕业于中国音乐学院。后入中央民族乐团。演奏的《一支花》曾获"全国首届民族器乐独奏比赛"金奖、"第十五届朝鲜国际艺术节"金奖、"96中国音乐电视大赛"金奖、中宣部"五个一工程"奖（2次），"北京首届文学艺术大奖"。曾在新加坡、澳门、南非、日本举办12场专场音乐会。创作、演奏、演唱的作品有《天上人间》《中华民谣》《霸王别姬》《冰糖葫芦》《雪山》《雨中花》《激情飞越》等。出版《秋水长天》《天上人间》《遥远的城镇遥远的人》等5张专辑唱片。

冯晓阳（1950— ）

作曲家。四川人。四川达州市文化馆音乐研究会馆员。曾任剧团作曲、指挥。1978年毕业于西南师范学院音乐系。后在四川音乐学院和中央音乐学院作曲系进修。从1976年发表《像鲁迅那样战斗》以来，发表歌曲、论文三百余首（件），有7首作品获国家级一等奖和优秀作品奖，七十余首作品获省、部级一、二、三等奖。出版《冯晓阳歌曲选》《音乐论文、散文、随想录》。

冯效刚（1955— ）

音乐理论家、音乐教育家。北京人。1983年毕业于山西大学艺术系钢琴专业。1998年获中央音乐学院文学硕士学位，后任教南京艺术学院，任院《音乐与表演》常务副主编。1997年获全国音乐、美术优秀论文评选一等奖。论文、论著有《音乐批评导论》《论音乐表演艺术的创造性——布莱希特"陌生化"表演艺术理论对我们的启示》《加强音乐欣赏中的认知教育》《中国传统唱论美学思想的发展脉络》《音乐表演心理学的任务》等22篇（部）。

冯兴荣（1969— ）

歌唱家。回族。四川会理人。四川凉山彝族自治州歌舞团独唱演员。曾就读于凉山教育学院，2000年入中央音乐学院声乐表演进修班进修。1994年获四川省第二届少数民族艺术节专业组表演一等奖，2001年获第二届全国少数民族艺术节民族会演表演金奖。曾主演凉山州首部大型彝族歌舞剧《月亮部落》，并获四川省精神文明建设"五个一工程"第九届入选作品奖。

冯秀莲（1945— ）

女音乐活动家。陕西人。1970年毕业于西安音乐学院作曲系。曾任音协陕西分会委员会工作部主任及创委会副主任。作有歌曲《望我大陆望我故乡》《黄河魂》等。

冯旭明（1945— ）

音乐教育家。湖南长沙人。广州市教育局教研室教研员。1988年毕业于星海音乐学院。曾任广州知用中学音乐教师、广东版音乐教科书《走进音乐世界》副主编、广州中小学地方音乐教科书《广州音乐》主编。1987年获广州市委、市政府授予的"广州市优秀教师"称号。

冯选民（1954— ）

音乐活动家。山东肥城人。中央歌剧院交响乐团干事，主管乐务。1996年毕业于中国科技大学管理学院工商企业管理系。多年来参加并完成各种国家重大演出任务，组织各种形式的交响音乐会、各种大型晚会的音乐节目，组织演出多部中外著名歌剧。连续10年参加澳门国际音乐节。参与组织"世界著名三大男高音紫禁城音乐会"。

冯学忠（1958— ）

指挥家。陕西米脂人。1975年毕业于西安音乐学院管弦系，1995年入中央音乐学院进修指挥。在陕西歌舞剧院歌舞团任演奏员、歌剧团指挥、副团长。撰有《歌剧<司马迁>指挥扎记》。指挥首演歌剧《司马迁》获第八届"五个一工程"奖、第七届中国戏剧节"中国曹禺戏剧奖、优秀剧目奖、优秀指挥奖"，2002年获文化部第十届"文华奖"新剧目。指挥歌剧《张骞》参加第二届全国少数民族文艺汇演获金奖并获陕西文艺大奖"戏剧奖"。

冯亚兰（1933— ）

女音乐教育家。陕西西安人。1953年毕业于西北艺术学院。曾任西安音乐学院民族民间音乐研究室主任、教授、硕士生导师。西安音乐学院长安古乐研究所所长。曾在中国音乐研究所参与编写《民族音乐概论》。参加收集、整理《陕北革命民歌集》，参与编辑《中国民间歌曲集成·陕西卷》。撰有《陕南山歌浅析》《婆罗门词曲考》《陕北民歌在革命战争中的作用》等文。1985年建立西安音乐学院"长安古乐学社"，合作《长安古乐谱》。

冯宜瑾（1945— ）

女歌唱家。江苏仪征人。1960年入省歌舞团民歌演唱组任独唱、领唱，后在省歌舞团从事歌剧演出及声乐教学。1970年始先后在省艺校、上海乐团、总政歌舞团进修声乐。曾在舞剧《白毛女》中任喜儿独唱，钢琴伴唱《红灯记》中扮李铁梅，歌剧《洪湖赤卫队》中扮演秋菊，歌剧《三个女儿的婚事》中演主角汪蓓。1992年起，任安徽老年大学艺术团、中国科技大学教工合唱团等的声乐指导。撰有《我对声情并茂中情的表达方式的一些体会》。

冯永健（1955— ）

音乐教育家。上海人。毕业于河北师范学院音乐系，主修小提琴和作曲理论。任河北邯郸学院教育系艺术教研室主任。创作并发表歌曲、舞蹈音乐、电视连续剧音乐等，多首作品被艺术院校和中小学选为教材，获省、部级和全国创作奖二十余首，其中有歌曲《小肩膀》，电视连续剧音乐《跨村支书》，电视散文音乐《一路之遥》等。

冯永兴（1944— ）

唢呐演奏家。黑龙江拜泉人。1965年毕业于哈尔滨师大音乐系，后入黑龙江省歌舞剧院任独奏演员。1987年被文化部授予国家尖子演员。中国唢呐专业委员会副会长、中国民族管弦研究会理事。创作改编出版五十余首唢呐独奏曲，《油田庆功会》《东北民歌联奏》等。录制有《草原欢歌》《东北秧歌》《百鸟朝凤》，卡戏《智斗》，双唢呐《五匹马》《摘棉花》《飞雁》等专辑盒带。出版《唢呐金曲》《唢呐演奏法》。为电影《过年》《山神》《北疆风情》《寇老西儿》《塞外悲歌》等多部电视剧配乐。发表《唢呐吐音详述》《唢呐与二人转》等二十余篇论文。曾出访亚、非、拉、美三十几个国家。曾任哈尔滨师大艺术学院客座教授。

冯永祚（1946— ）

小提琴演奏家。广东人。曾为上海交响乐团演奏员。1965年毕业于上海音乐学院，同年入上海芭蕾舞团乐队。曾随团赴朝鲜，日本，法国，美国等国家演出。1983年与陈燮阳等创办上海音协分会室内乐团，并任室内乐团理事会理事长。

冯玉国（1959— ）

二胡演奏家。吉林人。吉林艺术学院教授。1982年毕业于吉林艺术学院，师从甘柏林。曾任吉林市歌舞团演奏员。撰有《弦索美的追求者》等文。1986年获吉林省专业剧团中青年器乐大赛一等奖，1990年获吉林第二届金秋音乐会器乐比赛一等奖。

冯玉岭（1949— ）

作曲家。山东人。曾任沈阳军区前进歌舞团创作员。1982年毕业于沈阳音乐学院作曲系，师从秦咏诚等。曾为多部电视剧作曲，并为大型组歌《永不陨落的星》以及总政文化部举办的庆祝建军65周年歌舞晚会作曲。出版有作品专辑《阳光编织的摇篮》，《荷花飘香》获第三届国际秧歌节金奖。

冯玉平（1958— ）

女音乐教育家。陕西洋县人。1985年毕业于青海师范大学艺术系音乐专业，在西宁少年宫任音乐老师。1991年在青海省教育厅教研室任教研员。发表有《音乐教育应注意培养学生的节奏感》《提高素质、陶冶情操》等文。作有歌曲《我是中华好儿童》《山里的孩子爱风雨》等。1993年组织青海省参加全国中小学生歌咏录像比赛、1998年组织并指导青海省中小学生音乐课录像比赛，有两所学校获奖。其中一名教师获全国二等奖、三名教师获三等奖，组织教师参加优秀论文评选活动，其中一篇获全国二等奖。曾获优秀论文三等奖、二等奖及优秀辅导教师奖。

冯玉文（1952— ）

音乐活动家。四川眉山人。四川乐山市劳动人民文化宫副主任，乐山市音协副主席、秘书长。曾任乐山市文工团演员。多年来组织、策划乐山市职工歌手大赛、乐山市大型歌咏比赛及任乐山市重要的庆典演出活动的总导演、合唱指挥、艺术总监。

冯元元（1952— ）

女歌唱家、声乐教育家。北京人。任教于清华大学艺教中心，北京高等学校音乐教育协会副理事长。曾任西安音乐学院、河北工大讲师。先后在天津首届"科技杯"、天津高校声乐比赛中分获第一名。撰有论文《普通高等学校学生合唱团的教学研究与探索》《高校的素质教育与声乐艺术实践课》等。举办个人独唱音乐会。指导大学生参加各类声乐比赛。获多种奖项。

冯志军（1960— ）

作曲家。山西原平人。1982年毕业于山西大学艺术系音乐专业。在忻州市艺术馆工作，任市音协副主席。其创作有歌曲、器乐曲、舞蹈音乐、戏曲音乐、电视音乐、电脑音乐制作、民间艺术研究、乐器培训等。1984年以来有六十余件作品、论文在国家、省级报刊杂志、电台电视台发表或播映，曾获文化部等奖项5次，获省市文艺创作奖等奖项数十次。

冯志平（1955— ）

音乐教育家。山东济南人。1982年毕业于山东师范大学艺术系音乐教育专业，分配至济南第三中学任教。1986年调入浙江师范大学音乐系，历任音乐理论教研室主任、艺术学院音乐系副主任、音乐学院副院长等职。曾创作《我们的太阳永远辉煌》等歌曲。编著出版《西方音乐发展史纲》《配器》《音乐知识指南》等，在

《音乐研究》《人民音乐》和《中国音乐》等刊物上发表论文多篇。

冯智皓（1957— ）

二胡演奏家、教育家。江苏南京人。1977年毕业于中央音乐学院并留校任教。先后在北京等十一个城市演出并担任二胡、高胡独奏。1987年在"首届海内外江南丝竹乐创作与演奏比赛"中获演奏总分、新作品演奏第一名，担任二胡主奏的《中花六板》《行街》获演奏奖和创作第一名，所演奏的《流波曲》《听松》等在中央电台播放。曾参加"澳大利亚建国200周年—国际博览会"演出，并被聘为悉尼东方艺术学院导师。1989年获"ART杯国际民族器乐比赛"园丁奖。

冯仲华（1926— ）

作曲家。江苏灌云人。湖北合唱协会理事。1949年毕业于南京国立音乐院理论作曲系。1951年任武汉歌舞剧院及武汉乐团作曲，并兼任合唱队及歌舞团乐队指挥。1983年任武汉高校老年合唱团指挥。作品有独唱曲《丰收不忘广积粮》，七场歌剧《第二次握手》及《终于盼来这一天》《三峡的山、水、人》《中华之魂》等合唱曲。曾以内部交流资料形式刊印《冯仲华合唱作品集》。2003年武汉音协举办"冯仲华合唱作品音乐会"。2007年荣获第二届湖北音乐金编钟奖"终身成就奖"。

冯子存（1904—1987）

笛子演奏家、音乐教育家。河北阳原人。自幼随民间艺人学吹笛子。曾任中国音乐学院吹打教研室主任、中国音协第三届理事。1948年参加宣传队，1953年参加全国第一届民间音乐舞蹈会演被评为"优秀演奏员"。作有独奏曲《放风筝》《喜相逢》均为获奖作品。后任中央歌舞团独奏演员。1964年始任教中国音乐学院，培养了众多笛子演奏人才。多次随团赴越、朝、北欧国家及港澳地区演出。出版有《冯子存笛子曲》。

冯宗师（1940— ）

歌唱家。河北保定人。北京师范大学中文系本科毕业。1963年调入空政歌剧团。1983年转业到中国煤矿文化宣传基金会。中国煤矿文联音协副主席兼秘书长，北京育华艺术学校副校长。曾在《柯山红日》《王贵与李香香》《双喜临门》《三月三》等多部歌剧中饰演重要角色。曾获第三届全军文艺汇演"五好演员奖"、第四届全军文艺汇演优秀表演奖。多次组织全国性文艺汇演、歌手大赛和文艺晚会"光和热颂歌""孔繁森之歌"等。

凤一飞（1950— ）

词曲作家。上海人。毕业于海军政治学院。曾任武警文工团团长、编剧，现任武警总部宣传部副部长。作有歌曲《警营就像一团火》《女兵的情怀》《无名花》《人民警察党指挥》《光荣的岗位》等百余首，出版有歌曲集《哨兵情》。为影视剧创作的歌词有《月亮桥》《星星河》《一日夫妻白日恩》等十余首。歌舞《国旗下的士兵》获全军第七届文艺汇演"文华奖"，歌剧《屈原》获

F

中宣部"五个一工程"奖，曲艺歌舞《中华神韵》获全军第八届文艺汇演"文华新节目奖"。

凤照兰（1937— ）

女琵琶教育家。满族。四川成都人。1961年毕业于四川音乐学院民乐系，师从陈济略教授、林石城教授。四川音乐学院副教授。作有《彝家新歌》《翻身的日子》《琵琶行》（合作），《喜庆》（合作），编著有《琵琶基础教材》《琵琶练习曲》《怎样练习琵琶》。从教几十年，为音乐院校及专业团体培养和输送一批优秀人才。曾多次获"园丁奖""优秀指导教师奖"。

奉孝伦（1939— ）

作曲家。壮族。广西融安人。1963年毕业于广西艺术学院音乐系。曾任广西音协第四、五届副主席。1991至1999年任广西音像出版社总编辑、副社长等职。作有歌曲《梯田的谷子熟了》《捡田螺》《花山恋》《深深爱在心上》。为彩调音乐电视剧《巧妹子》作曲。

俸　丽（1932— ）

女歌唱家、音乐编辑家。四川成都人。1950年参军，曾在川北军区文工团、成都军区战旗文工团任独唱演员。1954年到西南军区音乐舞蹈学校学习。1960年调中央人民广播电台文艺部音乐组任编辑、文艺记者，负责介绍56个民族地区的音乐和介绍音乐界人士。

符　达（1932— ）

低音提琴教育家。上海人。1956年毕业于上海外国语学院。曾任中央音乐学院管弦系副教授。编有《低音提琴中国作品独奏曲集》一、二册。作有管乐三重奏《颂歌献给毛主席》。

符安之（1952— ）

歌唱家。海南临高人。1975年毕业于广东人民艺术学院声乐系，同年任广东省歌舞团演员。1977年参与组建广州乐团合唱团，曾任声部长、团长，广东省声乐协会副会长，广州市尊师重教促进会理事。参演《贝九合唱终曲》《安魂曲》《创世纪》等著名作品。先后参加北京第二、三届合唱节，曾赴香港参加歌剧《阿依达》和法国南锡第九届国际合唱节。广州交响乐团合唱团副团长。

符小凌（1958— ）

女歌词作家。广西浦北人。毕业于广西艺术学院音乐系。广西北海市群艺馆副馆长，广西音乐文学学会理事，北海市曲协副主席。1988年从事文艺创作，作有多种体裁作品数百件，歌词有《京家小哈妹》《大海真美》《火红的党旗》《踩月亮》《蘑菇长在银滩上》《北部湾的孩子》《美丽的壮乡》等，有多首作品获奖。出版词集《我是云》，词作曾入选全国歌曲、歌词集丛。

符永琦（1937— ）

琵琶演奏家。上海人。1956年入中国电影乐团为琵琶首席。在《地道战》《少林寺》《西游记》等多部影片配

乐中担任独奏。作有电视音乐《白裤瑶》。

付　妮（1968— ）

女音乐教育家。湖北武汉人。中央音乐学院作曲系教师。1991年毕业于中央音乐学院作曲系，2003年毕业于该院音教系。撰有《电脑网络时代的视唱练耳》（合作）《视唱练耳教学的数字化进程》（合作）《基础乐理》《中央音乐学院视唱练耳考前辅导》《乐理考前辅导》等文。参加中央电视台音乐频道录制播出的音乐知识系列讲座——《音乐告诉你》。

付　章（1955— ）

作曲家。黑龙江哈尔滨人。17岁考入沈阳部队前进文工团任演奏员。1982年考入沈阳音乐学院作曲系，1987年毕业。1992年调入武警军乐团，现为该团创作室主任。作品有交响管乐队《中国风组曲》《欢庆序曲》《绿色的记忆》，管乐音诗《马陵之战》，电视剧音乐《上官婉儿》等，其《中国风组曲》获首届武警文艺奖器乐作品一等奖，《欢庆序曲》被选入2005年在新加坡召开的第十二届世界管乐联盟大会展演音乐会曲目。

付鸿敏（1945— ）

女声乐教育家。河南开封人。曾任教于河南大学音乐二系。1968年毕业于河南大学音乐系。曾任河南省南阳豫剧团唱腔指导以及南阳师范专科学校艺术系教师等。所撰写的论文《豫剧黑头演员的正确选拔和科学培养》发表于《地方戏曲艺术》，《论低喉位发声在中国民族唱法中的运用》收入1993年全国民族声乐研讨会论文集，并获河南省教委论文一等奖。创作的歌曲《园丁颂》（合作）曾获河南省教委、省文化厅、教师基金会创作一等奖。

付辽源（1969— ）

女青年歌唱家。土家族。湖南湘西人。1996年毕业于中国音乐学院歌剧系。曾获湖南省"田汉表演奖""国际文化杯"特等奖，第九、十一届全国孔雀奖少数民族声乐大赛获三等奖，全国少数民族文艺汇演担任领唱获演出金奖。湖南省歌舞剧院演员、省音协声乐艺术委员会副秘书长、省第八届青联委员会常务委员。

付绍克（1961— ）

大提琴演奏家。河北青县人。中国歌剧舞剧院管弦乐团大提琴演奏员。1980年毕业于中央音乐学院附中。曾先后在北京歌舞团、北京交响乐团任大提琴演奏员。曾参加《东方红》《中国革命之歌》《原野》等大型歌舞剧排练演出，参与排练演出《贝多芬九部交响曲》《勃拉姆斯四部交响曲》等大量作品。曾随团到日本、香港演出。

付晓东（1956— ）

民乐演奏家、音乐教育家。宁夏银川人。宁夏大学音乐学院教授，国家级高级钢琴调律师，宁夏二胡学会副会长兼秘书长。长期从事高校音乐教育及民族器乐教学研究，培养了大批优秀学生。多年来一直学习演奏马头琴、擂琴、坠琴、四胡、民族管乐等。在《乐器》及《宁夏大

学学报》发表有《也谈钢琴的杂音处理》《怎样练习二胡演奏中的自然跳弓》《演奏行为与心理分析》等文，其中《二泉映月　二胡演奏技法浅探》获中国教育论坛学术成果奖。2001至2008年获五项国家民族乐器改革专利。

付玉兰（1954—　）

女音乐教育家。河南息县人。1976年毕业于河南大学音乐系，留校任教。后就职于信阳师范学校音乐教研室，2002年于信阳教育学院艺术系任教。论文《"关闭"教法初探》《谈歌唱的"感觉与知觉"》等十余篇在刊物发表并获奖。编著有《歌唱鉴赏》《信阳民歌研究》，分别由北京燕山出版社及河南文艺出版社出版。

傅　兵（1945—　）

扬琴演奏家、作曲家。四川成都人。1960年毕业于成都戏剧学校曲艺班，1977年毕业于四川音乐学院理论作曲系。曾在成都川剧院、曲艺团任演奏员、作曲，后在省文化厅、省艺校、重庆艺校任教及研究工作。撰有《中国曲艺集成·四川卷》《四川扬琴简介》《四川曲艺》音乐部分。作有扬琴曲《貂蝉之死》《凤求凰》《将军令》等十余首，四川清音《巴蜀乡土歌》《锦江的黄昏》等，曲艺联唱《成都颂》，电视专题片《蜀乡》。《浣花夫人保成都》等获全国曲艺大赛一等奖，清音《蜀风情韵》获广播曲艺一等奖。

傅　丹（1947—　）

女琵琶演奏家。畲族。浙江临海人。曾为浙江省音协常务理事、省琵琶专业委员会会长、宁波市音协主席。1964年始先后在广州战士文工团、黄岩文工团、南昌文工团工作。1977年入上海音乐学院学习。1980年就职南昌市歌舞团，后入宁波市歌舞团。1995年后就职于宁波市文化局，任宁波市政协副主席、文化局副局长。录有独奏曲《山茶花》《兰花吟》，并录制唱片。

傅　海（1947—　）

作曲家。江西九江人。1968年毕业于四川音乐学院附中。1970年分配至四川攀枝花市歌舞团。1980年回四川音乐学院进修，师从高为杰、何国文等教授。曾任攀枝花市歌舞团创作室副主任、主任、副团长。创作的器乐曲《晨之湖》（圆号与乐队）《雅砻江畅想曲》，歌曲《花衣裙、五彩云》《唱歌的森林》等作品在全国获奖。1985年应邀参加中国音协组织的中原油田之行的创作活动。

傅　捷（1948—　）

女钢琴教育家。辽宁沈阳人。1986年毕业于沈阳音乐学院钢琴系，先后任本院舞蹈学校钢琴教研室主任及钢琴系教研室主任。撰有《舞蹈伴奏与动作的结合》《谈哈农手指练习》《外国民间舞代表性教学法》（音乐部分）及《中外钢琴名曲》（合作），多次担任中国音协考级评委，并获"优秀指导教师奖"。

傅　晶（1932—　）

作曲家。满族。吉林辽源人。曾为解放军艺术学院研究员，第四届中国音协理事，军旅音乐研究所研究员。1947年参加部队文艺工作。1951年进中央音乐学院专修理论作曲。曾任创作员、编辑、创研室主任。声乐作品有《北京颂歌》（合作），《丰收歌》《小松树》（合作）等。军乐曲有《团结友谊进行曲》《摩托化部队进行曲》等。出版《傅晶歌曲选集》，《歌曲作法新探》《傅晶艺术歌曲选集》《为中国古典诗词谱曲集》将出版。首创我国团体操音乐，为此获国家体育运动荣誉奖章。

傅　蒙（1915—　）

音乐教育家。山东寿光人。1946年毕业于国立福建音专师范科。曾为广西艺术学院音乐系教授。广西政协第五届委员。

傅　樯（1954—　）

作曲家。江西南昌人。南昌理工学院艺术学院院长、副教授，江西省音协理事、省艺术教育委员会委员。几十年来一直坚持从事音乐创作、演奏和教学工作。在全国地、市级以上报刊、电台、电视台发表过大量声、器乐、电脑音乐作品及音乐文字。作有现代电子音乐《赣风光音乐素描组曲》《傩风》，交响音画《深情》，交响组曲《母亲河》，木管五重奏《山泉》，弦乐四重奏《秋夕》，混声合唱《怀念》，独唱歌曲《心中的鄱阳湖》《雨丝飘飘》以及电视剧《网债》《小鸟在飞》音乐。

傅　磬（1962—　）

作曲家。广西北海人。中国音协第六、七届理事，广西文联副主席、党组书记，广西音协主席，《民族歌坛》副主编。1986年毕业于广西艺术学院，后分配至广西音协。创作歌曲《老王》《三月三九月九》《挑着好日子山过山》获中宣部"五个一工程"奖，《三月三九月九》获首届中国音乐"金钟奖"。歌曲《渔村夜曲》《京家女》《献给老师的歌》《花山梦》《一架古老的水车》《祖国，没有你就没有我》等，分别获创作奖和一、二等奖。出版《木棉花红的季节》《傅磬获奖歌曲选》等专著。曾任广西"牡丹杯"歌手大奖赛组委会副主任和"经贸时代杯"卡拉OK歌手大奖赛评判长与竞赛委员会主任。

傅　晓（1931—　）

作曲家。云南嵩明人。第四届中国少数民族音乐学会常务理事。1963年毕业于四川音乐学院。曾任云南省民族艺术研究所音研室主任，《中国戏曲音乐集成·云南卷》副主编。著有《傈僳族三弦歌舞音乐》《论舞剧音乐的构成与发展》《云南花灯音乐界说》，管弦乐《古巴序曲》《欢庆》《贵妃怨》《嵩明花灯音乐组曲》，合唱《拉萨燃起红红的檀香》，花灯歌舞音乐《金沙江的思念》，花灯剧音乐《风雪玛樱花》，歌剧音乐《追求》。

傅　兴（1931—　）

音乐教育家。四川古蔺人。1949年参军，后任志愿军文工队长。1955年天津新歌广播合唱团、苏联音乐合唱团指挥。1958毕业于河南大学音乐系。历任湖南省音乐教材编辑、湖南师院岳阳分院艺术系副主任，湖南民族职业学院副教授。岳阳市音协名誉主席。出版音乐教材三十余种、盒带三十余盒，《傅兴歌曲选》二集。发表论文十余篇，歌曲二百余首，曾获国家及省、市创作奖。参加编辑出版《中国民间歌曲集成》。曾举办"傅兴作品音乐会"。

傅仡（1927—已故）
作曲家。山东人。1951年毕业于中央音乐学院专修科。曾任河北省保定地区文化局副局长、音协河北分会常务理事。作有舞蹈音乐《抓舌头》，管弦乐曲《伐木者之歌》等。

傅勇（1957— ）
手风琴演奏家、教育家。山东人。山东歌舞剧院独奏演员，中国音协手风琴学会常务理事，山东音协手风琴专业委员会会长，山东艺术学院特聘手风琴教授。1990年任"中华杯"全国手风琴大赛评委，2000年任法国国际手风琴比赛评委，分获"优秀手风琴指导老师"称号。所培养的学生有几十人分别考入中央音乐学院、天津音乐学院等院校。曾多次在济南、青岛、潍坊、威海举办手风琴讲座。

傅蓓蒂（1935— ）
女歌唱家。重庆人。1951年始从事声乐工作。中央民族乐团独唱演员。演唱有《逛新城》，湖南民歌《思情鬼歌》，四川民歌《问郎几时来》《小白菜》《放牛娃儿盼红军》等少儿民歌。1983年与姜嘉锵等合作，录制少儿民歌专辑音带《上学去》。曾应中国国际电台之邀用世界语演唱《半个月亮爬上来》《樱花》等歌曲。1986年参加第71届国际世界语大会文艺晚会，用世界语演唱《绿星歌》《夫妻双双把家还》，获世界语艺术团颁发的柴门霍夫奖。曾参加电影《九九艳阳天》《黑色风景里的女人》的拍摄。撰有《民族音乐花盛开》等数十篇文艺活动报道。

傅炳崇（1938— ）
作曲家、音乐编辑家。广西贵港人。1963年毕业于广西艺术学院理论作曲本科。1964年就职于广西电台，历任音乐编辑、文艺部主任、文艺中心主任。第四、第五届广西音协副主席，广西戏曲音乐学会副会长。在省级以上报刊及广播电视等媒体发表有歌曲《渔家姑娘爱武装》和民乐曲《春潮》等作品二百余首。参加全国性评展活动作品多次获奖。多家电台和报纸曾对其作过专题广播和报道。撰有《论广播文艺的审美特点》等文多篇，出版有《傅炳崇歌曲选集》。

傅成英（1939— ）
女大提琴教育家。四川人。1962年毕业于四川音乐学院。曾在该院教授管弦乐。作有大提琴独奏曲《卖花姑娘主题变奏》《刀舞》。

傅崇文（1934— ）
长号演奏家。北京人。北京京剧院乐队队长。1949年入解放军华北步校，先后任职于北京公安二队文工队、中央建筑文工团管乐队、海政歌舞团乐队。曾参加《东方红》大歌舞、《椰林怒火》及中央歌剧院演出的外著名歌剧等重要演出。

傅道庆（1948— ）
作曲家、音乐活动家。山东巨野人。曾为陕西省音协理事、咸阳市音协名誉主席。创作有歌曲《留春曲》，音乐剧《找特点》，民歌剧《乡村即景》等。两次获文化部创作铜奖，多次获陕西省"五个一工程"奖，"群星奖"、创作一等奖。经常导演综艺晚会与组织各种大型群众文化活动。培养了不少小提琴学员，有的进入专业院团。收集整理民族民间音乐百余首并刊印。多次参加全国各地的演出交流活动。

傅定远（1933— ）
擂琴演奏家。湖北沔阳人，中国音协擂琴研究会名誉会长、中国民族管弦乐学会荣誉理事及胡琴专业委员会顾问。1949年入中南部队艺术学院音乐系学习二胡，1952年毕业后留校。1954年师从雷擂琴创始人王殿玉先生学习，先后在中南军区歌舞团、武汉歌舞剧院、广州军区战士歌舞团任独奏演员。多次为中外国家领导人演奏，曾赴欧、亚、美多国及港、澳、台地区演出。1964、1987年获全军文艺汇演优秀表演奖。

傅尔宁（1954— ）
作曲家。浙江人。浙江嘉兴秀洲文化馆研究馆员，嘉兴市音协主席。1989年毕业于中国函授音乐学院理论作曲专业。作有歌曲《南湖红船》《走进七月》等，其中《海峡情》《我是你一枚盖了戳的邮票》《咸亨客话》《你是中国人民的儿子》《毕业之歌》等分别在"中华情""成才之路""颂小平"及校园歌曲征歌比赛中获最高奖。出版傅尔宁专辑唱片和交响合唱《大运河组歌》。2004年获市委、市政府"有突出贡献优秀专业人才"称号。

傅庚辰（1935— ）
作曲家。黑龙江双城堡人。1948年入东北音乐工作团。曾毕业于东北鲁艺、沈阳音乐学院、解放军国防大学。曾任总政歌舞团团长、解放军艺术学院院长兼党委书记。第八、九、十届全国政协委员，全国政协教科文卫体委员会副主任。中国文联荣誉委员，中国音协第五、六届主席，第七届名誉主席。联合国世界音理会终身荣誉会员、中俄友好协会顾问。主要作品有影视音乐《雷锋》《地道战》《闪闪的红星》《风雨下钟山》，歌剧《星光啊星光》，歌曲《雷锋我们的战友》《小松树快长大》《地道战》《毛主席的话儿记心上》《红星歌》《映山红》《红星照我去战斗》《请允许》《永远不能忘》《歌唱大别山》。曾为毛泽东、周恩来、董必武、叶剑英、陈毅等老一辈革命家诗词谱曲。为大型文献片《董必武》《叶剑英》，大型声乐套曲《航天之歌》《小平之歌》作曲，为纪念抗战胜利60周年创作交响组曲《地道战留给后世的故事》，为纪念工农红军长征70周年创作交响诗《红星颂》并在北京、上海、广州等城市演出多个专场作品音乐会。出版有《傅庚辰歌曲选》《啊，红星——傅庚辰歌曲集》，管弦乐《欢庆舞曲》，盒带、CD《地道战，闪闪的红星》《志愿军战歌》《忘不了》《大江歌》《傅庚辰交响作品选》及《傅庚辰谈音乐》文集。2005至2009年曾四次分别举办"时代之声""创业者的歌""革命诗歌"等傅庚辰作品音乐会。

傅海静（1957— ）

男中音歌唱家。辽宁大连人。旅居美国。中国音协第四届理事。1974年入总政歌剧团。1978年入中央音乐学院进修。1983年赴英国参加第七届本森——赫杰斯金奖国际歌唱比赛中获第二名。曾在大型音乐舞蹈史诗《中国革命之歌》中任领唱，并在北京等城市举办个人独唱音乐会。多首演唱曲目录制成唱片。

傅海燕（1956— ）

女高音歌唱家。黑龙江哈尔滨人。中央歌剧院独唱演员。曾任中央乐团独唱演员。1976年毕业于中央音乐学院。曾先后师从于歌唱家张利娟、黎信昌、翁若梅及意大利专家吉诺·贝基、美国专家伊丽莎白·毕晓普。1979年以来在小泽征尔的《贝九》任女高音领唱，为法国"音乐之村"公司录制有《贝九》唱片，并在全世界发行。演唱的曲目既有西欧歌剧咏叹调和古典艺术歌曲，又有中国的古典、民歌和现代歌曲，曾多次担任莫扎特《安魂曲》《黄河大合唱》等中外经典曲目的独唱。曾赴美、德、法、英等国及港、澳、台地区演出，多次在国内举办独唱音乐会并和国内众多乐团合作。曾获文化部国庆50周年颁发的"优秀演唱奖"。

傅华强（1961— ）

琵琶演奏家、教育家。四川成都人。原四川音乐学院琵琶教师，深圳艺校副教授、中国乐器科主任、中国琵琶专业委员会常务理事。1982年毕业于四川音乐学院民乐系。先后获全国民族器乐电视大奖赛琵琶比赛、中国国际民族器乐大赛优秀演奏奖。1999年被深圳市政府授予国庆50周年首届"高交会"文化活动先进工作者。2004年被深圳市政府评为优秀教师。研制（合作）的"双岳古筝"获国家专利。编著出版有《新编古筝教程》《古筝启蒙》等和相关的CD、VCD、DVD。曾出访日本、意大利等国家。

傅慧萍（1965— ）

女歌唱家。山西汾西人。1987年在西安音乐学院进修声乐，1995年在山西省教育学院就读声乐专业。1999年任临汾市水管局工会主席。曾分获全国十大钢铁企业歌手大赛、全军歌手大赛一等奖。演唱《美丽的红霞》获省"五个一工程"奖，《平平安安日子甜》MTV获山西省电视艺术评奖一等奖。2005年参加"生命之歌"大赛获优秀指导奖，参加中央电视台第三届神州大舞台获最佳表演奖。2003年在临汾举办个人独唱音乐会。

傅慧勤（1951— ）

女歌唱家、声乐教育家。山东人。毕业于中央音乐学院声乐系，师从汤雪耕、郭淑珍教授。中央民族乐团独唱演员。演唱录制歌曲《花儿为什么这样红》《小溪》等近

百首，个人演唱专辑8盘。为电影、电视剧《卓文君与司马相如》《古琴》《团圆恨》《苏三》《昭君乡情》《红土地》等配唱主题歌和插曲。从事声乐教学和辅导工作多年，培养大批学生考入高等音乐艺术院校。

傅纪元（1930— ）

音乐编辑家。陕西绥德人。曾任陕西省音协理事。1947年参加西北文工团，历任演员、演奏员、乐队副队长、合唱队队长。1958年在陕西人民广播电台，任音乐编辑、记者、责任编辑、文艺组组长、文艺部主任。曾撰写、编辑过大量音乐广播稿件、专题节目、录音报道、音乐评论等。

傅江宁（1955— ）

作曲家。山东苍山人。1975年毕业于武汉音乐学院作曲系，后入武汉汉剧艺术室任作曲。现任武汉歌舞剧院副院长、作曲。参与创作大型舞台剧四十余台，折子戏五十余出，为当地电台、电视台及文艺晚会创作音乐，为大量歌曲编配。多部（首）作品获奖，其中编配歌曲《三峡，我的家乡》《三峡的孩子爱三峡》《山路十八弯》均获中宣部"五个一工程"奖，戏曲电视连续剧《鸳鸯绣》（作曲、配器）、电视剧《家在三峡》（编配）分获第十五、十六届全国电视剧"飞天奖"一、三等奖。琵琶表演唱《化蝶》（编曲）获文化部第九届"群星奖"金奖，舞剧《山水谣》（作曲）获文化部第九届"文华奖"新剧目奖。

傅捷亨（1933— ）

次中音号演奏家。四川人。1949年始从事部队文艺工作。曾任总政军乐团教员。编有《次中音号教材》。

傅景瑞（1932— ）

音乐教育家。满族。黑龙江人。1963年毕业于哈尔滨艺术学院音乐系。曾任沈阳音乐学院基础部史论教研室主任。中国音乐史学会理事。编有《民族器乐》（合作）《东北现代音乐史图书目录并摘要》。

傅立志（1963— ）

音乐教育家。贵州毕节人。贵州省毕节师范学校音乐教研组组长。1992年贵州师范大学音乐系毕业。发表《浅论中师双语音乐教学中的音准问题》《浅析黔西北苗族民歌的加声现象》《中师视唱教学》《浅谈中学师范音师班声乐教学》等论文。

傅丽娜（1956— ）

女音乐教育家、琴瑟演奏家。河南开封人。1982毕业于河南大学艺术系，后任教于安阳师范学院，1985年起执教于河南大学与武汉音乐学院音乐学系，副教授。致力于中国传统音乐的传承与传播研究，工尺谱念唱法之国乐传统教学法研究，视唱练耳与其教学法研究等。近年专攻古谱学与瑟、琴表演艺术研究。曾发表《吟音美感探源》《吟猱论》等论文，并曾获河南省教委科学研究优秀成果一等奖。2004年曾赴台湾南华大学等高校讲学与演奏，并曾在台湾和美国旧金山举办"琴瑟和鸣"音乐会。2006年

出版首张《琴瑟和鸣》专辑。

傅利民（1960— ）

作曲家、音乐教育家。江西丰城人。江西师大艺术学院副院长。1976年在江西丰城文工团任演奏员。1986年毕业于江西师范大学音乐系，同年任丰城人民广播电台文艺部编辑。1992年在上海音乐学院民乐作曲系进修，1999年在中央音乐学院音乐学系学习。撰有论文《再谈民乐的创作与配器》《丝柔竹脆，情深意切》《论歌唱时的审美境界》等数篇，作有民族管弦乐《赤壁随想》，丝弦五重奏《深秋的田园》等多首。其中论文《试析音乐教育在素质教育中的地位与作用》获中国教育改革征文评比二等奖，歌曲《山里老表乐呵呵》获中国电力歌曲评比一等奖。

傅连喜（1947— ）

大号演奏家。江苏南京人。1968年毕业于中国戏曲学校，同年入中国交响乐团（原中央乐团）任大号演奏员。在电影及交响乐《沙家浜》中任京胡演奏，参加电影《开国大典》《知音》《三大战役》《小花》等录音工作。随团赴美演出埃尔加《大提琴协奏曲》、萧斯塔科维奇的《第五交响曲》，并随团赴马来西亚、韩国及台湾、香港、澳门等地演出。

傅培培（1967— ）

女钢琴、电子琴演奏家、教育家。北京人。北京东城区兰星艺术培训学校校长。中国音协电子琴学会副会长兼秘书长。1990年毕业于中央音乐学院作曲系。曾在中国歌剧舞剧院任演奏员，在中央音乐学院、天津音乐学院、中国儿童少年活动中心任教。作有《浪漫曲》《悠闲的获胜者》等电子琴乐曲，其中《对花》编入中央音乐学院《海内外音乐考级》教材，《七色光》《爱热闹的人》《古巴探戈》编入中国音协《全国电子琴考级作品集》。合作编写并录制《全国电子琴重奏考级教材》及教学示范VCD。

傅沛华（1942— ）

笛子演奏家。上海人。1958年入青海省民族歌舞剧团。1982年入上海音乐学院作曲系进修。作有管弦乐音诗《四季》。曾赴塞浦路斯等国演出。

傅世成（1947— ）

小号演奏家。辽宁大连人。1976年入长影乐团。兼任吉林艺术学院小号教员。在《向阳院的故事》《吉鸿昌》等多部影片配乐中任首席小号。

傅特祥（1930— ）

二胡演奏家。湖北人。曾在湖北艺术学院，南京前线歌舞团学习二胡演奏，并在湖北歌舞团乐队任伴奏员、队长。在拍摄电影《洪湖赤卫队》录音中担任二胡独奏。1970年后任省群艺馆文化辅导组长、文艺部、音舞部副主任。曾任《湖北民间歌曲》地区分卷、《湖北音乐》主编、《中国曲艺音乐集成·湖北卷》副主编。编写出版《二胡自学基础》，发表论文多篇，并任武汉地区二胡邀

请赛、音乐舞蹈电视大奖赛评委。

傅天满（1924— ）

音乐教育家。四川内江人。早年结业于重庆西南美专音乐系。1952年从部队文艺工作转业，先后任贵州师范学院、贵州艺专、贵州大学艺术学院音乐理论作曲副教授。曾兼任贵州音协第二届副主席、中国音协音教委委员、贵州省教育厅艺教委副主任。出版有《歌曲作法》《合唱写作》，歌曲《我爱贵州高原》《周总理登上苗岭山》，论文《论音乐教育中民族音乐之加强》等。

傅先禄（1933— ）

大提琴教育家。四川成都人。1954年毕业于西南音专器乐系。曾在四川音乐学院任教。首届中国音协大提琴学会理事。作有大提琴独奏曲《野营组曲》《非洲怒火》。

傅晓东（1972— ）

音乐理论家。吉林人。1994年毕业于新疆师大音乐系后留校任教。2002年毕业于上海师大教育技术系，回新疆师大音乐学院任副院长。撰有《计标机音乐的历史与审美》《贝多芬钢琴奏鸣曲启示》等数篇论文。作有新疆第九届运动会开幕式大型体操音乐《天山之光》。主持校级科研基金项目《贝多芬钢琴奏鸣曲研究》及教育部"十五"规划课题《现代教育技术在新疆音乐教育中的开发与应用》。

傅晓蓉（1953— ）

女声乐教育家。安徽和县人。任教于安徽师范大学音乐学院声乐教研室。先后就读于安徽师大音乐系、南京艺术学院音乐系、上海音乐学院声乐系，曾在安徽巢湖师专任教。撰有《黄河大合唱的思想与艺术成就》《声乐教学的改革模式》《民族唱法教学的认识与实践》《流行歌曲与校园文化建设》《音乐教育中的审美原则》。

傅雪漪（1922—已故）

戏曲音乐家。满族。北京人。1943年毕业于北京艺专国画系。曾任中国戏曲研究所研究员，文化部振兴昆剧指导委员会委员，《中国戏曲志》特约编审。担任昆曲《蔡文姬》《西厢记》等音乐设计，著有《戏曲传统声乐艺术》《古典诗歌乐曲选释》。

傅雁秋（1929—已故）

中提琴演奏家。四川人。1950年前在四川省立艺专音乐科和四川音乐院学习。1951年始先后入中央音乐学院音工团、中央乐团任演奏员。1963年入中央芭蕾舞团。曾随团多次出国访问演出。

傅瑶华（1958— ）

女音乐教育家、作曲家。江西丰城人。毕业于江西师大音乐学院音乐教育专业。历任中学音乐教师、丰城市文化局副局长、市文联主席，宜春市音协副主席。长期从事基层群众文化的组织管理和群众音乐的普及提高工作，组织编写《丰城市文化志》《戏曲志》。创作歌曲、歌词、

F

群众文化论文两百多首（篇），其中有《桔子红啰》《祖国春天多美好》《讲文明讲礼貌》《小小音乐家》《春天的旋律》等。

傅依菊（1953— ）

作曲家。湖南岳阳人。岳阳市群艺馆副研究馆员、岳阳市音协常务副主席兼秘书长、湖南省音协二胡专业委员会常务理事。毕业于湖南师大艺术系。长期从事收集整理湖南洞庭湖区民歌、渔歌，进行音乐创作、辅导，组织开展群众性音乐活动。发表各类文艺作品近百件。戏曲音乐《卖鱼记》《三过磅》分获岳阳市戏曲调演音乐创作一、二等奖。歌曲《我为情哥洗衣裳》《王大嫂赶集》《港口晨曲》《晒衣料》《十月小唱》《梦里岳阳楼》分别获省市音乐创作一、二、三等奖。

傅以琳（1955— ）

女高音歌唱家。上海人。湖南广播电视乐团歌队演员，湖南音协声乐艺术委员会副会长。1985至1987年进修于上海音乐学院，1994年毕业于湖南广播电视大学音乐系。出版《小平，你好》《回归情》等歌曲的音像制品。为广东运动会开幕式、齐白石国际文化节演唱主题歌。演唱的歌曲《美丽的烛光》《新世纪的太阳》获中央电台表演奖。曾分获湖南和全国青年歌手电视大奖赛专业组一等奖、荧屏奖，连续六年获湖南省最佳歌手，连续两年获湖南省德艺双馨中青年艺术家称号。

傅艺慧（1961— ）

小提琴演奏家。满族。吉林蛟河人。吉林省吉林市歌舞团管弦乐队首席，1990年毕业于上海音乐学院管弦系，曾在沈阳音乐学院进修。其演奏的曲目有《柴科夫斯基D大调小提琴协奏曲》等，曾参加哈尔滨之夏音乐周和吉林雾凇冰雪节等演出，并与多位著名指挥家合作。1995年随团赴韩国参加"韩国光复50周年大型交响音乐艺术节"演出。多次举办个人独奏音乐会，并培养一批小提琴人才。

傅友琴（1934— ）

女声乐教育家。辽宁沈阳人。1949年入战友文工团任独唱演员。主唱《我的丈夫当了英雄》并制唱片。二十世纪50年代参加中央西南少数民族访问团。师从中央歌剧院王馨教授学习声乐。曾随波兰玛佐夫舍歌舞团、莫斯科音乐剧院深造。1959年入天津歌舞剧院任独唱演员、声乐指导、专职声乐教员兼天津电台每周一歌广播教唱。80年代始多次担任天津声乐大奖赛评委。

傅正春（1964— ）

音乐教育家。黑龙江阿城人。1984年毕业于沈阳音乐学院。后任沈阳大学音乐学院院长助理兼钢琴系主任，副教授。发表论文和音乐作品三十余篇（首），曾参与编写《中华文化十万个为什么——音乐卷》。编著有《边弹边唱40首》。其教学科研成果曾获辽宁省教师进修院校教育科学研究优秀成果一等奖、东北三省优秀论文评比二等奖等。曾主持省级科研课题二项，并取得科研成果。

傅忠保（1961— ）

大管演奏家。山东蓬莱人。1980年毕业于解放军艺术学院军乐系。1985年就读于北京师范大学历史系。1977年起在解放军军乐团任演奏员。为多届党代会、人大、政协开闭幕式、迎送各国首脑及外宾司礼、1984、1999年国庆大典等重大国家演奏、演出。随团出访比利时、新加坡等国和香港、澳门地区并参加各种音乐会数百场。

傅重阳（1943— ）

音乐活动家。浙江义乌人。曾在县文工团、剧团任演奏员、作曲和指挥。曾为徐州市音协理事、沛县音协主席。音乐作品多次在省、市比赛和会演中获奖。1984年后从事群众音乐工作，辅导和培训众多学生考入音乐院校和艺术团体。长期策划本县重大文艺活动，并在各种演出和比赛中担任音乐编导。深入基层采集民歌民谣入选《市民间文艺集成》。部分作品在《歌曲》《音乐生活》等刊物上发表。

傅子华（1937— ）

音乐教育家。山西盂县人。1964年毕业于山西大学艺术系。曾任长治市晋东南地区剧组音乐指挥，排练、指挥了《智取威虎山》《红灯记》《沙家浜》等剧目，兼任长治市工人文化宫艺术顾问，组建工人业余合唱团。长期担任山西大学音乐系理论作曲教研室主任、教授。论文有《调框架与调式》《调、调式、调性谈》《五声性旋律的和声方法探讨》《论基本乐理的基础性》等。创作有《小朋友啊，请你告诉我》《牧歌》《今日》等歌曲。出版有《实用乐理教程》等。

傅自成（1928— ）

音乐教育家。山东人。1952年毕业于中央音乐学院钢琴系。曾在北京师范学院音乐系任教，从事理论作曲和钢琴教学。作有歌曲《桃花、李花》《森林抒情》。

傅宗熹（1960— ）

男高音歌唱家、声乐教育家。满族。河北玉田人。承德民族师专音乐系副主任。1982年、1988年先后毕业于平泉师范音乐班、河北师大音乐系，1997年于中国音乐学院音乐系进修。撰有《浅谈对男高音的训练》《男高音训练的几点体会》等论文。1990年获河北民族歌手大赛二等奖，1997年获"首届校园歌曲电视大赛"教师组优秀奖。培养的学生多人次在全国、省级声乐比赛中获金、银、铜奖。连续多年获河北省音乐考级优秀辅导教师称号。

傅祖光（1951— ）

男高音歌唱家。土家族。湖北长阳人。1983年毕业于上海音乐学院声乐系进修班。后在湖北省歌舞团工作。湖北省政协第五届常委。1985年获首届全国少数民族声乐比赛第一名。

富 贺（1973— ）

男低音歌唱家。满族。辽宁辽阳人。总政歌舞团演员。1998年毕业于中央音乐学院，师从赵登营。1999年获首届"大红鹰"杯军旅歌曲MTV大赛银奖，同年获第九届全军文艺汇演一等奖，2001年获首届全军新人新作歌曲大赛优秀奖。现为解放军艺术学院客座教师。

富　林（1931—2004）

作曲家。满族。新疆奇台人。1954年西北艺术学院音乐系作曲专业毕业。先后在新疆军区文工团、新疆音协、和田新玉文工团、昌吉州民族歌舞剧团任作曲、创编组长，昌吉州一、二届音协主席。作有歌曲《我爱稻米泉》《如今政策随了心愿》《我是少年阿凡提》，歌舞音乐《漫花起舞共欢庆》《奶茶献给边防军》，舞剧、歌剧《一把坎土曼》《牧场新歌》及电视剧音乐《浪天边》等四十余件。论文《新疆回族民歌概述》在全国回族音乐文化研讨会上获三等奖。参与编纂《中国民间歌曲集成》，获国家编纂成果二等奖和贡献奖。

G

干富伟（1953— ）

音乐活动家。浙江宁海人。宁海县文联主席、县政协常委、宁波市文联委员。1975年毕业于浙江师范艺术专业，后在宁海中学任音乐教师。1982年起曾先后在县文化局、文化馆、电台、宣传部、文联等单位任职。热衷于音乐和音乐理论的创作和研究，推出了一批较有影响的音乐作品。其中歌曲《干部三讲歌》，曾入选《中国主旋律》歌曲集。戏曲音乐论文《宁海平调及其艺术特色》，曾入选《全国高腔学术论文集》等。创意、策划和组织诸多群众性文化艺术活动。

干加甫（1959— ）

小号演奏家。蒙古族。新疆和硕人。1978年毕业于新疆艺术学院音乐系，后在新疆巴州歌舞团任演奏员、副团长、团长，新疆音协副主席。曾参加自治区第一、二届"天山之声"音乐会和中国艺术节"天山之秋"等演出。长期参加文化下乡，下牧区、工矿、部队等演出并辅导业余乐手，先后参与组建四支军乐队。创作几十首蒙古族声乐作品，并参与歌舞《西蒙古乐舞》的音乐创作。1999年被评为自治州"德艺双馨"文艺工作者和自治州先进工作者。

干培雪（1934— ）

女竖琴演奏家。浙江余姚人。自幼从师学习钢琴。1954年毕业于同济大学建筑专业。1957年入中央乐团任钢琴伴奏。1959年入上海音乐学院习竖琴。曾任中央乐团首席竖琴。曾演奏《长笛竖琴协奏曲》等。

甘　本（1944— ）

小提琴演奏家、教育家。江苏南京人。1963年毕业于南京艺术学院音乐系小提琴专业。师从小提琴演奏家、教育家王登云。南京市歌舞团艺术进修学校校长、南京世杰艺术进修学校校长兼甘氏艺术培训中心主任，南京市音协理事。曾任南京市京剧团、市歌舞团管弦乐队首席。南京市政协第七、八、九届委员会委员。

甘　涛（1912—已故）

民乐教育家。南京人。1932年上海国立音专肄业，后为南京艺术学院民乐教授。曾任音协江苏分会民族音乐委员会主任，南京市音协分会名誉主席，南京乐社社长。

甘　薇（1945— ）

女歌唱家。北京人。第七届广西壮族自治区人大代表，梧州市音协副主席。1963年毕业于云南民族学院文艺班。后入云南省红河州歌舞团、个旧市歌舞团任独唱演员。1985年始在广西梧州市歌舞团任业务副团长。演唱不同风格的中外歌曲近三百首。主演过十余部大型歌剧、歌舞剧、话剧、花灯剧。1965年参加全省调演，演唱《移风易俗办婚事》获一等奖，花灯剧《新媳妇》获红河州调演一等奖。演唱的《望月》《梧州好，梧州美》等二十多首歌曲被四个省市电视台、电台播放。

甘柏林（1935— ）

二胡演奏家、教育家。湖南长沙人。吉林艺术学院教授。中国残联副主席、中国盲人协会名誉主席，长春大学特殊教育学院名誉院长，全国政协第九、十届委员。上世纪50年代初保送南京盲校、北京盲人音乐班，分别师从宋廷亮、刘兆茂学习二胡，曾得到张锐、甘涛、蒋风之、张韶、刘明源指导。1962年于专业艺术学院任教。先后赴西班牙、美国、埃及等多国访问演出，在北京、长春及台港等地举办二胡独奏音乐会。1987年在长春大学参与创办我国第一所特殊教育高等学府。1991年被评为全国自强模范。作有二胡独奏曲《草原情歌》《心向北京唱丰收》《太阳出来照山坡》等乐曲。著有《从时代作品看二胡演奏风格的形成与发展》《缅怀杰出的盲人音乐家华彦钧》。录制有演奏阿炳、刘天华作品等盒带专辑。

甘方敏（1942— ）

小提琴演奏家。上海人。曾任音协上海分会理事。后任上海电影乐团第二小提琴首席。曾先后就职于新影乐团、广播乐团。1959至1960年随比利时小提琴家罗吉兰学习，1960至1961年随荷兰籍华人小提琴家林克昌继续深造。曾演奏小提琴协奏曲《梁祝》，为多部电影录音。

甘国农（1953— ）

歌唱家。四川涪陵人。1983年考入上海音乐学院声乐系干部专修班。1990年赴美国俄克拉荷马大学留学并获博士学位。曾任凉山歌舞团独唱演员。四川音乐学院声乐系主任，教授。曾参加数百场演出，多次举办独唱音乐会。录制有《凉山情歌》《心中升起吉祥的彩云》《风筝》等数十首歌曲，在歌舞剧《湖中仙子》、美国俄克拉荷马上演的歌剧《爱的甘醇》中饰演男主角。曾获第二届全国青年歌手电视大赛专业美声组荧屏奖。撰有《声乐学习的辩证法》《男高音的类型》等文。

甘柳林（1938— ）

歌词作家。江西南昌人。1960年从事文艺创作。曾任音协江西分会常务理事、副秘书长，省音乐文学学会会长。作有《西湖情》《在郊外的小河旁》等。

甘尚时（1931— ）

高胡演奏家、教育家。广东信宜人。广州星海音乐学院教授，中国民族管弦乐学会常务理事，加拿大中乐团顾问，美国传记学会终身理事。1953年任广州华南歌舞团高胡首席，1957年参加莫斯科的第六届"世界青年与学生和平友谊联欢节"。从事四十多年高胡演奏及教学，先后培养了一批优秀高胡演奏和教学人才。1992年应邀参加"老一辈著名民乐演奏家示范演奏会"。创作有《花市漫步》《珠江月》《轻舟荡月》《湖光春晓》等十余首作品。撰写《广东音乐高胡演奏艺术》获优秀论文一等奖。著有《广东音乐高胡技法》（合作）《甘尚时高胡演奏曲选》等。

甘绍成（1957— ）

音乐理论家、教育家。四川崇州人。1982年毕业于四川音乐学院民乐系。后在四川音乐学院音乐学系任教，教授。撰写并发表论文《论我国民族音乐中的"章回乐曲"》《川西地区道教音乐调查报告》《古琴曲〈酒狂〉的结构探讨》《文昌洞经音乐与道释儒雅俗文化》《四川民族民间器乐简述》等数十篇。出版《中国道教音乐》（合作）《青词碧箫》（合作）《中国道教音乐史略》（合编）《青城山道教音乐研究》，《中国道教音乐》获1995年四川省第二届巴蜀文艺奖三等奖。1999年获四川省文艺界"德艺双馨"艺术家称号。

甘亚梅（1946— ）

女音乐理论家。江苏南京人。1967年毕业于中国音乐学院音乐学系中国音乐史专业。曾任北京艺校、北京歌舞团教师、《人民音乐》编辑。曾在中央音乐学院任教。撰有《努力发展我国音乐理论研究工作》等文。

甘宗容（1925— ）

女声乐教育家。壮族。广西龙州人。曾任广西艺术学院院长，中国音协理事，中国少数民族声乐学会顾问，广西音协副主席。全国人大第六、七届代表，武汉市第一届、广西第五届政协委员。1938年参加广西学生军，从事抗战歌咏宣传活动。1941年考入吴伯超创办的广西艺师高级班，毕业后转自国立福建音专学习声乐。新中国成立后，先后执教于中央戏剧学院音乐系、华中师范学院音乐系、湖北艺术学院、广西艺术学院等，培养了大批声乐人才。

高艾（1966— ）

小提琴演奏家。四川云山人。中央歌剧院院长助理。1984年毕业于中央音乐学院小提琴专业。曾任中央歌剧院交响乐团团长。策划组织多种形式的交响音乐会、大型文艺晚会和一些电视台晚会的演出，参加演出的中外歌剧有《茶花女》《艺术家的生涯》《弄臣》《阿依古丽》《第一百个新娘》等。连续10年参加澳门国际音乐节。参与组织"世界著名三大男高音紫禁城音乐会"等演出活动。

高斌（1960— ）

双簧管演奏家。满族。北京人。中央歌剧院交响乐团演奏员。1993年毕业于中央乐团附属音乐学院器乐系。2001年为申奥在午门举办的世界三大男高音演唱会中，担任相当份量的独奏。曾赴澳门参加艺术节、赴东京参加日本青年艺术节、赴芬兰参加萨沃林纳国际歌剧节。在北京音乐厅举办木管五重奏和室内音乐会。

高潮（1926— ）

作曲家。山东潍坊人。1949年入山东省人民文工团。1951年入山东大学艺术系学习，后留校任教。1954年入中央新闻纪录电影厂任专业作曲。曾在中国电影乐团工作。作有影视片音乐《红旗渠》《先驱者之歌》。

高风（1933— ）

作曲家。辽宁沈阳人。1950年毕业于东北鲁艺音乐系。曾任长影乐团团长，中国电影音乐学会理事，吉林省政协常委。作有电影音乐《金光大道》（中集），《自豪吧，母亲》《不该发生的故事》的音乐与歌曲《石油工人志在四方》。

高枫（1931— ）

歌词作家。吉林临江人。曾任辽宁音乐文学学会副主席。1948年参加部队文工团，中国音乐文学学会第一届理事，辽宁歌舞团专业作家，沈阳音乐学院客座教授。歌曲有《黑孩子赛林娜》《校园的早晨》《星星·月亮·太阳》《辽河大合唱》《蓝领的歌》，舞蹈曲《小货郎》（合作）等分别获"五个一工程"奖或被选入艺术院校教材。专著有词集《无悔的选择》，论文《秋叶集》。

高虹（1958— ）

女音乐理论家、教育家。辽宁人。沈阳音乐学院音教系理论教研室主任、教授、硕士生导师，辽宁省音协音乐创作委员会委员，中国教育学会理论学术委员会秘书长。1985年毕业于沈阳音乐学院作曲系，获文学学士学位。发表出版《目前我国高等音乐教育专业理论作曲学科的课程设置与素质教育之关系的思考》《感悟杨立青》《清唱剧〈长恨歌〉的旋律艺术》，专著《歌曲创作与分析教程》，主编《优秀毕业论文集》。创作歌曲和艺术歌曲有《我走过》《家乡的帆》《云月依依》，合唱《赶牲灵》《小河淌水》。

高健（1958— ）

音乐教育家。山东济南人。济南中学生歌舞团团长，合唱指挥，声乐指导。山东合唱协会副理事长，山东省音协理事，济南市音协副主席。1983年毕业于山东师范大学音乐系。先后在省电视台、电台演唱录制《沸腾的施工场》《这支歌唱给妈妈》《我的鸽子》等十余首新作。主编出版《山东省学生艺术水平考试声乐教材》。指挥济南中学生歌舞团合唱团参加全国首届童声合唱节获优秀指挥奖，优秀合唱团队奖。参加第四届北京国际合唱节获优秀演出奖。曾获教育部"全国优秀艺术教育工作者"称号。

高 杰（1934—已故）

钢琴教育家。江苏人。1955年参加工作，曾任天津音乐学院管弦键盘系副主任。1949年在北平国立艺专音乐系学习钢琴。1955年毕业于中央音乐学院钢琴系，后在天津中央音乐学院附中和大学毕业班任钢琴学科主任，并兼任院部钢琴教研室副主任。1987年被聘为钢琴副教授，曾任沈阳音乐学院举办的中国钢琴作品比赛评委。

高 洁（1934— ）

女豫剧表演艺术家。河南沈丘人。河南省豫剧三团演员。曾任第三、四届全国人大代表、省政协第四至第七届政协委员，省文联委员。从事豫剧现代戏事业五十余年，在《罗汉钱》《小二黑结婚》《刘胡兰》《李双双》《祥林嫂》《朝阳沟》等六十余个现代剧中任重要角色。1952年赴北欧、芬兰、瑞典等国访问演出，使豫剧声腔艺术首次蜚声海外。曾发表多篇论文，出版《豫剧演唱方法浅说》长篇论文。1992年曾举办《高洁声腔艺术演唱会》。

高 婕（1965— ）

女钢琴演奏家。山东青岛人。1988年毕业于中央音乐学院钢琴系，后在中国歌剧舞剧院歌剧团任演奏员。曾担任首排歌剧《原野》全剧音乐工作，参加歌剧《白毛女》的全剧复排，歌剧《天香》的视唱复排、《阿诗玛》的视唱以及《江姐》首次改为歌剧音乐会全剧排练，"乔羽作品音乐会"中与管乐队合作担任钢琴领奏，《施光南作品音乐会》与管乐队合作担任领奏，并参加"平安夜""中国风""春花秋实"等数百场音乐会演出。1999年随中国艺术团赴朝鲜参加国际艺术节获国际金奖。

高 峻（1944—2001）

歌词作家。辽宁大连人。1966年毕业于上海戏剧学院表演系。1970年从事部队文艺创作。曾任总政歌舞团创作员。出版有《青春的旋律——高峻作词歌曲100首》。

高 磊（1965— ）

作曲家。彝族。云南人。先后毕业于中国函授音乐学院及贵州民族学院艺术系作曲专业。出版有歌曲集《石林，美丽的地方》，音像出版专集《中国石林彝族酒歌》《相聚在石林》《家乡的赞歌》《走进石林来》《石林阿诗玛》《欢乐的火把节》《欢乐的地方》。大型晚会《相聚在石林》《洛山迷逗搓》《世界的阿诗玛》《相约石林》《阿诗玛秘地》《梦想石林》等音乐创作。编辑出版《石林夕阳无限红》《女儿情》《男儿情》《石林情》等VCD专集，发表《美丽的彩云飞起来》《我是撒尼红领巾》等30余首歌曲，撰有《撒尼人与撒尼音乐》《撒尼歌剧〈阿诗玛〉音乐的魅力》等文。

高 历（1957— ）

二胡演奏家。北京人。北京市曲剧团乐队队长。曾任北京军区后勤部演出队二胡演奏员。1980年入曲剧团任二胡首席。曾应邀参加北方昆曲剧院排演《夕鹤》及北京京剧团《甲申祭》担任二胡、高胡独奏。应邀在总政歌舞团排演歌剧《党的女儿》中任二胡、板胡独奏。为中国杂技团两台晚会录制二胡和高胡独奏。多次参加电视台春节晚会、戏曲晚会的音乐录制工作。曾为台湾录制个人二胡独奏专辑。

高 俐（1946— ）

女歌唱家。山东人。曾为深圳中国银行工会干部，1959年入四川音乐学院附中学习小提琴专业，1969年毕业于四川音乐学院声乐专业。曾任四川阿坝民族歌舞团声乐、歌舞演员，山西省歌舞剧院声乐演员。曾在《椰林怒火》、钢琴伴唱《红灯记》《红色娘子军》《白毛女》等大型歌舞剧中任主要演员。在深圳组织了"中行青年合唱团"，并在指挥该团演出中获"深圳首届青年艺术节"一等奖、"深圳首届金融系统艺术汇演"特等奖及参与演出的深圳中行男女声六重唱《银河的梦》获广东省中行系统文艺大赛一等奖。

高 梁（1919—2004）

作曲家。云南大姚人。1938年从事音乐工作。曾任云南省音乐舞蹈家协会主席、中国音协第四届理事。1957年获中央军委授予的三级解放勋章。创作有大量音乐作品。编演歌舞《流亡三部曲》《大刀进行曲》，花灯歌舞《农村曲》及彝族歌舞。曾在八一电影制片厂任电影作曲。有《小河淌水》《赶马调》《盘江曲》（合唱歌曲集，获西南军区创作二等奖）等，电影音乐《黑山阻击战》《脚印》（获八一电影制片厂一等奖），《移山填海》（获文化部二等奖）。

高 亮（1934— ）

管子演奏家。河北定州人。1948年从事音乐工作，师从杨元亨。1954年入中国广播民族乐团任独奏、领奏。1957年随团参加莫斯科第六届世界青年联欢节获金奖。与乐队合作录制唱片百余张。为《翻身的日子》《小兵张嘎》《唐明皇》等几十部影视作品配乐录音。将传统喉管改良为十二平均律的木质加键喉管，既扩展音域又便于转调。演奏曲目有《江河水》《雁落沙滩》《秦香莲》等。整理改编的河北吹歌《放驴》入选《中外名曲赏析》。

高 亮（1958— ）

古筝演奏家、教育家。辽宁沈阳人。毕业于沈阳音乐学院民乐系。沈阳音乐学院附中古筝专业副教授。1985年应香港艺声唱片公司邀请录制古筝、古琴专辑磁带《平沙落雁》《欧露忘机》。出版发行沈阳音乐学院音乐、舞蹈考级教材《古筝卷》。作有民歌改编《五木摇篮》，琴曲移植《平沙落雁》出版发行。录制并播出"高亮及他演奏的几首筝曲和古筝专业获奖学生广播音乐会"。参与编写《一代古筝大师》古筝艺术家赵玉斋先生诞辰八十周年纪念文集，发表《一代宗师》等文。所教学生参加全国及省内比赛多人获奖。

高　聆（1945— ）

女钢琴演奏家。山东长清人。1968年毕业于四川音乐学院，后任峨影乐团首席钢琴。曾担任录音、演出、比赛中钢琴独奏、合奏、首席电声键盘演奏工作。参加数百部电影、电视剧音乐的演奏。在乐团首届交响音乐会、通俗交响音乐会、中外经典交响音乐会中任独奏。曾为四川省老干局合唱团及各行业系统歌咏比赛担任辅导及钢琴伴奏，出任成都市钢琴比赛评委，并多次为沈湘教授担任讲学课堂伴奏。

高　敏（1965— ）

女琵琶演奏家。北京人。1986年毕业于中国音乐学院器乐系。中国歌舞团民乐队演奏员。演奏曲目有《十面埋伏》《春江花月夜》《欢乐的夜晚》《霸王卸甲》《江南春》《打虎上山》《琼瑶舞曲》《弯弯的月亮》等。1999年创办"新民乐"组合"融合"女子5人乐队。为中央电视台、北京电视台等录制节目。出访日本、摩洛哥、印度尼西亚等国。

高　明（1941— ）

笛子演奏家。陕西人。1959年入陕西乐团。1963年入陕西歌舞团。曾任该团艺术委员会副主席。先后改革成功"卵形埙""盖键排箫""拉笛"。1985年中央电视台播放《多才多艺的演奏家高明》专题片一、二集。出版有《高明笛子曲选》。

高　鸣（1933— ）

作曲家。山东沂南人。1947年始从事音乐工作，1950年入山东大学艺术系学习作曲。1954年始先后在华东戏曲研究院、上海越剧院、芳华越剧团、福建省文化局、福建省艺术研究所从事创作与研究工作。曾任中国戏曲音乐学会理事长、福建戏曲音乐学会会长、《中国戏曲音乐集成》特约审稿员、福建卷主编，福建省音协常务理事、戏曲音乐委员会主任等职。曾为多部戏剧作曲，并作有越剧《红楼梦》《盘妻索妻》音乐等。1988年受文化部、国家民委嘉奖。

高　沛（1936— ）

笙演奏家。河南邓州人。武汉音协顾问，武汉音乐学院客座教授。1950年从事音乐工作，1953年毕业于河南艺术师范学院。先后任职于许昌文工团、黄河文工团、上海歌剧院、武汉歌舞剧院。1986至1998年任武汉音协常务副主席兼秘书长、武汉音乐研究会会长。曾出访亚、欧、北美等国。出版有《笙的演奏方法》《乐廊漫步》《高沛笙学艺术概论》专著，创作有笙曲《龙凤呈祥》等。

高　如（1951— ）

作曲家。江苏人。如皋市文化馆副研究馆员。在刊物发表《配器中的和声安排》《五音与五行》《吉它和声民族化》等文三十余篇，作有木偶剧音乐《红螺女》，1990年赴京参加亚运会艺术节展演，并录制VCD。为木偶剧《大禹治水》作曲，1999年赴罗马尼亚参加欧洲木偶艺术节获"特别奖"。民间舞蹈《水虾舞》获文化部第五届群星奖优秀作曲奖，歌曲《美丽的梳》获文化部第九届群星奖优秀奖。曾被南通市委、市政府评为"优秀知识分子"。

高　田（1925— ）

作曲家。陕西韩城人。1938年参加延安抗战剧团。1948年始从事电影音乐创作。曾任上海电影制片厂专业作曲。作有电影音乐《巴山夜雨》，获首届中国电影"金鸡奖"最佳音乐奖。

高　娃（1951— ）

女民歌演唱家。蒙古族。新疆乌苏人。1969年入新疆建设兵团农五师宣传队。曾在总政歌舞团任独唱演员。曾在上海音乐学院进修。多次赴欧亚各国访问演出。曾获全军第三届文艺汇演"独唱表演奖"。

高　伟（1934— ）

指挥家。山东青岛人。中国电影乐团指挥、中国合唱协会副理事长。1948年参加中国人民解放军。1961年毕业于中央音乐学院指挥系。曾任中央民族乐团、中国歌舞团指挥。1964年曾担任音乐舞蹈史诗《东方红》合唱指挥。1980年获文化部演出评比优秀指挥奖。获北京合唱节和中国国际合唱节优秀指挥奖。1997年获西班牙国际合唱比赛指挥大奖。曾带领新疆天山合唱团、北京大学和北京工业大学合唱团参加国际合唱比赛并荣获第一、二名。曾担任波兰、西班牙和韩国国际合唱比赛及国内各类合唱比赛评委。

高　响（1937— ）

作曲家。江西分宜人。1954年由萍乡师范毕业后长期从事音乐教学工作。其间曾收集大量民族民间音乐资料。作品有《丝茅窝小唱》《油茶岭下有我的家》《闹金秋》等。主编《中国戏曲音乐集成·江西卷》《中国曲艺音乐集成·江西卷》《中国民族民间器乐曲集成·江西卷》中的三个宜春市地方卷本和两个宜春地区地方卷本。

高　兴（1947— ）

音乐教育家。北京人。曾任山西大学音乐系理论作曲教研室主任。1988年中国艺术研究院毕业，硕士研究生。曾在山西运城地区文工团任演奏员。撰有《简论岸边成雄先生的唐代音乐史研究》《琴曲意境浅谈》。译著《牛津简明词典》。专著《新名词辞典》等。

高　燕（1972— ）

女音乐编辑家。辽宁人。多年来，创作众多反映航天事业以及航天战线广大官兵学习、工作和生活的作品。大力讴歌了总装部队"艰苦创业、无私奉献、科学求实、开拓进取"的精神，歌曲《中国龙》《飞天神舟》《飞翔》分别获总装备部文艺调赛创作二等奖、酒泉地区原创歌曲大赛一、二等奖。

高　扬（1934— ）

作曲家。黑龙江呼兰人。1948年参加文艺工作。曾在黑龙江歌舞剧院工作。作有器乐曲《文成公主》《百万雄

G

师过大江》，歌曲《伐木谣》《雪上飞》。

高 扬（1957—）

二胡演奏家。江苏南京人。全国总工会文工团独奏演员。中国音协二胡学会常务理事。1977年考入北京军区战友文工团，后任二胡独奏演员。1986年毕业于上海音乐学院民乐系。出版《高扬二胡专辑》《二胡金曲followme》《阳春白雪》《听松》《丝路随想》等唱片。1994年赴香港参加"亚洲艺术节"担任二胡独奏。2000年考入北京大学艺术系研究生班。同年在台北国家音乐厅举办《高扬二胡独奏音乐会》。2003年在维也纳金色大厅"天华之声"音乐会中担任二胡独奏。曾出访德国、法国、奥地利等国家及港澳台演出。

高 叶（1920—已故）

音乐活动家。河北深泽人。1938年始从事部队文艺工作，长期从事作曲、指挥。1949年任吉林省文工团团长。1956年始入吉林省文化局，后任省委宣传部副部长兼文化局长。中国音协第四届理事、省文联副主席、音协吉林分会主席。作有歌剧音乐《强扭的瓜不甜》《识字好》，歌曲《英雄万岁》。

高 毅（1935—）

音乐教育家。湖北武汉人。曾为武汉音乐学院小提琴副教授。1956年毕业于中央音乐学院管弦系，曾任中央音乐学院附中助教。1980年在恢复任教后培养出的许多优秀小提琴学生被国内外音乐院校录取，并在国内的小提琴比赛中获奖。1985年在武汉创办"长江儿童课余音乐学校"。编有《儿童视听唱教程》1—3册。

高 茵（1930—）

女高音歌唱家。辽宁沈阳人。1949年入华北大学三部音乐科学习。1950年始先后在中央音乐学院音工团、中央歌舞团、中央乐团合唱队担任领唱、合唱。曾任《英雄战胜大渡河》《远方的客人请你留下来》等歌曲领唱。

高 英（1931—2008）

作曲家。河北正定人。曾任青海省海西自治州文工团团长。作有歌曲《把红旗留在咱们班》《啊，幽兰》。歌剧《胭脂》作曲兼编剧。

高 永（1930—）

作曲家。广东中山人。萧友梅音乐研究会理事。作品曾在中央电台、广东电台、《歌曲》《岭南音乐》发表，其中《歌唱毛泽东》在全国创作比赛中获奖，《家乡飞来一个笑》等在省歌曲创作评比中获奖。多首歌曲被录制成唱片或选为电影插曲播放，发表论文《普及音乐教育的战略措施》。词曲新作《中山美》被评为广东省精神文明建设"五个一工程"入选作品。

高 赟（1967—）

小提琴演奏家、音乐理论家。江西广昌人，东华理工大学音乐系副教授。1993年毕业于江西师范大学音乐学院，师从黄忠伯习小提琴。1996年考入首都师范大学音乐系研究生课程班师从王安国学习"和声理论"。主要从事小提琴教学和戏曲理论研究。近年来主持并参与完成国家级、省部级课题多项，发表学术论文十余篇。合著有《抚州采茶戏发展史》《古海盐腔的遗存与嬗变》。

高 云（1941—）

女歌唱家。山东黄县人。曾任黑龙江鸡西市人民艺术剧院艺术室主任。曾获黑龙江省首届"桃李杯"声乐比赛美声唱法辅导教师二等奖、1993年黑龙江天鹅湖艺术节表演一等奖、1996年黑龙江省"石化杯"青年歌手大奖赛通俗唱法辅导教师一等奖等。在声乐教学中培养的部分学生在相关比赛中获奖，或进入艺术院校深造。

高宝杰（1942—）

打击乐演奏家。辽宁沈阳人。辽宁省歌舞团打击乐声部长。1958年考入沈阳音乐学院附中扬琴专业。后任辽宁儿童剧院演奏员。曾随团赴阿尔巴尼亚、南斯拉夫、罗马尼亚、法国、日本、朝鲜、香港等地演出。1994年随团赴北京参加国庆四十五周年大型晚会演出，获文化部嘉奖。曾于1975年改革"十二平均律大扬琴"，1989年改革"铝制编磬"，先后获文化部国家文化科技四等奖、省文化科技二等奖、省发明创造三等奖。

高保利（1976—）

民歌演唱家。山西人。2000年毕业于山西大学。曾为山西大同市灵丘县罗罗腔剧团演员。第十二、十三届大同市人大代表，政协委员。2005年入中国歌剧院。演唱歌曲有《山丹丹开花红艳艳》《桃花红杏花白》《三天路程两天到》《东方红》等。长期参加基层文艺演出活动。被中国文联授予"送欢乐，下基层"积极贡献者荣誉称号。曾获"十大原生态歌王"称号。获第四届中国民族文化博览会民族歌手金奖、分获第十二、十三届青歌赛山西赛区二等奖、一等奖，央视青歌赛优秀奖、三等奖。2009年参加文化部春节赴"汶川抗震救灾慰问演出团"，并多次参加全国性的慰问演出。

高本政（1940—）

音乐编辑家。陕西米脂人。1966年毕业于西安音乐学院民乐系二胡专业。曾任中央歌舞团演奏员、演出大队副队长、团务秘书。1983年任文化部艺术辅导中心秘书。发表《艺术辅导工作谈》《谈演唱的民乐队伴奏》等文。1985年调入中国文联出版社，副编审。编辑出版录音、录像带四十余盘及《文怀沙序跋集》《张君秋艺术大师纪念集》《广州话熟语大观》（获广东省鲁迅文艺奖）等各类图书五十余部，其中有的被日本、美国等国家图书馆收藏，被评为优秀编辑。1988年后，参加全国"如意杯"大奖赛等多项大型活动，担任组委会办公室副主任和评委。

高炳点（1936—）

作曲家、双簧管演奏家。河南内黄人。湖南音协管乐专业委员会会长。1950年入伍从事文艺工作。1959年师从郭俊杰教授和捷克专家学习双簧管，后任广州军乐团独奏员及首席双簧管。曾获全军首届军乐会演优秀演奏和优秀作品奖。作有独奏曲《丰收的喜悦》，管乐交响诗《欧阳海颂》，管弦乐《凤展翅》，歌曲《山村晨曲》等作品数百首。为广播剧《湘南暴动》、电视剧《橄榄花》等作曲。出版军乐合奏《野营进行曲》、爵士鼓独奏曲集《打虎上山》《管乐编配教程》、及萨克斯独奏曲集《暗香》等二十余部（集），曾任湖南广播电视乐团指挥。

高彩霞（1951— ）

女钢琴教育家。河南清丰人。河南洛阳市文联组联部主任。1975年毕业于武汉音乐学院钢琴系。曾先后任武汉军区歌舞团钢琴演奏员、洛阳大学钢琴教师。教授的钢琴学生多名在"中华艺术新秀全国大赛"中名列前茅，有多名钢琴学生考入全国各音乐院校，有多名电子琴学生曾应邀参加中央音乐学院主办的"优秀考生音乐会"。

高昌模（1952— ）

作曲家。朝鲜族。黑龙江人。1976年毕业于哈尔滨师范大学艺术系作曲专业。后在密山县艺术剧团任指挥，1979年在黑龙江朝鲜族师范学校任教员，1981年入延吉市文化馆，1984年任延边电视台文艺部主任。延边音协副主席。器乐曲《深山汽笛》《思念》获全国创作奖，歌曲《故乡的母亲》等多首获奖。从2000年起多次组织延边春节文艺晚会，编辑、播放数百首（部）音乐节目。

高崇智（1939— ）

作曲家。四川人。1957年肄业于成都铁路工程学校。1959年进疆。1970年调入农一师政治部文工团（后合并为阿克苏地区歌舞团）任作曲、指挥。创作、指挥的作品有大型歌剧《杜鹃山》《楚河岸边的布鲁特人》《少女和她的三个追求者》，大型舞剧《翠鸟》《泉》《火》，中小型舞剧《石榴花开》《龟兹征战图》《姊妹花》，歌舞《毛主席视察南泥湾》《拥军水》《库车印象》《雪山丰碑》，大型合唱组歌《塔里木战歌》，歌曲《小雨打湿了军衣》《家乡灿烂》《中国梦》《桃花雪》《仰望国旗》等。1993年被评为阿克苏地区拔尖人才。

高传霖（1939— ）

二胡、京胡演奏家。浙江宁波人。1958年毕业于武汉第一师范学校，1960年在武汉人民艺术剧院学习音乐。曾任武汉市文化局办公室主任、京剧团书记、艺术室主任，武汉人艺、歌舞剧院歌剧团、歌舞团演奏员、乐队副队长、副团长，武汉歌舞剧院院长助理。曾参加多部歌剧伴奏、器乐演奏及音乐舞蹈史诗《东方红》的演出，创演"搔胡拉戏"曲多首，随团赴日本、香港等地演出，并任赴日艺术团团长。

高春林（1947— ）

艺术科技理论家。回族。辽宁丹东人。1966年毕业于中国音乐学院附中器乐专科。曾在北京艺校、中国音协工作。1988年任中国艺术研究院艺术科技研究室主任、研究员。1980年发明《定位法舞谱》（合作），获文化部科技成果一等奖。并于1985年赴日本万国科技博展会将其成果

参展。1988年在国内首次举行《定位法舞谱国际会议》。撰有《舞蹈音乐学》《音乐生理学》《音乐工程学》《音乐创作心理学》，编译《乐音科技》。

高德润（1953— ）

作曲家。江苏南京人。1977年毕业于中央音乐学院。任职于中央歌舞团。作有小提琴与民族乐队曲《苏北行》，钢琴曲《芦笙晚会》，歌曲《猫咪别淘气》。著有《电声乐队编配教程》。

高登洲（1915— ）

音乐教育家。河南中牟人。1944年毕业于国立音乐学院分院，毕业后留院任助教。1949年被评为副教授，曾先后在国立音乐院、广西桂林艺术专科学校、青岛山东大学三院音乐系、江苏无锡华东艺术专科学校、南京艺术学院音乐系任教。教授的课程有音乐基础理论、视唱练耳、钢琴等专业。撰写《视唱练耳课教学中的音准与节奏》，有关文章被编入《中国大文化英才辞典》（并获证书），从教四十余年，培养了大批专业艺术人才。

高鼎铸（1946— ）

戏曲音乐作曲家。山东博兴人。先后毕业于山东省戏曲学校、上海音乐学院民族音乐系戏曲作曲专修班。山东省艺术馆馆长、研究馆员，中国戏曲音乐学会理事，省音协理事，《群众艺术》杂志主编。曾为山东梆子、吕剧等剧种创作戏曲音乐五十余部，为《彩石崖》《算圣》电视剧作曲并任指挥。发表创作歌曲数十首、论文二十余篇，多次获奖。著有《山东地方戏曲唱腔欣赏》（合作），其中《柳子戏音乐研究》获山东省艺术科学优秀成果一等奖。担任《中国戏曲音乐集成·山东卷》常务副主编。

高尔棣（1955— ）

作曲家。天津人。1985年毕业于中国音乐学院作曲系，后入东方歌舞团创作室从事作曲。作有交响乐、室内乐、影视音乐、歌舞音乐及大量歌曲。歌曲《我们告诉世界》《超越》获全国"健牌杯"音乐大赛大奖，《美的奉献》等获全国广播歌曲大赛一等奖，电影音乐《高朋满座》获乌兰巴托国际电影节金奖。获奖作品还有电影音乐《别无选择》《狂吻俄罗斯》等及电视剧音乐《新大陆》《军魂》。1992年被评为"全国最受群众喜爱的十名作曲家"之一。1996年获"中国流行歌坛十年成就奖"。

高奉仁（1932— ）

音乐教育家、指挥家。河北赵县人。1947年在北平参加进步学生合唱活动，1949年参加四野南下工作团，1958年毕业于沈阳音乐学院。北京师范大学艺术教育系副主任、副教授。中国合唱协会常务理事、全国高师合唱学会副理事长、北京音乐教育研究会会长、北师大学生合唱团、北京老同学合唱团、北京金笛合唱团常任指挥。编著出版合唱指挥教材、音乐教育、合唱等论文或文章多种。

高福军（1948— ）

歌唱家。河北唐山人。原唐山市路南区文体局文化科

G

科长。曾在总政歌舞团、唐山师专学习声乐。1972至1977年在河北军区独立师宣传队任独唱演员。1980年在唐山市文艺汇演中，演唱《青春啊青春》获一等奖。多次组织并参加"唐山抗震十周年"等文艺演出。撰有论文《建设有中国特色的小康文化》《浅谈艺术创作出新》《老年文化在家庭中的地位》。

高冠英（1940— ）

女作曲家。山东人。辽宁儿童音乐学会理事。毕业于沈阳音乐学院。曾在部队文工团任专业音乐创作。获沈阳军区、旅大警备区若干优秀创作奖。在全国各大音乐刊物发表近百首词、曲作品。出版《红蕾歌曲选》，其中部分作品获奖。论文《论辽南沿海渔民号子》曾获辽宁省文化厅颁发的优秀论文证书。

高国庆（1952— ）

音乐编辑家。云南昆明人。1975年毕业于昆明师范学院艺术系。云南省音协副主席、云南电台副台长。曾任职于西双版纳东风农场疆锋文艺宣传队和思茅军分区文工队。1978年到云南人民广播电台从事音乐编辑和音乐制作。1995年筹建云南音乐台并任台长。编辑制作音乐节目二千多组，采集民族音乐五千多分钟，组织各种音乐演出和比赛活动上百次。1978年应美方邀请以"国际访问者"身分赴美考察音乐制作和音乐传媒，被授予内布拉斯加州"荣誉公民"和宁肯市"荣誉市民"。

高国仁（1933— ）

圆号演奏家。福建南平人。中国圆号学会艺术顾问。1952年入福建南平军分区文工队，后入解放军军乐团从事圆号演奏。1970年从军乐团借调中国京剧团担任首席圆号。1978年入中国电影乐团任首席圆号。为数百部故事片、电视片及交响音乐会演奏。被清华大学、北方交大、地质大学、北京西城区少年宫及十余所学校聘为辅导员。

高国武（1941— ）

演奏家。北京人。1960年毕业于北京舞蹈学校东方音乐班，曾任中央歌舞团东方班、东方歌舞团乐队演奏员。1990年曾参与策划、组织排演"东方神韵"音乐会，改编印尼佳美兰乐曲《八邦变奏》《章郎—格拉当》。在佳美兰乐队中演奏伯安对尔禅，为安格隆乐队演奏员。从艺三十多年，参加了东方歌舞团的重要演出和艺术活动，其中包括建团演出、拍摄"东方歌舞"电影及出访和国内巡演。1992年被任命为团办企业东方琴行经理。

高果宁（1943— ）

声乐教育家。满族。山西太原人。1972年毕业于中国音乐学院声乐系，同年入中国舞剧团合唱队。1979年调山西大学音乐学院。撰有《谈谈声乐教学中必须解决的三个问题》《歌唱时正确的口、咽腔状态》。所教学生多名获全国青年歌手电视大奖赛荧屏奖、山西省最佳歌手奖。

高浩鸣（1931— ）

音乐活动家。陕西佳县人。1947年陕西绥德师范肄业

后在部队文工团从事器乐演奏和音乐创作。1957年入中央音乐学院从事教学及行政工作。1971年始任文化部教育局教学处处长。

高鸿亮（1932— ）

作曲家。北京人。曾为吉林省音乐舞蹈研究会副会长，东北师大音乐系主任、教授。1949年入华北人民文工团。1955年起在北京人艺、中戏附属歌舞剧院、中央实验歌剧院任演员、业务教育秘书等。1958年毕业于东北音专作曲系，分配到长影作曲组。1960年调吉林省歌舞剧院创作室任作曲，1980年末调东北师大艺术系任教。发表有电影《流水欢歌》的插曲和主题歌，民乐轻音乐曲《天山南北好风光》和歌曲《飞翔吧，祖国》《啊，太阳》等。合唱《教师之歌》获全国业余合唱比赛"新作品创作奖"。发表论文《五声性旋律法探微》。

高鸿祥（1942— ）

音乐教育家。江苏常州人。曾为武汉音乐学院作曲系副教授兼图书馆副馆长。1981年由湖北艺术学院作曲系研究生毕业。曾任湖北襄阳地区文工团指挥、作曲。作品有《钟磬与古乐队》（编配），电影《古越轶事》作曲（合作），撰有《论钢琴乐器音响的融合作用》《音色旋律及点描技术》《对修改中图法音乐部分的设想》等论文，编有《管弦乐配器法教程》。

高厚永（1932— ）

音乐理论家、教育家。江苏镇江人。旅居美国。1953年毕业于上海音乐学院专修班，后留校为研究生。曾执教于上海音乐学院、中央音乐学院。1974年任南京艺术学院音乐理论教研组长。沈阳音乐学院、南京艺术学院客座教授，英国金斯顿大学评审教授。主编出版有《民族音乐学论文集》。从事音乐教学几十年，培养了沈洽、杜亚雄等民族音乐理论家。撰有《中国民族音乐学的形成和发展》《论曲牌》等数十篇论文发于海内外学术刊物。著有《民族器乐概论》《高厚永民族音乐论文集》。

高华信（1940— ）

柳琴、琵琶演奏家。上海人。曾任上海歌剧院弹拨乐首席。创作、改编的柳琴曲及创作并演奏的《火把节恋歌》等乐曲录制成CD并由美国ITUNE公司向全球播放。曾任上海音乐学院、南京艺术学院特聘教授及中国福利会少年宫艺术团指导、台北室内乐团顾问。多次赴日本、法国、澳大利亚、瑞典、芬兰等国演出。1998年在台湾台北音乐厅举办"高华信独奏音乐会"。2006年被邀请到瑞典哥德堡大学讲学和演出。主创并演奏《柳琴独奏曲四首》。

高焕之（1953— ）

大提琴演奏家。北京人。中国广播民族乐团首席大提琴。曾随团先后赴过美国、德国、比利时、法国、奥地利、瑞士、新加坡、马来西亚、泰国、日本、香港、澳门、台湾等十几个国家和地区演出，并曾经在维也纳金色大厅演出。

高慧菊（1933—已故）

女声乐教育家。辽宁沈阳人。1954年毕业于东北师大音乐系。曾任吉林艺术学院副教授。曾在东北三省音乐会中多次担任独唱，演唱曲目有《想念毛主席》《周总理，我们永远为你唱赞歌》等。

高继强（1951— ）

双簧管演奏家。天津人。1970年毕业于中央音乐学院附中。历任总政歌舞团演奏员、首席、乐队副队长。担任《中国革命之歌》《热血颂》《人民军队忠于党》等剧目的业务排练及演出组织工作。在"北京交响乐之春"音乐会上担任驻京部队联合交响乐队首席。曾随团出访朝鲜、香港等地参加多场演出，并担任一些作品的配器任务。

高建国（1953— ）

指挥家。山西人。内蒙古音协常务理事、包头市音协副主席兼秘书长。1971年起任中国兵器第一机械集团公司职工艺术团管弦乐队、军乐及合唱团指挥。1985年入内蒙古师大音乐系深造。2001年参加法国著名指挥家贝赫纳合唱艺术讲习班。次年随内蒙古文化考察团赴法国等十余国家进行文化交流和考察。2001年获内蒙古自治区优秀企业文化工作者称号。

高建华（1956— ）

作曲家。河北人。广州奥凯品牌听觉识别研究所所长。1986年就读于中国函授音乐学院、后进修于星海音乐学院。曾任职于广州军区战士歌舞团、海南省歌舞团。歌曲《你看蓝蓝的天》MTV，获中央电视台96年MTV大赛银奖，曾为电视连续剧《英雄无悔》《天地良心》作曲、指挥，并为海尔、联想、方正等企业创作企业文化歌曲和广告歌。

高建军（1957— ）

男高音歌唱家。上海人。1978年调入青海民族歌舞剧团，曾任歌队队长。现任兰州军区战斗歌舞团歌队队长。1990年在中国音乐学院歌剧系和北京声乐研究所干修班进修结业，毕业于解放军艺术学院文学系。1987年在第二届全国青年歌手大奖赛获青海赛区一等奖。曾参加朝鲜国际艺术节及赴蒙古等地演出。分别在北京、福建、青海等地举办独唱音乐会。1995年曾获聂耳·冼星海全国声乐比赛优秀奖。1996年首届全国声乐比赛中获演唱奖。

高建堂（1956— ）

作曲家。宁夏中宁人。宁夏音协理事，宁夏回族自治区歌舞团作曲、指挥。1973年从艺，所创作的戏曲、歌剧、歌曲、舞蹈音乐、民乐合奏作品等共获国家级与省部级奖25次。1987至1992年先后五次在宁夏参加全国重大戏曲比赛活动的获奖剧目中担任作曲、配器、指挥，其中大型宁夏夏剧《皇封乞丐》，民族管弦乐作品《西风秦韵》，民族器乐曲《欢乐的塞上》，歌曲《难割难舍的爱》，回族舞蹈音乐《打沙枣》等获全国、省、市奖。

高健君（1928— ）

板胡演奏家。辽宁沈阳人。1946年就读于北京美国学校。1952年入上海民族乐团，任板胡演奏员，曾与上海交响乐团、上海电影乐团合作演出板胡与管弦乐队《赶路》《马车在田野上奔驰》《安徽民歌三首》及为电影《天仙配》《秋翁遇仙记》等配音。1956年参加第一届全国音乐周和全国音乐舞蹈会演，并在怀仁堂演出。除演奏还担任乐团舞台监督，曾在上海音乐学院兼课。

高洁昭（1953— ）

花腔女高音歌唱家。四川南溪人。四川内江市人民艺术剧院副院长。四川省政协委员。1984年就读于四川音乐学院，曾多次受到内江市政府、文化局的表彰嘉奖，并荣获"学科带头人"称号。

高介云（1926— ）

作曲家。山西武乡人。1938年参加工作后曾历任光明剧社、太行剧团、山西省文工团团长，天津音协、剧协秘书长，天津市艺术研究所所长等职。除做组织、行政工作外，创作（含合作）有大小歌剧和戏曲剧本三十余部，各种类型歌曲三百余首。较有影响的歌剧有《赤叶河》《结婚》《义和团》（均系合作作曲），歌曲有《台湾，我们蓝色宝岛》《骑兵巡逻队》《王三姐赶集》。曾为天津剧协名誉主席。

高金香（1940— ）

作曲家。河北人。1958年入天津人艺歌舞团。曾任天津歌舞剧院乐队二胡首席。曾在天津歌剧团艺术室工作。作有《唢呐、管子曲二十九首及演奏技法》《笙的演奏法》（合作），笙独奏曲《海南春晓》。

高金英（1954— ）

女歌唱家。山东惠民人。1969至1975年在新疆兵团农九师政治部宣传队任演员队队长，后在新疆塔城地区歌舞团任声乐队队长。1981年参加自治区及文化厅举办的第一届"天山之声"音乐会，演唱的自创达斡尔族歌曲《加姆依勒嘎》获创作三等奖，1997年在伊犁专业文艺汇演中演唱《祖国请听我说》获表演一等奖。自1971年起，在京剧、歌剧、话剧的演出中饰演主要人物，在1992年地区电视台拍摄的电视专题片《燃烧的太阳石》演唱主题歌《燃烧的太阳石》并任声乐指导。

高经华（1933—已故）

小提琴演奏家。河北河间人。1951年毕业于中央音乐学院少年班。曾任中央乐团演奏员。曾获上海市儿童音乐比赛二等奖。曾随团赴苏联及东欧国家演出。

高景瑞（1932— ）

圆号演奏家。辽宁海城人。1948年从事部队文艺工作。1955年入中央音乐学院进修。后任总政文工团、歌舞团管弦乐队首席圆号。曾随团出访苏联、波兰、捷克、罗马尼亚、朝鲜、缅甸等国家。获"模范战士"奖章、尤里斯·伏奇克"奖章、"五级星勋章"。1964年在大型音乐舞蹈史诗《东方红》乐队中任首席圆号。现为中国音协圆号学会艺术顾问。

高久林（1958— ）

笙演奏家。河北人。天津歌舞剧院院长。中国音协第六、七届理事，天津音协副主席，中国民管会常务理事，天津民管会会长，中国笙协会常务理事。1979 年入天津歌舞剧院，笙独奏演员。演奏曲目有《打虎上山》《快乐的女战士》等。1987年参与录制笙三重奏《火把节之夜》音带，任首席。1986年起参与策划四十余台民族音乐专场晚会及多台大型综合歌舞晚会，其中大型舞剧《妈祖》荣获中宣部"五个一工程"提名奖和天津市第三届戏剧节优秀剧目奖，芭蕾舞剧《精卫》荣获第三届中国舞剧观摩比赛四项大奖。曾随团赴意大利、德国、日本等国演出。2003年获天津市第三届中青年"德艺双馨"称号。

高骏奎（1937—2003）

男中音歌唱家、声乐教育家。北京人。原首师大音乐系声乐教研室主任，中央少年广播合唱团声乐指导。1960年毕业于北京艺术师范学院音乐系，留校任教。曾任煤炭部歌剧团、空政歌剧团演员兼声乐教员、教研组长。撰有《论师范院校的声乐基础教学》等文。曾在歌剧《风云前哨》中饰索朗老人，《柯山红日》中饰司令员，《智取威虎山》中饰李勇奇。1991年举办个人独唱音乐会，多次在大中小学举办学术讲座。

高连钦（1924—已故）

音乐活动家。河南镇平人。1952年毕业于开封艺校。曾在南阳地区群艺馆工作。编有《南阳三弦书初探》。

高留彬（1950— ）

戏曲音乐家。河南洛阳人。河南洛阳艺术学校教研室主任。1994年毕业于河南电视大学艺术系。曾任宜阳豫剧团乐队演奏员和音乐设计。撰有《电子琴与戏剧音乐》《戏曲危机的现状与出路》（合作）等文。为北京电影制片厂拍摄的豫剧影片《三全其美》配器，为《王屋山下》配乐指挥获文华奖。歌曲《魏碑颂》获1991年全国群众歌咏比赛特等奖。《风云情怨》《一半情怨一半爱》获省戏剧大赛最高作曲奖"优秀音乐奖"。

高鲁生（1928— ）

音乐编辑家。山东昌邑人。1950年入天津市音工团。以后一直在天津市文化部门任职。1953年起在《天津歌声》（《群众歌声》）任音乐编辑、编辑部主任。编辑过《海河歌声》《红色的歌》《革命歌曲集》《天津民歌》《印尼歌曲集》《歌词月刊》等音乐书刊。作有歌曲《伟大的社会主义祖国在前进》《雷锋小唱》《祖国，春天的故乡》《抗洪组歌》等。歌词《中国，亲爱的故乡》《扬鞭跃马奔小康》《中华五千年》等。撰写《新时期歌曲创作宏观瞭望》《歌曲创作技法系列》《王莘与歌唱祖国》等文。

高曼华（1955— ）

女高音歌唱家。天津人。1977年入东方歌舞团。1984年毕业于上海音乐学院声乐系，留校任教。获1980年全国高等艺术院校声乐比赛第二名。1984年在维也纳国际歌剧歌唱家比赛中获奖。

高曼丽（1942— ）

女声乐教育家。山西祁县人。西安音乐学院音教系副教授。1963年毕业于西南大学音乐系。论文有《浅谈师范声乐教学改革》《谈高师音乐教学内容如何突出师范性》《论音乐的表演阐释—谈歌唱家的二度创作》。编写师范音乐教材，培养众多音教及演唱人才。其中许晓青曾获1988年全国"金龙杯"声乐大奖赛美声专业组铜奖，获青海省第一、二届电视歌手大奖赛美声专业组一等奖。

高明道（1935— ）

管乐演奏家。甘肃武威人。1949年始从事军乐演奏及教学。曾任职于甘肃武威军分区宣传队，师文工队、军乐队及志愿军乐队。总政军乐团教员。曾连续参加新中国建国十、二十、三十及四十周年大典。编著有长短笛、双簧管、单簧管、大管、萨克管与各种铜管号及打击乐的两套共四十余本系列管乐丛书，包括《百首管乐分谱曲集及演奏法》《50首管乐总分谱曲集》。合编有《萨克管实用教程》《单簧管趣味教学曲集》《单簧管重奏教学曲集》。

高明芳（1943— ）

女高音歌唱家。陕西榆林人。1985年毕业于中央音乐学院。曾任陕西省歌舞剧院歌舞团领唱、独唱演员与中国广播艺术团合唱团歌唱演员。演唱有《边区生产歌》《赤道战鼓》《牧民想念毛主席》等。先后参加澳门艺术节、横滨合唱音乐会、音乐舞蹈史诗《中国革命之歌》等演出。1995年参加"全国民族精英大赛"组委会工作。曾在中央电视台12集英语教学片《英英学英语》中饰阿姨。

高楠苑（1956— ）

女中音歌唱家。云南蒙自人。1977年起在国防科工委文工团歌队任声部长。1982年任总政歌剧团演员。1991年毕业于解放军艺术学院音乐系大专班。在歌剧《火红的木棉花》《一滴泉》《春风送暖》《屈原》《这里的黎明静悄悄》《游吟诗人》《浮士德》《茶花女》等剧中饰演主要角色。参加歌剧《两代风流》《特区回旋曲》等剧目演出。参加了全军第四、五、六届文艺汇演，参加"贝九"的《欢乐颂》、双拥晚会、三次赴老山前线慰问演出及赴西藏、云南、北大荒等地为战士演出。1994年举办个人音乐会，多次参加中央电视台及地方电视台晚会演出。曾获1992年北京青年歌手电视大赛美声组第二名。

高培芬（1954— ）

女古琴演奏家。山东诸城人。毕业于山东师大艺术系获学士学位，教授。山东琴社社长，中国古琴专家委员会委员，济南市政协委员。师从诸城派古琴大师张育瑾、王凤襄。2002年中国政府向联合国递交《古琴艺术申报书》确认我国52位古琴传承人，高培芬名列第13位。2007年被山东省政府评为"山东省第一批省级非遗项目诸城派古琴代表性传承人"。1981、1991年两次举办个人古琴音乐会。在全国第四次打谱会发表《关雎》《广寒秋》，还打出《韶》乐全部琴曲，出版《古琴名曲》专辑，创作弹奏六幕京剧《李清照》古琴音乐获国家奖。为多部电影、电视连续剧录制古琴音乐，发表论文三十余篇。

高沛军（1927—　）

女声乐教育家。江西彭泽人。1947年考入国立上海音专声乐系。1949年兼同济大学附中音乐教师。1950年调华东音分院音工团。1951年选入中国青年文工团赴柏林参加第三届世界青年联欢节。曾赴德、匈、波、苏、罗、保、捷、奥八国访问演出。1952年回上海音乐学院继续学习，1955年毕业。历任上海越剧院、戏剧学院、木偶剧团声乐教师，先后参与浙江社会艺校及杭师院音乐系声乐教学。

高佩辉（1933—　）

女声乐教育家。广东汕头人。1958年毕业于上海音乐学院声乐系。曾在杭州音乐专科学校、艺术专科学校任声乐教师。后调入杭州歌舞团任独唱演员兼声乐教师。1976年起先后调浙江艺术专科学校、杭州师范学院音乐系任声乐教师、副教授。曾举办"高佩辉副教授学生独唱音乐会"。撰有《论歌唱的呼吸》《声乐曲及钢琴伴奏的密切关系》等文。所培养的学生在各类声乐比赛中多次获奖。

高启明（1956—　）

萨克斯演奏家。辽宁丹东人。2000年毕业于解放军艺术学院学员队。总政军乐团演奏员、中国管乐学会理事。在国庆35周年、50周年的千人乐团中任萨克斯管声部大声部长。曾随团出访德国、比利时、港澳等地。主编出版《中国音乐学院萨克斯考级教程》《萨克斯外国名曲一百首》、录制发行萨克斯管《全国考级大全》《随想情感》等光盘。萨克斯管考级评委。

高秦平（1963—　）

音乐教育家。甘肃武威人。西安音乐学院副教授。1984年毕业于西安音乐学院。曾任陕西省乐团长笛首席。所教长笛学生曾获全国声乐器乐比赛银奖，第二届中国北京长笛比赛少年组优秀表演奖，第二届亚洲青少年音乐比赛陕西赛区少年组一、二名，青年组一、二、三名及专业组第一名，本人获指导教师优秀园丁奖。撰有《音乐教育的数字化》《素质教育与音乐教育》《豪斯赖特宣言与'反音乐教育'》等文。

高庆瑶（1934—　）

中提琴演奏家。河北人。1951年入部队文工团。1953年入中国建筑文工团后并入海政歌舞团。1963年始在中央芭蕾舞团工作。

高仁永（1938—　）

大提琴演奏家。河北交河人。1962年毕业于北京艺术学院（现中国音乐学院），同年任中国铁路歌剧团大提琴演奏员，1974年入中国广播民族乐团。参演歌剧《洪湖赤卫队》《江姐》及各种音乐会。随团出访罗马尼亚、意大利、法国、新加坡等国家和港、澳、台地区。创作大量儿童歌曲、独唱歌曲，并为多个电台少儿节目配乐，培养众多大提琴人才。

高如星（1929—已故）

作曲家。山西兴县人。1944年参加晋绥军区"战斗剧社"。后入八一电影制片厂任专业作曲。作有歌曲《藏胞歌唱解放军》（合作），电影音乐《柳堡的故事》《英雄虎胆》《回民支队》。

高瑞昌（1941—　）

男中音歌唱家。河南密县人。1960年毕业于郑州艺术学院。曾任河南省歌舞团团长。音协河南分会常务理事。曾在歌剧《韦拔群》中饰主角。1984年随中国音乐舞蹈家小组赴苏联考察访问。

高瑞华（1963—　）

女音乐活动家。山东禹城人。河北省秦皇岛市文联副主席。1998年毕业于中央党校经济系。1977至1983年在秦皇岛市文工团任琵琶演奏员。入秦皇岛文联后，参与编辑歌曲集《浪花上的歌》。作有广播剧《撑起一片蓝天》获河南省"文化振兴奖"和"五个一工程"奖。任市"五个一工程"歌曲创作领导小组组长。创作歌曲多次获全国、省市奖。

高瑞民（1943—　）

指挥家。河北人。1960年从事文艺工作，毕业于沈阳音乐学院作曲指挥专业。1972年担任指挥。曾任辽宁省抚顺市音协常务副主席、抚顺市歌舞话剧院副院长。曾指挥歌剧、舞剧、音乐会、歌舞晚会及大型声乐套曲《雷锋组歌》等多台节目的演出。并担任省、市大型文艺活动"满族风情节"的音乐总监。曾获艺术节指挥奖，作曲的舞蹈《荷塘月色》获省专业舞蹈大赛作曲一等奖。

高山人（1963—　）

女音乐活动家。土家族。湖南人。海南省文联委员、文联组联处副处长、海南省音协副主席、中国音协社会音乐委员会委员、中国音协第六届理事。曾任海南省音协秘书长。毕业于湖南吉首民族师范学校音乐班，同年参加演员剧团。1987年毕业于湖南吉首大学音乐系声乐专业。曾任湖南吉首民族师范学校教师。1992年在海南省国际文化交流中心文艺处从事对外文化交流工作。1997年调海南省文联，期间曾在北京进修文史类课程。2003年毕业于中共海南省委党校民商法学研究生班。曾多次参加国内、外音乐交流活动和组织工作。

高生耀（1962—　）

歌唱家。青海湟源人。1982年毕业于青海省艺术学校。曾在上海音乐学院和中央音乐学院进修。先后就职于青海省海北州民族歌舞团和青海省民族歌舞剧院。多次在省内外声乐比赛中获奖。经常参加省内外大型文艺演出。出版有《走进青海》VCD，《昆仑石油情》盒带。发表论文有《浅谈声乐发声与嗓音保护》《浅谈从事歌唱艺术应具备的基本素质》。演唱作品有《牧场美》《云的思念》

G

《青海情》等。

高士杰（1928— ）

　　音乐学家。北京人。1955年毕业于中央音乐学院。1958始任西安音乐学院音乐学教授、硕士生导师。曾任西安音乐学院研究所第一任所长，陕西省音协第二届副主席、兼理论委员会主任，顾问。曾被评为陕西省优秀教师。1994年获曾宪梓高等师范专科院校教师奖三等奖。西安市雁塔区第九、十届人民代表。发表论文《论柴科夫斯基》《论音乐的特殊性》《基督教精神与西方艺术音乐传统》《关于20世纪中国音乐道路论争的断想》等。并为《中国大百科全书》音乐舞蹈卷撰写有关西方音乐词条。

高士彦（1927— ）

　　音乐编辑、出版家。上海人。1949年毕业于上海交通大学经济管理系，1946至1947年就读于上海中华音乐学院。历任政务院文教委员会《文教丛刊》编辑，文化部《文化丛刊》编辑，人民音乐出版社编辑室主任、副总编辑等职。长期从事音乐编辑出版工作，负责筹划选题、开辟稿源、稿件三审，内容包括美学、史传、演奏法、曲谱等。著有《柴科夫斯基》《威尔第》等书籍，译有《柴科夫斯基论音乐与音乐家》《柴科夫斯基论文书信札记选》《威尔第书信选》等。

高守本（1940—已故）

　　作曲家。内蒙古通辽人。1956年开始业余创作。1976年入内蒙哲盟群众艺术馆任音乐编辑。1984年入中国音乐学院作曲系进修。作有歌曲《雪莲赞》《美丽的海岛，祖国的西沙》《骆驼草的思念》。

高守信（1939— ）

　　歌词作家、剧作家。满族。内蒙古科尔沁人。1962年毕业于中央音乐学院，分配至中央民族歌舞团工作。曾任创作室主任、办公室主任、调研员。曾任原中央民族歌舞团大专班《艺术概论》客座教授，中央民族大学音乐学院研究生班客座教授。发表有大量歌词作品，先后获奖四十余次。作有《五十六个民族五十六朵花》《壮锦献给毛主席》《母亲留下的伽倻琴》《千古风流》《弹起我的冬布拉》等数十首。作音乐电视剧《刘三姐》获"骏马奖"三等奖和电视专题片《马头琴之歌》获"骏马奖"一等奖。编辑出版《中国少数民族艺术词典》任副主编，分获社会科学、民族书目一等奖，撰写大量介绍少数民族音乐文化的文章。中国少数民族音乐学会常务理事。

高守玉（1952— ）

　　歌唱家。辽宁大连人。1970年从事文艺工作，毕业于沈阳音乐学院附中。先后在福州军区前锋歌舞团、西藏军区文工团任独唱演员。1986年获文化部、广电部全国音乐舞蹈比赛三等奖，同年获首届华东六省一市民歌比赛一等奖。长期从事本地区音协的组织工作，多次主持策划各种音乐项目的比赛和大中型文艺演出活动，并担任总导演。

高蜀秀（1929— ）

　　女声乐教育家。四川内江人。1954年毕业于重庆市西南师范学院音乐系。曾任东北师范大学音乐系声乐教研室助教、锦州中学音乐教师、第一师范学校音乐教师、中学音乐中心教研组组长。曾演唱自创歌曲《祖国的春天哪里来》并获表演奖、创作奖，对市、地音乐教师辅导、培训，组织对外演出。曾被聘为市及凌河区卡拉OK赛评委。

高树凯（1918— ）

　　音乐教育家。黑龙江通河人。1940年毕业于吉林师大音乐专业。曾任哈尔滨师范学校音乐教研室主任、副教授，哈尔滨音协理事。1941年始从事师范学校音乐教学工作。曾在部队文工队从事合唱指挥及作曲。作有《女教师孟淑双》、《青春属于谁》《松花江啊，心上的江》等合唱作品及《我爱樱花我爱松》《前进，我伟大的祖国》等歌曲。主编有《和声学》《手风琴》等教材，编著有《小学音乐教学法》《儿童歌曲伴奏》等教材。

高思聪（1923— ）

　　女声乐教育家。陕西定边人。1947年毕业于南京金陵女子文理学院音乐系。1952年毕业于美国依阿华大学音乐研究院，为声乐艺术硕士。后回国任教。曾任上海音乐学院教授。译有《歌唱学习》等。

高松华（1955— ）

　　作曲家。黑龙江哈尔滨人。1970年考入黑龙江省革命样板团乐队任小提琴演奏员。1972年任黑龙江省歌剧舞剧院管弦乐团演奏员。1985年毕业于沈阳音乐学院作曲系，后入中央台文艺中心工作。1987年自费赴日本留学，先后入东京文学院、东京艺术大学专攻作曲。1993年获音乐硕士学位。同年入中国音乐学院作曲系任教，主讲现代作曲技法。副教授，研究生导师。作品有交响诗多部、交响合唱组曲、小提琴协奏曲、室内乐、民族器乐、声乐、影视音乐、电子音乐作品等百余首。出版有中国首部世界打谱软件Finale的速成教材。多次在国内外作曲比赛中获奖。

高天康（1929— ）

　　音乐教育家。江苏无锡人。1952年毕业于华东师大音乐系。曾任西北师院音乐系主任。副教授。著有《音乐知识词典》《电子琴演奏法》。

高铁军（1929—2006）

　　音乐教育家。黑龙江哈尔滨人。1948年从事部队音乐创作。1959年始从事教育工作。曾任沈阳音乐学院师范系副主任，副教授。作有歌曲《人民公社是金桥》《公社气象员》等。

高薇薇（1956— ）

　　女歌唱家。山东济南人。济南市歌舞剧院歌舞团演员。1987年毕业于济南市文化艺术学校。在1980年山东省专业歌舞团、文工团及艺术院校青年演员比赛中获三等奖。在第22届"哈尔滨之夏"全国十大城市歌手比赛中获美声唱法一等奖。在第三届"蒲公英奖"评选中，所辅导的声乐作品《太阳少年》获银奖。所编排辅导的独唱《雪山老阿妈》获第六届全国校园春节晚会编导一等奖。

高为杰（1938— ）

作曲家。上海人。1960年毕业于四川音乐学院，曾任作曲系主任。中国音乐学院作曲系主任、教授、图书馆馆长，《人民音乐》编委。1983年创建中国第一个现代音乐团体"作曲家创作探索会"并任会长。曾任上海音乐学院博士生导师，中央音乐学院音乐学研究所特聘研究项目主持，延边大学客座教授，美国辛辛那提大学音乐学院兼聘教授，《中国音乐》《中国音乐学》《爱乐》编委。音乐作品曾在国内外演出、出版并获多种奖项。著有《和声学研究》《曲式分析基础教程》《论音阶的构成与分类编目》《20世纪音乐名著导读》等。曾应邀出访欧、美、亚洲多个国家和地区参加学术会议，讲学并担任比赛评委。

高伟春（1950— ）

指挥家。北京人。曾任中央歌剧院指挥。1983年毕业于中央音乐学院指挥系，并任中国广播交响乐团指挥。指挥的作品有《卡门》《丑角》《詹比·斯基奇》《蝴蝶夫人》《军民进行曲》，《农村曲》等著名歌剧。1983年文化部为国际比赛获奖者薛伟的颁奖典礼，为准备出国比赛的韦丹文、游晓、孔朝晖等执棒指挥。

高文娟（1951— ）

女歌唱家。江苏无锡人。1977年毕业于上海音乐学院声乐系。后在上海歌剧院担任独唱演员，参加大量演出活动。1978年参加上海青年演员会演"优秀奖"，并获"上海声乐大赛"三等奖。为电台及唱片厂录制歌曲《在那大海的彼岸》《我来到红太阳升起的地方》《做双草鞋送亲人》。在舞剧《半屏山》《大禹治水》中担任独唱与伴唱。所教学生不少考入艺术院校及文艺团体。

高文山（1955— ）

打击乐演奏家。辽宁人。珠影乐团打击乐声部长。1988年毕业于华南文艺大学作曲系。曾为百余部电影、电视剧的音乐录音，为多部纪录片谱曲、作词及编配、指挥。在一些大型文艺演出中任独奏、领奏。出版发行的《交响乐队中的乐器（二）》光盘，被作为中、小学和少年宫音乐教学示范。

高晓光（1957— ）

女钢琴教育家。吉林九台人。1982年毕业于东北师大音乐系后留校任教，担任钢琴教研室副教授，1991年起担任音乐系研究生的教学。曾在星海音乐学院学报上发表文章并参与《中国中学生大百科全书》音乐部分的编写。

高效鹏（1933— ）

音乐教育家。山东兖州人。毕业于山东师范学院音乐系。曾任职于山东济宁师专音乐系，任系副主任，教授。济宁市音协副主席。著述有《中国音乐在日本音乐中的印迹》《孟子民本思想在音乐观上的反映》《对十八律的返想》《大学音乐教程》（合著）等。发表中国古代音乐故事《师涓隐迹》《魏文侯悬琴》《唐玄宗痴习紫云廻》等多篇，并在全国获奖。

高星岗（1915— ）

音乐编辑家。河北完县人。1937年在西安参加抗日救亡歌咏活动。接受过冼星海、周巍峙、孙慎新等音乐名家的教诲。曾担任西安市联合歌咏队队长兼指挥。40年代在重庆师从国立音乐学院胡然教授学习声乐。1945年起先后在重庆、南京、中央电台音乐组担任男中音独唱。50年代起在浙江电台担任音乐编辑。60年代任中学音乐、英语教师，直至退休。

高行素（1942— ）

小提琴演奏家。江苏泰县人。第五届中国音协理事，中国音协社会活动委员会委员，江苏省第四届艺术教育委员会委员，江苏省音协第三、四届常务理事、秘书长。长期从事小提琴演奏及教学。作品《晚霞》（小提琴、钢琴与人声），《送肥忙》（小提琴齐奏），专著《儿童小提琴教学艺术》《小提琴发展史略》等。

高秀莲（1957— ）

女高音歌唱家。山东荣成人。福建晋江市文化馆副馆长。1970年入福建省漳平县文工团，1985年调漳平市文化馆任艺术指导。1992年结业于北京大学成人教育学院。主演多部大型歌剧。先后获省级歌手一、二、三等奖，北京大学"十佳歌手"特别奖。为木偶团大型神话剧《万里长虹》配唱，该剧目获文化部第九届"文华奖"。多次主持、策划、总编导大型文艺晚会。被泉州市政府授予"泉州市优秀拔尖人才"称号。

高雪峰（1956— ）

音乐活动家。江苏太仓人。江苏省太仓市文化馆馆长。2003年毕业于南京师大音教系。撰有《江南丝竹发源初考》等文。出版获奖音乐作品集《又是一个丰收年》。获奖作品有苏南吹打《又是一个丰收年》，木琴与乐队《骑车去郊游》，歌曲《我是人民的公仆》（合作），弹词开篇《水巷寻梦》等。曾任太仓市沪剧团民乐演奏员兼指挥，演出千余场，参加《中国民族民间器乐集成》（太仓市资料）收集各种曲目200余首，组织策划出版《太仓江南丝竹十大曲》总谱、CD，组织策划全市音乐活动多项。创建市民族乐团，曾赴新加坡等地举办专场音乐会。

高亚林（1931— ）

音乐编辑家。甘肃兰州人。1949年入部队文工团任演奏员。1964年始任《解放军歌曲》编辑。作有歌词《焦裕禄赞歌》《快艇兵战歌》，歌曲《我们的党是伟大的党》。编有《笛子吹奏法》。

高砚中（1940— ）

女音乐教育家。山东青岛人。1963年毕业于山东艺术学院，主修声乐。长期从事中学音乐教育，曾指挥学生合唱团演出。在首届中国童声合唱节上演出《拉地瓜》《楞啦啦楞》和《百鸟朝凤》等多声部合唱，获"优秀童声合唱团"奖杯、"优秀指挥奖"和"优秀声乐指导奖"。率教师合唱团参加《黄河大合唱》和贝多芬《第九交响乐》的演出。同时在省、市、区讲授声乐、合唱指挥讲座，培养了一批声乐人才。出版多盘《优秀少儿歌曲》《少儿学英语歌曲》盒带。多篇音乐论文在报刊发表。曾系中国合唱协会童声合唱委员会委员、山东省合唱研究会会长。

高燕生（1940— ）

作曲家、音乐教育家。上海人。早期在中央音乐学院附中和天津音院附中学习钢琴、作曲。1959年始任天津音乐学院教师，并在该院作曲系学习，1964年毕业后，任该院作曲技术理论教师和指挥。曾任作曲教研室主任、附中校长、研究生导师、教授。中国民族管弦乐学会理事，政协天津市委员会委员、天津市政协委员。作品有交响组曲《春潮》，长笛独奏《谐谑曲》，江南丝竹《凡工错》，艺术歌曲《红松林》。论著有《创作交响乐的一般过程》《论音乐创作的现代观念》《谢德林歌剧〈死魂灵〉的结构特征》。译著《奥涅格的美学观和风格特点》《现代和声中的古典结构》。编辑有《音乐百科词典》《缪天瑞音乐生涯》。

高耀华（1944— ）

二胡演奏家。江苏南京人。1958年入安徽艺术学院。曾任安徽艺术学校副教授。安徽省二胡研究会会长。1986年赴美国讲学、演奏，获中美艺术家联欢会演奏金奖。作有多首二胡曲。

高晔芸（1947— ）

女作曲家。浙江青田人。1960年在浙江省文艺学校学习戏曲音乐，1990年在中国美术学院学习美术绘画。1965年在诸暨文工团任越剧主胡。1970年在浙江绍剧团任主胡、二胡演奏。1995年调中国美术学院西湖艺苑美术部。谱写并录制歌曲《宋词新韵》MTV，获全国、省级电视台"刘玲杯"音乐专题片奖，《明月几时有》获1997年全国广电部音乐专题片"星光奖"二等奖第一名。近年来为浙江365集童偶剧《365夜的故事》，百集大型纪实片《共和国之最》，纪实片《开国英雄》《百年战争解密》等谱写主题歌。

高一乔（1932—已故）

音乐教育家。四川郫县人。1956年毕业于西北师院音乐系。曾任新疆师范大学音乐系副主任。副教授。著有《指挥法》《声乐艺术的语言美》《歌唱艺术再创造的心理特征》。

高伊琴（1954— ）

女中音歌唱家。陕西白水人。陕西省乐团和合唱队。曾任渭南地区文工团演员队队长。2006年获陕西省第六届声乐大赛美声老年组一等奖。参加演出组歌《蓝花花》，歌剧《司马迁》《张骞》，第二届国际合唱节合唱专场晚会，省庆祝国庆50周年大型歌咏比赛，分别获金奖、一等奖、"五个一工程"奖。

高映华（1947— ）

作曲家。彝族。云南石林人。1968年、1984年先后毕业于上海音乐学院作曲系民族班及作曲指挥系进修班。曾任云南省歌舞团创作组长，现任云南省歌舞剧院艺术创作中心音乐创作员、云南省音协常务理事兼理论创作委员会副主任。作有歌曲《撒尼人民心向红太阳》，大合唱《云岭颂》，民乐曲《渠水欢歌》《欢乐的山寨》，钢琴曲《彝乡组曲》《红河组曲》，交响音诗《彝山之歌》，交响狂想曲《云南诗篇》等。出版有《高映华创作歌曲选》。

高永谋（1943— ）

音乐教育家。陕西人。1968年毕业于西安音乐学院，后为西安音乐学院作曲系作曲教研室主任、副教授。作有合唱《水调歌头·重上井冈山》（合作），《怀念敬爱的周总理》（合作），交响诗《春》，小提琴独奏曲《叙事曲》，古筝、二胡二重奏《闺怨》，歌剧《野月亮》等。多次举办《钢琴织体写法》《现代音乐作品介绍》《如何深化声乐曲的创作》等专题讲座。

高玉良（1943— ）

作曲家、指挥家。黑龙江哈尔滨人。1959年进哈尔滨评剧院工作，任乐队板胡演奏员。1978年结业于哈尔滨师范学院作曲进修班，后任艺术室主任。先后为四十余部戏剧节目担任作曲指挥。参与作曲的大型评剧《蝶恋花》曾获优秀音乐作品奖，评剧《樱花颂》获省"建国三十周年演出优秀音乐奖"，电视剧《半月沟》获全国电视剧大奖赛二等奖。评剧小品《搭配》获"全国喜剧小品电视大奖赛"三等奖。

高玉林（1949—2007）

作曲家。河北磁县人。1971年参加煤矿工作。1976年始自学音乐创作，创作大量音乐作品，百余件在省级以上刊登、广播和获奖。《晚霞，浪花和吉他》获全国首届农村征歌三等奖。《心儿一样亮》获全国工人征歌银奖。《共系民族根》获1995年全国广播新歌银奖，同时获文化部"群星奖"和省"五个一工程"奖。《叮嘱》获全国"大地之爱"征歌优秀奖。煤矿歌曲《妈妈的嘱咐》《一瞬间》《情系矿山》以及舞蹈音乐《宝石花》《夫妻情》《井架旁的月季花》获全国煤炭系统文艺汇演创作奖。

高玉霞（1973— ）

女歌唱家。裕固族。甘肃肃南人。1994年毕业于西北民族学院艺术系本科。先后任甘肃肃南裕固族自治民族歌舞团、玉门油田工会演出队歌唱演员、文化宫助理主办。曾在中国艺术节、少数民族文艺汇演、"畅想蓝天"走进中国第一导弹实验基地大型演唱会及优秀剧目调演中演唱《黄河潮》《欢腾的丝路》《丝路彩虹》等，获独唱一等奖。参加音乐片《在太阳升起的地方》，秦腔剧《黄土情》，电视专题片《望长城》等剧目录音演唱工作。

高育发（1936— ）

歌剧表演艺术家。河北乐亭人。1952年入部队文工

G

团。后入中国歌剧舞剧院。曾在河北歌舞剧院工作。曾在歌剧《红珊瑚》《星光啊星光》中饰男主角。

高垣根（1950— ）

作曲家、音乐活动家。四川人。四川省音协理事、遂宁市音协主席。长春电影制片厂和中国音乐学院理论作曲函授毕业。作品多次参加四川"蓉城之秋"音乐会。歌曲《风儿轻轻吹》《明珠之歌》《月》等获四川省首届轻音乐优秀创作奖和中国工人歌曲新作征歌银奖，曾为电视专题片、风光片作曲配乐。创办遂宁市"涪江之秋"文艺调演，多次组织群众音乐创作及演出活动，参与《四川民间音乐集成》收集整理工作。

高云飞（1932—2000）

歌唱家。辽宁义县人。1948年始从事部队文艺工作。1953年师从朝鲜平壤音乐大学声乐部长姜孝淳学习声乐。1956年入中国广播艺术团工作。历任合唱团员、独唱演员、声乐教员。曾随团赴日本演出。

高泽顺（1932—2004）

歌词作家、男中音歌唱家。河北抚宁人。1951年参加志愿军总部文工团，后入总政歌舞团担任合唱、领唱、独唱兼音乐、文学创作。曾任中国音协组联部主任、中国音乐家音像出版社副社长。在大型音乐舞蹈史诗《东方红》中担任领导小组秘书并出演《坐车算什么》领唱。1965年随解放军歌舞团出访苏联和罗马尼亚，任歌舞团团务秘书兼演员。创作有多部音乐文学作品，部分作品在中央电视台、电台播放。作有歌剧《友谊之舞》（合作），歌词《让祖国乘着歌声飞翔》《长城永在我心上》《北戴河我的家乡多么美》，论文《民族的特色，民族的风格》等。为《中国音乐家名录》（1990年版）做组织编辑工作，任副主编。组织出版有大量专业音像制品。

高泽祥（1934— ）

小号演奏家。河北人。曾任解放军艺术学院音乐系副主任，志愿军文工团、总政歌舞团、解放军艺术学院乐队小号演奏员。1951年起随志愿军文工团赴朝演出，后任朝鲜人民军协奏团、朝鲜国交艺术剧院培训教师，并演出贝多芬《第三交响曲》《第五交响曲》及《威廉·退尔序曲》《梁祝》等。培养众多学生，有的走上专业道路。

高增培（1940— ）

扬琴教育家。北京人。1957年在中央音乐学院附中学习。1964年毕业于解放军艺术学院留校任教。后在天津、中央音乐学院和中央民族大学任课和兼课。创编大量教材。论文《民族器乐史上的丰碑》被载入全国首届民族音乐教育优秀论文集。改革的403型扬琴创中外扬琴最宽音。2002年获"51届尤里卡世界发明博览会"金奖，次年获中央民族大学"特殊贡献奖"。同年被国务院文化部、劳动和社会保障部聘为国家演员职业标准专家审定组成员。

高占全（1965— ）

作曲家。河南杞县人。北京山河风文化艺术研究院院长。中国轻音乐学会理事、中国少数民族音乐学会理事。1982年入解放军某部队政治部拂晓文工团。曾创办拂晓艺术学校、原野影视制作有限公司。为电视连续剧《桃花》等影视剧创作音乐，并作有多首歌曲。出版《高占全歌曲集》《坠胡演奏法》《高占全小说集》《高占全诗歌集》《高占全书法集》。主编《中国优秀群众歌曲大全》等三十余部。

高振林（1929— ）

作曲家、指挥家。辽宁沈阳人。曾任湖北武汉市硚口区文化馆音乐干部。1952年部队艺术学院音乐作曲系毕业。1956年随苏联"维尔斯基——乌克兰舞蹈团"团学指挥。曾先后任鲁艺学院教育干事，四野及中南空军文工团乐队队长、创作、指挥，武汉人民艺术剧院作曲、指挥。所作《樱花》《春天多么美》《你知道我是谁》《一朵红云飞过来》等获两届湖北"琴台音乐会"合唱、重唱、独唱创作一等奖。曾主编《国内外名曲300首》。

高振禄（1949— ）

小号演奏家。山东青岛人。曾任山东省歌舞剧院交响乐团演奏员。1969年毕业于山东省戏曲学校吕剧科。参加演出舞剧《白毛女》《红色娘子军》《沂蒙颂》，歌剧《江姐》《洪湖赤卫队》《货郎与小姐》以及中外交响乐作品的排练和演出。2000年获省文化厅、教育厅颁发的指导教师奖。

高芝兰（1922— ）

女高音歌唱家、声乐教育家。浙江杭州人。上海音乐学院声乐系教授。中国音协第四届理事，上海市第八、九届人大代表。1942年毕业于上海国立音专，师从苏石林教授学声乐。多次参加上海工部局交响乐队举办的音乐会并任独唱。1945年应上海俄罗斯歌剧团邀请，主演歌剧《霍夫曼的故事》《茶花女》。1946年赴美国入朱丽亚音乐学院、曼纽斯音乐学院深造。1949年回国执教于上海音乐学院。曾先后任第十三届里约热内卢国际声乐比赛、第九届柴科夫斯基国际声乐比赛评委。培养了胡晓平、汪燕燕等一批歌唱家。

高志坚（1956— ）

大提琴演奏家。广东人。1970年考入广东歌舞团。先后与指挥家潘德烈茨基、余隆，演奏家帕尔曼、麦斯基、王健在交响乐、歌剧、芭蕾舞等广泛领域中均有合作。录制大量音像制品，并担任独奏、领奏。多次被澳门室内乐团、香港小交响乐团特邀为大提琴首席参加澳门及香港的国际艺术节。随乐团赴奥地利、德国、法国、卢森堡、荷兰、澳洲、埃及、韩国等演出。

高志民（1962— ）

音乐理论家。吉林长春人。东北师大音乐学院副教授、吉林省音协理事。1988年毕业于东北师大音乐系，获硕士学位。2005年攻读博士学位。出版有《交响乐浅谈》《乐器与乐队》（合作），《外国音乐简史》。所撰写的《贝多芬队交响乐发展的贡献》在吉林广播电台播出并在

G

刊物发表。《浅谈唱名法》获东北三省音乐论文一等奖。

高志平（1941—　）

男中音歌唱家。上海人。1964年毕业于上海音乐学院声乐系。同年入东方歌舞团。曾任该团音乐会领队兼艺术指导助理、团长。演唱有《埃及我们的母亲》《万岁墨西哥》。

高仲钧（1921—已故）

古琴演奏家。河北霸州人。天津市文史研究馆馆员。1945年北京大学法学院毕业，1958年就读于中央音乐学院，后任天津音乐学院民乐系琵琶教师，1987年任天津市东方艺术学院教师，1990年创办天津红桥区古琴学校任校长。整理打谱传统古琴作品《广寒游》《梅花三弄》《阳春》《白雪》等，创作《海河赞歌》等琴歌。有"古琴旋宫转调打谱定音盘"等多项发明。参加1994年"中国古琴名人名琴名曲国际鉴赏会"等演出，撰写《中国古琴美学浅谈》，译著《养心轩琵琶谱译本》等。

高子星（1922—已故）

作曲家。朝鲜族。黑龙江哈尔滨人。1947年始从事部队文艺工作。1950年入延边歌舞团从事作曲。后到延边艺校任教。作有合唱《抬木工人之歌》，伽椰琴曲《新春》，电影音乐《金玉姬》。

高自成（1918—　）

古筝艺术演奏家、教育家。山东郓城人。抗日战争时期，随《东鲁雅乐团》到各地义演。曾任陕西省秦筝学会名誉会长、中国古筝学会顾问、西安音乐学院教授。1955年参加中国人民解放军总政治部文工团。1957年特聘西安音乐学院任教。创办秦筝学会，任会长。1986年出版个人创作及整编的《山东筝曲集》。作有《高山流水》《凤翔歌变奏》等，被多家音像出版社收录入《中国古筝名典荟萃》。1998年世界文化艺术研究中心颁发《世界名人证书》。

高作民（1945—　）

二胡演奏家、教育家。北京人。1964年始在首都师范大学音乐系执教，后任音乐学院表演系主任、二胡硕士生导师。曾先后教授过二胡、小提琴、吉他、视唱练耳、合奏等课。1995年曾出访法国介绍和演奏二胡、板胡、古筝等十余种中国民族乐器。曾在音乐报刊上发表论文、译文数篇，合编《北京音乐志》。1989年始，先后受聘于北京外交服务局汉语教学中心、北京大学对外汉语教育学院，讲授中国民族乐器。中国音协二胡学会常务理事兼副秘书长。

高·青格勒图（1933—　）

火不思演奏家。蒙古族。内蒙古镶黄旗人。1950年始曾任内蒙察哈尔盟文化队、内蒙歌舞团小提琴及火不思演奏员。内蒙古艺术研究所副研究员、中国马头琴学会特邀理事、内蒙音协理事。1959年应邀赴蒙古国访问演出。研究、整理火不思的演奏方法和技巧，并予以改革、创新。

编撰、出版有《火不思演奏教材》。培养火不思演奏员百余名，部分学生成为专业演奏家。曾获文化部、国家民委嘉奖及文化部科学技术进步四等奖。后致力于蒙古族弹拨乐器苏勒德的研制，并在北京通过鉴定。撰写、发表有《关于蒙古族古典器乐曲》等十余篇论文。

呆景业（1926—　）

音乐教育家。江苏南京人。1954年毕业于西南师大音乐系。1960年在中央音乐学院作曲系进修。曾在西北师院音乐系任教。著有《调式和声》，作有《"花儿"民歌主题钢琴曲》八首。

戈　弘（1940—　）

作曲家。江苏姜堰人。扬州市音协名誉主席，扬州市歌舞团名誉团长。1958年始从事文艺工作，次年参与创建扬州专区文工团（现扬州市歌舞团），历任该团乐队队长、团长等职。指挥排演十多部大歌剧和多台音乐歌舞。创作有大量声乐、器乐、舞蹈、歌剧和戏曲等音乐作品，并多次获奖。曾任《中国戏曲音乐集成·江苏卷》编辑和《中国民间歌曲集成·江苏卷》编委。出版有音乐论文专集《乐苑拾萃》。

戈　鸣（1934—　）

作曲家。辽宁人。曾任辽宁歌剧院艺术室创作员。曾在东北鲁艺学院干部班音乐系学习。作有管弦乐曲《人民公社战鼓鸣》《晨曲》《节日》，唢呐协奏曲《故乡情》，歌曲《我爱我的祖国》，大合唱《中华，我亲爱的妈妈》等，有的由电台"每周一歌"播出。曾为二十余部大小歌剧、舞剧、广播剧及舞蹈作曲。

戈　武（1946—　）

大提琴演奏家。海南人。从广州音专毕业后于1981年就读中央音乐学院研究生班，后赴法国巴黎留学，获高级演奏文凭第一名。曾在广州星海音乐学院、深圳乐团、香港演艺学院任教。并在法国、德国举行独奏音乐会。

戈晓毅（1962—　）

音乐教育家。江苏溧潼人。南京财经大学艺术教育室主任、副教授。1977年任扬州扬剧团乐队二胡演奏员。1987年毕业于南京艺术学院音乐系。同年《大音希声新解》获文化部"优秀论文奖"，编配、主奏出版《江南丝竹》专辑获"南京市为弘扬民族音乐事业作出突出贡献"表彰，参加完成国家级重点课题、主持完成省级课题多项，发表论文二十余篇。多次获"江苏省优秀教学个人成果奖"和"校优秀教学质量及成果个人一等奖"，2004年应邀赴台湾演出交流。

革永春（1951—　）

作曲家。朝鲜族。辽宁人。辽宁辽阳艺术馆副馆长、辽阳市政协委员、市文联委员、辽阳市音协副主席兼秘书长。1969年起任辽宁铁岭地区文工团演奏员，1980年调辽阳市群众艺术馆工作至今。1985年结业于沈阳音乐学院作曲系干修班。创作音乐作品百余件，多次获省以上评比不同奖项。长期从事民族、民间音乐的挖掘、搜集、整理，完成有《辽阳民歌集成》《辽阳民族、民间舞蹈音乐集成》《辽阳民族、民间器乐曲集成》共达200万字，受到省及全国艺术科学规划小组的奖励，并参加辽宁省民族民间器乐曲集成的编撰工作，受聘辽宁卷的编委。

格桑达吉（1939— ）

作曲家。藏族。四川巴塘人。西藏歌舞团创研室主任。1951年随军进驻西藏。1955年入中央民族学院预科学习。1963年毕业于上海音乐学院作曲系，入西藏歌舞团任专职作曲。中国音协理事、西藏自治区音协主席。作有舞蹈音乐《林卡欢舞》（1980年获全国少数民族文艺汇演创作一等奖）、《牧羊姑娘》《日月山》（均获西藏小型节目调演创作一等奖），舞剧音乐《热芭情》（合作），藏族器乐组曲《雪域大法会》（合作），歌曲《春风在心中荡漾》（1983年获全国民族团结征歌评选二等奖）。

格桑平措（1941— ）

作曲家。藏族。西藏江孜人。1961年入西藏歌舞团任演奏员。1978年入上海音乐学院作曲系进修。曾任西藏藏剧团创研科主任、音协西藏分会常务理事。作有藏戏音乐《交换》及歌曲《我是一对布谷鸟》。

格桑曲杰（1949— ）

音乐学家。藏族。西藏拉萨人。研究员。西藏民族艺术研究所副所长，西藏大学艺术学院客座教授，中国少数民族音乐学会副会长，中国传统音乐学会常务理事。先后毕业于中央民族学院艺术系和上海音乐学院管弦系。曾从事音乐演奏、教学、创作。专题音乐《藏北——永远的牧歌》获1997年第六届上海国际广播音乐节特别奖。发表学术论文三十余篇，其中《世界屋脊之巅西藏阿里的民歌风格、特色区域及种类》获1996年中国传统音乐学会首届中青年论文评选三等奖。主编并撰稿《中国民族民间乐曲集成·西藏卷》《中国民间歌曲集成·西藏卷》。2004年获文艺集成志书"编纂成果个人一等奖"两个。同年获文化部文艺集成志书工作"特殊贡献个人奖"。

格桑曲珍（1965— ）

女歌唱家。藏族。西藏林芝人。1989年毕业于中国音乐学院声乐系。拉萨市民族艺术团歌唱演员。录制个人演唱专辑包括《百灵鸟》《圣地之歌》《卡拉OK》全套10盘，《白玛塘》《西藏绝唱》《雪域故乡》等。曾参加1987年中央电视台春节联欢晚会、中央慰问团赴西藏巡演，迎国庆、庆"七一"大型文艺晚会，1995年参加在中南海怀仁堂举办的《孔繁森之歌》文艺晚会。曾获"五洲杯"电视大奖赛专业民族唱法优秀奖、"首届才旦卓玛艺术基金奖"声乐大赛银奖。

葛 军（1953— ）

女高音歌唱家。吉林乾安人。1971年入江西赣州地区文工团，后在福州军区文工团、南京军区前线歌舞团担任独唱演员。主演《海霞》《刘胡兰》《洪湖赤卫队》等歌剧。1979年在歌剧《琵琶行》中担任女主角，获文化部

优秀歌剧演员奖。录制《江西民歌》，歌剧《琵琶行》专辑，《葛军独唱专辑》《中国歌剧选曲》《难忘名曲》。演唱《惠安女》《福建水仙花》《采桑小鲁》等，多次获奖。在上海音乐厅和江苏油田举办独唱音乐会，上海、江苏电视台拍摄专题片《葛军在前线》《葛军在油田》。曾随团出访日本等国，并赴奥地利参加国际民间艺术节。

葛 逊（1953— ）

歌词作家。安徽合肥人。南京军区宣传部干部。无锡文联《二泉词刊》主编。所作《军民亲》为1983年总政文化部向全军推荐歌曲，《我有一颗红五星》《夕阳》由南京军区向全军推荐，《打靶归来喜洋洋》《祖国信任我》《战士进行曲》均获《解放军歌曲》优秀作品奖，《江南雨》《海螺摆上梳妆台》等作品录制盒式带发行。

葛 炎（1922—2003）

作曲家。上海人。曾任上海电影制片厂作曲组组长，中国电影音乐学会副会长。1936年参加抗日救亡活动。1938年赴陕西安吴青训班和延安学习。后参加八路军先锋剧团、抗大总校文工团、东北军大文工团，任音乐队长、指挥、作曲等职。1948年后主要从事电影音乐创作，曾为多部获国内外各类大奖的影片作曲。作品有《中华女儿》《南征北战》《天仙配》《阿诗玛》《聂耳》《从奴隶到将军》《天云山传奇》《高山下的花环》《芙蓉镇》。其它影片有《渡江侦察记》《老兵新传》《枯木逢春》《青春》等。还有器乐曲《马车》和电影文学剧本《阿诗玛》《冼星海》，并撰有电影音乐论文。

葛长萍（1956— ）

女歌唱家。山东青岛人。福建音乐学院声乐教师。1982至1985年进修于解放军艺术学院。参加演出歌剧多部，并担任主角，其中在《江姐》中饰江姐、在《刘四姐》中饰刘四姐。多次在声乐比赛中获奖，其中于1982年获中国银行总行文艺调演一等奖。出版个人演唱专辑2个，电台播放。参加大型音乐会、晚会多场。组织策划指挥近二十场大型晚会和中小型文艺演出。

葛朝祉（1917—1998）

声乐教育家。上海人。1941年毕业于上海国立音专。1953年毕业于法国巴黎音乐学院声乐系。长期从事音乐教育。曾任上海音乐学院教授、声乐教研组主任。上海合唱团客席指挥。

葛德月（1934— ）

女钢琴教育家。江苏苏州人。1954年毕业于南京师范学院音乐系钢琴专业。中国音乐学院音乐教育系钢琴教授、硕士生导师。从教几十年，培养大批人才。撰有《钢琴随笔》《音乐心理素质与音乐形象表达》等文。创作有百余首舞蹈课堂音乐、少儿钢琴作品，作有《春天的歌》《溪边嬉水》《三个小伙伴》，曾获国庆40周年少儿钢琴比赛创作奖。《河边巧遇》获1993年"星海杯"少儿钢琴作品创作奖。编著有《儿童钢琴入门》等。

G

葛福民（1949— ）

歌词作家。辽宁海城人。黑龙江齐齐哈尔市矿产开发总院工会法律顾问室主任。1981年毕业于齐市师范学院法律系。曾被珠海电视台、中央电视台、齐齐哈尔电视台聘任为策划、撰稿、作词、作曲。所创歌曲在全国、省级比赛中获二十余个一、二、三等奖，其中歌曲《萨日娜》（词）于1997年获广电总局全国电视音乐评比银奖，《嫩江之恋》（词）于2001年获全国金钟奖（黑龙江赛区）一等奖。《相聚是春天》《嫩江之恋》等数十首歌曲在中央、省电台电视台播放。《欢乐山寨》等歌曲被收入不同CD专辑。著有歌词集《边走边唱》。

葛光锐（1929— ）

作曲家。上海人。1949年肄业于中央音乐学院华东分院。1950年入北京人艺任演奏员。1954年始从事音乐创作。曾在中央芭蕾舞团工作。作有管弦乐曲《塔里木河》，电影音乐《阿娜尔汗》。

葛景志（1961—已故）

笛子演奏家。河南焦作人。焦作市豫剧团乐队队长。1996年毕业于河南大学音乐大专班。撰有《浅谈低音大笛的演奏艺术》《浅谈巨笛》。作有笛子独奏曲《山韵》于1992、1998年分别获第六、七届河南省文化厅民间舞蹈比赛铜奖、一等奖。演奏《妆台秋思》于2000年获河南省文化厅青少年器乐大赛青年专业组银奖，巨笛演奏《苏武牧羊》于2000年获河南省文化厅等单位举办的第八届"黄河之滨"音乐周金奖。在多种大赛演出中均担任独奏、领奏、伴奏。

葛礼道（1933— ）

作曲家。江苏南京人。福建省音协名誉理事、创委会副主任。1950年考入华东军政大学，毕业后先后调军事学院文工团、防空军文工团、福州军区歌舞团任演奏员、指挥、创作员、艺术指导。作品有唢呐曲《社庆》《九龙江畔庆丰收》，舞蹈音乐《猎归》《送盐》《格斗》《旭日迎春》，管弦乐《台湾组曲》，电影音乐《台岛遗恨》、电视剧《三言二拍》主题歌，歌曲《我穿上了新军装》《美丽的闽南》《彩云飞》等。近三十首作品在全军、全国获奖，《社庆》等八首作品在美、英等二十多个国家上演。

葛平波（1964— ）

作曲家。上海人。江西省江南唱片社社长，音乐总监。毕业于江西师范大学音乐学院。作有舞蹈音乐《春江花月夜》，获2005年江西省艺术节音乐创作一等奖，2007年作曲的大型舞剧《赣傩》赴欧洲进行两个月巡演。歌曲《用心牵着你的手》获中宣部歌曲征集活动一等奖。歌曲《不一样的天空》获江西原创少儿歌曲征集一等奖。歌曲《最美的画》获江西省"歌唱创新创业新江西"一等奖。为江西大型文艺晚会《江西是个好地方》作曲、编配。曾任省内外一百多场文艺晚会的音乐总监。

葛瑞民（1933— ）

指挥家。河北丰润人。1951年毕业于东北鲁艺音乐系。1954年毕业于东北音专器乐系。1955年入西北文工团（后为陕西歌舞剧院）从事歌剧指挥工作。曾任陕西秦腔团副团长兼乐队指挥。

葛少华（1949— ）

二胡演奏家、作曲家。陕西西乡人。副研究馆员。毕业于西安音乐学院。曾任新疆生产建设兵团文化中心副总经理、业余少儿艺术团副团长、音协副主席兼秘书长，中国民族管弦乐协会会员，新疆二胡学会会长。创作并演奏的二胡独奏曲《叼羊》，歌曲《白杨的故乡，白杨的海》《达英苏，我神往的地方》《中华一家亲》分别获自治区首届民族器乐作品比赛优秀作品奖、文化艺术节征歌比赛三等奖、"五个一工程"奖、"中华情"征歌比赛一等奖。撰有《新疆维吾尔音乐风格之二胡演奏手法探微》等文。培养数十名二胡演奏人才考入音乐院校。

葛世杰（1956— ）

音乐教育家。上海人。毕业于上海音乐学院钢琴系。曾任上海行知艺术师范校长，上海师大行知艺术学院院长，上海师大音乐学院常务副院长、教授、硕士生导师。上海音协理事。2003年赴美国波尔州立大学音乐学院作高级访问学者，曾出访波兰华沙肖邦音乐学院、美国印地安那大学音乐学院、美国朱丽亚音乐学院。出版有《钢琴即兴弹奏简明教程》《青少年学电脑音乐》《钢琴即兴伴奏每天一练》。撰有《永远怀念恩师吴乐懿先生》等文。演奏录制莫扎特音乐作品系列盒带。

葛顺中（1931— ）

作曲家。上海人。1958年毕业于上海音乐学院作曲系。历任浙江省歌团创作组长、上海音乐学院院办主任、作曲副教授。作品有改编新疆民歌《送我一枝玫瑰花》被收入《歌唱祖国》歌集，钢琴组曲《刘海砍樵》收入母校教材丛书。出版畲族歌舞《幸福水》主旋律谱。富有江南风味的舞蹈音乐有《采桑晚归》《养蜂的小姐》。儿童舞蹈《七巧板》《小睡莲》曾获浙江、华东地区及文化部的奖励。谱有艺术歌曲《西湖套曲》，其中《苏堤长长、白堤长长》《在港观鱼》《钱江潮》先后获奖。

葛蔚英（1933— ）

女钢琴教育家。上海人。上海音乐学院钢琴系教授。1947年考入上海国立音专，师从范继森教授。1952年毕业于上海音乐学院钢琴系本科，留校任教。曾多次举办钢琴讲座，获教学优秀奖。主编出版《外国钢琴曲100首》，编译出版《法国组曲》《英国组曲》，莫扎特《小奏鸣曲》《变奏曲集》《练习曲》及《理查德·克莱德曼通俗钢琴曲精选》等。撰有《雅那切克及其钢琴作品》《哈恰图良的降D大调钢琴协奏曲》等文数十篇。

葛小强（1958— ）

低音提琴演奏家。北京人。毕业于解放军艺术学院文学系。1976年入基建工程兵文工团任演奏员。1983年调武警文工团任电声乐队队长。在歌剧《屈原》等各类演出中担任首席低音提琴。1993年任北京电视台春节晚会音乐编

G

辑。随团赴朝鲜演出。

葛孝安（1940— ）

器乐演奏家。江苏徐州人。1959年入江苏省歌舞团。长期从事笙、唢呐、大提琴、倍大提琴演奏。曾随江苏省歌舞剧院参加第一、三、六届中国艺术节及江苏省第一至五届音乐舞蹈节演出，并多次获优秀演奏奖。曾随江苏省歌舞剧院赴意大利、圣玛利诺、日本、台湾、香港等国家和地区访问演出。2004年随南京民乐团赴维也纳金色大厅、德国演出猴年春节中国民族音乐会。2004年参加两岸三地大型民族交响乐"和平颂"演出。

葛亚南（1983— ）

二胡演奏家。山东济宁人。就读于中央音乐学院，师从严洁敏。1996、1998年分获中央音乐学院"龙音杯"民族器乐观摩赛优秀表演奖，2003年获第三届中国音乐"金钟奖"全国二胡比赛铜奖。

葛艺琳（1927—已故）

作曲家。吉林怀德人。1949年肄业于北平艺专音乐系。曾任中国儿童艺术剧院乐团团长。作曲并指挥的剧目有《岳云》《马兰花》《宝船》。

葛荫昌（1946— ）

歌唱家、演奏家。北京人。1969年毕业于中国音乐学院，后在北京歌舞团从事演唱及教学。曾进修于中央音乐学院打击乐专业。北京交响乐团办公室主任、北京市交响乐基金会常务理事。演奏、演唱并录制大量音乐作品，策划、编导"枫叶红了"广场交响音乐会、"支援老少边区"大型文艺晚会，中外演奏家联手的"田园交响音乐会"等数十台文艺晚会，以及组织大陆、港台及海外歌唱家、歌星赴广东、福建等沿海地区的巡回慰问演出。任第1至4届北京旅游暨宣武文化艺术节开幕式总策划、总编导。

葛玉奎（1937— ）

男高音歌唱家、作曲家。安徽和县人。1953年参加志愿军，为高射炮手。1956年调入总政歌舞团师从黄源尹、李书年、方应喧学习声乐，任领唱、独唱演员、男高音声部长。参加音乐舞蹈史诗《东方红》《中国革命之歌》演出及拍摄电影。为影片《王杰的故事》录唱插曲《座座高山耸入云》。作有歌曲百余首。其中男声合唱《初上哨卡的路上》获新疆自治区征歌三等奖，交响合唱《祖国万岁》第四乐章获全军第四届文艺汇演优秀奖。后为解放军艺术学院声乐客座教授。

葛运池（1940—2006）

作曲家。山东蓬莱人。1959年始在建筑歌剧团、海政歌剧团任演员。曾在中央音乐学院作曲系函授部进修，并在中国机械报社任总编助理。作有歌曲《手儿紧紧拉起来》，大合唱《南海战歌》（合作）。

根 如（1886—已故）

古琴演奏家。江苏泰县人。青年时代学弹古琴。20世纪50年代曾在滁县琅琊山寺做管理工作。

更堆培杰（1953— ）

音乐教育家。藏族。西藏拉萨人。1982年毕业于西藏师院音、体、美系。同年在天津音乐学院作曲系进修。后为西藏大学教授。1995年曾破译解读西藏三百年前的古乐谱《赏心悦耳目之喜宴》。1997年后完成省级科研项目《西藏音乐简史》教材的编写和教育部人文社科类重点项目"西藏传统文化发展史"之西藏音乐史的科研课题，并撰写出版《西藏音乐史略》。目前正主持教育部重点科研项目"西藏宗教艺术研究"，并具体承担西藏宗教音乐研究。作有歌曲《我和我的家乡》《平静的湖面》《幸福泉》等。其中《幸福泉》获才旦卓玛艺术基金奖优秀歌曲奖。

更嘎才旦（1955— ）

作曲家。藏族。青海玉树人。中国音协第七届理事，青海音协副主席，青海电视台文体中心作曲，青海省政协常委。1975、1987年先后毕业于玉树州民族师范学校、上海音乐学院作曲系。撰有《藏族山歌浅析》《格萨尔音乐研究》等文七篇，专著有《广播电视歌曲》《唐古拉风》《江河源之歌》等歌曲集。五十余件（首）作品获省级以上奖，其中歌曲《青海人》《我们青海》获中宣部"五个一工程"奖、青海"五个一工程"奖，《黑帐篷》《怀念班禅大师》《江河源之歌》《祝福高原》等获青海"五个一工程"奖。2005年青海音协、青海电视台主办"更嘎才旦作品音乐会"。出版VCD歌曲光碟2张。

赓金群（1921— ）

京剧打击乐演奏家。北京人。早年在中华戏曲职业学校学习音乐，后师从汪子良学京剧音乐。1944年起在"荣春社"科班司鼓。曾任中国京剧院一团乐队队长。

耿 海（1960— ）

音乐活动家。北京人。北京燕山石化有限公司艺术团团长。1997年毕业于北京市农业管理干部学院。撰有《企业群众艺术工作发展的思考》《加强团队建设、繁荣企业文化》等文。所创音乐快板《双塔平移美名传》2003年获全国安全文艺汇演创作奖。组织文艺演出千余场，各种比赛百余场。率团参加各级音乐比赛，获不同奖项。

耿 升（1943— ）

作曲家。河北人。1965年毕业于内蒙师大音乐系，后任包头钢铁公司职工艺术团、包头市歌舞剧团作曲、指挥。1981年入天津音乐学院作曲系进修，后任包头市歌舞剧团团长。作有歌剧音乐《舍楞将军》曾获第七届全国"五个一工程"奖，舞剧音乐《额吉》获全国第三届舞剧、舞蹈诗观摩（比赛）二等奖及第十一届"文华新剧目奖"。另作有交响诗《茫茫草原》，板胡协奏曲《黄河边》，合唱组歌《幸福的回忆》《炉台赞歌》《伟大的历程》。

耿 涛（1960— ）

音乐教育家、竹笛演奏家。山东临沂人。浙江绍兴文理学院音乐系主任，副教授。绍兴市音协副主席。1987年毕业于山东师大艺术系音乐专业。曾进修于上海交通大学研究生院。撰有《竹笛吹奏中滑音技法》《中国竹笛的传统称谓应变革》《蔡敬民新竹笛"金陵游"赏析》等文。作品《沂蒙情》获浙江省第三届民乐专业组创作二等奖。举办有《耿涛中国竹笛独奏音乐会》，曾获95国际中国民族器乐独奏大赛竹笛自选曲目（鹧鸪飞）优秀演奏奖、浙江省教育系统第二届艺术节笛子独奏二等奖。曾随绍兴市代表团出访英国、丹麦进行文化交流。

耿秉奇（1953— ）

小提琴演奏家。山东济南人。1976年获得解放军艺术学院中专文凭。先后担任工程兵文工团、北京军区歌舞团乐队小提琴首席。1986年入中央歌剧院交响乐团，任小提琴演奏员。编创小提琴齐奏《数九寒天》，参加全军文艺汇演。第一届全国交响乐比赛，担任军队参赛乐团首席。曾随团赴香港、澳门、芬兰等地参加艺术节演出。

耿长海（1952— ）

作曲家。吉林东丰人。东丰县戏剧创作室主任，吉林省二人转艺协理事、辽源市音协副主席。作有歌曲《咱们吉林好地方》《我们的工厂像花园一样美》《我爱矿工心里美》《鹿乡放歌》，电视戏曲片音乐《大拜年》《合家欢》，二人转《葡萄姻缘》《盘妻顶锅》《一枚戒指》《老两口赔情》《夫妻闹夜》《刁婆传》《春宵变奏曲》《住店》。部分作品获国家、省级奖。

耿大权（1946— ）

歌词作家。辽宁沈阳人。辽宁省音协副主席、省音乐文学学会主席，中国音乐文学学会理事、中国儿童音乐学会小音乐家委员会主任，《音乐生活》杂志社副主编（编审），毕业于辽宁大学中文系。发表歌曲《青春颂》（组歌）、《党擂战鼓我冲锋》等百余首，发表歌词《我多想》《你别走》《天地喜洋洋》（合作）等数百首，多首获奖。为《大明星》《张学良与郭松龄》等电影、电视剧创作歌词。发表《也谈音乐价值观念》等乐评文章百余篇。著有歌词集《感谢小雨》，撰有《学生音乐词典》《全国少儿歌唱标准考级教材》。

耿德迎（1962— ）

歌词作家。江苏邳州人。浙江省军区政治部宣传处文化干事、浙江音协理事。1987年毕业于浙江大学中文系。歌词《你从阳光里走来》于1989年获省音协歌词大奖赛银奖，《老首长》于1990年获"全军战士文艺奖"金奖，《海岛的眷恋》获全国第九届"群星奖"金奖，《绿色浙江》获省"打造绿色浙江"征词一等奖。曾为"平安浙江""文化浙江"、晚会撰写主题歌《爱的黄手帕》《文化浙江》。为浙江省纪念抗日战争胜利60周年大型晚会撰写诗朗诵。

耿国际（1956— ）

歌唱家。吉林德惠人。1979年毕业于中央音乐学院附属中央乐团声乐专修班。后留中央乐团工作。参加排演《黄河大合唱》《西欧歌剧合唱》《"贝九"合唱交响曲》《安魂曲》《弥赛亚》《中国革命之歌》《长恨歌》《云南风情》音乐会。1989年始参加中央乐团男声四重唱组，演出数百场。1988年赴澳门参加第二届"国际艺术节"，用意大利语演唱威尔弟歌剧《茶花女》，参加"张文钢作曲50周年音乐会"，"黄河太阳"大型歌舞，以及"二十世纪华人音乐经典"演出活动。

耿莲凤（1944— ）

女高音歌唱家。河北阜平人。北京军区政治部战友歌舞团独唱演员。第八、九届全国人大代表，全国第十届政协委员，首都老艺术家协会副会长。1960年从事文艺工作以来，先后担任独唱、重唱、领唱。1965年在长征组歌《红军不怕远征难》中担任三曲领唱。1977、1987年分别获全军第四届、第五届文艺汇演优秀表演奖。领唱《年轻朋友来相会》获"五洲杯"40年广播金曲奖。1999年演唱《军民鱼水情》并录制MTV参加中央电视台"军旅歌曲音乐电视大赛"获特别奖。曾赴苏联、美国、罗马尼亚、德国等十几个国家演出。

耿生廉（1927— ）

音乐理论家、教育家。山西大同人。中国音乐学院教授。1953年毕业于北师大音乐系，留校任教。先后在中央音乐学院等多所学院从事民歌教学和研究工作。中国音乐学院音乐学系副主任、硕士研究生导师、学术及职称评审委员。《中国民间歌曲集成》特约编审、《中国民间歌曲集成·北京卷》副主编。原中国函授音乐学院主讲教师，培养许多优秀人才。编写教材三十余种、发表文章二十余篇、撰写民歌介绍条目和广播稿百余条（篇），编辑出版《我与中国民歌》音乐文集。因编撰集成成绩突出受到国家有关部委嘉奖。

耿守仁（1929—1991）

音乐教育家。辽宁人。1950年毕业于锦州师范学校，1956年毕业于东北师大音乐系。曾任锦州师范学校音乐教师，锦州第七中学高级音乐教师、音乐教研组组长。从教期间讲授音乐基本理论、风琴技巧练习、合唱与指挥，为各区县音乐教师培训班授课，培训多期老师。发表论文《浅谈锦州七中音乐实验班教学》《五线谱教学及其改革》《谈农村小学音乐教育改革》《培训小学音乐师资是加强农村小学音乐教育当务之急》。

耿玉凤（1950— ）

女歌唱家。河北阜平人。1997年毕业于北京师范大学音乐系。北京市实美艺术学校声乐教研组组长，高级教师。发表论文《声乐教学中心理活动和生理的调控》，获北京市西城区论文评选一等奖。1997年举办个人独唱音乐会。由其负责排练的亚奥之声女子合唱团在北京市民风采电视大奖赛歌咏比赛中获第三名。

耿玉卿（1939— ）

戏曲音乐家。河南方城人。1962年于郑州艺术学院毕业后，历任河南方城豫剧团音乐设计、南阳地区艺术学校教师、郑州市豫剧团专业作曲。从事戏曲音乐工作以来，为大型戏曲作曲二十余部，均在省级以上电台、电视台播放。其中有曲剧《断桥》《酷情》及豫剧《情断状元楼》《金玉奴》等。曾为戏曲电影、连续剧《鸳鸯戏水》《还魂案》作曲。曾获河北省第一届戏曲节作曲一等奖，河南省第三、四届戏剧大赛音乐奖。

公秀华（1946— ）

儿童声乐教育家、作曲家。辽宁大连人。1966年毕业于旅大师范音乐科。后任职于大连市青少年宫。曾荣获省特级教师、全国优秀教师称号。国际合唱联盟会员、中国合唱协会童声合唱委员会常委，辽宁省合唱协会常务理事，大连市音协理事、童声合唱学会常务副会长兼秘书长。投身音乐教育近四十年，向文艺团体输送众多人才。创作少儿歌曲上百首。无伴奏合唱《童年的红蜻蜓》2001年获文化部"蒲公英"大赛金奖。训练、指挥的童声合唱团屡获奖。

宫 威（1930—已故）

作曲家。辽宁人。1947年始从事部队音乐工作。1958年毕业于上海音乐学院作曲系。曾任哈尔滨歌剧院艺术顾问、音协哈尔滨分会副主席。作有歌曲《白桦林啊，我的故乡》，歌剧音乐《矿山烽火》。

宫富艺（1962— ）

音乐理论家。山东济宁人。1985年毕业于山东艺术学院音乐系作曲专业。后任该院音乐系主任。1988年在上海音乐学院作曲系专修和声课教学。作有歌曲《太阳和月亮》《走进七月》，钢琴曲《欢欣》，话剧音乐《融入星辰》等，多首音乐作品获奖。撰有《音乐作品的和声分析方法》《视唱练耳自练方法种种》。

宫瑞芳（1946— ）

女歌词作家。辽宁大连人。毕业于大连教育学院。先后就职于大连市少年宫、大连市群众艺术馆工作。副研究馆员。大连音乐文学学会第一届副会长。曾担任《星海词报》编辑。发表歌词作品百余首，并多次获奖。歌曲《家乡变了》、表演唱《看秧歌》等均在全国获奖。

宫瑞洪（1933— ）

音乐教育家。山东济宁人。1952年毕业于曲阜师范学校，后任莒南师范、临沂师范、郯城二中、费县师范音乐教师。培养大批中、小学音乐师资，并有多名学生考入艺术院校。作有歌曲《晨曦里的校园》《沂蒙恋歌》并获创作奖，参加编写全省中师《音乐》《琴法》撰写《对中师新生进行音乐知识和技能训练的探讨》获省优秀论文奖。

宫云香（1947— ）

女高音歌唱家。山东蓬莱人。1980年入中央音乐学院声乐系进修。曾任辽宁歌剧院演员。1981年评为省专业文艺团体一级优秀歌手。次年在京举办独唱音乐会。曾主演歌剧《骄杨》《货郎与小姐》《快乐寡妇》等。

龚 克（1929— ）

音乐教育家。贵州贵阳人。1953年毕业于贵阳师范学院艺术系，主修小提琴。毕业后留校任教。先后任教于贵州大学艺术系、贵州民院、贵州艺专等，主要担任小提琴、合奏课及音乐理论等课。教授、硕士生导师。1989年创建贵阳青少年交响乐团，在省内外巡回演出获得成功。1992年获文化部颁发的"全国少儿文化工作先进工作者"称号。1994年获贵州省少年小提琴比赛"园丁奖"。曾赴比利时演出。编著有《小提琴艺术史略》，论文《莫扎特及其创作》《贝多芬小提琴协奏曲演奏扎记》，译著《比利时音乐教育概况》《论小提琴练习与演奏》。

龚 敏（1932—已故）

女中音歌唱家。上海人。1950年从事部队文艺工作。1954年入总政歌舞团。1959年入中央音乐学院声乐进修班学习。曾任合唱、独唱演员及声部长、教员。随团赴苏联、罗马尼亚、波兰、捷克斯洛伐克等国演出。

龚 琪（1926— ）

女音乐评论家。四川成都人。1948年毕业于上海音乐学院声乐系。曾任上海青年文工团演员、上海儿童艺术剧院指导员、中央歌舞团、中央乐团、天津歌舞剧院合唱队员、副队长、中国音协组联部秘书。1965年开始在全国多家报刊杂志发表音乐评论、音乐家介绍、音乐散文多篇。1985年离休后被《音乐周报》《音乐生活报》聘为特约记者，多次被评为优秀记者，优秀通讯员。出版著有《谱写中华民族魂—作曲家李焕之小传》与陈贻鑫合著音乐文集《管弦笔耕共交响》，合编《外国著名指挥家词典》。

龚 一（1941— ）

古琴演奏家。江苏启东人。1957年考入上海音乐学院附中，专修古琴音乐。1966年毕业于上海音乐学院本科。曾师从张子谦、顾梅羹等琴家。曾为音乐学院培养了一批青年古琴教师，同时在海外培养了数十名琴生。曾任上海民族乐团团长。在海内外录制有《酒狂》《潇湘水云》《山水情》《广陵绝响》等十余盘专辑CD唱片及音带。著有《古琴演奏法》及《古琴入门》录像带。打谱整理的《古怨》《碣石调幽兰》《大胡笳》《神人畅》《泛沧浪》等近二十首古代琴曲。发表有《琴乐散论》《关于古琴音乐的社会定位》等琴乐文论三十余篇。曾赴澳大利亚、美国、加拿大、英国、新加坡等国访问演出，并多次举办个人独奏音乐会。近年来曾两次在维也纳金色大厅演奏古琴。多次获"上海之春"演奏奖、上海文艺奖。上海音协理事，今虞琴社社长，中国民族管弦乐学会副会长。

龚爱书（1935—2000）

歌词作家。河北磁县人。1972年始从事创作。曾为邯郸市群艺馆副研究馆员。音协河北分会常务理事。词作有《党啊，亲爱的妈妈》《团结鼓》《村寨的吉他声》等。

龚冬健（1954— ）

男中音歌唱家。江西人。1975年入总政军乐团。1980年入上海音乐学院声乐系进修。后任中央歌剧院独唱演员。曾获全国聂耳·冼星海声乐作品演唱比赛银质奖、第33届法国图鲁兹国际声乐比赛最高奖——男声第二大奖（无一等奖）。

龚国富（1943— ）

作曲家。湖北宜都人。1960年入湖北省歌舞团。1980年入中央音乐学院进修。曾任湖北省歌舞团乐队队长。作有舞蹈音乐《老两口赶集》《忙年》《老小老小》。参加《编钟乐舞》音乐创作。

龚家娟（1952— ）

女歌唱家。河南人。1970年赴黑龙江省嫩江县插队务农。1972年考入安徽淮南市歌舞团任独唱演员。1982年曾在上海音乐学院师从谢绍曾教授进修。曾参加首届全国青年歌手大赛安徽赛区和1985年在哈尔滨举办的全国聂耳·冼星海作品演唱会的比赛，并获优秀奖。1992年录制的歌曲《北京吹来温暖的风》在中央电视台多次播放。安徽淮南市第八、九、十、十一、十二届政协委员，安徽省音协声乐专业委员会理事。

龚俊莉（1972— ）

女高音歌唱家。江苏徐州人。1997年毕业于中央音乐学院。中央民族乐团歌队女高音声部长。在纪念建党80周年音乐会、台北市传统文化艺术节、新春音乐会等各种大型演唱会上担任独唱、领唱。

龚开虎（1954— ）

词曲作家。广东高州人。1984年毕业于广东中山大学中文刊授汉语语言文学专业。历任中国海洋石油南海西部公司俱乐部文体干事、地区文联办主任、工会文体部长。作有歌词《采油花》《蓝土恋情》《心曲》《爱在南海》，作曲《我爱你—绿色的湛江》《油娃娃》，散文诗朗诵《遥望》，大型歌舞文字撰写《海之声》《希望在南海》等多部作品，在各级比赛中多次获优秀文艺作品奖、艺术大赛创作奖。多次担任本公司各类音乐活动筹划、组织实施及文字撰写工作。

龚玲姬（1962— ）

女小提琴演奏家。浙江余姚人。1980年毕业于福建艺术学院音乐科，后在上海音乐学院管弦系进修。1982年任福建歌舞剧院交响乐团演奏员第一小提琴，1996年起任福建艺术学校音乐科教员。曾参加许多名家指挥乐队训练、演奏大型交响音乐会，担任弦乐四重奏女子重奏组第一小提琴，曾演奏贝多芬、莫扎特、海顿等作曲家的作品。1989年获福建省第二届中青年演员比赛银奖，1990年在第六届武夷山音乐舞蹈节获小提琴独奏二等奖。

龚隆昆（1925— ）

作曲家。四川三台人。1949年毕业于上海音乐学院管弦系。曾任三野解放军剧院、前线歌舞团乐队队长、作曲、指挥。作有舞剧音乐《金钟铭之家》（获华东汇演优秀音乐创作奖），舞蹈音乐《天将晓》《打靶》（合作），《钢铁战士》（分获军区一、二等奖、优秀创作

奖），管弦乐《阿里山随想曲》（合作），曾指挥大型歌舞《东海前哨之歌》（获全军会演优秀指挥奖），中提琴协奏曲《雨花台》、大合唱《金陵颂》，舞剧《金凤凰》等作品的演出。

龚美娜（1941— ）

女歌唱家。福建仙游人。声乐副教授。1964年毕业于福建师范学院数学系，期间向音乐系丁宝筠副教授学习声乐。此后一直得到上海音乐学院陈敏庄教授的指教。1976年代表福建省赴京参加全国独唱、重唱汇演。1978年任福建省歌舞团独唱演员及声乐教员。曾获两届"武夷之春"音、舞节演员奖。1982年任福建师范大学音乐系声乐教师，副教授。其学生1996年获首届全省大学生歌手赛专业组三等奖，本人在第三届全国中小学音乐教师基本功比赛中获二等奖。此外，论文《试论通俗唱法对高师声乐教学的影响》《试论高师声乐教学改革》分别获得全国高等学校音乐教育优秀论文二等奖与三等奖。

龚妮丽（1951— ）

女音乐理论家。贵州贵阳人。贵州大学艺术学院副教授，贵州省音协理事。1985、1992年分别毕业于贵州广播电视大学中文系、比利时列日大学哲学文艺系。曾在贵州铜仁地区文工团、贵州省花灯剧团任首席小提琴演奏员。撰有《论音乐艺术的审美特征》《诗与音乐之关系初探》《严肃音乐与人文精神》，译有《现代和声倾向》《欧洲民间音乐概况》。合著有《法华经今解》《唐诗三百首注译》《小提琴艺术史略》《艺术概论》。

龚七妹（1958— ）

女歌唱家。重庆人。15岁考入四川省曲艺团。1985年始先后进修于中央音乐学院声歌系进修班、中国音乐学院声乐系。全总文工团独唱演员。曾赴欧洲、日本、香港、澳门等地演出。1997年始多次举办个人演唱会。1982年始获全国文艺汇演二等奖、全国首届民歌通俗歌曲大赛一等奖、"孔雀杯"优秀奖、全国民歌大赛第二名、"刘三姐杯"民歌大奖赛银奖。曾出版个人演唱唱片专辑及《龚七妹演唱的歌》《大实话》《百听不厌40首》《中国名曲联唱》等盒带、CD盘。

龚启森（1948— ）

民族管乐演奏家。四川成都人。中央民族大学客座教授。擅长演奏十余种民族吹管乐器，在昆明、北京等地多次举办个人独奏音乐会。率先将云南的"土良""巴乌"等乐器带到国际舞台演出。曾先后获日本文部省和美国方面颁发的荣誉奖。多年来对景颇族的"土良"和傣族的"葫芦丝"及宋朝的"弓笛"演奏技巧进行研究，并在国内外发表若干个人作品及录音制品。曾多次赴亚、欧、美洲各国进行演出。

龚乾男（1939— ）

指挥家。江苏吴县人。兰州大学艺术系客席教授。曾任甘肃省歌剧团团长、乐队首席、指挥。曾指挥演出《向

阳川》《刘胡兰》《江姐》《咫尺天涯》等十余部歌剧。参加甘肃省戏剧调演获"指挥奖"。担任兰州一中学生交响乐团指挥，曾出访匈牙利，并在北京中山音乐堂演出。

龚去浮（1939— ）

歌词作家。湖北蕲春人。曾任黄石市群众艺术馆副馆长，湖北省音乐文学学会副会长，黄石音乐文学学会会长。历任《长虹》和《东楚词苑》主编。发表过大量歌词。曾出版歌词专著《耕耘者之歌》等多部。歌词谱曲后，在中央和各地报刊、电台和电视台发表、播放或录制盒带、光碟发行。《我们跟着太阳走》等歌曲在省以上评选中获奖。

龚全国（1950— ）

葫芦丝演奏家。傣族。云南梁河人。1970年入梁河县文艺宣传队演奏二胡，后调德宏州歌舞团任乐队副队长。1982年参加全国民族器乐比赛葫芦丝独奏获一等奖。曾随云南艺术团、中国戏剧艺术团赴日演出。1987年考入云南艺术学院音乐系干专班主修二胡。创作并演奏的曲目有：葫芦丝独奏曲《竹林深处》《春到傣乡》《胞波情》《好妈妈》，鼓琴独奏曲《赶摆之夜》，葫芦丝、巴乌三重奏《德宏美》，二胡独奏《石林曲》等。

龚荣光（1936— ）

作曲家。辽宁新宾人。1960年毕业于沈阳音乐学院作曲系。后留校任教。曾入沈阳歌舞团任创作组长。后仍回学院任教。作有歌曲《迎春曲》及舞曲《木兰出征》等。

龚万里（1923— ）

琵琶演奏家、民乐教育家。江苏吴县人。1941年入中国管弦乐团。后曾任上海工人文工团、上海电影乐团演奏员、队长、指挥。兼任上海音乐学院琵琶教师、交通、同济、一医等学院的乐队指导。1987年筹建仲乐艺校，任校长。1991年获市社会力量办学先进个人。1995年获业余艺术教育荣誉教师证。1999年获教育部文化部等举办的第三届全国盲、聋培智学生艺术汇演荣誉辅导奖。2003年批准为全国社会艺术水平考级高级考官。

龚小平（1956— ）

女声乐教育家。江苏人。1976年1980年先后毕业于广西艺术学院、上海音乐学院。广西艺术学院音乐学院副院长、教授、硕士生导师。广西音协理事。指导学生参加各级声乐比赛共获奖数百人次，举办学生音乐会数十场，录播歌曲百余首。曾随团赴美国、越南演出和交流。撰写、发表《歌唱中的情感因素》《歌唱中的呼吸控制技巧》等文。出版《中国声乐经典教材》（女高音），曾在全国优秀新歌比赛中获演唱指导奖、及全国第二届蒲公英奖辅导银奖、铜奖。曾获广西艺术学院首届"十佳教师"。

龚晓凌（1936— ）

女音乐教育家。四川江津人。重庆市巴南区清华中学高级音乐教师、重庆合唱指挥协会理事。1958年毕业于西南师范学院音乐系。撰写论文十余篇，部分获奖，《融爱

国主义教育于音乐欣赏之中》在《教育周报》发表。多次为重点市中小学教师上公开课、研究课、示范课。1988年参加全国第三届国民音乐研讨会，撰写《根据儿童生理、心理特征谈谈教学改革之二》在大会进行交流。1980年以来为艺术院校输送人才数十人。

龚晓婷（1970— ）

女作曲家。上海人。1985年起在中央音乐学院附中、作曲系及研究生部学习，获博士学位。中央音乐学院副教授、硕士生导师、复调教研室主任，中国复调音乐学会副会长。作有《淡彩五帧》等在"金钟奖""长风奖"等海内外比赛中多次获奖并在欧美亚等地音乐节上演。2004年在巴黎国立高等音乐学院学习并举行个人钢琴作品音乐会。出版有《圆与缘》和《夜是·水中云》两张CD及钢琴曲集，法语译著《德彪西24首钢琴前奏曲分析》。获第十届霍英东基金会全国高等院校青年教师奖。

龚耀年（1940— ）

作曲家、音乐教育家。上海人。1951年考入上海音乐学院少年班，1963年毕业于该院作曲系。1985年起任《音乐创作》常务副主编、编审。第五届中国音协理事、创作委员会副主任、中国儿童音乐学会副会长。作有交响音画《哈纳斯湖》，歌剧《风雨花》，管弦乐《节日圆舞曲》，合唱《国旗颂》《银色月光》。三十余次在国内音乐赛事中获奖，如歌曲《雨花石》《我爱承德我爱家》《爱星满天》《绿荫》《天上的布达拉》《美丽的藏红花》。创作影、视、广播音乐作品二百多部（集），如电影《十四五岁》（童牛奖），《黄鼬》（国际电影节奖），《三个小狐狸》（华表奖），为《远洋浪花》《万里海疆》《蜀道》《春意》等多部电视系列片作曲。出版专著有《歌曲作法》《实用电声小乐队编配》《歌曲创作漫谈》等9部，作品专集《中国民歌儿童钢琴曲集》等6部。中央音乐学院现代远程音乐教育学院教授、教育部全国中小学音乐教材审查委员。

龚友竹（1948— ）

女小提琴教育家。江苏南京人。中教高级教师。北京音协少儿小提琴教育学会理事。1970年入云南省歌舞团乐队任小提琴演奏员。1980年后任北京崇文区少年宫小提琴教师。所辅导并指挥的该少年宫乐队曾获全国少年宫系统比赛金奖。论文《音乐的诗情与画境》获全国少年宫系统论文评比一等奖。所编写的《小提琴初级班教学辅导纲目》获北京市少年宫系统评比一等奖。

龚玉宝（1954— ）

大提琴演奏家。江西南昌人。1970年起先后在武汉歌舞剧院、交响乐队及武汉乐团任首席大提琴，1983年在上海音乐学院进修大提琴，1986年举办个人大提琴独奏音乐会，演奏的曲目有舒伯特《a小调琶音奏鸣曲》，克莱斯勒的《爱的悲伤》，刘庄的《浪漫曲》，德沃夏克的《廻旋曲》及《b小调大提琴协奏曲》等，曾与指挥家韩中杰合作在武汉和北京演奏了柴科夫斯基的《洛可可主题变奏曲》，圣桑《a小调大提琴协奏曲》，1988年获第一届全国

全级别大提琴比赛中年组三等奖。

龚泽生（1956— ）

音乐活动家。湖北武汉人。1988年毕业于华中师大中文系，后毕业于华中科技大经济系研究生班。2001年始在武汉群艺馆任馆长、副研究馆员。主编《武汉群文》——抗非典文艺作品专辑及《江汉乐府》一部。撰有《江滩文化广场带来老街生机》《试谈如何进一步拓展繁荣群众文化领域》等文。2003年组织、辅导的歌曲《登黄鹤楼抒怀》获第八届"楚天群星奖"音乐比赛银奖。组织、策划"颂歌献给党"文艺演出、"长江放歌"合唱节、"黄鹤之声"群众歌咏比赛等。

龚镇薇（1945— ）

女高音歌唱家。广西容县人。广西南宁市群艺馆副研究馆员。1960年考入南宁市文工团，1964年调入广州军区战士歌舞团任独唱演员。同年赴北京参加音乐舞蹈史诗《东方红》演出。1978年入梧州歌舞团任独唱演员兼声乐教员。1981年后师从中央乐团刘淑芳进修声乐。1988年调至南宁市群艺馆。曾任梧州市政协第五、六届及南宁市政协第五、六、七届委员。参加广西少数民族文艺汇演、"三月三"音乐舞蹈节、广西卡拉OK大赛，分别获特等奖及一、二等奖。为电影、电视、电台等演唱歌曲上百首。

龚镇雄（1934— ）

音乐声学家。上海人。北大物理系教授、中央音乐学院客座教授。学生期间曾任北京大学学生会副主席及校团委文化部长。涉猎物理、音乐声学、计算机音乐等科学与艺术。在国内外发表论文百余篇，出版和完成教材、专著、译著二十多种。1989年获国家教委优秀教学成果国家级特等奖。出版有《歌曲手风琴伴奏的编配》。作品有《未名湖圆舞曲》《天马行空》等。在北京大学创建国内理科大学第一个"音乐声学与计算机音乐研究室"，把物理实验用于音乐研究。著有《音乐声学——音像、乐器、计算机音乐、MIDI、音乐厅声学的原理及应用》和《音乐中的物理》等。1993年曾协助李政道、黄胄先生组织全国科学与艺术研讨会，发表《科学与艺术的共同规律》《音乐·科学·宇宙》等文。曾任北京大学艺教委副主任。

龚智伟（1937— ）

作曲家。河南开封人。郑州师范学校高级讲师。1954年毕业于河南开封艺校艺术科。撰有《贝多芬的第九交响曲与欢乐颂》。发表歌曲有《歌唱我们的节日》《记工员》《风儿吹响小喇叭》《奔向那美好的新时代》等。

龚中艾（1937— ）

音乐教育家。湖南张家界人。1960年在总政歌舞团学员队学习音乐理论与声乐，后在音乐学院和文艺团体旁听作曲和声乐。曾在济南军区演出队任独唱演员，1962年后任总政歌舞团独唱、合唱演员，参加外事演出及电影、电视台、电台的各种录音，并赴各省、市慰问部队以及参加《东方红》大歌舞的排演。1978年后调北京电影学院表演系担任声乐教学，并为业余艺术学校教授音乐课。编写

《乐理视唱教材》《音乐欣赏教材》《电影音乐表演小品教材》，先后任多部电影、电视剧、专题片音乐编辑。

巩　伟（1959— ）

音乐教育家。河南人。河南省音协副主席，教育部高校艺术类专业教学指导委员会委员，河南省长笛学会会长。1983年毕业于湖北艺术学院管弦系。1983至1991年在河南大学任教，1991年在郑州大学任教并任文传院副院长，郑州大学音乐系主任、教授、硕士生导师。撰有《MTV的艺术魅力》等多篇论文。专著《感悟音乐之美》获河南省第五届文学艺术奖。任《大学生素质教育音乐书系》丛书主编。2000年被授予全国学校艺术教育先进个人。

巩兰亭（1918—已故）

歌唱家。山东莒南人。1940年就学于重庆青木关国立音乐院。1945年始在成都、重庆、北平、天津等地举行独唱音乐会。曾任北平师范学院、天津河北师范学院音乐系讲师，后在中央乐团任教。

巩素清（1955— ）

女歌唱家。辽宁鞍山人。1970年考入鞍山市歌舞团。1978年毕业于中央音乐学院声乐系。先后任首都联合大学中国歌剧舞剧院分校副校长、中国儿童音乐学会秘书长。参加演出《星光啊星光》《韦拔群》《原野》《江姐》《白毛女》《洪湖赤卫队》《刘胡兰》《图兰多》《阿诗玛》等多部歌剧。多次随文化部艺术团慰问部队演出并担任独唱、二重唱。近年来培养许多学生考入音乐院校。

巩振刚（1938— ）

声乐教育家。山东潍坊人。曾任哈尔滨市群众艺术馆馆员。曾先后任齐齐哈尔电视艺术团、黑龙江广播文工团、黑龙江省歌舞团声乐演员。发表多篇声乐论文。长期致力于少儿声乐研究与教学，成功地解决少儿变声期前后歌唱技能训练的难题。其学生在国际、国家级少儿声乐比赛中多次夺冠。

巩志伟（1924—2005）

作曲家。山西平遥人。1942年入鲁艺音乐研究班学习音乐理论、作曲。毕业后调抗大文工团任音乐组组长。曾任八一电影制片厂专业作曲。中国音协理事、中国影协理事、中国电影音乐学会副会长。曾获第四届中国音乐"金钟奖"终身成就奖。作有《谁养活谁》《为谁打天下》等歌剧。曾为《战斗里成长》《狼牙山五壮士》《怒潮》《海鹰》《赤峰号》《我们是八路军》《女兵》《二泉映月》《金铃传》《战胜怒江天险》《钢铁运输线》《道是无情胜有情》《通天塔》等38部电影作曲，并为《攻克太原》《徐向前》《柏油路上的战争》等多部电视剧作曲。《战胜怒江天险》1957年获文化部颁发的金质奖章。创作有《红旗颂》《春暖花开》《晚会圆舞曲》《相逢在北京》《友谊的歌声》《送别》《我们是八路军》《赤峰号》《前进吧，青年们》《把革命的歌曲唱起来》等百余首歌曲，收集、编辑出版《民间器乐曲200首》。

G

苟达娴（1969— ）

女小提琴演奏家。重庆人。1991年毕业于四川音乐学院管弦系小提琴专业。重庆市歌舞团乐队首席。曾担任获"文华奖"的舞剧《三峡情祭》的独奏和领奏，两次获重庆市专业艺术院团"舞台艺术之星"个人一等奖。1995年获全国首届室内乐（弦乐四重奏）比赛第六名，两次获重庆市专业艺术院团"舞台艺术之星"集体一等奖。1998年率四重奏组参加英国皇家音乐学院"阿玛迪乌斯"弦乐四重奏大师班，并举办弦乐四重奏专场音乐会。两次举办"苟达娴小提琴独奏音乐会"。曾在重庆市儿童福利院义演并举办"苟达娴独奏、重奏音乐会"。

苟中明（1952— ）

作曲家。重庆人。1979年从事文艺工作。重庆市渝北区文化馆文艺科科长，副研究馆员。1993年毕业于西南师范大学音乐系。创作歌曲《中国农民》获文化部第九届"群星奖"优秀作品奖。《大田好秋》获重庆市第七届"五个一工程"歌曲创作奖。《我的西部我的家》获重庆市第八届"五个一工程"歌曲创作奖。论文《渝北区民族民间吹打乐》收入《中国音乐研究文集》。

古 笛（1931— ）

歌词作家。壮族。广西南宁人。1949年在部队从事文艺工作。1959年任广西歌舞团创作员。1992年任广西民族文化艺术研究院研究员。中国音乐文学学会、歌谣学会首届理事。歌舞剧《刘三姐》编剧执笔之一。发表、演播有大量作品。获奖作品二百余篇（首、部次），其中有歌舞剧《刘三姐》，歌曲《赶圩归来啊哩哩》《山歌》。出版诗词集《山笛》《茶江浪花》《美梦之歌》，《唱诗》，《壮山情笛》（唱碟），另有《古笛艺文集》21卷。

古 庆（1950— ）

打击乐演奏家。河南上蔡人。1972年毕业于解放军军乐团学员班。解放军军乐团演奏员。曾多次完成国家重大庆典、演出、外事司礼任务。先后参加"802"阅兵、国庆35周年庆典、全国人大和政协开闭幕式、第11届亚运会、第21届世界大学生运动会的演奏任务。经常参加电视台、广播电台录音、录像工作。赴香港、澳门参加交接仪式。出访泰国、比利时等国家。

古丽娜（1965— ）

女长笛演奏家。塔塔尔族。新疆。1984年毕业于中央民族学院艺术系。后入中国电影乐团任演奏员。1982年获全国首届青少年长笛比赛三等奖。

古全林（1955— ）

音乐教育家。四川绵阳人。绵阳师范学院音乐系副主任。1972年入绵阳市文工团，1978年就读于西南师范大学音乐系，后调绵阳地区文工团工作。1984至2004年在绵阳师院音乐系任教。撰写有《论高师音乐教育中首调唱名法的训练》《高师视唱练耳教学之我见》《浅论流行歌曲的审美价值与音乐教育》。

古荣芳（1930— ）

女音乐教育家。广东梅县人。1953年毕业于华南文学艺术学院音乐系，1956年毕业于中南音乐专科学校作曲系，后留校任教于附中基本乐科。1972年执教于湖北省潜江市幼儿师范，高级讲师。所作女声独唱《摇篮曲》刊发于《音乐创作》，钢琴曲《太阳出来喜洋洋》1985年被选入高师教材《钢琴基础教程》第一册。撰有《小学唱歌课要寓教于乐》《如何让学生掌握附点音符及其他》。

古振民（1929— ）

圆号演奏家。河北沧县人。1949年入华北大学三部音乐科学习。1952年始从事圆号演奏。曾在中央乐团工作。1956年曾受德国圆号专家霍夫曼培训。多次随团出国访问演出。

古宗智（1930— ）

音乐理论家。回族。四川阆中人。1955年毕业于贵阳师院艺术科。1960年入中央音乐学院音乐研究所学习。曾在贵州艺专任教。曾任音协贵州分会常务理事。参加编写《民族音乐概论》。

古丽给娜（1945— ）

女高音歌唱家。塔塔尔族。新疆塔城人。1959年入克拉玛依市文工团工作。音协新疆分会第二届常务理事。曾获1982年西北五省独唱独奏调演优秀节目奖，1987年中国艺术节优秀节目奖。

古兰·阿兰木江（1960— ）

花腔女高音歌唱家。哈萨克族。新疆乌鲁木齐人。1981年毕业于上海音乐学院，在新疆艺术学院音乐学院声乐教研室从事声乐教学，副教授。曾获首届"天山之声音乐会"演唱二等奖，全国部分省市少数民族青年独唱演员调演中获一等奖，在"首届新疆青年歌手电视大奖赛"获专业组美声唱法第一名。曾随团赴日本、哈萨克斯坦、吉尔吉斯斯坦、乌兹别克斯坦访问演出。

古丽娅·朱马古力（1962— ）

女歌唱家。哈萨克族。新疆乌苏人。1978年入塔城地区乌苏县文工团。1989年毕业于新疆艺术学院。后再乌鲁木齐市艺术剧院任独唱演员。1995年入中国音乐学院进修声乐。乌市音舞协会理事、市政协委员。1998年获新疆"新人新作"声乐比赛专业组美声唱法一等奖，2005年获全国少数民族广播歌曲演唱比赛一等奖。撰有《如何提高歌唱艺术的民族特点》《关于歌唱艺术中二度创作》。参加每年新年音乐会、各种大型文艺晚会、"古尔邦节"文艺晚会。曾随市委、市府出访巴基斯坦、比利时、荷兰、法国、土耳其等国演出。

古丽巴哈尔·阿木提（1956— ）

女歌唱家。新疆乌鲁木齐人。1973年入新疆歌剧团。1978年进修于中国中央乐团。曾在《艾力甫——赛娜木》《阿曼妮沙汗》《吾妮恰木》《勤木旦》等历史歌剧和话剧中担任主角。出版三张录音磁带，一张个人VCD。1990年

G

调入"新疆木卡姆团"后赴德国、日本等国家交流演出。2004年在全国少数民族歌曲大赛中获集体金奖。

古丽巴哈尔·吐尔逊（1964— ）

女歌唱家。维吾尔族。新疆人。新疆维吾尔自治区歌舞团独唱演员。乌鲁木齐市人大代表。中国音协第六届理事。1986年毕业于西安音乐学院声乐系，1991年留学哈萨克斯坦国国立戏剧学院表演系并就读音乐学院声乐研究生班。两次举办独唱音乐会。曾获哈萨克斯坦"亚洲声乐大赛"一等奖、"98新疆声乐新人新作比赛"一等奖、全国"大红鹰杯"青年歌手大奖赛优秀奖，参加新疆第二届艺术节演出歌剧《魂系东归路》获演出一等奖。2002年随团赴新加坡演出大型民族歌舞《天山欢歌》。

古丽加米拉·卡德尔（1944— ）

女民族器乐教育家。维吾尔族。新疆和田人。曾任新疆艺术学院教授。1959年毕业于新疆学院艺术系，1982年毕业于南京艺术学院音乐系，主修维吾尔传统扬琴、转调扬琴。撰写论文《扬琴和它的种类》《维吾尔族乐器的历史发展》《维吾尔族乐器都塔尔》多篇，宣读或在电台播放。作有扬琴独奏曲《天山恋》，歌曲《祖国情》《故乡情》及世界语合唱曲目《全世界都是一家人》。

古力巴合提·阿不都瓦力（1957— ）

女冬不拉演奏家。哈萨克族。新疆伊犁州特克斯人。1975年始入伊犁哈萨克自治州歌舞团任民乐队冬不拉演奏员。伊犁州哈萨克族六十二阔恩尔研究学会会员，曾担任伊犁州政协委员。作有《白鸽》《大地史歌》《清泉》《经历》等三十余部（首）冬不拉独奏曲和歌曲。大部分作品由中央及自治区广播电台播放。演奏有根据哈萨克民间音乐创作的大量冬不拉曲目。

谷　峰（1936— ）

指挥家。安徽芜湖人。芜湖市音协名誉主席。1960年毕业于安徽师大艺术系音乐专修科。从事专业团体音乐指挥和音乐创作。先后指挥舞剧《红色娘子军》，歌剧《洪湖赤卫队》等二十余部及多种类型音乐会、歌舞晚会。作有歌曲《江水静静流》曾获全国"广播新歌"银奖，芜湖梨簧说唱《三开门》获文化部鼓励奖。参与编撰《中国曲艺音乐集成·安徽卷》等四部，获国家编纂成果个人二等奖。曾任芜湖市歌舞团副团长、省音协三届常务理事、芜湖音协主席。

谷　峰（1968— ）

打击乐演奏员、歌唱家。北京人。中国煤矿文工团打击乐演奏员。曾任中央民族歌舞团、中国广播艺术团打击乐演奏员、新听觉音乐工作室音乐人。2000年演唱的《走过千年》，创作并演唱的《你的心情好不好》分获中国歌曲排行榜十大金曲奖、全国多家电视台排行榜冠军。2001年出版个人专辑《见字如面》，主打歌《见字如面》获全国多家电视台排榜冠军。先后参加北京爵士音乐节、广西国际民歌节、中央电视台心连心艺术团演出。曾获全国英文歌曲大赛冠军、中央电视台第九届全国青年歌手大赛团

体三等奖、个人二等奖、观众最喜爱的歌手奖，2001年获俄罗斯第二届国际德尔菲演唱大赛最佳演唱奖。

谷　曼（1919— ）

歌词作家。湖北武汉人。1938年赴延安抗大学习。出版有《看你往哪里逃》《天谱的歌》诗集。歌词《唢呐向着北京吹》获北京"双喜杯"奖，歌曲《中华岁月新》《祖国是个大花园》获省市歌曲奖。诗歌《相爱岁月》获省创作奖、毛泽东诞辰110周年征文大赛获诗歌组特别奖。《振兴中华》诗入选《2001年中华老人诗文书画作品集》（诗文卷），《老人吟》入选《全国离退干部诗文书画大观》（第二集），曾先后任长沙市文化馆馆长、文教局局长、省文联秘书长、省文联副主席、作协副主席等职。

谷　音（1931— ）

女音乐理论家。黑龙江呼兰人。先后在东北鲁艺音乐系、东北音专作曲系、作曲研究生班、中央音乐学院苏联专家班学习。沈阳音乐学院教授，音研所常务副所长、学报编委以及中国音协音乐美学学会第二、三届理事、中国音协美学音乐研究会理事、辽宁音协理事及音乐理论委员会副主任、辽宁美学学会理事等。著有《音乐是什么》《赤子之心和智慧的结晶—记作曲家李劫夫》以及教材、译文、声器乐曲等七十余件。

谷　勇（1959— ）

作曲家。四川人。曾先后留学于加拿大多伦多大学音乐学院、约克大学音乐学院。深圳大学艺术学院副教授。曾应邀赴加拿大八所大学进行高等院校考察研究。后被国家选拔赴加拿大多伦多大学音乐学院和安大略教育研究所执行合作研究项目，获得加拿大政府最高学术奖。先后在国内外发表《ExperiencingTeachingwithMIDInet》《论德彪西的音乐美学思想》等30多篇学术论文，其中多篇在国内外获奖。为电视专题片《中华女儿—香港篇》、电视剧《深圳有个检察官》创作音乐、主题歌、片尾歌曲。歌曲《古道》获"歌唱西部歌曲大赛"优秀歌曲奖。2003年策划出版CD《新发现—新民歌专辑》并担任创作、配器。

谷成忠（1947— ）

扬琴演奏家。辽宁抚顺人。1970年始从事部队文艺工作。任职于沈阳军区歌舞剧团。研创的多功能扬琴获第十五届日内瓦国际发明与新技术展览会金牌奖及文化部科技成果奖。

谷达儒（1933—1984）

板胡演奏家。辽宁沈阳人。1949年始从事音乐工作。1957年入中国煤矿文工团。创作并演奏的曲目有《灯节》《庆丰收》《回娘家的路上》。并曾任舞剧《丝路花雨》指挥工作。

谷福海（1952— ）

歌词作家。北京人。中国文联机关党委副书记。中国散文诗学会理事。发表诗、歌词、散文、杂文、小说等数

百篇（首），结集出版有诗集《绿色的相思树》《旅人之恋》，散文诗集《温馨的五色花》，歌词集《我的名片：中国》《爱的表白》等。二十余首歌词获国家奖，其中作曲歌词《希望在中国》获"奥运之船"歌曲大赛获优秀奖，《水仙记忆》获"水仙杯"全国歌曲征集获一等奖，《为了明天》获"当代农民之歌"优秀奖，《我的名字叫红领巾》获首届中国校园歌曲大奖赛获优秀奖，《舒心的北京》获北京电视台"每周一歌"征歌金曲奖。

谷继业（1959— ）

音乐教育家。山东威海人。1987、1990年先后毕业于中国函授音乐学院作曲系、哈尔滨师范大学艺术学院音教系。先后任内蒙海拉尔扎贲河中学、黑龙江绥棱中学、河北廊坊广阳区教育局教师、音乐教研员。作有歌曲《爱的阳光》《我的理想在中国》《寻根》《天使的眼睛》等，曾获优秀作品奖、"卡西欧"杯大奖赛、"燕赵群星"奖。撰有《浅说音乐教师的全面素养》《谁给音乐家教考级》《音乐教育亦喜亦忧》。合著《简谱乐理与习题》。音乐教案《龟兔赛跑》获全国教案展评奖。

谷建芬（1935— ）

女作曲家。山东威海人。1950年入旅大文工团。1952年就读于东北音乐学院作曲系，1955年毕业于东北音乐专科学校作曲系，同年始任中央歌舞团创作员。第八、九、十届全国人大常委，全国人大华侨委员会委员、中国致公党中央委员。中国音协第五届副主席，第六、七届顾问，中国音乐著作权协会副主席，中国文联委员。歌曲作品曾获中国"金唱片"奖、"当代青年最喜爱的歌"奖、文化部"音乐舞蹈作品"奖、"中国音乐电视96MTV大赛作曲"奖、南斯拉夫"贝尔格莱德国际流行音乐作曲"奖、联合国教科文"亚太地区优秀音乐教材"奖等。作有歌曲《年轻的朋友来相会》《那就是我》《绿叶对根的情意》《思念》《烛光里的妈妈》《今天是你的生日》《歌声与微笑》，电视连续剧《三国演义》主题歌等。1984至1989年创建谷建芬声乐培训中心，培训歌手五十余人，其中不少歌手多次在国际国内获奖。

谷世乐（1950— ）

作曲家。天津人。曾在黑龙江兵团宣传队任作曲，天津人民广播电台高级编辑。1979年毕业于天津音乐学院作曲系，后到天津电台任音乐编辑、音乐台副总监。七次获中国广播文艺政府奖，获省部级以上奖项四十多项。作品有音乐专题《津门俚曲沽水情》《永远的春江花月夜》《华风琴韵新传人》，大型音乐广播讲座《歌曲创作与欣赏》等。作有管弦乐《延边舞曲》，小提琴独奏《牧人之歌》，歌曲《采珠谣》《你知道我是谁》等，曾五次获天津鲁迅文艺奖。

谷天义（1955— ）

歌词作家。河南人。驻马店市音协副秘书长、驻马店天中晚报文化艺术中心主任。曾组织策划2002年《美丽的家乡驻马店》征歌及《走进你啊，我的驻马店》演唱会，拍摄《望你》《天使》音乐电视。曾在全国征集《人民检察官之歌》、河南长葛市市歌、山东华阳集团华阳之歌征集中获奖，多次获河南省歌曲评选一等奖，并获第八届黄河之滨音乐周金奖、第五届河南省"五个一工程"奖。

谷学易（1933— ）

音乐教育家。山东济南人。1953年参加中国人民第三届赴朝慰问团总团艺术团。1956年毕业于北京师范大学音乐系。后任北京艺术师范学院、安徽师院音乐系钢琴教师，广州师范高级讲师、市艺教委委员，广东省中师音乐教研会理事长、中国音乐教育研究会第一届常务理事、副秘书长，国家教委九年义务教育、中师音乐教学大纲主编，人民教育出版社特约编审，人教版小学、中师音乐教科书主编。策划、编辑李群创作选集《小鸟在前面带路》《黄河大合唱》1939延安稿等。

谷亚玲（1963— ）

女高音歌唱家。北京人。星海音乐学院声乐教师。1987年毕业于北京师范学院音乐系。1993年第五届"羊城音乐花会"声乐比赛中获业余组第一名。所作歌曲《边关情》获中央电视台军旅歌曲大赛金奖。1993年举办个人独唱音乐会，并由广东电视台录播。曾多次参加重要演出和大型演唱会均担任独唱。录制个人演唱专辑多张。

谷由恩（1945— ）

音乐教育家。河南人。市音协理事、市教育学会理事。1969至1979年任徐州小红花艺术团乐队指挥，为全国、省、市大型会议及外宾演出达数百场，并获历届会演一等（或优秀）奖。从教四十余年，《我们可爱的学校》等二十余首歌曲及近十余篇教育、教学论文、优秀教案在国家、省、市级发表（或获奖），1989年被市政府授予"市优秀教育工作者"称号。

谷兆惠（1956— ）

巴松演奏家。山东人。1978年毕业于沈阳音乐学院附中管弦系。先后任辽宁京剧院一团、芭蕾舞团、歌剧院交响乐团乐队演奏员、首席巴松。曾参加歌剧《苍原》《沧海》，木管五重奏《春江花月夜》及辽宁乐团交响音乐会，贝多芬第五、第九交响曲，柴科夫斯基第六交响曲，中国作品音乐会，辽宁歌舞音乐晚会，2001至2003年新年音乐会等大型文艺演出任巴松首席、萨克斯独奏。曾任东三省"柏斯杯"管乐比赛、全国雅马哈管乐比赛评委，长春国际单簧艺术节组委会委员。

顾 国（1956— ）

作曲家、音乐教育家。四川阆中人。先后毕业于南充地区师范学校、西南师大音乐系。现任南充市文联副主席。发表音乐、歌词、诗歌、音教论文等二百余件。歌曲《川北妹》获文化部"群星奖"铜奖，《走出巴山》获全国主旋律歌曲征集活动金奖，音乐作品《朱德的扁担》《海滨摇篮曲》等分别在中央电视台、四川电视台演播并录制盒带及歌曲专集出版，多次获奖。策划、组织、主持当地文艺演展活动，并为音乐院校输送多名艺术人才。

顾 虹（1954— ）

男高音歌唱家。回族。江苏常熟人。1972年开始从事部队文艺工作，曾任福州军区歌舞团歌队男高音声部长。1985年毕业于中央音乐学院干部专修班。1979年在福州军区歌舞团演出的《琵琶行》中曾饰演男主角苏文卿。中国铁路文工团歌舞团副团长，长期为铁路工人慰问演出，并辅导铁路职工文化活动。

顾 骏（1938— ）

琵琶演奏家。上海人。1953年师从上海民族乐团孙裕德学习琵琶。1959年在浙江民间歌舞团（现浙江歌舞剧院）担任首席琵琶及独奏。1975年调浙江艺术学校教授琵琶。1991年由文化部派赴毛里求斯中国音乐学校讲授琵琶、扬琴、古筝、二胡、竹笛、箫、大阮及指挥大合唱。

顾 平（1960— ）

小号演奏家。安徽蚌埠人。安徽省音协管乐委员会会长、省艺校音乐副主任。1977年毕业于安徽艺校小号专业，1982至1984年在天津音乐学院进修。1983年在天津音乐学院主办的华北音乐节交响音乐会上担任首席小号，1985年在安徽省音协主办的"党在我心中"新歌演唱会上担任首席小号。1996年以来先后组建并培训解放军炮兵学院军乐团、解放军电子学院军乐团、安徽省农学院军乐团。曾任《小号考级教程》编委。

顾 彤（1948— ）

作曲家。浙江鄞县人。中学高级教师。歌曲《北京的风》曾获"北京之歌电视歌曲大赛"金曲奖，《人民是靠山》《北京的胡同儿》《天籁》《面朝大海，春暖花开》《一代人》《观沧海》，大合唱《枫桥夜泊》《爱的永恒》，声乐套曲《辋川音画》《冬夜杂咏》，《青云案·元夕》《再别康桥》《什刹海闲步》等，分别在《歌曲》《歌海》等刊物上发表。

顾 威（1932— ）

男低音歌唱家。江苏南京人。1949年始从事部队文艺工作，师从匈牙利聂里巴尔、保加利亚迪雅柯维奇学习声乐。曾任沈阳军乐歌舞团声乐艺术指导。曾随团赴东欧、亚、非十三个国家演出。

顾 维（1948— ）

民乐演奏家。江苏南京人。曾任湖南省花鼓戏剧院乐队队长、演出团团长。多次随剧院参加全国调演，并为其中的花鼓戏《八品官》《喜脉案》《乾隆判婚》《羊角号与BP机》《乡里警察》《老俵佚事》《郑培民》等剧的音乐配器。曾获文化部全国戏曲观摩演出音乐设计二等奖和省级奖。多年来致力于花鼓戏剧乐队的改革创新，努力将民乐、西洋管弦乐、电声相结合运用于花鼓戏乐队的配置和伴奏之中。

顾 欣（1956— ）

男高音歌唱家、歌剧表演艺术家。江苏启东人。江苏艺术剧院院长，省演艺集团有限公司总经理。中国音协第六届理事、第七届副主席，省音协名誉主席，中国艺术研究院博士生导师，南京大学、东南大学兼职教授，南京艺术学院硕士生导师。民盟第九届中央常委、第十届全国政协委员。先后毕业于南京艺术学院和上海音乐学院。1986年获第二届全国青年歌手电视大奖赛美声唱法第一名，同年赴法国参加巴黎国际声乐大赛获彼埃尔·梅斯迈特别奖。主演《波西米亚人》《托斯卡》《西厢记》《弄臣》《孙武》等多部歌剧。获第九届"戏剧梅花奖"、首届和第八届"文华表演奖"。多次赴美国、法国、瑞士、意大利、日本、香港等地演出。

顾 屹（1963— ）

钢琴教育家。江苏南京人。江苏教育科学研究院音乐系副教授。1985年毕业于南京师大音乐系。曾任徐州师大音乐系教研室主任。撰有《如何科学地选用钢琴教材》《手指在钢琴弹奏中的作用》等7篇文章，主编高等学校音乐专业系列教材《钢琴分级教程》II。

顾 翌（1924—1966）

作曲家。江苏如皋人。曾在部队文工团从事音乐工作。1953年后任上海人民广播电台音乐组副组长、广播乐团副团长。作有歌曲《今年新年更热闹》《想念你啊，北京》，撰有《百花齐放未尝不可移花接木》等。

顾葆瑜（1931—1989）

女中音歌唱家。江苏南京人。毕业于复旦大学社会系。1955年入上海乐团。后入上海歌剧院工作。曾在全国各大城市及美国夏威夷为失足青年举办"生活之路"独唱音乐会及"我的祖国""光明之路"专题独唱音乐会。

顾蓓蓓（1963— ）

女琵琶演奏家。江苏苏州人。广东省艺术研究所艺术创作室演奏员。1992年毕业于中央音乐学院民乐系。发表《浅谈音乐欣赏》《浅谈琵琶演奏艺术》等文。所表演的节目在青海、海南等地多次获奖。1995年参演的《七彩江河源》被中宣部评为"五个一工程"提名奖。获"优秀指导教师"称号。曾赴德国、法国、泰国、日本、加拿大、香港、委内瑞拉、巴拿马、巴西等国家和地区演出。

顾春雨（1944— ）

作曲家、音乐活动家。江苏如皋人。中国音协第五届秘书长。中国音协理事、合唱联盟副主席、钢琴调律学会理事长，中国群众文化学会音乐专业委员会理事长。1963年毕业于上海民族乐团学馆。1965年入云南省歌舞团任作曲、指挥。1978年考入中央音乐学院作曲系干部班深造。1980年调入中国音协理论创作委员会，曾任音协办公室主任、社会音乐部主任、社会音乐委员会常务副主任、全国乐器演奏（业余）考级委员会副主任兼秘书长。1990年起任中国音协党组成员兼书记处书记、党组副书记兼秘书长。策划、组织第一至三届中国音乐"金钟奖"等全国性的音乐评奖和比赛，策划并领导开展全国性的音乐考级活动，组织有关专家编订多种音乐考级教材。创作、发表有百余首音乐作品，其中有歌曲《火把节的欢乐》《泼水节的水》《彩云南》《中国农民》《七月的阳光》《蝴蝶梦》，二胡曲《欢乐的彝家山寨》等。

顾达昌（1939—　）

越剧作曲家。江苏江阴人。1967年毕业于上海音乐学院作曲系。曾任浙江越剧院艺术部副主任。作有合唱《回答今日世界》，担任戏曲艺术片《花烛泪》《唐伯虎》《双玉蝉》音乐设计。

顾淡如（1929—　）

女音乐教育家、作曲家。湖南长沙人。1956年毕业于中原大学文艺学院音乐系，1958年毕业于上海音乐学院作曲系。曾任教于上海音乐学院、中央音乐学院、中国音乐学院作曲系。后为中国音乐学院音乐研究所副研究员。编著有《基础和声学》《歌曲作法》《合唱写作》等教材。撰有《宋词的结构》等论文入选《宋词辞典》。作有古典诗词歌曲《采桑子·别情》《清平乐·惜春》《诗经·燕燕》《诗经·静女》，合唱《和平之歌》《伐檀》《谷风》《柏舟》，钢琴曲《舞曲》《山歌》，民族管弦乐曲《破阵祝捷》。舞蹈音乐《咏梅》获文化部"80年代优秀创作二等奖"。

顾夫林（1937—　）

指挥家。吉林人。1953年入东北军区政治部文工团。1955年考入东北音专声乐系。1960年于辽宁歌剧院任演员。1973年任沈阳音乐学院合唱课教师，并同时进修合唱指挥。1979年任辽宁乐团合唱指挥。1981年调入北京师范学院音乐系任指挥，教授合唱课及指挥课。中国合唱协会理事、副教授。曾指挥过《黄河大合唱》《毛主席诗词大合唱五首》及众多中外合唱名曲。2003年参加中国合唱协会主办的"合唱艺术讲座"任主讲。曾多次担任合唱赛事的评委。

顾耿中（1945—　）

音乐教育家。江苏盐城人。1965年毕业于南京师范学院音乐系。曾任盐城师范学院艺术系主任、教授，盐城市音协主席。长期从事钢琴及音乐理论教学研究工作，发表《中国钢琴音乐发展之路》《苏北抗日根据地的音乐与音乐生活》等论文，出版《圆舞曲之王和他的主要作品》，教材《钢琴与伴奏》。曾获省教育厅"省学校艺术教育先进个人"、盐城市政府"文化工作先进个人"称号。

顾冠仁（1942—　）

作曲家。江苏海门人。1965年肄业于上海音乐学院。历任上海民族乐团团长、艺术总监、艺术委员会主任。中国民族管弦乐学会副会长，中国音协第六届理事，上海市文广局创作中心签约作曲。作有琵琶协奏曲《花木兰》《王昭君》，合奏《东海渔歌》（与马圣龙合作），《春天》，组曲《星岛掠影》《将军令》《大地回春》《梅花引》，乐队协奏曲《八音和鸣》，二胡协奏曲《望月》，中阮协奏曲《塞外音诗》，弹拨乐合奏《三六》《驼铃响叮当》《喜悦》，江南丝竹《春晖曲》《绿野》，小合奏《京调》，音乐与朗诵《琵琶行》《兵车行》。先后指挥

上海民族乐团、台北市立国乐团、香港中乐团、新加坡华乐团、澳门中乐团、台湾实验国乐团等举办专场音乐会。2003年起受聘为国立台南艺术学院客座教授。

顾国兴（1948—　）

作曲家。上海人。1977年毕业于上海音乐学院作曲系，后入上海电视台任音乐导演，并从事电视剧音乐创作。上海永乐电影电视集团公司文学编辑部副主任。作有《十六岁花季》《天梦》《瞎子阿炳》《逆火》《上海风情》《江南明珠》等电视连续剧音乐。其中，《十六岁花季》的音乐获第十届全国电视剧"飞天奖"音乐奖，主题歌《多彩的季节》获中国首届电视剧优秀歌曲奖，并获中国音协"1990年中国十大金曲"奖。电视剧《瞎子阿炳》的音乐获第三届全国电影厂系统电视剧"荧屏奖"最佳作曲奖，主题歌《心明曲》获中国首届电视剧优秀歌曲奖。《逆火》获德国电视节"世界未来奖"亚洲大奖。

顾建鸣（1953—　）

双簧管演奏家。新疆乌鲁木齐人。1991年毕业于新疆艺术学院音乐系。1971年在新疆歌舞团爱乐乐团任双簧管首席演奏员、管乐声部长。撰有《双簧管的呼吸技巧》《双簧管的音准技巧》《艺术的魅力》等文。

顾鉴浩（1930—　）

钢琴演奏家。上海人。1953年毕业于北京师大音乐系。先后在中央电台、中央乐团、西安音乐学院任钢琴伴奏。1985年至1995年分获全国聂耳·冼星海作品演唱比赛、纪念抗战胜利50周年声乐大赛优秀钢琴伴奏奖。撰有手风琴教材《简谱即兴伴奏》，陕西中小学音乐辅导教材《手风琴》《伴奏》《简谱即兴伴奏》。曾在中央乐团前苏联指挥班、德国圆号班、中央台少年合唱团，北京大学生、辅仁大学、北师大合唱团任钢琴伴奏。为著名歌唱家吴雁泽、黎信昌、寇家伦等独唱担任钢琴伴奏。

顾景梅（1953—　）

女音乐教育家。安徽人。安徽宿州学院音乐系主任、安徽声乐协会理事。毕业于安徽师专大学艺术系。先后在南京艺术学院和中央音乐学院进修。1990年举办独唱音乐会。发表省级以上学术论文十余篇，其中《关于女中音的声部鉴定与声区统一》在《人民音乐》发表。所教的学生有多人在安徽省级以上演唱比赛中获奖。本人多次获省级优秀教师奖、曾宪梓教育基金国家优秀教师三等奖。

顾连理（1929—　）

女音乐翻译家。上海人。1950年毕业于私立光华大学英语系。曾在上海音乐学院音研室工作。译有《迦氏作曲法》《小提琴节奏训练》（合译）等，曾参加编写《简明音乐小词典》。

顾梅羹（1899—已故）

古琴教育家。湖南长沙人。1927年毕业于湖南建国大学政法科。古琴得川派张孔山真传，后为沈阳音乐学院民乐系古琴教授及研究生导师，著有《广陵散古指法考释》

《古琴古代指法的分析》等。

顾培幼（1940— ）

女琵琶演奏家、教育家。四川广安人。1963年毕业于四川音乐学院，分配至福建艺术学院任教，曾任音乐科副主任、高级讲师。福建民族管弦乐学会顾问、中国琵琶研究会福建组组长。在40年教学生涯中，培养大批琵琶人才，不少在全国、本省获奖。编写有大量教材。创作有《乡音》《欢乐的畲家》等琵琶曲，发表有《琵琶教学中的若干问题》等文。1988年福建音协举办《顾培幼琵琶教学经验交流会》，获省文化厅《有突出贡献的教师荣誉奖》《园丁奖》。

顾彭寿（1929— ）

胡琴演奏家。上海人。1946年考入上海实验戏剧学校表演系，1956年入上海舞剧院民族乐队首席兼独奏演员。曾参加《小刀会》《宝莲灯》《后羿与嫦娥》《半屏山》《木兰飘香》等舞剧及《小二黑结婚》《白毛女》《洪湖赤卫队》《红霞》等歌剧的演出。录制有胡琴独奏音带《听松》。1985年由文化部委派赴香港举行胡琴独奏音乐会并进行讲学。1987年率上海歌剧院八人小组赴广州参加"羊城音乐花会"获二等奖。《中国民族民间器乐曲集成·上海卷》编委。

顾品祥（1922—2006）

女歌唱家。河北阜平人。曾任中央民族乐团独唱演员兼声乐教员。1940年参加西北战地服务团音乐队。1954年入中央音乐学院进修，后任中央民族乐团独唱演员兼声乐教员。演唱曲目有《歌唱二小放牛郎》《黄河怨》《刘胡兰》《南泥湾》《我的祖国》《蓝花花》，民歌《打樱桃》《游花园》，天津时调《翻江倒海》，河南坠子《送梳子》，河北梆子《秦香莲》，歌剧《小二黑结婚》选曲。创作有《欢送哥哥去参军》《妇女翻身花鼓》等。撰写有数篇声乐论文。

顾企兰（1938—已故）

女高音歌唱家。河北保定人。1960年沈阳音乐学院肄业，后入辽宁歌剧院任演员。曾任省政协委员，曾居香港。主演歌剧《草原烽火》《阿诗玛》。演唱有《毛主席走遍祖国大地》。

顾秋云（1953— ）

女音乐教育家。上海人。上海音乐学院作曲系视唱练耳教研室副教授。先后毕业于南京艺术学院、上海音乐学院作曲专业。曾任南京艺术学院视唱练耳教研室主任。在《音乐创作》《交响》等刊物上先后发表多首音乐作品与论文。编著出版《中外器乐名曲多声部视唱训练》。

顾泉发（1934— ）

口琴演奏家、教育家。上海人。1950年始从事口琴演奏和教学。1957年毕业于上海师范学院。曾任西安大学副校长、副教授，后任西安邮电学院教授。曾参加上海光明口琴会、国光口琴会播音团，为上海、陕西等电台录制

口琴节目。编配《尼罗河畔歌声》《祝酒歌》等口琴曲。著有《口琴演奏法》《新编口琴教程》。曾组建数支口琴队、多个口琴乐团，深入学校、工厂、部队进行口琴教学，改革创新复音口琴的吹奏法，提高了口琴的表现力。

顾生安（1932— ）

作曲家。浙江舟山人。1949年从事部队文艺工作。曾在浙江歌舞团工作。作有吹打乐《舟山锣鼓》《渔舟凯歌》，歌曲《拉网号子》获华东民歌会演一等奖。

顾圣婴（1937—1967）

女钢琴演奏家。上海人。曾师从上海音乐院教授杨嘉仁、李嘉禄学习钢琴及音乐理论。1954年考入上海交响乐团任演奏员。1957年获第六届世界青年联欢节金质奖章。1958年获日内瓦第十四届国际音乐比赛女子钢琴最高奖。1964年在比利时伊丽莎白王太后国际钢琴比赛中获奖。

顾天菊（1941— ）

女高音歌唱家。江苏苏州人。1964年入山西省歌舞剧院任独唱演员，曾师从祁玉珍、胡静舫、温群学习声乐。1978年在上海音乐学院进修深造，1981年由省文化厅、省音协、省歌舞剧院命名为山西省女高音歌唱家。1982年获全省中青年演员调演一等奖。1987年赴云南老山前线慰问演出。1990年赴香港演出，2003年赴美国波士顿考察讲学。现从事声乐教学辅导工作。

顾天庆（1937— ）

作曲家、音乐编辑家。山东邹县人。1949年从事文艺工作，后任职解放军文艺出版社电子音像出版部。曾在总政军乐团任双簧管教员。先后入中央音乐学院、上海音乐学院苏、捷专家班进修双簧管。后调《解放军歌曲》编辑部任音乐编辑、副主编，作有歌曲《芝麻开花节节高》（合作），《香飘海外相思多》《濛濛细雨》《水仙恋情》《穿军装的小伙正十八》《战士的脚印》等，分别参加全国、全军歌曲评选并获奖。

顾桐芳（1942— ）

音乐教育家。江苏苏州人。1963年毕业于中央音乐学院民族音乐作曲系。曾为南京师范大学音乐系副教授。

顾维舫（1961— ）

小提琴演奏家。上海人。1973年入铁道兵文工团。1981年入上海音乐学院管弦系学习。1982年参加第二届"日本国际音乐比赛"获小提琴比赛奖。后在美国留学。

顾西林（1892—1968）

女音乐教育家。上海人。1912年毕业于上海启明女校音乐专科。1913年始于上海等地从事音乐教育工作。新中国成立后在杭州师范学校任教并兼任杭州市文联副主席。浙江省第一、二届人大代表。

顾夏阳（1947— ）

小提琴演奏家、音乐活动家。江苏如皋人。国家一

级舞台监督。中国音协第六届理事、中国社会音乐研究会会长。1959年入上海音乐学院附中，1966年毕业于解放军艺术学院。1970年先后任空政文工团管弦乐队首席、乐队队长，曾获全军文艺汇演优秀演奏奖。1986年后历任文化部艺术局音乐舞蹈处处长、中央乐团常务副团长、中国歌舞团副团长、中央民族乐团团长等职。担任过中宣部"五个一工程"奖、文化部"文华奖"及中国艺术节评委。策划组织过"中国小提琴作品演奏比赛""全国青年指挥比赛""中国声乐比赛""全国音乐作品（民族器乐）比赛"及创办组织第一至五届"中国国际合唱节"等国际、国内重大文化艺术活动。

顾小英（1954— ）

女音乐活动家。江苏昆山人。1970年入总政歌舞团。1978年毕业予上海复旦大学中文系。曾任总政文化部文艺处干事。撰有《前进中的部队声乐艺术》（合作）。

顾笑瑜（1971— ）

女钢琴教育家。河南开封人。河南大学艺术学院钢琴副教授，硕士。1990年武汉音乐学院附中毕业，1994年河南大学音乐系毕业留校任教。曾随白俄罗斯钢琴专家鲍里斯和拉里萨进修两年，上海音乐学院进修一年。赴首都师大作国内访问学者一年。发表论文多篇，《中国钢琴作品演奏技法探新》《试析流行歌曲的精神内涵》获河南省优秀论文一等奖。出版有《音乐鉴赏》《音乐知识与欣赏》。主持完成河南省教育厅社科项目《以中华文化为母语的中国钢琴作品演奏研究》《中国钢琴音乐发展轨迹研究》。

顾星城（1942— ）

作曲家。江苏苏州人。曾任安徽省音协理事，安徽爱乐合唱团、安徽童声合唱团行政总监、办公室主任，中国电力音乐研究会副会长，华东电力音协秘书长。曾任芜湖市工人乐队演奏员、作曲、指挥。1984年调安徽文协。后任电力艺术团作曲、配器、指挥。作有《祖国妈妈最爱我》《小伞花》《会下雨的小铃铛》《美丽的三角帆》。近二十首歌曲获奖。辅导、指挥的群众合唱多次在比赛中获奖。出版有《华电赞歌》（任执行主编）。

顾秀尔（1941— ）

女作曲家。江苏无锡人。1966年毕业于南京艺术学院音乐系作曲专业。先后任职于安徽省蚌埠市文工团和南京秦淮区文化馆。作有歌剧《疏浚工之歌》（合作），话剧配乐《一块银元》，第三届全军运动会开幕式团体操音乐（合作），发表歌曲五十余首，其中男高音独唱《柳梢青·舟泊秦淮》等二十余首作品获全国、省、市各种奖项。录制唱片或盒带有《雷锋叔叔望着我们笑》《在祖国妈妈怀抱里》等歌曲。

顾旭光（1939— ）

声乐教育家、文艺理论家。湖北武汉人。1965年毕业于湖北艺术学院。曾任江西省文艺学校校长、江西省文学艺术研究所所长。社会科学研究员、副教授。江西省音协

常务理事。中国戏曲声乐学会副会长。作为独唱、歌剧演员多次参加重大演出活动，创作有歌剧及多种形式的声乐作品。培养众多学生，部分学生成为文艺团体的骨干，多次获奖。发表学术论文及文艺评论数十篇。专著有《中国民族声乐论》《美的回眸》，《宋代音乐舞蹈》。

顾雪珍（1942— ）

女声乐教育家。江苏东台人。毕业于南京艺术学院。南京艺术学院教授、硕士生导师。中国民族声乐艺术研究会副会长、江苏省音协声乐委员会副主任。曾获文化部"科技进步奖"、省"园丁奖""优秀教育工作者"等。曾举办个人独唱音乐会。录制《秦淮月色美》《秋到栖霞》等唱片。出版《歌唱艺术知识》《中国声乐演唱教程》《音乐丛书》，发表有《我在声乐教学中的追求与探索》《江南吴歌初探》等数十篇。

顾耀宗（1931— ）

单弦拉戏表演艺术家。江苏苏州人。自幼随父亲——单弦拉戏创始人顾伯年习艺，1951年加入武汉市曲艺队（武汉市说唱团前身），演奏曲目有《苏三起解》《甘露寺》《汉剧《宇宙锋》，楚剧《百日缘》，豫剧《拷红》，黄梅戏《天仙配》，越剧《梁祝》，苏州评弹《蝶恋花》等。曾获中国曲艺家协会从艺50年荣誉证书，《单弦拉戏艺坛一绝》专题获中国广播文艺三等奖，2002年获中央文明办、文化部、中央电视台全国"四进社区"文艺展演银奖，湖北省老龄委文艺展演金奖。

顾仪方（1935— ）

女钢琴教育家。浙江镇海人。1957年毕业于上海音乐学院钢琴系。曾任西安音乐学院钢琴系副主任。曾演奏钢琴协奏曲《黄河》，肖邦《圆舞曲》，钢琴伴奏《红灯记》等。

顾应龙（1940— ）

小提琴演奏家、教育家。江苏江阴人。全国少儿小提琴教育学会理事，广州爱乐室内乐团副团长，小天使交响乐团荣誉团长。从事音乐教育和专业工作以来，有多名学生在国际、全国及省市内的小提琴比赛中获奖。1992年创建小天使交响乐团并任团长。广州市文化局授予其"先进教育工作者"称号，广州市教育局、共青团广州市委授予"先进校外少儿教育工作者"称号，海珠区政府和区委颁发"特别荣誉证书"。应邀在国内多个城市讲学。出版两套中、外小提琴名著讲解示范及VCD。

顾于菲（1943— ）

女音乐教育家。江苏无锡人。曾任江苏省教育科学研究院教授。1954年考入上海音乐学院附中主修钢琴，1961年入上海音乐学院本科深造主修作曲。曾任山东省柳子剧团乐队指挥，1980年任无锡市歌舞团副团长，1990年任江苏教育学院音乐系主任。著有《钢琴教学指导》等书。发表《钢琴弹奏中的误导》《巴赫键盘音乐中的巴罗克风格》及《谈提高学生钢琴演奏的表现》等文。

顾玉华（1954—）

单簧管演奏家。江苏扬州人。安徽淮南市歌舞团演奏员。曾在淮南市京剧团乐队任演奏员。撰有《音乐与生活密不可分》《单簧管教学的几点体会》等论文。多次在省市文艺晚会等重大音乐活动中担任首席单簧管演奏。曾于2003、2005年任"安徽管乐大赛"评委。指导的学生两人获第一名，一人获2006年"全国单簧管大赛"三等奖，多人考入上海音乐学院等音乐院校。

顾再欣（1946—）

民族器乐演奏家。江苏苏州人。1961年毕业于苏州戏曲学校。曾任苏州市京剧团、苏州昆剧院乐队队长，苏州市吴韵民乐团副团长，中国竹笛专业委员会常务理事，兼任《中国戏曲音乐集成·江苏卷》昆剧分支编辑，编写《苏州民间器乐曲集成》任执行副主编。器乐合奏《月儿高》（合作）获江苏省首届音乐舞蹈节作品改编奖。译谱、整理唱腔并担任主笛的昆剧《钗钏记（上集）》获中国昆剧艺术节优秀古典名剧展演优秀展演奖。先后出访意大利、香港、日本、台湾等地。

顾昭华（1947—）

作曲家。重庆人。1966年毕业于四川音乐学院附中，1985年结业于四川音乐学院作曲系。先后任四川省万县地区歌舞剧团作曲、指挥，成都高等师范专科学校音乐系讲师。作有歌曲《今朝最辉煌》获第五届中国艺术节节歌创作奖，《妈妈的日记》获文化部全国第九届群星奖银奖，《深情》获全国反腐倡廉优秀歌曲二等奖，《荣辱观之歌》《这就是光荣》获深圳"鹏城歌飞扬"十佳歌曲。

顾振明（1933—）

作曲家。吉林辽源人。1953年毕业于东北音专作曲系。1957年入大连市歌舞团。作有《向荒山进军》《我是小小足球队员》。

顾振遐（1931—）

作曲家。江苏泰县人。1946年曾在华中大学等干部学校从事革命文艺工作。1949年调无锡军管会文工团和苏南文协文工团，后入中央音乐学院华东分院第一届音乐教育专修班进修，1950年结业后分配至华东新旅歌舞剧团从事音乐创作。1953年入华东戏曲研究院从事戏曲研究及作曲。1955年担任上海越剧院作曲，并先后兼任院属剧团团长及剧院研究室、创作室主任艺术、顾问等职。主要作品有越剧音乐《红楼梦》及《梁山伯与祝英台》等。

顾震夷（1937—）

作曲家。上海人。曾任北大荒文工团创作员、黑龙江音协理事、北大荒音协主席。自幼学习钢琴，长期以自学为主，并钻研律学中的音程协和问题。多次办班讲课培养学生数百人。作有歌曲《北大荒》《八月的北大仓》《金色的三江》《等我唱完这支歌》等。发表论文《协和观念探讨》《试析和声音程之谜》《略论音程协和问题》等。

顾正明（1938—）

作曲家。上海人。1952年入上海育才艺术学校音乐组，1962年毕业于景德镇陶瓷学院美术系。景德镇市文化局副局长。作有歌曲《碗琴声声迎佳宾》《大路上走来谁家的客》。

顾仲秋（1951—）

音乐活动家。吉林四平人。北京敦善公司四平分公司管乐团指挥。毕业于中国函授音乐学院，主修作曲指挥。1968年始从事长笛演奏及音乐创作、社会音乐活动，指挥管弦乐《春节序曲》，大合唱《理想在铃声中升华》获省、市比赛一等奖。作有歌曲《刚过门儿的嫂嫂人人夸》《山里红》为电台每周一歌，舞蹈音乐《北国春天的娃》参加央视少儿节目展播，《中华好春天》《大河小河同唱一首歌》参加第三届群众创作歌曲比赛分获金、银奖，并为央视拍摄的电视剧《小巷总理》谱曲。

顾子钰（1930—）

女钢琴教育家。上海人。武汉音乐学院副教授。1955年毕业于中央音乐学院钢琴系，师从朱工一教授。后任教于文化部舞蹈学校（现为北京舞蹈学院），1958年任武汉军区军乐队钢琴演奏员，1979年任教于武汉音乐学院钢琴系。作品《钢琴教学随笔》在全国高等音乐院校钢琴主课教学研讨会上宣读后，被收录于人民音乐出版社出版的《钢琴教学与演奏艺术》一书。

关 宏（1962—）

小号演奏家。满族。辽宁沈阳人。1980年毕业于沈阳音乐学院附中小号专业，后入鞍山歌舞团。1989年毕业于中央音乐学院管弦系小号专业。在校期间任中国青年交响乐团小号首席。毕业后入中国广播交响乐团任第一小号、乐团艺委会委员、铜管声部长。1997年入中国交响乐团。

关 鉴（1963—）

男高音歌唱家。满族。辽宁沈阳人。1986年毕业于河南大学艺术学院声乐专业。2000年获中南财大经济学硕士学位。曾任河南歌舞剧院演员。深圳市金融系统银鹰艺术团副团长。华夏银行深圳深分行企业银行部总经理。先后获全国"聂耳·冼星海声乐作品比赛"、第二届全国青年歌手电视大奖赛、河南省第四届《黄河之滨》音乐周声乐邀请赛、深圳青年歌手大奖赛不同奖项。先后随深圳市音协合唱团和深圳市爱乐男声合唱团，参加第五、六届中国合唱节比赛获金奖第一名，参加第五届意大利（RIVA）国际合唱比赛获金奖。多次赴香港和东南亚"新马港文化交流之旅"巡回演出。

关 杰（1958—）

女音乐理论家。满族。黑龙江人。出版有《音乐审美文化的个案分析》。曾任《西方音乐史略》副主编，并任文化部重点科研课题《二十世纪中国音乐美学》及教育部研究课题《学校艺术教育》子项目《关于黑龙江省高师院校音乐教育专业的调查》课题组成员。论文《论音乐的存在方式》获省教委社科优秀科研成果二等奖及哈师大优秀论文一等奖。发表《关于高师音乐教育专业复合型音乐人才培养的思考与实践》《唐代大曲音乐研究综述》《关于满族民歌"三"的音乐现象的思考》等文。曾获教育部及省社科院多种奖项。

关 黎（1956— ）

作曲家。满族。辽宁沈阳人。1981年毕业于沈阳音乐学院作曲专业。先后在沈阳歌舞团任演奏员、《音乐生活》杂志社任音乐编辑。作有弦乐四重奏《雪橇》、交响曲《青年圆舞曲》、古筝与管弦乐《壁水音画》，为《渤海黄海在这里相连》《神奇的空筝》等电视剧作曲，歌曲《老百姓》《香江》《大海摇篮曲》并获奖项。出版《关黎歌曲集》。

关 铭（1940— ）

作曲家。河南人。中国音协二胡学会副会长、中国民族管弦乐学会常务理事、陕西民族管弦乐学会副会长兼秘书长。作有歌曲《请你看看咱家乡》《丰收秧歌》《送肥路上》《小羚羊》，笛子协奏曲《春》，阮族四重奏《玉关引》，二胡与乐队《西口情韵》，民族管弦组曲《王宝钏》（合作），二胡与乐队《蓝花花》，电视片音乐《香溪洞》《腾飞的南郑》，电影音乐《初三初四看月亮》等。论文有《秦派二胡与燕乐音阶》《二胡音乐创作中值得重视的几个问题》《二胡音乐创作乱弹》《从小花鼓说起》等。

关 丕（1929— ）

音乐评论家。满族。黑龙江人。1947年曾在沈阳军区前进歌舞团。1953年毕业于东北鲁艺音乐干部班。1958年入哈尔滨市音协，任常务副主席兼秘书长。中国合唱学会理事，哈尔滨音协顾问。编著有《哈尔滨音乐史》（与其他三人合作），《哈尔滨之夏》《音乐会史》、"哈夏"音乐会系列述评、国内外著名音乐团体来哈演出评论、作品评论、音乐杂文等七十余篇。作品有无伴奏合唱《青松》，独唱《今日诗》等数十首，曾是"哈夏"音乐会二至十四届办公室业务负责人之一。

关 奇（1936— ）

音乐活动家。满族。黑龙江齐齐哈尔人。1953年毕业于省师专音乐班。1953至1959年任市师范、三中音乐教师。1959至1981年任市艺术馆副馆长、歌舞团艺术室主任。1981至1995年任市文化局艺术科长、局长，市文联主席，市人大常委，市音协主席，省音协副主席。作有歌曲《红领巾我爱你》《毛主席是永不落的太阳》《美丽的丹顶鹤》《我的黑龙江》等三十余首及管弦乐《狂欢》。齐齐哈尔市音协名誉主席。威海市小鸽钢琴教室艺术指导。

关 淇（1970— ）

女钢琴演奏家。锡伯族。福建南平人。战友文工团演奏员。1988年毕业于西安音乐学院附中，1989至1990年入中国音乐学院音教系，曾师从周广仁。出版音像制品有《中国钢琴名曲集》《世界钢琴名曲集》《中国钢琴名曲精选》（个人专辑）《中国钢琴名曲讲解与欣赏》。多次

举办个人音乐会，相关乐团邀请任独奏的音乐会演奏曲目有《贝多芬第五钢琴协奏曲》《莫扎特钢琴协奏曲K488》《舒曼a小调钢琴协奏曲》等。

关 峡（1957— ）

作曲家。满族。河南开封人。毕业于中央音乐学院。在校作有《大提琴狂想曲》获美国"齐尔品"作曲比赛二等奖，《第一弦乐四重奏》获全国第四届音乐作品比赛二等奖。现任中国交响乐团团长，中国音协第六、七届理事、创作委员会副主任。曾为《围城》《我爱我家》《激情燃烧的岁月》《士兵突击》《战争子午线》等大量影视作品配乐。其中电视剧《激情燃烧的岁月》主题曲，被多个中外著名交响乐团所演奏。作有歌剧《悲怆的黎明》和《木兰诗篇》，交响幻想曲《霸王别姬》，歌曲《公仆赞》被评为中宣部"五个一工程"优秀作品奖。歌曲《为祖国干杯》和《走进春天》双获文化部1998年"全国新人新作比赛"美声和民族声乐作品一等奖。

关 栩（1958— ）

音乐活动家。河南睢县人。商丘市公安局工会副主席、商丘市音舞协会副主席。1985年毕业于河南省广播电视大学。歌曲《卖油茶》（合作）获1986年全国音舞比赛词曲创作三等奖，1988年获河南省第四届"黄河之滨"声乐大赛铜奖。二十多年来参与组织编导省、市公安系统大型演出、歌咏比赛等活动和电视晚会，先后八次荣立三等功，一次二等功，并受到省、市嘉奖。

关 序（1957— ）

指挥家。北京人。中国合唱协会常务理事、中国交响乐学会理事、中国音乐剧研究会理事。中国人民武装警察部队政治部文工团指挥。1970年参军，从事音乐工作。先后在四川音乐学院、中央音乐学院学习作曲、指挥，1985年毕业于中央音乐学院指挥系，先后在成都军区、成都空军、北京军区战友歌舞团担任指挥。曾指挥我国著名乐团举办中外作品音乐会。指挥过长征组歌《红军不怕远征难》《黄河大合唱》，大型音乐舞蹈史诗《灯塔颂》，歌剧《江姐》《屈原》，音乐剧《日出》等作品。多次荣获全国、全军指挥大奖。

关 庄（1930— ）

作曲家。满族。河南开封人。原昆明军区国防歌舞团团长。1949年5月始从事部队音乐工作，先后师从陆云、吴豪业学习作曲及小提琴。历任演奏员、创作员、创作组长、副团长、团长等职。作有歌曲《苗家山歌》《我的小黑马》《柳絮飞扬》《读书乐》等，舞蹈和舞剧音乐《悠乐，悠乐》《含泪的缅桂》，以及多部影视音乐和器乐作品。出版有CD歌曲专辑。

关伯衡（1938— ）

作曲家。锡伯族。吉林人。1960年毕业于兰州艺术学院音乐系，后在音协吉林分会工作。曾任中国少数民族声乐协会吉林分会秘书长。

关伯基（1923—2009）

音乐教育家、理论家。广东广州人。星海音乐学院副教授，广东高等学校音乐教育学会顾问。1945年入读复旦大学新闻系。1948年后历任华南军区某团宣传队长、星海音乐学院音乐理论教研室主任。1961年毕业于中央音乐学院音乐理论专修班，后从事中西音乐史的教学与研究。著有《中西名曲欣赏》《钢琴之王—李斯特》。主编《西洋音乐曲式体裁有声辞典》。撰有《略论李斯特音乐美学思想》《李斯特的革新精神》《论马思聪F大调小提琴协奏曲》《让广东音乐走向世界》等文。

关长德（1956— ）

指挥家、作曲家。蒙古族。内蒙古人。内蒙古民族歌舞剧院蒙古民族乐团艺术总监、指挥、作曲。中国民族管弦乐学会理事。曾在内蒙古哲盟影舞团任双簧管演奏员。1987年毕业于内蒙古师范大学音乐系，后进修于中央音乐学院指挥系和中央民族大学音乐系。曾任哲盟影舞团指挥、作曲、副团长。代作品有管弦乐曲《科尔沁素描》，配器、指挥的大型蒙古族舞蹈《安代》、歌曲《科尔沁同舞曲》分别获第二届中国艺术节"配器"奖，全区第二届"草原金秋"声乐比赛新作品奖。

关承时（1938— ）

歌剧表演艺术家。锡伯族。吉林扶余人。吉林省歌舞剧团副团长。撰有《声乐基础知识》《演员的呼吸与共鸣的运用》等文。参编《音乐小辞典》《大汉俄词典》。参加歌舞晚会演出百余场，演唱歌曲有《拉兹之歌》《敖包相会》等。在多部歌剧中任重要角色，其中在《洪湖赤卫队》中饰张副官，在《货郎与小姐》中饰货郎阿斯克尔，在《草原之歌》中饰扎落桑管家，在《夺印》中饰陈广西，在《愤怒的贤良》中饰美军上尉汉夫莱。

关东海（1954— ）

管乐演奏家。满族。内蒙古通辽人。1970年考入内蒙古通辽市文工团，后调至北京工程兵文工团乐队。1985年调入中国广播艺术团民族乐团任管乐声部长。曾应邀赴日本举办文化艺术交流讲座。并两次参加维也纳金色大厅新春音乐会。多年来多次赴联合国总部及美国、法国、瑞士、德国和港、澳、台等众多国家和地区访问演出。

关东维（1947— ）

女钢琴演奏家。满族。北京人。1966年毕业于沈阳音乐学院附中。1977年入沈阳音乐学院进修，后在宁夏回族自治区歌舞团从事钢琴演奏及教学工作。宁夏音协第二、三届理事。1993年随"中国宁夏艺术团"出访哈萨克斯坦等中亚四国。1996年随"中国艺术团"参加朝鲜第十四届"四月之春"友谊艺术节，担任独唱伴奏，获三个节目的金奖。

关凤翔（1934— ）

长笛教育家。满族。吉林海龙人。1948年入伍后曾参加辽沈、京津两大战役和抗美援朝战争，在部队曾任文艺宣传员、文工团员。1954年曾师从苏联专家学习长笛。1958年先后任北京军区战友歌剧团团员、京剧团政治教员。后又师从中央音乐学院王永与中国音乐学院冯子存先生学习长笛与竹笛。离休后为普及音乐知识成立管乐团并任辅导教师，为国家培养了一批音乐人才。

关鹤童（1920—1991）

音乐活动家。锡伯族。吉林人。1939年入延安鲁迅文学艺术学院第三期音乐系学习。曾任文化部艺术局局长，中国音协第三、四届理事，中国少数民族声乐学会会长，中国音乐函授学院副院长。新中国成立后，长期从事音乐活动的组织、领导工作。作有歌曲《东北健儿》《运盐小调》（合作）。

关鹤岩（1921—2005）

作曲家。锡伯族。辽宁开原人。1942年入延安西北文艺工作团。1956年入上海音乐学院作曲系进修。曾任中国音协第二、三届常务理事，陕西省音协名誉主席，省文联副主席，省政协第二届至第四届委员。数十年来，创作有众多音乐作品。作有歌曲《走进村来不用问》，无伴奏合唱《三十里名山二十里水》，参与改编《陕甘宁边区革命民歌五首》。

关宏思（1959— ）

小提琴演奏家。锡伯族。辽宁人。海军政治部歌舞团乐队队长、小提琴独奏演员。1982年毕业于吉林省艺术学院音乐系。1986年任内蒙古广播电视艺术团乐队副队长。多年来参加数百场文艺演出，演奏大量不同风格的中外名曲。独奏曲目有《梁祝》《阳光照耀着塔什库尔干》《查尔达什》《赤道雨》。

关慧棠（1925— ）

女声乐教育家。广东南海人。1947年毕业于上海音专师范科。1948年入香港中华音乐院工作。曾任星海音乐学院声乐系主任、副教授。

关剑芳（1940— ）

女音乐教育家。广东人。1962年由山东艺专音乐师资系毕业后，分配至淄博市吕剧团任音乐设计、乐队队员，后任淄博矿务局东方红总厂学校、张店电机厂学校、淄博十七中高级音乐教师。设计过吕剧音乐《一件亲事》《两个伤疤》《彩虹》等，合作设计《江姐》《南方烈火》等剧目的音乐多部。将"奥尔夫教学法"运用于教学，曾向省音乐教研会进行汇报表演，并培养了一批专业人才和音乐爱好者。

关景新（1934— ）

音乐教育家。广东南海人。曾任陕西省音协教育委员会委员，西安市中小学音乐教学研究会理事。早年就读于上海师范学校，1954年毕业于华东师范大学音乐系。后在辽宁昌图、西安等地任中学音乐教师。长期从事中小学音乐教研与师资培训工作。是北京"大纲统稿会议"音乐大纲执笔之一。1990年参与人民音乐出版社主编的全日制初中音乐课本教师用书的编写。1998年参与上海教育出版社

G

出版的全国中等艺术师范、中师音乐专业教材《钢琴》的编写。2003年以来执教于西安文理学院音乐表演系。

关觉玛（1953— ）

女歌唱家。藏族。西藏普兰人。从小喜爱唱歌。1966年参加阿里文工团从事演唱活动。后到中央民族学院艺术系声乐班学习，1975年毕业后回阿里文工团工作。

关坤凡（1933— ）

女歌剧表演艺术家。锡伯族。辽宁铁岭人。1949年入沈阳青年文工队，1957年入中国歌剧舞剧院。曾在歌剧《白毛女》《红云崖》《自有后来人》《星光啊星光》《原野》中扮演主要角色。

关立人（1920—1996）

女歌唱家。河南人。1940年入延安鲁艺音乐系学习、工作。1958年毕业于中央音乐学院进修班声乐专业。长期从事民族声乐、中国古典诗词音乐研究。曾任文化部艺术局专员、中国音协民族音乐委员会委员。

关銮芳（1934— ）

女音乐教育家。广东南海人。1956年毕业于山东师范学院艺术系音乐专业。任教于山东济南信息工程学校。1995年任山东老年大学艺术部主任、艺术团团长。曾在音乐刊物、电台、电视台发表或播出《实践小唱》《咱和叔叔一个样》《千万个雷锋在成长》等歌曲。先后培养五十余名学生考入艺术院校、文艺团体。曾获济南市文艺创作表彰大会二等奖。1986年任济南市中、小学音乐教学研究会理事。

关明恕（1936— ）

音乐教育家。满族。辽宁辽阳人。沈阳音乐学院教授、硕士生导师，原视唱练耳教研室主任。中国视唱练耳乐理协会常务理事。1956年毕业于东北音专附中作曲专业，留校任教。1957年入中央音乐学院作曲系进修。在全国第一、二届音乐院校视唱练耳乐理教学经验交流会上作《关于和声听觉训练的快速反应》现场教学表演和宣读《固定唱名法视唱的速成训练》论文。发表有视唱练耳方面文章若干篇。编著《视唱与听写》（合作）被广泛采用。2006年获沈阳音乐学院优秀教材一等奖。1998年被评为全国优秀教师，被教育部聘为高校表演艺术专业师资培训指导专家。

关牧村（1953— ）

女中音歌唱家。满族。辽宁人。天津歌舞剧院独唱演员。中国音协第五、六、七届理事，天津音协主席，全国政协委员。1987、1995年先后毕业于中央音乐学院、南开大学。演唱的《打起手鼓唱起歌》《吐鲁番的葡萄熟了》等广为流传。主演并主唱音乐故事片《海上生明月》，主演歌剧《宦娘》。参加歌剧《屈原》、音乐舞蹈史诗《中国革命之歌》的演唱。为多部影视剧及艺术片配唱主题歌和插曲。曾获首届"青年歌手大奖赛"二等奖，首届"金唱片奖"和全国听众最喜爱的歌唱演员。多张唱片在海内

外发行。先后在北京、天津、上海等地举办独唱音乐会。多次赴日本、美国、英国、意大利及台湾、香港等地交流演出。2000年被评为全国先进工作者。

关乃成（1946— ）

手风琴演奏家。锡伯族。北京人。1966年毕业于天津音乐学院附中，后在河北歌舞剧院工作。河北省第六届政协委员。改编并演奏有手风琴曲《茉莉花》《吐鲁番的葡萄熟了》等。1987年获全国少年儿童手风琴独奏邀请赛"园丁奖"。

关庆顺（1970— ）

作曲家。满族。辽宁金县人。1947年毕业于中南军区艺术学院音乐系。历任总政文工团歌剧团乐队助理指挥，山西省晋中文工团作曲、指挥。1980年参加山西省和四川省戏曲会演，晋中秧歌剧《巧双配》，晋剧《杏花酒仙》获音乐创作奖。撰有《试谈"三整音"的特殊旋法及其调式的双重综合性》《异宫并联及其调式的多重综合性》等论文，多篇在《中央音乐学院学报》上发表。创作电视连续剧音乐《风流父子》《山杏》获1991年全国影视飞天奖三等奖。

关韶华（1954— ）

音乐教育家。宁夏银川人。浙江师范大学音乐学院教授、院长、硕士生导师。1973年在宁夏军区文艺宣传队担任独唱、重唱演员，1983年毕业于西北民族大学艺术系声乐专业，并留校，后任声乐教研室主任、艺术系副主任、音乐舞蹈系副主任。曾在宁夏、甘肃、广东电台、电视台录播歌曲和主演的歌剧作品。1986年在第二届全国歌剧交流演出中获"演员奖""优秀表演奖"。曾在星海音乐学院举办独唱音乐会。发表学术论文、著作、参编教材等数十篇（部），参与和主持国家级、省级、厅级课题5项。所教授学生多次在国际、国内声乐赛事中获奖。

关维寿（1938—2007）

作曲家。陕西华县人。1957年结业于西北师范学院音乐专修科。1972年从事专业音乐创作，曾任兰州军区战斗文工团编导室主任、艺术指导。作品有舞蹈音乐四十余部，其中《红军哥哥回来了》获全军舞蹈大赛音乐创作优秀奖。歌曲二百余首，《捎句话儿到哨所》收编于北京文艺出版社《中外抒情名曲集》。作有歌剧、音乐剧、电视剧、器乐小品等十余件。

关伟利（1958— ）

女音乐教育家。锡伯族。新疆伊宁人。1982年毕业于新疆师大音乐学院音乐教育专业，后为新疆乌鲁木齐市90中学高级教师。多次获市中小学音乐教师技能技巧大赛一等奖，音乐公开课一、二等奖等奖项。所教学生曾获全国、全疆器乐、声乐比赛铜奖、一等奖、二等奖等奖项。撰写论文曾在《中国音乐教育》等专业刊物上发表。

关文辉（1967— ）

小提琴演奏家、教育家。新疆伊犁人。曾任新疆艺

术学院小提琴教师。1998年赴德国魏玛李斯特音乐学院深造，后考入德国莱比锡门德尔松音乐大学，2002年获德国艺术家文凭。多次参加全国小提琴演奏比赛并获优秀演奏奖。在德国、中国举办多场独奏音乐会，在与指挥家严良堃、韩中杰合作演出《梁祝》中担任独奏。长期坚持教学、演奏工作，发表多篇学术论文。新疆艺术学院音乐学院副院长、青年交响乐团首席。

关文盛（1952— ）

作曲家。辽宁盖县人。包头市音乐家协会理事，就职于包钢工会宣传部。1988年中国函授音乐学院理论作曲系毕业。创作歌曲《美丽的昆都仑河》《草原上有只金色的凤凰》《妹妹心里比蜜甜》等百余首，部分作品在各种征歌中获奖。出版歌曲集《关文盛声乐作品选》《甜美的乡音》。1992年组织、创作并演出四幕音乐舞蹈史诗《二冶人的歌》，1994年创作并演出大型歌舞《钢铁浇铸的颂歌》。

关文照（1942— ）

作曲家。锡伯族。新疆察布查尔人。新疆维吾尔族自治区民族语言文字工作委员会工会主席。曾任伊犁察布查尔锡伯族自治县文工队队长。作有歌曲《锡伯族人民热爱毛主席》《故乡颂》等。现为新疆生产建设兵团合唱团常任指挥。近年来指挥的合唱团多次获自治区相关名次奖。

关晓冬（1962— ）

作曲家。满族。辽宁抚顺人。抚顺音协理事。1979年始从事音乐创作。作有歌曲《幸福鸟落在山村里》《圣火》《启明星》《五色土》《向往西藏》《侗乡小歌台》《海之头，江之尾》，器乐作品《台岛情》《满乡灯会主题小变奏》，舞蹈音乐《雪域诗画》，广播剧《山梦》主题歌《山梦》。出版个人专集《三角扬琴演奏教程》《七色彩虹》。曾获辽宁省第八届"五个一工程"奖、省优秀创作新人奖、中国音协《歌曲》"晨钟奖"。

关学增（1922—已故）

曲艺表演艺术家。满族。北京人。自幼学艺并登台演唱。1952年入北京曲艺团演唱北京琴书。后在北京市曲艺曲剧团工作。北京市第五、六、七届人大代表。录有《小姐俩捡棉花》《杨八姐游春》等唱段。

关雪飞（1956— ）

歌唱家。苗族。广东开平人。四川内江市政协委员、市音协副主席、市群星艺术团声乐指导教师。曾获第三届全国青歌赛荧屏奖、第四届全国青歌赛四川赛区民族唱法第二名、四川省民歌比赛第一名、全国民族民间声乐比赛二等奖。1996年受中国文联委派参加法国、波兰、乌克兰、俄罗斯等国举办的"国际艺术节"演出。创作歌曲《大千故里好风光》《天下美景在四川》《故乡恋情》《幸运中国》《肝胆相照》等获二、三等奖，并拍摄成音乐MTV。曾举办《歌唱祖国——关雪飞独唱音乐会》和《歌唱时代——关雪飞作品音乐会》。

关雅浓（1933— ）

作曲家。满族。江苏南京人。1948年始从事京剧音乐创作。1956年入天津音乐学院进修。1959年入中国京剧院工作。担任京剧《蝶恋花》《李清照》《对花枪》《彩虹》音乐设计。

关也维（1927— ）

民族音乐学家。锡伯族。吉林扶余人。1949年辅仁大学肄业。曾任中央民族学院音乐舞蹈系主任，《中国大百科全书》音乐卷编委，兼《中国民族音乐》主编。撰有《关于苏祗婆调式音阶理论研究》《木卡姆音乐的形成及其发展》。

关益全（1940— ）

作曲家。山西山阴人。包头市音协主席。1959年始从事音乐创作。曾任包头市文工团、歌舞剧团指挥、作曲。1981年入中央音乐学院作曲系学习。创作有组歌《草原钢城颂》，管弦乐《西口随想曲》，交响合唱《钟声响了》《国土内蒙古》《黄河魂》，声乐套曲《辉煌的岁月》等四百余首（部）作品。两次在北京举办"关益全作品音乐会"，出版有《关益全歌曲选》及CD专辑。《歌唱生活，赞颂时代》专题音乐多次由中央电台、电视台和中国国际电台介绍播出。自1983年始担任漫瀚剧团团长和艺术总监以来，漫瀚剧4次应文化部邀请晋京演出，并入选两届中国戏剧节，获中宣部"五个一工程"优秀作品奖、文化部"文华"新剧目奖等58项国家级奖励。曾应邀赴东南亚、美欧国家演出，著有《美欧艺苑见闻录》《访欧乐记》。

关英华（1934— ）

作曲家。河北石家庄人。1949年参加解放军某文工团。1950年随军入朝作战。1954年调入志愿军政治部文工团管弦乐队。作有《我们的大炮打得好》《炊事员小唱》等部队歌曲。1958年转业，曾历任剧团作曲、指挥、团长，文化馆馆长。吉林四平市音协副主席、名誉主席，双辽市音乐舞蹈协会主席。创作歌曲百余首，其中《粮食是宝中宝》《有一个想往的地方》《自强颂》等获奖。

关英贤（1921— ）

大管演奏家、作曲家。北京人。1946年毕业于重庆青木关国立上海音专。1948年任上海市政府交响乐团大管演奏员。后任上海交响乐团大管首席、木管声部长、艺委会副主任。曾兼任中国福利会儿童剧院音乐组副组长、乐队指挥、上海音乐学院管弦系大管教员。1951至1953年为国庆节编写《邀请舞》《唱起来、跳起来》《轻快舞》等乐曲。创作有大管独奏《小歌》《叙事曲》《不倒翁》，木管四重奏《我爱北京天安门》等。编著有《大管吹奏入门》《中老年钢琴曲选》。

关月英（1961— ）

花腔女高音歌唱家。广西贵港人。全总文工团歌舞团歌唱演员，1981年毕业于广西艺术学院音乐系。曾任广西歌舞团演员。参加过第一届中国艺术节、中央电视台中外艺术歌曲系列音乐会，文化部春节联欢晚会等演出，演唱

G

过大量中外艺术歌曲及歌剧咏叹调，多次举办个人独唱音乐会。曾获第二、第六届全国青年歌手电视大奖赛优秀歌手奖及1986年广西声乐比赛美声唱法第一名。

关振刚（1935— ）

指挥家。满族。黑龙江宁安人。1950年始学习小提琴、手风琴。曾在总政指挥学习班进修。后任黑龙江省歌舞团民乐队副队长兼指挥。

关仲航（1896—1972）

古琴演奏家。满族。北京人。早年在北京中国大学肄业。1923年始学习音律及古琴。1953年成立古琴研究会从事传习工作。曾应中国音乐研究所聘为特约演奏员。

关筑声（1911—已故）

作曲家。满族。北京人。新中国成立前历任音乐教员、讲师、乐团小提琴演奏员。新中国成立后任上海儿童剧院音乐指导、北京儿童艺术剧院创作员等。曾任北京歌舞团教员。作有儿童剧音乐《大灰狼》《马兰花》等。

官自文（1935— ）

女歌剧表演艺术家。四川人。1949年入人民文工团，后在中央歌剧院工作。曾主演歌剧《茶花女》《第一百个新娘》，在音乐会中担任独唱、重唱。

管　林（1922—已故）

女歌剧表演艺术家、声乐教育家。河北安新人。1938年参加八路军"火线剧社"，为主要演员。1943年调西北战地服务团。1944年入延安鲁艺研究院，任音乐研究员。新中国成立后在中央歌剧舞剧院任主要演员，曾任歌剧团团长。1955年师从苏联声乐专家吉明采娃进修声乐。主演歌剧《茶花女》首场演出，后相继主演《货郎与小姐》《两个女红军》《洪湖赤卫队》等剧目。后调沈阳音乐学院任副院长兼声乐系主任、教授。曾任辽宁省文联常委、省音协副主席。1981年调中国艺术研究院音乐研究所。编著有《论声乐训练》《声乐艺术的民族风格》《声乐艺术知识》《中国民族声乐史》。

管建华（1953— ）

民族音乐理论家。湖北武昌人。中国音乐学院音研所研究员。1982年毕业于四川音乐学院作曲系并留校任教，1987年毕业于中国音乐学院音乐学系硕士研究生班。撰写发表论文《试评王光祈"声音心理学"述略》《中西音乐及文化背景之比较》《比较音乐学的再探讨》。译著有《开放曲式》《后现代音乐》《音乐学》。

管建林（1956— ）

长号演奏家。山西定襄人。1974年毕业于太原二十二中音乐师范，后任山西省晋剧院演奏员，1985年任山西省歌舞剧院交响乐团首席长号、管乐声部长。山西省铜管协会副会长。曾参加《龙江颂》《智取威虎山》《红灯记》的伴奏。与中外指挥家合作排演得到表扬。2004年与本团合作演出长号与乐队《嘎达梅林》主题幻想曲。曾任太原

师范学院、省艺术职业学院客座教授。

管谨义（1939— ）

声乐教育家。山东高密人。天津音乐学院教授，中国教育学会声乐艺术委员会委员。1965年毕业于天津音乐学院声乐系，先后在宁夏歌舞团、山东烟台艺校、青岛师专和青岛教育学院、中国音乐研究所任职。1985年起在天津音乐学院声乐系执教。著有《欧洲著名音乐家评传》《中国古代歌曲概论》《读谱歌唱艺术》《西方声乐艺术史》。参与编辑《音乐百科词典》和《中外歌唱家词典》。撰有《概论20世纪声乐艺术》等文十余篇。

管科亚（1955— ）

手风琴、电子琴演奏家。江苏南京人。南京音协副秘书长，电子琴协会会长。1982年毕业于南京师大音乐学院，后在江苏省歌舞剧院任演奏员。1994年调入南京师大音乐学院，后任钢琴系副教授，研究生导师。发表《手风琴风箱技巧》《电子琴的学习与智力开发》等文，主编手风琴、电子琴的系列教材，录制并出版由本人演奏的数盘教学示范CD、VCD和名曲磁带。

管明若（1929— ）

作曲家。山东平邑人。1944年始从事部队宣传队音乐工作。1953年毕业于上海音乐学院干部专修班。曾任浙江省音工组副组长、浙江管弦乐队队长、省音协常务副主席、《中小学音乐教育》杂志主编等职。作品有歌剧《铺草》，歌曲《我们的英雄刘光荣》《解放全中国》《我爱我的炮兵连》《祖国颂》，女声小合唱《凤凰山下十姑娘》，电影音乐有大型艺术纪录片《丰收红旗处处飘》。主持编辑《浙江民歌选集》《浙江音乐家小传》，撰有《让革命歌声唱得更响亮》等文。

管平湖（1895—1967）

古琴演奏家。江苏苏州人。曾任北平国立音专教师、中国音乐研究所副研究员。率先发掘打谱古琴曲《广陵散》《幽兰》《离骚》《大胡笳》《秋鸿》等。著有《古指法考》。

管石銮（1917— ）

汉剧作曲家。广东大埔人。出身于民间音乐世家。长期从事民间音乐演出活动。1954年到广东汉剧团任音乐伴奏。后到梅县戏剧学校任唱腔教师。为汉剧《齐王求将》《人民勤务员》音乐唱腔设计。

管帷俊（1944— ）

男高音歌唱家。江苏如东人。1962年肄业于江苏戏曲学院歌舞剧系。曾任江苏省歌舞剧院艺委会副主任，省第六届政协委员。1986年获华东民歌比赛二等奖。1987年获全国《广播新歌》评比表演奖及江苏首届音乐、舞蹈节独唱一等奖。

管文宁（1947— ）

女小提琴演奏家。山东人。1985年毕业于天津音乐学

院管弦系专修班。曾在天津乐团工作。曾举办小提琴独奏音乐会。

管扬勇（1939— ）

音乐教育家。贵州安顺人。曾任贵州省音协理事及音教委副主任委员、音乐理论评论委员会委员，音乐教育研究会秘书长、副理事长，电子琴学会理事。长期从事音乐教育、音乐社会活动、音乐理论研究及创作，有四十余篇理论文及二十余首歌曲发表。撰写的《音乐形象问题探讨》论文入选《20世纪中国音乐美学史文献汇编》。《论加强民族音乐教育于贯彻"三个面向"之必要性》，获国家教委首届音乐教育论著评奖二等奖，及贵州省社会科学研究成果奖。

管荫深（1927—已故）

作曲家。江苏丹徒人。肄业于上海国立音专理论作曲专业。曾任音协上海分会秘书长，《上海歌声》副主编。曾作有多首歌曲，并为歌剧、舞剧等作曲。

管用和（1937— ）

歌词作家、诗人。湖北孝感人。曾任教员、文化馆干部、剧团创作员、专业作家。曾任武汉作家协会主席、湖北省作家协会副主席、湖北省音乐文学学会会长、中国音乐文学学会理事。1957年开始发表歌词。出版有诗集、长诗、散文集等19册。歌词、诗、散文曾多次获省级以上奖。作品入选《中国新文艺大系》诗集、散文集、儿童文学集等百余种选集。

桂炳赫（1947— ）

作曲家。朝鲜族。朝鲜人。1969年考入锦西文工团从事声乐、舞蹈。1983年在锦西文化馆从事音乐创作及辅导工作，1990年始在葫芦岛市文联任创作员。曾为辽宁省音协理事。作有歌曲《永不落的一支歌》《走向明天》，《远航的起点》《我爱朝霞、我爱夕阳》等。撰有《建设高雅的艺术殿堂》，获辽宁省文学期刊优秀论文奖。歌曲《葫芦岛宾馆之歌》获中国企业之歌二等奖，《故土难忘》获"95·北京之歌"金奖。主编有《十月的歌》。

桂习礼（1942— ）

扬琴演奏家。江西临川人。1965年毕业于武汉音乐学院民乐系。曾在中央音乐学院任教。编著有《扬琴演奏法》《映山红曲集》。研制成"501型扬琴"获文化部科技成果三等奖。轻工部科技进步三等奖，并载入《世界大英百科全书》。

郭彪（1937— ）

男中音歌唱家。广东潮阳人。曾为上海师范大学声乐教授。1963年毕业于上海音乐学院声乐系。后任中央乐团独唱演员兼声乐教员。曾随团赴阿尔及利亚、埃及、日本、古巴、智利等国家演出。并在上海交通大学及周小燕歌剧中心兼职任教。主授《声乐演唱》及《声乐教学法》。撰有《正确认识，发挥喉在歌唱中的作用》，编有《上海市中学教师进修高等师范本科音乐教育专业（声

乐）课程大纲》。1997年获上海市育才奖。

郭斌（1954— ）

演奏家。新疆人。1972年考入博尔塔拉蒙古自治州歌舞团任小提琴演奏员、乐队首席。1981年调入石河子歌舞话剧团交响乐队任演奏员、乐队首席。自治州小提琴协会理事，石河子音协副主席，小提琴协会会长。多年从事小提琴教学及普及活动，学生多人次在全国获奖，多人考入音乐院校。

郭渤（1938— ）

女歌唱家。湖南人。曾任宁夏歌舞团演员。1988年毕业于中国函授音乐学院音乐教育系。曾任西南军区文工团及空政文工团歌唱演员，曾师从俄籍声乐专家阿秋依及王福增等。收集并整理十余首宁夏民歌并录制唱片，随团在全国各地区演出数百场。并随中国艺术团赴朝鲜演出。培养了一批声乐人才。

郭昌（1969— ）

作曲家。河南濮阳人。濮阳市油田第三高级中学高级教师。1993年毕业于河南大学音乐系，撰有论文《谈怎样运用体态语言进行情感教学》等多篇，其中《谈如何运用"假声"进行声乐教学》于2003年获中国音协全国音乐论文大赛二等奖。发表歌曲多首，其中《刮不完的西北风》于2002年获中国音协"中国民歌精品"银奖，《中国走过来》于2000年获省委宣传部等单位金奖，教案《唱支山歌给党听》于2003年获中国音协全国音乐教案大赛一等奖。

郭动（1932— ）

大提琴演奏家。北京人。1949年从事部队文艺工作。后任总政歌舞团管弦乐队大提琴首席。曾获四届全军汇演优秀演奏奖。

郭峰（1962— ）

作曲家。山西原平人。1980年毕业于四川舞蹈学校钢琴系，东方歌舞团创作员。作有歌曲《让世界充满爱》《我多想》《让我再看你一眼》《回答我》。

郭钢（1958— ）

大管演奏家。山西壶关人。1976年开始学习大管，1979年在西安音乐学院管弦系学习，1983年在新疆歌舞团乐队任队长。在1986年"天山之声"音乐会独奏《前奏曲与舞曲》并获奖。1991年任新疆爱乐乐团乐队队长，参与策划、组织排演《木卡姆交响音乐会》《乌夏来克木卡姆》《新疆管弦乐作品音乐会》等，1995年在中南海礼堂演出了"木卡姆交响音乐会"。1996年排演歌剧《阿曼尼沙汗》参加哈尔滨歌剧调演获六项大奖，歌剧《古兰木汗》在北京参加演出中获文华奖，在数百场演出中担任大管首席，1999年任新疆管乐学会会长。

郭浩（1969— ）

长号演奏家。江苏人。先后师从于南京艺术学院余平生、中央音乐学院胡炳余、美国长号演奏家菲利普·宾

克。1988至1992年起任空政歌舞团长号演奏员。1992年起先后任中国电影乐团交响乐团首席长号及声部长、国家交响乐团长号演奏员。2000年在北京音乐厅演奏了长号协奏曲《降E大调协奏曲》。此外演奏过大量的电影音乐、歌剧、芭蕾舞剧音乐、以及现代音乐作品。录制《长号基础教程》VCD。曾为数百部影、视作品录制音乐。曾赴德国、西班牙、葡萄牙等十几个国家与地区演出。

郭 河（1935—）
单簧管演奏家。湖南人。1951年参军，1953年赴朝服役于志愿军总部军乐队，多次参加战地宣传慰问演出与周总理、金日成迎送礼仪，曾获志愿军管乐比赛团体个人奖。1958年回国转业，任陕西乐团单簧管首席。40年来参加数百部交响乐、芭蕾、合唱排演。为《西安事变》《老井》等数十部影视录音。独奏百余次，曾随团赴香港、深圳演出，并培养了大批人才。

郭 徽（1942—）
音乐教育家。河南安阳人。安阳师范学院音乐学院教授。1965年毕业于河南大学音乐系。1978年任安阳师专音乐系声乐教师。曾任河南省合唱协会常务理事，河南省直电视大学兼职教授。出版《实用合唱与指挥教程》《合唱与指挥》《基础乐理教程》。撰有《论艺术性与科学性相结合的声乐教育模式》（获优秀论文奖），《歌唱呼吸训练的吐唇练习法》（收入《声乐教育手册》文集）等。作有歌曲《锦绣江山万年长》，改编合唱《又见西柏坡》。

郭 慧（1966—）
女小提琴演奏家。广东人。广州交响乐团小提琴演奏员。1984年毕业于星海音乐学院附中，1988年毕业于星海音乐学院管弦系。先后任职于珠影乐团与广州交响乐团。曾多次参加香港艺术节和澳门国际艺术节的演出，并连续参加"北京国际音乐节"。曾参加歌剧《波希米亚人》《卡门》《马勒的第八》在中国的首演。随乐团赴韩国、奥地利演出。2002年同乐团与著名小提琴演奏大师伊扎克·帕尔曼合作演出，2003年与著名大提琴演奏家米莎·麦斯基赴欧洲、非洲巡回演出。

郭 杰（1959—）
男高音歌唱家、歌剧表演艺术家。天津人。任职于中国歌剧舞剧院歌剧团。先后在歌剧《小二黑结婚》中扮演小二黑，在《江姐》中扮演甫志高，在《古兰丹姆》中扮演卡拉，在《窦娥冤》中扮演张千。2000年获中华慈善总会颁发的"慈善艺术家"称号。参加排演的中外歌剧还有《图兰朵》《奥赛罗》《罗密欧与朱丽叶》《卡门》《伤逝》《星光啊星光》《白毛女》《刘胡兰》《韦拔群》《贺龙之死》《刘邦大帝》《杨贵妃》等。经常参加在京及全国的许多音乐会演出并担任独唱、二重唱、四重唱及节目主持。多次参加文化部春节晚会担任领唱及重唱。曾赴日本、韩国、港澳等国家与地区演出。

郭 进（1961—）
女高音歌唱家。湖北襄樊人。1983年毕业于广西艺术学院音乐系，1992年入中国音乐学院歌剧系进修。1999年结业于广西艺术学院音乐学硕士研究生班。1983年入广西歌舞团任独唱演员，2001年调回广西艺术学院成人教育部任声乐教师。曾获首届中国少数民族艺术"孔雀杯"声乐大赛演唱特别奖，全国声乐比赛演唱奖并获广西国际民歌节"广西民歌大赛"金奖。曾在歌剧《江姐》中任主角，为广西电视台录制独唱、领唱歌曲数十首，并为多部电视剧、电视专题配唱主题歌。2002年出版《人间最暖是真情》演唱专辑。1998年应邀参加中央电视台"心连心"艺术团赴革命老区慰问演出。

郭 君（1951—）
作曲家。北京人。1968年插队到内蒙古锡林郭勒西乌珠穆沁旗草原。1970年进入"乌兰牧骑"。1979年调内蒙古音协任《草原歌声》编辑。2002年任内蒙古音协常务副主席、秘书长，中国音协第六、七届理事。《草原歌声》主编、《内蒙古音乐报》主编。多年从事作曲，所创作的《班布格》《除四害》曾被收入蒙古语小学音乐教科书，发表大量的歌曲及器乐曲作品，代表作有男声四重唱《爱与爱牵手》（获自治区第三届室内乐大赛一等奖）及《查干湖》《心中的草原》《草原的路》《荞麦花》等。

郭 俊（1947—）
作曲家。河北丰润人。1986年毕业于天津音乐学院作曲系，师从鲍元凯。后为唐山市群艺馆音乐部主任，研究馆员。作品有交响乐《元·源·圆》，四胡与人声《乡趣》，文艺晚会《凤凰颂》音乐，唐剧配器《乡里乡亲》《人影》，舞蹈音乐《蛙趣》，电影音乐《小康路上》（合作），电视剧音乐《黄昏来信》，大型文体表演《豪情河北》音乐，歌曲《我爱彩云之南》《五月》等。曾获文化部"群星奖"银奖，全国工人歌曲一等奖，河北省"五个一工程"奖，省"燕赵群星奖"金奖。

郭 劢（1931—）
女中音歌唱家。北京人。1949年始从事音乐工作。曾在部队文工团任独唱演员。在中国广播艺术团合唱团任领唱、独唱及为中央电台教唱歌曲。

郭 琳（1962—）
女声乐教育家。陕西西安人。1983年毕业于西北师大音乐系。1992年入上海音乐学院干修班声乐系。1983年始在西北师范大学敦煌艺术学院音乐学系任教，副教授。撰有《音乐教育应以审美教育为核心》《论音乐表演临场心理》《论三个腔体的联合共鸣在歌唱实践中的作用》等多篇。曾获第七届全国青年歌手电视大奖赛甘肃预选赛美声组第二名，省首届声乐、器乐比赛美声组第一名，2000年甘肃省"群星奖"演唱一等奖。

郭 明（1930—1986）
指挥家。山东济南人。1948年入新安旅行团任演奏员。曾任上海歌剧院民乐队指挥。指挥歌剧《小二黑结婚》，舞剧《小刀会》，器乐曲《下山虎》等。

郭 鹏（1960— ）

民族器乐演奏家。天津人。中央民族歌舞团民乐队首席。1986年毕业于天津音乐学院民乐系。掌握板胡、高胡、二胡、中胡、京胡、马骨胡、奚琴、艾捷克演奏。先后参加加拿大多伦多"CNE"和日本奈良国际博览会。1992年参加"第二届北京音乐周"刘明源先生主持的"板胡金曲联奏"。分别赴马来西亚三城市参加"赛世庆典"与香港"亚洲艺术节"任马骨胡独奏。

郭 青（1955— ）

大提琴演奏家。湖南长沙人。总政歌舞团大提琴演奏员、声部长。1981年毕业于上海音乐学院管弦系。曾先后任职于总后文工团、国防科委文工团，并参加音乐舞蹈史诗《中国革命之歌》演出。在全军、全国演出及各类音乐会中的担任大提琴首席。

郭 曲（1960— ）

大提琴演奏家。四川西昌人。毕业于四川音乐学院本科，文学学士学位。四川交响乐团副团长、大提琴首席。中国大提琴协会理事。1987、1988、1989、1991年分别在成都红旗剧场、四川大学气象学院、西昌长征剧场及成都锦城艺术宫举办个人演奏音乐会。2001年在成都娇子音乐厅举办室内乐三重奏音乐会。创建四川室内乐团录制大量CD、电视剧、电影及舞剧音乐独奏片段。培养一批优秀学生。曾获全国大提琴重奏比赛优胜奖。改编和演绎有大提琴协奏曲《江河云梦》。

郭 蓉（1960— ）

女声乐教育家。辽宁辽阳人。1982年毕业于福建师范大学音乐系，1999年毕业于中央音乐学院声歌系研究生。曾任福建华侨中学教师、福建大学艺术教研室主任。撰有获省学科成果奖的《创建福州大学文化素质基地构想与实践》（合作），《理工科为主体的综合性大学艺术教育》《流行音乐与校园文化建设》《巴托克音乐的形成和特点》等文十余篇。曾获全国校园歌手赛教师组三等奖、全省高校文艺汇演歌咏比赛第一名。

郭 珊（1946— ）

女钢琴演奏家。江苏如皋人。1965年毕业于中央音乐学院附中。历任新疆军区歌舞团钢琴伴奏，新疆乐团、中国电影乐团交响乐队演奏员。曾参加庆祝新疆自治区成立十周年的大型歌舞《我们的队伍向太阳》的演出，参加《凯旋在子夜》《雍正皇帝》等数十部影视片的录音。在参加双排键电子琴音乐会中演奏《迪斯尼》组曲、《黄河》协奏曲。举办"郭珊钢琴、电子琴儿童教学班汇报音乐会"。参与编写中国音协《全国少儿电子琴比赛曲目》和《全国考级教程》。曾在国际合唱节获钢琴伴奏奖。

郭 身（1933— ）

作曲家。黑龙江海伦人。1949年参加工作。1955年毕业于东北音专作曲系。四川省音协理事、成都市音协名誉主席。多年来从事音乐创作，作有混声合唱《红旗歌》《光荣颂》《都江堰之波》，管弦乐曲《爬山调组曲》

《大秧歌舞曲》，民族管弦乐曲《道》《蜀乡情组曲》，舞蹈音乐《牧民变成钢铁工人》《情系高原》，歌剧《像他那样战斗》《海岛女民兵》以及藏族神话舞剧《卓瓦桑姆》（于1984年拍成彩色艺术影片），出版有《花仙—卓瓦桑姆》评论文集。

郭 生（1933— ）

作曲家。湖南湘潭人。1950年始从事部队文艺工作。曾任江西吉安地区歌舞团艺术顾问。作有歌曲《我们这双手》《军鞋曲》。

郭 颂（1931— ）

男高音歌唱家。辽宁沈阳人。曾任黑龙江歌舞剧院名誉院长、中国文联全国委员、中国音协理事、海南省文联顾问、省音协名誉主席。改编、演唱《丢戒指》《看秧歌》等东北民歌，个人创作、与人合作《新货郎》《越走越亮堂》《乌苏里船歌》《农家乐》等歌曲。有些歌曲在文化部、中国音协等单位举办的全国征歌比赛中获奖。《乌苏里船歌》于1979年被联合国教科文组织选为亚太地区音乐教材。曾赴亚、欧、美、澳洲许多国家演唱。出版有《郭颂艺术生涯55周年录音纪念专辑》。第三届全国人大代表，黑龙江省第五、六、七届人大常委。

郭 伟（1920—已故）

音乐教育家。山西临汾人。1941年毕业于保定师范专科学校音乐系。后任天津师范学校音乐高级讲师。

郭 玮（1957— ）

音乐教育家。山西运城人。西安教育科学研究所音乐组教研员，陕西音协理事。1979年、1983年分别毕业于陕西榆林师范音乐科，西安音乐学院师范系。撰有《评优课之我见》等文二十余篇，其中《感受音乐要素、体验音乐美感》于2003年获陕西省音乐论文评选一等奖。发表歌曲10余首，其中儿童歌曲《从小立志建四化》于1998年获陕西少儿歌曲评比三等奖。训练指导的陕西合唱艺术团等合唱团在省市比赛中多次获奖。组织开展各种音乐教研活动30余次，培养、指导、扶持数十位音乐教师在全国各级比赛中获得好成绩。多次获各级优秀辅导教师奖。

郭 向（1951— ）

管子演奏家。河北人。毕业于中国音乐学院附中。中国电影乐团民乐队演奏员。1981年获全国民族器乐独奏观摩演出优秀表演奖。曾随团赴西欧四国演出。

郭 旋（1950— ）

女歌唱家。四川泸州人。1974年入中央民族歌舞团，先后担任合唱、领唱。1980年到中央音乐学院进修声乐。演唱有《祖国，我亲爱的祖国》《春雨》等，其中《春雨丝丝》获对台广播演唱三等奖。出版演唱专辑《春天在召唤》唱片。曾随团赴马来西亚演出歌剧《伤逝》，并担任女主角，赴英国、法国、德国、意大利、荷兰演出独唱，赴巴塞罗那参加奥运会开幕式艺术节。

郭 焱（1932— ）

作曲家。青海西宁人。曾任青海音协常务理事。1950年入青海文工团，任音乐组组长、乐队指挥。师从田雨生学小提琴，1959年师从李德伦学指挥。1960年在西宁首次排演小提琴协奏曲《梁祝》。多次深入藏族、回族、土族、撒拉族聚居地收集民间音乐。1959年创作土族歌舞《迎亲》音乐，获省创作奖、文化部二等奖。写有土族歌剧《坦兰索的婚礼》《森林和人》。为《中国大百科全书音乐舞蹈卷》《中国少数民族传统音乐》撰写土族音乐。

郭 一（1937— ）

板胡演奏家、作曲家。天津人。中国民族管弦乐学会副秘书长。1956年调入中国煤矿文工团。师从刘明源、杨宝忠。作有歌曲《矿灯歌》《我为人民走山川》《喜看光荣榜》《五好矿工人人夸》《煤海我可爱的家乡》，舞蹈音乐《激流》《罢》《风雪采油工》，京胡协奏曲《英娘》（合作），民乐合奏曲《煤海春潮》（合作），板胡与乐队《悠悠黄土情》《满乡欢腾》。录制出版《心系大地，情洒煤海》专辑。曾随团出访美国、加拿大、波兰、马来西亚，演出大型舞剧《丝路花雨》及舞蹈晚会，并担任京胡、板胡演奏。撰有《一代大师刘明源》等文。

郭 瑛（1936— ）

女歌唱家。回族。黑龙江哈尔滨人。1958年毕业于中央音乐学院声乐系民歌班，后入空政文工团合唱队。1978年任国防科委文工团合唱队队长。曾在歌舞剧《长山火海》中任领唱，与海政文工团合演《长征组歌》领唱《遵义会议放光辉》，在歌颂周总理的话剧《转折》中演唱插曲《延河水》，1981年在北京人大会堂庆祝导弹发射成功的大会上，演唱《我把鲜花送上天》。演唱曲目还有评弹《蝶恋花》《茉莉花》《三十里铺》《包楞调》等。

郭 瑛（1939— ）

音乐教育家。回族。山东济宁人。1962年毕业于南京师范学院音乐专修本科。曾任南京师范大学音乐系副主任、副教授。译有《柴科夫斯基传》《威尔第传》并作有歌曲《我走在长江大桥上》等。

郭 鹰（1914— ）

古筝演奏家。广东潮阳人。原上海民族乐团古筝演奏员。上海露香园书画研究会会长。1930年起学习潮州筝。1934年赴上海学习书画，并参加岑东、新潮丝竹会。1951年发起组建上海潮州国乐团，任首届团长。1952年入上海乐团民族乐队任古筝独奏演员。曾受聘为上海音乐学院、中央音乐学院等多所院校授课，培养众多古筝人才。作有古筝曲《一点红》。（合作），录有《寒鸦戏水》唱片。出版《郭鹰潮州筝曲选集》。

郭 峥（1970— ）

音乐活动家。河南南阳人。河南省妇女儿童活动中心艺术团团长。1993年毕业于河南大学音乐系。与人合著《电子琴基础教程》，出版光盘《聪明人的对话——郭峥电子琴重奏专辑》。辅导的学生获第六届全国少儿电子琴比赛二等奖，有两名学生分获河南省第二届中、小学电子琴比赛一等奖。本人获全国优秀园丁奖及优秀辅导奖。

郭爱萍（1963— ）

女钢琴教育家。河南郸城人。1981年就读于宁夏银川师范专科学校音乐科、后在西安音乐学院音教系、南京师范大学音乐系进修钢琴、宁夏大学音乐系本科毕业。现任宁夏大学音乐系副教授。发表《加强中国钢琴作品教学，提高民族音乐感受力》等文十余篇。培养一批音乐人才，指导学生参加"珠江杯"全国大学生基本功大赛获全能三等奖，多次指导学生参加艺术实践活动，均取得良好成绩。

郭葆明（1946— ）

二胡演奏家。北京人。1965年毕业于中国音乐学院附中，先后在中国铁路文工团歌剧团、歌舞团、说唱团工作并任乐队队长、副团长等职。1984年以来一直任铁路文工团民乐队首席演奏员，长期担当独奏、重奏、领奏，并担任大量声、器乐配器。中国音协二胡学会副秘书长、理事，中国民族管弦乐学会胡琴学会理事。1988年创作大型民族管弦乐合奏曲《九龙戏水》（合作），参加龙年民乐展播演出活动并任联合乐队首席。创作的二胡独奏曲《高原飞彩虹》被选为全国二胡考级教材。曾赴日本、科威特、朝鲜等国演出独奏节目。

郭长风（1942— ）

指挥家。云南建水人。1962年起先后从事演奏、创作、指挥等专业。曾任红河州音协主席，红河州歌舞团团长。1989至1993年任昆明交响乐团指挥。云南省音协理事，楚雄州民族乐团指挥。曾参加"中国首届童声合唱节"和全国"纪念毛泽东同志诞辰100周年合唱音乐会"。作品《异龙湖随想曲》《新生》在云南省获奖。2002年获红河州"德艺双馨"荣誉称号。

郭朝林（1962— ）

作曲家。河南济源人。济源市文化艺术学校副校长、河南音协理事。1996年毕业于河南大学音乐系。曾任济源市豫剧团副团长。

郭成志（1943— ）

作曲家。山东青岛人。毕业于中央音乐学院。中国大众音乐协会副主席，中国交响乐团原创组成员。作有歌曲《敬爱的周总理，人民的好总理》获文化部"建国三十周年作品献礼奖"，为音乐院校的声乐教材。后创作有《中华美》《日月星辰》《梦中我思念山丹丹》《母爱》《一帆风顺》等歌曲，多首作品被选入中央电视台春节晚会及元宵、国庆等晚会，多次获奖。自80年代中期开始，参与中央电视台"全国青年歌手电视大奖赛"的策划工作，并在数届大赛中先后担任评判长、评委。多年来不断参与全国各地的文化、音乐活动。

郭承新（1917— ）

音乐教育家。山东巨野人。1948年重庆国立音乐院肄业，后为山东艺术学院教授。长期从事声乐、二胡教学。山东省第四、五届政协委员。

郭传钦（1954— ）

小号演奏家。河南人。1974年由军乐团学员队毕业后任军乐团三队小号首席，1979年任军乐团一队小号首席。1988年考入中央音乐学院管弦系学习小号。参加过多届党代会、人代会、国庆大典阅兵仪式、迎送外国首脑等礼仪演出。参加慰问部队、各种音乐会及演出活动均担任小号独奏。1988年赴日本参加首届"国际军乐表演艺术节"。

郭大强（1954— ）

笛子演奏家。上海人。1998年结业于中国函授音乐学院。安徽省合肥市曲艺团演奏员及作曲，合肥民族乐团副团长，合肥工业大学客座教授。在省市音乐会、晚会上多次担任竹笛或吉他独奏。发表有《悠悠笛声传真情》《凤啸龙吟出巧手》《浅谈笛子演奏的换气》《笛子协奏曲"大海的呼唤"创作有感》等。为《都市彩练》《绿色诗简》《绿色欢歌》《都市鸟岛》《国事家事》《走进徽州》等剧目谱写乐曲和主题歌，部分作品收入歌曲集《中国船》并曾获省创作一、二等奖。

郭代昭（1936— ）

女声乐教育家。四川人。1951年从事文艺工作。1962年入中央音乐学院进修。曾为内蒙歌舞团独唱演员。1977年入中央音乐学院声乐系工作。

郭道康（1938— ）

作曲家。湖南益阳人。湖南益阳群艺馆副馆长、副研究馆员。1964年毕业于湖南师大音乐系理论作曲专业本科。音乐作品曾获文化部、广电部等多项奖。作有歌曲《伟大的战士光辉的人》《红色的竹乡》《把心贴着祖国》《星星幻想曲》，民乐合奏《渔歌》，舞蹈音乐《春满茶山》等。兼攻书法，尤擅金文、甲骨文，作品在国内外多次展出或被收藏。著有《书法的音乐美初探》《甲骨文字谱》。

郭道莲（1960— ）

女音乐活动家。湖北宜昌人。1992年毕业于湖北大学。1975年入宜昌市歌舞剧团任声乐演员，1987年始在宜昌市委宣传部任职。撰有《宜昌市节庆文化特色一窥》，编辑"三峡丛书"《巴楚文萃》。1978年参加省歌舞调演，演唱女声小合唱《茶山姐妹迎朝晖》《三峡组歌》，并为《绣三峡》《打豹》担任领唱、伴唱。1989年以来参与组织、策划市春节文艺晚会和全市重大纪念演出活动。1996年组织拍摄电视剧《家在三峡》，组织创作歌曲《推磨歌》《三峡的孩子爱三峡》《长江我的家》等均获中宣部"五个一工程"奖。2002年获湖北省"五个一工程"优秀组织工作者奖。

郭德钢（1959— ）

手风琴演奏家、教育家。内蒙古包头人。1977年考入解放军某部文工团。1986年毕业于内蒙古师大音乐系，留校任教，后任音乐学院院长、硕士生导师。发表论文《高师手风琴课改革的思考》《手风琴演奏中的音乐形象》等二十余篇。作有歌曲《草原新歌》《难忘岁月》《内蒙古师范大学校歌》等二十余首。《高师手风琴课改革的思考》获国际人才研究院一等奖，《手风琴教学应重视学生伴奏能力的培养》获全区体育卫生艺术与国防教育论文一等奖，所指导的学院合唱团获第七届中国国际合唱节成年组铜奖。内蒙古键盘学会副会长。

郭德金（1941— ）

高胡、二胡演奏家。山西大同人。中国音协二胡学会常务理事，中国音乐器考级专家评委，山西省音协二胡学会副会长兼秘书长。1958年在晋北文工团乐队工作，1962年调任山西省歌舞剧院演奏员、民乐队高胡首席。1976年至1980年，先后合作编写二胡曲《绣金匾》、练习曲4首并由人民音乐出版社出版。创作并首演高胡曲《山乡情》（中央电视台播出），1984年以来，先后赴日本、新加坡、台湾等国家和地区演出。多年来为艺术院校、文艺团体培养众多二胡演奏人才。

郭德玉（1932—2003）

戏曲作曲家。山西平遥人。1945年参加革命文艺工作。1953年调山西省文化局任《山西歌选》责任编辑，后在省歌舞剧院任歌剧队队长。曾为山西省晋剧院院长、太原市实验晋剧团团长。山西音协理事、太原音协副主席。搜集晋中秧歌五十余首。1959年入太原市实验晋剧团从事戏曲音乐，为历史剧《杨门女将》《文成公主》《芙蓉花仙》及现代戏《夺印》《汾水长流》《琼花》《海港》等二十余部大中型剧目设计音乐唱腔。作有歌曲《心里是多么甜蜜》《晚归路上歌声飞》《千家万户喜洋洋》。曾任《中国戏曲音乐集成·山西卷》编委暨《中路梆子音乐集成》副主编。

郭法先（1926— ）

音乐教育家。安徽人。1950年毕业于中央音乐学院钢琴系。后入上海行知艺术学校任钢琴教师。曾在上海音乐学院附中任教。参加编写视唱练耳教材。

郭粉红（1950— ）

女歌唱家。江苏盐城人。1976年毕业于南京艺术学院音乐系声乐专业后在盐城市歌舞团任独唱、重唱演员。曾主演《洪湖赤卫队》《小二黑结婚》《秋海棠》等近十部歌剧。多次在省、市专业剧团汇演中获奖，并有录音、录相在省级以上电台、电视台播放。1997年任盐城市群众艺术馆副馆长，辅导的少儿歌手多次在省、市比赛中获一、二等奖。曾两次获江苏音协"优秀指导教师"称号。

郭芙美（1936— ）

女歌唱家。山西文水人。1945年从事部队文艺工作，演出歌剧、独唱、领唱及合唱等。1953年调入中央警卫团文工队任独唱。参加《东方红》大歌舞、《长征组歌》领唱。为电影《夺印》《烽火少年》配唱。录有唱片《大寨人心向红太阳》，获全军第四届会演领唱奖。纪念建党80

周年担任《唱支山歌给党听》领唱，为纪念毛主席诞辰110周年、刘少奇主席诞辰105周年、周总理诞辰108周年，在人民大会堂参加大型演唱会。2005年录制演唱歌曲18首。

郭付彬（1969— ）

二胡演奏家。河南许昌人。1987年毕业于许昌戏曲学校音乐系，任河南省豫剧一团乐队演奏员。曾参加《五世请缨》《骨肉冤家》《阿Q与孔乙己》《大明魂》等多部大型豫剧演出，获豫剧节优秀演出奖、戏曲大赛优秀伴奏奖。撰有《戏曲音乐之我见》《谈二胡曲"奔驰在千里草原"演奏技巧》等，并获奖。任《驻马店地区戏曲志》戏曲音乐责任编辑。

郭富团（1929— ）

指挥家。陕西户县人。1949年入西北军政大学艺术学院音乐系，后为西南军区歌舞团演奏员。曾任空军政治部歌舞团指挥。作有乐曲《碗碗腔随想曲》《秦腔牌曲》《赶车》。

郭公芳（1962— ）

女高音歌唱家。山东青岛人。1979年毕业于山东省艺术学校京剧专业，同年入山东省京剧院三团任演员。1990年调武警文工团任独唱演员。曾为电视剧《宋氏三姐妹》《老字号》《白玉霜》《福兮祸兮》《一村之长》《女人不是月亮》，音乐电视片《我多想》《祖国赞美诗》《今夜我不会醉》《金土地》等配唱主题歌，录制出版《做人难》《奉献》《祝愿》专辑。多次参加中央电视台春节晚会及各类大型文艺演出。曾获中央电视台第四届"五洲杯"通俗组第二名，中国音协"如意杯"通俗组金奖。1999年获团中央"五个一工程"奖。

郭桂荣（1952— ）

女高音歌唱家。河北人。1970年在北京卫戍区警卫一师文艺宣传队任独唱演员、分队长。后转业至北京实验京剧团。1994年调入中国广播艺术团任广播合唱团团长等职。1979年获北京卫戍区文艺汇演独唱一等奖。1991年赴日本福冈市参加国际合唱节，并参加中央电视台建党七十周年合唱比赛，担任领唱，获一等奖。1997年赴法国参加南锡国际合唱节演出十余场获好评。1994至1996年策划并组织演出《春之唤—中外名歌无伴奏合唱音乐会》《赤子之声—中日合唱音乐会》《圣诞之夜—新春音乐会》《伊甸园—世界名歌合唱音乐会》，并录制无伴奏合唱CD。

郭国光（1936—已故）

小提琴演奏家、教育家。广东大埔人。1951年考入广东韩山师范小提琴专业，毕业留校任教。1958年考入南京艺术学院音乐系小提琴专业，同年任南京空政文工团乐队首席。原南京艺术学院教授、管弦教研室主任。中国音协小提琴考级专家委员。培养多名小提琴演奏家，部分学生在全国及国际小提琴比赛中获第一名。撰有《绝对听觉能够训练吗》，并根据其首创的"绝对听觉教学法"，培养出许多具有"绝对听觉"的音乐人才。

郭红莲（1964— ）

女古筝演奏家。辽宁大连人。济南军区政治部前卫文工团演奏员。曾获文化部全国民族器乐独奏观摩演出表演奖，第六届全军文艺汇演集体演奏一等奖（任领奏），第七届全军文艺汇演集体演奏一等奖、个人演奏三等奖。曾随团赴意大利、芬兰等国演出。

郭虎绛（1956— ）

歌唱家。山西新绛人。1970年入山西省运城地区文工团任演员。1990年入山西省歌舞剧院。1999年毕业于山西大学哲学系。曾在歌剧《白毛女》《刘三姐》《小二黑结婚》《长工与小姐》《巧双配》《儿女婚事》中饰演男主角。先后获山西省第二届民间艺术节声乐金奖、山西省青年歌手大奖赛最佳青年歌手奖及全国广播新歌比赛一等奖。录有《乡音》《红太阳》《黄河儿女情》《左权民歌》等音响制品。创作的剧本《月亮滩的姑娘》获中国戏剧年剧本创作奖。

郭蕙英（1924— ）

女钢琴教育家。河南开封人。1947年毕业于上海音乐学院钢琴系。后任南京师范大学钢琴教研室主任、教授。撰有《论钢琴的触键方法》《钢琴教学中的技术训练和音乐表现》等文。

郭继文（1948— ）

词曲作家。河南濮阳人。濮阳市第一中学教师。1984、1992年分别毕业于安阳师专中文系、河南大学汉语文学系。撰有《谈音乐课堂教学中的美育和德育》。著有歌曲集《濮阳颂》。创作歌曲多首，数首获奖，其中歌曲《百年祈盼》于1997年获濮阳市"庆五四迎回归"合唱比赛一等奖。曾为多个单位谱写行业歌曲。辅导的学生曾获河南省、安阳市音乐赛事一、二等奖。

郭嘉伟（1950— ）

作曲家。广东大埔人。广西南宁市艺术剧院创作员。1977年在星海音乐学院作曲系进修，师从陆仲任、常敬仪等。作有歌曲《我怎能不热爱我的交通岗》在中央电视台"全国公安汇演优秀节目"中播放，《中国乡村在起飞》获当代农民之歌征服比赛创作奖，电子琴乐曲《京家小阿妹》获96全国少儿电子琴大赛优秀作品奖。出版《春之歌——抒情歌曲集》。为电视专题片《日月辰星》《化纤人的歌》等创作音乐。

郭建丰（1945— ）

作曲家。福建漳州人。福建省音协常务理事，曾任漳州市音协主席。1966年毕业于福建师范大学音乐系。从事音乐创作及社会音乐活动辅导工作。参与策划组织大量音乐活动，曾与中国音协联合举办两次地方性全国征歌活动等。作品有歌曲《丰收荔枝送亲人》《东部娃，西部娃》《背篓会》《思亲》《赶海朝》，大广弦与乐队《觅乡音》等百余首（部）获国家级和省级奖励。出版有《郭建丰抒情歌曲选》作品专辑，并由中国音乐家音像出版社出版《郭建丰专辑》和《听雨——作曲家郭建丰少儿歌曲作

G

品专辑》CD唱片。2000年被福建省人事厅授予"福建省文联系统先进工作者"荣誉称号。

郭建民（1959— ）

声乐教育家。山东人。1984年毕业于河南大学音乐系。同年入河南洛阳师专音乐系任声乐及理论教学，后任系副主任。曾获河南省首届声乐大赛美声三等奖，洛阳市声乐大赛一等奖。在省内外的演出与电视节目中独唱多首优秀歌曲。发表论文《对三种唱法对立统一的再认识》《用歌唱启迪智慧》《气息在歌唱中的应用》《怎样使你的歌唱具有艺术美感》《如何唱好卡拉OK》《高师音乐专业男女比例失调的原因与对策》。

郭建宁（1949— ）

歌唱家。湖南长沙人。深圳市西乡中学高级音乐教师。1969年毕业于湖南艺术学院，同年分配至湖南歌舞剧院任独唱演员，后任歌舞剧团副团长。1974年师从上海音乐学院声乐系陈敏庄教授进修声乐。曾为湖南人民广播电台录制独唱、重唱歌曲近百首，为多部电视剧录制主题歌。多首歌曲入选中央广播电台"海峡之声"节目并播放。湖南电视台以"赞歌一曲献祖国"专题音乐片对其作了介绍。1998年赴波兰参加了17个国家的艺术节。

郭建欣（1954— ）

作曲家。福建福州人。1992年毕业于首都联合职工大学中国歌剧舞剧院艺术系作曲专业，历任北京燕山文工团、青年文工团、青年轻音乐团乐队队长、团长。1995年后任石景山区文化馆馆长，现任北京群众艺术馆副馆长。作有歌曲《爱在春天》《当兵的故事怪怪怪》《绿云里飘来绿色的歌》等，舞蹈音乐《向往》曾获全国"群星奖"银奖，歌曲《梦中的江南》获"爱我中华"全国表演唱汇演优胜奖，《我们和绿色有缘》获北京市群众音乐创作大赛一等奖，部分声乐和舞蹈音乐被中央电视台选播。

郭界忠（1942— ）

作曲家。湖北武汉人。曾为郑州黄金叶歌舞团团长。1959年就读于河南省艺术学院音乐系，主修作曲和键盘乐器。1963年参军后，历任文工队班长、队长。曾先后创作二十多首独唱、小合唱歌曲。1968年创作的一组歌舞音乐曾在中央人民广播电台播出。1975年转业后曾创作《请到我的车厢来》《春风伴我坐火车》《你好！香港》等三十多首独唱、合唱歌曲，有的在省各级文艺汇演中获奖或由音像出版社制作音像制品。

郭景明（1927— ）

音乐教育家。吉林扶余人。早年在"义和鼓乐班"从艺。自1951年始从事音乐教育工作。曾在哈尔滨师大艺术学院音乐系任教。哈尔滨鼓吹联合会会长。撰有《中国东北鼓吹音乐概述》《东北秧歌音乐》。

郭俊德（1951— ）

手风琴演奏家。山西山阴人。1975年毕业于内蒙古师范学院艺术系音乐专业，分配到内蒙古广播电视艺术团从事手风琴演奏。长期以来，为内蒙古人民广播电台、内蒙古电视台录制独唱、小合唱、合唱及歌曲教唱担任手风琴伴奏，为农村、牧区普及文化艺术贡献力量，并为著名歌唱家拉苏荣、德德玛、牧兰、阿拉索的演唱伴奏。

郭俊杰（1932— ）

双簧管演奏家。安徽宿州人。1947年参加华东军区文工团（后为上海歌剧院），1956年获世青联器乐选拔赛华东上海选区第一名。1958年任上海交响乐团首席双簧管。曾为香港音乐杂志编写《双簧管发展简史及演奏方法》。创作有双簧管独奏曲《青浦田歌》，编有《双簧管大小调音阶及琶音练习》。曾任军乐团在上海培训班的辅导老师。并随团赴澳大利亚、新西兰、俄罗斯等地访问演出。

郭康廉（1926— ）

声乐教育家。湖南湘潭人。湖南大学经济系毕业。1949年参军后在中南部队艺术学院音乐系学习，毕业后曾任战士歌舞团男高音独唱演员，广州音乐学院声乐系讲师，星海音乐学院师范系副主任、副教授。1955年随中国艺术团访越南、澳门，担任独唱、领唱。曾获全军第三届文艺汇演独唱优秀奖。录制有多首独唱、领唱的唱片。撰有《如何正确理解音乐革命化、民族化、群众化及其相互关系》《略谈歌唱发声的几项基本功》等文。

郭科会（1932—1980）

作曲家。山西原平人。1948年始从事部队音乐工作。1955年任成都军区文工团作曲。作有歌曲男女声二重唱《毛主席派人来》，男声合唱《奇怪的姑娘》。

郭可学（1923— ）

音乐教育家。山西闻喜人。1948年参加工作后，为山西运城康杰中学首任音乐教师。1949年谱写《康杰中学校歌》久唱不衰。2006年由北京校友会为母校捐赠校歌石碑。1951年获省文艺二等奖，论文《中学音乐课外活动的经验》刊载于《中小学音乐教育》。同年参加省暑期音乐讲习会，《秋收》被评为第一名，发表后被编进上海《小学唱歌教材》。1958年组建"康杰中学红旗歌舞团"。编写《山西中小学音乐教学参考资料》于1979年出版。歌曲《英雄人民进行曲》被评为省优秀作品。

郭兰兰（1962— ）

女钢琴教育家。陕西人。北京师范大学音乐系教研室主任。先后就读于中央音乐学院、沈阳音乐学院钢琴系及北京师范大学音乐系，获硕士学位。曾在新疆歌舞团工作。撰有《钢琴弹奏技术的基础问题》《与莫扎特钢琴奏鸣曲有关的技术问题》《李斯特随笔》等文。编译《肖邦三首新练习曲》，出版有《最新钢琴基础教程》。

郭兰英（1930— ）

女高音歌唱家、歌剧表演艺术家。山西平遥人。1946年入华北联合大学艺术系。1948年，在石家庄主演新歌剧《白毛女》。1949年任中央戏剧学院演员。参加第二届世界青年联欢节，演唱《妇女自由歌》《翻身道情》获奖。

后在中央实验歌剧院、中国歌剧舞剧院任主要演员。中国文联委员、中国音协理事、全国人大代表。主演《刘胡兰》《小二黑结婚》《春雷》《红霞》《窦娥冤》等新歌剧。其演唱将传统戏曲的表演艺术融会贯通于新歌剧中，创立了新歌剧的表演体系，开中国民族声乐一代乐风。演唱曲目有《南泥湾》《绣金匾》《我的祖国》《一道道水来一道道山》《清粼粼的水来蓝莹莹的天》《人说山西好风光》等。多次在北京等地举办个人独唱音乐会。曾应邀赴苏联、罗马尼亚、南斯拉夫、波兰、意大利、日本等二十余个国家访问演出。1986年在冼星海的故乡——广东番禺创办郭兰英艺术学校，造就了大批声乐人才。

郭立红（1957— ）

女钢琴教育家。福建漳州人。先后毕业于福建师范大学音乐系钢琴专业、厦门大学音乐系，获硕士学位。先后任福建师大钢琴教研室和漳州师范学院艺术教研室教师、副教授。撰有《弹奏钢琴复调音乐时心、耳、手相互关系》《钢琴演奏中音乐表现力的后天培养》等。创作钢琴组曲《闽西赋》获省"闽星创作奖"，多次获省少儿钢琴比赛园丁奖、指导教师奖。学生多人次获省级钢琴全国电子琴比赛获奖。

郭丽茹（1965— ）

女高音歌唱家。达斡尔族。内蒙古莫旗人。内蒙古自治区直属乌兰牧旗演员。1988年毕业于自治区艺术学校，2002年进修于中央音乐学院。先后获自治区"全区三少数民族歌手大奖赛"专业组一等奖、全国少数民族声乐大赛青年组民族唱法演唱奖、第十一届全国广播新歌征集演唱金奖。所编《达斡尔四季歌》获自治区"五个一工程"奖。出版《映山红花满山坡》《眷恋的故乡》演唱专辑。

郭林春（1931— ）

作曲家。吉林长春人。1948年始从事部队文艺工作。1958年毕业于沈阳音乐学院作曲系。曾为兰州西北师院音乐系副教授。作有歌曲《中国，龙的故乡》，著有《怎样吹萨克管》。

郭凌弼（1935— ）

声乐教育家。辽宁锦州人。1959年毕业于中央音乐学院。曾在新疆歌舞团、中国音乐学院任教。撰有《我们的尝试——与迪里拜尔合作的过程》《声乐保健常识》等。

郭璐璐（1953— ）

女音乐编导家。安徽人。1982年毕业于山西大学艺术系作曲专业，任中央电视台导演。作有歌曲《思》获山西省优秀歌曲创作奖，编有《远方的旋律》获1984年全国电视文艺专题节目一等奖。

郭茂荣（1934— ）

作曲家。山西平遥人。1950年始在山西省文工团、省歌舞团、省群艺馆、山西晋东南歌舞团等单位，任长笛、小号、钢琴、手风琴演奏、乐队指挥、专业创作等职。1958年开始任教于山西艺术学院、山西大学艺术系。作

有大合唱《中华颂》，二胡协奏曲《走西口》，舞剧《夜练》，歌曲《烛光》《矿山的小路》《月光》等。

郭明河（1943— ）

二胡演奏家、作曲家。山东人。江西省歌舞团演奏员、江西民族管弦乐学会理事。1961年毕业于山东济南第十五中学。曾多次赴京参加国庆游园演出，曾为布托专场演出，曾赴南斯拉夫、马其顿等地演出。曾任南昌地区二胡比赛评委。二胡演奏多次获奖，其中演奏《都市晨曲》于1988年获江西省民族器乐比赛二等奖并参加全国比赛。多件音乐作品由省电台录音播放，其中有唢呐独奏《公社庆丰会》，女声小合唱《妇女能顶半边天》，舞蹈音乐《陈波》，木管四重奏《草原赞歌》，二胡独奏曲《晨曲》（合作），板胡曲《送秋》等。

郭乃安（1920— ）

音乐理论家。贵州盘县人。1941年考入重庆国立音乐院理论作曲系，先后师从陈田鹤、江定仙、陈德义、林声翕、吴伯超。1947年毕业于该院沃·弗兰克尔作曲班。后曾随杨荫浏习昆曲《十番锣鼓》。1946年发起成立山歌社，从事进步学生运动及民间音乐的搜集与研究等活动。新中国成立后，任中国艺术研究院音乐研究所领导小组成员、副所长，研究员。中国音协理事、《中国音乐学》主编。曾获第二届中国音乐"金钟奖"终身成就奖。发表学术论文百余篇。参与编撰的著作有《民族音乐概念》《中国音乐辞典》（正、续编，主编之一），《中国大百科全书·音乐舞蹈卷》（音乐编辑委员会委员暨中国古代音乐分支主编）。

郭凝凝（1932—2005）

女高音歌唱家。山西兴县人。曾向保加利亚专家学习声乐。总政歌舞团歌唱演员。在女声合唱《立功喜报寄回家》及大合唱《祖国万岁》中任领唱。录制唱片《夜》。

郭娉婷（1964— ）

女声乐教育家。上海人。1984年毕业于上海第四师范学校，后任和路第二小学音乐教师。1991年毕业于上海师大艺术系并留校任声乐教员。后为该校音乐学院声乐教研室副主任。写有论文《浅谈高师声乐课中的教学特色和教学方法》。先后由上海师大与上海音协主办多场"郭娉婷独唱音乐会"。2001年以来，所教多名学生分别举行独唱音乐会。

郭其炳（1939— ）

作曲家。湖南桃源人。曾任湖北兴山文化、广电局副局长，宜昌市剧团创作员。1963年毕业于湖北艺术学院作曲系。作有器乐曲《蝶恋花》《山村火红》《山乡黎明》，钢琴曲《诺安吉亚变奏曲》《赋格短曲》，合唱《丹江赞》，歌曲《汉江小唱》《哥采矿苗妹摘茶》《焊工赞》《玉兰烟花》《永生的光辉》《不尽长江滚滚来》等三百余首（件），部分作品列入歌集并获奖。论文有《让民族音乐鲜花盛开》。

G

郭强辉（1959— ）

音乐活动家。广东潮阳人。1986年毕业于上海师范大学音乐系，后入上海市行知师范学校任教。1989年始调上海音乐家协会艺术室，后任主任。2002年毕业于上海师大音乐学院研究生班。现任上海音协副秘书长。

郭秋良（1940— ）

民族音乐理论家。蒙古族。河北承德人。1959年于吉林艺术专科学校毕业后调吉林前郭尔罗斯民族歌舞团任作曲、指挥，同时对蒙古族音乐进行搜集整理及研究工作。创作歌曲《草原盛会》《我爱草原石油花》《草原小夜曲》等。论文《东蒙民歌浅谈》《试谈蒙古古代马背音乐》《东蒙民歌曲调初探》《论民俗音乐——婚礼歌》等。出版《蒙古歌谣》《蒙古史诗音乐》《蒙古族婚礼歌》《蒙古民歌140首》。

郭任远（1927— ）

音乐教育家。广东人。山东胶东大学音乐系教授、中国音协高校视唱练耳学会理事。1951年于法国巴黎音乐学院高级视唱练耳班毕业，1954年中央音乐学院作曲系毕业。1956至1987年在沈阳音乐学院任教。曾应邀在中央音乐学院、上海音乐学院、天津音乐学院、西安音乐学院、东北师大、上海师大等14所院校讲学，被其中部分单位聘为客座教授并为其举办个人作品音乐会。1992年应聘任烟台师范学院音乐系终身客座教授。出版钢琴、声乐、管弦乐作品等四册。

郭日新（1935— ）

音乐教育家。山西洪洞人。1952年在华北地区军政干部学校毕业后调入中央军委军乐团。同年选派上海学习小号专业。1954年回团任。1955年至1969年曾在管弦乐队等处担任首席小号。1958年参加日本松山树子芭蕾舞团首次访华巡回演出乐队演奏。1964年参加音乐舞蹈史诗《东方红》演出。1970以后从事专职教学。1993年出版《小号基础教程》。1994年发表《谈小号教学中值得认真探索与解决的几个问题》的论文。

郭荣臻（1942— ）

女音乐教育家。江苏常州人。1964年毕业于南京师范学院音乐系。曾任扬州市音协理事，泰州市中学、仪征中学音教组长。从教四十余年，培养了一批文艺骨干，多名学生考入音乐院校或在各类赛事中获奖。长期指导业余合唱队、乐队、老年艺术团，举办各类辅导班。撰有《让学生家长具备点音乐素养》《充分利用音乐教育功能，积极发挥音乐教育作用》发表并获省级论文评比二等奖。

郭荣志（1953— ）

作曲家。壮族。广西崇左人。崇左市音协主席。1974年就读于广西艺术学院音乐系作曲专业。1986年在南宁地区民族歌舞剧团任创作组组长、乐队指挥。曾为第四届全国民运会开幕式序幕《壮乡风采》作曲。创作的舞蹈音乐《圣军旗》《绣壮绵》《扁担谣谣》等获自治区和地市奖。1994年在南宁地区群众艺术馆任文艺辅导部主任，创

作舞蹈诗音乐《咕哩美》获文化部优秀文华音乐创作奖。舞蹈音乐《边塞俏妹》《咪采》，歌曲《南国美景良风江》《盼》《黑蝴蝶》《党旗飘起来》等获广西民族舞蹈比赛和歌曲评选奖。

郭融融（1949— ）

女音乐编辑家。江苏南京人。分别于1968、1984年毕业于中国音乐学院附中理论作曲科和中央音乐学院音乐系。1969年起任中央新闻纪录电影制片厂音乐工作室音乐编辑。先后担任三百余部纪录片、杂志片的音乐编辑工作。其中《我们的邓大姐》《声乐教授黄友葵》等二十余部获优秀影片奖和星花奖，《孔子故里》获星花音乐编辑奖，《南极，我们来了》等获文化部、广电部优秀影片奖，《心声》《喜浪藻》等分别在国际电影节获不同奖项。撰有《浅谈电影音乐编辑的创作》等文。

郭如山（1934—已故）

作曲家。河北饶阳人。1949年入哈尔滨市吹奏乐队，任首席小号兼作曲、配器。1951年调中国铁路文工团，任首席小号兼作曲、配器、创作员。作品有舞蹈音乐《快开快快开》《红梅颂》，舞剧音乐《乌江渔火》《王杰》《桥工的怀念》，管弦乐《铁路工人进行曲》《钟声》《奔驰的列车》。《快开快快开》参加全国舞蹈比赛获音乐创作三等奖。

郭世明（1940— ）

钢琴教育家。河北张家口人。1963年毕业于天津音乐学院师范系。曾任长春师范学校音乐系主任与东北师大音乐系教师。所撰《钢琴集体课的教学实践与思考》获全国首届音乐教育论文评选一等奖，并收入论文集。主持吉林省长春师范学院音乐系的创建。所教的学生多人在各类钢琴比赛中获奖。多次担任各类钢琴比赛和考试评委。

郭世银（1933— ）

作曲家。陕西绥德人。1951年参加延安歌舞剧团任演奏员，后任乐队指挥。1965年由西安音院作曲系毕业返团继续任指挥，1971年任创作室主任兼作曲。创作的获奖作品有歌剧《鸡毛信》《梢林月》，舞蹈《绣金匾》《拥军秋歌》《采油姑娘》，合唱《起来大西北人》，女声合唱《勘探队的大哥进山来》《打枣姑娘》，独唱《采油工人的小路，夜色多迷人》《放风筝》《我是光荣的钻井工》，器乐合奏《枣园来了秧歌队》，板胡独奏《山欢水笑》，陕北走场说书《三相亲》。在民族民间音乐集成中，担任《延安民歌卷》的编辑工作。

郭淑贤（1945— ）

女大提琴演奏家。天津人。1963年毕业于中央音乐学院附中，同年到中央乐团交响乐队工作。参加多场"星期音乐会"和"普及音乐会"的演出。多次与小泽征尔、卡拉扬、梅纽因等世界著名音乐家合作演出。应邀赴朝鲜、美国、西班牙等国及港澳地区演出。为唱片公司、电台、电视台和电影录制音乐。

郭淑英（1941— ）

女作曲家。河南人。西安电影制片厂音乐创作室作曲。1966年毕业于西安音乐学院作曲系。1973年调西影科教片部任短片音乐创作，影视音乐片、故事片编导及制片。作有短片音乐《南泥湾五七干校》《九龙泉水流不断》等二十多部。为聊斋故事片《古庙纤魂》《东陵大盗》系列宽银幕故事片（1—5集）作曲。为电视片《心田绿波》等作曲，导演的音乐片有《中国古代美妙的音乐，西安古乐》《太阳城》（电视故事片）等多部。

郭淑珍（1927— ）

女歌剧表演艺术家、声乐教育家。天津人。1947年入北平国立艺术专科学校音乐系，师从美籍教师汉斯夫人。后入中央音乐学院师从沈湘教授，于1952年毕业。1953年赴莫斯科柴科夫斯基音乐学院留学，师从歌唱家卡图尔斯卡娅教授。曾参加第六届世界青年联欢节古典歌曲演唱比赛，获金奖。1958年毕业于柴科夫斯基音乐学院，任中央歌剧院演员。曾在歌剧《叶甫根尼·奥涅金》中扮演塔姬雅娜，在歌剧《波西米亚人》中扮演咪咪，并参加过多部中外歌剧的演出。后在中央音乐学院任教，声乐系主任、教授，培养方初善、邓韵、王秀芬等众多歌唱家。编译有《拉丁美洲歌曲选》。曾任中国音协常务理事。

郭树群（1949— ）

音乐学家。北京人。毕业于河北师范学院。后为天津音乐学院教授、《天津音乐学院学报（天籁）》副主编、音乐学系主任。中国音乐史学会理事、中国律学学会理事。长期从事中国古代音乐史的教学和研究工作。发表《论朱载堉的律学思维》《论朱载堉的旋宫思想》《关于中国古代音乐史学"知识创新"的思考》等论文。参与编纂有《中国乐律学百年综录》《中国音乐通史简编》。曾获河北省、天津市优秀教学成果一等奖、中国文联2000年度文艺评论奖。

郭顺利（1939—已故）

歌唱家、声乐教育家。山东平度人。曾任东北师大音乐系副主任，吉林省音协理事。1964年毕业于吉林艺术学院音乐系声乐，1980年入中央音乐学院进修。曾任河北歌舞剧院独唱及歌剧演员。参演交响乐《沙家浜》《长征组歌》等。1974年起在东北师大音乐系任声乐教师、讲师。撰有《谈歌唱时的喉头机能》《声乐曲的体裁》。播讲《声乐艺术欣赏讲座》《美声唱法欣赏》等。曾赴越南访问演出。

郭天生（1946— ）

长笛演奏家、作曲家。河南安阳人。1968年毕业于天津河北艺术师院音乐系。后为河北省歌舞剧院歌舞团团长。在舞剧《白毛女》《沂蒙颂》，交响音乐《沙家浜》中担任首席长笛和笛子演奏。参与组织、编创庆祝中共中央进驻西柏坡四十周年歌舞晚会、"七月花潮"电视歌舞晚会。舞蹈音乐《山丫丫》1990年获石家庄市舞蹈比赛作曲一等奖，1991年获河北省第二届舞蹈比赛音乐设计奖。

郭天柱（1942— ）

歌词作家。湖南湘阴人。曾任长沙市文化局社文科科长、主任科员，湖南音协理论创作委员会理事，广州军区后勤某部文化科创作员、宣传队演奏员。作有歌词《战士最爱三件宝》《一个弹药包》《站在韶山望北京》《多想陪你走一走》等。曾担任"洞庭之秋""杜鹃花"艺术节、长沙市"首届国际服装艺术节"等策划、撰稿。主创大型音乐诗画《风华正茂—毛泽东青年时代组歌》。

郭汀石（1927—已故）

手风琴教育家。吉林人。1952年毕业于中央音乐学院钢琴系。曾为天津音乐学院副教授。长期教授手风琴专业。学生有李志华、王域平等。

郭万春（1934— ）

作曲家。四川营山人。1951年任南充地委文工队演奏员、队长。1979年任凉山州歌舞团第一副团长、州音协副主席。三十余首作品在省、全国获奖，六十余首录制唱片，八十余首（件）在省以上电台、电视台播放或刊物发表。作有歌剧《幺表妹》，舞剧《奴隶颂》，歌曲《马儿哟，快快跑》《凉山力度那》《选礼物》《太阳刚出山》《你别慌啊你莫忙》《凉山的月亮》，舞蹈《喜背新娘》《盛开的索玛》《锦鸡嫫》，器乐曲《拨动金丝弦》《南诏乐舞》，音乐电视《西部之声》《西部之舞》。

郭万鹏（1959— ）

笙演奏家。北京人。自幼师从于吴仲孚学习笙、管子、唢呐，1977年任中央民族乐团笙演奏员。1982年应邀中央电台录制笙独奏曲《边寨春色》，并被编入第一部《笙独奏曲》专辑。曾随团赴新加坡、台湾、美国等地演出，1995年赴澳门参加第九届澳门国际音乐节，连续三年受邀赴日本演出。

郭伟平（1957— ）

音乐教育家。山西洪洞人。1982年毕业于内蒙古师范大学音乐学院声乐系，供职于乌海市师范学校。1997年调入内蒙古师范大学声乐系任教，音乐学院声乐副教授，硕士生导师。1991年获内蒙古自治区讲课比赛一等奖。所教学生数人次在全国、自治区等各类声乐比赛中获奖。在国家级刊物发表声乐教学研究论文数篇。

郭伟生（1956— ）

音乐活动家。广东人。广州市音协副主席、广东音协理事、广州管乐学会会长、第十二届亚太管乐协会会长、《广州音乐研究》主编。1988年毕业于华南师范大学。1992年留学英国THAMES学院选修音乐教育，回国后在广州市群众艺术馆任馆长。1995年牵头成立广州管乐学会和组建广州管乐团兼团长，积极组织大型管乐活动、开展国内外管乐交流，使本地区的管乐迅速发展。该学会被亚太管乐协会接纳为会员。

郭文德（1958— ）

音乐教育家。河北唐山人。毕业于河北师大音乐系音教专业，结业于东北师大教育专业研究生进修班。中国合唱协会理事、河北省合唱协会常务理事、唐山市音协副主席。为高等艺术院校培养输送百余名音乐特长生。多次被省教委评为优秀辅导教师。担任金凤凰等合唱团声乐指导兼指挥，在中小学艺术节合唱比赛中获一等奖并获中国第三届国际合唱节金奖。撰写有《合唱的声音训练》《合唱的协调与色调》等文。创作有《古冶颂》《中国龙，中国凤》《黄河一方土》等歌曲，分别获奖。

郭文景（1956— ）

作曲家。重庆人。中央音乐学院作曲系教授、博士生导师，作曲教研室主任。中国音协第五、六、七届理事。作有歌剧《狂人日记》《夜宴》《凤仪亭》《李白》，芭蕾舞剧《牡丹亭》，交响乐合唱《蜀道难》，交响曲《b小调英雄交响曲》《衲祅青红》，交响诗《川崖悬葬》，交响序曲《御风万里》，大型民乐合奏《日月山》，协奏曲《愁空山》《野草》，室内乐《戏》《甲骨文》《社火》和无伴奏合唱《天地的回声》等。曾应邀在爱丁堡、巴黎、科隆、阿姆斯特丹、鹿特丹等地举办个人专场音乐会并三次在北京举办个人作品音乐会。四部歌剧分别在北京、上海、香港及伦敦、巴黎、纽约、柏林、维也纳、罗马等近二十个城市歌剧院演出。先后六次在全国作曲比赛中获得七个奖项。《蜀道难》被评为"二十世纪华人音乐经典"。为《千里走单骑》《阳光灿烂的日子》《红粉》《棋王》等四十多部影视剧创作音乐。为话剧《万家灯火》《北京人》，京剧《穆桂英》《花木兰》《梁红玉》等作曲或配乐。为北京奥运会开幕式《文字》一场创作音乐。

郭文林（1938— ）

音乐活动家。满族。北京人。1955年入总政歌舞团合唱队。1962年毕业于北京艺术学院音乐系。曾任音乐教员、中学副校长、文化部文化副专员暨社会文化司综合研究处处长。曾组织、实施全国儿童音乐创作、儿童声乐器乐演唱演奏评奖等音乐活动十余次。编辑出版有《1949—1989年全国获奖少年儿童歌曲集》《中国校园歌曲集》《1976—1981年全国少年儿童歌曲评选获奖歌曲集》《1982—1986年全国少年儿童歌曲评选获奖歌曲集》等，撰有《开拓、耕耘、收获——建国以来少年儿童歌曲创作刍论》等文。

郭文秋（1935—已故）

女河南坠子演唱家。河北冀县人。曾任济南市曲艺团团长、中国文联委员、山东省政协委员、中国曲协理事、山东省曲协主席。1957年参加"山东省曲艺会演"获演唱一等奖。1958年参加首届"全国曲艺会演"获演员优秀奖，为全国曲艺届"四面红旗"之一。演唱曲目有《王二姐思夫》《玉堂春》《蓝桥会》《黛玉悲秋》等传统曲目，《送梳子》《红嫂》《闹场院》《韩英见娘》《乳汁救亲人》等现代曲目。众多演唱曲目由上海唱片厂、中国唱片社录制唱片、盒带。

郭贤栋（1941— ）

戏曲音乐家。湖北武汉人。武汉市音协副主席。1959年毕业于武汉市戏曲学校汉剧科音乐专业，后在武汉汉剧院从事音乐伴奏（京胡）及音乐设计。1979至1983年任武汉市戏剧学校副校长，主要从事音乐教学和汉剧史研究。1984至2001年任武汉市文化局副局长，2002年任武汉市老年大学副校长。曾参加《满江红》《八一风暴》等多台大型历史和现代戏的音乐设计。编著出版《汉剧史研究》。论文《武汉群众文化发展战略研究》获全国第七届"群星奖"铜奖。

郭祥顺（1950—已故）

打击乐演奏家。山东人。1968年毕业于河南省戏曲学校。1970年调入总政歌剧团，在乐队中从事中西打击乐器的演奏。曾在排演《海港》《杜鹃山》中演奏板鼓、定音鼓，排演歌剧《狂飚曲》《傲蕾·一兰》《大野芳菲》《火红的木棉花》中演奏架子鼓、小军鼓、钢片琴、管钟、铝板琴等打击乐。参加赴沪演出"音乐舞蹈晚会""人民军队爱人民"等七台大型文艺演出。1993年参加"20世纪华人精品"演出，录制舞蹈《秦王破阵》时，编配打击乐曲。参加电视剧《今夜有暴风雪》《努尔哈赤》《孔子》《唐明皇》等录音。

郭祥义（1943— ）

声乐教育家。河南开封人。中国音乐学院教授，中国民族声乐艺术研究会副会长、秘书长，中国音乐学院声歌系常务副主任。1968年毕业于中国音乐学院歌剧系，后入中央乐团任歌唱演员。所培养的学生中多人次在各类声乐比赛中获金、银、铜奖。2005年获文化部第七届区永熙优秀音乐教育奖。科研课题《民族声乐教学》分获北京市、教育部高等院校教学成果一、二等奖及文化部艺术教育创新奖。发表《常见的几种发声障碍及纠正方法》等文，录制出版《中国民族声乐教学与范唱》等教学光盘。编辑出版《中国民族声乐教材》《民族唱法歌曲大全》。

郭向明（1952— ）

音乐编辑家。北京人。人民音乐出版社副编审。毕业于天津音乐学院理论作曲系。为中央电视台"旋转舞台"创作大型管弦乐舞蹈曲《凤凰腾飞》。有出版译著《迪斯科简史》。发表《扎根本土、跻身世界》《奥运歌曲唱出人类共同的激情与梦想》等文。担任责编的《北京欢迎你——第29届奥运会优秀歌曲集》《第29届奥林匹克运动会主题歌——我和你》分别获北京奥组委颁发的优秀组织奖、中国出版集团颁发的优秀畅销书奖。

郭小笛（1956— ）

作曲家。内蒙古包头人。1985年毕业中央音乐学院作曲系。中国电影乐团专职作曲。1989年赴丹麦哥本哈根大学音乐系留学，1991年归国。作品有管弦乐曲《交响幻想曲》《欢庆序曲》，小提琴曲《引子与快板》，钢琴组曲《藏历年情景》，电影音乐《公民从这里诞生》《天国》等。纪录片音乐《宋庆龄》，电视连续剧音乐《凯旋在子夜》（主题歌《月亮之歌》获1978年至1988年十年金曲

G

奖），《汤显祖与牡丹亭》《山野的呼唤》《如烟旧事》等。多次获奖。

郭小明（1954— ）

小提琴演奏家。江苏锡山人。1976年毕业于南京艺术学校音乐系。江苏省歌舞剧院交响乐团首席、南京艺术学院演艺学院及成人教育学院兼职教授。曾先后与国内外众多指挥家、演奏家及歌唱家合作大量作品。1991年在第二届江苏省音舞节中获器乐演奏银、铜奖。1999年举办个人独奏音乐会。曾出访朝鲜、日本等国。录制发行小提琴与乐队专辑CD《在那遥远的地方》《世界著名小夜曲》《世界著名圆舞曲》等，同时参加大量的影视音乐、歌剧、舞剧、黄梅戏、大型文艺晚会的录制工作。撰有《论管弦乐队中弦乐声部的发音与音乐表现》及《小提琴考级中的若干问题探讨》等文。

郭小苹（1954— ）

女钢琴演奏家。福建厦门人。曾在上海音乐学院钢琴专修班学习，毕业于武汉音乐学院，后就读厦门大学研究生。1971年到福州军区歌舞团任钢琴演奏员。1990年在厦门、福州、泉州、武汉等地举办多场个人钢琴独奏音乐会，省市电台均做演出实况转播。1986年转业至厦门大学音乐系任教。发表钢琴教学论文数十篇，编著32万字的钢琴教材。曾获福建"钢琴专业优秀指导教师奖"和中国音协"钢琴专业考级辅导奖"。

郭小蔚（1956— ）

小提琴演奏家。满族。内蒙古呼和浩特人。中央民族歌舞团管弦乐队演奏员。1984年毕业于上海音乐学院管弦系小提琴专业。曾任中央民族歌舞团管弦乐队小提琴首席。1985年在著名指挥家李德伦的指挥下，在内蒙呼和浩特市举办的音乐会上演奏门德尔松《e小调小提琴协奏曲》。主要从事乐队演奏和小提琴教学工作。

郭晓鸣（1947— ）

歌词作家。广东大埔人，湖南长沙金联电子有限公司董事长、总经理。1997年出资创建"湖南知青艺术团"任团长。出资数十万元设立培训中心，开展声乐合唱培训数百次，培训2万余人次。知青艺术团于2005年获中国中老年人合唱节金奖，2006年获第四届世界合唱比赛复赛金奖、决赛银奖。歌词作品《我们可爱的知青酒家》获中国企业之歌金奖，《梦回桃源》获湖南艺术节"三湘群星奖"金奖。

郭晓天（1958— ）

作曲家。吉林长春人。1986年毕业于吉林艺术学院音乐系。1989年毕业于中央音乐学院作曲系。曾在吉林四平文工团、长春市少年宫、吉林省歌舞剧院任演奏员、作曲。1997年调武警文工团创作室任作曲。作有舞蹈音乐《大地脊梁》《蝶恋花》，电影音乐《炮兵少校》《青年刘伯承》，电视剧音乐《铁人》《咱爸咱妈》《走过柳源》《兄弟姐妹》等，其中部分作品获奖。

郭莘舫（1951— ）

作曲家。重庆人。1981年毕业于四川音乐学院作曲专业，1987年入四川音乐学院音乐学系进修。后在重庆师范专科学院任教。1991年始入重庆市川剧院，后任副院长。撰写发表《谈川剧表演艺术——音乐部分》《论昆腔入川后的变异》《戏曲音乐概论》《从川剧声腔大赛想到的》等多篇文章，为《川剧词典》勘误。作有影视片《中国川剧》《哀情小人物》（上、下集），《情路悠长》音乐。作有器乐配曲《折子》《扇子》及《小胡琴练习曲》十首。为川剧《拾玉镯》《孔雀胆》《金子》等创作音乐、唱腔设计并任指挥。

郭新顺（1957— ）

歌词作家。山西人。先后任北京卫戍区某师政治部文工团团长、中共阳城县委宣传部副部长。创作各类文艺作品数百件，策划省、市大型晚会三十余场，多件作品获奖励。《E-mail飞出山沟沟》《清风无声》等歌曲获省"五个一工程"奖、"群星奖"等奖项。音诗画《风雪夜归人》，音诗剧《流泪的月亮》，音乐小品《水中缘》品获全军文艺调演一等奖。《做一名中华好儿女》《永远的故乡》《春天的思念》等音乐电视在央视和地方台播出。歌曲《青春飞扬》为山西省运动会会歌。出版个人作品专辑《走向明天》《阳光下的承诺》《为明天喝彩》等唱片。

郭学忠（1963— ）

作曲家。河南项城人。1998年毕业于中国戏曲学院音乐系。曾在周口地区豫剧团、十堰市豫剧团任职。1993年始任十堰市群艺馆文艺部主任。作有现代戏《丑嫂》曾晋京展演，获中宣部"五个一工程"奖、文化部优秀作曲奖。唢呐独奏《欢庆》获文化部第二届"蒲公英"铜奖，吹打乐《雏凤展翅》获省教育厅第六届"黄鹤美育节"金奖、教师指导奖，声乐作品《同祖同根》获第八届优秀节目调演银奖。

郭雪君（1942— ）

女古筝演奏家、教育家。广东潮阳人。1965年毕业于上海音乐学院后，任上海民族乐团古筝独奏演员。1987年任上海音乐学院古筝教师、副教授。中国音协古筝学会理事，上海筝会副会长。曾多次举办个人独奏音乐会。在海内外出版个人专集、CD《寒鸦戏水》，教学VCD《学好古筝》《中国民乐辅导大全——古筝》及《青年学古筝》《古筝经典》等。并在国家级杂志上发表论文多篇。

郭亚菲（1955— ）

女歌唱家、声乐教育家。湖南邵阳人。贵州省安顺市黄果树艺术团演员。1993年毕业于贵州大学艺术系。1990年作为民族歌剧《故乡人》主要演员获文化部"全国优秀演员奖"。所指导学生多次在全国声乐比赛中获奖，本人获中国广播电视学会颁发的"优秀指导教师"奖。

郭亚杰（1964— ）

音乐教育家。河北邢台人。上海奉贤区育秀实验学校教师。1999年毕业于哈尔滨师范大学。曾任黑龙江火电三

G

公司子弟学校教师。论文《浅谈合唱教学》获齐齐哈尔市教育协会三等奖。1996年获市级音乐优秀教师称号。培养的学生多名考取大中专艺术院校。

郭延久（1955—）
歌词作家。吉林辽源人。作有《老检察》《中国游泳队队歌》《煤矿工人》等。部分作品在《词刊》等刊物发表。80年代始从事音乐文学创作。多次在全国和省市音乐作品征集活动中获奖。2003年出版歌词选集《为你歌唱》。吉林省辽源市音协副主席。

郭义江（1971—）
声乐教育家。山西运城人。浙江艺术职业学院中专部副校长、副教授。1994年毕业于四川音乐学院。撰有《浅谈美声歌曲演唱中的行腔美》《畲族山歌的形式特征与本质》等论文。曾任《声乐基础通用教材》副主编。2000年获全国青年歌手大奖赛浙江赛区专业组第一名，2001年获全国歌手唱云南电视大奖赛专业组优秀奖。

郭艺光（1929—已故）
指挥家。辽宁人。江西省南昌市歌曲团乐队指挥。1946年考入沈阳市私立伊斯兰音乐学校学习。1954年在东北音专进修。曾于1949年入解放军某军乐队，后入该军文工团。指挥歌剧有《白毛女》《刘胡兰》《洪湖赤卫队》，舞剧有《白毛女》，京剧有《杜鹃山》《龙江颂》。曾于1953年应邀参加中立区朝鲜开城会议，指挥轻音乐乐队为世界各国记者演出，1955年为苏联红军驻旅大部队慰问演出。

郭永治（1939—）
指挥家。天津人。曾任职中央歌舞团、中央民族乐团，后任上海梅山艺术团团长，南京音协理事。曾参加莫斯科第六届"世青节"获合唱金奖。创作合唱套曲《梅山颂》等作品百余首，指挥、辅导合唱团及乐队百余个。担任指挥多次参加上海、江苏及全国比赛获大奖、最佳表演奖、一、二、三等奖、指挥奖、创作奖。

郭幼容（1946—）
女钢琴教育家。四川人。四川音乐学院钢琴系教授，四川省钢琴学会常务理事。1963年毕业于四川音乐学院附中并留校任教，1977年由该校本科毕业。曾任声乐系钢琴伴奏组组长，音教系钢琴教研室主任。1983年起，先后开设"钢琴即兴配奏"与"钢琴伴奏专业"课程。其培养的学生有五十多人次在国际、国内各种钢琴比赛中获奖。出版专著《钢琴即兴配奏技能》曾获四川省第七届教育科研优秀成果一等奖，论文《钢琴伴奏专业建设研究》获96年四川音乐学院第三届优秀教学成果二等奖，曾赴俄罗斯交流访问，并举办钢琴独奏音乐会。

郭玉华（1934—）
女音乐编辑家。吉林人。1950年从事文艺工作，后考入东北鲁艺音乐部学习。1956年毕业于东北音乐专科学校作曲系。先后在辽宁电视台、中央电视台任音乐编辑、主任音乐编辑。中国电视音乐研究会理事。曾为时政片《毛泽东、周恩来会见外宾》《邓颖超访问日本》，纪录片《世界在你面前》《探察冰川奥秘》《春城花》，音乐风光片《呼伦贝尔情》，电视连续剧《赤橙黄绿青蓝紫》等音乐主编。获全国优秀电视片一、二、三等奖。

郭玉勇（1924—）
长笛演奏家。山东泰安人。1949年毕业于北京国立艺专音乐系。曾在中国电影乐团工作。作有长笛独奏曲《农奴》。曾在艺术师范学院兼课。

郭兆胜（1945—）
音乐理论家、作曲家。河北丰润人。1965年毕业于天津音乐学院。曾先后任《天津歌声》《歌迷与明星》《海河文化》编辑部主任、副主编、主编、编审，天津市歌曲创作研究会会长，市音协创作委员会副主任等。发表、录演大量歌曲。创作歌剧音乐3部，大型声乐作品5部，发表音乐理论文章近二百篇。出版《中国经典民歌赏析》《往事歌谣——中外优秀艺术歌曲解析》及论文集《音乐艺术散论》多部。获各种奖项各近百次。曾两次被天津市政府授予鲁迅文艺奖。

郭兆双（1952—）
手风琴教育家。江苏邳县人。1972年在安徽师大音乐系学习，1974年起在该校任教。发表《手风琴演奏技巧中的手腕训练》《谈手风琴断音与风箱的关系》《放松是技巧，收紧也是技巧》《简析舒曼的a小调钢琴协奏曲》《音乐教育对青少年智能开发的思考》《谈高校文理科的音乐教育》等文。所辅导的学生在国际第24届手风琴锦标赛上获一等奖，多人在首届"中华杯"手风琴大赛中获奖，本人获优秀指导教师奖。

郭兆甄（1941—）
女歌词作家。湖北武汉人。1962年毕业于湖北艺术学院。曾任广州军区歌舞团、工程兵文工团、中央歌剧院创作员。词作有《毛主席关怀咱山里人》《拖拉机开进苗山寨》《沙田组歌》《有一个美丽的地方》。

郭寨群（1945—）
作曲家。江西宜春人。1956年入宜春采茶剧团。曾在九江市文化局工作。担任采茶戏《古金莲》《熊相公》音乐设计。撰有《九江清音概述》。

郭振茂（1929—）
歌唱家、歌剧表演艺术家。山东人。1946年参军从事部队文艺工作，曾任广州军区战士歌舞团副团长。1962年毕业于上海音乐学院声乐系。1965年在中南区戏剧观摩会演中主演《红松店》获优秀奖。1979年调国防科委文工团，先后任副团长、代团长、国防科工委政治部研究员。曾在《杨勇立功》《好班长》《血泪仇》《幸福山》《董存瑞》《红松店》等十余部歌剧中扮演主要角色。演唱曲目有《天下黄河十八弯》《嘎达梅林》《老人河》《伏尔加船夫曲》《费加罗咏叹调》等中外曲目百余首，部分曲目录制唱片，并录制有歌剧《红松店》唱片两张。

郭振平（1962— ）

音乐教育家。山东烟台人。中国扬琴学会理事，山东省民族管弦乐学会理事，烟台市音协副主席，山东省烟台艺术学校副校长，副教授。1976年考入山东省烟台艺校。1981年入专业剧团任演奏员。1986年毕业于山东艺院。2002年就读于中央音乐学院音乐学硕士研究生课程班，扬琴演奏师从于黄河教授。撰写《从音乐的基本属性和构成成分看音乐的审美特征》等论文。作品多次获奖，并获园丁奖。2005年获文化部"区永熙音乐教育奖"。2008年被确定为市级艺术教育学科带头人。

郭正航（1967— ）

女音乐教育家。江西南昌人。1989年毕业于江西师范大学音乐系。江西教育学院音乐系钢琴教研室主任。主编钢琴教材与九年义务教育课程实验教科书《音乐》，担任省级骨干新课程学术学科培训与全省骨干教师培训班的培训工作。在全国与省级期刊论文十余篇，辅导学生在各类大赛中获奖。被评为优秀教师。

郭志刚（1953— ）

女歌唱家。山东青岛人。山东省潍坊市歌舞剧院演唱队队长。曾在上海音乐学院、中国函授音乐学院进修、就学。演唱的曲目有《故乡雪》《放风筝》等。先后在山东省第三届"泉城之秋"、省青年歌手大奖赛中分获二等奖、一等奖。演唱的《一线连天外》，被评选为第八届潍坊风筝会会歌。演唱的潍坊民歌《卖扁伞》录制唱片并发行东南亚。多次参加"潍坊风筝会""迎香港回归"等大型演出。在歌剧《海韵》中饰演"东方女贞"，在话剧《邵述衡》中担任领唱。曾赴俄罗斯、日本演出。

郭志鸿（1932— ）

钢琴教育家。四川人。现旅居日本。1955年毕业于中央音乐学院钢琴系，同年赴华沙参加第五届世界青年联欢节钢琴比赛获奖。1959年毕业于中央音乐学院钢琴系研究生班，留校任教，教授。曾多次举办个人钢琴独奏音乐会。钢琴作品有《喜相逢》《春到公社》《北海渔歌》《新疆舞曲》《周总理，你在哪里》及《战台风》等。

郭志杰（1954— ）

作曲家。辽宁人。呼和浩特市民族歌舞团副团长。作有舞蹈音乐《东归的大雁》，并获内蒙古一等奖，器乐曲《草原骑兵》《对花》获内蒙古文化厅创作奖，另有电影音乐《强盗》，电视音乐《小土屋的开拓者》《骏马追风》《草原的歌》《祝福歌》及舞蹈音乐《原始的力量》《节日》《盅碗舞》等。

郭志强（1945— ）

作曲家、指挥家。满族。新疆乌鲁木齐人。曾为新疆音协理事，新疆文学艺术专家委员会委员。毕业于中国音乐学院。在新疆歌舞团、歌剧团、爱乐乐团、木卡姆艺术团任指挥、作曲。先后组织、训练并指挥了百余个合唱团，指挥上千部交响乐、歌剧、舞剧及影视作品。录制出版管弦乐作品专辑《黑眉毛的姑娘》《翱翔的天鹅》和专著《指挥基础知识》《歌曲作曲技法》等。曾连续三届获作曲创作一等奖，被自治区人民政府授予"新疆优秀专业技术专家"称号。

郭志贤（1954— ）

歌词作家。山东青岛人。1977年毕业于中央党校。胜利油田《胜利日报》社副总编辑。作有组歌歌词《荣河口之歌》《龙腾黄河口》，音乐舞蹈《走向胜利》等，作词歌曲《走向黄河口》《石油魂》《我的石油魂》《浅海石油工人之歌》《石油恋》《浅海采油工人之歌》《青春与胜利同行》《秋来黄河口》等分获不同奖项。出版诗歌集《黑荒原》、报告文学集《蓝海域》等。

郭忠民（1956— ）

吉他演奏家。北京人。中国煤矿文工团吉他、中阮、扬琴演奏员、团办公室主任。著有《现代摇滚电吉他演奏技巧》《摇滚民谣弹唱》等书，曾为《眼保健操》创作音乐，为台湾VMP公司制作《国语劲爆》音带和为本团创作音乐剧音乐。随团参加下矿慰问矿工，舞剧《丝路花雨》赴波兰演出等。为各种演出作曲、编曲数百首。

郭忠萍（1952— ）

女作曲家。天津人。1977年毕业于天津音乐学院理论作曲系，后任天津市西青区文化馆副馆长、副研究馆员。天津市歌曲创研会副会长、《杨柳青》文艺季刊常务副主编。出版有《法鼓艺术初探》《画扇面》等，多篇论文发表并获奖。参与《中国民间歌曲集成·天津卷》《中国民间器乐曲集成·天津卷》的编委工作。创作的歌曲作品有近百首在全国及省市级发表或获奖。

郭忠义（1941— ）

扬琴演奏家。吉林人。曾为黑龙江省歌舞剧院演奏员，并兼任哈尔滨艺术学院、哈师院艺术系、省艺术学校、业余艺校扬琴教师。录制有盒带和唱片，曾参加多次重要演出和赴香港演出，多年来培养一批扬琴学生，其中大部分在专业院团从事演奏和教学。

郭子忠（1943— ）

音乐教育家。福建同安人。1962年毕业于福建师范学院艺术系。曾在福建艺校任教。编著有《手风琴伴奏歌曲选》（合作）《手风琴初级教材》。

郭祖荣（1929— ）

作曲家、教育家。福建福州人。1954年毕业于福建师范大学。任教于福建师大及任职于福建艺研所，为福建培养了两代有成就的音乐人才。前后共创作交响曲16部、协奏曲13部以及大型交响乐曲共44部和二百多首室内乐作品。1989年在北京举办交响作品音乐会，2000年二度晋京举办交响作品音乐会。被认为是华人中创作交响曲最多、新中国本土最早创作钢琴协奏曲的作曲家之一。

郭瓦加毛吉（1968— ）

女高音歌唱家。藏族。青海果洛人。1989年毕业于西北民族学院艺术系。第十届全国人大代表、第十一届全国政协委员。成都军区战旗文工团副团长、独唱演员。多次参加文化部春节晚会、中央电视台春节联欢晚会及其他大型专题晚会，参加"心连心"艺术团的演出活动。出版个人演唱专辑十多张。2001年举办个人演唱会。演唱作品曾获中宣部"五个一工程"奖、广电总局"金号奖"十佳演员奖、全军文艺汇演"声乐特别贡献奖"等。

国　亮（1931— ）

指挥家。吉林人。1946年始从事文艺工作。1953年入中央乐团学习。1978年入沈阳音乐学院进修。为沈阳军区歌舞团指挥。1964年在音乐舞蹈史诗《东方红》中任指挥。曾获全军文艺汇演优秀指挥奖。

虢建武（1960— ）

歌唱家。湖南长沙人。湖南省音协理事。1984年毕业于湖南师大音乐系。1985年获湖南省首届"芙蓉杯"歌手大赛第一名，1988年获全国首届金龙杯歌手邀请赛美声组银奖。1995年考入中央音乐学院声歌系干部进修班，师从黎信昌学习声乐。2001年率湖南民歌合唱团参加第36届波兰国际合唱比赛并获特别奖，2003年获第三届中国音乐"金钟奖"艺术歌曲比赛湖南赛区第一名。曾为多部电影、电视剧配唱主题曲，其中电影《毛泽东在1925》获全国故事片大奖。

果俊明（1940— ）

二胡演奏家、教育家。河北秦皇岛人。曾为东北大学艺术学院二胡教授、中国音协二胡学会副会长、全国二胡考级专家委员。1964年毕业于沈阳音乐学院，曾任该院民乐系主任。论文《谈豫北叙事曲的演奏》在美国出版，《阿炳与二泉映月》等3篇发表于院刊。创作的《青年牧马员》等4首二胡曲出版发行，并被列为全国考级曲目。1963年参加第四届"上海之春"全国二胡比赛获三等奖，录制《豫北叙事曲》首张唱片。1974年改革"双千斤二胡"。先后两次在沈阳举办二胡独奏音乐会。曾赴日本演出。

果旭伟（1949— ）

音乐教育家。天津人。1988年毕业于天津音乐学院音教系。1972年始曾在天津红桥区少年宫、天津幼儿师范、公派至日本神户中华同文学校、天津市师大前教育学院音乐组任教，高级讲师。主编有《手风琴乐曲100首》《手风琴练习曲105》等，编纂有《中外手风琴名曲集粹》，撰有《手风琴演奏方法谈》。在日本5年期间编写配器12首中国民族乐曲与日本民歌改编配器的乐曲。

果征祺（1941— ）

音乐理论家。北京通州人。1967年毕业于中国音乐学院，同年入河南省京剧团任演奏员，1988年入陕西师大艺术系任教，后任该校艺术系音乐理论教研室主任。多次参加重大演出活动。撰有《从高师招生看中小学音乐基础课训练的重要性》《增加视唱趣味性，训练学生音准》等

文，出版专著《视唱练习》。

H

哈　村（1963— ）

歌唱家。回族。宁夏人。宁夏回族自治区音协副主席。1986年毕业于中央民族大学音乐学院。曾任宁夏回族自治区歌舞团歌队演员、宁夏回族自治区团委宣传部干事。曾主演电视剧《月照梨花湾》，编导并主演的小品《黑洞》在全区大赛获奖。

哈　晖（1977— ）

女歌唱家。回族。陕西汉中人。1992年参军，1996年考入解放军艺术学院音乐系本科，2002年考入空政文工团任独唱演员。1997年获第二届全国推新人歌手大奖赛民族唱法银奖和"全国十佳歌手"，2000年获第九届全国青年歌手电视大奖赛民族唱法专业组优秀奖，2001年获首届中国音乐"金钟奖"声乐比赛优秀奖，2002年获第十届全国青年歌手电视大奖赛民族唱法专业组三等奖。为全国青联委员。

哈力斯·阿修洛夫（1936— ）

作曲家。乌孜别克族。新疆乌鲁木齐人。1954年毕业于西北艺术学院音乐系，后在新疆歌剧团工作。作有歌曲《少年科学进行曲》，器乐曲《塔里木的欢乐》。

哈米提·依斯哈克（1941— ）

歌唱家。哈萨克族。新疆塔城人。1962年入新疆军区歌舞团任独唱演员。1977年在中国人民解放军建军五十周年文艺调演中获表演奖。

哈布拉德·阿布都拉（1949— ）

作曲家、音乐活动家。哈萨克族。新疆阿勒泰布尔津人。新疆维吾尔自治区音协理事，伊犁哈萨克自治州文联副主席、音协副主席，阿勒泰地区音协主席，亚太民族音乐学会会员。1964年入阿勒泰地区文工团，曾参加音乐舞蹈史诗《东方红》和《长征组歌》演出。曾任阿勒泰地区歌舞团副团长、指挥、作曲。创作各类音乐作品上百首，搜集、整理哈萨克族民歌等千余首，并从事哈萨克族62个孔额尔研究。录制哈语声乐曲三百余首。策划指挥演出《白山布诞辰200周年纪念音乐会》等数场专题音乐会，多部作品获各级奖项。

海　音（1963— ）

女低音提琴演奏家。江苏泰州人。1982年毕业于安徽艺校音乐科，同年入安徽省歌舞剧院交响乐团。撰有《音乐作品的表现与表演》《柴科夫斯基音乐的独特风格》论文并在专业刊物上发表。每年参加各类音乐会、歌舞剧、

交响京剧、交响黄梅及群众歌咏大会和比赛和演出。曾随交响乐团赴香港、台湾等地演出。

海可导（1941— ）

作曲家、音乐活动家。白族。云南剑川人。1966年毕业于昆明师范学院艺术系艺术专修科。曾任昆明市群艺馆音乐工作室主任、昆明工人管乐团指挥、云南省铁路总公司管乐团团长兼指挥。作有声乐《怀念贺龙老英雄》《春的故乡》等，管弦乐《敬爱的周总理到石林》，管乐曲《喜庆进行曲》《在烈士墓前》等。曾举办昆明地区群众歌咏大会等各种音乐会五十余场级及昆明市创作歌曲比赛等各种音乐活动十余次。

海木兰（1942—已故）

女古筝教育家。回族。河南正阳人。1952年入中南民族歌舞团。1965年毕业于中央民族学院艺术系古筝专业，后入广西柳州地区民族歌舞团任独奏演员。曾在中央民族学院音乐舞蹈系任教。

海倩雯（1955— ）

女音乐教育家。回族。河北大厂人。1990年毕业于首都师范大学大专续本师资班。1971年任北京汇文中学音乐教师，辅导汇文中学合唱团连续多年参加市级中小学合唱比赛均获奖项。创作歌曲《老师爱我，我爱她》。参加《中国民族民间舞蹈集成·北京卷》和《中小学生千万个为什么》音乐卷的编写。1990年在第四届全国国民音乐教育改革研讨会上获嘉奖证书。撰有《浅论音乐教学中对学生审美能力和情感的培养》。

海迪斯汗·亚克甫（1937— ）

女民歌演唱家。维吾尔族。新疆哈密人。1955年入新疆歌舞团。曾任新疆哈密地区文工团歌唱演员。演唱有《献给心中的战士》。为电影《黄沙绿浪》配唱插曲。

寒 溪（1926—2004）

音乐理论家。吉林人。1946年先后就读于吉林大学、长白师范学院音乐系。曾任辽宁省文联《艺术广角》主编、编审，《音乐生活》编委，音协辽宁分会常务理事。撰有评论多篇。

韩 艾（1954— ）

女高音歌唱家。天津人。1976年毕业于天津音乐学院声乐系，留校任教。1980年获天津青年声乐比赛一等奖。1985年获全国聂耳·冼星海声乐作品演唱比赛铜质奖。

韩 冰（1930—1988）

作曲家。回族。云南弥勒人。1954年毕业于西安音乐学院管弦系。原在新疆文化厅音工组、阿拉泰文工团工作。编有《维族民歌集》《新疆器乐曲选》《新疆创作曲选》等。

韩 冰（1939—2008）

歌词作家。辽宁大连人。1958年始从事音乐工作。曾任音协辽宁分会《音乐生活》编辑部编辑。作有歌词《年轻人就是这样》《秋到勃海湾》《我爱你大海水》《大海与蓝天》。出版有《韩冰文集》

韩 刚（1972— ）

作曲家。山东沂水人。中国石油川庆钻探公司长庆钻井总公司高级政工师。有歌曲《哦，妈妈》获第六届中国音乐"金钟奖"，《飞翔》入围2010年广州亚运歌曲征集，《口碑》《话就这么说》等在全国性歌曲创作比赛中获奖，并在《歌曲》《儿童音乐》等杂志刊发或收入歌唱家专辑CD出版。《爱飞了》等在中央电视台等媒体展播。

韩 红（1970— ）

女歌唱家。藏族。山东德州人。空政文工团独唱演员、副团长。中国音协第七届理事。第十一届全国政协委员、教科文卫体专委会委员。1997年毕业于解放军艺术学院音乐系，2007年入中共中央党校学习，2009年研究生毕业。演唱曲目有《天路》《青藏高原》《美丽的神话》等，创作并演唱有《天亮了》《家乡》《风雨中的美丽》《天涯》《月亮》《这样的女人》《那片海》《感动中国》等，并多次获国内外、全军创作演唱等奖项。出版《雪域光芒》《醒了》《歌唱》《红》《红歌汇——韩红精选集》《感动》《听我的声音》个人演唱专辑。先后在北京、上海、无锡举行个人演唱会。2008年在第十三届残疾人奥林匹克运动会上担任开幕式主题歌演唱。

韩 宏（1959— ）

音乐教育家。河南人。第五届宁夏音协副主席兼秘书长。1984年起任宁夏教育厅音乐教研员，曾主编《宁夏小学音乐乡土教材》（六册），先后参与编写人民音乐出版社、人民教育出版社出版的全国统编《中小学音乐教材》和《中小学竖笛教程》。撰有《电子琴集体课的组织与训练方法》《中小学器乐教学存在的问题和建议》《宁夏音乐教学现状的调查报告》，获全国论文评选一、二等奖。

韩 进（1960— ）

女钢琴教育家。河南郑州人。1982年毕业于河南大学音乐系，同年留校任钢琴主修课及普修课程教师。所教学生分别考入全国各大音乐院校，并获奖项，本人先后获辅导一等奖、优秀辅导奖。发表论文《浅谈钢琴教学中儿童心理特征影响因素》《舒伯特艺术歌曲钢琴伴奏的特点》《钢琴、社会、家庭》《浅谈钢琴伴奏的作用》等。作有歌曲《祖国，台湾人民想念您》并获二等奖。

韩 晶（1950— ）

女歌唱家、音乐编辑家。回族。吉林长春人。1963至1971年在吉林艺术学院音乐系学习声乐、扬琴。1986年始任深圳先科激光节目出版发行公司编辑、先科娱乐传播公司音乐部副编审。曾在吉林歌舞剧院任歌剧《刘胡兰》主要角色，在"冼星海声乐作品"比赛中，获省二等奖。撰有《音乐欣赏是进行美育的重要手段》《论嵇康的声无哀乐论》等文。编辑制作国内首批卡拉OK激光视盘《我的中国心》《十五的月亮》，出版《"中华曲库"

H

36辑外国艺术歌曲》，获中宣部等单位颁发的优秀制作奖。编辑出版《"梅兰芳唱腔"选段》CD唱片两张。

韩 军（1952— ）

民族音乐理论家。浙江宁波人。山西省音协民族音乐委员会主任委员、中国五台山佛乐团团长、山西大学客座教授。1970年在部队从事文艺工作，1981年到山西省文化局音乐工作室，后考入中国音乐学院创作研究部进修。后回山西省音乐舞蹈研究所从事民族民间音乐理论研究工作任副所长。曾担任《中国民间歌曲集成》《中国戏曲音乐集成》《中国曲艺音乐集成》《中国曲艺志》山西卷的副主编、主编。撰有《五台山佛教音乐》和《让孩子自己走进音乐世界》等论文三十余篇。

韩 雷（1972— ）

管子演奏家。上海人。1984年就读于中央音乐学院，毕业后调上海民族乐团。1995年在华夏国际民族器乐独奏比赛中，获管子独奏第二名。2000年，作为首批"申博会艺术工作者"参加了在德国汉诺威的世博会演出。近年来，参加了APC会议演出、中国上海国际艺术节、布拉格之春等演出。

韩 冷（1938— ）

歌词作家。内蒙古人。1956年入伍。先后任内蒙古林业文工队、内蒙古军区文工团、第二炮兵文工团创作员。作有歌词、诗歌、散文及剧本。获全国、全军、省市奖五十余件。作词的歌曲有《我爱我的战马》《草原民兵》《冬不拉，我的伙伴》《过去的事情就让它过去》《婚礼祝酒歌》《党啊，亲爱的党》《草原恋》《中华儿郎》《黄河告诉我》《不要惦记家》等。由独唱改编的混声无伴奏合唱《草原恋》，在2000年第一届国际奥林匹克合唱大赛中获金奖。出版有歌词集《梦中的太阳》。

韩 里（1924—2007）

小提琴教育家。河北高阳人。中央音乐学院教授。曾担任卡尔·弗莱什、梅纽因、帕格尼尼、蒂情、西贝柳斯等国际比赛评委并多次赴美国、加拿大讲学。发表译著《小提琴基本功教学的理论与实践》《心理因素和小提琴教学》《深度和背景》《小提琴的音准问题》《世界著名小提琴乐曲欣赏》以及有关弦乐艺术根基的专论《民族文化与演奏者的现状》《审美较量与演奏者的成就》《不得佳思不可弹——灵感培养问题》等五十余篇。

韩 丽（1955— ）

女歌唱家。黑龙江牡丹江人。1970年考入大连市歌舞团，师从歌唱家方初善、王凯平夫妇。1977年入中央音乐学院声乐系。后毕业于解放军艺术学院。南京军区前线歌舞团独唱演员兼声乐指导。演唱曲目有《荔枝河，家乡的河》《绿色的我》《武夷敞怀迎嘉宾》等。出版有个人演唱专辑。

韩 亮（1954— ）

小提琴演奏家。山东蓬莱人。大连歌舞团乐队首席。

1984年西安音乐学院管弦系毕业。创作歌曲《塞上的风》《大地会向你诉说》《塞上恋情》在《民族之歌》等刊物上发表，并分别获创作一、二、三等奖，自创自演小提琴随想曲《乡情》获银川市专业艺术表演团体创新节目"银星奖"比赛一等奖。

韩 敏（1933—已故）

歌词作家。山东人。1963年入工程兵文工团任创作员。作词歌曲有《芝麻开花节节高》（合作）《巴山顶上唱新歌》《红军四渡赤水河》（组歌）。

韩 韧（1938— ）

音乐教育家。河南人。先后毕业于河南艺术学院音乐系、四川音乐学院作曲系。后任河南南城县音舞协会主席。中学高级音乐教师。撰写有《脑的节律与音乐教学的节律》《在音乐教学中进行理想和纪律教育》等数十篇，创作适合中小学生演唱的歌曲有《中小学生守则歌》《用眼卫生知识歌》《少年学法歌》等百余首。

韩 日（1954— ）

歌唱家。朝鲜族。吉林延吉人。中国广播艺术团合唱团演员、男高音声部长。1977年毕业于北京广播学院艺术系。演唱有《我和我的祖国》《负心人》《歌手的心愿》《我的祖国》《夜莺》等。曾参加音乐舞蹈史诗《中国革命之歌》及各类大型晚会演出。1988年参加日本国际合唱节，获两枚金牌一枚银牌。参加小泽征尔指挥的贝多芬第九交响曲《欢乐颂》演出，并录制金唱片。

韩 薇（1946— ）

女钢琴教育家。山东蓬莱人。1985、1997年分别毕业于沈阳音乐学院、辽宁教育学院音乐系。先后任职于中学、少年宫、大连职业技术学校教育分院音乐教研室主任、副教授。培养大批音乐师资，多名学生考入音乐院校并在各类赛事中获奖。作有键盘乐合奏曲《叮铃铃，叮铃铃》《在密密的森林里》获全国中师文艺录相创作、表演三等奖，省一等奖。在电视剧《师生之间》中担任钢琴音乐编配与演奏。撰有《浅谈中师钢琴基础课》，《钢琴教学与小学音乐教师的素质培养》等，获省、全国论文一、三等奖。教材《钢琴》已出版。

韩 伟（1945— ）

歌词、歌剧作家。重庆人。毕业于天津音乐学院音乐文学专业。1965年在天津歌舞剧院任创作员。1989年调至武警总部文工团任创作室主任。作词歌曲有《祝酒歌》《打起手鼓唱起歌》《中国大舞台》《最美的赞歌献给党》《年轻的心》《跨越九九》《天海长城》。歌剧作品有《伤逝》《屈原》《宦娘》《银杏树下的爱情》。曾多次获文化部、中国音协及各省市创作奖。其中歌剧《屈原》、歌曲《天海长城》获中宣部"五个一工程"优秀作品奖。还为多个电视音乐栏目策划撰稿，曾四次担任中央电视台春节联欢晚会总体设计，并任中央电视台全国青年歌手电视大赛评委、中国音乐电视大赛评委。

韩 伟（1964— ）

作曲家。河南济源人。湖南金蜂音像出版社副社长。1978年入湖南省艺术学校湘剧科。1998年入湖南师范大学音乐系。曾任湖南省湘剧院乐队指挥、演奏员。舞蹈诗音乐《扎花女》获第七届"五个一工程"入选作品奖、全国第二届少数民族汇演创作金奖。

韩 溪（1932— ）

作曲家。河北唐山人。唐剧主要创始人之一，"民乐艺术终身贡献奖"首批获奖者，唐山市艺术研究所研究员，河北音协顾问，原唐山音协主席。出版有童话歌舞剧《森林里的宴会》《韩溪音乐文集》《河北地方音乐》（下册），《车把式咏叹调》《问道六十年》，二十余万字书稿《唐山皮影》收入《河北皮影·木偶》一书。作品有交响乐大合唱《唐山，烈火中再生的凤凰》（合作），唐剧音乐《迎风飞燕》《乡里乡亲》（合作）（获中宣部"五个一工程"奖），唐山皮影音乐《鹤与龟》，京剧音乐《节振国》（合作），评剧音乐《李白进宫》（合作），电视剧音乐《男户长李三贵》等。

韩 夏（1936—2007）

作曲家。河南洛阳人。1947年始从事部队文化工作。曾任《解放军歌曲》编辑，解放军艺术学院作曲教员、学术处主任。多次参加全军及全国会演并在专业比赛中获奖。作品有独唱《毛主席的恩情比山高，比水长》，齐唱《革命战士最光荣》，儿童歌曲《眼睛》《月亮会不会搞错》，重唱《遥远的星光》，合唱《青龙山上两代人》，歌剧音乐《王邦德》等。谱写诗词歌曲有《明月几时有》《不见庐山真面目》《枫桥夜泊》等。曾举办"韩夏作品音乐会"。

韩 雪（1963— ）

歌词作家。河北青县人。青县文联主席。发表播出有大量作词歌曲，出版歌词集三部，并征歌中获奖多次。《村里孩子》获全国首届"青少年优秀新歌"比赛创作一等奖，《哦，山那边》获全国第九届"群星奖"铜奖，全国第三届"蒲公英"奖儿童文学类优秀奖，河北省"燕赵群星奖"一等奖。多首作品选入《歌词》《歌曲》及《儿童文学集》，有的制作成磁带、光盘出版。

韩 燕（1952— ）

女揸琴演奏家。山东郓城人。1986年通过解放军艺术学院中专自学考试在音乐系学习。1971年在北海舰队歌舞团乐队任演奏员，1987年在海政歌舞团乐队任演奏员。在全军第六届文艺汇演中获揸琴独奏二等奖，1990年为香港音像出版社录制揸琴激光唱片，1994年为"中华国乐精粹"揸琴器乐介绍和曲目录像、录音，1995年为中央电视台录制揸琴盒带，1991年起为中央电视台、北京电视台录制揸琴节目并参加"综艺大观""五彩缤纷""中国风"以及大型文艺晚会的演出等。

韩 义（1949— ）

笛子演奏家。河北宁河人。就职于黑龙江省齐齐哈尔市评剧团。曾入中国音乐学院深造，师从张维良。1980年研制发明"韩义式十一孔、双托、双膜盖笛"，获得国家专利，并曾获1983至1984年文化部科技成果四等奖及第二届全国发明展览会金牌奖。创编有乐曲《草原一骏马随想曲》《黛玉葬花随想曲》《梁祝随想曲》。

韩 振（1932— ）

作曲家。辽宁大连人。1947年参加工作，先后入辽宁歌舞团、大连歌舞团、大连市戏剧创作室。作曲、导演大、中型歌剧三十余部，其中作曲并导演的大型歌剧《海蓬花》获1990年全国观摩演出优秀剧目奖、优秀导演奖、1991年文化部"文华奖"。2003年在大连举办"韩振作品音乐会暨研讨会"。出版有歌曲集《韩振音乐作品选》。

韩爱荣（1958— ）

女高音歌唱家。陕西人。新疆哈密歌舞团副团长、新疆音协理事、哈密地区文联副主席。演唱歌曲《请您尝块哈密瓜》《哈密美》《我的故乡在哈密》《阿妈的盖碗茶》《请到哈密来旅游》。曾在自治区第三届青年电视歌手大赛、自治区文艺调演、自治区《新疆好》电视歌手大赛、首届回族花儿演唱会、西北五省回族花儿大赛中获奖。举办"韩爱荣独唱音乐会"。出版《请您尝块哈密瓜》演唱CD、DVD专辑。其中2首歌曲拍摄成MTV，在中央电视台及新疆电视台播出。

韩宝林（1943— ）

声乐教育家。北京人。1965年毕业于天津音乐学院声乐系，留校任教并兼任附中教师。曾参加历届"海河之春"及各种重要演出活动，任独唱演员和编导。1980年应邀参加广州"羊城音乐花会"的演出，任独唱、重唱并参加巡回演出和讲学。1986年应天津歌剧团之邀在歌剧《费加罗的婚礼》中饰阿尔玛维瓦伯爵并参加华北音乐节演出。撰有《意大利语语音速成及歌唱意大利语》《声乐共振峰初探》，并为歌曲配伴奏多首。

韩宝强（1956— ）

音乐理论家。天津人。中国艺术研究院音研所副研究员。1989年获中国艺术研究院音乐声学博士学位，曾入德国埃森大学及奥斯纳布吕克大学学习。曾任文化部乐器改革专家组成员，参与并负责《中国民族乐器音色库》《高新技术在艺术领域的运用与发展》等课题研究。合著有《音乐与数学》《实用音乐声学》等，撰有《德国音乐》《计算机在我国音乐界的应用与发展前景》《音乐家的音准感——与律学有关的听觉心理研究》等文数十篇。

韩宝泉（1951— ）

作曲家、音乐制作人。河北张家口人。广东惠州市音协副主席、省劳模，并获"广东省优秀音乐家"称号。河北教育学院音乐系毕业，后进修于天津音乐学院，曾任张家口音协主席。创作有大量歌舞剧及声乐作品，有百余件获奖。《献给祖国》获全国征歌一等奖，领唱、合唱《血与火的赞歌》——为叶挺将军《囚歌》作曲，获广东省第七届鲁迅文艺奖。《血与火的赞歌》，儿童歌舞剧《狼来

H

了》，电视音乐片《悠悠渔歌情》获广东第六届"五个一工程"优秀作品奖。MTV《美丽罗浮》由央视播放。

韩宝荣（1951— ）

女歌唱家。河北内丘人。辽宁省锦州市歌舞团歌唱演员，1983年入中央音乐学院声歌系进修，曾主演《洪湖赤卫队》，《江姐》等，并获辽宁省首届青年歌手电视大奖赛专业美声组"荧屏奖"及辽宁省第四届"玫瑰奖"。曾在电影以及话剧《张鸣歧》中扮演妻子王桂香。

韩备初（1930—1988）

音乐教育家。广西合蒲人。1953年毕业于华南文艺学院音乐部。1956年毕业于中南音专器乐系。后为武汉音乐学院副教授。

韩炳诺（1940— ）

音乐编辑家。朝鲜族。吉林和龙人。曾任中国朝鲜族音乐研究会理事，延边音协常务理事，延边电台文艺部副主任、音乐编辑。1964年毕业于延边艺术学校，后入上海音乐学院学习。作有《祖国处处是我故乡》《四季花开》等四十余首歌曲，录制有大量的地方音乐作品及介绍中外名曲、作曲家的"音乐博览会"（20集）。

韩炳清（1957— ）

单簧管演奏家。四川成都人。1982年毕业于四川音乐学院管乐系。后在重庆市文化局重庆歌舞团乐队任演奏员。1992年受聘于重庆市艺术学校从事单簧管教学，2000年受聘于重庆武警军乐团任教，2002年受聘于第三军医大，培养一批演奏人才，学生多人次在器乐比赛中获奖。1997年合作编写《单簧管演奏（业余）考级教程》。2001年获重庆教育电视台颁发的指导教师奖。

韩昌学（1933— ）

圆号教育家。朝鲜族。朝鲜咸北人。原吉林艺术学院音乐系副主任。1957年朝鲜圆号专家班结业。1951至1959年先后在山东军区前进歌舞团、吉林市歌舞团任圆号演奏员，后在吉林艺术专科学校任圆号教师。撰有《圆号的由来及其发展》《F、bB双管圆号的最佳指法》。译著《莫扎特圆号协奏曲解说》。

韩成胤（1935— ）

大提琴演奏家。河北唐山人。历任山西省歌舞剧院管弦乐队、交响乐团大提琴首席、乐团团长。1972年至1988年受聘于山西大学艺术系、山西省艺术学校、省戏曲学校任大提琴教员。编写《大提琴演奏常识》《大提琴演奏法》。省电台、电视台曾多次录制并播出大提琴独奏、弦乐重奏、交响乐演奏曲目。1988年参加首届全国大提琴比赛，荣获老年组"青松奖"。

韩春牧（1932— ）

指挥家、音乐教育家。山东博兴人。曾任浙江省教育厅艺教委常务副主任、浙江省音协顾问。1945年参加部队文工团。新中国成立后任上海乐团（合唱团）管弦乐队指挥、浙江管弦乐团指挥。1963年毕业于上海音乐学院指挥系。历任浙江歌舞团指挥、副团长、艺术指导，杭州师范学院音乐系主任、教授。建成并完善浙江第一个音乐教育（科）系，为杭州音乐学院的建立打下坚实基础。曾任第四届中国音协音教委委员，浙江省文联第四、五届委员，浙江音协二、三、四届副主席。创建浙江管弦乐团并举行定期交响音乐会。

韩大卫（1931— ）

歌唱家。天津人。青年时期受莫桂新、沈湘教授的指导和培养。擅长于演唱40至70年代的英语歌曲。90年代初参加北京"老树皮"爵士乐队担任主唱，后在天津广播影视艺术团爵士乐团任主唱。曾参加多场大型演出。在中国音乐家音像出版社发行的经典英文歌曲《永远的爵士》（CD）盘中任独唱。

韩德福（1913— ）

三弦演奏家。北京人。自幼学习三弦。1930年在京津地区为艺人伴奏。1951年入北京实验曲剧团工作。后在北京曲艺曲剧团任教。担任曲剧《骆驼祥子》《喝面叶》音乐设计。

韩德全（1955— ）

作曲家。黑龙江哈尔滨人。大庆广播电视集团艺术团艺术总监。曾在沈阳音乐学院作曲、指挥系进修，1994年毕业于哈尔滨师范大学音乐系。曾任大庆歌舞团乐队队长、广播电视艺术团团长、电视台文艺部主任。创作的歌曲《中国春潮》《大森林》分获黑龙江献给祖国的歌最佳作品奖、一等奖，《那夜月儿圆》获省企业歌曲大赛一等奖，《最为可爱的家乡》由中央电视台播出。舞蹈音乐《包根布吉格》获第六届全国"群星杯"铜奖，音乐电视《妹妹是红柳》《东北风，铜唢呐》《家园》分获全国一、二、三届电视音乐节目大赛两项金奖与一项铜奖。撰有《音乐电视的民族性》等。主编《大庆不是传说》。

韩德仁（1937— ）

词曲作家。山东淄博人。第三届山东省音协理事。1956年毕业于济南师范学校。曾任中学及中师音乐教师、历城教育局音乐教研员。1986年入历城文联，任音协主席。1993年被《音乐小杂志》聘为编辑。发表有大量歌曲、歌词作品，并撰写数十万字的乐评文章。音乐教育专著有《把音乐播进儿童心田》。歌词《改大门儿》，歌曲《老师的爱》等数十件作品，分获全国性一、二等奖及省级奖，两次获济南市政府奖。

韩德森（1953— ）

音乐教育家。广东人。自幼学习小提琴，曾任灌南县文工团小提琴演奏员。毕业于南京艺术学院音乐系声乐专业，后任南京市歌舞团独唱演员，1984年起从事声乐及合唱教学研究。江苏教育学院教授、音乐系声乐教研室主任、中国师范院校合唱专业委员会常务理事。撰有《声乐艺术原点问题探索》《合唱的训练与指挥》。1999年获江苏省第四届音乐舞蹈节指挥奖，2001年获江苏省高等教育优秀科研成果奖。

韩德修（1931— ）

低音号演奏家。安徽凤阳人。1949年为湖南邵阳军分区军政干校学员。后历任湖南军区军乐队队员、某师军乐队班长、广州军区军乐队队员、广州乐团团员兼舞台监督、珠影乐团业务主任。连续多年成功策划了电影音乐会和新年音乐会。排演歌舞、戏剧、音乐以及为二百多部影视片录制音乐。1989年应邀参加深圳、珠海国际艺术节。

韩德章（1919—已故）

男高音歌唱家。四川成都人。1949年毕业于国立上海音乐专科学校声乐系。1951年入中央乐团担任独唱演员及合唱队声乐指导。曾任社会音乐学院声乐教师。

韩迪文（1931— ）

女歌唱家。浙江余姚人。1952年毕业于南京大学音乐系声乐专业。毕业后分配至华东师范大学音乐系担任声乐教学。后从师于俄籍苏石林教授继续深造。1960年调上海音乐学院声乐系。副教授。1963年在福建省歌舞团担任歌队演员的声乐培训工作，并兼任该团独唱演员。教学中培养一大批学生。发表有《社会主义实在好》等歌曲。为莫扎特、亨德尔等作曲家译配歌曲及歌剧咏叹调五十余首，入选上海音乐学院声乐系教材。

韩冈觉（1931— ）

音乐教育家。辽宁大连人。1954年毕业于东北师大音乐系。1962年毕业于中央音乐学院指挥系干修班。曾任吉林艺术学院科研处长、北京合唱指挥学会理事。1986年曾应邀赴日出席中日近现代音乐交流史研讨会。

韩贵森（1948— ）

作曲家。贵州贵阳人。先后毕业于贵阳师专中文系、中国函授音乐学院理论作曲系、贵州艺专作曲专业、贵州师大音乐系（本科），曾为中国音协合唱联盟理事、贵州省音协理事、贵州省交易厅艺教委委员、贵阳市音协副主席、《校园歌声》顾问和主编。有二百余件音乐作品刊播或获奖，其中歌曲《美丽的侗乡》《谁不爱上隆茶果场》《迎着太阳唱太阳》等7首获全国及省级一等奖，代表作还有歌曲《唱不完的欢乐歌》《好花红》，单簧管独奏《丝路随想曲》、钢琴独奏《创业奏鸣曲》，弦乐四重奏《童话》等。出版有《乐理与识谱基础》，撰有《校园歌曲创作漫谈》。曾多次被评为省、市文联系统先进工作者。

韩桂珍（1951— ）

女高音歌唱家。天津人。1979年入北京军区歌舞团工作。1987年入军艺音乐系进修。曾获全军聂耳·冼星海声乐作品演唱比赛三等奖。

韩国花（1958— ）

女歌唱家。朝鲜族。吉林龙井人。1980年延边师范学院音乐大专班毕业后任延边歌舞团演员。曾进修于上海音乐学院民族班和中央音乐学院歌剧系以及日本东京音乐大

学。80年代在全国少数民族歌舞比赛、全省专业团体独唱等比赛中多次获奖。曾为电影《故乡》《新娘之歌》《新春》等录制主题歌。演唱、录制歌曲有《月亮之歌》《白鹤》《护士之歌》《豆满江》《邮递员》等。

韩继海（1941— ）

音乐教育家。湖北武昌人。曾就学于武汉乐团、湖北艺术学院管弦系。后任湖北孝感师范、师专及孝感学院音乐教师、艺术系主任，省音协理事。作有歌曲《老书记下田来》《长江的歌》《我和小树比着长》《三江之歌》等，并获奖。担任《乐理知识》教材副主编。撰有《指点识谱法》。曾在全国农民运动会开幕式中获演出奖。

韩建邲（1940—1993）

女音乐编辑家。广东博罗人。1965年毕业于中央音乐学院音乐学系。曾任《人民音乐》编辑，后调人民音乐出版社任编辑、编辑室主任、编审。编发、审阅了大量书稿。主编有《音乐自学丛书·音乐学卷》《外国音乐欣赏小丛书》等，撰写、发表有大量音乐理论文章，编著有《中国音乐的特征》（合作），《无限的痛苦在折磨着我——奥地利音乐家舒伯特的生平和作品简介》《大地之歌——介绍指挥家、作曲家马勒》（合作）等。

韩建国（1973— ）

歌唱家。山东东营人。北京正合世纪文化传播有限公司歌手。山东省音协外聘副秘书长。1977年毕业于四川音乐学院声乐系。出版有《快乐》《珍重》《为中国加油，为中国喝彩》等专辑。曾获1994年央视中华赛歌会西南赛区"金牌奖"，1999年全国新人新作展演通俗唱法金奖、1999年山东省"五个一工程"精品工程奖。

韩剑明（1931— ）

女钢琴教育家。浙江萧山人。1953年毕业于中央音乐学院钢琴系，曾在该院附中任教。作有钢琴曲《我爱北京天安门》，四手联弹《运动员进行曲》，撰有《如何教好钢琴基础课》。

韩金梅（1944— ）

词曲作家。浙江嘉善人。70年代末开始从事音乐创作。曾在《歌曲》《解放军歌曲》《人民音乐》等刊物发表作品。出版歌词集《月亮鸟》。研究嘉善田歌数十年，创作的新田歌多次获奖。所作音乐剧《五姑娘》获文化部文华奖编剧奖，《税务所来了个俏姑娘》获中国首届表演唱歌曲大赛金奖和浙江省"五个一工程"奖。1999年应邀赴韩国国立音乐大学讲学。2005年获嘉兴市十佳文艺工作者称号。

韩金枝（1932— ）

女高音歌唱家。黑龙江齐齐哈尔人。中央乐团合唱队演员。1948年参加哈尔滨音乐工作团合唱队。后为鲁艺音工团合唱队演员。1949年参加全国第一届文代大会演唱《黄河大合唱》。1950年随中央歌舞团参加第一届赴朝慰问团总团文工团到平壤慰问。回国后赴上海、重庆、雅安

等地汇报演出并开展捐飞机大炮活动。国庆十周年参加《贝多芬第九交响曲》演出。多次参加中央乐团合唱音乐会、西欧古典歌剧音乐会、无伴奏合唱音乐会的演出。在《黄河大合唱》中独唱《黄河怨》，并参加《东方红》大歌舞演出。

韩景连（1953— ）

歌词作家。回族。辽宁鞍山人。1972年始从事文学创作，1982年毕业于辽宁师范大学中文系。鞍山师范学院中文系教授、辽宁省写作协会副会长、鞍山市音协副主席。作有歌词《童心是小鸟》《种下一棵爱情树》《留住阳光》《英雄的消防兵》《校园里飞来受伤的小鸟》《新年祝福》，儿童歌舞剧《手拉手》，歌剧《冼星海》。出版歌词集《千山抒情》，理论专著《歌词新论》。歌词《童心是小鸟》1995年获首届中国少年儿童歌曲卡拉ＯＫ电视大赛作品一等奖，被编入全国小学音乐教材。

韩静霆（1944— ）

歌词作家。山东高唐人。1968年毕业于中国音乐学院。后到部队从事创作，曾任空军政治部创作室副主任、主任，作词歌曲有《晨风吹过机场的小道》《护士之歌》《小船儿轻轻摇》《今天是你的生日》《梅花吟》等。

韩克俭（1941— ）

民乐演奏家。山东淄博人。1958年考入山东省艺术学院器乐班，1961年应征入伍，任福州军区歌舞团笙、唢呐演奏员、分队长。1977年参加全军文艺汇演，创作并参与演奏民乐合奏曲《迎台胞》。1982年转业任淄博市文工团副团长。1983年参加山东省首届"泉城之秋"音乐会，创作、演奏了唢呐独奏曲《春满山村》。1985年调任淄博市青少年宫任副主任，其间创作了舞曲《瓷春芽》，获山东少儿舞蹈会演音乐创作奖。

韩兰克（1955— ）

作曲家。山东人。浙江省舟山市群艺馆音乐干部、副研究馆员。曾任石家庄华北药厂俱乐部乐队手风琴演奏员。创作歌曲《当兵的女儿在远方》《热恋的江南》《女兵的年华》等获浙江省文化厅作品比赛金奖，《祖国花好月圆》等获银奖。《敦煌》刊登在《音乐创作》等刊物上。

韩兰魁（1959— ）

作曲家、音乐教育家。河北武安人。1986年毕业于西安音乐学院作曲系并留校任教。后就读于中央音乐学院作曲系教师进修班。西安音乐学院副院长、作曲系主任，教授、硕士生导师。中国音协音教委委员、陕西省音协副主席、创作委员会主任。2000年留学于德国吕贝克音乐学院作曲研究生班。先后为第五届大学生运动会、第四届城市运动会、第三届特奥会开幕式作曲，获特殊贡献奖。作有歌曲《祖国的珍珠与玛瑙》，钢琴独奏《幻想舞曲》，交响舞诗《战台风》，交响合唱《绿色的呼唤》，琵琶协奏曲《祁连狂想》，大型舞诗《长安神韵》，合唱《瑞雪·新春》，室内乐《雪》，大型舞剧《满江红》，二胡协奏曲《故土》等。曾为电影《棋山传奇》及电视剧《老

三届》等作曲。出版有《绿色的呼唤》，发表有《传统题材，现代思维》等文。

韩乐春（1933— ）

女钢琴教育家。湖北武汉人。1955年毕业于中央音乐学院钢琴系，曾在该院任教。著有《中国儿童钢琴新教程》（四卷集），译有《巴赫钢琴音乐演奏入门》。

韩乐群（1933— ）

歌词作家。湖南常德人。1956年在北京大学中文系新闻专业学习期间发表歌词作品，1960年毕业于中国人民大学新闻系，分配至贵州省歌舞团从事专业音乐文学创作。曾任贵州省音协常务理事、贵州音乐文学学会会长。发表有大量歌词作品，出版有歌词专集《山里山外》。先后获全国"五个一工程"奖及省部级、地市级各类奖百余项。

韩丽娜（1955— ）

女高音歌唱家。山东济南人。毕业于解放军艺术学院音乐系。1973年起先后入福州军区文工团、武警文工团，历任歌队队长、业务办公室副主任。演唱有《俺的那个他》《八月桂花遍地开》《娄山关》等。其中《沁园春·雪》由北京电视台作为"每周一歌"播放。曾举办个人独唱音乐会，并在歌剧《江姐》《洪湖赤卫队》中饰演女主角。先后获全国第二届"王子杯"优秀青年演唱大赛"十佳歌手"、福建省青年演员新作品大赛民族唱法第二名及全国"成才之路"演唱比赛金奖。

韩林申（1926— ）

钢琴教育家。上海人。1951年毕业于南京大学艺术系。为上海师大音乐系教授。主编有高等师范院校试用教材《钢琴基础教程》。

韩曼琳（1942— ）

女钢琴教育家。天津人。1963年毕业于中国音乐学院钢琴专业。首都师范大学音乐学院钢琴系教授，硕士生导师。所教学生多人次在"星海杯""希望杯"等比赛中获奖，有的成为高、中教系统教学骨干，或举办钢琴独奏音乐会。撰有论文《浅谈钢琴教学中教师的主导作用》等多篇。编写出版《师范院校钢琴补充教材》《钢琴考级辅导》《教师百科全书》（音乐部分）。曾先后受聘于教育学院、社会音乐学院、首都联大艺术系兼课。曾获北京市高校系统优秀教师称号。

韩曼芸（1931— ）

女钢琴教育家。浙江人。1955年毕业于上海音乐学院钢琴系。曾任沈阳音乐学院钢琴系副主任、副教授，广州音乐学院钢琴系主任。现定居国外。

韩美莲（1935— ）

女高音歌唱家。山西繁峙人。1950年入山西省文工团。1961年毕业于天津音乐学院声乐系。曾在山西省歌舞剧院工作。

韩孟国（1932— ）

指挥家。浙江杭州人。1949年毕业于冀察热辽联合大学鲁艺文学院戏音系。同年入华中文工团（现武汉歌舞剧院），任该团指挥。曾任音协武汉分会副主席。

韩孟震（1927— ）

作曲家。河北清苑人。1944年入华北群众剧社。1957年毕业于中央音乐学院理论作曲系。曾任天津乐团团长、音协天津分会常务理事。作有舞剧音乐《太行红旗》，歌剧音乐《宦娘》（合作），声乐套曲《腾飞吧！祖国》。

韩梦民（1934— ）

小提琴演奏家。湖南人。1948年考入冀察热辽联合大学鲁迅艺术文学院。1949年毕业后调四野南下工作团文工团任乐队演奏员。1956年考入中央实验歌剧院管弦乐团。从事中外歌剧、交响乐、舞剧的演出活动。1972年调中央芭蕾舞团乐队。1978年调中国歌剧舞剧院管弦乐队任第二小提琴声部长。1994年发起组建"本土音乐家室内乐团"，曾在北京音乐厅演出。中国延安鲁艺校友会常务理事、副秘书长，首都联大中国歌剧舞剧院分校器乐系教师。

韩密峨（1932— ）

女钢琴教育家。山东高唐人。1957年毕业于山东师范学院艺术系。曾在山东艺术学院讲授钢琴。1957年获山东省首届音乐会演钢琴独奏、钢琴伴奏奖。撰有《触键的力量与控制》。

韩民秀（1938—1997）

作曲家。朝鲜族。黑龙江绥化人。1965年毕业于中央音乐学院作曲专业。后在东京音乐大学研修。曾为中国朝鲜族音乐研究会常务理事。作有交响序曲《12·9》，交响组曲《南方来信》（合作），小提琴独奏曲《丰收之歌》，女高音与乐队《五木摇篮曲》（日本乐曲），钢琴独奏曲《小奏鸣曲》和《阿里郎》等，合唱与管弦乐《阿拉伯非洲兄弟》（为西哈努克亲王而作），编著《日本音乐研究提纲》（日文），《日本音乐之父山田耕作》《韩国音乐讲座》。随中国音乐学院教授代表团访问韩国。

韩敏虎（1964— ）

歌唱家。山西人。1989年毕业于山西大学艺术系声乐专业留校任教，副教授、硕士生导师。曾师从上海音乐学院王品素教授。1992年起先后获"上海世纪杯声乐大奖赛"专业组民族唱法二等奖、"第二届全国声乐比赛"山西选拔赛二等奖、"第七、八届全国青年歌手电视大奖赛"山西赛区专业组民族唱法二等奖、一等奖、"第八届全国青年歌手电视大奖赛"专业组民族唱法荧屏奖。所指导的学生多人多次在国内和省内声乐比赛中获奖。

韩明达（1923—1986）

民族音乐理论家。山西孝义人。1937年始从事部队文艺工作。1945年毕业于延安鲁艺。曾在西安音乐学院任教。曾记录整理过大量陕、晋、冀等地民歌、乐曲，编有

《九腔十八调》《晋中影戏音乐》《晋中鼓房音乐》。

韩乃舜（1956— ）

歌唱家。山东人。1988年获全国第三届青歌赛荧屏奖。1989年被选拔参加上海音乐学院周小燕歌剧中心与美国旧金山歌剧院合排的歌剧，并担任主角。1992年参加全国青联举办的"青年歌唱家独唱音乐会"，同年获纪念《讲话》发表50周年优秀创作成果奖。所创作的歌曲连续三年被评为省精品工程作品奖。1997年为电视片作曲并演唱的《启迪》获山东省精品工程奖。创作的歌曲《太阳、母亲、长城》获山东第三届齐鲁风情歌手、新作品大赛优秀作品奖。1992年获"新长征突击手"称号。

韩迺礼（1936— ）

音乐活动家。湖北人。原武汉音协顾问、中国合唱协会理事、湖北合唱协会副会长、武汉合唱艺委会主任。1955年毕业于武昌艺术师范，曾任武汉歌舞剧院演奏员，武汉桥口文化馆文艺部主任、馆长。1977年策划组建了"武汉星海合唱团"，任指挥、艺术总监。1991年率团参加第三届北京合唱节获演出一等奖和指挥奖。参加国际合唱节、中国合唱节并率团赴香港、新加坡交流演出。2002年赴韩国参加第二届国立奥林匹克合唱比赛获银奖和铜奖。

韩培山（1953— ）

作曲家。江苏南通人。江苏南通市文化馆研究馆员、艺术指导，市音协理事。1977年毕业于南京艺术学院音乐系音乐创作专业，师从徐振民、茅沅、高厚永等。后分配到南通市歌舞团任作曲、指挥。1985年任南通市群艺馆文艺部主任。有多首歌曲、多篇音乐论文、教案在国家教委、文化部、中国音协等单位举办的全国音乐作品、论文大赛中获奖并发表。出版有《音乐语言论》。

韩佩贞（1943— ）

女作曲家。浙江绍兴人。1964年毕业于江西文艺学院。后到江西省赣剧院任作曲。1983年毕业于上海音乐学院民族音乐理论作曲系戏曲作曲班。在江西省艺术研究所先后任《中国戏曲志·江西卷》和《中国戏曲音乐集成·江西卷》责任编辑，《中国曲艺音乐集成·江西卷》副主编。展演和发表音乐作品有赣剧《盗草》《书馆夜读》《放装》，民族管弦乐曲《赣江新韵》，琵琶协奏曲《牡丹亭》，舞蹈音乐《雪映窦魂》，独唱歌曲《等待》。

韩娉婷（1975— ）

女高音歌唱家。河北秦皇岛人。1998年毕业于中国音乐学院歌剧系。中国歌舞团歌队演员。随团先后赴广东、杭州、宁夏、云南、西藏、新疆、贵州、青海、兰州、太原、绍兴、河南、南京、江苏、广州、南昌等省市自治区及澳门演出，担任独唱，多次获文化部嘉奖。

韩其潭（1946— ）

词曲作家。山东淄博人。中国书协（国际）名誉主席。60年代从事音乐创作，计有作品三百余件，发表二百

余首。作有《海防战士心向党》《山歌唱给毛主席听》《高唱赞歌颂太阳》《姐妹俩回婆家》《党把春风送万家》《毛主席恩情千秋照》《祖国！我深深的爱着你》《又是一个丰收年》《雷锋的歌我最爱唱》《前进！英雄的中国工人》以及器乐曲《山乡春早》等。出版有《韩其潭艺文集》《韩其潭创作歌曲专辑》等。

韩起祥（1915—已故）

民间音乐家。陕西横山人。13岁开始学唱陕北说书。后对说书进行改革。曾任延安曲艺馆长、中国曲协副主席、全国政协委员。作有《刘巧儿团圆》《翻身记》等。

韩茜斐（1935— ）

女音乐教育家。辽宁沈阳人。曾任青岛市太平路小学教师、山东省中小学音乐教学研究会副理事长。自编自演歌曲《教师的心》获省一等奖，《踏浪花》MTV少儿片音乐获全国"金叶杯"电视大赛二等奖。1991年指挥学生合唱参加全国录音比赛获二等奖，参加山东省"星期五音乐日"活动设计获最佳金黄色奖。撰有《培养学生对音乐形象的感知能力》《思想教育于音乐教学之中》。被授予全国人民教师奖章、全国教师劳动模范称号。

韩庆春（1962— ）

歌唱家。黑龙江哈尔滨人。辽宁省葫芦岛市文联主席。曾任葫芦岛市公安局机关党委书记、文化局副局长、兴城市副市长。1994年在辽宁省公安系统声乐大赛中获通俗唱法一等奖。出版个人独唱及二胡独奏CD专辑。

韩锐明（1947— ）

音乐活动家。广东揭西人。曾进修于星海音乐学院。历任广东揭西县剧团乐队队长，揭西县文化馆馆长，揭阳市音协副主席。作有歌曲《我爱银锄我爱枪》《星星、月亮、太阳》《月是故乡明》《女兵的假日》《中国我属于你》《绿色的节日》等，分获金、银奖、创作奖。撰有《求异思维与歌曲创作》。长期从事群众文化辅导工作，学生多人考入专业院校，并在各类比赛中获奖。

韩瑞生（1961— ）

作曲家。山西大同人。1972年入大同市红领巾歌舞团。1980年毕业于山西大同艺校。1987年毕业于上海音乐学院民乐系。曾任山西雁北地区文工团副团长，2002年任大同市歌剧院书记。作有《啊，母亲，故乡》《白雪》《赤子之爱》《梦神州》等数十首歌曲。撰有《二胡音准初探》《琴与人》《二胡曲〈江河水〉作品与演奏分析》等文。1983年参加雁北地区优秀中青年演员评比获演奏员一等奖。在第二届山西省民间音乐舞蹈大赛中获组织奖。

韩善女（1964— ）

女歌唱家。朝鲜族。吉林人。延边音协理事。1987年毕业于延边艺术学校声乐专业，同年任延吉市朝鲜族艺术团演员。1997年调入延边歌舞团。曾获吉林省"新人新作"声乐比赛一等奖，吉林省第三届中青年声乐比赛美声组一等奖，首届中国音协"金钟奖"声乐比赛铜奖，

第十一届全国少数民族声乐比赛二等奖。2004年在韩国延边大学艺术学院举办独唱音乐会。多次随团赴韩国、俄罗斯、香港等国和地区演出。

韩绍杰（1963— ）

钢琴教育家。河南周口人。河南周口师范学院音乐系副主任。1989年、1995年先后毕业于南京师大音乐学院、河南大学艺术学院。撰有论文《试析肖邦夜曲的创作特别特色》《钢琴演奏技术的基础问题探讨》等多篇，论文《交响诗的特征与源流》于1999年获河南省教育厅论文评选二等奖。《河南民间音乐的传承与发展》《中国传统钢琴曲及其艺术特征研究》等4项河南社科联科研项目已结项。出版有《钢琴即兴伴奏教程》《数码钢琴教程》《音乐知识与欣赏》。

韩世华（1930—2005）

小提琴演奏家。山西太原人。1949年入山西省文工团。曾在山西省歌舞剧院工作。

韩淑德（1936— ）

女琵琶教育家。四川成都人。原四川民族管弦乐学会常务理事、中国琵琶研究会四川组长。1956年毕业于四川音乐学院，留校任琵琶教师，弹拨教研室主任、副教授。所撰《中国琵琶史稿》获四川省哲学社会科学优秀成果三等奖。发表《琵琶发展史略》《琵琶源流再考》《唐代琵琶演奏家裴神符》《上海派琵琶创始人汪昱庭》《平湖派琵琶大师朱英》《近代北派琵琶演奏家王露》《大音希声——刘天华对琵琶发展的贡献》等文数十篇。

韩铁华（1940— ）

低音提琴演奏家。吉林长春人。1966年毕业于沈阳音乐学院管弦系。曾任辽宁乐团低音提琴首席。编有小提琴曲《花儿为什么这样红》及低音提琴《随想曲》等。

韩庭贵（1929— ）

古筝演奏家。山东郓城人。出身于古筝世家，曾随祖父及父亲习弹筝并演唱山东琴书。后为山东艺术学院教授、山东省古筝学会名誉会长、中国古筝南北四大派北派传人。改编山东民歌《包楞调》，为山东派古筝现代曲目的代表作之一。创编有《骏马奔蹄》《乡音》《戏蛙》等古筝曲，并以古典乐曲为素材改编《鸿雁夜啼》《凤翔歌》等传统古筝曲目。为香港雨果音像制作公司录制山东筝曲《书韵》镭射唱片。曾以山东派传人身份参加在香港举办的南北四大派古筝会演。

韩万斋（1941— ）

作曲家。山西交城人。1960年毕业于西安音乐学院作曲系。世界教科文卫组织专家成员、教授、硕士生导师。全国高校音乐教育学会常务理事及创委会主任、四川音协理事。1958年考入西安音乐学院附中作曲班，1961年升入本科作曲系。作有歌剧《月落乌啼》《燕市悲歌》，音乐剧《兰盾之夜》《烈火军魂》，歌曲《鸭哈哈》《啊，春天多美》，舞蹈音乐《采盐图》《醉灯》等音乐作品，其

中获奖百余件。1991年出席在美国举行的"国际音乐记谱法会议"并宣读论文《主和弦释义的始误及修正》《扬弃的启迪》，首次介绍中国最古老的音乐记谱法——绳谱。1994年率艺术团赴泰国演出，任指挥及副团长。

韩为民（1947— ）

女声乐教育家。吉林长春人。1963年在通化钢铁公司文工团任演员。1969年毕业于吉林艺术学院音乐系歌剧专业。1989年始入长春教育学院艺术系任教，副教授。曾在文工团编排30部歌、舞、话剧及戏剧，吉剧《傻二嫂》等两部获省戏剧会演一等奖。在少年宫工作期间，辅导学生数十人次获省、市及全国比赛一等奖。1992年合作编撰《实用音乐大全》一书，参与声乐部分的编写工作。

韩慰平（1946— ）

扬琴演奏家。北京人。1961年毕业于西北民族学院艺术系，同年入北京曲艺团学员班，1962年任中国铁路文工团扬琴演奏员。创作单弦牌子曲联唱《红旗飘飘60年》，带队参加全国民族器乐观摩比赛，随团赴朝鲜等国。1986年参与筹建中国民族管弦乐学会，后参加第一届民族管弦乐展播活动。曾促成台湾师范大学古筝教授梁在平首次访问大陆，其后在北京举办联合音乐会。以及参加中国艺术节千人大乐队及"龙年音乐周"大型民族管弦乐合奏。

韩文昌（1929— ）

作曲家。黑龙江鸡东人。曾任丹东市文联秘书长、中国音协辽宁分会理事、丹东市音协主席、名誉主席。1948年参加部队文艺团体，任指挥、作曲。长期从事文艺的普及和领导工作。举办音乐知识讲座、培养音乐创作骨干，组建业余广播乐团、编辑出版音乐报刊、书籍和资料等。创作近百首（部）的音乐作品，其中有《牧羊歌》《中朝儿童手挽手》（合作），《颂歌献给毛主席》（合作），《沙拉干追做新娘》（合作），《周爷爷请收下》等。

韩文君（1944— ）

女高音歌唱家。四川成都人。1960年入总政歌舞团，师从声乐家张丽茹、王翠年，历任合唱、领唱、二重唱、教学和指挥。旅美四年期间，利用各种场合宣传中国文化、演（教）唱中国歌曲。曾三次举办个人独唱音乐会，被誉为"中国百灵鸟飞进白宫"。在印度尼西亚期间，努力推动华人合唱活动，提高华人歌咏水平。印度尼西亚"同声合唱团"音乐总监和指挥，曾带领并指挥该团在第七届中国国际合唱节获铜奖及演唱奖。并指挥社科院老教授合唱团参加北京第四届老年合唱节合唱比赛，获银奖和组织奖。

韩铣光（1935— ）

圆号教育家。广东人。1957年毕业于上海音乐学院管弦系，后在该系任教。曾获第六届世界青年联欢节比赛三等奖、第十六届日内瓦国际音乐节比赛银质奖。

韩先忠（1931— ）

唢呐演奏家。山西忻县人。1940年始从事民间吹奏音乐。1950年入山西省歌舞团。1985年曾赴日本演出。

韩小光（1959— ）

圆号演奏家。广东文昌人。1978年毕业于上海音乐学院管弦系，后入中央乐团。1978年参加"上海之春"青年优秀演员独唱独奏专场演出。1985年加入国际圆号协会。

韩小鹰（1960— ）

大提琴教育家。山西孝义人。1982年毕业于西安音乐学院管弦系。后入陕西省乐团任大提琴演奏员。1996年调入西安音乐学院管弦系任教，副教授。曾与许多指挥家及演奏家合作演出。在首届全国大提琴比赛中获演奏奖。录制发行中国作品三重奏CD。先后获西安音乐学院教学成果奖与三等奖。在央视全国少儿艺术电视大赛陕西选拔赛中获园丁奖。培养的学生有多人获奖。发表有《浅谈大提琴的音阶训练》《艾尔加和他的大提琴协奏曲》等文。

韩晓彤（1970— ）

女音乐教育家、指挥家。北京人。北京舞蹈学院音乐教研室讲师。1993年毕业于首都师范大学音乐系音乐教育专业，后就读于中国艺术研究院研究生部。曾参加中国交响乐团少年女子合唱团，并随团参加国际合唱节及在纽约、新泽西州等地巡演，获里根总统亲笔签署的最高鉴赏证书。参加录制的《未来属于孩子》《和平友谊之歌》获"通美杯"磁带评比金奖。作有神话音乐剧《新白蛇传》，出版有北京舞蹈学院音乐剧专业《视唱教材》。曾任《城市人》音乐指导，《七色光之歌》指挥。

韩新安（1963— ）

音乐学家、音乐活动家。安徽人。1991年毕业于中央音乐学院音乐学系。中国音协分党组成员，第六、七届副秘书长，组联部主任，大型活动办公室主任，兼任刘天华、阿炳中国民乐基金会副秘书长，中国音协数字化音乐教育会秘书长。曾任中国音协杂志社副社长，《人民音乐》副主编、副编审。先后在全国性报刊发表音乐述评文章数十篇。参与策划、统筹组织全国流行歌曲创作大赛、中国音乐"金钟奖"、维也纳金色大厅中国新春音乐会、鼓浪屿全国青少年钢琴比赛、中国福州海峡两岸合唱节、百团万人颂中华、聂耳合唱音乐周等大型音乐活动。并参与策划、组织中国音协主办的各项大型演出及创作采风、评审和座谈会等活动。曾任一至四届中国文联全国文艺理论评论奖评委等。

韩勋国（1945— ）

音乐教育家。湖北武汉人。1969年毕业于中国音乐学院声乐系。曾任武汉歌舞剧院演员，主演过十多部中外歌剧。后任华中师范大学音乐学院声乐教授、硕士生导师。教育部艺术教育委员会委员，国家音乐课程标准研制组核心组成员，湖北省高校高级职称评审委员。发表论文二十余篇，出版著作3部，主编国家级音乐教材15部（册），主持多项科研项目。1988年与2001年分获湖北省文化科技成果二等奖、省社会科学优秀成果三等奖。2002年应邀赴柏林艺术大学音乐学院进行学术交流。

韩延文（1966— ）

　　女高音歌唱家、歌剧表演艺术家。辽宁人。任职于中国歌剧舞剧院歌剧团。先后在歌剧《白毛女》《原野》《江姐》《将军情》《悲惨的黎明》《小二黑结婚》《窦娥冤》《洪湖赤卫队》《八女投江》《茉莉花》等多部歌剧中担任女主角。在北京、日本、加拿大等地举办过6场个人独唱音乐会，曾赴德、法等二十多个国家与地区演出，1997年与德国萨尔州国家剧院合作演出《原野》。曾先后在全国多项比赛中13次获奖，其中有中国戏剧"梅花奖"，中央电视台电视大赛三等奖、优秀奖，文化部全国首届声乐比赛十佳歌手奖及优秀演员奖，文化部歌剧调演演员特别奖，全国歌坛新秀比赛金奖，文化部珠穆朗玛优秀演员奖等。曾担任文化部全国歌剧调演比赛评委、文化部声乐大赛评委。

韩宴庭（1957— ）

　　小号演奏家。山东人。1982年毕业于天津音乐学院小号专业本科，后分到天津广播电视艺术团担任独奏演员。1984年参加在匈牙利举行的第22届国际小号比赛并被吸收为国际小号协会会员。1985年调中央乐团任小号演奏员，参加华北音乐节天津海河之春交响音乐会，演奏了洪美尔降E大调小号协奏曲。曾随团赴美国、西班牙、马来西亚等国及港、澳地区演出。

韩耀辉（1927— ）

　　短笛演奏家。辽宁海城人。1949年毕业于东北鲁艺音乐系。曾任中央乐团交响乐队长、短笛演奏员。1953年东北会演获个人表演奖。曾在中央乐团艺术辅导室任教。

韩永昌（1928— ）

　　作曲家。河北唐县人。1945年参加工作，先后在部队文工团、八一电影厂、安徽音协、安徽艺术学校工作。1953年结业于中央音乐学院第三届理论作曲专修科，师从姚锦新、王震亚、江文也先生。主要作品有电影音乐《三个战友》《风雪大别山》，管弦乐《淮河随想曲》，小提琴独奏《秧歌三首》，声乐曲《河网赞》《八音鸟，尽情地唱》，清唱剧《孔雀东南飞》等。

韩永亮（1957— ）

　　作曲家。陕西人。内蒙古巴彦淖尔市音协主席、市博物馆馆长。1979年毕业于内蒙古师范大学音乐系。曾担任巴彦淖尔市歌舞团作曲、指挥。2001年获文化部"群星奖"先进个人，2009年被评为全国优秀专家。作有歌曲《圆一个金色的梦》获全国第五届"群星奖"优秀创作奖，二人台小戏《王婆卖瓜》获全国第十一届"群星奖"音乐创作银奖，歌曲《临河，可爱的家乡》获全国首届城市歌曲评选金奖，《爬山调声声唱河套》《八百里美丽的河套川》《草原》分别获自治区"五个一工程"奖。

韩玉成（1946— ）

　　作曲家。吉林通化人。高级编辑。1971年始从事中小

学音乐教师键盘乐师资培训工作。1992至2007年任通化市音协主席、省音协理事。2003年被刘诗昆聘为钢琴艺术中心（香港）大陆分中心艺术顾问。多次应邀赴东北师大、吉林艺术学院、通化师院等院校讲学。常年担任三所大学客座教授。多次获全国性艺术大赛钢琴项目优秀辅导奖。出版《东北抗战歌谣》《东北抗联歌曲选》《玉成创作歌曲选》等12部，获奖数十次。

韩玉杰（1930—已故）

　　歌唱家。河北安平人。1949年始从事部队文化工作。曾任兰州军区战斗歌舞团艺术指导、团长，甘肃音协常务理事。在大型歌剧《红鹰》中扮演主角，获第二届全军文艺汇演优秀表演奖。60年代初毕业于上海声乐研究所。1979年参与导演大型歌剧《带血的项链》，获文化部建国三十周年献礼演出二等奖。1987年参与编导全景式大型歌舞《红霞里有个我》并获全军第五届文艺汇演编导奖。

韩玉洁（1928—2006）

　　女音乐理论家。吉林桦甸人。1949年9月毕业于东北鲁艺音乐系，毕业后从事音乐演出及创作工作。1952年开始在长春市从事群众音乐活动及音乐创作辅导。曾主编《长春歌声》刊物，创作歌词、歌曲多首。1982年调入长春市艺术研究所，从事史论调研工作。撰有《长春音乐舞蹈记事》，写有《长春市群众音乐运动三十年》等调研文章多篇。1998年在吉林省文联成立50周年纪念会上获荣誉证书，1999年获吉林省文联颁发的世纪荣誉证书。

韩再恩（1946— ）

　　音乐教育家、歌唱家。回族。吉林松源人。相继毕业于吉林艺术学院音乐系、上海音乐学院。后任东北师大音乐学院声乐教授、硕士生导师，吉林省音协理事。多次举办独唱音乐会，为多部影视片作曲、录制主题歌。《热土》获1996年中国教育电视台节目大奖。主编并参与编纂《声乐教学曲库》（14卷），《声乐教育手册》《中国声乐经典教材》（8卷），《中学百科全书——音乐、舞蹈、美术卷》《吉林省中、小学音乐教材》（18册）。

韩占武（1942— ）

　　音乐教育家。河北蠡县人。曾任河北省文化厅艺术处处长、副厅长，音协河北分会常务理事。编有《二胡教材》，作有二胡曲《故乡欢歌》。

韩振华（1928—2001）

　　评剧音乐家。天津人。1950年入军委评剧团，后并入中国评剧院。任二胡、高胡演奏员。在京二胡的基础上改造出评二胡，至今仍在全国的评剧舞台上运用，成为评剧的第二主乐。1955年以来共参加了49部大型评剧的创作，首创评剧的三拍板、二八板、女声越调慢板、蜻蜓调慢板，作有《夺印》《向阳商店》等剧目的唱腔。参与作曲的剧目九次获奖，其中《高山下的花环》获文化部作曲一等奖，剧中唱段《红色的木盆》获全国首届戏曲现代戏优秀唱段奖。

H

韩芝萍（1953— ）

女高音歌唱家。天津人。总政军乐团独唱演员。1981年毕业于中央音乐学院声乐系进修班，师从郭淑珍教授。第五届人大代表，第六、七届全国青联委员。演唱作品有《歌唱敬爱的周总理》等。1979年获建国30周年文艺汇演二等奖，全军第四、五、六、七届文艺汇演获优秀演员奖、一等奖，全军声乐表演特别贡献奖。1989年获第十三届世界青年联欢节金奖。在中央电视台举办的"金玛格"杯全国军旅歌曲音乐电视大赛中获银奖和特别奖。2003年毕业于解放军艺术学院文学系。

韩志洪（1954— ）

作曲家、琵琶演奏家。山东潍坊人。1970年考入潍坊市昌剧团乐队。1984考入山东艺术学院音乐系，毕业后在市工人文化宫先后担任文艺科长、艺术中心主任，潍坊市民族管弦乐学会会长、潍坊市音协副主席。所作歌曲《电话兵小唱》曾获全军文艺调演创作一等奖。1988年举办"韩志洪琵琶独奏音乐会"。1990年任第七届潍坊国际风筝节开幕式总导演并创作会歌。

韩志勇（1958— ）

作曲家。山东潍坊人。浙江省开化县文化馆馆长。1994年毕业于浙江农业大学。创作的歌曲《故乡桥》获河南人民广播电台"嵩山杯"广播歌曲征评二等奖，《送你一盒漳州水仙》获全国"水仙之歌"征集创作奖。论文《开化县莲戏音乐》获浙江省民间艺术研究会主办的浙江省民间音乐论文评选二等奖。

韩智华（1958— ）

大管演奏家。辽宁大连人。中国管乐学会理事、中国大管学会会长助理、解放军军乐团大管首席。1972年考入解放军军乐团，1979年考入中央乐团进修班，1988年毕业于中央音乐学院管弦系。曾为中央电台录制《匈牙利幻想曲》。1996年和2001年，分别在北京音乐厅、国图音乐厅举办独奏音乐会。曾先后随军乐团、原广播交响团出访意大利、法国、西班牙等十余个国家演出。多次参加国家重大司礼演奏任务和京内外的各种演出活动。

韩中才（1939— ）

作曲家。辽宁沈阳人。1962年毕业于沈阳音乐学院。曾任甘肃省歌舞团作曲、指挥。省文联委员、音协甘肃分会副主席。作有舞剧音乐《丝路花雨》（合作）获建国30周年演出、创作一等奖，舞剧音乐《箜篌引》。

韩中杰（1920— ）

指挥家、长笛演奏家。上海人。曾任中央乐团交响乐队常任指挥，中国音协常务理事。1942年毕业于上海国立音乐院管弦系长笛专业，后留校任教，并兼任上海市工部局交响乐团特约首席长笛。后任上海交响乐团首席长笛、乐团副主任。曾获第三届世界青年联欢节长笛独奏比赛三等奖。1955年指挥中国青年艺术团交响乐队赴华沙参加第五届世界青年联欢节，为我国交响乐队首次在国际乐坛上演出。1957年入苏联列宁格勒音乐学院指挥系研究生班，师从穆新。1962年指挥首演柴科夫斯基的歌剧《叶甫根尼·奥涅金》。指挥录制《山林之歌》《春节序曲》《烟波江上》《台湾舞曲》《十面埋伏》《节日序曲》《云南音诗》《离骚》等大量中国音乐作品。曾获文化部直属院团1980年"观摩评比演出"优秀指挥一等奖，并获第二届中国音乐"金钟奖"终身成就奖。

韩中年（1929—1986）

长笛演奏家。蒙古族。黑龙江双城人。先后在鲁艺文工三团、中央实验歌剧院工作。1960年赴苏联列宁格勒音乐学院学习，回国后在中央歌剧院任首席长笛。曾任文化部中国艺术科学技术研究所所长。

韩钟恩（1955— ）

音乐美学家。浙江人。上海音乐学院教授。曾任中国艺术研究院音乐研究所研究员、博士研究生导师、《中国音乐年鉴》主编、中国音乐美学学会秘书长。1987年毕业于上海音乐学院。1987年入中国艺术研究院音乐研究所。2003年获中央音乐学院博士学位。发表文论三百余万字，著有《音乐文化人类学》（合作）《音乐美学与审美》《音乐美学与文化》《音乐美学与历史》《意乐意义的形而上显现并及意向存在的可能性研究》等。

杭 杨（1981— ）

女歌唱家。吉林辽源人。辽源市群艺馆副研究馆员。曾获上海亚洲音乐节"亚洲最具潜质奖十佳歌手"，十一、十二届全国青年歌手大奖赛吉林赛区第一名，吉林省中、青年演员声乐比赛第一名。参加第六届亚洲冬季运动会闭幕式及第六届世界大学生汉语比赛开、闭幕式演出。2007年演唱的歌曲《爱国主义》《友谊和平》获共青团中央精神文明建设"五个一工程"奖。

杭桂兰（1957— ）

女歌唱家。江苏人。上海民族乐团独唱演员。1979年入上海民族乐团，1982年深造于中国音乐学院。1983年在上海"星期广播音乐会"青年演员独唱比赛中获奖，1986年在华东六省一市民歌汇演上海赛区获奖。1987年赴日本演出。曾为电台录制每周一歌《铜锣挂在天边》，为《苏东坡与歌女》《壕河边上的女人》等电视剧配唱主题歌。曾在"上海之春"、国际广播艺术节和新年音乐会等大型音乐会上演出。

杭笑春（1964— ）

音乐活动家。江苏东台人。1984年毕业于南京艺术学院音乐系。先后任东台市文化馆主任，市文联副主席兼秘书长、市文化局副局长。作有歌曲《渔港号》《轧花工人絮情长》《捕鳗谣》，器乐曲《滩涂晨曲》《盼》《阳光灿烂》。曾获省音舞节创作奖，歌曲比赛优秀奖，少儿艺术节一等奖。曾主持大、中型文艺演出多场。任《中国民间歌舞集成》《中国曲艺音乐集成》《中国民族民间器乐曲集成》（东台卷）主编。

航　海（1929—　）

作曲家。陕西米脂人。1944年起，先后任职于米脂文工团、延安西北文艺工作团。曾任西安市歌舞剧院创作室副主任、陕西省音协常务理事、西安市音协主席。创作有歌曲《向大关中进军》《彭老总下了动员令》。1956年毕业中央音乐学院作曲系。创作陕北道情坐唱《王秀莲送烟》获全国曲艺会演二等奖，歌曲《心中有支歌》《我赞美你，骆驼》获陕西省征歌一、二等奖，舞剧文学剧本《长恨歌》获陕西省第二届艺术节演出金奖。作有《朝阳沟》《毛主席是咱延安人》《延河湾》等歌舞剧音乐。

好必斯（1957—　）

作曲家、民族音乐学家。蒙古族。内蒙通辽人。1982年毕业于内蒙师大音乐系，1983年进修于上海音乐学院，任内蒙古大学艺术学院副教授。中国北方草原音乐文化研究会常务理事。所作合唱《托起太阳的人》获全国征歌银奖，单簧管与钢琴《西拉穆伦河随想曲》曾获自治区"萨日娜"奖，另作有《草原英烈交响诗》。在省级及国家级刊物、电视台、电台发表音乐作品数十首。撰有《蒙古族原始音乐及其形态学研究》《草原音乐传播形态与特征研究》《古代蒙古族调式思维方式及审美特征》等文。

郝　邨（1924—　）

指挥家。辽宁锦州人。1946年参加东北文艺工作团从事文艺工作。曾任中国儿童艺术剧院乐团演奏员、指挥。

郝　鉴（1948—　）

歌词作家。山东莱阳人。1987年毕业于烟台师范学院中文系。后在烟台群艺馆任职，1988年入烟台市文化局任副局长，1994年始任烟台市文联副主席、市音协主席。作有《大海之歌》《您好，保密战士》。出版有《郝鉴歌词一百首》。1989年组织山东青年歌手大奖赛，沿海城市少年合唱节，烟台全国音乐考级活动等。

郝　军（1944—　）

歌唱家。辽宁兴城人。1969年毕业于中国音乐学院。入兰州军区歌舞团。曾获西北五省独唱独奏音乐会优秀演员奖。后在吉林省歌舞团工作。在歌剧《货郎与小姐》《弹吉它的姑娘》中饰演男主角。

郝　生（1924—已故）

音乐教育家。北京人。1953年毕业于北京师范大学音乐系。后在宁夏艺术学校教授钢琴、和声及音乐史课。

郝宝珠（1962—　）

女音乐教育家。河北张家口人。河北师大音乐学院教师。1984年毕业于河北师院音乐系。曾任河北歌舞剧院演员。撰有《对音乐师资声乐教师的思考》《浅谈民族唱法和美声唱法的差异性》等文。录制歌曲《拣棉花》《绣灯笼》《在希望的田野上》《闹花灯》等。曾获河北省专业和业余青年歌手比赛二等奖、"河北听众喜爱的歌手"大赛一等奖。编排的《我的烦恼》在中央电视台举办的"第

二届少儿新童谣竞唱"中获优秀奖。

郝保印（1948—　）

合唱指挥家。山西人。中国合唱协会理事。1965年考入解放军军乐团，毕业后任演奏员。1984年转业到石家庄华北制药集团公司从事职工文化工作。1987年策划、承办首届全国医药工业职工歌手大赛。1990年指挥工程师合唱团参加首届全国群众歌咏大赛获奖，个人获优秀组织奖。1991年获全国总工会"全国优秀职工文化工作者"表彰。2001年指挥本企业合唱团参加中国企业职工合唱大赛获"五粮液杯"金奖。

郝殿文（1948—　）

男中音歌唱家。黑龙江五常人。1970年入济南军区歌舞团。1978年入上海音乐学院声乐系进修班。后任黑龙江省歌舞剧院管弦乐团副团长。

郝季华（1960—　）

女音乐教育家。山东青岛人。1960年毕业于北京艺术师范学院音乐系，师从祁玉珍教授。演唱曲目有歌剧《红霞》《草原之歌》《蝴蝶夫人》等唱段。留校任教后，学习大量民歌戏曲，1976至1980年，调入中央音乐学院声乐系任教。师从喻宜萱、郭淑珍、陈琳教授进修，演唱一批中外曲目。曾参加纪念舒伯特、黄自音乐会的独唱。1980至1993年在中国音乐学院歌剧院任教，指挥女青年会合唱团四年。1997年参加文化部老艺术家合唱团，任副团长。

郝教杰（1950—　）

圆号演奏家。山东栖霞人。1971年起任总政歌剧团乐队演奏员。经常深入部队、基层，演出歌剧及综合文艺晚会，担任圆号首席。在黑龙江省样板团期间曾参加《红灯记》《智取威虎山》、钢琴协奏曲《黄河》等剧目的演出，参加排演苏联歌剧《这里的黎明静悄悄》、亚运会艺术节、《民族心声—中国歌剧精选》及意大利歌剧《托斯卡》。曾随团赴上海、贵州、南京等地演出民族歌剧《党的女儿》，并为部队基层文艺团体举办辅导讲座。

郝近瑶（1978—　）

女歌唱家。山西赵城人。《财富时报》编辑。2001年毕业于清华大学中文系，2004年获该校硕士学位。曾获全国首届大学生艺术歌曲演唱一等奖与全国大学生艺术节演唱一等奖。出版《春之翼》《大海啊故乡》《童年我们一起长大》《青春岭》《西北雨》《乘着歌声的翅膀》等数十张合唱专辑，在美国出版《来自中国的天籁 VOICE FROM CHINA》。先后随团赴奥地利、新加坡、日本、苏联、美国、匈牙利、台湾、香港演出。撰有《对于西方先锋派音乐不确定性特征的几点美学思考》。

郝进兴（1934—　）

戏曲音乐家。河南上蔡人。1949年毕业于豫、皖、苏八区行政干校。后调任信阳专区文工团、河南省歌剧团、鹤壁市豫剧团单簧管演奏员、司鼓及音乐设计，1981年任河南戏剧工作室《戏曲艺术》音乐编辑，1985年任驻马店

地区群艺馆音舞部主任。撰有《豫剧打击乐汇编》《豫剧的音乐语言和基本板式》《豫剧板腔探源》等多篇文章，并任《中国民族民间舞蹈集成·河南卷》音乐编辑，《河南民器集成·驻马店地区卷》主编。

郝立轩（1963— ）

歌词作家。河北唐山人。中共唐山市委宣传部文艺处处长。1979年毕业于唐山市艺校音乐科，2001年毕业于河北省委党校经济管理系。谱曲的歌词有《太阳与月亮》《银杏树生长的地方》《不问你是谁》《接澳门回家》《魂系热土》《黄金少年》，歌舞《凤凰颂》《盛世中国》《来自大钊故乡的歌》等。为影视词作歌曲《工厂就是我的家》《追太阳，背太阳》《永远的情人》等。

郝漫生（1941— ）

作曲家。山东寿光人。潍坊市音协专家指导委员会委员、寿光市音协副主席。作有歌曲《海测兵之歌》《碱地凿出幸福泉》《亲人立了头等功》《卖蜜桃》《十里长堤赏梨花》等，为电视专题片《相聚月圆时》谱写主题歌分别获不同奖项，歌曲《家和万事兴》《荷花情》《我是新农民》《心儿丢在九寨沟》《快乐多来咪》等在刊物发表，出版《海上日出》《绿野飞歌》等个人专辑多部，电视音乐片、专题片等数十部。

郝美祥（1957— ）

音乐教育家。山东临沂人。先后毕业于临沂师范学校、山东艺术学校音乐系、临沂教育学院音乐系、曲阜师范大学音乐系。山东临沂艺术学校副校长。曾获山东省首届"小飞天奖"舞蹈比赛音乐创作三等奖、第三届沂蒙之夏艺术节演奏奖、山东省文化厅演出奖。撰有《郝美祥老师谈学钢琴》《看全省中学生钢琴比赛有感》《山东省第一届钢琴教师培训班随笔》等文。

郝汝惠（1926— ）

作曲家。河北顺平人。1940年参加西北战地服务团，后随团赴延安入延安鲁艺进修。1946年赴东北任鲁艺文工团乐队队长、指挥，鲁艺创作研究室研究员，沈阳市文工团团长，文化局副局长，辽宁歌剧院党委书记兼第一副院长及省文化厅厅长。获奖作品有纪念"七一""七七"大型广场歌舞活报剧《千万不要忘记》，为庆祝开国大典创作的大型广场歌舞《红灯狮子》及参加作曲、配器的歌剧《星星之火》。为大型话剧《海边青松》作曲、配音，另作有大联唱《煤铁之城英雄赞》、大合唱《钢都三月满城花》（合作），歌曲《铁树开了花》等。

郝士达（1934— ）

作曲家。江西永修人。1953年毕业于南昌师范艺术科。1957年始曾先后在南昌市采茶剧团、歌舞剧团、艺术创作研究所任专业作曲。曾任江西音协常务理事、顾问，南昌音协主席、顾问。创作有大量音乐作品。其中《竹乡傍晚》《乡下女人》《巧渡》《送您一束杜鹃花》《拾贝壳》《孔繁森之歌》《红孩子》《寻根》《口唱渔歌走鄱湖》《周总理您在哪里》等百余首作品在全国及省市调

演或征歌中获奖。并为大型歌舞剧《八一颂》，舞蹈《荷塘春雨》《风铃》等10部上演剧目作曲。还为《竹妹子》《张天师》《九月菊》等多部电视剧作曲。

郝世勋（1958— ）

音乐活动家。山西新绛人。1974年考入运城地区艺术学校，攻读音乐专业，毕业后留校任教。1985年调新绛县文化馆，任馆长，后任文化局副局长。1987年参加组织绛州鼓乐艺术团，率先将民间广场锣鼓推上舞台，曾参加全国首届龙年音乐周、中国艺术节等国际文化交流活动，赴香港、澳门、台湾、新加坡、马来西亚、韩国等地演出。组织、创作、排练的鼓乐《秦王点兵》《滚核桃》《老鼠娶亲》获全国民间音乐舞蹈比赛大奖、一等奖，并获"群星奖"金奖和银奖。

郝守民（1942— ）

音乐编辑家、琵琶演奏家。山西人。1968年毕业于天津音乐学院民乐系，后任中央人民广播电台文艺部编辑。曾先后在邯郸京剧院、北京歌舞团任琵琶演奏员，多次为外国元首及赴云南前线演出。采选大量音乐节目，其中广播交换节目163首，女声独唱《无名花》《想逢在长城》《睡吧，我的他》，男声独唱《中山陵连着海峡两岸》《爱的珠穆朗玛》，混声合唱《春天的呼唤》等，并均获不同奖项。

郝树棠（1932— ）

音乐编辑家。山西太原人。曾任太原广电局主任编辑，山西音协理事，太原市音协主席、名誉主席。1949年参加革命，任某师、旅和青海军区文工队演奏员、乐队指挥，培养一批手风琴及管弦乐演奏人才。1956年考入上海音乐学院干部进修班钢琴专业，毕业后任青海玉树州文工团团长、作曲、指挥。编有《乐理基本知识》《手风琴教程》，歌曲作品有《养猪谣》《祖国的好少年》等，撰有《漫谈歌曲创作》《太原民歌又吐芳香》《怎样引导儿童学钢琴》等文。现任山西省城老年合唱团副团长。

郝文翔（1950— ）

男高音歌唱家。天津人。曾任海政歌舞团独唱演员、歌队教导员。在中央音乐学院、中国音乐学院进修声乐。1977年在大型歌舞《水兵光荣》中饰演主要角色，并获全军第四届文艺汇演优秀演员奖。1988年在全军第六届文艺汇演中获优秀表演奖。曾参与组织海政歌舞团的各类大型歌舞晚会及歌剧《壮丽的婚礼》《歌仙·小野小町》《红珊瑚》和音乐剧《赤道雨》等排练演出工作。多次担任中央电视台春节联欢晚会、地方台文艺晚会的策划、导演、舞台总监、制片主任等职。

郝新豫（1956— ）

女高音歌唱家。河北人。广东珠海群众艺术馆副馆长、副研究馆员。1982年毕业于河南师范大学艺术系。曾就职于珠海市文化局。获河南第二届"黄河之滨"歌唱比赛第一名、广东每日一曲卡拉OK歌手比赛总决赛银奖，组织珠海室内合唱团获96中国合唱节金奖，北京98中国国际

合唱节"百利鑫"演唱奖。曾主演歌剧《芳草心》。组织策划近百期珠海市大型群众文艺活动。近十篇论文发表并获奖。多次参加政府文化代表团赴美国、新加坡、香港等国家和地区进行艺术交流，并多次获政府荣誉称号。

郝贻凡（1956— ）

琵琶教育家。内蒙古包头人。1972年任内蒙古广播电视艺术团独奏演员，1982年毕业于中央音乐学院民乐系本科，后留校任教，副教授。曾参加整理演奏明代巨作《弦索十三套》的工作，录制全套唱片，并举办专场音乐会。曾录制个人独奏专辑及《阿炳曲集》由白天鹅音像公司发行。1992年应邀赴台湾开琵琶独奏音乐会并讲学。

郝益军（1963— ）

笛子演奏家、教育家。山东青州人。1985年毕业于山东艺术学院音乐系并留校任教。1995年考入中央音乐学院研究生班获硕士学位。山东艺术学院音乐系副主任、教授、硕士生导师。山东省民族管弦乐学会副会长。作有笛子曲《家乡的歌》等，移植整理的民间乐曲《凤阳歌绞八板》。撰有《五线谱在笛子教学中的应用》等文。作曲并指导的吹打乐《山乡情》获全国大学生文艺汇演三等奖。出版《笛子教程》（合著）及个人演奏专辑CD唱片《家乡的歌》。其中《笛子练习曲及乐曲》及论文《略论笛子演奏中的吐音技巧》获省文化艺术科学优秀成果一等奖、全省大学生艺术节优秀指导教师一等奖。随团赴奥地利、美国、韩国演出。曾在中央音乐学院举办个人独奏音乐会。

郝永刚（1968— ）

作曲家。河北石家庄人。公安部上海金盾艺术团副团长。1991年毕业于河北师范学院。曾任河北消防总队文工团乐队队长。歌曲《119的故事》获中央电视台第五届军旅歌曲音乐电视大赛金奖、全国行业歌曲评选作品金奖，音乐短剧《玫瑰公约》获第七届全国公安系统金盾文化工程金盾艺术奖一等奖。

郝永林（1930— ）

歌唱家。辽宁沈阳人。原中央乐团合唱队员。1948年就读东北鲁艺音乐系，曾师从日本川村和白俄教师学习声乐。多次在重要演出中担任独唱、重唱、领唱、小合唱、男女声二重唱及大合唱。参加演出《黄河大合唱》《东方红》大歌舞、贝多芬《第九（合唱）交响曲》《安魂曲》《四季》《弥赛亚》及电影、电视剧录音工作。曾获第一届合唱节金奖。

郝玉岐（1941— ）

唢呐演奏家。河南安阳人。河南省音协副主席。1957年参加全国第二届民间音乐舞蹈汇演，吹奏《全家福》。同年参加河南省歌舞团任独奏演员。先后随中央乐团、中国歌舞团、中国艺术团等出访美国、日本、东南亚、非洲等二十余国家和地区。1989年在香港讲学并举办个人唢呐独奏音乐会。曲目有《全家福》《百鸟争鸣》《二八板》《丰收乐》《小浪底畅想》等。撰写多篇论文并获国际优秀论文奖。出版有《郝玉岐唢呐曲选》《唢呐演奏法》

《唢呐情曲》《唢呐吹奏艺术》。

郝毓华（1933— ）

音乐教育家。河北保定人。1953年毕业于西北艺术学院音乐系。1957年入上海音乐学院作曲系专家班学习。长期从事作曲理论教学。后在西安音乐学院工作。

郝振明（1937— ）

作曲家。回族。宁夏银川人。曾为宁夏歌舞团演员、创作员。曾排演四十多部歌剧并参加各种形式的演出数百场，并多次参加天安门国庆庆典演出以及参加全国少数民族汇演等，创作并改编有《宁夏道情》，合唱《美丽富饶的宁夏川》等歌曲以及合唱作品。

郝宗纲（1942— ）

指挥家。山西新绛人。1962年毕业于山西艺术学院音乐系。后任中国合唱学会理事、省音协主席，省歌舞剧院歌剧团团长、艺术室主任。主要从事指挥、作曲、声乐辅导等工作。曾指挥《黄河大合唱》等大中型声乐作品百余首及《骄杨》《希望之火》等大中型歌剧数十部。在大型歌舞《黄河儿女情》《黄河一方土》《黄河水长流》的创作中，均担任声乐指导。这三部作品以及参与策划的歌剧《傲雪花红》均获中央及省级的多项奖励。曾为歌剧《山婚》，电视剧《爱人》，舞蹈《试车之前》等谱曲。

昊　明（1953— ）

女钢琴教育家。江苏扬州人。扬州教育学院艺术系钢琴教研室主任。1974、1986年先后毕业于南京师大音乐系专科、本科。撰有《肖邦钢琴音乐述评》等多篇论文，其中《李斯特和他的匈牙利狂想曲》获学院科研二等奖。所授学生曾获省一、二等奖，多人获"江苏省钢琴优秀考生"。多年被评为省音乐考级"优秀钢琴教师"，受聘担任江苏省、上海音乐学院钢琴考级主考官。

禾　雨（1933—2000）

作曲家。白族。云南剑川人。曾任云南音协理事、云南音乐教育研究会会长、丽江地区文联副主席、丽江民族师范高级讲师。出版有《禾雨少年儿童歌曲选》《云南花灯常用曲调101首》《北京有个金太阳—禾雨歌曲选集》。歌曲《北京有个金太阳》《藏族少年唱太阳》《阿里里献给毛主席》多次获奖。

何　彬（1929— ）

作曲家。江苏太兴人。1945年从事部队文艺工作。1946年就学于山东大学艺术系。曾任哈尔滨歌剧院副院长、上海民族乐团团长。作有民族器乐合奏曲《武术》，板胡独奏曲《大起板》，二胡协奏曲《满江红》，歌曲《赤壁怀古》。

何　丹（1965— ）

女圆号演奏家。四川成都人。四川音乐学院圆号教授。1979年考入川音附中，1982年入本科，1986年毕业后留校任教。1996年在川音读研究生，同年获全国高等艺术院校圆号比赛演奏奖。1991年参加日本太平洋沿岸国家青年艺术家音乐节，先后在日本和北京举行的第27、32届国际圆号年会开幕式音乐会上演奏。1999年参加在美国举行的AppleHIll国际室内乐节。2000年获美国教育基金后作为访问学者赴美研修一年。

何 东（1948— ）

小提琴演奏家。广东广州人。1968年毕业于广州音乐专科学校，后为广州乐团独奏演员兼乐队首席。作有小提琴独奏曲《黎家代表上北京》《思源》。

何 方（1921— ）

女作曲家。浙江黄岩人。1938年在温州师范师从缪天瑞学音乐，1945年毕业于福建音专，同年任三野文工团音乐创作组组长。1949年参与创作《淮海战役组歌》。1952至1978年任北京电影制片厂、中央新闻电影制片厂作曲，音乐创作室主任、副总编辑。曾为故事片《黄花岭》《游园惊梦》，纪录片《第十个春天》《觉醒的非洲》等电影创作音乐。电影歌曲《夏令营旅行歌》曾获全国文艺作品二等奖。1978年任北京电影乐团副团长。1981年参与组建中国电影音乐学会，任副秘书长、副会长。1984年任《中国电影艺术词典》音乐分科主编。

何 仿（1928— ）

作曲家、指挥家。安徽天长人。1942年参加新四军淮南大众剧团。1951年毕业于上海音乐学院干部进修班，1956年入总政文化部合唱指挥训练班。曾任前线歌舞团团长、艺术指导。作有歌曲《毛主席的战士人民的兵》《前进在陆地天空海洋》《五个炊事兵》《我们是千里海防的巡逻兵》《我的名字叫中国》和歌剧音乐《大翻身》。搜集加工整理江苏民歌《茉莉花》在国内外广为传唱，1982年联合国教科文组织将《茉莉花》向世界推荐，并定为音乐教材。出版有《何仿歌曲选集》《何仿音乐作品选》《何仿歌曲作品选辑》CD、《茉莉花》电视专题汇编DVD。曾为江苏音协副主席、南京市文联名誉主席。

何 枫（1929— ）

女高音歌唱家。四川人。1945年入左岳军区文工团。1961年毕业于中央音乐学院进修班。曾任湖北艺术学院声乐系副主任、武汉歌舞剧院副院长。主演歌剧《白毛女》《刘胡兰》。

何 洪（1936— ）

音乐理论家。广西陆川人。1962年毕业于广西艺术学院音乐系并留校任教。广西艺术学院音乐学研究员，主要研究少数民族乐器和乐律。发表有《独弦琴与京族民歌关系考》《竹简琴纵横论》《乐改思考》《铜鼓乐论》《壮族天乐研究》等论文三十余篇。合著出版《广西少数民族乐器考》，担任《中国少数民族艺术辞典》音乐分支副主编。曾有多篇论著获省部级奖。

何 钧（1928—已故）

民族音乐学家。陕西长安人。1949年参加西北文艺

工作团任演奏员。1953年始，先后任职于陕西省音乐工作组、陕西省群众艺术馆。曾任陕西省艺术研究所鼓乐研究中心主任。发掘、整理有《汉中曲子》《白云山笙管乐》《榆林吹鼓乐》《长安锣鼓乐》等十余种民间音乐，出版有《凤县民歌集》《商洛花鼓戏音乐》《弦板腔音乐》。合作有《西安鼓乐》，为《中国戏曲音乐集成·陕西卷》《中国戏曲志·陕西卷》编委。

何 克（1917— ）

女高音歌唱家。江苏江阴人。1952年毕业于法国巴黎音乐学院声乐专业，后任重庆市歌舞团声乐教师。1980年移居香港。曾在南京、广州、成都及东南亚、巴黎举行个人独唱音乐会。

何 林（1940— ）

音乐活动家。辽宁锦州人。1961年毕业于沈阳工业大学。曾任部队文工团手风琴演奏员、乐队指挥、作曲，1978年后历任歌舞团团长、电视台台长、文化局副局长及锦州市音协主席。作有歌曲《毛主席语录板儿》《地图在我心上画》《我爱我的坦克车》《小路弯弯》《美丽的家乡英雄的城》等，多首歌曲获创作奖。

何 虑（1963— ）

钢琴教育家。四川南充人。四川乐山师范学院音乐系副主任。1992年四川音乐学院音乐系毕业。发表论文《谈即兴演奏与变奏在钢琴即兴伴奏教学中的运用》《音乐审美教育的意义原则方法》等。

何 敏（1930—已故）

女中音歌唱家。云南昆明人。1948年参加救亡歌咏活动。1953年入总政歌舞团。曾从师于保加利亚声乐专家。随团赴苏联、朝鲜、罗马尼亚、捷克、波兰等国家演出。

何 铭（1930— ）

滇剧作曲家。河北保定人。1947年参加革命，1948年起先后在解放军第四纵队文工团、云南军区文工团工作。1960年转业至云南滇剧院任作曲。曾为四十余出滇剧写作音乐、唱腔，其中《白蛇传》《杨门女将》《西厢记》《窦娥冤》《葫芦信》等剧中的主要唱段被选录为唱片出版发行。撰有《滇剧丝弦腔板式及其结构》《滇剧丝弦、胡琴、襄阳三大声腔》。出版《何铭滇剧音乐作品选》。

何 宁（1957— ）

音乐活动家。山东济宁人。济南市历城区文联主席，山东省音协理事，济南市音协副主席。1980年毕业于济宁师专音乐系，1985年结业于天津音乐学院声乐系。参与组织策划"山东省第一届农民运动会开幕式大型文艺表演""中国戏曲音乐国际研讨会""中华戏曲新歌大赛"等多项音乐活动。论文《古典戏曲声乐论著浅析》在全国群众文化论文评选活动中获优秀奖，戏歌《春风吹进山旮旯》在中华戏曲新歌大赛中获创作二等奖。发表作品三十余件，获省级以上创作奖8个。

何 平（1953—）

音乐理论家、作曲家。天津人。华南理工大学艺术学院院长、教授、博士生导师。广东省音协副主席。曾任星海音乐学院音乐学系主任。曾就读于河北师范大学音乐系、天津音乐学院作曲系、上海音乐学院音乐学系获学士、硕士、博士学位。长期从事作曲技术理论、西方音乐史、美国音乐、岭南音乐文化的研究和教学，并兼作曲、指挥。出版《科普兰和他的音乐世界》《音乐的本质与发展》等专著、译著八部，高校教材四部，学术论文五十余篇，创作各类音乐作品百余部。多部文著、作品获中国音乐"金钟奖"、广东省"哲学社会科学优秀成果奖"等国家、省部级奖项。2001年获"全国优秀教师"称号。

何 琦（1960—）

女钢琴演奏家。广东汕头人。1982年毕业于上海音乐学院本科，1985年入中央音乐学院进修。曾在广州星海音乐学院任教。1990年负责广州市中学生管乐团的工作并担任指挥和团长。1992至1994年被聘任为市教育系统音乐科高级职称评委。现定居国外。

何 青（1938—）

女民族音乐学家。彝族。云南泸西人。1952年毕业于西南民族学院，后入该院歌舞团任独唱演员。1961年毕业于上海音乐学院声系，后在中央民族学院等单位任教。1979年入中央民族学院少数民族文艺研究所从事音乐研究工作。撰有《少数民族乐器志介绍》。

何 青（1964—）

女音乐活动家。浙江人。浙江义乌市文化馆艺术辅导部主任、市音协副主席。2003年毕业于浙江工业大学经济管理系。1996年获省文化厅"浙江省婺剧节"琵琶演奏单项奖。2004年在省文化厅主办的浙江省曲艺比赛中担任二胡主奏的义乌花鼓《茶花对子》获"群星奖"。辅导的学生民乐队多次在全国、省市、少儿器乐比赛中获一等奖，本人获优秀辅导奖。2003年获义乌市"关心培养下一代先进个人荣誉证书"，2004年获省音协颁发"组织和辅导浙江省音乐考级工作成绩优异证书"。

何 群（1945—）

女音乐活动家。江西都昌人。1960年入江西省歌舞团任演员。曾任上饶地区曲协副主席。1988年调上饶地区群众艺术馆任音乐干部。曾担任独唱、琵琶独奏，多次参加中央电视台的春节联欢晚会以及"心连心"下乡演出。曾在歌剧《洪湖赤卫队》《杨开慧》《梁祝》《雷雨》中担任重要角色。创作的童声表演唱《小猴子吹牛》获"群星奖"，歌曲《鄱阳嫂子》《采地菜》等。曾获文化部、国家教委中国少年歌舞汇演辅导奖。

何 山（1949—）

作曲家。重庆江津人。江苏省音协副主席兼秘书长，中国音协第六、七届理事，刘天华、阿炳中国民族音乐基金会副理事长、秘书长，南京艺术学院客座教授。1976年毕业于南京艺术学院音乐系作曲专业。曾任江苏徐州市歌

舞团作曲。作有高胡独奏曲《太湖渔歌》，儿童合唱套曲《春歌》，木管五重奏《诙谐曲》，男高音与钢琴《渌水曲》，女高音与钢琴《凤凰之歌》，混声合唱《森林的春天》，舞蹈音乐《青春》，大型话剧配乐《挡不住的火车头》，电视剧音乐《少年孙中山》《雪夜静悄悄》《同在阳光下》。多次获国家级、省级音乐创作奖。发表有《从心底里流出来的音乐——徐振民"边寨音画"简析》《歌曲创作谈》等文。

何 绍（1944—）

京族独弦琴演奏家。瑶族。广西防城港人。防城教师进修学校高级讲师。广西民族大学艺术学院特聘教授。1960年始曾任在少数民族乐器演奏团等文艺团体任职。研究创立京族祖传乐器独弦琴"中指挽杆法"与"佩拨套指"的演奏新技艺，使其成为风格统一、一弦多音、多用、多功能的独弦乐器，这一成果获文化部文化科学技术进步重大贡献三等奖。创作演奏作品《拜月》《采珠谣》《叹月》《京海琴韵》《月下摇篮曲》等，均获省级以上奖项，并由广西电视台、中央电视台录制播放。曾随团赴香港、澳门、台湾演出，举行"少数民族名家音乐会"。出版有《中国京族多功能独弦琴祖传何氏演奏法》《中国京族独弦琴独奏曲选集》。

何 涛（1957—）

小提琴演奏家、教育家。浙江诸暨人。西北师大敦煌艺术学院音乐专业副主任。1987年起先后就读于西北师大音乐系、天津音乐学院管弦系，2002年毕业于白俄罗斯国立音乐学院管弦系。曾任兰州市歌舞团乐队首席。发表《小提琴演奏基本技法与练习方法》《器乐教学中的乐感培养》等文。参加多部大型舞剧、交响音乐会的演出，并任独奏、领奏。曾在白俄罗斯举办两场个人独奏音乐会。培养的小提琴演奏人才有不少在多项比赛中获奖。

何 薇（1944—）

女作曲家。回族。北京人。1966年毕业于中央民族大学音乐系作曲专业，后任云南大理州民族歌舞团作曲兼钢琴伴奏、指挥。首都师范大学音乐学院副教授，曾在中央民族大学音乐系任教。作有声乐、器乐、舞蹈音乐多部、首。作词、作曲的《请收下我这颗心》《彝家最爱新打歌》《赶街驾起摩托车》《洱海月》《山上彩霞山下花》分别获奖。曾为电影《茶花赞》作曲，并在云南演出钢琴伴唱《红灯记》。曾在1998年举办电脑音乐个人作品音乐会。出版有少儿电子琴曲集《美丽的小筒裙》。

何 为（1924—1991）

音乐理论家。江苏南京人。早年就读于福建音专。1953年毕业于中央戏剧学院歌剧系，后为中国艺术研究院研究员。著有《戏曲音乐研究》《戏曲音乐散论》等。

何 以（1930—）

歌词评论家。江西樟树人。1957年毕业于江西师范学院中文系，后长期从事高中、大学教学。曾任宜春师专中文系副主任、副教授，著有论文集《歌词美学风韵》，

散文集《听听月季心气爽》《月亮梦》。歌词评论多发表于《词刊》《中国电视》等刊物上，散文散见于《散文》《散文百家》等报刊。论文与散文多次获中央、省、市举办的征文赛奖励。另外发表有大量督导艺术论文。

何　玉（1954— ）

女声乐教育家。四川平昌人。1980年毕业于西南师范大学音乐系。曾先后在平昌县元山中学、平昌县第二中学任音乐教师。1993年始在西华师范大学（原四川师范学院）任声乐教研室主任、副教授。

何　芸（1924— ）

女音乐理论家。广东番禺人。1936年参加广州艺协剧团，从事抗日救亡活动。1938年在广东省教育厅佛山大沥乡村教育实验区任干事。1942至1945年就读于国立福建音乐专科学校。1945至1946年在山东大学文艺系学习，后在该校文工团任音乐股长。曾任解放军、志愿军某部文工团音乐股长。1951年于上海音乐学院音乐教育专修班毕业。1954年调北京民族音乐研究所任研究室主任。1973年任中国艺术研究院音乐研究所副所长，研究生部研究生班音乐专业系主任、导师。主要从事少数民族音乐的研究工作。

何　芝（1925— ）

女高音歌唱家。四川成都人。1948年肄业于上海音乐专科学校声乐系。1949年在军区文工团研究室任独唱演员。曾任上海电影制片厂、北京电影制片厂音乐科负责人、配音及独唱。1954年后任中央歌舞团演员、中央乐团合唱队女声小合唱领唱及学员班教员。1964年到中央音乐学院创办乐团合唱训练班并任教。1980年创办星海音乐学校，后改为社会音乐学院，任声乐系主任。

何　纵（1933— ）

圆号演奏家、教育家。四川成都人。曾任四川音乐学院管弦系管乐教研室主任。世界圆号协会会员。1951年考入成都艺术专科学校音乐科，主修声乐、圆号专业，毕业后留校，任圆号教师。曾在北京随德国圆号专家霍夫曼班学习一年和在上海音乐学院管弦系干部进修班深造。先后培养了大量文艺骨干及青年教师，作有圆号独奏曲《牧歌》《草原新歌》等并入选音乐院校教材，曾获文化部中国作品优秀奖、中国作品创作奖。发表论文多篇，其中《音质——圆号美妙音色的基础》在世界圆号协会第十七届年会上宣读。

何安东（1907—1994）

音乐教育家。广东顺德人。1928年于岭南大学肄业。1933年入英国圣三一音乐学院获小提琴荣誉证书。曾任广州十四中音乐教师。全国一届人大特邀代表。音协广东分会多届副主席。作有歌曲《奋起救国》《全国总动员》。

何宝泉（1939— ）

古筝演奏家、教育家。天津人。曾任上海音乐学院教授、硕士生导师，四川音乐学院客座硕士生导师，东方古筝研究会会长，中国民族管弦乐学会古筝专业委员会副会长，中国音协古筝专业委员会副会长。发表有《筝的演奏力学》等文十余篇。在国内外出版多套曲集、教程和音像制品，获教育部颁发的"全国优秀音像制品"三等奖。设计的"蝶式筝"获中国文化科技成果二等奖。

何昌林（1940— ）

民族音乐学家。江苏宜兴人。1966年毕业于上海音乐学院。1979年考入文化部艺术研究院研究生班，1982年获文学硕士学位。任职于中国音乐学院创研部，《中国音乐》杂志副主编、中国音协第四届理事、敦煌吐鲁番学会音乐分会副会长。长期从事我国古代乐谱释解的研究，撰写并发表有《天平琵琶谱之考、解、译》等论文。

何长丽（1932—1995）

女音乐活动家。北京人。1959年毕业于北京外语学院俄语系。1978年入中国音协外委会。曾任中国文化艺术旅行社总经理、北京市对外文化交流协会理事。

何超立（1945— ）

作曲家。江苏镇江人。1966年毕业于广西艺术学院音乐系。广西歌舞剧院创作中心作曲。1985年创作歌曲《晨雾中牛铃在响》获广西壮族自治区政府"铜鼓奖"，1990年获全国第二届民族歌曲创作一等奖。1999年创作歌曲《乡村社戏》获中宣部第七届"五个一工程"奖，同年获自治州区宣传部"五个一工程"奖。歌曲《山歌牵出月亮来》2006年获自治区"铜鼓奖"。

何成育（1943— ）

女古筝演奏家。四川南充人。1964年毕业于四川音乐学院民乐系。曾担任四川省曲艺团团长、书记，四川省舞蹈学校校长。省舞蹈学校教学指导委员会主任，中国古筝学会理事。四川省第八、九届政协委员。1983年以来，曾赴法、德、荷、日等国演出。1992年以来，在香港、台湾、成都举办古筝音乐会。多次参加中国古筝学术交流会并任学术委员。1975年后创作（合作）并演奏的《剑门春意浓》《漓江行》获奖。撰写有《从漓江行谈古筝艺术的继承与发展》《王建墓石雕筝伎研究》等文章。

何初贤（1955— ）

音乐活动家。湖南郴州人。第六届湖南省音协理事、郴州市文联常委、市音协副主席。1980年毕业于湘南学院音乐系，后到耒阳师范任音乐教师。1984年调入郴州市群艺馆，先后任音乐专干、副馆长、党支部书记、馆长等职务。1991年进修于中国音乐学院作曲系。2002年调郴州市文化局任文艺科科长。

何创新（1959— ）

指挥家、音乐活动家。天津人。毕业于湖南师大音乐系，曾在大学任教。株洲电力机车公司文体中心副研究馆员，湖南陆军预备役师军乐团指挥，株洲市民乐团指挥。曾多次组织、参加省、市大型文艺晚会，担任策划、编导、指挥及作曲。创作各类音乐作品百余件，撰写论文十余篇，多次获创作奖、指挥奖及组织奖。多次被评为优秀文艺专干。

何春刚（1946— ）

低音提琴演奏家。河北人。原总政军乐团低音提琴声部长。1965年毕业于解放军艺术学院音乐系。多次参加历次国庆庆典、欢迎各国元首的仪式、宴会、演出，参加全军文艺调演、汇演、第一届中国艺术节及数百场公演音乐会。曾担任意大利歌剧《托斯卡》演出伴奏，并于1978、1980年两次获比赛一等奖。作品《边疆的雪山》1985年获军乐团创作评比一等奖。

何大廷（1940— ）

小提琴演奏家。广东顺德人。1966年毕业于上海音乐学院管弦系，后任上海歌剧院乐团首席。在歌剧、交响、通俗音乐会的排练与演出，唱片录制、音带制作与录像中均任首席。参演歌剧《白毛女》《蝴蝶夫人》、舞剧《凤鸣岐山》等，并与美国旧金山西部歌剧院合作演出。曾被聘为上海广播电视乐团客座首席、上海师范大学音乐系小提琴教师、舞剧院交响乐团首席。随团赴美国巡演，培养了多名优秀的小提琴专业人才。

何德志（1925— ）

民歌演唱家。达斡尔族。黑龙江齐齐哈尔人。擅长演唱和改编达斡尔族民歌。曾任黑龙江省政协委员。1980、1983年获全国少数民族文艺汇演优秀表演奖、民歌演唱荣誉奖。演唱曲目《心上人》《各族人民跟党走》等。

何福琼（1935— ）

女音乐教育家。四川新繁人。1956年毕业于西南音专理论作曲系。曾任四川音乐学院师范系理论作曲教研室主任。撰有《怎样运用民间音调》《赋格形式的运用》《调式交替》等文。

何复兴（1939— ）

单簧管演奏家。北京人。1958年入中央音乐学院、1960年入苏联列宁格勒音乐学院学习。1963年入中央乐团交响乐队任演奏员。曾随团赴日本、朝鲜演出。

何干平（1958— ）

音乐教育家。蒙古族。江苏镇江人。1987年毕业于江西师范大学艺术系。南昌科技大学音乐学院教师。主编《中外音乐家故事》。撰有《音乐家的惊人记忆》《对欣赏音乐的美学思考》分别获奖。作有歌曲《告诉你》《党啊，希望的太阳》《茶乡姑娘弹吉他》《我和树苗同成才》等。教案《歌曲八月桂花遍地开》获全国首届"森雀杯"论文大赛优秀奖。

何根生（1955— ）

音乐活动家。山东费县人。河南省新乡市歌舞团业务团长。1988年毕业于河南大学音乐系。参加省市大型活动、三下乡、春节晚会等，担任节目主持、领衔主演及声乐演唱。1991年在中国航空工业创建四十周年大庆进京汇报演出中担任节目编导。1994年担任大型歌舞《托起明天的太阳》编导。于1995年参加河南省电视台第97期《七彩虹》综艺晚会编导的大型舞蹈《渔鼓抒梅》，获河南省"荷花杯"金奖。

何耕民（1941— ）

音乐活动家。河北晋县人。1963年毕业于中央音乐学院附中。后入总政军乐团工作。1979年到中国音协，曾任资料信息部主任、会员工作部主任、考级办主任。

何国文（1926— ）

音乐教育家。四川邛崃人。1949年毕业于四川省立艺专音乐科。1957年入上海音乐学院苏联复调作品分析专家班学习。曾为四川音乐学院作曲系副教授。

何汉心（1911— ）

女钢琴教育家。广东人。1931年入上海国立音专钢琴系。毕业后在上海中西女子中学钢琴科任教。曾为上海音乐学院钢琴系教授。

何合浓（1941— ）

作曲家。安徽无为人。1961年毕业于安徽艺术学院理论作曲专业，同年分配到安徽省庐剧团任作曲。戏曲音乐有大小剧目近百部，各种题材、体裁、形式的音乐作品百余部，各类歌曲三百余首。数十次在全国及省市获奖。作品有庐剧《情仇》《奇债情缘》，管弦乐《观画》，序曲《绿都颂》，交响合唱《"黄梅"畅想》《春色满园》。

何洪禄（1962— ）

音乐教育家。天津人。天津南开大学文学院副教授。1983年考入天津音乐学院二胡专业。1995年考入南开大学美学专业，获硕士学位。2001年攻读博士学位。出版《新编二胡实用教程》《中国音乐通识》《中外音乐故事》。发表论文《启蒙——中国近代音乐美学思想的主旋律》《留日生在日本的音乐实践活动》等，歌曲《护士日记》获"第十一届中国人口文化奖"铜奖。

何华平（1953— ）

作曲家。江苏常州人。1977年南京艺术学院音乐系毕业。江苏省音协理论创作委员会（戏曲音乐部）委员，江苏省戏剧学校副校长。发表《戏曲音乐创作中的审美思考》《中国古代乐教与小说的教化精神》等文。担任《中国戏曲音乐集成·江苏卷》编辑。参加大量戏剧、电视片和其他音乐作品的创作，获19项国家和省级音乐创作奖，新版锡剧《珍珠塔》音乐获文化部音乐创作奖。

何华蓉（1942— ）

女音乐编辑家。浙江宁波人。1962年毕业于南京师范大学音乐系。曾任职于江苏徐州市电视台文艺部、总编室，曾任电视剧部音乐编辑、文艺导演、主任。在儿童剧《掌声响起》，电视连续剧《心有千千结》，译制片《特别女队》，戏曲片《姐妹俩》等剧目中任导演、译制导演、音乐编辑，曾获音乐编辑奖、戏曲片三等奖。撰有《情系观众，办好节目》《音乐抒怀》《乘着歌声的翅膀》等文多篇。曾在电视台创办"荧屏天地"栏目。

何化均（1932—2002）

指挥家、作曲家。广东番禺人。1950年始从事部队文艺工作。曾在济南军区前卫歌舞团任乐队指挥兼创作员。合作有吹打乐《大得胜》，获1957年第六届世界青年联欢节民间音乐比赛金质奖章，民族管弦乐曲《婚礼》《打起渔鼓庆丰收》，获第三届全军文艺汇演创作奖。并作有笙独奏曲《海岛晨曲》，板胡独奏曲《山东小曲》（合作），曾参加现代京剧《奇袭白虎团》及同名电影音乐的创作。合著有《实用民族乐器法》《实用民族配器法》。

何惠生（1947— ）

音乐教育家。北京人。1975年毕业于北京师范学院音乐系，后留校任教。曾在中央音乐学院和匈牙利柯达伊音乐研究院进修。多年担任视唱练耳课教学，并在北京教育学院、社会音乐学院歌剧系任教。曾任中央教育电视台电视教学讲座主讲教师。编著有中学音乐教师进修高等师范院校本科《视唱练耳》教材，参加《北京地方志·音乐卷》的撰文及译文的编写。首都师范大学音乐学院音乐教育系主任、副教授、硕士生导师。

何惠仙（1912— ）

女钢琴教育家。四川内江人。1937年毕业于上海音专钢琴专业。曾任四川音乐学院钢琴系主任、教授。四川第二、三届人大代表，省第四届政协委员。

何纪光（1939—2002）

男高音歌唱家。苗族。湖南古丈人。1953年入湖南省歌舞团。1962年入上海音乐学院声乐系进修。曾任中国音协理事。湖南省政协第六届委员。演唱曲目有《挑担茶叶上北京》《洞庭鱼米乡》。

何继恩（1932— ）

作曲家。广东广州人。1951年入广州市文工团，任管弦乐队小提琴演奏员。1952年入广州市工人文化宫，任艺术指导，曾任艺术部主任、副研究馆员。广州市音协理事、广东省手风琴学会副会长。作有大量歌曲和器乐曲，部分作品在中央和省、市报刊、电台发表、演播。《五好竞赛之歌》《在早霞里，在晚霞里》在全国比赛中获奖。《啊，月光》《爱之歌》分别在省、市获一等奖。编著有《手风琴配和弦方法》等。

何继英（1953— ）

女音乐活动家。山东人。毕业于上海师范大学音乐系，主修声乐、钢琴。中国音协第五、六、七届理事，宁夏政协委员、音协主席、文联副主席。曾任宁夏文联协会工作部主任、钢琴学会副会长、宁夏爱乐合唱团团长、宁夏电视台"小燕子艺术团"顾问。指挥空军部队合唱比赛获金奖。2005年组织创作的古筝作品《傩工》获第五届中国音乐"金钟奖"银奖。2007年组织带领"露"乐队参加第六届中国音乐"金钟奖"首届流行音乐大赛获金奖。2009年组织报送五首作品参加"全国优秀流行歌曲创作大

赛"，在西北分赛区两首获最佳创作奖，宁夏音协获组织奖。同年组织创作的歌曲《回族尕妹我的花儿》获中宣部"五个一工程"奖。撰有《艺术的奇葩——舒曼的钢琴作品童年情景赏析》《爱依河之歌赏析》等文，曾多次担任声乐、器乐大赛评委。

何家义（1953— ）

口琴演奏家。北京人。1964年开始吹口琴，1981年参加黄青白口琴班。1987年起多次在国际比赛中获奖。曾担任亚太口琴比赛评委。1985年发明112音半音阶口琴获全国爱迪生杯一等奖，选送保加利亚世界展览会。1990年同中央芭蕾舞团交响乐队合作录制CD，在中央电台录制《蓝色狂想曲》，为多部电影电视剧配音。在中国教育电视台作口琴讲座，并参加中央电视台综艺大观和旋转舞台等节目。1996年为聂耳的两首口琴曲管弦乐配器并首演。2002年同美国纳苏管弦乐团合作开音乐会，在纽约杜德巴音乐学院任教。2003年在纽约的长岛和皇后电视台表演。

何建成（1952— ）

作曲家、演奏家。山西运城人。1970年入山西运城地区文工团。1982年调山西省歌舞剧院任演奏员、作曲。1992年入中央音乐学院作曲系进修。作有歌曲《数星星》《前进在山西》《我们是新时代的山西人》，舞蹈音乐《母与子》，舞剧音乐《傲雪花红》。参加演奏的交响曲有《蝙蝠序曲》《贝多芬第三交响曲》《普罗柯菲耶夫第五交响曲》《柴科夫斯基第四交响曲》。

何建国（1957— ）

打击乐演奏家。四川人。1973年入四川省歌舞团。1982年毕业于中央音乐学院民乐系打击乐专业，同年调中央民族乐团任演奏员。曾任台湾省立交响乐团客席演奏员。演出有打击乐《中鼓乐三折》《打击乐协奏曲》《天问》《诺日朗》等。撰有《中国第一首打击乐协奏曲研究》《论当代中国打击乐作品新动态》。曾赴台湾巡回演出《打击乐协奏曲》。合作录制《西安鼓乐》专辑。

何建华（1963— ）

作曲家。湖北长阳人。江汉石油管理局工会文联主任。1999年毕业于武汉音乐学院。曾为江汉油田文工团笙演奏家。撰有论文《刘庄钢琴变奏曲分析报告》。多首歌曲在《歌曲》等刊发表，部分获奖。歌曲《原野上的花开了》，二胡独奏曲《两根弦上奔涌的石油》分获第三届全国石油职工文化大赛创作一等奖。幼儿音乐剧《沾满露珠的梦》获湖北第六届优秀节目展演一等奖，出版音乐盒带《人民真情》并由浙江卫视播出。

何健民（1944— ）

歌唱家、声乐教育家。广东兴宁人。江西师范大学音乐学院教授、硕士生导师。1967年毕业于江西师范大学艺术系。1970年调入江西省歌舞团任歌唱演员兼声乐教师。1986年毕业于上海音乐学院声乐干部进修班，同年赴南斯拉夫访问演出。1987年举办独唱音乐会。首唱《幸福来自中南海》《拖拉机手之歌》等。为《贫穷的富翁》等5部电

视剧、电视片录制主题歌。参与编撰著教材三册。二十多名学生在省级以上比赛中获奖。

何江澄（1953— ）

女音乐教育家。广东广州人。1999年毕业于华南师范大学音乐教育系。后任广州市第四十中学艺术科科长。撰有《课外活动与素质教育》《器乐教学中的个性教育》《音乐教学中的个性教育》，教案《黑人歌曲"哈利鲁"》刊登于《学科教学设计荟萃丛书》。参加广州市中学音乐课例评比多次获奖。多年担任华南师范大学音乐系和星海音乐学院实习生指导教师。培养的学生多次获奖，被授予"优秀辅导老师"称号。

何江平（1950— ）

女音乐教育家。广东惠山人。1976年广东人民艺术学院音乐系毕业，后入中山大学进修，获硕士学位。广东人民广播电台副总监。创作小提琴曲《山乡之歌》（合作），为大型交响音乐会"广州之恋"撰稿。撰写《铃声、乐声、欢笑声》等文部分获奖。所教学生在省市、全国大赛获诸多奖项，本人多次被授予"优秀园丁奖"。

何今声（1939— ）

作曲家。达斡尔族。黑龙江齐齐哈尔人。1964年毕业于中央民族学院艺术系。曾就职于齐齐哈尔市民族文化馆。作有歌曲《山里红》《嫩江渔歌》，编有歌集《黑龙江达斡尔族传统民歌选》。

何锦文（1923—1991）

女声乐教育家。湖北沙市人。1946年毕业于四川白沙国立女子师范学院音乐系。曾为音协山东分会多届常务理事兼声乐研究委员会主任。曾任山东艺术学院音乐系声乐教授。撰有《声乐教学民族化的探索》等。

何开明（1946— ）

作曲家。江西永新人。1970年毕业于中国音乐学院作曲系。曾任湖南省木偶皮影艺术剧团副团长、调研员，并任省文化厅艺术处处长。作有木偶儿童剧《闪闪的红星》《牛仵与猫崽》，童话剧《马兰花》，皮影儿童剧《小运动员》《聪明的伊敏》，歌剧《板仓红霞》，神话剧《张羽煮海》《嫦娥奔月》，少儿歌舞（剧）《金色童年》《我和小树一起长》《小花猫学乐器》，歌曲《喊一声我的祖国》《故乡的雨故乡的云》。部分作品参加全国性会演、比赛并获奖。发表有百余件音乐作品和理论文章。

何克孝（1935— ）

打击乐演奏家。河南灵宝人。1951年从事部队文艺工作。曾任陕西省歌剧团打击乐声部长。

何良佑（1924—已故）

作曲家。湖南人。1949年毕业于湖南音专。后任教于在湖南师大音乐学院。1949至1955年在部队文艺团体任专职创作员，曾创作队列歌曲《准备好》获四野首届文艺汇演创作三等奖。赴朝期间创作队列歌曲《磨快刺刀擦亮枪》，获志愿军文艺汇演创作一等奖。1955年入湖北省文化局音工组，从事民间音乐的收集整理研究工作，曾创作改编《荆门秧歌》，获中南局为农村服务歌曲一等奖。创作改编民歌《哪有空闲回娘家》《喜坏我的妈妈呃》，《今年又是丰收年》等歌曲，曾多次录制唱片和磁带。

何满斗（1937— ）

歌唱家、声乐教育家。河北饶阳人。1964年毕业于沈阳音乐学院声乐系。原新疆军区文工团团长，新疆自治区音协常务理事、表委会副主任。曾受聘任新疆艺术学院、师范大学客座教授。先后在沈阳音乐学院、上海音乐学院短期进修。参加许多重要演出。主抓创作，并演出四台全新晚会，两次率团赴边防哨卡为部队慰问演出。培养诸多歌唱演员及声乐教师，部分学生在声乐比赛中获奖。

何茂田（1931— ）

指挥家。北京人。1951年入海政文工团从事音乐工作。长期担任歌剧合唱排练指挥，排练歌剧有《红珊瑚》《刘胡兰》《壮丽的婚礼》。

何米佳（1953—已故）

女作曲家。江西上饶人。1977年毕业于天津艺术学院作曲系。先后在福州军区文工团、二炮文工团及北京消防局文工团从事音乐创作。作有歌曲《我的家乡台湾岛》《惠安女》。

何敏娟（1936— ）

女戏曲声乐教育家。上海人。1961年毕业于原北京艺术学院音乐系声乐专业（现中国音乐学院），曾任中国戏曲学院戏曲声乐副教授，从事戏曲声乐科研及教学。曾创办《戏曲声乐研究》报，所撰论文曾获文化部科技进步奖。曾担任中国戏曲声乐研究会会长，并编著《京剧各行当练声教程》。

何明炽（1950— ）

男高音歌唱家、声乐教育家。江西人。一直从事吉安采茶戏表演、声乐演唱、教学及歌曲创作。1985至1986年进修于中国音乐学院歌系。曾获江西省第二届玉茗花戏剧节演员二等奖、江西省首届音乐歌舞艺术节声乐演唱二等奖。2001年在获中宣部"五个一工程"奖的吉安采茶戏《远山》中担任合唱指挥、领唱。所教学生多次在江西省艺术赛事中获得一等奖。歌曲《让希望的事业永远兴旺》《我们是井冈小百灵》等在江西省艺术节上获创作奖。

何明孝（1941— ）

女音乐活动家。重庆合川人。1960年进修于四川音乐学院二胡、扬琴专业。历任合川县文工团首席演奏员、演出队队长、团长。组织排练歌剧《草原之歌》《江姐》，话剧《红岩》《大海作证》等。1984年起任重庆木偶艺术团团长，发表艺术志《从新蜀木偶剧社到重庆木偶剧团》及《木偶戏音乐初探》等文。1990年后任四川省文化厅、现代文明画报、中国外资杂志社、世界科学技术杂志社编

H

辑、主题部主任。1997年任四川师范大学电影电视学院教务主任。

何培祯（1928—已故）

作曲家。福建福清人。1955年毕业于华东艺专音乐系作曲科。曾在福建省艺校任教。作有洞箫独奏曲《渔歌》，民乐曲《花灯》等。参与编写《民族音乐概论》。

何漂民（1918—已故）

小提琴教育家。广东人。1936年毕业于上海新华艺专艺术教育系。曾入上海国立音专管弦学习小提琴。后任湖北艺术学院管弦系副主任、弦乐教研室主任。

何平洋（1960— ）

音乐教育家。湖南人。1985年毕业于肇庆师专音乐系，后到江门幼儿师范任教。2000年毕业于华南师范大学音乐系。在长期的声乐教学中总结出自己独特、快速有效的教学方法，培养大批声乐人才。并参与社会音乐活动，在珠三角指挥多支合唱团队。1996年被江门市委、市政府授予"优秀艺术家"称号。曾出版个人声乐专辑《五彩的旋律》，2002年举办师生音乐会。

何乾三（1932—1996）

女音乐学家。四川成都人。1949年入部队文工团。1962年毕业于中央音乐学院音乐学系并留校任教，音乐美学博士生导师、教授。1975年参加北京大学中文系参加注释《马克思恩格斯列宁斯大林论文艺》工作。曾在中国社会科学院美学研究班进修，后赴美国耶鲁大学和宾夕法尼亚大学进修。选编出版有《西方哲学家文学家音乐家论音乐》，翻译有《音乐的情感与意义》（美）伦纳德·迈尔著），发表有《黑格尔音乐美学思想》《卢梭音乐美学思想》等音乐美学论文十余篇，曾获1993年普通高等学校优秀教学成果国家级一等奖（合作）。

何清涛（1962— ）

作曲家。山东潍坊人。就读于山东艺术学院作曲专业，毕业后留校任教。后任音乐系作曲专业副教授、资料室主任。2002年考入中央音乐学院获硕士学位。作品有音乐剧《小白兔》《森林之歌》等，管弦乐作品《茉茄》《破阵子》，单簧管独奏《陕北风情》《海》，小提琴齐奏《大雁的歌》，古筝独奏《大观灯》，室内乐三重奏《鲁腔》，合唱《回归的钟声》等。其中《小白兔》《宝贝儿》分获文化部第七、九届"文华奖"，《天鹅之歌》获中宣部"五个一工程"奖，《大雁的歌》获全国大学生汇演二等奖，《祖国，我向你倾诉》获山东省文化艺术节一等奖。

何群茂（1937— ）

作曲家、音乐编辑家。福建泉州人。1960年毕业于四川音乐学院，后到福建电台任编辑、记者及音乐组长。福建音协常务理事、创委会主任。编写大量音乐专题在中央台及兄弟台广播，并任历届春节点歌、猜歌、献歌现场直播总导演。创作有大量音乐作品，有50件作品在全国或本省获奖。1987年福建音协举办"何群茂声乐作品研讨会"。1990年海峡文艺出版社出版歌唱专集《爱在心窝里》，1993年福建音像出版社出版CD《声屏之歌》。发表有论文多篇。

何润源（1936— ）

作曲家。广东兴宁人。1950年始从事音乐工作。1959年入中央音乐学院指挥系学习。曾为中国音乐学院作曲系副教授。作有歌舞音乐《边寨花正红》，乐曲《往事》《珞巴风情》，曾指挥《欢庆丰收》《弦子舞》演出。

何善昭（1943— ）

音乐编导家。湖南道县人。1966年毕业于中国音乐学院理论系。1973年调入中央人民广播电台文艺部任采录组录音导演。译著有《传声器到原版录音带》。

何上峰（1960— ）

钢琴教育家。浙江义乌人。浙江师大音乐学院音乐表演系主任、副教授。1997年毕业于杭州师范学院。曾任金华教育学院教师。撰有《二十世纪现代音乐中的钢琴艺术》等文。1990年获浙江省音舞节二等奖，2000年被评为省优秀辅导教师。

何少平（1927— ）

女音乐编辑家。广州人。曾任中央人民广播电台文艺部主任编辑。长期从事外国音乐的普及工作。

何少卿（1928— ）

女声乐教育家。满族。河北张家口人。1946年入内蒙文工团。1960年入哈尔滨艺院从事声乐教学。1963年入中国音乐学院进修。曾任哈尔滨师大艺术系声乐教研室主任。

何生哲（1913—已故）

西安鼓乐演奏家。陕西西安人。西安申店公社何家营大队农民。1928年始在民间参加"西安鼓乐"演奏，长期参予搜集、恢复、组织和演奏"鼓乐"。曾获陕西省第二、三届群众音乐演出第一名。

何士德（1910—2000）

作曲家、指挥家。广东阳江人。1931年起师从黄自、周淑安和梅帕器学习作曲、声乐和指挥，分别毕业于上海新华艺专和国立音专。1935年起，历任上海和南昌抗敌歌咏协会副主任、主任兼总指挥，新四军军部文化队长，华中鲁艺音乐系主任，延安鲁艺戏剧音乐系作曲训练班主任。抗战胜利后，任合江省文工团团长，东北民主联军总政联合文工团团长，东影党总支书记、音乐组长。新中国成立后，任中央电影局音乐处处长、中国音协首届常务理事、北京电影厂、新疆电影厂作曲、人民音乐出版社词典编辑室主任。创作有《新四军军歌》等数十首抗战歌曲。为新中国第一部故事片《桥》与第一部中苏合拍的大型彩色纪录片《解放了的中国》作曲并获斯大林文艺一等奖。曾为故事片《林家铺子》作曲。主持参与《中国音乐词典》的编辑出版工作。

何蜀光（1947—　）

作曲家。四川人。重庆音协理事。西师音乐学院毕业。1982年以来历任《重庆红岩少年报》音乐编辑，重庆电视台音乐编辑、有线电视台文体部副主任。2000年获重庆市优秀电视艺术工作者称号。2002年获重庆市"十佳电视艺术者"称号。创作歌曲数百余首，发表和演唱二百多首。其中《闹新春》《铜唢呐》《背太阳，望月亮》等获多项全国奖。配音电视片《今天我十岁》获全国一等奖。编导作曲的电视文艺片《红岩魂》获全国星光奖二等奖。

何树凤（1955—　）

女琵琶演奏家。上海人。1976年入中国广播民族乐团。现居美国。曾多次随团出国演出担任独奏。1980年在"上海之春"全国琵琶比赛中获一等奖及传统乐曲演奏优秀奖。合作有琵琶乐曲《田园舞曲》等。

何思达（1940—　）

音乐教育家、胡琴演奏家。河南开封人。大学专科毕业。早年在专业团体从事民乐演奏，担任独奏演员。长于二胡、板胡、高胡、京胡等胡琴系列演奏。1983年任河南省安阳市第一职业中专音乐教师，多年担任器乐选修、公共理论及合唱指挥课的教学。1993年获河南省优秀教师荣誉称号。撰写的学术论文多次在全国性报刊和全国性学术会议上发表或获奖。

何穗宁（1959—　）

女音乐教育家。广东广州人。1986年星海音乐学院音教系毕业。广东外语艺术职业学院教务处副处长。发表《高师钢琴教学改革与钢琴集体课问题初探》《对音乐职能开发教育的几点认识》等文。培养的学生现活跃在广东各地文化教育战线，成为工作单位的骨干力量。现为"广东省中等职业技术教育专业技能课程操作技能考试"及"社会艺术水平考级"考官。

何天明（1937—　）

音乐教育家。蒙古族。江苏镇江人。1955年毕业于南京艺术学院理论作曲系。曾任南昌市教研室音乐教研员，南昌市音协理事，《江西新歌》、省群艺馆音乐编辑。1962年考入武汉音乐学院进修声乐，后任江西省歌舞团独唱演员兼声乐指导。曾参加歌剧《挖界石》，组歌《八一组歌》，儿童歌舞剧《欢乐的布娃娃》等的演出并获奖。培养大批声乐人才，部分学生参加省、市级比赛获奖。主编出版有《师范音乐课本》，作有歌曲《农村在等着我们》《丰收花灯》等。

何天行（1955—　）

演奏家。天津人。1974年毕业于天津音乐学院管弦系。天津广播影视艺术团副团长。撰写发表有《低音传奇——德拉戈内蒂的生平及艺术活动》。为木偶剧《大肚弥勒佛》《火焰山》，话剧《周恩来在南开》等配乐录音。多次参加大型交响音乐会、广播音乐会等演出工作，曾获

"五个一工程"奖。

何王保（1955—　）

二胡演奏家。广东湛江人。1970年考入广东人民艺术学院，1976年入广东歌舞团，历任演奏、领奏、独奏演员兼作曲。1982年获第三届"羊城音乐花会"民族器乐比赛青年组优秀奖。1987年获"全国广东音乐邀请赛"一等奖。1987年创作《龙腾虎跃》获优秀奖。1986年舞蹈音乐《贵妃醉酒》获广东省文联"鲁迅文艺奖"音乐奖。现定居国外。

何维青（1943—　）

笛子演奏家。北京人。北京舞蹈学院原民乐教研室主任。曾任北京音协理事、中国民族管弦乐学会理事、中国竹笛学会副会长。撰有《中国民乐进课堂》《中国竹笛源流与前景》。担任《中国舞考级教材》《中国民族民间舞曲集》副主编、编委。作有舞剧、舞蹈《山花》《哪吒》的音乐及器乐曲《迎春》等六十余首。曾任历届文化部举办的"全国少儿民乐比赛"评委，北京教委举办的"北京学生民乐比赛"评委。

何伟光（1954—　）

双簧管演奏家。广东人。珠影乐团副团长、广东音协理事。先后毕业于广东五七艺术学校、华南文艺成人学院。1977至1980年在广东粤剧院任演奏员。曾参加数百场各种形式的音乐会演出。参与二百多部电影、电视剧、短片、专题片的音乐录音。先后在粤剧《锦伞夫人》《雾锁东宫》《小周后》的演出中担任混合乐队指挥。

何文清（1933—已故）

音乐教育家。锡伯族。新疆伊宁人。1954年毕业于西北艺术学院艺术系。曾任新疆艺术学院小提琴教师、音协新疆分会副主席。著有维吾尔文《小提琴演奏法》。

何文友（1937—　）

音乐教育家。壮族。广西宁明人。曾为广西艺术学院音乐系理论作曲组教师。1964年毕业于广西艺术学院音乐系。曾就职于广西壮族自治区文联采风队、广西农村文化工作队。所创作的歌曲《向您致以爱的问候》曾获南宁市红五月音乐会创作一等奖，《我们是实现四化的生力军》《船从远方来》《我爱桂林山和水》分获南宁市红五月音乐会创作二等奖。撰有《师范专业歌曲作法课应重视歌曲整体分析》。

何无奇（1925—1968）

指挥家。浙江诸暨人。1949年毕业于上海美专音乐系。后曾担任文艺行政工作。1957年任上海民族乐团副团长兼指挥。作有民乐合奏曲《马鞍山序曲》《迎亲人》。

何晓青（1964—　）

小号演奏家。江苏淮阴人。北京交响乐团小号首席。1990年毕业于中央音乐学院。曾任沈阳军区前进歌舞团乐队队员。1995年在北京音乐厅举办个人小号独奏音乐会。

H

1991、1993年两次随团赴欧洲巡回演出。参演大小音乐会近千场，涉猎了从古典到现代的大量交响乐曲目。先后与俄罗斯国家交响乐团、澳大利亚广播交响乐团等演奏团体合作演出。参演近十届北京新年音乐会。

何孝庆（1949— ）

男中音歌唱家。重庆人。1978年入四川省歌舞剧院工作。1983年毕业于中央音乐学院歌剧系，后赴美留学。在首届"全国聂耳·冼星海声乐作品演唱比赛"中获优秀演唱奖。

何新南（1944—2008）

歌词作家。江苏武进人。曾任中国音乐文学学会理事，银川市作协副主席。1969年考入银川市文工团任二胡、中提琴演奏员。1980年调市文联任编辑、作协秘书长、副主席、创研室主任。1991年起任民进市委会专职主委，宁夏第六、七届政协委员、常委。出版有《何新南歌词集》《黄帝故乡人》《太阳路》及诗歌、散文、报告文学、评论等，先后有百余首（篇）获奖。主创1995、1998宁夏春节电视文艺晚会。两次获市文艺创作突出贡献奖。

何新约（1943— ）

歌唱家。陕西西安人。曾任陕西省歌剧团副团长、省轻音乐学会理事。1968年毕业于西安音乐学院声乐系。曾任延安歌舞团独唱演员，并在《延安湾》《枫树湾》《草原之歌》《桃花渡》等十多部歌剧中任主要演员。

何煊宗（1944— ）

钢琴教育家。广东新会人。1962年毕业于广州音乐专科学校附属中等音乐学校钢琴专业。长期从事钢琴演奏、教学及声乐、舞蹈基本训练的音乐设计、伴奏及艺术指导工作。撰有《钢琴教师与舞蹈教师合作关系的几点浅见》《现代舞即兴技巧课中钢琴伴奏教学特点》。主持创编《舞蹈钢琴伴奏教材》。曾与美国、加拿大等国家现代舞专家合作，担任现代舞技巧课钢琴伴奏、艺术指导。任广东舞蹈学校钢琴教师，受聘于星海音乐学院钢琴系、少儿课余音乐学校。曾为广东省钢琴学会理事。

何雪玲（1938— ）

女歌唱家。上海人。1955年曾任陕西歌舞剧院演员，1958年后先后任天津广播乐团声乐演员，天津乐团声乐演员，天津歌舞剧院独唱、重唱演员。曾担任舞剧《白毛女》《沂蒙颂》主唱。为天津电视台电视剧《现在正是早晨》配唱主题歌《早晨，早晨》，并在天津电台与中央台音乐台播放。曾任天津音协合唱分会副理事长兼秘书长，天津中小学音乐教育委员会副主任。

何雪飘（1918—已故）

女音乐编辑家。广东广州人。1936年参加抗日救亡歌咏活动。1945年毕业于福建国立音乐专科学校，曾到香港中华音乐院任教。新中国成立后曾任解放军总政治部《解放军歌曲》月刊编辑部组长，中国音协《歌曲》月刊编辑部副组长，《儿童音乐》月刊编辑部组长，《音乐创作》编辑部组长。

何训田（1952— ）

作曲家。四川遂宁人。中国音协理事，上海音乐学院教授、博士生导师、作曲指挥系主任。1982年毕业于四川音乐学院作曲系。1983年创立RD作曲法，是一位用自己的理论指导创作的作曲家。创作有交响乐《梦四则》，室内乐《天籁》和《声音的图案组曲》，1995年出版《阿姐鼓》在六十多个国家出版发行。多次应邀出席国际音乐节和国际作曲家会议。曾获得九项国家级作曲奖和十三项国际性作曲奖。

何亚杰（1925—已故）

音乐教育家。山东济宁人。1948年毕业于辅仁大学经济系。1957年入中央音乐学院作曲系进修。曾为天津幼儿师范学校音乐高级讲师。音协天津分会第一届常务理事。

何延生（1943— ）

作曲家。陕西商县人。长期从事部队和地方文艺工作。曾任陕西省音乐家协会创委会常务副主任与理论创作部主任。曾被陕西省委、省政府授予"德艺双馨"文艺工作者称号。作有歌曲《门合组曲》《走三边》《走壶口》《秦川牧羊谣》《干妹子你丢开手》《石油娃》《黄土里冒出一团火》《这么大的窗子这么大的门》《飘雪花》《父亲》《我回来了》等。其中有三十余首作品获全国创作奖、银奖、入选作品奖和省一、二等奖。

何瑶仙（1936— ）

作曲家。浙江常山人。1951年毕业于常山县师范，同年考入上海剧专表演科（五年制），后入华东军区荣校文工团。1961年任合肥市工人文化宫文艺科长、文艺研究室主任，从事音乐创作和声乐辅导，副研究员。合肥市政协第七、八届委员。出版《妈妈给我一把琴》歌曲集，其中二十余首获奖。《妈妈给我一把琴》评为"全国妇女心中的歌"十佳歌曲。主持17届合肥市职工歌手比赛，多次担任全国职工歌手比赛评委，获"艺术指导金奖"。

何益民（1965— ）

女音乐教育家。湖南长沙人。毕业于中国音乐学院音乐教育作曲专业。就职于湖南艺术职业学院。湖南音协戏曲音乐学会副秘书长、打击乐学会常务理事。曾先后担任乐理、视唱练耳、器乐、戏曲唱腔、合唱合奏等课程教学。所教学生曾多次在国内大赛中获奖，个人获得"优秀教师""优秀指导奖"。创作了多出地方戏曲音乐，其中花鼓戏《玩不啰》获第七届全国"映山红戏剧节"音乐设计一等奖，湘剧《秦王遣将》获湖南省艺术节音乐设计一等奖。发表多篇学术论文，并参加过全国学术研讨会。曾应邀赴美讲学。

何银柱（1943— ）

作曲家。达斡尔族。黑龙江齐齐哈尔人。1983年毕业于东北重型机械学院。原中国一重集团文化宫副主任兼作曲。高级工程师。创作的达族声乐作品有《颂歌献给红太阳》《格子人民跟党走》《我爱达乡美丽的春天》《海风啊！快把喜讯捎给大庆》等，发表、录制唱片或在全国首届少数民族文艺汇演中获优秀创作奖，黑龙江音协、文化厅举办的声乐作品大赛一等奖。1987年出版个人声乐作品专辑《欢乐的敖包会—何银柱创作歌曲选》。

何永才（1948— ）

作曲家。湖北洪湖人。湖北黄石市音协副主席兼秘书长。自幼受荆州花鼓、洪湖渔鼓等地方戏曲的熏陶，学生时期师从黄振奋教授学习音乐理论和作曲。1973年起在《湖北文艺》《长江歌声》等刊物和中央电视台、省市电视台、电台发表播放音乐作品。有百余首（部）音乐作品在全国及省、市获奖。

何永宁（1956— ）

音乐教育家。湖南永州人。1981年毕业于湖南师大音乐系。先后任湖南省江永县歌舞团演员，道县师范、零陵师院、深圳市宝安中学音乐教师。作有《人民爱党情最真》《把我们的爱汇集在一起》《潇水谣》等歌曲，并获奖。曾获湖南青年歌手大赛二等奖、深圳市十大歌手称号。培养一批声乐人才。指挥学生合唱团参加"百歌颂中华""鹏程金秋"文艺汇演合唱比赛，获金、银奖。撰有《试论男高音喉头位置对嗓音的影响》《初中音乐课考试改初探》。担任《大学生音乐修养》编委。

何幼卿（1949— ）

女作曲家。福建厦门人。1971年入湖北军区政治部宣传队。后入湖北艺术学院进修手风琴、钢琴。1979年调厦门市歌舞团创作室工作，继而在厦门市音协任音协副主席，省音协理事。1989年创办"国贸青少年钢琴学校"。作有舞剧《茁壮成长》《鱼水情》，获武汉军区会演创作一等奖。歌曲《又是十五月儿圆》《红叶》《水仙花》获市创作一等奖。1980年开始从事儿童钢琴教学，多次举办少儿钢琴、小提琴、电子琴比赛。

何于壁（1930— ）

歌词作家。湖南桃源人。1949年8月参加部队文艺工作。1961年毕业于哈尔滨师范大学中文系。先后在黑龙江、湖南省音协工作。作有《红军桥，团结桥》《美丽的张家界》《荷塘恋歌》《姑娘爱赶坡》《回来吧，姑妈》。其中《武警与摩托》获1988年全国人民武警之歌征歌创作二等奖。撰有《浅谈新疆民歌的歌词特色》等文。

何玉芳（1938— ）

女歌唱家。四川成都人。1955年入成都市总工会文艺工作队。1956年起先后任全总文工团独唱演员、演唱队队长、总团副团长。经常参加重大演出活动，并赴全国各地巡回演出。擅长演唱民歌、戏曲及具有乡土气息的歌曲。演唱曲目有《路遇》《跑菜园》《双推磨》等戏曲片断及《包楞调》《放风筝》《在北京的金山上》等民歌。所演唱的《好管家》《毛主席穿上绿军装》等创作歌曲录制成唱片。自编自唱有《只生一个好》《傻大姐》《不要过分溺爱他》等。1979年被评为全国

"三八红旗手"。

何玉龙（1927— ）

二胡演奏家、教育家。江苏人。辽宁锦州市音协名誉主席。1943年参加新四军，1946年起从事部队文艺工作，曾任师宣传队创作组长。1953年从朝鲜回国后调入沈阳军区前进歌舞团任民乐队长、首席二胡。师从蒋风之、李庭松深造二胡、琵琶演奏技巧。1960年入解放军艺术学院音乐系任民乐组长兼二胡教员。1962年在中央音乐学院作曲系学习。1966年转业至锦州市文联，历任音协秘书长、主席，省音协三、四、五届理事。发表歌曲五十余首。为普及二胡、琵琶教学，培养学员二百余人。

何玉生（1943— ）

弹拨乐演奏家。北京人。1960年入中央歌舞团任演奏员。改革中阮，并研制出电中阮。曾随团赴朝、越、老挝等国演出。演奏有《冬不拉》《马铃舞曲》。

何玉锁（1936—2005）

歌词作家。河北枣强人。1956年始从事文艺创作。曾就职于全总文工团歌舞团，并任副团长。出有诗集《礼花赞》《总是风云情》。发表有多首词作。

何元平（1956— ）

音乐教育家。四川南江人。毕业于西南师范大学音乐系。现为四川文理学院音乐系副教授，担任多门音乐理论课程及器乐教学。近年来潜心研究电脑音乐在音乐教育中的运用。1988年获四川省中师青年教师优质课一等奖，1997年获四川省高校教师汇演二等奖。指挥、排练的合唱获四川省大学生汇演一等奖。指导的二胡学生分别获四川省小学、大学生独奏一等奖。

何云蛟（1955— ）

作曲家、音乐理论家。甘肃兰州人。1982年毕业于西北师范大学音乐系作曲专业。曾任甘肃省军区战士文工团乐队队长，1985年入兰州大学艺术系艺术教研室任教。撰写论文《抗战歌曲的历史作用及现实意义》《音乐基础理论教程》《音乐欣赏基础教程》等，个人专辑《西北校园民谣》参加中宣部"五个一工程"奖的评选。为文艺专题片《西北望》，电视剧《星星的轨迹》《黑云》，敦煌乐舞《滴水观音》等作曲。

何泽生（1954— ）

作曲家、指挥家。四川泸州人。重庆市歌剧院交响乐团常任指挥。指挥演出"庆祝建党80周年大型交响合唱音乐会""香港、澳门回归庆典音乐会""三峡印象交响乐音乐会"、大型交响合唱音乐会《长江》及歌剧《江姐》《货郎与小姐》《巫山神女》等各种大型音乐会数十台及"刘光宇二胡演奏音乐会""黄河——孔祥东独奏音乐会"等个人音乐会。所作曲、指挥的舞蹈音乐《大山下》《竹韵》等获"群星奖"金奖，《山里来了大学生》获全国高等院校金奖。为电视剧《武陵山剿匪记》《傻儿师长》作曲并指挥录制。作有歌曲《山沟沟》《四川妹儿》

《小平，你好》《叫一声同志哥》。出版有《走向辉煌》《千歌万曲献给党》《春天的颂歌》等。

何占豪（1933— ）

作曲家。浙江人。曾任上海音协副主席、上海市政协委员。中国音协理事、上海音乐学院教授。1950年参加浙江省文工团。1953年入浙江省越剧团，任乐队队长。1957年考入上海音乐学院小提琴专业进修班，1964年毕业于上海音乐学院作曲系。作品有小提琴协奏曲《梁山伯与祝英台》（合作），交响诗《龙华塔》，弦乐四重奏《烈士日记》，古筝协奏曲《临安遗恨》《西楚霸王》，二胡协奏曲《乱世情》，二胡与乐队《莫愁女幻想曲》。

何振京（1927— ）

音乐教育家、作曲家。河北蠡县人。1955年毕业于中央音乐学院作曲系，师从肖淑娴，后留校任教，教授。《中国民歌集成·北京卷》特约编审。传统音乐学会理事。出版《中国儿童民歌选集》《迈进民族音乐之门》《让诗词唱起来——谈歌曲写作》及歌曲集，发表音乐论文数十篇及歌曲数百首。曾在中国音乐学院、北京舞蹈学院、北京戏曲学院兼课，在国内数十家单位讲学。歌曲《毛泽东时代英雄多》为建国10周年推荐歌曲，《小溪再也不孤单》获"第二次全国少年儿童文艺创作评奖"三等奖。《那就是台湾我的家》1982年在北京首演并发表，台湾"荣星儿童合唱团"在台北演唱，并作为该团保留曲目，多次赴美国和加拿大演唱。

何直昇（1945— ）

作曲家。浙江定海人。1966年毕业于省艺校。1980年在上海音乐学院进修。曾任舟山市群众艺术馆馆长、艺术指导、研究馆员，市音协主席、名誉主席。主编中国民族民间《器乐》《民歌》《曲艺音乐》浙江卷舟山分卷集成和省卷编辑工作。并获文化部集成志书编辑成果一等奖。创作的器乐曲、歌曲、论文作品有几十首在省以上获奖。其中舟山锣鼓吹打乐《海娃闹海》（合作）获文化部第二届"蒲公英奖"音乐创作、表演金奖。论文《舟山渔民号子的音乐特点》获文化部优秀论文奖。

何直伟（1940— ）

作曲家。浙江定海人。1967年毕业于上海音乐学院作曲系后留校。曾任浙江京剧团、越剧团作曲。作有大合唱《回答今日世界》及舞剧音乐《鉴湖女侠秋瑾》，越剧《五女拜寿》《明月何时圆》，京剧音乐《枫树湾》《孙中山》，电视片音乐《宦海沉浮》，故事片音乐《三角警标》等，曾获全国"金鸡奖"，优秀广播剧奖，作曲奖、优秀唱段配器奖等。出版音乐、戏曲唱片多张，戏曲磁带《西厢》《红楼梦》《梁祝》《桃花扇》等三十余盒。

何志通（1924— ）

音乐活动家。山东庆云人。1937年参加革命后长期从事部队音乐工作。曾任广州军区歌舞团艺术指导。后到广州中医学院任领导工作。作有歌曲《手榴弹》等。

何忠琴（1964— ）

花腔女高音歌唱家。江苏南京人。1990年毕业于南京艺术学院音乐表演专业，先后师从李宗璞、黄友葵教授。1991年考入江苏省歌剧舞剧院歌剧团，曾参演歌剧《木棉花开了》《江姐》《茶花女》《孙武》《悲怆的黎明》，舞剧《五姑娘》，贝多芬《第九交响乐》的演出，在《茶花女》中扮演女主角维奥列塔。曾获江苏省第二届音乐舞蹈节声乐比赛三等奖。1995年在首届聂耳·冼星海声乐比赛中获三等奖。2009年在南艺音乐厅举办首场"春之声何忠琴独唱音乐会"。2002年始在南艺任兼职声乐教师。

何仲涛（1940— ）

女作曲家。山西定襄人。1963年毕业于内蒙古师范学院音乐专业。曾在包头市中学、师范学校任教，后调市电视台任音乐编辑。谱写了大量独唱、合唱、小歌舞剧、电视短剧等音乐作品。其中歌曲《中华，伟大的妈妈》《大青山抒怀》《故乡》等在中央电视台、中央广播电台播出。《歌儿声声献给党》《草原儿童心向党》等编入自治区小学音乐教材。《我是草原小骑手》获全国少儿歌舞比赛创作奖，并与《草原—我的摇篮》同获全国儿童音乐电视大赛银奖。童话歌舞剧《骄傲的小公鸡》获自治区少儿汇演创作三等奖。出版《校园歌曲集》。

和鼎正（1935— ）

作曲家。纳西族。云南丽江人。曾任职于云南迪庆州歌舞团。1963年毕业于四川音乐学院作曲系。曾任职于某军炮兵团俱乐部及云南丽江地区歌舞团任创作员。作有声、器乐作品百余件，其中近二十首歌曲在报刊发表。为独幕歌剧《奴隶的婚礼》作曲，获云南文化局三等奖，为舞蹈《月夜》作曲，获云南省民族文艺汇演奖及国家民委、文化部优秀奖。并为纪录片《迪庆——吉祥如意的地方》作曲。

和文光（1957— ）

作曲家、民族音乐家。纳西族。云南丽江人。丽江纳西族民间艺人联谊会会长。所整理的纳西民歌《栽秧调》《嫁女调》《吟酒歌》等作品在第十三届全国青年歌手电视大奖赛中，由纳西姐妹组合演唱获原生态唱法银奖。歌曲《摩梭敬酒歌》获全国酒歌大赛作曲金奖，《梦中的香格里拉》《纳西迎宾曲》《火恋》等作品颇有影响。出版《纳西魂》《丽江的歌》《纳西恋歌》等专辑。2006年在北京中山音乐堂举办"纳西民歌世家演唱会"。曾赴美国进行文化交流。

和新民（1962— ）

词曲作家。纳西族。云南丽江人。1980年开始发表作品。1989年毕业于中国函授音乐学院音乐教育系。曾任教师、专业音乐创作、报刊编辑等。在全国二十多家刊物发表音乐、歌词及论文作品。作有歌曲《香格里拉我的家乡》《金沙江我的母亲河》《拥抱丽江》等。出版歌曲集《中国纳西族歌曲选》、歌词集《情系古山》及CD《和新民歌曲作品选》。部分作品在国家、省级获奖，部分MTV作

H

品曾在中央电视台等媒体播出。

贺　成（1956—　）

竹笛演奏家。新疆乌鲁木齐人。新疆兵团音乐文学学会副会长。毕业于新疆师大音乐系。竹笛演奏多次获省级大奖。其文艺理论文章先后在全国第六届、八届、九届全国文艺理论会上获奖。其中有4篇被收入《全国演出理论文集》中，并两次获由文化部颁发的荣誉证书。歌曲（词）《走向蔚蓝的明天》《党旗飘起来》《相聚在绿洲》《心潮澎湃》等多次在全国和省级征歌中获奖。

贺　飞（1921—2004）

评剧作曲家。山西汾阳人。1938年起先后任战斗剧社、西北文工团、七月剧社音乐创作、指挥、导演。1950年随马可参加歌剧《小二黑结婚》的创作，1953年调中国评剧院对评剧音乐进行改革，在板式、唱腔设计方面取得突破性成就。作品有《金沙江畔》《高山下的花环》等评剧音乐，其中《高山下的花环》获1985年文化部全国现代戏曲调演音乐设计一等奖。专著有《评剧音乐概论》《革新是评剧音乐的生命线》（合作）。

贺　虹（1957—　）

女二胡演奏家、教育家。河北人。1982年毕业于沈阳音乐学院民乐系，同年留校任教。曾获全国民族器乐独奏观摩演出表演奖，应邀参加世界乐器演奏会以及赴法国巴黎参加世界竖琴大会。举办二胡独奏音乐会。率队参加"天华杯"全国少年二胡比赛，学生张明获一等奖，发表论文《二胡音准概念的建立及音律的使用》。

贺　凯（1956—　）

小号演奏家。回族。北京人。中国儿童艺术剧院乐队演奏员。编著有《小号演奏入门与提高实用教程》。除参加剧院的演出工作外，还参加了中国广播交响乐团、中央歌剧院交响乐队、中央芭蕾舞团交响乐队的演出与录音。1999年起担任了北京新开路小学、灯市口小学等学校的管乐队教员。1998年应邀参加音乐剧《三毛钱歌剧》演出。1999年随中国青年艺术剧院赴日本及港、澳、台等地参加"小亚细亚戏剧周"演出，担任主要角色及小号演奏。

贺　林（1931—　）

音乐活动家。山东日照人。中国音协合唱学会理事。曾任山东济南市群众艺术馆音乐部主任。1949年3月任职于渤海人民文工团。1983年指挥"泉城合唱团"排演《海迪之歌》，由省电视台播放。1987年参加山东艺术节指挥一千余人的《黄河大合唱》。曾主持实施"山东省首届泉城之秋合唱节"。作有歌曲《唱不尽山区好光景》《我为英雄唱赞歌》《我们从心里把你热爱》等。发表论文《让群众审查我们的艺术》《富有凝聚力的厂歌》等。编著《简谱乐理基本知识》《少儿歌曲写作技法》等。

贺　梅（1963—　）

女歌唱家。陕西西安人。1977年入延安歌舞团，1992年调陕西省歌舞剧院。1980年举办个人独唱音乐会。1985年获延安聂耳·冼星海声乐作品比赛一等奖，1993年获陕西省"秦皇杯"青年歌手电视大奖赛专业组民族唱法一等奖，1994年获国际民歌节首届"中国民歌大赛"铜奖。1998年参加中央电视台春节联欢晚会，同年获陕西省第四届青年音乐家奖。

贺　敏（1956—　）

女音乐教育家。江西永新人。河北燕山大学艺术学院副院长、教授。1983年毕业于中央音乐学院歌剧系，师从沈湘教授。1994年获加拿大萨省大学音乐系博士学位。曾任中央歌剧院独唱演员并主演歌剧《费加罗的婚礼》《佳尼斯基基》《军民进行曲》，曾在加拿大举行专场音乐会并主演歌剧《蝴蝶夫人》。著有《中国艺术歌曲的风格研究》《普契尼的三部歌剧（波希米亚人），（托斯卡），（蝴蝶夫人）中主导动机技巧研究》，均由英国伦敦Caresspresslondon出版社出版。

贺　欣（1930—　）

女高音歌唱家、教育家。辽宁人。1948年入东北鲁艺音乐系，后留音工团并随团赴朝演出。1951年任省艺校教师，后任歌舞团、歌剧团独唱演员及声乐教师。电台曾录制个人专辑《历尽沧桑志不挠》。1956年为电影《边寨烽火》主角配唱。1986年被聘为声乐艺术班及歌剧声乐大专班声乐教授。1980年后多次获优秀教师优秀奖。两次获文化部等颁发的声乐指导奖。出版有《贺欣声乐文集》。

贺　晔（1950—　）

男高音歌唱家。山西河曲人。山西省剧协理事。1981年进中国音乐学院歌剧系进修。历任山西忻州文工团独唱演员、演员队长、业务团长。曾获山西省第二届民间音乐汇演一等奖。多次为电视片演唱插曲，为中央电台，山西电台、电视台录制节目。并在中国唱片社、太平洋音影公司录制其民歌二人台专辑十余盘。

贺　艺（1933—　）

作曲家。山西孝义人。曾任陕西省文联副主席、陕西音协主席、中国音协理事。1948年参加西北野战军，从事部队文艺工作。1953年赴朝作战地宣传。1955至1956年部队选送到军乐学校上海干部班学习作曲、指挥。1957年转业到延安歌舞剧团任作曲、指挥。1963年调陕西省歌舞剧院歌舞团任合唱队长。1965至1985年，任延安歌舞剧团副团长、团长。1985年调陕西音协。作品有《蓝花花》《延安儿童团》《山丹花》等8部歌剧音乐，《延安战火》等5部影视音乐，合唱《闹红歌》《黄河船夫》《龙吟颂》等，其中《龙吟颂》获中宣部"五个一工程"奖。

贺爱群（1943—　）

作曲家。安徽定远人。1965年毕业于安徽省艺术学院音乐系。历任安徽省徽州地区文工团作曲兼指挥，蚌埠市歌舞团作曲。作有歌曲《淮河流淌动人的歌》《一轮明月照九州》等，所作歌舞剧音乐《玩灯人的婚礼》获文化部创作二等奖，舞蹈音乐《花鼓女的喜悦》获"首届华东舞蹈比赛"一等奖，唢呐独奏曲《欢乐的茶乡》被选入《建国三十周年唢呐曲选》。

贺春霞（1949— ）

女作曲家。山东烟台人。先后毕业于青岛建工学院、中国音乐学院理论作曲系。80年代以来，先后在五十余家刊物发表音乐作品，其中获国家级奖项二十余首，有4首在中央广播电台播放并制成光盘、磁带。出版有音乐著作《诺言》。

贺大钧（1941— ）

小提琴演奏家。北京人。1959年毕业于中央音乐学院管弦系。后入中央乐团交响乐队。多次随团出国访问演出。曾组织四重奏团参加室内乐演出。

贺东久（1952— ）

歌词作家、诗人。安徽宿松人。1970年从事歌词写作。1978年入南京军区歌舞团从事专业创作。后调入总政歌舞团。1987年入解放军艺术学院文学系进修。作词歌曲有《中国、中国，鲜红的太阳永不落》《绿色的背影》《不要问为什么》《士兵的桂冠》《芦花》《追寻》等。

贺高勇（1928—1986）

女声乐教育家。上海人。1948年毕业于国立上海音专。曾在中央乐团、中国音乐学院、中央音乐学院任声乐教师。著有《简易发声法》。

贺光明（1942—2008）

作曲家。四川江北人。重庆歌舞团作曲。曾参军从事部队文艺工作。作有歌曲《草原新故乡》《嘉陵江上好风光》《汾河水弯又弯》等，器乐曲《山丹丹开花》《师长给我讲故事》等，合唱《毛主席永远活在我们心中》《竹叶船》获文化部颁发歌曲一等奖，《中国龙舞起来》等获文化部、四川人民政府举办的"中国艺术节"二等奖。多次举办作品音乐会。多次担任中央电视台举办的全国歌手大奖赛评委。

贺继成（1959— ）

作曲家。陕西神木人。鄂尔多斯市音协副主席、文联组联部部长。1986、1993年分别毕业于内蒙古艺术学院作曲系、上海音乐学院作曲系。作有歌剧《柳绿沙原》，组歌《穿沙凤》《碱湖组歌》，音乐专题片《大漠里飞出的旋律》，电影《子母柳》《好事好商量》音乐。多首歌曲由德德玛、腾格尔等歌唱家演唱，在中央电台、电视台播放。出版CD光盘专辑。

贺克安（1933— ）

歌词作家。江西萍乡人。1954年毕业于湖南大学经济系。江西奉新文联主席。撰有《歌词特性》《歌词情感表现方式初探》，词作有《山里小路弯又弯》等。

贺雷雨（1947— ）

歌唱家。山东人。1968年始从事声乐艺术，担任独唱及四重唱。先后在兰州军区战斗歌舞团、沈阳军区前进歌舞团任职。1976年调中国煤矿歌舞团，曾任演出业务办公室主任、副团长。参加过众多大型演出活动，并长年从事舞台管理工作。

贺磊明（1961— ）

歌剧表演艺术家。湖南人。1985年毕业于武汉音乐学院声乐系。中央歌剧院演员。1984年曾举行独唱音乐会。1985年获"全国聂耳·冼星海声乐作品"演唱比赛三等奖。在歌剧《卡门》《小丑》中扮演角色。

贺绿汀（1903—1999）

作曲家、音乐教育家。湖南邵东人。1924年入长沙岳云学校艺专学习。1931年入国立音乐专科学校，师从黄自学习理论作曲。抗战后参加上海救亡演剧一队，后到重庆任教于育才学校音乐组。1941年参加新四军。1943年赴延安，筹建中央管弦乐队。后任华北文工团长。新中国成立后任上海音乐学院院长、名誉院长，中国音协第一、二、三届副主席，第四届名誉主席。音协上海分会主席、中国文联副主席。1985年当选为国际音理会荣誉会员。作有歌曲、合唱曲《春天里》《秋水伊人》《心头恨》《谁说我们年纪小》《游击队歌》《垦春泥》《嘉陵江上》《人民领袖万万岁》《上海第三次武装起义》《胜利进行曲》《新中国的青年》等二百余首（部），钢琴曲《牧童短笛》《摇篮曲》，管弦乐曲《晚会》《森吉德玛》等七部，电影音乐《船家女》《都市风光》《十字街头》《风云儿女》《马路天使》《上饶集中营》《宋景诗》等及话剧音乐共三十余部。专著有《贺绿汀音乐论文选集》（二集）《贺绿汀音乐作品全集》。

贺沛轩（1959— ）

歌词作家。土家族。湖北人。湖北省音乐文学学会副会长，湖北电视台总导演、制片人。诸多音乐作品及影视节目获国家级大奖。作有歌曲《入党申请书》《叫一声我的哥》《水涨船高》等。出版有个人歌词集《直尕思得》。两度获湖北省文艺精品突出贡献奖。

贺仁忠（1927— ）

戏曲音乐教育家。上海人。1940年始在上海越剧界任主胡伴奏。1951年入浙江越剧团工作。1978年入浙江艺术学校任教。曾获华东会演、浙江省会演乐师奖。参加越剧《西厢记》《梁山伯与祝英台》音乐设计。

贺卫东（1965— ）

音乐教育家。山东安丘人。黑龙江艺术职业学院器乐系教研组组长、小提琴高级讲师。1991年毕业于沈阳音乐学院。曾任黑龙江省歌舞剧院交响乐团演奏员。论文《小提琴双音训练的探讨》《浅析小提琴的常见障碍》获"黑龙江省群文学术讨论会论文评奖"二等奖，主编教材《小提琴基础训练》。曾获国内相关比赛的优秀指导教师奖。

贺锡德（1929— ）

音乐编辑家。湖北武汉人。先后就读于南京金陵大学先修班、北平辅仁大学经济系。1948年参加清华大学军乐

H

队、管弦乐队。1951年参加抗美援朝，后调空政文工团。1958年调中央人民广播电台，先后任音乐编辑、音响导演、外国音乐组长。编著出版有《365首外国古今名曲欣赏》《365首中国古今名曲欣赏》各4卷，全国中专、职专《音乐欣赏》教材，系列音乐有声读物《世界大音乐家及其名曲》《20世纪中国文艺图文志—音乐卷》等。译配外国歌曲数百首，发表音乐评介文章数百篇，并参加《音乐欣赏手册》《中外通俗歌曲鉴赏辞典》的条目撰稿工作。

贺信芝（1944— ）

声乐教育家、合唱指挥家。浙江人。1963年毕业于上海音乐学院附中，1968年毕业于解放军艺术学院。曾从事部队文化工作的组织和领导，历任国防大学文化干事、文化部部长。长期担任独唱演员和合唱指挥，并兼任多个业余合唱团的声乐指导。每年有多名学生以艺术特长生资历考入北京各大学艺术院校，多名学生通过高等艺术院校专业考试。1995年指导并指挥的合唱团获北京市维格尔杯合唱比赛一等奖，2002年指导并指挥的合唱团获总政小合唱比赛金奖第一名。

贺亚平（1955— ）

音乐编辑家。陕西人。宁夏回族自治区文化厅艺术处处长、宁夏文联委员、音协副主席。1973年任文化馆编导。1978年毕业于宁夏大学中文系任贺兰县文化馆文艺组组长、《贺兰文艺》主编、创作员。多次在省、县刊物发表歌词、歌曲作品并获奖。1982年曾任《宁夏歌声》编辑部编辑。1984年先后任宁夏文化厅文艺干事、副处长，策划组织了大量的群众音乐活动。两次赴波兰、德国参加国际少儿艺术节。2000年至今从事专业艺术管理。

贺玉琴（1943— ）

女高音歌唱家。山东蓬莱人。1959年始入营口市歌舞团、旅大歌舞团、总政歌剧团工作。曾在总政歌舞团任独唱演员。1982年入上海音乐学院声乐系进修。1984年曾在上海、扬州举行独唱音乐会。

贺玉堂（1949— ）

民歌歌唱家。陕西榆林人。陕西安塞县文化局党委书记。1997年毕业于延安市委党校。先后参加《黄土地》《黄河》《黄土情》《黄土魂》《毛泽东》等数十部影视的拍摄、插曲配唱。编有《贺玉堂演唱民歌选》四集，出版《民歌大王贺玉堂》专辑盒带2集。曾在中国音乐学院等单位举办"陕北民歌大王贺玉堂演唱会"，多次在北京、上海全国各地参加重大演出活动。2006年受文化部邀请在人民大会堂参加元宵晚会演出。

贺振林（1943— ）

单簧管演奏家。吉林延吉人。1970年毕业于沈阳音乐学院管弦系。曾任辽宁歌剧院单簧管首席。音协辽宁分会管弦乐学会理事。

贺志怀（1935—已故）

作曲家。湖北鄂州人。1950年入湖北教育学院艺术科

学习。1956年调湖北省歌剧团从事歌剧音乐创作。曾任湖北音像艺术出版社社长、湖北省音协副主席、省戏剧家协会理事。曾为《洪湖赤卫队》等十余部歌剧音乐配器。作曲的大型抒情歌剧《樱花》获文化部"文华奖"音乐奖，大型音乐作品《葛洲坝交响大合唱》获湖北省优秀创作奖。获奖作品还有管弦乐曲《高岗舞曲》《咚咚喹》。另创作有歌曲《什么是笑》《香溪谣》《家在人间仙境中》《古老的小河》，电视音乐片《昭君乡情》，电视连续剧音乐《辛亥首义》等。

赫 声（1933— ）

小提琴演奏家。回族。黑龙江穆棱人。1947年参加东北鲁艺文工一团。1948年入东北鲁迅文学院音乐系学习。1950年后在东北文工团，东北人民艺术剧院乐队任演奏员。演出大量中外歌剧、交响乐。1954年调中央实验歌剧院（今中央歌剧院）管弦乐团任第一提琴声部演奏员，1964年参加音乐舞蹈史诗《东方红》的演出。1971年调北京京剧团乐队任演奏员，1979年任中央歌剧院艺术室副主任，1988年任中央歌剧院副院长。

赫 踪（1939— ）

圆号教育家。满族。辽宁沈阳人。1956年毕业于中南音专。1956年入文化部德国专家班学习。曾在中央音乐学院管弦系任教。作有《圆号演奏法》《特性练习曲》。

赫佳音（1945— ）

音乐编辑家。吉林长春人。原内蒙古电台研究室音乐编辑。作有歌曲《春风送我到边疆》《儿歌要比星星多》《今夜月色多美丽》等，其中《我的故乡在台湾》，内蒙古电台作为"每周一歌"播出，《额济纳河，我的母亲河》获内蒙古庆祝建国35周年征歌一等奖，《在我童年的记忆里》在1987年内蒙古春节文艺晚会上演唱。

赫振勇（1951— ）

音乐教育家。河南中牟人。河南开封第二师范学校高级讲师。1977、1996年分别毕业于河南开封师范学院艺术系、河南大学音乐系。撰有《基本乐理自学漫议》《音乐课不是教歌课》等文。主编《简谱视唱与乐理基础》《音乐基础与名曲欣赏》等。《采用划拍、慎用去拍》《重视农村小学音乐教师的培训》分别于1987、1994年获省中师优秀论文奖。辅导的独唱、手风琴齐奏、民乐合奏等多次在省市中师比赛中获奖。

黑亚斯丁巴拉提（1937— ）

作曲家。维吾尔族。新疆伊犁人。1950年入伊犁文工团。1955年入中央民族歌舞团。1957年入新疆歌舞团工作。作有维族歌剧音乐《红灯记》《艾来甫与赛乃木》《战斗的历程》，大型纪录片音乐《团结战斗的新疆》。

恒 利（1950— ）

音乐编辑家。山西人。毕业于中央音乐学院作曲系干部进修班。从事音乐编导制作以来，为电视剧、专题节目作曲，并兼制作、摄录。创作歌曲《党旗更壮丽》等多部

获省级一等奖。担任音响、制作的电视剧《婆媳湾》，电影《滑板梦之队》，分别获中宣部"五个一工程"奖。歌曲《小鸭子嘎嘎》《七月的畅想》获宁夏党委宣传部"五个一工程"奖。发表论文二十多篇，出版《电视节目制作与编辑策划》。参与大型电视节目及多部专题文艺节目的策划、编导、制作，获国家、省级奖六十多次。

红 亮（1967— ）

女声乐教育家。重庆人。任教于宁夏大学音乐系。曾在重庆高等师范专科学校音乐系任教。先后在首届全国五自治区"骏马杯"歌手大赛中获民族唱法三等奖，在全国第八届青年歌手电视大赛宁夏赛区"香山杯"比赛中获专业组美声唱法最佳歌手奖，在中国西部民歌大赛中获专业组银奖。多次在宁夏电视台春节晚会上演出独唱、二重唱。撰有《关于歌唱表现与作品处理问题的思考》等文。

红线女（1927— ）

女粤剧表演艺术家。广东开平人。1939年师从舅母何芙莲习艺。长期在广西、广东、港、澳、东南亚从事粤剧演唱。1955年自香港到广东省粤剧团任艺术总指挥。曾任全国政协委员，全国人大第三、四届代表。1957年获莫斯科世界青年联欢节古典音乐比赛"金质奖"。主演粤剧《搜书院》《关汉卿》《山乡风云》等。

宏 焰（1930— ）

中提琴演奏家。辽宁新宾人。旅居澳大利亚。1947年调入东北鲁艺文工团，后在东北人艺剧院歌剧团，1954年调中央实验歌剧院（中央歌剧院）交响乐团任中提琴演奏员。曾参加《兄妹开荒》《夫妻识字》等秧歌剧的演出。而后参加《白毛女》《星星之火》《王贵与李香香》《刘胡兰》《小二黑结婚》《草原之歌》《望夫云》《阿依古丽》《茶花女》《蝴蝶夫人》《夕鹤》《卡门》等中外歌剧及《雷峰塔》《宝莲灯》《海侠》《天鹅湖》等中外舞剧的演出。多次随团赴苏联、朝鲜、德国等国家演出。

洪 波（1919— ）

音乐教育家、作曲家。浙江瑞安人。安徽师大音乐学院教授。1937年上海美专肄业，1940年重庆教育部音乐教导员训练班毕业。曾任国立音乐院教务员、《青年音乐》月刊主编、国立礼乐馆副编审。出版《心弦底歌》等歌集。1953年起在安徽师院、安徽艺院、合肥师院、安徽师大等音乐系任教歌曲作法、音乐欣赏等课程。发表歌曲数十首，论文《谈音乐艺术的特殊性》等十余篇，出版《器乐欣赏基本知识》。曾任安徽省音协名誉主席、省政协委员。

洪 飞（1924—1994）

作曲家。河南温县人。1940年始从事音乐创作。1958年毕业于中央音乐学院作曲系。曾任山西省文联副主席、音协山西分会主席。中国音协第二届理事，第三、四届常务理事。山西省政协一、二、三、四、五、六届委员。作有歌曲《反对内战》《歌唱太行山》，合唱《花间之歌》，歌剧音乐《赵河山转变》。

洪 莉（1959— ）

女歌唱家。江苏人。江苏省音协理事，市歌舞团副团长。主演歌剧九部，在多个音乐会中任独唱。师从省教院许毓黎、省艺研所申非伊、中国音乐学院金铁霖教授。省第七次党代会代表、市"三八红旗手""新长征突击手""专业技术带头人"、市优秀共产党员。获全国部分省市"浪潮"杯歌手大赛、全国十大城市优秀歌手大赛、华东民歌选拔赛、省艺术节等奖项。

洪 琳（1936— ）

女歌唱家。回族。辽宁凤凰城人。原中铁文工团歌剧团主要演员，在《小儿黑结婚》《星星之火》《两代人》《江姐》《洪湖赤卫队》等剧中担任主要角色。导演歌剧《山花烂漫》《深山野菊》和外国歌剧片断《卡门》《茶花女》片断。独唱歌曲有《哈巴涅拉》《小夜曲》《西波涅》《红莓花开》《玛依拉》《咱们新疆好地方》等。曾参加过《东方红》歌舞的演出，并多次在中南海为老一辈中央领导演唱。发表过20余首歌词（与曲作者合作），其中《台湾的亲人回来了》获"中华歌会"佳作奖。并为电影《毕业交响曲》作词。后任总团艺术辅导部主任。

洪 流（1931— ）

音乐活动家。广东珠海人。1953年毕业于华南文艺学院音乐系。曾任广东民族歌舞团、广东琼剧团乐队指挥、创作员、业务室副主任。1981年后曾任深圳市文联副秘书长、深圳市音协常务副主席。

洪 潘（1909—已故）

音乐教育家。福建南安人。出生于马来西亚。1935年毕业于中央大学音乐系，1941年毕业于维也纳音乐艺术大学。新中国成立前曾任陆军军团团长兼指挥。南京艺术学院教授，江苏省政协第五届、第六届常委。创作有《忆江南》《复兴歌曲集》《军乐阅兵进行曲》《长号曲集》《典仪乐曲》等钢琴曲。撰写有《谈军乐》等文。培养许多专业人才。

洪 涛（1949—2007）

女音乐活动家。安徽芜湖人。芜湖市音协副主席、秘书长。1974年毕业于安徽师大。曾任安徽巢湖地区文工团歌剧队队长。多年以来组织会员参加了省内首届合唱节、全国农民歌手大赛、"五个一工程"歌曲创作等音乐活动。多次获组织活动一等奖、组织奖。撰有《社会文化发展之我见》等文。

洪 涛（1960— ）

打击乐演奏家。江苏南京人。江苏演艺集团交响乐团首席定音鼓。曾和许多国内外著名的指挥家、演奏家同台演出。演奏了大量中外著名作曲家创作的优秀交响乐作品。多年来在全省与全国多种演出评奖中获得演奏金奖。在2003年江苏省第五届音乐舞蹈节上获得了打击乐组合

《行进八音盒》的优秀创作和优秀演奏奖。

洪　腾（1937— ）

女钢琴演奏家。浙江慈溪人。1962年毕业于上海音乐学院，师从巫漪丽、范继森学习钢琴，后任副教授。中国音协第四届理事，上海市政协第六届常委。曾获第二届艾涅斯库国际钢琴比赛第三名。多次举办个人钢琴独奏音乐会。1983年应聘任法国玛格丽特·隆国际钢琴比赛评委。长期从事钢琴教学，培养众多音乐人才，学生1981年参加"玛格丽特·隆国际钢琴比赛"获二等奖。

洪　侠（1961— ）

女指挥家。满族。黑龙江哈尔滨人。中国民族管弦乐学会理事、中国民族管弦乐指挥学会理事。先后毕业于沈阳音乐学院与中央音乐学院指挥系。曾任职于哈尔滨市京剧院、黑龙江省歌舞剧院、沈阳音乐学院，后任中国歌剧舞剧院常任指挥、沈阳音乐学院特聘教授、长影乐团客座指挥、辽宁省民族乐团客座指挥。

洪　雁（1962— ）

歌唱家。回族。辽宁丹东人。总政歌舞团演员。1984年毕业于河南大学，后进修于中央音乐学院，师从吴天球、黎信昌教授。曾任沈阳军区前进歌舞团演员。曾获中央电视台第六届"通业杯"青年歌手电视大奖赛专业组美声唱法第三名。曾在歌剧《费加罗的婚礼》饰演伯爵。参加演唱的男声四重唱《连队花名册》获第七届全军文艺汇演表演一等奖。组织的大合唱分获第七届全军文艺汇演一等奖、2002年朝鲜"四月之春"国际艺术节金奖。

洪　阳（1969— ）

钢琴教育家。福建泉州人。泉州儿童发展职业学院艺术教育系高级讲师。毕业于福建师大音乐学院，获硕士学位。撰有《羌笛无须怨杨柳，天人犹传古乐声》《有意义的探索》。所指导的学生多人在全国钢琴比赛中获奖，其中数名学生在第十六届美国音乐公开赛中国赛区钢琴总决赛中分获巴赫小曲组一等奖及布格米勒组一、二、三等奖。在第四届中国优秀特长推选活动中获西洋乐类小A组"特金奖"，幼儿组银奖，并指导数名学生在泉州举办了钢琴独奏音乐会。

洪　宇（1964— ）

女音乐教育家。安徽合肥人。安徽合肥市幼儿师范学校音乐教师、教研组负责人，安徽合肥市民主促进会委员，安徽音协声乐委员会理事。1996年毕业于安徽师范大学艺术音乐专业。曾连续二年获安徽省大学生音乐舞蹈大赛第二、三届声乐比赛一等奖，并多次获安徽省青年歌手大赛一、二等奖，安徽省民歌大赛、安徽省青年歌手大赛以及全国企业歌手大赛的金、银、铜奖。

洪　源（1930— ）

歌词作家。北京人。1949年始从事部队文艺工作。先后任63军文工团团员、北京军区战友歌舞团创作员、《解放军歌曲》编辑及《词刊》副主编。作词歌曲有《北京颂歌》《学习雷锋好榜样》《看见你们格外亲》（合作），《飞吧，鸽子》《家是千年不老情》（合作），《歌唱光荣的八大员》，影视解说《周总理和我们在一起》《南极，我们来了》《松》《竹》《漓江水》《珠海石》《这山，这水，这森林》《墨舞》。出版有歌词集《北京颂歌》《美好的赞歌》《春消息》，长诗集《红旗渠之歌》《扎西》，影视解说集《华夏风采》（合作），杂谈集《歌词创作杂谈》（合作）与《洪源文集》（四卷）。

洪昌道（1964— ）

男高音歌唱家。朝鲜族。吉林人。吉林敦化市文化馆副馆长。1983年于吉林延边艺校进修，后相继毕业于辽宁省党校、吉林省党校。1994年获延边歌手大奖赛民族唱法一等奖。2005年在延边群文汇演中，二重唱《翰章颂》获演唱一等奖、创作一等奖，获大合唱指挥一等奖。2006年获全国第三届合唱艺术大赛最佳指挥奖。论文《在建设社会主义新农村过程中一定要解决农村文化发展建设中存在的困难和问题》在省第十七次群众文化学术讨论会上宣读，并获一等奖。

洪福芝（1941— ）

女中音歌唱家。回族。辽宁丹东人。原中央民族歌舞团歌唱演员，1997年起任北京电影学院影视艺术学校声乐班主任声乐教师。演出有音乐舞蹈史诗《东方红》《椰林怒火》并担任二重唱，后参加西藏、内蒙古、宁夏、广西壮族自治区等成立周年庆典，第三届中国艺术节、第四届国际合唱节演出及中央电视台春节联欢晚会等。出版有《边学边唱》盒带。所培养的学生曾获得各种奖励，有的从事专业声乐工作。

洪固权（1937—已故）

歌唱家、作曲家。湖南人。曾任湘潭市文化局副局长，湖南省音协理事，湘潭市音协主席。1959年毕业于湖北艺术学院音乐系，后入湘潭市歌舞剧团任独唱演员、声乐教员、业务团长。曾两次选入湖南代表队进京，参加民族民间独唱调演。作有歌曲《便民桥上唱支歌》《如今队里机器多》等。曾参加几十部歌剧的演出。作有《凤凰之歌》《甜水谣》等多部歌剧剧本，并为歌剧、戏曲《风流嫂子》《杨柳春风》《甜水谣》等作曲。撰有《试谈花鼓戏的嗓音练习》《论花鼓戏音乐的个性特征》等文。

洪季兴（1939— ）

歌唱家。回族。辽宁凤城人。1959入中央民族歌舞团声乐学习班学习，后师从胡松华等学习声乐。1961年入中央民族歌舞团合唱队任合唱演员。曾参加歌剧《白毛女》，大型歌舞《东方红》《椰林怒火》等作品的演出。多次随团深入西藏、云南、广西等地演出，担任领唱、独唱等。

洪江平（1957— ）

女音乐活动家。江西乐平人。2000年毕业于中央党校。贵州省毕节地区广播电视局副局长。曾作为大提琴手参加西南三省文艺汇演获器乐演奏一等奖。创作歌曲《这方热土》《客家酒歌》。曾赴贵州、云南、四川等地进行文艺演出。组织策划毕节地区首届青年歌手大奖赛、贵州省首届"移动杯"二胡大赛及歌手选拔赛并担任评委。

洪明良（1938— ）

音乐教育家。福建泉州人。中国泉州南音集成专家委员会委员、泉州教育学会音乐教育委员会顾问。1956年毕业于福建师大艺术系。三首歌曲入编《1949—1999福建优秀歌曲选》，《泉州风》获全国征఼金奖。出版歌曲集《历史长河九十九道弯》。曾任福建省中学音乐教材编委及泉州市中学音乐校际教研组长。1999年获福建音乐学院"柯贤炳音乐奖金"。

洪慕莲（1930— ）

女低音歌唱家。上海人。1952年南京大学师范学院音乐系毕业。后分配到上海电台广播乐团任女低音声部长，担任合唱、领唱、独唱实况广播教唱歌以及视唱练耳和乐理教师。1956年任中央广播乐团合唱团女低音声部长。1976至1978年任北京广播学院文艺专业客席教授。曾师从苏石林等苏联声乐专家进修声乐。1981年起在北京基督教会唱诗班献唱神曲《弥赛亚》中女低音宣叙调咏叹调多首。1995年参加北京老同学合唱团，任女低音兼任排练钢琴伴奏。

洪其敏（1935— ）

双簧管演奏家。湖南醴陵人。1951年入某兵团文工团，曾师从白俄专家索林、东德专家魏切希学习双簧管。曾任铁道兵文工团乐队队长、独奏演员，解放军艺术学院乐队副队长兼教员。录有双簧管独奏曲《海南的春天》《汾河谣》等。1981年起，受聘从事战士和大中小学生管弦乐团、管乐团的组建和教学工作。

洪仁哲（1957— ）

歌唱家。朝鲜族。吉林海龙人。1976年入伍，1980年入长春朝鲜族文化馆。1981年在延吉市朝鲜族艺术团任声乐演员，1984年起任职于延边歌舞团。1990年获全国朝鲜族声乐比赛二等奖，1997年在第三届全国朝语广播电视优秀节目评奖中获二等奖，在参加演出的音乐剧《风流郎君》中获省表演二等奖、孔雀奖。1998年获全国合唱比赛二等奖。曾主唱电视剧、广播剧歌曲60首，曾参加获文华大奖的《春香传》《长白情》的演出。

洪圣茂（1940— ）

扬琴教育家。上海人。1959年毕业于上海音乐学院民乐系，曾在该院任教。改革有81型十二平均律扬琴，获文化部1985—1986年度科技成果奖。

洪士銈（1914—2005）

钢琴教育家。福建人。中央音乐学院教授。50年代回国后，参与中央音乐学院钢琴系的建设，并培养大批音乐人才。曾获首届中国音乐"金钟奖"终身成就奖。翻译和编著有《外国著名钢琴家传略》《捷克斯洛伐克音乐》

《钢琴技术练习的合理原则》《拉威尔钢琴曲选》，为中国大百科全书音乐卷撰写钢琴专业的条目，为音乐出版社辞典组撰写外国钢琴家传。

洪世键（1963— ）

音乐活动家。福建石狮人。毕业于中国戏曲学院表演专业。福建晋江市木偶剧团团长、晋江市文联副主席、市剧协主席、中国木偶皮影艺术学会常务理事、中国戏曲音乐学会常务理事。策划创作《五里长虹》《清源仙女》《人偶婚嫁情》《沉香救母》，分别获福建省戏剧会演优秀剧目奖、文化部"文华奖"、全国木偶皮影戏比赛银奖、福建省"百花文艺奖"。曾被授予"福建省新长征突击手""全国文化产业工作先进个人"称号。

洪兴国（1938— ）

二胡演奏家。浙江宁波人。1956年入中央歌舞团。曾任乐队首席。

洪雪飞（1941—1994）

女昆曲表演艺术家。安徽人。曾在北方昆曲剧院工作。第四届全国人大代表。中国昆曲研究会理事。演出剧目有昆曲《长生殿》《三夫人》《千里送京娘》，京剧《沙家浜》等。1984年获第二届戏剧梅花奖。

洪耀东（1938— ）

作曲家。福建同安人。1951年始从事部队音乐工作。曾任福州军区文工团艺术指导。作有歌曲《渔家歌唱共产党》《乡情乡音能相通》，舞蹈音乐《满堂红》《喜报到家》等。

洪奕哲（1956— ）

钢琴演奏家。福建厦门人。1980年毕业于上海音乐学院钢琴系。曾任福州军区文工团独奏演员。后在南京军区歌舞团工作。1983年获"武夷之春"音乐会优秀表演奖。

洪育平（1952— ）

作曲家。广东汕头人。宁夏吴忠市利通区文化馆副研究馆员。宁夏音协第四、五届理事，吴忠市音协副主席。主编民歌、民歌器乐曲等地方民间音乐集成资料本。创作歌曲《宁夏，我的家乡》《我热爱这金色的土地》《举杯喝彩迎新年》和舞蹈音乐《塞上穆林扇》《回乡夵妹》《欢腾的节日》，儿童课本剧《小蝌蚪找妈妈》等百余件音乐作品。发表多篇论文。

洪月华（1929— ）

女音乐教育家。台湾淡水人。中央音乐学院副教授，硕士生导师。1956年毕业于中央音乐学院作曲系本科，后留校任教，从事视唱练耳、乐理及民族民间音乐课教学。曾在中国音乐学院作曲系、北京东城区教育学院兼课，在山西、福建、河南、东北、湖南等地讲学。被人大音乐系聘为顾问。作有民族管弦乐曲《节庆》。任中国音协《音乐基本素养考级教程》编委及分级主编。担任中国音协在全国各地举办的音乐基本素养"师资班""评委班"的教学与考核工作。

洪云宽（1947— ）

作曲家。浙江温州人。曾为洞头县文化馆副研究馆员，浙江省音协手风琴分会理事，洞头县文联委员、音协主席。1965年入伍，后在军区演出队担任二胡、板胡、手风琴演奏。1970年在县剧团担任乐队队长兼作曲、指挥。1985年进修于杭州师范学院音乐系理论作曲专业。1988年获文化部、国家民委等单位的表彰。歌曲《商业职工永远跟着党》《光荣属于我们二化人》《我们的共同心愿》均获奖。

侯　军（1955— ）

打击乐演奏家。河北石家庄人。1972年入解放军军乐团学习打击乐专业，毕业后分配到该团三队任打击乐演奏员。参加过数百次迎送各国首脑及外宾的仪式演奏和演出、党的多届代表大会和每年全国人大、政协开闭幕式的演奏，以及多届全国、全军文艺汇演、数百场下部队为广大官兵和当地群众慰问演出。参加毛泽东、周恩来邓小平同志的追悼会奏乐和建国35、50周年等国庆大典及澳门回归的交接仪式演奏。随团出国参加日本、比利时、法国的军乐表演。

侯　伶（1929— ）

音乐教育家、作曲家。河北平山人。1945年参加部队从事音乐工作。1949年在河北省文工团任小提琴演奏员。期间在中央音乐学院音训班学习理论作曲。后在河北省艺校任教、高级讲师。创作古今诗词歌曲近二百首。唱腔设计有晋剧《仙锅记》，河北梆子《草原小姐妹》。记谱的河北梆子《杜十娘》等15个剧本由中国戏剧出版社出版。

侯　英（1933— ）

指挥家。辽宁本溪人。黑龙江省音协名誉理事，牡丹江市音协名誉主席。1947年参加合江鲁艺文艺干部训练班。1950年入东北鲁艺音乐系学习。毕业后任黑龙江省鸡西煤矿文工团，牡丹江市歌剧舞剧团团长兼指挥。1964年后历任牡丹江文化局局艺术科长、市委宣传部文艺科长、市文联副主席。曾指挥歌剧《江姐》等二十余部，组织、策划省、市级大型音乐比赛活动十余次。后受聘于牡丹江市久山艺术学校校长。

侯　震（1935—已故）

音乐教育家。河南开封人。1951年河南省艺术学校音乐科毕业，1951至1955年为省艺校研究室研究生、音乐组长。曾任省艺校、淮阳师范、开封七中音乐教师，开封市中学音乐教研组长，高级职称评委、考试命题与拟定答案。作有歌曲《人民教师向前进》《在毛主席旗帜下前进》，培养了大批优秀音乐人才。

侯长青（1974— ）

笛子演奏家。内蒙古五原人。中国广播艺术团笛子声部首席演奏员。1998年毕业于中央音乐学院。2000、2001年两次随团参加维也纳金色大厅中国民族交响音乐会演

出，曾赴瑞士、德国、比利时、韩国等国演出。2006年为广东龙源影视有限公司制作发行《笑傲沧海》《红尘缘》光碟。

侯成大（1942— ）

高胡、二胡演奏家。山东人。1962年毕业于中央音乐学院附中，同年起先后任中国歌剧舞剧院民族乐队演奏员、声部长、首席、独奏演员。曾参加《白毛女》《窦娥冤》《宝莲灯》《夺印》《小二黑结婚》等的排练演出，担任郭兰英、李光羲等歌唱家的乐队伴奏。在剧院首次排练、演出广东音乐。改编创作有京胡独奏《京郊行》《万年乐》。多年来，为话剧、歌剧、电影配乐录音多部，录制、出版盒带、CD、VCD多套。

侯澄阶（1918— ）

作曲家。广东恩平人。1948年毕业于国立音乐院理论作曲系。曾在江苏省歌舞团等单位工作，后任教于南京师范学院音乐系。作有多首作品，译有《配器法计划教程》。

侯德炜（1958— ）

作曲家。天津人。1982年毕业于天津音乐学院理论作曲系。天津师大学教育学院高级教师。音乐作品《月不思乡人思乡》《海姐姐》《村南柳》等数十首在大赛中获奖。《放歌盛世》《烛光颂》等近百首在音乐刊物发表。发表音乐论文数篇。编写并出版《学前双语教育师资培训研究》音乐部分，以及《幼儿歌曲即兴伴奏法》。

侯桂芝（1945— ）

女琵琶演奏家。河北承德人。1969年毕业于沈阳音乐学院民乐系，后留校任教。撰有《琵琶演奏艺术》等。

侯寄明（1948— ）

音乐教育家、作曲家。湖南娄底人。1977年毕业于湖南师范大学。曾为湘潭市音协副主席，市音乐教育研究会理事，湘乡市音协主席。长期从事音乐工作和群众文化工作，参与编写湖南省中小学音乐教材。作有《同心建设幸福的乐园》《秋果红了》《我挑豆腐走山乡》《战士的背包带》等。其中《信念》获中国轻音乐学会、中国广播电视学会主旋律征歌铜奖。

侯建军（1964— ）

打击乐演奏家。陕西醴泉人。陕西戏曲研究院秦腔团乐队司鼓、队长。1981年毕业于陕西醴泉戏校。多次参与全国性调演，影视戏曲拍摄。担任司鼓的剧目《千古一帝》《蔡伦》分别获"五个一工程"奖、"文华奖"等奖。2001年获"陕西省秦腔琴师、鼓师高手大赛"一等奖。1992年随《千古一帝》剧组赴日本各地演出。2002年赴台湾参加地方戏荟萃演出，在《窦娥冤》《黄鹤楼》等剧中任司鼓。发表论文《司鼓与指挥》。

侯俊美（1943— ）

作曲家。山东人。曾任职于山东省柳子剧团。1963年

H

以来，主创柳子戏剧音乐近五十出。作有移植现代剧《江姐》《白毛女》及新编历史剧《王昭君》《琵琶遗恨》等。先后获山东省戏剧演出音乐设计奖，第二届艺术节作曲二等奖，山东省第四届艺术节音乐设计奖。与人合作撰写发表《浅谈柳子戏音乐的九大声腔》《柳子戏音乐》等文。主编《柳子戏音乐简编》。1987年后在山东省戏校，为柳子戏编写各类教材共计17册，约三十余万吨。后任《中国戏曲音乐集成·山东卷》编委，获集成志书编纂工作成绩优异表彰证书。

侯茂吉（1948— ）

音乐活动家。四川简阳人。1965年入内江地区文工团。后为内江人民艺术剧院副研究馆员。长期从事手风琴、钢琴、电子琴演奏、教学、乐队及合唱指挥。创办电子琴、手风琴业余培训学校，学生获省、市各种奖项数百件。在四川人民出版社出版的《蜀中企业之花歌曲选集》中担任副主编、科技出版社编辑出版的《全国电子琴考级比赛曲目大全》中任二分册主编。

侯孟玲（1942— ）

女音乐理论家。湖南凤凰人。1962年毕业于中央音乐学院附中。1963年入海军军乐队任钢琴伴奏及演奏员。1965年复员后到北京西城教育局所属的两所小学任音乐教师。1981年调回中央音乐学院附中任视唱练耳专业课教师。曾编写《儿童视唱·乐理教程》二册。参加《视唱练耳训练法》的录制，中央音乐学院视唱练耳考级教材的编写。1992年获中央音乐学院优秀教学成果奖。

侯鸣凤（1940— ）

声乐教育家。辽宁大连人。1965年毕业于沈阳音乐学院民族声乐系。后到贵州省歌舞团工作，先后任歌队队长、艺术辅导中心主任。曾在贵州师范大学艺术学院、贵州大学艺术学院、贵州民族学院、贵州电大、贵阳师专等艺术院校声乐系任教，培养了大量专业人才，并曾在歌剧《江姐》《杜鹃山》《啊，樱花》中担任主角。为普及和提高业余群众音乐文化作了大量培训辅导工作。

侯庆华（1959— ）

女三弦演奏家。吉林长春人。山东歌舞剧院民族乐团副团长。1984年毕业于山东艺术学院音乐系。曾在烟台市说唱团、山东青年实验乐团任演奏员。1982年获文化部全国器乐独奏观摩赛表演奖，1995年获国际中国民族器乐独奏大赛三弦独奏三等奖。

侯润宇（1945— ）

指挥家。云南昆明人。1969年毕业于上海音乐学院指挥系。1977年任上海交响乐团常任指挥。1981年赴联邦德国留学。1984年毕业于科隆音乐大学，获指挥博士及钢琴硕士学位。后在法兰克福歌剧院工作。1986年任上海交响乐团副团长，后任副音乐总监，同时任中央乐团、中国电影乐团等客席指挥。1988指挥中国广播交响乐团出访欧洲7国。1990年任上海交响乐团首席指挥并率团访美，在纽约"卡内基"音乐厅举行纪念该厅落成100周年庆典音乐会。

厦门市音乐学校校长、华东师范大学教授。

侯世恭（1935— ）

歌曲作家。福建南安人。1955年毕业于福建省立师范艺术科。曾为福建省南安国专第一小学专职音乐教师。作有歌曲《统计员》《无名小花》《白发喜相逢》《咱特区的兵》等，有的获奖。出版歌曲VCD《我爱您，中国共产党》，计生系列歌曲VCD《同心同德护卫她》，党风廉政建设VCD歌曲集《清风、灯塔、警钟、利剑》。

侯淑华（1938— ）

女高音歌唱家。山西太原人。1951年从事文艺工作。1957年师从郭兰英学习声乐。1962年毕业于天津音乐学院声乐系。曾在山西省艺术职业学院任教。1964年被山西省艺术处聘为省独唱训练班声乐指导，1981年被山西省话剧院聘为声乐指导，后被大同地区文化局聘为大型歌舞剧《晋水咽》声乐指导。1994、1997年在山西省艺术中专第三、四届音乐舞蹈比赛中获"园丁奖"，导演一等奖。

侯淑君（1957— ）

女作曲家。河北丰南人。1979年毕业于河北师范学院，任职于承德市群众艺术馆，研究馆员。长期从事歌曲创作，作品有《小黄鹂》《月色江声》《思乡》《可爱的香港》《妈妈的思念》《回家路上》《春天的童话》《村长的故事》。有三十余件作品在全国及省市获奖，并有十余首在刊物发表。

侯淑玲（1944— ）

女歌唱家。湖南人。1964年毕业于中国音乐学院附中声乐专业，同年入中央民族乐团合唱队，担任独唱、重唱、伴唱。参加大型歌舞《东方红》《中国革命之歌》的演出。从事青少年声乐教育工作多年，培养一批青少年声乐人才。

侯树智（1926— ）

作曲家。河北平山人。1940年入铁血剧社。1948年调华北群众剧社，同年在天津市歌舞剧院创作组和工人文工团任音乐副队长。1953年考入中央音乐学院作曲系，毕业后分配在天津评剧院工作。发表歌曲《土地记》《歌唱红五月》，钢琴曲《祖国你吩咐吧》《创意曲》戏曲音乐数十首（出），发表论文及评介文章《评剧唱腔发展脉络初探》《评剧唱腔的结构特点与旋宫运用》《和小弟弟的谈话》《快到老年大学来》等二十余万字。

侯松山（1945— ）

长号演奏家。满族。北京人。杭州市吹奏乐专业委员会会长。1963年考入解放军艺术学院军乐系，毕业后调军乐团任长号演奏员。1970年相继入浙江歌舞团、浙江交响乐团，后任乐团副团长。曾参加音乐舞蹈史诗《东方红》演出，参加大型庆典、司礼活动，京剧"样板戏"演出。兼任省艺校、浙江大学及中小学业余管乐队的辅导工作，为上海音乐学院、解放军艺术学院输送多名管乐人才。

侯祥麟（1948—　）

圆号演奏家。陕西人。曾在总政军乐团演奏音乐会中任首席、声部长。先后参加"国庆""全运会"盛大庆典等演出百余次，迎宾演出数百次，军乐团专场音乐会及各种演出上百场。参加由中外著名指挥家指挥的中国广播交响乐团、中国电影乐团专场音乐会数十场。为影视剧音乐录音近百次。多次参加录制中外名曲专辑及礼仪曲。

侯小声（1947—　）

作曲家。浙江人。文化部中国社会音乐研究会名誉副会长、上海音协儿童音乐专委会副会长。毕业于上海音乐学院作曲系。历任上海评弹团作曲、上海市群艺馆副馆长、上海声像出版社副主任及区文化局副局长等职。创作大量歌曲，发表播出近千首，其中获全国一等奖十余次。曾应邀为国际少儿艺术节、世乒赛、中国艺术节、中国花博会、国际风筝会、全国农运会、全国残运会组委会委约创作或被入选推荐。合唱《美丽的花环》《装扮蓝色的地球》等已较为流传。

侯艳秋（1968—　）

女唢呐演奏家。河南人。6岁学习唢呐，12岁考入中国音乐学院附中，后被保送中国音乐学院本科学习，毕业后留校，中国音协民族管弦乐研究会副秘书长。多次随团赴多个国家演出。录制发行多张CD专辑，如《一枝花》《唢呐名曲欣赏》等。撰写《唢呐指、唇、舌运用》等。1980年获河南省少年民族器乐比赛一等奖，1995年获国际中国民族器乐大赛唢呐金奖。

侯永信（1942—　）

作曲家。辽宁大连人。大连大学音乐系作曲课客座教师。长期坚持业余创作，1963年开始发表作品。作有《金色太阳永不落》《丰收歌儿飞满山》《前进吧，共青团员们》等。出版歌曲专辑《侯永信的旋律》。收集整理民间音乐集《金县单鼓音乐》。曾应邀到沈阳音乐学院、北京师范大学、辽宁大学等高等院校作专场讲座，曾参与全国征歌评选小组工作。

侯玉成（1937—　）

作曲家。苗族。贵州台江人。1957年入贵州省黔东南州歌舞团从事音乐创作。作有歌曲《参军之前》《苗家歌唱毛主席》。

侯战勇（1928—1983）

作曲家。黑龙江哈尔滨人。1946年始从事部队文艺创作。1950年入中南部队艺术学院进修。曾任音协广东分会副秘书长、第二届常务理事。作有歌曲《五指山变了样》《琼崖独立队之歌》。

后淑年（1946—　）

女音乐编辑家。云南昆明人。1959年在中央音乐学院附中、解放军艺术学院学习小提琴。1968年在解放军工程兵文工团任乐队声部首席。1983年转业到中央电视台任音乐编辑。组织音乐创作、编辑、制作的获奖电视节目有

1985至1990年春节联欢晚会、亚运会开幕式，专题片《泰山》《开发大西南》《天安门》《周恩来》《使命》《诗人毛泽东》《长征颂》《使命与光荣》等。为大型专题"感受交响音乐"的主创之一。在大型音乐舞蹈史诗《复兴之路》中担任音乐监制。

呼　德（1960—　）

指挥家。蒙古族。内蒙古人。1981年在中央音乐学院指挥系进修，1985年毕业于上海音乐学院作曲指挥系。曾在内蒙伊盟鄂旗乌兰牧骑、内蒙民族剧团任键盘乐器、打击乐独奏和伴奏。现任内蒙交响乐团指挥、副团长。曾指挥自治区成立40周年晚会、首届那达慕大会音乐晚会、华北音乐节等。排演曲目有《贝多芬第三交响曲》《天鹅湖组曲》《匈牙利舞曲》《莫扎特弦乐小夜曲》等。为影视剧《北方丘徒》、舞蹈《喜洋洋》《金翅鸟》《世界名曲选》等录制音乐。曾获室内乐大赛指挥奖、改革题材晚会优秀指挥奖。

呼延生（1932—已故）

女歌剧表演艺术家。北京人。1951年毕业于东北鲁艺音乐系。1957年入中国铁路文工团歌剧团。任该团歌舞团独唱演员、艺术指导。曾为影片《柳堡的故事》配唱主题歌《九九艳阳天》。主演歌剧《江姐》《星星之火》《柳林战歌》。

呼格吉夫（1939—　）

作曲家。蒙古族。内蒙赤峰人。1976年毕业于沈阳音乐学院作曲系，曾任赤峰市民族歌舞团副团长、艺校校长、文联副主席、内蒙第三届音协副主席。内蒙音协理事、赤峰市音协主席、中国民族管弦乐学会理事。作有歌曲《我是草原小骑手》《我多想看看》《草原女孩》《深深牧人情》《契丹组歌》，民乐合奏《如意歌》《牧人乐》，舞蹈音乐《敖特尔风情》等。出版有作品专辑CD《草原孩子的歌》。

呼延天助（1934—2001）

作曲家。陕西西安人。1949年始从事文艺工作。曾在甘肃省歌舞团工作。曾任音协甘肃分会常务理事。作有舞剧音乐《丝路花雨》（合作），民族器乐曲《秦香莲》（合作）《陇原新歌》。

胡　斌（1921—已故）

女作曲家。江西南丰人。1938年在延安学习音乐后从事音乐工作。新中国成立后曾任中南文艺学院音乐系讲师，中国评剧院党委书记兼唱腔设计。曾为评剧《苦菜花》等设计唱腔。

胡　波（1957—　）

女高音歌唱家。黑龙江哈尔滨人。中央乐团独唱演员。1978年考入中央乐团学员班，师从孙家馨。1985年进修于上海音乐学院，师从周小燕。曾参加戴维·吉尔伯指挥的"创世纪""郑律成作品音乐会""友谊使者""谭小林作品音乐会"，并在约翰·奥尔迪斯指挥的《弥赛亚》

H

中担任独唱。还曾参加伊丽沙白·毕晓普、吉诺·贝基的学生音乐会。

胡 波（1963— ）

唢呐演奏家。黑龙江哈尔滨人。1987年毕业于中国社会音乐学院器乐系。1977年始在东方歌舞团乐队任演奏员。编著有《唢呐演奏实用教程》（合作），《东北秧歌音乐》。演奏数十场音乐会，曾随东方歌舞团赴美国及拉美四国、赴新加坡艺术中心访问演出，以及港、澳、台地区艺术节的唢呐独奏等。录制有唢呐独奏曲《凤阳歌》《打枣》和管子独奏曲《阳关三叠》等多盘录音带和VCD视盘及《唢呐演奏实用教程》CD盘、《唢呐传统名曲集》。

胡 丹（1963— ）

小提琴演奏家。福建永定人。中国爱乐乐团兼北京新世纪室内乐团演奏员。自幼随父胡夺标学习小提琴，福建艺校毕业后留校任教。曾在上海音乐学院进修小提琴教学。1985年考入中央音乐学院，其间随"中国青年交响乐团"赴苏、德、波等国，1989年毕业，后考入中央歌剧院交响乐团。曾赴澳、港、台地区和亚、欧、美多国，参加数十部经典歌剧演出。8次参加澳门国际艺术节。2005年赴美巡演四十余场。

胡 芳（1959— ）

双簧管演奏家。湖北武汉人。1988年毕业于武汉音乐学院音乐学系。1975年在武汉市京剧团乐队，后在武汉歌舞剧院歌剧团乐队，1993年始在武汉乐团任演奏员。1999年与美国双簧管演奏家安德利·古利克森博士合作，演奏奥古斯特《b小调双簧管协奏曲》。2001年代表乐团赴德进行交流访问演出了三场音乐会，演奏近代作品《行星组曲》，应中国东方交响乐团邀请赴维也纳"金色大厅"举办首届中国新春交响乐音乐会，任首席双簧管。作有双簧管独奏曲《三峡人家》（合作）。

胡 馥（1946— ）

女钢琴教育家。黑龙江哈尔滨人。曾任广东省佛山市音协副主席、广东省钢琴学会常务理事、广东省佛山市钢琴学会会长。毕业于沈阳音乐学院，后一直从事钢琴演奏及钢琴教育。曾被国家教委、国家艺术教育委员、省文化厅、省教育厅、香港钢琴音乐协会等授予优秀园丁称号及颁发优秀教师奖。其学生在美国、香港及全国的钢琴、电子琴比赛中获各种奖项。论文《钢琴与智力》获中国校外论文二等奖。1997年举办"胡馥师生共庆香港回归"钢琴音乐会。

胡 戈（1933— ）

女音乐活动家。浙江宁波人。1950年参加解放军某师文工队。1952年随某军文工团入朝参战，为战地前线战士演出，立三等功一次。1955年转业至北京市劳动人民文化宫从事职工业余音乐活动，组织各种音乐讲座与数十场大型音乐活动，并组办"北京市职工业余歌曲创作组"。出版有《风展红旗如画》《我们是建设者》职工创作歌曲集。曾举办两次"职工即兴歌曲创作比赛"，培养和推出

了一批文艺人才。

胡 健（1963— ）

钢琴教育家。湖北武汉人。1998年毕业于星海音乐学院。肇庆学院音乐系钢琴教师。撰有《钢琴集体课教学特点述要》《良好的心里状态是演奏成功的要素》《高师音乐教育与终身教育断想》《知识的使者》《关于高师钢琴即兴伴奏教学的若干思考》《关于音乐教育的哲学思考》《音乐想象力浅论》等文。

胡 进（1958— ）

单簧管演奏家。安徽芜湖人。安徽合肥市歌舞团演奏员。曾任安徽省徽州地区文工团演奏员，安徽艺校单簧管客座教师。撰有《浅谈单簧管演奏的基本要素》等。1990年获合肥市中青年艺术表演大奖赛器乐组一等奖，多次参加省内众多音乐会及大型晚会演出任独奏及单簧管首席。

胡 军（1927— ）

歌唱家。上海人。1945年起在上海参加学生歌咏运动。1947年参加新音乐社上海分社工作。1947年任上海基督教青年会学生合唱团指挥。1948年赴苏北解放区。1954年任上海广播乐团秘书。1956年起先后任中央广播乐团合唱队队长、北京广播学院艺术专业负责人、中央广播合唱团团长、中央电视台文艺部副主任、中国唱片总公司党委副书记。离休后参加广电部老年合唱团，获"夕阳红老年合唱比赛"金奖。

胡 军（1970— ）

音乐教育家。河北唐山人。清华大学附中音乐组高级教师。1999年毕业于北京师范大学音乐教育系，2000年入首都师范大学音乐教育硕士研修班。曾任武警二总队文工团乐队队长。歌曲《老师辛勤的园丁》获第一届全国"教师心声"征歌优秀作品奖，《海鸥》获"全国海洋征歌"优秀作品奖。《在音乐中学会学习的方法》于2004年获北京市中小学音乐教师论文评选一等奖。指挥清华附中民乐团五次在市级以上中小学艺术节上获一等奖，本人获优秀指挥奖。

胡 均（1917—2003）

作曲家、音乐理论家。广东开平人。曾任中国音协广东分会党组副书记、秘书长。创作近四百首音乐作品，并写有大量音乐评论及理论文章。作有歌曲《人民武装进行曲》《梅县情歌》《绣花曲》，大型风俗歌舞《娶新娘》《中国人民翻身大合唱》（合作），多幕儿童歌舞剧《幸运儿》（合作），大型民族舞剧《牛郎织女》（合作），出版有《中国民族音乐理论基础》《乐海扬帆六十年》（文集）等。

胡 克（1935— ）

作曲家。广东大埔人。1955年毕业于东北音专作曲系，后任武汉歌舞剧院专职作曲。1956年以青年作曲家身份出席第一届全国音乐周。1979年定居香港，任浸信会出版社《圣乐季刊》编辑。作品有《社会主义进行曲》，合

唱《7·16颂歌》，歌剧《青春之歌》《清江放排》，合唱《大江东去》。

胡 坤（1963— ）

小提琴演奏家。江苏南京人。1976年入国防科委文工团任独奏演员。1985年毕业于中央音乐学院。1980年获西贝柳斯国际小提琴比赛第五名。1985年获伊丽莎白国际小提琴比赛第四名。同年获第一届梅纽因国际小提琴比赛第一名。后在国外留学。

胡 林（1930—1970）

作曲家。山东牟平人。1946年入部队文工团。1953年入福建省闽剧实验剧团。1955年入上海音乐学院进修。曾在福建省民间歌舞团任作曲。著有《闽剧音乐》《福建省老革命根据地歌曲集》。

胡 南（1956— ）

作曲家、指挥家。福建永定人。中央党校经济管理本科毕业。13岁考入福州军区前锋文工团，后在总政歌舞团、中央音乐学院、军艺进修器乐专业。1985年参与组建武警福建总队文工团，任队长兼作曲指挥，参加历届省武夷音乐舞蹈节，有6首歌曲获奖并由省台播出。指挥乐队为大型清唱剧《茉莉》伴奏获表演二等奖。创作小提琴独奏曲《警民情》并获奖。1991年转业后任福州市文化局副局长。策划、组织市大型文艺活动、海峡两岸交流活动、第一至十一届中国福州海峡两岸经贸交易会大型文艺焰火晚会、中国福州海峡两岸合唱节等。

胡 鹏（1935—已故）

女钢琴演奏家、教育家。上海人。1956年北京师范大学音乐系钢琴专业毕业。先后在东北师大、吉林艺专、吉林艺术学院任教并担任独奏。1971年在吉林省体校体操队期间，多次担任大型体操赛事钢琴伴奏并获奖。撰有《自由体操音乐与舞蹈》《思维在钢琴教学中的作用》《试论自由体操音乐》。编写有《职业高中幼师钢琴教材》。

胡 苹（1932— ）

作曲家。山西霍县人。山西省文化厅调研员。1947年从事部队音乐文化研究。先后任军文化处副处长、山西省音乐工作室副主任、《山西歌声》编辑部负责人、山西《音乐舞蹈》副主编。在国家和省级发表音乐作品数百件，有六十余件获奖。作有铜管乐曲《凤阳跃进鼓》，歌曲《我爱我的称呼美》《稻谷熟了，社员笑了》。1992年被山西省委、省政府授予优秀文艺工作者称号。

胡 奇（1938— ）

作曲家。回族。上海人。1958年入宁夏杂技团任器乐演奏员兼作曲。后任银川市杂技团团长。作有歌曲《多么甜》。1984年获银川市文艺创作一等奖。

胡 强（1948— ）

歌词作家。山东龙口人。1970年考入原福州军区前锋文工团任创作员。1982年入中国音乐学院音乐文学专业进修。1985年深造于解放军艺术学院。作有歌词《我的家乡台湾岛》《情系国防绿》（电视音画）等。《美丽的闽南》《战士的青春有多美》被有关部门向全国、全军推荐。《海上铺着银色的路》被评为2002中国年度最佳歌词。有百余件作品在全国评比中获奖。出版有歌诗作品集《心弦一声》。福建省音协常务理事。现在解放军某部任领导职务。

胡 爽（1957— ）

小提琴演奏家。四川成都人。先后毕业于贵州省艺术学院和上海音乐学院管弦系。师从姜筑、盛中华。先后任贵州省黔南州歌舞团、省歌舞团、中国广播交响乐团、深圳特区交响乐团小提琴演奏员及省歌舞团首席。在指挥家黄晓同指挥的《梁祝》小提琴协奏曲与《莫扎特第五小提琴协奏曲》中担任独奏。1988年随团赴欧洲六国演出，1990年随团赴广州、南昌等地演出。1995年组建贵州省新大都爱乐乐团，并任指挥，2000年创办贵阳琴智青少年管弦乐团，举行多场音乐会。

胡 伟（1928—1998）

作曲家、指挥家。山东青岛人。1950年毕业于上海音乐学院，入华东局文艺处工作。1953年始曾任福建省文工团、省歌舞团、省歌舞剧院指挥、作曲，后任乐团创作组组长、艺委会主任。1986年任北京合唱指挥学会理事。创作有多种形式的音乐作品，如《斗画》舞蹈音乐获国家三等奖，《红鲤泉》舞蹈音乐参加华东汇演获优秀奖，《水仙花》大型舞剧音乐（合作），《绿色的林海》管弦乐曲，《钢琴伴奏舞蹈曲集》两册。1977年指挥演出钢琴协奏曲《黄河》。

胡 伟（1957— ）

单簧管演奏家。辽宁人。解放军军乐团演奏员、中国音协单簧管学会常务理事。1988年毕业于中央音乐学院管弦系，任解放军军乐团乐队首席。先后赴法国、香港、澳门和德国等地演出，并出任建国40、50周年庆典乐团单簧管声部大声部长。曾获全军第六、七届文艺汇演一、二等奖。曾任98北京国际单簧管音乐节副秘书长。

胡 霞（1963— ）

女高音歌唱家。湖南双峰人。1998年西南师范大学研究生班结业。贵州师大音乐系声乐教研室副主任、副教授。发表《方言在声乐学习中的障碍》《论美声唱法之"美"》《高师声乐教学浅析》《对声乐教学"三个阶段"的探索与实践》等文。曾在"大自然"杯贵州省青年歌手电视大赛、西南六省（区、市）优秀歌手电视大赛中，分别获美声组金奖。

胡 鑫（1939— ）

作曲家。湖北武汉人。1963年毕业于武汉音乐学院作曲系。后任楚剧团作曲、指挥，武汉剧协与音协理事。曾为大量楚剧、京剧作曲、配器，其中《狱卒平冤》获文化部大戏音乐设计二等奖，《穆桂英休夫》获中国第三届戏曲音乐大奖赛优秀作曲奖与首届曹禺戏剧奖优秀剧目奖，

《你是一条河》获中国人口文化奖与最佳音乐奖，《养命的儿子》获中宣部"五个一工程"奖、文化部"文华新剧目奖"，《彩凤博鸦》获第二届中国戏剧节优秀剧目奖，京剧《徐九斤升官记》获第一届京剧节银奖。撰有《楚剧音乐专题讲座》《钟惠然唱腔艺术初探》等文十余篇。创作并演出民族器乐曲《长相知》《赶会》等。

胡　瑛（1934— ）

女声乐教育家。湖北武汉人。1957年毕业于北京艺术师范学院声乐专业。后在北京师范学院音乐系任教。编有中学教师《专业合格证书》声乐教材。

胡　莹（1926— ）

音乐教育家。吉林人。1948年曾任锦州市文工团小提琴演奏员，后在中学及师范学校任教。参加中、小学音乐教材编写小组，组织学校轻音乐队、管乐队参加演出及器乐比赛，曾获优秀奖。改编乐曲并配器《歌唱祖国》《社会主义好》《亚洲雄风》等。

胡　震（1937— ）

音乐教育家、作曲家。江苏南京人。1958年毕业于安徽师范学院音乐系。历任中专及大学教师、文工团编导、音乐编辑。创作歌曲二百余首，如《山村小店春来早》《我们是快乐的小百灵》等。发表论文五十余篇。出版《简谱电子琴自学教程》《中外摇篮曲》。在担任《乐坛》歌曲编辑负责人期间，先后在全国首发《月之故乡》《月亮手鼓》《微笑》等歌曲。

胡爱真（1945— ）

女钢琴演奏家。山东济南人。1964年毕业于中央音乐学院附中钢琴专业，同年入北京军区军乐队任钢琴伴奏兼视唱练耳教员。1970年调铁道兵文工团。1984年入中国电影乐团，历任演奏员、团长。曾任大提琴独奏《萨丽哈最听毛主席的话》等钢琴伴奏。先后在数百场交响音乐会上担任钢琴、电子合成器演奏。伴奏、录制大量独唱、合唱、电影音乐及电视剧音乐。

胡邦立（1949— ）

小提琴演奏家。重庆涪陵人。1990年毕业于四川广播教育学校。历任涪陵京剧团、省歌舞剧团、四川省歌舞剧院乐队演奏员，涪陵歌舞剧团副团长。在各类文艺演出中任小提琴独奏。多年承担艺术表演团体文艺演出及音乐组织管理、专业技术指导工作。被聘为区文化系列中级职务评审委员会副主任、新闻及文化系列综合评委会委员。为推广和发展音乐艺术事业，培养了大批小提琴爱好者。

胡宝成（1947— ）

男高音歌唱家。北京人。1968年毕业于中央音乐学院，同年入中央芭蕾舞团，参演舞剧《白毛女》，《红色娘子军》，《草原英雄小姐妹》。1978年入中央歌剧院，参演《茶花女》《护花神》《第一百个新娘》等多部大型歌剧，以及"贝九""安魂曲"等大型交响音乐作品。1987年参与帕瓦罗蒂访华演出中歌剧《绣花女》排演。

1990年参与俄罗斯歌剧导演执导的《驯悍记》演出。

胡宝善（1935— ）

男中音歌唱家。满族。北京人。1950年从事部队文艺工作。1958年入索非亚国立音乐院从师契尔金、布伦巴洛夫学习声乐（研究生），海政歌舞团独唱演员、教员。在全军文艺汇演中获优秀演员奖。创作并演唱歌曲《我爱这蓝色的海洋》。

胡宝珍（1935— ）

女音乐教育家。四川眉山人。1958年毕业于西南师范学院音乐系，曾在江安师范学校、高县师范学校、宜宾市一中教授音乐课，1978年后在西南师范大学音乐系任副教授。曾参加高等师范院校音乐教材、九年义务制教育中小学音乐课本，省成人自学考试《基本乐理》《教学法》大纲的编写工作，均已出版发行。

胡壁精（1946— ）

作曲家。四川成都人。1965年入空政文工团工作。作有歌曲《摇起船儿走长江》，单簧管协奏曲《帕米尔之音》，1981年获全国首届交响乐作品评奖鼓励奖。

胡炳旭（1939— ）

指挥家。天津人。1963年毕业于中央音乐学院管弦系。同年入中央乐团交响乐队任双簧管演奏员。后任中央歌剧院指挥。指挥有交响音乐《沙家浜》，京剧《智取威虎山》，歌剧《茶花女》《卡门》《彭德怀坐轿》。

胡炳余（1935— ）

长号演奏家、教育家。江苏江阴人。11岁入常州国立音乐院幼年班学习大提琴。1959年毕业于中央音乐学院管弦系并留校任教，后任管乐教研室主任、教授。曾随铜管教育家夏之秋学习多种铜管乐器，后师从德国长号专家阿·班姆布拉教授主攻长号演奏和铜管乐器教学法。培养一批专业演奏人才和教学人才。结合长号教学和演奏实践，在学院建立长号乐团。编撰有《中央音乐学院长号教学乐曲集》《长号业余考级教材》。

胡博立（1941— ）

音乐教育家。湖南湘阴人。河南省戏曲音乐学校副校长、高级讲师。河南省音协理事、省艺术中专教育研究会秘书长。1953年考入上海音乐学院附中钢琴专业。1965年毕业于上海音乐学院作曲系，分配到河南省戏曲学校。从事和声、配器、乐理、音乐欣赏及钢琴专业的教学工作。为豫剧《红灯记》《海港》《智取威虎山》《龙江颂》《杜鹃山》《红灯照》《海岛女民兵》《双美赞》等创作音乐和配器。多年担任学校混合乐队指挥工作。

胡采瑶（1933— ）

女小提琴演奏家、教育家。上海人。1957年毕业于上海音乐学院管弦系小提琴专业后在附中任教。1958年支边去内蒙古歌舞团。1976年调安徽省艺术学校，后任高级讲师。曾参加歌舞团的各项排练演出并参加全国多种文艺汇演、调演。1959年赴蒙古国乌兰巴托演出时任独唱，被授予该国"功勋演员奖章"。

胡辰昌（1954— ）

演奏家。山东人。1960年任淄博市文工团任乐队首席。1964年赴北京学习板胡、高胡、小提琴。并在中央音乐学院、中国音乐学院进修。后到淄博市歌舞剧院。1972年创作并领奏的两首二胡齐奏曲《打起锣鼓迎亲人》《工地放歌》由山东省电视台播放，先后获一等奖和文华伴奏奖。多次参加山东省歌舞会演并任淄博代表队乐队首席。自1987年以来受聘于淄博青少年宫、淄博市业余艺术学校及山东省民族艺术学校二胡、小提琴任课教师并担任二胡、小提琴考级辅导。

胡成辉（1938— ）

声乐教育家。浙江温州人。曾为温州市群艺馆声乐指导、福州军区文工团独唱演员。1961年入上海音乐学院声乐系学习，师从葛朝祉等。培养了一批声乐人才，组织各种类型音乐会及比赛。作品有《千丈岩流水》《我爱故乡水》等。

胡成林（1954— ）

男高音歌唱家。江苏无锡人。1983年进修于上海歌剧院。任无锡市歌舞团合唱队队长。曾主演歌剧《夜半歌声》《二泉映月》等，参加央视元宵文艺晚会、省春节文艺晚会、杭州艺术节、市迎春交响音乐会等大型文艺演出，任策划、独唱。曾获省第二、三届音舞节二等奖，市新人新作展示活动文艺之星称号。1997年举办独唱音乐会。

胡成选（1935— ）

小提琴教育家。山东临沭人。早年曾随上海交响乐团李牧真和上海音乐学院赵志华学习小提琴。1949年起从事部队文艺工作。1952年参加抗美援朝。曾多次身带数种乐器赴前沿阵地进行宣传鼓励，荣立三等功两次。作有大联唱《歌唱英雄的二连》，在浙江省文艺汇演中获二等奖。改编并演奏的小提琴独奏曲《白毛女选曲》在驻马店地区文艺汇演中获双一等奖。发表有《综合视唱练习曲》。高级讲师，培养小提琴学生百余名，有数人考取音乐院校。

胡春波（1962— ）

唢呐演奏家。辽宁瓦房店人。大连歌舞团演奏员。沈阳音乐学院大连分院特聘教授、中国唢呐学会理事。多次获省级以上专业比赛、艺术节、音乐周唢呐独奏、协奏一等奖。出版《胡春波唢呐独奏专辑》《拜花堂1、2》《唢呐摇滚凤凰来》等。发表学术论文多篇，并举办胡春波民族管弦乐独奏会。多次赴欧、亚多国演出。所教学生有数百人。曾获教育下一代奖章和政府奖励。

胡春生（1935— ）

作曲家、音乐活动家。满族。辽宁沈阳人。中国一汽工会文艺专干（副研究馆员），一汽文联委员、民乐团团长。1962年入长春市工人业余文艺学院手风琴专业班进修

并结业。编著有《播种真情——百首歌曲集》《芬芳的月季——歌词·戏曲·散文集》《电子琴、手风琴即兴伴奏简易速成法》《起飞原创歌选29首——大众化流行歌曲》等。长期坚持为社会各界与一汽系统创编节目、辅导排练、演出伴奏、教学培训，2006年被吉林省文联评为"优秀企业文艺工作者"。

胡春燕（1957— ）

女歌唱家。江西人。1975年毕业于天津歌舞剧院声乐专业，留院任歌剧演员。1986年从师于天津音乐学院周贵珠学习民族声乐。后参与创办天津青年友好使者艺术团，任独唱演员、副团长。1991至1993年分别获得全国青年卡拉OK大赛优秀歌手奖，全国青年歌手电视大奖赛专业组民族唱法荧屏奖，先后随市政府代表团赴日本、香港、韩国访问演出。1995年举办个人独唱音乐会。天津市青联委员。全国首届模拟表演大赛二等奖演唱第一名。

胡从容（1955— ）

音乐编辑家。湖北武汉人。湖北电台文艺部采录组组长、主任编辑。1982年毕业于武汉音乐学院管弦系。曾在武汉歌舞剧院任小提琴演奏员。1990年入北京广播学院进修文编、音响、录音艺术专业。为大量优秀音乐作品录音制作，并获全国"最佳录音师奖"。

胡存欣（1948— ）

歌唱家。河北冀州人。曾任衡水市群艺馆馆长、支部书记。1988年毕业于北京人文函授大学。1983年获河北省青年歌手比赛三等奖，1984年获河北"音乐之春"声乐比赛二等奖，2005年获第二届河北省业余歌手比赛一等奖。

胡大华（1936— ）

作曲家。河南人。曾为新乡市音协名誉主席。1951年考入开封艺师，16岁开始发表歌曲。1954年参军后在海政歌舞团创作两首歌曲发表在《中国青年报》上。先后创作歌曲上千首，其中《献给妈妈的生日歌》《有了您才有我》由中央电视台、电台分别播出。《兵妹子回家过大年》发表于《歌曲》。曾连续三届获河南省"五个一工程"入选歌曲奖，《公仆颂》等歌曲由歌手演唱。

胡道荣（1943— ）

男中音歌唱家。江苏南通人。曾任南通艺术剧院男中音独唱。在十几部歌剧中担任主要或重要角色。1976年起兼任声乐教员。1979年任声乐队队长。1985年负责剧团艺术辅导中心工作。为剧团培养多名独唱和二重唱演员。学生分别考入中国音乐学院、南京艺术学院等。2001年举办独唱音乐会。数十首歌曲、十多篇论文在国家级刊物、论文集、歌集上发表。

胡德风（1926—2007）

指挥家。江苏沛县人。1938年开始从事部队文艺工作。1951年入中央音乐学院专修科进修。后任总政歌舞团指挥。中国音协第二、三届理事。中国合唱协会副理事长、顾问。指挥的作品有《黄河大合唱》《祖国万岁》大

合唱、《长征组歌》、交响乐《智取威虎山》、歌剧《卡门》《依万苏萨宁》终幕合唱。在音乐舞蹈史诗《东方红》《中国革命之歌》中任指挥组副组长。获全军一、二、三、四届优秀演员奖。获国家三级独立、解放、荣誉勋章。曾任中国音协表演艺术委员会顾问。

胡德静（1957— ）

女木琴演奏家。江苏人。1976年南京艺术学院毕业。曾任徐州市歌舞团乐队木琴独奏演员，后任考级办主任。著文《浅谈木琴的手臂作用及槌法》《漫谈西洋打击乐器——木琴》分别发表于《徐州教育学院学报》《江苏彭城大学学报》。运用四只槌双奏、刮奏和小军鼓双跳、滚奏等技法，改编《铁臂阿童木》《霍拉舞曲》《马刀舞曲》。

胡登跳（1926—1995）

民族音乐学家、作曲家。浙江临海人。1948年考入苏州国立社会教育学院艺术教育系。1955年毕业于上海音乐学院作曲系，后任民族音乐系主任。曾任上海市音协副主席、中国音协民族音乐委员会副主任。长期担任民族器乐概论、民族器乐作曲等课程的教学，培养大批音乐人才。参与《龙江颂》《战海浪》《审椅子》等京剧的音乐创作。作有沪剧音乐《母亲》，电影音乐《布谷鸟又叫了》，二胡独奏曲《A的随想》《田歌》，民乐合奏《吹吹打打唱新人》。丝弦五重奏《欢乐的夜晚》获第三届音乐创作评奖特设的荣誉奖。专著有《民族管弦乐法》等。曾获上海市高校哲学社会科学研究优秀成果奖。

胡夺标（1928— ）

音乐教育家。福建永定人。福建师院音专毕业。1948年起从事音乐教育、指挥、作曲、表演和社会活动。创作歌曲、乐曲三百余首。编写乐理、视唱、小提琴、二胡、键盘教程及声乐教材。历任省市老年合唱团指导、指挥并在省市老年大学从事音乐教学工作。曾参加福州家庭歌咏、器乐大赛获金奖和特别奖。

胡广权（1956— ）

大提琴教育家。满族。吉林辽源人。1970年在吉林艺术学校音乐科学习，1983年毕业于吉林音乐学院音乐系，1974年起在吉林艺术学校音乐系任教，并任教研室主任。所撰论文《试论弦乐演奏中'内心听觉'的培养》曾获东北三省评比一等奖。1988年参加吉林艺术学院教师重奏团，先后在吉林艺院、西安、上海音乐学院举行室内乐音乐会。演出作品有舒伯特《鳟鱼》五重奏，贝多芬《降B大调钢琴三重奏》等。1990年获吉林省新人新作音乐比赛大提琴独奏二等奖、室内乐演出一等奖。所教学生在中央音乐学院第二届大提琴比赛获第一名。

胡国光（1944— ）

音乐教育家、作曲家。湖北仙桃人。仙桃市音协副主席、仙桃职业学院副教授、音乐教研室主任，原湖北省中师音乐中心组副组长。毕业于武汉音乐学院。1965年参加过荆州《东方红》的演出。创作歌曲多首，有的获国家级及省地市奖。歌曲《奥运北京》和撰文在《云岭歌声》

《四川音乐》等刊物发表。作有声乐套曲《四季》《江汉平原我的家乡》《望三峡》等。培养学生众多，有的已成为艺术院校教师。多次辅导学生声乐及歌曲创作，曾获省以上奖项。

胡国宁（1933— ）

指挥家。安徽岳西人。1947年起从事部队文艺工作，1959年从事指挥专业。1964年任歌剧《江姐》首任指挥。后又四度上演，并拍成电影艺术片。指挥演出的作品还有现代京剧《红灯记》，歌剧《风云前哨》《洪湖赤卫队》《忆娘》《爱与火的四重奏》及歌舞、合唱、器乐曲等。

胡国顺（1945— ）

钢琴、手风琴演奏家。安徽黄山人。1964年毕业于安徽省艺术学院音乐系。1979年调入安徽省歌舞团，致力于键盘演奏与教学，有学生参加国际比赛获奖。1984年为市供电局创作舞蹈音乐《光明的使者》，其配器、指挥获省内一等奖、华东区一等奖、全国二等奖。1988年编写手风琴独奏曲选《威尼斯狂欢节》《世界儿童手风琴名曲选》。作有钢琴独奏曲《想往》《青绿山水赞》，钢琴协奏曲《黄山》。创作的《大别山牧曲》和《透红花鼓灯》被选入师范音乐学院教材。

胡国尧（1935— ）

大提琴演奏家。江苏人。1954年入天津中央音乐学院学习，1959年入莫斯科柴科夫斯基音乐学院进修，1964年毕业于匈牙利布达佩斯李斯特音乐学院。曾任教于中央音乐学院。后任中央乐团大提琴演奏员。1959年在维也纳世界青年联欢节大提琴比赛中获奖。曾在布达佩斯、北京等地举办独奏音乐会。

胡海林（1939— ）

作曲家。湖北武汉人。1966年毕业于中央音乐学院作曲系。1973年入中央乐团创作组。作有交响音画《沅江船夫曲》《交响变奏曲》，人声与乐队《古镜》。小提琴协奏曲《侗乡情》在全国首届交响乐作品比赛获奖，歌曲《我爱你啊，香山的红叶》获文化部创作奖，歌舞剧音乐《鸟儿飞回了森林》获1986至1989年新创作剧目音乐奖。用现代手法创作钢琴协奏曲《1976·7·28》及《大提琴与乐队协奏曲》，由中央乐团演奏并录制唱片。

胡海泉（1935—2006）

唢呐演奏家。辽宁人。1951年考入东北鲁迅文艺学院，先后在东北人艺音工团、中央歌舞团、中国电影乐团任独奏演员。1952年首次将唢呐搬上舞台独奏。1956年在第一届全国音乐周上演奏唢呐协奏曲《欢庆胜利》。先后推出了二十余种唢呐演奏新技法，培养学生数百名，部分学生在参加1995年国际中国民族器乐独奏大赛中，分别获得一、二、三等奖。被文化部、中国音乐学院聘为唢呐研究生班客座教授。所著《唢呐演奏艺术》与主编的《业余唢呐考级曲集》以及编著的《唢呐曲集》和《管子演奏教程》共收录曲目二百余首，录制CD唱片6张。出访过欧亚三十多个国家。曾任中国音协民族管乐研究会名誉会长。

胡宏胜（1940— ）

音乐教育家。广东梅县人。原江西省龙南师范学校副校长，江西省第七、八届政协委员。1959年毕业于江西省龙南师范学校。发表或获奖的歌曲和音乐论文近百首（篇），多次指导学生参加全省中师文艺汇演，在管乐合奏、舞蹈比赛中获一、二等奖。1988年获赣州地区"自学成才"奖。1995年获曾宪梓教育基金会全国中等师范学校教师奖三等奖。

胡宏伟（1953— ）

歌词作家。辽宁沈阳人。中国音乐文学学会副主席。中国音协第七届理事。1984至1986年入沈阳音乐学院音乐文学专业学习。从1978年起，历任沈阳军区歌舞团创作员、副团长兼创作室主任、艺术指导。作有《长江之歌》《中国共青团团歌》《辽河从我家门前流》《永不陨落的星——雷锋组歌》，大型歌剧《羽娘》等。曾获全国全军创作奖三百余项，其中《长江之歌》被评为20世纪华人音乐经典，2006年入选"嫦娥一号"月球卫星播放曲目。《光荣啊，中国共青团》在1988年共青团十二大上定为共青团代团歌，2003年共青团十五大上定为共青团团歌。《当祖国召唤的时候》获全军战斗精神歌曲征集比赛最佳作品奖。《子弟兵心贴老百姓》获全军抒情歌曲征集比赛最佳作品奖。《你我他，快参加》《高举太阳之火》《圣火永不会熄灭》获第29届奥运征歌优秀作品奖。《五个福娃》获第六届中国音乐"金钟奖"优秀作品奖。出版《长江之歌——胡宏伟作品集》《迷彩写意》等歌词集。

胡华清（1945— ）

双簧管演奏家。安徽舒城人。1965年毕业于安徽艺术学院音乐系，主修双簧管专业，副修钢琴。后被分配至淮南市歌舞团，曾任管弦乐队队长、歌舞团团长。曾为安徽省音协理事、淮南市音协主席。曾创作并参与演出的双簧管独奏《淮河情歌》及木管四重奏《游击队之歌》等作品多次在省电台、电视台播放。培养三十余名双簧管及钢琴专业学生，考入国内重点艺术院校和专业团体。

胡怀美（1955— ）

歌词作家。山东莒南人。1975年任山东莒南县文艺宣传队乐队演奏员。1979年山东临沂教育学院毕业后任中学音乐教师。1984年后在山东莒南县文化局、文联任秘书。日照市文联副主席兼秘书长、山东省音协理事、日照市音协主席。发表大量歌词作品，其中省级以上获奖作品五十余件。出版歌词集《走近大海》《爱的等候》，论文集《艺苑散论》。2002年随山东省音乐考察团赴欧洲六国考察学习。

胡浣华（1927—2009）

女高音歌唱家。安徽人。1952年毕业于上海音乐学院。同年入上海歌剧院任歌剧独唱演员及声乐教研室副组长。1975年任声乐教员。

胡慧声（1939— ）

唢呐演奏家。吉林公主岭人。1958年在哈尔滨艺术学院器乐班学习。60年代初被学校派送到中央音乐学院和中央民族乐团学习唢呐。1962年调黑龙江省歌舞团担任独奏。所吹奏的协奏曲《翻身不忘毛主席》《生产忙》在省台录音。1974年后从事教学写书。为中央乐团、中国歌剧舞剧院、东方歌舞团培养了一些优秀人才。1983年开始在《人民音乐》《中国音乐》等刊物上发表论文二十余篇。

胡积英（1947— ）

作曲家。安徽祁门人。1969年毕业于合肥师范学院艺术系音乐专业。曾任巢湖地区文工团演奏员、六安师专音乐专业班教师。1979年入六安市文化局创作组。作有歌曲《月亮走，我也走》获"首届通俗歌曲创作比赛"优良奖、"歌颂社会主义精神文明"征歌优秀奖。

胡吉永（1928— ）

指挥家。湖南湘阴人。曾任江西省音协理事、小提琴协会常务理事、九江市音协主席。1949年任某部队文工团首席提琴。1956年起历任中央交通部文工团、江西省歌舞团、九江市歌舞团指挥、艺术室主任。1959年赴北京指挥中央民族歌舞团演出《丰收乐》《鲤鱼灯》。1961年入上海音乐学院指挥系进修。曾为舞蹈《弓弦声声》作曲（合作）并获第二届华东六省一市舞蹈会演三等奖，《时间的情意》获江西省音乐节独唱歌曲创作一等奖、九江市政府文艺创作三等奖。

胡纪春（1932— ）

低音提琴演奏家。江苏宜兴人。1951年入上海青年文工团。1954年入上海交响乐团，任低音提琴首席。

胡济璋（1933— ）

指挥家。四川宜宾人。1955年毕业于西南音专。四川省歌舞剧院常任指挥。指挥有舞剧《葛蓓莉娅》《天鹅湖》，歌剧《格达活佛》。作有交响组曲《都江堰抒怀》，民乐合奏《喜看银河穿山来》。

胡家瑞（1961— ）

歌剧表演艺术家。北京人。1980年考入中国歌剧舞剧院，先后参加了歌剧《韦拔群》《贺龙之死》《伤逝》《冰山上的来客》《月娘歌》《窦娥冤》《原野》《白毛女》《江姐》《洪湖赤卫队》《刘胡兰》《将军情》《悲怆的黎明》《阿依达》《拉美摩尔的露琪亚》《奥赛罗》《罗密欧与朱丽叶》《瑶姬传奇》《荒山狐乐》《杨贵妃》《图兰多》等剧目的演出，并在剧中担任主要角色。曾在多场音乐会中担任过独唱、领唱。近几年同时从事教学工作，培养出许多专业人才。

胡家勋（1939— ）

作曲家、民族音乐学家。贵州毕节人。中国少数民族音乐学会理事，贵州音协常务理事。1961年入毕节地区黔剧团。作有女声小合唱《彝家最爱唱山歌》，广场舞蹈音乐《乌蒙欢歌》，舞蹈音乐《铜铃声声》等。歌曲《老水牛角弯弯》获全国少儿歌曲评奖二等奖。曾任《中国民间器乐曲集成·贵州卷》副主编，主编的《中国民间器乐曲集成·贵州卷·彝族分卷》曾获全国编纂成果二等奖。论著有《彝族音乐史》《芦笙文化丛》等。《古彝文文献中的乐舞史料钩沉》及《黔西北苗族芦笙语现象探析》相继发表在美国《MUSIC IN CHINA》。

胡建华（1961— ）

女高音歌唱家、音乐教育家。江西人。广东农工商职业技术学院人文艺术系副主任、声乐副教授。曾在多项声乐比赛中获奖，举办个人师生音乐会。曾辅导学生参加全国及广东省大学生演出比赛活动并获奖。参与编写全国高协组织教材研究与编写委员会《大学音乐》教材，任第一副主编。曾参加由广东省文联、当代文艺研究所、教育学会音教委会组办的"第二届青少年音教论文评选"获一等奖，多次在报刊发表论文。

胡建军（1953— ）

女歌唱家、声乐教育家。江西师大艺术学院音乐系声乐教研室主任、副教授。1974、1995年分别毕业于江西师范学院艺术系音乐专业、江西高校教师本科。主编《声乐艺术理论》，编写《江西苏区音乐史》，参加编写《大学生必读名读导读》等书，撰有《论江西苏区音乐作品的特点》《少年儿童嗓音的特点》等文。1982年举行个人独唱音乐会。曾参加"全国独唱独奏重唱重奏调演"，省"五一""国庆"及大型文艺晚会，演唱的歌曲多次在省台播出。曾获江西师大教学成果一、二、三等奖。担任省市歌手大赛等赛事评委。所授学生多次在赛事中获奖。

胡剑鸣（1934— ）

女竖琴教育家。湖北武汉人。1956年毕业于上海音乐学院钢琴系。后留校任教。1959年入德国竖琴专家班学习。后在上海音乐学院任教。译有《竖琴演奏法》。

胡江非（1923—已故）

音乐教育家。江西南昌人。早年毕业于福建音专。后在江西师范学院艺术系任教。作有越剧音乐《红楼梦·晴雯》，编有《音乐字典》《少年儿歌集》，著有《唱歌教学法》《视唱初步》等。

胡结续（1931— ）

笛子演奏家。山西永济人。1949年始从事音乐工作。后在成都音乐舞剧院工作。创作并演出的曲目有《布谷鸟来了》《我是一个兵》，编著有《笛子吹奏法》《笛子基本功练习》等。

胡玠华（1935— ）

中提琴演奏家。江苏江阴人。1947年考入常州国立音乐院十年制幼年班，1950年与中央音乐学院合并为中央音乐学院少年班，师从韩里、马思聪等教授，1957年毕业。同年入广州交响乐团任中提琴首席，多次担任独奏、重奏的演出。广东省小提琴学会理事、全国小提琴考级委员会委员。1987年担任北京全国第二届高级小提琴制作比赛

评委。1998年暑期带领广州青少年宫室内乐团赴德、奥、意、法四国演出。

胡金泉（1913—1995）

民族管乐演奏家。山西忻州人。自幼习吹奏唢呐、管子。1954年入山西省歌舞剧团。山西省政协二、三、四、五届委员，省文联委员。演奏曲目有《晋北梆子戏曲》《大得胜》《十翻》等。

胡锦华（1942— ）

琵琶教育家、演奏家。江苏泰州人。曾任安徽省琵琶专业委员会会长。毕业于安徽艺术专科学校，后任教于安徽大学艺术学院，教授。多年来创作并演奏的《花鼓》《幸福花》《凤阳叙事曲》等作品先后在刊物和器乐琵琶曲集上发表。《仇恨入心》《幸福花》《夜深沉》被调赴京展演，1979年参加全国高等艺术院校琵琶学术交流会。先后培养出众多的琵琶专业人才。本人多次被安徽省文化厅、安徽大学艺术学院评为优秀先进教师。

胡靖舫（1920— ）

女声乐教育家。河南汲县人。1946年毕业于上海音专声乐系，随后任教于苏州社教学院艺术系。1949年任教于上海音乐学院声乐系，1956年该系建立民族声乐专业，任教研组长、副教授。撰文有《向戏曲演员采访学习体会》。多年来为苗、壮、藏、朝鲜、彝、普米、维吾尔、傣等少数民族培养一批优秀歌唱人才。两度获学院教学优秀奖。1989年学院曾主办两场胡靖舫学生音乐会。

胡静华（1926—已故）

男高音歌唱家。重庆人。1953年毕业于中央音乐学院。后在沈阳音乐学院声乐系任教。著有《声乐基础知识》《西洋声乐艺术史》。

胡军驰（1935— ）

女作曲家。广东顺德人。1949年从事部队文艺工作。1962年毕业于中央音乐学院作曲系并留校任教。1964年任中国音乐学院作曲系创研室主任。参加歌剧《农奴》、现代京剧《智取威虎山》《海港》《磐石湾》的音乐创作，并撰写过《沙家浜》《红灯记》《奇袭白虎团》等现代京剧的音乐创作经验介绍文稿。1976年调中央歌剧院，创作大量声乐器乐作品并多次获奖。作有交响曲《鹰之歌》，交响诗《龙之舞》，交响组曲《金色的秋天》，七场歌剧《在那雷鸣山崩的1959年》（自编剧本），四幕歌剧《山花烂漫》。著有《交响曲艺术史》，录制有由其作曲的12首交响小品专辑《情人的眼泪》，获1992年金榜磁带奖。

胡俊成（1934— ）

作曲家。河北沧县人。1949年加入解放军铁道纵队二支队文工队任演奏员，1955年调铁道兵文工团，历任演奏员、创作员、乐队队长、歌舞团副团长、文工团副团长、团长等职。1963年入解放军艺术学院进修。作品有《畲家姑娘会绣花》《彝家热爱子弟兵》《今晚的月色多么美丽》《铁道兵战士志在四方》《理想是不灭的火光》等。

出版有《胡俊成歌曲选》，录音盒带专辑《筑路工人青春美》，《祝福祖国——胡俊成歌曲选》。

胡棵育（1953— ）

歌剧表演艺术家。福建永定人。1972年入贵州省歌舞团，1979年入中国歌剧舞剧院。1987年毕业于社会音乐学院声乐系。曾在大型歌剧《星光啊星光》《救救她》《伤逝》《小二黑结婚》《白毛女》《窦娥冤》等二十余部中饰演男主角，并在大型歌舞晚会及音乐会上担任独唱、二重唱及领唱。演唱录制有《施光南作品纪念集》《中国歌剧精选一、二、三》《我爱家乡美·胡棵育演唱专辑》、电影《幸运的星》主题歌。1999年调入深圳市宝安区文化艺术馆，培养了众多声乐人才。

胡立谭（1952— ）

指挥家。黑龙江哈尔滨人。1969年从事音乐工作。1987年毕业于沈阳音乐学院作曲系指挥专业。曾任辽宁省丹东歌舞团团长兼指挥。1999年调入沈阳师范大学音乐学院。发表论文8篇，并编著出版《指挥基础教程》《西方歌剧史》等。

胡丽玲（1939— ）

女音乐教育家。湖北武汉人。曾为武汉音乐学院钢琴副教授。先后任钢琴伴奏及钢琴主科的教学。1961年毕业于湖北艺术学院。曾为湖北中学音乐教材中的《樱花》等歌曲编配钢琴伴奏，编著有《乐理大全—兼谈音乐知识》（合著）并参加本院钢琴教材的编写。

胡丽玲（1957— ）

女钢琴教育家。辽宁大连人。毕业于福建师范大学艺术系音乐专业，后进修于上海音乐学院钢琴系和研究生处。历任福建三明市化工厂音乐教师、三明市师范专科学校音乐系副主任、三明师范学院艺术系副主任。撰有《冲破传统樊篱、实现新的跨越》《音乐学院与高等师范院校钢琴教学模式比较研究》等文。为社会及艺术院校培养和输送许多钢琴人才，其中多人次获省级比赛三等奖、优秀奖，多人获地区钢琴比赛一、二、三等奖。举办学生钢琴音乐会多场，有多名学生在随团访日演出中担任独奏。

胡丽萍（1961— ）

女小提琴演奏家。安徽芜湖人。安徽省音协小提琴委员会理事。1982年毕业于安徽省艺术学校，分配到皖南歌剧团（现为宣城市歌剧团），担任小提琴演奏。后考入合肥大学。参加历届省"艺术节"调演及各类大型演出。1999年在机关及事业单位考核评比中，获安徽省人事厅颁发的"优秀证书"。2002年在芜湖市首届社区少儿艺术大赛中获"园丁奖"。

胡连成（1933— ）

大提琴演奏家。辽宁沈阳人。1948年入东北电影制片厂音乐科。后任中国电影乐团交响乐队大提琴首席。交响乐爱好者学会常务理事。全国大提琴学会理事。

胡玲玲（1953— ）

女歌唱家。北京人。1977年进入中央民族乐团。1987年参加全国广东音乐比赛中获金奖。曾随团赴印度、巴基斯坦、缅甸、泰国、日本、韩国、美国、英国、德国、丹麦、奥地利、法国、香港、澳门、台湾等地参加文化交流与演出活动。近年来还从事声乐教学，有多名学生在参加区、市、全国比赛中获奖，2002年本人获由中国少年儿童基金会、教育电视台等单位颁发的"园丁奖"。

胡伦彬（1932— ）

歌唱家、声乐教育家。湖北松滋人。1952年毕业于中南文艺学院，1957年入上海声乐研究所进修。后任武汉歌舞剧院声乐教研组组长、艺术指导，武汉市音协理事。主演大型歌剧《启明星》获全国创作演出一等奖。长期从事声乐教学，培养诸多学生，部分学生在大赛中获奖并考入专业院团。发表有声乐论文数十篇，曾被评为湖北省优秀教师。1994年武汉市音协、武汉歌舞剧院联合举办"胡伦彬学生演唱会"。

胡梦桥（1933— ）

女越剧作曲家。浙江人。1952年从事戏曲音乐工作。浙江小百花越剧团团长。音协浙江分会常务理事。担任越剧艺术片《花烛泪》《唐伯虎》音乐设计。为越剧《刑场上的婚礼》设计唱腔，其中选段"盼上阵"获全国戏曲现代戏优秀唱腔创作奖。

胡乃君（1955— ）

歌唱家。黑龙江哈尔滨人。1975年入哈尔滨歌剧院。1980年在上海音乐学院学习，后回哈尔滨歌剧院工作。1975年以来，演出《小二黑结婚》《江姐》《货郎与小姐》《带枪的新娘》《赫哲人的婚礼》《红娘》《金色的鄂伦春》《生活变奏曲》《焦裕禄》《洪湖赤卫队》等多部歌剧。曾多次参加黑龙江省电视大奖赛获演唱一等奖及歌剧表演一等奖。

胡培基（1943— ）

二胡演奏家。山西文水人。中国音协二胡学会副秘书长。1963年毕业于中央音乐学院民系二胡专业，后分配到中国歌剧舞剧院工作。40年中，参加过多部歌剧、舞剧、音乐会的演出和各种录音工作。曾担任二胡首席，多次带队到国外演出，任独奏和领奏。在70年代曾参加民族乐器改革，担任民族乐团团长、艺术教育部主任、培训中心主任，首都联大艺术分校校长等职。曾组织策划多次大型音乐会、电视晚会。

胡其南（1941— ）

歌唱家。湖北武汉人。1964年毕业于湖北大学。1961年入武昌群艺馆，1964年到武汉歌剧院任演员，1995年在湖北省贸易厅艺术室任音乐总监。作有混声合唱《花的草原》，曾多次举办个人独唱音乐会。演唱作品有《钢城之夜》等二十余首歌曲。为广播电视剧配音的湖北民歌《峡江水手歌》获全国建设之歌一等奖，先后组建武汉星海合唱团、武汉市总工会艺术团。创作并演唱的歌曲《牡丹与

H

樱花》多次在电台"每周一歌"中播出。90年代从事音乐评论、评选工作。

胡奇文（1943— ）

二胡演奏家。广东湛江人。任职于广东省湛江市歌舞团。1963年开始研制三弦胡琴和四弦胡琴，获得学校奖励。1966年毕业于广州音乐专科学校大专二胡专业，1968年曾在四川省凉山州文工团工作。1978年研制成功和声四胡。作有歌舞剧《刘海砍樵》的序幕和一至八场的全部音乐旋律和部分配器，另作有一些歌曲、乐曲。1991年获"华琴"发明专利，1999年获"华琴"实用型专利，2000年获国际发明金奖，2001年该专利被评为优秀专利。

胡启文（1930—1988）

作曲家。贵州贵阳人。1953年毕业于贵阳师范学院艺术科。后在贵阳市歌舞团工作。作有组歌《雷锋》，声乐套曲《幸福时光》，撰有《歌曲伴奏的编配与弹奏》。

胡千红（1958— ）

女钢琴演奏家、教育家。陕西西安人。湖南师范大学音乐学院副教授、硕士生导师。1983年毕业于湖南师范大学音乐学院钢琴专业。1988年毕业于上海音乐学院钢琴系干修班，并在长沙举办个人钢琴独奏音乐会。撰有《叩开世纪之门——论德彪西对二十世纪钢琴音乐的影响》《流派纷呈，百家争鸣——二十世纪西方钢琴音乐特征》《略论西方哲学理念在音乐流派产生与风格嬗变中的影响》《论钢琴教学中高抬指奏法的合理运用》等文。1999年获"九五"科研成果奖、湖南师范大学科研成果特等奖等。

胡让士（1936— ）

作曲家。安徽嘉山人。1950年始从事部队文艺工作。后任河北歌舞剧院歌舞团团长。作有舞剧音乐《白求恩》，歌剧音乐《樱桃好吃树难栽》。

胡任森（1946— ）

二胡演奏家。江西九江人。曾为江西九江市歌舞团乐队演奏员。经常演出二胡、擂琴独奏、弦乐四重奏等。发表《难忘校园的早晨》《试论音乐欣赏能力的培养》等文。所作歌曲《登庐山，望日出》获全省广播征歌三等奖。为第六届全国届原杯龙舟赛创作的歌曲《浔城唱起欢乐歌》获优秀作品奖。

胡荣和（1948— ）

作曲家。上海人。曾任音协宁夏分会秘书长、第二届常务理事。作有歌曲《家乡枸杞熟了》《留给你》，交响诗《满江红》。

胡瑞林（1945— ）

女小提琴演奏家。安徽黄山人。安徽省音协理事，安徽省小提琴学会常务理事。1958年考入安徽艺术学院学习小提琴。毕业后分配到淮南市歌舞团工作。1977年在中央音乐学院进修，师从刘育熙教授。长期担任乐团独奏和乐队副首席，后任首席。多次在省级会演和调演中获独奏演

奏奖项。所培养的小提琴专业学生有二十余人考入音乐学院和师范院校。

胡润农（1944— ）

作曲家。江苏东市人。1969年毕业于南京艺术学院音乐系。曾任江苏海安县歌舞团乐队队长，县文化馆副馆长。作有歌剧《海岛女民兵》，歌曲《酸、甜、苦、辣都是歌》《乡音》《美丽的农家》，舞蹈音乐《花鼓情》《苍龙舞》，四重奏《快乐的农家》，弹唱《社会是个大课堂》等大量作品。举办各类培训班，为社会和音乐院校输送大批音乐人才，多名学生在各类比赛中获奖。撰有《蒙上神秘色彩的古代音律说》，《论二胡演奏的音准问题》，《"音乐快餐"与高雅音乐断想》等。

胡绍正（1940— ）

音乐教育家。安徽人。安徽阜阳三中高级音乐教师。中国儿童音乐学会、中国教育学会音乐教育专业委员会委员。在《儿童音乐》《音乐生活报》及省级刊物上发表歌曲作品、论文数十件。《塔里木恋歌》《戈壁玫瑰》《北京的海》等多首歌曲在全国征歌中获奖。撰有《浅论音乐的社会功能》《审美与育德》等文。几十年来一直从事学校音乐艺术教育工作，为国家培养了一批音乐人才，被评为"安徽省学校艺术教育工作先进个人"。

胡士平（1924— ）

作曲家。安徽无为人。1938年参加新四军。历任剧团团员、队长、指导员、音乐教员、副团长、团长，海政文化部副部长兼歌舞剧团团长。1940年以来创作歌曲有《人民子弟兵》《我们的歌声》《歌唱胜利》《夜袭》《消灭还乡团》《一对银燕飞上天》《我们的艇长》等五百余首。其中《欢呼歌唱新中国》《人民海军在前进》获华东军区歌曲创作三等奖，《捐寒衣》《海上哨兵》《我们不能再忍耐》获上海抗美援朝创作二等奖。为歌剧《红珊瑚》（合作），《夺印》《冬雪春花》，电影《剑归》，电视剧《客家妹》，舞蹈《海上子弟兵》《红色水兵》《渔歌》等作曲。发表论文、戏曲研究约五十余万字。出版《珊瑚颂—胡士平歌曲选》《半拍斋音乐文札》等。

胡松华（1931— ）

歌唱家、声乐教育家。满族。北京人。1949年毕业于华北大学。曾任中央民族歌舞团艺委会副主席，获中国交响乐团终身艺术家荣誉称号。全国政协第四至九届委员、中国民族声乐学会副会长。曾深入48个民族地区，出访28个国家。演唱的歌曲有自编自唱的《森吉德玛》《丰收之歌》，作词、编曲的《赞歌》。为故事片《阿诗玛》录唱阿黑的全部歌曲，饰演歌剧《阿依古丽》中男主角。1980年举办《胡松华张曼茹独唱独舞晚会》。1990至1994年，自力录制音乐电视艺术片《长歌万里情》，"壮行边疆十万里，高唱民族百首歌"。2001年由中央电视台举办并录制《祖国赞歌》专场音乐会，2004年央视播放《胡松华艺术人生》专题。曾获金唱片奖、四十年广播首唱金曲奖（五洲杯），文化部新创作演唱评比一等奖、中国电影百年当代音乐杰出贡献奖等。为《雷锋》《龙马精神》《祖

H

国啊母亲》等二十余部影片录唱主题歌及插曲。2009年录制并演唱《赞歌》的姐妹篇新歌《再举金杯》。

胡松涛（1938— ）

作曲家。湖北黄梅人。1961年毕业于湖北艺术学院中专作曲专业。曾任九江市文工团副团长，市话剧团团长，九江市群艺馆副馆长、副研究馆员，市文联委员，市音协副主席，市政协七、八、九届委员。作有女声独唱《毛主席登上庐山顶》，女声小合唱《井冈杜鹃红》等。1996年参加中国庐山国际旅游节大型文艺表演任策划和编创。曾任九江市职工爱乐合唱团艺术总监和常任指挥。

胡素银（1945— ）

女歌唱家。浙江金华人。1960年就读于杭州艺专声乐系。1987年始在浙江艺术学院音乐科工作。在歌剧《白毛女》《南方来信》中担任主要角色。多次在省、市重大演出中任独唱并兼任主持人。在声乐教学中，培养了一批歌唱演员。撰有《越剧声乐训练初探》《变声期的训练与保护》等文。1994、2000年举办"胡素银师生音乐会""胡素银声乐教学演唱会"。

胡素月（1950— ）

女歌唱家。浙江人。1970入浙江省丽江地区文工团。1976年始在浙江省歌舞剧院任职。1986年在全国青年首届民歌、通俗歌曲大选赛中获"孔雀杯"优秀奖，1988年演唱《南屏晚钟》获《广播新歌》征集评奖表演奖，1992年浙江省第五届艺术明星评选中获艺术明星奖。出版有盒带专辑《中国歌剧精选》《小船悠悠》。曾随团出访芬兰、德国。演唱的歌曲有《我的家乡在水乡》《热恋的江南》等几十首，其中《不敢信》获省"东港杯"一等奖。

胡素珍（1950— ）

女作曲家。浙江乐清人。就职于浙江省台州市黄岩区工人文化宫。1976年毕业于温州师范学院。曾任乐清县大荆中学音乐教师。大型风情音乐舞蹈《黄岩谣》（合作）1994年获浙江省市（地）精神文明建设"五个一工程"提名作品奖，歌曲《金灿灿的季节、沉甸甸的收获》获浙江省"大红鹰杯"工人歌曲比赛创作二等奖。

胡素珍（1962— ）

女琵琶演奏家。河南商丘人。甘肃敦煌艺术剧院演奏员。1987年毕业于西北民族学院。曾任青海省民族歌舞团演奏员。撰有《阿炳的琵琶曲》。演奏曲目《牡丹花儿红》《妙音反弹》《山歌》《婆罗门引》等。1986年举办个人独奏音乐会，演奏十余首琵琶经典作品。曾随团赴日本、澳门演出。

胡泰泉（1931— ）

男高音歌唱家。江苏无锡人。肄业于上海华东化工学院。1956年入中央广播合唱团。1959年随苏联专家奥尔菲洛夫学习声乐。曾任声部长、独唱、领唱。录有电影《铁道游击队》插曲，领唱《红莓花》《炊烟》等合唱曲。

胡腾骧（1912—2002）

音乐教育家。山东益都人。1934年毕业于北平师范大学外语系。曾在北京师范大学、北京艺术师范学院、北京师范学院等校音乐系任教。曾为教育部编写中小学音乐教育大纲。

胡天虹（1958— ）

音乐教育家。重庆人。1975年起先后在辽宁盘锦垦区样板团、辽宁电影制片厂任职。1987年毕业于沈阳音乐学院音乐学系。后任沈阳大学师范学院音乐教育系教师。1999年攻读沈阳音乐学院音乐学系硕士研究生。发表有《试论节奏乐器在周朝祭祀活动中的作用》《关于琴曲〈梅花三弄〉的文化思考》等文，著有《中国古代音乐概述》，获当年辽宁省教育系统科研成果一等奖。1998年率团参加第四届中国北京国际合唱节，获优秀表演奖。被授予"沈阳市文艺新秀"称号。

胡天泉（1934— ）

民族管乐演奏家。山西忻县人。1953年参加公安军文工团，1958年调济南军区前卫歌舞团，任演奏员、团艺术指导。中国民族管弦乐学会常务理事、山东音协理事，第四届全国人大代表。50年代以来，积极参与前卫民族乐队的创建、改革和发展。将原始笙从17管13簧改革发展到30管30簧。1979年后改革研制"巴乌笙"。创造三十余种演奏技巧。1956年创作中国第一首笙独奏曲《凤凰展翅》（合作），首次将笙推上独奏舞台。1957年在莫斯科第六届世界青年联欢节艺术比赛中获两枚金质奖章。赴三十余个国家和地区演出。多次在新加坡、香港举行笙独奏音乐会。出版有笙曲集、笙曲专辑。

胡惟民（1933— ）

小提琴演奏家、教育家。江苏南京人。曾为四川音乐学院小提琴教授、硕士生导师，四川省小提琴教育研究会会长，全国少儿小提琴学会常务理事。1955年和1958年先后毕业于西南音乐专科学校和上海音乐学院管弦系小提琴专业。1963年在四川省小提琴演奏比赛中获第一名，历任全国青少年小提琴比赛评委。1998年应邀赴日本高崎艺术大学讲学、交流，2003年应邀参加在法国里昂举行的国际音乐节。编著《中外小提琴名曲77首》《青少年器乐考级指南》（合著）等。撰有《小提琴弓法的类别及训练》《平衡—小提琴教学与演奏的基本原则》，作有小提琴独奏曲《大寨花开满山红》（合作）。

胡伟立（1937— ）

作曲家。江苏人。1960年毕业于北京艺术学院音乐系。曾在北京电影学院任教。后任香港电视有限公司特约作曲、配乐指挥。作有电影音乐《明姑娘》《相思女子客店》等。

胡卫民（1954— ）

歌唱家。河北人。兰州军区战斗歌舞团分队长。1984年在省电视大奖赛专业组获美声唱法第一名，并在多届全军文艺调演中获优秀演员及特别奖，参加多部歌剧演出担任主要角色。1987年就读于解放军艺术学院音乐系大专班。曾为中唱公司录制盒带《伟大祖国春风荡漾》在中央台"每周一歌"中播放。在电视音乐片《大漠兵歌》任独唱。曾随团赴西沙群岛、老山前线等地慰问演出。

胡卫强（1962— ）

唢呐演奏家。黑龙江望奎人。中国音协民族管乐研究会常务理事，中国民族管弦乐学会会员。1976年入中国铁路文工团歌舞团学员班。1979年调该团说唱团任演奏员。演奏合奏《红花献英雄》《一路平安》《鹰》《花》《将军令》等，独奏《通车喜讯》《农村一片新气象》《河北梆子腔》《一枝花》《护士之歌》及唢呐协奏曲《欢庆胜利》等。参加各类大型文艺晚会演出。

胡文浩（1917— ）

女钢琴教育家。江苏嘉定人。1940年毕业于国立上海音专。曾在沈阳音乐学院附中任教。编有儿童钢琴曲多首，撰有《钢琴教学中的一些问题》。

胡文惠（1961— ）

女高音歌唱家。四川酉阳人。1987年毕业于西北师范大学音乐系，后在兰州师范任教。1991年始任甘肃省歌剧院演员。撰有《声乐教学思维特点的探讨》《论音乐评论的本质与属性》《论判断声乐演唱水平的标准》等。在歌剧《魂兮，魂兮》《努尔哈赤》《红雪》中任女主角。1999年在文化部主办的"爱我黄河"中担任独唱，同年参加中央电视台"同唱一首歌"栏目担任重唱，多次参加省大、中型晚会独唱、重唱。曾分获由省广电主办的第三、四、六届电视大奖赛二等奖、一等奖二次，并获"金钟杯"甘肃赛区一等奖。

胡文熹（1922— ）

音乐编辑家。四川崇庆人。1948年毕业于四川大学经济系。后任四川人民广播电台文艺部音乐编辑。编有《黎明歌唱集》，主编"星期音乐会"节目，主办有带音响的"音乐广播杂志"。

胡文学（1946— ）

单簧管演奏家。重庆人。1968年毕业于四川音乐学院附中。任重庆市歌剧院乐队演奏员，参加歌剧院各种音乐会、大、小歌剧演出近百场。曾在歌剧《火把节》（赴京调演），《巫山神女》（赴京比赛），重庆直辖庆典交响音乐会、中葡音乐会演出中任单簧管首席。

胡文臻（1943— ）

音乐教育家。宁夏贺兰人。曾为宁夏银川市文联委员、音协副主席，宁夏儿童音乐学会副会长，宁夏音协一至四届理事。1963年任中小学音乐教师，1975年起从事文化馆群众音乐工作、副研究馆员。创作的歌曲《故乡的路》《黄河流水到山乡》《把属于少年的交给少年》《汤瓶舞曲》等多首作品在本地及全国获奖。1998年获"银川市文学艺术突出贡献奖"。

胡夏生（1948— ）

歌词作家。安徽泾县人。大专学历。《桃花潭词报》常务主编。已出版歌词集《心泉流韵》《青春末班车》两部，诗歌集六部。以夏子笔名在《词刊》《歌曲》《音乐周报》等报刊发表作品数十首，并先后多次获得文化部，中央广播电台及省内、外有关部门（或报刊）的歌曲（词）作品奖。曾为安徽省音协理事、安徽省音乐文学学会副主席、安徽宣城市作家协会副主席。

胡祥夫（1928— ）

二胡演奏家。上海人。1952年入中央戏剧学院。曾任中央实验歌剧院二胡首席，中国歌剧舞剧院首席演奏员。并在中国戏曲学校教授二胡。曾随中国艺术团赴英、法、比、瑞士等国演出。著有《二胡演奏法探索》一书。创作民族舞剧剧本《梁祝》。

胡小环（1956— ）

作曲家。山东青岛人。海军政治部文工团作曲。1979年毕业于福建艺术学校，同年任福建省歌舞剧院演奏员。1997年特招入伍。参加作曲的有大型舞蹈诗《悠悠闽水情》，历史话剧《沧海争流》，广播剧《飞跃黄河》，舞蹈《踏浪女兵》《秋瑾》《红风筝》《惠安女》及歌曲《数鸭子》《海峡风》《歌儿飞》《走进春天》等。曾多次在全国全军获"文华奖""五个一工程"奖和"解放军文艺奖"。作有影视剧音乐《婆婆》等二十余部及舞台剧音乐《当兵的人》等十余部。

胡小石（1940— ）

歌词作家。江苏扬州人。中国音协第六届理事。历任黑龙江省歌舞剧院副院长、黑龙江省音协副主席、黑龙江省音乐文学学会会长、中国音乐文学学会主席团委员、黑龙江省政协委员、《词刊》编委。创作有大量歌词，获国家级与省级奖项百余件，如《乌苏里船歌》《北京你好》《铃兰》《采一束山花献给党》《我从黄河岸边过》等。编剧执笔的音乐剧《鹰》获"文华奖"并获"文华"编剧奖。出版个人作品选集《爱在北方》，并发表论文、评论等十万余字。

胡晓峰（1955— ）

作曲家。陕西子洲人。陕西延安歌舞团创研室主任，陕西音协理事，延安音协主席。1975年毕业于西安音乐学院师范系。撰有《论陕北道情音乐发展》《论民族音乐文化是我们的生命之根》。电视连续剧《走出黄土地》获中宣部"五个一工程"奖，歌曲《农民兄弟》《山川秀美好风光》获省"五个一工程"奖。担任作曲的电视剧《半个红月亮》《模范张民办》等多部。创作芭蕾舞音乐《烛光》在人民大会堂演出，二胡独奏曲《黄土吟》（合作）获省二等奖，受国家体育总局之邀，创作了第一、二套全民健身秧歌音乐，全国发行推广。

胡晓凌（1954— ）

女中音歌唱家。满族。北京人。曾在中央乐团社会音乐学院学习。1977年在北京歌舞团合唱队任合唱队员，

1986年入中央乐团合唱团。担任伴唱、合唱小合唱、二重唱、独唱等，曾随团在全国各地演出及赴马来西亚、美国、加拿大及港、澳、台地区演出，1987年在大型清唱剧《弥赛亚》中任女低音独唱，在莫扎特《D大调弥撒》中任女中音独唱，在贝多芬第九交响乐《欢乐颂》中任女中音领唱等。还在各种专题音乐会中担任独唱、重唱，演出了大量中外曲目，并出任合唱团女中音声部长。

胡晓平（1953— ）

女高音歌唱家。上海人。现旅居加拿大。1973年考入上海乐团任独唱演员。1979年入上海音乐学院声乐系先后师从郑兴丽、高芝兰学声乐。中国音协第四届常务理事。1982年参加在匈牙利举行的第二十届布达佩斯国际音乐比赛，获歌剧演唱比赛一等奖、特别奖。1983年应邀参加捷克斯洛伐克"布拉格之春"国际音乐节、匈牙利"布达佩斯之春"国际音乐节，并赴南斯拉夫、罗马尼亚等国巡回演出。近年来常应邀回国参加音乐活动。

胡晓炜（1947— ）

女音乐编辑家。湖北武汉人。1970年毕业于中央音乐学院音乐系。中央电视台制作部音乐编辑、音响导演。制作有电视片《哈尔滨的夏天》《大连漫游》，音乐录音有电视剧《今夜有暴风雪》《红楼梦》等。

胡新华（1958— ）

音乐家。河北定州人。1975年从事音乐表演及音乐创作、组织活动。1983年毕业于河南大学音乐系，分配到新乡电台从事广播文艺工作。曾任新乡爱乐乐团指挥，指挥演出《红旗颂》《春节序曲》，现代京剧《智取威虎山》《红灯记》及大型合唱。音乐专题《国旗下的新乡小伙》获2003年中国广播学会一等奖，二胡与乐队《牧野的传说》，舞蹈音乐《爹和娘》分别获河南省第六、七届创作金奖。

胡兴华（1937— ）

作曲家。安徽怀宁人。原中原油田师范音教组负责人、高级教师。1958至1963年于西安音乐学院进修小提琴、作曲。撰有《国歌的教学提示》等文。发表歌曲50余首。作有合唱《巨龙飞舞满秦川》，独唱《好大的肥猪》，表演唱《河南人爱哼梆子腔》，民间舞剧《赶花轿》，儿童歌曲《我是一棵小白杨》等。曾任老年艺术团副团长，创作《香江组歌》，大型歌舞《石油颂》等，多次赴京演出。

胡秀华（1935— ）

女声乐教育家。浙江人。1957年毕业于南京艺术学院声乐专业。曾在宁夏回族自治区歌舞团、白银市歌舞团、济南市歌舞团任演员、声乐教师。1990年任济南市群艺馆副研究馆员。为省内外艺术院校、专业团体输送一批声乐人才，其中有多人在全国及省市声乐比赛中获奖。曾被济南市授予"园丁奖"。后在济南市老年大学、济南军区老战士艺术团、爱乐合唱团从事教学工作。

胡旭东（1968— ）

作曲家。辽宁沈阳人。第二炮兵政治部歌舞团创作员。作有《左邻右舍》《亲爱的爸爸妈妈》《为家奋斗》《大地芳华》《天边有个你》《五十六朵鲜花》《百姓日子》《当兵就是这样的人》《为了地球上的生命》等歌曲。出版歌曲集《当兵咱就当好兵》及个人音乐作品CD专辑。曾为多部电视连续剧谱写主题曲，作品多次在全国、全军比赛中获奖。

胡学元（1943— ）

作曲家。河南辉县人。1960年参加工作，任市曲剧团音乐设计。创作戏曲音乐六十余部，歌曲、器乐曲百余首。歌曲《走不出小妹的心尖尖》获文化部优秀创作奖，器乐伴舞《欢天喜地迎新春》获国家教委"第三届全国校园春节联欢晚会"一等奖，歌舞剧《水利赞歌》由央视播放。获省级奖的有笙独奏曲《世纪赞歌》，戏曲《瑶姬》，曲艺《学习史来贺》，器乐曲《迎回归》等。

胡雪谷（1917— ）

女声乐教育家。江苏南京人。1945年毕业于重庆国立音乐学院声乐系。后在天津音乐学院声乐系任教。曾在重庆、贵阳、昆明、广州、香港等地举行独唱音乐会。

胡亚莉（1955— ）

女高音歌唱家。陕西西安人。陕西省合唱协会常务理事。陕西省乐团合唱队女高音声部长，主要担任独唱、领唱、钢琴伴奏以及艺术指导工作。演唱有《雪花飞吧，飞吧》《我是江河》《跳吧！跳吧》《过田埂》《轩辕柏》《军魂》等。为电影《血与火的洗礼》《叛国者》《电梯上》及电视剧《晚中情》等担任插曲领唱、独唱。

胡延仲（1932— ）

作曲家。辽宁本溪人。上海音乐学院曲式教研室主任、教授。中国音协理论委员会美国音乐研究会副理事长。作有《论奏鸣曲式展开部》《欣欣向荣的美国19世纪音乐》《民间音乐与戏曲》（合作），钢琴曲《序曲三首》《小奏鸣曲》，管弦乐《民歌四首》，歌曲《走向国防最前哨》《姑娘你跑向谁家》，电影配乐《东风劲吹》（合作）等。发表有《美国国歌趣史》《音乐中的日月与星辰》《钢琴的交响乐》《美国音乐剧浅谈》《圣诞音乐拾零》等文数十篇。

胡杨吉（1949— ）

音乐理论家、编辑家。四川成都人。1977年毕业于四川音乐学院并留校任教，曾在该院实验乐团任手风琴演奏员。后任院科研处处长、音乐研究所副所长、研究员、学院科研委员会副主任。省手风琴专业委员会常务理事。合著《音乐文献学与音乐文献检索》获省人文社会科学科研成果评奖三等奖。发表有《王光祈与音乐教育》《通俗音乐的基本特征》等论文及评论文章数十篇。编译有《当代实验主义音乐家亨利·考威尔》《音乐民族学研究中客观与体验的统一性》《世界乐坛新记录》等译文三十余篇。

H

胡耀华（1932— ）

音乐理论家。江西南昌人。1954年毕业于南昌大学艺术系。曾任江西师范大学音乐系主任，副教授。浙江师大音乐系主任。音协江西分会第四届常务理事，省音乐教育研究会理事长。著有《和声与写作》等。

胡耀武（1957— ）

作曲家。湖北黄冈人。湖北省黄冈市文化局副局长。1976年入北京军区某部任文艺兵，后在地方从事职工文艺工作。1989年起在黄冈地区文联先后任办公室主任、副主席，黄冈市音协常务副主席。分别在中央电视台、中央电台、《歌曲》《音乐周报》等媒体播出并发表音乐作品百余首。二十余次在全国和省市获奖，其中歌曲《小窗、小屋》《搀着妈妈回家》获文化部"群星奖"，《人往高处走》获湖北省"五个一工程"奖。

胡怡芳（1935— ）

女钢琴教育家。浙江杭州人。1960年毕业于四川音乐学院器乐系钢琴专业。长期从事钢琴伴奏和教学。任中央民族学院音舞系钢琴教研室主任，副教授。编有《各少数民族民间舞伴奏乐谱选编》。

胡翊唐（1948— ）

长笛演奏家。江西进贤人。1969年毕业于江西省文艺学校音乐科。任江西省歌舞剧院乐团首席长笛。曾在江西音乐舞蹈艺术节小乐队、电声铜管打击乐《金秋时节》演奏中获三等奖，2002年获江西省第二届器乐重奏、小合奏比赛专业组二等奖，校外教育教学优质评选二等奖。

胡逸尘（1925— ）

音乐编辑家。上海人。1945年始从事部队文艺工作。1953年毕业于中央音乐学院专修科，1957年从事音乐编辑工作。策划、编辑、出版30、40年代旧版新编流行歌曲，主要有《金嗓子周璇》第一、第二集，《李丽华歌唱演唱集》《姚莉——白虹歌唱演唱选辑》等。编辑、出版上海民族乐团《江南丝竹》八大套曲。采录编辑出版江苏省、安徽省、山东省民歌专辑等。曾任中国唱片上海公司编辑委员会副主任。

胡逸文（1933— ）

女声乐教育家。浙江永康人。1960年毕业于上海音乐学院声乐系。留校任教。1961年入保加利亚专家班进修。多次举办独唱音乐会。

胡英年（1959— ）

歌唱家。黑龙江哈尔滨人。1983年毕业于中国音乐学院声乐系，2003年进修于上海戏剧学院导演系。哈尔滨歌剧院艺术室副主任。参加歌剧《夏氏姐妹》《货郎与小姐》《江姐》《红珊瑚》《啊，欧米加》《忆娘》等的排演并担任重要角色。参加中外名曲系列音乐会、"哈尔滨之夏"音乐会、申办2009世界大学生冬季运动会庆典音乐会等，并担任独唱、领唱、主持人。

胡永平（1953— ）

歌唱家。安徽人。1981年毕业于中国音乐学院歌剧系专修班。后在合肥市歌舞团工作。1983年在合肥举办独唱音乐会。

胡咏言（1956— ）

指挥家。江苏宜兴人。1983年毕业于中央音乐学院。后任上海芭蕾舞团、上海室内乐团指挥。1986年后赴美国留学。

胡玉兰（1947— ）

女歌词作家。天津人。1969年毕业于天津音乐学院。任天津和平艺术中学音乐高级教师，天津市和平区音乐教育学会理事长。1993至2000年任《歌词月报》编辑、副主编。有近百首歌词获奖。曾为二十余部电视剧及大型电视专题片、晚会创作歌词和撰稿。1993年出版歌词集《花雨》。1998年由中国音乐文学学会、天津市文联等六家单位联合举办《胡玉兰歌词创作研讨会》。2001年获市"五个一工程"歌曲奖。2003年被天津市总工会授予"职工音乐家"称号。

胡玉璋（1954— ）

女作曲家。湖北公安人。1971年湖北省艺术学院戏剧系毕业，1984年在武汉音乐学院进修。湖北省公安县文化馆副馆长。撰写并发表《论乐理教学中的歌诀与图式》《谈歌剧李向群的音乐创作》。作有歌曲《家乡的竹斗笠》《古丽》《祖国你好》《我在家乡等着你》《有约》等。歌词《如今的庄稼人》《幺妹从南方回来了》《洒一路爱的风采》等十几首在《词刊》发表。作词作曲并演唱的歌曲《绿色的梦》参加文化部"群星奖"在南昌的决赛，获创作演唱优秀奖。

胡郁青（1957— ）

女声乐教育家。四川万源人。1982年毕业于西南师范大学音乐系，同年入四川师范学院音乐系，后任该系主任。发表《浅谈四川民歌〈尖尖山〉》《试论巴山山歌的特色》《略论民族音乐的民族性》《试论肖邦音乐的民族解放精神》等二十余篇论文。参与编著《大学生歌曲》《大学音乐》《巴蜀文化大典·艺术卷》《乐理与名曲欣赏》。曾获"四川省委宣传部、四川省教委等单位颁发的优秀教学教师奖"。

胡元臣（1924—已故）

作曲家。贵州思南人。原重庆沙坪坝区文化馆馆长。1943年师从储师竹学习二胡，就读于国立音乐院国乐组。1948年组织巴蜀小学、相伯中学合唱团，开展校内外群众歌咏活动。新中国成立后，任重庆音协常务理事、沙坪坝区老干部合唱团团长兼指挥。作品有《红岩村好课堂》，革命史诗联唱《小雪花》等，其中儿童组歌《黄斯蚂蚂》曾获四川省创作一等奖。

胡远清（1949— ）

作曲家。陕西镇巴人。就职于陕西镇巴县文化馆。

H

撰有《也谈民歌的以字行腔——兼与冯光钰同志商榷》等文。歌曲《拉石头号子》1993年获陕西省文艺调演作曲一等奖，打击乐《镲与鼓·鸭趣》2002年获陕西省第三届艺术节创作二等奖。2003年在汉中市举办"胡远清作品音乐会"。

胡跃江（1958— ）

女高音歌唱家。湖南人。西安音乐学院声乐副教授、硕士生导师。1983年毕业于西安音乐学院。先后入新疆巴州歌舞团、宁夏歌舞团、兰州军区战斗歌舞团。2000年调入西安音乐学院。曾任宁夏自治区青联副主席。1984年获全国电视歌手大奖赛宁夏赛区一等奖，1985年获全国聂耳·冼星海声乐作品比赛优秀演唱奖，1992年获全国名歌手电视大奖赛银奖，1995年获全军歌剧《阿来巴郎》优秀表演奖。多次举办独唱音乐会，赴东南亚、中亚八国演出。

胡运籍（1928—1995）

扬琴演奏家。土家族。湖南大庸人。1953年入中南民族歌舞团，1955年入中央民族歌舞团工作。作有扬琴曲《塔什瓦依》《鄂尔多斯春满园》《雪山赞歌》。

胡韵音（1954— ）

女歌唱家。上海人。1978年毕业于安徽省艺术学院音乐系，2005年毕业于南京师范大学音乐学院。曾任马鞍山市歌舞团歌剧演员、南通市歌舞团声乐演员。1988年入南京市建邺区文化馆任文艺部主任、馆长、节目主持人、声乐教员。2007年调建邺区文化局、文联任音协秘书长。曾任南京和平鸽艺术团、南京欢欢合唱团团长、指挥，莫愁艺术培训学校校长。

胡增城（1935— ）

小提琴演奏家。黑龙江木兰人。1948年从事部队文艺宣传工作。后在哈尔滨随吕骥领导的东北音工团学习。1949年随团入沈阳鲁艺音乐系小提琴专业，毕业后到东北文协文工团，1951年为东北人艺（后改为辽宁人艺），在歌舞团乐队任副首席。1956年考入中央音乐学院管弦系，师从隋克强、杨秉逊及苏联专家玛卡连柯学习小提琴，1961年毕业后入中央芭蕾舞团任乐队副首席、首席。在舞剧《天鹅湖》《吉赛尔》《巴黎圣母院》《希尔薇娅》《红色娘子军》等剧中担任小提琴独奏。

胡增荣（1928— ）

作曲家、指挥家。黑龙江哈尔滨人。1946年始从事部队文艺工作。1959年入中央音乐学院指挥系进修，曾师从保加利亚等国专家学习指挥艺术。先后在东北鲁艺学院、哈尔滨歌剧院、中国广播艺术团合唱团任指挥。1984年创建中国广播之友合唱团任常任指挥兼艺术指导。指挥演出《黄河大合唱》等中外合唱作品数百首，以及《茶花女》等外国歌剧作品。创作、出版个人合唱作品专辑。曾任北京大学学生合唱团、清华大学教师合唱团等院校指挥。创作的《梁山伯与祝英台》合唱曲由台北成明合唱团演出。

胡昭俊（1931—已故）

作曲家。山西太谷人。1949年入华东军政大学文艺系学习，后在解放军某部文工团任演员、乐队指挥。曾任洛阳市群艺馆音舞部主任、洛阳市歌舞团副团长、河南省音协第一届常务理事、洛阳市音协主席。作有女声小合唱《我是最佳营业员》《快活的春燕》《车厢里的春姑娘》，齐唱《我骄傲，我是中国人》，女声独唱《洛阳春》《家乡的小河水》，男声独唱《远行》《朋友，你往哪里走》，儿童表演唱《南极上来了小客人》。出版有《胡昭俊歌曲选》。

胡兆麟（1937— ）

音乐编辑家。安徽宣城人。安徽省音协理事。1957年毕业于安徽宣城师范。曾在合肥师范学院艺术系音乐专业进修。长期担任音乐编辑，编辑录制有"教你做彩灯""国庆文艺晚会"、歌剧《江姐》《杜鹃山》《摸花轿》《黄山晨曲》。主持经办"江淮之声"节目，开展"青年歌曲""中学生"等一系列歌曲征集活动，推出了一批新人新作。作有《种葵花》《看看台湾小朋友》等歌曲，为之配乐的科学小品《神奇的活化石——扬子鳄》获全国一等奖。1996年获省直新闻单位文艺宣传优秀记者称号。

胡兆明（1941— ）

作曲家。山东烟台人。1963年毕业于山东艺术学院。曾任烟台人民广播电台文艺部副主任。作有歌曲《山村球赛好热火》，电视剧音乐《课外》，音乐专题《红军不怕远征难》。撰有《歌曲的前奏、间奏、尾声》。

胡兆生（1957— ）

作曲家。山东莱州人。山东省荣成市文化馆馆长，副研究馆员，荣成市非物质文化中心主任。1978年毕业于大兴安岭师范学校音乐班，曾任职大兴安岭技工学校。1992年调入山东省荣成市。1986年演唱歌曲《驼鹿》获文化部电影电视民间音乐舞蹈大赛丰收奖。1996年创作歌曲《大海颂》获山东省征歌一等奖，后获文化部、国家海洋局征歌优秀奖。1999年创作歌曲《祖国啊，母亲》获文化部群星奖。2004年被威海市政府授予专业拔尖人才称号。

胡振表（1919—2002）

歌唱家、音乐活动家。江苏吴县人。1938年在南昌参加青年服务团，师从何仕德学习音乐理论、合唱指挥。1940年参加抗敌演剧第七队。在歌剧《军民进行曲》《农村曲》中任主要演员。1946年曾赴泰国、新加坡、马来西亚演出。1950年任华南文工团音乐部长。1954年入中南音乐专科学校作曲系进修。后任华南歌舞团副团长、广州乐团副团长。1966年调任广东歌舞剧院歌剧团团长。广东省音协第一届、二届常务理事，书记处书记。

胡振辉（1936— ）

作曲家。湖南长沙人。任职于湖南郴州师专。创作歌曲四十余首在省级以上刊物发表及比赛中得奖。其中《郴州师专校歌》获"首届中国黄河口杯行业金曲展评大赛"铜牌奖，歌曲《竹笛儿吹罗吹》获1994年全国首届"聂耳

H

杯"音乐作品大赛优秀奖。

胡正斌（1932—）

作曲家。湖南长沙人。1949年从事音乐工作。后任吉林省民族乐团团长。作有歌曲《姑娘高兴为了啥》《地质队员之歌》，舞蹈音乐《我爱这一行》。

胡正平（1955—）

作曲家。湖北仙桃人。先后毕业于湖北艺术学院音乐系与武汉大学。潜江音协副主席兼秘书长。创作大量音乐作品，其中《山里弯弯多》《菜花黄，菜花香》获湖北省文艺调演创作一等奖，《永远的太阳》获荆州地区征歌创作一等奖，《窗前的喇叭花》获湖北"黄鹤"美育节比赛一等奖，《紧跟着您》获湖北省"好歌献给党"优秀创作歌曲奖。1987年与1994年先后获荆州地区演奏比赛与新作品比赛个人优秀组织奖。主编《中国民族民间器乐曲集成·湖北卷》（潜江卷）被评为二级卷本。

胡志厚（1941—）

管子演奏家。安徽芜湖人。1952年考入中央音乐学院少年班，1964年毕业留校任教。曾任民族管乐、打击乐教研室主任，副教授。1983年在京举办管子独奏音乐会，曾赴美、加、法、联邦德国、瑞士演出。

胡志立（1958—）

音乐教育家。福建漳州人。福建集美大学艺术教育学院器乐教研室主任。1982、1997、2001年分别毕业于福建师大音乐系、福建厦门大学音乐系、中央音乐学院指挥系。撰有《当前中国手风琴创作与其特色》《论手风琴风箱演奏艺术》。音乐作品有混声合唱《我爱嘉庚星》，女独《凌波仙子的故乡》等。曾担任多场文艺晚会的策划、艺术指导、指挥，其中有1990年的"厦门市庆祝建党六十九周年"文艺晚会，1992年的"纪念陈嘉庚诞辰120周年"大型文艺晚会等。1992、1994年分获福建省第四、五届青少年手风琴比赛园丁一、二等奖。2000年任福建省第九届音舞节手风琴比赛评委。

胡志祥（1947—）

长号演奏家。山东人。1972年入黑龙江省京剧团工作，1981年始任哈尔滨市歌剧院交响乐团长号演奏员。参加各届哈尔滨市"冰雪节"开幕式文艺晚会和"哈尔滨之夏"音乐会的演出，担任长号首席。1990年以来参加"纪念柴科夫斯基诞辰150周年交响音乐会"的演出、大型歌剧《焦裕禄》进京献礼演出以及中外名曲系列音乐会、世界各国通俗管弦乐作品音乐会等的演出。担任哈师大音乐教育系、省艺术学校等的长号教师，为市歌剧院、大庆歌舞团等培养出多名青年长号演奏员。1994年与市京剧团、市评剧团等单位联合演出"戏曲新曲"音乐会，1995年参加反法西斯斗争胜利50周年纪念音乐会。

胡志雄（1938—）

作曲理论家。上海人。1959年毕业于张掖艺术学院。1989年当选吉林音乐舞蹈社会学研究会理事，后任艺术类

副研究馆员等。作有《七月的歌》《澎湖渔火》《那不是我》等歌曲。其中《歌声中前进着我们的祖国》等多首作品获奖或录制唱片和卡带，论文《论音乐创作艺术》《论才》《谈美》被台湾《中华乐志》《中国语文》《中艺季刊》连载、刊载和发表，《论教育》等3篇编入《优秀论文选》和《中国当代思想宝库》等书中。

胡忠之（1938—）

指挥家。辽宁人。1950年入苏联高等音乐学校，师从托拉哈·顿别尔学习小提琴。后任武警文工团指挥。曾指挥演出中外歌剧，交响乐多部。

胡钟刚（1939—）

声乐教育家。四川武胜人。曾任西南师范大学育才学院音乐系主任。1963年毕业于四川音乐学院声乐系，同年到西南师范大学音乐系任教授及声乐教研室副主任、音乐系副主任、系学术委员会、学位委员会副主任。1992年任中国音协声乐教育学会副会长。任人民音乐出版社出版的12卷《声乐教学曲库》副主编，并主编该曲库之第五卷《中国艺术歌曲选》以及《声乐实用基础教程》。

胡自强（1942—）

钢琴教育家。青海湟源人。1963年毕业于西北师大音乐系钢琴专业，后到兰州军区军乐队工作并任教。西北师大钢琴教授、硕士生导师。从事钢琴演奏及教学工作以来，有多名学生在国内比赛中获奖。本人多次获钢琴辅导一等奖、优秀教师一等奖、园丁奖等。1999年应科隆音乐大学邀请赴德讲学。发表论文二十多篇。2003年曾获甘肃省第四届"敦煌文艺奖"。

华　恩（1915—）

作曲家。安徽人。1938年任安徽省动委会12工作团团长。1940年华北联合大学文艺部音乐系结业，任八路军120师津南支队剧社教员。1945年延安鲁迅艺术文学院音乐系毕业，任八路军三五八旅宣传队教员、解放军一军文工团研究室副主任。1952年后历任西北军区文工团研究室副主任、战斗歌舞团副团长、中国音协办公室副主任、青海省民族歌舞剧团团长、青海省音协副主席、江苏省戏曲学院歌话系副主任。1980年在南京艺术学院任职。

华　进（1960—2005）

女音乐教育家。江苏人。北京师范大学艺术与传媒学院音乐系副教授、理论教研室主任。1987年毕业于北京师范大学艺术系。从事音乐作曲技术理论课程的教学。参加"高师音乐教育人才培养模式的研究""高校美育中音乐教育的探索与研究"等科研项目研究。撰写《音乐基础教学的有效途径—首调唱名法》《中外高师音乐人才培养模式比较研究暨音乐教育改革的思考》等论文。参加《实验教科书"音乐"》《中学百科全书音乐美术卷》《中国少年儿童艺术百科全书音乐卷》的编写。出版《视唱练耳》《成人、儿童乐理学习新法》《高考乐理——指导与训练（VCD和配书）》。曾获北师大教学改革成果一等奖。

华国田（1944— ）

打击乐演奏家。江苏人。1960年入上海交响乐团任打击乐演奏员，1967年任打击乐声部首席。曾被上海音协选为上海管乐学会理事，被上海市文化局聘请为"上海市艺术系列西洋乐器专业中级专业职务任职资格评审委员会委员"。2004年被上海市打击乐协会授予"打击乐终身成就奖"，2005年被中国音协管乐学会聘请为高级顾问。曾赴朝鲜、日本等十几个国家演出。编著有《上海市打击乐考级曲集》，撰写《上海市打击乐考级指南》。

华惠恩（1940— ）

女琵琶演奏家。江苏徐州人。1961年毕业于南京艺术学院附中音乐科，主修琵琶。后在江苏省徐州市歌舞团、云南省京剧院、郑州市豫剧团任演奏员和郑州艺术学校任教。发表论文有《琵琶在豫剧音乐中的作用》《视唱练耳在戏曲音乐中的重要性》《从唐诗中看琵琶的发展》等。

华建国（1954— ）

作曲家。贵州赤水人。1993年毕业于贵阳高等专科学院艺术系。1970年开始学习竹笛演奏，1976年发表作品，已有数百件作品在刊物发表。作有交响合唱《火把节之夜》，混声合唱《山情》《划龙船》，童声独唱《我是山里的小歌手》等。后者入选中国音协童声考级五级演唱曲目。尚有上百首作品获奖，其中二次获贵州省"五个一工程"奖，两次获贵州省政府文艺奖。

华善曾（1935— ）

歌词作家。江苏昆山人。昆山市农业银行经济师。1960年毕业于南京轻工业专科学校。曾任《姑苏新词》词报常务副主编。撰有《歌词留白》等文。以华船为笔名创作的作词歌曲《太阳四季歌》。1988年获"江南杯"全国歌曲大赛三等奖。出版歌词专集《烟雨江南》等。

华天初（1953— ）

小提琴制作家。上海人。上海音乐学院教授、副院长。曾任上海音乐学院附中校长。1982年毕业于上海音乐学院提琴制作专业，留校任教，从事提琴制作、音乐声学的教学。1987年获德国赛德尔基金会奖学金。由国家公派赴德国深造，在慕尼黑米歇尔大师工作室和慕尼黑大学学习提琴制作和音乐声学。1990年获美国小提琴协会（VSA）国际小提琴制作比赛小提琴音质奖。1999年获上海市育才奖。发表《小提琴的装配和调整》《音乐声学四题》等文数十篇。

华亚玲（1961— ）

女歌剧表演艺术家。陕西长安人。1982年毕业于甘肃省艺校。后在甘肃省歌剧院工作，1992年始在兰州军区战斗歌舞团歌队任演员。曾在歌剧《刑场上的婚礼》《路灯下的宝贝》中扮演女主角。1984年始在《马五哥与尕豆妹》《咫尺天涯》《花海血冤》《魂兮，魂兮》《阿莱巴郎》中扮演女主角。在电视剧《课桌后面》中扮演女主角。1985年在兰州市"桃花杯"声乐比赛中获一等奖，1988年在全国新人新作声乐比赛中获优秀奖。主持双拥表彰大会、全国军转工作会议等大型文艺演出。1998年被评为"全国语言文学先进个人"。

华友国（1955— ）

歌词作家。浙江仙居人。浙江仙居县文联副主席兼秘书长。1981年毕业于台州师专中文专业。曾任教师、群文干部。1987年调入仙居县文化馆开始歌词创作，后任职仙居县文联。作词歌曲曾获中宣部第七、九届"五个一工程"奖，文化部第三、四届"群星奖"，中国艺术歌曲音乐电视展评金奖，浙江省人民政府第四、五届鲁迅文学艺术奖。

化春玉（1963— ）

女高音歌唱家。朝鲜族。辽宁沈阳人。1985、1989年分别毕业于吉林延边艺术学校声乐系、延边大学艺术系。先后任辽宁歌舞团、辽宁歌剧院独唱演员。曾获全国少数民族青年声乐比赛二等奖、辽宁省文化艺术节演出新人奖、沈阳音乐周优秀演出奖、中国音乐"金钟奖"表演奖。在青年亚运会开幕式、迎接航天英雄杨力伟、"心连心"艺术团等重大演出中任独唱。

郇玖妹（1956— ）

女声乐教育家。山东临沭人。任教于山东师范大学音乐学院音乐学系。1996年中国音乐学院音教系本科毕业。先后在临沭县教师进修学校、第一中学，临沂师范学院、山东师大二附中任教。1999年参加山东教育电视台"教师节"文艺晚会。曾在省音乐舞蹈电视大奖赛中获美声二等奖。辅导的合唱《在希望的田野上》曾获省一等奖。撰有《谈童声合唱的混声训练》《少儿歌曲的民族化问题》等文。曾先后获山东师范大学"优秀教师奖""优秀指导教师奖"。

皇甫启林（1954— ）

戏曲音乐家。江苏宿迁人。江苏淮安市文化局艺术处处长。1985年毕业于南京艺术学院。曾任江苏省淮海剧团艺术室主任。任音乐设计的淮海戏《豆腐宴》1999年获第三届江苏省戏剧节音乐设计奖。论文《淮海戏声腔构成及其发展》获江苏省艺术研究所优秀论文奖。

皇甫韵宏（1931— ）

作曲家。河北丰润人。原河南音协理事，焦作市音舞协会主席。曾在北京京华美术学院音乐系、东北鲁艺音乐部理论作曲系学习。毕业后在西安市文工团、河南省京剧团、焦作市豫剧团、市文化局剧目组、市群艺馆从事音乐创作、指挥。曾为《文天祥》《春香传》《汉宫血泪》《焦裕禄》等剧目设计音乐，并在多省、市演出时多次获音乐设计奖。组织焦作市音乐周，创办市业余音乐学校，培养大批学生。任《民歌集成》《器乐曲集成》《曲艺集成》市卷主编，省卷编委等职。

黄 白（1939— ）

女音乐教育家。江苏如皋人。1963年毕业于上海音乐学院理论作曲系并留校任教。教授、博士生导师。撰写有中国民族音乐理论、教学及创作方面的论文，作有交响诗、器乐、声乐及大量儿童歌曲。曾应邀赴欧洲、东南亚、台湾讲学访问。参与音乐遗产保护和音乐普及工作，在国内采风、交流、讲学。多次获上海音乐学院教学与优秀奖。2000年获文化部区永熙音乐教育奖。所讲授的《中国民歌概论》于2004年被评为上海市"全国精品课程"。

黄 保（1939— ）

声乐教育家。广东廉江人。曾为星海音乐学院教学科研处处长，星海音乐学院声乐系副主任，副教授。广东声乐学会副会长。1962年毕业于广州音乐专科学校声乐系并留校任教。曾在广东音乐曲艺团学习广东曲艺演唱，后赴上海音乐学院声乐系进修。所培养的部分学生参加全国及省、市级歌唱比赛获奖。曾参加"羊城音乐花会""上海之春"音乐会及上海音乐学院外国歌剧片段专场演出等活动，并成功举办个人独唱音乐会。发表有《声乐教学要为学员创造"乐器"》《关于如何保护嗓音》。

黄 波（1962— ）

作曲家。江西萍乡人。1978年入武汉音乐学院附中民乐系学习，1985年毕业于武汉音乐学院民乐系二胡专业。发表《论二胡的发音训练》《一曲江河水，四海有知音》等文，作有歌曲《青衣红颜》《家园》等，出版专辑《现代民歌精品》，MTV作品《小岛情深》，深圳特区20周年主题曲《明天更辉煌》，舞蹈音乐《龙腾2000》，大型音乐舞蹈史诗《血的洗礼》。出版《现代电子琴教程》及电子音乐作品《朝霞》《婚礼》等。

黄 琛（1935—2004）

民间音乐家、作曲家。广东汕尾人。汕尾市音协名誉主席。1955年参加工作，先后在海丰县文工队、渔歌队、白字戏、西秦戏剧团、市城区文体委等任职。1960年在广州乐团进修。省音协二至五届理事，市音协首届主席，市政协第一、二届委员。参加省《戏曲志》《戏曲音乐集成》和《民歌集成》的编纂工作。出版《海陆丰农民运动歌曲集》（与施明新合作），《粤东渔歌》《南海渔光曲》—黄琛音乐作品选，出版个人CD和VCD专辑。1995年被汕尾市委、市政府授予"优秀专业技术人员"称号。

黄 晨（1961— ）

音乐编辑家。安徽芜湖人。济南市广电局文艺台台长。1984年毕业于山东艺术学院音乐系。曾任山东歌舞剧院交响乐团演奏员。撰有《广播音乐的审美特点》等文章并发表。编著有《大学音乐》《广播文艺精品选》《春华秋实》。歌曲《飞回家园》、音乐专题片《放歌喜玛拉雅》等近百（首）部不同类别音乐作品在中央广播电台等播出，有的获奖，其中歌曲《回家园》、音乐剧《盛夏蝉鸣》分别于1997、1998年获中国广播三等奖。

黄 池（1965— ）

音乐教育家、作曲家。江西人。江西教育学院音乐系副主任。1991年毕业于江西师大音乐系，后于中央音乐学院及中国音乐学院进修指挥与作曲。撰有《高

师音乐学专业课程体系改革探索》《高师音乐学专业师资培养途径现状分析与构想》《浅谈歌曲主题的创作》等文。发表歌曲《登高》《一只小鸟向我飞来》《龙虎山，风光美》等。

黄 富（1942— ）

民族音乐理论家。云南晋宁人。云南省玉溪市文化馆调研部主任，玉溪市音协副主席兼秘书长。先后从事音乐表演、创作和民族民间音乐的收集、整理、研究工作。执笔编纂《玉溪民族民间器乐曲》并任副主编。发表《彝族丧俗中的音乐传统》等文二十余篇。创作歌曲和花灯音乐、民族歌舞音乐五十余件。有十余件作品获地、市奖、两篇论文（合作）获全国奖。

黄 刚（1957— ）

歌唱家。湖北武汉人。武汉乐团演唱组组长。1982年毕业于湖北艺术学院声乐系。曾任武汉歌舞剧院演员队队长。在歌剧《烈烈巴人》《雷锋》《江姐》中饰演主要角色。曾获"渔政杯"声乐比赛一等奖，"武汉一、二届优秀中青年演（奏）员比赛"三等奖、一等奖。演唱的曲目有《在银色月光下》《今夜无人入睡》《女人善变》等。

黄 钢（1958— ）

作曲家。山东即墨人，曾任青岛市崂山县吕剧团乐队指挥兼作曲、青岛市城阳区文化局副局长。1988年毕业于山东艺术学院音乐系理论作曲专业。作有民族管弦乐《水之吟》，二胡协奏曲《边陲怀古》，舞蹈音乐《浪花》，铜管乐《奔前方》。撰有《论支声唱法在吕剧重唱、合唱曲写作中的运用》等文，其中《记燕乐徵调式五声音阶的结构形态》获山东省首届"优秀论文奖"，《山东柳腔"悲调"音阶的音高测定及其律制》获山东省第四届艺术学科优秀成果三等奖。

黄 歌（1926— ）

作曲家。安徽安庆人。1938年参加抗日演剧队。40年代初入延安青年艺术剧院附设儿童艺术学院学习，师从程云、胡沙等学习戏剧、音乐。在儿童剧《小八路》，童话歌剧《公主旅行记》《勇敢的小猎人》中饰主角。后师从贺绿汀学习音乐理论。1958年毕业于中央音乐学院作曲系干部进修班。作有歌剧音乐《上当》《董存瑞》（合作），歌曲《全国大反攻》《向南方前进》等。曾任上海广播电视艺术团团长、上海市第五届政协委员。

黄 海（1956— ）

大管演奏家。浙江杭州人。浙江省青联五届委员。1982年毕业于中央音乐学院管弦系大管专业。1990至1992年在美国俄亥俄大学攻读研究生大管专业。1992年任浙江歌舞总团交响乐团团长。参加几十场交响音乐会的演出，担任大管首席。如在杭州剧院与美国指挥家赫伯特·齐佩尔合作演出大管协奏曲，与日本交响乐团交流演出，担任大管独奏。撰有《论大管音色控制的技巧》，录制大管协奏曲音带。

黄 河（1918— ）

音乐理论家。江苏常熟人。1947年毕业于福建省立音专及国立音专师范专修科，主修钢琴、小提琴、二胡。后在江苏常熟淑琴女子师范学校任音乐教师，尔后参加革命，任华中大学文工团第三队及苏南公学文工团任音乐组长。1986年曾任《中国曲艺音乐集成》江苏省卷编委。曾编写《抗日歌曲集》。1950年起，记录、整理、改编《扬剧调》《扬州清曲》《扬州民歌》各百余首，如《拔根芦柴花》《茉莉花》等。撰有《捐献飞机大炮》《农谣》《不落的红旗》等文。培养众多学生走上音乐专业道路。90年代后发表有《中国古琴艺术琴派》，纪录整理创作《扬州弹词》数十首及《小小瘦西湖》《四合如意》等。创立扬州清曲研究室，被聘为研究员。

黄 河（1923— ）

作曲家。河北永清人。1941年入晋察冀抗敌剧社从事文艺创作。曾任空政文工团团长、空政文化部部长，中国音协第四届理事、中国文联委员。作有歌曲《我们的旗帜到处飘扬》，歌剧音乐《董存瑞》，电影音乐《女飞行员》等。

黄 河（1955— ）

扬琴演奏家。四川成都人。1982年毕业于中央音乐学院。后留校任教。1988年获该院在职硕士研究生学位。1984年所作弹拨乐《天山即景》在全国民族器乐作品比赛中获三等奖。1987年参加本院丝竹小组在上海海内外江南丝竹比赛中获五项第一名奖。

黄 红（1970— ）

女高音歌唱家、音乐活动家。山东枣庄人。中国音协组联部干部。1992、1996年先后毕业于山东曲阜师大音乐系、中国音乐学院声歌系。曾任山东枣庄师专艺术系声乐教师。1990、1991、1992年先后获"孔子文化节"演出优秀奖、山东省大学生声乐比赛二等奖、"明日之星"大赛银奖。1998、2006年先后获中央直属机关文化艺术节演唱优秀奖，声乐比赛第一名。参加中国音乐"金钟奖"从首届到第六届的组织联络工作以及其他许多重大音乐活动。

黄 虹（1928— ）

女民歌演唱家。云南昆明人。1943年参加艺工队。1952年入云南省歌舞团，曾任艺术指导。第四届全国政协委员、文联委员，中国音协第四届常务理事。省人大常委，省文联、音协云南分会副主席，省妇联执委。曾赴东南亚、东欧国家访问演出。

黄 虹（1971— ）

女高音歌唱家。安徽舒城人。广州歌舞团独唱演员、广州歌剧学会理事。毕业于湖南艺术学校湘剧表演系，后分配湖南省湘剧院青年团。1986年在大型连续剧《王昭君》中扮演王昭君，获中南六省最佳电视剧奖。1990年调湖北省歌舞剧院任独唱。1991年在大型歌舞剧《编钟乐舞》中扮演女主角。1995年调广州歌舞团。1996年获文化部声乐大赛二等奖。1998年获文化部声乐大赛新人新作三

等奖。1998年在广州成功举办"黄虹独唱音乐会"，同年获广州文艺奖和黄虹演唱艺术一等奖。1999年特邀在大型歌剧《洪湖赤卫队》中扮演韩英。

黄 慧（1955— ）

音乐活动家。江苏启东人。启东市文化局局长。1976年毕业于南京师范学院音乐系。曾任启东师范学校教师、启东市文化馆馆长。撰有《启东的海文化和海文化建设》，作有歌曲《黄海新童谣》，在全国儿童大赛"新苗奖"中获金奖。舞蹈音乐《采人哈》，歌曲《黄河情》在"江苏省音舞节"获二等奖。策划、改编的渔歌号子《黄海渔号》并在全国民歌号子大赛中获"歌王"金奖。指导的学生有数名考入音乐艺术院校。

黄 坚（1942— ）

钢琴教育家。四川内江人。原河北师范大学音乐系教研室主任。1966年毕业于天津音乐学院，分配到张家口地区文工团。1973年入河北师范学院音乐系执教钢琴。1986年调河北师范大学音乐系。1980年参与"全国高等师范院校钢琴教学大纲"制定工作。1988年在北方十省市幼教技能比赛中获"园丁奖"。论著《成人钢琴》获"优秀教学成果奖"。

黄 洁（1954— ）

女音乐教育家。四川自贡人。四川理工学院音乐系主任。1986年西南师范大学音乐系音乐学专业毕业。曾任自贡师范高等专科学校音乐系主任。从事中等、高等音乐教育以来，先后担任音乐系钢琴、手风琴、声乐等多门课程教学。多次组织、领导并参加各类音乐会、音乐大赛。撰写教研论文9篇。

黄 君（1971— ）

女音乐教育家。回族。湖南汉寿人。任教于西南师范大学音乐学院。1999年毕业于湖南师范大学音乐系研究生班。西南师范大学心理学院博士生。撰有《重释青主的音乐功能观》等，其中《二十世纪下半叶西方音乐的后现代文化特质》获中国文联2003年文艺评论奖二等奖。出版《都市情调钢琴系列Ⅱ——昨日重现》。

黄 钧（1932— ）

作曲家、音乐理论家。满族。北京人。曾任上海艺术研究所副所长兼学委会主任、中国戏曲音乐学会常务理事、上海戏曲音乐学会副会长。1948年参加革命，后结业于中原大学文艺训练班。曾在中原大学文工团、中南艺术剧院、武汉楚剧团工作。1956年入上海音乐学院主修作曲指挥，毕业后留校任教。1965至1979年先后入上海京剧院、越剧院、歌剧院及上海艺术研究所。为京剧《送肥记》《智取威虎山》和新编古装戏《雪夜访贤》作曲，为戏曲电影（视）片《陈妙常与潘必正》《潘金莲》《三家村》《霜重枫叶红》《葛麻》编曲、作曲或指挥。主编《中国戏曲音乐集成·上海卷》《京剧文化词典》获文化部等颁发的荣誉证书和编辑成果奖。

黄 磊（1961— ）

作曲家。江苏江阴人。江阴市音协主席。先后在中学担任教师，在市委宣传部和文化局工作，任文化局副局长。1983年开始音乐创作。1989年创作的《妈妈和我》《月亮星星太阳彩云》《渔乡的孩子》《牧童哪里去了》《山路弯弯》和《卓玛的故乡》先后获文化部"群星奖""蒲公英奖"和其他全国性比赛一、二等奖。

黄 蕾（1925— ）

作曲家。广东新会人。江门市音协名誉主席，区老干部合唱团指挥。1939年在香港参加抗日救国歌咏活动，后就读于广州大学。曾任中学、师范音乐教师。新中国成立后历任新会县歌舞团团长、文教局音乐干部、文化馆馆长。广东音协第二届理事，江门市音协第一届主席。发表歌曲近百首，代表作《要让河水上山坡》1965年获全国为农村服务音乐作品二等奖，《我们的事业兴旺发达》获第二届全国工人歌曲征歌银奖。

黄 鹂（1935— ）

女高音歌唱家。黑龙江哈尔滨人。1949年入中南部艺舞蹈系。曾在河南省歌舞团任演员。1963年第三届"全军文艺汇演"获优秀独唱奖。1984年河南省第二届音乐周获特别优秀奖。

黄 林（1933— ）

民族音乐学家。彝族。云南石屏人。1953年毕业于昆明师范学院艺术科。曾任《中国曲艺音乐集成·云南卷》主编、云南省群艺馆民间艺术研究室主任，曾主持编辑《云岭歌声》。50年代中期开始发掘收集云南民族民间艺术，率先推荐介绍纳西族古乐《白沙细乐》，对云南洞经音乐、莲花落、扬琴音乐等进行过深入的调查研究。出版有《姚安莲花落》（合作），编著有《昆明扬琴音乐》《云南洞经音乐调查记》（合作），主编有《云南近现代音乐史料》两辑。两次获文化部、国家民委、全国艺术科学规划领导小组、中国音协颁发的集成先进工作者奖和编纂成果个人一等奖。

黄 琳（1962— ）

作曲家。江西新余人。1981年毕业于江西宜春师范专科学校，1995年毕业于上海音乐学院作曲指挥系。后在江西新余电台文艺部任编辑，1999年调至南昌大学艺术学院表演系任教。作有《月亮船》《回望故乡》、童声二重唱《新年我又长一岁》，组歌《我们的共和国》（合作），舞蹈《无声的乐章》。撰有《夏日的雪莲》《钢铁的奉献》以及配乐散文《闪烁的星网》《多彩的土地》。

黄 凛（1918— ）

女歌唱家、声乐教育家。上海人。曾任上海市老年音协副会长。1937年参加抗日救亡歌咏活动。1948年毕业于南京国立音乐学院声乐系。先后任浙江省湘湖师范音乐专科师范班、省杭州女中音乐教师。新中国成立后曾任上海广播乐团、中央广播乐团独唱演员、声乐教员、艺术指导。1972年执教上海师大音乐系。演唱的《请茶歌》《举

杯祝贺》等歌曲录制成唱片。曾举办独唱音乐会及广播独唱音乐会。发表有《如何唱好高音》等声乐论文。

黄 凌（1934— ）

音乐教育家、作曲家。江苏如皋人。1958年毕业于上海音乐学院作曲系。长期从事音乐理论和钢琴教学，教授。作有《交响序曲》《序曲和赋格》《云岭晨曲》，钢琴独奏《水绘园幽思》等。出版有《音乐教师进修指南》《黄凌作品选集》。发表有《论民间音调的衍变和发展》《论昆曲音乐的审美特性》《歌曲的高潮及其处理》《论图画展览会的音乐创新》《从欣赏谈音乐的美》等文。

黄 枚（1921— ）

音乐教育家。湖南冷水滩人。曾为湖南永州职业学院人文教育学院教授。1947年就读于湖南音专，毕业于湖南大学音乐系。曾任湖南省中等师范音乐教研会理事长、省音乐教研会理事、省师范教育研究会理事。1949年起任教于湖南耀祥中学、零陵师范。创作过《党的旗帜永远鲜红》《一抹潇水唱永州》《摇篮一校园》等歌曲。主编、出版过《湖南省中等师范音乐试用教材》。发表过《中师音乐教学必须重视师范特点》《恰当运用电教手段，提高课堂教学效果》等论文。

黄 梅（1957— ）

女古筝演奏家。山东人。云南省音协理事，云南省艺术学校音乐科主任、高级讲师。毕业于西安音乐学院。曾先后师从赵玉斋、高自成古筝名师。1982年获文化部全国民族器乐观摩演出比赛一等奖，古筝专业组第一名。创作并演奏的筝曲《牡丹乡的春天》、古曲《汉宫秋月》由中国唱片社出版。曾参加国家重点科研项目中国民族民间器乐集成工作，所记谱的《清风弄竹》等筝曲由中国ISBN出版。撰写论文多篇，其中《论古筝演奏教学中的心理把握与引导》获中国中等艺术教育学会一等奖。

黄 敏（1964— ）

女声乐教育家。福建德化人。曾就读于江西文艺学校京剧班，1988年毕业于北京外国语学院英语系，1992年毕业于江西师大音乐系。在南昌师范高等专科学校任教，副教授。1995年获戏曲演唱一等奖。曾参加各种声乐戏曲演唱大赛，多次获奖。撰有《论戏曲曲牌》《论戏曲中各角色的演唱艺术》《论中国戏曲声腔艺术》《论歌唱吐字咬字规律》等文。多次参加市音协组织的音乐创作及演出活动，并任各种比赛的评委。

黄 明（1930— ）

音乐教育家。江苏人。曾任厦门大学音乐系理论作曲教研室主任，副教授。1957年毕业于上海音乐学院作曲系。曾先后任教于湖北艺术学院、昆明师院、湖南师大。讲授作曲、和声、曲式写作、作品分析等课程。创作管弦乐、声乐、器乐作品数十首，发表《评歌剧向秀丽的音乐创作》《音乐作品的曲式结构》《加强和声思维训练》《论桑桐二首序曲和声手法特点》等文。编写《曲式与作

品分析》（上下册），《和声学》《和声分析》等教材。

黄 鸣（1961— ）

作曲家。湖南衡山人。衡山县委宣传部副部长。1981年毕业于衡阳师范专科学校音乐系。曾任衡山县文化馆副馆长、衡山县文化局局长。歌曲《竹林姑娘》《凉山的月亮》分获1985年、1986年湖南省"时代歌声"优秀创作第一名，《彩霞飞小鸟唱》获1980年全国"红五月"合唱比赛创作第三名。曾参加《湖南民间音乐集成》《湖南器乐集成》的收集、整理、编纂工作。

黄 平（1945— ）

女评剧作曲家。广东中山人。毕业于中国音乐学院作曲系。曾任中国评剧院艺术创作室主任。所创作的评剧音乐《高山下的花环》在全国戏曲观摩演出中获音乐设计一等奖，《二楞妈》获第五届中国戏剧节优秀音乐创作奖，《祥子与虎妞》获中国评剧艺术节优秀音乐创作奖，《米酒歌》《黑头与四大名旦》等剧目多次获北京新剧目调演优秀音乐创作奖。曾参与撰写《中国戏曲音乐教程·戏曲作曲法》一书中《全剧唱腔及音乐总体设计》等三章的编写。系中国戏曲学院音乐系客座教授。

黄 平（1956— ）

歌词作家。浙江平阳人。1983年开始文艺创作，1987年后专攻歌词。在《词刊》等报刊发表大量作品。有近百首作品经作曲家谱曲后演唱或拍成MTV播放。其中《牧童哪里去了》等五十多首作品获省级以上奖项，部分作品入选小学生音乐课本。出版《走进江南春》等作品选5部。

黄 琦（1957— ）

女高音歌唱家、声乐教育家。广东台山人。浙江艺术职业学院声乐副教授、音乐系副主任、省音协理事。1976年为新疆南疆军区独唱演员，1986年入浙江艺术职业学院任教，曾获浙江省高等院校"教学名师"称号。多次在全军和浙江省声乐比赛中获奖。培养的学生有多人次获奖，并以优异成绩考入上海音乐学院、中国音乐学院、西安音乐学院。发表有《对民族声乐界定的思考》《对立统一规律对声乐教学的启示》等文并获奖。合作编撰、出版《声乐基础通用教程》。

黄 滔（1940— ）

民族音乐学家。壮族。广西宁明人。曾在南京军区前线歌舞团任职，曾任中南民族歌舞团团长兼艺术总指导，中南民族学院艺术教研室主任。作有歌曲《我是人民教师》《中华！中华！东方骏马》等，二胡齐奏《喜庆》获武汉市总工会文艺汇演创作二等奖。撰有《侗族民歌浅述》《壮族三声部民歌产生年代小考》《壮族三声部民歌结构规律初探》等文。编著《歌曲作法》教材。为《中国少数民族艺术词典》特约撰稿人。

黄 淘（1965— ）

女高音歌唱家、教育家。湖南双峰人。先后毕业于江西师大音乐系、上海音乐学院声乐系。九江学院艺术学院

声乐教师。在上海第二届学生艺术节、省"保险杯"青年歌手比赛、纪念毛泽东同志诞辰100周年歌咏比赛、"昌河杯"爱国主义歌曲演唱大赛、"江铃杯"职工文艺调演中分别获一、二等奖。发表《谈音程转位后的三个变化》《中国民间歌曲中衬腔的运用》《学会欣赏音乐，走进音乐殿堂》。编著江西高校声乐教材《声乐演唱与伴奏》。

黄 田（1946— ）

作曲家。湖南澧县人。1968年毕业于昆明师范学院艺术科，后入中央音乐学院作曲系进修。云南歌舞团作曲。作有《彝山幻想曲》，少儿歌曲《小朋友爱祖国》。出版有黄田创作歌曲选《月亮女神》。

黄 韦（1931— ）

作曲家。广东广州人。新中国成立初期，先后在广州市青年文工团、华南文工团工作。1957年中央音乐学院作曲系毕业，在重庆市歌舞团创作室担任专业作曲。获奖歌曲《朋友跳起来》《唱唱巴山背二哥》《你莫愁》《钻塔颂》《矿工多快活》，广东音乐高胡独奏曲《白云水影》，童话歌舞剧《熊猫咪咪》。作有舞剧《阿Q》，歌舞剧《喜鹊闹梅》。曾任教学及排练工作。

黄 希（1953— ）

小提琴演奏家。四川邻水人。重庆歌舞团首席小提琴演奏员。曾为二胡协奏曲《流》和独奏曲《蚂蚁》配器。2000年带领重庆市歌舞团女子室内乐团参加第三届重庆市专业艺术表演团体"舞台艺术之星"汇演获集体奖。曾为演出曲目《快乐的女战士》《阿拉贡舞曲》编曲配器。

黄 雅（1934— ）

女钢琴教育家。福建福州人。1956年毕业于中央音乐学院钢琴系。曾任天津音乐学院钢琴教研室主任。曾在天津公演钢琴协奏曲《黄河》。译有《钢琴踏板的研究'踏板的现代技巧'》等。

黄 毅（1956— ）

小提琴演奏家。辽宁人。内蒙古广播电视艺术团创编室主任。1972年入包头市文工团，1974年任包头歌剧团乐队首席。1978年考入内蒙古师大音乐系，主修小提琴与作曲理论。1984年调入内蒙古广播电视艺术团，1995年调入创编室，兼乐队首席、乐队指挥。作品有电视剧、舞蹈音乐、弦乐四重奏、协奏曲、独唱、合唱、重唱等。曾为内蒙古电视台、电台各种晚会作曲、编曲，并被聘为艺术指导。获各种创作奖十余项。

黄 英（1968— ）

女歌唱家。浙江人。1992年毕业于上海音乐学院声乐系。上海乐团独唱演员。曾参加旧金山歌剧中心"太平洋之声"国际声乐选拔赛、朝鲜"四月之春"国际艺术节演唱、纪念莫扎特系列音乐会、纪念柴科夫斯基诞辰150周年等音乐会并担任独唱。曾与周小燕歌剧中心、美国旧金山歌剧中心合作演出歌剧《茶花女》《弄臣》《拉克美》等中的片段。在上海国际电视节、"上海之春"音乐会等大

H

型演出中担任独唱，1992年在上海举办个人独唱音乐会。

黄 莺（1961— ）

女音乐教育家。江西崇仁县人。1982年毕业于吉林艺术学校音乐系，留校任教。所编著的听音、视唱带《实用儿童视唱教程》共13盘由吉林人民出版社出版。撰有《论视唱练耳的早期训练》《如何上好视听课》。1995年举办个人演唱会，1997年参加吉林通俗歌曲大奖赛获第二名。曾为电影《喜莲》录制插曲并获"百花奖"。1984年与人合作，出版电子琴独奏《迪士科舞曲》。

黄 瑛（1941— ）

女钢琴教育家。上海人。北京音协钢琴基础教育分会副会长。1962年毕业于中央音乐学院钢琴系，后在北京舞蹈学校和中央芭蕾舞团任职。多年来从事钢琴业余教学，曾获中国音协钢琴教育荣誉证书、中国海外教育华普利亚钢琴评审委员会指导工作奖、北京教育研究所荣誉证书。中央电视台、北京电视台曾对其钢琴教学进行了专题采访和报道。1998年起任北京"希望杯"钢琴比赛评委。

黄 莹（1972— ）

女钢琴教育家。福建厦门人。首都师范大学音乐学院钢琴系副主任、副教授。1993年毕业于中国音乐学院音教系，同年就读于首都师范大学音乐系，获硕士学位。1996年留校任教。撰有《音乐教师钢琴学习应解决的三个问题》《通过钢琴学音乐》《钢琴考级跳级现象的思考》《基础钢琴教材的民族化设想》等文。发表编译文章《日本音乐教育的传统与改革》《波斯的音乐、诗歌与视觉艺术》，合作编写教材《21世纪高师音乐教材——钢琴教程（一）》《钢琴与伴奏》。曾在市少年宫举办"钢琴即兴伴奏讲座"。

黄 永（1918— ）

女钢琴教育家。上海人。1942年毕业于国立上海音专钢琴系。曾任杭州女中、幼师、新华艺专、宁波师专、杭州教师进修学院、教育学院、浙江师范大学艺术系等院校钢琴教师。作有歌曲《打桩歌》《纪念冼星海同志》《我等待祖国的号召》等多首。参加钢琴伴奏、独奏及音乐演奏会。撰写发表《常用民间曲调选》《钢琴教学之我见》《略谈儿童钢琴教学与全面育人》等文章，培养了大批音乐教育人才。

黄 政（1934— ）

作曲家。浙江义乌人。1949年从事部队文艺工作。曾任武警文工团创作室主任。作有舞蹈音乐《花扇舞》《英雄颂》《青春之歌》。出版有《黄政歌曲集》。

黄 钟（1949— ）

歌唱家。福建厦门人。厦门市公安局对外联络处一级警督。1974年进福建艺校学习声乐，1982年毕业于福建师大艺术系。曾先后任中学音乐教师，龙岩地区老区文工团、武警福建总队文工团队长、独唱演员。多次获"武夷之春"、"武夷音乐舞蹈节"文艺汇演优秀演员奖等。演唱

歌曲有《海螺》《我爱大森林》《赶海潮》《多情的鼓浪屿》等。为电视剧《郑成功》《陈毅轶事》录制主题歌。录制个人演唱专辑。

黄 准（1926— ）

女作曲家。浙江人。曾任中国音协第四、五届常务理事。1938至1946年分别在延安鲁艺音乐系学习和鲁艺文工团工作。1947年至今，分别在东北、北京、上海电影制片厂任作曲。曾为近五十部电影和二百余部（集）电视剧作曲。作品有动画片《小猫钓鱼》，其中主题歌《劳动最光荣》获第一届全国儿童音乐奖。故事片《红色娘子军》主题歌《娘子军连歌》获20世纪华人音乐经典奖和建国40周年音乐奖。电视剧《蹉跎岁月》主题歌《一支难忘的歌》获五次全国音乐作品奖。著作有《旋律—我人生的路》，歌曲集《难忘的歌》《黄准声乐作品精选》《黄准创作歌曲选集》。曾举办《黄准作品音乐会》和《黄准少儿作品音乐会》。

黄 卓（1962— ）

女高音歌唱家。湖南长沙人。中国歌舞团独唱演员。1977年入湖南省艺术学校，后入中国音乐学院，师从金铁霖。曾获全国戏曲演员调演一等奖、全国戏曲电视连续剧飞天奖，全国音乐电视大奖赛银奖。多次参加中央及各省市举办的各类演出活动及中国文联组织的采风活动。出版有专辑《湘女多情》《华夏乐声》等。

黄安伦（1949— ）

作曲家。广东广州人。7岁入中央音乐学院附属音乐小学学习钢琴，12岁入附中钢琴学科，1971年师从陈紫学习作曲。1976年入中央歌剧院从事作曲。1980年赴加拿大多伦多大学音乐学院学习，1983年先后在美国匹兹堡大学音乐系、耶鲁大学音乐院学习，同年获英国伦敦圣三一音乐院作曲院士，1986年获美国耶鲁大学音乐硕士学位。作有歌剧音乐《护花神》《岳飞》，芭蕾舞剧《卖火柴的小女孩》《敦煌梦》，管弦乐曲《塞北组曲》《中国畅想曲》，交响诗《剑》，系列交响曲《交响音乐会》，大型声乐作品《复活节大合唱》，清唱剧《大卫之诗》等。2009年11月受聘任河南西亚斯国际学院音乐学院教授及交响乐团驻团作曲家。

黄柏荣（1934—已故）

小提琴演奏家。广东东莞人。1950年入天津中央音乐学院少年班。1953年入中央音乐学院本科管弦系。1956年入中央乐团交响乐队任演奏员。

黄柏庄（1947— ）

作曲家、指挥家。四川自贡人。先后毕业于四川音乐学院附中作曲学科、该院作曲系。曾任自贡市歌舞团艺术室主任。1974年师从郑世春指挥，指挥有《红灯记》《杜鹃山》《长征组歌》《自新大陆》等。创作有交响乐、室内剧、小歌剧、声乐曲、舞蹈音乐、电视片音乐等音乐作品数百件，曾获文化部、广电部及省、市奖。出版专著《未来的音乐家》，并为国内高等艺术院校输送近百名音

H

乐人才，其中有数十人已在意大利、德国音乐院校攻读硕士。多次担任本市大型音乐活动组织策划。

黄宝琳（1937—2000）

歌唱家。广东汕头人。曾为广东声乐学会副秘书长。自1957年起先后在北京海淀歌舞团、汕头军分区文工团、汕头市歌舞团、广州乐团任声乐演员。曾在汕头举办"黄宝琳独唱音乐会"和"黄宝琳家庭音乐会"。

黄保义（1930— ）

作曲家。安徽人。济南工人艺术辅导队副队长、济南艺术馆音乐组组长、副研究馆员。1949年毕业于江苏徐州师范学校，后入中国青年艺术剧院培训，分配至山东青年文工团，后入济南文工团。发表音乐作品近百首，其中柳琴演唱《心里越唱越快活》等十余首歌曲获文化部、省、市优秀创作奖。1985年任《中国民族民间音乐集成·山东卷》编委，《中国民族民间舞蹈集成·山东卷》特邀音乐编辑，编纂工作获文化部和省文化局奖励。

黄葆慧（1937— ）

女高音歌唱家。山东青岛人。1962年毕业于上海音乐学院。曾在上海歌剧院工作。中国民主促进会第七届中央候补委员。上海市政协第七届委员。曾在歌剧《蝴蝶夫人》《艺术家的生涯》《托斯卡》中任女主角。

黄本固（1946— ）

音乐教育家、理论家。湖南邵阳人。毕业于湖南师范大学音乐系，后在四川音乐学院进修。湖南省音协理事、邵阳市音协主席。从事音乐教三十余年，培养诸多音乐人才。出版《音乐基本理论问答》《音乐理论基础教程》等，在省级以上刊物发表文章三十余篇。

黄斌斌（1949— ）

音乐活动家。广东汕头人。1988年毕业于中国函授音乐学院教育系。先后任江苏射阳县杂技团乐队演奏员、艺委会主任，盐城市射阳县文化馆副馆长。作有《保堤号子》《滩涂情》《鹤灵之歌》《香港美，祖国亲》《关爱母亲》等大量歌曲，多首获各级优秀创作奖。参加大型淮剧《将军泪》音乐设计获省一等奖，创作杂技音乐《手技》《晃板踢碗》获省音乐创作奖。合著《淮剧音乐研究》。在全国第二届中、小学生艺术展演活动中课本剧《王二小》获一等奖。多名学生在考级中取得优秀成绩。

黄伯春（1924— ）

女音乐活动家。福建闽侯人。毕业于国立上海音专声乐系。曾任中央实验歌剧院演员兼声乐教员。后任中央歌剧院歌剧团负责人。

黄昌柱（1949— ）

作曲家。朝鲜族。吉林人。1969年毕业于延边艺术学校，后入延边京剧团。1979年在延边艺术学校任教，1982年调入延吉市朝鲜族艺术团任副团长、指挥。延边音协副主席。1990年作曲的独舞《雪女》获全国少数民族舞蹈比赛创作三等奖，器乐曲《在田野上》获全国朝鲜族民间音乐舞蹈邀请赛优秀创作奖，1995年作曲的独舞《心弦》获"文华新剧目奖"，《长鼓舞》获朝鲜第十六届国际艺术节金奖，歌曲《安图之歌》获全国歌曲大赛银奖。

黄长春（1935— ）

音乐教育家、二胡演奏家。福建龙海人。1958年从福建师大音乐系毕业，从事音乐教学工作。所教学生有数名考入高等音乐院校，百余人在市以上音乐比赛中获奖。曾出席全国"百年二胡回顾与展望"盛会。福建二胡界曾举办"黄长春二胡教学展示会"。十余次被评为省、市优秀教师。

黄常虹（1959— ）

女声乐教育家。江苏苏州人。1986年毕业于南京师范大学音乐系。历任江苏新苏师范学校音乐教师、苏州大学艺术学院、副教授。著有《欧洲古典音乐家及其作品欣赏》，发表《论声乐教学中的弱音训练的重要性》《声乐基础训练小议》《音乐在素质教育中的作用》《诗、歌、乐——艺术歌曲的完美表现》等文多篇。曾获优秀指导教师奖、省学校艺术教育工作先进个人。

黄朝瑞（1956— ）

作曲家。壮族。广西南宁人。广西音协专职副主席、秘书长、中国音协第七届理事、广西第三届签约作曲家。1977年广西艺术学院毕业，一直从事音乐创作和组织工作，曾任群艺馆馆长、副研究馆员。有大量舞蹈音乐和歌曲发表和演出，作品有《中国升起一面伟大的旗帜》《踩跺脚》《说中国》等。担任《中国戏剧音乐集成·广西苗剧分卷》《广西音乐文集》《八桂歌典》等编撰工作。撰有《谈广西音乐的本土意识和时代性》等文。曾获广西音乐"金钟奖"广西"五个一工程奖"及广西文化系统先进工作者等。

黄成功（1958— ）

音乐教育家。江苏徐州人。徐州市音协副主席。1986年毕业于中国函授音乐学院理论作曲系。徐州市鼓楼区文教体局机关党支部书记。撰有《中小学管乐指挥者的素质浅析》《音乐教学中的德育渗透》等文，分别在中华教育论坛、江苏省教育杂志等刊物发表并获奖。创作歌曲《烙馍情》《老师和妈妈》《彭城飞歌》，童声合唱《老师我来看您了》《微山湖小唱》《党心连着百姓心》等分别获全国歌曲征歌金、银奖。

黄成烈（1950— ）

音乐理论家。朝鲜族。黑龙江宁安人。延边大学艺术学院音乐系副教授。1960至1968年就读于吉林省延边艺校，1984年毕业于上海音乐学院音乐学系。作有歌舞《预备役战士之歌》，歌曲《中年之歌》，双人舞《放学路上》，独舞《新星》《边疆新人》，表演唱《苦与甜》《解放军拉练到咱庄》近三十部舞蹈音乐。撰有《乐器训练与儿童智力发展》《学习音乐的三个途径》《论当前我地区音乐的几种倾向》《在视练教学中看到的我民族音乐的几个问题》，编写《ABC视唱》（上、下册），《音乐欣赏知识》讲义。撰写评独舞《心弦》的音乐、《儿童组歌新世纪的朝霞》及《减三和弦的启示》等文。

黄成元（1938— ）

古琴、古筝演奏家。江苏铜山人。1964年毕业于南京艺术学院音乐系古筝专业，分配至江西省歌舞团。曾为江西省文化厅教科处副处长。省音协理事、民族音乐委员会副主任，《中国民族民间器乐曲集成·江西卷》副主编。作有古筝、高胡二重奏《水库之歌》。1975年在文化部举办的全国独唱、重唱、独奏、重奏音乐调演中获奖。另作有古筝二重奏《三清神韵》，古琴曲《赣之韵》。撰写发表有《筝源初探》《筝的直系亲属》等文。

黄持一（1943— ）

歌词作家。上海人。《词刊》月刊编审、副主编，上海华源传统文化研究院副院长。曾任《东方词家》主编、中国乡土作家协会和中华散文学会理事、中国新诗特约研究员。1963年开始文艺创作，发表有《长江浪》《天女散花》《黄持一短诗歌诗选》《歌词创作辅导资料》等作品。获中宣部第七届"五个一工程"奖等多种奖项上百次。十余件作品编入全国《小学音乐课本》等教材。词作歌曲有《祖国好比金凤凰》《绿叶赞》《三月雨》《如今家乡山连山》等。

黄崇德（1934— ）

女歌唱家。河南民权人。河南信阳市群艺馆干部，副研究馆员。先后在某军、西藏军区、信阳文工团及信阳京剧团工作。省音协理事。市音、舞协会副主席。主演过歌剧、轻歌剧等二十余部，参与组织、策划、编导歌舞晚会、歌舞赛及歌曲创作评选等，多次在中央及省级比赛中获奖。演唱的部分声乐节目曾由河南省电视台录制成专题片《歌乡行》《情满大别山》。主持和参与编纂《中国音乐集成》四部十三卷。

黄楚文（1938— ）

作曲家、音乐教育家。广西人。1959年毕业于湖北艺术学院音乐师范专业班。后任南宁职业技术学院副教授。作品有歌曲《小袋鼠》《三个小和尚》《小学的小姑娘》《请问小鸟，请问春风》等三百余首。撰有《指挥速成法》《声乐速成法》《歌曲简明写作法》以及民歌赏析二十余篇。出版有少儿歌曲集《校园里的歌声》。参与编写和出版广西中小学音乐课本和教学参考书。1994年被广西教育厅评为广西教坛明星。1995年荣获曾宪梓教育基金会教师奖。

黄传舜（1939— ）

民族打击乐演奏家。土家族。湖南人。1963年毕业于湖南师范大学音乐系，同年任湖南吉首歌舞团演奏员、乐队队长，1984年入吉首大学音乐系，后任艺术系主任。创作民族打击乐《八哥洗澡》及舞曲《土家铜铃》获国家民委作曲优秀奖，《喜迎火车穿山来》获湖南省专业文艺汇演一等奖。撰有《土家族"打溜子"风

情》等文。曾受聘为中国广播民族乐团湘南民族音乐指导。录制并发行个人作品演奏专辑。曾受邀赴台湾讲学并演出。

黄大东（1942— ）

小提琴演奏家。黑龙江哈尔滨人。历任哈尔滨市歌剧院交响乐团团长、艺术委员会副主任、交响乐团副首席。1972年入哈尔滨市歌剧院交响乐团任小提琴独奏演员、弦乐四重演奏员兼乐团小提琴教员。演奏的作品有《千年铁树开了花》《庆丰收》《莫扎特小夜曲》等。曾与中外著名指挥家李德伦、郑小瑛、黄飞立等合作演奏多部交响乐以及歌剧《江姐》《小二黑结婚》《仰天长啸》等二十余部数百场演出。长期从事小提琴教学工作。1997年曾举办哈尔滨首届黄大东学生小提琴专场音乐会。

黄大刚（1947— ）

手风琴演奏家。湖北武汉人。1969年参军入某部宣传队，后任重庆歌舞团艺术培训中心主任、中国音协手风琴学会理事。所作歌曲《白云，你飘向哪里》曾被四川电台播放，《妈妈，我为你祝福》获第二届"蓉城之秋"创作奖，《腾飞吧，新重庆》获1997年"重庆啤酒杯"银奖，手风琴独奏曲《大凉山幻想曲》获首届全国手风琴作品评选创作奖。多次任四川省及全国手风琴、电子琴赛事评委。撰有《乐器演奏考级前的心理准备》等。1989年应邀赴香港参加国际手风琴学术交流会。

黄大岗（1943— ）

女音乐理论家、编辑家。上海人。1958年考入中央音乐学院附中，1961年升入中央音乐学院，1966年毕业于中国音乐学院学习，1975年调人民音乐出版社工作。曾任《音乐理论基础》《曲式与作品分析》《民族器乐》《民族器乐曲欣赏》《京剧音乐》等书责编，策划主编《中国名歌五百首》《奥斯卡歌曲》《周广仁钢琴教学艺术》等。2004年被聘在中央音乐学院开设《音乐编辑》课。发表《著作权与音乐传播中著作权问题》《中国音乐出版史初探》《音乐编辑学教程提纲》等文。

黄大同（1951— ）

音乐理论家。浙江杭州人。浙江省音协副主席。曾先后在上海音乐学院学习音乐理论，在上海华东师范大学文艺学攻读硕士研究生。1969年后历任浙江金华地区文工团首席小提琴及文艺学员训练队教师，杭州群艺馆馆长兼书记，浙江对外文化交流公司副总经理，浙江歌舞团常务副团长。撰有《戏曲音阶的用声对比》《音乐素材论》等5篇论文，搜集、记录数百首民歌、器乐曲，其中数十首收入《中国民歌》《中国民歌精选》《中国渔歌》《浙江民歌集成》。

黄德荣（1941— ）

女钢琴演奏家。北京人。1965年毕业于中央音乐学院钢琴系。曾任河南省曲艺术偶团钢琴教师。1984年获"黄河之滨"音乐周优秀演奏员奖。

黄德山（1954— ）

　　大号演奏家。河南郑州人。解放军军乐团教研室主任。1971年考入军乐团学员队，1979年起任大号教员。1989至1994年在担任军乐团乐队副队长、乐队队长期间，组织完成了几十个国家元首来访的国家外事及司礼任务，策划、组织了"庆祝南京解放45周年""民族之光"等大型专场音乐会，并率队赴法国演出。1995年任军乐团学员队教员，培养一批优秀大号演奏员。录制、出版《管乐演奏入门》教学录像带和光盘及《大号演奏教学》VCD光盘，编著有《大号演奏实用教程》《大号演奏教程》。

黄登辉（1938— ）

　　钢琴演奏家、教育家。福建漳州人。福建师范大学音乐学院教授、硕士生导师。1960年毕业于上海音乐学院钢琴系。从事钢琴教育四十余年，为福建钢琴学科的建设培养一批优秀人才，被评为省优秀教师。60年代常在音乐会上担任钢琴独奏，并举行个人钢琴独奏音乐会。90年代作为福建音乐家小组成员赴菲律宾举行音乐会。撰有《钢琴教学与科学思维能力的培养》《莫扎特钢琴协奏曲的歌剧性、交响性、钢琴性》等文十余篇。

黄定时（1926— ）

　　女钢琴教育家。广东中山人。1948年毕业于上海国立音专。曾在香港中华音乐学校、上海音乐学院附中任教。

黄东宁（1934— ）

　　指挥家。海南人。1963年毕业于中央音乐学院指挥系。曾任中央乐团合唱团、中国广播合唱团、新影乐团、北京歌舞团等客座指挥。早期任教于北京华侨大学艺术系，后调入中国煤矿文工团。中国合唱协会常务理事、北京马来西亚归国华侨联谊会副主席。指挥作品有民族歌舞《丝路花雨》《长恨歌》多部大型多乐章合唱作品、清唱剧及大量中外合唱名曲。指挥录制多部电影、电视片音乐。为多部电视片写作主题歌及音乐。编著出版有电视教学片《电声乐队配器排练指挥法》。历任中国煤矿文工团指挥、歌舞团副团长。

黄飞立（1917— ）

　　指挥家、音乐教育家。广东人。曾任教于前国立福建音专。1948年赴美国耶鲁大学音乐学院师从音乐大师亨德米特学习理论作曲。后在中央音乐学院先后任作曲系副教授、管弦系主任。1956年创建中央音乐学院指挥系，任教授、系主任。曾先后获美国耶鲁大学音乐学院的功绩证书、中央音乐学院建院四十周年和50周年院的荣誉金奖、杰出贡献奖和萧友梅音乐教育建设奖、北京市文联"积极贡献"奖、教育部全国"两基"工作先进个人奖和首届中国音乐"金钟奖"终身成就奖。曾任天津市第二、三届人民代表，中国音协天津分会副会长，中国音协理事，国家高教委关心下一代工作委员会委员，北京市教委艺术教育委员会顾问。

黄飞翔（1959— ）

　　音乐活动家。江苏泰州人。曾任江苏泰兴市歌舞团独唱演员。1982年毕业于南京艺术学院音乐系声乐专业、留校任教，后任声乐教研室副主任。1993年调深圳华夏艺术中心任文艺部经理，后任深圳华侨城欢乐谷旅游公司表演艺术部经理。曾举办个人独唱音乐会，并获青年声乐比赛美声唱法第一名、音舞节独唱一等奖。创作歌曲多首。在欢乐谷大型魔术晚会《梦幻神曲》任剧本创作、总监制，获"金菊奖""特别贡献奖"。曾赴美国、拉斯维加斯、百老汇、夏威夷、新加坡等地考察并演唱。

黄福安（1953— ）

　　文枕琴演奏家。福建莆田人。1989年毕业于中国函授音乐学院。福建省莆田市涵江区文联主席。2000年申请改良的古乐器"文枕琴"获国家专利。其作曲、演奏的文枕琴节目获全国首届民间音乐舞蹈大赛表演、创作二等奖，全国第九届"群星奖"音乐大赛作曲、表演铜奖，第二届"蒲公英奖"音乐大赛作曲金奖、辅导银奖，并连续六届在福建省音舞节获奖。1985年在《乐器》杂志发表《文枕琴》。1992年随团赴日本演出。

黄公亮（1949— ）

　　小提琴演奏家、音乐活动家。陕西西安人。陕西省汉中市群艺馆参事、陕西音协常务理事。1969年毕业于西安音乐学院附中。1970至1997年在汉中歌舞剧团工作，多次参加省市重要演出、录音录像工作，并担任乐队首席。音乐作品多次获奖，其中担任配器的舞蹈《猎鼓》于1986年获陕西省民间调演二等奖。培养小提琴学生百余名，其中数人考入音乐院校。主持、组织全国、省乐器考级汉中考区工作，担任小提琴专业评委。组织全市歌曲创作、研讨、声乐比赛、大型演出等活动数十次。

黄光国（1938— ）

　　声乐教育家。福建厦门人。1956年任福建省歌舞团声乐演员。后入中央乐团进修，师从尼娜（法国），魏启贤、应尚能。1961年任福建省原创歌剧《竹叶红花》男主角。曾为大型文献艺术纪录片《武夷山下》，闽南歌仔戏《收租院》作曲。1979年起在福建漳州师院从事声乐教学。有近上百名学生考入艺术院校，多名学生在全国声乐大赛中获奖。

黄光林（1950— ）

　　琵琶教育家。安徽潜山人。1976年毕业于南京艺术学校音乐系，后在南京艺术学院音乐系任教，1978年曾进修于上海音乐学院民族器乐系。撰有《琵琶右手的常用技法与表现》《琵琶右手触弦的深度、角度、速度与力度》。代表江苏参加文化部主办的全国文艺调演，担任二重奏《琵琶与古筝》。曾代表南艺参加"上海之春"首届海内外江南丝竹新作品比赛获三等奖。曾录制唱片《水乡高唱大寨歌》，出版个人演奏专辑《江南丝竹乐曲精选》。

黄光荣（1940— ）

　　音乐教育家。福建福州人。1959年毕业于福州师范。历任国家教委艺教委委员、中国教育学会音教会常务理事，省中师音乐中心组组长，福州师范副校长。曾对奥尔夫、柯达依、铃木等音乐教育体系学习研究，并结合实际融汇于教学实践中，培养众多音乐人才。曾组织"全国中师音乐教材讲习会"。

黄桂芳（1963— ）

女三弦演奏家。上海人。1986年毕业于中国音乐学院器乐系。曾任该院实验乐团演奏员。曾获1982年全国民族器乐独奏观摩演出优秀表演奖。曾多次出国演出。

黄桂莲（1935— ）

女歌唱家。湖南湘潭人。1950年始从事部队文艺工作。中国广播艺术团合唱团演员。曾参加音乐舞蹈史诗《东方红》《中国革命之歌》演出。1988年赴澳门艺术节参加《茶花女》的合唱演出。

黄国栋（1920—1985）

音乐教育家。广西人。1945年毕业于重庆国立音乐院作曲系。曾任中央音乐学院作曲系副主任，民乐系主任，副教授。

黄国强（1926— ）

戏曲音乐理论家。江西南昌人。1949年始从事江西民间音乐的收集、整理、创作和研究工作。参加记谱、整理、编辑、出版《江西民间歌曲集》《赣南采茶戏音乐》《宁都地方戏音乐》《南昌采茶戏音乐》《赣剧音乐》（弹腔部分），主编《民间说唱艺术选集》。撰写、发表《戏曲音乐美学问题初探》《江西采茶戏唱腔的句式结构及其扩展衍变手法》等。著有《戏曲音乐探微》《江西采茶戏音乐研究》。曾任中国戏曲音乐学会首届理事，江西省音协名誉常务理事，江西戏曲音乐学会首届会长。

黄国群（1956— ）

作曲家。侗族。湖南人。1980年开始音乐创作，1983年起任湖南省民族歌舞团专职作曲。1990年毕业于中央音乐学院作曲专业，1991年调广州军区工作。创作、发表、播出大量歌曲、器乐曲及为影视、戏剧、舞蹈作曲的作品，其中音乐舞蹈诗《大森林》，无伴奏合唱《阿达玛》，音乐电视片《一方山水养一方人》，歌曲《外婆桥》等十余件作品先后获艺术节大奖、全国奖及省级奖数十次。出版歌曲集《感动千年》，唱片《归乡的路——黄国群音乐作品集》。

黄海耳（1938— ）

作曲家。广东连州人。省音协理事，清远市音协名誉主席。1955年由连州师范毕业后，两次到广州音专进修。1961年从事专业文艺工作，曾担任乐队队长、艺委会主任、作曲兼指挥。1976年发表歌曲《一片茶叶一片心》，歌曲《花腰带》曾获全国征歌一等奖。另有二十多件作品在全国、省、市获奖。曾参加音乐舞蹈史诗《东方红》的演出。出版《啊，瑶山》个人创作歌曲选。

黄海涛（1946— ）

音乐学家。湖北武汉人。1959年入海政歌舞团学习舞蹈，后改为器乐演奏。1980年随万依先生研究清宫音乐，并合著《清代宫廷音乐》由香港中华书局出版，并获全国首届满学研究优秀成果奖。1989年曾任《中国民族民间器乐曲集成》总编辑部副主任，《中国民族民间器乐曲集成·北京卷》编委。先后应天坛、地坛之邀，恢复两坛祭祀乐演奏，并由中国唱片社录音。现参与天坛神乐署陈展、恢复祭天乐舞等工作。合作有《清宫述闻》及参与编写《故宫辞典》。

黄汉华（1955— ）

音乐教育家。广东大浦人。华南师范大学音乐学院院长。1990年毕业于上海交通大学音乐教育专业研究生班。多年担任《音乐美学》《音乐欣赏》等课程教学。研究"把符号学引入音乐美学领域"。出版专著《抽象与原理——音乐符号论》。撰有《音乐作品存在方式与意义之符号学思考》《音乐符号与舞蹈符号之互渗互用》《文化阐释系统中音乐符号意义之彰显》等文。

黄红辉（1960— ）

钢琴教育家。江西南昌人。1981年毕业于江西师范学院艺术系，1987年入西南师大音乐系进修。任教于江西师大，钢琴教研室主任、副教授。编著有《声乐演唱与伴奏》《西洋歌剧与美声唱法》（均有合作），1984年获江西省器乐独奏、重奏比赛二等奖。1999年在南昌举行的迎澳门回归百台钢琴大型演奏中任艺术指导、指挥，多次担任全国性钢琴、电子琴专业比赛和考级评委，所教学生在全国比赛中多次获奖。本人曾获园丁奖、优秀教师奖。

黄红英（1962— ）

女歌唱家。广东惠阳人。惠州市歌舞剧团副团长、客家民间艺术团副团长、市政协常委、省青联第八届委员会委员、市青年联合会常委、市音协副主席。为电视连续剧《公关小姐》《乱世香港》配唱主题歌，分别获两广新星大赛最受欢迎歌曲奖、"流行音乐生力奖"。所演唱的歌曲《东江谣》《客家妹子爱唱歌》《大亚湾之梦》先后获广东国际艺术节二等奖、广东省"五个一工程"奖。出版有《深圳——香港》《爱的理想》等。曾获广东省"五一劳动奖章""惠州市十杰青年"称号。多次举办个人演唱会。率领广东惠州客家民间艺术团赴香港、台湾、马来西亚、新加坡、韩国、美国等地进行艺术交流演出。

黄宏志（1940— ）

戏曲音乐家。湖北人。1990年毕业于中国函授音乐学院理论作曲系。曾为湖北荆州花鼓剧种百余个剧目作曲，其中《荷花洲头》获1994年文华新剧目奖和"五个一工程"提名奖。另有十多部剧目获省级汇演一、二等奖。为湖北电影制片厂旅游片《刘备回荆州》作曲。撰写论文十余篇，分别在《中国音乐》《黄钟》《长江音乐》发表，其中3篇获论文奖。另创作歌曲百余首，其中5首分别获中央、省级一、二、三等奖。

黄虎威（1932— ）

作曲家。四川内江人。四川音乐学院教授，原作曲

H

系主任。中国音乐著作权协会理事。1954年毕业于西南音专作曲系，留校任教。1956年在中央音乐学院作曲系苏联专家古洛夫班进修。1976年借调到中央音乐学院作曲系任教。曾任中国音协创作委员会委员。发表音乐作品《永恒的歌》《巴蜀之画》《阳光灿烂照天山》《峨眉山月歌》以及《黄虎威钢琴作品选集》等百余件。著有《转调法》《斯波索宾等和声学教程习题解答》。

黄华丽（1959— ）

女声乐教育家。湖南兰山人。毕业于湖南师大音乐教育专业，后在武汉音乐学院声乐系进修一年。省音协音乐教育委员会副会长，永州市音协副主席，零陵学院音乐系主任、教授。曾获全国第二届民族民间音乐舞蹈大赛独唱优秀奖，全省"潇湘杯"歌手大赛最佳歌手一等奖，全省新歌新秀歌手大赛最佳歌手一等奖，全省第五届青少年学生合唱节优秀辅导员奖和全省少儿歌舞大赛辅导一、二等奖。永州市电视台拍摄的专题片《零陵人的歌》在中央三台和湖南电视台播放。多次出国演出。在土耳其亚洲民间艺术节和英国国际民间艺术节上担任独唱。

黄华丽（1968— ）

女高音歌唱家。湖北武汉人。1990年毕业于华中师范大学音乐系，1992年在中国音乐学院声乐系进修。1990年在华中师范大学音乐系任讲师，1994年调入总政歌剧团任演员。曾在小歌剧《高原情暖》中扮演女主角，在歌剧《屈原》中扮演"山鬼"，在《江姐》《洪湖赤卫队》《草原之歌》等片断中扮演主角。为电视剧《抉择》《班禅东行》《逃之恋》《女路官》等演唱主题歌及插曲。录制两张演唱专辑CD光盘《中国名诗词歌曲集》。曾获1996年文化部举办的首届全国声乐比赛民族组一等奖第一名。在朝鲜"四月之春"国际友谊艺术节获个人演唱金奖。

黄怀朗（1948— ）

女钢琴演奏家。广东人。出生于日本。任职于武汉乐团。武汉市文联副主席、市音协主席。1960年考入武汉歌舞剧院并在武汉艺术学校学习钢琴，毕业后在武汉歌舞剧院乐团担任钢琴演奏。1985年参加全国星海、聂耳声乐作品比赛任钢琴伴奏，获武汉市钢琴伴奏奖，1994年获优秀演奏员奖，2000年获武汉市优秀文艺家提名奖，全国归侨先进个人。曾赴新加坡、加拿大、台湾等地进行文化交流活动。为多部合唱作品《东方之珠》《龙船调》《夜半歌声》编写钢琴伴奏。

黄唤民（1924— ）

作曲家。安徽寿县人。1948年开始从事文艺工作。1951年入上海音乐学院干部专修班进修。1953年回安徽省音乐工作组。曾深入大别山区、淮河两岸，搜集整理安徽民间音乐。参与《安徽民间音乐》第一、二集的编撰出版工作。1962年调淮南市文工团，先后任作曲兼指挥、副团长等。后在淮南市艺术研究委员会工作。曾为淮南市人大代表、市政协委员、市文联委员、安徽省音协常务理事。

黄慧慧（1969— ）

女高音歌唱家。河南商丘人。中国民族声乐艺术研究会理事，河南省音协理事，开封市音舞协会副主席。1991年毕业于河南大学民族歌剧班。河南大学艺术学院副教授、硕士生导师，声乐系副主任。先后获"全国歌戏双栖明星演唱大赛""第二届全国戏歌大赛""黄河流域民歌及创作歌曲演唱大赛"金奖。曾应邀在中央、上海、山东、河北、河南等电视台及河南省委宣传部、文化厅等单位主办的大型文艺晚会上演出独唱。培养的学生多次在全国及省、市声乐比赛中获奖，多年被评为河南省优秀教师。

黄基旭（1958— ）

作曲家。朝鲜族。吉林延吉人。1978年毕业于延边师专音乐系。1980年起任职于延边歌舞团，并入上海音乐学院作曲指挥系攻读研究生。1997年作曲的舞蹈诗《长白情》（合作）获文化部优秀作曲奖，独舞《钩鼻鞋》在第四届全国舞蹈（独、双、三）比赛中获作曲奖，少儿舞《花儿笑，我也笑》获全国第七届"群星杯"创作银奖，舞蹈《长鼓舞》、男声四重唱《千里边疆，千里歌》分别获创作一、二等奖。

黄吉士（1935— ）

民族音乐学家。浙江衢县人。毕业于福建师范学院音乐系。1961年始任衢县婺剧团作曲、县文化馆音乐专干。曾任衢州市文化局艺术研究室主任、副研究员、省音协理事、衢州市音协主席。担任"中国戏曲志、中国民间歌曲、中国戏曲音乐、中国曲艺音乐、中国民族民间器乐曲集成"浙江卷编委。著有《张曙传》及《浦江乱弹音乐》《浙江明清地方小戏珍本选》，并发表《明清西安高腔活动掠影》等三十余篇论文。收集有大量民歌。

黄继塱（1927—已故）

音乐教育家。北京人。1955年毕业于中央音乐学院作曲系。曾在德国、苏联专家指导下学习音乐史学。曾在天津音乐学院附中任教。译有《德彪西的钢琴音乐》。

黄继宗（1931— ）

音乐活动家。辽宁义县人。1950年参加中南文工团任长笛演奏员。曾任武汉市群艺馆馆长、武汉歌舞剧院副院长。

黄加良（1938—2005）

歌词作家。广东琼海人。毕业于解放军第四通讯军官学校。曾任教官、特种兵排长、代理参谋长。1958年专业任职于珠影、电视台。曾主演话剧《年青一代》《阮文追》。1972年任广东电视台导演组长。在电视台执导《水乡一家人》《春江水暖》《香港地恩仇记》和《公关小姐》等获省、中南和全国11项大奖。发表歌词、诗歌特写等近百件，其中《我们是青少年》获全国少年歌曲二等奖，《我爱水乡美》获首届农村歌曲三等奖。

黄家锋（1931— ）

长笛演奏家。山东泰安人。1950年入北京军区歌舞团。曾改编《我是一个兵》《抗日出征》《纺棉花》《梁祝》等长笛独奏乐曲。撰写出版有《长笛演奏法》《竹笛演奏法》。1964年在全军第三届文艺汇演中参加合奏表演获优秀奖。曾随团多次出国访问演出。

黄家齐（1940—2005）

音乐理论家。广东台山人。曾任广东当代文艺研究所研究员。长期在珠江电影制片厂民族乐队、广东广播电视文工团、广东歌舞剧院等任演奏员。1965年始从事民族民间音乐研究。1979年调入广东音乐研究所，先后担任业务干事、研究组组长，撰写论文、评述、调查报告等文稿十余篇。编有粤乐《何大傻曲集》《吕文成作品选》《吕文成曲集》《粤乐新声》及与黎田先生合作的《粤乐》等。其粤乐乐律研究论文被授予"科技英才"荣誉称号。曾应聘兼任星海音乐院民乐系粤乐概论课教授。

黄家祥（1944— ）

作曲家。福建古田人。毕业于福建艺术学院音乐系，高级讲师。从事过中、小学教育，曾任宣传部副部长、文联主席。在刊物发表有大量作品，出版个人音乐作品专辑CD唱片、MTV。作品曾被中央电视台、电台及省电视台播出，在征歌中获奖。作有《平安古田》《美丽富饶翠屏湖》《古田乡情憾人间》《我的祖国我的家》《我们是老年大学生》《轻轻踏上寻根路》《关爱你的有我》《又是菇乡银花开》。

黄家忻（1938— ）

钢琴教育家。重庆人。中国音协师范院校钢琴学会副会长，绵阳师院教授。1960年毕业于四川音乐学院钢琴系。1980年赴北京参加首届全国少数民族汇演，任四川代表团乐队指挥。作品《喜背新娘》获配器奖，《公交之歌》（作曲）获全国工人歌曲新作评选之银奖，《我们爱上音乐课》（词曲）获全国校园歌曲评选小学组第三名，并列入十大金曲制成CD全国发行。发表论文《论绝对音高感与关系音高感》，译文《如何给巴赫的基本音符加以润色》等。创作的二胡与钢琴《怀念》被中央音乐学院民乐系演奏并列入教材。

黄建国（1950— ）

小提琴演奏家。湖南宁乡人。1990年毕业于中国函授音乐学院理论作曲系，1986年进修于西安音乐学院作曲系。曾任新疆兵团农九师文艺宣传队任乐队队长、新疆塔城地区歌舞团团长。撰有《新疆达斡尔族民间音乐与乐器》，创作歌曲有《姑娘追》《灯光》《春雨》《今年我十三》《绿色的磁带》等多首，其中部分获各级征歌银奖、三等奖。在歌剧《货郎与小姐》《天山之声》音乐会及自治区器乐调演中担任首席小提琴领奏、独奏与伴奏。

黄建康（1954— ）

作曲家。藏族。四川德格人。1987年毕业于四川音乐学院作曲系，后入上海音乐学院深造。1982年入四川省甘孜州歌舞团任演奏员、指挥。1998年调四川省甘孜州文化局，任创研室主任。作有歌曲《思乡情》《游子的心》

《吉祥的喜玛拉雅》《祝福中国》，舞蹈音乐《牧笛》《春到康巴》《阿细嘎》等，并获各级奖项。演出的广场文艺《康巴颂》，由四川电视台播出、并录制唱片。收集的部分藏族民间音乐被收入《中国民族民间音乐集成·四川卷》。

黄建平（1957— ）

男高音歌唱家。江苏如东人。南通大学艺术学院教授。1970年参加文艺工作。1979年考入南京师范大学音乐学院。1983年毕业后分配至江苏省如皋师范任教。1984年调入江苏省南通歌舞团、南通艺术剧院任独唱演员、声乐艺术指导。2003年调入南通师范学院音乐系与南通大学艺术学院任教。

黄建业（1937— ）

歌唱家。壮族。广西桂林人。1959年起在广西歌舞团任演员，曾进修于中央乐团及中国歌剧舞剧院。曾任广西星光艺术团团长、指挥、艺术总监。所录制的盒带《油漆匠嫁女》获中国戏曲音乐"孔三传"奖。录制有电影《刘三姐》卡拉OK带及镭射影碟。参加过《韦拔群》《百鸟衣》等四十多部歌剧的演出。参加拍摄《壮家歌海浪花飞》等多部电视剧、电影。撰写了《怎样得到声乐入门的钥匙》等几十篇（首）论文及音乐作品。其中声乐论文《钥匙》获论文金奖。

黄剑平（1940— ）

音乐活动家、作曲家。广东人。东莞市音协主席。早年毕业于佛山艺专音乐科、佛山师范音乐系，专修理论作曲、手风琴、扬琴等专业。先后任职于地区专业文艺宣传队、文工团。从事音乐创作和群众文化音乐辅导活动。创作有声乐曲《民兵之歌》《黄山洞组歌》《新世纪的东莞》《玉兰飘香到珠江》《故乡情韵》《共产党是我们心中不落的太阳》。器乐曲《丰收乐》《火花》《运河颂》《开拓》。部分作品在电台、电视台播放并获奖。

黄健祥（1956— ）

小提琴演奏家。上海人。1973年毕业于解放军艺术学院管弦系。曾入中央、上海音乐学院进修。先后任福州军区空军政治部文工团、福州军区陆军歌舞团乐队首席及上海乐团首席小提琴演奏员。1985年参加全国第四届音乐作品评奖，演奏《梦南音》全部作品。

黄金城（1939— ）

笛子演奏家。广东南海人。1962年毕业于广州音专民乐系。曾任星海音乐学院民乐系副教授。音乐作品《粤海新歌》1979年获广东优秀器乐奖，1982年获第三届"羊城音乐花会"器乐独奏优秀奖。

黄金钢（1956— ）

作曲家。黑龙江佳木斯人。第二炮兵文工团办公室主任。1984年解放军艺术学院文工系毕业。歌曲《我们是光荣的火箭兵》获全军文艺汇演优秀奖，《深山情》《相亲》分获二炮文艺汇演一等奖，《军旅之恋》获中央电视台军神杯比赛二等奖等。

黄金熊（1942— ）

低音提琴演奏家。广东南海人。原上海交响乐团低音提琴首席演奏员。1965年毕业于上海音乐学院附中。1967年入上海交响乐团。参加京剧《海港》等剧目演出。为湖北艺专、京剧院乐队辅导低音提琴。先后随上海乐团、交响乐团赴澳大利亚、新西兰、日本及香港访问演出。改编低音提琴练习曲多首，研制出低音提琴"弱音器"。

黄金旭（1955— ）

歌唱家、音乐活动家。福建厦门人。厦门市群艺馆副馆长。1987年、1995年先后毕业于厦门大学中文系，中央党校厦门函授学院行政管理系。撰有《群众文化工作在加强基层文化工作中的作用》等论文，担任男女声二重唱获第二届"武夷之春"音乐会演出奖，男声独唱曾获厦门市声乐比赛二等奖，在乐舞剧《南音魂》中饰男主角，参与组织策划厦门市多届合唱比赛、群众文化艺术节等大型音乐活动，曾担任第四届世界合唱比赛艺术活动的总协调和主要负责人。

黄金钰（1944— ）

民族民间音乐学家。陕西武功人。先后毕业于青岛新声音乐学校理论作曲专业、甘肃省广播电视大学汉语言文学系。曾任甘肃省民间文艺家协会副主席、兰州市工人乐团团长兼作曲。作有小歌剧《戈壁丹心》，歌曲《你有什么心愿》等近百首（件），拍摄音乐民俗片《中国民间歌会》《花儿》《藏族采花节》等十余部，有的获国家级奖。发表《花儿与民俗》《花儿美学的民俗内涵》《藏族采花节调查》《裕固族民歌及其现状》等文数十篇，编辑出版《甘肃民间小调》《花儿论集》。

黄金中（1960— ）

歌唱家。湖北人。任职于甘肃省歌剧团。甘肃少数民族音乐学会常务理事、兰铁艺术团团长。1986年毕业于西北民族学院艺术系。出版发行个人演唱专辑《西北汉子》，演唱歌曲《西北汉子》《牧羊的哥哥上了山》等由中央电视台播出。曾在大型民族歌剧《咫尺天涯》中担任主角及领唱。曾在第四届中国艺术节大型音乐晚会"今宵情"中担任艺术策划及独唱，在中南海庆祝建党73周年大型晚会、95国际艺术节开幕式等大型演出中担任独唱、领唱。

黄锦璧（1951— ）

二胡演奏家。安徽人。安徽民族弓弦乐委员会常务理事、六安市民族弓弦乐委员会会长。曾在皖西文工团工作。先后受到全国著名二胡演奏家赵砚臣、闵惠芬、张锐、童文忠、胡琴演奏家王永龙等人的指导。曾举办由安徽音协主办的个人二胡独奏音乐会。

黄锦培（1919—2009）

民族音乐学家。生于新加坡，祖籍广东。1935年从事音乐工作。曾为广州星海音乐学院教授，音协广东分会顾问、省文联委员、省二至六届政协委员。1986年曾应聘

赴加拿大温哥华大学讲学。作有管弦乐曲《碧血英魂》，民族乐曲《华夏英雄》《月圆曲》，电影音乐《搜书院》《七十二家房客》等，并撰有《论音德》《广东音乐欣赏》等文。

黄锦萍（1957— ）

女歌词作家。福建福州人。福建省歌舞剧院创作中心编剧。1984年毕业于福建艺校戏剧大专班。作有歌词集《星光摇篮》《青春风铃》。作词歌曲多次获奖，其中歌曲《我永住在闽江边》于2000年获第九届福建音乐舞蹈节创作一等奖，《蓝蓝地球仪》于2003年获第五届中国少儿歌曲卡拉OK电视大赛作品一等奖。执笔的大型舞剧《惠安女人》于2003年获第三届全国舞剧观摩演出大奖和观众最喜爱剧目奖，于2004年获十一届文华新剧目奖。

黄镜明（1937— ）

民族音乐学家。广东人。1961年毕业于广州音专，主修民族音乐理论。曾任中国戏曲学会理事、《中国戏曲志·广东卷》常务副主编、广东省艺术研究所戏曲研究室主任，副研究员。著有《粤剧唱腔音乐概述》《粤剧史》，论文《高腔入粤初考》《二黄入粤初考》《西秦腔源流质疑》《戏曲音乐'现代化'探微》等。

黄君维（1956— ）

男中音歌唱家。上海人。1979年在陕西省广播电视艺术团任独唱演员。1984年毕业于上海音乐学院声系。任陕西省歌舞剧院歌舞团合唱队长、轻音乐团演员队长、音乐舞蹈团副团长。1985年获全国聂耳·洗星海声乐作品比赛陕西赛区三等奖，1989获陕西省第三届艺术节演出综合银奖，1990年在第四届全国青年歌手大赛陕西赛区获美声第三名。曾在歌剧《司马迁》中饰汉武帝、在《张骞》中饰演单于，分别获中宣部"五个一工程"奖、第二届少数民族文艺汇演金奖。撰有《浅谈演唱的艺术处理》。

黄俊兰（1944— ）

女音乐编辑家。北京人。《中国曲艺音乐集成》总编辑部主任。1967年毕业于中国音乐学院声乐系。1979年调入中国音协《人民音乐》编辑部任编辑、记者。1986年任音协民委会执行秘书，并参加《中国曲艺音乐集成》的编纂工作，先后任编辑部副主任、主任。出版有《郭兰英的歌唱艺术》，撰写有《中国民族声乐学派之光——男高音歌唱家吴雁泽》《耕耘民族乐坛乐此不疲—记指挥家朴东生》《二胡艺术第三代的第一人—王国潼》等文百余篇。为中国大百科全书（青少年版）撰写全部曲艺部类条目、任中国少儿艺术百科编委并编撰条目等。1997年获文化部颁发的"编审成果一等奖"。至2004年完成全国29个省、市、自治区卷本的审稿和大部分卷本的出版。

黄奎弟（1928— ）

小提琴演奏家。山东昌邑人。1946年入东北人民广播电台任文艺组长。曾任中央乐团演奏员。曾随团赴欧洲等地演出。

H

黄揆春（1930— ）

女高音歌唱家。浙江杭州人。1959年毕业于中央音乐学院声乐系。曾任该院声乐系教研室副主任，副教授。1954年参加维也纳世界青年代表大会，担任独唱。1960年在歌剧《青春之歌》中扮演林道静。1980年开始声乐讲座由中央电台连播四年并录制盒带。

黄坤南（1944— ）

二胡、马骨胡演奏家。广西南宁人。1960年在广西歌舞团从事民族器乐演奏。曾在中央音乐学院进修。多次参加文化部、国家民委、中央电视台举办的各种大型文艺演出，担任二胡及壮族马骨胡独奏，并随中国艺术团赴日本、法国、新加坡、香港等国家及地区演出。创作及演奏的民乐合奏《壮锦献给毛主席》、马骨胡独奏《壮乡春早》《壮山马铃响》分别获全国音乐舞蹈会演优秀节目奖、全国少数民族会演优秀节目奖。多年兼任广西民族乐团指挥。作品有木偶剧《小八路》。多次担任广西迎新春民族音乐会，全国少数民族孔雀杯器乐大赛乐队指挥。

黄莉丽（1968— ）

女高音歌唱家。河南光山人。广东韶关学院音乐系副主任。2002年河南大学艺术学院研究生毕业。发表《奥北山村小学音乐教育现状分析与研究》《浅论声乐作品的旋律美》《我国民族声乐艺术的瞻望》等文并获奖。多次担任重大演出活动的领唱、独唱。被韶关市多家艺术团聘为声乐指导教师。

黄礼仪（1941—2006）

女音乐编辑家。北京人。1963年毕业于北京艺术学院。曾任《中国大百科全书》出版社音乐编辑、人民音乐出版社编审。撰有论文《古琴音乐概述》《论琴乐—初探古琴演奏艺术的特征》《江西黄畲山老道堂音乐》，著有《通俗音乐漫话》《中国古琴珍赏》《满族民歌选集》《世界知识大辞典》音乐部分，作有古琴曲《挥指调》。为话剧《吴王金戈越王剑》配乐。

黄力丁（1917—1988）

音乐教育家、音乐活动家。湖南长沙人。1935年与张曙等音乐家开展抗日救亡歌咏活动，1938年入抗敌演剧队。曾赴香港、新加坡等地开展音乐活动。新中国成立后，长期从事音乐教学工作，培养诸多学生。发表有论文多篇。曾任湖北艺术学院副院长、中国音协第三届理事、武汉市音协副主席。

黄立立（1962— ）

双簧管演奏家。湖南衡阳人。1977年入衡阳市歌舞团任首席双簧管演奏员。1987年毕业于中央音乐学院，后考入中央乐团室内乐队任独奏演员。2000年入中国爱乐乐团，担任双簧管、英国管、萨克斯管演奏员。中国音乐学院管乐考级评委，并受聘于首师大音乐学院客座教授。演奏大量中外作曲家的交响乐、协奏曲、歌剧音乐，并与众多作曲家、指挥家、演奏家合作。

黄立民（1944— ）

指挥家。广东惠阳人。1967年毕业于中央音乐学院指挥系。曾任中央芭蕾舞团指挥。指挥有舞剧《天鹅湖》《葛蓓莉娅》《鱼美人》《红色娘子军》《沂蒙颂》。

黄立明（1937— ）

歌唱家。北京人。1950年入湖北武昌军区文工团任演员。1953年获中南军区第二届文艺汇演个人奖。1954年调广州军区文工团任独唱演员。1956年被选派到广州军区陆、海、空军部队声乐训练班学习。1959年获解放军0952部队文艺汇演优秀演员奖。1960年入中央广播民族乐团任独唱演员。1961年在中央音乐学院声乐系进修。1983年参加文化部《中国革命之歌》演出。1987年获中国广播艺术团先进工作者称号。

黄丽莉（1960— ）

女高音歌唱家。江苏人。1985年毕业于中国音乐学院，师从张权等名师。曾在江苏扬州地区文工团工作，1985年入中央歌剧院。曾主演歌剧《小二黑结婚》《刘三姐》《伤逝》《弄臣》《茶花女》《费加罗婚礼》等。1995年获"中国艺术歌曲比赛"三等奖。

黄丽珠（1964— ）

女歌唱家。江苏人。1980年考入江苏徐州市歌舞团任独唱演员。1981年被选送山东艺术学院音乐系声乐专业进修。1984年考入南京艺术学院音乐系声乐专业。1987年获江苏省首届音乐节美声唱法专业组二等奖、全国高等艺术院校艺术歌曲比赛优秀奖、华东地区电视演唱大赛一等奖及中国民歌邀请赛一等奖等。1993年调江苏省歌舞剧院任独唱演员后获第六届全国青年歌手电视大赛"荧屏奖"。出版专辑《化蝶》等。1997年调入南京艺术学院音乐学院任教，2001年毕业于南京艺术学院音乐学学科研究生课程班。曾赴日本、德国参加演出。

黄烈盛（1939— ）

二胡演奏家。广东揭阳人。历任文工团、轻骑队演奏员，揭西潮剧团艺术室、市潮剧团、市潮剧艺术培训中心主任。作有《清宫斩孝女》《劳工怒火》等古装现代大、中型剧目二十余台，大量歌曲、方言歌、戏曲小品、器乐曲、潮州大锣鼓等作品获奖。配器的大型古装潮剧《丁日昌》，在中国戏剧节演出中获优秀节目奖和优秀演奏奖。撰有《潮剧唱腔、唱声问题探讨》。

黄龙化（1935— ）

中提琴演奏家。朝鲜族。吉林延吉人。中国朝鲜族音乐研究会会员。1953年在哈尔滨苏联高等音乐学校学习小提琴。1956年始在延边歌舞团任中提琴首席，1961年任乐队副指挥。1985年在延边州器乐比赛中获一等奖。曾随团赴朝鲜、俄罗斯、韩国演出。

黄曼萍（1929—2004）

女音乐教育家。重庆人。曾任江苏省常熟市音乐舞蹈协会理事长。从事音乐教学和研究工作以来，培养了一批音乐师资和声学人才，许多学生分别在全国、省、市声乐比赛中获奖，同时为音乐院校输送专业人才。创作的作品分别在电视屏幕、音乐刊物、声乐舞台展现。创办音乐刊物《琴川乐韵》和组建"小黄鹂"合唱团。1994年应"中国潮金曲"组委会邀请，参加在北京举行的获奖作品演出，并任指挥。

黄瑄莹（1939— ）

女钢琴教育家。江苏江阴人。首都师范大学音乐学院教授、硕士生导师。中国音协社会音乐委员会副主任，全国钢琴考级委员会考试委员。毕业于中央音乐学院钢琴系。曾任钢琴教研室主任、音乐系副主任、校部学术学位委员，多次被评为校级优秀教师。1988年获文化部"钢琴指导教师奖"，1992年获国家教委"高等师范院校教师奖"，1993年获中国音协"荣誉奖状"。著有《钢琴基础教程》。先后赴美国、瑞典、奥地利、意大利、匈牙利、澳大利亚、新加坡、马来西亚、泰国及台湾、香港等地演出和教学考察。

黄美德（1946— ）

女钢琴演奏家。广东人。广东钢琴学会常务理事。8岁登台独奏，1957年考入中央音乐学院附中，1968年毕业于该院钢琴系。1973年进入广东省歌舞团，后入广州乐团，担任独奏及独唱、器乐独奏、合唱伴奏。与国内外著名歌唱家、演奏家、指挥家等合作，举办各种类型音乐会，曾获得"中国钢琴作品"比赛一等奖、"北京合唱节"一等奖等。并为多部电影、电视剧配音。曾多次出访香港、澳门地区及菲律宾等国。

黄美娟（1933— ）

女音乐编辑家。湖北武汉人。广州唱片公司对外编辑室主任。编辑有广播系列节目《一支名曲》，舞剧、歌剧剪辑《五朵红云》《阿伊达》，礼品唱片《北京的旋律》，钢琴协奏曲《黄河》，黄自清唱剧《长恨歌》，交响音乐《沙家浜》《海之歌》《清明祭》，民乐系列《中国乐器大全》《中国梵乐》及一些著名音乐家的演奏、演唱专辑。较早引进与重编了卡拉扬、索尔蒂、约翰·威廉斯、帕凡洛蒂等人的作品。

黄明水（1955— ）

女声乐教育家。山东青岛人。山东师大音乐学院教授，音乐表演系主任，硕士生导师。山东省政协委员。1982年毕业于山东师大音乐系，1989年结业于中央音乐学院声乐系助教班。自1980年先后多次获全国及省、市一等奖，曾由中国唱片社录制唱片《大学啊，我的摇篮》。曾任《声乐分级曲库》第四册副主编、《山东省五年制师范学校统编教材》音乐（共五册）主编、《声乐教学分级曲库》上下册执行主编等。2001年获山东省文联"德艺双馨"中青年艺术家称号。

黄明智（1955— ）

音乐教育家。陕西榆林人。1975年毕业于西安音乐学院后留校任教，教授、硕士生导师。编著出版了《单声

部视唱》《视唱练耳教程》等教材；发表论文《音乐基础教育的时代性思维》《爵士乐的节奏形态与传统的节奏意识》等数十篇。作为学院爵士乐队键盘手，参加近百场的大型晚会演出。1993年参加美国小号专家勃拉姆斯的爵士乐演奏集训，并赴美国使馆、四川、天津音院等地巡演。1997年赴美国加州大学诺斯里奇学院作访问讲学。1994年获"中国首届少年奥林匹克脑力竞赛音乐能力比赛"优秀辅导奖。

黄铭良（1938— ）

钢琴演奏家。浙江永康人。1955年毕业于金华师范学校，后入上海音乐学院深造。1959年毕业于华东师大艺术系。曾任浙江省永康中学音乐教师，永康音协副主席。作有歌曲《永康走天下》，舞蹈音乐《鸭司令》，儿童歌舞剧《演出之前》，二胡独奏曲《畲女上茶山》。撰有《省感戏盛衰考略》《省感戏音乐起源》《毛头腔与巷里歌谣》《论省感戏中的高、昆、乱》《论省感戏中的徽、滩、时》。曾为《中国戏曲志·浙江卷》撰稿。

黄培方（1936— ）

男高音歌唱家。上海人。1954年入中央乐团合唱队从事演唱工作。曾任合唱队男高音声部长。

黄佩勤（1935—2003）

指挥家。广东鹤山人。1956年入上海音乐学院指挥进修班。曾在上海歌剧院工作。指挥的作品有舞剧《奔月》《凤鸣岐山》，清唱剧《迎龙桥》，京剧《龙江颂》《审椅子》等。

黄佩莹（1936— ）

女钢琴教育家。江苏江阴人。1960年毕业于中央音乐学院钢琴系，并留校任教。教授。1989年在任钢琴系共同课教研室主任期间，该教研室获北京优秀教学成果奖。长期担任中央音乐学院及中国音协钢琴考级评委，北京市及全国少儿钢琴比赛评委，并到全国各地讲学。其学生多次在北京市及全国少儿比赛中获奖。编著有《成年人应用钢琴教程》（合作），《趣味钢琴曲选——献给老朋友》（已录制成VCD），合作编辑中央音乐学院海内外《钢琴考级教程》（新版1－9级），并参与录制该教程音像教学片，编辑录制出版教学录像带《儿童钢琴入门》。

黄蒲生（1951— ）

歌词作家。河南人。1965年从事文艺工作，曾在广州军区歌舞团、军区文化部《战士文艺》编辑部工作。1985年转业至出版系统。历任《花城》《潇洒》杂志副主编、执行主编及期刊中心总经理。作有《站台》《路灯下的小姑娘》《这一片土地》《中国辉煌》及声乐交响诗《爱的阳光》。参与策划在北京人民大会堂首演的大型交响音诗《中国人民的儿子——邓小平》，并担任撰稿和总导演。出版诗集《绿色的音符》《爱的阳光》《遥远的少女》。

黄普洛（1932— ）

板胡演奏家。四川成都人。1950年入西南青年文工

团。曾任四川歌舞剧院民乐队指挥。作有板胡协奏曲《交城山》，二胡曲《昆明插秧调》《小钳工》等。

黄其度（1934— ）

音乐教育家。辽宁人。1960年毕业于中央音乐学院民族音乐系。曾在辽阳教育学院任教，副教授。主要从事二胡教学。

黄巧玲（1953— ）

女音乐教育家。陕西三原人。1975年毕业于西安音乐学院音教系。陕西省咸阳市秦都中学音乐教师、市音协常务理事。曾任咸阳市群艺馆专职音乐干部。参与编写《陕西民间歌曲集成·咸阳卷》。培养众多声乐学生，有的成为知名演员或在全国德艺双馨比赛陕西赛区获金奖。所辅导的十几位声乐、器乐学生在市第二届少儿艺术节上分别等级奖和优秀奖，本人获"优秀园丁"奖。被特聘为陕西国际商贸学院艺术系声乐教授。撰写、发表有《音乐教学中创造思维的培养》《中学音乐美育五法》等文。作有歌曲《紫荆花》。

黄清凉（1930— ）

女音乐活动家。福建人。1957年毕业于中央音乐学院声乐系，后留校工作。多年来为该院师生及外国专家组织过数场不同类型的音乐会。

黄庆和（1923— ）

作曲家。河北阜平人。1943年从事部队文艺创作。原任总政歌剧团创作员。中国音协第一、二届理事。作有歌曲《枪杆子是俺的传家宝》，歌剧音乐《翠玉岛》《夺印》《刘胡兰》（合作）。

黄秋荣（1934—1994）

作曲家。广东人。1952年毕于广东台山师范。曾任教于安徽省艺术学校，后任安徽省淮南市文化局副局长，市音协主席、安徽音协理事。作有歌曲《小矿工》，组歌《淮矿颂》获省会演优秀创作奖，舞蹈音乐《桂花舞》获省会演优秀创作奖。主持淮南地区民间音乐集成工作，搜集、整理淮南地区部分民歌、花鼓灯音乐。

黄求龙（1941— ）

作曲家。广东揭阳人。广东音协理事、广东揭阳音协主席、广东声乐学会会员。1961年毕业于汕头专区艺术学校音乐美术部音乐科，后任汕头专区正字剧团乐队演奏员、唱功辅导老师、作曲、艺术室成员。1968年起任汕头专区毛泽东思想文艺宣传队第三分队（歌舞队）副队长兼作曲、演奏员。1978年任职揭阳县文化馆社文组，负责音乐创作及基层群众文化工作调研、辅导。1984年起先后任揭阳县潮剧团副团长兼作曲，揭阳市文化局文艺科副科长、科长。

黄任歌（1957— ）

钢琴教育家。河南息县人。华中师范大学音乐系副教授、钢琴专业硕士生导师，湖北省钢琴考级专家评委。

1982年毕业于河南大学音乐系并留校任钢琴教师。1986年赴上海音乐学院进修钢琴、作曲、音乐理论。先后任河南大学音乐系钢琴教研室主任、华中师范大学音乐系副主任。歌曲作品《月下人之歌》获"中西部普通高校（师范类）音乐创作比赛"艺术歌曲二等奖。著有《钢琴教程》《家庭钢琴教育》《21世纪音乐高考——钢琴》《高师钢琴教程》等，撰文数篇。

黄日进（1938— ）

高胡教育家、演奏家。广东台山人。星海音乐学院教授。1963年毕业于广州音乐专科学校，留校任教，培养了一批高胡广东音乐高才生。发表论文《广东音乐演奏艺术特点》《广东音乐意境及其表现手法》等二十多篇，创作乐曲《百尺竿头》等3首，高胡练习曲30首，编著《广东音乐——高胡曲选》一册，录制《高胡专辑》以及唱片《广东音乐名曲》。

黄日琳（1937— ）

音乐活动家。江西兴国人。1961年毕业于江西师院艺术系，后在新余师范、新余一中任音乐教师，1979年起在新余文化馆及音协工作。作有歌曲《打电话》《带封信儿去台湾岛》《谜语歌》等，其中男声小合唱《钢铁工人的笑》获江西音舞艺术节创作三等奖。在任市音协秘书长期间，曾获省委宣传部、省文联、省文化厅颁发的组织奖。

黄日新（1972— ）

音乐教育家。浙江衢州人。浙江衢州第一中学政教处主任。1998年毕业于浙江师范大学。论文《论音乐对人生境界的提升》2005年获中央教科所论文评选二等奖，1996年获浙江省首届音乐教师基本功比武钢琴一等奖，2003年获浙江省音乐优质课评比二等奖。辅导的多名学生在国内的钢琴比赛中分获一、二、三等奖。

黄荣斌（1937— ）

歌唱家。江苏徐州人。1956年入省歌舞队（后改为团）任舞蹈演员。后为省歌舞剧院歌剧团演员。曾到南艺学习声乐，后调歌队任合唱、领唱、独唱、歌剧演员。演出大小歌剧30余部，其中演出歌剧《天朝风云》获优秀表演奖，《椰岛之恋》获优秀演员奖。曾随团赴江西演出。

黄荣恩（1931— ）

作曲家。四川万源人。1949年12月入解放军某师文艺干校学习，后任文工团创作组长。1951年毕业于部队艺术训练班。1952年始作曲，获奖歌曲有《昆仑牧歌》《日月山上挡牛羊》《快乐的尕撒拉》。新作《欢乐的山村》获"全国民间音乐舞蹈比赛"一等奖，《码青稞》获"上海—巴黎世界歌唱比赛"优秀作品奖。曾任青海省文化厅副厅长、青海省文联委员、音协青海分会副主席。

黄容赞（1920— ）

作曲家、音乐教育家。广东中山人。1937年指挥抗日救亡演唱宣传活动。1948年毕业于国立音乐学院作曲系。新中国成立后，执教于华南文艺学院音乐系、中南音

H

乐专科学校。1956至1958年于文化部举办的苏联作曲家阿拉波夫和古诺夫教授班学习。作品有《第一交响曲（这是历史）》，钢琴与小提琴《民歌主题奏鸣曲》，钢琴曲《舞狮1号》，合唱曲《在建设的城市里》，圆号独奏《南海渔歌》，小号独奏《猜调练习曲》，《第2交响曲（珠江）》。创作大量歌曲。著有《关于土唱法和洋唱法》《器乐创作漫笔》《音乐主题和发展概述》等。

黄蓉福（1946— ）

扬琴演奏家。满族。北京人。曾任中国广播文工团民乐团演奏员。1962年毕业于中央音乐学院附中。师从郑宝恒和杨竞明。发表有论文《扬琴演奏中的音质问题》，设计并制作新型扬琴。曾随团赴日本、新西兰、澳大利亚等国演出。

黄瑞科（1940— ）

钢琴教育家。陕西户县人。西安音乐学院教授、硕士生导师。1962年毕业于西安音乐学院钢琴系，同年赴青海省民族歌舞剧团任演奏员，后兼任指挥，作曲。曾在钢琴伴唱《红灯记》，钢琴协奏曲《黄河》中担任钢琴演奏。创作有歌舞音乐《孕卓》《雪莲》等，独唱歌曲《嘎斯湖啊我爱你》等。1984年任青海省艺校副校长兼钢琴专业教师。1987年调西安音乐学院音教系任教。1997年获曾宪梓教育基金会教师奖。撰有《论高等师范音乐专业的钢琴教学》《理解音乐，表现音乐》等文。

黄赛珠（1945— ）

女高音歌唱家。福建石狮人。1968年毕业于原福建师范学院艺术系。从事声乐表演及侨务工作。1999年中国唱片总社出版发行个人演唱专辑唱片两张，香港东方唱片公司出版发行其演唱的南音和锦歌盒带。曾获全国对台广播评选演唱三等奖、福建省中老年歌手赛中年组金奖。1993年由福建省音协等部门联合举办"黄赛珠独唱音乐会"，演唱《江河水》《蓝花花》等十余首歌曲。1990至2003年先后六次应邀赴菲律宾和香港演唱，被誉为"侨界百灵鸟"。1999年福建省人事厅授予"福建省侨联系统先进工作者"称号。

黄三元（1955— ）

钢琴调律家。福建厦门人。福建省歌舞剧院钢琴调律师、乐器制造、修理师，福州和声钢琴厂技术总指导。1982年毕业于全国钢琴调律专科学校。1987年赴香港、韩国考察钢琴制造业务。多次在福建省各种艺术节、音乐会、钢琴演奏会等演出活动中担任钢琴调律。1987年参加第二届全国高级提琴制作比赛，制作的大提琴获第二名、小提琴获第六名。

黄尚志（1934— ）

大管演奏家。广东台山人。1951年起任广州市文工团乐队队员，1955年起任华南歌舞团乐队队员，1957年起任广州交响乐团首席大管演奏员。1979至1984年兼任星海音乐学院大管校外教员，参加过各类大型交响乐的演出。

黄绍填（1940— ）

男中音歌唱家。壮族。广西德保人。中国少数民族声乐学会理事、广西壮族自治区合唱协会副会长。1966年毕业于上海音乐学院声乐系。曾任广西歌舞团分团副团长。录制有《周总理，壮族人民热爱您》《收割机手之歌》《送公粮》等。曾获全国少数民族文艺汇演优秀节目奖，广西"三月三"音乐舞蹈节获演唱特别荣誉奖。先后任全国青年歌手电视大奖赛、中国民歌演唱大赛、全国少数民族青年歌手"孔雀杯"声乐大赛评委。发表《初步形成自我体系的中国民族声乐》《壮族民歌演唱浅谈》等文。

黄绍雄（1933— ）

音乐编辑家。甘肃人。1957年毕业于西北师范学院音乐系。曾任甘肃人民广播电台音乐组长，编有盒带《朱仲禄演唱的'花儿'》《两只号的对话》，秦腔《探窑》，编配电视片音乐《古城武威》《陇东剪纸》。

黄圣音（1944— ）

女小提琴教育家。四川成都人。11岁考入中央音乐学院附中，本科毕业后留校任教，副教授。多名学生曾在全国比赛中获奖。本人获中央音乐学院优秀教学成果奖、"三育人"奖。曾任附中小提琴学科副主任，中央音乐学院小提琴考级专家委员会委员及小提琴考级教程编委，中国音协北京少儿小提琴联谊会副会长。

黄师虞（1934— ）

大提琴教育家。上海人。1951年考入中央音乐学院华东分院（现上海音乐学院）管弦系大提琴专业，师从陈鼎臣、I.Shevtzoff。1957年毕业后留院任教。所译美国密歇根州立大学大提琴及室内乐教授小路易·泡特所著《大提琴演奏艺术》一书，由人民音乐出版社出版。

黄石基（1955— ）

作曲家。朝鲜族。吉林珲春人。延边音协理事，珲春市文化馆馆长。1988年毕业于延边艺术学校师范音乐专业。1980年起在珲春市文化馆工作，副研究馆员。创作并发表多首歌曲和论文，其中二十多首歌曲和部分论文发表在省级刊物、或在电台、电视台播放。

黄世民（1954— ）

作曲家。福建南安人。福建南安文化馆副馆长、南安高甲戏剧团作曲。先后毕业于福建艺术学校作曲专业、福州大学经济管理系。作有童声合唱《天公落春雨》获文化部"蒲公英"创作银奖，独唱《村里来了高甲戏》获"群星奖"银奖，另有《邮电之春》《把心贴着南安》等，戏剧音乐《十步送哥》获"群星奖"金奖，舞蹈音乐《山菊花》《婆媳》及高甲戏音乐《仙姑酒楼》《施大头卖剑》分别获"群星奖"银奖、铜奖。撰有《高甲戏音乐的形成、结构和码式交替》等文。

黄世明（1936— ）

小号演奏家。安徽合肥人。1951年入华北人民革命大学。曾任中国儿童剧院乐队演奏员、中央芭蕾舞团小号首席。曾随团赴缅、罗、南、奥、西德等国演出。

黄淑英（1945— ）

女音乐活动家。河北人。曾为第五届中国音协理事。1958年考入天津市戏曲学校昆曲班演员专业学习，1965年毕业留校。曾主演过《长生殿·小宴》《牡丹亭·游园惊梦》及《百花赠剑》等剧目。后到天津市文联办公室、组联部、舞蹈家协会等部门工作。2000年起任天津市舞协副主席、秘书长。曾组织策划《歌唱祖国》创作五十周年暨王莘从事音乐创作六十周年纪念活动。组织创作的歌曲连续五届获中宣部"五个一工程"奖。

黄淑子（1939— ）

女歌词作家。广西桂林人。1951年入伍。1980年任广西歌舞团创作员。1988年获全国自学成才奖。创作大型歌剧《不准开放的花》。为多部影视作品创作歌曲。为数十台晚会担任总体设计、撰稿。出版有《绿色的梦》《黑眼睛红豆》《淑子读石》。发表大量歌词等文学作品，百余首（件）获奖。第九届全国政协委员、中国民主促进会第七、八、九届中央委员、中国音乐文学学会理事。

黄舒拉（1953— ）

作曲家、音乐编辑家。宁夏中卫人。任职于南京航空航天大学艺术学院。1982年毕业于西北师范大学音乐系理论作曲专业本科。曾任甘肃省音协副主席，音乐杂志《祁连歌声》《小演奏员》常务副主编。作有歌曲、电视专题片（剧）配乐、舞蹈（剧）音乐、京剧等体裁的音乐作品百余首（部），其中男声合唱《通往哨所的路》、女声独唱《山雀雀》等十多首（部）获国家政府奖2项、全国性专业评奖4项、省部级奖7项。

黄松哲（1954— ）

作曲家。朝鲜族。朝鲜咸境北道人。黑龙江省歌舞剧院创作员。1982年毕业于沈阳音乐学院作曲系。曾任黑龙江省京剧团小号演奏员。作有歌曲《田野做着金色的梦》曾获1986年省直艺术表演团体观摩演出一等奖，《假如姑娘背离了你》获1986年省民歌、通俗歌曲比赛创作奖。另作有钢琴变奏曲《放风筝》，交响诗《金达莱的传说》，轻音乐《愉快的旅行》《爱是你的一切》等。

黄腾鹏（1934— ）

音乐理论家。广东顺德人。西北师范大学教授。1942年小学时参加昆明抗战儿童歌咏团。新中国成立初期在中央戏剧学院歌剧系学习，1955年毕业于北京师范大学音乐系，1956至1958年初入上海音乐学院作曲系进修。50年代末参加《甘肃艺术志》有关音乐部分的撰写，为音乐舞蹈组组长。在甘肃执教四十余年，主要从事西方音乐史、音乐作品分析和艺术理论的教学及研究。1998年始任上海音乐学院校友会理事，2004年任中国音协西方音乐学会理事。

黄天东（1958— ）

钢琴演奏家。广东中山人。广东省钢琴学会会长。毕业于广州音乐学院和中央音乐学院。1981年任教于星海音乐学院。1998年应邀录制"九五"国家重点出版规划《中国钢琴家系列CD——黄天东专辑》。曾应邀为红线女、姚锡娟等著名艺术家作专场钢琴配乐演奏。多年来致力于培养钢琴优秀人才，众多学生在国际、全国及区域性的钢琴比赛中获奖。

黄廷贵（1911—已故）

钢琴教育家。四川内江人。1938年毕业于国立上海音专。后任天津音乐学院管弦键盘系主任。音协天津分会副主席，天津市人民代表。早年曾举行过个人作品及钢琴独奏音乐会。

黄庭俭（1947—已故）

京剧鼓板演奏家、指挥家。河南信阳人。1966年毕业于中国戏曲学院音乐系，分配至北京京剧院《沙家浜》剧组。1973年重新分配至广西京剧团，1980年调中国京剧院任司鼓兼指挥。操鼓（指挥）演出的京剧有袁世海主演的《古城会》，刘秀荣主演的《沉海记》，李维康主演的《霸王别姬》，耿其昌主演的《野猪林》，刘长瑜主演的《春草闯堂》等众多剧目。录制《八仙过海》《火烧裴元庆》等京剧伴奏带。曾随团赴朝鲜、法国、西班牙、瑞士、加拿大、意大利、日本及香港演出。

黄万品（1941— ）

作曲家、音乐教育家。四川成都人。1963年毕业于四川音乐学院作曲系，曾任院长、硕士生导师、教授。中国音协理事、省音协名誉主席。先后执教于山西大学艺术系、四川音乐学院作曲系。管弦乐曲《打双麻窝子送给你》，获首届全国交响音乐作品评奖二等奖，合唱《羌族锅庄舞曲》、琵琶独奏曲《南坪山歌》、古筝与管弦乐队《漓江行》均获第二届"蓉城之秋"优秀作品奖。创作、出版有钢琴协奏曲《琵琶行叙事曲》，合唱与管弦乐队《红日照遍太行山》（合作），歌剧《焦裕禄》（合作），管弦乐组曲《四川民歌五首》等数十部（首），撰有系列论文《作曲教学法研究》，编著有《歌曲创作》等。培养一批在国内外有一定影响的中青年作曲家。1999年被评为四川省学术和技术带头人。多次出任全国钢琴比赛评委，并率队赴欧、美、亚洲多个国家访问演出。

黄望海（1947— ）

小提琴教育家。河北新城人。河北省职业艺术学院音乐系副主任。1966年毕业于天津音乐学院附中管弦科。曾任河北省歌舞剧院乐团和省交响乐团团长。在歌舞剧院期间参与全部样板戏的排练与演出，在交响乐团期间曾受到河北省文化厅奖励。培养多名学生考入中央音乐学院等音乐院校，部分学生在全国比赛中获奖。多年担任全国业余小提琴考级评委。

黄唯奇（1956— ）

打击乐演奏家。广东潮州人。星海音乐学院打击乐专业副教授、附中副校长，中国民族打击乐学会理事。自幼随父学艺。1981年毕业于广州音乐学院，同年留校任教，

H

培养了一大批演奏人才。并长期活跃于文艺舞台。创作有《节日庆典》《潮乡情》等多种形式作品，撰有《潮州大锣鼓演奏和发展》《庙堂音乐与庙堂八宝》等多篇论述。

黄维强（1937— ）

作曲家。黑龙江汤原人。1962年毕业于沈阳音乐学院作曲系，并在该系任教。作有大合唱《风雷颂》，舞蹈音乐《红星照我去战斗》，管弦乐组曲《美丽的三江》。

黄文东（1943— ）

作曲家、民族音乐学家。壮族。广西上林人。早年就读于青岛新声音乐学校理论作曲专业与中国音乐学院作曲系。曾任县文化局长、南宁地区民族歌舞剧团代理团长、音曲协主席、广西音协理事。广西艺术学院艺术研究所特聘研究员。首次挖掘壮族三四声部民歌。曾发表大量作品。曾任《中国民间歌曲集成·广西卷》编委，南宁地区分卷主编。《广西戏曲音乐集成》编委，《丝弦戏分卷》主编。发表或获奖论文有《壮族民歌综述》。作有歌曲《九大行星》《我的太阳在铜鼓上》。获奖舞蹈音乐有《欢乐的瑶寨》《陶鼓舞》等。戏剧音乐有《儿女亲事》《但愿人长久》等。出版歌曲集《金茶花开》。

黄文栋（1931— ）

音乐教育家。福建莆田人。50年代曾参与筹建莆仙戏典型剧团并任艺术指导。1956年从民间搜集到莆仙民间古乐器"枕头琴"，并于1979年改革成集弹、拔、奏、拉于一体的乐器。曾任县中小学音乐教研组组长。福建省征歌小组成员，莆田艺校校长。整理出版莆仙戏音乐《生·旦·净·末·丑》三部，共千余首曲目。参加过《中国戏曲音乐、曲艺音乐、民间音乐、器乐曲集成》福建卷的编写。

黄文广（1929— ）

声乐教育家。四川万县人。1950年参军，后任文工团音乐创作，小提琴、二胡演奏及独唱演员。1958年毕业于西南师范学院，曾任江津师范学校、合川师范学校音乐教师，1980年任江津地区师范学校音乐中心教研组组长，培养了大批音乐人才。创作发表歌曲，《每当我回到故乡》《友谊之歌》《嘉陵颂》《我守卫在祖国的南海边上》《来吧、朋友》等并多次获奖。长期为合川市十余个单位辅导歌咏活动，出任各类比赛评委组长。

黄文宇（1931— ）

声乐教育家。四川成都人。1954年毕业于四川省立艺术专科学校，并留校任教。1956年在罗马尼亚声乐专家奥克塔夫·克里斯德斯库进修班学习。在任声乐教学的同时，曾在数部歌剧中担任主要角色。曾任四川音乐学院声乐系民族声乐教研室主任、硕士生导师。从事声乐教学50年，学生遍及各地专业文艺团体或艺术院校，多人次在全国性的声乐比赛中获奖。

黄文藻（1940— ）

音乐活动家。湖北武汉人。武汉音协口琴联谊会会

长、湖北省二胡学会常务理事。1957年加入武汉军区胜利文工团，任乐队演奏员。60年代初曾被总团选拔参加中南地区歌舞乐"三独"文艺调演。1980年后在武汉市文联任音乐部负责人。后任音协副秘书长。

黄霞芬（1957— ）

女苏州评弹表演艺术家。江苏苏州人。江苏省歌舞剧院评弹团演员。多次参加大型文艺演出，1987年获第五届全军汇演优秀表演奖，1988年获江苏省苏州评弹中青年演员大奖赛一等奖，1995年获第二届中国曲艺界牡丹奖，1991、1995年两次参加中央电视台春节联欢晚会，1996年参加文化部春节联欢晚会和中央电视台、文化部联合举办的"七一"晚会。曾出访意大利、圣马利诺、东欧五国及香港等地。

黄显斌（1933— ）

音乐理论家。辽宁沈阳人。1948年始从事部队文艺工作。曾任湖南常德市文联副主席。长期从事地方曲艺音乐研究。著有《常德丝弦音乐汇编》。

黄翔鹏（1927—1997）

音乐学家。江苏南京人。1947年肄业于金陵大学物理系。1951年毕业于天津中央音乐学院理论作曲系，师从杨荫浏、江定仙、马思聪等。1958年调民族音乐研究所，长期从事中国乐律学史和民族音乐形态学的基础理论研究。曾任中国音乐研究所中国音乐史研究室主任、中国艺术研究院音研所所长、中国音协常务理事、中国传统音乐学会会长。发表有大量学术论文，主要有《新石器及青铜时代的已知音响与我国音阶发展史问题》《曾侯乙墓钟磬铭文乐学体系初探》《中国古代律学——一种具有民族文化特点的科学遗产》《律学史上的伟大成就及其思想启示》《音乐考古学在民族音乐形态研究中的作用》《中国传统音调的数理逻辑关系问题》《中国传统音乐的保存与发展》等。

黄向峰（1963— ）

女二胡演奏家、作曲家。河南鄢陵人。河南豫剧一团演奏员、办公室主任。1981年毕业于河南艺术学校音乐系。曾担任六十余台豫剧、曲剧二胡演奏。在河南省"百泉杯"器乐大赛中，分获独奏、重奏银奖。作有豫剧音乐《战瘟魔》《一封血书》，豫剧唱段《风筝歌》《洛阳城，春光无限》等。其中豫剧音乐《劝公仆》《教子当官莫要贪》分获河南省"伊川杜康杯"二等奖、优秀奖。撰有文章《艰辛浇灌杨柳枝》《谈谈豫剧二胡》。先后赴加拿大等十余个国家演出。

黄小慧（1942— ）

女歌唱家。辽宁鞍山人。中央乐团社会音乐学院声乐系副主任。1966年毕业于沈阳音乐学院声乐系。曾与指挥家李德伦、歌唱家苏凤娟合作参加《红色娘子军》交响音乐《沙家浜》《黄河大合唱》《毛主席诗词》五首大合唱、贝多芬《第九（合唱）交响曲》《安魂曲》，电影《法庭内外》，电视剧《归宿》《东方少年》的演唱、配

唱、录音及众多重要演出。后从事社会音乐学院声乐教学工作，众多学生获奖或走上专业道路。

黄小龙（1947— ）

大提琴演奏家。广东南海人。十岁考入中央音乐学院附小，毕业于天津音乐学院。1972年开始独奏，1975年在天津专业青年演员比赛中获优秀奖。多次与国内著名交响乐团合作举办音乐会。创作的大提琴独奏曲《萨丽哈》在国内外出版发行，并被各地音乐院校选为教材。1982年创作并演奏的大提琴协奏曲《还我河山》在中国首届华北音乐节上获"鲁迅文艺基金"优秀作品奖。曾应邀到新加坡讲学并讲授大提琴课程。

黄小曼（1952— ）

女钢琴家。河北人。中央歌剧院副院长，中国音协第七届理事。1985年毕业于中央音乐学院钢琴系大专班。曾任成都军区歌舞团钢琴演奏员，1976年起任中央歌剧院钢琴演奏员。担任大量独唱音乐会、歌剧排练伴奏、大小乐队合奏并兼任艺术指导。担任钢琴排练的歌剧有《刘胡兰》《阿依古丽》《一百个新娘》《卡门》，并独立完成《夕鹤》《小红帽》的排练和艺术指导。曾在多部歌剧中任音乐指导和艺术总监。曾随团参加"庆祝西藏自治区成立十周年"演出。2001年为申办"2008北京奥运会"，在北京故宫午门举行的"世界三大男高音"音乐会任总策划、艺术总监。

黄小名（1970— ）

歌词作家。江西莲花人。1990、1995年分别毕业于江西永新师范学校、江西大学中文系。萍乡市音协常务理事、副秘书长。曾任江西莲花县南岭中学教师、教育局音教组长，文联副主席、秘书长，音协主席等职。作有歌词《走山外》《小平，你好》《党啊，我多想为你唱支歌》《微笑的理由》等大量作品在《歌曲》等刊物发表或在电台、电视台演播，多首词作在全国赛事中获佳作奖、最佳歌曲奖。出版歌词集《不喊再见》于2007年获全国青年歌词创作奖。

黄小荣（1959— ）

演奏家、音乐活动家。湖南长沙人。曾任湘潭市歌舞剧团副团长、市群艺馆副馆长。中国音协考级评委、湖南省音协音乐理论创作委员会理事、湘潭市音协副主席兼秘书长。1975年始任专业剧团演奏员。曾随轻歌剧《蜻蜓》、歌剧《深宫欲海》剧组晋京参加中国首届艺术节和全国歌剧调演。2002年创办《湘潭音乐》报并任副主编。多次策划、组织当地文艺专场演出和音乐大赛，兼任艺术指导、舞台总监、评委。

黄小瑞（1933— ）

女歌唱家。江苏如皋人。1949年参军从事部队文艺工作，曾任独唱演员、歌剧演员、声乐教师。1953年参加抗美援朝，获中朝联合空军司令部授予三等功。1961年毕业于上海声乐研究所。同年由中国唱片社录制《拔根芦柴花》等唱片。1964年获全军文艺汇演"优秀独唱

演员奖"。曾主演歌剧《刘胡兰》《白毛女》《洪湖赤卫队》。历任武汉音协副秘书长、顾问、市老干部合唱团团长兼艺术总监。该团先后获全国合唱大赛金奖。

黄晓飞（1936— ）

女指挥家、作曲家。广西南宁人。中国音乐学院教授、中国音协民族音乐委员会委员、中国民族管弦乐学会常务理事及指挥专业委员会副会长。1957年毕业于中央音乐学院作曲系并于民乐系任教，后调入中国音乐学院任教。曾任湖北省歌舞团作曲、指挥，中国电影乐团民族乐队及东方歌舞团客座指挥。先后应邀赴新加坡、韩国及香港、台湾等地指挥与讲学，分别出任台湾中国文化大学国乐系台南艺术大学中国管乐学系客座教授。作品有《青年钢琴协奏曲》（合作），民族管弦乐合奏《龙翔操》《嫦娥》，古筝协奏曲《哀江头》《敦煌唐人舞》，二胡协奏曲《六月雪》（合作），笛子协奏曲《嘎达梅林随想曲》，笙与乐队《秋夜》等。编撰有多种教材。

黄晓葆（1928— ）

女大提琴演奏家、教育家。贵州贵阳人。1945年进入延安鲁迅艺术学院学习。1946年加入延安中央管弦乐团任演奏员、合唱队员。1951年入上海音乐学院进修大提琴，1955年入中央音乐学院进修3年，主攻大提琴。1958年起在中央歌剧院乐队任大提琴首席，并兼任学员班教师。1973年起在中央音乐学院任大提琴教研组组长，并任附中管弦乐科主任。为百余部中外交响乐曲、中外歌剧、舞剧伴奏，担任弦乐四重奏、大提琴独奏等。从教五十余年。

黄晓和（1935— ）

音乐学家、教育家。贵州贵阳人。1946年入常州国立音乐院幼年班。1949年获上海儿童音乐比赛小提琴头奖。1950年入中央音乐学院少年班学习，1954年入苏联莫斯科音乐学院深造，1961年毕业。后在中央音乐学院从事外国音乐史教学，曾任音乐系主任、教授、博士生导师。著作有《苏联音乐史》《外国音乐简史》，论文有《旧制度死亡的丧钟，新世纪诞生的凯歌——俄国无产阶级革命歌曲评介》《俄罗斯英烈的心声——评介苏联歌剧这里的黎明静悄悄》《在战火硝烟中诞生的音乐杰作——论肖斯塔科维奇的第七列宁格勒交响曲》等。

黄晓苏（1930— ）

女歌唱家。贵州贵阳人。1945年考入陶行知育才学校音乐组学习，1947年入原上海音专，师从白俄罗斯专家及周小燕习声乐。1948年奉上海地下党指示去解放区从事革命文艺工作。1955年重返上海音乐学院进修，1960年在上海民族声乐研究所学习声乐。主要从事歌剧表演艺术及声乐教学工作。曾在《赤叶河》《志愿军未婚妻》《海上渔歌》《红霞》等歌剧中担任女主角。

黄晓庭（1954— ）

音乐活动家。湖南益阳人。湖南省宁乡县文联音舞协会主席。曾在地区及县文化局任职，在文工团任乐队演奏

员。多年来担任组织、策划大型文艺晚会、音乐舞蹈电视大奖赛等重大活动及评委工作。曾随湖南省映山红艺术团晋京演出，担任二胡领奏。发表有《如何上好少儿音乐欣赏课》。

黄晓同（1933— ）

指挥家、音乐教育家。贵州贵阳人。1955年肄业于上海音乐学院作曲系，1956年赴苏联柴科夫斯基音乐学院歌剧交响乐指挥系留学，师从苏联指挥家亚·高克、尼·阿诺索夫。1960年毕业回国，长期执教于上海音乐学院指挥系，曾任系副主任、教授。中国音协第四届理事。培养如陈燮阳、汤沐海等指挥家。经常指挥该院学生管弦乐队演出，并多次出任上海交响乐团、上海实验歌剧院、中央乐团交响音乐会的客座指挥。译文有《论音乐与音乐的演奏》等。

黄筱平（1954— ）

词曲作家。江西安义人。安义县公安局一级警督。南昌市公安局警官艺术团创作员。南昌市音协理事。歌曲《人民警察进行曲》获公安部金盾艺术一等奖，《圆圆的土楼圆圆的家》，获"中华情"歌曲创作演唱活动大赛创作奖，《前进！前进！中国》获全国第三届群众歌曲创作大赛银奖，《警察妈妈》《太阳的故乡》《警察颂》《北京的神马飞拉萨》等均为获奖歌曲。出版歌词集《追求壮丽》《渴望飞翔》及CD专辑《赞美祖国的今天》。

黄新华（1955— ）

词曲作家。江西南昌人。江西艺术职业学院教授。曾从事记者、编辑、演奏员、作曲等职业。作品有大型电影科教片《鄱阳湖》，电视系列片《客家风情》，音乐情景剧《爱的音符》，舞蹈《禾杠舞》。歌曲《半边街的月亮》获中国音乐"金钟奖"，《红孩子》入选中宣部"百首爱国主义教育歌曲"，《寻根》获广电部"广播新歌"金奖，《畲家恋歌》获"广西南宁国际民歌节"金奖等。出版三部著作和两张个人音乐专辑。承担由省委宣传部、省文化厅等主办的大型音乐活动二十余项。

黄新民（1938— ）

音乐活动家。重庆人。原四川泸州市纳溪区文化馆副馆长。1958年毕业于西南音乐专科学校附中。创作有歌舞音乐并担任配器和指挥，收集整理并出版《纳西佛教音乐专辑》和《中国民歌集成》（纳西卷），担任四川省民歌集成汉族和土家族部分审稿，培养一批音乐人才。

黄兴萍（1970— ）

女高音歌唱家。甘肃酒泉人。2004年毕业于西北师范大学音乐系本科。先后任酒泉市歌舞团、玉门石油文工团石油、工会演出队歌唱演员、队长，中石油玉门油田工会文化宫主管。曾获省"天府杯"歌手大赛二等奖、"民百杯"卡拉OK大奖赛一等奖，中国石油职工艺术节"管道杯"大赛三等奖。2000年参加"同一首歌走进玉门"与歌手火风演唱《开门红》，与黑鸭子组合演出担任独唱。

黄秀兰（1956— ）

女歌唱家。上海人。北京市西城区文化馆副馆长、研究馆员。北京市合唱协会常务理事，西城区音协常务副主席。1983年毕业于西安音乐学院声乐系。曾在二炮文工团任歌唱演员。组织策划"西城之春"艺术节、"看大戏到西城""相约北京""周末大舞台"及国庆游园会等众多文艺演出活动，并任北京警官、法官、童心等合唱团艺术指导。撰有《浅谈声乐的表演艺术》等文八篇。在北京市第六届青年文艺节声乐比赛等赛事中获奖。

黄秀丽（1943— ）

女音乐教育家。广东梅县人。1963年毕业于西南师范大学音乐科，历任四川重庆市巴县五中、巴蜀中学、市中区教师进修学校音乐教员、教研员。多年从事教育工作为各大专业团体、院校输送多名优秀学生。举办民族民间音乐，儿童歌曲作法、合唱训练、音乐教学的基本原则、外国音乐教学法等专题讲座百余次，撰写论文《音乐教学也应遵循教育科学规律》《浅谈在高中一年级开设音乐课》等，参加编写《四川省高中音乐教材》，并任《九年制义务教育音乐教材》编委。

黄秀珍（1932— ）

女声乐教育家。壮族。广西柳州人。1958年北京艺术师范学院音乐系毕业，主修声乐。1957年赴莫斯科参加第六届"世界青年节"。1962年调入中央民族乐团任歌唱演员，女低音声部长兼基本乐理教员。1982年为驻京使馆大使及夫人讲授中国民歌。1985至1986年受文化部派遣到延安歌舞团培训歌唱演员。1987至1992年在广西柳州等地、市歌舞团教授声乐。培养了一批优秀歌唱演员。1993年至今先后受聘于北京民族园、辽宁兴城东方艺术学校、广西大学老教师合唱团等，任声乐指导及指挥。

黄旭升（1945— ）

小提琴演奏家。北京人。1987年毕业于中央乐团社会音乐学院指挥专业。曾在中央艺术院校联合演出队、北京歌舞团管弦乐队、北京市河北梆子剧团、战友歌舞团、北京京剧院乐队、全总歌舞团、北京室内乐团联合室内乐团担任首席、独奏演员、指挥。演奏大量古典小提琴音乐作品，以及现代京剧，歌剧，室内乐等。曾与小提琴制作家戴洪祥和古琴制作家田双琨研制小提琴和古琴，制作出演奏用古琴和小提琴数十把，著有《中国古琴珍赏》等。

黄学源（1919— ）

声乐教育家。江西人。早年就读于重庆国立实验剧院学员班、国立歌剧学校、国立音乐分院，主修声乐。1949年任中南空军政治部文工团声乐教员。先后执教于湖北省工农速成中学、省教师进修学院、武汉艺术师范学校、武汉第一师范学校、江汉大学艺术系，并担任过武汉市中学生合唱团团长、市老年大学声乐教员。后在省高校老年合唱团、市老干部合唱团、市老干部活动中心、市残疾人艺术团担任声乐指导。

H

黄汛舫（1954— ）

音乐编辑家。湖北人。1982年毕业于武汉音乐学院作曲系。后任湖北电台文艺部采录组组长。编辑的节目"乐林花絮"获全国优秀广播节目奖。所作管弦乐曲《蚂蚁》1990年获湖北省管弦乐作品比赛一等奖，广播连续剧《愚人行》音乐1986年获全国广播连续剧大奖赛优秀剧目奖，歌曲《昂起的船头》1989年获湖北电视征歌一等奖。作有电视连续剧音乐《樱桃行动》《中国保尔》。

黄衍生（1941— ）

音乐教育家。福建南安人。1965年毕业于福建师范大学音乐系，分配到顺昌县文工团。1970年起在中学任教，同年兼任漳州市吉祥铜管乐队总指挥，1994年参加全国中小学教师合唱指挥培训班学习。作有歌曲《扁担医院》《风展红旗如画》《甘泉长流甜如蜜》等出版发表，部分歌曲由福建电台录音播放。论文《论节奏的功能作用》，参加全国首届"中音杯"论文大赛获三等奖。曾指导各单位合唱团排练合唱，并多次获。

黄彦平（1933— ）

音乐活动家。江西南昌人。1949年毕业于江西八一革命大学。曾任中南空军政治部文工团团员、航空兵某政治部宣传文化干事，郑州市文联秘书长、市音协副主席。作有歌曲五数十首，其中《党和咱们心连心》（合作）获"河南省首届优秀歌曲作品"三等奖。参加武汉空军及空军第二届文艺汇演获创作奖及优秀表演奖。近年主要从事音乐教育及组织管理工作。

黄砚如（1934— ）

音乐教育家。广东龙川人。广东肇庆学院音乐系教授。中国音教会首届常务理事、中国音乐史学会理事、广东音协理事、广东小提琴学会理事、肇庆市音协主席。1950年在东江土改工作团文宣队任小提琴手和指挥。1957年华中师院音乐系毕业，先后在郑州艺术学院、河南大学和肇庆学院任音乐系主任。编著与合著有《小提琴基本教程》《冯玉祥军歌选》《中国音乐通史简编》《普通高校音乐教程》及组歌《焦裕禄颂》，管弦乐《欢乐圆舞曲》等。1994年获"曾宪梓教育基金会"全国高师院校教师奖三等奖。

黄洋波（1947— ）

音乐教育家。湖南永州人。曾为湖南音协理论创作委员会副会长，湖南省艺教委委员。1973年毕业于湖南师范学院艺术系，留校后从事音乐理论教学。1981年在上海音乐学院作曲指挥系进修。历任湖南师范大学音乐系助教、讲师、副教授、教授，硕士生导师。先后在国家及省级学术刊物发表论文《论音乐美的本质与审美特征》《试论艺术歌曲音乐形象的特征》等十多篇，出版教材、著作《乐理与视唱》《高考音乐强化训练·基本乐理卷》等5部。

黄耀国（1943— ）

作曲家。上海人。曾任上海金秋合唱团副团长。1961年起先后在江西德兴铜矿和上海理想中学工作，当过工人和音乐教师。长期从事矿山职工文艺活动和校园文化活动，并坚持业余歌曲创作。作有大量作品在全国各音乐刊物发表以及在中央、上海、江西等电视台、广播电台播出。作有《梦中的卓玛》《台湾来的俏姑娘》《紫荆花白莲花》《啊！亲爱的老师》等数十首作品在全国和省市级的创作比赛中获奖。2003年在上海举办个人作品音乐会。

黄叶绿（1926— ）

女音乐编辑家。广东顺德人。学生时代参加救亡歌咏活动。1948年毕业于边区北方大学艺术学院音乐班。1949年始在华大三部音乐班、中国戏曲研究院从事音乐研究及教学。1976年任《人民音乐》编辑。

黄一鹤（1934— ）

音乐编导家。辽宁人。15岁起从事部队文艺工作，1959年调入中央电视台任导演。1998年被选为首届"中国百佳电视艺术工作者"。从事电视导演的40年，先后执导电视艺术片及电视晚会数百部（次），1983年始曾5次出任中央电视台春节晚会总导演。1981至1998年先后获全国电视星光杯特等奖、特别奖、一、二、三等奖共13项。获奖作品有电视音乐艺术片小提琴协奏曲《梁祝》《辽宁有线电视台98春节晚会》等。1993年出版专集《黄一鹤的电视艺术道路》。1991年召开"黄一鹤电视艺术研讨会"。

黄依兰（1957— ）

女歌唱家。壮族。广西那坡人。1985年在广西少数民族歌手班读书，后任右江民族歌舞团独唱演员。先后参加各种演出、比赛以及电台、电视台、电影的演唱录音。曾获全国少数民族歌曲大赛优秀奖、全国五省市歌曲大赛第二名、《刘三姐》歌曲大赛金奖、全国少数民族歌曲大赛金奖。同年获百色地区专业技术拔尖人才荣誉证书。

黄依丽（1947— ）

女音乐理论家。广西合浦人。1982年毕业于中央音乐学院作曲系，留校任教。曾任天津戏曲学校钢琴伴奏。1996年赴香港中文大学进行学术交流并访问多所香港大学。曾参加全国视唱练耳业余考级教材的编写，出版《中央音乐学院视唱练耳本科考级》（1—5级），《中国民族风格的单声部及多声部听写教材》等教材。1997年主持视唱练耳专家熊克炎教授纪念演唱会。

黄贻钧（1915—1995）

指挥家。江苏苏州人。1936年随黄自教学作曲，1941年毕业于上海国立音专管弦系。后入上海工部局乐队任演奏员。曾为科教片《淡水养鱼》作曲，1960年该科教片获电影"百花奖"。1950年任上海交响乐团指挥，后任乐团首任团长。指挥过大量的交响乐作品，特别注重排演中国作曲家的作品。50年代曾先后赴芬兰、瑞典、苏联，指挥过赫尔辛基交响乐团、苏联国家交响乐团。80年代初应邀赴西柏林指挥柏林爱乐乐团演出三场音乐会。1986年获匈牙利"李斯特纪念奖章"。1992年其作品《花好月圆》列入"20世纪华人音乐经典作品"。曾任中国音协第四届常务理事、全国文联委员、全国政协第五至第七届委员、上海市音协副主席。

黄意声（1936— ）

民族音乐理论家。湖南永顺人。自1958年起从事音乐、文化工作。1964年毕业于湖南师范大学音乐系，任湘西群艺馆音乐专干，副研究馆员。创作歌曲、乐曲百余首，其中土家族吹打乐《毕兹卡的节日》，获1986年全国民间音乐、舞蹈比赛表演一等奖、创作三等奖（合作），搜集整理编辑《湖南省民间歌曲集·湘西自治州分册》，并撰写概述。整理编辑《湘西自治州土家族苗族民间歌曲乐曲选》（合作），撰写论文《湘西苗族民歌音乐浅析》。1985年合作为《中国大白科全书·音乐舞蹈卷》撰写《土家族音乐》条目。

黄吟诗（1922— ）

女钢琴演奏家。湖北武汉人。1946年毕业于成都金陵女大音乐系。曾任中学音乐教师。1950年任中央戏剧学院舞蹈团钢琴伴奏，排练舞剧《和平鸽》等。首次用钢琴伴奏古典舞基训课，替代当时用击鼓带动演员练功的教学方式。在中国歌剧舞剧院舞剧团参与排练《宝莲灯》《雷峰塔》《五朵红云》《小刀会》等舞剧及多种民族民间舞蹈。1976年调东方歌舞团。发表两篇非洲舞蹈的译文及编译《菲律宾民间舞》。

黄银善（1941—已故）

作曲家。四川泸县人。1965年毕业于四川音乐学院作曲系。曾任四川阿坝藏族羌族自治州文工团作曲、指挥、团长，四川音乐学院音乐研究所副所长、副教授。作有舞蹈音乐《铠甲舞》（合作）获全国少数民族文艺汇演优秀奖，器乐曲《锅庄晚会》，电视片音乐《阿坝漫行》获中央电视台二等奖，歌曲《雪山上的雄鹰》获省少数民族歌曲创作一等奖，论文《羌族民歌旋律音调研究》获中国少数民族音乐学会首届优秀论文一等奖。

黄英森（1939— ）

作曲家。海南琼海人。1964年毕业于广州音专作曲系，后留校任教。1979年考入上海音乐学院作曲指挥系进修。历任星海音乐学院青年教师实验乐团副团长、该院师范系主任、华南文艺成人学院常务副院长。曾被评为"全国优秀教师""南粤教书育人优秀教师"，1997年获曾宪梓全国教育基金奖。出版《简易乐队配器指南》《黄英森抒情歌曲选》。发表《论音乐作品中的付偶规律》《论音乐作品中的逢三而变规律》等文。发表音乐作品百余首，获奖音乐作品15（部）首。为《特区冒险家》等多部电视剧与《南海明珠》等多部歌舞作曲。

黄颖仪（1968— ）

女二胡演奏家、教育家。广东广州人。1990年毕业于星海音乐学院民乐系。现任广州大学音乐舞蹈学院音乐系副教授、器乐教研室主任。曾到波兰、韩国、香港、澳门等国家及地区讲学、演出。2005年出版发行《黄颖仪独奏专辑》。曾在《黄钟》《艺术百家》《音乐创作》等期刊发表论文及作品。2007年获广东省民俗文化论文比赛一

等奖，次年论文《高等音乐教育国际化问题研究》获广东省艺术教育科研论文音乐类一等奖。多次获"优秀园丁""优秀导师"等奖项和"广东省优秀音乐家"奖。

黄永凤（1946— ）

女小提琴演奏家。福建人。原上海乐团小提琴演奏员。1970年毕业于上海音乐学院管弦系。曾参加京剧《智取威虎山》电影音乐录制和《龙江颂》的演出。演奏贝多芬第一至九交响曲，莫扎特第四十、四十一交响曲，小提琴协奏曲《梁祝》，钢琴协奏曲《黄河》。参加本团与马可波罗交响乐团的全部CD录音。曾随团赴前苏联、新加坡、香港演出。

黄永更（1953— ）

钢琴调律师。河南嵩县人。中学高级音乐教师、洛阳市优秀教师。1977年毕业于河南大学音乐系，并任教于河南省洛阳市外国语学校。1979年开始学习钢琴技术理论，1983年从事调律维修实践，1988年到河南大学音乐系进修钢琴调律维修。1997年先后到广州珠江钢琴公司、北京星海钢琴厂进修。1995年被聘为中国音协乐器考级洛阳考区指定钢琴调律师。多次承担洛阳市音乐活动、器乐大赛的钢琴调律，并数次应邀担任钢琴家鲍蕙荞赴各地举办音乐会的钢琴调律师。

黄永健（1965— ）

作曲家、音乐制作人。山东诸城人。山东潍坊艺术学校器乐科教师。1984年、1999年先后毕业于山东昌潍师专艺术系、中国音乐学院音教系。论文《高素质创新型专业艺术人才培养浅析》《根据布鲁纳、布鲁姆的教学理论，浅谈其在声乐教学中的运用》分别获山东文化论文评选一、二等奖。为大型舞剧《龙魂》、山东省第十九届运动会开幕式制作音乐。歌曲《中国茶》获山东文联、音协创作歌曲评选一等奖。为儿童电视剧《特别夏令营》作曲、制作的音乐获首届中国青少年艺术节作曲金奖。曾多次获山东省中等艺术教育"园丁奖"。

黄永勤（1957— ）

音乐活动家。上海人。曾任重庆市歌舞团乐队队员，参加演出千余场，任扬琴、木琴等乐器独奏、伴奏。1987年调入重庆市群众艺术馆，任音乐辅导干部、音乐部主任。举办各种训练班，培养了大批音乐人才，组织各类文艺演出、音乐会、"全国群星奖音乐比赛""重庆合唱节""全国农民歌手比赛""五粮液杯歌手赛""全国电视歌手大奖赛"等。作有歌曲《我们八、九岁》《小小三峡石》《小背篓》《快把门打开》等多首，发表《对挖掘和发展巴渝民间吹打乐的思考》等文。

黄悠明（1963— ）

女钢琴教育家。广西南宁人。1978年入广西艺术学院音乐系附中学习钢琴，1987年毕业于该院音乐系本科钢琴专业。先后任广西艺术学院音乐系和音乐师范钢琴教研室教师、副教授。发表论文《试析"美国键盘集体课教学法"的思维特征》《莫扎特钢琴奏鸣曲小析及演

奏法研究》《钢琴普修教学的几点体会》《高师钢琴普修课程入门阶段的重要性》等，其中《音乐教育需要爱心、耐心、责任心》获第三届"诗魂杯"全国优秀教师论文大赛优秀奖。

黄友葵（1908—1990）

女歌唱家、声乐教育家。湖南人。1930年赴美国留学，主修声乐、钢琴，1933年毕业于阿拉巴玛州亨廷顿大学音乐系，获TriSigma荣誉学会会员奖。回国后执教于苏州东吴大学。1936年参加意籍指挥家梅百器指挥上海雅乐社演出的海顿清唱剧《创世纪》演出，任女高音独唱。主演《茶花女》《艺术家的生涯》等歌剧片段。1939年调昆明国立艺专音乐系任声乐教授，40年代任重庆国立音乐院声乐系主任。曾多次在重庆、成都等地举办独唱音乐会。新中国成立后入南京师范学院音乐系任教，曾任声乐教授兼系主任、副院长，中国音协常务理事，江苏省音协主席。培养了张权、臧玉琰、孙家馨、魏启贤、王福增等一大批歌唱家、声乐家。

黄有圣（1939— ）

作曲家。浙江浦江人。中文系本科毕业。安徽芜湖市政协七、八、九届委员，原安徽省音协理事、芜湖市音协名誉主席。上世纪50年代开始业余音乐创作和演唱，1964年创作《皖南哎，我的家乡》曾参加安徽省赴"上海之春"终选展演。同时创作的少儿歌曲《我有一个好妈妈》《水乡歌》发表于《歌曲》《儿童音乐》等刊物，《丰碑》《天河水静静流》《黄山松精神赞》《梦中江南》等近二十首歌曲发表于《安徽音乐》《乐坛》，并参加全省展演获奖。编印《飞越时空的旋律》个人歌曲集。

黄有异（1943— ）

作曲家。广西贺州人。1960年入广西军区文工团，1962年入广西歌舞团。曾任竹笛和打击乐演奏员。1976年开始从事音乐创作，1980年调进艺术室任创作员。1982年进武汉音乐学院作曲系进修，师从赵德义、匡学飞、陈国权、彭学敏老师学习理论作曲。作有《赶圩归来啊哩哩》等歌曲。与洛杉矶旅美华人周文娟共同研制出"调式与调旋转盘"。

黄幼韦（1951— ）

大提琴演奏家。广东人。天津音协理事。1977年毕业于天津音乐学院大提琴专业。曾任天津河北梆子剧院、天津歌舞剧院歌剧团演奏员，天津歌剧团团长。参与策划排演交响音乐史诗《东方慧光》，与总政歌剧团排演"华彩乐章"音乐会及将《诗经》中的部分篇章首次公演等。曾为天津师范大学物理与电子信息学院独立完成编制《电视音乐与音响》等课程考试大纲。参加河北工业大学百年校庆晚会的策划并担任艺术总监。参与策划歌剧《原野》排演以及歌剧《杨贵妃》赴京参加"2008相约北京暨奥运文化演出"活动，均兼任监制。

黄佑海（1940— ）

歌唱家。江苏南京人。1956年起历任江苏省歌舞团演员，无锡市歌舞团演员、合唱队队长、副团长，并随团在全国各地演出。曾赴日本，俄罗斯、德国、奥地利等国演出。主演《小二黑结婚》《货郎与小姐》《刘胡兰》等十余部歌剧，在歌舞《江南好》中担任领唱、合唱排练、舞台监督。策划、编排《辉煌的历程》《太湖美合唱音乐会》大型晚会。曾任无锡市音协秘书长，一汽无锡柴油机厂艺术团合唱团艺术总监。

黄雩琴（1928— ）

女音乐活动家。江西南城人。1954年毕业于江西师范学院艺术系，后任音协江西分会副秘书长，常务理事。长期从事音乐编辑、群众音乐教育和民歌研究。

黄宇新（1953— ）

指挥家、作曲家。河北任丘人。1993年毕业于沈阳音乐学院指挥专业，兼修作曲。辽宁省音协理事、本溪市音协副主席兼秘书长，本溪市群艺馆文艺部主任。曾指挥本溪群星合唱团连续三年在全省合唱比赛中获指挥、作曲、表演三项金奖，获文化部举办的第七、八届北京中国国际合唱节优秀表演奖。歌曲《本溪之恋》《山村的傍晚》《神奇的彩虹》分获第七届"世界之春"征歌金、银、铜奖及"中国民歌创作优秀专家奖"。出版个人歌曲集《祖国之恋》。

黄玉麟（1927— ）

民族器乐演奏家。上海人。1953年入中国广播民族乐团。1954年录制琵琶独奏曲《平沙落雁》被收入刘天华诞辰100周年CD片。创作改编有《铙歌》《幸福》《欢聚》《霓裳曲》《千军万马》《春江花月夜》《光明行》等。与人合作研制大、低马头琴和民族伴舞鼓获成功。1957年获第六届世界青年联欢节器乐比赛金奖。1980年始随团赴马耳他、意大利、德国、日本演出。

黄玉英（1955— ）

女歌唱家。江西南康人。江西科技师范学院音乐学院院长。江西省第八、九届政协委员，赣州市音协名誉主席，江西省声乐学会副会长。毕业于广州星海音乐学院，曾任江西赣南采茶剧团主要演员、赣南文艺学校校长、赣南艺苑艺术团团长。在戏曲片《茶童戏主》、传统戏《吊拐》中饰演女主角。录制个人专辑《采茶金曲》《春茶春思》《万紫千红百花开》。先后赴港、台、新加坡、泰国、马来西亚演出。曾获江西省第二届"玉名花"戏剧节一等奖。论文《赣南采茶戏传统曲牌唱腔的风格特点》《情真意切饰小琴》分别获二、三等奖。1979年、1983年连续评为全国"三八"红旗手。

黄聿侃（1940— ）

作曲家。山东即墨人。1980年毕业于上海音乐学院作曲指挥系。曾在山东省歌舞剧院工作，省政协六届委员。作有交响诗《啊！泰山》，民族管弦乐组曲《李逵》等。

黄元琪（1959— ）

长笛演奏家。浙江义乌人。新疆歌舞团爱乐乐团演奏员，新疆管乐学会副秘书长。1992年毕业于新疆电视大学第一期艺术班。与著名指挥家、演奏家、歌唱家合作演出数百场交响音乐会、独奏、独唱音乐会。参加新疆电视台音乐专题节目，演奏莫扎特长笛协奏曲。曾获新疆三届"天山之声"音乐会集体奖、演奏奖。担任新疆历届管乐比赛管乐评委和考级评委。

黄源芳（1954— ）

音乐教育家。江苏海门人。湖南音乐教育专业委员会副理事长。毕业于湖南师大艺术系音乐专业。编著《钢琴基础教程》《手风琴基础教程》《电子琴基础教程》，曾参加九年义务教育中小学音乐教材的编写，并任中学音乐教材的执行主编。其指导的青年教师在全国中小学音乐基本功赛中有多人获国家一、二等奖，个人多次获省、市先进个人，1997年被评为全国优秀音乐教师。

黄源淮（1922— ）

戏剧音乐家。湖南长沙人。湖北省音协理事、中国汉剧艺术研究学会研究员。1951年毕业于湖南大学音乐系。曾参加汉剧《屈原》音乐创作，并获湖北省第一届戏曲观摩汇演作曲奖。主编《汉剧曲牌》《汉剧十大行唱腔选》及《汉剧音乐研究资料》。1985年曾任《汉剧志》音乐主编，并参加《汉剧音乐集成》的编纂工作。

黄源澧（1916—已故）

大提琴教育家。湖南长沙人。1937年毕业于上海美专音乐系。后任中央音乐学院管弦系主任。全国大提琴教师学会主席。曾任1982年英国朴茨茅斯国际弦乐四重奏比赛评委。1985年全国大提琴比赛评委主席。曾获第二届中国音乐"金钟奖"终身成就奖。撰有《大提琴教学浅论》。

黄源洛（1910—已故）

作曲家。湖南长沙人。毕业于上海美专音乐系、上海音专理论作曲特别班。曾任海政歌舞团教授、歌剧研究会顾问。作有歌剧《秋子》《苗家日》，合唱《鲁班》等。

黄远涪（1946— ）

单簧管演奏家。湖南长沙人。毕业于中央音乐学院，曾任空政歌舞团单簧管首席，后任独奏演员。1981年在首届全国交响乐比赛中，所演奏的单簧管协奏曲《帕米尔之音》获奖，同年录制唱片。曾被授予"空军文艺奖"。1988年调入中央音乐学院。1992年赴俄罗斯国立格林卡音乐学院学习。现任中央音乐学院教授，中国音协单簧管学会常务理事、秘书长。室内乐、重奏比赛评委。

黄远泽（1944— ）

大提琴演奏家。湖南长沙人。1968年毕业于中央音乐学院。曾在中央乐团交响乐队工作。改编并独奏曲目有《支农车队进山来》等。参加三重奏、四重奏的曲目有《姑苏行》《如歌的行板》等。

黄悦谷（1956— ）

指挥家。广东潮阳人。1976年毕业于南京艺术学院

音乐系。江苏省歌舞剧院管弦乐团指挥、江苏室内乐学会理事。翻译六辑系列专题"世界著名作曲家及他们的作品"。指挥多场大型演出，包括"世界名曲音乐会""莫扎特作品音乐会"，歌剧《弄臣》等。曾与美国圣路易斯交响乐团首席乔治·威霍合作室内音乐会，与澳大利亚乔治·特里夫斯合作中澳作品音乐会。

黄越峰（1955— ）

歌剧表演艺术家。河北保定人。中国交响乐团副团长兼合唱团团长，中国音协第六、七届理事。1983年毕业于中央音乐学院声乐系，同年任职于中央歌剧院。曾主演歌剧《绣花女》《卡门》《蝴蝶夫人》《艺术家的生涯》《弄臣》等。多次分别在威尔第《安魂曲》、贝多芬《第九交响曲》中任男高音领唱。1991年获文化部颁发的优秀演员奖，1992年主演中国歌剧《马可·波罗》获"文华表演奖"，1997年在朝鲜"四月之春国际艺术节"上获"国际艺术节金奖"。曾赴德国、芬兰、日本、新加坡等十几个国家演出。

黄云龙（1943—1987）

指挥家。朝鲜族。黑龙江人。1961年始入旅大警备区军乐队从事小号演奏，1964年在上海音乐学院进修，1972年在沈阳音乐学院进修四年，后任解放军艺术学院乐队指挥。1977年全军文艺汇演中曾获作曲、指挥奖。

黄允筬（1945— ）

女音乐教育家。江西清江人。1968年毕业于上海音乐学院。1972年入山东省京剧团。1982年毕业于上海音乐学院研究生班。后留校任教。

黄泽顺（1964— ）

音乐活动家。湖南衡阳人。1999年毕业于星海音乐学院声乐系。广州市越秀区文化馆馆长。发表论文《客家山歌的创新与发展》。创作歌曲《情爱永恒》《东山家园》等，其中《同是龙的好传人》获广东省第三届音乐舞蹈金奖。曾策划、组织"奏响美好生活的乐章——千人管乐文艺晚会""新年倒计时""全国杂技金狮奖广场演出"等二百余场大型文艺演出活动。

黄肇淹（1939— ）

音乐活动家。四川绵阳人。1960年始从事部队文艺工作，担任声乐演员。曾参加音乐舞蹈史诗《东方红》演出。1977年获全军文艺汇演优秀表演奖。曾任武汉音协副秘书长。武汉市老干部合唱团秘书长。

黄真璧（1933— ）

女音乐编辑家、作曲家。广西人。广西群众音乐学会名誉理事、广西群众艺术馆副研究馆员。1949年始从事部队文艺工作。曾主演《刘胡兰》等歌舞剧。1962年毕业于广西艺术学院音乐系作曲专业，后在广西艺术学校任教。1971年任《广西群众文艺》杂志编辑。作有二百余件音乐作品，多次获奖。1990至2003年在广西艺术研究所参与编纂《中国曲艺志》《中国曲艺音乐集成》（广西卷），

《广西戏曲音乐集成》《广西通志·文化志》获先进工作者奖及国家编纂成果三等奖。

黄振才 （1946— ）

作曲家。江苏姜堰人。1976年入姜堰市文化馆。1983年参加中国函授音乐学院作曲班学习。曾为泰州市音协常务理事、姜堰市文化馆副研究馆员。1995年作曲的舞蹈《滚莲湘》《牵驴花鼓》代表江苏参加全国优秀民间舞展演获优秀奖，2003年创作的男声表演唱《溱潼窑工号子》参加江苏省第五届五星工程奖大赛获金奖。曾在省级以上刊物发表论文多篇、歌曲数十首。

黄振铭 （1956— ）

指挥家。福建福州人。福州格致中学高级教师。福州市音协理事。1982年毕业于福建师范大学艺术系音乐专科。先后在福州市中学生交响乐团、福建榕城管乐团、福建老年大学合唱团任团长、指挥、艺术指导。在各类大型活动中任指挥并获各种奖项。发表论文《论音乐教育与德育、智育的关系》《创建福州市中学生交响乐团的回顾与思考》。

黄振声 （1954— ）

音乐教育家。安徽合肥人。1979年毕业于安徽师大音乐系音教专业。先后任蚌埠十九中、一中、师范学校、蚌埠学院音乐系教师、副教授。发表论文有《小学音乐课的设计与安排》《试论高等师范的音乐教育》等。所教学生在全国"星海杯"钢琴比赛业余组、省级以及北京国际手风琴艺术节中获奖。有四十余名学生考入各级音乐院校。本人多次获优秀音乐教师称号。

黄振中 （1932— ）

指挥家。河北邯郸人。1962年毕业于上海音乐学院指挥系干部进修班乐队指挥专业。曾任福建省音协副主席、顾问。13岁参军，曾任福州大军区歌舞团团长。两次获全军指挥奖，并获解放军功勋荣誉奖章。有近百件音乐作品在国家刊物、出版社和省市电台、电视台播出、发表或获奖。作有男声独唱《永远为祖国放哨》，女声独唱《圆霄圆》《啊！香港，啊！香江》，为毛泽东主席三首词谱曲的一组大合唱，民乐小合奏《茶山新歌》，舞蹈音乐管弦乐《水》等。

黄镇方 （1930— ）

作曲家。四川达州人。民族音乐学者。1950年从事部队文艺工作。1955年毕业于四川音乐学院理论作曲系。供职于云南歌舞剧院创作室。作有《娥卟与桑洛》（咏叹调），舞蹈音乐《龙舞》等。发表《云南民族民间歌舞音乐的原始风貌》《打歌杂识》《一种节奏现象前的沉思》等学术论文十余篇。曾任《中国民族民间舞蹈集成·云南卷（上、下）》音乐编审。

黄正刚 （1934— ）

音乐理论教育家。安徽芜湖人。山东师范大学音乐学院教授。1957年毕业于山东师范学院艺术系。曾任音乐理论教研室主任、全国高师理论作曲学会理事、山东省高校音教学会副理事长。著有《大学音乐》，合著《中外名曲欣赏》《大学音乐教程》《音乐欣赏教程》等，撰有《山东民间音乐多声部研究》《试论黎英海和声手法》《论调式功能场》《一切为了农民》。编写教材《和声学》《山东民歌》。

黄政领 （1956— ）

戏曲作曲家。河南商水人。1975年考入河南省越调剧团，1985年始从事河南越调戏曲音乐创作。先后独立、合作创作戏曲、戏曲小品、歌曲数十部（首），其中《吵闹亲家》获中宣部"五个一工程"奖、文化部"文华新剧目"奖，《七擒孟获》获文化部"音乐奖"，小戏《电脑风波》获文化部奖，《史作善》《申凤梅》《尽瘁祁山》等分别获河南省多届戏剧大赛"优秀音乐奖""音乐设计奖""河南文华音乐奖"及配器奖、河南省"五个一工程"奖。大部分作品已由中央电视台、河南电视台及河南电子音像出版社录制光碟发行。

黄志东 （1949— ）

男中音歌唱家。重庆人。重庆市歌舞团独唱演员。1980年毕业于四川音乐学院声乐系。1971年起，在永川地区文工团先后主演歌剧《三个女儿的婚事》《香港大亨》《王老汉接么女》等，其独唱歌曲有《毛主席走遍祖国大地》《我爱这蓝色的海洋》《回延安》《伏尔加船夫曲》《费加罗咏叹调》《杨白劳咏叹调》等。曾在获"文华奖"的四幕歌剧《巫山神女》中饰演重要角色。

黄中骏 （1948— ）

作曲家。湖北武汉人。1967年毕业于湖北艺术学院附中。先后任武昌县文艺团体演奏员、乐队队长，咸宁地区歌舞剧团乐队队长、指挥、副团长，戏剧工作室副主任。1984年起，先后任湖北省音乐家协会副秘书长、湖北省文联政治处副主任、理论研究室副主任、组联处处长、省文联秘书长。1997年结业于武汉音乐学院研究生班。创作六场歌剧一部、独幕歌剧一出、歌曲数十首。撰有音乐论文与评论百余篇。出版《湖北传统乐舞概论》《湖北民间歌曲探论》《提琴戏音乐》《乐艺纵横谈》《乐评艺论》。

黄忠伯 （1938— ）

小提琴教育家。江西南昌人。曾在江西师范大学音乐系任教。江西省第六届政协委员。撰有《弦乐训练中的心理因素》，作有钢琴三重奏《怀念》。

黄忠贤 （1936— ）

小提琴教育家。浙江杭州人。1949年就读于陶行知创办的育才学校，师从杨秉孙学习小提琴。1952年转入中央音乐学院少年班，后升入中央音乐学院本科管弦系小提琴专业，师从韩里。曾任天津歌舞剧院任管弦乐队第二小提琴首席，广西歌舞团管弦乐队小提琴首席、乐队指挥。1981年调天津歌舞剧院任第二小提琴首席，后调天津交响乐团任演奏员，并任天津音乐学院本科及基本乐科师资培训班教师。

黄钟鸣（1916—1998）

声乐教育家。广东中山人。1941年毕业于上海国立音专。上海音乐学院教授。后曾在上海、香港等地及华东师范大学声乐系任教。1961年上海音乐学院演出大型歌剧《游吟诗人》与高芝兰共同担任主角。1983年参加上海音乐学院主办的独唱音乐会。从事声乐教学40余年，培养众多学生。1982年获上海音乐学院教学优秀奖。

黄钟声（1954— ）

作曲家。辽宁辽阳人。1993年毕业于中央音乐学院作曲系。曾任武警黑龙江总队文工团团长兼指挥，1991年任武警政治部文工团创作员。创作歌曲《三江口》《除夕的灯火》等数十首，曾获"哈尔滨之夏"音乐会创作一等奖等奖项，歌曲作品曾多次被中央电视台春节联欢晚会等演出活动采用。还曾创作器乐曲、戏曲、小歌剧、舞蹈音乐、电视片配乐等作品。

黄仲勋（1932— ）

音乐编辑家。江西人。1949年从事部队文艺工作。曾任云南人民出版社音乐编辑。作有舞蹈音乐《伐木山上》《三个巡逻兵》，花灯歌舞音乐《喜迎春》。

黄祝英（1947— ）

女小提琴演奏家。湖南人。湖南长沙市歌舞剧院乐团原首席小提琴，中国音协小提琴学会第一届理事，湖南省音协弦乐专业委员会会长。1968年毕业于湖北艺术学院管弦乐系，后一直担任乐团首席及音乐会小提琴独奏。在演奏小提琴之余，还从事小提琴教学工作，曾培养大批优秀小提琴学生。

黄宗坛（1938— ）

音乐教育家。四川自贡人。自1950年始，先后在部队文工队、自贡市文工团、艺校及四川理工大学艺术学院任职、副教授、原音乐系主任。自贡市音协顾问委员会主任。创作并演出有管弦乐板胡协奏曲《盐工颂》（合作），手风琴独奏曲《月光变奏曲》，杂技音乐《开幕曲》等9首民族管弦乐曲。作有歌曲《台湾海峡的风》《台湾吟》《牵手亚丁》《牵手2008》《井盐的故事》《古盐道》《脊梁》等百余首。曾获自贡艺术教育重大贡献奖。

黄宗珍（1932— ）

口琴演奏家、指挥家。海南临高人。1956年毕业于华中师范大学音乐系。后为武汉市学高级音乐教师、武汉市口琴学会主席。曾应聘任武汉音乐学院师范部、武汉老年大学口琴班教师。为《短暂的停留》等电视剧配乐。参加众多重要演出活动，曾获中国艺术节中南片口琴独奏荣誉奖。1988年获"新时代杯"口琴独奏获二等奖。应聘任武汉琴台合唱团指挥，曾指挥武汉市首届琴台音乐会万人大合唱。作有《琴台之歌》及管乐合奏曲《古琴台的节日》分别获省、市一、二等奖。撰有《中小学音乐课与民族音

乐教学》获市优秀论文奖。

黄祖庚（1937— ）

女音乐教育家。上海人。曾为上海音乐学院附属中等音乐专科学校教授。1961年由上海音乐学院钢琴系毕业，后入上该院附中任教，曾任附中校长，从事乐理、视唱练耳的教学与研究。合作编写《单声部视唱》《二声部视唱教程》业余考级教材及《跟我学基本乐理》VCD教材。曾获上海市园丁二等奖、上海市教育系统女能手称号，1999年获文化部颁发的区永熙优秀教师奖。2001年受聘于杭州南方音乐学校校长。

黄祖禧（1926— ）

音乐理论家。贵州贵阳人。1949年毕业于南京国立音乐院理论作曲组。曾为中央音乐学院作曲系教授。著、译有《基本乐理》《和声原理与实践》《二声部对位法》。

惠　玲（1930— ）

女声乐教育家。上海人。1945年从事文艺工作。1946年入山东大学文艺系。1958年毕业于中央戏剧学院表演系。1962年始在上海音乐学院声乐系（歌剧）任教、教研组长。

惠海水（1940— ）

打击乐演奏家。陕西华县人。1965年毕业于中央音乐学院，就职于北京电影乐团。1973年入陕西乐团任打击乐独奏。曾先后与国内外许多指挥家、演奏家合作，演出大量交响乐、协奏曲、合唱作品。曾赴香港、深圳、海南等地演出。参加多部电影、电视剧录音及中国艺术节"西北荟萃"、西北音乐周、西安古文化艺术节等大型演出活动并获奖。

惠景林（1927— ）

豫剧作曲家。河南濮阳人。1944年入冀鲁豫大众剧社。1964年入天津音乐学院作曲系进修。曾任主弦伴奏、首席板胡，为豫剧《血泪仇》《王秀鸾》和歌剧《刘胡兰》等伴奏。后任河北省豫剧团、邯郸地区东风剧团音乐设计，设计大小剧目音乐达百余出，主创《杜鹃山》（移植京剧现代戏）等唱段录制成盒带。撰有《谈豫剧男声唱腔的改革》《改革豫剧女声唱腔的几点体会》等文，其中《在发展中继承，在探索中创新》获省级奖。撰编有《东风豫剧唱腔选》。曾任《中国豫剧大词典》编委，《中国戏曲音乐集成·河北卷·豫剧分卷》主编。

火　华（1942— ）

歌词作家。北京人。1968年毕业于河北大学中文系。1976年调内蒙古军区文工团任创作组组长。内蒙古自治区文化厅巡视员。作有歌词集《塞上星辰》《火华歌词选》，出版有专辑《火华作词歌曲选——昭君出塞》，作词歌曲专辑《火华的歌》。《团长下连到咱班》《硬骨头连好榜样》等三首作词歌曲获总政颁发的创作奖，《美丽的草原我的家》获文化部颁发的创作奖。《请喝一碗马奶酒》《夜风轻轻》《澳门连着牧民的心》均获奖。

霍 嘉（1956— ）

长笛演奏家。蒙古族。黑龙江阿城人。1975年入辽宁歌剧院。1980年考入沈阳音乐学院进修班，毕业后回辽宁歌剧院工作。1982年参加全国青少年长笛比赛获青年组四等奖。在辽宁交响乐团担任首席长笛、声部长。曾与中外指挥家合作。参加歌剧《苍原》《沧海》和柴科夫斯基《第六交响曲》等剧目的演出。

霍 伟（1934— ）

竹笛演奏家。吉林人。1949年先后在华北革大文工团、中国青艺附属儿童剧团（现中国儿艺）任乐队演奏员。1953年从师竹笛大师冯子存。曾随中国青年代表团赴奥地利访问。参加波兰第五届世青节、访问丹麦、挪威、冰岛。1956年调入中央歌舞团。先后赴埃及、叙利亚、委内瑞拉、哥伦比亚、古巴及加拿大访问演出。1964年任音乐舞蹈史诗《东方红》民乐队管乐大声部长。1982年赴香港参加青年音乐节及教学工作。1985年出版冯子存笛子曲集。

霍 岩（1954— ）

单簧管演奏家。新疆乌鲁木齐人。中国单簧管学会理事，广东管乐协会会长助理。1988年毕业于上海音乐学院管弦系。曾先后任新疆歌剧团单簧管首席兼乐队队长、新疆爱乐乐团单簧管首席兼办公室副主任及广州珠影乐团首席单簧管兼办公室主任。曾出访哈萨克斯坦、吉尔吉斯斯坦、香港，并多次参加全国文艺汇演。1980年由中央电台录制单簧管独奏曲《阿斯莉亚》。作有单簧管独奏曲《草原欢歌》。撰有《单簧管教学考级演奏教程》，《单簧管之最》《怎样提高单簧管演奏水平》等文。

霍 勇（1968— ）

男中音歌唱家。河北石家庄人。海政文工团独唱演员。1988年由四川音乐学院声乐系毕业后入成都军区战旗歌舞团。1999年入中央音乐学院进修。2001年调海政文工团。曾在由中国音协主办的"丽江之声"西南区青年歌手大赛中获美声一等奖，在文化部举办的全国"新人新作"及全国"中外艺术歌曲"声乐比赛中分获美声二等奖和一等奖，在首届"金钟奖"声乐比赛中获一等奖。出版有个人演唱专辑《雅鲁藏布江颂》。撰有《论喉头稳定在歌唱中的重要性》《歌唱的听觉浅析》。

霍长和（1951— ）

音乐理论、评论家。辽宁辽中人。沈阳师范大学音乐学院音研所所长、教授。辽宁省音协副主席、理论委员会主任。1986年毕业于辽宁大学中文系（自考）。曾任辽宁歌剧院演奏员。发表《大气磅礴的英雄史诗——评歌剧苍原的音乐》等论文，出版《红色音乐家——劫夫》《二人转档案》等百余万字专著。曾获中国首届曹禺戏剧文学奖、评论奖，辽宁省第四届文学奖、报告文学奖。

霍存慧（1927— ）

作曲家、音乐教育家。黑龙江哈尔滨人。1947年任哈尔滨市政府乐队指挥。1949年后任东北音专作曲系副主任。1955年任沈阳音乐学院附中校长。1956年至1978年先后任沈阳音乐学院作曲系主任、教务长、副院长，教授。曾任中国音协教育委员会委员，辽宁省音协顾问，《音乐创作》特约编委，辽宁省第六届人大代表。获中国音乐"金钟奖"终身成就奖。作品有管弦乐曲《提灯游行》（首创把二胡、高胡、筝、云锣等民族乐器用于管弦乐之中），大提琴曲《节日的欢喜》，管弦乐曲《蹦蹦组曲》《蹦蹦组曲No.2》，交响曲《1976年》（难忘的年代），编著有中小学兴趣教育丛书《器乐合奏》及《小号初级教程》《小型管弦乐队配器法》。主编《音乐译名汇编》（意、英、德、法、俄、日、汉）。

霍存庆（1927—已故）

低音提琴演奏家、教育家。黑龙江哈尔滨人。沈阳音乐学院管弦系副教授、中国音协低音提琴学会理事。1943年入吉林师范大学音乐系。1947年毕业于吉林长白师范学院音乐系。1956年毕业于上海音乐学院管弦系低音提琴专业。后入沈阳音乐学院任教。曾参加德国小号专家考拉契克教授重奏音乐会的演出，参加纪念西贝柳斯诞辰九十周年音乐会演出。创作改编有《内蒙古民歌主题变奏》《风车》等15首低音提琴曲，撰有《低音提琴的演奏技巧及音乐表现》《低音提琴教学——把位弓法训练》等文。

霍存慎（1933— ）

作曲家。黑龙江哈尔滨人。1949年6月入东北鲁迅文艺学院少年班学习，1950年入该院音乐普通班学习，1952年转入东北音专学习。毕业后分配到沈阳歌舞团工作。1957年任辽宁歌舞团艺术室作曲。创作的大型歌舞表演唱《笑声响遍了北大荒》，交响诗《台湾一定要回到祖国怀抱》分获辽宁省文化局音乐三、二等奖，舞蹈音乐《节日之歌》《织网舞》《我来了》（合作）等获辽宁省文化厅舞蹈比赛优秀奖，舞剧《珍珠港》音乐（合作）获辽宁省文化厅舞蹈比赛音乐一等奖、辽宁省政府音乐一等奖。

霍殿兴（1940— ）

笛子演奏家。辽宁沈阳人。1958年入旅大歌舞团。曾在黑龙江省歌舞团工作。作有笛子独奏曲《百鸟迎春》《雪映红梅》等。

霍洁云（1930— ）

小提琴演奏家。朝鲜族。朝鲜咸境北道人。1945年朝鲜清津师范学校毕业，后入江清县土文工团工作。1954年、1957年先后在东北艺术剧院歌舞团、延边歌舞团任小提琴演奏员。作为首席小提琴曾参演《贝多芬第五交响曲》《舒伯特未完成交响曲》、德沃夏克《新世界交响曲》、交响音乐《沙家浜》等，歌剧《刘胡兰》《白毛女》，管弦乐《斯拉夫舞曲》《马刀舞曲》及《卡门序曲》，芭蕾舞剧《天鹅湖》《睡美人》等。

H

霍立杰（1957— ）

音乐教育家。吉林四平人。吉林公主岭第七中学教师。2000年毕业于东北师范大学音乐学院钢琴系。曾多次被评为省市级先进教师。在中国音协音乐考级、吉林青少年声乐、器乐大赛中多次获优秀指导教师奖，辅导的学生部分考入中央音乐学院等艺术院校。论文《在德育活动中加强学生的心理健康教育》在全国教育科学吉林实验区第二届学术研讨会上获优秀科研成果一等奖。

霍连文（1939— ）

作曲家、指挥家。黑龙江龙口人。哈铁分局教师进修学校音乐教研员。1947年就读于哈尔滨市俄侨音乐学校，师从米夏·哈洛夫学习手风琴演奏及音乐理论。后进修于哈尔滨艺术学院理论作曲系。1958年入哈铁文工团任作曲、指挥。创作管弦乐《铁道运输兵》，合唱《飞奔吧，祖国的列车》等作品。发表少儿音乐作品二百余首，部分作品获国家、省、部级奖。1959年始指挥演出歌剧《三月三》《珍珠墙》《红珊瑚》《洪湖赤卫队》。曾指挥演出现代京剧《沙家浜》《红嫂》。

霍庆桥（1939—已故）

低音提琴演奏家。浙江余饶人。1956年入中央歌舞团民乐队。1960年中央民族乐团任低音提琴首席。作有民族管弦乐曲《非洲战鼓》《古城随想》（合作），民乐合奏曲《花香鼓舞》《采茶新曲》等。

霍日星（1962— ）

小提琴演奏家。广东广州人。任职珠影乐团。广东小提琴教育协会理事。参与二百多部电影、电视音乐录制，举办5次个人小提琴独奏音乐会。参加近千场大、中型文艺晚会和交响音乐会的演出。曾获省小提琴教育学会颁发的"园丁奖"、省校际音乐节"最佳指导奖"。发表论文《浅析儿童小提琴教育的教学互动》《如何克服小提琴演奏怯场的现象》。录制出版《情弦中国·霍日星——小提琴独奏》。现受聘少年宫小提琴艺术指导。学生曾获2001年全国、全省小提琴比赛一等奖。

霍三永（1942— ）

音乐编辑家。山西平遥人。江苏省音协理事。1964年毕业于上海音乐学院民族音乐系本科。后在江苏省歌舞团、京剧团任演奏员、创作员、乐队指挥兼队长，指挥演出十余部现代京剧。1977年调江苏省电视台任音乐组长，1984年调江苏音像出版社任总编室主任。撰写专题音乐节目百余篇，编录出版音像制品二百余部。2004年春在南京艺术学院首开《音乐编辑概论》课。

霍守坤（1935—已故）

单簧管演奏家、指挥家。河南辉县人。1952年调入解放军军乐团，后入上海音乐学院进修单簧管和音乐理论。1961年获作品演奏优秀奖。任乐队首席、指挥，指挥过数百场国家礼宾演出活动。1978年任军艺学院军乐系指导教师，培养学生数十名。出版有《单簧管趣味教学曲集》《单簧管重奏曲集》。

霍五永（1948— ）

琵琶演奏家。江苏南京人。1960年在上海音乐学院学习琵琶，1967年毕业后在南京空政文工团任乐队队长、指挥及独奏演员。曾指挥演出歌剧《江姐》《星光啊星光》《琵琶行》《霜天红叶》等。1982年演奏的琵琶曲《龙船》《昭君出塞》被文化部作为阿炳音乐音响资料珍藏。1994年出版CD专集《阿炳全集》，2001年出版CD专集《霍五永琵琶演奏专辑》。

霍希扬（1921— ）

歌词作家。河南开封人。1941至1943年在抗战建国学院、延安大学社会科学院学习。1945年毕业于延安鲁艺音乐系。1952至1956年任东北鲁艺讲师、创作研究室主任。1956年后调中央歌舞团任创作组组长、副团长。先后创作有歌舞剧、合唱、组歌等作品十余部。作有歌曲《社会主义好》《我们是民主青年》《工人阶级硬骨头》，歌舞剧《牧人之歌》，大合唱《锁龙潭》，组歌《焦裕禄颂歌》《茶山谣》等十余部（首）多次在国际、国内获奖。

霍向贵（1938— ）

作曲家。陕西绥德人。1959年毕业于陕西省艺术师范音乐专修班。曾在陕西榆林民间艺术团工作。撰有《榆林小曲与府谷玩艺之本相》《陕北说书》，作有器乐曲《喜迎春》，歌曲《放风筝》。

霍晓君（1971— ）

女二胡演奏家。天津人。毕业于中国音乐学院。中国歌剧舞剧院民乐团二胡声部首席、中国民族管弦乐学会二胡专业委员会理事。除参与剧院乐团演出外，曾在国内外参加了大量独奏演出活动，并曾赴澳洲、北美洲、欧洲和东南亚等许多国家和地区演出，担任独奏。

霍旭初（1934— ）

音乐理论家。天津人。1959年从事文艺工作。曾在新疆歌舞团。作有《龟兹乐舞史话》《龟兹乐与道教》《克孜尔石窟伎乐壁画研究》。

霍元俊（1940— ）

指挥家。江苏人。1960年毕业于南京市范学院音乐系。师从马革顺教授学习指挥。先后担任江苏省镇江地区文艺学校、戏剧专科学校、文工队、京剧团作曲、配器、指挥。1970年组建镇江市第一支管弦乐队并担任指挥。1980年担任镇江市音协主席，省音协常务理事。曾指挥舞剧《白毛女》《红色娘子军》、小提琴协奏曲《梁祝》、京剧《智取威虎山》《杜鹃山》《龙江颂》《红灯记》等剧目。担任指挥的中小学生铜管乐队、民乐队在省音协主办的比赛中获得一等奖，2002年获全国蒲公英少儿民乐比赛金奖。1999年率镇江市少儿民乐团赴日本三重县访问演出并担任指挥。

J

姬海冰（1969— ）

　　男中音歌唱家。河南郑州人。郑州师范高等专科学校音乐系办公室主任，副教授。曾获CCTV青年歌手大赛优秀奖，第39届贝里尼国际声乐比赛中国赛区选拔赛铜奖。中国音乐"金钟奖"声乐比赛河南赛区美声组金奖。参加河南"郑、汴、洛文艺精品工程"大型原创歌舞剧《清明上河图》演出。举办郑州市"绿色周末"系列独唱音乐会。已出版《男中音演唱的中国民歌》CD唱片。2002年被郑州市市委授予"十大优秀青年"称号。

姬君超（1943— ）

　　作曲家、指挥家。河北永年人。河北省政协委员。1958年毕业于河北省戏曲学校河北梆子音乐班。曾任河北省河北梆子剧院艺术室作曲、编剧。作曲或参与作曲的剧目有《苦菜花》《杨门女将》《香罗帕》《心向海河》（吕剧），《红色娘子军》《春草秋花》等近百出戏，有的兼乐队指挥。发表文稿四十余篇。长期兼任中国戏曲学院音乐系作曲课。曾获首届河北梆子"鸣凤奖"作曲奖、全国现代戏唱腔评奖优秀创作奖。

姬绵周（1947— ）

　　长笛演奏家、教育家。北京人。1958年在中央音乐学院创办的业余音乐小学接受音乐启蒙教育。1960年考入中央音乐学院附中，1961年入解放军军乐团，1964年调入沈阳军区旅大警备区军乐队任长笛首席，1969年调入沈阳军区前进歌舞团任长笛首席，在1973年军队歌舞团调演中任联合乐团长笛首席。1980年转业到北京市海淀区少年宫从事校外音乐教育，组织开展了一系列中小学生音乐活动。1994年任长笛专业高级教师，培养了众多长笛爱好者。

吉　千（1950— ）

　　歌唱家。陕西人。宁夏音协副主席。1969年入银川市文工团，1971年入宁夏军区独立师战士文艺队。1976年入宁夏回族自治区歌舞团任独唱演员，1982年任歌队队长，兼宁夏音协副秘书长。1986年任宁夏歌舞团业务副团长。1996年调宁夏音协，1999年当选宁夏音协副主席。主演歌舞剧《曼苏儿》及多部歌剧，导演过多台大型文艺晚会。

吉　阳（1957— ）

　　笙演奏家。山东博兴人。1981年毕业于上海音乐学院民乐系笙专业，后在福建省歌舞剧院任民乐队队长、歌舞团团长。在国内外举行的多项大型演出和比赛中多次获奖，并举办个人独奏音乐会。曾赴欧、亚、拉美等多个国家和地区演出。参与、组织策划在福建举办的许多民族管弦乐音乐会和民乐普及推广活动。所演奏的独、重奏作品

在福建和中央电视台数个频道中播出。

吉　喆（1942— ）

　　板胡演奏家、作曲家。陕西华县人。1956年考入陕西省广播文工团从事文艺工作。1975年毕业于西安音乐学院作曲系。原陕西省广播文工团副团长兼板胡演奏、作曲、指挥。1985年调陕西省歌舞剧院。陕西板胡学会会长。创作、演奏板胡曲《秦川新歌》等四十余首。创作有大量音乐作品，撰写板胡论文十余篇。三次获陕西省文艺汇演板胡独奏一等奖与作曲一等奖。被誉为"西秦正声"。

吉桂珍（1931—已故）

　　女二胡教育家。河北保定人。1953年毕业于河北师范学院音乐系。系蒋风之派传人，擅长演奏二胡古曲。长期从事二胡教学，曾在天津音乐学院任教。

吉海燕（1974— ）

　　女钢琴家。黑龙江哈尔滨人。1997年毕业于哈师大艺术学院钢琴专业，同年考入哈尔滨歌剧院担任钢琴演奏员。曾在数百场音乐会中担任钢琴伴奏和独奏，先后与李德伦、吴灵芬、李心草等指挥家合作。在哈尔滨之夏音乐会担任叶英、李红深独唱、重唱音乐会钢琴伴奏。演出钢琴协奏曲《黄河》受到好评。1998年任"哈尔滨童声合唱艺术团"钢琴伴奏，参加全国合唱比赛，该团荣获金奖。2004年担任"哈尔滨住宅之声合唱艺术团"钢琴伴奏，参加中国海口合唱节比赛，该团获一金两银奖项。

吉联抗（1916—1989）

　　音乐史学家。江苏无锡人。上世纪二十年代中期从事抗日救亡歌咏运动，并开始群众歌曲创作。作有《九月的夜》《春耕曲》等抗战歌曲二百余首。抗日战争胜利后，在广州、香港等地创办《新音乐周刊》（华南版），新中国成立后历任上海大中华唱片厂厂长、中央广播乐团副团长、《人民音乐》杂志副主编。出版有《乐记译注》《墨子·非乐》《孔子、孟子、荀子乐论》等五部古代乐论译注，并出版有《春秋战国音乐史料》《秦汉音乐史料》《魏晋南北朝音乐史料》《辽金元音乐史料》。论文有《乐记——我国古代最早的音乐理论》等。曾任《中国音乐词典》《中国音乐词典（续编）》主编之一，兼任中国艺术研究院音乐研究所研究员。

吉米德（1939— ）

　　作曲家。达斡尔族。内蒙古海拉尔人。1964年毕业于天津音乐学院作曲系。曾在新疆教育学院工作。作有管弦乐《达斡尔组曲》，舞剧音乐《金泉长流》，歌曲《青春》《故乡》。

吉时哲（1931— ）

　　音乐理论家。吉林四平人。1949年从事部队文艺工作。曾任音协吉林分会《轻音乐》副主编。研制有乐理实用教具《乐理尺》《乐理板》。出版有《实用乐理手册》《实用乐理知识简表》。

吉狄新和（1938— ）

民歌演唱家。彝族。四川会理人。1963年毕业于四川音乐学院声乐系。曾任四川凉山彝族自治州歌舞团歌队队长，音协四川分会副主席。

吉古夫铁（1954— ）

作曲家。彝族。四川美姑人。1975年毕业于中央民族学院作曲专业，任四川省凉山彝族自治州歌舞团党总支书记，四川省音协副主席，四川省第五、八、十届人民代表。舞蹈音乐有《席勒的红裙》《溪涧》《彝族达体舞》，歌曲《阿，泸沽湖的儿女》《喜相会》《幸福的凉山》，器乐曲《彝寨风情》《呷莫阿姐》等获奖。

戢祖义（1960— ）

作曲家。四川开江人。成都市新津县人事局副局长、成都市音协常务理事、新津县政协常委、四川达州地区音协副主席。在全国、省、市音乐作品大赛中获各种奖励百余次，其中《溜溜歌》《哆来咪发梭拉西》等10首歌曲获全国一等奖，《妈妈的背篓》《冬瓜和南瓜》《迈步新世纪》等10首歌曲编入全国中小学、中师及幼儿音乐教材。出版有《戢祖义创作歌选》两本。创作有大量歌曲作品，发表文章百余篇。

籍娱亲（1935— ）

女歌剧表演艺术家。河北任丘人。1951年始从事演唱工作，曾任淄博文工团独唱演员。参加过《王大娘赶集》《全家光荣》等秧歌剧的演出。1952年参加山东省文工团队会演，独唱《王大妈要和平》。1960年调上海歌剧院在歌剧《赤胆忠心》中扮演女游击队员，后在歌剧《白毛女》《红珊瑚》《社长的女儿》中饰演女主角。曾在芭蕾舞剧《白毛女》中任喜儿伴唱。曾参与"艺术嗓音科学选材"的科研工作，获二等奖。

计勖文（1945—2008）

作曲家。羌族。四川北川人。1988年毕业于中国函授音乐学院。1962年入北川县川剧团，1981年始在北川县文化馆任副馆长、副研究馆员。撰有《一部音乐民俗的画卷》《羌族民间音乐简论》等文。作有歌曲《我从山中走来》《山里人》《羌山行》《绵阳之歌》。为舞蹈《热喜日纳》《巴吗啊依达嘎》作曲。组织演员参加《羌族沙朗舞》拍摄。为《羌族高脚狮子舞》作曲，于2001年获省第十一届少数民族运动会表演二等奖。参与编写和记谱《北川县民歌选》及《北川县民族民间器乐曲集成》等。

计兆琪（1947— ）

作曲家。浙江人。上海宝钢集团公司文化体育中心主任。业余坚持自学作曲，创作歌曲数百首。其中四十余首得获文化部"群星奖"金奖、健牌大奖等省、市以上级各类音乐比赛奖项。曾为《潮涌东方》《相约来世》等电视连续剧作曲。1997年，被上海市总工会命名为"上海十大工人艺术家"，并授予"上海工人作曲家"称号。1998和2002年分别出版个人歌曲作品专辑CD《长江入海的地方》《中国节日》，2004年出版个人作品专集《无悔情缘——计兆琪创作歌曲选》。

纪辉（1932— ）

女歌唱家。北京人。1949年从事部队文艺工作。曾在中国人民解放军某某兵团文工团、中国人民志愿军政治部文工团任独唱和歌剧演员。1960年毕业于沈阳音乐学院声乐系。后任总政歌舞团合唱队女高音声部长。1963年参加全军文艺汇演获优秀演员奖。1980年调解放军艺术学院音乐系任声乐教员。曾主演大型歌剧《和平战士》《西厢记》及小歌剧《阿妈妮》等。

纪露（1963— ）

女声乐教育家。湖北黄梅人。武汉江汉大学艺术学院音乐系副教授。1983年毕业于武汉师院音乐系，1995年毕业于武汉音乐学院音乐教育系，后结业于该院研究生部。发表论文《蓝花花演唱实践的理论归纳》《成人教育应注重因需施教》《高雅与通俗的界定》等。参编《湖北省小学音乐教材及教学指导》《湖北省高等院校教材》。曾随湖北省青年教师艺术团赴波兰参加国际民间艺术节，获声乐表演二等奖。1995年举办"民苑之声"独唱音乐会。

纪强（1961— ）

长号演奏家。山东龙口人。重庆市歌舞团乐队演奏员。曾参加大型舞剧《三峡情祭》乐队演奏、歌剧《巫山神女》晋京演出，指挥家汤沐海率葡萄牙里斯本交响乐团特邀长号，参与在渝演出；参与卞租善执棒"重庆新年音乐会"、陈佐煌执棒"新年音乐会"演出，以及歌剧院创作的大型交响音乐诗画《长江》的演出。

纪为（1971— ）

女钢琴演奏家。四川成都人。中国歌剧舞剧院钢琴演奏员。1992年毕业于中央音乐学院钢琴系。相继参加排练和演出《白毛女》《江姐》《将军情》《原野》《伤逝》《刘胡兰》等歌剧及香港回归、建国五十周年、抗洪救灾、香港艺术节等大型晚会达数百场。为数百名学生，其中有美、日、韩及港、台学生授课，并有多名学生在全国、省市钢琴比赛中获奖，本人获"优秀园丁奖"。

纪安华（1958— ）

长号演奏家。陕西户县人。1981年进修于四川音乐学院管弦系。曾任四川攀枝花文化局歌舞团乐队演奏员，1980年后任重庆市文化局歌剧院乐队队长。参加大量京剧、舞剧、歌剧的演出分别担任小提琴演奏、长号首席。在党代会、中葡世纪之交音乐会、国庆节演出、新年音乐会等文艺晚会演出及各类音乐会中均任长号首席。

纪经亩（1901—已故）

南曲音乐家。福建同安人。长期从事南曲工作，1951年任厦门南曲研究会主任。1961年到省戏剧学院任教，后到香港福建体育会工作。1978年回厦门。曾任中国音协常务理事、福建省曲协副主席、省政协委员。

纪俊娟（1965—）

女音乐教育家。河南洛阳人。1984年、1988年先后毕业于洛阳戏曲学校、河南大学音乐教育系。历任渑池县曲艺队演员，洛阳文化艺术学校音乐教研室教师。曾获河南省戏曲银屏大赛金奖、"索华杯"民族唱法三等奖、戏剧大赛表演一等奖、艺术歌曲比赛二等奖等奖项。举办个人演唱会。撰有《中等艺术学校声乐教学初探》《音乐教育与素质教学的思考》《歌唱的姿式与表演》。编著教材《民族声乐基础教程》。

纪孔凯（1947—）

音乐教育家。福建宁德人。曾为福鼎市第一中学高级教师、宁德音协创作委员会主任、进修学院职称培训讲师（兼），1988年毕业于中国函授音乐学院音教系。发表歌曲《仰望国旗》《九曲黄河万里长江》及《高中班级音乐会》《口琴、口袋里的乐队》等文三十余首（件），其中三首获全国银、铜奖。指导数十位学生入高等音乐院校。

纪连祥（1956—）

歌词作家。天津宝坻人。2003年开始音乐文学创作。作品有《绿色阳光》《踏雪迎春》《我的父辈》《走进辉煌》《农民兄弟》等。《绿色阳光》入选2003年国家广播电影电视总局"金号奖"和中国音乐"金钟奖"参赛歌曲。《踏雪迎春》为央视第七届青年歌手大赛和中宣部"五个一工程"参选作品。声乐套曲《绿色狂想》获2005年全国歌词创作特别奖。

纪明庭（1939—）

作曲家。安徽贵池人。池州市文化局创研室专业作曲。编撰的《贵池傩戏音乐》选入《中国戏曲音乐集成·安徽卷》。为《中国戏曲志·安徽卷》撰写《傩戏音乐》《傩戏舞台美术》释文。编撰的《九华山佛教音乐》载入《中国民族民间器乐曲集成·安徽卷》，并获编纂成果个人三等奖。发表有《贵池傩戏艺术特色》《贵池傩戏——中国古代文化的活化石》《安徽贵池傩戏调查报告》等十余篇论文。作曲的有舞蹈电视片《花亭会》，舞台剧《慈母恨》，傩舞《春之序》及目连戏、黄梅戏、吹打乐多首。2006年作曲的新编大型古装黄梅戏《雾里青传奇》，为第四届中国黄梅戏艺术节金黄梅奖剧目。

纪玉生（1953—）

歌唱家。山东青岛人。中国广播艺术团合唱团声乐演员、副团长。1982年毕业于中央音乐学院声乐系，同年入中国广播艺术团。演唱有《冰凉的小手》《今夜无人入睡》等。曾参加音乐舞蹈史诗《中国革命之歌》及在北京故宫午门举办的世界三大男高音音乐会，并先后随团赴日本、澳门演出。

纪占茂（1953—）

单簧管演奏家。山东人。1970年入伍到军乐团从事单簧管学习和演奏。曾参加多次接待外国首脑的来访及多次人代会、党代会、建国35周年国庆大典的演出，及担任千人乐队单簧管声部长。1978年将乐曲《逛新城》《游击队之歌》改编为木管重奏，参加演出并获奖，同时根据贝多芬的弦乐五重奏改编为木管五重奏，参加慰问部队并汇报演出，多次获奖。

季　承（1941—）

作曲家。山东蓬莱人。曾任总政军乐团创作室主任。1961年毕业于中央音乐学院附中理论作曲科，1965年毕业于该院作曲系。曾任山西文工队、山西省文化局创作员。作有歌曲《胜利的节日》《友谊之歌》《打枣姑娘》，管乐交响诗《秋收起义》，管乐序曲《万岁，伟大的祖国》，合奏《骑兵团进行曲》，进行曲《五环旗下》（合作）等。并获全国第七届音乐作品比赛二等奖、全军第六届文艺汇演一等奖、第五届解放军文艺奖等奖项。合作出版双簧管独奏《南海渔民唱丰收》总谱及《避暑山庄》等盒带。为电视片《鸟岛》《啊，草原》《海韵》及多个专题晚会作曲。

季　华（1957—）

歌词作家。蒙古族。内蒙古赤峰人。内蒙古锡盟党委宣传部副部长，锡盟文联主席。1999年毕业于北京人文函大群文系。创作歌词《我的大草原》《母亲》《明安图的故乡》等，曾获全区征歌二、三等奖及优秀奖。组织开展全盟各类艺术活动。撰有《论锡林郭勒音乐文学创作》。

季　节（1956—）

板胡演奏家。北京人。东方歌舞团首席。1976年毕业于天津音乐学院附中。曾在天津音乐学院附中任教，1981年始致力于器乐演奏的研究，掌握板胡、高胡、京胡、二胡、曼陀林、小提琴等多种乐器。1997年赴德国学习风笛。曾随团访问德国、阿联酋、巴基斯坦、孟加拉、俄罗斯等国，上演曲目有京胡独奏《夜深沉》，板胡独奏《大起板》，高胡独奏《鸟投林》等。曾在全国民族器乐独奏观摩比赛中获表演二等奖。

季　燕（1955—）

女音乐播音家。江苏无锡人。北京电台音乐广播主任播音员。1980年在北京电台随老师学习播音。主持的播音节目有"人间有爱""北京晨曲""中国优秀歌曲欣赏""每周一歌"及新闻台"新闻大视野"等。获有北京广播电视"十佳"节目主持人提名奖、96国际广播博览会最佳创意奖、全国第四届"金话筒"银奖等二十余种奖项。获北京市优秀新闻工作者、全国百优广播节目主持人称号。

季耐雪（1931—）

女声乐教育家。上海人。1955年毕业于中央音乐学院声乐系。曾任西安音乐学院师范系副主任兼声乐教研室主任、中国音协教育委员会委员。所教学生彭媛娣、薛红平、姜振杰、刘笃等多次在国内声乐比赛中获奖。撰有《师范声乐教学要有自己的特点》。先后翻译并发表歌剧脚本《特里斯坦与伊索尔德》《蒂托的仁慈》等获西安音乐学院教学成果奖。

季铁权（1961— ）

作曲家。江苏如东人。江苏省如东县文化局副局长、如东县音协主席。曾任南通市少年杂技团团长、文化馆馆长、文艺科科长。1983年毕业于南京师大音乐系，后入中国音乐学院作曲系深造。音乐作品有《海水泡大的汉子》《飘香的小村庄》《世界向我走来》《小牛犊》等数百首（件），部分作品在刊物发表并获奖。《跳马夫》《钟馗嬉蝠》晋京中南海汇报演出。多次组团赴日本、法国等进行文化交流演出。

季小琴（1950— ）

女歌剧表演艺术家。江苏人。1971年入西安歌舞团。后入中央歌剧院工作。曾主演歌剧《卡门》《小红帽》等。1980年获文化部直属院团观摩评比演出青年演员一等奖。现移居香港。

季秀玶（1941— ）

女歌唱家、声乐教育家。山东人。曾任哈尔滨工业大学艺术教研室主任。1967年毕业于沈阳音乐学院声乐系，曾任哈尔滨歌剧院演员、哈尔滨师范大学音乐系教师。曾在歌剧《仰天长啸》《芳草心》《卡门》等担任角色，并多次举办独唱音乐会。组织过众多群众音乐活动，培养了一批声乐人才，并担任合唱团艺术指导。撰有《繁荣高等艺术教育，开创美育的新领域》等文，参加编写《声乐理论与中外名曲选唱》等教材。

季治国（1946— ）

民族管乐演奏家。吉林敦化人。1970年毕业于沈阳音乐学院并留校任教。擅长演奏唢呐、竹笛、葫芦丝、巴乌、箫。先后任锦州市歌舞团独奏演员、锦州市群众艺术馆馆长。多次获文化部"群星奖"比赛大奖。1998年应邀参加北京音乐厅"民族管乐魂"大型音乐会演出。曾多次赴美国、俄罗斯、日本等国家演出。获"辽宁省社会文化优秀人才"和"锦州市德艺双馨文艺家"荣誉称号。

寄　明（1917—1997）

女作曲家。江苏苏州人。1937年毕业于上海国立音专钢琴系。1939年在延安鲁艺音乐系任教。曾任东北音专副校长兼教务长，后任上海电影制片厂作曲组组长。曾为《李时珍》《平凡的事业》《英雄小八路》《凤凰之歌》《鲁班的故事》等二十余部电影创作音乐。《英雄小八路》主题歌《我们是共产主义接班人》1978年由共青团中央定为《中国少年先锋队队歌》。歌曲《少年，少年，祖国的春天》曾获"1976年至1981年全国少年儿童歌曲优秀奖"，被评选为"全国红领巾喜爱的歌"，

冀　光（1945— ）

作曲家。安徽亳州人。曾任亳州市音舞协会主席、市政协副主席。1966年参加工作以来在市文化馆、文化局从事音乐和文化艺术工作。1982年起先后任市音舞协会副主席兼秘书长，市文艺科长、副局长。多次组织省内大型音乐活动。举办音乐培训班五十多期，培养输送一批音乐专业人才。创作多首歌曲，其中《快乐的小篮球队员》获省

创作一等奖，《金王电池美名扬》获全国征歌大赛银奖。

冀　洲（1929— ）

作曲家。山东荏平人。1939年始从事部队文艺工作。曾任贵州省歌舞团团长、省文化局副局长、省文联副主席、省音协主席、中国音协第四届常务理事。作有侗族女声表演唱《那青年多可怜》，侗族女声小合唱《吉哟》《蝉虫歌》，女声小合唱《送别》《饮马乌江河》，混声合唱《大阳出来红闪闪》，独唱《牡丹芙蓉一起开》，歌剧《大箱车》《珠郎娘美》（合作）等。编有《苗族民歌选》《贵州民间歌曲30首》。苗族舞剧《蔓萝花》（合作），1961年由上海海燕制片厂拍摄为彩色艺术片，获瑞士洛加诺国际电影节荣誉奖。

冀瑞铠（1946— ）

小号教育家。山东益都人。曾为中央音乐学院小号专业副教授。1985年任中央音乐学院附中中国少年交响乐团常任指挥、艺术总监。1984年毕业于奥地利维也纳国立音乐学院。曾在维也纳举办独奏音乐会、参加哈尔滨"冰雪节"交响音乐会、并指挥中国少年交响乐团专场音乐会。录制维瓦尔第双小号协奏曲唱片。发表论文《如何发展小号的音域》。任北京、天津管乐厂技术顾问、民族学院客座教授。

冀瑞铨（1948— ）

作曲家。山东益都人。毕业于天津音乐学院。曾任唐山市歌舞剧团副团长。1976年创作大型声乐作品《抗震组歌》（合作），1978年在唐山首演小提琴协奏曲《梁祝》时任独奏。1985年参与创作轻歌剧《时髦青年与怪味鸡》、歌舞剧《红腰带》、唐剧《乡里乡亲》、少儿歌曲《唐山的歌》、音乐剧《唐山的龙年》（合作）的创作并分别获河北省首届戏剧节音乐设计奖、河北文艺振兴奖、中宣部"五个一工程"奖和文化部"文华奖"、中央电视台"首届中国儿童音乐电视大赛"铜奖。

冀淑华（1970— ）

女音乐教育家。河南永城人。黑龙江省伊春市文化局文化科副科长。1991年毕业于哈尔滨师范大学音乐系。撰有《素质教育与创新人才培养》《歌曲在群众文化活动中的作用》等文。曾获伊春市委宣传部、市电视台等举办的声乐大赛美声唱法金奖。创作并演唱的歌曲《我爱兴安岭》获一等奖。辅导学生四十余人，有的考入高校。

冀晓泉（1934— ）

小提琴演奏家。陕西蒲城人。1949年参加西北文艺工作团。1961年登台担任小提琴独奏。1964至1994年任陕西省歌舞剧院乐队首席。曾先后完成几十部歌剧、舞剧、京剧、秦腔、大型组歌、交响乐等演出工作。1992年获省文"从事戏剧工作40年辛勤耕耘成绩卓著荣誉证书"，1997年获省音协授予"小提琴教学优秀教师"称号，1998年获省社会音乐教育考委会授予"小提琴优秀辅导员"称号。2003年获第二届TO—VAWA亚洲青少年音乐比赛园丁奖。2008年创作完成小提琴协奏曲《花木兰》，2009年出版

《小提琴演奏艺术》。

加米拉（1944—　）

女高音歌唱家。维吾尔族。新疆乌鲁木齐人。1960年入乌鲁木齐市文工团。1961年入新疆军区文工团。全国第五届人大代表，中国音协第三、四届常务理事。曾赴日本、拉丁美洲各国演出。曾获全军优秀独唱演员奖。

郏国庆（1934—　）

作曲家。浙江海门人。旅居法国。1958年毕业于上海音乐学院作曲系。曾在杭州歌舞团任专业作曲。作有交响叙事曲《孔雀东南飞》，管弦乐合奏曲《元宵节的街头》，大提琴独奏曲《回忆》，小提琴独奏曲《诗》，弦乐四重奏《江西民歌五首》，钢琴五重奏《林间清泉》《放排号子》，独唱曲《桂花香了》，合唱曲《翻山越岭送书忙》《古典诗词大合唱》等，舞剧音乐《战旗》，舞蹈音乐《放排》，电视剧音乐《相遇》。

郏国瑜（1939—　）

女高音歌唱家。浙江椒江人。曾为上海师范大学副教授。1963年毕业于上海音乐学院后留校任教。曾任原中央乐团、上海乐团独唱演员。长期从事声乐演唱及教学。曾随上海青年音乐家小组赴广交会演出并举行独唱音乐会。在交响乐中演唱小常宝、阿庆嫂及方海珍等角色。曾在大连、四川等地方歌舞团任教，并在周小燕歌剧中心及上海交通大学兼职任教。撰有《对中国艺术歌曲演唱的几点看法》，主编出版《中国影、视、歌剧选曲集》。

贾兵（1958—　）

歌唱家。山西稷山人。四川省歌舞剧院节目主持人、独唱演员。1984年入四川省歌舞团任二重唱演员。曾受聘于省台联艺术部艺术总监、台谊艺术团团长兼主持人和男高音独唱。1990年毕业于北京人大函授部文化管理专业。演唱有《都江情》《大地畅想曲》等。在歌剧《格达活佛》《洒干淌卖无》中任主要演员。录制《好久没到这方来》《美丽的西藏》盒带。为电视剧《西行漫记》《最后的悲歌》等配唱主题歌和插曲，并举办个人独唱音乐会。

贾东（1954—　）

歌词作家。黑龙江人。中国石油勘探与生产分公司总会计师。1966年至今自学乐器。曾出版个人诗集《心絮集》，作词歌曲有《石油礼赞》等，其中《石油大动脉》等获奖，获中国石油歌曲、歌词征集创作奖。发表有《八一军旗》《和你在一起》《如果》《莫忘爹和娘》《有爱再苦也是甜》等数十首。另作有《石油之歌》《畅想未来》《如果》《难忘格木克河》《音乐颂》。

贾古（1931—　）

音乐理论家。河南安阳人。1949年始从事民间音乐研究。曾任《中国戏曲音乐集成·湖南卷》副主编。著有《湖南花鼓戏音乐研究》，撰有《戏曲声腔发展第三进程》等。

贾灏（1931—　）

音乐活动家。山东掖县人。1949年入山东烟台市唯物剧团任乐队演奏员。曾任空政文工团演奏员、宁夏回族自治区文化厅副厅长。

贾虹（1958—　）

手风琴演奏家。内蒙古包头人。1977年毕业于内蒙古艺术学校。1998年入文化干部管理学院公共关系专业学习。2000年调内蒙古民族歌舞剧院民乐队，任手风琴兼大管演奏员。演奏曲目有《云雀》《匈牙利舞曲》《小天鹅》及中国乐曲《保卫黄河》《打虎上山》《广陵传奇》，1988年两次随齐·宝力高出访日本。1986年受聘于内蒙古师范大学艺术系任手风琴教师。

贾江（1955—　）

小提琴演奏家、指挥家。新疆石河子人。兵团音协副主席，新疆小提琴协会副会长、小提琴考级专家委员会委员，兵团高级职称评审委员会委员。1978至1979年进修于西安音乐学院。1996年起任兵团歌舞剧团乐队指挥、副团长。指挥有《兵团组歌》、"世纪2000新年音乐会"及众多音乐会曲目。曾受国家文化部委派赴乌兹别克斯坦参加国际现代交响乐和室内乐音乐节。2001年被评为兵团文联"第二届德艺双馨"会员。

贾君（1956—　）

小提琴演奏家。河南方城人。河南省新乡市文化局副局长、市音协副主席。1985年毕业于河南广播电视大学。曾在"黄河之滨""庆澳门回归""庆祝建党80周年"等演出中任乐队首席。参演管弦乐《红旗颂》《春节序曲》《走进新时代》。参与创办"新乡市首届少儿器乐大赛"。作有歌曲《党擂战鼓我冲锋》《海鸥，请你告诉我》等。

贾敏（1947—　）

女作曲家、音乐教育家。江苏扬州人。杭州春华业余艺术学校校长。1966年毕业于杭州师范学校。论文《小学音乐欣赏教育中的板书设计》《小学音乐课堂小结种种》《满足儿童在音乐课中的表演欲望》分获浙江省第四、五、七届中小学音乐教学论文一、二、三等奖。歌曲《星星开花》获2006年全国原创歌曲征集二等奖，《世界在变我在变》获浙江少儿歌曲创作二等奖。出版CD专辑三盒，十余首歌曲被收入《忆童年》儿童金曲MTV、VCD、CD。

贾双（1932—2003）

作曲家。吉林农安人。1945年从事部队文艺工作。1966年上海音乐学院作曲进修班结业。曾在总政军乐团工作。作有乐曲《运动员进行曲》（合作），小号独奏曲《春天的歌舞》，管弦乐组曲《欢乐的傣乡》。

贾艺（1960—　）

小提琴教育家。山东烟台人。浙江师大音乐学院副教授。1983年毕业于西北民族学院。撰有《论小提琴艺术在中国的发展与成就》等文。曾任宁夏歌舞团小提琴首席。

演奏曲目有门德尔松《e小调小提琴协奏曲》等。1985年获宁夏中青年演员大奖赛二等奖。

贾宝堃（1951— ）

长笛演奏家。河南开封人。重庆歌舞团首席长笛演奏员、重庆管乐学会理事。曾在上海音乐学院干修班长笛专业学习，在解放军某部文工团、重庆越剧团演奏长笛，在重庆艺术学校任长笛教师。先后参加市政府与电视台举行的庆香港回归、重庆直辖庆典等大型文艺活动和团里各项演出。受聘于西南师范学院、重庆市少年宫、武警军乐团、警官乐团。编著有《长笛演奏（业余）考级教程》。

贾宝林（1934— ）

指挥家。黑龙江哈尔滨人。1953年考入哈尔滨苏联高等音乐学校（侨办），学习钢琴及音乐理论。1957年考入沈阳音乐学院，学习合唱与乐队指挥。毕业后曾先后任西藏歌舞团、延边京剧团、黑龙江省歌舞剧院乐队指挥。指挥大型歌舞晚会、独唱、合唱、交响音乐会，以及现代京剧数百场，录制影视音乐30部。指挥录制唱片有交响序曲《一九七六》《逛新城》《赶着牦牛送公粮》等。1979年以来曾多次与美国、日本来访音乐家合作指挥交响音乐会，独唱和合唱音乐会。黑龙江省音协合唱学会副会长。

贾成宇（1949— ）

作曲家。河南南阳人。毕业于河南大学艺术系。曾任商丘市文化馆馆长、市有线电视台总编室主任、音乐舞蹈家协会主席。多年来组织参加了省、地、市各大、中小型文艺比赛、演出活动。创作的舞曲曾在本省"五届民舞会演"获奖，创作的歌曲曾在《青年歌声》等刊物发表。1998年获省五届"创作歌曲评选"作曲一等奖。曾被省文化厅、文联、音协评为"优秀工作者"，并获商丘市"先进工作者"与"优秀音乐家"称号。

贾达群（1955—.）

作曲家。山东淄博人。四川音乐学院作曲系曲式与配器教研室主任。1982至1987年先毕业四川音乐学院作曲系与硕士研究生。曾参加各种专业作曲活动及理论研究活动、教学活动。作有《序曲·为独奏打击乐与吹打乐队而作》《轮回·为交响乐队而作》《对话·声乐套曲》《吟·室内乐》《两乐章交响乐》等12部，论文《苏珊·朗格的生命形式说给我的启示——兼读音乐形式的创造》等3篇及译文《约翰·凯奇》。

贾冬温（1931—已故）

作曲家。河北唐县人。1946年从事部队文艺工作。曾任北京军区京剧团副团长。作有歌曲《志愿军高射炮兵之歌》《一定要解放台湾》《爱大庆，学大庆》。

贾方爵（1941— ）

音乐教育家。四川德阳人。1965年毕业于西南师范大学音乐系。曾在重庆幼师、六十三中学任教，1977年任西南师大音乐系理论教研室副主任、教授，主讲《乐理》《和声学》。编写《基本乐理》《习题集》《谱例》一套三册，合编并出版《中小学音乐基础知识》。参加编写《九年制义务教育中、小学音乐教材（内地版）》中乐理、视唱部分、省《高等学校音乐课教材》中乐理部分。

贾国平（1963— ）

作曲家。山西离石人。中央音乐学院作曲系教师。1991毕业于中央音乐学院作曲系，1994年留学德国斯图加特国立音乐学院，2005年中央音乐学院博士毕业。留学期间创作弦乐三重奏《TONYUN》获国1997"勃姆乐"音乐节首。多年来其品内欧多国上出版多国外音与音校的进行学交流在教学中开设《二十世纪现音分析与研究》等选修课。撰有《新音乐—1945年以来的先锋派》等文。

贾红妤（1970— ）

女高音歌唱家。满族。北京人。中原油田歌舞团声乐队队长。1992年河南大学音乐系毕业。发表《论歌唱中声与字的有机结合》等文。演唱歌曲《为祖国祝福》获河南省"五个一工程"奖。曾获第二届全国少数民族文艺汇演优秀演员奖、首届全国职工艺术节演唱优秀奖、河南省专业声乐器乐大赛一等奖、全国石油系统职工文化大赛美声唱法一等奖等。

贾洪智（1949— ）

巴松演奏家。吉林人。珠影乐团巴松首席、木管声部长。1978年毕业于上海音乐学院巴松演奏专业，后任吉林省歌舞剧团交响乐队巴松首席。1995年赴法国留学。撰有《大管演奏技巧浅谈》《怎样演奏管乐—论管乐演奏的正确方法和误区》《论大管的演奏技巧》《大管演奏的美感和vibrato的运用》等论文。多次应邀赴香港演出。

贾纪文（1946— ）

二胡教育家、演奏家。陕西人。就读于西安音乐学院、南京艺术学院，曾任职于兰州军区战斗文工团，后为西北民族大学音乐学院教授，硕士生导师。执教三十余年，有多名学生在专业比赛中获奖。2008年获华音网络国际二胡大赛金奖，同年举办个人二胡独奏音乐会。著有《音乐表演理论研究》，主编《天人乐舞》《乐舞论》及撰文书数十篇。其中多篇论文获国家民委、甘肃省社科院等颁发的一、二、三等奖，并获"优秀教师""优秀园丁"奖。

贾晶环（1945— ）

女小提琴演奏家。山东宁阳人。1964年毕业于沈阳音乐学附中。1969年始先后任沈阳京剧团乐队首席、沈阳歌舞团首席兼独奏及辽宁乐团演奏员。演出曲目有小提琴协奏曲《梁祝》《吉普赛之歌》《柴科夫斯基协奏曲》（获表演一等奖），圣-桑《引子回旋曲》《阳光照耀着塔什库尔干》等。曾随沈阳歌舞团轻音乐演出队去北京、上海、南京等地演出，随辽宁歌舞团赴阿尔巴尼亚、南斯拉夫、罗马尼亚、巴基斯坦演出。参加第三届沈阳音乐周，独奏自创的小提琴协奏曲《张志新》。

贾静华（1946— ）

音乐教育家。江苏苏州人。苏州市音协理事。毕业于教育学院音乐系。发表儿童歌曲五十余首，其中《浇花》获全国"小百灵"赛歌录像大赛创作三等奖，《悄悄话》编入全国全日制小学音乐课本，《风铃儿声声》获全国首届"园丁心声"创作三等奖，《五十六朵小花笑了》获上海"奔向新世纪"全国少儿歌曲大赛创作三等奖。发表论文十余篇，有的获中小学音乐报"森雀杯"全国音乐教育论文大赛二等奖。

贾立夫（1938— ）

歌词作家。浙江上虞人。1961年毕业于上海师范学院中文专业。于80年代任职上海音协。历任《上海歌声》文学编辑、编辑部副主任。写有大量歌词及音乐评论。作品有《十六岁》（电视连续剧"十六岁的花季"主题歌），《橄榄色的歌》（百集广播剧《刑警803》主题歌），《少年进行曲》《采桔》等。出版有《走进爱的阳光》《人生回眸》以及《青少年学写歌词》。中国音乐文学学会理事，上海音乐文学学会原副会长兼秘书长（顾问）。

贾利慰（1959— ）

长号演奏家。河北徐水人。河北交响乐团乐队队长。1978年毕业于河北省艺术学校音乐科。曾任梆子三团演奏员，河北省歌舞剧院乐团长号首席。参加本团音乐季、纪念毛主席诞辰110周年晚会、纪念抗战胜利60周年音乐会、大型舞剧《轩辕皇帝》赴北京的演出。在排演中、外著名音乐家的近百部交响音乐作品中均任首席长号。曾随团赴法国巡回演出。

贾培浩（1940— ）

琵琶演奏家。满族。北京人。师承演奏家李廷松先生。1963年入甘肃省民族歌舞团任琵琶演奏员，曾任舞剧《丝路花雨》首席琵琶及大型乐舞《敦煌古乐》琵琶独奏。曾出访朝鲜、法国、意大利、日本、泰国、俄罗斯、拉脱维亚、爱沙尼亚、韩国、美国等国家及香港、澳门地区。其创作的琵琶独奏曲《陇上歌》发表在人民音乐出版社出版的《琵琶曲集》第四集中。发表有《论敦煌古乐中的琵琶演奏》及《春江花月夜与柳尧章等》论文。

贾培源（1943— ）

电影音乐理论家、二胡演奏家。满族。北京人。1963年中央音乐学院附中毕业，后分配至浙江歌舞团任二胡演奏员。1971年调浙江电影公司从事电影音乐理论研究。80年代起在省内大学开设电影音乐欣赏课程。撰写、出版有《电影音乐概论》，于润洋作序。先后两次应邀出席"全国电影音乐研讨会"并作专题发言。发表电影音乐论文、评论几十篇。

贾鹏芳（1958— ）

二胡演奏家。黑龙江佳木斯人。旅居日本。1978年考入中央民族乐团，曾任乐队副首席。1988年赴日本东京艺术大学留学。出版有《明月千里寄相思》《新婚别》二

胡独奏专辑盒带。为《悲情城市》《汉诗纪行》《北京千年王城》《故宫》等电影、电视片录制音乐。参加过"广岛和平音乐节""亚洲音乐节"等大型演出活动。曾随亚洲幻想乐团赴新加坡、马来西亚、印度尼西亚等国巡回演出。曾在东京举办个人独奏音乐会。获日本"朝日音乐奖"。曾组建"中国天华演奏团"赴日本各地巡回演出。

贾容发（1955— ）

长笛演奏家。天津人。1974年毕业于天津音乐学院器乐系。曾在天津歌舞剧院任演奏员，1984年始在天津交响乐团任职。曾在上海举办的全国长笛比赛中获青年组鼓励奖。1989年与美指挥家奇佩尔合作演出贝多芬《第三交响曲》任首席长笛，后在天津举办的交响音乐会中任长笛独奏。曾为关牧村录制CD，被天津音乐学院聘为长笛教员。1995年赴香港、深圳演出大型音乐史诗《东方慧光》，担任长笛首席。

贾瑞祥（1938— ）

音乐理论家。内蒙古赤峰人。1962年毕业于沈阳音乐学院作曲系。曾在辽宁省群众艺术馆工作。撰有《六十调概论》《管子源流考异》《中国五声音乐体系记谱问题刍议》等文。

贾升溪（1943— ）

音乐教育家。北京人。理论作曲专业副教授。1964年毕业于中央音乐学院附中，同年调入北京师范学院音乐系，长年从事和声、复调等专业基础教学。撰有《乐感培养与理论、技巧教学的同步》《音乐教育专业学生的音乐审美素质》《音乐审美与音乐形象》等论文。为《北京市青少年眼保健操音乐》作曲。研发完成《和弦连接练习软件》和《和弦连接考核软件》，其试研制版获2002年教育部全国数字教育高峰论坛课件大赛二等奖。

贾世骏（1930— ）

男高音歌唱家。山东单县人。1949年开始从事部队文艺工作。1957年结业于保加利亚声乐专家训练班。曾任北京军区战友歌舞团艺术指导、合唱队长。1964年首唱音乐舞蹈史诗《东方红》中的《长征》，1965年首唱《长征组歌》中的《过雪山草地》。演唱并创作了大量歌曲，其中创作歌曲有《颂歌献给毛主席》《我爱伟大的祖国》。在第二、三届全军文艺汇演中获表演奖、创作奖。获中央军委颁发的胜利功勋荣誉章。

贾世纬（1926— ）

小提琴教育家。山东济南人。1949年毕业于北京师范大学数学系、音乐系。1950年之后曾先后在北京艺术师范学院、北京艺术学院、中国音乐学院、中央音乐学院任小提琴讲师。1979年调文化部艺术局工作，副研究员。曾担任文化部第九届"文华奖"评委、"定位法舞谱及舞谱应用国际研讨会"委员、文化部"科学技术进步奖"评委。撰文有《试论小提琴弓法的感觉信息与演奏动作》《从系统论观察小提琴左手技术动作》。

贾双飞（1963— ）

歌唱家。满族。沈阳人。1986年毕业于中国音乐学院声乐系后进入广西歌舞团。曾赴美国、日本、奥地利、香港、台湾等国家和地区进行文化交流演出，现为广西歌舞团歌队队长、广西音协理事。出版有个人CD专辑《一个鲜亮的梦》。1992年获第五届全国青年歌手电视大赛广西赛区民族唱法专业组第一名，1997年获首届"中国少数民族艺术孔雀奖"声乐大赛民族唱法二等奖。

贾维宇（1945— ）

小提琴演奏家、教育家。浙江浦江人。上海歌剧院交响乐团演奏员，原上海芭蕾舞团管弦乐队第二小提琴首席、声部长。1965年毕业于上海音乐学院，同年参加芭蕾舞剧《白毛女》的创作、演出。并多次和世界各国的名指挥和芭蕾舞团合作，演出古典名剧《天鹅湖》《睡美人》《葛佩莉亚》《斯巴达克》等，创作演出《白毛女》《红色娘子军》《雷雨》等民族芭蕾舞剧。并多次赴各国演出歌剧《浮士德》《贝多芬第九交响曲》等世界名曲。培养了众多学生，并有优秀学生获得国外奖学金出国深造。

贾希文（1938— ）

音乐教育家、作曲家。河北保定人。毕业于天津音乐学院。后任保定师专音乐系副教授、省教委艺教委员、市音乐创作研究会副会长。1984年参与组建、指挥的保定教师合唱团在"河北音乐之春"大赛获奖。曾先后倡导并参与组建全省师专音乐教育研究会、保定师范专科学校音乐系、保定民族音乐研究会。合作有《太行山的道路》《心向南疆》等组歌。发表歌曲近百首，《美丽的校园》《教师之歌》在评选中获奖。获奖论文有十余篇，作有民族器乐曲十余首。曾参与《现代汉语新词典》编纂工作。合著有音乐教材两部。

贾秀琴（1953— ）

女歌唱家、声乐教育家。河北唐山人。1969年任兰州军区战斗歌舞团歌唱演员，1971年在西安音乐学院声乐系进修。曾在京剧《智取威虎山》中任小常宝、在《长征组歌》中担任领唱，独唱歌曲《红柳情》《哨兵和小路》被电视台作为"每周一歌"播放。转业后到江苏徐州市青少年宫任文艺培训部部长，从事声乐教学。曾参加市青少年歌手大赛、"蓝天杯"电视大赛，均获美声唱法第一名。组建青少年宫少儿合唱团，多名学生赴日、俄、澳等国演出活动。撰有《浅谈声乐教学》《用综合的教学方法指导童声合唱》等文。

贾延龄（1939— ）

女音乐编辑家。天津人。1963年毕业于北京广播学院文艺系，分配至中央电台对外部音乐组。后任中国国际电台文艺部高级编辑。采访报道过郭兰英、郭颂、才旦卓玛、何纪光、德德玛、彭丽媛、董文华等音乐家及全国少数民族会演、中国艺术节等重大文艺活动。1985年赴马来西亚采访报道"华乐节"，在编采的稿件中，十余篇分获中国国际广播电台优秀作品奖。1993年赴广西采写《以歌传情，以歌会友》系列专题节目，获广西国际民歌节好新闻一等奖。制作《漫游民俗礼仪的歌海》《一曲委婉动人的情歌》《情深意长绣荷包》专题音乐节目，均获中国广播奖。

贾岩峰（1969— ）

长笛演奏家。辽宁沈阳人。1992年毕业于沈阳音乐学院管弦系。中国歌舞团轻音乐团长笛声部首席。在多种形式的轻音乐会中担任长笛声部首席，完成独奏、领奏、重奏等演出任务。如《POPS》大型轻音乐晚会、新年音乐会、"浪漫与激情"轻音乐晚会、"欢腾的日子"民族轻音乐晚会、"拉美之夜"轻音乐晚会等。参与组建"大爵士乐队"，演出国外著名爵士乐，担任独奏、领奏。

贾永珍（1940— ）

音乐教育家。山西太谷人。曾任海南省音协主席。1965年毕业于山西大学艺术系理论作曲专业，后一直从事专业音乐教学工作，主要讲授复调音乐、和声学等课程。先后担任山西大学艺术系副主任、音乐系主任，山西省音协副主席、主席，海南师范学院艺术系主任等职。出版著作有《乐理基础与欣赏》《音乐欣赏》《中外名曲赏析》（合作），发表《应当重视中小学音乐教育》等论文数十篇，以及《富饶的山西乌金海》等音乐作品多件，并参加《红娘子》等多部戏曲的音乐创作。2000年被国家教育部评为"全国学校艺术教育先进个人"。

贾玉虎（1938—1999）

音乐教育家。山西人。1951年参军，曾任西北军区野战文工团、青海军区军乐队演员、长笛演奏员，青海省民族歌舞团乐队指挥，青海省艺术学校教务主任，省音协常务理事。曾指挥歌剧《向阳川》，舞蹈《大渡河》《洗衣歌》等。1978年后主要从事长笛教学工作，培养的学生成为各艺术院团的骨干。

贾玉芝（1927— ）

女音乐编辑家。吉林人。1944年就读于长春女子师范大学音乐系。1946年从事部队文艺工作。1948年在吉林新华广播电台任文艺组长，1955年调中央人民广播电台少儿部任文艺组长、副主任，编审少儿音乐节目，组织歌曲创作，并担任少儿广播合唱团的领导工作。译配、创作歌曲有日本儿童歌曲《七只小乌鸦》《桔子花开的山岗》《熊猫的家》等。

贾允常（1943— ）

作曲家。陕西户县人。1989年毕业于中国函授音乐学院理论作曲系。曾任陕西省群众艺术馆音舞部主任、中国社会音乐研究会理事。作有歌剧《方向盘》等，歌舞剧《人民勤务员》《月夜战歌》，大型歌舞晚会《三秦风情》，大型风情歌舞剧《秦风》（合作），声乐作品《秦川好》《远方寄来的枫叶》等9首，电视片音乐《辛勤的纺织姑娘》等4部，舞蹈音乐《三山刀》等。撰有《关于业余歌曲创作中的几个问题》《那就是我》等多篇。编发刊物、书籍6种。

J

贾志宏（1967— ）

音乐教育家。山西太古人。1990年毕业于山西大学音乐系、1994年毕业于辽宁师范大学研究生课程班。任山西太原师范学院音乐系副主任、副教授。发表《论钢琴演奏中的音色控制》《也谈少年儿童学习钢琴》《浅谈法国钢琴音乐》《浅谈钢琴教学中的几个问题》等论文多篇。著有《钢琴音乐基本素养考级诠释》《中国基础教育研究与实践》已由中国戏剧出版社、中国国际出版社出版发行。

贾忠国（1933— ）

作曲家。甘肃宁县人。1949年参加工作。1954年毕业于西安音乐学院。1959年参加陇剧团筹建并进入剧团工作任指挥、作曲。陇剧创始人之一。合作编撰《陇剧音乐》。1994年获中国戏曲音乐"孔三传"个人开拓金奖。作有陇剧《假婿乘龙》《国法人情》《异域知音》（获文华新剧目奖），陇剧戏曲连续剧《燕河风波》《望子成龙》。

贾忠祥（1937— ）

音乐教育家、中学高级教师。重庆人。1961年毕业于西南师范学院音乐系。长期从事中学音乐教育。曾任重庆市中学音乐学科中心教研组成员，区中学音乐学科中心教研组组长。获区教学、教改论文一等奖。辅导学生参加的文艺节目分别获一、二、三等奖。培养、辅导多名学生考入音乐艺术院校。作有独唱《焦书记是俺贴心人》，合唱《献给敬爱的老师》获双一等奖。1978年出席重庆市文化艺术工作先进集体、先进个人代表大会。

贾钟秀（1934— ）

作曲家。山西临汾人。1954年毕业于西南人民艺术学院音乐系。后曾任四川省歌舞团乐队队长、曲艺团团长。1986年调四川省音乐舞蹈研究所任所长。《中国曲艺音乐集成·四川卷》主编、首届中国曲协四川分会主席。作有四川清音《积肥谣》《小妹开店》《雷锋入党》《让他好好睡一觉》等，分别获四川省文艺创作一等奖、优秀奖、特别奖。弹唱《三哥哥包鱼塘》及四川清音《广柑甜又香》，获文化部二等奖。撰写、发表有《曲艺音乐改革势在必行》《浅谈李德才扬琴唱腔艺术》等文。

贾宗昌（1922—已故）

男低音歌唱家。辽宁锦州人。1948年毕业于东北大学法商学院经济系。1956年调入原中央乐团合唱队，并参加合唱、男声小合唱和男声四重唱的演出。1959年参加《贝多芬第九交响乐》首演。从中央乐团首次排演《黄河大合唱》起曾一直担任该合唱中《河边对口曲》张老三的演唱。1979年随乐团赴菲律宾参加国际合唱节演出，1985年赴香港参加合唱节。

简承国（1947—2000）

歌词作家。贵州正安人。曾为贵州音协常务理事，遵义地区音协副主席。发表大量歌词，并获全国、省、地级创作奖、一、二等奖多次。为多部电视剧、电视片创作主题歌或插曲歌词。其中有《金秋谣》《当代工人之歌》《山地》《生命之光》《手捧美酒敬亲人》《打工的山里

妹仔》《奔向明天》《少儿天地》等。多次参与主办大型音乐活动及器乐考级活动，培养音乐人才。

简广易（1944—已故）

笛子演奏家。重庆人。1962年毕业于中央音乐学院附中。同年入中央广播艺术团民乐团任演奏员。作有乐曲《牧民新歌》《山村迎亲人》《喜看丰收景》。曾随团赴南、罗、意、日、新、澳、联邦德国演出。

简其华（1924— ）

民族音乐学家。广东人。1938年参加抗日救亡歌咏活动。1948年毕业于广东省立艺专音乐系，后在越南西贡岭南中学任音乐教员。1952年在中央音乐学院民族音乐研究所（现中国艺术研究院音乐研究所）从事中国传统音乐研究，曾任民族民间音乐研究室副主任、研究员。《中国民间歌曲集成》特邀编审。

简召安（1937— ）

小提琴演奏家。广东南海人。天津歌舞剧院培训班及华夏未来交响乐团小提琴教师。1952年毕业于天津人民艺术剧院训练队，师从盛雪、陈继续教授。1957年曾得到朝鲜小提琴家白高山面授技艺。1958年随中国天津茉莉花歌舞团赴阿富汗、叙利亚、埃及演出，任乐队首席。1962年改编《我是一个兵》为小提琴齐奏曲，并由天津人民出版社出版。1979年任关牧村乐队首席，录制多盒磁带、电视剧、电影录音。1985年任天津提琴厂顾问。曾赴泰国、香港演出。培养数名学生考入专业院校及专业团体。

简召祥（1928—2008）

中提琴演奏家。广东南海人。1949年入中央歌舞团。1956年入中央乐团交响乐队。曾随团赴朝、波演出。

江 帆（1932— ）

女音乐教育家。山东荣成人。中国历代孔庙雅乐保存与传播中心名誉会长。1948年参加工作。1954年就读于东北师大音乐系。早年入部队文工团戏剧队，后在地方艺术学校和文工团作编导和教学。上世纪80年代始主要从事民族民间音乐理论和民族声乐教学和研究。先后在山东曲阜师范大学和广东韶关音乐学院工作。参加《集成》编纂，完成山东曲阜孔庙祭孔乐舞的挖掘整理，再现1984、1985年曲阜孔庙及1989年北京孔庙的祭孔乐舞，获文化部和国家民委等颁发的荣誉证书和各种奖项。著有《中国历代孔庙雅乐》。

江 嘎（1948— ）

作曲家。藏族。四川德格人。1965年从事音乐教育工作。1972年入昌都地区文工队任音乐创作员、副队长。作有歌曲《金色太阳照牧场》《橙巴新歌》，以及舞曲《昌都锅庄》。

江 汉（1953— ）

音乐教育家。四川人。1977年毕业于武汉音乐学院师范专业。曾任教四川绵阳师范学校、绵阳教育学院，并担

J

任音乐系主任。绵阳师范学院副教授、院学术委员。曾有多篇音乐论文及声乐作品发表并获奖。其教学曾获省、市两级表彰。培养众多省、市级音乐教学骨干及音乐人才。曾获省级指挥奖、演唱奖。

江 吼（1916— ）

作曲家。福建厦门人。1940年在贵阳师从沈思岩学音乐。1949年11月参军，任军分区文工团音乐教员。后调某军文工团创作组和军政文化科任文艺干事。转业后到厦门师范、集美中学任教和市文化局工作。中国南音学会理事、厦门市文联委员兼市音协副主席。创作歌曲《墙上一棵草》《志愿军行进曲》《我们一定要解放台湾》等，创作器乐曲《闽海渔歌》（合作）以及方言歌剧《江姐》《非洲战鼓》《连升三级》的音乐。

江 静（1926—1996）

女作曲家、音乐教育家。浙江宁波人。曾任西安音乐学院作曲系副教授、研究生导师。1947年入上海国立音专钢琴系，后转作曲系。1956年毕业于上海音乐学院理论作曲系，留校任教。1958年调西安音乐学院，长期从事作曲专业教学，兼系助理、院艺委会委员。专著有《试论巴托克的和声特点》《论和声教学中的新课题——近现代和声》。与姜同心合编《和声学教程》上、下册及谱例。创作的钢琴曲《红头绳》，以及主编的《钢琴曲集》《中外通俗钢琴曲集》《钢琴考级作品选》《中国钢琴名曲》等十余部钢琴音乐专辑相继出版。

江 静（1963— ）

女钢琴教育家。安徽安庆人。山东济宁学院音乐系教研室主任。1998年毕业于山东曲阜师范大学音乐系函授本科。曾在山东鄄城小学、中学任音乐教师。先后在山东"泉城之秋"、全国城市童声合唱节及多种音乐赛事中担任钢琴伴奏。撰有《歌曲伴奏综合音乐实践课》（合作）获省教学成果三等奖，《谈中老年人的钢琴教学》获省论文评比二等奖。曾在山东省第一届师范院校钢琴比赛中获一等奖并两次举办独唱、独奏音乐会。

江 凌（1954— ）

女音乐编辑家。河北玉田人。毕业于中央电视大学、北京师范大学中文专业、解放军艺术学院声乐专业。1979年前在行业宣传队、解放军某师宣传队任歌唱演员、主持人。后调入解放军战友歌舞团。1986年后调入中国国际文化交流中心音像出版社，任副社长。组织大型音乐活动、制作、出版音乐家音像制品、及担任录音出版物的终审主编。发表近百篇音乐通讯及评论，组织接待外国来华团体演出音乐会并负责宣传报道。

江 山（1926— ）

歌词作家。江苏宜兴人。1949年清华大学外文系肄业。曾任北京市文联书记处书记、音协北京分会秘书长。作有《青年友谊圆舞曲》《祖国象初升的太阳》《我爱我的集体农庄》等。

江 山（1953— ）

女高音歌唱家。辽宁锦州人。1970年入伍，后任总政军乐团独唱演员。曾在歌剧《江姐》中饰演江姐。作有歌曲《让中华飞腾》《南去的风》等。

江 涛（1966— ）

歌唱家。安徽宿州人。武警文工团独唱演员。曾任青岛铁路局工会文艺干事、青岛市歌舞团独唱演员。演唱有《唐人街》《中国，我可爱的家乡》《拥抱明天》《常回家看看》《雨巷》《风中的眼睛》等，其中《愚公移山》广为流传。曾获全国通俗唱法演唱大赛银奖、金奖。1993至2000年连续八次参加中央电视台春节晚会。

江 通（1934— ）

作曲家。江苏无锡人。1958年始从事音乐创作，曾任中国煤矿文工团创作员。作有歌曲《这里永远是春天》《光明的心》，独幕歌剧音乐《珍珠墙》。

江 雪（1921— ）

女音乐活动家。广东人。生于马来西亚。1939年入延安鲁艺音乐系学习，1944年参加鲁艺工作团。曾在北京市文化局艺术处工作。

江 雪（1948— ）

歌词作家。山东新泰人。曾在青岛航空技术干部学校、中国逻辑语言函授大学、北京师范学院教育系、中央党校培训部学习。曾任中国国际文化交流中心理事、研究员。作词歌曲百余首，由广播、电视、刊物发表《你来自大地深处》《椰子树》《心中的星》等四十余首并创作电视连续剧《百团大战》主题歌歌词。曾录制《爱情河》专辑12首歌曲，出版《江雪诗书集》《江雪诗歌与书法》。

江 音（1930— ）

作曲家。辽宁西丰人。1948年毕业于辽北学院文艺系。新中国成立初期任辽西文工团演奏员。1949年调至大同第一中学任音乐教员，后调察哈尔省文联负责音乐工作。1978年后任河北省音协理事、张家口市音协主席。作有歌曲《祖国在前进》《祖国的风》和《要爱就爱吧》等。撰有《民族之魂的圣歌》《生命的情结》和《浩浩千秋，巍巍国风》3部交响合唱和组曲的评论。

江 咏（1958— ）

女歌唱家。藏族。西藏昌都人。1983年毕业于上海音乐学院声乐系。曾为昌都地区五、六、七届政协委员。1980年赴北京参加全国民族民间唱法声乐比赛，被评为优秀演员并参加文化部组织的全国巡回演出团。1998年随团赴日本演出。2002年参加西藏自治区声乐比赛获中年组三等奖。

江 舟（1959— ）

古筝演奏家。辽宁北镇人。1981年入上海音乐学院民族音乐系进修，后在吉林省民族乐团工作。1982年获全国民族器乐独奏观摩演出"表演奖"。1986年获省中青年演员比赛二等奖。

江传照（1948— ）

作曲家。四川三台人。三台县文联副主席。1960年参加县文工团历任演奏员、指挥、作曲、副团长。先后师从四川音乐学院苏昭、杨子星、黄虎威教授学习二胡、作曲。作有大量歌曲和舞蹈音乐作品，在省级以上刊物发表百余件。《三台水泵厂之歌》《电力工人颂》《邮电职工之歌》等在征歌活动中获奖。管弦乐《川韵》，交响诗《故园情思》分获四川省"蓉城之秋"音乐节三等奖。

江春玲（1966— ）

女音乐教育家。广东肇庆人。1989年毕业于星海音乐学院。肇庆学院音乐系教师。撰有《高师声乐教学改革的新思路》《试谈高师声乐教学中的素质培养》《浅谈高等师范普通音乐教育》《高师声乐教学探微》《关于歌唱发声中"打开喉咙"》《高师教育改革试验与研究》等文。参加撰写《高师教育改革试验与研究》中的第五章。

江纯一（1924—已故）

音乐活动家。河北遵化人。1945年开始从事文艺工作。1953年入中央广播民族乐团，曾任中国广播艺术团副团长。

江定仙（1912—2000）

作曲家、音乐教育家。湖北武汉人。1930年考入上海国立音乐专科学校，师从黄自学理论作曲。1950年任中央音乐学院首任作曲系主任、教授。曾任中国音协第二届书记处书记、中央音乐学院副院长、中国音协常务理事、中国文联委员、全国政协委员。作有交响诗《烟波江上》，独唱曲《静境》《岁月悠悠》《浪》《树》《采桑子》，女声三部合唱《春晚》，混声合唱《为了祖国的缘故》《南乡子》，电影歌曲《新中华进行曲》，钢琴曲《摇篮变奏曲》。曾为电影《早春二月》《没有下完的一盘棋》作曲。出版有《江定仙歌曲选集》《江定仙作品选辑》盒带。

江敦仪（1933— ）

女歌唱家。上海人。1947年参加进步学生歌咏活动，1957年毕业于上海音乐学院声乐系。曾在上海广播乐团担任独唱及教学工作，曾任上海师范大学音乐系声乐教研室副主任。参加巡回演出团在上海、武汉、桂林等地演出担任独唱，在上海音乐厅庆祝建国十周年演出《十三陵水库大合唱》中担任独唱。曾随芭蕾舞《白毛女》剧组出访朝鲜、日本担参加合唱。撰有《在声乐教学中必顺培养学生独立学习能力和创造能力》。

江贵和（1933— ）

手风琴演奏家、教育家。黑龙江阿城人。1939年入育才学校，后入上海国立音专学校学习钢琴。1948年始从事部队工作。新中国成立后曾赴欧洲20余个国家访问演出。1978年入上海广播艺术团任指挥。长期从事手风琴教学，其学生参加在澳大利亚、新西兰、美国、法国等举办的各类国际手风琴大赛中共获11个金奖。曾参加维也纳第七届世界青年联欢节获金奖。出版有《江贵和教手风琴》教学录像带。曾任中国手风琴学会常务理事、上海手风琴学会会长。

江汉寿（1953— ）

作曲家。湖北武汉人。黄冈市音协副主席。1978年毕业于湖北艺术学院音乐系，分配到黄冈地区汉剧团从事作曲指挥和器乐演奏。1984年调任黄冈市艺术学校音乐教师。编有《情系大别山——黄冈市音乐创作精品集》副主编，参与编辑《艺术教育管理学概论》。业务涉及音乐教学、教学科研、音乐创作等专业。曾被湖北省文化厅授予"园丁奖"，被黄冈市教委授予"学科带头人"称号。

江静蓉（1941— ）

女音乐教育家。四川合江人。西南大学音乐学院教授、硕士生导师。1961年毕业于西南师范学院音乐科（现西南大学音乐学院），1993年与1997年分别获得西南师范大学"成人教育优秀教学成果"一等奖与"教学改革优秀教学成果"二等奖，被评为优秀教师。撰写有《键盘即兴伴奏法》《简谱歌曲配弹与训练》，发表论文十余篇。1997年起任中国音协钢琴业余考级评委。重庆市音协钢琴专业委员会副会长、西南大学教学督导委员。

江美瑜（1976— ）

女高音歌唱家。湖南芷江人。中央音乐学院音乐教育学院本科毕业。湖南省青联委员、湖南音协声乐艺术委员会理事、怀化市音协副主席。曾在湖南举办"声乐艺术大师赵梅伯教授嫡传弟子江星独唱音乐会"。曾获中国民歌十佳演唱家金奖。演唱的歌曲有《侗寨恋》《月亮乖》《湘西》《苗家妹》等。发表论文数篇。有多名学生在全国省市比赛中获奖和考入各地音乐艺术院校。曾获全国及省市优秀指导教师奖。

江明惇（1938— ）

音乐教育家。上海人。1960年毕业于上海音乐学院作曲系。1984年任上海音乐学院党委书记，1991年任院长，教授、博士生导师。著述有《汉族民歌概论》《中国民歌讲座》《中国民族音乐欣赏》《试论江南民歌的地方色彩》《汉族民歌色彩区的划分》《关于民歌特征的美学思考》。主编《中国民间歌曲集成·上海卷》《中国佛教念诵集》《水陆法会》《中国道教斋醮仪规》。音乐作品钢琴曲《春江花月夜》。曾为中国民间文艺家协会副主席、上海市文联副主席、上海民间文艺家协会主席、国务院学位委员会第四届艺术学科评议组成员。

江浦琦（1944— ）

指挥家。上海人。1963年毕业于上海音乐学院指挥系。曾任江苏省歌舞团副团长兼指挥。指挥有民族舞剧《红楼梦》《晚霞》，二胡协奏曲《枫桥夜泊》。

江齐雄（1949— ）

指挥家、音乐活动家。黑龙江哈尔滨人。1968年毕业于沈阳音乐学院附中，任沈阳冶炼厂职工文工团指挥、作曲。1979年调哈尔滨市工人文化宫任副主任、主任。先后担任哈尔滨童声合唱艺术团、哈尔滨飞云合唱团常任指挥。获1998全国合唱比赛童声组一等奖、第五届中国国际合唱节童声组金奖、全国企业合唱大赛金奖。2002年赴韩国釜山参加第二届国际奥林匹克合唱比赛，指挥哈尔滨童声、哈尔滨飞云合唱团获三项银奖。

江胜明（1956— ）

男高音歌唱家。江西萍乡人。1972年参加工作，曾当过小学教员、工厂钳工、汽车兵、文书、文工团舞蹈演员、电影放映员。1983年师从张牧老师学习声乐。曾获江西省青年歌手电视大奖赛一等奖、中央电视台第二届青年歌手电视大奖赛中美声唱法三等奖、第一届广西中国民歌大赛优秀歌手奖、首届歌王歌后大赛"希望杯"奖。曾赴俄罗斯、澳大利亚、新西兰、东南亚等各国演出。现为中国煤矿文工团独唱演员、歌队队长。

江胜勇（1954— ）

器乐演奏家、音乐教育家。天津人。1970考入天津京剧三团学员队任双簧管演奏员。1980年考入天津歌舞剧院，任萨克斯独奏及双簧管演奏员。曾兼任天津市耀华中学、七中、一中、新华中学、南京路小学、新华路小学等校管乐老师。2004年获"蒲公英"奖及中国青少年艺术新人选拔大赛天津赛曲优秀园丁奖。2007年获"同一片阳光，同一份爱心"中国青少年艺术人才推选活动"优秀指导教师"奖。

江松明（1956— ）

作曲家。福建漳州人。厦门市歌仔戏剧团作曲。中国剧协会员、福建民族管弦乐学会理事、中国戏曲学院音乐系作曲专业客座教授。15岁进专业剧团任大提琴演奏员，后入福建艺校进修作曲。作品有交响曲、协奏曲、室内乐、民乐、声乐、舞蹈音乐及六十余部戏曲音乐和曲艺音乐作品。多次获文化部、省文化厅奖励，多次公派到台北进行教学、作曲、指挥等音乐艺术交流。

江先渭（1929— ）

笛子演奏家。山东人。曾任南京军区前线歌舞团演奏员。1947参军从事部队文艺工作。参加过淮海、渡江和解放舟山等战役，先后立集体一等功一次、个人二等功二次、三等功四次。作有笛子独奏曲《姑苏行》《脚踏水车唱丰收》（合作），分别被选入《建国三十周年笛子曲选》和有关艺术院校的笛子教材。1959年随中国艺术团参加维也纳第七届世界青年联欢节，六人表演的民乐曲获比赛金质奖章。笛子独奏《水车》获全军第三届文艺汇演表演创作优秀奖。

江向东（1967— ）

男高音歌唱家、声乐教育家。重庆人。四川音乐学院教务处副处长、硕士研究生导师。1991年、2002年先后毕业于四川音乐学院声乐系、研究生部。曾任浙江师大音乐系教研室主任。撰有《试论声乐听觉的建立》《论现代音

乐在声乐教学中的意义》等论文。1998年获西南6省优秀歌手电视大赛美声组金奖，1999年获第七届"蓉城之秋"音乐会演唱三等奖，2003年获第三届中国音乐"金钟奖"四川赛区金钟奖。2004、2005年分别在中央音乐学院、四川音乐学院举行独唱音乐会。

江小麒（1933—已故）

作曲家。江苏沙洲人。1955年毕业于东北鲁艺作曲系。曾在江苏省歌舞团工作。作有合唱《小夜曲》，舞蹈音乐《送夫参军》，舞剧音乐《晚霞》。

江学恭（1956— ）

双簧管演奏家。维吾尔族。湖南长沙人。湖南省文联党组副书记兼秘书长。1972年起担任湘潭地区歌舞团双簧管演奏员，后从事作曲等工作。担任过大量的音乐活动组织工作，创作一批歌词和撰写音乐方面的文章，分别在省以上刊物发表。

江逊之（1952— ）

男高音歌唱家。河北宁晋人。1976年始入中央民族歌舞团任独唱演员。曾随团赴南斯拉夫、罗马尼亚、马耳他演出。演唱有《上山来》《我爱老山兰》，为电视连续剧《诸葛亮》配唱主题歌。

江颐康（1925— ）

音乐教育家。广东清远人。毕业于上海音乐学院作曲系。1957至1971年任教于广州星海音乐学院作曲系，担任理论教研组组长。后从事交响乐配器法教学。作曲系教授、广东音协理论作曲委员。作有《交响乐配器》《民族管弦乐配器法》《和声》与《复调》等教材。创作数十部影视音乐，编配上百首大型管弦乐及民族管弦乐作品。

江永定（1938— ）

歌剧表演艺术家。安徽人。安徽省歌舞团歌队原副队长。曾在歌剧《刘胡兰》中饰大胡子，《小二黑结婚》中饰老董，《红霞》中饰冯顺，《货郎与小姐》中饰苏尔坦别克，《夺印》中饰陈景宜。独唱有《喀秋莎》《康定情歌》，领唱《保卫和平》《神圣的旗帜》及大合唱《黄河大合唱》，交响乐《沙家浜》等。多次在各类音乐比赛中获奖。

江宇藩（1934— ）

小提琴演奏家、音乐教育家。河南开封人。曾为河南大学音乐系副教授。1962年毕业于西安音乐学院，曾任陕西乐团交响乐队演奏员及陕西安康歌剧团指挥。指挥演出过《长征组歌》、琵琶协奏曲《孟姜女》等，创作并指挥有交响序曲《秋收起义》和声乐套曲《精忠魂》等。撰有《视唱练耳教学中的节奏训练》等文。

江玉亭（1937— ）

音乐理论家。河北临西人。1965年毕业于天津音乐学院作曲系。曾任河北省艺术研究所音舞室副主任。《中国民歌集成》（河北卷）责任编辑。撰有《泊镇高跷调中的

远关系转调》。

江育珊（1933— ）

女声乐教育家。重庆人。1950年入部队文工团。1953年参加赴朝慰问演出团任独唱、领唱、男女声对唱。曾在西南军区文工团、空政文工团、宁夏回族自治区文工团任歌唱演员。多次师从国内外著名专家学习声乐。1983年任宁夏艺术学校声乐教师，并担任历届省、市各类声乐大赛评委。所教授的学生曾获歌唱比赛奖及全国少数民族歌舞汇演"新人奖"。

江则理（1949— ）

音乐编导家。浙江人。中央电视台戏曲音乐部副主任、主任编辑。1963年毕业于中国戏曲学院戏曲音乐专业，后留校任教。曾数次获中国电视文艺"星光奖"。

江正林（1938— ）

作曲家。江苏如东人。长期从事基层群众文化工作，收集、整理如东民歌近百首，《新店车水号子》《讨饭号子》等十余首被收入《中国民间歌曲集成·江苏卷》。创作的歌曲有几十首在省市级以上活动中演唱、发表播出或获奖。《牧童歌曲》在全国"小百灵"赛歌中获银奖，《我的名字叫'黄海'》在首届全国乡镇企业歌曲征评中获铜奖，《渔歌》在中国首届民歌大赛中获金奖。

姜 澄（1945— ）

音乐编辑家。山东青岛人。1965年毕业于中央音乐学院附中音乐理论专业。先后在北京乐器总厂、乐器研究所工作。1979年参与《音乐周报》（原《北京音乐报》）的创建。自该报创刊以来，以文字、摄影、歌曲创作、电脑音乐制作等方式报道国内外大量的重要音乐活动，并多次参与组织各类音乐演出。其作品曾获北京市好新闻评比二等奖。被北京市授予"优秀新闻工作者"称号。

姜 堞（1923—2004）

女高音歌唱家、声乐教育家。山东济南人。1945年毕业于重庆国立音乐学院分院声乐系，在歌剧《荆轲》中任女主角。1938年曾参加抗日学生演剧队并随队南下四川。新中国成立前曾在青岛、西安等地举行个人独唱音乐会，并为影片《江南春晓》《希望在人间》配唱。先后在苏北解放区文艺训练班、中央戏剧学院歌剧系任教，1953年任总政歌舞团教员、独唱演员，并随团赴苏、捷、罗、波等国访问演出，获罗马尼亚军队颁发的勋章，1957年调回中央戏剧学院表演系任教。合著有《舞台发声基础训练》。

姜 虹（1960— ）

女琵琶演奏家。满族。黑龙江哈尔滨人。1978年考入上海音乐学院民乐系琵琶专业，师从叶绪然教授并随林友仁学习古琴。哈尔滨师范大学艺术学院管弦系教授、硕士生导师。1998年在哈尔滨举办个人独奏音乐会。撰有《论琵琶演奏艺术》《论琵琶演奏技巧与人体技能及大脑的影响》《怎样练好琵琶左手的按音》《琵琶吟、揉及吟揉弦之我见》《浅述琵琶演奏技法对人体机能的影响》等文。

专著《琵琶艺术》于2001年出版，2003年获哈尔滨师范大学颁发的优秀教学奖。27届"哈尔滨之夏"音乐会演奏创作乐曲《短歌》。多次赴日本、俄罗斯等国演出。

姜 克（1933— ）

双簧管演奏家。黑龙江人。1961年毕业于沈阳音乐学院管弦系。曾任沈阳音乐学院附中管乐教研室主任。后调中央芭蕾舞团乐团，历任第一双簧管、木管组长，乐团团长。参加芭蕾舞剧《天鹅湖》《红色娘子军》演出，并组织音乐会，影视录音。曾率乐团参加国际歌剧公司《阿伊达》在香港的演出，任秘书长。1997年协助郑小瑛创建厦门爱乐乐团，时任副总监。2005年任北京市百年农工子弟职业学校顾问及教师。2008年被授予"奥运艺术家"称号。

姜 夔（1931— ）

音乐教育家。北京人。1956年毕业于中央音乐学院作曲系后留校任教，副教授。主教视唱练耳、复调音乐等课程。撰有《关于变唱名问题》《蒙古族民歌中羽调式的律制特点》等文。

姜 敏（1933— ）

音乐编辑家。四川成都人。1944年进入陶行知育才学校。先后在舞蹈组、音乐组学习。1949年参军，在苏南军区文工团等单位工作。1955年考入中央广播合唱团，曾参加该团无伴奏合唱音乐会演出。多次参加音乐舞蹈史诗《东方红》《贝九》《刚果河在怒吼》等重要演出。1978年调到中国唱片社，为音编部主任编辑。组录钢琴协奏曲《黄河》、郭淑珍、叶佩英、黎信昌、迪里拜尔、盛中国、胡坤、鲍蕙荞、杨峻、李焕之等专辑。

姜 楠（1954— ）

作曲家。辽宁沈阳人。呼伦贝尔市歌舞团副团长、内蒙古音协理事、呼伦贝尔市音协副主席。1989年毕业于中国函授音乐学院作曲系。作有歌曲《伊敏河流过的地方》《挤奶歌》《我们是勇敢的鄂伦春》等分别在《歌曲》《草原歌声》刊物上发表。《鄂伦春乡音》在内蒙古首届"交响乐室内乐作品大赛"中获创作二等奖，大型民族歌舞剧《情系兴安》获自治区"五个一工程"奖，舞蹈音乐《山果熟了》在第二届全国少数民族汇演中获二等奖，《高高的兴安岭》音乐获文化部"群星杯"创作金奖。

姜 宁（1949— ）

音乐编辑家。北京人。曾为山东省音协理事、济南市电视台总编室副主任。1968年毕业于中央音乐学院附中。曾任山东省京剧团乐队演奏员。编辑、撰稿有歌剧《泪血樱花》录音剪辑，专题音乐《青山歌中走，泉水弦上流》《故乡的恋歌，统一的呼声》《王红艺柳琴独奏曲欣赏》。曾任大型文艺晚会《五彩金桥》编导。编导的电视专栏《今晚荧屏》获山东省电视类节目一等奖。

姜 萍（1933— ）

女中音歌唱家。满族。辽宁凤城人。1949年从事部队文艺工作。曾任总政歌舞团合唱队副声部长。在歌剧《刘胡兰》中扮爱兰子，《白毛女》中扮演喜儿。

姜　诗（1937— ）

歌词作家。四川广安人。1959年毕业于西南师范大学中文系。曾任四川干部函授学院德阳分院副院长、副教授。中国音乐文学学会会员、德阳市音协名誉主席。曾出版歌词集《留住春光》《星光灿烂》。作词歌曲《闪光的项链》于1996年获省"五个一工程"入选作品奖，《德阳，我心中的明珠》获全国百家城市电视台音乐风光歌曲展播银奖，《旗鼓阵》获全国广播征歌1998年度金奖、中宣部精神文明建设"五个一工程"奖。

姜　暐（1934— ）

音乐教育家。安徽滁州人。滁州学院副教授，主教和声、视唱练耳课程。全国高师理论作曲学会理事。1957年毕业于南京师大音乐系。师从陈洪教授。编著有《和声学习题解答》《高师系列钢琴、声乐教材和声、曲式分析提要》、创作歌曲选《花开的声音》及《实用和声学简明教程》（合作）等。《和声教学法及其教材建设》曾获1989年省高校优秀教学成果二等奖。所撰写的论文《试论和弦功能标记法的局限性》被编入《21世纪理论与发展优秀论坛精典》。

姜　希（1912—已故）

音乐教育家。湖南邵阳人。1936年上海国立音专理论作曲系肄业。后任南京艺术学院系主任、教授。曾任音协江苏分会理事。

姜　英（1957— ）

女中音歌唱家、声乐教育家。辽宁沈阳人。毕业于吉林省艺术学院，后赴中央音乐学院、上海音乐学院深造。全总文工团业务处处长，中国人民大学、浙江大学客座教授。1979年主演歌剧《奴隶和刀》获优秀演员奖。曾为《静静的大渡河》《芳草集》《蓝天畅想曲》等电影、电视剧录制主题歌，并在大型歌剧《秦始皇与万里长城》中饰演皇后。演唱有歌剧《塞维利亚理发师》《卡门》选曲和中国歌曲《江河水》《黑溜溜的大眼睛》。录制出版盒带《南京悲歌——1937》《天使之歌》。多次与温可铮教授举办师生独唱音乐会。

姜　咏（1959— ）

女歌剧表演艺术家。江苏人。1983年毕业于中央音乐学院歌剧系。现在中央歌剧院工作。曾主演歌剧《费加罗的婚礼》《农民进行曲》《佳尼·斯基奇》，并合作举行独唱音乐会。

姜　振（1953— ）

作曲家。河南驻马店人。河南省驻马店市汽车运输总公司总经理。省十届人大代表。1990年就读于河南省委党校，歌曲《百年思念》《庆祝香港回归》获97年河南省青年歌手卡拉OK大赛优秀创作奖，《中国农民》获"可旺杯"河南省第十届创作歌曲评选二等奖。

姜　志（1957— ）

女歌唱家。辽宁人。曾任北京基建工程兵文工团与武警政治部文工团歌唱演员。1986年考入中国音乐学院声乐系进修班，师从金铁霖。出版有个人演唱专辑《小雨沙沙沙》《山水寄情》。曾获1986年首届全国民歌、通俗歌曲大赛北京赛区优秀歌手奖、1988年全国"广播新歌"评奖演唱奖。多年来参加了中国音协组织的采风和演出活动。现定居美国。

姜　筑（1945— ）

音乐教育家。江苏江阴人。1965年毕业于贵州大学，后留校任教，该校艺术学院教授，硕士生导师。全国少年儿童小提琴教育学会理事、贵州省音协理事。从事小提琴、室内乐及音乐鉴赏、分析教学。创建贵州大学艺术学院《爱乐》室内乐团，演出五十余场。在全省举办个人独奏音乐会近百场，发表论文多篇。曾两度被贵州省文联授予"德艺双馨"称号。

姜宝成（1933—已故）

音乐教育家。湖北新洲人。1956年毕业于中南音专。曾任武汉音乐学院管弦乐第一副主任。从事单簧管、木管室内乐教学。

姜宝海（1941— ）

音乐理论家、教育家。山东青岛人。世界教科文卫组织专家成员。浙江师范大学音乐学院教授、硕士研究生导师。1956年考入山东师范学院五年制音乐专业。1961年毕业于山东艺术学院。曾在市戏曲团体、艺术馆任作曲、指挥。1983年后两次入上海音乐学院进修深造。1986年调入浙江师大音乐学院任教。1993年至1999年任音乐系主任、艺术学院副院长。1996年出版学术专著《筝学散论》。1998年入中国艺术研究院为高级访问学者。发表作品、论文多篇。曾获省级创作奖、国家级论文奖。

姜长沅（1934—已故）

指挥家、作曲家。辽宁丹东人。1952年毕业于中南部队艺术学院音乐系。1958年入甘肃省民族歌舞团任乐队指挥兼作曲，后任西北民族学院艺术系主任。指挥演出有《椰林怒火》《红色娘子军》《白毛女》等歌（舞）剧，小提琴协奏曲《梁祝》，交响音乐《沙家浜》及《海霞组曲》《瑶族舞曲》。作有管弦乐《新疆民歌主题改编曲》，电影纪录片音乐《草原变天堂》，歌曲《春耕曲》《历史潮流不可阻挡》。部分歌曲获省级奖。

姜春阳（1929— ）

作曲家。山东莱阳人。1948年从事部队文艺工作，曾任空政歌舞团创作员。歌剧音乐《江姐》（合作），独幕歌剧音乐《刘四姐》《端阳喜》《鸳鸯村》。作有歌曲《节日来到了》《东风进行曲》《我飞在祖国的天空》《歌唱革命老英雄》《青年，青年，早晨的太阳》《我是爱唱歌的百灵鸟》，组歌《歌唱雷锋式的女战士高东丽》，男声四重唱《送别》《幸福在哪里》《军营男子汉》等。同时，创作有舞蹈音乐《剪窗花》，电视剧音乐

《青春的浪花》等。歌剧《江姐》参加"全军第三届、第四届文艺汇演"获优秀作品奖并拍成电影。

姜大庸（1938— ）

小提琴演奏家。吉林辽源人。1950年始从事文艺工作。曾任辽宁歌剧院管弦乐队首席。

姜德操（1940—已故）

长号演奏家。四川成都人。1960年毕业于四川音乐学院。同年入总政军乐团。1963年入中央乐团交响乐队。曾任中央音乐学院管弦系、中央民族学院艺术系兼课教师。1980年在成都举办长号独奏音乐会。

姜德顺（1933—已故）

音乐教育家。河南许昌人。1956年毕业于中南音专管弦系。1960年进修于上海音乐学院小提琴专家班。曾任武汉音乐学院附中副校长。编著有《小提琴基本知识》《中国小提琴练习曲》。

姜德贤（1966— ）

女歌唱家。天津人。曾就读于天津音乐学院学习民族声乐。在校期间曾获天津"希望杯"大奖赛"优秀歌手奖"及全国民间音乐舞蹈比赛"文艺新人奖"。1988年随天津市慰问团赴老山前线慰问演出，同年举办个人毕业独唱音乐会。后到天津广播艺术团。在参加全国、省市各类比赛中获金奖、演唱奖、优秀奖。1991年出版个人演唱专辑《希望你不要改变》。发表《让中国的民歌更加丰富多彩》。2001年被评为天津市文艺新星。2002年考入北京广播学院研究生班。

姜斗坪（1941— ）

作曲家。湖北人。曾任湖北武钢文工团团长。武钢文联副主席。1961年毕业于湖北艺术学院附中，同年入武钢文工团任演奏员、作曲、指挥等。创作歌曲《弯弯的小路，长长的小河》。参加全国第二届职工调演等演出。策划并组织数百场文艺活动，培养了一批青少年钢琴人才。

姜光勋（1954— ）

音乐教育家。朝鲜族。吉林汪清人。中国音协手风琴学会常务理事，延边音协副主席，延边大学艺术学院院长。1975年毕业于延边艺术学校手风琴专业并留校任教。后入天津音乐学院进修。在全国手风琴比赛中多次获"优秀指导教师奖"。曾任第六、七、九届北京国际手风琴比赛评委。撰有《手风琴教程》及论文《延边音乐教育展望》等多篇。

姜海声（1962— ）

小提琴演奏家。吉林辽源人。1987年毕业于沈阳音乐学院管弦系。辽宁交响乐团乐队副队长。曾任广州军区战士歌舞团小提琴演奏员，辽宁歌剧院乐队小提琴副首席，辽宁交响乐团第一提琴声部长。演奏曲目《沉思》《丰收渔歌》《新疆之春》等。参加演出歌剧《归去来》获文化部优秀剧目奖，《苍原》分别获中宣部"五个一工程"

奖、第五届中国艺术节优秀剧目奖，《沧海》获第六届中国艺术节"文华优秀剧目奖"、第九届"五个一工程"奖。发表《如何掌握小提琴学派与演奏风格》论文。

姜和平（1947— ）

音乐活动家。河南开封人。1968年毕业于开封师范学院艺术系。1973年后任洛阳地区群艺馆音乐干部、副馆长、馆长，河南音协理事。先后担任《中国民间歌曲集成》《中国曲艺音乐集成》《中国曲艺志》河南卷编委。改编的《豫西小对花》《劝情歌》双获河南民歌大赛"十佳作品"奖。1995年以来分别在三届"河南省洛阳牡丹花会大型文艺庆典晚会"中担任策划、音乐总监、总导演，为"洛阳龙门石窟开凿1500周年文艺演出"负责人。洛阳市文联委员、市音协副主席。

姜红霞（1955— ）

女高音歌唱家。辽宁大连人。1982年毕业于天津音乐学院声乐系，后到天津广播影视艺术团任声乐演员。为电台、电视台录制个人专题片《歌坛霞正红》《姜红霞广播独唱音乐会》、每周一歌《礼花从夜空升起来》《春的祖国》等。参加录制的电视专题片《我们工人跟党走》获1997年天津市第十届优秀电视文学一等奖，电视音乐专题片《明珠璀璨》获全国歌星大汇串二等奖，参加中央电视台拍摄的MTV《春的祖国》获39届中国电视"金鹰奖"。

姜宏丽（1939— ）

女音乐编辑家。山东青岛人。1956年毕业于哈尔滨航空工业学校，后从事声乐专业和理论作曲。曾任黑龙江广播电台文艺部立体声节目组组长兼黑龙江广播电视爱乐乐团团长。编录多种音乐节目数百个，省电台节目数十个，其中《今天爱党情更深》《东北民歌新编》《和生活一同前进—访省词作家秀田》获优秀节目奖。作有歌曲《美丽的仙鹤》《机床伴我唱新歌》等。自采、自编、自录节目三十余个，大部被选作全国交换节目。为十多部电视剧、广播剧、风光片配制音乐。

姜宏轩（1919—已故）

豫剧作曲家。河南镇平人。1948年入河南南阳专署文工团工作。曾任河南豫剧院一团创作员。参加豫剧《朝阳沟》《人欢马叫》《花木兰》音乐设计。

姜家祥（1933— ）

声乐教育家。浙江鄞县人。1957年毕业于中央音乐学院声乐系。赴越南河内音乐学院任教一年。后在中央音乐学院任教。1963年始在中国音乐学院任教。撰有《民族唱法探索》等。

姜嘉镳（1939— ）

音乐评论家。浙江温州人。曾任温州师范学院音乐系主任。温州市朗诵艺术学会会长。1963年毕业于温州师范学院中文系。曾任该院写作教研室、艺术教研室主任。出版电影文学《辛弃疾》，散文集《小城遗风》，音乐专著《民族民间音乐》（合作）及《声乐大师郎毓秀》等。发表《姜嘉锵古典诗词演唱艺术》等文。

姜嘉锵（1935— ）

　　男高音歌唱家。浙江瑞安人。曾为中国音协理事。1956年入中央民族乐团任独唱演员。参加音乐舞蹈史诗《东方红》演出，在《中国革命之歌》中担任独唱。演唱有《川江无处不飞歌》《草原恋》《挑担茶叶上北京》《冬不拉，我的伙伴》等。曾获第六届世界青年联欢节金奖、文化部声乐表演一等奖、第一届全国听众最喜爱的歌唱演员奖。所演唱的《枫桥夜泊》获台湾第九届"金曲奖·最佳演唱人奖"，《中国古典诗词艺术歌曲姜嘉锵独唱集》获"中国金唱片奖·演员奖"。出版《怎样演唱中国艺术歌曲》教学片。为《诸葛亮》《边城》《家春秋》等影视片演唱插曲。曾在国内外举办多场独唱音乐会。担任多届国家级声乐比赛评委。

姜建华（1961— ）

　　女二胡演奏家。江苏人。1983年毕业于中央音乐学院本科，后在该院民乐系任教。曾多次出国访问演出。1980年在美国与小泽征尔指挥的波士顿交响乐团合作演出二胡协奏曲《江河水》等。录有《长城随想曲》等唱片。现居日本。

姜金富（1956— ）

　　音乐教育家。浙江人。浙江省龙泉市实验小学副校长、中国教育学会音乐教育专业委员会会员、丽水市教育学会中小学音乐教育专业委员会副会长。在国家和省级专业音乐报刊发表音教论文、随笔、歌曲百余篇（首），在省市、国家级音教论文评比中十多次获一等奖。出版《心之河——28年音乐教育实践》。先后被评为丽水市学科教学带头人、教改之星、全国学校艺术教育工作先进个人。

姜克美（1965— ）

　　女胡琴演奏家。辽宁沈阳人。先后毕业于沈阳音乐学院附中、中央音乐学院民乐系。中国广播民族乐团首席、中国民族管弦乐学会理事。曾赴亚洲、欧洲、美洲的二十多个国家和港、澳、台地区演出。与国内外乐团和指挥家合作，在北京、香港、澳门、台湾举办个人胡琴独奏音乐会、协奏音乐会。曾应邀出席"法国戛纳国际电视节""葡萄牙世界博览会"。2000年始连续在奥地利、瑞士、德国、美国等国的著名音乐殿堂演奏胡琴协奏曲。出版有《京风》《中国板胡》《胡琴轻音乐》个人演奏专辑唱片，录制有大量的音乐节目。

姜力舒（1955— ）

　　女琵琶演奏家。满族。辽宁大连人。大连歌舞团琵琶独奏演员，辽宁省艺术学校琵琶教授，辽宁省民族管弦乐学会理事。1996年于中央音乐学院师从张强学习琵琶。曾获"21世纪国际华乐节"交流展演特别奖，辽宁省第四届专业民族器乐比赛独奏一等奖，大连市专业艺术团体比赛一等奖。撰有《琵琶的揉弦技巧》，获世界华人交流协会等颁发的"国际优秀论文奖"。曾多次赴东南亚访问演出。

姜丽娜（1963— ）

　　女中音歌唱家。山东济南人。总政歌舞团女中音声部长。1986年毕业于中国音乐学院，师从李志曙。1986年获全国电视大奖赛北京赛区第二名，1988年获全国歌曲比赛金奖，1992年获全国声乐比赛美声组金奖，2000年获朝鲜国际艺术节合唱金奖。受聘任北京数所高校客座教授。

姜明礼（1939—已故）

　　中阮演奏家。天津人。1959年入吉林市歌舞团。曾在吉林省民族乐团工作。作有唢呐与乐队《群雁归》、板胡独奏曲《河南梆子腔》，唢呐独奏曲《二人转牌子曲》。

姜乃辰（1943— ）

　　歌唱家。浙江人。曾任四川省歌舞剧院歌剧导演，演员队队长。1965年毕业于四川音乐学院声乐系。参加各类演出千余场，扮演过诸多角色，导演过多部歌剧，培训演员及文艺骨干数十人。编有清唱剧《琵琶行》，撰有《声乐的鉴赏与方法》等文。编有《高等艺术院校声乐系歌剧表演课教学纲要与教材》。曾为《川江号子》课题组专委会成员，为四川音院声乐系客座教授，讲授《歌剧表演》《歌剧概论与赏析》等课。

姜培阳（1953— ）

　　演奏家。山东人。1970年考入总政军乐团学习长号专业，1972年毕业后任新学员分队长。1978年调入山东省歌舞团任首席长号并先后随团赴全国各地演出。1980年参加首届山东省青年演员汇演，获长号独奏一等奖。1985年任管弦乐队副队长、首席长号、管乐声部长。曾为山东省音协管乐专业委员会常务副会长。随团赴上海、北京、南京等地参加多场次大型交响音乐会担任独奏、领奏，为中央、省电台、电视台录制大量音像资料。

姜瑞芝（1907—1997）

　　女钢琴教育家。湖南人。30年代毕业于国立上海音专。后任上海音乐学院附小校长、顾问。长期从事钢琴和基本乐理教学。

姜世燕（1936— ）

　　指挥家。山东即墨人。1956年入交通部文工团任舞蹈演员，后调江西省歌舞团任打击乐演奏员、副队长，其间曾到上海音乐学院进修。后任该团副团长。曾在舞剧《小刀会》、歌剧《红灯记》演出中任打击乐声部负责人，担任指挥后演出了歌舞《井冈山颂》、芭蕾舞剧《白毛女》、钢琴协奏曲《黄河》以及交响乐大合唱等节目。有的作品录制唱片。指挥演出声乐套曲《赣水那边》获国家"合唱指挥奖"。

姜书奎（1947— ）

　　小号演奏家。山东济南人。1965年入济南军区军乐队学员班学习，1970年调总政军乐团。先后任小号演奏员、首席小号、声部长。曾参加历届国庆大典、重大阅兵、外事迎宾及艺术节、慰问、音乐会等演出活动。演奏有小号三重奏《游击队之歌》《号手的节日》《天上的太阳红彤

J

形》等。曾赴日本、芬兰、新加坡等国及香港、澳门地区访问演出。

姜水林（1945— ）

大三弦、柳琴演奏家。浙江余杭人。浙江歌舞剧院民乐团团长，中国民族管弦乐学会理事，全国三弦专家委员会委员，浙江民族管弦乐学会常务理事、秘书长。作有《蚕春曲》《舟山锣鼓》《阳春》《十八板》《大起板》。三弦独奏曲《话今昔》《欢乐的畲山》，三弦琵琶二重奏《江南春》等在全国比赛中获奖。参加全国及地方多场演出。曾随团赴摩洛哥、西德、芬兰、日本、马来西亚、法国、台湾等地访演。

姜斯文（1955— ）

演奏家。山东人。解放军军乐团副团长。1970年考入军乐团学员队，1972年毕业，先后任演奏员、干事、乐队队长、政治部主任、副团长。参加或组织完成数千次迎送外国元首和政府首脑的司礼演奏任务与数百次的国家重大庆典、阅兵、重大会议的仪式演奏任务。组织或带队赴国内、外演出数百场。1992与1999年分别参加并参与策划和组织军乐团参加全军第六届、第七届文艺汇演，荣获集体一等奖。

姜同心（1924— ）

音乐教育家。河南息县人。1938年参加抗日救亡活动。1945和1950年分别于西北音乐院钢琴专业、国立福建音专本科钢琴专业肄业。1956年由上海音乐学院理论作曲系毕业后，先后任周陵中学、嵩岳中学、陕州师范、福州陶淑女中音乐教员。曾在西安音乐学院任和声学专业课助教、讲师、副教授，并参与作曲系组建任理论教研组长。撰有《论和弦外音在和声思维发展中的作用》《秦腔音乐调试和声处理法》《近现代和声风格概述》等文。合作编著有《和声学教程》。作有歌曲、器乐曲、歌舞音乐等百余首（件）。

姜万通（1957— ）

作曲家、理论家。辽宁大连人。中国人民大学副教授。曾就职于大连歌舞团，后就读于沈阳音乐学院作曲系，毕业后留校任教。1985年考入沈阳音乐学院作曲系攻读硕士研究生，1999年考入中央音乐学院作曲系攻读博士研究生。创作的室内乐《远古风情》获第三届国际新音乐作曲家比赛音乐优秀奖，混声合唱《念奴娇·赤壁怀古》获台湾省立交响乐团第四届音乐比赛佳作奖等。著有《混沌·分形与音乐——音乐作品的混沌本质与分形研究初探》《耗散系统与音乐作品中的自组织现象》《施光南〈吐鲁番的葡萄熟了〉分型结构分析》等。

姜维成（1958— ）

二胡演奏家。湖南长沙人。1974年考入湖南省木偶皮影剧团乐队，1976年任该团乐队二胡、高胡独奏、领奏。1986年考入湖南师大艺术系。1984年随湖南省政府代表团赴日友好访问演出。1999至2001年任湖南省民族管弦乐团首席。所参与的二胡、高胡独奏、领奏的剧目多次获"文

华奖""金狮奖"和全国调演音乐奖。系湖南省民族管弦乐学会副秘书长。

姜文玖（1931— ）

大提琴教育家。朝鲜族。祖籍辽宁。生于朝鲜南原。1945年始从事部队文艺工作。为延边艺校高级讲师、器乐教研室主任。中国音协表演艺术委员会大提琴学会理事。

姜文娟（1932— ）

女歌唱家。回族。江苏南京人。1952年考入东北鲁迅文艺学院，后转入东北音乐专科学校声乐系学习，毕业后留校任教。1957年调建筑工程部歌舞剧院任声乐教员、独唱演员。1958年调中央广播合唱团任女高音声部长、声乐教员。多次参加音乐舞蹈史诗《东方红》《黄河大合唱》《贝多芬第九交响合唱曲》等大型演出。1984年开始先后八届担任中央电视台全国青年歌手大奖赛美声组评委。

姜文善（1954— ）

小号演奏家。山东海阳人。1970年考入解放军军乐团学员队学习小号。1972年毕业。1984和1999年作为联合军乐团大声部长参加建国35周年及50周年庆典演奏。1990年参加第十一届亚运会大型演奏。1997年参加庆祝香港回归仪式的演奏。2000年赴德国参加第三十六届不莱梅国际军乐节演出。参加过欢迎美国、俄罗斯等上百个国家元首、政府首脑来华访问重大仪式的演奏。1990年以来从事业余教学，培养一批优秀管乐人才。

姜文涛（1942— ）

作曲家。辽宁沈阳人。1967年毕业于沈阳音乐学院作曲系，同年入北京军区军乐队。1969年调铁道兵文工团任作曲、指挥，曾任创作室主任。1984年入铁道文工团，曾任总团副团长、兼歌舞团团长。作品有歌剧《送存折》《红花山》，电视剧《527级台阶》《北平和谈》，舞蹈音乐《剪彩的日子》《心相随》《桃花情》，大提琴独奏《节日的天山》（获全军第四届文艺汇演优秀创作奖），合唱组曲《千里成昆传凯歌》《边寨春歌》《苗岭飞歌》（全国首届中、小学文艺汇演合唱一等奖），独唱《凤凰花，我心上的花》《祖国你早，祖国你好》（中央台国庆35周年征歌一等奖），《筑路者的梦》等。

姜文志（1948— ）

单簧管演奏家。河北人。原总政军乐团演奏员。1969年毕业于本团学员队。在各种演出中担任领奏、齐奏。参加大量国家外事有关仪式、宴会以及国庆大典、党代会、人代会、政协会等演奏。参与策划、排练军乐行进演奏表演。多次担任国宾献花仪式等活动的指挥。曾赴泰国、香港演出。

姜希昆（1931—已故）

小号演奏家。满族。北京人。1949年入中国青年艺术剧院。曾任中央芭蕾舞团演奏员。

姜晓波（1956— ）

女高音歌唱家。吉林长春人。1978年入"包桂芳声乐教学小组"学习，1982年入中国音乐学院歌剧系进修。后在吉林省歌舞剧院工作。曾多次在省内声乐比赛中获奖。

姜晓胜（1946— ）

歌词作家、音乐活动家。安徽人。大学毕业。曾为安徽省芜湖市文化馆副研究员。安徽省音乐文学学会副主席、芜湖市音乐舞蹈家协会名誉主席、《芜湖群众文化》报总编。1971年进入芜湖市歌舞团创作组。1984年调入芜湖市文化馆，先后任文艺部主任、调研创作部主任。发表大量诗歌、歌词和音乐作品，其中歌曲《青青芳草地》获安徽省1997年"五个一工程"奖。为芜湖市第十届运动会创作会歌《青春飞扬》，为芜湖长江大桥落成通车创作了主题歌曲《心中彩虹》。现被聘从事非物质遗产的征集评审工作和芜湖市考试院培训班教师。

姜信子（1943— ）

女音乐教育家。朝鲜族。吉林和龙人。曾任延边音协理事。1961年延边艺术学校毕业后留校任教。1963年在吉林省民族文工团、后在延吉市朝鲜族艺术团任演员，1987年到延边艺术学院任教、副教授。1997年获中华校园歌曲电视大赛中学组辅导奖、校园歌曲园丁奖。发表有《民谣发声浅解》等论文多篇，培养出许多在全国民歌大赛中获奖的歌手。

姜兴国（1950— ）

歌词作家。黑龙江大庆人。大庆市工人文化宫主任。黑龙江音乐文学学会副主席。师从胡小石。1984年开始歌词创作，谱曲演唱百余首。发表歌词论文多篇。词作《那夜月儿圆》《松江水》《中国的春潮》《我是一缕绿色的风》《我们去踏浪》《我们跟党走》《采红莲》《总是石油情》《大森林》《大湿地》等作品获奖。出版歌词集《七色光缕》，主编出版《大庆不是传说》《大庆文艺精品丛书·音乐卷》歌曲专集。

姜兴龙（1969— ）

作曲家。江苏泗阳人。苏州市吴中区文化馆创作员。曾任空军工程大学军校生乐队演奏员，航空兵某师宣传科干事。作有歌曲《娃娃的心愿》《走江苏，爱江苏》《相城的孩子爱相城》，曾获江苏省音乐创作"钟山"奖、中国音乐"金钟"奖。歌曲《韵动中国》应征第三届全国体育大会，并作为会歌入选。

姜学尚（1944— ）

作曲家。浙江余姚人。浙江省民族管弦乐学会常务理事。1965年入浙江省艺校任教，同年任浙江越改剧组演奏、创作员。1978年起先后就职于浙江歌舞团、浙江小百花越剧团、浙江音像出版社编辑部主任。作有笛子独奏曲《断桥会》《南湖菱曲》，二胡独奏曲《穆桂英》，琵琶曲《西子月圆》，合奏曲《越剧音乐联奏》。为戏曲广播剧《白蛇传》编剧、编曲，并获"精品工程"奖。编辑昆曲《江南兰花》，越剧《白蛇传》，《二泉映月》等。

姜延辉（1956— ）

作曲家。辽宁沈阳人。中国社会音乐研究会副秘书长。1975年考入海政文工团。作有歌曲《中国妈妈》《新中国》《藏羚羊的诉说》《记住这一天》《爱情是什么》《不要惦记家》等。为合唱《中华婚礼进行曲》以及大型纪录片《雅鲁藏布江大峡谷探险》《昆明世博会》、电视剧《寇准》《鸽子从这里飞过》等作曲。曾获全国器乐比赛一等奖、全国电视星光金奖、"五个一工程"奖和全军一、二、三等奖，匈牙利国际艺术节"最佳作曲奖"，建国五十周年征歌一、二等奖。有的作品被编入音乐院校教材。曾赴美国、日本、新西兰、香港等国家和地区演出。

姜言鹤（1947— ）

女音乐教育家。北京人。中国音乐学院副教授、清华大学音乐辅修课兼职教师。1966年毕业于中国音乐学院附中声乐专业，后留校工作。1973年在部队文工团任独唱演员，后调回中国音乐学院进修民族声乐专业，参加研究生班学习。1988年参与附中声乐学科恢复建制工作。1989至2006年任中国音乐学院附中声乐学科主任。曾获文化部"第五届区永熙优秀音乐教育奖"。出任大赛评委，组织筹划多台音乐会。并发表音乐教育论文多篇。

姜一民（1947— ）

作曲家。江苏海门人。曾就读于上海音乐学院，期间创作《丝路随想》获上海音乐学院作曲三等奖。先后任新疆生产建设兵团歌舞团创编室作曲、兰州军区战斗歌舞团创作员。作有《藏风组曲》，电视音乐《归依》，歌剧《阿来巴郎》，音乐剧《狮虎之恋》，交响音画《塔克拉玛干》，交响诗《大戈壁》《交响叙事曲》及电视剧音乐等，其中舞蹈音乐《漠风》，小歌剧音乐《克里木参军》分别获全国、全军奖及文华奖。出版《西域乐魂》专辑。

姜一先（1933—已故）

圆号教育家。朝鲜族。吉林龙井人。1951年入延边歌舞团任演奏员。1965年毕业于中央民族学院艺术系。曾在延边艺校任教。

姜艺一（1933— ）

小号演奏家。朝鲜族。朝鲜庆尚北道人。1948年开始从事文艺工作，原任东北森林文工团小号独奏、指挥、作曲、团长。50年代先后师从俄籍柯切科夫斯基及德国柯拉切克学习小号演奏。曾借调长影乐团参加交响乐巡回演出《梁祝》《嘎达梅林》《命运交响曲》《蓝色多瑙河》等中外交响乐。长期从事小号教学，培养一批优秀学生。编有《小号二重奏曲集》。作有小号独奏曲《林海之歌》《欢乐金秋》，合唱曲《林海之歌》《林业工人之歌》。

姜亦亭（1953— ）

民歌演唱家。山东昌邑人。1970年入丹东市歌舞团。辽宁歌舞团独唱、重唱演员。1982年评为辽宁省一级青年优秀歌手。曾随团赴阿、罗、南、巴等国演出。

姜永强（1963— ）

上低音号演奏家。山东莱州人。解放军军乐团演奏员。曾在北京大学艺术系学习。1991年在中央电台录制上低音号独奏曲《威尼斯狂欢节主题变奏曲》。1998年录制上低音号独奏专辑。1992、1998年在军乐团举办的音乐会中演出独奏。撰有《次中音号、上低音号教程》。

姜有为（1952— ）

音乐教育家。浙江兰溪人。南京市雨花台区教师进修学校音乐教研员兼区音舞协会副主席。1999年毕业于南京师范大学音乐学院音乐学系，2000年本院研究生进修班毕业。曾为幼儿教材《韵律活动》《歌唱活动》等十一部课程配器与MIDI制作，为牛津版小学《英语》语言与歌曲MIDI制作音带。为学校企业创作体操音乐、校歌、行业歌曲数十首。

姜幼梅（1942— ）

女高音歌唱家。浙江温州人。1956年入浙江省歌舞团任独唱演员。1961年入上海声乐研究所进修。曾任武装警察部队文工团声乐教员、独唱演员。演唱有《畲民和党心连心》《阿哥当的是什么兵》《美丽的心灵》。

姜元禄（1930—已故）

作曲家。山东肥城人。1954年毕业于华东艺术专科学校音乐系。曾为南京艺术学院音乐系副教授。作有钢琴独奏曲《台湾民谣主题八首》，合编有民乐合奏曲《江南丝竹》等。

姜允生（1947— ）

音乐教育家。黑龙江佳木斯人。1969年毕业于吉林艺术学院音乐系。作有歌曲《改革、中国的希望之光》《钢城，太阳的故乡》等二十余首，发表或在电台"每周一歌"中播放，并选送"全国电台"优秀节目交流展播。有的作品在全国各类评比中获创作一、二等奖及优秀奖。改编、出版有电子琴独奏曲《土耳其进行曲》。所教学生在"推新人大赛"全国决赛中获"十佳奖"，本人多次获"园丁奖"、一等辅导奖、十佳辅导奖。连续六年获全国音乐考级"优秀音乐指导教师"奖。举办五次教学考级成果报告会。

姜兆駉（1940— ）

作曲家。浙江江山人。1959年起从事音乐工作，先后任歌舞团、剧团乐队演奏员、作曲，文化馆音乐干部，电台音乐编辑。在《人民日报》《人民音乐》等多种报刊上发表《三赞〈曲库〉》《谈当前歌曲创作问题》等数十篇以及多首音乐作品。曾获艺术集成志书编纂成果二等奖、《解放军歌曲》优秀作品奖。

姜哲山（1967— ）

音乐教育家。朝鲜族。吉林延吉人。延吉市第二高级中学教师。1986年毕业于延边艺术学院音乐教育系，1999年毕业于延边大学艺术学院音乐教育系。十余首歌曲在省市征歌中获奖，其中《花》在1997年第三届全国朝鲜语广播电视优秀节目评奖中获三等奖，撰有《歌唱技巧的探索》在全国首届跨世纪素质教育战略发展科研成果征文中获一等奖。

姜哲新（1950— ）

指挥家。辽宁庄河人。沈阳歌舞团乐队指挥。曾入沈阳音乐学院学习指挥。担任音乐设计兼指挥的京剧《乌纱记》曾获文化部"优秀剧目奖"，《煎石记》获第五届辽宁艺术节金奖，民族管弦乐《思故乡》获第四届沈阳音乐周作品奖。撰有《谈指挥的艺术修养》《谈指挥的排练及准备》《指挥札记》。

姜振民（1942— ）

声乐教育家。江苏射阳人。1963年从事部队文艺工作。1967年毕业于解放军艺术学院音乐系。先后任四川乐山市群艺馆音舞组组长、辅导部主任，乐山市音协副主席，海南大学艺术系副主任和声乐教研室主任，琼州大学艺术系主任、教授。创作并演出组歌《祖国万岁》获西藏军区文艺汇演大奖。搜集整理、编纂《中国民族民间音乐集成·四川乐山卷》和《乐山民歌集》。发表《声乐艺术教学札记》《也探民族声乐》等文十余篇（部），创作歌曲《琼州游子魂》获优秀奖。曾在《似梦年华》《跨国大追捕》《浴血金三角》等电视连续剧中饰演重要角色。

姜竹声（1963— ）

大提琴演奏家。辽宁沈阳人。1985年毕业于解放军艺术学院音乐系大提琴专业，后任职于武警政治部文工团，任乐队首席大提琴。参加过大型歌剧《屈原》、总政宣传部举办的双拥晚会、八一晚会以及纪念红军长征胜利70周年大型史诗音画《十送红军》等的演出。

蒋　恒（1941— ）

音乐理论家、指挥家。云南昆明人。解放军艺术学院音乐理论课教研室主任、音乐教育家、教授。1965年四川音乐学院毕业（主修小提琴和作曲），分配至河南省京剧团任指挥、作曲。参加京剧《传抢》《掩护》音乐创作及《奇袭白虎团》配器。担任京剧《智取威虎山》《红灯记》《奇袭白虎团》，舞剧《白毛女》《红色娘子军》等剧目和多部管弦乐、合唱作品音乐会的指挥，获全军优秀指挥奖。1979年入解放军艺术学院音乐系任教。撰有《简论'织体'在音乐表现方面的意义》《基础和声写作》《交响音乐欣赏与分析》。编撰《四部和声写作与传统和声分析》《调式复杂现象分析谱例100首》等教材。

蒋　泓（1949— ）

女钢琴教育家。河北人。1968年毕业于沈阳音乐学院。先后在本溪市歌舞团、沈阳音乐学院附中、师范系任钢琴演奏员、教师，教授、硕士生导师。所教学生有多人在全国、省、市钢琴比赛中获奖，有数十名毕业生留校任教取得研究生学位。撰写、发表数篇学术论文，并多次获国家、省、市级奖。主编和编写出版《初中等钢琴名曲》

曲集、《中外钢琴名曲曲库》1—20集等大型钢琴丛书。改编、出版多首钢琴独奏曲《我的祖国》等，演奏、录制、出版钢琴CD盘。多次获省、市和曾宪梓教育基金会颁发的全国高等师范院校优秀教师奖。

蒋　菁（1931—已故）

女音乐理论家。江苏常州人。1960年毕业于中央音乐学院作曲系。曾任该院音乐学系民族音乐教研室主任。副教授。撰有《略论曲牌体戏曲唱腔的句法结构》等文。作有歌曲《哈尼姑娘赶街》。

蒋　莉（1972— ）

女古筝教育家、演奏家。北京人。北京首都师范大学音乐学院古筝副教授。1986年考入中央民族大学音乐系预科古筝演奏专业，后升入本科。曾获ART杯国际比赛优秀奖。1996年举办个人毕业独奏及作品音乐会。同年分配至首师大音乐学院任教，在教学的同时获硕士学位。曾赴日本、韩国、美国等进行文化艺术交流。发表多篇论文，出版个人教学DVD《怎样弹古筝》和古筝教材《古筝弹奏入门》。

蒋　丽（1961— ）

女高音歌唱家。浙江湖州人。1990年哈尔滨师范大学音乐教育系毕业。2002年参加"费拉罗国际声乐歌剧大师班"学习。高级音乐教师，哈尔滨音协理事，哈药集团制药总厂歌舞团演员。曾获黑龙江"群星杯"声乐比赛美声组一等奖，黑龙江青年歌手大奖赛美声唱法业余组第一名，"步步高杯"全国青年歌手电视大奖赛优秀歌手奖。在"心连心"艺术团赴包头市慰问演出中担任联唱。2004年在哈尔滨举办"心灵之声"——蒋丽独唱音乐会。

蒋　平（1928— ）

女钢琴教育家。湖北武汉人。1948年毕业于前国立社会教育学院音乐系，并在国立上海音乐专科学校钢琴系学习。1949年始先后任解放军二野政治部文工团乐队演奏员，重庆市文工团乐队队员，西南师大音乐系钢琴教师、副教授。1988年在美国洛杉矶从事儿童课外钢琴教学。曾参加重庆等地各类演出及音乐会，任钢琴独奏、伴奏。

蒋　青（1941— ）

女二胡演奏家。江苏宜兴人。1965年毕业于中国音乐学院器乐系后留校任教。与蒋风之先生合著《蒋风之二胡演奏艺术》。

蒋　维（1965— ）

女音乐教育家。江苏南通人。1989年毕业于南京师大音乐系。江苏省音乐特级教师，中国卫星电视教材《新课程音乐课例》示范教师。曾在市、省及全国上公开课、示范课数十次。参加省、市基本功比赛，多次获一等奖，指导青年教师参加专业比赛，数十人次获一等奖。在各地作学术讲座四十余场，撰写及主编、参编省初中国际音乐教材30册，发表论文数十篇。先后被评为南通市劳动模范、市音乐学科带头人。被市政府授予"南通市园丁奖"。

蒋　衍（1930— ）

作曲家。上海人。1946年就读于国立上海音专。1954年任职于中央乐团，后在中国煤矿文工团乐队任指挥、作曲。曾为第十一届全运会、孟加拉南亚运动会等创作团体操音乐，均获举办国政府颁发的最高荣誉奖章和奖状。作有声乐曲《熊猫盼盼》（第十一届亚运会团体操《童心闪烁》主题歌），《让友爱充满世界》《青春万岁》（第十一届亚运会推荐歌曲），《我心中只有你》《可爱的故乡》，交响组曲《北非纪行》《春潮》《北美之旅》及交响序曲《塞维尔之夜》，影视音乐《父子婚事》等。

蒋　毅（1963— ）

歌唱家、声乐教育家。江苏扬州人。就职于扬州科技学院技术学院。1989年毕业于南京师范大学音乐系。1991年在上海音乐学院进修声乐硕士。1994年起先后在扬州、南京举办个人独唱音乐会，后应邀多次赴日本东京等地举办个人独唱音乐会，2002年赴韩国演出。撰有《民族声乐教学与走向刍议》《谈谈歌剧蝴蝶夫人的创作背景》等。

蒋　英（1919— ）

女高音歌唱家、声乐教育家。北京人。早年在上海求学时开始学习钢琴。1937年入德国柏林音乐大学声乐系，1941年肄业。1942年入瑞士洛山音乐学院研究生班，攻读德国艺术歌曲及歌剧表演。1946年回国，多次在北京、上海、杭州等地举办个人独唱音乐会。1947年再度出国深造。1955年随钱学森回国，任中央歌剧院独唱演员兼教员。1959年始长期执教于中央音乐学院，历任声乐系教学研究室主任、歌剧系副主任、声乐系主任，教授。中国音协理事。曾获第二届中国音乐"金钟奖"终身成就奖。培养了傅海静、姜咏等一批歌唱家。选编、译配有《法国艺术歌曲集》《女高音歌剧选曲》及舒伯特、舒曼、勃拉姆斯、德沃夏克等歌曲专集。发表有《西欧声乐发展史》《德国艺术歌曲》等文。

蒋　钰（1947— ）

打击乐演奏家。北京人。1963年在总政军乐团学员队学习打击乐，后留军乐团四队担任演奏工作。曾任北京艺校音训班教师，北京歌舞团交响乐队乐手。在总政军乐团期间经常参与重大演出活动。1985年入北京交响乐团，任打击乐声部长。曾与指挥家李德伦、汤沐海等合作演出，演奏古典、近代以及中国作曲家的大量交响音乐作品。

蒋　舟（1973— ）

音乐编辑家。四川广安人。中国华艺广播公司文艺部副主任。福建省音协青年音乐学会副会长。1994年毕业于浙江广播电视高等专科学校新闻系，2004年毕业于中国传媒大学广告系。获奖作品有《飞》《红红的日子》《山河听我说》，发表歌曲《团圆中国年》《幸福在你身边》《感动》等。

蒋本奕（1950— ）

作曲家。辽宁大连人。1980、1987年先后毕业于沈阳音乐学院、上海音乐学院作曲系，现在丹东市歌舞团工作。作有管弦乐《火把节》，获辽宁省优秀文艺作品年奖。器乐曲《雪撬》，舞蹈音乐《手铃舞》获省创作奖。1987年在北京举办作品音乐会。

蒋冰杰（1925— ）

作曲家。贵州贵阳人。曾任贵州省音协副主席、贵阳市文联副主席、市音协主席，《新花乐刊》主编，《苗岭之声》副主编，贵阳市文化局局长兼党组书记。1950年开始在省内外发表群众歌曲。主要作品有《建筑工人的歌》《振兴中华情满怀》《春在人民心坎里》《我爱贵州山和水》《如梦令·侗乡晨渡》《柳梢青·咏百花湖》等。1994年出版论文集《艺林花雨》，收入《得其意而后唱》《曲尽情未尽》《乡音格外亲》等百余篇文章。

蒋才如（1945— ）

二胡演奏家。四川成都人。1963年毕业于中央音乐学院附中，1968年毕业于该院民乐系。后任职于成都军区战旗歌舞团。曾任中国京剧团乐队首席、战旗歌舞团副团长。中国音协二胡学会副会长、中国民族管弦乐学会常务理事，四川省音协副主席。创作并演奏二胡曲《北京有个金太阳》《忆亲人》《欢乐的彝寨》《军民曲》《凉山的春天》《川江船歌》及二胡协奏曲《白蛇怨》（合作），录制多盒（盘）二胡专辑。先后赴英国、苏联、波兰、加拿大、奥地利等国家演出。

蒋成俊（1946— ）

作曲家。四川南江人。在《歌曲》《词刊》《音乐周报》等多家报刊发表大量歌曲作品。出版有《蒋成俊歌曲选》等多部，主编文艺书报多种。2005年获中国"南北民歌擂台赛"评委会特别奖、在全国多种征歌中获奖数十次，《望乡》获《歌曲》杂志2008年词曲新作"晨钟奖"。所作歌曲在各类媒体传播。作有《不要忘了老百姓》《群雁的呼唤》《那个小女孩哪儿去了》。

蒋大为（1947— ）

男高音歌唱家。天津人。曾为森林警察文工团独唱演员。师从高慧菊等老师学声乐。1975年调中央民族歌舞团任独唱演员，后任团长。演唱曲目有《牡丹之歌》《北国之春》《沿着社会主义大道奔前方》《在那桃花盛开的地方》《小伙子今年十八九》《骏马奔驰保边疆》等，曾为电视剧《西游记》配唱主题歌《敢问路在何方》。曾多次赴美国、加拿大、日本、德国、新加坡、泰国等国家和地区举办演唱会。

蒋定穗（1946— ）

女音乐理论家。广东东莞人。1970年毕业于南开大学生物系。1982年毕业于中国艺术研究院研究生部。曾在中国音乐学院创研部研究室工作。撰有《陕西出土西周钟研究》等。

蒋风之（1908—1986）

二胡、琵琶演奏家，音乐教育家。江苏宜兴人。自幼随民间艺人学习多种民族乐器。1927年考入上海私立艺术

大学音乐系，后考入上海国立音专。1932年毕业与北平大学艺术学院音乐系，师从刘天华习小提琴、二胡，留校任教。新中国成立后，曾在中国音乐学院器乐系任系主任、教授，1980年任副院长。是最早演奏刘天华作品和阿炳的二胡曲的演奏家，曾将阿炳的二胡曲重新记谱、演奏由电台录制播出。创作有二胡曲《长夜》。曾将濒于失传的传统曲目改编成二胡曲，出版有《二胡曲八首》。毕生从事二胡演奏方法与演奏理论的研究，并对二胡进行改革。培养了项祖英、蒋巽风、王国潼等众多演奏家。专著有《民族器乐讲座》《蒋风之二胡演奏艺术》（与其女蒋青合著）等。曾任中国音协理事、中国文联委员。

蒋桂英（1935— ）

女歌唱家。湖北天门人。1953年调入中南广播电台。1956年入湖北艺术学院，作为研究生主修声乐，后留校任民歌教师。1963年调湖北省歌舞团任独唱演员，曾先后任该团团长、艺术指导。主持并参与大型民族歌舞《编钟乐舞》的创作。曾率团在全国各地巡回演出，并赴日本、美国、加拿大等国访问演出。1991年始致力于民族声乐研究和教学。演唱的《幸福歌》《回娘家》《柑子树》《绣荷包》及《洪湖赤卫队》选曲等四十余首歌曲，分别由中央电台及省、市电台播出或录制成唱片。其创编的《幸福歌》入选中小学音乐教材。曾任湖北省音协副主席。

蒋国基（1949— ）

笛子演奏家。浙江杭州人。中国民族管弦乐学会常务理事、赵松庭笛子研究会会长、中国竹笛专业委员会副会长、浙江省音协副主席。1975年入浙江省歌舞剧院，后任民族乐团团长。创作、改编笛子曲有《水乡船歌》《采桑曲》，著有《笛子入门教材》《蒋国基笛曲选》等。曾随团赴美国、芬兰、日本、埃及、德国等六十余个国家演出。论文有《赵松庭笛曲赏析七篇》《笛子演奏五讲》。为海内外唱片公司录制个人演奏专辑盒带《吴越之音》《鹧鸪飞》及CD唱片《西湖十景》《小放牛》《赵松庭笛曲精选》《水乡神笛》《水乡船歌》等。1993年以来分别在杭州、香港、日本、台湾举办数十场笛子独奏音乐会。曾获世界青年联欢节金奖、浙江省音乐舞蹈节器乐演奏一等奖、浙江省民乐比赛一等奖等。

蒋洪声（1930— ）

声乐教育家。辽宁沈阳人。1951年毕业于京华美术学院音乐系。曾任中央戏剧学院声乐教研室主任，副教授。为话剧《李尔王》《马克白斯》《屈原》《天国春秋》等配乐及作曲。

蒋继先（1937— ）

音乐教育家。作曲家。四川成都人。1961年由西南师范大学音乐系毕业，后分配到泸州师范学校任教。曾任泸州市文艺创作组组长、四川音协理事、泸州音协主席、文联常委。作有歌曲《一道喜讯传下来》《毛主席著作是传家宝》，合唱《风雨桃李八十春》。主编并出版《泸州歌声》《深深的怀念》《酒城的旋律》《金鹰曲》《酒城金凤凰》等歌曲集，编著音乐专业班教材《曲调写作法》

《歌唱训练》《指挥常识》。主持泸州十佳电视歌星评奖，出任科技人员歌手、乐手大赛评委。

蒋嘉陵（1948— ）

女音乐教育家。河北高阳人。天津音乐学院附中教师。1967年毕业于天津音乐学院附中，1989年于天津音乐学院夜大成人教育本科毕业。多年来从事群众文化工作，曾为部队和地方文艺团体培养不少人才，有的在文艺比赛中获奖。作有声乐套曲《海河组歌》（合作），编导并指挥的艺师百人大合唱获天津市委组织的纪念建党70周年全市歌咏比赛优秀奖。

蒋健宝（1936—已故）

声乐教育家。江苏镇江人。1964年毕业于上海音乐学院。曾在中央民族乐团工作。

蒋静风（1946— ）

二胡演奏家、作曲家。江苏宜兴人。1970年毕业于中国音乐学院器乐系二胡专业。曾在济南军区前卫歌曲团、北京歌舞团（现北京歌舞剧院）任独奏演员、乐队队长、音乐创作员及音乐总监。曾多次赴法国、比利时、瑞士、摩纳哥、日本、韩国等国家演出。2001年应马来西亚砂捞越美里市邀请担任华乐音乐总监及指挥。80年代后从事音乐创作。参与作曲的大型乐舞《盛世行》，板胡与乐队《乡归》，高胡、古筝、洋琴三重奏《思乡曲》及歌曲《致祖国》《父亲》等分别获文化部新剧目文华奖、新作品优秀奖及建国30—50周年音乐创作奖、荣誉奖。

蒋开儒（1935— ）

歌词作家。广西桂林人。1951年参加中国人民解放军。1958年转业至黑龙江穆棱县。历任创作员、文化馆长、文化局副局长、文联主席、政协副主席。市文明市民、深圳市优秀专家。作品有（词）《喊一声北大荒》《春天的故事》（合作）《走进新时代》《金光一缕》等。连续3次获中宣部"五个一工程"奖，曾获"金钟奖""文华奖""解放军文艺奖""广播文艺奖""人口文化奖""中国金唱片奖"。

蒋朗蟾（1928—已故）

笙教育家。上海人。1956年入东北音专任教。曾为武汉音乐学院编钟、古乐器研究室副教授。改革的36簧折叠管笙获文化部科技成果奖。

蒋力行（1946— ）

大提琴演奏家。北京人。1969年毕业于中央音乐学院管弦系。1972年入总政歌舞团任管弦乐队大提琴首席兼独奏演员。1986年入中央乐团室内乐队任大提琴首席。在全国第四届音乐作品比赛中获独奏及重奏两项演奏奖。

蒋龙章（1944— ）

钢琴演奏家、教育家。北京人。1967年毕业于解放军艺术学院音乐系。解放军艺术学院副教授。论文《谈声乐的钢琴伴奏与伴奏中的教学》发表在《解放军艺术学院

学报》上。1970年在广州中山纪念堂演奏钢琴协奏曲《黄河》。曾担任胡宝善、梁长喜以及全军"星海杯"声乐比赛、文化部组织的参加国际比赛歌手选拔赛等的钢琴伴奏工作。

蒋明龙（1955— ）

指挥家。重庆人。湖南省湘潭市文化局副局长，湘潭市音协主席。1982年武汉音乐学院毕业。从事音乐工作三十余年，担任数十部歌剧的指挥。1983年指挥轻歌剧《蜻蜓》赴北京参加全国歌剧座谈会演出。1987年指挥歌剧《深宫欲海》参加首届中国艺术节。

蒋樵生（1913—1973）

钢琴教育家。四川自贡人。20世纪30年代于国立杭州艺专音乐系肄业。1938年始从事音乐教学工作。曾为四川省立艺专副教授、教授。新中国成立后为西南音专器乐系教授。

蒋清奎（1932— ）

音乐编辑家。山西沁县人。1951年始在沁县一中任音乐教员。1958年入山西教育学院音乐科进修。曾任音协山西分会民研室编辑。作有歌曲《看在眼里喜在心里》。

蒋荣葡（1927— ）

女高音歌唱家。湖南东安人。1947年南京中央大学艺术系音乐组肄业。1953年入上海广播合唱团，参加罗马尼亚第四届世界青年联欢节合唱比赛获银质奖章。1956年调中央广播合唱团，曾参加中国人民慰问志愿军代表团。1957年演出二重奏并录制唱片，后为广电总局老干部合唱团女高音演员，并在全国老年合唱比赛中获金奖。

蒋瑞华（1941— ）

女歌唱家、声乐教育家。湖北人。曾为武汉华中理工大学艺术系音乐教研室主任，副教授。1964年毕业于湖北省艺术学院声乐系。曾任贵州省歌舞剧团独唱演员。撰有《论歌唱在普通高校音乐教学中的地位》等文，所出版的《乐理基础与名曲赏析》被列为普通高校音乐选修课教材，曾为武汉电台录制舒伯特以及柴科夫斯基艺术歌曲专辑。参与众多高校音乐教育研究课题。

蒋士枚（1941— ）

歌词作家。江苏淮阴人。1965年毕业于南京大学中文系。后调东方歌舞团任创作员。发表大量歌词。《我就是首都，我就是中国》《中国的微笑》《中国是支唱不完的歌》等歌词获国家及省、市奖励。曾译配外国歌曲三十余首，由歌唱家演唱并录制唱片或音带。曾在报刊发表评论外国歌舞艺术的文章百余篇，出版有《东方歌舞话芳菲》（合著），参与总体设计或主创由东方歌舞团演出的"海外风情""朋友，你好""多彩的世界"等数台大型歌舞晚会。

蒋婉求（1955— ）

女作曲家。江苏人。盐城市政协副主席，盐城市文

J

联副主席，盐城高等师范学校副校长、教授，第十、十一届全国人大代表。1970年参加工作，从事演奏、音乐教学与创作。所创作的琵琶独奏曲《淮河诉》获中国琵琶研究会创编奖，民族管弦曲《欢乐》在央视播出，琵琶协奏曲《黄海随想》获江苏省文化厅民乐大赛二等奖，二胡协奏曲《江淮情韵》获江苏省首届新作品优秀作品奖，琵琶与乐队《海之恋》获江苏省第六届音舞节作曲奖。发表学术论文四十多篇，所培养的学生多次获国家、省级奖。1998年举办"蒋婉求音乐研究成果暨作品研讨会"。为国家教育部表彰的"全国优秀教师"。

蒋伟风（1947— ）

二胡演奏家。江苏宜兴人。1969年前先后在中央音乐学院和中国音乐学院附中学习二胡。1973年入中国煤矿歌舞团。曾多次随团出国访问演出担任独奏和领奏。在"龙年音乐周"担任《汉宫秋月》独奏。

蒋梧桐（1928— ）

中提琴演奏家。北京人。1949年结业于华北大学第三部音乐科。曾在中国歌剧舞剧院工作。

蒋贤君（1955— ）

二胡演奏家。四川容县人。四川省二胡学会常务理事、四川省内江市音协副主席兼秘书长。1972年考入内江地区艺校，毕业后任内江市歌舞团乐队首席、二胡独奏演员。2003年参加四川省首届民族民间歌手、乐手电视大赛获专业组二胡铜奖，2004年参加全国声乐、器乐、舞蹈大赛获专业组二胡一等奖，2005年举办二胡独奏音乐会。培养学生四十余人，分别获省一、二、三等奖。

蒋祥斌（1935— ）

作曲家。安徽亳州人。河南商丘职业技术学院艺术部教师。1953、1954年分别毕业于开封艺专、河南师专音乐系。撰文二十余篇，其中《一把金钥匙——谈识谱教学》于1991年获河南中学音乐教学观摩和基本功比赛二等奖。发表歌曲百余首，部分获奖，其中《工地之夜》1990年获全国工人歌曲征歌银奖，《商丘卷烟厂之歌》1992年获全国厂歌征评三等奖。1976年组建商丘市民乐团，任艺术指导、指挥、作曲。

蒋小风（1932— ）

音乐理论家、作曲家。江苏宜兴人。中国交响乐爱好者学会理事。自幼随父蒋风之习二胡，16岁考入中央音乐学院作曲系，18岁赴柏林参加世界青年联欢节，19岁在中央乐团任首席低音提琴，1956年毕业于中央音乐学院肖淑娴作曲班，并在配器教研室任教。1965年始先后在空政文工团、中国歌舞剧院任作曲、指挥。作品有《第一交响曲》，双簧管曲《情歌》，二胡协奏曲《四部协奏交响曲》。指挥舞剧《宝莲灯》《铜雀伎》，歌剧《救救她》均获奖。著有《宫调思维说》《音乐本质论》等。

蒋小华（1960— ）

女歌唱家。四川南充人。南充市文化局副局长，南充市音协常务理事，政协常委，人大代表。1982年毕业于四川音乐学院声乐系，曾任南充市歌舞剧院演员。先后获西南三省十地市第三届歌手大赛民族唱法一等奖，第二届中国民族歌舞周声乐比赛三等奖。1993年在南充举办两场个人独唱音乐会。

蒋晓音（1957— ）

女音乐教育家。江苏苏州人。贵州民族学院音乐系古筝专业教授、民族器乐教研室主任。贵州省政协第九届委员、贵州省音协理事。1984年毕业于西南师范学院音乐系。1986至1987年在上海音乐学院进修。1988年随贵阳市文化友好艺术团赴日本演出。1996年举办"蒋晓音古筝教学音乐会"。2000年录制出版《鼓楼望月——筝与弦乐》音乐专辑。

蒋孝忠（1941— ）

歌唱家。浙江奉化人。1961年入广州军区歌剧团，曾任哈尔滨铁路文工团副团长。主演歌剧《欧阳海》《雷锋》。为影片《皆大欢喜》配唱插曲。

蒋醒民（1932— ）

音乐编辑家。山西汾阳人。1953年毕业于西北艺术学院音乐系。曾任中央新闻纪录电影制片厂音乐编辑。担任影片《赤子心——怀念廖公》《零的突破》《前进中的坦噶尼喀共和国》音乐编辑工作。

蒋雄达（1937— ）

小提琴演奏家、指挥家。上海人。全国少儿小提琴教育协会理事，北京太阳青少年乐团与北京少年室内乐团音乐总监、常任指挥。曾任海政歌舞团乐队队长、管弦乐队首席。1949年起从事部队文艺工作。期间历任三军大型文艺演出联合乐团首席。1979年兼任解放军艺术学院小提琴教师。1989年创建中国首家少年室内乐团。1992年应聘中国人民大学，组建大学生管弦乐团。

蒋巽风（1935— ）

二胡演奏家、教育家。江苏宜兴人。自幼向父亲蒋风之学习二胡。1951年起在部队从事文艺工作。1963年获第四届"上海之春"二胡比赛一等奖和新作品演奏奖。曾先后出访蒙古、苏联、阿尔巴尼亚、罗马尼亚、匈牙利、美国、缅甸、泰国、新加坡、香港等国家和地区。所教学生多人在全国比赛中获奖。参与编辑中国音协《全国二胡演奏（业余）考级作品集》四套。出版磁带、唱片演奏专辑数种。多次担任全国二胡比赛评委。

蒋言礼（1954— ）

歌词作家。山东莱阳人。1982年毕业于太原师专，2001年毕业于中央党校函授学院。太原晚报副总编辑。1974年开始歌词创作，作有大量歌词，发表有数百首、获奖百余次。歌词专集有《城里的秘密》，组歌有《交城山大合唱》《黄土风》。主要歌词作品有《卖老豆腐的小伙子》《我爱黄河》《慈母情》《每一天的中国》等。为《护士之歌》《小路进行曲》等多部电视剧创作主题歌及插曲，为多家企业、学校创作厂歌、校歌。2002年创作的《水上行舟》获山西省反腐倡廉文艺汇演优秀作品奖。

蒋一民（1954— ）

音乐理论家。江苏武进人。1978年毕业于上海音乐学院管弦系，后留校任教。1982年入北京大学哲学系美学研究生班进修。撰有《论音乐形象的特殊性》《音乐美学导论》《关于我国音乐文化落后原因的探讨》。

蒋贻德（1942— ）

作曲家。上海人。1958年入青海省民族歌舞剧团任副团长。中国民族管弦乐学会理事。1976年入中央音乐学院进修。作有琵琶曲《牡丹花儿红》，管弦乐《山乡的节日》，民乐曲《春意》，钢琴赋格曲《花儿的春天》。

蒋以增（1954— ）

音乐编辑家。福建福州人。1978年入福建师范大学音乐系学习。1982年毕业后分配至福建医科大学。1992年调入福建电视台，后任主任编辑。

蒋永安（1926— ）

女钢琴教育家。重庆人。1953年毕业于南京师院音乐系。曾在南京师大音乐系任教。编有《钢琴即兴伴奏教材》，撰有《歌曲旋律弹奏中的有关问题》等。

蒋永君（1955— ）

作曲家。广西桂林人。广东珠海市音协理事。1972年起任广西灌阳县文工团作曲、歌唱演员。毕业于桂林师范学院音乐系。曾任柳州火电公司宣传干事，后招聘到珠海市三中任音乐教师。创作的《渔女情》舞蹈音乐（词曲）获珠海市首届艺术节一等奖，歌曲《要说最美的花》获首届中国"黄河口杯"行业金曲展演大赛金奖，1994年出版发行《乡土喜庆音乐》磁带及《蒋永君歌曲选》。2003年由珠海文联、音协等主办"蒋永君歌曲选"演唱会。

蒋永康（1953— ）

音乐编导家。江苏高邮人。曾任重庆市歌剧团、歌舞团演员、副团长、副总经理及重庆艺术学校校长。出版有剧作《过客涂鸦记》。曾导演儿童剧《熊猫咪咪》并获文化部优秀剧目奖，音乐剧《小萝卜头望着我》获"重庆戏剧奖"，广播剧《巴山杜鹃花》，获重庆广电局"广播文艺"一等奖。组织、排练大型舞蹈诗《龙族风韵》《东方情韵》，并为大型风光片《西藏令人神往的地方》撰稿。

蒋咏荷（1924—已故）

民族音乐理论家。江苏常州人。1952年毕业于中央音乐学院民族管弦系。曾为西安音乐学院副教授。中国传统音乐学会理事。编有《笛子教材》，撰有《中国的乐器》《敦煌壁画中的隋唐乐器及其组合形式》。

蒋咏新（1960— ）

作曲家。江苏盱眙人。就职于中石化江苏油田分公司工会，中石化音舞协会理事。曾先后结业于长春电影制片厂音乐创作函授部、全国石油系统词曲写作学习班。歌曲《安塞鼓手》（词曲）《黄土石油汉》（词）《也曾有过》（词曲）获全国石油系统征歌三等奖、优秀奖，《背影》（曲）获全国首届廉政歌曲创作比赛二等奖，江苏反腐倡廉歌曲创作一等奖。2006年被评为中石化"德艺双馨"企业文化工作者。

蒋雨莲（1974— ）

女歌词作家。满族。河北隆化人。任职于河北承德市文化局。曾发表诗歌作品并在全国大赛中获奖，后开始歌词创作。歌词《生日的红蜡烛》在第六届"全国青年歌词奖"中获一等奖，《高天厚土》获第八届"全国青年歌词奖"创作奖，作词歌曲《今夜星光下》在央视播出，作词歌曲《我的长江》在中国音协主办的"长江颂"全国征歌中获一等奖。多件音乐文学作品见于《歌曲》月刊，其中《啊，西柏坡》获该刊首届"晨钟奖"。2009年参加主创的《柏坡交响·新中国从这里走来》由河北交响乐团在国家大剧院演出。

蒋玉衡（1921— ）

女作曲家。江苏溧阳人。1938年入延安抗大和鲁艺学习。1959年入中央音乐学院作曲系进修。曾任中央新闻纪录电影制片厂作曲。作有纪录片音乐《三门峡》《一定要根治海河》等。

蒋玉军（1965— ）

歌唱家。黑龙江人。任职于大庆石化公司工会，中国石油音协理事。毕业于哈尔滨师范大学艺术学院音教系。1995年参加团中央、中国音协主办的"益通杯"全国青年歌手大赛时，获三等奖。在文化部主办的全国第五届"群星奖"大赛中，获表演一等奖。1996年获第七届"双汇杯"全国青年歌手电视大奖赛民族唱法第三名。2002年获"首届中国职工艺术节"音乐展演民族组金奖。2003年获石油文化艺术工作"德艺双馨"奖，出版发行纪念铁人诞辰80周年"大庆人"个人演唱专辑。

蒋煜华（1949— ）

长号演奏家。北京人。1961年入总政军乐团学员班，毕业后先后在该团四队和国防科委文工团、中央民族歌舞团任演奏员。曾参加大型革命史诗《东方红》的演出，多次参加各项重大国事与外事演出活动。上世纪80年代开始指导社会合唱团的演出，其中指挥的"北京市穆斯林合唱团""北京市建筑设计研究院合唱团""北京市房地产管理局合唱团"获奖。

蒋远旭（1953— ）

笛子演奏家。辽宁大连人。中国民族管弦乐学会笛子专业委员会常务理事。海政歌舞团笛子独奏演员、分队长。先为歌剧《壮丽的婚礼》《歌仙·小野小町》《红珊瑚》等担任独奏和领奏，并获多种奖项，被评为业务能手。为影视剧、春节联欢晚会等配录演奏《摇滚青年》《幸运的星》《篱笆·女人和狗》《雍正王朝》等近百部。曾赴美国、泰国、俄罗斯等国演出。演奏的作品有《西宫调》《乡思》《故乡情》《荫中鸟》《三五七》《早晨》《鹧鸪飞》《马刀舞曲》《西沙随想》等。

蒋云声（1940— ）

作曲家。江苏金坛人。曾任商丘市剧协主席、音协名誉主席。1951年考入河南商丘市红星剧校。1956年始从事音乐创作、编导及艺术教育。曾为百余部豫剧谱曲。三十余部音乐作品由中国唱片社等录制发行。豫剧《社长女儿》《孔明拒谏》及四平调《哑女告状》等十余部作品分别获省、市音乐创作奖。创作歌曲《故乡音》流传台湾、新加坡等地。曾多次获理论研究成果奖。参与编写《中国戏曲音乐集成》和《中国戏曲志》。

蒋箴予（1919—已故）

女声乐教育家。湖南衡阳人。1945年毕业于国立音乐院分院。曾任武汉音乐学院声乐系教授。湖北省第三、五届人大代表。学生有曹群等。

蒋振声（1947— ）

作曲家。浙江温岭人。上海音乐出版社、上海文艺音像出版社编导、制作人。作有歌曲《哪个青年不爱美》《鲜花和琴弦》《铺上相会的彩桥》，琵琶重奏曲《林中小歌手》，集体舞《猜拳舞》音乐，分获上海民族乐队演出及小孔雀节创作优秀奖。歌曲《太阳好爸爸，月亮好妈妈》《一只白鹅送外婆》《开火车》分别在中央电视台三届全国儿童音乐电视大赛中获奖。为电视片《青春的旋律》作曲，出版歌曲专集《春风吹来了》和CD《骑着月亮摇啊摇》，古筝独奏曲《草原骏马》被台湾列入《中国民乐百科全集》。编著有《校园歌曲荟萃》《青少年学手风琴》等。

蒋筝鸣（1953— ）

作曲家。四川平昌人。四川省音协办公室主任、《乐苑》杂志责任编辑。创作的各类音乐作品曾在全国多家音乐期刊上发表或展演。二十多件声乐作品和舞蹈音乐在国内的评奖中获一、二等奖、优秀创作奖。作品有《我对祖国一片深情》《泸沽湖》《啊！老师》等出版或播出。作曲的舞蹈《我们热爱大熊猫》入选中日青少年联欢晚会。撰写的《论歌曲创作中的音乐形象》等论文和音乐评论文章在刊物发表。出版有《筝鸣歌曲选》。

蒋志超（1939— ）

笛子教育家。上海人。1962年毕业于中央音乐学院民乐系，曾任中央音乐学院民乐系管乐教研室副主任、高级讲师。曾赴西德、法国、瑞士演出。

蒋钟谱（1934— ）

作曲家。瑶族。湖南江华人。1952年起先后在湖南道县文工团、文化馆从事音乐辅导及创作。曾就读于中国音乐学院及北京人文大学函授音乐理论专业。歌曲《棉田小唱》《赤脚歌》《夜宵歌》《金花银花满山开》《高高叠脚楼》等为晋京演出节目，并获湖南省会演一、二等奖。撰有《祁阳小调》等文，出版有《瑶山飞出凤凰来》歌曲集。担任《中国民间歌曲集成·湖南卷》编委、责编，并获文艺集成志编纂成果一等奖。

蒋宗复（1941— ）

小提琴演奏家。江苏苏州人。1958年毕业于上海交响乐团学馆小提琴专业，分配到安徽歌舞团任乐队副队长、队长，后任交响乐团团长。曾参加肖斯塔科维奇《第十一交响曲》，第五届"上海之春"音乐会，交响乐《沙家浜》，舞剧《白毛女》《红色娘子军》以及由李德伦、曹鹏指挥的贝多芬《第五、第三交响曲》演出。1998年赴香港演出交响音乐会。2000年参加张国勇指挥的《黄梅交响曲》及"上海之春"国际音乐节演出《徽韵》。1995年任安徽小提琴学会常务理事。

蒋宗容（1942— ）

女音乐教育家、琵琶演奏家。贵州贵阳人。1964年毕业于贵州大学艺术系。贵州民族学院音乐舞蹈学院教授。中国歌剧舞剧院《琵琶教学考级教程》编委，全国音乐考级琵琶专业高级考官，贵州省琵琶学会副会长。多次担任国际、国内大赛评委。媒体有《长风翻翻琵琶弦——蒋宗容剪影》专题报导。著有《琵琶教与学》。撰有《陈天乐琵琶教学体系探悟》。作有琵琶独奏曲《清水江畅想曲》。所教学生在各类大赛中获奖，本人多次获指导教师奖。参与研制的多功能音乐拼板、音乐魔棍、五线谱有声识谱器获国家专利。

蒋祖馨（1930—已故）

作曲家。四川成都人。1957年毕业于上海音乐学院作曲系。曾为西安音乐学院作曲系副教授。作有钢琴独奏曲《庙会组曲》获1957年"莫斯科世界青年联欢节"铜质奖。组曲《山花烂漫》，广播剧音乐《三月雪》等。

降巩民（1951— ）

音乐编辑家、音乐活动家。山西人。北京市文化局局长，中国文联委员，北京市文联副主席、市政协常委。1969年始从事部队音乐工作。1980年任北京音乐台音乐编辑，后任立体声部主任、音乐台台长，曾首创电台工作模式数字化，并参与创办北京国际音乐节。2003年调北京市文化局，为北京市文化体制改革，公共文化体系建设，文化产业发展政策出台，以及北京非物质文化遗产申报与传承等，做了大量卓有成效的工作。参与组织策划并领导北京奥运会及国庆60周年大型文艺演出。曾多次赴国外考察进行文化交流活动。

焦　杰（1926— ）

音乐美学家、作曲家。回族。河南新野人。早年在西北音乐学院师从赵梅伯教授学声乐。1947年考入上海音乐学院学习声乐、理论作曲。1955年赴柏林鸿堡大学音乐科学研究院攻读研究生，从事歌剧美学的研究。1958年回上海音乐学院任歌剧表演教学。上海音乐学院研究所研究员。创作有声乐、室内乐、小提琴曲、钢琴曲等。论文有《歌剧美的探索》《关于我国歌剧艺术繁荣发展的思考》。1996年应聘任上海歌剧院《罗密欧与朱丽叶》剧组

J

顾问，后任上海歌剧院《卡门》剧组顾问。

焦 杰（1947— ）

唢呐演奏家、教育家。陕西西安人。西安音乐学院民乐系副教授、中国传统音乐学会会员、中国民族管弦乐学会唢呐专业委员会常务理事。1966年毕业于西安音乐学院附中唢呐专业，1973年起在西安音乐学院从事唢呐专业教学与研究，以及传统音乐——长安古乐的研究、演奏。1985年毕业于该院民乐系。1991年曾赴德国、法国、比利时、荷兰、瑞士、西班牙演出长安古乐。1997年赴台湾演出"长安古乐""秦风秦韵"音乐会。曾合作出版《长安古乐谱》，编著出版《陕西风格民族乐器系列——唢呐曲集》及《秦塬嘹歌》唢呐独奏专辑。

焦 凯（1932— ）

作曲家。江苏徐州人。1952年毕业于西北民族大学艺术系。曾任甘肃省民族歌舞团创作研究室主任、省音协副主席。创作歌剧、舞剧、电视电影、舞蹈音乐作品百余部，其中舞剧《丝路花雨》，话剧《西安事变》音乐获文化部创作一等奖，音乐剧《九色鹿》获全国优秀剧目汇演优秀奖，话剧音乐《马背菩提》获文化部"文华奖"、全国"五个一工程"奖，电视剧《魂归母亲河》获省委党员教育特别奖。长期研究西部少数民族音乐及中国古代音乐，并有《敦煌组曲》《香音神》问世。

焦 侃（1941— ）

音乐理论家。河南汲县人。1961年毕业于天津音乐学院作曲系。曾在德州地区艺术馆工作。中国律学学会第一届秘书长。著有《"谐律"简介》《论沉音列》。

焦 良（1939— ）

音乐教育家。河南开封人。曾就读于河南艺术学院音乐系、河南大学音乐系，毕业后就职于市文工团，1985年调入开封市文化艺术学校任教。曾任该校高级讲师兼专业课教研室主任。曾编写《中国音乐简史》大专教材，发表《谈开封叫卖音乐》《开封旱船调简析》等文章，创作歌曲《带露的玫瑰》《家乡溪水清悠悠》及歌剧《活愚公》。

焦 宓（1954— ）

作曲家。陕西人。河南省音协常务理事，郑州市音乐家协会副主席。1977年入兰州军区政治部文工团，1984年考入河南大学艺术系学习作曲，后到中央音乐学院进修。1988年任郑州铁路局文工团副团长，1992年起任郑州铁路局文化宫副主任。其作品《中华之恋》《啊，黄土地》等十余首歌曲曾获中央人民广播电台创作奖和河南省歌曲创作一等奖，编著有《中原放歌行》歌曲集，另有钢琴曲、舞蹈音乐等在刊物发表或在电台、电视台播出。

焦 鹅（1938— ）

作曲家。安徽安庆人。1962年毕业于中央音乐学院。曾在解放军艺术学院音乐系任共同课教研室主任。作有舞蹈音乐《小溪江河大海》《杨贵妃》等。

焦 遂（1939— ）

二胡演奏家。河南巩义人。中国音协音乐考级委员会二胡专业考官，郑州市音协顾问，郑州市民族器乐研究会会长。1961年毕业于郑州艺术学院音乐系二胡专业，曾任郑州市文工团、郑州市曲剧团首席二胡，郑州市群众艺术馆研究员。为基层培养大批文艺骨干，为艺术院团输送一批人才，曾被评为市"五个一工程"和省民舞集成、省民歌集成、省曲艺音乐集成先进工作者。创作声乐、器乐作品百余首。作有《谈河南坠子音乐》，歌曲《农机修理队下乡来》《豌豆花》《庄稼人生》，二胡独奏曲《牧民歌舞》及筝独奏曲《乡音》等。

焦 叶（1929— ）

音乐编辑家。江苏邳县人。1948年始从事音乐工作。曾任《群众歌声》《北京歌声》《山西歌声》编辑。后任山西舞蹈研究所《音乐舞蹈》编辑部主任、副编审。

焦芳兰（1952— ）

女二胡演奏家。山东人。黑龙江省歌舞剧院二胡演奏员。上海音乐学院民乐系二胡干修班毕业，师从于王永德教授。作有二胡独奏曲《新居》获创作奖。撰有《浅论二胡曲〈江河水〉的演奏处理》获省文化学术论文奖。1989年曾出访苏联十几个城市，独奏二胡曲《新婚别》《战马奔腾》等曲目。1990年二胡独奏《战马奔腾》获黑龙江省西北地区艺术节一等奖。曾赴台湾、香港进行文化交流演出，2004年获黑龙江省"希望杯"大赛一等奖。

焦光民（1941— ）

作曲家。河南灵宝人。1961年毕业于郑州艺术学院，曾任陕县剧团团长、县委宣传部副部长兼文化局局长、三门峡市第一届音协主席、第二届名誉主席、河南省第三届音协理事，先后参与《小八路》《一袋枣》《三婶学车》《县长家政》等的音乐创作，有作品分别在河南、山西省戏剧大赛中获奖。歌曲《大年三十剪窗花》《八月十五摇大枣》等在刊物发表或获奖。其中《剪花花》1995年由中央电视台多次播放。在考级活动中被评为优秀钢琴教师。

焦金海（1939— ）

古筝演奏家、作曲家。河南安阳人。1963年毕业于中央音乐学院民乐系。厦门大学艺术学院音乐系古筝教授。曾就职于中央广播民乐团、广州军区战士歌舞团、湖南广播电视艺术团。创作有《侗族舞曲》《芙蓉春早》《山丹丹开花红艳艳》《海峡组曲》《梦幻曲》《白云寄语》和《丝路情深》（获文化部奖）等三十余首筝独奏曲。1987年在北京出版第一部具有现代技法的筝演奏理论专著《筝演奏法》。发表有《筝乐苦音研究》《论筝乐定弦调式音阶》《仁智之器，筝筝然也》等筝乐论文。录制出版有《焦金海筝曲选》《筝乐名曲荟萃——焦金海大师演奏》等六张个人专辑激光唱片。曾在广州、福州、南昌等地举行独奏会及新加坡、加拿大、菲律宾及香港、澳门地区举办"焦金海筝乐作品演奏会"。曾出任中国音乐"金钟奖"全国古筝比赛决赛评委。

焦随东（1953—）

词曲作家。河南南阳人。先后在武汉、济南军区文化部负责部队文艺工作。所作歌曲《官兵友爱歌》《战士之歌》《谁说战士不想家》《山旮旯里住着我们连》《生日的歌》《我们是快乐的女兵》分别被总政在全军推荐和获全军会演一、二等奖。另作有《妈妈》《天下孝为先》《天地人和》《打电话》《迷彩军装》《军中谣》等数十首军旅歌曲，先后在部队演唱。出版《走出故乡的月亮》《兵歌行》《剑胆长吟》等多部歌词集。

焦望曾（1938—）

指挥家。陕西西安人。1961年毕业于西安音乐学院声乐系。后为陕西歌舞剧院轻音乐团指挥、艺术指导。指挥有歌剧《飘香的花手帕》《延安组歌》，第二届"海峡之声"音乐会，《延河水长流》音乐会。长期受聘西安音乐学院等院校任合唱课、指挥课教师，为音乐院校和文艺团体输送一批指挥人才。

焦晓瑜（1954—）

女钢琴家。江苏人。1982年毕业于安徽师范大学艺术系，后留校任教，任音乐系键盘教研室主任。长期从事钢琴教学以及声乐、器乐伴奏，并参加学校和市大型演出活动。所教学生在省、市比赛中多人次获一、二、三等奖。1994年在全国"华普杯"钢琴比赛中，获优秀教师证书。在音协主办的"王玉琴独唱音乐会"中担任伴奏。撰有《儿童钢琴教学漫谈》《现代学前教育学科通论》（合作）等十余篇论文。

焦志信（1941—）

板胡演奏家。陕西蓝田人。1960年毕业于西北戏曲研究院。曾任陕西省戏曲研究院艺术研究室全民艺术学校副校长。先后在该院秦腔、眉户戏、碗碗腔各团从事演奏工作。70年代在移植秦腔《智取威虎山》《红灯记》《沙家浜》，碗碗腔《红色娘子军》《芦荡火种》，眉户戏《杜鹃山》等剧目中担任板胡演奏。曾获文化部授予板胡演奏奖。论文有《关于戏曲音乐的继承、发展与提高》《关于戏曲音乐与乐队的关系》。

焦志勇（1963—）

萨克斯演奏家。河北人。1977年考入解放军军乐团学员队，1980年毕业后任该团一队萨克斯管首席、独奏演员。曾参加香港回归交接仪式，建国35周年与50周年庆典以及党代会、人代会、政协会等重要演出，并参加了美国、英国、俄罗斯总统、德国等国家领导人的欢迎仪式及国宴伴宴演奏等。随团出访日、法、德等国家。出版《萨克斯管吹奏法》教学演奏光盘、《萨克斯管名曲指导》以及《全国萨克斯管考绩曲目辅导示范》教学演奏光盘。

教蕴瑜（1930—）

女高音歌唱家。北京人。1952年毕业于中央音乐学院声乐系。曾任总政歌舞团独唱演员。1954年赴东欧国家演出。获罗马尼亚"金质星"勋章，波兰"十字"勋章、捷克"伏契克"奖章。

接厚芳（1953—）

女歌唱家。吉林人。空政文工团独唱演员，曾任演员队政治辅导员。演唱有《绿色的呼唤》《唱吧银鹰》《春天的风》《走在我们行列里》，出版《绿色的爱》《从森林飞向蓝天》等专辑。在军内外文艺汇演中分别获一、二、三等奖及优秀表演奖、中央电视台MTV银奖。1996年举办"从森林飞向蓝天—接厚芳独唱音乐会"。2002年策划、组织创作并录制《长白山下小江南》等五首MTV风光片和专题片。曾为部队和大专院校培训文艺骨干，辅导独唱、合唱多次获奖。学生考入中国音乐学院和吉林省艺术学院。撰有《怎样学唱歌》系列教材。受聘担任华夏文化振兴艺术团团长，北京理工大学兼职教授。

揭　冰（1954—）

女中音歌唱家。广西南宁人。广西艺术学院音乐教育学院副教授。1987年毕业于上海音乐学院声乐系，1995年毕业于英国Brunei学院。曾赴英国参加第十届国际教学音乐节任独唱，两次赴美国演出。指导学生12人在全国及省级声乐比赛中获一、二等奖。撰有《声乐启蒙教学谈》《高师声乐教改初探》等文。

劫　夫（1914—1976）

作曲家。吉林农安人。1937年到延安。历任教员、战地服务团团员、文工团团长、东北鲁艺音乐部部长、沈阳音乐学院院长等职。曾连任中国音协理事，音协辽宁分会主席。出版有《劫夫歌曲集》，作有歌剧音乐《星星之火》（合作），歌曲《歌唱二小放牛郎》《忘不了》《胜利花开遍地红》《革命人永远是年轻》《哈瓦那的孩子》《我们走在大路上》《一代一代传下去》等。

金　本（1942—）

歌词作家。山东黄县人。毕业于人民大学新闻系专科。曾任《中国儿童报》总编室主任，《中国少年报》及中国和平出版社编辑。出版有歌词集《小溪·小溪》。

金　波（1935—）

音乐文学家、儿童文学作家。河北冀县人。1961年毕业于北京师范学院中文系，曾在该院音乐系任教。教授。曾为中国音协第四届理事。中国音乐文学学会副主席。中国作家协会儿童文学委员会副主任。作词歌曲有《勤俭是咱们的传家宝》《在老师身边》《小青蛙，你唱吧》《海鸥，我们的朋友》等。出版有歌词集《林中的鸟声》以及诗集《金波儿童诗选》、儿童散文集、童话集等数十部。

金　帆（1916—2006）

歌词作家、诗人。广东兴宁人。1945年后在华南军区卫生部从事医务工作。1951年调入中央音乐学院音工团从事专业歌词创作。曾任《词刊》编委、中国音协理论创作委员会委员。作品有诗集《赴战壮歌》《解放集》，童话诗《神奇的小磨》，散文集《红军不怕远征难》《在红军长征的道路上》，合唱歌词《祖国大合唱》《春天大合

J

唱》《淮河大合唱》《红军根据地大合唱》等。抗战时期其作词歌曲《保卫祖国》《自由的号声》《中华民族万世辉煌》广为传唱。获奖作品有《守备战》《水兵回到海岸上》《我们多么幸福》《昂首阔步上战场》。

金　干（1927—　）

作曲家。重庆人。曾任中国音协第四届理事、重庆音协副主席。1951年毕业于西南人民艺术学院音乐系专科。先后在西南青年文工团、西南军区文工团、重庆歌剧院任作曲。作有《月落歌不落》《黄杨扁担闪悠悠》，组歌《我们的山歌唱不完》，电视音乐片《寻找山的回声》（1991年获建党70周年全国电视文艺节目一等奖），歌剧《火把节》（1984年获全国话剧、歌剧调演二等奖），1993年重庆音协、文化局、歌剧院联合举办"金干作品音乐会"。

金　花（1943—　）

女高音歌唱家。蒙古族。内蒙古哲里木盟人。1960年入乌审旗乌兰牧骑。后在内蒙歌舞团工作。音协内蒙分会常务理事、内蒙政协第四、五届委员。1980年全国少数民族文艺汇演获优秀演唱奖。

金　慧（1969—　）

女钢琴教育家。上海人。1991年毕业于南京艺术学院钢琴系，曾进修于该院音乐学研究生班。南京艺术学院音乐学院音乐教育系副教授。撰有《手指独立的技术性因素》《音乐表演艺术专业教学之教师要素》《永恒的黎明—华尔斯坦奏鸣曲》《最后的心声》。

金　珺（1939—　）

女钢琴教育家。天津人。1949年参加冀中建国学院文工团。1951年调入河北省文工团。1952年考入天津中央音乐学院少年班钢琴专业。1958年考入中央音乐学院钢琴系，师从郭志鸿教授。1964年毕业后分配到海军军乐队。1980年调入解放军艺术学院音乐系从事钢琴教学，副教授。1983年担任该院公演歌剧《托斯卡》的钢琴伴奏。

金　凯（1932—　）

音乐编辑家。山东济宁人。1948年参加华野文工团。1952年起从事新闻出版工作，先后任山东青年报编辑，山东人民出版社编辑，山东文艺出版社编委、艺术编辑室主任。出版有《山东民间歌曲选》《山东民间器乐曲选》《山东地方戏曲唱腔赏析》《柳子戏音乐研究》《桐荫山馆琴谱》《民族调式与和声》《中国人的音乐和音乐学》，以及《吉它系列丛书》等数百种图书。多次获优秀图书编辑奖。

金　浪（1934—　）

歌剧表演艺术家。辽宁康平人。1953年毕业于黑龙江师专。后在哈尔滨歌剧院任独唱演员。1954年师从俄国女高音歌唱家阿恰依和臧玉琰、张权、王福增。在第一届全国音乐周领唱《森林号子联唱》，并录制唱片。演出三十余部歌剧，1959年主演《货郎与小姐》作为国庆献礼节目。曾主演《星星之火》《小二黑结婚》《江姐》等。创作歌曲《援越抗美组歌》《毛泽东思想凯歌》《采油姑娘之歌》等。其作品有的在"哈尔滨之夏"音乐会演唱，有的发表或获奖。

金　黎（1945—　）

歌词作家。天津人。中文系大专毕业。曾任教师、新闻记者、高级编辑。中国音乐文学学会理事、《歌词月报》编辑部主任、天津儿童文学研究会副会长、《金摇篮儿童诗报》执行主编。出版个人词集《壮丽人生》《听月亮》和人物速写集《一代风流》，评论集《歌词艺术初探》。作品《中国体操队队歌》《郑州市市歌》《听月亮》《回家的路像根甘蔗》《祖国，我是你放飞的一只信鸽》《回家找不着门儿》《党旗上有咱这把锤》《爸爸打鱼回来啦》《黑土地、黄土地、红土地》《求人难》。

金　丽（1964—　）

女小提琴演奏家。辽宁人。哈尔滨市音协副主席。1983年毕业于哈尔滨师范大学艺术学院音乐系小提琴专业。1987年任哈尔滨歌舞剧院演奏员。在《仰天长啸》《焦裕禄》《江姐》等多部歌剧的演出中任乐团首席兼独奏部分。1991年获哈尔滨文化局专业技术人员基本功比赛第一名。1992年在省第三届"天鹅艺术节"上小提琴独奏《梁祝》获器乐演奏一等奖。1993年被评为哈尔滨市有突出贡献的中青年专家。

金　曼（1959—　）

女歌剧表演艺术家。朝鲜族。黑龙江江宁人。全国政协委员、全国政协科教文卫体专委会委员、全国青联常委、中国青年企业家协会副秘书长。曾演唱《金梭和银梭》《祝你一路顺风》等歌曲，在歌剧《江姐》中成功扮演主角，获第九届中国戏剧"梅花奖"。演唱的《我幸福，我生在中国》，获2002年中国电视"金鹰奖"。近年来致力于中国文化产业的开发和舞台艺术作品的创制，所创编的大型交响清唱剧《江姐》在全国巡演六十余场，2002年在人民大会堂演出。

金　明（1956—　）

音乐教育家。福建福州人。福建三明职业中等专业学校教师。1982年毕业于福建师大艺术系音乐专业。所指导的学生曾获省职业中学专业钢琴比赛一、二名，少儿钢琴比赛一、二、三名，高中组一等奖。在2005年省文艺出新人大赛和"中华之星"艺术大赛福建三明赛区钢琴比赛中，其学生有多名获青年组、少年组、儿童组金奖。

金　奇（1961—　）

作曲家。浙江杭州人。毕业于天津音乐学院。所创作的歌曲《月光流淌》《草原情思》等5首刊登于《音乐创作》，《会唱歌的月亮》获首届全国广播电视新歌评选一等奖，并被中国音协列为"金钟奖"声乐大赛指定曲目。1999年曾与著名歌唱家联手制作出版首张个人作品专辑《春风亲吻我的祖国》。

J

金 沙（1915—1996）

音乐教育家、笛子演奏家。河北保定人。1937年毕业于北平京华美术学院国画、音乐系。1941年毕业于重庆音乐干部训练班。曾在河北师院音乐系任教，在北京艺术师院兼课。天津音乐学院教授，硕士生导师。中国音协天津分会理事、乐器协会副理事长。培养了一批笛子教学、演奏骨干和专家。编写笛子教材四册。撰有《关于笛子音色的探讨》《笛子吹奏中的音准问题》等十余篇。

金 沙（1962— ）

歌词作家。回族。湖南隆回人。湖南张家界市文联副主席、湖南音协理事、湖南音协理论创作委员会副秘书长。曾任区（县）文化体育局长、《中小学音乐报》副总编辑等职。出版有作词歌曲《绿色的旋律》（与木生合作），歌词集《我的张家界》和文艺湘军百家文库，数十件音乐作品由出版社制成光碟出版发行或在中央、省、市电台、电视台演播。获国家、省级文艺创作奖和张家界市委、市政府文学艺术成果奖三十多次。

金 砂（1922—1996）

作曲家。四川铜梁人。1940年考入青木关国立音乐院理论作曲系，师从刘雪庵、陈田鹤。1943年考入璧山国立社会教育学院音乐组，作有歌曲《牧羊姑娘》。1949年参军到二野文工团，作有《打到西南去，解放全中国》。1955年调空军文工团，作有《家乡龙门阵摆不完》《毛主席来到咱农庄》。并创作歌剧《江姐》音乐（合作），之后又创作《金孔雀》等五部歌剧音乐和苏剧《五姑娘》。撰有《中国民族歌剧音乐探索》等文多篇。

金 韶（1940— ）

女作曲家、音乐编辑家。北京人。1959年毕业于中央音乐学院附中，同年入天津音乐学院作曲系学习并兼任附中视唱练耳课教师。毕业后在天津歌舞剧院任专业作曲及钢琴伴奏。1965年起在《天津歌声》任编辑、主任、主编。三十多年编辑生涯，首发许多优秀歌曲，并作有歌曲《瓷娃娃》，少年声乐套曲《茁壮成长》《美丽的琴弦》等二十余首获奖。出版有《金韶歌曲集》。

金 声（1942— ）

钢琴演奏家。上海人。1967年毕业于沈阳音乐学院钢琴系。中国音协师范院校钢琴协会副会长。著有《钢琴即兴伴奏的实践与应用》《钢琴演奏入门》。录制出版《高等师范院校钢琴基础教程》《世界著名儿童钢琴曲选》音带。撰有《论钢琴即兴伴奏能力的训练》《论钢琴伴奏的审美艺术》。1989年随上海师范大学教授代表团访问日本。曾任抚顺歌舞团独奏演员，上海师范大学音乐系钢琴教研室主任、系主任。

金 石（1933— ）

钢琴演奏家、教育家。上海人。自幼习琴。1951年在上海举办独奏会。1956年入沈阳音乐学院钢琴系任教，教授。从事钢琴教学几十年，培养大批音乐人才，学生有多人在国内外比赛中获奖。录制有唱片《中国钢琴家系列·金石专辑》。出版及发表著作、译作有《浅论声音》《车尔尼钢琴练习曲的训练和应用》《学生常用乐器知识与演奏技巧》（钢琴篇），《安德列·加夫里洛夫谈钢琴艺术》《钢琴家吉列尔斯》《斯维亚托斯拉夫·李赫特尔》。主编有《钢琴教学丛书》系列。

金 伟（1955— ）

二胡演奏家。上海人。1982年毕业于西安音乐学院民乐系二胡专业。中国胡琴专业委员会副会长、中国二胡学会常务理事，西安音乐学院教授、硕士生导师、民族弓弦乐教研室主任。撰有《论秦派二胡的形成发展、风格特点及演奏技法》《论二胡演奏的音乐表现》等文二十余篇。二胡作品有《秦风》《思乡》《曲江随想》等十多首。在香港、台湾及大陆出版个人CD专辑6张（盒），曾在香港举办个人胡琴独奏音乐会。

金 西（1935—2000）

作曲家。江苏宝应人。1949年始从事音乐工作。1957年入上海音乐学院进修理论作曲。曾任山东省艺术馆研究馆员、省文联副主席、省音协理事、中国音协理事。发表歌曲作品百余首，并有多首歌曲获奖。歌曲有《我的家乡沂蒙山》《清蓝蓝的河》《请到沂蒙看金秋》等。大型民族管弦乐组曲《泰山颂》（合作）录制唱片。曾参与多部大型戏曲音乐的创作。发表有多篇论文。主持并参与编辑出版山东民间音乐专集。合著有《山东民间歌曲论述》。

金 湘（1935— ）

作曲家、音乐评论家。浙江诸暨人。1959年毕业于中央音乐学院作曲系。1979年任北京交响乐团作曲兼指挥，1984年任中国音乐学院作曲教研室主任，1990至1994年赴美国任西雅图华盛顿大学访问学者，华盛顿歌剧院驻院作曲，朱莉亚音乐学院访问学者。2004年起任中国艺术研究院、中国音乐学院教授、博士生导师。创作并发表近百部作品。其中有交响叙事《诗塔西瓦依》，交响音诗《曹雪芹》《红楼浮想》《女娲》，小交响乐《巫》。钢琴协奏曲《雪莲》，琵琶协奏曲《琴瑟破》，大管协奏曲《幻》，民族交响组歌《诗经五首》，声乐套曲《子夜四十歌》，钢琴组曲《国画集—松、竹、梅》，歌剧《原野》《楚霸王》《杨贵妃》，音乐剧《日出》，电影音乐《今夜星光灿烂》《月光下的小屋》等，以及多首艺术歌曲，出版有《困惑与求索——一个作曲家的思考》。

金 鹰（1948— ）

歌唱家。朝鲜族。吉林海龙人。延边歌舞团男女声二重唱演员。1969年毕业于延边艺校。1973年起合作演唱，有独特表演风格。演唱的《妈妈，祝您长寿》等深受观众喜爱，并出版音像制品。演唱的《老俩口照像》获第十届朝鲜国际艺术节金奖，《咚西打铃》获第二十四届朝鲜国际艺术节金奖。多次获国家、省、州级奖。

金 勇（1949— ）

作曲家。回族。安徽安庆人。曾任安徽省铜陵市音协副主席。1968年毕业于安徽安庆艺术学校。曾任中学音教师。后在安徽铜陵有色集团公司工会文体部工作，组织职工文化活动。策划并编导近八十多场企业和地方的文艺晚会、音乐会以及合唱、声乐、器乐比赛，等活动。创作二百余件音乐作品，部分作品获奖。曾获市级优秀音乐工作者称号。

金　震（1927—2007）

音乐教育家、伽倻琴演奏家。朝鲜族。吉林和龙人。曾任中国音协常务理事、中国音协延边分会第一届、二届主席，中国少数民族音乐学会常务理事，《中国民间歌曲集成·吉林卷》《中国民族民间器乐曲集成·吉林卷集成》副主编等职。曾到朝鲜国立音乐大学学习伽倻琴散调。1960年任延边歌舞团副团长，1962年任延边艺术学校副校长。1987年为延大艺术学院艺术研究所编撰《伽倻琴曲集》《伽倻琴演奏法》《伽倻琴散调音乐》等教材和论文。曾二次应邀在韩国演奏安基玉伽倻琴散调。

金　正（1959—　）

作曲家。朝鲜族。吉林延吉人。1989年毕业于上海音乐学院作曲系。1992年赴日本大阪音乐大学留学3年。后在延边大学艺术学院音乐系任教、副教授。创作的大型舞剧《春香传》获"文华奖"、吉林省文化厅音乐创作奖。作有舞蹈音乐《节日的喜悦》《响铙舞》，歌曲《延边处处总是春》《春到长白》《长白女儿》《双鸟戏水》《青松》《你和我》《延边新阿里郎》等，其中分获一等奖、创作奖。著有《旋律学》（上册），撰有《图门江之歌—论许元植的大合唱组曲》《朝鲜族民间音乐与西洋现代音乐想结合的研究》等文。

金爱平（1938—　）

女钢琴教育家。朝鲜族。江西人。中国朝鲜儿童音乐教育名誉会长，中央音乐学院学术委员会，海内外音乐考级钢琴专家委员会委员。1963年毕业于中央音乐学院，后留校任主科教学、教授。发表《在儿童钢琴教学中要重视非智力因素》《钢琴初级教学方法》等文。参与中央音乐学院考级教材诠释及出版发行CD、VCD工作。改编《儿童献花舞》《军民一家人》等歌曲并入选多部儿童钢琴曲集、考级曲集。曾任中央音乐学院附小、附中校长。曾随团或率团赴加拿大、古巴、委内瑞拉等多个国家和地区演出。

金保林（1940—　）

指挥家。陕西石泉人。1951年开始从事部队文艺工作，1955年转业到青海省民族歌舞剧团任演奏员、乐队首席、作曲、指挥。1979至1982年在上海音乐学院作曲指挥系进修。作品有舞剧音乐《智美更登》《撒拉克西》，舞蹈音乐《腾飞》《扎同格美朵》《牧马人之歌》《青春奏鸣曲》。声乐作品《朋友莫让时光白白地流走》《青春化作彩虹》《青海美》《心愿》。民乐合奏《欢庆》，木琴曲《撒拉族主题变奏》，板胡独奏《古城的春天》。

金北凤（1957—　）

女歌唱家、音乐教育家。江西鄱阳人。早年毕业于广西艺术学院、留校任教。广西艺术学院音乐学院声乐教研

室主任。中国民主同盟第八、九届中央委员会委员。先后为电影《警官与女囚》，电视剧《百灵鸣春》插曲配唱。独唱歌曲《花山情思》《美丽的壮乡》《广西我眷恋的故乡》等由广西电台播出。曾获第二届聂耳·冼星海音乐作品演唱比赛广西赛区金奖。撰有《音乐——作为美的对象和作为美的手段》。

金伯雄（1950—　）

歌词作家。福建福鼎人。福建福鼎市委党校常务副校长。1986年毕业于福建广播电视大学，2006年毕业于中央党校函授学院。在《歌曲》等刊发表歌词作品《童趣》《心中的日记》等多首，部分获奖，其中《马兰席上梦最香》于1992年获福建省农村题材歌曲创作三等奖，《童趣》于1992年获第二届全国歌词大奖赛二等奖。

金昌根（1958—　）

低音提琴演奏家。朝鲜族。吉林和龙人。延边音协理事、延大艺术学院聘请教师。1978年任和龙艺术团演奏员，1982年调任延边歌舞团器乐部部长、低音提琴演奏员。1985年获延边州器乐比赛一等奖，并随团到朝鲜、俄罗斯、韩国等国家演出。曾在所有延边歌舞团国内外获奖音乐节目中担任首席低音提琴。

金昌浩（1951—　）

作曲家。朝鲜族。吉林汪清人。图们市文化体育局创作编辑室创作员。图们江艺术团团长、乐队指挥。曾毕业于中国函授音乐学院理论作曲系。作有歌曲、舞蹈音乐、话剧音乐等四百余首（部），其中歌曲《祝你生日快乐》《云的爱》《继母》《每当我走过松花江大桥》等获各类奖项。出版《水声、鸟声》音乐作品专集。

金昌喜（1940—　）

歌唱家。朝鲜族。吉林延吉人。1966年任延边歌舞团合唱队演员，后任团艺术委员会委员。毕业于延边艺术学校音乐部，延边大学朝文系。1979年在京参加国庆10周年献礼演出，演唱《我们的生活蒸蒸日上》，作品获文化部创作一等奖，表演获文化部集体一等奖。1980年参加全国少数民族文艺汇演，演唱男声四重唱《欢乐的婚礼》获文化部、国家民委优秀奖。撰有《中国朝鲜族歌剧艺术发展概况》等30篇，著有《20世纪中国朝鲜族音乐文化》。

金成俊（1958—　）

音乐理论家、教育家。朝鲜族。吉林人。少数民族音乐学会会员、韩国音乐史学会终身会员。毕业于上海音乐学院、韩国明知大学硕士。延边大学艺术学院音乐系教授、硕士生导师。合著有《朝鲜民族艺术教育史》《朝鲜民族音乐家辞典》。论文《也谈'三首乐歌'的曲源》《朝鲜族的'农乐'》《郑律成音乐世界管窥》《朝鲜族传统音乐的现状与展望》，曾获首届少数民族音乐学会优秀论文评选优秀奖。

金承基（1944—　）

手风琴演奏家、音乐教育家。朝鲜族。黑龙江齐齐哈

尔人。曾任齐齐哈尔师范学院艺术系键盘教研室主任、市艺术团团长。中国音协手风琴学会理事、黑龙江省手风琴学会副会长、市音协副主席、市音协手风琴学会会长。先后任齐齐哈尔广播电视艺术团、市歌舞团演奏员。曾举办个人独奏音乐会，录制个人手风琴独奏专辑。独奏曲目有《西班牙舞曲》《野蜂飞舞》《东北秧歌变奏曲》《做毛主席的好战士》《鄂伦春马队在巡逻》等。众多学生成为高校教学骨干，在国内、国际手风琴比赛中获奖。参与策划、组织多届手风琴演奏比赛。

金春福（1949—已故）

指挥家、教育家。朝鲜族。吉林延吉人。1978年上海音乐学院指挥系毕业，同年入吉林省歌舞剧院歌剧团任指挥。1987年调吉林省延边青年艺术团任指挥。1990年在延边大学艺术学院音乐系任教，副教授。曾指挥歌剧《甜蜜的事业》《唐人街上的传说》，曾于80年代为省歌舞剧院"君子兰"轻音乐团配器、排练、指挥及演出数百场。1990年在延边青年艺术团从事轻音乐的配器、排练及指挥，编配指挥二百余首中外名曲。编写有《视唱教程》。撰有《把握民族音乐的脉搏及节奏》《视唱练耳与音准、调式关系》《三和弦与视唱练耳中的应用》等。

金春木（1942— ）

作曲家。江西莲花人。曾为江西省吉安地区群艺馆副研究馆员。当过教师，后从事音乐创作、研究、辅导和编辑工作。发表音乐作品有四十余件获创作奖。作有《南国豆，相思豆》《多情鸟》《哦嗬歌》。整理改编民歌二百余首，数十首在音乐会上演唱。任《中国民歌集成·江西卷》编委、北京中国艺术界名人作品展示会评委、《井冈歌声》主编。发表论文二十余篇。编著有《多情鸟》《绿色天国的乡音》《井冈杜鹃红》《歌与梦》《中国音乐珍闻》和《忘年情思》等书。获"省级优秀专家"称号。

金村田（1919— ）

音乐教育家。浙江长兴人。1939年参加革命。1941年开始先后在湘湖师范、福建音专和上海音专学习，1948年毕业。在湘师曾任学生"嗒嗒歌咏团"团长，演出歌剧《农村曲》《军民进行曲》，饰王大发和李老伯。1952年调入上海音乐学院，担任音乐干部训练班、附中、民族音乐系和教务处领导工作。

金代远（1940— ）

作曲家。四川成都人。1963年毕业于四川音乐学院中提琴专业。在广州乐团工作期间，参加音乐舞蹈史诗《东方红》演出。1971年调珠影乐团，参加百多部影视音乐作品的录音演奏。1995年任珠影白天鹅音像出版社副总编辑，参与《新中国舞台影视艺术精品选系列光盘》的编辑工作。管弦乐作品《山村交响组曲》《广州起义交响诗》，获广东省交响音乐作品比赛优秀奖、创作奖。为电影《警官与侦探》等，电视系列片《人啊人》《聊斋》，电视剧《一个叫许淑贤的人》等作曲。

金得振（1941— ）

音乐编辑家。朝鲜族。吉林人。1965年毕业于吉林艺术学院，曾从事中学及师范教学工作。1987年调入延边教育出版社任音乐编辑、副编审。编辑出版六十余种中小学音乐课本及音乐书籍，其中十余种图书获奖。创作发表百余首少儿歌曲和群众歌曲，歌曲《中国就是我的家》获首届全国少儿征歌电视大赛作曲一等奖。出版有《金得振作曲集》。延边儿童音乐学会会长。

金德均（1937— ）

作曲家、音乐理论家。朝鲜族。吉林延吉人。1955年毕业于延边师范，1972年进修于天津音乐学院。延边大学艺术学院教授、延边音协常务理事。作有《萤火虫》《美丽的祖国》《战士的未婚妻在歌唱》《五星红旗》等二百余首儿童歌曲和群众歌曲，小歌剧《小猫的悔悟》，少年合唱组曲《长白山金达莱》。出版有个人作品集《启明星》。发表数十篇音乐论文，著有《音乐基础知识》（合作），《歌词创作基础知识》（合作），《音乐辞典》《朝鲜族音乐家辞典》《中国朝鲜民族艺术教育史》，出版有《金德均艺术论文集》。

金东官（1937—已故）

作曲家。朝鲜族。吉林延边人。曾任延边音协顾问。1953年在哈尔滨苏联高等音乐学校学习小提琴，后任延边歌舞团小提琴演奏员。1956年参军，曾在某军训练基地任作曲、指挥。1969年入杭州歌舞团任作曲、指挥，1984年调延边歌舞团任团长。组织指导歌剧《阿里郎》，舞剧《春香传》的创作、排练、演出。

金东河（1960— ）

作曲家。朝鲜族。吉林和龙人。吉林省和龙市文化馆馆长。曾任合龙市艺术团团长。创作歌曲《你的名字》《回忆》分别获第四届朝鲜语广播电台优秀文艺节目大赛一等奖、延边"迎新春新歌曲评奖"优秀奖，另有《露珠》等多首歌曲获各种奖项。2003年出任第二届"洪达敏杯"中国朝鲜族少儿广播文艺器乐比赛评委。曾被评为吉林省文化（艺术）优秀辅导干部。

金冬雪（1947— ）

演奏家。朝鲜族。吉林汪清人。1966年毕业于吉林延边艺术学校，后留校任教。1970年调延边歌舞团乐队任演奏员。曾参加全国文艺调演、建国30周年文艺汇演、全国少数民族文艺汇演及访问朝鲜、苏联、接待外国使团的演出。曾获全省、全州中、青年器乐比赛一、二等奖，全国朝鲜族民间音乐、舞蹈邀请赛一等奖等。为电影音乐《初春》《甜女》录音担任独奏和领奏，并由中国唱片社出版独奏曲《故乡的春天》。

金恩惠（1944— ）

女钢琴教育家。山东人。1956年考入武汉中南音专附中钢琴专业。1967年毕业于湖北艺术学院钢琴系。后任南宁市艺术剧院演奏员。1981年在广西艺术学院任教，后任该院音乐学院钢琴教研室主任、教授、硕士生导师，广西钢琴学会会长。撰有《论钢琴教学节奏》等多篇论文。曾于1994年在广州举行的中国国际钢琴比赛国内选拔赛广州赛区应聘任评委，在香港举办的第一、二届中国作品钢琴比赛中获"优秀指导教师奖"，并应聘担任香港第二届中国作品钢琴比赛评委。

金凤官（1942— ）

作曲家。朝鲜族。吉林和龙人。图们市文化局创编室主任。1967年毕业于延边艺术学校理论作曲系。曾任图们市文工团指挥，市文化馆副馆长，市歌舞团团长。作有歌曲《办好合作医疗》《中南海的灯光》《军民一条心》《米酒歌》等，舞蹈音乐《针织女工》《怀念毛主席》《打猎舞》《棒槌舞》等。参加中国民歌集成吉林第三卷、朝鲜民谣曲集编辑工作。著有《朝鲜民族遗产研究》，发表《评插秧歌》等论文。

金凤浩（1937— ）

作曲家。朝鲜族。朝鲜咸兴人。1941年随父母移居延边。1957年考入和龙县文工团。自1960年始从事歌曲创作，作有《延边人民热爱毛主席》《伟大祖国百花吐艳》《我为革命放木排》《美丽的心灵》《金梭和银梭》《长城畅想曲》等。歌曲《美丽的心灵》入选《亚太地区歌曲集》（联合国教科文组织编纂的亚洲、大洋洲地区音乐教材），1980年调武警文工团任作曲、艺术指导。曾任吉林省文化局副局长、省音协副主席、中国音协第四届常务理事。出版有《金凤浩歌曲集》《金凤浩歌曲选》《金凤浩声乐作品集》等。

金凤台（1948— ）

大提琴演奏家。辽宁沈阳人。1969年调省样板戏学习班（现辽宁歌剧院），后调辽宁芭蕾舞团、辽宁乐团，任大提琴首席。参加演出大型歌剧、舞剧、交响乐和交响诗等近百部。音乐歌舞晚会数十台。为电台、电视台、电影厂录制电影等音乐数十部，多次在演出中担任大提琴独奏。曾获国家、省级比赛奖。随团赴阿尔巴尼亚、南斯拉夫、巴基斯坦等国家演出。

金禄林（1958— ）

男高音歌唱家、音乐活动家。江苏如皋人。江苏如皋市文联驻会副主席。1990至1992年先后毕业于江苏文化学院、南京艺术学院、江苏省委党校。策划组织、主持各类大型文艺演出数百场。1990年由南京艺术学院等单位举办"金禄林毕业汇报演唱会"。2003年获全国乡村歌手大赛二等奖。2005年组织市百余名二胡演奏员参加"上海之春国际音乐节三千人世纪二胡盛会"，获最佳组织奖。

金福楠（1939— ）

女二胡演奏家。上海人。初中学生时期，曾自制、自学二胡，参加学校和社会民乐社团的演出活动。后师从民乐大师卫仲乐，兼学二胡、琵琶，成为新中国第一代女性民乐演奏者。1956年考入中央新影乐团，任二胡演奏员。四十余年来，参加《祝福》《地道战》《闪闪的红星》《红楼梦》等数百部电影、电视片的音乐录制，参加《红楼梦》歌曲等数十种磁带的录制。是较早录制民族轻音乐《喜洋洋》唱片的原班成员。曾于1956年参加全国第一届音乐周电影音乐会以及各种类型的音乐会演出。

金复载（1942— ）

作曲家。上海人。1961年毕业于上海音乐学院作曲系，师从邓尔敬、陈钢。后任职于上海美术电影制片厂。中国音协理事。作有《小号手》《金色的大雁》《哪吒闹海》《雪孩子》《三个和尚》《飞来的仙鹤》《蝴蝶泉》等美术片音乐，《最后的贵族》《谭嗣同》《小歌星》等故事片音乐，《努尔哈赤》《济公》《严凤英》等电视剧音乐。还创作有交响诗《喜马拉雅随想曲》《归去来辞》，弦乐合奏《空弦与联想》，长笛协奏曲《狂人日记》，舞剧音乐《玫瑰》《阿Q》《长恨歌》。

金光俊（1953— ）

双簧管演奏家。朝鲜族。吉林和龙人。1978年毕业于上海音乐学院管弦系双簧管专业。同年任吉林省歌舞剧院管弦乐队首席双簧管。1986年任中原油田歌舞团乐队队长。曾随长影乐团参加在北京举办的国庆35周年全国电影乐团音乐会，任双簧管兼英国管演奏。1986年参加吉林省中青年演员评比时双簧管独奏《海顿C大调协奏曲》获二等奖。2002年全国企业职工艺术节双簧管独奏《天山牧歌》获一等奖。2006年中石化第二届职工录像调演获独奏二等奖。

金贵光（1939—已故）

指挥家、作曲家。回族。天津人。1957年始从事群众歌曲创作，1958年中央音乐学院进修作曲、指挥。曾担任大型群众歌咏活动指挥，大型礼仪活动铜管乐队指挥。多年来在全国各音乐刊物发表大量歌曲、歌词，其中《当代农民之歌》《在祖国的怀抱里》《向阳大院好》《山村夜色美》《抗震歌》等曾获全国工人征歌金奖、"希望杯"创作奖、中国艺术节演出奖、佳作奖等。《山村晨歌》等多首作品辑入《中国中、青年作曲家抒情歌曲选》。

金桂娟（1945— ）

女歌剧表演艺术家。辽宁人。1960年进入成都歌舞剧团任歌剧演员。在《白毛女》《洪湖赤卫队》《两代人》《刘胡兰》《红梅岭》《草原之歌》《海岛女民兵》《货郎与小姐》《不准出生的人》等二十多部歌剧及交响音乐《沙家浜》任主演或重要角色。多次获四川省、成都市优秀演员奖。在歌舞剧《长腿的鸡蛋》中任主角获文化部颁发的优秀演员奖。1992年任四川省音协副秘书长。

金国安（1955— ）

作曲家。湖北南漳人。湖北省南漳县文体局副局长、文联副主席。毕业于湖北艺术学院作曲系。从艺以来，创作近三百首（部）音乐作品（包括戏曲音乐），多次获省、市乃至全国各类奖项。其中歌曲《山锣鼓》获中国文联、中国民间文艺家协会首届"山花奖"，首届全国主旋律歌曲征集大赛银奖，并分别在中央电视台和《歌曲》杂志上发表。歌曲《献给祖国》获《歌曲》编辑部第二届词曲新作"晨钟奖"，歌曲《山雨情歌》获湖北首届"金编钟"作品银奖。

金国富（1904—1974）

作曲家。撒尼族。云南路南人。1948年始从事歌曲创作。曾任小学教师。1953年入中央民族歌舞团创作研究室工作。记录并翻译有《远方的客人请你留下来》等民歌。作有歌曲《圭山谣》《牧羊人的快乐》。

金汉珊（1931— ）

女民歌演唱家。湖南安乡人，毕业于湖南大学音乐系。曾任湖南音协第二届主席、湖南省文化局副局长、省广播电视厅副厅长。1958年以前从事民族声乐演唱和研究工作，1956年创办湖南民歌队，收集整理并演出湖南民歌曲艺数百首，灌录有民歌独唱《绿鸟子》唱片，参与创作并表演领唱、合唱《断臂英雄贺庆莲》和常德丝弦《扫盲运动到了乡》获湖南省调演一等奖，该剧曾调演进京并在北京怀仁堂演出。撰有《常德丝弦音乐浅谈》《讴歌时代精神，繁荣声屏文艺》。

金洪中（1933— ）

双簧管演奏家。朝鲜族。上海人。曾任广州交响乐团首席双簧管演奏员。1950年参加广州市文工团。1954年在上海音乐学院学习，1957年在中央乐团德国专家班学习，1959至1963年在中央音乐学院捷克专家班进修。

金鸿为（1954— ）

词曲作家。满族。河北人。在《歌曲》《词刊》等刊物发表大量词曲作品。二十余首入选学校音乐教材。作词歌曲《丽江行》《卓玛的故乡》《送你一束勿忘我》《撒尼少年跳月来》《我从台湾来》等数十首获全国奖，其中《在青翠的山谷里》获第三届"金钟奖"。作曲的《我爱我家金竹楼》《我们是祖国的花朵》《山寨酒歌》等十余首歌曲获全国奖。省音协曾为其举办"少儿作品"音乐会。有歌诗集《迟开的缅桂》《月缺心自圆》。

金华德（1933— ）

女声乐教育家。湖北恩施人。1957年毕业于华中师范学院音乐系。曾在济南师范专科学校、华中师范大学任教。曾任山东省政协委员。

金纪广（1946— ）

打击乐演奏家。回族。北京人。1961年考入中央歌剧舞剧院附属专业学校，同时入中央音乐学院打击乐专业学习。历任中央歌剧舞剧院交响乐团演奏员、打击乐声部长、独奏演员、交响乐团副团长、团长，中国歌剧舞剧院副院长，中国音协打击乐学会理事，中央音乐学院、解放军艺术学院客座打击乐教授。几十年来，演出过大量的歌剧、舞剧及交响乐作品。木琴独奏获文化部器乐评比二等奖。培养一批打击乐演奏家。曾多次率团赴加拿大、美国、韩国、泰国及港、澳、台地区访问演出。

金继成（1933—已故）

声乐教育家。黑龙江哈尔滨人。1952年毕业于哈尔滨师范专科学校音乐科，同年就读于哈尔滨苏联高等音乐学校。历任哈尔滨市第一女子职业高级中学教务副主任兼音乐科主任、幼师科主任，省职业教育幼师专业教研中心秘书长、市职业幼师专业教研中心副主任，市开明艺术学校副校长。省教师职称评审委员会委员。曾长期潜心钻研声乐教学，培养一批优秀歌唱演员。

金继文（1921— ）

音乐翻译家、教育家。天津人。1944年国立北京师范大学毕业。1944至1946年入东京（上野）音乐专门学校（现为东京艺术大学音乐学部），1946年任国立东北大学及国立长白师范学院讲师。1951至1954年任中国音协编辑。1954至1973年执教于北京师范大学音乐系。1979至1987年任中央音乐学院创研室翻译，并兼教日语课。编著有和声、编曲讲义。翻译日文文章40余篇，译配日本歌曲多首。至今仍担任院博士生日语课。

金家勤（1943— ）

女高音歌唱家。满族。北京人。1961年入中央民族乐团。演唱有《催咚催》《远方的客人请你留下来》《看秧歌》《走西口》及古曲《九宫大成》《魏氏乐谱》《阳关曲》等。参加音乐舞蹈史诗《东方红》演出。等录制中国民歌《歌海浪花》《花》演唱专辑和古诗词歌曲。为新加坡录制出版《茶山谣》民歌CD专辑，并于1991年在新加坡举办独唱音乐会与讲学。出访意大利、奥地利、新加坡、澳大利亚、新西兰等国家及台湾、香港地区演出。

金京爱（1956— ）

女作曲家、音乐编辑家。朝鲜族。吉林延吉人。延边文化艺术研究中心音乐编辑、中国朝鲜族研究会理事。1992年毕业于吉林艺术学院延边分院夜大。创作歌曲百余首，其中《前方来信》《船儿悠悠情悠悠》等在中央、吉林省、市电台电视台播放。《校园铃声》分获延边各类比赛金奖、金达莱文艺作品奖，并录制DVD在中央电台、延边电台电视台播放。《鲜花与欢笑》于1991年获全国第二届朝鲜少儿艺术节创作二等奖。撰有《艺术家的专业精神》论文。担任《中国戏曲音乐集成吉林卷》唱剧音乐编辑，获吉林编辑成果一等奖。

金经言（1952— ）

音乐翻译家。上海人。中国艺术研究院音乐研究所译审。从事德语音乐文献翻译、音乐书刊编辑和外国音乐社会学史等研究和教学。发表各类音乐文稿、译稿约400万字。主要有《中国音乐研究四十年》《外国音乐社会学发展述略》，文集《多声世界》。译著《十九世纪东方音乐文化》《音乐与数学》（合译）《匈牙利民歌研究》，译文集《上古时代的音乐》（合作）《音乐社会学》（合作）《西方音乐社会学现状》《音乐教育学与音乐社会学》等。

金敬熹（1935— ）

作曲家。江苏苏州人。1964年毕业于南京艺术学院音乐系，后长期从事群众音乐教学辅导和创作。副研究馆员。作品音乐风光片《苏州风韵》分别在苏州电视台与江苏电视台播出。《天堂之歌》（合作）13首，1989年由上海音乐出版社录制发行。歌曲《朋友，斟满酒》获江苏省首届电视创作大赛最佳创作奖，《苏州的桥》获"江南杯"创作大赛二等奖，器乐小合奏《虎丘春色》获全国大学生文艺汇演二等奖，舞蹈音乐《我为亲人织军布》获职工文艺汇演优秀奖。

金鹃飞（1962— ）

女声乐教育家。湖南邵阳人。湖南邵阳学院高级讲师。1987年毕业于湖南师范大学音乐系。曾在湖南煤炭工业学校及邵阳市艺术学校任教。辅导排练的女声小组唱、男声独唱、女声独唱等，在省艺术类中专学校毕业生艺术实践成果评比中多次获指导奖和优秀指导奖。论文《中等艺术学校声乐教学改革初探》《中等艺术学校、中等师范学校的乐理及视唱练耳宜变单一课为综合课的研究与实践》分获全国首届"森雀杯"三等奖和湖南省第二届职业教育优秀科研成果三等奖。

金骏声（1934— ）

作曲家。浙江丽水人。曾任上海电台广播乐团声乐演员兼作曲，浙江省音协第三届理事、省群众声乐研究会理事，温州电台文艺编辑。作有歌曲《乘风破浪向前进》《钱塘江，美丽的江》《采药的阿哥》等数百首，部分作品获奖或录制唱片。音乐专题片《飞向世界的温州民歌——介绍古朴粗犷的叮叮当和清新谐趣的对鸟》，获全国音乐节目评选一等奖。编写有数十万字的音乐广播讲座稿。被温州市政府授予文学艺术"银鹿奖""金鹿奖"。

金坤林（1938— ）

琵琶演奏家。江苏太仓人。曾为江苏省歌舞剧院歌舞团民乐队队长。1958年入扬州艺校学习琵琶，后师从程午加以及陈泽民教授。曾随团赴日、美、香港等国家及地区演出，并曾参加"上海之春"音乐节及全国民乐新作品演奏会等演出。创作有琵琶曲《太兴花鼓》及《百花盛开》等。

金立勤（1935— ）

女音乐活动家。上海人。1949年毕业于北京华北大学三部音乐系。1950年在中央戏剧学院舞蹈团工作。1953年入中央民族歌舞团任演员。1980年入文化部，任民族文化司艺术处副处长。

金连仲（1949— ）

长笛演奏家。北京人。1961年考入解放军军乐团学习小提琴、长笛。1965年毕业。先后担任解放军军乐团长笛演奏员、声部首席、声部长。在国家大型庆典、内外事司礼工作及演出任务中多次担任独奏、领奏。曾在国庆35周年大典活动中担任联合军乐团长笛声部长。在全军第四届文艺汇演中获优秀演员奖。

金龙佰（1953— ）

圆号演奏家。朝鲜族。黑龙江人。黑龙江省歌舞剧院管弦乐团团长、首席圆号。1980年入哈尔滨师范大学艺术学院进修。曾在黑龙江省样板戏学习班任演奏员。参加舞剧《白毛女》《沂蒙颂》及钢琴协奏曲《黄河》等演出，同时为哈尔滨师范大学艺术学院代课。曾与德国专家室内乐团合作演出莫扎特作品，与美国指挥家马保林以及日本大提琴家沧田等音乐家同台演出。

金录明（1951— ）

歌唱家。江苏扬州人。扬州市文化馆馆长、研究馆员，扬州市音协副主席。1976年毕业于南京艺术学院音乐系声乐演唱专业。曾获全国"群星奖"银奖和江苏省音乐舞蹈节金奖及第三届全国"四进社区"文艺展演活动辅导奖。曾随扬州市委、市政府代表团赴朝鲜、日本、韩国进行文化交流演出活动。多次在大型文艺演出活动中担任独唱，策划、组织大型群众文化活动。长期深入基层进行艺术辅导活动。多篇论文在刊物发表并获奖。

金吕兴（1935— ）

打击乐演奏家。浙江临海人。1951年参加解放军某部师文工队，1958年任总政军乐团演奏员及打击乐声部长。完成了百余场外事仪式的演出以及录音工作，1984年担任国庆35周年联合军乐团评委。培训齐景泉等数十名专业打击乐人才。多次获全军文艺汇演奖项。

金美子（1941— ）

女钢琴演奏家。朝鲜族。辽宁大连人。1966年毕业于沈阳音乐学院钢琴系。1968年分配到大连歌舞团，长期担任钢琴独奏、领奏、伴奏。大连钢琴学会副会长。全国社会艺术水平等级考试钢琴专业高级考官。长年参加歌舞团的演出及大连市服装节的广场晚会，担任声乐、器乐的钢琴伴奏。培养了众多钢琴专业人才，并输送到各大音乐院校及专业艺术团体。

金苗芩（1949— ）

作曲家。浙江宁波人。上海音协儿童音乐专业委员会理事兼理论创作部主任。曾任市工人文化宫音乐创作组组长。1968年起，共发表歌曲百余首。女声合唱曲《祖国啊母亲》获全国第九届"群星奖"音乐比赛优秀奖，少儿歌舞《小鸡娃》获文化部、中国音协等12单位的音乐创作奖。《我爱太阳，我爱月亮》入选央视"辉煌童年"百首优秀少儿歌曲动画卡拉OK电视片。2003年举行《家在社区春风里，金苗芩作品音乐会》。2001年上海市总工会授予"上海工人艺术家"称号。

金玟洙（1933— ）

作曲家、音乐教育家。朝鲜族。吉林人。1954年毕业于延边师范学校。后历任延吉市第五中学音乐教师，延边教育学院音乐教研员及中国朝鲜文教材审定委员会音乐学科委员。创作歌曲《可爱的家乡》，少儿歌曲《毛主席肖像》《清泉》《天地碧波》《新春来了》等，有的获优秀奖。另作有器乐独奏曲、合奏曲、舞蹈音乐等。出版《金玫洙作曲集》。撰文《朝鲜族中小学音乐教学法》《中国朝鲜民族教育》等。

金明哲（1943— ）

　　作曲家。朝鲜族。吉林延吉人。就职于吉林敦化市文化馆。敦化市音协主席。1963年毕业于延边歌舞学校。曾在解放军4949部队文艺宣传队、敦化县文工团任职。歌曲《我笑了》1989年发表于《中国音协延边创作歌曲集》，《乘务员之歌》《双影子》《欢迎朋友来延边》在延边电台、中央电台播放，《盼回归》《吉林我的故乡》分获吉林省香港回归歌曲征集活动、我爱吉林征歌活动二等奖。

金南浩（1934— ）

　　作曲家。朝鲜族。朝鲜咸兴北道人。1951年从事音乐教育工作。曾任延边音协顾问，延边歌舞团演员，龙井文化馆辅导员、艺术团指挥，延边群艺馆艺术团长，延边艺术集成办主任。作有音乐作品数百首（部），器乐曲《汽车快快跑》，歌曲《歌舞之乡》分别获全国青少年电视展播一等奖和中国少数民族声乐作品一等奖。为《中国艺术集成·吉林省民间音乐》责任编辑，获编纂成果一、二等奖。出版《金南浩作曲集》等四部。

金钦夫（1942— ）

　　作曲家。浙江人。毕业于上海音乐学院。浙江艺术职业学院外聘教授。作有《中国越剧唱腔章法》《情韵心声——金钦夫创作歌曲选》《天马交响组歌》。歌曲有《黄鹤楼·答李淑一》《鹳雀楼之歌》《拉起手》《酒城醉酒》《太阳岛之恋》《雪花姑娘》《南乡子·剡溪三叠》。撰有《愿天上多掉下几个林妹妹——对越剧唱腔发展研究的思考》《精密的唱腔结构独特的东方神韵——对徐玉兰"金玉良缘将我骗"创腔论析》《越剧唱腔的起平落结构》等文。为数十部越剧作曲。

金青龙（1945— ）

　　歌唱家。吉林敦化人。1966年毕业于延边艺术学校音乐系，曾任延边歌舞团演奏员、声部长。1976年赴中国音乐学院进修，师从声乐教育家王秉锐教授。曾先后在大型歌剧《阿里郎》，舞剧《春香传》及舞蹈史剧《长白情》中担任舞台总监兼扮演剧中角色，三部作品均获文化部"文华奖"。

金泉生（1938— ）

　　作曲家。浙江杭州人。数十年来坚持业余创作，在全国、省级以上报刊、杂志发表歌曲数百首，歌舞剧音乐多部。其中31首获省级以上奖，有的被入选音乐教材，或制作成MTV、CD出版。出版少儿歌曲创作选《春天的花朵》，幼儿歌舞剧《七彩虹》与《金泉生歌曲选》。编辑出版有《黄岩歌曲精选》。曾任黄岩音协理事，少儿艺术团常务副团长。

金仁平（1934— ）

　　音乐编辑家。江西人。祖籍朝鲜。1951年始从事部队文艺工作。曾任防空军文工团、福州军区歌舞团小提琴首席。《北京音乐报》副主编。

金仁淑（1936— ）

　　女高音歌唱家。朝鲜族。吉林龙井人。1947年从事部队文艺工作。1961年入中央音乐学院声乐系进修，师从蒋英教授。曾任延边歌舞团独唱演员、合唱队副队长，延边音协理事，延边朝鲜族自治州第七届人大常务委员。曾获东北三省文艺汇演优秀表演奖、长春音乐周优秀表演奖。独唱曲目有《闺女之歌》《延边牧歌》《清粼粼的水来蓝莹莹的天》《玛依拉》《夜莺》等。曾在《孔菊与潘菊》《白毛女》《梨树庄》等歌剧中分别扮演女主角。多次获省、州优秀表演奖。

金仁锡（1936— ）

　　长鼓演奏家。朝鲜族。吉林延吉人。1966年延边艺术学院舞蹈系毕业后任延吉市新唱剧实验剧团民族打击乐手，后调延边歌舞团，兼任延大艺术学院民族打击乐教授。长鼓独奏获吉林省民族乐器比赛一等奖、延边自治州首届艺术表演一等奖，1986年获延边首届"金达莱"创作文艺奖，1992年延边州文艺评奖中获创作一等奖，1996年创作指导的"民族打击乐合奏"参加全国比赛获二等奖。

金仁洙（1934— ）

　　小提琴演奏家。朝鲜族。吉林安图人。1950年毕业于哈尔滨市苏联音乐高等学校。后在延边歌舞团、延边京剧团任职。曾任延边广播电视艺术团乐队队长。参加《未完成交响乐》，门德尔松《小提琴协奏曲》《梁山伯与祝英台》小提琴协奏曲的演出，"长白之歌"大合唱音乐会。

金日光（1960— ）

　　作曲家。朝鲜族。黑龙江海伦人。吉林敦化市文化馆创编部主任。2002年毕业于中国音乐学院作曲系。2001年担任电视剧《陈真后传》、动画片《小恐龙寻根记》编曲和音乐助理。2004年、2006年分别为电视纪录片《陈翰章将军》《杨靖宇将军》创作音乐及插曲并在中央电视台播放。舞蹈曲《护士的心愿》于1990年获延边卫生系统文艺汇演创作一等奖，歌曲《山歌水妹》于2008年获"感动中国"全国原创歌曲大赛一等奖。

金善国（1944— ）

　　音乐理论家、编辑家。朝鲜族。辽宁铁岭人。祖籍朝鲜平安北道。1981年毕业于沈阳音乐学院作曲系。先后任辽宁省朝鲜族文工队、辽宁出版社音乐编辑工作室主任，辽宁省音协理事。发表有《矿井里的回声》《向东的水幸福的甘泉》《四季》《故乡的路》《金色年华》等歌曲百余首。著有《吉他弹唱》《基本乐理教程》（合作），论文有《音乐图书的组稿与审稿》《朝鲜族音乐概说》。编辑出版有《郑律成歌曲选》《少儿钢琴系列教程》《和声学》《曲式与作曲技法》《鲁艺在东北》等音乐图书。多次获国家及东北三省、辽宁省编辑奖。

金善玉（1941— ）

　　女歌唱家。朝鲜族。辽宁抚顺人。历任延边音协副主席、延边音协顾问。1964年毕业于沈阳音乐学院声乐系，后在延边艺校任教。1969年入延边歌舞团任独唱演员，声乐教授。1980年获全国少数民族文艺汇演优秀演员奖，1983年起随吉林省艺术团、全国少数民族音乐演出团，多次赴朝鲜、俄罗斯演出。演唱的歌曲《延边人民热爱毛主席》等曾录制唱片。培养众多优秀声乐演员。

金尚浩（1933—已故）

小提琴演奏家。朝鲜族。吉林龙井人。曾任延边歌舞团管弦乐队第二小提琴首席。中国朝鲜族音乐研究会会员。1948年始学习小提琴，师从德国神父范·安瑟姆。曾任音乐教师。1957年毕业于延边师范学校，同年分配至延边电台音乐组任编辑、演奏员。曾指挥演出过歌剧《白毛女》《毛泽东诗词大合唱》及多台歌舞晚会。撰有《儿童学习小提琴的最合适年龄》《关于现代音乐》。

金声民（1924—已故）

作曲家。朝鲜族。生于朝鲜庆尚北道。1946年入牡丹江朝鲜族文工团。后在延吉朝鲜族艺术团工作。曾任音协延边分会副主席。作有歌集《长白山金达莱》。

金石音（1939— ）

作曲家。江苏淮安人。1964年毕业于西安音乐学院作曲系。后为陕西省交响乐团专业作曲。作品交响组曲《陕西风情写生》，曾获陕西省第二届艺术节银奖，并参加中国艺术节西北荟萃交响音乐会的演出。管弦乐《山村节日》获首届"黑龙杯"全国管弦乐作曲大赛创作奖，并与另一首管弦乐曲《一个短小的故事》作为中央人民广播电台专题音乐节目播放。另有交响合唱《春天的请柬》，电视剧音乐《情系高原》及歌曲《延安随想》《讲话暖心间》《星光、霞光》《石油西北风》。还创作有弦乐四重奏、钢琴独奏曲、古筝与乐队等器乐作品。

金士英（1939— ）

女单簧管演奏家。上海人。1960年上海音乐学院管弦系毕业，先后在该院实验乐团、上海管乐团、中央芭蕾舞团交响乐队任单簧管演奏员。合作编配并演奏的管弦乐合奏曲《江南好》被录制唱片出版。演出有小提琴协奏曲《梁祝》，芭蕾舞音乐《红色娘子军》《沂蒙颂》《天鹅湖》《吉赛尔》《罗密欧与朱丽叶》等。此外还担任《梁祝》协奏曲、《罗密欧与朱丽叶》的钢琴演奏。曾赴香港演出。

金守谦（1938— ）

大提琴演奏家。天津人。1952年入中央实验歌剧院及儿童艺术剧院乐队少年班。任中央芭蕾舞团演奏员。

金顺爱（1958— ）

女声乐教育家。朝鲜族。吉林珲春人。东北师范大学毕业后任教于东北师范大学音乐学院，声乐教授、副院长、硕士生导师，中国教育学会声乐学术委员会副主任。2002年在俄罗斯国际师范大学教师、学生声乐器乐比赛中担任评委。2004年在西安举办的"全国高校音乐教育大学

生五项技能比赛"中担任评委。2007年担任第6届亚洲冬季运动会开幕式大型文体表演舞台总监。2008年在天津"第二届全国高等艺术院校"歌剧、声乐展演中担任评委。所教学生在教育部"首届全国人学生艺术展演"声乐比赛中获专业组一等奖。

金田丁（1940— ）

作曲家。江苏常熟人。1956年入上海交响乐团。后入安徽省歌舞团工作。作有舞蹈音乐《东渡》《桔颂》。

金铁宏（1957— ）

音乐理论家。达斡尔族。黑龙江龙江人。1985年毕业于上海音乐学院作曲指挥系、后毕业于内蒙古师大音乐学院、中国音乐学院研究生部。任内蒙古师范大学音乐学院理论作曲副教授、硕士生导师。发表《论达斡尔族民歌旋律与调式特点》等研究达斡尔、鄂温克、鄂伦春族音乐论文二十余篇，作曲理论、教学研究论文十余篇。出版专著《基础和声》。创作合唱曲八部，组织参与全国民族音乐教育研讨会。曾指挥内蒙古师大教师合唱团、学生合唱团等十几个院校合唱团演出多场，曾在北京合唱比赛、自治区高校汇演中获奖。

金铁霖（1941— ）

声乐教育家。满族。黑龙江哈尔滨人。1965年毕业于中央音乐学院声乐系，师从沈湘教授。曾任中央乐团独唱演员，中国音乐学院院长，教授、博士、硕士研究生导师。中国音协第五、六届副主席，第七届顾问。北京文联主席、第十一届全国政协委员、中国民族声乐研究会会长。1968年始致力于中国民族声乐的研究与教学，1981年调中国音乐学院。发表有《浅谈我的声乐训练方法》《科学性、民族性、艺术性、时代性》《继承民族声乐艺术传统，振兴民族声乐事业》等多篇民族声乐方面的论文，其中《民族声乐的学习和训练》一文获1990年首届国家优秀教学成果奖。培养出众多声乐人才，有近百名学生在全国性的声乐比赛中获奖。1997年被文化部授予"有突出贡献中青年专家"。

金伟生（1936— ）

音乐教育家、作曲家。上海人。1958年毕业于山东师范大学音乐系，1979年入上海音乐学院作曲系进修。在山东师范大学音乐学院主授作曲、复调、配器等课程，教授。发表作品三百余首，出版录音带专辑五盒。获奖作品有歌曲《泉城美》《沂蒙山小调》《色·调》《我们是八十年代的大学生》，笛子曲《送粮》等。近年来从事电子音乐创作。

金卫国（1951— ）

声乐教育家。上海人。安徽省音协理事。1983年毕业于安徽阜阳师范学院音乐系。历任安徽临泉、亳州师范学校教师、阜阳师范学院音乐系副教授。发表《声乐教学漫谈》《论音色在声乐艺术中的作用》《试论歌唱艺术的二度创作》《论音乐教学与审美教育》等论文多篇。

J

金文达（1919—已故）

中国音乐史学家。河北抚宁人。曾在北京师范大学音乐系、西北音乐院学习。中央音乐学院教授。著有《中国古代音乐史》（修订版），《中国古代音乐名作》，译有《现代乐器学》《交响配器法》《音乐美学》。

金希珍（1933— ）

女高音歌唱家、教育家。北京人。1949年入公安军文工团任独唱演员。1958年任济南军区前卫歌舞团独唱演员、声乐教员、教研组长。1955年师从保加利亚专家契尔金及迪亚科维奇学习声乐。多次在全国、全军文艺汇演中获奖。演唱有《桂花开放幸福来》《春耕曲》《宽广的阿拉善》《黎明之歌》及外国歌剧选曲《波希米亚人》《玛仁卡》咏叹调，《水仙女》咏叹调等。八十年代以来，主要从事声乐教学，为前卫歌舞团培养众多声乐人才。

金玺铎（1959— ）

音乐教育家。吉林长春人。吉林大学艺术学院副院长兼公共艺术教育与研究中心主任。教授，硕士生导师。吉林省音协理事，中国高等教育学会音乐教育专业委员会理事。毕业于东北师范大学音乐系。曾在吉林工业大学人文学院任教。编著有《音乐基础知识·器乐作品欣赏》《视唱教程》《普通高校音乐教育实践与理论研究》，撰有《普通高等学校音乐教育的现状及思考》《普通高校非专业化音乐教育的课程建设》等文，分别发表于《中国高教研究》等杂志。

金小凤（1958— ）

女高音歌唱家。傣族。云南潞西人。1972年入潞西县文工团。1981年入中国音乐学院声乐系进修，现在中国音乐学院任教。曾任云南德宏傣族景颇族自治州民族歌舞团副团长。中国青联委员。曾获全国部分地区少数民族独唱比赛优秀奖。全国青年歌手电视大奖赛荣誉奖。

金小明（1951— ）

女音响师。回族。江苏南京人。先后毕业于中央音乐学院附小、附中，后在联邦德国学习音响专业。录制有《梁祝》《二泉映月》，钢琴与乐队《音诗》，民乐合奏《魏风》《龙腾虎跃》，莫扎特《嬉游曲》，交响乐《纳西一奇》《智取威虎山》，舞剧音乐《木兰飘香》，组歌《红军不怕远征难》，京剧《红云岗》《磐石湾》《审椅子》等大量作品，其中《相逢在长城》《你听—节日舞会》《黄土情》《黄河魂》《爱的珠穆朗玛》在全国评奖中获一等奖。

金辛才（1922— ）

女音乐编辑家。浙江绍兴人。早年就读于桂林艺术师资训练班。1940年参加抗日宣传队从事歌咏活动。1949年到华南文工团工作。后任广东省广播电台文艺部副主任。

金星三（1955— ）

伽倻琴演奏家、教育家。朝鲜族。吉林和龙人。延边音协副主席，延边大学艺术学院音乐系主任、教授，延大

艺术学院民族乐团团长，民族乐器研制中心主任。1976年延边艺术学校音乐系毕业并留校任教，1982年毕业于上海音乐学院。同年获中国首届民族乐器演奏比赛一等奖，后随中国音乐家代表团赴美国、日本、朝鲜、韩国演出，任伽倻琴独奏，曾在法国、突尼斯举办独奏音乐会。多次应邀到国外进行伽倻琴演奏技法讲座、培训及学术交流。

金行一（1941— ）

圆号演奏家。朝鲜族。吉林图们人。曾任广州军区歌舞团、解放军军乐团、延边京剧团、延边歌舞团演奏员。曾参加国庆文艺联欢晚会、少数民族文艺汇演、长春音乐节、郑律成作品音乐会及《阿里郎》《春香传》的演出。曾独奏莫扎特、格里爱尔、海顿等的圆号协奏曲作品并参加京剧《智取威虎山》《北国之春》等剧目演出。

金秀吉（1956— ）

单簧管演奏家、教育家。朝鲜族。吉林龙井人。1973年毕业于吉林省艺术学校管弦乐后留校任教，后为系主任。曾在学院第六届艺术节中演奏单簧管独奏《秋之歌》获一等奖，在吉林省"新人新作音乐周"中获演奏三等奖。其演奏的《农夫歌》《晨练》等单簧管独奏曲由吉林省电视台录制播出。撰有《浅谈莫扎特A大调单簧管协奏曲》《单簧管技巧、技术与音乐内容》等文。担任《音乐实用大全》编委。

金旭庚（1965— ）

作曲家。河南淅川人。广州军区战士歌舞团创作员。1989年武汉音乐学院毕业。器乐曲《圆号的真言》，歌舞剧《好兵李向群》分获全国圆号作品比赛"优秀奖"、全军文艺汇演音乐创作一等奖，《好兵李向群》并入选中宣部第八届"五个一工程"。《英雄天地间》《神圣》（合作）分获"2006年全国歌舞杂技主题晚会优秀剧目展演"二等奖、特别奖。

金旭功（1963— ）

男高音歌唱家。河南信阳人。中国农业银行信阳分行工会办公室副主任，信阳市音协副主席。1998年、2002年分别毕业于河南大学汉语文学系（自学考试），中央党校函授学院经济管理系。1990年获第四届央视"五洲杯"青歌赛民族组优秀歌手奖，同年获河南省"十佳民歌手"称号，1991年获河南省"腾龙杯"声乐大赛一等奖，此后曾获河南省第六、七届民间音乐、舞蹈比赛金奖。多次参加各种大型文艺演出，其中于2006年参加中央电视台录制的特别节目《我们的新农村》大型晚会。

金学仁（1947— ）

指挥家。天津人。1964年入中国铁路文工团，任二胡、高胡演奏员。后入中央音乐学院指挥系学习。1988起先后在"龙年音乐周"、全国政协成立40周年大型文艺晚会、全国民族管弦乐学会第一届观摩演奏会，指挥演出琵琶协奏曲《琵琶行》《"二七"颂》和唢呐协奏曲《欢庆胜利》。1992年参加全国个体劳动者协会举办的全国声乐大赛，指挥整场晚会的音乐伴奏。曾随团赴全国各地巡回

J

演出，指挥《十面埋伏》《渔舟凯歌》《春江花月夜》等多部民族管弦乐作品。并赴坦桑尼亚、赞比亚、朝鲜、德国、美国、加拿大等国家演出。

金亚文（1944—　）

音乐教育家、编辑家。吉林人。1965年毕业于辽宁艺师音乐大专班。曾在辽宁朝阳教育学院任教，《中国音乐教育》杂志社副主任。长期从事音乐理论和音乐教育研究、音乐师资培训以及音乐编辑工作。出版有《小学音乐新课程教学法》《高师音乐教育新思维》《美育理论与实践研究》等，主编和参编音乐教材有《北京市义务教育音乐教科书》《辽宁省中学音乐教材》等，发表有《音乐教育改革沉思录》《音乐教育改革畅想录》《论以欣赏为中心的音乐教学体系》《国外著名音乐教学法评介》。

金艳华（1956—　）

女电子琴教育家。辽宁沈阳人。吉林市青少年宫文艺部教师、吉林省音协理事。1980、1988年先后毕业于大兴安岭地区师范学校、东北师范大学音乐系。曾任加格达奇二中、吉林市卡西欧电子琴学校校长。培养的学生在全国历届儿童电子琴大赛中分别获一、二、三等奖，5人在全国第二、三届中小学儿童电子琴比赛中获二等奖，本人获园丁奖、优秀指导教师奖。

金以宏（1941—　）

小提琴演奏家。北京人。1962年毕业于中央音乐学院。曾参加中央人民广播电台少年儿童广播合唱团的演出。1962年任中央芭蕾舞团乐队小提琴演奏员。参加了《天鹅湖》《泪泉》《海侠》《仙女们》《吉赛尔》《红色娘子军》《白毛女》《娇阳》《祝福》等重要演出及交响音乐会的演奏。随团出访东西欧诸国及港澳地区。

金英姬（1959—　）

女音乐理论家。朝鲜族。吉林延吉人。延边大学艺术学院音乐系副主任，副教授。1983至1985年在上海音乐学院攻读和声学。1997年入朝鲜平壤音乐舞蹈大学。著有《朝鲜民歌调式为基础的和声形成原理及和弦结构的特征》《音乐基本理论》（合作），《西洋与朝鲜民族传统和声之比较研究》（合作），撰有《传统和声与现代和声的调式基础、和弦结构》《近现代和声的调式与和弦结构》《传统朝鲜民族和声的形成原理及特征》等多篇。

金永恒（1955—　）

歌唱家。蒙古族。黑龙江人。内蒙古呼伦贝尔市民族歌舞团副团长、内蒙古音协理事。1980年毕业于沈阳音乐学院声乐系。曾获内蒙古首届"草原金秋"歌曲大赛美声唱法一等奖。在大型歌舞剧《情系兴安》中任主要角色。演唱《蒙古骑手》《呼伦贝尔大草原》分别获自治区"五个一工程"奖，后者并获内蒙古音乐电视片一等奖。出版演唱专辑《情系草原》《放歌草原》CD、盒式带。举办个人独唱音乐会。先后赴荷兰、瑞典、芬兰、俄罗斯、澳门、泰国、缅甸、蒙古等国演出并担任独唱演员。

金永玲（1957—　）

女歌唱家。浙江杭州人。浙江歌舞总团独唱演员。1982至1984年在中国音乐学院进修。1981至1991年在省文化厅和本团组织的演出中担任独唱。多次参加省内外电台、电视台录音录像。1986年随团赴日本演出。先后四次在上海、杭州举办个人独唱音乐会。曾获全国"孔雀杯"奖，浙江省一、二、三届舞蹈节声乐表演二等奖，华东六省市民歌比赛专业组一等奖。

金永哲（1964—　）

歌唱家、声乐教育家。朝鲜族。吉林汪清人。毕业于中央音乐学院。任教于中国音乐学院声乐系。多次参加文化部、中央电视台举办的各种大型演出活动。在全国青年歌手电视大奖赛等比赛中获多类奖项。在歌剧《汉丽宝》《茶花女》中饰演主角。曾在西班牙、新加坡、日本举办个人独唱音乐会。

金友中（1937—　）

作曲家。朝鲜族。上海人。1951年参加广州市文工团。曾任广东省政协第七届委员、广东音协副主席、广州乐团作曲。作有电影音乐《与魔鬼打交道的人》《乡音》（合作）等。所作轻音乐《渔歌》《水仙花》被中央电台评为一、二等奖。管弦乐《节日进行曲》，获第五届"羊城音乐花会"三等奖。为第六届全运会团体操《凌云志》第四、五场作曲，为全国第三届残疾人运动会团体操《生命之歌》作曲，获广州市政府嘉奖。1997年为广东省庆祝香港回归大型晚会《百年梦圆》音乐统筹并参加创作。

金有功（1943—　）

男高音歌唱家。浙江杭州人。1969年入浙江歌舞团。1979年入上海音乐学院声乐系进修。后在浙江歌舞团工作。1977年赴埃及等六国访问演出。1986年访问日本。同年获省首届音舞节声乐表演一等奖。

金玉华（1933—　）

女音乐教育家。甘肃人。西安音乐学院副教授、陕西师大客座教授。中学时曾任兰州市学生合唱团指挥，指挥过全市大型集会万人合唱。1951年由省文教局保送入西北艺术学院（西安音院）音乐系作曲专业学习。1955年毕业留校任教视唱练耳课程至2005年。编选有《外国转调视唱》，创作"曲调听写"上千条。论文有《漫谈视唱练耳课中的几个问题》《关于视唱练耳教学法》。

金毓蒝（1937—　）

女竖琴演奏家。江苏苏州人。1961年毕业于上海音乐学院管弦系，同年入中央芭蕾舞团交响乐队。

金毓镇（1944—　）

大提琴演奏家。江苏苏州人。1959年考入中央音乐学院附中，1967年毕业于中央音乐学院管弦系，先后师从马思琚、黄源澧教授。1973年分配到铁道兵文工团任歌舞团管弦乐队大提琴首席。1979年转业入中国歌剧舞剧院管弦乐队任大提琴首席。1992年起先后在四通公司、天琴公司、中音公司担任电脑音乐培训部主任、总工程师及市场部经理等职务。

金月苓（1951— ）

女作曲家。浙江镇海人。1968年参加工作，业余时间从事歌曲创作。1970年作有《我爱北京天安门》《针线包是传家宝》。1983年毕业于中央音乐学院作曲系。同年任中国唱片上海公司音乐编辑。《画》获中国少年儿童歌舞会演音乐创作奖。《蒲公英》《小小雨点》《水龙头》《眼睛》等作品，在中国少年儿童歌曲卡拉OK电视大赛中获二、三等奖。2003年任上海音协儿童音乐专业委员会副主任。

金越群（1955— ）

女歌唱家、声乐教育家。浙江绍兴人。浙江省教育学院艺体分院音乐系主任、副教授。1982年毕业于内蒙古师大声乐系。曾任内蒙古兵团某团文工团独唱演员。演唱曲目有《为祖国干杯》等。曾获浙江省教育系统首届艺术节声乐比赛一等奖。撰有《浅谈幼师学生变声期的声乐教学》《论辩证思维在声乐教学中的应用》《简论中国歌剧产生与发展的五个阶段》。多次担任各类声乐赛事评委。

金在清（1933— ）

小提琴演奏家、教育家。朝鲜族。吉林延吉人。北京音协理事、北京文联理事、中央民族大学学术委员会委员、中国朝鲜族音乐研究会副会长。13岁从事部队文艺工作。1950年任延边文工团管弦乐队首席。1957年毕业于东北高等音乐专科学校小提琴专业，任教延边艺校，后调中央民族学院任音乐舞蹈系管弦钢琴教研室主任、系副主任。演奏曲目有莫扎特《D大调小提琴协奏曲》，门德尔松《e小调协奏曲》。出版有《小提琴民族作品教学曲选》，论文有《小提琴教学法》。

金泽波（1938— ）

二胡教育家。江苏徐州人。1962年毕业于南京艺术学院音乐系。曾任徐州地区文工团乐队队长、市文化艺术学校音乐科主任。作有二胡独奏曲《春节访山村》《支前》等。部分歌词、歌曲，获奖并在省电台、电视台播放。撰有论文《乐曲四练》（合作），编有《二胡曲目教材》《二胡技巧练习教材》《基本乐理教材》《音程十七讲》等。培养多名学生考入音乐院校或成为专职二胡教师。

金兆钧（1958— ）

音乐评论家、编辑家。满族。北京人。1982年毕业于北京师范学院中文系。1986年调入中国音协。中国音协第六、七届理事，理论委员会副主任，《人民音乐》编辑部常务副主编，中国音协流行音乐学会秘书长、中国音协音乐传播学会副会长。发表有大量音乐评论文章。著有《光天化日下的流行——亲历中国流行音乐》，译有斯特拉文斯基的《音乐诗学六讲》。论文《颠覆还是捧场》获中国文联2002年文艺评论二等奖。历任央视青歌赛第九至第十三届评委、中宣部"五个一工程"奖评委。策划有"世纪的钟声""中国歌坛十年回顾"，电视片《21世纪不是梦》《国歌》《百年恩来》，首届南宁民歌艺术节，央视

"同一首歌"，北京电视台"岁月如歌"，央视"歌声飘过30年"，中国音协"改革开放30年优秀流行歌曲授勋活动"等。

金照华（1948— ）

作曲家。回族。上海人。中国石化集团金陵石化有限公司俱乐部主任。1988年毕业于中央党校江苏函授学院党政管理系。曾任吉林省延边文工团、龙县文工团作曲、指挥，作有歌曲《每当党的生日来临》《腾飞吧，金陵石化》《加佳人》《中国石化，我为你喝彩》《石油恋》《我们是龙，我们是火》等，以上作品曾获全国及省级和石化系统征歌活动中各种奖项。

金正平（1929— ）

指挥家、作曲家。朝鲜族。江西人。1950年毕业于中央大学艺术系，先后在北京人民艺术剧院、中央歌剧舞剧院、中国电影乐团任指挥、艺委会主任，并在中央民族大学音乐学院任教。创作有组曲《丝绸之路》，交响诗《长白山之春》，管弦乐《波尔莎卓》《秋之歌——大提琴与乐队》等及多部影视音乐。1992年曾应邀赴韩国指挥KBS交响乐团演出其《第一交响曲》。曾任中国电影音乐学会常务理事、中国朝鲜族音乐研究学会名誉会长。

金钟华（1921—已故）

音乐教育家。朝鲜族。吉林和龙人。曾先后在尚志师范、延边师范、和龙县光兴中学任音乐教师。作有少儿歌曲《燕子》《植树歌》等。

金钟鸣（1923—2004）

男高音歌唱家。湖北天门人。1939年入陶行知育才学校，师从贺绿汀、任光等学习戏剧音乐。1941年入国立戏剧专科学校乐剧科，师从应尚能教授，后入国立音乐院深造。参加歌剧《出征》的演出。1954年调上海乐团任独唱演员。曾为电影《聂耳》《李双双》《苗家儿女》配音。录制有《教我如何不想他》《思乡曲》《追寻》等唱片。编撰有《声乐问答一百例》（合作），1988年被上海市委宣传部授予首届"老有所为"精英奖。

金仲平（1930— ）

小提琴演奏家、音乐教育家。朝鲜族。江西人。1955年毕业于中央音乐学院管弦系、留校任教。中央音乐学院客座教授、北京朝鲜族音乐艺术学会理事。先后任平顶山特区歌舞团乐队首席兼教员、艺术指导，武汉军区歌舞团小提琴教员。作有小提琴曲《南泥湾》《小松树主题变奏曲》。著有《小提琴基础教学》。学生薛伟获柴科夫斯基小提琴国际大赛获银奖、卡尔·弗莱什国际小提琴大赛获第一名，金辉获全国小提琴比赛青年组第一名等。

金紫光（1916—2000）

作曲家、音乐活动家。河南焦作人。1938年入延安鲁艺音乐系。作有歌曲《反侵略进行曲》等近百首，合作歌剧《反抗的吼声》《再上前线》。指挥演出《黄河大合唱》，创作并指挥《青年大合唱》。1942年参加延安文艺

座谈会。参加京剧《逼上梁山》的音乐创作并任主演。1946年任延安中央管弦乐团副团长。为歌剧《蓝花花》作曲并兼导演。1950年任北京人民艺术剧院副院长。创作昆曲现代剧《红霞》，并为话剧《关汉卿》作曲，为话剧及电影《蔡文姬》作曲。1978年任中国文联副秘书长，后任国家文物局副局长。编辑出版《延安文艺丛书》，任总编辑并主编音乐卷。

晋国平（1953— ）

音乐编辑家。山西人。1971年参加工作。1982年毕业于河北师范大学艺术系。河北人民广播电台新闻综合频率副总监，高级编辑。河北音协常务理事。先后制作大量文艺节目，撰写发表多篇专业论文。曾获第八届全国"五个一工程"奖、中国广播文艺政府奖。2003年被评为河北省优秀新闻编辑。

靳 芳（1963— ）

女高音歌唱家。北京通州人。广东省汕头市歌舞团演员。2002年毕业于中央音乐学院。撰有《论新时期声乐演员的表演》《试论布莱希特〈四川好人〉的几点艺术成就》《有偿声乐教学浅析》等文。作有歌曲《琴弦上的岁月》。多次参加广东电视台、辽宁电视台举办的大型音乐会演出，2004年举办两场个人独唱音乐会。曾为电视片《锦州风貌》《潮州风》《好母亲》等配唱主题歌。所演曲目多次获奖，2004年被授予广东省优秀音乐家。

靳 蕾（1933—已故）

作曲家。河北涿县人。1947年始从事部队文艺工作。曾就职于黑龙江省艺术研究所。《中国戏曲音乐集成·黑龙江卷》主编，音协黑龙江分会第二届副主席。担任评剧《八女颂》《白求恩》音乐设计。著有《蹦蹦音乐》《皮影戏音乐》等。

靳 涛（1966— ）

音乐教育家。河北邯郸人。1988年毕业于河北师范大学音乐系，留校任教，后任理论教研室副教授。撰有《透视钢琴音准》《钢琴学习与固定音高概念的培养》《从拉赫马尼诺夫第二钢琴协奏曲看其创作风格》《声响背后的乐韵》《管弦乐"戏剧片段"的几点印象》等文。

靳 哲（1950— ）

小提琴演奏家。黑龙江绥化人。毕业于沈阳音乐学院附中、上海音乐学院。辽宁省音协理事。1970年任辽宁交响乐团首席。曾在北京、上海、沈阳、大连、长春等地举办独奏音乐会。1994年与世界著名指挥家小泽征尔合作演出《梁祝》协奏曲。1996年与瑞士指挥家尼克劳斯合作演出《贝多芬小提琴协奏曲》。1994年获文化部"优秀专家称号"。1996年被辽宁省评为"青年专家技术拔尖人才"并给予记大功奖励。

靳德勇（1952— ）

作曲家。河南林州人。大专学历，河南省鹤壁市音协副主席，市文化局助理调研员。1970年起先后在鹤壁市豫

剧团、市文工团开始从事音乐工作。先后创作大量歌词、歌曲、器乐曲，在各级刊物发表、在电台播出或获奖作品百余首。组织、举办在省、市有影响的音乐、文化、艺术活动。

靳鸿书（1947— ）

女歌唱家。河北雄县人。1964至1968年在天津音乐学院附中学习民族声乐，毕业后到河北省歌舞剧院任独唱、重唱，并在多部小歌剧中担任主要角色。1987年调河北省群众艺术馆任声乐辅导教师，曾举办多种类型声乐培训班，有的学生在全国"群星奖"中获金奖，或在全国比赛中荣获第一名。在担任主抓业务的副馆长工作中曾荣获三八红旗手等多种奖励。

靳凯华（1936— ）

女钢琴教育家。北京人。天津音协理事、天津钢琴专业委员会副会长兼秘书长。1950年入天津歌舞剧院，师从易开基和朱工一。1958年毕业于天津音乐学院钢琴系。曾在哈尔滨船舶工程学院政治部、天津体操大队任职。1979年任天津歌舞剧院乐队队长、艺术室主任、音乐舞蹈培训中心主任。1994年发起举办中国国际钢琴比赛，任组委会副秘书长。同年创建天津音乐舞蹈学校任校长。在北京、天津发起举办中国首届中老年钢琴音乐会。

靳卯君（1928— ）

音乐教育家。北京人。1946年考入国立福建音乐专科学校。1949年考入上海音乐学院理论作曲系，师从邓尔敬、桑桐、黎英海等教授，毕业后先后在上海音乐学院附中作曲科、大学作曲系和民族音乐理论系任教，培养一批音乐人才。后调浙江省群艺馆和省音协工作。曾任《中小学音乐教育》编委。著有《浅谈歌曲创作》《情系音乐》《神奇的音乐》（合作），《新歌曲创作教程》。

靳荣贵（1954— ）

作曲家。辽宁本溪人。曾在沈阳音乐学院进修两年。辽宁省本溪人民广播电台文艺部主任，本溪市音协副主席。1972年起先后任本溪文工团演奏员、作曲、指挥，本溪市人民文化宫文艺组长、本溪市政府干部。1993年起任本溪人民广播电台音乐编辑、文艺部主任。为十余部广播剧作曲配乐，创作大量歌曲，多次获辽宁省"五个一工程"奖和原创歌曲奖。

靳淑海（1939— ）

作曲家。江苏邳州人。1953年起学习笙、唢呐和板胡。1955年入伍，先后任师文工队、军文艺队、南京军区前线歌剧团演奏员兼音乐创作员。1974年转业任扬州市歌舞团作曲、艺术总监。在省音乐舞蹈节上，十余首乐曲分别获配器一、二、三等奖。1992年参与完成《中国民族民间器乐集成·江苏卷》，记谱整理二百余首扬州地区曲牌和吹打乐，其中二十余首乐曲被《江苏卷》收录。

靳梧桐（1935—已故）

小提琴演奏家。河北文安人。1946年从事部队文艺工

作。新中国成立后，先后求学于中央乐团、中央音乐学院学习作曲、小提琴演奏和指挥。曾任中国音协第四届常务理事、青海省音协常务副主席。参与组织省内大型文艺活动及音乐会的演出。培养扶植音乐创作及音乐表演方面的众多专业和业余人才。

靳小才（1938— ）

女中音歌唱家。上海人。1957年毕业于上海文化艺术学校。1957年始在上海乐团任独唱演员。上海音协理事。多年来曾赴全国一百多个地区演出。多次为电台、电视台录音、录像，演唱歌曲二百多首。为《阿诗玛》《苦恼人的笑》《珊瑚岛上的死光》《琴童》《巴山夜雨》《天云山传奇》等三十余部电影、电视剧配唱歌曲。中国唱片公司香港百利唱片公司出版独唱专集。1982年起曾四次在贝多芬第九交响曲中担任独唱，并与法国著名指挥让·皮里松合作。曾作为中国声乐家赴日本、澳门、香港演出。

靳学东（1961— ）

音乐理论家。天津人。1985年毕业于天津音乐学院，历任该院音乐研究所副所长、院长助理、附中校长，现任天津音乐学院教学副院长、中国音协第七届理事、天津市音协副主席、教育部高等学校艺术类专业教学指导委员会委员。著有《中国音乐导览》《中国乐妓史》（合著）《骆玉笙与京韵大鼓》（合著）等专著，发表学术论文及杂文、随笔、评论数十篇。曾获中国广播文艺政府奖音乐专题类第一名、天津市文艺新星奖、天津市德艺双馨中青年文艺工作者、天津市优秀教学成果一等奖。

靳延奎（1934— ）

小提琴演奏家。黑龙江绥化人。任职于中央歌剧院交响乐团。全国少儿小提琴教育联谊会北京分会理事。曾于哈尔滨外侨高等音乐学校学习。1951年先后任哈尔滨文联管弦乐团、沈阳东北人民艺术剧院任演奏员。1954年任职于中央实验歌剧院交响乐团。曾参加《白毛女》《刘胡兰》《草原之歌》《茶花女》《蝴蝶夫人》《卡门》《叶甫根尼·奥涅金》等数十部歌剧、舞剧的演出，并长期担任第二小提琴声部长、首席。曾随剧院赴苏联、香港、澳门、日本、芬兰等国家和地区访问演出。

靳延平（1927— ）

小提琴教育家、作曲家。黑龙江绥化人。1948年毕业于哈尔滨大学，师从小提琴教授特拉赫坦贝尔格。曾任哈尔滨文联乐团首席、沈阳音乐学院教授、附属中等学校业务校长。编著小提琴民族化教材十余册。作品有管弦乐《愉快的劳动》《春之舞》，小提琴协奏曲《我的祖国》，小提琴独奏《舞曲一、二、三号》《胜利的欢笑》。编著出版《小提琴基础教程》《少年儿童小提琴曲20首》《靳延平小提琴曲集》。多次出任国内小提琴比赛评委，培养众多小提琴人才。

靳玉竹（1940— ）

女高音歌唱家。北京人。1962年毕业于北京艺术学院音乐系，同年入中央民族乐团任独唱演员。演唱的《大海

一样的深情》曾被选为听众喜爱的十五首广播歌曲之一，并获建国三十周年优秀歌曲、全国优秀群众歌曲奖。1980年获文化部直属院团观摩评比演唱二等奖。演唱曲目还有《北京之夜圆舞曲》《世界上什么最美丽》《明天》《春茶谣》《盼归曲》《祖国母亲》《大江边的姑娘》《划船歌》。发表有《访美散记·太平洋彼岸的回声》。举办个人独唱音乐会，出版有《华夏风情》专辑，并拍摄电视艺术片《她在大海上起飞》。曾随中国艺术团赴美国洛杉矶参加第24届奥林匹克艺术节，在美国17城市演出。

荆 蓝（1928— ）

女歌剧表演艺术家。陕西绥德人。1943年参加延安鲁艺巡回演出团学习音乐，1945年入延安鲁艺文学系，1948年毕业于华北联大俄文系。后任苏联访华文化代表团翻译组长，参加电影《中国人民的胜利》的拍摄。1950年入中央戏剧学院歌剧团任演员，参加"中华杂技团"出访苏联、波兰任节目主持人。1953年于哈尔滨苏联专家主持演员训练班及沙曼斯基声乐训练班学习结业。曾在中央歌剧院任演员队长、编导。翻译过戏剧论文与歌词。20世纪80至90年代任《中国歌剧故事集》副主编、《中国歌剧艺术文集》主编。主持《中国歌剧史》的编写工作。

荆乐霞（1955— ）

女作曲家。河南郑州人。1977年考入河南大学音乐学院。1982年毕业分配到河南电影制片厂。曾经先后为近千部（集）影视作品配乐，其独立作曲的影视片达四十余部。有的获全国电视剧"飞天奖"、河南歌曲创作银奖、电影"华表奖"评委会奖和全国"五个一工程"奖等。

荆小扬（1952— ）

作曲家。北京人。1986年任浙江省小百花越剧团演奏员。1996年毕业于上海音乐学院作曲系。所作歌曲《美丽的千岛湖》获浙江省征歌二等奖，交响组曲《澜沧江的回忆》获北京市创作一等奖。《中国从胜利走向胜利》《泼水节的水》《合影留念》均在各种歌曲征集评选中获奖。

晶 夫（1953— ）

作曲家。安徽绩溪人。安徽省作协理事、市音协副主席、绩溪县文广局文艺创研室主任。1974年毕业于徽州地区师范音乐专业。发表、播放、演出的歌曲、舞曲作品百余件。作有歌曲《祁红一枝花》《与你相随》《春光与红领巾》《半个月亮》《心海》《走在彩虹上》，央视播出的MTV《天上的西藏》，电视剧主题歌《飘洋的爱》及出版的歌曲盒带专辑《梦笔生花》。整理改编《四季歌》等5首安徽民歌，多次在央视播出，并有3首收入央视《民歌·中国》DVD专辑中。

晶 日（1942— ）

作曲家。辽宁大连人。曾为辽宁省音协理事、大连市音协副主席、市儿童音乐学会会长。曾获全国优秀教育工作者和市劳动模范称号。创作并发表歌曲数百首，在全国、省、市获奖六十余次。作有儿童歌曲《弹月琴的小姑娘》《小酒窝》《我给爷爷戴红花》。出版《晶日少年歌

曲选》《弹月琴的小姑娘》。省委、省政府曾授予优秀文艺成果奖。中国儿童音乐学会举办"晶日儿童声乐作品研讨会"和"合唱作品音乐会"。

景春寒（1955— ）

音乐编导家。北京人。1983年毕业于中央音乐学院音乐学系。后任中央电视台文艺部编导。编导有音乐专题节目《周末音乐客厅》《银幕寻声》《他用歌声征服世界》。

景建树（1944— ）

作曲家、指挥家。山西闻喜人。先后在大同歌舞团、山西歌舞剧院、前卫歌舞团、中国民族乐团任指挥、作曲。作有绛州鼓乐《秦王点兵》，打击乐与乐队《金沙滩》，为7位演奏家而作《打春》，组曲《夏令营》《黄河风情》和舞剧《西厢》，舞蹈《小二黑结婚》《复活》。合作有民间歌舞《黄河儿女情》《黄河一方土》及民族交响乐《华夏之根》《长征》等。多次获大奖。2002年指挥中国红星民族乐团在维也纳金色大厅演出马年民族音乐会，获"奥中文化交流贡献"奖。

景申友（1963— ）

歌唱家。河北邢台人。邢台市群众艺术馆业务副馆长。1986至2006年分别毕业于河北艺校、中央音乐学院声乐系、中央文化干部管理学院文化管理系。十余次在全国、省级声乐比赛中获奖，其中1990年在央视举办的全国青年歌手"五州杯"电视大赛上获优秀歌手奖。1992年获河北省职工歌手大奖赛美声一等奖，2004年获河北省第七届燕赵歌星比赛金奖。2005年获河北省业余歌手大奖赛辅导一等奖。

景宗模（1932— ）

钢琴演奏家。重庆人。1957年毕业于中央音乐学院钢琴系。曾任重庆市歌舞团演奏员。曾在西南师大音乐系任教。1985年获"全国聂耳、星海声乐作品演唱比赛"钢琴伴奏奖。

景作人（1958— ）

音乐评论家。山西人。中央歌剧院交响乐团中提琴演奏家。毕业于中央乐团社会音乐学院。主要著作有《音乐欣赏普及大全》《20世纪世界指挥大师的风采》《20世纪世界小提琴大师精粹》《金色音乐厅——音乐必听曲目分级欣赏指导》第一册。参与编写《大学音乐》《交响音乐欣赏》《音乐百科全书》等，多年来为各种音乐报刊杂志撰写大量音乐评论文章。

竞　波（1931— ）

作曲家。河南开封人。1950年始从事音乐工作。曾任《音乐世界》副编审。作有歌曲《快乐的售货员》《青杠树儿长成材》《对门哥哥闹花灯》，合唱《向往》。

敬　谱（1942— ）

音乐出版家、教育家。山西人。1969年毕业于中国音

乐学院作曲系。1973至1975年任昆明军区文工团歌舞团创作员，1975年起任人民音乐出版社社长兼副总编辑。曾为纪录片《大寨红旗永不落》及歌舞剧《胜利征程》作曲。整理、记录全部晋北秧歌音乐。1985年主持编写全国通用《小学音乐教材》《中学音乐教材》。1988年发起、创办《中国音乐教育》杂志。并先后担任数十种书稿责任编辑及选题、出书计划、复审任务。

敬晓莺（1943— ）

女作曲家。四川人。自学作曲，先后在中国函授音乐学院理论作曲系和长春音协举办的歌曲作法班学习。曾在《歌曲》等刊物发表声乐作品数十首，有多首歌在省台录播。其中《让孩子唱孩子的歌》入选四川省首批推荐作品，并收入盒带专辑。在歌曲评选中多次获奖。

居丽娜（1960— ）

女音乐编导家。湖北广济人。1986年毕业于江西师范大学音乐系声乐专业。入南昌教育学院综合系任教。1992年始在江西电视台文艺部任导演，主任编辑。撰有《电视综艺节目漫谈》《提高素质教育的一个重要环节》（合作），在全国新闻界"记者情"演唱大赛获美声唱法三等奖，在"全国电视人才艺大联动"大型晚会担任独唱。策划、导演音乐电视《春天和金秋手拉手》获中央电视台首届中国少儿音乐电视大赛铜奖，《井冈山上种南瓜》在中央电视台播出，《红土、黄土、高原的歌》获全国第12届电视文艺星光二等奖、98全国电视文艺展播一等奖。

居其宏（1943— ）

音乐理论家。上海人。南京艺术学院音乐学研究所所长。1964年考入上海音乐学院附中，1969年毕业于上海音乐学院民系。1978年考入中国艺术研究院研究生部攻读音乐理论。1981年获硕士学位，后在该院音研所从事音乐理论研究，研究员，先后担任硕士生、博士生导师。2002年调入南京艺术学院，任该院硕士生、博士生、博士后导师，培养一批音乐学人才。曾创办大型学术季刊《中国音乐学》任常务副主编。发表论文三百余篇，出版《20世纪中国音乐》《音乐剧，我为你疯狂》《歌剧美学纲》《新中国音乐史》《音乐学论文写作》（第一作者）《改革开放与新时期音乐思潮》（第一作者）等专著。创作歌剧剧本《杜十娘》，音乐剧剧本《中国蝴蝶》并已公演，前者获国家舞台艺术精品工程优秀剧本奖。

居文郁（1940— ）

二胡演奏家、教育家。天津人。1961年毕业于天津音乐学院民乐系二胡专业。后留校任教，曾任民乐系主任、教授、硕士生导师。天津音协理事。曾获广州全国广东音乐邀请赛优秀演奏奖、创作奖及改编奖。编著有《综合练习曲》续集、《广东汉乐胡琴古筝曲选》，论文有《民间风格二胡曲的演奏技术特点》《试论汉语声韵调对二胡演奏技法的影响》《广东汉乐琴艺概论》。

琚清林（1938— ）

声乐教育家。锡伯族。河南人。1961年毕业于武汉音

乐学院声乐系。曾任河南大学音乐系副教授，中国少数民族声乐学会理事。撰有《音乐美学》《当今歌坛与当代人的审美意识》。

鞠　江（1959— ）

中提琴演奏家。山东人。1978年毕业于中央音乐学院。后任中国电影乐团中提琴首席。

鞠　真（1933—已故）

指挥家。吉林延吉人。1947年从事部队文艺工作。1962年结业于上海音乐学院理论作曲系。曾任海政歌舞团副团长兼指挥。1964年任音乐舞蹈史诗《东方红》指挥，同期指挥有歌舞《椰林怒火》《樱花》，舞剧《刚果河在怒吼》，及《长征组歌》，合唱《太阳最红，毛主席最亲》（首演），歌舞《水兵的光荣》等。全军第三、四、五届文艺汇演获指挥奖。长期坚持义务辅导部队基层的文艺活动。在第二届北京合唱节上，指挥海军战士合唱团获一等奖。1993年海军广州基地授予"部队文化工作热心人"荣誉称号。

鞠传海（1954— ）

长号演奏家。山东文登人。解放军军乐团教研室长号教师。1970年入伍，毕业于解放军艺术学院音乐系。担任乐队长号声部首席及声部长多年。1987年全军文艺调演获总政治部颁发的优秀演员奖，1989年获全军文艺调演长号独奏三等奖。编著出版《长号基础教程》。

鞠敬伟（1958— ）

女高音歌唱家。辽宁人。1986年毕业于中国音乐学院。后任中国轻音乐团独唱演员，现在中国音乐学院任教。曾获1986年全国首届民歌、通俗歌曲大选赛"金孔雀"奖。演唱有《江河水》《英雄赞歌》。

鞠维兰（1963— ）

女歌唱家。吉林桦间人。1998年毕业于吉林艺术学院音乐系。先后任吉林油田业余文工团、职工艺术团歌唱演员，吉林油田文体中心创作组辅导员。演唱歌曲《油城，我成长的地方》《怎么偏偏爱上你》《一杯奶酒敬亲人》等。曾在全国首届职工文化大赛、省第二届业余歌手大赛、第二届全国石油职工文化大赛、第五届中国石油艺术节分别获一、二等奖，有的在电台"每周一歌"播出。被授予"石油文艺百家新人""石油歌唱家"称号。

鞠秀芳（1934— ）

女歌唱家、声乐教育家。江苏靖江人。1949年就读于苏州国立社会教育学院艺术教育系学习声乐。1950年考入上海音乐学院声乐系，先后师从苏石林、周小燕教授，1956年毕业留院攻读研究生，1958年留院任教至今。1957年在莫斯科举行的第六届世界青年联欢节的声乐比赛中获金质奖章。在近半个世纪的艺术实践中，曾收集、整理、改编、演唱数以百计的中国民族声乐作品，大都录制了唱片和CD。选编、出版大量民族声乐教

材，培养造就了众多歌坛新手。

鞠玉立（1945— ）

音乐教育家。四川绵阳人。四川省手风琴协会理事。毕业于西南师范学院理论作曲系。1955年在绵阳市歌舞团担任演员。1982年起从事歌曲采风创作，作有《雅砻江放排号子》《雅砻新歌》《让蜀花开遍四面八方》《为了祖国的明天》，应邀为中国西昌卫星发射中心创作《火箭兵之歌》《航天序曲》。致力于音乐教育近二十年，其学生在国内多次获奖，有的参加巴黎国际钢琴、手风琴、电子琴大赛，共获7金1银。2001年起应邀出任该项大赛评委。

巨建国（1955— ）

长笛演奏家。山东人。1970年参加工作，从事京剧伴奏。历任江西省京剧团轻音乐队副队长。参加演出获奖剧目赣剧《还魂曲》获第四届全国艺术节演出奖，《等你一百年》获第二届中国戏剧节剧目奖，新编京剧《贵人遗香》获文化部第四届文华新剧目奖，创编京剧《长剑魂》获首届中国京剧艺术节"程长庚优秀剧目奖"，京剧儿童剧《岳家小将》获中国第四届京剧艺术节"儿童题材京剧特别奖"。作有《浅谈西洋乐器在京剧伴奏中的效果与作用》《论南昌地区音乐产业发展状况》等文。

觉　嘎（1963— ）

作曲家。藏族。西藏当雄人。1995年四川音乐学院作曲系研究生毕业，硕士学位。西藏大学艺术学校副校长、西藏自治区音协理事。作有二胡曲《思恋》，弦乐四重奏《卓谐》《室内乐九重奏—无题》，女高音独唱《春天又来到了西藏》分获西藏及四川音乐学院作品评奖二、三等奖。撰有《模糊同构与复合体》《赛出水平，赛出差距》，发表钢琴组曲《西藏掠影》，少儿歌曲《牧童》《单簧管与钢琴随想曲》，弦乐合奏《舞韵》，民族管弦乐合奏《序曲——吉祥之夜》。

K

卡玛丽（1936— ）

女歌唱家。哈萨克族。新疆塔城人。1951年入阿勒泰地区文工团，1955年入伊犁哈萨克自治州文工团。在电影《哈森加米拉》《天山上的红花》担任角色，在两部话剧、两部歌剧中担任主要演员。曾赴苏联及南亚七国演出。演唱大量哈萨克民歌与创作歌曲，多首歌曲电台播放，并录制唱片。

卡玛尔玛海（1926— ）

　　作曲家。哈萨克族。新疆巩留人。曾任伊犁歌舞团团长，音协新疆分会副主席，区文联委员，州政协常委。作有歌曲《向北京致敬》《泉姑娘》，器乐曲《我的冬不拉》《美丽的天山》，编有《哈萨克族民歌集》。

卡热木·阿布都热合曼（1944— ）

　　作曲家。哈萨克族。新疆布尔津人。新疆音协副主席、伊犁州音协主席、伊犁哈萨克自治州歌舞团团长。1960年任阿勒泰地区文工团演奏员、作曲、指挥。1979年后任伊犁州文工团乐队队长、副团长。曾在上海音乐学院、中央广播文工团进修作曲、指挥。创作声乐、器乐、舞蹈、戏剧音乐等各种作品二百余部，部分作品已录播、获奖。参与《中国大百科全书音乐·舞蹈卷》《中国民族民间器乐曲集成》《中小学音乐课本》的编纂工作。获"伊犁州文艺事业成绩显著"荣誉证书。

阚平（1968— ）

　　女音乐编辑家。天津人。中央广播电台"音乐之声"总监。中国音协第七届理事。所编导的广播文艺作品《沙宝》《深山信使》先后在亚广联、欧广联和克罗地亚"麦鲁利奇"国际广播节以及伊朗国际广播节获三项国际大奖，多部作品获"五个一工程"奖、中国广播影视奖等。2009年"音乐之声"获全国妇联颁发的"中国儿童慈善奖"，同年参与组织全国优秀流行歌曲创作大赛，并担任评委。

阚德馨（1940— ）

　　作曲家。天津人。天津音协名誉理事、民族音乐委员会委员。1959年入北京军区战友歌剧团任演奏员、乐队指挥。1982年任天津总工会艺术团副团长、研究馆员。在天津市庆祝香港、澳门回归大型音乐活动中任音乐总监。曾多次获天津市鲁迅文艺奖优秀作品奖。作有歌曲《我爱祖国》，器乐曲《参军乐》，大型声乐套曲《阳光颂》。

康华（1968— ）

　　女音乐教育家。江西萍乡人。江西省萍乡市高等专科学校艺术系副教授。撰有《音乐课堂教学如何体现素质教育》《浅谈视唱教学的综合性》《简谱学习尚不可弃》《电教手段与音乐教学法》《对音乐课程标准的几点思考》等文。作有歌曲《太阳与星辰》《母亲的心愿》等，二胡曲《山村来了新教师》。1999年出版歌曲集《祖国山水情》。其歌曲《跳巴山》获中国社会音乐研究会等单位举办的全国征歌二等奖。

康健（1948—已故）

　　歌剧表演艺术家。河北人。1972年始先后师从美国、法国声乐专家，并赴法国短期学习。曾任中央歌剧院歌剧团副团长，曾主演歌剧《阿依古丽》《彭德怀坐轿》《卡门》。

康荔（1929— ）

　　女中音歌唱家。满族。北京人。1954年毕业于北京

师大音乐系，后留校任教。1959年入中央乐团合唱队任演员。曾担任该团业务宣传工作，负责撰写音乐评论文章。曾获《音乐生活》文章作品奖。

康澎（1955— ）

　　音乐教育家。山东济南人。1980年毕业于天津音乐学院作曲系。解放军艺术学院副教授。撰有《从巴托克的乐队协奏曲看他的音乐风格》获解放军艺术学院首届"学术论文征集"三等奖。作有《bA商调圆号协奏曲》曾在第一届北京青年圆号比赛中首演，被收录多所艺术院校教材。歌曲《小雨》在中国音协举办的"江南杯"大赛中获三等奖，《祖国，我在你怀抱里》由董文华演唱。

康普（1928—已故）

　　女音乐编辑家。广西桂林人。1946年入北平师范大学音乐系学习。1948年从事音乐工作。曾任中央人民广播电台文艺部副主任。北京广播学院兼课教师。中国音协社会音乐委员会副主任。

康翎（1961— ）

　　琵琶演奏家。湖南长沙人。湖南艺术职业学院音乐系副主任、湖南音协理事、音协琵琶专业委员会副会长。1980年获湖南琵琶比赛第一名，1993年获"天韵杯"全国首届琵琶创编大赛二等奖。曾出访荷兰、美国演出、讲学。在全国、全省重大艺术活动中担任独奏、合奏、伴奏工作。参加了多部电视剧、音乐、戏曲录音带的录制演奏。其学生在全国、全省各类比赛中获奖，本人也多次获优秀教师奖。

康爱琪（1963— ）

　　女声乐教育家。甘肃天水人。兰州高等师范专科学校艺术表演系副主任。1983至1985年入中央音乐学院声歌系进修。多次在省、市举办的"喜迎回归"等文艺演出中，担任独唱、重唱。曾获第七届全国歌手电视大赛甘肃赛区三等奖。所教学生在各类声乐大赛中获奖。撰有论文《歌剧选曲课堂教学设计》《高师音乐教育专业的层次定位》《风格与唱法的研究和应用》等。获省教委"教学成果奖"、全国"指导教师奖"及省"五四青年奖章"。

康秉彝（1932—已故）

　　作曲家。北京人。1948年始从事部队文艺工作。曾任职于中央民族学院研究生部。作有歌曲《为四化贡献力量》《霞光中走出一位姑娘》。

康长河（1951— ）

　　手风琴教育家。福建龙海人。厦门集美大学艺术学院计算机实验室主任。1981、1998年先后毕业于福建师大音乐系、武汉音乐学院音教系。曾在厦门师大音乐科任教。撰有论文《他山之石可以攻玉》《谈现代手风琴》《手风琴乐队的齐奏训练法》《手风琴风箱的运行方式》《计算机音乐系统与中小学生音乐素质的提高》等。著有《计算机绘谱ENCORE4.X教程》。

康德妹（1955— ）

女声乐教育家。天津人。1995年毕业于天津音乐学院，先后师承许世铎、石惟正等教授学习声乐，后为天津师范大学艺术学院副教授。曾参加全国及天津市声乐比赛并获奖，多次在天津市的庆祝活动中担任独唱。撰有《音乐会独唱表演中的心理过程浅析》《心理鼓励在教学中的意义》等文。

康笃熙（1938— ）

女声乐教育家。四川成都人。四川省歌舞剧院演员。1950年在川北军区文工团任舞蹈演员。从1953年起，在四川省歌舞剧院任歌剧演员、独唱、排练负责人。曾主演大型歌剧《刘三姐》《洪湖赤卫队》《红珊瑚》《夺印》等。70年代起从事声乐教育，培养众多专业人才，不少学生在全国全省历届歌手大赛中多次获奖。编著有《大家唱》。2004年获美国国际文化科学院颁发的世界文化与科学交流卓越贡献奖、荣誉证书。受聘于四川音乐学院通俗专业任声乐副教授。

康建东（1955— ）

作曲家。甘肃天水人。1982年毕业于西北师范大学音乐系，留校任教，后为西北师大音乐系理论作曲教研室副主任。作有钢琴与乐队《祁连山狂想曲》，大提琴与钢琴《主题变奏狂想曲》，童声合唱《校园的钟声》，男高音独唱《黄河畔上的唢呐声》等，均获奖。民族管弦曲《甘藏风情》入选1993年在北京音乐厅举行的"新春音乐会"。创作电视音乐二十多部，其中连续剧《牛肉面的故事》、电视文艺片《春天的呼唤》等均获一等奖。撰文《民族管弦乐的创作与发展》《对基础乐理教材中一些问题的看法和建议》。

康健春（1952— ）

歌词作家。安徽利辛人。武警文工团创作室副主任。出版有歌词集《醉了真好》。词作曲有《为了你和我》《弄潮儿》《谁来买》《镜头对准你》《塔里木的故事》《家》《留取真诚好立身》等分别由赵本山、那英、侯耀文、杭天琪、郁钧剑、林萍、屠洪刚等演唱并在中央电视台播出。歌曲《国旗和士兵》《家》为获奖作品。

康绵总（1939— ）

古筝演奏家。海南人。1963年毕业于沈阳音乐学院。曾任中国歌剧舞剧院演奏员。曾居香港。改编古曲《离骚》《月儿高》，筝协奏曲《红旗渠水水流长》。改革乐器有转调古筝、双千斤二胡、双层共鸣箱中阮。

康却非（1939— ）

女钢琴演奏家、音乐教育家。福建人。1961年毕业于上海音乐学院钢琴系。后为该院附中钢琴科教师。曾为第八届世界青年联欢节、陈爱莲的舞蹈和施鸿鄂的演唱、1963年"上海之春"小提琴比赛等担任钢琴伴奏。作有钢琴曲《小松树》。所教学生获1980"上海之春"全国钢琴比赛二等奖和中国作品演奏最佳奖。

康若愚（1927—已故）

低音提琴演奏家。河北涿县人。华北大学文艺学院音乐系毕业。曾任中央乐团演奏员，并随团赴波、日、美等国演出。

康少傑（1925—1986）

音乐史学家。山东济南人。1951年毕业于中央音乐学院作曲系。曾在天津音乐学院任教。著有《中国古代音乐史》《中国戏剧音乐史》。中国古代音乐史学会理事。

康守信（1939— ）

音乐编辑家。黑龙江人。1962年毕业于东北师大音乐系。曾任音协吉林分会《轻音乐》编辑。著有《速成识谱法》，撰有《朝鲜族的民歌特征及音乐长短》等文。

康希圣（1929— ）

戏曲音乐理论家。山西永济人。1948年始从事戏曲作曲和研究。曾任山西运城地区剧协副主席。山西省文联委员。合作编著《蒲剧音乐》《蒲剧唱腔初探》。

康湘坪（1959— ）

作曲家。山西兴县人。山西省太原市艺术研究所创作室主任。曾在山西、陕西等地艺术专业团体任作曲、演奏兼指挥。歌曲《新朋友老朋友》《好兵》《这一个好地方叫山西》等三十余首作品在《解放军歌曲》《北方音乐》等刊物发表，部分在省和全国的征歌中获奖。出版CD《一路走过》歌曲和戏曲音乐专辑。晋剧《荒沟纪事》《都市警官》《枣儿红了》等十余部戏曲音乐获省、市级奖。撰有《对戏曲音乐现状及生存发展的思考》等文十余篇发表于省级刊物，并多次获奖。太原市"优秀中青年知识分子"。

康雅杰（1967— ）

歌唱家。山西太原人。1994年毕业于中国音乐学院歌剧系，后入中国交响乐团合唱团。曾参加中央、北京电视台大型晚会与众多音乐会演出。在音乐情景剧《激情岁月》等演出中担任独唱、领唱、四重唱。先后赴美国、加拿大、澳大利亚等国和台湾、香港、澳门地区演出。录制个人CD专辑三盘。2005年策划并参加录制《辉煌中央乐团经典男声合唱》两张中、外专辑以及《辉煌中央乐团军民鱼水情》《广阔天地》《激情岁月》《胸怀祖国》等八张CD专辑。

康印昌（1946— ）

作曲家。山西太原人。1968年毕业于山西大学艺术系音乐专业，主修理论作曲。先后在中学和艺术中专任教，并在大同市群众艺术馆从事音乐辅导。1978年起搜集大同民族民间音乐。出版有《大同民间歌谣集成》《大同民间歌曲集成》《大同民间文化艺术集萃》及《眷恋——音乐论文·歌曲集》。2000年任山西大同大学音乐系教授。论文在《中华教育论文集萃》《人民音乐》等刊物发表。

康永泰（1943— ）

手风琴演奏家。朝鲜族。吉林通化人。曾任吉林省通化县文化馆馆长，副研究馆员。1960年始先后在通化地区文工团、通化县艺术团任演奏员、作曲、指挥。所创《借我一曲信天游》《平淡的日子》等十余首歌曲在全国歌曲创作比赛中获奖。《我爱你山城》《我亲亲的黑土故乡》等二十余首歌曲在省市级征歌赛中获奖。参与《中国民间器乐曲集成·吉林卷》等编纂工作，获编纂成果一等奖。

康宇丹（1958— ）

合唱指挥家。福建龙海人。福州艺术师范音乐科科长、省音协合唱专业委员会秘书长。1983年毕业于福建师大音乐系。指挥福建榕树合唱团获全国"永远的辉煌"电视合唱比赛金奖与特别荣誉奖，指挥艺术师范合唱团获全省高等院校合唱比赛一等奖。

康悦芳（1957— ）

作曲家。天津人。呼和浩特铁路局工会宣教部文艺指导。1977年入包头师范音乐系学习理论作曲，1983年毕业于天津音乐学院作曲系。曾任呼铁局文工团团长、指挥。作有《小马驹》《什么鸟》《牛背上面过暑假》《白云和翡翠的故乡》《山丹花的祝福》等百余首歌曲，多首获奖。舞蹈音乐《巡道工的婚礼》等四部曾获创作奖。

康正南（1934— ）

音乐教育家。江苏六合人。1957年毕业于南京师范学院音乐系，任安徽六安师范音乐特级教师。历任安徽省音协理事、安徽省中师音教会副会长、安徽省中专高级讲师评审委员、艺体学科组长、六安地区中学高级教师评审委员、六安地区音教会会长。编写《外国音乐史纲要》《民族调式分析》，参与编写《音乐欣赏教师用书》，编著《简谱识谱与视唱》，撰写《早期培养与音乐教育》《强化基本训练，提高音乐素质》等文，作有《社会主义祖国好》《二嫂回娘家》《新嫁妆》《山里的路》等歌曲。

康众人（1933—已故）

歌唱家。山西太原人。1949年就读于北京华北大学。后历任西北文艺工作团、陕西省歌舞剧院歌舞团独唱演员、歌舞团小戏队队长，剧院副院长。创作歌曲《货郎下乡》《越南兄弟，中国人民坚决支持你》等，歌舞剧《缅桂花开》（合作）、《三换新郎》（改编、合作），在首届音乐周，担任独唱、领唱。曾参加接待外国元首的演出。撰有论文《走自己的路》《亲切动人的陕北民歌》。

康重春（1954— ）

长号演奏家。江西泰和人。重庆市歌舞团交响乐团演奏员。1975至1979年进修于云南艺术学校。曾在云南个旧市京剧团、文工团任长号演奏员。创作并参与演奏的小号三重奏《拖拉机开进彝山寨》获云南文艺调演创作二等奖，创作并独奏的《阿细跳月》获红河州文艺汇演演奏二等奖。参与音乐创作的舞蹈《拉纤的人》获四川省民族民间舞蹈汇演创作一等奖。参与音乐创作的大型舞剧《山峡情祭》获文化部第五届文化新剧目奖，四川省"五个一工程"奖、巴蜀文艺奖一等奖。

亢　杰（1927—已故）

指挥家。辽宁海城人。1946年入哈尔滨大学文艺学院戏音系学习。1949年始先后任哈铁文工团、吉林歌舞剧院指挥。曾任中国铁路文工团歌舞团副团长兼指挥。作有歌曲《伐木工人歌》。

考兰百（1918—已故）

作曲家。哈萨克族。新疆托里人。1949年入新疆歌舞团。1955年始从事音乐创作。作有冬不拉演奏曲《天山赛马》《欢乐的生活》《绿色森林》。

柯　央（1922— ）

女钢琴教育家。广东阳江人。1948年毕业于南京国立音乐院钢琴系。曾在武汉音乐学院钢琴系任教。编著有《钢琴自学教程》并在电台举办钢琴讲座。

柯春治（1954— ）

女声乐教育家。福建泉州人。福建泉州市丰泽区教师进修学校高级教师。1985、1990年分别毕业于福建师大音乐系、中国人民大学法律系。撰有《寓爱国主义教育于课外音乐活动中》等文，其中《如何培养学生学习音乐的兴趣》于1998年获市音乐论文评比一等奖，《寓教于乐，陶冶情操》于2003年获区级论文评比一等奖。组织指导学生参加各级音乐赛事，多次获省、市、区一、二、三等奖。

柯德焕（1951— ）

音乐教育家。福建莆田人。1976年毕业于厦门师范音乐专业，1987年由中国函授音乐学院教育系进修结业。为福建省合唱协会理事。历任莆田县音乐教研会副会长，莆田市教师合唱团指挥。曾指挥《黄河大合唱》《祖国颂》等，并组织多场音乐会及举办音乐讲座。其论文、教案、歌曲曾在省、市发表获奖。培养多名学生考入音乐院校。

柯家驹（1954— ）

声乐教育家。福建莆田人。福建莆田城厢职业中专学校高级教师。1987至1989年于南京艺术学院音乐系进修。发表歌曲有《我在队里驾铁牛》《忘不了您呀老师》《搬船的哥哥慢些走》。1996年获福建省职业学校首届音乐幼师中青年教师声乐比赛优秀奖。培养音乐人才多人，其中两名学生分别于1994、1997年获福建省第七、十届幼师专业学生独唱比赛一等奖。

柯明德（1940— ）

二胡演奏家、作曲家。安徽芜湖人。1958年参加工作，1966年毕业于上海音乐学院。历任安徽歌舞剧团（院）民乐团首席、独奏、作曲。1964年录制二胡唱片。1975年获省单项比赛独奏、创作第一名，并晋京演出。多次赴日本、俄罗斯、港、澳、台等国家及地区演出。发表、上演大量音乐作品，30首获全国、省级奖，20首录制唱片、盒带。管弦乐曲《送粮路上》《月下渔歌》获省一、二等奖，舞蹈《小球迷》《划龙船》获文化部音乐优秀奖和省一等奖，电视剧《行路难》获文化部"飞天奖"，歌曲《一曲山歌迎客来》《蓝蓝的新安江》分别被

K

选为中国音乐学院和全国中学教材。

柯明玉（1950— ）

女歌唱家。安徽芜湖人。合肥市歌舞团独唱、领唱演员。曾入中国音乐学院进修，师从张权教授。曾举办两次独唱音乐会。演唱《我爱庄稼一支花》获国家级优秀奖，《晚会圆舞曲》获华东二等奖。1984年获省首届"江淮之秋"歌舞表演二等奖，市首届戏剧表演二等奖。1986年获华东六省一市民歌大赛专业组二等奖，省"五个一工程"新歌演唱一等奖，省民歌选拔赛最佳表演奖，庐剧轻歌音乐会最佳女演员奖，市第二届戏剧节二等奖。

柯先钰（1942— ）

钢琴教育家。湖北红安人。湖南省钢琴专业委员会顾问。1958年考入湖北艺术学院附中钢琴专业，1961年入湖北艺术学院（现武汉音乐学院）钢琴系本科。1968年分配到湖南省株洲市歌舞剧团。1972年师从中央乐团韩中杰老师学习指挥。长期担任独奏、伴奏、合奏与乐队指挥，并先后兼任副团长等职。从事钢琴业余教学以来，其学生在全国、省、市比赛中多次获奖，或考入中央、中国、上海、武汉、星海、深圳等音乐艺术院校，本人也多次获得优秀园丁奖，优秀指导教师奖。

柯肇雷（1971— ）

作曲家。满族。北京人。北京钛友文化传播有限公司音乐总监。中国音协第七届理事。1992年毕业于首都师范大学。专辑有《小柯》《天色将晚》。曾为老舍名著《二马》改编的电视剧配乐，歌曲有《失踪》《两个女孩》《脚步》《值得一辈子去爱》《北京欢迎你》等。

克里木（1941— ）

歌唱家。维吾尔族。新疆乌鲁木齐人。10岁入部队文工团，1958年调新疆军区文工团。1959年赴北京参加庆祝建国十周年演出。1960年调总政歌舞团任演员。先后参加全军第二、三、四届文艺汇演，分别获优秀表演奖、创作奖，并被总政授予"业务能手"称号。自编自演的作品有歌曲《库尔班大叔，您上哪儿》《新疆好》《塔里木河，故乡的河》，电影《阿凡提》主题歌《阿凡提之歌》等。曾在歌舞剧《周总理窗前明灯亮》中饰演周恩来总理。

克里木（1947— ）

笛子演奏家。维吾尔族。新疆喀什人。1963年入中国音乐学院进修笛子专业。原任新疆歌舞团独奏演员。作有笛子乐曲《欢乐的帕米尔》，器乐合奏曲《心花怒放》等。

孔　迪（1950— ）

作曲家。浙江东阳人。浙江省音协理事、金华市音协副主席、金华市群艺馆研究馆员。发表、出版、播出大量歌曲、舞蹈音乐、器乐曲、戏曲音乐及学术论文。其中歌曲《中华世纪大团圆》《在你的歌声中找到了你》，舞蹈音乐《送你一首四季歌》《花儿喜迎春》及器乐曲《畲山喜讯》《快乐的双休日》等，先后荣获团中央、文化部、

广电部等"五个一工程"奖和"群星奖"金、银、铜奖。出版歌曲集《家乡美——孔迪歌曲选》。笛子独奏节目曾赴埃及参加第七届国际民间艺术节。所培养的多名笛子、唢呐学生考入中央、上海等音乐院校。

孔　奕（1981— ）

女音乐教育家。北京人。2005年中央音乐学院作曲、视唱练耳双专业毕业，现任中国音乐学院作曲系视唱练耳教师。小提琴曲《抚弦聆梦》获第三届中国音乐"金钟奖"银奖第一名，《多媒体方式下的音乐听觉训练》获STN音乐优秀论文二等奖、《多媒体辅助下的听写练习》获首届STN全国音乐课件比赛三等奖。大提琴曲《风雨归程》获中国·成都"三川奖"学生新音乐作品比赛三等奖，视唱练耳教案《迪索"节奏通"专业教育课堂教学组教案》获全国艺术高校视唱练耳教案设计大赛课堂教学组一等奖、乐理试题设计大赛优秀奖。

孔德成（1955— ）

男高音歌唱家、歌剧表演艺术家。北京人。中国歌舞剧院演员。1983年毕业于中央音乐学院，师从宿清忠、沈湘、楼乾贵、尚家骧。饰演歌剧主要角色有《白毛女》中的杨白劳、《伤逝》中的涓生、《将军情》中的徐海东、《徐福》中的秦始皇等。其中《白毛女》获1989年文化部歌剧调演特别奖。所演唱的音乐电视《我像雪花天上来》获1998年广电总局星光一等奖。获1999年朝鲜国际艺术节个人演唱最高金奖。2003、2004年曾两次举办《孔德成学生音乐会》。中央音乐学院继教部教授，湖南文理学院客座教授。曾赴日本、朝鲜、韩国、泰国等地演出。

孔凡生（1930—已故）

长笛教育家。山东牟平人。1947年始从事文艺工作。曾任沈阳音乐学院管弦系主任。改编有长笛独奏曲《唱支山歌给党听》，录有唱片《在草原上》等。

孔繁洲（1940— ）

音乐教育家。山东人。太原师范学院艺术系教授。1964年毕业于山西大学艺术系后留校任教。曾任系副主任、山西省音协音教委主任、山西省对外友协民族乐团团长、山西省文艺理论研究会理事。撰有《中国音乐艺术赏析》《音乐素质教育手册》，主编《中外艺术歌曲经典》《音乐欣赏基础教程》（合作），1994年获国家教委曾宪梓教育基金会优秀教师三等奖。在省及国家级刊物发表论文二十余篇，曾获山西省戏曲理论优秀论文奖及社科研究成果三等奖和佳作奖等。

孔寒冰（1965— ）

女歌唱家。山东沂水人。就职于浙江大学管理学院。曾在全国广播新歌—每周一歌征集评选、全国首届"华药杯"影视歌曲明星演唱大赛及浙江省影视歌曲卡拉OK"银海杯"邀请赛等赛事中获奖。在省、市举办的一些晚会、音乐会中担任独唱和领唱。为电视连续剧《浙东英烈》，越剧《梨花情》录制主题歌、插曲。

K

孔建华（1926— ）

笛子演奏家。河南中牟人。武汉音协顾问、武汉歌舞剧院艺委会委员、武汉音乐学院客座教授。曾任全国第四届文代会代表，三、四届音代会代表，并任首次全国民族器乐比赛评委。湖北省民族器乐学会会长，湖北省政协三至六届委员。曾随中国艺术团赴日本、朝鲜、澳大利亚、新西兰、柬埔寨等国演出，并访问过美国、加拿大以及新、马、泰等国家。其作品《故乡的回忆》曾入选为全国优秀曲目。出版有《东方魔笛》盒带和《孔建华演奏专辑》光碟。

孔建民（1952— ）

女演奏家。山东人。曾任湖北音协秘书长。1970年毕业于湖北艺术学院附中。曾任武汉军区胜利歌舞团演奏员。1973年全国曲艺调演担任河南坠子《赵部长探亲》伴奏，获一等奖。1977年全军第四届文艺汇演获演奏奖，担任伴奏的河南大调曲子《骄杨挺拔十字岭》获一等奖。担任湖北小曲《悄悄话》伴奏，获1986年全军优秀曲艺作品评奖，乐队伴奏表演奖。参与组织举办湖北省"长江歌会"一至六届"90年代之歌"征歌等大型专业音乐活动。

孔兰生（1932— ）

作曲家。江苏武进人。副研究馆员，原盐城市文化局副局长、市音协、市艺教委顾问。1953年毕业于江苏师范学院音乐系。曾在盐城市师范执教并兼任地区文工团乐队队长、指挥。创作大量歌曲，在全国和省刊发表四十余首，其中《公交之歌》获"世纪之声"全国歌曲大赛金奖。出版搜集民歌二十余首。组织编纂过盐城市8部文艺集成志书。

孔令春（1942— ）

板胡演奏家。黑龙江肇东人。1959年始在黑龙江省龙江剧院工作。从事龙江剧40余年，与表演艺术家白淑贤长期合作，在白派艺术的形成和发展中，做出了贡献。1990年晋京演出《荒唐宝玉》并参加第七届"梅花奖"颁奖大会演出，剧目获文华大奖。任主弦伴奏的龙江剧《皇亲国戚》《荒唐宝玉》《木兰传奇》拍成电影与电视艺术片。录制有大型二人转曲目《西厢记》盒式带（10盒），撰有《龙江剧板胡演奏艺术初探》，曾获省戏剧研讨会论文一等奖。培养了多名龙江剧板胡演奏员。

孔令华（1937— ）

女声乐教育家。上海人。1968年毕业于北京艺术师范学院音乐系。历任太原师专、太原艺校声乐教师，太原市歌舞团声乐指导，辽宁师范大学音乐系副教授、教授。曾任山西音协理事。1998年应邀赴英国卡地夫音乐学院讲学。专著有《声乐入门》《让歌声更动人》《唱歌教学法》。编著有《世界名歌300首》《中外名歌欣赏》《中外民歌欣赏》。参编有《声乐教育手册》《音乐知识与欣赏》。发表论文有《试谈声音的高位置》《歌唱中咬字吐字的表情功效》《试谈民族唱法的技巧训练》《通俗唱法也应进行严格训练》等二十余篇。

孔令华（1945— ）

音乐教育家。江苏江都人。1967年毕业于合肥师范学院艺术系音乐专业。安徽省教育学会中小学音乐教学专业委员会副理事长，六安市教育局音乐教研员，省市特级、高级教师资格评审会资深评委。论文《音乐教育与人的全面素质培养》《艺术教育与审美教育》及《音乐教育在素质教育中的地位与作用》获国家、省一等奖。创作歌曲有《安徽省第二届农运会会歌》《我是一个小交警》等。

孔令培（1946— ）

作曲家。江苏扬州人。1962年毕业于芜湖艺术学校音乐专业，分配到芜湖专区皖南花鼓戏剧团担任乐队伴奏。1974年在铁道兵第七师文工队任作曲、指挥、队长。1986年在宣城市文化局创研室、群艺馆从事音乐创作，并任室主任，市音协主席。安徽省音协第三、四届理事。合作著有《皖南花鼓戏音乐》。曾在《中国戏曲志·安徽卷》《中国戏曲音乐集成·安徽卷》担任编委和特约撰稿人。创作多部戏曲、声乐、舞蹈音乐作品，有的获奖。

孔明珍（1960— ）

女琵琶教育家。山西临汾人。1979年毕业于临汾艺校。1994年毕业于中央音乐学院民乐系。临汾市文化艺术学校高级讲师、教务处副主任。撰有《音乐儿童的家长所应具备的基本素质》《论21世纪中专艺术学校教育面临的困惑与发展思路》等文。出版有CD《寓言三则》（琵琶新曲9首），曾4次举办个人琵琶独奏音乐会。作有歌曲《启航》，器乐曲《蒲苑撷英》，分获山西省艺术中专第五届音乐舞蹈表演赛一、二等奖，并获"优秀园丁奖"。

孔庆宝（1944— ）

笛子演奏家。山东人。1959年入上海民族乐团。曾赴瑞士、苏、波、捷、希腊、新加坡访问演出。作有器乐曲《百鸟引》《走兽影》。

孔庆汉（1941—已故）

歌唱家、音乐活动家。辽宁大连人。1961年任解放军火线文工团歌唱演员，1978年调国防科委文工团。后任国防科工委宣传部副部长暨电视艺术中心主任，中国神剑文学艺术学会副秘书长。从事部队音乐活动三十余年。上世纪70年代始，每年均组织举办音乐创作、培训、演出活动。国防科工委部队遍布全国二十余省、市、自治区，曾走遍科工委各卫星发射中心和部队开展活动，培养一大批基层音乐活动骨干。

孔庆浩（1952— ）

音乐教育家。甘肃人。兰州城市学院院长、教授。中国音协第七届理事，甘肃省文联副主席、省音协副主席、甘肃省高校艺术专业委员会主任、西北师范大学硕士生导师。交响合唱《永恒的美丽》获2005年全国大学生艺术展演作曲一等奖，《祁连月》获1995年全国广播新歌金奖、交响合唱《啊，玉门》获甘肃省"敦煌文艺奖"一等奖，合唱作品《走向未来》《难忘的歌谣》在央视及甘肃电视台播出。多次主持或协作召开全国及国际音乐学术研讨会。发表声乐、器乐作品近五十首（部），论文四十余篇，专著两部。曾获"全国优秀教师"及"园丁奖"。

孔庆晋（1933— ）

戏曲音乐作曲家、编辑家。山东曲阜人。1958年毕业于福建师院艺术系。曾任福建军区军乐队小队长、福建电台戏曲组组长与《八闽新曲》主编、福建音乐学院副教务处长等职。出版有作品集《鸢飞月窟》《山海之歌》《多彩的山海》。作有军乐曲《献花》，钢琴曲《荷包情》，组曲《锦绣西湖》，方言歌《福州名牌歌》，论文《键盘乐器必须改革》获"中华精英"金奖。

孔庆泉（1929— ）

音乐教育家。山东济阳人。曾为江苏徐州铁一中音乐教师及徐州文工团以及江苏省歌舞团独奏演员。培养了一批音乐人才。曾获全国铁路汇演广东音乐节目二等奖等。撰有《浅谈音乐趣味教学》等文章，作有歌曲《唱不尽农村好风光》及高胡独奏曲《果林晨曲》等。

孔庆霞（1958— ）

女音乐活动家。山东曲阜人。山东省泰安市艺术馆副馆长。1976年、1990分别毕业于山东省"五七"艺术京剧科、北京人文函授大学群众文化管理专业。1991年组织策划了第五届泰山国际登山节大型文艺表演"紫气东来"。歌曲作品《泰山人，泰山情》获山东省"时风杯"青年歌手大奖赛三等奖，论文《关于发展文化产业的思考》获山东省文化论文评比三等奖。曾被泰安市委宣传部、市文化局评为先进个人。

孔尚明（1961— ）

小提琴演奏家。安徽芜湖人。芜湖艺术剧院副院长。1978年毕业于安徽艺术学校。先后在芜湖市歌舞团任演奏员、首席、队长、副团长。演奏大量歌剧、舞剧及黄梅戏、越剧等地方剧种。曾参加中日友好城市缔结文艺晚会和重大综艺性文艺晚会演出，并任乐队首席、领奏和独奏。培养少儿小提琴手数百人，二十多人考入专业院校，多人在省内比赛中获奖。撰有《论乐队小提琴的弓法》《少儿小提琴集体课的体会》等文。

孔文慧（1959— ）

女中音歌唱家。贵州贵阳人。原贵州省歌舞团独唱演员，1986年毕业于上海音乐学院声乐系，1989年调总政歌剧团，1990年在文化部主办的"国际声乐比赛选拔赛"获第四名，1995年获"全国第二届聂耳·冼星海声乐比赛"铜奖，1997年获全国听众喜爱的歌手评选美声组优秀演唱奖，同年参加在北京音乐厅举办的"中国首届10位优秀女中音歌唱家音乐会"。曾出访维也纳及香港、澳门等地，多次在京举办个人独唱音乐会。曾担任大型历史歌剧《屈原》中的主要角色。

孔祥华（1955— ）

作曲家。山东人。成武县文化馆馆长，副研究馆员。长期从事群众文化和音乐创作，发表作品百余首（篇），

论文《浅谈精品生产》获《世纪风》杂志社征文一等奖，《太阳和月亮》获全国征歌二等奖，出版《秋之声》歌曲集。《公民道德组歌》获山东省人口文化二等奖，戏曲音乐《选村官》获省委宣传部"五个一工程"奖。歌曲《中国，我的希望》编入《山东省新农村建设文艺演唱·歌曲卷》，《天天福彩》获市金奖。

孔翔飞（1954— ）

作曲家。江西鹰潭人。1971年考入鹰潭文工团，后入省歌舞团、上海音乐学院学习。1985年调市群艺馆任音乐舞蹈部主任，从事音乐创作、辅导、器乐教学。曾连续四届获市政府颁发的优秀文艺作品、文艺基金会奖。任《中国曲艺志·鹰潭市卷》《中国民族民间器乐曲集成·鹰潭市卷》主编、执笔。舞蹈音乐《嬉竹板》《畲乡铃声》分别获银奖、省一等奖，歌曲《畲乡欢歌》《道韵》《打交恋》在中央电台播出。多名学生考入音乐艺术院校。

孔亚磊（1963— ）

钢琴教育家。山东曲阜人。1985年山东曲阜师范大学音乐系毕业，1995年入天津音乐学院攻读研究生课程。广东韶关学院音乐系教师。出版专著《欧洲古典音乐名家名作》。主编出版《学钢琴辅助操》。撰有《高师视唱练耳教学的多媒体辅助应用》《高师钢琴课的特点与教学》《贝多芬热情奏鸣曲的创作手法及演奏处理》发表在《人民音乐》《音乐探索》等刊物。

孔云霞（1961— ）

女音乐教育家、理论家。吉林长春人。先后毕业于吉林艺术学院、东北师范大学音乐学院，获文学学士学位、音乐学硕士学位。吉林艺术学院作曲系副主任。教授、硕士生导师。2002年被评为吉林艺术学院首批中青年骨干教师、学科带头人。2003年获吉林省教育系统师德先进个人称号。编著出版有《视唱与节奏训练教程》《少儿视唱实用教程》等。申报及参与研究教科研课题项目多项。撰有《针对现代音乐加强绝对听觉训练》十余篇。

寇邦平（1937— ）

作曲家。云南永平人。1956年入云南丽江地区歌舞团。1986至1998年在云南大理州民族歌舞团任专业作曲。作有歌曲《玉龙山上开红花》《幸福来自金太阳》《阿克吉》《普米姑娘多快活》等，舞蹈音乐《牧羊歌》，舞剧音乐《黑白争战》（合作），《蝴蝶泉》，歌剧《玉龙第三国》等。编著有《云南纳西族普米族民间音乐》（合作），《白剧志·音乐志略》，主编《纳西族民间歌曲集成》《普米族民间歌曲集成》。

寇国强（1954— ）

次中音号演奏家。河南潢川人。1973年毕业于解放军军乐团学员队次中音号专业。总政军乐团演奏员。执行国家、军队重要内外事司礼演奏数百次，参加本团举办的音乐会及下部队慰问数百场。在国庆50周年大阅兵的千人乐团中担任次中音、小低音声部长。合编次中音、小低音中国音乐学院考级教材，并担任评委。曾随团赴泰国、法国

K

及香港、澳门地区访演。

寇家伦（1922—2005）

男中音歌唱家。陕西西安人。1949年从事部队文艺工作。曾任总政歌舞团独唱演员。演唱有《回延安》《大江歌罢掉头东》《一个共产党员的自白》。在音乐舞蹈史诗《东方红》中演唱《井冈山》。

寇秀梅（1945— ）

女琵琶教育家。河南西平人。1965年毕业于河南省艺校，留校任教。1974年入前卫文工团进修，1980年毕业于上海音乐学院民乐系。回河南艺校任教，副教授。撰有《浅谈戏曲学校的琵琶教学》，并根据教学需要撰写《十面埋伏》《霸王卸甲》《春江花月夜》《草原英雄小姐妹》《浪淘沙》《彝族舞曲》等琵琶曲在调式、体裁、乐曲内容的分析文章。多次参加河南电视台多种文艺晚会演出、录音，并参加电视剧《常香玉》《乡情》的录音。曾获省艺校优质教学奖及优秀教师称号。

库尔班·赛来（1946— ）

小提琴演奏家、音乐教育家。维吾尔族。新疆喀什人。1965年毕业于新疆艺术学院音乐系小提琴专业，同年入新疆艺术学院音乐系任小提琴教师。1986年毕业于中央民族大学音乐系小提琴、作曲专业。曾在新疆喀什歌舞团任首席小提琴。1987年入新疆艺术学院任教。作有小提琴曲《多郎之春》，歌曲《塔里木河》《歌颂祖国》。发表论文《胡西塔尔演奏法》《胡西塔尔演奏技巧》《艾介克发展史》《寓言与音乐符号》，著有《艾介克演奏法》《胡西塔尔、艾介克曲调之王》。

库丽曼·徐兰拜（1943— ）

女高音歌唱家。哈萨克族。新疆人。伊犁州歌舞团独唱演员，自治区音协常务理事。作有歌曲《草原之歌》《我爱唱美丽的歌》《康拜因手之歌》等。在哈语歌剧《红灯记》中饰铁梅，歌剧《萨里哈与萨曼》中饰吐尔根。1978年参加全国少数民族民歌调演，王品素教授给予花腔唱法以高度评价。曾随团到内地十几个省、市演出。

库尔班·依不拉音（1926— ）

作曲家。维吾尔族。新疆喀什人。1947年从事音乐工作。曾任新疆歌舞团创作员、音协新疆分会民委会主任。作有乐曲《我的热瓦甫》《塔什瓦依》，歌曲《心里话》《母亲的恩情》。

库尔曼江·孜克热亚（1964— ）

冬不拉演奏家。哈萨克族。新疆特克斯人。1983年毕业于新疆伊犁州艺术学校，同年任伊犁州歌舞团演奏员，后任队长。演奏自创的《准格尔史》《风暴》在"中国艺术届名人录作品展示会"获一等奖，《准格尔随想曲》获自治区文化厅举办的器乐独奏比赛创作一等奖。曾为电影《孤女恋》配主题歌《故乡》。发表论文《曲子多么想找到自己的听众》《关于民间作曲家霍杰克·那扎尔创作作品的初步研究》等。出版哈萨克民间

乐曲集《深渊》。

匡百侯（1930—2008）

中音提琴演奏家。江苏南京人。1957年毕业于中央音乐学院管弦系。同年入中央乐团交响乐队，曾任该团社会音乐学院器乐系副主任。

匡天齐（1935— ）

作曲家、音乐教育家。四川射洪人。毕业于西南音乐专科学校，四川音乐学院教授。作有交响音诗《祖国之春》，钢琴独奏《闹年》，民乐《思亲》，歌舞剧《战斗英雄陈绍光》，歌曲《二郎担山赶太阳》《吆鸡》《峨嵋月》等，广播、电视作品《四川汉族民歌广播讲座》，民族音乐电视系列片《川之韵》。撰有《四川汉族民歌述略》《四川汉族民歌的分类及其艺术特点》。著有《四川汉族民间婚礼与婚嫁歌》《民间歌曲概论》。

匡学飞（1941— ）

作曲家。湖南醴陵人。1965年毕业于湖北艺术学院（现武汉音乐学院）理论作曲系，后任作曲系教授。1965至1979年在山东省梆子剧团从事音乐工作。1979年始在武汉音乐学院作曲系任教，曾任副院长、学报《黄钟》主编。作有《追思》《鄂西民歌合唱三首》。

匡亚新（1952— ）

女歌唱家。四川潼南人。峨影乐团演员。1987年毕业于四川音乐学院声乐系，后师从韩德章、周小燕、高芝兰。1973年入四川省乐团（后峨眉电影制片厂乐团），为多部影视作品配唱，参加过众多省市音乐活动的演出。曾参演川剧交响乐《大渡河》，并为电影《迟到的春天》等演唱主题歌。编辑出版过《太阳最红，毛主席最亲》歌曲集，录制多首艺术歌曲和歌剧咏叹调。

邝 潮（1956— ）

音乐教育家。安徽芜湖人。安徽省蚌埠学院音乐系副主任。1976年起先后毕业于安徽师大艺术系、成教学院音乐系本科。曾担任蚌埠师专音乐组组长。发表有《浅谈师范生专业能力素质培养》《音乐是进行审美教育的重要手段》《如何训练学唱准变化音》。曾先后参加"淮河之春"演出、电视台"华工杯"比赛，均获独唱一等奖。在省"中级教师基本功大赛"中获独唱二等奖，多次获省级少儿器乐大赛优秀指导教师、优秀园丁奖。

邝 实（1961— ）

歌唱家。安徽六安人。安徽省歌舞团独唱演员兼歌队队长。曾就读于安徽省艺术学校音乐系。除参加本团演出外，经常在大型演出中担任独唱和重唱。曾在安徽省首届"江淮之秋"歌舞节中获表演二等奖，在"华贝杯"首届安徽省青年歌手大赛中获专业组美声一等奖，在第六届安徽省艺术节声乐比赛中获演唱一等奖。

邝梅璐（1936— ）

女歌唱家、音乐教育家。广东人。1956年毕业于安徽

师范学院艺术科音乐专业。后分配到亳州师范学校、阜阳师院音乐系任音乐教师及音乐系声乐教研室主任。曾登台演唱多年，多首演唱歌曲录制唱片和盒带。后从事声乐教学，所教的学生多人获独唱一、二等奖。编写声乐教材多册，声乐理论教材一册。撰有《音乐与智力》《我的声乐教学》等。

邝祥盛（1937— ）

音乐教育家。广东开平人。1953年入部队文艺团体。1960年从事音乐教育工作。曾在曲阜山东师范大学艺术系任教。作有舞蹈音乐《朝霞映红万里浪》。

邝宇宏（1941— ）

小提琴演奏家。上海人。1967年毕业于上海音乐学院管弦系。曾任中国电影乐团第二小提琴首席。

邝宇忠（1935—2000）

琵琶演奏家、教育家。广东台山人。1958年毕业于中央音乐学院琵琶专业。先后任中央音院附中民乐学科主任、院民乐系副主任、教授。曾赴埃及、印度、美国、新加坡等国演出、讲学。1959年改革琵琶金属弦成功。录制有琵琶独奏古曲《月儿高》唱片及琵琶独奏曲《阳春》《塞上曲》等盒带，专著有《琵琶演奏技法》，编撰有海外华乐考级《琵琶考级教材》等。培养了一批琵琶演奏人才，部分学生在国际国内比赛中获奖。

邝允茂（1932— ）

歌唱家。湖南人。曾就职于宁夏回族自治区群众艺术馆。1951年入西北军区政治部文艺训练班学习，后任海政文工团歌唱演员。创作歌曲《党的喜讯传山乡》在1982年全国花儿民歌调演中获奖。曾参演歌剧《春雷》《红霞》等，并导演《沙家浜》等剧目，培养了一批音乐人才。

L

拉苏荣（1947— ）

男高音歌唱家、教育家。蒙古族。内蒙古鄂尔多斯人。全国文化系统劳动模范。其专著获国际长调牧歌论文大奖。为蒙古族声乐艺术家、教育家，撰写六十万字的3部传记文学。曾任内蒙古政协第四、五、六、七届委员、音协副主席、文联委员、青联副主席。中国少数民族声乐学会理事，中央民族大学、中南民族大学客座教授，中华海外联谊会理事，内蒙古青年艺术家协会会长，在国际文化艺术交流工作中任蒙古国国际长调协会理事。

拉扎布（1922—已故）

民歌歌唱家。蒙古族。内蒙古锡盟人。1951年就学于内蒙古锡盟师范学校。十五岁开始唱内蒙民歌。后为内蒙古歌舞团歌手，演唱有《走马》《和希格色泰》《四季》《假如我们的爱情不变》《奥利亚黄格尔》等百余首。

来惠英（1946— ）

女琵琶教育家。安徽宿县人。原安徽省艺术学校高级讲师、安徽音协琵琶学会副会长。1972年进修于上海音乐学院。编排有《琵琶弹唱》《弹拨乐弹唱》《琵琶齐奏》《弹拨乐合奏》等节目，并由安徽电视台播出。指导录制的琵琶音乐风光片《飞花点翠》获全国音乐电视片优秀奖，琵琶独奏《春雨》由合肥电视台播出。辅导《春江花月夜》获省第六届艺术节一等奖。出版有《琵琶实用教程》《琵琶轮指练习曲》。

赖 斌（1940— ）

音乐教育家。湖南人。曾为深圳上步教育局教研室音乐教师。1962年毕业于湖北艺术学院音乐系。曾任广东琼台师范、海南教育学院教师。创作的歌曲《热情的微笑》曾获海口市创作良好奖，撰写的《如何上好中小学音乐课》获海南行政区教育教学科研成果二等奖，《音乐电化教学探索》《钢琴教学随笔》获中南五省优秀论文奖。

赖 丽（1964— ）

女高音歌唱家。重庆人。四川音乐学院副教授。1985年毕业于四川音乐学院声乐系。多次参加电视大赛并分别获优秀歌手奖和荧屏奖，1998、2000年两次获全国艺术歌曲比赛优秀演唱奖，2000年获西部民歌大赛金奖。

赖 蒙（1926— ）

音乐编辑家。重庆云阳人。1938年参加县儿童剧团，后任剧团指挥。1946年考入重庆军乐学校。曾任某部文工团音乐教员、指挥。1958年转业至福建电台，后任主任编辑。曾创办"每周一歌"及广播文工团。1979年采录播出歌剧《星空啊星空》，获全国歌剧调演一等奖。撰有《介绍福建民歌》《福建民间歌舞〈采茶扑蝶〉》等大量歌曲评介、歌剧剪辑、音乐专题。编辑出版有《侨乡恋歌》歌集、《中外音乐常识100题》。作有歌曲《月下听潮思亲人》《祖国的早晨》。

赖 燕（1965— ）

小提琴演奏家。北京人。中国广播艺术团合唱团小提琴演奏员。师从中央音乐学院孙得进、王振山。曾获"小提琴中国作品比赛"优秀奖，多次被中央电视台邀请参加春节联欢晚会的音乐录制工作，参与录制广播合唱团影视作品音乐会。

赖二中（1946— ）

小提琴演奏家。福建古田人。1966年毕业于解放军艺术学院音乐系小提琴专业，后留学院管弦乐队任演奏员。1968年调福州军区歌舞团，任首席小提琴、副团长，作曲兼指挥。1986年由部队转业到福建省国际文化经济交流中

K
L

心，历任文艺部副部长、部长、交流中心副秘书长。福建省音协理事、福建音乐学院董事。作有唢呐与管弦乐队协奏曲《风展红旗过汀江》，与徐沛东合作创作民族器乐曲《百花迎春》获福州军区优秀作品奖，歌曲《无声的歌》获国家某部委征歌二等奖。

赖房千（1957— ）

歌词作家。广东深圳人。深圳市民间文艺家常务副主席、深圳市龙岗区文联主席、深圳市龙岗区音协主席。曾从事中小学音乐教育和民间文化研究。先后出版诗集《送春天上路》《生命的冲动》，编著民间文艺专著两部。歌词作品多次在全国获奖和入选中央电视台、文化部等举办的大型文艺晚会，并被收入多家音像出版社出版的歌曲集。2003年出版第一张作品专辑《盼团圆》。

赖广益（1933— ）

指挥家。广东乐昌人。广东省合唱协会名誉会长、国际儿童合唱艺术表演协会亚太地区顾问。曾任中国广播合唱团、中央民族乐团、中央广播少年合唱团指挥。历任厦门大学、上海交通大学、华南师范大学特聘教授。指挥录制影视音乐百余部，其中《梅花巾》《乡情》在国际获奖，《海外赤子》《廖仲恺》等获国家级奖项。改编、创作二百多首中、外合唱歌曲。1998年被聘为美国国际合唱节指挥。1999年带领广州市天河少儿合唱团在美国参加国际儿童合唱比赛中获得团体比赛金奖，2002年被评为中国第六届国际合唱比赛优秀指挥。

赖剑明（1963— ）

音乐教育家。江西寻乌人。1987年毕业于江西师范大学音乐学院。江西赣南师范学院音乐学院键盘教研室主任、副教授。辅导多名学生考入国家重点院校并在各类比赛中获奖。参与创作大型电视系列片《大山海寻亲》《打箍箍》分获有线电视节目二等奖与大学生艺术节优秀节目创作奖。曾参加迎澳门回归大型音乐会并演奏钢琴协奏曲《黄河》。撰有《对成年学生钢琴教学的探讨》《巴赫初级钢琴曲集技术要点简析及练习意义》等。参与编写教材《西洋歌剧与美声唱法——外国声乐教学曲目精选》。

赖锦织（1971— ）

女钢琴教育家、演奏家。福建泉州人。福建师大音乐学院副教授。1991年、1993年先后毕业于福建省艺校音乐科大专班、福建师大音乐系，2004年入本校音乐学院硕士班攻读。撰有《怎样选择钢琴教材》《传统音乐现实活力》等十余篇论文，其中《对高师钢琴教程设置的思考》获中国教育学会音乐教委会第二届高师、音乐教育论文二等奖。合编《钢琴考级曲集》，录制CD《舒伯特即兴曲》多首名曲，为大型电视专题片《生命礼物》配钢琴音乐。

赖伦山（1950— ）

音乐教育家。江西人。江西省瑞金一中音乐高级教师，瑞金市音协理事、音乐创作室副主任。1979年毕业于赣南教育学校（赣南师院）艺术科。创作大量歌曲，发表百余首，其中获金、银、铜奖及各种荣誉七十余项。论文

《自强不息，努力提高中学音乐教学质量》《口诀歌谣在音乐五线谱教学中的运用》分获金奖、一等奖。

赖琼书（1936— ）

女歌唱家。四川人。1954年入重庆歌舞团，任民歌独唱演员。1956年赴奥地利、罗马尼亚、保加利亚等国演出。1959年选入参加四川省巡回演出团，赴北京、上海等八省市演出独唱《拴住太阳好干活》《为啥乱穿我的衣裳》等。1963年在"四川省第一届民歌、笛子比赛会"获民歌演唱第三名。同时从事声乐教学和普及活动。

赖以柱（1971— ）

音乐教育家。福建永安人。1997年毕业于江西师大音乐学院。江西科技师范大学团委副书记。发表《校园文化的发展与趋势》《弘扬高雅音乐培养高素质人才》等文。指挥江西省血液中心合唱队获全省大合唱比赛三等奖。2005年组织学生参加全国、全省大学生艺术展演活动获全国（声乐）一等奖，全省多个奖项。组织、策划"中外名曲视听音乐会""大学生文化艺术节"等活动。

赖元葵（1969— ）

指挥家。广东乐昌人。星海音乐学院附中副教授、合唱指挥。1987年毕业于星海音乐学院附中，后在中央音乐学院钢琴专业进修，1992年毕业于上海交通大学音乐助教研究生班。曾指挥广州男童合唱团参加美国明尼苏达国际合唱节，获国际"六支优秀团队之一"称号。带领广州天河少儿合唱团参加美国国际合唱比赛获国际金奖，参加德国布莱梅第三届奥林匹克合唱大赛分获两个组别金奖。本人曾获最佳指挥奖。

赖粤岷（1955— ）

作曲家。广东人。四川攀枝花音协副主席。1975年到攀枝花市歌舞剧团乐队工作，后转至创作室，并任创作室主任兼乐队指挥及业务副团长。1989年创作集团公司歌《攀钢颂》获四川省电台、总工会等组织的企业创作歌曲大赛一等奖。所创歌舞《攀枝花颂》（曲），组歌《攀枝花之歌》，小提琴独奏《金沙江畔玛达米》，管弦乐《纳日波伯舞曲》等均获省、市奖。2002年指挥攀枝花交响乐团参加第四届全省少数民族艺术节获表演二等奖。

赖云岚（1959— ）

女高音歌唱家。江西萍乡人。1975年考入萍乡地方剧团，1980年调入江西省歌舞剧院任独唱。省声乐家学会常务理事。曾在"兆丰杯"全省歌唱大赛中获民族唱法一等奖，在江西优秀电视文艺、影视剧奖评选中，首唱《家乡蜜桔甜》《婺源之春》获银奖。2004年获"东方之春""文化之春""世界之春"中国民族歌曲演创大赛"中国民歌十佳演唱家"金奖。声乐论文《浅谈歌唱艺术》获省一等奖。举办个人独唱音乐会。出版个人MTV专辑。

赖子民（1943— ）

作曲家。广东普宁人。1961年毕业于广州音专附中琵琶专业。曾任粤北民间歌舞剧团乐队演奏员、粤北文工团

音乐创作员、粤北采茶剧团作曲，后在韶关市艺术创作室工作。编辑内部资料《韶关地区少数民族民间歌曲集》及参加《中国戏曲志·广东卷（粤北采茶戏志）》《中国民间文学（三套）集成·广东卷（韶关分卷）》《中国戏曲音乐集成·广东卷（韶关分卷）》的编辑工作，并任《中国戏曲音乐集成（粤北采茶分卷）》副主编。歌曲《矿山建设奏凯歌》等在省、市歌评中获奖并发表。

兰 娴（1958— ）

女歌唱家、声乐教育家。畲族。江西萍乡人。1981年毕业于江西师范大学艺术系声乐专业。萍乡市第四中学音乐教师。曾在江西省青年职工"江铃杯"电视歌手大赛中获美声唱法专业组一等奖。编写教案《中国五声调式的识别》获三等奖，全省中小学教师五项全能基本功比赛获一等奖。作有《梨田小唱》（合作），《明日为国把重担挑》《巍巍武功山》《故乡一朵红云》《山野春秋》《杨梅甜》等并获奖。

兰启金（1954— ）

作曲家。瑶族。广西都安人。1974年入广西艺术学院音乐系。曾在广西河池地区民族歌舞团工作。作有歌曲《山乡夜市》《达努节之歌》。

兰守德（1931—2008）

声乐教育家。河北丰润人。1955年毕业于河北师院音乐系。曾任河北师大音乐系主任，音协河北分会常务理事，省高师音乐教员研究会理事长。

蓝 河（1920—2001）

作曲家。吉林公主岭人。重庆首届音协理事。1938年发表《打胜仗》《内蒙古》等抗日歌曲。1946年毕业于国立音乐学院理论作曲系。1947年发表反内战歌曲《四季花儿红》。1950年于某文工团改编石柱民歌《太阳出来喜洋洋》。1953年入四川人民艺术剧院。作有歌剧音乐《小女婿》《一个志愿军的未婚妻》（合作），1964年为小舞剧作曲的《雪夜送柴》参加全省汇演。曾任《中国民歌集成·四川卷》编辑。

蓝 曼（1940— ）

作曲家。广东潮州人。原广东省文化厅艺术处处长，广东音协理事。1963年毕业于广州音专。曾任粤北采茶剧团作曲兼乐队指挥。作有采茶戏曲音乐《女儿上大学》（合作），《红云岗》《阿三戏公爷》《皇亲国戚》，舞剧音乐《金鸡岭》，民族管弦乐《北江春早》，歌曲《巍巍瑶山连北京》《金色的瑶山》《咱家乡办起小水电》《广州，我们的家园》。出版有《蓝曼粤北采茶戏音乐作品选》CD专辑。撰有《论戏曲音乐的创造性》《谈采茶戏音乐的改革和发展》，文集《音舞情思》。

蓝 天（1957— ）

作曲家。四川资阳人。1997年毕业于四川音乐学院作曲系，1976年任四川内江市川剧团艺术室副主任，1994年起在四川省川剧学校音乐科任教。作有歌曲《我爱蜜桃

一个籽》《三峡秋》等，戏歌《咏梅》《人间好》等。曾获各种奖项，所作曲的川剧《死水微澜》获文化部"文华音乐奖"。多次担任大型文艺晚会音乐总监及电视连续剧《彭祖传奇》《表妹进城》《九品剃头匠》的作曲。

蓝 祝（1961— ）

作曲家。壮族。广西防城港人。广西钦州市歌舞团团长。广西壮族自治区第十届人大代表。代表作有《瑶山木叶歌》《竹梆敲起来》《杏花雨》《生日的祝福》等。在全国各地音乐报刊、杂志及电台、电视台、音像出版发表作品数百首（部），获省以上奖52首。创作电视剧、电视专题片音乐、主题歌38集。

蓝程宝（1962— ）

作曲家。四川资中人。广州交响乐团作曲。1991年毕业于西安音乐学院作曲系，后任广州军区战士歌舞团作曲，1996年调入广州交响乐团。在"第六届羊城音乐花会作品比赛"中，交响音画《古老的明珠》，交响合唱《东方的太阳》均获一等奖，弦乐合奏《咏怀》获二等奖，舞蹈音乐《归巢》《联想娃娃》曾获全国少儿舞蹈音乐比赛金奖。多次参加广东省大型晚会的策划与作曲。出版有中国民歌钢琴曲集《神州韵律》。为大型音乐舞蹈叙事诗《广州往事》作曲。

蓝寿生（1937— ）

作曲家。壮族。广西马山人。1949年入解放军滇黔桂边纵桂西指挥部"真理剧团"。1958年调至宾县文艺工作队任队长。后调柳州地区民族歌舞剧团，历任指挥、作曲、副团长。作品有舞蹈音乐《瑶山春》《苗江飞燕》《瑶山之鼓》获自治区创作一等奖，苗族舞剧《灯花》获自治区"铜鼓奖"与创作"回顾奖"，以及歌剧《园丁之歌》《金凤与银燕》《大瑶山人》。发表论文《通俗歌曲要通俗》。

蓝婷菊（1962— ）

女歌唱家。苗族。贵州龙里人。1988年毕业于贵州省民族学院艺术系。为贵州黔南州都匀市歌舞团独唱演员。1983年获全国乌兰牧骑式演出队文艺汇演独唱优秀节目奖。1985年获全国首届部分省（区）少数民族青年声乐比赛"金凤奖"。

蓝雪霏（1951— ）

女民族音乐学家。畲族。福建漳州人。曾任中国少数民族音乐学会常务理事。福建师大音乐系博士生导师。《中国民间歌曲集成·福建卷》副主编、责任编辑，曾获全国文艺集成志书编纂成果一等奖。1991年获厦门大学文学硕士学位。1997年毕业于中央音乐学院音乐学系，1998年获该院文学博士学位。曾出版《畲族音乐文化》《闽台闽南语民歌研究》，发表音乐论文数十篇。作有高山族舞台节目《杵乐》（合作），歌曲《相思花还要插在她头上》等。数次赴菲律宾、韩国，台、港等国和地区参加国际学术研讨会。

蓝幼青（1927— ）

歌唱家、声乐教育家。广东梅县人，印尼归侨。在印尼加入雅加达中华合唱团，曾演唱马思聪《祖国大合唱》并担任《忍辱》独唱。1950年回国，后肄业于燕京大学，毕业于中央音乐学院，后从罗马尼亚声乐家进修声乐一年。1956年任教于四川音乐学院，曾任声乐教研室主任、教授。1998年随茵苑合唱团参加全国老年合唱比赛，担任合唱《太阳颂》（敖昌群曲）男高音领唱，获金奖。学生有范竞马、霍勇等。编译有《外国声乐教材》，参与编著《声乐教程》。

蓝玉崧（1925—已故）

音乐史学家、教育家。北京人。1947年毕业于北京大学及北平艺专。1950年入中央音乐学院任教，历任该院民乐系副主任、音乐学系主任、教授。曾任中国音协理事、中国敦煌吐鲁番学会理事暨音乐分会会长、中国音乐史学会副会长。曾赴莫斯科柴科夫斯基音乐学院讲学。专著有《中国古代音乐发展概述》《民族乐队乐器法》《民族乐器传统独奏曲选》（合作），发表有《音乐美学若干问题》等译作。论文有《中国音乐史通俗讲话》《三十年的回顾与前瞻》《论音乐传统》《论吴景略的古琴艺术》《对近年来中国古代音乐史学发展的一些思考》。对书法有深入研究，著有《蓝玉崧书宋词小楷》。

郎　晋（1956— ）

作曲家。山西人。1990年毕业于北京广播学院电视系。先后任石油部物探局文工团低音长号演奏员，中石集团东方地球物理公司文联秘书长，中石音协副秘书长。作有歌曲《辉煌东方》《勘探男儿走四方》《东方先锋》等。合作器乐曲《塔里木的篝火》，单簧管协奏曲《藏北勘探叙事曲》均获第三届全国石油职工文化大赛创作一等奖。举办多届职工文艺汇演、文化艺术节、文艺晚会，任总编导、艺术监督。组织慰问团，对7个油田物探公司和所属基地进行慰问演出，获石油文艺开拓贡献奖。

郎　昆（1959— ）

音乐编导家。北京人。中国音协第六、七届理事，中央电视台高级编辑。1983年毕业于中央音乐学院，同年进入中央电视台文艺部任导演。1987年赴联邦德国接受高级编导培训。历任中央电视台文艺部副主任、国际部副主任、海外节目中心编辑部主任。2001年考入北京师范大学艺术与传媒学院，攻读博士学位。2003年任戏曲音乐部主任、频道总监。执导过近百台大型晚会。担任五届春节联欢晚会总导演。作品获全国电视文艺"星光奖"一等奖（含特别奖）12次，《北京—波恩之夜》获欧广联大奖，《音乐桥》获美国"艾美奖"（EMMY）提名。1992年获全国电视文艺"星光奖"最佳导演奖，1996年被国家广播电视艺术委员会授予"特别荣誉奖"、获国家级政府奖，"中国彩虹奖"一等奖6次。2004年开创中央电视台音乐频道并长期担任频道负责人。

郎连增（1929— ）

音乐编辑家。满族。吉林人。曾任江西电台文艺部主任。中国广播音乐研究委员会及中国录音师协会荣誉理事。1947年入齐齐哈尔市文工团。1949年调江西电台，历任编辑、主任编辑。曾在"广播教歌"节目中教唱、伴奏数百首。主办"戏曲爱好者"节目，倡议开办"江西乐坛""赣江文学"专栏，恢复"音乐厅""星期音乐会"专题。1986年发起并参与由中央台和各地方台联合采编录制系列音乐节目《今日长征路》。1988年参与并主持由中央台、江西台联合主办的"迎龙年春节广播音乐会"。

郎潞霆（1958— ）

音乐教育家。山西人。毕业于山西大学艺术系。高级音乐讲师。山西省音协理事、长治市音协主席、省青联六届委员、市政协委员。曾获全国优秀教师、长治市优秀教师称号。歌曲《山沟沟、俏妞妞》《启仓启》《迎接光明》《路啊！路》分获省、市特别奖，一、二等奖。撰有《论音乐教学的改革》等文。

郎太根（1941— ）

歌词作家。四川人。先后毕业于西安师范学院、西安工业大学。1956年始创作歌词，共发表作品数百件，其中三十余件获全国或省级奖项。作有《伐木小伙豪情壮》《老师笑了》《好妈妈就在你身旁》《校园里升起五星红旗》《列车奔向未来》《心中都有一支歌》《金色的童年》等，并分别获全国建设者之歌三等奖、全国献给教师的歌二等奖、全国华声曲"金龙奖"、团中央优秀创作奖、献给祖国的歌三等奖。部分作品出版或播放。

郎咸庆（1958— ）

作曲家。山东潍坊人。1982年毕业于昌潍师专艺术系。石油部第七建设公司团委干事，山东省胶州市文化局副局长。作有歌曲《天街行》《梦回故乡》《黄河的回忆》《全家福》《龙凤呈祥》《喜上眉梢》等，曾获歌曲创作一、二等奖。为秧歌剧《清风明月秧歌乡》，舞蹈音乐《胶州大秧歌》编曲。歌曲《全家福》入选央视元宵晚会。出版《黄河的回忆》个人作品专辑。组织多次音乐创作活动。

郎毓秀（1918— ）

女歌唱家、教育家。浙江人1934年入上海国立音专师从俄籍教授苏石林。曾为百代唱片公司录制数十张唱片。先后留学比利时布鲁塞尔皇家音乐院、美国俄亥俄辛辛纳提师范和音乐学院，并在美举行十多场音乐会。1944年任四川省立艺专音乐教授。1948任华西大学音乐系主任。1952调西南音专（现四川音乐学院）任声乐系主任。第一、二、三届全国人大代表，五、六、七届全国政协委员，四川省音协名誉主席。1956年被文化部派访欧洲多国，并举办独唱会。1987及1988年任纽约罗莎·庞赛尔国际声乐比赛评委。翻译出版《卡鲁索发声方法》等书。曾任四川音乐学院"歌剧与艺术管理系"负责人。曾获首届中国音乐"金钟奖"终身成就奖。

劳元煦（1938— ）

音乐教育家。广东人。1960年高师毕业后到广州音专工作。曾任星海音乐学院附中副校长及学报副主编等职。发表的音乐论文及艺术述评有《音乐性在诗歌中的体现》《星海的形象激励着他们》《全国音乐艺术院校第三届青少年学生小提琴演奏比赛综述》《向命运宣战的勇士》《新年新声新尝试——94中山市新年音乐会见闻》《再听春燕试啼声——喜看中山市课余音乐学校参加新年音乐会演出》《辛勤育花人》。

老志诚（1910—2006）

作曲家、音乐教育家。广东顺德人。1931年毕业于北京师范大学艺术科。1932年参加北平左翼剧联组织的演出活动，为聂耳小提琴独奏的《国际歌》即兴弹钢琴伴奏。后在北平师范艺术科、京华美术学校音乐系任教。后任中国音乐学院作曲系教授，中国音协第三届理事。获第二届中国音乐"金钟奖"终身成就奖。作有《牧童之乐》钢琴曲，1934年获齐尔品"征求有中国风味的钢琴曲"二等奖。1945年多次与沈湘、蒋风之等音乐家联袂演出。作有钢琴曲《在森林中》《草原上的春天》，小提琴独奏曲《叙事曲》，歌曲《望月》《云游》。主编出版有《新疆民间歌曲集》《新疆民间合唱曲选》《钢琴教学曲选》。

乐 玫（1962— ）

女小提琴教育家。浙江宁波人。1988年毕业于江西师范大学音乐系，1995年考入上海音乐学院管弦系助教进修班。江西教育学院音乐系主任、教授。1997年在南昌举办小提琴独奏音乐会，并参加省内各种晚会及电视台演出，多次获奖。主持完成国家级或省级课题多项，主编、参编教材多部，在国家及省级斯刊发表学术论文十余篇。所指导的学生或考入音乐院校，或在各项比赛中获奖。

乐 新（1955— ）

音乐教育家、长笛演奏家。北京人。山西艺术职业学院音乐系管弦教研室主任，教授。1982年毕业于山西大学艺术系长笛专业，曾在山西隰县文工团、长治市文工团、太原市歌舞团任长笛演奏员，在太原市教育电视台任音乐编辑、导演、总编室主任。1990年后到山西艺术职业学院音乐系从事长笛教学理论研究，出版《长笛音阶教程》《长笛初级教程》《古典长笛协奏曲选》，发表《论巴赫的长笛奏鸣曲》《长笛的学习与演奏》等文，2005年获文化部第七届区永熙优秀音乐教育奖。

乐平秋（1934— ）

女竖琴教育家。四川人。沈阳音乐学院管弦系副教授。1955年毕业于沈阳东北音专钢琴系本科，后相继在长春电影制片厂德妮娜班、天津音院苏联专家女儿班、上音德国专家班进修竖琴。自1955年毕业留校后一直教授竖琴、钢琴、视唱练耳及箜篌，培养的学生有的在省级比赛中获第一名，有的考取美国名牌音乐学院研究生院。翻译英国著名竖琴家大卫·卫特金斯所著《竖琴演奏法》。为中国竖琴协会理事、世界竖琴协会会员。

乐忠清（1929— ）

音乐编导家。浙江宁波人。1957年入吉林艺术学院作曲系进修。曾任吉林人民广播电台音乐编导，音协吉林分会常务理事。

雷 灿（1945— ）

男高音歌唱家。云南昆明人。先后在云南艺术学院附中、四川音乐学院、中央音乐学院学习进修声乐。1963年从事文艺工作。曾任中央民族乐团独唱演员、合唱队副队长。曾参加首届"绿云里的歌"音乐会，全国"独唱、独奏"调演。1993年参加人民大会堂国庆文艺演出。曾为英国、越南、尼泊尔等国家元首独唱演出。由其作曲、演唱、发表的作品有《彝家迎春谣》《石林美景传天下》《我为毛主席站岗》。

雷 达（1957— ）

音乐教育家。壮族。广西人。首都师范大学音乐学院教授、硕士生导师。1987年毕业于天津音乐学院，获硕士学位。1993年获北京市优秀青年骨干教师。曾为中国教育电视台讲授《视唱练耳》课程，被中央电视台"音乐桥"与"感受交响音乐"邀请为嘉宾。是国家级重点科研课题《中国当代学校音乐教育》主要成员。正式发表论文八十多万字。创作器乐作品《阿里山的回忆》等多部。为电视剧《桃李情深》作曲，多次获奖。

雷 风（1937— ）

女歌唱家。新疆乌鲁木齐人。1949年参军，先后在新疆军区文工团、西南军区文工团、空政歌舞团从事声乐专业。1957年后考入上海声乐研究所，师从李维勃、林俊卿。1959年在中苏合拍的大型纪录片《绿色的田野》中担任独唱。《摇篮曲》、男女二重唱《美丽的原野》录制唱片出版。演唱歌曲《解放了的时代》《阿勒国江》《向北京致敬》《白鱼姑娘》。曾多次随中国艺术团出访缅甸、巴基斯坦、斯里兰卡、印度。

雷 光（1956— ）

双簧管演奏家。辽宁沈阳人。1970年入抚顺歌舞团乐队。1982年毕业于沈阳音乐学院管弦系。曾任中国电影乐团交响乐队双簧管首席。电台录有乐曲《幻想牧歌》《故乡行》。

雷 佳（1978— ）

女高音歌唱家。湖南益阳人。1997年毕业于湖南省艺术学校花鼓科，2002年毕业于中国音乐学院声歌系。总政歌舞团歌队演员。1997年获湖南戏剧汇演优秀女演员奖，2001年获全国歌手唱云南电视歌手大赛专业组金奖，在全国大学生艺术歌曲比赛中获专业组金奖，2002年获全国听众最喜爱歌手最佳新人奖，2003年获第三届中国音乐"金钟奖"声乐大赛金奖，2004年获全国青年歌手电视大赛专业组民族唱法金奖。2005年被评为中央电视台年度十大新人。演唱曲目有《芦花》《水姑娘》《中国山歌》《山寨素描》等。

雷 蕾（1952— ）

女作曲家。满族。北京人。北京电视艺术中心作曲。

第八、九届全国政协委员，第十、十一届全国政协常委，中国音协第七届理事，中国音乐著作权协会常务理事，全国百佳电视艺术工作者。1982年毕业于沈阳音乐学院作曲系。作有《四世同堂》《便衣警察》《渴望》《编辑部的故事》《无愧苍生》《家有儿女》等大量影视音乐、歌曲及交响诗《露营之歌》，竹笛协奏曲《月光下的宗戈》及歌剧《西施》等。曾获广电部"飞天奖"、公安部"金盾奖"、新时期"十年金曲奖"等。多次担任中宣部"五个一工程"奖歌曲和中央电视台"青年歌手大奖赛"及哈萨克斯坦国际通俗歌手大赛评委。

雷 湘（1974— ）

女歌唱家。瑶族。湖南湘西辰溪人。毕业于武汉音乐学院声乐系通俗演唱专业。1994年起任广州军区战士歌舞团独唱演员至今。演唱有多首MTV歌曲，其中《有个小姑娘》分别获锝中央军事台、中央电视台MTV大赛的金、银奖。录制有《这里没有冬季》《千秋之约》《世纪之约》等数十部电视剧主题曲、插曲，其中《千秋之约》获"五个一工程"奖。多次参加中央电视台的春节联欢晚会、双拥晚会、八一晚会、迎港、澳回归晚会、抗洪和抗非典晚会以及"心连心"慰问演出。立过六次三等功。

雷 学（1955— ）

大提琴演奏家。壮族。广西柳州人。1990年就读于南京艺术学院音乐系。1973年始入南京市歌舞团任演奏员。撰有《钢琴魔王—李斯特》《古典的忠诚者勃拉姆斯》等文，作有扬琴独奏《八月桂花遍地开》（合作），随团赴欧洲八国演出。1993年在毕业音乐会上演奏《巴赫无伴奏组曲第3号》《波兰舞曲》《拉罗大提琴协奏曲》。1995年赴日与日本职业交响乐团共同演奏马勒的《千人交响曲》。1997年参加江苏歌舞剧院歌剧《孙武》演出，获"文华奖"并参加《长城长》等大型晚会的演出。曾参与各种晚会的音乐统筹和编辑工作。

雷 岩（1958— ）

歌唱家。江苏人。山东省歌舞剧院独唱演员。1982年毕业于山东师范大学艺术系。1981年获山东省青年音乐家比赛三等奖，1987年获山东省青年歌手电视大奖赛一等奖，1988年获法国图卢兹国际声乐比赛第三名，1990年获上海首届"白玉兰"戏剧表演奖（主角奖），曾参加周小燕歌剧中心排演的歌剧《弄臣》并任主角，在歌剧《原野》饰演男主角，曾在《黄河大合唱》、贝多芬《第九交响乐》中担任领唱，并举办个人独唱音乐会。

雷 雯（1959— ）

指挥家。天津人。1982年毕业于天津音乐学院管弦系，1987年毕业于中央音乐学院指挥系。曾任天津歌舞剧院、天津交响乐团小提琴演奏员及指挥。1992年入海政歌舞团乐队任指挥。曾指挥天津交响乐团首场音乐会、海政歌舞团歌剧《红珊瑚》。曾获全国指挥比赛中国作品指挥奖。1995年创办北京金帆少年交响乐团，任艺术总监，率团参加众多演出活动。

雷 宇（1963— ）

小号演奏家。辽宁营口人。1977年入解放军军乐团学员队学习小号演奏，毕业后分配在该团一队任演奏员，后任首席。长年在演出中担任独奏、领奏，参加多届党代会、全国人大、政协开闭幕式和1984、1999年两次国庆大典、上百次迎送外国元首的司礼演奏，其中有美国总统、德国总理、俄罗斯总理等。还参加1997年香港回归交接仪式的现场演奏和1999年澳门回归交接式的现场演奏。

雷 荣（1965— ）

女高音歌唱家。湖北房市人。1996年毕业于中国音乐学院民族声乐进修班，2001年就读于三峡大学艺术学院。宜昌市歌舞剧团独唱演员。演唱录制有《颂歌大迴响》《三峡情》《歌唱三峡》《三峡潮》《三峡风情》《长阳民歌》等盒带、LD影碟、录像带、VCD等。曾获"首届中国艺术节"优秀演出奖，首届新人创作声乐表演三等奖，全国少数民族曲艺展演表演一等奖。在央视"正大综艺"演唱《三峡迎宾曲》，在湖北电视台"元宵晚会"上演出《三峡梦难圆》等。1999年获宜昌市"三峡文艺明星奖"，2002年为宜昌市第三届政协委员。

雷安红（1959— ）

花腔女高音歌唱家。陕西人。陕西省歌舞剧院古典艺术团独唱演员。陕西省妇联第七届执委。1982年毕业于西安音乐学院声乐系。曾随团在诸多省市演出，演唱花腔女高音的众多名曲，并曾在《江姐》《货郎与小姐》《台湾剑客》《洪宣娇》等多部歌剧中任主演，曾获中国音协等单位主办的"电力之声"大赛三等奖，陕西省广播电台"兴化杯"歌曲大赛一、二、三等奖，中央电视台第四届青年歌手电视大奖赛陕西赛区一等奖以及中央电视台的"荧屏奖"。

雷黛琴（1955— ）

女高音歌唱家。湖南湘潭人。福建省泉州歌剧团演员。1975年入湖南湘潭市歌舞剧团学员班学习声乐，后任该团演员，1993年任泉州歌剧团演员。发表《声情并茂，塑造歌剧人物形象》《优势来自特色》等文。曾在歌剧《兰·梅·桂》《深宫欲海》《大山的呼唤》《素馨花》中饰演女主角，获"演员奖"。

雷登荣（1953— ）

作曲家。四川宣汉人。达州市音协副主席，宣汉县文联专职副主席。1989年毕业于中国函授音乐学院理论作曲系。发表、创作大量歌曲作品，出版有《雷登荣歌曲集》《雷登荣音乐作品集》《美丽的宣汉——雷登荣歌曲选》。歌曲《苗家六月六》《孩子睡在田埂上》《祝你一路顺风》等多首获奖。2002年获四川省职工文艺创作"五一文学艺术奖"，2007年被授予达州市"德艺双馨艺术家"，2008年获达州市"首届文艺创作政府奖"。

雷靛云（1976— ）

女古筝演奏家。江西南昌人。中国歌剧舞剧院民族管弦乐团古筝独奏演员，中国环境文华促进会理事。1998年毕业于中央音乐学院后考入中国歌剧舞剧民族管弦乐团。参与演出数百场，并在其中任独奏、领奏。曾赴美、加、法、俄、日、韩等国及澳门、香港等地区演出。先后首演刘文金、赵东升创作的古筝协奏曲《点染丹青》《山水间》。主编出版《古筝初级教程》《古筝弹奏新鲜流行》《古筝弹奏经典流行》并录制CD。曾任九届"蒲公英青少年优秀艺术新人选拔大赛"古筝组评委，人大特长生考核组评委，"中国青少年艺术英才推选活动"古筝组评委。

雷红薇（1961— ）

女歌唱家。安徽砀山人。1986年毕业于河南大学艺术系手风琴、声乐专业。1997、2000年于河南大学艺术学院进修音乐教育。任职于河南省郑州市教育学院，副教授。撰有《关于声乐的几个问题》《音乐的感知问题》《歌唱情感与表现》等论文，著有《歌唱知识与技能训练》《大学生音乐欣赏ABC》，主编有《音乐鉴赏》《歌唱基本知识与实用指南》（合作）等。1997年获第二届声乐技能大赛全国高等教育学会一等奖。

雷蕙华（1948— ）

女大提琴演奏家。广东人。1967年毕业于中央音乐学院附中。曾任中国电影乐团交响乐队副队长。

雷家骅（1927— ）

音乐编辑家、教育家。陕西渭南人。1949年考入西北军政大学艺术学院音乐部。曾任西安音乐学院教务处负责人。1956年参与校刊《西安音专》的创办，并负责音乐编辑工作。1975年任《延安歌声》常务副主编。编辑出版有《我的小提琴教学法》《扬琴独奏曲选》，主编有《长安古乐谱》（陕西三秦出版社出版），发表有《也谈墨子"非乐"》《关于师旷》《讹误不可再传》等音乐论文，参与编写《中国中等艺术学校·西安音乐学院附属中等音乐学校》《中国高等艺术院校简史集·西安音乐学院》。

雷建功（1946— ）

笙演奏家。江苏徐州人。曾任南京民族乐团团长、南京音协主席、市文联副主席，南京艺术学院音乐学院、南京师范大学音乐学院、江苏省戏剧学校笙专业指导教师。1959年入徐州戏曲学校习笙，师从著名笙演奏家胡天泉。创作演奏《饮泉招鹤》《飞龙在天》《声声慢》《大海情》等笙独奏曲，并举办"雷建功笙独奏音乐会"。出版笙笛独奏曲数首。曾在多个国家及地区演出。先后策划维也纳金色大厅、中国新春民族音乐会《金陵寻梦》。策划及在北京人民大会堂由两岸三地同台联袂演出的民族交响乐《和平颂》。

雷建国（1944— ）

作曲家。湖北仙桃人。曾任广东中山市火炬艺术团音乐总监。1984年毕业于湖北艺术学院作曲系。撰有《浅探抒情歌曲》，在《歌曲》等刊物发表歌曲多首，部分获奖，其中《小河，我心中的河》1991年获湖北省群众歌曲荟萃评选一等奖，《峡江春晓》《那支山歌我还在唱》分获中国首届群众创作歌曲大赛金奖，《那一天红旗下举起

右手》等在中央、省市电台、电视台播放。主持编曲的大型古装荆州花鼓剧《考棚案》，在省内外演出。

雷静南（1949— ）

小提琴演奏家。河北人。曾为天津歌舞剧院乐队首席，民盟天津市文化艺术委员会委员，天津市文化系统专业技术职称评定委员会评委。1960年考入天津歌舞剧院，后担任独奏演员、乐队首席。1986年在天津音乐学院学习。1988年起任天津市历届小提琴考级比赛评委。曾受聘于天津交响乐团、厦门爱乐团任客座首席。出版小提琴演奏CD光盘。随团赴北京、湖北等十几个城市演出。

雷克宜（1948— ）

小提琴演奏家。广西南宁人。60年代就读于广西艺术学院，师从广西著名小提琴教育家董学尧，后在中央乐团进修。先后任广西歌舞团管弦乐队演奏员、乐务、乐队队长、乐队首席、独奏演员，广西交响乐团副团长、乐团首席、独奏演员。1996年起任广西艺术学院附中小提琴教师、教授、校长助理，学术委员会副主任，音乐教研室主任，室内乐和附中青少年交响乐团艺术指导兼指挥。广西小提琴协会会长。

雷克庸（1939— ）

歌剧表演艺术家。蒙古族。北京人。1962年毕业于中央音乐学院。曾任中央歌剧院歌剧团副团长。曾在《叶甫根尼·奥涅金》《刘胡兰》《阿依古丽》《护花神》等歌剧中饰主要角色。1980年获文化部直属院团观摩评比演出优秀演员奖。

雷良萍（1943— ）

女歌唱家。江西南昌人。1962年毕业于中央音乐学院附中声乐科，后任中央民族乐团歌唱演员。曾赴青海、甘肃搜集"花儿"民歌。先后担任音乐舞蹈史诗《东方红》《樱花谣》，故事片《军垦战歌》插曲《边疆处处赛江南》和《革命之歌》的独唱、领唱。曾分别随东方歌舞团、中国芭蕾舞团多次演出，受到周恩来总理、陈毅副总理的接见和赞扬。

雷翎张（1953— ）

女音乐教育家。四川人。西南师范大学音乐系毕业，四川省德阳中学音乐高级教师。发表歌曲、钢琴曲八十余首，培养中小学音乐教师近千人，多人考入音乐院校。著有《简谱乐理与习题》（合作）等四本书，发表《加强中学民族民间音乐教学的初步探索》等文二十余篇，其中数篇获全国音乐教育优秀奖。辅导群众音乐活动和音乐创作，参加市县文艺调演多次获演唱一等奖。组织、辅导师生合唱团参加大型演出多次获一、二等奖。被授予"德阳市中学音乐学科带头人"，获四川省优秀音乐教师称号。

雷明礼（1932—已故）

双簧管演奏家。辽宁沈阳人。1946年始从事音乐工作。曾师从苏藉教授巴柯金。曾在辽宁省歌剧院工作。

L

雷琼仙（1937— ）

女声乐教育家。云南人。1961年毕业于四川音乐学院声乐系。后在中央民族学院、云南省艺校任教。曾在中央民族学院音乐舞蹈系工作。

雷维模（1945— ）

作曲家。四川武胜人。西南大学育才音乐学院副院长、教授。中国社会音乐研究会理事。曾任四川省文化馆研究馆员。发表《五十六个民族一个中华》等四百余首歌曲，有的收入《中华百年歌典》、有的编入音乐教材、数十首获全国和省部级奖。先后主编《川北歌声》《抒情歌曲选》和《四川社会音乐》。选编《二十世纪中国名歌》《祖国颂》等五十余本歌集。著有《中国民族音乐概要》《童声合唱》《实用简谱读法》。出版《丰收的中国》《中国的节日》歌集和CD专辑。两次在成都举办个人作品音乐会。

雷兴旺（1966— ）

音乐教育家。宁夏固原人。宁夏回族自治区大学音乐系副主任。1991年毕业于西北师范大学音乐系。1988年毕业于中央音乐学院作曲系，获硕士学位。撰有《思乡曲与马思聪的音乐创作》《儒墨道三家的音乐思想及比较》《斯特劳斯交响诗的艺术特征述评》等文，著有《金色音乐厅——音乐必听曲目分级欣赏指导》《基本乐理与视听练耳》。作有歌曲《师恩难忘》《轻轻叫醒你》，均获二等奖。

雷学锋（1948— ）

歌词作家。江西南昌人。曾在江西省音像出版社、江西电视台任记者、主任编辑，发表文学作品逾百万字。1980年涉足歌词创作，发表数百首歌词作品，获奖近四十次。出版作品集《跬步集》。作词歌曲有《年轻的朋友，请你告诉我》《少年与幻想》《山河永存党永在》《地球上有个最大的家》《小桥之歌》（组歌），《南昌颂歌》等。曾任歌曲集《放歌南昌》副主编，江西省民间文艺协会名誉副主席。

雷雨声（1932— ）

作曲家。四川人。1951年考入东北鲁艺音乐系，1956年毕业于沈阳音乐学院作曲系研究生班，后留校任教。1960年调辽宁歌剧院从事歌剧创作，1984年任辽宁歌剧院副院长、辽宁乐团团长。1988年调广州组建华南师范大学音乐系并任主任。曾任中国音协理事，广东省音协副主席，第五、六届辽宁省人大代表。作有高胡、古筝三重奏《春天来了》，在1957年第六届世青节民族器乐比赛中参与演奏，获金质奖章。创作《情人》《佐领的女儿》等多部歌剧音乐，数百首歌曲。其中《光荣啊，中国共青团》被定为中国共青团团歌。《三月三》《开拓者进行曲》《迎宾曲》《共产党好，共产党亲》等作品获全国及省级奖。主编并执笔《走进音乐世界》等两套中小学教材。

雷远生（1951— ）

作曲家。湖北武汉人。1970年毕业于武汉音乐学院附中。先后在武汉军区文工团京剧团、湖北省歌舞团任创作员。1991年曾任职于广州军区企业办，后为独立音乐人。作品有声乐套曲《大别山抒怀》，其中歌曲《再见了，大别山》为男高音选唱曲目。歌曲《问边关》获全军一等奖，《梦在他乡》《开缸酒》等多首先后在中央电视台春节晚会上演唱，另有《请到琴台来》《大漠魂》《万紫千红》等。管弦乐《恋》与二胡协奏曲《莲花畅想》等分获湖北省首届轻音乐大赛一等奖与文化部"群星奖"金奖。为《冼夫人》《漩流》等影、视剧作曲，并多次担任京剧乐队指挥与央视晚会音乐总监。

雷振邦（1916—1997）

作曲家。满族。北京人。1942年毕业于日本东京高等音乐学校作曲专业。1949年调北京电影制片厂（中央厂）任作曲，相继完成了17部纪录片的音乐创作。1955年调长春电影制片厂任音乐创作室作曲。曾为《董存瑞》《五朵金花》《达吉和他的父亲》《冰山上的来客》《战洪图》《吉鸿昌》《小字辈》《幽谷恋歌》《赤橙黄绿青蓝紫》等40余部电影作曲。《刘三姐》获全国第二届百花奖最佳音乐奖。电影插曲《花儿为什么这样红》《蝴蝶泉边》《青春多美好》等广为流传。发表有《谈电影音乐和歌曲的创作》等文。出版有《花儿为什么这样红——雷振邦创作电影歌曲选》。曾任中国音协理事、中国电影音乐学会常务理事、吉林省文联委员等。

雷正和（1955— ）

女民族音乐学家。湖南常德人。毕业于湖南师大音乐系，曾就读于南京艺术学院音乐系，师从黄友葵、陈尚文教授。常德市群艺馆副馆长、副研究馆员。湖南省声乐理论研究会理事。1977年以来曾分别任《中国曲艺音乐集成·湖南卷》副主编与《常德卷》主编。专著《常德丝弦音乐研究》由中国文联出版社出版。一些歌曲作品、音乐论文等在国家级、省级刊物发表，并多次获省级以上论文、编辑、艺术辅导一等奖，两次获文化部奖励。

雷志刚（1938— ）

作曲家。江西南昌人。1960年毕业于江西师范学院艺术系。曾任江西人民广播电台文艺部音乐组长。作有歌曲《水乡姑娘》《我们不是月亮》等。

雷子明（1943— ）

歌词作家、诗人。湖北赤壁人。武汉军区专业作家、创作组长。曾任湖北省艺术研究所常务副所长、湖北省群艺馆馆长。出版诗集《军徽朝阳》和《上升的山》，歌词集《我在寻找》《生活是你的眼睛》等4部。音乐剧《遥远的呼唤》和歌曲《我们和野人》录制音带。大型组歌《山乡，我的故乡》，交响大合唱《神农架之神》，电视艺术片《人·水·情》及歌曲《第一缕春光》《种一颗太阳给明天》等作品获全国"广播新歌""五个一工程""金钟奖""群星奖"等奖项。为《樱桃行动》《李硕勋》《我的丈夫是英雄》等多部电视剧创作主题歌。

雷·斯琴巴图（1944— ）

作曲家。蒙古族。内蒙古阿拉善人。1973年始从事歌曲创作。曾任阿拉善左旗乌兰牧骑队长。内蒙第三、四、五届政协委员。作有歌曲《贺兰山，心中的宝山》《沙漠深处有人家》，编有《阿拉善民歌选》。

类维东（1962— ）

长号演奏家。山东人。1977年在评剧团工作，后任吉林林区文工团作曲、指挥，1988年毕业于吉林艺术学院，后考入长影乐团任长号首席。参加几十部电影音乐的录音及多部大型交响乐作品的演出。长号独奏、重奏多次得奖。发表论文多篇，其中一篇获"中华教育艺术研究会"一等奖。被聘为长春师范大学、吉林艺术学院音乐学院、长春大学客座教授。

冷 冰（1929— ）

作曲家。江苏徐州人。1949年春入徐州警政文工团。1951年调鲁中南军区文工团，同年调乐团教研室。1954年转业后任晋北文工团创作员，中国水电部第四工程局教育处任工会副主席。自学音乐，创作的《开拓之歌》获青海省文艺作品优秀奖，《长河繁星落山窗》《矿工酒歌》分别获全国职工业余创作三等奖，《西部印象》《罗布泊之歌》在全国演创大赛"西部之声"中分别获银奖和优秀奖。为江苏省第十一届运动会创作大型团体操音乐。2000年举办"冷冰声乐作品音乐会"，出版《心曲悠扬》。

冷定辉（1942—2005）

女琵琶演奏家。四川成都人。曾任总政歌舞团民乐分队队长，1956年考入总政歌舞团，后调入志愿军政治部文工团。1960年入沈阳音乐学院进修。1961年调总政歌舞团后曾随越南艺术团学习独弦琴并参加大型歌舞《椰林怒火》演出，任独弦琴独奏并录制唱片。编配并任独奏独弦琴与乐队《越南—中国》，曾参加《东方红》《中国革命之歌》等大型文艺演出，随中国音乐家代表团出访日本及多次随团出国访问演出。

冷贵杰（1924— ）

声乐教育家。黑龙江穆棱人。1948年毕业于东北大学文学院音乐系。后任沈阳音乐学院师范系主任、副教授，编译有《管乐编曲法》《十二音技法对位法研究》等。

冷剑华（1934— ）

长笛演奏家、教育家。湖北武汉人。曾任星海音乐学院管弦乐系管乐教研室主任。1950年始从事长笛演奏，先后在武汉青年文工团、中南民族歌舞团、中央民族歌舞团任首席长笛。1958年毕业于沈阳音乐学院，同年分配到广州音专、星海音乐学院任教。除从事独奏、录音之外，还从事教学与科研，有多名学生在国内和国际长笛比赛中获奖。著有《长笛演奏法》及各种长笛教材。

冷培厚（1945— ）

小提琴演奏家。山东人。1960年从事部队文艺工作。历任总政歌舞二团、总政歌舞团、总政歌剧团演奏员及管弦乐队首席。参加《杜鹃山》《狂飚曲》《刘胡兰》《傲蕾·一兰》《同心结》《大野芬菲》《火红的木棉花》《这里黎明静悄悄》《托斯卡》《民族的心声》《党的女儿》《克里木参军》等数十部歌剧的演出。参与歌剧《党的女儿》创作及演出组织工作。曾获全军第四届文艺汇演优秀演奏奖。

冷先荣（1956— ）

小提琴演奏家。贵州贵阳人。贵阳市歌舞剧院乐团第一提琴演奏员。1976年毕业于省艺术专科学校。1985年入中国函授音乐学院学习理论作曲。曾在黔东南州歌舞团乐队任首席小提琴。多次参加各种大型交响音乐会、新年音乐会的演出，辅导的学生多人进入市乐团。

冷宣君（1939— ）

歌词作家。山东青岛人。1956年入山东师范学校音乐系，1961年毕业于山东艺术学院音乐系。后为青岛市艺术馆副馆长，副研究馆员。词作有《节日圆舞曲》《我是炼钢工》《美丽的青岛港》。

黎 晶（1951— ）

音乐活动家。北京人。2000年毕业于中国社科院研究生院。北京市文联党组副书记、中国人民大学徐悲鸿艺术学院兼职教授。作词有"北京合唱节"主题歌，为歌曲《一条心中的河》《十八里哨所》，及市歌《走进宁夏》《河南汉》等作词。在《北京文学》《十月》等刊物发表十余部中、短篇小说。出版诗集《荒原劲草》，小说集《只会种儿子》《信访局长》《红月亮》等。

黎 军（1947— ）

女歌唱家。江西南昌人。1966年毕业于湖北艺术学院附中。曾在湖北省歌舞团工作。演唱有《白莲花》《青春的颜色》《耕耘曲》获省独唱二等奖、三重唱一等奖。

黎 磊（1933— ）

圆号演奏家。山东人。1947年入鲁迅艺术学院文工一团。曾任中央戏剧学院歌剧团、中央实验歌剧院管弦乐团、中央歌舞团乐队演奏员、指挥、队长，文化部艺术局科技处长。曾在中国音乐学院作曲系工作。

黎 立（1961— ）

作曲家。江苏海门人。先后师从薛天航、钱仁康、马革顺等学习声乐、理论作曲、合唱指挥。海门市山歌剧团团长。创作声乐、舞蹈音乐、舞剧音乐、电视片音乐百件，其中数十件作品获政府文学艺术奖、省"五个一工程"奖，被评为市拔尖人才。

黎 梅（1961— ）

女琵琶教育家。河南郑州人。河南省歌舞剧院演奏员，中国琵琶研究会会员。1981年毕业于河南省艺术学校，1991年入中央音乐学院民器系干修班进修。曾多次随河南省政府文化代表团赴日本、韩国、美国等国家演出。

L

黎　泉（1969— ）

女歌唱家。福建顺昌人。河北省管道局企业文化部宣传科科长。1991年毕业于东北师范大学音乐系。曾在管道局子弟学校任音乐教师，管道电视台任音乐编辑、主持人。在第四届"石化职工文化大赛"中，获民族唱法一等奖，在"茅台酒杯"95音舞调演中获三等奖，在第三届"全国石油职工歌手大赛"获民族唱法一等奖。曾参加中国文联组织的"万里采风"活动，并为"西气东输工程"施工一线职工慰问演出。

黎　田（1929— ）

音乐活动家。广东东莞人。原广州市文化局副局长，市音协首届主席，省音协第三、四届副主席，省曲协第四届主席。"羊城音乐花会""羊城国际广东音乐节"等重大活动的组织领导者之一。论著获第二、三届广东省鲁迅文艺奖。1990年后从事《十大文艺集成、志书·广东卷》中的八卷，分别任主编、副主编、编委等职，获总部颁发的编撰成果一等奖。与黄家齐合作出版《粤乐》《粤曲》为史上首部全面阐述乐种曲种的专著。

黎　戎（1930— ）

小提琴演奏家、指挥家。山东人。1948年参军，先后在西南军区文工团、总政歌舞团任小提琴演奏员。曾师从外国专家学习小提琴、指挥。1954年调铁道兵文工团任小提琴首席、乐队队长。1982年转业到福建省歌舞团，历任第一副团长兼指挥、团长。改歌舞剧院后任剧院书记兼指挥。1990年离休后返聘为常任客席指挥，兼任福建老干部合唱团指挥，在参加全国老干部合唱节中获奖。曾率福建省歌舞团赴南美洲八国访问演出，任艺术指导。现为福建音协合唱专业委员会顾问。

黎炳成（1940— ）

作曲家、指挥家。广东人。1949年入部队文工团，原任云南省歌舞团乐队指挥。作有歌曲《我家住在竹楼上》，器乐曲《边疆马帮》，直笛曲《彝山之春》和电视剧《神骑》主题歌《战友的怀念》等。歌曲《谢谢你送信的姑娘》《小猴和小青蛙》获云南省创作一等奖、少儿歌曲二等奖，《爱尼姑娘的银铃》获央视第三届青歌赛新作品奖，傣族舞蹈音乐《泼水节》获朝鲜《四月之春》艺术金奖。曾指挥芭蕾舞《白毛女》《红色娘子军》及交响乐、钢琴协奏曲等。出访缅甸等国。

黎承纲（1933— ）

作曲家。壮族。广西田阳人。第六届广西音协名誉主席。1949年从事部队文艺工作。1958年毕业于中南音乐专科学校作曲系。历任广西歌舞团创作组组长、副团长兼艺术委员会主任，广西艺术创作中心主任，中国音协广西分会第三、四届主席，第五届名誉主席，广西文联第四、五届副主席。为民间歌舞剧《刘三姐》音乐作者之一。作有独唱《青山里流出一条红水河》《春插》《壮乡好风光》《甜甜的乡情》（合作），1998年获中共广西壮族自治区党委和自治区人民政府颁发的荣誉勋章。

黎国坤（1933— ）

音乐教育家。广东番禺人。1962年毕业于湖北艺术学院声乐系本科。同年入广州乐团合唱团，历任声部长、声乐教员、声乐教研组组长。1984年起先后任广州星海音乐学院师范系副主任、副教授，该院成人教育部声乐教研室主任，广州私立华联大学音乐系教授。出版有《谈声乐教育心理学》《声乐基础知识》（VCD教学光碟，合作完成，获省科技三等奖），《成人教育声乐教学实用曲集》等。

黎国荃（1914—1966）

指挥家。辽宁沈阳人。曾任中华交响乐团副指挥、香港音乐院教授。新中国成立后历任华北人民文工团音乐部主任兼指挥。北京人艺管弦乐团团长兼指挥、中央实验歌剧院管弦乐团团长兼指挥。指挥有歌剧《白毛女》《刘胡兰》《草原之歌》《阿依古丽》《茶花女》《蝴蝶夫人》，舞剧《宝莲灯》《红色娘子军》《天鹅湖》。

黎浩明（1929— ）

木琴演奏家。广东南海人。曾为广东音乐曲艺团乐队演奏员，并曾先后就职于泰山歌乐团、徐柳仙歌乐团、南方剧团、广州曲艺大队。长期与老艺人白驹荣、吕文成、何大傻、何良萍合作。作有广东音乐《乘风破浪》《送公粮》《春到羊城百花开》等。曾赴美国、加拿大等国及港、澳地区演出。

黎继良（1936— ）

作曲家、音乐活动家。壮族。广西桂平人。1962年毕业于广西艺术学院音乐系理论作曲专业。四十余年中收集、整理、发表大量民族民间音乐，创作数百首声乐作品及多部电视剧、歌剧音乐。作有歌曲《我是壮乡妹》《雷锋颂》，歌剧音乐《右江怒潮》，钢琴曲《闹元宵》等。主编《芳草春秋》《百色歌坛》《右江水》《清风楼》。出版《黎继良歌曲选》。曾获"全国群众歌咏活动先进组织者"称号。

黎建明（1929— ）

戏曲音乐理论家。江西萍乡人。1939年参加由田汉先生组织的湘剧抗敌宣传第六队从事文艺工作。曾任湖南群力湘剧团长、益阳市政府戏曲改进委员会委员、湖南湘剧院乐队及演出队长。担任湘剧《拜月记》和《生死牌》演出和电影音乐设计兼司鼓。1979年调湖南省艺术研究所从事戏曲音乐理论研究。著有《长沙湘剧高腔变化初探》《湘剧、花鼓戏锣鼓经》《湘剧的牌子音乐》。合著《目连戏·南戏源流与声腔形态研究》《湘剧音乐概论》《湘剧随笔》。参与合著《彭俐侬声腔艺术研究》《彭俐侬唱腔选集》。

黎锦光（1907—1993）

作曲家、录音家。湖南湘潭人。1926年考入黄埔军校第六期。1938年任英商百代唱片公司音乐编辑。早年学习西洋音乐作曲、配器。30年代至40年代，周璇、姚莉、李香兰、白虹等演艺界明星演唱、录制的歌曲大多由其谱写。作有歌曲《采槟榔》《五月的风》《香格里拉》《一同去溜冰》《钟山春》《夜来香》《拷红》《葬花》等。《夜来香》先后用英、法、日、泰、朝、捷克等十余种语言录制唱片、盒带达数十个版本，成为国际名歌星保留曲目。自50年代后期始，主要从事音响导演及配器。编配有轻音乐《送我一枝玫瑰花》《青春圆舞曲》，钢管乐曲《接过雷锋的枪》等。导演、录制有大量音乐及戏曲唱片。1984年整理30年代至40年代百代公司旧母版唱片（周璇、姚莉、白虹等演唱的歌曲），加工、配器录制成十盒音带，由中国唱片社出版。曾任中国唱片总公司上海分公司音响导演。

黎锦晖（1901—1967）

作曲家。湖南湘潭人。1912年毕业于长沙高等师范，后从事音乐教育，参加北京大学音乐团活动。1928年组织中华"歌舞剧团"（1929年改称"明月歌舞剧社"）。新中国成立后长期在上海电影制片厂工作。作有儿童歌舞剧《麻雀与小孩》《葡萄仙子》《月明之夜》《小小的画家》。儿童歌舞表演音乐《可怜的秋香》《好朋友来了》及歌舞音乐《毛毛雨》《特别快车》《妹妹我爱你》《桃花江》等。

黎克华（1959— ）

作曲家。江西人。1980年毕业于江西上清师范学院艺术系。曾在市建工局职工艺术团、市、区文化宫任职。1998年任上饶市信州区文化馆馆长、上饶市音协副主席。作有《我的书包》《你怎么哭了》《女焊工》等歌曲，为舞蹈《快乐的粉刷姑娘》作曲。改编手风琴独奏曲《曙光变奏曲》分别在"海峡之声""金陵之声"电台播出。多年来从事音乐教育普及工作，钢琴教学二十余年。

黎启国（1944— ）

女钢琴教育家。广东新会人。广东省钢琴学会副会长。1965年毕业于广州音乐专科学校钢琴系并留校任教。后为广州星海音乐学院音乐教育系副主任，副教授。1989年录制初级钢琴教学录像带《寓教于乐—钢琴入门》。发表有《探索与实践—师范钢琴教学改革与回顾》《钢琴教学改革的新路子——数码钢琴集体课教学》等文，其中《师范系钢琴教学改革及成果》获广东普通高校优秀教学教师奖二等奖。曾获曾宪梓教育基金会颁发的全国高等师范院校教师奖三等奖。2003年参加编订《高等音乐（师范）院校钢琴定级教程》。

黎胜元（1945— ）

女扬琴教育家。福建宁化人。曾任中央民族大学音乐学院民族器乐学科副主任、扬琴学会理事。1967年毕业于中央民族学院艺术系。先后在青海省京剧团、省歌舞团从事音乐表演、教学、创作和研究。所培养的扬琴演奏和教学人才遍及全国各地的艺术院校和表演团体。撰有《论现代扬琴作品》《扬琴演奏的艺术表现》《扬琴的演奏技巧》《扬琴与钢琴的泛比》《少数民族与音乐》，作有扬琴独奏曲《火塘边的舞步》《飞歌变奏》《林卡之夜》。

黎淑华（1932— ）

女民歌演唱家。四川綦江人。1949年始从事部队文艺工作。曾任四川省歌舞剧院独唱演员。演唱有《溜溜山歌》《绣荷包》等四川民歌。

黎为人（1956— ）

作曲家、音乐活动家。贵州普安人。辽宁省音协秘书长。1979年毕业于沈阳音乐学院作曲系。作有校园歌曲《我们是祖国荣耀的明天》，交响合唱《南运河放歌》，少儿组歌《沈阳前进我成长》，并获奖。参与组织"东北三省器乐音乐创作理论研讨会""辽宁省青少年新歌创作评选""第四届沈阳音乐周""辽宁省'五个一工程'歌曲创作"等多类音乐活动。被省文联评为先进工作者。

黎晓阳（1955— ）

作曲家、音乐编辑家。湖南长沙人。中国音协第六、七届理事、湖南省文联专职副主席、省音协主席。《音乐教育与创作》杂志社社长，中国音协社会音乐委员会副主任、中国音协电子琴学会副会长。湖南师大音乐学院客座教授、湖南省德艺双馨中青年文艺家。1979年毕业于湖南师大音乐系，1982至1984年在武汉音乐学院进修。主持音协工作以来，湖南省音协多次被评为省委宣传部、省文联先进单位，并获省民政厅颁发的全省优秀社团奖。出版个人歌曲专辑《远方的呼唤》，撰写出版《电子琴演奏大全》和《电子琴基础训练》（合作），发表《好美好美的张家界》《夷江飘出一首歌》《大地的丰收》《蓝蓝的索溪水》《让美和青春展翅高飞》等歌曲百余首，多首作品在国内获奖。

黎信昌（1936— ）

男中音歌唱家、声乐教育家。广东南海人。1955年考入中央音乐学院声乐歌剧系，师从喻宜萱教授、苏联专家柯克林娜等。1960年毕业留校任教，并从事演唱活动。1960年参加第二届舒曼国际声乐室内乐比赛获第四名。1978年先后在北京、青岛举办个人独唱音乐会。1980年赴意大利米兰威尔第音乐学院深造。1983年回国，任中央音乐学院声乐歌剧系主任、教授。1985年应邀赴巴西担任第十二届国际声乐比赛评委。多年来，培养了一大批学生，先后在国际声乐比赛中获奖。发表有《论声乐发声的基本功训练》等文。

黎耀珲（1938— ）

女歌唱家。上海人。1956年参加华南歌舞团。1957年调入广州乐团担任独唱、领唱、小组唱、表演唱并参加各种大型合唱。曾独唱《西波涅》《黑姑娘》及参加贝多芬《第九交响乐》及《安魂曲》的演唱等。在《卡门》的演出中，领唱《哈巴捏拉》。1969年调长影乐团担任独唱、重唱，其中演唱《周总理永远和我们在一起》曾在吉林电视台录制播放。1979年调回广州交响乐团任声部长。1981年任"小云雀合唱团"声乐指导，并随团前往美国、波兰、新加坡及香港、北京、哈尔滨演出，并获奖。

黎英海（1927—2007）

作曲家、音乐教育家。四川富顺人。1943年入国立音乐院，学习作曲与钢琴。毕业后长期从事作曲理论教学。曾在上海音乐学院、中央音乐学院任教。后在中国音乐学院任创作研究部主任、教授、副院长。中国音协常务理事、民族音乐委员会副主任，《歌曲》杂志主编，北京音协副主席。著有《汉族调式及其和声》《五声音调钢琴指法练习》《春晓——黎英海歌曲选》《民歌独唱曲集》等。声乐作品有《千里草原把身翻》《献给老师的歌》等独唱、合唱及群众歌曲、儿童歌曲百余首，器乐作品有钢琴曲《夕阳箫鼓》《阳关三叠》《记住祖母的话》，大提琴曲《老码头工的回忆》等。作有《伟大的起点》《两个小足球队》《海囚》《聂耳》等电影音乐。为唐诗谱曲的《枫桥夜泊》获"80年代中国艺术歌曲创作比赛"金奖。

黎友合（1946— ）

作曲家。海南儋州人。曾任海南民间文艺家协会副主席、省音协创委会主任、省群艺馆艺研室主任。先后毕业于华南师院中文系、中国函授音乐学院理论作曲系。历任儋州市文化馆副馆长、《儋州文艺》主编，海南省群艺馆音舞部主任。在国家、省级报刊、电（视）台发表大量音乐、诗文作品，三十余件音乐作品在国家、省部级获奖，其中歌曲《逗歌》，歌舞《迎新郎》获全国汇演作品金奖。2003年被评为海南省"德艺双馨"优艺术家。

黎章民（1923— ）

音乐理论、编译家。广东人。40年代就读于昆明西南联大外文系，并参加爱国学生运动。毕业后到香港任《中国文摘》（英文）音乐副刊编辑并学习理论作曲。新中国成立后，在中央音乐学院研究室工作。曾入俄专进修，后到中国音协主编《音乐通讯》和《音乐译文》。1957年调音乐出版社任外国音乐编辑室副总编，1983至1989年任社长兼总编。中国出版协会一、二届理事。1995年获第四届韬奋出版奖等。编有文集《论音乐形象》《论指挥》《贝多芬论》，曲集《外国名歌200首》《革命歌曲大家唱》《英汉对照歌曲集》及多种纪念世界文化名人（作曲家）纪念图片集等。

李 汴（1953— ）

女古筝演奏家。河南开封人。中国音协古筝学会理事。自幼随父曹东扶习筝。1982年毕业于上海音乐学院。中国煤矿文工团筝独奏演员。1986年以来相继被中央音乐学院、中国音乐学院及该院研究生部、中央民族大学聘请为客座教授。出有多张筝独奏唱片专辑及教学光盘。出版《古筝入门图解》《李汴古筝教程》。编有《曹东扶筝曲集》及修订本（合作），1997年中央电视台"东方之子"节目作专访报导。曾赴多国访问演出。曾多次担任中国乐器国际大赛评委。

李 彬（1962— ）

音乐教育家。山东烟台人。先后毕业于曲阜师范大学音乐系，结业于山东艺术学院音乐系、上海音乐学院作曲指挥系。鲁东大学音乐学院教授、硕士生导师，数字音乐研究所所长。中国管乐学会理事、山东省音协理事、山东省管乐学会副主任、烟台市音协副主席。山东烟台中等艺术学校教师、烟台师范学院音乐系主任。发表有《MIDI技术在作曲技术理论教学中的应用》，著有《新概念五线谱首调视唱教程》。先后获"山东省文化艺术科学优秀成果"一等奖、"山东省艺术教育先进工作者"称号。

李 斌（1959— ）

圆号演奏家。山西永济人。北京交响乐团圆号副首席、中国音协圆号学会常务理事。1979年毕业于山西省戏曲学院音乐科。曾先后任山西歌舞剧院、中国电影交响乐团及河北交响乐团乐队演奏员。2005年调入山西中北大学音乐系。著有《圆号入门练习》《圆号启蒙练习》《圆号初级提高练习》。作有圆号独奏曲《太行短曲》。二十多年来参加多种大、中、小型艺术节、交响音乐会的演出。

李 滨（1942— ）

二胡演奏家。四川大竹人。曾任中国铁路文工团说唱团民乐队首席、副团长，中国音协二胡学会常务理事、副秘书长，中国音协摇琴研究会常务副会长。1959年考入中国铁路文工团学员班。曾随中铁杂技团乐队出访阿富汗、波兰、罗马尼亚、保加利亚、越南等国。创作、演出古筝、高胡二重奏《石油滚滚万里香》《越南—中国》《丰收锣鼓》《欢腾的海港》《喜迎火车进僮乡》等曲目。

李 冰（1931— ）

歌剧表演艺术家。甘肃兰州人。1949年从事部队文艺工作，曾任总政歌舞团、歌剧团独唱演员。1955年随苏联人民演员男中音歌唱家阿米拉什维里学习声乐。汇报演出歌剧《黑桃皇后》片段，并独唱意大利歌剧《西蒙·博卡内格拉》选曲及歌剧《魔笛》选曲。1960年被《中国戏剧报》评为优秀青年歌剧演员。1961年赴深圳为港澳同胞演出，《广州日报》作专题报道。曾在《两个女红军》《柯山红日》《夺印》《扬子江暴风雨》等多部歌剧中扮演主要角色。2002年参加北京首届中老年歌唱大赛并获奖。

李 兵（1966— ）

小提琴演奏家。四川人。8岁习小提琴，先后师从阎太公、隋克强、林耀基教授。后毕业于中央音乐学院。1986年赴美国留学，就读于美国南卡罗来纳州立大学并兼任助教，获硕士学位。后赴美国佛罗里达州立大学攻读博士学位并兼任助教。期间，经常与美国南卡罗来纳州立大学交响乐队合作演出，演奏过众多小提琴协奏曲，任第一小提琴。多次应邀赴欧洲、美洲各国演出、讲学，多次参加国际音乐会演出。任职于美国佐治亚州萨瓦娜交响乐团。

李 波（1918—1999）

女歌剧表演艺术家。河北曲阳人。1941年考入延安鲁迅文学艺术学院戏剧系。中国歌剧舞剧院顾问。中国音协第二、三届理事，中国文联第一、二、三届委员，全国政协第四、五、六届委员，全国妇联委员等。曾参加过抗日救亡歌咏活动。1943年参加创作并首演秧歌剧《兄妹开荒》，后参与歌剧《蓝花花》《白毛女》，话剧《望穿秋水》等演出。在第三届世界青年联欢节上演唱《翻身道情》获二等奖。后任北京人民艺术剧院歌剧队队长，在电影《白毛女》中饰黄母。曾任中国歌剧舞剧院歌剧团团长。演唱曲目有《南泥湾》《蓝花花》《瞧情郎》《绣金匾》等。1984年发起创立文化部老干部合唱团。

李 波（1931— ）

指挥家。甘肃环县人。1942年始从事戏曲、歌剧指挥工作。原任甘肃省京剧团团长，音协甘肃分会第一届常务理事。指挥有陇剧《枫洛池》《草原初青》，歌剧《白毛女》等。

李 波（1955— ）

马头琴演奏家。内蒙古锡盟人。1987年毕业于内蒙师大音乐系。任内蒙古广播艺术团独奏演员。作有《马头琴传说》《母亲》《蒙古马》等马头琴独奏曲。出版《李波马头琴独奏曲专辑》唱片、盒带。曾为数十部电影、电视剧录制音乐，与中央歌舞剧院合作录制大型节目《黄河》，与中央乐团合作演出"永儒布交响作品音乐会"。举办独奏音乐会二百余场。多次赴日本、澳门演出。

李 晨（1955— ）

作曲家、民族音乐学家。畲族。福建邵武人。1982年毕业于福建师范大学艺术系。曾任福建宁德市文联副主席、宁德市音协主席及省音协常务理事。发表《畲族二声部山歌及其歌手采访实录报告》《畲族民间歌俗初析》等十余篇文章。出版《畲族民间音乐》。主编《宁德畲族原生态民歌VCD专集》。所著《畲族音乐史》获文化部"群星奖"银奖。合唱《你是我的至爱亲朋》《畲族重阳歌》分别获国家级金奖和银奖。畲族舞蹈音乐《欢乐的鸭姑》获福建省首届少数民族文艺调演节目创作一等奖。

李 成（1962— ）

音乐教育家。浙江杭州人。民主促进会会员。浙江师大杭州幼儿师范学院儿童艺术系副主任。1988年毕业于杭州师范学院。发表《目睹"奥尔夫"——访德有感》《高师学前教育专业音乐课程的建构》等六篇论文。著有《歌曲伴奏教程》《巧学钢琴伴奏》，合编《循序渐进学弹电子琴》《钢琴基础》《幼儿歌曲钢琴即兴伴奏法》。《中小学音乐教育》杂志特约编辑。

李 诚（1931— ）

声乐教育家。广东中山人。1957年毕业于中央音乐学院声乐系。1960年入上海音乐学院教师进修班。曾任星海音乐学院师范系副主任，副教授。现定居国外。合著有《歌唱基础知识》。

李 诚（1947— ）

大提琴演奏家。天津人。1960年入天津歌舞剧院学员班，后任天津乐团大提琴独奏演员。曾在美国著名指挥家赫伯特·齐佩尔指挥的交响音乐会中担任大提琴独奏。

李 崇（1953— ）

音乐教育家。江苏无锡人。苏州市职业大学艺术系副教授。1982年毕业于南京师范大学。曾任常州师范学校、苏州市幼教职业中学音乐教师。培养的学生曾在高校专业技能比赛中获一等奖。

李 川（1958— ）

歌词作家。河北昌黎人。1979年始从事歌词创作，后在唐山市计划生育委员会工作。作有《从哪飘来一支歌》《我的故乡，我的祖国》。

李 纯（1969— ）

女音乐教育家。江苏南通人。1990至1998年分别毕业于盐城师范学院、南京师范大学音乐学院。先后任盐城师范学院、南通师范学院、南通大学音乐系教师、副教授。撰有《声乐漫谈》《论声乐艺术的语言修养》《论高等师范院校声乐理论课程建设》《声乐艺术的文化学阐释》等文多篇，参加省教育厅"十一五"规划课程《信息技术条件下高等音乐教育教学现代化的实践探索与发展趋向研究》任课题组成员。所授学生多人在全国、省级声乐赛事中获等级奖。

李 聪（1957— ）

手风琴教育家。广东人。上海师大音乐学院院长、副教授。中国音协第七届理事、手风琴学会副会长，上海音协手风琴专业委员会主任，全国高师手风琴学术委员会常务副主任。主编《上海手风琴考级曲集》（共三套）《中国手风琴的多元发展》等，编著《手风琴集体课教程》《手风琴考级训练问答》（合作），全国高师手风琴系列教材《手风琴教学曲集》副主编。任历届北京、天津、上海国际手风琴比赛评委与世界杯手风琴锦标赛等多项国际手风琴比赛评委。创办"中国手风琴在线"网站，发起并主持"2006上海之春国际手风琴艺术周"等活动。

李 丹（1933— ）

单簧管演奏家。北京人。中国音协单簧管学会理事。1949年入华北军政大学文工团，曾任单簧管演奏员。1953年起任总政歌舞团乐队木管声部长、乐队队长、首席单簧管。1959年随德国专家进修一年。多次随团出国访问演出。1964年全军文艺汇演中获优秀表演奖。同年参加大型音乐舞蹈史诗《东方红》演出。2000年参加美国朱莉亚音乐学院教授、单簧管演奏家查尔斯·尼迪什大师班学习与交流。

李 丹（1962— ）

女声乐教育家。福建福鼎人。福建福鼎市职业中专学校音乐教研组组长，福鼎市音协主席。1983年毕业于福建师大艺术系，撰有《对职业学校声乐教育的一些体会和想法》等文，《论心理因素在声乐教学中的作用》获全国第三届大中小学各科教育教学论文评选一等奖。1990年获闽浙边界歌手赛一等奖，1992年获福建"我的家乡美"创作演唱三等奖，2006年获全国儿童艺术展演优秀编导奖。指

L

导的学生于2004年获全国第十三届"群星奖"福建赛区金奖。曾获国家关工委"个人育才成就奖"。

李 丹（1967— ）

作曲家。辽宁兴城人。1985年从事部队文艺工作。毕业于西安音乐学院理论作曲。葫芦岛音协常务副主席，兴城文联秘书长。1992年举办李丹声乐作品音乐会。歌曲《我心中的月亮》获《歌曲》编辑部声乐大赛创作一等奖，歌曲《走进春天》获辽宁省"五个一工程"作品入选奖，歌曲《神圣的使命》由辽宁北方影视拍成MTV，2008年获辽宁省音协十大新人新作奖。作品有《走进春天》《中国，我的主题歌》《盛世中国》《月光下的哨兵》《中国的故事》等。先后出版盒式带《寻找心中的你》，CD唱片有《走进春天》《月光下的哨兵》。

李 丹（1972— ）

男高音歌唱家。河南安阳人。1994毕业于河南大学艺术学院声乐系，2003年入上海音乐学院教师进修班学习。1994年始任郑州大学音乐系教研室主任、副教授。2006年以专家互访名义出访美国阿勒冈州立大学音乐系。著有《永恒旋律的魅力》（副主编），撰有《音乐的力量》《语言与歌唱的关系》等十余篇文章。曾获河南电视台举办的青歌大赛一等奖，在河南第三届社会艺术教育"百位名师"评选中，被授予"艺术教育名师"称号。2006年出访美国并举办个人独唱音乐会。

李 丁（1969— ）

钢琴演奏家。山东寿光人。中央歌剧院歌剧团钢琴伴奏。1992年毕业于沈阳音乐学院钢琴系。曾任辽宁歌剧院歌剧团演奏员。参加剧院歌剧《图兰朵》《马可·波罗》《茶花女》《卡门》等的排练。多次担任澳门国际音乐节舞台监督，2002年任中央电视台英语频道音乐监制。

李 方（1952— ）

小提琴演奏家。辽宁人。中国小提琴学会北京分会理事。1979年毕业于沈阳音乐学院。先后任抚顺市歌舞团乐队首席兼独奏演员、解放军艺术学院交响乐团首席兼教员。1983年调入总政歌剧团乐队。排演有《托斯卡》《党的女儿》《屈原》等多部歌剧。参加历年全军"双拥晚会"及多场大型综合晚会。

李 菲（1982— ）

作曲家。辽宁抚顺人。13岁起学习音乐创作，17岁出版个人歌曲集。2007年毕业于中国音乐学院作曲系，获文学硕士学位。2008年起任职于中国音协。1999年获"辽宁省建国五十周年歌曲征集评奖活动"优秀作品奖，2001年获文化部"全国第八届推新人大赛"全国十佳奖，2007年获"全国少儿歌曲创作比赛"铜奖，2009年获"全国优秀流行歌曲创作大赛"三等奖，多次在《歌曲》等国家级音乐刊物上发表作品。作有电视剧音乐《大珍珠》，单曲《离歌》等。

李 玢（1943— ）

女作曲家。黑龙江哈尔滨人。山东省歌舞剧院创作员。1956年入沈阳音乐学院附中钢琴学科，1967年毕业于沈阳音乐学院作曲系。曾任辽宁省歌舞剧院创作员。所作管弦乐组曲《鲁北的春天》获第三届"泉城之秋"创作三等奖，电视剧《闪光的年华》（音乐）获1987年"全军首届军事题材优秀电视剧"一等奖，另作有舞蹈音乐《丰收乐》《雨》，女声二重唱《生活在向你招手》，男声合唱《登泰山》，歌剧《大海作证》等。

李 枫（1954— ）

单簧管演奏家。山东栖霞人。1970年入解放军军乐团学员队学习单簧管，1972年始任三队、一队演奏员、声部首席、声部长。参加迎送美国、英国、朝鲜、南斯拉夫、德国、法国、日本等国家元首和外宾的重要司礼演奏，参加多届党代会、全国人大、政协开闭幕式、全军第五届文艺汇演等，均出任黑管声部首席。参加香港回归交接仪式演奏被总部机关授予集体二等功。还参加歌剧《这里黎明静悄悄》《托斯卡》和许多场音乐会的演奏。

李 峰（1940— ）

作曲家。满族。辽宁兴城人。1960年于中央音乐学院进修理论作曲，曾先后任解放军某部文工团演员，喀古文工团、兴城文艺队作曲、指挥，兴城评剧团乐队队长、团长兼作曲及辽宁省锦州评剧团艺委会主任，中国戏曲电视艺术研究会研究员。作有蒙古舞蹈音乐《赛马》，评剧《狐仙女》，京剧《契丹太子》。戏曲电视剧《野戏班》音乐获一等奖。论文有《评剧乐队伴奏及编配》《二人转音乐节奏初探》《谈中国电视剧音乐走向》等。

李 复（1934— ）

长号演奏家、教育家。北京人。1950年开始学习长号，师从德国长号大师班布拉。历任总政军乐团长号首席、独奏演员。多次参加全国全军文艺汇演并多次获奖。录制有长号独奏唱片《嘎达梅林幻想曲》《快乐的年青战士》。在从事长号教学中，培养众多学生。曾受聘于几所艺术院校任客座教授。1980年出版《长号演奏法》。

李 刚（1925—2007）

作曲家、大提琴演奏家。广东新会人。1940年起先后在延安青年干部学校、延安鲁迅艺术学院五期音乐系学习。1946年在陕甘宁边区参加歌剧《蓝花花》的音乐创作和演出，1951年参加歌剧《长征》的音乐创作，担任歌剧《王贵与李香香》音乐指挥。任中央实验歌剧院管弦乐团协理员、副团长。

李 刚（1958— ）

长号演奏家。辽宁沈阳人。1993年毕业于沈阳音乐学院钢琴管弦乐系，1994年毕业于格林卡新西伯利亚国家音乐学院助教班，获博士学位。历任辽宁歌舞团、歌剧院长号演奏员、首席。曾参加歌剧《苍原》，长号独奏《里姆斯基·科萨科夫》《嘎达梅林主题幻想曲》，辽宁省文化艺术节及中国艺术精品十大剧目的演出，获文化部"文华

L

奖"、优秀新人奖。撰有《室内乐走进大学校园》。

李 刚（1963— ）

作曲家。湖南衡阳人。衡阳市音协副主席，衡阳师院音乐系副教授、副主任。2003年毕业于中央音乐学院硕士学位班。百余首作品发表于《音乐创作》《歌曲》《解放军歌曲》等刊物，曾获11项国家级创作奖及20余项省级奖。歌曲《常来常往》选入2003年CCTV春节联欢晚会，另有《苗山明月》《晒秋》，管弦乐《古越山风》等。出版有《李刚歌曲选》和《李刚声乐作品专辑》光盘。

李 罡（1958— ）

声乐教育家、电视编导家。吉林农安人。中央电视台中国国际电视总公司节目制作部编导。1982年吉林艺术学院毕业，留校任教。曾任吉林省华侨旅游声像公司总编辑、北京通俗音乐培训中心校长。1990年参加"央视青歌赛"获通俗唱法第三名。1991、1992年先后在长春及中央电视台拍摄《通俗歌曲演唱技法》讲座和《卡拉OK—跟我学》系列节目，分获第四、五届全国电视教育节目评比一、二等奖。1994年拍摄大型系列MTV《夕阳红》，任音乐监制、制片。

李 戈（1961— ）

作曲家。吉林人。1987年毕业于沈阳音乐学院作曲系。师从作曲家秦咏诚。中国音协歌曲编辑部兼职编辑。主要影视音乐作品有电影《黄河绝恋》1999年曾获中国电影第19届"金鸡奖"最佳音乐奖，《紫日》《信天游》（2004年曾获中国电影第24届"金鸡奖"最佳电影提名奖），《举起手来》。并为电视剧《情深深，雨濛濛》《中国兄弟连》《爱无悔》创作音乐。

李 光（1929—已故）

曲艺作曲家、编辑家。北京人。曾任《中国曲艺音乐·天津卷》副主编，中国曲艺音乐学会常务理事、秘书长。1952年毕业于厦门大学中文系。历任天津歌舞剧院演员、编剧，天津市曲艺团作曲。所作天津时调《春来了》《梦回神州》分获曲艺大赛一等奖、荣誉奖。编辑出版《骆玉笙演唱京韵大鼓选》《朱明瑛歌曲选》等。译著有《曲艺音乐概论》《乐理》《'乐府传声'译注》。撰有《关于曲艺音乐之规律》等论文。

李 光（1955— ）

音乐评论家。辽宁金县人。1982年毕业于上海复旦大学中文系，后任《北京晚报》文艺部副主任、《北京晚报》副总编。所作电视音乐片《歌声的启示》解说词获全国首届电视文艺"星光杯"评选一等奖。另撰有音乐评论多篇。

李 果（1956— ）

小提琴演奏家、指挥家。湖南长沙人。武汉音乐学院管弦系主任、东方交响乐团指挥。1982年毕业于湖北艺术学院音乐系。曾任长沙市歌剧团乐团演奏员。

李 海（1950— ）

女中音歌唱家、歌剧表演艺术家。湖南长沙人。1971年在总政歌剧团任演员。曾在歌剧《刘胡兰》《同心结》《大野芳菲》《火红的木棉花》《这里黎明静悄悄》《芦花白·木棉红》《紫曲河畔》《春风送暖》《扬子江暴风雨》《洪湖赤卫队》中扮演主要角色。在各种音乐会中担任独唱、领唱、重唱等。在歌剧《一滴泉》《党的女儿》《中国歌剧精选》等多部歌剧中担任场记、导演助理、副导演及舞台监督。

李 航（1931— ）

指挥家。陕西人。1946年入南京国立剧专，1948年入南京国立音乐院，1953年毕业于中央音乐学院。1956年参加全军指挥训练班，师从德国专家弗·赫夫特。1953年后长期在总政歌舞团，先后任合唱队男低音声部长、男声小合唱长、助理指挥等。1974年在北京师范学院音乐系任教。1981年在中国音协先后任表演艺术委员会及社会音乐委员会副主任，函授音乐学院院长助理兼教务长。

李 恒（1942— ）

板胡演奏家、教育家。河北定兴人。1959年考入天津音乐学院附中，1966年毕业于天津音乐学院民乐系。1968年分配到中国音乐学院任教，后为中央音乐学院民乐系教授。著有《板胡教学法》《中国民族管弦乐合奏曲集》《李恒板胡作品CD专集》《李恒板胡独奏CD专集》。1985年在北京举办独奏、协奏作品音乐会，1993、1998年分别在新加坡、台北举办"李恒板胡独奏及作品音乐会"。

李 红（1961— ）

女音乐教育家。河南郑州人。毕业于河南大学音乐系钢琴专业，留校任教，后任副教授。1993年考入中央音乐学院钢琴专业教师进修班。曾任河南省高等学校教师资格专家审查委员会学科组成员，获河南省优秀钢琴教师称号。论文《高师钢琴共同课的改革探索》《重量弹奏法在钢琴教学中的运用》《关于钢琴即兴伴奏课的构想》分别获中国艺术研究院音乐研究所、《中国音乐学》联合举办的音乐学论文评奖三等奖及河南省教委省教育厅"黄河之滨"论文评奖三等奖。

李 桦（1933—已故）

女低音歌唱家。黑龙江哈尔滨人。1946年始从事部队文艺工作。1949年入东北鲁迅文艺学院音乐系学习。1954年入中央歌舞团。1956年后任中央乐团合唱队员。

李 晖（1971— ）

女琵琶教育家。北京人。中央音乐学院附中讲师。1982至1990年先后就学于中央音乐学院附小、附中，1998年该院研究生班毕业。演出有琵琶独奏曲《十面埋伏》《霸王卸甲》《草原英雄小姐妹》《彝族舞曲》等。撰有《刘天华琵琶音乐创作》。

李 辉（1958— ）

萨克斯演奏家、指挥家。河北安国人。1999年毕业于首都师范大学音乐系，2003年进修于解放军艺术学院。武警北京总队军乐团副团长。曾在全军器乐比赛中获一等奖。参加国庆50周年大阅兵千人军乐团、第十届亚运会开幕式、北京音乐节、北京国际合唱节、中央电视台庆"七一"文艺演出等大型演出活动，在部分演出中担任指挥。曾赴香港、意大利等地演出。

李 惠（1941— ）
　　女钢琴教育家。河北饶阳人。原中国音乐学院附中高级讲师。1952至1959年就读于中央音乐学院少年班及附中，1962年毕业于中央音乐学院钢琴系。曾先后在东方歌舞团、中国歌剧舞剧院担任钢琴伴奏。培养了一批优秀的钢琴教育及钢琴演奏人才。

李 慧（1956— ）
　　女中音歌唱家。河北唐山人。河北省歌舞剧院歌唱演员。先后获河北省青年专业歌手比赛一等奖、全国第一、二届青年歌手电视大奖赛荣誉奖和荧屏奖。

李 嘉（1957— ）
　　女高音歌唱家。山东牟平人。1982年毕业于沈阳音乐学院声乐系。先后任辽宁歌剧院演员，战友歌舞团歌剧独唱演员，美国休斯顿大歌剧院签约演员，沈阳师范大学音乐系教授。演出歌剧《风流寡妇》《情人》《归去来》《蝴蝶夫人》《图兰朵》及《长征组歌》，有的担任主角。先后获辽宁省青年歌手电视大赛第二名、文化部文华表演奖。多次举办独唱音乐会。举办"李嘉声乐培训班""声乐、钢琴联合音乐会"。出版录像带、CD音像制品。

李 嘉（1977— ）
　　女作曲家。广西南宁人。广西音协副秘书长。1999年毕业于广西艺术学院音乐系。歌曲《蕉叶青青》《绿城花雨》分获广西第十届"五个一工程"奖、第九届"金钟奖"，《守望》分获全国和广西反腐倡廉歌曲创作优秀奖、一等奖，《芭蕉村里沙啦啦》获广西广播电视优秀作品一等奖，《弦乐四重奏》《家园》等一批器乐、声乐作品在专业刊物上发表或在电台电视台播出。为《广西大百科丛书·音乐卷》撰写辞条。

李 坚（1928— ）
　　女音乐活动家、教育家。上海人。曾任云南歌舞团团长，创办云南艺术学院。先后在云南文化局、江西文化厅任领导工作，曾任云南、江西音协主席，省文联副主席，中国音协第四届常务理事，中国文联委员。策划组织聂耳音乐周、江西音乐周、国情献礼晚会等活动。主抓大型舞剧《召树屯与楠婚诺娜》，大合唱《阿诗玛》《火把节》《还魂曲》的创作排练演出。作有《啊，西双版纳》已出唱片。组织民族器乐改革，将巴乌推向全国。40年代始从事钢琴教学工作。1979年始投入十大艺术集成《云南卷》和《江西卷》的组织领导和编撰工作，并任两个卷的主编、顾问，获文化部授予的"特别贡献个人奖"。

李 坚（1936— ）
　　女歌唱家。上海人。1963年毕业于文化部"上海声乐研究所"进修班。曾任前线歌舞团独唱演员、洪泽县文工团声乐教员、南京市群艺馆声乐指导教师。撰有《浅谈业余歌手的歌唱艺术》，曾随团赴苏联、匈牙利、波兰等国访问演出，曾参加北京《东方红》音乐舞蹈史诗演出。演出《对花舞》获第七届"世界青年联欢节"银质奖章，参加女声小合唱《背萝》《夸新郎》担任领唱获第三届全军文艺汇演优秀演员奖。

李 坚（1965— ）
　　钢琴演奏家。上海人。1978至1985年在上海音乐学院附中、本科学习。1981年获巴黎玛格丽特·隆国际钢琴比赛第二大奖。1982年获法国政府奖学金在巴黎学习。曾赴美国留学，曾参加I·C·M公司全球演奏活动。

李 江（1931— ）
　　长笛演奏家。天津人。1950年始从事部队文艺工作，后调入山西省歌舞剧院，曾任该院管弦乐队的长笛首席兼教师。

李 江（1942— ）
　　民族音乐学家、音乐评论家。江苏如皋人。1965年毕业于天津音乐学院理论作曲系。曾任河北省艺术研究所所长、《通俗歌曲》主编、河北音协副主席兼理论创作委员会主任。撰有《河北民歌概述》《民歌遗产的收集、整理和保存》《音乐生态环境的失衡及其调整》等多篇论文，并长期担任省内多所艺术院校音乐系（科）客座教授。

李 江（1972— ）
　　女钢琴教育家。辽宁西丰人。先后毕业于江西师范大学音乐学院、中央音乐学院钢琴系研究生课程班。江西科技师范学院音乐学院钢琴副教授。曾任江西首届"映山红"小合唱、重唱比赛伴奏并获三等奖。发表《江西苏区革命历史民歌浅析》《20世纪音乐发展的前奏》《革命歌声到处飞扬—谈江西革命根据地的音乐活动》等文。

李 杰（1943— ）
　　作曲家。山西阳高人。1960年始从事音乐创作。曾在内蒙古自治区二人台剧团工作。改编有二人台传统戏《走西口》。作有小提琴协奏曲《方四姐》，民乐合奏曲《二人台音乐主题联奏》。编有《内蒙古西部区汉族民歌新编100首》。

李 杰（1958— ）
　　男高音歌唱家。苗族。湖南麻阳人。湖南华菱涟源钢铁集团公司艺术团团长，湖南娄底音协副主席。演唱曲目有《祖国最美丽》《那就是我》《乡音乡情》《你像雪花天上来》等。曾荣获全国冶金系统艺术节民族组歌手赛金奖，全国"十钢职工歌手赛"铜奖、组织奖、创作奖及湖南省企业职工歌手赛金奖。曾参加中央电视台晚会《踏着红军足迹，走进青春娄底》，开幕式领唱《新化山歌》演出录制。创作并演唱《涟钢，希望之光》，拍摄MTV获湖南

L

企业电视优秀作品二等奖。

李捷（1929— ）

音乐活动家。黑龙江呼兰人。1948年入东北电影制片厂音乐组任演奏员，后任长影乐团副团长，组织参加许多演出活动。

李津（1932— ）

音响编导家。回族。北京人。1949年入华北人民文工团，1950年赴朝，后调空政文工团任提琴手。1958年入中央人民广播电台任音响导演。录有多部歌剧、舞剧、交响曲、协奏曲及大量声乐作品，如歌剧《扬子江暴风雨》，维族歌剧《红灯记》，外国歌剧《费加罗婚礼》《艺术家的生活》等，及多届全运会、亚运会团体操音乐。所录作品多次获得广播新歌金、银奖。1990年录制《介绍藏族器乐组曲'雪域大法会'》获亚广联（ABU）娱乐节目奖。

李进（1928— ）

歌剧表演艺术家。湖北人。1955年随中国文化代表团赴东南亚各国访问演出，后入上海歌剧院，曾担任歌剧团主要演员兼副团长。在十余部歌剧中扮演重要角色，在《白毛女》中饰赵大叔，《草原之歌》中饰万老公布，《红霞》中饰青山大叔，《社长女儿》中饰社长。在电影《燎原》《大刀记》《货郎担》等片中配唱主题歌。录制过《凤凰之歌》《县长下乡来》《人逢喜事精神爽》等唱片。曾与任桂珍、林明珍、施鸿鄂等合作演出二、三、四人独唱音乐会。上海市艺教委关心下一代专家指导团副团长兼秘书长。

李晶（1962— ）

音乐理论教育家。朝鲜族。吉林龙井人。吉林延边大学艺术学院科研处处长。1988年毕业于延边大学艺术系作曲专业，1999年毕业于延安大学朝文系。发表《论音乐教育中传统的体现》《中国朝鲜族艺术传承、创新、发展之路》《论音乐创作的最佳审美心态》等文。著有《中国朝鲜族现状与发展对策》《中国朝鲜族文化社会发展史》。研究课题有《20世纪朝鲜、韩国舞蹈发展史研究》《中国与朝、韩、日音乐交流及影响研究》等。

李静（1961— ）

女高音歌唱家。河北吴桥人。德州学院音乐系副教授。1992年考入中国音乐学院歌剧系进修班，师从王秉锐、赵碧璇、黄揆春教授。发表学术性论文数十篇。演唱歌曲《东海放飞和平鸽》曾在中央海峡之声电台中播出。1999年获文化部举办的"全国推新人"大赛山东赛区美声唱法金奖。1998年获中国音协山东赛区举办的青年歌手专业美声唱法一等奖。多篇论文获山东省文化艺术科学优秀成果三等奖。负责完成山东省艺术科学重点课题两项。

李静（1964— ）

女歌唱家。满族。北京人。1983年毕业于新疆伊犁州艺校，1990年毕业于上海音乐学院声乐系。后分配至福建省歌舞剧院任演员。撰有《漫谈声乐中的"声区过渡"》

《浅谈演唱民族歌曲中的吐字问题》《歌唱的心理分析》等文。1986年获第三届"天山之声"音乐会"百灵"奖、全国少数民族声乐比赛青年组美声优秀奖、1998年获"第三届优秀中青年演员比赛"金奖、全国"98新人新作大赛"演唱奖。

李娟（1962— ）

女板胡演奏家。回族。辽宁沈阳人。1979年考入沈阳评剧院任乐队板胡主弦乐器领奏。2000年结业于中国艺术研究院戏曲音乐进修班。曾赴香港中国戏曲节演出，担任三台戏的板胡领奏，其中《日月图》获音乐奖，《正月里来是新春》获戏曲作曲奖和个人伴奏奖。曾获第六届辽宁省戏剧玫瑰奖。在首届"仙妮杯"评选中获戏曲音乐奖（板胡领奏），在首届中国评剧艺术节演出中，《疙瘩屯》获优秀伴奏奖（板胡领奏），在中国评剧艺术节演出中，《半把剪刀》获优秀音乐创作奖（唱腔设计奖）。

李珏（1924— ）

女小提琴演奏家。湖南长沙人。1946年毕业于上海音乐学院。1947年参加延安中央管弦乐团。1949年后历任人民文工团、中央实验歌剧院、中央歌剧院演奏员。后为中央音乐学院附中小提琴教师。

李军（1950—已故）

作曲家、指挥家。辽宁沈阳人。1986年毕业于沈阳音乐学院作曲系，师从德籍指挥专家学习指挥。先后任辽宁省辽南戏实验剧团竹笛演奏员、作曲，辽宁歌舞团艺术创作室作曲、副主任。2001年创作巴乌独奏曲《快乐的阿西干珠色》获省器乐大赛创作、辅导双金奖，同年获文化部创作、辅导双铜奖。2004年起，先后创办辽宁省青少年民族乐团和辽宁群星民族乐团，并任乐团常任指挥兼作曲。

李君（1967— ）

音乐教育家。广东兴宁人。广东嘉应学院音乐系副主任、副教授。1988、1997年先后毕业于江西赣南师范学院音乐系、广东星海音乐学院师范系。撰有《浅谈钢琴即兴伴奏教学的体会》等文，合著《中国近现代歌曲赏析》。歌曲《梦中的故乡》《村里有条清水河》分获梅州市群众文艺作品一等奖、广东省群众文艺作品二等奖，担任合唱指挥的大型山歌剧《山魂》获广东省第九届艺术节剧目一等奖和全国地方戏剧目三等奖。多次担任市大型文艺活动总指挥、总导演，全国、省市重点课题负责人。多次获省市"优秀园丁奖""优秀教育者"奖。

李钧（1949— ）

歌词作家。河北康保人。1974年入北京军区歌舞团，从事歌词创作。后为北京军区政治部创作员。作有歌词《战士乘车去巡逻》《美之歌》等，流行的有《每当我唱起东方红》。

李克（1952— ）

女中音歌唱家。辽宁大连人。中国交响乐团独唱演员。1970年从事声乐演唱。1979年毕业于中央音乐学院合

L

唱班，1980年随美国朱丽亚音乐学院来华声乐专家学习。1979年与著名指挥小泽征尔合作，1985年在洛林·马泽尔指挥下与美国匹兹堡交响乐团合作担任《贝多芬第九交响乐》领唱。曾获三个指导教师奖。2002年组建、指导深圳乐之友女子合唱团，在捷克第45届合唱比赛中获最佳合唱团称号，后又分获德国布莱梅、德国勃拉姆斯及中国首届教师合唱比赛金奖。

李 昆（1946— ）

女小提琴演奏家、教育家。山东诸城人。二炮兵文工团乐队首席，解放军艺术学院客座教授。就读于吉林艺术学院音乐系，毕业后任教于昆明师范大学艺术系。曾为电台、电视台录音、录像。并为十余部电视剧、电影配乐录音。长期从事小提琴教学，培养的学生曾获"费米国际优秀小提琴协奏曲比赛"第一名，全美小提琴莫扎特作品比赛第一名，全美室内乐青年组弦乐四重奏比赛第二名。发表有《初学小提琴的若干问题》《论小提琴的运弓速度》等文。

李 锟（1963— ）

京胡演奏家。安徽阜阳人。安徽省淮南市京剧团团长。1979年从事京胡演奏。参加演出的剧目有《四郎探母》《玉堂春》《凤还巢》《贵妃醉酒》《文昭关》《铡美案》《失、空、斩》《杜鹃山》《红灯记》《沙家浜》《智取威虎山》《淮南王刘安》《豆腐女》《肥水之战》《骠骑公主》《神惑》等，其中《豆腐女》获安徽省第四届艺术节演出二等奖，《打渔杀家》《钓金龟》获演出二等奖。多次参加省、市春节晚会及其他大型晚会的演出。

李 莉（1954— ）

女音乐教育家。山东人。长沙市青少年宫小杜鹃艺术学校声乐教师兼合唱团指挥及艺术总监、副研究馆员。湖南省声乐艺术委员会理事、长沙市音乐家协会理事。所培养的少儿声乐人才在全国各类大型声乐比赛中获金奖、一等奖及其它各类奖项，个人多次获全国"优秀辅导奖"、全国"园丁奖"及全国"伯乐奖"。

李 莉（1961— ）

女音乐教育家。福建莆田人。1982年毕业于福建师大音乐系。福建省宁德一中高级音乐教师。撰有《谈中学音乐教师学习钢琴即兴伴奏》。1987年参加福建省学校音乐周，在1994、1995年全国中小学合唱录相比赛中，指导的校合唱队分获三等奖、一等奖。1997年在福建省第二届校园文化艺术节"班班有歌声"合唱比赛中，指导的校合唱团获二等奖。组织学生参加在福建举办的中国音协考级活动，被评为钢琴教学辅导奖。

李 莉（1961— ）

女音乐教育家。河南洛阳人。河南洛阳师范学院音乐学院副教授。1988年毕业于河南大学音乐一系。曾在洛阳教育学院任教。《成人学琴之我见》等文在刊物发表，编著有《中外合唱名曲赏析与排练提示》（合作），歌曲《父母情深》等四首歌曲分获河南省四届歌曲创作

评选一、二、三等奖。课题《音乐专业管乐教学与训练模式研究》于2005年获"河南第三次创新教育优秀成果"一等奖。

李 莉（1963— ）

花腔女高音歌唱家。江苏人。1983年毕业于新疆艺校声乐专业。1991至1993年在前苏联阿拉木图国立音乐学院深造。新疆生产建设兵团歌舞团独唱演员。曾在歌剧《江姐》《小二黑结婚》《刘胡兰》，话剧《救救她》《白色别墅》中扮演主角。在第二届"天山之声"声乐大赛中获二等奖，曾获第三届青年歌手电视大赛专业组通俗唱法荧屏奖，1989年在前苏联举办的"亚洲之声""金苹果"艺术节声乐大赛中获"最佳歌星"奖。曾随新疆演出团赴京参加"亚运会"演唱。1997年演唱《绿洲百灵》获"五个一工程"奖，获"沙湖杯"花儿歌手大赛一等奖。

李 莉（1968— ）

女钢琴演奏家、教育家。甘肃武威人。1991年毕业于西北师大音乐学院音乐系，留校任教，2001年于本校教育学院读研究生，现为本校音乐学院器乐系副主任。撰有《钢琴艺术》《走近孔祥东》等文，出版《钢琴分级教程》（副主编），在钢琴协奏曲《黄河》等演出中任独奏。1991年获全国合唱比赛钢琴伴奏奖，1999年获甘肃首届器乐比赛二等奖。组织策划旅美钢琴家孔祥东钢琴独奏音乐会，担任十一届央视青年歌手大奖赛甘肃区测试钢琴示范演奏。指导的学生多人次在各级专业比赛中获奖。

李 力（1953— ）

作曲家、指挥家。河北元氏人。1977年毕业于天津音乐学院器乐系小提琴专业，后又学习钢琴专业，分配在石家庄群众艺术馆，研究馆员。1988、1989年分别在天津音乐学院、中央音乐学院进修。作有河北吹歌《山里娃娃爱拉花》，扬琴独奏曲《乡趣》，歌曲《金色的家园》等。所辅导的少儿合唱《春天的童话》《珊瑚颂》《相依相情》，吹打乐《庄韵·欢欢喜喜过大年》等获奖。2002年指挥123架钢琴演奏《保卫黄河》并申报吉尼斯世界纪录。

李 力（1956— ）

女音乐教育家。山西临县人。山西艺术职业学院院长，教授。中国中等艺术教育学会副秘书长、山西音协音教委会副主任，山西省影协副主席。1996年以来，先后获"山西省文化系统好校长""山西省直精神文明建设先进个人""山西省优秀教育工作者"等称号。其策划或担任出品人的电视剧《小村风景》《生死之恋》分获山西省"五个一工程"奖及全国优秀电视剧"飞天奖"等。出版有《艺术教育论纲》，论文《浅谈"亲和—融洽—创造"教育生态链》获山西首届大学校长论坛会论文一等奖。

李 力（1967— ）

女大提琴演奏家。福建福州人。福建省歌舞剧院交响乐团演奏员。1986年毕业于福建省艺校音乐科。撰有《马友友"神童到大师"》《大提琴的魅力》。1998年获福建省第三届优秀中青年演员比赛铜奖，2000年获福建省第九

届音乐舞蹈节比赛专业重奏（弦乐）组银奖。

李 丽（1958— ）

女声乐教育家。广东广州人。海南省音协副主席。1985年毕业于河南大学音乐系声乐专业。先后任海南大学艺术学院副院长、音乐系主任、声乐副教授。数十名学生在声乐比赛中获金、银奖。1995年获文化部"尊龙杯"全国声乐大赛辅导银奖，首届海南省音乐"金椰奖"教学成果金奖。在《中国高教研究》等刊物发表多篇声乐论文，并出版《现代民族唱法基础》与专辑《高校声乐教学曲目范唱》。

李 亮（1935— ）

作曲家。北京人。1960年毕业于北京艺术师范学院音乐系。后在北京科学教育电影制片厂从事作曲。作有科教影片《西汉古尸研究》《马王堆汉墓发掘记》《黄河》等多部影视音乐。

李 烈（1942— ）

歌唱家。辽宁人。1960年入总政歌剧团任歌剧演员。曾在歌剧《狂飙曲》中饰演角色，获第四届全军文艺汇演"优秀表演奖"。

李 玲（1940— ）

女指挥家。北京人。1958年考入中国音乐学院音乐系指挥专业。后调入中国评剧院任音乐设计。参加创作的剧目有《樱花恋》《第二次握手》《野马》《剑胆琴心》《桃花湾的娘儿们》《弄假成真》《等。其中《牡丹仙子》和《水冰心抗婚》获得北京市文化局音乐奖。撰写有《西路评剧浅谈》《评剧在北京的流传与发展》，编辑有《魏荣元唱腔选集》《西路评剧曲谱》。长期辅导群众合唱活动，担任北京玉渊合唱团、宣武老干部合唱团指挥。

李 凌（1913—2003）

音乐评论家、活动家、教育家。广东台山人。1938年毕业于延安鲁艺音乐系。1940年成立"新音乐社"，创办《新音乐》月刊，后赴缅甸与张光年等组成抗日宣传队。1943年回重庆主编《新音乐》，兼任中华交响乐团《音乐导报》编辑，并在育才学校任音乐组主任。1946年任上海中华音乐院院长，后与马思聪、赵沨在香港办中华音乐院，任副院长。新中国成立后，历任中央音乐学院副教务长、中央音乐学院音工团团长、中央歌舞团副团长、中央乐团团长、中央歌剧舞剧院院长。80年代起历任中国音协第三、四届副主席及表演艺术委员会、音乐教育委员会主任，中国音乐学院院长。1984年创办社会音乐学院任院长，《中国民族民间器乐曲集成》主编，1985年创办中国函授音乐学院任院长。曾获首届中国音乐"金钟奖"终身成就奖。发表数百万字的评论文章，主要著作有《新音乐教程》《音乐杂谈》（1—4集），《音乐美学漫笔》《歌唱艺术漫谈》《音乐与诗词漫笔》《秋蝉余音》《乐海晚霞》《音乐流花》等。译作有《自修和声学》《声乐知识》，主编有《新音乐论文集》《世界音乐教育集粹》《音乐艺术博览》等。

李 凌（1955— ）

指挥家。吉林舒兰人。中国电影乐团交响乐团指挥。先后毕业于沈阳音乐学院作曲指挥系、日本东京艺术大学指挥系。曾任沈阳歌舞团、东方歌舞团乐队指挥。指挥有"沈阳音乐周""东方歌舞团亚非拉歌舞晚会""北京新年音乐会""电影乐团建团五十周年音乐会""现代京剧名家名段交响音乐会""迎澳门回归倒计时一百天天安门广场大型音乐会"等。曾随团赴阿拉伯联合酋长国演出。

李 铃（1963— ）

女二胡教育家。四川成都人。1983年毕业于四川音乐学院民乐系二胡专业，后任该院民乐系二胡教研室副教授。多次为电台、电视台录制音乐作品并举行个人独奏、重奏音乐会。1993年随四川音乐学院专家组赴苏联莫斯科音乐学院、圣彼得堡音乐学院、柴柯夫斯基音乐学院、列宁格勒音乐学院等5所音乐院校进行访问演出、讲学交流活动。先后在《音乐探索》上发表论文《浅谈二胡视奏与排练》《二胡曲〈吉普赛之歌〉作品与演奏析要》《析新生入校后的二胡教学》。

李 梅（1960— ）

女声乐教育家。河北张家口人。张家口职业技术学院艺术系主任、副教授。1986年毕业于河北师大音乐系，任教河北张家口大学艺术系。兼任河北省音乐教育委员会理事，张家口声乐委员会主任等职。从事音乐教学工作以来，在声乐教学与示范、歌唱技巧的运用及名曲演唱中均取得了一定成绩，多次参加省、市各种类型文艺演出活动，任领唱和独唱。同时参加多种形式的大型文艺庆典和纪念活动的组织筹备、任艺术总监及编导。

李 虹（1956— ）

音乐教育家。北京人。四川音乐学院研究生毕业。四川师范大学艺术学院副教授、硕士生导师。先后在四川音乐学院、四川师范大学讲授《曲式分析》《和声学》《音乐论文写作》及从事音乐作品分析研究。著有《实用电子琴演奏法》《世界名曲赏析》《音乐作品曲式分析》《音乐论文写作》等。

李 萌（1959— ）

女古筝演奏家。壮族。广西贵县人。1982年毕业于中央音乐学院民乐系，1987年获该院古筝硕士学位，后留校任教并任民乐团独奏演员。作有筝独奏曲《弦辙》。录有唱片《中国筝现代作品专辑》。

李 毛（1960— ）

歌词作家。湖南涟源人。毕业于武汉大学。《娄底日报》新闻部主任。1981年开始文艺创作，发表文艺作品、新闻作品百余万字。有三十余首词作谱曲后在电台、电视台播放或录制成唱片、盒带。词作《多情的森林》获全国"西部杯"征歌佳作奖、《太阳的故乡》获湖南"奔马杯"文学创作大奖赛歌词类一等奖、《故乡有座木板房》1995年获广东省新歌征歌创作二等奖。其文艺、新闻作品三十余次在国内获奖。出版旅游专著《湄江风光》及新闻学专著《新闻策划》等。

李 敏（1929— ）

手风琴演奏家、教育家。辽宁凤城人。沈阳音乐学院教授。北京、上海、天津、营口手风琴厂顾问。历任中国音协手风琴学会常务理事、副会长、顾问。长期从事手风琴演奏与教学。出版论著有《手风琴教材》《怎样拉手风琴》《手风琴独奏曲集》。发表《如何运用手风琴风箱》《如何配置手风琴伴奏》等5篇论文。演奏的《我们走在大路上》《咏梅》《为中华崛起》等八首手风琴伴奏出版唱片。从事教学四十余年，培养大批手风琴专业人才，曾获优秀指导教师奖。多次出任手风琴比赛评委。

李 敏（1935—2006）

音乐编辑家。满族。辽宁抚顺人。1948年参加安东省文工团。曾入中南部队艺术学校、学院、剧院学习与工作。后在广州军区战士歌舞团乐队任演奏员。1956年在文化部组办的器乐专家学习班进修大管演奏。1977年起先后任广东省歌舞剧院艺术室主任，太平洋影音公司编辑、主任，深圳太平洋影音实业公司副总经理。作品有歌曲《再见吧！阿妈妮》，小舞剧《半夜鸡叫》，板胡独奏《快乐的驭手》等。参与编录和监制《我爱你，中国》《妈妈教我一支歌》等立体声原音带、唱片，以及被解放军总政治部评为二等奖的录音带《今日中山》。

李 敏（1953— ）

二胡演奏家。江西南昌人。1972年考入南昌市歌舞团任二胡演奏员，兼其它民族弦乐和小提琴、中提琴等。1979年曾先后师从擂琴大师韩凤田、王福立、宋东安学习擂琴。曾到全国各地演出。1984至1998年间曾先后担任南昌市演出公司经理，市京剧团、市越剧团副团长。1999年后任南昌市歌舞剧团团长。南昌市文联主席，市音协名誉主席，中国擂琴学会常务理事。曾担任电教片《大钟下走来的人》，电视戏曲片《贞洁坊下》制片主任、音乐监制，分获江西省委组织部电教片一等奖，全国第七届戏曲电视片二等奖并入选央视建国45年来电视戏曲片展播并获展播奖。曾组织策划演出的"军旗升起的地方"歌舞获江西省99音舞节演出一等奖。创作的电声与钢管乐《共和国遐想》一曲获创作一等奖。

李 明（1956— ）

中提琴演奏家。北京人。中国爱乐乐团演奏员。曾任北京交响乐团、中国交响乐团中提琴演奏员。曾赴南斯拉夫参加国际音乐节。演奏莫扎特、德彪西弦乐四重奏及中国乐曲《二泉映月》。1984年获北京市中青年调演弦乐四重奏"表演奖"。1985年获全国第四届音乐作品"优秀演奏奖"。参与录制歌剧《唐豪瑟》序曲、勃拉姆斯《G小调钢琴四重奏》等。曾随团赴德、英、奥、墨、日、韩等国及澳门、台湾演出。

李 明（1969— ）

男高音歌唱家。湖南常德人。常德市群众艺术馆艺术辅导部声乐专干。1991年、1997年先后毕业于湖南怀化

师专音乐系、湖南师大音乐系。2001年获省歌手大奖赛一等奖。发表论文《浅析少儿声乐学习中气息的运用》。歌曲《摘棉花》获2006年"湖南省少儿歌曲征歌活动"三等奖。多次组织常德歌手代表队参加省音乐赛事，并获一等奖、三等奖、辅导奖。

李 鸣（1934— ）

长笛演奏家。江苏无锡人。1960年毕业于上海音乐学院，后入上海交响乐团，曾任长笛首席。曾出访澳大利亚、新西兰等国家。编有教材《长笛入门》。

李 娜（1953— ）

女音乐教育家。广西贵港人。广西艺术学院音乐师范系教研室主任、副教授。1982年毕业于广西艺术学院音乐系，1997至1998年在本院音乐系专业研究生课程进修班学习。撰有《论我国民歌结构中的奇数集合》《歌曲伴奏织体的结构布局》等文十余篇，其中《乡土音乐与多元文化音乐教育》《迁移规律在乐理教学中的应用》获全区高校教育教学优秀论文二等奖。曾被聘为自治区高等学校教师资格专家审查委员会专家、区普通高校招生艺术专业考试专家、中央音乐学院《曲式与作品分析》课辅导教师。

李 南（1956— ）

音乐活动家。北京人。中国爱乐乐团（中国广播交响乐团）副团长，中国音协第七届理事。曾任北京军区战友歌舞团演奏员。1996年调入中国交响乐团，任艺术策划部经理，策划了中国第一个音乐季。1999年调入保利集团公司，任保利文化艺术有限公司总经理、保利剧院总经理。曾发起创办三联书店旗下《爱乐》杂志，任特约编辑。在中央广播电台、中央电视台等的音乐栏目任客座主持人。发表大量音乐评论文章。2000年策划组建中国爱乐乐团。中国交响乐发展基金会理事、中国国际友好联络会理事、北京演出行业协会副会长。

李 尼（1918—1985）

作曲家。江苏徐州人。1940年入延安鲁艺音乐系，后留校为研究生。1951年任东北人民艺术剧院音乐舞蹈团长，后任中国歌舞团副团长。1964年任中央民族歌舞团副团长。作有歌曲《庆祝胜利》《人民的战士》，改编民歌合唱《瞧情郎》获世界青年联欢节"金质奖"。

李 宁（1958— ）

作曲家。安徽利辛人。利辛县文化馆馆长，副研究员。毕业于安徽艺术学院作曲专业。创作的歌曲《万古黄河浪滔滔》被选送参加全国青年歌手电视大奖赛、全国广播新歌大奖赛，并获优秀奖。《江淮唱起税改歌》获安徽第六届艺术节演唱、创作一、二等奖和安徽第八届"五个一工程"歌曲奖。有的歌曲被安徽广播电台录制成专辑节目播出。2001年在全国第二届"蒲公英"奖大赛中获辅导教师奖。

李 凝（1925—已故）

女作曲家。山西平遥人。1947年始从事音乐创作。

原在北京电影制片厂从事作曲。作有电影音乐《一贯害人道》《无名岛》《地下尖兵》。《欢乐的新疆》电影主题歌获文化部三等奖。

李 平（1929—1981）

音乐活动家。江苏南京人。1947年从事音乐工作。曾任天津歌剧团团长、音协天津分会秘书长等职。作有歌剧剧本《王杰》《林秀田》《洪玉兰》，歌舞《抗日凯歌》等。

李 平（1929— ）

作曲家。辽宁法库人。1948年始从事音乐工作。曾任《草原歌声》编辑部主任。作有歌曲《高山大河唱新歌》《练兵生产》，舞曲《探矿途中》。

李 平（1950— ）

民族管乐演奏家。回族。广西人。广西壮族自治区歌舞团啵咧独奏演员。曾就读于广西戏曲学校京剧班，1978年入中央音乐学院进修唢呐专业，师从赵春峰。演奏曲目有《唢呐与管弦乐徵调式》协奏曲，《壮乡踏歌行》等。获广西首届"三月三"音乐舞蹈节壮族吹管乐器啵咧挖掘改革特别奖，广西第二届"三月三"音乐舞蹈节演奏一等奖。撰有《啵咧的挖掘与改革》等文，编写有《啵咧基础教程》《啵咧独奏曲选》。

李 淇（1943— ）

钢琴演奏家、教育家。广西容县人。1954年入中央音乐学院附中学习，1964年经全国选拔参加第三届罗马尼亚乔治·艾乃斯库国际钢琴比赛获第四名。1965年毕业于中央音乐学院钢琴系，任广州交响乐团钢琴独奏演员。1979年作为中国音乐家小组成员赴西德、奥地利访问演出。曾担任广州交响乐团副团长，中国音协理事，广东音协副主席，广州星海音乐学院客席教授，广东钢琴学会会长，广东省政协委员。1987年赴美，后移居加拿大。2002年秋回国定居，继续从事钢琴演奏与教学。

李 琦（1962— ）

小号演奏家、教育家。甘肃临洮人。江西师大音乐学院副教授。1988年毕业于江西师大音乐系，1998年毕业于上海音乐学院管弦系，后特聘为江西省歌舞剧院交响乐队首席小号。发表《成为优秀铜管乐吹奏者的途径》《管乐演奏中的心理问题初探》《论美声歌唱艺术在铜管演奏艺术教学中的效用》等文。著有《西洋铜管乐器演奏与教学》。曾参加数百场重大文艺演出，在江西省两届器乐重奏、小合奏比赛中均获奖。

李 绮（1935— ）

女歌剧表演艺术家。天津人。1952年参加工作，在天津铁路局工会任职，1958年调入天津歌舞剧院，担任独唱演员及歌剧演员。演唱曲目有天津民歌《画扇面》《妈妈娘好糊涂》《十杂花》《抠心鬼话》等。担任主要角色的歌剧有《刘三姐》《白毛女》《义和团》《南海长城》《检查员》。1966年随团赴日本演出，任主要演员。曾被

选为天津市河西区人大代表及政协委员。曾出席全国第六届文代会，并为天津音协理事。

李 千（1925— ）

女音乐编辑家。四川新津人。四川省音协原顾问。曾任四川广播电台文艺部主任编辑。1950年毕业于四川省立艺校，后分配到成都人民广播电台（现四川电台），长期从事音乐编辑和组织领导工作。五十年代广播音乐初建时期，为开展群众歌咏活动，提高群众音乐文化做了大量工作。经常深入民族地区收集、采录民间音乐。多年来，向中央台和其它省市地方台推荐大量四川优秀广播音乐节目。

李 倩（1984— ）

女歌唱家。山东青岛人。2007年解放军艺术学院音乐系研究生毕业。第二炮兵政治部文工团歌队独唱演员。2003年获文化部全国新人新作声乐大赛通俗组一等奖。2005年举办首场个人独唱音乐会《火箭兵的梦》。曾参加文化部春节晚会、全军第八届文艺汇演、庆祝西藏自治区成立40周年晚会、第二炮兵成立40周年《东风颂》演出及建军80周年晚会。出版有"李倩独唱音乐会"DVD及《没我不行》《面纱》等音乐系列专辑。

李 强（1947— ）

女钢琴教育家。辽宁北镇人。毕业于甘肃师大音乐系。曾任酒泉钢铁公司艺术团、嘉峪关文工团演员、教师，西北民族大学音乐舞蹈学院音乐系钢琴教授。培养许多学生在全国、省级比赛中获不同奖项，或考入全国专业音乐院校，或走上专业道路。组织、策划"中国音乐美术学术研讨会""尚德义作品音乐会与研讨会"。曾率学校少数民族艺术团出访欧洲四国、韩国、台湾、香港等国家和地区。撰有《培养新型的音乐复合型人才》《钢琴三律内涵的研究》等文。

李 勤（1963— ）

女音乐教育家。江西上高人。1987年毕业于江西师范大学音乐系，进修于上海音乐学院音乐学系。先后任文工团演奏员、江西教育学院音乐系教师、理论教研室主任，南昌航空学院艺术学院副院长。担任《合唱》《指挥法》《中外音乐史纲》等课程教学。撰有《情感启示在合唱指挥中的重要作用及运用》等，其中《'品弦法'释义考辨》曾获江西省青年社会科学成果三等奖。主编《现代文艺演出的组织与训练》。

李 青（1949— ）

女钢琴演奏家。吉林农安人。毕业于中央音乐学院附中及上海音乐学院干部专修班。辽宁交响乐团独奏演员，省音协副主席。曾受聘于沈阳音乐学院附中、中央音乐学院附中任钢琴主科教师。曾在北京、上海、沈阳、南京等地举办独奏音乐会、室内乐及双钢琴音乐会等。曾与指挥家与乐队合作演奏多部中外钢琴协奏曲，演奏有汪立三创作的《二人转的回忆》，赵晓生太极系列《辽音》钢琴协奏曲，崔世光《喜庆中国》（两架钢琴与乐队版），李延

忠《e小调随想曲》，钢琴与乐队《春天的故事》，杨华根据劫夫歌曲《我们的铁骑兵》而创作的主题幻想曲等。曾与上音钢琴系杨韵琳教授合作演出系列双钢琴音乐会。被聘为中国音协考级评委，并多次担任中国音协"金钟奖"等国内钢琴比赛评委。

李　青（1954—　）

女歌唱家、歌剧表演艺术家。天津人。天津市政协委员、天津市音协副主席。1974年入天津歌舞剧院担任《女人的婚事》《相思海》《洪湖赤卫队》《江姐》等歌剧主要角色及独唱。曾举办上百场李青独唱音乐会，演唱的《扬帆》《湖畔静悄悄》《幸福在明朝》《女儿情》等广为传唱。演唱专辑《听泉》获全国"云雀奖"。1989年演唱《看天下劳苦大众都解放》获全国十大女歌唱家（民族唱法）称号。出版有《李青独唱音乐会》《李青情意重》两张CD。中央电视台、天津电视台联合录制MTV音乐电视《红颜色》。2005年在维也纳金色大厅举办"鸡年春节中国民族音乐会"。2006年在悉尼歌剧院举办个人演唱会。

李　清（1932—　）

女歌剧表演艺术家。回族。上海人。曾任上海歌剧院歌剧演员。1956年毕业于上海音乐学院声乐系。曾先后在剧院上演的《两个女红军》《洪湖赤卫队》《蝴蝶夫人》《扬子江暴风雨》《李月娥还乡》《金凤树开花》《草原怒火》《柜台》《红松店》等20部歌剧中担任主演，并在大、中型音乐会演出中担任独唱、重唱、领唱。

李　清（1954—　）

歌剧表演艺术家。辽宁沈阳人。1980年入中国歌剧舞剧院歌剧团。1983年入中央音乐学院进修。曾在《小二黑结婚》《伤逝》《白毛女》《古兰丹姆》《芳草心》《当心飞走》《阿诗玛》《江姐》等歌剧中饰演主角，在各类音乐会中担任独唱、领唱、四重唱。

李　秋（1963—　）

小提琴演奏家。辽宁朝阳人。1978年就读于沈阳音乐学院附中，1986年毕业于该院本科管弦系。在辽宁歌剧院乐团任演奏员。2000年参加第四届沈阳音乐周弦乐九重奏任首席，获演奏奖。2003年歌剧《苍原》入选"国家舞台精品工程十大精品剧目"，任乐队副首席。2004年在轻歌剧《红海滩》排演中任乐队首席。

李　泉（1944—　）

歌词作家。吉林人。1965年毕业于吉林四平师专中文科。曾任吉林毓文中学东校办公室高级教师。发表《在党旗下胜利前进》等作词歌曲数首，其中《托起明天的太阳》获中国音协等单位举办的"世纪之声"全国歌曲大赛银奖。歌词《冰湖渔歌》于2003年获吉林省委宣传部等单位举办的征歌入围奖。出版专著两本。

李　泉（1949—　）

女声乐教育家。河北唐山人。华南理工大学艺术学院首席教授、硕士生导师、副院长，全国声乐教育学会理事。1982年毕业于河北师范大学音乐系。1986年进修于中央音乐学院声歌系，师从陈琳、沈湘教授。曾参加全国独唱独奏调演，举办个人音乐会，获省级声乐大赛一等奖。从事声乐教育二十余年，曾任省级高级职称、专业测试、声乐大赛评委，校学术、学位委员会委员等。所教学生多人获国内外相关声乐比赛大奖，考取国内外名校声乐硕士研究生。曾获省部级优秀教学成果、优秀论文奖和十佳教师称号。

李　群（1925—2003）

女作曲家。河北磁县人。1938年到延安，毕业于鲁艺音乐系。1947年在华北联合大学任教。历任中央歌舞团、中央民族乐团创作员。1978年任人民音乐出版社副总编。曾任《儿童音乐》主编，中国音协第四届理事，中国儿童音乐学会会长。1980年出版《李群儿童歌曲选》。1982年在罗马妇女音乐节上展出部分作品。1985年举行个人作品音乐会。出版有立体声盒带《李群儿童歌曲》专辑。

李　荣（1955—　）

音乐教育家、指挥家。辽宁沈阳人。衡阳师范学院音乐系主任，教授。湖南省音协合唱学会副会长，省音协音教委副会长，衡阳市音协副主席。1975年毕业于湖南师范大学音乐学院并主持省级课题《地方本科院校音乐教育专业课程的改革研究与实践》。出版专著、教材三部。在《人民音乐》《中国音乐》《艺术教育》等学术期刊上发表论文二十余篇。指挥合唱作品《祝酒歌》《驼铃》，获湖南省大学生第一、三届合唱节一等奖，《掀起你的盖头来》获湖南省首届职工合唱节金奖、指挥优秀奖，《年轻的山，青春的海》获首届全国大学生艺术节二等奖。

李　蕊（1973—　）

女钢琴教育家。河南许昌人。1993年毕业于许昌教育学院音乐系，1995年毕业于河南大学音乐系。曾任许昌教育学院音乐系教师，2002年在许昌职业技术学院任教。著有《欧洲音乐史》（任副主编），作有歌曲《永远的报答》《拥抱春天》等。参与的省社科联项目《人文主义与现代教育的研究》获省级论文一等奖。撰有《谈练琴》《钢琴集体课优点浅析》《浅论创新教育在钢琴教学中的应用》《钢琴演奏若干问题探讨》《谈钢琴教师应具备的基本素质》等文十余篇。

李　书（1962—　）

戏曲音乐家。陕西丹凤人。陕西省戏曲研究院秦腔团副团长。2004年毕业于陕西广播电视大学。曾任陕西丹凤县剧团演奏员。所创作的秦腔现代戏《山道弯弯》音乐获第三届中国戏曲"金三角"交流演出音乐设计奖，2001年陕曾西省首届琴师、鼓师大奖赛琴师一等奖。撰有《论秦腔男女声同腔同调问题的分析与探索》等论文。

李　殊（1967—　）

女歌唱家。河南郑州人。1978年在河南省许昌戏曲学校学习。同年入中华全国总工会文工团歌队。1988年在第三届"五洲杯"全国青年歌手电视大奖赛中获专业组通俗唱法"荧屏奖"并获中央电视台特约演员。1990年演唱《眷恋》获"广播新歌"金奖，获第五届全国青年歌手大奖赛通俗唱法三等奖，在1992年"歌王歌后"大赛中获"挑战者"奖第二名，1992年在广播剧《孔繁森》中演唱主题歌《生命之光》，1996年演唱歌曲《跨越新世纪》获第三届中国广播金奖。

李 澍（1932— ）

小提琴演奏家。吉林长春人。1948年始从事小提琴演奏，曾为辽宁歌剧院管弦乐队副队长。

李 双（1966— ）

女音乐教育家。满族。辽宁锦州人。锦州市教师进修学院体艺部教研员。1990至1994年就读于辽宁省教育学院。曾任辽宁省锦州市小学音乐实验教材副主编、《音乐教师新课程教学指南》编委。撰有《音乐教学与素质教育之我见》《小学艺术教育现状的调研及分析》等文。歌曲《红蓝铅笔》获辽宁省首届"新华杯"表演一等奖、创作二等奖。1990年被辽宁省小学音乐教学研究会评为一等优秀合唱队指导教师。

李 松（1960— ）

笛子、巴乌演奏家。山东济南人。吉林省东辽县吉剧团演奏员。1983年"吉大管"获吉林省文化厅乐器改革奖。"吉型大巴鸟"获国家文化科技成果二等奖、吉林省一等奖。

李 涛（1967— ）

女钢琴演奏家、教育家。辽宁大连人。民盟盟员。沈阳师大音乐学院钢琴系主任。1991年毕业于沈阳音乐学院钢琴系。发表《声乐演唱中的钢琴艺术》等文6篇。1996年出任钢琴艺术指导的歌剧《苍源》获"五个一工程"奖，2001年参加第四届"沈阳音乐周"演出获钢琴伴奏奖，2004年分获全国东方青少年艺术明星大赛、首届中国青少年演艺新人推选活动总决赛"优秀园丁奖"。指导学生多人次在全国音乐赛事上获金、银奖。

李 铁（1953— ）

音乐教育家。湖南人。湖南师范大学音乐系毕业。曾任长沙市中学音乐教师，市工人文化宫文艺部部长。创办湖南省规模最大的文化艺术、职业技术培训中心，并任主任。所教学生有的考入中央或省级音乐艺术院团。多次组队参加全国城市职工歌手邀请赛获艺术指导金奖，论文《二十一世纪群众音乐》获湖南省文化厅举办的群众文化论文征集金奖，创作歌曲有的曾在《歌曲》上发表或在全国征歌比赛中获奖。

李 唯（1954— ）

作曲家。辽宁辽阳人。任济南军区前卫文工团创作员，山东省手风琴学会荣誉会长、山东省音协艺术表演委员会副主任。创作发表近千件音乐作品。其中歌曲《风儿吹来的故事》《青山告诉我》《你是海岛的传说》《战

士的回答》《你就是一座山》《七月的诺言》等在全国全军荣获一、二等奖。舞蹈音乐《儿呀儿》获全军音乐创作奖、解放军文艺奖及"文华奖"。为《大逃亡》等近百部（集）电视剧及大型话剧作曲。手风琴独奏《随想曲》2004年获全国手风琴优秀作品比赛一等奖。出版《数星星》——李唯儿童歌曲精选。

李 维（1942— ）

歌唱家、声乐教育家。天津人。曾为辽宁教育学院艺术系副教授。1969年毕业于中国音乐学院歌剧系，同年入中央乐团。曾任沈阳军区前进歌舞团独唱演员。1964年作为东北三省部队连队演唱组成员参加全军文艺调演获一等奖。曾随中央乐团多次参加礼宾演出以及"广交会"等活动的演出，并在《红灯记》及《智取威虎山》等演出中担任主要角色。录制唱片数张。培养了一批声乐人才，撰写论文多篇。

李 伟（1914—2005）

作曲家。河北沧县人。1934年考入北平清华大学。1938年参加八路军。新中国成立后，曾任总政治部文化部部长、副秘书长、宣传部部长，中国音协常务理事、第二届书记处书记，全国文联委员。获首届中国音乐"金钟奖"终身成就奖。作有歌曲《朱德将军》《行军小唱》《炮兵进行曲》《南泥湾好地方》《坦克兵之歌》《胜利之歌》《抗美援朝进行曲》《解放军是个革命大学校》等，儿童歌曲《查路条》《上冬学》，组歌《太行山大合唱》《生产四部曲》《中国人民解放军组歌》，大合唱《英雄战黄河》，清唱剧《王邦德赞歌》。编写有《歌咏教材》。曾主持编辑出版有《中国工农红军歌曲选》《抗日战争歌曲选集》《解放战争时期歌曲选集》。发表有《丰富部队的音乐创作》《音乐的民族形式问题》等文。出版有《李伟歌曲选》。

李 伟（1959— ）

长笛演奏家。黑龙江哈尔滨人。1976年参加工作，曾师从于南京艺术学院张志华教授。历任南京军区空政文工团、南京军区歌舞团及哈尔滨歌剧院交响乐团首席长笛。1982年获上海长笛比赛三等奖，1999年获俄罗斯远东地区国际音乐比赛优秀导师奖及"中国广播"奖金奖和铜奖，并成功举办个人独奏音乐会，多次获哈尔滨市政府授予的先进个人等荣誉称号。哈尔滨音协理事。

李 伟（1959— ）

钢琴教育家。陕西西安人。西安音乐学院钢琴系主任、硕士生导师。毕业于西安音乐学院钢琴系。1993年在北京音乐厅赵晓平独唱音乐会担任钢琴伴奏。撰写《音色与触键》《肖邦bB小调谐谑曲演奏提示》《关于技巧训练》《把握音乐'结构'是为了更好地演奏—由拉赫玛尼夫（第三钢琴协奏曲）展开而论》。西安音乐学院学术委员会委员、院职称评定委员会委员、学术学科带头人。《交响》杂志编委。曾任2000香港中国钢琴作品国际比赛评委会副主任，并多次担任钢琴比赛评委。

L

李 伟（1959— ）

音乐教育家。安徽六安人。安徽音协理事，六安市音协秘书长，省音协社会音乐教育委员会六安分会会长。毕业于安徽师范大学艺术系音乐专业，曾在皖西学院任教，后在六安电视台、六安广播电台任文艺编辑及六安交通音乐台文艺部主任。2000年创办李伟音乐舞蹈学校。创作歌曲《淠史杭之歌》曾获安徽电视台举办的建国50周年电视歌手展示赛"观众最喜爱的节目奖"，《我告诉你》获省文联、音协举办的第二届华夏之声征歌三等奖。发表《奇妙的口哨音乐》《音乐，一座值得开掘的金矿》等文。

李 伟（1975— ）

古筝教育家。安徽阜阳人。安徽师大音乐学院教师。1998年毕业于安徽师大。撰有《论高师教学中情感表现力的培养》。1996年获全国传统曲目古筝邀请赛二等奖，2000年获安徽省第六届艺术节器乐比赛一等奖。曾举办个人古筝独奏音乐会。

李 玮（1954— ）

女小提琴演奏家。河北黄骅人。河北省交响乐团演奏员。1974年毕业于河北艺校，1976年毕业于中央音乐学院管弦系。曾任河北歌舞剧院乐队演奏员。撰有《音乐是沟通人类心灵最美的语言》。参演"小提琴齐奏"担任领奏获演奏奖。参加地方戏《苍岩月》，歌剧《何时彩云归》，组歌《长城颂》以及歌舞剧《轩辕皇帝》的演出。参加贝多芬《第五交响乐》CD录制。

李 蔚（1931—已故）

歌词作家、诗人。河南开封人。1950年毕业于开封艺术学校美术大专班。河南省音乐文学学会理事、省文联委员。曾任河南省杂技艺术家协会秘书长。先后在《郑州文艺》，河南人民出版社，《河南戏剧》任编辑、记者。曾在新乡市、平顶山市曲剧团、郑州市杂技团等任编剧、导演和舞美设计。发表有大量诗作，出版有《鱼龙诗笺》《艺苑诗草》《屐痕》诗集。发表《紫燕呢喃人未还》《二大娘骑"洋驴"》歌词二百余首。合作或个人创作出版（含演出）《花木兰选婿》《跪洞房》《蟠桃女》等二十余个。

李 武（1939— ）

歌唱家。陕西人。陕西省歌舞剧院歌剧团演员。曾任陕西省乐团独唱演员，并为电影《黑面人》《阿沛·仲麻吕》《轩辕皇帝》录制独唱插曲，演出歌剧《白毛女》《刘三姐》《货郎与小姐》。主演的歌剧《桃花渡》在陕西省"第二届艺术节"及中国艺术节西北荟萃演出中获三等奖，在湖南株洲全国歌剧观摩演出中获演出优秀奖，并被文化部授予优秀演员奖。

李 晰（1939— ）

女小提琴演奏家、教育家。吉林长春人。曾任山东艺术学院小提琴、中提琴教授，硕士生导师，全国少儿小提琴教育学会理事，山东艺术考级委员会评委。1952年入东北人民艺术剧院，1954年考入沈阳音乐学院附中，1963年毕业于该院管弦系，后任职辽宁歌剧院管弦乐队小提琴副首席，学员班教师。1970年任山东省歌舞团、山东省京剧团首席小提琴。1973年任山东艺术学院教研室副主任。曾获《同力杯》《泰山杯》小提琴演奏比赛"园丁奖"。

李 曦（1920— ）

女作曲家。湖南长沙人。1942年入延安鲁艺学习音乐，后入长春电影制片厂。1972年入武汉歌舞剧院。作有电影音乐《内蒙古人民的胜利》（合作）《红旗歌》《夏天的故事》。参加创作歌剧音乐《白蛇传》《海岛女民兵》，交响曲《塞上组曲》等。

李 湘（1962— ）

女大提琴演奏家。黑龙江尚志人。1983年毕业于解放军艺术学院音乐系，分配到总政歌舞团任大提琴首席。曾举办"李湘大提琴独奏"音乐会，参加了北京首席乐队，录制精典《小夜曲》专辑。演出柴科夫斯基、德沃夏克、莫扎特等室内音乐会。与旅美钢琴家黎红缨合作演出一首现代大提琴曲《古国王国的废墟》。2005年被聘为中、日、韩国际少儿艺术展评委。

李 祥（1951— ）

音乐活动家。江苏金坛人。1987、1997年分别毕业于金坛市委党校政工专业，江苏省广播电视大学群文专业。金坛市文联副主席，市音协主席。曾任陆军某师宣传队队长兼指挥，金坛市文化馆馆长，市广播电视局文艺发展中心主任。作有歌词《月亮河》《茶香、酒香，思家乡》，歌曲《山间小路》《雪梅赞》《你我同牵一轮朝阳》，民乐合奏《喜夺丰收》《村姑的情怀》等大量作品，部分获创作奖或在中央电台播放。曾组织众多音乐活动，为当地组建民乐队，培养大批音乐人才。

李 翔（1953— ）

歌词作家。江苏海门人。江苏海门市文化局局长。1990、1994年先后毕业于北京人文大学群文管理系、南京航天管理干部学院工商管理系，2004年结业于扬州大学法学院教育学研究生班。曾任海门市正余镇文化站站长等职。主编《海门山歌》歌曲集、《中国海门山歌集》，2007至2008年海门山歌列为省级、国家级"非遗"项目。策划、编导和撰稿《红海清音》电视片。歌曲（词）《为了人民的重托》《迷人的海门》《梦中水乡》分获中国群文学会举办的中国第一、二、三、四届群众歌曲创作大赛金奖。

李 逍（1955— ）

女音乐教育家。黑龙江哈尔滨人。哈师大艺术学院键盘系钢琴教授。曾任哈尔滨歌剧院演奏员。出版专著《钢琴演奏与教学》。出版《经典歌曲伴奏带》6盘、《外国歌曲伴奏带》2盘。论文《师范钢琴集体课教学简论》获省高等教育科学成果一等奖。

李 晓（1941— ）

声乐教育家。吉林长春人。1978年于吉林艺术学院本

L

科就读期间在中央音乐学院培训，师从潘一鸣教授。毕业后在吉林艺术学院任钢琴主科教师。后为星海音乐学院钢琴系主任、教授，广东省钢琴学会副会长。1998年获全国优秀教师称号。长期致力于钢琴主科教学改革，有多名学生在国内外比赛中获奖。

李 忻（1963— ）

女钢琴演奏家。江苏苏州人。安徽省合肥市歌舞团演奏员。1985年毕业于安徽师范大学。撰有《技术与素养是钢琴即兴伴奏的灵魂》等文。任大型歌剧《火鸟》全部音乐的前期钢琴伴奏排练，该剧1995年获安徽省"五个一工程"奖。在2002年"光辉的历程"大型广场音乐会上，演出参与组织的集体钢琴少儿节目，获市委、市政府颁发的钢琴类艺术指导奖。

李 昕（1958— ）

作曲家。辽宁葫芦岛人。2001年入空政歌舞团从事专业作曲。作有歌曲《海鸥迷恋的地方》获全国首届"建设者之歌"文艺调演作品金奖，《警察的承诺》《好日子》《越来越好》分别获中宣部三届"五个一工程"奖，《好日子》获首届中国音乐"金钟奖"，《越来越好》获第二届中国音乐"金钟奖"，中国广播电视学会奖（金奖），中央电视台2001年春节联欢晚会"观众喜爱的节目评选"一等奖。执导电视晚会《福到千万家》和《欢聚与祝福》分别获1997、2001年中国电视文艺"星光奖"一等奖和中国电视"金鹰奖"。还创有电视剧音乐《黑嫂》《界碑》《大路无边》等。

李 欣（1926—已故）

女声乐教育家。回族。辽宁沈阳人。1955年毕业于中央音乐学院声乐系，同年任中国广播文工团声乐教师。1957年起任西安音乐学院声乐系教师。曾以《德国世界著名女高音歌唱家斯瓦茨考普的演唱风格及艺术表现》为题举办讲座。撰文《绕梁余音的雕塑—浅谈花腔女高音的训练》，翻译《丑角》（日语）全剧，编写声乐教材六册。

李 莘（1945— ）

女二胡演奏家。河北临漳人。河南省歌舞团二胡演奏员，河南省艺术学校教师。中国民族管弦乐学会理事、胡琴专业委员会常务理事，全国民族乐器考级河南考区执委会常委。1958年考入武汉音乐学院附中，1969年毕业于中国音乐学院。曾为河南省电台编播《二胡的渊源，沿革及演奏》讲座。出版有《春风吹绿太行山》《毛主席恩情比海深》等独奏曲。参加首届全国独奏调演，获1984年"黄河之滨"音乐大赛一等奖。多次赴西德、日本等地演出。

李 新（1955— ）

女中音歌唱家。天津人。中央歌剧院歌唱演员。毕业于中央音乐学院声乐系，留校任教。先后参加二十余部中外歌剧的排练演出，在剧中扮演重要角色的有《山花烂漫》《第一百个新娘》，轻歌剧《现在的年轻人》，阿塞拜疆喜歌剧《货郎与小姐》，法国歌剧《卡门》，后者实况录制的全剧演出录音在法国获得了金唱片大奖。曾参加数百场音乐会的排练演出，并担任独唱、重唱、主持人、撰稿人。多次赴香港、澳门、台湾等地和芬兰、日本、新加坡、马来西亚、印尼、美国、埃及等国进行文化交流活动。

李 新（1955— ）

作曲家。山西临汾人。1987年毕业于山西大学艺术系作曲专业。先后任雁北公安文艺队、解放军63军、山西蒙向歌舞团作曲、指挥、副团长，太原煤炭气化集团有限责任公司科长。撰有《圆号与乐队》。作有歌曲《我在这里生长》《矿工的母亲》《情系你、我、他》《中国矿工》，古筝与弦乐五重奏《黄土情》，小舞剧音乐《初夕夜》《欢乐的日子》等，并获奖。作品多次在中央电台、电视台播放。

李 星（1945— ）

指挥家。黑龙江哈尔滨人。1962年入海政歌舞团任学员、演奏员，1982年进修于中央音乐学院指挥系，1987年获全军文艺汇演优秀指挥奖。曾指挥歌剧《红珊瑚》，歌舞《我们随太阳远航》，电视剧《木鱼石的传说》，小提琴协奏曲《梁山伯与祝英台》《贝多芬第五交响曲》。历任海军政治部歌舞团团长、海军军乐团团长兼首席指挥。1999年在国庆50周年大典中任千人联合军乐团分指挥。2002年主编出版《战士音乐欣赏手册》。近年来，带领海军军乐团随舰艇编队访问过三十余个国家和地区。

李 雄（1962— ）

小提琴制作家。广东湛江人。1984年毕业于湛江师范学院。1978年始从事手工提琴制作，1985年从事少儿小提琴教学。2007年在中国音协举办的首届全国小提琴考级选手展演比赛中，其手工制作的一把高级小提琴，作为该届比赛特别大奖的奖品，颁发给十级金奖获得者。受邀观摩第六届中国音乐"金钟奖"，手工制作的一把仿斯特拉迪瓦利1715年的小提琴作为小提琴比赛奖品颁发给金奖获得者，为此中国音协两次向李雄颁发"荣誉证书"。

李 旭（1957— ）

小号演奏家。河北人。1972年至1974年在四川音乐学院学习小号专业，后入重庆市歌舞团任乐队小号演奏员。参加了重庆所有重大演出活动。曾同中外知名音乐家汤沐海、陈佐湟、卞祖善、李云迪等合作演出。

李 序（1932—已故）

作曲家。满族。吉林浑江人。1947年参加部队文工团。1951年入中央音乐学院专修科学习作曲。1964年入中央乐团，1977年担任该团创作组组长。作有交响曲《英雄篇》《忠魂篇》《思痛篇》《振兴篇》。

李 勋（1960— ）

音乐教育家。朝鲜族。吉林龙井人。吉林省延边大学艺术学院副教授。1986年毕业于天津音乐学院管弦系，2001至2003年就读于韩国汉城大学校大学院攻读博士。撰有《中国延边朝鲜族民俗音乐历史性考查研究》《长短组合研究》《长短组合的艺术价值与音乐美》等文。

李 延（1947— ）

女钢琴演奏家。北京人。曾为总政歌舞团钢琴演奏员。曾与众多歌唱家合作。多次赴诸多国家演出。1985年在全军中青年声乐比赛中获钢琴伴奏奖第一名，同年在全国聂耳·冼星海作品比赛中获最佳钢琴伴奏奖。1989年在第十三届世界青年联欢节比赛中获古典音乐及创作音乐两项钢琴表演奖。1997年获中国音协颁发的优秀教师荣誉奖状，并经常担任钢琴考级评委。

李 严（1947— ）

歌词作家。河南封丘人。河南省《新乡日报》编辑、河南音协常务理事。1976年在新乡市郊区文化馆工作，1982年调入新乡报社工作，1988年毕业于郑州大学新闻系。曾任新乡日报社文艺编辑、总编室副主任、《法制周刊》部主任。曾出版歌词集《黄河的思念》《黄河之路》《选择黄河》。

李 岩（1958— ）

音乐理论家。辽宁丹东人。1993年毕业于中央音乐学院音乐学系，2000年获香港中文大学音乐系博士学位。中国艺术研究院助理研究员。《浅论中国艺术歌曲的发展》《国乐思想研究》《1993年近代音乐史研究》《论民族音乐学记谱中所涉及的理论与方法》《本世纪华人音乐经典评选》《新音乐理念上的"围城"现象》等多篇论文在《中国音乐》《中央音乐学院学报》《音乐研究》及香港《文汇报》等发表。

李 琰（1963— ）

小提琴演奏家。内蒙古呼和浩特人。天津交响乐团首席。毕业于天津音乐学院管弦系小提琴专业。并曾先后任厦门爱乐乐团和上海歌剧舞剧院交响乐团首席。在上海工作期间，参加了大型现代歌舞剧《太阳鸟》和为纪念普希金诞辰200周年"普希金作品朗颂音乐会"的排练演出。

李 彦（1957— ）

女音乐教育家。辽宁黑山人。1985年毕业于中国音乐学院，后获莫斯科肖洛霍夫斯基师范学院音乐学博士，任广东省惠阳市惠阳学院教授。撰有《关于中国古代音乐史研究学法的两点认识》《应加强少数民族音乐史研究》《由陕北民歌的传播影响看客家民歌的现状与发展》等文。出版《音乐审美与名曲鉴赏》《中外名歌赏析》等。科研成果多次获全国及省市奖项。多次被评为优秀教师。

李 燕（1956— ）

女高音歌唱家。黑龙江穆棱人。1982年毕业于河北师范大学艺术系，留校任教，曾进修于中央音乐学院。发表论文《高师音乐教育专业课程改革浅见》《美育在素质教育中的作用》《略论加快高师声乐教学改革构想》《略论音乐对青少年成长的作用》。创作歌曲《中秋夜》《认识你真好》《教师礼赞》。先后获"全国未来词曲作家、歌唱家成才之路大赛"美声组金奖，全国第五届"五洲杯"青年歌手电视大赛荧屏奖。曾担任河北电视台拍摄的电视剧《小小的我》音乐编辑。

李 扬（1941— ）

作曲家、音乐教育家。生于新加坡，祖籍上海。1953年入上海市少年宫"小伙伴艺术团"，后任湖南省歌舞团专业作曲。1956年起先后毕业于武汉及上海音乐学院附中、本科，主修钢琴、理论作曲。作有交响乐《潇湘枫》等4部，大型舞剧《红缨》等3部（合作），室内乐、无伴奏合唱、艺术歌曲、少儿歌曲等数百件，影、视音乐《白与黑》等数十部。其作品大部分在国家出版物及媒体发表、演出或获国内外各级奖励，或被选入音乐学院教材。发表论文若干，为各音乐学院培养、输送了数十名音乐人才。曾参与组建湖南省交响乐团。

李 阳（1966— ）

声乐教育家。回族。辽宁沈阳人。1988、1994年分别毕业于沈阳音乐学院师范系，辽宁教育学院艺术系。先后任沈阳女子艺校、沈阳大学音乐学院音乐系教师、副教授。撰有《论美声唱法中的共鸣》《论民族唱法中的基本要素》《声乐教学中的心理调控作用》《浅谈声乐技巧的科学运用》《声与情在声乐教学中的辨证关系》等文多篇。培养多名优秀学生在各类大赛中获"荧屏奖""金百灵"奖，优秀表演奖等。

李 洋（1941— ）

扬琴演奏家。彝族。云南墨江人。1965年昆明师范学院毕业。长期从事扬琴演奏、创作及指挥，多次参加京、津、川、闽地区和"中国艺术节""天下第一团"及获奖的十余台白剧的演出。曾任省《民舞》《民乐》集成音乐编辑、州《民乐》集成主编。作品曾获省区优秀论文一等奖、香港国际优秀论文奖。

李 冶（1951— ）

指挥家。湖北大冶人。1975年毕业于湖北艺术学校（现武汉音乐学院）作曲系，后参加李德伦等举办的交响乐指挥高级班学习。曾任湖北省黄石市歌舞团乐队指挥，1993年入湖北省歌剧团任交响乐队指挥。指挥歌剧《骄杨》《货郎与小姐》及歌舞剧《刘三姐》《马兰花》等。为湖北省第七届运动会开幕式、湖北省"纪念抗日战争及世界反法西斯战争胜利五十周年"音乐会、湖北省首届新年音乐会等演出中担任指挥。

李 乙（1932— ）

三弦演奏家。上海人。1946年始在部队从事民族器乐演奏。曾在上海音乐学院任教。编有乐曲《十八板》《大浪淘沙》《春江花月夜》。编著有《大三弦曲目选》。

李 以（1953— ）

作曲家。北京人。北京都市歌舞团（首钢艺术团）创编室作曲。1969年参加内蒙古生产建设兵团文艺宣传队从事小提琴演奏。后师从父亲茅地学习作曲。1976年加入北京市劳动人民文化宫音乐创作组。后在中央音乐学院学习作曲理论。在参加全国、省市级的各类声乐、舞蹈音乐作曲比赛中获奖近五十次。《炽热的土地》《雨中行》《中国正是好时候》在北京音乐台"每周一歌"栏目中播放。有的作品被制作成MTV在央视播放。

李 音（1932— ）

音乐教育家。黑龙江人。1946年参加中国人民解放军，先后在炮兵某团及师宣传队任音乐教员。1953年转业到哈尔滨，1954年后在市文化宫文艺组辅导工人艺术团。曾师从俄籍教师学习钢琴及声乐。1967年调至四川东方电机厂，历任工会分（支）会主席，厂电视台编导（副台长），后继续从事创作及教学。德阳市音协名誉主席。

李 英（1971— ）

女二胡教育家。吉林长春人。中央民族大学音乐学院民乐系教师。1994年毕业于吉林艺术学院音乐系，2003年毕业于中央音乐学院民乐系，获硕士学位。曾获全国民乐南京邀请赛二胡专业组二等奖、首届吉林民乐电视大奖赛专业组二等奖等，发表有多篇学术论文。多次举办个人音乐会。2009年在中央民族大学音乐厅举办"思归"——李英二胡作品演奏会，演奏作品全部由本人创作。

李 瑛（1959— ）

女高音歌唱家。河北人。天津歌舞剧院演员，天津音协副主席。曾就读于天津音乐学院附中，进修于中国音乐学院，后考入天津师范大学艺术学院攻读研究生。曾获全国"刘三姐杯""同乐杯"电视歌手大赛金奖、全国"凯华杯"及天津"希望杯"电视歌手大赛银奖。首唱的天津民歌《探情郎》《摘豆角》等被存入国家资料库。为电影《彩色的夜》，电视剧《新星》等录制主题曲。2005年举办"永远的真诚"个人独唱音乐会。在歌剧《原野》中饰演女主角，并随团赴泰国、阿联酋等国家演出。被天津市评为"德艺双馨"艺术家。

李 莹（1961— ）

女古筝演奏家。河南开封人。1978年起任中央民族乐团古筝演奏员。曾多次应邀赴韩国、日本、荷兰、英国、德国、法国、美国、香港、澳门、台湾等国家和地区参加演出，并先后为日本JVC胜利唱片公司录制CD唱片、为英国BBC广播电台等录制专题节目。1993年主演的音乐艺术专题片《古弦翰墨情》在中央电视台播出，并获广电部"星光奖"、第一届"CCTV"杯优秀文艺节目一等奖。其演奏的《和番》《将军令》等古筝独奏曲被收入《中国民族器乐华夏音乐经典》出版。

李 影（1957— ）

女高音歌唱家。朝鲜族。吉林延吉人。1982年毕业于中央民族大学。中央民族歌舞团歌唱演员。曾在省文化厅举办的"聂耳·冼星海声乐作品"演唱比赛中获第一名，并在省中青年声乐比赛及全国少数民族"和山杯"声乐大赛中分别获二等奖。曾随国家艺术团参加新疆、内蒙、广西等自治区成立庆典大型演出，在《伽倻琴弹唱》中任领

唱。曾应邀赴韩国、日本、美国、香港等地参加艺术节或文化交流活动，担任独唱。

李 勇（1963— ）

音乐活动家。贵州三穗人。1997年山东工会管理干部学院毕业。胜利油田文工团副团长、中石化音协理事。2000年演唱歌曲《海边情思》获全国石油石化文艺比赛最佳演唱奖。组织参加中央电视台庆"七一"、山东省庆"五一""全国纪念抗战胜利60周年合唱比赛"及在人民大会堂举办"首届职工艺术节"等大型文艺演出。

李 卤（1959— ）

二胡演奏家。上海人。中央民族乐团独奏演员、二胡首席。1982年毕业于中央音乐学院，除在音乐会上担任独奏外，还参加中央电视台、北京电视台、中国唱片公司等录音工作。演奏曲目有《良宵》《拥军小唱》《红烛谣》《江河水》《二泉映月》《病中吟》《长城随想》，二胡与乐队《心曲》《阳关三叠》。曾获北京二胡比赛第一名。出访多个国家和地区。

李 渔（1932— ）

作曲家。山东高密人。1949年始从事吕剧音乐工作。曾任山东省吕剧团艺术室副主任。先后担任吕剧《姐妹易嫁》《沂河两岸》《半边天》《钗头凤》的音乐设计。

李 玉（1953— ）

打击乐演奏家。山东蓬莱人。1973年毕业于解放军军乐团学员队打击乐专业。总政军乐团演奏员。执行国家、军队重要内外事司礼演奏数百次，参加本团举办的音乐会及下部队慰问数百场。完成香港回归仪式及国庆50周年大阅兵任务。随团赴日本、法国参加国际军乐节。

李 园（1961— ）

大提琴演奏家。安徽蒙城人。1981年毕业于安徽艺校戏剧科，同年入安徽省歌舞剧院民乐团任首席大提琴、副团长。曾参加许多大型音乐会、电视剧等不同类型的演出及音乐录制。曾赴香港、台湾、澳门等地访问演出。

李 原（1930— ）

作曲家。河北乐亭人。1950年入中南军区部队艺术学院音乐系。1945年参军后曾任冀热辽军区尖兵剧社演奏员，东北野战军二兵团文工团乐队队长、指挥，广西军区、华南军区乐队队长、指挥，后任辽宁省文物总店总经理。作有歌曲《向两广大进军》（合作），《打开背包就是家》（合作），其中《人民公社是金桥》获福州军区优秀作品奖。

李 原（1952— ）

女音乐教育家。吉林长春人。哈尔滨师范大学艺术学院音乐教育系键盘教研室主任、教授、硕士生导师，中国音协手风琴学会常务理事，省音协理事，省音协手风琴学会会长、钢琴学会理事。1978年考入哈师大艺术系音乐专业，主修手风琴，1982年毕业后留校任教。编著有《键盘

基础教学》《实用手风琴曲100首》《钢琴集体课教程》，撰有《对中国音协考级曲目的几点想法》《即兴伴奏与音乐感知能力》等文。

李　云（1939—　）

音乐理论家。湖南衡阳人。湖北省美育研究会副研究员。1959年毕业于湖北艺术学校音乐系。先后任教于宜昌、当阳多所学校和文化馆，1988年起任当阳市文联副秘书长兼音乐家舞蹈家协会主席。培养众多音乐舞蹈骨干，众多学生在各级比赛中获奖。撰写、发表论文及歌曲作品若干。曾参加《中国民间歌曲集成》《民间器乐集成》（湖北卷）的采编工作。湖北省文联先进工作者、中国民主建国会湖北省先进宣传工作者。

李　允（1937—　）

作曲家、指挥家。四川梁平人。先后任浙江军区文工团、华东军区解放军艺术剧院、南京军区前线歌剧团、无锡市歌舞团作曲、指挥，曾师从黄贻钧、曹鹏。指挥有管弦乐《卡门序曲》《天鹅湖组曲》，交响组曲《白毛女》，钢琴协奏曲《黄河》，小提琴协奏曲《梁祝》，芭蕾舞剧《红色娘子军》，歌剧《货郎与小姐》《洪湖赤卫队》等音乐作品。作有二胡独奏曲《江南春》，器乐曲《欢乐的工地》，合唱《无锡人民学大庆》，新编苏南吹打乐《吓西风》等。

李　展（1932—已故）

男中音歌唱家。山东人。1957年毕业于中央音乐学院声乐系。后任北京师范学院音乐系声乐教研室主任。曾在中央歌剧院主演歌剧《阿依古丽》《第一百个新娘》《蝴蝶夫人》等。

李　镇（1944—　）

笛子演奏家。山西河曲人。1965年毕业于内蒙古艺术学校，后在内蒙古歌舞团任独奏演员，内蒙古自治区青联第六届副主席。作曲并演奏的曲目有《鄂尔多斯的春天》《大青山下》《走西口》。曾在北京举办独奏音乐会。

李　铮（1919—　）

音乐活动家。北京人。1941年毕业于北京京华美术学院音乐系，长期从事音乐教育工作。曾任青岛市文化局副局长、音协山东分会第四届常务理事，省政协第六届委员。组织多种演出活动。作有舞剧音乐《刘文学》《罗盛教》等。

李　铮（1928—　）

指挥家、作曲家。山东郓城人。1938年参加冀鲁豫边区新中国剧社，1947年任冀鲁豫军区战友剧社音乐队队长兼指挥。创作有《快乐的解放区》《远征曲》等歌曲，1952年毕业于中央音乐学院。后在八一电影制片厂任管弦乐队队长兼指挥、新影乐团团长兼指挥。作有歌曲《我操纵着机器向前进》与指挥的器乐曲《翻身的日子》《友谊舞曲》。自1957年始任职于吉林省歌舞剧院、舒兰县文工团，指挥演出过《狼牙山五壮士》《宝莲灯》，创作器乐

曲《赞大庆》，歌曲《农场就是我的家》，歌剧音乐《彩虹》《青山曲》等，并在吉林地区汇演中获奖。1978年调入民音乐出版社任总编室主任。1984年调中央歌舞团，任党委书记兼副团长。

李　政（1943—　）

作曲家、音乐编辑家。河北人。曾就读于天津音乐学院作曲系，先后在河北省邯郸县文工团、邯郸地区平调剧团从事唱腔音乐设计、配器。1978年调《通俗歌曲》杂志社后任主编。歌曲《礼貌歌》1982年获团中央"八十年代新一辈"征歌作品奖，《妈妈的头发》1987年获中国妇联"妇女心中的歌"征歌优秀歌曲奖，《祖国啊，我永远热爱你》1987年5月获第二届河北文艺振兴奖，并于同年央视春晚由歌唱家殷秀梅演唱，1990年获文化部第二届"当代青年喜爱的歌"一等奖，《村务公开栏》《盖楼的哥们》分别获中宣部第八、十届"五个一工程"奖。

李　智（1935—　）

女二胡演奏家。重庆人。1950年从事部队文艺工作，1955年入重庆市杂技团任二胡演奏员。师从刘明源、陈永禄、汤良德、蓝玉崧等。1957年首演刘明源中胡独奏《草原上》。随团赴苏、德、法、英、日及拉丁美洲等国演出。曾任重庆市民乐团二胡首席。1990年始受聘任重庆市艺校二胡专业教师，学生多人在专业比赛中获奖。

李　忠（1944—已故）

扬琴演奏家。北京人。广州扬琴学会理事、中央民族乐团民族管弦乐队副队长。12岁师从杨竞明学习扬琴。1962年进入专业团体。1987年获全国广东音乐邀请赛一等奖。1992年录制个人扬琴专辑。曾随团赴美国、德国、日本、丹麦、南斯拉夫、韩国、新加坡、奥地利等国和台湾、香港、澳门演出。在文化部直属艺术表演团体艺术专业人员考核中获打击乐专业应聘资格证书。收藏扬琴曲谱资料三百余册。

李　众（1957—　）

女歌词作家、音乐编导家。天津人。1985年毕业于中央广播电视大学中文系。中央电视台青少部编导、制片人。发表有六十余篇有关歌曲创作、音乐电视拍摄手记。出版有《七巧板·小星星金曲》《七彩的歌——李众作品专辑》《童心的歌——李众词集》。创作数百首儿童歌词，其中《做个小孩不容易》《卓玛》《爱星满天》《滑轮小将》等广为传唱。编创的音乐电视节目有连续两届"全国少儿歌曲创作演唱大赛"以及《幻想国》《小星星竞歌》《卡拉OK》《音乐快递》等栏目。

李阿萍（1965—　）

女二胡演奏家。回族。河北人。1985年毕业于沈阳音乐学院附中，1989年毕业于沈阳音乐学院民乐系。后在黑龙江省歌舞剧院民族乐团任首席。曾获省民族器乐比赛独奏比赛一等奖，1995年获北京国际中国民族器乐独奏大赛二胡独奏金奖等各种奖项。2001年举办"二胡独奏音乐会"并在省级刊物上发表多篇文章。曾赴俄罗斯、日本、

L

韩国等国家演出。在教学中培养多名学生考入专业院校。

李爱华（1941— ）

作曲家。天津人。中国音协理事、宁夏音协名誉主席。1965年毕业于中央音乐学院作曲系。1965年入部队文工团，1970年入银川市文工团，1985年入宁夏歌舞团，均任作曲兼指挥，1992至2002年兼任团副团长。曾任宁夏文联副主席、宁夏音协主席。1994年被文化部授予优秀专家称号。写有大量不同题材、体裁的音乐作品，部分作品曾获国际、国内（省部级）奖项。作有轻音乐《煤海情思》，钢琴与交响乐队《六盘史诗》，管弦乐《第二组曲—塞上掠影》等。

李安明（1953— ）

民族音乐理论家。云南江川人。云南省玉溪市文化馆馆长，云南省音协理事，玉溪市文联委员、音协主席。长期从事民族民间音乐的收集、整理、研究和音乐创作，主编《玉溪民歌》等音乐集成多卷，发表歌曲、论文三十多篇，出版民族音乐论文集《诗经音乐之我见》。作品获省级奖7项、国家奖2项，论文（合作）获国家奖2篇。

李安勋（1962— ）

音乐活动家。湖北人。武汉音协驻会秘书长。曾在江汉大学、武汉市委宣传部和武汉市文联工作。负责协调、组织召开音协每年音乐创作工作会议，部署全市音乐创作工作，并组织作曲家创作了《城市英雄》《太阳的跑道》《拥抱长江》等大量音乐作品，部分作品获省以上各项奖励。组织音协及各专业委员会开展武汉"春之声"合唱音乐会、武汉钢琴演奏电视大赛、武汉城市圈艺术大赛、全市舞蹈大赛、秧歌舞大赛以及各项大型节庆等音乐活动。筹备成立武汉音协打击乐艺术研究会和武汉音协电子键盘学会。组织每年武汉地区钢琴等项目的音乐业余考级工作。

李白桦（1934—已故）

小号演奏家。上海人。1949年入上海中国福利会儿童艺术剧院乐队任演奏员。后任上海交响乐团演奏员。曾随团赴朝鲜、日本、新加坡、澳大利亚及香港等地演出。

李百华（1956— ）

指挥家。山东人。齐鲁艺术团总监、作曲、指挥。1976年毕业于山东艺术学院，同年入山东歌舞剧院。1984年考入上海音乐学院作曲指挥系，毕业回省歌舞剧院任指挥。作曲的舞蹈《狗娃闹春》获中央电视台春节晚会作曲一等奖，合奏《春蚕》获全国第三届民族音乐展优秀作曲奖，为电影《孔子》，电视小品剧《顽皮豆豆》作曲获广电部一等奖。曾创作歌曲、配器、MIDI制作近千首。出版唱片、磁带、CD、VCD百余盘，其中磁带《拜花堂》获广电部荣誉奖。制作《山东艺术学院省级重点学科》等CD二十余盘。多次率团赴欧洲、日本、新加坡等国演出。

李柏年（1930— ）

音乐学家。山东烟台人。1953年毕业于北京师范大学音乐系、留校任教。曾在北京艺术学院、中国音乐学院理论系任教。曾为中央音乐学院音乐学系副教授。参加编写《外国音乐史》。

李柏云（1937— ）

大管演奏家。满族。北京人。中国大管协会名誉会长。1953年入天津歌舞剧院，同年入中央音乐学院进修大管专业。师从刘光亚先生。曾任天津歌舞剧院管弦乐团大管首席，天津交响乐团大管首席、木管声部长。1959年后曾在天津音乐学院管弦系任教。

李宝华（1942— ）

唢呐演奏家。北京人。1967年毕业于中国音乐学院器乐系唢呐专业，1969年入中国京剧院乐队任演奏员、副队长。担任唢呐和管子演奏，参与现代剧目《红色娘子军》《红灯记》《奇袭白虎团》和传统剧目《杨门女将》《春草闯堂》等演出。在"纪念徽班进京200周年""第一届中国艺术节"等大型演出中担任唢呐领奏。

李宝琼（1937— ）

女钢琴演奏家。广东肇庆人。1952年考入中央音乐学院少年班（音乐学院附中前身），1959年毕业于中央音乐学院钢琴系，分配到原中央乐团独唱、独奏小组，担任独奏、伴奏、重奏等。经常深入林区、矿区、油田、部队、农村等地演出。多次赴国外进行文化交流，曾赴欧、亚、非等10余个国家以及港、澳、台地区演出。

李宝茹（1939— ）

女音乐编辑家。北京人。1961年毕业于天津音乐学院师范系器乐专业，同年起任河北广播文工团琵琶演奏员兼音乐理论教师。曾任河北电台文艺部主任编辑音乐组组长。作有歌剧音乐《姑嫂送粮》及民族器乐曲《欢乐曲》《节日的欢喜》，歌曲《黄土情》《山恋》并获奖。发表《办好音乐广播，丰富听众音乐生活》等文。先后创办并主编"新歌推荐""农村俱乐部"等音乐节目，编辑制作有众多名家名作、新人新作、重要节日、纪念日为主题的音乐节目。

李宝姝（1947— ）

女大提琴演奏家。天津人。1960年考入天津音乐学院附小大提琴专业，师从王友健教授。1962年考入该院附中大提琴专业，师从严正平、李天慧教授及天津歌舞剧院大提琴演奏家楼乾利先生。1968至1984年在天津京剧院管弦乐队担任大提琴首席，期间在天津市文化局管弦乐进修班（戏曲团体联合交响乐团）任大提琴首席。1984年起，在天津交响乐团任大提琴演奏员，并于1992至1993年代理大提琴首席。

李宝树（1933— ）

作曲家。北京人。1949年入华北大学三部音乐系学习，后在中央新闻纪录电影制片厂任作曲。主要作品有影片《鲁迅传》《周总理永垂不朽》（合作），《孤帆远影》《漂泊者》《枪从背后打来》《开滦奇迹》等的音乐。其中为《九寨沟梦幻曲》创作的音乐1985年获第22届波兰克拉科夫国际电影节作曲奖。还作有管弦乐组曲《九寨沟音画》，高胡与乐队《南国风光好》，板胡二胡协奏曲《翻身的日子》（合作），并为话剧《少年周恩来》《在这个家庭里》及艺术片《雏鹰之歌》作曲（合作）。

李保彤（1940— ）

作曲家。山西武乡人。1965年毕业于山西大学艺术系。曾任山西电视台文艺部副主任。合著有《中外名曲赏析》，编导有音乐电视剧《走西口》，作有组歌《大泉山》（合作），扬琴独奏曲《桑干河畔战旗红》等。

李保英（1954— ）

女音乐编辑家。河北邢台人。先后毕业于郑州师范专科学校音乐班、河南大学艺术系音乐专业。河南人民广播电台文艺部音乐组组长、副主任。撰稿、编辑、制作大量音乐专题和音乐节目，其中获中国广播文艺奖一等奖、三等奖，中国广播文艺专家奖金奖、银奖、铜奖及省级奖项数十个。撰有《音乐知识200问》《流行歌曲演唱入门》。发表论文《谈谈广播频率专业化的问题》《谈广播新歌采录的几个环节》等。策划开创河南电台第一个直播综艺节目"文艺大世界"和第一个音乐节目"黄金时刻"。

李葆真（1947— ）

女声乐教育家。福建永春人。福建省莆田一中高级教师。1968年毕业于福建师大艺术系音乐本科。撰有《中学音乐课要注意青少年心理特点》《音乐教学实施素质教育的设想》等文。指导指挥的莆田一中童声合唱团分别于1985、1986年获福建省第三、四届学校音乐周录音评选二等、一等奖。1993年组建莆田市园丁合唱团并任团长。参加大型文艺晚会数十场，曾获福建省第三届校园文化艺术节、第九届音乐舞蹈艺术节合唱比赛一等奖、银奖。

李北川（1957— ）

作曲家。河北秦皇岛人。湖南吉首大学文艺与新闻传播学院副教授。歌曲代表作《土家赶上好光景》，获广电部、文化部、中国音协举办的"中国工人新歌"征集大赛银奖，《阿公的酒碗》《小河浪花》获1999年全国"群星奖"优秀作品奖，作曲的电视音乐艺术片《大山·女人·魂》和《太阳·大山·人》分别获第五届全国电视文艺"星光奖"和第四届全国少数民族题材电视艺术片"骏马奖"。其编导、摄影、编辑、撰稿的纪录片《边城·老人·龙》2000年获全国电视外宣"金桥奖"一等奖。导演、作曲的电视片《走进南方长城》获2002年第九届全国少数民族题材电视片"骏马奖"。曾被评为"湘西州十佳记者"，2000年湘西州委、州政府授予其"文学艺术创作突出贡献奖"。

李蓓蕾（1964— ）

女音乐教育家。四川自贡人。任职于中国戏曲学院音乐系。1984、1992、2006年分别毕业于新疆艺术学校音乐科、中国音乐学院作曲系、中央音乐学院音乐学系。曾在新疆广播电视音像出版社、北京出版社任音乐编辑。撰有《强化作品阅读，提高音乐创作综合能力——兼说

作曲教学的有关问题》《对戏曲作曲主课教学改革的一些思考》《斯克里亚宾创新意识中的传统继承性》《"山歌社"的"中国民歌选"对基础和声教学的启示与借鉴》，著有《歌曲钢琴伴奏音乐分析》。作有歌曲《在阳光下》《啊，足球》《我给星星打电话》及科教系列片《中国近代史》的音乐。编配制作《歌曲精选2000首》光盘。

李本华（1954— ）

小提琴演奏家。河北唐山人。1969年入唐山市歌舞团后任副团长。1986年考入天津音乐学院。1988年在唐山举办独奏音乐会。1992年赴日本入铃木教育小提琴研究生班，毕业后获指导者认定证书。1985年创办唐山市少儿小提琴学校。1989年任唐山市音协少儿管弦乐团团长、指挥。1996年任唐山市爱乐乐团团长。出版有《小提琴入门基础教程》一书和教学VCD两套。并有多篇论文及歌曲在省级以上刊物发表或获奖。全国少儿小提琴教育学会理事，河北省小提琴艺术委员会副主任，唐山市音协副主席。

李本良（1951— ）

二胡演奏家。山东人。1964年考入中国音乐学院附中，毕业后分配到中国煤矿文工团歌舞团任二胡演奏员。曾多次到美国、加拿大、日本、马来西亚等国演出，并担任二胡独奏。2002赴法国参加艺术节，担任高胡领奏。2004年赴澳大利亚、巴布亚新几内亚，担任二胡、高胡、擂琴、锯琴独奏。已出版教学VCD《教你拉二胡》4张。

李滨荪（1915—1988）

音乐教育家。贵州贵阳人。毕业于北京大学。曾在北京万国美术学院学习声乐五年。先后为国立女子师范学院、台湾师范学院音乐系教授。1950年起任西南师范学院音乐系主任教授。作有管弦乐曲《小河淌水》及合唱曲《矿山大合唱》（合作）。

李秉衡（1930— ）

作曲家。辽宁辽中人。曾任山西省政协委员、省音协第四届副主席及第五届顾问。1946年参加部队文工团，1948年入冀察热辽联大鲁艺音乐系进修。曾任山西省歌舞剧院艺委会主任、艺术指导。作有《山西民歌主题四首》，交响音画《壶口瀑布》，歌剧音乐《哑姑泉》（合作），2000年后，举办过两次个人交响乐作品音乐会。

李井伲（1953— ）

女声乐教育家。湖南安化人。1977年毕业于湖南师大音乐系。益阳市师范音乐系高级讲师、省音协声乐艺术委员会理事。从事声乐教育二十多年，有数十名学生在省以上各种声乐比赛中获奖，并为高等音乐院校输送了数十名学生。所训练并指挥的学生合唱团多次获得省市合唱比赛一等奖。多次获"湖南省优秀园丁奖""三八红旗手""优秀教育工作者""市优秀辅导教师""专业技术人员奖励基金三等奖""市二等功"等奖项和称号。

李伯乐（1932— ）

作曲家。黑龙江人。1949年入黑龙江省文工团任乐

队队员。先后就读于东北鲁艺音乐系、东北音专作曲系。1955年毕业后在解放军军乐学校任教，任总政军乐团创作员、国防科工委文工团创作组组长。作品有木管五重奏《祖国美》，长号独奏曲《快乐的战士》，小号独奏曲《探家路上》等。70至80年代作有大型合唱《卫星飞上天、红旗飘万代》，获全军第四届文艺汇演优秀创作奖。还作有科幻音乐剧《举杯祝贺》，独唱《我的歌随火箭飞飘》《啊，通讯卫星》《利剑之歌》。

李博文（1929— ）

音乐理论家。天津人。1953年毕业于河北师范学院音乐系。1954年入内蒙古师范学院艺术系、副教授。编有《配器法》《和声学》《作品分析》等教材。

李博彦（1947— ）

小提琴演奏家。上海人。1966年毕业于天津音乐学院附中。1967年到战友歌舞团工作。1973年到北京艺校任教师。1978年到北京交响乐团任首席兼乐队副队长。1988年到中央乐团室内乐队任首席。1996年到中国交响乐团工作。2000年到中国爱乐乐团工作。曾在1984年担任大型音乐舞蹈史诗《中国革命之歌》乐队首席。

李才生（1929—2003）

作曲家。四川蓬溪人。1946年考入成都南虹艺专，后考入四川省艺专学习音乐。1949从事部队文艺工作，后在四川省歌舞团、西藏歌舞团等分别任作曲兼指挥。作有歌舞音乐《彝家庆丰收》，小歌剧音乐《牦牛》，舞蹈音乐《山区锅庄》，表演唱歌曲《咯哒哒》《翻身歌》《桑琅琅》等。代表作《逛新城》影响广泛。曾为藏戏《诺桑王子》编配曲谱并担任歌舞川剧《华清池》艺术总体设计。翻译出版有《藏族民歌300首》（合作）。

李彩勤（1960— ）

女歌唱家。山东青岛人。山东歌舞剧院歌唱演员。1977年就读于山东艺术学院，1989年在上海周小燕歌剧中心进修学习。曾分获青岛文艺汇演和声乐比赛一等奖，1985、1988年两次获山东省电视大赛优秀歌手奖。1990年在上海音乐学院周小燕歌剧中心和山东歌舞剧院联合演出的歌剧《原野》扮演女主角金子。所作歌曲《青岛晨曲》获创作二等奖。

李灿煌（1935— ）

歌词作家。福建晋江人。50年代从事文艺创作，作有组诗《江溪诗草》，长诗《姑嫂塔》。后写散文、歌词。歌曲（词）《盼望》《故乡月》《我寄相思于燕子》等在全国音乐评奖中获奖，并录制唱片、盒带。著有散文集《闽南相思》《蓦然回首》《望云斋散文随笔》，诗歌歌词集《乡心一瓣》《李灿煌诗选》。福建作家协会全委委员、泉州市作家协会副主席。

李苍鹰（1927— ）

女作曲家、音乐编辑家。江苏人。1945年起先后在苏中军区前线剧团，华中军区、华中野战军、第三野战军文工团，南京军区前线歌舞团、歌剧团任独唱、歌剧演员及作曲。后入上海音乐学院作曲系学习。曾在上海文艺出版社任编辑。作有歌曲《红豆与相思鸟》，小歌剧《一样爱护他》（获华东军区创作奖），《快碾胜利米》等。在清唱剧《周家岗》及《黄河大合唱》中担任独唱，在歌剧《白毛女》中饰演喜儿。编辑出版《沈亚威歌曲选》《李谷一唱片歌曲选》等。

李昌虎（1962— ）

圆号演奏家。吉林人。总政军乐团演奏员、声部长、首席。曾就读于吉林省延边艺术学校，1982年毕业于总政军乐团四队，曾师从匈牙利专家学习圆号演奏。演奏《牧人新歌》《老八路回延安》《我爱五指山，我爱万泉，》及莫扎特、海顿、理查·斯特劳斯、贝多芬的协奏曲、奏鸣曲，大、中、小型独奏曲、协奏曲、奏鸣曲数十首。完成数百场迎宾、宴会、人大、政协军事演出等重要演出。曾获"首届青年圆号大赛"等比赛一等奖或不同奖项。

李昌明（1958— ）

歌词作家。安徽砀山人。中国音乐文学学会副秘书长、全总文工团及北京职工音乐创作中心特聘创作员。出版有诗集《走近我，走近你》，歌集《春天我等你》及《李昌明作词歌曲集》盒带、光盘。代表作品有歌词《你把你的手伸给我》及音乐电视《月光下的兵妹妹》《百年梦幻》《收获春天》《龙马精神》等，三十余首作品分别在全国青年歌词大赛、97军旅歌曲大赛、世妇会征歌中获金奖、一等奖等。多部作品由中央电视台等摄制MTV。

李昌云（1942— ）

单簧管演奏家。朝鲜族。吉林延吉人。延边管乐学会会长，国际单簧管协会会员。曾任延边音协副主席，延边歌舞团副团长，延大艺术学院音乐系主任、教授，音乐研究所所长。1967年毕业于中央民族学院，任延边歌舞团单簧管演奏员。1988年起，任教延边艺术学校，采用国际先进演奏法—循环呼吸演奏法培养国内外众多优秀音乐人才。1993年赴韩举办独奏音乐会和学术讲座。作品有舞蹈音乐、歌曲、广播剧等，许多作品分别获奖。成功举办国际性"2000年延吉单黄簧教学演奏交流会"，著有《单簧管演奏法》等五部。

李长春（1944— ）

二胡演奏家、音乐教育家。河南开封人。1968年毕业于西安音乐学院。曾任该院附中副校长、民乐系主任，教授、硕士生导师。中国音协二胡学会理事。培养一批优秀二胡演奏、教学人才。发表论文《论二胡的泛音及其演奏》等二十余篇。出版《实用二胡教程》《二胡演奏法》《二胡与外国小提琴名曲》。曾五次获国家级、省级科研成果奖。1993年应邀出访马来西亚演出讲学。

李长恭（1940— ）

音乐教育家。山东人。1961年毕业于哈师大并留校任教，后为该校艺术学院音乐系二胡教师、副教授。作有二胡独奏曲《笑语满山村》，曾获哈师大科研二等奖、黑龙江民族民间创作三等奖、黑龙江省文艺创作三等奖。

李长明（1954— ）

钢琴演奏家、教育家。河南安阳人。河南大学音乐二系钢琴教研室主任。1982年毕业于河南大学音乐系。曾担任全国聂耳·冼星海声乐作品比赛河南代表队钢琴伴奏及河南省少儿钢琴比赛评委。发表《钢琴演奏的触键与放松问题探讨》《谈钢琴即兴伴奏教学》等文，其作曲的电视专题片《女娲故乡行》获"雪城杯"电视专题片三等奖。

李长青（1934— ）

指挥家。山西临汾人。1953年毕业于西北艺术学院戏剧系。1959年始从事乐队指挥工作。1979年在中央音乐学院指挥系进修。曾任西安歌舞剧院副院长兼乐队指挥。

李长胜（1949— ）

作曲家、指挥家。辽宁丹东人。丹东市歌舞团创编室主任。1976年毕业于沈阳音乐学院作曲系。后任丹东市京剧团、歌舞团指挥。创作并指挥儿童舞剧《二小放牛郎》，风情歌舞《满族诗画》，满族神话歌舞剧《神鼓》，音乐剧《包全杰》，满族舞蹈《那丹乌西哈》分别获全国少年儿童文化艺术节音乐创作奖、辽宁省第二届文化艺术金奖、辽宁省第八届"五个一工程"入选作品奖、辽宁省第五届艺术节优秀音乐奖。2003年合作创作歌曲《谢谢你白衣天使》被省《爱心大行动》歌曲专辑选用。

李长士（1938—1999）

作曲家。天津人。1948年始从事部队文艺工作。1978年毕业于上海音乐学院指挥系。曾在安徽省歌舞团工作。作有器乐曲《欢乐曲》，舞蹈音乐《江南春早》。

李超然（1923— ）

民族音乐学家、作曲家。香港人。1950年参加广州市文工团创作组，后随中央民族访问团深入瑶族地区采访。1952年任广州市管乐队指挥，1954年入海南民族歌舞团创作组。后任广东省民族歌舞团艺委会主席，广东音协第二、三届理事，中国少数民族音乐学会二、三届理事。曾赴中央民族学院进修。为《中国大百科全书（音乐卷）》撰写《黎族音乐》条目。作品有《椰林夜曲》《草笠舞》《胶园晨曲》《送代表》（合作）。

李成基（1939— ）

作曲家。重庆人。曾任四川音协理事、省文联委员、空军、军区空军文化处长、文工团长、创作室主任。曾先后毕业于浙师大艺术系、上海音乐学院和中央音乐学院。创作发表有大量音乐作品，上百件作品获奖。出版多盘盒带和光碟。出版发行《蓝天情》《飞向太阳》《音乐之友》《花城风韵》《蓝天飞歌》等多部个人音乐专著。有些作品被选为国际交流节目并在法国等国获奖。

李成渝（1942— ）

乐律学家。重庆人。1961年于四川省舞蹈学校器乐专业毕业，先后供职于省歌舞团、省曲艺团。四川省音乐舞蹈研究所研究员。曾任《中国曲艺音乐集成·四川卷》副主编兼编辑部主任，《中国民族民间器乐曲集成·四川卷》常务副主编。1989年应聘为中国艺术研究院音乐研究所中国乐律学史课题组成员。《四川扬琴宫调研究》曾获全国曲艺理论研究优秀科研成果论文一等奖。

李成柱（1966— ）

歌唱家。朝鲜族。吉林龙井人。1994年毕业于上海音乐学院声乐系。中央民族歌舞团独唱演员、中央民族大学成教院艺术教育中心声乐教授，主任。中国传统文化促进会理事、中国声乐学会理事、北京高丽文化经济研究会常务理事、韩国南山艺术院教授。多次参加专业声乐比赛并获奖。曾获意大利阿雷那音乐学院"艺术家证书"，韩国汉城大学音乐大学声乐硕士学位。2004年举办"莘莘学子情——李成柱归国独唱音乐会"。出版有作词、作曲、演唱专辑盒带。

李成柱（1966— ）

作曲家、演奏家。朝鲜族。辽宁抚顺人。1988年毕业于中国函授音乐学院。吉林省四平市艺术团作曲、指挥，单簧管、萨克斯演奏员。吉林省四平市音协副秘书长、理事。作有歌曲《辽河岸边红高粱》被四平市委宣传部评选为"十首推荐歌曲"。舞蹈《东北花鼓》音乐，获"群星奖"优秀奖。曾为话剧《人民公仆孔繁森》《包公铡侄》《九龙吟》作曲、配乐。2005年获吉林省专业院、团中青年汇演西洋管弦组三等奖。曾组建四平市萨克斯重奏团，为高等院校培养、输送一批音乐人才。

李承道（1943— ）

作曲家。河南浚县人。1964年毕业于江西文艺学院音乐系，曾在赣县文化馆、剧团和赣州地区文工团从事群众文艺和专业作曲工作，1987年调赣南师院音乐系担任理论作曲教学。历任教研室主任、系副主任、主任职务。发表音乐作品三百余件，其中有28件获省级以上奖励。1994年应邀赴台参加"第三届中国作曲家研讨会"。江西省政协第六至九届委员、赣州市政协第一届委员会副主席。

李承豪（1938— ）

男高音歌唱家。广东澄海人。1988年毕业于中国函授音乐学院音乐教育系，曾任汕头市群众艺术馆艺术辅导中心主任。参与编写《近现代潮汕戏剧》全书。作有歌曲《毛主席给我上大学》《台湾和祖国在一起》《煤矿工人学理论》，幼儿歌曲《开汽车》等。在地、市、省三级专业艺术团工作期间，担任歌舞演员，兼任乐队大提琴演奏员及乐队指挥。曾扮演《沙家浜》中的郭建光及《刘三姐》中的李秀才等。

李承华（1953— ）

作曲家。湖北随州人。1976年开始从事企业文艺工作，1982年结业于武汉音乐学院作曲系。曾为葛洲坝集团三峡艺术团团长兼作曲指挥、葛洲坝集团公司工会组宣文体部长。创作有三百余首（部）各种题材、体裁的音乐作品，其中五十余首获国家和省部级奖励。童声合唱《爸爸在远方》获北京市委宣传部"十个一工程"作品奖等，并在央视国际频道播出。管弦乐《船闸之夜》，小乐队与人声《三峡随想曲》，歌曲《三峡，我来了》《山情水恋在峡江》等分别获国家及省级奖。

李重光（1929—　）

音乐教育家。山东栖霞人。1955年毕业于中央音乐学院理论作曲系，后留校从事基本乐理、试唱练耳教学。课外热衷于儿童音乐教学研究与创作。1984调中国音乐学院附中任校长，1987年调作曲系。1989年获北京市普通高等学校优秀教学成果奖。出版基本乐理、试唱练耳教材及相关普及读本、儿童趣味钢琴练习曲集24册。其中《音乐理论基础》1992年获首届文化部直属高等艺术院校优秀专业教材二等奖，重印39次，《小鼓响咚咚》《牧童的歌》等儿童歌曲、钢琴曲被多种教材选用，制成盒带、光盘。

李崇望（1935—　）

作曲家。山西襄垣人。获中国民族管弦乐学会"民乐艺术终身贡献奖"、文化部"文华奖"。1965年毕业于中国音乐学院作曲系。曾任山西省歌舞剧院院长，天津歌舞剧党委书记、副院长及中国音协理事，山西省音协副主席。后任新加坡狮城华乐团驻团作曲家，山西省歌舞剧院客席指挥。创作有笛子独奏曲《塔塔尔族舞曲》《萨玛哈舞曲》。曾在新加坡、天津、济南等地举办《海河风情音韵》《长城，黄河》，交响音画《圣，境》《狮城的光辉》《华夏之根》等九场李崇望民族器乐作品音乐会、交响乐作品音乐会。为《刘胡兰》《郭兰英》等三十多部影视剧作曲。出版有《李崇望歌曲选》《难忘的记忆》《李崇望器乐作品目录》等。

李初建（1953—　）

男高音歌唱家。江苏宜兴人。1973年入中央音乐学院附设中央乐团合唱专修班。1976年入中央乐团合唱队任独唱、领唱及重唱，1983年借调广州乐团担任独唱。1984年参加中国广播乐团赴日本演出。

李传泰（1962—　）

作曲家。山东莱芜人。毕业于山东曲阜师范大学音乐系，现在山东泰安（泰山）广播电视台工作。泰安市音协副主席，泰安市十佳歌手。为电视剧《村魂》谱写主题曲并获奖，为电视片谱写的主题曲《把美献给大地》《改革奏鸣曲》均获奖，谱写的《小画家之歌》《水之歌》由中国广播电视出版社发行，发表有电视歌曲《包山汉子》《献给计生工作者的歌》。参编《基本乐理与名曲赏析》。曾导演省市电视台的文艺晚会及音乐剧，并出任大赛评委。

李春发（1934—　）

作曲家。陕西人。1956年毕业于西北师范艺术系音乐专修科。曾任《祁连歌声》《甘肃文艺》音乐编辑，兰州市轻音乐团作曲，省音协理事、兰州市音协副主席。作有歌曲《我们爱唱的歌》《驾起铁牛下田来》《美丽的小河》等二百余首。曾为歌剧《沙川战歌》等多部中小型歌剧作曲。作有组歌《延安之歌》。曾参与《中国民歌集成》（甘肃卷）（兰州卷）的编辑工作。

李春光（1940—　）

音乐理论家。云南人。曾任中央音乐学院学报副编审，后旅居美国。中国音协第三届、四届常务理事。1962年毕业于中央音乐学院音乐学系。后进修于朝鲜平壤国立音乐大学。长期从事音乐编辑工作，发表有多篇音乐论文。曾参与《音乐学概论》等书的编撰。主要译著有《日本音乐史》。

李春来（1953—　）

音乐活动家。河北青县人。总参军训和兵种部工程兵局参谋。曾任总参长城艺术团团长。《为士兵歌唱》等8首歌曲在《歌曲》杂志上发表。7次出任大型音乐活动的总监、导演。其中2002年任全国歌咏大会《走进新时代》现场导演、舞台总监，2008年任中央电视台"第十三届青年歌手电视大奖赛"现场导演。

李春林（1938—已故）

作曲家。吉林榆树人。1954年毕业于吉林蛟河师范学院。1961年入舒兰县评剧团工作，后任该县戏剧创作室主任。作有歌曲《化工城，不夜城》《我和祖国》。

李春圃（1927—　）

作曲家。河北蠡县人。1945年参加冀中军区火线剧社。1946年调冀中野战军三纵队前线剧社任小提琴演奏员。1954年调北京军区战友文工团任演奏员。1958年转业到天津市文化局。历任文艺工作团、队音乐队长、指导员，《群众歌声》编辑部主任、群众艺术馆馆长、群文处副处长。作有歌曲《妈妈在怀念》《说嫂嫂》。音协天津分会第二届理事、第三届名誉理事，《中国民间音乐集成·天津卷》编委会委员。

李春石（1934—　）

作曲家。朝鲜族。吉林珲春人。1962至1964年在延边艺术学校学习作曲，1972年任珲春市文化馆馆长，1994年任珲春市歌舞团团长。曾创作多部歌剧音乐、舞蹈音乐、歌曲等。其作曲的舞蹈《刀舞》获全国朝鲜族少儿艺术节创作一等奖和全国首届少儿舞蹈比赛创作二等奖。

李春阳（1937—已故）

作曲家。江西湖口人。1961年毕业于江西师范学院艺术系。曾任江西抚州歌舞团作曲、抚州群众艺术馆副研究馆员。作有歌曲《日出东方去打靶》《请尝一碗新米酒》，舞剧音乐《风筝媒》。

李春吟（1963—　）

歌词作家。安徽霍邱人。1979年起从事业余文艺创作，歌词作品在音乐报刊发表，在电视台、电台上演、录播歌曲近百首，获奖多次。1993年曾获"第四届全国青年歌词创作奖"。出版歌词集《恋歌》《歌韵诗情》，作有音乐舞蹈组歌《淮河放歌》，歌诗体水文化史诗《魅力淮河》。歌曲《我想问问你月亮》《警营迪斯科》《遥远的思念》《相爱百年》《晚情》《关爱》等。

李纯俊（1935— ）

小提琴教育家。回族。山东人。曾任宁夏艺术学校教师。1951年参军，在山东军区文工队工作，后调总政军乐团，先后师从李德友、范圣宽、徐广汉等学习小提琴。1961年从事小提琴教学，在多年的教学实践中编创大量的小提琴教材，撰有《试论小提琴演奏中的颤音》等文。

李纯青（1931— ）

音乐编辑家。河北抚宁人。1951年始从事部队文艺工作。曾任山西人民广播电台音乐编辑、山西北岳文艺出版社音像编辑部主任。

李纯声（1932— ）

小提琴教育家。河北高阳人。1953年在建筑工程部文工团、1956年在山西歌舞团任小提琴演奏员。1972年起从事教学，任山西文化艺术学校教师，主授音乐欣赏、弦乐重奏、乐队合奏。培养一批优秀小提琴演奏人才。编写教材有《小提琴基础技术》《音乐欣赏》（合作）。

李纯松（1954— ）

作曲家。河南人。1977年毕业于河南大学音乐系。郑州市音舞协会副主席、巩义市音舞协会主席、巩义市文化馆副研究员。收集整理大量《河洛大鼓》《黄河号子》等。创作大量歌曲，《我们是光荣的邮电职工》《啊！老师》《嵩山秋红》《又回农家热炕头》《少林颂》《护士礼赞》《永久的乡情》，其中有的获奖。曾组织大中型文艺演出百余场，培训、指挥业余群众合唱队三十余支。

李纯一（1920— ）

音乐理论家。天津人。历任东北鲁迅艺术学院音乐部研究室主任兼研究员，东北音乐专科学校教务副主任，中国艺术研究院音乐研究所中国音乐史研究室主任兼研究员等职。长期致力于中国古代音乐史学和中国音乐考古学研究。先后获国务院有突出贡献专家奖，第二届中国音乐"金钟奖"成就奖。主要专著有《先秦音乐史》和《中国上古出土乐器综论》等，以及学术论文近百篇。其中《先秦音乐史》获第九届中国图书奖。

李从陆（1940— ）

民族音乐学家、作曲家。回族。河北保定人。1963年毕业于天津音乐学院。曾任保定电台音乐台总编辑。河北省音协理事、河北省儿童音乐学会副会长、保定市音协副主席。曾为《抢新郎》《风云突变》等二十余部戏剧作曲配乐，为《钢铁的部队》《车轮启示录》等18部电视片作曲配乐，其中6部获奖。撰写发表《振兴民族音乐的一项重要措施》《保定儿歌浅淡》等论文数十篇。创作大量歌舞曲，其中大型组歌《难忘的回忆》及小合唱《织席谣》《碰碰歌》等二十多首歌曲获奖。出版有《绿色音乐探秘》。曾获河北省先进工作者称号。

李翠涛（1954— ）

女歌唱家。浙江人。浙江省歌舞团独唱演员。曾在中央音乐学院、上海音乐学院进修，分别师从王秉锐、高芝兰教授。1975年获"全国独唱独奏调演"优秀节目演员奖，1980年获"浙江省专业剧团青年演员比赛"一等奖。出版艺术歌曲专辑盒带《西湖的女神》。曾任浙江省青联委员。

李存杰（1931— ）

作曲家。山东济宁人。1949年始从事文艺工作。历任江苏省乐团团长，省锡剧团书记、团长，江苏省文化厅艺术处副处长，江苏省音协常务理事。曾在江苏各地收集大量山歌、号子、小调等，其中一部分入编《中国民族音乐集成·江苏卷》。作有歌曲《兰考人民多奇志》《满江红》《湖上渔歌放声唱》《青年理想之歌》，舞蹈音乐《固城湖渔歌组舞》，锡剧音乐《海港》，扬剧音乐《牛栏春暖》，京剧音乐《赤脚医生》。歌曲《满江红》由上海唱片公司收入《红太阳颂》专辑唱片。发表有《戏曲音乐改革浅谈》《戏曲唱腔必须进行新的探索》等文。

李存琏（1941— ）

女高音歌唱家。四川成都人。1963年毕业于四川音乐学院声乐系。曾在四川省歌舞剧院工作。四川省文联委员、音协四川分会副主席。1980年在成都举行个人独唱音乐会。

李达明（1947— ）

大提琴演奏家。江西吉安人。1966年毕业于中央音乐学院附中。曾在北京歌舞团工作。独奏曲目有德沃夏克《b小调大提琴协奏曲》、圣-桑《a小调大提琴协奏曲》等。

李姐娜（1941— ）

女音乐活动家。生于仰光，广东人。中国函授音乐学院音教系主任。1966年毕业于中央音乐学院管弦系。后在中央广播乐团任小提琴演奏员。1978年调中国音协工作。曾任中国音协音乐教育委员会常务副主任。编著有《迎着美育的春天》等。

李大康（1948— ）

音响家。福建人。1976年任职于中国唱片社，曾在北京广播学院录音艺术专业进修，是国内最早从事立体声及环绕声的录音师之一，曾任中国唱片总公司录音技术部主任。2003年调入中国传媒大学。从事音乐录音工作三十余年，与国内外众多优秀艺术团体及名家合作，录制了千余张唱片的节目。其中数十个作品获国内和国际不同奖项。曾主持录制《欢庆香港回归》等上百场党和国家重大庆典活动的大型文艺演出。2004年在"第一届亚洲录音艺术与科学文化节"荣获"杰出贡献奖"，2008年获第六届"中国金唱片奖"录音奖。

李大庆（1945— ）

作曲家。河南汤阴人。毕业于武汉音乐学院。后任湖北省襄樊市艺术研究所书记、所长。其作曲、配器的曲

L

剧《刘秀还乡》，豫剧《丑嫂》，均获中宣部"五个一工程"奖、文化部"文华奖"。曲剧《竹乡情》《疙瘩厂长》，襄阳花鼓戏《宋玉传奇》等戏曲、曲艺作品获湖北省"作曲、配器一等奖"和作曲奖。论文《浅议豫剧男女声分腔》《在变与不变之间寻绎》等在文化部主办的全国学术会议上获一等奖。获湖北省"翔麟艺术优秀人才奖"和湖北省"文艺明星奖"。获襄樊市德艺双馨文艺家、劳动模范等称号。

李大庆（1966— ）

作曲家。湖南冷水江人。娄底市音舞协会副主席。1988年始从事企业文艺工作，供职涟钢艺术团。作有歌曲《又是五月》《祖国最美丽》，舞蹈音乐《荷塘恋曲》等获全国冶金行业调演金奖，双人舞《梦之恋》，男子群舞《冲刺》等音乐在全省民族、民间舞蹈大赛及群星杯舞蹈大赛中分别获创作金奖。

李大同（1944— ）

竹笛演奏家。回族。北京人。1960年入中国建筑部歌舞团，后在新疆军区文工团工作。1975年获全国独唱独奏音乐会优秀奖，1977年获全军调演优秀奖，创作并演奏的曲目有《帕米尔的春天》《牧区风光》等。曾任中国民族管弦乐学会竹笛专业委员会常务理事，新疆音协管乐协会名誉会长。

李大铉（1952— ）

音乐活动家。朝鲜族。吉林人。通化市朝鲜族群众艺术馆馆长、副研究馆员。通化市政协第四届常委、市朝鲜族艺术家协会主席、吉林省音协理事。曾任历届通化市文艺活动的组织策划、编导艺术总监、总指挥。多次被市委、市政府评为"拥军模范""民族团结进步先进个人""通化市国防教育十佳先进人物"。先后五次被吉林省文化厅评为"全省文化（艺术）馆优秀辅导干部"。

李大毅（1936— ）

大提琴教育家。黑龙江依兰人。解放军艺术学院音乐系教授。1949年参加鲁艺二团。1951年入哈尔滨苏联音乐学校，师从鲍斯特列姆学习大提琴。1956年考入中央音乐学院管弦系。1961年毕业后任哈尔滨歌剧院管弦乐队首席大提琴。1979年于军艺音乐系任教。先后为部队培养诸多人才。曾被评为优秀教师。撰有《心灵在歌唱——介绍舒伯特a小调大提琴与钢琴奏鸣曲》获学院优秀论文一等奖。1986年任中国音协大提琴学会常务理事。

李丹丹（1952— ）

女歌剧表演艺术家。吉林人。1968年入海政歌舞团。后在中央歌剧院工作。主演歌剧《茶花女》《蝴蝶夫人》。1980年获文化部直属院团观摩评比演出青年演员表演三等奖。

李丹芬（1939— ）

女音乐编辑家、作曲家。江苏江阴人。上海音协儿童音乐专业委员会会长。1965年毕业于上海音乐学院理论作曲系。曾任上海《多来咪》杂志主编、上海文艺出版社青少年读物编辑室主任、上海音乐出版社编审。创作歌曲三百余首，部分作品获省以上奖项。撰写《为少年儿童提供优质的音乐食粮》，获全国少儿报刊工作者协会优秀论文一等奖。歌曲《童心向党歌唱》，获全国"童心向党征歌"二等奖。组织策划全国少儿音乐智力竞赛、全国教师歌曲创作大赛、音乐教师培训班、中外儿童双语歌曲演唱大赛等活动。

李丹珊（1964— ）

女小提琴演奏家。壮族。北京人。1976年考入中央音乐学院附中。1982年考入中央音乐学院。1986年毕业后任中央乐团室内乐队演奏员，后任副首席兼独奏演员。1983年随中国四重奏团赴英国参加第三届国际弦乐四重奏比赛。1985年参加在昆明举行的全国弦乐作品比赛获四重奏组演奏第一名。1987年参加深圳"全国小提琴中国作品演奏比赛"获奖。1988年赴美国留学，深造于波士顿学院，任职于美国加利福尼亚州府交响乐团。

李丹阳（1965— ）

女高音歌唱家。四川成都人。十一届全国人大代表，全国青联常委，全军高级职称评委，西南大学音乐学院兼职教授。1991年中国音乐学院民族声乐硕士毕业，师从金铁霖，同年入二炮政治部歌舞团任独唱演员。演唱歌曲有《亲亲的茉莉花》《穿军装的川妹子》《红月亮》等。获第四届全国青年歌手电视大奖赛三等奖，中国音乐电视大赛金奖，全国新歌评选一等奖等。连续参加多届中央电视台春节联欢晚会等重大演出活动，担任独唱，领唱。

李道畅（1953— ）

作曲家。回族。河南沈丘人。河南省周口市文化局副局长。1985年毕业于河南省周口师专政史系。撰有《要真理不要顾面子》《试析中世纪后期东西方社会发展之殊途》等文。《创新是广场文化的基本要素》获河南省广场文化论文评选一等奖。近二十首歌曲在全国、省比赛中获奖，其中《我的翅膀》于1990年获河南省文化厅、民政厅创作一等奖，《林外风》于1998年获河南省第七届创作歌曲一等奖，2000年获河南省"五个一工程"奖，《我们是春天的快乐的使者》于2000年获河南省"黄河之滨"音乐周金奖。多次获全国、省音乐赛事组织奖。

李道国（1956— ）

戏曲音乐家。湖北随州人。先后毕业于华中师范大学中文系、武汉音乐学院作曲系、硕士生学历。中国现代戏学会理事。曾为不同剧中的六十多种台剧（节）目作曲、配器或指挥，部分作品获国家级和省级奖。其中荆州花鼓戏《闹龙舟》，楚剧《娘娘千岁》《大别山人》，黄梅戏《英子》，歌曲《民以食为天》分别获文华新剧目奖、第八届"楚天文华奖"。发表《再论戏曲声腔分类》《北宋目连戏音乐新考》等学术论文十多篇。曾受聘于多所大学授课。曾任湖北省楚剧院创作室主任、省话剧院副院长、代院长。湖北省地方戏曲艺术剧院院长。

李道琳（1969— ）

女音乐教育家。安徽合肥人。安徽滁州学院音乐系副主任。1992、2003年先后毕业于安徽师大音乐系、音乐学院研究生班。发表《高师声乐教学中的民族化问题》《从民间来到民间去》等文9篇。1999年组织编排歌伴舞《赶圩归来啊哩哩》分获全国、省大学生艺术节三、二等奖。

李道一（1948— ）

歌词作家。山东阳谷人。当过工人、农民、教师。1977年考入浙江师范大学中文系，毕业后分配到浙江慈溪文化馆，后调文化局、文联、报社工作，曾任文化局副局长、文联副主席、报社副总编。其歌词、诗歌、戏剧、曲艺创作及文化理论研究作品曾在省、市及全国文艺赛事中获奖。出版诗歌、歌词、戏剧、曲艺、论文等专著8本。

李稻川（1933— ）

女歌剧编导家。四川大邑人。1949年毕业于上海剧专表演系，1981年毕业于中央戏剧学院导演进修班。中央歌剧院导演。曾导演中国歌剧《屋外有热流》《原野》《楚霸王》《杨贵妃》《红腰带》《土命丫》《日出》《八女投江》《娘啊，娘》，外国歌剧《弄臣》《唐·帕斯夸勒》《费加罗的婚礼》《小红帽》，与国外导演合作排演歌剧《卡门》《小丑》。曾参与歌剧《楚霸王》《杨贵妃》《热瓦甫恋歌》和音乐剧《黑星星》的编剧。

李得珍（1930— ）

女声乐教育家。安徽宣城人。1956年毕业于上海音乐学院声乐系。曾任南京师范大学音乐系声乐教研室副主任。

李德宝（1950— ）

唢呐演奏家。山西定襄人。任职于武警文工团。中国民族管乐研究会理事。1965年入忻州地区文工团。1968年入伍，后任武警山西省总队文化处处长、武警总部文工团大校副团长。作品有《北路梆子全家乐》《戏曲联奏》《快乐的饲养员》。1987年参加山西省暨太原市第一届艺术节获唢呐演奏一等奖、独奏曲《快乐的饲养员》获创作二等奖，1989年参加山西省第二届艺术节获唢呐演奏金奖，1990年参加全国武警部队文艺汇演获唢呐演奏一等奖，1992年参加"朱载堉杯"全国唢呐比赛获一等奖。1988年随山西省民间艺术团赴荷兰参加第九届世界艺术节，获集体金奖。1989年随中国艺术团赴日本访问演出。

李德保（1939— ）

中胡演奏家。山东济南人。1956年入中国广播艺术团民族乐团。曾随团赴欧洲、日本、香港担任独奏。作品有中胡独奏曲《快乐的赶车人》，民乐合奏《扬帆远航》《除夕之夜》《贺新春》《尽情的跳吧》，唢呐独奏曲《红旗渠上红旗扬》，琵琶独奏曲《田园舞曲》。作品均由中国唱片总公司、中央电台录音、出版。1972年民乐合奏《草原上的红卫兵见到了毛主席》（改编）评为国庆节优秀曲目。

李德才（1904—1982）

曲艺演唱家。四川成都人。幼年学艺、七岁登台。1953年入中央广播说唱团，1954年入四川省曲艺团。曾任中国文联全国委员，中国曲协副主席。擅演《闹宫》《醉酒》《秋江》《船会》等曲目。

李德辰（1937— ）

歌唱家。辽宁人。1960年毕业于东北师范大学中文系，后入长影乐团。曾师从白俄声乐专家玛丽亚学声乐。1963年入山西省歌舞剧院工作。中国音乐文学学会首届理事。1980年举办独唱音乐会。撰有《怎样唱歌》。

李德福（1955— ）

竹笛演奏家。黑龙江巴彦人。1976年始在哈尔滨市歌剧院民乐团任演奏员。参加大型歌剧如《江姐》《小二黑结婚》《山鹰》《仰天长啸》《欧米加》《洪湖赤卫队》的排演。多次参加"哈尔滨之夏"音乐会、冰雪音乐会、民族音乐会、新年民族音乐会、春节民族音乐会以及综合性的演出活动。撰写并发表有《从竹笛的爆竹现象透视相关的几个问题》《略谈竹笛的起源与发展》等文，分别获黑龙江省群众文化学术论文评选二等奖。

李德辉（1953— ）

作曲家。河北保定人。甘肃民族歌舞团副团长。致力于裕固族音乐创作与研究。作有歌曲《沙漠的小泉》《牧人》《萨娜玛克》《我的草原》《德吉梅朵》，舞剧音乐《莫高神曲》，舞蹈音乐《裕固婚礼》《情人的鞭子》《欢腾的祁连》，管弦乐曲《祁连山圆舞曲》《裕固女》，音乐论著《裕固族音乐史》等。十余次获国家级奖、四十余次获省部级奖，并获联合国教科文组织、法国、比利时、西班牙国际民间艺术节奖5项。出版5张作品专辑（合作）盒带及CD唱片。

李德烈（1939—已故）

小提琴演奏家、指挥家。北京人。曾任新疆生产建设兵团歌舞话剧团指挥。1958年毕业于西安音乐学院附中小提琴专业，1961年肄业于西安音乐学院专科，后留校任教。演奏有小提琴协奏曲《梁祝》《阳光照耀着塔什库尔干》《流浪人》《云雀》等。培养的小提琴学生部分考入艺术院校。

李德林（1956— ）

歌唱家。天津人。中国煤矿文工团说唱团副团长。1975年入中国煤矿文工团学员班。曾担任重唱、领唱、独唱，演唱中外歌曲《冰凉的小手》《重归苏莲托》《这就是我的祖国》《二月里来》《草原之夜》《雪绒花》《远航》等。在音乐剧《西区故事》中饰演男主角。曾被评为文工团和煤炭部先进工作者、共青团新长征突击手，并被多个矿务局授予名誉矿工。

李德隆（1933— ）

音乐编辑家。内蒙古清水河人。1949年入绥远省文工团。曾任内蒙古广播电台文艺总监、高级编辑，音协内蒙古分会第二届常务理事。撰有广播音乐专题介绍《马头琴艺术大师色拉西》等文章。

李德隆（1962— ）

音乐教育家、作曲家。甘肃会宁人。浙江师范学院教授。出版专著《实用歌曲创作理论》《高师音乐教育学概论》，撰有《加强和声教学的文化解读》《社会高度发展推动音乐繁盛——唐代音乐繁盛的原因》等文。作有歌曲《妹妹你别走》《啊，黄河》《中国西部》，民乐三重奏《塞上曲》等。1998年在兰州举办个人作品音乐会。多次获国家、省、校级科研成果奖、教学成果奖。

李德伦（1917—2001）

指挥家。北京人。1946年毕业于上海国立音专。曾任延安中央管弦乐团指挥、中央歌剧院指挥。1957年毕业于莫斯科国立音乐学院研究生指挥专业，其间曾任苏联国家交响乐团助理指挥。回国后任中央乐团交响乐队指挥，后为该团艺术指导，北京交响乐团荣誉团长、指挥。中国音协第四届副主席、表演艺术委员会主任。除指挥乐团在北京及全国各地演出外，还率领中央乐团交响乐队赴日本、朝鲜、香港、澳门等地演出。曾指挥苏联、捷克、芬兰、古巴、东德、卢森堡、加拿大等国交响乐团演出。1987年指挥中央乐团等11个专业团体八百多位专业演奏家组成的交响乐队演出"交响乐之春"音乐会。多次担任国际音乐比赛评委。1986年获匈牙利政府文化部李斯特纪念奖章。获首届中国音乐"金钟奖"终身成就奖。多年来致力于交响乐的普及与发展，在北京、天津、广州等二十多个城市组织乐队训练演出，并到各地举办"交响乐讲座"。

李德善（1942— ）

作曲家。山东黄县人。1965年毕业于吉林省艺术学院音乐系。曾任长影乐团副团长。作有歌曲《松花湖上的晨雾》《长春城，绿色的城》获1987年吉林征歌一等奖。

李德生（1954— ）

音乐活动家。天津人。天津市歌曲创作研究会副会长，中国石化集团音协理事，天津市大港区音舞协会常务副主席。长期从事群众文化艺术活动的组织、策划和编导工作。在京津汉穗四城市音乐舞蹈大赛中，多次获最佳辅导奖。创编的歌舞《天津石化明天更美好》，获"天津市职工艺术展演比赛"三等奖。改编并指挥合唱《天路》获"天津市职工合唱大赛"金奖。指挥的天津石化民族乐团，在本行业全国音乐大赛中，三次获金奖。曾获"天津市职工艺术家"称号。

李德松（1932— ）

音乐编辑家。朝鲜族。吉林和龙人。1950年从事音乐工作。1963年毕业于哈尔滨艺术学院作曲专业。曾任黑龙江省广播电台朝语部主任编辑。作有歌剧音乐《阿里郎》《上工之路》，交响组曲《幸福河边》等。

李德武（1946— ）

二胡演奏家。辽宁人。1966年毕业于沈阳音乐学院。

曾任吉林省民族乐团团长，吉林省歌舞剧院副院长、艺委会主任。二胡学会常务理事，中国民族管弦乐学会常务理事，吉林省音协副主席，吉林民族管弦乐学会副会长。作有二胡协奏曲《小白菜》，二胡独奏曲《闹花灯》《哀思》《十八年》。曾出访朝鲜、加拿大、日本、英国、爱沙尼亚、拉脱维亚、匈牙利、克罗地亚。

李德熙（1928— ）

作曲家。山东人。1941年参加革命，后任冀鲁豫文艺工作团艺术室副主任。1950年入中央音乐学院学习。1953年任北京市音乐工作组副组长、《北京歌声》主编。1958年调任云南省群艺馆馆长、省文化局艺术处处长、省歌舞团党支部书记、省音协副主席、《云岭歌声》主编。作有傣族歌剧《娥并与桑洛》《边疆大合唱》《火之歌》（均与人合作），歌曲《青年垦荒队员之歌》《阿里垌献给毛主席》《春城圆舞曲》（合作），出版有《李德熙歌曲选》、CD光碟《李德熙创作歌曲专辑—云南一枝花》。

李德友（1932—已故）

指挥家。河北人。1945年始从事文艺工作。曾任东北文工团、中央乐团小提琴演奏员。1961年入北京军区战友歌舞团任乐队指挥。

李德真（1937— ）

乐器研制家。北京人。1954年入北京乐器厂，后在北京乐器研究所工作。著有《四种常用乐器的制作》《小提琴制作》《民族乐器制作概述》等。

李迪尧（1938— ）

大提琴演奏家。广东兴宁人。1955年考入中南音专附中大提琴专业，1958年进湖北艺术学院管乐系大提琴专业，1963年分配到湖北省歌舞剧院任大提琴首席。50年代起曾参加音乐会大提琴独奏和室内乐、交响乐演奏。曾应聘为华中师范大学和湖北艺术学院客座大提琴教师，培训一批青年大提琴演奏员。

李殿明（1945— ）

声乐教育家。河北唐山人。1968年毕业于天津音乐学院师范系，后在上海音乐学院声乐系师从谢绍曾教授进修。曾任河北省京剧团乐队队长。后在河北师范学院任教。后为唐山师院任音乐系主任，市音协副主席。系河北省优秀教师。曾指挥唐山老年合唱团参加第五届北京国际合唱节获铜奖。所指导的唐山音协合唱团，2002年参加国际奥林匹克合唱大赛获银奖。

李殿鹏（1940— ）

男低音歌唱家。黑龙江哈尔滨人。曾任哈尔滨歌剧院歌剧团团长。东北林业大学老教授合唱团指挥兼艺术指导。哈尔滨第七届政协委员、省合唱协会理事。在歌剧《江姐》中扮演甫志高、在歌剧《仰天长啸》中扮演秦桧。参加历届"哈尔滨之夏"音乐会演出，任独唱和组织工作。指挥的合唱在第四届"红旗颂"合唱比赛中获银奖，在黑龙江省"红天鹅杯"合唱比赛中获金奖并获优秀指挥奖。2000年随哈尔滨建设合唱团赴意大利参加国际合唱比赛，获大合唱、男声合唱金奖。

李殿卿（1939— ）

作曲家。辽宁鞍山人。延边音协第一届理事。1965年任总后文化工作队队长。1980、1982年分别入解放军艺术学院和中央音乐学院进修作曲理论。1983年以后任政治协理员、总后直属某部副部长。1996年出版歌曲作品专集—《军旅进行曲》。歌曲《祖国最懂得》《只要祖国一声令》分获全国征歌二、三等奖。在"风雨同心"征歌活动中《阿婆思故乡》获一等奖。

李丁甲（1934— ）

作曲家。贵州贵阳人。50年代入部队音乐创作组。1977年调贵州电台文艺部，主任编辑。曾为现代京剧《苗岭风雷》写过间奏音乐并配器，为电视连续剧《误区》作曲。创作大量歌曲，其中百余首发表或由电台、电视台播放。广播剧《蘑菇的故事》主题歌和音乐获优秀奖，儿童歌曲《推着地球走》获全国少儿歌曲新作评奖创作奖，歌曲《故乡有座甲秀楼》《啊！花溪》《啊！娄山》分别获奖，儿童歌曲《全世界儿童手拉手》被评为贵州国际少年儿童艺术节节歌。编辑出版（含合编）《中外著名抒情歌曲300首》《中外电影电视歌曲200首》。撰有《音乐艺术的再创造》等文。

李鼎祥（1949— ）

音乐编辑家。山西闻喜人。中国唱片总公司原党委书记。曾先后任职于总后某工程指挥部文艺宣传队、广州军区空军文工团和政治部俱乐部。1991年后任中唱广州公司经理。曾策划制作李春波、陈明等歌手的专辑。1995至2001年任中国唱总公司总经理兼总编辑。策划、组织第三、四届中国金唱片奖活动，以及1997中国唱片业90周年、世界唱片业120周年大型系列活动。2004年率团赴奥地利，在维也纳金色大厅演出中国新春音乐会。

李东方（1966— ）

民族打击乐演奏家。山东金乡人。1986年毕业于山东艺术学院京剧科。任山东歌舞剧院民族乐团演奏员、副团长。1999年在山东省器乐比赛中获演奏三等奖。

李东林（1961— ）

音乐编导家。广东海丰人。东林导演工作室负责人。2002年毕业于北京电影学院电影学系硕士研究生进修班。担任导演、摄像的广东电视台音乐电视专辑均获金奖。音乐电视《青岛的翅膀》《小芳》《边关情》《山村有一条小路》《香格里拉》《"明日之星"大赛——共同的地球》《香格里拉》《一片艳阳天》《不能不想你》《离太阳最近的地方》分别获全国及地方金、银奖、一、二等奖项。

李东平（1951— ）

作曲家。吉林白城人。1970年考入白城市评剧团任乐队演奏员、乐队队长。后任市文化馆馆长，市戏剧创作室副主任，市音协名誉主席，吉林省音协理事。创作各类音乐作品数百件。撰写专业论文二十余篇，其中歌曲《鹤城拥抱你》在国家建设部联合举办的全国"建设之声"文艺调演中获作曲二等奖。歌曲《我是共和国同龄人》。舞蹈音乐《大漠军魂》在全国第三届文艺调演中同获音乐类创作一等奖。撰有《军营音乐活动刍议》等在吉林省文化厅论文评奖中获一、二等奖。2004年曾举办《李东平创作作品音乐会》。

李东全（1943— ）

作曲家。广东连州人。创作大量歌曲、器乐曲、舞蹈音乐，发表作品百余件，获各类征歌评选奖项逾百次。其中有《吹响我的小芦笙》《这就是我的祖国》《中国脊梁》《寻找春天》。2004年举办"南方有条醉人的河——李东全作品音乐会"。

李对升（1958— ）

长号演奏家。辽宁大连人。中央芭蕾舞首席长号演奏员。经常与中央歌剧院、中国广播交响乐团、北京交响乐团、电影乐团等合作演出，录制大量电影及电视音乐和唱片。曾参加"大连之夏"演出，与指挥家谭利华合作演出长号独奏《兰铃花主题变奏曲》。1991年参加中央音乐学院长号室内乐团，担任首席。

李荩荪（1919— ）

女钢琴教育家。贵州贵阳人。旅居加拿大。1944年毕业于重庆国立音乐院钢琴系，后为中央音乐学院指挥系副教授。作有芭蕾舞音乐《未来》《春天》。

李恩春（1939— ）

音乐理论家、编辑家。甘肃白银人。1962年毕业于兰州艺术学院音乐系理论作曲专业。曾任甘肃人民广播电台文艺部主任。1958年起开始搜集、研究西北民歌，特别是花儿。采访花儿歌手二百多位，记录有大量花儿唱词、曲谱数十首，采录原生态歌手演唱花儿数百首。撰有《试论花儿的音调特点》《论花儿流行中的曲调演变及意义》《花儿主旋律的形态特点及运行规律探析》《论"西北风"的主旋律与节奏特点》等文七十余篇。

李范珠（1945— ）

低音提琴演奏家、作曲家。朝鲜族。吉林延吉人。先后任中央民族歌舞团、北京"阿里郎"爱乐乐团低音提琴首席。1963年毕业于中央民族学院管弦乐专修班。先后随团赴西藏、广西、四川、青海、新疆及日本、香港演出。作有歌曲《我们的园丁》（获优秀歌曲奖），朝鲜管子独奏曲《田野小曲》，长唢呐协奏曲《海兰江畔农家乐》（获文化部百首优秀曲目奖），排箫独奏曲《长白山姑娘》等。培养一批中小学音乐教员和低音提琴专业人才。

李方方（1958— ）

指挥家。北京人。1983年毕业于首都师范大学音乐系，并先后结业于总参军乐指挥班、中国社会音乐学院高级交响乐指挥班。武警部队军乐团团长。世界管乐协会中国代表、亚太管乐协会理事、北京市音协理事暨管乐学会会长。1994年应邀赴美国新英格兰音乐学院任访问学者，获管乐合奏指挥家证书。1986年受命创建武警部队军乐团，后率团赴意大利参加世界警察运动会开幕式表演并举办音乐会。参与有北京天安门广场国旗升旗仪式方案的设计并任升旗乐团指挥。

李芳芳（1944— ）

女高音歌唱家。安徽人。安徽省音协理事、副研究馆员。1964年毕业于中国音乐学院附中。先后在成都军区战旗歌舞团及西藏军区歌舞团任独唱演员。1982年在西藏自治区小型文艺节目调演中获声乐组一等奖，先后多次获全国及省级声乐比赛、活动辅导一、二等奖。1985年转业任安徽省艺术馆艺术指导部主任，组织省杜鹃花少儿合唱团活动。曾两次获省政府授予的省儿童工作先进个人称号。

李芳义（1932— ）

音乐教育家。山东德州人。1958年毕业于山东师范学院。曾任教于山东艺专、省实验中学，并为济南市中小学音乐教育研究会副理事长、省艺教委委员兼音乐组副组长。发表《上海音乐教育见闻》《试用柯尔文手势的体会》《我是怎样进行高中音乐教课的》等文。录播发表四十余首歌，其中《校园新歌》获省三等奖，《白杨树》获省二等奖，《球趣》获省一等奖，省实验中学校歌《向着明天展翅飞翔》获省校歌精品比赛一等奖，《小河为啥乐》获全国歌咏比赛三等奖。

李斐岚（1947— ）

女钢琴教育家。江苏人。中央音乐学院附中钢琴教授。曾兼任科室主任与附小副校长，为多名国际比赛获奖者伴奏，多名钢琴学生在国际比赛中获奖。发表论文数十篇，多次录制音像及主讲钢琴讲座。著有《幼儿钢琴教学问答》《钢琴伴奏艺术纵横》，编著《儿童钢琴手指练习》《幼儿钢琴教程》（合著），《外国少年儿童情趣钢琴曲集》。主编《中等艺术院校共同课通用教材钢琴教程》。曾获"优秀教师""先进工作者""园丁奖"和"三育人奖"。

李丰年（1941— ）

音乐教育家。山西人。曾任新疆音协基本乐科学会副会长。新疆教育学会音乐专业委员会名誉理事长、乌鲁木齐音乐舞蹈家协会副主席、市中小学音乐专业委员会理事长。1963年毕业于西北师范学院音乐系理论作曲专业，后一直从事音乐教学。为新疆各民族培养大批大中小学音乐教师。曾获自治区优秀教研工作者、课改专家组成员、乌鲁木齐市政协委员、"德艺双馨艺术家"称号。

李逢春（1957— ）

音乐活动家。山东广饶人。曾在山东省艺术学院音乐系进修，1997年毕业于山东省委党校档案室文秘系。曾在广饶县京剧团、福建军区某师宣传队任演员。1998年始任广饶县文化馆馆长、副调研馆员。作有歌词《正是耕耘的时候》，少儿歌曲《布谷鸟衔来一串音符》。1999年编创的团体腰鼓舞，在山东省国庆50周年文化广场民间艺术展

演中，获优秀表演奖。歌曲《他把青春酿成蜜》获东营市第五届精神文明建设"精品工程"入选作品奖。

李凤山（1938— ）

三弦演奏家。山西临汾人。毕业于西安音乐学院。就职于陕西省歌舞剧院音乐舞蹈团。历任该团副团长、书记。中国音协理事，中国民族管弦乐学会理事。出版专著《三弦演奏法》《三弦曲集》《三弦基础教程》，创作、改编的三弦曲《诉怨》《苦诉》《忆事》《郊游》《戏金钱》《歌舞信天游》《藏族舞曲》《蒲乐乡情》等三十多首均出版。

李凤书（1942— ）

女歌剧表演艺术家。回族。黑龙江哈尔滨人。原总政歌剧团演员。曾在音乐舞蹈史诗《东方红》中任歌曲表演。先后在京剧《海港》《杜鹃山》，话剧《妈妈》《女民兵》《春风送暖》，歌剧《傲蕾·一兰》《这里的黎明静悄悄》《芳草心》《两代风流》中任主要角色。后任八一电影制片厂红星艺术团艺术指导。

李凤银（1933— ）

音乐编辑家。河北石家庄人。1949年始从事部队文艺工作。曾任《河北歌声》杂志副主编。作有歌曲《边防战士爱红柳》，组歌《延安颂歌》，舞蹈音乐《欢送会》。参加创作歌剧音乐《红鹰》。

李孚生（1921—2003）

歌剧表演艺术家。北京人。1946年毕业于北京辅仁大学英文系。1952年入中央戏剧学院歌剧团。先后任中央音乐学院声乐教师、中央歌剧院演员。曾主演《茶花女》《叶甫根尼·奥涅金》《洪湖赤卫队》。

李符翔（1943— ）

作曲家、音乐教育家。黑龙江佳木斯人。1961年毕业于佳木斯师范专科学校，后任职于沈阳军区后勤部政治部。1965年入沈阳音乐学院作曲系进修并开始歌曲创作。发表歌曲二百余首，其中二十余首获奖。《护士的脚步》《田野里有条流泪的河》《护士之歌》《汽车兵之歌》分获优秀作品奖、三等奖，另有《祖国，亲爱的妈妈》《我挎钢枪去站岗》《松花江，我的母亲》《祖国的春天》等。曾被沈阳军区文化部评为优秀文化干部。

李福华（1960— ）

胡琴演奏家。上海人。中国民族管弦系学会胡琴协会副秘书长。自幼从师于林心铭、闵慧芬、陈耀星。多次参加全国民族器乐比赛并获奖。2002年举办个人胡琴独奏音乐会。录制发行演奏专辑音像制品。随中央民族乐团出访几十个国家和地区。在卡内基音乐厅、林肯艺术中心、肯尼迪艺术中心、联合国会议中心、柏林广播爱乐厅等担任京胡独奏。曾多次应邀赴韩国、日本、南亚等地区讲学并演出。1998年，在维也纳金色大厅的"中国民族新年音乐会"上，独奏京胡《夜深沉》。

李福权（1942— ）

声乐教育家。辽宁海城人。1965年毕业于沈阳音乐学院声乐系，师从声乐教育家王其慧、李洪滨、吕白克。先后任甘肃省歌舞团、中铁一局文工团歌剧队独唱演员、声乐教员、副队长。曾主演歌剧《帕丽扎特》《星光啊、星光》。1989任教西安音乐学院音教系，硕士生导师。发表论文多篇，学生多人在各类声乐比赛中获奖。

李福森（1960— ）

长笛演奏家。满族。吉林白山人。白山市江源区文化馆馆长。中国民族文化文学艺术创作中心创作员、白山市音协副主席。曾任吉林省艺术团长笛演奏员，林业局文工团乐队队长。在电台、电视台、报刊发表作品百余首（件），作有歌曲《妈妈的红头巾》《我是长白山人》，先后获奖四十余次。1994年被中国艺术研究院授予"中国当代艺术家名人"称号。

李福祥（1939— ）

笙演奏家。辽宁营口人。1961年考入中央音乐学院民乐系，1964年并入中国音乐学院民乐系，师从著名笙演奏大师闫海登。主攻笙专业，副科作曲。1968年调入中国京剧院"红灯记"剧组，任乐队演员。期间创作了许多首歌曲，其中不少作品为著名歌唱家选唱。退休后，在北京师范大学艺术与传媒学院及北京教育学院等任客座教授。

李改芳（1965— ）

女作曲家。苗族。湖南靖州人。1986年大学毕业后分配到湘西群众艺术馆，从事民族民间音乐研究、音乐创作、声乐教学等。曾任州音协主席。群艺馆副馆长、副研究馆员，后调入浙江金华市群艺馆。参与编辑《中国民族民间器乐曲集成·湖南卷》《中国曲艺音乐集成·湖南卷》《湘西金曲》等。在全国及全省获奖的主要作品及论文有《摆呀摆》《筛子筛》《凤凰美》《赶上节》（合作）《听月亮》《浅谈少年儿童歌唱艺术》等。所教的声乐学生多人次在全国全省各类声乐比赛中获奖。

李刚夫（1927— ）

歌词作家。山东临邑人。1947年入豫皖苏军区文工团，后调二野报社与西藏军区报社任记者、编辑主任。1960年转业至四川画报社。1962年调四川省歌舞剧院。曾采集藏族民歌逾千首及近百万字的资料，并出版《康藏人民的声音》等。其中有二百余首先后入选十余种民歌选集。其整理、改编的《阿妈勒俄》等民歌由藏族歌手传唱。创作有大量歌词。《心上人像达玛花》《羌家姑娘绣彩绣》《寨子里又来了金珠玛米》《啊，春风》《为什么马铃还在响》等均获省级奖。创作的五场歌剧《格达活佛》1984年参加四川"蓉城之秋"音乐周，获演出奖、作品奖。出版有诗集《雪山红梅开》。

李高柔（1933—1985）

女民歌演唱家。江苏镇江人。1949年入部队文工团，后任职于黑龙江省歌舞剧院。曾任省文联第二届委员。长期从事民歌演唱及教学，培养梁岚、张美薇等一批歌唱家。

李耿瑞（1952— ）

作曲家。广东梅县人。1976年毕业于广东人民艺术学院音乐系作曲专业，后在新疆生产建设兵团歌舞剧团创作组任作曲。作有舞蹈音乐《迎彩像》《钻井之歌》《小瓜娃》《胡杨林》等，器乐曲《少年舞曲》《节日舞曲》《牧场晨曲》《葡萄姑娘》《新疆主题随想曲》等8首，歌曲《毛主席放心咱放心》《党啊，请听我心底的歌声》等，其中《啊，故乡的伊犁河》《西部开发者》《小瓜娃》等分别获得各种奖项。

李谷一（1944— ）

女高音歌唱家、戏曲表演艺术家。湖南长沙人。研究生学历。1961至1974年在湖南省花鼓戏剧院创作过二十余个角色，《补锅》获国家奖项并拍摄成舞台艺术片。1974年后专事歌唱艺术，演唱的《洁白羽毛寄深情》《边疆泉水清又纯》《绒花》《心中的玫瑰》《乡恋》《我和我的祖国》《难忘今宵》等歌曲，开启了中国民族现代唱法。同时，演唱的《浏阳河》《刘海砍樵》《知音》《故乡是北京》《前门情思——大碗茶》等歌曲，拓展了"戏歌"这一歌坛的新品种。演唱歌曲六百余首，其中影视歌曲一百二十余首。1982年创建"中国轻音乐团"并任团长。1996年调入中国东方歌舞团，任党委书记。曾出访众多国家。1985年在法国、荷兰举办四场"独唱音乐会"。获美国"世界艺术家杰出成就奖"金奖、中国首届"金唱片"奖、CCTV—MTV音乐盛典"终身成就奖"，三次获中国流行歌曲总评榜"终身成就奖"、当代中国电影歌曲"特别贡献奖"等。曾任全国政协第六至第十届委员、中国音协第五、六届副主席、第七届顾问，中国大众音协主席。

李光白（1946— ）

作曲家。浙江杭州人。江西新余市音舞协会副主席。50年代师从原上海国立音专方成甫先生学习竹笛、唢呐及声乐。历任剧团乐手、中学音乐教师、电视台音乐编辑。1965年开始作曲，发表及录唱片或在电台、电视台播出音乐作品百余首（部），其中数十首（部）获省级以上奖。担任获全国奖的《太阳本有七色光》等多部电视片及电视剧的作曲、主题歌演唱和编配工作。负责音乐、担任解说、参与编辑的三集纪录片《大漠走马》获全国一等奖。

李光华（1947— ）

琵琶演奏家、教育家。北京人。中国音乐学院民族器乐系主任、硕士生导师。中国音协第七届理事、民族音乐委员会委员，中国民族管弦乐学会常务理事、琵琶专业常务副会长兼秘书长、中国阿炳研究会副会长。1966年起从事琵琶教学。编著《海内外琵琶考级标准教程》《琵琶曲集》《琵琶演奏与练习》《跟名师学琵琶》及国家"九五"重点图书出版规划项目《民族器乐曲博览琵琶分册》等。1996年举办"李光华获奖学生琵琶音乐会"。曾获学院"三育人"先进个人，教育部"宝钢教育优秀教师"，建院50周年中青年教师突出贡献奖、模范教师奖、北京市优秀教师、师德标兵。先后赴新加坡、马来西亚、

L

台湾举办学术讲座。

李光伦（1938— ）

声乐教育家。北京人。1963年毕业于中央音乐学院声乐系。先后在中央歌剧院任演员、在中央音乐学院任教。1960年赴柏林参加第二届舒曼作品比赛获奖。曾随团赴墨西哥、智利、哥伦比亚、阿根廷、牙买加等国家演出。

李光明（1940— ）

作曲家。安徽黄山人。1962年毕业于西安音乐学院作曲系，师从饶余燕教授。曾在陕西省歌舞剧院任专业作曲，后在华中师范大学音乐学院任教。作有歌剧《飒爽英姿》，歌舞《编钟乐舞》。两部作品分别载入《陕西省戏剧志》《湖北省志文艺篇》，并同时载入汪毓和主编的《中国现代音乐史纲》。歌曲《白莲花》《爱尼姑娘的银铃声》在全国及省级征歌中获奖。器乐作品小提琴与钢琴《故乡行》，埙《骆驼颂》及《关雎》等由中国唱片总公司和上海音乐出版社出版。

李光胜（1941— ）

作曲家。山东人。曾任辽宁合唱协会副秘书长。1965年考入沈阳音乐学院作曲系。翌年创作童声合唱《毛主席著作像太阳》。1970年毕业后参军，其间创作发表《歌唱民族大团结》等几十首歌曲。1982年回音乐学院，先后任系书记、系主任，副教授。组织、领导在沈阳举办的1987年中国钢琴作品邀请赛。先后带队参加北京第一届全国手风琴艺术节与大连国际服装节演出。发表《田野上的牧歌》等评论文章。五次被评为院先进工作者。

李光太（1934— ）

歌词作家。河南新乡人。50年代入中央民族歌舞团任声乐演员。70年代创作、排演男声冬不拉弹唱。演唱作品有《前进，英雄的哈萨克民兵》《帕米尔洒满金色的阳光》《骆驼商店走草原》《小河从杏树林子流过》等。参加过中央电视台春节联欢晚会和一些民族自治区成立周年庆典演出。曾获全国少数民族文艺汇演优秀节目奖。

李光羲（1929— ）

男高音歌唱家、歌剧表演艺术家。天津人。1954年考入中央实验歌剧院。第六至九届全国政协委员、中国民主促进会中央常委、哈尔滨工业大学和北京语言大学兼职教授。曾主演《茶花女》《货郎与小姐》《叶甫根尼·奥涅金》《刘胡兰》等中外歌剧。首唱歌曲有《北京颂歌》《牧马之歌》《红日照在草原上》《远航》《周总理，你在哪里》《祝酒歌》等。曾参加大型音乐舞蹈史诗《东方红》演出，演唱《松花江上》。曾获首届金唱片奖、建国四十周年广播金曲奖、改革十年优秀演唱奖、文化部演唱一等奖等。出版个人传记《舞台是我的天堂》与个人文集《想法和说法》。发表有《唱歌与演戏》《一首唱不尽的歌》等文。先后赴十几个国家及地区访问演出。

李光昱（1930— ）

作曲家。安徽宣城人。1949年从事音乐工作。1953年

结业于上海音乐学院专修班。曾任安徽省歌舞团创研室创作员。作有舞剧音乐《刘海与金蟾》，舞蹈音乐《花香蝶舞》《咏梅》，歌曲《山里人唱山歌》。

李光祖（1943— ）

琵琶演奏家。江苏苏州人。1954年获全国少年儿童音乐比赛"优秀奖"。1956年入总政歌舞团，1972年入中央乐团。曾在北京、上海、南京举行个人独奏音乐会。编有《李廷松演奏谱》，出版《李光祖琵琶独奏》唱片及盒带。

李广伯（1938— ）

京胡演奏家、戏曲作曲家。吉林长春人。中国京剧院京胡师、作曲。曾为李少春、杨秋玲等名家操琴。系京剧《杨门女将》《红灯记》原创琴师。曾谱创戏曲六十余部。为现代京剧《红灯记》《平原作战》声腔作曲全程执笔人。曾受聘于中国戏曲学院作曲系任客座教授。1989年为台湾"盛兰国剧团"新编《红楼梦》全剧谱曲，成为首由海峡两岸艺术家通力合作完成的创作。

李广才（1933— ）

扬琴教育家。江苏人。1960年毕业于中央音乐学院民乐系。后在广西艺术学院任教，副教授。作有扬琴曲《壮歌》《红水河欢乐》等，编有《扬琴教材》，撰有《谈扬琴及其演奏》。

李广达（1954— ）

歌唱家、音乐教育家。广东东莞人。深圳大学艺术系副教授，声乐教研室主任。1987年入河南大学音乐系读声乐研究生。1990年硕士毕业后赴北京、上海深造多年。曾在演出活动中担任独唱和领唱，并在声乐比赛中多次获奖，1996年获全国普通高校音乐教师比赛独唱一等奖。所教学生也曾在国家、省市声乐大赛中获奖。主编、撰写3部著述发表论文十余篇，有的论文获二、三等奖。

李广平（1964— ）

音乐制作人、歌词作家。广东韶关乳源人。1986年毕业于华南师范大学中文系。1986至1992年在广州星海音乐学院工作。1993至2001年就职于太平洋影音公司。现从事音乐文化和音乐活动的企划、评论、推广。省流行音乐学会秘书长，广东白金音乐文化传播有限公司董事长、艺术总监。作有《你在他乡还好吗》《潮湿的心》《相信远方》《101个祝福》等歌曲五百余首。曾先后50多次获国家级和省级音乐创作奖。

李广山（1950— ）

作曲家。河南滑县人。1983年结业于解放军艺术学院，期间曾在刊物发表《练兵歌》《边防炮兵》《参军来到天山下》等歌曲。转业后从事民间文艺集成编纂，主编并出版《安阳曲艺音乐集成》《滑县曲艺音乐集成》《安阳曲艺志》（音乐部分），还应邀为中韩专场晚会创作了《中韩友谊香瓜缘》《中韩人民香瓜情》音乐作品。歌曲《百姓的村官》在农村广为传唱。

李广仙（1944— ）

女高音歌唱家。黑龙江哈尔滨人。1960年考入哈尔滨歌舞剧院，1964年任独唱演员。曾参加第四届"哈尔滨之夏"音乐会并首唱歌曲《摇车调》。1976年赴中央音乐学院声乐歌剧系干部进修班学习，师从郭淑珍教授。1978年结业后调黑龙江省歌舞剧院任独唱演员、合唱团团长。黑龙江省音协副主席、省政协第五至第八届委员。多次参加全国文艺调演及大型演出活动，曾三次由文化部选调赴北京参加"五一国际劳动节""国庆节"演出活动并任独唱。随黑龙江省歌舞团、中国歌舞团、中央歌舞团分别赴亚、非、美二十余个国家及地区演出。先后为中央及省、市电台、电视台录制独唱歌曲五十余首。

李广毅（1941— ）

作曲家、打击乐演奏家。广东高要人。1962年毕业于广州乐团学员班。曾任广东手风琴学会、电子琴学会理事，珠影乐团打击乐声部长。参加在广州演出的音乐舞蹈史诗《东方红》，以及历届"羊城音乐花会""黄河魂""广州各界庆祝香港回归大型音乐会"的演出。作有打击乐独奏《队列嘉年华》，打击乐三重奏《金珠闪闪满水乡》，小提琴独奏《故乡之歌》，轻音乐《鹅潭夜色》，电视剧《梦游女》《阿茂告状》的作曲。

李广育（1964— ）

作曲家。江西九江人。作品《中国潮》获"北京之歌金曲奖"，《茶神话》被福建省政府、国台办、农业部等选为"首届海峡两岸茶业博览会"会歌，《中国在提速》获中华全国总工会征歌奖，《安徽建筑业之歌》被安徽省建设厅确定为省建筑业之歌，《补习班》由中央教育科学研究所音像出版社出版发行，入选《中华校园歌曲大家唱》曲库。创办"火车头多媒体影音制作室"，制作《名家童谣》歌曲集全国发行。

李广贞（1963— ）

女声乐教育家。江苏南昌人。江西科技师范学院音乐学院副院长，副教授。1989年毕业于江西师大。撰有《试谈三种唱法的呼吸、共鸣、吐字的异同》等论文。1996年获省"光大杯"歌手大赛美声唱法一等奖。

李贵武（1954— ）

小提琴演奏家、教育家。山西太原人。1970年入太原市青年歌舞团任首席小提琴。1982年毕业于山西省艺术大学、留校任教。1992年入意大利南洽诺音乐学院进修。曾独奏小提琴协奏曲《梁祝》《渔舟唱晚》。作有小提琴曲《三晋金秋》。撰有《中国室内乐亟待发展》《莫扎特小提琴作品的演奏要点》《弦乐演奏中的个性与情感》《怎样练琴》《意大利国际音乐节散记》等并获有关奖项。编著有《小提琴基础教程》《小提琴初级综合教程》。

李桂林（1941— ）

女歌唱家、声乐教育家。满族。辽宁人。原沈阳音乐学院副教授。1966年毕业于沈阳音乐学院民族声乐专业。

曾任沈阳军区前进歌剧团演员及声乐指导，参演的歌剧《红井》获第四届全军文艺汇演个人表演奖。撰有《以我为主，溶化其他》曾被声乐教育家喻宜萱主编的《声乐表演艺术文选》选载。培养了一批声乐人才，其学生在全国青年歌手电视大赛等赛事中多次获奖。本人获第五届"群星奖"作品辅导银奖，

李桂楠（1938— ）

扬琴演奏家。辽宁沈阳人。曾任山西省歌舞剧院扬琴演奏员。作有扬琴曲《绣金匾》《家乡》《拜大年》等，编写扬琴、高胡、古筝三重奏《樱桃花开》《山乡情》在中央电视台播出。1985年随团赴日本演出。编写《二泉映月》扬琴伴奏。为刘天华二胡曲十首编配伴奏并在电台多次播放，获全国、省、市电台交流节目优秀奖。先后参加亚运会、华北音乐节、全国独唱、重唱、独奏演出。

李桂香（1943— ）

女琵琶演奏家、教育家。辽宁丹东人。1963年毕业于哈尔滨艺术学院，并留校任教。后为哈尔滨师范大学艺术学院教授。先后随黑龙江省独唱独奏小组参加"沈阳音乐周""哈尔滨之夏"音乐会。2001年应邀参加日本"山口世博会"演出并在东京早稻田大学讲学。2002年赴俄罗斯莫斯科柴科夫斯基音乐学院交流演出。曾编写《李庭松琵琶曲集》《琵琶教材》《琵琶曲集》《儿童琵琶小曲集》等教材，撰写《浅谈李庭松先生教学方法及心得》一文。

李桂芝（1941— ）

女高音歌唱家。河北滦县人。1958年考入沈阳音乐学院附中，后入本科学习声乐、钢琴，先后师从章荷生、程浩、仓传德、管林教授。大学毕业分配至北京军区军乐队，后调战友歌舞团。演唱曲目有《不唱山歌心不爽》《北京颂歌》等，被授予全院艺术实践标兵称号。在钢琴伴唱《红灯记》中饰演李铁梅、交响合唱《智取威虎山》、声乐套曲《白毛女》中饰演主要角色。多年任女高音声部长，在《长征组歌》排练中任声乐指导，后投入声乐教学工作。

李国和（1956— ）

音乐教育家。湖北武汉人。九江学院艺术学院副教授，全国社会艺术水平考级考官。1983年毕业于江西师范大学音乐学院。1986年加入全国高等师范院校手风琴学会。1989年参加首办中国音协江西分会手风琴学会，并担任理事。多年来一直坚持在教学第一线，发表论文十余篇，辅导多名学生在"北京国际手风琴比赛""全国手风琴邀请赛""江西省手风琴大赛"等比赛中获奖。被九江市宣传部、江西省音协评为"最佳园丁""优秀教师"。

李国魂（1937— ）

琵琶、三弦演奏家。上海人。曾为中国民族管弦乐学会三弦专业委员会顾问，中央音乐学院弹拨乐团副团长。1951年学习苏州评弹，50年代先后随林石城先生、李廷松先生学习琵琶。1956年考入总政歌舞团，同年随白凤岩先生学习大三弦。后任总政歌舞团乐队队长。作有三弦、中

L

胡二重奏《牧民与骑兵》，笛子独奏《哨卡笛声》，三弦琵琶二重奏《行街》及合奏曲《情深谊长》等。

李国良（1933— ）

长笛演奏家。辽宁铁岭人。早年就读上海音乐学院干部进修班。1950年初随东北公安部队文工团赴朝慰问，师从朝鲜金允朋教授。后赴沈阳音乐学院、天津音乐学院进修，并就读于捷克斯洛伐克长笛演奏家鲍莱克专家班。1960年任上海交响乐团首席长笛，中国管乐协会高级顾问、上海长笛研究会会长、通利音乐艺术专修学校校长。曾在总政上海军乐学校兼课多年。数十名学生成长为总政军乐团及各大军区军乐团的首席或业务骨干。

李国卿（1928— ）

作曲家。黑龙江呼兰人。1947年就读于哈尔滨大学戏音系。1959年入上海音乐学院理论作曲系学习。历任哈大文工团、东北文教队、东北人艺歌剧团、中央实验歌剧院民间戏曲团、上海儿童剧院，任乐队队长兼作曲。1980年后任上海音协副秘书长。作有儿童歌舞剧《孙悟空三打白骨精》《草原英雄小姐妹》，儿童组歌《颗颗红心向着党》，歌曲《大电锤》《翻身骑上小飞马》（词），大合唱《幸福花开万年长》（词）。

李国绥（1934—已故）

歌唱家。福建福州人。1958年毕业于上海音乐学院声乐系。原在福建省歌舞剧院任声乐教员。曾任省第一届声乐比赛评委、历届"武夷之春"音乐会评委。

李国贤（1942— ）

作曲家、演奏家。江苏人。曾任扬州市音协副秘书长。1958年进扬州艺校学习音乐。同年底入扬州专区文工团乐队，先后任首席二胡、指挥、队长。1980年调扬州曲艺团，从事创作与改革曲艺音乐。1985年调扬州群艺馆从事音乐创作、音乐辅导。1990年赴中国音乐学院作曲系（群文班）进修。1998年调扬州歌舞团任作曲、指挥。所作歌曲《那一天》获省"三新"电视大赛"十佳作曲"，弹词开篇《唱扬州》获省第二届曲艺节金奖。

李国英（1945— ）

管子演奏家。河北人。十岁开始登台演奏。曾在中央广播民族乐团工作。创作、改编有《翻身道情》《丰收的喜悦》《雁过南楼》等曲目。录有《江河水》《万年欢》等独奏曲。

李果成（1940— ）

作曲家。壮族。广西上林人。1961年毕业于中央音乐学院民乐系，同年入东方歌舞团任二胡演奏员。1963年回广西从事作曲、指挥工作。1984年任广西壮剧团团长。作有歌曲《歌唱共产党，歌唱毛主席》，器乐曲《歌节》。壮剧音乐《歌王》1997年获文化部音乐创作"文华奖"，《瓦氏夫人》2001年获第七届中国戏剧节音乐创作奖，《弃婴谣》2001年获广西壮族自治区政府"铜鼓奖"。

李海晖（1940— ）

作曲家。福建永春人。生于马来西亚吉兰丹。中国电影音乐学会副会长。曾就读于厦门集美中学，1966年毕业于上海音乐学院作曲系。先后任中央新闻记录电影制片厂作曲，中国电影乐团副团长。作品有筝与管弦乐队《古道沧桑》，箜篌曲《脸谱》，歌曲《海上的路》《请把手放在我的手里》《烽火之歌》。影视音乐电视纪录片《让历史告诉未来》《邓小平》《毛泽东》《望长城》（合作），故事片《长城大决战》《玫瑰楼迷影》《姣姣小姐》《夜盗珍妃墓》（合作），电视剧《家教》，以及纪录片《乒坛盛开友谊花》《冬猎》《蓝天抒情》《黄山观奇》等。

李海浪（1951— ）

二胡、高胡演奏家。四川人。曾在四川省首届二胡比赛与第一、三届"蓉城之秋"音乐会上多次获奖。在《音乐探索》《乐苑》《艺术求索》等省级以上学术刊物发表多篇文章。创作、改编有多首二胡、高胡独重奏曲。1994年成功举办个人独奏音乐会。中唱公司出版有个人专辑《巴蜀琴韵》，并在电影、电视片及唱片公司出版的二十世纪华人经典乐曲CD中演奏众多首乐曲。曾赴亚、非洲多个国家和地区演出。

李海鸥（1970— ）

女歌唱家、声乐教育家。山东淄博人。山东师范大学音乐学院院长、教授。山东省青联副主席，全国民族声乐研究会常务理事。2000年毕业于山东师范大学音乐系获硕士学位。论文《论山东民歌演唱的传统特色之继承与创新》获省硕士毕业论文优秀奖。曾获山东省第六届青年歌手电视大赛民族唱法组一等奖、"华东六省一市青年歌手电视大赛"金奖及全国第五届"群星奖"比赛演唱金奖。

李海奇（1924— ）

作曲家。陕西户县人。1939年先后在延安留守兵团烽火剧团、联政宣传队、延安部艺学习。1946年在东进纵队、东北民主联军政治部宣传队工作。1949年任中南军区艺术学院音工队副队长。1953年在上海音乐院进修作曲，后任某军文工团团长。1958年转业到珠江电影制片厂任音乐室主任。曾任广州乐团团长、广东省歌舞团团长、广州音专副校长、广州音乐学院、星海音乐学院副院长。作品有《反帝战歌》《花城颂》《教我为何不爱他》等。

李海生（1955— ）

音乐教育家。壮族。湖南祁阳人。广西民族管弦乐学会秘书长。毕业于广西艺术学院并留校任教，后任学院音乐学院副教授、硕士生导师、院民族管弦乐团团长、指挥、艺术总监，兼任广西玉林师范学院艺术系主任。曾在中央音乐学院、中央民族乐团学习。多年来在国家或省级学术刊物、电台、电视台、音像出版社、电视电影及各种专业大赛中发表论文、作品数十首并多次获奖。为专业文艺团体培养多名优秀演奏人才。出版《李海生民族器乐作品集》等。

L

李海涛（1930— ）

作曲家。贵州贵阳人。云南艺术学院音乐学院理论作曲特聘教授。1949年从事部队音乐工作。1960年毕业于四川音乐学院作曲系，分配到云南艺术学院音乐系任教。于1953年在《西南音乐》发表歌曲《喜报来到黔西城》起，陆续在北京、上海等地音乐刊物发表作品多首。作有交响诗《边疆的传说》，音画《南糯山》，管弦乐随想曲《山茶花》，管弦乐组曲《边疆诗画》《云南花灯四首》5部，小提琴独奏曲6首及大量声乐作品，云南民歌钢琴小曲一组和数首小型器乐曲。

李海英（1965— ）

男高音歌唱家。陕西延安人。延安歌舞剧团业务科科长。1996年毕业于中央党校函授学院。1997年获陕西省文化厅、省音协"推新人歌手大赛"民间唱法一等奖。2004年获文化部等单位"第五届中国西部民歌歌手邀请赛"获演唱金奖。出版个人演唱专集《陕北是个好地方》《信天游永远唱不完》。2005年举办个人演唱会。获省、市"德艺双馨优秀会员"称号。

李海鹰（1954— ）

作曲家。广东人。中国音协第六、七届理事。作有歌曲《弯弯的月亮》《七子之歌——澳门》，电视音乐《走四方》《我不想说》《我的爱对你说》《过河》《爱如空气》《亮剑》等。电影音乐《鬼子来了》（合作）获法国嘎纳电影节评委会大奖，音乐剧音乐《未来组合》获文化部第九届文华音乐创作奖，《寒号鸟》获全国儿童剧优秀剧目展演优秀音乐创作奖等共9个奖项。1994年在北京首都体育馆举办《弯弯的月亮》——李海鹰个人作品演唱会。曾多次担任中央电视台春节晚会音乐统筹、音乐总监及罗马尼亚第十届国际金鹿流行音乐节大赛评委，哈萨克斯坦共和国第十届亚洲之声国际音乐节评委，中央电视台数届全国青年歌手电视大奖赛评委。2003年任"南宁国际民歌艺术节"音乐总监兼现场乐团指挥。2008年在广州新体育馆举办"李海鹰作品《巨星璀璨》大型交响音乐会"，并兼任指挥、钢琴演奏。

李海颖（1975— ）

女歌唱家。河北张家口人。中国残疾人艺术团独唱演员。2004年毕业于中国音乐学院。曾获2000年全国第三届残疾人歌手大赛民族唱法一等奖，2001年全国第五届残疾人文艺汇演声乐类二等奖。曾随中国残疾人艺术团出访美国、加拿大、意大利、瑞士等五大洲三十多个国家。演唱曲目有《爱在天地间》《爱是缘分》《生命密码》《摇篮啊小船》等。出版有个人纪实文学剧《一路阳光》，并录制DVD歌曲专辑18首。

李海珍（1956— ）

女歌剧表演艺术家。山东人。1983年毕业于中央音乐学院声乐系，后任职于中国歌剧舞剧院。曾在歌剧《原野》《伤逝》《草原之夜》《素馨花》等多部歌剧中担任女主角。2000年获文化部"文华奖"。先后应聘于中央音乐学院继续教育部、中央音乐学院附中综合艺术中心、北京舞蹈学院音乐剧系，兼北京舞蹈学院附中歌剧系声乐教授和艺术指导。培养出许多优秀的青年歌唱家。曾在香港、法国等地举办个人音乐会。并多次担任香港艺术节比赛评委。

李汉杰（1938— ）

音乐理论家。江西兴国人。1955年就读于云南师范大学，1964年毕业于云南艺术学院音乐系。曾在专业文艺团体从事作曲、指挥、键盘演奏17年。云南省民族艺术研究所研究员，云南艺术学院音乐学院特聘教授、硕士生导师。著有《音乐织体学概论》《音乐艺术探索集》《云南少数民族音乐学概论》《现代钢琴艺术与钢琴教学论》《乐律思维导论》等，合作编有《白族音乐志》《云南文化艺术辞典》（音乐部分）。

李汉明（1950— ）

作曲家。湖北恩施人。湖北省音协理事，湖北省民族歌舞团作曲兼指挥。1975年毕业于湖北艺术学院（现武汉音乐学院）作曲系。常年生活工作在湖北少数民族地区，从事歌剧、歌曲、舞蹈、器乐音乐创作，多次参加文艺赛事。所写作品曾获国家、省级多种奖项。

李汉文（1940— ）

女钢琴演奏家。广东台山人。1964年毕业于中央音乐学院钢琴系。曾在中国音乐学院附中任教。1973年任广州珠影乐团任钢琴演奏员、声部长。参加过电影《海外赤子》等百余部影视音乐演奏录音及"星期音乐会""羊城音乐花会"等各种形式的演出伴奏、独奏。1975年演奏钢琴协奏曲《黄河》。录制出版个人钢琴演奏专辑《在银色的月光下》。曾被聘为珠江钢琴春燕艺术培训中心钢琴班教师。并于2001年获广东省钢琴比赛园丁奖。

李汉颖（1956— ）

女作曲家。广东台山人。1983年毕业于上海音乐学院作曲系。历任上海越剧院作曲、上海文艺出版社音乐编辑、广州白天鹅音响艺术有限公司录音制作。曾获广东"岭南新歌榜"最佳监制奖，"中国十大金曲"最佳专辑奖。歌曲《牵挂你的人是我》获央视春晚节目金奖，《真的好想你》获央视MTV大赛铜奖，儿童音乐剧《太阳童谣》获中宣部"五个一工程"奖。出版《李汉颖创作歌曲精选集》《岁月流金》CD作品精选集。

李汉语（1955— ）

巴松演奏家。辽宁锦州人。1982年毕业于沈阳音乐学院管弦系。先后任辽宁绥中文工团、锦西文工团、深圳交响乐团乐队演奏员，大管声部首席、乐队队长、业务副团长。深圳音协副主席。曾参加"交响乐之春""中国艺术节""羊城花会""中国风""贝多芬第九交响乐作品音乐会"，先后在全国及港、澳、台等地巡回演出并多次举办独奏、重奏、室内音乐会。出版《巴松管——音乐会经典名曲系列》个人演奏专辑。

L

李航涛（1925— ）

作曲家。湖北沙市人。1949年始从事部队音乐创作。后任昆明部队歌舞团艺术指导。作有歌曲《赶马人之歌》《美丽的瑞丽》。

李皓宇（1941— ）

作曲家。陕西铜川人。1960年始从事音乐教育、作曲及理论研究，曾任铜川市群众艺术馆艺术研究室主任。作有歌曲《摘豆角》《一杯茶，一杯酒》，撰有《陕西吹鼓乐述略》获1987年陕西省乐种研讨会论文奖。

李和平（1954— ）

音乐编辑家、活动家。山西人。1982年毕业于山西大学艺术系音乐专业，先后任榆次市晋剧团、晋中地区文工团演奏员、乐队队长，省群艺馆音乐辅导干部、辅导部主任。1989年起任《黄河之声》编辑、副主编、主编。曾任第五、六、七届中国音协理事，第六、七届山西省文联副主席，第四、五届山西省音协常务副主席及第五届秘书长。1986年组织《元宵夜》《走西口》等节目参加全国首届"三民比赛"获大奖两个、一等奖一个、二等奖多个。曾率山西民间艺术团赴日本演出，1988年率山西民间艺术团参加荷兰及比利时国际民间艺术节分别获金奖。

李河秀（1946— ）

指挥家。朝鲜族。吉林和龙人。1965年毕业于延边艺术学校，1966年入和龙县艺术团，后任延边广播电视艺术团指挥、团长。延边音协副主席。1979年作曲的舞蹈《喜迎周总理到俺家》获文化部三等奖，1995年作曲的双人舞《老俩口送饭》获全国独、双、三人舞蹈比赛一等奖。1979年作曲的舞蹈《老师的花甲》获省一等奖。创作几十首歌曲，其中《妈妈呀爸爸呀》获省一等奖。

李荷莉（1963— ）

女高音歌唱家。辽宁鞍山人。1998年毕业于辽宁文化艺术职工大学声乐系，曾进修于中央音乐学院干部进修班声歌系。先后任辽宁歌舞团、歌剧院演员。曾多次参加省、市电视台春节晚会，"哈尔滨之夏""中国艺术节""心连心艺术团"等大型晚会的演出，担任独唱。多次举办独唱音乐会。为电视剧等录制主题歌及歌曲百余首，出版磁带《来吧，吉米》《摇，摇，摇》等。曾分获全国"华浪杯""孔雀杯"声乐大赛第一名、艺术节表演奖等。撰有《对声乐学习的理论与认识》《对歌剧演唱的思考和探索》。

李黑眼（1933— ）

小提琴演奏家。山西临汾人。1948年在西北第一野战军"战斗剧社少艺队"，师从高如星、罗宗贤学习小提琴。1953年任新疆军区文工团乐队演奏员。后任兰州歌舞剧院乐团演奏员。1959年分别在总政歌舞团、中央音乐学院进修小提琴。参加演出的歌剧有《复仇》《小二黑结婚》《白毛女》《血泪仇》《刘胡兰》《刘三姐》等，参演的舞蹈音乐有《草原女民兵》《战马嘶鸣》等，以及

中外管弦乐、交响乐、协奏曲等。作有歌曲《骑兵战歌》《火焰山下葡萄园》《我爱金城美》等。

李恒彬（1931— ）

男低音歌唱家。山东泰安人。曾任上海乐团合唱团（现上海歌剧院）男低音声部长，参与组建上海合唱团附属业余合唱团并任合唱指挥助理及前东德国合唱专家希兹曼指挥班专家业务秘书。创作歌曲《跃进，跃进，再跃进》《歌唱亲人解放军》《今年定要胜往年》，出版歌曲《中苏友谊万万年》《歌唱王杰》《收割忙》等，曾兼任上海乐团、上海公安艺术合唱队、上海大学生合唱团 上海中学生课余艺术团指挥。

李恒林（1952— ）

音乐教育家、作曲家。山西浑源人。1975年毕业于山西大学音乐系。先后在艺术团体和幼师工作。2000年调入山西省雁北师范学院，任音乐教授、系主任。先后在省级以上刊物、电台发表音乐作品及学术论文《金色音乐厅—音乐必听曲目分级欣赏指导》《心路—李恒林歌曲作品选》等十余篇。曾常年担任大同广播电台《音乐欣赏》栏目特约撰稿和主持人，并为多家单位谱写过厂歌、店歌、校歌等。

李衡之（1947— ）

作曲家。云南个旧人。曾任红河州滇剧团副团长、演出公司经理。1960年师从鼓师余家贵。对传统声腔、曲牌和锣鼓经作系统的搜集、整理，熟悉掌握声腔的相互关系、版式特征规律、曲牌和锣鼓经功能特点，并学习作曲、和声、配器及音乐理论。为数十台戏曲晚会作音乐唱腔设计和配器。参编专业丛书，发表音乐文章数十篇。

李红林（1953— ）

词曲作家、评论家。吉林人。中国音乐文学学会理事。1975年开始文艺创作，并在国内外报刊杂志、音像出版社发表大量作品，著有词集《心声》《心海》《心弦》。获奖二百余次。1994年被陕西省委宣传部、省文化厅等单位授予"职工艺术家"称号，1998年被省文联授予"德艺双馨优秀会员"称号，同年被宝鸡市委、市政府授予"有突出成绩的艺术家"称号。

李红梅（1931— ）

女音乐教育家。福建厦门人。印尼归侨。1956年毕业于武汉音乐学院。后在该院从事视唱练耳教学工作。湖北省政协常委、省侨联副主席、省妇联执委。

李红梅（1967— ）

女作曲家。内蒙古包头人。1990年内蒙古师范大学音乐系毕业。包头师范学院艺术学院副院长、副教授。作有广播剧音乐《两个女人》获内蒙古"五个一工程"奖一等奖，《这是一层神奇的土地》分别获省文化厅及包头市等奖。发表《中国音乐史及欣赏》《马头琴音乐与蒙古族草原文化》《民族音乐教材的应用与创新》等文。编辑教材有《艺术》及《大学音乐》。作有歌曲《阿爸》《你是

一艘航船》《东河龙城》。

李红梅（1968— ）

女扬琴教育家。河南永城人。1988年毕业于安徽师范大学音乐学院器乐系并留校任教。1986年"全国民间音乐舞蹈比赛"获扬琴演奏三等奖。作有歌曲《庄稼汉》并在安徽省第二届"华夏之声"征歌中获三等奖。撰有《扬琴教学浅谈》《扬琴名曲<苏轼牧羊>的赏析与学习》《扬琴名曲<将军令>的赏析与学习》等文。

李宏娥（1934— ）

女音乐教育家。河北涿鹿人。曾任张家口市师范学校、第七中学高级音乐教师，市中学音乐教研组组长，兼任中学音乐教师班教学工作。培养大批音乐人才，有的成为音乐学院教授，乐器演奏家，在各种文艺汇演、比赛中多人获奖。发表《中学音乐教研组对提高教师的素质发挥了积极的作用》等文多篇，《师范院校的音乐教学》曾获省教委年会论文评选一等奖。退休后举办电子琴培训班，学生多人次在"秦川杯""光大杯"、少儿电子琴邀请赛中获奖，多人在电子琴考级中获优秀考生称号。

李宏刚（1962— ）

小提琴演奏家。上海人。1984年毕业于上海音乐学院。1987年获美国北伊利诺大学硕士学位，同年在意大利国际弦乐四重奏比赛中获最佳第二小提琴演奏"特别奖"。曾在美国朱利亚音乐学院任教。

李宏茂（1945— ）

指挥家。山东青岛人。青岛市音协理事。1957年入中央音乐学院附中，1961年考取专家班学习小号演奏。曾在上海音乐学院作曲指挥系学习。1964年入兰州军区战斗文工团任演奏员。1972年调任青岛市歌舞团指挥、副团长。作有歌剧《沂蒙颂》等8部，舞蹈音乐《山村报童》等5部，歌曲《美丽的青岛》《雨中行》等四十多首。指挥大型文艺演出"纪念毛泽东诞辰100周年""青岛之夏"等百余场。小舞剧《雾都报童》，歌剧《大地生辉》等获省市多种奖项。

李宏伟（1956— ）

男高音歌唱家。辽宁人。辽宁省朝阳市公路管理处职员。多次参加全国及省内的声乐赛事，曾获辽宁省第四届青年歌手电视大赛业余组美声唱法一等奖，"通业杯"青年歌手电视大赛业余组美声二等奖、"聂耳·冼星海声乐比赛"优秀奖、辽宁省新时期艺术歌曲演唱比赛第一名。1997年获辽宁省民间艺术家称号。2005年在辽宁大剧院举行个人独唱音乐会。演唱曲目有《太阳的儿子》《乡音乡情》《我象雪花天上来》《今夜无人入睡》《负心人》等中、外歌曲。

李宏旭（1955— ）

女中音歌唱家。满族。吉林人。曾任吉林省话剧团演员。毕业于中央音乐学院附设中央乐团合唱专修班，后任中国交响乐团女中音演员。参加演唱有《黄河大合唱》

《长恨歌》、伏尔加之声音乐会、《第九合唱交响曲》《梦幻》《安魂曲》《弥赛亚》，清唱剧《四季》《创世纪》《乡村骑士》《茶花女》等。曾与中外指挥家李德伦、小泽征尔、让·皮里松等合作演出。参加许多重大庆典演出活动并曾赴美国、加拿大、东南亚等国家演出。

李洪昌（1946— ）

二胡演奏家。山东青岛人。1960年入山东省歌舞团，2003年起任民族乐团副首席。曾在《白毛女》《江姐》《洪湖赤卫队》数十部大型歌剧、舞剧、电视剧的演出与录音中，担任二胡、板胡领奏、独奏。多次参加全国调演、汇演。1980年为参加全国民歌汇演的歌唱家录制二十余首立体声唱片。曾赴澳大利亚、新加坡、维也纳金色大厅等地演出。多年被聘为二胡考级考官。1980年在省市表演艺术团体青年汇演中，获二胡演奏二等奖。

李洪春（1961— ）

歌词作家。河北霸县人。空军招收飞行员工作局研究员。毕业于第二炮兵指挥学院政工系与北京师范大学心理学专业。所作歌词分别刊登于《歌曲》《词刊》《军营文化天地》《解放军报》等报刊。其中作词的歌曲《成长——女飞行员之歌》《大学生飞行员之歌》与《期待飞翔》均作为电视专题片的主题歌分别由中央电视台、中国教育电视台与北京电视台播出，有的被列为"空军十大必唱歌曲"。

李洪堃（1933— ）

女长笛教育家、副教授。广东梅州人。长期从事长笛专业教学，有的学生曾在全国长笛比赛中获奖。曾担任武汉市专业艺术团体优秀中青年演员调演评委，武汉音乐学院附中赴澳门演出团艺术指导，1994年应邀赴香港演艺学院讲学。曾担任湖北省音乐考级委员会长笛专家评审团主任。1998年应邀参加武汉爱乐音乐学校音乐家代表团访问明斯克音乐学院，并前往莫斯科、圣彼得堡柴科夫斯基音乐学院和里姆斯基-柯萨科夫音乐学院进行学术交流。

李洪珠（1953— ）

作曲家。辽宁丹东人。丹东音协副秘书长、丹东市政协委员。1987年考入沈阳音乐学院作曲系。1992年大型满族歌舞剧《神鼓》（合作）获省第二届艺术节金奖、文化部演出纪念证书，2001年大型音乐剧《包全杰》（合作）获省第八届"五个一工程"入选作品奖，2001年满族舞蹈《鼓语》（合作）获金奖，歌曲《京剧娃》2003年获省校园新歌征集三等奖。

李鸿宾（1920—已故）

男高音歌唱家。北京人。1940年入北京师范大学音乐系。1941年去日本学习。1955年入沈阳音乐学院任教。

李鸿举（1942— ）

二胡演奏家。湖北天门人。中国音协二胡学会理事、中国民族管弦学会胡琴学会理事、武汉音协理事。1958年考入武汉音乐学院附中，1961年入该院民乐系主修二胡，1966年毕业后分配至武汉歌舞剧院工作。1966至2002年期间参加过该院各类歌舞、音乐会及大型歌舞、诗乐《九歌》等演出。曾任歌舞团二胡独奏演员、乐队队长、民族乐团副团长、乐队首席。1991年随武汉合唱团赴新加坡演出。2003年任湖北音协二胡专业委员会（楚风二胡学会）副会长兼秘书长。

李鸿鸥（1936— ）

女钢琴教育家。上海人。1959年毕业于中央音乐学院钢琴系。先后在中央音乐学院附属音乐小学及钢琴系必修科任教，副教授。并在北京市教育学院兼课。担任中国音协和中央音乐学院业余钢琴考试评委。

李鸿源（1937— ）

作曲家。云南澄江人。1955年任剧团专职创作与指挥。1990年毕业于中国音乐学院理论作曲大专班，后任云南省玉溪市聂耳民族乐团指挥。曾为《莫愁女》等百余部花灯剧作曲，其中《情与爱》《金银花竹篱笆》曾获文化部第三、六届文华音乐创作奖，《金》剧并获"五个一工程"奖。《卓梅与阿罗》获曹禺戏剧优秀音乐奖，多部作品获省、市调演音乐一等奖。1988年获玉溪优秀专业技术人才一等奖。

李厚永（1935— ）

双簧管演奏家。天津人。1951年从事部队文艺工作。1963年入上海音乐学院管弦系进修。曾任江苏省歌舞团团长。改编并演奏双簧管独奏曲《十八板》等。

李虎铭（1935— ）

单簧管演奏家、作曲家。河南叶县人。1949年从事部队音乐工作。曾进修于中央音乐学院，任职于中国铁路歌舞团。创作歌曲《列车进行曲》获中国作曲家作品展示会优秀奖，舞蹈音乐《欢庆》获北京艺术节优秀奖。

李华德（1931— ）

指挥家。广东中山人。1949年任天津青年文工团指挥，1956年入中央音乐学院指挥系学习，毕业后留院任教，指挥系主任、教授。后调中央乐团任交响乐团常任指挥、中央芭蕾舞团常任指挥，1964年指挥中央芭蕾舞团《红色娘子军》首演。1970年指挥芭蕾舞《沂濛颂》的首演和公演。多次担任国际国内大型合唱比赛评委。并曾担任2005年在悉尼歌剧院举办的"纪念反法西斯胜利60周年"的音乐会总指挥。中国音协社会音乐委员会顾问。

李华典（1959— ）

歌唱家。天津人。1984年入天津交响乐团任演员。1989年毕业于天津音乐学院声乐系。参加各类大型音乐会演出，多次举办个人独唱音乐会。曾获天津市委宣传部"文艺新人奖"、天津市文联"第三届文艺新军"称号及全国声乐比赛优秀演出奖。

李华明（1955— ）

作曲家。浙江金华人。衢州市音协主席。先后毕业于杭州师范学院音乐系、上海大学文学院。曾任江山市文化馆副馆长，《中国戏曲志·浙江卷》专职编辑，衢州市文史办编辑，衢州市群众艺术馆艺术指导部主任。作有《江南水城》《二簧腔》等大量歌曲，《下得金山》《焚稿》等7首器乐曲，《士敏土协奏曲》等5部电视剧音乐，《汤显祖》等9部戏曲音乐，《太阳·花儿》等21个舞蹈音乐，《大元帅与小棋手》等4部曲艺音乐，发表论文28篇，出版民歌专著1部。获文化部"群星奖""蒲公英奖"及省级一等奖作品二十余件。

李华山（1933— ）

单簧管演奏家、教育家。山东莱西人。中国单簧管学会理事、济南军区老战士艺术团乐队队长。1948年从事部队文艺工作。1958年入上海军乐训练班，师从王端玮主修单簧管，毕业后任济南军区军乐队单簧管首席。编创并领奏《步步高》《新疆之春》《游击队歌》等单簧管齐奏曲。作曲的管乐小合奏《奖状发到连》，1964年参加全军军乐会演获优秀作品奖。自1959年始，担任山东省艺术专科学校单簧管专业教师、山东艺术学院教授。发表《单簧管艺术史》等十余篇论文、译文，编撰《单簧管五声音阶实用教程》。

李华瑛（1928— ）

女音乐教育家。湖北襄樊人。1948年入苏州社会教育学院学习声乐。新中国成立后先后在苏州、上海、北京师范院校音乐系任教。1956年赴越南培训歌唱演员。1957年入北京艺术师范任职，后在中国音乐学院教务处工作。

李焕星（1947— ）

作曲家。内蒙古乌兰浩特人。1969年毕业于内蒙师大音乐系，后为内蒙古音协理事、兴安盟音协主席。歌曲《璀灿的星》获中国音协金奖，《草原，绿色的歌》获内蒙古"五个一工程"作品奖，《祥云飘绕的科尔沁》获"建设民族文化大区征歌"奖。出版有《李焕星专辑》（CD）与《李焕星歌曲选》。另有舞蹈音乐《醉了，草原》、合唱《游牧》《落叶歌》等。

李焕之（1919—2000）

作曲家、音乐理论家。福建人。生于香港。1936年入国立上海音专，师从萧友梅学习作曲。1938年入延安鲁艺第二期音乐系，结业后留校任教。1945年抗战胜利后曾任华北联合大学文艺学院音乐系主任。新中国成立后先后任中央音乐学院音工团团长、中央歌舞团艺术指导。1960年创建中央民族乐团并担任团长。历任第三届全国人大代表，第五、六、七届全国政协委员。曾任《音乐创作》主编。1985年任第四届中国音协主席。1999年任中国音协名誉主席及国际音理会荣誉委员。主要作品有合唱《保卫祖国》《青年颂》《我们齐声歌唱》《胜利进行曲》，民歌改编的合唱曲《东方红》《生产忙》《八月桂花遍地开》《茶山谣》《送郎当红军》，古琴弦歌合唱《苏武》，歌曲《新中国青年进行曲》《社会主义好》，交响音乐《春节组曲》《第一交响曲》以及《鲁迅生平》《在长征的道路上》《暴风骤雨》等电影音乐，古筝协奏曲《汨罗江幻想曲》，为箜篌、合唱与民族管弦乐创作的《箜篌引》。1989年《春节序曲》获中国"金唱片"奖创作特别奖。发表文稿有三百余篇及专著《作曲教程》，出版有《歌曲创作讲座》《音乐创作散论》《民族民间音乐概论》《论作曲的艺术》《李焕之声乐作品选集》等。

李黄勋（1933—已故）

音乐理论家。朝鲜族。吉林和龙人。1950年入朝鲜人民军军乐团。曾在延边文学艺术研究所工作，音协延边分会常务理事、民族音乐委员会主任。编有《朝鲜族民歌集》，著有《朝鲜传统音乐》。

李惠兰（1944—2000）

女高音歌唱家。江苏南京人。1961年入前线歌舞团。1978年入中央音乐学院进修。后在安徽省政协文化组工作。1985年参加第七届亚洲音乐节获优秀演员奖。

李惠莉（1941— ）

女钢琴教育家。广东人。1965年毕业于上海音乐学院钢琴系，历任上海文化系统演出队钢琴演奏员、中央音乐学院附中、中央音乐学院钢琴系主科教师。曾赴比利时皇家音乐学院进修。1983年后多次在"中日作品独奏音乐会""中日及西欧音乐作品演奏会""文化部留学人员音乐会"等担任独奏。所培养的学生，在各类比赛中获奖。

李惠莉（1955— ）

女声乐教育家。河南开封人。1982年毕业于河南大学艺术系音乐专业。后在安阳市第二师范任教，1984年在安阳市文艺学校任教，1989年始在安阳师范学院音乐学系任系主任。安阳市音协副主席。撰有《双音商铙探秘》《色彩斑斓的交响乐队》《谈歌唱时喉头位置与声音的高位置》等十余篇文章。作有歌曲《航船，从南湖启程》获河南第八届创作歌曲三等奖，《小水珠的歌》《我是俺家一枝花》分获省少儿歌曲汇演三等奖，另作有《兰花颂》《千年古都，万种风情》等十余首。为乐舞史诗《商颂》作曲。所教学生多人次获奖。

李惠年（1907— ）

女声乐教育家。天津人。毕业于北京师范大学。1936年始先后入巴黎高等师范音乐院、堪多拉姆音乐院学习声乐。1948年任北平艺专声乐教授兼师范大学音乐系教授。1950年第二次赴法国深造。1956年后任原中央乐团合唱团导师、北京艺术学院教师、中国音乐学院副教授。

李惠萍（1956— ）

女歌唱家。河南人。新疆师范大学音乐学院副教授、新疆丽人合唱团常任艺术指导和指挥。曾先后在中央音乐学院硕士研究生课程班、上海音乐学院"国际歌剧大师授课班"学习。1999年意大利38届"赛格希兹"合唱比赛中担任新疆师大合唱团领唱，集体获女声、混声组一等奖。曾在新疆、北京、厦门等地大型音乐会任独唱、领唱。在美声和民族演唱教学领域有一定的研究，先后在全国人文社会科学期刊及省级刊物发表论文十余篇，其中《论歌唱的高

音训练》获河南省1999年音乐理论研讨会优秀论文三等奖。

李惠新（1954— ）

歌词作家。四川绵竹人。四川绵竹市文化馆馆员。1982年毕业于四川绵阳地区教师进修学院。歌词作品多次获奖，其中《旗鼓阵》获第五届"中国广播奖"优秀作品评选金奖、中宣部第七届"五个一工程"奖，《三星堆神韵》获四川省第七届"五个一工程"奖，以及获奖词作《四川老乡》《盼归》《故乡酒》等。曾于1993年获中国音协音教委举办的"第四届全国音乐知识大赛"一等园丁奖。

李慧明（1942— ）

作曲家。江苏南通人。1964年毕业于南京艺术学院音乐系作曲专业。曾任海政歌剧团作曲、南京市歌舞团艺术室主任、江苏省音协理论创作委员会委员。作有大歌舞《井冈山道路》（合作），歌剧《不屈的灵魂》（合作），舞蹈音乐及各类器乐曲二十余部。发表歌曲、歌词数百首，获奖五十余次，在中央、各省市电台、电视台录播34首，录制唱片、盒带6首，在国外上演作品6部。撰有《汉民族传统音乐旋律的审美特征》等文。

李慧清（1956— ）

女歌唱家。天津人。1969至1970年起在天津宝坻文工团与装甲兵宣传队任演员并在天津戏曲学校学习。1975年起曾在天津音乐学院、中央音乐学院与解放军艺术学院学习声乐。1980年任煤矿文工团歌队演员。演唱了大量中外民歌、古典歌曲、创作歌曲等。担任独唱、重唱、二重唱、三重唱、小合唱，并多次为大型文艺演出担任节目主持人，曾被煤炭部评为先进工作者。独唱曲目有《东方升起了红太阳》《打起手鼓唱起歌》《黄河怨》等。

李慧英（1950— ）

女声乐教育家。天津人。河北省艺术职业学院教师。1976年毕业于天津音乐学院。曾任唐山歌舞团演员。撰有《科学的发声方法与传统的戏曲演唱》等文。近年来培养的学生获天津第二届青年歌手大赛专业组金奖、哈萨克斯坦第四届亚洲之声流行歌曲大赛一等奖。

李积初（1915—已故）

小提琴教育家。广东台山人。30年代南京中央大学音乐系肄业。曾为天津音乐学院副教授。新中国成立前曾在重庆、桂林、香港等地举行独奏、重奏音乐会。编有小提琴教材曲三首。

李吉昌（1945—已故）

大提琴演奏家。福建漳州人。1961年毕业于福建艺术学院大提琴专业。同年在福建歌舞剧院工作历任演奏员、学员班负责人、乐团领导。1997年在福建音乐学院任教，后任院长助理。参加排演大型中外歌剧、舞剧、歌舞、器乐等节目。与国内外著名指挥家、演奏家、歌唱家合作，演出大型交响音乐会、演唱会。参与福建音协等单位联合举办福建"闽江杯"歌手赛、"主力军""企业之声""保护母亲河"音乐会组织策划工作。2000年获第九届福

L

建音乐、舞蹈节专业组重奏铜奖。

李吉宏（1933— ）

指挥家。辽宁大连人。1954年毕业于东北音乐专科学校小提琴专业。曾任职于东北电影制片厂乐团。后在吉林、四平、辽源等地歌舞剧团任作曲、指挥。1987年调入北京市曲剧团担任作曲、指挥。

李吉提（1940— ）

女音乐理论家、教育家。陕西延安人。1964年毕业于中国音乐学院作曲系，并留校。1973年入中央音乐学院作曲系任教，教授、博士生导师。1991年获北京市优秀教师称号，1998年获上海"宝钢教育奖"优秀教师奖。著有《西方音乐的历史与审美》（合作），《中国音乐的历史与审美》（合作），均由中国人民大学出版社出版，并均获2002年全国图书评比一等奖。另著有《曲式与作品分析》《中国音乐结构分析概论》。

李汲渊（1934— ）

二胡教育家。四川井研人。1960年毕业于四川音乐学院。四川音乐学院民乐系副教授。1963年获四川省二胡比赛优胜奖。1972年首创研制成功双千斤二胡获四川省第一届科学大会优秀先进科技奖。发表二胡独奏曲《欢乐的彝家赛》《锦江夜歌》《巴山春早》《藏民的心声》《八月桂花遍地开》等，论文《试论二胡音准》《二胡跳弓综论》《二胡快速弓法析要》《二胡运弓用力质疑》《二胡音色的训练与培养》等七篇及《二胡练习曲42首》。

李季达（1917—已故）

作曲家。满族。重庆人。1934年毕业于重庆艺专师范系，曾任音乐教员、音乐指导。1947年从事电影音乐创作，先后在东影、北影、长影作曲组工作。作有电影音乐《智取华山》《新局长到来之前》。

李继昌（1938— ）

作曲家、民族音乐学家。贵州贵阳人。1959年在黔南布依族苗族自治州歌舞团任作曲、指挥。曾任贵州省音协副主席、《中国民歌集成·贵州卷》常务副主编。中国少数民族音乐学会常务理事、黔南州音协名誉主席。作有布依族歌曲《好花红》、歌曲《月亮山的木鼓声》《勒尤的思念》，瑶族舞剧《婚碑》，花灯歌舞剧《好花红》。著有《布依族音乐史》及《水族音乐史》。

李继奎（1936— ）

中胡演奏家。湖北黄陂人。1956年代表河南省赴京参加全国第一届音乐周。同年调中国歌剧舞剧院民族乐团任声部长、独奏演员，担任歌剧舞剧音乐会的演奏及独奏。期间，师从蒋风之进修二胡演奏。1962年首演中胡协奏曲《苏武》获得成功。曾多次赴日本、挪威及台湾、香港演出。担任中国民族民间艺术学校器乐系主任，协同郭兰英在中国音乐学院任教。

李继武（1956— ）

大提琴教育家、演奏家。黑龙江哈尔滨人。星海音乐学院大提琴教授、硕士生导师、附中校长，研究生学历，英国皇家音乐学院院士。中国音协大提琴学会常务理事、广东省音协理事。毕业于上海音乐学院和英国皇家音乐学院。曾在首届全国大提琴比赛中获成年组第三名。1975年任部队歌舞团大提琴演奏员。1997年任星海音乐学院大提琴教师，曾随教师四重奏组多次赴欧洲演出。担任全国大提琴比赛和金钟奖比赛等赛事评委。在第五届全国大提琴比赛中获最佳指导教师奖。指导的学生在第四届全国大提琴比赛中获第二、三名，在第五届全国大提琴比赛中获第一名和中国作品演奏奖。

李寄萍（1954— ）

音乐教育家。福建泉州人。泉州师范学院艺术学院副教授。1982年毕业于福建师范大学艺术系，1999年毕业于福建高等师范学校师资培训中心硕士班。发表《南音特色音探究》《南音'郎君'文化现象及海内外传播方式》等文。作有歌曲《百灵在黎明时歌唱》《中秋思乡情》，四部合唱《奥运之光》《晋江之歌》等。

李佳向（1927— ）

作曲家。江西南昌人。1953年始从事音乐创作。曾任音协广西分会第三届常务副主席兼秘书长。作有歌曲《山南山北一家人》《收割机手之歌》《我是歌海小浪花》。

李家高（1938— ）

作曲家。湖北黄石人。从1964年开始从事挖掘、整理、研究阳新采茶戏传统音乐。黄石市音协名誉理事。参与编剧并作曲的《闯王杀亲》《三姑出宫》《山中一片云》分别获省演出一等奖、创作二等奖、省戏剧会演作曲一等奖、省音乐奖。创作歌曲有《希望的小船》《修路》《小小阳新》等。编辑出版有《中国戏曲音乐集成·湖北卷·阳新采茶戏音乐篇》。2004年初，被聘为湖北省黄石歌舞剧院任文艺策划、编创部副主任。

李家骅（1936— ）

歌唱家、音乐活动家。湖北沔阳人。曾任上海文化局演出处处长，上海音协表演艺术委员会副主任，中国演出经理家学会常务理事。1959至1964年在上海合唱团任声乐演员，其间入上海音乐学院合唱专业进修。曾先后在上海市文化局、上海舞蹈学校、上海芭蕾舞团任负责人。领唱有湖南民歌《打哦号子》，四川民歌《抓螃蟹》，合唱《十三陵水库畅想曲》《幸福河大合唱》等。表演唱《我是一个饲养员》被拍成电影。多次组织全市艺术节、大型音乐舞蹈综合晚会。

李家辉（1924— ）

音乐教育家。广西人。毕业于广西艺专音乐科。历任中学校长，高校教师。解放前曾主编《少年音乐》《中学唱歌教材》，新中国成立后发表创作歌曲五十多首，论文十多篇。多次在全国及广西汇演、比赛中获奖。曾任彩调剧、歌舞剧《刘三姐》音乐设计、创编组组长，广西代表

L

团总导演、艺术指导、合唱指挥。曾出席全国文教先进工作者代表大会。历任市民盟常委、政协委员、文联常委、音乐舞蹈部部长、老年音乐工作者联谊会副主席，工人歌舞团、夕阳红合唱团团长、指挥。

李家回（1967— ）

音乐教育家。福建人。1989年毕业于福建师范大学音乐系。曾任中学（专）音乐教师、文化馆音乐干部等职。长期从事音乐教育和群众音乐活动组织辅导工作。有近四十篇音乐评论文章在全国性音乐刊物发表，多首歌曲在省级以上刊物发表获奖。其中创作歌曲《山城，我可爱的家乡》曾获福建省首届社区艺术节银奖。曾多次在地市级声乐比赛中获奖。组织过各类音乐活动近百场次。福建省音协常务理事、南平市音协主席。

李家全（1955— ）

作曲家。山东高密。高密市文化馆副馆长、研究馆员，中国音乐家音像出版社特约编辑。1983年就读于山东艺术学院理论作曲专业。作有大量歌曲，《一叶兰》等数十首在《歌曲》及省级刊物发表并获奖。作有笛独奏曲《胶东抒怀》，二胡独奏曲《家乡恋》。《"国策"卫士之歌》获山东省计生会演一等奖，《矿嫂》获山东省建国50周年征歌二等奖。由中国音乐家音像出版社录制CD专辑，并举办个人作品研讨会和出版DVD光盘。曾应邀赴山东、四川、山西、云南等地深入生活，进行创作与辅导。

李家尧（1925— ）

歌剧表演艺术家。回族。上海人。1958年毕业于上海音乐学院，同年入中央歌剧院。先后随苏联专家梅德维捷夫、保加利亚专家契尔金进修。曾主演歌剧《叶夫根尼·奥涅金》。

李嘉禄（1919—1982）

钢琴教育家。福建同安人。1942年毕业于福建协和大学理学院。1948年始在美国内布拉斯加州道安大学音乐系和州立大学音乐研究院学习钢琴。曾任南京金陵女子大学音乐系主任，上海音乐学院钢琴系主任、教授。改编的钢琴奏鸣曲有《清江河》《游击队之歌》等，撰有《钢琴弹奏技术研究》。

李嘉评（1938— ）

作曲家。山东胶州人。曾任青岛市文联副主席、省文联委员、中国儿童音乐学会理事。出版有18本歌曲集，12盒个人作品磁带专辑，4张个人作品光碟，7部电视音乐片，发表论文二十余篇和大量歌曲作品，其中《好孩子要诚实》《海娃的歌》《野菊花》《祝你生日快乐》《我爱祖国大自然》《大海的故事》等歌曲获奖。被授予省劳动模范，市专业拔尖人才，全国优秀教师称号。

李坚雄（1939— ）

二胡教育家。壮族。广西人。曾任武汉音乐学院附中民乐教研室主任、副教授。1964年毕业于湖北艺术学院二胡专业，后留校任教。合作创作的民族器乐合奏曲《白云黄鹤》，参加第一届武汉琴台音乐会演出，由湖北电台播放、中央电台转播。所作二胡独奏曲《楚天抒怀》获湖北省民族器乐创作评选一等奖。作有《春江花月夜》《流水操》等6首合奏曲，另有古琴、二胡等8种乐器分析及介绍文章。1984年随编钟乐团赴京参加建国35周年献礼演出，获文化部嘉奖。

李建丰（1949— ）

女歌词作家。北京人。曾就职于《解放军歌曲》编辑部、《词刊》特邀编辑。1971年起任昆明军区文工团文学创作员，后转业至中央民族歌舞团创研室。发表歌词二百余首与歌剧《阿聪》，电视剧《孔省之乡》《斑色的婚礼》以及散文、诗歌、报告文学、短篇小说等多件。其中作词歌曲《金凤花开迎朝阳》《战士，战士，光荣的名字》分别获全军第四届文艺汇演创作奖，昆明军区1983年创作奖。编剧、作词的电视音乐片《祝福你，孔雀之乡》获全国首届少数民族题材电视片、艺术片"骏马奖"。另有歌曲《这是我回族的金银川》《芒果花》及声乐套曲《战士与母亲》分别获不同奖项。

李建刚（1958— ）

音乐教育家。山东人。1999年担任作为山东省职业技术教育艺术师资培训基地、全国教育科学"十五"规划教育部重点课题——《职业技术学校实行职业资格证书制度的调查和研究》研究基地的青岛艺术学校校长，同年承办青岛市小学音乐、美术教育大专部，2001年音乐专业被评为市级首批骨干专业、山东省重点中等职业学校。培养众多艺术人才。

李建国（1949— ）

吉他演奏家。上海人。先后为甘肃省青年宫书记、副主任。中国吉他研究会理事、上海音乐出版社特邀编委、甘肃省吉他协会主席、兰州市音协常务理事。发表音乐论文八十余篇，创作乐曲、歌曲数十首，编配吉他弦乐五重奏、吉他小提琴二重奏作品十余首。曾任兰州市工人管弦乐团作曲指挥，中国首届吉他大奖赛、第二届全国吉他大赛、第四届中国艺术节歌咏比赛评委。曾赴上海参加"中国十大吉他名家广场音乐会"演出。

李建国（1956— ）

大提琴演奏家、评论家。山东泰安人。山东日照音乐舞蹈家协会副主席，日照电视台社教中心主任编辑、制片人。1976年毕业于山东省"五七"艺术学校音乐科，任青海民族歌舞剧团管弦乐队大提琴首席、声部长。1985年始从事音乐评论及文学创作活动。曾任第三至五届"西北音乐周"音乐评论员。1991年底赴美国参加北美音协举办的"第二届中国音乐国际研讨会"，在美期间，曾应邀到西北大学等五所学校讲授"花儿"音乐。其电视作品、论文及歌曲创作曾多次获省级一、二等奖。

李建华（1945— ）

歌唱家、词曲作家。河南南阳人。洛阳市歌舞团原团长。河南省音协理事、洛阳音协副主席、秘书长。长期

L

担任独唱、词曲创作和导演工作。在歌剧《一双绣花鞋》《三约湖心亭》中饰主要角色。发表、播出《有礼貌的好孩子》《相会在久别的家园》等词曲作品百余首。《一个战士的歌》《春天来了》等词曲作品获省和国家级奖。策划、导演《洛阳韶乐》出访日本演出。在《春潮涌三门》《牡丹迎春》等近百台文艺晚会中担任总策划、总导演、撰稿和声乐艺术指导，多次获电视展播奖。导演的电视连续剧《人生天地间》获河南省"五个一工程"奖。

李建华（1963— ）

音乐教育家。江西于都人。南昌大学艺术与设计学院音乐与表演系教研室主任，副教授。1988年毕业于江西师大。主编教材《大学综合艺术教程》，撰有《当代大学生心理素质剖析》。

李建军（1954— ）

作曲家。辽宁大连人。大连市旅顺区少年宫主任。为舞蹈《渔家嫂子》作曲获"辽宁省歌舞调演"三等奖、文化部全国第十届"群星奖"铜奖。作有歌曲《山乡新貌》《我像一只小鸟》《星星对我说》等。出版有《李建军歌曲选》。

李建军（1959— ）

音乐教育家。北京人。山西艺术职业学院音乐系教研室主任。曾任山西省歌舞剧院演奏员。撰有《电声音乐概论》等文。电声乐曲《晋阳春潮》2000年获山西省艺术中专创作比赛二等奖。主要从事电声音乐的教学及演奏。

李建林（1957— ）

手风琴演奏家、教育家。河北邯郸人。1976年毕业于河北师范学院艺术系，1980年在天津音乐学院键盘系进修。曾在成安县文化馆、邯郸市歌舞团任职，1980年始入河北师范大学音乐系任教，教研室主任、副教授。参加中国音协主办的"手风琴独奏、重奏音乐会"及法国大使馆主办的手风琴音乐会的演出，录有《琴之魂》《梅花香自苦寒来》（讲座并录播10首乐曲），作有《苗岭情》《回娘家》《绣荷包》等曲，编著有《中外手风琴名曲演奏》《手风琴独奏曲十五首》。

李建萍（1957— ）

女音乐教育家。江西萍乡人。2001年毕业于江西师范大学音乐学院，2004年入中国音乐学院学习。新余高专艺术系教研室主任。撰有《加强职业道德，改善师生关系》《教师素质与教学质量》《论音乐教学方法的多样性》等文。作有歌曲《春雨和种子》。曾获省青年歌手大赛二等奖。所教学生在声乐比赛中多次获省内奖项。

李建业（1945— ）

双簧管演奏家。河南辉县人。曾任上海乐团总经理。1967年毕业于上海音乐学院管弦系，曾任上海交响乐团及上海京剧院演奏员。曾参演《沙家浜》《智取威虎山》《红灯记》等剧目，并指挥多部京剧及吕剧的演出。录制有《边疆的泉水清又纯》等双簧管独奏曲。兼任过上海音乐学院、上海师范大学等校教师。

李建章（1934— ）

声乐教育家。湖南长沙人。1956年毕业于东北音乐专科学校声乐系，留校任教。1973年调到沈阳歌舞团任声乐教员。1978年入北京后任中央戏剧学院声乐教员、副教授。主要从事民族歌剧班与民族声乐教学、研究。为中央电台录唱《娄山关》《六盘山》，主演民族歌剧《星星之火》。在中央戏剧学院，从事新疆民族歌剧班、朝鲜民族歌剧班等的声乐教学。1988年定居香港，在香港文化中心演出海顿《创世纪》曲三重唱。曾多次赴美国、加拿大考察观摩。

李剑峰（1954— ）

板胡演奏家。山西太原人。1974年在解放军某军文工团任乐队队长。1986年毕业于天津音乐学院民系，后任山西艺术职业学院成教部主任。作有歌曲《煤矿工人喜酒歌》获山西广播新歌一等奖，《连队处处都是歌》获北京军区业余文艺调演一等奖。板胡独奏曲《大清河畔话当年》获山西省民间音乐舞蹈大赛演奏一等奖。

李剑萍（1954— ）

女歌唱家。辽宁盖州人。1977年在中央音乐学院附设中央乐团合唱专修班学习，1980年起任中央乐团（中国交响乐团）合唱团演员。与指挥家严良堃等合作演出贝多芬《庄严弥撒》《欢乐颂》，奥尔夫《布兰之歌》，亨德尔《所罗门》，海顿《创世纪》《四季》，马勒《第三交响曲》，巴赫《b小调弥撒》，瞿希贤《红军根据地大合唱》，田丰《云南风情》等作品及各种形式的音乐会等。参加电影《大决战》及唱片盒带的录音、录像等。

李健正（1940— ）

民族音乐理论家。陕西华阴人。1962年毕业于西安音乐学院民乐系。后在陕西省艺术研究所工作。中国南音学会第一届理事。著有《论工尺谱源流》《平湖派琵琶古谱今译》。

李金海（1930— ）

作曲家、剧作家。河南安阳人。早年毕业于抗日大学六分校。曾任安阳市文化局调研员，安阳市音协名誉主席，安阳市影视家协会顾问，安阳市春蕾艺校顾问。发表有歌曲《将革命进行到底》《我为将军唱支歌》《前进，中华各族儿女》，评论文章《目前歌曲创作中的几个问题》《企业音乐之我见》。创建安阳市企业音乐联谊会，创办《安阳音乐》。曾举办"李金海作品音乐会"。发表诗歌、散文、小歌剧、4集电视剧《特别行动队》等，以及电影《一条龙》（合作），电视剧《特别行动队（合作）》和《钟声悠悠》（合作）。

李金华（1958— ）

男低音歌唱家。辽宁辽阳人。沈阳市青少年宫艺术部高级教师。曾就读于上海、沈阳、中央音乐学院。先后就职于沈阳军区前进歌舞团、沈阳市歌舞团。在辽宁歌剧院、中央音乐学院排演的《风流寡妇》《茶花女》等歌剧中任主要角色，首届"中华校园歌曲电视大赛"比赛中获奖。撰有《怎样能使你的歌唱美好动听》《青春歌喉与科学训练》。主编《少儿歌唱教程》。

李金泉（1943— ）

戏曲理论家。天津人。1966年毕业于天津音乐学院。曾任河南省京剧团作曲及指挥，1977年入河北省艺术研究院。撰写论文《河北梆子风格特点的形成及其演奏》《河北梆子唱腔的调式及其旋法》《南派京剧与北方艺人》等，编撰《中国戏曲志·河北卷》及《中国戏曲音乐集成·河北卷》等，出版专著《河北梆子名家唱腔选集》等。

李金声（1928—2008）

指挥家。湖北武汉人。1957年毕业于上海音乐学院指挥系。曾在上海广播电视艺术团工作。指挥合唱《节日的晚上》获中央台"广播优秀歌曲奖"，指挥上海少年儿童广播合唱团获"布谷鸟歌咏节"优秀奖。

李金钊（1936— ）

戏曲作曲家。湖北黄陂人。早年曾在茶楼、票社操琴，1951年后历任新风汉剧团、民众乐园汉剧团、武汉市汉剧团琴师。1954年始作曲，作有《太阳出山》《闯王旗》《穆桂英智破天门阵》等六十余部汉剧音乐，撰写论文《汉剧板眼基本规律》《汉剧楚剧语言初探》《陈伯华声腔艺术介绍》等多篇，出版有《汉剧音乐漫谈》。

李锦生（1948— ）

音乐理论家。河北丰润人。1977年毕业于西北师范大学敦煌艺术学院、留校任教，曾任系主任。1978年入中国芭蕾舞团学习。发表歌曲《飞天之歌》《沙枣花》《三台阁放歌》《塬上的婆姨》《中国不老》。论文《高师视唱练耳教学中的学科交叉》《中国音乐史》获甘肃省音乐教育论文二等奖及音乐理论特别奖。

李近朱（1945— ）

音乐理论家。天津人。1969年毕业于中国音乐学院音乐理论系。1973年入中央电视台，先后任音乐编辑、电视编导、海外中心高级编辑。曾经为大型电视系列片《话说长江》配乐，共同推出《长江之歌》。撰写各类文章数十篇，出版《德国古典作曲大师的"最后一人"：勃拉姆斯》《世界交响名曲欣赏》《交响音乐史话》《走进交响世界》《交响音乐通俗讲座》等13种。曾以电视手段制作普及古典交响音乐的系列节目《感受交响音乐》52集，并出版其编导的多部大型节目。

李晋玮（1923— ）

女歌剧表演艺术家、声乐教育家。山东烟台人。曾任中央歌剧院艺委会委员，声乐艺术指导。就读于北平师大音乐系学习钢琴、声乐，并在交响乐团、电影乐团任提琴演奏员。后考入歌剧院前身华北文工团声乐组，歌剧团成立醮曾主演世界著名歌剧《蝴蝶夫人》《叶甫根尼·奥涅金》女主角。长期与沈湘合作，培养出梁宁、迪里拜尔、范竟马、黑海涛、程达、刘跃、丁毅等学生分别在国际声乐比赛中获一、二等奖。曾为歌剧院排练过《卡门》《蝴蝶夫人》《艺术家的生涯》《丑角》《安魂曲》等。曾应邀和沈湘赴芬兰歌剧院和国家歌剧院举办大师班，后应邀为歌剧院举办大师班。

李晋瑗（1926— ）

女音乐教育家。山东烟台人。北京市幼儿艺术教育研究会会长、中国老教授协会学前教育研究所研究员。1949年毕业于北京师范大学音乐系，任北京艺文中学、北京师范大学实验中学音乐教师。1956年在北京师范大学教育系任教，为该校教授、博导。从事学前教育专业音乐课程及音乐教育的教学与科研工作四十余年。撰写音乐教育论文数十篇，创编幼儿音乐作品及教材近百首。著有《幼儿音乐教育》《幼儿音乐理论基础》《幼儿音乐》。编写教材《幼儿音乐教育活动教材》（小、中、大班共三册，并附有录音带、录像带），另有《沈湘声乐教学艺术》（与李晋玮合作编著），并为《教育大辞典》《中国学前教育百科全书》等，撰写音乐及音乐教育条目。为《中国当代音乐教育研究文集》撰写《高师学前音乐教育》及《幼儿园音乐教育》研究文章。

李京春（1951— ）

女歌唱家。朝鲜族。黑龙江哈尔滨人。1968年参加文艺工作。1974年调北京工程兵政治部文工团任独唱演员。1975年获全国单项调演优秀奖，1977年获全军第四届文艺汇演优秀奖，1978年获全国第一届民歌调演优秀奖。1982年调中国广播民族乐团任独唱演员。1994年参加朝鲜四月之春国际艺术节获金奖。多年来为中央电台、各省市电台及电影录制歌曲近百首。全国青联第五、六届委员。

李京利（1958— ）

歌词作家。山西人。1976年入伍，1987年入山西省群众艺术馆。1989年调山西省音协，先后任副秘书长、秘书长、副主席，中国音协第五、六届理事，中国音乐文学会理事，山西省文联委员，《黄河之声》主编。发表（演播）大量作品，多首获全国、全军和省级奖及"五个一工程"奖，其中有北京第十一届亚运会开幕式及终场主题歌词《光辉的未来》《山路弯弯》《红颜色》等。为《喜耕田的故事》等二十余部电视剧（片）和十余部MTV作词。出版歌词集三部、文集一部。

李京玉（1966— ）

女声乐教育家。湖南邵阳人。湖南零陵学院音乐系副主任、副教授。湖南永州市音协副主席，政协永州市第一、二届委员。1987年毕业于湖南师范大学音乐系。曾在永州市四中任教，多次被省教委评为优秀指导老师。获湖南省音乐美术优质课调教一等奖，在湖南省青年歌手大奖赛中先后四次获得金奖，2002年在北京参加"红楼杯"公益歌曲擂台赛获第一名。曾受中国文化部派遣随团出访英国参加第36届比林汉姆国际民间艺术节。

L

李京哲（1956— ）

　　作曲家。朝鲜族。吉林柳河人。1995年毕业于沈阳音乐学院作曲系。曾在柳河县文工团任长笛演奏员。1992年始在沈阳和平区少年宫任教。撰有《关于管乐器的呼吸法》《关于少儿乐队的训练法》。作有歌曲《航修工人之歌》《老师的故事》（获省文化厅创作歌曲一等奖），毕业作品管弦乐《打令》在北京音乐厅演出。担任儿童电视剧《铁血少年》作曲、制作。管弦乐曲《阿里郎》在全国声器乐大赛中获一等奖。2002年赴北京参加全国少年宫三北地区文艺汇演，指挥市中学生交响乐团演奏铜管五重奏《演艺人》获表演金奖。

李井岗（1935—2007）

　　作曲家。山西万荣人。1952年在新绛、夏县中学任教。1958年毕业于西安音专作曲系，任兰州电影制片厂作曲，1961年调山西运城文工团。省三、四、五届文代会代表及音协理事。1994年任运城音、舞协会名誉主席。作有歌曲《绣花》，钢琴曲《小水车》，合唱曲《送情郎》，地方戏《苏三起解》《西厢记》，仿古乐舞《今秋大祭》等。曾获"煤乡之春""杏花奖""黄河杯"及省文联文艺作品"金牌奖"。撰有各类短文多篇，并兼任一些院校音乐理论及钢琴课。

李井然（1923—2002）

　　作曲家。辽宁丰溪人。1952年毕业于天津音乐学院作曲系。曾就读于吉林长春师范学院音系、北平艺专音乐系。原任音协武汉分会副主席。作有歌剧音乐《启明星》，1979年获建国三十周年戏剧调演歌剧创作一等奖。

李景铄（1935—2003）

　　大提琴演奏家。作曲家。四川内江人。内江市歌舞团艺术室原主任、艺术指导。1953年入四川音乐学院进修。1964年在成都参加为周恩来总理访问14国归来专场演出。1966年曾随凉山州文工团在怀仁堂、人民大会堂为国家领导人和外宾专场演出。作有歌曲《在一起》《月琴为什么会唱歌》《马儿哟！你快快跑》《盼红军》《爬坡曲》《凉山好》，舞剧《快乐的罗嗦》音乐（合作）。

李景侠（1957— ）

　　女琵琶演奏家、教育家。安徽人。上海音乐学院民族音乐系主任、硕士生导师，上海音协理事。1986年获琵琶演奏艺术与教学法硕士学位。1989至1998年在奥地利、德国学习，归国后在上海音乐学院任教，获院长奖。多次担任全国琵琶大赛评委，举办个人独奏音乐会并参加多种国际音乐文化活动。演奏的部分作品由中国唱片公司出版。率先在国内开设中国器乐演奏专业理论共同课。发表论文13篇，著有《中国琵琶演奏艺术》。

李景志（1929— ）

　　女作曲家。河北人。1952年毕业于天津河北师范学院音乐系，1960年入中央音乐学院进修。曾在中国广播艺术团工作。长期从事广播、电视、舞台剧音乐编配工作。

李景忠（1932— ）

　　指挥家。满族。吉林珲春人。任职于中央民族歌舞团。1947年参加部队文工团。1949至1950年指挥演出歌剧《刘胡兰》《赤叶河》《王秀鸾》等。1952年毕业于中南部队艺术学院音乐系作曲班。曾任演奏员、指挥、乐队队长等。曾指挥演出歌舞剧《幸福山》，大合唱《伟大的毛泽东》《远方的客人请你留下来》等。为西藏自治区成立大会指挥演出大型歌舞《翻身农奴向太阳》，七场歌剧《红旗卷起农奴戟》，芭蕾舞剧《白毛女》，大合唱《祖国颂》等。2006年任中央民族大学客座教授。

李景忠（1943— ）

　　作曲家。黑龙江鸡西人。1991年结业于中央音乐学院作曲系。曾出版多部专著，其中有《中小学语文配曲古诗词》。曾获黑龙江省文艺创作大奖，有多首歌曲由中国国际广播电台录制播放。此外出版有《幼儿诗书歌画》等10部，《各族人民歌唱党》等多首歌在全国比赛获奖。

李静铭（1945— ）

　　女音乐编辑家。满族。辽宁辽阳人。1969年毕业于沈阳音乐学院。曾任辽宁锦州歌舞团演奏员，1985年任锦州电视台音乐编辑。为二百余部电视专题片编辑音乐，其中三十余部获一、二等奖。任电视剧《野戏班》音乐编辑，获全国电视剧、电视戏曲连续剧一等奖。有《电视专题片的配乐要为主题服务》《寓教育于音乐欣赏之中》等文。

李静娴（1958— ）

　　女中音歌唱家。山东青岛人。海政歌舞团独唱演员。1978年入部队文艺团体。1985年毕业于中央音乐学院声乐系，同年获全军音乐比赛三等奖。

李久云（1963— ）

　　女音乐教育家。湖南临湘人。1988、1992年先后毕业于南京师范大学、首都师范大学音乐系。历任湖南岳阳石化总厂二小、二中音乐教师，岳阳师范学院、广东外语艺术职业学院音乐系副教授。曾在湖南"洞庭之秋"职工歌手大奖赛、"双星杯"歌手大奖赛中获奖，并在省文联庆祝建党70周年晚会上获优秀演出奖。

李菊红（1923— ）

　　女钢琴教育家。山东掖县人。1949年毕业于燕京大学音乐系。中央音乐学院钢琴系副教授。主编《成年人钢琴初步教程》《成年人应用钢琴教程》上下册（合作）。

李举寿（1938—已故）

　　单簧管演奏家。河南灵宝人。1962年毕业于湖北艺术学院管弦系，同年入湖北省歌剧团，后任乐队队长。从事单簧管演奏和教学。

李娟娟（1958— ）

　　女高音歌唱家。山东济南人。任教于济宁师范专科学校。1982年毕业于曲阜师大音乐系。撰有《神奇的音乐功能》《音乐课区域教学法》。1984年获省"建设者之歌"

L

文艺调演演唱一等奖，1997年获省歌曲创作电视大赛最佳演出奖，演唱的歌曲《飘香的村庄》获铜奖。1999年获济宁市第四届精神文明建设"精品工程奖"，及首届山东省"优秀校外教育工作者"称号。所培养的学生分别考入西安音乐学院等专业院校，有的在省内声乐比赛中获奖。

李厥涵（1938— ）

男低音歌唱家。山东章丘人。1953年参加中央人民广播电台学生广播合唱团，1959年考入中国煤矿文工团，1964年调入空政文工团。多年来从事歌剧表演，在歌剧《柯山红日》中扮演麦力生、《江姐》中扮演送饭人（华子良）、《风云前哨》中扮演索朗、《忆娘》中扮演钟民等。多次参加各种演出活动，担任独唱。演唱曲目有《回延安》《沁园春·雪》《向拉合尔的保卫者致敬》等。2002年获全国老年文艺调演声乐类金奖。

李钧道（1935— ）

音乐活动家、教育家。四川西充人。曾就职于四川省西充县文化馆，1985年入中国函授音乐学院学习。创作有歌曲和地方曲艺作品。主编《中国民间歌曲集成·西充县卷》及《中国民族民间器乐曲集成·西充县卷》。作品《集体好》曾在"上海之春"音乐节演出，《我为什么幸福》在全国少儿歌曲评选中获奖。

李俊生（1960— ）

音乐教育家。河南西峡人。1979年毕业于南阳第二师范音乐班，1986年毕业于河南大学音乐系。1999年在河南大学攻读研究生进修班。任教于河南漯河艺术师范，高级讲师。撰有《浅谈乡村师范音乐选修课》《植根艺师课堂，报春中州乐坛》。1997年被教育部体卫艺术司聘为"全国中等艺术师范音乐专业教材"编写组成员，参编《合唱与指挥》部分章节。作有二胡独奏曲《春韵》，歌舞音乐《沙河船工号子》，歌曲《祝福您，祖国的未来》。被省教育行、人事厅评为1995年河南省优秀教师。

李俊彦（1935— ）

作曲家、音乐教育家。河南遂平人。1958年毕业于河南艺术学院音乐系。师从王寿庭、张锐教授学习二胡。历任中学、师范音乐教师，剧团、文工团作曲、指挥、音乐设计，驻马店师范副教授、音乐教研室主任及中国民族管弦乐学会理事、驻马店市民族管弦乐学会会长。歌曲作品《团结之歌》《园丁颂》，音乐诗《二胡之歌》等在国家级报刊发表，在省市获奖。发表有《中外名曲欣赏概论》等。获河南省中师优秀二胡指导教师奖，全国民族乐器演奏水平考级优秀辅导教师奖。

李开明（1955— ）

双簧管、管子演奏家。湖北枝江人。湖北省歌剧舞剧院乐团演奏员。1974年在湖北艺术学院音乐系学习双簧管专业，1991年在中央音乐学院民乐系学习民乐管子。曾演奏双簧管独奏《洪湖水浪打浪》《红星照我去战斗》，管子独奏《阳关三叠》《放驴》《篱笆墙的影子》等。为电台、电视台、电视剧、唱片公司录制百余首音乐作品，并

随团赴法国、瑞士等国演出。

李康生（1919—1980）

音乐评论家。贵州人。毕业于云南大学农学院，后从事音乐工作。曾任重庆市群众艺术馆副馆长、音协四川分会副秘书长。撰有《目前音乐创作上的几个问题》《纪念聂耳，学习聂耳》等评论文章。

李抗非（1956— ）

声乐教育家、作曲家。辽宁沈阳人。1984年毕业于沈阳音乐学院。曾获罗马尼亚国际儿童艺术节"金孔雀"奖。创作的歌曲《北风谣》获文化部"群星奖"银奖，作曲和辅导的男童声小合唱《男孩快长大》获文化部主办的全国"小百灵"赛歌一等奖，作曲的中国古诗词歌曲——《少儿唱古诗》录制专辑。出版《少年儿童歌唱训练》《少儿歌曲弹唱技法》《古诗词译注词曲汇编》等专著。1995年被沈阳市政府授予市"声乐学科带头人"称号。

李可如（1955— ）

小号演奏家。北京人。1988年毕业于中央音乐学院，同年入中央歌剧院交响乐团，任小号首席。曾任内蒙古广播电视艺术团独奏演员，1979年获内蒙古自治区专业文艺团体汇演优秀表演奖。1989年参加法国指挥家皮里松执棒"贝九"的演出。先后参加第五届全运会、第十一届亚运会闭幕式、意大利艺术节、纪念中日邦交20周年大型音乐会等演出，参加《魔笛》《茶花女》《马可·波罗》等多部歌剧演出。

李克贵（1942— ）

扬琴演奏家。四川成都人。8岁随父李功亮习扬琴演奏，后师从蜀派扬琴大师李德才。1959年随中央广播乐团杨竞明进修深造。1960年毕业于四川省舞蹈学校器乐专业。曾任职于四川省歌舞剧院。成都市扬琴研究会副会长。主要演奏曲目有《将军令》《满江红》《战鼓催春》。多次随中国艺术团体赴欧洲、亚洲诸国访问演出。长期致力于扬琴艺术的理论研究，发掘、整理并改编有许多传统扬琴器乐曲目，部分曲目入选艺术院校教材。

李克礼（1939— ）

作曲家。贵州正安人。曾为贵州黔剧团乐队副队长。1963至1964年在贵州大学艺术系戏曲进修班进修。曾在中央文化管理干部学院学习。作有《节约小唱》《地质队大哥进山村》《花下诗》《布依蜡染飞海外》《石榴熟了啊哩哩》等歌曲。为《家庭公案》《桃李梅》《赠塔》等9个黔剧小戏和《蹉跎岁月》《阿双》《神寨》（合作）等10个黔剧大戏谱写音乐，并获各种奖项。创作《情系蓝天》舞蹈音乐，获贵州航空工业管理局调演一等奖。

李克明（1924— ）

中提琴演奏家。广东梅县人。40年代先后就读于岭南大学、山东大学。1950年始从事乐队演奏工作，后为中央歌剧院中提琴声部长。

李克强（1934— ）

小提琴教育家。江苏人。1957年毕业于上海音乐学院、留校任教，后被评为教授。1987年曾应邀担任蒙特利尔国际小提琴比赛评委。

李克武（1928—已故）

指挥家。吉林长春人。1944年毕业于新京音乐院，后任长影乐团指挥。指挥有电影音乐《画中人》《甲午风云》《飞来的仙鹤》。

李昆丽（1959— ）

女琵琶演奏家。云南昆明人。中国琵琶研究会常务理事、厦门音协民族器乐专业委员会主任。厦门大学艺术教育学院音乐系副教授、民乐教研室主任。1983年毕业于四川音乐学院民乐系。1984年参加云南省"聂耳音乐周"大型文艺晚会担任琵琶独奏。1989年赴菲律宾亚洲圣仪音乐学院讲学并在马尼拉、碧瑶等城市举行多场个人演奏会。曾由菲华唱片公司出版《李昆丽琵琶曲集》音带，并在香港举行个人演奏会。1996年出版《琵琶教程》。

李来华（1936— ）

女高音歌唱家。满族。辽宁沈阳人。1950年始从事部队文艺工作。后任南昌市艺术团声乐指导。曾主演歌剧《洪湖赤卫队》《货郎与小姐》。

李来璋（1942— ）

音乐理论家。山东潍县人。曾为吉林省艺术研究所研究员、学术委员会常务副主任、《中国民族民间器乐曲集成·吉林卷》常务副主编。1962年毕业于吉林省艺术专科学校音乐系，后在吉林省艺术团体从事演奏、辅导、创作及民族音乐理论研究。学术专著两部、编著两部、论文四十余篇。先后获第六届华夏之声优秀学术论文奖、中国艺术界名人作品系列展优秀奖、东北三省音乐论文征集评选一等奖、吉林长白山文艺大奖、全国文艺史志集成编纂成果一等奖，并被评为全国文艺史志集成先进工作者。

李兰芬（1950— ）

女音乐活动家。辽宁锦州人。1978年毕业于沈阳音乐学院声乐系，同年入锦州市歌舞团，后在中国音乐学院学习作曲，1990年入锦州市文联社组联部主任。曾导演电视节目《拥抱彩虹》获全国有线电视文艺节目评选三等奖。作有歌曲《吹泡泡》《卖火柴的小女孩》。多次参与并组织各种音乐活动及比赛。撰写论文《谈歌词的可唱性》。

李兰嘉（1947— ）

女钢琴演奏家。广东梅县人。1966年毕业于中央音乐学院附中。多年来活跃于钢琴演奏舞台。曾演奏贝多芬《第三钢琴协奏曲》《黄河》钢琴协奏曲、《秦腔主题随想曲》和《南泥湾》钢琴协奏曲等作品。曾获中国国际合唱节银奖，陕西省最佳钢琴伴奏奖。陕西省文联授予"德艺双馨"艺术家称号。

李兰宗（1929— ）

声乐教育家。河北深县人。1959年毕业于中央音乐学院声乐系。曾任哈尔滨师大艺术学院声乐教研室主任、副教授。撰有《意大利美声学派早期理论初探》等文。

李乐怡（1940— ）

女小提琴演奏家。四川成都人。1963年毕业于四川音乐学院管弦系小提琴专业，同年分配至广州乐团，参加了各种交响音乐会演出及广东省音乐舞蹈史诗《东方红》二百余场演出。在珠影乐团工作期间，任第二小提琴首席、声部长，参加二百余部电影及电视剧音乐录制工作以及历届"羊城音乐花会"的演出和珠影乐团举办的各种音乐会。广东小提琴教育学会理事。

李黎燕（1932— ）

声乐教育家。浙江杭州人。江苏省歌舞剧院声乐教员、副教授。曾任江苏省音协理事及声乐表演委员会委员。1949年入志愿军文工团任独唱演员，先后在中央乐团、中央音乐学院学习5年。在省歌舞剧院执教四十余年，培养出许多优秀学生，学生祝爱兰，在帕瓦洛蒂主持的世界声乐比赛中获大奖。1987年作为中国第一个女高音歌唱家进入美国大都会歌剧院，目前仍活跃在世界大歌剧舞台上。发表论文数篇，其中《试论歌唱的呼吸》入选《中华名人文论大全》，并获特等奖。

李立群（1962— ）

歌词作家。广东人。赤道文化在线网站总监。多年以来从事作词、唱片企划、文化传播企划。1988年开始发表歌词。多次获全国及省级奖，其中包括中国音协《歌曲》编辑部成才之路大赛歌词金奖，第七届全国大学生"挑战杯"会歌评选第一名，中国音协"世纪之声"歌曲大赛金奖，全国广播新歌一等奖，中宣部"五个一工程"奖和广东省宣传文化精品奖。

李立庸（1930— ）

女音乐编辑家。辽宁沈阳人。1949年毕业于鲁艺音乐系，就职于沈阳市文联。1952年起，先后在文化部艺术局音乐处、中国音协、中央电台任音乐记者、编辑。曾任中央电台文艺部主任编辑和《广播歌选》副主编。1953年推出《歌唱祖国》等为代表的114首歌曲，编辑出版《获奖歌曲集》。在电台文艺部工作期间，采录数以千计的歌曲、乐曲、大合唱及交响乐等。撰有《时代的节奏，悦耳的歌声》《轻音乐乐曲创作的良好开端》《少数民族歌唱艺术的新收获》等文。

李立章（1935— ）

圆号演奏家、教育家。湖南韶山人。西安音乐学院教授、硕士生导师。西部教育顾问、世界圆号协会会员。1951年开始从事部队音乐工作。五十年代先后赴朝鲜国立音乐大学、德国霍尔曼圆号专家班和中央音乐学院干部专修班学习。编纂有《圆号演奏教程》《美国著名圆号教授道格拉斯·希尔的讲学》。另有论文及乐评《圆号史话》《中国圆号史略》《论圆号之起吹》《圆号现代技巧及其

L

记谱法》《论音乐中的无言之美》等。

李丽华（1950— ）

女声乐教育家。陕西人。西安职业中专艺师分部教师。1988年毕业于西安音乐学院。论文《声乐集体课初探》1994年获西安市职教论文比赛二等奖，《如何上好声乐集体课》1996年获艺师校级论文比赛一等奖。1997年获西安"外事杯"广播歌手大赛第二名，西安市艺术师范基本功大赛二等奖。歌曲作品有《蝴蝶》等。

李丽娜（1958— ）

女大提琴演奏家。黑龙江牡丹江人。内蒙古民族歌舞剧院乐团大提琴首席。曾任包头市歌舞团、内蒙古歌舞团大提琴演奏员。多年来，随团参加重要演出和音乐会，2002年举办个人独奏音乐会。曾随团赴澳门演出。

李连山（1934— ）

单簧管演奏家。河北沧州人。1951年入河北省军区文工团。1952年调入华北军区（北京军区）歌舞团乐队任单簧管首席。参加历届全军文艺汇演及《长征组歌》的演出，并随团多次出国访问演出。1969年任歌舞队副队长，1973年任歌舞团副团长兼乐队教导员、队长。

李连生（1936— ）

古筝演奏家。辽宁沈阳人。1963年毕业于沈阳音乐学院民乐系，后到县民族文工团任教师、创作员。曾任辽宁朝阳市文联秘书长兼组联部主任、朝阳市音协名誉主席、北京古筝研究会常务副会长。1954年考入东北音乐专科学校附中，学习古筝和声乐专业。参加各级汇演，创作、演唱歌曲百余首、歌剧十余部。其中《社员跟着共产党走》以及作曲的电视风光片《凌河情》，论文《论颤是筝的灵魂》等，均在省以上播（发）过。1987年从事古筝教学，有学生千余人，三十余人获全国奖，曾在朝阳、大连举办古筝邀请赛。2002年底出版《燕都筝曲》及MP3。2006年曾举行"李连生从艺52周年师生音乐会"。

李连生（1944— ）

音乐教育家。天津人。湖北手风琴学会顾问、湖北合唱学会理事、武汉少年合唱团艺术指导。1964年开始从事少年儿童音乐教育工作，1976年起负责武汉少年合唱团组织、辅导和伴奏工作三十余年。武汉少年合唱团曾获全国优秀童声合唱团光荣称号，1998年参加全国合唱比赛获二等奖，该少年合唱团分别向武汉音乐学院、上海音乐学院、中国人民解放军艺术学院等输送了一批批人才。在音乐教育中培养了一批批手风琴手，其学生曾获武汉市第一届手风琴比赛一等奖、独奏二等奖。

李琏亮（1933— ）

女钢琴演奏家。上海人。1955年毕业于中央音乐学院华东分院。曾为上海音乐学院钢琴系副教授。

李良伟（1956— ）

钢琴教育家。湖北武汉人。第四届襄樊市音协副主席。1978年毕业于湖北艺术学院音乐系作曲专业，同年分配到襄樊市歌舞剧团任作曲。《放鸭歌》《古隆中抒怀》等作品曾多次在全国与省、市获奖。1987年创办襄樊市歌舞剧团儿童业余艺术学校。1996年开办个人钢琴集体课教室。2003年被聘为省音协、武汉音乐学院社会艺术水平考级钢琴高级考官。曾获第二届亚洲青少年音乐比赛湖北赛区钢琴组"园丁奖""育才奖"。

李林浩（1933— ）

作曲家。江西南昌人。1950年始从事音乐工作。曾任南昌市音协副主席。作有歌曲《王老汉去开选举会》《奉香茶》，歌剧音乐《红鼻子》。

李琳媛（1955— ）

女琵琶演奏家。内蒙古赤峰人。赤峰市民族管弦乐学会会长、古琴学会会长、海云琴社社长。1976年毕业于沈阳音乐学院民乐系琵琶专业。后相继考入天津音乐学院民乐系、作曲系，硕士研究生。曾任赤峰市歌舞团、美国纽约飞天艺术团琵琶演员兼副团长。先后获美国人物传记中心琵琶演奏金奖、洛杉矶政府奖。

李岭新（1955— ）

长号演奏家。安徽萧县人。1971年入陕西省歌舞剧院任演奏员，2007年任该剧院音乐舞蹈团团长。撰有《长号发音浅谈》。参加院团大量演出活动。担任首席长号演奏的获奖演出有陕西省第二届艺术节音乐会银奖、第二届中国艺术节"西北荟萃"晚会荣誉奖，歌剧《张骞》获第二届少数民族文艺汇演金奖，《司马迁》获"五个一工程"入选作品奖、第十届"文华奖"评比演出新剧目奖，"盛世国风"获第三届省艺术节开幕式优秀演出奖等。

李玲玲（1963— ）

女扬琴演奏家。安徽亳州人。1981年考入中国音乐学院，1985年为中国音乐学院硕士研究生。1982年在全国民族器乐独奏观摩演出中"获优秀表演奖"。曾任中国音乐学院实验乐团独奏演员。

李玲玉（1963— ）

女音乐教育家。山东聊城人。中原石油艺术中学音乐教师。1989年毕业于曲阜师范大学艺术系，后在中国音乐学院声歌系进修。为中原油田培养一批音乐教师，为高等艺术院校输送多名艺术人才。撰有《幼师音乐教学的几点看法》《声乐教学的一点体会》《浅谈高中歌唱中的松与通》等文。曾在石油职工文艺汇演比赛中演唱一等奖。

李龙浩（1955— ）

单簧管演奏家。朝鲜族。吉林龙井人。中国单黄管学会理事，中国朝鲜族音乐研究会副秘书长，延边音协副主席，延边歌舞团副团长。1975年毕业于延边艺术学院单簧管专业。1980至1983年在中央音乐学院进修。1997至1999年到日本东京音乐大学留学。1983年开始在延边歌舞团任单簧管首席。1999年举办"李龙浩单簧管独奏音乐会"。

L

李隆汉（1940— ）

词曲作家。湖南人。湖南省江永县文联主席，湖南省政协第六、七届委员。20世纪80年代初，其词作《日子富了歌也多》经谱曲后录制激光唱片。1991年，由广播电影电视部、文化部、农业部、林业部等联合主办的"当代农民之歌"征歌中，《我当农民好快活》居榜首。1994年，《溜溜歌》在国家教委主办的全国少儿歌曲评奖中获一等奖，并由首都庆祝建国45周年筹委会向全国推荐。

李迈新（1941— ）

作曲家。河北人。发表论文有《为弘扬民族文化出点力》《弘扬中华魂共系民族根》《音乐与儿童启蒙教育》《民族音乐振兴何时可待》《论我国民间弦曲艺术特点》。发表的歌曲有《三个和尚》《特大面包也不大》《是喜还是愁》《童星之歌》等二十余首。

李茂林（1927— ）

音乐教育家。河北人。1953年毕业于天津河北师范学院音乐系。历任太原第二师范、太原师专音乐教师、太原市豫剧团音乐设计、太原市戏剧研究所音乐编辑及太原市教育学院教学指导委员会委员、兼职教师。中国教育家协会理事、美国海外艺术家协会理事、《山西人物文化大辞典》编委、艺术类主编。1957年获山西省先进工作者。

李梅香（1940— ）

女钢琴教育家、音乐学家。甘肃临洮人。1962年毕业于兰州艺术学院音乐系钢琴专业。先后任职甘肃省歌舞团、甘肃省艺术学校，后调任云南艺术学院附中校长，教授。长期从事钢琴教学，众多学生考入北京、上海等音乐院校或出国深造。1985年在西安《社会科学评论》上发表《西部音乐：它的历史及其在中国音乐发展战略中的地位》，相继被《人民音乐》及《音乐舞蹈研究》等转载，并获云南省社会科学研究优秀成果二等奖。曾任云南省音协钢琴学会副会长。

李美格（1947— ）

女钢琴教育家。上海人。曾任上海师大音乐系钢琴教研室主任。1987年毕业于上海师范大学音乐系。曾入上海音乐学院进修。撰有《论节奏的训练》《论整体记忆力的训练》等文，录制有《高等师范院校钢琴基础教程》盒带，由上海音像出版社出版。

李美珠（1939— ）

女指挥家。北京人。早年就读东北音专附中，后任教沈阳音乐学院附中。1964年毕业于沈阳音乐学院作曲指挥专业。同年任工程兵文工团指挥。后任职于总政军乐团。中国合唱学会理事、中国管乐学会高级顾问。曾任音乐舞蹈史诗《东方红》指挥组指挥、新疆军区歌舞团指挥兼教员。后任教于总政军乐团教学队、解放军艺术学院军乐系。为军乐团训练多支乐队，培养大批军乐人才。曾获解放军军乐团新作品优秀指挥奖。北京市少年宫交响管乐团、青年交响管乐团艺术总监、常任指挥。2005年获荷兰第十五届世界管乐大赛金奖。

李民铎（1939— ）

钢琴教育家。河南信阳人。1960年入莫斯科音乐院钢琴系进修。1962年毕业于上海音乐学院钢琴系、并留校任教。先后在上海、南京、北京等地举办个人独奏音乐会。曾与法国指挥家让·皮里松合作演出莫扎特协奏曲，与日本指挥家安永武一郎合作演出贝多芬的第五协奏曲。

李民雄（1932— ）

音乐理论家。浙江嵊县人。1961年毕业于上海音乐学院民族音乐系，后任该院音乐学系副主任、副教授，中国音协民委会委员。著有《传统民族器乐曲欣赏》等。

李民子（1944— ）

女小提琴演奏家。朝鲜族。吉林龙井人。1964年毕业于延边艺校小提琴专业。1981年毕业于上海音乐学院管弦系小提琴进修班。吉林艺术学院延边分院管弦系弦乐教研室主任。作有儿歌《永远跟党走》获国庆30周年文艺献礼一等奖。作有儿童歌曲集《青蛙》《火红的党旗》。出版有《小提琴教学曲集》（1、2、3册），《小提琴初级教程》，编译《德沃夏克的生涯》，翻译《论崔三明〈初春〉》电影音乐等。曾随延边艺校艺术团赴美演出。1986年参加纪念郑律成逝世10周年音乐会大型演出，任首席。曾多次出任延边等全国朝鲜族小提琴比赛评委。培育出数十名小提琴、钢琴人才。

李敏军（1949— ）

女作曲家、扬琴演奏家。陕西泾阳人。1985年西安音乐学院作曲系毕业。陕西省西安易俗社艺术研究室主任。发表《肖若兰"臧舟"唱腔浅析》《郑瑛娇音乐点滴》《四路秦腔旋律形态说》等多篇论文。编辑有《汉调桄桄音乐》，陕西风格民族乐器系列曲集《扬琴曲集》。担任作曲的秦腔曲目有《女魂》《郭秀明》。

李敏康（1935— ）

作曲家。河北安国人。曾为重庆市文联委员。1957年毕业于解放军装甲兵第三坦克学校，后调某师坦克团。1963年由四川音乐学院作曲系本科毕业，分至重庆市曲艺团任作曲、艺术室主任。作有歌曲《东方的巨龙》《我们的坦克威力大》多首，参加多部川剧移植现代戏并参加调演，作有大量四川清音及乐器合奏曲，发表论文《四川清音与明清俗曲》等多篇。曾担任《中国曲艺音乐集成·四川卷》编委和《四川清音》责任编辑。

李名方（1936— ）

作曲家。上海人。1955年入上海广播乐团工作，1956年调中央广播乐团，1959年任该团创作组成员及中央少年广播合唱团指挥。后至广东从事专业音乐创作。出版《微笑的春姑娘》《祖国的爱》《世界著名童话歌曲精选》等专集。1992、1996年在北京举行两台个人作品音乐会。盒带及CD专辑有中唱总公司出版的《给我们快乐的星期

L

天》，江苏等地出版的《上有天堂，下有苏杭》《东方的自豪》。获奖作品有数十件。

李名强（1936— ）

钢琴演奏家、教育家。浙江镇海人。10岁师从德籍教师卫登堡习钢琴。1956年执教于上海音乐学院管弦系。后师从苏联专家克拉夫琴柯学习钢琴，并在钢琴系任教。曾任上海音乐学院钢琴系主任、副院长，教授。中国文联委员、中国音协理事、上海市政协委员。曾参加"布拉格之春"第三届斯美塔那国际钢琴比赛获第三名，参加第一届乔治·艾乃斯库国际比赛获第一名，参加第六届肖邦国际钢琴比赛获第四名。曾应邀赴亚、欧、大洋洲、拉丁美洲二十余个国家举办钢琴音乐会。多次应邀担任国际钢琴比赛评委。

李明晨（1938— ）

音乐活动家、词作家。河北宁晋人。1960年毕业于河北艺术师范学院。石家庄市音协常务副主席、河北省音协理事、省合唱指挥学会副会长、石家庄市音乐文学学会会长，《北方音乐文学报》主编，《太行歌声》杂志副主编、北方音乐文学刊授学校校长。组建有石家庄合唱团和艺术团。组织举办石家庄市多届合唱节，首届石家庄市音乐周。发表歌词作品数十首，多首获奖。发表有中篇历史小说三部。编辑出版歌词集四本。

李明池（1930—已故）

作曲家。江苏盱眙人。15岁参加新四军。解放战争时期调到华东野战军第二纵队文工团、四师文工队任音乐股长、歌舞队副队长。1950年到上海音乐学院进修理论作曲，毕业后回某军文工团任歌舞队长。1977年在兰州军区，先后担任团宣传股长、军区文化部俱乐部工作科科长、宣传队队长、歌舞团团长兼党委书记。1978年转业到天津音乐学院，先后担任器乐系党支部书记、音乐学院附中校长、书记。创作群众歌曲二百余首，并出版《八一军旗迎风飘—李明池歌曲选》。

李明福（1941— ）

音乐教育家。天津人。1963年毕业于天津音乐学院师范系。郑州幼儿师范学校特级教师，河南省音协理事。编撰有《幼儿歌曲简易伴奏法》《学前班教师用书》等教材。作有歌曲《春蚕》《当代河南人》等百余首，部分作品获奖或在中央电台"每周一歌"中播放。作有舞蹈音乐《连年有余》（合作）《嬉莲图》《幸福的小金鳞》，幼儿舞蹈音乐《小猪噜噜》，分别在"全国音乐舞蹈比赛中获奖。1995年获曾宪梓教育基金会颁发的全国中等师范学校教师奖。

李明恒（1926— ）

大提琴教育家。河南洛阳人。1953年毕业于华中师范学院音乐科，后从事大提琴音乐教学。曾为河南大学音乐系副教授、中国音协表演委员会大提琴学会理事及河南分会会长。撰有《大提琴音色训练》。

李明俊（1942— ）

作曲家。吉林人。1964年毕业于吉林艺专，留校任教。1979年在上海音乐学院作曲系进修，后任吉林艺专音乐系副主任、教授及吉林省音协理事、省手风琴学会主席、长春市音协副主席。所撰《管弦乐配器的基础训练》（合作）获院论文二等奖。编纂《袖珍音乐词典》《中小学教师音乐小百科》并任编委，主编《外国手风琴曲集》《中国钢琴名曲曲库》（4册），作有《女钻工的心愿》《节日酒歌》《春天你好》《妈妈的心》等钢琴改编曲。

李明伟（1941— ）

圆号演奏家。四川人。除进行圆号教学及演奏外，还撰写有《循环换气之我见》《控制、耐力》《关于圆号教学的高音问题》《圆号的音色》《管乐随想》《我国室内乐的现状和希望》等论文。

李明贤（1955— ）

作曲家。朝鲜族。吉林通化人。通化钢铁集团公司文工团副团长、指挥。通化市音协副主席。作有歌曲《我愿是一朵钢花》《矿山希望之光》《炉前工和吉他》《钢铁的梦》等，并在全国钢铁企业优秀歌手大赛中获创作二、三等奖。歌曲《长白山我富饶的家园》《流不尽的钢水，唱不完的歌》《炉前的小河》分别在吉林电台、电视台播放。《厂区美似小杭州》《炉前工打心眼里乐》《家乡的钢花》《天车姑娘》等曾被通化电台、电视台选为春节联欢晚会演唱曲目。

李明云（1933—已故）

作曲家。浙江温州人。1961年毕业于上海音乐学院作曲系。曾在浙江电视剧制作中心从事作曲。作有电视剧音乐《洞房》《盈盈一水间》《鲁迅》，歌剧音乐《秋海棠》等。

李鸣镝（1964— ）

女音乐教育家。河南信阳人。河南师范大学音乐系声乐副教授。曾获省、市"十佳歌手"等荣誉称号，多次参加省、市电台及电视台等各项大型演出。撰有《高师美育学》《艺术教育学》《声乐教学中'内耳'听辨力的把握》《再谈高师声乐教学中的'母语'回归》等文数十篇，并主持《声乐美学研究》等多项科研课题。教学中曾多次获教学优秀一等奖、优秀指导教师称号，所培养学生在省内各项比赛中获奖。

李鸣禄（1946— ）

作曲家。天津人。1976年毕业于天津音乐学院声乐专业，同年入天津西青区文化馆任副馆长。1989年调西青区文化局任文化科长。作有歌曲《买卖婚姻害处多》《党的富民政策暖人心》《春姑娘的礼品》《我爱我的小村庄》《春雨沙沙》，电视片音乐《天津四绝》，舞蹈音乐《连年有余》《嬉莲图》《春风得意》《杨柳青》《五谷丰登庆有余》《红韵》等，部分作品获奖。

L

李木仁（1931— ）

女歌唱家。河北人。1949年毕业于华北大学戏剧系，后入中央戏剧学院歌剧团。1952年入中央民族歌舞团任独唱演员。曾主演秧歌剧《兄妹开荒》《夫妻识字》。演唱有《五哥放羊》，藏族《山歌》。

李木生（1950— ）

歌词作家。江西萍乡人。湖南省张家界军分区原政委、省音协音乐文学委员会副会长、理论与创作委员会名誉顾问，张家界市音协顾问。1968年入伍，1970年开始从事部队业余文艺宣传和歌词创作。先后在省以上文艺刊物和出版机构发表大量歌词。作词歌曲《洪家关》被选为央视"心连心"艺术团演出曲目。合著出版有歌曲集《绿色的旋律》，歌词集《军号、短笛、红亮》与《红柳和胡杨》。

李乃谦（1937— ）

音乐编导家。山东潍坊人。1965年毕业于中央音乐学院，留校工作。1973年入山东电视台，先后任音乐编导、文艺部主任。导演并播出音乐、综艺、专题等近百部（首）作品。导演的电视音乐片《青岛，青春的岛》，在1981年首届全国电视节目评奖中获优秀纪录片奖。策划的文艺专题片《方荣翔》，1993年获国家政府一等奖、CCTV杯全国电视节目评比特等奖。创办的综艺栏目连续五年获国家政府"星光奖"（优秀栏目奖），2000年荣获"中国百佳电视艺术工作者"称号。

李迺紘（1931—1999）

音乐教育家。广东信宜人。1957年毕业于华中师范学院音乐系。曾为河南大学音乐系副教授。著有《视唱教程》《指挥法基础》。

李宁生（1929— ）

女钢琴教育家。湖北沙市人。曾就读于武汉华中大学。1955至1988年在北京舞蹈学院担任钢琴伴奏及教学。参加芭蕾舞、古典舞、民音舞基训课及小节目、舞剧片断的伴奏与排练。合作制定教学大纲，选编教材。培养了多名钢琴演奏人材，在国际舞蹈比赛时，除舞蹈得奖外，还合译约翰·汤姆森《现代钢琴教程》，选编外国钢琴小曲30首及四手联弹曲一册。

李宁生（1966— ）

歌唱家。青海人。青海音协理事。第八届全国青联委员、省青联常委。1984年入伍，先后在武警青海总队文工团任声乐演员、团长。1992年在上海音乐学院声乐系进修，师从王品素教授。1988年起先后获青海省"欢乐今宵"声乐大奖赛一等奖，"歌唱青海"演唱奖，全国武警部队"春回头杯"声乐比赛优秀歌手奖，第八届"大红鹰杯"全国青年歌手电视大赛专业组民族唱法优秀歌手奖，第九届全国青年歌手电视大奖赛青海赛区专业组民族唱法一等奖等。策划、编排多台部队文艺晚会。

李培基（1942—已故）

笛子演奏家。北京人。1961年入中央民族乐团，后任中央歌舞团演奏员。曾随团赴拉美六国及澳门演出。

李培隽（1956— ）

音乐活动家。江苏人。1973年入伍，北京大学艺术系文化艺术管理研究生课程进修班结业。曾任北京军区空军军人俱乐部主任、文化科长、创作员。2000年起先后任中国文联国内联络部综合处处长、国内联络部副主任。2008年始任中国音协分党组成员，第六、七届副秘书长。参与组织2003年《中华情》歌曲征集演唱大型系列活动及《中华情》全球华语优秀原创歌曲大型演唱会，2005年"爱我中华"抗战歌曲大联唱，"情系大别山"——庆祝建军80周年中国文联赴红安革命老区慰问演出，2008年"送欢乐，下基层"中国文联赴广西钦州市慰问演出，"永远的怀念"——纪念周恩来诞辰110周年暨中国文联赴江苏淮安慰问演出等活动。分别参与组织丛飞、邹树君同志先进事迹报告会。组织策划中国文联《艺坛大家》专题片和《中国文联名家剪影》征文。歌曲《夜巡》曾获全军业余文艺调演创作奖。

李培良（1934— ）

声乐教育家。北京人。16岁考入中央音乐学院声乐歌剧系，后任上海合唱团演员、上海民族乐团独唱演员，曾随俄籍声乐专家苏石林等学习声乐，后从师于林俊卿。1956年入上海声乐研究所成为林俊卿博士最早的教学助手之一及首届研究生。中国少数民族声乐学会理事，中国咽音学会常务理事。1963年调中央民族歌舞团任专职声乐教师。1986年应邀赴美国明尼苏达州讲学，被授予声乐博士，并被聘为该州歌剧院声乐顾问。1983年起在中央民族大学声乐进修班从事主科教学，大部分毕业生在国家与省级声乐比赛中获奖。先后应邀赴马来西亚、新加坡讲学。

李培生（1946— ）

作曲家。湖南人。毕业于广州音乐学院作曲系。曾任湖南省音乐家协会理事，省群众艺术馆业务副馆长。其作曲的舞蹈《瑶族长鼓舞》《过山瑶》《长鼓风韵》《山、水、人》《接新郎》《飞》《我是小小交通警》《长鼓情》等多次在全国比赛中获奖，并赴西欧及东南亚各国参加国际艺术节演出。

李培智（1950— ）

音乐活动家。山西太原人。毕业于中国音乐学院附中、中央乐团社会音乐学院。1969年到中央乐团工作。曾任合唱队队长，1996年任中国交响乐团合唱团团长、党委副书记。曾组织策划数十台，如"伏尔加之声""永远的王洛宾""中外电影金曲""五十六个民族民歌合唱音乐会""西域之歌"等合唱音乐会。组织合唱团多次出访及赴港、澳、台演出，促进文化交流。组织《布兰之歌》《巴哈b小调弥散》等作品在国内的首演。

李沛泉（1933— ）

作曲家。山西柳林人。1945年始从事部队文艺工作。1964年上海音乐学院肄业。曾任上海宝钢文联主席。作有歌剧音乐《红鹰》《喜相逢》，歌曲《基建工程兵之歌》

《心随黄河万里游》，电视剧音乐《作业长，你好》。

李佩玉（1965— ）

歌唱家。黑龙江齐齐哈尔人。1983年开始从事文艺工作，1989年师从郭颂学习声乐。先后在黑龙江省青年歌手大赛、黑龙江省文化厅举办的声乐大赛中获金奖、一等奖。歌曲《爱唱乌钦的阿爸》（合作）获中国广播新歌金奖。曾多次参加省、市大型文艺晚会和春节电视晚会担任独唱。2006年出版个人专辑，培养众多声乐人才，有的考入专业艺术院校。撰写发表论文十余篇。

李鹏贵（1957— ）

低音提琴演奏家。天津人。中国爱乐乐团演奏员。1977年毕业于天津音乐学院附中并留校任低音提琴教师。1983年毕业于上海音乐学院管弦系。曾先后在中国歌剧舞剧院、中国交响乐团工作。演出大量的中国歌剧、舞剧有《白毛女》《江姐》《小二黑结婚》和《文成公主》《铜雀伎》等。曾与世界众多指挥家、独奏家、歌唱家合作演出大量的中外艺术作品。2004年随中国爱乐乐团进行环球世界的巡演。

李平川（1951— ）

演奏家。吉林四平人。四平市铁西文化馆副馆长，副研究馆员。市音协副主席兼秘书长，市民族管弦乐分会会长。早年在专业剧团担任首席长笛，并随团到各地演出京剧、评剧等大型剧目。调文化馆后，从事音乐创作和文艺辅导。创作乐曲、歌曲百余首。乐曲《中华腾飞》，歌曲《家乡的南湖数一流》《小白鹅》等获省一、二等奖，《党啊，只因有了你》等歌曲在音乐刊物发表。主编《松辽新歌》，撰写有《新时期音乐漫谈》。

李平星（1946— ）

小提琴演奏家。天津人。1969年毕业于天津音乐学院管弦系，后到天津市京剧团，1980年起在天津音乐学院附中任教。发表有《对小提琴音准的研究》《谈小提琴指板音位的斜线排列现象》。作有现代京剧《芦花淀》的音乐及配乐部分，并参加录制电影音乐。曾担任天津京剧团乐队首席小提琴，演出《智取威虎山》近百场。曾任天津音协少儿小提琴分会会长，筹备举行1995年全国第三届少儿小提琴比赛。先后培养近百名学生，部分学生考入音乐院校及在国内外比赛中获奖。

李平之（1909—1992）

音乐教育家。浙江宁波人。1929年考入上海中华艺术大学西洋音乐系，毕业后曾先后任教于宁波、杭州等地中学、师范学校，后调宁波教育学院。出版有《初中音乐·读谱法》《和声学纲要》《中学音乐教程》《音乐基础教程》等及与人合编的《中学音乐教材》《解放歌声》。作有歌曲《示儿》《煮豆燃豆萁》《思母曲》《热血男儿》及儿童歌剧音乐《洋娃娃病了》。1954年组建宁波市中学生合唱团，曾赴人民大会堂演出《黄河大合唱》等。曾为宁波市音协主席及浙江省音协、宁波音协顾问。

李七夕（1946— ）

女小提琴演奏家。朝鲜族。吉林蛟河人。1963年毕业于中央民族大学艺术系小提琴专业，同年分配至中央民族歌舞团任乐队演奏员。曾多次随中央代表团赴西藏、广西、内蒙古、宁夏等地慰问演出。

李齐华（1955— ）

小提琴演奏家、教育家。陕西西安人。西安音乐学院小提琴教研室主任、教授、西安音乐学院学术委员会委员。1982年毕业于西安音乐学院管弦系，同年入陕西省乐团，任小提琴独奏演员。与交响乐团合作独奏《柴科夫斯基D大调小提琴协奏曲》《卡巴列夫斯基c小调小提琴青年协奏曲》《布鲁赫g小调小提琴协奏曲》《马思聪F大调小提琴协奏曲》《梁祝小提琴协奏曲》。1996年任教于西安音乐学院管弦系，曾任西安音乐学院交响乐团首席。发表论文多篇，获省政府教学成果奖及陕西省优秀教师奖。

李其芳（1937— ）

女钢琴演奏家。上海人。1962年毕业于上海音乐学院。1956至1959年在波兰华沙音乐学院学习。曾任中央音乐学院钢琴系副主任、副教授。1962年获"赫尔辛基"世界青年联欢节钢琴比赛"银质奖"。1964年在罗马尼亚埃涅斯库国际钢琴比赛中获奖。

李启福（1955— ）

音乐教育家。江西兴国人。赣南师范学院音乐学院教授，硕士生导师。中国音协手风琴学会理事。毕业于江西师大。1985年在上海音乐学院音乐研究所进修，1996至1997年参加厦门大学艺术学院硕士课程班学习。担任《中外音乐史及名作赏析》《外国民族音乐》《客家音乐》等课程的教学。主持省级课题3项，院级课题2项。发表论文和歌曲作品十余篇（首），其中部分作品获奖。

李启鸿（1949— ）

作曲家。福建泉州人。福建省泉州艺术学校校长。1982年、2004年分别毕业于福建省艺术学校作曲科、中国戏曲学院群众管理系。撰有《浅析歌仔戏音乐的美学特征》《如何让民族民间音乐代代相传》等文。1985年获福建教育厅、省音协合办的"福建省首届少年儿童钢琴比赛"辅导奖，1987年参加福建文化厅举办的"福建第十七届戏曲展演"获大型历史剧《孽缘》音乐设计奖。

李启慧（1943— ）

女钢琴教育家。贵州人。1961年毕业于中央音乐学院附中钢琴专业，1963年毕业于该院管弦系竖琴专业。1971年入云南省歌舞团任钢琴演奏员。1985年调云南艺术学院任教，后任音乐教育系键盘教研室主任。1987年入东京国际音乐学钢琴、电子琴专业。曾演奏钢琴伴唱《红灯记》、钢琴协奏曲《黄河》。撰有《在钢琴教学中逐步树立起以中华文化为母语的音乐教育思想》《谈肖邦作品的旋律和钢琴织体》《钢琴早期教育浅探》。

李乾南（1948— ）

作曲家。四川泸州人。四川社会音乐研究会理事、泸州市音协副主席。1968年毕业于泸州师范。教过书，在专业文工团工作10年，从事群众音乐工作36年，曾辅导培育一批业余音乐骨干。在全国各地音乐刊物上发表歌曲数百首，部分在中央、省、市电台、电视台播放，并录制盒带，百余件获全国、省、市级奖。发表音乐教育评论文章数十篇，并已出版个人作品专集。1979至1983年行程数千里搜集、整理、编辑完成出版当地民歌集成。

李黔荣（1950— ）

女歌唱家。山西人。1981年毕业于上海音乐学院声乐系。曾先后就职于广州军区海上文化工作队、广州军区战士歌舞团。1985年调广东电视台艺术团任教，后任副团长，1990年兼任广东声乐学会副秘书长，2000年任深圳音协合唱团副团长。曾在广州、深圳举办独唱音乐会。

李倩胜（1945— ）

女钢琴演奏家。浙江萧山人。辽宁音协副主席。1962年入辽宁歌剧院任钢琴演奏员。1976年以来先后任辽宁芭蕾舞团副团长、辽宁歌剧院院长兼辽宁交响乐团团长。主持、领导、策划数十台大型歌剧及大型晚会的排演工作。在歌剧《苍原》和《沧海》中任艺术总监，其中《苍原》获"文华奖""五个一工程"奖，并被评为全国舞台艺术精品工程重点剧目，《沧海》获辽宁省第五届艺术节金奖、全国第六届艺术节优秀剧目奖。先后被授予省劳模、全国先进工作者等称号。

李巧燕（1950— ）

女音乐教育家。北京人。毕业于首都师范大学音乐学院音乐教育专业，首届硕士研究生课程进修班结业。60年代入中央台少年合唱团。1963年为谢添执导的优秀儿童影片《小铃铛》中配唱，录制插曲《马佳的歌》。曾插队山西并任地区文工团歌唱演员。曾师从嗓音专家王振亚、张丽娟学习嗓音研究和声乐。长期担任师范学校音乐教研组长，被评为区骨干教师，培养了许多音乐人才。撰有《变声期的嗓音保护与训练》《女中学生音乐鉴赏能力的培养》被评为全国音乐教育优秀论文。

李钦英（1942— ）

作曲家。山东泰安人。曾任历城豫剧团团长、历城工人文化宫主任、历城区文联戏协、舞协、音协主席。创作豫剧音乐剧目《夺印》《焦裕禄》《红灯记》《苍山红梅》《山鹰》等五十余部。所创作的歌曲、乐曲、舞曲共获各级颁发的多种奖项。其中歌曲《请到俺家乡看一看》获文化部、广电部、中国音协、民政部、农业部、林业部创作奖。《报答》获山东省文化厅、文联、总工会、经贸委的一等奖与精品工程奖。创作的舞曲《绿了母亲河》在全国第十届舞蹈比赛中获"群星奖"等。

李清超（1951— ）

小提琴演奏家。山东平原人。1970年毕业于湖北艺术学院附中。后在河南豫剧三团乐队任首席小提琴。1992

年始参加现代戏《这不是梦》《红果红了》《蚂蜂庄的姑爷》《香魂女》《村官》等的排演，其中《红果红了》获1995年文化部第五届"文华奖"、中宣部"五个一工程"奖，《蚂蜂庄的姑爷》获中宣部"五个一工程"奖，《香魂女》获第六届文化艺术节大奖，《村官》获第九届戏曲大赛优秀伴奏奖。撰有《谈小提琴演奏》一文。

李清华（1930— ）

民歌演唱家。山东宁津人。1949年入华北人民革命大学。曾任军委工程学校文工团、总政歌舞团独唱、领唱演员。演唱有《尕马令》《小青马》《想亲亲想得迷了窍》《走了一山又一山》《争取当模范》。曾随团赴前苏联、罗马尼亚、波兰、捷克、缅甸、朝鲜演出。

李清龙（1958— ）

大提琴演奏家。内蒙古包头人。内蒙古民族歌舞剧院交响乐团首席大提琴。1982年毕业于内蒙古师范大学音乐系。曾参加多场交响乐、舞剧、歌剧、独奏、协奏音乐会的演出及录音、录像。1991年参加中央电视台春晚貌况演播马头琴《万马奔腾》，多次随马头琴大师齐·宝力高及马头琴乐团在北京音乐厅和世纪剧院举行音乐会。撰有《铃木小提琴教学法实用性总结》《气功在大提琴演奏中的运用》等文。培养的学生多人考入省级上专业院校。

李清明（1936— ）

器乐演奏家、作曲家。回族。河北泊头人。1942年从艺。1955年后相继在北京实验评剧团，辽宁评剧二团任琴师。1971年调沈阳音乐学院任教，1978年入沈阳评剧院任琴师、作曲。同年沈阳专业技术表演赛获优秀伴奏奖及演奏一等奖。《魂断天波府》《关东腊月雪》获优秀作曲奖，个人伴奏奖。《日月图》获音乐奖，《关东腊月雪》获作曲奖。为《相思树》《半把剪刀》等剧目作曲和音乐唱腔整理。曾演奏《三敦大过门》。撰有《花淑兰和她的唱腔》等论文。

李清溪（1929— ）

大提琴演奏家。山东烟台人。1951年毕业于中央音乐学院管弦系大提琴专业。1952年赴上海进修，师从大提琴教授奈甫佐夫。先后在中央歌剧舞剧院、中国歌剧舞剧院任首席大提琴演奏员。曾参加三十余部歌剧、舞剧的演出，并担任其中大提琴独奏，以及各种形式的音乐会演出。

李晴海（1927— ）

作曲家、民族音乐理论家。白族。云南元江人。1957年毕业于西南音专声乐系。先后任云南省歌舞团副团长、大理州白剧团副团长、云南艺术学院艺研室副主任。作有歌曲《景颇山上丰收乐》《大理是个好地方》，白剧音乐《红色三弦》《苍山红梅》（合作），论文有《白族音乐》《白剧音乐的回顾与思考》《云南聂耳的摇篮聂耳的根——试析聂耳人生观的形成及其音乐根基》，编著有《白族歌手杨汉与大本曲艺术》（主编），《白族情歌选》。云南艺术学院教授，中国少数民族音乐学会理事。

李晴钟（1923— ）

作曲家。河北安平人。1942年毕业于延安部队艺术学校。1957年毕业于东北音乐专科学校作曲系。曾任军文工团团长、军区歌剧团团长、军区创作员，曾任辽宁音协常务理事。解放战争期间创作有歌剧《陈树元挂奖章》《怨仇必报》，歌曲《突击组》《一枝枪五个手榴弹》《创造尖刀连》及组歌《祖国万岁》。抗美援朝期间，创作有歌剧音乐《英雄的成长》，歌曲《我的枪》《歌唱罗盛教》。50年代起相继创作歌剧音乐《无穷花》《红井》，歌曲《荡秋千》《勘探队之歌》《井冈春兰》及组歌《可爱的东北》。部分作品获奖，或录制成唱片、盒带。

李庆丰（1964— ）

古筝演奏家。安徽阜阳人。安徽古筝专业委员会会长。1978年任职于安徽阜阳曲剧团，1979年考入昆明军区空军文工团，1982年复员回阜阳市少年宫任古筝教师，1985年考入安徽师大音乐系，1989年毕业分配到胜利油田。1999年调入安徽淮北煤炭师院音乐系，2004年调入安徽师大音乐学院，副教授。举办过两场古筝独奏音乐会，1996年中国古筝艺术节和2000年安徽省第六届艺术节其古筝独奏均获一等奖。发表《古筝演奏艺术规范化问题的思考》《关于音乐素质教育具体化问题》等文。

李庆龙（1941— ）

音乐教育家。江苏宿迁人。1963年毕业于南京师大音乐系，分配到山西任教，1981年调回宿迁市文化馆。曾任宿迁市音乐舞蹈家协会副主席。从事基层音乐教育，培养大批人才。有的学生成长为青年歌唱家，有的学生在北京音乐厅举办个人独唱音乐会，有的学生在国家、省市级比赛中获奖。获宿迁市文学艺术界"德艺双馨"会员称号，被江苏省音协评为"优秀指导教师"称号。

李庆荣（1932— ）

女歌唱家。辽宁海城人。1948年入沈阳东北鲁艺音乐系学习。曾在东北和天津音工团任教。1960年始在中央民族乐团任表演唱、对唱演员，后任该团业务科长。录有《翻身五更》等唱片。

李庆森（1930— ）

戏曲音乐理论家。河北定县人。毕业于华北大学文艺学院。曾任北京市戏曲研究所音乐室主任，音协北京分会常务理事，《中国戏曲音乐集成·北京卷》副主编。

李庆云（1941— ）

歌唱家、音乐活动家。北京人。1966年毕业于中国音乐学院声乐系。任职于北京曲艺团，从事曲艺演唱。并为戏曲学校曲艺班编写声乐教材。曾任中国木偶艺术剧团业务秘书、科长，参加木偶戏《草原小姐妹》《恶魔》等剧目的伴唱。后调入北京市演出公司，多次参与北京大型游园演出活动的组织工作。1989年调中国音乐家音像出版社任发行分社副总经理。先后参与编辑《森林之歌》《全国小提琴业余考级》《全国钢琴业余考级》，晋剧传统剧目《打金枝》《见皇姑》《拾玉镯》及《山西晋剧名家新秀

演唱会》等音像制品。

李庆芝（1952— ）

女歌唱家。辽宁本溪人。结业于中国音乐学院声歌系。历任本溪县文工团、市歌舞团演员，市文化艺术研究所研究员。曾主演《江姐》等十多部大型歌剧，其中《夺不走的爱》获辽宁省政府演出奖。参加辽宁省"聂耳·冼星海音乐作品"比赛获三等奖，省"国防之声"歌手大赛获专业组美声唱法一等奖。2000年辽宁音协举办"李庆芝个人独唱音乐会"。曾获全国优秀辅导老师称号、本溪市政府"学科带头人""德艺双馨"艺术家称号。

李秋奎（1944— ）

唢呐演奏家。河北定县人。1959年入吉林省歌舞团，后调吉林省民族乐团。1987年参加首届中国艺术节获优秀节目奖。作有《东北二人转牌子曲》《群雁归》等唢呐曲。曾多次获省级演奏一等奖及作曲奖。曾赴印度、加拿大、日本、朝鲜等国演出。

李佺民（1924—1983）

音乐理论家。河南汲县人。1952年毕业于中央音乐学院理论作曲系。曾任中国音乐研究所所长。撰有《谈音乐的民族性和时代性》《也谈中国音乐传统问题》等。

李群英（1925— ）

女音乐教育家。湖南湘潭人。曾为武汉音乐学院声乐系副教授。长期从事声乐教学工作。1956年毕业于上海音乐学院声乐系。先后任职于中南音专、湖北艺术学院。

李仁羲（1924—已故）

作曲家。朝鲜族。生于朝鲜庆尚北道。1951年毕业于东北鲁艺音乐师资班。曾任中国函授音乐学院延边分院副院长、音协延边分会副主席。作有歌集《桔梗花》，著有《音乐通论》。

李仁业（1943— ）

女钢琴教育家。浙江杭州人。1963年毕业于中央音乐学院钢琴系本科。此后一直从事钢琴教学，为国家培养大批音乐人才。1990至1992年去美国费城DREXEL大学音乐系访问，获优秀访问学者奖。1992至2003年任中央音乐学院附中钢琴必修科主任。曾获中央音乐学院"三育人"先进个人称号。

李仁玉（1932— ）

女音乐教育家。朝鲜族。出生于韩国庆尚北道。1933年随父亲移居吉林。1949年加入中国国籍。1957年毕业于东北师范大学音乐系，分配至内蒙古师范大学音乐系任声乐教员。1959至1961年，深造于中央音乐学院声乐歌剧系进修班。曾任内蒙古师范大学音乐系声乐专业副主任、副教授。中国少数民族声乐学会理事。先后培养出数位歌唱家，众多学生成为各级文艺团体及艺术院校骨干。翻译出版有《声乐入门》（卡鲁索著，日译汉）等教学工具书。

L

李荣光（1947— ）

音乐编辑家。彝族。云南红河人。1966年毕业于云南蒙自师范音乐系，1983年毕业于云南师范大学。曾在红河县文工队、电台文艺部任职，1991年始在红河电视台任音乐创作，副台长，主任编辑。撰有《哈尼族情歌"阿咏"及其特点》《电视与扶贫》等文。出版文集《艺海撷珠》，民间文学专集《火童》，歌曲集《李荣光歌曲选》《山里飞来一支歌》《红河神韵》。作有《请到哈尼山寨来》等百余首歌曲。编辑广播音乐专题《多彩的风情，浓郁的乡音》《哈尼人断想》《瑶族度戒》等，曾获全国地市州盟优秀节目一、二等奖。

李荣珊（1941— ）

扬琴演奏家。河北秦皇岛人。1959年进入秦皇岛歌舞团，同年赴中央广播民族乐团学习进修。1962年调入河北省歌舞剧院。先后在大型歌剧、舞剧、民族器乐曲演出中担任扬琴独奏、领奏、重奏及合奏首席。曾任中国民族管弦乐学会扬琴专业委员会理事、河北音协扬琴专业委员会副会长兼秘书长。论文《扬琴三指持键压、顶、捻的应用》在《中国音乐》发表。1998年受聘于东方音乐艺术学校任常务校长。

李荣声（1935— ）

民族器乐演奏家、教育家。山东齐河人。1953年考入哈尔滨歌舞剧院。1958年毕业于沈阳音乐学院民乐系二胡、琵琶专业，分配至山东艺术学院任教，兼民乐教研室主任。作有板胡曲《山乡春晓》，高胡曲《阳关三叠》，琵琶曲《驼铃》，民乐合奏曲《钢铁五姊妹》，唢呐协奏曲《普天同庆》等二十余首。出版有《玉鹤轩琵琶谱》《吉他演奏教程》等。发表论文《二胡揉弦》《琵琶轮指》《吉他圆滑音奏法》等二十余篇，其中《北派琵琶的遗音》获山东省教委科研成果奖，《北派琵琶曲传人在山东》获山东"刘勰文艺评论奖"。

李荣有（1956— ）

音乐教育家。河南人。毕业于河南大学音乐系，后在高校从事教学与科研。杭州师范学院艺术学研究所所长，音乐艺术学院教授、硕士生导师，主要从事音乐图像学教学与研究。曾先后完成全国艺术科学规划课题和省部级规划课题多项，在《文艺研究》《中国音乐学》等刊物发表学术论文数十篇，出版《汉画像的音乐学研究》并获浙江省第十届哲学与社会科学优秀成果二等奖。

李如会（1935— ）

歌词作家。河北雄县人。1960年毕业于保定师范学院中文系，开始发表作品。河北省歌词研究会副会长、省政协委员。其中歌词《拾豆豆》《拣贝壳》《小酒窝》《小虾变成小罗锅》等入选全国统编小学音乐教材。作词歌曲《天蓝蓝，水清清》《麦梢黄》《枣儿红了》等流传较广。《十指尖尖连着心》《梦中的枫叶》《枣儿红了》《含羞草》等作品获国家及省、市级奖。出版有歌词集《甜美的歌》《李如会歌词选》《开花的日子》《人间有爱》《小伙伴之歌》及歌曲集《童心曲》，另有《我们在

行动》《公民道德组歌》《道德童谣》等音乐专辑出版。

李如梅（1945— ）

女歌唱家。山西文水人。1965年毕业于中国铁路文工团歌剧团"歌剧表演学员班"。曾任青岛铁路分局文化宫宣传队艺术指导，中国铁路文工团歌唱演员、艺术培训部声乐指导。曾主演歌剧《血泪仇》《星星之火》，在钢琴伴唱《红灯记》中扮演铁梅。参加音乐舞蹈史诗《东方红》的排练及演出。创作并演唱《人民教师之歌》。多次举办声乐学习班，为铁路系统培养的歌手江涛获"全国青年歌手大奖赛"第一名。

李茹意（1937— ）

女小提琴演奏家。回族。辽宁沈阳人。1950年开始学习小提琴，师从俄罗斯特拉赫教授。1953年考入中国铁路文工团，后在天津音乐学院进修。1960年考入中央团（现中国交响乐团），先后任第二小提琴副首席、第一小提琴演奏员。演奏大量著名交响乐、序曲、世界名曲。曾赴十几个国家及港澳台地区演出。退休后曾任北京爱乐女室内乐团首席、广东省珠海市广播室内乐团首席。

李汝栋（1931— ）

作曲家。辽宁沈阳人。1953年毕业于中南部队艺术学院。历任师宣传队、江西军区文工团、南海舰队文工团、哈尔滨评剧院、哈尔滨市戏剧创作评论室作曲、指挥。发表《南海渔家爱西沙》等歌曲百余首。撰写《塞克传》《王洛宾的一段哈尔滨情缘》《塞克、星海创作救亡歌曲趣闻轶事》等史料、传记数十篇。为《英雄轮机兵麦贤得》等歌剧，《落红赋》等评剧作曲、指挥。合唱《快乐的卖粮队》获中南军区文艺汇演创作一等奖，歌曲《木铃》获黑龙江省创作奖，高胡独奏《椰林夜曲》获全军文艺汇演优秀创作奖，电视戏曲片《萧红出走》作曲（合作）获国家进取奖。

李汝松（1948— ）

指挥家、作曲家。白族。云南昆明人。1981年入中国音乐学院作曲系进修班学习。1985年调中国铁路文工团任乐队指挥兼作曲。同时学习"无调性音乐理论""十二音体系"及"曲式作品分析"。曾指挥昆明市歌舞团及中国铁路文工团演出近四百场，为管弦乐、民乐、电声乐队编配大量作品。创作有交响组曲、舞蹈、话剧、电视剧音乐、民乐合奏、歌曲。合作编选并出版《毛泽东诗词吟赏》《百首爱国主义歌曲集》《百首爱情经典歌曲集》《百首中外合唱歌曲集》。

李锐云（1926— ）

作曲家。山东寿光人。1944年从地方文工队参军从事部队文艺工作，曾任28军文工团团长、福建军区前锋歌舞团副团长。1949年入上海音乐学院进修。创作有小歌剧音乐《挂红灯》《六二六指示放光芒》，歌曲《捷报满天飘》《晚霞短笛》等百余首。与人合作有歌剧、舞剧、秧歌剧音乐《打击侵略者》《活捉周叶槐》《保卫和平》等5部。1947至1949年，在渤海军区耀南剧团指挥演出《白毛

L

女》百余场。获中华人民共和国"解放奖章"，中央军委"独立功勋荣誉章"和"抗日战争胜利60周年纪念章"。

李瑞莲（1929— ）

女音乐教育家。云南昆明人。1955年毕业于中央音乐学院声乐系，后在该院长期从事音乐教育工作。

李瑞星（1930—已故）

钢琴教育家。广东南海人。1954年毕业于上海音乐学院钢琴系、留校任教。曾在1955年华沙世界青年联欢节钢琴比赛中获奖，并在1966年布达佩斯李斯特国际钢琴比赛中获"爱之梦"特别奖。

李瑞瑛（1928— ）

女音乐教育家。广东番禺人。1951年中央音乐学院肄业，后任北京师范学院音乐系基础理论教研室主任、副教授。长期从事视唱练耳课程教学。

李润华（1926—已故）

女钢琴演奏家。上海人。1941年在上海学习钢琴，1944年入重庆国立音乐院分院学习，师从李蕙芳、李翠贞。1949年参加华北人民文工团任钢琴伴奏，排演《赤叶河》《茶花女》等20余部中外歌剧，并担任音乐会独唱伴奏赴全国巡回演出及录音。1955年任苏联声乐专家班专职伴奏。1958随团赴苏联演出歌剧、音乐会。1959参加中国音乐家九人小组赴英国演出。1985年后任教于（周广仁创办的）星海钢琴学校。

李润中（1955— ）

音乐编辑家。辽宁盘锦人。盘锦市艺术馆副研究馆员。参与编辑《中国民族民间器乐曲集成·辽宁卷》任编辑，主编《中国民族民间器乐曲集成辽宁卷·盘锦分卷》第四部。有两篇3万字论文《辽宁盘锦教育调查报告》《辽宁盘锦文昌宫道教器乐调查报告》刊于《中国音乐学》，还有多篇论文发表于《中国音乐》《教育论文集》《艺术广角》。所教唢呐学生先后有11名考入中国音乐学院、中央民族大学音乐学院等院校。

李润洲（1949— ）

歌唱家。山东泰州人。先后毕业于东方歌舞团声乐培训班、中国函授音乐学院。曾任贵州省音协干部、中国合唱协会理事、省合唱协会秘书长。先后获贵州省青年歌手大奖，省"苗岭之声"独唱优秀奖、合唱一等奖，贵阳市青年歌手大赛二等奖，市第四届、第五届"花溪之夏"演唱优秀奖、二等奖，市"颂祖国、唱家乡"歌唱比赛小合唱二等奖、个人美声组三等奖及全国职工艺术节优秀演出奖。2001年组织贵州"山韵合唱团"参加爱中国合唱节获演唱、指挥、新作品金、银奖，同年组织并率团参加在重庆举办的西部合唱节获第一名。

李三处（1947— ）

歌词作家。山西人。1968年起先后任山西兴县宣传队独唱兼二胡演奏员、吕梁文工团艺术室主任兼二胡、圆号

演奏员。1985年后任《吕梁文学》编辑部主任、副主编。山西省音协副主席、吕梁文联副主席、吕梁音舞协会主席。发表有大量歌词、诗歌及数十篇评论文章。创作并上演大型歌剧《清粼粼的水》《静静的吕梁山》《山魂》。大型歌舞《吕梁春潮》《闪光的足迹》《好山好水好儿女》等8部。出版歌词集《走近黄河》、诗集《野虹》。获文艺创作奖三十余次，其中国家级奖十余次。1997年获"吕梁人民作家"终身荣誉称号。

李沙夫（1937— ）

作曲家、音乐教育家。陕西咸阳人。1954年考入西北艺专附中，1961年毕业于该校作曲系并留校任教。1963年调延安地区歌舞剧团任作曲，后任兰州军区军乐队、战斗歌舞团作曲。转业后回西安音乐学院任教，副教授。作有管乐合奏《延安之歌》，电视系列片音乐《西部之光》，舞蹈、舞剧音乐《绣金匾》（合作）《青春交响曲》（合作），声乐作品有《裕固草原的春天》《红军杨》《可爱的青海高原》，合唱《万岁！伟大的军队》及组歌《延安颂歌》（合作）等。多件作品获奖。编写有《歌曲写作常识》。撰有《民歌绣金匾的调式、调性及其他》《偏音在民歌中的运用——民歌中的移宫手法》等文。

李善身（1930— ）

歌唱家。江苏常熟人。1949年入南京第二野战军军政大学学习，后任文工队指挥。指挥歌剧《三世仇》等的演出，并在军区文艺汇演中获奖。1951年任重庆文工团演员，曾在歌剧《董存瑞》中饰演主角。曾在《黄河大合唱》中演唱《黄河颂》。1955年调武汉军区胜利文工团，任艺术指导。1959年获全军第二届文艺汇演优秀演员奖。同年入上海音乐学院声乐系干部进修班。1962年回武汉军区文工团任声乐教研组组长。曾任中央电视台第一届声乐电视大奖赛评委。长期从事声乐教学，培养众多学生，在全国、全军声乐比赛中获奖。

李尚清（1952— ）

作曲家。福建莆田人。曾就读福建师范大学音乐系，毕业后任教莆田华侨师范，后调莆田市群众艺术馆任副馆长。1985年入中国音乐学院攻读作曲、指挥。莆田市文化局副局长，研究馆员。福建省音协常务理事、省社会音乐研究会副会长、省青联常委。作有民族管弦乐组曲《妈祖乡韵》，电视剧音乐《寻》，舞蹈音乐《捉蟹》，文枕琴独奏《港湾遐想》，民乐合奏《祖庙盛会》《秀屿行》，声乐曲《枫亭之歌》均获奖。1994年举办"李尚清作品音乐会"及作品研讨会。出版有《祖庙盛会——李尚清民族器乐曲专辑》CD，创建福建天妃民族乐团。发表有《莆仙地区传统音乐的过去和现状》等文。

李尚忠（1935— ）

作曲家。香港人。毕业于福建师范学院音乐专修科。1949年起任部队文工团团员、军乐队指导员兼指挥。转业后任永安师范、三明师范音乐教师及三明市文化馆馆长、文化局艺术科科长、福建省音协副秘书长、省少儿业余艺校校长。中国合唱学会理事。1960年始发表作品，主要有

L

《闽西革命老区大合唱》《啊，朋友》《玉兰花》《新市之花》《龙船歌》《前进：伟大的祖国》等歌曲。

李少白（1939— ）

歌词作家、诗人。湖南宁乡人。曾任长沙市文联主席，现为市文联顾问，湖南省音协顾问。创作以诗、童话和音乐文学为主。出版诗集（含歌词）13本、童话集14本、《中国古代音乐故事和传说》等社科读物十余本、影视文学剧本数十集，发表有大量歌词。曾获"第二次全国少儿文艺创作"二等奖、"全国优秀少儿读物奖"、中宣部"五个一工程"奖、文化部"群星奖"金奖、"陈伯吹儿童文学奖""冰心新作奖""世界儿童音乐节优秀作品奖""全国少年儿童歌曲电视卡拉OK赛"作品奖 "虹雨杯歌词大赛作品奖"等奖项数十次。曾被评为湖南省先进专业技术工作者、有突出贡献的专家、全国儿童少年先进工作者。

李少成（1957— ）

歌唱家。浙江宁波人。上海歌舞剧院演员。1977年毕业于上海歌剧院学馆。曾参演《图兰朵》《女人心》《艺术家生涯》《叶甫盖尼．奥涅金》《红珊瑚》《巴黎的火炬》等中外歌剧数十部。

李少芳（1920—1998）

女粤曲演唱家。广东南海人。曾任广东省文联委员，广东省曲协副主席。自幼学唱粤曲。1938年开始在广州、香港、澳门等地从事粤曲演唱及录制唱片等工作。1979年到广州音专任教。

李少生（1930— ）

歌唱家。山东黄县人。1946年参加新四军军部文工团。1958年入上海声乐研究所进修与教学。曾任南京军区歌舞团副团长。

李少婷（1940— ）

女高音歌唱家。山东人。1959年入哈尔滨歌剧院工作。第五届全国人大代表，第五、六届省人大代表。曾参加歌剧《江姐》《洪湖赤卫队》演出。

李绍珊（1935— ）

作曲家。湖北监利人。1949年参军，1950年开始音乐创作。作有六百余首歌曲。《我站在高山上》《草海情歌》等三十余首在中央和省电台播出。《海上摇篮曲》《欢乐的小雪花》等三十余首获全国、省市创作奖。《送颗椰子上北京》在国庆15周年晚会上演出，《小披毡》在北京亚运会艺术节演出，并随贵州少儿艺术团赴欧洲交流，后被湖南选为中小学音乐教材。出版《李绍珊歌曲集》《淡草集》《岁末集》《桃花六记》（合作）。

李绍章（1969— ）

作曲家。土家族。重庆人。总政机关干部。硕士研究生。曾进修于解放军艺术学院。1993年始发表作品，作有《新军容，新风貌》《圣洁的真爱》《舍不得你还得送你走》《凝聚的爱》《光荣的后勤兵》《家园》《无尽

的思念》等歌曲。有二十余件作品在全国、全军的比赛中获奖。出版发行《天路将士之歌》《知足常乐》《凝聚的爱》《军歌嘹亮颂祖国》4张个人声乐作品专辑和《健美健身韵律操》音乐作品（上、下集）。

李胜权（1939— ）

音乐编辑家。朝鲜族。黑龙江瑷珲人。1963年毕业于中央民族学院历史系本科，大学期间曾任学院管弦乐队指挥、剧团导演，也曾参加高校指挥培训班。毕业后相继任中学音乐教员、黑龙江朝鲜语广播艺术团团长及编导工作。1985年任省电台文艺部副主任，主管音乐、戏曲、文学、广播编辑及审稿工作。创作歌曲《青春的浪漫》《文明的摇篮》《年轻的朋友齐奋斗》等百余首。翻译朝鲜族民歌三百余首。著有《小提琴演奏技巧》（合作）。

李胜奕（1955— ）

作曲家。福建晋江人。晋江木偶剧团副团长，中国戏曲音乐学会副秘书长，中国木偶皮影艺术学会理事。音乐作品有大型木偶剧《五里长虹》获福建省戏剧会演优秀作曲奖、文化部"文华奖"，大型木偶剧《清源仙女》获福建省第22届戏剧汇演优秀作曲奖，《沉香救母》获福建省第23届戏剧汇演作曲奖。曾参加第五届"中国艺术节"等艺术盛事，出访亚欧数十个国家与地区。

李盛源（1937— ）

男高音歌唱家。江苏淮安人。江苏省歌舞剧院歌舞团合唱队行政组长。1959年、1965年分别毕业于江苏省扬州艺校锡剧班、南京市师范学院音乐系。担任歌舞团民歌独唱、男高音声部长。在第三届"上海之春"音乐会担任男女混声表演唱《抗旱夺丰收》，同年借到中央歌舞团参演大型舞剧《春到水乡》，1965年随军赴越南参加抗美援越文化工作队，担任独唱。60年代受邀担任南京师范学院、南京艺术学院民族演唱课老师，培养的学生有的成为歌唱家，有的在华东六省比赛中获奖。

李石根（1919— ）

音乐学家。陕西西安人。1943年入西北音乐院学习声乐。1951年始对西安鼓乐进行专题研究。曾任西北音协副主任、音协陕西分会副主席。并在音协陕西分会工作。撰有《古谱研究》。

李石剑（1934— ）

歌词作家。安徽人。1949年入文工团。1957年后在徐州市文联工作。先后发表大量词曲、朗诵诗作品并多次获省部级奖励。创作电视音乐艺术片《爱心在大路》《闪光的旗帜》及长诗《海之魂》等。出版歌词集《流动的诗情》。多次担任市大型歌会、文艺晚会的策划、撰稿。曾任江苏省音协理事，徐州市音协副主席。

李石润（1934— ）

音乐教育家。湖南嘉禾人。曾任怀化学院音乐系主任、教学督导员，湖南省音协常务理事，怀化地区音协主席。早年入湖南省立三师学习音乐，1956年毕业于华中师

L

范学院音乐系专科。曾参与起草制定"全国师专音乐专业三年制教学计划"，"湖南省师专音乐专业二年制教学计划"。编著《中国音乐简史》《音乐欣赏基础》等四部试用教材。论文《加强艺术实践，培养两台型人才》获1993年湖南省普通高校优秀教研成果三等奖。

李时中（1930— ）

音乐教育家。辽宁新民人。1951年毕业于东北师范大学，1976年从事音乐教育工作。曾为沈阳音乐学院乐器修造专业主任。著有《音乐声学基础》《律学知识》等。

李士珉（1932— ）

女钢琴演奏家。上海人。毕业于圣约翰大学。师从国立音乐院俄籍教授及苏联专家。1952年举行钢琴独奏音乐会。1953年入上海乐团。1980年调任上海歌剧院兼课教授。历任艺委会委员、指挥伴奏组长、艺术指导等职。1960年随中国青年艺术家代表团赴苏联等国家演出，先后与来访的德、日、美、法指挥家、歌唱家合作演出，演奏有《黄水谣》《玫瑰三愿》《老人河》等歌剧选曲。

李士毅（1947—已故）

作曲家、音乐理论家。河北人。1973年在中央音乐学院进修理论作曲。1970起考入铁道兵文工团，曾任管弦乐队队长，歌舞团副团长兼作曲。在第四届全军文艺汇演中获优秀演奏奖。1991年任中国铁道建筑总公司文艺工作者协会创作员，后任主任。创作中提琴独奏《草原上的太阳》《红星随想曲——筝与钢琴弦乐》，儿童歌曲《乘着时代的列车》《小小护路队》等数十首音乐作品，发表《音乐对人体机能的部分调整》《儿童与音乐》等文。

李士钊（1916—1991）

音乐翻译家。山东聊城人。1935年就读于上海音专。1936年始从事音乐教育工作。曾在山东省政府任职。译有歌曲《列宁山》《乔治参军》，编有《罗伯逊演唱黑人民歌》等。

李世斌（1942— ）

民族音乐理论家。陕西安康人。1968年毕业于西安音乐学院民乐系。曾任陕西省艺术研究所音乐研究室主任、副研究员，《中国民族民间歌曲集成》《中国民族民间器乐曲集成》《中国戏曲音乐集成》（陕西卷）副主编。编著有《二人台音乐》。

李世嘉（1937— ）

音乐编辑家。江苏吴县人。1951年参加工作。1965年毕业于上海音乐学院理论作曲系。先后任上海人民广播电台音乐编辑、文艺部主任及副总编。撰有《弘扬民族文化，借鉴外国优秀文化》《多媒体时代的音乐广播》《音乐广播将出现一场革命》《音乐广播在二十一世纪的生存拓展》等文。参与策划组织上海国际广播音乐节和各类社会征歌活动。1988年参加第五届全国文代会。1993年赴新加坡任先锋卡拉OK亚洲决赛评委。

李世明（1945— ）

音乐教育家。回族。湖南沅陵人。宁夏大学音乐系器乐教研室主任、宁夏电子琴学会会长。中国音协手风琴学会常务理事。培养众多音乐人才，多次获全国少年儿童电子琴比赛园丁奖。发表《论器乐教学五要素》等文多篇。在澳大利亚第28届世界手风琴比赛、法国第33届世界手风琴公开赛中，获优秀指导教师称号、特聘评委。曾出版《手风琴、电子琴演奏基础》《手风琴教程系列——手风琴技术基础训练》。2000年获教育部"全国学校艺术教育先进个人"，宁夏"德艺双馨音乐工作者"。

李世平（1951— ）

音乐编辑家、作曲家。江苏宿迁人。1978年毕业于上海音乐学院作曲指挥系作曲专业，同年入上海沪东区工人文化宫文艺组。1986年调上海音协，任《上海歌声》杂志编辑。作有歌曲《王家坪的槐花年年开》《趁今天是星期日》《中国农民之歌》《党爱我，我爱党》《鸽群在飞翔》《冷水泡茶慢慢浓》《中国的国旗》《春满浦江》，舞蹈音乐《在这片热土上》，电视片音乐《在绿灯下》等。有多首歌曲获奖。

李世荣（1927—已故）

男高音歌唱家。吉林长春人。1948年入长影乐团。为《五朵金花》《冰山上的来客》《神秘的旅伴》等多部影片配唱插曲。曾主演歌剧《阿诗玛》《青林秘信》，随团出访几内亚、马里、加纳等国家。

李世相（1957— ）

音乐教育家。内蒙古乌兰浩特人。1987年毕业于上海音乐学院作曲指挥系。内蒙古音协副主席。1994年调入内蒙古大学艺术学院，音乐系主任、教授、硕士生导师。出版有《蒙古族长调民歌概论》《歌曲伴奏写作技法》，专辑《蒙古族风格少年钢琴组曲集》。作有四胡协奏曲《乌力格尔叙事曲》，钢琴曲《少年那达慕掠影》，歌曲《奶茶情》《跟着你》，曾获"萨日纳""五个一工程""群星"奖。2006年组织指导内蒙大学"百灵合唱团"获第四届世界合唱比赛金奖，《无伴奏民谣》获指挥金奖。《论长调民歌的独特结构形式—叠唱体》《蒙古族民歌的基本特征探微》等文及《蒙古族长调概论》专著，曾分别获自治区政府社会科学优秀成果奖、高等教育教学成果奖。

李世祥（1958— ）

女音乐教育家。湖北武汉人。1985年在湖北钟祥师范音乐系学习，1996年毕业于武汉音乐学院。武汉鲁巷中学教师。作有歌曲《校园美》《鱼宝宝吹泡泡》《希望》等。撰有《寓德育于音乐教学》《如何从美育的高度进行音乐课教学》等文。曾获湖北省"中学音乐课比武"二等奖，所撰《寓德育于音乐教学》获国家二等奖。

李世章（1949— ）

作曲、指挥家。河北正定人。石家庄市艺术学校副校长、河北军区陆军预备役师交响乐团常任指挥。1965年入总政军乐团学员队，1971年调入歌舞团，1980年转业到石家庄市歌舞团，1990年调入石家庄市艺术学校。其担任作曲及音乐制作的广播剧《大山人》《菊坛雅韵》《热血英魂》《北风吹》获中宣部"五个一工程"奖，小舞剧《孔融让梨》获文化部二等奖。曾为电视剧《东方女间谍》《小城轶案》《生死瞬间》《平汉战役前奏曲》及发表电视音乐风光片《河北，我可爱的家乡》等作曲。

李式耀 （1970— ）

作曲家。福建寿宁人。毕业于厦门大学艺术学院。福建省音协副主席，福建省青年音乐学会会长，福州市文联副主席，福州市音协主席。曾任福建电台、电视台记者、主持人、导演、制片人。多部作品在全国比赛中获奖。其中音乐作品《风景》获第九届中宣部"五个一工程"奖，第三届中国音乐"金钟奖"，第四届福建省政府文艺最高奖"百花文艺奖"一等奖。歌曲作品先后被宋祖英、谭晶等三十多位歌唱家在中央电视台《同一首歌》《中华情》《心连心》《激情广场大家唱》《正大综艺》节目中演唱。2003年接受中央人民广播电台个人专题采访。2006年入选福建电视台《八闽之子》作个人专题采访。

李守刚 （1933— ）

作曲家。陕西绥德人。1947年参加革命从事文艺工作。在部队文工团创作有大量作品。1964年全军文艺汇演有3首作品获奖。1976年入广播文工团创作室。为广播电视创作诸多作品，有的以"每周一歌"播出，有的在全国征歌中获奖。1985年中央台专题介绍部分作品，广播出版社出版有个人专集《黄河的歌》。作有歌曲《彩色的农村》《流向太阳的河》《送您一束花》《春天永远收获着希望》等。曾任合唱团团长、创作室主任、电声乐团团长、总团副团长。

李守信 （1948— ）

民间音乐家。河南信阳人。河南省音协理事，信阳市民间文化遗产抢救工程专家委员会副主任。自1965年起从事音乐文艺管理及创作。先后出任编委、主编，完成国家重点科研项目文艺集成志国家卷（戏曲），省卷（民歌、戏曲、曲艺、器乐）专集。编辑出版信阳民歌精选《茶妹子》磁带。先后获文化部奖励1次，省文化厅奖励10次，并被省文化厅授予文化系统先进工作者。

李守桢 （1925—已故）

作曲家。山西襄垣人。1937年参加革命。1953年始从事晋剧作曲。曾入中央音乐学院进修，后到山西省剧协工作。担任晋剧《柳毅传书》《一个志愿军未婚妻》的音乐设计。

李首明 （1958— ）

女音乐教育家。蒙古族。湖南人。1982年毕业于湖南师大音乐系，后为广州大学艺术学院音乐表演系副教授、广州市音协理事。指导的广州大学学生合唱团曾获广州市第七届学校合唱节一等奖、广东省大学生艺术歌曲演唱大赛一等奖、全国首届大学生艺术歌曲演唱大赛一等奖。被评为广州市艺术教育先进个人。在全国省、市各类声乐大赛中获奖二十多个。参加过许多大型文艺演出。受市文化局选派赴港参加庆祝香港回归的交流演出。

李寿华 （1950— ）

作曲家。黑龙江哈尔滨人。1980年调入黑龙江龙江剧院任专业作曲。1985年结业于哈尔滨艺术学院作曲专业。曾任安达样板戏学习班乐队小提琴演奏员。作有龙江剧音乐《皇亲国戚》《木兰传奇》《昭君出塞》，歌舞《化蝶》《日出龙江》，歌曲《三九天》《中华演义》。多次获优秀作曲奖，"五个一工程"奖及省级作曲一等奖。2006年出版专辑《人生的年轮》（共十集），部分作品被《中国戏曲音乐集成》《中国器乐曲音乐集成》收录。黑龙江省音协副主席，被授予"扎根黑土做奉献"优秀艺术家称号。

李寿燊 （1948— ）

歌词作家。广东五华人。广东梅州嘉应学院副教授。曾任嘉应大学公共艺术教研室主任、嘉应学院音乐系总支书记。创作词曲数百首，在全国及省市歌曲创作比赛中多次获奖。2004年歌曲《山里的月亮》获中国音乐文学学会、北京市音协举办的全国词曲创作笔会金奖。2006年《负心的你》获广东音协地方方言歌曲金奖。出版诗文集《周溪风韵》，专著《山歌野谭》以及作词歌曲集《山里的月亮》《春风颂》。2004、2006年获广东音协"广东省优秀音乐家"奖。

李寿曾 （1940— ）

男高音歌唱家、声乐教育家。天津人。天津音乐学院声乐系教授、硕士生导师。1964年毕业于天津音乐学院声乐系。分配至河北省歌舞剧院任独唱演员。曾在钢琴伴唱《红灯记》中饰李玉和，交响音乐《沙家浜》中饰郭建光。1975年调回天津音乐学院教授声乐，先后担任音乐教育系声乐教研室主任、声乐系主任。所教学生有15名在全国声乐大赛中获奖，一位研究生曾被美国大都会歌剧院大师班选中留学。

李书娟 （1941— ）

女钢琴教育家。北京人。原中国音乐学院附中钢琴学科主任。1952至1959年就学于中央音乐学院少年班及附中，1962年毕业于中央音乐学院钢琴系。曾在北京舞蹈学院担任钢琴教师，从事钢琴伴奏、钢琴教育多年，培养了一批合格、优秀的钢琴教育和钢琴演奏人才。

李书年 （1922—1967）

男高音歌唱家。安徽桐城人。1947年毕业于南京国立音乐院声乐系。曾任教于湖南音乐专科学校。1952年入总政歌舞团任声乐教员兼独唱演员。后入黑龙江歌舞团任教。

李书印 （1933— ）

作曲家。河南新乡人。曾在音协河南分会工作。音协河南分会第一届常务理事。作有歌曲《栽秧歌》《俺村的青年有志气》。整理有《河南古筝曲集》，参与编辑《中

L

国民间歌曲集成》（河南卷），

李书元（1938—　）

唢呐演奏家。河北秦皇岛人。1956年入辽宁省歌舞团。作有笛子独奏曲《麦收时节》，民族器乐合奏曲《拥军锣鼓》，舞曲《选种》等。

李淑娟（1948—　）

女戏曲表演艺术家。山东人。1965年毕业于黑龙江省戏曲学校京剧专业。1970年在哈尔滨市京剧院、1980在省京剧院任演员。曾主演《群英会》《智取威虎山》《杨门女将》等京剧三十余场，曾获东北大区文艺汇演表演奖。1996年调黑龙江省音协任办公室主任。策划全国音乐比赛及各种音乐会数十场，协助《北方音乐》出版发行刊物九十期。

李淑君（1930—　）

女昆曲表演艺术家。江苏人。1951年北京辅仁大学肄业，1954年入中央实验歌剧院，1957年调入北方昆曲剧院工作。录有民歌《瞧情郎》，主演昆曲《红霞》《文成公主》《千里送京娘》。

李淑萍（1961—　）

女古筝演奏家。辽宁营口人。1980年毕业于中央音乐学院民乐系，1982年毕业于中国音乐学院器乐系，后任职于中国音乐学院。多次参加中央电台、北京电台、中国国际广播电台的电影、电视、唱片的录制工作。录制有《中国古筝大全》《中国音魂——古筝集》《李淑萍古筝独奏专辑》、CD唱片等。曾多次举办独奏音乐会。曾借调至澳门中乐团任首席、香港演艺学院任教。

李淑珍（1963—　）

女声乐教育家。黑龙江哈尔滨人。先后毕业于齐齐哈尔大学艺术系、哈尔滨师范大学音乐教育系和中央音乐学院声乐歌剧系。多次参加北京、上海国际声乐大师班学习。黑龙江艺术职业学院声乐系副教授。曾获全国第九届"步步高杯"电视歌手大赛、黑龙江青歌赛、省"群星奖"声乐大奖赛等奖项。发表有多篇论文，其中《浅谈美声唱法》获黑龙江省科学教育成果一等奖。多次参加毕业生音乐会并举办独唱音乐会。

李蜀果（1955—　）

音乐教育家。四川南充人。1989年毕业于西南师范大学音乐系。西华师范大学音乐系副主任、钢琴教研室主任，副教授。曾多次获得省级、国家级奖项。培养众多音乐人才，其学生多次在各级、各类比赛中获奖。指挥、指导或担任钢琴伴奏的音乐节目十余次获全国比赛及省级比赛一等奖。发表《现代钢琴音乐的伟大奠基者》等文多篇及歌曲数首。任《中外声乐曲选集》副主编。

李曙明（1942—　）

音乐理论家。吉林通化人。1964年毕业于吉林艺术学院音乐系。曾为西北民族学院艺术系副教授。撰有《弹性十二平均律》《音心对映论》。

李树广（1931—　）

音乐教育家。满族。辽宁凌海人。早年就读于重庆西南美专音乐科。1960年毕业于四川音乐学院并留校任教。中国少数民族声乐学会理事、湖南少数民族声乐学会副会长兼秘书长、海南省函授学院客座教授。曾就职十二军某师文工队。1952年获"兵团模范音乐指导"称号。1953年调四川军区战旗文工团。1964年始先后调任四川秀山花灯剧团团长、秀山文化局副局长创办音乐专业。出版《秀山花灯音乐选集》，撰有《气功声乐——丹田之音》等文。著有《气功声乐秘笈》《经商与兵法》《气功经商》。

李树和（1955—　）

小提琴演奏家、作曲家。天津人。任职于河北省石家庄市歌舞团。曾获河北省专业院团器乐比赛小提琴最高奖，后任歌舞团乐队首席，并参演过交响乐、舞剧、歌剧、舞蹈、声乐、器乐等曲目的演出，足迹遍布大江南北。创作歌曲、舞蹈音乐、器乐作品多首，并为演出节目配器。在国家级、省级刊物上发表作品及理论文章多件，作品多次在省市电视台电台播出。曾拍MTV多首在省市台介绍播出，并获国家、省市奖项。

李树堪（1927—已故）

男高音歌唱家。山东人。1949年毕业于中央音乐学院声乐系。1953年入长影乐团。后任吉林省歌舞剧院独唱演员、声乐指导。曾数次出访朝鲜。

李树民（1936—　）

作曲家、指挥家。山东惠民人。1956年从事中学音乐教学，高级音乐讲师。任地县艺教委委员、艺术节评委。1991年结业于全国合唱指挥讲习班，师从严良堃等。曾指挥中师班合唱队演唱《黄河大合唱》。自学高师音乐理论、作曲、舞蹈。创作大量音乐作品，多场歌舞15部，获奖多件。作有合唱《扬我中华魂》等12首歌曲。在《全国教师作曲家歌曲集》中出版个人专辑。

李树明（1935—　）

单簧管演奏家。辽宁北镇人。原上海交响乐团演奏员。1949年起先后在辽北省、辽西省、锦州省文工团任单簧管演奏员。1951年入鲁迅艺术学院和沈阳音乐学院学习。1955年调上海交响乐团。创作并演奏单簧管独奏曲《丰收》《公社托儿所》（合作），曾与国内外著名指挥家合作演出。1975年随团出访香港、新西兰、澳大利亚。

李双辰（1939—　）

女歌唱家。回族。北京人。1962年毕业于北京艺术学院。后入中央民族乐团任独唱演员及合唱队副队长、声乐教员。曾录制过对唱《老两口庆丰年》等唱片。曾参加过大型音乐舞蹈史诗《东方红》《中国革命之歌》的演出，负责民族合唱队的排练，并任专业百人合唱队队长。在大型歌舞《风雷颂》中领唱《啊，阿非利加》。曾受文化部委派，赴云南辅导声乐演员，培养一批少数民族优秀青年歌手。曾为罗马尼亚来华访问的歌唱家教唱中国歌曲并进行声乐艺术交流。曾应邀担任大型文艺晚会声乐指导。

李双江（1939— ）

男高音歌唱家、声乐教育家。黑龙江哈尔滨人。中国音协理事、民族声乐协会副会长，全军高级职称评委，第十届全国政协委员、教科文卫委员会委员，新加坡南坡艺术学院客座教授。1963年毕业于中央音乐学院声乐系。后任职于新疆军区文工团。1973年调总政歌舞团任独唱演员。1978年调入解放军艺术学院任音乐系主任、教授、硕士生导师。所创建的"红星音乐坛"声乐表演教学模式获全军教学改革成果一等奖。发表论文《我是怎样唱高音的》等数十篇。曾多次举办个人独唱音乐会。主编有《军歌大全》《军旅音乐文献库》《解放军音乐史》。首唱有《红星照我去战斗》《骑马挎枪走天下》《船工号子》等歌曲。曾获首届中国"金唱片奖"，MTV《我爱五指山，我爱万泉河》获首届中国音乐电视金奖，获1999年国际音乐盛典"终身成就奖"，2005年中国电影百年电影音乐"终身成就奖"。

李双彦（1943— ）

二胡演奏家、教育家。陕西西安人。1967年毕业于西安音乐学院，任西北民族学院音乐舞蹈系副主任、教授、硕士生导师。中国音协二胡学会常务理事。编著有《二胡入门教材》《二胡演奏与教学》。发表论文《音乐环境心理学初探》《音乐表演美学》等三十余篇，曾获中国教育改革优秀论文一等奖。创作《嘎达梅林随想曲》《花儿调》《秦韵》《欢庆的日子》等二胡曲及练习曲百余首，多首编选入《全国二胡演奏考级作品集》。

李苏眉（1927— ）

女钢琴教育家。浙江镇海人。上海音乐学院键盘乐器演奏教授。1949年毕业于国立上海音乐专科学校键盘系。曾任上海音乐学院基础课教研室副主任，主要从事钢琴教学。编有钢教教材《近现代外国钢琴曲选》《钢琴圆舞曲集》《钢琴小奏鸣曲》，合编上海音乐学院基础课钢琴教材《外国钢琴曲100首》，译有《拉威尔的音乐美学》《拉威尔的钢琴作品16首》《拉威尔的二首钢琴协奏曲》等。

李素娥（1956— ）

女音乐教育家。湖南隆回人。1977至1979年在湖北艺术学院声乐系学习。1992至1995年于毕业河南大学音乐系。任教于襄樊学院音乐系。作有音乐教案《民歌介绍与欣赏》《故乡的小路》，论文《高中音乐欣赏序曲》《浅谈变声期的嗓音训练与保护》等，作有歌曲《十六岁的风采》，指导女声独唱、小合唱，被授予优秀指导教师奖。演唱《金梭与银梭》《沁园春》等，曾获多种奖项。

李素华（1961— ）

女高音歌唱家。辽宁铁岭人。毕业于上海音乐学院。曾任广东省第六、七、八届政协委员。广东歌舞剧院歌剧团团长，第十届全国政协委员，广东音协理事。1980年获文化部主办的全国民族民间唱法一等奖，连续获第二、三届"羊城音乐花会"专业声乐比赛青年组第一名，1994年获首届"中国民歌大赛"金奖。曾在广州、香港等地举办多场个人独唱音乐会。演唱歌曲有《七月渔歌》《荔枝颂》《珠江情》《可爱的广州我们的家园》《珠江水，南国情》等。

李素萍（1970— ）

女音乐教育家。安徽巢湖人。江西师大音乐学院副教授。1996、2005年先后毕业于江西师范大学函授本科、江西师大音乐学院音乐教育系。发表《谈奥尔夫"声势"教育》等文8篇，其中《中小学音乐新型教学模式的构想》获省教育厅论文一等奖。主持《音乐教育的多元化研究》等3个课题。指挥排练的合唱《山里山外》《闲聊波尔卡》获省教育厅合唱一等奖。2005年获首届"中国星"全国声乐器乐大赛优秀指导教师奖。

李素霞（1957— ）

女高音歌唱家。安徽淮南人。1983年毕业于阜阳师范学院艺术系。安徽省阜阳市教委教研室主任、副教授。发表论文《试论奥尔夫音乐教学法》《发展农村音乐教育的几点思考》《音乐教学应注意对学生审美能力的培养》。歌曲《夜光杯，玉耳坠》《育花》分获省教委创作一、二等奖，并获演唱二等奖。曾被国家教委授予"全国优秀音乐教师"。

李素心（1923— ）

女钢琴教育家。广东南海人。1946年毕业于中山大学师范学院教育系。后任广州音乐学院（即今星海音乐学院）钢琴系副教授、系主任。广州钢琴协会会长，中国音协广东分会第三届理事，民盟第五届中央候补委员。曾任国际比赛国内选拔赛评委。译著有《论钢琴演奏》。

李天培（1956— ）

小号演奏家。回族。河南淮阳人。武汉乐团小号首席。1975年毕业于武汉歌舞剧院学员班，后任歌剧团交响乐队首席小号。曾参加歌剧《海岛女民兵》近百场演出。1976年被广州管乐器厂邀请参与小号新产品鉴定。录制唱片《快乐的小号手》。参加李德伦、严良堃、韩中杰、郑小瑛指挥的歌剧团交响乐队排演。演奏曲目有俄国作曲家阿鲁秋年的《降E大调小号协奏曲》、海顿《降E大调协奏曲》。曾获武汉市第二届艺术人才"江花奖"。曾为电视剧《汉正街》《死神行动》《民国第一鬼案》配唱主题歌，演唱的《纤夫的爱》获多项表演奖、演唱奖。

李田绿（1936— ）

音乐活动家。陕西凤翔人。西安市群众艺术馆原馆长兼书记、研究馆员。曾任西安市音协副主席、西安群文学会副会长等。出版有《音乐知识讲座》《群文春秋》《秦腔著名演员唱腔赏析》《田绿歌曲选》《田绿演唱歌曲集》《贝贝学英语》《儿童英语歌曲》《西安民歌》。两次受文化部、国家民委及全国艺术科学领导小组的表彰。

L

李廷辉（1938— ）

音乐编辑家。广东汕头人。自幼随父学弹琵琶。曾任广东广播电视乐琵琶演奏员。先后就职广东电台文艺部、中国唱片社广州分社，任音乐、戏曲编辑兼录音导演，总编室主任，主任编辑。编辑出版有《中国音乐大全·潮州音乐》等唱片。根据中国传统的人体运动力学太极拳理论，演绎《太极缠丝劲图》应用于弹拨乐器的演奏，并将《太极缠丝劲图》应用于演唱，解决演员录音时呼吸声音偏大的问题。

李同生（1915—1985）

声乐教育家。云南昆明人。1936年入中山大学。1937年任云南省歌咏协会领导人。1942年从事部队文艺工作。1954年入中央音乐学院进修。曾任总政歌舞团、解放军艺术学院声乐教员，重庆音协副主席，《人民音乐》特约评论员。

李桐树（1924— ）

作曲家。河北束鹿人。1937年从事部队文艺工作，后入八路军120师战斗剧社。1944年被评为军区模范文艺工作者。1954年入军委学校教员预备班学习，1958年入中央音乐学院进修。历任音乐教员、军乐学校副校长兼解放军军乐团副团长。1943年获大军区模范文艺工作者称号参加军区群英会。作有歌曲《朱总司令下命令》《这天下是我们的》《保卫世界和平》《歌唱黄继光》获军区优秀作品奖。乐曲《葬礼进行曲》，交响诗《风景》获全军优秀作品奖。曾多次担任首都联合乐团总指挥，参加"五一""十一"国家庆典。

李桐洲（1933—已故）

小提琴演奏家、教育家。安徽桐城人。天津音协理事、天津乐团首席。1952年毕业于中央音乐学院，师从盛雪、马思聪教授。曾任中央乐团小乐队首席、天津歌舞剧院首席、天津交响乐团首席、独奏演员、小提琴教授。1951年随中国青年文工团赴欧洲8国演出歌剧《白毛女》，纪念巴托克音乐会独奏《罗马尼亚舞曲》，与瑞典皇家芭蕾舞团合作舞剧《天鹅湖》担任首席独奏。参加1963年上海之春音乐节，培养出多名学生成为各院校、演出团体骨干成员。演奏作品贝多芬《D大调小提琴协奏曲》，小提琴协奏曲《梁祝》。

李婉芬（1937—已故）

女古筝教育家。陕西人。1962年毕业于中央音乐学院民乐系、留校任教。1964年始在中国音乐学院器乐系任教。作有古筝独奏曲《欢乐的草原》，合作乐曲有《战海河》，移植乐曲有《彝族舞曲》。

李万进（1943— ）

声乐教育家。河北邢台人。武汉音乐学院声乐教授、硕士生导师。1969年毕业于湖北艺术学院声乐系本科，留校任教，曾任学院声乐系、音乐教育系主任。中国声乐学会常务理事、中国教育学会音教委理事、湖北省声乐（业余）考级专家评审委员会主任。论文《关于民族声乐男高音、高声区真假声结合训练的探讨》获省文化科技二等奖。曾主持文化部立项《鄂西高腔山歌演唱技法及运用研究》科研专题，组织四届武汉"樱花杯"声乐比赛。培养一批优秀声乐人才。

李万里（1929—2004）

作曲家。黑龙江齐齐哈尔人。1947年入齐齐哈尔市文工团。1952年入北京电影局作曲训练班进修。曾在中央新闻电影制片厂从事作曲。作有影视音乐《青春万岁》《两种命运的决战》《竹》。

李惟白（1927—2002）

作曲家、民族音乐学家。贵州贵阳人。1952年毕业于贵阳师范学院艺术系，后任贵州省歌舞团作曲。曾任贵州艺术高等专科学校副教授、中国函授音乐学院贵州分院客座教授、中国传统音乐学会与中国少数民族音乐学会理事、贵州省音协理事。50年代末期，作有歌曲《清水江夜歌》，民乐曲《苗族踩歌堂》及苗族舞剧电影《蔓萝花》（合作）等。发表音乐作品二百余件。其中童声合唱《从小咱就爱科学》两次获贵州省二等奖，舞蹈音乐《夜归》获省音乐创作二等奖。作有交响组曲《苗岭组曲》《欢腾的台江》。主编《中国民间歌曲集成·贵州卷》（苗族卷），发表有《黔东南苗族民歌浅识》等文。出版有《苗岭乐论》。

李维渤（1924— ）

男中音歌唱家。河北人。1948年获燕京大学文学士。1952年获美国意斯特门音乐学院音乐硕士并为该院特别研究生。曾任中央歌剧院演员、中央音乐学院教授。译有《心的歌声》。

李维民（1950— ）

作曲家。满族。黑龙江人。宁夏石嘴山市群众艺术馆干部，宁夏音协理事，宁夏儿童音乐学会副会长，石嘴山市音协副主席。1992年被评为全国少年儿童文化工作先进工作者。1992年在宁夏首届少年儿童民族器乐比赛中获"优秀辅导教师奖"。作有扬琴独奏曲《丰收的喜悦》等，其中琵琶独奏曲《六盘欢歌》在宁夏首届少年儿童民族器乐比赛中获创作一等奖，京胡协奏曲《夜深沉》获1999年宁夏群文专业器乐演奏银奖和改编银奖。

李维平（1954— ）

小提琴演奏家、作曲家。湖北人。黄石市文联主席、市文化局副局长、湖北省音协理事、黄石市音协主席、副研究馆员。1978年武汉音乐学院管弦系小提琴专业毕业后入黄石歌舞剧团任小提琴演奏员。1980年在武汉音乐学院作曲系进修后在剧团担任配器及作曲。1984年从事文艺组织及管理工作至今。音乐作品六十余首先后在中央、省市报刊、电台、电视台播发，并出版音碟、盒带。

李维平（1955— ）

音乐编辑家。河北唐山人。1978年毕业于河南大学艺术系。《流行歌曲》编辑部主任。编纂出版《中国流行金曲100首》《难忘的歌》《流行热曲100首》《声乐训练理论基础》《流行歌曲演唱入门》《颂歌献给党合唱歌曲30首》。撰有《论音乐刊物的社会功能》《市场经济体制下青年报刊的营销策略》《自学歌唱的嗓音保护》《流行歌手应注意形美》《演唱的心理压力与排除》等文。

李维平（1962— ）

　　小号演奏家。山西昔阳人。1980年毕业于中央音乐学院附中，后入北京舞蹈学院青年芭蕾舞团乐队、中国歌舞团轻音乐队，现为中国歌舞团乐队演奏员。曾参加《天鹅湖》《舞姬》《家》等芭蕾舞剧的演出。先后参加中国轻音乐团建团音乐会、第一届中国艺术节、1989年人民大会堂春节团拜会、庆祝建党70周年等重要演出。1999年在参加文化部举办的庆祝建国50周年文艺演出中获优秀奖。

李维起（1947— ）

　　单簧管演奏家。天津人。先后就读于中央音乐学院少年班、天津音乐学院附小、中央乐团学员队和天津音乐学院附中。河北省歌舞剧院艺术培训部主任。参与指挥、排练多部中外交响曲、管弦乐曲、歌剧、舞剧。受聘于河北艺术学校任单簧管教师，培养诸多学生考入专业音乐院校，成为业务骨干，或在全国评比中获各项奖，所辅导、指挥的石家庄铁路分局合唱队获"全国职工业余合唱比赛"特别奖。

李维熹（1929—已故）

　　歌唱家。天津人。1952年毕业于津沽大学国际贸易系。1954年入天津歌舞团，后调天津歌舞剧院任独唱演员。在许多部歌剧中扮演主要角色。

李伟才（1925— ）

　　指挥家、作曲家。辽宁沈阳人。曾在伪满洲国宫内府乐部（即末代皇帝溥仪的皇家乐队）学习演奏大管，并自学指挥。抗战胜利后任长春电影制片厂交响乐团指挥兼作曲。1948年调上海清华影片公司管弦乐队任指挥兼作曲。1949年入华东军区海军文工团任队指挥。1952年调八一电影制片厂任作曲。中国电影音乐学会理事。改编创作有《胜利鼓》《小放牛》等管弦乐曲。《小放牛》被录制成唱片。先后为《松花江上》《冲破黎明前的黑暗》《长空比翼》《永不消逝的电波》《林海雪原》《猎字99号》《归心似箭》等三十余部电影创作音乐。其中《归心似箭》插曲《雁南飞》获奖并被联合国教科文组织定为亚太地区中学生音乐教材。

李伟刚（1964— ）

　　小提琴演奏家。上海人。1985年毕业于上海音乐学院。上海弦乐四重奏演奏员。1987年获美国北伊利诺大学硕士学位。先后应邀与英国BBC广播交响乐团、BBC苏格兰交响乐团合作演出，并举行广播独奏音乐会。后在美国朱利亚音乐学院任教。

李卫红（1978— ）

　　女高音歌唱家。壮族。广西人。中央民族歌舞团演员。获第十一届全国少数民族文艺汇演"优秀演员"奖，2005录制新版歌舞剧《刘三姐》全剧唱段。入选广西文学艺术家十三年成果展示会"文艺家"称号，被誉为"新一代刘三姐"。出版个人专辑《多谢了》《花季》《干杯，为祖国干杯》。拍摄MTV《深情》《八仙过海》《三门江之恋》等。代表作有《多谢了》《山歌好比春江水》《花季》《十画想郎》《瑶家妹仔要出嫁》《漓江情》。曾举办个人独唱音乐会。

李未明（1947— ）

　　手风琴、电子琴演奏家、教育家。福建厦门人。毕业于福建师范大学。全国政协第十届委员。厦门大学学术委员会委员、艺术教育学院教授，中国音协手风琴、电子琴学会副会长，中国音乐教育学会专业委员会常务理事，福建手风琴、电子琴、吉他电声学会会长。撰有《手风琴技术训练与伴奏编配》《高师手风琴教程》《电子琴曲集》及教材、论文等十余部（篇），出版个人演奏教学VCD。曾获福建省先进教育工作者及社科优秀成果二、三等奖，曾宪梓高师院校教师奖等。多次担任全国手风琴、电子琴及国际手风琴比赛评委。

李味滋（1939— ）

　　音乐教育家。甘肃平凉人。1961年毕业于西北师院音乐系。曾为银川师专艺术系主任。编有教材《钢琴的即兴伴奏与练习》。

李文春（1957— ）

　　音乐教育家。安徽芜湖人。1985年毕业于安徽师范大学音乐系，后为中学高级音乐教师。芜湖市少年宫副主任，芜湖市音协副主席，安徽省合唱协会副主席。所指导的合唱团在全国合唱交流比赛中获最佳演唱奖，在省合唱比赛中获5次一等奖。所创作辅导的少儿声乐节目曾获一等奖和二等奖多次，所指挥的合唱《春天来了》获文化部"蒲公英"奖铜奖。创作歌曲《小桔灯》获首届教师歌曲大赛三等奖，《祖国》等获省创作一等奖。发表《浅谈童声合唱表演形式》等文多篇。编辑出版有少儿歌曲集。

李文滇（1939— ）

　　音乐教育家。上海人。1963年毕业于西南师范大学音乐系。后为四川邻水县教育局教研室专职音乐教研员。先后在中学、师范、文化馆、文艺宣传队等单位任职。曾任四川省教科所音乐专业委员会常务理事兼广安地区音乐教研员，曾获四川省优秀音乐教师、优秀教研员及教研先进工作者等荣誉称号。

李文辉（1935— ）

　　钢琴调律师。山西襄汾人。山西省音乐教育委员会副理事长。50年代以来，在各种音乐刊物上发表作品多首。获奖作品有合唱《五讲四美歌声飞》，儿歌《剪指甲》。歌曲《多梦的年华》1999年获"卡西欧杯"创作三等奖。并撰有《音乐与智力》《音乐开发智力的种种偏见》等文。出版有《线简谱对照音乐理论综合知识》《简谱乐理与视唱》《歌曲与音乐杂谈》。

李文倩（1938— ）

小提琴演奏家。河南人。1951年始从事乐队演奏工作。1956年入中国音乐学院管弦系进修。曾任山西省歌舞剧院管弦乐队小提琴首席兼独奏演员。

李文学（1922— ）

作曲家。陕西西安人。1938年赴延安参加工作，1942年就读延安部艺。1958年于上海音乐学院作曲系进修毕业。历任东北野战军、中南军区军乐队队长，广州军区战士歌舞团、成都军区战旗歌舞团团长，成都军区文化部副部长等职。为歌剧《红松店》作曲，参加中南地区汇演，赴京、沪、杭巡回演出和北京国庆游行演出。并分别由珠江电影制片厂和中国唱片社录制唱盘。

李文佑（1951— ）

古筝演奏家。山东烟台人。先后毕业于安徽广播电视大学外语专业、中国函授音乐学院理论作曲专业。青岛市歌舞剧院交响乐团演奏员。作有古筝协奏曲《崂山红梅》，古筝独奏《情系沂蒙》，撰有《古筝基础教学》曾获青岛首届民乐比赛论文评选一等奖。培养众多古筝人才在各级比赛中获奖或考入专业院校。本人分别获优秀教师奖、优秀辅导教师奖、优秀园丁奖。受聘担任考级评委。

李文玉（1931— ）

女音乐编辑家。吉林人。1948年入东北大学音乐系学习，1955考入中央音乐学院作曲系本科。曾任鲁艺音乐工作团合唱团团员。参与组建中央台少年广播合唱团并任指挥兼音乐编辑。担任广播教唱儿童歌曲。组织创作《早操歌》《快乐的节日》《和平鸽》《我们的田野》等优秀儿童歌曲。出版广播儿童歌选并录制音带、唱片。组织少年合唱团参加"聂耳音乐会""和平代表大会"等活动。1961年重返广播合唱团任创作员，总团业务助理。1972年调中国国际广播电台文艺部任音乐编辑。

李文泽（1938— ）

中提琴演奏家。重庆人。1960年毕业于四川音乐学院。同年入中央芭蕾舞团交响乐队，后任乐队副队长。

李文章（1935— ）

歌唱家。河北昌黎人。1950年参军，1960年调总政文工团。1965年结业于上海音乐学院声乐系。曾为总政歌舞团、军乐团独唱演员、声乐指导。70年代随中国艺术团赴南斯拉夫、罗马尼亚、阿尔巴尼亚、朝鲜和新加坡演出。录制首唱的《伟大的北京》等多首歌曲曾在全国广为流传。曾为电影《侦察兵》《三个失踪的人》配唱主题歌。2001年出版有演唱专辑。

李文章（1938— ）

戏曲音乐家。福建晋江人。曾就职于福建省梨园戏剧团。长期从事梨园戏音乐创作（含改编、移植剧目），为新编剧目作曲五十余部。作品有《雁南飞》《五魁负桂

英》《潘葛投鼎》《终天恨》《奇婚记》《林娘》《包公碑》《皇帝审娘娘》《节妇吟》《苏英》（下集），《林娘》《寄子别传》。作品曾获全国"天下第一团"优秀剧目展演作曲奖，省、市级戏剧汇演作曲奖。作有《月是故乡明》《闽南风情》等电影音乐。撰有《戏曲唱念的黄金分割点》《梨园戏唱腔的综合宫调及转调》等文发表于省级以上刊物。

李文珍（1941— ）

女民族声乐教育家。河北抚宁人。1963年毕业于北京艺术学院音乐系，主修民族声乐。先后在中国音乐学院附中、中央音乐学院、中国音乐学院任教。教授、博士生导师。主授《中国民歌》《中国少数民族民歌》。著有《民歌与人生——中国民歌采风教学与研究文集》。1998年被评为北京市教育系统先进工作者。1988至1995年先后兼任《中国民间歌曲集成》编辑部副主任和特约编审员，参加15省区市卷的编审工作。

李五铁（1957— ）

小提琴演奏家。北京人。青海省民族歌舞剧院交响乐团副团长、乐团首席。曾在中央音乐学院和上海音乐学院小提琴制作系进修，1995年再入中央音乐学院的钢琴调律系进修。曾独奏小提琴协奏曲《梁山伯与祝英台》，演奏《贝多芬第五交响曲》等。1986年参加小提琴中国作品演奏比赛，获青海选拔赛第二名。

李武华（1931— ）

小提琴教育家。陕西大荔人。1957年毕业于上海音乐学院管弦系。西安音乐学院副教授。研制成《三律电子琴》，并从事民族音律研究。

李西安（1937— ）

音乐理论家、教育家。山东荣成人。1961年毕业于中央音乐学院作曲系，后任教于中央音乐学院和中国音乐学院。曾任中国音乐学院创作室主任、作曲系副主任、院长、教授，中国音协第四届书记处书记、理论委员会副主任，《人民音乐》《中国音乐》主编。作有《G大调钢琴小奏鸣曲》《bb小调前奏曲与赋格》《b小调弦乐四重奏》，舞剧音乐《蜜蜂与熊》，民族室内乐《婆罗门引》，歌曲《湘灵歌》《对酒》，电影音乐《药》。著有《中国民族曲式》（合著），出版有论文集《走出大峡谷——李西安音乐文集》。撰有《对音乐传统传承、变异与创新的再认识》。主编有《一石激起千层浪——中国现代音乐争鸣文选（1982—2003）》。曾获文化部区永熙优秀音乐教育奖、中国文联文艺评论一等奖。

李西林（1949— ）

指挥家。四川达川人。四川音乐学院副院长、教授。中国合唱协会副理事长、四川省合唱协会主席。1981年毕业于上海音乐学院作曲指挥系，三次赴日本樱井将喜指挥法研究所学习研修，并获毕业证书。首次排演的大型民器乐作品《蜀宫夜宴》《达勃河随想曲》获全国第三届民族器乐作品比赛一等奖。指挥的四川省广播合唱团获第二

北京合唱节专业组比赛二等奖第一名。曾在文化部主办的20世纪华人精品展演中担任中央乐团合唱团、上海交响乐团联合演出的交响合唱《黄河大合唱》指挥。

李西陵（1946— ）

二胡演奏家。山东阳谷人。原中国京剧院二胡演奏员。1965年毕业于中国音乐学院附中，后入民族乐器厂从事乐器改革和制作。演出过《大明魂》《红灯照》《杨门女将》等剧目。

李希望（1973— ）

歌词作家。山东无棣人。总参政治部宣传部文化干事。1992年入伍，曾任国防科技大学政治学院文学教研室讲师、总参政治部创作室创作员。先后在中央电视台和《词刊》《诗刊》等报刊发表、播出歌词诗歌数百篇，为多部电视剧、大型文艺晚会配写歌词，策划、执导多台全国大型直播文艺晚会。数首歌词获全军第五、六、七届"战士文艺奖"。作有《班长的红玫瑰》《边城是故乡》《当兵就该上战场》等，出版歌词集《男人不回头》及诗歌集《家之根》《生命的血质骨头》等。

李习人（1928—已故）

声乐教育家。湖南长沙人。1950年毕业于湖南大学音乐系本科，任湖南人民广播电台音乐编辑、文学编辑、省歌舞团、湖南艺术学院声乐教员，侗族自治县剧团编剧、导演、指挥、作曲。曾负责湖南广播乐团的组织排练，其独唱节目经常在中央及省台播出。培养多名学生在各类比赛中获奖。发表论文《歌唱发声基础知识》等多篇，编剧并作曲的小歌剧《生日》由湖南人民出版社出版。

李宪光（1927— ）

音乐编辑家。湖南益阳人。1949年毕业于湖南大学音乐系，同年到湖北省文联文工团任指挥。1951年调入衡阳市艺术馆，后任市属文工团、合唱团指挥。曾编辑出版定期活页歌选。1979年在本地（市）七县组织收集民歌，并参加全省民间音乐编委会。先后编辑出版《中国民间歌曲集成·湖南卷》《中国民族民间器乐集成》《中国曲艺音乐集成》及《中国曲艺志·湖南卷》。1977年荣获全国艺术科学规划领导小组颁发的《中国民族民间器乐集成·湖南卷》编辑工作一等奖。2000年获《中国曲艺集成·湖南卷》编辑二等奖。

李宪章（1956— ）

歌唱家。山东文登人。哈尔滨歌剧院歌剧团演员。1986年就读于上海音乐学院声乐系干部专修班。参加歌剧《洪湖赤卫队》《金色的鄂伦春》《赫哲人的婚礼》《江姐》的演出，参加"哈尔滨之夏"音乐会的演出并任独唱。在参加中国合唱节中获混声金奖，男声合唱获银奖。论文《民族声乐——我的理想之路》获《剧作家》杂志社第二届全国剧本、评论征文二等奖。

李相珏（1936— ）

歌词作家。朝鲜族。黑龙江密山人。曾任延边作协副主席、延边音协顾问，中国朝鲜族音乐研究会常务理事。1961年延边大学毕业后到延边《天池》月刊社任主编。1993年获中国少数民族文学奖，中国当代少数民族文学研究会文学成果一等奖，世界诗歌朗颂研究会金奖。音乐《白鹤颂》等多部作品获省级奖，发表歌词数百首。出版有《李相珏诗选》《人生三味》（汉文诗集），《李相珏诗集》（英译诗集）等诗论、文集。

李湘林（1925— ）

音乐活动家。河北平山人。1938年参军，在晋察冀军区火线剧社任演奏员。1946年调军区抗敌剧社任演奏员。1950年入中央音乐学院学习。从1952年起，先后任北京军区战友歌舞团乐队队长、指挥、副团长。1972年负责组建北京市音训班，并在此基础上成立了北京歌舞团，任团长。1986年任北京交响乐团团长。北京音协第一、二届副主席，第三、四届顾问。《中国民间歌曲集成》全国编委、北京卷主编。

李祥彬（1944— ）

作曲家。重庆人。毕业于西南师范大学音乐学院。重庆电视台电视剧制作中心作曲、制片人，重庆音协通俗音乐学会会长。发表歌曲数百首。出版专集《岁月如歌—翔兵创作歌曲选》。合唱《啊，春风》获四川省建国30周年优秀文艺作品创作一等奖。作曲并导演的音乐艺术片《歌乐山，不朽的丰碑》获重庆市建党80周年《春满渝州》电视展播一等奖。为多部电视剧作曲。其中连续剧音乐《山城棒棒军》获中宣部"五个一工程"奖、"飞天奖"。特邀为话剧《沙洲坪》作曲，获"五个一工程"奖。

李祥平（1969— ）

音乐教育家。山东成武人。内蒙古赤峰市元宝山区平煤高级中学音乐组组长。1996年毕业于内蒙古师范大学。写有论文《呼吸在歌唱中的运用》。曾在第二届中国煤炭艺术节"平朔杯"获美声唱法一等奖，在第十一届"新盖中盖杯"全国青歌赛获美声唱法荧屏奖，在第二届全国"郑煤杯"青歌赛上获金奖。并在"那达慕大会"、山西晋城"第三届煤矿艺术节"开幕式、在辽宁大剧院举办的"与春天相约"大型歌舞晚会的演出中，担任独唱。

李祥霆（1940— ）

古琴演奏家。满族。吉林辽源人。曾师从查阜西、吴景略学古琴。1963年毕业于中央音乐学院，留校任教。1989年到英国剑桥大学作古琴即兴演奏研究，1990年起在伦敦大学教古琴和箫，1994年回国后，在中央音乐学院任教。为北京古琴研究会副会长、北美琴社顾问、伦敦幽兰琴社艺术指导。曾在英、美、德、法等10多个国家和地区举行多场独奏音乐会。出版有《唐代古琴演奏美学及音乐思想研究》等，发表论文《〈琴操〉撰者辩证》《弹琴录要》等10多篇。在国内外出版有《李祥霆古琴艺术》《幽居》《唐人诗意》等个人专辑及与美国音乐家即兴重奏《和平之道》等唱片。

李祥宣（1929— ）

作曲家。四川达县人。贵州杂技家协会常务理事。1952年考入西南人民艺术学院音乐系本科，1955年毕业于西南音专（现川音）理论作曲系。曾任贵州省文化局艺术科干部，为专业剧团修改剧本唱腔，举办各种讲座及音乐欣赏，下乡搜集民歌、花灯、民间故事等。在贵阳市川剧团期间创作《晴雯传》《不准出生的人》《红杜鹃》《第二个春天》《智取威虎山》《红灯记》等大小戏唱腔，并负责全部配器与指挥。1978年调省杂技团工作。撰有《略论构成杂技艺术的审美因素》等文。

李祥章（1951— ）

二胡、高胡演奏家。山东人。海政歌舞团民乐队队长、首席。曾任山东高密剧团、海军、东海舰队、航空兵宣传队演奏员，先后在上海音乐学院、上海歌剧院进修作曲理论。作有二胡独奏曲《家乡新曲》《赶集路上》，歌曲《人民军队向前方》《师长下连把兵当》等。演奏曲目有二胡独奏《洞庭情思》，高胡独奏《查尔达什》《平湖秋月》，并在歌剧《刘胡兰》《壮丽的婚礼》演出中担任领奏、独奏。在1985年海军艺术团随郑和舰访问美国期间担任领队、首席、独奏。

李祥之（1945—已故）

民族器乐演奏家、作曲家。云南通海人。云南省歌舞团作曲。1963年毕业于云南艺术学院附中音乐系理论作曲专业。1963年分配到云南红河州歌舞团，从事少数民族乐器的调查、研究、改革工作，并担任巴乌、葫芦丝、唢呐等的独奏以及在管弦乐队中演奏双簧管。作有巴乌独奏《傣家姑娘选种忙》，俄比独奏《撮泥鳅》，唢呐与乐队《战鼓摧春》，小舞剧音乐《接班》《森林悲剧》等。撰有评论《光彩夺目的艺术珍品》。曾参加"全国少数民族文艺汇演""聂耳音乐周"、《中国革命之歌》大型歌舞、泰国第一届亚洲民间艺术节的演出活动。

李翔云（1934— ）

音乐文学家。湖南耒阳人。1949年始从事部队文艺工作。曾任吉林市文化局创作室副主任。作有歌词《每当我想起党的时候》《您好，您好》，歌剧《铁水奔流》等。

李向京（1966— ）

作曲家、教育家。福建泰安人。福建师大音乐学院副教授。1990年毕业于福建师大音乐系，1999年毕业于中央音乐学院音乐学系硕研进修班。发表《谈电脑音乐教学》《谈中国钢琴练习曲的创作》《瓦格纳—功能和声语言解构的先行者》《歌曲创作中词曲节奏的同步结合》等文。编著《文艺演出手册》。作有歌曲《澳门回家》《顶竿球》《柳叶船》《小足球，大足球》，以及器乐联奏《春潮》等。

李向阳（1935— ）

小提琴教育家。江苏南京人。1959年毕业于中央音乐学院管弦系。曾任中央音乐学院附中副校长。

李向一（1931— ）

歌唱家。山东莱州人。1949年任中学音乐教师，后到军事学院文工团和南京军区前线歌舞团任歌唱演员、声乐教员。70年代任安徽艺校声乐教师8年。1959年去维也纳参加世界青年联欢节演出，后到苏联6个加盟共和国巡回演出。1964年赴印尼参加万隆会议10周年庆祝演出，接着到柬埔寨、波兰、阿尔巴尼亚访问演出，1983年到朝鲜等国访问演出。两次参加中央代表团艺术团以及《东方红》大歌舞等重要演出。

李小兵（1967— ）

作曲家。江西南昌人。任教于广州星海音乐学院音乐音响导演系。广东省流行音乐学会副会长。创作大量的管弦乐、影视音乐、电子音乐及歌曲，其中部分作曲、编曲的作品流传，有的在国内外获奖，其中歌曲《又见彩虹》被确定为第九届全运会会歌，2002年获第二届中国音乐"金钟奖"。发表多篇论文。

李小刚（1936— ）

扬琴演奏家。上海人。1952年在上海沪剧团任乐师。1958年调北京新影乐团乐队工作。1963年参加第四届上海之春全国二胡比赛，获扬琴伴奏优秀奖。1989年参加德国慕尼黑第一届国际扬琴音乐节，并举办个人扬琴独奏音乐会。创作和改编《海岛新貌》《丰收的喜悦》等20首扬琴独奏曲。多次在中央及北京电台举办扬琴专题讲座。中央电视台夕阳红栏目"情系扬琴"专题采播。先后赴新加坡、加拿大、西班牙、冰岛、比利时、日本演出。出版《扬琴演奏法》《扬琴中级教材》《扬琴基础教程》及盒带CD、VCD等音像制品。

李小护（1945— ）

歌剧表演艺术家。云南人。1968年毕业于中央音乐学院。曾在中央歌剧院工作。在《茶花女》《小红帽》等歌剧中扮演角色。1980年获文化部直属院团观摩评比演出青年演员一等奖。

李小军（1974— ）

音乐活动家。山西霍州人。任职于总政宣传部艺术局。中国音协第七届理事。1998年毕业于山西大学师范学院音乐系。多次组织全军"战斗精神歌曲""军旅抒情歌曲""奥运歌曲""抗震救灾歌曲"等歌曲征集评选征歌活动，参与组织策划"军民迎新春文艺晚会""纪念改革开放30周年音乐会"全军舞台艺术主持人比赛等文艺演出活动和比赛。作有歌曲《旗帜下的忠诚》《你来了》《当兵的地方》《轻轻的爱》等。撰写《激昂的旋律——战斗的歌声》《让世界倾听中国的声音》《军营男子汉的真情告白》等音乐评论。

李小沛（1956— ）

录音师。江苏沛县人。1975年始在中央电视台音频部音乐录音科任科长。1986年毕业于北京电影学院录音系。录制记录片音乐有《黄河》《话说长江》《故宫》《孙中山》《改革开放二十年》《新中国》《世纪》，录制电视

L

剧音乐有《西游记》《红楼梦》《三国演义》《水浒传》《武则天》《成吉思汗》《长征》，录制《不见不散》《我的父亲母亲》《嘎达梅林》电影音乐，录制有CD唱片有《响宴》《天唱》《国色》等。曾获四届全国电视文艺"星光奖"最佳录音奖、中国唱片"金碟奖"最佳制作奖、中国"金唱片奖"最佳录音奖、首届"德艺双馨百名电视艺术家"称号。

李小平（1956— ）

女声乐教育家。内蒙古海拉尔人。1982年毕业于哈尔滨师范大学艺术系声乐专业。内蒙古大学艺术学院音乐系声乐副教授、硕士生导师。曾随乌克兰敖德萨音乐学院声乐专家艾尔维拉·列佳金娜教授进修两年。曾执教于内蒙古呼伦贝尔盟民族艺术学校。撰写并发表《蒙古族长调牧歌演唱技巧形态初探》等文数十篇，多次获优秀教学成果奖、优秀科研成果奖。出版有《声乐艺术与教学探索》。

李小琪（1948— ）

女钢琴教育家。浙江平湖人。厦门音乐学校钢琴教研组高级教师。1986年毕业于天津音乐学院键盘系。曾任河北沧州京剧团演奏员，天津幼儿师范、天津音乐学院附中教师。所指导的学生参加各类钢琴比赛，均获较好成绩。本人获"园丁奖""指导教师奖"。曾任全国钢琴考级、第九届省音舞节钢琴比赛、首届TOYAMA亚洲青少年音乐比赛、"金钟奖"福建青少年钢琴选拔赛评委。

李小琴（1945— ）

女声乐教育家。陕西蓝田人。1963年毕业于西安音乐学院声乐系。曾在新疆艺术学院音乐系任声乐教师、教研室主任，在陕西师大艺术学院任音乐系主任、副院长。发表论文《和中小学音乐教师谈歌唱的适度》《声乐教学与民族风格问题》《与声乐演员谈声带保护》《关于中国三种唱法的思考》等。著有《师范院校声乐教学探索》。学生在全国各类音乐比赛中获各种奖项。

李小舒（1961— ）

女音乐教育家。辽宁沈阳人。1989年毕业于安徽师范大学音乐系，2001年在中央音乐学院研究生部进修一年。安徽省艺术职业学院音乐系声乐教师，高级讲师。在各种学术报刊上发表有《谈中专声乐教学的启蒙教育》《青线线，蓝线线，蓝格英英的彩》《浅谈歌唱高位置声音的获得》《冲破枷锁的激情》《高校音乐美育教育的发展与反思》等论文。

李小祥（1952— ）

歌唱家。湖北沙市人。曾深造于中国音乐学院。1978年入中国歌剧舞剧院，后任副院长。曾任淮南市文工团声乐、话剧演员。演出有话剧《星光啊星光》《贺龙之死》及歌剧《白毛女》《刘胡兰》《洪湖赤卫队》，并在歌剧《蓬莱国——徐福传说》中担任男主角。部分演唱歌曲在安徽电台、电视台播放。曾赴日本、马来西亚及香港演出。策划、主持多台文艺节目。

李晓波（1951— ）

作曲家。北京人。发表歌曲百余首、论文十余篇。在黑龙江省艺术研究所从事集成志书编纂工作。1981至1986年分别参加《中国民间歌曲集成》（黑龙江卷），《中国民族民间舞蹈集成》（黑龙江卷、辽宁卷），《中国民族民间器乐曲集成》（黑龙江卷）的编纂工作。荣获国家级歌曲创作和集成编纂成果奖，先后被全国艺术科学规划领导小组和黑龙江省文化厅授予集成志书编纂工作"先进工作者"称号。

李晓聪（1969— ）

女歌唱家。陕西西安人。1988年毕业于西安音乐学院音教系。1988年始任陕西歌舞剧院声乐演员。撰有《歌唱中的情感表达》《浅议歌唱中的呼吸与喉头稳定》。曾在《唐长安乐舞》中担任独唱、领唱，参加省建国55周年展演、省电视台春节晚会、建党85周年"永远的颂歌"文艺晚会及《张骞》的复排等演出。曾获意大利国际艺术节演出特别奖、陕西省声乐大赛民族专业组一等奖、第七届全国推新人大赛总决赛一等奖。

李晓达（1946— ）

歌词作家。黑龙江人。齐齐哈尔市群众艺术馆研究馆员、黑龙江音乐文学学会副会长。著有《答谢北方》《英雄后代的消息》等6本歌词、诗歌专著。主要作品有《颂歌献给红太阳》《国旗和太阳一同升起》《孙中山，民主革命的先驱》《吉祥歌》等。《爱唱乌钦的阿爸》曾获全国第九届"五个一工程"奖优秀作品奖，《萨日朗的传说》等作品曾五次获文化部"群星奖"金、银、铜奖，《丹顶鹤飞回来了》等五次获"中国广播新歌评比"一、二、三等奖。其他奖二百余项。

李晓东（1960— ）

单簧管演奏家。陕西勉县人。宁夏音协副主席，西北第二民族学院音舞系主任。曾就读于西安音乐学院附中和本科管弦系，学习单簧管演奏。1986年任宁夏回族自治区歌舞团演奏员、乐队队长，兼任银川师专、宁夏艺术学校单簧管专业教师。曾任教浙江丽水学院，创办该院音乐系并任系主任。

李晓贰（1948— ）

声乐教育家。湖南长沙人。湖南师范大学督导、教授、硕士生导师，中国教育学会声乐学术委员会委员，湖南音协声乐表演艺术委员会副会长及音乐教育委员会副会长。《音乐创作》特约编委。发表论文十余篇，多篇在全国、全省获一等奖。著有《歌唱基础知识》《民族声乐演唱艺术》及教材《中国民歌卷》（声乐曲库）等数部。作品《和谐的春风》获湖南"五个一工程"奖。培养众多优秀声乐学生。多次任省级音乐赛事评委。举办"李晓贰从教30周年获奖学生音乐会"。

李晓峰（1963— ）

音乐教育家。山东郯城人。山东大学艺术学院院长、教授、硕士生导师。1981至2000年分别毕业于临沂艺校、曲阜师大、山东大学。著有《交响音乐鉴赏》《乐理与视唱》《二胡技法进阶训练》。发表论文二十余篇。曾获山东省文化艺术科学优秀成果一等奖二项，山东省教育厅优秀教学成果二等奖一项，曾获教育部"全国艺术教育工作先进个人"称号。并主持教育部重点项目《艺术产业化人才培养创新试验区》。曾赴美国辛辛那提大学、西班牙巴塞罗那艺术学院、埃及开罗大学、日本山口大学、韩国中央大学、台湾成功大学等十余所海外高校讲学、演出。山东音协副主席、山东教育厅艺教委副主任、教育部高校艺术类专业教学指导委员会委员、山东省文化艺术科学协会副会长、山东省民族管弦乐学会副会长、齐鲁晚报爱乐团团长。

李晓静（1970— ）

女音乐活动家。山东滨州人。1990年毕业于曲阜师范大学艺术系音乐专业。多年来一直从事业务和管理工作，在当地较有影响的音乐活动中，参与组织、策划、编导和演出等工作。山东滨州市艺术馆副书记、副馆长、副研究馆员，兼任滨州市歌舞团团长、山东省音乐家协会理事、滨州市音乐家协会主席、山东省第七届文代会执行委员、滨州市第三次妇女代表大会执行委员。

李晓骏（1953— ）

长笛演奏家。上海人。1976年毕业于南京艺术学院音乐系长笛专业。后任江苏京剧院、江苏省歌舞剧院交响乐团演奏员。1999年攻读南艺音乐理论研究生。曾参加京剧《杜鹃山》《红灯记》《龙江颂》《红云岗》，歌剧《月亮花》《木棉花开》《天朝国府》的伴奏及参加交响乐的演出。1988年调院辅导部，辅导的学生在省管乐比赛中获奖。改编的管乐合奏《走进新时代》获特别奖。2000年与指挥家胡咏言合作演出《贝多芬第九交响乐》，2001年与澳在利亚芭蕾舞团合作演出舞剧《吉赛尔》。

李晓玲（1946— ）

女钢琴教育家。四川成都人。1963年毕业于四川音乐学院附中并留校任教。1980年毕业于上海音乐学院钢琴系。后在四川音乐学院钢琴系任教，历任钢琴主科教研室主任、副系主任、系主任，教授、硕士生导师。1994至1995年应邀在美国作高级访问学者一年。曾在国内及美国、加拿大举办六场钢琴独奏音乐会。所教学生有16名在国际国内比赛中获奖。1992年获优秀教学成果院级二等奖，先后七次获园丁奖。2003年被评为四川省学术和技术带头人。

李晓龙（1949— ）

作曲家、音乐教育家。重庆万州人。1980、1986年先后毕业于四川音乐学院作曲系指挥班、西南师范大学音乐教育系。历任四川万县地区京剧团、万县幼儿师范、重庆三峡师范学校教师。作有歌曲《阿爸、阿妈乐呵呵》《打麦谣》《海滨夏令营》《古老的土地》，京剧音乐《黄桷树下》。多次获优秀作品奖。撰有《京剧板鼓指挥艺术及记谱法浅析》。经常组织辅导学生参加全国、省市考级。

李晓明（1957— ）

作曲家、音乐评论家。四川人。四川省音协理论创作部主任、省音协MIDI专业委员会主任、省音乐文学专业委员会副主任、省通俗音乐学会副秘书长。长期以来从事音乐理论创作、编辑和音乐组织工作。作品多次在全国音乐大赛中获奖。曾多年主持四川音协刊物《乐苑》。多次在省及成都等地、市、州的音乐比赛中担任评委，并任成都市文化局艺术顾问，四川师大艺术学院客座教授。撰写有数篇音乐评论在报刊、杂志发表，曾应邀出席第八届华裔青年作曲家国际学术研讨会。

李晓楠（1960— ）

音乐活动家。河南新乡人。1985年毕业于河南大学音乐系。曾任新乡市群众艺术团副团长，市音协副主席兼秘书长。组建交响乐团、歌舞队，多次带队参加航天部和省国防工办组织的汇演，并到国防军工企业及工矿、学校慰问演出。1986年调入工商银行任职工艺术团团长。作有歌曲《工行矫健的银莺》《中国工商银行行歌》。曾获第二届青少年钢琴比赛组织一等奖，并在新乡市迎国庆合唱比赛中获一等奖。

李晓萍（1953— ）

女高音歌唱家。新疆人。1977年毕业于天津音乐学院声乐系，任乌鲁木齐艺术剧院女高音独唱演员、演唱队队长。在歌剧《江姐》《奴隶的爱情》，电视剧、话剧、儿童剧《走向冰川王国的道路》《乔丽潘的太阳歌》《护照的秘密》《为幸福干杯》中均担任主要角色。曾代表新疆艺术团出访日本、巴基斯坦。1999年录制个人MTV光碟《世世代代铭记毛主席的恩情》。1981年获自治区"天山新蕾"音乐会优秀歌手奖，1989年获全国儿童电视剧展播二等奖，1992年获全国儿童剧录像评比调演二等奖。

李晓琦（1955— ）

作曲家。山西太原人。任职于中国广播艺术团创作室。1983年毕业于上海音乐学院作曲系。作品弦乐四重奏《边寨素描》，交响序曲《黄陵祭》分获全国第四、八届音乐作品评比一等奖、创作奖，小提琴协奏曲《聊斋印象》获全国首届唱片大赛鼓励奖，舞蹈音乐《猎中情》获全国第二届舞蹈比赛音乐创作二等奖，电脑音乐《秋之情》获全国首届电脑音乐作品评比鼓励奖，歌曲《山歌》获上海—巴黎世界歌唱比赛中国作品选拔赛优秀作品奖。

李晓清（1964— ）

女音乐教育家。四川营山人。四川南充市教师进修校高级讲师、音乐教研员。1982年毕业于营山师范学校并留校任教。1987年毕业于四川音乐学院师范系。1991年到南充市教师进修学校任教。1995年毕业于西南师范大学音乐系。曾多次参加省、市声乐比赛获一、二等奖，并在西南师大、南充市举办个人独唱音乐会。所培养的学生在全国、省市声乐比赛中获奖，所指导的合唱作品也在全国、省、市合唱比赛中获奖。1997年获"四川省优秀音乐教师"，2000年获"全国学校艺术教育先进个人"等称号。

L

李晓元（1964— ）

音乐教育家。湖南新宁人。湖南长沙雅礼中学音乐组组长。1984、1999年先后毕业于湖南师范学院艺术系、湖南师范大学音乐系。2007年率雅礼交响乐团赴港参加"庆香港回归十周年"演出，参加"全国少儿节目展演"获金奖、优秀指挥奖，同年担任艺术总监与首席指挥在维也纳金色大厅举办"雅礼之声"专场音乐会。四次获省市音乐教育比赛一等奖，2002年被评为湖南"特级教师"。

李心草（1971— ）

指挥家。云南保山人。中国音协第六、七届理事。1994年毕业于中央音乐学院指挥系，师从徐新。1999年毕业于维也纳国立音乐大学指挥系，师从莱奥波德·哈格教授。1993年参加文化部主办的全国首届指挥比赛获第一名。1994年起任中央芭蕾舞团常任指挥，1999年起在中国交响乐团任常任指挥。1991年起连续三年获中央音乐学院付成贤奖学金，在中央芭蕾舞团先后指挥演出了舞剧《吉赛尔》《红色娘子军》《天鹅湖》等。1996年获文化部艺术专业任职资格考评指挥专业第一名。1997年获法国第45届贝藏松国际指挥大赛第二名。1999年回国后指挥中国交响乐团演出九场（套）音乐会，并向全世界华人公开征集交响乐作品百余部，担当了筛选、试奏作品的大量工作并指挥部分入选作品音乐会。

李新陆（1944—2001）

钢琴演奏家。江苏江阴人。毕业于中央音乐学院钢琴系本科，师从刘诗昆先生。1968年入北京京剧团任乐队指挥和钢琴伴唱《红灯记》钢琴伴奏，1980年入原中央乐团合唱团，担任钢琴伴奏演出专场音乐会。录制《新娘的花环》和《海韵》视盘。后到本团独唱演奏艺术家小组，任独奏和伴奏。1993年由文化部公派赴香港参加新华社组织的演出活动和教学活动。2002年指挥深圳乐之友合唱团在捷克第45届合唱比赛中获最高奖。曾在德国合唱比赛中担任伴奏获金奖。

李新庭（1956— ）

指挥教育家。江西南昌人。江西师范大学音乐学院小提琴、指挥教授，硕士生导师。1974年始从事音乐教育工作。1989年考进上海音乐学院助教进修班，学习硕士生课程。1999年指挥演出《红旗颂》，2001年指挥演出《贝多芬第五交响曲》《黄河协奏曲》、小号协奏曲等，2003年指挥演出交响赣剧《牡丹亭》。出版指挥教材一部并在省级和国家级刊物上发表多篇论文。2001年分别获省、国家级指导教师奖。

李新现（1967— ）

男高音歌唱家。河南洛阳人。河南大学艺术学院声乐系副教授，硕士生导师，河南理工大学音乐系主任。1993年毕业于河南大学音乐系，1997至1998年在上海音乐学院音乐系进修。曾先后获河南省首届青年歌手大赛美声唱法第一名、武汉中日"樱花杯"声乐比赛美声唱法一等奖、首届中国音乐"金钟奖"新时期艺术歌曲比赛铜奖、第三届台北世界华人声乐比赛歌曲最佳演唱奖、第39届意大利

贝里尼国际音乐比赛中国赛区选拔赛金奖。曾参加中央电视台"同一首歌""欢乐中国行"演出。MTV《点燃》在中央电视台播出。

李新学（1925— ）

音乐理论家。河北赞皇人。1946年始从事部队文艺工作。1952年毕业于重庆西南人民艺术学院音乐系。后在志愿军文工团任管弦乐队分队长。1956年后曾任山东省群艺馆副馆长、省艺术学院音乐系主任、教授。山东艺术学院艺术研究所研究员、山东省音协副主席。编撰有《民族音乐概论教材》及《山东民间歌曲论述》（合作），先后在《中国音乐》等刊物发表《蓬莱渔民套号探讨》《鲁北诙谐民歌浅析》等文。其撰稿的音乐艺术片《单山渔号》（合作）获电视文艺"星光奖"三等奖。曾为电视剧《铺草》作曲，发表、播放歌曲《胜利全靠党指导》等。

李信敏（1953— ）

女声乐教育家。河北武强人。1975年毕业于武汉音乐学院声乐系。先后任职于湖北省文化厅、省歌剧舞剧院、深圳文化局、深圳艺术学校。曾随湖北省《编钟乐舞》剧组赴美国、日本、法国演出。在湖北电视台"亚运健儿回故乡""欢乐今宵""希望之光""金曲365"等晚会，并担任独唱、二重唱。在中央电视台"综艺大观"中演唱歌曲《龙船调》《唱不尽我们的山区好》《茶山新歌》《故乡的年》，获优秀歌手奖、独唱二等奖、首唱歌手奖。

李兴池（1956— ）

作曲家。陕西延川人。陕西省歌舞剧院作曲、省音协常务理事。1974年入延川县剧团。1987年毕业于西安音乐学院作曲系。历任延安市歌舞团作曲、创研室主任，延安市音协副主席、主席。作有歌剧《酸枣崖》《搭花轿》，组舞《劳动号子》《莲花灯》，舞蹈《花雀雀》《抓髻娃娃》等。秧歌剧《花香时节》，眉户剧《追轿》获中国剧协优秀作曲奖。歌曲《我的西部》《光辉向未来》获陕西省"五个一工程"奖。随团赴法国、奥地利。

李兴武（1941— ）

音乐教育家。蒙古族。内蒙古科左后旗人。1961年毕业于内蒙古师范学院艺术系，曾任内蒙古广播电视艺术团副团长、团长，后调内蒙古艺术学院，曾为副院长、副教授。中国少数民族音乐学会副会长、内蒙古音协主席团委员。策划、编排及导演十余台音乐会及文艺演出。1983年曾率团赴北京举办"花的草原"音乐会，1991年组织举办"内蒙古首届大型蒙古四胡演奏会"。曾出任蒙古族青年合唱团艺术总监，率团先后参加第三届北京合唱节获一等奖，参加在香港举办的中国音乐节，并应邀赴台湾巡回演出。曾率团赴俄罗斯、韩国演出。曾获内蒙古"萨日纳"奖音乐理论二等奖。

李兴洲（1930— ）

音乐教育家。辽宁昌图人。1937年毕业于东北师大音乐系。先后在东北师大艺术系和中专音乐科教授声乐、合唱、指挥等课程。曾组织并指挥鞍山师范学院音乐系实习

L

演出团在辽阳、鞍山等地进行公演。曾先后在辽宁艺师、辽宁教育学院等单位组织合唱团兼指挥，在教育学院艺术系音乐教研室任主任。曾编写《辽宁省小学音乐课本》5册，为中师音乐专业编写《民间音乐教材》。培养出不少音乐人才。

李星泽（1954— ）

歌唱家。回族。江苏常州人。1988年上海音乐学院声乐系毕业。贵州民族学院音乐舞蹈学院副院长。发表《善歌之气—论歌唱的呼吸力》《歌唱音质的基础训练》《无字无气无声—论歌唱的激起》《论歌唱发声教学的基本方法》等文，有的获奖。参加歌剧《江姐》《芳草心》（主演）的演出，多次参加省内组织的各种演出活动。培养出多名学生在国内比赛中获奖。

李雄飞（1930— ）

音乐教育家。陕西三原人。1952年毕业于西北艺术学院音乐系后留校工作。曾任西安音乐学院教务处处长、图书馆馆长、高教研究室主任、副研究员等职。发表《高等音乐教育》《古代乐论》《中国音乐名作介绍》《西安音乐学院园丁谱》等近百篇论文、文章。

李秀慧（1939— ）

竖琴演奏家。上海人。1955年入总政歌舞团。1960年入上海音乐学院德国专家竖琴班进修。编著有《竖琴初级教材》《幼儿钢琴曲百首》。

李秀君（1958— ）

女声乐教育家。重庆人。1951年毕业于华西协和大学音乐系并留校。1953年调西南师大音乐系，曾任声乐教研室、艺术嗓音研究室主任，声乐教授、硕士生导师。重庆音协顾问，重庆嗓音研究协会副理事长。学生中有五人获国家级奖。著有《声乐理论》《中小学音乐基础·声乐》，译有《音乐家舒伯特·瓦格纳》《声乐集体课》。撰有论文《发声矫治配合医疗治疗嗓音疾患》。

李秀兰（1946— ）

女歌唱家。辽宁大连人。中乐音乐艺术培训中心主任。1968年毕业于中央音乐学院歌剧系，后调入中央乐团任声乐演员及节目主持人。1964年在《梁祝》与歌剧《红珊瑚》片段中饰演女主角。多次随团完成接待外国元首任务，完成为中央首长及赴全国各地的演出任务。演唱《贝多芬第九交响曲》，莫扎特、威尔弟的《安魂曲》，亨德尔的《弥撒》，海顿的《四季》等及西欧歌剧等。1994年调入中国交响乐团社会音乐学院，主持声系及培训部工作，从事业务教学与教学管理。

李秀美（1933— ）

女钢琴教育家。山东烟台人。四川音乐学院钢琴系副教、硕士生导师。四川省钢琴学会秘书长，原四川音乐学院附中校长。四川音协理事。从事钢琴教学50年，培养众多优秀钢琴学生。近年来有十余名学生在国际、国内、香港的钢琴比赛中多次获奖。1990年率学生赴日本参加国

际高中生艺术节。1992年获四川音乐学院优秀教学成果二等奖。1997年和1999年两次获香港颁发的钢琴教学"园丁奖"。2001年获文化部颁发的德艺双馨"第三届区永熙优秀音乐教育奖"。多次担任国内各类钢琴比赛评委。

李秀琪（1934—2001）

板胡演奏家。河北定县人。1952年入定县红光剧团，后为中央广播民族乐团演奏员。作有板胡曲《湖边春色》，二胡曲《奔驰在千里草原》。曾赴欧洲多国演出。

李秀琴（1955— ）

女声乐教育家。河南西平人。湖北省黄冈师范学院音乐系书记，市音协副主席。1975年毕业于湖北艺术学院声乐系。曾在"全国大学生艺术节""湖北省大学生艺术节"获优秀指导教师奖。撰有论文《此风不可长》《浅谈唱法》《高师声乐教学改革构想》《论声乐教学过程中的记忆》等。担任《塑造灵魂的三百工程》副主编。

李秀清（1959— ）

女二胡教育家。河北武安人。1983年毕业于吉林艺术学院音乐系二胡专业。先后发表《二胡演奏教程》《用多种手段培养优秀音乐人才》等论文多篇，培养学生多人获全国专业二胡比赛一、二、三等奖，多人已进入高等音乐艺术院校。多次举办个人独奏音乐会，参加全国比赛、演出，并获得各种奖励多项，并曾多次出国访问演出。现为河南艺术职业学院副教授，郑州市第十届政协委员。

李秀蜀（1936—2003）

女歌唱家、舞蹈家。四川成都人。原中央民族歌舞团歌队副队长。1950至1956年先后在西昌民族干部训练班、中央民族学院、北京舞蹈学校学习，其间曾调到中央民族学院文工队任舞蹈演员。从北京舞蹈学校毕业后一直在中央民族歌舞团任舞蹈和声乐演员。曾多次随团深入边疆少数民族地区、部队、农村、工厂参加慰问演出。1953年随中央慰问团赴朝鲜访问演出，1956年随以陈毅元帅为团长的中央代表团赴西藏慰问演出。1960年赴缅甸、苏联等国家访问演出，领唱《远方的客人请你留下来》。

李秀文（1951— ）

女高音歌唱家。吉林人。1971年入长影乐团工作。全国青联委员、吉林省政协委员。曾为《雁鸣湖畔》《女交通员》《瑶山春》等多部影片配唱插曲。

李需民（1960— ）

作曲家，电视导演。黑龙江人。珠海电视台节目中心艺术总监。1986年毕业于齐齐哈尔大学艺术学院，后进修于中国音乐学院理论作曲系。曾任富裕县文化馆馆长、县政协副主席，齐齐哈尔电视台文艺部主任。出版有《音乐杂论》。刊发论文二十余篇。歌曲《莎日娜》《日月畅想曲》《嫩江之恋》先后获文化部"群星奖"、广电总局"原创歌曲奖""全国青年歌手大奖赛"等金、银、铜奖。还为电视连续剧《向阳照相馆》《小鹤飞飞》作曲。

L

编导的音乐风光片《扎龙鹤韵》获国际铜奖，全国金奖。另执导十几台春节晚会在中央电视台播出。

李宣杰（1959— ）

作曲家。山东济南人。山东省音协理事、济南市音协副主席。创作大量各类音乐作品，并大多在各类比赛中获奖。歌曲《有一种幸福叫平安》获全国安全歌曲大赛优秀奖，编配的合唱《走昆仑》在全国职工合唱比赛中获金奖，曲艺音乐《叔嫂情》获全国比赛金奖，《月圆在心中》获山东省"文化奖"创作一等奖，《希望之光》获全国新创工人歌曲创作铜奖、山东省文化厅创作银奖。出版歌曲集《情牵天涯》《银弦上的梦》。

李学韩（1933—2009）

歌唱家、声乐教育家。江苏苏州人。1953年就读于江苏师范学院音乐系，后在南京师范学院音乐系进修。1954年起先后在安徽师院、安徽艺术学院、合肥师范学院、安徽师范大学音乐系任教。作有小合唱《快乐的邮递员》，改编民歌合唱和独唱曲。撰文《论歌手的主观感觉和听众的客观感觉问题》。曾参加歌剧《柯山红日》《白毛女》演出，在民族舞剧《小刀会》演出中任声乐顾问及合唱指导，在《长征组歌》及京剧《红灯记》中任独唱及主角。

李学伦（1930— ）

作曲家。壮族。广西田阳人。1951年始从事文艺工作。曾任广西右江民族歌舞团团长、广西第四届文联委员、音协广西分会第三届常务理事。作有歌曲《红水河畔阳春早》《家乡有条流蜜的河》，舞蹈音乐《拧》。

李学萍（1962— ）

女歌唱家。河南人。葛洲坝三峡艺术团副团长。毕业于武汉音乐学院音乐教育系，后进修于上海音乐学院、中央音乐学院、中国音乐学院，师从谢绍曾、王秉锐教授。曾获全国水利电力系统职工文艺调演一等奖、全国二十城市"连环杯"歌手比赛金奖、全国青年歌手电视大奖赛优秀歌手、全国电力系统"祖国颂"歌手选拔赛最佳歌手奖。在湖北省多届"楚天文艺奖"比赛中获一等奖，2002年获全国第二届推新人比赛"优秀园丁"奖。

李学全（1932—已故）

长笛演奏家。湖南临湘人。1945年入国立音乐学院幼儿班学习钢琴、长笛，1950年转入中央音乐学院。1953年参加罗马尼亚世界青年联欢节，并获金质奖章。1958年在苏联柴科夫斯基音乐学院专家班进修，后担任中央乐团交响乐队长笛首席及木管声部长。先后赴二十多个国家和地区演出。曾任中国音协理事，北京长笛学会主席，主办过全国第一、二届"全国长笛比赛"，并担任评委主席。

李学文（1934—已故）

低音提琴演奏家。回族。河北石家庄人。1949年始从事部队文艺工作。1953年入上海交响乐团学习低音提琴。曾任新疆石河子市文工团乐队指挥，市音协副主席。

李雅芬（1950— ）

女中提琴演奏家。浙江宁波人。原上海交响乐团中提琴首席。1960、1969年分别毕业于上海音乐学院附小、附中。1970年入上海京剧团《智取威虎山》剧组。1979年调上海交响乐团。1985年参加俞丽拿女子四重奏组，演奏有海顿《D大调第40首弦乐四重奏》、莫扎特《D大调第21弦乐四重奏》、贝多芬《三重奏》和《弦乐五重奏》等。1985年在全国第四届音乐作品比赛中获文化部"新作品演奏奖"。

李雅美（1928— ）

女高音歌唱家。安徽舒城人。1950年毕业于上海音乐学院声乐系，后入原中央乐团合唱队、长期担任女高音声部长。

李雅青（1925— ）

女音乐编辑家。湖南郴县人。中国音协资料室外文音乐原资料员。曾就学于上海音乐学院声乐系，后在中央音乐学院选修外国音乐史、中国音乐史。收集整理大量当代国际音乐界各流派、各历史时期的作曲家及其作品，介绍国际声乐家、指挥家、演奏家及表演团体的资料，并播放录音、录像。担任《中国图书分类法》音乐部分编撰。

李亚军（1957— ）

音乐教育家。新疆人。新疆师范大学音乐学院副教授，新疆音协理事，电子琴学会会长。1978年起先后毕业于新疆师范大学、上海师范大学、上海音乐学院、中国艺术研究院研究生部。曾编著《钢琴电子琴即兴演奏》《现代少儿电子琴教程》等18部专著。出版个人钢琴音乐CD专辑，其中《电子琴演奏·伴奏编配》一书，获第五届全国图书评比"金钥匙奖"和"高校最畅销图书奖"。1992年创办新疆亚军艺术学校。多次获教育部、文化部、中央电视台及自治区人民政府授予的"优秀教师"称号。

李亚丽（1956— ）

女歌唱家。山东莱西人。山东莱芜市群艺馆副馆长。1986至1988年就读于山东省艺术学院。论文《社会文化建设研究》获山东省文化厅文化艺术科学优秀成果一等奖。创作并演唱的歌曲《八宝莱芜八大景》获全国中华戏曲新歌大赛创作、演唱三等奖。曾为《潮头奏鸣曲》《牧歌响彻有一方土》等电视专题片担任主题歌演唱。

李亚盟（1957— ）

音乐教育家。安徽阜阳人。1983年毕业于安徽滁州师专音乐系键盘、作曲专业，后任利辛县教育局教研室主任、亳州市音协副主席，中教高级教师。作有歌曲《迎接新世纪的春天》《走向美好的明天》《小鸟、小鸟回来了》《我们放飞理想》《职业道德歌》，分获"世纪之声"征歌金奖、银奖，2001年省"五个一工程"奖、全国第四届校园春节联欢晚会一等奖、省校园歌咏比赛创作一等奖、省总工会"五一文化"奖。

L

李延滨（1961— ）

板胡演奏家。黑龙江延寿人。1987年毕业于哈尔滨科技职工大学，1987年毕业于中国音乐学院板胡、二胡专业。1987年始在黑龙江省龙江剧院任演奏员。撰有《回顾与前瞻—龙江剧板胡演奏艺术初探》并获省戏曲伴奏艺术论文一等奖。担任龙江剧主奏的剧目《荒唐宝玉》《木兰传奇》获"文华奖""五个一工程"奖并拍摄戏曲片，获电影"华表奖"。在大型新编古典龙江剧《梁红玉》晋京展演中担任主奏。1996年在黑龙江省民族乐器独奏大赛中获板胡组金奖，1997年在省首届戏曲院团文武场演奏员考评中获板胡演奏一等奖。伴奏的龙江剧《创关东》获第三届"天鹅之声"艺术节优秀伴奏奖。

李延林（1932—1991）

作曲家。重庆人。1950年始从事部队音乐工作。1960年毕业于上海音乐学院理论作曲系，后入广西艺术学院。1976年调广西电影制片厂任专业作曲。曾为中国音协、中国电影音乐学会常务理事，广西自治区文联委员、音协副主席、自治区政协委员。作有管弦乐组曲《公社灯会》，钢琴组曲《瑶山春好》，钢琴曲《小变奏曲》，马骨胡独奏曲《壮乡春早》，唢呐协奏曲《壮乡踏歌行》，民族器乐曲《铜鼓三乐章》，壮族民歌改编曲《红河水长流》《春耕》等。曾为故事片《拔哥的故事》《神女峰的迷雾》及电视剧《鸳鸯宝石》《唢呐在金凤里吹响》《聊斋》等作曲。作有《百鸟衣》等五部歌剧与《情牵天涯客》等百余首群众歌曲。《布洛陀》获自治区一等奖，歌舞《情牵天涯客》获首届"振兴广西文艺创作"作品奖。

李延生（1930— ）

作曲家。黑龙江哈尔滨人。1947年参军，后入东北鲁迅艺术学院学习。1953年入上海音乐学院作曲系干部进修班学习。1955年任军乐学校理论教员。1957年起在军乐团从事音乐创作，曾任创作研究员、创作室主任。全军文艺汇演音乐评委。器乐作品有军乐合奏《红军万岁》，军乐交响套曲《祖国》《火箭部队进行曲》，双簧管独奏《大青山之歌》，小号独奏《帕米尔在欢唱》。编配有大量外事或典礼用曲，如《国际歌》《樱花，樱花》。歌曲作品有《云雀》（获文化部歌曲创作二等奖），《芒锣之声》《祖国的海洋啊我爱你》《月之故乡》（合作）。

李延声（1945—已故）

作曲家。陕西延安人。曾就读于江西文化艺术学院音乐系并开始音乐创作。《育林之歌》在1965年江西省群众歌曲创作比赛中获奖。毕业后分配至江西省木偶剧团任作曲，写有《红领巾》等歌剧音乐。后调省京剧团任乐队伴奏，参加《风展红旗》等现代京剧的乐队配器工作。1987年调江西省音协《心声》歌刊任编辑、主编。江西省音协理事。作有歌曲《井冈水哟，井冈山》等及器乐曲《鄱湖谣》。其中《白衣姑娘》《海之恋》等三十余件作品获奖。撰文有《也谈艺术形象》等十余篇。

李延夏（1944— ）

女中提琴演奏家。重庆人。1956至1966年就读于四川音乐学院附中、本科。先后任职于宜宾地区文工团、珠影乐团。曾参加大型歌剧、舞剧《江姐》《洪湖赤卫队》《白毛女》《红色娘子军》等演出。参加三百多部（集）影视音乐录音及数百首中外作曲家的管弦乐作品演奏。多次赴香港、澳门参加演出。历任珠影乐团中提琴声部长、弦乐队副队长、乐团副团长。

李延忠（1946— ）

作曲家。辽宁沈阳人。曾任辽宁芭蕾舞团艺术室主任。作品有芭蕾舞剧音乐《梁山泊与祝英台》《嘎达梅林》《孔雀胆》，管弦乐《火之舞》《黑土地之恋》《缅怀》《关东素描》，钢琴与乐队《春天的故事》，钢琴独奏曲《e小调随想曲》《康定情歌主题变奏曲》等，电影、电视剧《元帅与士兵》《小巷幽兰》《赌命汉》《飞往太空城》《好呱呱》《小熊买瓜》《黑土地，黄棉袄》《张学良与郭松龄》《女司令》等二百余部（集），歌曲作品《祖国之爱》《半岛之梦》《教师颂》《红领巾向着太阳走》等三百余首。出版有《李延忠歌曲选》。

李燕虹（1962— ）

女音乐教育家。河北宁晋人。广州大学艺术与设计学院艺术表演系教授。1984年毕业于安徽师范大学音乐系。曾任安徽省芜湖师范学校教师。撰有《探索高师声乐教学中的素质教育》《启发式语言在声乐教学中的作用》等。

李仰圣（1944— ）

音乐教育家。福建石狮人。1967年毕业于福建师范大学艺术系。后为石狮华侨职业中专音乐教研组长、高级教师。福建音乐教育研究会理事、泉州市音协常务理事兼音乐创作组长、石狮市音舞协会会长。部分歌曲作品获《福建音乐》十佳歌曲奖，全国"园丁心声"创作奖，连续获福建省第三、四、五、六届"武夷之春"，"音乐舞蹈节"创作奖。1992年举办"李仰圣声乐作品音乐会暨海峡情深元宵晚会"，曾指挥"晋江之夜"音乐会在香港演出。1998年获福建省优秀中学音乐教师称号。

李曜武（1940— ）

歌唱家。辽宁盖县人。1982年在中国音乐学院歌剧系进修，曾参加意大利歌唱家吉诺·贝基学习班，后到中国函授音乐学院学习。曾任内蒙古科右前旗乌兰牧骑演员，1985年入吉林省歌舞剧团，后任歌队副队长。曾随团赴全国各地巡回演出百余场，参演歌剧《说不清的是爱情》《征婚启事》等。曾参加电台录音《七月的太阳》，获全国省级电台展播金奖。

李耀东（1930— ）

作曲家。黑龙江龙江人。1948年参加齐齐哈尔市文工团，后调入东北电影制片厂乐团。曾为电影《白毛女》中大春配唱。1952年底入北京电影局作曲干部训练班，1958年调西安电影制片厂。曾为中国电影音乐学会常务理事、陕西音协顾问。作有《蓝色的海湾》《生活的颤音》《第十个弹孔》《西安事变》等四十余部电影音乐。作曲的影片《西安事变》及小提琴协奏曲《抹去吧，眼角的泪》均

L

获国家级奖。作有《晚秋的旋律》等电视剧音乐十余部及长笛独奏《小黄鸟的变奏曲》，艺术歌曲《大海啊，我的大海》，民乐组曲《无锡音画》《双十二交响序曲》。曾获当代中国电影音乐特别贡献奖。

李耀杰（1947— ）

琵琶演奏家。天津人。1960年进入天津歌舞剧院，任该院民族乐团首席琵琶兼柳琴，曾任音协天津分会常务理事。多次随团出访日本、德国等国家。创作编配有民族管弦乐曲《万马奔腾》，笛子独奏曲《阿里山的姑娘》，中阮齐奏曲《金秋》，弹拨乐合奏曲《梅花三弄》《浏阳河》《旱天雷》《天山之春》等大量民族器乐作品。

李耀伦（1932—2001）

小提琴演奏家。上海人。1950年入金陵大学，1957年毕业于上海音乐学院。曾在上海交响乐团工作。作有管弦乐曲《万马奔腾》及《灯节》《擂战鼓》（合作），译有《现代国际舞台》《肖斯塔科维奇最后的日子》。

李耀让（1964— ）

唢呐演奏家。山东菏泽人。南京民族乐团唢呐首席演奏员。1990年毕业于山东艺术学院音乐系。1995年获中国民族乐器独奏大赛优秀奖，1997年获江苏省第三届民族器乐比赛一等奖，1998年获江苏省第二届文化艺术奖"茉莉花"奖。2000年参加中国第六届艺术节演出，担任独奏。

李耀先（1924—2008）

音乐活动家。河北人。中国曲艺音乐学会理事，兰州市文联、音协顾问。1938年在晋察冀军区冲锋剧社从事音乐活动。1941年在华北联大文艺学院学习音乐理论。1946年任延安联防军政治部宣传队音乐组长，后任西北军区文工团管弦乐队长。解放战争期间为《见面》《英雄刘四虎》等歌舞剧作曲。创作《刺杀歌》等二十余首歌曲。1958年后，任兰州市文化局长。搜集记谱、整理兰州鼓子音乐曲牌八十余首并出版。1986年作词并编曲的兰州鼓子《送女出征》参加全国曲艺新曲比赛获音乐设计三等奖。为中国曲艺音乐集成撰写《兰州鼓子音乐概述》《甘肃曲艺音乐综述》论文。1997年获文化部颁发的编纂成果奖。

李业道（1924—2002）

音乐理论家、编辑家。四川遂宁人。曾任《人民音乐》主编、中国音协第三届书记处书记、《音乐研究》主编。中国音协第四届理事、理论委员会副主任。早年就读于国立音乐院。新中国成立后，长期从事音乐编辑工作。部分论文发表于报刊，出版专著有《聂耳的创造》等。

李业齐（1930—已故）

作曲家。四川遂宁人。1949年始从事部队文艺创作。曾任沈阳军区歌剧团创作组副组长。作有歌剧音乐《萨布素将军》，歌曲《长山岛好地方》《处处有亲人》。

李业耀（1931— ）

音乐教育家。广东人。1951年入南方大学海南分校。曾任广东省民族歌舞团乐队队长、小提琴首席、海南歌舞团副团长、海南琼剧学校校长兼音乐基础课教师。

李叶波（1964— ）

小提琴演奏家。湖南人。1983年毕业于湖南第一师范学校，曾担任小学音乐教师。1984年任湖南株洲歌舞剧团小提琴演奏员。1990年毕业于武汉音乐学院管弦系，后就职于广州交响乐团任小提琴演奏员。曾随团赴维也纳金色大厅及荷兰阿姆斯特丹音乐厅演出。录制大量影视音乐节目及《中国18把小提琴镭射唱片》。

李一丁（1953— ）

女作曲家。北京人。1982年毕业于沈阳音乐学院作曲系。任职于中央电视台中国电视剧制作中心。作有交响诗、室内乐、重奏、独奏、合唱、独唱等。作品在国内外多次入选、上演。多个国家的音乐家演奏过其作品。为《金秋鹿鸣》等14部电影和《大雪无痕》《三国演义》等数十部电视剧作曲，多部获"飞天奖""华表奖"。编有《巴基斯坦流行歌曲选》《巴基斯坦的音乐》《巴基斯坦的乐器》《少年儿童钢琴四手联弹曲集》等。出版个人专辑盒带《五彩梦》，合辑《北京小妞》《魔方世界》《蓝天白云跟我来》。

李一鸣（1911—已故）

音乐活动家。河北武清人。1941年参加革命。历任解放区联大音乐教员、中央音乐学院专修科主任、研究所汉族室副主任，后为中央广播民族乐团团长。

李一贤（1933— ）

音乐教育家。北京人。四川音乐学院作曲理论教授。1951年毕业于东北鲁迅文艺学院音乐部师资班，研究生毕业后在作曲系任教，并分别在辽宁省锦西县师范学校与锦州市师范学校任教。

李宜安（1936— ）

歌词作家。山东蓬莱人。长白山音乐文学学会会长、《长白山词林》歌词月刊主编。曾就读于东北师范大学。长期从事专职戏剧创作。1987年始致力于歌词创作。作词歌曲《深山里的狂欢》等曾在中央电视台、电台播放。出版歌词集《相会长白山》。1988年组建长白山音乐文学学会，并创办吉林省词报《长白山词林》。曾举办"澳门踏上回归路"等全国性歌词大赛。

李以弼（1934— ）

作曲家。河北束鹿人。1945年始从事部队文艺工作，任演奏员和指挥。参与创作的歌曲有《到大森林去》，曲艺联唱《歌唱张春玉》，木琴独奏《快乐的马车兵》。作曲并指挥的杂技伴奏曲有《古彩戏法》《晃板》等多首，大多由中央人民广播电台录音，并由中国唱片社录制成唱片在全国发行。1976年转业到中国农业电影制片厂工作，为纪录片《邹西见闻》，科教片《蓝色的血液》《渡槽》《森林采运》《第十三片绿叶》等作曲，获文化部优秀影片奖。其中《蓝色的血液》获柏林电影节"金穗奖"。

1987年为电视连续剧《蔡伦》作曲，该剧于1988年在中央电视台播出。

李以明（1954— ）

音乐理论家。河北馆陶人。1977年毕业于河北师范大学音乐系。华北水利水电学院艺术教育中心主任、教授。全国高等学校音乐教育学会副理事长。《留下这美好的时光》等69篇（首）论文和音乐作品获国家、省部、厅级奖，发表《河北省邯郸地区小调民歌音乐特征初探》等论文、译文和音乐作品七十多篇（首），主编《基本乐理与名曲赏析》（合作）等专著、教材7部，主持、合作完成国家、省级科研项目2项，5次获国家、省、校级优秀教学成果奖。1993年被授予"水利部优秀教师"。

李艺之（1925— ）

指挥家、音乐教育家。天津人。天津市教师合唱团首席指挥。参加革命后随第二野战军政治部文工团南下，任指挥。后调西南军区政治部文工团，任指挥兼作曲。后深造于中央音乐学院作曲系本科，师从江定仙、黄飞立及俄籍作曲家阿拉伯夫，并在指挥家巴洛舍夫指挥班学习。毕业作品《喜讯》（大型民族管弦乐曲）演出后受到专家的赞扬。分配至天津广播乐团，任核心组组长兼首席指挥，创作演出大量作品。1962年后长期从事音乐教学活动。曾指挥市教师合唱团多次演出。

李益中（1917—已故）

音乐教育家。生于印尼，祖籍广东。1932年在新加坡就读时参加反帝示威游行，被驱逐出境。1934年回国求学入杭州西湖艺专音乐专科，师从马巽学声乐，向王耘庄学音韵学、语言学等，向张昊学音乐理论、作曲、指挥。新音乐运动活动家，积极参加抗日救亡运动，1943年曾被捕入上饶集中营。抗战胜利后，在中学、师范教音乐。曾创作多首儿童和抗战歌曲。1953年任浙江省音乐工作组组长，后为省艺校艺术研究室副主任，杭州市音协副主席、省音协顾问。编写《音乐教材》获优秀教材特别奖。

李毅之（1925— ）

声乐教育家。辽宁沈阳人。曾就学于日本山口经济专科学校、东京国立音乐大学声乐系。曾任中国广播艺术团合唱团艺术指导、艺委会副主任。1988被选为亚洲合唱联盟副会长。

李荫中（1933— ）

指挥家。黑龙江哈尔滨人。1948年参加东北音乐工作团，同年入沈阳东北鲁迅文艺学院学习。任职于东北人民艺术剧院音乐舞蹈团，后曾任辽宁歌剧院指挥、艺术室主任。指挥演出过歌剧《刘胡兰》《洪湖赤卫队》《货郎与小姐》及舞剧《红色娘子军》《沂蒙颂》《草原儿女》《天鹅湖》《海盗》等。曾为《草原烽火》《地下怒火》等歌剧配器，创作出版有《骑兵队》《人民海军向前进》，舞蹈曲《上柏山》《玩具店》等，其配器的大合唱、独唱歌曲逾百首。

李应华（1943— ）

女音乐理论家。山东盖都人。1965年毕业于中央音乐学院理论系、留校任教。曾赴苏联进修、副教授。参加编写《欧洲音乐简史》。

李应仁（1943— ）

作曲家。安徽东至人。1959年毕业于安徽省黄梅戏学校音乐专业。1960年起在安庆市黄梅戏一团任主胡领奏及作曲。安徽省民族管弦乐学会安庆分会常务理事。所作曲的剧目四十余本，其中《玉带缘》《婆媳会》等8个剧目的音乐作品被录制成唱片和盒带。作有中型器乐曲《黄梅戏花腔变奏曲》，大型组歌《建设者之歌》。参加拍摄电影4部，电视剧6部。多次参加全国、华东、省文艺汇演，并多次获奖。发表《主胡领奏效果谈》等文。曾赴日本演出。

李应泰（1956— ）

小号演奏家。朝鲜族。吉林龙井人。中央歌剧院交响乐团小号演奏员。1982年毕业于中央音乐学院管弦系。曾在吉林省艺术学校任教，在吉林省京剧团任演奏员。参加演出歌剧《卡门》《茶花女》《蝴蝶夫人》等，并参加世界三大男高音"紫禁城音乐会"。先后两次在中央音乐学院举办个人独奏音乐会，录制《节日》等独奏专辑。演奏曲目有《帕米尔的春天》《西班牙斗牛士舞曲》《降E大调"海顿"小号协奏曲》等。

李英华（1943— ）

女音乐教育家。辽宁大连人。先后担任少年宫声乐教师及高中音乐教师。1981至1985年在沈阳音乐学院进修。从事音乐教育多年成绩显著。参加全国、省级教学比赛获一等奖。1991年为中央教育电视台撰稿兼主讲"高中音乐课"（23集），1994年撰稿兼主讲"音乐之窗"（16集），曾在中央教育电视台多次播出。1998年参加沈阳国际音乐周闭幕式演出，排练、指挥钢琴协奏曲《黄河》。创作的首歌曲发表并获奖。曾评为全国中学优秀音乐教师、全国音乐考级优秀指导教师。并聘为全国社会艺术水平考级高级考官。

李英杰（1960— ）

钢琴教育家。黑龙江哈尔滨人。1983年毕业于沈阳音乐学院钢琴系。后入上海音乐学院、上海师范大学进修班及首都师范大学音乐系研究生班学习。历任黑龙江省歌舞剧院钢琴演奏员、沈阳音乐学院钢琴教师、黑龙江省艺术学校键盘科主任、哈师大兼职钢琴教授、大连大学音乐学院副院长。多次担任国内、国际钢琴比赛评委。出版《实用钢琴训练技巧》与钢琴教材9册、钢琴教学CD11张。

李英军（1963— ）

音乐活动家。满族。辽宁海城人。吉林省靖宇县文化馆馆长。1984年毕业于吉林艺术学院音乐系。曾获吉林省文化（艺术馆）文艺辅导干部表演赛音乐创作和二胡演奏一等奖，吉林省首届"群星杯"艺术系列大赛二胡独奏一等奖。先后获"吉林省第十届少儿艺术大赛"辅导一等奖，"第二届华夏艺术风采国际交流选拔活动"优秀园丁奖。在中国音协音乐考级中被评为优秀指导教师。

李英霞（1963— ）

女高音歌唱家、教育家。藏族。甘肃舟曲人。西北民族大学音乐舞蹈学院副教授、声乐教研主任。1987年毕业于西北民族学院艺术系。1997年举办个人独唱音乐会。在西北民族学院50周年院庆晚会、尚德义作品音乐会等担任独唱、重唱。发表《试论唐代音乐文化的交流》《舟曲藏族民歌初探》《藏族音乐文化热现象的思考》等文。

李鹰航（1916—已故）

作曲家。广东台山人。1938年毕业于延安鲁艺音乐系。曾任中国音协第三届常务理事，音协广东分会第一、二届主席，省文联副主席，音协广东分会名誉主席，广州市政协常务委员。作有歌曲《中国共产党大合唱》《拉骆驼》《组织起来》，歌剧音乐《治病》《妯娌争光》。

李颖亮（1955— ）

女歌唱家。吉林人。1975年入中央民族歌舞团，先后担任领唱、二重唱、独唱。曾为黑龙江、中央电视台录制《芦笙欢歌》《凤尾竹的叶儿》《祖国我的母亲》《松花江风光套曲》等二十余首歌曲，并在交换节目中获奖。为黑龙江、哈尔滨、天津、广西、北京等电视台录像演唱《乌苏里渔谣》《哈尔滨我美丽的故乡》等歌曲。出版个人独唱、重唱专辑。为《诸葛亮》《秋月》《奇异的婚配》《南海风情》等影视片配唱插曲、主题歌。曾赴英国、德国演出，赴巴塞罗那参加奥运会艺术节。

李映明（1930— ）

民族音乐学家、音乐教育家。湖南湘乡人。先后就读于湘乡简易师范学校、长沙艺术专科学校等学校。1953年入华中师范学院音乐系，毕业后留校任教。后任职于湖北艺术学院、湖北省群众艺术馆。曾任华中师范大学音乐系民族音乐教研室主任、副教授。湖北音协民族音乐委员会委员。其创作的独唱曲《麦香千里割麦忙》《劈山引水幸福来》等由省电台录制播放，《一棵青松耸山冈》流传较广，《革命重担担在肩》曾获孝感地区会演一等奖。曾获华中师范大学教学成果优秀奖，并出版民歌课教材。编著出版有《中国古代音乐故事》《中国民歌概论》等多部。发表音乐文章百余篇。

李映雪（1958— ）

女歌唱家。山东德平人。1978年入大连市歌舞团，后在南京前线歌舞团任演员。1986年毕业于解放军艺术学院声乐系，后任江苏省歌舞剧院歌剧团演员。演唱有《爱的奉献》《命运不是那辘轳》等百首歌曲，其中《我热恋的故乡》《喊魂》《黄河源头》获全国及江苏省比赛大奖。曾获全国第四届"青年歌手电视大奖赛"专业组通俗唱法优秀歌手奖。为电视连续剧演唱主题歌及插曲有《无字的歌》《只有一次》《梦的明天》《一线牵一脉情》等。曾随国务院侨办中国民族艺术团出访欧洲多个国家。

李永才（1926— ）

民歌演唱家。彝族。贵州威宁人。1958年毕业于贵州民族学院彝语班。后在贵州威宁县文化馆工作。

李永奎（1936— ）

笛子演奏家。河北人。作有《迎春曲》《海琴歌》《欢庆的节日》，由上海唱片公司录制成唱片，连续三年作为中央电台春节晚会开始曲。多次参加全国独唱、独奏调演及东北三省音乐周等演出活动并获奖。多次为党和国家领导人及外国元首演出，曾随中国青年艺术团、吉林省文化考察团、吉林省文化艺术团赴朝鲜、日本、加拿大等国访问演出。众多独奏曲目由中央电台、中央电视台及全国二十余家电台、电视台播放。

李永龙（1953— ）

演奏家。山东昌邑人。解放军军乐团政委。1970年入伍后学习圆号演奏专业，1972年毕业。历任演奏员、办公室主任、副团长等职。主要负责内、外事司礼、演出、训练、创作、教学等业务工作。参与了"802"华北军事演习、建国35周年国庆大典、第11届亚洲运动会大型军乐行进吹奏表演、全运会、世妇会、全军文艺汇演、国庆50周年大典等重大司礼、演出活动的策划和组织领导。曾先后带队赴意大利、新加坡、比利时、德国、美国及香港、澳门等国家和地区参加演出、比赛和国际文化交流。

李永明（1954— ）

歌词作家。山东人。内蒙古鄂尔多斯市卫生局局长。曾在市委宣传部、办公厅工作。其作词歌曲《欢庆锣鼓》《喜相逢》在自治区调演中获奖，鄂尔多斯文化节节歌《鄂尔多斯情》获区"五个一工程"奖，《草原放歌》获区优秀作品奖。为电影《子母柳》《好事好商量》撰写主题歌词，并任策划、编剧。出版《草原放歌》专辑光盘。

李永平（1955— ）

双簧管演奏家。内蒙古人。内蒙古广播电视艺术团乐队首席双簧管兼萨克斯独奏演员。1971年参加文艺工作，在舞剧《红色娘子军》，大型民族舞剧《草原上升起不落的太阳》等的排演中担任首席双簧管。1986至2000年参加录制内蒙古电视台、电台每年春节晚会。在战友歌舞团《长征组歌》的恢复排演中担任首席双簧管。在内蒙古电台"阳光你好""草原恋"名人专题直播节目中主讲萨克斯演奏。为乌兰夫基金会录制《母亲之歌》VCD、CD，担任萨克斯独奏。

李永胜（1952— ）

民歌演唱家。河南商丘人。商丘市音乐舞蹈家协会副主席。1990年参加河南省民歌演唱大赛获一等奖，并获河南省"十佳民歌手"称号。作词作曲的《一支小曲唱家乡》等4首歌曲获省级奖。音乐论文《民族唱法多样化浅谈》获河南省"黄河之滨"音乐周二等奖。2000年被授予商丘市首批优秀文艺家。2001年再获河南省"驻村工作文艺汇演"一等奖。

李勇垣（1955— ）

小号演奏家。朝鲜族。吉林延吉人。吉林省延边歌舞团器乐部副部长。1996年毕业于吉林艺术学院成人专科班音乐科。曾在众多演出中担任首席小号，其中有吉林省文艺汇演、全国文艺汇演、郑律作品音乐会等。参加伴奏的歌剧有《阿里郎》，舞剧《长白情》等。曾获全州艺术团体中青年演员器乐比赛一等奖，参演的舞剧《春香传》获"文华奖"。曾随团赴苏联、朝鲜、韩国等国演出。

李有声（1931— ）

音乐教育家。江苏丹阳人。1955年毕业于华东师范大学音乐系，曾在江苏省苏州中学、苏州地区戏曲学校、苏州市教育局教研室、苏州教育学院任教并任音乐系科主任、副教授。编写有《苏州市中学音乐教材》《小学生歌曲百首及教法》等。谱曲作有《乒乓球、小淘气》《亲爱的党哺育我们成长》等。曾任苏州地区歌舞团艺委会主席及乐队指挥、声乐教师，苏州市文联委员，市音协副主席，苏州市音协顾问。

李幼平（1950— ）

音乐活动家。湖南长沙人。曾为湖南音协理事，湖南音协理论创作委员会常务副秘书长，长沙市音协副主席。先后任国有大中型企业工会主席、副总经理，在基层组织、策划群众音乐活动。创作百余首歌曲在报刊发表或在电台播放，多次在省、市和全国性征歌比赛中获奖，其中《日子富了歌也多》2001年获"优美的旋律献给党"全国征歌三等奖，《携手曲》1991年获全国职工"三热爱"征歌一等奖。

李幼容（1936— ）

歌词作家、诗人。山东郯城人。1955年开始发表作品，创作有大量诗歌、小说、散文和论文。多次在全军文艺汇演中获奖。作词歌曲有《金梭和银梭》《七色光之歌》《少年，少年祖国的春天》《珠穆朗玛》《巴颜喀拉》《喀喇昆仑》《北京胡同》获近三百项国家级奖。其中《珠穆朗玛》于1996年获中央电视台MTV大赛金奖，1997年获中宣部"五个一工程"奖，1998年获文化部第八届"文华奖"和首届"金钟奖"等共250余项奖。出版有诗集《天山进行曲》等4部，作词歌曲集《会唱歌的星》等3部，歌词专集《心灵之约》，配乐朗诵诗集《道德之歌》《五环梦圆——奥运随想曲》《升起吧，新世纪的星》《祝福太阳妈妈》及歌曲集《神舟飞歌》。

李雨岷（1943— ）

歌词作家。辽宁大连人。大连市戏剧创作室编剧。辽宁音乐文学学会副主席、大连市音协副主席。以创作歌词为主，兼写文学评论、剧本等。为大连市几十台市级重要文艺晚会担任策划及撰稿，九次担任大连国际服装节开幕式广场艺术晚会的策划及撰稿，有数十首作品获奖。出版歌词集《马蹄莲的歌》《美是青春绿卡》，文艺评论集《艺海星岛》，文艺晚会台本集《我们与世界同行》。

李雨声（1934— ）

低音提琴演奏家。天津人。1991年在中国函授音乐学院理论作曲系大专班结业。1953年入天津人民艺术剧院歌舞团合唱队参加合唱、男声合唱及领唱。1954年起参加慰问驻内蒙古解放军及参加第一届全国音乐周。1956年调天津人艺歌舞团管弦乐队任低音提琴演奏员。曾参加歌剧、舞剧、歌舞及交响乐演出和芭蕾舞剧《西班牙女儿》晋京演出，并被聘为表演艺术委员会副主任。

李禹贤（1937— ）

古琴家、音乐教育家。山东桓台人。中国琴会常务理事、福建古琴研究会会长。1956年考入上海音乐学院附中，师从刘景韶、张子谦、管平湖。执教于福建省艺术学校。1985年获福建省"武夷之春"音乐节古琴打谱奖、演奏奖。《流水》被选入中国音乐大系。撰有论文《闽派古琴考察报告》《打谱与研究》《八闽琴史略》。打谱有《风云际会》《雉朝飞》《高山》《江月白》《春怨》《胡笳十八拍》等琴曲。多次出席全国和国际古琴艺术交流会。1986年创立"劲草琴堂"，育琴界新秀。1999年创立厦门古琴学会，2001年创立福建古琴研究会。

李玉芬（1932— ）

女高音歌唱家。白族。云南昆明人。1950年入西南军区文工团，1953年调总政歌舞团。参加音乐舞蹈史诗《东方红》《中国革命之歌》演出，并多次随团出访演出。

李玉钢（1959— ）

音乐教育家。天津人。1998年毕业于天津音乐学院音教系。任职于天津青年职业学院艺术系。写有论文《高等音乐院校音乐课教学的再思考》《音乐艺术欣赏课教学初探》。2002年在全国青年院校"校园歌手大赛"获一等奖、团市委系统"颂歌献给党"歌唱比赛二等奖、第十三届天津市大学生艺术节"优秀指导教师奖"。

李玉俊（1944— ）

作曲家。河北人。吉林省音协理事。1962年起相继随名师学习二胡、作曲、板胡。1985年入中国函授音乐学院理论作曲专业。曾先后在延吉市民间艺术团、铁道兵政治部文工团、延吉市文工团任演奏员。1974年入延边大学艺术学院任教。作有二胡曲《转调练习》《道拉吉》《手推小车唱山歌》，高胡独奏《家乡的节日》，唢呐曲《农民的喜悦》，手风琴曲《吉米来吧》，器乐合奏《欢腾的工地》，男声表演唱《文老汉赶集》，女声独唱《朝阳鲜花》。编著有二胡、琵琶、手风琴教材等。

李玉宁（1963— ）

指挥家。辽宁辽中人。1994年毕业于中央音乐学院指挥系。曾在部队宣传队、山西省歌舞剧院任大提琴演奏员，1994年始在总政歌剧团任指挥。曾指挥歌剧《芦花白、木棉红》《屈原》《党的女儿》《我心飞翔》《再别康桥》（获文化部优秀指挥奖），指挥全军联合演出97香港回归大型文艺晚会、大型音乐会《在灿烂阳光下》（合唱指挥），"八一"《军魂颂》交响音乐会及王静独唱、歌剧音乐会等数十台数百场音乐会。

李玉生（1940—）

琵琶演奏家、音乐活动家。黑龙江哈尔滨人。曾任文化部民文司艺术处副处长。1965年毕业于哈尔滨艺术学院音乐系器乐专业，分至中央民族歌舞团任琵琶演奏员、弹拨组组长，后到团业务办公室负责演出工作。1986年调文化部民族文化工作委员会办公室，负责音乐方面工作。曾随团赴新疆、西藏、宁夏、内蒙古、广西参加自治区周年庆典活动，还曾赴老山前线演出。1987年组织召开全国少数民族乐器工作座谈会，为少数民族乐器改革和发展建言献策。

李玉祥（1938—）

民族管乐演奏家。辽宁营口人。1960年入辽宁省歌舞团工作。曾任沈阳音乐学院民乐系唢呐、管子教师。编有《管子教材》，录制出版有《东北大秧歌》《婚礼曲》，于香港录制出版笙管乐曲《昭君出塞》等作品。改编、创作及演奏双管独奏曲《江河水》《玉娥郎》《月浪追舟》，大管曲《玉芙蓉》《翠光花》《北蝶落》，唢呐曲《欢庆胜利》《百鸟朝凤》，朝鲜管曲《欢腾的边疆》《诺多尔江边》等。

李玉洲（1945—）

音乐理论家。河南巩县人。毕业于西安教育学院艺术系，后在西安音乐学院作曲系进修。研究馆员。著有美学、音乐美学方向的著作《让美拥抱你》《乐苑谈乐》，小说《穿越孤独》，组曲《渭北素描》及歌曲百余首。多首作品在陕西省获奖。曾几十次在陕西各院校举办讲座。

李郁文（1926—）

歌词作家。辽宁岫岩人。曾任哈尔滨歌剧院创作员。1947年入东北军政大学吉林分校学习。历任东北军政大学政治部宣传队、东北军工部、东北军区文工团、前进歌舞团演奏员。作有《大海航行靠舵手》《大庆之歌》。曾为歌剧《仰天长啸》《焦裕禄》（合作），《箫韶九歌》《杜鹃啼归》（合作），《山鹰》（改编），评剧《落红赋》，京剧《贞姬》编剧。为电影《新方世玉》主题歌、插曲作词。在哈尔滨市歌征集中，《北方之星》为预选歌词八首之一。

李郁文（1932—）

音乐活动家。河北丰南人。1954年毕业于东北音专理论作曲系。原在全国艺术学科规划领导小组办公室从事艺术科研组织管理工作。编有《民间器乐曲选》（合作）。

李遇秋（1929—）

作曲家。河北深泽人。中国音协手风琴学会名誉会长。1940年参加冀中军区抗中学习，1945年调抗敌剧社拉手风琴。1950年被派到上海音乐学院作曲系学习，1957年回战友歌舞团从事专业创作，历任该团编导室主任、副团长、艺术指导。作品有《长征组歌》（合作），合唱《八一军旗高高飘扬》（1985年获"解放军文艺奖"），

手风琴作品有《天女散花》等几十首，大型作品有《手风琴协奏曲》《第一奏鸣曲——长征》（获"全军文艺评奖一等奖""文华奖"），出版有《歌曲作法十二讲》《春光颂——李遇秋创作歌曲集》《李遇秋合唱作品选集》以及多种手风琴作品选集。

李毓敏（1932—）

女声乐教育家。四川南充人。1949年入四川省川北文工团任演员。曾任中国电影乐团声乐教员。作有独唱曲《春之歌》，大合唱《驾起时代的航船》。

李毓韬（1940—）

作曲家。天津人。天津市家电研究所高级工程师。曾随缪天瑞及董兼济进修乐理，揣摩各类作曲技巧。1980年任天津青年宫轻音乐队队长兼编曲。1981年创作的音乐《大雁》获天津市群众文艺创作奖二等奖。1985至2001年率爵士乐队，先后在京、津、沪各地演出。期间编制多首乐曲。作有交响曲《轩辕黄帝》组曲，《中国民俗节日集锦三部曲》（《屈原颂》《绵山颂》《拜月颂》），其中《屈原颂》在2006年维也纳中国新春音乐会作品征集活动中，获优秀作品提名。

李元鸿（1938—）

歌词作家。四川内江人。曾任内江市歌舞团乐队队长、创作组长、市电台文艺部主任。作有音乐电视片《乡情乡曲乡恋》，编剧导演了音乐广播剧《在那遥远的地方》，写有评论文章《通俗音乐的民族性》《中华大家唱曲库之不足》及歌词《家乡水》《因为有了伟大的党》等。曾获"中国广播文艺奖""星光奖"、《人民音乐》征文一等奖、四川省"五个一工程"奖。出版有《舞台声屏交响曲》作品集。

李元华（1947—）

女高音歌唱家、歌剧表演艺术家。回族。上海人。1959年考入上海市戏曲学校，1966年毕业后分配至上海京剧团《龙江颂》剧组。1977年调中国歌剧舞剧院。中国文联委员，中国民族声乐学会、中国声乐学会副会长。曾在现代京剧《龙江颂》，电影《北斗》及电视连续剧《天宝轶事》及歌剧《白毛女》《小二黑结婚》《窦娥冤》《洪湖赤卫队》中饰演女主角。曾为《良家妇女》《神秘的大佛》《蓝色的海洋》等电影、电视剧配唱插曲，为《中国歌剧选曲》《中国古代歌曲》等盒带演唱歌曲。多次参加全国文艺汇演、调演，分别获一等奖、优秀演员奖、特别奖。1994年曾获文化部颁发的优秀专家证书并多次随中国艺术家代表团出国访问演出。

李元庆（1914—1979）

民族音乐学家、大提琴演奏家。浙江杭州人。1931年考入上海音专理论作曲组。1932年考入京华美术专科学校音乐系。同年10月，发起组织北平左翼音乐家联盟。1933年考入杭州西湖艺术专科学校音乐系学习大提琴，并兼任浙江大学业余音乐指导。1941年赴延安，任鲁艺音乐教员。曾参与《兄妹开荒》《周子山》《白毛女》等新歌剧

的排演。新中国成立后，任中央音乐学院研究部主任及民族音乐研究所副所长。曾任中国音协第二届书记处书记、民族音乐委员会副主任。作有歌曲《人民城市好风光》《清水河，清又清》，大提琴曲《（白毛女）选段》《空山鸟语》《春耕》《翻身道情》。撰有《论乐器改良问题》《谈戏曲乐队的编制、音量、位置》等近百篇。译著有《配器法》《和声解剖》。

李元庆（1937— ）

作曲家、民族音乐学家。云南云县人。云南红河学院音乐系客座教授。1957年在中学任教，后长期从事哈尼族彝族民间音乐研究和音乐创作。作有歌曲《兄弟一条心》《喊月亮》和歌舞乐曲《撮泥鳅》，新创民族曲艺《哈尼哈吧》《彝族甲苏》和《阿细说唱》成套唱腔曲牌。出版专著《哈尼哈吧初探》《中国云南红河哈尼族民歌》（主编）《哈尼族传统音乐》（合作）《云南省红河州新型少数民族说唱曲种志略》和作品专集多部。

李元庆（1958— ）

锯琴演奏家。山西孝义人。深圳罗湖区文化馆群文部部长。1987年毕业于山西大学艺术系。1998年获国际锯琴节锯琴大赛第一名，2004年获国际锯琴艺术节大赛第一名。撰有《以锯为琴演绎天籁之音》等文，创作有器乐曲《锯琴与乐队》《西藏组曲雪域回声》等。曾在深圳、香港举办个人锯琴音乐会。

李源珍（1955— ）

女音乐教育家。北京人。湖南省邵阳市第二中学高级音乐教师。邵阳市中小学音乐教育专业委员会会长。1972年参加工作。1977年毕业于湖南师范大学音乐系，后一直从事中学音乐教学。曾多次辅导学校艺术团获省中小学艺术节文艺调演一等奖。1999年获省重点中学优秀节目教师指导奖。2001年获市专业技术人员突出贡献奖。

李远崴（1934— ）

音乐教育家。江苏昆山人。1958年毕业于南京师范学院音乐系留校从事音乐基础理论教学。曾参与编写《中小学音乐教师音乐参考用书》及《视唱练耳教程》。

李远榕（1942— ）

女歌唱家。四川江津人。1967年毕业于中国音乐学院声乐系，1974年任中国广播说唱团演员，后任音乐编辑及合唱团员。曾参演现代京剧《红灯记》，《中国革命之歌》《黄河大合唱》，交响合唱《沙家浜》等。为"人民的歌手"等广播节目配乐，获第一届"飞天奖"。合著《古筝入门》，合作录制《不朽中国人的歌曲精选》《古筝韵》等唱片。1992年任香港演艺学院中国民歌教师，在香港演出独唱数十场。

李月华（1954— ）

女琵琶演奏家。浙江温州人。1980年起任中国铁路文工团独奏演员。1984年毕业于中央音乐学院民乐系。曾出版《琵琶练习曲》《琵琶演奏入门》，创作《峡北情》

《水乡行》等多首琵琶乐曲。所演奏的部分乐曲，曾在国内多次获奖。

李月秋（1925— ）

女四川清音演唱家。四川成都人。1933年始从事四川清音演唱。曾任成都市曲艺团艺术顾问、四川省人大代表。1957年获第六届世界青年联欢节演唱金质奖。

李悦孝（1940— ）

作曲家。山东章丘人。1963年毕业于山东艺术专科学校，后入枣庄市第四中学任教。1977年起先后在枣庄市薛城区文化馆、教师进修学校任职，在薛城区教委任教研员。作有歌曲《微山湖水上山来》《砌花墙》等多首，其中《人人都夸俺俩好》获山东省1979年文艺汇演创作奖。儿童歌舞剧《骄傲的孔雀》获山东省校园戏剧大赛音乐创作一等奖。撰有《提倡学生抄谱》《商品性质的音乐用品不应该用指令性手段在学校派购》等文。

李跃庭（1943— ）

琵琶演奏家。山东人。曾为黑龙江省歌舞剧院民乐团弹拨乐首席。参加过历届"哈尔滨之夏"音乐会、"长春音乐周""沈阳音乐周"及"广交会"的演出，合作编写有《琵琶广播讲座》并由黑龙江省人民广播电台播出。曾随团赴国内许多省市演出。

李跃威（1931— ）

作曲家。山西代县人。1948年始从事部队文艺工作。曾任河北歌舞剧院编导室副主任。作有歌曲《车铃叮叮》《没有太阳就没有鲜花》，琵琶协奏曲《满江红》。

李云迪（1982— ）

钢琴演奏家。重庆人。现签约世界著名的德国DGG唱片公司和美国CAMI经纪公司。2000年获得华沙第14届肖邦国际钢琴比赛第一名和波兰舞曲特别奖，成为该赛事70多年历史上最年轻的金奖得主和首获第一名的中国人。2001年出版首张唱片《肖邦精选》，2002年出版唱片《李斯特》专辑，2003年该唱片荣获德国"ECHO"奖和中国"金唱片"奖，并被美国《纽约时报》推荐为年度最佳唱片。同年被邀请在萨尔茨堡音乐节和美国卡内基音乐厅等欧美众多著名音乐节和音乐厅演出。

李云棋（1932— ）

歌词作家。贵州清镇人。1956年由部队调志愿军文工团任合唱队员。1958年参加大型歌舞活报剧《志愿军战歌》创作，后为专业创作员。1961年调工程兵文工团。作有组歌《红军四渡赤水河》（合作），《工程兵之歌》《我的歌》《我们的路》《雪山上的好门巴》《雪花》《勿忘我》《雷场中的路》《石板溜溜》等。

李云涛（1963— ）

作曲家。山东高密人。山东艺术学院音乐学院副院长、教授、硕士生导师。山东音协副主席，山东省有突出贡献的中青年专家。作有交响幻想曲《聊斋》，民族管弦乐《沂蒙畅想曲》，室内乐《琴赋》，歌曲《中华贺岁曲》《鸟归林》等。著有《电声乐队配器基础教程》，出版《李云涛作品专辑》。

李在惺（1929— ）

音乐教育家。福建福州人。福州第一中学音乐特级教师。1955年毕业于福建师范学院音乐专修科。曾任福建合唱协会顾问、福州市音协副主席、顾问，福州市教委艺术教育委员会顾问。1988年被评为特级教师，1983年获福州市先进教育工作者称号并多次被评为省、市先进音乐教师。从事音乐教育40年，为国民音乐教育的绿化工程和青少年艺术教育的启蒙，进行知音、知美的素质培养，充分发挥了音乐在培养人中的特殊作用。

李泽辉（1957— ）

音乐活动家。云南云溪人。吉林市教育学院综合部主任。1980年毕业于吉林师范学院音乐系。曾在吉林省桦甸市八道中学、永吉师范学校任音乐教师。参与编写《吉林省九年义务教育全日制小学音乐课本》等。编著《少年知识博览音乐123》。先后获省"优秀音乐教研员""优秀指导奖"及全国艺术教育先进个人金奖。

李泽崑（1941— ）

扬琴教育家。天津人。1960年入天津音乐学院民乐系进修。曾任天津音乐学院附中副校长。编有《扬琴演奏法》。作有歌曲《咱们的领袖毛泽东》，扬琴协奏曲《木兰从军》等。

李增光（1961— ）

笛子演奏家。北京人。中国广播艺术团民乐团演奏员，中国戏曲学院客座音乐教授。首创"双吐循环换气法"。研制的"音阶口笛"获国家发明专利。曾与中国广播交响乐团合作演奏《新编苗岭的早晨》，与人合作研制的"调音孔半音阶笛"获文化部科技进步三等奖。录制有《中国笛子》个人专辑。用葫芦埙、音阶口笛、洞箫等演奏管乐协奏曲《敦煌印象》。在科教片《中国民族管弦乐队》中担任埙、笛、排箫和巴乌等多种管乐器的示范演奏。还录制《快乐学竹笛》教学VCD，曾赴日本、泰国、菲律滨、新加坡、香港等地演出。

李增奇（1934— ）

小提琴演奏家。满族。黑龙江尚志人。1946年从事部队文艺工作。曾受教于小提琴教育家盛雪。曾任吉林省歌舞剧团艺术室主任。

李占鳌（1932— ）

作曲家。山西襄垣人。天津音协、天津剧协理事，天津戏剧音乐委员会主任，中国戏曲音乐学会常务理事。1942年参加县抗日农村剧团任演员，1945年任晋冀鲁豫军区后勤政治部人民剧团演奏员。1949年改为山西省文工团演奏员。1953年调天津河北梆子剧院从事戏曲改革，曾为河北梆子《秦香莲》《画皮》《三上轿》《窦娥冤》《荀灌娘》《风雪采油工》等40余部新编、

改编剧目的作曲、配器。作有歌剧音乐《罗汉钱》，河北　子音乐《小刀会》等。先后任乐队队长，小百花剧团作曲、编导，天津艺校副校长、天津艺研所副所长。负责国家五大集成志书办工作，兼任《中国戏曲音乐集成·天津卷》副主编。

李兆芳（1936— ）

女民歌演唱家。山东长清人。1956年入济南军区文工团，后在山东省歌舞剧院担任独唱。曾在歌剧《白毛女》《洪湖赤卫队》中饰主要角色。

李兆鸿（1916—1984）

音乐教育家。四川人。1943年毕业于重庆国立音乐院理论作曲系。曾任四川省川剧学校副校长。

李兆环（1927— ）

指挥家。满族。辽宁鞍山人。1948年入国立长白师范学院音乐系、后毕业于东北鲁艺音乐系。曾任辽宁歌剧院指挥，辽宁大学、东北财经大学美育兼职教授。

李肇芳（1947— ）

高胡演奏家。广东人。1960年入上海音乐学院附中，1967年入上海民族乐团，后任乐团首席和广东音乐高胡领奏。上海人民广播电台先后录制其演奏的广东音乐古典、民间乐曲、轻音乐24首，其中《月圆曲》在中央电台"全国轻音乐征奖赛"中获三等奖，"中唱"出版发行其演奏的十首粤乐名曲。曾应邀赴香港澳门地区演出。

李肇真（1930— ）

女钢琴教育家。广东中山人。1949年毕业于上海音乐学院，1953年始在该院任教，为声乐系室内乐辅导教师。

李贞华（1936— ）

作曲家。湖南衡南人。1957年毕业于华中师范学院音乐系。曾任山东艺术学院作曲理论教研室主任、副教授，省第六届政协委员。作有管弦乐曲《美丽的百灵》，舞剧音乐《海阳凯歌》。

李贞淑（1954— ）

女歌唱家。朝鲜族。吉林安图人。延边歌舞团二重唱演员。其演唱的《妈妈，祝您长寿》等，出版录音带。在第十届朝鲜国际艺术节上演唱的《老俩口照像》曾获金奖，在第二十四届朝鲜国际艺术节上演唱的《咚西打铃》获得金奖，还多次获国家、省、州级奖。

李真贵（1941— ）

民族打击乐演奏家、教育家。重庆人。1965年毕业于中国音乐学院器乐系。中央音乐学院民乐系打击乐教授。出版有《中国打击乐实用教程》等专著，专辑唱片《李真贵与中国打击乐》。发表《中国锣鼓乐特性探微》多篇论文。曾先后在北京以及亚、欧、美洲等多个国家和地区举办中国打击乐专场音乐会。多次赴香港、台湾进行讲学活动。1991年获山西"国际锣鼓节"表演艺术金奖。1993年

L

中央电视台"东方之子"人物专栏曾作专题报道。

李振国（1923— ）

作曲家。山西乡宁人。1937年参军从事部队文艺工作。1950年入上海音乐学院进修理论作曲。曾任13军歌舞团团长、昆明军区国防歌舞团团长、云南省文联委员、省音协副主席、省音协名誉副主席。为歌剧《血泪仇》《官逼民反》《不要杀他》编曲，为《打击侵略者》（合作）作曲。作有合唱《泅渡怒江》《凉山牧歌》，独唱《在红军走过的地方》《毛主席啊好领导》《鲜花与琴弦》《唱不尽山区生活》。作品多次获奖。

李振国（1942— ）

歌唱家。河北唐山人。曾任空政文工团歌剧队演员，唐山市群艺馆、市文化局文化处主任科员、中国合唱协会理事、唐山音协秘书长。曾组织策划许多社会音乐活动、各种赛事，参加中央慰问团、河北民间艺术节、春节军民联欢晚会、中国国际合唱节等演出，担任独唱、小合唱等主要角色。作有歌曲《我的家乡在冀东》《要靠万众一条心》《中国人》（合作）等，其中舞蹈音乐《丰南簸子秧歌》（合作）获国际民间舞蹈节邀请赛表演金奖与民间艺术节大赛一等奖。

李振军（1920— ）

歌词作家。苗族。湖南凤凰人。1937年入长沙新生歌咏团从事抗日救亡活动。曾任解放军某军政委、湖南省委书记、武警总部政委、全国第七届政协委员。作有《夕辉普照后来人》《人民武警进行曲》等歌词。

李振水（1933—已故）

中胡演奏家。河北定县人。1953年入东北人艺儿童剧团。1954年入中国广播民族乐团任唢呐独奏演员。1964年改任中胡演奏员。作有器乐曲《秦香莲》《闹春耕》，唢呐独奏曲《田野欢歌》。

李正平（1956— ）

单簧管演奏家。新疆人。新疆歌舞团爱乐乐团演奏员。先后就读于新疆艺术学校、上海音乐学院、新疆艺术学院。演奏有韦柏《降E大调单簧管协奏曲》和莫扎特《单簧管与弦乐五重奏》等。创作单簧管独奏曲《草原欢歌》（合作），撰有《乐队中的单簧管》《演奏会前的准备》等文。

李正生（1926—已故）

音乐编辑家。江西南昌人。1949年始从事民间音乐编辑研究，后在音协江西分会工作。《中国民间歌曲集成》（江西卷）编委。改编有江西民歌《斑鸠调》《红花满山开》等。

李正忠（1941— ）

音乐理论家。江苏南京人。中国艺术研究院研究员。1966年毕业于中央音乐学院作曲专业，被分配到文化部工作。曾创作二胡独奏曲《在延河上》。1983年调入中国文联理论研究室。1986年参加《文艺理论与批评》创刊工作，后调入中国艺术研究院，任马克思主义文艺理论研究所所长、《文艺理论与批评》杂志社社长、主编。撰写、发表文艺（音乐）理论、评论文章百余万字，出版专著《面对文艺新潮》。承担"八五"国家重点社科项目《新时期文艺新潮评析》"音乐稿"的撰校工作。创作、发表歌曲作品若干首。中国社会主义文艺学会常务副会长、秘书长。

李政浩（1937— ）

音乐教育家。北京人。北京幼儿师范学校高级讲师。1954年入北京师范大学音乐系学习钢琴，师从张肖虎主修音乐理论。1958年毕业于北京艺术学院音乐系。长期从事音乐教育工作。曾任北京市音乐教育协会常务理事。曾参加全国幼师统编音乐教材的编审工作，并主笔编撰《幼儿歌（乐）曲简易伴奏编配法》一书。创编有《小进行曲》《小白船》《小小音乐家》《接过雷锋的枪》等百余首伴奏曲，散见于中、小、幼等音乐教材。

李执恭（1930— ）

指挥家。北京人。中国民族管弦乐学会荣誉理事。1948年就读于华北文法学院西语系，后在华北大学艺术部文工三团从事文艺工作。1958年在中央实验歌剧舞剧院指挥歌剧《白毛女》《小二黑结婚》《窦娥冤》及舞剧《宝莲灯》《小刀会》《刚果河在怒吼》《红楼梦》等。1961年随剧院赴苏联、波兰演出，曾指挥莫斯科大剧院管弦乐团。1978年随中国艺术团赴美国、港、澳等地演出，任乐队指挥。曾与国内多个民族乐团、管弦乐团合作，为许多电影、话剧和电视剧录制音乐。其中《四世同堂》获广电部颁发的特别奖。后仍致力于青少年乐队的指导和训练。

李执胜（1943— ）

作曲家。山东烟台人。烟台市歌舞团副团长、烟台音协副主席。1960年毕业于烟台艺术专科学校器乐科。多件音乐作品获省级以上奖，其中舞蹈曲《鸡婆婆》于1981年获山东第一届舞蹈比赛创作一等奖，歌曲《海阳秧歌》于1994年获中国沈阳国际秧歌节首位金玫瑰奖，歌曲《幸福永远伴渔家》，唢呐独奏曲《归来情》，舞蹈曲《舞春》分别于1997、1998年获山东文化厅创作一等奖，《蓬莱女》于1998年获省音协歌曲大赛金奖。曾两次率团赴日本演出，曾参加文化部中国民间艺术团出访非洲四国。

李执中（1932— ）

作曲家。湖南平江人。曾为株州市歌舞剧团声乐教师兼创作员。曾随苏联红旗歌舞团、保加利亚军队歌舞团、阿尔巴尼亚军队歌舞团学习声乐。从1958年起自学作曲。作有《第一次印象》《轿里枪声》《邻居》《爱之歌》（合作），《山道弯弯》（合作）等歌剧音乐，其中《小巷歌声》获株州市第二届金秋歌剧作曲一等奖、全国歌剧交流演出创作奖。为电视剧《彭总还乡》作曲，获八一"小百花"创作奖。撰有《谈声乐的生理学和心理学之关系》等。

L

李至刚（1935— ）

歌剧表演艺术家。山东济南人。1949年入山东人民剧团。1956年毕业于华东艺专音乐系并留校任教。进修于上海音乐学院。1957年入武汉歌舞剧院任歌剧演员、独唱演员，后任歌剧团团长。主演歌剧有《启明星》《夺印》《第二次握手》《货郎与小姐》《吉四六升天》。演唱歌曲有《黄鹤楼》《大江东去》《枫桥夜泊》等。任武汉艺术学校、武汉老年大学兼职教授。曾获武汉市文化局授予的"特别荣誉奖"和"优秀教师奖"称号。

李志男（1926—2008）

作曲家。河北邯郸人。1957年毕业于中央音乐学院作曲系。原在天津市文化局艺术处工作。作有河北梆子音乐《宝莲灯》，歌剧音乐《园林好》，歌曲《我是个社员又是个兵》。

李志琼（1965— ）

女歌唱家。福建莆田人。福建省歌舞剧院独唱演员。1984年就读于福建师大音乐学院音乐系，1999年毕业于中央音乐学院声歌系，2002年在中央音乐学院举办硕士学位毕业独唱音乐会，此后在泰国曼谷举办个人独唱音乐会。多次参加国家及省内、外举办的大型文艺晚会和音乐会。发表《论歌唱中的气息控制》《论演员在歌唱中的感情表达》《如何掌握歌唱中的换气》等文。

李志曙（1916—1994）

男低音歌唱家、音乐教育家。壮族。广西贵港人。1937年毕业于广西大学文法学院社会学系。1948年毕业于上海国立音乐专科学校，后在该校任教。曾任中国音乐学院声乐教授，中国音协常务理事，中国文联委员，广西政协委员、自治区音协副主席。1951年在第三届世界青年联欢节声乐比赛中获二等奖。50年代始为上海电台录制舒伯特、舒曼的声乐套曲，并在上海、北京、广西等地举行独唱音乐会。70年代始为电台、电视台录制过众多台湾民歌、广西民歌，并先后赴苏联等多个欧洲国家访问演出。演唱曲目有《伏尔加船夫曲》《老天爷》《嘎达梅林》《天下黄河十八弯》《秋收》等，有三十余首演唱歌曲录制成唱片。编辑出版《匈牙利民间歌曲选》《广西二重唱民歌30首》《广西民歌19首》等，以及合译的《钢琴弹奏技巧》。

李志伟（1954— ）

音乐教育家。北京人。山东音协理事，山东艺术学院教授。1972年在济南市青少年宫任教。1982年毕业于山东师范大学音乐系，同年任教山东艺术学院音乐系。1985年任教该院艺术师范系，先后担任音乐理论教研室主任、系副主任、教授、硕士生导师。同年主持编写山东省面向21世纪教材改革规划项目《和声学基础教程》上、下册，2000年主编《音乐高考指导》等。2001年在音乐教育系任教，担任系党总支书记兼副主任，同时担任山东省省级重点学科音乐学学科负责人。

李志祥（1955— ）

作曲家。满族。内蒙古赤峰人。1981年就读于沈阳音乐学院作曲系。1973至2000年任赤峰市民族歌舞团乐队队长、副团长、导演。作有舞剧音乐《太阳契丹》，交响合唱《我和祖国》，马头琴协奏曲《归》，胡笳独奏《诺恩吉雅》，笙簧独奏《四季》，舞蹈音乐《孟克珠岚》，歌曲《马背上的民族》《九十九》等，其中六十余件获奖。马头琴协奏曲《归》获1996年全国首届马头琴大奖赛作品一等奖。策划、导演多台大型民族歌舞晚会。

李志英（1964— ）

女琵琶演奏家。河南郑州人。1981、1988年先后毕业于河南省戏曲学校音乐系、郑州大学（函授）中文秘书系。任河南省豫剧一团乐队演奏员。曾参加河南"百泉杯"器乐大赛，获琵琶独奏银奖，琵琶、古筝、二胡三重奏银奖。撰有《更上一层楼》《浅谈歌词的通俗性和音乐性》《纯真情趣》，并获奖。

李质伟（1947— ）

吉他演奏家、教育家。天津人。师从家父李庚扬学习吉他弹奏。1980年始从事吉他教学及表演。1982年应中央电视台之邀，录制"李质伟吉他独奏音乐会"并多次播出。1985年创办"天津市志伟吉他学校"。早期的优秀学员，大都在吉他表演及教学中有突出成绩。多年来受有关单位的邀请，担任全国性历次吉他比赛评委。著述有《卡尔卡西吉他教程》《吉他二重奏曲集》等，由人民音乐和上海音乐出版社出版发行。2005年被中国音协吉他学会聘为顾问。

李智渝（1957— ）

男高音歌唱家。河北宽城人。1982年毕业于四川音乐学院本科，后任职于四川峨眉电影制片厂乐团。历任峨影乐团、空政歌舞团男高音独唱演员。曾获中央电视台举办的第三届"五洲杯"全国青年歌手大奖赛北京赛区第一名、建国40周年全军文艺调演获优秀作品演唱奖、"中华曲库"歌手大奖赛美声组特别歌手奖、优秀奖及"中华奥运之船"歌曲大赛二等奖。

李中汉（1933— ）

作曲家。河北定县人。1957年毕业于西安音乐专科学校作曲专业。曾任铁道部第一工程局文工团艺委会副主任、陕西省音协常务理事。作有小提琴独奏曲《新疆之春》（合作），歌曲有《千村万村喜事来》《村里来了拖拉机》《纺织厂有个好姑娘》《我们是快乐的列车员》《来吧，穆斯林兄弟》《海岛渔歌》《海望曲》等，独幕歌剧《葡萄架下》（合作），钢琴、小提琴二重奏《小蜜蜂》等。曾为《再塑一个我》等电影及《旋流》《汉王刘邦》等四十余部电视剧作曲，六集电视剧《红指印》被评为全国第三届党员电教片"红星奖"一等奖。作有大型歌剧音乐《一代新人》《海霞》《两代人》（合作），《帕丽扎特》。

L

李中民（1949— ）

作曲家。陕西人。陕西音协理事，商洛市音协主席。1976年毕业于西安音乐学院作曲系，师从江静、饶余燕。先后获文化部、中国音协、中国唱片总公司和陕西省文化厅奖励数十次。作品有民族管弦乐《陕南组曲》（应香港中乐团委约创作），大型花鼓音乐剧《天狗》《石兰花开》（作曲），《洛南静板书研究》，声乐作品《一生一世热恋你》《喊一声老陕》等。

李中文（1944— ）

演奏家。河北武安人。哈尔滨歌剧院民乐团原团长、指挥。哈尔滨音协理事、哈尔滨政协委员、中国艺术研究院调研员。1966年毕业于中国音乐学院进修班。创作并演出二胡独奏曲《春潮曲》《喜庆》，高胡组曲《冬景》，琵琶组曲《战油海》，民乐合奏《冰城节日》等，作品出版并录制盒带。曾赴香港、日本、俄罗斯演奏。曾指挥"哈尔滨之夏"大型专场民族音乐会、新年音乐会及古筝、琵琶个人演奏会。培养了两代青年民族器乐演奏员。

李中艺（1917—已故）

作曲家。河南安阳人。重庆国立音乐院作曲系肄业。1939年起历任陕西省教育厅音乐指导员、延安鲁艺音乐系教员、东北音专作曲系主任、中央歌舞团创作员。作有歌剧音乐《星星之火》，舞蹈音乐《大刀进行曲》等。

李忠诚（1931— ）

作曲家。湖南沅陵人。1955年毕业于东北音专作曲系。后在江西省赣剧团工作。作有弋阳腔电影音乐《珍珠记》《还魂记》。担任历史剧《西藏行》等音乐设计。

李忠诚（1936— ）

作曲家。山东莱西人。1963年由南京艺术学院音乐系毕业，后分配至盐城市歌舞团，任副团长。创作有歌剧《秋海棠》《一双绣花鞋》《洁白的玉兰花》，大合唱《唱给少奇同志的歌》《南方吹来的风》，歌舞剧《新四军在盐城》《黄海滩一九八八》，组歌《改革—振兴之路》《亭子巷》，歌曲《水乡风情》《船儿悠悠过水乡》《水乡小夜曲》等。作品分别获省、市奖，或由电台、电视台播放。曾参与《中国民间歌曲集成》《中国曲艺音乐集成》及《盐城市文化杂志》的编纂工作。

李忠义（1945— ）

歌词作家。浙江人。曾为青岛市工人文化宫文艺科副科长。1986年毕业于青岛教育学院艺术系。多年从事歌词创作并多次获国家、省、市级奖项，其中《柳丝摇啊摇》获全国环保创作三等奖。主编有《迎着太阳走向世界——青岛市优秀企业歌曲》。

李忠勇（1934— ）

作曲家。湖北应山人。1956年毕业于西南音专作曲系。曾为四川音乐学院作曲系副教授。后任四川音乐学院院长。作有合唱《送粮》，钢琴曲《赋格》，交响音画

《云岭写生》。撰有《歌曲创作漫谈》。

李钟华（1954— ）

长号演奏家。朝鲜族。吉林人。1973年毕业于吉林省艺术学院音乐系后留校任教。1974年入工程兵文工团。1983年调武警文工团。曾参加第四届全军文艺汇演。在舞剧《文成公主》，歌剧《屈原》等演出中任首席长号，并随团赴朝鲜演出。

李钟庆（1937— ）

作曲家。江苏南京人。1959年毕业于华中师范大学音乐系。曾任武汉歌舞剧院艺术委员会副主任。1986年应邀赴日参加水户市艺术节，并指挥本人创作的交响诗《霸王别姬》。

李钟宪（1930—已故）

音乐教育家。朝鲜族。吉林龙井人。1955年毕业于东北音专作曲系。曾任延边艺术学校副校长、副教授，中国音协教育委员会委员。撰有《朝鲜族长鼓教程》。

李仲党（1956— ）

作曲家。河南南阳人。1985年毕业于上海音乐学院作曲指挥系。河南音协驻会副主席兼秘书长。河南省合唱联盟主席，民盟中央委员。中国音协第六、七届理事。创作管弦乐、室内乐、钢琴、声乐、戏剧、影视广播剧等大量乐作品，发表音乐理论文章六十余篇。其中歌曲《山妞走四方》《邻里歌谣》《春天的声音》《农家车谣》等11部作品获全国"五个一工程"奖。部分作品获文化部文华音乐优秀创作奖、全国音乐电视大赛金奖，四次获河南省政府文艺成果大奖。

李仲平（1931— ）

大提琴演奏家。壮族。广西武鸣人。1952年毕业于中央音乐学院少年班。后任中央乐团演奏员。曾随团赴朝鲜、日本、美国演出，在音乐会中担任独奏。

李仲唐（1933—已故）

古琴演奏家。陕西西安人。1961年毕业于中央音乐学院民乐系，师从古琴家吴景略、查阜西。分配至陕西乐团古典乐队，1964年调西安音乐学院任教，民族音乐系副教授。1982年恢复古琴专业。1983、1985年，先后在北京、扬州举行的全国古琴打谱会上宣读论文，交流打谱教学和琴学研究经验。多次参加古琴独奏演出，举办古琴讲座，与国内（含港台），欧美等地琴家、学者交流琴艺。1988年在全国第五届民族音乐学年会上，与港台琴人联袂演出琴曲《秋塞吟》《潇湘水云》。先后为《桃花扇》《李清照》《东陵大盗》《天宝轶事》等十余部影视片担任古琴配乐。录制出版《关山月》《梅花三弄》《平沙落雁》等首琴曲。

李助炘（1944— ）

作曲家。广东南海人。1969年毕业于中国音乐学院作曲系。1973年任广东歌舞团专业作曲，后任广东歌舞剧院

民族乐团作曲。作有高胡协奏曲《琴诗》并获首届"广东音乐邀请赛"优秀创作奖，《汉宫秋月》获优秀改编奖第一名，舞剧音乐《珍珠》（合作）获广东省文联"鲁迅文艺基金奖"，高胡独奏《村间小童》获第一届"广东音乐新作大赛"一等奖。现定居加拿大。

李祝华（1953— ）

女高音歌唱家。山东人。曾在湖北省歌剧团工作。1987年毕业于中央音乐学院。1985年获"聂耳·冼星海声乐作品演唱比赛"优秀奖。1987年在美国第二十四届国际声乐比赛中进入半决赛。

李子敏（1930— ）

作曲家。安徽太和人。中国戏曲音乐学会理事、浙江省音协四届常务理事、省戏曲音乐协会第一届副会长。1948年入伍从事部队文艺工作。1955年先后任海门越剧团导演、黄岩歌舞团艺术指导、作曲。1959年调温州瓯剧团任作曲。作有歌曲《渔歌》《节日圆舞曲》，歌剧音乐《活捉王大秋》。曾为瓯剧《高机与吴三春》《钟离娘娘》，越剧《杜鹃》《蔡文姬》等戏曲作曲，并为台州乱弹《拷红》《送茶上楼》。还有电视剧音乐《水漫金山》（木偶），《吴百亨先生》等作品。多次获浙江省、温州市作曲大奖。专著有《瓯剧常用曲调选》《黄岩乱弹传统音乐》等。发表有《古老的剧种，丰富的遗产》等文。

李子贤（1937— ）

音乐教育家。安徽芜湖人。1957年毕业于山东师范学院艺术系。后任安徽师范大学艺术器乐教研室主任、副教授。主授二胡兼指挥。曾指挥《长征组歌》演出。

李自立（1938— ）

小提琴演奏家、教育家。天津蓟县人。广东星海音乐学院教授。1950年参加部队文工团，后就读于中南音专附中、湖北艺术学院。曾任广州乐团演奏员、广东人艺小提琴教师。先后筹办全国第三届青少年小提琴比赛及历届少儿小提琴比赛任评委。出版有《李自立小提琴曲集》《中国少儿小提琴集》《少年儿童小提琴教程》。2003年举办李自立小提琴作品音乐会暨研讨会。作有小提琴曲《喜见光明》《丰收渔歌》《陕北情》《茨梨花》。曾任省政协第七、八届委员，民盟省委委员。

李宗礼（1932—已故）

大提琴教育家。安徽合肥人。1956年毕业于东北音专器乐系研究生班。曾任沈阳音乐学院弦乐教研室主任、副教授，中国音协表演委员会大提琴学会常务理事。

李宗噗（1924— ）

女声乐教育家。四川万县人。1949年毕业于国立音乐院声乐系，后在南京艺术学院音乐系任教。

李宗山（1930—已故）

作曲家。朝鲜族。吉林龙井人。曾任延边音协理事、中国朝鲜族音乐研究会会员、图们市创作员。1946

年参军，先后在志愿军总后文工团任演奏员、指挥、创作员。舞剧音乐《在党的旗帜下》，伽倻琴弹唱《畜牧生产好》，歌曲《边防战士佩带勋章回乡来》等分别获省、州奖。1995年举办个人声乐作品音乐会。

李宗顺（1937— ）

小提琴演奏家。辽宁沈阳人。1961年毕业于天津音乐学院小提琴专业。先后在天津市歌舞剧院、天津乐团任小提琴演奏员，并兼任小提琴教学。80年代起先后在深圳大学、深圳交响乐团、深圳大剧院等单位工作。1987年参加由中国音协广东分会举办的"交响乐之春"大型交响音乐会的演出。其后主要在深圳、香港两地从事以小提琴为主的音乐教学活动。香港音乐导师同盟盟员。

李宗堂（1963— ）

歌唱家、声乐教育家。天津人。山西大学师范学院艺术系教研室主任。1989年毕业于山西大学音乐专业、留校任教。1993年入上海音乐学院声乐系进修。曾获全国第七届青年歌手电视大奖赛优秀歌手奖、山西省第七届青年歌手电视大赛美声唱法第一名及山西省"跨世纪杰出青年人才"称号。撰有《谈如何消除舞台表演中的紧张心态》《谈增强高师毕业后的适应性》《试论声乐教学的几个基本原则》等，并获奖。编有《中国影视歌剧歌曲精选》。

李宗喜（1952— ）

音乐教育家。山东日照人。山东艺术学院音乐系长号副教授。撰有《长号的吐音——舌吹音》《交响乐队中的长号应用与演奏》等文，其中《长号吐音的运舌技术》获"省文化厅教学论文"三等奖，《音乐表演艺术风格之管见》获"山东省第二届艺术科学优秀成果"二等奖。

李宗宪（1946— ）

作曲家、指挥家。广东人。1967年毕业于四川大学中文系，曾为成都歌舞剧院乐团指挥。作有序曲《火把节素描》，组曲《蜀乡土风》，古琴与交响乐队《蜀韵》，高胡与乐队《川粤行》，声乐协奏曲《长声吆吆走嘉陵》，二胡协奏曲《嘉陵随想》，古筝协奏曲《文成公主西行图》，舞剧音乐《红梅祭》，歌剧音乐《仇侣》，双人舞音乐《幸福光》，戏曲音乐《金子》。为《长城向南延伸》等多余部电视剧作曲。曾获文化部文华音乐创作奖。

李祖林（1941—1985）

歌唱家。贵州人。1960年始任贵州省歌舞团独唱演员、声乐教员。其间在四川音乐学院、中央音乐学院、上海音乐学院进修。1980年在贵阳举行个人独唱音乐会。参加歌剧《红珊瑚》《货郎与小姐》演出。

李祖铭（1948— ）

京剧作曲家。湖南人。中国京剧院琴师。1967年入山西京剧团从事京剧唱腔设计及京胡演奏。曾为袁世海、冯志孝、杨春霞等京胡伴奏。设计京剧《山城围困战》《三上桃峰》等多出戏的唱腔。曾赴香港、美国等地访问讲学。1984年参加"李慕良京剧音乐十一首"立体唱片及盒带的伴奏与配器。1990年参加马连良先生的《甘露寺》《三娘教子》等多出戏的剧本及全部唱腔琴谱的整理。

李祖平（1950— ）

作曲家。湖北武汉人。1968年入铁道兵某部，长江航运集团任宣传部副部长。作有歌曲《快乐的小队》（被收入五四以来中国优秀少年儿童歌曲集），《长江上有支动听的歌》获创作奖，《长江金飘带》获武汉电视台十大金曲第一名，1994年创作的《武汉之歌》被定为武汉市市歌。所作歌曲《梦中的远航》获第五届"群星奖"金奖，《扬起金色的风帆》获全国第二届企业歌曲征集活动银奖，《我总是问自己》获第五届90年代征歌二等奖，《中山舰，英雄的战舰》获武汉市"五个一工程"奖，《爱我母亲河》获湖北省第四届"楚天文艺奖"创作一等奖。

李祖英（1938— ）

小提琴演奏家。天津人。1963年中央音乐学院小提琴专业本科毕业。1963至1969年任中央芭蕾舞剧团交响乐团第一小提琴及独奏演员。曾在芭蕾舞剧《沂蒙颂》中担任板胡独奏。1987至1989年为吕思清改编配器出版两张CD《爱的主题》及《吕思清专辑》。1998至1999年任厦门爱乐乐团弦乐声部长期间，改编创作以钢琴与乐队伴奏的大合唱《鼓浪屿之波》，在国庆五十周年晚会上由厦门爱乐乐团公演。2002年参与中国爱乐乐团京剧交响乐《杨门女将》的配器工作。

李作柱（1928—1985）

作曲家。陕西绥德人。1940年始从事音乐工作，后在中央音乐学院进修。曾任音协陕西分会秘书长。作有歌剧音乐《蓝花花》《白杨寨的早晨》等。

厉　声（1929—2007）

音乐教育家、活动家。浙江杭州人。1946年在原晋冀鲁豫边区参加文艺工作，1948年毕业于北方大学音乐系。1949年后任河北省音乐工作组组长期间，从事发掘整理民间音乐和发现民间音乐人才等工作，后从事戏曲音乐研究，并写有专著。曾为武安平调、评剧、京剧多部戏曲编写音乐，其中京剧《战洪图》在华北戏曲会演中获音乐奖。后主要从事音乐教育工作，历任天津音乐学院教务处副处长、民族声乐系副主任，中国音乐学院院长等职。1991年后任中国音协党组副书记，北京市文联副主席，北京音协主席、名誉主席等。

栗　鍼（1938— ）

小提琴演奏家。河北广平人。1963年毕业于中央音乐学院管弦系。曾任中国电影乐团轻音乐团小提琴首席、艺术指导兼乐队指挥。

连　波（1931— ）

作曲家、音乐理论家。浙江上虞人。1948年学习作曲。1958年入上海音乐学院进修。上海音乐学院教授。中国音协民族音乐委员会委员、上海市音协理事。曾为百余部戏剧作曲，并创作有一批弹唱、交响乐及声乐作品，多次获奖。撰写发表论文数十篇，出版有《中国戏曲音乐欣赏》《京剧音乐》《越剧音乐研究》等专著。编撰出版有《中国民族音乐大系·曲艺音乐卷》，徐丽仙、范瑞娟、尹桂芳唱腔集。《弹词音乐初探》1984年获上海高校哲学社会科学研究优秀成果奖，《戏曲作曲》获上海音乐学院第四届科研成果一等奖，《国乐飘香》获中国作家创作成果报告编委会金奖。多次应邀赴日、美等国访问、讲学。

连三萍（1957— ）

女小提琴演奏家。山西太原人。1970年入山西省歌舞剧院为乐队学员。1974年起先后演奏小提琴协奏曲《白毛女》《梁祝》，担任舞剧《草原儿女》《沂蒙颂》独奏、领奏。1990至1996年任歌剧《黄河搬船汉》《刘胡兰》乐队首席。1998年任山西交响乐团副首席，山西省小提琴协会理事。

连小凤（1943— ）

女歌唱家。江西清江人。江西省歌舞团独唱演员。1984年毕业于上海音乐学院声乐系。60年代曾多次为毛泽东、周恩来等革命家演唱。1980年赴北京参加全国民族民间独唱、二重唱调演。1985年赴南斯拉夫演出。同年获江西省第一届音乐节独唱一等奖。所唱的《九里里山圪塔十里里沟》《江西是个好地方》《斑鸠调》《西子姑娘》《庐山美》等近百首歌曲在全国各地播放。现居新加坡。

连新国（1955— ）

作曲家、低音提琴演奏家。山东荣成人。历任青岛歌舞剧院交响乐团团长、剧院副院长、院长。现任交响乐团团长。山东省先进工作者、山东省民兴鲁劳动奖章获得者。山东省音协理事，青岛市音协主席、青岛市高级专家协会副会长。1994年发起并创建青岛第一支交响乐团。创作歌曲和舞蹈音乐三百余首，多次在国家级刊物发表，多次获奖并被大型庆典演出和广播、电视节目所采用。2008年举办《奥帆连心——连新国声乐作品音乐会》，出版有《中国当代作曲家作品经典·连新国专辑》。

连应科（1932— ）

中提琴演奏家。山西长治人。1951年始从事音乐工作，后入山西省艺校进修。原任山西省歌舞剧院乐团党支部书记兼演奏员。

廉　信（1953— ）

词曲作家。江苏无锡人。内蒙古文化音像出版社编辑部主任。1995年、2000年先后毕业于河南大学中文系函授大专、内蒙古党校行政学院后期本科。歌词作品有《细雨蒙蒙》《人生之路》等，曲作品有《遥远的乌拉特》，词曲作品有《遥远的呼唤》《绿意浓浓》等，编词编曲作品《蒙古族民族新编专集》《神骏》等，出版《蒙古族原生态长调民歌采风集》等CD。曾出任《大宝情蒙古族长调歌曲专场》《北京草原新年晚会》的策划总导演。

练正华（1940— ）

男高音歌唱家。云南绥江人。1960年入成都歌舞剧团

L

任歌剧演员。1975年入天津音乐学院进修。演唱有《川江放筏歌》《摘葡萄》等。主演歌剧《洪湖赤卫队》获省优秀演员奖。

良小楼（1907—已故）

女曲艺演唱家。北京人。自幼学唱京韵大鼓并在天津演唱。曾任北京市曲艺团教师，中国曲协理事，中国音协理事。曾在中央音乐学院等单位兼课。

梁 兵（1937— ）

歌剧表演艺术家。云南人。曾就职于云南省歌舞团，并演唱各个时期优秀独唱歌曲、云南民族歌曲、外国名曲百余首。在《刘胡兰》《春雷》《三月三》等多部歌剧中担任主要角色。曾主演外国歌剧《货郎与小姐》，并在交响乐《沙家浜》中担任主演。1979年为云南电影制片厂故事片《黑面人》男主角配唱。

梁 兵（1941— ）

作曲家。广东新会人。1963年毕业于广州音专。1963至1985年在连山民族歌舞团任作曲、指挥、副团长、团长。1986年在新会粤剧团任团长。1989年任新会市文联副主席、主席，后兼任江门市音协主席、名誉主席。主要歌曲作品《五和的山，五和的水》，1993年获农业部"全国农场歌曲征歌大赛"金奖，《葵乡崛起纸业城》1994年获中国音协等"全国乡镇企业歌曲大赛"二等奖。

梁 渡（1933—已故）

音乐教育家。浙江温岭人。1957年毕业于沈阳音乐学院作曲系。留校任教，后为教授。撰有《古镜新磨，万象森罗》《东方美学和大宇宙存在哲学整体理论译释论》。作有器乐曲《塞上舞曲》，歌曲《我心中永远想念你》。

梁 枫（1956— ）

歌唱家。吉林人。1976年入永吉县文工团。1978年毕业于沈阳音乐学院声乐系。吉林省歌舞团工作。1981年获辽宁省专业艺术团体声乐比赛一等奖。1985年获吉林省"聂耳·冼星海声乐作品比赛"一等奖。

梁 光（1930— ）

音乐教育家。陕西绥德人。1948年始从事文艺工作。1950年入西北人民艺术学院音乐系学习。曾任西安音乐学院党委书记。

梁 健（1929— ）

男中音歌唱家。广东梅县人。生于印尼。1949年参加闽粤赣边线一支政工队，华南人民文艺学院音乐系毕业。在校学习期间创作反帝歌曲，1950年被省文化厅评为一等奖。1961年后任吉林省歌舞团合唱队队长、省歌舞剧院歌剧团副团长。1968至1973年，曾3次随团赴朝鲜访问演出，创作《运输员之歌》被朝鲜授予军功章。曾在《血泪仇》《白毛女》及苏联喜歌剧《苏尔坦别克》中扮演主要角色。1989年赴欧洲、新西兰访问演出。

梁 杰（1941— ）

女声乐教育家。河南博爱人。曾就读于北京艺术学院。曾任天津歌舞剧院独唱演员、陕西省戏曲研究院声乐教员，后任教于中国音乐学院声歌系。所教学生多次在全国声乐大赛中获奖。撰有《韵味是民族声乐艺术的灵魂》。被文化部聘为中国民族声乐、器乐优秀青年演员研究班导师、第三届艺术专业人员应聘资格考评委员会委员。中国少数民族声乐学会理事、副秘书长。

梁 晶（1957— ）

作曲家。山东荣成人。潍坊市奎文区文化馆副馆长、艺术教育委员会副主任。曾任潍坊市群文系列职称评审，中国音乐学院、山东中小学音乐考级评委，部队宣传队乐队队长兼作曲，潍坊市文化馆音乐干部。1986年毕业于山东艺术学院音乐系。多年从事音乐创作，共发表各类音乐作品百余件。其中多件作品获国家级、省级、市级奖和"精品工程"文艺作品入选奖。为五届潍坊国际风筝会开幕式创作了专场歌舞音乐。

梁 浚（1930—已故）

作曲家。山东莱阳人。1960年入中央音乐学院进修。曾任二炮文工团副团长，山西雁北文工团副团长，《东北歌声》《解放军歌曲》编委。所创歌曲《飞到胜利最前方》由中央音工团、总政文工团、空军文工团演唱，《故乡变了样》《我是一个小骑兵》分别编入北京中小学音乐教材，《守海岛》由中央台"每周一歌"播放，《不能忘》《公安战士之歌》《边防军人的宣誓》等分获全军征歌各类奖项。

梁 岚（1956— ）

女高音歌唱家。河北人。黑龙江省音协副主席，全国民族声乐研究会理事，省政协第八、九、十届委员，省艺术职业学院声乐系主任、教授。曾分别在哈尔滨、北京、广西举办个人独唱音乐会，并赴美国、加拿大、日本等十几个国家演出。三次获全省声乐比赛专业组第一名，全国声乐比赛银、铜奖，全国"每周一歌"金奖。曾被评为省"我最喜爱的演员"，被省政府授予"扎根龙江做贡献艺术家"称号。在全国青少年声乐比赛中获"优秀教师奖"。并获省优秀教师称号。首唱《北大荒人的歌》《东北是个好地方》。

梁 良（1934— ）

作曲家。满族。黑龙江佳木斯人。1945年始从事文艺工作，历任第四野战军127师、武汉军区军乐队队长，军区创作组副组长，胜利歌舞团团长。1962年毕业于上海音乐学院作曲系。曾任湖北音协理事、武汉音协副主席、武汉文联委员。作品有长号协奏曲《山花烂漫》，交响诗《遥望井冈山》，表演唱《硬骨头六连》，大合唱《毛主席永远活在我们心中》分别获全军第三届、第四届文艺汇演优秀创作奖。《飒飒白杨林》（合唱），声乐叙事曲《鹰》分别获琴台音乐节优秀创作奖。舞蹈音乐《月牙儿》获羊城国际舞蹈节音乐创作奖。

梁 梅（1965— ）

女钢琴教育家。黑龙江哈尔滨人。1985年毕业于哈尔滨师范大学音乐系钢琴专业并留校任教，该校艺术学院音乐教育系键盘教研室副主任。曾获黑龙江省优秀高等教育科学研究成果一等奖，黑龙江省高等师范院校音乐教师钢琴比赛二等奖。多次在钢琴比赛及钢琴考级中获"优秀指导教师"奖。1999年被中央音乐学院校外音乐水平考级办授予"优秀教师"称号。出版专著三部，发表论文多篇。多次参加"哈尔滨之夏"音乐会等大型演出活动并多次同中外音乐家合作演出。

梁 美（1942— ）

女钢琴教育家。广东茂名人。1964年毕业于中央音乐学院钢琴系后留校任教。合作编有《钢琴初级教程》《钢琴乐曲集》《初级钢琴练习曲》等。

梁 宁（1958— ）

女高音歌唱家。北京人。中国音协第四届理事。16岁考入广东艺校，师从谢芷琳、夏秋燕学声乐。1977年毕业，任广州乐团合唱演员。1979年参加广东省青年专业声乐比赛获三等奖。1980年考入中央音乐学院歌剧系进修班，师从李晋纬、沈湘教授。1983年参加第七届英国本森—赫杰斯国际声乐金奖比赛获第四名，1984年参加芬兰赫尔辛基第一届玛扎姆·海伦国际声乐比赛获女声组第一名。曾主演过《卡门》，在英国举办个人独唱音乐会。

梁 奇（1938— ）

作曲家、二胡演奏家。河北魏县人。1962年毕业于天津音乐学院二胡作曲专业。曾在石家庄市文化、教育局创作组从事音乐创作，1978年起先后任石家庄市群艺馆副馆长、馆长、文化局副局长。多年来创作大量音乐作品及论文。获国家级奖10件，省级奖二十余件。有声乐《向未来》《赶东调》《新农民唱新歌》等，器乐曲《花会迎春》，二胡套曲《喜》《怒》等，舞曲《走西口》《丰收扇鼓》《俺跟奶奶学拉花》等。影视音乐《赵州桥传奇》《男妇女主任》等8部及风光片《天桂山》。论著《梅花调初探》等。部分作品获奖，其中二胡曲《剪窗花》（合作）2003年获第三届中国音乐"金钟奖"。

梁 茜（1961— ）

女高音歌唱家。陕西西安人。1977年、1979年先后任延安歌舞剧团、陕西歌舞剧院演员、院长办公室主任。参加大型歌舞剧《蓝花花》，儿童歌舞剧《延安儿童团》，多场次喜歌剧《从爷爷的辫子说起》的演出，并任主要角色，以及大型歌舞《黄土轻风》的演出。1990年获陕西"如意电视杯"歌手大赛专业组一等奖，1993年获陕西省"秦皇杯"广播电视歌曲大赛专业组二等奖，在振兴秦腔20周年优秀剧目展演中获优秀演唱奖等。

梁 青（1933— ）

音乐教育家、作曲家。海南海口人。1950年师从美籍符美丽教授研修钢琴、声乐、作曲指挥。1950年起任海南琼台师范高级讲师。中国教育家协会理事。曾任海南星光艺术职业中专校长。美国世界名人科学院副理事长。出版《梁青抒情歌曲选》第一、二集。撰写论文多篇，有的获奖。1995年在海南举办"梁青作品演唱会"。

梁 青（1962— ）

小号演奏家。辽宁大连人。长春电影制片厂乐团演奏员。2004年毕业于长春师范学院。为《怪王外传》《多梦女孩》《世纪亲情》《主仆历险记》《竞选村长》《俏妞》《错爱》等电视连续剧及电影作词作曲。参加长影乐团的演出及相关工作。

梁 琼（1956— ）

女声乐教育家。湖南长沙人。湖南省音协理事、省政协委员、湖南艺术职业学院教授。1970年始从事舞台艺术表演。1983年毕业于湖南师大音乐系。多年来培养一批音乐人才。撰写多篇教研论文在刊物上发表并获奖。主持或参加科研课题《湖南花鼓戏声腔与中国民族声乐之比较研究》《当代中国歌坛"花鼓戏现象"的声乐研究》等。编著《中国歌剧经典选段浅析》和歌剧、系列丛书。2005年获文化部"区永熙音乐教育奖"。

梁 秋（1907—1982）

喉管演奏家。广东佛山人。曾在中央民族学院任教。曾任音协广东分会理事。1953年参加第四届世界青年联欢节演出，同年在罗马尼亚参加国际音乐比赛获四等奖。

梁 尚（1961— ）

指挥家。壮族。广西柳州人。2000年广西艺术学院师范系作曲专业毕业，后到中央音乐学院和中央芭蕾舞团学习指挥。桂林市音乐家协会秘书长。现就职于广西桂林市艺术研究所。辅导、训练的管弦乐队、合唱团四十余个。作有古筝独奏曲《苗乡月夜》《漓水欢歌》，分别获创作奖、三等奖。指挥琵琶协奏曲《漓江音画》获指挥奖。撰有《管弦乐队中各组乐器的构造与音律》《合唱的技术要求》等文。

梁 逊（1941— ）

指挥家。广东南海人。1965年毕业于中央音乐学院指挥系，曾在河北省歌舞剧院工作。指挥有大合唱《长征组歌》《西柏坡组歌》，舞剧《小刀会》《白毛女》。

梁 訢（1933— ）

小提琴教育家。广东肇庆人。1989年武汉音乐学院授予其"培养国际比赛获奖者优秀教师"的荣誉称号。硕士生导师。曾任湖北省音乐考级委员会秘书长、管弦及小提琴专家评审会主任、全国青少年及少儿小提琴比赛评委、湖北省及武汉音乐学院小提琴比赛评委会主任。出版有沃尔法特op.45、开塞op.20、马扎斯op.36一、二册，顿特op.37、克莱采尔42等系列小提琴练习曲的分课解析。曾应邀赴广东、广州、香港等地讲学。1998年应邀率武汉爱乐音乐学校音乐家代表团访问明斯克音乐学院。

L

梁 哲（1931— ）

男高音歌唱家、声乐教育家。广东梅县人，出生于印尼。中国声乐教育学会副会长、广州客家山歌学会会长。50年代先后毕业于华南文艺学院音乐系、中南音专声乐系。曾任武汉歌舞剧院（乐团）独唱演员兼合唱指挥、声乐指导，武汉音乐学院声乐系教研室主任，广东艺术师范学校校长、教授。作有二十余首声乐作品，有的录制唱片并获奖。出版有《歌唱发声法：怎样唱好一首歌》。曾多次在武汉、广州并赴深圳、香港、多伦多讲学。

梁安西（1948— ）

女歌唱家。广西桂林人。广西歌舞团独唱演员、歌剧演员。1960年入广西艺术学校附中学习大提琴，1964年升入本院音乐系声乐专业，后到中央乐团进修，分别师从魏鸣泉、孙家馨教授。曾任职于广西钦州地区文工团。在歌剧《江姐》中饰江姐。

梁保强（1965— ）

音乐教育家。河南濮阳人。80年代先后毕业于河南大学、洛阳师范大学音乐系。历任平顶山市第三中学教师、市星海文化艺术学校校长。曾获河南省公交"文明杯"文艺大赛合唱指挥一等奖，新疆自治区"党在我心中"庆七一大赛演唱二等奖、卡拉OK专业组美声唱法二等奖。培养大批音乐人才，学生在各类比赛中多人获奖，并有多人考入各艺术院校，所领导的星海文化艺术学校已成为一所文化教育与北京大学附小、附中联网，艺术专业教育与各地音乐学院接轨的现代化寄宿制学校。

梁长喜（1946— ）

男高音歌唱家。北京人。1964年入中国音乐学院学习。1969年入海政歌舞团工作。1979年入上海音乐学院进修。在全军第四届文艺汇演中主演《红日照航程》获优秀表演奖。全军聂耳·冼星海声乐作品比赛特别奖。

梁崇业（1932— ）

单簧管演奏家。海南人。1955年在部队文艺团体从事单簧管演奏，曾到上海音乐学院进修。1972年转业到珠影乐团任单簧管首席、木管乐声部长、副团长等职。

梁储清（1933— ）

女音乐编辑家。广东番禺人。1956年毕业于华东艺术专科学校音乐系。1957至1979年在中央广播文工团合唱团任合唱演员，并担任电台广播宣传音乐节目。曾参加音乐舞蹈史诗《东方红》和贝多芬《第九交响曲》的排练、演出。长期担任中国唱片总公司音乐编辑并主任编辑。

梁翠媛（1935— ）

女音乐教育家。广东中山人。1957年毕业于北京艺术学院（现中国音乐学院），先后在江西赣南师范、广西中山华侨中学任教。曾任江西省音协理事、赣州市音协主席、广东省音协理事、中山市音协副主席。曾参与中山市文联与中央音乐学院合作开办"中山钢琴培训中心"，参

与组建中山合唱团并任团长兼指挥。广东省合唱协会常务理事、中山合唱团名誉团长。获奖作品有《打开咱的收音机》等。

梁大南（1962— ）

小提琴演奏家。天津人。1984年毕业于天津音乐学院，同年就职于中央乐团，1986年起任首席。参加1984年"全国小提琴比赛"并获奖。参加的重要演出有"蒋晓峰作品音乐会""台湾作曲家阿堂作品音乐会"并担任独奏。曾赴美国、香港、澳门等国家、地区演出。录制有多部电影、电视剧、唱片、磁带。

梁得灵（1914—已故）

音乐教育家。广东连景人。1937年开始从事音乐教育工作。新中国成立后任广州市人民代表，华南文联音乐部长及广州市首届音协主席。音乐学校（星海音院前身）筹办主任，广州乐器研究所所长。

梁德铭（1934— ）

音乐教育家。浙江杭州人。1957年毕业于山东师范大学音乐系。长期从事中学和师范的音乐教育工作。发表歌曲《我爱我的家乡》《干！甩开膀子干》《前进！中华儿女》《鹅》《春晓》等五十余首，论文《教唱歌曲的过程与方法》《音乐教育与智力发展》等二十余篇。出版专著《怎样弹奏风琴与编配伴奏》《简明音乐知识手册》以及《竖笛吹奏法》等。

梁凤英（1948— ）

女高音歌唱家。江西南昌人。1960年入江西省歌舞团。1982年入上海音乐学院声乐系进修。曾任湖南省广播电视艺术团独唱演员。演唱有《祖国啊，我的母亲》。

梁福珍（1952— ）

女歌唱家。山西人。1978年于中央音乐学院声乐系本科毕业，后任中央民族乐团声乐演员、歌队副队长，兼任声乐教学与辅导工作。先后参加"中国革命之歌""第十一届亚运会闭幕式""全国民歌调演"及"国庆"庆典、香港、澳门回归等大型文艺演出。曾随团赴全国各地及香港、澳门、台湾等地区演出。

梁甫基（1939— ）

教育家。壮族人。广西南宁人。1964年于武汉音乐学院作曲系毕业并留校任教，后调广西工作。广西艺术学院教授、作曲硕士研究生导师。中国少数民族音乐学会理事、广西高校教材建委文科组成员、中小学教材审查委员、高校艺术专业考试专家组成员。著有《复调音乐写作基础》等多部专著，创作了交响音画《春水壮歌》及合唱等各种体裁的作品。曾指挥学院乐团、广西交响乐团举行音乐会，并成功指挥建国以来广西首次合唱音乐会。

梁干材（1938— ）

音乐教育家。重庆人。1961年毕业于西南师范学院音乐系。曾任四川省音协理事，眉山市音协主席，1991年参

与国家教委编写全国《中师音乐大纲》研讨会，主编四川省《中师音乐选修课教程》。任全国中师音乐教材编委，参编全国三年制中师《音乐》必修课教材（上海版），曾收集四川乐山民歌20首。创作发表近百件音乐作品，有多篇教学论文及作品在省级评比、比赛中获一、二等奖。1995年荣获全国曾宪梓教育基金会教师奖。

梁广程（1936— ）

音乐理论家。广东广州人。1951年从事文艺工作，后职于海政文艺创作室。著有《乐器法手册》《乐声的奥秘》《电子琴与演奏》《立体声电声乐队配器法》。作有二胡协奏曲《母亲》。

梁国华（1948— ）

歌词作家。江苏徐州人。1972年在铁路工作。坚持业余创作多年，有诗和歌词在各种刊物上发表，其中获省级以上奖近八十首。歌曲《人生无悔》获1992年全国十大金曲奖，《十八弯水路到我家》获1995年全国MTV大赛金奖和中宣部"五个一工程"奖，《错位》获1994年全国MTV大赛银奖，《弯弯歌》获1995年全国MTV大赛银奖，电视剧《雍正王朝》主题歌《得民心者得天下》获第17届"金鹰奖"最佳电视剧歌曲奖。曾为江苏省音乐文学学会理事、徐州市音协主席。

梁寒光（1917—1989）

作曲家、音乐教育家。广东开平人。1938年赴延安，入鲁艺音乐系高级班学习，师从冼星海学作曲。后在延安中央管弦乐队工作。新中国成立后，任中央实验歌剧院创作室主任，1956年调上海实验歌剧院任副院长。1964年始任海燕电影制片厂、上海电影制片厂作曲。1981年调任广州音乐学院院长。1984年为深圳交响乐团常任指挥，深圳市文联副主席、市音协主席。中国音协第四届理事。作有歌剧音乐《赤叶河》（合作），《王贵与李香香》《李秀成》《蓝花花》等十余部，电影音乐《啊，摇篮》《风浪》等多部，歌曲《胜利歌舞》等二百余首，器乐曲《宝塔山》等。

梁汉祥（1950— ）

大提琴演奏家。山东烟台人。1970年毕业于中央音乐学院附中。1972年入总政歌剧团任大提琴首席。参加《托斯卡》《这里黎明静悄悄》《党的女儿》等十几部歌剧及几百场音乐会演出。多次在电影、电视、电台的音乐录音中担任独奏。获第五届电视"飞天奖"荣誉证书。1994年被聘为总政交响乐团大提琴首席，兼任中国音协全国社会艺术水平考级考官，中国交响乐团社会音乐学院大提琴教师。多次担任北京中小学艺术节评委。

梁浩明（1931— ）

作曲家。广东人。1961年毕业于上海音乐学院作曲系本科。后任中国广播艺术团创作室作曲。1953年在海军洛阳舰当水兵时，曾创作《远航归来》。为电台大量歌曲编配管弦乐队和钢琴伴奏，并为一些歌曲编写合唱。为电视台拍摄的《苏州的春天》《天山大兵》《庄严的大门》等

影片谱写音乐，作有管弦乐《缅甸组曲》《凉山随想曲》及钢琴独奏《思故乡》。曾受聘于中央音乐学院任教。

梁和平（1962— ）

歌词作家。湖北仙桃人。仙桃市文联驻会副主席、市音协主席、湖北音乐文学学会副会长。发表播放大量作品，获奖数百项（其中有一首获中国电视金鹰奖，三首获"五个一工程"奖），作词歌曲有四十余首拍成MTV由央视播放。曾为多部大型电视连续剧创作主题歌词。作品《收获精彩》《花的世界》《红色的美丽》分别被确定为中国第五届农运会、第六届花博会、首届红色旅游博览会会歌歌词。作品入选央视2005年春节歌舞晚会、"双拥"晚会、公安部晚会。出版有词集《阳光频道》。

梁恒杰（1949— ）

作曲家。辽宁大连人。1987年毕业于内蒙古师大音乐学院理论作曲系，1989年结业于天津音乐学院理论作曲系。现为包头"三友艺术团"作曲、指挥。创作歌曲千余首，器乐曲、舞蹈音乐多部，在国家和省级以上报刊发表作品百余首，有六十余首获奖。歌曲《八百里河套》《蓝天上流下来一条河》分获第四、五届中国民族歌曲大赛金奖，并获"优秀作曲家"称号，歌曲《黄河水》《相聚草原》分获第一、二届中国群众创作歌曲大赛金奖。

梁季仁（1912— ）

作曲家。河南辉县人。曾任河南大华艺术学校声乐教员、郑州市群艺馆副馆长。作有儿童小歌剧音乐《小熊请客》，歌曲《农村新青年》，小合唱《纺织姑娘之歌》。

梁加楷（1944— ）

打击乐演奏家。山东人。曾任上海乐团打击乐声部长、打击乐首席。1965年毕业于上海舞蹈学校，同年入该校管弦乐队任打击乐演奏员。曾入上海音乐学院学习。

梁家蓬（1956— ）

音乐活动家。广东阳江人。1977年毕业于广东湛江师范学校，后进修于中国函授音乐学院作曲系。发表《古老的歌谣，百姓的心声》《从"阳江花笺"看阳江民歌发展的根源及特点》。作有歌舞曲《海边童谣》《白衣天使》《请到阳江闸坡来》，歌曲《思念远方》《股股清泉暖万家》《迎接春天》等，并获不同奖项。策划、组织"漠江颂"等多场文艺晚会。

梁建群（1947— ）

笛子演奏家、教育家。辽宁鞍山人。西安音乐学院民乐系副教授。1985年毕业于西安音乐学院作曲专业。编有《重奏曲选》（个人作品集），《笙教程》《二胡教程》。作有女声独唱《美丽的黄昏》，笛子二重奏《野营路上》《长安鼓乐》，吹打乐《新翻别子》，二胡独奏《怀念》，出版有笛子独奏、重奏作品《欢腾的延河》《翱翔》《乡歌》《雪梅》。曾随"长安古乐团"出访瑞士、德国、法国等国，担任笙演奏。

梁建勇（1957— ）

音乐教育家。甘肃酒泉人。1990年毕业于新疆师范大学音乐系。新疆乌鲁木齐市兵团二中音乐教师。撰有《音乐教师要注重专业修养》《谈谈音乐教学中情感教育的体会》分别获全国教师论文大赛优秀奖和一等奖。作有《高歌奋勇向前进》《草原恋歌》《小红船》《中华一家亲》等歌曲，其中《草原恋歌》于王洛宾作品音乐会上首场演出，部分作品被新疆电台作为每周一歌播出，并由王宏伟、巴哈古丽演唱。

梁绛珍（1940— ）

女古筝演奏家、教育家。山西太原人。中国民族管弦乐学会会员，中国古筝学会会员。1962年毕业于北京艺术学院音乐系。任北方昆曲剧院古筝演奏员。80年代曾同埙演奏家路裕华合作出版埙筝古曲7首CD作品。作品古筝独奏曲《小小竹排》收入北京乐器学会编辑出版的古筝曲集。学生多次在全国大赛中获不同奖项。中国民族管弦乐学会等单位分别授予其优秀教师称号和优秀园丁奖。

梁今知（1939—2009）

音乐理论家。山东茌平人。1963年毕业于山东艺专音乐科。曾任青海教育学院音乐理论副教授。作有歌曲《青海高原好风光》，撰有《从〈圣经〉看西亚的古代音乐文化》，译著有《亚洲各族民歌》及《和声学》。

梁锦玲（1929—2006）

作曲家。广东恩平人。1953年毕业于华南文学艺术学院音乐系，1956年毕业于中南音专声乐系，后一直在山西省歌舞剧院工作。作有词曲《汾河之歌》《推小车》《抗旱小唱》等。

梁镜如（1933— ）

声乐教育家。广东中山人。湖南省音协声乐艺术委员会名誉会长，武汉音乐学院长沙附中客座教授。建国初期进华南文艺学院音乐系，先后毕业于该院音乐系本科与中南音专声乐系，分配湖南民族歌舞团任演员。1958年调湖南艺术学院筹办音乐系，任该系副主任。1961年秋合并为湖南师院艺术系，任音乐系主任，致力于系科建设和组建高质量的师资队伍。为该省培养一批音乐干部、教学骨干与声乐演唱人才。

梁菊芳（1965— ）

女声乐教育家。湖南湘乡人。1987年毕业于湖北衡阳师范学院，曾在湖南师大、怀化学院及中国音乐学院进修。湘潭一中艺术教研室主任，并在市群艺馆从事声乐教学。撰有《谈如何在音乐教学中培养学生的能力》《注重多向交流，培养学生的创新精神》。2005年在湘潭举办个人独唱音乐会，多次参加市文艺调演，担任独唱及合唱中的领唱。2002年始连续5年被评为"湖南省中学生独唱、独舞、独奏比赛"优秀辅导员。多次在湘潭市中小学艺术节中获音乐课大赛一等奖。

梁峻岭（1952— ）

指挥家。山西平遥人。山西师范大学音乐学院声乐副教授。1973年任文工团二胡演奏员、乐队指挥。1979年起从事音乐教学。1982年毕业于山西大学艺术系，主修声乐、音乐教育。1993至1996年在上海交大艺术系进修。后担任山西师大烛光合唱团声乐指导，该团在参加全国大学生文艺汇演中获一等奖，在第五届中国国际合唱节获银奖。出版《山西第一张民歌合唱》CD专辑。

梁克祥（1924— ）

作曲家。陕西西安人。先后毕业于延安鲁艺音乐系、中央音乐学院作曲系。曾任中央管弦乐团、华北人民文工团演奏员，中国歌剧舞剧院民乐团主任、剧院创作室副主任等。主要作品有歌剧音乐《迎春花开》《月娘歌》，舞剧《雷锋塔》《剑》，中小型舞剧《盗仙草》《潘金莲》《幽恨》《风雪山神庙》，小歌剧《八十大寿》《补皮鞋》《鲤鱼上山》，电影音乐《玉碎宫倾》《牛角石》，电视歌舞片《黛亚与那卡》《椰树情话》，组歌《周恩来》《腾飞吧，海南岛》以及百余首合唱、独唱歌曲，其中《雄伟的天安门》流传甚广。

梁立柱（1925—1984）

作曲家。天津人。1949年毕业于北京师范大学音乐系。1959年入珠江电影制片厂任专职作曲。作有电影音乐《逆风千里》《在不平静的日子里》《七星岩》。

梁茂春（1940— ）

音乐史学家、评论家。江苏海门人。1964年毕业于中央音乐学院音乐学系，后留校任教。中央音乐学院教授、博士生导师。中国音协理论委员会副主任，中国音乐评论学会常务副会长，中国音乐史学会副会长。曾获中央音乐学院建院50周年"特殊贡献奖"，宝钢优秀教师一等奖。多次参加国内外音乐学术交流活动。专著有《国际歌和巴黎公社革命音乐》《中国近现代音乐史提要》《世界艺术史·音乐卷》（合作）《音乐学的历史与现状》（合作）《中国音乐通史教程》（主编之一），撰有《论"文化大革命"时期的音乐》《论民族乐队交响化》《重写音乐史——一个永恒的话题》《20世纪人文精神的丰碑——纪念贺绿汀百年诞辰》《歌曲的"异化"——论李劫夫的"语录歌"创作》等。

梁美珍（1932—2003）

女高音歌唱家。广西桂林人。1949年考入广西桂林艺术专科学校学习声乐，1951年考入上海音乐学院深造，1954年考入中央音乐学院学习，毕业时曾参加歌剧《欧根·奥涅金》的演出并扮演女主角。1957年参加第六届世界青年联欢节古典歌曲演唱比赛获三等奖。1956年进入中央乐团任独唱演员，1959年在庆祝建国10周年献礼演出中担任贝多芬《第九交响乐》女高音领唱，1965年在交响乐《沙家浜》的演出中扮演女主角。除在全国各地参加音乐演出外，还多次举行个人独唱音乐会或双人音乐会，演唱了大量的中外歌曲。

L

梁培印（1928—1994）

笛子、唢呐演奏家。河北永年人。1955年入河北省歌舞剧院，曾任歌舞团副团长。河北省第二届政协委员、省音协副主席。1959年第七届世界青年联欢节器乐比赛获银奖。

梁沛新（1931— ）

音乐教育家。辽宁大连人。1949年入中原大学文工团。1952年入中央音乐学院管弦系，1959年毕业于捷克布拉格音乐学院。曾在解放军艺术学院任教。中国函授音乐学院管弦系主任。撰有《文艺鉴赏大全》中音乐部分。

梁奇恩（1930—1987）

女钢琴教育家。山东泰安人。1953年毕业于北京师范大学音乐系。曾执教于中央音乐学院，后任天津音乐学院师范系钢琴教研室主任、副教授。

梁庆林（1934— ）

小提琴演奏家。广东番禺人。1947年始先后在南京国立音乐院幼年班和中央音乐学院学习。1952年入中央歌舞团管弦乐队。1956年入中央乐团交响乐队。曾多次随团出国演出。

梁荣超（1928— ）

音乐编辑家。广东人。广东电台专栏节目《老梁谈音乐》主持人。1958年毕业于上海音乐学院理论作曲专业。曾先后任广东电台、广东电视台音乐编辑，文艺节目副导演。所作钢琴曲《序曲—高原》《童话》获1957年上海音乐学院钢琴作品比赛二等奖，另作有小提琴协奏曲《岭南春早》等。在报刊发表多篇音乐评介文章。

梁瑞华（1931— ）

扬琴教育家。广西贵港人。1956年毕业于中南音专器乐系，后留校任教。曾任武汉音乐学院民乐系副主任，副教授。

梁若湘（1945— ）

女音乐教育家。广西桂林人。桂林市音协副主席。曾在师范学校学习声乐。长期从事小学音乐教学。课堂教学多次获市级比赛第一名，教学录像带曾代表广西送中国音乐教研会成立大会作学术交流。撰写教学论文、创作少儿歌曲多次获自治区及市级奖励。指导的校合唱队曾获全国"红五月"歌咏比赛二等奖，多次蝉联自治区少儿合唱比赛冠军，许多学生考取艺术院校及文艺团体。曾被桂林市政府授予"模范教师"称号。

梁上泉（1931— ）

音乐文学家。四川达县人。1950年始任部队文工团创作员。曾在重庆文联从事专业创作。作协四川分会副主席。七届全国人大代表。词作有《茶山新歌》《巫山情歌》《我的祖国妈妈》《小白杨》《峨嵋酒家》。

梁少嫣（1941— ）

女声乐教育家。广东人。1964年毕业于天津音乐学院声乐系，后留校任教。在校期间曾参加天津音乐周，并在接待外宾等重要演出中任独唱演员。1974年参加天津市组织的访问西北三省知青的演出。1980年在上海参加全国声乐比赛教师示范独唱音乐会，并在"聂耳·冼星海音乐会""巴托克纪念音乐会"中任独唱。

梁绍武（1953— ）

歌词作家。壮族。广西那坡人。广西艺术学院创作中心副主任。1985年毕业于广西电大百色地区分校。创作歌词及音乐作品多首（部），部分获奖，并在中央、省市电台、电视台播出。其中歌曲《北部湾情歌》于1995年获央视中国音乐电视大奖赛铜奖，大型舞蹈诗《咕哩美》于1998年获"文华新作奖"。《战士的旋律》《多情的月亮》等作词歌曲被输入激光数码视盘或CD。曾为广西电视台多种晚会创作主题歌，为十集电视连续剧《神水寺缘》创作主题歌《泉水情》。

梁生安（1943— ）

作曲家。江苏宿迁人。1964年毕业于南艺音乐系预备班。在宿迁剧团，创作吕剧音乐《红霞万朵》，歌剧《不平静的海滨》，小歌剧《送粮种》，组歌《苏北大战》等数十部。1979年调县文化馆，编纂《淮阴民歌集成》《淮阴曲艺集成》，撰写《淮红戏》专著。儿童歌曲《叮铃铃》《画国旗》，入选小学音乐教材。《我爱我的小书包》获江苏省"五个一工程"奖，女声独唱《运河岸边一枝梅》在纪念周恩来百年诞辰全国征歌大赛中获奖。发表《精品意识标准之标准》等论文十余篇。曾为江苏音协理事、宿迁市音舞协会主席。

梁世侃（1935— ）

琵琶教育家。江苏苏州人。1956年入中央建筑歌舞团任演奏员。后任山西大学艺术系器乐教研室副主任。1957年研制成功琵琶演奏用赛璐珞人工指甲。撰有《琵琶演奏与练习》。

梁寿祺（1939— ）

小提琴演奏家。上海人。1960年毕业于上海音乐学院管弦系，同年入上海交响乐团。1985年入上海轻音乐团，任创作组长。

梁述中（1940— ）

音乐教育家。山西大同人。山西省音协理事、山西省音乐教育研究会副理事长、大同市音乐教育研究会理事长。1958年开始在各地音乐刊物上发表歌曲作品。作有《我的歌儿遍天下》《民兵师团多雄壮》《今天的时代不平常》《伟大祖国前进在社会主义大道上》，组歌《啊，教师》。撰有《谈引进国外教学方法进行音乐教育改革的几个理论性问题》，出版《大同民间歌谣》（任副主编），著有《20世纪中国歌曲史话》。

梁思晖（1930— ）

作曲家。广东梅县人。1949年始从事部队文艺工作。1955年毕业于东北音专作曲系。在河南从事豫剧音乐创作兼指挥，任河南省豫剧三团团长。曾参加豫剧《朝阳沟》《李双双》《小二黑结婚》，电影豫剧《人欢马叫》《倒霉大叔的婚事》《七奶奶》音乐创作和指挥。电视剧《唢呐情话》获全国二等奖。

梁维民（1933—已故）

作曲家。安徽宣城人。1951年始从事部队文艺创作。曾任沈阳音协秘书长。作有歌曲《乒坛友谊花正红》等。

梁文达（1928— ）

作曲家。山西定襄人。1940年在陕甘宁边区参加文艺工作，后在延安部艺学习。1962年毕业于中央音乐学院理论作曲班。曾任陕西乐团团长、音协陕西分会第一届常务理事。主演剧目有《两种作风》《王贵与李香香》等20部。上演歌剧音乐《麦收前后》《奇印》《保卫村政权》等20部。作有歌曲《照哥哥》《伟大的国家伟大的党》《筑路人》《刘志丹》等近百首以及交响组曲《心声》。著有《陕北道情音乐》《陕北唢呐音乐初探》及诗集《情丝长》。

梁向阳（1930— ）

小提琴教育家。黑龙江哈尔滨人。早年师从日本小提琴家户田早苗学习小提琴。1947年到东北电影制片厂音乐组工作。1950年又随苏联著名小提琴家台别尔·依加学琴10年。1952年始任长影乐团首席。先后参加三百余部电影录音。并于1960年春在长春首次公演小提琴协奏曲《梁祝》。1954年起先后兼任东北师范大学和吉林省艺术学院小提琴专业教授。培养的学生考入中央音乐学院等院校和全国各专业团体多人，有的学生留学于国外。

梁小珍（1942— ）

女声乐教育家。广西桂林人。教授、硕士生导师。1964年毕业于广西艺术学院音乐系声乐专业并留校任教至今。长期担任声乐教研室副主任、主任工作。在40年的教学中培养出多位优秀歌唱演员和声乐教师，其中唐佩珠、关月英、揭冰、莫晓雯等在全国重大声乐比赛中分别获过金奖、银奖和优秀歌手奖。著有《歌唱的知识与方法》，另撰有论文十余篇。1989、1997年两次获得广西壮族自治区普通高校优秀教学成果三等奖。

梁晓鸣（1963— ）

音乐教育家。广东人。中国音协第七届理事。澳门演艺学院院长、澳门乐团管理委员会委员、澳门国际音乐节节目策划顾问、澳门理工学院高等艺术学校音乐讲师。1989至1994年先后任教于美国堪萨斯大学钢琴及音乐理论系。曾先后在澳门、美国、香港、内地举行钢琴独奏音乐会及室内乐重奏音乐会。专著有《论肖斯塔科维奇的对位技巧》（上、下），撰有《巴赫的"赋格艺术"与"高登堡变奏曲"的赋格技巧》《论亨德密特的"音调游戏"》《肖邦及李斯特练习曲的钢琴技巧比较》等文。

梁秀成（1948— ）

民族器乐演奏家。吉林长春人。1965年毕业于吉林省戏曲学校。曾任吉林省京剧院琴师，《中国戏曲音乐集成·吉林卷》京剧音乐责任编辑。在创作实践中曾得到李焕之先生的指导。1995年由中国音协民委会在京举办"古韵新声——梁秀成作品演奏音乐会"上，其用京胡、月琴、三弦、笛子、唢呐演奏《皮黄吟》等14首音乐作品。

梁旋程（1961— ）

作曲家。山西大同人。1989年毕业于山西大学音乐系。1978年在山西大同市歌舞团，1985年始在山西大学音乐学院任教，副教授。撰有《西洋传统和声在民族音乐中的应用》《试论听觉中十二音循环的训练方法》。作有歌曲《我赞美你，阳光》《永恒的骄傲》《我们是雄鹰，我们是星星》，舞蹈音乐《春妮》《搬亲》。录有盒式音带《恒山如行》《外国艺术歌曲一百首》的MIDI制作及《我们应该爱护鸟》。曾任山西恒山旅游节开幕式、华北地区运动会开幕式、山西大学百年校庆开幕式音乐创作。

梁学平（1940—已故）

歌词作家。江苏海门人。1960年入县文化馆创作组任组长、1981年在江苏省文化干校学习结业。80年代始专事歌词创作。出版有歌词集《太阳的故乡》《妩媚的世界》，发表有大量歌词作品。《甜酸苦辣都是歌》获90全国广播新歌金奖，《赤脚小丫》获全国少儿歌舞（录相）汇演创作奖，《水乡梦》获江苏省电视大赛创作一等奖，《雨打荷叶似弹琴》等被收入《中国歌词作家作品选》。创办和主编《歌词小圃》季刊，主编《海门山歌选》，改编海门山歌《小阿姐看中摇船郎》等。

梁毅夫（1942— ）

古筝教育家。湖北汉川人。北京古筝研究会常务理事，湖北音协楚天筝会名誉理事。河南艺术学校高级讲师。1960年考入湖北艺术学院（现武汉音乐学院）民乐系古筝专业，师从许守诚先生。1965年本科毕业后到河南省戏曲学校（现河南省艺术学校）任教至今，曾任该校音乐教研室主任。从事古筝等专业教学以来，培养了众多学生。发表关于"汉江韵"等有关河南筝论文多篇。

梁永生（1950— ）

音乐理论家。天津人。1969年毕业于天津音乐学院附中。1981年毕业于文学艺术研究院研究生部获硕士学位。音乐研究所工作。撰有《音乐是一种特殊的艺术思维》，为《廿世纪外国音乐家词典》主要撰稿人。

梁祐成（1941—2004）

手风琴演奏家。广东南海人。广东手风琴学会、电子琴学会理事。1961年毕业于佛山专区艺术专科学校。曾任佛山青少年宫文艺部顾问。编著有《幼儿园教师手风琴教程》《手风琴教程》等教材。曾获佛山市委宣传部颁发的"园丁奖"，1996年获"热爱儿童先进个人奖"。

梁宇明（1945— ）

民族音乐学家。广东人。云南省音协常务理事、文山壮族苗族自治州音协主席、州文化局副局长。三十余年奔波于壮乡苗岭的乐山歌海中，发表研究文章四十余篇，作品数百件，七十余件获奖。主持编纂三百余万字的文山民歌、戏曲音乐等集成稿，主编出版《文山州文化艺术志》《中国苗族歌曲选》，为《中国大百科全书》《中国少数民族艺术词典》等辞书撰写条目百余条。出版有《梁宇明歌曲选》。

梁占峰（1938— ）

声乐教育家。北京人。1962年毕业于天津音乐学院。长期从事声乐教学及词曲创作、艺术编导工作，为各音乐院团输送大批声乐人才。撰有《红花遍地开》《你们是希望的小天使》《追求》等。撰有《母音——歌唱的轴心》《把握歌唱中心环节》《论腔》等文。主编《声乐短篇文选》。历任山西忻州地区文工团、河北唐山市歌舞团声乐教师、业务团长。

梁召今（1968— ）

男高音歌唱家。河北人。1988年毕业于中国音乐学院歌剧系。演唱歌曲《我像雪花天上来》《忠诚的心》《朝霞升起》，歌剧咏叹调《花之歌》《今夜无人入睡》及《托斯卡》《图兰朵》等。曾获第九届"步步高杯"美声唱法金奖和"全国观众最喜爱的歌手"奖，第八届"大红鹰杯"美声唱法第三名，总政新人新作一等奖，中国音乐"金钟奖"声乐金奖。多次参加国家级重大演出活动。2002年赴维也纳金色大厅演出新春音乐会。

梁兆萍（1963— ）

女歌唱家。湖南耒阳人。毕业于广州星海音乐学院声乐系。湖南耒阳市文化馆馆长兼艺术团团长。曾获湖南省青年歌手大赛一等奖、民间歌舞汇演优秀表演奖、"洞庭之秋"艺术节优秀演唱奖。录制《湖南花鼓戏荟萃》《衡岳风骚》等唱片、磁带。著有《梁兆萍歌曲、论文作品选》，歌曲《九洲山歌》获"群星奖"，《山里人》《湘南妹子一朵花》获创作奖。论文《浅谈少儿歌唱教学中的混合声训练》获湖南省群众文化学会论文评比一等奖。

梁兆荣（1926— ）

音乐教育家。广西人。星海音乐学院低音提琴副教授、国际低音提琴家协会会员、中国低音提琴学会理事。历任星海音乐学院管弦系系主任、中国民主同盟广东省委委员。1959至1962年就读于广州音专附中，1962至1965年直升广州音专，毕业后留校任教。从教40年来，所培养的学生遍布国内及欧美、澳大利亚等国，大都在交响乐团和音乐院校任职。曾带领星海音乐学院青年交响乐团在内地和香港、澳门以及澳大利亚、美国等地演出。

梁芷琼（1921—已故）

女音乐教育家。广东广州人。1945年毕业于重庆国立音乐院理论作曲系。曾任广州音专理论基础教研室副主任。编有《单声部视唱》《二声和声性、复调性视唱》等教材。

梁志诚（1935— ）

女高音歌唱家。北京人。1951年考入中国煤矿文工团任声乐演员，后任该团艺术室教师。1954年始多次在中南海为毛主席和中央首长演出，也曾为煤炭部请来的外国专家演出，演唱的歌曲有《北方的星》《岩口滴水》等。曾演出歌剧《王三打鸟》，评剧《张羽煮海》，豫剧《拷红》唱段。曾参加河南省独唱独奏音乐会。

梁志光（1943— ）

指挥家。广东中山人。曾任苏州音协副主席，钢琴分会副会长。1961年毕业于沈阳音乐学院。曾指挥《智取威虎山》《龙江颂》《白毛女》《小刀会》《洪湖赤卫队》，并多次在上海音乐厅指挥星期广播音乐会。获江苏省音舞节指挥奖、声器乐作品奖、舞蹈音乐奖。先后指挥《姑苏情》歌舞晚会进京演出和指挥"世纪之声"新年音乐会。

梁志国（1935— ）

中提琴演奏家。山西大同人。1949年始从事部队文艺工作，离休前任中国广播交响乐团中提琴首席。撰有《音乐知识琐谈》《乐声悠扬传友谊》。

梁忠成（1956— ）

音乐制作家。广东顺德人。1991年毕业于广州大学音乐录音系。广东人民广播电台编辑。创作《我心中的邓爷爷》《牵牛花》《小船》《母亲》等歌曲，部分作品获国家广电局、中央电台创作、制作一等奖。1996年策划制作的"广东广播音乐博览会"获国家广电总局创作、制作文艺节目二等奖。录制《远飞的大雁》《今夜不平凡》《跟着感觉走》等多张CD。2006年获广东省优秀音乐家奖。

梁仲祺（1956— ）

作曲家。四川雅安人。成都军区战旗文工团创作室作曲。1993年毕业于解放军艺术学院音乐系。创作歌曲《翻身酒歌》获全军第六届文艺汇演创作二等奖，同年歌舞《西藏之光》获文化部文华奖，舞蹈音乐《新兵》获第二届全国电视舞蹈大赛最佳作曲奖，音乐剧《今夜就做你的新娘》获第十届中国戏剧曹禺奖。作有大型杂技剧《安徒生童话》，大型歌舞剧音乐《沫若·女神》，大型舞剧音乐《尘埃落定》及小提琴与乐队《西藏随想》等。

梁莊仪（1916—1983）

钢琴教育家。广东顺德人。早年于上海国立音乐院及岭南大学肄业。1935年始在广州、桂林、香港等地从事钢琴教学。1957年任广州音乐学校副校长。

廖 雄（1957— ）

音乐活动家。四川三台人。四川绵阳市文化局助理调研员。1983年进修于解放军艺术学院。曾任拉萨军分区宣传队小提琴演奏员、创作员、文化科干事，绵阳市音协副秘书长、常务副主席。作有歌曲《亲人快回还》《战友谈心在哨所旁》《小桥边》等，其中《真是没法说》，先后在中央、四川、绵阳电视台"每周一歌"播放。撰有论文

《倾斜与平衡——建国以来群众时尚歌咏探略》。参与组织绵阳市首届文化艺术节等各类音乐活动。

廖百威（1965— ）

歌唱家。广东广州人。毕业于广州星海音乐学院声乐系，出版发行个人专辑多张。曾获中国流行乐坛十年回顾成就奖。2001年成立广州盈威文化发展有限公司，策划并主办傅聪钢琴独奏音乐会、俄罗斯国立芭蕾舞团《天鹅湖》大型芭蕾舞晚会及《羊城木棉红——永远的辉煌》等系列文化活动。2002年担任中央电视台《艺术彩虹》栏目节目主持人，并多次应邀参加"同一首歌""音画时尚""八面来风""艺术之旅"的专题拍摄和大型演出。

廖宝生（1921— ）

音乐教育家、翻译家。广东东莞人。武汉音乐学院作曲系教授。1948年毕业于南京音乐学院作曲系。1957至1958年在上海音乐学院学习复调音乐，师从苏联专家阿尔扎玛诺夫。1956年应文化部聘请从越南回国工作。先后执教于中南音专、湖北艺术学院、武汉音乐学院讲授复调音乐。论文《黄金分割美学观点在巴赫赋格主题构思中的体现》一文，曾在2000年荣获世界学术贡献奖论文金奖。译著有法国杜布瓦的教材《理论与实践和声学教程》，英国罗弗洛克的教材《自由对位》等，列为"廖氏作曲技术理论教材译丛"。

廖昌永（1968— ）

男中音歌唱家。四川人。1995年上海音乐学院声乐系硕士生毕业，师从周小燕教授。上海音乐学院声乐系主任、教授，中国音协第六、七届副主席，上海音协副主席。第十、十一届全国政协委员，全国青联委员，四川省青联副主席。近年来活跃于国内外音乐舞台及歌剧舞台，先后与多个世界著名交响乐团及多明戈、卡雷拉斯、露丝安、斯文森等歌剧大师合作演出近三十部歌剧和数十场音乐会。1996年在第41届法国"图鲁兹"国际声乐比赛中获第一大奖，1997年获第五届"多明戈"国际歌剧大赛第一大奖，1997年获挪威"宋雅王后"国际声乐大赛一等奖。2000年获"上海市劳动模范"，2002年获"全国劳动模范"，2004年获中国文联"德艺双馨"文艺家称号。

廖地灵（1955— ）

作曲家。湖南湘潭人。湖南长沙市周南中学音乐教研组组长。1991年毕业于湖南师大音乐系。歌曲《金扁担》入选教育部小学音乐课本第八册，《有首歌儿就是我》《山这边，山那边》分获全国少年儿童"小百灵"赛歌创作二等奖、优秀作品奖。音乐剧《春雷》、电子琴独奏曲《吹起我的咚咚奎》分获全国卡拉OK大赛、电子琴邀请赛"最佳创作奖"、优秀作品奖。电子琴独奏曲《苗岭篝火》入选全国电子琴（业余）考级作品集第五至七集。

廖辅叔（1907—2002）

音乐理论家、教育家。广东惠州人。早年随哥哥青主及华丽丝习德语和音乐。1930年被聘为国立上海音专图书管理员。1946年任南京国立音乐院教授。新中国成立后，

先后任中央音乐学院研究部研究员、图书馆主任、音乐学系教授、博士生导师。中国音协理事、全国政协文史资料研究委员会文化组成员、中国音乐史学会顾问。获首届中国音乐"金钟奖"终身成就奖。著有《中国古代音乐史》《中国文学欣赏初步》《谈词随录》《萧友梅传》等。译著有《西洋音乐发展史论纲》（梅雅尔原著）《论现实在音乐中的反映》（万斯洛夫原著）《瓦格纳文集》（赫贝尔原著）《博马舍》（沃尔夫原著）等二十余部。

廖怀椿（1935— ）

作曲家。江西宁都人。早年参加学校歌咏队演唱抗日救亡歌曲。1956年考入江西师院艺术系音乐专业，毕业后在江西文艺学校任教，1982年调入景德镇市群众艺术馆任音乐辅导，副研究馆员。培养了一批音乐人才，创作了大合唱、歌剧、戏曲、舞曲、曲艺等大量作品，获全国及省、市音乐创作奖项78件。编著群众音乐辅导教材4套，出版专著3种，包括以五十六个民族民歌为素材创编的电子琴独奏曲集《五十六朵鲜花》乐谱与VCD光盘。

廖家骅（1936— ）

音乐理论家、教育家。满族。安徽金寨人。安徽师范大学音乐学院教授。曾任中国音乐教育学会副理事长，中国音协音教委委员。出版专著六本，其中《普通学校音乐教育学》（副主编兼撰稿）获国家教委二等奖，《音乐审美教育》获安徽省社科二等奖，《音乐成才之路——关于音乐人才学的构想》被列为中央音乐学院向全校推荐的书目。发表论文百余篇，其中《音乐教育的哲学思考》《民族情感—音乐教育的灵魂》分获全国优秀论文二等奖。发表歌曲十余首，其中《跟着毛主席向前走》曾一度流传。

廖家修（1937— ）

马骨胡演奏家。壮族。广西马山人。1957年入广西歌舞团任民乐队首席、独奏演员。曾多次在省及全国文艺汇演中获优秀演奏奖。

廖美材（1953— ）

作曲家。广西北海人。广西音协理事、创作委员会副主任。1977年毕业于广西艺术学院音乐系作曲专业。1993年任北海市文化局副局长、图书馆馆长、音舞协主席。创作歌曲《采珠谣》《小渔村》《海面月湾湾》等，并获"音乐创作奖"等奖项。创作舞蹈音乐《珍珠与太监》《故乡夜明珠》（合作）等。主编歌曲集《送你一串南珠》。任"合浦首届艺术节""合浦采珠节""祖国万岁""八一旗正红"等大型文艺晚会策划导演。

廖名毓（1935—已故）

单簧管演奏家。四川德阳人。1951年在西康军区文工团任单簧管演奏员。1961年毕业于中央音乐学院，后在附中任教二年。曾在总政歌剧团工作。作有单簧管独奏曲《绣荷包》。

廖明祖（1931— ）

音乐编导家。广东广州人。历任广东省文联委员、

广东音协常务理事。早年毕业于南方大学。1952年调广东电台任编辑、记者、音乐组长。1957年随苏联专家学习音响导演，并于北京艺术师范学院音乐系进修。在电台创作和编导有大批音乐节目。1978年受命组建国内首家制作、生产、发行、销售立体声录音带和录像带的太平洋影音公司，并任总经理。公司出版的录音、录像带，填补了当时国内市场的空白。多次在海内外报刊、杂志、电台发表介绍立体声知识的文章。

廖乃雄（1933—　）

音乐理论家、教育家。广东惠阳人。1958年毕业于上海音乐学院，留校任教。上海音乐学院音乐研究室教授、中国音协第四届理事。80年代曾赴美留学。译著有《音乐美学问题》，撰有《形象思维在音乐中的地位》《西方现代音乐初探》等文。

廖宁川（1977—　）

歌唱家。甘肃庆阳人。长庆石油勘探局井下技术作业处工会干事。2006年毕业于西安石油学院。多次担任基层文艺演出主持人、主唱、导演及策划。2005年获陕西省第六届声乐比赛通俗业余青年组三等奖，甘肃省"长庆杯"青年职工歌手大赛通俗唱法铜奖，第五届中国石油职工艺术节"管道杯"声乐比赛通俗组二等奖。其编排、领导的大合唱于2006年两次获长庆石油勘探局合唱比赛一等奖。

廖胜京（1930—　）

作曲家、音乐教育家。广东梅州人。1955年毕业于中央音乐学院作曲系，留校并被选派入专家班深造。后任天津音乐学院与星海音乐学院教授。作有小提琴曲《红河山歌》，钢琴曲《火把节之夜》，独唱曲《合作社是通天大路》，无伴奏合唱《边疆早晨》。著有《黄河流域民间旋律进行法则初探》，后以此为基础创造出"中国五声调式同主音横向综合"的旋律写作技术，用此技术创作的作品有钢琴前奏曲《中国节令风情》。

廖世芳（1946—　）

三弦演奏家。江西人。曾为广州民族乐团副团长兼指挥助理，广东省音协理事。1962年入广州音乐专科学校民乐系学习三弦演奏专业。1970年任湛江地区粤剧团乐队指挥及三弦演奏员，其间任粤剧《智取威虎山》等多部现代粤剧折子戏的乐队指挥。1978年任广州歌舞团乐队队长、歌队队长，艺术室主任。参加《毕升》《乡情》《自古英雄出少年》等电影的录音演奏以及本团获第七届"五个一工程"奖的舞剧《星海黄河》的音乐录音演奏，并担任三弦独奏。创作的广东音乐《花城欢歌》在广州市广东音乐比赛中获创作一等奖。

廖叔同（1925—已故）

音乐翻译家。广东梅县人。1949年毕业于中正大学教育系，1950年入上海音乐学院理论作曲系学习。曾任音协黑龙江分会顾问。译著有《古今杰出小提琴家》《德彪西的管弦乐曲》《外国音乐表演用语词典》（合作）。

廖维扬（1931—　）

音乐编辑家。广东梅县人。1949年毕业于广东省立艺专音乐系。曾任天津歌舞剧院及广播电台钢琴伴奏、合唱指挥，天津人民广播电台文艺部主任编辑。

廖皙培（1922—2005）

音乐教育家。广东高要人。中学高级教师。1948年毕业于中山大学师范学院。从事中小学音乐教育工作三十余年。1985年获市群众文化工作委员会授予的荣誉奖。1986年被评为广东省中学特级音乐教师。所编写的中学音乐课本第1—4册经国家教委审查通过，并在全国试用。曾多次被评为教育系统先进教师。

廖夏林（1959—　）

女音乐教育家。江西南城人。1995年毕业于江西师大艺术系。先后任江西南城师范、抚州师专、华东理工学院艺术系音乐教育教研室主任、副教授。作有歌曲《为我校园添美景》《火红的青春从十八九开始》。撰有《中国音乐教育与美育》《浅谈音乐欣赏中的情感体验》等文多篇。任《大学音乐》《少年合唱训练》编委、副主编。曾组织指导师专学生参加全国大学生艺术节合唱并获全国二等奖、省一等奖。

廖翔琪（1961—　）

女中音歌唱家。江西南昌人。1981年考入江西省文艺学校学习声乐。1984年毕业，分配至江西省歌舞团任女中音独唱。1995年就读江西师大音乐系大专班。2002年调入江西艺术职业学院任声乐教师，同年考入中央音乐学院硕士研究生主要课程班进修学习。1998年曾获江西省抗洪优秀文艺工作者称号。多次在全省重大文艺演出中担任女中音独唱。1999年起先后在第一、二届江西艺术节演唱《愿人人都有幸福的家》《摇啊摇》，并同获演唱一等奖。

廖晓林（1959—　）

男高音歌唱家。贵州普定人。1983年在上海音乐学院学习声乐，后任贵州省六盘水市文工团副团长兼独唱演员，1994年毕业于贵州艺专音乐系并留校任教。后调任贵阳歌舞剧院独唱演员。曾担纲大型声乐组曲《瑞丽诗情》领唱，该节目获全军文艺汇演优秀表演奖，1990年获全国"广播新歌"金奖。2001年获全国歌手"唱云南"电视大赛优秀奖。首唱歌曲有《土家有条梯子街》《月亮出来照山岩》《缅寺晚锺》等。

廖一明（1925—　）

声乐教育家、歌唱家。广东兴宁人。1948年毕业于南京国立音乐院声乐系。1952年调入上海歌剧院，任独唱演员、声乐教授。曾在上海音乐学院、上海师范大学任教。中国"咽音"学会副会长。先后应邀赴欧亚多国访问演出。1984年在吉林创办"廖一明声乐教学小组"，1985年上海电台举办廖一明学生独唱音乐会。培育众多优秀声乐人才，在国内外专业比赛中，学生获奖逾百人次。演唱曲目有《世界民主青年进行曲》《伏尔加河》《星星索》《向北京致敬》《黄河颂》《嘉陵江上》《斗牛士之歌》。出版有《美声歌唱入门》《找到了金钥匙》。

廖泽川（1938— ）

歌词作家。湖南安化人。湖南师大中文系毕业。怀化地区广播电视局原副局长兼怀化电视台台长、湖南省音乐文学委员会副会长。发表大量新诗、歌词、散文、剧本，获奖百余次。歌词作品《喜鹊窝》《好人龙清秀》获中宣部"五个一工程"奖，首届中国音乐"金钟奖"。担任过文艺湘军百家文库《优秀歌词卷》和《优秀歌曲卷》编委，出版有《山的足音》《春的背影》《泥情草意》《廖泽川诗文精选》。

廖之春（1955— ）

音乐教育家、演奏家。安徽人。广东省音协理事、佛山市音协主席、佛山市文联副主席。1974年考入安徽省艺术学校学习长笛并留校任教。1981年毕业于上海音乐学院管乐系。先后任安徽大学艺术学院长笛教师，佛山市第一中学管乐团团长、指挥，市教育局艺术教育委员会副主任，市群艺馆副馆长、馆长，市文化局副局长。多次举办个人独奏音乐会。曾随音乐家代表团赴日本及欧美、港澳台地区。个人音乐作品多次在全国和省级比赛中获奖，被授予先进教师及先进文化工作者称号。

廖忠荣（1942— ）

作曲家。四川泸县人。原自贡市川剧团团长、市音协副主席。先后为数出川剧设计音乐和配器，并任指挥。作品有《四姑娘》《巴山秀才》《潘金莲》《岁岁重阳》《柳青娘》《夕照祁山》《中国公主图兰朵》及电影戏曲艺术片《四姑娘》《巴山奇冤》。《巴山秀才》《柳青娘》《夕照祁山》分别获四川省首届、五届、六届振兴川剧调演优秀音乐奖。《中国公主图兰朵》音乐设计于第四届中国戏剧节获优秀音乐奖。

廖忠伟（1964— ）

小提琴家。福建人。福建音协理事、福建省歌舞剧院交响乐团首席。1975年考入福建艺术学校，1980年于上海音乐学院学习，1991年赴加拿大皇家音乐学院深造，为该院交响乐团第一小提琴，曾应邀在加拿大电视台录制独奏节目。在国内外举办过独奏音乐会。演奏的《山歌》参加了1994年华东六省一市春节晚会，并与中国电影乐团合作演出小提琴独奏《乐思三章》。曾获中青年演员比赛金牌，第五、九届"音舞节"比赛金奖，省属剧团汇演"优秀演员奖""蔡棠棣"音乐奖。

林 斌（1954— ）

男中音歌唱家。福建平潭人。1976年考入原福州军区歌舞团，1984年任歌队副队长。1986年调海峡之声广播电台，1994年任文艺部主任。1990年参加第四届"五洲杯"全国青年歌手电视大奖赛，获美声唱法第二名。多次参加福建省大型演出和大型歌赛并获奖，多次担任东南电视台"银河之星大擂台"评委。发表歌曲《草原与大海》等。

林 珺（1952— ）

女钢琴演奏家、教育家。北京人。1980年入中央音乐学院钢琴系进修，1993年毕业于解放军艺术学校音乐系。解放军艺术学院副教授。曾在全国声乐、小提琴、长笛、二胡比赛中任钢琴伴奏，并在第二届全国圆号比赛中获钢琴伴奏奖。1999年举办"林珺重奏、伴奏、独奏音乐会"。录制有高等师范院校声乐教材及补充教材的全部钢琴伴奏四百余首作品。兼任中央音乐学院管弦系、声乐系、指挥系伴奏课教师，中国音乐学院声歌系艺术指导。2000年应邀出访朝鲜参加艺术节演出。

林 芳（1959— ）

女歌唱家。四川人。在职研究生结业。1977年任武汉歌舞剧院演员，院艺术委员会委员。湖北第九届政协委员，武汉首届环保大使。1988年获第三届全国青年歌手电视大奖赛专业通俗唱法第三名。演唱歌曲《我们并不陌生》获海峡之声演唱一等奖，演唱歌曲《王二小新唱》获中央电视台第三届"花城杯"和1995年中国电视大赛铜奖。1994年举办林萍林芳歌坛双星演唱会。录制个人专辑《巴比伦河》《现代小姐》《希望》等十余盘。

林 感（1974— ）

女二胡演奏家。江苏南京人。1997年毕业于中央音乐学院，现为中国歌剧舞剧院民族乐团独奏演员。中国音乐家协会二胡学会理事，中国民族管弦乐学会胡琴专业委员会理事，中央音乐学院继续教育学院特聘教师。曾获"文化部优秀毕业生"称号。2009年攻读本院二胡演奏硕士学位。2001年应邀出版二胡教学VCD，2008年出版发行《"秋韵"林感胡琴演奏专辑》。1995年获"富利通杯中国乐器国际比赛"之自选曲目《葡萄熟了》最佳演奏奖，1999年获"北京市专业文艺团体青年二胡比赛"一等奖，同年获"天华杯全国青年二胡比赛"一等奖。

林 耿（1962— ）

音乐教育家。福建福州人。福州市台江区少年宫教师。1986年毕业于福建师大音乐系。撰有论文《素质的音乐教育刍议》《让每个孩子都有一双音乐的耳朵》。1991年获"厦门港集装箱杯"少儿电子琴邀请赛园丁奖，2001至2005年先后获福建省小学生电子琴比赛、省教委艺教委考级、福建音协考级优秀指导奖。2000年至今担任福建音协考级电子琴考官。

林 海（1969— ）

钢琴演奏家、作曲家。福建漳州人。北京听觉新音乐工作室音乐总监。1992年毕业于中央音乐学院钢琴系。曾多次获美国马里兰州国际钢琴比赛全国选拔赛第一名。1989年参加范·克莱本国际钢琴大赛获前十名。出版《城南旧事》等多场个人钢琴演奏专辑，其中钢琴专辑《月光边境》获台湾"金曲奖"。曾为电视剧《大明宫词》等多部电视连续剧作曲，为《一个陌生女人的来信》《自娱自乐》等多部电影作曲。

L

林 虹（1925— ）

音乐教育家、编辑家。浙江温岭人。长期从事音乐教育及音乐编辑工作。曾出版《儿童唱游》《中小学音乐教学手册》等。创作的器乐合奏曲《浙南民歌组曲》《马灯舞曲》曾获奖。创办《中小学歌选》，并参与《中小学音乐医育》杂志的创刊工作，任主编、编委。离休后，从事古典诗词歌曲的研究，创作出版《宋词艺术歌曲15首》CD专辑（附歌曲集《但愿人长久》），2002年获浙江广播文艺节目特别奖。近期出版《唐宋小令·婉约情歌15首》CD专辑（附歌曲集《欲去又依依》）。

林 华（1942— ）

作曲家。上海人。1966年毕业于上海音乐学院作曲系。曾任教于该院作曲系。曾任上海管乐团、上海歌剧院作曲。作有室内乐曲多首。

林 建（1951— ）

歌剧演唱家。湖南人。曾就读于首都师范大学音乐系，师从岑冰。曾任总后勤部文工团演员，国防科工委歌舞团演员、分队长，1982年入总政歌剧团演员队任副队长、演员。曾在歌剧《芳草心》中饰演于钢，《火红的木棉花》饰三班长，《一滴泉》中饰金盼亮等。1977年参加全军文艺汇演任合唱领唱获优秀表演奖。1993年参加中国音协爱乐男声合唱团的演出，多次参加大型音乐会演出。

林 剑（1947— ）

女钢琴演奏家。浙江瑞安人。曾为河北省艺术学校音乐科副主任。1966年毕业于天津音乐学院附中，后入上海音乐学院钢琴系进修。曾任河北省音协钢琴委员会主任、河北省邯郸市文工团演奏员。演出曲目有钢琴协奏曲《黄河》，钢琴伴唱《红灯记》以及芭蕾舞剧《沂蒙颂》等。培养一批钢琴人才。

林 婕（1956— ）

女高音歌唱家。湖北人。陕西省歌舞剧院独唱演员，西安音乐学院音乐教育系客座声乐副教授。1976年毕业于西安音乐学院声乐系。1979至1982年在中央音乐学院声乐系进修。曾为中国唱片社录制秧歌剧《兄妹开荒》，陕西电台以"故乡的杨柳"作专题报道。先后获"全国第二届成才之路"大赛银奖、建国五十周年陕西声乐大赛美声唱法一等奖。撰有《论美声唱法的基本理论在民族唱法中的运用》。

林 晶（1964— ）

女歌唱家、声乐教育家。朝鲜族。黑龙江哈尔滨人。延边大学艺术学院声乐系硕士生导师、教授。吉林省文联副主席，延边文联副主席，延边音协副主席。延边朝鲜族林晶声乐研究所法人，中央民族大学研究生导师。毕业于延边艺术学校声乐专业，1981年入牡丹江朝鲜族歌舞团、1984年入延边歌舞团。1989年获中央音乐学院声乐歌剧系文学学士，2000年获朝鲜音乐舞蹈大学准博士学位。1992年全国少数民族声乐比赛美声组第一名，首届中华歌会声乐比赛美声组一等奖，多次获朝鲜平壤国际艺术节金奖。

林 静（1959— ）

女歌唱家。辽宁鞍山人。中央歌舞团独唱演员兼主持人。1982年在中国音乐学院声乐系进修。曾在鞍山市歌舞团任舞蹈、歌剧、独唱演员。为电视剧音乐歌舞片《金扇子的歌声》配录主要唱段，为中美文化交流影片《镜泊湖》配录主题歌，为中国唱片社等录制其演唱的歌曲和专辑。主演歌剧《货郎与小姐》《泪血樱花》。参加中央电视台等主办的春节、元旦、"国际和平年"等大型晚会。随中国青年艺术家赴日本演出。

林 娟（1963— ）

女双簧管教育家。湖北武汉人。毕业于武汉音乐学院管弦系后留校任教。期间曾委培于中央音乐学院和上海音乐学院，并任中国"爱乐女"交响乐团首席双簧管。担任学院附小、附中、大学双簧管专业课和木管重奏课，培养的学生有多名获全国性和省市学院比赛大奖，并有多名学生考取世界著名和国内重点音乐学院，完成多次对外专业交流学习活动，曾被评为院优秀青年教师和年度工作考核优秀。撰有论文《双簧管音色四则》《双簧管演奏中的呼吸运用》《双簧管演奏中的音乐表现和艺术处理》。

林 军（1958— ）

圆号演奏家。辽宁庄河人。1972年考入军乐团学员队。1980年考入上海音乐学院，师从韩宪光教授学习圆号。毕业后任解放军军乐团一队圆号首席至今。1983年参加第一届全国青年圆号比赛，获第五名。多次在军内重要比赛中获奖。1997年参加香港回归交接仪式演奏，曾参加欢迎上百个国家元首、政府首脑的欢迎仪式和宴会的演奏，随团出访泰国、法国、德国等国家和地区演出，深入到祖国各地慰问部队演出数场，多次在参加的各种演出中担任独奏、领奏。

林 里（1918—2006）

作曲家。生于香港。祖籍浙江。1937年从事救亡歌咏运动。1939年入延安鲁艺学习。1940年从事部队音乐工作。1954年入中央音乐学院进修。曾任军艺训练部副部长。作有歌曲《野战军进行曲》《延安赞》，以及合唱《亲爱的北京》。

林 淋（1963— ）

小提琴演奏家。四川人。广州交响乐团小提琴首席。1986年毕业于四川音乐学院管弦系小提琴专业。1987年参加第四届"羊城音乐花会"演奏《怀念》，同年应白天鹅音像公司邀请录制《苗岭的早晨》之中国小提琴作品个人专辑。1998年随广州交响乐团连续三次参加"北京国际音乐节"，演出歌剧《艺术家的生涯》《卡门》《少年维特之烦恼》。2000年随团到韩国访问演出，2001年随团到维也纳"金色大厅"演出，2003年随团到欧洲巡演。

林 玲（1963— ）

女古筝演奏家、教育家。广东汕头人。1987年毕业于

L

中国音乐学院获硕士学位并留校任教。中国音乐学院古筝教授、硕士生导师。曾为天津音乐学院、首都师范大学、厦门大学艺术学院客座教授，中国电视师范学院《古筝演奏教程》主讲教师。多次举办个人独奏音乐会及讲学活动。出版个人独奏专辑十余张及《古筝名曲指导》等教学VCD。撰有《中国传统流派筝曲概述》等文，著有《古筝演奏基础教程》。主编《中国音乐学院考级教材》《古筝演奏曲集》，并担任《中国筝曲》副主编。被评为北京市高校拔尖人才、科研项目学科带头人。

林　路（1913—2001）

音乐教育家。湖北武汉人。1937年上海音乐专科学校肄业。早年从事抗日救亡音乐活动。新中国成立后，历任中南文艺学院音乐系主任、湖北艺术学院副院长、院长等职。中国音协常务理事、湖北省文联副主席、省政协委员、武汉市音协主席。长期从事音乐教学工作，培养众多学生。发表音乐论文多篇。

林　绿（1928—1998）

戏曲音乐家。辽宁大连人。1947年毕业于东北大学。长期在人民音乐出版社工作，副编审。撰有《高腔音乐初探》《戏曲音乐的创作道路》，作有儿童歌舞曲《大头娃娃舞》等。

林　梦（1954—　）

作曲家。浙江温岭人。1970年任温岭文宣队乐队演奏员，1982年调温岭文化馆副研究馆员。1986年考入上海音乐学院干修科作曲专业，师从何占豪教授。浙江音协理事、台州市音协主席。作品有百余首获国家、省市级奖。其二胡独奏曲《桔乡抒怀》获全国第五届"群星奖"银奖，舞蹈音乐《台州湾渔鼓》获第六届"群星奖"铜奖，弹拨乐合奏《猴子捞月》获全国第二届"蒲公英"银奖。

林　娜（1941—1996）

女高音歌唱家。辽宁大连人。毕业于沈阳音乐学院声乐系。先后在辽宁歌剧院、山东省歌舞团、山东艺术学院任演员兼声乐教师。1981年入中国音协。曾任表演艺术委员会委员兼执行秘书。

林　娘（1962—　）

女琵琶演奏家。福建人。福建省歌舞团琵琶演奏员，中国民族管弦乐协会琵琶专业委员会理事。自幼师从名师学习琵琶。1983年毕业于福建艺术学校琵琶专业（5年制），在校期间获"全国民族器乐观摩演出"优秀表演奖、"福建青年演员新作品独奏比赛"第二名。多次参加艺术节、音乐会和慰问演出。曾与省交响乐团、京剧团合作演出并获奖。出访巴西、秘鲁、美国、朝鲜、日本。

林　宁（1951—　）

长笛演奏家。广东汕头人。珠影乐团木管声部长、长笛首席。1970年毕业于广州音专附中，后分配至汕头地区文工团。1978年调入珠影乐团。曾参加上海全国长笛比赛获奖，参加第三届"羊城音乐花会"管乐比赛获优秀奖。

多次在乐团音乐会以及与国外指挥家合作的音乐会上担任独奏。参加众多影视片配乐录音工作。

林　平（1951—　）

作曲家。江西赣州人。1969年从事音乐工作。1990年毕业于中国函授音乐学院。长期从事基层音乐活动、创作、演出的组织工作，或编辑工作。在全国、省市刊物、电台、电视台发表、播放和上演创作的歌曲、舞蹈音乐、戏曲音乐和音乐论文、音乐光碟各类作品二百余首（件），并在音乐赛事中多次获奖。

林　青（1930—　）

指挥家。天津人。1955年在上海就读于民主德国指挥专家班。1957年毕业于中央音乐学院指挥系苏联专家班。曾任天津音乐学院附中代校长。

林　青（1973—　）

钢琴演奏家。山东栖霞人。中国交响乐团合唱团艺术指导。1992年举办个人钢琴独奏音乐会。出版《成人自修钢琴使用教程》（合作），曾举办多期钢琴讲座。先后参加的演出有"伏尔加之声音乐会""中国第七届国际合唱节""中央民族乐团圣诞音乐会""中国交响乐团建团五十周年音乐会""青岛市新年音乐会"等。曾获"海兹曼杯"优秀园丁奖和"卡瓦日杯"优秀教师奖。现兼任中国音协全国钢琴考级评委、全国"卡瓦日杯"比赛评委、北京航天航空大学艺术指导。

林　容（1936—　）

女音乐编辑家。福建福州人。1960年毕业于北京艺术师范学院音乐系，留校任教。1975年调人民音乐出版社，音教编辑室副主任、编审。1996年组编的《幼儿钢琴启蒙教程》获优秀图书编辑二等奖。组编有《简谱视唱》《大学综合性音乐教材》《成年人应用钢琴教程》《二胡曲九首及其演奏艺术要求》《少年儿童视唱练耳教程》《幼儿钢琴启蒙教程》《幼儿钢琴教程》《儿童钢琴手指练习》等。还组编有一套二胡系统教材。撰有《应尚能先生创作中的基本倾向》《用音乐开启儿童心灵之窗》《钢琴记谱规格》等文。

林　枢（1940—　）

音乐教育家。吉林人。1966年毕业于沈阳音乐学院管弦系中提琴专业，并在该院进修两年作曲。历任辽宁京剧团、芭蕾舞团、交响乐团演奏员、作曲、指挥，辽宁电视台音乐总监，沈阳音乐学院南校区合唱团终身教授。1986年作曲并导演的音乐艺术片《温柔的风》获国家星光一等奖并纳入北京广播学院教材。1994年出版《林枢创作歌曲专集》，策划"首届中日青少年歌手电视友好邀请赛"获日本首相及北京市副市长签字的"特别策划最高金奖"。

林　澍（1939—　）

歌词作家。福建福州人。青年时代曾任文工团编剧。入伍后任福州军区前锋歌舞团创作员、编导室副主任，武警福建总队创作员。福建省音协常务理事、福建音乐文学

L

学会副会长。发表大量词作，执笔撰稿的电视专题片38部，策划电视综艺节目近百台，获全国、武警总部、军区、省级创作奖百余首，出版有词集《多色旋转》。词作《春之歌》《元宵圆》选入《中华百年歌典》。

林 薇（1957— ）

女高音歌唱家。福建泉州人。1985年毕业于福建师范大学音乐系。泉州师范学院音乐系教师。曾获首届青少年艺术节最佳独唱节目奖，参加纪念建党七十五周年文艺晚会担任领唱、独唱。撰有《音乐在生活中的作用》《中小学生嗓音训练》《早期嗓音教育剖析》《音乐教育在转轨中的作用》等文。多次参加地区声乐比赛并获不同奖项。所培养学生在全国及省市比赛中多次获奖。

林 晓（1953— ）

二胡教育家。福建仙游人。1982年毕业于福建省艺校，留校任教。1989年始在仙游师范任教。所教学生在福建第三届校园文化艺术节上获众多奖项。2000年在第九届福建音乐舞蹈节上，亦有多名学生获奖。2001年指导的学生郑艳晶获全国中学生艺术特长生比赛小提琴一等奖，二胡二等奖（北理工、北航），林欧雅获二胡一等奖（北航），郭立获二胡一等奖（北大、人大），林莹莹获一等奖（南开），2002年林彦获二胡一等奖（人大），

林 毅（1947— ）

钢琴教育家。广东广州人。1967年毕业于星海音乐学院钢琴系。历任广东省湛江军分区、军区政治部、广州歌舞团、广州艺术学校演奏员、作曲、钢琴教师。作有歌曲《时刻准备打强盗》《龙的宣言》《星海的故乡》《在樱花盛开的时候》等。曾在广州"羊城音乐花会"，钢琴与管弦乐《珠江之歌》及多位著名歌唱家演出中担任钢琴独奏、伴奏。曾被聘为全国社会艺术水平钢琴专业高级考官、钢琴考级评委。

林 育（1954— ）

作曲家。江苏东台人。首都师范大学音乐学院理论作曲教研室主任。1976年毕业于南京艺术学院音乐创作专业，后入中央音乐学院作曲系作曲教师班进修。作有歌曲《怀念敬爱的周总理》《飞吧，我的歌》《铁人活在我心间》《大雁情》等，钢琴曲《两幅水彩画》，钢琴二重奏《主题与随想》，舞蹈音乐《采藕》《醉舞》等，交响幻想曲《蓝色的梦》，大型交响摇滚《青春树》。为艺术片《刺刀与玫瑰》配乐。发表音乐评论若干篇。

林 韵（1920—2005）

作曲家。福建闽侯人。1938年就读于广西桂林艺术师资班音乐系。1939年参加抗敌宣传第一队（后为演剧七队），任音乐组长、指挥。1946年参加中国歌剧艺社，赴南洋演出，在新加坡尊孔中学任音乐教师。1949年参加华南文工团，曾任军乐队指导员、艺术部长、指挥。1953年筹建广州市粤剧团，任副团长。1956年调音协广东分会工作，先后任秘书长、副主席，广东省民族民间音乐研究室主任兼《民族民间音乐研究》主编。作有大合唱《珠江之歌》（合作），《满天红》，高胡独奏《春到田间》等。

林爱淋（1963— ）

词曲作家。福建人。有大量词曲作品在全国近百家报刊、电（视）台发表（播放），五十余件词曲作品获全国及省市级奖。部分词曲作品被制成DVD、VCD、CD及盒带出版发行。出版有歌词集《初恋》、歌曲集《林爱淋歌曲选》，出版歌曲VCD专辑《三朵花》等。举办过两次个人作品音乐会。福建人民广播电台以及《湘江歌声》等曾作过报道。

林昂声（1923—已故）

作曲家。山西定襄人。1937年参加八路军某师战士剧社。1945年调山东军区文工团任音乐股长。后调辽东军区文工团任音乐教员。1949年任第四野战军某兵团文工团副团长。1950年始任中国铁路文工团副总团长、顾问。中国音协第二届理事。50年代初期，曾入上海音乐学院进修，师从贺绿汀、谢绍曾、杨嘉仁学习理论作曲、声乐、指挥。1956年曾在中央音乐学院旁听苏联专家古洛夫的和声课。作有歌曲《改换个好政府》《挺进》《白菜心》《大红花》《铁路运输歌》《友谊之路》《列车姑娘》《我的丈夫是司机》。

林璧辉（1950— ）

大号演奏家。广东人。1969年入伍后开始学习大号演奏，后任总政军乐团大号演奏员。数千次参加国家和军队的重大庆典、迎接外国元首的司礼演奏工作。其中有1969与1970年国庆大典及国庆焰火晚会，庆祝"五一"劳动节晚会，1984与1999年国庆大典，数届全国人大、政协以及党代会的开、闭幕仪式的演奏。以及迎接美、日、苏、德各国元首及政府代表团的司礼工作。

林蔡冰（1934— ）

戏曲音乐家。福建人。1956年起从事莆仙戏音乐改革工作，并投入抢救频临失传的莆仙戏音乐和民间音乐，记谱千余首。60年代起撰写多篇莆仙戏音乐和莆仙民间音乐论文，在全国和省级刊物上发表。《莆仙戏音乐与宋元南戏的关系》收入《南戏论集》，由中国戏剧出版社出版。1988年为《莆仙民间器乐曲集成》撰写概述和提供曲谱，撰写论文参加台湾"海峡两岸莆仙戏艺术讨论会"并为《莆仙曲艺音乐集成》《莆仙音乐集成》撰写概述并提供二百多首曲谱。

林长春（1924—1988）

作曲家。广西南宁人。1953年毕业于广西艺专音乐科。曾在广西艺术研究所工作。为歌舞剧《刘三姐》创编唱腔。作有歌曲《夜三天来夜三天》《拉木歌》。

林长立（1951— ）

音乐活动家。黑龙江哈尔滨人。1975年考入中国广播合唱团任演员。1987年任广播电声乐团业务秘书及音响师。参与组织广播艺术团和广播电声乐团各类演出活动，有为亚运会集资义演活动，《艺苑风景线》栏目的创办、

制作与播出，承办"第一届中国民歌精英大赛"及随电声乐团赴日、美等国演出。此外，还在中央电视台第三、四、五届全国青年歌手电视大奖赛复赛中担任音响师。

林成彬（1954— ）

音乐文学家。福建省莆田人。莆田市群艺馆文学室主任。1977、1986年分别毕业于厦门大学中文系、电大图书馆等。撰有《"秋风辞"的悲剧氛围设计》等文。编有《中国戏曲音乐·莆田市卷》《中国曲艺音乐集成·莆田市卷》（文学部分）等。作有十音说唱《护士长》，配乐朗诵《林海赞歌》等参加全国、省文艺调演。发表歌词《夜班之歌》等二十余首。获省级奖二十余项，其中词作歌曲《枫亭之歌》《忠门之歌》于1994年分获中国行业歌曲征歌金奖、铜奖、中央电台播放。参与组织市大型音乐文艺活动百余场。

林成敦（1927— ）

作曲家、音乐编辑家。福建永春人。1950年毕业于泉州国立海疆专科学校。曾任辽宁省文联《音乐生活》月刊主编、编审。作品有《北京之歌》《东风压倒西风》《战友寄来金达莱》，歌集《唱在朝霞里》，专著《歌曲写作例话》。编辑有多种书刊，撰写有评论文章百余篇。

林成进（1958— ）

作曲家。朝鲜族。吉林延吉人。1970年在吉林艺术学校音乐系学习，1974年起任职于吉林省延边歌舞团创作室。1987年毕业于上海音乐学院作曲系。1987年在吉林艺术学院音乐系先任作曲教研室主任。创作有钢琴组曲《森林》，钢琴独奏曲《流水》，木管五重奏《强弱对比》，小号协奏曲《不同拍子的组合》以及交响曲《田野》，女高音与管弦乐队《月亮》等。发表有《浅谈现代作曲及作曲理论》《巴托克弦乐四重奏》等文。承担省教委科研科目《电脑在教学上的应用》。

林传珪（1932— ）

女钢琴教育家。福建福清人。曾就读于国立福建音专、中央音乐学院、上海音乐学院钢琴系。1954至1987年任北京舞蹈学院芭蕾钢琴师，为舞蹈基训配乐及大型舞剧排演伴奏。曾在北京军区文工团、中央音乐学院影剧系、中央乐团社会音乐学院任配乐伴奏。进行过专题讲座《芭蕾舞课中舞蹈组合与音乐结构的共同规律》等，曾为创作剧目《放风筝》《小蜜蜂》等编写钢琴伴奏。

林传儒（1946— ）

作曲家。湖北大冶人。湖北黄石市艺术创作研究所原所长。1970年毕业于武汉音乐学院。撰有《大冶渔鼓音乐初探》《简议汉剧唱腔音乐的调式特征》。作有电视剧音乐《湖乡渔事》《路啊，坎坷的路》（合作）《情寄蓝天》。录制《磁湖春曲》《九十九里黄荆山》歌曲盒带，创作歌曲《种花》《歌声给你力量》等，其中《鬼山茶场誉满人间》获全国农场歌曲征歌金奖，合唱曲《九九中国大团圆》获湖北省"祖国万岁"合唱比赛二等奖。

林春响（1953— ）

音乐教育家、指挥家。辽宁沈阳人。安徽大学艺术学院、安徽艺术学校小提琴教师，安徽省音协小提琴委员会副会长。1974年考入安徽艺术学校音乐系，1977年毕业后留校任教。1995年开始研究计算机乐谱照排技术获得成功，为黄山书社、安徽文艺出版社、安徽教育出版社制作编辑乐谱四十余种。

林春阳（1943— ）

音乐活动家。辽宁大连人。1980年自学笙、唢呐等乐器，1981年创办全国第一支农民管乐团——大连得胜农民管乐团，并任团长，后任大连得胜音乐学校校长。曾参演以其本人为原型改编的电影《迷人的乐队》，获康艺杯全国农民吹奏乐邀请赛第一名、全国铜管乐表演大赛第一名。曾率团参加人民大会堂、怀仁堂、春节晚会等重要演出。1988年率团赴日本演出。

林纯纯（1962— ）

女音乐教育家。福建金门人。1987年毕业于福建师大音乐系。任教于泉州幼师。1995年结业于中央音乐学院研究生课程班。长期致力于音乐教育工作，指导学生参加省、市有关音乐活动比赛多次获奖。曾获中师文艺汇演优秀指导教师奖、省中师音乐教师教学技能比赛一等奖。撰有《谈音乐教育与创造教育》等文6篇在省级刊物上发表。福建泉州幼师教务处副主任、高级讲师，泉州教育学会音乐教育协会理事，福建省金门同胞联谊会理事。

林翠莉（1944— ）

女钢琴教育家。福建龙岩人。1977年毕业于上海音乐学院钢琴系。福建艺术学校高级讲师、福建省归国华侨联合会第六届会员。发表有《浅谈高等师范音乐专业钢琴与和声的教学与实践》《儿童钢琴教学的几个问题》等文。所教学生多次在专业比赛中获奖。曾被评为福建省"优秀教师"、福建省侨联系统"先进工作者"。

林德臣（1939— ）

歌唱家。广东普宁人。中国合唱学会理事，广东省合唱学会副秘书长。1961年毕业于广州音专声乐专业。曾任广州乐团合唱队、广东歌舞剧院、广州乐团合唱团演员，并任合唱队副队长、副团长、团长。1986至1996年任广州乐团团长助理等。

林德连（1947— ）

音乐活动家。浙江建德人。1985年在北京人文函授大学学习。1960年任职于浙江省建德越剧团。1984年起在建德市文化馆、文化局分别任馆长、副局长。曾参加三十余部大型戏曲的演出。1996年曾为全省首届"情系新安江"大型演唱会推出歌曲14首，培养了一批文艺骨干和业余文艺团队。创作了《紫藤花开》和二十余首歌曲。

林德忠（1951— ）

男中音歌唱家。广西合浦人。广东外语艺术职业学院音乐系声乐教师。1982年广西艺术学院音乐系毕业。发表

《中学音乐教育中的情感教育》《谈谈中小学音乐教育中的情感教育》《音乐的艺术感染力》等文。曾指导多名学生在全国、省、市比赛中获奖。参加200多场大型演出，录制多首独唱、重唱和电视插曲。

林栋华（1949— ）

女钢琴、电子琴教育家。河北人。1968年毕业于天津音乐学院附中钢琴专业，进修于天津音乐学院作曲系。历任蓟县文工团独奏演员，天津音乐学院声乐系钢琴教研室伴奏教师，键盘系电子琴教研室主任、副教授。曾与多位歌唱家、乐器演奏家合作担任钢琴伴奏，参加上海声乐比赛，全国聂耳·冼星海声乐作品比赛，二胡邀请赛等诸多赛事。发表论文《谈谈键盘乐器教学法》，出版合著《钢琴即兴伴奏实用教程》。担任天津音协电子琴专业委员会会长，考级委员会专家委员。

林东波（1957— ）

音乐教育家。福建福州人。1987年毕业于福建艺术学校作曲大专班与福建师范大学音乐系，后任福建艺术学校音乐理论教师、全国音乐基本素养考级与电子琴考级评委。长期从事音乐教学工作，为国家培养了众多文艺骨干和大、中小学音乐教师。出版有《管乐队指南》《中外百首管乐曲赏析》《十首军乐礼仪曲排练要点》《音乐素养与键盘即兴伴奏》，编写教材《欧洲音乐史》《音乐素养教育》，撰文十余篇。几十首（件）音乐作品中在全国刊物发表或获国家级、省级奖。

林恩蓓（1946— ）

女钢琴演奏家。浙江杭州人。1969年毕业于上海音乐学院钢琴系。在该系任教，为该院女子重奏组成员。1978年获上海独唱独奏家会演优秀奖。曾随重奏组赴澳大利亚举行室内乐音乐会。作有钢琴五重奏《海港》。

林尔耀（1939— ）

钢琴教育家。浙江宁波人。1962年毕业于上海音乐学院钢琴系，后留校任教。学生有张韧等。

林福本（1929— ）

音乐教育家。黑龙江宁安人。1946年从事音乐教育工作。音协黑龙江分会第一届常务理事兼秘书长，第二届理事。曾任黑龙江省艺校校长，顾问。

林戈尔（1957— ）

作曲家。山西临县人。1975年毕业于四川省艺校。1986至1988年在中央音乐学院干部班学习指挥、作曲。中国音协第七届理事，四川省音协副主席，四川艺术职业学院院长、教授。作有歌曲《啊，中国军人》《献给人民金色大路》，交响诗《凉山音画》，弦乐套曲《康巴风情》，管弦乐曲《花之舞》，民族歌舞剧《九寨先踪》《哦加美》。著有《聚焦真情》林戈尔音乐作品集（三部），撰有《由声韵产生音韵》等文。曾获国内外音乐奖六十余项。

林公望（1936— ）

小号演奏家。生于日本东京。祖籍台湾。1951年入北京人民艺术剧院，后为中国歌剧舞剧院演奏员。

林光璇（1936— ）

音乐教育家。浙江杭州人。毕业于杭州师范音师班。曾师从民乐家顾西林和作曲家俞绂棠。1953年开始从事音乐教育。1985年成立音乐工作室，潜心音乐理论研究和乐曲编创。1991至2002年，先后出版《老一辈无产阶级革命家诗词歌曲集》《毛泽东诗词歌曲集》《中国古典诗词歌曲集》《二胡曲选及演奏技法》《民乐情缘钢琴原创作品集》等。近年来致力于中国民族风格钢琴音乐的探索，创作了钢琴套曲《情景》及钢琴系列小品《金色年华》等。

林贵雄（1955— ）

音乐教育家。广西贵港人。1983年毕业于广西艺术学院音乐系作曲专业并留校任教。1989年毕业于武汉音乐学院并获硕士学位。广西艺术学院音乐学院副教授、硕士生导师，任作曲主科、作品分析及电脑音乐制作等课程的教学。歌曲《走近大海》《清明雨》《歌海激情》《牵手在东方》《歌海之恋》《四季平安》等先后在全国性歌曲评选中获奖。撰有《论曲式与作品分析教材中有待规范的若干问题》《音乐课程设置改革的有益尝试与探索》。

林海东（1955— ）

作曲家。广西人。广西青年通俗音乐学会副会长。1977年毕业于广西艺术学院音乐系作曲专业，同年分配至南宁地区文工团。1983年调广西电视台任音乐编辑兼作曲，现在广西电视台电视剧制作中心任作曲。为二十余部（集）电视剧作曲，其中《细柳树的故事》《绿风》《故乡的独弦琴》等获"金帆奖""骏马奖"等奖项。作有二百余首不同体裁的音乐作品，歌曲《唱唱瑶家蜜糖水》获广西民族团结歌曲征集评选一等奖，《对花鞋》获广西歌曲创作一等奖，为歌曲《五月南疆雨》配器获1990年全国广播新歌配器金奖。

林宏彦（1962— ）

音乐活动家。陕西商洛人。陕西商州海生艺校校长。分别毕业于甘肃高等师专音乐系与中央党校函授党政管理系。曾参加秋里指挥培训班并任解放军某部演出队队长等职。音乐作品多次获奖，其中板胡独奏，歌表演《我们都来当班长》，表演唱《战友情最真》，器乐曲《六盘山进行曲》分获兰州军区文艺汇演演奏奖、创作二、三等奖。所指挥的合唱团多次获省市比赛第一名。2003年担任武警工程学院建院20周年大型文艺晚会总导演。

林鸿平（1954— ）

音乐教育家。福建泉州人。福建泉州幼师副校长，特级教师。1982年毕业于福建师大音乐系。先后在南安师范、泉州幼师任教。1985年结业于上海音乐学院教改实验讲习班，1999年结业于福建高师培训中心音乐教育研究生课程班。指导学生参加全国、省、市有关音乐活动比赛多次获奖。发表《童心的启蒙者》等歌曲。发表《音乐与情商》等论文。1998年被评为"全国优秀教师"。

林鸿生（1956— ）

单簧管演奏家。新疆乌鲁木齐人。乌鲁木齐市音协主席、新疆管乐学会副会长。1975年入乌鲁木齐市艺术剧院任演奏员、作曲。曾在全国二十多个城市演出，包括自己创编的《美丽的帕米尔》等曲目上百场，创作的《长城颂歌》等在自治区重要晚会上演出。组织排演《我的祖国——电影作品音乐会》等大型音乐活动。曾随团赴日本、欧洲、澳门等国家和地区访问演出。撰有《单簧管口型固定的科学性及几个注意的问题》等文。

林华娴（1929— ）

女声乐教育家。福建莆田人。重庆音协理事。1954年毕业于重庆西南师范学院音乐系，同年到中央乐团合唱队任女高音声部长，后任重庆市六中音乐教师。曾参加莫斯科音乐剧院合唱队的联合演出、第五届世界青年联欢节在波兰的演出，参加"贝九"的演出及音乐舞蹈史诗《东方红》的演出等。曾排练演出《井冈道路》《交响乐沙家浜》等。培养的校内外多名学生，有的考入音乐院校，有的进入专业音乐团休。

林吉良（1942— ）

作曲家、阮教育家。辽宁大连人。1960年入大连歌舞团从事演奏。中国阮专业委员会副会长、辽宁省民族管弦乐学会阮、柳琴专业委员会会长。沈阳音乐学院客座教授。创作阮独奏曲五十余首，部分作品成为民乐保留节目和大专院校教材。柳琴曲《草原抒怀》获辽宁省音乐作品年奖，板胡曲《山乡情》获全国"群星奖"银奖，中阮曲《游泰山》获辽宁省器乐作品比赛最高奖。培养一批在国内外有一定影响的阮专业人才。出版有《林吉良阮曲选》《林吉良阮弹拨法》及《古韵》《松风寒》盒式音带。

林寄语（1932— ）

女中音歌唱家。广东台山人。1949年入东北文教队从事演唱。曾在中央乐团合唱队担任独唱、领唱、二重唱，并任贝多芬"第九交响乐"四重唱演员。

林嘉庆（1965— ）

琵琶演奏家。上海人。中国歌剧舞剧院民族乐团首席琵琶。中国音协琵琶研究会常务理事、副秘书长。自幼随父林石城（浦东派琵琶第六代传人）"家学"琵琶，为浦东派第七代传人。多次举办个人独奏音乐会。1979年考入上海音乐学院民族音乐系，师从卫仲乐、孙裕德。曾荣获文化部"珠穆朗玛优秀演员奖"。1986年在影片《末代皇帝》中担任琵琶独奏并饰演宫廷乐师。1992年获"第二届香港神州艺术节奖"。录制、发表《琵琶三十课》《林嘉庆琵琶独奏音乐专辑》《琵琶名曲讲解VCD专辑》《怎样挑选琵琶》《广东音乐漫谈》《考级乐曲浅谈》等VCD和文章。多次担任全国民乐大赛评委。

林建宇（1960— ）

音乐活动家。辽宁大连人。1978年毕业于沈阳音乐学

院管弦专业，后在中央党校函授学院、东北师范大学学习经济管理和中文，研究生学历。辽宁省音协副主席，辽宁省委宣传部文艺处处长。参与组织大量的音乐剧目、交响乐及各种综合音乐会的演出。多年来致力于辽宁音乐文化建设的繁荣与发展，为出人才、出精品发挥作用。

林剑辉（1933— ）

手风琴演奏家。广东梅县人。1957年毕业于河北师范学院音乐系本科。曾任河南大学音乐系键盘教研室主任、副教授、中国高等师范院校手风琴学会第一届理事。1988任教于华南师范大学音乐系。

林金元（1954— ）

歌剧表演艺术家。天津人。1974年毕业于天津音乐学院声乐系。任职于中央歌剧院。曾主演歌剧《卡门》《茶花女》《蝴蝶夫人》《护花神》《第一百个新娘》。

林锦庭（1929— ）

音乐教育家。福建仙游人。曾任福建师大音乐系教师，福州市音协副主席。1954年毕业于山东师范学院艺术系。1949年在仙游县宣教组工作，1951年被评为晋江地区模范教师。作有二胡独奏曲《春》《歌舞欢腾》及民乐合奏曲《百花齐放》（改编），编著《二胡教材》。所教学生在省市比赛中分获二胡独奏一等奖。

林经天（1934— ）

音乐教育家。福建厦门人。南京师范大学音乐学院副教授。1964年毕业于中央音乐学院音乐学系。创作有歌曲《乌兰牧骑之歌》，民族器乐曲《欢乐的牧场》，小提琴独奏曲《那达慕情思》等。《灿烂的中国青铜音乐文化》《关于马可的初步研究》《陈洪传略》《为了"唤醒一个民族的灵魂的音乐"——纪念我国民族音乐的一代宗师刘天华》等论文曾获国际"优秀论文奖"。撰写教材《中国古代音乐史》《中国近现代音乐史》。培养的学生包括来自全国多所大学助教进修班学员及加拿大等国留学生。

林君玉（1933— ）

女钢琴演奏家。福建福州人。1956年参加解放军代表团赴朝慰问中国人民志愿军担任钢琴伴奏。撰有《怎样教学钢琴》《试谈高师音乐系钢琴教学的一些问题》。多次获省、市颁发的优秀园丁一等奖、钢琴优秀辅导奖等。

林俊卿（1914—2000）

歌唱家、声乐教育家。福建厦门人。1935年毕业于南京金陵大学理学系。1940年毕业于协和医学院，获医学博士学位。1941年，随意大利专家梅百器及莫那维他学美声唱法和咽音练声法，并演唱意大利歌剧选曲，出版有多张唱片。自1948年始，致力于"咽音"练声法的系统研究。1953年随中国艺术团参加第四届世界青年联欢节，并赴波兰、罗马尼亚、苏联、民主德国访问演出。1958年创办上海声乐研究所任所长，后任北京声乐研究所所长。曾任中国音协理事、北京市嗓音研究会顾问、上海市政协委员。专著有《歌唱发音的肌能状态》《歌唱发音不正确的原因

L

及纠正方法》《歌唱发音的科学基础》《介绍"咽音"练声法》等。

林俊卿（1944— ）

二胡演奏家、教育家。福建厦门人。1967年毕业于原福建师范学院。后为福建师大教授、硕士生导师，中国音协二胡学会常务理事、中国民族管弦乐学会胡琴专业委员会常务理事。长期从事高师二胡教学，培养学生多人在全国及本省比赛获奖。出版有《高师适用二胡教程》，撰写二胡艺术及其教学论文在《音乐研究》《人民音乐》《中国音乐》等刊物发表。创作《静夜思》《故乡行》《蕉林小景》等二胡曲辑入《全国二胡考级作品集》。

林克铭（1929— ）

长笛演奏家、教育家。上海人。1955年毕业于上海音乐学院管弦系，留校任教。1958年曾兼任上海交响乐团首席长笛演奏员。1974至1976年，赴拉萨西藏大学任教。1986年应聘担任上海音乐学院表演艺术学科评议组成员，长笛教授。曾应美国长笛家协会邀请赴美参加第15届长笛年会，并作题为《中国民族笛子和西洋长笛在中国的发展史》的学术报告，并全文发表于美国《长笛家季刊》。应邀担任国际性的青年艺术家长笛比赛评委，三次应邀访美，在全美21个州，数十所大学举办学术讲座。1996年应邀访问巴黎音乐学院并参加法国长笛年会。

林克仁（1939— ）

箫笛演奏家、教育家。河南开封人。南京师范大学音乐学院教授。江苏省文史研究馆馆员、金陵国乐社社长、中华笛文化研究所研究员、世界越棉寮华人团体联合会顾问。曾在国内外刊物发表论著数十篇（部），专著《中国箫笛》获江苏省教育委员会颁发的优秀著作奖。曾培养数以百计的中、外学生，其中多名学生在全国和省一级比赛中获大奖。1990年以来多次应邀率团赴日本、香港、韩国等地访问、讲学。近年来在江苏组织《打开希望之门》等系列民乐演奏会。

林克勇（1941— ）

笛子演奏家。河南洛阳人。深圳职业技术学院公共课部艺术教研室教授。中国音协民族管弦乐学会葫芦丝、巴乌专业委员会常务理事。1964年毕业于南京师大音乐系。作有笛子独奏曲《格登代》《淮海欢歌》《喜卖粮》，先后发表于《笛子曲集》和《中国竹笛名曲荟萃》。笛子、巴乌、葫芦丝演奏曲《百灵鸟与金孔雀》获深圳市第七届少儿艺术节优秀作品奖。学生张乐演奏此曲获金奖。曾应邀赴香港演艺音乐学院民乐系讲学。

林朗西（1928—1987）

女声乐教育家。湖南临澧人。1955年毕业于中央音乐学院声乐系。曾任天津人民艺术剧院独唱演员。1957年始先后在中央音乐学院、中国音乐学院声乐系任教。

林乐成（1927— ）

声乐教育家。福建南平人。1955年毕业于上海音乐学

院声乐系。曾任福建省歌舞团声乐教员。后在北京师范大学艺术教育系任教。撰有《论语音与歌唱》《漫话西洋音乐》等文章。

林立军（1956— ）

女高音歌唱家、声乐教育家。山东人。1980年毕业于福建师大音乐系，留校任教。1983年考入中央音乐学院声歌系，师从沈湘、李晋玮教授。出版《声乐教学艺术论》《林立军演唱专辑》三集。发表数十篇论文。曾在德国、香港、福州、厦门举办独唱音乐会。所教学生多人在全国青年歌手电视大奖赛中获奖。曾获福建师大"优秀教学成果"奖及省"优秀指导教师"称号。

林凌风（1961— ）

女音乐理论家。广东汕头人。早年就读于北京师范大学音乐系，曾任中国音乐学院音乐系音乐史教研室主任、广东省民间音乐研究室副主任、《中国民族民间器乐曲集成·广东卷》副主编兼编辑办公室主任。编写了大量的音乐史教材，为《中国大百科全书·音乐舞蹈卷》撰写音乐史条目。主持录制"广东音乐"专集八集。著作有《"南音"在东南亚》《西南各民族音乐研究在东南亚音乐研究中的重要地位》《欧美音乐研究情况》《在音乐海洋中探寻民族神韵——音乐家赵宋光》等。

林流波（1934— ）

南派古筝演奏家。广东揭西人。1960年毕业于华中师范大学中文系。后为音乐教师、艺术馆馆员，1980年任香港华声艺术学院院长，华声琴行汕头经济特区办事处主任。曾设计、编写多部潮州戏曲音乐，参加中国南派古筝演奏会多场，发表论文《南派筝艺漫谈》《行将淹没的曲韵》等多篇，出版发行《南派筝曲集锦》《林流波演奏——中国南派筝谱》录音带多部。

林绿琪（1958— ）

作曲家。湖南邵阳人。先后担任过教师、文化馆音乐专干，《中小学音乐报》副总编及《长沙晚报》总编室副主任等职。发表过大量音乐作品，其中5件获文化部、中国音协等奖项。主要作品有《春天的声音——林绿琪青少年歌曲选》与歌剧《赖宁》等。

林毛根（1929— ）

古筝演奏家。广东揭阳人。汕头市音协名誉主席。曾师从张汉斋先生学习古筝。历任汕头市文化馆长、音乐曲艺团团长、歌舞团团长、岭海丝竹社社长。先后与多名潮乐大师合作，录制《月儿高》《睢阳恨》等名曲。为香港、台湾、新加坡、上海、广东等音像出版社录制《寒鸭戏水》《思凡》及林毛根潮州筝专辑。出版《潮州民间筝曲四十首》《潮州音乐漫谈》等。曾应邀赴新加坡、香港、台湾及北京、上海等地参加"南北四大派古筝汇奏"等专场音乐会演奏，并到多所音乐学院讲学。

林弥忠（1973— ）

女高音歌唱家。四川南充人。西南大学音乐学院副教

L

授。1995、1998年分别毕业于西南大音乐系、武汉音乐学院研究生部。2003至2005年赴俄学习声乐，2007年赴美参加交流演出。发表《论歌唱呼吸的适度》等文5篇。在重庆和彼得堡音乐学院共举办个人独唱音乐会3场。曾获西南大学第一、五届青年教师课堂教学比赛一、二等奖。参与《外国歌剧研究》等四项课题研究。指导的声乐学生多人在声乐比赛中获奖。

林明平（1926— ）

女声乐教育家。湖北武汉人。1946年毕业于上海音乐学院。1953年始在上海音乐学院声乐系任教。1980年入美国俄亥俄州辛辛那提音乐学院进修。后居美国。

林明珍（1934— ）

女高音歌唱家。湖北武汉人。1956年毕业于中央音乐学院。曾任上海歌剧院、上海乐团独唱演员。1980年赴美国俄亥俄州辛辛那提音乐学院进修。现居美国。

林铭辉（1962— ）

板胡、高胡演奏家。福建仙游人。1980年毕业于福建省艺术学校器乐专业，1987年入中央音乐学院民乐系进修。福建省歌舞剧院演奏员。多次参加重要比赛及演出，获不同奖项。曾与指挥家夏飞云、张式业，二胡演奏家闵惠芬，琵琶演奏家刘德海等同台演出。撰有《板胡的运弓与音色》发表于《中国音乐》。任福建第八届武夷音乐舞蹈节器乐比赛评委。1999年举办个人《板胡独奏音乐会》。随团赴朝鲜、菲律宾、日本、法国、西班牙、意大利访问演出。

林其富（1933— ）

作曲家。福建龙海人。1956年毕业于福建师范学院音乐系。1963年起先后调南安师范任教员、龙海市文艺队及剧团任作曲与教师。曾参加东山战役慰问团和全国音乐周的演出。作有歌舞剧《嫦娥思凡》，民族管弦乐合奏《寒风夜战》，芗剧《三凤求凰》《龙岑春晓》《主婢恋》《白扇化》等。有的作品获优秀奖，或录制唱片及磁带。撰文《论芗剧音乐的多样性、统一性及改革的必要性》。

林庆平（1946— ）

大提琴演奏家。山东高塘人。1963年毕业于西安音乐学院附中。1970年入兰州军区战斗歌舞团，后为副团长。兰州军区艺术职务评审委员。多次参加全国、全军文艺汇演及重要演出，曾获兰州军区文化部颁发的演奏一、二等奖。作有《我们的驼队勇敢向前》等歌曲，改编有《秦腔主题随想》等大提琴独奏曲。参与发起创办兰州爱乐乐团并任首席大提琴，曾任兰州市中学生管弦乐团艺术指导。曾随团赴香港演出。

林庆珍（1964— ）

女歌唱家。朝鲜族。吉林延吉人。1985年毕业于上海音乐学院，后入延边歌舞团任歌唱演员。曾演唱《阿里郎》《百灵姑娘》等，参加"文华荟萃"大型文艺晚会、吉林首届艺术节、建党70周年文艺晚会等的演出。曾获

"金龙杯"铜奖，"振兴杯"优秀表演奖，"延边之夏"艺术节表演一等奖，朝鲜族声乐比赛美声二等奖诸多奖项。录制磁带、唱片《知心的话》《朝鲜歌曲》《北方的旋律》等。曾赴朝鲜、日本等国家演出。

林任平（1942— ）

作曲家。广东潮州人。潮州市音协主席。1959年入潮州市歌舞团，任乐队副队长。1965年参加当地音乐舞蹈史诗《东方红》的组织领导工作，并任指挥。1973年参加汕头地区文工团，任作曲、指挥，合作移植潮曲交响乐《智取威虎山》。1979年创作潮州大锣鼓《欢庆胜利》，潮州大锣鼓《潮州情》分获省一等奖、广东建国40周年文艺作品纪念奖。歌曲《漫步湘子桥》获广东省"五个一工程"入选奖。另创作有弦乐曲《绣花女》及歌曲多首。

林荣华（1971— ）

音乐教育家、指挥家。福建莆田人。莆田学院艺术系音乐教研室主任、副教授。从事高校音乐教育十余年，兼任莆田学院学生合唱团、莆田市教师合唱团、福建天妃民族乐团指挥，多次率团参加全国、省合唱比赛并获奖。创作音乐作品近百件（首），其中《老师赞歌》等5首歌曲在全国创作比赛中获奖，《一杯酒》等十余首歌曲在《词刊》《音乐周报》《歌曲》上发表，《黄河交响》2000年被指定为中央电视台第九届"步步高杯"电视歌手大奖赛参演曲目。所教学生在钢琴、电子琴比赛中多次获奖。

林荣元（1939— ）

作曲家。福建漳州人。福建省音协副主席兼创作委员会主任。1961年毕业于福建师范大学音乐系，后到福建省歌舞剧院工作至今。作有歌曲《小小花伞》，被编入小学音乐教材，《台南姑娘》获全国优秀流行歌曲大赛铜奖。舞剧《丝海箫音》（合作），获第一届全国舞剧观摩会演一等奖，另获"文华奖"和"五个一工程"奖。为《偶趣》《赶送节》和《海网渔歌》作曲的舞蹈作品，获全国"群星奖"金奖。大型交响音诗《雪山飞狐》获省政府"百花奖"。

林瑞芝（1932— ）

女钢琴教育家。广东汕头人。曾为四川音乐学院副教授、四川师范大学艺术学院客座教授。1956年毕业于上海音乐学院钢琴系，分配到四川音乐学院，任钢琴系主科教研组组长。1957年由四川音乐学院选派去武汉音乐学院随德国钢琴家罗兰·勃莱特斯耐德尔进修。

林若宇（1936— ）

女音乐教育家。福建福州人。1957年毕业于北京师范大学与北京艺术师范学院音乐系。曾任教于江西师范大学音乐系。撰有《音乐职业技术教育探索》等。所作歌曲《葡萄园夜话》获江西省首届音乐节一等奖。

林森泉（1942— ）

作曲家。福建福州人。笔名林泉。1958年始从事音乐创作。1985年在武警福建省总队政治部文工团任创作员。

在全国各音乐刊物发表有大量歌曲。其中《我爱哨所风光美》荣获1988年全国"人民武警之歌"征歌一等奖。作有《我们象春花一样开放》《少年幸福歌》《中国武警进行曲》《问海》等歌曲，舞蹈音乐《钱剑花郎鼓》（合作）《欢乐的畲家》。1997年出版《林泉歌曲选》。2000年中国音协《歌曲》刊发其专题介绍。

林珊琳（1946— ）

女钢琴教育家。浙江苍南人。1985至1987年在西安音乐学院学习，2000年始入西安音乐学院音乐教育系钢琴教研室任教，副教授、硕士生导师。撰有《试论高等音乐教育专业的钢琴教学改革》《童趣、形象、情境教学》《论音乐教育专业钢琴课的分级教学、分级管理和分级考核》。所教多名学生参加钢琴比赛多次获奖，本人曾获教学奖、指导教师奖、园丁奖等。

林尚青（1969— ）

作曲家。浙江杭州人。1989年毕业于浙江省艺校，1999年毕业于上海音乐学院作曲指挥系。先后在杭州歌舞团任演奏员、作曲、指挥。1993年为浙江省舟山市首届国际武术节创作会歌，1994年为浙江"节目主持人双十佳"电视颁奖晚会作主题曲《相知在心》，并为杭州大型文艺晚会作主题歌《杭州之光》。1995年作有《欢迎您，五洲朋友》获金奖，舞蹈音乐《与天独揺》获金奖。学习期间完成室内乐《断桥随想》，管弦乐组曲《西湖印象》等作品。曾指挥杭州市"国庆大型交响音乐会"杭州市青少年活动中心百期经典交响音乐会。

林圣镐（1937— ）

男中音歌唱家。朝鲜族。吉林安图人。曾任延边音协第四届副主席、第五届顾问。1962年毕业于上海音乐学院声乐系，后任职于延边歌舞团。多次出访美国、日本、韩国、朝鲜。培养了众多优秀声乐演员。创作百余首歌曲，其中《长白情歌》在广西声乐比赛中获作品优秀奖，《延边阿里郎》在"哈尔滨之夏"声乐比赛中获优秀作品奖，《星星知我心》在全国首届朝鲜族创作歌曲评奖中获三等奖，《祖国赞歌》获中国音乐"金钟奖"优秀歌曲奖。

林石城（1922—2005）

音乐教育家、琵琶演奏家。上海浦东人。浦东派琵琶正宗嫡传的唯一代表，中央音乐学院教授，中国音协民族音乐委员会委员，中国琵琶研究会会长。编著出版《琵琶教学法》《琵琶三十课》《琵琶练习曲选》《琵琶演奏法》《林石城琵琶曲选》《工尺谱常识》《江南丝竹总谱》等二十余种，论文有《琵琶流派概况》《琵琶与南琵史略》《琵琶执法弹挑》《几种琵琶指法与符号》《阿柄的三首琵琶曲》《敦煌壁画喜见复活》《琵琶的继承与发展》等数十篇。培养的学生遍及海内外。曾获第三届中国音乐"金钟奖"终身成就奖。

林叔平（1926— ）

钢琴教育家。北京人。1949年燕京大学音乐系肄业，后参加部队文工团。曾在总政文工团、厦门市歌舞团任钢琴伴奏兼音乐创作。后在中央音乐学院钢琴系任教。作有《总理永远和我们在一起》等歌曲和歌剧音乐。

林淑娟（1945— ）

女民歌演唱家。福建龙岩人。毕业于福建省艺术学校音乐大专班。曾在福建省歌舞剧院歌舞团工作。曾为影片《青山恋》配唱插曲。1986年获华东六省一市民歌比赛二等奖。

林述泰（1941— ）

作曲家。山东黄县人。曾在中央音乐学院附中学习。1962年入中央歌舞团任演奏员、创作员。作有民族器乐曲《剪春罗》《壮乡之夜》，歌曲《春风附在我耳边》。

林树安（1930— ）

作曲家。山东人。1948年入渤海文工团，后入华东艺专学习。1958年毕业于中央音乐学院并留校任教。曾任《音乐创作》编辑。后在文化部艺术局工作。作有钢琴组曲《大别山素描》。

林水金（1953— ）

作曲家。福建东山人。毕业于中国函授音乐学院理论作曲系。1982年起曾任东山青年管弦乐队队长、指挥，《陵岛文艺》音乐编辑，东山潮剧团乐队演奏员、作曲、指挥、艺委会主任，东山音协主席等。1985年开始发表作品，作有歌曲《我们的心、我们的情》，舞蹈音乐《回归颂》，器乐曲《海峡情思》，广播电视音乐《同在一片阳光下》，戏剧音乐《白莲之恋》。撰有《漫谈当今戏景效应之内在的主客体关系》《闽南语歌曲与立美》等文。

林太崇（1938— ）

莆仙戏作曲家。福建仙游人。1954年起在仙游县鲤声剧团担任四胡主奏。1958年毕业于福建省晋江专区戏剧作曲班。作有《新亭泪》《阿桂相亲记》等剧目和莆仙民乐十衔、八乐、大鼓吹，少数民族原生态乐曲以及佛教、道教音乐等民间演奏曲谱，多次获得省、市音乐设计奖。其发掘、搜集并整理、编写出版的传统曲谱有晋江专区的《戏音乐集成》《民间音乐集成》《舞蹈音乐集成》和宗教音乐五册，其中三册已载入《中国民族民间音乐集成·福建卷》中。所培植、扶持、负责音乐设计、创作、辅导、指挥的百余家农村剧团，曾在省级汇演中获奖。

林铁威（1932—1999）

作曲家。广东中山人。1955年毕业于四川音乐学院作曲系。曾任佛山市群艺馆音乐专业副研究馆员、佛山市音协副主席。作有歌曲《人欢鱼跃》等五首分获省评选一、二、三等奖。长期辅导中小学音乐教师和业余作者，获广东省人民政府颁发的"关心少年儿童健康成长先进工作者"荣誉证书。收集整理和编选的《佛山地区民间歌曲集》获艺术科学国家重点研究项目证书。

林亭玉（1912—已故）

女钢琴教育家。广东人。1937年毕业于上海国立音

L

专。长期从事音乐教育工作。后在中央民族学院音乐舞蹈系任教。

林万镐（1939— ）

指挥家。朝鲜族。吉林安图人。吉林艺术学院延边分院合唱指挥、系主任。1956至1986年在延边歌舞团工作，任合唱队长、指挥。作有歌曲《邮递员姑娘》《毛主席的恩情长》《感谢亲爱的党》《延边艺术学院校歌》等。曾参加了《刘胡兰》《白毛女》《梨树沟》《龙江颂》等歌剧演出，任主要角色。撰有《怎样保护青少年学生的嗓音》《关于合唱练习》《合唱实践课体会浅谈》《论歌剧<阿里郎>的民族性——观延边歌舞团演出的歌剧<阿里郎>》等文。

林伟夫（1938— ）

作曲家。浙江宁波人。上海闸北区文化馆副研究馆员。毕业于上海音乐学院音乐干部进修班、北京人文函授大学群文管理系。曾任上海市金山区文化馆、闸北区文化馆音乐干部、文艺部主任。创作大量音乐作品，其中独唱《渔家新歌》《如今渔村风光美》《小镇的月亮》，男女声二重唱《好茶一杯客也醉》，混声合唱《不夜城的微笑》，舞蹈作品《金鸡报晓》，小歌剧《幸福之歌》等均为获奖作品。1993年曾举办"林伟夫作品专场音乐会"。

林伟华（1948— ）

作曲家。黑龙江庆安人。1967年毕业于沈阳音乐学院附中、分配到山东京剧团。1970年入前卫歌舞团，曾任创作室主任、艺术指导，中国民族管弦乐学会理事，山东省音协理事。在全国、全军获奖有吹打乐《南疆凯歌》《秦王破阵乐》，巴乌笙曲《阿细欢歌》，民乐合奏《沂蒙山》，音乐片《南方的红土地》，歌曲《黄河人》《黄河恋》等。改编移植笙协奏曲《黄河》，管子协奏曲《孟姜女》。合著《民族乐队配器常识》。为数十部影视片及话剧、音乐剧作曲。两次在新加坡举办作品音乐会。参加创作大型音乐作品《聊斋俚曲》。1995年被聘为新加坡南洋艺术学院狮城华乐团特邀作曲家。

林伟强（1960— ）

音乐教育家。广东汕头人。1989年毕业于星海音乐学院，后留校任教。广东文艺职业学院流行音乐系副主任。曾组织万人大合唱等大型音乐活动数十场。1992年负责潮汕地区音乐（业余）艺术考级并多次担任考级评委和艺术大赛评委。创办汕头三乐文化艺术中心、汕头市爱乐交响乐团及广东文艺职业学院流行音乐系。

林伟文（1946— ）

音乐活动家。广东人。1974年进修于广东省人民艺术学院声乐系，1985年在中国函授音乐学院音乐教育系学习。曾任广东省汕头市音协主席。发掘、整理大量潮州音乐、海陆丰渔歌和客家山歌。组织录制《中国音乐大全——潮州音乐卷》《潮州音乐专辑》（上下集），策划、组织"汕头民间音乐花会"等。作有歌曲《客家妹子爱唱歌》《渔火》《共和国的脊梁》，舞蹈音乐《春满汕头》

《鼓舞飞扬》等。编撰出版《潮州音乐人物传略》。

林文增（1953— ）

民族乐器演奏家。上海人。中国音协第六、七届理事，第十一届全国政协委员，中国歌剧舞剧院院长。1980年毕业于上海音乐学院。1993年始任东方歌舞团业务副团长。1994年被文化部评为优秀专家。1982年在首届全国民族器乐观摩比赛中用笛子演奏的《鹧鸪飞》《云雀》《荫中鸟》和用排箫吹奏的拉美乐曲《山鹰》等中外名曲，获一等奖，后获文化部第九届文华表演奖。录制、出版有个人演奏专辑。曾先后随团赴数十个国家和地区演出。

林文钟（1935— ）

钢琴演奏家、教育家。北京人。1954年济南师范毕业，考入山东师范学院艺术专修科，从师刘质平、宋宝莲学钢琴。1956年毕业留校任教，1958年转入山东艺术专科学校。曾参加山东省第一届音乐周，获钢琴独奏三等奖。1974年参加学生毕业演出，演奏钢琴协奏曲《黄河》。1976年调回山东师范大学音乐系，任钢琴教研室副主任、音乐系副主任、副教授。省音协钢琴专业委员会副会长。

林西琳（1952— ）

女钢琴演奏家。上海人。任职于中国歌剧舞剧院。长期从事钢琴演奏、伴奏。曾出访美国、澳大利亚、新加坡、香港、台湾等国家和地区。与歌唱家吴雁泽合作，在国内外举办的多场独唱音乐会中担任全场钢琴伴奏，与众多歌唱家合作录制有聂耳全集歌曲、大百科等音像制品。

林溪漫（1958— ）

音乐教育家。福建华安人。福建师大传播学院播音教研室副主任、副教授。2004年毕业于福建师大。论文《欣赏音乐的层次划分与听众审美的心理需求刍议》获2000年度福建省广电学会论文评比一等奖，《探索音响与音乐，促进学生创造思维能力》获京师音乐教育专业论文评比二等奖，歌曲作品《渔家秋》入选福建优秀歌曲选。

林祥星（1941— ）

民族器乐演奏家。福建福州人。福建歌舞剧院演奏员。演奏曲目有《打渔杀家》《海岛早晨》《智斗》《二进宫》《军营的早晨》《苏三起解》《夏令营的早晨》等。担任三弦演奏的曲目有《花灯》《柳青娘》《万年欢》《大浪淘沙》《十八板》。担任京胡演奏的曲目有《夜深沉》及交响乐《沙家浜》。曾随团赴新加坡、丹麦、菲律宾及台湾演出。

林翔飞（1942— ）

音乐教育家。福建福州人。1964年毕业于上海音乐学院民乐系。后入上海音乐学院作曲指挥系进修。曾在福建艺校任教。后赴美留学。作有二胡协奏曲《献给母亲的歌》《雷锋之歌》等。舞蹈音乐《天乌乌》（合作）获华东舞蹈会演一等奖。

L

林向义（1939— ）

作曲家。黑龙江阿城人。1965年毕业于哈尔滨艺术学院音乐系，入江西省歌舞团。1969年调至省文化厅负责《战地新歌》征集工作，并参与搜集整理《秋收起义》《苏区干部好作风》等5首江西革命历史民歌。曾任江西音协副秘书长、省音乐文学学会副会长、《心声歌刊》主编等职。曾任中国少数民族音乐学会江西理事工作部主任，受聘于《华人文化艺术系列丛书》编委会编审。创作歌曲二百余首、歌词五十余首。1983年创办歌词刊授学校。

林小红（1960— ）

小提琴演奏家。河北乐亭人。广州交响乐团演奏员。1983年毕业于星海音乐学院管弦系。随团参加系列演出，并连续三年参加北京艺术节的歌剧伴奏。曾赴韩国演出。

林小鸣（1955— ）

中提琴演奏家。福建福州人。福建省歌舞剧院交响乐团副团长。1993年毕业于福建师大音乐系。撰有《中提琴的魅力》《感受音乐》等文。1997、2000年分别获福建省第八、九届音乐舞蹈节西洋管弦乐演奏比赛弦乐组银奖、铜奖。

林筱秋（1964— ）

女二胡演奏家。浙江人。1982年就读于上海音乐学院民乐系二胡专业，1986年毕业后进入上海民族乐团。曾得到著名二胡演奏家的指教和帮助。近年来随上海民族乐团多次在奥地利维也纳金色大厅的新年音乐会演出，并赴香港、澳门、台湾、新加坡以及德国、比利时、法国等地演出。2003年出版发行《相望》林筱秋二胡独奏作品专辑。

林心铭（1934— ）

二胡教育家、演奏家。福建长乐人。1962年毕业于上海音乐学院民乐系，留校任教，教授。长期从事二胡教学，培养一批优秀二胡演奏人才。学生朱伟琳1985年参加北京二胡邀请赛获二等奖，学生马晓晖等1987年参加广东音乐演奏邀请赛获一等奖，学生王莉莉1991年参加"上海之春"二胡比赛获第一名。1991年任"上海之春"第二届二胡比赛评委。作有二胡独奏曲《欢乐之夜》《红水河畔忆亲人》《迎春曲》《金色的童年》等。

林亚萍（1944— ）

女歌唱家、声乐教育家。福建仙游人。1964年毕业于福建师范大学音乐系，留校任教。1971年调福建省歌舞团任独唱演员。1978年在福建艺校任教，声乐教研组组长。福建省音教委委员、省嗓音协会理事。参加过众多省、市大型演出活动，任独唱。1970年任省歌舞剧《白毛女》女主角喜儿伴唱，在钢琴伴唱《红灯记》中演唱李铁梅的选段，在交响音乐《沙家浜》中演唱阿庆嫂的选段。独唱的《古田颂歌》在中央电台及福建电台播放。曾为《福州画院》电视片配音，并为话剧《血泪樱花》配唱主题歌。

林彦杰（1940— ）

作曲家。台湾桃园人。1959年从事文艺工作。曾任

太原市文化局文化科长。中华全国台联理事、山西省政协第六、七届委员、省台联副会长。长期从事手风琴演奏和教学工作。著有《手风琴演奏法》。歌曲创作有《大家来唱歌》《小邮票，真美丽》《太阳，你昨晚住在哪里》和《毕业圆舞曲》等。

林艳苹（1963— ）

女小提琴教育家。福建漳州人。1986年毕业于福建师范大学音乐系。任教于漳州第一中学。撰有《素质教育视野下中学音乐教育的作用》《多媒体教学是提高中学生音乐审美素质的重要途径》等文。指导学生参加市中学生文艺调演获器乐组一、二、三等奖，有的考入福建师范大学音乐系。

林耀邦（1929— ）

歌词作家。福建建瓯人。1949年7月参军。曾任福州军区政治部歌舞团编导室主任。福建省音乐文学学会顾问。从事歌词创作数十年，有三百余首歌词发表于报刊或谱曲后演唱。组歌《前进在五星红旗下》，歌舞《海岛红旗颂》等获全军优秀作品奖，《渔家歌唱共产党》等作品获省级奖。

林耀基（1937—2009）

小提琴教育家。广东广州人。1952年入中央音乐学院少年班，师从马思聪。1957年在广州举办首次个人独奏音乐会。1960年毕业于中央音乐学院。同年赴莫斯科音乐学院留学。1962年回国执教于中央音乐学院，管弦系教授、小提琴教研室主任。全国政协第八、九、十届委员。从事小提琴教学四十余年，培养大批优秀音乐人才。学生胡坤1980年在芬兰第四届西贝柳斯国际小提琴比赛中获奖，实现了中国小提琴在国际赛事中"零"的突破。之后，学生薛伟、徐维聆、柴亮、李传韵、杨天娲等一批小提琴演奏家，曾在国内重大赛事及国际比赛中获奖。十余人经常应邀出任重大国际比赛评委。出版有《林耀基小提琴学术报告集》，曾获国家优秀教学成果特等奖。

林一达（1954— ）

音乐教育家。福建漳州人。1978年在福建省首届"武夷之春"音乐会上获手风琴独奏表演奖。1982年毕业于福建师大艺术系，后任该校音乐系键盘教研室副主任、副教授。1993年在福建人民广播电台录制音乐专题《歌曲的手风琴伴奏》并多次播出，后由福建省音像出版社出版发行。指导的多名学生在全省二至五届"青少年手风琴比赛"中分获一、二、三等奖，本人获园丁奖。1996至2001年共有13篇论文在全国及省级刊物发表。

林一中（1937— ）

音乐教育家。福建人。1956年毕业于福建师院音专。曾任福建师范大学音乐系键盘教研室主任。

林宜弩（1927—2003）

小提琴演奏家、教育家。广东中山人。曾师从俄、意、德教授学习小提琴。1951年先后任上海戏剧专科学

L

校、上海歌剧院管弦乐团教员、第二小提琴首席及独奏演员等。培养众多小提琴演奏人才，部分学生成为小提琴演奏家。编著出版有《中国小提琴曲集》《克莱斯勒小提琴曲精选》（上下集），《海菲兹小提琴曲精选》《埃尔曼小提琴曲精选》《外国抒情小提琴名曲选》（上下集），《音乐会小提琴独奏曲选》（上下集）等。英国皇家音乐学院友协会员。

林寅之（1939— ）

音乐理论家。山东烟台人。1960年起从事群众文化工作。曾任青岛市李沧区文化馆研究员、青岛市音协副主席。出版《琵琶古曲〈十面埋伏〉版本集锦与研究》、论文选集《寅时虎啸》《周广仁钢琴教学艺术》（合编）等。多次获山东省及青岛市文学艺术奖、社科成果奖。指挥演出钢琴协奏曲《黄河》、管弦乐《天鹅湖组曲》、琵琶与乐队《十面埋伏》等中外乐曲百余首。多年组织训练管弦乐队及民乐队，培养一批音乐人才。

林应龙（1953— ）

小提琴演奏家、教育家。四川成都人。厦门市音乐学校高级教师、管弦乐教研组组长、厦门市音协小提琴委员会主任。1988年毕业于上海音乐学院小提琴专业。曾在宁夏歌舞团、峨嵋乐团任独奏演员、小提琴首席。参与录制数百部电影、电视音乐。在福建第八届音乐舞蹈节中，获四重奏金奖。出版个人小提琴独奏专辑。数名学生在各类小提琴比赛中获奖。

林应荣（1933— ）

女大提琴教育家。广东梅县人。上海音乐学院教授。1959年毕业于莫斯科音乐学院，1960年参加上海女子弦乐四重奏组获全国选拔第一名及第二届"舒曼国际弦乐四重奏比赛"第四名。曾赴美、法、波、加、日、澳、菲等国访问交流演出。录制国内外室内乐专辑数张，学生多人次在国内外音乐比赛中获奖。1996年获"普罗可菲也夫国际青少年大提琴比赛"优秀指导奖。发表和出版有《概念与训练》《大提琴音阶练习》《大提琴演奏法》《中国大提琴名曲荟萃》等。

林英龙（1957— ）

钢琴教育家。浙江人。浙江幼儿师范音乐教研室主任，省钢琴学会副会长。1972年入浙江温岭文工团任演奏员。1977年毕业于浙江师范学校音乐专业、留校任教。后入杭州教育学院音乐系、武汉音乐学院音乐教育系钢琴专业学习。曾在大型音乐会上担任钢琴独奏和伴奏。撰有《浅谈中师学生音乐综合能力的培养》《师范键盘集体课初探》《兴趣、情趣、技能》等。策划组织浙江首届"明珠杯"钢琴大赛。

林永青（1965— ）

女歌唱家。福建建瓯人。福州歌舞剧院歌唱演员。1990年毕业于福建艺术学校，1992年考入中央音乐学院声歌系进修班。1994年举办个人独唱音乐会。1998年获文化部"全国声乐新人新作比赛"演唱奖。先后在"左海

千秋""海峡月圆""金穗之夜""海峡彩虹""光辉历程""永远跟党走"等晚会与焰火晚会"金山之春""化纤之夜"中担任领唱和独唱。

林勇刚（1956— ）

音乐教育家。广西人。1974年参加工作。1980年由新疆阿勒泰地区师范学校毕业，留校任教。1985年在天津音乐学院作曲系进修，2002年入首都师范大学音乐学研究生课程班学习。所教学生曾获全国青年歌手大赛二等奖和三等奖，数十人在国家及自治区钢琴大赛中获奖。1991年获自治区级优秀教师称号，1998年获曾宪梓全国教育基金中师三等奖。新疆维吾尔自治区钢琴学会副会长，伊犁哈萨克自治州音协理事，阿勒泰地区音协副主席、艺术教育专业委员会理事长。

林友仁（1938— ）

音乐理论家。台湾台中人。1963年毕业于上海音乐学院民乐系。曾任该院中国音乐研究室副主任、副研究员。撰有《琴乐考古构想》，获上海哲学、社会科学优秀成果论文奖。撰有《验证敦煌曲谱为唐琵琶谱》（合作）。

林友声（1956— ）

指挥家。广东中山人。1983年毕业于上海音乐学院作曲指挥系。曾指挥德国萨尔州国家歌剧院乐团、中国交响乐团、上海交响乐团、台北市立交响乐团。在国内指挥首演有《图兰多》《女人心》《美丽的海伦》，以及《奥涅金》《波希米亚人》《蝙蝠》《乡村骑士》《卡门》《原野》《江姐》等中外歌剧。曾出访德国、瑞士、西班牙、波兰、奥地利、泰国等国及港澳台地区。2000年获波兰列布尼克第九届国际管乐节最佳指挥奖。

林友义（1946— ）

演奏家。湖北武汉人。1970年毕业于武汉音乐学院民乐系。曾任咸宁地区歌舞剧团演奏员、乐队队长、指挥。湖北音协理事，咸宁市音协主席，市文学艺术联合会调研员。参加湖北省音乐舞蹈史诗《东方红》演出。1984年应武汉音乐学院邀请参加与日本钢琴家的交流活动。1984年主持筹建咸宁地区（市）艺校，任校长。1989年起，先后任咸宁地区文化局副局长、咸宁地区（市）文联主席、党组书记。

林雨禽（1917—已故）

声乐教育家。四川岳池人。1935年毕业于四川艺专。1949年入部队文工团。长期从事声乐教育工作。曾任海政歌舞团声乐教员。

林玉赤（1952— ）

女高音歌唱家。山东青岛人。中国交响乐团合唱团女高音声部长。1979年毕业于中央音乐学院，1980年进入中国交响乐团。先后随团赴各地和世界多国演出，演唱中外合唱作品数百首并担任领唱。其演唱代表作有《第九交响乐》《黄河大合唱》《安魂曲》，并参加中外歌剧合唱专场音乐会，为电影、电视、电台配音，并为多个业余合唱

团辅导及担任指挥。

林玉华（1944— ）

歌词作家。河北故城人。1960年参军。毕业于通信兵学院无线电系。曾在总参通信部工作。作有歌词《合欢花，我心中的花》，获首届"晨钟奖"。

林玉洁（1964— ）

女民族乐器演奏家。浙江温岭人。进修于山东艺术学院音乐系，先后师从王惠然、常立玉。福建省歌舞剧院歌舞团民族乐队队长。多次随团赴日本、朝鲜、新加坡、法国、意大利演出。曾获第二届福建优秀中青年演员比赛银奖、获意大利国际民间艺术节最佳演奏奖等。多篇文章发表《福建艺术》《福建歌声》等报刊。演奏的6首乐曲由福建电视台录制专辑播放。1999年举办个人独奏音乐会。

林云婷（1934— ）

女钢琴演奏家。广东平远人。1958年毕业于中央音乐学院钢琴系，后分配至广西歌舞团任演奏员。曾为舞剧《白毛女》《红色娘子军》《草原儿女》《沂蒙颂》《半屏山》伴奏。为广西少数民族培养一批钢琴人才。

林运喜（1924—1999）

打击乐演奏家。广东汕头人。14岁随师学艺，创造一套具有独特风格的击鼓技艺。1957年赴莫斯科参加第六届世界青年联欢节比赛，获金质奖章。曾参与《南海螺号》等器乐曲的创作，在纪念建军五十周年文艺比赛中获创作奖。数十年来，培养了数十位鼓师。曾任广东汕头市艺术馆副研究馆员、汕头市音协副主席。

林增弼（1935— ）

小提琴演奏家。福建莆田人。1955年毕业于上海音乐学院管弦系。后入总政文工团。曾任乐队首席。随团赴苏、罗、朝、缅等国演出。曾居加拿大。

林振纲（1940— ）

钢琴教育家。上海人。沈阳音乐学院钢琴系教授、研究生导师。1963年毕业于沈阳音乐学院钢琴系，后任钢琴系主任、国内多家钢琴厂顾问。辽宁省政协第六、七、八届委员，省音协理事。1987年曾发起并组织全国"金杯"中国作品钢琴演奏大奖赛。在钢琴教学中培养一批优秀学生，多人在国内外专业比赛中获奖。钢琴作品《海峡情》等曾获省创作奖。1988年辽宁省文化厅授予"教学成果一等奖"，1989年辽宁省政府授予"省先进教育工作者"。

林中树（1940— ）

民间音乐家。河北固安人。1985年入"屈营村"音乐会。为推介宣传，赴北京向有关专家介绍屈营音乐会的历史和现状，经中国艺术研究院音研所和中国音协专家检查鉴定：屈家营音乐会可以与我国西安古乐、纳西古乐、敦煌古乐并称"四大古乐"，成为古文化魂宝。1987年应邀为联合国科教文组织在北京举办的亚太地区音乐研究会演

出。曾获河北民间音乐调演"特别奖"，全国民间音乐比赛"群星奖"。

林忠东（1963— ）

大提琴演奏家。福建闽清人。福建师大音乐学院艺术实践主任、福建歌舞剧院交响乐团大提声部特聘首席。1990、2005年先后毕业于福建师大音乐系、俄罗斯莫斯科国立师大音乐系。发表《内心听觉之管见》《入门的津梁》等文，参编《福建师范大学音乐学院音乐考级书系》。1980年获全省青年演奏员器乐独奏比赛大提琴演奏第一名，2000年获第九届音乐舞蹈节西洋管弦乐演奏比赛专业重奏组金奖。

林子钊（1956— ）

作曲家。福建安溪人。福建省安溪县文化馆馆长。1982年毕业于福建艺术学校作曲专业。曾任安溪县高甲戏剧团作曲。发表大量音乐作品，获省级以上奖的有高甲戏音乐《凤冠梦》，舞蹈音乐《小蚂蚁》，戏曲小品《开明塾师》，歌舞《采一片新绿送给你》，歌曲《祖国啊，因为有了你》《人类只有一个地球》等。在省级以上电视台播出的有戏曲歌舞《老鼠嫁女》《群丑献艺》，高甲戏《玉珠串》等。

林宗熹（1920— ）

音乐活动家。福建福州人。1940年始从事音乐工作。1957年毕业于武汉音专。曾任华南歌舞团乐队副队长、广州乐团副团长。后在广东省人民广播电台工作。

林祖炎（1933— ）

作曲家。四川成都人。1954年毕业于西南音专。在四川省舞蹈学校创作室工作。作有歌曲《草原月夜》《天鹅》，舞蹈音乐《披毡献给毛主席》。

蔺宝华（1966— ）

钢琴教育家。辽宁沈阳人。1989年毕业于东北师范大学音乐学院，曾进修于首都师大研究生课程班。后任沈阳大学音乐学院副院长。曾组织市新年交响音乐会任交响乐队指挥。组织学院"钢琴五重奏"参加中国首届管乐比赛获优秀奖。撰有《谈高师钢琴教学与即兴伴奏教学相结合》《谈钢琴演奏基础训练方法与教学》《谈高师院校钢琴素质教学》等文多篇。

蔺海雄（1953— ）

二胡演奏家、音乐教育家。河北邯郸人。福建集美大学艺术教育学院副教授。1982年毕业于福建师大艺术系本科，1988年毕业于上海音乐学院民乐系。2001年中国音乐学院访问学者。撰有《二胡曲〈二泉映月〉的演奏艺术》《谈二胡发音的教学》。作有二胡扬琴曲《思》。1980年获福建省青年演员独奏比赛二胡独奏第三名。专题音乐节目"蔺海雄和他演奏的二胡曲"于1995年在中国国际广播电台播出。负责国家教委科研项目《在高师音乐专业开设计算机音乐课程的研究》通过成果鉴定。

L

蔺景洲（1940— ）

作曲家、音乐教育家。河南鲁山人。1960年毕业于许昌师范专科学校。曾任许昌中学音乐教师、鲁山教师进修学校音乐高级讲师。鲁山音协主席、县政协三至五届常委。1997年受聘于山东济宁中华民族文化艺术研究所，任音乐教授、研究员。1998年被评为全国中等师范和教师进修学校优秀教师，获教育部"曾宪梓教育基金会"奖。

凌　律（1926— ）

作曲家。上海人。1949年毕业于上海政法学院法律系。上海民族乐团创建人之一。长期从事琵琶古曲、古琴音乐、江南丝竹研究。上海江南丝竹学会副会长。今虞琴社副社长。作有民乐曲《淮海大胜战》，改编有古琴曲《酒狂》，打谱有《雉朝风》《梅花曲》。

凌　危（1957— ）

女高音歌唱家。安徽合肥人。1982年毕业于安徽艺术学校。1993年毕业于安徽大学艺术学院。1996年毕业于中国音乐学院。1971年入安徽省淮南市歌舞团任演员。在许多文艺演出中担任独唱、领唱。曾获省歌唱大赛美声唱法专业组第一名、中国"豆腐文化节"歌手大赛第一名及中华歌会安徽省选拔赛美声唱法一等奖。撰有《音乐欣赏的普及工作不容忽视》《歌唱演员必须加强音乐修养》。

凌　旋（1937— ）

音乐编辑家。满族。广东蕉岭人。深圳市新闻出版审读办公室审读员。50年代先后毕业于佛山艺专、西北师大音乐系。曾任广东梅县艺校教师、广东粤北歌舞剧团、连南民族歌舞团作曲指挥、深圳音协常务理事、深圳音像出版社总编辑。发表音乐作品及论文数百首（篇），其中有《太阳光芒万万丈》《祖国之恋》《喊一声北大荒》《深深怀念》等歌曲。1991年起受聘于中宣部新闻出版署任《中华大家唱（卡拉OK）曲库》编辑，作曲合唱曲《太阳光芒万万丈》获1961年全国二等奖。

凌　远（1932— ）

钢琴教育家。广东宝安人。1956年毕业于中央音乐学院钢琴系后留校任教。曾任该院附中钢琴学科教研组长，副教授。中国音乐学院、中央民族学院兼课教师。

凌安娜（1912—已故）

钢琴教育家。上海人。1936年上海国立音专钢琴系肄业。1951年始从事钢琴教学。先后在北京儿艺、中央音乐学院附中、湖南师大艺术系任教。

凌宝元（1932— ）

歌唱家。上海人。原上海乐团声乐演员。1952年入上海乐团，担任独唱、重唱、合唱、表演唱等多种演唱活动，后任男高音声部长及乐团领导工作。1959至1963年入上海声乐研究所学习。曾参加全国音乐周和赴朝慰问演出。1959年举办独唱音乐会。

凌培基（1934— ）

圆号演奏家、教育家。上海人。解放军艺术学院音乐系教授。中国音协圆号学会艺术顾问。1961年毕业于上海音乐学院军乐进修班。自1950年以来，一直从事部队文艺工作。先后在苏、皖、南京军区文工团、总政军乐团、中央乐团任演奏员，多次担任全国联合军乐团大队声部长。曾参加江苏省一、二、三届独唱独奏音乐会。先后担任南京艺术学院、总政军乐团、民族大学、北京市少年宫等单位的兼职教员。

凌其阵（1911—1984）

古琴演奏家。上海人。1935年毕业于上海大同大学理学院化学系。1930年始从事古琴的演奏和研究。曾任辽宁古琴研究会副会长。中国艺术研究院音研所通讯研究员。著有《溪山琴况释注》《溪山琴况初探》《学琴札记》。

凌青云（1927— ）

声乐教育家。辽宁海城人。中学时代曾师从俄籍歌唱家勒威兹卡娅学习声乐。曾就读于东北国立长白师范学院音乐系，师从杨韧秋、李恩科教授。1956年师从应尚能教授深造。后任中国歌剧舞剧院歌剧团声乐教研组长，培养出如薄连琪、张德富、郭卫民等独唱及歌剧表演艺术人才。撰有《男高与难高》《女中音换声点的解决》《怎样学习声乐》《荒腔与走板》《唱学与行腔》及中央电视台录放的《漫谈民族唱法》等文，翻译的书籍有[美]丽莎·罗玛著《歌唱的科学和艺术》及[日]永吉大三著《新观点的发声法的理论和技法》。任教于首都联大中国歌剧舞剧院分校，学术委员会主任、声乐系教授。

凌绍生（1936— ）

音乐理论家、手风琴教育家。安徽合肥人。1962年毕业于江西师范学院艺术系后留院任教。曾任江西师范大学音乐学院教授、音乐理论教研室主任，中国音协手风琴学会常务理事，江西手风琴学会会长。撰有《中央苏区音乐史话》《古琴与中道》《三基箴言——论手风琴基础教学的科学性》等，获国家、省级优秀论文奖各两项及全国手风琴比赛优秀指导教师奖。

凌素娟（1954— ）

女音乐教育家。广东人。1991年率海口市青少年赴英国珀斯市参加青少年艺术节，任节目总导演。后创办第二中学"中学生合唱团"，并在市大中学校歌咏比赛中连获冠军。1992年参与首届海南椰子节海口分区的筹备和演出活动，被评为先进个人二等奖。1993年指导青年教师参加全省音乐优质课比赛时获一等奖。创建了"海口市教育局童声合唱团"，1993与1995年分别组织、指导市教工合唱团参加全市机关职工歌咏大赛。论文《浅谈用"咽音"练声法来改革中小学音乐教材中发声练习的新思路》荣获全国首届音乐教育论文三等奖。《市童声合唱团教学随想》荣获全省音乐教育论文评比二等奖。

凌智清（1954— ）

歌唱家。安徽歙县人。安徽宣城市歌剧团演员。2003

L

年毕业于安徽合肥学院文化艺术事业管理系。曾结业于东方歌舞团首届声乐培训班。在多次大型演出中担任独唱、领唱。1997年举办个人独唱音乐会。1990年获安徽音协、省电台举办的"歌手大赛"优秀歌手称号，1996年获"安徽歌曲创作演唱大赛"和"第二届安徽乡村歌手大赛"二等奖。

凌祖培（1929— ）

戏曲音乐教育家。江苏人。安庆市音协顾问。1950年毕业于中央音乐学院华东分院音教班。安徽省音协理事、安庆市音乐舞蹈家协会副主席、安徽黄梅戏学校音乐教师、教研员。其编著的《黄梅戏曲调》，黄梅戏音乐《泉边上的爱情》《二龙山》《鱼网会母》等分别获安徽省首届戏曲会演音乐二、三等奖。所创作的歌曲《我们从小热爱党》获安徽省第二届少年儿童"小百灵"赛歌会创作三等奖。系第一代黄梅戏音乐工作者与第一位专职教师。《中国戏曲音乐集成·安徽卷》（黄梅戏音乐卷）编撰者之一。

刘 艾（1937— ）

作曲家。广西平乐人。曾任梧州市群众艺术馆副馆长、副研究馆员，梧州市音协副主席及广西音协理事。1992年有关部门联合举办个人歌曲作品演唱会"乡情、诗韵、心曲"。翌年，录播个人专题电视片《他用音符描绘人生》。其作品在全国及省、市多次获奖。歌曲作品有《毛主席来到我广西》《解放军和渔家亲又亲》《去耕地》《江之恋》《雨游漓江》《乡梦》《海上明月》《孙中山先生来到梧州》等。

刘 斌（1957— ）

男高音歌唱家。北京人。1985年毕业于中央音乐学院歌剧系。中国广播艺术团电声乐团独唱演员。1990年获"全国青年歌手电视大奖赛"专业组美声唱法优秀歌手奖，2004年获中南六省文艺"金帆奖"二等奖。随团先后出访日本、美国以及香港。曾在美国著名的卡内基音乐厅演出。多次参加中央电视台、北京电视台及各省市电视台组织的多种演出活动。

刘 斌（1958— ）

男高音歌唱家。黑龙江青岗人。北京军区政治部战友文工团团长。第十、十一届全国人大代表，中华海外联谊会理事，中华统一促进会理事，中国音协第六、七届理事。曾在中国音乐学院等院校进修声乐。曾任吉林长春市京剧团演员，演出京剧《凤凰二乔》。1984年入北京军区战友歌舞团。1992年参加第五届中央电视台青年歌手电视大奖赛，获民族唱法第一名，同年获全军文艺汇演一等奖。演唱并创作有歌曲《当兵的人》《乡音乡情》《时刻准备着》《沙场点兵》《阅兵之歌》等并获奖。曾主演歌剧《歌仙——小野小町》。应邀赴日本参加国际青年艺术节，担任贝多芬第九交响曲《欢乐颂》领唱。

刘 冰（1959— ）

指挥家、作曲家。四川人。历任海军军乐团团长、

国安乐团指挥兼作曲。曾带领和指挥海军军乐团先后参加"奥运之光"大型文艺演出、中国首届管乐大赛、中国首届国际管乐艺术节，策划和指挥北京市中、小学生德育艺教"彩虹工程"系列音乐会，担任国安乐团新年音乐会总监、编创、指挥北京市政府国庆宴会伴奏曲。随团赴二十余省、市，对灾区和国安、公安干警等政法系统慰问演出。创作作品《飞行的路》《南沙月》《山里水兵心中的海》《无悔的选择》《亲切的关怀》等百余部。

刘 博（1954— ）

指挥家、作曲家。锡伯族。辽宁沈阳人。沈阳市群众艺术馆馆长、市音协副主席。1987年毕业于沈阳音乐学院乐队指挥专业干部进修大专班。曾任沈阳消防文工团、沈阳木偶剧团乐队指挥。指挥有"中国机电之光""爱的旋律""沈阳国际秧歌节"文艺晚会。作有歌曲《今天我唱歌不快活》《父亲的小山庄》，电视片音乐《毛毛与青蛙》《会说话的萝卜头》《空气在那里》，器乐曲《历史的歌声》，舞蹈音乐《瑞雪丰年》等，部分获奖。

刘 才（1924—2001）

作曲家。辽宁新民人。抗战后入冀东军区胜利剧社。1946年开始从事音乐创作。1950年入中央音乐学院进修作曲。抗美援朝赴朝期间曾创作多首歌词及歌曲，其中作词歌曲《志愿军驾驶员之歌》被收录于《劫夫歌曲选》。转业后在中央新闻记录电影制片厂工作，曾为大量纪录片谱曲、作词。主要作品有《百万农奴站起来》《美丽的家乡》《珠穆朗玛之歌》等。在人民音乐出版社工作期间，编辑出版有《简谱出版规范》与钢琴曲《新年腰鼓》等。

刘 畅（1960— ）

小提琴演奏家。北京人。解放军二炮文工团乐队首席演奏员。1993年毕业于解放军艺术学院音乐系。同年在中央广播电台录制小提琴独奏《青春圆舞曲》，电台多次播出，2004年参加张学友创意音乐剧《雪狼湖》在京首演，任乐队首席。1993年在京举办个人小提琴独奏音乐会。

刘 超（1931—已故）

作曲家。广东惠州人。早年毕业于广州艺专。先后在志愿军政治部文工团、总政歌舞团、广州歌舞团从事小提琴演奏及作曲。曾任广州歌舞团艺术指导、创编组长。作有舞蹈音乐《人民的儿子》《战斗的友情》，电影音乐《新方世玉（续集）》，歌曲《怀念祖国》，合唱《中国的太阳》，管弦乐《华夏之魂》，其交响诗《人生旅途》与交响曲《强者》分别获羊城音乐花会管弦乐优秀作品奖及一等奖。发表《谈音乐创作的个性》《对现代音乐思潮的思考》等文。作有钢琴、圆号、长笛、大提琴四重奏《巴扎嘿》，大提琴独奏钢琴伴奏《道情》。

刘 朝（1963— ）

小、中提琴教育家。河北霸州人。1985年毕业于天津音乐学院后到山西大学音乐学院任教，教授、硕士生导师。编撰有《青少年小提琴中国曲集进阶教程》《小提琴五声音阶练习体系》等多部。论文《赋予练习曲新的生命

力》《中国小提琴音乐发展略述》等多篇分别在国家级、省级刊物发表。主持《山西民间音乐与旅游文化发展研究》等省、部级科研项目三项。近年来有多篇论文获奖，2001年获山西省优秀教学成果二等奖。

刘 成（1933— ）

指挥家。湖南人。1949年入伍，先后任湖南军区文工团、湖南省歌舞团演奏员。1956年在上海民族乐团、上海交响乐团进修。作有舞剧音乐《刘海砍樵》（合作），舞蹈音乐《冬冬奎》《新风》。1958年在湖南省歌舞团任指挥，指挥舞剧《刘海砍樵》，芭蕾舞剧《白毛女》《风雷颂》《狂飚曲》，合唱《湖南组歌》，独唱《挑担茶叶上北京》。1970年在常德市歌剧团任指挥，指挥歌剧《江姐》《孔雀胆》《曹雪芹》《货郎与小姐》。

刘 炽（1921—1998）

作曲家。陕西西安人。1936年入红军剧团。1939年入延安鲁艺音乐系，师从冼星海学作曲及指挥。1940年在鲁艺音乐研究室任研究生，参与歌剧《白毛女》的音乐创作。新中国成立后，曾任中央戏剧学院歌剧团艺术指导、中央实验歌剧院作曲。1954年入中央音乐学院进修。1961年调辽宁歌剧院任副院长。自1977年始任职于中国煤矿文工团，任总团副团长、团长。曾任中国音协理事。作有歌曲《翻身道情》《新疆好》《让我们荡起双桨》《我的祖国》《英雄赞歌》，歌剧音乐《塞北黄昏》《火》《阿诗玛》，舞蹈音乐《胜利鼓舞》《荷花舞》，合唱曲《工人大合唱》《祖国三部曲》。撰有《关于〈我的祖国〉》《关于〈英雄赞歌〉》《关于〈翻身道情〉》《论中国民族歌剧的脚步》等文。出版《祖国之歌——刘炽歌曲选》。

刘 传（1963— ）

吉他教育家。北京人。1984年开始研习古典吉他，1986年转攻民谣吉他和电吉他，1991年起从事吉他教学，1992年创办北京风华艺校，2000年创办北京刘传风华图书有限公司。培养大量吉他人才。先后编写几十本吉他书籍，录制过多盘教学及欣赏CD及VCD。先后主持从国外引进、翻译、出版一系列吉他教学教材。

刘 达（1962— ）

小提琴演奏家。贵州兴仁人。北京军区战友文工团首席小提琴兼独奏演员。1985年由解放军艺术学院音乐系毕业，同年入战友歌舞团。与本团管弦乐队合作演奏有小提琴协奏曲《梁山伯与祝英台》由北京电视台播出，并参加《八路军组歌》《长征组歌》等各种演出。1997年赴香港演出《长征组歌》。

刘 丹（1957— ）

作曲家。辽宁人。任职于沈阳军区司令部某部，沈阳市音协常务理事。1979年从事歌曲创作，发表大量歌曲作品，二十余首在全国获奖，其中《中国，希望的船》获全国群众歌咏大赛CSR-2系列音乐工程征歌大奖。《七十根红蜡烛，五十六朵花》在全国歌曲征集评奖中获一等奖，《吉祥的黄豆豆》在第三届亚冬会的征歌活动中被定为吉

祥物之歌，《当兵来到大东北》在全军第三届"战士文艺奖"评比中，获创作一等奖。

刘 东（1958— ）

歌唱家、声乐教育家。北京人。中央音乐学院声歌系副主任，曾任星海音乐学院声乐系副主任。1986年毕业于中央音乐学院声歌系。1994年赴奥地利维也纳国立音乐学院任访问学者两年。曾主演歌剧《费加罗婚礼》。曾在维也纳、广州、北京举办个人独唱音乐会。1988年获全国"金龙杯"歌手邀请赛特别奖。

刘 凡（1942— ）

作曲家。浙江杭州人。原安徽音协理事，黄山市音协主席。先后在全国及省市发表、演出、播出大量作品，其中有《有一株可爱的兰花》《我们是年轻的拖拉机手》《黄山有片神奇的海》，声乐套曲《徽墨寄深情》等。《我们皖南好地方》《小石桥》《黄山有片神奇的海》先后由中国国际广播电台录制对外播放，并录入中小学音乐教材。有7件作品获省级以上奖。挖掘整理徽州民歌百首，其中屯溪民歌《小石桥》等5首歌曲被上海唱片社录制唱片对外发行。

刘 方（1949— ）

音乐教育家。江西人。曾任教于广东汕头职业技术学院艺体系。先后毕业于赣南师范学院、江西师大、北京师院音乐系。曾任赣南师院音乐系主任、赣南音舞协副秘书长。曾参加贵州艺术节演出，参加江西艺术节演出。所作歌曲《新同学歌》《我们的青春在松林里闪光》获全国"黄河口杯"铜奖。论文获全国首届"远航杯"优秀奖。《大学生歌曲集》编委，《乐理基础名作赏析》副主编。

刘 芳（1952— ）

女音乐教育家。河北人。河北省保定师范专科学校音乐系系主任。1978年毕业于河北师院音乐系，1994年在中央音乐学院声歌系进修。曾任保定地区文工团演员、教师。获河北省青年歌手比赛二等奖，"音乐春"声乐比赛一等奖，河北省广播歌曲比赛"歌坛新秀奖"。出版个人演唱专辑。

刘 芳（1965— ）

女高音歌唱家。安徽肥东人。1988年毕业于安徽省艺术学校。1988年入中央音乐学院深造，师从郭淑珍教授。1997、1999年两次获全国冶金系统艺术节声乐比赛美声唱法金奖。2000年任马鞍山市歌舞团副团长，并获安徽省第六届艺术节声乐比赛美声组一等奖。2002年任马鞍山市歌舞团团长、安徽省环保艺术团团长。中国致公党马鞍山市委副主委。2005年应邀赴韩国进行文化交流。

刘 放（1923—1995）

音乐教育家。四川自贡人。1944年肄业于重庆青木关国立音乐院，1948年毕业于北京大学西语系。后入冀东文工团。后长期执教于河北师范大学艺术系，任主任。中国音协第三届理事、河北省音协第一届副主席。培养众多学

生。发表有音乐论文多篇。

刘　放（1940— ）

　　手风琴演奏家。吉林人。1960年入辽宁歌舞团，后在辽宁省朝鲜族文工队，1978年始在丹东市歌舞团任演奏员，辽宁省手风琴学会副会长。80年代初随省艺术团两次赴朝鲜演出，后在全国各地巡演并参加全国"美的晚会"大型演出。曾连续四届在全国手风琴大赛中被评为优秀指导教师。有本人和学生参加拍摄《音乐的小音符》艺术专题片。1979年在歌舞剧《白雪红梅》中扮演周总理。1994年在辽宁省首届手风琴大赛中，参赛学生多人获奖，被辽宁省评委最佳园丁奖。

刘　峰（1947— ）

　　作曲家、指挥家。江西会昌人。《心声》歌刊编辑，南昌大学艺术与设计学院客座教授，市音协主席、市群艺馆副馆长、江西省音协常务理事。1985年毕业于广州音乐学院作曲系。曾指挥江西省采茶剧团演出大型采茶戏《红色娘子军》及钢琴协奏曲《黄河》。在《歌曲》《解放军歌曲》以及多家省级刊物发表并由电台播出作品上百首，数十首获奖。录制有《红井冈绿井冈》《竹乡的孩子》两张个人作品专辑CD唱片。

刘　峰（1968— ）

　　作曲家。北京人。中国唱片总公司音响导演。1992年毕业于中国音乐学院。作品《欢庆》序曲获全国管弦乐作曲大赛优秀奖。曾录制交响合唱《明天》，多次举办个人作品音乐会。

刘　烽（1928— ）

　　作曲家。陕西西安人。1937年赴延安参加抗战剧团。1943年并入西北文工团。合作或主创《无敌民兵》《解放战士》《孙大伯的儿子》等秧歌剧及新歌剧音乐。1950年入中央音乐学院干部进修班学习理论作曲。1953年回西北歌舞剧团。后调任中央民族学院艺术系主任、少数民族文学艺术研究所所长。曾任中国少数民族音乐学会会长。合作或主创的歌剧音乐有《战友》《如兄如弟》《攻坚战歌》《嘉陵江英雄歌》《延安人》《神泉支队》等。创作发表歌曲二百余首，有《打骑兵》《抗美援朝》《守备战》《到农村去》《南来的大雁北去的风》，民歌合唱《下四川》《山丹丹开花红艳艳》《莲花山对唱》。

刘　烽（1954— ）

　　女歌剧表演艺术家。湖北武汉人。武汉乐团独唱演员。1991年毕业于江汉大学艺术系。曾任武汉歌舞剧院歌剧团演员。参演的歌剧《启明星》获1979文化部优秀歌剧调演一等奖，歌剧《第二次握手》获1980年湖北省新人新作调演一等奖。演唱歌曲《我是一股山泉》《思乡》等。出版《女孩是月亮》等盒带。

刘　锋（1961— ）

　　女二胡演奏家。福建福州人。曾毕业于中央音乐学院、中国音乐学院。福建省歌舞剧院乐队首席兼二胡独奏演员，福建省民族管弦乐学会理事。1995年于日本东京千叶大学音乐教育学研究生毕业。在多届福建"武夷之春"艺术节上均获一等奖，后获福建省优秀青年演员比赛金奖。应邀赴日本、美国、台湾等17个国家和地区访问演出。电台、电视台录制众多二胡独奏曲及二胡协奏曲，多次制作"刘锋专题音乐节目"和个人二胡专辑盒带。

刘　锋（1964— ）

　　音乐教育家。安徽宿州人。安徽省淮北师范学校艺体组组长、高级讲师。1997年毕业于安徽师范大学。曾任安徽宿县师范学校教师。1989年获安徽省中小学音乐教师音乐会独唱二等奖，2002年获第二届安徽青年歌手大赛美声优秀奖。作有歌曲《希望之星》，撰有《声乐集体课教学初探》等。

刘　刚（1939— ）

　　琵琶演奏家。河北保定人。曾就读于天津河北艺术师院音乐系，毕业于天津音乐学院器乐系琵琶专业，后任河北艺术师院音乐系与天津音乐学院音乐系副教授。创作琵琶独奏曲《海河之春》《故乡新歌》《茶山的早晨》等。改编《我是一个兵》《欢乐的少年》等，或被编入教材，或参加多项演出。先后参加赴河北、武汉等地演出和天津电视台各类晚会。曾获全国民乐比赛银奖。撰有《智力开发，早期音乐教育》。所教学生多名获表演奖。

刘　刚（1957— ）

　　琵琶演奏家、教育家。辽宁丹东人。1970年任丹东市歌舞团演奏员。1980年参加"上海之春"全国琵琶比赛获三等奖。1982年毕业于沈阳音乐学院民乐系琵琶专业，留校任教。后任民乐系主任、教授、硕士生导师。辽宁省音协理事、沈阳市政协常委。曾在全国民族器乐独奏观摩演出中获优秀表演一等奖。录制有《天山之春》《江南三月》琵琶独奏专辑。为中央电台、省、市电台录制《东北风》《思乡曲》等琵琶独奏曲。1989年获辽宁省颁发的优秀文艺成果奖。多次赴日本举办独奏音乐会，并赴多国访问演出。合作编著《学生常用乐器演奏指导》。2002年获文化部"区永熙优秀音乐教育奖"。

刘　钢（1937— ）

　　小提琴演奏家。黑龙江哈尔滨人。1947年入东北音工团。1949年入东北鲁艺音乐系进修。曾任辽宁歌剧院首席小提琴。

刘　光（1926— ）

　　音乐活动家。山西定襄人。1952年毕业于中央音乐学院专修科。曾任职于河北文工团、河北艺术学校、河北戏曲学校，后任张家口戏曲学校副校长，张家口市文化局副局长、党组书记、局长兼文联主席，张家口市音协主席，河北省音协第一届常务理事，张家口市人大常委会专职委员。参与组织并主持过众多音乐演出及音乐创作活动。发表歌曲近百首，部分作品获奖。

刘 汉（1932— ）

音乐活动家。黑龙江哈尔滨人。1949年参加解放军第46军文工团任大管演奏员，师从刘光亚学习大管。先后在吉林市歌舞剧团、吉林省歌舞剧院任演奏员、管弦乐队队长、指挥、副团长。后历任吉林市业余艺校校长、吉林市歌舞团副团长、吉林市艺术研究所所长兼吉林市文艺集成办公室主任。吉林市老干部合唱团团长、指挥。获第三届夕阳红老年合唱电视大赛铜奖，第二、四、八届文化部"永远辉煌"老年合唱大赛铜、银、金奖。

刘 豪（1960— ）

低音提琴演奏家。北京人。1978年参加工作，1985年毕业于社会音乐学院。1996年参加亚洲乐团到日本、韩国演出。1997年参加人大会堂欢迎克林顿总统的音乐会。应邀赴美国纽约、华盛顿等十几个城市巡演，并在纽约卡内基音乐厅与世界著名大提琴家马友友合作演出。曾随团赴奥地利维也纳"金色大厅"举办新年音乐会，并参加联合国会议大厅千年首脑会议的演出。2001年赴法国参加"中法文化年"演出。2002年随李鹏委员长参加中日邦交正常化30周年音乐会，2003年参加圣彼得堡"中国文化周"音乐会等。

刘 宏（1955— ）

大提琴教育家。河南开封人。河南大学公共艺术教研部主任、教授、硕士生导师。1977年毕业于河南大学音乐系大提琴专业。1979至1981年在中央音乐学院进修学习，师从大提琴教育家王祥教授，长期从事教学与器乐理论研究工作。1997年被评为河南大学"十佳教工"，1998年被评为河南省文明教师。近年来在省级以上刊物发表论文二十余篇，出版《大提琴演奏与名曲诠释》。音乐作品十余首获省市级歌曲创作一、二等奖。

刘 虹（1940— ）

女作曲家。河南孟津人。1951年参军，先后在河南、海南军区、总后、国防科委文工团、总政歌剧团任演员和作曲。1966年毕业于武汉音乐学院作曲系。创作《妈妈教我一支歌》等歌曲数百首，歌剧《特区回旋曲》等4部，电影、话剧、舞蹈音乐等18部，电视音乐片8部，器乐曲十余首。1993、1996年，应英国华人艺术中心邀请出访英国。1994年在马来西亚成功地举办了刘虹作品音乐会和轻歌剧《槟城回旋曲》的演出。

刘 欢（1963— ）

歌唱家。天津人。对外经济贸易大学艺术教研室教师，教授《西方音乐史》。1985年毕业于国际关系学院法国语言文学系。创作歌曲、电影音乐、主题曲多首（部），其中21集电视连续剧《北京人在纽约》主题歌《千万次的问》，1994年获歌曲排行榜"十大金曲"冠军。演唱歌曲主要有《少年壮志不言愁》《弯弯的月亮》《亚洲雄风》《好汉歌》等。《你是这样的人》《从头再来》获中宣部"五个一工程"奖。与韦唯、毛阿敏合作多次在国内外重大运动会上演唱主题歌，其中有第七、八、九届全国运动会，首届东亚会，第十二届广岛亚运

会。在北京2008年第29届奥运会开幕式上与莎拉布莱曼共同演唱主题歌《我和你》。曾获"全国十大青年作曲家""八八十大金星""全国影视十佳歌手""最有成就男歌手"等称号。多次应邀担任国内外重大声乐赛事评委。

刘 翠（1932— ）

戏曲、曲艺音乐家。山东成武人。曾任山东成武县文化馆馆长。原苏、鲁、豫、皖、四平调音乐学会副主任。1958年开始研究四平调音乐，同时对山东渔歌、琴书、渔鼓坠、落子、河南坠子等曲种的研究与探讨。用戏曲、曲艺形式谱曲及音乐设计的节目多次获奖，撰写、发表《四平调》《渔鼓坠音乐》《山东清音音乐》等多篇文章，被分别编入《山东省曲艺音乐集成》之中。任《中国民族音乐集成·山东卷》《山东地方曲艺音乐》《山东地方戏曲音乐》等刊物编委、副主编。

刘 辉（1958— ）

声乐教育家、歌唱家。辽宁法库人。1984年起先后毕业于沈阳音乐学院声乐系、中国音乐学院研究生部。沈阳音乐学院院长、教授、硕士生导师。全国声乐学会常务理事，中国民族声乐艺术研究会副会长，中国音协第七届理事，辽宁省音协副主席，辽宁省民族音乐教育促进会会长兼秘书长。先后多次获全国、省歌手大赛金奖。参加国内外各种大型演出百余场。出访十余个国家演出讲学。录制有《喜喜喜》《三次到你家》《一湾湾流水》等CD、DVD个人专辑。多次举办"刘辉独唱音乐会"和"刘辉歌唱艺术研讨会"。多次担任全国声乐比赛评委。所教学生多人次在省部、国家级获奖。编撰声乐教材多部。撰写《关于民族声乐的文化定位问题》《关于高等艺术院校学科建设的问题》等多篇文章。

刘 辉（1959— ）

作曲家。山东威海人。山东省济宁市群艺馆副馆长。曾就读于山东广播电视大学、中央党校函授学院。歌曲作品《公民道德组歌》（共九首、其中五首为作者独立创作）获2004年山东省第七届精品工程奖，歌曲《九曲黄河，万里长江》1997年获山东省首届孔孟乡音创作歌曲电视大赛银奖，《望穿秋水》2001年获山东省"时风杯"青年歌手大赛二等奖。

刘 慧（1939— ）

女钢琴演奏家。山东蓬莱人。中央音乐学院钢琴系毕业。曾任中国歌剧舞剧院钢琴演奏。曾获文化部文艺系统专业比赛钢琴演奏优秀奖，多次获"优秀园丁奖"。

刘 慧（1942— ）

作曲家。辽宁辽阳人。1962年毕业于沈阳音乐学院附中，1982年入沈阳音乐学院大专班进修。曾先后任职于市校外教育办公室、矿区文工团、市少年宫及抚顺市文联组联部。作有歌舞《小矿工》曾获辽宁少儿歌舞比赛音乐创作一等奖，歌曲《愿您心灵美》获省三等奖、《梦里流着一条乌金河》（合作）获省歌舞大奖赛创作一等奖。

L

刘 健（1954—）

低音提琴演奏家。河南孟津人。1990年毕业于河南大学艺术系。曾任河南省豫剧三团副团长。1998年任河南省歌舞剧院副院长。参与排演数十部戏曲、戏剧、中外歌剧、舞剧、影视剧。如新编交响豫剧《穆桂英挂帅》稿京演出。组织情景交响乐《木兰诗篇》的创作和排演，举办《经典·2004交响音乐会》。与国内外指挥家合作演出贝多芬第二、三、五、七、九交响曲，柴科夫斯基的第五、第六交响曲，斯美塔那交响诗《沃尔塔瓦》及中国作品《红旗颂》《嘎达梅林》《火把节之夜》等。

刘 健（1954—）

作曲家。湖南长沙人。1972年入长沙花鼓戏剧团，从事音乐创作及指挥。1985年毕业于武汉音乐学院，后留该校任教。创作器乐作品《纹饰》《夏至》《火把与白月亮》《春天的三种声音——雨、风、雷》《盘王之女》，分别获"美国国际新音乐作曲家比赛'才华成就奖'""湖北省政府'屈原文艺奖'""全国艺术院校圆号作品创作奖""首届'黑龙杯'管弦乐作品比赛优秀作品奖""35届亚太广播电视联盟节目评比一等奖"。曾为电视剧《汉正街人》作曲。

刘 健（1956—）

二胡教育家。河北人。毕业江西师范大学艺术系。江西省民族管弦协会理事。从事二胡演奏及音乐教学二十多年，有较高的演奏水平和丰富的教学经验。撰写论文、各类音乐教学大纲，以及创作器乐、歌曲作品几十篇（首），并在各类国家、省级刊物发表。出访过台湾、香港等地区进行学术交流和演出。为江西赣州红土地培养了大批二胡演奏及音乐专业人才，并执教过法国的留学生和台湾来大陆的学生。所教学生多名在省地比赛中获奖。

刘 杰（1925—已故）

作曲家。河南人。1938年始从事部队文艺工作。曾任阜新市音协主席。作有《尖刀连》《艰苦朴素最光荣》。

刘 捷（1952—）

男高音歌唱家。蒙古族。辽宁沈阳人。1982年毕业于上海音乐学院。曾为上海乐团独唱演员。1980年获首届全国高等艺术院校声乐比赛二等奖。1981年获第十届里约热内卢国际声乐比赛三等奖和特别奖。1984年获首届青年歌手电视大奖赛美声唱法第一名。

刘 菁（1964—）

女二胡演奏家。江苏南京人。江苏民族乐团二胡演奏员。师从甘涛、马友德教授，1991年毕业于南京艺术学院二胡演奏专业，获学士学位。曾获江苏省音乐舞蹈节演奏二等奖，省民族器乐大赛二胡专业组第二名。1999至2002年，在美国巡回演出并举办个人独奏音乐会。被聘为美国阿拉斯加国际音乐节常任演奏家。发起并创办幽兰文艺中心。在由南京音像出版社录制的《二胡经典名曲》中担任示范独奏。撰写有《二胡发展与思悟》《从二胡教学试析

音乐教育的文化学、社会学内涵》等文。

刘 靖（1932—）

歌剧表演艺术家。贵州贵阳人。1950年毕业于解放军某部文艺新闻训练班。曾先后任西南军区文工团、军委空政文工团、贵州省歌舞团歌唱演员。1993至1994年在茅台酒厂文工团任艺术指导。曾在《秦娘美》《红鹰》《赤叶河》《货郎与小姐》《红梅岭》《洪湖赤卫队》等歌剧中扮演主要角色。作有歌曲《扑灭战火》（词曲），编导的歌舞表演唱《赤水河之声》获云南、贵州、四川三省文艺汇演特等奖。

刘 靖（1945—）

作曲家。辽宁大连人。1960年从事文艺工作。1976年毕业于沈阳音乐学院作曲系。原丹东市歌舞团团长、丹东市音协主席。所创作的二人转《女队长》曾赴欧洲四国演出，满族舞蹈音乐《莽势空齐》《五魁舞》《喜歌舞》获文化部、国家民委优秀节目奖，舞蹈音乐《清平韵》《鼓语》《那丹乌西哈》获辽宁省第五届艺术节金奖，音乐剧《包全杰》、歌曲《喜歌》获辽宁省第八、九届精神文明建设"五个一工程"入选作品奖。发表音乐论文多篇。

刘 炬（1972—）

指挥家。浙江镇海人。1992年毕业于中央音乐学院附中二胡专业，1997年毕业于上海音乐学院作曲指挥系。后入中央芭蕾舞团。指挥《天鹅湖》《睡美人》《胡桃夹子》《仙女》《吉赛尔》《葛蓓利亚》《海盗》《红色娘子军》《大红灯笼高高挂》《泪泉》等全剧以及《练习曲》《小夜曲》《主题与伴奏》《辉煌的快板》等中外芭蕾数十部经典作品。随团两次赴新加坡并在国内几十个城市演出。曾应邀赴美国及港、澳地区演出，2002年应邀指挥重庆市新年音乐会。

刘 军（1957—）

大管演奏家。河南人。毕业于上海音乐学院管弦系。1982年在中国广播交响乐团任首席巴松。曾随团赴欧洲七国及港、澳、台地区，参加乐团举办的"贝多芬系列音乐会""柴科夫斯基系列音乐会"等演出，并任该团副团长、团长。2000年组建中国爱乐乐团任副团长。曾五次作为代表团团长、副团长带团赴欧、美、亚洲国家及港、澳、台地区演出。

刘 军（1959—）

小提琴演奏家。山东高唐人。先后毕业于黑龙江艺术学校、黑龙江大学。先后与陈左湟、李德伦、韩中杰、迪图瓦、孔泽尔、梅纽因、汤沐海合作演出数百场音乐会。参加香港巡演、日本"东瀛行"、澳门回归、墨西哥之行等音乐会。参加《叶甫根尼·奥涅金》《乡村骑士》、瓦格纳乐句集萃音乐会演出。

刘 钧（1955—）

作曲家。辽宁北票人。曾就读于昭乌达蒙族师范专

L

科学校、内蒙古师范大学、中国函授音乐学院音乐教育专业。历任学校音乐教师，文工团作曲、指挥，赤峰市平庄煤业集团公司教务处主任，元宝山华乐文化艺术学校名誉校长。作有歌曲《永远热爱这个家》《老师的眼睛》《咱们矿山人》《同是中华好娃娃》，舞蹈音乐《开门红》，器乐合奏曲《老朋友进行曲》等音乐作品百余件，获奖三十余件。撰有《谈音乐教育在基础教育中的地位》，并获奖。在各类大型演出活动中担任作曲、配器、指挥。

刘　凯（1931—2009）

男高音歌唱家。满族。黑龙江望奎人。1948年从事部队文艺工作。曾任总政歌舞团合唱队领唱演员。参加音乐舞蹈史诗《东方红》《中国革命之歌》演出。随团赴苏、罗、朝、缅等国演出。

刘　凯（1932— ）

女声乐教育家、歌唱家。黑龙江哈尔滨人。1950年毕业于东北鲁艺。1960年入哈尔滨艺术学院声乐系任教，哈师大声乐副教授。作有《我站在铁索桥上》等歌曲。1962年参加"哈尔滨之夏"音乐会，演唱《月亮颂》《蝴蝶夫人》《托斯卡》等曲目。1977年录制《东方升起红太阳》《高山顶上修条河》由中央电台播放。1989年举办告别音乐会。1992年举办"刘凯从教四十一周年师生音乐会"。为高等院校及文艺团体输送了一批声乐人才。撰有《美声唱法基础理论》《正确掌握中国语言咬字吐字法》等文，三次获教学优质奖。

刘　铠（1936— ）

作曲家。云南曲靖人。贵州省音协理事。曾先后任职于贵州省花灯剧团、遵义市川剧团、市群艺馆，市文联副主席、音协主席。创作花灯剧《三里湾》《平凡的岗位》等音乐十余部，为样板戏移植配器，创办《遵义歌声》出版发行，作有歌曲《我珍藏着一朵洁白的花》《解冻的河》《正是创业的时候》等，并在中央电视台、省、市电台、电视台播出。获征歌奖多次，培养一批专业人才。

刘　康（1960— ）

指挥家。湖南岳阳人。1978年从事文艺工作，先后担任小提琴演奏、乐队队长、指挥。1985年结业于中央音乐学院指挥系，1986年指挥歌剧《公寓》获全国首届戏剧节指挥奖。1990至1997年任湖南理工学院音乐系客座教授。1998年作曲的歌曲《荷花恋》入选"中国荷花节"主题歌。2001年获"湖南省第二届合唱节"指挥奖。2005年出任"第七届亚洲艺术节"开幕式文艺晚会电视导演及该艺术节MTV导演。

刘　抗（1938— ）

音乐翻译家。浙江宁波人。毕业于沈阳音乐学院钢琴系。先后在辽宁歌剧院、山东京剧团、山东艺术学院任演奏员。1981年入中国音协任翻译，后为对外联络委员会副主任，外联部主任。现居香港。曾参加《不列颠百科全书》音乐条目编译工作。

刘　魁（1930—已故）

音乐教育家。吉林双阳人。1953年毕业于东北师大音乐系，后留校任教。曾任吉林省、市京剧团乐队队长，师大艺术系理论教研室主任。作有器乐曲《幸福之花》，并为京剧《董存瑞》配器。

刘　昆（1941— ）

作曲家。满族。辽宁沈阳人。1969年毕业于中国音乐学院作曲系。曾在吉林省歌舞剧院工作。作有管弦乐曲《欢乐的泼水节》，歌剧音乐《台湾剑客》，歌曲《满族乡飞来吉祥的鹰》。

刘　兰（1924— ）

女声乐教育家。四川成都人。1948年毕业于国立上海音专声乐系。1953年入中央戏剧学院。曾在该院表演系声乐组任教。

刘　兰（1934— ）

女低音歌唱家。江苏镇江人。1949年入部队文工团工作。曾任总政歌舞团合唱队女低音声部长。演唱曲目有《双送粮》《十送红军》。

刘　岚（1928— ）

音乐文学家。辽宁本溪人。1948年辽东文法学院文学系肄业，同年参加东北文化教育工作。1951年并入东北人民艺术剧院，1960年转入辽宁歌剧院。曾创作、改编歌剧《友谊与爱情》《茉莉啊茉莉》《海风轻轻吹》《第二次握手》《革命自有后来人》等。

刘　蓝（1930— ）

音乐理论家、音乐史学家。云南昆明人。中国音乐史学会理事。1949年参加革命。1957年毕业于天津音乐学院。任职于云南艺术学院音乐学院，曾任研究生主要课程导师。后受聘为该院教授。主要著作有《白居易与音乐》《中外音乐欣赏》《音乐漫话》《中国音乐史》《西方音乐史》等。论文有《孔子的音乐教育与音乐美学思想》《唐太宗的音乐美学思想》《论音乐起源于太一》等及评论《艺海明珠》《茶话三则》《曲罢哪能别》等。

刘　力（1932— ）

女小提琴演奏家。山东烟台人。1949年参军任中国人民解放军20兵团68军政治部文工团乐队小提琴手。曾参加太原战役战地演出活动。1951年开始在华北空军政治部文工团乐队工作。1957年调中央广播交响乐团，参与音乐舞蹈史诗《东方红》等许多演出活动，曾随团赴西欧巡回演出。离休后从事儿童小提琴教育工作。

刘　琳（1950— ）

诗人、词作家。山东武城人。毕业于山东大学中文系。德州市音协副主席，市曲协副主席。供职于德州市艺术馆，研究馆员。1970年开始从事文学创作，发表有数百首诗作及歌词作品。出版有《刘琳歌词选》，诗集《流星》《双桨无舵》等。主编《人生风景线》《新世纪的曙

L

光》等书。作品数十次在国家、省市获奖。词作《美不过棉乡八月天》《一朵石榴花》等录制唱片、盒带。《秋菊花开九月九》《年年正月闹秧歌》等被中央及地方电台、电视台播出。

刘 琳（1955— ）

女竖琴演奏家。江苏如东人。1976年毕业于南京艺术学院声乐专业，1984年毕业于音乐学院管弦系竖琴专业。为江苏省歌舞剧院交响乐团竖琴演奏员。1987年获江苏省首届音乐舞蹈节竖琴演奏奖，并获第二届音舞节竖琴演奏二等奖。参加歌剧《茶花女》、"文艺广角""心连心"演出，均担任竖琴演奏。曾参加台北音像制作公司《小夜曲》专集唱盘录制。在江苏省举办的第三届音乐舞蹈节上，参演的交响序曲《弄潮》获集体一等奖。

刘 霖（1940— ）

作曲家、音乐教育家。河北人。曾为中央音乐学院副院长。1965年毕业于中央音乐学院作曲系，1983至1985年公派进修于巴黎音乐师范。1978年起任于教中央音乐学院作曲系。作有舞剧音乐《纺织女工》《红色娘子军》《沂蒙颂》《草原儿女》等（均为合作），交响组曲《那达慕》，钢琴前奏曲《梦》，钢琴与大提琴《忆》，为话剧配乐《樱桃时节》，艺术歌曲《缅怀敬爱的周总理》《毛主席永远活在我们心中》《草原儿女》等。撰有《德彪西管弦乐作品中的光和色》，译著有《和声实用指南》。

刘 麟（1943— ）

歌词作家。山东济南人。1985年毕业于中国音乐学院。中央民族乐团创作室主任、中国音乐文学学会副主席。作有《大海一样的深情》《祖国，我为你干杯》《走进春天》《刮春风》《孟姜女》《昭君出塞》，合唱组曲《启明星》，交响曲《大地安魂曲》等。诸多作品被各大音乐院校列为声乐教材。编剧的歌剧《木兰诗篇》赴纽约林肯艺术中心、维也纳国际歌剧院演出并获殊荣。出版《大海一样的深情》《母亲河》作品集及《木兰从军》《渔舟唱晚》CD专辑。发表诸多音乐随笔与评论，数十首（篇）作品在国家级大赛中获奖。多次参与国家大型艺术活动的策划与创作。多次担任"文华奖""国家舞台艺术精品工程"和文化部高级职称评委。

刘 玲（1945— ）

女音乐编辑家。北京人。1961至1970年先后毕业于中央音乐学院民族声乐系、中国音乐学院理论系。后为人民音乐出版社三编室副主任。撰有《书坛一隅》《中国乐器》及《音乐趣话》。编辑有《先秦音乐史》《中国乐器志》《刘天华全集》等，其中《中国音乐史图鉴》获文化部图书二等奖，《中国音乐史简述》《中国现代音乐史》获省图书奖。

刘 玲（1960— ）

女小提琴演奏家。山东青岛人。山东省歌舞剧院交响乐团小提琴首席。1984年毕业于山东艺术学院。1990年获省直艺术表演团体青年演员比赛器乐专业组一等奖。2003年被山东省文化厅评为省文化系统优秀专业人才。

刘 玲（1963— ）

女歌唱家。广西柳州人。毕业于广西艺术学院桂剧表演系，后在中国音乐学院声乐系进修。南山艺术团独唱演员，广东青联委员。1986年录制《歌仙刘三姐》获中央电视台"通美杯"奖。1993年获中央广播电台"首届大自然杯"全国听众最喜爱的十佳青年歌手称号，获"华鑫杯"全国名歌手暨新歌曲创作电视邀请大赛演唱银奖。1994年获文化部第四届"群星奖"演唱铜奖。出版发行个人CD专辑《红盾的风采》。演唱歌曲有《等到今天》《东方少年》等。

刘 璐（1954— ）

女音乐编导家。河北武清人。毕业于北京广播学院新闻系新闻编采专业。中国音协第五届理事。中央电视台戏曲音乐部《音乐桥》栏目主编。负责编播有关音乐界各类重大事件，以及重要音乐演出活动等节目。

刘 明（1960— ）

单簧管演奏家。北京人。曾任中国音协表演艺术委员会北京单簧管学会常务理事。1986年毕业于中央乐团社会音乐学院管弦系，1980年入北京交响乐团任首席单簧管。多次参加中央音乐学院外国单簧管专家班的学习。与众多中外知名指挥家合作演出数百场。曾应邀为中央乐团及中国广播交响乐团等担任首席单簧管，应邀参加"香港艺术节"，"和平友谊之声国际音乐比赛"等重大演出活动。多年以来，培养数十名单簧管人才。

刘 鸣（1956— ）

音乐活动家。安徽利辛人。安徽利辛县委宣传部长、县音协主席。1985年毕业于阜阳师范学院中文专业。创作歌曲多首，其中《海峡两岸共春风》参加省"五个一工程"奖评选，《乐乐哈哈奔小康》获第六届文化之春中国民族歌曲演创大赛民歌精品铜奖。组织文化及音乐创作活动近百次。组织、推荐或带队参加各级比赛多次获奖。

刘 沛（1919— ）

作曲家。江苏南京人。1938年入延安鲁艺学习，在首演冼星海《生产大合唱》中任主角。作有歌曲《表一表抗日决心》获边区鲁迅文艺奖甲类一等第一名。作有歌剧音乐《贾仁义》，歌曲《新农会会歌》《和平之歌》，合唱《劳动歌》曾录制唱片。1949年任天津《大众歌声》主编。中国音协天津分会第一任秘书长。曾率天津曲艺组赴朝慰问演出。1951年赴柏林参加世界青年联欢节，主演歌剧《打击侵略者》。与舒模演唱《河边对口曲》，并录制唱片。1958年毕业于中央音乐学院干部进修班作曲专业。1979年调文化部群众文化局任副局长。筹组晋察冀文艺研究会任副会长，筹组文化部老干部合唱团任常务副团长。

刘 品（1930—2008）

长笛教育家。辽宁复县人。1946年参加部队文工团。1953年入上海音乐学院选修长笛及音乐理论，后任长笛教授。所教学生曾获1985年北京青少年长笛比赛多种奖项。先后由山东齐鲁、南京先恒、广州华盛等音像出版社出版由其主讲的长笛教学系列VCD数十碟。

刘 奇（1936— ）

大管演奏家。河南人。1956年任中央乐团交响乐队大管首席并担任独奏。作有大管独奏曲、室内乐作品多首。1978年与北京管乐器厂合作改革大管，荣获中国科学大会奖。国际双簧管协会会员。

刘 琦（1955— ）

作曲家。山东青岛人。1997年毕业于中央音乐学院作曲系。武警文工团创作室副主任。歌曲《北京城里走一走》《太阳的故事》《士兵的祝福》《真情永远》《草原轻骑兵》《望北京》等分获全国及全军不同奖项。军乐曲《中国武警》，舞蹈音乐《人民卫士》《潜伏出击》获武警部队优秀成果奖。曾为第六届残疾人运动会创作主题歌《火炬歌》，为煤矿文工团创作的歌舞诗剧《日出印象》作曲。

刘 迁（1954— ）

声乐教育家。天津人。杭州师范学院音乐系副主任。1982年毕业于山西大学艺术系，同年入山西省歌舞剧院任独唱演员，曾获首届全国青年歌手电视大奖赛山西赛区二等奖，并参加第一届华北音乐舞蹈节等演出。培养了一批声乐人才，有多名学生进入中国煤矿文工团、上海歌剧院等文艺团体。

刘 强（1943— ）

葫芦丝演奏家。北京人。1960年入中央民族乐团。1980年获文化部直属院团观摩评比演出演奏二等奖和作曲三等奖。作有葫芦丝独奏曲《美丽的金孔雀》《月下情歌》。

刘 强（1952— ）

作曲家。四川什邡人。四川德阳市音协副主席、什邡市音协名誉主席、市政协常委。曾在部队当文艺兵时开始音乐创作。80年代初至今已有百余件音乐作品在各级报刊杂志与文艺调演中发表和演出。近年来，连续多次获省、全国"五个一工程"和政府音乐作品奖。曾被德阳市和什邡市分别授予"创新人才"和"有突出贡献的优秀专家"等称号。

刘 青（1954— ）

女声乐教育家。安徽萧县人。1976年起先后毕业于河南豫西师范、洛阳教育学院及河南大学音乐系。曾在中学及师范学校任音乐教师。1998年在河南省三门峡市教育局任音乐教研员。著有《钢风琴弹唱》（编委），作有歌曲《九九采莲》。曾获河南省第一届"金龙杯"声乐大赛民族唱法三等奖。1998年获河南省中等师范学校第二届文艺汇演暨音乐教学技能比赛一等奖，2007年获河南省教育系统优质课一等奖、辅导教师奖。

刘 青（1956— ）

作曲家。重庆人。1969年始从事部队文艺工作。1984年任铁道工程指挥部文工团创作室主任，后任总政歌舞团作曲。中国音协第七届理事。上演、播出和发表大量音乐作品，有二百多件作品在国内、外获奖。作有交响组曲《奥林匹克之光》，电影《高考，1977》，话剧《我在天堂等你》，电视连续剧《东方商人》《潘汉年》《太平天国》等主题曲和音乐。歌曲《祝你平安》《山不转水转》《永远是朋友》《高天上流云》《人间第一情》《中国大舞台》《五星红旗》《你好吗》《妻子》《家和万事兴》《光荣与梦想》《祖国万岁》《祖国你好》《昨天下了一夜雨》《亲爱的人》《风雨真情》等。

刘 庆（1954— ）

作曲家、双簧管演奏家。山东平度人。陕西音协理事。1973年毕业于陕西省歌舞剧院学员班，同年入该院任双簧管演奏员，后任独奏演员、艺术办公室主任，1987年任该院轻音乐团副团长。作有双簧管独奏曲《乡村晚会》《秦川谣》等，歌曲《黄河畔上的唢呐声》《山里的婆姨山里的汉》，并分别获奖。曾在《党旗颂》《拥抱九月的风》《大地的深情》《十月的颂歌》等大型文艺晚会担任作曲和音乐总监。曾为《中国出了个毛泽东》《花木兰》《彭雪枫将军》等电视剧作曲。

刘 琼（1955— ）

小提琴教育家、作曲家。安徽合肥人。安徽省音协小提琴专业委员会副会长。先后任专业文艺团体小提琴演奏员，合肥市少年宫小提琴教师。学生多次参加全国、省级比赛，并获奖。培养的学生多人考入专业艺术院校。创作有琵琶独奏曲《思念》，歌曲《我送大海一支歌》《天边有一颗流星》，舞蹈音乐《西瓜妞妞》分别获华东地区首届少儿民乐汇演创作奖，省文化厅颁发的一等奖，文化部、中国音协等颁发的创作奖。多次获优秀教师奖、特殊贡献奖。

刘 韧（1958— ）

男高音歌唱家。四川宜宾人。1984年毕业于西南师大音乐系，声乐副教授。宜宾市音协主席、四川省钢琴学会常务理事、宜宾学院音乐系主任。1984年获第三届青年歌手电视大奖赛美声唱法"荧屏奖"。多次获四川省声乐比赛一等奖，所教学生曾获"全国推新人大赛十佳歌手"奖，多次担任省、市音乐比赛评委。培养了大批音乐艺术人才，撰写多篇论文，并在评比中获奖。

刘 荣（1963— ）

女作曲家。山东威海人。1981年入烟台吕剧团任演奏员，1987年入济南军区政治部歌舞团任演奏员、创作员，2006年任济南军区政治部文工团副团长。全军文艺系列高级职称评委、全军文艺先进工作者。作有歌曲《大河向东流》《黄河的故事》《坚决打胜仗》，电视剧音乐《王乐义》《情归何处》《黄河歌谣》《杨树沟》，器乐曲《士兵的旋律》《红小鬼》《抗洪英雄赞》《木轮车》《夜歌》《和平使命》《千里大机动》，民族交响音画《泰

L

山》等。作品曾获中国电视"星光奖""金鹰奖"、全军"最佳作品奖"及中宣部"五个一工程"奖。

刘 茹（1970— ）

女歌唱家。陕西西安人。1993年毕业于西安音乐学院声乐系，后任陕西省歌舞剧院歌舞团演员。参加"大路、大潮、大开发""相聚太白山""七月的丰碑""盛世长安""唱不完的信天游""新世纪的祝福"等大型晚会并任独唱，在省"华翔杯"等声乐比赛中多次获奖，如1997年获省"推新人"声乐大赛一等奖，"建党八十周年"声乐大赛民族专业组一等奖。曾担任歌剧《张骞》的领唱，曾随《仿唐乐舞》赴香港、泰国等地演出。撰有《字正腔圆，声情并茂》《歌唱演员艺术再创造力的培养》等文。

刘 森（1937— ）

指挥家。河北清苑人。1954年入中国广播民族乐团。后任中央广播文工团合唱团指挥。曾任总政歌剧团指挥。曾多次出国访问演出。作有合唱《重上井冈山》。

刘 森（1953— ）

音乐教育家。辽宁人。中国音协管乐学会理事，海口市音协副主席。长期从事中小学音乐教育工作。曾在山西大同市组建"小星星管弦乐团"，排演管弦乐故事《龟兔赛跑》等近百首曲目，1990年在海口市第一中学组建管乐艺术实验班。1994年在北京举行的全国少年管乐大赛获一等奖。1997年在全国中小学文艺汇演中获一等奖。

刘 杉（1936— ）

二胡演奏家。辽宁锦州人。1949年从事文艺工作。先后在东北人艺儿童剧团、辽宁歌舞团民族乐队任首席、二胡声部长，二胡、板胡独奏演员。1951和1956年分别在中央电台录制高胡独奏《齐破阵》和古筝高胡二重奏《南泥湾》。曾参加中国人民第三届赴朝鲜慰问团和东北大区、全国音乐周、全国音乐舞蹈会演与全国少数民族会演、沈阳音乐周、长春音乐周、哈尔滨之夏等音乐演出活动。1973年创作并演出二胡独奏《打谷场上喜丰收》。

刘 珊（1961— ）

女歌剧表演艺术家。山东人。中央歌剧院演员。1986年毕业于中国音乐学院歌剧系。曾饰演《刘胡兰》中的刘胡兰，《芳草心》中的芳芳、媛媛，《卡门》中的卡门，《歌仙—小野小町》中的皇后女官，以及《蝴蝶夫人》中的苏茹基。参加"香港艺术节""唱北京爱北京"、芬兰"萨沃林纳艺术节"等重要演出。1986年举办独唱音乐会。

刘 石（1959— ）

女琵琶演奏家。吉林长春人。南京艺术学院副教授、中国民族管弦乐学会琵琶专业委员会常务理事、中国琵琶研究会长江流域联席会副主席兼副秘书长。1982年毕业于南京艺术学院并留校任教。1986年与1990年先后举办两场独奏音乐会。1993年在中国音协主办的"全国民乐邀请赛"中获一等奖。先后发表十余篇论文。录制发行《琵琶名作精选》演奏CD、《器乐入门——琵琶》《琵琶基础教

学与考级指导》教学VCD。曾获"全国优秀园丁奖"。

刘 姝（1962— ）

女音乐教育家。青海西宁人。青海师范大学音乐系副教授。1985年毕业于青海师范大学艺术系。曾荣获西宁市人民政府"2003百架钢琴为夏都喝彩"大型钢琴合奏音乐会优秀辅导教师奖，全国首届"卡瓦依杯"（钢琴比赛）青海选拔赛优秀园丁奖，2005年指导的《谷粒飞舞》获全国第一届大学生艺术展演活动二等奖，2006年获第三届鼓浪屿钢琴艺术节暨全国青少年钢琴比赛选拔赛优秀指导奖。发表音乐论文数十篇。

刘 水（1959— ）

指挥家、音乐教育家。陕西周至人。解放军某学院音乐系教授、合唱团艺术总监。发表歌曲31首、论文25篇、专著7部，指挥军、地各类演出百余次，获国际级奖5项、国家级奖8项、军区、省部级奖18项。被兰州军区表彰为优秀青年工作标兵、2007年获解放军四总部颁发的教书育人银奖。多次率领军乐团参加迎送美、英等国外宾的礼仪活动。从事音乐教学二十余年，培养大批人才。1999年出版《歌咏指挥》。被评为第六届军队院校教学成果三等奖，并被列为军队院校文化工作课教材。

刘 苏（1954— ）

女音乐教育家。福建仙游人。福建省福州第一中学艺术教研组长、德育处主任。1982年毕业于福建师范大学艺术系。1996年被评为"对繁荣福州市音乐事业作出突出贡献的音乐工作者"，1992与1998年两次被福建省教委授予"优秀中学音乐教师"称号，1997年由国家教委艺术教育委员会等授予"全国优秀中学音乐教师"称号，2002年被评为首届福州市"名学科带头人"。与王耀华等专家一起编写的福建省三年制初级中学《音乐》课本一套六册，已通过教育部审查。

刘 威（1950— ）

作曲家。辽宁旅大人。辽宁儿童艺术剧院创作员。1969年于沈阳音乐学院附中毕业后分配到抚顺市歌舞团任大提琴首席，1974年在沈阳音乐学院作曲系干修班进修，后相继任辽宁省歌舞团及儿艺剧院专职作曲。作有歌剧音乐《沧海恨》（合作）《寒梦》，歌舞剧《天池》（合作），组歌《八一军旗高高飘扬》等，民乐合奏《东北民歌主题联奏》，电视剧音乐《天职》《普查员之歌》，歌曲《当我从原野走过》《你放鸭我放鹅》《这山莫望那山高》《珍重·再见》《把心贴着祖国》等，部分获奖。

刘 薇（1922— ）

女歌词作家。北京人。曾任中国音乐文学学会副主席，北京军区战友歌舞团艺术指导。北京市第八、九、十届人大代表，全国"三八红旗手"。1940年从北京赴晋察冀边区，入华北联大文艺学院学习，后到联大文工团，1942年调晋察冀军区"七月剧社"工作。1952年调华北军区文工团从事歌词创作。毕业于"鲁迅文学院"第三期。参加《东方红》大歌舞创作，参与创作的《看见你们格外

L

亲》、军旅歌曲《走上练兵场》《打靶歌》《连队的歌声》广为传唱。写有大量歌词，出版有歌词集《彩霞飞舞》《是谁给了我》以及《刘薇作词歌曲选》。

刘 巍（1955— ）

小提琴演奏家。吉林长春人。吉林歌舞剧院交响乐团乐队首席。1974年毕业于及吉林艺术学校，1988年毕业于中央音乐学院管弦系。曾任吉林省歌舞团、长影乐团独奏演员、乐队副首席及中提琴首席。演奏录制电影、电视剧音乐三百余部和大量盒带。演奏巴格尼尼第二十四首随想曲、协奏曲等。任《全国小提琴考级辅导教材》副主编。多次受聘于各种少儿小提琴比赛评委。

刘 伟（1950— ）

双簧管演奏家。上海人。上海歌剧院交响乐团原团长。1963年进入上海音乐学院附中学习双簧管专业。后担任上海市舞蹈学校《白毛女》剧组管弦乐队（上海芭蕾舞团管弦乐队）首席双簧管演奏员。1993年任上海乐团首席双簧管演奏员。1997年担任上海歌剧院交响乐团团长兼任首席双簧管演奏员。参加国内外数百场交响乐、芭蕾舞、歌剧的演出，并致力于双簧管的教学和普及。

刘 伟（1952— ）

音乐编辑家。河北唐山人。唐山电台副台长。1985年毕业于河北电大中文系。曾任唐山地区歌舞队、京剧团作曲、演奏员，唐山交通文艺台节目总监。撰有《凤凰飞进中南海》《艺术化的直播与直播的艺术》，作有器乐合奏《海河两岸尽朝晖》，为大型现代京剧《白莲花》、广播剧《成北才》主题歌作曲。音乐专题"地杰人灵更美""柳林之约"等分获中国广播政府奖、中国交通广播奖、河北省首届优秀广播文艺节目一、二、三等奖，歌曲《喜鹊窝里的小山村》获中央台广播新歌曲特别奖，交响合唱《金色的港湾》获中国广播新歌征歌铜奖。

刘 玮（1972— ）

女高音歌唱家。山东文登人。海军政治部文工团歌队演员。1977年、2005年分别毕业于中国音乐学院声乐系、解放军艺术学院文学系。曾获第七届央视青歌赛民族唱法三等奖，获中宣部等六部委"歌唱公仆孔繁森声乐大赛"最高奖优秀演唱奖，获中国首届旅游歌曲大赛演唱金奖，2002年获"罗平杯"全国西部大开发征歌声乐大赛一等奖，2003年被国际科学与和平组织授予"和平使者"称号，2005年获文化部第七届全国声乐大赛"文华奖"三等奖。

刘 玮（1973— ）

女中阮演奏家。吉林长春人。中央民族乐团演奏员，中国民族管弦乐学会会员1994年毕业于中国音乐学院器乐系，2002年就读该院研究生部。演奏有中阮独奏曲《终南古韵》、中阮协奏曲《云南回忆》等。先后随团赴韩、德、美、突、叙、约等国访问演出。曾赴乌兹别克斯坦参加国际音乐节、赴日本参加庆祝中日邦交25、30周年庆典演出、赴奥地利维也纳金色大厅参加中国新春音乐会、赴

法国参加"中国文化年"活动、赴俄罗斯举办"中国文化周"活动。

刘 溪（1954— ）

指挥家。辽宁人。1978年入辽宁本溪市歌舞团任指挥。1978年入中央音乐学院指挥系进修班学习。1987年入全总歌舞团任乐队指挥。曾指挥《江姐》《夺不走的爱》等歌剧及管弦乐合唱。

刘 峡（1963— ）

女声乐教育家。吉林人。东北师范大学音乐学院声乐副教授、硕士生导师。吉林省政协委员。曾在2002年第四届"万里长城杯"国际音乐比赛中获声乐第二名（日本），在亚洲古典音乐会比赛获声乐组优秀奖（日本），2003年获得全日本第八回RETLECT音乐比赛获评审员奖。参加的科研项目获2001年吉林省优秀教学成果三等奖。论文在2008年全国评比获三等奖。发表有关女中音艺术的研究论文4篇。撰有《歌剧的艺术》《世界艺术经典——世界民歌》，参编《声乐教学曲库——中国艺术歌曲选》。

刘 湘（1963— ）

胡琴演奏家。北京人。从小跟随父亲刘明源学习中国民族弓弦乐器。1976年考入海政歌舞团，任板胡独奏和多种胡琴演奏。1977年文艺汇演中，板胡曲《地道战组曲》获优秀演奏奖。1983年获解放军艺术学院音乐系器乐演奏大专学历。1987年考入中央民族乐团，任高胡、板胡演奏员。中国胡琴学会理事。1997年在北京音乐厅举办纪念刘明源诞辰66周年"刘湘胡琴独奏音乐会"，1999年在上海音乐厅举办独奏会。参加1998年新春在维也纳金色大厅音乐会，在其中担任独奏。出版有独奏专辑CD唱片《珊瑚幻想曲》及胡琴独奏专辑《嘎达梅林》。曾在国际华夏器乐展演年"中国民族乐器独奏大赛"中获板胡项目大奖。

刘 翔（1953— ）

作曲家、双簧管演奏家。河南开封人。先后毕业于武汉音乐学院附中、河南大学音乐系研究生。曾任湖北省歌剧院、国防科工委文工团双簧管首席。后为总装备部文化工作站站长兼电视艺术中心负责人。作有民族管弦乐《欢庆》并获一等奖，《走自己的路》等十余首作品在全国、全军文艺汇演中获奖。为50集电视连续剧《小小男子汉》，专题片《热血丰碑》作曲，为"金鸡、百花奖"颁奖晚会、总政歌剧团轻歌剧《特区回旋曲》及出访马来西亚制作全台MIDI音乐。曾为中央电视台春节联欢晚会剧组编导组成员，第二届全军"战士文艺奖"评委，全军首届战士文艺汇演评委。

刘 新（1964— ）

打击乐演奏家。湖南人。中央民族乐团乐务室组长。1987年毕业于中国音乐学院。曾随团赴美国、德国、法国、新加坡、台湾、香港、澳门、希腊、奥地利、丹麦、突尼斯、叙利亚、约旦、日本、韩国、埃及等国家和地区，参加了大量的演出活动。

刘 信（1958— ）

手风琴演奏家。吉林长春人。曾任吉林省歌舞剧院现代团手风琴演奏员。中国手风琴学会理事，吉林省高师院校手风琴学会秘书长，长春市手风琴协会理事长。10岁学琴，后考入东北师大音乐系。1995年获吉林手风琴比赛成年组第一名，同年获北京第二届国际手风琴艺术节全国比赛成年组第三名。所教学生有的考入大学，有的在国家、省、市比赛获奖。著有教学参考书、即兴伴奏、史话等。在吉林省举办两次个人手风琴独奏音乐会。

刘 行（1927—2004）

作曲家。四川成都人。1944年在重庆童师高师科就读兼学音乐专业，1946年在华北联合大学音乐系学习作曲和指挥，后任该校文工团指挥。1949年任华北大学三部音乐系协理员，1950年任中央戏剧学院研究部音乐室作曲，后在中央实验歌剧院创作组任作曲。1955年起在中央民族歌舞团任作曲。主要作品有《在毛泽东旗帜下胜利前进》，大型音乐舞蹈史诗《东方红》中的歌舞《百万农奴站起来》以及获得国际金奖、铜奖的舞蹈音乐《飞天》《草原上的热巴》，并为电影《百鸟朝凤》创作片头曲。另有合唱曲《雄鹰啊张开矫健的翅膀》《祖国西藏展翅飞》《歌唱民族大团结》等。

刘 炎（1934— ）

大提琴教育家。河南洛阳人。湖北省音协第五届理事、武昌区第七至九届人大代表。1956年毕业于中南音专管弦系大提琴专业，后任该院大提琴教研组长。曾任湖北艺术学院附中部副主任、学院文工团长，武汉音乐学院附中第一副校长，全国大提琴教师学会理事。培养一批优秀教师和演奏人才。编著有《大提琴演奏基础》及大提琴音阶、练习曲、乐曲集等教材，发表有《大提琴演奏民族风格的学习与探讨》等文。

刘 艳（1971— ）

女高音歌唱家。江西萍乡人。广州歌舞团独唱演员。先后就读于江西文艺学校、中央民族学院。曾获华东六省电视歌手大赛金奖，广东"羊城音乐花会"声乐比赛亚军，广东省青年歌手大赛亚军，全国声乐作品大赛演唱奖，全国青年歌手大赛优秀奖。曾在"国家舞台艺术精品工程"木偶音乐剧《鹿回头》中担任女主角，在木偶剧《五羊传奇》中担任女主角，该剧获全国"金狮奖"。被广州市授予"艺术之星"和省"优秀音乐家"。

刘 雁（1940— ）

作曲家。山东人。1964年毕业于中国音乐学院作曲系本科，后在江西省歌舞剧院从事作曲。在全国及省、市发表五百余首作品，其中有歌曲《葡萄歌》《送双草鞋表心意》等数百首，电影电视剧音乐《小河清清》《小猴哭脸与笑脸》等数十部，交响诗《方志敏》《大地骄子》等6部，舞蹈音乐《开天辟地》《龙的传人》等近百部，大型歌舞《井冈山颂》《赣水那边》等9部，歌剧《传枪·钟声》等二十余部。舞剧《春苗》《杏花劫》，合唱曲《滕王阁》《打卫山歌过横排》及《江西民歌7首》等一批作品

获国家、省、市一、二、三等奖。为音乐学院培养、输送数十名学生。

刘 燕（1940— ）

女高音歌唱家。广西合浦人。曾先后任广州乐团、广东省歌舞剧院、广东省歌舞团歌唱演员兼歌队副队长，中国唱片广州公司副社长。多次参加礼宾及重要演出。参与组建广东第一支"紫罗兰"电声轻音乐队任领队及组建中唱广州公司艺术团任团长。参加广东大型音乐舞蹈史诗《东方红》的演出二百余场。2005年出版个人专辑《晚霞》。广州离退休干部及广州军区老干大学声乐指导。

刘 燕（1971— ）

女高音歌唱家。土家族。湖南邵阳人。北京歌剧舞剧院主演。1995年毕业于解放军艺术学院音乐系，师从马秋华。作为嘉宾参加戴玉强独唱音乐会全国巡演。先后获全国"小天才"金奖、"九龙杯"声乐比赛三等奖、全国"刘三姐"杯银奖、全国百家电视台MTV大奖赛金奖、"金钟奖"声乐比赛演唱奖。曾赴蒙古、挪威、芬兰、瑞典、英国演出。

刘 洋（1963— ）

女音乐教育家。安徽宿州人。宿州市一职高音乐教师。先后毕业于安徽省教育学院艺术系、安徽师范大学中文系。曾获宿州市首届声乐大赛一等奖，"中华赛歌会"宿州赛区一等奖，安徽省赛区美声组第二名。作有歌曲《飞飞飞》，获省校园歌曲评选一等奖。撰有《论艺术歌曲的演唱处理》《浅谈轻声唱在音乐教学中的应用》等。

刘 乙（1929— ）

作曲家。河北秦皇岛人。1953年毕业于北京师大音乐系。曾在吉林省京剧团工作。《中国戏曲音乐集成》（吉林卷）副主编。担任戏曲艺术片京剧《火焰山》音乐设计并指挥。

刘 毅（1955— ）

小提琴演奏家。辽宁瓦房店人。长影乐团团长、吉林省音协副主席。1979年毕业于沈阳音乐学院管弦系小提琴专业，后任长影乐团小提琴演奏员、轻音乐队首席、交响乐队第二小提琴首席、乐队首席等。曾为《沉醉》《鞘中剑》《女子监狱》《鄂伦春风情》等十几部影视片录制小提琴独奏。1992年曾组织、策划演出《世纪回眸——中外电影精品音乐会》《花儿还是那样红——长影乐团电影视听音乐会》《中华魂、母亲河——长影乐团交响音乐会》等诸多大型音乐会。

刘 毅（1968— ）

钢琴教育家。湖北襄樊人。武汉艺校音乐教研室钢琴教师。1994年毕业于华中师大音乐系。撰有《也谈钢琴弹奏的力量来源》《纯正务实，不求闻达——中央音乐学院附中钢琴教学印象》等论文。1999、2002、2004年分别参加了本校与日本钢琴家、美国奥古丝塔娜大学的交流演出，担任中方钢琴独奏学生的指导教师，并承担声乐钢琴

伴奏的演出任务。

刘　寅（1943— ）

歌唱家。彝族。云南昆明人。1970年从事专业文艺工作，1980年在首届全国少数民族文艺汇演中获独唱、男女声二重唱双项优秀奖。所演唱的歌曲《云南出来小马驹》《酒歌》《请到普米家中坐一坐》《阿妹，你藏在哪里》由中央电视台录制后在"云南民歌欣赏"专题节目中多次播放。曾多次举办个人音乐会。在《追求》《白鹇鸟之歌》《货郎与小姐》等歌剧中担任主要角色。

刘　引（1960— ）

音乐教育家。四川人。毕业于四川音乐学院钢琴系。师从但昭义、郑大昕教授。重庆艺术学校主科钢琴高级讲师、音乐教研室主任。1986年举办"刘引钢琴独奏音乐会"，曾多次在重庆市文艺之星汇演及建国五十周年演出中担任钢琴独奏，并举办多届"刘引钢琴学生独奏音乐会"。培养的学生获"星海杯"全国少儿钢琴比赛重庆赛区进京奖，重庆市"七星杯"钢琴比赛一、二等奖，第二届TOYAMA亚洲青少年音乐比赛万州赛区一等奖和三峡首届"斯坦威"杯少儿钢琴大赛三等奖。

刘　英（1963— ）

女二胡演奏家。湖南人。1986年毕业于中央音乐学院，后攻读硕士二胡研究生。1983年获北京第三届青年二胡观摩演出优秀奖。1985年获第一届全国二胡邀请赛一等奖。

刘　英（1964— ）

唢呐演奏家。安徽人。上海音乐学院副教授。1986年毕业于上海音乐学院器乐系。曾获第二届中国艺术节优秀成果奖及第十四届"上海之春音乐节"优秀表演奖等并参加"20世纪华人音乐经典作品展演"等演出，曾赴多国演出和讲学。录制有《中国唢呐名人名曲》《国乐大师演奏特辑》《中国唢呐十大名曲》《一枝花》等演奏专辑。

刘　瑛（1944— ）

女音乐教育家。福建闽清人。1965年毕业于福建师院艺术系音乐专业。曾先后在沙县文工团任演员，在光泽一中、建阳师范学校、福建师大附中任教及福建师大音乐系音乐理论教研室副主任。出版《福建省初级中学音乐课本》六册，《福建省初级中学音乐课本教学参考书》二册，撰写论文《音乐的听觉训练》。为《福建音乐教育》编委。

刘　瑛（1952— ）

女高音歌唱家。壮族。广西武鸣人。1987年毕业于中央音乐学院。后在广州交响乐团担任独唱演员，曾举办10场独唱音乐会，出版《风雨吟》个人演唱专辑。近年来致力于声乐培训教育，系星海音乐学院兼职教授，并担任多家业余合唱团声乐指导。

刘　瑛（1967— ）

女打击乐演奏家。山西左权人。中国爱乐乐团演奏员。1984年就读于中央音乐学院附中，1991年毕业于本院管弦系西洋打击乐专业。后入中国广播艺术团交响乐团。1997年赴芬兰西贝柳斯音乐学院深造。曾与国内多个乐团合作演出，担任打击乐、马林巴独奏，演出曲目有《渔屿掠影》（马林巴与弦乐队），《和太鼓》（日本鼓和大乐队），叙事音诗《鹿母莲》（女高音、打击乐及弦乐队）等。曾随中国青年交响乐团、中国广播交响乐团访问苏联、东德、波兰、日本及港、澳、台地区。

刘　萤（1924— ）

作曲家。吉林怀德人。自1946年始，先后任黑龙江省文工团、省评剧团、省龙江剧院作曲、艺术室主任。1953年赴东北音乐专科学校进修理论作曲。1984至1994年任《中国戏曲音乐集成·黑龙江卷》副主编兼编辑部主任。出版有《林区吆号子》《评剧曲调》（合作），发表有《评剧男声唱腔的改革问题》《评剧音乐的继承与发展》《谈龙江剧音乐》《同源异曲、各放异彩——谈二人转与龙江剧音乐之关系》。曾为《雨过天晴好前程》《千河万流归大海》等三十余出评剧作曲，为《结婚前后》《春灵庵》等三十余出龙江剧作曲。为《中国大百科全书·戏曲曲艺卷》《中国音乐词典》《中国民族音乐大观》撰写龙江剧音乐条目，为《二人转词典》撰写音乐条目三十余条。多次获国家级、省级奖励。

刘　颖（1964— ）

女中音歌唱家。回族。辽宁沈阳人。1990年由中央音乐学院声乐系毕业后在中国交响乐团合唱队任演员，曾随团赴美国、加拿大演出并任独唱、领唱，1992年在人民大会堂为申奥演唱了《洛杉矶奥运会歌》。曾参加大连新春音乐会、广州新年音乐会、昆明和银川新年音乐会的演出，担任独唱。2001年参加了网上音乐会任独唱，录制北京电视台的春节晚会独唱《渴望》，同年在中山音乐堂与意大利歌唱家同台演出歌剧《乡村骑士》，扮演劳拉。

刘　映（1933— ）

作曲家。辽宁人。曾于吉林大学中文系专修文艺理论与就读辽源电视大学。1948年参军，曾在某部宣传队、某军文工团乐队任大提琴演奏员。1962年调辽源市歌舞团乐队任队长兼指挥。后任辽源市音协主席、市政协委员。创作大量歌曲以及弦乐四重奏《送粮》，二胡重奏曲《社员都是向阳花》等。撰写论文《略谈民间鼓吹乐挖掘、搜集整理》。出版《四莺将啼》歌曲集。参与编纂《中国民族民间曲集成》的挖掘和搜集整理。

刘　永（1956— ）

音乐编导家。江苏连云港人。1974年在连云港市文工团从事音乐工作。1980年毕业于南京艺术学院音乐系并留校。曾任连云港市电视台艺术中心主任，后为业务指导、连云港市音协副主席。所导演的音乐片《海州湾情韵》，器乐TV《在海一方》，电视散文《石头计量的城市》，MTV《美丽的石棚山》等十余部作品获省政府一、二等奖，所导演的电视戏曲晚会《春约梨园·相约连云港》获中国电视学会第四届电视戏曲"兰花杯"一等奖。创作组曲《凤·

L

图·腾》及六十余首独唱、合唱作品，被评为江苏省第四届"十佳电视艺术家"。

刘 勇（1953— ）

音乐学家。山东莱芜人。1991年任中国音乐学院音乐学系中国古代音乐史教师。1999年毕业于中央音乐学院。1990年获全国高等音乐、艺术院校中国音乐史论文评选研究生三等奖，2002年获同奖项（双福杯）研究生一等奖、优秀指导教师奖。发表音乐学论文二十余篇，并有专著《中国唢呐艺术研究》等。参加《中华艺术通史》的撰稿，担任《器乐集成》特约编辑并参与审稿。2004、2005年分别赴英国谢菲尔德大学音乐系和美国加利福尼亚大学洛杉矶分校民族音乐学系做访问学者。多次出席国际会议并宣读论文。

刘 勇（1963— ）

作曲家。辽宁大连人。海南省歌舞团创作员。曾就读于沈阳音乐学院作曲系。作有歌曲《送个槟榔给你尝》《度假休闲三亚游》《别问我》《叮咚情》，舞蹈音乐《绿色的椰岛》《穿上我的新筒裙》《鼻箫恋》，钢琴独奏曲《五、六》等音乐作品，有的获奖。为《绿色的呼唤》《希望工程》《煤黑子与女人们》《秘字812》等电视剧作曲。多次参加海南电视台等举办的大型文艺晚会。

刘 湲（1959— ）

作曲家。山东潍坊人。1986年由上海音乐学院作曲系毕业，2000年毕业于中央音乐学院作曲系研究生，后留校任教。曾先后师从杨立青、吴祖强。1975年入福州军区政治部前锋歌舞团乐队任演奏员，后任江西电影制片厂音乐组编辑。1991年入上海歌剧院任艺术创作室主任。作有第一交响乐《交响狂想诗——为阿佤山的记忆》获1991年"上海之春"大奖，中国音乐作品比赛二等奖，室内乐《圭一》获1988年中国作品比赛三等奖，交响诗《中山号舰——1922年》获纪念孙中山诞辰100周年作品比赛银奖，交响诗篇《土楼回响》获2001年"金钟奖"金奖，音诗《沙迪尔传奇》（大型民乐队）获2001年中国音乐"金钟奖"银奖。

刘 源（1929—已故）

作曲家。江苏丰县人。1940年入八路军挺进剧社。曾任乐队队长。1950年入上海音乐学院作曲系学习。曾在山东歌舞剧院工作。作有歌剧音乐《喜嫂》《飞来的花手帕》及电视片音乐《鲁智深》。

刘 媛（1963— ）

女声乐教育家。江苏徐州人。1986年毕业于西南师范大学。1993年在贵阳举办独唱音乐会。曾获首届"全国听众喜爱的歌手"美声组优秀奖。多次获教育部、文化部授予的"优秀辅导教师"及"优秀园丁奖"，2003年《祝福祖国》在"春满校园"评比中获特等奖，个人获教育部颁发的"优秀演员奖"。撰文十余篇，为省内外培养众多音乐人才，多人次在全国及省内声乐比赛中获奖。

刘 跃（1960— ）

男中音歌唱家。河北人。1975年入天津歌舞剧院。1987年毕业于中央音乐学院音乐系。为该系研究生。1985年获英国卡地夫世界歌唱家比赛第三名。1987年获巴西里约热内卢国际声乐比赛亚博银质奖。获全国"聂耳·冼星海声乐作品演唱比赛"美声唱法男声组银质奖。曾应邀赴菲律宾、爱尔兰合作演出。

刘 展（1945— ）

打击乐演奏家。河南开封人。曾任中国民族打击乐协会理事。1960年入开封市歌舞团。1961年为武汉军区军乐队木琴独奏演员。1991年肄业于华南业余文艺大学。1979年以来设计发明"五弦柳琴""连体移动鼓架""五弦29品中阮"。两任南方歌舞艺术团副团长赴澳门、香港演出。先后任武汉军区胜利歌舞团、广州军区战士歌舞团副团长、团艺术指导。1999年任首都庆祝建国50周年联欢晚会中心表演区编导、并获荣誉证书。

刘 铮（1934— ）

女钢琴教育家。北京人。1951年参加志愿军文工团赴朝参战。1957年考入沈阳音乐学院钢琴系。毕业后分到北京舞蹈学院任钢琴伴奏。后为高级讲师。1984年编撰出版《中国古典舞基础钢琴伴奏曲选》（合作），同时，讲授舞蹈音乐分析及欣赏。1987年任音乐教研室主任。在《舞蹈》《琴童》等杂志发表有关音乐舞蹈关系及音乐欣赏等文章六十余篇。

刘 正（1931— ）

女歌剧表演艺术家。上海人。1957年毕业于上海音乐学院声乐系，师从周小燕教授。同年分配到陕西省歌舞剧院歌剧团。曾主演歌剧《货郎与小姐》《夺印》《江姐》等，并担任音乐会独唱。1966年调陕西乐团任声乐教员。1985年在陕西省艺术学校任教。

刘 正（1948— ）

音响师。江苏人。中国广播艺术团录制科科长。1982年毕业于清华大学无线电系。曾任中国广播合唱团手风琴伴奏。所录制的电视艺术片《西部畅想曲》《北国音画》《马友友大提琴独奏音乐会》分别获一等奖与三等奖。录制盒带《青年圆舞曲》《绝世佳作》，管弦乐《兵马俑》，电视剧《强盗的女儿》，电视音乐片《室内乐专题》《欢乐的节日》《春天的钟声》，民族管弦乐作品《流水操》《灵山梵音》等，其中有的获奖。

刘 政（1962— ）

歌唱家。江苏徐州人。1978年始任徐州市歌舞团独唱演员。曾获徐州市人民政府嘉奖，先后获第二届江苏音乐舞蹈节独唱、重唱两项三等奖，第三届江苏音乐舞蹈节声乐演唱奖，淮海战役胜利50周年歌曲创作演唱大赛民歌组一等奖，第四届江苏声乐大赛专业民族组铜奖，第五届江苏音乐舞蹈节优秀演唱奖。2006年被江苏人事厅、江苏省文化厅评为先进工作者。首唱的原创歌曲有《千万年的九里》《大风歌》《热土恋歌》《淮海星座》《汉韵流芳万古长》《心中的马可》《暖情》《放歌新世纪》等。

刘 之（1965— ）

音乐教育家。贵州毕节人。1981年毕业于贵州艺术学校音乐科、1988年毕业于西南师范大学音乐系。历任毕节地区黔剧团乐队演奏员、贵州艺术高等专科学校、湖南师范大学教师、西南师范大学音乐学院副教授。作有钢琴独奏曲《舞台廻旋》获"蒲公英"奖创作铜奖，双簧管与钢琴《山境》。发表《浪漫主义音乐的一面旗帜——瓦格纳音乐剧的文化特质》《对高师钢琴教学的几点思考》等文，著有《钢琴配弹教程》《都市情调钢琴系列P.Ⅱ》均已出版发行。

刘 志（1942— ）

歌唱家、声乐教育家。北京人。1963年毕业于中央音乐学院声乐系，师从黎信昌、沈湘教授进修。1963年调浙江歌舞团任独唱演员。杭州师范学院音乐系声乐教研室主任。浙江省音协理事、声乐学会副会长。曾在歌剧《红松店》《焦裕禄》及苏联歌剧《货郎与小姐》中扮演主要角色。1988年以访问学者身份赴美国南伊利诺依大学音乐系进修并讲学，举办个人独唱音乐会。撰有《中国美声歌唱家应向民族戏曲汲取营养》《中国民歌唱法的演变与趋向》等文。

刘 庄（1932— ）

女作曲家。浙江杭州人。毕业于上海音乐学院作曲系，先后任教于上海音乐学院及中央音乐学院。1969年起任中央乐团作曲。1989至1991年作为美国富布赖特亚洲客席教授，在美国纽约州锡拉丘斯大学音乐学校教授中国音乐及音乐理论。作品有钢琴《变奏曲》，大提琴《浪漫曲》，交响音画《梅花三弄》，木管五重奏《春江花月夜》，钢琴协奏曲《黄河》（合作），室内乐有《春归去》《风入松》《流》，歌曲《月之故乡》《小鸟小鸟》《我没有带回我的心》（与延生合作），电影音乐《小兵张嘎》《边城》，其中一些作品曾获奖。

刘 壮（1924—1987）

音乐教育家。河北蠡县人。1938年参加新世纪剧社歌舞队。1950年入中央音乐学院进修。曾任河北省艺术学校校长。

刘 宗（1958— ）

男高音歌唱家、声乐教育家。四川铜梁人。1982年毕业于南京艺术学院、留校任音乐系教师、副教授。1997年在中央音乐学院声歌系学习，师从黎信昌，曾举办个人独唱音乐会。发表《谈歌唱的呼吸》《声乐演唱和欣赏变迁的审美因素》《关于艺术院校音乐素质教育的思考》《17年间重要声乐作品创作及演唱的风格特点》等文多篇。

刘爱东（1968— ）

女高音歌唱家。山西太原人。中国交响乐团合唱团演员。分别毕业于山西文化艺术院音乐系与中央音乐学院声歌系。2004年与英国指挥史密斯·尼科的万国合唱团合作，演唱亨德尔的《弥赛亚》全剧，担任女中音独唱。2006年在山西省电视台举办首场个人音乐会。2007年在中国交响乐团合唱团新编情景合唱音乐会上担任三重唱《山楂树》演出，同年参加该团合唱团青年音乐家独唱音乐会。曾受聘解放军艺术学院音乐系客席教授。

刘爱华（1944— ）

长号演奏家、演出经理人。山西孟县人。中国戏剧家协会会员，中国演出家协会会员。1963年于中央歌剧舞剧院歌剧舞剧学校毕业后，任中央歌剧舞剧院管弦乐团长号演奏员。参加过十余部歌剧、舞剧及多场音乐会的演出，编写长号教材。1979年起负责剧院对外宣传工作，在许多报刊上发表过介绍歌剧、音乐会的文章。任剧院演出经理处处长其间，担任过许多歌剧、音乐会的演出舞台监督和国家举办的大型演出活动总监。在文化部春节电视晚会担任制片、策划及音乐统筹并受到文化部两次通报表彰。曾出访过芬兰、香港、澳门和台湾。

刘爱华（1968— ）

小提琴教育家。回族。四川成都人。新疆艺术学院音乐学院副教授。1980、2002年分别毕业于中央民族大学音乐系、美国德州大学音乐学院，获硕士学位。撰有《小提琴教学中揉弦训练的探讨》《如何以科学的思维方式来设计练习与演奏的最佳路径》，科研课题有《论小提琴演奏维吾尔族音乐的手法与技巧》等。2000至2004年赴美留学期间，曾在拉克鲁斯交响乐团、阿尔帕索交响乐团等担任第一小提琴，并参加乐团音乐季的演出。培养的学生多人考入音乐院校及文艺团体。

刘爱民（1954— ）

作曲家。江西临川人。抚州市临川区七中音乐高级教师。江西音协理事、省音乐教育专业委员会理事、市音协副主席兼秘书长、市中小幼艺术教学专业委员会副主任、东华理工大学音乐系特聘客座教授。在中央及省电台、电视台、《儿童音乐》《歌曲》等发表或播出作品二百余首，多次获奖。作有歌曲《走进水乡》《东华理工之歌》。出版有个人作品专辑CD唱片。

刘爱明（1969— ）

二胡教育家。湖南邵阳人。湖南省音协二胡专业委员会常务理事，湖南省二胡艺术研究会常务理事，邵阳市音协二胡艺术委员会副会长兼秘书长。1994年进修于中央音乐学院民乐系二胡专业，1990年起从事少儿二胡教学工作。并为中央、上海、武汉、西安、星海、中戏等音乐院校输送二胡人才五十余名，其中有的曾获"2002年全国青少年艺术新人大赛"金奖。2002年举办"刘爱明师生二胡独奏音乐会"。创作有《思归》《深秋叙事》等二胡曲。

刘安光（1940— ）

女声乐教育家。北京人。曾任厦门大学音乐系声乐教师。1964年毕业于中央音乐学院声乐系。曾任职于河北省歌舞剧院。获福建省第四届武夷音乐舞蹈节演唱二等奖。曾应邀在天津音乐学院、鼓浪屿举办独唱音乐会。培养的学生获首届漳州"水仙杯"声乐大奖赛美声唱法一等奖。

刘安华（1940— ）

作曲家。湖南耒阳人。1957年入中南音专附中学习小号。1965年毕业于湖北艺术学院作曲系，后任江西省歌舞团专职作曲，并兼任乐队指挥和小号演奏。1994年任团长。中国音协理事、第五届江西省音协副主席、创作委员会主任，江西科技师范学院音乐学院、江西高专等多所艺术院校客座教授。获奖作品有七场客家歌舞《山那边水那边》，广播剧《凤凰嫂》，舞蹈音乐《鲤鱼灯》《母爱》《太阳潮》《蛇舞》，笛子独奏《布谷鸟飞来了》，二胡独奏《都市晨曲》《出征曲》以及舞剧《井冈山颂》，歌剧《彼岸》等。出版个人歌曲专集《我的红土地》，撰有《怎样学歌曲配写小乐队伴奏》等。

刘安祺（1946— ）

小提琴演奏家。陕西西安人。1958年考入西安音乐学院少年班，1969年毕业于西安音乐学院钢琴管弦系。原陕西省歌舞剧院轻音乐团团长。先后兼任陕西省歌舞团、陕西省歌舞剧院轻音乐团管弦乐队和陕西省歌舞剧院交响乐队首席小提琴。在多部获奖的歌舞类剧、节目和歌剧《张骞》《司马迁》中担任首席小提琴和领奏。创编的小提琴独奏、齐奏曲有《高原之歌》《学习解放军》《秦腔随想曲》《赶集》等。

刘安清（1932— ）

歌唱家、指挥家。四川绵阳人。1955年毕业于四川省艺专音乐科。后入四川歌舞团任合唱、歌剧演员与四川省歌舞剧院合唱指挥。在1981年"蓉城之秋"艺术节上指挥合唱《中南海的春风》《笑容中我们挺起了腰》，在1989年全国艺术节四川分会场开幕式上指挥合唱《在希望的田野上》《山丹丹开花红艳艳》，在歌剧《青稞王子》中任声乐指导、合唱指挥。1990年参加全国歌剧调演。

刘宝禄（1958— ）

歌唱家。辽宁沈阳人。沈阳音协常务理事。1977年考入沈阳歌舞团，任歌队副队长、队长。1990年师从歌唱家李双江。曾代表中国侨联、沈阳市政府、沈阳艺术家代表团出访马来西亚、日本、泰国。首唱数十首新作，获奖32次。曾获第四届"全国青年歌手电视大奖赛"优秀歌手奖。1994年获广电部"中国民歌演唱精英赛"金奖。1996年获文化部全国声乐比赛三等奖。

刘宝荣（1959— ）

音乐编辑家、作曲家。山东德州人。1986年毕业于南京师范大学。先后任无锡洛社师范学校音乐教师，广东茂名广播电视台文艺部主任，茂名音协副主席。作有歌曲《荔乡蜜月》《父亲和母亲》《海生》，电视音乐《舞者》《渔海畅想》《中华红的祝福》《危难见真情》等，获电视文艺节目金、银、铜奖。撰有《MTV创作的三种意识》《论艺术创作中的心理结构》《年例中寻觅冼夫人的足迹》。并任茂名学院客座教授。

刘保国（1953— ）

小号演奏家。山东潍坊人。解放军军乐团演奏员、独奏演员。多次参加国家和军队的内外事司礼演出活动，并担任独奏、重奏。经常在北京或随团到外地进行公演和下部队慰问演出。演出曲目主要有《西班牙斗牛士舞曲》《游击队之歌》《号手的节日》《团圆的日子》《春天的歌舞》《山丹花随想曲》及阿鲁秋年《小号协奏曲》，胡麦尔《bE大调小号协奏曲》，海顿《小号协奏曲》。出版有《校外音乐考级全国通用教材》及主讲的小号VCD视听教程《军乐博士》。

刘保忠（1946— ）

作曲家。山东人。作有歌曲《夜航之歌》《弯弯的小路》，二重唱《闪光吧，青春》，其《第五届全国中学生运动会会歌》由上海少儿合唱团演唱获全国一等奖。戏歌《花衣裳》获第二届曲艺节"牡丹奖"及上海全国戏歌大赛"红花奖"一等奖。为《香玉》《国道》《上镇风波》《岛城便衣警察》《滨海情缘》《庄户人是天》等多部电视剧作曲、配器，并为天津电影制片厂拍摄的电影《千里情缘》作曲、填词。改编女声合唱《沂蒙山小调》获在北京举行的"国际合唱节"比赛金奖。

刘北茂（1903—1981）

二胡演奏家、作曲家。江苏江阴人。自幼随兄刘天华学二胡、琵琶等乐器。1927年毕业于北京燕京大学英文系。曾任上海国立暨南大学、北京大学等校英文讲师。1932年练习二胡，并开始音乐创作。曾在重庆青木关国立音乐院任国乐教授。新中国成立后，执教于中央音乐学院。曾借调至安徽艺术学院任教。作有《汉江潮》《前进操》《漂泊者之歌》《欢乐舞曲》等二胡曲百余首。曾翻译威尔第的歌剧《弄臣》。曾任安徽省政协委员、省文联委员、省音协理事。2003年在北京举行"民族音乐大师刘北茂百周年诞辰纪念活动—刘北茂学术研讨会""刘北茂作品音乐会"。出版有《刘北茂纪念文集》《刘北茂二胡创作曲集》《刘北茂回忆录——刘天华音乐生涯》及CD《民族音乐大师刘北茂名曲集——百年诞辰纪念珍藏版》，获"中国金唱片奖"。

刘秉平（1957— ）

音乐活动家。回族。山西安康人。1972年在安康汉剧团学习戏曲表演及打击乐。1996年入中央党校函授学院。2003年任安康市群艺馆副馆长。安康音协副主席，陕西音协理事。作有儿歌《小小船工闯汉江》，小品《爸爸没有忘记》《天职》等数十个作品。撰有《学者、师者、服务者——浅谈青少年群文工作者的形象定位》等文。组织、策划春节、国庆及多个庆典晚会、电视春节文艺晚会、大型文艺演出等。先后辅导多个合唱团。

刘秉义（1935— ）

男中音歌唱家。河北秦皇岛人。第五届中国音协理事。第九、十届全国政协委员。1951年参加志愿军某兵团文工团。1962年毕业于中央音乐学院声乐系并留院任教，同年在歌剧《叶甫根尼·奥涅金》中饰奥涅金。1964年在音乐舞蹈史诗《东方红》中演唱《西江月·井冈山》。70年代起，先后任中央乐团、中国轻音乐团、中国歌舞团独唱演员、艺术指导。多次在北京、上海等地举办独唱音乐会。曲目有《沁园春·雪》《回延安》《我为祖国献石油》《跳蚤之歌》。曾获文化部"演唱一等奖"、中央电台"40年广播金曲奖"、美国世界艺术家协会"声乐艺术杰出贡献奖"。

刘炳义（1933— ）

作曲家。山东寿光人。1945年从事部队文艺工作。后任二炮政治部创作员。作有歌曲《垦荒战士之歌》，歌剧音乐《八月的歌》，舞蹈音乐《春归雁》。

刘布杨（1951— ）

作曲家、音乐编辑家。河南人。青海广播电台主任编辑，青海音协理事。毕业于北京广播学院新闻编采专业。历任青海电台文艺部音乐科长、文学科长，文艺部副主任。曾在大通县文化工作队任单簧管演奏员、西宁市歌剧团任作曲，1984年入省电台。发表歌曲10余首，为歌剧、广播剧、电视剧作曲、配乐数十部。广播剧《最后的报告》《江源人家》分获中宣部和省"五个一工程"奖，创作和采编的《牛背摇篮》等歌曲在历届"全国广播新歌征集"中分获金、银、铜奖。

刘采石（1911—1993）

音乐活动家。河南新乡人。1938年在延安鲁艺音乐系学习。曾在延安鲁艺音乐工作团、鲁艺音乐研究室从事音乐理论工作。后长期从事艺术教育工作。1978年在中国音协从事民族音乐编纂工作。

刘彩云（1958— ）

歌唱家。陕西西安人。1986年毕业于天津音乐学院声乐系。海南省音协理事。海南大学艺术学院副教授，担任声乐、意大利语音的教学。出版《歌唱与人生》专著一部，发表《听视觉——浅谈歌唱艺术欣赏》《民族风格，时代气息》《论歌唱的音乐语言表现》《歌唱艺术的形体表演》等文。编写《意大利语音》教材一册，翻译《圣传》第三卷1-4册。为海南广播电视台录制数十首歌曲，2002年举办"刘彩云独唱音乐会"。培养多名优秀学生。

刘昌庐（1933— ）

女二胡演奏家。四川江北人。1949年从事部队文艺工作，曾参加抗美援朝。1958年于沈阳音乐学院毕业后调中央民族歌舞团，任民乐队首席兼高胡、二胡独奏员。中国音协二胡学会理事、荣誉理事。先后随团出访阿尔巴尼亚、苏联、缅甸、印度尼西亚、巴基斯坦等国。下放回城后调中央民族学院艺术系任教。编有二胡教材《开手集》《二胡基础教学笔录》《五秒验拍法》。

刘长安（1946— ）

作曲家。山东黄县人。中国音协第六、七届理事、中国音乐发展委员会副主任、广东省文联副主席、广东省音协主席、广州市人大常委会教科文卫委员会副主任。1965

年就读于中国音乐学院附中理论作曲学科，1978年入中央音乐学院作曲系。创作各类音乐作品近千首，其中获奖作品有歌曲《我爱五指山，我爱万泉河》，钢琴与管弦乐《珠江之歌》，电影配乐《新方世玉》，舞蹈音乐《红军与小猎手》以及评论文章《琴台遐想》等。曾任广州歌舞团副团长、团长，广州市文化局艺术处副处长、文化局副局长。

刘长福（1944— ）

二胡演奏家、教育家。天津人。1981年毕业于中央音乐学院研究生班，后为民乐系二胡专业教授。中国音协二胡学会副会长、中国民族管弦乐会胡琴专业委员会副会长、刘天华研究会副会长。培养众多二胡演奏与教学人才。作有独奏曲《草原新牧民》《塞外情思》《瑶山雨》《草原小姐妹》《喜送丰收粮》等。录制出版多张个人专辑CD唱片、盒式录音带、VCD及教学示范光盘。撰有《二胡演奏中的风格性技巧》《二胡弓法的技巧性应用》等文。编纂出版有《二胡系统进阶练习曲集》《儿童学二胡入门》《优秀二胡曲精选与解析》。主编中央音乐学院《民族器乐曲博览——二胡、高胡、中胡曲集》《中央音乐学院海内外二胡考级教程》。

刘长河（1947—已故）

单簧管演奏家。河北人。1963年毕业于中央音乐学院附中，后在中央音乐学院进修。1969年任海政歌舞团首席单簧管。作有《快乐的单簧管》《康定变奏曲》《春游》《跳绳》《左手练习》《连吐音演奏训练》等单簧管乐曲。著有《单簧管基础教程》。录制《康定变奏曲》《春游》《快乐的单簧管》等单簧管曲。参加在人民大会堂、中南海、钓鱼台国宾馆等处举行的数百场重要演出。

刘长宽（1934— ）

小提琴演奏家。山东人。乌鲁木齐歌舞团原团长。1947年参军后先后就职于西北野战军二纵队宣传队、二军文工团、一兵团文工团、新疆军区文工团。1953年师从王治隆教授学习小提琴。在任新疆军区文工团副团长期间，曾组织创作演出《葡萄架下》《奶茶舞》等音乐舞蹈节目和大型歌舞《我们的队伍向太阳》《新疆好》及《新疆好组歌》等。曾随团赴诸多国家演出。

刘畅标（1929— ）

钢琴教育家。广东台山人。1951年毕业于北京燕京大学音乐系钢琴专业，并留校任教。后在中央音乐学院钢琴系、西安音乐学院钢琴系任教，曾任钢琴教研室主任、系主任、教授，硕士生导师。发表论文四十余篇。培养众多钢琴演奏家、钢琴伴奏和钢琴教师，多次担任全国、省市和香港钢琴比赛评委。1988年曾赴美国在三所大学作钢琴专业的学术讲座，获美国"国际文化荣誉证书"。

刘成福（1936— ）

作曲家。辽宁人。1964年在全国20城市职工广播歌曲比赛中，《汽车工人志气高》获创作奖，1986年在全总、中国音协举办的"建设者之歌"征歌中《工厂的早晨》获二等奖，1988年在全国首届厂歌、行歌征集评选中《汽车工人之歌》获二等奖，1992年全总、中国音协举办的"三热爱"歌曲评选中《你和我》获二等奖。《汽车工人志气高》《工厂的早晨》先后由人民音乐出版社出版，《汽车工人之歌》及《你和我》分别由华艺出版社、中南工艺出版社出版。

刘成刚（1972— ）

作曲家。吉林四平人。1993年毕业于北华大学音乐学院。吉林四平市艺术团作曲、乐队队长。作有歌曲《烈士碑前的小花》获中国音协歌曲创作比赛佳作奖，《今天我们一起HIGH》获全国优秀流行歌曲创作大赛东北赛区银奖，《咱老百姓的天》获中国群文学会创作比赛金奖，舞蹈音乐《东北花鼓》获文化部"群星奖"。还有话剧音乐《九龙吟》《人民公仆孔繁森》《托起明天的太阳》，电视剧音乐《吹尽黄沙》，歌曲《平安是福》《草原之恋》《爱在人间》等。曾获吉林省首届器乐舞蹈大赛钢琴演奏成人组一等奖。

刘成功（1932—已故）

作曲家。山东淄博人。曾任长影乐团作曲。1946年考入白山艺术学校，1956年由鞍山调入长影，师从作曲家张棣昌。曾为《我们村里年轻人》《独立大队》等六部故事片配器，为《石林》《五大连池》《告别三十年》等六十多部（集）科教片和电视剧作曲，一部获"百花奖"、二部获"金虎奖"。1953年作品有歌曲《互助合作有奔头》《铁牛谣》，获东北地区奖。

刘成甲（1957— ）

作曲家。河南巩义人。大专文化。郑州市音协副主席，巩义市剧协主席、市豫剧团团长。创作不同题材、风格的歌曲数百首，并先后百余次在各类评选活动中获奖。参与并主持策划大型文艺晚会三十余台。其中歌曲《大年三十包饺子》被中央电视台1999年春节联欢晚会采用，《秋风吹来一个故事》《黄河滩上的女人》分别获得全国"广播新歌""每周一歌"金、银奖，《这方热土》获全国公益歌曲评选金奖，《顺溜溜的好年头》《乡情》《有一种幸福叫祥和》等多首作品获河南省精神文明建设"五个一工程"入选作品奖。

刘成兴（1941— ）

作曲家。陕西西安人。1965年毕业于新疆艺术学院音乐系。曾在新疆喀什地区文工团工作。作有舞剧音乐《帕米尔雄鹰》，器乐独奏曲《欢乐的歌》，歌曲《飞翔吧祖国》等。

刘承华（1953— ）

音乐学家。江苏滨海人。南京艺术学院音乐学研究所教授，音乐学院音乐学系副主任。1978年就读于南京大学中文系，1982年毕业后到中国科学技术大学任教。2002年调入南京艺术学院。主要从事音乐美学、音乐文化、琴学等方面的教学与研究。出版有《中国音乐的神韵》《古琴艺术论》《中国音乐的人文阐释》《文化与人格》等。发

表论文八十余篇。有五项成果分别获全国和省、部级奖。

刘程远（1954— ）

作曲家。浙江松阳人。浙江丽水市文化体育广播电视局副局长、市文联副主席、浙江音协理事、丽水市音协主席、丽水市政协委员。先后在国家、省、市（地）级发表大量各类音乐作品，其中歌曲《国之瑰宝》获浙江省第四届音舞节创作一等奖，《水妹子》获浙江省第八届"五个一工程"奖。作曲的睦剧小戏《杜鹃花开》获全国第十一届"群星奖"优秀奖。参与作曲的畲族风情歌舞剧《畲山风》获全国第二届少数民族文艺汇演创作金奖。

刘赤城（1938— ）

古琴演奏家。江苏南通人。梅庵琴社社长，"诸城派"第三代传人及四大琴家之一徐立荪先生弟子，继承该派全部曲目。1958年考入上海音乐学院民乐系首届古琴专业，着重攻读音乐理论。毕业后执教于安徽艺术学院，后调入安徽省歌舞剧院，任专职古琴演奏和研究工作。多年来致力于古琴音乐遗产的发掘、整理、打谱等工作，积累《秋鸿》《羽化登仙》等三十余首。录制有《名曲精萃》《中国神韵》等多张专辑，拍摄有《醉渔唱晚》古琴独奏MTV。发表有《〈梅谱〉诸城派》。演奏曲目有《搔首问天》《捣衣》《卡门怨》《挟仙游》《秋江夜泊》等。

刘崇德（1942— ）

音乐理论家。河北霸州人。河北大学古籍整理研究所教授、词曲学专业博士生导师。早年在诗书、绘画、曲学诸方面曾受正统教育，1994年以来致力于词曲音乐研究。著有《新定九宫大成南北词宫谱校译》，获国家古籍整理一等奖，另有《元杂剧乐谱研究与辑译》《碎金词谱今译》《燕乐新说》等。参与《李白全集校注汇释集评》等十余种书籍的编纂工作。曾荣获全国五一劳动奖章和省级荣誉称号。

刘崇华（1929— ）

声乐教育家。四川江津人。1951年毕业于四川西南师范学院音乐系声乐专业，留院任教。1956年调北京艺术师范学院，后在北京艺术学院、中国音乐学院任声乐讲师、副教授。执教四十余年，培养大批学生，如上海歌舞团独唱演员贺继红，上海广播电视台音乐编辑周凤兰，北京歌舞团独唱演员潘菲等，并有部分学生出国留学深造。撰有《民族声乐的教与学》等文。

刘崇义（1942— ）

女民族声乐教育家。山东德州人。四川音乐学院歌剧系、四川师大现代艺术学院声乐教授，省艺术团声乐指导，音乐舞蹈研究所客座研究员。1990和1993年先后在四川省艺术宫举办民族声乐教学独唱音乐会，1986年参加全国曲艺音乐研讨会并发表论文《民族声乐的吐字与辙韵》。1991年参加全国说唱文学学术研讨会并发表论文《从四川清音〈峨眉茶谈〉演唱风格》，获优秀论文。

L

刘楚材（1938— ）

音乐教育家。湖南人。1961年毕业于中山大学中国语言文学系。先后在中国音乐学院、深圳大学等院校任教。教授。曾任深圳图书馆馆长、特区文化研究中心特邀研究员、市政协委员。出版著作《在新浪潮中》《'乐记'评注》（合作），《中国歌词选》（编），论文《'乐记'的音乐美学思想》《稽康及其声无哀乐论》《漫说音乐文学》《美学漫议》《邓小平文艺理论的美学基石》（与胡经之教授合作）等。

刘楚雄（1944— ）

作曲家。湖南邵阳人。湖南省邵阳市音协副主席，湖南省音协二胡专业委员会常务理事，邵东县音协主席。曾在中央人民广播电台、湖南人民广播电台与《歌曲》《音乐生活》《湘江歌声》等刊物发表大量词曲作品，其中《竹篙一点船离岸》《打工的阿哥回山寨》等15件作品在文化部、中国音协主办的征歌中获奖，《相思谣》由台湾著名歌星王大川演唱后并由中央人民广播电台播放。曾为三部电视专题片作曲。出版有《刘楚雄歌曲选集》。

刘楚元（1949— ）

二胡教育家。湖北团风人。1968年参加工作。长期在黄冈师范学院艺术学院音乐系从事二胡教学，为器乐教研室主任、教授。先后在《音乐研究》《中国音乐》等刊物上发表论文。致力于二胡教育事业，潜心培养青少年一代，并被湖北省考委会评为"优秀指导教师"。

刘传芳（1931—已故）

作曲家。山东泰安人。1948年从事部队文艺工作。1952年毕业于重庆西南人民艺术学院音乐系。曾任河南省歌舞团创作员。作有歌剧音乐《豹子湾的战斗》（合作）及舞蹈音乐《花伞舞》《红灯舞》。

刘春红（1973— ）

女高音歌唱家。河南焦作人。2004年毕业于广东省委党校，先后任济南军区前卫歌舞团、广州歌舞团独唱演员。曾为《圆梦》《握住春的手》《风雨故乡路》等数十首歌曲的首唱。为《马鸣风萧萧》等多部电视剧录制主题歌，为中央电视台获奖话剧《老兵》录制主题歌《泪水、海水都觉甜》。赴日、韩、美等国及香港、澳门地区演出。分获河南省青年歌手电视大赛、济南军区战士歌手比赛、央视第七届青年歌手电视大赛一等奖。在音乐剧《星》中饰演主要角色。

刘春梅（1966— ）

女高音歌唱家。吉林长春人。吉林省歌舞团团长，全国文化系统先进工作者，第十一届全国人大代表，吉林省政协常委，省音协副主席，吉林省青联常委。1983年毕业于吉林省戏曲学校吉剧科，1985年考入吉林省歌舞团任歌唱演员。1988年考入中国音乐学院进修，师从声乐教育家金铁霖教授。演唱作品《过河》《梁祝》《我的梦，在飘雪的北方》。曾多次参加中央电视台春节晚会，"心连心"艺术团的演出，三次获中国音乐电视大赛金奖。

刘春年（1959— ）

男中音歌唱家、教育家。江苏连云港人。连云港市艺术学校音乐教研室主任。曾就读于连云港艺术学校、南京艺术学院。1998年在借调中央歌剧舞剧院期间，曾参加歌剧《图兰朵公主》《马可·波罗》《安魂曲》和新年音乐会等合唱演出。撰有《用科学有效的方法进行歌唱教学》《歌唱的艺术表现》等文。

刘春荣（1939— ）

女音乐教育家。湖北武汉人。星海音乐学院教授、硕士生导师，广东省音协副主席。1962年毕业于湖北艺术学院理论作曲系，同年入广州音乐专科学校任教。后任星海音乐学院理论作曲系主任兼党支部书记、代院长、党委副书记。发表论文多篇。出版专著《和声分析》，为"九五"广东高校人文社科研究规划项目。1993年获广东省优秀教师特等奖，并被授予广东省南粤教书育人优秀教师、全国优秀教师称号。

刘春曙（1929—已故）

音乐理论家。福建惠安人。任职于福建省艺术馆，研究员。1993年被国务院授予突出贡献专家。个人或合作出版的专著有《福建民间音乐简论》《福建南音初探》，专集有《闽剧音乐》《福建老根据地革命歌曲》《福建民间歌曲选》《福州十番音乐》《闽剧常用曲调》《南曲选集》《福建革命民歌选》，撰写论文二十多篇。主持艺术科学国家重点研究项目《中国民歌集成·福建卷》《中国曲艺音乐集成·福建卷》的编纂工作，被文化部评为先进工作者，获编纂一等奖及成果奖。1990年以"大陆杰出人士"身份首批访问台湾。

刘达章（1943— ）

女扬琴演奏家。山东诸城人。西安音乐学院学术委员、扬琴教授、硕士研究生导师，中国扬琴协会副会长。1964年毕业于西安音乐学院民乐系扬琴专业后留校任教。著有《扬琴演奏艺术》《每日必弹·扬琴练习曲》。编著教材《扬琴演奏教程》《扬琴练习曲》《扬琴教材》1-3册，获西安音院首届优秀教材二等奖。创作扬琴独奏曲《飞翔吧，红领巾》，在陕西省及全国民乐作品评比中获奖。发表论文数十篇，其中《浅论扬琴教学》入选《世界学术文库》（华人卷）第一集。4次获西安音院"教学成果奖"称号。

刘大炳（1936— ）

歌唱家、声乐教育家。安徽合肥人。曾任上海音协声乐艺术专业委员会理事、上海思博职业技术学院音乐系兼职教授。毕业于北京体育学院。1957年入上海广播乐团，历任合唱、独唱、声乐教师、歌队艺术指导。1966至1972年在芭蕾舞《白毛女》中配唱杨白劳。曾录制独唱歌曲50余首。1996年在上海电视大学录制20集教学片《怎样演唱歌曲》。作有歌曲《开心里格来》《飞翔吧，理想的翅膀》等。

刘大冬（1935—2005）

音乐教育家、指挥家。河北迁安人。1953年毕业于西北艺术学院音系并留校任教。上世纪曾在外国指挥专家班进修。1978年后组建西安音乐学院交响乐团任艺术指导、首席常任指挥，演出四百余场交响音乐会。为《黄土地》《红高粱》等数十部影视片录制配乐。专著有《合唱指挥法》，译著（日）斋藤秀雄《指挥法教程》（合译），长篇论文《1949—1990指挥学科建设及理论研究工作纵横观》。曾任西安音乐学院院长、中国指挥学会理事、陕西音协副主席。

刘大汉（1927—2006）

中提琴教育家。吉林人。1948年起从事中提琴演奏及教学工作。曾任星海音乐学院管弦系副教授、系主任，部队文工团乐队队长，广东省小提琴教育学会副会长。离休后曾被星海音乐学院聘为院督导组成员，任期三年，后被聘为音乐学院中学小提琴教师。在军文工团曾三次获得优秀演奏奖。1971年出版《中提琴教材》。

刘大建（1953— ）

小提琴教育家。辽宁台安人。大连市少年宫培训部教师。1993年毕业于辽宁师范大学，并先后进修于沈阳、中央音乐学院。曾在盘锦和营口歌舞团任中提琴首席。辅导学生参加“广播杯”、全国“希望杯”小提琴比赛及全国考级，均取得优异成绩。作有小提琴齐奏《红孩子》、器乐合奏《四季调》并编写《少儿小提琴教材·入门篇》。

刘大进（1958— ）

音乐活动家。江苏南京人。南京市第一中学高级教师。1982年毕业于南京师大音乐系。指挥的管弦乐《十月放歌》《节日序曲》分获江苏第一、二届，全国第二届中小学生艺术展演一、二等奖。任音乐总监获第36届维也纳国际青年音乐节第二名。论文《乐在手中，乐在其中》获江苏第二届中小学生艺术教育科论文评比二等奖。

刘大鸣（1929— ）

作曲家。北京人。1949年始从事音乐创作。1950年入上海音乐学院进修。曾任南京军区驻福州创作员，音协福建分会第二、三届主席。作有歌剧音乐《三月三》《琵琶行》，录有歌曲盒带《山情水恋》。

刘大巍（1952— ）

音乐教育理论家。安徽凤阳人。苏州科技学院音乐系教授。1982年毕业于南京师范学院音乐系。撰有《歌唱音准问题研究》《论歌唱语言发声技巧》等十余篇论文，其中论文《谈谈高师音乐专业技能课的教学改革》获首届全国音乐教改论文三等奖，《高师声乐教材编撰的设计思路》获第二届全国音乐老师论文征集二等奖。著有《声乐艺术论》（合作），《声乐教程（理论教学与训练）》，编有《声乐曲集》（男高音上、下册）等8部。

刘大为（1931—1988）

声乐教育家。北京人。1949年从事部队文艺工作。1955年师从苏联专家学习声乐。曾任战旗文工团、解放军艺术学院声乐系教员。曾在歌剧《茶花女》中饰亚芒，在音乐舞蹈史诗《东方红》中任《坐车算什么》领唱。

刘大为（1946— ）

歌词作家。天津人。1993年中国人民大学文学系毕业。包头市歌舞剧团艺术工作室主任。自1978年先后在音乐刊物上发表大量音乐文学作品，有百余首词作被各地曲作者谱曲，一些作品收入《中外歌曲三百首》《中国电视歌曲500首》等专集中。词作获奖及谱曲后获奖数十次。如《牧人的世界》曾获全国“群星奖”评比纪念奖。

刘德海（1937— ）

琵琶演奏家、教育家。河北沧州人。1954年师从林石城学习琵琶。1962年毕业于中央音乐学院，留院任教。1964年调中国音乐学院，1970年任中央乐团独奏演员。1987年任中国音乐学院副院长，教授。中国音协常务理事。培养众多琵琶演奏人才。曾在全国各地巡回演出，并应邀赴三十余个国家访问演出。1980年由小泽征尔指挥与美国波士顿交响乐团合作演出琵琶协奏曲《草原英雄小姐妹》，音诗《夕阳箫鼓》（琵琶与交响乐队），演奏曲目有《十面埋伏》《霸王卸甲》《青莲乐府》《彝族舞曲》等。并录制出版有大量音像制品并获多种奖项。

刘德慧（1946— ）

女作曲家。江苏兴化人。1969年毕业于中国音乐学院，同年分配到广州歌舞团。后任连云港市音协主席。曾被市委、市政府先后授予“德艺双馨”文艺工作者、“艺术成就奖”。发表歌曲作品二百多首，其中《走进春天》获省“五个一工程”奖，《明天的太阳》《为了你》获市“五个一工程”奖。《仰望》《船儿追赶匆匆的太阳》《芦苇大洼》《金色五图河》《赶海》《幸福花》《盐工情》《花果山》《你好连云港》均获不同奖项。2001年出版创作专辑《走进春天》。

刘德金（1957— ）

音乐编辑家。辽宁人。辽宁广播电台文艺部副主任。1982年毕业于沈阳音乐学院。曾多次组织征歌、广播歌选新秀推选活动，先后推出《十五的月亮》《我的小太阳》《天忘不了，地忘不了》等歌曲和青年歌唱家的演唱。创作的女声独唱《有了共产党，中国才富强》曾获中宣部等单位举办的征歌活动优良奖，合唱《中华青年之歌》获辽宁省合唱作品比赛二等奖。发表论文数篇。

刘德康（1949— ）

作曲家。安徽人。曾任安徽作曲家协会理事，合肥市歌舞团作曲，安徽大学及安徽职业艺术学院客座教授。1971年入淮北市文工团任演奏员、作曲、指挥。1976年赴上海进修指挥，1979年入安徽艺术学校作曲进修班。1999年任《中国曲艺音乐集成》编辑。作有歌剧、舞剧、管弦乐、室内乐、电视音乐、舞蹈音乐、合唱独唱等。多次获国家、省级奖项。

L

刘德庸（1935— ）

小提琴教育家。贵州贵阳人。1957年毕业于西南音专器乐系。曾在四川音乐学院任教。作有小提琴曲《藏族民兵》，撰有《小提琴音准的概念及原则》。

刘德裕（1937— ）

指挥家。天津人。1962年毕业于中央音乐学院指挥系。曾任中国歌剧舞剧院指挥。曾指挥芭蕾舞剧《葛蓓莉娅》《舞姬》。

刘德增（1936— ）

作曲家、小提琴演奏家。河北霸州人。1948年从事文艺工作，曾师从中央音乐学院盛雪教授学习小提琴。任职于山西省歌舞剧院。作品有歌舞音乐《黄河儿女情》，歌剧音乐《希望之火》（合作），《黄土地上的兵》，大合唱《大寨颂》《路之歌》（合作）及《难活不过人想人》《山娃四季》，电视剧（片）音乐《高君宇》《五台山》，歌曲《我是采煤的黑小伙》《交城山汾河川》，专著有《刘德增歌曲集》《电声乐队配器法》《作曲入门》《钢琴即兴演奏教程》，有六十余部（首）作品获国家、省级奖。

刘登记（1955— ）

二胡教育家。陕西乾县人。陕西省艺校高级讲师。1977年、1987年分别毕业于西安音乐学院、中央音乐学院民乐系。撰有《秦腔音乐浅谈》《二胡在戏曲乐队中的光彩》。培养二胡学生百余名，其中多人次在全国、省级比赛中获一、二等奖，部分考入西安音乐学院等音乐院校。辅导排练的"高新小学民乐团"获文化部艺术服务中心主办的西心赛区演奏一等奖。本人获省文化厅"园丁奖"，文化部区永熙优秀音乐教育奖等。曾先后随团参加"中国戏曲金三角"调演，"中国越剧节""中国戏剧节"演出，以及陕西电视台春晚节目的录制等大型演出。

刘殿滨（1960— ）

男高音歌唱家。河北青县人。黑龙江省曲艺团演员。1987年曾就读于黑龙江省艺校声乐大专班，1994年毕业于哈师大音乐系。演唱歌曲《好一个黑龙江》获省音乐电视一等奖，演唱《万水千山走中华》《再见了，大别山》获全省文化系统专业声乐大赛民族唱法第一名。作有歌曲《土地啊，您是人类的母亲》。发表《探索民族声乐的演唱技法》等文。出版光碟CD《放歌黑龙江》。

刘东升（1940— ）

音乐史学家。北京人。1963年毕业于天津音乐学院民族器乐系本科，留校任教。后任中央音乐学院民族音乐研究所与中国艺术研究院音乐研究所研究员。主编和编著有《中国音乐史图鉴》《中国乐器图鉴》《中国乐器图志》《中国音乐史略》《中国古代歌曲》等。曾任《中国音乐词典》器乐分科主编，《中国古琴珍萃》《中国艺术百科辞典》音乐卷副主编等。曾两次获中国艺术研究院优秀科研成果奖。

刘敦南（1940— ）

作曲家。湖北武汉人。1966年毕业于上海音乐学院作曲系。曾在上海交响乐团工作。作有交响合唱《中南海的明灯》及B大调钢琴协奏曲《山林》。

刘恩群（1949— ）

作曲家。江西萍乡人。毕业于上海音乐学院专科，历任萍乡市歌舞团副团长、市文艺学校校长、市群艺馆馆长、市艺术研究所所长，市音舞协会主席。作有歌曲《党啊，希望的太阳》《五十六个民族团结在党旗下》，器乐曲《千杯同醉》《欢庆》等百余首作品。出版盒带《望郎》《小城美》。应邀担任萍乡农民铜管乐队指挥，获全国农民铜管乐队邀请赛个人特别荣誉奖。撰文《加强群艺（文化）馆在社区文化建设中的骨干作用》获文化部优秀论文奖。

刘丰琴（1961— ）

女高音歌唱家。河南开封人。中原油田歌舞团副团长。曾在河南开封市文工团任声乐演员。撰有《试论艺术精品认定》等文。演唱歌曲有《跟随你的队伍越走越长》《我爱你中国》《我为共产主义把青春献》等。曾获中央电视台举办的全国青年歌手大赛优秀演员奖、河北电视台举办的青年歌舞大赛一等奖等。

刘凤德（1954— ）

指挥家、音乐教育家。吉林长春人。1973年毕业于吉林省艺校定音鼓专业，1975年从事乐队指挥，1985年师从指挥家黄飞立，毕业于中央音乐学院指挥系大专班。1990年任空政歌舞团指挥，担任第四代歌剧《江姐》指挥演出百余场，及歌剧《茶花女》，京剧《杜鹃山》全剧及九运会闭幕式、"哈尔滨之夏"千台钢琴与交响音乐会。多次客席指挥中央歌剧院、中国歌剧舞剧院，深圳、天津等地交响乐团。曾任清华大学学生交响乐团、101中学金帆交响乐团等首席常任指挥十年之久，多次赴美国、德国、俄罗斯、日本、香港、澳门等地交流演出，获国内外多项大奖。

刘凤锦（1923— ）

作曲家。江苏东海人。曾任中国音协常务理事，山东音协主席、名誉主席。1938年参加八路军，历任政治指导员、文工队团长，济南军区歌舞团团长、文化部副部长。获军委颁发的三级"独立自由"和"解放"勋章、"独立功勋荣誉章"。曾与他人合作获省、军区、全军、全国优秀作品奖。出版、发表、录制成唱片、磁带、CD的作品有民族管弦乐《迎亲人》、弹拨乐合奏《秋月》、笙独奏《海岛晨曲》，作有歌曲《爱护胜利品》《永远做毛主席的好战士》《军容风纪歌》。

刘凤鸣（1911—1983）

民族管乐演奏家。安徽凤阳人。原为安徽省歌舞团独奏演员、安徽艺术学院音乐系教师。擅长吹奏唢呐、笙、管、笛。作有民乐曲《百鸟朝凤》《雁落沙滩》《淮北风光》《拾棉花》。

刘凤山（1956— ）

笛、埙演奏家、作曲家。江苏铜山人。济南军区前卫文工团民族乐团笛、埙独奏演员。中国葫芦丝巴乌学会副会长，中国笛子学会常务理事。曾与胡天泉举办笙笛埙音乐会。创作、改编有笛子、埙、葫芦丝、巴乌、排箫等独奏、重奏、协奏、联奏及练习曲数百首（部），合作改革的"带喉装置的宽音域竹笛"获国家发明奖和山东省科技成果一等奖。研制改革十孔十二平均律埙。编有《埙的演奏技巧与练习》。著有《竹笛古埙讲座》《葫芦丝巴乌演奏教程》《埙演奏教程》。

刘凤桐（1919—已故）

唢呐演奏家。安徽凤阳人。自幼随父习艺。1952年入中央歌舞团任独奏演员。曾多次随团出国访问演出。录有乐曲《百鸟朝凤》《喜庆》《淮北风光》等。

刘凤翔（1948— ）

音乐活动家。黑龙江哈尔滨人。1969年毕业于中国音乐学院声乐学科。历任河北省歌舞剧院演员、省文化厅文化处主任科员、文化音像出版社发行部主任、省群艺馆办公室主任。作有歌曲《红月亮》《打工妹》等，分获创作奖、"群星奖"。策划、组织多届河北省音乐之春、青年歌手比赛、省民间吹歌汇演、中国业余国标舞大赛、省民间艺术节博览会及河北省春节晚会等大型活动，曾任全国艺术新星国际交流大赛河北赛区评委兼秘书长。

刘凤英（1945— ）

女琵琶演奏家。安徽芜湖人。原安徽省歌舞团首席琵琶演奏员。1964年毕业于安徽省艺术学校音乐科。曾在徽州地区文工团任首席琵琶。参加过本团所有各类形式的演出及录音、录像工作。曾多次与国内外著名指挥家合作演出音乐会，在演出中担任独奏、领奏、协奏、合奏。

刘福安（1927— ）

作曲家。四川富顺人。1944年考入国立音乐分院，1946年就读于上海国立音乐专科学校。后在军区文工团任职。1950年始先后任上海电影制片厂、上海乐团作曲。1958年毕业于上海音乐学院作曲系，留校任教。上海市第七届人大代表、市音协理事。作有歌曲《奋发图强》，独唱曲《延安夜月》《飞奔吧！新疆》，管弦乐曲《安徽民歌主题随想曲》，钢琴曲《采茶扑蝶》《中国情歌14首》，大合唱《巴黎公社》，电影音乐《聂耳》（合作），《八一交响诗》（合作）等。著有《民族化复调写作》。

刘福波（1958— ）

歌词作家。山东荣成人。济南军区前卫歌舞团创作员。1993年毕业于解放军艺术学院文学系。多首作词歌曲在全国大型晚会、艺术节演唱，其中有《走向国防现代化》《有那么一个地方》《中国永远收获着希望》。多首词作歌曲在省级以上的比赛中获奖，其中《贴心人》于1999年获第七届全军文艺汇演一等奖、山东精神文明文艺精品工程奖，《当兵的忠诚》于1998年获中央电视台"军神杯"音乐电视金奖。

刘福全（1949— ）

作曲家。山西人。1976年毕业于山西大学音乐系，后进修于天津音乐学院。曾任北京歌剧舞剧院指挥、作曲，曾任教于山西大学。著有《曲式与作品分析》《音乐基础理论》及《少儿民族教程乐队训练》等。指挥过百余场音乐会，创作交响声乐套曲《三个名字》及各种体裁的声乐作品百余首。如《黄河告诉我》《中国，我们共同的家》《铁哥们》《假如我是一只小白鸽》。写有《钢琴与乐队——我的祖国》《花儿》等器乐作品。另写有音乐电视片《歌乡行》，电视剧《彭真和他的农民朋友》，电影《天眼》音乐等。

刘福瑞（1963— ）

音乐教育家。陕西紫阳人。1988年西安音乐学院毕业，后在中国音乐学院、华南师范大学音乐学院进修。现就职于广东湛江师范学院艺术学院。发表《高师声乐教学改革的实践与思考》《谈歌唱中的声区问题》等文。曾获第二届国际奥林匹克合唱节（合作）银奖、第五届全国校园春节联欢晚会二等奖等全国、省、市级奖项。

刘福生（1958— ）

歌剧表演艺术家。江苏南京人。江苏省歌舞剧院歌剧团歌队队长。在《金孔雀》《不准出生的人》《天朝风云》《木棉花开中》《江姐》《弄臣》《孙武》《在海波上》多部歌剧中饰演角色，并任领唱、独唱，获全国新剧目奖、优秀剧目奖。演唱歌曲有《我骑着马儿过草原》《弹起我心爱的土琵琶》《圣洁的小屋》《偷洒一滴泪》《这就是我的祖国》。曾在省音乐舞蹈节汇演中获三等奖。

刘富荣（1935— ）

笛子演奏家。河南扶沟人。1950年入新疆生产兵团文工团。1985年调新疆艺术学院任教兼系副主任。曾任音协新疆分会常务理事。作有笛子曲《雪海运肥》《草原欢歌》。出版笛子独奏专辑《帕米尔春天》。

刘改鱼（1939— ）

女民歌演唱家。山西左权人。1956年任中央音乐学院民歌教员。1958年入山西歌舞剧院工作。演唱有左权民歌《开花调》《土地还家》《建立民兵队》。

刘钢宝（1957—2009）

作曲家。河北人。北京军区战友歌舞团创作室创作员、北京市石景山区音协副主席。1975年任内蒙古军区文工团手风琴演奏员。1979年毕业于内蒙古师范大学音乐系，1988年结业于上海音乐学院作曲指挥系。曾任内蒙古音协理事、内蒙古交响乐协会副会长。作品有管弦乐《拜斯外》，舞剧音乐《玛勒访天边》，舞蹈诗音乐《鄂尔多斯情愫》，手风琴与乐队《谐谑与随想》，歌曲《天边飞来一片鸽群》《晚风中的绿蜻蜓》及电视剧音乐《总督张之洞》等。

刘根祥（1943— ）

巴松演奏家、音乐教育家。陕西人。1962年西安音乐学院附中钢琴、巴松专业毕业。1963年入陕西乐团交响乐队，任巴松首席、乐队副队长。长期从事业余教学，兼任西安音乐学院巴松教师。先后获陕西省音协授予的"优秀钢琴教师"、陕西省教委颁发的"萨克斯考级优秀辅导员"荣誉证书。作有巴松独奏《闹秧歌》，组曲《秦巴放歌》。撰有《浅谈律学知识与交响乐演奏的关系》等文。

刘耿明（1957— ）

音乐教育家。江西人。中学音乐高级教师。先后任南海区高中音乐教研组组长、石门中学音乐组组长。长期担任学校合唱团、铜管乐队的专业指导教师，指导校合唱团在市、区中学生合唱比赛中屡获金奖。2006年带领校合唱团赴维也纳金色大厅、广州星海音乐厅演出。2009年参加"魅力校园"第四届全国校园文艺汇演暨第九届校园春节联欢晚会演出获金奖。曾多次随南海合唱团赴美国及欧洲各国演出，并参加国际奥林匹克合唱比赛荣获金、银奖。发表多篇音乐教学论文。

刘公诚（1946— ）

二胡演奏家。浙江宁波人。中国音协二胡学会常务理事。1963年于上海民族乐团学馆毕业后留团任独奏演员，1973年调上海歌剧院民族乐队任首席、独奏演员。录制有独奏曲的唱片、音带、碟片，担任大型歌剧、舞剧的乐队首席和领奏。多次应邀出访香港、日本、欧洲等十多个地区和国家的音乐会。在长期的教学工作中，为国家级艺术团体、高等音乐学府及香港、台湾、马来西亚等地培养和输送了许多优秀艺术人才。

刘冠廷（1964— ）

板胡演奏家。吉林辽源人。1979年考入辽源市吉剧团任板胡演奏员，后担任唱腔指导等。1983年进修于吉林艺术学院音乐系文艺理论干部进修班，后就读吉林艺术学院音乐系和中央音乐学院板胡专业，1989年毕业。演奏有板胡曲《河南梆子腔》《秦腔牌子曲》，二胡曲《二泉映月》《战马奔腾》，高胡曲《春天来了》，中胡曲《草原上》等。1995年获国际中国民族器乐大量板胡独奏二等奖。吉林省朝鲜族乐团乐队队长暨青年乐队吹打乐队首席，吉林省民族管弦乐学会副秘书长。

刘管乐（1918—1990）

笛子演奏家。河北安国人。1951年进入天津音乐工作团。创作《喜相逢》《放风筝》《和平鸽》《茉莉花》等笛子独奏曲百余首。出版《笛子独奏曲集》和《刘管乐笛子独奏曲选》。其中《荫中鸟》《卖菜》等成为民族乐坛保留曲目。培养众多笛子演奏人才，其中一些已成为民族乐坛上的精英。早年即开始试制并创造的九孔笛子和调音插口笛被全国各大乐器厂广泛采用。曾先后赴捷克、朝鲜、埃及、叙利亚、阿富汗等国演出。

刘光弟（1937— ）

音乐文学家。四川荥经人。1959年毕业于西南师大中文系。曾任四川歌舞剧院创编室主任。词作有《故乡的江、甜蜜的江》《我是一片皎洁的白云》，歌剧《三月春风》等。

刘光会（1956— ）

双簧管演奏家。河北邯郸人。1990年毕业于湖南师范大学音乐教育系。湖南省广播乐团副团长。撰有《呼吸在双簧管演奏教学中的运用》《音乐演奏与创作》等文。2005年指挥汕头大学生管乐团参加全国第一届大学生艺术展演获表演二等奖、省内第一名。

刘光朗（1938— ）

民歌演唱家、作曲家。陕西镇巴人。曾为汉中市音协副主席、镇巴县文联名誉主席。毕业于西安师范音乐班，后任县中学教师。1963年底调镇巴县文工团任艺委主任、团长等。1987年调中共镇巴县委宣传部任副部长、部长。收集、整理大量各类民间音乐，创作大、中、小型歌剧、戏曲音乐五十余部及大量声乐作品。其中《巴山顶上修堰塘》《巴山林里背二哥》《酒歌》等在电台、电视台播放，歌剧《巴山月》《枪》《上茶山》《过关》等获省、地奖。两次赴北京参加全国音乐调演，1999年参加陕西省声乐大赛获民间唱法奖，同年在第三届汉中艺术节上举办个人作品音乐会。

刘光泗（1934— ）

打击乐教育家。天津人。1949年始从事部队文艺工作。曾三次获全军文艺汇演优秀演员奖。1979年入中央音乐学院任打击乐教师。创编有木琴独奏曲《喜相逢》等。

刘光亚（1925—1991）

音乐活动家。天津人。1947年毕业于北师大音乐系。曾任文化部外联局文化参赞，中国驻意大利使馆文化参赞，联合国教科文国际音乐理事会副主席，中国音协书记处书记，北京大学客座教授。著有《活塞铜管乐曲教程》。1949年指挥清华大学军乐团参加第一届全国文代会演出，1951年参加中国青年文工团赴东欧国家演出。

刘光尧（1933—2005）

指挥家。满族。辽宁沈阳人。1950年始任西北军区政治部文工团演奏员、指挥，兰州军区战斗歌舞团指挥。指挥有歌剧《带血的项链》《慈母情》，京剧《铁流战士》，歌舞剧《阿来巴郎》，歌舞《红霞里有个我》，舞剧《西天的流星》，舞蹈《绣金匾》《送哥出征》，组歌《延安儿女永远怀念毛主席》《红日照延安》，声乐套曲《灯盏花之恋》，大合唱《万岁，伟大的人民军队》等。曾获全军第四、五届文艺汇演指挥奖、优秀指挥奖。

刘光宇（1963— ）

二胡演奏家。山东人。中国音协二胡学会副会长、中国民族管弦乐学会常务理事、重庆市歌剧院院长、重庆交响乐团团长。多次在北京、台湾、上海、俄罗斯、意大利、埃及等地举办个人独奏音乐会。出版5部光碟和音带。

L

所创作的《流》《二胡与大提琴》《第一二胡协奏曲》《蚂蚁》《黄杨扁担》部分列入音乐学院和教育部全国中小学九年制义务教育教材。曾获文化部"蒲公英"音乐创作金奖、中国音乐"金钟奖"全国二胡比赛第二名、中国曲艺"牡丹奖"、文化部"文华新剧目奖"。

刘桂莲（1961— ）

女琵琶演奏家。广东人。1983年毕业于中央音乐学院。任该院实验乐团独奏演员。1980年获上海全国琵琶比赛三等奖。1982年获济南全国民族器乐独奏观摩演出优秀表演奖。曾多次随团出国演出。

刘桂龄（1942— ）

女钢琴演奏家。安徽庐江人。曾任上海音乐学院副教授。曾就读于中央音乐学院钢琴系，1965年毕业于上海音乐学院钢琴系。曾为来华讲学的意大利歌唱家吉诺·贝基及多位外国专家担任公开课及独唱音乐会伴奏，并为全国高等艺术院校声乐比赛和参加国际比赛的选手担任伴奏，多次参加上海之春音乐节等演出。

刘桂琴（1955— ）

女中音歌唱家。山东聊城人。2000年毕业于解放军艺术学院。北京军区政治部战友歌舞团歌队女中音声部长。参加过全国第一、二、三届合唱节，并获金奖。还参加《长征组歌》《军旅剪影》《七彩沙盘》《绿色沃土》《盛典随想》等演出及大型庆典活动。2000年成功举办个人独唱音乐会。中国唱片公司出版《长城永在我心上》个人演唱CD专辑。

刘桂腾（1955— ）

音乐学家。辽宁丹东人。丹东市文化局副局长、研究馆员。1980年开始从事民族音乐研究，中国少数民族音乐学会常务理事、中国传统音乐学会理事、中国满族音乐研究会副会长兼秘书长、中国社科院萨满文化研究中心客座研究员、中央音乐学院音乐学研究所兼职研究员。1980年开始从事民族音乐研究，论文在美国、匈牙利、中国香港、台湾和国内学术论坛发表。承担国家"八五""九五""十五"艺术科学规划研究课题。出版专著《单鼓音乐研究》《满族萨满乐器研究》《满族音乐研究》（合作），《中国萨满音乐文化》等。

刘桂英（1937— ）

女少数民族乐器研制家、民族音乐理论家。满族。辽宁大连人。1949年从事音乐工作。1954年在内蒙古歌舞团任交响乐队小提琴演奏员。1978年调中央民族学院文艺研究所，副研究员。中国少数民族音乐学会常务理事兼副秘书长、赤峰市歌舞团古乐器研制顾问。编著有《中国少数民族传统乐器及独奏曲选》《中国民族民间器乐曲集成·北京卷》（黄教音乐分册），《中国少数民族乐器志》（合作），《中国少数民族艺术辞典》等。参与《中国乐器》的编撰工作。撰有《蒙古族英雄史诗与蒙古族古曲音乐》《火不思源流考》等文。1986至1992年，与赤峰市歌舞团合作，研制、挖掘八种蒙古族古乐器，其中六种分别

获科技成果奖及集体二等奖。

刘国富（1947— ）

歌词作家。山东牟平人。1976年毕业于辽宁大学中文系。1977年从事业余歌词创作。曾任《艺术通讯》副主编。作有《周总理和咱欢度泼水节》及影片《小花》插曲《绒花》（合作）等。曾任文化部管理干部学院院长。

刘国基（1955— ）

音乐教育家。江苏南通人。1982年毕业于南京师范大学音乐系本科民族乐器演奏、作曲理论专业。江苏省南通师范学校音乐学科组长、南通市第九届政协委员、南通市音协理事。主编江苏师范音乐教材《音乐艺术欣赏》（上、下册），曾获全国中师论文评比一等奖、江苏省文化厅音乐创作一等奖。2000年担任南通民族乐团指挥，赴台湾各地交流演出。曾获南通市政府颁发的"英才"奖、江苏省艺术教育先进个人称号。

刘国杰（1933—1999）

民族音乐理论家。湖南人。1961年毕业于上海音乐学院，留校任教。1952年曾任湖北武汉楚剧团作曲。撰有论文《试谈二黄腔的源流问题》《试论民歌分论》《略论唱腔成套》《论京剧皮黄腔旋律的发展变化》《略论板腔体音乐的成因》《民族音乐学浅论》等，编写教材《戏曲音乐概论》《戏曲唱腔选》。曾任中国传统音乐学会理事。

刘国瑞（1921—已故）

钢琴教育家。北京通州人。1943年毕业于北京师范大学教育学院音乐系。曾为西安音乐学院副教授。

刘海生（1954— ）

笛子演奏家。安徽含山人。安徽省淮南市歌舞团竹笛演奏员。1977年在安徽省艺术学校民乐班学习。曾任省含山县剧团、石台县文工团乐队演奏员。其独奏曲目有《秋湖月夜》、罗马尼亚民间乐曲《云雀》等，能熟练演奏特制的倍大低音笛、口笛、箫、排箫、巴乌、葫芦丝等乐器。所培养的学生曾以总分第一名的成绩，考取武汉音乐学院。不少学生在各种比赛中取得好成绩。

刘寒力（1956— ）

音乐教育家。吉林长春人。1977年毕业于沈阳音乐学院民乐系并留校任教。先后任民乐系副主任，院民族乐团指挥，现任附中校长，教授，硕士生导师。曾获文化部全国民族器乐演奏观摩大会"优秀表演奖"、辽宁省委、省政府"优秀文艺成果奖"。2002年出任文化部全国民乐比赛评委。作有扬琴与乐队《金翎思·满乡随想》，协奏曲《骊山池影》，论文《音乐心谱研究》《东北扬琴学派形成与发展》，专著《刘寒力扬琴作品选》。

刘汉臣（1944— ）

音乐教育家。吉林人。曾任吉林艺术学院音乐学院教授。吉林省民族乐团艺术指导，吉林省民族管弦乐学会理事。1962年毕业于吉林艺术学院音乐系二胡专业，同年分

L

配到吉林省民族乐团。1965年赴越南参加文化工作队进行战地演出辅导。1978年后在吉林艺术学院音乐系任二胡教师。1980年赴拉萨西藏师范学院援藏教学一年，先后培养了一大批国家级和省级优秀专业人才。

刘汉国（1953— ）

音乐教育家。回族。河南周口人。武汉市第二中学音乐教师。1990年毕业于武汉音乐学院师范部。获2002年艺术人才"三独"比赛辅导一等奖，1998年教师基本功音乐比赛一等奖，1996年音乐论文评选三等奖。歌曲作品有《啊，老师》《美好的年华》等。

刘汉林（1935— ）

女打击乐演奏家。北京人。1949年2月参加北平市军管会东北区分会文工队，后调公安军文工团。1958年调济南军区前卫文工团历任队长、副团长兼乐队长、艺术指导。1957年参加莫斯科世界青年联欢节器乐比赛民间吹打乐《大得胜》获金质奖章。新中国成立30周年创作并演奏《南疆凯歌》获文化部创作一等奖、表演一等奖。创作、演奏《万民欢腾》《庆四好》《秋收起义》《军民团结心连心》荣获全军三、四、五届会演优秀创作奖、优秀表演奖。在《东方红》大歌舞民族乐队中任首席打击乐。为我国发射第一颗人造地球卫星录制《东方红》钟声。随团出访过50个国家和地区。

刘汉章（1918—1985）

作曲家。江苏睢宁人。1938年入延安抗大和鲁艺学习。1939年始任部队文工团教员、团长、作曲。1950年任中央戏剧学院教员。原任中国评剧院作曲。作有歌曲《走，跟着毛泽东走》，担任评剧《卖水》等音乐设计。

刘合庄（1948— ）

词曲作家。湖南涟源人。娄底市艺术馆副研究馆员，湖南省音协常务理事，娄底市音舞协会主席，《中国民间歌曲集成·湖南卷》暨《中国曲艺音乐集成·湖南卷》（娄底卷）执行主编。曾任部队文工团演奏员、创作员，文化馆音乐干部。发表数百首歌词、歌曲作品，其中《祖国啊，我永远热爱你》在中央电视台1986年春节联欢晚会由殷秀梅演唱，并获创作金奖。曾为《故乡那座城》等电视剧作曲。发表《音乐中的意境创造》《休止符的特殊应用》等文，曾参与《中国民间歌曲集成·湖南卷》编撰。

刘和刚（1977— ）

歌唱家。黑龙江拜泉人。空政歌舞团演员，全国青联委员。2001年毕业于解放军艺术学院音乐系。曾在歌剧《江姐》中饰华为，在"步步高杯""金玛格杯""哈药六厂杯"及首届全军新人新作大赛、全国新人新作大赛、全国听众最喜爱的十佳歌手、中国音乐"金钟奖"等声乐比赛中获各类奖项。举办个人独唱音乐会。曾随团赴新加坡、加拿大、墨西哥、美国演出。

刘和勤（1946— ）

歌唱家。河南清丰人。1970年毕业于湖北艺术学院学

声乐系。后任职于洛阳市群艺馆，1988年始在市青少年儿童活动中心任主任、艺术总监。作有歌曲《秧歌闹山村》《青春的旗帜升起》。曾组织历年的春节、国庆及各种专题汇演、调演200余场。1975年组织独唱、独奏节目参加汇演，其中两个节目被选入省代表队，由省电视录像并播出。组织主办全国青年卡拉OK（民族歌曲）大奖赛洛阳赛区比赛，组织参加"99中国少年儿童声乐器乐大赛"、声乐培训班、话剧演出等，组织少儿艺术大赛专项比赛数十次。

刘和仁（1943— ）

晋剧音乐家。山西汾阳人。先后任山西晋剧剧院副院长、艺术指导。山西音协理事，山西戏曲音乐学会副会长。1964年起主要从事晋剧音乐创作，包括唱腔设计、音乐设计及指挥。创作其它剧种音乐唱腔和戏歌多部。多次获各级音乐奖，其中《富贵图》获中国第四届"文华奖"，《油灯灯开花》获第三届中国戏曲音乐"孔三传"奖，《红红火火的山西》获1998年全国戏歌大赛音乐奖。合编《晋剧名家唱段集萃》。

刘恒友（1941— ）

圆号演奏家。辽宁丹东人。1963年毕业于沈阳音乐学院管弦系圆号专业，并在上海音乐学院进修。历任解放军空军军乐队、总政军乐团、北京京剧院、中国歌剧舞剧院、北京交响乐团圆号首席。多次参加"首都联合军乐团"执行天安门广场的国庆任务，赴朝鲜、阿尔及利亚以及南昌、古田等地演出《智取威虎山》《杜鹃山》，演出圆号独奏《我爱五指山，我爱万泉河》，参加大型音乐舞蹈史诗《中国革命之歌》及《海河之春》《北京之歌》等音乐节的演出，均担任首席圆号。

刘恒之（1920— ）

音乐教育家。广西苍梧人。1939年始从事音乐工作。曾任中央音乐学院教务处副主任、民乐系副主任，西安音乐学院院长，中国音协第三届理事、第四届常务理事，陕西省音协副主席，广东省音协顾问。著有《中国打乐器医程》《笛子教材》及论文《沈括的燕乐二十八调体系问题》《也谈蔡元定的燕乐理论》《西安鼓乐曲的曲体结构和艺术手法》。主编《中国民族民间器乐曲集成·陕西卷》并担任全国编委。

刘红兵（1955— ）

作曲家。山东人。山西大学音乐学院作曲系教授、副院长。1971年入太原市青年歌舞团任演奏员，师从作曲家陈志昂学习和声、作曲。1978年就读于山西大学艺术系，毕业后留校任教。2003年获"山西省高等学校教学名师奖"。发表论文《十二音序列技术在有调性五声风格旋律写作中的应用》。著作有《歌曲写作基础》，交响诗《华夏魂》，弦乐四重奏《变奏与赋格》，合唱《山西大学校歌》，电视剧音乐《黄昏放牛》《大宋贤王》等多部。

刘红柱（1961— ）

音乐理论家、翻译家。四川自贡人。中央音乐学院院办主任。1987年中央音乐学院音乐学系本科毕业，1989、

L

2009年分别获硕士、博士学位。曾担任中央音乐学院音乐研究所编译室主任，主持《中央音乐学院学报》英文摘要版的翻译工作，发表和出版有译著《埃尔加管弦乐》，译文《论分析理论与演奏和解释的关系》《格利高里圣咏的进一步传播》等，论文《二十世纪西方歌剧发展的主要倾向》《格鲁克与瓦格纳歌剧改革理论的比较研究》等。在校担任西方音乐史课程和研究生的教学。

刘宏奎（1958— ）

作曲家。河南信阳人。河南省信阳市文化局文艺学校校长，信阳市音协主席，河南音协理事。1991年毕业于河南省委党校政治管理系，参加编纂《中国戏曲音乐集成·河南卷》（豫南皮影戏音乐等），作有歌曲《跃进歌声震山河》（合作），《杨柳青》《小小扇子》《卖饺子》，舞蹈曲《一分钱》《打油茶》，电视音乐片《情满大别山》，电视专题片音乐《重开绿野》等。歌曲《千古英雄竞风流》曾获河南省"团结奋进，振兴河南"歌咏比赛铜奖，《可爱的家园》，《请到茶乡来》，舞蹈《豫南风情》于2005年分别获河南省第九届民间音乐舞蹈比赛铜奖、金奖。

刘宏培（1963— ）

吉它演奏家。北京人。中国广播艺术团综艺演出部主任。为企业、地方政府组织、策划多起庆典活动，为北京农村信用社监制、制作企业歌曲《信用是金》。多次参加央视大型电视晚会的演出。为多名歌手录制专辑伴奏。

刘洪顺（1937— ）

音乐编辑家、钢琴教育家。安徽人。原《青春之声》主编，编审。1959年结业于上海音乐学院。曾任工程兵文工团钢琴、手风琴演奏员，西安歌舞剧院常任指挥，期间指挥《白毛女》《红色娘子军》等歌舞剧的排演。先后为电影《南京长江大桥》，电视剧《彤彤报国心》等作曲。1984年《青春之声》参与举办《青春歌曲奖》征歌活动，评选出《党啊，亲爱的妈妈》《采蘑菇的小姑娘》等优秀作品。曾策划组织三届"中国潮"全国征歌活动。近年来致力于儿童钢琴教学，培养一批音乐人才。

刘虹呈（1959— ）

作曲家。辽宁丹东人。白山市音协副主席。作品《江南的妹妹跟我走》在中国音协《歌曲》编辑部等联合举办的中国西部之春民歌大赛中获银奖，《养路女工》《条条大路宽又宽》在中国首届企业歌曲电视大赛中获铜奖，《离家的时候》在全国主旋律大赛中获优秀奖。所教竹笛学生多人考入高等音乐院校。

刘厚中（1931— ）

作曲家。四川合川人。1950年曾从事部队文艺工作。1953年毕业于西南艺术学院音乐系，先后任西南人民艺术剧院、四川省歌舞团创作员，1960毕业于四川音乐学院作曲系本科，后任重庆市川剧院一团创作员。首次将"川江号子"改编为合唱《川江船夫曲》搬上舞台。改编民歌《太阳出来照北岩》《川北民歌联唱》

等。为川剧《金琬钗》《三土地》《王昭君》《晴雯传》《并蒂莲》等设计音乐。为《民间器乐曲集成·四川卷》重庆资料卷搜集有吹打乐、罗鼓乐、佛教、道教音乐、御乐等八百余首。

刘华成（1935— ）

板胡演奏家。山东寿光人。曾在济南市评剧团任板胡演奏员，1956年后任济南军区前卫文工团、山东省歌舞团乐队演奏员，1962年任济南工人文化宫文艺科副科长。作有吹打乐《采茶歌》，板胡独奏《应征》，舞蹈音乐《班长与新战士》，歌曲《漂流之歌》等多件作品，并分获优秀创作奖、演出奖。创作板胡独奏曲《对花》被编入《板胡演奏法》一书出版。1980年为济南文艺汇演创作的《欢庆泉城过百亿》获创作一等奖。

刘华新（1955— ）

歌唱家。天津人。河北沧州新华区文化馆馆长。1995年毕业于河北教育学院。曾任河北霸州市文工团导演、作曲。演出有二重唱《庄稼夫妻》《九九唱春歌》《喊太阳》《白洋淀上荡轻舟》等，并由电台、电视台播放。作有歌曲《祖国，不再年轻》，歌剧音乐《瘸腿舞星》等。撰有《不断提高群众歌唱艺术水平》。辅导数十个合唱团和多名歌手，在各类比赛中获奖。

刘怀琪（1955— ）

笛子演奏家。辽宁海城人。甘肃敦煌艺术剧院乐队演奏员、中国民族管弦乐协会竹笛专业委员理事。曾在省陇剧团、歌剧团任演奏员，曾被聘任甘肃吹打乐协会副主任兼吹打乐团团长、敦煌艺术学院副教授主教竹笛。1983、1999年分别获省首届综合器乐大赛、首届声乐器乐大赛二等奖（竹笛第一名），在大型"敦煌乐舞"中担任竹笛领奏、箫独奏、玉笛独奏、重奏。应邀赴日本、澳门、韩国、美国、法国等国演出。演奏《阳关三叠》箫独奏曲、《敦煌古曲》箫韵先后在央视播出。

刘淮保（1972— ）

歌唱家。湖南邵阳人。邵阳学院音乐系副主任。毕业于中国音乐学院本科。曾在湖南省第八、九届青年歌手电视大奖赛中分别获三、二等奖。数名学生考入音乐学院并在各种声乐比赛中获奖。2001年教育部、中央电视台等单位授予"优秀园丁"称号。发表有《男高音在训练中要注意的几个问题》《谈歌唱中的几个基本变化与对比》《试论影响歌唱表演的十大因素》等文，并曾获奖。2004年被评为邵阳市"十大杰出青年"。

刘惠慈（1935— ）

歌唱家。北京人。1954至1959年在北京工人业余文工团任演员，1960年入中央民族乐团，担任合唱、男女声二重唱、对唱，后任歌队队长。演唱有《要在山顶上修条河》《乌苏里船歌》《夫妻双双把家还》等。在音乐舞蹈史诗《东方红》中担任合唱，并参加电影拍摄，在《黄河大合唱》中担任《河边对口唱》领唱。录制《森林情歌》盒带。兼任北京市西城区青年民歌合唱团团长。多次参加外事活动演出。

刘惠敏（1938— ）

女歌唱家。河南漯河人。1956年始任河南省歌舞团歌唱演员。河南省第二届文联委员。1959至1961年多次进中南海为国家领导人演唱。先后赴北京、上海、江苏等十多个省市演出。主演歌剧《刘三姐》，演唱戏曲《农民生活似蜜甜》《红旗渠两岸丰收景》《朝阳沟》《花木兰》《红娘》等选段。

刘惠明（1932— ）

女音乐活动家。山东诸城人。1949年曾为全国第一届政协会议演出，1956年后任山东济南文化宫文艺科长、副主任，组建、辅导济南工人业余艺术团、合唱队、管弦、民族乐队，参加"泉城之秋"音乐会。作有歌曲《万岁！伟大的社会主义祖国》《火红的炉台》《李清照》，二胡齐奏《丰收乐》等，多数作品已出版发行并录音播放。撰写调研文章《工业战线的一支轻骑兵》《一束鲜艳的泉城之花》等均已发表。

刘惠琴（1942— ）

女民歌演唱家。山东青岛人。1956年入中央广播文工团说唱团任独唱演员。1984年入中央音乐学院进修。曾赴罗马尼亚、新加坡、日本演出。1986年在北京举行个人独唱音乐会。

刘吉典（1919— ）

作曲家、戏曲音乐理论家。天津人。曾为中国戏曲学院名誉教授，文化部振兴京剧指导委员会委员。1953年调中国戏曲研究院，1955年调入中国京剧院，担任京剧《三座山》《白毛女》《红灯记》《宝莲灯》及北京曲剧《杨乃武与小白菜》《啼笑姻缘》《曹雪芹》等五十余出新剧目的唱腔音乐设计。出版有《京剧音乐概论》《刘吉典戏曲音乐作品选集》。1994年获中国戏曲音乐学会颁发的"孔三传奖"。

刘继博（1931— ）

作曲家。山西临猗人。1951年从事部队音乐工作。70年代从事理论作曲。曾任邯郸地区文化局副局长、群艺馆馆长、副研究馆员、音舞协会主席，河北省音协理事。作有舞剧音乐《生命之歌》，歌剧音乐《在探家的路上》，歌曲《太行山下有一条小河》《牢记这无情的教训》（词、曲），《生命之歌》等。编有《曲调作法》等教材。任吉林市歌舞团歌唱演员。获冶金系统十大钢厂声乐比赛一等奖、化工部最佳演唱奖、吉林省文化厅举办的歌手大奖赛一等奖。

刘继红（1957— ）

女二胡演奏家。江苏南京人。1986年毕业于中央音乐学院。中国电影乐团演奏员。1982年获全国民族器乐独奏观摩演出"优秀表演奖"。演奏有《二泉映月》《水乡欢歌》《秦腔主题随想曲》。2009年举办个人独奏音乐会。

刘继军（1957— ）

作曲家。辽宁沈阳人。沈阳市艺术幼儿师范学校高级讲师。1980、1997年先后毕业于沈阳市师范学校、辽宁省教育学院艺术系，2002年结业于辽宁师范大学音乐系研究生课程班。所作的童声合唱《星星月亮太阳》获中宣部第八届"五个一工程"奖，《老母亲》（合作）在中国音协、全国妇联等单位联办的征歌评选中获优秀奖，少儿声乐套曲主题歌《金色的向日葵》在辽宁省"歌满校园"征歌评选中获特别奖。

刘继贤（1940—2009）

作曲家。山东武城人。1963年毕业于山东艺术学院音乐系作曲专业，后从事部队音乐工作。1976年入河北电台主任编辑。作有合唱歌曲《共青团员之歌》，女声独唱《社会主义水长流》（马玉涛演唱），声乐套曲《龙的节日》并录制专辑盒带。曾为多家电台、电视台的二十多个栏目创作开始曲，为18部电视片、广播剧作曲。广播剧《李小娥分家》（合作），《城市爱情角》获"中国广播奖"，《野山花》1995年获中宣部"五个一工程"奖。

刘继忠（1929— ）

作曲家、歌词作家。山东章丘人。山东省艺术馆研究馆员。1949年2月参加山东省渤海清河文工团。1954年毕业于华东艺专作曲科。曾任山东音协第二届理事、《中国民歌集成·山东卷》编委，1997年获文艺集成志书编纂一等奖。多年从事音乐创作和理论研究工作，发表的词曲、评论作品二百余件。著有《山东民间歌曲论述》（合作），作有《天下第一泉》《节约小唱》《石油工人一身胆》《抗旱歌》。撰有《歌词小议》（系列），《谈几首农民起义的革命歌曲》（获省艺术类论文二等奖），《山东民歌中的生活小调》等。编辑有《群众乐坛》《活页歌选》《音乐学习》《歌词》等刊物。

刘家基（1936— ）

音乐教育家、作曲家。福建福州人。1956年毕业于福建师院音乐专业，留校任教。曾任师大音乐系主任、艺术学院院长，教授。中国音协音教委委员、福建省音协副主席、省音教研究会理事长。作有合唱套曲《啊！故乡》，艺术歌曲《白云悠悠浪轻拍》《洞箫曲》等。作品多次获奖。著有《写歌技法十讲》。主编有《福建中学音乐课本》（含简谱版、线谱版共12册），《学生小辞海》音乐分册。撰有《论高师音乐教育改革》获福建省优秀教学成果一等奖、国家优秀教学成果二等奖。

刘家宜（1941— ）

女歌唱家。湖北人。1965年毕业于湖北艺术学院声乐系本科，原任职于湖北省歌剧舞剧院，受聘省美尔雅艺术学校声乐系主任。由中国唱片社先后录制歌曲唱片三十余首。两次评选为"武汉地区十佳演员"，获"全国三八红旗手"称号。曾任省青联副主席、省对外文化交流协会理事、省音协理事、省艺术系列高级职称评委会评委。所教学生刘莲英、黄虹、万明芳等在全国声乐比赛中获奖。

L

刘坚平（1952— ）

单簧管演奏家。上海人。1967年入上海交响乐团学习单簧管。1974年调总政歌舞团。后入解放军艺术学院进修。1983年入中央芭蕾舞团任演奏员。演出有《红色娘子军》《白毛女》《草原儿女》《沂蒙颂》《天鹅湖》《希尔维亚》《吉赛尔》《堂吉诃德》《杨贵妃》《灰姑娘》《祝福》等。参加各类音乐会、中外文化交流及出国演出。

刘建昌（1932—2008）

音乐理论家、作曲家。山西兴县人。1945年从事部队文艺工作。1958年入中央音乐学院进修，后在山西大学艺术系任教。曾任中国传统音乐学会理事、山西省音协副主席。作有小歌剧音乐《新村新歌》，歌剧音乐《焦裕禄》，大联唱《歌唱贾家庄》，表演唱《歌唱王杰》，歌曲《太行抗日民歌组曲》，为晋剧《一个志愿军的未婚妻》设计音乐。1975年调山西省音协后任山西省音乐舞蹈曲艺研究所所长。主编《音乐舞蹈》理论专刊，分麹任《民歌器乐曲集成·山西卷》副主编、主编，获国家编纂成果一等奖。编辑出版《山西民歌300首》。撰写发表论文有《曲艺音乐简史》《曲艺音乐概述》《山西古代音乐概述》《山西宗教音乐调查报告》等。

刘建超（1949— ）

音乐理论家。浙江松阳人。毕业于农业大学、中国函授音乐学院、管理学院、人文大学。曾任专业剧团演员、乐师，文化馆业务副馆长，文化宫主任，副研究馆员。编著、主编国家首批非物质文化遗产《松阳高腔》《松阳高腔音乐与研究》，著有《献给祖国的歌》（刘建超文艺作品选）（刘建超文艺作品选），创作音乐作品百余件，其它文艺作品多件。参加《中国民族民间器乐曲集成·浙江卷》《中国戏曲志·浙江卷》《曲艺音乐集成》条目的撰写，并任市、县卷的责任编辑、主编。

刘建国（1966— ）

小提琴教育家。山东枣庄人。枣庄市峰城区广播电视局电视台副台长。1981年就读于山东曲阜师大音乐系，后师从中央乐团首席许建惠学习小提琴。作有歌曲《喜近门》《众人拾柴，企业兴旺》《光和力的歌》。两次参加枣庄市小提琴与声乐比赛均获一等奖。多年来培养小提琴学生二百余人，不少学生考取音乐院校。1996年举办多场小提琴独奏音乐会，同年创办"京联小提琴培训学校"。

刘建华（1945— ）

音乐教育家、声乐理论家。北京通州人。中国音乐学院声歌系教授、硕士生导师。1969年毕业于中国音乐学院歌剧系，分配到中央乐团，后回到中国音乐学院，历任声乐系、歌剧系、声歌系副主任。在声乐教学的同时还进行声乐理论、艺术心理学、艺术美学、比较声乐学和古代唱论的研究。发表《比较声乐学研究范围探索》《表象的特征及其在声乐艺术中的作用》《声各有形论》等文。曾培养出本科生、研究生、声乐教师百余人，其中有的在央视青歌赛与中国音乐"金钟奖"等大型声乐比赛中获奖。

刘建辉（1959— ）

作曲家。湖南湘潭人。湖南文艺出版社编审。1985年考入武汉音乐学院理论作曲系。1990年毕业后分配在湖南电台文艺部工作，后任湖南卫视文艺部主任。2001年调入湖南文艺出版社，任音乐音像部副主任。论文《试论〈周易〉调式音阶及其组合运用》，发表于武汉音乐学院学报。配乐散文《月光奏鸣曲》获第五届中国广播文艺奖一等奖第一名，女声齐唱《军中花》获省"五个一工程"一等奖并获第十三届全国广播新歌银奖。另作有交响组曲《瑶山印象》及百余首歌曲。

刘建容（1950— ）

女音乐教育家。四川成都人。曾任四川自贡市贡井基础教育中心师训室主任。1977至1991年分别毕业于四川音乐学院师范系等院校。所撰论文《川江船夫号子》入选《全国中师中小学音乐教学优秀教案汇编》并获优秀奖。作曲编舞《读书郎》获自贡市第四届少儿舞蹈新作创作一等奖、表演一等奖。演唱《蝶恋花》1995年获市教委歌手赛一等奖。组建贡井区中小学音乐教师培训班，讲授琴法、乐理、视唱等课程。

刘建勋（1942— ）

二胡教育家、音乐理论家。山东青州人。1961年毕业于天津音乐学院附中民乐学科二胡专业。后入战友文工团任演奏员。1977年调山东师范大学音乐系任教，音乐系教授。中国音协二胡学会特邀理事、山东省音协二胡学会副会长兼秘书长。出版《二胡演奏技法与练习》，获山东师大优秀科研成果专著一等奖、省二等奖。著有《二胡艺术概览》。作有《潇湘水畔》《沂蒙随想曲》《愉快的夏令营》等二胡独奏曲、练习曲八十余首。发表有《二胡演奏中的节奏与弓技》《二胡音准探微》《二胡演奏中的力度与速度》等文。

刘建义（1934— ）

二胡演奏家。陕西榆林人。1948年参加延安陕北军区文工队从事二胡及小提琴演奏。1951年为陕西军区文工团乐队演奏员。1957至1963年任陕西乐团民乐队首席、艺委会委员、独奏演员，演奏二胡、高胡、中胡、四胡。1959年前兼陕西乐团交响乐队小提琴演奏员。1963至1995年任陕西省歌舞剧院歌舞团乐队首席、副团长、陕西乐团副团长。曾为陕西乐团、西安歌舞剧院、陕西杂技团教授二胡演奏课。

刘建政（1954— ）

小提琴演奏家。江苏无锡人。江苏盐城市音协副秘书长，盐城市文化馆副馆长。1970年考入南京艺术学院音乐系小提琴专业。曾随我国著名小提琴教育家张靖平、盛雪教授学习。1973年毕业分配到盐城市歌舞团，担任首席和乐队队长职务。1994年调至市文化馆工作。

刘建洲（1949— ）

琵琶演奏家。陕西宝鸡人。宝鸡歌舞团团长。市委、市政府命名有突出贡献拔尖人才。曾为秦腔《红灯记》等

L

三十余部戏曲作曲或配器。任《中国戏曲音乐集成·陕西卷》编委、责任编辑，并兼任《西府道情分卷》等五个分卷主编。获文化部及全国艺术科学规划领导小组颁发的国家社科基金重大项目成果二等奖。创作舞蹈音乐、声乐、器乐作品16部，3部作品分别在全国和省里获二等奖。发表论文十余篇，其中部分在全国及国际研讨会评奖中分别获二、三等奖。

刘剑宝（1955— ）

音乐教育家。湖南衡阳人。1981年毕业于衡阳师院音乐系。衡阳市教育科学研究所音乐教研员、特级教师。湖南音协理事、音乐教育专业委员会副会长、钢琴专业委员会副会长、衡阳市音协主席。曾在刊物上发表大量作品，其中歌曲《梦中月亮是故乡》获全国二等奖。论文《从凯尔夫人讲学中得到的启示》获全国一等奖，有多篇论文在海外刊物发表。出版有《小村的梦》创作歌曲集及个人CD专辑。为各地音乐学院输送一批学生，曾被评为全国优秀音乐教师。

刘剑锋（1948— ）

作曲家、音乐活动家。湖南邵阳人。1969年入伍，一直从事作曲、指挥和文化政治工作。曾师从陆华柏、刘已明教授进修作曲理论知识。共创作发表音乐作品数百件，其中六十余件作品在全国、全军各项比赛、汇演中获奖，出版创作歌曲集《我的爱永远年轻》，曲艺演唱集《追针》《湘江夜航》和散文集《爱美就是爱生活》，出版个人音乐作品《士兵的歌谣》CD专辑，策划监制多台大型文艺晚会，多次带队到国外巡回演出比赛。曾为广州军区宣传部副部长、广东文联副主席。

刘健文（1936— ）

女歌唱家。四川自贡人。毕业于解放军二野军政大学。1950年起从事歌唱艺术，先后在部队文工团及铁二局文工团任独唱演员、声乐教员、合唱队队长。1956年演唱《洗衣姑娘》在铁道部专业文艺团体汇演中获优秀曲目、优秀演员奖。1958年在成都演唱《挑新娘》。1986年参加四川巴蜀合唱团，任副团长。参加过1994年第三届国际合唱节。曾任中铁二局老年大学合唱团指挥、团长，两次在成都老年艺术节获合唱比赛一等奖。

刘涧泉（1958— ）

音乐教育家、作曲家。陕西咸阳人。广东韩山师范学院音乐系教授、音乐系主任。1972年在部队文工团任演奏员兼作曲。1985年毕业于兰州师专音乐系并留校任教。1992年在上海交大学习音乐教育专业研究生课程。创作发表声乐、器乐、戏曲作品数百余首，其中有三十余首作品在全国、省、市获奖。发表论文15篇，其中5篇在全国性论文评选中获奖。出版专著两部。1993年获甘肃省首届敦煌文艺奖。

刘江泉（1954— ）

作曲家。山东平度人。平度市文化馆主任。曾任解放军军乐团演奏员、山东潍坊市歌舞团演奏员。作有歌曲《平原的腊月》《剪窗花》《过年》等，其中《共和国的土地》获青岛市优秀创作奖，《一步一层天》获"世纪之声"全国歌曲大赛银奖。

刘江英（1962— ）

女音乐教育家。黑龙江牡丹江人。广州市第86中学音乐高级教师。1986年起先后毕业于哈尔滨师范大学艺术系、华南师范大学音乐系声乐专业研究生班。曾参加省、市声乐比赛并获奖，组织并参加广州市中小学第六、七、八、九届中小学合唱节比赛，均获中学组演唱一等奖及指导教师奖、优秀指挥奖。发表多篇论文，其中《高中音乐教学应重视探究性学习》被编入《中华教师文荟》，并获国家级一等奖。学生多名考入国内各大高等艺术院校。多次举办师生声乐汇报音乐会和大型文艺演出活动。

刘金娥（1940— ）

女民歌演唱家。河北平山人。1957年入中央歌舞团。同年获第六届世界青年联欢节合唱比赛金质奖。曾为中央民族乐团独唱演员。在舞剧《白毛女》《沂蒙颂》中担任独唱。

刘金华（1961— ）

女高音歌唱家。山东济南人。山东歌舞剧院演员、山东省音协副主席。1982年毕业于山东师范大学。在昆明世博会、潍坊国际风筝节，第十七届省运会开幕、闭幕式，庆香港回归、庆祝长征胜利60周年等多场晚会、音乐会中担任独唱。多次在声乐比赛中获奖，其中于1988年获央视青歌赛优秀歌手奖，1989年获全国民歌电视大奖赛二等奖，1993年获山东第五届青年歌手电视歌手大奖赛一等奖。演唱的《对花》《康定情歌》《绣荷包》等多首歌曲收入《中国民歌精选版》《民歌金曲经典》。

刘金亭（1935— ）

作曲家。山东人。曾任职于黑龙江省龙江剧院。1961年毕业于哈尔滨艺术学院音乐系，曾任黑龙江省歌舞团乐队演奏员。作有龙江剧《张飞审瓜》等戏唱段的音乐设计，单出头《锯大缸》，其中《武大郎娶嫦娥》和二人转《共辣酸甜》获1985年全国曲艺大赛鼓励奖。创作有歌曲《毛主席呀我们永远跟你走》《纺织工之歌》等。龙江剧《兰桥》获省地方戏观摩研讨会编曲一等奖。

刘锦屏（1954— ）

女琵琶演奏家。河北曲阳人。辽宁歌舞团民乐队任副总监。1978年毕业于沈阳音乐学院附中。在众多演出中任独奏、领奏、伴奏，曾参加全国第二届青年运动会开幕式、省政府举办的春节招待会、新春民族音乐会、沈阳第四届艺术节及带队参加丹东电视台春节晚会。在1991年全国少数民族文艺汇演中，参与演出的舞蹈《八角鼓》获奖。撰有《音乐，人生永恒的旋律》等文。曾随团赴英国、希腊、南斯拉夫、日本访演。

刘锦棠（1936— ）

音乐教育家。天津人。1951年参军，后选调至中央军委军乐团学习、工作。历任教员、副主任、队长。曾率团赴朝鲜前线慰问参战军士，执行特殊任务，完成在天安门、中南海的国家重大司礼任务。编著有《萨克斯管晋级教程》《中国管乐作品集成》。创作改编乐曲数十首。为指挥家罗浪作传，为电台、电视台专题撰稿。指挥乐队为海南省国际椰子节、山西省金秋晚会、北京世界女子垒球赛等演出。培养大批优秀演奏人才。

刘锦宣（1951— ）

音乐教育家。广西桂林人，1978年入文化部勇进评剧团任琵琶、三弦演奏员，兼戏曲音乐的创作。曾参与创作新编历史剧《戊戌喋血》并获文化部音乐创作奖。1987年毕业于中央音乐学院作曲系，后为硕士生导师。曾赴香港城市大学专业进修学院讲授《和声分析》课程。作有琵琶协奏曲《青年》，钢琴变奏曲《花木兰》，钢琴《前奏曲三首》和数首艺术歌曲。著有《基础和声》《作曲与作曲技术理论专业考试指南》《和声分析谱例集－器乐》等，撰写并制作《基础和声》《和声分析》教材与课件。

刘进恩（1932— ）

指挥家。山西清徐人。新中国成立前入某军文工团从事指挥，1952年调军委军乐团任指挥。1957年于上海军乐学校毕业后在兰州艺术学院音乐系任教，后在甘肃省歌舞剧团、兰州歌舞剧院任指挥。指挥演出过柴科夫斯基《1812序曲》，杜那耶夫斯基《幸福幻想曲》，歌剧《红霞》《布谷鸟又叫了》，芭蕾舞剧《白毛女》，交响诗《飘扬吧！军旗》，幻想曲《洪湖赤卫队》，贝多芬《第五交响曲》。编著有《中西乐配器法》《音乐基础理论》《交响乐欣赏》《外国交响曲索引》。

刘进清（1960— ）

钢琴演奏家、音乐教育家。湖北黄冈人。武汉大学艺术学系副主任。1978至2006年先后毕业于华师黄冈分院、武汉音乐学院、东南大学艺术学院。撰有《德彪西与印象主义音乐》等文，其中《加强中小学基础音乐教育管见》获香港现代教育学会优秀论文奖，另有论文获教育部、省论文比赛一、三等奖。著有《管弦之剖——音乐艺术文化谈》《钢琴即兴配弹教程》。曾在武汉、南昌等地举办七场钢琴独奏音乐会、教学音乐会。

刘晋梅（1961— ）

女音乐教育家。福建宁德人。1982年毕业于福建师范大学艺术系音乐专业。福建宁德财经学校音乐、演讲与口才课教师。长期从事音乐教学工作。有歌曲百余首，《畲山风情》参加闽东畲族文化艺术节展演获奖，其中《无名的星星》《我是爱唱歌的海螺》由福建电台录制播放，并入编《多彩的山海》《八闽新曲》。发表有《浅谈美育与校园精神文明建设》《扩展美声作品的影响范围》等文，其中《课堂上教与学方法刍议》获优秀教学成果一等奖。

刘经亚（1935— ）

小提琴演奏家。湖南攸县人。1950年参加中国人民解放军。历任空军政治部歌舞团演奏员、管弦乐队副队长、副团长。长期深入边防、海岛、机场、阵地为部队指战员服务，圆满完成国家、军队的重大演出任务。

刘晶心（1949— ）

声乐教育家。黑龙江哈尔滨人。哈尔滨师范大学声乐系主任、教授、硕士生导师。1976年毕业于哈尔滨师范大学音乐系，1984年毕业于上海音乐学院声乐系，师从声乐教育家张仁清教授。1989年黑龙江人民广播电台专题播放其演唱的艺术歌曲，并举办个人独唱音乐会。出版声乐教学盒带《歌唱发声的基础训练》和《刘晶心独唱曲集》。发表《谈歌唱的呼吸》等十余篇学术论文。撰写《大学生文化修养》音乐卷第三、四章。1999年获全国曾宪梓奖三等奖。多次获省声乐比赛辅导一等奖，学生多次在全国和国际大赛中获奖。

刘景春（1914—2002）

音乐理论家。北京人。1947年毕业于北京师范大学音乐系。曾任北京邮电师范大学、北京艺术学院、北京师范学院音乐系教师。著有《怎样识五线谱》《乐理》，译有《乐式分析》。

刘景屏（1946— ）

作曲家。福建福州人。曾为福建音协理事、三明音协副主席兼秘书长。曾任福建三明市文化局副局长。先后在福州歌剧班、三明市闽剧团、明溪县文工队、三明市工人文化宫任乐队队长、作曲、指挥，创作的歌曲、器乐曲、舞蹈音乐和闽剧戏曲音乐多次在全国和省级获奖。专题节目《自谋职业创作新路》曾在福建人民广播电台播出。主编《三明优秀歌曲集》《创业之歌》《三明音乐》等歌曲集。培养近百名学生考入音乐院校或文艺团体。多名学生分别获全国十佳和优秀奖，本人被福建省文联授予金牌指导教师。

刘景韶（1903—已故）

古琴演奏家。江苏建湖人。自幼从师学琵琶、古琴等民族乐器。1930年毕业于南京东南大学教育学院。长期从事教学和演奏工作，后入"今虞琴社"。1956年入上海音乐学院任教。

刘敬贤（1923— ）

作曲家。河北蠡县人。晋察冀文艺研究会常任副秘书长。1939年调冀中新世纪剧社。两次入华北联合大学文艺部音乐系学习。作品有大型歌剧《王秀鸾》音乐部分（合作），《翻身小唱》《生产大活报》，其中《春耕曲》于1952年元旦莫斯科广播电台播放。曾随中国青年文工团赴东欧八国访演。曾任华北空军文工团副团长、军委空军文工团总团副团长、空政歌舞团团长。

刘镜如（1933— ）

打击乐演奏家。河北阳原人。1953年毕业于上海音乐学院管弦系。曾任中央乐团演奏员。曾随团赴罗马尼亚、波兰、德国、日本、朝鲜、美国演出。

刘九思（1944— ）

声乐教育家。黑龙江瑷珲人。曾在高校从事声乐教学，在青岛举行独唱音乐会。1998年主持完成世界银行贷款课题《创建具有高师特点的新声乐教学体系》，推出"五大机能运动"的发声理论，"心象——机能"训练法与集体训练课。2001年完成国家教育科学"九五"规划项目专题《师范声乐集体教学训练新方法的研究》获山东省教学成果奖。发表论文数十篇，所撰《走向科学的歌唱艺术》获山东省文化艺术科学优秀成果一等奖。两次主持召开全国声乐研讨会，曾应邀带课题组学生赴日本鸣门教育大学交流并举行师生演唱会。

刘君成（1935— ）

小提琴教育家。四川潼南人。1950年始从事音乐工作。1953年任四川省歌舞团小提琴首席。1960年毕业于四川音乐学院。曾任该院弦乐教研室副主任，副教授。

刘君利（1961— ）

音乐教育家。陕西西安人。旅欧艺术学博士。曾任黄河科技大学音乐学院院长助理、常务副院长。任《艺术概论》副主编。编撰黄河科技大学音乐学院教学管理条例和音乐学院教学大纲等各项管理制度。曾在保加利亚国际学术研讨会上发表《中国小提琴教育的概述》，在白俄罗斯格若德纳市参加国际学术研讨会上发表《中国小提琴艺术的分期》，在白俄罗斯核心期刊发表《中国弓弦乐器与西洋弓弦乐器的形制对比与研究》《中国小提琴作品创作民族化研究》《中国音乐教育的起源》等文数十篇。

刘君利（1963— ）

吉他演奏家。山东莱州人。1985年入东方歌舞团乐队，1987年调入中国儿童剧院乐队。1996年创作本年度最佳流行歌曲《野花》并获北美华人最佳风格奖。曾先后于1987年至今制作15盘录音专辑。2000年担任全国YAMAHA现代音乐乐队大赛的评委。

刘君侠（1955— ）

歌唱家。满族。辽宁抚顺人。获1984、1990年"全国青年歌手电视大奖赛"金奖，"全国名歌手电视大奖赛"金奖。1996年曾进修于中央音乐学院大专班。1998年被煤炭部评为拔尖人才。曾多次随团赴欧美及亚非各国演出，并举办个人演唱会。被中国文联评为"德艺双馨文艺工作者"。首唱歌曲有《拥抱南疆》《拥抱平安》《矿工之歌》《大黄河》《心上的一朵玫瑰花》《矿工万岁》演唱曲目还有《共和国之恋》《为祖国干杯》《今晚无眠》《女人善变》《今夜无人入睡》等。

刘均平（1931— ）

民族音乐理论家。河南洛阳人。1949年始从事部队文艺工作。1973年入陕西省艺术学院进修。曾任陕西省群众艺术馆馆长，音协陕西分会第二届常务理事，《中国民歌集成》（陕西卷）副主编、《中国曲艺音乐集成》（陕西卷）主编。著有《弦板腔音乐》。

刘俊杰（1955— ）

女音乐活动家。山东人。1982年毕业于哈尔滨师范大学艺术系，同年在黑龙江省文化厅任职。多次组织艺术家采风活动，发掘一批音乐人才和作品，如歌曲《我爱你塞北的雪》《太阳岛上》《北大荒人的歌》以及音乐剧《鹰》。策划组织众多演出活动和音乐赛事。培养一批声乐人才。撰写论文《呼唤歌剧大潮的到来》等。

刘俊礼（1935— ）

作曲家。河北遵化人。1947年始从事部队音乐工作，任乐队队长。1958年入山东烟台市艺术馆，曾任音乐科科长。作有歌曲《民兵英雄十大嫂》，电视片音乐《课外》。撰有《胶东渔民号子初论》。

刘俊英（1946— ）

女小提琴教育家。天津人。1960年毕业于天津音乐学院附中。1969年入河北歌舞剧院乐队任演奏员。1976年任河北艺术学校音乐科教师。曾为河北音协小提琴艺术委员会主任、考级评委。培养数十名小提琴演奏人才，为本省专业乐团输送大量演奏员，并获各类奖项。本人获河北省首届艺术中专学校会演一等奖及"浇花奖"。

刘峻峰（1913—1975）

音乐教育家。北京人。1941年毕业于燕京大学音乐系。历任中学音乐教师，师范院校音乐系讲师，副教授。1956年始任北京教师进修学院音乐教研室主任，兼任北京星海合唱团、教师合唱团指挥。

刘开封（1965— ）

音乐教育家。土家族。河北恩施人。湖北民族学院艺术学院党委书记。1989、2005年分别毕业于武汉音乐学院声乐系、中央民族大学硕士班音乐教育系。撰有《关于加强音乐艺术与政治思想教育的思考》《试论土家山民歌的演唱特点》。歌曲《桃花山的太阳》获全国水电系统声乐大赛银奖，《清江醉酒歌》2005、2006年分获湖北全国声乐大赛金、银奖、优秀创作奖及指导教师奖。

刘开潜（1946— ）

歌词作家。四川泸州人。泸州市江阳区文化馆副馆长、副研究馆员。泸州市音协副主席。1970年西安安路学院本科毕业。歌词作品有《金杯献给祖国》（四川广播新歌金奖），《还在邓家老院子》（天府群星奖），《桂花糖糯米粑》（西安少儿童谣征集金奖），《三哥哥的唢呐》（天府群星奖）等三十余件获奖。歌词作品三百余件刊发演播，另有小品、谐剧、快板等作品。

刘康华（1949— ）

作曲家。音乐教育家。广东人。1977年毕业于中央音乐学院作曲系，留校任教，后任系主任。撰有《和声中的自然音三和弦》《调性扩展手法》等。编著有《共同课和声讲义》《二十世纪和声概论谱例集》。作有故事片《万里征途》音乐，电视记录片《漓江新歌》音乐及民族管弦乐曲《太行颂》，钢琴曲《蓝花花》《秋江

L

萧吟》。

刘可风（1954— ）

作曲家、指挥家。湖南岳阳人。岳阳市文学艺术研究所所长。1988年毕业于湖南师范大学音乐系。1992年参加作曲的大型历史剧《胡马啸》获文化部"天下第一团"戏剧汇演音乐设计奖。舞蹈《籽，呀！》获第二届"小荷风采"金奖。曾担任六台大型剧目乐队指挥，其中《将军谣》获中宣部"五个一工程"奖，《弃花翎》获"文华新剧目奖"。并有歌曲论文见诸于各级刊物。

刘克奋（1953— ）

民族管乐教育家。山西新绛人。毕业于福建师范大学艺术系。少年时代，其演奏的竹笛曲目即被省电台、电视台录制播出。70年代任专业文工团、部队业余文工团竹笛、手风琴等乐器的独奏演员和师范学校音乐教师。80年代任集美大学、厦门大学艺术学院手风琴、竹笛教学和音乐教材的声像编辑。90年代后调任省直新闻单位从事影视制作、编辑及新闻摄影工作，任《海峡人才》报社主任记者。曾受聘于福建师大、福建工程学院、福建警察学院从事教学，并在多所大学、企事业单位举办葫芦丝、巴乌等民族管乐器知识讲座。

刘克纪（1944— ）

指挥家。北京人。哈尔滨市文联副主席，哈尔滨市音协主席。师从指挥家黄飞立和秋里。先后指挥《赫哲人的婚礼》《仰天长啸》《焦裕禄》《安重根》《千鹤谣》《江姐》等歌剧三十余部。指挥《黄河大合唱》《毛主席诗词五首》《星火燎原》等大型合唱作品上百首。曾指挥数十场交响音乐会，多次与法国、美国、俄罗斯、韩国独奏家与歌唱家合作演出。多次应邀赴俄罗斯客席指挥交响音乐会。被评为"哈尔滨市有突出贡献的中青年专家"。

刘克勤（1943— ）

圆号演奏家。北京人。1960年入中央乐团学员班，毕业后留中央乐团交响乐队工作，任圆号首席。

刘克勇（1963— ）

男高音歌唱家。河北唐山人。1992年毕业于天津音乐学院声乐系。中国广播合唱团演员。曾获"环太平洋国际声乐比赛"优秀奖，全国"歌王歌后"大赛优秀奖。在庆祝建国45周年《祖国颂》中担任领唱，担任20世纪华人经典《长征组歌》的全部朗诵。近年来，多次参加由中国广播合唱团、中央电视台组织的国内外各类演出活动。

刘乐权（1962— ）

作曲家。湖南绥宁人。湖南绥宁县委宣传部副部长。1982年开始业余歌曲创作，在《民族音乐》《歌曲》等多家报刊发表百余首歌曲及三十余篇音乐评论。《春天在我们歌声里》等歌曲入选台湾出版发行的《主人翁之歌》。作有《竹叶会唱歌》《农家的生活令人醉》《瑶家爱吹双唢呐》等。《可爱的苗乡》《绿色南山》《苗家姑娘过山来》被央视拍成MTV，并收入《苗乡神韵》光碟发行。音乐评论《存真·施善·铸美》获湖南省"金旋律艺术节"音乐论文大赛金奖。出版有《刘乐权音乐作品集》《绿色的思考》。

刘莉娜（1960— ）

女长笛、竖琴演奏家。江苏南京人。1982年毕业于四川音乐学院管弦系长笛专业，后任重庆市歌剧院乐队演奏员。曾在中央音乐学院进修长笛，1991年毕业于上海音乐学院竖琴专业。参加过剧院大、中、小型演出达几百场，并参加歌剧《火把节》全国调演、歌剧《巫山神女》在北京的调演。同时还参加1998年汤沐海指挥的"中葡世纪交响音乐会"、陈佐煌指挥的"新年音乐会"以及交响音画《长江》在重庆的演出。

刘礼恒（1944— ）

作曲家。黑龙江呼玛人。1960年入黑河地区文工团。曾任黑河行署文化局副局长。作有歌曲《养鹿姑娘爱鹿场》，评剧音乐《血土》《大漠悲歌》。

刘立成（1946— ）

圆号演奏家。北京人。1961年起在解放军军乐团学习圆号演奏，1965年任军乐团圆号演奏员及舞台音响师等。先后参加国庆大典阅兵仪式演出及各项国家司礼等重大演出，曾随团赴自卫反击战前线演出。研究和总结一套适合铜管乐器和乐队的音响调试方法。参与录制音乐艺术片《军乐随想曲》，为全国小学音乐教材录制音像资料。

刘立国（1957— ）

小号演奏家。四川成都人。1986年毕业于解放军艺术学院军乐系、1998年毕业于昆明陆军学院经济管理系（大专），历任峨眉电影制片厂乐团铜管声部首席小号，成都军区战旗文工团乐队独奏演员。参加各类音乐会、汇演等演出，独奏、领奏曲目《天鹅湖》《野蜂飞舞曲》《西班牙斗牛》《卡门》《拉萨的早晨》《思念》《西藏之光》《人民军队忠于党》等，获文化部"文化奖""金鹰奖"、全军文艺汇演奖等多个奖项。

刘立军（1959— ）

长号演奏家。辽宁海城人。1975年入沈阳音乐学院附中。1977年入沈阳音乐学院大专班。相继考入铁道兵文工团、中央歌剧院、中央乐团、中国广播交响乐团任演奏员、首席长号。曾在歌剧《卡门》《魔笛》《塞维利亚理发师》《图兰朵》《弄臣》《茶花女》，及贝多芬《第九交响曲》、肖斯塔科维奇《第七交响曲》、冼星海《黄河大合唱》中担任首席长号。

刘立舟（1962— ）

中提琴演奏家。北京人。1984年毕业于中央音乐学院，后留校任管弦系教师。1982年在英国朴茨茅斯国际弦乐四重奏比赛中获"梅纽因奖"。

刘丽娟（1964— ）

女音乐编辑家。河南清丰人。毕业于上海音乐学院。

上海文艺音像出版社副总编。曾任上海声像出版社编辑部主任。策划、编辑、制作出版唱片达数百种，编辑制作的"九五国家重点音像出版规划项目"——中国歌唱家系列、中国原创音乐系列等唱片，多次获国家优秀音像制品奖一等奖和金唱片奖。先后担任上海亚洲音乐节新人大赛、"上海之春"国际艺术节、中国唱片"金碟奖"、首届中国国际音像博览会音像制品评委。发表有《入世随想》《中英唱片公司联手走好人世第一步》等文。

刘丽梅（1960— ）

女音乐教育家。广东东莞人。先后毕业于广东肇庆师专音乐系、星海音乐学院。曾任海南农垦文工团演员。1985年至今任海南琼台师专音乐系主任、副教授。撰写发表十多篇论文，分别获国家级、省级论文评比一、二等奖。为国家音乐教育事业培养和输送了大批人才。先后被海南省授予"特技教师"和"劳动模范"称号。

刘丽英（1958— ）

女音乐教育家。山西左云人。云南师大艺术学院音乐系主任、副教授。1982年、1991年分别毕业于西南师大音乐系，南京师大研究生班音乐系，撰有论文《21世纪高师音乐教育教学改革与人才培养模式思考》获全国高师音乐教育专业教学改革学术研讨会论文评比二等奖，《基础乐理中的"节奏"辨析》获教育部第四届音乐论文评选二等奖。发表歌曲《春蚕》等多首，《遥远的女儿国》曾获云南音乐台优秀广播歌曲奖，并获首届云南省校园歌曲创作大赛二等奖。培养的学生多人多次在比赛中获奖。

刘丽珍（1937— ）

女民歌演唱家。江苏靖江人。1956年入中央歌舞团工作。曾任中央民族乐团民歌教员。1957年获第六届世界青年联欢节合唱比赛金质奖。曾担任《生产大合唱》领唱。

刘连捷（1941— ）

音乐教育家。河北保定人。1962年毕业于天津音乐学院附中理论学科。1966年毕业于天津音乐学院作曲理论系本科。曾在河北师范大学音乐系任教，后调入华北石油教育学院任艺术系主任、教授。主授和声学、复调学、曲式学。著有《曲式分析》《作曲入门》等，发表多首歌曲和小型器乐曲，编辑出版《和声习题示范》。

刘连生（1941— ）

作曲家。黑龙江哈尔滨人。1967年毕业于沈阳音乐学院作曲系，后任辽宁省歌舞团艺术室副主任，辽宁省音协理事。所作歌曲《石油工人之歌》入选国务院文化组主办的《战地新歌》集，歌曲《钟摆之歌》获辽宁省政府优秀作品奖，舞蹈《红烛》获辽宁省舞蹈比赛音乐一等奖，舞剧《珍珠湖》（合作）获辽宁省政府一等奖，杂技《孔雀开屏》（音乐）获全国杂技比赛金奖，舞蹈诗《满乡情韵》（合作）获全国少数民族文艺汇演金奖。

刘连生（1942— ）

音乐理论家。吉林延边人。1964年毕业于吉林艺术学

院音乐系。曾任吉林省群艺馆副馆长、中国函授音乐学院吉林分院副院长。编著有《我快乐》幼儿歌曲文集、《少年儿童小提琴入门》等。

刘连英（1963— ）

女高音歌唱家。湖南邵阳人。湖北省歌剧舞剧院剧团演员。曾任湖南省新邵阳花鼓戏剧团演员。先后获"湖南省声乐比赛"一等奖、"全国首届民歌通俗歌曲大奖赛"优秀演唱奖、湖北赛区一等奖、首届中国长江歌会"长江杯"金奖及朝鲜"四月之春"国际声乐比赛金牌。曾赴美国、加拿大、西班牙、马来西亚等国演出。

刘良慧（1949— ）

男中音歌唱家。吉林长春人。1981年毕业于沈阳音乐学院。曾在吉林省前郭尔罗斯民族歌舞团工作，后调入内蒙古广播电视艺术团任合唱队长、声乐指导。内蒙古自治区政协委员。多次在全国、省、自治区声乐大赛中获奖。录制了大量风格各异的独唱歌曲和广播剧、电视剧主题歌。其中《蒙古骑兵战歌》被日本国NHK国际广播电台采用播放。曾到俄罗斯、菲律宾、韩国访问演出。被自治区政府授予学习使用蒙古语文先进工作者、优秀声乐辅导称号。多次被聘为自治区声乐大赛评委。

刘烈武（1919—已故）

音乐理论家。北京人。1946年毕业于国立音乐院。后为中央音乐学院教授，曾任和声教研室主任。为北京市第四、五届人民代表。著有《和声学》，译有《二十世纪和声——音乐创作的理论与实践》。

刘灵锟（1944— ）

指挥家。吉林长春人。1964年毕业于沈阳音乐学院附中单簧管专业，1987年毕业于沈阳音乐学院作曲系干部专修班指挥专业。先后在沈阳军区乐队、解放军军乐团、沈阳军区前进歌剧团任演奏员、指挥。在军区以及全军各类大型演出中担任乐队指挥。曾在辽宁省举行的大合唱邀请赛中，获指挥金奖。作有管弦乐《黑土之春》并获奖。著有《初级单簧管教程》。

刘梅生（1947— ）

作曲家。北京人。1976年毕业于北京师范学院文艺系音乐专业，主修理论作曲。后师从指挥家沈武钧学习乐队指挥。先后为《梅岭西媛》《绿宝》《街上静悄悄》《死亡货车》《大漠落日》《疼痛》《孙中山在北京》等二十余部电视剧作曲。合唱《妈妈，我回来啦》《美丽的北京》《序曲》《黄鹤楼》《风雨归舟》等为获奖作品。撰有《十九世纪欧洲音乐赏析》《综合音乐理论浅谈》《电视片音乐浅析》《昨天的音乐，今天的音乐》等文。

刘弥艳（1942— ）

女歌唱家。河北束鹿人。湖北省歌剧舞剧院独唱演员。1958年起在省赛歌会、声乐比赛、艺术节比赛中获金奖两次、一等奖一次。1995年参加朝鲜平壤第13届"四月之春"国际艺术节比赛获金奖。独唱《绣荷包》与重唱

L

《可爱的东湖》等录制唱片。参加电影《奇迹的再现》的演出并任表演设计，为影视片《亲人》和《母子情》配唱主题歌。由电视台摄制《一朵盛开的三色花》专题音乐片。1985年随国家代表团赴日本演出，后在香港参加第10届亚洲艺术节。曾赴美国、加拿大、俄罗斯、乌克兰、罗马尼亚等国演出。1997年调入广东江门五邑大学讲授《声乐与作品赏析》等课程。

刘民则（1941— ）

编磬演奏家。湖北武汉人。曾在湖北省歌舞团工作。在《编钟乐舞》中演奏并创作编磬独奏曲《流水》及舞蹈音乐《山猫》。1985年在日本国际科学技术博览会和香港第十届亚洲艺术节中担任独奏。

刘明健（1952— ）

声乐教育家。湖南岳阳人。江西师大音乐学院副教授。1993年毕业于江西师大。曾任南昌市歌舞剧团歌队队长。撰有《科学地发声运动是嗓音健康的基本技术保障》等文。歌曲《山里太阳升》、合唱《祝福南方》分获1990年、1993年江西省音乐舞蹈节创作二等奖。培养的多名学生分获第三届"金钟奖"全国声乐大赛江西选拔赛一等奖，及国内的一些重要赛事名次奖。

刘明将（1934— ）

作曲家。上海人。1950年始从事音乐教育。曾为上海徐汇中学高级教师。作有少儿歌曲《小镰刀》《来了一群小鸭子》《小宝宝要睡觉》，并编辑出版六集少儿歌曲。

刘明澜（1940— ）

女音乐学家。四川大邑人。上海音乐学院音乐研究所研究员。1960年毕业于上海师范大学中文系。1961年到上海音乐学院任教。曾跟随广陵派琴家张子谦学弹古琴，并进修音乐史论课。1974年后从事中国古代诗词音乐、昆曲音乐及古琴音乐美学的研究，主讲"中国古代音乐史""中国古代音乐美学"等课程，多次获得上海音乐学院的教学优秀奖。专著有《中国古代诗词音乐》及学术论文三十余篇。其中《孔子的理想人格与中国传统琴乐的文化底蕴》，获上海市哲学社会科学优秀成果论文类二等奖。

刘明亮（1942—已故）

手风琴演奏家。湖北人。曾为中国音协手风琴学会常务理事、河南手风琴学会会长。1959年始从事部队文艺工作。1973年转业后调河南大学音乐系，担任手风琴、钢琴及音乐美学课，后任该系钢琴教研室主任。录制唱片有《小王赶车》《团长的爱》等，撰有《勤学与苦练》《手风琴发展概况》《自由低音手风琴》等文，主编《手风琴教程》《手风琴轻音乐选》《手风琴世界名曲选》《手风琴教程》修订本。

刘明义（1926—1993）

男高音歌唱家。江苏苏州人。肄业于四川青木关国立音乐院声乐系。曾任上海乐团声乐教员、独唱演员。

刘明义（1927— ）

指挥家。安徽临泉人。1949年入苏南军区文工团。1952年从事指挥工作。曾历任南京市铜管乐队副队长兼指挥、江苏省歌舞团乐队指挥、省民族管弦乐团副团长兼指挥。1964年任常州市文化宫文艺科长。创作铜管乐曲和民族管弦乐曲多首，如《中朝友谊》《五月裁秋》等，其中《丰收时节》和改编的民间音乐《傍妆台》，已由上海唱片公司制成唱片。长期从事收集整理民间音乐，出版有《苏南地区民歌选集》。

刘明源（1931—1996）

板胡演奏家、教育家。天津人。1952年入北京新影乐团民族乐队任乐队首席、独奏演员。1957年参加第六届世界青年联欢节民间器乐比赛获金质奖章。后执教于中国音乐学院，器乐系副主任。中国音协第四届理事、中国民族管弦乐学会常务理事、北京市政协委员。创作、改编并演奏曲目有《喜洋洋》《幸福年》《牧民归来》《马车在田野上奔驰》《秦腔牌子曲》《大起板》《节日》《地道战》《丰收乐》《翻身的日子》等。大量演奏曲目录制成唱片、盒带，1990年获"金唱片奖"。

刘明芝（1924— ）

女声乐教育家。四川达县人。1951年毕业于西南师大音乐系。为该系副教授。学生李丹阳曾在全国性比赛中获优秀奖、荧屏奖。

刘鸣钟（1956— ）

二胡演奏家。广东兴宁人。广东省嘉应学院音乐副教授、广东汉乐协会艺术顾问兼指挥。1982年毕业于武汉音乐学院民乐系。1991年赴上海交通大学研究生班进修，师从二胡演奏家闵惠芬、钢琴家刘峰、作曲教授沙汉昆、合唱指挥家马革顺。创作客家山歌、器乐曲和客家歌剧VCD音乐数十部。歌曲《嘉应大学之歌》获银奖，《客家我心灵的故乡》获佳作奖。2006年在北京中央音乐学院音乐厅指挥广东汉乐音乐会，2008年出版发行"刘鸣钟副教授音乐作品集"，获2008年度广东省优秀音乐家奖。

刘迺芝（1947— ）

女大提琴演奏家。天津人。1966年毕业于中央音乐学院附中。1977年分配到中国广播交响乐团。参加团里录制大量广播、电视音乐节目，为意大利、日本、英国等录制出版大量唱片和录音带。曾随团赴意大利、瑞士、德国等七国演出，曾参加在维也纳金色大厅举办的音乐会。

刘念劬（1945— ）

作曲家。上海人。1969年毕业于上海音乐学院作曲系，后入上海歌剧院任创作员。上海市文化局局长。中国音协第四届理事。创作有众多音乐作品，部分作品获国家级、省级奖。主要作品有歌剧音乐《血与火》，舞剧音乐《凤鸣岐山》，大提琴协奏曲《漫步》，交响诗《啊，祖国》，歌曲《海上的歌唱》等。

L

刘宁妹（1963— ）

女声乐教育家。江苏人。江苏南通师范学校音乐学科高级讲师。1987年毕业于南京师范大学音乐系，结业于南京师范大学研究生课程班。先后在省级以上的刊物发表论文多篇，为国家专业音乐院校输送了大量的学生，有的在高师和中学任教，有的进入专业剧团，多人次在全国和省、市声乐大赛中获奖。长期从事师范学校音乐班的声乐教学。多次获优秀班主任称号。

刘培汉（1938— ）

词曲作家。湖北沔阳人。曾为湖北省荆州市艺术研究所副研究员、《荆楚歌声》主编。曾在全国报刊、电台、电视台发表歌曲、歌词、评论、论文三百余件，其中歌词《橄榄绿》《夕阳，你将离去》分别获全国征歌一、二等奖，歌曲《难忘故乡的花鼓调》《离不开你》《我要告诉你》《不会忘记你》分别获全省征歌、演唱比赛一、二等奖。歌曲作品还有《采莲要等九月八》（合作），为电视专题片《荆楚大地的新星》《崛起》等作曲。1987年创办《荆楚歌声》。出版歌词集《多彩的人生》。

刘培萌（1925— ）

女钢琴教育家。河北乐亭人。1950年毕业于北京燕京大学音乐系。曾在中央音乐学院任教，后到德国。解放前曾在天津举行个人钢琴独奏音乐会。编有钢琴教材多部。

刘培斋（1950— ）

男高音歌唱家。河北沧县人。总政歌剧团演员。1986年毕业于解放军艺术学院。演唱曲目有《冰凉的小手》《今夜无人入睡》《我的太阳》等。参演歌剧《火红的木棉花》《傲蕾依兰》，《芦花白木棉红》等。1992年随中国歌剧艺术团出访香港、澳门。1993年参演歌剧《党的女儿》，获全军第六届文艺汇演表演奖。参与录制电视音乐片《枣乡情》，为电视剧《花木兰》《毛泽东的故事》等录制插曲。

刘平人（1924—已故）

歌剧编导家。辽宁人。1945年始从事部队文艺工作。曾任总政歌剧团演员、导演。曾导演歌剧《刘胡兰》《狂飙曲》《傲蕾·一兰》《火红的木棉花》。

刘期相（1947— ）

作曲家。湖南人。1988年毕业于甘肃联合大学戏剧创作专业。甘肃音协理事，武威市音协副主席，武威市秦剧团创研室主任。其音乐作品获多项国家及省级奖。其中歌曲《我的东乡锁南坝》《腾格里旋风》等作品获四届甘肃省"敦煌文艺奖"。1998年创作的童声二重唱《裕固家生活甜如蜜》被甘肃黄河少儿艺术团选录为赴日本参加"首届亚太地区少儿艺术节"曲目。发表、演播多部（首）音乐作品。多次任省、市大型文艺演出总导演、作曲。

刘琪勤（1942— ）

扬琴演奏家。江苏江都人。1964年四川音乐学院民族器乐系扬琴专业毕业，任成都军区政治部歌舞团乐队演奏员，1972年调任重庆市歌舞团乐队演奏员。作有扬琴独奏曲《那达慕盛会》《瑶族舞曲》等多首，发明创立扬琴"指弹弓""双跳"等技巧，出版有《扬琴演奏法》。参加各种演出任独、重奏，参加全国性专业学术会议及活动，举办各种形式讲座。

刘琪映（1948— ）

女圆号演奏家。四川成都人。1959年始在中央音乐学院附中学习圆号专业。历任中国京剧院、北京京剧院、北京歌舞团乐队、北京交响乐团圆号演奏员。多次参加各种演出和接待外宾的音乐演奏会及《中国革命之歌》、亚运会开幕式"交响乐之春"音乐会演出，参加多部电影、电视剧的录音工作。1973年在北京艺校音训班培养了多名圆号人才。

刘启明（1949— ）

作曲家。土家族。湖北巴东人。湖北省巴东县文化馆音乐辅导、馆长、副研究馆员。恩施土家族、苗族自治州音协副主席。创作有大量音乐作品，并有三十余件作品获奖。歌曲《木叶情》《走不出这片土地》获全国"当代农民之歌"征歌创作奖，《背水姑娘》获湖北"艺术歌曲征集"三等奖，《风筝在飘、船儿在摇》获全国"九十年代之歌"征歌三等奖，《山里童谣》和舞蹈音乐《木楼里的妹子》获"湖北省音乐舞蹈曲艺新人新作比赛"作词、作曲银奖，《渔村之夜》获《歌曲》编辑部、浙江省音协联办的全国"华夏渔歌"征歌银奖。

刘起超（1942— ）

作曲家。山东长清人。1962年入济南工人俱乐部乐队。1970年毕业于上海音乐学院。先后在上海京剧院、山东京剧团工作。1979年入东方歌舞团创作组。作有歌曲《尽朝晖》，乐曲《欢庆》。现居国外。

刘起钊（1942— ）

作曲家、音乐编辑家。湖北宜昌人。1966年毕业于武汉音乐学院管弦系，先后在新疆歌舞话剧院、山东京剧团、山东歌舞团、山东艺术馆和山东文化厅工作。1991年起任山东艺术馆副馆长、研究馆员。曾参与编辑《齐鲁群星大汇》《山东省优秀少儿书画作品集》，出版和发表《当月亮升起的时候》《白玉兰》《万里长江第一坝》《说文化》和《改革探索中的新举措》等歌曲和文章。

刘巧君（1943— ）

女古筝演奏家。河北石家庄人。曾任河北省艺校古筝教师。1962年入中央音乐学院民乐系，后转入中国音乐学院器乐系毕业。1969年入河北省梆子剧院，创作过多首古筝独奏曲，与人合作的《淀上组曲》刊发于人民音乐出版社出版的《筝曲集》。撰有《关于幼儿古筝教育的几点体会》。多次获得政府嘉奖，培养一批古筝演奏人才。

刘钦江（1949— ）

作曲家。广东潮阳人。曾任湖南衡阳市音协副主席。1968年从事小学音乐教育，1969年入伍后从事军营器乐演奏、音乐创作和指挥，并发表处女作《咱的枪法好》。1979年转业后从事工人音乐活动，发表或在征歌中获奖的作品三十余件。举办歌手电视大奖赛、工人合唱艺术节等群众音乐活动百余场（次），1990年指挥衡冶总厂工人合唱团的演唱获全国首届群众歌咏大赛奖项。撰写多篇论文入选《全国群众文化论文集》，其中两篇获文化部第十一届"群星奖"群众文化科研成果优秀奖。

刘钦明（1933— ）

歌词作家、音乐编辑家。湖南祁东人。《词刊》编委、编审。1950年参军，次年于某军政干校毕业后从事部队文艺工作。1953年被派往"朝鲜国立音乐大学"留学，专攻小提琴。1964年转为文学创作，主攻歌词，兼及散文、戏剧、评论。参加过抗美援朝和援越抗美战争。1985年转业调《词刊》编辑部，先后任编辑部主任、副主编（常务）兼编辑部主任。作品有《畲家姑娘会绣花》《彝家热爱子弟兵》《请喝一杯酥油茶》（合作），《春天，你在哪里》等。出版有《春天的思绪》《词苑漫笔》《歌词艺术笔谈》，主编《相逢相思在战场》（合作）。担任多届中宣部"五个一工程"奖、中国音乐"金钟奖"评委，多届中国文联出版专业高级职务评委。

刘庆彩（1929— ）

低音提琴演奏家。辽宁人。1950年始从事部队文艺工作，任军乐团管弦乐队低音提琴演奏员。1961年入中国广播交响乐团任演奏员。1973年任该团副团长。曾任广播艺术团调研员。

刘庆德（1943— ）

歌剧表演艺术家。河北人。1967年毕业于中央音乐学院声乐系歌剧专业，分配到中央芭蕾舞团任独唱、声乐教员，1978年调中央歌剧院。曾在歌剧《茶花女》中扮演乔治·亚芒，在《蝴蝶夫人》中扮演沙普来斯，在《卡门》中扮演斗牛士艾斯卡米欧，在《马可·波罗》中扮演忽必烈大帝等。编撰出版《中国历代长城诗录》。

刘庆苏（1956— ）

女音乐理论家、编辑家。湖南桂阳人。甘肃省文化艺术研究所编辑。1985年就读于兰州大学汉语言文学系，2004年毕业于中国艺术研究院音乐学系。发表论文《音乐——流动的造型艺术》《对音乐创造空间的再认识》《戏剧——感情的艺术》《陇剧演出风格的思考》《试论两部文化艺术的发展》《试谈歌剧音乐戏剧性及观众问题》。出版论文集《陇原艺术探析》。著有《敦煌·丝路·多民族——甘肃艺术事业五十年》等。

刘庆欣（1954— ）

作曲家。河北人。内蒙古军区文工团创作员。1987年毕业于天津音乐学院，师从鲍元恺、姚盛昌。曾任内蒙古歌剧团及歌舞团创作员，创作有大量声乐及舞蹈音乐作品，其中有为内蒙古首届国际那达慕盛会创作的大型歌舞《花的草原》音乐，另有歌曲《在静静的森林里》获全军歌曲创作二等奖，舞蹈音乐《欢腾的牧场》获全国少数民族舞蹈比赛创作奖。

刘庆芝（1933— ）

作曲家。黑龙江穆棱人。本溪市音协副主席。1947年入牡丹江鲁艺文工团。1950年毕业于东北鲁艺音乐系。曾任本溪市文工团乐队队长。为话剧《特别代号》配乐演出。作有歌剧音乐《春夜明灯》，话剧音乐《海防线上》，组歌《大庆路》，歌曲《绣春花》《再过十年》《海滨夏令营之歌》《地球上印上你的名字》《吉祥之星照亮港湾》《本溪，可爱的家乡》和《欢迎你，朋友》由海峡之声电台广播。所创作的作品曾获作曲一等奖、创作奖。出版有《〈咏梅〉刘庆芝歌曲选》。

刘磐声（1953— ）

作曲家。湖北武汉人。1975年毕业于湖北艺术学院，现任湖北荆州艺术剧院专业作曲。所创作的歌曲《跨世纪的新一代》曾获"94全国少儿歌曲征集"一等奖。《在妈妈身边》获"中国首届少儿卡拉OK大赛"作品一等奖。《弯弯的海滩》获"香港童声合唱创作大赛"高小组冠军。《金色的梦》获第43届世乒赛12首推荐歌曲之一。《晒秋》获"2001南宁国际民歌艺术节创作歌曲征集"一等奖第一。《山谷静悄悄》被编入全国中小学音乐教材。

刘泉水（1932—已故）

民族管乐演奏家。河北人。1950年入中央音乐学院文工团，曾任中央歌舞团演奏员。1955年获第五届世界青年联欢节民族器乐比赛二等奖。曾随团多次出国访问演出。

刘泉洲（1941— ）

作曲家。河北辛集人。河北省文联顾问、省音协副主席。1965年毕业于天津音乐学院键盘管弦系。在省以上报纸、刊物、电台、电视台发表（播出）歌曲五十余首，评论文章三十余篇。作有歌曲《荒原上的第一支歌》《民族团结歌儿多》《如今盼着亲戚来》《我们心相连》《春天来了》《我爱家乡白洋淀》。《中国民族民间歌曲集成》《中国民间器乐曲集成》（河北卷）编选小组副组长。

刘群强（1954— ）

民族器乐演奏家。北京人。中国国家歌舞团器乐艺术部主任。曾任中国歌舞团民族乐团团长，北京杂技团乐队竹笛、扬琴演奏员兼作曲。先后得益于冯子存、赵松庭、陆春龄等的指导。创作并演奏的笛子独奏曲《剑》，埙独奏曲《苏武牧羊》，口笛曲《春回山寨》，笛子与排箫《山鹰与云雀》，民族管乐套曲《滇贵风情》，巴乌独奏曲《暮归》，民乐合奏曲《三五七》等。1998年举办"刘群强——千年管乐古今中外名曲音乐会"。出版《葫芦丝演奏入门》《葫芦丝演奏技巧及练习曲》光盘。发表专著《从零起步学吹箫》。

刘人琪（1946—1987）

男中音歌唱家。湖北武汉人。1964年入湖北省歌剧团工作。1972年入广西艺术学院声乐系进修。曾获1974年全国文艺调演优秀演员奖。1975年获全国音乐调演青年男中音第一名，并在两届琴台音乐会中获一等奖。曾任湖北省青联委员。

刘荣德（1935— ）

作曲家、音乐理论家。河北卢龙人。中国民族管弦乐学会理事、河北省音协常务理事、唐山市音协主席。曾任唐山地区歌舞团团长、市群艺馆副馆长。主编《唐山地区民间歌曲集》《唐山地区唢呐曲集》《唐山地区打击乐曲集》等。著有《乐亭影戏音乐概论》《冀东地区秧歌》《民族唱法讲座》等。撰有《冀东民歌的演唱方法》等多篇论文。作有大量歌曲，五十余首获奖。作有合唱《闹花灯》，组歌《启明星》《碧海金沙南藏河》，音诗《栗乡行》。组歌《京唐大港颂》参加第三届中国国际合唱节获创作奖，独唱《刨花生》《槐花海》《山里人儿爱唱山》等，录制成MTV。曾任民歌、器乐曲集成河北卷常务编委，并为《民歌集成》演唱录音百余首。

刘荣弟（1959— ）

音乐教育家。陕西绥德人。西安音乐学院键盘系主任，硕士生导师。1987年毕业于西安音乐学院并留校任教，从事视唱练耳教学与研究工作。发表论文《听觉训练中感性积淀与理性积淀的思考》《音乐听觉悟性评价与视唱练耳教学》《浅议视唱练耳中的记忆心理》等。编著《视唱练耳——乐理考级教材》，合编《多声部视唱》教材，填补了我国高等音乐院校多声部视唱教材的空白，并作为西安音乐学院视唱练耳教学通用教材。曾参加全国高等师范视唱练耳教材编写工作。

刘荣发（1925—2001）

音乐编辑家。回族。河北安国人。1939年入冀中回民支队宣传队。1953年入上海音乐学院作曲系进修。曾任公安军文工团工队指挥。1958年任中央广播事业局对外部文艺组组长。1973年任中央电视台文艺部副主任。

刘荣敬（1941— ）

指挥家。山东鱼台人。济南艺校音乐教研室主任。1986年毕业于上海音乐学院干部专修科。曾任山东省济南市歌舞团乐队指挥，指挥过现代京剧《沙家浜》《货郎与小姐》等。作有歌曲并发表相关音乐评论文章。曾获1992年"全国民族音乐知识大赛"优秀奖。

刘荣庆（1949— ）

打击乐演奏家。河北定州人。总政军乐团分队队长。1964年入总政军乐团学员队。作有木琴独奏曲《我是人民小骑兵》《军民渠》（合作），参加国庆大典、阅兵、八一晚会及全军文艺调演、汇演、巡演各种演出数百场，任独奏、重奏、合奏。1987年任泰国军乐行进表演编导并在泰国巡演。

刘荣森（1941— ）

小提琴演奏家。辽宁人。1966年毕业于中央音乐学院管弦系。曾任北京京剧团乐队首席、中央乐团室内乐队二提琴首席、中央乐团交响乐队演奏员。曾随团赴朝鲜、西

班牙、香港、澳门等地及在国内参加一系列演出活动。

刘如霞（1942— ）

女歌唱家。陕西洋县人。1963年毕业于西北师范大学音乐系本科声乐专业。成都音乐舞剧院独唱演员。曾任歌剧《向阳川》主题歌独唱。1965年在中南海为周恩来总理演唱《众手浇开幸福花》。先后在《草原女民兵》《草原儿女》《沂蒙颂》《卓瓦桑姆》等舞蹈中任独唱、领唱。还演唱有《山泉》《羌家姑娘绣彩绣》《绣荷包》《康定情歌》《小河淌水》。在中央电台和省台播出的演唱曲目入选联合国教科文组织主编的亚太地区民歌教材或"亚广联"民间艺术节。1991年春节，曾在美国洛杉矶中国海外艺术团文艺晚会上演唱中国民歌。

刘如曾（1918—已故）

戏曲音乐家、作曲家。江苏常州人。1942年考入上海国立音乐院理论作曲系。1946年始从事越剧音乐作曲。1951年始在上海戏剧学院任教。中国音协理事，中国剧协理事，第二、三届上海市文联委员，上海市音协常务理事，上海戏曲音乐学会会长。作有越剧《梁山伯与祝英台》《西厢记》《祥林嫂》，沪剧《罗汉钱》《星星之火》，京剧《智取威虎山》，昆剧《长生殿》。话剧音乐《吝啬鬼》《关汉卿》《文成公主》《年青的一代》。管弦乐《江南的春天》《富饶的江南》及电影音乐《祝福》。1992年在上海举行"刘如曾戏曲音乐作品专场音乐会"。1992年获中国戏曲音乐学会特别奖。1994年获上海宝钢高雅艺术特别荣誉奖。

刘瑞麟（1941—已故）

作曲家。江西宜春人。1962年毕业于江西师范大学音乐系。原宜春群众艺术馆馆长、副研究馆员。作有歌曲《金银歌》《竹乡行》，民族器乐合奏曲《秀江风情》。

刘瑞琪（1942— ）

民族管乐演奏家。山西左权人。1958年参加左权红旗歌舞剧团。1959年调入晋中文工团。其创编、演奏的笛子独奏《赶集去》曾获全国第三届民族管弦乐展播特别奖，唢呐独奏《欢乐在今宵》曾获首届全国老年文艺调演银奖和山西省首届老年文艺调演金奖。出版的光盘有《高歌一曲颂太行》《民间器乐演奏家刘瑞琪专辑》。出版《山西民间舞蹈左权小花戏》。发表学术论文多篇，其中《简论中国山西左权、和顺一带的民间吹奏乐》一文获国际优秀论文奖。系《中国民族民间乐器集成·山西卷》编委。

刘瑞瀛（1929— ）

作曲家。天津人。1949年毕业于天津师范专科学校。曾任职于中央乐团。后任北京朝阳区文化馆副研究员。作有歌舞曲《抗旱歌》《养猪姑娘》，译有俄罗斯歌曲《深夜微风飘荡》及合唱曲《回声》。

刘若娥（1936— ）

女声乐教育家。回族。河北沧州人。1961年毕业于上海音乐学院声乐系。留校任教。曾多次出国访问演出，举

行独唱音乐会。

刘森民（1931— ）

作曲家。陕西人。1943年参加陕北绥师文工团。1957年毕业于中央音乐学院作曲系。历任中央广播乐团作曲、指挥、副团长，中国广播艺术团总团副团长兼创作室主任，中国唱片总公司总经理兼总编辑。作品有大提琴曲《故乡随想曲》，管弦乐《彝族舞曲》《节日序曲》《第三套广播体操乐曲》，合唱《水调歌头·重上井冈山》《敬爱的周总理，您永远活在我们心中》，交响乐《杜鹃山》（合作），为话剧、广播剧、电视连续剧谱曲，并为电台、电视台编配《国际歌》《东方红》等管弦乐合唱，发表歌曲和间奏乐等作品百余首。主编出版《音乐大全》等，创意主办两届中国唱片"金唱片奖"。曾任中国音协理事、广播电视音像交流研究会会长。

刘善教（1949— ）

古琴家。江苏人。曾任中国琴会常务理事、古琴专家委员会委员。毕业于南京师范学院教育系，后就职于镇江谏壁发电厂教培中心。中国琴会镇江梦溪琴社社长。曾多次出席全国及国际古琴艺术研讨会，在香港、北京参加古琴演奏。曾在北京大学、江苏大学、华东船舶工业学院进行演奏及演讲。撰文多篇。录制CD演奏的古琴曲有《长门怨》，曲目《江月白》曾在全国古琴打谱会上交流，获镇江市人民政府文化艺术奖。

刘尚焜（1932— ）

钢琴演奏家。湖北人。吉林艺术学院。翻译并撰文《爵士乐与蓝色狂想曲》《严谨治学锲而不舍》《肖邦幽静的行板及大波兰舞曲》。先后为日本电影《正是为了爱》及国产电影《上甘岭》《吉鸿昌》《狼犬的后代》钢琴配乐。随中国体操队在第六届世青节表演任钢琴伴奏。曾于1962、1985年举办个人独奏会。在吉林艺术学院纪念莫扎特逝世200周年音乐会上演奏莫扎特幻想曲。培养全国十佳少年盲童孙岩习琴，并在远南运动会上演奏钢琴协奏曲《黄河颂》。

刘尚仁（1935—2004）

作曲家。甘肃临夏人。1954年毕业于西北艺术学院音乐系。1957年调甘肃省歌剧团任乐队首席兼作曲。曾执教于兰州师范专科学校音乐系等。甘肃省音协副主席、甘肃省花儿研究会副会长。创作（含合作）有《向阳川》《月亮湾》《焦裕禄》《向秀丽》《夺印》《雷锋》等十余部歌剧音乐。创作中、小型歌剧音乐二十余部，如《木匠迎亲》《主课》《园丁之歌》《追报表》。曾为《瓜园情》《恭喜发财》等"花儿剧"作曲并指挥演出。发表歌曲及评论文章数十首。编撰出版有《临夏民歌》《甘南藏族民间音乐》。为电视剧《"女鬼"和她的情人》，广播剧《玉镯恨》等作曲。著有《民族民间音乐教材》。

刘少立（1930—已故）

单簧管教育家。黑龙江哈尔滨人。1961年毕业于德国莱比锡音乐学院管弦系。曾为沈阳音乐学院管弦系教授。

音协辽宁分会第三届常务理事。

刘申五（1944— ）

歌词作家。山东蓬莱人。高级编辑。当过工人、文化馆馆员、省电台编辑、报社编委。从1966年开始发表歌词，写有作品近千首。曾为《特别攻击队》《纪委书记》《插树岭》《都市外乡人》《种啥得啥》《乡情》等二十余部电影、电视剧、电视专题片创作主题歌及插曲歌词。并为九冬会会歌《拥抱春天》作词。2005年在吉林出版歌词集《大海在微笑》。获过"金钟奖""星光奖""骏马奖""虹雨杯"歌词大赛奖及吉林省"五个一工程"奖、"长白山文艺奖"等奖项。

刘胜祥（1952— ）

演奏家。吉林通化人。通化市音乐家协会副主席。1973年毕业于吉林艺校扬琴专业。曾在通化地区文工团、吉剧团、通化市艺术团任副团长、团长职务。后在通化群艺馆，曾任副馆长、党支部书记。主持编排的音乐剧《懒汉轶事》获文化部电视节目展演三等奖，儿童音乐剧《乐园》获省创作剧目展演奖并进京展演。所辅导的歌曲《黄河》获吉林青少年艺术大赛辅导一等奖。演奏的乐曲《双手开出幸福泉》获省广播电视文艺节目一等奖。

刘盛全（1939— ）

钢琴演奏家。四川云阳人。曾为东方歌舞团音乐教师。1963年毕业于中央音乐学院，师从易开基等，曾在吉林省歌舞剧院与北京歌舞团任职，演奏过钢琴协奏曲《黄河》与钢琴伴唱《红灯记》等，作有歌曲和为舞剧《湘江北去》配乐。曾应联合国教科文组织邀请赴拉丁美洲考察民间音乐，并培养了一批钢琴人才。

刘盛正（1932— ）

指挥家。重庆人。1964年毕业于中央音乐学院指挥系进修班。曾任中央歌剧院合唱指挥。曾担任《卡门》《蝴蝶夫人》《茶花女》《阿依古丽》等歌剧的合唱指挥。

刘诗昆（1939— ）

钢琴演奏家。天津人。旅居香港。1948年参加在上海举行的全国性少儿钢琴比赛获冠军。1951年入中央音乐学院附中音乐班。1956年参加在匈牙利布达佩斯举办的李斯特国际钢琴大赛获第三名，演奏的《第六匈牙利狂想曲》获特别奖。1957年被选派赴苏联莫斯科音乐学院进修。1958年参加在莫斯科举办的第一届柴科夫斯基国际钢琴大赛，获第二名。1960年再度赴莫斯科音乐学院深造。1962年回国执教于中央音乐学院钢琴系。后任中央乐团钢琴独奏演员。中国音协常务理事。曾参与《青年钢琴协奏曲》《战台风》《农村乐》《白毛女即兴曲》等钢琴曲的创作。曾应邀赴美、法、奥地利、加拿大等国家演出。曾与法国里昂交响乐团、美国波士顿交响乐团等十余个知名乐团合作演出。

刘诗嵘（1927— ）

音乐理论家。北京人。1943至1948年就读于重庆国立音乐院及上海音专。后参加华北人民文工团（中央歌剧院前身），1979年任副院长、艺委会主任。曾多次作为中国音乐家代表赴国外参加联合国教科文组织会议。1984年获法国政府文学艺术奖章。中国音协第四届理事。曾翻译外国歌剧、音乐剧28部，编写《歌剧大师威尔第》等歌剧史、歌剧欣赏读物多种并经常于报刊发表歌剧、音乐及戏剧评论约百万字，并在中央电视台音乐桥等栏目介绍歌剧作品及歌剧知识。任戏剧梅花奖评委、歌剧研究会主席团成员、《人民音乐》杂志顾问、《爱乐》杂志顾问等。

刘诗召（1936— ）

作曲家。河南开封人。1954年毕业于河南开封艺术学校，同年分配到部队文工团。先后在铁道公安队文工团、海军旅顺基地文工团、海军旅顺基地军乐队、海军军乐队、海政歌舞团任小提琴、长笛演奏员、音乐创作员。1963年开始从事专业作曲，曾师从罗忠熔、张瑞。作品有军乐曲《载歌载舞的人们》，歌曲《军港之夜》《爱的奉献》《妈妈我们远航归来了》《幸福不是毛毛雨》《赶海的小姑娘》等。还创作有管弦乐、影视、舞蹈音乐等。作品在全国多次获奖。

刘施任（1928—已故）

作曲家。广东高明人。1954年毕业于上海音乐学院，曾为该院作曲系副教授。作有交响大合唱《祖国颂》，管弦乐组曲《赫哲人之歌》，弦乐四重奏《达斡尔民间曲调》，无伴奏合唱《南海素描四章》。

刘士贤（1926— ）

歌词作家。吉林长春人。吉林省民族管弦乐学会理事。任职于长春音协。60年代开始致力于歌词创作。作品《党啊，中华民族的希望》选入《中国新文艺大系1976－1982音乐卷》，《长鼓啊，敲起来吧》获全国民族之声征歌二等奖，儿童歌曲《小雪橇》获全国少年儿童歌曲评选少年组优良奖，另有多首作品在全国各级征歌中获奖。出版有刘士贤作词歌曲选《春天的歌》。1995年在长春举办了"刘士贤作品音乐会"。2002年获"长春市德艺双馨艺术家"称号。

刘士钺（1935—2006）

音乐学家。天津人。1983年毕业于中国逻辑与函授大学。师从苏联、美国钢琴家进修。论文《中国音乐及其他艺术之分析》在1988年墨尔本第三届国际音乐学会宣读。《南诏古乐》在1990年日本大阪第四届国际音乐学会议宣读。1992年赴美圣何塞大学研究古典音乐。论文《人类生态过去与现在》在1998年南非太阳城世界人类生态会议上宣读。论文《中国浙江河姆渡骨笛》于2000年获世界学术贡献金奖。曾被美国授予终身成就奖。著有《中国发现骨笛》《南诏古乐》等。

刘士昭（1930— ）

指挥家。广东新会人。1948年就读于香港中华音乐院，1949年在正定华北大学毕业后南下入广西文工团。1953年毕业于上海音乐学院干部专修班，1957年毕业于中南音专作曲系。同年任广西歌舞团指挥。致力于乐队组建和民族歌舞、歌剧、舞剧的排演。60年代和80年代初曾先后指挥歌舞剧《刘三姐》赴全国各地及香港、新加坡演出。1985年任教于星海音乐学院，副教授。现仍从事指挥教学及辅导群众业余合唱活动。

刘世勃（1956— ）

大管演奏家。辽宁瓦房店人。解放军军乐团教研室大管教师。1972年考入解放军军乐团，毕业于解放军艺术学院学院音乐系。曾担任军乐团大管声部首席，多次参加国家重大司礼仪式和国际、国内演出。1996年作为专家被派往非洲从事教学。编著出版《大管基础教程》。

刘世虎（1964— ）

作曲家。吉林辽源人。1987年毕业于长春东北师范大学音乐系声乐专业。曾在中央音乐学院作曲指挥系进修，在吉林大学研究生课程班学习。后任大连商务职业学院艺术分院院长，副教授。大连音协第四届副主席。发表歌曲百余首，有大量作品在中央、省、市电台、电视台播放，有三十余首作品获奖。撰写教学论文十余篇。

刘世民（1933— ）

作曲家。江苏铜山人。1949年始从事音乐创作。1963年入山东省歌舞团工作。作有歌曲《人人都说咱沂蒙美》，电影音乐《欢乐的童年》《泰山》。

刘世玮（1950— ）

作曲家、音乐编辑家。天津人。1978年毕业于天津音乐学院。天津市文化艺术音像出版社音乐编辑。歌曲作品《走向星空》《一只小鸟》《采金秋》分别在第四十三届世界乒乓球锦标赛歌征集中被选为推荐歌曲，获首届全国少儿征歌评选"金叶杯"电视大赛二等奖，第二届中国少年儿童歌曲电视大赛作品征集评选中荣获三等奖，并有多首歌曲获省市级奖。编辑出版多部音乐戏曲音像制品。

刘世新（1954—2007）

歌词作家。河北衡水人。1993年毕业于解放军艺术学院文学系。先后任战友文工团专业创作员与武警文工团副团长兼编导室主任，中国音乐文学学会理事。曾作为主创人员为《军旅剪影》《节日大合唱》《八路军组歌》《新四军组歌》《七彩沙盘》《绿色沃土》等多台大型合唱及晚会创作歌词并撰稿的有《东西南北兵》《什么也不说》《女儿行》《想起老妈妈》《相逢是首歌》《草绿军被》《老部队》《奶妈》等。为《红十字方队》《回娘家》《秦始皇》《徐向前》《女子特警队》《当关》等电视剧创作主题歌。有的作品曾获中宣部"五个一工程"奖、军旅歌曲大赛金银奖。

刘世瑛（1932— ）

作曲家。山东烟台人。1946年参加中国人民解放军，在胶东军区、华东军区文工团从事音乐工作。1955年毕业于上海音乐学院作曲系。1980至1993年任中国音协福建分会副主席，后任顾问。作有歌曲《樱花歌》《小小香蕉像只船》《韭菜开花》等百余首，器乐曲《延水谣》《骏马》《回旋曲》《樱花组曲》。为话剧《泪血樱花》，木偶戏《岳飞》作曲。

刘式焜（1920—1987）

指挥家。湖南长沙人。1938年参加抗敌演剧队，长期从事指挥工作。原任浙江歌舞团副团长、音协浙江分会常务理事。

刘式昕（1914—1983）

作曲家。湖南长沙人。曾入武昌艺专学习作曲理论。原任广西艺术学院民族艺术研究室主任。作有舞剧音乐《虎爷》《惊梦》，为广西彩调剧《刘三姐》配器。

刘守铤（1931— ）

钢琴教育家。安徽合肥人。1945年入国立音乐院幼年班学习，主修钢琴。1953年升入中央音乐学院本科钢琴系继续深造。1958年毕业后历任山西艺术学院、江汉大学钢琴教研组组长、星海音乐学院钢琴系副主任、副教授及院音乐研究所副所长，学报编辑委员。论著有《钢琴演奏审美心理基础》《钢琴演奏音色心理指向》《钢琴触键三要素》等。

刘守义（1925— ）

作曲家。吉林人。1948年毕业于哈尔滨大学戏剧音乐系。1956年入上海音乐学院指挥系进修。曾任辽宁歌剧院副院长，音协辽宁分会常务理事。作有乐曲《欢庆胜利》等。

刘寿延（1946— ）

钢琴教育家。回族。辽宁沈阳人。广东省钢琴协会副会长，华南师范大学音乐系钢琴副教授、钢琴教研室主任、硕士生导师，全国高等师范院校钢琴教材编委。1970年毕业于沈阳音乐学院钢琴系。编写的钢琴独奏曲《苏武牧羊》在首届"喜马拉雅杯"中国风格钢琴作品国际比赛中获"国家电台广播奖"，并被法国巴黎国际钢琴比赛评委会定为规定曲目。出版《刘寿延中国民歌钢琴小曲》。2004年在星海音乐厅举办"刘寿延中国民歌钢琴作品"音乐会。

刘书兰（1938— ）

音乐编辑家、录音师。河北人。1963年毕业于北京广播学院，同年起任中央电台文艺部记者及采访、录音导演。录制有《华夏之声》音乐会，陈朝伍、许讲德等二胡独奏，范上娥古筝独奏，歌舞诗乐《九歌》，昆曲《牡丹亭》《苏仙岭传奇》。撰有《声旋律论》《音乐艺术的层次结构理论》。曾在全国各地举办表演艺术专题授课。

刘书先（1949— ）

作曲家。山东平度人。1969年入二炮某部宣传队任笛子演奏员、作曲，后任乐队队长。1990年毕业于山东工会管理干部学院。在《歌曲》等刊发表作品数百首，部分作品被中央"心连心艺术团"或中央电台、电视台选用，数十首在全国和省市征歌中获奖，其中《大西北挺立咱兵团

人》《水之歌》获"瀛丹杯"第三届全国工人歌曲征歌金奖，《塔克拉玛干》《胡麻花儿开》《2008北京奥运》等在全国征歌中获金奖的歌曲分别被收入《中华百年歌典》《群众歌会金曲》等歌集。开展职工文艺活动，多次立功受奖。

刘书砚（1971— ）

女声乐教育家。吉林大安人。吉林石油集团文体中心辅导员。曾就读于吉林艺术学院，后任吉林油田职工艺术团歌队演员。1996年获第三届全国石油职工文化大赛职业文工团汇演最佳演员奖，2002年获首届中国职工艺术节声乐选拔赛暨第三届全国石油职工歌手大赛美声组一等奖。

刘淑芳（1926— ）

女高音歌唱家。四川云阳人。1949年毕业于重庆西南美术专科学校音乐科后留校任教。同年，在重庆主演歌剧《四季》。1950年调中央音乐学院音工团。后为中央乐团独唱演员。中国音协第三届理事。曾参加第五届世界青年联欢节在古典歌曲比赛中获奖。曾多次出国访问演出，擅长演唱中外艺术歌曲。

刘淑珍（1956— ）

女歌唱家、声乐教育家。河北迁安人。1990年毕业于上海音乐学院。黑龙江省歌舞剧院独唱演员。曾入比利时专家班学习声乐。先后在哈尔滨举办三场个人独唱音乐会。1990至2000年间曾获"五洲杯"全国青歌赛美声三等奖、省艺术歌曲比赛一等奖、国庆50年声乐表演大赛一等奖等。撰有《美声唱法的基本技巧训练》《美声唱法在中国百年发展回顾》等文。出版个人演唱CD专辑。曾获"扎根龙江贡献奖"、黑龙江省"五个一工程"奖。

刘树方（1953— ）

作曲家。河北景县人。1982年毕业于河北师大音乐系。曾任河北歌舞剧院副院长。作有歌曲《战士，请你干一杯》《春到农家美如画》。

刘树国（1927—已故）

音乐教育家。辽宁凤城人。1944年毕业于新京音乐院，留校任交响乐团圆号演奏员。后任长春电影制片厂电影演员、乐队指挥，内蒙古东部文工团音乐教员、指挥、作曲，本溪市乐器厂厂长。作有交响组《草原上》。出版歌集《草原歌声》。1985年开办本溪市音乐幼儿园。多次举办幼儿音乐学习汇报会。1989年获辽宁省政府颁发的荣誉状。

刘树杰（1938— ）

作曲家。山东青岛人。1956年考入山东师范学院艺术系。1961年毕业于山东艺术专科学校音乐系，分配至济南市歌舞团任钢琴伴奏，并从事作曲。作有歌曲《我的名字叫美丽》，1984年获青春歌曲奖。

刘树元（1949— ）

作曲家。内蒙古包头人。包头钢铁集团公司工会宣

教文体部文艺干事。曾任部队专业文艺团体巴松演奏员。1983年起从事地方群众文化工作。创作各类声乐作品三百余首，舞蹈音乐、器乐独奏曲、管弦乐曲、管乐合奏、童话剧、团体操等各类音乐作品三十多部（首），创作并指挥组歌《金凤凰之歌》，歌舞《钢铁浇铸的颂歌》（合作），音乐舞蹈史诗《我们是双翼神马》（合作），并获奖。出版个人专集《刘树元声乐作品选》。

刘澍民（1936—2000）

作曲家。新疆乌鲁木齐人。1955年毕业于新疆学院艺术系。1961年毕业于武汉音乐学院钢琴系。曾任新疆军区歌舞团创作室主任。作有歌曲《奶茶歌》《甜甜的歌儿迎宾客》。舞蹈音乐《奶茶舞》。

刘水波（1968—）

女钢琴家。吉林省辽源市人。辽源市文学艺术界联合会秘书长、辽源市音协副主席兼秘书长。1985年始从事音乐教学。1996年入市群众艺术馆，任党支部副书记。曾获省群众音乐舞蹈系列大赛青年组钢琴演奏二等奖，省声器乐大赛青年组一等奖。先后在刊物发表论文十多篇，创作歌曲多首。组织考生参加中国音协音乐考级，参与省内外文艺汇演，下基层服务活动百余次。多次获优秀辅导奖，被吉林省文化厅授予优秀个人组织奖。

刘水霖（1950—）

音乐制作人。江西南昌人。江西抚州市音协主席，抚州市文化局调研员。曾任地区（市）歌舞团团长、艺研室主任。创作和制作的电脑音乐作品连续四届获全国"YAMAHA中音MIDI音乐作品大赛"最佳MIDI技术大奖以及第十三届全国群星奖、江西第三届艺术节音乐制作奖。MIDI曲《拥军秧歌》被日本雅马哈采用为电子乐器示范曲。在1999国际计算机音乐大会上和《乐器》等杂志上发表多篇论文。

刘思华（1944—）

作曲家。安徽合肥人。1960年于安徽省艺术学院音乐系毕业。1968年始在马鞍山市歌舞团任指挥，后在马鞍山群艺馆任副馆长。指挥的歌剧、舞剧有《江姐》《洪湖赤卫队》《窦娥冤》《喜事的烦恼》《蝶恋花》等。作有歌曲《小船，小船》《永远跟着共产党》《风雨中同行》《绿色的风》《山歌》《月光下的新安江》《我是祖国的娃娃》《我看见太阳和月亮》等几十首，有的歌曲获省、市奖。舞蹈《接新娘》音乐获省文化厅作曲奖。

刘松林（1950—）

音乐教育家。江苏南通人。1988年毕业于天津音乐学院作曲系，江苏南通师范学院音乐系副主任、副教授。主要从事和声、音乐作品分析、歌曲写作等音乐理论教学工作。先后发表论文二十余篇，专著一部，音乐作品四十余首，并有合唱《长相思》《弦乐四重奏》等作品多次在省级评比中获奖。

刘淞来（1931—）

声乐教育家。江苏丹阳人。武汉市江岸区文化馆文艺部主任。1956年毕业于华东艺术专科学校音乐系。培养的学生参加国家、省级声乐比赛多人获奖，其中3名学生分别于1986年、1988年在文化部、广电部举办的全国音乐舞蹈比赛和"新时代杯"声乐比赛中获三等奖、一等奖。

刘诵芬（1928—）

女高音歌唱家、教育家。江苏苏州人。1948年考入南京国立音乐学院。1953年毕业于中央音乐学院声乐系本科，师从喻宜萱教授。同年分配到中央民族歌舞团任独唱演员兼声乐教师。曾随中央赴朝慰问团参加慰问演出。1955年参加文化部组织赴南斯拉夫歌舞团巡回演出，回京后在天桥剧场向中央首长汇报演出。1956年调中央音乐学院附中任声乐教师。1957年在苏州举办独唱音乐会。1958年调天津歌舞剧院任独唱演员兼声乐教师，培养了诸多声乐人才。

刘天安（1959—）

手风琴演奏家、教育家。湖南保靖人。甘肃艺术学校副校长。1983年毕业于天津音乐学院手风琴干修班，1996年毕业于甘肃教育学院音教系。写有论文《手风琴演奏的手指训练》《新时期艺术学校的素质教育》《艺术院校师德现状及提高途径分析》。曾获甘肃省器乐比赛二等奖，少儿器乐比赛辅导一等奖。培养的学生多人考入音乐院校和专业文艺团体。长期被聘为西北民族大学音舞学院手风琴客座教授。

刘天浩（1958—）

音乐教育家。山东泰安人。山东泰山学院音乐系理论教研室主任。1983年毕业于山东师大音乐系。论文《用音乐美照亮学生的心灵》获全省第二届教育科研学术研讨会二等奖。歌曲《心中的幼苗》获省青年歌咏比赛创作二等奖。2001年获山东音协二胡大赛一等奖。1999至2003年被聘为山东省中小学艺术考级二胡专家评委。2002年被聘为山东省普通高考艺术加试二胡专家评委。

刘天浪（1913—1986）

音乐教育家、作曲家。江西萍乡人。1935年毕业于武昌艺专，后任音乐教员。创作救亡歌曲并汇成《抗敌新歌》出版。1942年执教于国立福建音专，作有民族管弦乐曲《中国组曲》及《济南大学校歌》。后曾在南昌几所高等学校任教。1953年始执教于江西师范大学，后任艺术系主任、教授。江西省人大常委、省文联副主席、省音协主席，中国音协理事、《中国民间歌曲集成》编委。编撰有教材五种，发表有《我国现代作曲家年谱及其创作曲目》《乐教史话》等文十余篇。作有歌曲《赣江两岸好风光》《江西是个好地方》《井冈山大合唱》，器乐曲《胜利舞曲》《大红花》《家乡组曲》。

刘天强（1943—）

作曲家。云南人。致力于云南花灯音乐的创作、研究，为近百个花灯、歌舞节目作曲，其中有《白云与阿芳》《摘石榴》《彝山情醉》等。创作歌曲三百余首，并为舞蹈《叶子花》《烟盒舞》，歌剧《亲人》，舞剧《白龙泉》作曲。有五十余篇论文在省级刊物发表，部分音乐作品在云南省电台播放。《叶子花》等作品在中央电视台播出。《边疆处处美如画》等歌曲、曲艺在全国获奖。

刘天学（1954— ）

音乐教育家。重庆涪陵人。毕业于西南师范大学音乐学院。先后任涪陵歌舞剧团作曲、指挥，涪陵师范学院教授、系主任，重庆师范大学音乐学院教授、副院长。主持和参加完成教育部教改、世行贷款、省级等课题研究10项，出版专著、教材、论文集11部，发表学术论文五十余篇，创作歌剧及大量各类音乐作品。两次获四川省政府高校优秀教学科研成果一等奖、重庆市政府二等奖、全国高师教学科研评比二等奖。1999年获全国曾宪梓教育基金会优秀教师奖，2000年获全国艺术教育先进个人称号。

刘天一（1910—1990）

广东音乐演奏家。广东台山人。1954年从香港回广州。1959年任广东音乐曲艺团副团长，后任广东民间音乐团团长。曾任中国音协第三届理事，广东省文联副主席，音协广东分会第二、三届副主席，第四届顾问。擅长演奏高胡、古筝。作有高胡独奏曲《鱼游春水》《怀念》，古筝独奏曲《纺织忙》。

刘铁军（1956— ）

歌唱家。河北人。中国广播艺术团独唱演员。1979年毕业于中央音乐学院。曾任中央电视台文艺编辑。先后在小泽征尔指挥的《欢乐颂》，音乐舞蹈史诗《中国革命之歌》及"国庆""五一"等大型文艺演出中担任独唱、领唱。曾为中央电台、国际电台录制《乌苏里船歌》《阿拉木汗》等歌曲。应邀赴日本、香港演出。

刘铁男（1961— ）

作曲家、竹笛演奏家。辽宁沈阳人。1979年毕业于沈阳音乐学院民乐系。1983年入大连歌舞团任演奏员、作曲、指挥。作有笛子独奏曲《秦岭抒怀》，二胡独奏曲《思念》。为杂技《爬杆》《力量》《木砖顶》作曲。为电视连续剧《女人泪》创作音乐及主题歌。在第二届中国艺术节"大连之夏"担任大型歌舞《祖国颂》百人交响乐队的编曲、指挥，举办"沈阳音乐学院师生音乐会"任笛子独奏。随团赴法国、瑞士、比利时、德国、荷兰等国演出，担任作曲、指挥、笛子独奏。撰有《杂技音乐赏析》《浅谈竹笛演奏中的气息与音色》。

刘铁山（1924— ）

作曲家。河北饶阳人。1936年始从事抗日救亡文艺宣传工作。1944年入延安鲁艺戏音系进修。新中国成立后，曾任中央民族歌舞团团长兼艺委会主任、党委书记。中国少数民族音乐学会理事，中国音协理事。作有歌曲《红旗迎风飘》《欢送子弟兵》《苗岭山大联唱》，秧歌剧音乐《王大娘赶集》，歌剧音乐《钢铁的蔡春吉班》（合作），歌舞音乐《瑶族长鼓舞》，黎族

《盅盘舞》，藏族《丰收锅庄》，蒙古族《灯舞》，管弦乐曲《瑶族舞曲》（合作）等，并参与《人民胜利万岁》大歌舞，音乐舞蹈史诗《东方红》第六场及电视片《民族团结的赞歌》部分创作和组织工作。多次获个人和集体奖。曾率团赴阿尔巴尼亚、缅甸、印尼、美国、哥伦比亚等访问演出。

刘铁侠（1950— ）

男高音歌唱家。北京人。1987年毕业于北京市高教自考中文专业。中国煤矿文工团歌舞团副团长。参与大量的演出活动，任男声四重唱、二重唱、独唱、小合唱、大合唱等。演唱曲目有《我们是快乐的采煤工》《唱着歌儿去采煤》《苦乐年华》《薄雪花》《游击队歌》《邮递马车》。多次参与中央电视台、北京电视台录播与转播的综艺晚会。曾随团赴马来西亚、泰国访问演出。

刘铁铸（1952— ）

作曲家。山西河曲人。毕业于天津音乐学院作曲系。山西广播电视台高级编辑、录音导演，山西音协副主席，香港影视学院、山西大学音乐学院客座教授。创作歌曲数百首，其中《想亲亲》《走西口》等三十余首获全国和省、部级奖。器乐作品二十余首，其中笛子协奏曲《走西口》获全国第三届民族器乐奖。为《罗贯中》等五十余部电视剧作曲，曾获"飞天奖"，为《决战太原》《乡情》等电影作曲获"金鸡奖"。参加音乐创作的大型歌舞《黄河儿女情》《黄河水长流》获"文华奖"。1999年举办个人作品音乐会，出版个人作品CD、VCD数十张。

刘廷新（1967— ）

音乐理论家。土家族。湖南永顺人。1996年毕业于湖南师范大学音乐学院。曾任教于湖南湘西州教育学院、湖南吉首大学师范学院，2005年调至海南省琼州大学艺术系。撰有《凤凰傩戏解读》《中国民族民间音乐辨证》《土家族哭嫁歌探幽》等文，其中《对高师实施创新教育的再思考》等论文获教育部、海南省教育厅等机构颁发的奖项，《湖南民族民间音乐》被选用于地方课程教材。

刘廷禹（1940— ）

作曲家。重庆人。1965年毕业于中央音乐学院作曲系。中国音协理事、中国交响乐发展基金会理事、中国文联艺术指导委员会委员。曾任中央芭蕾舞团副团长、中央歌剧院副院长。作有芭蕾舞剧音乐《沂蒙颂》《红岩青松》《祝福》《觅光》、等十余部，民族舞剧音乐《乌纱魂》《阿炳》《菊夫人》《天祭》《红河谷》，管弦乐《苏三》及十一届亚运会开幕式大型团体操、第七届全运会开幕式大型文艺表演、《全国第八套广播体操》音乐等。历任亚运会开幕式文艺晚会、世界妇女大会开幕式文艺表演及"光明赞""首都人民欢庆香港回归""小平，你好！"等大型文艺晚会的音乐总监，担任全国歌剧、舞剧、声乐、器乐等比赛评委。

刘同生（1935— ）

作曲家、音乐学家。陕西富平人。1949年始在部队及

L

地方从事演奏、作曲、指挥、理论研究至今。曾任宁夏民族艺术研究部副主任、研究员，宁夏音协副主席。承担国家重点科研项目—四部民族音乐集成卷宁夏卷主编、撰稿及音乐创作与理论研究工作。曾创作歌曲、戏曲、舞蹈影视音乐作品三百余件，音乐评论、专题文章、学术论文百余篇，多次获国家和省级表彰奖励。应邀参加多项音乐学术专著撰稿，并应聘在西北第二民族学院任教。

刘同心（1937— ）

音乐活动家。陕西人。毕业于四川师范学院。曾任南充市音协副主席、秘书长，南充地区文化局副局长，四川省文化厅副厅长，厅艺术委员会副主任，四川省文史研究馆副馆长。长期从事群众音乐组织、培训工作，1997年任第五届中国艺术节组委会委员、组委会宣传动员部主任。先后担任四川省政协委员、省人大常委会委员，民进中央委员，第九、十届全国政协委员。

刘彤文（1967— ）

女音乐教育家。广东梅县人。1988年毕业于广州星海音乐学院后任该院附中教师。长期从事作曲学生的主课和声教学、共同课和声以及钢琴必修科教学。发表《南国乐坛结硕果——喜闻涂宇亮获奖》《树立精品意识讴歌时代精神》《广东的学堂与乐歌》《附中初一键盘和声教学的回顾与探讨》《在潮州音乐海洋中探寻民族神韵》《增六和弦用法的理论辨析》等。

刘桐春（1950— ）

唢呐演奏家。河北唐山人。1972年考入北京军区文艺队任演奏员，1977年入煤矿文工团歌舞团任演奏员，演出唢呐独奏《打枣》《百鸟朝凤》等。参演舞剧《丝路花雨》出访美国及波兰。参加1987年中央电视台春节联欢晚会的演出，1994年赴美参加国际民间艺术节。参演器乐合奏《回延安》（领奏）获全国民族器乐大奖赛一等奖。

刘万才（1956— ）

小提琴演奏家。重庆人。重庆市歌舞团乐团副团长。1976年毕业于四川音乐学院管弦系。从事演奏和管理工作30多年来，参加了重庆市许多重大演出活动，曾同中外知名音乐家汤沐海、陈佐湟、许知俊、卞祖善、李云迪等合作演出。

刘万捷（1956— ）

音乐编导家。北京人。1983年毕业于北京师范学院音乐系作曲班。曾任中央电视台文艺部导演。作有小提琴独奏曲《长白山欢歌》，管弦乐《红蜻蜓》，声乐套曲《和平玫瑰》。

刘万羚（1943— ）

作曲家。山东平原人。1963年毕业于山东艺专。曾在山东省歌舞剧院工作。《中国民歌集成》（山东卷），《中国器乐曲集成》（山东卷）编委。作有唢呐独奏《喜庆胜利》，歌曲《祖国我把爱给你》。

刘万燮（1948— ）

民乐教育家。福建莆田人。华东地区少儿民乐研讨会理事。1989年获福建省优秀人民教师称号。莆田市天妃民族乐团艺委会主任兼笛子演奏员，曾随团赴香港、澳门、北京、重庆、深圳等地比赛演出，并两次获中国民间音乐舞蹈比赛一等奖。培养了一批学员，在本省及全国性音乐比赛中获奖。《浅谈少儿乐队的训练》《培养兴趣，强化基本功》《如何解决少儿学笛的音准问题》等文或公开发表或被收入福建省校外教育论文集。作有笛子独奏曲《校园晨曲》《木兰溪畔》及少儿合奏乐曲《荔枝红》。

刘为光（1945— ）

作曲家。广东潮州人。1969年毕业于中国音乐学院作曲系。中央新闻纪录电影制片厂专业作曲，中国电影音乐学会副会长。所作组曲《清明上河图》获1987年亚洲广播联合会音乐作品奖。歌曲《共和国之恋》《我有一个好爸爸》，音乐组曲《清明上河图》（箫和箜篌），故事片《杏花三月天》《我的九月》。大型纪录片《周恩来外交风云》《中国出了个毛泽东》《共和国主席刘少奇》。大型电视专题片《百年小平》《杨尚昆》《李大钊》《共产党宣言》《香港沧桑》等。环幕电影《大三峡》。

刘为明（1961— ）

钢琴调律师。浙江杭州人。1989年沈阳音乐学院乐器修造专业毕业。中国音协钢琴调律学会常务理事。杭州市天目琴行有限公司总经理，杭州天目艺术专修学校校长。

刘维珊（1947— ）

女古筝演奏家、作曲家。辽宁人。1968年毕业于沈阳音乐学院附中古筝专业。1976年调中央歌舞团。1982年移居美国。美国旧金山古筝乐团暨敦煌乐团团长及创办人。曾任中央歌舞团独奏演员、北京古筝研究会理事。1992年11月21日，在建团十周年暨"交响游子吟"音乐会举办之时，由旧金山市长将该日定为"旧金山古筝乐团日"，美国总统布什夫人贺电致词。曾获旧金山"模范中美文化交流使者奖"。先后与多家美国交响乐团合作演出，在各大学举办讲座，并应邀赴欧、美十余国访问演出。曾为《龙》《千金》《中国五兄弟》等美国电影配乐。作有《峡谷明珠放异彩》《打谷场上》《远方的客人》《满江红》《原野》《关山月随想曲》。

刘维维（1957— ）

男高音歌唱家。天津人。中国东方歌舞团独唱演员。1976年入南海舰队文工团。1985年毕业于中央音乐学院。后在中央歌剧院任独唱演员。1985年获娜依拉·雅伯巴西第十二届国际声乐比赛"金质奖"和名次五等奖，同年在全国聂耳·冼星海声乐作品演唱比赛中获美声唱法男声组"金质奖"。

刘维忠（1923—1991）

作曲家。陕西蒲城人。1938年始从事部队文艺工作。曾任广州军区歌舞团副团长、团长、杂技团团长。作有歌

L

剧音乐《三个饲养员》《数九春风》。

刘伟仁（1939— ）

声像策划、制作家。上海人。1962年毕业于安徽大学物理系。原北京国际声像艺术公司总经理，北京音响器材厂技术副厂长。组织录制出版有《南腔北调大汇唱》《民歌大汇唱》《世界名曲》《交响乐之春》《谷建芬作品音乐会》等声、像制品。组织、创作、录制、发行电视剧《雪城》主题歌及《思念》《我热爱的故乡》等获奖作品。先后资助"振兴中华音乐会""迪里拜尔独唱音乐会"、美国匹斯堡交响乐团来华演出等及资助中国音协创委会、通俗歌曲研讨会、中国音乐文学学会等活动经费。

刘卫平（1951— ）

作曲家。上海人。先后就读于上海师范大学音乐系，上海音乐学院作曲系，中央音乐学院电子音乐作曲与制作专业。上海市浦东新区文化艺术指导中心副研究员。作品有合唱《十月之歌》《十月畅想曲》《举起这杯祝福的酒》分别获文化部"全国首届群星奖"繁荣奖、"全国第三届群星奖"金奖（榜首），"全国第九届群星奖"银奖。童声合唱《我们是明天的太阳》《祖国，您好》《四季童趣》分别获文化部"全国第三届群星奖"优秀奖、"庆祝中国共产党成立70周年全国征集评奖"二等奖、"全国少儿歌曲新作评奖活动"创作奖。

刘位循（1934—2002）

音乐文学家。四川会理人。1950年始从事文化宣传工作。曾任云南《时会风采》副主编、副编审。作有歌剧文学本《望郎岩》，诗集《在孔雀的故乡》及《民兵歌曲集》。

刘文彬（1928— ）

作曲家。黑龙江齐齐哈尔人。1947年始从事部队文艺工作。1959年入沈阳音乐学院作曲系进修。曾任吉林省歌舞剧院副院长，省第五届人大代表。作有歌剧音乐《梅河两岸》《愤怒的贤良江》《松江渡》。

刘文昌（1944— ）

声乐教育家。河南兰考人。1968年毕业于河南大学艺术学院音乐专业，后于南阳师院艺术系从事声乐教学。1987年调入河南大学艺术学院音乐表演系任教，教授、硕士生导师。河南省声乐教育协会副秘书长。1987年参与"民族唱法研究及民族歌剧演员培养"等科研项目，获国家级优秀成果奖。编著的《歌唱理论与技巧》获河南省教委科研成果三等奖。论文《论歌唱时喉部器官的状态和作用》获中国艺术研究院科研论文一等奖，《谈我国民族声乐男声的高音唱法》《有待改革的高师声乐教学》分别获河南省教委科研成果一等奖。

刘文干（1919—已故）

声乐教育家。湖南岳阳人。1944年毕业于重庆国立音乐院声乐系。曾任江西省师范大学音乐系教授、音协江西分会顾问、江西省政协第六届委员。

刘文煌（1940— ）

男中音歌唱家、歌剧表演艺术家。安徽合肥人。1962年毕业于上海戏剧学院表演系，后分配到上海歌剧院。曾任职于云南省歌舞团、杭州歌舞团，并在《普通一兵》《雷锋之歌》《刘三姐》《红梅岭》《不准出生的人》等十余部歌剧中担任主角。其演唱的歌曲和歌剧选曲《井冈山》《黄鹤楼》《回延安》《我为祖国献石油》《嘉陵江上》《费加罗的咏叹调》等，被电台录音播放。

刘文金（1937— ）

作曲家。河南人。中国音协理事、创作委员会副主任。历任中央民族乐团团长、艺术总监，中国歌剧舞剧院院长等职。后任中国歌剧舞剧院艺术指导，中国民族管弦乐学会副会长。1961年毕业于中央音乐学院。作有民族器乐曲《豫北叙事曲》（被选入20世纪华人音乐经典），《三门峡畅想曲》《长城随想》（获全国第三届音乐作品评奖一等奖），《泼水节》《茉莉花》，歌曲《大海一样的深情》《黄鹤楼送孟浩然之广陵》等。

刘文晋（1922— ）

作曲家、音乐教育家。四川成都人。四川音乐学院教授。1945年毕业于重庆国立音乐院理论作曲专业。1946年组建"成都海星合唱团"，担任团长兼指挥。多年来主要从事教学、作曲及指挥工作。曾指挥《黄河》《森林》《长恨歌》《荆轲》《弥赛亚》的演出，为《刘胡兰》《猛河的黎明》《抓壮丁》等电影作曲。曾任四川音乐学院作曲系主任，四川音协主席团委员，省文联委员，省、市政协委员，世界教科文卫组织专家成员。

刘文杏（1944— ）

女作曲家。北京人。人民音乐出版社副编审。1966年毕业于天津音乐学院作曲系。长期从事近现代声乐作品编辑工作。曾编选《少年儿童歌曲》（系列），《大家唱》（系列），《合唱歌曲选》（多集），《当代抒情歌曲》（1、2）等。创作艺术歌曲及童声合唱。录有《多情的旋律》（作品专集），歌曲《我的爱》获中央台1987年全国广播新歌优秀作品奖，《春雨情丝》《同唱一支歌》获海峡之声电台创作奖。撰写作品分析、评论文章数十篇。

刘文义（1955— ）

小提琴演奏家。新疆人。1972年考入新疆歌舞团，1974年毕业于西安音乐学院小提琴专业。后回团工作，历任小提琴演奏员、小乐队首席、小提琴辅导教师。曾多次随团出国演出并在全国巡演，参加交响音乐会、电台、电视台录音、录像及实况转播演出。作品获首届"丝路花苑"音乐节参赛作品一等奖和优秀奖，"新疆舞蹈比赛"演奏作品获音乐创作奖。演奏歌剧《古兰木罕》获文化部奖。长期从事专业和业余小提琴教学工作。被新疆艺术学院聘为小提琴专业教师。

刘文玉（1928—2008）

歌词、歌剧作家。吉林辽源人。曾任辽宁省文联副主席，辽宁歌剧院创作组组长、专业编剧，沈阳文史研究馆馆长，《诗潮》主编。1948年毕业于四平辽北学院文学系。作有歌词《迎宾曲》《毛主席走遍祖国大地》《钢铁工人多自豪》《满载友谊去远航》等，歌剧《地下怒火》《朝阳红》《强者之歌》（合作），部分作品获国家级、省级奖。著有《刘文玉歌剧选》《刘文玉诗选》《刘文玉中短篇小说集》《刘文玉歌词选》。历任沈阳市文联《芒种》杂志社主编、沈阳市文联主席、辽宁省作协副主席。

刘武华（1957— ）

作曲家。湖南沅陵人。曾是下放知青，本科毕业，南京艺术学院进修，研究馆员职称。作曲、指挥过大型舞剧《涟河的太阳》。作品有舞曲《山的女人》《打布壳》《淘米情》《婆婆辣》，葫芦丝独奏《春天的阿妹》，二胡协奏《阳关赋》，歌曲《山女》《我家就在山里住》《龙腾序》《绿色记忆》等，出版有《刘武华歌曲选》。作品曾在全国获奖，在省级舞台、电台、电视台和中央电视台演（播），以及在报刊发表。

刘希里（1962— ）

音乐教育家。陕西人。新疆石河子大学文学艺术学院副教授，音乐系主任。1983年毕业于河南大学音乐系。后在周口师范学院音乐系任教。1986年在全国第二届青年歌手电视大赛中，获专业组美声唱法"荧屏奖"。1987年在河南师大音乐系任教，1992年在广东西江大学音乐系任教，2001年始供职于新疆石河大学。新疆建设兵团音协理事，农八师音协副主席。为国家培养一批音乐人才。发表十余篇论文。

刘希秋（1956— ）

男中音歌唱家。河北完县人。陕西省乐团副团长。1991年毕业于中央文化管理干部学院。曾任47军文工团演员、陕西省乐团合唱队队长。1991年在北京音乐厅"颂歌献给党"音乐会上担任独唱。在省第五届声乐大赛演出四重唱，获一等奖。组织指导歌剧《司马迁》，省老三届合唱团，分别获北京合唱节、省艺术展演、纪念抗战胜利60周年全国合唱展演、省艺术节一等奖、银奖、优秀指挥奖。任部分晚会总监、副总监。发表《浅谈发展中的中国合唱》《哼鸣在歌唱中的作用》。

刘希圣（1944— ）

扬琴演奏家、作曲家。河北滦县人。1963年入伍，历任北京军区战友歌舞团演奏员、昆明军区国防歌舞团组长、队长、云南省歌舞团乐队指挥、成都军区战旗歌舞团任艺委会主任。创作并演奏的扬琴曲《红河的春天》获全军第四届文艺汇演优秀作品、优秀表演奖。扬琴曲《欢乐的火把节》获全军第五届文艺汇演表演奖。获奖作品有民乐合奏《打水姑娘》，歌曲《赶街天》，器乐曲《节日的瑞丽》《泼水节》等。曾指挥演出交响乐《沙家浜》，芭蕾舞剧《红色娘子军》。并赴俄罗斯、朝鲜、德国、奥地利等国家演出。

刘锡钢（1947— ）

作曲家。山东青岛人。曾任济南军区前卫歌舞团创作室作曲。1968年毕业于山东纺织工业学校。所作埙独奏《醉翁戏鸟》（合作）获第六届全国音乐比赛二等奖、全军第七届会演创作二等奖，笙独奏《步宫廷》获全军第五届会演二等奖，舞蹈音乐《泥人乐》获全军第五届舞蹈比赛一等奖，舞剧音乐《烛》（合作）获第八届全军会演二等奖，作曲（配乐）的话剧《徐洪刚》获解放军文艺奖与"五个一工程"奖。

刘锡津（1948— ）

作曲家。山东长岛人。中国音协理事，全国政协委员，中国文联德艺双馨艺术家。曾任中央歌剧院院长。作有歌曲《我爱你，塞北的雪》《北大荒人的歌》《我从黄河岸边过》《东北是个好地方》《北大荒——北大仓》。器乐合奏《丝路驼铃》，月琴组曲《北方民族生活素描》，双二胡协奏曲《乌苏里吟》，交响序曲《一九七六》，交响诗《乌苏里》，月琴协奏曲《铁人之歌》，交响合唱《金鼓》等。舞剧《渤海公主》获文化部作曲奖，音乐剧《鹰》获文华作曲奖。还为数百部（集）电影、电视剧作曲，获飞天奖、金鹰奖、"五个一工程"奖。并应邀赴台湾、香港、新加坡讲学。曾举办个人作品音乐会，多次出任艺术大赛评委。

刘锡梁（1949— ）

音乐教育家。作曲家。广东潮州人。1987年毕业于星海音乐学院理论作曲专业，任广东韩山师范学院音乐系主任。长期从事高师音乐专业合唱与合唱指挥及音乐理论的教学。所指挥的合唱作品多次在省、市的比赛和演出中获奖。发表《论中国民歌的艺术表现特征》《我国当代流行歌曲民族化概论》《论爵士音乐的民族性与先进性》等文多篇，创作一批音乐作品，并多次在全国性歌曲创作中获奖，其中有《牵引奥林匹克风》《北京把你迎侯》。

刘向阳（1966— ）

音乐教育家。苗族。湖南麻阳人。1987年毕业于湖南吉首大学音乐系、2002年毕业于重庆西南师范大学音乐学院。历任湖南吉首市河溪中学教师、重庆涪陵师范学院音乐系副教授。在各类专业期刊上发表《有的放矢、抓好即兴伴奏的教学》《二十世纪的音乐》《试析苗族民间歌、舞、乐的艺术特色》《当代音乐教育及其任务》《更新教学观念和意识搞好音乐基础教学改革》等论文多篇。

刘小兵（1964— ）

歌唱家。陕西凤翔人。中国石油长庆油田公司采油二厂党总支书记。2000年毕业于西安石油大学经营管理系，多次参加油田内外大型演出，担任独唱、四重唱等。组织多场大型演出活动，其中有2002年长庆油田油气当量突破1000万吨大型演出，2004年集团公司春节团拜会策划、演出等。2005年获中国石油第五届职工艺术节音乐大赛民族

L

唱法银奖。

刘小蟾（1959— ）

单簧管演奏家。河北大城人。1979年毕业于天津音乐学院附中。1983年毕业于天津音乐学院本科，同年入天津交响乐团任单簧管演奏员。参加各类音乐会演出。曾与许多国内外指挥家合作演出贝多芬、柴科夫斯基等中外经典作品。

刘小华（1943— ）

女歌唱家。四川广汉人。信息产业部第十研究所高级政工师。1964年毕业于四川音乐学院声乐系。曾参加多部歌剧的演出，其中有《刘胡兰》《杨开慧》《海岛女民兵》《货郎与小姐》等，并担任独唱、重唱、对唱演员兼合唱排练。1969年担任成都市歌舞团声乐教员，自创融声乐、表演、主持、语言、舞蹈为一体的教学方法，所教学生多次在全国、省、市声乐比赛中获奖。为电台、音乐学院输送了一批人才。多次担任四川、成都业余音乐考级评委。多次获全国、省"园丁奖""优秀指导教师奖"。

刘小华（1954— ）

作曲家。广东南雄人。湛江市歌舞团团长。1978年结业于广东人民艺术学院作曲进修班。创作的音乐作品多次在全国、省市获奖，其中组歌《功在千秋、业在今朝》1989年获海军汇演创作一等奖，舞蹈音乐《建设之光》获1992年"全国建设之光文艺汇演"创作三等奖。撰有《论民族音乐的思考与创作》。

刘小兰（1960— ）

女声乐教育家。江西赣州人。江西省声乐学会常务理事。毕业于江西师范大学艺术学院音乐系，曾任赣南采茶歌舞团、赣州师范学校、赣州市教师进修学校音乐教师。1987年调入赣南师范学院音乐系，历任声乐研究室主任、系副主任、音乐学院副院长。主编高校教材三部，主持完成国家及省级课题11项。1944年赴中国音乐学院研修声乐，1977年完成厦门大学研究生院音乐学硕士研究生课程的学习。2001年获江西省第7批教学成果奖。

刘小林（1947— ）

女大提琴演奏家。陕西西安人。1966年由西安音乐学院附中毕业后，在河南歌舞剧院交响乐团任演奏员、声部长、大提琴首席。参加了歌舞团、歌舞剧院的歌剧、舞剧、歌舞、交响乐、轻音乐、民乐演出，并担任领奏和独奏。参加指挥家李德伦等指挥排练，演出的古典及现代交响音乐名著和河南其它文艺团体的演出。培养了一批大提琴演奏人才。

刘小明（1941— ）

女音乐理论家。广西合浦人。1963年毕业于广州音专作曲系、钢琴专业。曾任广州星海音乐学院基础训练教研室副主任，副教授。撰写论文《论试唱练耳教学的音乐素质》，编写教材《变化音、转调视唱》等。

刘小娜（1962— ）

女歌唱家、主持人。黑龙江人。2000年毕业于中国音乐学院民族声乐研究生班。历任沈阳军区前进歌舞团、北京军区战友歌舞团、总政歌舞团歌唱演员、节目主持人。演出歌曲《士兵小唱》《军营歌谣》《咱们驻澳兵》《军中女儿》等多首，获"五洲杯"电视大奖赛专业组通俗唱法优秀歌手奖、三等奖，军旅歌曲MTV大赛金奖。主持多届全军文艺汇演获主持金奖，并获第二十届世界青年联欢节主持金奖、中央电视台庆"八一"大型文艺晚会、中国艺术节开幕式、迎香港回归的《回归颂》以及新春茶话会等大型文艺晚会中担任主持人。曾担任首届朗颂大赛晚会、大型音、舞、诗、画《军魂》等朗颂。出版、发行个人演唱专辑《士兵小唱》。

刘小强（1959— ）

音乐活动家。陕西西安人。1997、2004年分别毕业于中共陕西省委党校专科、本科。陕西音协副秘书长兼办公室主任。策划、组织、参与"西北五省音乐周"，一至七届"陕西省声乐、器乐大赛"，"陕西音乐奖"，"陕西新年音乐会"，"绿色吴起，温馨家园"全国征歌，"陕西省首届无伴奏合唱展演"，"中法钢琴艺术交流"等众多音乐文化交流及赛事。曾组织全国知名词曲作家赴陕北采风。

刘小琴（1957－）

女歌唱家。江西南昌人。1974年先后在戏剧《孙成打酒》《喜鹊闹梅》中担任女主角，该剧目分别获全国会演一等奖与全国戏剧调演二等奖。1996年在江西音乐舞蹈节上获独唱二等奖。1997年举办独唱音乐会，1998年《M发展才是硬道理》获全国一等奖，1999年《实际之光》获省合唱比赛二等奖。此外在《解放军艺术学院学报》发表论文《论音乐教育的非音乐效应》《论歌唱艺术中的感性表达》获省音乐论文一等奖。

刘小玉（1955— ）

作曲家。四川成都人。1973年入艺校学习单簧管，毕业后入专业剧团任演奏员，后学习理论作曲四年、音乐教育三年，于1986年调至群众文化部门工作。曾任文化馆馆长、文化局副局长。四川省通俗音乐学会理事、成都市音协常务理事、郫县文联副主席。1980年起创作有不同体裁、风格的各类音乐作品，为多部电视片、戏剧、舞蹈作曲并获奖。曾策划、组织大、中型群众文化艺术活动。

刘晓冬（1949— ）

歌唱家。河北保定人。曾就职部队文工团，后在山西省艺术学校培训。河北省歌舞剧院独唱、歌剧演员。先后在《第二次握手》《何时彩云归》等歌剧中担任主角。省广播电台以《情牵渤海梦，歌满太行秋》为题曾作报导。为电台、电视台录制演唱曲目三百余首，并为《平原枪声》《刘、关、张》等四十余部电视剧及专题片配录主题歌、插曲。在"金龙杯"全国歌手邀请赛、省声乐大赛中多次获奖。

L

刘晓耕（1955— ）

作曲家。云南人。云南艺术学院音乐学院名誉院长、教授。云南省音协副主席。1978年考入云南艺术学院音乐系，1982年到四川音乐学院深造，1992年随美国指挥家学习指挥。创作和发表有交响乐一部、电影音乐四部、舞剧及舞蹈诗音乐八部、电视剧及专题电视音乐三十余部。担任过多台国家级和省级的文艺晚会作曲、音乐总监工作。出版数十种音像出版物。有几十项作品获国家及省级奖。

刘晓静（1964— ）

女音乐理论家。山东济南人。山东大学艺术学院副院长。1988年毕业于山东艺术学院音乐系，2001年毕业于上海音乐学院音乐学系研究生、获博士学位。发表《民族音乐学研究及其方法》《蒲松龄俚曲音乐形态分析》等十余篇论文。出版《基础乐理与视唱练耳》。参与编写《上海中小学音乐教材》等。数篇论文获奖，其中《蒲松龄俚曲的结构形式在民族音乐发展中的贡献》2002年获全国第四届戏曲音乐论文评奖一等奖，《蒲松龄俚曲音乐研究》获山东文化艺术科学优秀成果一等奖。

刘晓丽（1971— ）

女音乐活动家。甘肃通渭人。甘肃音协秘书长。1996年毕业于南北师大音乐系。编写《与多多同学手风琴》音乐童话系列文章5篇。编译《我从手风琴课上学到了正确的持琴姿势》，合著《欧洲古典音乐精品鉴赏》，论文《运用弹性课时发挥学校音乐教育的最大功能》获甘肃省音乐教育论文一等奖。曾获首届中华校园歌曲电视大赛优秀辅导奖、第六届全国青少年电子乐器大赛优秀教师奖，并获"冰心艺术奖"评委会优秀教师称号。

刘晓龙（1694— ）

音乐编辑家。天津宝坻人。1987年毕业于北京广播学院文艺编辑系戏曲音乐专业。长期从事广播戏曲、音乐、综艺的编辑工作。中央人民广播电台副总编辑（音乐之声总监），主任编辑。中国音协第六届理事。专门从事广播音乐的业务和管理工作。发表有《浅谈广播音乐的民族化》《试析广播音乐的专业化》《唱响音乐之声》等文。多次参与组织、策划、审定大型文艺晚会中的音乐作品，并三次参与策划、制作亚广联音乐专题获奖节目。

刘晓民（1921—2007）

作曲家。福建福州人。曾任新香港交响乐团小提琴演奏员、上海乐艺社合唱团男低音歌手、贵阳大夏大学歌咏队副队长。1946年毕业于大夏大学。历任都匀文化馆馆长，教育局、文教局副局长。1958年后任黔南州歌舞团乐队首席兼作曲，作有声乐、苗族芦笙、古瓢琴合奏、舞蹈音乐等百余首。水族《铜鼓歌》，布衣族《赶场调》曾被中国唱片社录制唱片发行。1984年创办都匀地区业余艺术学校及合唱团。

刘晓明（1953— ）

作曲家。湖南临湘人。毕业于湖南师范学院岳阳分院艺术系。湖南音协创作委员会副秘书长，湘潭市音协副主席、副研究员。创作歌曲三百余首，舞蹈、小舞剧音乐多部，出版歌曲集《欢笑晾在小竹楼》，舞蹈音乐《冶炼之光》《放风筝》，歌曲《歌儿泡在蜜里头》《君山爱情岛》《乌石魂》等先后在征歌中获奖。曾获"全国工会职工文化先进工作者"、湖南省"五一文化奖"、湘潭市"德艺双馨中青年文艺工作者"称号。

刘晓崎（1952— ）

琵琶演奏家。北京人。1976年入黑龙江省歌舞团。1978年入中央民族乐团。后为弹拨乐首席。曾任该团乐队副队长。1982年赴英参加奥伯特瑞艺术节。

刘晓音（1951— ）

女音乐活动家。北京人。1980至2002年在中国音协外联部法语翻译、副主任、主任、港澳台事务办公室主任、联合国教科文下属国际音理会中国国家委员会秘书长等职。1991年获法兰西共和国文化艺术骑士勋章，曾参与并负责组办外国音乐团体和个人来华接待和比赛、音乐节、讲座等专业交流活动。曾赴亚、非、欧、澳洲国家和港澳地区，参加并负责中国音乐家代表团出访、演出、国际会议、大师班、国际比赛的翻译、秘书、团长等工作。

刘筱媛（1939— ）

女作曲家、声乐教育家。广西宾阳人。曾任广西壮族自治区音协理事、自治区社会音乐研究会副会长等。1956年考入湖北艺术学院附中，后考入该院舞蹈专科及声乐本科，毕业后任职广西群艺馆。作有声乐曲《喜迎火车进侗乡》《团结渠边团结歌》《放心吧！爸爸》《野菊花》《哈妹心中有支歌》《忘不了的红土地》《桂林谣》，歌舞剧音乐《潘曼小传》，舞蹈音乐《簸秋》《滴》等。组织改编、创作广西首届民歌艺术节礼仪歌曲15首。

刘欣欣（1963— ）

女大提琴演奏家。黑龙江哈尔滨人。清华大学艺术教育中心教师。1986年中央音乐学院管弦乐系毕业，1996年留学美国纽约大学。发表论文《大提琴演奏的发音问题》《专业教学与思想教育》《麦克·杰克逊的艺术生涯》（译文）等。学术专著《哈尔滨西洋音乐史》及CD《爱的问候》由柴科夫斯基音乐学院收藏。举办多场独奏音乐会。1988年参加全国第一届大提琴比赛，获优秀表演奖。

刘新宝（1961— ）

歌唱家、作曲家。天津人。毕业于中央音乐学院艺术管理专业。天津市歌曲创作研究会理事、副秘书长，天津市群众文化学会理事。1975年入部队文工团任独唱演员，多次受奖并曾立三等功。转业后，先后从事群众文化和青少年音乐艺术教育工作。现任天津市群艺馆演出资源部主任、副研究馆员。曾多次荣获优秀园丁奖，被评为天津市模范教师。作有歌曲《小八哥的学问》《给自己一个好心情》等百余首。发表《通俗歌曲艺术化的浸入》等，著有《天津市群众文化艺术指导手册》。曾在"与欢乐同行""歌声连着你和我"等大型演出中担任编导或主持人。

刘新丛（1956— ）

女声乐教育家。河北人。首都师范大学音乐学院副教授、声乐硕士生导师。曾在北京军区某部队文工团任独唱演员。1982年毕业于河北师范学院音乐系，留校任教。1997年在日本歧阜大学研修声乐。回国后先后任首都师大音乐系声乐教研室主任、音乐系副主任、音乐系教学指导委员会主任、音乐系学术委员会副主任。民盟第八、九届中央委员会妇女委员会委员。著有《欧洲声乐史》（第一作者），所教学生中有多人在国内外声乐比赛中获奖。

刘新海（1958— ）

作曲家。山东东营人。山东省音协副主席、青岛市音协副主席。撰有《引商刻羽都是情—简谈吕剧音乐的板式结构及其转换》《探究一代律学宗师——王邦直》等文。著有《黄河口——刘新海音乐作品集》，盒带《我怎能舍得走——刘新海作品集》《眷恋——刘新海作品集》《黄河口人》《优秀展播作品选》等，为中央电视台20集大型系列广播报道剧《黄河口人》，庆建国60周年政论片《情系民生》和电影《崛起的黄河三角洲》等创作主题歌、插曲和主题音乐。有几十首音乐作品获国家、省级奖，如歌曲《记着老百姓》《蓝色经济'中国号'扬帆远航》《难舍这黄河入海口》《美丽青岛》《夯歌》等。

刘新民（1959— ）

作曲家、音乐编辑家。江苏连云港人。甘肃电台文艺部科长。1979年就读于西北师大音乐系作曲专业。歌曲《山里的孩子》《请到西部草原来》《荞麦花放红的时候》，电脑音乐《晚笛》等，分别获奖。为《敦煌百年梦》《江隆基》等广播剧、电视剧作曲。采编《丫丫担水》《梦敦煌》获甘肃广播文艺奖。撰有《直播文艺节目中，主持人的角色转换》等论文。

刘新芝（1954— ）

女音乐编辑家。山东人。1981年毕业于中央音乐学院音乐学系。先后在中国音协《音乐研究》任编辑、在《中国民族音乐集成》编辑部工作。撰有《新音乐社述略》《音乐批评本体问题探微》等文。

刘兴贵（1945— ）

男高音歌唱家。土家族。湖南吉首人。1973年入湖南省歌舞团。1983年入中国音乐学院声乐系进修。演唱曲目有《放牛娃驾起了拖拉机》。1980年获全国少数民族会演优秀奖。曾被授予全省中年优秀演员。

刘兴汉（1938— ）

音乐教育家。蒙古族。内蒙古科尔沁人。1960年开始从事文艺工作。毕业于内蒙古艺术学校音乐科，先后任该校竹笛专业教师、音乐科科长、副校长、高级讲师，从事民乐队指挥工作。1961年赴天津师从刘管乐、金沙等学艺。1984年率团赴日本进行音乐交流演出。培养众多竹笛演奏家，获内蒙古教育厅颁发的优秀教育工作者证书。创作舞蹈音乐《喜悦》。曾任中国竹笛协会顾问。

刘兴伦（1935— ）

音乐教育家。贵州桐梓人。1959年毕业于贵州省民族学院艺术系师范专科班，留校任教。中学音乐特级教师。长期从事音乐教学，众多学生考入高等艺术院校，或在省级、国家级音乐竞赛活动中获奖。作有《年轻人志气大》等歌曲及器乐曲。其中《生命之光》（组歌、合作）获全国最佳节目奖，《心愿》获省级演唱奖，《歌儿飞遍长征路》《我珍藏着一朵洁白的花》《静静的潘阳河》获奖。撰有《中、小学音乐课怎样进行欣赏教学》《寓技能教育于乐》。参与《贵州省初中音乐试用课本》编纂，获西南地区优秀图书奖。出版《音乐教育启蒙》（合作）。

刘兴仁（1936— ）

音乐教育家。天津人。曾任职于天津司法局。自1957年起曾先后在学校、少年宫、文化宫从事群众文化声乐教学。1989年师从夏重恒教授。在天津和全国中老年歌手大赛中多次获奖，并被天津市总工会评为"职工艺术家"。

刘兴忠（1946— ）

作曲家。重庆人。1986年毕业于西南师大干部专修科，1998年毕业于中共四川省委党校经济管理本科，中学一级教师。北碚区文联秘书长、区音乐舞蹈协会副主席、重庆音协理事。在全国发表播出百余件作品，其中《献出火红的青春》《打电话》《前进·中国》等26首作品获奖。1996年出版《刘兴忠歌曲选》。1989年因参加艺术集成志书的编纂工作和资料采集整理工作获四省文化厅、省民委纪念奖。1992年获中国音乐知识大赛园丁奖。

刘星江（1945— ）

指挥家。湖南湘潭人。1960年参加工作，曾先后担任湘潭市歌舞剧团指挥、副团长、团长等专业及行政领导工作。1990年调湘潭市群众艺术馆任馆长，组织庆祝毛泽东诞辰百周年等大型文化活动。1996年调市文联，任专职副主席、党组成员。湘潭市音协第五、六届荣誉主席。

刘秀玲（1946— ）

女歌唱家。湖南人。贵州歌舞团声乐演员、文化产业办主任。原贵州省音乐文学学会副秘书长及艺术团负责人。1963年毕业于贵州大学艺术系声乐专业，曾先后在上音、中音、川音与中央歌舞剧院学习。在团担任独、重、领唱、各类歌剧角色及声部长。1993年聘为省艺术学院本科声乐教师。先后为中央电台、海峡之声电台、省、市及地方电视台、电台录播歌曲60余首，其中独唱《苗山节日》国际电台定为对外常播节目。培训、指挥合唱队百余个，分获全国、省、市、地一、二、三等奖。

刘秀英（1913— ）

女声乐教育家。江苏南京人。1942年毕业于上海国立音乐院声乐系。南京师范大学音乐系教授。

刘秀灼（1934— ）

女音乐教育家。福建人。1949年入福建音专学习。曾任福建师范大学音乐系理论教研室主任，副教授。撰有

《关于高师视唱练耳教学中的唱名法问题》等文。

刘旭峰（1953— ）

女高音歌唱家。广东人。1969年入广州军区战士歌舞团任独唱演员。1979年入上海音乐学院声乐系进修。1985年获"全军中青年声乐比赛"一等奖和"全国聂耳星海声乐作品比赛"银质奖。现定居美国。

刘续红（1953— ）

作曲家。陕西西安人。曾任湖北省黄石市歌舞剧院专职作曲，2000年在深圳设立音乐创作室。作品《中国竞风流》在第八届全运会会歌征集中获奖，作品《冰雪英雄》在第六届亚洲冬季运动会会歌征集中获奖。作有《让生命飞成鲜花》《渔歌飞》《大地丰碑》《快活的下雨天》《三百山情缘》《老家在南昌》《好一片太湖》《一对好朋友》《采山》《过年了》等歌曲，其中多首歌曲获分获各种奖励。

刘学俊（1963— ）

小号演奏家。山东人。中国广播艺术团电声乐团副团长、"老树皮"爵士乐队小号演奏家。1982年毕业于中央音乐学院管弦系小号专业，后到中国广播艺术团工作。曾任中国广播交响乐团小号演奏员、广播合唱团轻音乐队小号独奏演员、广播电声乐团流行乐队小号独奏演员。出版有《小号与管乐队合奏曲集》。策划、创意多台大型综艺演出及爵士乐专场晚会。

刘学清（1956— ）

大提琴演奏家。山东章丘人。黑龙江音协理事。1970年从事音乐工作，1982年起任黑龙江省歌舞剧院交响乐团大提琴首席。1993年在全国第二届大提琴比赛中获优秀表演奖。1996年合作收集整理并发行全国业余考级规定曲目《大提琴曲集》。著有《黑龙江大提琴史话》《哈尔滨西洋音乐史》《中国大提琴艺术史》等书。

刘学严（1935— ）

音乐理论家、作曲家。山东济宁人。1961年毕业于沈阳音乐学院作曲系，后留校任教。历任沈阳音乐学院副院长、教授，沈阳音乐学院附属艺术学校校长。培养众多人才，著名的有雷蕾、张千一、杨立青等。出版有《中国五声性调式和声及风格手法》《即兴伴奏五十课》《抒情诗艺术歌曲集》以及《和声学教程》（合译），撰有《论五声性旋律与功能体系和声的结合》《桑桐的和声风格与手法》等十余篇。作有钢琴曲《融》，大提琴曲《蝶恋花》，歌曲《故乡的月光》《你是人间四月天》等。

刘学义（1929— ）

作曲家。辽宁大连人。1947年参加东北民主联军宣传队，1955年任广州军区军乐队队长。曾四次带领军乐队参加北京"十一"国庆大典阅兵的演奏工作，并担任部分指挥。1962年毕业于上海音乐学院作曲系。1969年任广州军区战士歌舞团音乐创作员。曾为《南海战歌》《春风送暖》等六个话剧配音作曲。创作有《上井岗》《蛇与农

夫》等舞蹈音乐，在全军汇演中获奖。

刘雪庵（1905—1986）

作曲家、音乐教育家。四川铜梁人。1930年入上海国立音专学习理论作曲。1931年"九一八"事变后，参加爱国师生宣传抗日活动，编印歌曲集《前线去》。1936年毕业后任艺华影片公司音乐指导。1937年组织中国作曲者协会，并创办音乐刊物《战歌》。1938年赴武汉，任军委会政治部第三厅设计委员。1939年赴重庆，曾在国立音乐院任教。新中国成立后，执教于北京艺术师范、中国音乐学院作曲系。作有儿童歌曲《布谷》《菊花黄》《采莲谣》，艺术歌曲《春夜洛城闻笛》《枫桥夜泊》（张继词），《红豆词》，电影歌曲《何日君再来》《长城谣》《孤岛天堂》《中华儿女》，群众歌曲《战歌》《募寒衣》，钢琴曲《中国组曲》及流亡三部曲之二《离家》、之三《上前线》等。曾为郭沫若的话剧《屈原》配乐。撰有《音乐与个人》《音乐中的民族形式问题》等文。

刘雪林（1958— ）

打击乐演奏家。山西代县人。1977年入北京军区某师宣传队任打击乐、木琴演奏员。1981年任山西省歌舞剧院交响乐团书记。木琴独奏《打靶归来》《交城山》《排山倒海》《小松树》《威廉退尔幻想曲》获山西省第八届"杏花奖"器乐独奏组第一名。与中外指挥家合作演奏中外交响乐作品，任定音鼓首席，受到指挥家的称赞。多年来从事教学工作，为各专业院团输送几十位音乐人才。

刘勋一（1942— ）

作曲家。土家族。湖北长阳人。曾任湖北长阳土家族自治县文艺创作室主任、宜昌市音协副主席。曾为长阳县歌舞团演奏员，1970年起开始从事音乐文学创作，长期收集并整理土家族民间音乐。其作曲的舞蹈《欢乐的土家》获全国三民调演丰收奖，歌曲《摆手舞情意长》以及《龙的传人爱龙船》曾参加中央电视台青年歌手电视大奖赛以及亚运会开幕式等的演出。

刘雅卿（1940— ）

作曲家。吉林永吉人。1958年入中国铁路文工团杂技团任板胡演奏员，后任乐队副队长兼指挥。长期从事杂技节目音乐创作。曾赴东欧、东南亚、非洲演出。

刘亚力（1943— ）

女音乐活动家。辽宁新宾人。1968年毕业于沈阳音乐学院声乐系。曾任音协辽宁分会副秘书长。从事音乐评论及组织工作。

刘亚鹏（1965— ）

女音乐编辑家。陕西宜川人。陕西广播电台音乐广播总监。1988年就读于西安音乐学院。撰有《试论音乐节目在广播里的有效传播》等文。编辑制作的广播剧《世纪大示范》获"五个一工程"第八届优秀作品奖，《守望藏羚羊的日子》获广播文艺文学节目类二等奖。

刘亚男（1955— ）

女中音歌唱家。内蒙古呼和浩特人。1980年入工程兵某部文工队，同年调山西省歌舞剧院交响乐团任演员。1994年毕业于上海音乐学院声乐系。演唱有《晚风吹来黄河的涛声》《春天里的中国》《故乡雨》《矿山摇篮曲》《杏花雨》《听》《汾河啊汾河》《我悄悄地爱上了他》《梦中国》《山村大娘》《星星啊星星》等。先后在《黄河儿女情》及大型文艺演出中担任独唱、领唱、节目主持。曾获中央电视台歌手大奖赛民族唱法专业组二等奖。

刘亚平（1955— ）

作曲家。山西广灵人。大同煤矿文工团党支部书记。1991年在大同煤矿从事群众文化组织和培训工作。作有歌曲数百首，部分在《歌曲》《黄河之声》上发表，有几十首入选各种歌曲专集或大学音乐教材。大部分作品用于地市文艺活动和服务矿山、服务矿工的慰问演出中。获奖二十余次。山西音协理事、理论创作委员会委员，大同煤矿音舞协会负责人。

刘亚琴（1918— ）

女歌唱家、音乐教育家。四川成都人。毕业于四川艺专。30年代末至90年代，从事舞台演唱。代表性演出有40年代在成、渝两地主唱和主演歌剧《秋子》，50年代至90年代曾参加全国及省、市重大专业演唱会及个人独唱音乐会。50年代始任四川音乐学院声乐教授，培养出许多歌唱和专业教师，不少已成为国内外享有盛誉的专家。从事民族声乐理论研究，发表有论文多篇。

刘延泽（1939— ）

作曲家。河北饶阳人。1964年毕业于山西大学艺术系，曾任该系教研室主任。作有歌曲《歌唱大青川》，合唱《校园抒情》，歌剧音乐《红山村》。

刘炎卿（1917— ）

戏曲作曲家。湖南桃源人。1931年在常德武陵戏班从事戏曲音乐工作。1951年入桃源县剧团。改编戏曲《捡菌子》获省文化局乐师奖，戏曲音乐《发霉的钞票》获文化部二等奖。1985年参与编纂《中国地方戏曲志·湖南卷》（常德汉剧音乐条目），《中国戏曲音乐集成·常德卷》编委会顾问。撰有《浅谈常德高腔与民间音乐之关系》《桃源太平铺高腔观音戏的发现》（合作），《略论常德戏的语音规范》（合作）。

刘雁西（1943— ）

女作曲家。湖北广济人。曾为上海电影制片厂作曲、中国电影音乐学会理事。1967年毕业于上海音乐学院作曲系。其电影音乐作品有《生死抉择》《大江东去》《屠城血证》《少年雷锋》《激情辩护》《三毛救孤记》《枪神天畏》《男性公民》《午夜两点》《黑蜻蜓》《琴童》《泉水叮咚》《大桥下面》等八十余部。电视剧音乐作品有《故事2000》《涉外保姆》《男人难当》《上有老》《明天我不是羔羊》《不要问我从哪里来》《滴血玫瑰》《兰色马蹄莲》《无暇人生》《半把剪刀》《紫藤花园》

《大家族》《月朦胧鸟朦胧》等二百余部。话剧音乐有《十月西行》等几部。

刘燕良（1934— ）

小提琴教育家。天津人。1950年起先后任天津音工团管弦乐队、天津歌舞剧院小提琴演奏员兼教师。1952年调西安音乐学院从事小提琴教学。培养众多优秀学生，其中有的获法国高等音乐师范学院"高级演奏家"证书，有的分别以优异成绩赴美工作或在中央音乐学院深造。

刘燕平（1932— ）

女歌剧表演艺术家。陕西绥德人。1945年始从事文艺工作。曾任陕西省歌舞剧院、歌剧团团长，后在中央民族乐团任独唱和歌剧演员并兼任党委书记，全国政协第五至第九届委员。曾在歌剧《蓝花花》《白毛女》《小二黑结婚》《红珊瑚》《红鹰》《草原之歌》等多部歌剧中扮演主角。1951年在柏林第三届世界青年联欢节上演唱《蓝花花》获优秀奖。演唱歌曲还有《赶牲灵》《跑旱船》《南来的雁北去的风》《翻身道情》《黄河怨》《刘志丹》及歌剧选曲等。先后获省以上"先进工作者""群众喜欢的歌手"等多种荣誉称号。曾随团赴奥地利、美国、法国、苏联等多个国家演出。

刘燕平（1957— ）

女声乐教育家。广东人。1975年进入江西省歌舞团任独唱演员，1980年毕业于江西师大音乐系音乐教育专业，留校任教。1981年入上海音乐学院声乐系进修。撰有《声乐艺术教学初探》《试论音乐审美的情感体验》等文。1990与1993年分获江西省音乐舞蹈艺术节独唱第一名。

刘一丁（1934— ）

作曲家。湖南浏阳人。中国少数民族音乐研究会理事。曾任贵州省音协常务理事、黔西南布依族苗族自治州文联秘书长兼音协主席。1958年由部队转业后考入湖南艺术学院音乐系作曲专业，后转为湖南师范学院艺术系作曲专业。发表歌曲作品数百首。1972年以来，对黔西南民间音乐进行研究，发表论文四十余万字。出版有《布依族民间音乐研究文集》《布依戏研究文集》等。

刘一瀛（1936— ）

小提琴演奏家。江苏常州人。1958年毕业于中央音乐学院。后入中央歌剧院任演奏员，并在交响音乐会中担任乐队首席。曾为中央音乐学院兼课教师。现居香港。

刘伊力（1959— ）

钢琴教育家。四川忠县人。任教于新疆师大音乐学院。1991年毕业于西南师范大学音乐系。先后在新疆伊宁市第六中学任教，在伊犁第二师范学校、伊犁州教育学院任音乐教研室主任。多名学生在各类钢琴比赛中获奖。撰有论文《钢琴演奏技巧与艺术处理》《对音乐作品的分析是钢琴教学的重要环节》《如何在钢琴教学中体现素质教育》等。

L

刘依群（1944— ）

女声乐教育家。河南开封人。1966年毕业于武汉音乐学院声乐系，后到山东歌舞团工作。1985年调山东艺术研究所从事声乐教学与理论研究。所研究的《民族声乐训练操的创编与应用研究》获山东省科技进步三等奖。论文《关于民族声乐发声的几个问题》曾获山东省首届艺术科学优秀成果三等奖，《安全度过变声期》获全国戏曲音乐论文优秀成果一等奖，另有《声乐训练操》《美化我们的声音》等。1997年受聘为北京市艺术学校声乐教授，后被聘为中央音乐学院附中综艺部声乐教研室主任。

刘已明（1905—已故）

音乐教育家。湖南耒阳人。1925年毕业于湖南岳云中学特设艺术专修科。1930年入上海国立音专进修。曾任湖南师范大学艺术系主任。音协湖南分会名誉主席。

刘以光（1937— ）

音乐美学家。福建人。曾就职于厦门大学艺术教育学院。长期担任艺术理论、美学、音乐文学等课程的教学与研究。曾任全国教育科学"七、五"规划重点项目《艺术教育学》副主编。曾获福建省第二届社科优秀成果二等奖。论文有《论歌词的审美特性》，词作有组歌《陈嘉庚颂》《海峡情》《青春的奉献》《飞向新世纪》《小白鹭》，曾获文化部等十二个单位联合颁发的创作奖。

刘易民（1932— ）

作曲家。河北人。1945年从事部队文艺工作，先后在冀中军区火线剧社、晋察冀军区抗敌剧社、北京军区战友歌舞团任学员、乐队首席、指挥、作曲。1956年考入上海音乐学院进修班师从谭抒真副院长学习小提琴。1960年调解放军艺术学院任教员。1970年先后调总政歌舞团、歌剧团任创作员。曾为歌剧《傲蕾·一兰》《火红的木棉花》作曲（合作），并为小歌剧《紫曲河畔》《园丁之歌》，舞蹈《塞外女民兵》，小舞剧《锦绣前程》，艺术纪录片《海岛南泥湾》作曲或创作歌曲。

刘益富（1938— ）

萨克斯演奏家。浙江乐清人。解放军军乐团演奏员。1959年始从事部队文艺工作，曾任萨克斯首席、乐队中队长。1972年参加全军文艺汇演获优秀奖两次。在长期军乐艺术实践中，完成国家交给的数百次任务。多次参加天安门国庆庆典和大阅兵。为部队和大、中、小学校培养数名文艺骨干和乐队。

刘益群（1965— ）

女中胡演奏家。四川人。中央民族乐团乐队中胡首席。1987年毕业于中国音乐学院。曾随团出访美国、英国、法国、德国、日本、韩国、新加坡、台湾、香港、希腊、奥地利、丹麦等国家和地区，参加大量的演出活动。

刘逸安（1946— ）

民乐教育家。江苏常州人。曾任常州市少儿民族乐团总监、华东少儿民乐研究会副会长兼秘书长。作有《少年儿童二胡教程》《儿童学二胡教程》等。曾担任民乐教学电视片《儿童学二胡》的艺术指导并创建常州市少儿民族乐团。多次率团赴日本、美国、韩国等国和台湾、香港、澳门地区分别参加国际文化节、艺术节和音乐会的演出。所教学生相继获"ART"杯中国乐器国际比赛一、二等奖，文化部、广电部全国第一、二届少儿民乐比赛金、银奖等。曾被评为全国优秀教师和市劳动模范。

刘英华（1957— ）

女歌唱家。朝鲜族。吉林珲春人。1977年毕业于延边艺术学校，1984年毕业于中央民族学院声乐系。历任珲春市艺术团、延边歌舞团歌唱演员。曾在歌剧《阿里郎》中饰主要角色，获优秀表演奖，在朝鲜族首届声乐比赛中获二等奖，在全省、全州青年演员声乐调演中分获一等奖。发表有《在阿里郎中刻划阿英的音乐形象》一文。

刘颖华（1916—1983）

京胡演奏家。河北人。曾任辽宁省京剧院琴师，辽宁省音协理事，沈阳京剧院艺委会副主任。曾师从唐韵笙、白玉昆、邢成明、李砚秀等琴师。撰有《雁荡山音乐商榷》《雁荡山音乐再商榷》等文。出版有京剧《詹天佑》《喜相逢》。

刘永福（1960— ）

音乐教育家、音乐理论家。内蒙古赤峰人。扬州大学艺术学院音乐系主任，教授，硕士生导师。1986年毕业于内蒙古师范大学音乐系，曾任赤峰民族师范高等专科学校艺术系副主任。主要研究方向为中国传统宫调理论。曾在《中央音乐学院学报》《中国音乐学》《人民音乐》《黄钟》《中国音乐》《音乐探索》《交响》《音乐与表演》《天津音乐学院学报》《乐府新声》等国内主要专业理论期刊发表论文六十余篇。出版专著、教材多部。

刘永海（1941— ）

作曲家。辽宁辽中人。曾为中国音协理事、天津音协副秘书长、中国首届电子琴学会理事。研究馆员。1960年毕业于天津师范学校。先后进修于天津音乐学院、中国艺术研究院研究生部。作有《识谱歌》，琴歌《山居秋吟》《电子琴小演奏家》。任《器乐》《民歌》集成两卷本副主编。获首届国家重点项目艺术集成编撰先进个人称号。曾客席指挥中央电视台老艺术家合唱团。1995年应邀担任《九宫大成》校译卷副主编，后任河北大学研究生乐律学与天津师大艺术学院硕士生导师。

刘永靖（1933— ）

管乐演奏家。湖北钟祥人。1950年参加部队文工团，后在解放军军乐团任次中音号演奏员。1958年，在东北农垦总局农场及马鞍山文工团任演奏员。1970年起，在马鞍山群众艺术馆任管乐辅导员。曾指挥馆办工人管乐团参加上海"生命杯"比赛并获铜奖，培训指挥"小红花管乐队"获银奖，指挥青少年管乐团参加香港"管乐缤纷艺术节"及亚太地区演出，多次率队参加安徽省比赛获金奖。

刘永平（1957— ）

音乐教育家、理论家。山东人。武汉音乐学院副院长、教授，学报《黄钟》主编，湖北省音协副主席，中国复调音乐学会副会长，中国艺术教育促进会理事，湖北省美学学会常务理事。长期从事作曲与作曲技术理论教学与研究，发表论文《双级控制论——鲁托斯拉夫斯基有控制偶然的作曲技法研究》《现代音乐复调技法系列研究》《论线性对位》等五十余篇。出版专著、合著《作曲技术理论与实践文集》《复调音乐基础教程》《视唱练耳理论与教学文集》《现代音乐视唱教程》等9部。创作音乐作品有《第一交响曲》《四重奏》《有感》等。

刘永强（1957— ）

音乐教育家。辽宁朝阳人。辽宁音协理事、朝阳音协副主席兼秘书长。多年来培养上百名学生考取艺术院校，其中数十名考入中央音乐学院、中国音乐学院、解放军艺术学院等首都最高音乐学府。学生中也有上百人次在声乐大赛中获各种奖项。学生有的曾获全国青歌赛二等奖、第二届"聂耳·冼星海声乐大赛"优胜奖、全国民间音乐比赛三等奖。本人多次获音乐比赛优秀辅导奖。

刘永泉（1941— ）

作曲家。山东莱芜人。1960年入伍，毕业于空军十七航空学校。先后在空军第三师任航空机械师、师政治部干事。转业后任江苏太仓工人文化宫主任、宣教部长、文化局艺术科长。歌曲作品多次获国家、省级奖，戏歌和戏曲音乐论文《戏歌初探》《水是苏州的魂》分别获全国二等奖、全国环保征歌大奖。歌曲《点亮一盏灯》获建党80周年征歌奖。出版有歌曲集《祖国，故乡》。曾为太仓市金秋艺术团艺术总监、太仓市音协主席。

刘永禧（1949— ）

声乐教育家。湖北红安人。曾任福建泉州师范学院艺术学院副教授、音乐教研室副主任。撰有《初学者应练习正确的呼吸方法》《谈继承和弘扬民族音乐文化》《唱到竹枝声咽处，寒猿暗鸟一时啼》《歌唱共鸣时如何用气息和打开口咽腔》《试论音乐在教育中的作用》《从卡鲁索的自然美声唱法看美声唱法的科学性》等文。曾获武夷之春音乐舞蹈节青年歌手大赛美声唱法三等奖，1991年举办个人独唱音乐会。

刘永源（1950— ）

手风琴演奏家。河北人。中国音协手风琴学会常务理事。1970年入陕西省火线文工团任演奏员，1978年调西安音乐学院任手风琴教师，后任键盘系教研室主任。编写独奏、重奏曲三十余首，其中《丰收》《乡村姑娘》分别出版，《春舞》获中国音协手风琴学会评选改编奖。撰有《手风琴演奏法要点提示》《手风琴教学中的三个关键问题》等文。译有《关于风箱的控制》。

刘永志（1932— ）

音乐活动家。山东济南人。1952年济南师范艺术专修科音乐班毕业。曾在济南工人文化宫、市群众艺术馆

工作。1960年调济南市歌舞剧团任合唱训练、演员队副队长，1973年任槐荫区文化馆音乐干部。主持排练歌剧《红珊瑚》《江姐》及部分音乐节目。创作的组歌《李清照》等百余首歌曲、乐曲及舞蹈音乐，在全国省、市电台播出，并在音乐刊物上发表。

刘永忠（1949— ）

作曲家。彝族。云南昭通人。云南昭通师专艺术系教授。1966年、1987年、1999年先后毕业于云南昭通师范学校、上海音乐学院作曲系、云南艺术学院作曲系。撰有《浅谈昭通"打鼓草"》等论文，其中《"音乐课程与教学论"学科的建设》获全国第一届大学生艺术展演活动论文评选二等奖。出版歌曲辑《永恒的乌蒙》。歌曲《撒麻》《昭通坝子》获全国首届56个民族艺术人才大赛金奖，舞蹈《诱惑》（作曲）获文化部"群星奖"铜奖。为云南第八届民运会创作主题歌《各族儿女织锦来》，为云南第八届少数民族传统体育运动会开幕式创作大型文艺表演《情满高原》。

刘咏莉（1960— ）

女高音歌唱家。山东寿光人。1989年毕业于天津音乐学院声乐系。惠州市群众艺术馆副馆长。撰有《群众艺术馆与市场经济接轨的位置与方法》《时代呼唤优秀的群众歌曲》《论业余歌手训练的几个问题》等文。录制出版4张个人专辑。演唱歌曲《有一天》《飞歌大亚湾—刘咏莉专题片》，音乐电视《留住绿色世界》在中央三套播出。主演大型歌剧《草莓之恋》。曾在香港大会堂剧院、惠州体育馆举办个人独唱音乐会。

刘友平（1954— ）

作曲家。广西柳州人。1987年毕业于广西艺术学院音乐系作曲专业，后在柳州市歌舞团工作。曾任广西音协创作委员会委员。先后出版、演出大量声乐、器乐作品，有四十余首（部）获全国、省、市级奖。1987年由广西音协等在南宁举办"刘友平作品音乐会"。主要作品有交响乐《八桂诗情》《柳宗元》，舞剧舞蹈、歌剧轻歌剧音乐《月上柳梢》等；《d小调小提琴奏鸣曲》、钢琴组曲《壮俗五景》、小提琴独奏《惘》、大型民族管弦乐《壮乡三月三》等以及歌曲《苗家姑娘爱唱歌》《飞天梦想》等。

刘有才（1941— ）

音乐文学家。湖北武汉人。1959年入湖北省歌舞团。曾入湖北艺术学院、中央文化管理干部学院文艺理论班进修。为《编钟乐舞》《金石之声》总体设计之一兼文学分本执笔。撰有《让祖国文化遗产重放异彩》。

刘幼雪（1931— ）

女小提琴演奏家。四川人。早年就读于四川育才学校音乐组。1941年为延安鲁艺音乐研究室研究生。后去上海音乐学院进修小提琴。1951年入中央歌剧院，曾任小提琴首席，后为党委副书记。

刘雨声（1966— ）

二胡演奏家、作曲家。广东汕头人。1988年毕业于星海音乐学院民乐系，后任职于中共汕头市委宣传部。撰有《试论刘天华二胡曲的演奏风格》。创作改编二胡曲《趣谈》，广东音乐合奏《金荷丽影》，潮州大锣鼓《欢聚》，潮州音乐《寒鸦戏水》。录制《刘雨声二胡专辑》《二胡好曲难忘》等盒带。两次在星海音乐学院音乐厅举办个人独奏音乐会。先后在北京二胡邀请赛、全国广东音乐邀请赛中获三等奖、一等奖。被授予"南粤教坛新秀""2005年度广东优秀音乐家"称号。

刘玉宝（1935— ）

指挥家。山东龙口人。曾任解放军军乐团副团长、团长。交响乐爱好者学会副会长，管乐学会顾问。1949年参加山东军区文工团，1955年调解放军军乐学校学习指挥，毕业后任军乐团指挥。长期担任国家和军队的重大礼仪活动的军乐团指挥。在建国35周年国庆天安门广场盛大阅兵式上，担任千人联合军乐团的总指挥。录制过国歌等一批军乐唱片及磁带。参加指挥录制的《十九首进行曲》唱片，获中国首届金唱片奖。1964年和1987年两次在全军文艺汇演中获优秀指挥奖，获中央军委颁发的胜利功勋荣誉章。1987年率军乐团访问泰国，1988年率军乐团参加在日本东京和大阪举办的世界军乐演奏大会。

刘玉娣（1965— ）

女指挥家。山东淄博人。毕业于山东艺术学院。威海市群众艺术馆副馆长。常年服务于基层，培养了众多的音乐爱好者。曾荣获国家级合唱比赛金奖、优秀指挥奖、歌曲创作奖，集编、导、演、教于一身。2005年策划组织"歌唱威海"全国歌曲创作大赛，出版《歌唱威海》歌曲集。作有歌曲《中国，我为你喝彩》《携手春天》《七月的忠诚》等。

刘玉刚（1947— ）

单簧管演奏家。山东威海人。1963年考入总政军乐团，先后任学员、单簧管演奏员、声部首席及专职教员。曾多次参加国庆、党代会、人代会、政协会、阅兵、军事礼仪及欢迎外国元首等演奏活动，参加音乐舞蹈史诗《东方红》影片拍摄工作。在演出中担任独奏、领奏、重奏、齐奏及合奏。独奏曲目有《云雀》《喜送丰收粮》《欢乐的校园》《三个小伙伴》等。

刘玉贵（1954— ）

音乐活动家。河北张家口人。1980年毕业于河北宣化师范学院音乐系，1990年毕业于中国音乐学院函授学院音教系。1995年始任张家口市音协主席。作有歌曲《我们盼着丁香花儿开》《月亮为啥这样明》《抗日烽火心中燃》《新时期党员组歌》（获省2001年音乐制作一等奖），组织举办"彩色周末"活动三届。歌曲创作连续三年获河北省"五个一工程"奖。致力于张家口市中、小、幼艺术教育，连续举办15届中、小、幼艺术节，被市授予"德艺双馨"艺术家。

刘玉平（1956— ）

作曲家。河北乐亭人。先后毕业于河北昌黎师范和中国函授音乐学院理论作曲系。河北乐亭县文化馆馆长、副研究馆员，1999年任县广播电视局副局长。辅导的音乐、舞蹈等节目曾多次参加省、市汇演，学生有数十人考入艺术院校和文艺团体，自编各类群众文化培训教材20万字。作有歌曲《农家小院牡丹花》《山里人的情怀》等，舞蹈《火爆爆的麦场》，曲艺《放鸟劝学》，皮影戏《洞庭湖》，组歌《启明星》分别获"群星奖"等奖项。编著有《乐亭秧歌》。

刘玉琪（1962— ）

小提琴演奏家。北京人。1980年毕业于中央音乐学院附中管弦系。历任北京歌舞团、北京交响乐团、中国交响乐团、中国爱乐乐团演奏员及北京交响乐团二提琴首席。曾获北京中青年演员调演表演奖、全国第四届音乐作品演奏优秀演奏奖、中央台和平友谊之声音乐比赛一等奖、全国四重奏比赛特别荣誉奖。随团赴德国、英国、日本、墨西哥、美国、韩国和港、澳、台地区演出，参加波多黎哥音乐节、贝尔格莱德艺术节并由世界著名的菲利普唱片公司录制四张唱片。

刘玉琼（1937— ）

女钢琴演奏家。浙江定海人。1961年毕业于上海音乐学院钢琴系。为上海声乐研究所艺术指导。曾在上海歌剧院工作。

刘玉珊（1940— ）

女作曲家。山东淄博人。1960年参军。1989年毕业於中国函授音乐学院理论作曲系。曾在《歌曲》《解放军歌曲》等音乐刊物发表歌曲作品三百余首。为《耕海情》《驰向奥运会》《这片蔚蓝的天》《平凡中的闪光》等多部音乐电视片、专题片谱曲。出版歌曲集《蓝色的歌》。青岛德龙威工贸有限公司经理，《东方词家》副主编。

刘玉婉（1965— ）

女高音歌唱家。天津人。中央歌舞团独唱演员。1990年毕业于中国音乐学院，师从金铁霖。曾参演歌剧《白毛女》《江姐》等，先后获第四届全国青年歌手电视大奖赛民族唱法三等奖，全国希望之星歌曲大赛一等奖。多次参加中央电视台春节晚会、第十一届亚运会闭幕式等演出活动。录制有演唱专辑《温馨的祝福》，演唱作品有《送给你》等。曾赴法国、意大利、美国等国家和地区演出。

刘玉霞（1962— ）

女音乐教育家。山东青岛人。山东艺术学院音乐系小提琴教授。山东省政协委员。2003至2005年就读于俄罗斯莫斯科格涅辛音乐学院。所指导的学生小提琴齐奏《大雁的歌》等作品先后获全国大学生艺术节专业组二等奖，山东大学艺术节一等奖等奖项，本人获指导教师一等奖。论文《试论小提琴授课中的'言传身教'》获全省艺术教育优秀论文大学组三等奖，《论小提琴演奏心调整问题》获山东省艺术科学优秀成果评比二等奖。曾获山东艺术学院

L

2001至2002年度优秀成果一等奖。

刘玉莹（1944— ）

女中音歌唱家。辽宁北镇人。1968年毕业于解放军艺术学院音乐系。曾任中国电影乐团独唱演员。

刘玉重（1953— ）

长号演奏家。山东人。解放军军乐团办公室主任。1970年考入军乐团学员队学习长号。先后担任演奏员、长号声部首席及声部长。多次参加迎送世界各国元首和军事代表团的演奏，曾担任国庆35周年大典任联合军乐团长号Ⅱ声部大声部长。在全军第五届文艺汇演中获长号三重奏表演奖。组织、协调完成全团司礼、演出、训练、创作、教学、香港回归、澳门回归的演奏任务及国庆50周年千人联合军乐团的组建、训练和现场演奏等各项任务。

刘育和（1919—2004）

女钢琴教育家。江苏江阴人。1945年毕业于上海国立音专本科钢琴高级班。后为中央音乐学院钢琴系教授。

刘育熙（1938— ）

小提琴家。江苏江阴人。中央音乐学院教授。1962年毕业于中央音乐学院并留校任教。1963年获中央单位小提琴赛区第一名并获全国大赛奖。70年代末获学院大赛创作、演奏首奖。80年代公派赴法深造首开多项纪录，香榭丽舍剧院举行独奏会、在法录制两张CD等。90年代以来担任蒂博国际大赛评委，在法、英七所音乐院讲学、任评委。在欧、亚十余国举行独奏会近百场，教学之余坚持中国小提琴艺术道路的开拓与探索，举行《奉献》系列独奏会数百场。多次获文化部、北京市表彰，并获中央音乐学院建院五十周年杰出贡献奖。

刘峪升（1945— ）

中胡演奏家。天津人。1960年入中央民族乐团。曾任该团乐队队长。作有器乐曲《合家乐》《喜如意》《乡情吟》等。

刘援朝（1951— ）

女音乐教育家。河北人。原天津音乐学院附中教务主任。1989年毕业于天津音乐学院本科班。曾任天津中学音乐教师、解放军国防文工团乐队演奏员。1986年转业后到天津音乐学院，根据全国教育体系的改革，在普通小学设制了专业特长班，同时提出专业学校与普校接轨的改革建设，精华教材、浓缩教程，既提高了文化课水平，又使学生的专业水平有所提高。

刘媛媛（1976— ）

女高音歌唱家。苗族。云南大理人。1996年毕业于中央民族大学艺术系声乐本科，同年入中央音乐学院深造，师从郭淑珍教授。中央民族歌舞团独唱演员，全国青联委员。演唱有《五星红旗》《鲜花陪伴你》《祝你好运》《长大成材》《共产党人》等。多次参加中央电视台春节晚会、文化部主办的大型文艺演出等。多次举办"五星红旗·我的骄傲"专场公益演出独唱音乐会。曾获中国原创音乐艺术歌曲大奖、"五个一工程"奖。演唱的歌曲《五星红旗》MTV获第十四届全国电视文艺"星光奖"一等奖，听众最喜爱的歌手奖——"金号奖"金奖，《美好祝福》获"中国歌曲排行榜十大金曲奖"。2005年被十部委聘为"中国关爱成长行动形象大使"。

刘月玲（1938— ）

女大提琴演奏家。辽宁大连人。1956年入中国建筑歌舞团。1961年入辽宁歌剧院任首席大提琴。

刘月宁（1965— ）

女扬琴演奏家、教育家。湖南安化人。中央音乐学院民乐系硕士生导师，中国扬琴学会副秘书长。1994年中央音乐学院研究生毕业。创作、改编《阿斯图里亚斯的传说》《听松》《银河会》《弦品》《花弄影》《杜鹃啼》等百余首扬琴独奏、重奏曲，出版《流水欢歌》《凤凰于飞》《木兰辞变奏曲》等演奏专辑，撰有《广东音乐扬琴演奏艺术研究》等文十余篇，编著有《扬琴弹奏基础教程》《扬琴速成演奏法》等。赴亚、欧、美等十余个国家举办个人独奏音乐会，被评为北京市优秀青年骨干教师。

刘月英（1938— ）

女高音歌唱家。吉林长春人。1960年毕业于沈阳音乐学院声乐系，后任辽宁省歌舞剧院独唱演员。1966年任济南军区前卫歌舞团独唱演员、艺术指导。中国音协理事，山东音协声乐委员会委员。多次在全国全军获奖。演唱的歌曲有《哈瓦那的孩子》《百花开时唱总理》《情深谊长》《兰花》《祖国深情记得清》等。曾在歌剧《洪湖赤卫队》《阿诗玛》中饰演重要角色，在电视艺术片《青岛，青春的岛》《南方的红土地》中担任独唱。为《武松》等多部影视片演唱主题歌。

刘跃华（1958— ）

女歌唱家。江苏人。曾获全国青年首届民歌通俗大选赛优秀奖，江苏第二届青年歌手大赛三等奖，江苏第二、第三届音乐舞蹈节独唱三等奖，"徐工杯"江苏邀请赛二等奖。撰有《浅析江苏民歌的艺术特征》《如何演唱江苏民歌》等文在《中国音乐》《剧影月报》《艺术百佳》刊物上发表。《确立本土音乐地位，弘扬中国民族唱法》获教育部颁发全国大学生素质教育展演二等奖，《灿烂的江苏民歌》在亚太地区民族音乐学会第10届会议上宣读并在会议期刊上发表。出版独唱专辑《撒趟子撩在外》。

刘云厚（1940— ）

指挥家。山东烟台人。1957年考入沈阳音乐学院附中，1961年升入本科指挥系。后任北京军区军乐队、战友歌舞团合唱队指挥。1980年起任总政歌舞团合唱指挥。中国合唱协会常务理事、中国童声合唱委员会常务副主任。曾指挥排演《长征组歌》《黄河大合唱》及交响音乐《沙家浜》《智取威虎山》等中外合唱名曲数百首。与生茂合作的合唱作品《草原战歌》，获全军第三届文艺汇演优秀创作奖。参加第四、五届全军文艺汇演均获优秀指挥奖。

曾担任《蒙根花》等电影音乐指挥。应邀出访朝鲜、澳门。1996年出席悉尼第四届世界合唱研讨会。自1989年始任总政文化部主办的历次大型春节歌舞晚会指挥。曾培训二十余个业余合唱团，参加各类比赛获奖。编著有《速成乐理与视唱》《处理歌曲十大手段》。

刘云志（1964— ）

小提琴演奏家。吉林人。中国交响乐团乐队首席，全国政协委员，中国音协第六、七届理事。1981年考入吉林艺术学院。 1985年考入前中央乐团，1991年任乐队首席。随团出访欧、美、东南亚多国及港、澳、台地区，与著名音乐家、指挥家小泽征尔、梅纽因、迪图瓦、斯特恩、潘德列斯基等有过合作。曾与国内外多个乐团合作演出协奏曲，录制多首独奏、重奏及个人专辑CD。

刘再生（1937— ）

音乐史学家、评论家。江苏武进人。山东师范大学音乐学院教授、硕士生导师，中国音乐史学会副会长。著有《中国古代音乐史简述》（人民音乐出版社出版，并7次印刷），《中国音乐的历史形态——刘再生音乐文集》等。曾获教育部首届"人文社会科学优秀成果"著作二等奖，曾宪梓教育基金会"全国高等师范院校教师奖"。

刘增辉（1945— ）

指挥家。河北邢台人。1960年从事音乐工作。1985年毕业于中央音乐学院指挥系，在陕西省歌舞剧院歌剧团任指挥。1998年调宁波大学任教，曾任传播与艺术学院副院长。其指挥的作品有歌剧《张骞》，舞剧《高粱情》，合唱套曲《长征组歌》《黄河大合唱》《丝绸之路组歌》《纪念抗战胜利60周年》等十多台专题音乐会。先后指挥中国音乐学院民族乐队、浙江省歌舞剧院民族乐团、上海歌剧院交响乐团、上海交响乐团等，演出民族管弦乐和交响乐作品。所辅导和指挥的多个合唱团在全国性演出和比赛中获奖，本人获99全国大学生艺术节优秀指导教师奖。

刘增仁（1941— ）

作曲家。天津人。1958年入天津歌舞剧院任歌剧演员，曾在《红霞》《红鹰》《洪湖赤卫队》《江姐》《义和团》《货郎与小姐》等歌剧中担任角色。参加歌剧《张思德》《渤海红心》，舞剧《青石崖》，电影《草原新牧民》的作曲。并创作多种体裁的声乐作品数百首。1977年调天津市音协任表演艺术委员会副主任、副秘书长、副研究员。其间组织艺术交流、学术研讨，音乐比赛及省市交流演出活动多次。中国合唱协会理事。

刘增智（1949— ）

词曲作家、音乐编辑家。山东烟台人。曾任《解放军歌曲》编辑、中国合唱协会副秘书长、北京现代音乐学院客座教授。《中国少数民族音乐辞典》《中国少数民族音乐故事选》新疆部分主要撰稿人。曾在苏联、印度、台湾、香港等地发表音乐作品，在中央电台、电视台及音乐报刊上播发有大量音乐作品。歌曲《夜莺在叫，玫瑰在笑》获1984年《解放军歌曲》优秀歌曲奖、《海梦》——

电视连续剧《澳门轶事》主题歌获广电部九十年代影视歌曲创作一等奖，歌曲《留给你》获全国轻音乐作品一等奖，歌曲《中华母亲》《太阳与月亮》均获海峡之声二等奖。著有《现代歌词歌曲创作技巧168讲》。

刘占宽（1947— ）

唢呐、管子演奏家。河北玉田人。出身于唢呐世家。1965年入伍。后任总政歌舞团独奏演员。中国音协民族管乐研究会副会长。曾参加电影艺术片《百花争艳》的摄制工作，演出唢呐独奏《百鸟争鸣》。多次获总政及总政歌舞团嘉奖。曾随团赴亚、非、欧、美洲二十余个国家。创作及演出的主要曲目有《百鸟朝凤》《春耕曲》《军民一家亲》《打枣》等。

刘兆江（1924—2009）

作曲家。河北石家庄人。1937年参加晋察冀军区游击队，同年调晋察冀火线剧社任歌舞队长。两次赴华北联大音乐系学习。创作群众歌曲、合唱、歌剧等数百首部。《幸福的日子在不远》等三首歌曲在1942年边区文艺评奖中获奖。解放战争中创作《我们是投弹组》《咱们野战军痛快又荣光》在部队流行。《来一个歼敌大竞赛》《飞吧！英雄的小嘎嘶》在1954年全国优秀歌曲评奖中获二等奖。1952年后历任《解放军歌曲》主编、文艺处副处长、中国音协理事。创作有《桔子熟了》《勤俭是咱们的传家宝》《赠缅甸友人》。后调任兰州军区文化部部长、甘肃省音协副主席。1981年调任铁道兵文化部部长，创作《假如小河没有水》《战士和白杨》等歌曲。

刘哲乡（1929— ）

音乐活动家。吉林人。1946年始从事部队文艺工作。1953年入东北鲁艺理论作曲系学习。曾在吉林省文联组联部工作。音协吉林分会常务理事。

刘者圭（1934—1989）

作曲家。河南范县人。1956年入中央歌舞团工作。作有民乐合奏《阿里山我可爱的家乡》获建国30周年音乐创作三等奖，舞蹈音乐《草原夜曲》《金色小鹿》，分别获第一届全国舞蹈比赛音乐创作二、三等奖。

刘振邦（1932—已故）

作曲家。黑龙江人。1949年入东北鲁艺音乐系，为研究生。曾任吉林艺术学院音乐系副教授。作有大提琴独奏曲《秋之夜》，小提琴齐奏《春耕谣》，唢呐协奏曲《春回大地》。

刘振汉（1912—1978）

声乐教育家。河北安次人。三十年代于北大艺术学院音乐系和音乐专科学校肄业。1937年后在北平艺专、西南联大师范学院及四川国立音乐院分院任教。新中国成立后在中央音乐学院华东分院声乐系任教。

刘振江（1936— ）

双簧管演奏家。河北定县人。1949年始从事音乐工作。曾任山西省歌舞剧院管弦乐队双簧管首席兼教师。

刘振奎（1948—　）

词曲作家。河北唐山人。1988年毕业于河北电大中文专业。曾任开滦马家沟矿业余文艺宣传队演员、开滦十二中学音乐教师、开滦矿物局工会文联主席。作有歌曲《老书记到咱采面来》《马蹄哒哒》等百余首。其中多首获全国、省内各类奖项。为舞蹈《我为革命擦矿灯》《脊梁》《走向明天》《矿灯情结》《俏夕阳》作曲，并获各种奖项。为电视专辑作主题曲《夏令营的旗帜》。作有讲座文稿《歌曲衬词研究》《歌曲写作教程》。

刘振球（1940—　）

作曲家。湖南湘潭人。1966年毕业于中国音乐学院。曾在湖南省歌舞团任创作员。音协湖南分会第四届常务理事。作有歌剧音乐《现在的年轻人》《蜻蜓》。

刘振学（1952—　）

作曲家。辽宁锦州人。辽宁省锦州市广播电视经济台台长、锦州市音协副主席。曾在解放军某部文工团任副团长。作有歌曲《飞吧，理想》《无花果》《海鸥》《我把青春献给党》《可爱的中华，飞腾的中华》等。

刘镇钰（1940—　）

音乐教育家。湖南长沙人。1959年考入湖南艺术学院音乐系，1965年毕业于湖南师范学校并留校任教，后曾到中国音乐学院进修，师从音乐学家冯文慈等。曾任湖南师大音乐系讲师、教授，系副主任等职。所教课程有中国音乐史、民族音乐、琵琶、音乐欣赏等。撰写各类文论六十余篇，参编、独编专著、教材二十余部。1999年曾应邀到美国讲学13场，举办个人民乐独奏会3场，演奏了琵琶、古琴、二胡、竹笛、箫、埙等。

刘正亮（1945—　）

作曲家。山东掖县人。1964年始从事部队业余文艺创作。1987年毕业于广西师范学院。曾在广西军区创作室工作。作有歌曲《战士上战场》《战士走过绣花村》《秋天，中国在收获》。

刘正龙（1954—　）

音乐活动家。四川眉山人。四川省音乐家协会理事、眉山市音协主席、眉山市东坡区文化馆馆长。长期从事音乐创作、音乐辅导和音乐活动组织策划。音乐作品曾在电台、电视台播放并在省内外演出和刊物发表，有的曾获中央电视台最佳城市形象歌曲奖、中国人口文化奖、全国歌曲作品征集评比二等奖、四川省广播新歌征评银奖，两次获得四川省"五个一工程"奖。组织各类音乐活动多次。

刘正谈（1932—　）

大提琴演奏家。北京人。曾任中国大提琴学会理事。1949年毕业于华北大学音乐系。1950年参加中央音乐学院音工团任大提琴首席。1952年调东北电影制片厂乐团任大提琴首席。1956年调中央音乐学院管弦乐医研室，师从苏联大提琴家瓦吉姆·契尔沃夫学习。1979年调长影乐团。1988年参加全国第一届全级别大提琴比赛获"青松奖"。1997年被文化部聘为第三届全国大提琴比赛评委。编著的大提琴教材有《儿童大提琴曲集》三册，《少年大提琴曲集》二册，《外国大提琴曲选》二册，《帕格尼尼24首随想曲》一册。

刘正维（1931—　）

戏曲音乐理论家。湖南人。1956年中南音专作曲系毕业。武汉音乐学院教授。长期从事民族音乐的教学、创作与理论研究。编辑《中国民族民间器乐曲集成·湖北卷》获文化部个人编纂一等奖，《戏曲新题》获中国音协戏曲音乐专著一等奖。2005年获文化部区永熙优秀教育奖。发表《戏曲腔式及其板块分布》《中西音乐结构的审美异同散论》《音乐的遗传基因》等数十篇论文。著有《湖北民间音乐》《民族音乐新论》《20世纪戏曲音乐发展的多视角研究》。负责并完成2003年文化部国家重点课题"20世纪戏曲音乐发展的多视角研究"，被评为优秀学术成果。

刘志刚（1933—　）

大管演奏家、教育家。河北景县人。1949年参加张家口军委工程学校文工团，后调总政文工团乐队，1951年被选送天津中央音乐学院管弦系学习。1954年赴苏联莫斯科柴科夫斯基音乐学院管弦系留学，1959年毕业归国任总政歌舞团乐队教员，独奏演员。1979年调解放军艺术学院音乐系，先后任教研室主任、音乐系主任。1957年参加莫斯科第六届世青节管乐比赛获铜质奖。1991年被评为全军优秀教师。

刘志刚（1956—　）

二胡演奏家。河北人。1978年毕业于沈阳音乐学院民乐系。同年入辽宁歌舞团任二胡、高胡独奏员。1982年获辽宁省民族器乐比赛优秀奖。曾随团出访日、意等国。作有二胡独奏曲《欢庆》《冰山雪莲》等。

刘志今（1936—　）

短号演奏家、教育家。湖北武汉人。1951年参加部队文艺工作。1952年起先后在西南军区军乐队、北京军区军乐队、解放军军乐团，任短号演奏员和首都联合军乐团声部长。1961年入上海管乐训练班进修。1965年起任解放军军乐团、解放军艺术学院军乐系教员。多次立功、受奖，并荣获社会主义建设青年积极分子称号。培养大批军乐优秀人才，1985年获解放军三总部颁发的教学荣誉证书。

刘志军（1931—　）

作曲家。四川乐山人。曾任职于四川乐山市文化艺术研究所。1951年参军，历任军大分校文工队队员、西藏军区后方政治部文工团分队长、西藏军区军乐队队长、指挥。作品有铜管乐曲《边防战士进行曲》《节日进行曲》《庆丰收》，长笛独奏《高原山歌》，交响诗《彭错卓玛》，其中《庆丰收》等曾获总政颁发的优秀作品奖，歌曲《高原春色美如画》获1980年四川省优秀作品三等奖，

L

《给她》获1986年四川省轻音乐作品四等奖。曾为电视剧《大佛迷踪》创作歌曲。

刘志明（1945— ）

手风琴演奏家。天津人。六十年代师从天津音乐学院手风琴演奏家教育家王玉平老师，后调入洛阳歌舞团任手风琴演奏员。曾多次代表河南省参加全国文艺调演，同时从事手风琴教学工作。所教的学生在历届北京国际手风琴艺术节比赛的各组中均有选手获得好的名次，本人也多次荣获优秀辅导老师称号。

刘志铭（1930— ）

音乐编辑家。黑龙江绥滨人。1947年参加文艺工作。1953年考入中央音乐学院管弦系。曾任中国国际电台高级编辑、文艺部主任。发表有《中国对外文艺广播》《文艺节目在对外广播中的地位和作用》《对外文艺广播的欣赏性和知识性》等文。撰写《〈中华人民共和国国歌〉是怎样诞生的》《古埙史话—奇妙的音乐瓶》《千古奇音—介绍曾侯乙编钟》。《传说中的中国音乐之神》《天上人间—介绍送往宇宙空间的古琴曲（流水）》《孔子与音乐》等音乐广播稿，获中国国际广播电台优秀广播稿奖。曾多次出任全国青年歌手电视大赛等评委。

刘志勤（1954— ）

单簧管演奏家。山东胶州人。解放军军乐团单簧管演奏员。1970年考入该团学员队，毕业后任演奏员、声部长、代首席。参加了迎接一百多个国家元首和政府首脑的欢迎仪式及宴会演奏任务，参加了党的"十大"至"十六大"以及多届全国人大、政协开、闭幕式演奏任务。1997年随团赴港完成香港回归祖国政权交接仪式的司礼演奏任务。随团在国内、外演出数百场，并多次在参加的各种演出中担任独奏、领奏。

刘志文（1943— ）

歌词作家。广东东莞人。广东音协三、四、五、六届理事。第四届中国金唱片奖评委。1957年就读于广州音乐学校。曾任广州歌舞团创作员、《岭南音乐》月刊执行编辑、太平洋影音公司副总经理与中国华艺音像公司《大家唱》（香港）音乐总监。作词歌曲《信天游》《但愿不再是梦里》《春雨》等数十首曾在大赛评选中获奖。《祈求》1986年由文化部选送参加东京音乐大赛。曾为《广州教父》《世纪末的童话》等十余部电视剧、电影创作主题曲歌词。2001、2003年分别任香港作曲家及作词家协会流行曲创作大赛总评判。

刘志霞（1938— ）

女声乐教育家。江苏南通人。15岁入文工团。20岁考入南京艺术学院附中。后考入南京艺术学院音乐系本科，主修声乐，兼修钢琴。上世纪80年代曾深造于中央音乐学院声乐系。南通市教育学院音乐系副教授。曾任安徽师范大学音乐系声乐教研室主任。培养学生众多。撰有《浅谈声乐表演艺术的形象再创造》等文并发表于报刊。

刘志毅（1948— ）

歌词作家。天津宝坻人。1968年参军，曾任某部团政治处主任。1985年自修毕业于吉林大学。1987年转业，在北京中建一局工作，曾任该局安装公司党委书记、高级政工师、经济师。1969年开始诗歌创作，1976年转攻歌词创作。迄今发表有大量歌品，有二百余首获奖。作有声乐套曲《军徽与红领巾》，歌词《秋风吹来一个故事》《你是中国人民的儿子》《深情为祖国奔流》等。出版歌词集《崇高的选择》《感受跟我走》《爱你到永恒》《好歌任我唱》。

刘志英（1961— ）

男中音歌唱家。陕西神木人。1984年毕业于西安音乐学院声乐系。后在陕西歌剧团、湖北歌舞团，1997年始在新疆歌舞团任歌唱演员。曾获全国"建设者之歌"声乐大赛二等奖，陕西"声乐邀请赛"一等奖，鄂东南"声乐大赛"一等奖，湖北省第二届"音乐舞蹈"比赛一等奖。1999年参加"澳门回归祖国"大型庆典演出，2000年随"我们新疆好地方"赴京、沪、苏、浙等地巡演，2001年在中央电视台"综艺大观"演出独唱。在严良堃指挥纪念冼星海来疆60周年演出的《黄河大合唱》中任男中音独唱。随团赴新加坡在《天山之歌》晚会中担任独唱。出版有演唱专集（CD）《古老的土地》。

刘志渊（1934— ）

音乐教育家。四川南溪人。曾任西南师范大学音乐系器乐教研室、成人教育教研室主任，1958年毕业于西南师范大学音乐系，曾任高县师范学校音乐教师、宜宾地区文工团二胡演奏员。撰有《关于二胡揉弦及分类法的我见》《学习研究民族音乐家刘天华》等文，编有《二胡初级教材》《器乐选修课教学大纲集》等。

刘治国（1940— ）

指挥家、作曲家。辽宁锦州人。1956年考入辽宁歌舞团。1972年在沈阳音乐学院进修、任教。创作的民族管弦乐《龙飞凤舞》获辽宁省政府嘉奖。组曲《珍珠湖》（合作），《贴门神》《孔雀开屏》（合作），《吉祥如意》（合作）及论文《调式随想》（合作），《从隋唐燕乐的繁荣看对外开放的历史意义》等曾获奖，1989年任第二届"中国艺术节"开幕式指挥。曾出访朝鲜、日本、韩国。2000年第四届沈阳音乐周获优秀指挥、作曲双奖。辽宁民族乐团常任指挥，辽宁省艺术专业职称评委。

刘致君（1956— ）

作曲家。江西九江人。1984年就读于江西师大音乐学院音乐系，1991年毕业于武汉音乐学院教育系。曾在福州军区某师文工队、江西武宁县文化馆任职。1994年任江西电视台文艺部主任、编导。作有歌曲《小树苗戴上红领巾》《腾飞，金色的强龙》《我要唱一支赞美的歌》《鲜花伴山歌》近百首，笛子独奏《茶山春》《茶山欢歌》，歌表演《年画》《牛背上的孩子》，舞蹈音乐《风筝舞》《爱之歌》等。为专题片、风光片《钟声暮鼓金山寺》《托举星月，奔向辉煌》等作曲，为《西瓜熟了》《血掌

L

印》《糊涂陶九》等剧目设计唱腔。

刘致民（1941— ）

音乐编导家。湖南长沙人。1965年毕业于中央音乐学院声乐系歌剧专业。曾任贵州文化局文化工作队演员、湘黔铁路贵州省指挥部政治部文艺编导，贵阳市教师进修学院、师范专科学校声乐教师，1989年后历任贵州广播电台、电视台文艺部副主任。曾参加音乐舞蹈史诗《东方红》，歌剧《红霞》的演出，创作歌舞音乐《铁路修到苗家寨》，笛子独奏曲《铁建工人之歌》，独唱《歌唱赤水河》等，并分获创作奖，征歌金奖。主编《贵州民族节日文化展览》音乐舞蹈资料专辑一书。

刘致中（1932— ）

歌唱家、声乐教育家。山东德州人。1949年考入二野军政大学文艺新闻大队任学员。1951年至1978年先后在西南军区歌舞团、总政歌舞团和总政歌剧团任歌唱或歌剧演员。后于1979年调解放军艺术学院音乐系任共同课教研室主任。曾于1951年、1953年参加第一和第三届赴朝慰问团。于1954年随总政歌舞团赴苏联、波兰、捷克和罗马尼亚访问演出。在总政歌剧团期间，曾在该团演出的《柯山红日》《两个女红军》《雷锋》《夺印》《海港》等歌剧中扮演主要或重要角色。

刘智忠（1945— ）

音乐编辑家。广东人。1968年于广州音乐专科学校大专毕业。曾任歌舞团作曲、乐队指挥。长期在广东人民广播电台文艺部、广东电视台电视剧制作中心任文艺记者、音乐编辑、音乐监制。制作的专题音乐节目《探索者的歌》在中央台播出，电视连续剧《和平年代》获全国"飞天奖""金鹰奖"。主编、出版有国家广播电视总局规划专业教材《电视音乐与音响》以及《激扬岁月——作曲家蔡余文作品集》。著有《音乐与编辑——广播·影视·音乐文集》。

刘中连（1941— ）

声乐教育家。壮族。广西南宁人。1964年毕业于广西艺术学院音乐系，后留校任教，教授。从教40年，创出一套独特有效的声乐教学法。1995年被院附中授予园丁奖，1996年被广西文化厅授予优秀指导老师一等奖，1997年被由中宣部文艺局等7单位主办的"首届中华校园歌曲电视大赛"组委会授予"歌曲演唱教师组辅导奖"，并授予"校园歌曲园丁"的称号。发表论文13篇，其中1篇获国际评比三等奖，另2篇在全国评选中获一等奖。

刘中原（1950— ）

作曲家。河南孟州人。河南艺术职业学院副院长、省文艺干校校长，研究员。1970年毕业于河南大学音乐系，1983年毕业于上海音乐学院理论作曲系。创作各类音乐作品二百余件。歌曲《姑娘十七八》《卖油茶》《小丫跟我来》《农家小康路》《新字歌》《永不分离》《新世纪之歌》等获奖。编著出版《音乐基本理论》《金曲颂中华》《社科理论与实践》。发表《论民歌的改编及其创作》

《社会音乐学——一门新兴的学科》《艺术教育与素质教育》等文十余篇。

刘中昭（1952— ）

作曲家。湖北郧县人。四川省音协理事、市音协常务副秘书长、成都市政协委员。近百首作品获奖。部分作品在央视"中国音乐电视""每周一歌"等栏目播映，并在央视"心连心""欢乐中国行"及纪念邓小平诞辰100周年等文艺晚会出演。作有歌曲《好一个都江堰》《天府是故乡》《小平你好》《永远的爱恋》《凤求凰》《梦入青城山》，舞蹈音乐《梦回敦煌》《五彩云霞》《结晶》。

刘忠一（1944— ）

音乐编辑家。山西临汾人。山西音协理事。1961年由山西艺术学院毕业后分配到晋东南文工团任乐队指挥，曾指挥过芭蕾舞剧《红色娘子军》《白毛女》。1977至1984年在山西大学音乐系任教，1984年调山西人民广播电台从事广播剧编导、作曲。其中《麦熟一晌》《庄稼汉》等4首歌曲分获全国"广播新歌"金奖、银奖、创作奖和一等奖。导演及作曲的《圪垯村趣事》等多部广播剧获国家政府奖和全国"五个一工程"奖。2002年以来，在山西艺术职业学院音乐系兼课（民乐合奏），

刘钟礼（1941— ）

小提琴演奏家。辽宁大连人。1966年毕业于天津音乐学院管弦系。后在厦门集美师专音乐科工作。曾任河北省歌舞剧院管弦乐队首席小提琴。著有《乐队小提琴的弓法和指法》。

刘舟波（1962— ）

音乐编辑家。浙江舟山人。浙江舟山市广播电视总台音乐编辑。1996年创作、编辑的音乐电视《舟山锣鼓》等三部作品获全国百家城市电视台综合节目金奖。1997年创作编辑的广播剧《定海三总兵》《碧海童心》获全国优秀广播文艺节目一等奖，浙江省"五个一工程"奖。1998年创作、编辑的音乐专题《唱出海岛最美的歌》，1999年创作、编辑的音乐专题《渔家歌声》均获全国优秀广播文艺节目一等奖。为电视剧创作的歌曲有《极地恋歌》等。

刘珠玺（1926— ）

指挥家。黑龙江哈尔滨人。1947年毕业于哈尔滨大学戏音系。1956年任哈尔滨歌剧院指挥，1980年任哈尔滨师范大学音乐教育系教研室副主任。指挥有歌剧《星星之火》、广播剧《海瑞出山》。

刘子材（1926—已故）

作曲家。河南安阳人。1952年毕业于中央音乐学院专修科。曾为河南大学音乐二系副教授。作有《红灯舞》《飞跃》等钢琴、重奏及管弦乐曲。

刘子杰（1929— ）

指挥家、作曲家。四川隆昌人。1949年上海特勤音

专声乐系毕业，同年入湖北军区文工团任创作研究员兼合唱指挥。1954年起先后在中南军区、海政、总政文工团任指挥、作曲，后在太原文化馆及山西省实验中学任教。作有《前进抗美援朝志愿军》等歌曲，其中《你是人类文明的母亲》获省优秀创作奖。撰有《高中开设音乐课之我见》。培养众多音乐人才。1986年获山西省"园丁"大赛优秀指挥奖。

刘子林（1955— ）

男高音歌唱家。山东淄博人。1970年入伍。济南军区前卫文工团团长。中国音协表演艺术委员会委员，山东省音协副主席。毕业于天津音乐学院声乐系和中央党校经济管理专业研究生班。曾任小提琴、二胡演奏员，并学习作曲和指挥，后专攻声乐。曾获全国"五个一工程"奖、三次全国金奖和全军会演一等奖等多项奖。多次带团赴澳大利亚、香港演出。2000年在新加坡举行演唱会。2002年作为"中国红星民族乐团"主要组织者和领导者之一，在维也纳金色大厅举行中国马年春节民族音乐会。

刘子殷（1962— ）

女音乐教育家。河南偃师人。西南师范大学音乐学院声乐教研室主任、副教授。1984年毕业于西南师范大学音乐系。撰有《声乐教学中的三个重要环节》《培养正确的歌唱意识》等文，主持西南师范大学发展基金项目"外国歌剧研究"。曾获"第五届全国青年歌手电视大奖赛"重庆赛区专业组民族唱法二等奖。参加全国院校声乐教材《声乐曲库》的编选。

刘自治（1957— ）

作曲家。辽宁朝阳人。山东泰山学院音乐系副主任。1986年毕业于天津音乐学院。曾任内蒙古赤峰市乌兰牧骑队队长等职。撰有《多媒体电脑音乐系统在音乐教学中的应用》。编有教材《大学音乐》。作有电视剧音乐《血雨春花》。在《歌曲》等刊物发表歌曲多首，其中舞蹈音乐《灵芝歌》，歌曲《泰山赋》《相会在格尔木河畔》获山东省文化节创作二等奖。MIDI音乐《古老的草原》获中、日DTM力作大赛特别奖。歌曲《绿荫与鸟鸣》获全国环保征歌二等奖。

刘宗英（1955— ）

作曲家。河南濮阳人。中原油田音协主席。河南省濮阳豫剧团演员、音乐设计。1983年调中原油田，任中原歌舞团创作员、副团长。作曲的小豫剧《喜鹊登枝》获河南省演出金奖，《金河新歌》获中华全国总工会优秀作品奖，歌曲《中国的路》获中国企业歌曲评选金奖、《为祖国祝福》获河南省"五个一工程"奖。

刘踪萍（1955— ）

作曲家。湖南长沙人。中石化湖南长岭炼化公司俱乐部副主任。1990年毕业于湖南师大艺术学院音乐系指挥专业大专班，同时旁听理论作曲。作有男声小合唱《我们工人村》，歌曲《赞美你，油城的灯光》《今日水乡多娇美》《永恒的爱恋》《炼塔在哪家在哪》《你是否懂得这

种感情》。曾为电视片《行为规范》《光明行动》主题歌作曲。

刘祖发（1932— ）

歌唱家。湖北宜昌人。1950年就读重庆南开中学时担任歌咏团团长，曾与重庆大学联合演出《黄河大合唱》。1952至1956年在南桐煤矿任文工队队长时曾组织排演歌剧《赤叶河》《白毛女》。多年来经常深入到各矿区辅导基层文艺活动。曾担任煤矿文工团歌队队长，所演唱的四川民歌受到矿工欢迎。

刘祖荷（1944— ）

女钢琴演奏家。北京人。1965年毕业于中央音乐学院附中钢琴专业。后在煤矿文工团任钢琴伴奏。曾担任《收租院》《草原英雄小姐妹》《丝路花雨》《杨贵妃》等大型舞剧的伴奏，在大歌舞《中国革命之歌》中任钢琴伴奏。并曾在社会音乐学院任教。1986年赴波兰肖邦故居演出钢琴独奏。出版有舞蹈基训课示范录像带。多次担任中、小学生艺术节钢琴比赛评委，2001年任中央音乐学院钢琴考级评委。

刘祖培（1941— ）

作曲家。重庆人。四川省电子琴学会副会长。1962年毕业于中央音乐学院附中。曾为几百余部电影、电视剧（片），歌舞剧、歌舞晚会谱曲。谱曲的儿童电视剧《跑跑的天地》《男子汉虎虎》等分别获第二、三届电视剧"飞天奖"二等奖。《十里九盘旋》获全国优秀电视剧音乐纪念奖。《南方丝绸之路》获四川国际电视节"专题片特别奖"。另有《中俄列车大劫案》《远东谍报战》《末日杀手》等电影音乐。

刘祖庆（1954— ）

男高音歌唱家、教育家。湖北武汉人。毕业于上海音乐学院声乐系和华南师范大学音乐教育系。1978年任武汉歌舞剧院男高音歌唱演员。曾在获文化部创作、表演双一等奖的歌剧《启明星》中扮演"戈桑"，在歌剧《江姐》中扮演"华为"，在《葛洲坝交响大合唱》中演唱《西陵情思》。作词作曲并指挥的童声合唱《缤纷育才阳光校园》曾获全国第二届学生艺术展演金奖与优秀指挥奖。现任深圳市育才三中高级音乐教师，深圳大学经济学院客座音乐教授。发表音乐论文十余篇，培养一批声乐人才，并获全国园丁奖。

刘祖祥（1928— ）

女钢琴演奏家。湖南宁乡人。1949年毕业于上海音乐学院钢琴系，师从拉扎罗夫教授。后入上海电影制片厂音乐组工作。1950年转入中央歌剧院，先后任《货郎与小姐》《茶花女》《蝴蝶夫人》《叶甫根尼·奥涅金》《阿依古丽》《小丑》《弄臣》《草原之歌》《南海长城》《波希米亚人》等16部中外歌剧的排练和音乐指导。并在音乐会上为众多歌唱家演出担任钢琴伴奏，还曾在中央音乐学院歌剧课中任音乐指导。

L

刘尊海（1955— ）

二胡演奏家。天津人。1981年毕业于天津音乐学院，1977至1978年曾在中央音乐学院进修。天津音乐学院附中校长、副教授。曾获1981年"首届天津青年二胡比赛"一等奖、1987年上海"首届海内外江南丝竹比赛"二等奖。1992年为赵砚臣教授《二胡艺术》录制音带由台湾出版，撰有《谈二胡跳弓的演奏》《二胡教学的若干问题》《二胡揉弦的探索》等文。出版有《二胡实用教程》《二胡实用教程配套音像磁带》及《二胡演奏抒情选曲精选》。

刘左坚（1962— ）

歌唱家、音乐活动家。辽宁丹东人。1989年毕业于沈阳音乐学院民族声乐系。后入锦州市歌舞团任演员，1992年在锦州市文化艺术学校任教，教导处主任。1997年在市文化局任职。市音协秘书长。作有《唢呐声声》舞蹈音乐，获全国第六届"群星奖"铜奖，1993年在辽宁省电视歌手大赛中获优秀歌手奖。曾多次获得各项赛事的辅导一等奖、园丁奖。组织锦州市歌手大赛并任裁判长、评委会副主任，并组织合唱比赛，推广普及合唱艺术。

刘佐才（1954— ）

二胡演奏家。湖北天门人。湖北省音协理事、湖北天门中学高级音乐教师、湖北省"楚风"二胡协会理事、天门市音协常务副主席。1975年毕业于湖北艺术学院。1980年任故事片《花墙会》配器、指挥。1998年创作的《我的江汉大平原》获湖北省首届戏歌大奖赛一等奖。2003年创作的大型器乐、舞蹈节目《月韵》获湖北省第六届黄鹤美育节优秀文艺节目一等奖、首届全国中小学优秀文艺节目展演三等奖。培养的二胡学生多次在省内外获奖。

留钕铜（1953— ）

女音乐教育家。浙江春田人。山东师范大学音乐学院副院长、教授。山东音协理事。1982年毕业于山东师范大学艺术系。著有《钢琴十步训练法》，撰有《高师钢琴教学改革的尝试》《范奏的艺术》《课题型钢琴教学初探》《提高音乐素质的有效途径》等文，译文有《诊断教学》《国际钢琴档案馆》《美国钢琴技师协会掠影》等。曾获山东省教学成果二等奖，被济南市总工会评为"驻济南高等院校十大杰出教工"。

柳 笛（1964— ）

女歌词作家。江西萍乡人。江西艺术职业学院教授、副院长。作词歌曲《半边街的月亮》获第六届中国音乐"金钟奖"和江西省"五个一工程"奖，《小猴子吹牛》《山妹子·山伢子》获文化部"群星奖"，《帐篷学校开学了》《绿色的神笔》《采地菜》获中央电视台儿童音乐电视大赛大奖，《愿人人都有幸福的家》《睡莲花开》等获江西艺术节音乐创作一等奖。《云中路·江南路》《过端阳》《绿色的神笔》等十多首作品收录于各专集中。发表论文有《中国古代歌词起源与发展新探》等。

柳 宏（1960— ）

作曲家。湖北黄冈人。毕业于武汉音乐学院。鄂州市

艺术研究所所长，湖北省音协理事、鄂州市文联副主席、市音协主席。曾发表、演播大量歌曲及舞蹈音乐、戏曲音乐、器乐曲、钢琴曲，为电视剧、广播剧、专题片创作音乐多部。其中数十部（首）音乐作品曾在全国、部、省、市级文艺大赛中获奖。1995年被省文联、鄂州市政府授予"金镜文艺奖"，1998年被市政府授予"跨世纪学术带头人"，2001年被省政府授予湖北省中青年突出贡献专家。

柳 朗（1927—1984）

作曲家。四川忠县人。1948年于重庆乡建学院教育系肄业。原任南海舰队文工团创作员，四川音乐学院艺术处副处长。作有组歌《西沙战歌》《站在西沙望北京》等。

柳 谦（1935— ）

女作曲家。蒙古族。内蒙古巴盟人。1964年毕业于天津音乐学院作曲系。历任内蒙古鄂尔多斯歌舞团团长、伊盟文化局副局长、伊盟文联主席、内蒙古音协理事。出版有《鄂尔多斯民间歌曲选》（合作）《漫瀚调》和《准格尔蒙古民间歌曲选》。创作有歌剧、舞剧、电视剧、歌曲、舞曲、器乐曲等音乐作品三百多件。其中电视歌曲《沙柳情》，音乐著作《漫瀚调》，厂歌《绒衫之歌》，电视剧《百川汇的小铁屋》，电视艺术片《鄂尔多斯婚礼》分别获自治区或全国不同奖项。专著有《柳谦歌曲选》。

柳 荫（1915—已故）

音乐编辑家。吉林扶余人。曾任中国广播文工团团长、中国唱片社社长。中国音协第二届书记处书记。自1950年起先后任职于中央电台、中国唱片社，主持编辑出版过大量唱片，并参与众多大型文艺演出活动。

柳达民（1932—已故）

女歌唱家、声乐教育家。云南昆明人。1952年考入中央音乐学院声乐系，师从喻宜萱、陈琳教授。1956年入苏联声乐专家库克琳娜大师班学习。曾任解放军艺术学院音乐系声乐副教授、北京京华艺术学校兼职教授。首唱《岩口滴水》《大河涨水沙浪沙》《二月里见罢到如今》等作品，在歌剧《弄臣》中饰演姬尔达。自1958年始任中央广播管弦乐团独唱演员。曾录制大量中外歌曲，由电台、电视台播放。培养众多声乐人才，部分学生参加国际、国内声乐比赛获奖。曾举办个人独唱音乐会和学生音乐会。

柳恩深（1939— ）

音乐评论家、歌词作家。内蒙古呼和浩特人。曾先后毕业于内蒙函授大学中文系和内蒙师大音乐学院。1959年开始创作，发表有百余篇评论和二百多首词歌曲，《音乐——吹响历史前进的号角》《漫谈来自草原的歌》等文获奖，文中对多位艺术家来包头演出予以评介。论文《关于我国少数民族音乐出路之初探》得到专家认可。《小马驹》《草原来的姑娘》《草原之花赛白努》等歌曲获奖。

柳和坝（1927— ）

小提琴演奏家。浙江鄞县人。国立音专肄业。1946年

L

始参加乐队工作。上海交响乐团首席小提琴。

柳基镐（1957— ）

中提琴演奏家。朝鲜族。吉林和龙人。1977年入部队文工团任小提琴演奏员，1979年起在延边广播电视艺术团任中提琴演奏员。参加管弦乐、交响乐演奏及大量音乐作品的录制。1985年在中国函授音乐学院学习理论作曲。创作歌曲多首，其中《党啊我永远热爱您》获全国奖。

柳江虹（1956— ）

歌词作家。河南洛阳人。洛阳市群众艺术馆副研究员。1996年起参加文艺晚会的歌词创作。作词歌曲《古老的河崭新的城》等近二十首由中央电视台播放，《光荣属于新时代》获河南省"五个一工程"奖。歌词《西部畅想》等在《音乐周报》《歌曲》《词刊》发表，词作《泉水之歌》获济南全国征歌一等奖。

柳启平（1953— ）

打击乐演奏家。上海人。中央乐团木琴独奏演员。1982年毕业于中央音乐学院管弦系。参加了该团在国内外举行的大量音乐会，演出过众多中外交响乐作品并首演多部中国作曲家的新作，曾与许多国内外著名指挥和音乐家合作演出。

柳石明（1938— ）

歌剧表演艺术家。北京人。1962年毕业于中央戏剧学院。同年入中国歌剧院工作。曾主演歌剧《小二黑结婚》《窦娥冤》，获表演一等奖。演唱有《敬爱的周总理，人民的好总理》，为电视剧《木鱼石的传说》配唱主题歌。

柳廷信（1953— ）

作曲家。甘肃人。1982年毕业于西北师范大学音乐系理论作曲专业。甘肃影视频道总监、高级编辑。《草原摇篮曲》等多件作品由新华出版社、中国唱片社、上海文艺出版社、《歌曲》《广播歌选》等刊发，并有多首作品获奖。论文散见于《人民音乐》《国际音乐交流》《乐器》《纪实》《中国广播》等刊物。

柳惟先（1946— ）

小提琴演奏家。辽宁大连人。1966年毕业于沈阳音乐学院附中管弦学科，1981年毕业于上海音乐学院管弦系干部进修班。曾任山东省京剧团《奇袭白虎团》剧组乐队首席。1978年起任沈阳军区前进歌舞团管弦乐队首席。在全军第五、六、七届文艺汇演中获奖。曾受聘沈阳音乐学院管弦系小提琴专业客座副教授与该院艺术学院小提琴专业终身教授。

柳耀庭（1931— ）

指挥家。河南开封人。任职于河南省歌舞剧院。中国民族管弦乐学会荣誉理事、上海音乐学院校友会理事。1963年在上海音乐学院指挥系进修，师从杨嘉仁、黄晓同教授。1968年以来先后指挥《白毛女》《红色娘子军》

《沂蒙颂》《天鹅湖》等芭蕾舞剧，《梅花案》《宦娘》《货郎与小姐》等歌剧，《未完成交响曲》《第五命运交响曲》《新世界交响曲》《梁山伯与祝英台》等。1984年被河南省文化局、省文联、省广电厅、省音协授予专业指挥奖。1992年创作改编民族器乐合奏曲《八板风韵》，获中央电台全国少数民族和地方民族音乐展播银奖。

柳永根（1957— ）

作曲家。朝鲜族。吉林安图人。毕业于天津音乐学院作曲系。中国音协第六届理事、中国舞协理事、中国朝鲜族音乐研究会副秘书长、延边音协副主席兼秘书长。1974年始先后在安图县文工团任演奏员、副团长、团长、县文化局副局长。1993年任延边州文化局艺术处处长，1996年任延边话剧团团长，1999年任延边舞协秘书长。1992年作曲的舞剧《长白山天池的传说》（合作）获文化部作曲奖，1995年获省政府"长白山文艺奖"。创作多首歌曲，其中部分作品获国家奖等。

柳永燮（1934—1998）

作曲家、音乐教育家。朝鲜咸镜南道新兴群人。曾为延边艺术学院副教授。全国中小学朝文音乐教材审查委员会委员、中国朝鲜族儿童音乐学会副会长、延边朝鲜族自治州音协常务理事。1953年毕业于延边师范学校音乐专业班。参与音乐教材及各种乐器教材的编撰，培养一批音乐人才。作有歌剧音乐《金色的奖状》《三嫂子》，歌曲《我可爱的工厂》《故乡的情》，少儿歌曲《请俺班老师》《赖宁之歌》等。十余首少儿歌曲入选全日制中、小学音乐教材。出版有《柳永燮歌曲选》。

柳云涛（1944— ）

胡琴演奏家。辽宁凌源人。1968年毕业于中国音乐学院。原中国京剧院民乐队队长兼首席。长期从事戏曲音乐工作，在现代戏《红灯记》《红色娘子军》《草原兄妹》等剧中担任二胡、高胡、中胡、板胡、马头琴的独奏。1986年参加中央讲师团在支教工作中获中央机关和国家机关先进个人称号。中国音协二胡学会常务理事、中国民族管弦乐学会胡琴专业委员会理事。

龙 飞（1926—2004）

作曲家。江苏海门人。曾任南京军区前线歌舞团编导室主任、江苏省音协顾问。1945年从事部队文艺工作。作有《前方有一个兵工厂》《向南进军》等歌曲。1951年毕业于上海音乐学院音教班。1957年进修于上海音乐学院作曲系。作有歌曲《太湖美》《我们的连队好》《歌唱毛主席共产党》《怀念焦裕禄》等，大合唱《陈毅将军骑白马》，男声合唱《雪夜行军》。合作有大型歌舞音乐《东海前哨之歌》，笛子独奏曲《脚踏水车唱丰收》，琵琶独奏曲《钟声塔影》，中提琴协奏曲《雨花台》等。出版有《未婚妻》《海上渔歌》《换房》歌剧单行本及《龙飞歌曲选》。多首作品获奖。曾任江苏省音协第三届副主席。

龙 平（1924— ）

作曲家。湖南耒阳人。郴州市群众艺术馆副研究员、

L

湖南省音协荣誉理事。1945年湖南省艺专毕业，先后任教于耒阳一中及衡阳师范学校。创作《腾龙江上》《红烛怨歌》等大中型歌舞剧音乐14部，大型声乐套曲《一代伴嫁一代人》《沙田组歌》等4部。发表、播放《党为瑶家酿金蜜》《毛主席当年住我家》等歌曲二百余首。出版《龙平歌曲选》。撰写《论嘉禾民歌》《郴州民歌的调式特色》等论文。参与编辑《国家重点研究项目文艺集成志书》，受到文化部、国家民委嘉奖。

龙灿明（1952— ）

作曲家。广西贺州人。广西音协副主席、广西电视台艺术指导。1977年毕业于广西艺术学院音乐系作曲专业，长期从事电视文艺及社会音乐文化工作。作有电视剧音乐《小勇为什么长胡子》《亲家》《望海情牵》，电视歌曲《灵渠之歌》。撰有《电视音乐的配置》等文，参与编撰《世纪歌曲》《八桂歌典》。多次获广西文艺创作"铜鼓奖"，中国电视文艺"星光奖"。被授予"广西文学艺术家13年成果展示会文艺家"称号。

龙德君（1945— ）

女古筝演奏家。重庆人。1969年毕业于四川音乐学院民乐系古筝专业，分配到铁道部第二工程局政治部文工团，1983年调入四川省歌舞剧院。成都市第十二届政协委员，省龙韵古筝艺术培训中心校长。1986年与独舞《蝶恋花》配合，参加第二届全国桃李杯舞蹈比赛，获文化部古筝演奏特别奖。2002年参加全国老年文艺调演，古筝独奏《川江船歌》获器乐类金奖。编著《少儿古筝教材》。

龙发济（1920—已故）

音乐教育家。湖北武汉人。1940年毕业于武昌艺专师范科。1941年入重庆国立音乐院作曲组。曾为武昌艺专、中南文艺学院讲师，后任湖北艺术学院附中副校长、校长。著有《用诗词和音乐记录的伟大时代》。

龙飞英（1920—1981）

音乐教育家。广东顺德人。越南归侨。40年代毕业于四川国立音乐学院。曾在中南部队艺术学院、中南军区军乐队任音乐理论教师。1956年至1981年任湖北艺术学院作曲系讲师。作有交响乐《江汉之春》。著有《五声性音响结合论》。

龙厚仁（1939— ）

音乐教育家。四川宜宾人。1961年毕业于西南师大音乐系。先后任教于成都师专、成都五中并担任四川省音协艺术学校教务长。省音协理事，省业余乐器演奏考级委员。发表歌曲百余首，其中两首入选《九年义务教育音乐教材》。发表论文、评介百余篇。有17件作品获等级奖。出版《音乐综合知识》及《少儿歌曲分析及创作》各一本。主编《音乐教育文选》和《百唱不厌低幼歌曲》等5本。担任《四川省高中音乐教材》执笔与《九年义务教育音乐教材》（《课标》西南师大版）副主编。1994年获国家文化教育贡献奖。

龙华棠（1935—1992）

作曲家。湖南洪江人。1949年从事部队文艺工作。1964年毕业于湖北艺术学院。曾在湖南省文化厅工作。音协湖南分会第三、四届常务理事。湖南省第二届歌剧研究会主席。作有歌剧音乐《送郎参军》《龙卷风》和《彩虹》等。

龙九如（1931— ）

作曲家。宁夏。1954年毕业于西北艺术学院，曾任宁夏文工团负责人，《宁夏文艺》音乐编辑，后任宁夏回族自治区文化厅处长。作有歌曲《梨花白，桃花红》《哥哥参军》《塞上江南好风光》《党的光辉照祖国》《我为公社绣山川》等数十首，其中多首获省级奖。撰有《谈宁夏民歌纪略》等文。曾任《中国民歌集成·宁夏卷》领导小组副组长。编辑出版《歌曲集》六册。

龙明洪（1940— ）

音乐教育家、作曲家。侗族。贵州天柱人。广西艺术学院理论作曲教授、硕士生导师。作有歌曲《苗岭飞歌》《金色的地毯》，舞蹈音乐《炉火更红》，电视音乐《高原彝家》，管弦乐合奏《采花舞》等。撰有《论调外音》《论调外和声》《巴托克和声中的调外音》《三首侗族姊妹歌比较分析》。为大型艺术工具书《中国少数民族艺术词典》撰写辞条释文一百余条，担任该书音乐分支副主编。

龙琴舫（1889—1959）

古琴演奏家。四川成都人。1902年始拜师学习鼓琴。1912年起在民间及琴馆教授古琴。1954年应聘为中国音乐学院民族音乐研究所特约演奏员。

龙清江（1973— ）

音乐活动家。四川中江人。2001年曾在四川省歌舞剧院创编室工作，后任职于四川省中江文化馆。德阳市音协理事。曾先后在《词刊》《儿童音乐》等全国各类刊物发表大量音乐及音乐文学作品。有多件作品获奖，或在电台、电视台播放。作词的歌曲《村支书》获中宣部"五个一工程"奖，《山乡扎上银腰带》获四川省2002年广播新歌征评优秀作品奖，《阳光·少年》入选上海教育出版社出版的全国中等艺术师范、中师音乐班专业教材《儿童歌曲创作》。

龙书郅（1925—已故）

民族音乐学家。江西永修人。1948年毕业于江西体专音乐专修科。1956年起在江西文艺学校从事民族民间音乐教学和研究工作。曾任高级讲师、省音协理事、省戏曲音乐学会副会长。曾合作整理《赣南采茶戏音乐》《宁都地方戏音乐》《南昌采茶戏音乐》。参加《抚州采茶戏音乐》《宜春采茶戏音乐》《弋阳腔汇编》等教材的采录、整理、编辑工作。发表《浅论南昌采茶戏演唱艺术的传承与发展》《抚州采茶戏唱腔发展与方言声调结合及创腔手法》《赣西边缘地区民歌色彩初探》等论文。曾获"戏曲音乐理论贡献奖"，分别任民歌集成、戏曲音乐集成江西

L

卷副主编及特约编审，获文化部集成志书编纂成果奖，江西省编纂突出贡献二等奖。

龙四伦（1933—已故）

中提琴演奏家。四川宜宾人。1952年毕业于重庆大学机械系。1952年入重庆西南公安乐队。1956年入中央乐团交响乐队，任演奏员。

龙廷才（1941— ）

作曲家。侗族。贵州天柱人。1963年毕业于贵州大学艺术系音乐专业。原黔东南苗族侗族自治州歌舞团创作室主任。《中国民间歌曲集成·贵州卷》（侗族分卷）副主编。记录、整理的百余首侗族民歌入选《中国民间歌曲集成·贵州卷》。发表《侗族"玩山歌"浅析》《侗家婚俗与婚俗歌》等文。作有歌曲《茶歌向着北京唱》《同志呃，请来侗家吃油茶》，舞蹈音乐《新苗》（合作），牛腿琴曲《侗寨变了样》（合作），二胡曲《侗寨新歌》，芦笙曲《山寨之夜》，电视音乐《金秋笙曲》《山乡巨变》。专著有《龙廷才歌曲选》。曾举办"音乐家龙廷才作品音乐会"。

龙伟华（1959— ）

作曲家。湖南长沙人。海政文工团专职作曲、广州市音协副主席。1991年毕业于星海音乐学院作曲系，后入广州歌舞团任专职作曲。《人民检察官之歌》被中国最高人民检察院批准为"官歌"，歌曲《海姑娘》获全国"大红鹰杯"专业组金奖，歌曲《古丈茶歌》获全国"星光奖"一等奖，歌曲《兄弟姐妹要团聚》获中宣部"五个一工程"奖。2002至2003年被邀参与"宋祖英悉尼歌剧院"及"宋祖英维也纳'金色大厅'"两场个人独唱音乐会的管弦乐编配。连续三年获"专业技术人员突出贡献奖"。

龙燕怡（1937— ）

歌词作家、民俗学家。湖南安化人。怀化市艺术馆副研究馆员。1963年始发表歌词，多次获全国、省级奖。作词歌曲《侗歌向着北京唱》《乐呀乐哩乐》《彩云绕太阳》《侗锦、芦笙和兰花》等二十多首，在中央电视台和中央人民广播电台播出。其中《桃花谷，凤凰坡》被收入《中国新文艺大系·音乐卷》，《侗锦、芦笙和兰花》被选入"名人名歌版"CD专辑。《最美丽》被联合国教科文组织采用。《迷人的栖凤湖》《土家山寨背篓多》等十多首歌被选入大、中、小学音乐教材。出版有歌词集《侗锦·兰花》及民俗专著《五溪风俗揽胜》。

龙友辉（1953— ）

圆号演奏家。江西永新人。江西艺术职业学院副院长。编著有《圆号曲集》及教材《圆号基础练习曲》。撰有《浅谈视唱与练耳的关系》《论圆号的高音演奏》《圆号的起源及功能》《浅谈莫扎特〈降E大调第三圆号协奏曲〉的艺术风格》《论施特劳斯〈降E大调第一圆号协奏曲〉的艺术风格》《推源探流、以求其理》《浅谈高职院校的基本乐理教学》等文。创作的舞蹈音乐《茶赋》获江西省第三届艺术节作曲二等奖，辅导铜管五重奏《翻身道

情》获指导教师二等奖，曾被江西文化厅授予"先进工作者""优秀教师"称号。

龙振水（1950— ）

笛子演奏家。山东临邑人。济南市歌舞剧院创作室创作员，1991年毕业于山东省艺术学院师范系。曾任济南市歌舞剧院乐团团长。创作《泉乡风情》等多首笛子曲。多次在各类音乐会上担任独奏。演奏笛子独奏《巡逻在边防线上》获创作一等奖和演奏一等奖，演奏笛子独奏《泉乡风情》获山东省第六届文化节专业演出二等奖。曾担任2004年中国民乐器考级曲目展演音乐会总策划、音乐总监。

龙志明（1952— ）

男高音歌唱家。四川泸州人。重庆市歌舞团歌唱演员。曾师从吴齐辉、黎信昌、王宝璋等歌唱家学习声乐。1987年考入西南师范大学音乐系。1991年在北京音乐厅举办独唱音乐会。曾参与市歌剧院在成都中国艺术节演出歌剧《巫山神女》，多年来在各种不同类型的大小文艺晚会、音乐会及歌舞晚会中，出演独唱、男声四重唱及合唱。

娄 方（1939— ）

古筝演奏家、作曲家。河南洛阳人。中国国际龙文化交流协会常务副会长。中国民族管弦乐学会理事、中国古筝专业委员会副秘书长、河南省民族管弦乐学会副会长、洛阳民族管弦乐学会会长。早年就职公安部队文工团，后任职到地方文化局、洛阳市歌舞团。先后赴欧洲各国演出。作有歌曲《伊阙佛韵》。编创有《娄方古筝创作曲集》。创作并演奏《河南曲子风》《云楼思情》《国色天香》。中央电视台先后录制《名人专访》等三部专题片，举办八期古筝讲座，录播改编并演奏的筝曲《百鸟朝凤》。美国东方卫视曾播出《中国洛阳筝王——娄方》。

娄 巍（1954— ）

单簧管、萨克斯演奏家。北京人。中国歌剧舞剧院交响乐团副团长。曾在北京空军文工团、解放军联合军乐团乐队任分队长。1984年参加建国35周年的国庆阅兵任务，受到军委通令嘉奖。在中国歌剧舞剧院参加上百场歌剧、舞剧和音乐会的演出，并多次担任独奏、领奏。

娄连广（1951— ）

作曲家、音乐制作人。辽宁大连人。曾师从作曲家施万春。多年来为中央电视台、北京电视台的大型晚会创作歌曲《写下中华的名字》《青春的太阳》《从来没有》《黑土地》，并分别由毛阿敏、孙悦、杨鸿基、张迈演唱。为音乐电视《长城长》《为了谁》《祝福祖国》《军人本色》《穿军装的川妹子》《绿色军衣》等编曲。其作品在中央电视台音乐电视大赛中获编曲金奖。

娄雪玢（1961— ）

女钢琴教育家。浙江绍兴人。1986年毕业于东北师范大学音乐系，研究生学历，留校任教，后任钢琴系主任、硕士生导师。主要研究钢琴演奏、教学和钢琴艺术史。曾

L

在《钢琴艺术》等学术期刊发表论文，其中有《学习钢琴视奏所要解决的几个问题》《浅谈双钢琴演奏》。2007年在全国高师钢琴教师交流活动中分别获得B组和C组两个组别双钢琴比赛的一等奖。近年来积极组织和参与国内外各种钢琴讲学与比赛，并指导多名学生在各种比赛中获得奖项。

娄有姝（1943— ）

女竖琴演奏家。浙江人。1971年上海音乐学院管弦系毕业后，入上海乐团管弦乐队任竖琴演奏员。参加京剧《龙江颂》演出、电影录制和芭蕾舞《白毛女》、歌剧《乡村骑士》的伴奏。参加上海马可波罗交响乐团成立以来的全部录音及电影、电视剧CD唱片的录制工作。曾随团赴苏联、香港、新加坡演出。

娄彰后（1927—2008）

作曲家。浙江绍兴人。1947年考入燕京大学新闻系就读，后入音乐系学习。1951年毕业后分配到华北文工团。1953年调至中央新闻电影制片厂任作曲。1955年调至长春电影制片厂。曾为近五十部电影、电视片谱曲。50年代有《虎穴追踪》《黄河飞渡》，60年代有《烽火列车》《冰雪金达来》，70年代有《保密局的枪声》《祭红》《仇侣》，80年代有《山重水复》等。电视片有《少帅传奇》《刘少奇在东北》和《赫哲人的婚礼》。

娄振奎（1923—1980）

京剧表演艺术家。北京人。1950年入新中国剧团。1951年入中国京剧院工作。1952年获全国戏剧会演演员三等奖。1953年获"世界青年联欢节"民族传统唱法比赛三等奖。

娄忠芬（1944— ）

女声乐教育家。贵州兴义人。1960年参加贵州省独唱汇演，后入贵州省歌舞团工作。曾在《春雷》等5部歌剧中任主要角色，并曾任贵州省歌舞团艺术辅导中心副主任。多年先后应聘为贵州广播电视大学、贵大艺术学院、贵阳师范学校等院校声乐教师。曾担任贵州青年歌手电视大赛、贵阳音乐教师声乐比赛等赛事评委。曾指导贵州省老干部合唱团在全国比赛获金、银奖。有学生获五洲杯全国电视大赛民族唱法三等奖。

楼敦传（1937— ）

作曲家。浙江永康人。曾任金华市艺术研究所副所长，浙江婺剧团作曲。浙江省剧协理事、省戏曲音乐学会副会长。先后创作戏曲电影故事片音乐《西施泪》《女皇错断梨花案》，婺剧音乐作品《讨饭国舅》《商鞅变法》《三打王英》等150余部。参加浙江省第三、四、五、六届戏剧节及省婺剧节，均获作曲一等奖。婺剧音乐《贺家桥边》获全国现代戏会演音乐创作奖。专著有《浙江戏曲音乐》，《婺剧常用曲调集》等。发表戏曲音乐论文多篇。任《中国戏曲音乐集成·浙江卷》（婺剧卷）主编。

楼美仙（1958— ）

女小提琴演奏家。浙江杭州人。浙江省小提琴协会副主席。1970年在杭州歌舞团工作。1978年毕业于中央音乐学院管弦系小提琴专业本科。1990年为美国德克萨斯州立大学研究生。现任杭州歌舞团乐队首席。

楼乾贵（1923— ）

男高音歌唱家、歌剧表演艺术家。浙江宁波人。1949年毕业于上海震旦大学医学院，在校时曾兼读于上海国立音专声乐系。毕业后在北京协和医学院任教。1955年调中央歌剧院先后任歌剧演员、声乐教员、独唱演员、艺术指导。曾在歌剧《蝴蝶夫人》《叶甫根尼·奥涅金》中任男主角。1953年赴马尼亚参加第四届世界青年联欢节，获美声独唱比赛银质奖。1954年应邀随总政歌舞团赴苏、捷、罗、波访问演出，获罗马尼亚国家红星勋章及波兰国家骑士复兴勋章。1980年获文化部"音乐艺术一等奖"。1988年随剧院参加芬兰歌剧艺术节并出任《卡门》《蝴蝶夫人》的艺术指导。曾任北京市政协六、七、八届委员。曾获第四届中国音乐"金钟奖"终身成就奖。

楼乾利（1931— ）

大提琴演奏家。浙江宁波人。天津音协理事，中国音协表演艺术委员会大提琴学会理事。中学时期接受音乐教育家丁继高先生的启蒙，学习大提琴演奏并参加校内管弦乐队活动。1950年参加天津市音乐工作团。1951年师从俄籍犹太大提琴家姆德曼先生，后师从中央音乐学院朱永宁教授。四十余年主要从事大提琴演奏，参与大量歌剧、舞剧、交响乐等专场演出。任天津交响乐团首席大提琴、声部长、乐队队长，参与职称评定及专业比赛评委等。

楼弋红（1940— ）

女音乐教育家。浙江义乌人。1962年毕业于北京艺术学院音乐系民族演唱专业。北京教育学院西城分院音乐教研室主任、副教授。曾任北京二龙路中学音乐教师。1979年后分别在北京教育学院、北京教育学院西城分院负责全市及西城区音乐教师进修和继续教育。从事音乐教学、教研、培训以及社会钢琴音乐教学。中国音协师范院校钢琴教师学会理事、北京音乐教育研究会西城分会理事、北京音协基础钢琴教育分会理事。

卢　成（1930— ）

音乐编导家。广东中山人。1949年结业于华北大学音乐艺术干部训练班。之后在新华广播电台、中央电台兼职。曾任广播文工团团员及音乐部、文艺部音乐编辑、立体声节目编辑负责人，以各种广播形式向听众推荐并介绍古今中外著名音乐家及其作品，长期从事普及、提高听众的音乐欣赏水平、丰富人民的文化生活工作。编辑专题栏目有《苏联音乐广播欣赏会》《一支名曲》《音乐故事》《歌舞剧剪辑》《乐曲介绍》《交响乐讲座》等。

卢　典（1967— ）

钢琴教育家。福建漳州人。福建省漳州第一职业中专学校高级教师。1991年毕业于厦门大学音乐系。撰有《音乐教学中的四个关键词》等文。编撰教材《幼师钢琴基础》《钢琴简易伴奏编配》。曾组织、导演县市电视台

"贺新春钢琴音乐会"。担任福建中小学钢琴比赛评委、省社会艺术水平考级钢琴评委，多次获省市优秀指导教师称号，指导的学生多人在省市钢琴比赛中获大奖，多名学生考取全国各音乐艺术院校。

卢　惠（1970— ）

女歌唱家。福建福州人。任职于福州市公安局某处，1993年毕业于福建师大音乐系，后在中央音乐学院声歌系进修一年。曾获福建省第七届武夷音乐舞蹈节演唱一等奖、第五届全国城市职工歌手邀请赛美声唱法金奖、第六届央视青歌赛业余组美声唱法荧屏奖、第十一届央视青歌赛公安系统选拔赛二等奖。1994年获福建省"十佳歌手"称号，1995年聘为海峡之声广播电台客座嘉宾。

卢　婕（1965— ）

歌唱家。满族。吉林省吉林市人。1983年开始从事舞台表演，1991年入中央民族歌舞团任歌唱演员。1996年毕业于中国音乐学院歌剧系。1996年获中央电视台第七届青年歌手"双汇杯"电视大奖赛铜奖，1997年获中国少数民族"孔雀杯"声乐大赛银奖。主要演唱作品有《满族乡情浓似酒》《那就是我的巴音波罗》《美丽的沙拉干追》《白山黑水情意长》。

卢　龙（1937— ）

音乐教育家。山西运城人。1964年毕业于山西大学艺术系。先后在山西人民歌舞剧团、运城艺校、运城学院工作。参加1964年省独唱音乐会和1991年省高校文艺汇演均获奖。撰写《歌唱与戏曲演唱》等文十余篇在省级刊物发表，其中《青春伴歌声永存》刊载于台湾《中华音乐文化教育》杂志。出版《声乐艺术》一书。培养的学生中有人获中央和省电视台青歌赛奖。

卢　蒙（1958— ）

女小提琴演奏家。吉林长春人。1982年毕业于沈阳音乐学院管弦系。原吉林省歌舞剧院交响乐团首席。吉林大学艺术学院小提琴教授，硕士生导师。吉林省音协理事。参加数百场独奏演出及排演大量交响乐作品。1986年获吉林省中青年演出评比一等奖。吉林省电视台《艺林漫步》录制"卢蒙和她演奏的小提琴曲"专题节目。2001年调入吉林大学艺术学院任教，曾获东三省音乐论文评选二等奖。

卢　萍（1964— ）

女阮演奏家。辽宁大连人。1987年毕业于中央音乐学院民乐系，后任中国广播艺术团民乐团演奏员。录制有阮独奏《拉萨》《划船》《火把节之夜》并制成盒带。参加拍摄由彭修文指挥的《中国民族乐队》记录片，录制唱片《春江花月夜》获金唱片奖。参加《杨贵妃》《刘天华》《大腕》《绝代双娇》《大唐芙蓉园》等多部影视片的录音、录像。曾随团赴维也纳金色大厅演出"龙年春节中国民族音乐会""新世纪中国民族交响音乐会"及随团赴美、德、日本、俄罗斯演出。

卢　乔（1945— ）

女高音歌唱家。江苏铜山人。曾为总政歌舞团合唱队女高音声部长。1972年毕业于中央音乐学院声乐系。曾担任女声小合唱、领唱、独唱兼钢琴排练伴奏及视唱练耳和声乐教学。所演唱的《井冈山颂》《一支山茶花》，女声小合唱《大寨亚克西》在全军文艺汇演中获奖。曾参加音乐舞蹈史诗《东方红》《中国革命之歌》及电影《胜利的日子》《长征组歌》《智取威虎山》《第九交响曲（合唱）》的排练、演出、录音、录像。多次举办个人独唱音乐会。发起成立"北京青年歌剧表演艺术学会"。多次随团赴罗马尼亚、德国、波兰、匈牙利交流演出。

卢　肃（1917—2004）

作曲家。江苏徐州人。1937年投身于抗日救亡宣传工作。1938年在延安鲁艺文学院音乐系学习。后任华北联大文艺学院音乐系主任。创作有《华北人民进行曲》《子弟兵战歌》《春耕大合唱》《平原大合唱》等歌曲，还作有《我爱八路军》《团结就是力量》《刘胡兰》（合作），《槐荫记》等歌剧音乐。1946年调中央党校任研究员。1949年参加筹建北京人艺及中国音协的筹备工作。历任中国音协常务理事，中央歌剧舞剧院院长，沈阳音乐学院党委书记兼代院长、辽宁省文化局局长、辽宁省音协主席，曾任北京市文化局第一副局长、北京市音协主席。首届中国音乐"金钟奖"终身成就奖。

卢　怡（1935— ）

作曲家。河南开封人。河南省音协顾问、省文史研究馆馆员。1949年参加工作，1958年毕业于中南音专作曲系。先后任第一、二、三届河南音协副主席，省文联委员。河南省对外友协理事。第六、七届河南省政协委员。作品有电影音乐《龙马精神》，歌曲《红旗渠凯歌震天响》等。管弦乐组曲《奋飞》获河南省首届文艺作品成果一等奖。曾为第一届全国青少年运动会开幕式团体操作曲。连续七次为国际少林武术节开幕式大型团体操作曲，均获重大贡献奖。

卢传绸（1938— ）

作曲家。福建霞浦人。福建福安师范毕业。教师进修学校语文教研员。1976年开始从事业余歌曲创作。历任市音协常务理事、县文联委员、音协主席。歌曲在音乐报刊发表或在中央人民广播电台、福建电视台播放。主要有《深情为祖国奔流》《奔向灿烂的明天》《把你的潇洒亮出来》《衣食父母》《美丽家园》等。曾获福建省优秀创作奖、全国中学生歌赛三等奖、全国世纪之声歌赛银奖、中国首届群众创作歌赛金奖。

卢春和（1941— ）

小提琴演奏家。广东潮安人。1961年参加第一届"羊城音乐花会"。1963年毕业于广州音专小提琴专业。后年起一直担任广州交响乐团演奏员，1983年任该广州交响乐团第二小提琴首席及声部长。曾参加第三届"羊城音乐花会"室内专场，演出四重奏《死神与少女》。随团多次赴港澳地区及德、奥地利等国演出。撰有《关于双音的一些问题》等文。1980年起任广东省少儿小提琴比赛评委，2001年及2004年任全国第五、六届业余小提琴比赛评委。

卢德武（1931— ）

男高音歌唱家。河北石家庄人。1953年毕业于北京师大音乐系后留校攻读声乐研究生。曾任北京师范大学、北京师范学院、北京艺术学院声乐教师，中央乐团独唱演员。曾在中国音乐学院任教。曾在成都、贵阳、哈尔滨、呼和浩特市举行独唱音乐会。

卢恩来（1947— ）

作曲家。浙江杭州人。1978年上海音乐学院作曲指挥系毕业，后入浙江电影制片厂任作曲。为《胭脂》等10部故事片作曲，其中《信访办主任》获文化部政府奖，为《普陀胜境》等45部风光片、科教片、纪录片作曲和编配音乐，为《乾隆皇帝下江南》等40多部电视剧作曲和配乐。作有歌曲《革命青年志在四方》《唱给日月潭》《美丽的小白花》《心儿象明珠》《我幸福，我生在中国》《海天茫茫路茫茫》《湖光曲》《人生的路弯弯曲曲》等三十余首。

卢跟上（1957— ）

作曲家、指挥家。河南焦作人。焦作大学艺术系副主任。1982年毕业于河南大学音乐系。歌曲《献给矿工的歌》《祖国永在我心中》《亲爱的祖国》《归来》（声乐套曲）等，分获各类奖项。组建"焦作马村女子合唱团"并任指挥和声乐指导。曾为"黄河之滨"音乐周开幕式及合唱专场演出中任指挥。参加"第六届中国合唱节""第八届河南民间音乐舞蹈大赛"任指挥并获奖。

卢广瑞（1955— ）

音乐学家。河北人。厦门市文联、音协常务理事、理论委会员主任，厦门集美大学艺术学院教授，厦门大学艺术学院客座教授。毕业于包头教育学院中文、英语专业，就读中央音乐学院音乐学系。1971年起，历任内蒙古京剧团、包头铁路文工团、北京中国铁路文工团小提琴演奏员、指挥、作曲。论文《十二音自由序列与孤独——朱践耳〈第八交响曲"求索"〉》等数十篇，《时代与人性——朱践耳交响曲研究》《音乐欣赏》等著作，创作歌曲《美丽岛》等数十首，作品、论文多次获奖。2001年以来，曾多次应邀赴欧美国际学术交流。

卢桂芳（1956— ）

女歌唱家。浙江温州人。温州市歌舞团团长。浙江省音协副主席，省第九届人大代表，中共浙江省第十一、十二次党代会代表。1996年毕业于杭州师范学院音乐系。1978年任温州市歌舞团独唱演员。编创并演唱温州民歌《对鸟》《叮叮当》《绣香袋》获各类奖项，并出演欧美十几个国家国际艺术节。曾在歌剧《苏州两公差》《货郎与小姐》《任长霞》中饰演主要角色。为《山青青，水兰兰》等电视片录制主题曲。举办"丹桂情韵"独唱音乐会，出版音乐专辑和宋词艺术歌曲《但愿人长久》。

卢国元（1932— ）

音乐教育家。辽宁新民人。1949年始从事部队文艺工作。1958年毕业于中南音专民乐系，后留校任教。曾任武汉音乐学院民乐系副主任、音研所副所长、副教授。曾参加组织湖北随县出土战国曾侯乙编钟及其他古乐器复制科研演出。承担《中国民族民间器乐曲集成·湖北卷》编纂工作，任副主编，并获科研成果奖。参与《中国武当山道教音乐》编撰。合著有《湖北民间器乐文化》。

卢汉才（1928—已故）

女歌唱家、声乐教育家。湖南益阳人。1949年考入湖北教育学院，主修声乐，后入东北人艺歌舞团。1953年参加赴朝慰问团演出。1954年调中央歌舞团，随团赴波兰参加世界青年联欢节演出。1956年调中央乐团，兼任中央乐团社会音乐学院声乐教师。在苏联专家杜马舍夫指挥的《布加乔夫》大合唱中任女高音领唱。在贝多芬《第九交响曲》的演出中任女高音副声部长。1964年参加大型音乐舞蹈史诗《东方红》的演出。发表《在〈东方红〉的熔炉里锻炼》一文。在交响音乐《沙家浜》中饰沙奶奶。在钢琴伴唱《红灯记》中饰李奶奶。1981年任中央乐团社会音乐学院院长助理、教务长、声乐教员。培养一批少数民族歌唱演员。

卢辉荣（1953— ）

作曲家。江苏海安人。为全县各乡镇、各文化站、学校、企业、文艺单位、电台、电视台的演出、专题晚会及各种比赛活动创作了大量作品。作有歌曲《春之旋律》《大江南》《水乡小夜曲》《甜江南，绿水乡》，舞蹈音乐《喜船》《恋歌》《鹿鸣青墩》《龙腾里下河》，音乐风情片《江海风》等，曾获市、省"山花奖""五个一工程"奖等奖项。多件作品播放或出版。

卢建业（1938— ）

音乐教育家。上海人。曾任上海音乐学院副教授、上海音协二胡专业委员会常务理事、上海民族乐器一厂顾问。培养一批民乐新苗，先后获上海市"六育苗奖"、傅雪贤教学奖和上海音乐学院优秀教育工作者称号。编著《浅谈少儿乐队训练》，作有《搭积木》等幼儿歌曲，先后由上海音乐出版社出版发行。多次率艺术团赴德国、日本等国及香港地区演出，曾任上海电台少儿广播乐团、中国福利会少年宫小伙伴艺术团民乐团及上海学生民乐一、三团指挥。

卢劲松（1961— ）

作曲家。河南孟州人。河南省濮阳人民广播电台文艺部主任，濮阳市音乐家协会副主席、濮阳市专业技术拔尖人才。1979年开始音乐创作，在各级报刊、电台、电视台发表和播出大量歌曲多件。曾出版《送你一片绿洲——卢劲松歌曲选》及《情韵中原》《希望的绿洲——卢劲松校园歌曲》录音带。在全国第三届音乐电视作品评选中，其作曲的《爱，镌刻在心里》获铜奖。曾由河南省电台、省音协和濮阳市人民政府联合主办"美丽的濮阳——卢劲松声乐作品演唱会"。

卢君毅（1934— ）

作曲家。壮族。广西邕宁人。毕业于广西艺术学校，长期从事群众文化工作，副研究馆员。创作《新风赞》获全国优秀节目奖，《壮家乐》获全国校园集体舞比赛广西赛区一等奖，采茶歌舞《蔗乡曲》音乐获南宁地区汇演获一等奖。其合作的《壮族人民歌唱毛主席》，合编的《粤剧乐曲汇编》《邕江欢歌》《春光明媚三月三》等数十首歌曲分别发表播放或演出。发表民间文学作品三百余篇。主要作品还有歌剧《妹娇历险记》音乐三十多首。1990年获《中国民间文学集成·广西卷》编纂工作先进工作者，1997年著编《凤凰采牡丹》在"夏星杯"广西民间文学优秀成果评奖中获一等奖。

卢俊德（1938— ）

二胡演奏家、教育家。天津人。中国音协二胡学会荣誉理事、河北省二胡学会会长，石家庄市政协第七、八、九届委员。1961毕业于天津音乐学院器乐系。曾任河北省歌舞剧院首席二胡、独奏演员。1978年调河北师大音乐系任教。1960年录制唱片笙笛合奏曲《薰风曲》《朝元歌》《妆台秋思》（合作），1987年试制成功"加弦二胡"获国家专利，并获文化部科技进步奖。演奏《第一加弦二胡协奏曲》（合作）被编入中央台献礼节目《可爱的中国》。获优秀教师、优秀政协委员称号。

卢克刚（1941— ）

音乐教育家。广西岑溪人。1962年毕业于广西艺术学院音乐系，后留学院任教，教授、硕士生导师。《中国少数民族艺术词典》音乐分支副主编，《中国民族民间器乐集成·广西卷》副主编。出版有《广西少数民族乐器考》专著（合）10部，发表论文六十余篇。获省、部级以上人文社会科学优秀科研成果一等奖6项、二等奖3项。曾应邀出访日本进行学术交流。

卢克敏（1941— ）

钢琴家、教育家。上海人。1965年毕业于中央音乐学院钢琴系，分配到北京舞蹈学院钢琴组担任民族舞伴奏，大型舞剧《屈原》的伴奏和录音，曾在中央音乐学院钢琴系、音乐教育系任教、副教授。编辑《中国古典舞基训钢琴伴奏》《中国民间舞教材与教学法》《钢琴即兴技能训练》《即兴演奏的由来及它在舞蹈伴奏中的现实意义》。创作乐曲及中国民间舞钢琴伴奏曲百余首。

卢培玉（1956— ）

作曲家。福建寿宁人。福建省寿宁二中高级教师。1987年毕业于福建师大音乐系干部进修班。1982年始在省级刊物发表作品，已发表及获奖歌曲三十余首。其中《乡土》获1992年省农村文艺汇演银奖，《踏响青春节拍》获中华校园金曲三等奖，《斜滩镇镇歌》获铜奖，并由中央电台播出。《美丽的海滨城》被省歌舞剧院录制成MTV，《中国收获着精彩》等由中国音乐家音像出版社出版CD。

卢青松（1935— ）

女钢琴演奏家。北京人。1957年毕业于河北天津师范学院音乐系。曾任中央民族学院音乐舞蹈系教师兼钢琴伴奏。

卢清丽（1964— ）

女歌剧演唱家。河南内黄人。广州华南师大音乐学院音乐教育系副教授。1985至1989年先后毕业于河南安阳戏校、河南大学音乐二系歌剧班。曾任河南安阳豫剧团演员、河南濮阳群艺馆音舞部部长。13岁学戏、18岁演《花木兰》等剧，曾主演歌剧《第一百个新娘》《江姐》等。举办三场独唱音乐会，1996年获"全总第五届全国城市职工歌手邀请赛"金奖，2006年获广东优秀音乐家奖，撰有《浅谈西洋唱法民族化》等数篇文章并在刊物发表。

卢庆文（1944— ）

作曲家。广东东莞人。毕业于星海音乐学院作曲系。历任广东音乐曲艺团长、星海音乐学院客座教授、广州音协副主席、广东曲协副主席。创作大量音乐作品，撰写论文百余篇，获省、市及全国奖六十多项。其中广东音乐《梦中月》获全国第三届民族管弦乐展播作品二等奖，歌曲《行花街》《北斗星》分别获省一、二等奖，《龙的传说》获广州校园歌曲大赛一等奖。出版《卢庆文歌曲选》和《粤韵论丛》。

卢森森（1931— ）

作曲家。广东潮安人。1960年毕业于四川音乐学院作曲系。曾任星海音乐学院作曲系讲师。作有歌曲《我们的山歌唱不完》（合作），合唱《韶山颂》等。

卢文勤（1927—已故）

戏曲音乐家。江苏人。曾任中国梅兰芳学会理事、上海市戏曲学校戏曲声腔研究室教授。1950年上海大厦大学毕业，同年参加梅兰芳、言慧珠等剧团操琴，后专为梅、言等人操琴，并进行戏曲声乐教学。1959年到上海戏校先后任音乐教师、乐队队长、戏曲声腔研究室负责人。出版《系列声乐研究》《梅兰芳唱腔集》《戏曲声乐教学谈》。合作译制曲谱《祭塔》《樊江关》《花木兰》《贵妃醉酒》《京剧现代戏唱片曲谱选》。曾任上海历届"戏剧节""艺术节"音乐评委，《戏曲声乐研究》主编。

卢先堂（1953— ）

作曲家。四川乐山人。乐山市文化馆辅导部主任。1977年毕业于四川音乐学院。曾任乐山地区杂技团乐队演奏员。撰有《歌曲语言的借鉴与创新》等。歌曲《布谷鸟叫了》1992年获全国第二届民间音乐舞蹈比赛二等奖，《有一首歌》获第四届"蓉城之秋"三等奖，《想你、想你》2004年获四川省首届群众音乐舞蹈大赛创作银奖、表演铜奖。

卢小杰（1947— ）

胡琴演奏家。浙江黄岩人。1965年毕业于江苏省戏剧学校，在江苏省扬剧团任主胡。编著《陈德林唱腔选》

（合作），《二胡风格练习158条》（扬剧、淮剧部分），创作有《西厢记》《卖油郎独占花魁》音乐等五十余部，与他人合写《马娘娘》《三把刀》《母亲河》等戏曲音乐。出版有个人专辑《中国胡琴名曲集锦》《韵之魂》（戏曲风格二胡曲集1、2集），1995年起在上海、南京、济南等地举办"卢小杰戏曲风格胡琴演奏会"。曾获戏剧调演"主胡奖"，"优秀戏曲琴师奖"等。

卢小熙（1949— ）

作曲家。浙江黄岩人。曾在江苏射阳县杂技团、江苏扬剧团、福州空军文工团任二胡独奏演员兼作曲，后为江苏省文化厅剧目工作室戏剧丛刊编辑。所作中胡独奏曲《赞歌》获第三届全国民族管弦乐展播优秀奖。为电视专题片《卢小熙》作曲并由江苏、中央电视台播出。出版有《卢小熙民族器乐创作曲选》《儿童唱唐诗》盒带、《中国56个民族歌曲》唱片及二胡演奏系列《韵之魂》光盘。

卢小玉（1954— ）

女歌唱家。湖北天门人。重庆市歌舞团声乐艺术指导。1978年在重庆市专业艺术院团业务汇报比赛中获二等奖。后获四川省电视台主办的"五粮液杯"歌手大赛三等奖。演唱歌曲《月夜诉情》《明天还是要继续》《南妹仙姑》《我的小兰兰》、重唱歌曲《每当我唱起东方红》《宝贝》《纺织姑娘》等。经常参加大型综合文艺晚会及音乐会的组织、排练和节目主持工作。经指导的多个合唱队在各种比赛中获奖，并获指导老师一等奖。

卢新予（1957— ）

女音乐教育家。四川宣汉人。郑州市幼儿师范学校声乐教师。1982年毕业于河南大学艺术系。曾在河南省歌舞团任独唱演员。撰有《注意儿童健康心理的培养》《注意保护儿童的嗓音》《情绪与女性健康》《给少女谈青春期保健》等论文，并获相关奖项。主编出版《音乐知识400问》《幼儿声乐教育》。曾获河南省第一届"黄河之滨"音乐会独唱二等奖、第二届"黄河之滨"声乐大奖赛美声唱法"优秀奖"。指导的学生及合唱团分别获多个奖项。

卢印炳（1943— ）

作曲家。四川平昌人。1958年参加县川剧团，后任指挥。曾为数十出传统、现代戏设计音乐，作品多次参加市、省级文艺汇演，并参加达州市川剧团赴京演出剧目的音乐创作。所写十余首《四川清音》曲，戏歌《酒乡姑娘》，舞蹈音乐《巴山饺子》等在省、市调演中多次获奖。

卢咏椿（1942— ）

歌词作家。江苏南京人。江苏音乐文学学会副会长，南京音乐文学学会会长，市音协顾问，南京市第八、九届政协委员。从事歌词创作40年，发表大量词作，近百次获省及全国性创作奖。作有《踏着烈士的脚印前进》《雷锋叔叔望着我们笑》《这就是我的祖国》。主编《中国当代歌词选》，由南京大学出版社出版。出版个人歌词作品集《烟雨江南》。

卢元隆（1954— ）

歌词作家。山西人。山西电视台文体中心副主任。1982年毕业于山西大学艺术系并留校。1991年调海南省音像管理中心主持工作，1994年调山西电视台。歌曲《心中的秘密》获首届"星海杯"全国大中学生校园歌曲创作大奖赛三等奖，《恒山如行》获山西省"五个一工程"奖。有数百件作品发表（演播），多件作品获国家和省级奖，十余部音乐艺术片获中国电视文艺"星光奖"和省级奖。

卢云升（1967— ）

民族管乐演奏家。河南镇平人。中央民族歌舞团民族管弦乐队队长，中国民族管乐研究会秘书长。1985年毕业于中国音乐学院民乐系笙专业，师从林富贵、张之良。同年就职于中央民族歌舞团。1995年在国际中国乐器独奏大赛中荣获笙专业优秀演奏奖，2001年在"第二届全国少数民族文艺汇演"中葫芦丝独奏《小卜少》获音乐会金奖，2004年在"全国首届笙大赛"中担任专业组评委。演奏曲目有《小卜少》《月下欢歌》《牧歌》《节日》《欢乐草原》《牧场春色》等。著有《巴乌、葫芦丝的历史沿革》《簧管气鸣乐器——笙之初探》。作有笙独奏曲《草原之春》。1998年至2006年先后研制完成加键筚篥、D调十三管葫芦笙、双管单吹孔加键巴乌、双管单吹孔加键葫芦丝。

卢云生（1946— ）

歌词作家。云南玉溪人。云南省音协第三届副主席。作品《欢乐亚细亚》被定为第29届世界年会会歌，《祝福亚洲》《手牵手》被定为第六届亚洲民间艺术节节歌，《五十六根琴弦连北京》《火把节的火把》获中宣部"五个一工程"奖，《敲起我的小木鼓》获文化部、广电部一等奖，《离太阳最近的地方》《布依人家》在全国百家电视台电视音乐展评中均获金奖，《志气歌》获"中国广播文艺奖"金奖。《请到边寨小木楼》获中国音乐"金钟奖"优秀作品奖。作品曾在美洲、欧洲、亚洲等多国演唱。出版有《云南的彩云》《热土相思》《生命如歌》《与歌同行》四本歌词专集。曾获中国文联采风成果奖。

卢兆豪（1933— ）

大提琴教育家。广东新会人。广州星海音乐学院大提琴副教授。1949年入广州市艺术专科学校、华南人民艺术学院音乐系学声乐。1956年毕业于中南音乐专科学校器乐系大提琴专业，留校任教。先后在广州音乐专科学校、广东省艺术学院、广州音乐学院、星海音乐学院任大提琴教师。参加广东首届羊城音乐花会、广东纪念世界名人肖邦音乐会以及各种慰问和庆典活动，均担任大提琴独奏。应邀为广东省市电台、电视台录制大提琴独奏曲目，应邀参加广州乐团排练钢琴协奏曲《黄河》，广东艺校排练演出芭蕾舞剧《白毛女》《沂蒙颂》等。多年来培养和造就了一大批音乐人才。

卢振炎（1945— ）

扬琴演奏家。天津人。曾为天津市艺术系列高级职称评会委员会委员，天津歌舞剧院艺委会委员，天津民管会副会长。1959年考入天津小红花儿童艺术剧院学习音乐，主攻

L

扬琴专业。1961年调入天津人民艺术剧院儿童剧团继续学习。1962年选调到天津歌舞剧院。2006年挖掘并制作已经断档多年的民间传统打击乐器"十不闲"，首演获得成功。

卢竹音（1943— ）

作曲家、笛子演奏家。浙江宁波人。浙江艺术职业学院顾问、教授。中国民族管弦乐学会常务理事、浙江省音协副主席。先后毕业于宁波师范学院数学系和郑州大学中文系。曾在部队从事音乐工作，1986年转业，历任浙江省文化厅艺术处副处长，省越剧院副院长兼小百花越剧团团长。发表数百件（首）音乐作品，其中有歌曲《我们永远是个战斗队》《指导员是咱们的贴心人》《举起水壶当酒杯》等，有的曾获总政创作奖。还作有乐曲《马灯调》、越剧《双珠凤》及舞蹈音乐。著有《中国竹笛演奏十种高难度技巧探索》《专业艺术教学中的'脚印教学法'》等多篇论文在全国性评选中获一、二等奖。曾担任《综合实践》艺术中专教材主编。

芦 青（1969— ）

女小提琴演奏家。湖北武汉人。中央歌剧院交响乐团演奏员。1993年毕业于天津音乐学院。参加第七届至第十四届澳门国际音乐节的演出，参加2005年"帕瓦罗蒂告别舞台北京演唱会"及国内一系列重要音乐会的演出活动。曾为大量的电影、电视剧及多种音乐唱片录制音乐。

芦菁华（1963— ）

女音乐教育家。河南漯河人。河南许昌市第三高级中学高级教师。1981、1993年先后毕业于河南许昌师范专科学校、河南大学，后就读于首都师范大学教师研修班。作有《狮王进行曲》收入《国家级中小学音乐骨干教师教案精选》，《保卫黄河新唱》收入《全国中小学音乐课评比获奖课例实录》。辅导学生创作的筝独奏《古刹春阳》获"河南省第九届民族民间音乐舞蹈比赛"金奖，编导的舞蹈《过年了》获河南"2005年春节文艺晚会"编导奖。

芦康娥（1951— ）

女音乐教育家。湖北人。任教于陕西师范大学艺术学院、硕士生导师。1976年毕业于西安音乐学院音乐教育系。陕西省高等教育协会音教委常务理事。1994年至1999年任陕西师范大学艺术系副主任。曾获省、市声乐比赛奖项多次，发表论文十余篇，并获省级论文评比三等奖。主编出版《21世纪高师声乐教材》。曾任国家艺术课程标准组核心成员、高中艺术课程教材编写组音乐组组长，并主持一项校级科研项目。

芦世林（1937— ）

作曲家。辽宁大连人。1964年毕业于沈阳音乐学院作曲系。历任武汉汉剧院、北京京剧院、北京科学教育电影制片厂指挥、作曲。创作各类电影音乐百余部，电视剧（片）四十余部，发表声乐、器乐作品多首，创作有歌剧、戏曲音乐、交响乐、大型管弦乐、协奏曲。出版唱片、光盘、磁带等多种。参加电影《丹顶鹤的一家》的音乐创作，并在国内、外获得多项大奖，运用现代作曲技法

为开先河之作。

芦小鸥（1952— ）

女钢琴、电子琴演奏家。上海人。总政歌舞团乐队演奏员。1961至1970年先后毕业于上海音乐学院附小、附中钢琴科。中国音协社会音乐委员会副主任、中国音协考级委员会委员、中国音协电子琴学会会长。1988年获中央音乐学院及雅马哈音乐振兴会颁发的国际电子琴演奏三级、教师四级证书。出版有《小乐手》电子琴教材，《小型电子琴世界名曲集》。曾在第一届电子音乐会上担任独奏、重奏。随团参加中国艺术节、全军文艺汇演。中国音协电子琴考级及全国电子琴比赛评委。受聘于中央音乐学院、天津音乐学院任电子琴师资培训班教师。

芦秀梅（1958— ）

女歌剧表演艺术家。辽宁抚顺人。中国音协第五、六届理事。1975年入山西晋中文工团，后任中国歌剧舞剧院演员。曾获全国青年歌手电视大奖赛"优秀歌手奖"，全国青年民歌、通俗歌曲大奖赛"银孔雀杯"。曾主演歌剧《韦拔群》《古兰丹姆》，并担任音乐舞蹈史诗《中国革命之歌》独唱。

芦云峰（1959— ）

小提琴演奏员。河北石家庄人。兰州军区政治部文工团乐队首席演奏员。1982年毕业于西北师范大学音乐系小提琴专业。曾发表《科学的演奏方法是小提琴音准的重要保障》一文，曾参加歌舞剧《红霞里有个我》，歌剧《张思德》，歌舞剧《鱼水情》《天边的高原》《太阳之歌》等剧目的演出。在建党八十周年音乐晚会上担任小提琴独奏。为本团创作舞蹈音乐《心中的呼唤》，以及电视音乐、小提琴独奏的录制等。

鲁 滨（1937— ）

作曲家。安徽人。洛阳市音协副主席。1951年在部队文工团从事器乐演奏和作曲。转业后任河南洛阳市豫剧团作曲、团长。其作品有豫剧《穆桂英挂帅》《花打朝》《花枪缘》《红楼梦》《红云岗》等百余部。多次在河南省戏剧会演大赛中获音乐一等奖、优秀奖。论文有《略谈马派唱腔艺术的风格特点及其流派形成》。2000年起专于唐代古典音乐的挖掘、研究。曾改编、创作古曲《朝天歌》《天长久》《如意娘》《听竹》等数十首。中国洛阳武皇十万宫廷乐舞团艺术总监。

鲁 敏（1930— ）

女音乐编辑家。河南清丰人。1944年始从事文艺工作。北京科影音乐组组长，曾为多部科教影片编配音乐，其中《生命的能源》在国际电影节获"金涡轮"奖，《人口与经济》在第9届电影节获"金鸡奖"，《王叔晖工笔人物画》及《海洋浮游生物》获优秀音乐奖。并为故事片《粮食》编配音乐。曾随总政文工团出访，获苏联"红旗"勋章、捷克"尤利·伏契克"勋章、罗马尼亚"红星"勋章、波兰"复兴十字"勋章。

鲁 呐（1921—2002）

音乐活动家。河北藁城人。1946年始从事部队文艺工作。曾任河北大城县文教局副局长。作有歌曲《坦克手之歌》《俺越治河心越甜》，编有《速成识谱教材》。

鲁 萍（1957—2003）

歌词作家。安徽人。作词歌曲有《祖国的岸》《期待》《月光下的鼓浪屿》等，部分作品入选《故乡恋歌》《让我们告诉世界》。曾任庆祝厦门特区成立十周年大型文艺晚会《飞向新世纪》主要撰稿人。1995年被评为"厦门市十大杰出青年"。

鲁 颂（1934— ）

作曲家。湖南南县人。湖南省群众艺术馆专业作曲。1950年从事部队文艺工作。曾在广州军区战士歌舞团、湖南省歌舞团任创作员。曾任湖南省文联委员、省音协理事。作有歌曲《壮丁苦》《布谷鸟，你叫迟了》《今年春天绿得早》《辣椒歌》《甜甜的山歌》《喜鹊窝》及影视音乐多部，出版有《鲁颂歌曲选》《鲁颂校园歌曲精选》《湘军百家文艺丛书鲁颂卷》及论著《音乐教育与创作》。曾四次获全国"五个一工程"奖，两次获中国音乐"金钟奖"，五次获文化部"群星奖"。

鲁 特（1921— ）

音乐活动家。辽宁盖县人。1945年从事部队文艺工作。解放后任辽东省文工团团长、辽宁人民艺术剧院歌舞团副团长等职。1956年后在音协辽宁分会任领导工作，曾任副主席。

鲁 晓（1961— ）

钢琴演奏家。满族。辽宁人。沈阳大学师范学院音乐系主任，副教授。沈阳市音协常务理事。1985年毕业沈阳音乐学院，1996年进修于中央音乐学院钢琴系。曾分别在沈阳音乐学院、沈阳教育学院举办钢琴独奏音乐会。2000年赴日本京都教育大学艺术系及韩国艺术界机构进行文化交流。发表论文二十余篇，其中《论德彪西钢琴作品风格特色》获东北三省论文评比一等奖。所教学生在参加省高师钢琴比赛中获铜奖。

鲁 旭（1935— ）

音乐教育家。河南信阳人。曾任信阳教育学院高级讲师。中国教育学会音乐教育专业委员会理事。1960年毕业于郑州艺术学院音乐系。1990年执笔参加编写教育部规划教材中师、幼师《音乐》第三套。出版《儿童歌曲分析与钢（风）琴简易伴奏法》。创作、改编的合唱作品《编花篮》与二胡重奏曲《喜庆》分获全国一等奖、创作奖。

鲁 艺（1948— ）

作曲家、音乐活动家。浙江人。浙江绍兴市群艺馆副馆长、市音舞协会副主席兼秘书长（曾任主席），浙江音协理事。毕业于中央党校浙江分校大专班，曾在上海乐团、中国音乐学院进修。发表音乐作品多件（首），部分获奖，其中歌曲《绍兴的桥》获市"鲁迅文艺奖"二等

奖，《金灿灿的民族》获省第四届音舞节二等奖，器乐曲《水乡戏台》获省首届音舞节三等奖。策划组织市大型文化活动多次。组织参加省一至四届音舞节和中国民族民间音乐舞蹈大赛等，多次获一等奖、"群星奖"金奖。组建"绍兴市中学生艺术团"等多个团体，培养少儿手风琴学生数十人。

鲁东勇（1953— ）

音乐文学家。辽宁沈阳人。1983年毕业于中央戏剧学院戏剧文学系。辽宁歌剧院编剧。作有歌剧《黎明的箫声》《情人》《黑夜的眼睛》《一滴泉》，歌词《我要为你轻轻歌唱》等。

鲁丰良（1949— ）

作曲家。湖南浏阳人。1965年入浏阳市花鼓戏剧团，任作曲、编剧。曾为七十多台上演剧目创作（编配）音乐，其中《龙泉曲》《菊石魂》等出版发行，《望月坡》获第四届"映山红戏剧节"音乐创作一等奖。并作有《冤家锁》《红杏枝头》《蓓蕾的呼唤》戏剧文学剧本和小品，其中《菊花石的传说》获长沙市"五个一工程"奖，《蓓蕾的呼唤》获第三届"映山红戏剧节"多项奖，并应文化部艺术局邀请晋京演出。

鲁济生（1933— ）

单簧管演奏家。北京人。1949年始从事部队军乐工作。后任总政军乐团中队长。曾入上海军乐训练班进修。录有乐曲《红太阳照瑶寨》等。

鲁建敏（1960— ）

二胡演奏家。浙江杭州人。中国音协二胡研究会常务理事。1983年在中央音乐学院民乐系二胡专业学习，毕业后分配到中央民族乐团。1985年参加"中国革命之歌"担任乐队部分二胡独奏，1987年后获国际国内奖。1997年起担任中央民族乐团二胡声部首席。先后录制《雅乐》江南丝竹及《中国绝曲》广东音乐部分、《凯旋》（合作），二胡与MIDI流行音乐盒带与大量影视作品。曾先后赴日本、美国、德国等及台湾、香港、澳门演出。2002年参加联合国总部会议大厅专场音乐会。出版《实用二胡基础教程》及配套教学VCD。

鲁敬之（1953— ）

作曲家。安徽望江人。安徽望江县文化馆馆员。1977，1987年先后毕业于安徽太湖师范、中国函授音乐学院理论作曲系。歌曲《背篓情》获"皖、鄂、赣、豫四边歌会"优秀创作一等奖，舞蹈《大雁的故事》（曲）获安徽省庆"六一"少儿文艺调演作曲三等奖，少儿歌曲《小石桥》在安徽电视台、中央电视台演播。辅导的小歌手于1986年获小百灵歌赛全国二等奖。2005年被安徽音协评为优秀指导教师，搜集整理《中国戏曲音乐集成·安徽卷》（安庆分卷、传统黄梅戏声腔）。

鲁其贵（1930—已故）

作曲家。江苏淮阴人。1955年毕业于东北音专作曲

系。后任江苏省歌舞团作曲。曾在江苏省文化艺术研究所工作。任《中国曲艺音乐集成》（江苏卷）副主编。

鲁日融（1933— ）

作曲家、音乐教育家。湖北均县人。1954年毕业于西北艺术学院音乐系。后为西安音乐学院副院长、教授、硕士生导师。中国音协民委会副主任、陕西省民族管弦乐学会会长。编写有《二胡教程》三册。出版有《鲁日融二胡艺术》。论文有《国乐教育在中国高等音乐院校的地位》《秦派二胡及其风格技法》《现代国乐专业教育及乐队建设的历史回眸与展望》等。作有二胡曲《眉户调》《秦腔主题随想曲》《欢乐的秦川》《曲江吟》，三重奏《塞外情》《蝶恋花》，五重奏《鱼水情》，民族管弦乐曲《长安社火》（合作），《合欢令》《欢庆序曲》（合作）等二十余（首）部。同时，为《黄土地》等十余部电影、电视片指挥配乐。先后应邀赴十几个国家及地区访问讲学。1991年访问法国指导录制的《中国长安古乐》专辑CD盘，获巴黎查理·考斯学术大奖。2004年获中国民族管弦乐学会"民乐艺术终身贡献奖"。

鲁兆璋（1933— ）

音乐教育家、理论家。浙江余姚人。江苏省音协荣誉理事。1950年考入南京大学音乐系，1953年毕业于南京师范学院音乐系，留校任教。历任音乐系理论教研室主任、音乐系主任，硕士生导师。培养一大批音乐教师与音乐人才，曾获江苏省首届高等学校优秀教学三等奖。主编出版有《和声学初步》《和声学初步习题解答》。论文有《五声性和弦的结构与应用》《传统和声写作的自由处理》等二十余篇。作品有钢琴曲《随想曲》（获江苏省首届音乐舞蹈节创作二等奖），钢琴四手联弹《蹦蹦调》，合唱曲《我们的党，亲爱的党》，组歌《南京长江大桥颂》（合作）。

鲁振普（1931—已故）

歌剧表演艺术家。辽宁凤城人。1948年入沈阳铁道学院学习。曾为中国铁路文工团独唱演员、声乐教员。在歌剧《星星之火》中饰演角色。

鲁祖立（1939— ）

女声乐教育家。湖南烟溪人。1963年毕业于中国音乐学院声乐系。曾任北京军区战友歌舞团歌队副队长。主要演唱曲目有《隔山隔水不隔音》《沁园春·雪》、北京民歌《绣兜兜》等。为《长征组歌》导演组成员并参与拍摄及录音。从事声乐教学中因人施教，为军内外及艺术院校输送和培养了优秀人才，有的学生在全军、全国声乐比赛中获奖。1992年参加纪念男中音歌唱家马国光诞辰60周年重唱、独唱音乐会。

陆　放（1922— ）

作曲家。北京人。1944年毕业于北京国立艺专，1945年入部队文工团，1958年入北方昆曲剧院工作任院长。担任《千里送京娘》《李慧娘》《晴雯》等昆剧音乐设计。

陆　峰（1959— ）

音乐教育家。吉林人。先后毕业于东北师范大学音乐系理论作曲专业和首都师范大学音乐学院作曲进修班，师从朱之谦、张桐柱、赵会生、姚思源等。曾任吉林化学工业公司文工团首席兼指挥。北华大学艺术学院音乐系主任，并受聘于吉林省艺术类专业加试评委，吉林市音协理事。撰写论文及编著书籍多部。创作歌曲十余首。

陆　晖（1950— ）

音乐教育家。甘肃张掖人。新疆昌吉声乐学会会长。毕业于西安音乐学院、中国艺术研究院新疆研究生班。多年于基层从事摄影、绘画、音乐工作，作品曾获多种奖项。后执教于阿克苏艺术学校、昌吉学院，任副教授。培养出多名优秀音乐教育人才、歌唱演员。撰有《声乐教学应重视朗读》《师范类艺体课授课应提示方法》《西域古丝路戏曲艺术研究》。

陆　坚（1960— ）

歌词作家。广西玉林人。南宁市文联副主席兼市音协主席，广西音协理事。曾任南宁市委宣传部文艺科科长。1990年、2006年先后毕业于广西师范学院中文系、广西师范大学经济史系。撰有《思想、文化、生活，写好歌词的三个重要元素——谈谈主旋律歌词的创作》等文在省刊发表。出版作词歌曲专辑《刘三姐的故乡—陆坚歌曲精选》CD。二十余首歌词经谱曲演唱，其中有《感恩》《走在幸福的路上》（合作）等。

陆　军（1955— ）

作曲家。浙江慈溪人。15岁始坚持业余创作，先后有七十余首词、曲在省级以上发表、获奖，其中女声独唱《田野上飘起一阵鸽哨》作为浙江省唯一的声乐作品参加第二届中国艺术节。1990至1996年先后担任慈溪市文联副主席、主席。浙江省慈溪市人大常委。代表作有《我们的旗帜是共产主义》《老师在我心里》《放飞的童心》《人民的儿女》等，出版歌曲集《田野上飘起一阵鸽哨》。

陆　眉（1942— ）

女钢琴教育家。江苏太仓人。1966年毕业于中央音乐学院钢琴系。曾在北京电影乐团任演奏员，参加大量音乐会的演出。1981年调中央音乐学院钢琴系任教，兼任管弦系圆号专业钢琴伴奏。并为多首大、中型圆号独奏曲谱写钢琴伴奏。发表教学论文《以音乐感的培养为中心带动钢琴共同课教学》。曾任深圳艺术学校、广州珠江钢琴培训中心钢琴教师。1992年起应邀担任中国音协、中央音乐学院海内外钢琴业余考级及北京市"希望杯"业余钢琴比赛评委。

陆　敏（1924— ）

音乐教育家。江苏张家港人。1951年毕业于南京大学师范学院教育系。曾在《人民音乐》发表《在音乐教学中贯彻爱国主义思想》《唱歌课的教师范唱》《朱载堉与十二平均律》等文章。编著出版《音乐欣赏》《小学音乐教材教法》《中国音乐通史简编》《中国传统名曲欣赏》

《姜夔词调歌曲赏析》等。曾任合肥师范、合肥师专教导主任、教务长，合肥幼儿师范副校长，安徽省中等师范学校音乐教学研究会会长等。

陆 明（1925—2007）

作曲家。山西人。1955年中央音乐学院理论作曲系肄业，曾任总政歌剧团顾问。作有歌剧音乐《柯山红日》（合作），《李各庄》（合作），管弦乐《宝塔山之夜》（双乐章），木管四重奏《延水清流》（双乐章）。

陆 铭（1974—）

圆号演奏家。江苏南京人。江苏演艺集团交响乐团演奏员。1993、1999、2003年分别毕业于江苏省戏校，南京艺术学院专科、本科音乐系。参加交响团演出，5次获全国、省级艺术节团体一等奖。多次和国内外指挥家、演奏家、歌唱家同台演出。指挥多个基层乐团多次在国内外比赛中获一、二等奖，其中于2007年分获维也纳第36届国际青少年交响乐比赛和荷兰国际音乐节二等奖、金奖。2002年组建江苏第一支铜管五重奏团。

陆 培（1956—）

作曲家。广西南宁人。1982年毕业于广西艺术学院，1985年入上海音乐学院进修并留校任教。作有钢琴曲《山歌与铜鼓乐》，单簧管与钢琴《苗寨即景》，钢琴曲《遥谣》获1987年上海国际音乐比赛中国风格作品三等奖。

陆 棨（1931—）

音乐文学家。四川成都人。1950年重庆大学肄业后参加文艺团，后在重庆市歌剧团工作，中国剧协理事。作有歌词《太阳出山》，歌剧《火把节》（文学本）。

陆 楯（1938—）

歌词作家。福建泉州人。中学音乐教师。福建省音乐文学学会副秘书长。作有为世界著名交响乐曲填词的合唱曲30首，即《世界交响曲主题合唱曲选》（骆季超编合唱），诗集《爱的颤音》、散文诗集《乡恋》（合作），曾任《泉州音乐》主编、《音乐园》副主编。题为《陆楯和他的词作》综述文章先后在福建电台播出，《年轻不再是我的骄傲》等词在《潮音》"八闽词人"专栏以《独立苍茫自咏诗》为题予以评介。另有大量诗歌、歌词、散文诗散见于省内外报刊，其中有数十首作品获奖。

陆 洋（1923—1985）

作曲家。壮族。广西横县人。1937年始从事文艺工作。原在广西南宁地区文化局工作。曾任音协广西分会常务理事。作有歌舞剧音乐《刘三组》，小歌剧音乐《新媳妇》《红围裙》，歌曲《欢乐的西江》。

陆 宜（1927—）

歌唱家、指挥家。上海人。曾在上海交通大学文学艺术系任教。1948年就读于苏州国立社会教育学院。1949年从南京前线歌舞团入南京师大音乐系，先后师从黄友葵、陈洪、陈比钢教授学习声乐、作曲、钢琴。曾在第三野战

军某部文工团、南京军区解放军艺术剧院、总政歌舞团、上海警务区战力文工团任歌唱演员、声部长、指挥教员、歌剧队队长。演唱有《啊月亮，啊晚风》《我是一片云》等。曾参加"国庆十周年""上海十月歌会"演出。撰有《论理工科大学的音乐教育》。著有《合唱教程》等。

陆 原（1922—）

作曲家。河北丰南人。1944年毕业于抗大山东一分校。1946年始从事军旅题材音乐文学创作，发表有大量歌词、评论、诗词作品。早期写有《中朝人民打得好》《娶了媳妇忘了娘》《国防的哨兵》等歌词。为电影《神秘的旅伴》《七天七夜》《长空比翼》写过插曲、主题歌（词），发表过长诗《战马和它的保姆》《抗日联军之歌》。之后创作有歌曲（词）《光明的中国向未来》《我当上解放军》《这样的小日子谁不爱》（合作），《一座金桥架起来》（合作），在全球华人征歌"中华情"中获金鼎奖。早期与人合作的战歌《我是一个兵》5次被总政推荐为全军必唱歌曲之一，7次获总政及文化部奖励。

陆 原（1925—）

女作曲家。山西晋城人。1941年起在抗敌演剧宣传队第二队等单位工作。后调总政歌舞团任创作员。1950年入天津音乐学院专修科学作曲。后回总政歌舞团任创作员、研究员。1954年获"华北解放纪念章"。创作有舞剧音乐《罗盛教》（合作），《湘江北去》（合作），舞蹈音乐《不朽的战士》《比武》《打擂》均获奖，另有合唱《祖国插上金色的翅膀》，三重唱《边疆战士爱边疆》，独唱《美丽富饶的长山岛》，齐唱《拥军》等六十余部。1988年获中国人民解放军"独立功勋荣誉章"。

陆 云（1921—）

作曲家。广东中山人。1937年入上海少年救亡宣传队，1941年任上海少青团乐队合唱指挥，新中国成立后历任十三军文工团副团长、昆明军区政治部歌舞团艺术指导。作有歌曲《插秧谣》，电影音乐《山间铃响马帮来》，出版有《陆云歌曲选集》。

陆 梓（1949—）

作曲家。安徽安庆人。安徽安庆市怀宁县文化馆馆长。1978、1992年先后毕业于安徽省艺术学校戏剧科、安徽大学管理系。曾任怀宁县黄梅戏剧团乐队演奏员、作曲。《说三道四话黄梅》等数篇论文在刊物发表。歌曲《金草帽》获1985年中央电视台等单位举办的"全国首届小百灵赛"歌曲作品二等奖，《太阳的故乡》获1994年中国音协主办的"中国歌会"佳作奖，《春蕾》获2003年"全国第四届中国民族歌曲演唱创作大赛"银奖。

陆炳兰（1932—）

作曲家。广西南宁人。1957年毕业于北京艺术师范学院音乐系，后到柳州地区文工团从事音乐创作工作。曾任柳州地区文化局局长。作有歌剧音乐《刘三姐》（合作），歌曲《金桔林里唱新歌》《歌唱侗乡小平原》。

陆春龄（1921— ）

笛子演奏家、音乐教育家。上海人。中国音协第三届理事，中国文联委员，第三届全国人大代表，第五届、第六届全国政协委员，上海江南丝竹协会会长，上海民族乐器厂顾问。自幼随民间艺人学吹笛子。1952年参与筹建上海民族乐团。后长期执教于上海音乐学院，教授。培养俞逊发、陆如安、陆金山、魏显忠、曲广义等笛子演奏家。曾应邀赴欧、亚二十余个国家访问演出。演奏曲目有《小放牛》《欢乐歌》《鹧鸪飞》等。创作有《今昔》《江南春》《喜报》等笛子独奏曲。录制唱片数十张，曾获中国首届金唱片奖。出版有《陆春龄笛子曲集》。

陆大伟（1935— ）

女歌唱家、音乐教育家。上海人。江西省文艺学校声乐系高级教师。1956年毕业于上海音乐学院附中。参加大型演出多场，担任独唱，其中有1958年赴福州前线慰问演出、1959年为中国共产党八届三中全会演出、1959年赴京参加国庆10周年演出。培养的学生有的考入音乐院校，有的成为省歌舞团独唱演员，有的获梅花奖。

陆丹青（1960— ）

女音乐教育家。广东汕头人。汕头职业技术学院声乐教师。1986年毕业于广州星海音乐学院师范系。曾获汕头市首届青年歌手大赛第一名，广东省优秀职工歌手等。为本地区培养一批中小学教师。曾为国内外文艺团体来汕头演出的音乐会以及汕头有关文艺演出担任节目主持人。所独唱、重唱的歌曲曾在中国国际电台和广东省电视台播出。

陆德培（1931— ）

男高音歌唱家。河北丰润人。1949年从事部队文艺工作，1952年入总政歌舞团工作，曾任合唱队副队长。师从苏、保、捷、德专家学习声乐。曾随团赴苏、罗、捷、朝等国演出。

陆萼棣（1934— ）

作曲家。上海人。曾任中国音协创作委员会委员。1956年毕业于南京艺术学院音乐系作曲专业。云南省歌舞团专业作曲。作有舞蹈音乐《追鱼》获文化部作曲二等奖，《橄榄歌》（合作）获文化部作曲三等奖。歌曲《瑞丽江畔栽秧忙》，合唱曲《阿诗玛组歌》，歌剧音乐《葫芦信》（合作），管弦乐曲《雨林》，巴乌与管弦乐《美丽的边疆》，民族管弦乐曲《云南幻想组曲》演出于第18届"上海之春"民族交响音乐会。钢琴曲《佤山小木鼓》获"21世纪中国儿童钢琴曲奖"。

陆费锭（1928— ）

小提琴演奏家。浙江嘉兴人。1950年于南京国立音乐院毕业，后调至上影乐团任第二提琴首席。1951年调中国电影乐团直至退休。1958年参加我国首演著名芭蕾舞剧《天鹅湖》《海侠》等。1987年任宋庆龄基金会华音音乐学校教师兼校务委员和室内乐团指导教师。1988年合作编撰《少年儿童小提琴系列教材》共5册。1988年任北京市中学生金帆交响乐团艺术指导。1996年随同宋庆龄基金会少儿室内乐团出访马来西亚。2001年任人大附中金帆交响乐团专业指导教师。

陆福通（1939— ）

二胡演奏家、教育家。北京人。1961年毕业于北京艺术学院音乐系二胡专业。后为首都师范大学音乐学院副教授。1985年为高等师范院校编写二胡教材。1988年举办个人独奏音乐会。撰写的论文《净化教育实践，培养合格中等学校音乐师资》获北京市普通高等学校优秀教育成果奖。发表有《二泉映月的音乐分析》《二胡演奏的基础》《刘天华生平及其贡献》《"悲歌"的音乐分析》等文。

陆浩林（1929—已故）

作曲家。江苏海安人。1944年参加革命。长期从事部队音乐工作。曾在华野某军文工团、总政文化部、海政文工团、公安部队文工团任作曲、编导室主任。1953至1959年在中央音乐学院作曲系本科学习，师从江定仙。1978年转业到南京电影制片厂任专业作曲。创作大量音乐作品，获奖作品有歌曲《水兵之歌》，清唱剧《自由三十天》，管弦乐序曲《猎人与森林》，歌剧《三世仇》，电影音乐《我们爱老师》《六朝艺术》等。

陆华柏（1914—1994）

音乐教育家。江苏武进人。1936年毕业于武昌艺术专科学校。曾任广西艺术学院音乐系主任、教授，武汉音协副主席。编有《中国民歌独唱曲集》《中国民族钢琴小曲集》《湖北民歌合唱曲集》等。译有《和声与对位》《对位法初步》等。发表抗战歌曲《故乡》《勇士骨》等。作有钢琴独奏曲《浔阳古调》，管弦乐总谱《康藏组曲》。

陆焕漪（1940— ）

男高音歌唱家。上海人。毕业于上海音乐学院合唱训练班，后任上海歌剧院合唱团演员、团长秘书及合唱团团长。演唱曲目有《第九（合唱）交响曲》《创世纪》《四季》《庄严弥撒》《黄河大合唱》《毛主席诗词五首》等中外大型音乐作品及经典合唱，并担任领唱、独唱、重唱。曾用原文演唱《卡门》全剧。多次策划组织如瞿希贤作品音乐会等。配器、改编、创作有《潜海姑娘》《千万个雷锋成长》，记谱编词《狐狸的故事》《银色的小宝贝》《给我翅膀》。

陆慧娴（1937— ）

女声乐教育家。浙江人。1962年毕业于北京艺术学院声乐系，后任内蒙古师范大学音乐系声乐教研室主任、副教授，从事学校音乐教育。撰有《谈歌唱与语言》《歌唱的咬字与吐音》《变声期的嗓音保护》等文，编写《中国独唱歌曲》教材一至四册，编写卫星电视训练班考试大纲、内蒙师大声乐教学大纲等。

陆基太（1954— ）

笛子演奏家。江苏无锡人。合肥市歌舞团演奏员。1995年毕业于安徽师范大学。随团参加国内、省内的一系列演出。除笛子演奏外还兼双簧管及萨克斯的演奏，并制作各种木管乐器簧片。

陆加庆（1934— ）

音乐教育家。上海崇明人。1958年毕业于南京师范学院音乐系。浙江师范大学杭州幼儿师范学院高级讲师。1960年赴中国音乐研究所参与《民族音乐概论》编撰工作。主编有全国幼师《唱歌》教科书、《歌唱的基础理论》，编辑有《西子女声合唱团歌曲选》。1985、1989、1996年分别创建杭州西子女声合唱团、小黄莺声乐团、杭州春之声合唱团。作有合唱《畲家谣》《忆江南》，组曲《梁祝》，独唱《苏堤春晓》《西湖的传说》及器乐作品百余件。1994年获浙江省从教30年优秀音乐教师称号。

陆建华（1943— ）

作曲家。上海人。1963年始从事专业创作，1984年入上海音乐学院作曲系专修班，后在上海舞剧院工作。作有交响幻想曲《项羽》，舞剧音乐《画皮》《霸王之死》《惊变》《金舞银饰》。

陆建业（1952— ）

音乐教育家。壮族。广西人。1982年毕业于广西艺术学院音乐系作曲专业，同年留校任教，后任该院音乐系主任。作有二胡独奏曲《喜庆丰收》，歌剧音乐《省柴灶》，歌曲《老书记蹲点》，大提琴曲《情系红土》等。在校任教期间，先后担任基本乐理、视唱练耳、名曲欣赏、民间音乐、和声、作曲等多门功课教学。发表论文《论师范音乐专业听辨训练》《论民族音乐文化的社会功能》《歌为寄情媒，美在意韵中》《回顾与展望》等。

陆金山（1937— ）

笛、埙演奏家。河北阳原人。天津音乐学院民乐系教授、硕士生导师。1961年毕业于天津音乐学院。著有《笛子自修教程》《笛箫埙笙唢呐吹奏指南》《陆金山笛子曲选》。撰有《"吹破天"—笛子大师冯子存》《不朽的笛音—记著名笛子演奏家刘管乐》。研制的陶制乐器12孔埙和鸳鸯埙，获1986年全国发明展银牌奖，1987年文化部文化科技进步奖，1988年国家专利局授予发明专利权。1987和1990年分别在美国费城、洛杉矶和天津举办管乐独奏音乐会。

陆金镛（1938— ）

作曲家、音乐教育家。天津人。曾入东北音乐专科学校附中学习声乐。1959年入沈阳音乐学院作曲系。西安音乐学院作曲系教授。先后任兰州空军文工团、陕西省戏曲剧院作曲。作有歌词《北京——地拉那》，歌曲《毛主席和咱心连心》《幻想圆舞曲》《天鹅》，《声乐协奏曲》，舞剧音乐《奇特的比赛》，钢琴曲《绿色奏鸣曲》（女高音与钢琴），《音画奏鸣曲》（圆号与钢琴），《华岳逸韵》（单簧管与钢琴），部分作品获奖，其中钢琴音画《绿页》1992年首演于全美克列恩国际现代音乐节，并被列为该节研讨作品。著有《五声性有限——可变序列》《五声性双六音模式》。

陆连娥（1938— ）

女高音歌唱家。上海人。1959年起历任上海合唱团演员、上海歌剧院女高音声部长。先后在上海音乐舞蹈史诗《东方红》《长征组歌》《毛主席诗词演唱会》中担任独唱，并在大型交响乐《沙家浜》中饰演阿庆嫂。从事声乐演唱及教学以来，录制唱片多种并为电影《送瘟神》等配音。上海平安合唱团艺术总监助理、上海Sunday合唱团指挥及印尼雅加达海燕合唱团声乐指导。

陆良民（1952— ）

作曲家、音乐理论家。湖南新田人。新田县文化馆馆长、副研究馆员。出版有《陆良民歌曲选集》《大山里的歌——陆良民音乐论文·作品集》。举办个人作品演唱会"春天的歌"。撰有《过山瑶歌"拉发"初探》《瑶族长鼓舞及其音乐特色》《湘南瑶歌的衬词特点》《论土瑶瑶歌》《湘南瑶歌"拉发"的旋律及调式》《江华梧州瑶歌初探》《瑶歌民歌"拉发"的沟法结构》等文。提出了"回音式""环扣式""环扣锁定式"等独特的瑶歌沟法结构理论，创建了五声性综合七声调式和大二度和声交配功能体系的瑶歌新理论。

陆履仁（1925— ）

女钢琴教育家。上海人。1953年考入教师进修学院音乐系，毕业后任北京十三中音乐教师，1955年调北京舞蹈学院任钢琴伴奏及教学，期间编写多首基训课课堂伴奏曲并出版，选编教学钢琴曲教材，参加多部舞剧演出的钢琴伴奏。1983年开办建华学校钢琴业余班任副校长。撰写的《钢琴课是舞蹈演员必修课》论文在学校学术会上交流。

陆民德（1933— ）

音乐教育家。浙江杭州人。1958年毕业于上海音乐学院理论作曲系，曾任南京艺术学院教务处副处长。长期从事作曲及音乐理论教学，译有《和声学教程》等。

陆其萱（1943— ）

琵琶演奏家。四川成都人。曾师从琵琶演奏家李廷松。1960年起任兰州军区战斗歌舞团独奏演员。先后参加全国、全军会演、调演等演出及音乐会中任琵琶独奏、领奏。撰有《论琵琶的音响美》等文。受聘于西北师范大学音乐系、甘肃艺术学校、西北民族学院音舞系、西北音乐学校，并参与琵琶教材编撰。多次担任省器乐比赛、全国专业琵琶比赛甘肃选区评委。

陆青霜（1932— ）

女歌唱家。浙江临海人。1949年入台州地委文工团，后调浙江省歌剧团、中央歌舞团。1955年入中国广播艺术团。1960年入上海声乐研究所，师从林俊卿教授。演唱有《小河的水呀静静地流》《黄河之歌》《贫下中农最爱毛主席》《春光万里红旗扬》《芝麻开花节节高》及《茉莉花》《拔根芦柴花》等歌曲，二十余首被录制成唱片。曾参加大型音乐舞蹈史诗《东方红》演出。80年代录制个人演唱专辑盒带《送你一束花》。先后为《金铃传》《锦上添花》《鄂尔多斯风暴》《海霞》《春苗》《延河战火》

《彩云归》等十余部电影、电视剧配唱。曾随团赴朝鲜、阿尔巴尼亚、南斯拉夫、德国、意大利、马耳他、菲律宾等国演出。

陆青云（1908—已故）

川剧作曲家。四川岳池人。幼年参加戏班学艺，1921年始任川剧戏班上手琴师。曾任重庆市川剧院、重庆市川剧二团、四川省川剧学校重庆班鼓师、顾问、教师。担任川剧《三孝记》《碧波红莲》音乐设计。

陆士彬（1952— ）

音乐编辑家。江苏启东人。1978年毕业于中央美术学院版画系。后入中国音协《人民音乐》编辑部任美术编辑兼音乐活动摄影记者，副编审。曾任音协杂志社副社长，并兼任《词刊》《音乐创作》《音乐信息报》美编。中国启东版画院特邀画师。作有水印木刻版画《芦荡鸡鸣》，水刻《舒伯特》《贝多芬》等。设计有大量音乐书籍封面，《瞿希贤合唱作品选——飞来的花瓣》《田玉斌——意大利艺术歌曲选》《王竹林声乐作品选集》等。并有大量音乐摄影作品在报刊发表。

陆署鸣（1956— ）

女琵琶演奏家、教育家。浙江杭州人。浙江职业艺术学院音乐系教师。1975年毕业于浙江艺术学校，1992年毕业于上海音乐学院民乐系。曾在舟山文工团、杭州杂技团、浙江省歌舞团任琵琶演奏员。录制出版有《陆署鸣琵琶独奏曲》专辑。2003年举办个人琵琶专场讲座及演奏音乐会。作有江南丝竹曲《春水弄月》。撰有《国乐先驱者的心声——琵琶曲〈虚籁〉漫笔》等文。

陆松龄（1936—2009）

作曲家。北京人。毕业于中国戏曲学院音乐系、中央音乐学院作曲系。后任北京京剧院作曲。所撰《戏曲音乐的节奏》获华北五省市戏曲理论优秀论文奖。作有京剧音乐《芦荡火种》《沙家浜》《红岩》《逼上梁山》，川剧音乐《四姑娘》，《京胡协奏曲》及电视剧、电影音乐。两次获"文华"音乐创作奖。曾任《中国戏曲音乐集成·北京卷》编委。曾赴苏联、朝鲜、意大利演出、讲学。

陆廷荃（1953— ）

萨克斯演奏家。上海人。中国歌舞团轻音乐团萨克斯独奏演员、中央民族大学音乐学院客座教授。出版有爵士《萨克斯即兴演奏教程》《萨克斯即兴演奏入门》及《爵士萨克斯即兴演奏名曲教学》等多部书籍和音像制品。

陆小兵（1961— ）

音乐教育家。广东汕头人。汕头职业技术学院音乐专业主任。1986年毕业于星海音乐学院师范系。后一直从事高等院校音乐教育工作，并参与各类大型文艺演出活动。有多篇专业论文和歌曲在全国、省级刊物发表并获奖。在市级的歌唱比赛中曾获一等奖。其演唱的歌曲曾在广东省电视台播出。同时为音乐院校培养、输送一批人才。

陆小兵（1966— ）

长号演奏家。江苏无锡人。安徽淮南市歌舞团演奏员、乐队办公室主任。曾任南京军区政治部军乐团演奏员。论文《管乐队之管见》《长号的演奏与教学》在专业刊物上发表。曾在"江苏首届音乐节"等二十余场省市级大型音乐会上担任第一长号。在1988年"江苏音乐节"、2004年"安徽第六届花鼓灯艺术节"参加演出的管乐、器乐合奏均获一等奖。

陆小秋（1931— ）

戏曲音乐家。浙江临海人。毕业于华东艺术学校音乐系。曾任台州地委文工团音乐组长、安徽省徽剧剧团创研组长。浙江省艺术研究所副研究员、《中国戏曲志浙江卷》编委、编辑部副主任，中国戏曲音乐学会理事。参与编纂《安徽民间音乐》。发表歌曲二十余首，合作记录编印《徽剧音乐资料汇编》十辑。为多部徽剧作曲，其中《杨贵妃后传》（合作）于1996年获中国戏曲音乐第三届"孔三传奖"作曲奖。独立及合作发表《徽剧声腔的三个发展阶段》《徽剧简史》《徽剧音乐研究》等二十多篇。为《中国大百科全书》《中国音乐辞典》等撰写有关条目共4万余字。合作编著《徽剧音域概论》。

陆修棠（1911—1966）

音乐教育家。江苏昆山人。肄业于国立音专。长期从事音乐教学工作。新中国成立后历任华东师大音乐系、中央音乐学院华东分院、北京艺术师范学院音乐系副教授。作有二胡独奏8首，其中《怀乡行》自1933年创作至今，为二胡专业必修曲目。编著有《怎样拉好二胡》《二胡曲集》《中国乐器演奏法》。

陆秀斌（1934— ）

女高音歌唱家。广西平乐人。1949年从事部队文艺工作，后在总政歌舞团工作。曾参加音乐舞蹈史诗《东方红》《中国革命之歌》演出。随团赴苏、罗、波、捷等国演出。

陆雅君（1941— ）

男高音歌唱家。上海人。1965年毕业于中央音乐学院声乐系。历任新疆兵团文工团、喀什地区歌舞团、山西大同市歌舞团独唱演员和声乐指导。多次获省市自治区汇演一等奖。1979年为中央电视台录制并播放《我的心儿多欢畅》《飞翔吧，祖国》及舞剧《帕米尔雄鹰》主题歌。培养的学生曾获全国青年歌手大奖赛专业组优秀奖与业余组第三名及优秀奖。2000年任西安艺术学院教授。

陆以循（1911—2003）

音乐教育家。江苏太仓人。1934年毕业于清华大学西洋文学系，后留学日本东京音乐学校，1950年始任清华大学音乐室主任。

陆永康（1945— ）

作曲家。甘肃兰州人。1965年毕业于新疆艺术学院音乐系，后任乌鲁木齐市文联音乐舞蹈家协会副主席兼秘书

L

长。作有歌曲《小草小草我爱你》《天鹅》。

陆有瑞（1933— ）

小提琴演奏家。广西南宁人。1952年毕业于中央音乐学院少年班，后入中央歌舞团，1956年入中央乐团任演奏员。曾多次随团出国访问演出。

陆元信（1946— ）

大提琴演奏家。上海人。1966年毕业于上海音乐学院附中，1967年入上海交响乐团，任大提琴首席。

陆云庆（1933— ）

单簧管演奏家。江苏常州人。1959年毕业于中央音乐学院管弦系，后在中央民族学院音乐舞蹈系任教。编有《单簧管音阶、半音阶、琶音练习》《单簧管民族教材》。

陆云兴（1929—2006）

唢呐演奏家。河北卢龙人。1947年参加滦东剧社。1952年后在华北文工团、儿童艺术剧院、地质文工团工作。1957年参加全国第二届文艺汇演。1960年在中南海小礼堂舞会上为国家领导人演出独奏。1962年调中央民族乐团，多次参加大会堂重大迎宾演出，1964年在中央电视台演出独奏。曾赴马来西亚演出。著有《怎样吹唢呐》，撰有《怎样解决唢呐噪音》《谈唢呐咔戏》等文章。

陆在易（1943— ）

作曲家。浙江余姚人。1967年毕业于上海音乐学院作曲系。先后在上海音乐学院、上海京剧院、上海乐团、上海歌剧院工作。曾任上海乐团团长、上海歌剧院艺术指导并长期兼任《上海歌声》主编。中国音协第五、六届副主席，第七届顾问。上海音乐家协会主席。主要作品有音乐抒情诗《中国，我可爱的母亲——为大型合唱队与交响乐队而作》《蓝天·太阳与追求——为女声合唱与乐队而作》，混声合唱《雨后彩虹》《游子情思》，交响音乐《睡莲》《南国抒怀》《夜林醋舞》，艺术歌曲《祖国，慈祥的母亲》《桥》《家》《盼》《彩云与鲜花》《最后一个梦》《我爱这土地》《望乡词》及电视连续剧《上海的早晨》音乐等。出版有《陆在易合唱作品选》（上、下两册）及《陆在易音乐作品选》唱片专辑等。

陆志诚（1955— ）

钢琴教育家。吉林长春人。1982年毕业于河南大学音乐系。洛阳师范学院音乐学院钢琴教师、副教授。曾任开封京剧团乐队演奏员。获第五届肖邦青少年国际钢琴比赛交流选拔推荐活动、中国青少年艺术新人选拔大赛园丁奖，并获省级优秀辅导奖、伯乐奖。发表《论大学生音乐素质教育》《简论成教钢琴课的框架式教学法》《歌剧沃采克终场的音乐学分析》《论肖邦c小调练习曲中的革命性》等文。主编《钢琴即兴伴奏教程》《钢琴教程》。

陆仲任（1911— ）

作曲家。浙江宁波人。1933年入上海美专。1941年毕业于上海国立音专。先后任教南京中央大学音乐系、北平艺专、福建音专。1948年后历任香港音乐院院长、广州乐团团长、广州音乐学院、星海音乐学院副院长。曾任省音协副主席。作品有电影插曲《思乡》《采莲》，电影音乐与插曲动画片《铁扇公主》，故事片《云裳仙子》，电影音乐《清宫秘史》，民乐四重奏《锦春罗》，大合唱《珠江之歌》，广东音乐《花市漫步》《红棉花开》等。论著有《粤乐旋法研究》《粤乐和声探索》《民族旋律的五度协和》。

陆祖龙（1928— ）

作曲家。江苏常熟人。1946年始就读于清华大学、北京大学。1949年从事部队音乐工作。1955年毕业于德国专家指挥班。曾在总政歌舞团工作。作有合唱《祖国永远是春天》《一束山茶花》，独唱曲《娄山关》《心中的玫瑰》《长城永在我心上》《花溪水》。

陆费如珍（1925— ）

女音乐教育家。上海人。1946年毕业于上海音乐学院理论作曲系，后在河南大学音乐系任教。著有《视唱新教程》等。

逯贵（1940— ）

作曲家。回族。内蒙古呼和浩特人。1965年毕业于中央民族大学艺术系音乐专业。辽宁省音协理事、铁岭市音协主席。对东北二人转音乐有较长时间的探索与创新。作有《理解之歌》《一村之长》《阳光土地庄稼汉》《春节大快车》《春节大团圆》《春节大戏台》等。作品《十八里相送》曾参加"国际戏剧节"。电视戏曲音乐有《原野上的马车》《双扣门》，MTV作品《山妹子》获辽宁省"五个一工程"奖，还创作有大型秧歌剧《悠悠乡路情》《白菊花》。

逯璐（1967— ）

女歌唱家。河南焦作人。陕西省歌舞剧院演员。1989年毕业于西安音乐学院声乐系。2001年入上海国际歌剧大师授课班学习。曾在贝多芬《第九（合唱）交响曲》中任领唱。先后在"庆祝建国50周年陕西声乐大赛"、陕西"瑞林杯"青年歌手电视大赛、首届"金色彼岸之声"全国声乐大赛等赛事中获奖。主演歌剧《江姐》、意大利歌剧《拉美莫尔的露琪亚》。出版个人演唱专辑。拍摄《静夜思》MTV。在参加团中央"心连心"艺术团等慰问演出中任独唱。

逯信（1930— ）

作曲家。山西孟县人。1949年入华北大学三部音乐科学习，毕业后分配至天津音乐学院音工团。1962年毕业于中央音乐学院作曲系干部进修班，师从杜鸣心等教授。长期担任演出管理、舞台监督，曾任秘书、业务处副处长、音乐厅经理等职。作有歌曲《致古巴的孩子》《驼铃》，乐曲《打麦场上的麦黄》，大合唱《焦裕禄》。撰有交响乐曲、解说文稿，部分选编入《西洋百首名曲详解》。

L

逯光亭（1948— ）

词曲作家。陕西临潼人。宝鸡市音协秘书长、宝鸡市音乐文学学会副主席、副研究员。发表歌曲、歌词、音乐评论百余首（篇），作有歌曲《相伴的岁月》《心中的风帆》《珍重老三届》，分别获全国优秀创作奖、宝鸡市文艺作品一等奖，有的被拍成MTV在省电视台播放。组织的音乐创作活动曾受到全国总工会表彰。在键盘教学工作中多次被评为省级社会音乐教育优秀教师。

逯海田（1964— ）

女词曲作家、音乐活动家。上海人。二炮政治文化工作站干事。1993年毕业于解放军艺术学院文化工作管理系。著有歌词专集《樱桃花李》，诗词专集《回归温柔》。为多部电视连续剧创作主题歌词，其中有《情满珠江》《血岸情仇》。《中华心连心》《我们祝福》等十余首词作歌曲被中央、北京电视台多种晚会采用。《有缘的日子》《情潮》等十余首歌曲收入CD等音像制品。在《歌曲》《词刊》发表歌曲、歌词多首，部分获奖，其中歌曲《挚爱》于2000年获第四届全军"战士文艺奖"二等奖，歌词《当兵的季节》于1993年获全国首届"莲花杯"歌词大赛三等奖。参与组织大型演出活动十余次，并任中央电视台"中国歌坛辉煌20年"大型演唱会总导演。

逯恒泰（1940— ）

歌词作家。山东茌平人。1960年毕业于山东济南师范。曾在济南市文工团任编导、演唱队副队长。1977年后任济南市群众艺术馆业务干部、副研究馆员。创作大量歌词作品，其中有《济南的传说》《明湖夜色》《清明折柳做柳笛》《织一曲颂歌献给党》《美好的日子开了头》《雷锋叔叔告诉我》，组歌《游子情》《泉城之歌》，合唱《赛船》《我是一片绿》等。曾在各报刊、电台、出版社广播、发表，并多次获奖。

鹿怀君（1928—已故）

长号演奏家。山东成武人。1949年始从事部队文艺工作。曾师从苏联专家学习长号。曾工作于湖北省老干部艺术团，并任武汉音乐学院兼课教师。

路　畅（1966— ）

女声乐教育家。天津人。山西大学音乐学院声乐系副教授。1990年毕业于山西大学音乐学院声乐系。曾在辽宁师大研究生班音乐系、中央音乐学院声歌系学习。发表《音乐演唱的要领》《源远流长的歌剧艺术》等文。所培养的学生多人在全国、省音乐赛事上获奖。其中有的获央视青歌赛专业组最佳歌手奖，有的多次参加省各种比赛获一等奖，并考入中国音乐学院、上海音乐学院。

路　曼（1921—已故）

作曲家。山东烟台人。1940年始从事部队文艺工作。曾任全总歌舞团团长，广西艺术学院教务处长。作有歌曲《快乐的民兵》《到前线去》《我为啥这样乐》。

路　行（1928— ）

作曲家。江苏常州人。苏州国立社会教育学院艺术系本科毕业。历任江苏省歌舞剧院作曲、艺术创作室主任、艺术指导等职。江苏音协名誉理事。作品有歌曲《夸新郎》（合作），曾演出于1959年维也纳世界青年联欢节获好评。女声琵琶弹唱《十六字令一山》，1979年获文化部国庆30周年献礼演出创作二等奖。歌曲《五月栽秧》1986年获华东六省一市民歌会演民歌改编二等奖。歌剧《天朝风云》1986年获全国部分地区交流演出创作奖等。

路　瑜（1950— ）

声乐教育家。江苏无锡人。1976年毕业于河北师范大学，后曾在中央乐团、北京师范学院音乐系、中央音乐学院声乐系进修，1977年任河北师范学院音乐系教师，1997年在河北师范大学任教。发表论文《谈歌剧艺术民族化》《计算机辅助声乐教学初探》等多篇。作有《浪漫情调钢琴曲》磁带专辑两盘、为广播剧《燕子飞上天》《大河进城》及《愉快的星期天》配器、制作音乐，制作音乐电视《红军的路》，器乐曲《忆》《畅想》等多首。在组歌《巨龙腾飞》中演出独唱《盼月圆》。曾获"河北省教学成果奖"一等奖。

路瑰迎（1939— ）

女高音歌唱家。俄罗斯族。新疆人。1949年参军，先后在新疆军区文工团及哈尔滨歌剧院工作。曾主演歌剧《白毛女》《刘胡兰》《刘三姐》《茶花女》《货郎与小姐》及交响音乐《沙家浜》中的阿庆嫂。50年代曾随中国文化艺术代表团赴苏联、埃及、印度、阿富汗等国演出。出版个人唱片及音乐专题片。

路达震（1930—2007）

戏曲音乐家。辽宁沈阳人。曾为沈阳音乐学院教授。曾任吉林市音协副主席、文联委员。1951年入东北鲁迅文艺学院音乐师资班，后任东北音乐专科学校助教。1956年参与筹建沈阳音乐学院民族音乐系，并任民间演唱教研组主任。1959年入中国戏曲研究院参与《戏曲艺术概论》的编撰。编写出版有《评剧唱腔选》。创作有京剧《董存瑞》《红旗颂》，评剧《松江激浪》《金色的道路》，歌剧《友谊之歌》《唐人街上的传说》，歌舞《红灯颂》《金色的种子》及歌曲《四五战士勇敢的鹰》等。被吉林市政府授予"文化先进工作者"。1980年调回沈阳音乐学院，任戏曲作曲教研组主任。撰有《喇叭牌子纵横谈》等文。编写民族音乐集成并获文化部编纂成果二等奖。

路立志（1940—已故）

笛子演奏家。河南商丘人。1960年毕业于河南艺术学院音乐系。同年入河南省歌舞团，曾任该团第一演出队长。作有笛子曲《丰收喜讯》。

路梦兰（1936— ）

女声乐教育家。辽宁大连人。1953年始从事文艺工作。曾任沈阳军区歌舞剧团教员。

路裕华（1940—2006）

民族乐器演奏家。北京人。1961年毕业于北京艺术学院音乐系本科竹笛专业。1962年调中国儿童艺术剧院任独奏演员兼乐队队员。致力于竹笛、埙、笙、古琴、古筝、琵琶等民族乐器的演出及教研工作。曾出版《古埙幽吟》盒式音带及CD光盘（台湾出版），为中央电视台电视系列片《中国一绝》介绍中国古代乐器"埙"专辑。2003年为国家重点文物保护单位历代帝王庙重新编创祭祀乐谱共六章十首乐曲，并指挥北京歌舞团完成录制工作。2004年清明节期间参与策划、导演历代帝王庙祭祀乐舞的演出并担任礼赞。

吕　冰（1930—已故）

作曲家。江苏灌云人。1949年入西北文工团二团。曾任陕西歌舞剧院副院长，中国音协第四届理事。作有歌舞音乐《花儿与少年》《边区生产歌》，舞蹈音乐《风雷颂》，古乐舞音乐《唐长安乐舞》。

吕　丁（1954—　）

音乐编辑家。满族。山东人。京华出版社、北京电子音像出版中心，副总编辑。曾在中国音协《人民音乐》编辑部、信息研究室、音乐理论委员会等部门分别担任副主任、主任、驻会执行秘书。发表音乐评论、人物撰稿等文数十篇，参与策划组织几十项全国性、专题性音学理论学术活动。曾担任北京电视台文艺部编导，先后策划拍摄制作播出二十余部专题节目。撰有《电子出版物的对外合作出版与对外版权贸易》《对外版权贸易中电子出版物引进工作的分析》《数字化时代的新媒体与出版业》《科技发展背景下的出版境况》等文。自2003年起任新闻出版总署科技与数字出版司出版审读专家，以及第一届至第六届"chinajoy"会展活动、中国科协《中国数字科技馆》等评审专家。

吕　东（1959—　）

音乐编辑家。满族。辽宁沈阳人。沈阳市电台主任记者、主任编辑。毕业于沈阳音乐学院管弦系。1992年留学于美国音响工程学院攻读音响导演专业。主要获奖节目有《故乡常在我心上》《远古风情录》《璀璨的21世纪的电子音乐》《古城—沈阳》《世纪放歌》《腾飞的太阳鸟》《九一八告诉我们》等，其中《金铃的故事》获"五个一工程"奖。获奖论文有《美国音乐发展史简介》《在比较中欣赏》《谈音乐录音的再创作》等。

吕　浩（1934—　）

小提琴演奏家。安徽旌德人。自幼随俄籍小提琴家普贝斯基学琴。1961年毕业于上海音乐学院留校任教。1962年获全国小提琴比赛第二名。1965年任上海电影乐团首席兼独奏演员。录制多种小提琴演奏专辑盒带。1983年赴美留学，获硕士学位。后任图森交响乐队独奏，并执教于芝加哥雪沃德音乐学院，同时受聘于芝加哥室内交响乐团。多次举办独奏音乐会，在技巧上，特别是对右手的运弓有独到研究。培养一大批学生。

吕　骥（1909—2002）

作曲家、音乐理论家。湖南湘潭人。1938至1945年先后任延安鲁迅艺术学院音乐系主任、教务主任及副院长，1945年先后任东北大学鲁迅文艺学院副院长、院长，1948年任东北音乐工作团团长，1949年任中华全国音乐工作者协会主席，1947至1957年任中央音乐学院副院长，中国音协第一、二、三届主席，第四、五届名誉主席。第一、二、三、五、六届全国人大代表，第五届全国人大常委。1985年当选为国际音理会荣誉委员。曾获首届中国音乐"金钟奖"终身成就奖。主要作品有《自由神》《新编"九一八"小调》《放下你的鞭子》《中华民族不会亡》《保卫马德里》《抗日军政大学校歌》《陕北公学校歌》以及大合唱《凤凰涅槃》等。在音乐理论、歌曲创作研究，民间音乐研究，中国古典音乐研究、音乐考古学研究以及民族音乐遗产的收集、整理等方面投入了很大的精力。撰写有大量理论文章。发起并与文化部、国家民委共同编纂民歌、戏曲音乐、曲艺音乐、民族民间器乐曲等四部集成，并担任《中国民歌集成》主编。1999年在北京音乐厅举办"吕骥作品音乐会"。

吕　军（1958—　）

大提琴演奏家。江苏南京人。1984年毕业于上海音乐学院管弦系。江苏演艺集团交响乐团团长。1988年参加全国首届大提琴比赛获优秀表演奖第二名。1990年曾举办由黄晓同教授指挥的《洛可可主题变奏曲》大提琴专场音乐会。1995年在江苏电视台《钟山大剧院》举办《圣桑a小调大提琴协奏曲》专场音乐会，大提琴独奏《母亲教我的歌》《天鹅之死》被拍成MTV。在省第二届音舞节，大提琴与钢琴《二泉映月》获演奏一等奖。创作大提琴与乐队《山谣》，在省第三届音舞节获作曲一等奖、演奏一等奖。2004年代表中国南京民族乐团赴维也纳金色大厅演出新年音乐会，同年在德国曼海姆歌剧院演出，并与莫扎特音乐学院进行学术交流。

吕　烈（1927—已故）

作曲家。河北保定人。1949年毕业于华北大学三部音乐科。曾任呼和浩特市文联副主席、音协内蒙分会常务理事。作有歌曲《党的旗帜》《海鸥》，著有《二人台音乐》。

吕　聂（1933—　）

作曲家。山东黄县人。1953年于总政声乐训练班进修，后在黑龙江省歌舞剧院任独唱演员、合唱队长、创作室副主任。黑龙江省音协合唱分会秘书长。创作有大量声乐作品，其中发表二百余首，出版《吕聂百首歌曲选》。作有《大顶子山高又高》《松花江圆舞曲》《云山牧歌》《快乐的伐木工人》《欢乐达斡尔》《晨风在飞跑》《举杯祝贺》等。《晨风在飞跑》《大顶子山高又高》等八首歌曲录制唱片。《兴安岭之歌》等三十余首歌曲在中央及省市电台每周一歌。《春天，我们去郊游》等五十余首作品获奖。撰写有《北方少数民族音乐及创作中的应用》《赫哲族民间音乐》等论文。

吕 品（1974— ）

音乐编辑家。陕西商县人。陕西音协副秘书长、创作评论部主任，《音乐天地》杂志主编、副编审。1996年毕业于西安音乐学院。撰有《问题、对策与提高——论音乐论文写作的改进途径》等论文多篇。出版杂志数百期，策划编辑专著、丛书数十册。

吕 平（1960— ）

音乐评论家。江苏高邮人。江苏淮安交通文艺广播总监、淮安市音舞协副主席兼秘书长。撰有《谈二胡演奏中的速度》《自学二胡音准训练要点》《为谁而写》《串调'创新'说》等文分别在《人民音乐》《音乐生活》《音乐周报》《新华日报》刊用。担任编导之一的儿童广播剧《大鸢歌》分别获中国广播剧研究会1997年度专家奖银奖、江苏省第三届"五个一工程"奖和江苏省1998年度广播剧政府奖一等奖。

吕 萍（1938— ）

女歌唱家。江苏人。论文《咽音学的口形唱原理与方法》在《山东群众文化》杂志1989年第一期上发表。1955年在第一届山东省职工文艺汇演中获表演一等奖，1956年在第一届山东省文艺汇演中获表演二等奖。

吕 奇（1942— ）

作曲家、指挥家。江苏镇江人。1964年毕业于江苏南京艺术学院音乐理论作曲专业。曾任嘉兴地区京剧团、越剧团作曲、指挥、群艺馆音乐组长，1984年任湖州市文联副主席、浙江音协理事、湖州市群艺馆馆长。作有歌曲《水乡情》《报春鸟》《祖国，贴心的母亲》，木琴独奏《赛跑》，笙箫二重奏《蚕乡风情》等各类音乐作品，发表或获奖。在参加大型文艺活动中任策划、指挥。担任《中国民族民间器乐曲集成》《南湖音乐专辑》《童声音乐作品集》主编，《中国民间歌曲集成·浙江卷》编委，发表论文多篇。

吕 薇（1969— ）

女高音歌唱家。浙江杭州人。海政文工团演员。1992年毕业于杭州师范学院音乐系。曾任浙江省湘湖师范学校教师。演唱并拍摄的音乐电视作品有《中国红》《春去春来》《但愿人长久》《微笑》等，其中《海的女儿》《月光》分获"中国音乐电视大赛"铜奖、银奖，《三月三，九月九》获"第十五届金鹰奖"提名奖、中国艺术歌曲展播金奖。参加1994年中央电视台全国"青年歌手大奖赛"获民族唱法二等奖。专辑《江南故事》获第六届中国"金唱片"奖。2008年获"海军十杰青年"称号，同年获韩国最高人气艺人外国人歌手奖，曾获CCTV—MTV音乐盛典最佳民歌手奖，2009年获"华鼎奖"最受观众喜爱女歌唱演员奖。

吕 湘（1955— ）

女音乐教育家。山东人。毕业于沈阳音乐学院，就职于辽宁歌剧院乐队。后调入沈阳音乐学院基础部视唱练耳教研室。讲授视唱练耳课程。2000年任沈阳音乐学院作曲系视唱练耳教研室主任、副教授。2003年调入东北大学艺术学院音乐系，从事乐理、视唱练耳教学与研究。

吕 昕（1955—已故）

音乐编辑家。北京人。1978年毕业于山西大学艺术系音乐专业，后曾就读于北京语言学院法语系、德国斯特拉斯堡音乐学研究所博士班。曾任山西吕梁文工团学员班专业课教师、乐队指挥。1983年起任人民音乐出版社编辑及外国音乐编辑室主任。编有《中国音乐词典》《牛津简明音乐词典》《音乐百科词典》《声乐艺术作品词典（法文版）》，翻译《中世纪音乐》《美国学术百科全书》等，编撰《中国大百科全书·音乐舞蹈卷》。组织计算机绘谱软件的开发，编制及试生产。

吕 远（1929— ）

作曲家。辽宁丹东人。1946年参加宣传队从事演出和创作，1948年起在辽东省从事工人文艺工作，1950年冬到东北大学（东北师大）深造。1954年调中央建筑文工团任专业创作员，后任艺委会主席。1963年调海政歌舞团任艺术指导。第四届中国音协常务理事，第五届中国文联委员。中国对外文化交流协会及中日友协理事，中国首都医科大学及东北大学名誉教授。作有歌曲《克拉玛依之歌》《走上这高高的兴安岭》《泉水叮咚响》《西沙，我可爱的家乡》《歌仙——小野小町》，合作有《牡丹之歌》《一个美丽的传说》《我们的生活充满阳光》《我们的明天比蜜甜》等。还有作有歌剧、影视剧作品，并有几十件作品在国内外获奖。

吕 真（1946— ）

女钢琴教育家。上海人。1982年毕业于上海音乐学院钢琴系。1988年到华南师范大学音乐系任教。1994年参加中央音乐学院研究生课程班学习。曾在《星海音乐学院学报》《华南师范大学学报》《钢琴艺术》等刊物发表有关钢琴教学研究的数篇文章。编著《步入音乐之门——成人钢琴浅易教程》上、下册。

吕白克（1912—已故）

声乐教育家。江苏宜兴人。1936年杭州国立音专音乐系肄业。曾任沈阳音乐学院声乐系副主任、副教授，辽宁省政协第四、五届委员。著有《声乐研究》等。

吕宝荣（1959— ）

女高音歌唱家。山东人。天津歌舞剧院演员。1984年到中国音乐学院进修，师从金铁霖教授。在剧院自创歌剧《银杏树下的爱情》中，扮演女主角孟莲莲，在大型音舞诗画《唐宋风韵》中扮演"碧波仙子"，担任《望庐山瀑布》和《鹊桥仙》的领唱，在大型舞乐《妈祖》中担任《菖蒲采药》和《大海明灯》的领唱，1997年歌剧《江姐》中扮演江姐。曾到日本、泰国、意大利等国演出。1999年被评为天津市第一届中青年德艺双馨文艺工作者。

吕宝珠（1947— ）

歌剧表演艺术家。北京人。1978年调中国歌剧舞剧

L

院，任二重唱与独唱。1979年在歌剧《窦娥冤》中扮演张驴爹。1980年在歌剧《救救他》中扮演小霞爹。1990年在歌剧片断《白毛女》中扮演赵大叔。1992年在歌剧《将军情》中扮演敌师长。1994年在歌剧《白毛女》中扮演杨白劳。1998年在歌剧《江姐》中扮演警察局长。

吕彩玉（1940— ）

女声乐教育家。朝鲜族。黑龙江桦南人。曾任延边音协理事，延大艺术学院声乐教研室主任、教授。1964年哈尔滨艺术学院毕业后到延边歌舞团工作。1979年入延边艺术学校从事声乐教学。论文《美声唱法在延边发展未来》获国家"九五"科学成果奖、国际优秀论文奖，被当代中国社科理论丛书编纂委员会评为特等奖。

吕超青（1930—已故）

乐谱绘制家、小提琴演奏家。山东青岛人。曾任职于青岛市黄海研究所。全国少儿小提琴教育联谊会理事。1952年毕业于山东师范学院艺术系。70年代曾自费编印《小提琴曲集》（10集中国作品）及《访问世界著名弦乐器演奏家和教师》等小提琴译文、文字资料数十万字。自1980年始任《音乐创作》绘谱工作，并为《中国音乐》《中国新文艺大系·音乐卷》及人民音乐出版社、中国文联出版公司担任绘谱工作。

吕春成（1952— ）

作曲家。河南人。河南省音协理事、市音协主席、市群艺馆馆长，研究馆员。毕业于河南大学音乐系。所作歌曲《大黄河号子响云天》获河南省第八届音乐舞蹈大赛银奖、省第六届"五个一工程"奖，《当官要爱老百姓》获省廉政歌曲创作一等奖，《山村金唢呐》《中国农民》分获省创作歌曲评选二等奖，陶埙独奏曲《思念》获省首届艺术节优秀表演奖，《新娘哭坟》、泥哨独奏《乡土情》分获省第七、八届音乐舞蹈大赛金、银奖。出版有《吕春成文艺作品选——龙乡新歌》。

吕岱声（1929— ）

女声乐教育家。四川人。1952年毕业于上海音乐学院声乐系。同年入中央乐团。曾任河南大学声乐教研室主任、副教授。

吕道义（1937— ）

儿童声乐教育家。辽宁大连人。中国童声合唱委员会常委，大连童声合唱学会会长。历任大连市少年宫、青少年宫合唱团首席指挥。百余首作品在全国、省、市级合唱比赛中获奖。1992年随文化部中国春苗艺术团赴台湾演出，并出版《访台金曲》盒式带。1998年进京参加中国国际合唱节，并应邀在中央电视台举行"海滨之歌"童声合唱专场音乐会，其合唱团曾两次被评为"全国优秀童声合唱团"。主要论文《关于童声的培养》《高位置混声的原理及其训练》《童声训练与形象启发》。

吕德玉（1943— ）

女钢琴教育家。重庆人。曾任中国音协重庆分会理事、西南师范大学音乐学院教授、硕士生导师。1963年毕业于西南师范大学音乐系钢琴专业，后留校任教。1966年赴西安音乐学院进修，后任西南师范大学音乐学院钢琴教研室主任。曾发表《论钢琴即兴伴奏能力的培养》等多篇论文，出版《二十一世纪高师钢琴教程》，《钢琴教学参考资料》《音乐高考必读》（合著）及主编的《钢琴教材》等。曾出任1999年第一届全国高师五项全能比赛、2001年施坦威国际青少年钢琴比赛评委。

吕光辉（1941—1998）

民族音乐家。彝族。贵州人。曾为毕节地区音乐教育研究会副会长。1959年入贵州大学艺术系附中，主修声乐。1961年后在咸宁文化馆工作，继而在咸宁民族师范、毕节地区师范任教，同时开始对彝族音乐的研究。作有《彝家姑娘爱种树》《凉风悠悠吹过山》《欢乐的彝家》《毛主席走遍全国》等歌曲，撰有《中等师范声乐教学中技巧及其要领》《彝族古代曲名及其过程探索》等文。多年来义务辅导众多青年歌手。

吕桂宝（1943— ）

歌词作家。山东烟台人。历任烟台市文工团、山东省歌舞团演员、创作员，济南军区空军文工团创作员，山东省艺术馆文艺部主任、研究馆员。发表多类体裁作品数百件。交响诗《啊，泰山》、清唱剧《红嫂》获好评，歌曲《泉城美》在山东声乐作品评奖中获创作一等奖，《思乡曲》在空军对台广播作品评比中获创作一等奖，声乐套曲《祖国颂》在山东第三届音乐舞蹈节中获创作一等奖，大合唱《我们是八十年代的大学生》获省三等奖。

吕桂霞（1951— ）

女音乐教育家。黑龙江双鸭山人。1974年毕业于哈尔滨师范学院艺术系，1991年进修于中国音乐学院声乐系。曾在双鸭山文工团歌队、乐队任职，在双鸭山市群艺馆、宁波市群艺馆艺术部任声乐指导。撰有《群众艺术馆的社会作用与自身建设》（合作）等文，作有《难忘故乡小村头》《秋千上的姑娘》等歌曲，培养多名学生在省市级声乐大赛获奖，辅导的二支少儿合唱队双获浙江省首届合唱比赛一等奖。兼任宁波市歌舞团等单位的声乐教学工作，策划各项大型文艺活动。

吕恒全（1953— ）

作曲家。甘肃静宁人。1996年毕业于甘肃省高级师范专科学校音乐系。1982年在静宁文化馆任音乐创作员，1989年始在甘肃省平凉地区行政公署文化出版处任剧目工作室主任。作有歌曲《杏花雨》《星星谣》《人人都说山歌好》《母亲的目光》《红嘴鸥》《赶得早》，《不能告诉人》获省少儿歌曲二等奖。作有舞蹈音乐《花儿朵朵红》《拥抱太阳》。MTV《黄土塬谣》获全国第三届百家电视台电视音乐节目银奖，大型眉户剧《山魂》获1999年甘肃省庆祝国庆50周年献礼演出暨新创剧目调演音乐唱腔设计二等奖。

L

吕红阳（1971— ）

钢琴演奏家。黑龙江哈尔滨人。1992年毕业于哈尔滨师范大学，同年分配至哈尔滨歌剧院，后入中央音乐学院研究生班学习。1999年赴俄罗斯参加"远东之春"音乐节演出。2001年赴意大利参加国际合唱比赛，任钢琴伴奏并获金奖。多次担任钢琴伴奏参加全国合唱比赛获金奖。曾在中国国际广播电台、中央广播电台、中央电视三台、北京有线电视台、哈尔滨广播电台等录制音乐节目。1994年受聘于哈尔滨师范大学艺术学院音乐系任钢琴主课教师。

吕宏久（1934— ）

音乐教育家、民族音乐理论家。辽宁庄河人。1958年毕业于沈阳音乐学院理论作曲系，任教于内蒙古艺术学院。作为主要执笔者参与《中国民间歌曲集成·内蒙古卷》和《中国曲艺音乐集成·内蒙古卷》编纂工作。曾任内蒙古大学艺术学院艺术研究室副主任、主任及艺术学院学报副主编、主编。著有《蒙古族民歌调式初探》《刘银威二人台唱腔集》《旋律写作》（蒙文，合作），作为执行副主编参与编写了六卷本的《中国二人台艺术通典》、参与编写三卷本的《内蒙古爬山调艺术通典》。创作和论著曾3次获自治区艺术创作萨日纳奖。

吕洪静（1939— ）

女民族音乐学家。山东青岛人。1961年毕业于西安音乐学院作曲系。曾在汉中歌剧团、汉中群众艺术馆从事作曲、教学、辅导工作。1981年调入陕西省艺术研究所音乐研究室从事唐宋音乐形态学研究，研究员。撰有《唐代"拍"的时值》系列论文数十篇，其中《论"换头"—中日"换头"音乐比较》在日本《雅乐界》发表。《唐大曲与西安鼓吹乐的比较》1998年被文化部批准为重点课题。编撰《西安鼓乐集》《陕西音乐志》。

吕华强（1955— ）

单簧管演奏家。河南人。1971年考入解放军军乐团，从事单簧管专业，曾参加第四届全军文艺汇演获优秀奖，后担任单簧管三重奏领奏，小乐队首席。1978年入独奏进修班深造。参加迎送外国国家元首以及党和国家重大庆典仪式活动的演奏和音乐会演出。1983年后调办公室任业务训练干事，历任乐队副队长、军艺音乐系暨军乐团教学队队长从事军乐教育工作。主编《军乐教学与研究》，为军队培养了一批优秀管乐人才。

吕继宏（1966— ）

男高音歌唱家。甘肃人。中国音协第六、七届理事，第十一届全国人大代表。1982年毕业于西安音乐学院声乐系，师从陶立玲，毕业后在兰州师专音乐系执教。1985年调入甘肃省歌舞团。1989年入海政文工团，先后任歌队队长、业务副团长。2001年中国音乐学院研究生班毕业，师从金铁霖。为《杨家将》《汉武帝》《燕子李三》《汗血宝马》《基因之战》等多部影视剧录制主题歌和插曲。演唱的《再见了，大别山》《咱老百姓》《妈妈的歌谣》《国泰民安》等歌曲曾多次获奖。在文化部举办的92中国

民族声乐比赛中获第一名，1999年获第七届全军文艺汇演声乐表演"特别贡献奖"，2003年获第四届"金唱片奖"最佳男演员奖，2004年获第六届CCTV—MTV音乐盛典最佳民歌男歌手奖。曾在歌剧《红珊瑚》和大型音乐剧《赤道雨》中扮演男主角。

吕金鹤（1952— ）

男高音歌唱家。河北唐山人。1971年入部队文艺团体。曾为北京军区歌舞团独唱演员。演唱有《边关月》《边疆早晨好》《壮士为国走天涯》。

吕金藻（1928— ）

音乐理论家。山东黄县人。1952年毕业于东北师大音乐系。曾为吉林艺术学院教授、学报主编。美国音乐研究会副理事长。撰有《建国以来音乐评论中的若干问题》《音乐春秋》《东北沦陷时期音乐概况》《外国指挥大师传略》，译有《世界著名小提琴家传略》。

吕景利（1973— ）

器乐教育家。吉林九台人。长春大学音乐学院院长助理。1994年毕业于吉林艺术学院、2007年毕业于东北师范大学。指导的学生在2004年"全国少儿文艺节目大赛"中获一等奖，本人获优秀指导教师奖。在中国音协举办的"全国业余萨克斯考级"中多次获优秀指导教师奖。撰有《生命如歌》论文，著有《葫芦丝与巴乌演奏教程》《萨克斯学习指导》。

吕美顺（1938— ）

音乐文学家。安徽庐江人。1962年毕业于复旦大学中文系。曾任中国音协《词刊》理论编辑。作有歌词《江南采花女》《安徽，我可爱的家乡》。撰有《'湘累'的思想艺术》，获《音乐生活》1982年文章奖。

吕培生（1919—1990）

声乐教育家。北京人。40年代毕业于北京师范大学音乐系。50年代在南京师范学院、中央乐团任教。曾任广州音乐学院声乐系副主任、副教授。

吕佩红（1938— ）

歌唱家。辽宁大连人。原中央民族乐团业务处副处长，中国演出家协会理事。1956年考入中央歌舞团，后调任中央民族乐团合唱、领唱、对唱、表演唱。担任领唱的曲目有《雷锋组歌》《也门的晚霞》《我们这一代》等。曾参加音乐舞蹈史诗《东方红》《中国革命之歌》的排练演出。在小歌剧《狼牙山人》《三代民兵》《要彩礼》《箭杆河边》中担任主要角色。多次为国家领导人及外宾演出。曾获莫斯科第六届世界青年联欢节合唱比赛"金质奖章"。

吕其明（1930— ）

作曲家。安徽人。第五届中国音协理事、上海市文联副主席、中国电影音乐学会副会长。1940年参加新四军，1949年随部队进入上海。同年11月转业至新成立的上

L

影厂，任电影作曲。曾任上影乐团团长、上影厂音乐创作室主任。1959至1965年在上海音乐学院进修作曲与指挥。为《铁道游击队》《城南旧事》《焦裕禄》等二百余部（集）影视作曲，同时创作管弦乐序曲《红旗颂》等十余部大、中型器乐作品以及《弹起我心爱的土琵琶》《谁不说俺家乡好》（合作）等三百余首声乐作品。获24项音乐创作奖，其中故事片《城南旧事》音乐获第三届中国电影金鸡奖最佳音乐奖。

吕青宝（1938— ）

女钢琴演奏家、教育家。安徽旌德人。江苏音协键盘部委员。1957年考入上海音乐学院钢琴系，1962年毕业后分配至南京军区前线歌舞团任钢琴演奏员。参加过大型音乐舞蹈史诗《东方红》的演出。1983年随解放军艺术团赴朝访问演出。1985年率前线歌舞团毛阿敏等7位独唱演员参加全军中青年歌手大赛，全部获奖。本人获优秀钢琴伴奏奖。录制过数十首独唱曲的钢琴伴奏唱片、盒带。近年来，主要致力于少儿钢琴教学，并担任江苏钢琴比赛及考级评委。

吕庆霞（1956— ）

女歌剧表演艺术家。哈萨克族。黑龙江哈尔滨人。1974年任哈尔滨市曲艺团演员，1979年至今在中国歌剧舞剧院歌剧团任演员。曾主演地方戏《白毛女》《沂蒙颂》《春苗赞》，歌剧《星光啊星光》《贺龙之死》《槐花香》等。在歌剧《白毛女》中饰演王二婶，曾参加中日合排的歌剧《徐福》中饰演舞女。曾主演电视剧《月亮升起的地方》《秋收之后》《滴滴娇》《战争中的女人》等。

吕仁敏（1936— ）

作曲家。山东海阳人。曾毕业于保加利亚鲍亚基耶夫合唱指挥专家班、上海音乐学院理论作曲系。原战友歌舞团创作组长。作有舞蹈音乐《草原女民兵》（合作），《大刀进行曲》，小歌剧《探家路上》，儿童歌剧《哥哥放羊我提篮》，歌剧《关不住的小老虎》《双喜临门》，歌曲《护士之歌》《放心吧，老班长》等。其中歌曲《南京路上好八连》《毛主席夸咱女民兵》等广为流传。撰有《评歌剧"山青水秀"的音乐创作》《华北地区歌剧会演述评》《全军二届汇演歌曲创作述评》。

吕仁仲（1953— ）

音乐编辑家。山东人。1978年考入南京师大音乐系。毕业后曾任无锡电台、经济台台长、市电台副台长、无锡广播中心主任。江苏省音协理事、无锡市音协主席。编撰及发表数十篇论文，编辑出版有《回声》《俄罗斯合唱精选》《无锡艺术60年音乐卷》等书。编辑组录大量歌曲，其中《中华我爱你》《吴风秀韵好地方》《家》等分获中央电台全国"广播新歌"金奖及省"五个一工程"奖。编辑撰写的音乐专题获省"优秀广播电视音乐专题"二等奖，编辑制作的音乐专题《清丽典雅碧玉晶莹》获全国市广播电台"优秀节目奖"。另出版锡剧《周处》《孟丽君》等。

吕瑞英（1932— ）

女越剧表演艺术家。上海人。1941年学艺，1943年随师演出。曾任云华剧团、东山越艺社、华东戏曲研究院越剧实验剧团及上海越剧院演员。曾在《小二黑结婚》中饰小芹，《梁祝》中饰银心，《西厢记》中饰红娘，《红楼梦》中饰薛宝钗，《打金枝》中饰公主。参加第一届全国音乐周，演出《西厢记》"拷红"一折。曾随团赴苏联、西德、朝鲜、香港演出。

吕若曾（1922— ）

作曲家。安徽阜阳人。曾任辽宁省和大连市音协顾问。1940年参加新四军。1941年在新四军华中鲁艺音乐系学习。曾任沈阳军区前进歌舞团团长。1959至1962年入中央音乐学院作曲系进修。辽宁省音协第三届副主席。作品有大联唱《我们是人民解放军》，歌曲《当兵为打仗》《当兵扛起枪》《这话一点也不假》，获全军文艺汇演优秀奖。还有《大路上过来一队解放军》《当好革命接班人》等。

吕少贤（1950— ）

作曲家。壮族。广西宁明人。曾任广西音协理事、崇左市音协名誉主席。宁明县文联主席。1970年考入宁明县文工团任乐手并开始文艺创作。1980年调县文化馆任创作员、副馆长。在全国和省地级报刊、电台、电视台和文艺汇演、比赛中发表大量歌曲和舞蹈音乐作品，获全国和省地级奖八十余次。出版有《吕少贤歌曲选集》，发表有诗歌、散文、报告文学、摄影等作品。

吕绍恩（1935— ）

作曲家。山东青岛人。中央民族大学音乐学院作曲系教授。1963年毕业于中央音乐学院。作有琵琶独奏《狼牙山五壮士》、第一交响乐《中国史诗》、弦乐大赋格《哲学的沉思》，管弦乐《婚礼圆舞曲》先后获文化部第二次全国交响乐评比、台湾新原人世界华人音乐作品评选、中华婚礼音乐评奖第一名最高奖。写有复调交响乐，小提琴协奏曲，13首交响诗、交响词、交响散文，24首钢琴前奏曲集，24首中国民歌管弦乐小品集，3部弦乐四重奏逻辑三部曲，80首艺术歌曲，重唱合唱各3集，24首倚格填词曲牌。专著《世界名曲中失误之处》，论文《试论巴赫赋格曲的美学价值》等。

吕胜之（1955— ）

作曲家。山东青岛人。1978年考入南京晓庄学院音乐专业。1980年任中学音乐教师，1984年调入江苏省音协工作。1985年任江苏文艺学院教师，同年任中国函授音乐学院江苏分院教务长。作有《我眷恋我的祖国》《春满江南》等上百首歌曲。编著中国工人歌曲集《开拓篇》《奉献篇》。

吕省心（1932— ）

小提琴演奏家。河北乐亭人。1949年入北京艺术专科学校音乐系，后任中国电影乐团交响乐队首席。曾应聘为中国教科文艺术团常任指挥。

吕事明（1942— ）

小提琴演奏家。江西九江人。曾入武汉音乐学院进修小提琴、指挥。1960年入九江地区歌舞话剧团任乐队首席，1974年调九江市歌舞团任乐队首席兼作曲，1994年任该团创作室创作员。创作歌曲《找春天》《瓷都啊，美丽的画廊》等，创作芭蕾舞剧音乐《闪闪的红星》（合作），古装歌剧音乐《追鱼》（合作），曾任乐队指挥，并教授小提琴。

吕守贵（1937— ）

指挥家、作曲家。山东淄博人。1962年毕业于天津音乐学院。历任山东淄博歌舞剧院艺委会主任、山东歌舞剧院交响乐团指挥、中国交响乐团合唱团和中国电影乐团客席指挥。1995年指挥中国电影乐团演出交响组曲《大峡谷》，曾在北京音乐厅指挥中国交响乐团合唱团演唱本人作曲的清唱剧《相思树》。2002年出版CD《中国名诗词艺术歌曲100首》，并在北京民族宫大剧院指挥中国交响乐团合唱团演出为白居易词作曲的清唱剧《长恨歌》。2004年在"上海之春国际音乐节"，首演其作曲的小提琴协奏曲《杨贵妃》，由著名小提琴家李传韵独奏，指挥家陈燮阳指挥上海交响乐团演奏。

吕蜀中（1935— ）

指挥家。四川人。1951年参军，1952年调至军委军乐团。1962年毕业于上海音乐学院指挥系，后任广州军区战士歌舞团管弦乐队指挥。1973年任中国人民解放军军乐团指挥，历任该团队长、副团长、团长。中国合唱协会理事，首都师范大学名誉教授。参加全军第三、四、六届文艺汇演，三次获得优秀指挥奖。1964、1965年在北京及广州演出的音乐舞蹈史诗《东方红》中分别担任指挥及首席执行指挥。新中国成立40周年国庆晚会任300人军乐行进表演总指挥。1990年在第十届亚运会开幕式上任600人军乐行进表演总指挥。

吕树美（1947— ）

女歌唱家。安徽人。1963至1985年在广州军区战士歌舞团任声乐演员。1964年和1965年先后在北京和广东省演出的大型音乐舞蹈史诗《东方红》中担任《南泥湾》《双双草鞋送红军》等的领唱，并在该团排演的《南海长城》《卖椰子姑娘》等多部歌剧中担任女主角。曾多次担任全军文艺汇演和调演出节目主持人。1985年转业到广东省文联组联部，历任科长、副处长、处长。现任广东省电视艺术家协会理事、广州模特协会副主席。

吕水深（1917—已故）

声乐教育家。台湾嘉义人。1947年毕业于日本东京声专音乐学校歌剧科。曾任日本藤原义江歌剧团独唱演员并在东京举办独唱音乐会。1952年回国任教于中央音乐学院声乐系。曾任天津音乐学院声乐系顾问、教授。中国音协第四届理事，音协天津分会常务理事，天津市第十届人大常委。

吕思清（1969— ）

小提琴演奏家。山东人。曾获意大利帕格尼尼小提琴大赛金奖。曾与英国皇家爱乐乐团、瑞士伯尔尼交响乐团、意大利热那业歌剧院交响乐团以及西班牙、美国、俄罗斯、日本等世界著名交响乐团合作演出。参加美国、德国Ludwigsburg、瑞士日内瓦、北京、香港、澳门、台湾等多个重大的国际音乐节活动。参加中央电视台"春节晚会""春节歌舞晚会""新年音乐会"、等系列大型艺术活动。被美国旧金山市和新泽西州分别授予旧金山市荣誉证书及新泽西州杰出亚裔艺术成就奖，被"万宝龙"授予"2002万宝龙卓越艺术大奖"，被《中国青年》评为"影响21世纪中国的100个青年人物"之一。2002年在北京成立吕思清音乐艺术中心。

吕文科（1930—1997）

男高音歌唱家。河北井陉人。1949年入石家庄市文工团。曾在海政歌舞团工作。演唱有《走上这高高的兴安岭》《克拉玛依之歌》《羊倌的歌》。

吕现争（1933—已故）

戏曲音乐教育家。河南洛阳人。洛阳艺术学校高级讲师，洛阳市音协顾问。曾为近百部剧目编曲，代表作有《赶脚》等。其中《游乡》（合作）《掩护》分别出版并录制成唱片，拍摄成戏曲艺术片。创办洛阳市戏曲演员训练班，培养优秀曲剧演员。上世纪70年代任洛阳市戏曲学校副校长、洛阳市曲剧团团长。曾为《中国戏曲志·河南卷》《中国戏曲音乐集成·河南卷》撰稿，任《洛阳市戏曲志》编辑，《洛阳市志·文化艺术卷》副主编。

吕小白（1938— ）

钢琴教育家。江苏宜兴人。1964年毕业于沈阳音乐学院钢琴系。后入工程兵政治部文工团、辽宁芭蕾舞团任演奏员。1981年始在沈阳音乐学院钢琴系、附中任教，学科主任。撰有《谈斯卡拉蒂及其奏鸣曲》《门德尔松及其无词歌》《钢琴教学中的几个辩证关系探析》等文。所教钢琴学生获中国钢琴作品演奏全国邀请赛二等奖、获亚洲TOYAMA杯钢琴比赛（沈阳赛区）公开组第一名，并获香港"肖邦钢琴大赛"赛区选拔赛公开组及协奏曲组冠军。

吕小琴（1958— ）

女歌唱家。四川成都人。四川成都音乐舞剧院演员。曾任职于温江地区文工团。1984年结业于四川音乐学院声乐系进修班。1988年获全国青年歌手电视大奖赛四川赛区民族唱法三等奖，1989年获全国十五省市优秀歌手大赛民族唱法一等奖，1990年获第四届全国青年歌手电视大奖赛四川赛区民族唱法一等奖。1985年以来为四川广播电台录制创作歌曲八十余首，并为电影《巴河镇》《双头鸟之谜》及电视剧《痴汉》《凌汤圆》等配唱。

吕欣荣（1960— ）

作曲家。山西河曲人。山西省音协副主席、山西省舞剧院作曲。歌曲《E—mail飞出山沟沟》《中华大秧歌》等二十首作品获全国"五个一工程"奖、全国广播新歌等奖项。舞蹈音乐《军魂》，音乐诗剧《流泪的月亮》，音乐小品《水中缘》，民乐合奏《农家乐》，论文《弘扬'中国化'，走向'世界化'——再论通俗歌曲的民族性》，分获全军文艺调演一等奖、全国音乐论文评选金奖、全国民间音乐舞蹈大赛一等奖。拍摄音乐电视《做一名中华好儿女》等三部。出版《怎样识乐谱》及个人作品专辑《走向明天》《阳光下的承诺》等。

吕新旭（1956— ）

小提琴演奏家。山东安丘人。1972年毕业于南京艺术学院音乐系，后任江苏省歌舞剧院交响乐团副首席。1991年获江苏省第二届"音乐舞蹈节"弦乐三重奏二等奖，京剧《西施归越》获"京剧艺术节"铜奖，交响乐《霸王鼎》获江苏省艺术节演奏金奖。录制音乐盒带《我相信》《江海汉子》《望穿秋水》《舞蹈音乐》等分获一、二等奖。曾与钢琴家殷承宗、小提琴家吕思清合作举办音乐会。1992年随团赴朝鲜访问演出。

吕秀文（1930—1994）

女音乐编辑家。浙江永康人。曾任中国电影音乐学会特约理事。1954年毕业于华东大学音乐系作曲专业，后到上海电影制片厂从事作曲。1955年调人民音乐出版社任编辑、编审。曾为百余种书谱稿件担任责任编辑，其中有《中国古代音乐史稿》《民族乐队乐器法》《常香玉演唱艺术》《柴科夫斯基主要作品选释》，以及自编文集《谈交响乐的创作》《论音乐的革命化、民族化、群众化》《革命歌曲解说》等。通俗丛书有《怎样欣赏音乐》等。声乐作品有《声乐教学曲选》《革命歌曲大家唱》《中国歌曲选》《银幕歌声》。曾在《音乐编辑手册》中担任首席责任编辑。

吕学强（1955— ）

作曲家、音乐教育家。回族。河南固始人。1970年参加县京剧团任首席小提琴，1983年调入县文化馆任副馆长、副书记、副研究馆员。出版《茶乡情歌》歌曲集一部。创作歌曲百余首，部分获一、二、三等奖并发表，多首歌曲在中央台、省台播放。十多篇论文获奖。为灶戏《郭丁香出嫁》创作音乐和唱腔设计并获省银奖。歌曲有《摇蓝—校园》《我对祖国一片深情》等。培训众多声乐、小提琴学生，曾被授予优秀校外辅导教师。

吕亚非（1955— ）

作曲家。山东费县人。1985年毕业于郑州大学中文系。后任河南省鹤壁市群艺馆文艺辅导部主任、副馆长。获奖歌曲有《我们是彩虹》（市一等奖）《惊起吧，仙鹤的故乡》《天海之歌》《唢呐声声》（省二等奖），《绿色的风》《土地颂》《共产党员之歌》《山城晨曲》。撰有《浅谈教师在教学方法中的方法问题》（合作），《从辅导群众合唱谈群众文化素质的提高》（合作）等文，分别获河南省音乐理论研讨会评选二、三等奖。

吕一强（1955— ）

作曲家。内蒙古呼和浩特人。1972年从事文艺工作，担任演奏员。1987年毕业于北京师范学院音乐系。曾获内蒙古首届交响音乐大赛二等奖，1996年参加俄罗斯巴斯克

尔托斯坦共和国国际民间艺术节获作曲奖，2004年获内蒙古专业剧团汇演作曲奖。2001年后连续担任呼和浩特国际民间艺术节第一至第五届总导演。后任呼和浩特市文化局副局长、市音协主席职务。

吕永鑫（1943— ）

长笛演奏家。山东黄县人。1961年考入中央歌剧舞剧院，1963年就职于总政军乐团，1971年在总政歌舞团管弦乐队任长笛首席、木管声部长、分队长。曾随团出访罗马尼亚、德国、匈牙利、泰国及香港。多次参加国内重大司礼工作及演出任务，如国庆大典及《中国革命之歌》等。在长笛笛头的研制方面有一定成绩，曾任北京、天津等乐器厂长笛笛头制作顾问。二十世纪60年代中期研制的长笛加膜笛头，已成功运用。

吕永益（1946— ）

长笛演奏家。山东龙口人。1966年毕业于总政军乐团学员队。1971年调总政歌剧团任首席长笛。曾任乐队队长、副团长。曾参加《刘胡兰》《党的女儿》《这里的黎明静悄悄》《托斯卡》等大、小歌剧的排演工作。多次深入部队、海边防慰问演出。1992年随中国歌剧艺术团赴香港、澳门演出。1997年参加策划、组织总政治部主办的"迎七一庆祝香港回归综合音乐会"。

吕云路（1963— ）

歌唱家。山东龙口人。聊城大学艺术学院音乐系教授、硕士生导师、艺术学院副院长，山东省教育厅重点课程资助项目主持人，聊城大学重点课程带头人。1989年于西南师范大学音乐系研究生班学习。师从巴西籍歌唱家沈愫之学声乐。多次在各类声乐比赛中获奖，多次举办声乐教学音乐会。先后在《人民音乐》《艺术教育》《广播歌选》发表论文三十余篇。曾获山东省社科优秀论文三等奖、教育厅优秀论文一等奖。

吕振海（1947— ）

音乐教育家。江苏泗洪人。曾就读于上海音乐学院附中钢琴专业、上海音乐学院民乐系打击乐专业。1973年起在湖南省歌舞团任打击乐声部长、乐队副队长、乐队指挥。曾赴上海进修乐队指挥，录制打击乐唱片《火车进山寨》，指挥大型歌舞《潇湘风情》及交响音乐会排练演出，并指挥录制多部电视剧音乐。1990年调入厦门音乐学校任钢琴教师，指导学生曾获"星海杯"全国少儿钢琴比赛二等奖。

吕仲起（1940— ）

音乐学家。河北沧县人。1963年毕业于北京艺术学院音乐系作曲专业并留校。1964年始在中国音乐学院理论系、后在中央音乐学院音乐学系任教。1976年起曾任山西省电台文艺部编辑、导演、主任编辑、副主任，山西省歌剧舞剧院副院长，山西职工文学院教授、副院长。山西艺术职业学院教授。发表《河曲山曲初探》等学术论文和音乐评论文章数十篇及《故乡的小河》等歌曲数十首。2003年出版专著《基础乐理知识问答》。导演十八集广播连续

L

剧《新星》获全国广播剧评比一等奖。

吕自强（1936— ）

音乐理论家。陕西礼泉人。1959年毕业于西安音专民乐系。曾在陕西省戏曲研究院艺术研究室从事戏曲音乐与民族音乐理论研究工作。著有《秦腔音乐板式的形式及特点》《应当重视秦腔的音律和音阶》《琵琶旧七品和中立音》。

吕作雄（1932— ）

大管教育家。辽宁大连人。1948年始从事文艺工作。1961年毕业于中央音乐学院管弦系专家班。任教于沈阳音乐学院管弦系。撰有《大管发展简史》，编有《大管音阶及琶音基本练习》，作有乐曲《节日欢舞》等。

栾 慈（1937— ）

女高音歌唱家。北京人。1956年入北京新影乐团。曾在中央民族乐团担任演员及声乐教学工作。

栾 枫（1957— ）

男中音歌唱家。北京人。1975年入总政歌舞团。1983年始两次入中央音乐学院进修。曾在意大利留学。1986年始在北京和香港等地多次举行独唱音乐会。1987年为中央电视台"九州方圆"栏目《泰山》录制主题歌。

栾 凯（1973— ）

作曲家。山东济南人。1997年毕业于中央音乐学院作曲系，后在作曲专业硕士学位班深造。解放军艺术学院音乐系副教授。音乐作品多次获奖，其中《康定情缘》获第九届亚洲音乐节"最佳作品奖"。主要作品有大型交响乐《祭孔随想》，交响音诗《流动的紫禁城》，交响音画《大羽华裳》，舞蹈《红蓝军》，大合唱《向着太阳的誓言》，歌曲《生死不离》《国旗在诉说》等。

栾桂娟（1944— ）

女音乐理论家。辽宁沈阳人。1969年毕业于中国音乐学院音乐理论系民族民间音乐专业。原中国艺术研究院音乐研究院研究员、传统音乐研究室主任。撰有论文《音韵美——中国传统音乐的精华》《歌唱性口语与口语化歌唱》《世纪末的反思》《曲艺艺术的传承性与时代性》《说书调与唱书调》《美的追求与美的把握》等。出版音乐学研究文集《绿叶与根的对话》及《中国曲艺与曲艺音乐》等，并编辑出版配以文字的有声读物《中国音乐大系·十八般曲艺》等。

栾桂兰（1932— ）

女高音歌唱家。辽宁沈阳人。1949年始从事音乐工作。1957年入中国煤矿文工团任独唱演员。演唱有《王大妈要和平》《慰问志愿军小唱》。

栾胜利（1942— ）

吕剧作曲家。山东淄博人。1957年始从事创作。1983年毕业于上海音乐学院民族音乐理论作曲戏曲专业。曾任山东省吕剧团副团长。担任吕剧《婴翠》《梨花狱》音乐设计，著有《吕剧音乐创作基础知识》。

栾心愉（1939— ）

声乐教育家。山东高密人。曾任青岛十四中学音乐教师。1961年毕业于青岛师范专科学院，曾任青岛辽宁路小学音乐教师。作有歌曲《天安门城楼高又高》等，撰有《用美育净化青少年心灵》等文章。曾师从沈湘等学习声乐教育，培养了一批专业歌唱演员，有学生在国内外声乐比赛中多次获奖，本人多次担任各级声乐比赛评委。

仑决卓玛（1958— ）

女高音歌唱家。藏族。西藏山南人。1982至1985年在上海音乐学院学习声乐。1971年始在西藏山南地区艺术团任声乐队长。曾在全区专业文艺调演、全区首届专业声乐比赛中分获一、二等奖，1988年首届中国"长江歌会"演唱大赛中获"银杯奖"。自1989年起在各种赛事中屡获一、二等奖，在1992年西藏赛区的歌王、歌后比赛中获歌后。参加纪念西藏和平解放40周年、50周年庆典活动，获专业组演唱二等奖。曾赴日本、荷兰、法国、西班牙、香港、澳门、台湾等国和地区演出。2000年任第二届"才旦卓玛艺术基金会"歌曲新作大赛评委。

仑宝珊（1922—1988）

女戏曲音乐理论家。广东南海人。重庆国立音乐院理论作曲系肄业。原在中国艺术研究院戏曲研究所工作。编有《评剧音乐唱腔选集》，撰有《河北梆子乐师郭小亭拖腔伴奏经验整理》。

罗 斌（1934—2004）

作曲家。侗族。贵州石阡人。1949年从事部队文艺工作。1958年毕业于西南音专作曲系，任职西藏歌舞团创作室，搜集大量西藏民歌。后任职于贵阳市歌舞剧院。曾任贵州省音协理事兼创作委员会副主任。创作有多首音乐作品，表演唱《积肥》为歌舞团保留节目。歌曲《歌唱共产党》及为毛泽东诗词谱曲的《黄鹤楼》均发表于《音乐创作》并入选高校声乐教材。1986年调贵州民族学院艺术系任教，后调贵阳市歌舞团。获奖作品逾百首（件），歌曲有《春天，绿色的母亲》《为十六岁祝福》《新的太阳，新的一代》《侗家儿童真快乐》，舞蹈音乐《声光谣》《追太阳》等获奖。

罗 成（1964— ）

作曲家。青海平安人。历任青海省杂技团团长、青海省民族歌舞剧院副院长，青海省文化艺术学校副校长。中国艺术研究院特约研究员，青海省音协理事。出版有声乐作品专辑《走进青海》VCD、《油田大合唱》《昆仑石油情》《老话》。其中《开发西部呀拉索》等歌曲多次获省部级及全国大奖。论文有《敦煌曲谱的来龙去脉与研究成果》等多篇。创作有《西海魂》等多部器乐曲。

罗 纯（1946— ）

小提琴、二胡演奏家。天津人。中国京剧院演奏员。

1964年毕业于中国音乐学院附中。1970年毕业于中国音乐学院器乐系本科。1973年任中国京剧院乐队演奏员。曾随团赴亚、欧各国演出。

罗 芳（1963— ）

女高音歌唱家。陕西乾县人。总后军事交通学院副教授。1984年开始从事部队文艺工作。师从韩宝林教授。1993年毕业于天津音乐学院声乐系。同年5月在津举办"个人独唱音乐会"。1998年获"总后第三届青年歌手大奖赛"美声组一等奖，1999年获文化部"群星奖"天津赛区歌手一等奖，2005年合唱作品《我们已经踏上征程》获总后"战士文艺奖"词曲创作奖。发表有音乐及戏剧理论、教育教学等学术论文数十篇。

罗 洪（1963— ）

男中音歌唱家、声乐教育家。江西南昌人。广州星海音乐学院社会音乐系党支部书记、副主任。1986年毕业于中国音乐学院声乐系。1988年参加全国艺术歌曲比赛获奖。分别在北京、广州举办独唱音乐会。论文《字正腔圆与中国歌曲的演唱》获省音乐论文评选一等奖。由广东音乐出版社、太平洋影音公司出版发行其主讲的《通俗唱法》教学VCD。多次在星海音乐厅举办师生音乐会。曾参加纽约夏季音乐节，并赴新加坡讲学。

罗 卉（1957— ）

女音乐教育家。重庆人。西南师大音乐学院副教授。1989年西南师大音乐系研究生毕业。获1981年"重庆市首届青年歌手比赛"二等奖，1981年"四川省首届青年歌手大赛"三等奖。1988年由重庆音协与西南师大举办"罗卉独唱音乐会"。撰有《中国民族唱法与美声唱法形态与风格比较》等文。出版《声乐曲集》（女高音上、下册）。

罗 键（1965— ）

音乐活动家。安徽定远人。安徽省滁州市文联音协驻会副主席兼秘书记，安徽省音协理事，安徽省音协手风琴专业委员会、钢琴专业委员会常务理事。1985年毕业于滁州学院艺术系，2000至2002年在南京师范大学研究生班深造，主修手风琴专业。长期以来多次参加省、市各类演出并担任手风琴演奏员。主持音协工作以来，组织承办中国音协全国考级，滁州新春音乐会，青少年器乐大赛、歌手大赛，考级优秀生汇报演出会音乐活动等。

罗 杰（1933— ）

女钢琴教育家。辽宁沈阳人。西安音乐学院钢琴系副教授。1958年毕业于西安音乐学院。1949年为东北文协文工团演员，后任东北人艺演员、演奏员。曾参加中国人民赴朝慰问演出。编有声乐专业钢琴共同课教材《歌曲伴奏》和集体讨论由其执笔的《声乐专业钢琴共同课教学大纲》。撰有《高等音乐院校钢琴共同课若干问题的探讨》《浅议儿童钢琴教学》等文。多次出任钢琴比赛评委。

罗 晋（1943— ）

演奏家。壮族。广西壮族自治区人。1963年毕业于

中央民族学院艺术系，同年任中央民族歌舞团中音提琴演奏员。1970至1979年在北京京剧团《沙家浜》剧组工作，1979年3月起历任中央歌剧院交响乐团团长、党委办公室主任、中央歌剧院党委副书记。曾任中国音乐演出代表团副团长，率中央歌剧院交响乐团参加第六届、第七届澳门国际音乐节演出。

罗 静（1973— ）

女大提琴演奏家。四川成都人。1996年毕业于中央音乐学院管弦系。中央芭蕾舞团乐队首席大提琴。在《天鹅湖》《红色娘子军》《仙女》《梁祝》《大红灯笼高高挂》《堂吉诃德》《祝福》《睡美人》《希尔维亚》《天鹅之死》《诗人与农夫》《吉赛尔》《罗密欧与朱丽叶》等舞剧中担任独奏部分。

罗 浪（1920— ）

作曲家、指挥家。福建人。1939年毕业于延安鲁艺音乐系。曾任抗敌剧社军乐队长、开国大典联合军乐团总指挥、解放军军乐团首任团长、中央广播乐团团长等职务。作品有《保卫胜利果实》《快乐的子弟兵》等歌曲二百余首，创作改编《解放军进行曲》《分列式进行曲》《哀乐》等军乐总谱二十余部，为十多部电影和话剧、歌剧作曲、配音，指挥开国大典及1951至1957年的国庆庆典音乐及各类演唱会数百次。中国音协理事，晋察冀文艺研究会常务理事。获三级抗日勋章、二级解放勋章、解放军荣誉勋章。获第二届中国音乐"金钟奖"终身成就奖。

罗 乐（1933— ）

男中音歌唱家、合唱指挥家。四川中江人。中国合唱协会常务理事。1950年入解放军三十四师文工队，同年参加抗美援朝。在小歌剧《任廷昌》中扮演主角。1953年进志愿军声乐训练班学习。1960年调总政歌舞团任独唱演员，被誉为"战士喜爱的歌手"。在全军文艺汇演中，多次获优秀演员奖和表演奖。作有歌曲《歌唱解放军》《巴山顶上唱山歌》《劳动号子》。改编三十余首合唱，其中有《草原夜色美》《军营男子汉》《红旗飘飘》。曾在全国夕阳红合唱比赛中，两次获优秀指挥奖。

罗 林（1963— ）

小提琴演奏家。重庆人。1987年毕业于西安音乐学院管弦系小提琴专业。1987至2000年任中国广播交响乐团第一小提琴演奏员、团副首席、代理首席。2000年应邀担任厦门爱乐乐团首席。现任中国爱乐乐团第一小提琴声部演奏员。参加过同中外众多著名指挥家、歌唱家、演奏家合作的国内、外演出活动。随团赴美、法、德、奥、意等十几个国家地区访问演出。参加波多黎各"卡萨尔斯国际音乐节""澳门国际音乐节""北京国际音乐节"的演出。

罗 龙（1976— ）

低音提琴演奏家。北京人。美国阿拉巴马交响乐团演奏员。2001年毕业于美国朱莉亚音乐学院。曾就读于中央音乐学院附小、附中，师从符达教授。1991年获首届全国低音提琴竞奏比赛演奏二等奖，2000年获美国艺术基金会

L

举办的钢琴弦乐比赛第二名。

罗 妮（1973— ）

女小提琴演奏家。北京人。1996年毕业于中央音乐学院管弦系。中央芭蕾舞团乐队副首席。参加过《红色娘子军》《胡桃夹子》《安娜·卡列尼娜》《罗密欧与朱丽叶》《黄河》《梁祝》《弦乐小夜曲》《舞姬》《谁在手》《仙女们》等多部芭蕾舞剧以及交响音乐会的演出，并与美国乐团合作演出大型音乐剧《音乐之声》。

罗 芃（1931— ）

音乐教育家。河北香河人。1951年毕业于东北鲁艺音乐系。曾任沈阳音乐学院基础课教研室主任，副教授。著有《风琴伴奏法》《乐理和视唱》等。

罗 萍（1931— ）

小号演奏家。黑龙江哈尔滨人。1948年参加东北电影制片厂管弦乐队，新中国成立后任中国电影乐团交响乐团首席小号、作曲。曾师从中央音乐学院夏之秋和德国哈莱音乐学院库尔拉切克教授，参加大量影片的音乐录制。主要作品有交响组曲《红旗渠》，小号协奏曲《帕米尔的春天》，小号独奏曲《牧羊姑娘》。

罗 青（1933— ）

小提琴演奏家。黑龙江哈尔滨人。1949年入东北鲁艺音工团乐队。1954年入中央歌舞团乐队。1956年入中央乐团交响乐队。曾任交响乐队队长。

罗 庆（1948— ）

作曲家。蒙古族。辽宁人。1969年考入内蒙师大音乐系，毕业后任通辽县文工团、哲里木盟直属乌兰牧骑作曲、指挥，哲里木盟歌舞团团长等职。内蒙文联委员、内蒙音协副主席、通辽市文联主席。作有歌曲《草原上有个美妙的传说》《草原迎宾曲》，民族器乐曲《欢庆》，舞蹈音乐《马蹄舞》，歌剧《毕业新歌》，舞剧《达那巴拉》和交响合唱《科尔沁，欢腾的故乡》《送麦新》。曾分别获国家级、省区级创作一等奖、"五个一工程"优秀作品奖。1997年由中央电视台、中央人民广播电台，内蒙音协联合举办"罗庆作品广播电视音乐会"。出版有专题唱片及《罗庆歌曲作品》专辑。

罗 蓉（1971— ）

女歌唱家。土家族。重庆人。四川省歌舞剧院歌舞团独唱演员、四川省音协理事。1994年毕业于四川音乐学院声乐系。曾在歌剧《土命丫》中担任女主角。先后获第六届六城市创作歌曲演唱大赛一等奖、第二届"四川广播文艺奖"、全省"广播新歌"金奖、四川省首届新人新歌大赛专业组一等奖、第十一届央视歌手大赛优秀歌手奖、第四届中国音乐"金钟奖"铜奖。2002年举办个人独唱音乐会。出版《想你》个人演唱专辑。

罗 帅（1976— ）

女歌唱家。湖北天门人。中国石化中原歌舞团演员。

2000年毕业于中国音乐学院。1992年获全国第二届石油职工文化大赛表演二等奖，1995年获河南省"索华杯"电视歌手大赛民族组二等奖，2006年获第十三届青歌赛全国总工会赛区优秀歌手奖。

罗 魏（1949— ）

男高音歌唱家。江苏无锡人。1978年毕业于上海音乐学院。留校任教。1980年赴意大利学习三年。1981年获意大利维奥地国际声乐比赛第二名。1983年获第二届意大利诺伐那国际声乐比赛第六名。

罗 祥（1951— ）

男中音歌唱家。回族。湖南长沙人。1987年毕业于中央民族学院音乐系。历任交通部第四铁路工程局文艺队、湖南省歌舞团、中国轻音乐团、中国歌舞团独唱演员。中国音乐学院成教部特聘教授。首唱有《海峡情思》《故乡的山茶花》《日月之恋》《走在韶山的山路上》《祖国情》，演唱曲目还有《大江东去》《阿拉木罕》《鸽子》《心愿》《叫我如何不想他》等大量歌曲，获湖南电视大奖赛优秀奖，湖南聂耳·冼星海声乐比赛第一名等奖项。参加亚运会专场演出、庆祝建党70周年等演出活动。

罗 辛（1947— ）

歌剧作家。四川江安人。中国舞协编审、学术研究部副主任，江南大学兼职教授。1982年毕业于上海戏剧学院戏剧文学系编剧专业。曾任文化部中国录音录像出版总社副编审。中国舞蹈"荷花奖"理论评论奖评委。中国作家协会、舞蹈家协会、戏剧家协会、电视艺术家协会会员。音乐作品有歌剧《天涯歌女》等。曾获全国第三届"飞天奖"、首届"老舍文学创作奖"等奖项。

罗 雄（1951— ）

作曲家。湖南邵阳人。邵阳市音协副主席兼秘书长。曾任音乐刊物编辑。多年从事音乐创作和小提琴教学。其作品在《湘江歌声》《音乐世界》《云岭歌声》等省级以上刊物发表，电台、电视台播放。在省市征歌、音乐比赛、文艺汇演活动中获奖的有歌曲、舞蹈音乐、音乐论文近百首（件），出版作品专辑《罗雄音乐作品选》。

罗 旋（1935— ）

歌唱家。广东阳江人。曾任广东歌舞剧院轻音乐团团长，广东音协理事。1956年参加华南歌舞团，1956年随广东代表团赴京参加第一届全国音乐周。1962年参加广东青年演员独唱音乐会。以后又相继参加广州乐团民歌音乐会、《卡门》选曲音乐会以及贝多芬《第九》音乐会。1965年参加广东音乐舞蹈史诗《东方红》的演出。1970年担任广东歌舞团声乐教研组长。1982年组成"紫罗兰"电子轻音乐队赴沈阳参加全国轻音乐座谈会。

罗 亚（1961— ）

音乐教育家。上海人。辽宁抚顺市音协副主席，辽宁石油化工大学人文学院副教授。1987年毕业于沈阳音乐学院音乐教育专业，2003年毕业于沈阳音乐学院研究生部

L

音乐学专业。1997年筹建抚顺电子琴爱乐乐团兼任指挥。2002年指挥乐团演出抚顺市庆祝建党80周年专场音乐会。

罗 异（1931— ）

女中音歌唱家。辽宁沈阳人。1950年毕业于鲁迅文艺学院音乐系，师从苏联专家雅林娜学习声乐，后任中央广播艺术合唱团女低音声队长，并担任二重唱。1984年随团赴日本演出，后任国家体委老年合唱团声乐指导。

罗 源（1934— ）

作曲家。重庆人。1956年毕业于四川音乐学院作曲系，同年到青海工作。曾任青海音协秘书长，《牧笛》副主编。作品有《啊！樱花》，由歌唱家朱逢博首唱，收入《朱逢博演唱歌曲集》。歌曲《丁香怨》《祈祷》《寄外》《江河水》等，由歌唱家杜丽华、王瑞英、周维俊演唱。撰有《民国时期青海音乐史概述》，1986年《青海师大学报》发表，1987年2月人民大学《音乐舞蹈研究》全文转载。

罗 泽（1952— ）

作曲家。藏族。西藏昌都人。拉萨市民族艺术团作曲。曾于四川音乐学院学习。创作《天上的仙女》《怒江的回声》《怀念班禅大师》《吉祥的仙鹤》《富饶的地方是我的家》等歌曲在各种比赛中获奖，舞蹈（曲）《藏东赛鼓》《我的西藏》等获奖。在电视专题片《沧桑巨变话藏东》中任作曲，获优秀专题片和音乐创作优秀奖。

罗 正（1914—2005）

女作曲家。江苏常州人。1931年毕业于上海新华艺专音乐体育系。1941年入延安鲁艺音乐研究室。曾任中央乐团副团长。作有秧歌剧音乐《光荣灯》，小歌剧音乐《不打败美帝不回家》。

罗邦国（1942— ）

单簧管演奏家。湖北武汉人。民盟主委。1967年毕业于湖北省艺术学院，1980年从事歌剧活动，后任湖北省歌剧团乐队演奏员。曾参加排演《智取威虎山》《红灯记》等剧目，为现代京剧《啼笑因缘》等担任音乐制作。创作单簧管独奏曲《欢笑的田野》等，参演歌剧《洪湖赤卫队》《樱花》等，随团赴港参加"神州艺术节"演出。先后被华中师范大学等高校聘为音乐教师。

罗秉康（1929— ）

音乐翻译家。天津人。1949年入华北大学音乐系学习，后在俄文专科学校和中央音乐学院俄文口译班结业。1954年起从事音乐翻译和教学工作。天津音乐学院教授、硕士研究生导师、苏联音乐研究会副理事长兼副秘书长。曾为《音乐百科词典》《外国简明音乐词典》等撰写条目释文。译著有《莫扎特传》《论西方的三种和声体系》《现代和声概论》《西方名音乐家传》（合译），发表译文和论文多篇。

罗昌遐（1930— ）

女小提琴演奏家。安徽芜湖人。中央歌剧院演奏员及

视唱教员。1940年入陶行知创办的育才学校音乐组学习。1949年入华北人民文工团。曾参加《白毛女》《刘胡兰》《茶花女》《宝莲灯》等数十部歌剧、舞剧和多次音乐会的演出及电影录音。1951年随中国青年文工团赴柏林参加第三届世界青年联欢节并在苏联、德、匈、波、罗、保、捷、奥八国演出。1957年为世界著名小提琴大师大卫·奥依斯特拉赫协奏贝多芬《D大调小提琴协奏曲》。曾与苏、日、美、德、捷等国指挥来华合作演出歌剧、交响乐。

罗成道（1955— ）

声乐教育家。朝鲜族。吉林珲春人。1976年延边艺术学校声乐专业毕业后任和龙市艺术团独唱演员、队长、团长等职，1989年在中国函授音乐学院学习音乐教育专业，2003年攻读延边大学音乐教育专业获本科学历。1996年调延边残疾人艺术团任团长，次年调延边大学艺术学院任声乐副教授。多次在省、州中青年演员演唱评比中获奖。

罗承德（1945— ）

儿童音乐作曲家。满族。四川成都人。1967年毕业于重庆西南师范学院音乐系。后任成都市青少年宫副研究馆员。中国儿童音乐学会理事、四川音协理事、四川民族管弦乐学会常务理事、成都音协副主席。1989年受文化部少儿司委托组建中国少儿艺术团出访土耳其、苏联。1992年受文化部少儿司聘请任全国少儿声乐比赛评委。《格撒嘿撒》等6部舞蹈音乐在由文化部、中国音协等主办的全国汇演中获奖。2002年获"全国百名儿童舞蹈家、音乐家突出贡献奖"。

罗传开（1932— ）

音乐学家。广东高明人。1958年毕业于上海音乐学院理论作曲系。1958至1978年在上海音乐出版社、上海文艺出版社、译文出版社从事编辑工作。1978年返回母校工作到退休，曾任音研所所长，1987年任教授。编著有《外国名曲欣赏词典》《日本歌曲选》等。

罗大林（1953— ）

吉他演奏家。山东济南人。济南市歌舞剧院轻音乐团副团长，省吉他专业委员会会长。曾参加现代京剧《红云岗》的电影录音和全国巡回演出。多次参加各种重大音乐活动，录制大量电视音乐和音带、CD作品。曾担任山东省二、三、四届电视歌手大赛现场伴奏乐队的乐手。任山东艺术学校电吉他、电贝司专业教师。多年担任山东音乐考级评委及省第七届艺术节音乐总监和主要编配。

罗德成（1934—已故）

歌唱家。江西赣州人。1949年始从事部队文艺工作。后为江西省歌舞团独唱演员。曾任音协江西分会常务理事，省政协第五届委员。曾获江西省独唱一等奖。作有歌曲《井冈山上迎客来》《当年老李回乡来》。

罗德栽（1940— ）

笛子演奏家。广东大蒲人。1963年毕业于天津音乐学院后在广州音专任教。曾任星海音乐学院音乐研究所副所

长、《学报》副主编。中国民族管弦乐学会竹笛专业委员会顾问、广东省汉乐研究会会长、星海音乐学院副教授、特聘研究员、硕士生导师。擅长笛、箫、笙、客家筝、柳胡等乐器。录制立体声唱片《出水莲》，录音带《客家汉乐精华—罗德栽笛笙箫独奏专辑》等，CD唱片《客家汉乐》《客家筝派——罗德栽独奏专辑》和VCD《罗德栽讲演笛子演奏基础教程》。编著有《客家汉乐300首》。

罗东亚（1956— ）

作曲家。安徽亳州人。安徽省音协理事，亳州市音协常务副主席兼秘书长。1975年考入安徽省艺术学校竹笛、作曲专业，毕业后分至安徽省淮南市歌舞团任独奏演员。1980年全省专业文艺团体调演，创作并演奏笛子独奏曲《开矿大军到咱庄》获作曲、演奏一等奖。1985年调亳州市文化局任创研室主任、副研究馆员。作有电视专题片音乐《可爱的亳州》，歌曲《血铸忠诚》获安徽歌手大赛作曲二等奖，《一幅画》获安徽省少儿艺术节作曲二等奖。

罗福祥（1954— ）

词曲作家、歌手。江西吉安人。1974年入伍后历任团文化干事、师文工队长、集团军文工团长。毕业于解放军艺术学院。1998年转业。主要作品《军人的故乡》1997年获济南军区创作歌曲一等奖。《我的工人师傅》2002年获全国电力系统创作歌曲金奖。歌词《难忘军营》2003年获全国金奖。在驻地电视台为其拍摄的《好歌好曲总关情》专题片中，收入创作并演唱的十余首歌曲。

罗复常（1944— ）

音乐学家。湖南益阳人。1965年毕业于湖南师范大学音乐系。岳阳地区文工团、京剧团乐队指挥，长沙市歌舞剧院创作员、湖南师范大学音乐学院客座教授。曾指挥现代京剧、舞剧《红灯记》《白毛女》等。撰写论文《略论'中立音'——中国中指问题》《仪器与心理·科学与艺术》《修身如玉——琴字上半部分双王为双玉的考证》《'筑'藏着中国拉弦乐器史》《对湖南商代大饶的思考》《天下第一'筑'发现记》《'筑'的竹制、木制辩》等。

罗根才（1941— ）

作曲家。江西丰城人。1956年入吉安地区采茶剧团从事音乐创作，后任该团团长、书记。1977年于上海音乐学院作曲指挥系结业。作有《孔雀东南飞》《三篇恨》《梁祝》《夺印》《补锅》等剧，其唱段多次被省电台播出并由中国唱片社出版唱片。上述作品在吉安地区会演中多次获奖。撰有《吉安采茶戏多声部音乐初探》《向民歌吸取营养，发展采戏音乐》等文。

罗光鑫（1935— ）

长号教育家。四川隆昌人。1951年从事部队文艺工作。后任总政军乐团演奏员。1961年毕业于上海音乐学院。曾任该院管弦系副主任。

罗桂咏（1945— ）

唢呐演奏家。辽宁盖县人。1960年入辽宁省戏曲学校进修。曾在沈阳音乐学院学习。后在全总歌舞团工作。合作有唢呐独奏曲《山乡之夜》《喜迎春》《丰收田野》。

罗国柱（1954— ）

声乐教育家、指挥家。江苏南京人。曾就读于首都师大音乐学院，师从岑冰学习声乐。后向严良堃、杨鸿年、吴玲芬学习合唱指挥。先后在广州市少年宫、广东电视爱乐合唱团、星海音乐学院附中合唱团任声乐指导和指挥。指导的独唱、合唱在省级以上比赛中多次获奖。曾在香港举办师生音乐会。创立以娱乐为中心，以表现带技巧的少儿声乐教学理念。著有《少儿歌唱训练》（VCD光盘），参与编著《声乐教育手册》《合唱与指挥》《通俗歌曲演唱教程》。

罗寒梅（1948— ）

女声乐教育家。回族。四川巴中人。毕业于四川音乐学院附中。在河北省文化艺术中心工作，从事声乐教学与艺术嗓音的科学研究。撰有《我与咽音练声法》《关于咽音练声法的求索》。

罗河笙（1962— ）

作曲家。浙江台州人。台州市路桥区文化广电新闻出版局局长、市音协副主席。1996至2001年分别毕业于中央党校函授学院，杭州大学法学院，浙江大学研究生班。作有歌曲《唱出渔家好春天》《我们从这里起步》《月河，母亲河》《妈妈，我今天不回家》等，多首歌曲获浙江省歌曲大赛一、二等奖。在2002年中央电视台《同一首歌》走进台州，以及"我为路桥喝彩"大型晚会中，分别担任艺术指导和策划、组织工作。

罗华党（1958— ）

作曲家。河南扶沟人。1978年参军，先后任武汉空政文工团、空降兵文工团钢琴教员、创作组长。1980年入武汉音乐学院作曲系学习。有二百多首音乐作品在军内外获奖。曾为电视剧《红土地的希望》《无名岛》谱写音乐。1986年出版《罗华党歌曲辑》。转业后，策划多届音乐舞蹈选拔赛，推出了一批新秀。2006年被国际中华艺术协会授予"德艺双馨艺术家"，同年受到武汉市委、市政府联合嘉奖。《城市圈乐坛》杂志社主编，武汉音协、武汉舞协副秘书长。

罗辉程（1944— ）

作曲家。江西南昌人。赣州市音协创作学会常务理事。1964年毕业于江西省文艺学院音乐系，后任兴国县文化馆音乐干部。1966年任兴国山歌剧团作曲、指挥。曾参与大型歌剧《长岗红旗》《民歌五首》的音乐创作。1986年任兴国县山歌剧目创作室主任。作品有歌舞剧《长长的红背带》，兴国山歌DVD光盘《蝶恋花》，山歌戏《女人河》，表演唱《与时俱进唱新歌》，歌曲《山歌迎客回故乡》等。

罗惠南（1919— ）

音乐理论家、作曲家。广西玉林人。先后毕业于国立福建音乐专科学校、苏联专家古鲁夫"和声学研究班"。半世纪来竭力为理论作曲专业培养人才，学生有童忠良、刘正维、郑英烈教授等。编有《和声学》《作曲法》等教材，主要论著有《论平行进行》《和声中的二度结合》等。创作多种体裁形式的声乐和器乐作品，其中大提琴与钢琴《黎明》于1957年由上海音乐出版社出版单行本。

罗惠周（1927— ）

音乐教育家。朝鲜族。吉林龙井人。1947年从事音乐教育工作。曾任延边音协顾问，中国朝鲜音乐研究会顾问，延边师专教研室主任，副教授。编有朝鲜族初中音乐课本。培养许多优秀音乐人才。

罗慧琦（1947— ）

作曲家。满族。广东普宁人。毕业于广州星海音院作曲系。南方歌舞团创编室主任。主要从事歌舞音乐创作。其创作舞蹈音乐"椰林深处"曾获第二届鲁迅文艺奖，全国舞蹈比赛作曲二等奖等。

罗吉仁（1950— ）

作曲家。江西吉水人。曾就读于长春电影制片厂音乐创作函授部、中国函授音乐学院理论作曲专业。先后任部队文艺宣传队，江西吉安地区采茶剧团、歌舞团，吉安市采茶剧团乐队演奏员、作曲。作有歌曲《请到井冈来》《井冈水、杜鹃情》《中国井冈山》，舞蹈音乐《映山红》《家》，现代音乐剧《漫漫风雨路》《枪声里的歌声》，大型采茶戏《远山》《魂兮归来》等。曾获作曲一、二等奖，"五个一工程"奖。多件作品发表或在晚会中演出。

罗继南（1950— ）

作曲家。湖南常德人。常德市群艺馆创作部主任。1989、1992年先后毕业于中国函授音乐学院理论作曲系、岳阳大学中文系。曾任常德市武陵区文化馆长、区文体局副局长。常德丝弦《枕头风》获2006年曲艺界"牡丹奖"，《未办完的生日宴》获第五届中央文明委等单位颁发的全国"四进社区"文艺展演金奖，歌曲《悄悄话》获文化部"全国首届少儿歌曲大赛"银奖，器乐《绿州》《神韵》等参加全国、省级专题风光音乐片展播。

罗家诚（1939— ）

作曲家。四川什邡人。历任德阳文工团指挥、作曲，副研究馆员，德阳市文联常委、音协副主席，德阳市政协委员。先后发表歌曲作品二百余件，搜集、整理、入卷民歌百余首。1993年出版专集《罗家诚声乐作品选》。有《希望在中国》《盼归》等28件作品在国家、省市获奖。编著有《漫谈歌曲写作》《歌唱要点》文集。编辑有《东方潮》《走向辉煌》歌集。

罗建军（1962— ）

作曲家。陕西岐山人。就职于宝鸡市渭滨区人事劳动局。1985年毕业于中央广播电视大学四川分校。歌曲《我的森林，我的梦想》2006年获全国词曲创作比赛银奖，1992年获宝鸡市"长岭·阿里斯顿杯"青年歌手大赛民族唱法一等奖，策划并组织宝鸡市群众性文艺汇演活动。

罗建新（1955— ）

作曲家。广东高要人。1978年毕业于广州音专管弦系。曾先后在文艺团体及高校工作，广东肇庆七中音乐高级教师。1981年始从事业余音乐创作。2006年举行个人作品音乐会。歌曲《中华民族赞》获第五届"东方之春"全国征歌比赛金奖，《泰山情》获作品评选优秀作品奖，《故乡草原》获"感动中国"全国第二届新创歌词、歌曲大赛金奖。连续五年获"广东省优秀音乐家"称号。

罗进梦（1939— ）

作曲家。河北昌黎人。毕业于天津音乐学院作曲系。曾任秦皇岛市文联主席、市文化局长、河北省文联常委。省音协常务理事、秦皇岛市音协名誉主席。1958年入昌黎县文工团，先后任职于唐山地区歌舞团、河北省歌舞剧院、秦皇岛市群艺馆。发表有音乐、文学作品约三百首，出版有《进梦歌曲选》。作品多次获奖，并由歌唱家演唱，部分作品被列为电台"每周一歌"。曾举办"罗进梦音乐作品演唱会"和"罗进梦音乐作品研讨会"。

罗九香（1902—1978）

古筝演奏家。广东大埔人。1925年始学习民间音乐。1930年组织"潮梅音乐社"。新中国成立后曾在广东汉剧团工作。1956年录制有古筝独奏《单点头乱插花》《昭君怨》《出水莲一片》等唱片。

罗克功（1934— ）

音乐编辑家。云南建水人。1949年参加中国人民解放军滇桂黔边纵队十支队。1952年曾到西南人民艺术学院音乐系（川音前身）进修。1964年毕业于中央音乐学院声乐系。曾任云南省红河哈尼族彝族自治州歌舞团长，红河人民广播电台主任编辑。曾执导录制戏曲广播剧京剧《家庭公案》。编写出版声乐教材《发声练习曲与练声乐曲》。

罗克曼（1962— ）

音乐教育家。安徽合肥人。1985年毕业于安徽师范大学艺术系，2001年毕业于安徽师范大学文学院文艺学研究生班。1985年任合肥幼儿师范学校音乐理论教师，1997年始任安徽教育学院艺术系副主任。撰有《论高师音乐专业学生专业素质架构的全面培养》《从思维方式看音乐的美》《论高师音乐史课程的个性化教学》《高师音乐教育专业视唱练耳教学规律初探》《音乐教育与素质培养》《论素质教育与高师音乐学养型课程的合理建构》等文。

罗兰如（1928—已故）

女高音歌唱家。江苏无锡人。1951年毕业于中央音乐学院声乐系。后任中央乐团合唱队队员，创作组组长。

罗丽岷（1958— ）

女歌唱家。四川成都人。1980年毕业于四川舞蹈学校，同年进入四川省歌舞剧院。四川省音协理事。曾师从韩德章学声乐。曾获"四川省四项单项比赛"美声唱法第二名，首届"全国青年歌手电视大奖赛四川赛区"专业组第一名，第二届"容城之秋"音乐会第一名，首届"全国聂耳·冼星海声乐作品演唱比赛四川赛区"美声唱法第一名，"全国聂耳·冼星海声乐作品演唱比赛"美声唱法铜奖。在歌剧《卖花姑娘》《天涯歌女》《格达活佛》《三色柱》《青稞王子》中任主角。曾出访朝鲜、日本、泰国、香港等地。

罗利霞（1952— ）

女作曲家。江西吉安人。湖南音协理事、湖南音协理论创作委员会理事、株洲市音协主席。三十多首歌曲先后在中央、省、市广播电台，电视台播出及音乐刊物刊登，有的由电影制片厂收入电影专题艺术片中。歌曲《不灭的灯》《岳麓山放歌》《明天》《我的中国，我的故乡》等作品分获全国总工会、中国音协、湖南省委宣传部、省文化厅颁发的创作奖。曾参与《韶山红日颂》《儿童歌曲》的编辑工作，被评为湖南省"德艺双馨"中青年文艺家。

罗伦常（1936— ）

女作曲家。四川梓潼人。1950年始从事部队文艺工作。1978年入湖北艺术学院作曲系进修。湖北省歌舞团创作员。作有重唱《溜溜歌》，联唱《门口走过兵》。

罗梅梅（1959— ）

女小提琴演奏家。辽宁沈阳人。1983年毕业于沈阳音乐学院管弦系。任辽宁歌剧院演奏员。1981年获全国高等艺术院校小提琴比赛二等奖、中国作品优秀奖。

罗鸣皋（1933— ）

小提琴演奏家。山西榆次人。1951年始从事音乐工作。1954年入山西省歌舞剧院，任小提琴二胡演奏员，曾任该院党总支办公室主任。

罗念一（1933— ）

作曲家。四川合江人。1949年始从事音乐工作，后随军进藏，在西藏工作46年。历任西藏军区政治部文工团乐队指挥、创作员、团艺术指导，中国音协第三、四届理事，西藏音协主席、名誉主席，四川音协顾问，西藏政协第三、四、五届常委，党组成员。作有歌曲《叫我们怎么不歌唱》《美丽的西藏》《姑娘达瓦卓玛》，电影音乐《农奴》，电视连续剧《格萨尔王》《西藏风云》音乐，歌舞曲《洗衣歌》，管弦乐《西藏组曲》等。

罗宁娜（1961— ）

女歌唱家。广西人。1981年毕业于广西教育学院，1987年入中国音乐学院声乐系进修。先后在广西彩调团、广西歌舞团、中国武警文工团、中国煤矿文工团任歌唱演员。曾获湖南省全国青年歌手邀请赛优秀奖，广西民歌大赛一等奖，中央电视台中国音乐电视大赛二等奖，演唱

《桂林是我家》获"全国听众最喜爱的歌"排名第一，并获中宣部"五个一工程"奖。多次参加由中央电视台、文化部举办的各类文艺晚会。出版个人录音专辑。

罗培尧（1936— ）

指挥家。湖南长沙人。1951年参加工作，1953年毕业于西南人民艺术学院音乐系专修科。先后在川北文工团、重庆工人文工团、全总工人歌舞团任演奏员，在宁夏秦腔剧团、歌舞团任首席指挥兼作曲、副团长。1954年随重庆杂技艺术团出访民主德国。多件作品在省、中央台播出及获省级一、三等奖。参加四届西北音乐周和进京演出音乐会任指挥。曾任南充礼仪乐团、广播电视少年爱乐乐团艺术指导兼首席指挥。

罗启芳（1942— ）

手风琴教育家。福建武夷山人。曾任福建艺术学校副校长、福建省音协常务理事、手风琴协会副主席及教育委员会副主任。1966年毕业于福建师范大学音乐系。曾任本溪歌舞团、淮南文工团手风琴独奏演员。1979年起任福建省艺术学校手风琴专业教师。培养一批手风琴专业人才，有的曾在1987年全国第一届青年专业手风琴比赛中获三等奖。编写出版有《手风琴简明教程》和大量的手风琴曲。

罗荣钜（1918—1991）

男高音歌唱家。广东人。音协广东分会第二届副主席，第三届顾问。广东省歌舞剧院名誉顾问，广东咽音学会会长。作有无伴奏合唱曲《昭君出塞》。

罗赛芬（1954— ）

女作曲家。广西玉林人。1983年毕业于广西艺术学院音乐系。厦门大学艺术教育学院音乐系教研室主任。发表论文《中国音乐作品中的对位性多调叠置》《试论高等师范音乐教育中的电脑辅助教学》《我国传统音乐中的浮雕因素初探》。出版《浮雕音乐基础教程》。创作歌曲《厦门赋》，大型组歌《陈嘉庚颂》，小提琴独奏《海峡情思》，钢琴独奏《谐谑曲》《弦乐四重奏》等。曾赴台湾参加"国际华裔青年作曲家研讨会"。

罗绍征（1936— ）

作曲家。广西桂平人。1956年始从事业余文艺创作。1960年入广西梧州市歌舞团。作有歌曲《山歌如泉涌出来》《四个现代化是朵幸福花》。

罗生荣（1939— ）

二胡演奏家。甘肃兰州人。50年代末毕业于西北师范学院音乐专修科。1957年任甘肃人民广播电台民族乐队首席兼独奏演员。中国音协二胡学会荣誉理事。曾举办过个人高胡、二胡、中胡独奏广播音乐会。1961年，调入兰州军区战斗文工团任民乐队首席兼二胡独奏演员。曾参加全军第三、第四、第五、第六届文艺汇演、全军文艺调演和国庆献礼演出。作品有二胡独奏《牧歌》《欢乐的陇原》《花儿》等，编写有《学二胡》（入门教材），发表音乐

L

论文数篇。

罗世勤（1945— ）

作曲家。辽宁海城人。1970年毕业于沈阳音乐学院作曲系。在辽宁歌舞团工作。作有歌曲《满载友谊去远航》《年轻人就是这样》《党啊，亲爱的党》，舞蹈音乐《黛玉之死》。

罗天婵（1934— ）

女中音歌唱家。广东人。曾任中央乐团独唱演员。演唱的歌曲有《向北京致敬》《一个黑人姑娘在歌唱》《克拉玛依之歌》，广东南音《歌唱农村新面貌》《打起手鼓唱起歌》《吐鲁番的葡萄熟了》及电影"海外赤子"插曲《思乡曲》、"情天恨海"插曲《彩云飞》，交响乐与女中音《暮春》。

罗廷训（1935— ）

作曲家。湖北汉阳人。1949年参军，在某部乐队演奏小号及手风琴。后调广州军区军任乐队演奏员及宜昌市文学艺术创作室创作员。创作歌曲《大坝风光》《毛主席到咱三峡来》《阿哥回》《贴窗花》及合唱《悠扬山歌哪里来》等有的获一、二等奖，并为电视剧《泪洒高山》作曲。

罗伟伦（1944— ）

作曲家。浙江上虞人。1973年毕业于中央音乐学院作曲系。曾在中央新闻电影制片厂音工室工作。作有电影音乐《开滦煤矿》《百舸争流——造船工业》《美的旋律——上海国际体操邀请赛》。现居香港。

罗文苏（1940— ）

女钢琴教育家。广东丰顺人。1964年由上海音乐学院钢琴系毕业后到北京舞蹈学院担任伴奏及大型舞剧排练。1980年赴日本参加大阪第三届国际芭蕾舞比赛获伴奏优秀奖，1978年后曾在中央音乐学院、星海音乐学校、乐友钢琴学校、中国音乐学院钢琴教育系任教并与外籍专家合作讲课。录制大批舞剧音乐，编写音乐作品分析课教材。

罗贤柱（1934— ）

歌唱家。贵州石阡人。1957年毕业于西南师范学院音乐系声乐本科，后曾在文工团任声乐教师。1979年后曾在宜宾市艺术馆、市青少年宫、宜宾市师专任职，副研究馆员。宜宾市"离退休干部艺术团"声乐指导、宜宾学院音乐系声乐副教授。培养一批声乐骨干，为高等音乐院校输送数十名学生，多次出任川南五市电视台青年歌手大赛评委。学生中有的在央视青年歌手大赛中获优秀奖，有的在省、市推新人歌手赛中获十佳歌手奖。曾举办"罗贤柱师生独唱音乐会"。

罗宪君（1913—已故）

女声乐教育家。广东南海人。曾在北京万国美术学院学声乐七年。毕业于北平大学女子文理学院音乐系。历任国立女子师范学院，台湾师范学院音乐系教授。1950年始任西南师范学院声乐教研室主任、教授。

罗祥熙（1933— ）

作曲家。重庆江津人。1958年毕业于西南音专作曲系，后赴新疆从事作曲、指挥工作。新疆音协二届理事。1984年调至四川音乐学院师范系，任系副主任、主任。曾指挥歌剧、舞剧、歌舞、管弦乐、交响乐等数百场演出。作品有舞剧《风雪牡丹》，歌剧《草原向阳花》，歌舞《牡丹花开遍地红》，管弦乐《古道风情》，弹布尔与乐队《艾介姆》，歌曲《尕妹子》《扬起鞭儿唱起歌》等。

罗小平（1948— ）

女音乐学家、教育家。广东龙川人。曾为广州星海音乐学院教授。第八、九届广东政协常委。中国音乐心理学会副理事长、省音协理事。1982毕业于中山大学文艺理论专业，获文学硕士学位。1990年以公派访问学者赴加拿大哥伦比亚大学音乐学院深造。1995年获全国优秀教师荣誉证书和奖章，2002年获广东省十大师德标兵。专著有《音乐心理学》（合作），《最新音乐心里荟萃》（合作），《音乐美学通论》（合作）等8部。参编《音乐教育心理学》教材5种。发表学术论文及评论文章百余篇。论文曾获广东省社科研究成果二等奖。

罗晓航（1954— ）

词曲作家。江西赣州人。赣州市群艺馆专业作家、研究馆员。赣南师范学院特聘教授。在全国和各省市发表大量作品，获奖数百项。有23首作品选入中小学、幼儿园音乐教材，33首作品被拍成音乐电视并在中央电视台播出。出版《童年的沙滩》《罗晓航歌曲选》《拂晓航船》等10部作品专集和9盘盒带、VCD歌曲专辑。主编《儿童歌曲系列丛书》。2000年国务院授予"全国先进工作者"称号。

罗忻祖（1932— ）

女歌剧表演艺术家。北京人。1955年毕业于中央音乐学院声乐系后攻读研究生并兼助教二年。1957年入中央歌剧院工作。多次出国访问演出并两度在世界青年联欢节获奖。曾主演歌剧《货郎与小姐》等。现居香港。

罗兴汉（1942— ）

作曲家。重庆人。中国电视音乐研究会理事，重庆市电视艺术家协会副主席兼秘书长。1967年毕业于西南师大音乐与汉语言文学专业。历任峨嵋电影制片厂乐团独唱演员，重庆电视台音乐编辑、作曲，后任文艺部主任。为专题片《川鄂大江名胜录》，电视剧《一寸芳心》等作曲、演唱。电视音乐片《寻找山的回声》获一等奖。音乐电视《妹儿乖》获三等奖。曾多次担任全国青歌赛重庆赛区的主创工作，并获多种奖项。

罗秀英（1941— ）

女高音歌唱家。苗族。贵州惠水人。1964年毕业于中央音乐学院声乐系。曾任中央民族学院艺术团团长。

L

罗耀辉（1933—已故）

作曲家。广东梅县人。1951年始从事部队文艺工作。任空政文工团创作员。参加创作歌舞剧音乐《革命历史歌曲表演唱》，作有舞蹈音乐《碧空姐妹》，木琴独奏曲《欢乐的节日》。

罗义杰（1967— ）

男高音歌唱家。黑龙江人。东方歌舞团独唱演员。1998年毕业于中国音乐学院。1999年举办"意大利"之夜独唱音乐会。在国际国内声乐比赛中多次获奖。多次应邀参加文化部春节晚会，中央电视台春节晚会及央视"同一首歌"大型演唱会。演唱有大量中外名曲，曾应邀赴美国、澳大利亚访问演出。演唱曲目有《东方巨人》《我心如海》《毛主席的话儿记心上》等。

罗义蕴（1933— ）

女音乐翻译家。四川成都人。1954年毕业于四川大学英语系，曾就读于上海外语学院英国文学研究班、美国国际学者研究班。1954至1992年在四川大学工会合唱团、艺术团演奏钢琴、演唱并任副团长，1991年赴西德讲学，主讲中国文化、中国古典与当代音乐。翻译出版《世界音乐家》，担任成都市电台英语歌曲教唱，并有英语歌曲磁带发行。

罗艺峰（1948— ）

音乐理论家。江西九江人。1968年入九江地区歌舞团。后在江西文艺学校任教。撰有《论音乐中的增熵现象》《论早期音乐教育》《论听众结构》等。

罗亦欢（1951— ）

作曲家。广东大埔人。大埔县政协副主席、县文化局副局长。有多首歌曲发表并获奖，在中央电视台、电台播放。其中《圆圆的土楼圆圆的家》《山雀雀》《兵妈妈》《林业工人之歌》《会唱歌的南方》《赶鸭歌》先后在全国"中华情"歌曲征集、广东省"五个一工程"作品评选、全国"群星奖"优秀创作奖评奖、全国"母亲之歌"评奖、全国"世纪之声"歌曲大赛、全国农村题材文艺作品大赛评选中获不同奖项。出版个人CD、盒带专辑及歌曲选集。

罗英杰（1958— ）

音乐教育家。满族。北京人。山东省济南中学生歌舞团艺术指导，省音协电子琴专业委员会秘书长，济南市音协理事。长期从事中小学艺术教育、音乐教学活动，深入基层学校辅导文艺活动，多次获各级"艺教先进个人"及"优秀指导教师"等称号。编有《山东省电子琴演奏考级作品集》（第一、二套），编写作品分析与演奏指南。出版有《山东省钢琴演奏考级作品集》（第一、二套），《山东省手风琴演奏考级作品集》（第一、二套）。

罗迎春（1957— ）

女音乐教育家。浙江台州人。杭州市音乐教研员、浙江省音协理事、杭州市音协副主席、杭州市音乐教学委员会主任、杭州市中小学音乐教学专业委员会秘书长、杭州市西子女声合唱团副团长。先后毕业于浙江师范学校，杭州师范学院音乐系、音乐教育系，浙江高师中心研究生课程班。曾获浙江优秀歌手称号。音乐论文、教案、歌曲20篇（首）分别获全国、省级奖或发表。多次参加国内各级大型演出和出访交流演出。

罗映辉（1942— ）

女音乐理论家。辽宁营口人。1965年毕业于中央音乐学院作曲系，后留校任教。著有《论板腔体戏曲音乐的板式》《论板腔体戏曲音乐的结构原则》。

罗永良（1950— ）

音乐教育家。浙江台州人。浙江省温岭师范学校副校长。先后毕业于浙江教育学院管理专业和杭州师范学院音乐教育系。长期从事师范音乐教学，编有《巧学视唱练耳》，合作出版《大学音乐基础和作品欣赏》。发表《音乐教育的育美价值探究》等文五十余篇，有的在省级及以上获奖。创作歌曲《太阳底下》等三十余首，发表于省市级刊物或在省、市级比赛中获奖。

罗友泉（1954— ）

音乐教育家。四川南充人。攀枝花市第三高级中学高级讲师。1979、1989年先后毕业于四川音乐学院音教系、西南师范学院音乐系。曾任攀枝花师范学校音乐教师。发表论文《中小学唱歌课应注意儿童的心理及生理特点》《中师乐理某些部分名词质疑》等，其中《小学音乐教师兴趣的培养、利用和发展》获四川教育科研论文二等奖。

罗玉慧（1955— ）

女歌唱家、教育家。湖北宜昌人。1976年毕业于乌鲁木齐市师范学院，留校任教。1979年任新疆师范大学音乐学院声乐教研室教师。1997年举办个人独唱音乐会。撰有论文《情感与演唱艺术》《浅谈音乐教育与素质教育》《咽音的功效与教法的运用》《初学歌唱者的天赋条件及歌唱习惯》《歌唱教学中的语势探讨》《试析比才歌剧〈卡门〉的选曲演唱技巧》《发声歌唱与表情》。

罗郁波（1958— ）

小提琴演奏家。重庆人。1981年毕业于四川音乐学院管弦系。入重庆市歌舞团交响乐团任小提琴副首席。曾参加国内、外重大演出数百场，在舞蹈《山峡情祭》，歌剧《巫山神女》等大型剧目演出中任声部长、副首席，并获中宣部"五个一工程"奖。在重庆市第三届优秀节目展演比赛中，小提琴独奏《梁祝》获特等奖。1998年参加葡萄牙古本江交响乐团排练及演出获得成功。培养了一批小提琴学生，多名学生在全国及省市比赛中获奖，有的考入音乐院校。

罗月秋（1945— ）

女声乐教育家。江苏靖江人。江苏淮安市音乐舞蹈家协会顾问。1968年毕业于南京艺术学院音乐系声乐专业，1991年在中国音乐学院声乐专业进修。曾任淮安市群众艺

L

术馆音乐室主任，副研究馆员。所培养的部分学生考入中央音乐学院等高校，并获江苏第五届青年歌手大赛获一等奖。在《江苏音乐》《文化纵横》发表有《美丽富饶的洪泽湖》《声乐教学漫谈》等歌曲和论文。

罗章斌（1968— ）

音乐活动家。云南曲靖人。中国音协第七届理事、云南省音协秘书长。1993年毕业于云南艺术学院音系。参加曲靖市"精华杯"与大中专音乐教师技能比赛均获手风琴演奏一等奖。所撰《以德为本培养高素质音乐人才》获云南省教育厅科研论文评比二等奖，《充分发挥中国音乐史在培养高等音乐专业学生人文素质中的作用》获省教育厅全省大学生艺术节教师论文评比一等奖，另有《云南高等音乐教育存在的问题与思考》等论文十余篇在国内各种刊物上发表。创作的歌曲《好朋友》曾获全国优秀流行歌曲创作大赛提名奖、云南选拔赛一等奖。

罗兆荣（1935— ）

音乐教育家、作曲家。广东兴宁人。曾为南国艺术研究院院长，中国艺术研究院南国艺术中心主任，广东广播电视大学南艺分院院长、中文教授，中国函授音乐学院教授。先后为全国电大系统创办艺术类音乐专业与美术专业，在广东电大创办南艺分院。编有《箫韵歌曲作品选》《箫韵诗、词、联、文、书、画作品选》《增城掛绿》。曾获歌曲创作一等奖和金奖。多次被评为市、省和全国的高等教育战线优秀教师、先进工作者和电大教育先进工作者，并获广东省人民政府颁发的"立功证书"和"促进成人教育的带头人"称号。

罗蔗园（1896—1980）

音乐理论家。贵州安顺人。曾任四川省文史馆研究员。著有《中国古代音乐家小传》《川剧源流及高腔伴奏问题》。

罗征敏（1933— ）

女钢琴演奏家。广东番禺人。1950年考入燕京大学音乐系钢琴专业，1952年入中央音乐学院钢琴系，1955年毕业。分配到北京舞蹈学校，任伴奏及钢琴教学，兼任舞蹈编导班及舞校附属实验芭蕾舞团伴奏。1962年任中央芭蕾舞剧团钢琴指导。曾多次参加国内外演出活动。1993年获中国音协"业余钢琴教学作出贡献"荣誉奖，"元隆杯"园丁奖。1997年获北京市艺术节辅导奖，2003年获北京音协"最佳指导奖"。还应邀出任钢琴业余考级评委。

罗智敏（1963— ）

音乐活动家。布依族。贵州惠水人。1982年毕业于惠水师范学校音乐专业。1989年毕业于西南师大音乐学院。1989年始在重庆市渝中区文化馆任馆长。撰有《浅谈手风琴演奏中的音乐表现》。作有《难忘滨江之秋》并获1992年重庆市文艺调演二等奖，以及《垂柳》《不是今夜就是明晨》等歌曲。在渝中区文化馆工作期间，开展各类大、中型音乐演唱会，"合唱节"、歌手赛、器乐比赛及音乐培训。曾任重庆市手风琴学会副会长，从事手风琴教学、交流活动。

罗忠爱（1931— ）

女作曲家。广东东莞人。1955年毕业于中央音乐学院作曲系，后入湖南民间歌舞团。1973年入湖南省电影制片厂。作有歌剧音乐《苹果树下》及多部影片谱曲。

罗忠懋（1942— ）

音乐教育家。湖南新化人。毕业于华中师大，长期从事音乐教学。曾任株洲市音乐学会会长、省音乐学会理事。培养了不少学生考入音乐院校。1963年从事音乐创作，作品多次获奖与发表。1984年参与全军第一支预备役师军乐团（湖南株洲陆军预备役师军乐团）的组建，并任第二任团长兼副总指挥。1995年从事电子琴教学，曾任省电子琴学会副会长，所指导的合奏三次获得全省第一名。

罗忠镕（1924— ）

作曲家、音乐教育家。四川三台人。1948年国立上海音乐专科学校管弦系肄业。自1951年始先后任中央歌舞团、中央乐团作曲。1985年调中国音乐学院作曲系任教。中国音协常务理事。获第四届中国音乐"金钟奖"终身成就奖。作品有第一交响乐《浣溪沙》，第二交响乐《在烈火中永生》，交响诗《江姐》，管弦乐《四川组曲》《广州民间乐曲三首》《内蒙古舞曲二首》，民乐合奏《春江花月夜》，舞蹈音乐《孔雀舞》，合唱曲《阿细跳月》，无伴奏合唱《蓝花花》《月下情歌》《十里长街送总理》，独唱曲《山那边哟好地方》《云南民歌六首》《娄山关》《囚歌》《涉江采芙蓉》，钢琴曲《第二小奏鸣曲》《儿童钢琴曲十首》《小变奏曲》《钢琴曲三首》及《管乐五重奏》。译著有《传统和声学》《作曲技法》。

罗仲兴（1932— ）

小提琴演奏家、作曲家。广西人。先后毕业于华南文艺学院、中南音专小提琴专业。曾在北京电影乐团、甘肃省歌舞团、省艺校、西北师院音乐系任教。多名学生考取艺术院校及在全国、全省比赛获奖。1961年创作管弦乐曲《陇东叙事曲》《抗日战歌组曲》及舞蹈音乐《在打麦场上》《牡丹花开了》等均由甘肃省电台播出。1982年创作小提琴与乐队《雷锋之歌》由省电台、电视台及中央电视台播出。2003年合作编著《弦乐合奏曲选》。

罗宗贤（1925—1968）

作曲家。河北定县人。1942年从事部队文艺创作后任总政文工团创作员。作有歌剧音乐《刘胡兰》《草原之歌》，歌曲《英雄们战胜了大渡河》（合作），《桂花开放幸福来》《岩口滴水》。

罗桑三旦（1949— ）

作曲家。藏族。西藏拉萨人。1975年毕业于中央民族学院艺术系理论作曲专业。后在拉萨市歌舞团工作。作有歌曲《情思》，舞蹈音乐《边疆把根扎》，并为西藏宗教音乐艺术片《吉祥九重天》谱曲。

L

洛 地（1930— ）

音乐编辑家。浙江诸暨人。1953年毕业于上海音乐学院专修班。曾任浙江艺术研究所艺术室副主任。《中国民族民间歌曲集成》（浙江卷）编委，《中国戏曲音乐集成》（浙江卷）副主编。

洛 芬（1933— ）

小提琴演奏家。广东和平人。1949年9月参加部队文工团任演奏员，后任总政军乐团及中国京剧院乐队演奏员，1972年任中国广播艺术团交响乐队演奏员。参加国内外各类演出活动。曾受前苏联专家的指导。参演音乐舞蹈史诗《东方红》，现代京剧《红灯记》《红色娘子军》等。

洛 秦（1958— ）

音乐理论家。浙江杭州人。曾任浙江省歌舞团交响乐团小提琴演奏员。美国肯特大学博士。1991年毕业于上海音乐学院获硕士学位并留校任教。曾获首届全国音乐艺术院校研究生论文一等奖、第二届获优秀论文导师奖等。出版有《中国古代音乐发展史》等，参加编写《中国民族音乐大系—中国音乐史卷》，翻译《李斯特传》（合作），发表有《对中国音乐理论和实践的思考》《从声响走向音响》《谱式——一种文化的象征》等数十篇论文，并刊登于《Asian Music》等美国刊物。

洛 辛（1918—2002）

作曲家、音乐活动家。浙江丽水人。1940年考入重庆国立音乐院学习理论作曲。1947年任华东野战军文工团副团长，并将军乐队首次演奏的《国际歌》《东方红》《新四军军歌》《八路军军歌》《三大纪律八项注意》等歌曲改编为军乐曲配器。1955年任南京军区前线歌舞团副团长，1960年任解放军艺术学院第一任音乐系主任，1987年任总政文工团副政委。作品有小型歌剧《回春曲》，清唱剧《东海凯歌》，歌曲《青春进行曲》《我们为什么不唱歌》，合唱曲《向着自由幸福的新中国前进》《渔家姑娘情意长》等。翻译歌曲《最后神圣的战争》《运动进行曲》，出版有《乐理知识手册》《歌咏指挥手册》。

洛桑曲尼（1956— ）

音乐教育家。藏族。西藏乃东人。1978年毕业于西藏师范学院文体系音乐专业，后留校任教，之后调西藏大学艺术学院。历任西藏师院文体系音乐教研室副主任，艺术系音乐教研室主任，艺术系主任助理、副主任、总支副书记，西藏大学艺术学院副院长、党委副书记、院长等职。兼任西藏文联委员、西藏音协副主席、中国音教委理事。曾三次获西藏大学优秀教师称号，两次获师德标兵称号及大学优秀教学二等奖、优秀教育工作者、先进教育工作者和全区先进个人等称号。曾获藏大首届学术交流奖和藏大首届文艺汇演中手风琴独奏一等奖，撰写的论文多在各类刊物上发表。

骆 枫（1968— ）

女音乐教育家。福建泉州人。1991年毕业于厦门大学艺术教育学院音乐系。福建泉州华侨职业中专学校教研组长。撰有《浅谈幼师班的声乐教学》《浅谈音乐教育的审美教育作用》《浅谈歌唱心里与怯场》等文，部分获奖。在省电视台庆祝建国48周年演出等大型音乐活动中担任独唱、领唱。2000年指导学生参加省音协"安利杯"学生电视大奖赛获"伯乐奖"。

骆 津（1919— ）

戏曲音乐家。广东花县人。1935年在广州参加民间音乐社"角社"，研究学习广东音乐和粤曲。1946年在广州参加民营粤剧团"海珠""洛阳春"等，任乐队头架兼音乐唱腔设计。1952年参加新世界粤剧团，1983年前任职于广州粤剧团。曾任广州市文联委员、市文史馆荣誉馆员。曾为粤剧《母亲》《五侯宴》《花木兰》《江姐》等设计音乐唱腔，为"中唱"录制广东音乐唱片《沉醉东风》《月影寒梅》《汉宫秋月》《孔雀开屏》等。

骆季超（1941— ）

作曲家。湖北枣阳人。福建省歌舞剧院艺委会副主任、福建省音协常务理事、中国民族管弦乐学会常务理事、福建省民族管弦乐学会副会长兼秘书长。1956年入中南音专，1964年毕业于武汉音乐学院作曲系。作有《请到我们公社来》《古田颂歌》等大量歌曲，《虎门长啸》《锦娘》等大型歌剧六部，《归来》《碧血千秋》等大合唱、清唱剧十多部，《侨乡恋》《林公祠咏怀》等大型民乐与交响乐队协奏曲六部，独奏与室内乐重奏曲四十余部及20首二胡曲，改编中国民歌合唱曲百余首，《骏马奔驰》等数十首作品获全国或省以上奖。1997年与1999年分别在北京与香港举办《爱国的诗篇—林则徐诗词歌曲》，交响大合唱《虎门悲欢》两场作品音乐会。

骆木格（1958— ）

男中音歌唱家。彝族。四川甘洛人。1984年毕业于中央民族学院艺术系，入凉山彝族自治州歌舞团，副团长。1994年在中央音乐学院声歌系进修。1988年获首届全国少数民族省区民族歌手大赛一等奖，1994年获"中国民歌分类演唱精英赛"银奖。作有《牧羊姑娘的歌》《我们是太阳之子》，编写钢琴伴奏《幸福的凉山》《北京的火车开来了》《马儿快快跑》，作词作曲的歌曲有《赞美我的祖国》，收入中央民族大学音乐系的声乐教材。撰有《凉山彝族民歌的表现方式及审美特征》等文。

骆延禧（1936— ）

单簧管演奏家。天津人。1951年入志愿军文工团。后为总政军乐团首席单簧管。曾入上海军乐训练班进修。独奏曲目有《河北花梆子》《喜送丰收粮》。

骆玉笙（1914—已故）

女曲艺表演艺术家。天津人。自幼学京戏。十七岁开始学唱京韵大鼓。长期从事曲艺演唱。天津市曲艺团副团长。全国曲协主席、第五届全国政协委员、天津市政协常委。演唱曲目有《光荣的航行》《珠峰红旗》及电视剧《四世同堂》主题歌等。

骆韫琴（1935— ）

女音乐编辑家。浙江诸暨人。1958年毕业于中央戏剧学院表演系，曾任煤矿文工团、空政歌剧团歌剧演员、人民音乐出版社词典编辑室主任、副编审。编有《外国音乐表演用语词典》（合作）。

骆子冈（1934—已故）

圆号演奏家。湖南临湘人。中学时代参加歌剧《刘胡兰》《白毛女》演出。1951年入伍，先后在军委军乐团、志愿军后勤文工团工作。参加过国庆阅兵。1960年调湖北省歌剧团，担任首席圆号参加演奏大量的歌剧、舞剧、现代京剧及交响乐。1969年后兼任教学，曾在武汉音乐学院任圆号教师，讲授圆号二十多年，培养了一批圆号专业人才。编有《圆号教学法》。

M

麻扶摇（1927— ）

歌词作家。黑龙江绥化人。《中国人民志愿军战歌》词作者。1947年起先后任部队文化干事、政治指导员、政治教导员、军委炮兵政治部副科长、调研员、研究员、第二炮兵某基地组织处长、后勤部副政治委员、政治部副主任、主任等职。曾参加辽沈、平津和抗美援朝战争。《中国人民志愿军战歌》是入朝作战前夕写的一首出征诗，经著名曲作家周巍峙谱曲流传至今。1953年获文化部和中国文联共同举办的"建国以来群众歌曲评选活动"一等奖。鉴于《战歌》的历史与现实作用和影响，词作者作为特例，被直接吸收为中国音协会员。

麻丽威（1959— ）

女扬琴教育家。河北邯郸人。河北艺术职业学院音乐系教师。1985年毕业于天津音乐学院民乐系扬琴专业。多年来培养大批音乐艺术人才，有一部分考入天津音乐学院及中国戏曲学院，不少学生在全国及省级比赛中获奖。发表《扬民族琴韵，燃夕阳余辉》《扬琴演奏的音色设计》《扬琴大师——郑宝恒》等文。

麻励夫（1932— ）

作曲家。蒙古族。内蒙古人。原水利部文联常务理事、音乐学会会长，博爱合唱团艺术总监，大川艺术学校校长，中国社会音乐研究会理事。1945年参军后从事文艺工作。1952年中国音乐学院本科毕业。作有《母亲河》《三峡在呼唤》等歌曲。曾为音乐风光片《长城交响诗》《老北京风情》等作曲、配器。作曲的电视片《三峡天下奇》获楚天皇冠一等奖，为三峡工程主题歌《高峡出平湖》作曲获全国公益歌曲大奖赛金奖、《中华之恋》获银奖。撰有《电子琴讲座教材》等。曾被北京市文化局评为

文化之星。

马 彪（1962— ）

指挥家、音乐教育家。浙江人。中国音乐学院副教授。1977年考入浙江艺术学校。1990年于中国音乐学院音乐学系毕业，后留校任教。先后任中国音乐学院附中副校长、成教部副主任。率领并指挥中国少年民族乐团多次出访日本、韩国。曾任清华大学民族乐团指挥、艺术指导，1993年率团参加首届首都高校民族器乐比赛获一、二、三等奖。创作的器乐曲《黄土情》曾在台湾流传。

马 成（1950— ）

作曲家。北京人。北京市音乐特级教师、高级讲师。1973年考入北京师范学院文艺系，主修钢琴演奏和理论作曲，毕业后在北京幼儿师范学校任教。主编《基本乐理与伴奏编配》，《学习与活动用书》等。专著《幼儿歌曲创编》《听音乐做游戏》等。作有幼儿歌曲三百余首，其中《春天来了》《雪花》等颇为流传。《拜年》《小猪数数儿》分获中国少儿卡拉OK电视大赛创作二、三等奖，《小玲笑了》获北京市幼儿歌曲二等奖，钢琴曲《神奇的水》、律动曲《快乐的动物园》分获北京幼儿音乐作品二、三等奖。创作音乐游戏剧《在草地上》等10部。

马 成（1956— ）

歌词作家。北京人。1990年毕业于北京广播电视大学工业企业管理专业。2005年任北京顺义区文联理事、作协副主席。作词歌曲有《焦庄户组歌》（合作）十首，并在中央电视台播出。作有歌曲《好日子万年长》《平平安安这样活》等，均在《歌曲》刊登。出版《焦庄户地道战史话》、诗集《绿色的乐章》、抗战故事《盘山枪声》、词作《绿港花如海》等作品。

马 达（1953— ）

音乐教育家。福建长乐人。福建师范大学音乐学院教授、中央音乐学院音乐学研究所兼职研究员。中国音乐教育学学会常务理事。长期致力于音乐教育学研究，已在各类学术刊物、大学学报上发表论文八十余篇、独立编著书籍3部，主编1部，参编3部，有12篇（部）获奖。曾在《中国音乐教育》发表连载论文《20世纪中国学校音乐教育发展概况》。

马 迪（1956— ）

笛子演奏家。陕西西安人。陕西歌舞剧院音乐舞蹈团乐队队长。1982年毕业于西安音乐学院民乐系。曾任陕西广播电视艺术团演奏员。在中国民族器乐大赛中，演奏笛子独奏曲《秦川抒怀》获"优秀演奏奖"。2001年赴台湾举办《长安笛韵》独奏音乐会。出版《长安笛韵》曲集，并录制个人独奏专辑。

马 丁（1946— ）

作曲家。陕西绥德人。自幼学钢琴。自修音乐。1978年入北京电影学院任教。曾为中国电影乐团创作员、北京电影学院音像公司录音部主任、音乐总编辑。后任职于铁

路文工团。作有《虾球传》《我们的田野》《珍珍的发屋》等上百部影视音乐及数十种音像专辑。歌曲有《游子吟》《大家都来打排球》《时钟》等。

马　菲（1938—　）

女歌唱家。满族。吉林人。曾任中央民族乐团民歌研究组成员兼民歌教员。北京电台文艺部特邀音乐编辑。1958年入中央歌舞团，后调中央民族乐团从事民歌演唱。演唱有《瞧情郎》《生产忙》《天黑黑》《小白菜》《对歌》《八月桂花遍地开》等。曾赴全国十余个省、市采风，搜集、整理民歌百余首，改编有《定县秧歌》《黄羊坡》《信天游》《走西口》等曲目，并录制盒带。

马　洪（1958—　）

笙演奏家。湖北武汉人。1987年毕业于天津音乐学院。1974年起先后任湖北省军区宣传队独奏演员，武汉歌舞剧院民乐团副团长、团长。曾获全国民族器乐观摩演出（南方片）优秀奖，武汉市首届专业文艺团体中、青年演（奏）员比赛金奖，天津市首届文艺"新人月"比赛获新人奖。2002年起任武汉市青少年宫艺术委员会主任。

马　虎（1938—　）

唢呐演奏家。陕北绥德人。延安音协理事。自幼跟随陕北唢呐一代宗师的父亲学吹奏，深得神韵。16岁考入延安歌舞剧团。多次参加省市及全国会演，主奏《八人场子》进中南海为毛主席等领导人演出。多次代表陕西省赴京会演，节目录制成唱片、录像全国播放。创奏《枣园来了秧歌队》评为建国以来优秀器乐曲。1985年赴西欧参加第28届国际民间艺术节，创奏《闹秧歌》，被组委会评为优秀节目。1988年参加加拿大世界音乐艺术节，演奏《百鸟归巢》。

马　桦（1927—　）

音乐活动家。北京人。1946年考入北平艺专音乐系，学习小提琴和理论作曲。1948年入解放区华北大学第二文工团音乐组。1953年参加第四届世界青年联欢节。1956至1958年任职于中央歌舞团。1960年调青海省委宣传部文艺处副处长兼省音协副主席。

马　辉（1932—　）

作曲家。四川万县人。1963年毕业于中央音乐学院作曲系进修班。曾在新疆师大音乐系任教。作有歌曲《送给你一束沙枣花》，大合唱《天山之歌》。

马　季（1956—　）

歌词作家。黑龙江人。山东音协理事、中石化音协常务理事、齐鲁石化公司音协主席。1976年从事歌词创作，历任绥化文化馆员、绥化文化局科员、绥化电视台文艺编辑、齐鲁石化公司工会干部。发表大量歌曲与歌词。其中歌词作品《我敬妈妈一杯酒》《琴弦》《石化风采》《党旗，我心中的爱》分别获山东职工文艺创作精品工程奖、全国石油石化歌曲创作征集评比一等奖等。编著创作歌曲

集《琴弦》并由山东文化音像出版社出版。

马　骥（1934—　）

作曲家。北京人。曾为陕西省戏曲研究院艺术研究室音乐组长。毕业于华北大学文艺部，1957年考入中央音乐学院进修班。曾参与秦腔《十五贯》《海瑞训虎》《洪湖赤卫队》（合作）的编曲。1973年参与中央新影厂彩色记录片《户县农民绘新天》配乐。撰有《珠联璧合，相映生辉》《中国十大艺术集成》等文，其中《秦腔的声腔与板式》曾获陕西省首届艺术科研成果优秀论文奖。1984年参与《中国音乐词典》中剧种条目释文的撰写，系《中国戏曲音乐集成·秦腔卷》副主编。

马　健（1960—　）

女小提琴演奏家。山东人。1982年毕业于南京艺术学院音乐系小提琴演奏专业并留校任教。曾任职于该院实验乐团，并先后担任第Ⅰ、Ⅱ小提琴首席。1989年举办小提琴独奏音乐会。1995年录制全国小提琴业余考级曲目示范录音带CD盘。撰有《略论小提琴演奏的音质》《小提琴演奏中的左手技巧训练》等文。培养众多优秀小提琴演奏人才。历任江苏音协及南京艺术学院业余考级评委等。

马　炬（1927—　）

音乐教育家。黑龙江齐齐哈尔人。1958年毕业于中央音乐学院音乐学系。曾任沈阳音乐学院音乐研究室副主任，《乐府新声》副主编。作有歌曲《争取月月满堂红》，撰有《社会生活、音乐美、音乐欣赏》等。

马　可（1918—1976）

作曲家。江苏徐州人。早年在河南大学化学系学习，1937年从事音乐工作，1939年在延安鲁艺音乐系工作学习，新中国成立后曾任中国音乐学院院长等职。作有歌曲《南泥湾》《我们是民主青年》《咱们工人有力量》《吕梁山大合唱》，秧歌剧《夫妻识字》，歌剧音乐《周子山》（合作）《白毛女》（合作）《小二黑结婚》，管弦乐《陕北组曲》，撰有《在新歌曲探索的道路上》《新歌剧和旧传统》文集，著有《冼星海传》。

马　克（1953—　）

小提琴演奏家。吉林人。1966年毕业于天津音乐学院附小。1982年毕业于山西大学艺术系管弦系，同年入山西省歌舞剧院交响乐团，任独奏演员及乐队首席。多次参加全国小提琴比赛并获奖。

马　岚（1963—　）

女歌剧表演艺术家。回族。新疆人。重庆市歌舞剧院演员。1990年毕业于中国音乐学院歌剧表演系。先后在歌剧《江姐》《货郎与小姐》《费加罗的婚礼》《巫山神女》等多部歌剧中出演角色。

马　磊（1963—　）

女钢琴教育家。回族。河北正定人。河北师范大学音乐学院教师。1986年毕业于河北师大，1992年在中央音乐

学院师从周广仁教授进修钢琴。曾任石家庄市教育学院音乐系钢琴教师。发表《对乡村学校音乐教育现状的思索》《音乐与右脑开发》《谈钢琴弹奏的步骤和技巧》《谈老年人学钢琴》《人生一甲岁月燃情——当代钢琴大师波里尼60岁诞辰》等文。

马 莉（1957— ）
女演奏家。江苏南京人。江苏省交响乐团大提琴副首席。自幼随父亲马友德教授学习二胡和大提琴，并曾先后受教于王阆教授、屠巴海教授、胡国尧教授。1976年考入原徐州地区文工团任独奏演员，1981年调入江苏省交响乐团。曾获江苏省音乐舞蹈节一、二、三等奖。

马 里（1964— ）
打击乐演奏家。回族。安徽安庆人。1991年毕业于中国戏曲学院音乐系。中央广播艺术团民族乐团首席打击乐。改编并演奏的排鼓独奏曲《想·响》，打击乐《鼓店》被中央电视台艺苑风景线栏目拍摄成音乐MTV，并获得金奖。在《丰收锣鼓》《龙腾虎跃》《牛斗虎》《夜深沉》《丰收》等乐曲中担任独奏、领奏。连续三次应邀赴奥地利维也纳金色大厅参加"中国新春音乐会"的演出。

马 丽（1955— ）
女中音歌唱家。河北清原人。哈尔滨歌剧院独唱演员。曾在歌剧《夏氏姐妹》中饰演房东太太，在《江姐》中饰演杨二嫂，在《特洛伊罗斯与克瑞西达》中饰演斯巴达克王妃海伦，在《红珊瑚》中饰演七奶奶。先后在黑龙江第二届青年歌手大奖赛、"北国之声"专业歌手比赛、黑龙江歌坛回顾（1977至1997年）群星荟萃大奖赛等赛事中，获各类奖项。担任黑龙江省第七届、全国第十届青年歌手电视大奖赛评委。

马 莲（1935— ）
音乐教育家。回族。云南保山人。曾任云南德宏州中小学音研会理事长。多年从事音乐教育及词曲创作。著有《傣族戛央》舞蹈伴奏曲和伴唱曲。曾在《歌曲》《儿童音乐》等刊物发表词曲作品、音教论文。为德宏州民一中、保山一中、芒市一小等校谱写校歌，有的被评为全国优秀校歌并获一等奖。

马 良（1962— ）
音乐教育家。山东潍坊人。山东枣庄高等师范专业学校音乐系主任。1989、1996年分别毕业于山东临沂师范学院与山东曲阜师大音乐系。撰写、发表《音乐与文学绘画之间的关系》《儿童学习音乐的负重心理分析》等数篇文章。参与编写教材《中外音乐欣赏》《基础乐理与视唱练耳》。创作歌曲《亲不过老百姓》《春天的旋律》曾分获山东省三、四届歌手大赛三等奖。

马 崊（1967— ）
女二胡演奏家。浙江杭州人。1989年毕业于浙江艺校。1998年就读于上海音乐学院，次年又在浙江大学学习，从1984年始在浙江歌舞剧院民乐团工作。录制出版音

像制品中华古典系列《高山流水》（CD专辑），1994年录制中国二胡（CD专辑）第一辑《高天上的流云》、第二辑《中国的月亮》等5张CD、VCD专辑。获省第三届音舞节演奏二等奖，第三届海内外江南丝竹创作与演奏三等奖，第四届音舞比赛一等奖。2000年获省第三届民乐比赛二胡独奏专业组一等奖。随团出访日、美、法、西班牙等国。

马 琳（1935—已故）
女豫剧演唱家。回族。河南荥阳人。曾在河南省豫剧三团工作。河南省第七届人大代表。中国剧协理事。1959年获河南省戏剧会演优秀演员奖。曾在豫剧《李双双》中饰主角。

马 梅（1962— ）
女高音歌唱家、歌剧表演艺术家。安徽和县人。中央歌剧院歌剧团独唱演员。北京市人大代表。1988年毕业于中央音乐学院。曾任安徽淮南市歌舞团独唱演员、上海歌剧院客座女高音、安徽大学艺术系客座教授。先后获第三届CCTV全国青年歌手电视大奖赛专业美声组第二名、第36届图鲁兹国际声乐比赛优胜奖、第20届迈阿密国际声乐比赛第一名，两次朝鲜平壤国际艺术节个人金奖。分别在北京、台北出演歌剧《图兰朵》中的柳儿，《蝴蝶夫人》中的巧巧桑，2001年与三大男高音同台演出《饮酒歌》。

马 明（1927— ）
作曲家、音乐活动家。广东潮阳人。1947年在泰国从事新音乐活动。并到香港中华音乐院学习。1949年后在华南文工团海南民族歌舞团任职。后任中国音协广东分会一至四届理事、常务理事，1980年任音协广东分会副秘书长兼办公室副主任，广东省文联委员。1985年后任中国函授音乐学院广东分院院长，广东民间音乐研究室主任兼《民族民间音乐》杂志副主编、《中国民间歌曲集成（广东卷）》常务副主编。作品有黎族舞蹈音乐《三月三》，歌曲《怀乡曲》《白云山大合唱》《国际潮团联谊会会歌》，潮州音乐曲《哀思》《迎宾曲》。著有《丰富多彩的黎族民歌》《潮汕民歌与雷州民歌》等。

马 娜（1962— ）
女高音歌唱家。江西萍乡人。江西音协理事。曾进修于中国音乐学院歌剧系。先后任江西铜鼓县文工团、新余市歌剧团演员。参加多部山歌剧、歌剧、戏剧的演出均担任主要角色。演唱多首江西民歌《请茶歌》《斑鸠调》等。曾获全国电视大奖赛、"五洲杯"电视大奖赛、省音乐舞蹈艺术节、"光大杯"青年歌手大赛等诸多赛事荧屏奖，演唱一、二、三等奖。为中国国际广播电台录制一批江西民歌，并为电视剧《赣水情》配唱主题曲。

马 评（1939— ）
女歌剧表演艺术家。山东济南人。1957年入中国歌剧院。曾主演歌剧《自有后来人》《韦拔群》。为电影《耕云播雨》《草原女儿》配唱主题歌。出版有立体声唱片及盒式录音带独唱专集《小窗》。

M

马 琼（1961— ）

女音乐教育家。江苏无锡人。无锡市文联副主席、无锡市音协副主席、无锡市第十届政协委员、市第十一届政协常委。1985年毕业于南京师范大学音乐系。1989年在上海音乐学院进修。江南大学艺术学院副教授。1990年在无锡举办"比翼缀音苑"独唱音乐会。1995至1997年连续三年在中央电台"全国听众喜爱的歌手"评选中获优秀奖，并在中国第六届合唱节中获指挥奖。曾指挥无锡市禾山合唱团在南京、上海、无锡等地举办合唱专场音乐会。

马 若（1920—已故）

音乐活动家。回族。山东青州人。1939年始从事部队文艺工作。1950年入上海音乐学院音乐教育专修班进修。曾任宁夏文化局长兼文联副主席，音协宁夏分会第二届名誉主席，中国文联第四届委员。

马 胜（1938— ）

小提琴演奏家。吉林长春人。任职于中央音乐学院附中长沙雅礼分校。1963年毕业于中央音乐学院管弦乐系本科小提琴专业。1969年任长春市歌舞团管弦乐队首席小提琴。1980年任吉林省歌舞剧院交响乐团首席小提琴。1992年随团赴韩国演出交响音乐会。2000年及2001年先后赴美国洛山矶为华人社团举行独奏音乐会，2003年在长春市举行独奏音乐会。

马 烁（1963— ）

作曲家、音乐教育家。哈尼族。云南墨江人。任教于云南艺术学院音乐学院。1992年结业于中央音乐学院作曲班。作有歌曲《秋叶》《海之恋》，弦乐四重奏《赋·比·兴》，管弦乐《崖画印象》，四幕现代舞蹈音画音乐《绿色·生命》等。其中歌曲《月下情歌》《故乡之梦》，中央电视台、中央电台作为"每周一歌"播放。曾任中央电视台电视专题片《火把节之夜》作曲、指挥、音乐监制，任云南电视台《云南新闻》《早间报道》《午间新闻》《晚间新闻》《人生》《今日》等栏目作曲。

马 薇（1962— ）

女歌唱家。回族。云南昆明人。1987年获"长江杯"民歌比赛银奖。1989年获"电力之声"全国十五省、市歌手大赛专业组通俗唱法二等奖，同年由云南电视台拍摄个人演唱专题片《美丽的三色蓬》。曾先后随团赴新加坡、台湾、澳门、日本演出，任独唱。并于1998年由省文化厅、省音协在昆明举办了"马薇独唱音乐会"。2000年被授予"云南省舞台表演艺术家"称号。在《民族艺术研究》等发表《立足传统广采博收不断拓展》等文章，并由云南民族出版社出版《怎么演唱通俗歌曲》。

马 巍（1955— ）

圆号演奏家。青海西宁人。先后在青海省京剧团、省民族歌舞剧团任首席圆号，并多年兼任省艺校圆号教员。1984年在省文艺研究所任《中国戏曲音乐集成·青海卷》副主编兼编辑部主任、音乐研究室主任、《乐谈》刊物主编。收集、整理大量民族民间音乐素材，其中青海藏戏音乐逾百万字。撰写《青海藏戏音乐集成总概述》，发表《青海藏戏音乐》等文。1987年获文化部、中国音协、国家艺术规划领导小组和国家民委颁发的先进个人奖。

马 文（1941— ）

指挥家。北京人。1965年毕业于中央音乐学院指挥系。曾任总政军乐团指挥。1987年获全军第五届会演优秀指挥奖。

马 骧（1930— ）

音乐编辑家。满族。北京人。1949年重庆艺专音乐系肄业。为浙江省群众艺术馆研究馆员。曾任音协浙江分会副主席，《中国民族民间器乐曲集成》（浙江卷）主编，《中国民族民间歌曲集成》（浙江卷）副主编。

马 骅（1959— ）

打击乐演奏家。吉林双城人。1979年毕业于中国社会音乐学院弦乐系。中国歌舞团民乐队演奏员。为"融合"女子乐队策划、编排、导演《金蛇狂舞》《弯弯的月亮》《又见炊烟》《一个小心愿》等声、器乐作品。并在中央电视台、北京电视台等播放，同时还赴日本、新加坡、韩国等演出。在《将军令》《飞天》《茉莉花》《爱情故事》《春天》《雅尼组曲》等曲目中担任演奏、领奏、伴奏。在"雷滚滚"节目中担任主奏，并获文化部颁发的演奏奖。

马 旋（1926— ）

女高音歌唱家。山东聊城人。原解放军艺术学院音乐系教研室主任。首都老战士合唱团副团长。1943年毕业于抗日军政大学。1944年调八路军一一五师战士剧社，任歌唱演员。演唱有《南泥湾》《张大嫂写信》《翻身道情》，新中国成立后均录制成唱片出版发行。1950年和1957年分别入上海音乐学院、中央音乐学院声乐系，师从周小燕、蒋英。1951年调总政歌舞团任独唱演员，演唱有《慰问信满天飞》《绣金匾》《蓝花花》等。歌曲作品《歌唱英雄冯书元》获一等奖。曾创作、演出小歌剧《卖椰子的小姑娘》。

马 勋（1929— ）

钢琴演奏家。回族。湖北武汉人。曾任武汉歌舞剧院业余艺校校长、副教授，音协武汉分会音教委主任。1945年入重庆青木关南京国立音乐学院，师从易开基学习钢琴、师从江定仙学习键盘和声学。1949年任武昌艺专钢琴助教，1952年调中南人艺任指挥、钢琴演奏、作曲。作有钢琴小品25首，合唱、独唱、独奏、舞蹈音乐多首。

马 雁（1969— ）

女歌唱家。回族。河南郑州人。1992年毕业于武汉音乐学院声乐系。中央民族歌舞团歌队演员。2002年曾参加"二十世纪经典歌曲音乐会"任独唱、弹唱、合唱，在"古尔邦节"联欢会上独唱《黄河黄》。曾获1992年"和山杯"民族唱法优秀奖，1995年"天山奖"金奖，2001年

M

"少数民族文艺汇演"演唱《迎春谣》获三等奖。

马 瑛（1946— ）

大提琴演奏家。回族。北京人。1960年入中央乐团交响乐队学员班学习大提琴专业，后任演奏员。曾参加影片《小花》《人到中年》《花园街五号》的录音并任独奏。

马 瑜（1957— ）

大提琴演奏家。广东人。1983年毕业于四川音乐学院管弦乐系。曾在1985年全国艺术院校大提琴比赛以及1988年全国第一届大提琴比赛中获奖。举办多场个人独奏音乐会。1990年应邀随上海交响乐团赴美国参加"卡内基音乐厅"100周年庆典音乐会的演出，随广州交响乐团多次参加北京国际音乐节、维也纳"金色大厅"音乐会以及欧洲中法文化交流演出。

马 云（1959— ）

女声乐教育家。江苏涟水人。1982年毕业于河南大学艺术系。后在开封市第一师范任教，1987年始入河南省妇女干部学校艺术专业任教研室主任。撰有《音乐教育不能脱离音乐艺术自身的规律与特点》《幼师生学唱基本技巧点拨》等文，发表有《谈音乐与健康》，作有歌曲《送你一束珊瑚花》。1982年在电视片《悬河》中担任《渔歌》演唱。在郑州市教委组织的郑州地区成人中专"优质课"评选中，乐理课获一等奖。

马 瞻（1935— ）

歌词作家。浙江象山人。曾任沈阳民间歌舞团、中央民族歌舞团创作员。作有歌词《万岁！中华人民共和国》《云岭连北京》《支援农业车马忙》《西山谣》。后移居香港。

马 忠（1955— ）

歌词作家。安徽芜湖人。安徽音协理事、安徽省音乐文学学会副主席、芜湖电视台台长。1978年就读于安徽大学中文系，毕业后当过电大教师，主持过报纸副刊。编导撰摄电视音乐片《皖南梦寻》，歌词《潮涌江淮》入选安徽省十运会会歌，《大山胸怀》《雪花谣》《旅游之光》《大江南》在《词刊》《歌曲》等报刊和中央电视台发表或播出。作词并主持拍摄的MTV《半城山半城水》在中央电视台和上海、浙江等各大卫视多次播出，入围金鹰奖提名，获安徽省"五个一工程"奖和中国电视文艺星光奖。

马 倬（1928— ）

作曲家。陕西绥德人。1957年毕业于上海音乐学院理论作曲系进修班。1960至1980年任西藏歌舞团团长和自治区文化厅文艺处处长。1980至1990年任陕西省音协《音乐天地》月刊副主编。作有《在北京的金山上》等歌曲百余首，歌剧音乐《保卫村政权》十余部，均由陕西省歌舞剧院上演。作有《翻身农奴向太阳》大型歌舞音乐三部（合作），均由西藏歌舞团上演。编辑出版《综述民间文学与音乐的精萃—陕北民歌》一书。

马阿荣（1973— ）

女歌唱家。东乡族。内蒙古人。1996年毕业于内蒙古大学艺术学院声乐系。同年入内蒙古自治区消防总队政治部文工团。2001年起任广州军区战士歌舞团独唱演员。曾先后在自治区成立50周年歌手大赛、"孔雀杯"少数民族歌手大赛、"大红鹰""步步高杯"全国青年歌手电视大奖赛、首届全国公安民警歌手大赛、全军声乐新人新作大赛中分别获金、银、铜、一、二等奖，立二等功一次、三等功多次。参加公安部春节晚会、庆祝驻港三周年文艺晚会演出，被公安部金盾影视中心聘为特邀演员。

马宝山（1936— ）

竹笛演奏家。河北三河人。1962年毕业于北京艺术师范学院。曾在中国音乐学院附中任教。作有《赶着大车唱丰收》等笛子独奏曲，合作编著有《笛子传统曲集》。

马碧雪（1939— ）

女钢琴教育家。广东海丰人。曾在中央民族学院音乐舞蹈系任教。编有《钢琴基本功选集》。

马伯龙（1942— ）

作曲家。贵州贵阳人。第四届贵州省音协副主席，第五届中国音协理事。1959年考入贵州省歌舞团。1987年调省音协工作。作有歌曲《阿亿山寨贵客来》及民族舞蹈音乐，其中水族《斗角》，布依族《伴嫁歌》，苗族《芦笙场上》《古瓢舞》，亿佬族《背姑娘》。曾随省歌舞团、民族歌舞团出访多国。1992年在波兰第25届国际民间艺术节上演出《芦笙场上》获团体"金山杖"奖。

马成翔（1953— ）

作曲家。回族。新疆哈密人。毕业于上海音乐学院。新疆歌舞团创作研究室主任、新疆文联委员、新疆师范大学等学院客座教授。创作、发表音乐作品千余部（首），论文十万余字，其中52部（首）获奖。曾获文化部"1996年度优秀专家"、新疆文联"德艺双馨中青年会员"。作有歌剧《龙江颂》《伊吾四十天》，舞剧《血的足迹》，民族音乐《天山彩虹》，其中交响组曲《家乡的故事》获文化部第五届"文华音乐创作奖"。出版有《哈密木卡姆》（合作）《新疆回族民间歌曲精选》。

马崇玉（1938— ）

女小提琴演奏家。上海人。1960年毕业于上海音乐学院，后在上海交响乐团工作。曾在纪念亨德尔诞辰五百周年音乐会中担任独奏。

马楚玲（1949— ）

女高音歌唱家。广东汕头人。广州工人珠江钢琴合唱团指挥助理兼声乐指导。1981年以来，参加"羊城音乐花会"独唱比赛获奖，赴北京参加专业组合唱比赛获金奖，参加全国妇联新作品比赛（独唱）获新作品金奖，随团赴法国参加"南锡国际合唱节"比赛获金奖。曾参加歌剧《鸣风》的演出饰演主角。1998年赴维也纳国立音乐学院大师班进修声乐。辅导的"广州工人珠江钢琴合唱团"

M

"顺德青年合唱团""广东电力集团合唱团""广州外经贸委合唱团"等在国内外合唱比赛中获金奖。

马传吉（1960— ）

双簧管演奏家。辽宁鞍山人。解放军军乐团双簧管教师。1977年考入解放军军乐团，1988年考入中央音乐学院，1991年毕业。在任军乐团双簧管首席期间，数次参加国家重大的内、外事司礼和演出活动。并出访日本、芬兰、新加坡、俄罗斯、香港等国家和地区，在各项演出活动中担任独奏和领奏。培养了多名专业双簧管演奏员，编著出版《双簧管演奏教程》。

马春生（1961— ）

音乐教育家。辽宁人。内蒙古包头市师范学院音乐学院院长。毕业于内蒙古师范大学，长期从事音乐教育及音乐教育管理工作。先后担任系主任、艺术学院院长、音乐学院院长。多次获"优秀教师"称号。曾应邀赴日本、法国进行艺术教育交流活动。主编、出版《二人台文化艺术研究》，全国高师公共课教材《音乐》，发表论文数十篇，多次获全国及自治区评选一、二等奖。

马存岚（1935— ）

女民歌演唱家。江苏扬州人。1958年始从事专业演唱，后在江西省歌舞团工作。曾任音协江西分会副主席、常务理事，省政协第五、六届委员。曾主演歌剧《江姐》，演唱江西民歌《红花满山开》《采茶忙》《斑鸠调》等。

马德民（1957— ）

歌唱家。天津人。1974年参加工作。1978年考入天津音乐学院声系，师从夏仲恒教授，毕业后调入天津广播电视艺术团任独唱演员。1986年在"天津市第一届青年歌手大奖赛"中获民族唱法优秀奖，1987年获天津第二届文艺新人月"新人奖"，1992年参加音乐电视风光片《明珠璀璨》的录制并获"全国百家电视歌手大汇串"二等奖。为各级电台、电视台录制新作品百余首。连续数年参加天津春节联欢晚会以及各种大型音乐晚会数百场次。

马德鑫（1921—已故）

民族吹奏乐演奏家。山东安丘人。1956年参加公安军文工团。后任济南军区歌舞团演奏员。1957年参加第六届世界青年联欢节民间文艺比赛获集体演奏金质奖。

马德媛（1944— ）

女音乐教育家。回族。四川阆中人。四川音乐教育专委会常务理事。1965年毕业于西南师范大学音乐系。后相继在四川叙永师范学校、四川米易中学任音乐教师，在攀枝花市教育科研所任音乐教研员。曾担任省首届中师、中小学教学论文评委，任《中小学生珍爱的歌》编委。发表论文《改革我市中小学音乐教育的几点意见》《培养报考音乐院校的几点尝试》等。1997年被国家教委评为优秀音乐教师。

马登第（1945— ）

作曲家。辽宁抚顺人。1976年毕业于沈阳音乐学院作曲系。后在沈阳军区歌舞剧团工作。作有歌曲《天忘不了，地忘不了》《十八落大潮》，歌剧音乐《沙打旺》。

马殿泉（1945— ）

笛子演奏家。河南新乡人。曾任河南大学音乐二系器乐教研室主任。1969年毕业于中国音乐学院。曾发表笛子独奏曲《飞驰吧，列车》以及多首歌曲。论文《中国笛制》和《宋代器乐》等发表于《中国音乐》及《乐器》等刊物。论文《中国笛制的探索，改革与创新》获中国音协民族管乐学会研讨会优秀论文奖。编写有《全国高等师范院校笛子专业教学大纲》（合作）。

马殿银（1953— ）

作曲家。河北人。河北电台评议中心创作室主任。曾任乐队演奏员、艺术室音乐创作员、电台音乐编辑。创作的大部分作品在全国各电台、电视台播放。其中歌曲《时光》《怀里心里》《大江日夜流》《在祖国妈妈的生日里》分别由殷秀梅、程志、马子玉演唱。《党啊，亲爱的妈妈》九次获国家奖。歌曲《旗帜》《老百姓的事》分别获广播新歌银奖和专家奖。歌曲《认识你真好》《你好》《你还好吗》录制CD专辑。创作有电视剧音乐《霞关》《第一道防线》及器乐曲《苗家乐》等。

马东风（1958— ）

音乐理论家、教育家。山东微山人。1978年毕业于曲阜师范大学音乐系并留校任教。1982年进修于天津音乐学院作曲系。徐州师范大学音乐学院院长，教授、硕士生导师。中国音协基本乐科学会副会长兼秘书长、国际衡悲音乐学会（ICTM）会员。曾任曲阜师范大学音乐学院副院长、教授、硕士生导师。编撰教材有《基本乐科教程·乐理卷》《基本乐科教程·视唱卷》《基本乐科教程·练耳卷》。发表论文、译文二百篇。著有《音乐教育史研究》《音乐教育学》（译著），2000年举办个人作品音乐会。曾出访多个国家和地区。

马恩成（1952— ）

音乐活动家。河北人。1968年赴黑龙江生产建设兵团，曾任二师十五团宣传队乐队队长。1978年毕业于北京师院音乐系，后任北京燕山区文化馆文艺组组长。1987年调中华全国总工会宣教部，任文体处处长与中国职工文体协会副秘书长，2009年调全总文工团任总团团长。曾组织在全国有较大影响的社会音乐活动，编写《中国厂歌、行业歌曲集》《工会文体工作大全》《职工文化活动的组织与策划》，并组织培训一批全国职工文化管理人员。中国电影审查委员会委员、中国电视剧"飞天奖"评委。

马福海（1937— ）

演奏家、作曲家。回族。宁夏银川人。1955年毕业于宁夏民族公学，分配至宁夏歌舞团。宁夏儿童音乐研究会名誉会长。先后为数十台大中型歌剧、舞剧、音乐舞蹈节目担任独奏、领奏、伴奏。作有器乐曲、歌曲、舞蹈音乐等三十余首（件），有十余首（件）获奖。《小小地球仪》获全国少儿"小百灵"赛歌（录像）会演作品二等奖，《小朋友结伴抓发菜》《夸腰刀》获全国少儿歌舞会演音乐创作奖，《舞踏脚》《尕娃打梆子》分别获"三北地区"会演音乐创作一等奖，《沙枣花香飘千里》获自治区文艺作品器乐奖。1991年为宁夏第二届少数民族运动会创作会歌《民族健儿英姿勃勃》。撰有《拓展回族音乐素材的新领域》。

马福寿（1936— ）
音乐主任编辑。回族。青海人。1952年在省民族公学文工室学习和从事音乐工作，1957年调青海省电台文工团乐队，1958年到中央广播民族乐团进修二胡。1961年后历任青海省民族歌舞剧团任乐队副队长和指导员、青海电台文艺部音乐编辑、中国音协第三届青海分会副主席、2003年聘为中国音协青海分会第四届主席团荣誉主席。

马福运（1942— ）
男中音歌唱家。辽宁大连人。1965年毕业于沈阳音乐学院声乐系。历任二炮政治部文工团副团长、团长、艺术指导等职。中国传统文化促进会理事。在全军第四、五、六、七届文艺汇演中获一等奖、优秀表演奖、指挥奖。在全国独唱独奏调演中获优秀表演奖。在"2001年中国老年合唱节"中获优秀指挥奖。1995年应邀率"中国长城艺术团"赴香港演出，随总政歌舞团、中国人民解放军艺术团先后两次赴香港、澳门演出。撰写论文《歌唱与表演》。

马革顺（1914— ）
指挥家。陕西乾县人。1933年入南京中央大学音乐系，师从史达士博士学习指挥法。1947年赴美研修合唱指挥，1949年获硕士学位回国。新中国成立后，在上海音乐学院任教、教授，并任合唱团指挥。曾任中国音协常务理事、中国合唱协会艺术顾问、国际合唱学会会员、美国指挥家协会会员。出版专著《合唱学》。被美国威斯敏斯特合唱学院授予荣誉院士、古斯塔夫学院授予艺术荣誉奖章、瓦特堡学院授予荣誉艺术音乐博士。曾应邀赴港、台、东南亚及澳洲讲学。曾获首届中国音乐"金钟奖"终身成就奖。

马格里（1927— ）
作曲家。山东平原人。1944年始从事部队文艺创作。1951年入华东部队音乐干部进修班，师从陈洪教授学习作曲。曾任天津乐团副团长、儿童艺术剧团团长、天津群艺馆副馆长兼《天津歌声》主编。曾指挥歌舞剧《血泪仇》《周子山》及诸多歌曲的排练和演出。创作歌剧《神笛》《嫦娥奔月》（合作）及歌曲《水库就是幸福仓》《毛主席夸咱女民兵》《毛主席派人下乡来》等。曾任《中国戏曲音乐集成·天津卷》编委、副主编。

马庚午（1930— ）
音乐教育家。辽宁锦州人。1949年毕业于锦州师范。曾任锦州市教育学院副院长。国家教委艺教委委员、中国音协音教委委员、辽宁省音协音教委副主任、锦州市音协副主席。编撰出版有《辽宁省小学音乐教学大纲》《综合音乐训练教学法》等教材。发表有《共产党像太阳》《我们都是好朋友》《我们爱长城》等数十首歌曲。撰有《怎样编写音乐教材》《我的音乐教学》等文。曾多次参加全国国民音乐教育研讨会，宣读《南一小学音乐实验班调查报告》等文。多次被评为省、市模范教师。

马光陆（1932— ）
坠胡演奏家。河南巩县人。曾为中国民族管弦乐学会理事，胡琴专业组顾问。1949年毕业于中原大学，1953年调入总政歌舞团任独奏演员。1955年获华沙第五届世青节器乐比赛三等奖。1994年在全国民族管弦乐展播中获优秀作品和优秀演奏奖，2002年获全国老年文艺调演器乐类金奖。1987至1993年在中央音乐学院任坠胡教授。1998年北京电视台播放专题片"弦上的梦"。出版有《河南曲子牌曲》和《新春乐》单行本。并在台湾出版马光陆坠胡专集《豫西风情》CD盘。作品有《河南曲子牌曲》《新春乐》《喜梅》《豫西风情》《家乡的喜讯》等。

马桂丽（1969— ）
女歌唱家。吉林松原人。先后毕业于吉林省戏曲学校、吉林艺术学院成人教育学院。先后任吉林职工艺术团、二炮文工团、吉林职工艺术团歌唱演员。曾为吉林石油集团公司工会文体中心辅导员。演唱的《万里春色满家园》获文化部"群星奖"三等奖，《荒原喜事》分别获庆祝建党75周年省大企业艺术团调演、省文艺调演一等奖、金奖。曾在海陆空八一文艺晚会、中央电视台同一首歌"相约松原"和石油新年团拜会上演出，担任独唱。

马国光（1932—1989）
歌唱家、表演艺术家。辽宁锦州人。曾为北京军区战友歌舞团独唱演员兼声乐艺术指导。并参加全国第一届音乐周，首唱《真是乐死人》。曾赴亚洲、非洲、拉丁美洲数十个国家演出。参加历届全国、全军文艺汇演均获优秀演员奖、创作奖。演唱曲目有《我是一个兵》《两个小伙一般高》《我和班长》《克拉玛依之歌》《忆战友》《我是连队的歌唱家》《一壶水》等歌曲，电影《阿凡提》主题歌，电视剧《西游记》插曲。曾参加《长征组歌》演出，演唱《四渡赤水出奇兵》。诸多演唱曲目被录制成唱片、盒带。

马国华（1922— ）
音乐教育家。江苏无锡人。1955年毕业于上海音乐学院作曲系。为武汉音乐学院作曲系教授。著有《和声逻辑概论》《民间音调与现代和声相结合的巴托克风格》。

马国华（1955— ）
作曲家。广东人。1991年毕业于华南文艺学院作曲系。先后任广州市文艺创作室音乐编辑及音乐创作、广东电台城市之声副总监。创作歌曲作品数百首，其中《共青团的绿化林》《我们为祖国骄傲》《腾飞吧，跨世纪的龙》《珠江我要为你歌唱》《国旗，在我心中》《因为有了你》《我们同一祖先》等分别获全国歌曲评选"金奖"

或广东省"五个一工程"奖。

马国俊（1955— ）

作曲家、音乐教育家。宁夏固原人。宁夏音协副秘书长，固原市文联兼职副主席。1975年始从事师范音乐教育工作。曾在中国音乐学院作曲系进修。1998年毕业于宁夏大学音乐系。现任宁夏固原一中音乐教研员。作有歌曲《宁夏飞出金凤凰》《中国好》《宁夏是一树红牡丹》，音乐诗画《高崖小草》，大型民族歌舞剧《花儿故乡》获宁夏第四届"五个一工程"优秀作品奖，编有歌曲集《六盘情韵》，创作、出版花儿音乐广播连续剧《六盘山花儿留住你》并获宁夏首届"文化旅游产品"创意金奖。

马国平（1924—已故）

作曲家。河北完县人。1939年始从事部队音乐工作。曾任总政军乐团副团长、团长。作有歌曲《将革命进行到底》《阻击战打得真漂亮》。

马国玉（1934— ）

女歌唱家、音乐教育家。回族。四川成都人。曾进修于上海音乐学院，后参加贝基大师班。新疆军区歌舞团演员兼声乐教师。长期从事表演艺术、声乐教学及演唱队领导工作。随中国艺术团赴亚洲、非洲多个国家访问演出，任领唱、独唱、小合唱并参加民族器乐合奏。在《刘三姐》《江姐》《金凤树开花》《五棵苹果树》等歌剧中扮演主要角色。在全国音乐调演、全军文艺汇演中获优秀演唱奖、表演一等奖。

马海星（1949— ）

女作曲家。江苏徐州人。1968年毕业于中国音乐学院附中。1973年入海政歌舞剧团。后在中国音乐学院任教。作有《敬爱的周总理我们想念您》等歌曲。合编有《马可歌曲选》《马可日记摘抄》等。

马海鹰（1955— ）

女音乐活动家。回族。河南郑州人。河南省开封市总工会宣传部部长。1976年毕业于河南大学艺术学院音乐系。80年代曾率开封代表团参加河南省文艺汇演，担任"黄河之滨"音乐会主持人、声乐指导、女声二重唱、男女声二重唱均获优秀组织奖和演出一、二等奖。1985年组织举办全国职工歌咏比赛等多项活动。1989年作为河南省代表团领队参加首届全国职工歌手大赛并获优秀组织者奖。2003年组织举办了首届开封市职工文化艺术节。

马宏川（1949— ）

音乐教育家。天津人。山东菏泽民族管弦乐中等专业学校校长。菏泽市音协副主席。1995年筹建菏泽民族管弦乐中等专业学校，聘请诸多名家来校执教，多年来培养了大批艺术人才，部分学生考入高等音乐学院，部分学生获全国及省、市艺术比赛奖。1993年被全国总工会授予"全国职工文化先进工作者"称号。作品《又是一个丰收年》获山东省音乐、舞蹈、曲艺调演演奏、创作一等奖。

马宏军（1941— ）

作曲家。浙江平湖人。就职于浙江平湖市文化体育局文化科。撰有《平湖派琵琶艺术及其传承概略》等文，歌曲《欢乐的小河》1985年获"全省业余歌曲创作"二等奖，《大地飘洒三月雨》1990年获浙江省三届音舞节声乐作品三等奖。曾参与编辑《中国曲艺音乐集成·浙江卷》。

马洪太（1948— ）

演奏家。河北唐山人。河北省音协理事、唐山市音协副秘书长、管乐艺术委员会主任。1964年考入北京军区军乐团，任单簧管演奏员。曾多次参加国家庆典及重大演出。1970年到唐山钢铁集团公司工会从事文艺宣传工作。1988年毕业于河北师范大学音乐系理论作曲专业。1989年任唐钢艺术团团长。创作有《钢铁工人献栋梁》等多部（首）作品，在全国性音乐省部级比赛中获奖。1991年担任全国第二届城市运动会开幕式乐队指挥。2002年起任唐山师院兼职教师。

马洪业（1927— ）

单簧管演奏家。北京人。1948年始从事部队文艺工作。曾任中国广播合唱团乐队指挥。改编越剧有《山丹丹花开红艳艳》，合作乐曲有《缅甸交响组曲》《北京喜讯到边寨》。

马惠敏（1951— ）

女音乐教育家。内蒙古丰镇人。毕业于内蒙古师范大学物理系，进修于中国函授音乐学院理论作曲系和钢琴系。1979年调入浙江省余姚中学任教，2006年退休后志愿去农村支教二年。组建了多支校民乐队与合唱队。所指导的学生在浙江省声乐比赛中获得两个一等奖，本人被评为余姚中学优秀教师。创作的歌曲《杨梅年年红》曾在余姚市广播电台"每周一歌"播放。多篇论文在音乐学术刊物上发表，多次在全国音乐学术会议上宣读论文并发表，参与《李凌文集》的搜集与整理。

马惠文（1923— ）

作曲家。回族。山西长治人。1937年始从事音乐创作与教学。1955年入中央音乐学院进修理论作曲。曾任四川音乐学院副院长、顾问，四川省第六届政协委员，音协四川分会副主席，成都市音协名誉主席。作有歌剧音乐《李双双》《志愿军的未婚妻》。

马慧玲（1933— ）

女音乐教育家。甘肃兰州人。曾为西安音乐学院教授、硕士生导师。1953年毕业于西北艺术学院音乐系后留校担任音乐名作欣赏教学。曾任学院音乐教育系主任、国家教委艺术教育委员会委员。曾出席全国精神文明先进个人会议。1988年被全国文联派往德国考察。撰有《西欧古典名曲欣赏》《音乐欣赏ABC》《中西经典名曲欣赏》《三名文品》（合作）等音乐教育论文十余篇。

马家俊（1942— ）

女音乐教育家、歌唱家。北京人。1963年毕业于北京艺术学院音乐系声乐专业。曾任北京市朝阳区师范学校音乐教研组组长，北京巴洛克室内合唱团声乐指导。1972年调北京市朝阳区师范学校任教，副教授。培养一批音乐教师，并为高等师范院校输送十余名专业人才。1998年举办"马家俊老师从教35周年音乐会"。曾在北京市教师合唱团、北京天主教爱国会合唱团、北京巴洛克合唱团任领唱、独唱、声乐指导。1993年随北京天主教爱国会合唱团赴香港、澳门演出。2006年应邀赴韩国参加作曲家郑律成作品研讨会，期间率北京巴洛克合唱团在韩国光洲（郑律成故乡）和首尔演出。

马家骏（1935— ）

打击乐演奏家。北京人。1950年始从事部队文艺工作。后任中央乐团（现中国交响乐团）演奏员。曾随团赴朝、美等国及港、澳地区演出。

马建红（1964— ）

女歌唱家、教育家。浙江人。江西艺术职业学院音乐系教师。1984年起先后就读于江西省艺术学校、解放军南京政治学院、江西师范大学及中央音乐学院研究生部。曾在武警江西总队文工团、江西省演出公司工作。2002年获江西省美声唱法"十佳歌手"奖。2005年获全国"德艺双馨"美声总决赛金奖、江西省音乐舞蹈节一等奖及"中国星"全国声乐、器乐大赛江西赛区金奖。2006年获全国艺术人才选拔赛"优秀辅导教师奖"。

马剑锋（1949— ）

作曲家。回族。河北大名人。河北邯郸市音协副主席。1964年从事文艺工作，1986年毕业于天津音乐学院民乐系（兼修作曲），作有合唱《香港回家》《大冀南放歌》《挥写天地大文章》，组歌《刘邓大军战太行》，歌舞音乐《铜雀情》《二度梅》《洗工装》，戏歌《伟业千秋》《金秋颂》《咏梅》《咏菊》，三集戏曲电视剧《九龙圣母》等。

马金泉（1956— ）

男中音歌唱家。天津人。中国音乐学院继续教育学院声乐教学中心主任。教授、硕士生导师。由中央音乐学院毕业后入中央民族乐团任独唱演员。曾赴海外留学，先后获音乐教育与音乐艺术硕士学位。曾在国内外多次举办独唱会并在《女人心》《丑角》《霍夫曼的故事》等多部大型歌剧中担任主要角色。培养不少优秀学生。撰有《关于威尔第男中音》《dodipetto的启示》《音乐会及教学用声乐曲25首》《男人的歌六首》等文及音像制品。

马金星（1946—2007）

歌词作家。河北静海人。长期从事歌词创作。曾任海政歌舞团专业创作员及编导室副主任。词作歌曲《泉水叮咚响》《军港之夜》《可爱的中华》等广为流传。

马金星（1955— ）

作曲家。回族。宁夏永宁人。宁夏吴忠市群艺馆研究馆员。宁夏回族自治区政协委员、吴忠市音协副主席、吴

忠市文联副秘书长。毕业于宁夏大学音乐系，分配至银南文工团任小提琴演奏员兼作曲、配器。1987年在银南地区群艺馆担任宁夏艺校银南分校小提琴、钢琴教师。培养的学生有多人考入音乐院校。编著有《小提琴教程》《幼儿钢琴教程》《马金星歌曲集》。作有笛子独奏曲、萨克斯独奏曲、管弦乐曲、板胡独奏曲、小提琴齐奏曲。创作舞蹈音乐《穆萨的婚礼》《枸杞妹子》及儿童舞蹈音乐《黄河娃》等二十余部。

马金钟（1938— ）

歌唱家。河北河间人。1959年任音乐美术教师，1968年毕业于中央音乐学院歌剧系。曾参加《东方红》排练演出。在北京演出芭蕾舞《白毛女》时主唱杨白劳、大春唱段。1973年任总政歌剧团演员。1983年在北京西城教委从事音乐教育教学研究，并任教师合唱团团长。1986年参加第二届全国民间民族音乐大赛演唱歌曲《红叶情》获三等奖和创作奖。2002年北京首届中老年歌唱大赛获专业组"十佳歌唱家奖"。

马尽连（1929— ）

小提琴演奏家。回族。河南汲县人。1948年就读于北京国立艺术专科学校音乐系，1949年在天津中央音乐学院管弦系学习。1956年起在中央广播乐团管弦乐团任小提琴演奏员，1959年起调朝阳师范学校任教师，1980年起在北京市少年宫艺术教育处任兼职教师。曾参加第一届文代会与第一届音乐周演出。1959年在朝师期间曾组建民乐队，铜管、小提琴组。曾为少儿小提琴教育联谊会理事。

马劲松（1974— ）

中提琴演奏家。回族。山西垣曲人。中国交响乐团乐队演奏员。分别毕业于中央民族学院音舞系、中央音乐学院管弦系。曾任中国青年交响乐团中提琴首席。多次参加各种重大演出及《罗密欧与朱丽叶》等十余部芭蕾舞剧的演出，均任中提琴独奏。2005年赴朝鲜参加艺术节，其参演节目均获金奖。曾赴澳门、台湾、印尼、新加坡、日本、澳大利亚、美国、德国、西班牙等地演出。

马进贵（1933— ）

作曲家。白族。河南卫辉人。曾在省音干班学习小提琴和作曲，在中央音乐学院函授部和中国音乐学院作曲系进修班学习。曾任河南豫剧院音改组副组长、省豫剧二团和三团艺术组副组长、河南电影制片厂作曲。创作歌曲数十首。其中《杜鹃杜鹃你莫叫》《奉献给亲爱的祖国》获省三等奖。曾组织领导并担任主要作曲，完成《海港》《刘胡兰》《杜鹃山》《小二黑结婚》等数十部现代豫剧的音乐创作。为故事片《小城细雨》《玩猴的人》《风雪配》作曲。

马景林（1957— ）

小提琴演奏家。北京人。1978年入中国电影乐团任第二提琴首席。曾演出贝多芬、莫扎特、布鲁赫的交响乐、协奏曲、四重奏等经典名作。先后参加大量音乐会演出及录音、录像工作。多次与国内外著名指挥家合作

M

演出。

马景祁（1929—已故）

单簧管教育家。北京人。1949年始从事部队音乐工作，1982年获天津音乐学院大学本科同等学历证书。曾任天津音乐学院附中校长。

马景勤（1936— ）

男高音歌唱家。壮族。广西隆安人。1961年入上海音乐学院学习。曾任广西歌舞团独唱演员。演唱曲目有《酒歌》《春来一片好风光》。作有歌曲《我爱山区山连山》《香糯蜜酒敬一杯》。

马俊芳（1955— ）

音乐教育家。河南南阳人。1974年任职于河南省南阳市文工团，1982年毕业于河南大学音乐系，后留校任教，1995年曾在白俄罗斯音乐大学声乐系进修。发表有《歌唱中的心理训练》《艺术教育在高等师范学院中的地位》等文，参与编写《声乐教材》并任副主编。创作的歌曲《祖国，您的儿女回来了》获省"五个一工程"一等奖。曾获省聂耳、星海声乐作品比赛美声唱法专业组一等奖，河南省黄河之滨音乐周声乐比赛金奖。

马峻霞（1958— ）

女歌唱家。布依族。贵州安龙人。贵州省花灯剧团演员、安顺市音协副主席。1991年毕业于中央民族学院音乐系。曾在安顺黄果树艺术团任副团长。1990、1992年在中央电视台青年第四、五届歌手大奖赛中分获优秀奖、三等奖。1997年获贵州省文化厅举办的卡拉OK声乐比赛专业组二等奖。2000年安顺市文化局授予文化先进工作者称号，同年被评为"拔尖人才"。

马骏英（1942— ）

作曲家、音乐教育家。内蒙古集宁人。中国歌舞团作曲、艺术指导。1962年毕业于中央音乐学院附中。曾进修于中央音乐学院、沈阳音乐学院。创作有声乐作品千余首，舞剧及舞蹈音乐六十多部。曾先后获各种奖项五十余次。作有歌曲《雄伟的喜马拉雅山》《驼铃》《三峡情》《金风吹来的时候》等，有的歌曲被选入艺术院校声乐教材。并作有舞剧、舞蹈音乐《猪八戒背媳妇》《孔雀歌》《迎春》等。先后被聘为文化部高级职称评委、北京吉利大学音乐舞蹈学院常务副院长。

马力前（1933— ）

戏曲音乐设计家。回族。河南邓州人。1955年毕业于中原大学艺术学院。曾在郑州豫剧团、曲剧团、河南省曲剧团、洛阳市曲剧团任音乐设计。曾为《红楼梦》《柳毅传书》《胭脂》《江姐》《瑶山春》《报春花》及样板戏移植《红灯记》《沙家浜》等设计音乐。

马立雄（1940— ）

声乐教育家、副教授。广东顺德人。1964年毕业于广州音专声乐系，分配到北京市文工团，曾参加音乐舞蹈史诗《东方红》演出。1985年调星海音乐学院附中先后任教导主任、副校长、副教授。广东教育学会校园文化委员会专家。1992年任学院图书馆馆长、图书电教中心主任、艺术委员会委员。1987年指挥合唱团参加"全国欢歌迎六运"合唱比赛名列榜首，1990年与肖梅英老师联合举办学生独唱音乐会，广东省副省长王屏山特为音乐会题词"桃李芬芳"。

马丽云（1969— ）

女高音歌唱家。河北青龙人。先后毕业于天津市工会管理干部学院群文专业、天津音乐学院声乐系。天津大港油田地质录井公司工会文体干事。参加中国文联组织的"纪念毛主席在延安文艺座谈会上的讲话发表50周年"演出、大港油田春节联欢晚会、纪念建党80周年全国企业职工合唱比赛、赴大港油田钻井一线"心连心"慰问演出及天津市2005春节电视联欢晚会，分别担任独唱、领唱、女高音声部合唱，有的获奖。曾在第三、五届中国石油职工声乐比赛中分别获二等奖、一等奖。

马林楠（1944— ）

女音乐编辑家。江苏扬州人。甘肃音协理事。1966年西北师大音乐系毕业后任中学音乐教师。1973年进入省出版局任音乐编辑，1980年起先后任甘肃人民出版社文艺室副主任，敦煌文艺出版社副总编。编辑有《王洛宾歌曲选》《中外合唱名曲》《怀念周总理》《音乐知识词典》《古乐发隐》等百余种。所编辑的《敦煌古乐》曾获中宣部"五个一工程"奖、新闻出版署一等奖、广电部特别奖。所撰论文获省第二届出版科学论文作品奖。

马留柱（1949— ）

歌唱家。辽宁北镇人。安徽蚌埠市政协委员。1970年考入蚌埠市歌舞团任独唱演员。参加过中央及省市电视台、电台各类文艺晚会。录制唱片磁带有《摘石榴》《淮河流淌着动人的歌》《王小赶脚》《密林里》等歌曲。获安徽省首届青年歌手电视比赛专业组一等奖，"华鑫杯"全国名歌手电视歌手大赛演唱银奖。在歌剧《小二黑结婚》，花鼓灯歌舞剧《玩灯人的婚礼》、音乐报导剧《徐洪刚》《雪山的回声》中饰演主要角色。曾参加1992年中央电视台的元宵晚会。

马龙文（1930—2004）

民族音乐学家。蒙古族。内蒙古赤峰人。1949年毕业于冀察热辽联大鲁艺戏音系。后在河北省文化厅、河北省艺术研究所任职，研究员。曾任中国戏协理事、中国戏曲音乐学会理事，并任戏曲音乐集成、戏曲志河北卷主编。撰有《现代戏曲音乐创作浅谈》《河北梆子简史》《河北梆子音乐概解》。论文有《河北梆子的历史演变》《中心剧种论》《河北戏曲历史发展述要》等，其中《河北梆子简史》1984年获全国第一届戏剧理论著作奖。1998年移居悉尼。

马龙溪（1930— ）

音乐教育家。满族。辽宁本溪人。早年任职于本溪市

M

文艺工作团乐队。后长期从事音乐教育。曾任本溪市第一中学高级教师，本溪市音协器乐学会副会长。培养大批音乐人才，多名学生考入沈阳音乐学院，部分学生成长为乐队指挥、文工团长、演奏家。作有组歌《春风颂》，舞蹈音乐《并肩前进》等。1990年起受聘于本溪市第一职业中专音乐班执教。1995年被驻军某部聘为军乐队艺术指导。

马茂龙（1944— ）

低音提琴教育家。河北人。中国音协艺委会低音提琴协会理事。1969年毕业于河北艺术师范学院后留院任教。1971年进修于中央乐团。1983至2003年历任天津音乐学院管弦系副主任、主任。培养众多优秀低音提琴演奏人才。编写《低音提琴音阶琶音练习》《巴赫大提琴无伴奏组曲》《中国乐曲集》等教材广泛用于教学。撰写《低音提琴声音质量探秘》《呼吸与歌唱》《库谢维茨基和他的升f小调协奏曲》等文多篇，发表于全国多种音乐刊物上。

马孟丹（1942— ）

女歌唱家。辽宁人。1981年入中国音乐学院歌剧系进修声乐。曾任哈尔滨话剧院、鹤岗文工团、佳木斯农垦歌剧团演员。1963年调江西省歌舞团任独唱演员。演唱有《沁园春·雪》《周总理，你在哪里》《在希望的田野上》《绣荷包》。先后在移植歌剧《红灯记》中饰演李铁梅B角，在歌剧《含泪的玫瑰》《喜事的烦恼》《同心结》中饰演主角。为电视风光片《我爱你，庐山》，电视剧《豆蔻花开》《红绿灯》配唱插曲。

马名振（1936— ）

民族音乐学家。回族。湖北武汉人。1951年参加工作。1964年毕业于中央民族学院艺术系音乐本科，历任该院音乐舞蹈系副主任。担任《中国大百科全书》音乐卷、少数民族音乐分卷编委，参加《中国少数民族乐器志》撰稿，《中国少数民族传统音乐》副主编。著有《侗族民间音乐概论》。

马明贤（1930— ）

女歌唱家。重庆人。1950年就读于西南师范学院音乐系，毕业后在长春东北师范大学音乐系任声乐助教。1956年考入中央广播合唱团。除了完成本单位录音演出任务外，还参加《贝多芬第九交响乐》，音乐舞蹈史诗《东方红》《中国革命之歌》《刚果河在怒吼》，《椰林怒史》及《中国革命之歌》等的演出。

马鸣昆（1930—已故）

豫剧音乐作曲家。河南开封人。河南省艺术研究所调研员。曾任河南豫剧三团团长。1950年毕业于中原大学文艺学院音乐系。撰有《抢救河南梆子遗产刻不容缓》等文。编有《豫剧传统曲牌音乐》。主持设计编曲的戏多部，其中有《罗汉钱》《小二黑结婚》《刘胡兰》《红色种子》等。《杜娟山》唱段《乱云飞》《家住安源》等（合作）由河南电台录音播放。为豫剧三团建立以民族器乐为主中西混合的豫剧伴奏乐队（合作）。

马浦生（1947— ）

圆号演奏家。浙江绍兴人。1966年毕业于中央音乐学院附中。曾任北京京剧团、中国歌剧舞剧院、中央歌剧院圆号首席兼铜管声部部长。参加《沙家浜》电影录音，歌剧《伤逝》《原野》创排及首演。参加世界三大男高音北京午门演唱会并赴日本、新加波、台湾、香港、澳门演出及《茶花女》《图兰朵》《漂泊的荷兰人》《卡门》等歌剧的演出。组建并指挥北京工业大学、汕头大学管乐团。编配木管五重奏乐曲数十首。2001年出版发行了个人圆号教学光盘《一学通》。

马庆华（1946— ）

声乐教育家、音乐活动家。吉林长春人。中央音乐学院附中综艺部南校区副校长、声乐教授，13岁考入音乐学院附中，1968年大学本科声乐专业毕业，先后师从著名声乐教育家姚涌、王福增、沈湘及著名女高音歌唱家包桂苏、意大利声乐大师吉诺·贝芒，长期研究多位声乐大师的精华，将声乐、戏曲、流行演唱、民族民间演唱等多种风格熔为一体，并在实践中有较好的应用。曾多年担任文化行政部门领导，把高品位高格调的演奏演唱引入文化娱乐市场，受到文化部的表彰奖励。

马秋华（1958— ）

女声乐教育家、歌唱家。江苏连云港人。1982年毕业于南京艺术学院音乐系，师从黄友葵。后曾在南艺任教。1989年调二炮文工团任独唱演员及歌队教员，1991年调解放军艺术学院音乐系，2009年调入中国音乐学院任教授、硕士研究生导师。中国民族声乐艺术研究会副会长，中国音协第七届理事，北京音协理事，第十一届政协委员，解放军艺术学院及全国多所音乐学院客座教授。多年从事教学和科研工作，在美声、民族、通俗三种唱法的声乐教学与实践中形成一套独特而行之有效的教学方法。学生戴玉强、王莹、王莉、索朗旺姆、吕薇、张也、王丽达、白雪、姚贝娜、阿鲁阿卓等曾在国际、国内声乐比赛中获奖。出版发行三种唱法系列声乐教学示范理论与实践光盘、DVD。

马秋云（1942— ）

女钢琴演奏家。黑龙江哈尔滨人。黑龙江省钢琴学会副会长。1956年考入中央音乐学院少年班（现中央院附中）钢琴专业，后考入哈尔滨艺术学院钢琴专业，1960年借读上海音乐学院钢琴系。1964年毕业，分配至哈尔滨歌剧院工作。演奏钢琴协奏曲《黄河》，钢琴伴唱《红灯记》。1985年获市优秀伴奏奖。钢琴教学中成绩优异，多名学生先后考入中央音乐学院附中、上海音乐学院、沈阳音乐学院附中，并有学生在国外钢琴比赛中获奖。

马荣春（1940— ）

音乐活动家。白族。云南昆明人。第四届河南音协副主席。1964年毕业于云南艺术学院音乐系声乐专业，曾从事音乐教育工作，1980年调河南省音协，先后任音乐编辑、副主席兼秘书长。参与策划组织全国朱载堉学术研讨会、"黄河之滨"音乐周声、器乐大赛、各类音乐创作评

M

奖、各类音乐会、音乐理论研讨会等10项全国及省内大型音乐活动及省"五个一工程"歌曲创作活动。多首作品获全国"五个一工程"奖。1991年始组织省全国乐器演奏业余考级活动。2001年省委宣传部授予"河南省优秀文艺工作者"称号。2002年获第二届中国音乐"金钟奖"组织奖。

马荣昇（1941—）

作曲家、音乐编辑家。回族。云南人。1964年毕业于云南艺术学院音乐系，后分配到昆明军区军乐团，曾先后在北京、上海进修学习。1969年转业到地方从事群众文化工作，1984年由昆明市文化局调《云岭歌声》编辑部任主任编辑，后任副主编、主任。发表铜管乐曲《扣林山英雄赞》，民族器乐曲《阿乌调》，声乐曲《幸福生活水长流》《乡情》等数十件作品，二十余件获全国、省市创作奖，其中《乡情》获云南省歌唱祖国征歌二等奖，《妈妈的笑容》获云南省首届政府奖三等奖。

马锐孺（1926—1993）

声乐教育家。广东中山人。1955年入上海歌剧院工作，曾在《草原之歌》等歌剧中扮演重要角色。1979年后任声乐教师。学生有张建一等。曾任教于上海歌剧院。

马少弘（1950—）

女儿童音乐教育家。回族。黑龙江哈尔滨人。哈尔滨市儿童少年活动中心高级教师。1976年毕业于哈尔滨师范大学艺术系音乐专业。有二百余首创作歌曲在报刊及电视台、电台发表或播出。其中《童年的对话》在中国儿童音乐电视大赛中获金奖。其组织并指导的学生曾获全国10城市少儿艺术全能表演大赛团体总分第一名。1997年获全国"优秀园丁"称号。出版有个人专辑《放飞童年》。曾任哈尔滨音协理事，黑龙江省政协第八、九届委员。

马绍宽（1934—2009）

小提琴教育家。陕西绥德人。1954年毕业于西北艺术学院音乐系小提琴专业，留校任教。西安音乐学院管弦系主任。陕西省音乐考级小提琴专业评审委员会主任。为国家培养一批专业小提琴家。多次参加陕西省音协、西安音乐学院举办的独唱、独奏音乐会，担任独奏、重奏，并多次赴各地市演出。曾任文化部全国青少年小提琴演奏比赛历届评委，多次担任全国小提琴选拔赛评委。曾随文化部艺术教育专家小组赴澳门演艺学院教授小提琴。

马生采（1929—）

作曲家。陕西佳县人。1948年入绥师文艺班，1950年入西北艺术学院音乐系进修。后在陕西省戏曲研究院工作。音协陕西分会第二届常务理事。省第五、六届党代会代表。作有电影戏曲音乐《屠夫状元》，华剧音乐《杨贵妃》获1987年陕西首届艺术节作曲一等奖。

马生庞（1934—）

笛子演奏家。湖北武汉人。1951年入重庆文工团。曾在四川省歌舞剧院。曾任中国民族管弦乐学会理事，四川民族管弦乐研究会副主席。编有笛子独奏曲《撵野猫》

《花灯调》等。

马圣龙（1934—2003）

指挥家。上海人。1952年入上海民族乐团工作。曾任中国音协民族管弦乐学会常务理事。作有乐曲《东海渔歌》（合作），《欢乐的日子》。1987年应香港音统处之邀赴港青年音乐营任指挥并讲学。

马师曾（1900—1964）

粤剧表演艺术家。广东顺德人。1917年开始学习粤剧演唱。曾在各大剧团领衔主演。1955年由香港回广州入广东粤剧团工作。1958年成立广东粤剧院任该院院长。曾主演粤剧《搜书院》《关汉卿》。多次赴美国、菲律宾、马来西亚、朝鲜等国演出。

马世斌（1971—）

男高音歌唱家。山东德州人。毕业于西北师范大学音乐系。福州歌舞剧院独唱演员。出版个人VCD专辑《妹子你别走》，盒带《真想回家》，并举办个人演唱会。专题节目《八闽大地上的小西部歌王》于2001年在央视第三套文艺频道播出。先后为电视连续剧《自我防范》，电视片《高原戈壁铸军魂》，电视剧《陇上英烈——张一悟》等主题曲配唱。曾获福建省第九届音乐舞蹈节声乐比赛民族唱法第一名，中央电视台第五届"金玛格杯"全国军旅歌曲电视大赛银奖，第十届全国青年歌手电视大赛荧屏奖。

马式曾（1930—）

作曲家。回族。北京人。1953年毕业于中央音乐学院钢琴系本科。50年代末回母校进修作曲后在新疆歌舞团任合唱指挥、乐队队长。参与十二木卡姆套曲的记录工作。1956年调新疆电影制片厂任作曲组长。中国电影音乐学会理事、新疆维吾尔自治区电影家协会常务理事、自治区音协常务理事。曾为《两代人》《远方星火》《艾里甫与赛乃姆》《姑娘坟》《冰山脚下》《亲人》等十余部影片作曲。作有民族管弦乐协奏曲《我的热瓦甫》，维吾尔族第一部舞剧音乐《莱丽古丽》，回族舞剧音乐《风雪牡丹》（有的与人合作），及《绿色的旋律》《草原情歌》《怀乡曲》等声乐曲。

马寿琼（1932—）

女音乐教育家。四川人。曾为西安音乐学院师范系副教授。1950年就读于四川音乐学院声乐系。曾任兰州军区战斗文工团教员兼演员。1976年获全军汇演表演优秀奖。发表《建立整体歌唱中的两组重要器官》等文。在校任教期间培养的声乐学生在国内的相关比赛中获得名次奖。

马淑芬（1955—）

女高音歌唱家。辽宁人。徐州市歌舞团声乐队独唱演员。论文《试谈歌唱中的感情处理》发表于《徐州教育学院学报》。曾多次参加中央广播电台、华东六省一市、江苏省声乐比赛并三次获一等奖。多次作为压台演员参与徐州市演出活动，获得好评。

马淑慧（1942— ）

女竖琴演奏家、音乐教育家。上海人。1968年毕业于上海音乐学院本科，曾任浙江省歌舞团管弦乐队竖琴演奏员。1982年赴美国北得克萨斯州立大学音乐学院留学，获音乐教育硕士学位，1984年回国，任职于上海音乐学院音乐研究所，致力于美国"综合音乐感"教育体系的推广，发表有系列音乐教育论文，并应邀赴各省、市讲学。1986年再次赴美国留学，1989年获音乐教育博士学位、"美国学者奖"，执教于美国密苏里州威廉·琼大学。1996年曾回国在北京、上海等地讲学。

马淑敏（1955— ）

女声乐教育家。回族。河北沧州人。沧州市群艺馆副馆长、市音协副主席。1974年毕业于河北省艺校。曾任沧州市艺校校长，1996至1998年在河北师范大学攻读音乐教育专业。撰有《浅谈童声合唱的训练》《论企业文化与群众歌咏活动》。1994年获"中国国际儿童艺术节金奖"，2000年获文化部"群星奖"金奖，曾获省级一等奖9次，二等奖11次。多年来，先后培养众多学员，多人考入艺术院校，被授予"河北省先进儿童少年工作者"称号。

马淑明（1940— ）

女声乐教育家。北京人。1961年考入中央音乐学院民族声乐系，1964年转为中国音乐学院声乐系。毕业后任中央乐团合唱队员，1980年调入中国音乐学院，并筹建声乐系。曾被聘为历届文化部中直文艺系统民族声乐考评委员会评委。培养出在舞台、教学方面较有成绩的学生多名。中国音乐学院声歌系教授、硕士生导师。

马淑卿（1929— ）

女音乐编导家。河北唐山人。1951年毕业于天津师范学院音乐系。曾任华北文工团演奏员。1954年入中央人民广播电台任音乐部音乐编辑，高级编导。

马思聪（1912—1987）

小提琴家、作曲家、音乐教育家。广东海丰人。12岁赴法国学习小提琴，先入南锡音乐院、巴黎音乐学院学习，后又师从小提琴家奥别多尔菲学习，师从作曲家毕能蓬学习作曲。1931年回国后与陈洪创办私立广州音乐院，任院长。1933年执教于南京中央大学教育学院音乐系，并赴上海等地从事小提琴演奏。抗日战争爆发后，先后任中山大学教授、中华交响乐团指挥、贵阳艺术馆馆长等职。抗战胜利后，先后任台湾交响乐团指挥、广州艺专音乐系主任、上海中华音乐学校校长、香港中华音乐院院长等。1950年后任中央音乐学院首任院长，中国音协第一、二届副主席，《音乐创作》主编等职。创作有小提琴曲《内蒙组曲》（其中有《思乡曲》《塞外舞曲》），《西藏音诗》《第一回旋曲》《牧歌》《秋收舞曲》《山歌》《双小提琴协奏曲》，交响音乐《山林之歌》《第二交响曲》，合唱曲《黄花岗大合唱》《自由的号声》《祖国大合唱》《民主大合唱》《春天大合唱》《鸭绿江大合唱》《淮河大合唱》《阿美山歌》，舞剧《晚霞》，歌剧《热碧亚》等。1997年中央音乐学院、中国音协、文化部教育

司等单位联合举办"马思聪诞辰85周年纪念音乐会"。

马思琚（1920— ）

女大提琴教育家。广东海丰人。1942年毕业于国立上海音专钢琴及大提琴专业。后任中央音乐学院管弦系教授。解放前曾在西安、重庆举行独奏会。编有《业余钢琴初级教程》，译有《合唱指挥法》。

马思荪（1916— ）

女钢琴教育家。广东海丰人。1942年毕业于上海国立音专钢琴系。多次与马思宏等举行音乐会。1944年始在重庆国立音乐院、南京国立音乐院等校任钢琴副教授。1954年入上海音乐学院任教。

马素娥（1941— ）

女歌唱家、音乐教育家。辽宁海城人。1966年毕业于沈阳音乐学院声乐系歌剧班。沈阳音乐学院声乐教授、研究生导师、学科主任。曾应聘任辽宁大学美育教授、辽宁芭蕾舞团少年合唱声乐艺术指导。多次亲耳聆听周总理的亲切教诲。曾在京剧《红灯记》《杜鹃山》中分别饰铁梅、柯香。曾任沈阳军区空军文工团任独唱、歌剧演员。论文著述数十篇。1995年举办"马素娥演唱教学音乐会"。2005年获广电部"动漫音乐大赛"金奖。

马太萱（1952— ）

女高音歌唱家。回族。河北定县人。1970年始在沈阳歌舞团任独唱演员。全国三八红旗手，辽宁省政协委员。1984年获全国电视大奖赛辽宁赛区第一名。曾为电影《李冰》《忘忧草》配唱插曲。

马天云（1933—2003）

作曲家、音乐教育家。山西沁县人。曾任长治文化艺术学校校长、山西省音协理事。1954年毕业于山西省艺校，入山西省歌舞团任小提琴演奏员。1955年调上党戏剧院任作曲。先后三次入艺校任教。为电影《三关排宴》《佘赛花》作曲（合作），创作有上党梆子交响音乐《沙家浜》，戏曲选段交响乐《刘胡兰》等。为电视戏曲片《灵堂计》《雁门关》作曲并兼导演。先后为上党梆子、上党落子两剧种40余个剧目作曲。发表有《活跃在太行山区的上党梆子》《上党二簧》《上党梆子的板腔结构》等十余篇论文。《中国戏曲音乐集成·山西卷》副主编。

马为民（1952— ）

大提琴演奏家。回族。北京人。1962年学习大提琴。1971年考入广州军区文工团任大提琴演奏员。1978年转业后，考入北京舞蹈学院芭蕾舞团任首席大提琴。1984年调入中央芭蕾舞团。1987年任轻音乐队队长。1999年任交响乐队队长。2001年任该团舞台总监。

马维新（1945— ）

作曲家。彝族。四川攀枝花人。1967年毕业于四川音乐学院民乐系。曾先后任凉山州文工团乐队负责人，攀枝花市群众艺术馆副馆长、市文化局副局长，市文艺创评

M

室主任兼市文艺集成志办公室主任等。《中国民间歌曲集成》《中国民族民间器乐曲集成》四川卷编委。常年创作并发表歌词、歌曲、舞曲、大型戏曲、电视剧等作品及学术文章。曾任市多台大型文艺晚会策划和艺术总监，并获国家和省、市多项奖励。

马伟民（1942— ）

二胡演奏家。江苏吴县人。毕业于上海音乐学院附中二胡专业，进修于作曲指挥大专班。先后在上海各区文化馆任戏曲作曲、乐队指导。作曲的沪剧《喜旺嫂子》选段录制唱片，歌曲《捉迷藏》被编入全国小学音乐教材，中胡协奏曲《祭海》（合作），弹拨乐合奏《校园春色》分别获上海音乐作品一等奖、三等奖。所撰写的《江南丝竹与民情风俗》《上海是中国吉他音乐发展的源头》等获论文奖。选编《中外民歌金曲》，合编《实用吉他教程》和《乐器维修与保养》。

马伟雄（1942— ）

音乐教育家、演奏家。广东南海人。1966年毕业于广州音专，曾任成都市京剧团教师、指挥、演奏员。1981年起任教于广州星海音乐学院民系。作品有广东音乐新作《珠江晴波》《月影天河》等，分别获首届全国广东音乐邀请赛优秀作品奖、第三届广东音乐创作大赛二等奖。1997年出版为7首传统广东音乐编配的扬琴伴奏。长期从事少儿业余民乐的普及与提高，培养众多学生，分别获多项大型比赛金、银、铜奖。

马文琛（1935— ）

女钢琴教育家。上海人。1960年毕业于上海音乐学院钢琴系。曾在该院及附中从事钢琴教学。

马文峨（1963— ）

女歌唱家。撒拉族。青海人。青海省民族歌舞剧团演员。1982年毕业于青海省艺术学校声乐专业，曾入中国音乐学院民族声乐系及东方歌舞团学习，并参加1995年中国民族风——全国56个民族音乐舞蹈邀请展演以及"西北音乐周"等演出及随团多次出国演出。曾获全国少数民族青年歌手比赛专业组优秀歌手奖、首届中国长江歌会声乐比赛银奖、广西国际民歌节中国民歌大赛专业组银奖等。

马文芳（1940— ）

声乐教育家。吉林榆树人。曾任河南省艺术学校声乐教师。1964年毕业于吉林艺术学院声乐系。曾编写教材《戏曲声乐教学研究》和《男声戏曲声乐基础训练》等，发表有《豫剧的声乐探讨和研究》及《论戏曲声乐的呼吸法》等文，培养一批戏曲演唱人才。

马文杰（1963— ）

小号演奏家。青海西宁人。1982年从事音乐工作，曾先后在青海大通县文工团、海南藏族自治州民族歌舞团、青海省民族歌舞剧院工作。青海省民族歌舞剧院交响乐团首席小号演奏员。参加了上百部作品的演奏，其中大型藏

族歌舞剧《霍岭大战》获国家多项大奖，《七彩江河源》获中宣部"五个一工程"提名奖，大型交响乐《西海风》获青海省演奏一等奖，大型民族交响乐组曲《智美更登》获第六届中国艺术节优秀剧目奖。发表论文《小号演奏与耐力的培养》。

马文芹（1920— ）

女声乐教育家。四川泸州人。1948年毕业于南京国立音乐院。曾在中央音乐学院音工团、中央歌舞团、中央乐团合唱队担任演唱及教学工作。后在中央乐团社会音乐学院任教。

马文石（1953— ）

小提琴演奏家、作曲家。山东济南人。济南市艺术馆调研编辑部主任。1970年开始从事专业文艺工作。曾担任专业院团首席小提琴。1979年、1981年参加济南市专业院团青年演员汇演获得两届小提琴独奏第一名。多次发表有关小提琴演奏方面的论文。创作的小提琴作品《盼》《欢庆》获山东省一等奖，小提琴协奏曲《离骚》获山东省交响乐比赛二等奖，小提琴独奏曲《碰撞》获泰山艺术奖，创作歌曲《海、大地、阳光》《我心中圣洁的海浪花》获中国优秀群众创作歌曲金奖。

马西平（1958— ）

女音乐教育家。陕西西安人。1985年毕业于西安音乐学院音乐教育系。曾任西安交大社科学院文艺研究中心副主任，1993年始任西安交大教育工会文娱委员会主任，副教授。编著有《电子琴自学指导教程》，主编有《音乐基础与欣赏》《交响音乐赏析》《电影艺术概论》，撰有《论音乐教育在素质教育中的作用》等文，作有歌曲《心扉》《多加一点点》《人生旅途》等。曾组织西安交大1999名学生演唱《黄河大合唱》，任艺术总指导、艺术总监。先后开设《音乐基础与欣赏》《交响音乐欣赏》《合唱与指挥》等课程。

马熙福（1933—1991）

单簧管演奏家。北京人。1957年毕业于东北音专器乐系。后入中央广播管弦乐团、唐山市歌舞剧团、唐山文联工作。著有《怎样吹单簧管》《单簧管演奏法》等。

马熙华（1930— ）

指挥家。河北廊坊人。1949年参加北京业余学校教唱指挥班学习，1952年参加北京工人艺术团合唱团。1956年参加全国第一届音乐周获优秀奖，同年参加音协新歌视唱团。1964年参加"东方红大歌舞"合唱演出。作有歌曲《电炉战歌》《十姐妹向党表忠心》《打得好》，获北京市嘉奖。1989年组织成立中国音协星海合唱团，15年来星海合唱团参加了全国许多重大活动演出。

马熙林（1936— ）

指挥家。北京人。1961年毕业于南京艺术学院音乐系。曾任江苏省歌舞团指挥。指挥曲目有歌剧《向阳花》、舞剧《白毛女》等。作有器乐曲《江南春色》（合

M

作）获全国第三届音乐作品评比三等奖。

马小歌（1956— ）

音乐教育家。回族。江苏南京人。1985年毕业于南京师范大学音乐系，后留校任教，1988年起在江苏教育学院任教。著有《新编电子琴基础教程》《实用和声学简明教程》。创作艺术歌曲《月光流淌》获省歌舞节银奖，为12集电视片《桑帛情》作曲，为国家教委组织编制的课外活动电视教材《手工制作》担任主题歌作曲，为多家电视台的电视专题片及电视栏目作曲及音乐制作三十余首。

马小光（1961— ）

音乐活动家。山西临汾人。1979年毕业于山西省艺术学校临汾分校。1999年入中央音乐学院指挥系进修。曾在临汾地区青年蒲剧团、文工团任职。1991年始任临汾市群艺馆文艺部主任。山西省音协理事。策划、组织临汾市大型文化活动并获多种奖项。训练指挥山西师大"烛光"合唱团在全国合唱比赛中受到专家好评。曾组织全市中老年音乐工作者训练50天，演出临汾市第一场交响音乐会及傅会平独唱音乐会。2005年参与中央电视台在临汾拍摄专题节目，任统筹与编导工作。

马小红（1955— ）

女钢琴演奏家。四川人。毕业于首都师范大学音乐系，留校任教。1999年任钢琴教研室主任，后任音乐表演系副主任、硕士生导师。北京音协钢琴基础教育分会会长，中国音协全国钢琴考级委员会考评教师。

马新华（1962— ）

女大提琴教育家。山东人。1985年毕业于上海音乐学院管弦系，留校任教。曾在上海、北京举办独奏音乐会。1985年参加英国第三届国际弦乐四重奏比赛获第二名。

马新建（1954— ）

音乐编辑家。回族。安徽人。江苏人民广播电台音乐编辑。1982年毕业于南京艺术学院作曲专业。作品二胡曲《江南小景》曾获江苏民乐作品比赛二等奖，柳琴与乐队《水乡情》，扬琴独奏《果园晨曲》获江苏省民乐作品比赛创作奖，童声合唱《白云飘飘》获省少儿歌曲比赛二等奖。曾为多部广播剧、电视剧、话剧作曲。

马鑫明（1960— ）

声乐教育家。江苏南通人。1987年毕业于南京师范大学音乐系，任职于南通师范学院音乐系，声乐教研室主任、副教授。发表《改革声乐教学，培养合格师资》《对音乐欣赏的再认识》《流行音乐中的艺术问题》等文多篇，主持院级课题《高师音乐教育如何实现主体审美向创新教育跨越》。辅导指挥校合唱团，演唱合唱《祖国颂》《蓝天太阳与追求》分获全国、省大学生艺术调演一、三等奖，培养大批声乐人才，多人在各类大赛中获省、市级"十佳歌手"称号。

马秀华（1971— ）

女钢琴演奏家、教育家。吉林白山人。1991年毕业于吉林艺术学院音乐系，进修于东北师范大学音乐学院。白山市青少年宫钢琴、视唱练耳教师。吉林省音协理事、白山市音协副主席。2004年举办"马秀华钢琴独奏音乐会"。在国家级、省级大赛中多次获辅导教师金奖、园丁奖。为北京、辽宁等地高等艺术院校输送大批专业人才。在国家级、省级刊物上发表论文数十篇。

马渲子（1976— ）

女高音歌唱家。四川成都人。四川省歌舞剧院独唱演员，东方茉莉女子乐团团长，中华全国青联委员，四川省青联常委，成都市女知识分子联谊会副会长。曾任四川省绵阳市歌舞团团长。先后两次赴欧洲总部演出，演唱作品有《人间珍爱》《我有一个强大的祖国》等。曾出访俄罗斯、日本及南美国家。获首届中国音乐"金钟奖"。

马艳芬（1959— ）

女歌唱家。北京人。全国总工会文工团歌舞团演员。1975年毕业于四川内江艺术学校，曾任四川内江歌舞团独唱演员。1986年毕业于四川音乐学院声乐系。翌年举办个人第一次独唱音乐会，后在北京举办多场独唱音乐会。多年来，多次参加中央台大型晚会，并长期担任《工人日报》社合唱团艺术指导。多名学生考入艺术院校。

马燕麟（1945— ）

歌唱家。满族。北京人。曾任中国音乐家音像出版社社长。1968年毕业于中国音乐学院声乐系，分配到中央乐团。1973年入煤矿文工团歌舞团任领唱、表演唱及男高音声部长。1978年回中央乐团任合唱队员、业务秘书。同年调中国音乐家音像出版社，曾任发行部主任、发行分社社长。曾参加交响乐《沙家浜》，贝多芬《第九交响曲》，莫扎特《安魂曲》等演出，参加音乐舞蹈史诗《中国革命之歌》电影拍摄。主持出版《西洋歌剧选曲管弦乐伴奏及演唱》等音像制品。1985年出访香港。

马曜芳（1935— ）

钢琴教育家。山东加祥人。1956年毕业于济南师范学校，曾任滕县三中、滕县师范音乐教师，学校音乐中心教研组组长。培养及培训大批中、小、幼音乐教师，发表《对中小学音乐教学教革的浅见》《关于节奏的读法》获省中师音乐论文奖。创作的歌曲《驼铃的歌》获市"文化杯"创作三等奖。

马耀先（1938—已故）

小提琴演奏家。回族。新疆乌鲁木齐人。1951年考入西安音乐学院附中，毕业后升入管弦系本科班，毕业分配至中央实验歌剧院任演奏员。1961年调新疆乐团任乐队首席兼独奏演员，后任乐队队长。曾任新疆维吾尔自治区音协常务理事、表演艺术委员会副主任，自治区政协第六、七届委员。作品有小提琴独奏曲《新疆之春》（合作），《赶会》《阿娜尔汗》等。还创作有《雪莲花》《友谊之花》《阿哥的相片寄回来》等歌曲，部分歌曲作品曾在新

M

疆广为传唱。培养学生百余人，部分学生为新疆各文艺团体演奏骨干。

马忆程 （1927— ）

戏曲音乐家。回族。江苏泰州人。1949年始任京剧琴师兼唱腔乐曲设计。曾在新疆京剧团工作。1958年在京剧《冰峰雄鹰》里创造了"二黄流水"新板式。1965年在京剧《天山红花》中将哈萨克音乐与京剧曲调成功地揉合。

马艺耘 （1953— ）

女作曲家。回族。河南项城人。1972至1975年在河南大学音乐系作曲专业学习。任教于河南周口市群艺馆。作有歌曲《复员返乡唱新曲》《绿色翡翠黄泛区》《织女星》等，多首获全国及省市奖。舞蹈音乐有《花香蝶舞》《搬亲》《夫妻支前》等。演唱《绿色翡翠黄泛区》，辅导小合唱《心泉》均获省厅颁发的一等奖。撰有《论别有风味的回民秋歌》《周口地区民间歌曲概论》等文。

马英华 （1930— ）

女歌唱家、声乐教育家。四川自贡人。1949年入解放军某军文工团，在歌剧《血泪仇》《王秀鸾》中饰演主角。1952年入海政文工团，随黄源洛学习视唱，随胡雪谷学声乐。全军第一届文艺汇演时录制唱片《人民海军向前进》（合唱），为苏联红旗歌舞团演出大合唱。1955年随阿尔巴尼亚军队歌舞团演出，任节目主持人。后为旅大苏军等演出，任《三十里铺》《英雄战胜大渡河》领唱。1957年在总政歌剧团演小歌剧《亲如一家》中饰演朝鲜姑娘，中央台录音播放。1972年入首都师大音乐系任副教授，培养和造就了一批优秀声乐人才。

马永琪 （1941— ）

音乐教育家。回族。河北沧州人。1960年起从事手风琴演奏和作曲。先后师从手风琴演奏家、教育家李桦、李敏。1981年调四川攀枝花市群众艺术馆，从事少儿手风琴教学，培养大批学生，其中部分考入艺术院校和专业文艺团体，并在国际、国内比赛中获奖。1992年被文化部、国家教委等六单位授予"全国少年儿童校外文化教育先进工作者"称号，并获"优秀指导教师奖"。

马永田 （1924— ）

作曲家、指挥家。吉林德惠人。1948年毕业于东北大学音乐系，同年参加东北文艺二团工作。1949年于中国青年艺术剧院任作曲。1956年于中国儿童艺术剧院任音乐创作组长。1959年于中国杂技团任作曲兼指挥。作品有电影音乐《小白兔》，戏剧音乐《小白兔》《马兰花》《女店员》，配音《沙恭达罗》，舞曲和杂技、马戏音乐达百首，钢琴曲、管弦乐序曲、组曲和交响乐数部，译配合唱、创作歌曲和配伴奏多首。论著有《论六线谱》和《论杂技、马戏综合艺术》。

马友道 （1938—2005）

作曲家。山东济南人。1964年毕业于上海音乐学院作曲系。曾在上海歌舞团工作。作有长号与乐队《嘎达梅林主题幻想曲》，二胡协奏曲《孟姜女》及《八一交响诗》（合作）。

马友德 （1930— ）

二胡演奏家、教育家。山东齐河人。1947年师承陈朝儒学二胡，1949年入山东省文工团。1950年调华东大学，后入山东大学、华东艺专、上海音乐院进修，并教授二胡。1958年转南京艺术学院，曾任音乐系副主任，培养出一批二胡演奏家，如陈耀星、朱昌耀、周维、欧景星、卞留念、邓建栋等。著有《名家教二胡》，论文《二胡教学散论》，VCD《大师教二胡》，CD《二胡专缉》，民乐合奏《春》，二胡曲《喜庆丰收》《欢庆》。中国二胡学会顾问、民族管弦乐学会荣誉理事、胡琴专业委员会顾问。

马有亮 （1942— ）

作曲家。彝族。云南人。作品《喊月亮》《边境小寨》获1987年全国少数民族歌舞会演创作二等奖。《哩噜哩》获全国少儿歌曲比赛二等奖，云南省一等奖。《多情的巴乌》获1988年全国广播新歌评选优胜奖。同时收集整理、彝族叙事长诗集《彝族阿哩》中"妮薇与培培茨"，由四川民族出版社发行。编创、撰稿和组织实施排演红河州40周年大型庆典文艺晚会《红河放歌》，带队参加1999年昆明世博会开幕式《天地浪漫曲》的演出。

马有为 （1946—已故）

竹笛演奏家。回族。天津人。曾在北京军区炮兵部队任职，1970年毕业于中国音乐学院器乐系，后入北京舞蹈学院民乐队，任该院"乡舞乡情"艺术团音乐总监，曾先后随团赴美国参加"世界艺术节"、赴香港参加"国际舞蹈学院舞蹈节"，并赴菲律宾演出。曾任《中国民间舞大学教材》音乐编委。

马幼梅 （1918—已故）

女钢琴教育家。杭州人。1941年毕业于金陵女子文理学院音乐系。1951年赴美国留学，1952年获密执安大学音乐研究院硕士学位。曾在中央音乐学院、南京师范学院、南京艺术学院任教。

马瑜慧 （1969— ）

女手风琴教育家。甘肃天水人。西北师范大学音乐学院副教授。1992年毕业于西北师大音乐学院，留校任教，2000年毕业于本校敦煌艺术学院，2007年入北师大艺术与传媒学院学习一年。撰有《李遇秋手风琴作品创作概况》等文，著有《李遇秋手风琴作品分析及教学研究》，该著曾分别获全国手风琴教研论文评比、甘肃省音乐教育论文评比特别佳作奖、一等奖。参编《山河的旋律》《乐理与欣赏》。指导手风琴学生多人次在全国、省市手风琴比赛中获奖。

马玉宝 （1956— ）

琵琶演奏家。撒拉族。青海人。中国音协第六、七届理事，青海音协主席。1975年中央民族学院艺术系毕业。先后入青海大通县文工队，西宁歌剧团任琵琶演奏员、副

M

团长。曾随团赴北京参加全国少数民族文艺汇演、赴宁夏参加西北音乐周"塞上音乐会"。1986年调青海音协,任《中国民间歌曲集成·青海卷》编委、副主编,《牧笛》编辑部主任。

马玉发（1928— ）

作曲家。河北人。1947年始入齐齐哈尔市京剧团工作,担任京剧《罗盛教》《嫩水雄鹰》《交班》《青梅》《园丁之歌》音乐设计。

马玉光（1956— ）

作曲家。辽宁阜新人。辽宁省阜新高等专科学校副教授。1996年毕业于安徽师大理论作曲专业,进修于首届全国合唱指挥高级研修班。作有歌曲《为何人》《生命的色彩》《丝路驼影》《蒙古贞人》《和谐中国》《中国在你,中国在我》。《感谢大漠》获"晨钟奖"、少儿合唱《老师,老师,我爱你》获"全国校园歌曲大赛"三等奖。出版有《环保歌曲三十首》。

马玉昆（1940— ）

二胡教育家。黑龙江庆安人。1959年考入哈尔滨艺术学院二胡专业,1963年毕业留校任教。1965至2000年在哈尔滨师范大学艺术学院任教。其间曾在黑龙江电视台录制二胡独奏《秦腔主题随想曲》《江河水》等。撰写论文《振兴民族音乐的思考》获新世纪优秀社科论文一等奖。《浅谈民族器乐教学》与《试论审美活动的主体性特征》作为"八五"期间优秀论文入选《中国"八五"科学技术成果选》。曾获教学优质奖、教学科研奖、艺术教育杰出贡献奖。并曾任中国音协二胡学会常务理事。

马玉昆（1942— ）

小提琴教育家。回族。云南昆明人。昆明交响乐团团长、音乐总监,云艺音乐学院教授。中国交响乐团基金会理事、云南聂耳基金会理事、云南省音协副主席、昆明市音协主席、省文化厅专家委员会委员。五岁学琴,师从李丹、陈又新、司徒华城、林耀基。演奏曲目有《澜沧江轻舟》《茶山新歌》等。培养的学生任职于国内外音乐院校及团体。1987年组建西南第一支独立建制的职业乐团,演出音乐会数百场,足迹遍及京、沪、黔、桂、秦、哈及省内地州市。曾赴越南参加中越建交53周年演出。乐团和个人多次获国家和省市奖励。

马玉玲（1957— ）

女歌唱家。满族。河北遵化人。秦皇岛市群艺馆研究馆员。秦皇岛音协理事、河北省合唱协会常务理事。演唱的歌曲《太阳出来照四方》《泪豆豆》《美丽富饶的秦皇岛》等,先后获河北省"燕赵群星奖"一等奖、文化部人才中心声乐比赛金奖。论文《关于通俗文化与雅文化探源与思考》获《文艺报》一等奖。所辅导的多名学生分别获国家级各类比赛一、二、三等奖和金、银、铜奖,多人考入专业院校。1997年被中国合唱协会评为"全国优秀辅导教师"。

马玉梅（1944— ）

女歌唱家。回族。新疆人。1958年入伊犁文工团,后到中央音乐学院进修。1965年入新疆歌舞团工作。曾出访拉丁美洲、非洲、中东、朝鲜等地演出。

马玉萍（1936— ）

女曲艺演唱家。河北大名人。自幼习唱河南坠子。1953年入北京市曲艺团。后在北京曲艺曲剧团工作。录有《红心老人》等唱段。

马玉涛（1935— ）

女高音歌唱家。山西人。曾任第四届全国人大代表、第八、九届全国政协委员、全国妇女联合会执行委员以及中国文联第二、三、四届委员及中国音协理事。1950年参加绥远军区文工团。1955年调入北京军区文工团,先后任独唱组组长、分团和总团副团长,战友歌舞团艺术指导。1957年参加苏联世青节声乐比赛获金奖。60年代在文化部举办的全国独唱、独奏会演比赛中获一等奖。歌曲《马儿啊,你慢些走》《见到你们格外亲》《老房东查铺》《众手浇开幸福花》获首唱奖。1989年《马儿啊,你慢些走》获国庆40年广播金曲奖。

马育弟（1933— ）

大提琴演奏家。四川人。1945年考入重庆国立音乐院幼年班,1950年入中央音乐学院少年班。1951年赴德国参加世界青年联欢节,后赴东欧各国演出。1952年起,先后在中央歌舞团交响乐队、中央乐团交响乐队任首席大提琴。1974年起赴日本、朝鲜、美国演出。1990年赴美参加第四届全美大提琴协会年会。1992至1994年多次赴台湾、韩国、港澳、马来西亚演出。先后演出过贝多芬、勃拉姆斯、柴科夫斯基、莫扎特等古典作曲家交响乐作品,其中大部分是在中国首演。1985年任中国音协大提琴学会常务理事,并组办一、二、三、四届全国大提琴比赛。

马增蕙（1936— ）

女单弦表演艺术家。天津人。1951年始参加中国曲艺团。1981年获全国曲艺优秀节目表演一等奖。1986年获全国新曲目比赛二等奖。

马占山（1951— ）

作曲家。土族。青海互助人。中国少数民族音乐学会常务理事、青海音协副主席。毕业于西北师大音乐系。曾任县文工团长、文联副主席、政协常委。为歌剧《拉仁布与吉门索》,电影《土族风采》及多首声、器乐作品作曲。在《人民音乐》《音乐艺术》《中央音乐学院学报》等发表论文。《土族音乐史》《土族传统音乐》由中央民族大学出版社出版。在《中国民歌集成·青海卷》中任编委,获四部委文艺志编纂成果一等奖。

马振中（1949— ）

音乐活动家。河南郑州人。1977年毕业于河南开封师院艺术系音乐专业。河南省音协常务理事、郑州市文联副主席兼秘书长。组建并指挥多个合唱团在省市歌咏比赛

M

中获奖。曾参与编印《郑州歌声》《中原词曲》《郑州职工歌曲选集》《郑州市职工纪念"五一"百年歌咏比赛专辑》等歌集。参与组建"郑州函授音乐学院""河南省小提琴教育学会"，并组织多项音乐比赛。1989年获河南省文化厅、河南省文联、省音协颁发的"中国民歌集成河南卷编辑先进工作者"证书。

马之庸（1934— ）

女音乐编辑家。广东海丰人。1949年参加粤赣湘边纵队东一支队文工队。在话剧《小二黑结婚》、歌剧《血泪仇》中出演主要角色。1957年毕业于北京师范大学音乐系。曾随中国青年艺术代表团民歌合唱队赴莫斯科参加第六届世界青年联欢节，获集体金奖。后在广东广播电影电视厅从事音乐编辑记者多年。专访节目《客家山歌王张振坤》《高胡新秀吕其伟》等。1981年任广东广播电视厅音像管理处处长，主管全省音像出版工作。编有马思聪文集《居高声自远》《马思聪研究会十二年大事记》，合编《论马思聪》。出版马思聪的音乐作品盒带和唱片十集。

马忠国（1934— ）

音乐理论家。四川渠县人。1956年毕业于西南师范学院音乐系。四川省音协理事。曾任青海师大艺术系副主任、教授。作有《可爱的柴达木》《回族人民心向党》《日月山之歌》等歌曲近百首。撰有《塔尔寺藏传佛教音乐调查研究》《民国时期青海音乐史概述》《从'西部歌王'王洛宾先生的两封回信谈起》《撒拉族民歌概述》《对师范院校音乐课程的设置和教学大纲的意见》《新民歌概念初探》等文。出版有《简易读谱法》《谱曲知识浅谈》。编印有《民族民间音乐》《歌曲作法》高师教材。

马子兴（1938— ）

男低音歌唱家。河北唐山人。1964年毕业于天津音乐学院声乐系。曾任河北歌舞剧院独唱演员，河北艺校副校长、高级讲师，音协河北分会常务理事。

马子玉（1955— ）

男低音歌唱家。河北唐山人。1973年从事部队文艺工作。1976年入总政歌舞团。1986年获全国民歌通俗歌曲大奖赛民歌组优秀演员奖。

马子跃（1944— ）

男低音歌唱家。河北唐山人。北京军区战友歌舞团声乐演员。曾任副团长、艺术指导。1964年参加文艺工作。1965年参加《长征组歌》首演，随周总理出访东欧。发表回忆及评论文章百余篇。演唱《大路歌》《我的家乡实在美》分别获全国独唱调演优秀节目奖和全军文艺汇演奖。曾在北京、河北等地与马子兴、马子玉举办"男低音三兄弟音乐会"，称为"马氏三杰"。曾被中宣部、总政、北京军区分别授予"全国三下乡先进个人""热心为兵服务的文艺战士""德艺双馨标兵"。

马紫晨（1933— ）

戏曲音乐理论家。河南安阳人。中国戏曲学会理事。

出版有《民歌》《河南坠子曲集》《十八种民间乐器的初步调查》《河南梆子唱腔集》《小曲散考》《河南曲剧音乐》（合作）《河南戏曲音乐札记》《古杂技音乐史考论》《马紫晨音乐作品自选集》《梨园春流行唱段选》《豫剧板胡演奏法》《乐理歌诀》等15部。出版有大量小说、民间文学、影视、纪实文学、艺术史论等著作，获省级以上奖励数十次。

马自蕙（1949— ）

女歌唱家。江西南昌人。1968年入江西省九江市歌舞团，历任独唱演员、歌队队长、歌剧演员。1980年以来先后获江西省"井冈山之春"音乐会独唱表演奖，省第三届青年演员汇演独唱演唱奖，省音乐节独唱二等奖，九江市艺术节独唱一等奖，江西首届音乐舞蹈节演唱二等奖。演唱歌曲有《有朵花儿真奇怪》《春风吹遍校园》等。曾在歌剧《海霞》中饰海霞，《天河颂》中饰田春红，《洪湖赤卫队》中饰韩英，《货郎与小姐》中饰姑妈。

马自英（1947— ）

女中音歌唱家。回族。安徽怀宁人。曾为江苏省歌舞剧院声乐演员。1991年在中央民族学院进修声乐。参演歌剧《同心结》《春风小草》任主演。为电视剧录制主题歌《青春颂》，为电视音乐片录制独唱《烈士墓前的哀思》。在省民族大团结文艺晚会、春节文艺晚会等演唱《阿瓦人民唱新歌》《喀秋莎》《春风吹遍万人家》《假如你要认识我》《大海啊故乡》等歌曲。多次在重大歌舞晚会担任声乐统筹、声乐指导、舞台监督等工作。

马木提哈斯木（1946— ）

热瓦甫演奏家。维吾尔族。新疆人。1966年毕业于中国音乐学院。曾任新疆歌舞团团长。著有《热瓦甫知识》，编有歌曲集《解放了的时代》《我的热瓦甫》。

马坎·阿山阿力（1971— ）

作曲家。柯尔克孜族。新疆阿合奇人。1990年毕业于新疆喀什地区艺校。2004年毕业于新疆艺术学院音乐系。1986年任新疆阿合奇县歌舞团音乐队队长。作有《我回忆那一天》《乌如帕克扎热》《人类》《舍不得》《加西居热克》《美丽的家乡》《少女心愿》等歌曲，均获一、二等奖。善于弹奏库姆孜并研究民间歌曲，整理《玛纳斯》《纳斯哈特》《依巴热提》等民间乐曲。撰有《库姆孜的来历》《库姆孜的发展情况》《歌剧——话剧艺术中音乐语言的作用》。

马哈木提·木哈买提（1952— ）

巴扬演奏家。塔塔尔族。新疆阿勒泰人。1970年入伊犁州歌舞团。1979年入上海音乐学院进修。作有手风琴曲《欢乐的司机》《翱翔的天鹅》，编译有《手风琴演奏法》等。

玛依拉（1967— ）

女高音歌唱家。塔塔尔族。新疆人。1982年入新疆伊犁州艺校学习。1988年毕业于中央民族学院音舞系声乐专

M

业。曾获全国少数民族青年声乐比赛"银雀奖"第一名。

玛交巴塔（1947— ）

作曲家。藏族。青海乐都人。1976年毕业于中央民族学院作曲班。1985年入上海音乐学院作曲系进修。后在海南藏族自治州文工团任作曲、指挥。作有舞蹈音乐《欢乐节日》《丰收硕果献给党》，歌舞剧音乐《霍岭之战》。

买德颐（1931— ）

女音乐翻译家。回族。江苏南京人。1954年毕业于华中师范学院外语系。曾在中央歌舞团、中央音乐学院编译室任俄语翻译。1959年入人民音乐出版社任副编审。

买买提·热依木（1924— ）

歌舞演唱家。维吾尔族。新疆喀什人。1941年入喀什文工团，后在新疆歌舞团及中央民族歌舞团任独唱演员。1966年入新疆艺校。曾赴捷克、缅甸等国家演出。

买买提·吐里米西（1928—2003）

民歌演唱家。柯尔克孜族。新疆阿合奇人。1951年毕业于新疆银行学校，后入阿克苏、喀什、克州文工团工作。1983年起任自治州音协主席、自治区音协常务理事、自治区文联常务委员、中国音协常务理事、自治区政协常委。1981年参加由外交部和丝绸之路研究院组织的演奏团赴日本演出。1982年随丝绸之路研究院和宣传团赴加拿大、美国参加演出。1985年应日本政府之邀，再次赴日参加著名音乐家（库姆子家）演出。

买提肉孜·吐尔逊（1944— ）

作曲家。维吾尔族。新疆策勒人。1980年入中央民族学院理论作曲进修班学习，后在自治区艺术研究所木卡姆研究室工作。所作舞蹈音乐《迎新娘》于1979年获全国少数民族文艺汇演创作三等奖。撰有《和声学与民族特色》。

买买提明·买买提力（1962— ）

手鼓与打击乐演奏家、木卡姆艺术家。维吾尔族。新疆喀什人。新疆音协副主席。1979年毕业于中央民族学院艺术系，留校任教。1985年调新疆民族乐团工作。历任新疆木卡姆艺术团副团长、团长，新疆艺术剧院副院长、新疆歌舞团团长。曾赴欧、亚、非等三十多个国家和港澳台地区演出。先后参加维吾尔木卡姆的挖掘、整理、研究、保护、演出、录制及出版工作。撰文《新疆维吾尔木卡姆艺术》。手鼓独奏《庆丰收》《欢乐的节日》分获"全国民族器乐独奏观摩演出"一等奖，1993年在伊朗国际音乐节获"国家文化奖"，1998年获第三届新疆舞蹈比赛手鼓表演伴奏奖。

麦 丁（1927— ）

作曲家。广东顺德人。1952年毕业于北京师范大学音乐系，1955年入中央音乐学院苏联专家阿拉波夫作曲班学习作品分析等课程。1956年调中央民族歌舞团创作研究室工作。作有合唱《远方的客人请你留下来》《壮锦献给毛主席》及《抗洪音诗》等器乐作品。1957年在莫斯科举办的第六届世界青年联欢节的音乐作品比赛中，《远方的客人请你留下来》获金质奖章。

麦 静（1933— ）

女民歌演唱家。回族。山东人。1955年毕业于西北艺术学院。曾在西北民族学院艺术系任教。曾从事西北民歌"花儿"的挖掘整理工作。

麦 玲（1936— ）

女音乐翻译家。广东中山人。1956年毕业于复旦大学外文系，曾任上海音乐学院编译室外国专家翻译。1983年调广州音乐学院任音乐研究所外语音乐翻译、外语教师。翻译有《贝拉·巴托克的音乐和我们的时代》《现代希腊音乐》《达尔戈梅斯基的生活及创作道路》《古巴音乐》《声乐的艺术》《鲍罗丁的音乐创作》等译文。为保加利亚专家契尔金、捷克长笛专家鲍莱克、苏联小号专家、保加利亚声乐小组担任口译工作。

麦 苗（1924—2009）

作曲家。回族。山西曲沃人。1937年从事文艺工作。1942年先后在晋东南鲁艺和晋西北鲁艺音乐系学习。新中国成立后，曾任中国音协第二、三、四届理事，新疆音协副主席，名誉主席。创作歌曲数百首。1938年完成处女作《纪念九一八》，受到嘉奖。撰有《独唱独奏音乐会有感》《发展中的新疆音乐》等文。与人合作改制维吾尔民族乐器艾捷克、中音热瓦甫。长期从事新疆音乐的组织领导工作，并参与倡导西北五省（区）音乐周、新疆天山之声音乐会等工作。

麦爱如（1957— ）

女高音歌唱家。山东人。1982年毕业于辽宁省戏剧学校京剧科。先后任大连金县文工团、辽宁歌剧院演员。曾参加歌剧《江姐》《小二黑结婚》《黑夜的眼睛》《桃花湾》《镜子湖的请贴》，京剧《二进宫》《玉堂春》《红灯记》《红娘子》《打焦赞》及话剧《霓虹灯下的哨兵》等多部剧目的演出，均担任主要角色。

麦美生（1943— ）

女钢琴教育家。广东中山人。曾任教于广州星海音乐学院。广东省钢琴学会常务理事。1954年考入中央音乐学院附中主修钢琴演奏专业，1965年毕业于中央音乐学院钢琴系本科。曾担任"星海杯"全国少年儿童钢琴比赛评委及各届广东省、市钢琴大赛评委。长期在专业艺术院校和文艺团体从事钢琴教学与演奏，培养一批优秀钢琴人才，多次获"园丁奖"。发表多篇论文。

麦颂华（1927— ）

作曲家。广东鹤山人。毕业于湖南省立音专声乐本科。历任湖南省管弦乐队队长兼指挥、《文艺生活》月刊编辑、编辑组长，音协湖南分会理事、常务理事。改编演出管弦乐曲五十余首，歌曲创作四十余首。三幕四场儿童歌舞剧《小英雄》由长沙市团委少先队歌舞团公演。合唱

《葡萄成熟了》，女声独唱《挑新娘》发表于《歌曲》及上海《广播歌选》，入编上海音乐学院声乐系编《声乐教材》第二集，并获1956年湖南省文艺评奖歌曲一等奖。

麦展穗（1952— ）

歌词作家。广西南宁人。广西人民广播电台编剧、首席编辑，广西音协副主席，广西首届、第三届签约词作家。出版歌词专集《一架古老的水车》、《麦展穗歌词选集》等。作词歌曲获全国及省级奖八十多项。《瑶山青》获中国音乐"金钟奖"，《摆呀摆》获中国原创歌曲奖"十大金曲奖"，《壮家妹》获中国艺术歌曲电视大奖赛金奖、广西文艺创作最高奖"铜鼓奖"等，《捶苗布》获中国广播政府奖，《一幅美丽的壮锦》获团中央"五个一工程"奖等。曾入选广西文学艺术家13年成果展艺术家。

满　艳（1962— ）

女歌唱家。回族。山东德州人。1995年毕业于中国音乐学院歌剧系。先后在东方歌舞团、中国煤矿文工团歌舞团任歌唱演员。曾在北京电视台"九龙杯"全国青年歌手大赛获民族组第三名，"中国民歌分类演唱精英赛"获黄土高原类金奖，安徽省"五个一工程"歌曲大赛获一等奖。1997煤炭工业部授予"乌金艺术大奖"。为电影《红楼梦》、电视剧《火烧圆明园》录制插曲。多次参加中央电视台主办的各类大型文艺演出，担任独唱、领唱。

满当烈（1947— ）

女音乐编导家。蒙古族。青海人。1969年毕业于中国音乐学院，曾任青海海北藏族自治州文工团副团长、独唱演员、声乐教员、创作员，州文化局科长、青海电视台藏语部文艺组组长、青海电视台文艺部副主任。有多部电视文艺作品获"星光奖""骏马奖"等。为各种电视综艺晚会创作歌词三十多首，其中作词歌曲《牛背摇篮》《安召索罗罗》《向着太阳的地方》获"五个一工程"入选作品奖、MTV奖、广播新歌等奖项。

满光强（1931— ）

作曲家。蒙古族。新疆人。1956年毕业于中央音乐学院民族管弦系。任新疆巴州歌舞团艺术顾问。作有歌曲《挑女婿》《听不见马蹄声响》，舞剧音乐《草原彩霞》（合作），编有《蒙古民歌》（合作）。

满广元（1955— ）

作曲家。吉林辽源人。上世纪70年代末至90年代初，师从秦西炫教授学习作曲。1980年起曾在《歌曲》《解放军歌曲》《音乐周报》等报刊发表歌曲作品。出版《满广元歌曲选》。歌曲《老兵》《父母中国》《秋韵》。《父母中国》参加"双汇杯"全国青年歌手电视大奖赛获优秀奖。部分歌曲由中央电视台播放并入选人民音乐出版社《祖国情》歌曲集。《老兵》获"辉煌五十年"全国征歌优秀奖，并入选《我是一个兵——中华军旅歌曲》集。

满谦子（1903—1985）

音乐教育家。广西荔浦人。1935年毕业于上海音专。历任重庆国立音乐分院、上海音专声乐教授兼教务主任、广西艺专校长、广西艺术学院院长、广西政协第三、四届常委、音协广西分会首届主席。

满玉华（1944— ）

女声乐教育家。河北人。曾为沈阳音乐学院声乐系教研室主任、副教授、硕士生导师。1958年考入沈阳音乐学院附中歌剧班，后升入本院声乐系，1969年毕业留校任教。曾在上海音乐学院声乐系进修3年。60年代一直参加舞台演出。培养了一批优秀声乐人才，有的在高校任教，有的在省级、中央电视台青年歌手大奖赛中获奖。多次担任黑龙江省、吉林省、沈阳市青年歌手电视大奖赛评委和高校专业考评评委。编著出版《中国声乐作品选》。

毛　波（1966— ）

钢琴家。四川自贡人。就职于四川理工学院音乐系。1987年毕业于西南师范大学音乐系。发表关于《肖邦降b小调第二号诙谐曲的主要练习课题》《论钢琴演奏中的八度技巧》《论钢琴协奏曲"黄河"》《论钢琴视谱中存在的问题》等文。参与指导的合唱《黄河船夫曲》在首届四川大学生艺术节上获二等奖。曾在自贡市文联等单位主办的"音乐新作"展中，独奏《盼·别》获一等奖。

毛　撷（1937—1987）

歌词作家。山东黄县人。曾任黑龙江鹤岗市群艺馆创作员、副馆长。1958年入业余大学中文系学习。作有《我们是矿工也是兵》《南泥湾的镐头雷锋的枪》《当兵分到炊事班》《我爱矿山美如画》《欢欢喜喜朝前走》《我们是火，我们是钢》等大量歌词，并被谱曲发表或演唱，其中《告别海滨油城》《清明雨》等多首在电台播放。为音乐电视片《煤乡情》创作多首歌词。

毛　侠（1927—已故）

民族音乐学家。湖南溆浦人。1944年于华中高级艺术学校学习，后考入湖南音乐专科学校，并集体转入湖北省教育学院音乐专业学习理论作曲、钢琴、二胡。1951年毕业留校。先后在湖北省教师进修学院、武汉艺术师范学院执教乐理、和声学、作曲法。1964年调湖北省群艺馆辅导部任部长。《中国曲艺音乐集成·湖北卷》副主编、《湖北省志·文艺志》副主编。

毛　丫（1979— ）

女古筝演奏家。北京人。东京艺术大学音乐研究博士。纽约东西方艺术家协会会员，北京古筝研究会理事。2001年毕业于中央音乐学院民乐系古筝专业。曾在北京音乐厅举办"毛丫古筝独奏音乐会"。出版个人专辑《百花引》CD。获国际"龙音杯"赛第二名及"中国青少年"赛第一名。创作筝、阮、鼓三重奏乐曲《绿筋》并公演。论文《将军令》《浅议筝之教学》获优秀奖。曾赴港台地区及新加坡、泰国演出。1997年赴日演出获国际文化大奖。

毛阿敏（1963— ）

女歌唱家。上海人。1985年毕业于解放军艺术学院音乐系中专班。同年在南京军区前线歌舞团任独唱演员，1991年起在总政歌舞团任独唱演员，1995年起为香港无线电视台、华星唱片公司签约演员。1984年获江苏省青年歌手大奖赛第一名、"孔雀杯"全国青年歌手大奖赛银奖、第三届全国青年歌手电视大赛通俗唱法第三名，1985年获南斯拉夫贝尔格莱德国际音乐节通俗唱法第三名。

毛炳民（1973— ）

笛子演奏家。江西上饶人。南京民族乐团笛子声部首席。1996年毕业于中央音乐学院民乐系。曾参加第六届中国艺术节专场民族音乐会、人民大会堂"和平颂"专场音乐会等。曾随团赴意大利、澳大利亚、台湾、维也纳、日本、美国等地演出，2007年带团赴日本参加"友好颂"音乐会。曾两次获台北竹笛协奏大赛优秀奖，第四届江苏音乐舞蹈比赛金银奖，"新苗奖"全国儿童大赛创作金奖。

毛翠屏（1964— ）

女中音歌唱家。四川泸州人。广东外语艺术职业学院音乐系教师。1989年西南师范大学音乐系毕业。《歌唱语言艺术刍议》《论声乐艺术中歌唱语言的运用》《谈歌唱的呼吸方法》等文在不同期刊上发表并获奖。1988年获中央电视台举办的全国青年歌手电视大奖赛"荧屏奖"。2006年获第二届世界华人青少年艺术节广东选拔赛"最佳育人奖"。

毛发昌（1939— ）

歌词作家。湖北荆门人。第四届荆门市音协名誉主席。1959年毕业于江汉师范学院中师部，曾任中学语文、音乐教师与区文教干事。1971年任荆门县文化馆馆长。1972年入荆门县文工团（京剧团），后历任荆门市文化局副局长、市群众艺术馆党支部书记，第三届荆门市音协主席。曾有数十件词作和社会音乐活动评论文章获奖。

毛复平（1960— ）

声乐教育家。河南人。陕西省西安市青少年宫副主任兼艺术团执行团长。1990年毕业于西安音乐学院声乐系。撰有论文《教师怎样引导学生加深对音乐的理解》，编写制作电教教材《种太阳——少儿歌曲卡拉OK》。十多次在音乐赛事上获优秀辅导奖、园丁奖。多次担任音乐会导演，其中有庆六一大型主题晚会，庆祝建国50、51周年，"五彩路""祖国在我心中"音乐会等。

毛海英（1956— ）

女声乐教育家。新疆人。1982年毕业于新疆师范大学音乐系。1992年调伊犁师范学院艺术系任教，兼任系副主任。1998年调新疆教育学院艺术分院音乐系任教，兼任声乐教研室主任、副教授。新疆声乐学会副秘书长。撰有《高师声乐教学模式改革之我见》《非智力因素对少数民族声乐学生的影响》《浅谈在歌唱发声训练中对学生心理意识的培养》等文。

毛继增（1932— ）

民族音乐学家。四川人。1955年毕业于西南音乐专科学校理论作曲系，后入北京中国音乐研究所，师从杨荫浏、曹安和。曾在中央民族大学任全国重点课题《新疆传统音乐文化实录》负责人。四十余年来，遍访中国各民族分布区，对二十多个民族进行过音乐专题考察。出版有《中国少数民族乐器志》《西藏音乐纪实》等专著和有声读物（CD），先后获国家民委科研一等奖、国家教委科研二等奖、台湾金鼎奖、美国亚洲文化协会奖。曾到台湾、韩国、美国多所大学讲学。

毛节芳（1943— ）

女钢琴教育家。上海人。1965年毕业于沈阳音乐学院钢琴系。曾任总政军乐团演奏员、杭州师范学院钢琴教研室主任。

毛节美（1946— ）

女钢琴演奏家、教育家。浙江人。曾为上海师范大学音乐系副教授。1969年毕业于上海音乐学院钢琴系。参加有"上海之春"音乐节及中国艺术歌曲音乐会等演出及全国高等师范院校教材录制。并为国内外歌唱家担任音乐会及唱片录制伴奏。

毛景库（1946— ）

器乐演奏家。黑龙江哈尔滨人。黑龙江音协理事，杂协名誉主席。曾任哈尔滨市杂技团、黑龙江省杂技团演奏员。1981年调黑龙江省文联杂协。曾任中国杂协理事、黑龙江省文联委员。2001年带领中国杂协演出小组赴挪威五国演出。同年出席中国文联第七次代表大会。

毛丽华（1963— ）

女古筝演奏家。浙江人。1982年毕业于浙江艺校音乐科，1993年毕业于中国音乐学院器乐系。后在浙江艺术职业学院任教。撰有《漫谈中国筝各种流派的风格特点》一文，作有古筝独奏曲《浪沙吟》（合作）获省文化厅创作三等奖，筝齐奏《小溪流》获"敦煌杯"少儿民乐比赛创作三等奖，丝弦五重奏《越韵》获省演奏二等奖，筝独奏《凭栏听雨》（合作）获浙江省第五届音乐舞蹈节演奏一等奖。1999年举办"毛丽华师生古筝音乐会"，1989年获"青年文艺明星奖"大奖。

毛青南（1942— ）

作曲家。重庆人。1964年毕业于四川音乐学院作曲系，曾在该院任教。作有《海边的树》《祭天》《倾诉》《祖国之夜》。

毛润斌（1954— ）

作曲家。湖南人。华容县文联主席、岳阳市音协副主席。毕业于湖南师院岳阳分院艺术系，从事教育、群众文化及音乐创作等工作。处女作《庄户人家》1984年在《湘江歌声》发表并由湖南电台录制播放，《我的歌儿象春天的风》《孩子就是世界的明天》获1991年全国"成才之路"大选赛银奖，其它作品有《香港也是妈妈的孩子》《我的三峡》《中国结》《小康行》等。

M

毛文容（1943— ）

女高音歌唱家。浙江杭州人。1962年毕业于杭州艺术专科学校音乐系。曾任杭州市音协主席，主演多部歌剧。

毛新年（1946— ）

作曲家。江苏扬州人。曾任镇江市文工团指挥、作曲，镇江市音协秘书长、副主席。指挥有歌剧《小二黑结婚》《江姐》等。作有歌舞剧《血祭京江》，儿童歌舞剧《雪童》，舞蹈音乐《江上明灯》《车水号子》，钢琴独奏《江南好》，男声小合唱《乡音》，男声独唱《月下长江》及女声独唱《石壕吏》等，部分作品获奖。

毛信令（1946— ）

女竖琴演奏家。浙江鄞县人。上海交响乐团竖琴演奏员。1965年毕业于上海音乐学院。同年入上海舞蹈学校管弦乐队，后入上海芭蕾舞团。1988年调上海交响乐团。曾随上海芭蕾舞团《白毛女》剧组访问朝鲜、日本，随上海交响乐团赴美国及欧洲演出。1992年与来访的美国指挥家合作演出长笛二重奏。

毛兴中（1929—2001）

歌词作家。广东云浮人。曾任某军区报社记者、编辑，广东图片社社长。被谱曲的歌词《歌唱您啊，祖国》（合作）于1980年成为中国音协、文化部、教育部、全国总工会、共青团中央、中国广播事业局等单位向全国推荐的12首歌曲之一。所创作的歌词有百余首被谱曲，并在《人民音乐》等刊物发表。

毛依罕（1906—1970）

好来宝演唱家。蒙古族。内蒙古哲里木盟人。16岁起学唱好来宝，20岁始在内蒙古各地巡回演唱。作有好来宝《铁犍牛》《幸福的计划》《骑兵的好来宝》。

毛永隆（1935— ）

小提琴演奏家、指挥家。满族。辽宁鞍山人。1954年毕业于东北音专管弦系，1986年毕业于沈阳音乐学院指挥系。曾任吉林省歌舞剧院、鞍山歌舞团乐队首席、指挥。曾在沈阳音乐周演出小提琴独奏，指挥《女匪》等8部歌剧的演出，在鞍山第二、三届艺术节中指挥交响音乐会，合作演出小提琴独奏音乐会。为各艺术院校、专业团体培养学生多名，多人在各类比赛中获奖。

毛宇宽（1931— ）

音乐理论家。湖南平江人。1953年毕业于中央音乐学院少年班，后为研究部研究生。曾任该院创研室副编审。后居香港。撰有《斯美塔那》，译有《小提琴演奏的力度》《肖斯塔科维奇》。

毛云岗（1970— ）

笛子演奏家、教育家。河南洛阳人。1992年起毕业于洛阳师范、河南大学音乐系。后在上海音乐学院民乐系、浙江师大音乐学院进修，获硕士学位。2002年始任浙江湖州师范学院艺术学院器乐教研室主任、副教授。改编笛曲《吴兴调》《茶乡歌谣》，编曲《方岭舞风》等。撰有《民族音乐学与我国的基本乐理》《谈气流的角度在笛子吹奏中的重要作用》，编写教材《音乐欣赏基础教程》。录制个人演奏专辑《云岭舞风》《太湖之州》《竹楼小青歌》。笛子独奏《琅玡神韵》获浙江省第四届民乐大赛三等奖。

毛仲玉（1932— ）

音乐教育家。安徽怀远人。1950年毕业于皖北文艺干校，后分配至合肥四中任教，后调至安徽省中小学教材编写组。1982年创办合肥市"小百灵"童声合唱团，出任艺术指导、指挥，为《王稼祥》等多部电视剧录制主题歌及插曲。创作有《小白鸽》《梨花和红星》等少儿歌曲数多首。参与编写《安徽省初级中学音乐试用课本》《九年制教育初中音乐试用课本》《安徽省高级中学音乐欣赏试用课本》以及《手风琴演奏法》《简谱简唱》等。曾任人民音乐出版社中小学音乐教材编委。

毛宗杰（1913— ）

钢琴教育家。浙江奉化人。1931至1935年先后就读于上海音专及王瑞娴音乐馆钢琴专业。1939年毕业于东吴大学历史系。曾为中华交响乐团钢琴演奏员，历任白沙女师院艺术系、国立湖南音专、湖南大学艺术系、育才学校音乐科、上海艺术师范钢琴教师、副教授、教授。后任上海音乐学院钢琴系副教授，钢琴基础课教研组组长。

茅地（1928— ）

作曲家。四川成都人。1950年毕业于四川省艺专音乐系。长期在工会系统从事音乐工作。曾任成都市工会文工队队长，中华全国总工会歌舞团副团长、团长、总团副团长、艺术创作室主任、艺术指导等职。作品有歌曲《好久没到这方来》《咱们的俱乐部》《长江水滚滚来》《长江，不眠的江》《川江船歌》《我愿和妈妈一样》《菜花金黄黄》，大联唱《大庆之歌》，小舞剧《抢亲》的音乐。有近百首歌曲在全国获奖，有的被选入音乐院校教材。出版有《茅地歌曲选》，撰有《工人歌曲的历史回顾》《企业歌曲纵横谈》等文。中国音协第四届理事。

茅沅（1926— ）

作曲家。山东济南人。毕业于国立清华大学土木工程系。1951年始在中央歌剧院任钢琴、指挥、作曲，并兼任中央音乐学院、中国音乐学院、北京师范大学教师。1981年赴美国讲学。主要作品有歌剧《长征》（合作），《刘胡兰》（合作），《南海长城》（合作），《王昭君》，舞剧《宁死不屈》（合作），《敦煌的故事》（合作），《郑板桥》（由美国休士顿芭蕾舞团首演），管弦乐曲《瑶族舞曲》（合作），小提琴曲《新春乐》以及独唱、合唱等声乐作品。

茅原（1928— ）

文艺理论家。山东济南人。南京艺术学院教授。《美学与艺术学研究》编委，江苏省美学学会及江苏省大学生素质教育委员会顾问，东南大学艺术学研究所、西北民族

M

学院、曲阜师范大学及徐州师范大学兼职教授。1952年毕业于山东大学艺术系。著有《未完成音乐美学》《中外名曲赏析》等。无锡市及江苏省先进工作者。获美国ABI颁发的《二十世纪文化成就奖》。

茅匡平（1928—2007）

音乐教育家。浙江诸暨人。1953年毕业于北京师范大学音乐系后留校任教。1981年任中国音乐学院作曲系副主任，副教授。1985年调任该院图书馆馆长。著有配器法、指挥法等教材。

茅晓峰（1943— ）

歌词作家。浙江宁波人。曾为上海电视台高级编剧、上海电视剧编导协会理事。1965年始发表作品，从写诗入门转而写词。1977年入上海电视台艺术团创作组。先后创作大量歌词及若干大中型声乐作品，获中央及地方各类奖项。曾任中国音乐文学学会理事、上海音乐文学学会副会长。1986年起从事影视创作，已拍摄的连续剧有《商城没有夜晚》等5部，电影《一夜惊险》等3部。

茅于润（1921— ）

音乐教育家。江苏镇江人。1943年毕业于国立音乐院，后获美国朱丽亚音乐学院、哥伦比亚现代英语专业硕士。1949年入上海交响乐团。1978年入上海音乐学院，任教于作曲系。《简编不列颠百科全书》音乐学科特约编辑。译有《和声的结构功能》《音乐语言》等。

梅 滨（1921—1989）

作曲家。安徽无为人。1942年入新四军鲁迅艺术工作团。1952年毕业于上海音乐学院音教班。曾任安徽省歌舞团艺术指导。作有歌曲《武装保家乡》，交响诗《红军解放南沟岔》。

梅爱棣（1934— ）

女钢琴教育家。广东台山人。1951年参加抗美援朝。1961年毕业于南京艺术学院音乐系，留校任教。1981年入北京师范学院（现为首都师范大学）音乐系钢琴教研室任教，副教授。撰有《钢琴的教学与育人》《教师演奏实践的必要性》等。

梅笃信（1943— ）

指挥家。湖北黄陂人。1966年毕业于武汉音乐学院。曾任该团乐队首席、队长。后任武汉歌舞剧院乐团指挥、团长。

梅加林（1937—1996）

作曲家。满族。河北易县人。1962年始从事音乐创作。音协甘肃分会第二届常务理事。作有电影音乐《敦煌艺术》，电视剧音乐《大西北人》，琵琶协奏曲《阳关遐想》，管弦乐《高原鼓手》。

梅剑影（1932— ）

作曲家。云南昆明人。原云南红河州歌舞团作曲、指挥，后调州艺术创作研究室。1948年始从事音乐创作。1950年入团省委青年文工团，1952年到红河州工作。作品有声乐、器乐、舞蹈音乐、歌剧舞剧等，均已上演。作有舞蹈音乐《彝族烟盒舞》，歌曲《哈尼人民热爱毛主席》《自古山里出歌手》。云南人民出版社已出版专著《梅壁音乐作品选》。

梅门造（1933— ）

歌唱家、歌词作家。湖南人。长期在部队从事文艺工作。曾师从保加利亚丘尔金等学习声乐，随总政歌舞团出访东欧及亚洲国家。参加全军第一至第四届文艺汇演，获优秀演员称号。作有歌词《说稀奇、不稀奇》《枪对枪、炮对炮》《西部好儿郎》《不要说我们从不相识》等在全国和全军获奖。主编《歌唱家黄源尹的艺术人生》，撰有纪念总政歌舞团建团50周年的长篇回忆录《永远是年轻——在总政歌舞团的日子》等。

梅日强（1929—已故）

古琴演奏家。江西人。曾在南京第二机床厂工会任职。曾任南京市音协理事。先后师从夏一峰、赵云青、刘少椿、胥桐华习琴。曾任南京乐社理事，广陵琴社、梦溪琴社名誉理事。1957年打谱《神奇秘谱》—《秋月照茅亭》琴曲，1962年打谱《神奇秘谱》—《离骚》琴曲，1984年打谱《神奇秘谱》—《高山》琴曲。撰有《漫话古琴》《古琴家夏一峰先生传略及演奏艺术》文章。多次参加国内的学术研讨、演出、中外古琴艺术交流活动。

梅世强（1956— ）

小号演奏家。安徽太平人。中央芭蕾舞团交响乐队演奏员。曾参加小号专家培训，由美国著名小号演奏家罗纳德·安德森"授课。曾在武汉军区空军文工团任演奏员，在新西兰奥克兰市铜管乐团任第一短号手。参加本团各大剧目的演出以及与英国皇家、日本等合作演出并任首席，随团赴香港、台湾演出《天鹅湖》并任独奏。参加国庆大典的军乐演奏兼任小号教员。

梅祥胜（1963— ）

男高音歌唱家。湖北武昌人。河南中医学院第一附属医院耳鼻喉科艺术嗓音门诊主任，副主任医师，艺术嗓音专家。《中国中西医结合耳鼻咽喉科杂志》编委，1986年毕业于河南中医学院中医系。曾发表艺术嗓音专业论文二十余篇，出版《嗓音病的中医防治与食疗》多张DVD系列光盘。擅长运用中、西医结合方法治疗艺术嗓音咽喉疾病，并创立"梅氏科学发声矫治法"。1980年师从王殿才、李维平习声乐，参加声乐比赛，多次获优秀演员奖。

梅学明（1940— ）

男低音歌唱家、声乐教育家。河南人。曾任吉林省音协理事。中央音乐学院声乐系毕业后就职于东北师范大学音乐系，曾任教研室主任、系副主任等，后任东北师范大学教学督学、教授。从事声乐教学以来，多次获省市级优秀教学奖，并受邀赴日本、香港等地讲学。先后撰写、主编《歌唱的理论基础》《声乐教程》《毛泽东文艺思想大

M

辞典》等，发表学术论文三十余篇，代表作有《喉头在歌唱时的位置》《论声乐艺术的时代感》等。

梅友竹（1962— ）

音乐教育家。湖北广水人。1986至1988年在武汉音乐学院师范系学习，1991年毕业于本科。后在湖北省广水师范学校音乐教研室任教，现任广水市实验高中音美教研室主任。作有歌曲《无悔的歌》《并肩跨入新世纪》，编有湖北省中师琴法教材。长期坚持教学第一线，组织排演大量文艺节目。2002年被评为随州市艺术教育先进个人。

美郎多吉（1962— ）

二胡演奏家、作曲家。藏族。西藏昌都人。西藏自治区歌舞团副团长兼作曲。中国音协第七届理事。全国政协委员、西藏自治区文联副主席、西藏音协主席。1978年西藏师范学院艺术系毕业，后入上海音乐学院作曲系进修。曾在昌都地区文工团任二胡独奏演员。1981年创作并演奏的二胡协奏的《多美的心愿》获全区文艺汇演一等奖。所作歌曲《珠峰颂》《慈祥的母亲》《昨天的太阳》获全区"五个一工程"奖等奖项，电视歌曲《向往神鹰》《向往拉萨》获全国MTV金奖、其音乐获全区最佳音乐奖，大型乐舞《珠穆朗玛》获全国少数民族节目一等奖。

美丽其格（1928— ）

作曲家。蒙古族。内蒙古兴安盟科右前旗人。1947年入内蒙古歌舞团。为乐队演奏员，师从色拉西学习马头琴。后向达斡尔作曲家通福学习作曲。1949年创作合唱曲《永远跟着共产党》，广为流行。1951年入中央音乐学院作曲系，创作独唱歌曲《草原上升起不落的太阳》，在1954年全国歌曲评奖中获一等奖。1956年入莫斯科音乐学院作曲系学习。1960年调入内蒙古实验剧团，主要从事歌剧创作。作有蒙语歌剧《达那巴拉》《莉玛》，好来宝说唱剧《扇子骨的秘密》，以及电影音乐《祖国啊！母亲》等。曾任内蒙古民族剧团副团长。内蒙古音协常务理事。

门春喜（1947— ）

作曲家。河北人。在省内外音乐刊物上发表近百首作品，其多部作品获省及全国一、二、三等奖，《欢腾的哨所》获优秀作曲奖，《蓝天的骄傲》获空军文艺汇演作曲一等奖。《正是摘荔枝的时候》等被有关艺术团体演唱。

门德龙（1929— ）

小号演奏家。辽宁大连人。1947年入辽东军区宣传队。1954年入上海军乐学校教员预备班进修。曾任教于中南军区军乐集训队、昆明军区军乐队。曾任中央广播艺术团管弦乐团副团长。

门晏斌（1942— ）

音乐编辑家。山东费县人。1965年毕业于新疆艺术学院。曾任中央人民广播电台文艺部编辑兼记者。撰有《帕夏依夏和她演唱的伊犁民歌》《广播剧音乐初探》。

蒙建农（1944— ）

小提琴演奏家。陕西人。1963年毕业于中央音乐学院附中，师从刘育熙。先后在天津交响乐团、天津歌舞剧院、天津轻音乐团任小提琴演奏员，曾担任副首席、首席。参加多部交响乐、舞剧、歌剧等音乐作品的演出。曾获文化部和市政府奖。近年来致力于少儿小提琴教学的实践和探索，多次受到天津市有关部门的表彰。为全国社会小提琴考级评委。曾译有小提琴制造和教学的文章。

孟　波（1916— ）

作曲家。江苏常州人。1935年投入音乐运动，是歌曲作者协会、歌曲研究会、业余合唱团等进步音乐团体的主要成员。曾与麦新主编救亡歌集《大众歌声》。作有《牺牲已到最后关头》《中华民族好儿女》《反投降小调》等歌曲及歌舞剧《难民花鼓》。后参加新四军赴延安，而后与贺绿汀筹建中央管弦乐队。新中国成立后，任天津市文化局副局长、天津市音协主席。后任广州市委宣传部副部长、市音协主席。1960年当选为中国音协第二届秘书长。自1958年始，历任上海音乐学院副院长、上海市文化局局长、市文联副主席、市委宣传部副部长。获首届中国音乐"金钟奖"终身成就奖。作品还有歌曲《祖国万岁》《高举革命的大旗》《年轻的海燕》《我们是工人阶级》《赞歌》。曾为电影《聂耳》创作音乐，发表有《怀念战斗的歌手麦新同志》《生产劳动开出了艺术之花》等文。

孟　浩（1936— ）

男中音歌唱家。上海人。曾在行知艺术学院音乐科学习，毕业后任音乐教师。1964年毕业于上海音乐学院声乐系，后入总政歌舞团工作，任男低音声部长，参加并完成了众多重大演出活动。曾参加大型音乐舞蹈史诗《东方红》《中国革命之歌》的演出。并多次随团赴俄罗斯、罗马尼亚、新加坡、澳大利亚等国演出。

孟　辉（1967— ）

女钢琴教育家。北京人。北京舞蹈学院附中教师。1990年毕业于首都师范大学音乐学院钢琴系。撰有论文《在美妙的音乐背后——如何克服钢琴中的恐惧心理》。出版《芭蕾舞基本功训练钢琴伴奏曲选》。曾任《外国性格舞·民间舞钢琴曲选》编委。

孟　杰（1924—已故）

音乐教育家。江苏徐州人。1953年毕业于中央音乐学院作曲系。1955年入中央音乐学院苏联专家阿拉波夫班进修。后在南京艺术学院音乐系任教。合著《西安鼓马》。

孟　玲（1940— ）

女声乐教育家。天津人。解放军艺术学院硕士生导师、声乐教授。1949年入第四野战军炮二师文工团。1952年参加抗美援朝。1959年考入中央音乐学院声乐系，师从郭淑珍教授。1964年毕业于世界著名声乐教授布伦巴洛夫大师班。曾两次随中国艺术家代表团赴国外访问演出并担任独唱。1964至1979年先后在西藏军区、成都军区任独唱演员、歌剧主演。在教学中屡受嘉奖并评为优秀教师。多

M

次担任全国、全军声乐大赛、职称评定的评委。

孟 朴（1957— ）

圆号演奏家。北京人。中国歌剧舞剧院管弦乐团演奏员、中央音乐学院管弦系管乐重奏客座教授、国际圆号协会常任理事。毕业于美国宾州匹斯堡杜堪大学音乐院、亚利桑那大学艺术学院音乐部圆号演奏专业。在美国第三十三届国际圆号协会年会上担任独奏，2002年赴日本参加第一届亚洲圆号协会，并担任独奏、四重奏，举办"专题大师课"。撰写《中国圆号演奏及教学史》在《国际圆号协会会刊》连载。策划、组织、主持2000年北京国际圆号协会年会暨北京国际圆号节。

孟 沙（1934— ）

音乐活动家。辽宁大连人。曾为沈阳大东区文联主席。1951年参军后任东北军区公安部队政治部演员、编导、沈阳军区前进歌舞团合唱队员。作有歌曲《大家来唱革命歌》《公路》等，主编《万众词刊》等。撰有《我们是怎样组织开展群众音乐活动的》等文。多年来坚持组织开展群众性歌咏活动。

孟 媞（1922—2005）

女作曲家。北京人。1940年开始从事部队文艺工作。1944年入延安鲁艺戏系学习。1949年在华北大学从事音乐创作，后到戏剧学院音乐研究室任研究员。1949年在中央音乐学院组教科任副科长，后在干部专修班学习。1951年毕业后任本院音研所助理研究员。1952年调入中央民族学院文工团任创研室资料组组长、创研室主任。1963年调入民院艺术系任副主任，少数民族文艺研究所任副所长。作品有秧歌剧《好军属》，傣族舞曲《花环》。编辑出版《西南少数民族歌曲选》。

孟 翔（1958— ）

长笛演奏家。吉林人。1982年毕业于东北师范大学音乐系，同年入长影乐团任演奏员。先后担任短笛、长笛、萨克斯、合成器、钢琴演奏。在《谭嗣同》《女警官》《美丽囚徒》《离婚合同》《武当》《盼归》等影、视片配乐中担任独奏、领奏。为《RE皇后》《星光闪烁》等电视剧作词、作曲。创作、改编大量器乐作品，部分作品被录制唱片。

孟 欣（1952— ）

指挥家。山东泰安人。1975年毕业于沈阳音乐学院作曲、指挥专业，1987年在中央音乐学院进修指挥。曾先后在锦州京剧团、辽宁乐团、辽宁芭蕾舞团、辽宁歌剧院担任指挥。指挥作品有芭蕾舞剧《海盗》《关不住的女儿》《梁山伯与祝英台》《二泉映月》，歌剧《沧海》《苍原》，交响音乐会、歌剧音乐会、多位作曲家的多部作品及大型庆典、新年音乐会等。1996年获文化部颁发的全国歌剧调演优秀指挥奖，多次获省级优秀指挥奖。

孟 勇（1954— ）

作曲家。河南郑州人。1982年大学毕业。1988年起任

湖南广播电视艺术团团长，湖南省歌舞剧院作曲，湖南省音协副主席。曾发表、出版、上演、播出大量歌曲、器乐曲、舞蹈音乐与影视剧音乐作品。其中八十余件分别获中宣部"五个一工程"奖、全国电视"飞天奖""星光奖""金鹰奖"和文化部"群星奖"以及全国优秀教育音像制品奖等。作有歌曲《斑竹泪》《水姑娘》《山寨素描》《阿妹出嫁》《飞》等，管弦乐曲《浏阳河》，民族管弦乐《苗乡月夜》，大型情学音乐《天音，梵乐》和大型声乐作品《工人组歌》及歌舞剧《桃花江·美人窝》。其中《斑竹泪》《山寨素描》获中国音乐"金钟奖"。多次担任中宣部、中央电视台等单位举办的大型文艺晚会，音乐会音乐总监。

孟 于（1922— ）

女高音歌唱家。四川成都人。1940年入延安鲁艺学习声乐。1954年在中央音乐学院进修。曾任中央歌舞团副团长。演唱有《平汉路小唱》《慰问志愿军小唱》，主演歌剧《白毛女》《血泪仇》。

孟长华（1935— ）

女高音歌唱家。河南永城人。原中国广播艺术团合唱团独唱演员。1959年毕业于西安音乐学院声乐系。曾为电影《勐垅沙》《蔡文姬》与话剧《枯木逢春》《鉴真东渡》配唱歌曲。录制的唱片有《只因为河水引上山》《走西口》和由西哈努克亲王作曲的《歌唱胡志明小道》等。为中央人民广播电台及中央电视台《教唱歌》栏目录制多首歌曲。

孟春明（1944— ）

作曲家。河南巩义人。1962年参加解放军，后任空军第12军文艺宣传队副队长。1972年调广州军区空军政治部文工团任创作员。1984年转业到中国唱片广州公司，先后任副经理、经理兼党委书记、顾问。曾任第一届世界女子足球锦标赛会歌和第二届中国"金唱片奖"评委。作品有歌曲《望海》《白云飞》《我们是祖国的千里眼》《竹楼上的姑娘》，舞蹈音乐《青山鱼水情》（合作），歌剧音乐《不会融化的雪花》（合作）等。其中歌曲《我爱金色的十月》和《韶山红日照万代》（合作），参加全军第四届文艺汇演获创作奖。出版有《孟春明歌曲选》两部及CD一套。

孟凡虹（1954— ）

女声乐教育家。山东黄县人。任教于中国音乐学院音乐教育系。1982年由哈尔滨师范大学音乐系声乐专业毕业，曾在乌克兰柴科夫斯基音乐学院声乐系进修。撰有《在乌克兰学习声乐》《在声乐教学中如何解决高音》。所教学生在国内、国际声乐比赛中获奖。

孟繁珠（1936— ）

作曲家。安徽人。创作发表歌曲几十首。曾任中学音乐教师，后任湖南省白沙矿务局、江苏省徐州矿务局三河尖矿音乐创作、指挥。创作有小歌剧音乐《生活的一课》《矿工的回忆》《并肩前进》《合家欢》《婚期》，

小戏《一串风钻头》，歌曲《我们是煤城的尖兵》《矿山颂》，《老爸，老妈》《牵挂》《母亲》《反腐倡廉树新风》等分别在全国、省市评比中获奖。录制专题《矿山音乐家孟繁珠》《孟繁珠放歌矿山四十年》。

孟广征（1941— ）

歌词作家。山东济南人。中国剧协会员，中国音乐文学学会常务理事，《词刊》编委，山东省音协副主席。1962年毕业于山东艺术学院，分配到山东省歌舞团，后任职于山东省文化局，1978年入山东省音协。作有歌曲（词）《我热恋的故乡》《故乡啊故乡》《请给我纤绳》等大量作品。获国家、政府奖四十余项，有"中国流行歌坛十年成就奖""中国歌坛辉煌二十年成就奖""中国改革30年30首经典流行金曲"受勋人、首届"泰山文艺奖·艺术突出贡献奖"等。2002年举行个人"作品研讨会"。著有《命运的诉说》等两部歌词集。

孟贵彬（1926— ）

歌唱家、作曲家。河北深县人。1949年在全国文代会上，演唱自己编创的独唱曲《西北农民歌唱毛主席》。1959年全军第一届文艺汇演中演唱《歌唱二郎山》获演唱一等奖，参与演唱男女声二重唱《藏胞歌唱解放军》获演唱二等奖。1958年在中央音乐学院干部进修班结业，随后演唱《枪杆子是俺的传家宝》《美丽的青海》《牧歌》等。为《送别》《草原之夜》《汾河流水哗啦啦》等八部电影配唱。多年来创作了三百余首歌曲，其中《前进吧祖国》《支援农业车马忙》、改编合唱《小河淌水》、独唱《这就是我，一个共产党员的自白》等均出版发行。

孟亨全（1927—1992）

声乐教育家。北京人。1953年毕业于北京师范大学音乐系。曾在北京师范大学、北京艺术师范学院音乐系任教。曾为山西大学艺术系声乐教授。

孟克彬（1936— ）

小提琴教育家。湖南长沙人。1950年入部队文工团从事小提琴演奏。1956年任交通部文工团乐队首席，后任江西省歌舞团乐队首席。1961年入上海音乐学院管弦系进修，后任江西省文艺学校小提琴高级讲师。曾为江西省音协小提琴学会副会长。

孟秦华（1943— ）

女钢琴教育家。山西平遥人。1964年毕业于西北师范学院音乐系。历任乌鲁木齐市第五中学教师、第一师范音乐科钢琴教师及新疆师范大学音乐系器乐教研室主任。为钢琴伴唱《红灯记》、歌曲《从小扎根在草原》担任钢琴伴奏，为歌曲《献给母亲的歌》《山上的樱桃酸又甜》配钢琴伴奏，为电视专题片《奋飞吧吐鲁番》编辑音乐。撰有《要重视歌曲伴奏》《谈即兴伴奏》等。有多名学生在钢琴比赛中获奖。

孟青林（1933—1994）

作曲家、指挥家。内蒙古赤峰人。原任职于山西省忻州地区戏剧研究所。1948年参军，先后在冀察热辽某军分区、空军某部宣传队、空政、晋北地区文工团等从事小提琴演奏、指挥、作曲。1951年就读于东北鲁迅艺术学院音乐系，师从李劫夫学习作曲。作有歌曲《我又看见周总理》《晋北好》，器乐曲《句句双变奏曲》《丰收乐》，歌剧音乐《云彩岭》，戏曲音乐《截潜流》《摆鸡宴》等音乐作品。曾指挥《白毛女》《红珊瑚》等歌剧演出。《黄河湾山歌天下传》等多首歌曲获省级以上奖。

孟庆彪（1942— ）

二胡演奏家。黑龙江阿城人。1959年入黑龙江省歌舞团。1986年入中央音乐学院进修。作有二胡曲《秧歌调》，舞蹈音乐《金花火神》等。

孟庆辉（1943— ）

作曲家、音乐编辑家。河北定州人。1983年任贵阳电台文艺部主任兼音乐编辑。贵阳市音协理事。曾长期从事音乐教育。曾在贵阳市业余歌舞剧团，学习琵琶、笙演奏及和声、配器。作有歌曲《雷锋，您回答了人生》《十唱拥军爱民》，大型组歌（合作）《遵义会议放光芒》《清水江组歌》，电视剧音乐《安龙风情》《沸腾的普安》，广播剧音乐《瀑布谣》《滴血的钻石》等，并获奖。经常随省、市采风创作组，深入苗乡侗寨收集记录民族民间音乐。发表《谈学校歌咏队的组织、训练及排演》《直观教学点滴》等文二十余篇。

孟庆武（1946— ）

词曲作家。河北景县人。江苏音协理事。1984年调徐州市音协任秘书长。曾任徐州市音协第四、五届副主席。词作《水上人家》获全国"成才之路"大奖赛金奖。歌曲《山记着你，水记着你》获全军业余文艺调演作曲二等奖。歌曲《滩涂美》获江苏省"五个一工程"奖。另有十余首词、曲作品获省级创作一等奖。

孟庆喜（1948— ）

音乐活动家。江苏徐州人。徐州市音协理事，贾汪区青山泉镇马庄村农民乐团团长。1988年创建苏北第一支农民铜管乐队，先后演出4000余场次，曾于1997年参加中央七台春节文艺晚会的演出，先后获江苏省艺术节最佳代表团、省特色文化团队、农民艺术之星等称号。作有歌曲《马庄新歌》于1996年获"世纪之声"全国歌曲大赛银奖，论文《思想政治工作要找准载体巧施教》于2003年获《新时期中国共产党人》编辑部优秀作品奖。省第九、十届人大代表。

孟庆洋（1967— ）

歌唱家。黑龙江人。1991毕业于中央音乐学院声乐歌剧系，师从著名声乐教育家沈湘、吴天球。同年进入中央歌剧院。曾应日本邀请先后两次赴东京参加歌剧《魔笛》的演出。先后在歌剧《图兰朵》《费加罗的婚礼》《蝴蝶夫人》《茶花女》《霍夫曼的故事》中担任主要角色。1995年在国际声乐比赛选拔赛中获优秀奖。2001年参加北

M

京紫禁城世界三大男高音音乐会的演出。

孟庆元（1930— ）

指挥家。山西人。1946年参加解放军，1948年由华北军区军政大学附属陆军中学调入华北军区军乐队。1951年编入解放军军乐团任中队长、指挥。1957年毕业于解放军军乐学校，1962年毕业于中央音乐学院作曲系干部进修班。历任军乐团指挥、创作员、队长、研究员等职。

孟庆云（1926— ）

民族管乐演奏家。北京人。1951年任北京人民艺术剧院管乐独奏演员，后任中央歌剧舞剧院管乐独奏演员。1953年赴朝鲜参加抗美援朝慰问演出。1958年参加法国艺术节演出并先后赴捷克、波兰、瑞士、卢森堡、英国、苏联等国家演出。主要演奏曲目《欢喜舞曲》《小儿语乐曲》。先后参加歌剧《白毛女》《小二黑结婚》和《妇女自由歌》及大型音乐舞蹈史诗《东方红》等的伴奏演出。

孟庆云（1949— ）

作曲家。天津人。空政文工团创作员。全军艺术指导委员会专家委员，中国音协第五、六、七届理事，《歌曲》编委。作有歌曲《为了谁》《祝福祖国》《想家的时候》《什么也不说》《二泉吟》《亲亲的茉莉花》《美丽的心情》《真情永远》《江山美人》等。六十余件作品在国内外获奖，其中《黑头发飘起来》等三首作品被评为北京第十一届亚运会优秀歌曲，《五星邀五环》为全国第七届运动会会歌，《姐妹们手拉手》为第四届世界妇女大会会歌，《黄河源头》获罗马尼亚国际音乐节音乐作品第一名，《长城长》获1995年解放军文艺奖，《黄河黄》获文化部"文华奖"。出版有《孟庆云作品精选》歌曲集，《孟庆云作品经典》CD专辑。

孟维平（1955— ）

音乐教育家。北京人。曾毕业于首师大音乐学院理论作曲指挥系，留校任教，后任副主任、副教授，中国音乐史硕士生导师。中国音乐史学会理事。曾先后进修于中国音乐学院、中央音乐学院、中国艺术研究院音乐研究所。出版专著《神州乐话》。合著有《中国当代学校音乐教育研究文集》《中国音乐通史教程》。录制VCD教学系列光盘《电脑音乐学习之路》。撰有《十二延伸律——十二平均律在音乐实践中的修正》《多媒体技术在高师音乐教学中的运用》等文。作有交响诗《噬骄阳》。出版《剑桥少儿英语歌曲100首》。

孟伟忠（1966— ）

音乐编辑家。宁夏中卫人。长庆石油勘探局企业文化处文联音乐编辑。1989年毕业于宁夏大学校教育学院音乐系，2005年入西北大学MBA，作有歌曲《四大纪律、八项要求》获中纪委全国反腐倡廉歌曲评选一等奖，《无悔的水电人》《西部雕龙》获全国总工会"五一文化奖"，《长庆之歌》获全国企业职工歌曲大赛金奖。制作的《文艺百花园》电视节目获第四次全国石油职工文化大赛电视节目

专项比赛二等奖和撰稿奖。

孟卫东（1955— ）

作曲家。北京人。中国铁路文工团副总团长。中国音协第五、六届理事，第七届副主席。创作委员会副主任。1970从事部队文艺工作，1979年考入中国铁路文工团任手风琴演奏员。1984年毕业于中央音乐学院作曲系大专班，后回原单位任专职作曲。主要作品有歌剧《雷雨》，音乐剧《一路寻找》，舞剧《长城魂》，木偶剧《琼花仙子》，合唱《心中的太阳》。电影音乐《血色清晨》《找乐》等十余部，电视剧音乐《青春之歌》《这里的黎明静悄悄》《杨三姐告状》《金婚》等三十余部，电视专题片、音乐片四十余部，舞蹈音乐三十余部，舞蹈音乐《底韵》《高原》等，《掀起你的盖头来》《美丽的草原我的家》《大青藏》，作有歌曲《同一首歌》《中国进行曲》《今夜无眠》等，为中中央电视台《新闻联播》制作片头曲自1987年起延用至今。曾多次出任央视及"金钟奖"评委，并在纪念建国60周年大型音乐舞蹈史诗《复兴之路》中任音乐部主任。

孟文涛（1921—已故）

音乐理论家。江西萍乡人。1942年前就读于湖南大学工学院。1947年毕业于南京国立音乐院理论作曲专业。自1947年始曾在南京国立礼乐馆、台湾师范学院、香港中华音乐院、第四野战军部队艺术学院任教，后任中南音专作曲系代主任、副系主任，湖北艺术学院音乐研究所副所长，武汉音乐学院教授。曾任湖北省翻译家协会理事、省美学学会理事、省社会学学会理事、《中国大百科全书·音乐卷》编委兼器乐分支学科主编。编译及专著有《管乐性能及其应用》《民间音乐研究》《复对位与卡农》《管弦乐法教程》《当代和声》《成败集——孟文涛音乐文论选集》。发表有音乐论文数十篇及十余首创作歌曲。获中国音乐第四届"金钟奖"终身成就奖。

孟宪斌（1942— ）

作曲家。黑龙江哈尔滨人。曾为中国音协发展委员会副主任，中国合唱协会理论创作委员会副主任，总政歌舞团专职作曲。1957年考入东北音专附中，1965年毕业于沈阳音乐学院作曲系。历任工程兵文工团音乐创作组组长，总政歌舞团创作室主任、副团长兼总政交响乐团团长。作有歌曲《热烈庆祝伟大胜利》《青春进行曲》，交响幻想曲《再见吧，妈妈》，合唱《祖国啊请检阅》《红星颂》《中国春潮》《亲爱的党我对你说》。

孟宪常（1934— ）

大管演奏家。天津人。1951年参加志愿军文工团，从事乐队演奏及战地演出组织工作。1961年入总政歌舞团管弦乐队。曾任总政歌剧团办公室主任。

孟宪德（1962— ）

板胡演奏家。北京人。1979年入全总文工团任演奏员，后任乐队队长。作有板胡曲《平川情》《动》，二胡曲《思》《当年》，中胡曲《牧歌》，京胡与乐队《夜深

沉》，打击乐合奏《欢庆歌舞》。演奏有板胡独奏《花梆子》《大起板》《大姑娘美》《秦腔牌子曲》《红军哥哥回来了》，高胡独奏《平湖秋月》《雨打芭蕉》，二胡独奏《良宵》等。并兼任电声乐队鼓手。编著有《二胡演奏入门与提高实用教程》《中外摇滚乐队经典弹唱》。

孟宪福（1927— ）

音乐理论家。山东济南人。1948年济南南华学校文史系肄业。中国艺术研究院音乐研究所副研究员。编有《民族音乐论文集》，译有《二十世纪音乐概论》。

孟宪河（1956— ）

女音乐活动家。山东梁山人。曾任山东音协秘书长。1990、2002年分别毕业于东明县党校、山东省委党校。参加山东省第五届"齐鲁风情歌手大赛"活动。组织山东省电子琴、手风琴比赛。曾任中国音协考级评委。

孟宪洪（1948— ）

音乐理论家、作曲家。江苏徐州人。1976年毕业于南京师范学院音乐系，先后师从王惠然、闵季骞老师。40年来创作了二百余首音乐作品，有三十余首在各级刊物发表并获奖。作有民族管弦乐合奏《欢乐的节日》《大风碑随想》，弹拨乐小和奏《支前小车队》等，歌曲《祖国在笑声中奔跑》《家乡美、家乡亲》《春游》等。从事柳琴教学三十余年，培养众多学生。撰有《半导体四弦柳琴》《柳琴的沿革》《柳琴微调》《双千斤板胡》等乐器改革与教学文章。是全国行业标准柳琴的主要起草人。参加了徐州二十余年来大部分大型演出活动。

孟宪华（1946— ）

音乐教育家。吉林长春人。军艺音乐系军旅音乐研究所副所长，负责军旅音乐的研究和组织工作。1965年入伍，曾在军事博物馆从事党史、军战史的宣传、研究。1980年调入解放军艺术学院从事部队音乐教育工作。曾任该院音乐系干事兼学员队长、副主任、政委等职。任职期间所在的音乐系曾获全军优秀教学成果一等奖和第八、九届中央电视台全国青年歌手电视大奖赛两次团体总分第一名。全国艺术科学"九五"规划1999年度课题《中国人民解放军音乐史》、国家"十一五"重点规划图书《中国人民解放军音乐经典文献库》全集（6册）的课题组成员。

孟宪举（1964— ）

歌唱家。河北沧县人。河北沧州烟草专卖局工会干事。2005年毕业于河北工专经济贸易系。在国家、省市级声乐比赛中获奖数十个，其中获全国农民歌手邀请赛一等奖及文化部第二、五届"群星奖"金奖、铜奖，1991、1992年分获中国民歌演唱邀请赛一等奖及全国民间音乐舞蹈比赛声乐一等奖。1993年参加两岸三地歌手卡拉OK比赛获优秀歌手奖，并赴台北、香港等地演出。

孟宪同（1950— ）

作曲家。江苏沛县人。从事音乐工作以来，先后为近百部剧目作曲，有百余首歌曲、器乐曲在各类刊物发表。

其中现代戏《青春泪》入编中国戏曲志，唢呐曲《喜庆》《闹春》《山乡晨曲》《苏北风情》等参加中国艺术节、亚洲儿童民间艺术节及江苏省多次大型演出并获奖，歌曲《我的苏北大平原》《共产党领咱奔小康》《一片春光一片歌》《真情人间》《热土恋歌》等分别获江苏省"五星工程"奖、"全国农民歌手电视大赛"优秀创作奖及国家、省、市级多项奖励。

孟宪增（1941— ）

作曲家。河南永兴人。毕业于郑州艺术学院，结业于上海音乐学院作曲系。曾任河南省歌舞团手风琴演奏员、河南电影制片厂作曲。作有舞蹈音乐《欢乐的达尔代节》《放河灯》。影视音乐《黄豆芽绿豆芽》《如果有来生》《烟王》。获河南省作曲评比一等奖的歌曲有《黄河摇篮曲》《希望的星》《拥抱蓝天拥抱大地》《父亲是一首歌》《请到开封走一趟》。《又听到了红军歌》1991年获全国歌曲比赛创作奖，同时获河南省文学艺术成果奖。发表有《生命的咏叹》《怀梆唱腔音乐的旋律线条与调式结构》等文。

孟晓岱（1954— ）

女作曲家、音乐教育家。吉林长春人。1982年毕业于吉林艺术学院音乐系作曲专业。先后任吉林省京剧团、艺术学院、深圳红岭中学、深圳行知职业技术学校作曲、音乐系教师。作有歌曲《我心上的一朵玫瑰花》《雪花姑娘》《绿色校园》，圆号协奏曲《瑶山夕色》，京剧《弹吉他的姑娘》，琵琶弹唱《草原英雄小姐妹》。并为话剧《榆树屯风情》、大型团体操《鹏程万里》作曲。撰有《实施素质教育大幅度提高音乐教育的质量》。

孟新洋（1956— ）

男高音歌唱家。满族。北京人。中央民族大学音乐学院院长、教授，中国音协第六、七届理事。1978年毕业于中央民族学院艺术系声乐专业，后在该院任教。曾任西藏歌舞团独唱演员、西藏音协副主席。1980年获全国少数民族文艺调演优秀演员奖，1986年获全国第二届青年歌手电视大奖赛专业组美声唱法银奖。1990年随中国代表团赴马来西亚主演歌剧《伤逝》。曾任第一至三届全国少数民族"孔雀杯"声乐大赛评委，2008年任第十三届全国青年歌手电视大奖赛评委。

孟昭德（1929— ）

歌唱家。辽宁人。1949年入金县文工队。1953年入旅大歌舞团合唱队。曾参加东北歌舞团和中央歌舞团的出国演出。1957年入中央乐团任合唱队员。编配歌曲有《猎人之歌》。

孟昭君（1951— ）

男高音歌唱家。山东德州人。德州市艺术馆馆长。毕业于山东艺术学院音乐系，1970年考入德州市歌舞团任独唱演员，副团长，后调入德州市艺术馆，先后到中央、上海音乐学院进修学习。演唱的三十余首歌曲在中央、省、市电台、电视台播放，音像公司出版。多次在全国、省级

M

比赛中获奖。1999年演唱《中国龙船》获文化部"群星奖"。多次在济南、德州等地成功举办"孟昭君独唱音乐会"。曾获山东省人民政府嘉奖。

孟昭筠（1934— ）

音乐理论家。河北昌黎人。原吉林艺术学院音乐系主任。吉林音协理事，吉林社会音乐研究会理事。1949年入松江省行知师范艺师班。1954至1959年先后任东北师大、吉林艺术专科学校音乐系助教。1979年任吉林艺术学院讲师。1960年入中央音乐学院进修。主授基本乐理与和声学。著有《有关和声学教学几个问题的探讨》《民族调式的简明转调法》。

孟昭林（1924—2002）

音乐活动家。吉林人。1948年入东北大学音乐系学习。1949年入东北鲁艺音工团工作。后任中央乐团团长助理。曾任中国音协交响乐爱好者学会副会长兼秘书长。撰有音乐评论文章多篇。

孟昭侠（1942— ）

作曲家。陕西西安人。1966年毕业于西安音乐学院钢琴管弦系。后任河南省歌舞团创作员。作有组舞音乐《汉风》，舞剧音乐《渔童》，单簧管独奏曲《小车》等。

孟昭琰（1936—已故）

双簧管演奏家。黑龙江勃利人。1951年入原松江省鲁艺文工团，师从白俄专家学习双簧管。同年10月赴朝参战，任志愿军后勤某部文工队演奏员。1955年调志愿军某军文工团任管乐组长，后入北京军区战友歌舞团任双簧管首席、木管组长、乐队负责人，多年担任独奏演员。1961年参加全军《三独》汇演，双簧管独奏《早晨》由中央台播放。1965年参加长征组歌《红军不怕远征难》首排、演出及1996年电影的拍摄。多次获嘉奖并立功。

孟昭宜（1943— ）

女曲艺表演艺术家、教育家。北京人。1962年毕业于中央音乐学院附中，曾任中国广播艺术团说唱团演员，参加各种舞台演出、广播及电视节目。1980年后受聘于中央音乐学院、中国音乐学院、中央戏曲学院讲授《说唱音乐》及京韵大鼓等曲艺形式的演唱，并讲授声乐系台词课，同时教授来自台湾、日本、英国、法国等国家和地区的学生。参与整理、研究曲艺音理论及曲目工作。

孟兆臣（1933— ）

大提琴演奏家。内蒙古喀喇沁旗人。1948年从事部队文艺工作。1961年沈阳音乐学院管弦系毕业。后在总政歌剧团工作。曾随团访问苏、罗等国。

孟只争（1942— ）

作曲家。山西汶水人。省音协理事。1968年毕业于山西大学音乐系作曲专业。曾任山西晋中文工团、文水县剧团、吕梁地区文工团、省歌舞剧院作曲、指挥、副院长。作有歌曲《太行儿女学大寨》等百余首，为歌剧《初恋，

我不懂爱情》《黄河搬船汉》《山婚》作曲。作曲的广播剧音乐《黄河边的唢呐声》、电视剧音乐《大路魂》、舞剧音乐《静静的吕梁山》等获优秀作曲奖、创作奖。为中央电视台大型电视系列片《百味人生》作曲。

孟志远（1953— ）

音乐活动家。河北无极人。湖北孝感市总工会组织宣传部部长、孝感市音协副主席。1984、1990年先后毕业于湖北艺术学院师范科、湖北省委党校干部管理专业。历任孝感军分区宣传队、地区文工团、地区群艺馆手风琴演奏员、乐队队长、音舞部主任。作有歌曲《我们大家一齐来唱歌》《解放军叔叔哪里去了》及儿童音舞剧《稻田卫士》。多次组织策划大型音乐节目汇演、比赛等活动。发表有《浅谈我省民歌中的多声部》《当前城镇业余音乐潮流试析》。参加孝感地区《中国民歌集成（湖北卷）》的收集、整理并任副主编。

梦　鸽（1966— ）

女歌唱家。湖北沙市人。全国青联常委。1995年入中国音乐学院歌剧系攻读硕士研究生。1992年考入总政歌舞团，任独唱演员。曾随中国艺术家代表团赴新加坡等地演出。多次参加全国青年歌手电视大奖赛和中国音乐电视大奖赛，并多次获银奖。曾获第七届全军文艺汇演一等奖、"五个一工程"奖等。多次举办个人独唱音乐会。演唱曲目有《摇篮曲》《沂蒙颂》等。多次参加中央电视台春节联欢晚会演出。出版《我是你梦中的鸽子》等演唱专辑。

弥耀宇（1973— ）

圆号演奏家。辽宁辽阳人。1996年毕业于沈阳音乐学院。中央歌剧院交响乐团演奏员。曾任中国电影乐团演奏员。任职期间参加多部交响乐作品和众多歌剧的演出。

糜若如（1936— ）

声乐教育家、歌唱家。上海人。中央民族大学音乐学院教授、硕士生导师，中国少数民族声乐学会副会长，北京高校音乐高级专业技术职务评审委员。1958年毕业于沈阳音乐学院，自愿赴藏。24年间收集原始藏歌八百余首，学习藏歌风格与演唱技法。1981年入中央民族学院音舞系任教。多次任国家级歌赛评委。撰写《藏族演唱风格中的特殊技法——缜固》《少数民族声乐教学规律探索》。编撰《藏、苗、彝、蒙声乐教材》。录制教学光盘六册。曾出访北欧五国，赴马来西亚、新加坡讲学。

糜翔云（1945— ）

小号演奏家。江苏无锡人。曾任上海管乐团及上海京剧团演奏员，1975年入上海交响乐团。曾随团赴香港、日本、美国演出。

米　晞（1925— ）

作曲家。陕西富平人。1939年入陕甘宁边区民众剧团从事文艺工作。1950年入中央音乐学院专修科。曾任陕西戏曲研究院艺术顾问、中国戏曲现代戏研究会理事。作有眉户现代戏音乐《梁秋燕》，传统戏音乐《曲江歌女》，

碗碗腔传统戏音乐《借水》，编有《眉户音乐》。

米东风（1958—）

歌唱家。回族。河北承德人。陕西省歌舞剧院歌剧团副团长。陕西戏剧家协会常务理事。曾任兰州军区战斗歌舞团演员。先后获兰州军区艺术汇演一等奖、首届甘肃声乐比赛二等奖。在话剧《于无声处》《深夜静悄悄》，歌剧《慈母情》《军营内外》等剧目中担任主要角色。曾获第十届中国戏剧"梅花奖"、第三届"文华奖"、第三届中国戏剧节优秀演员奖。为多部电影、电视剧配唱主题歌。1997年被陕西文联授予"德艺双馨"艺术家称号。

米建平（1955—）

音乐教育家。回族。山东泰安人。1981年毕业于山东济宁师范专科学校音乐专业。曾在泰安三中、一中任音乐教师。2000年任泰安市音协主席。1995年参编《中专键盘伴奏实践》一书。获奖歌曲有《工会主席给俺把桥搭》《四海朋友登泰山》。撰有《高中音乐课如何弘扬民族文化》获省教学论文二等奖。组织多项音乐活动，曾获全国艺术教育先进个人等多种奖项。

米黎明（1924—2005）

女音乐教育家。河北定县人。1945年毕业于北平师范大学音乐系，后任北京161中学音乐教师，并在教师进修学院、北京市少年宫兼课。作有歌曲《我、你、他》《森林里的足迹》等，撰有《怎样识简谱》等教材。

米曼江（1951—）

作曲家。维吾尔族。新疆阿克苏人。1969年毕业于新疆艺术学院音乐系。后在新疆克孜勒苏自治州文工团任创作员和演奏员及在新疆人民广播电台任文艺部副主任。发表大量音乐作品，其中多首获一、二、三等奖。出版歌曲集《乡情》。编辑出版《母爱》《团圆乐》《婚礼之歌》等歌曲集，撰有《音乐作品的配器》《重唱歌曲的和声特征》《天才在于勤奋》等文。

米瑞华（1943—）

女歌唱家。回族。北京人。1960年考入中央民族乐团。1974至1979年任中国歌舞团领导成员。多次到全国各地采风、收集整理民歌。为中国音乐研究所录制古典诗词歌曲多首。多次随中央慰问团赴全国各地巡回演出。曾参加音乐舞蹈史诗《东方红》《中国革命之歌》的排练演出。1986年在中国驻美国纽约总领馆工作，出席过众多文化交流活动。

米玛洛桑（1964—）

作曲家。藏族。西藏贡觉人。西藏大学艺术系副教授。1988年西藏大学艺术系毕业，之后于上海音乐学院作曲系学习，2003年西藏大学硕士研究生毕业。发表论文《试论高师和声课教学内容改革》《浅析藏戏艺术的创始人—汤东杰布》《藏族拉弦乐器综述》等十余篇。出版《西藏当代音乐史》。创作歌曲《布达拉赞歌》《雪莲之

歌》等十余首在不同刊物上发表。

米吉提·尤努斯（1959—）

音乐教育家。维吾尔族。新疆阿克苏人。中国维吾尔古典文学和木卡姆学会常委理事。1977年毕业于新疆艺术学院音乐系，后留校任民乐木卡姆教研室主任、副教授。先后发表《十二木卡姆的风格特征》《二十世纪三十年代维吾尔十二木卡姆的发展》《论维吾尔木卡姆艺术的传承教育》等多篇论文。编写《维吾尔器乐技术理论与演奏丛书》弹拨教材。参与科研项目《木卡姆教学、科研、实践新体系的构建》获自治区优秀教学成果一等奖与教育部优秀教学成果二等奖。曾获第二届民族乐器演奏比赛少数民族特色乐器独奏金奖、乐器组合奖。所辅导的《且比亚特木卡姆》获全国第一届大学生艺术展演活动一等奖。

米吉提·伊不拉音（1940—）

热瓦甫演奏家。维吾尔族。新疆人。1953年入新疆歌舞团。演奏曲目有南疆民歌改编的独奏曲《牙洛》《卡的六毛拉》《阿依古力》《百灵鸟》等。

苗　笛（1954—）

作曲家。黑龙江哈尔滨人。就职于黑龙江省艺术研究所。1972年入黑龙江省歌舞团任二胡演奏员。1983年毕业于哈尔滨师范大学艺术系。在黑龙江省文化厅从事对外文化交流工作。1994年赴德国施坦威钢琴厂考察学习。1997年在日本札幌演出二胡独奏并举办音乐讲座。1998年主持《文化导报》编审工作。长期从事二胡演奏、钢琴调律、地方音乐史研究。2003年在黑龙江省博物馆举办"百年故乡音乐家回顾展"，填补了本省音乐展的空白。

苗　晶（1925—2001）

音乐理论家。天津人。就读于北京师范大学音乐系，后转天津南开大学外文系。1948年赴山东参加革命工作。先后任山东音协秘书长、华东音协理事。曾任中国音乐研究所民族民间音乐研究室主任、研究员，中国传统音乐学会常务理事。作品有《渤海民间音乐选集》（主编），《山东民间歌曲论述》（与人合著），《论汉族民歌近似色彩曲的划分》（合著），获艺术研究院优秀成果三等奖。撰写有《黄河万里寻根》《汉族民歌旋律论》等文。曾为《中国大百科全书音乐舞蹈卷》民歌部分撰稿，参加《中国民歌集成》和《中国曲艺集成》部分编纂与审订工作，获文化部贡献奖。

苗　淼（1969—）

女钢琴教育家。安徽固镇人。安徽艺术学校钢琴教师。先后毕业于中国音乐学院钢琴系、安徽教育学院艺术系。曾在纪念抗日战争胜利五十周年文艺晚会、回归颂、省大学生艺术节开幕式等演出活动中担任钢琴独奏。演奏曲目有《黄河》等中外名曲。多次举办个人独奏音乐会。培养的学生，分别考入上海音乐学院、中国音乐学院、武汉音乐学院等专业院校，有的在"华普杯""星海杯"全国比赛中获不同奖项，本人多次获特别贡献奖、园丁奖。

苗 能（1931—2000）

作曲家。湖北武汉人。音协广东分会第二届理事。1949年开始从事部队文艺工作。1964年毕业于解放军艺术学院作曲进修班。曾在广州军区战士歌舞团工作。作有歌曲《淡水溪，浊水溪》《请祖国为他骄傲》，电视连续剧音乐《两岸同根》。

苗 蒲（1949— ）

音乐活动家。山西平遥人。太原市群众艺术馆副馆长，副研究馆员。太原市音协副主席，市政协第九、十届政协委员。1962年任太原市"星海"合唱团钢琴伴奏。1970年组织太原工人北文化宫合唱团，任指挥。曾在陈士宾、郝宗刚、李德伦、秋里、聂中明、严良堃等音乐家举办的交响乐和合唱指挥培训班学习指挥。1990至1999年任山西省广播艺术团老年合唱团指挥。曾率团赴北京参加全国首届老年人晚霞情合唱比赛，获青松大奖。1996至2004年任太原市老年大学女子合唱团指挥。

苗 青（1955— ）

女歌剧表演艺术家。河南人。1978年毕业于中央音乐学院。曾在中央歌剧院工作。在歌剧《山花烂漫》《小红帽》中扮演角色，主演歌剧《卡门》。1986年获荷兰赫托亨博斯第33届国际声乐比赛一等奖及"赫托亨博斯"杯。在法国兰斯市、图卢兹市声乐比赛中均获第一名。

苗 实（1927— ）

音乐教育家。黑龙江哈尔滨人。1948年毕业于哈尔滨大学戏音系，后任哈尔滨师范大学音乐系器乐教研室主任。

苗国新（1943— ）

琵琶教育家。安徽人。原安徽省艺术学院高级讲师。所教学生成为省内各文艺团体及艺术院校业务骨干，有的入国家文艺团体或赴国外。撰有《琵琶演奏技巧及发音》《琵琶浅谈》，编有《琵琶教材》《琵琶教学练习曲》。

苗鸿信（1949— ）

声乐教育家。吉林长春人。吉林省群艺馆副馆长、吉林省音协理事。1972、1991年分别毕业于吉林省艺校声乐班、中国人文函授大学群文管理系。撰有《中国民族唱法的基本特征》等文，著有《声乐教学的基本方法》，出版发行《少儿歌唱入门》VCD。曾获多种奖项，歌曲《阿哩郎情歌》于1992年获文化部、广电部"全国民间音乐舞蹈比赛"改编一等奖、声乐辅导奖，第二届"群星奖"金奖，1997年获第二届中国少儿歌曲卡拉OK电视大赛园丁奖，多次获文化部等单位声乐辅导铜奖、银奖。培养音乐人才多人。

苗淑云（1932— ）

女作曲家。河北唐山人。1945年5月从事革命文艺工作，在冀热辽军区参加"尖兵剧社"。1951年调中南军区部艺作曲系学习作曲，1953年毕业留校，后与华南军区合并，任创作员、小提琴演奏员。1953年7月调中央电影局作

曲培训班学习电影作曲，1954年结业。先后任上海科影、北京科影作曲。曾为五十多部科教影片及美术片《一幅僮锦》《布谷鸟叫迟了》作曲。其中《荣宝斋木版水印刻》《带翅膀的媒人》先后在国际获奖。《水面庄稼》《带翅膀的媒人》在国内获"农业科技优秀影片奖"。

苗万和（1956— ）

大管演奏家。天津人。1972年考入天津歌舞剧院学员班，师从李柏云学习大管专业。1982年调天津轻音乐团，1985年起任该团大管首席。1989年曾师从中央音乐学院戴云华教授进修两年，并与国内外许多指挥家合作演奏了诸多交响乐作品。2003年代表天津市参加在日本举行的亚洲音乐节。

苗维成（1935—已故）

打击乐演奏家。山西襄垣人。曾任山西省文工团、省歌舞团演员和演奏员。1953年调入天津歌舞剧院任民乐队队长。在吹打乐《大得胜》，内蒙二人台《五柳子》和民族管弦乐《红花遍地开》等曲目演奏中独具特色，并培养了一批新人。曾赴欧亚多个国家演出。80年代曾分别在天津轻音乐团、儿童艺术团任领导职务。排演的儿童剧《红蜻蜓》获文化部"文华奖"，中学生话剧《周恩来在南开》获中宣部"五个一工程"奖。

苗向阳（1952— ）

指挥家。上海人。广州中华文化学院副教授。广东音协理事，广州音协合唱协会常务理事、副会长。1977年江西省艺校歌剧专业毕业后任江西省歌舞团演员。1982年入全国首届合唱指挥班学习，结业后改任合唱指挥。1985年入上海音乐学院作曲指挥系进修。1992年调广州群艺馆任合唱指导、音乐部副部长。1995年指挥无伴奏合唱《平湖秋月》获文化部"群星奖"合唱金奖。多次应邀赴新加坡及港澳台演出、讲学。1999年起曾连续五年应邀担任"澳门同胞庆祝国庆大会"指挥。出版《合唱与指挥》。多次获"广东省优秀音乐家奖"。

苗新琪（1961— ）

音乐教育家。山东威海人。山东威海市青少年宫主任。1994年毕业于山东曲阜师范大学音乐教育系。曾在威海市码头学校、市第二中学任音乐教师。其作曲的《请到威海来》《莫辜负了你的十七、十八》分获山东省"优秀奖"和"优秀创作奖"。先后参与组建威海"红十字"艺术团、青年艺术团、少儿艺术团。多次组织参加山东省、威海市文艺演出及音乐比赛活动。

苗幼卿（1956— ）

民族音乐学家。内蒙古呼和浩特人。内蒙古自治区艺术研究所音乐研究室主任、研究员。1975年参加工作后任乐队演奏员兼作曲。1986年始，参与编纂《中国民间歌曲集成·内蒙古卷》，任编辑、常务副主编，多次获由文化部、国家民委等单位颁发的获奖证书。曾被内蒙古科技厅等六单位评为第二届全区青年科技标兵。2004年参与编纂《中国二人台艺术通典》《中国爬山调艺术集成》等多部

M

志书，任常务副主编。发表《民间音乐琐谈》《内蒙古民族民间丝竹乐浅析》等文数十篇。

闵鸿昌（1940— ）

男高音歌唱家。陕西汉中人。曾任中央乐团、中国轻音乐团、中国歌舞团独唱演员。师从著名歌唱家黄源尹和魏鸣泉教授。1979年曾与世界著名指挥家小泽征尔合作演出贝多芬《第九交响乐》，担任男高音独唱和四重唱。B981年随意大利声乐大师吉诺·贝基学习深造。1985年录制《金色的海滩》等演唱专辑和唱片。1991年获文化部"优秀演员奖"，1992年被评为文化部"优秀专家"，1999年获文化部"优秀表演奖"。

闵惠芬（1945— ）

女二胡演奏家。江苏宜兴人。1969年毕业于上海音乐学院。先后在中国艺术团、上海艺术团担任独奏演员，1978年起任上海民族乐团独奏演员。1963年获全国二胡比赛一等奖，1988年获上海文学艺术奖，1989年获首届中国"金唱片"奖，并获全国优秀文化艺术工作者称号。1998和2004年分获中国文联、上海文联颁发的"德艺双馨艺术家"称号，2001年获香港"音响天地"举办的世界万张唱片比赛"十佳之最"（第一名）奖，2006年获中国十大发烧唱片奖及音乐特别贡献奖。第四届全国人大代表，中共十五大党代表，第五、六、七、八、九、十届全国政协委员。中国音协第五、六届副主席，第七届顾问，民族音乐委员会主任，刘天华研究会会长，刘天华、阿炳中国民族音乐基金会副理事长。任上海第六、七、八届音协副主席。曾多次举办个人独奏音乐会。曾赴美国、法国、加拿大等数十个国家及港、澳、台地区演出。曾录制数十张二胡作品唱片，创作有《洪湖主题随想曲》《音诗——心曲》等二胡作品。

闵季骞（1923— ）

民族音乐家。江苏宜兴人。40年代曾任小学、中学音乐教师，1947年就学于国立音乐院、中央音乐学院。1956年以来，任南京师范大学音乐系民族器乐教学和教研室主任。培养不少民乐教学和演奏人才，包括其三个子女闵惠芬、闵乐康、闵小芬和外孙刘炬。出版有《二胡教材》《三弦弹奏法》《少年儿童琵琶教程》，记谱整理《十番锣鼓》等江南民间乐曲，以及CD《梅花点脂》。1990年后，曾应邀赴日本及香港艺术节，领衔南京乐社与台湾民风乐集民乐团海峡两岸丝竹交流演奏会、江苏二胡之乡大型音乐会等。"'95国际华夏器乐展演年"，闵氏艺术世家音乐会，在江苏隆重举行。

闵乐康（1956— ）

指挥家。江苏人。江苏省歌舞剧院管弦乐团副团长。1988年毕业于上海音乐学院作曲指挥系。曾获上海音乐学院沈心工奖学金，并曾任中国电影乐团常任指挥。曾指挥演出歌剧《茶花女》、闵惠芬二胡独奏音乐会，中国电影乐团建团40周年音乐会以及上海国际音乐节的演出。其指挥演出的舞剧《五姑娘》曾获全国舞剧调演优秀创作奖。

闵慕昭（1930—已故）

女歌唱家。回族。北京人。1949年参加华北地区革命大学。曾任中央民族乐团低声部合唱演员。获第六届"世界青年节"民歌合唱比赛金质奖章。曾赴福建前线、三门峡黄河、河北老区等地慰问演出，任合唱、领唱《小拜年》《妈妈娘你好糊涂》，国庆10周年献礼弹唱《采花》等。参加音乐舞蹈史诗《东方红》《中国革命之歌》演出，第一、二届合唱节获文化部老干部合唱团和中国民歌合唱团荣誉奖。多年来，以北方语音民歌低声部合唱演员演唱多首中国民歌及外国民歌。

闵运恒（1946— ）

作曲家。湖北十堰人。1975年毕业于湖北艺术学院作曲系进修班，1985年毕业于中央电大汉语言文学专业。十堰人民广播电台副台长、湖北音协理事、十堰市音协主席。作有歌曲、器乐曲、小歌剧音乐逾百件，部分作品参加省级会演并获奖。在电台工作期间，编辑"乐坛名人成才录"等音乐专题节目。撰有《主题歌在广播、电视剧中的审美作用》《谈文艺广播的双向交流》。曾为多部广播剧、电视剧创作主题歌。出版有个人创作歌曲集。

明 太（1928—已故）

作曲家。鄂温克族。内蒙古呼伦贝尔人。1947年入内蒙文工团。曾任内蒙歌舞团副团长兼乐队指挥。音协内蒙分会常务理事。作有舞蹈音乐《鄂尔多斯舞》《顶碗舞》《驼铃舞》，歌曲《赛汗娜》，管弦乐曲《鄂温克圆舞曲》等。

明 言（1962— ）

音乐评论家、音乐史学家。山东泰安人。天津音乐学院教授，中国近现代音乐史、音乐批评学方向研究生导师。中国音乐评论学会秘书长，教育部人文社科重点研究基地中央音乐学院音乐学研究所专职研究员。1998年入中央音乐学院音乐学系攻读博士学位，2001年获文学博士学位。2004年入中国艺术研究院博士后流动站，从事《中国新音乐史》博士后课题研究，2006年出站并获人事部博士后资格证书。著有《20世纪中国音乐批评导论》《音乐批评学》《中国新音乐》等音乐史学与音乐批评学著作以及百余篇论文。

鸣 戈（1932— ）

音乐文学家。河北抚宁人。1946年参加革命后入东北大学教育学院，后转文艺学院音乐系学习。1953年始入沈阳音乐学院任教，为作曲系副主任。音协辽宁分会常务理事、理论委员会副主任。作有小歌剧《光荣灯》，歌词《一轮红日照草原》等。

缪 杰（1945— ）

作曲家、音乐活动家。浙江黄岩人。浙江省音协主席团成员、省群艺馆研究馆员。1962年参加工作，任黄岩越剧团、黄岩乱弹剧团乐师。1965年入伍，1985年9月毕业于上海音乐学院作曲系干专班，曾任军创作员。1999年转业至浙江省群艺馆，先后任音乐室主任、副馆长。出版

M

专著《音乐知识与欣赏》《复调音乐教材》《少儿百科全书》（音乐条目），作有歌曲《我们是个战斗队》《练为战》。作品《畲寨欢乐夜》《太阳为我升起》分别获全国"群星奖"金、银奖。

缪 也（1937— ）

音乐编辑家、评论家。江苏无锡人。中国艺术研究院音乐理论编审。1956年师从声乐教育家王其慧和杨化堂先生。1962年后从事音乐文学创作。1979年后在中国音协和中国艺术研究院主要做编辑工作。参与编辑过《音乐通讯》《音乐研究》《中国音乐学》。曾任《中国音乐学》编委、编辑部主任。曾发表多篇评论和论文及艺术随笔。曾被聘为中央电视台"东方时空"特约音乐编导和北京音乐广播评论主持。作有歌曲《雪莲花》《理想是不灭的火光》《我率领蜜蜂走天涯》《在远离母亲的地方》等。

缪桂芳（1942— ）

琵琶教育家。江苏溧阳人。1963年毕业于南京师范学院音乐系，主科琵琶，师从陈恭则。曾先后任中学音乐教师、文化宫主任、株洲市文化局局长、株洲市田园艺校琵琶教师等职及湖南省株洲市音协顾问。创作琵琶曲《队日》《四季花儿开》《愉快的假日》等，参加文化部、中国音协、省市有关单位主办的比赛并获创作奖。为音乐院校、专业文艺团体培养输送一批琵琶演奏人才。

缪丽君（1957— ）

音乐教育家。江苏人。江苏省江阴高级中学教师。中国音乐教育专业委员会会员、无锡市音乐学科专家组成员、无锡市音乐骨干教师班导师、江阴市音乐教育专业委员会秘书长、市政协委员。在国家级刊物发表论文四十余篇，参加两部著作编写和四个省级课题研究。先后被授予江阴市名教师、江阴市"十佳教师"、无锡市首批学科带头人、无锡市名教师荣誉称号。

缪裴言（1937— ）

音乐教育家。浙江瑞安人。1955年毕业于天津师范美音班。1960至1976年于业大进修。曾任五十四中音乐教员、教务副主任，天津教研室教研员、音乐教研室主任，天津市中小学音乐教学研究会理事长，中国音乐教育学会秘书长。编著《普通学校音乐教育学》《中学音乐教学法新编》《日本音乐教育概况》。译著《儿童歌唱发声》《音乐课教学法概论》等（均为合作），编写初中、高中音乐教材。为《中国音乐教育》特邀编辑。

缪斯中（1945— ）

音乐活动家。重庆人。1967年毕业于西南师大音乐与汉语言文学系，1971年进入四川省攀枝花市歌舞团，先后任演奏员，创作组长。1982年调市文化局任创评室副主任、艺术科长、副局长、市文联主席。1973年开始音乐、戏剧创作，先后发表、演出、出版、录制、播映了大量歌词、歌曲、舞蹈音乐、戏剧作品，其中四十余件获奖。筹划组织了许多采风、演出、比赛、研讨、交流活动。曾任

省音协理事，攀枝花市音协主席。

缪天瑞（1908—2009）

音乐学家、教育家。浙江瑞安人。1926年毕业于上海艺术师范大学音乐科。曾任福建音专教授、教务主任，台湾省交响乐团编译室主任、副团长，中央音乐学院研究生部主任、教务处主任、副院长，《人民音乐》杂志首任主编，天津音乐学院第一任院长、天津市政协副主席，天津音协名誉主席、天津文联名誉主席，天津市文化局副局长兼河北省文化局副局长。中国音协一、二、三、四届常务理事，第三、四、五、六届全国人大代表，中国艺术研究院音乐研究所研究员、博士生导师。专著有《律学》《基本乐理》《音乐的构成》《曲式学》《和声学》《对位法》，主持编纂《中国音乐词典》（正编、续编），《中国大百科全书·音乐舞蹈卷》《音乐百科词典》等辞书。曾获首届中国音乐"金钟奖"终身成就奖。

缪晓勤（1967— ）

女琵琶演奏家。江苏溧阳人。中国广播艺术团民乐团琵琶演奏员。先后毕业于上海音乐学院附中、中央音乐学院。演奏有《塞上曲》《雨》《唱支山歌给党听》《远方的客人请你留下来》等。在台北举行的第一届国际民族器乐协奏曲大赛中所演奏的《满江红》获最佳演奏奖。录有柳琴独奏曲《春到沂河》。曾赴德国、瑞典、冰岛、泰国、日本、奥地利、香港演出并举办琵琶独奏音乐会。

缪晓铮（1971— ）

女琵琶演奏家。江苏溧阳人。1994年上海音乐学院民乐系毕业。广东省歌舞剧院民乐团声部首席。撰有《琵琶的来源及其演奏艺术的发展》《论标题在民族器乐曲中的重要性》。录制《琵琶演奏技法》《声色》《红楼十二钗》《声音的真谛》等CD、VCD。2002年举办"丽人秀韵"个人独奏音乐会。2003年获广东省优秀音乐家奖，同年获全国青年琵琶比赛三等奖。曾随团赴马来西亚、香港、南非等国家和地区演出。

缪泽民（1958— ）

女中音歌唱家。安徽人。毕业于四川音乐学院。后供职于中国广播艺术团。1984年为中央台录制二重唱《周末愉快》。1986年组建女声四重唱组，为中央电视台元旦节目录制施光南作曲的《黎明的山谷静悄悄》，"百花园"录制《走向鲜花》。为北京电视台录制《长江之歌》《四小天鹅》等四重唱曲目。1987年与张丕基在安徽举办两期中师音乐教师培训班，被评为广播艺术团先进个人。曾赴日本演出。多次参加国际澳门艺术节。参加歌剧《茶花女》《屈原》《黎明》及"三高"在北京的演唱会。还创作一部22集电视剧《艺苑麻雀交响曲》。

缪自珍（1932— ）

女中音歌唱家。浙江杭州人。1956年从浙江电台调入中央广播乐团任女中音歌唱演员。多次承担大型演出，巡回演出。参加音乐舞蹈史诗《东方红》演出，舞剧《刚果河在怒吼》独唱，影片《南海渔歌》独唱配音等，1976

年后，在浙江歌舞剧院参加公演，曾在歌剧《江姐》《货郎与小姐》中任主要角色。担任教学工作，培养出众多歌手。曾任业余合唱团艺术指导。

莫 凡（1949— ）

作曲家。浙江杭州人。中国广播艺术团创作研究室作曲。1984年毕业于上海音乐学院民族音乐理论作曲系。多年来创作、积累了上百部不同类型作品。主要有歌剧《雷雨》，舞剧《二泉映月》，歌舞剧《清明上河图》，音乐剧《五姑娘》，清唱剧《洛神赋》，交响诗《松·竹·梅》，合唱音诗《昭君出塞》，交响合唱《华夏写意》，管乐协奏曲《敦煌印象》，琵琶协奏曲《长恨歌》，二胡协奏曲《云的传说》等。

莫 津（1947— ）

作曲家。湖南人。曾为湖南音协理事。常德市音协主席。常德市群众艺术馆副研究馆员。曾师从湖南师大杜光教授等学习理论作曲。主要从事音乐创作、编辑和群众音乐活动的组织、辅导与研究工作。除享有大量歌曲外，还有多部大合唱、小歌剧及舞蹈音乐等，在省级以上发表、上演和播出的各类音乐作品约百余件。获奖歌曲多首，其中《柳叶湖上乌蓬船》获1999年湖南省"五个一工程"奖，并选入中学音乐教材。

莫 凯（1953— ）

长笛演奏家。山东惠民人。1968年入陕西省京剧团，1979年始任陕西省歌舞剧院长笛演奏员。曾在省第二届艺术节音乐会任长笛首席，获演出综合银奖。分别参演陕西省戏曲研究院《蔡伦》获"五个一工程"奖、政府"文华奖"，《迟开的玫瑰》获"五个一工程"奖、曹禺戏曲奖优秀奖、"文华奖"。曾在省器乐比赛中获优秀园丁奖。撰有《如何提高长笛学习的效率》。

莫 里（1930— ）

指挥家。浙江慈溪人。1949年从事音乐工作，1954年担任西北歌舞剧团歌剧指挥。曾指挥《如兄如弟》《刘胡兰》《草原之歌》《货郎与小姐》《红珊瑚》等十余部歌剧。1957年及1962年先后赴东北鲁艺及中央音乐学院指挥系进修。1964年调任陕西乐团党支部书记兼业务副团长。曾受聘担任大专院校音乐系客座教授。在诸多创作歌曲中，集18首反映老年人生活情趣的《晚霞颂》已出版发行VCD光盘。撰有评述普及交响乐有关论文多篇。

莫 天（1951— ）

音乐编辑家、音乐活动家。山东人。1968年赴陕西陇县插队，1973年调陕西省戏曲研究院任单簧管演奏员。1986年毕业于西安音乐学院作曲系，同年调中国音协陕西分会，任《音乐天地》月刊社编辑。1991年任《音乐天地》发行部总经理，1994年任社长，1995年评为副编审。1998年调任陕西省音协办公室副主任，1999年任组联部副主任，2005年任组联部主任，陕西音协副秘书长。

莫 西（1920—2008）

声乐教育家。山东沾化人。1940年入陕西省巡回歌咏、戏剧队任音乐组长。1963年入西安医学院进修艺术嗓音医学。曾任陕西乐团声乐教员。著有《正音》。

莫柏槐（1964— ）

唢呐演奏家。湖南湘潭人。湘潭市音协副主席、湘潭县文体旅游局副局长兼文化馆长。所撰写的有关论文被编入《中国民族民间器乐曲集成·湖南卷》。论文《"鸣箫牌子"与"筚管"浅谈》获文化部社图司等部门评奖活动优秀论文奖。唢呐独奏《春风吹绿黄河岸》获省"浏阳河杯"群众文化邀请赛金奖，唢呐曲《凤鸣青山》获省创作二等奖，2005年获中国乡土艺术协会颁发的"中国乡土艺术表演成就奖"。培养数十名唢呐演奏员，其中二人分别获省"三湘蒲公英"大赛金、银奖。

莫德武（1964— ）

电子琴教育家。福建福清人。福建省三明市青少年宫副主任。1989年毕业于福建师大音乐系。撰文《器乐考级存在的问题及原因》。因所教学生电子琴考级与比赛取得优异成绩，多次被评为器乐考级"优秀指导教师"。被聘为中国音协全国器乐社会艺术水平考级业余电子琴考官。

莫华伦（1958— ）

男高音歌唱家、歌剧表演艺术家。中国音协第七届理事。毕业于美国夏威夷大学音乐系和曼哈顿音乐学院。1987至1994年签约德国柏林歌剧院，任首席男高音。2000年应澳门特区邀请，担任首届澳门国际音乐节艺术总监，后创办香港歌剧院并担任艺术总监。曾参加罗马歌剧院、巴黎歌剧院、悉尼歌剧院、尼斯歌剧院、阿根廷科隆歌剧院等30家著名歌剧院的演出。主演的歌剧角色有《图兰朵》的卡拉富，《托斯卡》的卡瓦拉多西，《卡门》的唐荷塞、《弄臣》的公爵，《茶花女》的阿菲度等。曾在香港回归祖国典礼仪式上担任独唱。曾获2008年意大利政府授予的"意大利团结之星骑士勋章"、法国政府授予的"文化骑士勋章"。

莫积钧（1939— ）

词曲作家。广东茂名人。中华全国总工会文工团创作员。1962年毕业于中南矿冶学院冶金系。先后在电器科学研究院、机械工业自动化研究所、中国科技馆任工程师、高级工程师。作有《雪山神女》《风雨同舟》《月亮在天上轻轻地飘过》《当国旗升起的时候》《连队就是我的家》《我送阿哥去边关》《我为祖国守边关》《好美好美的大草原》《咱们农家赶上好时候》《茂名我可爱的家乡》《走进大西部》《中华颂》等。

莫纪纲（1943— ）

女歌剧表演艺术家。广东南海人。1967年毕业于中央音乐学院声乐系。后任上海歌剧舞剧院独唱演员、歌剧团团长。1998年被聘为上海音乐学院音乐教育系声乐教师、硕士研究生导师。曾在《货郎与小姐》《樱海情丝》《艺术家的生涯》《女人心》等歌剧中担任主角。在"青岛之夏""姑苏之春"等音乐节、上海市纪念世界文化名人莫扎特、柴科夫斯基音乐会上均担任独唱、重唱。1979年与母亲—歌唱家张权教授参加第七届"哈尔滨之夏"音乐节，举办数场独唱音乐会。1985年获上海市首届文学艺术奖。曾发表《漫谈歌唱中的拍子》，并在《歌剧》杂志连续发表关于歌唱系列文章。出版有《歌唱艺术欣赏》《中国艺术歌曲演唱指南》。

莫嘉卿（1934— ）

女钢琴教育家。浙江人。1956年毕业于上海音乐学院钢琴系。1956年赴内蒙古支边，先后任职于内蒙古歌舞团、内蒙古艺术学校、内蒙古大学艺术学院。多次获民族团结先进个人、内蒙古自治区优秀教师、全国优秀边陲儿女奖章等荣誉称号。1988年调入南京艺术学院任钢琴教研室主任，教授。期间获优秀教学质量奖、全国及省级钢琴比赛指导教师奖、优秀指导教师奖，举办学生钢琴独奏音乐会十余场。发表论文多篇。

莫建成（1938— ）

男高音歌唱家。上海人。曾任宁夏歌舞团歌队队长、独唱演员兼声乐教员，宁夏爱乐合唱团副团长、银川市文联委员、音舞协会理事。1968年开始担任独唱。曾两次参加文化部调演任独唱。参加歌剧《马五哥与尕豆妹》《芳草心》演出时担任重要角色。为电视剧《塞上星火》、电视风光片《黄河采风行》担任配唱，被中央电视台评为三等奖。1991年参加中央电视台、甘肃电视台联合录制的春节晚会。

莫日芬（1932— ）

女民族音乐理论家。广东东莞人。先后任职于华南文工团、广州市粤剧工作团、广东音协、广东民间音乐研究室。著有《粤剧音乐》（上）（合编），《客家风华》（合著），曾任《中国民间歌曲集成·广东卷》副主编，并撰写《概述》及《广府、客家民歌述略》。论文有《简论广东汉族民歌》《"星腔"流派的形成及其艺术特色》（合作）等。

莫若伟（1936— ）

女钢琴演奏家。广东新会人。1950年入空政文工团任演奏员。曾在保加利亚专家声乐训练班任钢琴伴奏，后调入安徽省歌舞剧院。演出过《青年》钢琴协奏曲及《黄河》钢琴协奏曲。为声乐、器乐伴奏录制多张唱片，并参加全国性调演、比赛。创编、出版钢琴伴奏曲《跟着毛主席向前走》《淮北新歌》。

莫胜勇（1954— ）

大提琴演奏家。湖南长沙人。湖南花鼓戏剧院演出二团副团长。省戏曲专业委员会理事。长期从事花鼓戏音乐创作及演奏，为本剧院三十多部上演剧目配器。其中大型花鼓戏《走进阳光》获全国现代戏曲汇演和音乐"文华奖"，个人获湖南省艺术节田汉音乐创作配器奖。音乐配器作品还有大型花鼓戏《为民书记》，《绣花女》（合作），《作田汉子也风流》《一撞钟情》《奇案奇缘》，

戏曲小品《盘夫》《刘海戏金蟾》等。曾为多个省市电台、电视台、戏曲电视剧、音乐节目、CD、DVD、合成盒带作音乐配器。

莫天平（1937—1998）

小提琴演奏家。上海人。1952年入中国福利会儿童艺术剧院任首席小提琴。1963年第一届中国小提琴比赛获鼓励奖。曾任上海芭蕾舞团管弦乐队首席兼指挥。

莫小凤（1980— ）

女高音歌唱家。回族。湖南桃江人。毕业于中央民族大学音乐学院声乐系。中国歌剧舞剧院独唱演员。文化部青联委员、北京市青联委员。曾获湖南省文化厅双星杯歌手大奖赛金奖、文化部第13届孔雀奖全国声乐比赛金奖。参加《白毛女》《江姐》《原野》《小二黑结婚》《窦娥冤》《洪湖赤卫队》等多部歌剧及歌舞晚会和音乐会的演出。主唱并领舞歌舞节目《大姑娘美》和《天竺少女》。曾多次随团赴台湾、香港、日本、韩国、维也纳等地演出。参加文化部春节晚会、"北京2008奥运会倒计时一周年"天安门广场演出及"北京2008奥运会闭幕式"演出。

莫一军（1956— ）

作曲家。广西平乐人。1977年毕业于广西艺术学院艺术师范。先后任广西南宁民族师范学校、广东东莞东城职业高级中学教师，东莞市群艺馆音舞部主任。作有歌曲《笑容里的中国》《天使的赞歌》《中国之歌》《我的珍珠江》《走进南方》《大地丰碑》《绿色军营阳光照》《牵引彩虹》等，并获金奖、银奖、创作奖。撰有《儿童音乐教育必须符合儿童心理特点》《谈少年儿童的头声及其训练》。

莫蕴慧（1958— ）

女音乐编辑家。山东东平人。1982年毕业于南京师范大学音乐系。现为人民音乐出版社副社长，副编审。中国教育学会音乐教育专业委员会理事，执行秘书。参与策划并编写国家基础教育《音乐课程标准》实验教材及国家教委组织编写的全套师范院校专科音乐教材，主持编写、编辑多套中小学音乐教材。担任责任编辑的《高中音乐教科书》，填补了我国高中没有必修课教科书的空白。长期主持《中国音乐教育》杂志的工作。

莫尔吉胡（1932— ）

作曲家、音乐教育家。蒙古族。内蒙古锡林郭勒蒙太仆寺旗人。1946年参加内蒙古歌舞团，为乐队演奏员，后从事音乐创作。1949年入东北鲁迅艺术学院学习。20世纪50年代初创作独唱曲《绣着鸽子的慰问袋》，广为流传。1954年考入上海音乐学院作曲系。主要作品有舞曲《心中的歌》，电影音乐《成吉思汗》《战地黄花》，钢琴曲集《山祭》等。长期从事音乐教育工作，曾任内蒙古艺术学校副校长。曾主编小学、中学音乐课本，并率先采用五线谱。长期研究蒙古族音乐，发表《追寻胡笳的踪迹》等多篇论文。曾任内蒙古电影制片厂厂长、内蒙古音协主席、

M

中国音协理事。

牟　洪（1937— ）

音乐教育家、作曲家。浙江黄岩人。1962年毕业于中央音乐学院作曲系，曾任院作曲系主任、教授。出版有《管弦乐队配器法》。创作有《英雄》《惊涛—1976》《黄河》交响乐，《椰林》《吕梁之声》《红领巾》小提琴协奏曲，管弦乐曲。《丝绸之路》，声乐交响组曲《童景》，并为《全国第七套广播体操》及多部影视片谱曲。交响序曲《窦娥冤》及声乐协奏曲《人与山》获北京市庆祝建国40周年作品二等奖、创作奖。电影《清清溪流》获文化部优秀教育影片奖。曾参加革命现代京剧《沙家浜》及《杜鹃山》等音乐创作。为庆祝香港回归创作钢琴协奏曲《春天的故事》。1987、1995年在北京举办交响作品及独唱作品音乐会。曾获中央音乐学院"杰出贡献奖"。

牟　英（1912—1980）

作曲家。河北赵县人。1939年入延安鲁艺音乐系学习。曾在南京艺术学院音乐系任教。作有歌曲《我们的吃穿哪里来》，器乐曲《沂蒙风光》，歌剧音乐《王秀鸾》序曲等。

牟刚民（1948— ）

长笛演奏家。山东烟台人。武警政治部文工团长笛首席、乐队队长。曾任职于工程兵文工团、总政军乐团。参加全军第三、四、五届文艺汇演，部分节目获奖。作有歌曲《献上咱彝族一片心意》《咏雪花》《美人松》等。创作改编的器乐曲有《乡间小路》《太阳岛上》《雷欧之歌》等，其中《雷欧之歌》获总政军乐团创作奖。

牟宏元（1932— ）

指挥家。山东日照人。1947年始从事部队文艺工作。1962年毕业于中央音乐学院指挥系进修班，后在总政军乐团工作。

牟洪恩（1947— ）

作曲家。云南西畴人。曾任云南文山州民族歌舞团创作室主任。1981年始发表作品并参赛获奖。壮族三人舞《草人舞》音乐获全国少数民族单双三人舞比赛作曲三等奖，《华山潮》《苗岭过山谣》《苗岭抒怀》等独唱歌曲获全国征歌二、三等奖及优秀奖，MTV《水母鸡》获央视少儿音乐电视大赛金奖，《瑶鼓谣》《蚂蚁抬食》《我是苗家小咪采》《青青竹子会唱歌》获中国少儿卡拉OK电视大赛作品二、三等奖。2000年被云南省宣传部和省文联授予"德艺双馨"称号。

牟利佳（1955— ）

女合唱指挥家。重庆人。由西南师大音乐系毕业后入成都铁路运输学校。高级讲师。从事音乐教育及合唱指挥，获多种奖励。2002年获四川省"五一文学艺术奖"。2005年指挥四川省星海合唱团获全国合唱展演银奖，2006年在厦门获第四届世界合唱比赛"无伴奏民谣组"银牌，2008在奥地利格拉茨获第五届世界合唱比赛民谣组金牌。该团两次获四川省文化厅嘉奖。

牟廉玖（1943— ）

歌词作家。土家族。湖北利川人。先后任武汉军区宣传部副部长、济南军区文化部副部长。1988年转业后任湖北省民族宗教事务委员会副主任、巡视员。曾主编《湖北民族文化研究系列丛书》。发表歌词三百余首，其中歌曲《土家吊脚楼》《月亮湾》《土家哦嗬歌》《峡江情歌》《移民恋曲》等分别获全国第二届少数民族文艺汇演一、三等奖，湖北省金钟奖特别奖、省委宣传部"五个一工程"奖。出版有歌词曲艺作品专集《八百里清江一路歌》，作词、撰稿兼制片的音乐艺术片《土家女儿会》。

牟善平（1942— ）

音乐教育家。山东人。1962年山东艺术专科民乐班肄业，后在山东艺术学院音乐系任教。所作笙独奏曲《骑竹马》（合作）获第三届全国音乐作品比赛三等奖。

牟书令（1944— ）

作曲家。山东栖霞人。原中国石化集团公司顾问。创作的歌曲《滨海，祖国最年轻的土地》获石油工业部创作一等奖，《当代石油工人之歌》获山东省"五个一工程"奖，《工人伟大，劳动光荣》在中央电视台等主办的"共创和谐乐章"文艺晚会上曾作为开场节目演出。出版有《黄河从我门前流过》歌曲集。

牟炫甫（1959— ）

男高音歌唱家。黑龙江哈尔滨人。1978年入东方团任独唱演员。现任中国东方演艺集团党委副书记。自1984年以来连续四届被选为全国青联委员。1986年被中央电台评为观众最喜爱的歌唱演员，同年获全国首届民歌、通俗歌曲大奖赛金奖，1990年获朝鲜世界青年联欢节金奖。连续三次获得文化部优秀表演奖。北京市第九、十届政协委员、原文化部青联副主席。中国音协第六、七届理事。2000年毕业于中国音乐学院声乐研究生班。70年代末参加首都体育馆"新星音乐会"。1983年在中央电视台首届春节联欢晚会上演唱《竹林沙沙响》《天仙配》及1985年春节联欢晚会上演唱《化蝶》。1991年在我国首次举办的十一届亚运会上演唱《花儿与少年》。

牟学农（1950— ）

词曲作家。浙江人。结业于中国音乐学院作曲系。浙江衢州群众艺术馆副研究员，浙江音协理事，衢州音协名誉主席。发表大量音乐作品，获奖近百余首。其中舞蹈音乐《山里妹子正十八》，二重唱《山格里里太阳升》，独唱《山坳里的学校》获文化部"群星奖"，合唱《雷峰塔铃叮咚叮》获文化部第十四届"文华奖"，广播剧音乐《山乡广播员》、童声表演唱《小镇茶楼》、通俗组合《可爱的女孩》分获浙江省"五个一工程"奖。《畲家孩子多快乐》等4首儿童歌曲分别选入小学音乐课本。出版有歌曲集《江南小茉莉》，歌词集《情意》，儿童声乐套曲

《坐上火车去香港》及《牟学农CD专辑》。曾被当地政府授予"十佳文化工作者"等称号。

牟雪斌（1939— ）

作曲家。浙江人。第三届河北省音协副主席。1955年参加工作。1958年入伍，曾在浙江军区、内蒙古军区军乐队任单簧管演奏员。1968年毕业于天津音乐学院作曲系，曾担任过乐队指挥、作曲、音乐编辑。1987年调入河北省音协工作。

木沙江肉孜（1925— ）

独它尔、弹拨尔演奏家。维吾尔族。新疆伊犁人。1951年始在西安艺术学院、乌鲁木齐市文工团、新疆大学艺术系任教及演奏员，后在新疆艺术学院教授民乐。

木哈买提·阿布都卡德尔（1928— ）

作曲家。塔塔尔族。新疆阿勒泰人。1955年入伊犁州文工团。曾在州文化艺术研究室工作。作有歌曲《共产党明亮的星》《美丽的花园》，器乐曲《欢乐的伊犁》。编有《哈萨克族民歌曲集》《儿童歌集》《塔塔尔族民间歌曲集》。

牧 歌（1938— ）

歌词作家、画家。四川开江人。1962年毕业于成都大学。50年代开始从事绘画与歌词创作，并创立以绘画为主体、与音乐和诗歌同构的"图画之声"电化时空同步艺术。撰有美学著作《灵魂的太阳》等。"图画之声"国际发展中心理事长、龙山艺术院副院长、西南财经大学兼职教授、美国国际名人传记研究院名誉教授、香港国际艺术家联合会及世界华人艺术家协会常务理事。作品有《知识就是力量》《我爱你，长城》《渔家谣》《草原牧歌》《我深爱着你，祖国》等。

牧 兰（1944—已故）

女高音歌唱家。蒙古族。内蒙古哲里木人。1963年入乌兰牧骑。曾在内蒙直属乌兰牧骑任演员。全国人大第四、五届代表。曾任音协内蒙分会常务理事，内蒙古文联委员，妇联委员。曾多次在全国调演中获演唱奖。

牧永福（1951— ）

戏曲作曲家。回族。河南郑州人。郑州市豫剧院创作员。就读于河南广播电视大学，进修于河南省文化厅戏曲艺术进修班理论作曲专业。作有豫剧音乐《白蛇传》《白蛇后传》《风流才子》《春秋出个姜小白》《老子、儿子、孙子》《都市风铃声》《风雨行空》，均在省内比赛中分别获音乐设计奖、配器奖。为电视剧《常香玉》，戏曲电视剧《泪洒相思地》，山东梆子《山东汉子》等作曲。为郑州市纪念毛泽东诞辰100周年文艺晚会作曲。

慕 寅（1928—已故）

音乐教育家。江苏南通人。1945年入部队文工团。曾任上海中国福利会少年宫艺术教育部主任。作有歌曲《学习解放军》《奔向四个现代化》，著有《怎样拉二胡》

《少年民乐队》。

穆 红（1968— ）

女高音歌唱家。辽宁营口人。1990年毕业于星海音乐学院，曾赴乌克兰涅·日丹诺娃国立音乐学院声乐系学习，获硕士学位。星海音乐学院声乐系副主任。撰有《在乌克兰重新认识钢琴伴奏》《理解是演唱的灵魂——从〈黄河怨〉和〈晴朗的一天〉谈起》。曾参加"马思聪作品音乐会""颂歌献给党"等大型音乐会演出。获斯洛伐克"第十六届特拉那夫斯基国际声乐比赛"第三名、保加利亚"第十二届波利斯赫里斯朵夫国家声乐比赛"最佳外国歌曲演唱奖。

穆 兰（1973— ）

女音乐教育家。藏族。四川人。西南民族大学艺术学院书记、副教授。曾获全国合唱艺术节金奖、文化部"文华奖"、教育部"优秀指导教师"。参加全国首届大学生艺术节并获奖，其中创作并指导的音乐作品《快乐的骑手》获声乐类一等奖。在全国第二届大学生艺术展演中，创作并指导的无伴奏多声部表演唱《羌山妙音》获最佳创作奖、最佳指导奖和声乐专业组一等奖。组织、指导并参演各类音乐会、文艺晚会数百场，参与国家、省部级科研项目十余项，发表论文二十余篇。曾应邀赴俄罗斯、法国等16个国家进行文化交流。

穆传永（1927— ）

作曲家。辽宁大连人。1948年始从事文艺创作。曾在大连歌舞团工作。作有《俺是公社饲养员》《鸭绿江》。

穆堃来（1930— ）

小提琴演奏家。满族。辽宁辽阳人。1949年入华北大学第三部艺干班。后入中央戏剧学院管弦乐队。曾在中央歌剧院任声部长、小提琴首席。

穆礼弟（1936— ）

音乐教育家、单簧管演奏家。重庆人。1950年从事部队文艺工作。1957年结业于文化部举办的"德国教授单簧管研究生班"。曾任解放军军乐团乐队首席、独奏演员。1980年调清华大学任音乐教研室主任、副教授。中国高等教育学会音乐教育专业委员秘书长、理事。编有《大学生音乐知识与赏析》等多种教材并教授以上课程。曾获清华大学教学工作优秀成果二等奖。所撰写的论文曾获奖，并参加全国国际研讨会进行宣讲。

穆铁来（1948— ）

大管演奏家。满族。黑龙江哈尔滨人。1963年毕业于中央歌剧院附属音乐学校。先后任空政文工团、中国京剧院演奏员，1970年始任长影乐团大管首席。曾在空政文工团和苏联"红旗歌舞团"同台演出时任大管首席。曾完成数百部音乐录制任首席大管及独奏部分。与中外指挥家合作演出数十场交响音乐会，先后完成"莫扎特诞辰200周年""柴科夫斯基逝世100周年"音乐会。曾兼任吉林省歌剧院交响乐队大管首席。培养本专

M

业学生十余名。

穆同治（1927— ）

女钢琴教育家。上海人。1947年于国立音乐院上海分院肄业。曾在西南师大音乐系任教。合著有《风琴、钢琴弹奏法》《中师"琴法"一、二册弹奏指南》。

穆罕买江·司马义（1922—已故）

音乐教育家。维吾尔族。新疆英吉沙人。1939年毕业于阿克苏师范。曾任音协新疆分会常务理事。曾在新疆艺术研究所工作。《中国器乐曲集成》（新疆卷）副主编。

N

那　涛（1941— ）

作曲家。满族。辽宁复州人。1960年入县评剧团，1962年从事音乐创作。后为辽宁瓦房店市文化局副局长。曾为五部电视剧和百余部剧目谱曲，其中辽南影调戏《成长》1973年获省地方戏曲汇演音乐创作一等奖，二人转《邻居》，二人戏《接媳妇》，地方戏《龙江颂》1974年在省文化厅举办的汇演中均获音乐创作一等奖，辽南戏电视剧《山这边，海那边》获全国第六届戏曲电视剧优秀音乐创作奖，辽南戏《路遇》获辽宁省第二届艺术节音乐创作一等奖及全国"群星奖"金奖。

那炳晨（1930—已故）

作曲家。满族。黑龙江宁安人。1948年入长春市文工团。1959年入吉林省吉剧团。作有电影音乐《白山新歌》。编著《吉剧剧本选》，著有《二人转音乐》。

那吉丁（1965— ）

单簧管演奏家、作曲家。维吾尔族。新疆塔城人。1988年毕业于天津音乐学院附中器乐、作曲科。后任新疆塔城地区文工团副团长。1991年获伊黎哈萨克自治州专业文艺团体调演器乐比赛一等奖，1994年获自治区器乐独奏评比二等奖。歌曲《心愿》获第二届哈语征歌大赛一等奖、新世纪首届新疆维吾尔自治区专业文艺调演音乐创作奖，2004年获第五届"东方之春"中国民族歌曲演唱大赛"中国民歌百首金曲"奖。

那日松（1934—已故）

作曲家。内蒙族。内蒙古兴安人。1950年入内蒙古东部区文工团。曾任呼伦贝尔盟文联副主席、音协内蒙古分会常务理事。作有歌曲《草原晨曦圆舞曲》《阿尔斯楞的眼睛》。出版《那日松歌曲选集——呼伦贝尔美》。

那少承（1938— ）

作曲家。白族。云南永胜人。曾任云南彝族自治州民乐团音乐总监。1959年任云南丽江歌舞团演奏员、指挥，并自修理论作曲。1973年调楚雄歌舞团任乐队指挥、专业作曲兼创作室主任。1988年毕业于中国函授音乐学院作曲系。主要作品有大型民族舞剧音乐《咪依噜》，交响诗《雪峰下的阿塔》，琵琶协奏曲《土林之梦》等。2004年在昆明举办"那少承云南民族交响乐作品音乐会"。

娜　拉（1942— ）

女音乐编辑家。达斡尔族。内蒙古人。1956年任内蒙古军区文工团声乐演员，先后在内蒙古艺校、总政歌舞团学员班及中国函授音乐学院学习声乐。所演唱的《三杯美酒》《姑娘我生来爱唱歌》《燕子》等多首歌曲获演唱奖并录制唱片在内蒙古电台播放。1980年后任内蒙古《草原歌声》音乐编辑室主任、副主编。编写了大量音乐知识、音乐家生平及音乐作品。作有歌曲《山的那边》《美丽的故乡》《我的老师》《微风》等多首，均已录制播放。参与大量社会音乐活动和各类音乐评奖工作，培养本地区作者，推动音乐创作。

娜仁格日勒（1939— ）

女古筝教育家。蒙古族。内蒙古兴安盟人。1958、1960年先后毕业于内蒙艺校音乐科、沈阳音乐学院民乐系古筝专业。1964年考入中国音乐学院，1965年返回内蒙古大学艺术学院任教。创作古筝曲《欢乐的挤奶员》《剪羊毛》《怀念》等，录制盒带《阿斯尔专辑》。撰有《具有悠久传统音韵优雅的蒙古筝》《雅托噶简介及雅托噶传统曲十首》等文。改革蒙古筝"雅托噶"，获文化部"科技成果"四等奖，内蒙古文化厅"科技进步"二等奖。曾应邀到蒙古国讲学。

南飞雁（1968— ）

女作曲家。内蒙古呼市人。1992、2004年先后毕业于天津音乐学院理论作曲系、中央音乐学院音乐教育系。内蒙古文联音协《草原歌声》编辑部主任。作有歌曲《深深的笑》《热爱生命》《心中的草原》，交响诗《草原情》，并获奖。撰有《谈德彪西的牧神午后》《二人台器乐曲牌音乐浅析》《浅谈音乐期刊的定位和发展》《论音乐教育中的愉悦性原则》。

南利华（1963— ）

女音乐教育家。湖北武汉人。华中科技大学副教授。1985年毕业于武汉音乐学院音乐师范系专科，1990年由本科毕业。发表有《大学素质教育中的音乐教育》《流行歌曲与传统民歌的比较》《所谓音乐形象真的存在吗》等，作有歌曲《亲吻祖国》。所辅导的学生在省校园歌曲擂台赛中获演唱一等奖，在大学生艺术歌曲比赛中获二等奖。

南熙哲（1958— ）

音乐教育家。朝鲜族。吉林盘石人。延边音协音乐理论委员会主任、民间文艺家协会副会长，延边东北亚艺术研究院院长，延边大学艺术学院原副院长、硕士生导师。1990年毕业于延大艺术学院理论作曲专业后，入朝鲜音乐舞蹈大学学习。撰有《朝鲜民歌旋律样式及发展手法》

《中国朝鲜少年儿童艺术》《中国朝鲜民族艺术论》和《"井间谱"的时值与速度研究》《朝鲜民族民歌换头形式研究》等五十余篇论文。

南英德（1942— ）

圆号演奏家。朝鲜族。吉林延吉人。1965年毕业于吉林艺术学院音乐系。曾任北京军区歌舞团首席圆号、铜管乐声部长。长期从事演奏与教学工作。

南振民（1958— ）

作曲家。河南灵宝人。曾学习于中国函授音乐学院理论作曲系和进修于中央音乐学院理论作曲系。1998年毕业于河南大学音乐系成人教育自学考试本科作曲专业。三门峡市文联创联部主任，市音协主席，河南省音协理事。先后培养大量音乐人才，创作近千件音乐作品并多次在全国和省级大赛中获奖，其中有歌曲《情满中华》《圣洁的眼神》《别翻我小抽屉》。创作大型颂歌《三门峡颂》。

尼树仁（1934— ）

音乐理论家。河南上蔡人。1981年进修于中国音乐学院作曲及音乐学系。曾在河南开封群众艺术馆工作。著有《二夹弦唱腔音乐初探》《大相国寺音乐研究》。

尼莎汗·阿不都外力（1906—1987）

女民歌演唱家。维吾尔族。新疆人。自幼学习弹奏演唱。能纯熟地边打小手鼓边弹奏独他尔演唱库车民歌。曾多次获奖。整理有库车民歌二百多首。

倪　力（1955— ）

作曲家。河北唐山人。1973年始从事戏曲音乐创作和民族音乐研究工作。1980年结业于天津音乐学院理论作曲系。作有四胡独奏《河东调随想曲》，获河北省首届民族器乐比赛一等奖。先后为唐剧、评剧、京剧、唐山皮影戏剧目创作音乐多部。其中，唐剧《乡里乡亲》《人影》，器乐曲《四胡与人声》（合作），唐山皮影戏《观世音传奇》，分别获文化部"文华奖"，中宣部"五个一工程"奖，文化部"群星奖"。从1998年起任历届中国唐山陶瓷博览会和评剧艺术节开闭幕式大型文艺演出的音乐创作。

倪　妮（1949— ）

女钢琴教育家。河北抚宁人。曾任沈阳音乐学院附中钢琴教授。1968年毕业于沈阳音乐学院附中。1978年在沈阳音乐学院舞蹈学校任钢琴艺术指导。1991年到沈阳音乐学院附中钢琴学科任教。所教学生多次在国际、国内钢琴比赛中获奖。发表《钢琴艺术》《乐府新声》等文，其中《在幻想中拥抱祖国——试论肖邦f小调幻想曲》获东北三省音乐论文评比一等奖。2004年获辽宁省优秀教师称号。

倪　新（1972— ）

歌唱家。河北人。河北音协副秘书长、考级办公室主任。1994年在河北师范学院音乐系学习声乐，1999年毕业于河北师范大学传播学院。曾在河北省歌舞剧院任声乐演员。演唱有《村务公开栏》《风雨过后有彩虹》等。曾获

"益通杯"全国青年歌手大赛优秀奖、河北省"鑫鹏杯"青年歌手大赛二等奖，并获沧州首届"十佳歌手"称号。曾协助组织中国音乐"金钟奖"本省选拔赛与省"五个一工程"奖评选，策划省内各类声、器乐比赛，负责全省音乐考级。

倪　燕（1957— ）

女高音歌唱家。蒙古族。辽宁朝阳人。1979起先后在沈阳军区前进歌舞团、辽宁省歌剧院进修声乐。1989年毕业于辽宁省文艺职工大学声乐系。赤峰市民族歌舞团声乐队队长、赤峰市艺校客座教授，赤峰市第三届政协委员。演唱创作歌曲《生在草原，恋着草原》《士兵和祖国》等数十首，在中央电台、电视台、赤峰电台播出。多次在声乐比赛中获奖。曾主演歌剧《货郎与小姐》《三个女儿的婚事》《卖菜》《彭德怀坐轿》等。撰有《声乐教学中歌唱心理的培养》（合作）。

倪保兴（1937— ）

音乐学教育家。福建福州人。1958年毕业于安徽师范学院艺术系，后在中央音乐学院、中国音乐研究所"民族音乐概论"研究班学习。历任安徽师范学院艺术系、艺术学院音乐系、师范大学音乐系教师，华南师范大学音乐系副主任、教授，主讲《中国近现代音乐史》《民族民间音乐》等课程。编有《民歌概论》《民族音乐概论》《歌曲作法》《单声部视唱练耳》《多声部视唱练耳》等教材。

倪秉豫（1922— ）

音乐教育家。福建福清人。1949年毕业于国立福建音专。后为福建师范大学音乐系副教授。著有《中等师范学校音乐教学法》《民族乐队基本知识》等教材。

倪承丰（1934— ）

声乐教育家。上海人。曾在上海音乐学院声乐系任教。1959年毕业于上海音乐学院声乐系。曾任上海音乐学院师范科班主任、附中声乐科教师、院艺术委员会秘书。1982年美国专家来院讲学时，担任《卡门》等歌剧艺术指导和音乐指导。十余名学生在国内、国际声乐大赛中获重要奖项。1990、1991年分别在苏州、上海举行学生独唱音乐会。

倪承为（1959— ）

作曲家。海南海口人。曾任海南省音协副主席，海南省歌舞团创作室主任。1980年到广州音乐学院进修指挥、作曲，曾任海南黎苗族自治州歌舞团指挥。1990年毕业于海南大学艺术学院。1991年创作的《我为老师唱支歌》入选《全国中小学生必唱歌曲》。1999年指挥"海南解放五十周年"音乐会。2001年获"中国万里采风成果奖"。出版《倪承为声屏歌选》、组曲《海南风韵》、器乐专辑《黎族音乐》。

倪春林（1955— ）

小提琴演奏家。北京人。1979年毕业于北京舞蹈学院音乐班，后入北京舞蹈学院芭蕾舞团乐队、中国轻音乐

团，现任中国歌舞团演奏员。曾师从中央音乐学院隋克强教授学琴。参加数百场舞剧、交响乐及音乐会的演出。1989年曾参加人民大会堂春节团拜会演出，1991年参加党的生日晚会《光辉的历程》演出，获文化部新剧目奖。

倪和文（1938— ）

作曲家、音乐编辑家。辽宁宽甸人。1965年毕业于沈阳音乐学院作曲系。历任人民音乐出版社副社长、副总编辑，国家教委艺术教育委员会委员，中国音乐著作权协会常务理事，中国编辑学会理事、编审。长期从事音乐编辑出版工作，责编、复审、终审各类书谱数百部。主编重点书谱《毛泽东诗词歌曲100首》、建国50年歌曲选集《祖国万岁》（四卷本），《中国儿童歌曲博览》（合作），《音乐编辑手册》等。曾参与《中国民间歌曲集成》《中国民族民间器乐曲集成》编辑出版并终审若干省地卷。出版有声乐作品选集《为祖国干杯》，歌词专集《情意永恒》《诗情乐话——倪和文诗文集》等。

倪洪进（1935— ）

女钢琴家。浙江人。毕业于上海音乐学院。1959年获莫斯科音乐学院优秀毕业生文凭。曾在中央音乐学院、中国音乐学院、解放军艺术学院任教。获第6届世界青年联欢节钢琴比赛第四名，中国音协第四届作品比赛优秀演奏奖。曾在国内外部分大城市演奏、讲学。录制《幻想曲》（本人作品集），《叙事曲》《名家教名曲》《中国音协钢琴考级示范及讲解》等。在音乐报刊发表论文多篇。出版有倪洪进作品选集《中国著名作曲家钢琴作品系列》。

倪俊杰（1967— ）

音乐教育家。江苏宿迁人。1990、2002年分别毕业于南京艺术学院、江苏教育学院音乐系。宿迁高等师范学校、江苏教育学院宿迁分校艺术系教师、副教授。撰有《音乐课的创新教学》，《音乐教育中实施素质教育之关键》《论港台音乐的商业性与艺术性》等文多篇。编著出版《优秀儿歌100首》。曾在宿迁电视台《江苏声屏》中进行音乐知识讲座。培养多名学生获全国、省市器乐比赛键盘组金奖、一等奖。

倪美华（1947— ）

女竖琴演奏家。安徽泾县人。1965年毕业于武汉市艺术学校音乐科，后就读于上海音乐学院竖琴专业。先后任武汉人民艺术剧院、歌舞剧院、武汉乐团演奏员。参加多部歌剧、舞剧、京剧、交响乐的演出，在电影《三峡情思》中任竖琴演奏。参加多届影视金曲演唱、经典音乐作品、古典音乐作品、名曲专场、戏剧名家名段等大型音乐会的演出。曾参加德国芭蕾舞团《罗密欧与朱丽叶》的演奏。被聘为武汉音乐学院管弦乐竖琴专业教授。

倪启华（1921— ）

女音乐教育家。安徽凤阳人。1946年毕业于国立女子师范学院音乐系。曾在重庆幼师任教。音协重庆分会第一届常务理事。撰有《谈音乐教学中的爱国主义教育》《在国民教育中应加强音乐整体教育》。

倪荣华（1931— ）

女歌剧表演艺术家。天津人。1955年毕业于天津中央音乐学院。1956年入苏联声乐专家班进修。曾任西安艺术专科学校教师，中央歌剧院演员，声乐教员。曾在西安举办独唱音乐会（合办）。

倪瑞霖（1933— ）

声乐教育家、理论家。江苏苏州人。1957年毕业于上海音乐学院声乐系留校任教。1959年参加学院承担的《辞海》音乐学科释文编写工作。1979年参与创办上海音乐学院学报《音乐艺术》并主掌编务逾二十年。1995年获国家教委高校文科学报优秀编辑奖。主讲《西方声乐艺术史纲要》《中国艺术歌曲名作》等研究生课程。著有《中国近代作曲家传略》（合著）《声乐基础》（合著），发表有《天地存肝胆，江山阅鬓华—贺绿汀的生平与创作》《丁善德的艺术歌曲创作》《斯义桂的声乐教学》《美声唱法，它的发展轨迹及嗓音科学对其发声机理的若干重要阐释》等论文及乐论、乐评。

倪思相（1941— ）

音乐教育家。江苏南通人。1963年毕业于南京师范学院音乐系，长期从事音乐教学工作。先后任黑龙江音乐教育学会副秘书长、牡丹江市音乐教育学会会长。曾两次参加黑龙江省中学音乐教材的编写工作并任副主编，主编出版了黑龙江省第二册中学音乐教学参考书。曾任牡丹江市音协副主席、顾问。在音乐教学工作中培养了一批音乐人才，有的升入高等学府，有的成为社会音乐活动的骨干。

倪素华（1962— ）

女高音歌唱家。湖南衡阳人。1982年毕业于山东师范大学艺术系。1984年调武警文工团任独唱演员。演唱有《无名英雄》《英雄赞歌》《我爱你，中国》《我亲爱的爸爸》等歌曲。在各类音乐会中担任独唱、领唱。曾获北京电视台英文歌曲大赛十佳歌手奖，中国音协、文化部"中华奥运之船"歌手大赛美声组第二名。

倪维德（1933—1995）

歌词作家。浙江绍兴人。曾任天津音协副主席，中国音乐文学学会理事，天津音乐文学学会会长，《歌词月报》主编。1949年从艺作词歌曲有《祖国大地任我走》《金色的童年》《月光下的凤尾竹》《让人们生活得更美好》及获首届金唱片奖的《扎风筝》等。有电影音乐片《海上升明月》中的大型声乐套曲《海的恋歌》。另有大合唱《腾飞吧，祖国》，民族舞剧《孔雀恋歌》及由宗江先生作曲在美国首演的大型歌剧《孔雀公主》等。

倪雪萍（1955— ）

女歌唱家。回族。江苏吴县人。1983年毕业于山东曲阜师大艺术系，后到中国音乐学院声乐系进修。1988年分别在北京音乐厅、无锡第二届艺术节举办个人独唱音乐会。曾获全国电视大奖赛荧屏奖，全国二十城市"联环杯"赛银杯奖。作有歌曲《送花船》。曾为中央电视台及多家省市电视台录制声乐节目。

倪耀池（1939—）

单簧管演奏家。福建晋江人。原中国单簧管学会理事。1951年从事部队文艺工作。1959年毕业于总参军乐学校，后入总政军乐团、铁道兵文工团。作有单簧管独奏曲《台湾渔歌》《河北花梆子》（合作），出版单簧管《花儿为什么这样红》CD专辑。中央电台曾录制播出其单簧管独奏曲《美丽的阿吾勒》《台湾渔歌》《凤凰岭上祝红军》《河北花梆子》、勃拉姆斯《第二奏鸣曲》。出版乐谱《单簧管中国曲集19首》。举行四场单簧管独奏音乐会。曾赴意大利、韩国等国演出。

倪振春（1940—）

音乐教育家。北京人。1961年考入中央民族学院艺术系笛子专业本科。师从天津音乐学院教授陈重。1966年毕业后留校担任笛子专业教师。曾任民乐教研室主任、中央民族大学音乐系主任、副教授。在几十年教学中，培养数十名少数民族笛子专业学生，多人成为民族地区的业务骨干和领导。在长期教学中，创编具有少数民族特色的专业教材。担任系主任期间，为系内学科建设做出成绩，被评为学院优秀教师。

倪志斌（1949—）

作曲家。上海人。先后毕业于中国函授音乐学院理论作曲系、中央党校函授学院行政管理系、南京艺术学院研究生进修班音乐学系。曾任内蒙古伊克昭盟歌舞团合唱队演员、海勃湾市文工团创作兼指挥、乌海市文工团副团长及南京市工人文化宫文艺科科长。作品有歌曲《想念毛主席》《宝石姑娘》《彩霞的歌》，舞蹈音乐《胜利的鼓舞》《春雨沙沙》。策划、组织、排练、指挥数十场音乐会与歌唱大会。撰有《抓职工艺术团队建设，创有职工特色品牌文化》《浅谈如何指挥职工合唱团》等文。

倪志培（1935—）

二胡演奏家、教育家。江苏武进人。1958年毕业于山东师范学院艺术系。曾任器乐教研室副主任、副教授，中国音协二胡学会常务理事，胡琴专业委员会顾问。1957年获山东省第一届音乐周二胡独奏二等奖，1963年获第四届上海之春二胡独奏比赛四等奖。古曲《薰风曲》出版唱片，选入《中国音乐大全》及上海之春《第一届全国二胡比赛作品选》。撰有《周少梅及其传谱—国乐讲义》。

倪祖信（1932—2001）

小号演奏家。天津人。1957年入中央乐团德国专家班进修。1972年入珠影乐团工作。演奏《五朵红云》《军营的早晨》曾获奖。

聂　晶（1954—）

女歌唱家。河南太康人。1987年北京人文函授大学群众文化管理系毕业。原湖南省邵阳市歌舞团演员，娄底市群艺馆音乐工作室主任。演唱并获奖的歌曲有《五月杨岭

喜煞人》《洪湖水，浪打浪》《碰芝麻》等。由其辅导的多名歌手在省市歌手比赛中多次获得优异成绩。

聂　亚（1949—）

巴松演奏家。满族。辽宁新民人。1970年起先后在陕西省京剧团与陕西省歌舞剧院歌剧团任巴松、萨克斯演奏员。参加演出的舞剧《高粱情》曾获省第二届艺术节和西北荟萃银奖。歌剧《桃花渡》获全国歌剧调演优秀大奖、省艺术节银奖、乐队优秀演奏奖，《张骞》获省第三届艺术节特别奖、文化部文华大奖、中宣部"五个一工程"奖、第三届戏剧优秀剧目演出奖。《司马迁》获中宣部"五个一工程"奖、文化部文华大奖和文华新剧目奖。

聂春吾（1938—）

作曲家。江西丰城人。湖南衡阳市音协名誉主席。1959年入湖南艺术学院戏曲作曲专业学习，1961年毕业于中央民族学院理论作曲专业，历任衡阳市三至五届文联委员，二至五届衡阳市音协主席。1979年挖掘、整理《祁剧传统音乐资料》6集，撰写《祁剧声腔浅析》，1980年应邀参与编撰《中国音乐词典》条目。歌曲《湖畔花下飞渔歌》获湖南省政府创作奖，《堆沙堆》《摇摇歌》获文化部"群星奖"、湖南"五个一工程"奖。出版《聂春吾声乐作品选》，有数十首音乐作品获省级以上奖励。1995年被衡阳市委、市政府授予"有突出贡献专业人才"称号。

聂建宏（1969—）

二胡演奏家。湖北荆州人。曾任中国轻音乐学会艺术团独奏演员，中国残疾人艺术团首席。曾获武汉市残疾人文艺比赛二等奖、湖北省群众文艺调演优秀演员奖。1990年随长春大学艺术团出访俄罗斯、日本、韩国。1991年毕业于长春大学音乐系。1993年获第二届全国残疾人文艺比赛一等奖。1997年随中国残联艺术团出访美国、新加坡、澳大利亚、马来西亚、泰国及台湾、香港等国家和地区。创作二胡练习曲五十余首、二胡曲及板胡曲多首，编配乐曲和歌曲三十余首。撰有《演奏者在音乐审美中的创造意识》《谈二胡演奏长弓技巧》等文十余篇。

聂建华（1960—）

歌唱家。河北井陉人。1982年起先后入陕西大学、中国音乐学院进修声乐。曾在山西阳泉歌舞团、全总文工团、总政歌舞团任独唱演员。1993年调武警文工团。参加各类音乐会演出。曾获华北"晋阳之秋"声乐比赛一等奖，全国少数民族声乐比赛一等奖。被评为中国当代十大男高音歌唱家。随团赴欧、美、亚十几个国家演出。1986年应邀赴美国举办个人独唱音乐会，并获"美国最高荣誉公民证书"。

聂景华（1946—）

音乐活动家。吉林人。吉林市音协副主席。曾任吉林市歌舞团团长、市群艺馆馆长。长期从事艺术管理及创作，组织创作《关东风》《关东风韵》《雾凇拥抱世界》《劳动欢歌舞》等大型歌舞晚会十余台，有的节目进入中央电视台春节联欢晚会。音乐剧《秋歌浪漫曲》曾应邀参

加香港第十六届亚洲艺术节。曾出访日本、韩国、美国和港、澳地区。两次出席全国文化先进集体、先进个人表彰大会，被省、市授予劳动模范称号。

聂靖宇（1929— ）

二胡演奏家、教育家。辽宁沈阳人。中央音乐学院教授。1951年考入中央音乐学院管弦系民乐组，学习二胡专业，毕业后留校任教。历任民乐学科主任、民乐系拉弦教研室主任。曾任中国音协二胡研究会常务理事、北京音协理事，中国音乐学院、中国戏曲学院和中央民族大学客席教授。曾获北京市少年儿童民族器乐比赛园丁奖。1988年担任全国少儿民族器乐、西洋管乐邀请赛评委。四十多年来，培养了众多二胡专业人才。学术论文有《论二胡教学中的因材施教》《二胡教学的几项原则》《广东音乐的演奏特点》《蒋风之的教学艺术》。

聂立家（1955— ）

双簧管教育家。山东蓬莱人。1983年毕业于山东艺术学院，留校任教。山东艺术学院教务处处长、双簧管、萨克管副教授、硕士生导师。山东音协理事、山东音协管乐专业委员会会长、山东省高等教育学会理事。从教多年，其学生有的已成为知名演奏家、教育家。发表《双簧管哨片在演奏中的作用及其制作与保养》《中国双簧管艺术风格之我见》等文。曾演奏、录制双簧管作品《牧羊姑娘》及木管五重奏《对花》等。

聂丽华（1937— ）

女作曲家。傣族。云南昆明人。1958年毕业于西南音专作曲系。长期从事少数民族音乐的研究。曾任云南民族电影制片厂专业作曲。作有电影音乐《洱海情波》及电视剧音乐《聂耳》。

聂荣斌（1935— ）

作曲家。四川江津人。1963年毕业于四川音乐学院。贵州省花灯剧团艺委会副主任、省音协业余器乐考级委员会委员、省音协电子琴学会会长。于《贵州剧作》发表论文《花灯剧音乐构造的探讨》。发表作品四十余首，作有歌曲《踩新台》《蝴蝶》《人说贵州好风光》《山里梅》《杜鹃山》《甜蜜的事业》等。指导多名学生在不同层次比赛中获奖，1995年获省音协颁发的钢琴考级优秀指导教师园丁奖证书。

聂尚武（1955— ）

词曲作家。湖南岳阳人。湖南省新华书店集团岳阳公司总经理。1978年毕业于岳阳师范学院艺术系，后毕业于湖南师大政治系。历任音乐教师、剧团乐手、花鼓戏剧团作曲。出版《洞庭湖飘来的卡拉》。为舞蹈《吹槽乐》作词、作曲获湘鄂电视文艺大赛一等奖，曲作《竞渡曲》获中国湖南国际"龙舟节"一等奖。曾组织花鼓剧团创作排演《将军谣》晋京演出获中宣部"五个一工程"奖。

聂士超（1939—已故）

音乐教育家。天津人。曾任厦门大学音乐系声乐教师。1964年毕业于中央音乐学院声乐系。历任河北省歌舞剧院独唱演员、歌队队长、声乐指导。1984年获"武夷音乐舞蹈节"大型作品表演三等奖（领唱），曾应邀在天津音乐学院、河北师大音乐系举办独唱音乐会。在声乐教学中培养的众多学生，在全国性的比赛中获奖，并成为中央及地方艺术院团的骨干。

聂希玲（1943— ）

女音乐编辑家。山东蓬莱人。1958年考入沈阳音乐学院附中，1966年毕业于该院作曲系，分配到人民音乐出版社，曾任近现代音乐作品编辑室、中国音乐作品编辑室副主任、主任等职。责编及复审的主要书谱有总谱《春江花月夜》《二泉映月》《北方森林》《纳西一奇》《乌江恨》《蜀道难》，歌剧《原野》《声乐教学曲库》系列、《师范院校手风琴教程》系列及各类考级曲目等。

聂运忠（1949— ）

指挥家。贵阳人。贵阳市群众艺术馆副馆长、副研究员。曾任文工团员。曾在湖北艺术学院学习作曲、指挥，后参加法国指挥家让·皮里松和贝赫纳合唱指挥班。1991年率贵阳业余合唱团参加全国群众歌咏大赛获一级大奖，第三届中国北京合唱节获指挥奖，演唱一等奖、创作奖。其作品《弯弯月亮像牛角》《有了共产党中国才有富强》分别获文化部创作银奖、贵州省"五个一工程"作品奖，并被编入《中国合唱大全》。中国合唱协会理事、贵州省合唱协会副理事长、贵阳市音协副主席。

聂中明（1930—2005）

指挥家。江苏无锡人。原中国广播艺术团合唱团艺术指导兼首席指挥、中国合唱协会理事长。1948年考入南京国立音乐院声乐系，师从张相影、喻宜萱教授。1953年毕业于中央音乐学院，任中央电台学生广播合唱团指挥。1956年毕业于苏联指挥家杜马舍夫指挥班，分配至中央广播乐团任指挥。1957年指挥中央广播乐团上演我国首次举办的无伴奏合唱音乐会。1984年率团赴日本参加第五届国际室内合唱比赛，获三项金奖。1989年赴美国访问，先后应邀指挥肯塔基州立大学合唱团、波士顿新英格兰音乐学院合唱团。1984年任大型音乐舞蹈史诗《中国革命之歌》执行指挥。1989年指挥录制《歌唱祖国》等15首歌曲，获广播电影电视部颁发的金唱片奖。

宁东（1952— ）

作曲家。陕西人。宁夏电视台办公室副主任、宁夏音协秘书长。1968年下乡插队，1978年毕业于银川师专音乐系。毕业后曾任音乐教师、电视台编导等，共创作歌曲百余首，器乐作品十余首。2002年由宁夏大地音叫出版社出版《故乡情·黄土魂——邓宁东歌曲作品专辑》。2002年被宁夏文联授予宁夏优秀文艺家称号。

宁尔（1943— ）

女作曲家。江西南丰人。1967年毕业于西安音乐学院作曲系。后任西安音乐学院作曲系教师。作有小歌剧音乐

《朝阳花》《支农新歌》《紫曲河畔》等，舞蹈音乐《矿灯闪闪》《矿工舞》等，歌曲《煤矿工人多自豪》《心向中南海》，钢琴赋格曲二首、钢琴伴奏曲《春夜》《海峡的春风》《泪水谣》。撰有《试评雷达'好姑姑'》（合作）《浅谈器乐曲常用的曲式结构》等。

宁　峰（1963— ）

女歌唱家。广西桂林人。1987年毕业于武汉音乐学院声乐系。1987年起任中国煤矿文工团独唱演员。1992年获中央电视台第五届青年歌手大奖赛专业组美声唱法优秀歌手奖，同年获"歌王歌后"声乐大赛"希望杯"奖。1999年随中国艺术家代表团赴莫斯科参加中俄建交五十周年文艺晚会并独唱《我爱你中国》。

宁　岗（1948— ）

歌词作家。山东荣成人。曾为大连市群众艺术馆副研究馆员。辽宁省音协理事，大连市音协第四届副主席，大连音乐文学学会第一届会长。当过工人，作过编辑。出版有歌词集《海与火的交响》，歌曲选《宁岗作词歌曲选》。八十年代中期涉笔文艺评论。发表、演播、演出有作词歌曲数百首，数十首获奖。代表作有《哎！小伙子你好糊涂》《哪吒闹海》等。

宁　林（1956— ）

男高音歌唱家。广西桂林人。现为《小林野江》音乐小屋监制。曾在广西军区政治部宣传队、桂林市歌舞团、广州市歌舞团担任独唱演员。1981年从事声乐教学，后兼及创作。广州星海音乐学院声乐客座教授。曾为多部电影、电视剧配唱主题歌、插曲。出版发行独唱、重唱、对唱、多人演唱组合专辑。创作大量声乐作品，有的已被录制成CD唱片，或拍成音乐电视。出版发行《荷月》宁林作曲声乐作品专辑。

宁　勇（1949— ）

阮改革家、作曲家。陕西西安人。广州华南师范大学音乐系副教授，器乐教研室主任。1982年毕业于中国音乐学院。发表《系列阮艺术的开拓与发展》等文及《丝路驼铃》阮曲三十余首。出版《阮技艺基础训练》专著3部。1985年创制高音阮及双弦高音阮，设计研制《八七型改革系列阮》，获三项国家专利。曾获陕西省民乐独奏作品比赛创作二等奖及演奏优秀奖。先后应邀赴香港举办"宁勇系列阮演奏会"，新加坡"阮中情"音乐会。

宁宝玉（1966— ）

作曲家。辽宁人。中央音乐学院作曲系研究生。创作管弦乐、舞剧音乐、交响合唱、影视剧音乐、歌曲等作品数十部。

宁保生（1943—已故）

竹笛演奏家。河北完县人。1958年入地质文工团。1964年调至中央民族乐团工作。作有独奏曲《春到湘江》《水乡丰收人欢畅》等。

宁北河（1932— ）

女高音歌唱家。四川人。1949年从事部队文艺工作。1952年调总政歌舞团。1974年北京师范学院音乐系任教，曾任声乐教研室副主任。上世纪50、60年代，随团出访东欧诸国。在各类演出中，任合唱、领唱、独唱及歌剧的主要角色。为中央人民广播电台录制男女声二重唱《藏胞歌唱解放军》。70年代后，在声乐教学的同时仍参加演出、录音。为中央人民广播电台录制播放的歌曲有《小鸟的天堂》《白桦树》《赞美你，辛勤的园丁》等。

宁大勇（1959— ）

萨克斯演奏家。吉林长春人。8岁学习双簧管与萨克斯，1975年参加某军文工团，任双簧管与萨克斯独奏。1981年后在天津广播影视艺术团担任萨克斯独奏演员兼本团爵士乐队队长。1990年举办个人独奏音乐会，1999年成立天津第一支专业爵士乐队。出版了3张个人演奏CD专辑，其中有改编演奏的《在那遥远的地方》和《谣族舞曲》。培养一批萨克斯演奏员，并应邀请到各地讲学。

宁德厚（1939— ）

低音提琴演奏家。辽宁复县人。1964年毕业于中央音乐学院管弦系后入中央乐团交响乐队工作。多次举办普及交响音乐讲座。著有《贝多芬交响曲欣赏》《音乐欣赏中的美学因素》。

宁文燕（1965— ）

女钢琴教育家、演奏家。广西陆川人。1990年毕业于广西艺术学院音乐系，广西省柳州城市职业学院艺术与传媒系副教授。1998年广西艺术学院音乐学研究生课程班结业。曾三次举办个人师生钢琴演奏会。曾获数码钢琴集体课现场执教课大赛获一等奖。撰有《钢琴集体课与讨论试教学之我见》《凸现创新意识，培养创新型人才》《论加强音乐教学中的情感因素》等文，部分论文获全国、省市奖。曾参与省、市级钢琴比赛的组织、策划工作。

宁志俊（1932— ）

双簧管演奏家。辽宁金县人。1950年参加旅大公安总队宣传队任双簧管演奏员。曾任长影乐团演奏员。

牛　畅（1926— ）

作曲家。山西壶关人。1938年从事部队文艺工作。新中国成立后，历任川东军区文工团副团长、四川省人民剧团副团长、西南军区歌舞团团长。1956年入上海音乐学院学习作曲。后调空军政治部文工团，任总团副团长兼歌舞团团长。参与大型歌舞《革命历史歌曲表演唱》、歌舞剧《长山火海》及大型音乐舞蹈史诗《东方红》的创作。作有歌曲《看到了毛主席》《手风琴之歌》《狠狠地打》，为毛泽东诗词《井冈山》《长征》谱曲，声乐套曲《人生之歌》，歌剧音乐《王贵与李香香》，少儿歌曲《我们的生活多么好》《打花巴掌》，童声合唱套曲《少年英雄何运刚》，为电影《少年战俘》、电视剧《乡虹》配乐，舞剧音乐《黛玉焚稿》《霸王别姬》等数百首（部）音乐作品。出版有《苗家四唱》《贵州苗族器乐曲集》《空中哨兵之歌》《春风吹来树开花》《空军五人歌曲选》《老战士之歌》《革命历史歌曲表演唱》《牛畅歌曲选》。

牛 杰（1956—）

指挥家。辽宁大连人。毕业于中央音乐学院指挥系。总政歌剧团常任指挥。先后指挥过中国广播交响乐团、中央芭蕾舞团交响乐团、中国电影乐团、德国科隆室内乐团、上海歌剧院交响乐团、上海广播交响乐团、解放军交响乐团等音乐团体。演出多部古典交响乐，歌剧及芭蕾片段，并复排和指挥了六幕大型民族歌剧《党的女儿》。还创作改编有大量的管弦乐和室内乐作品。

牛 力（1963—）

音乐教育家。宁夏人。宁夏大学音乐系作曲理论教研室副教授。1986年毕业于上海师大音乐系后到宁夏大学。1995年毕业于西南师大声学研究方向获硕士学位。作有合唱《摘枸杞》，男高音独唱《赤诚》，女高音独唱《冬雪》，女声小合唱《不见花儿你到来》及女高音独唱《家乡的花儿》等。发表论文6篇。出版《基础乐理教程》（合作）和《钢琴伴奏教程》（上册）。

牛 珉（1927—）

低音提琴演奏家。吉林人。1948年入东影乐队。1949年入北影乐团。1954年在北京师从前苏联低音提琴教授基诺维奇学习。曾任中国电影乐团交响乐队贝斯首席，中国音乐学院、解放军艺术学院、中央民族大学音乐学院客座教授。中国贝斯学会常务理事。演奏交响乐等音乐会百余场，并为大量影视音乐录音。创作有新影厂标音乐、世界见闻片头音乐。贝斯独奏曲《草原》《思乡》《苏武》河北省电台录播，《草原》在哈尔滨之夏音乐会演出。著作有《低音提琴横把位级进指法练习》。论文《试论低音提琴持弓方法》《关于低音提琴运弓的几个问题》。1985年始应邀赴广州、上海、吉林、哈尔滨、太原等地艺术院校讲学。

牛 秋（1938—2004）

歌唱家、声乐教育家。河北唐山人。毕业于中国音乐学院。原北京师范大学艺术系声乐教研室主任、教授，北京市音协音教委委员。曾任中央乐团独唱演员兼男低音声部长。曾为人民教育出版社编辑大量有声教材，并参与《中国中学生百科全书·音乐卷》的编撰。参加过应尚能、老志诚、张肖虎、姚思源等作品音乐会演出活动。1991年在北京举办个人独唱音乐会。撰有《谈歌唱艺术》《在声乐教学中歌唱心理与歌唱生理的关系》等文。

牛 茹（1964—）

女歌唱家、声乐教育家。河南项城人。周口师范学院音乐系声乐教研室主任。1987年毕业于河南大学音乐学院音乐教育系，硕士研究生。曾在周口市春节文艺晚会、"庆祝香港回归"等文艺演出中担任独唱。获全国第九届"群星奖"音乐比赛优秀奖，河南第七届音乐舞蹈比赛金奖。撰有《论怎样获得良好的歌唱心理状态》《关于高师

音乐教育专业中开设自弹自唱课的设想》等论文。任《新编实用歌唱大全》《中外名歌演释》副主编。

牛宝林（1952—）

男高音歌唱家。山西临汾人。山西省音协副主席，原山西省歌舞剧院副院长，原省政协委员。应聘担任山西大学等院校兼职教授。曾师从朱霁明、孙家馨、王品素学习声乐。在《小二黑结婚》等歌剧与戏曲中担任主要角色。为百余部影视片录唱主题歌或插曲。曾赴奥地利参加艺术节，以及法国、新加坡、台湾等国家和地区演出。曾获"文华表演奖""广播新歌"演唱金、银奖。首唱歌曲《牧歌》《走西口》《天下黄河九十九道湾》曾被全国声乐大赛选定为男高音规定演唱曲目，发表论文《歌唱演员的二度创作》《走西口的演唱提示》。2004年在太原举办《歌从黄河来》第八场独唱音乐会。

牛保志（1939—）

板胡演奏家。河南开封人。河南省歌舞剧院民乐团首席、板胡独奏员，河南省民族管弦乐学会副会长。1963年进修于中国音乐学院。作有板胡曲《纺织姑娘》《太行今昔》《车轮滚滚驾春风》《花会》《豫西调》等，其中三首由人民音乐出版社收入音乐博览民族器乐板胡系列，部分乐曲由中央电台播放。两次获板胡演奏一等奖、一次二等奖。举办板胡讲座，培养数名板胡学生。曾赴韩国演出板胡独奏。

牛春来（1937—1987）

琵琶教育家。河南洛阳人。1958年毕业于中南音专。曾在武汉音乐学院任教。著有《中国武当山道教音乐》（合作），撰有琵琶演奏技术论文《点、面、角、速、力》等。

牛纯仁（1926—1991）

作曲家。山西崞县人。曾任辽宁省音协理事。1939年参加革命，先后入延安儿童艺术学园、延安泽东干校。曾在东北民主联军政治部宣传队、第四野战军政治部宣传部文艺科任创作员及志愿军政治部文工团团长。1958年毕业于东北音乐专科学校作曲系。1961年调解放军艺术学院，是第一任音乐系政委，后任院务部部长。创作有《杨勇立功》《挖苦根》《刘胡兰》《和平战士》《友谊之花》《阿玛妮》等歌剧音乐，并创作多首歌曲。

牛登荣（1942—已故）

作曲家。河南安阳人。曾任河南省鹤壁市艺术研究室主任、鹤壁市音协主席、省音协理事。1966年毕业于西安音乐学院民系。长期以来从事音乐创作和民族器乐辅导。出版、发表音乐作品及论文三百余件，获省、部级奖五十余项。声乐曲《各族人民团结在一起》《采油树啊采油树》《啊，桃花》等，民族器乐曲《家乡的歌》《办喜事》《叙事曲》，钢琴曲《豫南民歌组曲》。

牛福生（1940—已故）

作曲家。北京人。1966年毕业于电大中文系，并就读

于中国人民警官大学文化管理专业。曾任北京市朝阳区文化馆馆长、音乐教师、音乐辅导干部。作有歌曲《万岁，毛主席》《万岁，伟大的中国共产党》《继续长征》《学雷锋》《小村夜歌》，歌舞《温榆新歌》，舞蹈音乐《延安精神育新苗》等。组织大量群众音乐、文化活动，仅合唱队达十余个，其中东坝合唱队曾获首届、第二届合唱节二等奖。培养众多音乐人才走上专业道路。1982年获"北京市群众文化先进个人"。

牛广彬（1943— ）

作曲家、钢琴演奏家。辽宁锦州人。1947年师从俄罗斯钢琴家列比琴科，后师从犹太教师巴伯罗克学习音乐理论。曾创作《一双巧手织春光》等获纺织工业部歌曲创作大赛金、银奖。1994至1999年任"老树皮"爵士乐队钢琴手。曾任天津广播影视艺术团爵士乐队作曲兼钢琴演奏员。改编小号四重奏歌剧《阿依达》选曲《凯旋进行曲》，获天津市群众文艺调演一等奖。并将多首中国民歌改编为爵士乐曲。2001年录制《永远的爵士》CD盘。撰有《声乐哲学》一文。

牛桂吉（1949— ）

作曲家。河南林县人。中央电视台高级音乐编辑。1981年毕业于中央音乐学院作曲系。著有《作曲技法》《赋格》《论电视音乐与创作特点》等，创作大量音乐作品。为电影《往事歌谣》《重返鸵峰》，木偶剧《大林和小林》《旗旗号巡洋舰》作曲。发表歌曲《年轻的海员》《小黄帽》《老鼠画猫》《七巧版之歌》，编辑《黄河》《大阅兵》等大型专题节目。多次担任春节联欢晚会及其他大型文艺晚会的音乐总监。音乐艺术片《黄河的故事》获1997年亚广联国际大奖，晚会《金曲颂中华》获第九届星光杯优秀音乐单项奖，纪录片《往事歌谣》获1995年度电影金鸡奖音乐音响，艺术片《天上人间》获2002年度广播电视学会音乐音响奖。

牛宏模（1943— ）

笛子演奏家。陕西人。1959年参加延安歌舞团。曾师从我国笛子大师冯子存、王铁锤学习竹笛。1992年调陕西省歌舞剧院。先后创作了《边区运输队》《三十里铺》《走西口》《秋收》等几十首笛子独奏曲并出版和录制唱片。曾多次参加全国及陕西文艺汇演并获演奏及创作奖。曾出访港、澳、泰等国家和地区。

牛建党（1970— ）

唢呐演奏家。陕西人。1983年考入西安音乐学院附中学习唢呐专业。1989年考入中央音乐学院本科。1993年毕业后考入中国广播民族乐团。2000年调入中央民族乐团，任演奏员。多年来曾出访欧美、亚洲几十个国家演出。在国内曾为众多广播电视、电影音乐录音。中国民族管弦乐学会唢呐委员会副秘书长，中央音乐学院兼职教师。

牛庆森（1951— ）

笙演奏家。黑龙江哈尔滨人。1977年毕业于上海音乐学院民族器乐系，入黑龙江省歌舞剧院任演奏员。参加省内各大型演出活动，历届"哈尔滨之夏"音乐会及出访交流。担任"百花争艳""塞北之春"音乐会的撰稿。撰有《源远流长、丰姿多彩——略谈笙的历史、种类及其作用》《琴音曲韵总相宜》《黑土地奏响塞北龙音》等文。

牛松立（1970— ）

音乐活动家。河南漯河人。河南省群艺馆音乐工作室主任。1992年毕业于河南大学音乐系。与人合作《电子琴基础教程》《文研新录》。曾获第七届河南民间音乐舞蹈比赛组织辅导一等奖，省歌曲创作评奖、青少年钢琴比赛优秀组织奖。辅导学生获全国第八届少儿电子琴比赛二等奖，全国青少年电子琴大赛一等奖，河南省第三届青少年钢琴比赛一等奖。

牛同新（1937— ）

作曲家。山东菏泽人。1955年起先后在菏泽市文化馆、菏泽地区艺术馆工作，曾任定陶县文化馆馆长，菏泽市工人文化宫主任，研究馆员。发表音乐作品三百余首（篇），获奖作品六十余个。作有歌曲《我们在成长》《俺家是个好地方》《牡丹为什么这样美》，舞蹈音乐《警魂》《牡丹向阳开》。1963年编印《菏泽民歌选》（上、下集），其中《包楞调》等22首被《中国民歌·山东卷》选用。

牛万里（1932—2006）

作曲家、指挥家。河北人。曾为天津音协理事，中国民族管弦乐学会常务理事。曾先后在天津音乐工作团、天津人民艺术剧院歌舞团、天津歌舞剧院任管弦乐队队长、指挥、民乐队队长、艺委会副主任等职务。创作歌曲《歌声响遍渤海湾》《在溜冰场上》《我是黄河一滴水》《海河两岸起新楼》，器乐曲有《蝶恋花》《怀念中国》《美丽的南洋风光》《十面埋伏》（编曲），交响诗《武松打虎》《珠穆朗玛红旗飘》《抗洪战歌序曲》及民乐合奏《大寨红花遍地开》。

牛新庆（1937— ）

作曲家。河南洛阳人。河南电力工业学校基础科教师。1955、1956年分别毕业于开封艺术师范学校、商丘师范语文大专班。作有歌曲数百首，主要有合唱《我们在毛主席身边歌唱》，表演唱《听爷爷拉二胡》，独唱《我的故乡》等，部分歌曲获奖，其中《队长见队长》于1964年获河南群众歌曲创作优秀奖，《书记看咱夫妻店》于1980年获全省职工文艺汇演创作二等奖。多次在商丘市举办音乐讲座。多次被评为省优秀教师。

牛玉新（1953— ）

作曲家、音乐理论家。山东菏泽人。菏泽市群艺馆馆长、研究馆员。1970年参军，1976年任菏泽艺术馆音舞科长，1983至1985年在中央音乐学院干修班学习，1988至2002年任菏泽艺术学校校长，后调菏泽群艺馆任馆长。发表有大量歌曲及音乐论文，获奖作品数十篇（首），作有歌曲《我的故乡》，筝曲《牡丹乡的春天》，唢呐曲《乡村情韵》，论文《中国丝弦乐之比较研究》。曾任《中国

N

民族民间器乐曲集成·山东卷》常务编委。

牛增伟（1936— ）

单簧管演奏家。河南人。曾为总政军乐团研究组成员。1960至1964年师从中央音乐学院陶纯孝学习单簧管演奏。曾任二队单簧管第三声部长、一队一中队乐队首席、二队二中队首席、二队首席兼乐队指挥，参加诸多重大演出任务。1982年起对"行进演奏表演"进行研究，辅导军内外业余军乐队多个，其中有的乐队在全军军乐队行进演奏录像调演中获表演奖。曾被聘为北京金帆艺术团艺术指导及北京海淀艺术学院副校长。

牛占英（1932— ）

双簧管演奏家。辽宁大连人。1952年调入解放军军乐团。1954年在上海音乐学院师从俄裔双簧管演奏家萨里契夫。1957年在北京师从德国专家魏切西学习双簧管并以优异成绩毕业。1962年录制双簧管协奏曲《刘胡兰》并出版唱片。1988年获全军文艺调演一等奖。自1956年起从事教学工作，培养了大量的双簧管演奏和教学人才，并频繁参加演出及录音。

农余彬（1962— ）

作曲家。壮族。广西靖西人。广西木偶剧团业务部副主任。先后就读于中国函授音乐学院音乐教育系、上海音乐学院作曲指挥系、广西艺术学院音乐系。作有歌曲《轮椅上的梦》《铁龙进山寨》，舞蹈音乐《抖心琴》《耕耘·收获》《春雨》，三人舞音乐《山寨》，双人舞音乐《踢鼓》，小歌剧音乐《县长钓鱼》，木偶芭蕾舞剧音乐《小美人鱼》等，其中多部作品获省、国家级奖。

努尔买买提（1943—已故）

指挥家。维吾尔族。新疆和田人。1961年毕业于新疆师范学院，任新疆歌舞团指挥兼作曲。作有歌曲《伟大的北京》，舞曲《公社售货员》，交响诗《帕克太克力》。

努斯来提·瓦吉丁（1951— ）

作曲家。维吾尔族。新疆吐鲁番人。新疆艺术剧院常务副院长，全国十一届人大代表，中国音协第五、六届理事、第七届副主席，新疆音协主席。1969年从事文艺工作。1977年于天津音乐学院作曲指挥系毕业，分配到新疆歌舞团工作。历任创作室主任、副团长，新疆爱乐乐团团长，新疆歌剧院院长。所作交响诗《故乡》《木卡姆主题》序曲分别获文化部创作二等奖、优秀创作奖。大型音乐歌舞《天山欢歌》，音乐剧《冰山上的来客》分获文化部"文华奖"。为二十余部电影、电视剧及舞剧《大漠女儿》作曲。歌曲《维吾尔摇篮曲》2001年获"金钟奖"。曾在新疆庆祝自治区成立30、40、50周年大型演出活动中任作曲、指挥、音乐总监。多次被自治区评为"先进工作者"，被文化部评为"优秀专家"。2009年获"全国五一劳动模范"奖章。

诺敏（1953— ）

歌词作家。达斡尔族。黑龙江人。内蒙古呼伦贝尔市文化局党组书记、局长，内蒙古音协副主席。二百余首作品先后在《词刊》《歌曲》《解放军歌曲》等刊物发表并在中央电视台、广播电台、国际广播电台播放。电视片主题歌《祝福你，达斡尔》《古老神奇的土地》《鹿铃回响的地方》等五十余首获全国电视评奖一、二、三等奖，作词歌曲《达斡尔人放排出山来》《流吧，额尔古纳河》《纳文江边的思恋》等均获奖。录制磁带，出版作词歌曲专辑《达斡尔人家》《草原咏叹》《牧人》等。

诺博迪（1941— ）

作曲家。蒙古族。内蒙克什克腾人。毕业于沈阳音乐学院作曲系。曾任内蒙赤峰民族歌舞团副团长。长期从事民族乐器的挖掘与研制，并有多项成果获国家文化科技成果奖。作有弦乐曲《巴林夜曲》，蒙语歌剧音乐《阿茹娜与王子》。

O

区晓（1925—1998）

钢琴教育家。广东人。1947年于中山大学工学院肄业。1948年参加香港中华音乐院工作。曾在华南文艺学院任教，后任星海音乐学院钢琴系副主任。

区芳华（1931— ）

女钢琴教育家。广东广州人。武汉音乐学院钢琴系副教授。1950年考入华南人民文学艺术学院音乐部钢琴专业，1953年毕业，同年秋转入中南音乐专科学校钢琴系学习，先后师从马思荪教授、区晓、罗炯之副教授以及德国钢琴专家罗兰·德莱思特耐尔教授，1956年毕业留校。

区明英（1937— ）

音乐活动家。广西荔浦人。1959年就读于广西艺术学院音乐系手风琴专业。曾任广西艺术学院院长。1963年参加广西民间采风队，后到广西音协、对外友协、广西文化局工作。1978年任广西歌舞团团长、曾参加自治区成立20周年的晚会组织实施工作。1989年任广西文化厅副厅长，其间组织第四届全国少数民族体育运动会开、闭幕式，组织、创作排练、演出大型民族歌舞《民族之光》。作有十余首歌词，出版《十月战歌》歌曲选集。

区湛彝（1919—1986）

音乐活动家。广东佛山人。早年毕业于广东国民大学。曾在广东省佛山地区文化局群艺馆工作。编有《手风琴伴奏处理法》，器乐曲集《黎族舞曲》。

欧波（1939— ）

作曲家。广东惠州人。深圳市音乐家协会顾问。1955年参军，1958年被誉为"战士作曲家"。1977年出席广东省第四届"文代会"，1963年毕业于星海音乐学院理论作曲系，并在解放军战线文工团任创作室音乐组长，后任海南军区文化科长、处长。1983年转业到深圳市文化局，组建特区交响乐团出任团长。1986年组建深圳凤凰艺术团并任艺术指导，先后赴荷兰、比利时、美国、联邦德国等访问演出。

欧　凯（1961— ）

长笛演奏家。天津人。解放军军乐团演奏员、办公室干事。1980年毕业于解放军艺术学院军乐系。参加大量国家司礼及全国人大、政协、开闭幕式等演出。参与组织协调全军第六届文艺汇演、双拥晚会、下部队慰问及国家多种公益演出活动，并组织协调军乐团赴法国、德国、香港、澳门演出事宜。

欧翠峰（1959— ）

小号演奏家。四川青神人。1982年毕业于上海音乐学院管弦系，后入中央乐团。1984年全国小号选拔赛第一名，曾参加国际比赛。录有盒带《小号独奏专集》等。

欧建华（1953— ）

指挥家。重庆人。绵阳市爱乐乐团艺术总监、首席指挥。曾任部队、重庆市三峡歌舞剧团和四川绵阳市歌舞团指挥。1998年创建绵阳市爱乐乐团和合唱团。指挥多部歌剧、舞剧、现代京剧、交响乐、合唱等作品以及绵阳市"新年音乐会""古体诗词创作作品吟唱音乐会"。写有三峡、涪江和白马藏族系列音乐。其指挥的多声部重唱《让新房》、舞蹈《航标工与雪浪花》《开拓》，歌剧《断线风筝》，小舞剧《白羽翎》，合唱《军工之歌》等均获省级二、三等奖。

欧龙吟（1935— ）

中音提琴演奏家。陕西汉阴人。1951年入志愿军文工团任乐队队员，1961年入总政歌舞团，后任乐队中提琴声部长，曾多次随团出国演出。曾参加音乐舞蹈史诗《东方红》的演出和录音，并在音乐舞蹈史诗《中国革命之歌》的演出和录音中任交响乐队中提琴首席，声部长。

欧阳鼎（1950— ）

扬琴演奏家。湖南长沙人。1962年毕业于湖南省艺术学校。先后任湘潭地区湘剧团、湖南木偶皮影艺术剧院乐队演奏员、长沙湘琴民族音乐艺术学校校长。作有二胡齐奏《山乡春回》，多首扬琴独奏曲CD光碟在艺术研讨会上播放。参加罗马尼亚等国家木偶节，担任《鹤与龟》《俩朋友》《金鳞记》等剧目扬琴独奏。在迎春音乐会、大型民族音乐会中任扬琴艺术指导、合奏指挥。出版有《跟我学扬琴》。撰有《扬琴击弦的松紧辩证关系初探》。

欧阳捷（1934— ）

作曲家。江西吉安人。1949年始从事部队音乐工作。曾任音协广西分会第一届常务理事，湖南二至五届音协理事，湖南省音协名誉理事，常德市音协名誉主席。离休后，曾任广州郭兰英艺术学校教务处主任。作有《壮乡像杯绿色的酒》《农家响起电话铃》《燕子啊请告诉我》《英雄的战士英雄枪》等大量音乐作品。1988年出版独唱歌选《南疆飘来一朵云》《旋歌歌选》。数十首（件）作品获省级以上奖。

欧阳明（1957— ）

合唱指挥家、作曲家。彝族。贵州大方人。贵州六盘水市文工团团长。先后指挥合唱团二十余个。1989年获首届西南合唱节金奖。2002年获首届中国合唱节银奖。2005年获首届昆明聂耳杯合唱比赛金奖。2006年获第八届中国合唱节银奖，同年在第四届世界合唱比赛中，两支合唱队分别获金、银奖。创作歌曲百余首，舞蹈音乐二十余部。其中《找月亮》《姑娘爱的心灵美》《小飞马》获贵州省创作歌曲评选一、二等奖。音乐舞蹈诗《凉都风》获贵州省第三届少数民族文艺汇演创作金奖。

欧阳萧（1950— ）

二胡演奏家。湖南长沙人。1962年毕业于湖南省艺校，供职省木偶皮影剧院，任高胡、二胡演奏员。湖南省音协二胡专业委员会副会长兼秘书长，长沙湘琴民族音乐艺术学校副校长。创作有二胡齐奏曲《山村雾色》（合作），曾组建省青年民乐团，并担任首席二胡，爵士乐队长。多次组织省"敦煌杯"二胡比赛。曾获音协二胡学会"青岛杯"园丁奖，省二胡专业委员会"敦煌杯"优秀指导奖。应邀日本、泰国、香港等地巡演。

欧阳琪（1929— ）

三弦演奏家。江西萍乡人。1949年始从事部队文艺工作。曾任江西省文艺学校三弦教师。1953年获中南军区二届文艺汇演三弦乐手奖。

欧阳伟（1959— ）

歌词作家。湖南醴陵人。湖南湘潭市公安干部中专学校副校长。1988年毕业于湖南广播电视大学新闻系。著有歌词集《放飞青春》《橄榄情韵》，歌词数百首，词作歌曲百余首，获全国、省市级奖项数十件次，其中《党的年轮》《铁锤镰刀永想握》获湖南省歌曲征集最高优秀创作奖，并获湘潭市一、二等奖，作有歌曲《心相印，梦相守》。歌词《最爱是中华》获全国歌词大赛银奖。

欧阳艺（1932— ）

小提琴教育家。安徽人。1956年毕业于上海音乐学院管弦系。曾任教于安徽省艺校，艺术学院小提琴教师，安徽师范大学艺术系。编有《现代小提琴基础教程》。

欧知柏（1948— ）

作曲家。江苏徐州人。徐州音协副主席。曾师从李焕之、王酩、陈铭志等学习。作曲获国家、省部级声乐、器乐作品奖二十余件、电视音乐片两部、晚会主题歌二十余首。另有大量歌曲、舞蹈音乐演、播、发表。论文曾在《中国文化报》发表。编写《柳琴教材》《优秀歌曲百首》，多次出任市音乐活动总编导。获徐州首届优秀文学艺术奖一等奖。

欧阳劲松（1949—1992）

男高音歌唱家。河北人。1970年入广州军区歌舞团。1980年入上海音乐学院进修。曾获全军第三、四届文艺汇演优秀演唱奖，"全军中青年声乐比赛"美声组二等奖，"全国聂耳·冼星海声乐作品演唱比赛"美声唱法男声组银奖。

欧阳敬如（1928— ）

女声乐教育家。湖南人。1935年起，先后随丁善德、劳景贤、许勇三、马思聪、张肖虎等学习钢琴、声乐、音乐史、作曲理论、视唱练耳和指挥。1952年考入中央实验歌剧院，曾参加歌剧《白毛女》《王贵与李香香》的演出。1954年起任中央戏剧学院声乐、视唱练耳、乐理、音乐欣赏课教师。培养了一批声乐人才，有的在全国大赛中获奖。

欧阳觉文（1942— ）

作曲家。湖南浏阳人。原湖南音协副主席，湖南艺术职业学院音乐系主任。1956年入湖南花鼓戏剧院。作有歌剧《歌妹》，花鼓戏《沙家浜》等百余部（含合作），《儿女船》等影视音乐60部，发表、演唱《江南采茶女》等歌曲三百余首。撰有《略谈刘赵黔的演唱艺术》等论文22篇。著有《湖南花鼓戏常用曲调》《湖南花鼓戏名师指点》《湖南花鼓戏名剧名段》。《老表轶事》《走进阳光》分获中国艺术节第十一、十二届文华音乐创作奖，《喜脉案》获全国戏曲音乐设计奖，电影《桃花汛》《乡长本姓赵》等5部音乐获中宣部"五个一工程"奖。

欧阳可传（1937— ）

作曲家。壮族。广西凌云人。曾任百色市群众艺术馆馆长，百色市音协主席。1953年入广西歌舞团任演奏员。曾赴中央广播民族乐团进修，学习三弦、琵琶。1961年毕业于上海音乐学院作曲系民族班，后分配至广西艺术学院音乐系任教。1962年调广西右江民族歌舞团任创作组长。作品有《林海大合唱》《红燕高飞》《阿姐觉觉的耳朵不给摸》《你们来自富有的村庄》《愿将红豆伴红星》等大量歌曲。曾出版作品集《凤凰在歌唱》。部分作品发表于《歌曲》《广播歌选》《上海歌声》或在电台播放。

欧阳玲卡（1955— ）

女歌唱家、声乐教育家。湖南人。深圳市青少年活动中心音乐部部长。1972年任长沙花鼓戏剧团演员。1982年毕业于湖南师范大学艺术学院，留校任教。1986年毕业于上海音乐学院声乐助教班。先后获首届全国青年歌手电视大奖赛湖南赛区美声第一名、第三届深圳市青年歌手大赛冠军。2002年随深圳市音协合唱团赴意大利合唱节参赛获金奖。所授学生曾获中央电视台首届MTV大赛金奖、全国少年儿童才艺选拔大赛金奖等。2004年被文化部、团中央评为全国青少年宫优秀教师。

欧阳谦叔（1926—2003）

作曲家。湖南人。1953年毕业于上海音乐学院专修班。曾任湖北省歌剧舞剧院作曲、指挥、编剧，歌剧研究室副主任等职。1959年为歌剧《洪湖赤卫队》作曲并首场指挥。其论文《歌剧探索三十年》在《音乐理论》及《中国歌剧艺术文集》上刊载。除作曲外还从事歌剧文学剧本创作。在《高山流水》《红绫》等几十部大小剧目中合作或独立担任作曲、配器指挥等工作。执笔整理小歌剧《赶会》获省音乐奖，创作歌曲《祖国大地任我走》。

欧阳寿亭（1910—1983）

湘剧作曲家。湖南浏阳人。幼年从师学艺。1951年入湖南军区湘剧团工作（后改为省湘剧院）。曾任湖南省政协委员，音协湖南分会副主席。担任湘剧《拜月记》《生死碑》唱腔设计及剧本整理。

欧阳贤瀚（1935— ）

作曲家。湖北武汉人。在武汉新华书店工作其间，坚持自学手风琴及歌曲创作，后调入武钢文工团。曾任武钢职工俱乐部主任，武钢文工团团长，武钢工会文体部副部长等职。先后发表歌曲数十首，有的被收入《湖北革命歌曲选》中。1988年湖北人民广播电台录制并播出了《欧阳贤瀚创作歌曲专题音乐会》。作有《采矿工人多光荣》《钢城之夜多么美》《清晨，我们走向工厂》《武钢，我心中的歌》和《啊，多么美好的秋色》《雪花飘飘》等。"中华民族文化发展促进会"会员。

欧阳小华（1929— ）

女翻译家。四川高县人。1947年毕业于国立音乐院钢琴系。曾为中央音乐学院副译审。与人合译有《肖邦的创作》《音乐美学诸问题》《西洋音乐史》。

欧阳小萍（1950— ）

女音乐教育家。福建漳州人。1982年毕业于福建师范大学艺术系音乐专业。高级讲师。发表有多篇论文，其中《中师合唱教学初探》获全国优秀论文奖。指导学生参加全国、省、市音乐知识大赛和文艺汇演，并多次获奖。带领校合唱队参加福建省大中专合唱比赛、中师第三届文艺汇演女声小组唱《清晨我们踏上小道》获一等奖。多次被评为省、市"优秀教师"。

欧阳小青（1952— ）

女音乐教育家。福建漳州人。1985年就读于福建师范大学音乐系。曾任福建长泰县文宣队演员、省政协委员。撰有《谈谈职业学校的音乐科教育》《音乐教学的双向交往活动》《音乐教师应具备的教学能力》《在民主愉悦的氛围中培养新思维》。曾获福建省学校音乐周音乐比赛专业教工组二等奖，漳州市水仙花杯歌手比赛中获美声组二等奖。为电视片《公路巴士》配唱主题歌。先后获福建省学校音乐周总评先进个人称号，市先进工作者、省政府授予特级教师称号。

欧阳义怀（1950— ）

声乐教育家。湖南桃源人。湖南音协声乐艺术委员会理事，湖南省声乐理论研究会理事，常德市音协理事。湖南文理学院音乐系副教授，曾任该院声乐、艺术教研室主任等职。1973年毕业于湖南师大音乐系，曾在南京艺术学院音乐系师从黄友葵教授进修声乐。有多名学生在国家、省、市级声乐比赛中获一等奖，有数十篇音乐论文与歌曲作品在省级以上刊物发表和获奖。其专著《常德丝弦音乐研究》于2003年出版。

欧阳展之（1948— ）

作曲家。湖南长沙人。曾为湖南省政协常委、衡阳市政协副主席、市音协名誉主席、市文化局副局长。作品较为广泛，先后作有大、中型歌剧及清唱剧18部，为多部电影、电视剧、广播剧作曲，出版有《欧阳展之音乐作品选集》。

欧阳振砥（1932— ）

歌词作家。湖南宁远人。1951年入文艺团体，先当乐手，后写歌词，湖南省歌舞剧院编剧、创作组长。曾参与《风雷颂》《红缨》《潇湘风情》等大型歌舞、舞剧的总设计、台本执笔和歌词创作。主要作品有《韶山颂》《客来了》《春暖桃花源》《应声岩》《山神》《桃花妹子》《美丽的凤凰》以及影视歌曲《竹林小曲》《回苗山》等。合唱《瑶山夜歌》，1998年获文化部新创作合唱作品二等奖。出版有歌词集《山风集》。

欧曲·洛桑扎西（1962— ）

歌唱家。藏族。西藏日喀则人。1981年毕业于西藏日喀则地区师范学校，进修于上海音乐学院、中央民族大学。拉萨市民族艺术团副团长、西藏自治区音协理事、拉萨市第八届政协委员。曾在全国歌手邀请赛、全国少数民族声乐大赛、历届自治区声乐比赛及全国青年歌手电视大奖赛获金杯奖及一、二等奖，优秀奖等项奖。录制并发行《格巴桑松拉》《祝福吉祥》个人演唱专辑。1991年举办个人独唱音乐会。1995年日喀则地委等六单位联合举办"欧曲·洛桑扎西业务成绩突出表彰大会"。1996年自治区人民政府主席江村罗布为其题词：民族歌唱家。曾随团赴十余个国家访问演出。

P

帕塔尔江（1935—已故）

作曲家。乌孜别克族。新疆伊犁人。1952年入新疆军区文工团。曾任音协新疆分会常务理事。作有歌曲《万岁中国共产党》，独奏曲《庆丰收》。撰有《维吾尔族乐器演奏法》《热瓦甫独奏曲选》。

帕夏·依香（1942— ）

女歌唱家。维吾尔族。新疆伊宁人。中国音协第四届理事、全国政协委员、新疆维吾尔自治区政协常委。1951年参加伊犁专区文工团。1954年调新疆歌舞团任独唱演员。1955年参加在华沙举行的第五届世界青年联欢节获民歌演唱银质奖章。演唱曲目有《解放的时代》《阿勒顿江》《加乃》及北疆伊犁民歌等。曾赴苏联、印度尼西亚、伊拉克、缅甸等国家演出。

帕他木库尔班（1933—已故）

女歌唱家。维吾尔族。新疆麦盖提人。1953年入莎车专区文工团，后到喀什地区文工团工作。新疆自治区第五届人大代表。创作并演唱歌曲《我是你的百灵鸟》《开渠歌》等。

潘 兵（1954— ）

作曲家。四川渠县人。江西吉安市青少年宫办公室主任。吉安市音协秘书长。1988年毕业于中国函授音乐学院。歌曲《小草与大树》《井冈礼赞》，1989年分获江西省音协"日月杯"歌手大赛创作二、三等奖，《山里少年》1999年获中国少儿声乐器乐大赛音乐创作二等奖。

潘 菲（1963— ）

女歌唱家。上海人。1982年毕业于中国音乐学院进修班。1991年毕业于北京教育学院音乐大专班。1984年起在北京歌舞团、中国煤矿文工团任女高音演员。曾获"五月的鲜花"北京青年业余歌手比赛一等奖，曾在乐舞《盛世行》中任独唱，获市文联颁发的"十佳歌手奖"。曾随团赴日本，参加大型演出《燕山情》文艺晚会等各种类型的演出，演唱曲目有《摘石榴》《放风筝》《沂蒙颂》《春天的故事》等，并为电影、电视剧配唱及录制盒带。

潘 钢（1958— ）

男中音歌唱家。安徽舒城人。1976年在安徽省石台县文工团任乐队队长。先后在省艺校、中国音乐学院进修，并任省歌舞剧院声乐演员。曾在安徽省第七届艺术节声乐比赛中，获美声唱法三等奖。曾参加我国第一部大型音乐剧《夜半歌声》在上海的创作演出。2002年参加"黄山之春"交响音乐会，由张国勇指挥深圳乐团伴奏演唱《登黄山偶感》。曾参加中央电视台"心连心"艺术团、"情系大别山"慰问演出的编导组。

潘 健（1960— ）

女中音歌唱家。江苏南京人。1982年毕业于南京艺术学院音乐系，后进修于上海音乐学院。深圳大学艺术系副教授。撰有《从技、理、教、演探究高师声乐教学》《论激发和培养歌唱者的歌唱想象力》。编辑出版中小学教师继续教育教材《小学音乐教育与学生的全面发展》（合作），1997年在深圳庆祝香港回归大型文艺晚会上演唱《东方之珠》。2004年举办个人独唱音乐会。

潘 奇（1914—2008）

女音乐编辑家。江苏扬州人。1935年毕业于国立北平师范大学。先后从事音乐教学、演唱、编辑出版及有关行政领导工作。1957年起任人民音乐出版社副社长、副总编、顾问，《儿童音乐》主编、顾问。著作及译著有《简谱视唱教程》《贝多芬的一生》《怎样即兴创作钢琴伴奏》《德彪西的钢琴音乐》《情系祖国大地的人》（拉赫

O
P

玛尼诺夫生平及作品介绍）等。1987年获"出版工作荣誉证书"，曾获第二届中国音乐"金钟奖"终身成就奖。

潘 琦（1944— ）

歌词作家。仫佬族。广西罗城人。广西壮族自治区党委副书记，区文联主席。1967年毕业于中南民族学院。歌曲《三月三，九月九》《太阳与星星》《美丽神奇的地方》《绿都情》等，分别获中宣部"五个一工程"奖、首届中国音乐"金钟奖"、全国"广播新歌"金奖等。出版《山泉淙淙》《山乡晨曲》《琴心集》《不凋谢的一品红》文学专集，出版《大潮中的思考》《红土地上的探索》《没有硝烟的战场》理论专著。

潘 哲（1937— ）

音乐理论家。陕西华县人。陕西省高等学校戏曲研究会学术顾问。1959年毕业于西安音乐学院作曲系，后留校任教。1964年入中国音乐学院作曲系进修。曾任陕西省艺术学校校长助理、高级讲师，西安电视大学客座教授，全国梆子声腔剧种学术研讨会评奖委员会委员。《中国戏曲音乐集成·陕西卷》编委暨秦腔卷主编。著有《秦腔音乐分析》，获1998年中国戏曲音乐理论国际研讨会专著二等奖。编著有《作曲常识》。作有秦腔音乐《向阳川》《红灯记》《沙家浜》（合作），《红色娘子军》。整理记录有秦腔名家经典折子戏《辕门斩子》等。

潘宝瑞（1941— ）

作曲家。北京人。1967年毕业于中国音乐学院作曲系。曾在中央电视台任编辑。曾编辑制作《丝绸之路》《泰山》等大型电视系列片音乐。撰有《三十年代音乐》等教材。

潘璧增（1943— ）

音乐教育家。贵州紫云人。贵州安顺市音协理事、紫云县音协主席。高中毕业后即从事中小学、师范音乐教育。并于上世纪六十年代中开始音乐创作，作有大量歌曲，撰写多篇论文，其中有二百余件在刊物上发表。有的作品在征歌、征文中获奖。歌曲《踏着雷锋的脚步走》《党把人民爱心里》《同栽幸福花》被分别收入《贵州三十年歌曲集》《贵州小学音乐课本》等中，有些被电台、电视台多次播放。被贵州省总工会授予"自学成才者"称号。

潘嫦青（1951— ）

女琵琶演奏家。上海人。安徽省歌舞团演奏员，安徽省第七届政协委员。1980年入上海音乐学院进修。曾在安徽省首届歌舞节中获演奏一等奖，被省文化厅嘉奖。曾随团访问日本、奥地利、俄罗斯。创作并演奏琵琶独奏曲《跳月蕉林寨》《凤阳花鼓》，改编并和妹妹潘娥青演奏琵琶二重奏《天山春天》《赶花会》《野蜂飞舞》《打虎上山》等曲目，并录制磁带及CD在海内外发行。

潘春燕（1961— ）

女音乐教育家。广东开平人。福建省漳浦县第一中学音美组组长、高级教师，漳浦县音协主席。1983年毕业于福建厦门师专音乐科。撰有《谈如何使歌声唱得更美好》，女声独唱1988年获省第六届学校音乐周录音评选三等奖，1992年获省"我的家乡美"农村题材歌曲创作演唱比赛三等奖。指导学生参加第六届全国音乐知识大赛获集体三等奖，本人获"园丁奖"。辅导的学生数十人考入音乐院校，百余人在各级音乐赛事中取得优秀成绩。

潘聪阁（1940— ）

女作曲家。河北石家庄人。1963年毕业于天津音乐学院。曾任石家庄市群艺馆副馆长、市音协副主席。作有歌曲《雪浪花》《谁能告诉我》和舞蹈音乐《雁归》《窦娥冤》《村姑与货郎》及琵琶独奏曲《山乡的早晨》等，其中四十余件作品在省和全国获奖。为三十余部电影、电视剧音乐作曲，其中《远山姐弟》获全国"五个一工程"奖、日本东京第三十一届"亚广联"金奖及优秀故事片奖，电视连续剧《少年毛泽东》《青年毛泽东》《无声世界》《99只小白鸽》分别获全国电视剧"飞天奖"一、二、三等奖及全国"五个一工程"奖。

潘存奎（1959— ）

演奏家、作曲家。湖南怀化人。湖南涉外经济学院音乐学部副主任、湖南音协管乐委员会副会长。1985、1990年先后毕业于怀化师专音乐科、武汉音乐学院师范部，2004年入中央音乐学院进修一年。撰有《湘西土家族打溜子考析》《透过西方主流声乐时期声乐的发展历程看现代视唱练耳的训练过程》分获全国和湖南省优秀论文一等奖。作有《党啊，亲爱的党》等多首歌曲，其中《啊，家乡的大山》获中国金旋律音乐节征集三等奖。

潘冬艳（1962— ）

女音乐活动家。河南汝南人。中国石化河南油田音协副秘书长。1983年毕业于河南大学音乐系。先后任河南油田音乐教师、团委、文化宫主任等。曾创作少儿音乐剧《春旭》。编排三十余场大、中型文艺活动，组织中石化文化大赛，导演油田新春文艺晚会。

潘娥青（1952— ）

女琵琶演奏家。上海人。1978年入中国电影乐团。1980年获中央直属文艺单位琵琶比赛第一名及全国琵琶比赛新作品演奏优秀奖。1982年获全国民族乐器独奏观摩演出优秀表演奖。曾赴西班牙、比利时演出及讲学。

潘恩泽（1927— ）

女声乐教育家。重庆人。1951年毕业于西南师院音乐系。曾任新疆艺术学院声乐教研组长。编有《维吾尔族民歌五十首》《哈萨克民歌，创作歌曲集》。

潘凤鸣（1941— ）

女琵琶演奏家、教育家。上海人。1964年毕业于四川音乐学院民乐系琵琶专业，琵琶教授、硕士生导师。曾任四川音乐学院民乐系副主任、川音附中校长。长期从事高等音乐院校琵琶演奏、教学、科研与管理工作。编写有琵琶教材、琵琶独奏曲《边寨情》《明媚的阳光照天上》《少儿琵琶教材》《南坪山歌》（与黄万品合作，1984年获四川省第二届"蓉城之秋"优秀作品奖），《迎新春》（翼华曲、潘凤鸣定谱），撰写音乐教育、管理、琵琶专业教学、演奏等方面的论文多篇，发表有《琵琶演奏的基本功训练觅要》。

潘广德（1933— ）

扬琴教育家。四川达县人。1960年毕业于四川音乐学院民乐系，后留校任教。曾任该系弹拨乐教研室主任、副教授。作有乐曲《百花迎春》《岷江两岸稻花香》，撰有《四川扬琴器乐曲牌》《试论中国扬琴演奏的地方风格流派》《扬琴演奏技巧教程》（合作）。

潘国强（1955— ）

作曲家。水族。贵州三都人。贵州黔南自治州文联副主席兼秘书长。曾先后担任黔南自治州歌舞剧团声乐演员、编创室主任、副团长。1981年就读于中央乐团社会音乐学院声乐系，1993年毕业于贵州民族学院艺术系作曲专业。作品有独唱《你好，中华》《二月花开的时节》，二重唱《在那金凤凰起飞的地方》，四重唱《百子桥》，合唱《开山歌》《中华颂》，弦乐四重奏《山歌》。

潘国强（1964— ）

音乐教育家。河南内黄人。1988年毕业于河南大学音乐系，中央音乐学院音乐系博士生。先后任内黄县西关学校、安阳市艺术职业中专教师，中央音乐学院学院办主任。多次参加组织全国学术研讨会及"民族之光"全国大学生音乐节、"肖邦岁月"波兰音乐周、北京现代音乐节、赵沨学术纪念等大型活动。发表《洛阳龙门石窟中的乐器与乐队组合》《洛阳十盘音乐》《中州佛教音乐考察》等文多篇。

潘国伟（1952— ）

男中音歌唱家。辽宁盖县人。1969年入辽宁歌舞团工作。灌制唱片《顶水姑娘为什么来》《吉它，我的朋友》。1984年应邀赴香港参加《龙的家乡》国庆音乐会。

潘海昌（1950— ）

作曲家。民间文艺家。广西凤山人。1969年参加文艺工作，1976年毕业于广西艺术学院作曲专业。曾任演员、演奏员、乐队指挥，兼从事文学、戏剧、音乐创作。历任凤山县文工团团长、文化局副局长兼歌舞剧团团长，河池市民族歌舞团副团长、河池市音协副主席。曾在中央、地方报刊、电台发表和播出音乐作品百余首，21首歌曲在全国和全区的音乐赛事中获奖。曾参加国家重点艺术科研项目《中国民间歌曲集成·广西卷》的编纂工作，收集整理各族民歌百余首。创作并演出独唱、重唱、表演唱等歌曲数百首。歌剧、戏曲、舞蹈音乐百余部（件），出版个人作品专辑《歌海花香》。

潘汉明（1930— ）

戏曲音乐家。安徽舒城人。任职于安徽省黄梅戏剧院。1949年参加渡江战役支前文工队。1953年始担任黄梅戏《天仙配》以及《党的女儿》《游园惊梦》《荔枝缘》《碧玉簪》《年轻一代》等多部剧目编曲。1964年入中国音乐学院干部进修班学习。为电影艺术片《合肥》，电视剧《孤女婴宁》，广播剧《汉宫秋》（合作）等作曲。编著《黄梅戏常用曲调选》等书，撰学术论文、音乐评论多篇。曾任《中国戏曲音乐集成·安徽卷》副主编兼编辑部主任、黄梅戏音乐篇主编，获1994年文艺集成志书编纂成果一等奖。

潘洪泽（1929—已故）

音乐编导家。河北唐山人。1949年毕业于华北大学，分配至中央电台从事文艺工作，录音导演、高级编辑。曾任中国广播电视学会广播音乐研究委员会副会长、中国录音师协会副理事长。曾在中央电台教唱群众歌曲逾百首。1954年曾随电台录制组，赴新疆录制少数民族音乐唱片百余张。多年来为数十位表演艺术家录制大量戏剧、音乐作品。录制有大量国外艺术团访华演出节目。1988年元旦，担任现场直播中法两国电台联合"迎新年民族音乐会"的音响导演，成为我国首次向欧洲六国作立体声广播。

潘怀素（1894—1978）

音乐史学家。浙江永嘉人。1926年前曾在日本及德国留学获博士学位。曾任记者及教授。五十年代开始中国音乐史《隋唐燕乐》的研究工作。曾为民乐研究所特约研究员。著有《略谈北京智化寺京音乐》《隋唐燕乐声律及其余绪》《南宋乐星图谱研究》，译有《乐家录》《敦煌琵琶谱的解读研究》。

潘家华（1934— ）

女钢琴演奏家。福建蒲田人。1958年毕业于上海音乐学院钢琴系。曾任浙江歌舞团演奏员。曾在杭州举办"钢琴音乐艺术"专题讲座。

潘建华（1957— ）

作曲家。陕西华阳人。1985年天津音乐学院作曲系毕业。北京世纪华侨城实业有限公司演艺部音乐统筹。歌曲《收获金色的秋天》获内蒙古"五个一工程"奖，歌曲《默默等候》获第六届全军汇演三等奖，舞蹈音乐《默柳》获孔雀杯全国少数民族比赛作曲二等奖。近年来参加多台文艺晚会的音乐创作，如主题晚会《九赛天堂》等。

潘建中（1947— ）

作曲家。广东开平人。广东音协理事、韶关市音协主席。先后在韶关市歌舞团任创作员，在韶关电台任文艺部主任、副台长。作有歌剧、舞剧、歌曲等数百件，其中《摘新茶》等多首歌曲获一等奖，《莎瑶妹嘟嘟》等3件作品获广东省"五个一工程"奖，《通天笋的传说》获"全国城市歌曲"评选金奖，《南国红豆，香飘粤北》等3件作品分别获"中国广播文艺奖"和"中国人口文化奖"。1999年被评为"韶关市专业技术拔尖人才"。

P

潘璟璐（1946—）

作曲家。辽宁丹东人。1963年开始音乐创作。作有表演唱《手推斗车走天下》，弹唱《补鞋小唱》，好来宝《英雄赞》，器乐曲《大妈灯下做军鞋》，音乐剧《送亲人》，坐唱《洪师傅的礼品》，独唱《红梭》，重唱《领袖视察来钢厂》，小合唱《这里就是我的国家》，组歌《卑贱者》，对唱《边城丹东好地方》，童声合唱《我们在春天里快乐地奔跑》，舞蹈音乐《山村又添拖拉机》，歌舞剧《煤海战歌》，电视剧（片）音乐《杜鹃城》《共和国之光》《共和国之星》《忠诚》《叶飘零》《一个水兵的往事》等。

潘军伟（1952—）

作曲家。贵州人。1970年开始从事部队文艺工作。1977年后历任县文化局长，地区文化局长、文联主席、广播电视局局长、音协主席，贵州省民族管弦乐学会副会长、二胡专业委员会副主任。擅长竹笛及二胡演奏等。创作歌曲《人民总理人民爱》《日子富了歌也多》《推石磨》《苗山马铃响叮咚》《草海牧羊曲》《彝家酒歌》《祖国啊，我永远热爱你》等，器乐曲《花场上》《山乡情思》《高原春耕曲》等多首，其中刊物发表数十首。编有《家乡的歌》，出版《这方热土》潘军伟音乐作品集。

潘焜墀（1929—）

二胡教育家。广东东莞人。1949年入华南文艺学院（学员），1956年毕业于中南音专专科学校。1956至1998年任二胡专业教学工作。曾任星海音乐学院民乐系主任、星海音乐学院教学科研处副处长。著有论文《二胡教学浅谈》《广东音乐在弓弦乐器演奏的特点与风格》，作有二胡独奏曲《陕北小曲》。

潘力峰（1967—）

作曲家。浙江人。浙江省丽水市群众艺术馆副研究馆员。现任丽水市群众艺术馆馆长、中国群众文化学会会员，丽水市音协常务副主席。曾获文化部"群星奖"、共青团中央"五个一工程奖"、浙江省"五个一工程奖"等奖项。作有歌曲《失去的爱能否回来》《山里的妞妞啊罗喂》《畲乡风雨桥》《畲水秋歌》等。

潘丽浩（1933—）

女音乐教育家。江苏南京人。曾为西安音乐学院师范系钢琴教师、副教授。1955年毕业于西南音专钢琴专业，先后就职于二野政治部印刷所、陕西省乐团。参加编选陕西省中小学音乐教材、西安音院师范系钢琴教材，并在校讲授歌曲配即兴伴奏、歌曲伴奏中民族调式的和声配置等课程，撰有《谈师范钢琴教学的即兴伴奏问题》，参与编写《西安音乐学院师范系钢琴课本科教学大纲》《西安音乐学院师范系钢琴课专科教学大纲》（合作）。

潘丽君（1957—）

女歌唱家。辽宁人。1979年毕业于沈阳音乐学院声乐系。后在辽宁省歌舞团工作。1981年获辽宁省专业声乐比赛一等奖、省一级青年歌手称号。

潘玲馨（1940—）

女高音歌唱家。安徽蚌埠人。1958年入蚌埠市文工团。曾任安徽省歌舞团独唱演员。1979年获省歌舞调演优秀演员奖。主演歌剧《红珊瑚》《洪湖赤卫队》。

潘凌云（1942—）

女歌剧表演艺术家。黑龙江哈尔滨人。原总政歌剧团歌剧演员、业务办公室主任。曾就读于黑龙江大学外语系俄语专业，后转入中央音乐学院声乐系。1972年入总政歌剧团，后在歌剧《狂飙曲》《春风送暖》《傲蕾·一兰》《这里的黎明静悄悄》《芳草心》与京剧《杜鹃山》中饰演主要角色。曾任分队长、演员队副队长。1977年后从事少儿声乐教育，任《快乐的风》合唱团艺术指导。出版有独唱专辑《岁月悠悠，难忘2005》。

潘妙兴（1940—）

民族乐器演奏家。浙江宁波人。1956年入上海民族乐团。1958年将安徽土琵琶改良为柳琴。作有柳琴独奏曲《小河淌水》，并灌制唱片。演奏古筝曲《钢水奔流》。

潘民宪（1954—）

大提琴演奏家。四川人。1988年毕业于上海音乐学院干专班。先后任新疆歌剧团、新疆乐团、珠影乐团首席大提琴及广州交响乐团演奏员。参加音乐会、歌剧、舞剧演出数百场，为多部电影、电视片配音，为中央广播电台录制大提琴独奏曲《欢腾的帕米尔》《莱里古尔》。出版CD《弦乐四重奏经典名曲集》及《大提琴视奏教材——世界著名交响乐大提琴困难片段》。曾获第一届全国大提琴比赛优秀表演奖及新疆地区大提琴比赛奖项。

潘名挥（1912—）

作曲家。贵州遵义人。1947年毕业于重庆国立音乐院。长期从事贵州花灯音乐的整理、研究和创作。曾在贵阳师范学院艺术科任教。音协贵州分会首届副主席。省第四、五届政协委员。

潘庆蓓（1978—）

女古筝演奏家。江西南昌人。《心声》歌刊责任编辑。江西音协副秘书长。2000年毕业于江西师范大学音乐系古筝专业，2005年就读首师大音乐学院硕士研究生。在全省民族器乐比赛中担任古筝评委。发表《初探古筝花指》《〈培尔·金特〉第一组曲的配器简析》等文数十篇，有的获奖。负责组织开展全省大型音乐活动和比赛。参加的大型组歌《赣鄱谣》在国家大剧院上演。编辑出版《音乐论文》专集。

潘荣生（1947—）

作曲家。仫佬族。广西人。其作曲、编剧的独幕歌剧《中秋月》在1984年参加广西壮族自治区戏剧、曲艺会演中获戏剧音乐三等奖。参与作曲的歌曲《跳坡乐》在1985年参加广西首届"三月三"音乐舞蹈节中获歌曲创作二等

P

奖。作曲的舞蹈《扮》、歌曲《壮锦苗绣相辉映》在1986年广西民间音乐、舞蹈调演中分获创作一等奖与三等奖。

潘世明（1960— ）

男高音歌唱家。壮族。广西靖西人。1990年毕业于中国音乐学院。任广西艺术学校副校长，声乐副教授。全国社会艺术水平考级声乐类考官。1992年起先后获青年歌手电视大奖赛广西赛区美声唱法一等奖、新歌曲演唱大赛铜奖、"94广西国际民歌节"中外歌曲演唱大赛金奖。近年来，为电视台、广播电台录制歌曲百余首，为《热土》《血丝玉镯》《十五的月亮十六圆》等电视连续剧、电影配唱主题曲，出版个人CD演唱专辑《春天的呼唤》。曾任第九、十、十一届全国青歌赛广西选拔赛评委。

潘世荣（1943—2008）

指挥家。河北唐山人。1966年毕业于中央音乐学院指挥系。曾在北京京剧院《沙家浜》剧组、中央民族歌舞团任指挥，艺委会委员。1964年参加音乐舞蹈史诗《东方红》指挥组。1967年指挥排演并在中央电视台录像《交响音乐沙家浜》。曾指挥舞剧《白毛女》、京剧《沙家浜》《节振国》等。在中央电视台、电台指挥录制大量歌曲、舞曲。发表钢琴曲《童舞》，《过苗山》《牧歌》。歌曲《黄河牵着我的手》《千年敦煌》《壮歌》等。

潘淑珍（1955— ）

女高音歌唱家。黑龙江哈尔滨人。1970年参加黑龙江省军区宣传队。1974年调总政歌剧团，1983年于中央音乐学院歌剧系进修，师从李晋玮、沈湘教授。1985年参加全军中青年声乐比赛获铜牌。1991年毕业于解放军艺术学院声乐系，师从郭淑珍教授。曾在《大野芳菲》《火红的木棉花》《芳草心》《两代风流》《这里的黎明静悄悄》《托斯卡》等歌剧中饰主要角色。曾随团赴意大利等国访问演出。1995年参加第二届全国聂耳·冼星海音乐作品演唱比赛获美声组金奖。1996年在哈尔滨举办的首届政府奖比赛中获美声组第一名。1997年在朝鲜第十五届国际"四月之春"艺术节上获个人金奖。

潘铁鸣（1956— ）

作曲家。江苏徐州人。徐州市音协副主席、新沂文化馆副馆长。毕业于中国函授音乐学院理论作曲系。致力于普及音乐教育、组织和开展群众音乐活动。创作大量音乐作品，其中《献给观众的歌》获全国征歌演唱大赛银奖，《我没到过香港》获江苏省百年梦圆创作歌曲演唱大赛金奖，《我的苏北大平原》《梦中的江南》《河上的风，家乡的风》分别获省"五个一工程"奖和"五星工程"奖。

潘文安（1923—2004）

音乐教育家。四川涪陵人。1952年毕业于中央音乐学院作曲系。曾任西安音乐学院作曲系副教授。编撰有五套和声教材、两套复调教材、两套曲式教材、一套歌曲作法教材、一套交响乐配器教材、一套民族管弦乐配器教材及《陕西民歌集》（4册），发表论文《关于民族音乐的调式探讨》，作有歌曲《大队人马进山来》、钢琴曲《秦腔主题创意曲》、小提琴曲《抒情曲》等。曾为毛泽东诗词《沁园春·雪》配写钢琴伴奏并录制成唱片。

潘文昂（1939— ）

男高音歌唱家。江苏丹阳人。1965年毕业于上海音乐学院声乐系。1961年参加上海音乐学院实验乐团声乐实验小组，参与声乐作品的研究与改编。1965年入中央歌剧院，后入中央芭蕾舞团合唱队任声乐指导，曾随团出访罗马尼亚，德国等。70年代回中央歌剧院任男高音声部长，组成男声四重唱小组，多次随团参加巡回演出。

潘文林（1932—已故）

男高音歌唱家。黑龙江人。1953年入哈尔滨铁路文工团。1959年入中央音乐学院声乐系进修。曾任中国铁路文工团歌舞团导演、声乐教员。为电影《柳堡的故事》配唱插曲《九九艳阳天》。随团赴坦桑尼亚等国演出。

潘文英（1940— ）

女琵琶教育家。广东新丰人。1965年毕业于中央民族大学音乐系，师从杨全富和杨大钧先生，同年留校任教。创作琵琶独奏曲《春到布依寨》在"93天韵杯琵琶曲创编比赛"中获奖，琵琶曲《徵巴人的喜悦》由人民音乐出版社出版。多年来培养藏、苗、回等各民族琵琶演奏人才数十名。

潘晓谦（1960— ）

词曲作家。浙江海宁人。南京市下关区文化馆馆员。曾任南京军区一军演出队队长。1993年毕业于解放军艺术学院。作有歌曲《潇洒上路》《列兵进行曲》《小鸡换回大机器》等，有多首获奖。并先后担任第六届中国艺术节"企业风采"、南京"沿江开发之歌"、江苏电视台"警民情深"等大型晚会导演及撰稿。撰有《文化馆的产业发展初探》等文。

潘新文（1958— ）

演奏家。江苏宿迁人。宿迁市音乐舞蹈家协会副主席兼秘书长，副研究馆员。1978年入伍，曾在南京军区某军文工队任演员并被评为军区优秀演员。1984年任南京军区军乐队副分队长。曾参加北京国庆35周年阅兵军乐演奏。1987年转业后历任县级宿迁市艺术团副团长，文化馆长，市文联副秘书长。近年来，发表作品二十余件。培训、辅导青少年阳光民乐团。

潘醒华（1928— ）

钢琴教育家。浙江杭州人。1949年入上海戏剧学院歌舞剧音乐系学习。曾在星海音乐学院钢琴系任教。

潘亚伯（1940— ）

琵琶演奏家、教育家。上海人。出身于琵琶世家，1963年毕业于中央音乐学院，分配至吉林省歌舞剧院任独奏演员。曾随团赴朝鲜访问演出。后调吉林艺术学院音乐系任教。1980年参加沈阳音乐周。后在安徽师大音乐系器

P

乐教研室任主任、副教授。中国音协琵琶研究会理事、安徽省音协理事。创作、改编有《打虎上山》《游击队歌》《军民联欢》《欢乐的瑞丽江畔》等琵琶曲，部分曲录制成唱片、盒带。发表有《关于琵琶基本功训练的几点体会》《辅助练习在琵琶教学中的应用》等文。

潘亚伟 (1957—)

收簧管演奏家。重庆人。1988年毕业于四川音乐学院管弦系，2004年四川西华师范大学音乐学毕业。曾任省"五七"艺校乐队演奏员，现任四川省舞蹈学校音乐科主任，乐队首席单簧管演奏员。在北京学习期间曾参加中国广播交响乐团、青年交响乐团、中央芭蕾交响乐团、中央歌剧团等团体一系列演出，培养了大批学生，多人考入艺术院校，并在各类赛事中获奖。2000年受邀参加美国国际单簧管交流活动。

潘一鸣 (1937—)

钢琴演奏家。广东开平人。1954年入中央音乐学院钢琴系，毕业后留校任教。作有《青年钢琴协奏曲》。学生有潘洵、王阳、蔡怡敏。

潘英锋 (1919—)

歌剧表演艺术家。广东梅县人。1947年毕业于国立上海音专声乐系。1950年入中央歌剧院任独唱演员。在歌剧《王贵与李香香》《草原之歌》《茶花女》中扮演主要角色。改编并演唱哈萨克民歌《手挽手》。1987年在香港举行独唱音乐会。

潘裕礼 (1942—)

指挥家、作曲家。江苏苏州人。1963年由西南师范大学音乐系毕业，后任重庆市少年宫合唱团指挥。创建小白鸽合唱团，并参加"首届中国童声合唱节"及"20世纪华人音乐经典作品系列演出"。1995年在法国专家"童声合唱指挥与训练大师班"进修学习。1997至1999年指挥小白鸽合唱团参加"第二届中国童声合唱节""第四届中国国际合唱节"和"首届西南合唱节"。作品有《领巾鲜艳队旗红》等数百首少儿歌曲，出版少儿歌曲专集《金色的太阳》。曾任重庆音协第三届副主席。

潘兆和 (1946—)

作曲家。辽宁大连人。1970年毕业于沈阳音乐学院作曲系后留校任教，教授。曾任沈阳音乐学院院长。辽宁省政协委员、辽宁省文联副主席、辽宁省音协主席、中国音协第六、七届理事、中国音协音教委副主任、《音乐创作》编委、《乐府新声》主编。编著出版《歌曲写作》教程、主编《辽宁中小学音乐教材》。创作有钢琴与民乐队《出海》（合作），大合唱《明天，假如金凤问起我》（合作），电视剧《'坏人'圈》音乐及大量歌曲作品。歌曲《我心上的一朵玫瑰花》《黄河梦》《哦，我的大东北》等多首获国家、省市奖励。曾参与组织学院多次大型国际音乐节，1992年任中央电视台第五届五洲杯青年歌手大赛评委。

潘哲华 (1930—)

音乐教育家。浙江松阳人。1955年华东师大音乐系毕业，后任中学高级教师及《学校音乐》编委。1951年起陆续在浙、沪、京、台等地报刊发表作品，其中歌曲《摇到外婆桥》、论文《歌曲分析处理初探》等分别获奖或在电台教唱。1990年起曾三度组织、辅导学生参加全国音乐大赛获"园丁奖"，出版作品集《小河，从校园里流过——潘哲华音教论文、短文、歌曲选集》。

潘振声 (1932—2009)

作曲家。上海人。1951年从事部队文艺工作。1955年任上海漕溪路小学音乐教师，开始儿童歌曲创作。后调上海电台任《广播歌选》编辑。1958年任宁夏电台音乐编辑。曾任宁夏回族自治区文联副主席、自治区音协主席，江苏省文联副主席，中国音协常务理事、中国儿童音乐学会副会长、江苏省音协顾问。作有《小鸭子》·《一分钱》《好妈妈》《嘀哩嘀哩》大量儿童歌曲。出版有《小喇叭歌曲100首》等多部个人作品集与《甜甜蜜蜜的歌》等十余盒音带。有数十首作品在全国获奖，其中《嘀哩嘀哩》获中国"金唱片奖"。

潘振新 (1958—)

作曲家。江苏溧阳人。溧阳文联秘书长，市音协主席。曾师从南京军区前线文工团王强学习手风琴、师从南京艺术学院副院长陈鹏年、乔惟进学习理论作曲。1988年结业于中央音乐学院理论作曲系函授。1982年调文化单位从事音乐辅导及创作。有多首作品在大赛中获奖，并有多首作品发表在《歌曲》等音乐刊物。歌曲《江南的桥》曾获文化部"群星奖"，在中央电视台播出。

潘志刚 (1963—)

男高音歌唱家。黑龙江哈尔滨人。1988年毕业于东北师范大学声乐专业，入哈尔滨歌剧院、歌剧团任演员。撰有《歌唱与气息控制的关系》。1995年获"秦池杯"第五届青年歌手电视大赛美声唱法三等奖，1996年获第四届中国合唱节金奖，2001年参加在意大利米兰举办的国际合唱节获男生合唱金奖第一名。1999年在歌剧《红珊瑚》中扮演男主角王永刚。2000年参加第二十五届"哈尔滨之夏"音乐会，被授予"先进个人"。

潘志宏 (1931—)

指挥家。陕西华阴人。1949年从事部队文艺工作，1955年转业到中央建筑工程部歌舞团任合唱队副队长、指挥。曾到中央乐团随秋里进修合唱指挥。1957年调包头市先后任歌舞团、歌剧团团长。1988年调市文化局任艺术科长、局调研员。曾任内蒙古音协常务理事、包头音协副主席。指挥的作品有《黄河大合唱》《红军根据地大合唱》，歌剧《江姐》，现代京剧《智取威虎山》等。离休后仍担任业余合唱团指挥。

潘忠禄 (1943—)

笙演奏家。河北巨鹿人。1966年毕业于天津音乐学院民乐系笙专业。曾任巨鹿县文化馆馆长、副研究馆

P

员。发表论文多篇，《道乐》一文入选《中国民族民间器乐曲集成》并由《中国音乐》发表，《古风遗音》参加中国音乐年鉴第五届学术研讨会，获省级一等奖。编写的《笙教材》被天津音乐学院选为教材。编创并演奏《在北京的金山上》《二鼓头》《串亲戚》《秋》等笙独奏曲，部分获奖作品在中国国际电台播放。著有《乱弹音乐》等。

潘仲甫（1928— ）

戏曲音乐理论家。天津人。40年代毕业于天津育德学院。1951年入中国艺术研究院戏曲研究所，为副研究员。整理出版《宇宙锋总谱》《中国戏曲唱腔选》等。撰有《梆子系统的沿流》。

盘　龙（1960— ）

作曲家。瑶族。重庆永州人。安徽音协驻会副主席、中国音协流行音乐学会理事、安徽省歌舞剧院作曲。1982年毕业于安徽师大艺术系。作有钢琴独奏曲《序曲》，大型歌舞剧《凤鸣神州》音乐，舞剧音乐《厚土》（合作），歌曲《春牛曲》《板蓝花儿开》《红红的太阳升起来》以及《命运》《不再流泪的女人》《雪白的墙》等影视音乐。歌曲《共同的生日》曾获首届中国音乐"金钟奖"，《天上黄山》获"第七届上海亚洲音乐节"金奖。

盘　石（1937— ）

作曲家。瑶族。四川永川人。安徽马鞍山市音协主席，安徽省音协常务理事。马鞍山市政府文化顾问，古诗词吟诵协会常务副会长，太白吟诗社社长。1958年毕业于安徽师范学院音乐专业。曾任马鞍山市歌舞团作曲、指挥。作有弦乐四重奏《万人坑》，交响诗《祭炉》，小号协奏曲《台湾，祖国的宝岛》。出版有盘石专辑（CD），著有《李白诗词吟诵曲选》《浅谈音乐节奏》《吟诗与歌曲创作》，主编《中国古诗词吟诵曲选》。

盘继宏（1944— ）

女歌唱家。瑶族。广西富川人。1968年毕业于上海音乐学院。后任广西歌舞团独唱演员。广西艺术学校调研员、声乐教师。广西壮族自治区政协第七届常委、自治区瑶学学会理事。曾任中国音协理事、广西壮族自治区音协副主席、自治区文联委员。曾随团赴非洲五国演出。演唱曲目有《壮族人民歌唱毛主席》《红太阳照瑶山》《故乡的红水河》《瑶家心向毛主席》《我是瑶山画眉鸟》等八十余首。1980年获文化部、国家民委颁发的全国少数民族文艺汇演独唱优良节目奖。1988年率队参加广西第二届"三月三"国际民歌节，获辅导奖。1996年获广西首届中等艺术教育"红铜鼓"专业大赛优秀指导老师一等奖。曾获广西艺术学校优秀园丁奖。

盘马了四（1940—2008）

民歌演唱家。瑶族。广东连南人。1962年参加文艺工作，入连南民族歌舞团演唱民歌，后任歌舞团副团长。1965年参加广东《东方红》排演工作。1980年参加全国少数民族文艺汇演。自编自唱瑶族歌曲有《我是一个打猎手》《锦绣瑶山美如画》《瑶家放木忙》。

庞　萍（1954— ）

女扬琴演奏家、教育家。重庆人。成都市青少年宫音乐部部长，市扬琴学会常务理事，全国儿童音乐学会会员。1987年毕业于四川音乐学院民系。曾任铁道兵新管处文工团独奏演员。先后获全国首届少儿民乐比赛、全国推新人器乐总决赛、首届中国少儿艺术风采展示大赛"园丁奖""优秀指导教师奖""优秀辅导老师奖"。撰有《少儿扬琴演奏基础训练与表演之我见》等论文。

庞春发（1931— ）

指挥家。河北人。1948年始从事部队文艺工作。1956年就学于总政德国专家合唱指挥班。任兰州军区文工团指挥。指挥有歌剧《红鹰》《洪湖赤卫队》《带血的项链》，舞剧《骄杨颂》《小刀会》。

庞国权（1941— ）

作曲家。广西玉林人。1966年毕业于广西艺术学院音乐系理论作曲专业。曾任广西钦州地区文工团作曲、指挥，群艺馆副馆长，广西音协理事。1985年任教于广州星海音乐学院、副教授。作品有论文《浅析京族音乐的结构和特点》，教材《歌曲写作》上下册，歌曲《抛彩贝》（获自治区创作一等奖），《祖国啊我回来了》（获自治区创作二等奖），舞蹈音乐《采珠谣》（获自治区创作二等奖），均参加了1980年全国首届少数民族文艺汇演。

庞金砥（1954— ）

音乐编辑家。河南开封人。河南电台文艺部科长。1977年毕业于沈阳音乐学院管弦系。先后任辽宁盘山县文工团、辽宁乐团、辽宁芭蕾舞团、辽宁歌剧院小提琴演奏员。采编有歌曲《摸秋》《秋风吹来一个故事》，器乐《中州韵》，音乐快板《黄金时刻》，音乐专题《朝拜朱载堉》《小浪底抒怀》，并分别获奖。曾任舞剧《梁祝》小提琴独奏，舞剧《海侠》《无益的谨慎》乐队首席。

庞万龙（1950— ）

音乐教育家。山西人。山西大学音乐学院理论作曲系主任。1963年考入山西省艺术学校，1969年毕业分配大同市晋剧团。1977年毕业于山西大学艺术系并留校任教。曾担任《基本乐理》《视唱练耳》《歌曲作法》《音乐名作欣赏》《戏曲音乐》《作曲》《指挥》等课程的教学工作。作品有《歌曲作法》论著一部，盒式录音带《晋剧曲牌连奏》《喜庆音乐》论文十余篇，歌曲百余首。曾多次指挥合唱团、交响乐团参加各类大型演出活动并获奖。

庞西林（1951— ）

小提琴演奏家。河北人。陕西歌舞剧院轻音乐团副团长、小提琴演奏员、乐队首席。曾任陕西京剧院小提琴演奏员，参与排演的陕西第二届艺术节音乐会获综合银奖，1991年陕西歌舞剧院管弦乐比赛获个人第一名。参与排演的眉户剧《迟开的玫瑰》在第六届中国戏剧节中获优秀演奏奖、陕西优秀剧目优秀伴奏奖、中国艺术节金奖。撰有

P

《浅谈乐队中小提琴的弓法与指法》。

庞燕华（1961— ）

女音乐编辑家。北京人。1978年毕业于上海音乐学院附中，1983年毕业于上海音乐学院钢琴系。1985年入中央电视台任音乐编辑，现为主任编辑。多次在春节联欢晚会、春节歌舞晚会、国庆等节庆大型晚会中任音乐总监，并任专题纪录片音乐编辑，多次获政府级奖项。2009年"五一"担任在"鸟巢"举办的"信心中国"大型晚会音乐总监，中央电视台赴俄罗斯艺术节大型活动音乐总监。专题片《孔子兵法》《解放战争系列片》《憾天记》《长征——不朽的魂》《天地英雄》《震撼的地球——二战珍闻录》等分别获国际、国内纪录片及音乐单奖项。

庞永青（1971— ）

歌唱家。山东临清人。1999年毕业于沈阳音乐学院。北京鸟人艺术有限公司歌手，沈阳音乐学院庞龙工作室教授。创作、演唱的歌曲《两只蝴蝶》《家在东北》《你是我的玫瑰花》《我要抱着你》《小眼睛的姑娘》《爱情果》《如果你嫁给我》《爱在人间》《老了》等，有的获中国原创歌曲冠军、排行榜年度金奖等。曾被授予"中国网络杰出贡献奖"。2004年最佳男歌手。

庞玉璋（1941— ）

演奏家。北京人。1959年毕业于北京舞蹈学校东方班，曾任中央歌舞团东方班、东方歌舞团演奏员、弹拨乐首席、任声部长。主奏中阮、琵琶兼弹其他乐器。1961年随中国艺术团赴印尼，演奏琵琶曲《十面埋伏》《阳春白雪》。参与本团多台晚会的创作并为舞蹈、歌曲、编曲配器。1983年赴巴基斯坦学习。曾受聘于中国音乐学院任教，教授中阮。全国民族乐器演奏（业余）考级中阮专家委员会副主任。主编有《阮曲集》。

逄　路（1961— ）

女长笛演奏家。黑龙江佳木斯人。1983年毕业于解放军艺术学院音乐系，留校任教。1984年调总政歌舞团乐队任演奏员。参加了历年的大型晚会、音乐会及全军文艺汇演等，均任长笛声部首席。1982年在全国长笛比赛中获青年组二等奖。多次被本团授予技术能手。著有《长笛基础教程》一书。

逄丰成（1955— ）

小号演奏家。山东人。1970年考入解放军军乐团。小号声部首席、独奏演员。参加多次国家和军队重要内、外事司礼演奏以及国内外有影响的音乐会演出。曾随团赴日本、芬兰、俄罗斯、新加坡、德国等国演出。作品有《春天的歌舞》《西班牙斗牛士》《橄榄项链》等。出版《勇敢的野牛之血》《中国风》《号韵》（获首届全国优秀文艺音像二等奖），《小号——CHINA》（2001、2002年获国家音像制品一等奖），《小号——WORLD》等独奏专辑。曾获全军第五届、第六届文艺汇演二等奖。1997年被总政治部授予"热心为兵服务的文艺战士"。

逄环柱（1934— ）

长笛演奏家。黑龙江佳木斯人。北京市长笛学会第一届理事。15岁入部队文工团，后调解放军军乐团。1961年调中国广播交响乐团，并师从中国音乐学院长笛教师周志新习长笛。曾任中国广播交响乐团首席长笛兼木管声部长。在四十余年的演奏生涯中，演奏过大量中外名曲。多次应邀赴香港、澳门及意大利、奥地利、法国、联邦德国等国演出。1995年后在北京、深圳等地从事长笛教学，培养诸多学生。

逄进军（1960— ）

小号演奏家。山东烟台人。解放军军乐团一队政委。曾先后担任乐队首席和独奏、领奏。参加多届全国人大、政协开闭幕式及迎接外国元首司礼、国庆大典等大量演出。1999年随团赴澳门参加回归交接仪式演出。在全军第四届文艺汇演中获优秀表演奖。

裴　凡（1926—1993）

指挥家。河南新野人。1950年毕业于国立社会教育学院音乐系。长期从事指挥工作。曾任中央民族歌舞团、贵州省歌舞团指挥，音协合唱指挥学会理事。指挥有合唱《远方的客人请你留下来》《黄河大合唱》，歌剧《红珊瑚》《江姐》。

裴传雯（1937— ）

女声乐教育家。湖北浠水人。曾任武汉音乐学院声乐副教授。1964年毕业于湖北省艺术学院声乐系。多次出任各类声乐比赛评委。参加过中南五省师范院校《声乐基础知识》的编写，编辑出版有《中外名歌精选》，并任人民音乐出版社《声乐教材曲库》分册副主编。撰写有《高师声乐教学法》（合作），培养一批声乐人才。

裴德义（1945— ）

打击乐演奏家。江苏南京人。曾创建南京民族乐团并任团长。江苏省音协副主席，全国文化系统先进工作者，曾研制成综合性民族打击乐器"新十番锣鼓"，收编于《中国乐器图鉴》，载入中国乐器史。创作并演奏的新十番锣鼓曲《将军得胜令》，参加首届中国艺术节演出，该节目的录像代表中国参加1987年"初夏之夜"国际音乐会大联播。曾赴四十多个国家和地区进行交流演出。

裴世虎（1939— ）

音乐理论家。河南固始人。国家艺术科学重点研究《中国皮影艺术》课题负责人，河南音乐专修学院音乐系教授。毕业于省立开封艺师。曾任固始县文化馆副馆长，河南省民族音乐集成编辑办公室副主编。发表歌曲四十余首，民族歌剧一部，学术论文七十余篇，专著2部。参加《中国戏曲音乐集成》《中国民间歌曲集成》《中国戏曲志》（河南卷）的编辑和撰稿。1988年获文化部等三单位颁发的荣誉奖，1997年获全国艺术科学规划领导小组颁发的文艺集成志书编纂成果二等奖。

裴寿勋（1936— ）

单簧管演奏家。重庆人。曾任重庆市音协副主席、重庆市管乐学会会长。1951年参加重庆市文工团。1954年赴上海交响乐团进修单簧管。后在重庆市歌舞团任首席单簧管、能掌握打击乐、笙等乐器。1957年参加第六届世界青年联欢节并担任演奏员。先后任重庆歌舞团乐队队长、团业务秘书。组织舞剧《小刀会》排练，演出近百场。后任重庆市川剧院副院长。排练、加工了一批剧目，如《打神》《三祭江》《杀狗》《拦马》等，并从事单簧管教学及社会音乐活动。培养了一批演员。合编《重庆市单簧管考级教材》。

裴淑娟（1961— ）

女音乐教育家。河北乐亭人。1982年毕业于河南大学音乐系。任洛阳五中音乐教师。曾在全国民族器乐观摩会中获优秀奖，在全国中小学音乐课教学录像评比中获二等奖，在省中小学音乐教学器乐表演课上获一等奖。多次在中央、省、市电台、电视台录制节目并播放。撰有《试论唐代音乐繁荣发展的原因》，其中《其实上好音乐课并不难》获省教学优秀论文一等奖。

裴晓云（1947— ）

女高音歌唱家。辽宁本溪人。1968年毕业于沈阳音乐学院民族声乐系。曾在沈阳歌舞团工作。中华全国青年联合会第五、六届委员。辽宁省第五、六届青年联合会常务委员，省第五、六届人民代表，第七届政协委员。曾随团出访加拿大、美国。

裴亦德（1954— ）

琵琶、阮演奏家。吉林长春人。1979年毕业于上海音乐学院民乐系。中央民族乐团乐队演奏员。随团在北京、广东、广西、云南、浙江、黑龙江、山西、深圳、香港、台湾等省市、地区演出数百场。先后赴新加波、日本、美国、奥地利、法国、希腊、俄罗斯进行访问演出。于1998年创办全国第一支"阮族乐队"。

裴子言（1939—已故）

歌唱家、声乐教育家。四川渠县人。1966年毕业于四川音乐学院声系，同年入四川省凉山州歌舞团任独唱演员，曾参演歌剧《柯山红日》等。1985年入绵阳高等师范专科学校音乐系任教。1988年入西南师范大学音乐系任教，任声乐表演及教学研究方向的硕士生导师。多年来培养一批声乐演员及教师。创作歌曲《北京的火车开来啰》被选入四川音乐学院声乐系教材，论文《谈高师声乐教学中的两种授课形式》，编著《全国高等师范院校声乐教材》（合作）第十一卷。

裴作成（1955— ）

作曲家。河北乐亭人。新疆喀什地区群艺馆馆长、副研究馆员。从事过演奏，担任过教师，学习过作曲。并以作曲为业研修至今。主要作品有歌剧《红葡萄》，组歌《西沙之战》、舞蹈音乐《山鬼》，民族管弦乐曲《故乡》。著有《裴作成歌曲选集》《裴作成钢琴曲集》。作品曾多次获各省、市、自治区及国家级奖项。

彭　斌（1958— ）

歌唱家。安徽芜湖人。芜湖市歌舞团独唱演员、芜湖市音协副主席、安徽师大音乐学院客座教授。1986年入上海音乐学院声乐系干部专修班，师从卞敬祖教授。2000年曾与中外歌唱家同台在上海大剧院举办中外名曲独唱音乐会。多次参加省级以上大型演出活动。演唱歌曲《魂牵梦绕的土地》《我是中国人》获安徽省"五个一工程"奖，并先后获安徽省"合铝杯"歌唱大赛银奖、"中国豆腐文化节友好城市"歌唱大赛银奖、安徽省歌唱大赛银奖。

彭　斌（1964— ）

音乐教育家、作曲家。四川射洪人。1988年毕业于四川绵阳师范学院音乐系并留校任教，2003年结业于西南大学音乐学院助教研修班，后任重庆市九龙坡区委宣传部副部长兼区文联主席。作有歌曲《三峡妹子》获全国新人新作歌手选拔大赛创作银奖和重庆市十佳优秀创作歌曲，《相约明天》获亚太城市市长峰会献礼歌曲优秀作曲奖等。曾在《西南大学学报》等发表论文多篇，多次担任全国青年歌手电视大奖赛重庆赛区和重庆合唱节等比赛和音乐会钢琴伴奏。

彭　超（1958— ）

音乐教育家。湖北武汉人。1982年毕业于广西艺术学院。2007年获韩国大佛大学教育管理专业硕士学位。广西音协理事，桂林市音协副主席，广西师大副教授，研究生导师。发表十余篇音乐教育论文，参编音乐教材3部。创作并发表声乐作品八十余首。曾赴新加坡、泰国、澳大利亚、香港等地参加音乐艺术交流演出和学术活动。1998年获桂林首届文学艺术界"德艺双馨"文艺家称号，2001年被广西壮族自治区评为"学校艺术教育工作先进个人"。

彭　健（1955— ）

音乐编导家。湖南长沙人。湖南电视台副总编辑，湖南音协副主席。1976年毕业于湖南师范大学音乐学院，曾任中学音乐教师。1980年调湖南电视台文艺部任导演，并出任1986年湖南电视台首台春节文艺晚会总导演。1996年任湖南电视台文体中心主任。所策划监制的文艺栏目"快乐大本营""星光灿烂""聚艺堂"先后获得"金鹰奖"和"星光奖"优秀栏目奖。执导《月涌大江流》《梨园风光好》《情满潇湘》《清风颂》《梨园新韵》《梅苑迎春》等获全国电视文艺"星光奖"一等奖。

彭　康（1964— ）

双簧管演奏家。江苏南京人。1986年毕业于南京艺术学院音乐系。江苏省交响乐团副团长、首席双簧管。多次在江苏省音乐舞蹈节上荣获奖项。与中外指挥家同台演出大量交响乐经典作品，并与数十位演奏家、歌唱家成功合作。演出歌剧《弄臣》《茶花女》，"新春音乐会""迎回归、庆团圆"文艺晚会等，曾随团出访朝鲜等国。

P

彭 丽（1970— ）

女音乐理论家。山东人。1991年毕业于山东艺术学院音乐系留校任教。1998、2005年先后获中央音乐学院音乐学系硕士、博士学位。撰写并发表《评"新生代"音乐作品》（合作），《一个不应忽视的课题》《黑格尔美学思想探微》《黎派音乐再认识》等二十余篇文章。

彭 明（1943— ）

小提琴演奏家。湖北武汉人。1967年毕业于湖北艺术学院管弦系。任湖北省歌剧团管弦乐队首席小提琴。

彭 鹏（1957— ）

钢琴教育家。江苏南京人。南京艺术学院音乐学院钢琴系副教授、硕士生导师。1982年毕业于南京艺术学院音乐系钢琴演奏专业，留校任教。先后发表研究及教学论文5篇和译作十余篇。1995年江苏音像出版社出版了个人钢琴演奏CD唱片一张。

彭 青（1942— ）

音乐编辑家。藏族。四川巴塘人。1967年毕业于中央民族学院艺术系本科。后为西藏电台文艺组组长。多次为电影、电视剧、广播音乐录音并担任音响导演。编辑"西藏民歌展播"等大量专题音乐节目，在本台、中央及各省市台播放。

彭 涛（1963— ）

作曲家。四川南充人。1988年毕业于四川音乐学院作曲系，现任四川省歌舞剧院创作室主任。作有歌曲《山那边》《九寨仙景》《天下四川》《海之歌》《祝福母亲》《喊一声嘉陵江我的母亲河》，舞剧音乐《远山的花朵》，舞蹈音乐《川江女人》《四川茶馆》《旧事女人》，小提琴独奏曲《雨巷》，管弦乐曲《混沌初开》。曾获全国"五个一工程"奖、"文华音乐创作奖"。出版有《山那边——彭涛歌曲选》及CD光盘《舞之魂——彭涛舞蹈音乐精品集》。多次担任省内文艺晚会音乐总监及声乐大赛评委。

彭 勇（1962— ）

圆号演奏家。河北深泽人。解放军军乐团演奏员。1991年毕业于解放军艺术学院音乐系。2003年毕业于该院文学系。先后参加1984、1999年国庆大典及多届全国人大、党大、政协，全国、全军运动会及国家、军队外事司礼的大量演出。参加全国调演、全军文艺汇演及录音录像百余次。

彭 忠（1962— ）

音乐编辑家。四川人。四川《天府早报》社社长兼香港华声国际传媒控股集团常务副总裁。先后创作发表、演播有大量音乐作品，其中获奖作品五十余件。出版音乐盒带、CD专辑《梦里全是桂花香》《心灵最后一辆马车》《满街的鲜花送给谁》等。出版有《彭忠歌曲选》《彭忠音乐文选》。其中《彭忠歌曲选》获第三届"水仙花"杯全国图书评比优秀著作奖。曾先后担任过

福建《东南快报》总编辑、浙江《东南商报》总裁以及《音乐世界》杂志社常务副总编辑、四川省通俗音乐学校董事长等职。

彭才芬（1942— ）

女中音歌唱家。湖北武汉人。1965年毕业于解放军艺术学院音乐系歌剧专业，后入总政歌舞团合唱队，曾任女低音声部长。

彭昌兴（1957— ）

作曲家。土家族。湖南龙山人。湖南省民族歌舞团副团长。1989年毕业于上海音乐学院作曲指挥系。曾任湘西州歌舞团创作室主任。作有歌曲《吊脚楼的传说》《风雨南长城》，均获全国比赛歌曲三等奖。舞蹈音乐《箩谷》和舞蹈诗音乐《扎花女》均获舞蹈大赛金奖。

彭潮溢（1943— ）

作曲家。四川简阳人。曾任职于简阳文工团、川剧团从事演奏、作曲、指挥，简阳广播电视局文艺编辑、广播电视台副台长。1986年结业于北京广播电视函授学院。四川省川剧音乐专业委员会副主任兼秘书长、简阳市文联副主席。发表有多种体裁文艺作品，其中获奖作品几十部（首、篇），对川剧高腔音乐进行系统研究，编撰《川剧音乐探微》获四川省社会科学研究成果一等奖，出版有《彭潮溢广播文艺获奖节目选集》及CD《彭潮溢歌曲作品专辑》。

彭大如（1936— ）

低音提琴演奏家。江苏建湖人。1950年始从事部队器乐演奏和音乐教育工作。1956至1961年先后入军乐指挥学校和上海训练班进修。原为解放军军乐团低音提琴首席、声部长、学员队教员和乐队队长。中国音协低音提琴学会常务理事。上世纪六、七十年代为军内外培养了一批优秀低音提琴演奏员。曾参加数十次国庆大典、五一国际劳动节及上百次外国元首和政府首脑司礼演出活动。曾多次立功受奖。

彭德明（1956— ）

歌剧表演艺术家。甘肃兰州人。1975至1978年在甘肃省艺校声乐班学习。2000年始任甘肃省歌剧院院长。曾在歌剧《彼岸》《海峡情泪》《雷锋》《路灯下的宝贝》《马五哥与尕豆妹》《魂兮，魂兮》《努尔哈赤》《红雪》中扮演主要角色。1985年在兰州市"桃花杯"声乐比赛中获一等奖。曾任第二、三、四、六届全国电视歌手大赛甘肃赛区评委会副主任、西部征集歌曲比赛评委副主任、"黄河湖"大型文艺晚会舞台总监。

彭根发（1944— ）

音乐理论家、作曲家。上海人。甘肃音协主席，《小演奏家》主编、编审。1960年在甘肃省武威地区歌舞剧团任演奏员、音乐创作员。1982年在甘肃音协《祁连歌声》任编辑、副主编。出版专著《飘逸的乐思——歌曲美学论稿》。发表理论文章三百余篇。创作大型歌剧《动荡的巴

里坤》，舞剧《凉州会盟》，发表歌曲二百余首。

彭继光（1950— ）

大提琴演奏家。广东人。任职于珠影乐团大提琴声部首席并从事音乐创作。1970年毕业于广东粤剧学校高胡专业，后分配到广州市粤剧团从事戏曲音乐演奏。曾为《国风·情韵》音乐艺术晚会、《春暖星辉》粤韵交响音乐会、《粤韵传情》音乐会配器，为广东电台六集电视粤剧艺术片《范蠡献西施》交响乐部分配器。

彭家棍（1933—2005）

作曲家、指挥家。广东广州人。1950年从事音乐工作。1960年毕业于中央音乐学院作曲系。曾任广州市文工团、华南歌舞团小提琴演奏员兼乐队指挥、广州音专教师、广州乐团创作室主任、广东粤剧院作曲、华南文艺成人学院教授，广东音协第二至五届理事。作品有交响音乐《满江红幻想曲》《丹霞晚趣》，合唱套曲《神州科学魂》《珠江风采》，小提琴曲《翻身的牧童》，交响音乐伴唱《粤剧沙家浜选段》。论著有《粤剧乐队写作》，论文有《广东音乐结构特点初探》。

彭家鹏（1965— ）

指挥家。安徽人。中国广播交响乐团常任指挥，中国音协第七届理事。曾任中国广播民族乐团艺术总监兼首席指挥。1992年毕业于中央音乐学院指挥系，师从徐新和郑小瑛，获硕士学位。曾先后指挥中国青年交响乐团等国内乐团。指挥演出过贝多芬、德沃夏克、拉赫马尼诺夫、罗忠镕等数十位中外作曲家的交响音乐作品，多次指挥中国民族广播乐团新年音乐会，随团赴多个省市巡回演出。2000年和2001年两度在奥地利维也纳金色大厅指挥"龙年中国民族音乐会"和"新世纪中国民族交响乐音乐会"，2004至2007年又连续三年在维也纳金色大厅指挥奥地利国家交响乐团等世界乐团举办新春音乐会。

彭家望（1961— ）

作曲家。湖南人。所作钢琴与乐队《符号、展开、思考》，获美国国际作曲比赛奖，并于1990、1992年先后在欧美十大城市公演。作有儿童音乐剧《家》，音乐电视史诗《九七交响合唱组歌》，交响序曲《七月》《深圳序曲》，C大调钢琴音诗《源》，纯五度交响曲《中国太阳》。作有歌曲《人间有爱》《共圆一个梦》《中国文明》《新世纪的太阳》等200首，其中部分作品先后被拍摄成MTV在中央电视台及各省、市台播出，并多次获奖。

彭家维（1949— ）

长笛演奏家、教育家。云南昆明人。1960年就读于云南艺术学院附中，主修长笛兼学钢琴。后到中央音乐学院师从王永新教授学习长笛。1968年参加工作以来先后任军队和地方专业管弦乐队首席长笛和独奏。多次代表云南省参加全国性音乐调演及在京展演。1974年调云南省艺术学校任教。曾任音乐科副主任兼管弦乐教研室主任，学校学术委员会常务副主任兼秘书长。所教学生

曾有多名在国内外专业比赛中获奖，或任中国交响乐团常任指挥。

彭建国（1942— ）

音乐教育家。四川江津人。重庆市音协理事、万州区音协副主席。1963年西南师范音乐科毕业。历任中师及中学音乐教师和音乐教研员。曾被评为全国中小学优秀教师。先后受聘于四川和西南师大六套中小学音乐课标教材编委。担任《中国民间歌曲集成·万县市卷》《中国民族民间器乐曲集成·万县市卷》副主编。创作歌曲百余首，有三十余首在省地发表、演出并获奖。

彭康亮（1955— ）

男低音歌唱家、声乐教育家。广东海丰人。1983年毕业于中央音乐学院声乐系，后任东方歌舞团任独唱演员。1996年获东京艺术大学研究生院音乐硕士学位。曾参加30多部歌剧及大型音乐会演出，多次与世界著名指挥家、歌唱家同台演出。两次举办个人独唱音乐会。曾在《费加罗的婚礼》《那布科》《唐卡洛》《阿伊达》《魔笛》中扮演重要角色。2002年起任中央音乐学院教授、硕士生导师。分别在国内外发行歌剧咏叹调CD专辑和《意大利古典歌曲精选》CD专辑。

彭莉佳（1952— ）

女音乐理论家。广东梅州人。1982年毕业于广东省华南师范学院。后为星海音乐学院学报编辑部主任。撰有《艺术概论教学导课艺术谈》《好听耐听，方为正途》《黄遵宪和他的客家妇女诗》《小题大作，深理浅说——谈谈音乐学习论文的写作》《关伯基教授访谈录——从革命者到音乐家》等文。录制音像制品《发声常识与嗓音保健》《嗓音的科学训练与保健》。出版《发声常识与嗓音保健》《嗓音的科学训练与保健》。

彭丽媛（1962— ）

女高音歌唱家、歌剧表演艺术家。山东人。总政歌舞团团长。中国音协第四、五、六届理事，第七届副主席。第八、九、十、十一届全国政协委员，中华全国青年联合会副主席。中国音乐学院客座教授，文学硕士。演唱代表曲目有《在希望的田野上》《父老乡亲》《我爱你，塞北的雪》《珠穆朗玛》《我的士兵兄弟》《江山》。先后主演大型民族歌剧《白毛女》《悲怆的黎明》《党的女儿》《木兰诗篇》，并获全国戏剧第三届"梅花奖"和文化部颁发的第三届"文华奖"。2005、2008年分别赴美国纽约林肯艺术中心及奥地利维也纳国家歌剧院主演中国歌剧《木兰诗篇》，获林肯艺术中心委员会颁发的"最杰出的艺术家"奖及奥地利联邦剧院委员会与维也纳国家歌剧院颁发的"艺术杰出贡献奖"。多次获"五个一工程"奖及"文华奖""金唱片奖"，第二十届世界青年联欢节金奖，第一届全国聂耳·冼星海声乐作品演唱比赛民族唱法金奖，第二届全国青年歌手电视大奖赛民族唱法第一名。多次参加全军文艺汇演，获一等奖和"特别贡献奖"。曾赴五十多个国家和地区访问演出。

彭民雄（1937— ）

二胡演奏家。广东人。1964年毕业于中央音乐学院，后入中国音乐学院任教。曾在广西歌舞团工作。改编有独奏曲《翻身道情》《乱云飞》。

彭佩玟（1933— ）

女音乐教育家。四川成都人。1957年毕业于中央音乐学院声乐系，曾任总政军乐团独唱演员。1980年在中央民族学院音舞系声乐教研室任教。曾多次举行演唱会。

彭善友（1964— ）

指挥教育家。山东沂水人。1987年毕业于河南大学音乐系。2002年再次由研究生课程班毕业。中国海洋大学艺术系教授，从事指挥及教学。2005年在中央音乐学院指挥系作为访问学者学习管弦乐指挥。中国合唱协会理事、中国指挥学会会员、青岛合唱协会副秘书长。先后获市"十大优秀青年""跨世纪学科带头人""全国优秀教师""市专业技术拔尖人才"，及市五一劳动奖章。在带队参加全国少儿合唱比赛中获金奖，参加第七届国际合唱节获优秀表演奖。

彭尚松（1956— ）

作曲家。浙江绍兴人。浙江省绍兴市群艺馆业务副馆长。1989年、2004年先后毕业于上海音乐学院作曲系、浙江师大研究生班音乐教育系。撰有《对艺术教育的再认识》等论文，本文曾获浙江省教育系统首届艺术节论文评比一等奖。现代戏《十字路口》《夫妻退兵》，绍剧《葫芦案》分获浙江戏剧节音乐创作最高奖——优秀创作奖，舞蹈《青石板》获省舞蹈大赛音乐创作金奖、全国"群星奖"，还作有获奖歌曲、器乐作品多首。多次获浙江省优秀指导教师奖、辅导奖、优秀组织奖。

彭世端（1942— ）

女音乐教育家。北京人。中国音乐学院教授、视唱练耳专业硕士生导师。1959年毕业于中央音乐学院附中钢琴专业，同年升入中央音乐学院民乐系。1964年毕业于中国音乐学院器乐系并留校任教。曾任中国音乐学院附中理论作曲学科主任、中国音乐学院成人教育部副主任、主任，历届文化部应聘资格考评委员会委员。2001年获文化部授予"区永熙优秀音乐教育奖"。出版专著、教材六部，发表专业论文十余篇。

彭寿华（1941— ）

单簧管演奏家。天津人。1959至1966年就读于天津音乐学院附中和大学本科，毕业后长期在河北省歌舞剧院管弦乐队任首席单簧管。参加歌剧《第二次握手》《何时彩云归》，舞剧《白毛女》《草原儿女》，交响乐《沙家浜》《鲁斯兰与柳德米拉》，木管五重奏《天鹅湖》《窗花舞》等的排演。在音乐会中任《黑管波尔卡》《世世代代铭记毛主席的恩情》等曲的独奏。辅导农民管乐队参加在大连市举办的全国农民吹奏乐比赛，获优秀节目奖、指挥奖、个人特别荣誉奖。

彭书智（1932— ）

音乐教育家。湖南人。1956年毕业于东北师大音乐系。1960年入中国音乐研究所民族音乐研究班进修。曾为内蒙师大音乐系副教授。撰有《东路二人台音乐》《音乐欣赏与审美感受》。

彭淑芝（1943— ）

女小提琴教育家。湖北武汉人。1958年在湖北艺术学院附中学习，1966年毕业于湖北艺术学院管弦系。武汉歌舞剧院管弦乐团演奏员。1985年在华中师范大学音乐系任器乐教研室主任。发表论文《小提琴演奏艺术初探》《论内心听觉培养与训练》等，专著有《乐理纲要及习题》《视唱指导教程》及《小提琴学习知识问答》等。曾排演京剧《红灯记》，舞剧《白毛女》，交响乐《沙家浜》等。参演了贝多芬等著名音乐家的多部交响乐作品和中国作品等。曾指导学生参加香港"钢琴、小提琴大赛"，演奏小提琴协奏曲《梁祝》获亚军。

彭维纲（1926— ）

声乐教育家。四川成都人。解放军艺术学院音乐系客座教授。1948年成都音乐馆毕业，并举办独唱音乐会。1949年加入解放军某军文工团，后调某师文工队任队长。1955年调总政歌舞团合唱队任训练声部兼教学。1979年调解放军艺术学院执教。1965年随总政歌舞团赴苏联、罗马尼亚、缅甸等国演出。抗美援朝期间曾深入上甘岭前沿阵地演出荣获朝鲜三级军功章。1988年应邀与王莉华举办独唱音乐会。

彭维亮（1937— ）

作曲家。湖北武汉人。曾任贵阳市白云区音协主席、武汉钢铁公司文工总团歌舞团团长。出版有《映山红，苗岭的花》——彭维亮歌曲选，歌曲《人生，浪颠风口》1994年获贵州省第二届"新长征"职工文艺创作三等奖，《高尚品德传万代》获《心声》歌刊2005年全国歌词、歌曲创作大赛三等奖。

彭维明（1920—1977）

女钢琴教育家。四川夹江人。1945年毕业于重庆国立音乐院，后到南京国立音乐院任教。1949年始在中央音乐学院钢琴系任教。

彭文洁（1930—1988）

女声乐教育家。吉林怀德人。1953年毕业于东北师大音乐系后留校任教。1958年入吉林艺术学院，曾任声乐教研室主任，副教授。撰有《论声乐工作者职业性喉病声带小结和喉肌弱症》《呼吸器官和歌唱的呼吸》等。

彭先诚（1944— ）

作曲家。湖北武汉人。深圳市罗湖区文化馆社文部副主任。1967年毕业于武汉音乐学院。曾任湖北省京剧团、湖北省歌舞团作曲指挥。作有古乐合奏《天问》《山鬼》，编钟重奏曲《神人畅》，管弦乐曲《山魂》《采桑女》等。发表论文有《民族器乐创作的新课题——古乐创作随谈》《编钟的性能及特点》。

彭小黄（1954— ）

二胡演奏家。北京人。中国歌舞团民族乐团首席、中国二胡协会理事、独立电脑音乐制作人。自幼在家人影响下学习小提琴、二胡等多种乐器。1975年向中央音乐学院作曲系赵行道老师学习作曲，并师从张韶等演奏家学习二胡，同时在北京海淀区宣传队任乐队指挥与作曲。1978年考入中央歌舞团民族乐队，担任二胡独奏演员。1980年获文化部观摩评比演出青年演奏奖。

彭孝纲（1926— ）

作曲家。重庆万州人。1948年毕业于前中央大学艺术系。重庆市群众艺术馆研究馆员。培养出一批颇有影响的业余音乐作者。主编《重庆民间歌曲集成》，由西南师大出版社出版。改编重庆民歌《栀子花儿顺墙栽》《大河涨水浪沙洲》，被选入由人民音乐出版社出版的高校《声乐教学曲库、中国民间歌曲选》。1995年重庆市文化局举行了《彭孝纲音乐作品集》首发式暨作品演唱会。

彭修文（1931—1996）

指挥家、作曲家。湖北武汉人。1950年入西南电台文艺组，任演奏员、编辑。1952年调中央电台。1953年调中央广播民族乐团。曾任民族乐团团长兼指挥、中国音协常务理事、中国民族管弦乐学会会长。1956年率团参加全国音乐周演出。1957年率团赴莫斯科参加第六届世界青年联欢节，指挥演出《春江花月夜》《金蛇狂舞》获金质奖章。曾改编《春江花月夜》《梅花三弄》《将军令》等古曲，改编《步步高》《娱乐升平》《绣红鞋》《阿细跳月》《江河水》《二泉映月》等传统民间乐曲。曾大胆地移植一些管弦乐曲和外国作品，如《瑶族舞曲》《四只小天鹅》《卡门》等。主要作品（含合作）有民族器乐合奏曲《南海写照》《丰收锣鼓》，二胡协奏曲《不屈的苏武》《云中鹤》《怀》《秦兵马俑幻想曲》等。其中交响音诗《流水操》1983年获全国民族器乐作品评比一等奖。

彭秀霞（1931— ）

女音乐编辑家。上海人。上海电台音乐部业务指导。1952年毕业于上海圣约翰大学。曾任旅大市歌舞团、大连艺术学校钢琴演奏员。长期负责上海电台外国音乐节目的编辑。1981年参与创办上海台的立体声音乐广播，并创办"朋友，早晨好""午餐音乐""晚餐音乐"栏目。主持在全国颇具影响的"广播音乐会""立体声之友"栏目。

彭雪琼（1939— ）

女钢琴演奏家。湖南长沙人。1962年毕业于上海音乐学院钢琴系。曾任该院声乐系艺术指导。

彭雅安（1935— ）

女中音歌唱家。四川成都人。1960年毕业于中央音乐学院声乐系。同年入中央歌剧院任歌剧演员。在歌剧《黑桃皇后》《蝴蝶夫人》《茶花女》中饰演角色。

彭燕修（1949— ）

作曲家。贵州绥阳人。曾任贵州省遵义市音协副主席、贵州省绥阳县音协主席。1968年应征入伍，后任部队文工队音乐创作员、队长。1978年转业后到绥阳县文化部门从事音乐工作。1998年起，先后任绥阳县文化馆馆长、绥阳县文化局副局长、县文化广播电视局党组书记。

彭一敏（1962— ）

音乐教育家。江西吉安人。井冈山学院音乐系副主任。1999年毕业于江西师范大学音乐学院。曾任吉水师范、吉安师范教师。编著有《少年合唱训练》《乐理与视唱》，论文有《试论音乐教育对人的全面素质的培养》。曾参加江西民族民间音舞比赛获男高音独唱二等奖，中专青年音乐教师讲课比赛获一等奖，省工会歌咏比赛获三等奖。作有歌曲《校园的小路》。

彭一叶（1914—已故）

音乐教育家。江西萍乡人。毕业于武昌艺术专科学校。曾任宜春师范专科学校音乐教研组长，理论作曲教师。音协江西分会顾问。著有《歌曲作法概论》《民歌音调的运用》《儿童歌曲作法》等。

彭幼卿（1930—1999）

指挥家、作曲家。江西人。曾任中国民族管弦乐学会理事，湖南民族管弦乐学会会长，湖南音协一、二届理事，湖南音协合唱专业委员会顾问。1949年任湘江文工团、歌剧团首席小提琴。1957年任湖南省歌舞团指挥。曾指挥《梁祝》小提琴协奏曲，交响音乐《沙家浜》等。音乐作品有舞剧《刘海砍樵》，大型歌舞《风雷颂》（合作），器乐曲《乐呵呵》，舞蹈《试嫁衣》。出版有《跟我学唱歌·合唱指挥卷》《合唱指挥问答》等。

彭媛娣（1957— ）

女音乐教育家、歌唱家。四川绵阳人。1977年入陕西省歌舞剧院任独唱演员，期间曾在中央音乐学院声乐歌剧系学习。西安音乐学院声乐系副教授、硕士生导师。全国青年联合会委员、陕西省政协委员。曾随团赴十余个国家和地区演出。1997年应新加坡国家艺术理事会邀请举办个人独唱音乐会。1989年中国音协、陕西省文化厅等单位联合举办"彭媛娣独唱音乐会"。录制有演唱专辑《千古风流唱——唐宋诗词集粹》。发表有《试论通俗唱法演唱与教学》《中国原创音乐剧何去何从》等文。

彭泽林（1939— ）

歌唱家。四川仁寿人。1963年由四川音乐学院声乐系毕业后，任公安部队文工团独唱、重唱演员，后在二炮文工团任副团长、艺术指导。兼任声乐、基础音乐理论，以及合唱、小合唱的排练工作。曾在歌剧《两块六》《草原之歌》《柯山红日》，现代京剧《沙家浜》《红灯记》中担任主要角色。在多台大型歌舞晚会、综艺晚会中担任策划、排练、演出总监。随团出访新加坡、越南等国及港、澳地区。北京市军休艺术团副团长。多次受到部队嘉奖。

彭昭倩（1942— ）

音乐教育家。山东荣成人。1969年毕业于山东师范学院艺术系，后从事二胡专业教学和高等学校管理工作。曾任山东艺术学院副院长，山东音协第四届副主席、第五届顾问。曾在国家级和省级刊物发表论文十余篇，创作二胡曲十余首，有二胡齐奏《花儿朵朵》《蚕工调》等。

彭正元（1944— ）

作曲家。江苏建湖人。曾为上海音协理事、上海民族乐团大革胡演奏员。所创作的笛子独奏曲《秋湖月夜》获全国器乐作品评选一等奖，丝竹乐《庙院行》《秋雨》分别在"第二届海内外江南丝竹作品比赛"中获一等奖，器乐曲《水乡吟》《红领巾舞曲》《灯节》分别获文化部"群星奖"金奖。歌曲《请到我们菜园来》《太阳，您早》《我的根》《梦中相思河》等均获不同奖项。

彭志敏（1955— ）

音乐理论家。湖南汨罗人。武汉音乐学院院长，教授。中国音协第七届理事、理论委员会委员，中国青年音协副主席，《音乐创作》和《音乐研究》编委，湖北省文联副主席，省文艺理论家协会副主席。获湖北省有突出贡献中青年专家、湖北省高校21世纪学科带头人称号。第十一届全国政协委员，兼任武汉市人大常委会副主任，上海音乐学院博士生导师。

彭宗祥（1944— ）

作曲家。湖南醴陵人。1967年毕业于江西师大音乐专业。历任江西音协常务理事、江西创作委员会副主任、九江市音协主席、九江市歌舞团团长。创作（指挥）大量歌曲、歌剧、器乐曲、舞蹈音乐、话剧音乐、电视剧（片）音乐，在刊物、电（视）台、音像公司、出版发表有大量各类音乐作品，并有上百首（件）作品获各种奖项。

彭作祥（1948— ）

作曲家。山东沂水人。曾在珲春评剧团、延边京剧团、延边评剧团工作。1990年始在延边艺术剧团任作曲、指挥。后为延边音协副主席，吉林省民族管弦乐学会理事，延边艺术剧团书记兼副团长。广播剧音乐《山沟里的笑声》获全国市级电台协会优秀节目奖，广播评剧音乐《错中情》获省广播剧最佳音乐奖。1992年戏曲音乐剧《英雄少年赖宁》获省调演作曲二等奖、州政府"金达莱奖"。京剧联唱《守备三十一年抒情》获沈阳军区调演优秀节目奖。作有近百部（首）音乐作品。

蓬 勃（1955— ）

指挥家、音乐教育家。满族。辽宁人。首都师范大学音乐学院副教授、硕士生导师。中国合唱协会常务理事、理论创作委员会副主任。中央电视台"荧屏之声"合唱团、清华艺友合唱团、清华大学教师合唱团、中国人民大学学生合唱团、北京科技大学学生合唱团任指挥。曾任中国广播合唱团客席指挥及中央电视台银河少年电视艺术团、中国音协"星海"合唱团等常任指挥。指挥的作品有

《歌声与微笑》《同一首歌》等。

皮冬菊（1955— ）

女高音歌唱家。河北保定人。1978年入河北省歌舞剧院工作。演唱有《我的家乡在河北》《我的家乡白洋淀》等。曾获省青年歌手大奖赛一等奖。

皮晓彩（1963— ）

女高音歌唱家。江西南昌人。星海音乐学院声乐教授。1997年被评为"跨世纪之星"艺术家。先后获广东省"南粤新秀"称号，广东省优秀音乐家称号。曾获广东省"雅卓杯"青年歌手大赛冠军，96全国百家城市电视音乐展播银奖，第二届全国民歌艺术节优秀演唱奖。出版CD演唱专辑《我的梦在飘雪的北方》，音乐套曲《春江花月夜》《民族声乐基础教程》CD。随团赴港、澳、新加坡等地演出。拍摄《我的梦在飘雪的北方》等四部音乐电视。

片冰心（1923— ）

女声乐教育家。福建人。福建省音协声乐表演委员会顾问。1944年就读于福建国立音专主修声乐。曾任龙岩师范学校艺术班声乐教师。1949年参加泉州南安土改宣传队巡回演出任独唱及表演小歌剧等。1952年调入福建师范学院艺术系任声乐教研室主任。1956年参加全国第一届音乐周演出担任独唱。1961年入上海音乐学院教师进修班学习。师从高芝兰教授。1994年任福建音乐学院声乐系代系主任，教授。培养的学生中多数在省级以及国家级比赛中获奖。

片意欣（1956— ）

女声乐教育家。福建人。1982年毕业于福建师范大学音乐系并留校任教。1995年毕业于日本横滨国立大学研究生院获音乐教育学硕士学位。曾先后获得福建省首届青年演员歌唱比赛第二名、武夷音乐舞蹈节优秀演员奖。1986年举办个人独唱音乐会。任教于福建师范大学音乐学院声乐系，指导的学生中数位在省级以及国家级比赛中获奖。发表论文十多篇。

朴 佑（1927—已故）

指挥家。朝鲜族。吉林延边人。1945年始从事部队文艺工作。1954年毕业于东北音专作曲系。曾在吉林省歌舞剧院工作。曾任音协吉林分会常务理事，合唱指挥学会常务理事。指挥合唱《长白之歌》获1957年世青节合唱比赛银质奖。

朴长寿（1941— ）

音乐活动家。朝鲜族。吉林延边人。1961年起入延边歌舞团任演员。1979年起任中国音协延边分会二、三、四届专职副主席、秘书长，五届主席。1989年筹备成立中国朝鲜族音乐研究会任常务副会长、秘书长、中国音协五届理事。举办"郑律成作品音乐会暨作品研讨会"、朝鲜族国际国内获奖者独唱独奏音乐会。编辑出版《中国朝鲜族音乐文化史》（朝、汉文），组建延边音协交响乐团，参加韩国第十届交响乐节，举办中国朝鲜族交响音乐会等音

乐活动。连续多年获延边文联先进工作者称号，曾获第二届中国音乐"金钟奖"组织奖等奖项。

朴长天（1958—　）

双簧管教育家。朝鲜族。黑龙江鹤岗人。1975年毕业于中央民族学院艺术系，后留校任教，历任管弦钢琴教研室副主任、双簧管专业副教授。曾于1988年在日本东京交响乐团进修，并赴德国、美国、日本等国参加国际学术交流会讲学并举行独奏音乐会。发表论文《试论双簧管音色》《论双簧管演奏艺术》《论双簧管音质音色》《论交响乐队中的双簧管》《论音乐教育中的欣赏指导》等多篇，出版有《双簧管演奏艺术》。

朴东生（1934—　）

作曲家、指挥家。辽宁沈阳人。1952年就读于哈尔滨东北鲁艺音乐系，主修中西乐器，选修理论作曲。1956年入中央音乐学院（天津）苏联专家班深造。后历任沈阳歌舞团、辽宁歌剧院、中央歌舞团首席指挥。中国音协民族音乐委员会委员、中国民族管弦乐学会会长。1949年始从事专业音乐工作，作品逾百件，部分作品录制成唱片、盒带。主要作品有民乐合奏曲《苗族见太阳》《儿童舞曲》《江苏民歌组曲》，二胡独奏曲《在草原上》，唢呐协奏曲《欢庆胜利》（改编），民族交响诗《牡丹仙女的传说》。专著有《乐队指挥法》。曾应邀赴欧、亚、美洲十余个国家访问演出、讲学。

朴甲增（1934—2008）

小提琴教育家。朝鲜族。出生于朝鲜咸兴北道。1962年毕业于沈阳音乐学院。曾任哈尔滨歌剧院小提琴演奏员，哈尔滨市朝鲜族文化馆馆长。长期从事小提琴教学。

朴瑞星（1956—　）

作曲家。朝鲜族。吉林蛟河人。中国音协第七届理事、延边文联副主席、延边音协主席、中国朝鲜族音乐研究会会长、延边歌舞团团长、名誉团长。作品有舞剧《春香传》（合作）获文华大奖，舞蹈诗《长白情》（合作）获优秀作曲奖，小提琴协奏曲《长白魂》获全国第八届音乐（交响乐）作品比赛创作奖，交响狂想曲《神奇的长白山》获建国五十周年音乐作品征集全国优秀作品奖，2006年大型音乐舞蹈诗《千年阿里郎》获第三届全国少数民族文艺汇演剧目奖。大合唱《我最爱长白山》，音乐剧《风流郎君》，歌曲《长白神女》，《父亲山，母亲江》分别获奖。1998年文化部授予"中青年优秀专家"称号。

朴学林（1955—　）

作曲家。朝鲜族。吉林和龙人。1984年在长影音乐创作班学习作曲，1985年在中国函授音乐学院学习作曲理论。1993年调入延边歌舞团。2001至2002年在朝鲜平壤音乐大学作曲指挥系学习。从1998年起共举办四次"朴学林作品音乐会"。创作并发表《燕子回来了》等歌曲，作有电视剧音乐《白雪花》及获"文华奖"的舞蹈诗音乐《长白情》（合作），创作有大量独奏曲、交响曲、音乐剧等

作品。曾赴美国、韩国、朝鲜等国进行音乐交流。

朴在范（1932—已故）

小提琴教育家。朝鲜族。朝鲜咸镜北道生人。1956年毕业于沈阳音乐学院小提琴专业。1960年入中央音乐学院管弦乐进修。为延边艺校高级讲师。撰有《关于学龄前儿童的小提琴教学法》《论莫扎特小提琴作品演奏技巧》。

朴贞子（1943—已故）

女高音歌唱家。朝鲜族。吉林龙井人。1963年毕业于延边艺校后入延边歌舞团。1979年入上海音乐学院声乐系进修。曾任牡丹江朝鲜民族歌舞团教师。1978年获延边专业剧团民族声乐比赛一等奖。

平　远（1962—　）

作曲家。贵州人。1977年考入贵州艺术学校作曲班，毕业后任职于贵州安顺地区花灯剧团。1989年毕业于上海音乐学院作曲系。曾任南京师大音乐系教师，海政歌舞团创作室主任。作有交响序曲《海魂》，交响合唱《我们随太阳远航》，小提琴与钢琴《逝》，新世纪音乐《云之南》《西湖十景》。为《李自成—巾帼悲歌》等数十部影视剧作曲。还作有大量歌曲和舞蹈音乐，有的作品在全国全军的比赛中获奖。

平安俊（1950—　）

作曲家。辽宁鞍山人。1968年始从事音乐工作，1976年毕业于沈阳音乐学院作曲系。现任鞍山市文联副主席、鞍山市音协主席、辽宁省政协委员，辽宁大德实业集团有限公司董事长、总裁。曾任鞍山市歌舞团团长。作有歌曲《我爱熔炉我爱钢》《五月千山梨花开》《绿茵十一豹》《种下一棵爱情树》《留住阳光》《新年祝福》等以及交响组曲《新年组曲》，管弦乐《健美的歌》，轻音乐《千山行》，民乐合奏《灯会》等。歌曲《童心是小鸟》1995年获中国首届少年儿童歌曲卡拉OK电视大赛作品一等奖，2002年编入全国小学音乐教材。出版《我爱熔炉我爱钢》《我爱泥土，我爱阳光》《平安俊歌曲选》三部歌曲集。

平国田（1938—　）

音乐编辑家。河北定州人。曾任河北电台文艺部副主任。1961年毕业于天津音乐学院师范系。先后在沧州电台、沧州日报、河北日报、河北电台任音乐编辑。曾组织全国广播新歌获奖作品演唱会、"振兴中华，拥军爱民"大型演唱会以及全国范围的卡拉OK业余歌手比赛等活动。发表过多首歌曲、评论文章，其编剧、配乐的广播剧《迷糊儿》获全国首届"乌金奖"第一名，审定、监制的节目多次在全国广播节目评比中获奖。

平黎明（1954—　）

指挥家、音乐教育家。河南荥阳人。1970入商丘市豫剧团任乐队首席小提琴兼作曲。1976年入河南大学艺术系学习并留校任教。1980年赴中央音乐学院指挥系及中央乐团进修。先后任肇庆学院音乐研究所所长，河南大学作曲指挥系主任、教授、硕士生导师。作曲并指挥合唱组歌

《焦裕禄之歌》获全国指挥奖、作品奖和演出奖。主编和参编教材著作4部，发表论文及音乐作品六十余篇（首），主持或参与承担省部校级科研项目7项，获全国及省市指挥、作曲、教学等专业奖及荣誉奖数十项。

平士方（1939— ）

女音乐教育家。北京人。1961年毕业于北京艺术学院音乐系指挥专业。曾任北京市教育局教学研究部艺术教研室主任、副教授。中国音协音教委委员、中国音乐教育研究会理事。参与《中小学音乐教材》及《教学参考书》，以及全国中师《音乐教材》的编撰工作。执笔制定《北京中小学音乐教学评价方案》。曾指导少儿合唱团演唱数百首歌曲，部分录制成唱片、盒带。1983年应邀赴菲律宾参加第三届马尼拉国际合唱节。多次担任全国儿童音乐创作、表演活动的评委。

蒲　杰（1950— ）

歌词作家。四川人。毕业于西华师范大学、解放军南京政治学院，结业于西南师大歌词研究生班，南充市文联党组书记、常务副主席。在全国多家报刊发表音乐及文学作品数百件，并多次获奖或被收入多种文学选本。创作出版诗歌、歌词集2部。其作词歌曲数十首获奖，其中《中国风》《云南好个春》等获全国奖，《金秋的思念》《苦乐都是歌》《山那边》获四川"五个一工程"奖。

蒲国敏（1953— ）

女歌唱家、声乐教育家。河南开封人。河南大学艺术学院声乐系副教授，1976年毕业于河南大学艺术系音乐专业。发表论文20余篇，其中《声乐教学中不可忽视的几个问题》《浅论混合共鸣唱法》获省级优秀论文一、二等奖。著有《简谱视唱与乐理基础》，合著《音乐基础与名曲鉴赏》。曾与著名指挥家高伟合作，演出《黄河大合唱》，担任女高音《黄河怨》独唱。演唱的歌曲《看见你们格外亲》《我爱你中国》等在各级电台播放，多次担任省市声乐比赛评委。培养了一批歌唱与教育人才，许多学生在各级声乐比赛中获奖。

蒲丽芬（1934— ）

女小提琴演奏家。山东人。1948年始从事部队文艺工作。1971年入中央芭蕾舞团任小提琴演奏员。曾为中国儿童艺术剧院乐队演奏员，山东淄博蒲松龄纪念馆名誉馆员。

蒲明洲（1940— ）

作曲家。贵州正安人。贵州大学艺术系理论作曲专业毕业。曾任黑龙江伊春市林业歌舞团创作员、贵州安顺地区京剧团乐队指挥。现为贵州音协理事。从事音乐创作以来，先后有数百首歌曲作品在《歌曲》等刊物和电台、电视台发表或播出。其中《山路弯弯》曾获中国校园歌曲大赛三等奖，全国少年儿童歌舞汇演获一等奖，《啊！小河，小河》获二等奖。

蒲以穆（1932— ）

女钢琴教育家。福建福州人。1954年毕业于中央音乐学院钢琴系。曾在中央实验歌剧院和中央戏剧学院任钢琴伴奏。1956年始在中央音乐学院附中任钢琴教研组长，北京教育学院兼课教师。

浦琦璋（1946— ）

女电子琴演奏家。浙江人。毕业于上海音乐学院。1973年入上海乐团。1984年曾赴香港学习电子琴。任职于上海轻音乐团。编有电子琴独奏曲《渔舟唱晚》《灵隐钟声》等。

普布次仁（1947— ）

竹笛演奏家。藏族。西藏拉萨人。1965年参加拉萨市歌舞团，长期从事竹笛演奏工作。作有笛子独奏曲《打麦场上丰收乐》《喜送公粮》《瞎家初》等。

Q

戚长伟（1933— ）

男高音歌唱家。上海人。50年代就读于上海沪江大学，1954年随俄籍教师苏石林学习，后师从嗓音专家林俊卿博士学习咽音发声法，并被聘为声乐教师。上海乐团独唱演员。1958年录制《啊！亲爱的伊犁河》唱片。60年代起在上海交响乐团、铜管乐团、民族乐团、广播乐团等合作举行各种音乐会。1980年在法国指挥家让·皮里松指挥演出的海顿的清唱剧《创世纪》中任男高音独唱。曾为《白莲花》《聊斋》等影、视剧配唱插曲。1994年担任上海市侨联艺术团团长。1995年出访美国，在纽约及洛杉矶各教堂演唱十多场。1996年迁居新加坡，在新、马教授声乐。2005年回上海定居。

戚建波（1959— ）

作曲家。山东威海人。中国音协第六、七届理事。威海市一中副校长、威海市政协副主席、山东省文联副主席。1980年毕业于山东蓬莱师范。创作歌曲作品数百首，作有《母亲》《儿行千里》《亲吻祖国》《好运来》《欢天喜地》《开门红》《欢聚一堂》《与世界联网》《夫妻情》等。数十首歌曲获省级以上奖，其中《常回家看看》《中国娃》《咱老百姓》《父亲》《为祖国守岁》《红旗颂》获中宣部"五个一工程"奖。

亓丰源（1952— ）

作曲家。山东青岛人。广西柳州市群艺馆馆长、广西合唱协会副会长、柳州市合唱协会会长、柳州市政协常委。1966年在山东省泰安市文工团乐队工作，1987年调广西柳州市歌舞团任作曲，1994年任艺术研究所副所长。在《歌曲》等音乐刊物上发表、舞台演唱、电台广播数百首，获奖近百次，歌曲《红水河—太阳河》获广西"铜鼓奖"。1997年获全国自学成才奖，广西"德艺双馨"文艺家称号。

祁 建（1960— ）

女歌唱家。辽宁抚顺人。天津市大港区音舞协会主席，中石化集团音舞协会理事。1975年考入抚顺市歌舞团任舞蹈演员兼声乐演员。1984年调入中石化四公司从事群众文化工作。1993年毕业于天津音乐学院声乐系，毕业后仍回原单位工作。2003年调入天津市大港区文化馆，组织创作编排文艺演出近百场。并被天津市委宣传部、市文化局授予"群众文化之星"称号。

祁 越（1973— ）

作曲家。陕西咸阳人。1995年毕业于陕西师大音乐学院音教系。在咸阳市艺术学校任教。1998年在北京文艺台任音乐编辑，2006年始任咸阳市艺校文艺部主任。作有歌词《我的村落，你的民谣》《飞燕情》《新世纪的五彩旗》《中国背梁》等歌曲和《走进春天》《未曾留意》《你是我的白玫瑰》等均获各种奖项。撰有《钢琴教学笔记》《浅谈中等艺术教育》等文。曾培养众多学生考入全国专业院校，指导的学生多次在各类比赛中获奖。

祁保忠（1954— ）

作曲家。江苏人。新疆兵团农七师电力公司工会主任、农七师音协主席、兵团音协理事。1973年毕业于上海工运学院。发表歌曲近百首，部分省级以上获奖，主要歌曲有《奎棉精神放光彩》《送太阳，送月亮》《一片月光》《两地情》《红柳啊红柳》，四重唱《只生一个好》《为了共同的信念》。1987年获伊犁州首届青年歌手电视大赛美声二等奖，创作并演唱的男声四重唱《计生干部进家门》获自治区第二届计生系统文艺汇演二等奖。创立组建了"天籁民乐团"。编导、主持多场大型文艺晚会。

祁德渊（1947— ）

音乐教育家。河北唐山人。原北京教育学院西城分院院长，音乐特级教师。1968年由北京师范学院音乐系毕业后，从事中、小学与幼儿音乐教师培训工作，担任《美育与音乐教育》《作品分析》《声乐》等课程的教学。参与北京市中、小学音乐教材，乡土教材，中学音乐教师继续教育教学大纲，小学教师高等师范专科音乐大纲的编写工作。发表文章十余篇。参与《聪明泉》《智慧之星》《新编百万个为什么》《中小学教育百科全书》《智慧小天使》等丛书音乐部分的撰写，主编《教师指导用书》。系北京音协理事、北京市音乐教育研究会会长，教育部全国艺术教育委员会委员，中小学音乐教材审查委员。

祁刚毅（1944— ）

作曲家。满族。辽宁沈阳人。1968年毕业于沈阳音乐学院民乐系，后进修作曲。阜新市文联组联部主任、市音协主席、辽宁省音协理事。创作有大量音乐作品。众多作品在报刊发表，并由电台、电视台播放。部分作品获创作奖。作有声乐曲《问声祖国好》《关东，我的母亲》《为了明天》《有这样一个地方》，声乐套曲《中华第一

村》，器乐曲《南湖船，党的摇篮》，舞蹈音乐《玉龙腾飞》等。

祁光路（1934— ）

音乐教育家。安徽滁县人。上海春光文化艺术进修学校董事长、校长。曾任上海师大音乐学院音乐系主任、教授、硕士生导师。中国高等师范院校理论作曲学会副会长、中国高等师范院校和声学通用教程主编、上海师大附设文化艺术学校校长。作品和论著有《友谊交响诗》《金色的海螺》《静夜思艺术歌曲选集》《唐诗宋词歌曲选》《和声学通用教程》《蓝狄尼和声新论》《和声探原读本》《回声》《毕业颂》《渔歌》《枫桥夜泊》《江雪》。发表作品及论文两百余篇（首），主编出版书刊逾三百万字。曾获上海市社会科学研究成果论文奖、曾宪梓教育基金高等师范学校教师奖。

祁坚达（1954— ）

二胡演奏家。江苏南京人。南京小红花艺术团副团长。1991年毕业于首都师范大学音乐系。创作并演奏二胡曲《水乡行舟》《摇露珠》，胡琴与手风琴《打虎上山》，民乐小合奏《七彩旋律》，分别获创作、表演一等奖、二等奖。曾举办教学音乐会。指导的学生多名考入高等音乐院校。发明二胡专用"弱音器"，获国家专利。

祁景方（1931— ）

作曲家。黑龙江肇东人。1948年入嫩江省实验剧团，后在省龙江剧实验剧院工作。作有二人转音乐《杨八姐游春》。担任龙江剧《寒江关》《皇亲国戚》音乐设计。

祁卫东（1955— ）

单簧管演奏家。北京人。曾任海政歌舞团单簧管首席。2002年调入海军军乐团任副团长。长期从事音乐创作和教学，编配创作大量器乐曲和独唱伴奏曲，为海军培养一批文艺骨干。曾与梁广程合作编著出版《实用军乐配器法》。此外，参与撰写与编辑《战士音乐欣赏手册》。2004年受国防部总参外事局委派，曾率海军军乐专家组赴马里进行教学交流。

祁玉珍（1918— ）

女高音歌唱家、声乐教育家。河北霸县人。1939年入燕京大学音乐系，学习并演唱西洋歌曲及歌剧选曲。曾在北京、天津多次举办个人独唱音乐会。1941年后随校迁往重庆途中，应邀在北京、西安、成都举办个人独唱音乐会。后到重庆青木关上海音专继续深造，师从斯义桂，1947年毕业。后在北京举办个人独唱音乐会。1952年始执教于北京师范大学音乐系等院校，后任中国音乐学院声乐教研室副主任。1958年始研究民族声乐，撰有《学习京剧青衣与西洋花腔唱法的对比与体会》《从民族语言出发训练发声》《民族声乐基本功也要民族化》等文，编撰有《民族声乐基础教材》。1994年被文化部授予专家称号。

祁竺蕾（1963— ）

女中音歌唱家。辽宁沈阳人。北京军区战友歌舞团

独唱演员。曾在解放军艺术学院影视文学系学习。演唱并拍摄的《山区日记》获中国电视"星光奖""百花园"栏目二等奖。演唱的《壮志再写风流篇》《军旅年华》分获"'94齐鲁交通杯"优秀演唱奖和全国第二届军旅歌曲大赛金奖。在第六届全军文艺汇演及第四届"大红鹰杯"声乐比赛中，分获三等奖和银奖。曾在北京保利剧院举办个人独唱音乐会。

齐蕙（1938— ）

女歌唱家、声乐教育家。天津人。解放军艺术学院戏剧系声乐教研组组长。早年深造于中央音乐学院、上海音乐学院、上海戏剧学院。1956年师从常香玉。曾任解放军防空军文工团、福州军区歌舞团独唱演员、歌剧演员、教员。曾参加全军第二届、第三届文艺汇演，获优秀演员奖。参加全国优秀歌剧调演，演出歌剧《琵琶行》获优秀演员奖。1980年调解放军艺术学院戏剧系。编写有戏剧声乐教材多部。1983年参加全国高等艺术院校表演教学经验交流会，发表《话剧演员如何正确开发艺术嗓音》。撰写有《戏剧演员的嗓音训练》《话剧演员声乐训练探索》《论歌唱的气与力》《扁桃体切除后口咽腔的康复》《实用歌唱法》等文。

齐林（1924—已故）

低音提琴演奏家。黑龙江哈尔滨人。1947年入哈尔滨大学戏剧音乐系。1948年起先后任东北音工团、东北鲁艺、东北人艺和中央歌舞团演奏员。1956年入中央乐团交响乐队演奏低音提琴。曾多次随团出国演出。

齐伟（1963— ）

女音乐教育家。辽宁阜新人。辽宁阜新市群众艺术馆副馆长、中国电子琴学会理事、辽宁省音协理事、阜新市音协常务副主席、市政协常委。1985年毕业于沈阳音乐学院音乐教育系。1987年起从事群众文化工作，担任钢琴、电子琴、古筝及音乐素养专业的艺术教育和辅导。被评为辽宁省"社会文化优秀人才"和授予"德艺双馨"称号。创作民乐四重奏《草原情思》获省第九届"群星奖"创作二等奖，古筝、琵琶二重奏《草原英雄小姐妹》获省器乐比赛创作金奖和全国第十届"群星奖"音乐创作铜奖。

齐燕（1963— ）

女歌唱家。黑龙江绥化人。哈尔滨歌剧院演员。1981年参加全省声乐大奖赛获业余组二等奖，后入哈尔滨歌剧院。1983年毕业于中国音乐学院干修班，并举办毕业音乐会。曾参加歌剧《弄臣》《卡门》《茶花女》《货郎与小姐》的排演及在音乐会中任独唱。1986年被评为哈尔滨市最佳青年演员，后赴上海音乐学院深造。1987年在首届黑龙江"天鹅杯"大奖赛中获美声组第二名，1988年在歌剧《仰天长啸》中扮演女主角银屏，获黑龙江省第二届哈尔滨"天鹅"文艺大奖表演一等奖，同年被授予黑龙江省"三八红旗手"称号。

齐伊（1930—2009）

作曲家。满族。辽宁岫岩人。1957年毕业于军委军乐

学校上海理论作曲班。曾任武汉人民广播电台副台长、主任编辑。音协武汉分会副主席。作有歌曲《九省通衢的地方》《一江春水满船歌》。

齐易（1956— ）

音乐理论家。河北保定人。1979年毕业于河北省师范学院音乐系。同年入河北定兴幼师任教师。1980年入河北大学艺术学院任教师。发表《让歌声伴随学生们成长》《对现行幼师音乐教材基本乐理内容的一些意见》等十余篇论文。作有歌曲《边寨少年》《幼儿教师之歌》，器乐曲《喜迎宾》《中外儿童歌曲联奏》《中国，我为你喝彩》等，出版《玩具琴与音乐启蒙》《交响乐欣赏》《音乐艺术教育》等。

齐悦（1956— ）

女歌唱家。福建福州人。中国广播艺术团合唱团女高音声部长。1983年毕业于中央音乐学院声乐系，同年入中国广播艺术团。1988年参加在日本举行的国际室内合唱比赛中获三项金奖、一项银奖。1986年获中国唱片总公司颁发的"金唱片奖"。

齐从容（1939— ）

音乐教育家。安徽太和人。安徽省淮南师范音乐组高级讲师。1958年入上海音乐学院师范系进修，1982年在江南音乐高师函授主修教学法、作曲、理论。作有歌曲《我为祖国守边卡》《淮海岸边的歌》《时光匆匆》，撰有《谈"抒情军歌"》《流行金曲含金量刍议》等文，编撰《乐苑小语365》，出版《音乐评论集》。曾被淮南市委、市政府授予优秀作品二等奖。被聘为《中华爱乐报》副主编。曾获国家教委教育委员会"首届全国音乐教育论文"三等奖，《中国音乐教育》优秀创新课全国中师"教案奖"，"曾宪梓教育基金"全国师范教师奖。

齐桂琴（1941— ）

女山东琴书演唱家。山东益都人。1959年入中国广播艺术团说唱团任山东琴书演员。为中央人民广播电台录制山东琴书《梁祝山下》《陈毅下棋》，以及河南坠子《焦裕禄》《小二姐做梦》等。潞安琴书《拙老婆》获全国第一届曲艺优秀节目调演优秀奖。撰写《中国曲艺音乐集成·北京卷》山东琴书有关部分，创作山东琴书《揭发》，与人合作录制山东琴书专辑《游仙湖》。

齐桂珍（1943— ）

女琵琶演奏家。吉林省人。1958年入中央广播文工团学习，曾任吉林广播文工团以及吉林省歌舞剧院演奏员。多次举办过个人独奏音乐会。演奏曲目有《春江花月夜》《阳春白雪》、琵琶协奏曲《草原英雄小姐妹》等。多次随团赴朝鲜等国演出，1992年赴日参加中日邦交20周年纪念演出。

齐国才（1932— ）

指挥家。辽宁海城人。1948年在部队文工团任小提

琴演奏员、乐队指挥。1966年毕业于沈阳音乐学院作曲系指挥专业。曾在陕西乐团工作。指挥有贝多芬《第九交响曲》。

齐国栋（1924— ）

作曲家。河北蠡县人。毕业于中央音乐学院作曲系。晋察冀文艺研究会会员、总后老战士合唱团指挥。曾任《前哨剧社》乐队队员，68军乐队队长，志愿军军乐监督，军乐团队长和创作组长。歌曲《练兵歌》《打活靶》获全军创作奖。作有交响乐《忆英雄》及参与创作大合唱《为了六十一个阶级兄弟》《雷锋组曲》等。改编军乐曲有《我们走在大路上》《我们是共产主义接班人》及部分仪式用曲。《白衣战士之歌》《雨夜的星》《陕北大地忆彭总》等作品两次获全军汇演创作奖，老干部汇演"金鹤杯"指挥奖，两次受到总后勤部嘉奖。

齐鹤堂（1935— ）

音乐教育家。河北蠡县人。1952年毕业于保定师范学校，先后执教于易县中学，易县师范学校，高级教师。从事音乐教育四十余年，培养大批音乐人才，有五十余名学生成为专业文艺团体演员、演奏员，二百余名学生成为中小学音乐教师。多次为易县中学、小学、幼儿音乐教师举办培训班，使全县二十余名初中音乐教师全部达标。撰有《节奏感的基础训练》《大力加强民族音乐基础教育》《论师范院校乐理教改》等文。多次获国家、省市级奖励，被评为河北省劳动模范、全国教育系统劳动模范。

齐宏恩（1936— ）

女声乐教育家。河南博爱人。新疆维吾尔自治区音协理事、声乐学会副会长。1951年始在南京军区部队专业文艺团体任声乐演员。1960年执教于新疆艺术学院，曾任声乐研究室主任，副教授。培养各个民族的众多声乐人才。曾举办个人独唱音乐会。演唱《茶花女》《浮士德》歌剧选段，莫扎特《欢乐之歌》及《玛依拉》《百灵鸟，你这美妙的歌手》《心愿》等维吾尔语歌曲。发表有《维吾尔歌唱中的语言问题》《物体运动法则与歌唱基本原理》《新疆民歌声乐发展趋势谈》等文。多次参与并执笔起草学院声乐教学大纲。

齐纪清（1941— ）

女小提琴演奏家。河北蠡县人。1953年考入中央音乐学院附中，1964年毕业于本院管弦系小提琴专业。师从王治隆、郑湘河、林克汉、张应发。先后于中央乐团交响乐队、陕西乐团交响乐队任演奏员。参加诸多交响音乐会演出，主要演奏贝多芬《第九交响曲》《梁祝》等作品，并为《西安事变》《陕甘宁边区五首民歌》等影视及音乐作品录音。曾获陕西音协颁发的"优秀教师荣誉状"。受聘为中国音协全国社会艺术水平考试小提琴考官。

齐家全（1931— ）

作曲家。山西临汾人。1948年参军。1953年任职于中央水利部文工团，1961年毕业于中央音乐学院作曲系。1962年兼职山西艺术学院任教，先后任山西音协理事、山西省第五届文联委员。曾任山西艺术学院书记、副校长。作品有歌曲《山歌向着青天唱》《周总理的衬衣》《中华老家》、合唱《刘胡兰》、管弦乐《山西民歌组曲》《晚霞组曲》，著作有《音乐杂谈》《和声学问答》《周恩来与北京饭店乐队》。

齐家训（1937— ）

长笛演奏家。湖南人。1952年起在部队文工团、军乐团任演奏员。1961年入中国广播交响乐团任长笛首席。曾在中国广播民族乐团任职。作有乐曲《木管五重奏》《长笛二重奏》。

齐景全（1947— ）

打击乐器演奏家。黑龙江绥化人。原中国人民解放军军乐团团长。1964年入北京军区军乐队，1970年调入军乐团担任独奏演员、队长、副团长、团长。木琴独奏曲《我是人民的小骑兵》《我爱北京天安门》，其中《我是人民的小骑兵》已列入全国小学音乐欣赏曲目。曾在第四届全军文艺汇演中获优秀演员奖，1977年全军独奏、独唱调演获优秀节目奖。创作并演奏《山寨的节日》，编写《爵士鼓基础教程》、合作出版《军乐基础知识》。组织军乐团完成1997、1999年港、澳政权回归仪式的音乐演奏任务。1999年兼任国庆大典千人联合军乐团团长。连续六届担任全军高级艺术职称评委会音乐组主任。

齐静一（1945— ）

女手风琴、钢琴演奏家。陕西西安人。1965年毕业于西安音乐学院。后从事部队文艺工作，1976年调空政歌舞团。1984年曾入中央音乐学院作曲系进修。1982、1987年先后参加首届北京合唱节和首届中国艺术节演出。1985年为《拉班舞谱》及1988年为加拿大多伦多"奔腾舞汇"、美国华盛顿芭蕾舞团访华演出担任钢琴伴奏。先后创作有《安祥地睡吧，宝贝》《深情的国土》等数十首声、器乐作品，其中部分曲目被中央电视台和中央电台录播。1985年被煤炭工业部授予"荣誉矿工"称号。

齐勉乐（1960— ）

女二胡演奏家、作曲家。江苏南京人。第六届南通市音协副主席。1982年毕业于南京艺术学院后进入南通市歌舞团任二胡独奏演员。1985年调南通群艺馆，后任文艺部主任、馆长助理、副馆长，2001年任南通文化局艺术处副处长。作民族拉弦乐重奏《乡村不夜城》（合作）获1991年省第二届音乐舞蹈节创作金奖、演奏银奖。二胡独奏《小宛情怨》《荷香月慢》，声乐《美丽的南黄海》（作曲），舞蹈《渔鼓骨》等获省、市奖。声乐《读你的身影》（作曲），话剧《青春放飞》（作曲）获省"五个一工程"剧目、作品入选奖。

齐明远（1939— ）

音乐教育家。河北人。曾为天津耀华中学音乐教师。天津和平区音乐教研会副理事长、天津中学音乐教研员。1963年毕业于天津音乐学院，后在天津第十六中学任音乐教师，1986至1988年在日本神户中华同文学校任专职音乐教师。作有歌曲《春姑娘》《生活在党的怀抱中》等。参加历次天津市中学音乐教材及歌曲钢琴伴奏编写。撰有《器乐教学及学生音乐能力的培养》获市优秀论文奖。1987年在日本任教期间编辑有《中国歌集》。

齐巧荔（1965— ）

女作曲家。黑龙江人。中国音协第六、七届理事、中国社会音乐委员会委员、黑龙江省政协委员、全国社会音乐音专及声乐高级考官、联合国33届音乐理事会代表、中国轻音乐学会编委、黑龙江省音协驻会副主席兼秘书长、《北方音乐》常务副主编。2002年出版《好歌伴你同行》齐巧荔原创歌曲专辑，并出版发行CD专辑。在纪念抗日战争胜利60年活动《战火中的旋律》DVD录制拍摄中任艺术总监，并任领唱与独唱。为《一个城市与两个女孩》影片作曲。所作歌曲多首在音乐会、文艺晚会中演唱，在音乐赛事上获奖，部分作品在音乐刊物发表。实施黑龙江音乐名片《龙歌》工程。

齐清云（1932— ）

音乐编导家。河北蠡县人。1947年起任中国人民解放军44军文工团乐队演奏员。1952年毕业于中南部队艺术学院音乐系。1953年起先后任海南军区歌舞团、中央广播交响乐团小提琴演奏员。1972年起任中央电视台文艺部音乐节目编导。制作《啊，春潮》等五百多台（组）专题节目，其中《鹿铃回响的地方》《黄土高原上的银铃》《各国名曲音乐会》《交响音乐音乐会》，分别获"星光杯"一、二、三等奖和优秀电视节目奖。曾被聘为莫斯科国际电视艺术节国际评委。

齐熙耀（1933—2001）

男中音歌唱家。河南内乡人。原昆明军区歌舞团独唱演员兼队长。在全军第三、四届文艺汇演中获独唱表演奖。曾随团赴西非四国演出。

齐彦广（1929— ）

作曲家。北京人。曾任济南军区空军文化部部长、山东省文联委员、省音协理事。1945年始从事部队文艺工作，任小提琴演奏员兼指挥。曾在上海音乐学院指挥系进修。后曾任济南军区前卫歌舞团合唱队队长兼合唱指挥、济南军区空军文工团团长、济南军区前卫歌舞团团长等。多次指挥大合唱及歌剧。作有《十盏灯》《拜年》《朝霞红心》等小歌舞、歌剧音乐，合唱《将军当兵》《欢庆》，话剧配乐《敢想敢干的人》等。还作有《准备好吧，同志们》《电报员之歌》《吓了我老汉一大跳》等百余首歌曲。有数十首作品在报刊发表。

齐玉琦（1937— ）

歌唱家。天津人。1956年考入原中央歌舞团，担任歌唱演员。1960年进修于上海声乐研究所。多次随团赴全国各地巡演。参加中国音协民歌合唱团、首都老战士艺术团、文化部老艺术家合唱团，并赴香港、台湾、新加坡演出。1957年在莫斯科第六届世青节合唱比赛中获金质奖章。1964年在音乐舞蹈史诗《东方红》演出中获积极分子称号。1984年参加音乐舞蹈史诗《中国革命之歌》演出。参加过北京历届合唱节、艺术节、国际音乐节。

齐毓怡（1930— ）

女音乐编辑家。浙江杭州人。1960年毕业于上海音乐学院理论作曲系，同年到中国音乐研究所从事中国近、现代音乐家聂耳·冼星海的研究和手稿整理、出版工作，研究员。1986至1994年任国家重点科研项目《冼星海全集》编委、执行编辑和《萧友梅全集》编委。合著有《小提琴协奏曲梁山伯与祝英台分析》《〈黄河大合唱〉诞生与传播的历史缘由》《琴曲〈广陵散〉初探》《漫谈琴曲〈流水〉》《中国乐器介绍》。参加《中国音乐辞典》《音乐百科辞典》的编写工作。

齐·宝力高（1944— ）

马头琴演奏家。蒙古族。内蒙古通辽科左中旗人。1958年参加内蒙古歌剧团。代表曲目有本人创作并演奏的《万马奔腾》《草原连着北京》及《马头琴协奏曲》等。著有《马头琴演奏法》。在前人改革的基础上，研制出木面音箱马头琴，大大增强了马头琴的音量。1989年筹备成立中国马头琴学会。后组建爱乐马头琴乐团，俗称"野马队"。在实践中较好地解决了马头琴高、中、低三个声部的结合问题，为民族乐队的乐器配置积累了经验。培养了大批马头琴演奏人才。曾多次出国演出，将马头琴这一独特的民族乐器推向世界舞台。中国音协理事、内蒙古音协常务理事、中国马头琴学会会长。

岐延斌（1944— ）

作曲家。河南方城人。1956年以来先后在南阳专区文工团、南阳市群艺馆等单位工作。1984年结业于上海音乐学院民族音乐理论作曲系。发表不同体裁的音乐作品三百余件，其中，歌曲《盘古开天》获文化部"群星奖"。《致富谣》等器乐作品和歌曲《姑嫂晒服》等数十件获河南省音乐创作奖。发表《对河南板头曲结构形态的再认识》等音乐论文近四十篇，其中6篇分别在全国和全省评选活动中获奖。在河南《民歌》《民器》集成工作中被授予先进工作者称号。

其米多吉（1951— ）

作曲家。藏族。西藏日喀则人。1986年毕业于中国音乐学院作曲系。1973年入西藏山南艺术团创业组，后任副团长。1979年获自治区第四届文艺汇演创作二等奖，1982年全区小型节目调演获作曲三等奖，1990年获自治区"迎春新歌演唱会"创作一等奖。交响诗《朗沙文波》获全区首届管弦乐作品选拔赛优秀创作奖。歌曲《羊卓湖》获首届"才旦卓玛艺术基金奖"优秀歌曲和演唱二等奖，《吉祥颂》被选为第六届全国少数民族传统体育运动会拉萨分赛场主题歌。

奇真度（1931— ）

小提琴教育家。朝鲜族。生于朝鲜汉城。1950年入延边歌舞团。1957年毕业于东北音专小提琴专业，后任教于延边艺校。编著有《音乐辞典》（朝文版、合作）。

千 洙（1936— ）

小提琴演奏家。朝鲜族。吉林安图人。曾为黑龙江省歌舞剧院管弦乐团乐队首席，并曾先后就职于哈尔滨歌舞团、沈阳军区前进歌舞团。参加"长春音乐周""全国交响乐比赛""哈尔滨之夏""省天鹅艺术节"等演出。演出的作品有芭蕾舞剧《红色娘子军》《白毛女》《沂蒙颂》以及世界知名作曲家的交响乐作品。

前 民（1924— ）

歌剧表演艺术家。辽宁鞍山人。1945年入华北联合大学文艺学院戏剧系学习。1947年毕业后调华北联合大学文工团工作。曾以演出秧歌剧《懒汉》立功受奖。在歌剧《白毛女》《血泪仇》《一场虚惊》，话剧《桃花扇》《小市民》《罗密欧与朱丽叶》《百丑图》《夺印》，秧歌剧《牛永贵受伤》等剧中扮演主要角色。1949年参加第二届世界青年联欢节，于布达佩斯参加秧歌、腰鼓舞演出，获集体一等奖。1950年录制歌剧《白毛女》唱片杨白劳选段。导演过数出歌剧、话剧。有译著出版，写有歌剧论文、回忆录文章四十余篇。

钱 亮（1979— ）

作曲家。山东潍坊人。任职于中央音乐学院。2002年毕业于中央音乐学院作曲系。作有《第一弦乐四重奏》，钢琴三重奏《绿线》《钢琴与弦乐四重奏》《第一交响诗》等器乐作品。影视音乐有《罪犯在逃》《十二楼的流星雨》等。2001年在北京举办个人作品音乐会。2005年获中国音乐"金钟奖"大提琴创作银奖。

钱 琪（1912— ）

女钢琴教育家。浙江嘉兴人。1938年毕业于上海国立音专钢琴系，后在上海音乐学院钢琴系任教。长期从事音乐教育并担任合唱指挥。数十年来，培养了大批优秀的钢琴演奏人才，有的已成为卓有成就的钢琴家。指挥过多个交响乐团和大合唱的演出活动。

钱 芭（1941— ）

长笛演奏家。江苏如东人。1964年毕业于中央音乐学院管弦系。曾任中央乐团演奏员。作有长笛独奏曲《渔舟唱晚》《春之声》，双簧管独奏曲《伊犁之歌》。曾参加交响音乐《沙家浜》创作。

钱 茸（1950— ）

女音乐教育家、编辑家。上海人。中央音乐学院中国传统音乐理论教研室教授、中国戏曲音乐理论研究会理事。1975年毕业于山西大学历史系。曾在《中国青年报》《人民音乐》杂志社等报刊任编辑。1990年毕业于中央音乐学院音乐系，获硕士学位。主编《中国音乐文化大观》《世界民族音乐文化丛书》，撰有《古国乐魂——中国音乐文化》《中国传统音乐概论》中的戏曲音乐部分，被评为教育部优秀教材。《论中国传统文化的积淀——戏曲音乐的程式化》获中国传统音乐学会论文评比二等奖，《戏曲音乐改革与戏曲音乐程式化现象》获中国戏曲音乐理论研究会颁发的一等奖。

钱 苑（1938— ）

音乐理论家、编辑家。江苏南通人。1959年毕业于上海音乐学院附中，1964年在该院本科作曲系及外国音乐史专业毕业留校任教。1973年起在上音音乐研究所工作，后任学报《音乐艺术》编辑。著有《乐海沧桑—外国音乐史简述》（合作）《交响音乐鉴赏》《外国音乐史纲要》，撰有《西方现代音乐术评》《评二胡协奏曲 长城随想》等，主编《音乐欣赏手册》《音乐欣赏入门》，编辑《音乐艺术》《上海音乐学院六十年简史》（合编），编写教材《音乐作品分析》《艺术概论补充教材》。

钱大驹（1942— ）

歌唱家。江苏无锡人。曾任上海乐团歌唱演员。1967年毕业于上海音乐学院。曾主演《沙家浜》《智取威虎山》《红灯记》以及歌剧《罗密欧与朱丽叶》等，并曾获"上海首届青年声乐比赛"相关奖项。作有歌曲《友谊的花朵》及交响合唱《心中的太阳》等。长期在上海乐团艺校任教，培养了一批声乐及电子琴人才。

钱方平（1933— ）

扬琴教育家。江苏无锡人。1957年毕业于华东艺术专科学校音乐系。曾任北京师范学院音乐系主任。曾获1963年全国首届二胡比赛扬琴伴奏优秀奖。著有《扬琴演奏法》。

钱国良（1969— ）

音乐活动家。江苏吴江人。1990年毕业于苏州教育学院汉语言文学系。先后任吴江市文化局综合科科长，吴江市文化广播电视管理局副局长。作词的歌曲《今天阳光真好》《西塘古韵》《心中的水乡》《韵动中国》《激情江苏》等多首，分获创作奖、"五个一工程"奖、佳作奖。出版有歌词集《我的江南》《江南之恋》《诗画江南》。

钱国桢（1937— ）

音乐教育家。河北人。1963年毕业于天津音乐学院作曲系民族理论专业，后任天津豫剧团音乐设计兼导演，1974年调回天津音乐学院任民族音乐概论、乐理、视唱、歌曲作法、民乐队排练等课程教师。论文有《豫剧唱腔调式分析》《梅花大鼓音乐研究》。参加《曲艺音乐集成·天津卷》《戏曲音乐集成·天津卷》的编辑工作。

钱海鹰（1961— ）

女音乐教育家。浙江宁波人。兰州市第二十一中学音乐教师。1980年就读于兰州师范专科学校音乐系。2003年毕业于西北师范大学音乐系。曾获甘肃电视台"工行杯"文艺大赛美声唱法一等奖、中央电视台"全国青年歌手大赛"荧屏奖，曾指导本校合唱团获"全国中小学生合唱"甘肃赛区一等奖，所指导的学生在省轻工厂文艺调演中，获独唱一等奖。多年来，培养数十名学生考取四川音乐学院等高等音乐院校。

钱慧娜（1929—已故）

女声乐教育家。湖南湘潭人。1956年毕业于上海音乐学院，后留校任教，副教授。1961年在上海举行独唱音乐会。1978年后在各地举行多场独唱音乐会。

钱建隆（1944— ）

歌词作家。浙江杭州人。中国音乐文学学会常务理事，浙江音乐文学学会会长。著有歌词集《不安的小溪》《小城有一支歌》《钱江潮》，歌词论集《词，与歌同行》。参与主创第七届中国艺术节开幕式及闭幕式文艺晚会、西湖国际博览会开幕式文艺晚会、中国越剧节开幕式文艺晚会《越剧百年》、杭州湾跨海大桥通车大典文艺晚会《跨越》和交响组歌《大运河》、合唱套曲《海》、舞剧《十里红妆》、乐舞音画《秘色上林》等。

钱建明（1957— ）

指挥家、音乐教育家。江苏南京人。1982年毕业于南京艺术学院音乐系，留院任教，后任管弦系副主任、主任，副教授。著有《通俗歌曲演唱与伴奏》，撰写发表有《试谈中提琴正确发音的基础》《指触与音色》《论音乐表演中的艺术个性》等文，译文有《色彩——新乐器法》《威廉·华尔顿的中提琴协奏曲》等。曾参加1985年南京"中提琴独奏音乐会"任独奏，曾获江苏省第四届音乐舞蹈节、第六届中国艺术节交响音乐会指挥奖及多项作品与演奏奖。

钱建中（1955— ）

作曲家。安徽天长人。浙江省海盐县文化馆副馆长。1990年毕业于中国函授音乐学院理论作曲系。曾在海盐县文工团任演奏员。作有歌曲《摇橹摇》《粮食·土地·太阳》《花农的日子花一样美》，舞蹈音乐《滚灯》等，并分别获奖。撰有论文《文化馆参与中小学艺术教育的现状发展趋势浅析》《关于浙江民歌如何继承与发展的几点构想》等。组织辅导多类音乐活动。

钱竞平（1945— ）

女钢琴演奏家。上海人。1968年毕业于上海音乐学院。曾在上海音乐学院附中任教。1985年在第三届"维尼亚夫斯基国际小提琴比赛"中获最佳钢琴伴奏奖。

钱君匋（1906—已故）

作曲家。浙江桐乡人。1925年毕业于私立上海艺术师范学校图音系。1938年创办万叶书店，专门出版音乐著作，任总编辑。1954年任人民音乐出版社副总编辑。出版有钱君匋作品选《深巷中》。

钱均平（1955— ）

男中音歌唱家。湖北人。湖北省歌剧舞剧院党委书记，湖北省音协副主席。1987年毕业于中共湖北省委党校党政管理专业，2002年结业于武汉大学研究生院戏剧戏曲学专业。曾在湖北省军区文工团、武汉警备区文工团任独唱演员。后到湖北省歌剧舞剧院历任演员、队长、团长、院长。曾在歌剧《洪湖赤卫队》中饰演胡子爹，在歌剧

《白毛女》中饰演杨白劳。另在其他大型歌剧中饰演重要角色。参与策划、组织湖北省各类大型晚会。

钱康宁（1953— ）

作曲家、民族音乐理论家。云南昆明人。发表音乐学术论文二十余篇，评论二十余篇，其中有《云南各民族音乐研究》《论音乐学在少数民族研究中的地位和作用》《论音乐研究中静态分析的动态补充》《音乐的继承发展之路》发表创作歌曲三十余首，其中《边疆的孩子爱大军》为云南电视台每周一歌，《民族团结进行曲》为云南省少数民族运动会开幕式终场合唱。创作各类舞蹈音乐近二十部，三人舞《小伙·四弦·马樱花》获1997年全国少数民族舞蹈比赛作曲三等奖。担任音乐设计兼乐队指挥的大型民族民间歌舞《跳云南》获第三届中国艺术节一等奖并被文化部和中国舞协送调晋京演出。

钱景华（1944— ）

女高音歌唱家。上海人。1964年于上海音乐学院歌剧班毕业，1967年毕业于声乐系。曾在上海歌剧院主演歌剧《白毛女》。在上海乐团交响合唱《智取威虎山》中饰演小常宝。并在"贺绿汀声乐作品""五四以来优秀作品"音乐会中任独唱。与歌唱家刘明义举办多场独唱音乐会。80年代参加中国音协举办的"在希望的田野上""海峡之声"音乐会。为世界吉尼斯获奖影片《庐山恋》，电影《傲蕾·一兰》《燕归来》《海之恋》《晓城春秋》等四十余部影视片配唱，录制唱片专集、录音带。多首歌曲被编入20世纪中华歌坛名人百集珍藏CD版。1992年赴香港定居，曾在"沪港文化艺术中心"任教。香港音乐导师同盟会会员。

钱梅洁（1924— ）

音乐教育家。江苏溧阳人。1945年考入国立福建音专。1949年从事音乐教育。曾主演歌剧《刘胡兰》《刘三姐》。1980年在台州群艺馆工作。曾任《中国民间歌曲集成·浙江卷》编委及《台州民歌集》主编，获文化部颁发的纪念证书和全国艺术科学规划领导小组颁发的二等奖证书。培养、辅导的学生多次在全国及华东六省一市举办的各类声乐大赛中获奖。曾举办两届"钱梅洁学生演唱会"，并获省音协声乐考级委员会颁发的"优秀辅导教师"证书。

钱培基（1935— ）

声乐教育家。江苏镇江人。1954年毕业于上海华东师大音乐系。曾任西北师院音乐系副主任，副教授。长期从事声乐教学工作。

钱庆浩（1951— ）

笛子演奏家。上海人。1970年毕业于中国音乐学院附中，同年任铁道兵文工团笛子演奏员，曾担任独奏。先后代表对外友协及文化部赴法国及西非五国及土耳其演出。曾录制、发表笛子独奏作品，担任全国民族器乐比赛北方赛区军队系统评委。曾与王铁锤及著名笛子演奏家录制出版"北派笛子名家名曲"集。先后担任铁道兵文工团歌舞

团团长、中铁建艺术团团长。

钱仁康（1914— ）

音乐学家。江苏人。上海音乐学院教授。曾任中国音协第三届理事、第四届常务理事，上海音乐学院音乐学系主任及音乐研究所所长。获首届中国音乐"金钟奖"终身成就奖。作有歌剧《大地之歌》，著有《柴科夫斯基主要作品选择》《肖邦的叙事曲》等。

钱荣荣（1978— ）

女歌唱家。浙江杭州人。中国石油长庆油田公司艺术团音乐队演员。1996、2005年分别毕业于西安音乐学院声乐系、西安石油学院。作有歌词《石油大哥》《走向辉煌》等。2001年获陕西省青少年人才艺术选拔赛美声唱法一等奖，2005年获陕西省职工文艺调演美声唱法一等奖，同年获甘肃省"长庆杯"职工歌手大赛美声唱法二等奖，中国石油第五届音乐大赛美声唱法二等奖。

钱沈英（1928—已故）

女钢琴家。浙江海宁人。1949年4月毕业于上海国立音乐学院钢琴系，与李苏梅举行毕业演奏会。1951年举行莫扎特《D大调钢琴协奏曲》音乐会。同年受聘到上海音乐学院任钢琴系助教讲师。1953年起，先后任北京师范大学音乐系钢琴教师，中国歌舞团、中央乐团钢琴伴奏。曾随中国音乐家小组赴哥伦比亚、厄瓜多尔、智利演出，随中国民族艺术团赴阿尔及利亚、卢森堡、比利时、捷克演出，任钢琴伴奏。曾任珠海艺术培训中心钢琴教师。

钱世锦（1942— ）

小提琴演奏家。江苏无锡人。原上海交响乐团副总经理。1960年考入上海音乐学院管弦乐班学习小提琴。1965年毕业后分配至上海芭蕾舞团乐队任小提琴演奏员。1985年调上海交响乐团任团长助理、副总经理。多次参加全国艺术管理研讨会。撰有《乐团管理》《如何组织系列音乐会》。著有《世界十大芭蕾舞剧欣赏》。

钱铁民（1944— ）

民族音乐学家、作曲家。江苏无锡人。无锡市群众艺术馆副馆长，市民族管弦乐学会会长、中国社会音乐学会理事。曾就读于南京艺术学院附中。后在部队文工团任琵琶演奏员、乐队指挥、乐队副队长。1983至1985年研读民族音乐理论专业，后长期参加民间歌曲、曲艺音乐、戏曲音乐、民族器乐等文艺集成书的编撰工作。撰有《无锡道教科仪音乐研究》《李芳园的琵琶艺术》等论文数十篇。歌曲《我们的朋友》《砻嘴里珍珠喷满场》，音乐专题《吴歌与阿福》等获文化部"群星奖"、广电部"彩虹奖"和全国演唱大赛金、银奖。

钱维道（1933— ）

声乐教育家。浙江杭州人。1956年毕业于上海音乐学院声乐系。曾任四川音乐学院副教授。作有歌曲《春天来了》《我们胜利了》，声乐套曲《西湖四季》。

钱文瑛（1939— ）

女音乐教育家。江苏太仓人。1964年毕业于上海音乐学院钢琴系。同年，分配至江西师范大学音乐系任教，曾担任音乐系、键盘教研室主任，音乐系副系主任。1988年调星海音乐学院任教。1990至1999年任星海音乐学院附中校长、副教授，省钢琴学会理事，省钢琴学会副会长兼秘书长。从事钢琴教学40年，培养一批钢琴人才。

钱小毛（1916—已故）

十面锣演奏家。浙江奉化人。从12岁开始学习民间音乐。1956年入浙江歌舞团。曾进京参加1956年全国音乐周及国庆十周年演出。曾出访委内瑞拉、朝鲜、埃及等国。

钱晓蕾（1948— ）

女钢琴教育家。浙江人。云南音协常务理事、云南音乐教育专业委员会副主任。曾任云南艺术学院音乐教育系主任、教授。从事钢琴教育30年，在云南省及香港各类钢琴比赛中担任评委主任和评委。所指导的学生有数名在全省和全国的钢琴比赛中获奖。1997年获云南省教委颁发的"云南省优秀教学成果一等奖"。1999年获曾宪梓基金全国评比教师三等奖。2001年获国家教育部授予的"全国优秀教师"称号。

钱晓平（1961— ）

女声乐教育家。江苏吴县人。1987年毕业于上海师范大学艺术系。先后任职于上海行知艺术师范学校、上海师大音乐学院声乐教师。发表论文《对艺术师范学校声乐课的新认识》《歌曲的色彩和多彩的音乐》《加强声乐教学中的全面素质培养》。曾获上海师范学校"教师音乐会"声乐一等奖。"1994年上海教师艺术节"声乐比赛美声三等奖。曾随上海爱乐合唱团赴香港、奥地利、意大利、法国、韩国等地演出。

钱星南（1931— ）

中提琴演奏家。上海人。1949年入北平中国青年艺术剧院。师从司徒华城、盛雪、隋克强学习中提琴。1959年入中央芭蕾舞团（北京舞蹈学校实验芭蕾舞团），自1949至1976年担任青艺、儿艺、芭团、乐队中提琴首席，参加舞剧及音乐会演出。担任过芭蕾舞剧《吉赛尔》的中提琴独奏等。曾任小乐队指挥及合唱指挥。1956年曾参加中央乐团建团演出，指导参加河北省交响乐团等乐队演出。

钱亦平（1946— ）

女音乐理论家、教育家。江苏无锡人。上海音乐学院艺术管理系主任、教授、博士生导师。1970年毕业于上海音乐学院理论作曲系，1979年考入上海音乐学院攻读硕士研究生学位，师从钱仁康教授学习音乐作品分析，1982年毕业获文学硕士学位。1990至1991年赴俄罗斯莫斯科音乐学院进修音乐作品分析。著有《音乐作品分析教程》（被评为2003年度上海市优秀教材一等奖），《西方音乐体裁及形式的演进》《世界著名交响诗欣赏》《音乐欣赏指导》等，编著出版《孩子们的贝多芬》《斯克里亚宾的钢

Q

琴练习曲集》等。

钱挹珊（1923— ）

女大提琴教育家。上海松江人。1946年毕业于上海国立音专。1951至1957年就学于巴黎音乐学院。曾在上海音乐学院管弦系任教。

钱宇幸（1969— ）

女中提琴演奏家。辽宁沈阳人。广州交响乐团中提琴首席。1991年毕业于上海音乐学院。曾赴澳演奏中提琴协奏曲。与国内外著名芭蕾舞团合作，在《吉赛尔》《霍夫曼的故事》《葛蓓莉亚》等芭蕾舞剧中担任中提琴独奏。先后参加"全国交响乐团电视展演"音乐会、"1997年环球华人交响乐团"回归音乐节、亚洲"亚洲月"联合乐团及"广交首席音乐家系列"音乐会、"情系法兰西之夜"音乐会等。

钱韵玲（1915—已故）

女音乐活动家。湖北咸宁人。曾任浙江省音协副主席兼秘书长。中国音协第三届常务理事。1936年毕业于上海新华艺术专科学校。后参加抗日救亡歌咏运动。1938年入延安鲁迅文学艺术学院文工团。新中国成立后，长期从事音乐教育和音乐活动的组织、领导工作。

钱绽之（1915—已故）

民族吹打乐演奏家。江苏苏州人。出身于民族乐器世家。8岁随父演奏。擅长笛、箫、打击乐演奏。1953年入中国广播艺术团民族乐团。整理出苏南吹打乐谱几十套。

钱兆熹（1936—2005）

作曲家。河南辉县人。曾任浙江省歌舞剧院专业作曲、马来西亚艺术学院客座教授、东方艺术中心研究员、浙江省音协副主席。民乐协奏曲《和》获文化部"文华奖"，《扬州慢》《原始狩猎图》等14部作品分别获国内外多种奖项。笛子作品《旋舞女》被指定为2004年台北笛子国际比赛规定曲目。1999年荣获浙江省政府颁发的终身文艺突出成就奖——鲁迅文艺奖。曾出版理论专著《现代华乐实用和声》，发表《论现代作曲思维之新发展》等数篇研究论文。多次应邀赴各地及国外参加理论研讨、讲学和举办音乐会。

钱正钧（1935— ）

作曲家、音乐教育家。江苏人。华南师范大学音乐系教授。1958年毕业于上海音乐学院作曲专业。1959年在黑龙江省牡丹江农垦局任乐队队员。1962年在哈尔滨艺术学院音乐系任教员。1965年合并入哈尔滨师范大学音乐系。1988年调广州华南师范大学音乐系。主要音乐作品、论文屡在国家级各刊物发表、音乐会公演、电台录播。

钱志鸿（1939— ）

男中音歌唱家。陕西西安人。1963年始从事声乐艺术工作。曾任陕西省广播电视民族乐团演员队长。1981年获省音乐舞蹈会演独唱二等奖。

钱致文（1944— ）

女钢琴家。浙江杭州人。1967年毕业于中央音乐学院钢琴系，1972年入总政歌剧团工作。曾多次受国务院文化部委派，分别于1984年、1987年、1988年和1992年赴芬兰、法国、比利时及意大利参加国际声乐比赛，担任伴奏，均获佳绩。并于2000年及2002年先后在广州及北京由中国主办的两届国际声乐比赛中，作为文化部指定的钢琴伴奏参加比赛。多次赴新加坡、菲律宾、意大利及港、澳、台等国家和地区参加演出。多年来一直活跃在国内舞台上，参加各种比赛及演出活动。

钱中宝（1964— ）

音乐教育家。安徽凤阳人。安徽省音协声乐委员会理事，安徽省凤阳师范学校音乐高级讲师。先后毕业于滁州师专、安徽师范大学音乐教育专业。撰写《浅谈中师音乐教师的能力》《五年一贯制音乐教学的尝试》等多篇论文发表于省级以上刊物。长期从事音乐教学工作并积极参加基层文艺活动，辅导学生多次参加省、市文艺汇演、比赛，获得优异成绩，多名学生被音乐院校录取。

钱子廷（1953— ）

作曲家。湖北武汉人。1978年毕业于武汉音乐学院作曲系，后到湖北人民广播电台任音乐编辑，1994年任湖北文艺广播电台副台长，1996年任湖北交通音乐台台长。作有歌曲《我爱心灵美》，二胡独奏曲《放鸽》，钢琴与二胡《难忘的岁月》。曾为电视片《李时珍陵园》编曲，为舞剧《夜过贺龙军》配器。撰有《关于音乐广播功能的思考》。曾组织湖北省首届广播歌手大赛及全国广播歌曲评奖、编审音乐广播节目，参与组建湖北文艺广播电台、主持组建湖北交通音乐广播电台。

潜国平（1951— ）

作曲家。浙江丽水人。浙江省丽水市莲都区文化馆馆长。1988年毕业于浙江丽水职高。作有歌曲、表演唱及舞蹈音乐数十首，其中获奖的舞蹈音乐作品有《哺》《喜蛋》《竹叶青、山水甜》，获奖歌曲有《山里有条弯弯的小河》《畲家的歌》《科技兴农新事多》《凤凰社区喜事多》《畲家牧童有一支小竹笛》《红太阳、绿太阳》等。

强 栓（1933— ）

圆号演奏家。江苏无锡人。1949年始从事音乐工作。1955年入中央乐团主办的德国圆号专家霍夫曼教授训练班进修。曾在中央芭蕾舞团工作。

强心刚（1953— ）

圆号演奏家。江苏无锡人。山东潍坊市歌舞剧院乐队队长、中国音协圆号学会常务理事。2000年毕业于中共中央党校函授学院。为潍坊及周边市区组建培训了几十支业余管乐队及乐手千人。编曲、排练、指挥的中小学生千人管乐演奏在中央电视台播出。指挥乐队为数届歌手大赛担任伴奏，为潍坊国际风筝节表演大型管乐合奏。参加编配大量管弦乐和管乐总谱。指导乐队多人在省主办的音乐大赛中获二、三等奖，其中潍坊中小学管乐合奏于1998年获山东省中小学汇演一等奖。所辅导的学生多人考入音乐学院或任院校的管乐教师、首席圆号。

强兴龙（1940— ）

高胡、二胡演奏家。江苏苏州人。曾任中央歌舞团乐队首席。1959年先后入文化部天马舞蹈艺术工作室乐队、北京舞蹈学校乐队演奏高胡、二胡、扬琴、木琴等。演奏有高胡曲《剪春罗》《倒垂帘》《平湖秋月》《雨打芭蕉》，二胡曲有《春节序曲》《二泉映月》等。曾参加音乐舞蹈史诗《东方红》电影拍摄。为影视片《孙三卖驴》《诸葛亮》等配乐录音。出版高胡、二胡演奏专辑。多次随团赴墨西哥、秘鲁、哥伦比亚、智利、阿根廷、牙买加及香港、澳门访问演出。

强增抗（1938— ）

音乐教育家。陕西人。曾任西安音乐学院作曲系曲式、配器教研室主任、副教授。1959年毕业于西安音乐专科学校作曲专业。曾参加省市秦腔剧团移植"样板戏"乐队配器。撰有《秦腔音乐的调式及其和声》《德彪西配器的风格特点》等文，作有碗碗腔主题弦乐曲《忆秦娥》（合作），古筝曲《姜女泪》（合作），编有《管弦乐配器教材》《管弦乐配器课习题》《管弦乐配器课分析习题》。

乔　宝（1957— ）

作曲家。蒙古族。内蒙古阿拉善人。内蒙古自治区乌兰牧骑学会理事，阿拉善盟马头琴协会会长，马头琴演奏家。内蒙古自治区非物质文化遗产"原生态"阿拉善马头琴"传承人"。作有《桃花山—我的摇篮》《银白色的沙梁》《故乡的神山—海森楚鲁》《献给阿妈的歌》《梦中的阿拉善》《马头琴之恋》《驼铃》等。论文《谈音乐的民族性和时代性》获国际优秀论文奖。《我心中的永恒》《大漠之歌》《大漠畅想曲》《神圣的阿拉善》等歌曲曾先后获群众创作歌曲大赛金、银奖。共创作有多种形式的音乐论文二百多首（篇），制作发行音乐专辑CD《银白色的沙梁》，DVD《梦中的阿拉善》。指导编辑出版阿拉善马头琴音乐专辑VCD《和硕特：悠远与唱响》等唱片。

乔　飞（1925—已故）

作曲家。广东广州人。1944年毕业于广州艺专，后从事音乐教育工作。曾任中国音协理事、广东音协常务理事、原广东省歌舞剧院艺术指导、广东民族乐团团长，广州乐团、广州歌舞团创作员。作有歌曲《共产党恩情长》《月光光》《海底珍珠容易摸》《珠江奔流向海洋》，广东音乐合奏曲《乡村春早》《岭南欢歌》《思念》《扑蝶》《红棉吐艳》《珠江之恋》《大鹏展翅》《海珠特区素描》组曲等。

乔　谷（1927—1982）

作曲家。山西沁水人。1940年参加抗敌演剧队。曾在华北大学、中央音乐学院进修班学习。1958年入中央民族歌舞团。作有歌剧音乐《小二黑结婚》（合作），电影音乐《小叮当》。

乔　鲲（1977— ）

长号演奏家。江苏徐州人。中国交响乐团长号副首席。1999年毕业于中央音乐学院管弦系。1996年获全国铜管乐比赛长号四重奏优秀奖。曾随中国交响乐团先后赴英国、德国、奥地利、日本、澳大利亚、西班牙、葡萄牙、朝鲜、韩国、美国、俄罗斯等国家和港澳台地区演出。

乔　梁（1958— ）

长笛演奏家。江苏南京人。毕业于解放军艺术学院及南京艺术学院研究生班。1967年入伍，先后在南京军区前线歌剧团从事演奏工作，曾在全国青少年长笛比赛中获奖。创作《雨中情》获全军文艺汇演一等奖。演奏了大量的中外音乐作品，并在南京举办个人独奏音乐会，同时还为国内外录制大量音乐作品，并出版发行个人长笛专辑CD两张。现为江苏管乐学会副秘书长，前线歌舞团乐队副队长、首席长笛，南京艺术学院附中长笛专业特聘指导教师。

乔　伦（1930— ）

音乐理论家。山东烟台人。1954年毕业于南京艺术学院。早期在上海人民广播电台工作时，发表有《我是一个歌手》等歌词、歌曲二百余首。后为河北省艺术研究所研究员。著有《河北民间歌曲研究》。音乐美学系列论文《音乐的中介思维》《音乐与外部世界的关系》等发表于《文艺研究》《新华文摘》《中国音乐学》等期刊。曾获一、四届河北省文艺振兴奖，并获全国艺术科学规划组颁发民间艺术集成编纂工作个人一等奖。

乔　平（1948— ）

歌唱家。广东广州人。中国合唱协会理事、广东合唱协会副会长。毕业于上海音乐学院声乐系专修班。曾任广州乐团合唱团团长、广州交响乐团副团长。曾获第三届"羊城音乐花会"声乐比赛一等奖，并在美国著名指挥家齐佩尔指挥的《贝多芬第九交响乐》中担任独唱、四重唱。1988年随中国音乐家代表团赴菲律宾演出并担任独唱。在广州、香港成功举办个人独唱音乐会。1995年在美国举办独唱音乐会并获洛杉矶蒙特利市议会奖，同年率广州乐团合唱赴欧洲参加法国第九届"南希国际合唱节"。

乔　霞（1960— ）

女作曲家。江苏靖江人。1984年毕业于南京师范大学音乐系。后任江苏省高邮师范音乐组长、江苏省靖江市文化馆副馆长。撰有《谈谈群众歌曲的特征》《靖江市文艺缘何节节高、年年红》等多篇文章。作有歌曲《浪花》《七月的歌》《苏北小江南》《我们是煤、我们是火》《靖江老干部大学之歌》《家乡人·家乡水》《心心相印》数十首歌曲，《靖轴工人火红的心》获第二届全国工人歌曲征歌"银杯奖"。演唱的《定能战胜顽敌渡难关》获江苏省广播演唱大赛二等奖。

乔　羽（1927— ）

歌词作家、剧作家。山东济宁人。曾任中国歌剧舞剧院院长。中国音乐文学学会主席、中国大众音乐协会名誉主席、中国戏剧家协会理事。1946年入晋察鲁豫边区北方大学学习，毕业后任职于华北大学三部剧本创作室，开始从事文学创作。新中国成立后，先后任职于中央戏剧学院、中国戏剧家协会、文化部剧本创作室。创作有歌剧剧本《花开满山头》《果园姐妹》，电影文学剧本《红孩子》（合作），《刘三姐》，话剧剧本《杨开慧》（合作）等。曾参与大型音乐舞蹈史诗《东方红》《中国革命之歌》的歌词创作。创作有大量歌词，主要歌词作品有《我的祖国》《祖国颂》《人说山西好风光》《让我们荡起双桨》《牡丹之歌》《说聊斋》《岁月如流》《雄伟的天安门》《爱我中华》《说北京》《思念》《心中的玫瑰》《难忘今宵》《夕阳红》等。曾为电视连续剧《东周列国》创作主题歌歌词，为《中国歌词选》《中国歌海词丛》系列丛书撰写序言。出版有长篇叙事诗《龙潭故事》。

乔爱玲（1964— ）

女声乐教育家。河南虞城人。1988年毕业于星海音乐学院声乐系。后从事音乐教育工作，任广州大学艺术与设计学院音乐系教师、副教授。培养许多优秀艺术人才。撰有《声乐教学的探讨与实践》《如何看待民族唱法》《谈声乐演唱中的审美情感》《从"青藏高原"浅析李娜的演唱艺术》。

乔东君（1918— ）

音乐史学家。河北藁城人。1941年毕业于延安鲁迅艺术学院第三期。后从事作曲、教唱、指挥。1943年入恩施国立湖北师范学院音乐系转国文系，毕业后在北平平民中学、第六中学任教。新中国成立后，在中央戏剧学院研究部从事作曲，并任歌剧系教师。1953年调中国戏曲研究院音乐研究室，1960至1963年在中国戏曲学院音乐系任教。1977年调入中国艺术研究院音乐研究室，从事古代音乐史研究，副研究员。曾担任《中国音乐词典》分科主编、硕士研究生导师。著有抒情歌曲集《流云集》《东君诗稿》《晓斋墨缘》等。

乔光锦（1935—已故）

歌唱家。贵州贵阳人。1957年毕业于四川音乐学院声乐系。曾为重庆市歌舞团独唱演员、合唱指挥。

乔宏坤（1959— ）

女歌唱家。湖北襄樊人。襄樊音协常务理事。1987年毕业于天津音乐学院声乐系。1972年入襄阳地区文工团。后任独唱演员兼声乐教师。1992年在交响诗剧《洪湖的女儿》中担任领唱。先后在全国迎春文艺节目展播中独唱《有个同志最会笑》，在省音乐、舞蹈、话剧新人新作比赛与襄樊市音乐舞蹈艺术创作成果评比及省第二届音乐、舞蹈"新人新作"比赛中分别获不同奖项。曾担任十一届全国青年歌手电视大奖赛湖北赛区襄樊分赛区评委。

乔洪弟（1931— ）

音乐教育家。天津蓟县人。1947年始从事部队文艺宣传工作。1950年入中南军区部队艺术学校音乐部学习理论作曲、小提琴与音乐文学。创作有部队题材的歌曲多首，后调任从事政治工作。转业到天津音乐学院之后，在曾担任领导工作之余，坚持业余创作。多年来发表歌词、歌曲、音乐评论文章及诗歌等百余首（篇），获奖十余次。合著有《读谱歌唱艺术》，参与编写《合唱艺术手册》一册并任该书副主编。

乔建中（1941— ）

民族音乐学家。陕西榆林人。曾就读于西安音乐学院、中国音乐学院，先后在中国京剧院，山东省艺术馆工作。中国艺术研究院音乐研究所研究员、博士生导师，上海音乐学院、中国音乐学院特聘教授，中国传统音乐学会会长。1997年入载英国剑桥大学《国际名人传记辞典》第26版。著有《论汉族民歌近似色彩区的划分》（合作）《土地与歌——传统音乐文化及其历史地理研究》《咏叹百年》《中国经典民歌鉴赏指南》《中国音乐》《国乐今说》等，编著、主编《中国音乐学经典文献导读·传统音乐卷》《中国锣鼓》《中国音乐典藏大系》等辞书、学术文集共13种。

乔金文（1934— ）

作曲家。河南人。1947年始从事音乐工作。1963年入中央音乐学院作曲系进修。曾在河南省群众艺术馆工作。作有歌曲《蛤蟆洼》，钢琴曲《民歌主题变奏曲》，民乐曲《汉江韵》。

乔力平（1955— ）

女音乐教育家。四川邑中人。1972年任湖南湘泽市歌舞团演员。1988年毕业于武汉音乐学院声乐系。后任湖南群艺馆艺术培训部副主任，现任湖南广播电视大学艺术系主任。曾发表论文《选择适合自己演唱的歌曲》《试论音乐教育实践中应试教育向素质教育的转变》。曾先后在歌剧《洪湖赤卫队》《江姐》《特别代号》《自由之花》《小刀会》中饰演女主角，并经常参与组织、策划各种音乐培训、比赛、演出活动。

乔林方（1949— ）

女钢琴演奏家。北京人。自幼随老志诚学习钢琴。文革期间参加文艺宣传队，创作并演出歌曲和歌剧。1978年进入中央歌舞团，任舞蹈伴奏。并随吴文俊、石叔诚老师学习钢琴。曾担任过伴奏的大型歌舞晚会有《大红绸子飘起来》《大红灯笼亮起来》等，担任舞蹈排练的有《红绸舞》《孔雀舞》等。在基训课伴奏中创作和改编了大量伴奏乐曲。曾任中国音乐学院歌剧系兼职伴奏，文化部"俄罗斯舞蹈编导大师班"伴奏等工作。

乔佩娟（1932— ）

女歌剧表演艺术家。黑龙江齐齐哈尔人。1947年参加革命，1953和1962年分别毕业于中央戏剧学院本科歌剧系和上海声乐研究所。主要从事歌剧表演专业，解放军总政歌剧团主要演员。曾在歌剧《小二黑结婚》中首演饰小芹，《志愿军的未婚妻》《白毛女》《雷锋》《营房相会》《李月娥还乡》《满江生辉》等二十多部歌剧中饰演主要角色。曾参加大型音乐舞蹈史诗《东方红》的演出。1965年任中国音乐学院声乐系讲师。1970年后历任总政话剧团《万水千山》剧组领导成员、总政歌舞团副政委、政委、解放军艺术学院副院长、政委。经常率团深入部队演出，曾率艺术团访问美国。

乔书田（1939— ）

歌词作家，作曲家。山东宁津人。原吉林省歌舞剧院创作室主任，国家一级编剧。主要作品有歌剧《云山春水》《大刀进行曲》《啊，美丽的时光》《血泪歌声》，歌舞剧《劫花轿》，独幕歌剧《金不歪断案》《小俩口算账》等。长篇传记《麦新传》（合著），专著《无字的诗——音乐》等。大型声乐套曲《祖国在我心中》、交响合唱《香港，一九九七》获文化部等六单位颁发的优秀奖。作有歌词百余首。

乔树军（1964— ）

作曲家。黑龙江人。1988年开始从事专业艺术工作。辽宁省葫芦岛市艺术团副团长、葫芦岛市音协副主席。曾受过作曲家王酩、声乐教育家金铁霖、卢德武等的指导。歌曲《大东北有条大辽河》获2007年辽宁省"五个一工程"作品奖。在多年的艺术工作中坚持（创作、编曲、制作、演唱）一专多能，创作和演唱了大量音乐作品，多次受到国家和省市的嘉奖。

乔惟进（1948— ）

作曲家。江苏人。毕业于南京艺术学院作曲专业。先后任南京艺术学院附中校长、南艺音乐学院作曲专业、和声主课和硕士生导师。发表和声论文9篇，出版《和声学》专著一本。发表、广播古筝、琵琶二重奏《大浪淘沙》及声乐作品数百首。其中交响合唱《长江组歌》获全国征歌"优秀作品奖"，女声独唱《最爱是江南》获江苏省"五个一工程"奖，琵琶与交响乐队《丝路幻想曲》获音舞节交响音乐作品奖，二胡独奏《丝路随想》获作曲奖。民乐合奏《秦淮月》获"首届海内外江南丝竹比赛"三等奖。曾为多部电视剧、电视艺术片及舞蹈作曲，并获奖。

乔晓彬（1955— ）

男低音歌唱家。内蒙古海拉尔人。曾在内蒙古呼盟地区歌舞团任歌舞演员。1978年调入中央歌舞团任独唱演员，后任中国东方歌舞团声系艺术部、副主任。1982年进修于中国音乐学院歌剧系及中央音乐学院意大利语班。为多家录音公司、电视台、电台录制独唱、四重唱专题节目。参加中央、北京等地的春节、元旦、国庆及多种大型文艺晚会的演出，并在北京、天津等地举办四重唱专场音乐会。参加文艺调演、慰问部队官兵，参与抗洪赈灾义演及国际音乐节的演出，并赴多国及地区演出。

乔译萱（1977— ）

女音乐编辑家。吉林人。2001年毕业于中国音乐学院作曲系。同年入中国音协《歌曲》编辑部任编辑。先后为影视剧《天下女人心》《秋香情系唐伯虎》创作主题曲与插曲《我心痛》《桃花仙》《微笑》。另创作有歌曲多

首，其中《丁香女孩》分获全国优秀流行歌曲创作大赛华北赛区与全国总决赛二等奖，《梦中的城》获文化部艺术局与中国音协"歌唱祖国"歌曲征集优秀创作奖。

乔玉珍（1933— ）

女民歌演唱家。山西太原人。1953年入山西省歌舞团任独唱演员。1973年任山西省艺术学校声乐教师、研究室副主任。演唱民歌有《观灯》《卖菜》《交城山》等。

乔展文（1953— ）

作曲家、指挥家。上海人。南京军区前线歌舞团乐队副队长。1979年毕业于上海音乐学院。作有弦乐四重奏《忠魂曲》，舞蹈音乐《击剑》《心中的塑像》，舞剧《天山深处的大兵》，大型管弦乐曲《阿里山随想曲》，电视连续剧《张骞》音乐。评弹音乐剧《血桃花》获1986年"全军曲艺比赛"作品一等奖。以上作品的演出、录音均由其指挥演奏。

乔志忱（1939— ）

笛子演奏家。天津人。1958年先后任天津歌舞剧院民乐队演奏员、天津交响乐团副团长、天津群众艺术馆馆长、天津市文化局社会文化处处长。曾长期师从著名笛子演奏家刘管乐，参与整理、出版、录制刘管乐的作品。长期担任独奏、创作、教学与辅导工作。首录作品《塔塔尔族舞曲》《倒卷帘》《打谷场上》《冀南小开门》《丰收曲》等笛子独奏曲的唱片、录音、录像及出版笛子曲选、教材、文章等。天津市音协理事。

秦 纯（1951— ）

作曲家。山东黄县人。1970、1989年分别毕业于沈阳音乐学院附中管弦学科、辽宁职工艺术大学作曲系。先后任辽宁歌剧院交响乐团管弦乐队演奏员、乐团副队长、艺术室主任。辽宁音协理事。作有管弦乐曲《天山脚下》《风采颂》，铜管五重奏《山谷》《脸谱》，弦乐九重奏《弦鸣黄梅》，舞蹈音乐《英灵颂》，京剧音乐《无名碑下》及儿童歌舞剧多部。为《潮涌大地》等电视剧配乐获"东北金虎奖"。撰有《音乐的"雅"与"俗"》《音乐的民族与现代》发表并获省优秀论文奖。

秦 军（1970— ）

音乐教育家。江苏淮安人。江苏省泰州中学艺术教研室主任。曾先后就读于盐城师范学院、南京师范大学音乐教育系。曾获省音乐考级"优秀指导教师"、泰州市艺术教育先进个人及省第二届中小学艺术展演优秀节目指导奖。撰有《利用合唱艺术提高学生素质》《论嵇康的音乐思想》等文多篇。

秦 蕾（1953— ）

女高音歌唱家。安徽芜湖人。1970年入伍，后任广州军区战士歌舞团独唱演员。演唱有《戒烟歌》《月亮走我也走》《哥哥当上边防军》等歌曲。曾获"羊城音乐花会"独唱比赛二等奖、全军中青年独唱比赛民歌组一等奖、全国首届推选十名（民族唱法）女歌唱家大赛最佳一

级演员奖、全军文艺汇演最佳表演奖。2000年被广东省文联推选为优秀中青年会员。

秦 丽（1960— ）

女高音歌唱家。河北昌黎人。辽宁人民艺术剧院电声乐团演员。1985年毕业于沈阳音乐学院民族音乐系，同年举办毕业独唱音乐会。撰有《论民族声乐的个性》等文，出版《歌曲联唱》音乐盒带。1985年借调中央歌舞团赴北京、上海演出任独唱，1994年参加辽宁电视台元宵晚会独唱《五歌放羊》等。

秦 涛（1942— ）

作曲家。浙江绍兴人。1966年毕业于中央音乐学院作曲系。曾任中央电视台文艺部歌舞组导演。作有管弦乐《北京颂歌》，合唱《祖国在飞奔》，合作有电视片音乐《新上海的主人》《牧马姑娘》《边陲行》。

秦 序（1948— ）

音乐史学家。四川璧山市人。1984年毕业于中国艺术研究院研究生部，硕士学位。就职于中国艺术研究院音乐研究所，博士生导师。先后在国内外刊物上发表《民族乐器口弦初探》《唐玄宗是〈霓裳羽衣曲〉的作者吗》《音乐考古测音研究的误区》《琴乐"活法"之我见》等数十篇论文。编著有《中国音乐史》《中华文化通志·乐舞志》《中国音乐通史简明教程》。译有《唐俗乐二十八调的成立年代》《唐代乐器》。在《中华艺术通史》科研项目中，担任执行副总主编，《隋唐卷》主编。

秦 茵（1931— ）

女歌唱家。蒙古族。天津人。1949年入部队文工团，为抗美援朝志愿军回国慰问团成员。1958年转业至吉林市歌舞团，后入吉林省歌舞剧院。主演过《红霞》《红珊瑚》《货郎与小姐》《愤怒的贤良江》等12部歌剧。1981年与刘秉义、鲍蕙荞等3人举行独唱、独奏音乐会，1987年举行秦茵独唱音乐会，1990年举行秦茵师生独唱音乐会。吉林省四、五、六届政协委员，省音协理事。

秦安强（1954— ）

音乐编导家。山西太原人。山西电视台文艺中心编导。1982年毕业于山西大学音乐系。发表《形意·贯通·和谐一致》《认真探析音乐本质，提高观众音乐修养》《传播传统文化纵横谈》等文。获奖作品有舞台艺术片《山西民间音乐舞蹈》《黄土风情》，电视音乐片《领路者之歌》以及《黄土情韵》《三晋魂》等。获奖的MTV有《黄河娃》《别故乡》《大槐树》《走出古道》等。

秦北海（1934— ）

小提琴演奏家。四川人。1949年始从事部队音乐工作。后入中央音乐学院管弦系进修。曾任陕西音乐团交响乐队首席、乐团副团长。音协陕西分会表委会副主任。

秦德祥（1939— ）

音乐理论家。江苏常州人。自学民族乐器与理论。

1959年起从事中学教育工作，业余参加市民族乐队演出、指挥和创作等活动，作有歌曲、民族器乐曲等数百首，发表三十余首。1980年起转入音乐教育理论研究，在国家刊物上发表论文百余篇，出版《中外音乐教学法简介》《元素性音乐教育》《普通学校音乐教育学》（合作），《秦德祥音乐教育论文选》《吟诵音乐》等。曾为杭州、大连等地的中小学音乐教师培训班及上海交通大学授课。

秦庚云（1946— ）

歌词作家。江西南昌人。曾在江西省歌舞团工作。省文联第五届委员、省第六届政协委员。1987年入天津音乐学院音乐文学系进修。作有《啊，闪光的团徽》《林海里流出一条河》等。

秦国琛（1950— ）

作曲家。河北赞皇人。1976年结业于天津音乐学院作曲系。作有大提琴协奏曲《伟人的北京》由中央广播电台播出。1982年全国电视台标音乐评比中《洛阳新闻》台标获音乐创作金奖。先后为电视剧《心愿》《白祥发乘车》，专题片《绿都吟》等谱曲，均在中央电视台播出。在中国工商银行行歌征集的评比中，《中国工商银行行歌》获创作等奖中的金奖。先后为全国各地市创作制作晚会三十余台。

秦豪壮（1931— ）

作曲家、音乐教育家。辽宁本溪人。大连东北路小学原音乐教员。1949年就学于旅大高级师范学校。撰有《浅谈童声训练》《音乐教学与爱国主义教育》等，其中四篇获辽宁省优秀论文奖。创作歌曲数百首，其中《野餐之歌》获省一等奖。辅导童声合唱《红领巾》《飞呀飞》分获全国儿童音乐表演一、二等奖，《小杰克》《雷锋在召唤》获省音乐表演一等奖。

秦贺成（1950— ）

作曲家。辽宁大连人。1990年毕业于沈阳音乐学院作曲系。大连市群众艺术馆活动策划部主任，副研究馆员。1970年始从事音乐创作，已创作歌曲、器乐曲数百首，获奖和发表近百首。其中器乐曲《土风吟》获全国第五届"群星奖"创作铜奖，板胡独奏《山乡情》获全国第五届"群星奖"辅导银奖，笛子独奏《渔岛夜思》获全国第九届"群星奖"创作铜奖。出版有歌曲集《蓝色的风》。多次主持和参与组织省、市级各类大型文艺活动。

秦克新（1946— ）

作曲家。山东淄博人。发表词、曲、评论文章千余件，其中《京剧娃娃》《黄河边的花儿手》《三学一树歌》等二百余首获全国、省、市级奖。写有大量行业歌曲。1991年举办个人作品音乐会。出版有《儿童谜语歌曲》《心底的旋律》《曲苑新弹》《真情旋律》等12部音乐著作。获奖歌曲有《龙就是你，龙就是我》《今生有缘做近邻》《亲亲的军嫂》《我们村里的年轻人》《光灿灿大中华再度崛起》《祖国万岁》等。

秦鲁锋（1952— ）

男高音歌唱家、歌剧表演艺术家。山东人。1983年入中央音乐学院进修声乐。解放军总政歌剧团主要演员和独唱演员。曾先后在《同心结》《大野芳菲》《党的女儿》《悲创的黎明》《我心飞翔》等十多部大型歌剧中扮演男主角，为中央和各地方电台及电视台录制百余首歌曲，并多次荣获全国和全军演唱一等奖，荣获全国戏剧"梅花奖""文华表演奖"、全军"文艺汇演表演一等奖"及全国"曹禺杯表演一等奖"。出访过美国、法国、俄罗斯、朝鲜、马来西亚、香港、澳门等国家和地区。

秦鹏章（1919—2002）

指挥家、音乐教育家。上海人。1935年入百代唱片公司乐队，从事电影配乐。1937年入国立上海音专，师从黄自习和声，并参加乐队演出。1948年任国立上海音乐专科学校单簧管副教授，兼任上海交响乐团首席单簧管。1952年参与筹建中央歌剧团。1955年随中国民间演出团出国访问演出，任指挥兼独奏演员。1960年参与筹建中央民族乐团，任艺委会副主任兼指挥。指挥演出有舞蹈音乐《荷花舞》《孔雀舞》《大茶山》，电影音乐《五更寒》《红旗谱》，民族管弦乐《广陵散》《二泉映月》《翠湖春晓》。主要作品（含编配）有管弦乐《阿细跳月》（合作），民乐《十面埋伏》《春江花月夜》《金蛇狂舞》等。自1963年始长期执教于中央音乐学院，教授。中国音协理事、中国民族管弦乐学会常务副会长。曾获第二届中国音乐"金钟奖"终身成就奖。

秦庆昆（1963— ）

作曲家。河北新乐人。2001年毕业于河北大学艺术学院，2002年赴维也纳音乐学院艺术表演大学作曲系学习。河北师大教师。出版《大型曲式结构在二十世纪音乐中的延伸发展》。撰有《MIDI技术在技术理论教学中的应用与实践》《乐理研究与实践》等文。创作歌曲《祖国真好》《天地间大写的人》及电视《半碗村传奇》《吃葡萄不吐葡萄皮》的音乐。

秦庆余（1944— ）

大提琴演奏家。江苏苏州人。1968年毕业于上海音乐学院管弦系。同年入上海京剧院。1980年入上海乐团。1981年曾赴芬兰任教，并举行独奏音乐会。

秦世立（1941— ）

作曲家。山东禹城人。1963年毕业于山东艺专理论作曲专业，1985至1986年先后于上海戏剧学院影视剧创作函授班和中国戏剧电影、电视剧创作函授班结业。作有舞蹈曲《聊斋组曲》获山东省舞蹈调演优秀音乐奖，1983年为聊斋俚曲配器、上海唱片社录制唱片《聊斋俚曲简介》。广播剧《柳泉孤愤》将聊斋俚曲溶入剧中，1985年由中央台播出并获全国展播优秀节目奖。在14集电视连续剧《蒲松龄》中担任音乐编辑及编剧之一，并撰有《俚曲亦传聊斋情》。撰有《齐国音乐活动考》《齐国的民间音乐》《齐国的宫廷音乐》。

秦守印（1938— ）

民歌演唱家。安徽砀山人。1957年始从事音乐工作。山东苍山县文化馆副研究员。其作曲演唱、真假声结合的15首歌曲，由中央电台作为音乐专题播放。10首歌由上海唱片社录制唱片。两首歌香港制作光盘。中央电视台、台湾电视台、山东电视台及山东电台播映二十余首。演唱的《歌唱大生产》在山东民歌会演时反响热烈。创作并发表歌曲百余首。作曲并演唱的《金唢呐》在山东民间唱法会演后，在《歌曲》发表，后入《山东30年歌曲选》。歌曲作品还有《大蒜谣》《怪稀奇》等。

秦淑兰（1935— ）

女小提琴演奏家。山东蓬莱人。1949年为某军文工团团员。后参加抗美援朝系志愿军某军文工团团员。1958年调南京军区前线歌舞团任演奏员。曾随团赴维也纳参加第七届世界青年联欢节、纪念万隆会议十周年等演出活动。曾任浙江军区文工团领导小组组长、上海歌剧院演奏员、乐队队长、舞剧团支部副书记。1984年调上海交响乐团，任党支部书记兼副团长。1988年调上海乐团任总经理。

秦树田（1939— ）

琵琶演奏家。北京人。自幼从师习琵琶。1958年始先后入天津人民广播电台和中国歌剧舞剧院。曾在中央芭蕾舞团工作。录有《十面埋伏》《青莲乐府》等独奏曲。

秦万林（1935—2002）

作曲家。四川人。1950年始从事音乐工作。曾任全总文工团歌舞团创作组长。作有歌曲《青春的旋律》《中华赞歌》《三峡美》。

秦万柱（1940—已故）

歌唱家。四川成都人。1961年开始从事部队文艺工作。原空政文工团合唱队长、独唱演员。演唱歌曲有《家乡的龙门阵摆不完》《快乐的跳伞员》《我驾战鹰去巡逻》等在中央电视台播放。1986年北京台专题介绍《黄杨扁担》等6首独唱歌曲。全国独唱、独奏、二重唱会演获优秀奖，全军文艺汇演获优秀奖。1979年参加中央慰问团的演出。多次获团里的嘉奖。

秦望东（1946—2005）

作曲家。四川人。内江市音协主席。曾任解放军通信兵某部文艺宣传队乐手、编导。1969年始从事群众音乐文化工作，作有歌曲《我的乡恋在四川》《巴山杜鹃红》《打工归来》《三峡小浪花》，先后在全国、省、市级报刊发表。其中《因为有了你》等六十余件作品在全国、省、市级单位获奖。出版《望东歌曲》《秋风》等专辑。

秦西炫（1922— ）

作曲家、音乐理论家。山东安邱人。1944年毕业于北平辅仁大学数学系，1949年毕业于上海国立音专（上海音乐学院）作曲系。历任总政文工团创作员、人民音乐出版社编审。作品除《秦西炫艺术歌曲集》之外，主要有歌剧《打击侵略者》（合作）与声乐作品《解放军大合唱》

（合作），《北大荒凯歌大合唱》《坦克兵和拖拉机手》以及电影《伟大的战士雷锋》的音乐等。出版的著译有《音乐基础》《作曲技巧浅谈》《音乐的奥秘》《合唱作曲技巧》（合译），《兴德米特和声理论的实际应用》《秦西炫音乐文集》。

秦学洲（1936— ）

音乐教育家。江苏太仓人。1955年毕业于江苏省艺术师范学校音乐系。曾任江苏武进教师进修学校、西夏墅中学教师。作有《海边的童话》《警中花》《武铁之歌》《小小牵牛花》《心意》《校园尽朝晖》《沼气红花遍地开》等歌曲分获全国、省创作一等奖、金、银奖。

秦怡东（1952— ）

作曲家。江苏吴江人。1994年中国函授音乐学院理论作曲专业毕业。江苏省吴江市文化馆馆长室副馆长。发表《田山歌的传承与发展之我见》《漫谈音乐的内心感觉》《少儿舞蹈音乐的审美要素》等十多篇论文。作有歌曲《渔乡的孩子》《江南好个秋》《小溪》。歌曲《江南水乡美》等获创作一等奖。

秦萤明（1953— ）

钢琴演奏家。江苏苏州人。1981年毕业于上海音乐学院钢琴系研究生班。现在该院任教。曾出访西班牙、埃及举行独奏音乐会。1981年获法国"玛格里特·隆国际钢琴比赛"第六名。

秦咏诚（1933— ）

作曲家。音乐教育家。江苏赣榆人。曾任辽宁省政协常委，辽宁省音协名誉主席，中国音协理事。1948年参加革命工作。1952年入东北鲁艺音乐系，师从李劫夫、霍存慧学习作曲。1956年就读于东北音乐专科学校研究生班，毕业后留校任教。1957年入中央音乐学院，师从苏联作曲专家列·西·古洛夫学习。后任辽宁省乐团副团长、沈阳音乐学院作曲系主任、院长。作有交响诗《二小放牛郎》，声乐协奏曲《海燕》，小提琴曲《抒情曲》《海滨音诗》，歌曲《我为祖国献石油》《满怀深情望北京》《毛主席走遍祖国大地》《我和我的祖国》，电影音乐《创业》《情天恨海》《元帅与士兵》等。

秦有斐（1935— ）

女钢琴教育家。江苏无锡人。原任上海音乐学院钢琴基础课教研室主任。1958年毕业于上海音乐学院钢琴系。1958至1979年先后在上海音乐学院及附中从事钢琴教学。撰有《提高钢琴基础课教学质量的几个环节》。

秦月香（1942— ）

女民歌演唱家。黑龙江哈尔滨人。1967年毕业于沈阳音乐学院声乐系。曾任沈阳歌舞团独唱演员。1984年获沈阳首届艺术节优秀表演奖。1986年随团赴日本演出。

秦允天（1937— ）

音乐教育家。广东普宁人。1962年毕业于广州音专声乐系。先后从事中学、中师音乐教学工作。曾任广东省中师音教会理事长，广东省合唱协会理事，广东省教育厅艺术教育委员会委员。1994年被评为广东省南粤优秀音乐教师，获广东省中华民族文化基金会奖金、奖章。1995年被评为全国中师优秀教师。获曾宪梓教育基金三等奖。1997年被评为广东省南粤杰出教师，获广东省政府教育基金最高奖。

秦运梁（1944— ）

作曲家。四川高县人。曾任四川音协理事，宜宾市音协名誉主席，宜宾市群众艺术馆研究馆员。1961年参加工作。1981年调高县文化馆。1984年毕业于西南师大中文系（函授）并结业于中国函授音乐学院理论作曲系。1991年调宜宾市群众艺术馆。从事作曲兼作词。创作歌曲数百首，并在国家级和省级发表，获奖二十余首，其中有《小伙儿回娘家》《油菜花儿黄》《听我把四川给你吹一吹》《娃娃赴鸭鸭》等。2003年出版《秦运梁歌曲选》。

秦运蔚（1937— ）

作曲家。四川人。曾任南京军区前线歌舞团创作室音乐创作员。1950年入三兵团文工团，1979年入上海音乐学院师从陈钢、施咏康学习作曲。作有中提琴协奏曲《雨花台》，中提琴独奏曲《思念》《难忘的泼水节》（均系合作），交响诗《反思》，舞蹈音乐《热血》，舞剧音乐《一条大河》，电视片音乐《安塞兵变》《秋思》。其中《希望》获"全国舞蹈比赛"音乐创作二等奖和全军优秀音乐创作奖。

秦植国（1945— ）

音乐教育家、编辑家。北京人。中国儿童音乐学会理事。毕业于首都师范大学音乐学院，曾从事音乐教育。1983年起任中央广播电台《中国之声》《小喇叭》节目主任编辑。长期从事广播节目的编辑、录制、制作。其作品多次获中央台"中国广播"奖。多次参与策划、组织儿童音乐演出、比赛及大型节目的制作和报道。多次出任儿童声乐和器乐比赛评委。已编辑、制作出版近二百盒儿童音乐磁带、CD盘。曾发表多篇有关儿童音乐方面论文。

秦志云（1940— ）

女钢琴教育家。广西桂林人。1960年毕业于南京师范大学音乐系。曾在江苏沐阳县中学、沐阳师范任教，后在解放军艺术学院音乐系任钢琴教师，1973年在南京师范大学教授钢琴。曾编写钢琴教材、歌曲即兴伴奏教材，主持创作多个文艺演出节目，参加多次汇报音乐会，担任独奏、伴奏。

秦宗惠（1926— ）

女声乐教育家。四川丰都人。1949年毕业于重庆国立女子师范学院音乐系，留校任教。1951年先后任华北军区战友歌舞团、北京艺术师范学院音乐系声乐教师。1964年起任北京师范学院音乐系声乐教研室主任。毕生从事声乐教学，学生有马国光、贾世俊、赵惠敏等。撰有《声乐美的由来和技巧练习—试论发声的高位置》《声乐基本知识》《保护青少年的嗓音健康》等文。

覃　式（1958— ）

手风琴演奏家。广西人。广西艺术学院教授、硕士生导师，中国音协手风琴学会常务理事，广西手风琴学会会长，广西电子琴学会副会长。发表音乐学术论文近四十篇，出版音乐专著及教材6本。曾获全国第二届手风琴作品创作比赛二等奖，全国手风琴比赛优秀指导教师奖。创作的《龙之畅想曲》曾被列为2004年中国手风琴作品演奏全国比赛艺术家组规定曲目。曾应邀担任国际手风琴及全国手风琴比赛评委。

覃大川（1956— ）

马骨胡、二胡演奏家。广西都安人。1983年广西艺术学校音乐系毕业。广西歌舞团民乐队演奏员。作有芦笙独奏曲《节日的侗乡》，交响乐《侗乡狂欢夜》。在广西歌舞团参演的各类民族音乐会、交响音乐会演出中担任马骨胡独奏、领奏。多次参加民乐比赛并获一等奖。

覃国伟（1957— ）

笙演奏家。广西武宣人。1982年毕业于广西艺术学院音乐系，后任广西歌舞团民乐队演奏员。创作芦笙独奏《节日的侗乡》（合作），芦笙与交响乐《侗寨狂欢夜》（合作），分获作品一等奖、文艺创作"铜鼓奖"。曾参加"广西首届民族器乐独奏观摩赛""广西音舞调演""全国孔雀奖民乐展演"决赛，均获芦笙演奏一等奖。

覃立兴（1943— ）

芦笙演奏家。水族。广西融水人。1960年入广西歌舞剧院，从事演奏、创作和乐器改革。参加歌舞剧《刘三姐》巡演数百场。出访美、法、日及非洲六国。芦笙独奏在全国文艺调演、艺术节均评为优秀节目，并在广西"三月三"音舞节获奖。作有《拉山号子》等近十首独奏曲，出版有国庆30周年优秀独奏曲专辑，被中国音乐学院、广西艺术学院收作教材，曾聘为广西艺术学院客座教授。学生多人在全国民乐大赛中获金奖。多年从事乐改工作，1981年在杭州全国管乐器改革座谈会上，展示一管一簧发二音芦笙。

覃钊邦（1936— ）

作曲家。广西人。1951年起从事部队文艺工作。历任沈阳军区前进歌舞团艺术室副主任、广西歌舞团团长、沈阳歌舞团艺术指导。曾任广西、辽宁音协副主席、沈阳文联副主席、沈阳音协主席及辽宁音协顾问、沈阳音协名誉主席。1976年毕业于沈阳音乐学院作曲系。作有声乐曲《台湾同胞我的骨肉兄弟》《我为伟大祖国站岗》（合作）《想给边防军写封信》《枪杆子永远听党指挥》《向国防现代化进军》《雪原上的故事》《小平，你好》《东方之星》《边关秋色》，器乐曲《情满日月潭》《神采飞扬》，舞剧音乐《蝶恋花》（合作），为《秧歌》等多部影视片作曲。其中有多部（首）作品获奖。

青　主（1893—1959）

作曲家。广东惠阳人。早年毕业于德国汉堡大学获法学博士。曾任南京大学外文系教授。三十年代曾用"黎青主"笔名作有歌曲《我住长江头》《大江东去》，撰有《乐话》《音乐通论》。

青梅永藏（1962— ）

女高音歌唱家。藏族。青海玉树人。1990年结业于上海音乐学院声乐系，师从王品素和常留柱。1978年从事文艺工作，先后就职于青海省玉树州民族歌舞团和青海省民族歌舞剧院。多次在各种比赛中获国家级和省部级声乐演唱奖。曾出访美国、墨西哥，多次到全国各地演出。出版有音乐专辑《江河源之歌》。演唱曲目有《美丽的玉树，我可爱的家乡》《仓央嘉措情歌》《长江黄河我展开的翅膀》。发表有《谈藏族民歌的演唱方法和体会》。

卿烈军（1947— ）

单簧管演奏家。重庆人。1965年入中央音乐学院附中管弦乐科，1976年入新疆军区文工团，同年入北京市水利气象局宣传队。1977年入中国电影乐团。作有《驴车》《漠中之旅》等20余首单簧管乐曲。编著有《单簧管实用教程》《英语音乐常用词选编》。出版《祖国的颂歌》歌曲集。

丘岱安（1934— ）

女音乐教育家。湖南长沙人。1957年毕业于沈阳音乐学院作曲系，留校任教。曾任中国音协《歌曲》杂志编辑。1979年起任解放军艺术学院音乐技术理论课教师。1985年完成"新时期基层部队音乐生活合理配置"课题研究及《军营之声》歌曲作品主编及监制工作，获全军优秀教学成果奖，本人荣立三等功。参与上海文艺出版社《音乐欣赏手册》编纂工作，任《中国中学教学百科全书》音乐分卷副主编。为北师大等高校音乐选修课兼职教授，全国艺术水平钢琴高级考官，创作歌曲《左边是树，右边也是树》等为北京小学音乐课教材，《圆圆歌》《山里的娃娃追太阳》获全国新创歌曲歌词二、三等奖。

丘和西（1935— ）

钢琴演奏家。福建福州人。1956年毕业于上海音乐学院钢琴系，曾在该院任教。

邱枫（1933— ）

女音乐教育家。江苏徐州人。曾在北京青年艺术剧院华东队学习民间音乐及手风琴演奏，在原华东音乐分院学习声乐。1958年后历任山东艺术专科学校声乐教研室主任、山东济南师范学校音乐教员、高级讲师。培养大批声乐人才和大、中、小学音乐师资，曾在中师音乐比赛中获独唱歌曲创作一等奖。作有大合唱、独唱、重唱歌曲多首及音乐雕塑剧《收租院》、中型歌剧《毕业新歌》，并主编《音乐辅导》。

邱森（1947— ）

指挥家。上海人。1961年入上海音乐学院附中，师从袁培文。1968年入山东京剧团《奇袭白虎团》剧组乐队。后调沈阳军区前进歌剧团。1985年在沈阳音乐学院作曲系进修交响乐与歌剧指挥，师从王宗鉴。1992年始先后创建沈阳市中、小、大学生三个交响乐团，培养了大批音乐人才。2002年调任东北大学艺术学院音乐系副主任。

邱　轶（1933— ）

声乐教育家。江苏苏州人。毕业于南京师范大学音乐系，后入上海音乐学院进修声乐。先后任南通师范等校音乐教师。1978年调南通教育学院，任音乐系主任，副教授。第六届南通市音协顾问。1989年被聘为一、二届江苏省艺教委委员、南通市艺教委副主任。1995年由省、市音协、南通教育学院联合举办"邱轶副教授执教40周年音乐会"。发表有《论声乐教学中感觉区功能的运用》等论文。曾参与江苏省中学音乐课本的编纂工作。

邱　毅（1959— ）

音乐教育家。福建人。先后毕业于福建师大音乐系、福建师大音乐教育学院音乐学系。福建三明市第十中学副校长。作有歌曲（作曲）《轧钢抒怀》《轧钢颂》《海问》《这一片绿地》《大公无私天地宽》《总书记的话儿记心坎》《国旗，我爱你》，分别获全国征歌入围奖、优秀奖，或三明地区奖。所教众多学生在全国钢琴、手风琴、电子琴比赛中，分别获一、二、三等奖，有的升入高等专业院校。多次被授予优秀指导教师、"园丁"称号。

邱　悦（1945— ）

女作曲家。北京人。1968年毕业于上海音乐学院作曲系。先后为大量部科教片、记录片、美术片、电视剧及故事片作曲，有三十多部获国内外奖项，其中旅游片《浙江山水情》《唯中国独有》音乐分别获法国塔布第二十届国际旅游节"最佳音乐"金奖与"银比番娜"奖，科教片《蜜蜂王国》《脑海》《果实蝇》等先后获第二、十、十五届"金鸡奖"最佳奖及上海国际科技电影节奖，美术片《大头儿子和小头爸爸》获第十六届"金鹰奖"最佳美术片奖。

邱崇龄（1933— ）

音乐教育家。福建漳州人。1955年毕业于上海华东师范大学音乐系。福建漳州第七中学高级教师。撰有《浅谈儿童歌唱发声训练》《唱歌能舒心健体》《用音乐启迪幼儿智慧》《用音乐创造温馨》等文。作有《宁夏大合唱》《不灭的烛光》《白云在蓝天上飘过》《香港明天会更好》《小雨点慢慢下》《朋友请到漳州来》《海风你轻轻地吹吧》《久久回归曲》等歌曲在刊物上发表并获奖。

邱大成（1945—1997）

古筝演奏家。四川南充人。曾任教于中国音乐学院器乐系。1966年毕业于四川音乐学院民系，后入中央音乐学院、中国音乐学院研究生班学习，获文学硕士学位。作有古筝组曲《岛乡风情》，琵琶、古筝二重奏《春江花月夜》。撰有《中国筝的起源》等文。编有《古筝独奏重奏曲选》。曾在四川省曲艺队、四川省歌舞团演出中担任独

奏、重奏、合奏、伴奏。1982年随团赴西德访问演出。

邱方军（1954— ）

音乐活动家。回族。山东阳谷人。山东聊城地区艺术馆副馆长。山东音协理事、聊城地区音协主席。1975年毕业于山东艺术学院。发表歌曲30余首，整理大量山东聊城地区民间器乐曲，民歌及戏曲音乐，部分被编入《中国民族民间器乐曲集成·山东卷》。撰有《浅谈临清架鼓》等文。

邱逢春（1939— ）

女钢琴教育家。福建福清人，印尼归侨。1959年回国，1964年毕业于天津音乐学院键盘管弦系钢琴专业并留校任教。后为北京市少年宫高级教师。长期从事少儿钢琴教育，培养了众多学生。多次应聘担任北京市中小学音乐节的各类比赛项目的评委。曾编创获奖节目《小雪花》的舞蹈音乐，创作歌曲《归侨之心》，多次在侨界演唱，反响强烈。曾担任"纪念抗日战争胜利45周年大型文艺演出"的部分节目伴奏。编创五十余首少儿合唱钢琴伴奏谱。

邱刚强（1934— ）

音乐教育家。湖北新洲人。1957年毕业于华中师范大学音乐系。曾为湖北省教育学院副教授。国家教委艺教委委员，中国音协音教委委员。中国教育学会音乐教研会常务理事。音协湖北分会副主席兼音教委主任。出版少儿音乐《哆唻咪发梭》专集17本，参与编写多部中小学音乐教材及音乐教学磁带等。

邱广路（1934— ）

作曲家。山东青岛人。山东淄博一中西校区音乐副教授。1954年毕业于山东师范学院艺术系音乐专业。撰有《听"大实话"说几句大实话》，著有《教学伴你步入音乐世界》。多首歌曲发表或获奖，其中《新媳妇走娘家》于1960年获全国业余歌曲创作比赛三等奖，《毕业生圆舞曲》于1979年获山东省音乐创作会演优秀奖，《老师，我送您一首歌》《太阳和小草》获山东校园歌曲创作奖。曾组织学校百余人合唱队排演《长征组歌》在淄博市首演。

邱怀生（1960— ）

扬琴演奏家。河南人。山西大学音乐学院副教授、硕士生导师。中国民族管弦乐学会理事。1983年毕业于山西大学音乐学院，后留校任教。1989年毕业于天津音乐学院并获硕士学位，后返回山西大学音乐学院任教。近年来，发表著作数部及专业论文多篇，多次担任各级比赛评委。

邱健明（1940— ）

作曲家。吉林扶余人。1957年始任吉林省前郭尔罗斯蒙古族自治县民族歌舞团四弦琴演奏员，后任团长。1961年始参与"蒙戏"音乐创作。改编并演奏四胡独奏曲《白马》《赶路》。歌剧《珍珠》获省会演作曲二等奖，东北三省音乐周第四届长春音乐会获奖歌曲有《我问百灵鸟》《草原夜曲》《边疆牧民》《草原，祖国彩裙》等。

Q

邱良才（1955— ）

长号演奏家。陕西闻喜人。1971年入陕西省歌舞剧院学员队，1972年任陕西省乐团交响乐队演奏员。曾参加现代舞剧《白毛女》《红色娘子军》排演，任第二长号。1985年始任乐团首席长号，排演贝多芬的九大交响曲，柴科夫斯基的第四、五交响曲及第一钢琴协奏曲等。长号独奏曲目有《长号之家》《bB大调协奏曲》等。撰有《长号的音准》《长号与发音》《长号的呼吸与控制》等文。多年来完成百余部电影、电视剧、广播剧的音乐录制。

邱令贻（1927— ）

女钢琴演奏家。四川井研人。1943年入重庆国立音乐学院键盘系学习。1950年为西南人民艺术学院音乐系讲师。1953年任西南人民广播电台音乐编辑。1955年入重庆市歌舞团任钢琴演奏员。

邱丕廉（1941— ）

作曲家。江苏淮安人。1962年毕业于盐城鲁艺，1991年毕业于中国函授音乐学院作曲系。1962年后在盐城县杂技团、盐城县淮剧团担任作曲，盐城文化馆任专职音乐教师。1985年起任盐城市文联秘书长，第四届江苏省音协理事，盐城市音协副主席。发表歌曲三百多首，其中《挖荠菜的小姑娘》被收入《绿色的梦》歌曲集，《黄海滩涂，我可爱的家》收入《江苏省首届声乐作品评奖优秀歌曲选》，《啊，水乡》收入《江苏省百首爱国主义新歌集》，1997出版专集《乡音乡情》。

邱少春（1964— ）

二胡演奏家。福建人。福建省歌舞剧院民乐队演奏员。1985、1992年分别毕业于福建艺校器乐科、福建师大音乐系。撰有《嘹亮幽音妙入神》《天然幽音妙入神》。二胡、树叶演奏多次获奖，其中演奏主胡大广弦独奏《乡音》于1994年获第三届全国民族管弦乐展播优秀奖，担任树叶吹奏的交响诗《土楼回想》于2001年获首届"金钟奖"金奖，树叶、唢呐、笙三重奏于2001年获全国第二届少数民族会演三等奖。在多场音乐会上担任树叶演奏。曾赴西班牙、法国、意大利、日本、新加坡等地访问演出。

邱树嵩（1924— ）

作曲家。黑龙江兰西人。1947年入东北文工团。1962年毕业于中央音乐学院作曲系进修班。曾任辽宁芭蕾舞团艺术室音乐创作组组长。作有舞蹈音乐《杜鹃舞曲》，舞剧音乐《王贵与李香香》。

邱贤森（1950— ）

音乐教育家。福建福州人。南平高级中学艺术教研组组长、高级讲师。福建省合唱协会理事、南平音协副主席。1974年考入顺昌文工团任演奏员。1977年入福建师大音乐系。毕业分配到建阳师范、南平师范任教至今。辅导近百名学生考取省内外艺术院校，数百人次钢琴学生通过全国（业余）钢琴考级，曾获得省音协、省教育厅"钢琴考级优秀指导教师"表彰。多篇论文在《钢琴艺术》《琴童》以及其它杂志发表。

邱晓枫（1956— ）

女音乐教育家。浙江人。1982年毕业于河北师范大学音乐系，1988年结业于西南师范大学音乐系并留校在音乐理论教研室任教，1992年在广州星海音乐学院师范系任教。撰有《调、调性及转调概念论析》《论冼星海合唱曲从流民三千万的艺术手法》。发表有《外国作曲家及其音乐名著——世界名著欣赏系列》（合作），编有《外国音乐名作》《知识性词曲集》《知识性歌曲》，作有歌曲《妹要勤劳一双手》《红旗，红旗，永不褪色的旗》等。

邱晓珊（1945— ）

女音乐教育家、钢琴演奏家。福建福清人。印尼归侨。1967年毕业于天津音乐学院钢琴专业，后任中国音乐学院钢琴伴奏教研室主任、声歌系副教授、研究生导师。撰有《怎样弹好声乐钢琴即兴伴奏》等论文，编配有五十多首民族声乐钢琴伴奏谱。曾为李谷一、关牧村等歌唱家伴奏。受聘大连艺术专修学院为客座教授及"中国德艺双馨艺术大赛"艺术专业评审委员会委员。曾举办"归侨之心——邱晓珊民族声乐钢琴伴奏作品音乐会"和"琴声歌声心声——邱晓姗从艺四十五周年师生音乐会"，多次被评为"学院先进工作者"。

邱孝胥（1947— ）

指挥家。福建人。曾任教于省艺校，省音协常务理事。福建省歌舞剧院指挥。1980年上海音乐学院指挥系大专毕业。曾指挥演出中外音乐家交响乐、协奏曲、舞剧、大合唱等作品并获奖。为多部电影、电视录音。作有歌曲《啊！温泉》《青春的旋律》《龙的心声》，舞蹈音乐《春蚕》等。

邱学珍（1941— ）

女高音歌唱家。江苏阜宁人。1966年毕业于南京艺术学院音乐系。江苏省歌舞剧院歌剧团演员，曾任女高音声部长。多年来在歌剧团的重要音乐演出活动中担任独唱及领唱，参加舞剧《江海烽火》《白毛女》《红色娘子军》及交响乐《沙家浜》的排练和演出，担任领唱、独唱，并帮助青年演员完成歌剧演唱。为民族歌剧《春江飞燕》《不准出生的人》《金孔雀》等女主角、主要角色设计唱腔。培养一批优秀歌手，并在全国声乐大赛中获奖。

邱雅洲（1962— ）

女声乐教育家。河南南阳人。1987年毕业于河南大学音乐系声乐专业，留校任教，副教授。1995年赴白俄罗斯音乐大学进修。首唱电视片《豫西风情》插曲。发表有《谈歌唱的咬字》（合作）《浅谈歌唱中的鼻腔共鸣》等多篇文章。1989年参与《假声位置真声唱法》科研项目获国家教委优秀奖。曾获第四届"黄河之滨"声乐大赛金奖、第三届青年歌手电视大赛专业组民族唱法荧屏奖。

邱彦余（1951— ）

作曲家。浙江景宁人。浙江景宁县文化体育广播电视局局长。1984年就读于浙江省艺术学校作曲专业。曾任浙江省云和县文化馆副馆长、景宁县文化馆馆长。获奖歌曲有《我给祖国唱支歌》《告诉你》《为母亲的微笑举杯》《畲乡唱晚》，获奖歌舞剧音乐有《畲山风》（合作），演唱有畲族民歌对唱《正月正歌》等。撰有《景宁县畲族文化艺术特征简析》《景宁县畲族文化艺术背景概论》。曾参加集成志书编纂，获文化部表彰。

邱映霞（1941— ）

女音乐理论家。湖南宁乡人。1966年毕业于中央民族大学文艺系，师从关也维先生。1968年入吉林延边自治州歌舞团任创作员，1974年入中央民族大学音乐系任教。撰有《朝鲜族民歌节奏的特点》等文，与方夏灿合作为《中国少数民族艺术辞典》《中国音乐辞典》续编编撰词条，为电视剧《非重点》创作音乐（合作）。

邱有源（1956— ）

歌词作家。湖南衡阳人。2001年毕业于广东社科院研究生院。1976年任衡阳地区文化馆创作部主任，1986年任广西原梧州地区文化局创作研究所副所长，2003年始任广西贺如市文联主席。著有《我为自己画太阳》《人民的旅途》歌词集，创作歌曲《西江情缘》《去耕地》《山村新月夜》获央视优秀节目奖、创作奖，作词歌曲《纪委书记》获全国反腐倡廉歌曲优秀奖，曲艺《蝴蝶歌飞》（唱词）获中国文联"牡丹奖·文学奖"。

邱正旦（1942— ）

小提琴演奏家。江苏无锡人。1956年入上海交响乐团学馆。曾任安徽省歌舞团管弦乐队首席小提琴。曾获安徽省首届歌舞节演奏一等奖。

邱正桂（1939— ）

指挥家、音乐教育家。广西桂林人。曾任四川音乐学院艺术处处长兼实验乐团团长、教授。1963年毕业于四川音乐学院作曲系指挥专业，留校工作。1981年指挥川音交响乐队录制交响音乐《云岭写生》《打双麻窝子送给你》，交响诗《血花》，分获全国第一届交响音乐评比优秀奖、优良奖和鼓励奖。1981年率团百余人赴云、贵、川巡回演出。合作编著出版《管弦乐总谱读法》，填补了国内指挥教学的空白。1987年率学院民族音乐团出访日本，1993年赴美国依莉诺斯大学音乐学院访问、研修。兼任峨影乐团、四川省交响乐团、成都市交响乐团客席指挥。录制《焦裕禄》《特急警报333》《京都球侠》《国际大营救》《许茂和他的女儿》等影、视片音乐共三百余部。

邱仲彭（1930—2001）

音乐编辑家、音乐活动家。四川乐山人。1953年毕业于成都艺专。历任四川省音协秘书长、省文联秘书长、省文联党组副书记，《四川音乐》《四川文艺界》《乐苑》等杂志主编。四川省音协主席。中国音协《歌曲》杂志编委、四川省文联副主席、省教委艺教委副主任、省版权保护协会副理事长、《音乐世界》杂志顾问。曾主持编撰《四川文联四十年》等文集。参与组织并主持举办众多

音乐活动。发表有《望一眼都要心醉》《故乡的路》《我的家乡最美》等歌曲。发表有《略论民歌的发展与创新》《光辉而艰辛的历程》等文。

秋 枫（1961— ）

歌词作家、诗人。江苏海门人。闽西文学院秘书长、福建龙岩文化馆副研究馆员。1987年毕业于福建广播电视大学中文系。1983年开始文艺创作，作品《红土地的诉说》《爱上我的家乡》《红地情怀》《永远的爱心》等在央视节目中多次播出，曾获"中国人口文化奖"、福建省"五个一工程"奖。著有《岁月留痕》诗词集。部分作品录制成音乐光盘出版。

秋 江（1966— ）

女二胡演奏家。山东青岛人。解放军艺术学院音乐系副教授，中国音协二胡学会理事。先后毕业于解放军艺术学院、北京大学艺术学院，并于2008年毕业于北师大教育学博士生班。曾获国际民族器乐大赛、第七届全军文艺汇演三等奖、第三届中国音乐"金钟奖"全国二胡比赛铜奖、第二届澳门"金荷杯"国际青少年音乐大赛园丁金奖。多次举办"秋江胡琴独奏音乐会""秋江师生二胡音乐会"。曾赴维也纳金色大厅及法、德、意等国演出。发表论文多篇并获奖。出版有《秋江舞台艺术—胡琴专辑、声乐专辑》《秋江胡琴独奏音乐会》《秋江胡琴独奏专辑》等音像制品。多次出任国际、国内赛事评委。

秋 里（1926—2008）

指挥家。山东掖县人。1945年从事指挥工作。先后任中央歌舞团、中央乐团指挥、常任指挥。中国音协理事、中国合唱协会副理事长。指挥有歌剧《白毛女》《血泪仇》《纪念碑》，大型音乐舞蹈史诗《东方红》，舞剧《刚果河在怒吼》，电影音乐《上甘岭》《青春之歌》《永不消逝的电波》《东进序曲》等二十余部，大型声乐作品《黄河大合唱》《红军根据地大合唱》《飞虎山大合唱》《毛泽东诗词五首》。指挥演出中外艺术歌曲数百首。出版有《合唱指挥知识》《合唱与指挥》《合唱指挥与合唱训练》《论指挥的八个关系》《论指挥的表演艺术》等专著，《指挥教学》卫星电视教学片三套。

秋 松（1927—已故）

作曲家。吉林海龙人。1945年始从事部队文艺创作。曾任沈阳军区歌舞团团长，艺术指导。音协辽宁分会第三届常务理事。作有歌剧音乐《一把洋镐》，舞剧音乐《蝶恋花》，舞蹈音乐《龙舞》，获第六届世界青年联欢节金质奖。

仇金余（1943— ）

双簧管演奏家。江苏常州人。1961年参军，历任解放军南京军区军乐队学员、演奏员、双簧管首席。1970年调入总政军乐团，任双簧管声部首席。参加1962至1994年的历次国庆大典以及重大庆典外事活动，随军乐团首访泰国，在军内多次立功获奖。是《北京喜讯到边寨》等优秀作品的首演者，参与录制《外国名曲选》等磁带，曾随军

乐团巡演全国各地。现从事青少年的音乐普及教育工作。

仇明德（1933— ）

指挥家。上海人。1951年考入上海音乐学院。1957年毕业后任陕西乐团指挥，1984年任艺术指导。1986年调至上海广播乐团任首席指挥，后任音乐总监，同时兼任陕西乐团艺术顾问。

裘春尧（1928—已故）

琵琶演奏家。浙江嵊县人。1961年毕业于上海音乐学院民族音乐系。师从卫仲乐教授。后为浙江歌舞团演奏员。整理《琵琶名曲》卫仲乐传谱（五线谱、上下集、合作），创作器乐曲《姑娘的心愿》《好风光》，琵琶独奏曲《烈士颂歌》，民乐《吹打合奏》（合作），撰有《如何使浙江的民族民间音乐更为繁荣》《如何抢救民族民间音乐遗产》等文。

裘缉星（1935— ）

指挥家。浙江绍兴人。1954年毕业于西安音乐学院作曲系。曾入总政德国专家指挥训练班进修。曾任新疆军区文工团指挥兼作曲，中国音协合唱指挥学会理事。作有歌曲《牧场新歌》，舞曲《边防雄鹰》《葡萄架下》。

裘加达（1947— ）

音乐教育家。浙江宁波人。1974年毕业于安徽师大音乐系小提琴专业。先后在铜陵师范学校、铜陵职业技术学校、铜陵学院任教。曾任市音协理事、秘书长、副主席及市声乐学会会长、市小提琴学会名誉主席。创办"铜陵市音协少年合唱团""铜陵市音协艺术学校"。发表词曲作品五十多首，作词作曲的《铜陵市市民行为规范歌》被市文明委定为市民必唱歌曲。

裘柳钦（1942— ）

音乐教育家。浙江人。1965年毕业于上海音乐学院民族音乐系，后至北京舞蹈学院任教。曾任北京舞蹈学院学术委员会委员、社会科学部主任、民族乐队队长等职。著作有《中国民间舞蹈音乐概论》《东北秧歌音乐》（合作）《舞蹈音乐视唱教程》《中国民族民间舞蹈音乐教程》。主编《中国民间舞教材伴奏曲选》《中国民间舞曲精选》《中国民族民间舞曲选》。主要作品有舞蹈音乐《春天》《华风乡情》及中国民间舞教材的音乐三十余首。

裘耀章（1929— ）

音乐教育家。浙江慈溪人。1956年毕业于中央音乐学院理论作曲系。曾在内蒙古艺术学校、湖北艺术学校、西江大学任音乐教师。译文有《莫扎特的钢琴协奏曲》《一篇申克式的分析》《从对称和比例的角度看舒伯特的曲式思维》。

瞿琮（1944— ）

歌词作家。湖南长沙人。1962年参军，先后担任广州军区战士歌舞团团长、总政歌舞团团长、解放军交响乐团团长、解放军艺术学院院长。出版《瞿琮文集》八卷，共四百余万字。创作有《我爱你，中国》《吐鲁番的葡萄熟了》《月亮走，我也走》等大量歌词。作品入选"二十世纪世界华人音乐作品经典"，两次获中宣部"五个一工程"奖及国务院文化部奖、鲁迅文艺奖金、解放军文艺奖章等。担任西藏乐舞《珠穆朗玛》和音·舞·诗《国魂》等编剧。

瞿 维（1917—2002）

作曲家。江苏常州人。1935年毕业于上海新华艺术专科学校师范系。曾任延安鲁艺音乐系教员、沈阳鲁艺音乐系主任。1955至1959年在莫斯科柴科夫斯基音乐学院作曲系进修。1961年率中国音乐家代表团出席第十六届"布拉格之春"国际音乐节。1981年随中国音乐家代表团赴布达佩斯参加国际音乐理事会第十九届代表大会。1984年率中国音乐舞蹈代表团赴苏联访问。上海交响乐团常任作曲、中国音协第四届副主席、音协上海分会副主席、全国文联委员、上海交通大学文艺顾问、高等学校音乐教育学会理事长。曾获首届中国音乐"金钟奖"终身成就奖。为歌剧《白毛女》作曲者之一。作有歌曲《工人阶级硬骨头》《心中的旗帜》《北京的早晨多么好》《大学生之歌》，交响诗《人民英雄纪念碑》《洪湖赤卫队》，管弦乐组曲《光辉的节日》，幻想曲《音诗——钢琴与乐队》《五指山随想曲》《秧歌场景》，钢琴独奏曲《花鼓》《荷花舞》《序曲二首》，电影音乐《白毛女》《革命家庭》《燕归来》（合作），撰写有《创作具有中国气派的交响乐作品》等文。

瞿 音（1944— ）

作曲家。四川重庆人。1965年在重庆任音乐教师，后任重庆出版社编辑。编有《创造性音乐教学新探》《幼儿教育实用手册》，作有歌曲《月光曲的传说》《啊，白兰花》《我是小小音乐家》。

瞿安华（1915—已故）

二胡演奏家。江苏武进人。1936年毕业于上海新华艺专教育系图音组。后为南京艺术学院音乐系教授。曾任音协江苏分会民族音乐委员会副主任。多次举办独奏音乐会。撰有《二胡艺术散论》等。

瞿冰心（1963— ）

女扬琴演奏家。江苏江阴人。广东省青联委员。1985年毕业于四川音乐学院，同年入成都民族乐团，任独奏演员。1986年始在珠海特区歌舞团任独奏演员、音乐总监。曾在全国民族器乐比赛中获优秀表演奖。曾随中国青年艺术家小组赴罗马尼亚、匈牙利、苏联演出，随"中国民乐三人演奏家小组"赴美八城市巡回讲学、演出，获美国密西根大学银质奖章。1990年在香港录制《瞿冰心扬琴独奏专辑》。

瞿春泉（1941— ）

指挥家、作曲家。江苏海门人。台湾"国立实验乐团"总监兼指挥。曾任新加坡华乐团常任指挥，上海民族乐团二胡首席、指挥首席，中央民族乐团客座指挥。中国民族管弦乐学会理事、上海指挥家协会副主席。创作并指挥的曲目《月儿高》《潮乡行》《潇湘水云》分别获上海市文化局颁发的创作演出奖。《序曲》获上海市文化艺术节优秀成果奖，并赴新加坡首演。作品《音诗》《潮乡行》《出水莲》先后参加"上海之春"音乐会获创作奖。改编的扬琴协奏曲《黄河》曾获文化部颁发的戏曲音乐设计奖、配器奖。

瞿干平（1930—2008）

指挥家。湖南醴陵人。1945年始从事部队文艺工作。后入中央音乐学院指挥系进修。1952年始任总政军乐团指挥。1965年入兰州军区歌舞团。曾获全军第四届文艺汇演指挥奖。甘肃省五届人大代表。

瞿蒙恩（1947— ）

小提琴演奏家。辽宁大连人。1969年考入辽宁省盘锦地区文工团。先后在盘锦地区文工团、营口市京剧院、营口市歌剧团、盘锦市歌舞团任首席小提琴演奏员。1992年起任盘锦市歌舞团团长、乐队指挥。同时从事小提琴教学和演奏。曾任盘锦市音协主席，市歌舞团团长、市爱乐乐团团长。

瞿维娜（1951— ）

女作曲家、音乐活动家。江苏张家港人。张家港市文化广播电视管理局社会文化副主任，市音协主席。1975、1996年分别毕业于苏州师专音乐系、成人高等教育群文系。创作音乐作品百余件，部分获奖或在电台、电视台播放，其中歌曲《我们是光荣的钢铁工人》于1990年获全国工人征歌金奖，《江海汉子》于1998年获江苏省"五个一工程"奖，舞蹈《东渡之魂》于1996年获文化部第六届"群星奖"银奖。多次出任文艺活动策划、组织及作曲。

瞿文广（1952— ）

声乐教育家。江苏海门人。毕业于南京师范大学音乐系，任江苏海门中学音美教科室主任、高级教师。培养大批音乐人才，多名学生分别考入中央院等高等音乐学府。在全国推新人大赛中获优秀奖、获第二届"金色彼岸之声"歌手大赛专业组铜奖。撰有《略谈音乐特长生的培养策略》在中华教育教学优秀论文评选活动中荣获二等奖。

瞿希贤（1919—2008）

女作曲家。上海人。1944年毕业于上海圣约翰大学英文系。1948年毕业于上海国立音专作曲系，同年任北平艺专、华大三部作曲教员。新中国成立后，任中央音乐学院音工团作曲。1953年起先后任中央歌舞团、中央乐团专业作曲。曾担任中国音协第四届副主席、第六届顾问，中国儿童音乐学会名誉会长。曾获首届中国音乐"金钟奖"终身成就奖。主要作品有合唱套曲《红军根据地大合唱》，歌曲《全世界人民心一条》《全世界无产者联合起来》《在祖国和平的土地上》《我们要和时间赛跑》《一条大道在眼前》《飞来的花瓣》《把我的奶名叫》及儿童歌曲《听妈妈讲那过去的故事》，多次获奖。根据民歌改编

有《等你到天明》《在那遥远的地方》及无伴奏合唱《牧歌》等。为电影《青春之歌》《红旗谱》《骆驼祥子》创作音乐。翻译出版里姆斯基-柯萨科夫的《管弦乐法》。

瞿小松（1952— ）

作曲家。贵州贵阳人。1983年毕业于中央音乐学院作曲系，留校任教。代表作有《弦乐交响乐》，混合室内乐"Mong Dong"，《第一大提琴协奏曲》《打击乐协奏曲》《第一交响乐》等。

瞿晓星（1943— ）

女音乐编辑家。陕西延安人。1968年毕业于中国音乐学院器乐系。北京电台总编室节目监听、主任编辑。在其创意和采编的《空中乐坛》栏目，"交响音乐欣赏系列音乐会"让作曲家及其作品登台亮相，在《音乐博览》栏目，"德国之声"的"漫步音乐会"让听众耳目一新。《现代音乐之窗》《中外乐坛》《世界名曲音乐会》等一批栏目和节目获电台优秀节目奖。出版有指导欣赏古典音乐的《金色音乐厅》（主要参编人之一）系列丛书共9册。

曲 波（1961— ）

歌唱家。山东人。1988年毕业于沈阳音乐学院声乐系。同年考入解放军总政歌剧团，后任解放军艺术学院音乐系声乐教员。曾在歌剧《阿美姑娘》中扮演男主角川崎，在大型歌剧《杨贵妃》中扮演男主角赤雄，曾两年度与中央歌剧院合作，在歌剧《卡门》中扮演斗牛士艾斯卡米尤，在歌剧《乡村骑士》中扮演阿费奥，两次与天津交响乐团合作，在歌剧《游吟诗人》中扮演鲁纳伯爵，《茶花女》剧中扮唱父亲乔治·亚芒。1996年获第七届中央电视台青年歌手大奖赛（专业组）美声唱法三等奖。2000年获文化部首届全国艺术歌曲大赛二等奖。

曲 波（1964— ）

歌词作家。山东人。多家院校客座教授。曾策划、创作《和谐中国》等数十部MTV作品，《中国娃》等多首作品入选五届央视春节联欢晚会，并被辑入首都小学语文课本。作品曾获中宣部"五个一工程"奖、全军优秀文艺奖等多项。创作以"弘扬共产党员先进性"为主题的系列歌曲专辑《凝聚》，被列入国家"十一五"国家重点音像出版规划选题，并由中组部党建读物出版社出版发行。

曲 薇（1958— ）

女小提琴演奏家。河南人。新疆爱乐乐团演奏员。曾在新疆歌舞团工作。1991年毕业于新疆艺术学院音乐系。先后参加自治区和国家部委主办的"新疆木卡姆""天山的祝福""西部之光""天山雪莲—迪里拜尔独唱、独舞"等大型文艺晚会及维吾尔剧《阿曼尼莎》《古兰木汗》的演出。为新疆、中央电视台录制过大量音乐作品。

曲 祥（1944— ）

笛子演奏家。山东烟台人。1960年入山东省歌舞团。曾任山东省歌舞剧院副院长。山东省政协第五、六届委员。中国民族管弦乐学会理事。作有笛子独奏曲《向往》

《沂河欢歌》。

曲 云（1946— ）

女古筝演奏家。山东平度人。山西师范大学艺术学院教授，古筝硕士生导师。1970年考入西安音乐学院民乐系。毕业后在陕西省民间艺术团工作。曾随仿唐乐舞团演出独弹筝。在国内外多所音乐院校讲学、演出。创作并表演的筝曲《香山射鼓》获国际科教文亚洲音乐论坛优秀作品奖、全国民族器乐"山城杯"赛优秀作品奖。《梅花引》《柳含烟》等被多家唱片公司制成专辑。就筝在西安鼓乐中的兴衰与历史、乐谱之研究发表系列论文。陕西省筝学会副会长、民族管弦乐学会理事、省音协理事。

曲 折（1931—2002）

手风琴演奏家。山东人。1950年毕业于鲁艺音乐系。曾在贵州遵义地区文化局工作。为音协贵州分会第三届常务理事。作有手风琴曲《乌江两岸庆丰收》《彝家心向共产党》。

曲 珍（1954— ）

女歌唱家。藏族。西藏林芝人。西藏自治区歌舞团独唱演员。1979年毕业于上海音乐学院声乐系。1975年参加全国文艺调演，1980年参加全国少数民族文艺汇演，1984年参加藏族大型舞剧《热巴情》演出。

曲成久（1957— ）

作曲家。辽宁丹东人。1972年考入军乐团任单簧管演奏员。1988年毕业于中央音乐学院作曲系，任总政军乐团创作员。作有《第一小提琴协奏曲》（三个乐章），小提琴与钢琴《叙事曲》《号角与序曲》——为第七届亚洲运动会开幕式而作，单簧管协奏曲《羌歌》，小号协奏曲《西沙吟》，小提琴独奏曲《独舞》获第三届中国音乐"金钟奖"铜奖。歌曲《春天呵，你在哪里》《愿你心想事成》等，在中央电视台春节联欢晚会播出。

曲大平（1939— ）

女钢琴教育家。山东人。曾任西安音乐学院师范系钢琴教研室副主任，副教授。1961年毕业于西安音乐学院，后留院任声乐系、管弦系钢琴伴奏，1972年从事钢琴专业教学工作。撰有《有意义的探索——培训农村中小学音乐教师配弹歌曲伴奏有感》《高等音乐院校师范专业钢琴教学初探——从师范系二年制专科钢琴教学所想到的》等文。曾多次被评为先进个人，获教学成果奖。

曲冬梅（1961— ）

女高音歌唱家。黑龙江双城人。1985年毕业于沈阳音乐学院民族声乐系。1993至1994年在中国音乐学院声歌系进修。1986年始在黑龙江省歌舞剧院任独唱演员。曾于1995、1999年分别在加拿大和澳大利亚与王文共同举办独唱音乐会。曾在省第四届青年歌手电视大赛中获一等奖，在第七届全国青年歌手电视大赛中获三等奖。演唱《鲜花美酒纯真的心》获"哈尔滨之夏"音乐会首唱奖、1997年在"黑龙江歌坛20年回顾"大赛中获金奖。2000年被授予

"扎根龙江做奉献"优秀艺术家称号。曾赴朝鲜、日本、俄罗斯、澳大利亚、缅甸等国及香港地区演出。

曲广义（1936— ）

笛子教育家。山东荣成人。1958年毕业于山东师范学院艺术专修科音乐专业，并入山东艺术专科学校（后改建为山东艺术学院）任教授。作有笛子曲《采莲》，巴乌曲《边寨春早》等多首。发表论文《笛子的碎吐及其演奏》《六孔竹笛如何演奏半音音阶》《膜笛探源》《拱宸管〈叉手笛〉小考》等二十余篇。出版《笛子练习曲选》《笛子高级练习曲选》《笛子教学曲精选》等5部。曾被学院评为第一批专业技术拔尖人才，并获省教委论文奖、省文化厅创作奖。

曲洪启（1957— ）

音乐教育家、歌唱家。山东蓬莱人。1993年毕业于上海音乐学院研究生班，师从王品素、谢绍曾教授。山东大学威海分校艺术学院常务副院长、副教授，威海市音协副主席。编纂有《大学音乐》《音乐与欣赏》《中外合唱集》等教材。发表论文有《关于唱法问题的再思考》《冯子存与陆春龄笛子音乐的异同》《墨子"非乐论"辨析》《音乐教育与素质教育》《民族唱法之我见》。

曲蓬南（1934— ）

女音乐活动家。山东蓬莱人。1949年任部队文工队员，转业后在周村文化馆任副馆长，1958年调淄博市艺术馆任音乐组长。副研究馆员。经常组织开展群众性的音乐活动、歌曲创作学习班、声乐培训班、专家讲座等。在省级以上报刊推荐发表大量歌曲、舞曲及论文，并将佳作汇编成册出版发行。参与全市民歌、民乐普查及挖掘工作。

曲仁荣（1935— ）

指挥家。山东蓬莱人。1949年始从事音乐工作。1961年入沈阳音乐学院作曲系进修。曾任沈阳军区歌舞剧团指挥。1977年获全军文艺汇演指挥奖。

曲堂文（1940— ）

单簧管教育家。吉林长春人。1965年毕业于沈阳音乐学院管弦系，分配至北京军区战友歌舞团乐队工作。1979年调解放军艺术学院音乐系从事单簧管演奏及教学工作。

曲天祥（1951— ）

指挥家。湖南常德人。1968年开始从事部队文艺工作。1981年转业到常德地区歌剧团，历任演奏员、指挥和常德市艺校校长。毕业于湖南师大文学院获研究生学历。先后指挥中外音乐作品有歌剧、戏曲、合唱与管弦乐，指挥有《江姐》《紫苏传》《长征组歌》《轻骑兵》等数十部。多次在省、市和央视举办的比赛活动中获奖，汉剧高腔《紫苏传》（获"梅花奖"）音乐伴奏，获湖南省首届戏剧艺术节指挥一等奖。曾任常德市音协副主席。

曲宪章（1939— ）

小提琴演奏家。吉林永吉人。1962年毕业于吉林艺术

学院。历任长春电影制片厂乐团中提琴声部首席、交响乐队队长、团长助理。为长春电影制片厂录制电影音乐数百部，为八一、辽宁、龙江、西安电影制片厂录制电影音乐数十部，参加电视片音乐录音近百部。参加音乐会演出千余场。撰写音乐文摘数十篇。致力于交响乐的普及工作，多次应邀为吉林大学、白求恩医科大学等高校讲授交响乐欣赏。任职于长影艺校，受聘于吉林艺术学院客席教授。

曲秀珍（1955— ）

女歌唱家。山东人。毕业于天津音乐学院后调入天津歌舞剧院。1981年在歌剧《宦娘》中任主角，并在连续参加五届"华北音乐节"听众喜爱的歌手比赛中获奖。长期参加天津市"海河情艺术团"、文联"艺术家大地行采风"、天津市"解困义演""抗洪救灾义演"并深入部队、公安、少管所、女子监狱、老年公寓等举办数十场"播撒音乐的种子"独唱音乐会。随艺术团赴荷兰、德国、意大利、印尼等国。曾为电视连续剧《大路魂》，电视片《唐风宋韵》《天津风情》配唱歌曲。所演唱的歌曲《祖国万岁》《中国人》在全国获奖。

曲致正（1951— ）

作曲家。辽宁大连人。辽宁音协副主席、大连音协主席。毕业于上海音乐学院作曲指挥系，高级复调理论专业博士。师从王建中、杨立青、陈铭志、林华教授。从事音乐创作与现代复调作曲技法和基础音乐教育理论研究。作有音诗《沧海横流》，交响叙事曲《棒棰岛的传说》，大型组歌《苹果红了》，无伴奏合唱套曲《唐诗四首》等。著有《新乐理教程》《雷格尔的复调技法探索》《雷格尔的赋格写作》《雷格尔的三首性格变奏曲分析》等。

曲比阿乌（1961— ）

女歌唱家。彝族。四川凉山人。1979年入凉山州歌舞团。1980年入天津音乐学院学习。1982年调入中央民族歌舞团任独唱演员。全国青联委员、中央国家机关青联常委、中央企业工委青联常委。1985年推出个人演唱专辑《小阿妹》。演唱的歌曲有《情深谊长》《我的家乡美》《月琴弹起来》《锦绣中华》《远方的客人请你留下来》等。2005年录制个人CD专辑《人间天堂》。被评为全国"德艺双馨"演员，获"民族团结先进个人"称号。

屈 塬（1959— ）

歌词作家、诗人、音乐活动家。陕西人。二炮政治部文工团团长，中国音协第六、七届理事，中国音乐文学学会常务理事。1991年毕业于解放军艺术学院文学系。1992年始从事音乐文学创作，曾任兰州军区战斗歌舞团创作员、总政宣传部艺术局干事。创作歌曲《西部放歌》《天路》等。为数十部影视剧创作主题歌。参与组织策划国家军队多台大型演出活动，发现并推出一批优秀音乐人才。

屈干臣（1934— ）

歌词作家。河南人。曾任广东省音协理事。先后毕业于中山大学中文系、广东经济管理学院管理系。1948年参加工作，历任广东省党政机关秘书、科长、处长、主任

等职。作有大量诗词，出版《屈干臣诗选》《岭南新歌》《奔腾的珠江》《丽日南天》《珠三角之春》等多部作词歌曲选、CD、VCD。《白云飘起来》《春燕展翅》《祖国，我的根》《花园工厂美如画》《金色的希望》《情系中华》等作品获全国、省、市奖。

屈景明（1957— ）

音乐活动家。陕西人。1979年毕业于湖南师院音乐系。1983年入南京艺术学院音乐系进修。曾在宁夏银川师专音乐系任教。后在中国音协工作。现任中国音乐著作权协会总干事。

屈连江（1939— ）

扬琴演奏家、音乐教育家。河北唐山人。1962年毕业于北京艺术学院音乐系本科。中国音乐学院业余音乐学校校长。北京电台文艺部特邀艺术顾问。1902年应聘率先在北京东城区少年宫开办娃娃扬琴班。曾创编三百余首扬琴曲及扬琴练习曲，其学生有百余人次获奖，二十余名学生考入音乐艺术院校或文艺团体。出版有《扬琴独奏曲选》，《屈连江扬琴专集》音像制品。在北京多次举办个人作品音乐会及教学音乐会，并在电视台播放。该校在北京设有五所分校，在校学生七百余名，开设二胡、琵琶、扬琴等十一个专业。数十家新闻媒体曾有专题报道。出版有《屈连江扬琴专集》录像带。

屈忠如（1932— ）

女高音歌唱家。安徽宿县人。1951年入西安市文工团。后任陕西省歌舞团独唱演员。全国第五届妇女代表大会代表。1981年在西安举行独唱音乐会。

渠延厘（1923— ）

钢琴教育家。河南镇平人。曾就读于开封第一师范音乐科与华中师大音乐系。先后在河南郾城涧滨中学、镇平县石佛寺联中及淮阳师范任教，并任音乐教研组组长、高级教师。曾在《中小学音乐报》发表数篇文章，并在开封《龙亭歌声》发表创作歌曲《靠我们一双勤劳的手》。

全东日（1957— ）

音乐教育家。朝鲜族。黑龙江牡丹江人。黑龙江艺术职业学院器乐系主任。1999年毕业于北京师范大学音乐系（自考），曾任大庆市歌舞团单簧管演奏员。撰有《谈单簧管吹奏的呼吸控制》《单簧管演奏与技术、技巧、音乐表现》等文，主编《单簧管教程》。其学生曾获在俄罗斯举行的"国际青少年器乐比赛"中获少年组第一名，本人获优秀教师奖。数名学生曾先后举办单簧管独奏音乐会或考入全国各地音乐、艺术院校。

全花子（1943— ）

女歌唱家、声乐教育家。朝鲜族。吉林和龙人。曾任延边音协理事，中国少数民族音乐学会理事，延大艺术学院民族声乐教研室主任。1963年延边艺术学校毕业并留校任教，1980年毕业于上海音乐学院民族声乐进修班。曾赴韩国国立国乐院留学。1976年在全国专业团体文艺汇演中

独唱获优秀奖，1987年中国北光声像公司出版《全花子16首民谣独唱集》录音带，多次到韩国举办个人演唱会。编辑《传统民谣和新民谣43首》教材，发表多篇论文。

全景运（1933— ）

音乐活动家。满族。黑龙江哈尔滨人。1950年从事音乐工作。曾任音协黑龙江分会副主席兼秘书长。参加历届东北三省音乐会"哈尔滨之夏"组织工作及中国民族民间音乐集成省卷的组织、搜集、编审工作。

全如玢（1925— ）

女作曲家。满族。北京人。1942年课余师从许勇三学习和声。1944年自北京贝满女中高中毕业考取辅仁大学心理系。1946年转学燕京大学音乐系主修理论作曲。1949年参加大学毕业生集训后，分配至中央新闻电影制片厂任作曲。1955年调入长春电影制片厂，为《寂静的山林》《青春的脚步》《冰上姐妹》《自有后来人》《女跳水队员》《艳阳天》《风云岛》《赣水苍茫》等50部电影、电视片作曲。其中《女跳水队员》中的《青少年运动员之歌》已成为国家跳水队队歌。2005年获得中国电影百周年纪念在上海颁发的"中国当代电影音乐特别贡献奖"。

全如珑（1930— ）

女钢琴演奏家、教育家。满族。北京人。1948年考入上海国立音专钢琴系，1953年毕业后留校任教。1958年借调广西艺术学院筹办钢琴专业与教学。曾调往广西京剧团搞钢琴伴唱样板戏《红灯记》《沙家浜》《龙江颂》《杜鹃山》《智取威虎山》等主要唱段。后调往广西歌舞团弹竖琴。1980年调中央乐团，随团赴安徽演出。曾为意大利声乐专家贝吉大师班任艺术指导，后调中国音乐学院任钢琴教授。

全如瑚（1934— ）

女大提琴演奏家、教育家。满族。北京人。1959年毕业于中央音乐学院大提琴专业，分配至中央乐团任演奏员。1964年回中央音乐学院任教，副教授。中国大提琴学会理事、中央音乐学院第一至第四届大提琴比赛评委。1985年应大提琴家亚诺什·斯塔克尔邀请，以访问学者身份赴美考察大提琴教学法。期间，应邀参加美国第三届大提琴教师学术研讨会。1993年参加美国第一届伦·罗斯国际大提琴比赛及学术研讨会。所教学生多次获奖。主要译著有《现代大提琴演奏》《我如何演奏如何教学》《大提琴每日练习》《巴赫六首组曲》《大提琴演奏中发音的几个问题》（与王祥合作）等。1992年被评为中央音乐学院优秀教师。

全胜吉（1943— ）

作曲家。朝鲜族。吉林汪清人。曾任汪清镇文化馆音乐创作员和音乐辅导员，汪清县文工团任演员、艺委会主任、团长，县文化局创作组专职创作员及中国朝鲜族音乐研究会理事、延边音协理事，汪清县、图们市政协委员。创作歌曲《红太阳毛主席》，舞曲《万紫千红》及歌剧等大量作品。部分文章在《人民音乐》等刊物上发表。

权吉浩（1954— ）

作曲家。朝鲜族。吉林人。1983年毕业于延边艺术学校大专作曲班，后入上海音乐学院进修。作有小提琴独奏曲《献给家乡的节日》，钢琴独奏曲《肖邦画像》等，其中钢琴组曲《长短的组合》1985年分获全国器乐独奏作品评比一等奖和第四届全国音乐作品评比一等奖。配器的歌曲《年轻的厂长》1984年分获吉林省工人业余文艺汇演一等奖和"全国建设者之歌"评比三等奖。

权璿贤（1931— ）

圆号演奏家。朝鲜族。吉林图门人。1946年任吉林军区炮兵团宣传队小号演奏员，1950年为朝鲜人民军最高司令部军乐团圆号演奏员，1958年入延边歌舞团乐队任圆号演奏员。在参演的所有歌剧、交响音乐会、国庆节以及为中央领导及外宾等演出中均担任小号和圆号伴奏。创作舞蹈音乐《喜迎周总理到咱家》《军民同巡逻》《火花舞》《女民兵》等。

权泰成（1954— ）

作曲家。朝鲜族。吉林人。吉林省歌舞剧团创作员。1982年毕业于沈阳音乐学院作曲系。曾任吉林省通化市文工团、通化市京剧团演奏员。作有声乐作品《晚归》《海燕》《我家住在大河岸》《长白山，我故乡的山》等，管弦乐《残阳》《雪》《唱支山歌给党听》等，歌剧《榆树花》（合作）及舞剧音乐《人参女》等。

R

冉涛（1973— ）

声乐教育家。四川宣汉人。1998年毕业于四川音乐学院声乐系。先后入四川省艺校，四川师范大学音乐剧专业、现代艺术学院、音乐学院、舞蹈学院任教，并先后任主任、常务副院长、副院长等职，教授。撰有《音乐剧的声乐演唱初探》《艺术学生的管理工作心得》（获省文化厅学生工作交流会一等奖），《中国民族音乐的发展还要靠教育》（获全国大学生艺术节论文一等奖）等文。曾投资创建西部第一家音乐剧本专科专业，组织、策划"中国四川高校音乐教育改革创新论坛"。

冉国旗（1960— ）

小号演奏家。甘肃人。乌鲁木齐市管乐协会理事。1976年参加工作，任兵团歌舞剧团乐队首席小号。曾与多名著名指挥家合作演奏大量的音乐作品。曾参加在北京中南海、中央党校、北京大学、中国人民大学、保利剧院的演出。演奏的作品有《海顿》《胡梅尔》《小号与踢踏》

《红色娘子军》《白毛女》《命运》《幻想》《东方红》《第九交响乐》等。

冉茂华（1942— ）

作曲家。重庆人。三峡大学校区医院住院部主任。1962年毕业于湖北宜昌医专。在《歌曲》等刊物发表歌曲百余首，多首被收入各种音乐专集或在全国、省市比赛中获奖，其中《一颗升起的新星》1994年获首届"黄河口杯"歌曲展评大赛金奖，《放歌大三峡》获《歌曲》编辑部"晨钟奖"，《夏天的日记》等数首歌曲收入光盘发行，《怀念战友》被推荐为1997年春节期间全军演唱的两首歌曲之一。

饶露堤（1953— ）

女钢琴教育家。湖北恩施人。1977、1982年先后毕业于上海师范大学、西安音乐学院音乐系。历任银川师范、宁夏教育学院、宁夏大学音乐系教师、副教授。培养多名学生考入区内、外大学音乐专业，多名学生在钢琴比赛中获得好名次。发表《德彪西音乐美学思想分析》《钢琴教学的任务与目的》《高等师范学院音乐专业钢琴课教学探讨》《关于中小学音乐教师基本素质的几点思考》等文。

饶敏芝（1949— ）

女声乐教育家。江西铅山人。上饶职业技术学院声乐副教授。毕业于江西师大音乐专业，并两次到上海音乐学院深造。曾在上饶市歌舞团担任独唱演员。多次获省、市声乐比赛大奖。为多家电台录制独唱歌曲。受中央民族乐团邀请到全国各地巡回演出。1990年后转入声乐教学工作，为省、市歌舞团及艺术院校培养众多声乐人才，学生多人在声乐大赛中获奖。2003年获全国"优秀声乐指导教师奖"。

饶宁新（1944— ）

古筝教育家、演奏家。广东大埔人。广州星海音乐学院副教授。中国音协古筝学会副会长。《中国民族民间器乐曲大全广东卷》编委。广东音乐基金会理事。1965年毕业于广州音专。编著有《古筝入门》《广东客家粤乐筝曲集》等。于中唱、新时代、太平洋等唱片公司录制数十辑汉乐、粤乐等古筝专辑。其中《中国汉乐筝曲》收入《中国音乐大全古筝卷》。主要演出有香港"吕文成纪念音乐会""南北古筝四大流派汇演""饶宁新古筝独奏音乐会"、台北"中国筝乐名家之夜——乐韵"、澳门"中国筝乐名家演奏会"等。为多家电台、电视台举办汉筝、粤筝专题讲座。

饶钦瑾（1930— ）

女高音歌唱家。上海人。1949年师从上海音乐学院声乐系葛朝祉、劳景贤教授。1951年考入上海广播乐团，1955年调中央广播艺术团合唱团任演员。1959年参加贝多芬《第九交响乐》《椰林怒火》、音乐舞蹈史诗《东方红》《中国革命之歌》等大型演出。近年参加国家广电总局老干部合唱团并在全国老年合唱比赛中获金奖。

饶荣发（1954— ）

作曲家。广东人。深圳市民间艺术团团长。作有《风风火火走一回》《牵挂》《中华我的家》《山歌唱出好兆头》等多首音乐作品，有的出版发行。曾先后获得各种金、银奖三十多项。2002年被授予广东省"优秀音乐家"。

饶兴华（1939— ）

作曲家、民族音乐学家。江西抚州人。1959年毕业于湖北艺术学院音乐系作曲专业。曾任江西省艺术研究所音舞美研究室主任、省群艺馆副馆长、省艺术中心副主任。中国戏曲音乐学会理事、江西省音协理事、省戏曲音乐学会副会长兼秘书长。曾为百余部大、中、小型剧目谱曲，其中五十余部参加省级以上会演、调演。《牡丹亭》选场，《金湾战歌》选段及戏曲广播剧《清水店风波》，歌曲《小华偏偏爱大华》等由中国唱片社录制唱片。多次获省级会演音乐创作奖、一等奖。发表有《简论戏曲唱腔的创作传统》《抚调浅析》等戏曲论文约二十万字。曾分别任戏曲志，戏曲、曲艺音乐集成江西卷责编、副主编等。

饶倚先（1935—已故）

作曲家。福建龙岩人。1961年上海音乐学院戏曲作曲系肄业。后在龙岩地区戏曲班。任音协福建分会第一、二、三届常务理事。撰有《介绍福建闽西山歌》文章，作有歌曲《月儿弯弯照荷塘》等。

饶余鉴（1937— ）

歌剧表演艺术家。上海人。1960年毕业于上海音乐学院声乐系，分配至上海歌剧院。上海音乐学院、西安音乐学院客座教授。1963年演出歌剧《蝴蝶夫人》，先后在《刘三姐》《红梅岭》《樱海情丝》等歌剧中任男主角。1979年应邀在小泽征尔指挥中央乐团演出的贝多芬《第九交响曲》中任男高音独唱。1981年随上海声乐家代表团赴日本演出。后就读于米兰威尔第音乐学院、斯卡拉歌剧院。1985年始多次在意大利、瑞士举行个人独唱音乐会。曾应德国邀请参加威尔第《安魂曲》的演出，任男高音独唱。曾获意大利第五届国际声乐比赛及纪念巴西作曲家高梅兹诞生150周年作品演唱比赛第一名。

饶余燕（1933— ）

音乐教育家、作曲家。广东大埔人。中国音协第五届理事、音教委副主任、陕西省音协副主席、西安音乐学院教授。曾就读于上海震旦大学附中和金陵大学音乐系，后并入上海音乐学院。1956年在上海音乐学院担任苏联作曲理论专家业务秘书。1958年到西安执教任作曲系主任。曾获陕西省首届高校优秀教学成果一等奖。作品钢琴协奏曲《献给青少年》和民族管弦乐《音诗——骊山吟》分获全国第二、三届音乐作品比赛二等奖。

饶泽荣（1952— ）

音乐教育家。江西南昌人。1997、2002年分别毕业于江西广播电视大学、江西师范大学音乐学院音乐系，后进修于上海音乐学院作曲指挥系。先后任南昌市歌舞剧团艺术室主任、江西省文艺学校教委处主任，南昌大学艺术学

R

院音乐表演系教师。作有歌曲《双调寿阳面》《闪亮的明星》《那一天在红旗下举起右手》，长笛与钢琴《龟兹随想》《b羽调赋格曲》等，曾参加全国中青年新作品交流会，宣讲并播放作品《娄妃吟》。撰有《古典乎，浪漫乎》《泱泱大气不失精微——'激情相约'作曲技法解析》。

热比亚·买买提（1942— ）

女高音歌唱家。维吾尔族。新疆库车人。1954年入阿克苏文工团。1955年入新疆歌舞团工作。1961年毕业于上海音乐学院。为全国人大第四、五届代表。中国音协第四届常务理事。曾赴法国、荷兰、巴基斯坦等国演出。

热沙来提·阿比孜（1945— ）

女民歌演唱家。维吾尔族。新疆库车人。1956年入阿克苏文工团，1981年调自治区艺术研究所工作。获自治区成立三十周年音乐周表演三等奖。1987年参加伦敦国际传统音乐节。

仁青（1961— ）

作曲家。藏族。西藏拉萨人。1990年毕业于上海音乐学院作曲系。武警西藏总队政治部文工团副团长。撰有《小议藏族情歌》。作有歌曲《朝圣的路》《腾飞吧，西藏》《天上的仙女》《美丽的西藏走向新世纪》《战士的心声》《绿色福星》等，其中《天上的西藏》获中宣部"五个一工程"奖等。曾为西藏解放40周年大型歌舞晚会"颂太阳"、儿童木偶剧《阿古顿巴》作曲，并担任策划、艺术指导。

任彪（1965— ）

巴松演奏家。云南昆明人。1985年入云南省歌舞团任巴松演奏员。1990年毕业于云南省艺术学院音乐系。曾就职于中国电影乐团、中国交响乐团、中国爱乐乐团。演奏有大量中、外音乐家如莫扎特、贝多芬、马勒全套的交响乐作品及谭盾、陈其钢等作曲家创作的优秀交响乐作品。参加各种大型演出活动，如1990年亚运会及每年的新年音乐会等。并随团出访亚洲及欧、美等国，并于2005年随中国爱乐乐团环球巡演。

任岗（1962— ）

作曲家。陕西西安人。总装备部某基地政治部宣传处文化干事。2000年毕业于中央党校函授学院。歌曲《山路弯弯》获海军文艺汇演创作一等奖，《星光小夜曲》《战士之恋》2000年获总装文艺调演一等奖。发表《传播精神文明的使者》《浅谈军营文化的特点》等文。

任虹（1911—1998）

音乐活动家、教育家。贵州黄平人。1933年考入上海国立音乐专科学校，师从苏石林、黄自等教授，曾任上海光明口琴队指挥，参加过众多演出活动。"八一三"事件后，随母回贵阳，先后任多所中学音乐教员。1937年参加抗日救亡歌咏运动，任筑光音乐会音乐指导。1939年执教于重庆育才学校。1940年赴延安，任鲁艺音乐系助教。曾指挥演出《黄河大合唱》。新中国成立后，任中国儿童艺

术剧院院长。中国音协理事。作有《刘介梅忘本回头》等歌剧音乐。

任慧（1962— ）

女高音歌唱家。河南宜阳人。1979年入陕西省广播民族乐团，1990年始任陕西省歌舞剧院歌剧团演员。先后获"全国首届民歌、通俗歌曲大赛优秀演唱奖"，"中国广播奖"铜奖，全国第四届青年歌手大奖赛专业组三等奖，陕西省"月季花"一等奖、"金鹰奖"，及陕西第三、四届艺术节金奖，并被陕西省授予跨世纪"青年音乐家"奖等。曾多次参加全国及省、市大型文艺演出，为百余部电影、电视连续剧、电视音乐片、专题片录制主题歌及插曲。撰有《千磨万击方成器——歌手大奖赛之感悟》《我对歌唱的一些思考》。

任杰（1939— ）

单簧管演奏家。吉林延吉人。长影乐团演奏员。毕业于中央音乐学院管弦乐系。曾任总政军乐团三队演奏员。多次参加司礼和重要演出。随团演出舞剧《鱼美人》《节日序曲》。参加四百余部影视剧音乐录音和数百场演出。曾师从桑托斯学习钢琴维修与调律。

任杰（1963— ）

小提琴演奏家。山东聊城人。1986年毕业于西安音乐学院管弦系，同年任广州珠江电影制片公司乐团小提琴演奏员，第一小提琴声部长。曾为珠江电影制片公司及国内外多家公司所拍摄的百余部（集）电影、电视录制音乐，其中电影《孙中山》、电视剧《刘山子的故事》获政府奖和飞天奖。参与乐团演出数百场。曾为国内外作曲家及香港作曲家排练、首演其各种流派的作品。曾参加广东省举办的"百歌颂中华"、纪念冼星海的万人大合唱的演出。长期从事教学工作，发表论文数篇。

任力（1957— ）

作曲家。湖南人。岳阳市音协副主席。创作大量歌曲和器乐、舞蹈音乐作品。《踏水谣》在1996年全国"群星杯"舞蹈评选中获文化部作曲金奖，少儿舞蹈《雨咕咕叫了》、童声合唱《春天你好》分获1998年全国"蒲公恩"作曲银奖及铜奖，舞蹈音乐《男人·女人·船》获1999年文化部"群星杯"舞蹈比赛铜奖，舞蹈《洞庭汉子》2005年获全国大学生舞蹈比赛金奖。歌曲《红莲花》录制盒带发行，《搬家》获省2002年"五个一工程"奖。

任萍（1925— ）

音乐文学家。河北人。曾为总政歌剧团创作员。作有歌剧《草原之歌》《壮丽的婚礼》《阿佤山歌》等，作有歌词《岩口滴水》《走进村来不用问》《挑新娘》等。

任涛（1926— ）

作曲家。山西灵石人。1938年始从事文艺工作。1957年毕业于中央音乐学院作曲系。曾任太原市文联副主席、太原市音协名誉主席。作有歌曲《心随黄河万里游》《老

R

647

汉我赶上了好世道》。

任 伟（1944— ）

音乐教育家。天津人。曾为天津市天津中学教师。1985年毕业于天津音乐学院师范系。曾任天津市外国师范学校音美组组长。向天津音乐学院、部队文工团输送众多音乐人才。曾组织南开区中小学音乐教研活动、研讨中小学音乐教材、组织中小学音乐观摩教学、听课评奖。1991至1995年曾任辽宁音协业余音乐学校校长。

任 星（1947— ）

演奏家。安徽人。60年代毕业于湖北艺术学院管弦专业。曾任长沙艺术剧院副院长、长沙歌舞剧院院长。三十多年来参加过多部歌剧及音乐会的演出，参加组织湘剧《布衣毛润之》《铸剑志》和大型诗、乐、舞剧《大铙颂》的创作、排练、演出。撰有《浅析D.C与D.S的规范使用》《Staccato在长笛演奏中的运用》。

任 勇（1968— ）

歌唱家。山西稷山人。就读于西安音乐学院附中，1989年毕业于该院民乐系。后任陕西省歌舞剧院轻音乐团演员。撰有《论歌星的素质及演唱技巧》。曾参加省广播新歌征集，演唱《那句话，那件事》获二等奖，演唱《前方是火红的太阳》获铜奖。1993年参加陕西省青年歌手电视大赛专业组通俗唱法二等奖，陕西省首届MTV歌手大赛获专业通俗一等奖。2001年随团赴法国、西班牙、意大利参加欧洲音乐节任独唱。

任 璋（1943— ）

作曲家。浙江嵊州人。曾任淮南市音协副主席。1965年于吉林艺校毕业后留校任教。1976年始在淮南市歌舞团任指挥、作曲。曾就读于中国函授学院理论作曲系，并自费赴日本学习一年。为《渔光》《思》《花鼓灯口诀调》等十几部舞蹈作曲并获奖。作有《家乡的小河》《荔枝树》等数十首歌曲，其中多首获奖。为电视剧《长相知》，电影《天天向上》等作曲。担任历届"豆腐文化节"的作曲、指挥。出版有《京剧打击乐演奏艺术》。1992年获淮南市优秀文艺成果一等奖。

任 重（1942— ）

歌唱家。河北唐山人。1965年毕业于解放军艺术学院音乐系。曾在解放军歌剧院、兰州军区某部宣传队、北京机械局宣传队、中国全总文工团、中央歌剧院任演员或教员。1980年任解放军艺术学院戏剧系教研室主任。曾在歌剧《白毛女》中扮演王大春。发表论文《论声乐小品》。曾受聘于中央戏剧学院、中国歌剧舞剧院、民族大学艺术系等授课。多次获军内嘉奖。学生中有二十多名在各类大赛中获大奖。

任宝桢（1944— ）

作曲家。山东济南人。16岁入济南市歌舞剧院。济南市音协副主席。作有器乐曲《沂蒙新貌》，声乐曲《今日中国人》，舞蹈诗《沂蒙风情画》，大型团体操《泉城颂》，歌舞《祖国地久天长》，电视系列片《美在民间》，电视连续剧《西出阳关》等大量音乐作品。获全国奖40项。作品有的入选中央电视台春节晚会，有的编入高等音乐院校教材，列入全国考级曲目。曾随剧院赴美、日、奥地利等二十余个国家演出。曾获"全国职工自学成才奖"和"专业技术拔尖人才"称号。

任葆菊（1943— ）

女声乐教育家。天津人。天津师大原艺术学院副院长、音乐系主任、副教授。1961年考入中央音乐学院声乐系本科。1967年毕业于中国音乐学院声乐系。曾任天津歌剧舞剧院歌剧演员，在《洪湖赤卫队》《宦娘》《货郎与小姐》《费加罗婚礼》等歌剧中担任重要角色。1987年后从事高等学校音乐教育工作，任全国高等学校音乐教育学会理事，兼任教学研究委员会副主任。曾获天津师大优秀教师"严师奖"二等奖、曾宪梓教育基金会高等师范院校优秀教师三等奖。

任伯杰（1945— ）

女音乐教育家。山东青岛人。中国音乐学院副教授、中国民族管弦学会会长、扬琴分会理事。1970年毕业于中国音乐学院器乐系。曾任职于中国铁路文工团、中国音乐学院附中。学生多人次在国内、国际专业比赛中获奖，在全国高等专业学院考试中成绩名列前茅。1998年带领的器乐科被授予先进集体奖。

任昌华（1944— ）

音乐教育家。江苏徐州人。1965年毕业于南京师范大学音乐系。后任江苏省中师音乐中心组组长、全国中师音乐理事会常务理事。1994年组建女子军乐队兼任指挥，并在省内、外演出。1997年指挥合唱《祖国颂》获市合唱节特等奖。编写出版《钢琴练习曲》《合唱与指挥》等系列教程，多次参与编写全国普师、幼师音乐教材，发表音乐论文十余篇。长期坚持教学工作，为本地区中、小学，幼儿园培养了大批音乐师资，先后被评为江苏省优秀教育工作者，并获教育部颁发的曾宪梓奖。

任长忠（1955— ）

音乐教育家。河北承德人。河北承德民族师专平泉分校音乐系主任、钢琴教师。1978年于平泉师范音乐班毕业，留校任教，后进修于河北师大音乐系。1996年河北师大音乐系函授本科毕业。曾获"河北音乐之春"承德地区二胡比赛一等奖。近年在刊物发表论文及音乐作品十余首（篇），其中舞蹈音乐《雪山情》获央视第二届全国校园春节联欢晚会二等奖。

任丹生（1948— ）

女作曲家。辽宁人。1966、1986年先后毕业于辽宁戏曲学校音乐科、沈阳音乐学院作曲系专修班。曾任丹东市评剧团、沈空文工团演奏员，1976年调辽阳市文化局艺术科主管专业剧团业务工作，1984年任锦州市群艺馆文艺部副主任，后任上海东方电视台音乐编导。京剧音乐《英雄炮》作为优秀剧目参加1972年全军文艺汇演，《追鱼》

R

《喜脉案》《翠屏山》曾在沈阳、北京等京剧院团上演。京调歌曲《十五的月亮》在全国戏曲广播节目中获"创新奖"和"特别奖"，歌曲《声声慢》收入沈阳音乐学院声乐教材。撰有论文《以歌曲〈声声慢〉为例浅谈古典音乐的继承与发展》。

任得泽（1939— ）

作曲家。山西洪洞人。1964年毕业于山西大学艺术系理论作曲专业。曾任中学、师范音乐教师。1971年调太原市青年歌舞团，从事作曲和指挥，后任艺委会主任、团长。1986年调山西省音乐舞蹈研究所，担任《中国民族民间器乐曲集成·山西卷》副主编。曾任山西音协理事、民族音乐委员会主任、省艺术职业学院外聘教授。创作有《巧会康熙》等7部电视剧音乐，歌剧《老二黑离婚》剧本和音乐创作。歌曲、舞蹈音乐多次获奖。

任德祥（1948— ）

作曲家。四川成都人。1972年入四川音乐学院作曲系进修。四川泸州文联编辑、四川曲协理事、泸州政协常委。撰有《关于戏曲乐队的指挥问题》《也说"卡拉OK"》《"变味"有何尝不可》等文。作有歌曲《山村夜曲》《竹乡姑娘》《庄稼汉》《火把节之夜》《家乡的土地》，有的在全国征歌中获奖，有的作为电台"每周一歌"播出。在地市级发表演播音乐作品百余篇（首）。

任沸涛（1935— ）

民族音乐理论家。湖南华容人。1955年入湖北艺术学院（现武汉音乐学院）学习，1980年任湖南岳阳市群众艺术馆音乐专干。创作歌曲《送郎当红军》《我爱妈妈的歌》《采莲曲》《货郎船》等，其中《渡船儿摇摇》《楚风锣鼓》获奖。为纪录片《洞庭湖呀风光美》谱写主题歌。出版专著《湘北民舞与民歌的亲缘关系》《岳阳民族民间器乐曲概论》等，主编《中国民族民间歌曲集成湖南卷·岳阳分卷》，曾组织多项群众性音乐活动。

任广颖（1952— ）

作曲家。山西离石人。曾任乌鲁木齐电台主任编辑。1978年在新疆哈密地区文工团开始从事专业作曲。1986年起在哈密电台和乌鲁木齐电台从事音乐编辑工作。《我是天山小古丽》获全国少年儿童歌曲评选三等奖。少儿组歌《中南海的小燕子》在中央台及全国多家电台播放。其中《中南海呀我爱你》曾列入文化部、中国音协等向全国推荐的12首少儿歌曲。独唱《祖国永在我心窝》《绿色的森林》并少儿歌曲《柳笛》《大雁飞》《蜻蜓报告啥消息》等多次获奖。《流光溢彩的音乐水彩画》获"全国优秀广播文艺节目评选一等奖"。

任桂珍（1933— ）

女歌剧表演艺术家。山东济南人。1948年始从事文艺工作。上海歌剧院艺术指导。曾任中国音协理事、上海市妇联执委、中国农工民主党中央委员。50年代，分别随郭兰英、洪达琦教授学习民族唱法和西洋发声技巧，并得到周小燕、王品素教授的指导。1953年参加赴朝鲜慰问演出团。同年，随中国青年代表团赴欧洲多国访问演出。两次赴朝鲜、日本等国访问演出。在《白毛女》《小二黑结婚》《红霞》《洪湖赤卫队》《刘三姐》《江姐》《沙家浜》《红珊瑚》等歌剧中扮演主角。曾为《红日》《聂耳》《摩雅傣》等电影配唱《谁不说俺家乡好》《铁蹄下的歌女》《塞外村女》《摇篮曲》等插曲。首唱的《唱支山歌给党听》《解放军同志请你停一停》等歌曲录制成唱片。80年代，录制有《中国民歌金曲18首》（三盘）个人独唱盒带。

任国珠（1933— ）

女声乐教育家。辽宁营口人。1967年毕业于沈阳音乐学院声乐系。曾任该院师范系副主任。

任红举（1934— ）

歌词作家。北京人。1949年从事部队文艺工作。1958年始任南京军区前线歌舞团编剧。参加过音乐舞蹈史诗《东方红》《椰林怒火》《东海前哨之歌》创作。歌曲《太湖美》《红军想念毛泽东》《双双草鞋送红军》《中国，中国，鲜红的太阳永不落》（合作）的词作者。1984至1995年任江苏省音乐文学学会副会长。

任鸿翔（1942—1999）

琵琶演奏家、音乐教育家。陕西蒲城人。1966年毕业于西安音乐学院民乐系。曾任西安音乐学院副院长、教授、硕士生导师，陕西音协常务理事。整理出版《平湖派琵琶曲13首》为平湖派艺术的重要范本之一，并被收录于《中国民族民间器乐曲集成·浙江卷》。作有《渭水情》《明妃怨》《雁》等琵琶曲，均为获奖作品。发表有《长安乐派刍议》《论琵琶弹挑》《艺术实践在高等艺术院校的地位与作用》等十余篇论文。

任惠杰（1942— ）

指挥家。河北文安人。1965年毕业于中央乐团首届交响乐队学员班，主修指挥及小号。后入山东省京剧团任管弦乐队团指挥。1982年调中国煤矿文工团任指挥。1997年创建北京市文化局所属北京国联交响乐团，任音乐总监、常任指挥。曾在煤矿文工团乐队连续指挥14届"五一音乐会"演出，执棒国联交响乐团多次在CCTV音乐直播厅举办"乡音乡情""中国外名曲"等演出，指挥原创音乐剧《碟》全国巡演、视觉京剧《新白蛇传》及"王昆从艺70周年师生音乐会"演出等。作有歌曲《黑宝石》《矿工的眼睛》及舞蹈音乐《光和热》《凤凰腾飞》《皓月》等。

任吉祥（1936—1998）

演奏家。山西临汾人。曾任成都市群众艺术馆副研究员、四川音协理事、成都市音协常务理事、四川社会音乐研究会副会长。毕业于华北军区军政干校。后调入解放军军乐团，参加过"五一""国庆"等天安门的大型演奏、党的"八大"开幕、闭幕式和迎送胡志明等各国领导人的司礼演奏。1958年调西藏军区军乐队任副队长，参加拉萨解放战斗。西藏自治区、西藏军区的司礼演出。发表《论群众音乐社会学的对象》《论群众音乐社会学的研究方法》《群众音乐社会思想概论》等。

任金池（1943— ）

歌唱家。河北人。1968年毕业于中国音乐学院声乐系本科，后分配到中央乐团合唱队。曾参加交响乐《沙家浜》、毛主席诗词音乐会、马可作品音乐会、《安魂曲》《黄河大合唱》、柯达依音乐会、《中国革命之歌》、北京合唱节、黄河音乐节、伏尔加之声等大型合唱音乐会的演出，并赴全国各地及香港、澳门、马来西亚等国家和地区演出。

任景平（1928— ）

音乐活动家。内蒙古敖汉旗人。1948年毕业于冀察热辽联合大学鲁艺音乐戏剧系。1949年始从事音乐创作和表演理论研究。曾任湖北人民广播电台副台长。音协湖北分会副主席。湖北省政协第五、六届常委。

任兰亭（1938— ）

音乐活动家。山东青岛人。胜利石油管理局第四届文联音舞协会顾问、局老年艺术团顾问。1960年参加全国职工文艺汇演、世界工会理事会第八次代表大会文艺演出、大庆石油会战文艺汇演，演出有《红色草原颂》《原油滚滚向东流》。歌曲作品有《采油女工之歌》。话剧《一代铁人》主题歌及音乐（合作），先后任东营市文联第一届常务副主席、政协三、四届委员。山东省文联三、四届委员，省音协三、四届理事，省合唱指挥学会第一届理事，胜利油田文联副主席，中国石油文联音舞协会副主席。

任立谦（1958— ）

女中音歌唱家。锡伯族。辽宁沈阳人。1989年毕业于中央乐团社会音乐学院声乐专业。曾任中国电影乐团女中音声部长。1991年调武警文工团。参加各类文艺演出。演唱有《历史将铭记我锡伯的辉煌》《献给母亲的歌》《锡伯族摇篮曲》等。参与编辑中央电台"浅谈锡伯族音乐"节目，获"五个一工程"奖。曾作为锡伯族代表参加1995年世界妇女大会。

任丽蔚（1952— ）

女高音歌唱家。辽宁抚顺人。1970年入沈阳军区歌舞团工作。曾在全军第四届文艺汇演中获优秀表演奖，全军中青年声乐比赛中获特别奖。曾为电视连续剧《爱新觉罗·浩》配唱主题歌。

任清志（1922—已故）

古筝演奏家。河南叶县人。自幼学扬琴、古筝。1956年入郑州曲剧团。1960年任河南省歌舞团团长。创作改编古筝曲有《新开板》《葬花》等。

任秋来（1954— ）

长号演奏家。陕西周至人。1971年在陕西省安康地区歌剧团任演奏员。1982年毕业于西安音乐学院管弦系，留校任教。1996年在中国交响乐团任演奏员。1984年率队赴四川音乐学院、武汉音乐学院、西南联大进行学术交流及巡回演出，其"铜管五重奏组"还参加了"天山之春""丝绸之路"音乐会等。组织了"长号四重奏组"演出了数十场音乐会。撰有《论艺术家坐标的游移》。1996年随团赴欧洲、日本等国演出，曾在《国画展览会》中担任中音号独奏，在斯特拉文斯基的《普鲁钦那》组曲中其长号片断有出色表演。

任求林（1963— ）

作曲家。湖南泸溪人。任职于湖南省凤凰县文化馆。1987年毕业于吉首大学艺术系，同年开始在全国演播及发表作品。主要有交响诗《苗山情》获中国"星海杯"作曲优秀奖，合唱歌曲《边城新星》获全国作曲比赛二等奖，《贺龙桥》获中国"聂耳杯"作曲大赛优秀奖，舞蹈音乐《红土情》获全国第10届"群星杯"作曲金奖，大型舞蹈《霞生山水间》获湖南省"五个一工程"作曲奖，歌曲《美美的湘西》获省政府"群星杯"作曲金奖，舞蹈音乐《稻草堆下的故事》获省"蒲公英"作曲金奖。

任三元（1944— ）

音乐教育家。陕西汉中人。汉中市职业技术学院副教授。汉中市音协常务理事。师从原中央乐团韩德章习声乐。1969年毕业于西安音乐学院声乐系。1975年赴京参加文化部调演，在歌剧《飒爽英姿》中担任领唱，并任合唱指挥。1982年于西北五省《长安音乐周》独唱《亿万人民心中的花》《在彩色的土地上》。培养的学生曾获全国声乐比赛二等奖，并先后有数十人考入北京艺术院团和音乐院校。长期从事合唱指挥工作，指挥合唱曲有《蓝色多瑙河》《长征组歌》《阿拉木汗》等，指挥的无伴奏合唱有《半个月亮爬上来》等。

任善炯（1949— ）

歌词作家。湖北江陵人。曾任湖北沙市市文联创作部主任。1987年毕业于湖北大学中文系，1973年入西藏军区歌舞团并开始从事音乐文学创作。创作有作词歌曲《大神农架》《织西兰卡普的妹子》及声乐套曲《党费》等。出版有歌词集《心海潮声》，曾获1990年全国广播新歌征评金奖。

任士荣（1935— ）

手风琴演奏家。江苏扬州人。1949年起从事部队文艺工作。曾先后入四川音乐学院和沈阳音乐学院学习音乐理论和手风琴演奏。1953年赴朝鲜演出后受到嘉奖。1962年在芬兰"世青节"获四金一银奖章。1964年获全军汇演手风琴演奏优秀奖。1965年赴法国演出任领队、独奏、伴奏。曾在中央电视台举办"手风琴知识更新讲座"获全国优秀电视讲座节目奖。曾举办"任士荣手风琴作品音乐会"。出版有《任士荣演奏教学曲集》《手风琴电视教程》《手风琴课堂教程》《手风琴考级作品名家指导》《手风琴伴奏中外歌曲选集》。

任抒真（1942— ）

女音乐教育家。山东聊城人。1963年毕业于西安音乐学院钢琴系，后任副教授、硕士生导师。多部伴奏作品获奖并录制，其中手风琴伴奏的歌曲《边防战士爱红柳》，钢琴伴奏曲《告别母校》和参与作曲的歌剧《带血的项链》，在全国比赛中获奖，并被录制成盒带发行。所教学生中，多人次在全国、省级比赛中获奖并考入专业音乐学院。曾担任"香港第二届中国钢琴作品比赛"评委等多项赛事评委。发表有《钢琴专业学生素质的培养》等文。

任树智（1949— ）

作曲家。湖南岳阳人。新疆昌吉回族自治州民族歌舞剧团作曲、指挥。曾任新疆喀什歌舞团单簧管演奏员、乐队队长，喀什电视台音乐编辑，昌吉州歌舞团创编室副主任，喀什昆仑乐团作曲、指挥。喀什音协副主席。1981年在中央民族学院艺术系及中央音乐学院和中国音乐学院学习。作品有小提琴独奏曲《节日的艾提尕尔》，歌曲《叶尔羌河畔的莱勒古丽》《花帽》《春天花儿美》，舞蹈音乐《花儿·少年》《太阳之子》等。多部作品获奖。编配并指挥演出大型维吾尔族歌舞剧《阿玛尼沙汗》，在喀什首次用管弦乐形式把十二木卡姆搬上舞台。

任庭成（1933— ）

音乐活动家。陕西绥德人。1946年从事部队文艺工作。长期担任音乐活动的组织领导工作。曾任新疆生产建设兵团文化处副处长。

任同祥（1927—2002）

唢呐演奏家。山东嘉祥人。1954年入上海歌剧院。为该院艺术顾问。1953年获第四届世界青年联欢节民间音乐比赛银质奖。后曾获缅甸国家金质奖。编曲演奏的曲目有《百鸟朝凤》《一支花》《婚礼曲》，著有《任同祥唢呐曲集》《唢呐教程》。

任卫新（1952— ）

歌词作家。河北河间人。1976年起任中国广播艺术团创作员。1982年毕业于中国音乐学院音乐文学专业。《词刊》《中华儿女》杂志编委。第七届全国青联委员，中国音协第七届理事。为大型系列电视专题片《话说长江》《话说运河》《黄河》《万里海疆》《唐蕃古道》的主要撰稿人。独家撰稿有《伏尔加日记》《中国民居》《海上丝绸之路日记》《新世纪·新航程》。担任总撰稿和总导演的格萨尔史诗六集大型文化专题片《苍原》。策划、撰稿的大型电视晚会有《第七届全国运动会开幕式》《义勇军进行曲诞生60周年音乐会》《新千年大型文艺晚会》《2004年中央电视台春节联欢晚会》等。创作有大量歌词作品，获全国性奖数十项。其中，大型电视专题片《伟人周恩来》获中宣部"五个一工程"一等奖，大型电视专题片《百年恩来》获全国大众电视"金鹰奖"一等奖，《青春之歌——五四运动80周年大型文艺晚会》获全国电视"星光奖"一等奖。

任喜元（1943— ）

二胡演奏家。天津人。1966年毕业于天津音乐学院后任职于河北省梆子剧院，1974年调唐山市歌舞团，任演奏员、书记、副团长。除参加大量独奏、重奏等演出外还

辅导市工会民族管弦乐团，少年宫乐团等，所教学生大多成为文艺团体的骨干并在比赛中获奖。作有歌曲《河北梆子》《煤城传喜讯》等在刊物发表。

任贤璋（1916—已故）

作曲家、戏曲音乐家。浙江宁波人。曾就读上海音专音乐教育专修班。1935至1949年先后任上海民众歌咏会、怒吼广播歌咏团、慕尔堂歌咏团、八路军115师宣传队、战士剧社业务指导员、队长，鲁中南军区文工团团长，山东军区文工团团长。1949年起任中央音乐学院华东分院军代表、音工团副团长，浙江越剧团研究组组长、浙江文化厅剧目组组长。1937年创作的《流浪进行曲》经冼星海修改后编入《冼星海歌曲集》。创作歌曲数十首及歌剧《春耕曲》《大娘，教子》等。曾主编歌曲集、举办音乐干部短训班、编创兼导演数个剧目及将《马兰花》移植为越剧。

任向群（1943— ）

作曲家、音乐编辑家。山西翼城人。1961年从山西艺术学院参军。1963年调入北京军区战友文工团，1966年参加总政派出的文化工作队执行"援越抗美"任务。1977年调北京军区文化部，1978年在中央音乐学院作曲系进修，1985年转业到中国文联出版社，同年至1989年参加中国函授音乐学院作曲系学习并毕业，1997年任音像部主任，编审。上演、录播、发表各类音乐作品六十余件，获省部级以上奖的有《有了共产党，中国才富强》等十几件。编辑出版各类音像制品六十余种，图书七十余种，获省部级以上奖6次。

任筱敏（1965— ）

女钢琴教育家。山东聊城人。星海音乐学院钢琴系副教授。曾在中央音乐学院硕士研究生班和德国钢琴演奏家阿历克斯·毕勒道大师班进修。多篇论文刊发于《钢琴艺术》《交响》刊物。其中《音乐师范生情感人格素质的培养》被《中国音乐教育》列为导读推荐，《如何培养用脑练琴的能力》被台湾《中华音乐文化教育》杂志全文转载。

任秀珠（1957— ）

女手风琴教育家。满族。吉林人。吉林省吉林市教育学院综合部教研员。1992年毕业于吉林省艺术学院音乐系。曾在吉林市昌邑区第二十五小学、市第二实验小学任音乐教师。撰有《发展学生的音乐思维》《如何在音乐教学中激发学生的学习兴趣》《音乐课我们该关注些什么》等文。承担国家级课题《校园美育新体系的构建与实践研究》。参与编辑《校园美育理论与实践研究》。

任学和（1934— ）

歌唱家、声乐教育家。山东博兴人。1963年毕业于上海声乐研究所。曾任曲阜师大艺术系副主任、副教授，山东音协理事。1962、1963年在上海和大连举办独唱音乐会。曾主演《柯山红日》《收租院》《伟大的史诗》《红灯记》。演唱曲目有《我赶着大车跑得欢》《盐工的歌》《我一高兴唱一通》等被录制唱片。作有《装卸突击队之歌》《棉乡四季歌》《我爱沸腾的油田》，撰写并发表

《继承民族声乐传统》《内唱、内里声、两口论》等文。

任一平（1928—已故）

坠胡演奏家。河北镇平人。1948年从事部队文艺工作。后在海政歌舞团任乐队队长。作有坠胡独奏曲《河南曲子牌曲》《庆丰收》《巡逻在祖国海洋上》。

任泳浩（1935—已故）

作曲家。吉林龙井人。1953年毕业于延边师范音乐科。曾任延边艺校教务主任。音协延边分会常务理事。作有歌剧音乐《蔷花红莲传》等。

任勇烈（1959— ）

男中音歌唱家。朝鲜族。吉林人。1986年毕业于上海音乐学院声乐系，并举办个人独唱音乐会。同年考入中央乐团。1988年参加第二届澳门国际艺术节时，与世界著名音乐家同台演出歌剧《茶花女》，并饰演格伦威尔医生。曾随团出访新加坡演出《黄河大合唱》并担任《黄河颂》的独唱。2001年在朝鲜平壤举行的第19届国际艺术节庆典上获金奖。曾受邀请参加朝鲜"四月之春"国际艺术节，获特别金奖。曾赴美国、澳大利亚、韩国等国演出。

任兆学（1930— ）

作曲家、指挥家。辽宁义县人。1948年在冀察热辽联大鲁艺音乐系学习。1953年调北京中国青年艺术剧院，后在中央音乐学院进修指挥和作曲。1955年任中国木偶艺术剧团乐队队长兼小提琴演奏员，后任指挥和作曲。中国延安鲁艺校友会副秘书长、鲁艺小铃铛艺术学校校长。作品有大型剧目《大闹天宫》《鸭司令》，童话剧《宝斧》《恶魔》《宝船》，神话剧《通天河》《红孩子》《半夜鸡叫》，广播剧《咕咚》《蚂蚁与大象》《苍蝇交朋友》《兄妹放羊》《山羊与狐狸》《小猴吹笛子》及电影《小铃铛》《西双版纳》音乐及儿童歌曲《小树过生日》《库尔班大叔喜洋洋》《姐姐唱歌我吹笛》《秋天有多美》等数十首。其中舞蹈《钓鱼》获全国电视大赛优秀音乐奖。

任志宏（1948— ）

小提琴演奏家。江苏扬州人。宣城市歌剧团乐队队长、小提琴首席。曾参加《江姐》《货郎与小姐》等多部歌剧演出，其中《羯鼓惊天》《老板娘》获省第三、四届艺术节一等奖。参加排演了多台音乐歌舞晚会，其中有小提琴独奏节目。培养的小提琴学生多人在省四至七届小提琴比赛中分获一、二、三等奖，2006年被评为"安徽省十佳优秀小提琴教师"称号。

任志萍（1938— ）

歌词作家。河北张家口人。曾任中央歌舞团演员、创作员、创编室主任、副团长，中国音乐文学学会副主席。60年代末开始歌词创作，发表大量作品，获国家及部、委、省、市奖六十余次（项），其中《多情的土地》《心愿》《春满京城》《龙舟竞渡》《相约在月圆时节》《远方书信乘风来》《驼铃》《赞美你，骆驼》等歌词谱曲后广为流传，并入选多种歌曲、歌词选集。同时为舞台、电视台的音乐会、综艺晚会、专题晚会、专题片撰稿二百余次。是文化部13届春节电视晚会的主要策划人、撰稿人之一。多次担任国家级、省、市、地方级歌手大赛、歌词、歌曲大赛的评委，并多次应邀赴各地参与歌词创作或赴歌词创作班讲课。

任志琴（1937— ）

音乐教育家。山东聊城人。毕业于西安音乐学院。曾任新疆艺术学院教师、博尔塔拉州歌舞团乐队队长。1980年调西北民族学院音舞系，曾任理论教研室主任、系主任，教授。省高职评审成员。发表论文三十余篇，其中《音乐节奏命名》获国家民委科研论文三等奖、省优秀教学一等奖。"任志琴节奏读法"被湖南教育研究所收入《音乐教学原理与方法》。论文曾三次获省社科三等奖。编著出版《视唱教程》。1993年获省政府"园丁奖"。

任子昂（1925—已故）

作曲家。河南新乡人。1949年参加文艺工作。曾任中国铁路文工团创作员。作有歌曲《志愿军筑路歌》《筑路大合唱》《慰问歌》《请到咱家来喝酒》。

任子衡（1912—已故）

京剧打击乐演奏家。北京人。自幼师从陆庆堂学习京剧打击乐演奏。曾任中国京剧院二团乐队队长兼任鼓师。

任祖干（1926— ）

作曲家。浙江杭州人。抗日时期入江西抗敌后援会宣慰工作团从事音乐工作。1949年就读江西八一革命大学文艺部音乐系，结业后入江西省采茶剧团、南昌市艺术创作研究所，从事作曲与研究。作有《志愿军的未婚妻》《三代》《祥林嫂》《江姐》等六十余出采茶戏音乐（部分合作），撰有《论戏曲音乐的主曲再生》《改进方法更新程式谈戏曲音乐新腔的规范》《江西民间歌曲概述》（合作）等文。合编《南昌采茶戏音乐》《南昌采茶戏新腔选》《江西地方戏曲新腔选》。参与编纂《中国民间歌曲集成·江西卷》《中国戏曲音乐集成·江西卷》《中国戏曲志·江西卷》，获"10部文艺集成志书"江西卷编纂成果一等奖。

戎 纳（1982— ）

女作曲家。北京人。2001年就读于美国纽约曼哈顿音乐学院作曲系。2003年任美国纽约布鲁克林大教堂管风琴手兼音乐总监。曾先后获北京第四、五届"星海杯"儿童钢琴比赛第三、一名及各类少儿钢琴比赛一等奖。作有钢琴曲《节日的舞蹈》，改编歌曲《黑眼睛》。录制个人音乐作品CD海内外发行。1999年在中欧音乐网上被评为"杰出青年音乐家"。

戎青良（1940— ）

二胡演奏家。河北人。发表的论文有《浅谈二胡弓法的功能》《乐队演奏员工作十条》《二胡的揉弦与弓力》《二胡揉弦中应注意的问题》《少儿二胡教学中的体会》。

R

荣乃林（1932—已故）

作曲家。满族。黑龙江勃利人。1948年参加鲁艺文工团。任哈尔滨歌剧院交响乐团团长。作有管弦乐组曲《鄂伦春节日》《乌苏里随想曲》，歌剧音乐《夏氏姐妹》。

荣绍昌（1913—已故）

曲艺演唱家。北京通州人。自幼在天津拜师学艺。1922年登台演唱。曾到京、沪等地演出。1951年入中南文工团。1955年入湖北艺术学院任教。

荣世生（1955— ）

作曲家、音乐学家。山东曹县人。1972年考入菏泽地区京剧团乐队，1979年毕业于山东省艺校理论作曲专业，1986年毕业于山东艺术学院文化管理干部专修科。1990年起任单县文化馆馆长、研究馆员。兼菏泽市音协理事、单县音协主席。音乐作品二百余首（部），论文二十余篇。音乐专著《黄河故道的风》由中国文联出版社出版。论文《论我国传统的三种七声音阶形式》获省艺术科学成果一等奖。歌曲《黄河拐弯的地方》《牡丹乡，我可爱的家乡》，二胡独奏《黄河故道换新颜》等数十首获奖。

荣战今（1926— ）

音乐编辑家。山东海阳人。1945年入哈尔滨市中苏友好合唱团。1953年入黑龙江广播电台，曾任文艺部主任编辑。

荣竹林（1940— ）

作曲家、音乐编辑家。蒙古族。内蒙古土默特旗人。1961年毕业于天津音乐学院作曲系，1964年毕业于中央民族学院艺术系理论作曲班。历任中学教师，文化馆长，内蒙古人民出版社编辑、副编审。作有管弦乐曲《草原风情》《皎洁的夜晚》，歌曲集《内蒙古歌曲集》，大合唱《幸福生活乐无穷》。编辑并出版《歌海新声》《图力古尔歌曲选》《蒙古族民歌选》，交响组歌《独贵龙的火炬》，管弦乐总谱《走西口》及《鄂尔多斯民族歌曲简述》《音乐散论》等多本音乐歌曲理论书籍。编译《布利亚特蒙古民歌选》一书，并获内蒙古优秀图书奖。

容心敬（1937— ）

声乐教育家。河北石家庄人。1986年毕业于石家庄教育学院音乐科，曾任河北师大附小、棉二中等校音乐教师、教学处副主任。作有《今年的春歌多又多》《为了理想向前进》《我们的追求》等歌曲及乐器合奏曲《乘胜前进》等，曾获市级优秀作品奖、一等奖。培训民乐、曲艺、歌舞队、管弦乐队及芭蕾舞队，在演出及比赛中获奖。曾任河北师大学生会文艺部音乐指导、海河组歌合唱团副指挥，培养大批音乐人才。

肉孜·阿木提（1960— ）

歌唱家。维吾尔族。新疆乌鲁木齐人。1979年毕业于乌鲁木齐市艺术班舞蹈科，1988年毕业于上海音乐学院声乐系。后在乌鲁木齐儿童艺术剧院歌舞队，1995年始在中央民族歌舞团歌队任独唱演员。1988年在上海举办个人独唱音乐会。1994年获第六届全国青年歌手电视大赛专业民族唱法一等奖，应邀参加中央电视台举办的庆祝中国共产党成立73周年文艺晚会并任独唱。自1995年起参加各种大型文艺晚会、艺术节、春节歌舞晚会、抗洪义演、"心连心"艺术团的演出，均担任独唱。出版有个人演唱专辑《阿娜尔汗》。

肉孜汗·沙迪克（1942— ）

女歌唱家。维吾尔族。新疆博乐人。1955年入新疆博乐地区文工团工作。曾任新疆生产建设兵团文工团独唱演员。演唱曲目有《我的母亲》《苹果》《我欢笑》。

肉孜汗·艾合买提（1932— ）

女歌唱家。维尔吾族。新疆巴楚人。1945年入麦盖提县维文会任演员。曾任吐鲁番文工团副团长。新疆维吾尔自治区政协委员、文联委员。1956年获全国音乐周独唱二等奖。演唱有《向喀什致敬》《花》《请到我们农村来》《幸福》。

茹 伟（1925— ）

男低音歌唱家。上海人。曾随上海音专教授费里斯朋学习声乐。1946年与陈良等人组织新音乐社上海分社，在大中院校及工厂开展歌咏运动。1954年调中央乐团合唱队。曾任合唱队长。

茹银鹤（1936— ）

作曲家。浙江杭州人。1960年入上海电影乐团，从事演唱兼作曲。1972年调上海乐团任创作室主任。曾入上海音乐学院作曲指挥系进修两年。作有大量歌曲作品，百余首录制成唱片、盒带，五十余首获奖。其中有声乐组曲《安源颂》，歌曲《毛主席铺下革命轨》《划龙船》《党啊，母亲》《又见桃花江》《白兰花》《渔家谣》《数不清的路》《静静的港湾》《怀抱》等。与人合作及主创的作品还有合唱《红太阳颂》《祖国在前进》《大庆红旗》《大寨人的故事》《陈毅诗词》等。

儒 天（1945— ）

作曲家。安徽怀宁人。安徽音协理事、安庆市音协副主席。长期致力于黄梅戏音乐的创作与研究。曾为近百台（部）黄梅戏及电影《香魂》，电视剧《郑小姣》，《桂小姐选郎》《李师师与宋徽宗》《挑花女》，歌舞《昭君出塞》《采莲》，舞台剧《西施》《徽州女人》等作曲。并多次获国家级作曲奖。发表《温故而知新——黄梅戏传统唱腔漫谈》《关于黄梅戏音乐改革多方位去向的种种设想》论文等。

汝 洁（1930— ）

女音乐教育家。上海人。1955年毕业于上海音乐学院钢琴系。上海音乐学院附属中等音乐专科学校教授。曾任上海音乐学院附中校长。1955年起长期担任基本乐课的教学。曾任上海音乐学院附中视唱练耳教研组组长，主持编写1988年版《单声部视唱教程》《二声部视唱教程》《旋

R

律听写教材》等。

汝　艺（1963—）

二胡演奏家。山东济南人。武警文工团演奏员。1988年毕业于上海音乐学院民乐系干部专修科，后任福建空政文工团、南京空政文工团独奏演员。参加演出有《江姐》《不准出生的人》《星光啊，星火》《刘三姐》、及"刘天华先生墓地修复揭幕仪式""纪念五四""海峡两岸共渡春秋"等晚会、音乐会。先后获福建省二胡比赛第一名、全国二胡比赛二等奖。作有二胡独奏《叙事曲》与根据钢琴曲《庙会》改编的丝弦五重奏。撰有《对中国音乐发展的思考》《谈音乐与诗的时话》等文章。

阮大勇（1957—）

长笛演奏家。浙江奉化人。1973年考入新疆歌舞团任长笛首席，曾先后在上海音乐学院和中央音乐学院进修，师从李学全、林克敏、朱同德等专家。1990年起在新疆爱乐乐团任长笛首席。所教学生有多人考入音乐院校。编写有长笛初级、中级教学练习曲及演奏曲目。

阮德才（1933—）

音乐编辑家。满族。北京人。曾任河北电台音乐编辑。编制音乐作品有歌剧《江姐》《南海长城》《王杰》《园林好》，歌舞《椰林怒火》《抗战凯歌》，音乐专题《没有共产党就没有新中国》《河北民歌集锦》，交响诗《武î打虎》，笛子协奏曲《花木兰》，交响大合唱《唐山·烈火中再生的凤凰》等。创办河北电台立体声文艺广播。录制多首佛教音乐，其中《禅》《无门关》被评为优秀节目。

阮恩博（1925—已故）

女音乐教育家。江苏南京人。1947年毕业于上海音乐学院声乐系。曾任南京市第六十七中学教师、音协江苏分会教育委员会副主任、省音乐教材副主编。

阮居平（1941—）

歌词作家。贵州福泉人。曾任贵阳市群艺馆研究员、贵州省政协委员、中国致公党贵州省常委。早年写诗，80年代开始主攻词道。发表各类文艺作品，获奖上百项（次），出版诗集《彩色的潮流》《相识在世上》，歌词集《乌蒙大雁飞》《春天的小画眉》《花雨》，儿歌集《鸭与霞》《天上七颗星》等10部。中国音乐文学学会理事、贵州省文史研究馆馆员。贵州省首批省管专家，贵阳市专业技术带头人。

阮昆申（1965—）

作曲家。上海人。先后毕业于中国音乐学院作曲系本科与研究生，获硕士学位。现任该院作曲系作曲教研室副教授。作品有管弦乐《八归》，获第七届美国"长风奖"作曲比赛三等奖（一、二等奖空缺），其创作音乐的电影《河内，河内》获2007年越南金风筝电影节最佳作曲奖，歌曲《幸福花开》在2007年由中宣部、中国音协等举办的全国少儿歌曲创作征集中获银奖。出版有唱片《风吹

过桥》《春野》《图腾》《幽兰雅韵》《蒲公英的天空》等，并为大量影、视剧创作音乐。

阮寿宁（1928—）

小提琴教育家。云南人。1956年毕业于天津音乐学院管弦系，主修小提琴。曾任中央民族学院音舞系教研室主任。译有《紫外线对意大利古弦乐器的考察》《对海菲兹两把著名小提琴的研究》等文章。

阮思敬（1929—）

女音乐教育家。湖北人。曾就职于武汉教育学院艺术系。编著和论文有五线谱本《初中音乐课本》共四册（合编），简谱本《初中音乐课本》共三册（合编），简谱与五线谱合编本《初中音乐课本》共六册（合编），《初中教师之友丛书·音乐卷》（合编），并先后担任"合唱指挥""歌曲作法""音乐理论基础""和声学""视唱练耳"以及"中学音乐教材教法"等课程的教学。

芮伦宝（1941—）

民族器乐教育家。江苏江宁人。1965年毕业于南京艺术学院音乐系本科，留校任教，曾任讲师、民乐教研室副主任、音乐系副主任。作有琵琶叙事曲《莫愁女》，丝竹五重奏《江南春》，二胡曲《打谷场上唱丰收》，扬琴独奏《樱花》及独唱歌曲多首，多件作品在中央、省、市电台、电视台录音、录像并播出，发表论文《扬琴艺术的发展》。培养一批扬琴专业人才，有多人在各类比赛中获奖或考入各大音乐学府。1988年举办学生及作品音乐会。

芮文元（1938—）

音乐教育家。江苏常州人。8岁考取吴伯超创建的"国立音乐院幼年班"，13岁参加常州地委文工团，20岁毕业于南京师大音乐系本科。任中学音乐高级教师，并应聘在高师、中师、戏校兼课。教学录像片获江苏省教委"音乐教改优秀奖"。发表音乐作品与音乐论文百余篇。作有歌曲《机车工人造车忙》《油菜开花》《校园里一排小树》，撰有韵文式评传《面对贝多芬的画像》。参与《江苏省中学音乐教材》撰写，培养有二十余名少儿钢琴比赛获奖者。

芮小珠（1944—）

二胡演奏家。江苏南京人。1962年毕业于江苏省戏曲学校民族器乐班。江苏省歌舞剧院民族乐团首席。在纪念刘天华逝世50周年、第二届全国民族器乐作品展演、纪念刘天华诞辰100周年音乐会、五月情韵、国庆50周年江苏优秀剧目展演等大型音乐会中任乐团首席。曾举办师生二胡演奏专场音乐会。曾随团赴新加坡、丹麦、台湾等地访问演出。中国音协二胡考级评委。

若　屏（1929—）

作曲家、音乐编辑家。山东荣成人。1945年从事文化工作，1947年开始学习作曲。1961至1963年入中央音乐学院函授部理论作曲班学习。曾任军乐团创作室创作员、《解放军歌曲》编辑部主任，解放军文艺出版社研究员。

R

作有歌曲《城市纪律歌》《前进，和平民主的队伍》《装甲兵多荣耀》《真是好，真是巧》《坦克兵之歌》《醒来吧，石屏姑娘》《格桑拉》《带去我的心，捎去我的歌》《班长有支冬不拉》《飞回故乡阿勒泰》《黄河，我的母亲河》《祖国统一进行曲》，歌词《和平之歌》，管乐曲《吹起鹰笛唱北京》（合作）《拉萨的春天》。

S

撒世斌（1954—　）

作曲家、指挥家。回族。安徽人。中国合唱协会理事、安徽省音协副主席、安徽省民族管弦乐学会副会长、马鞍市音协主席。1974年毕业于安徽艺术学院音乐专科，后在铜陵市京剧团、歌舞团、黄梅戏剧团担纲乐队指挥、作曲。曾任马鞍山市总工会工人文化艺术科科长、副主任、主任。参与组建马鞍山市职工艺术团并担任音乐总监、指挥、作曲。曾为二百多部歌剧、戏曲与大型音乐会担任指挥、作曲和配器。作有扬琴协奏曲《炉台畅想》，女声小合唱《我为革命站柜台》，男低音独唱《实事求是就是好》等三十余首并分别获创作、演出一等奖及二等奖。近年来多次策划、组织涉外音乐文化交流以及全国较大规模的音乐赛事等音乐活动。2009年被安徽省人民政府授予"五一劳动者"奖章。

洒麦林（1930—　）

大提琴演奏家。山东泰安人。1945年始从事音乐工作。1949年入华东海军管弦乐队。1952年入上海音乐学院进修。曾任全国总工会文工团副团长。

萨日娜（1964—　）

女高音歌唱家。蒙古族。辽宁阜新人。总政歌舞团演员。1994年毕业于中国音乐学院，师从金铁霖教授。曾任内蒙古军区政治部文工团演员。1992年获第六届全军文艺汇演二等奖，1995年获第二届中国民歌大赛银奖。曾为电影《悲情布鲁克》配唱主题歌，获国际电影节艺术奖。

赛明哈克（1947—　）

热瓦甫演奏家。塔吉克族。新疆塔什库尔干人。1961年始在塔什库尔干县文工团任乐队演奏员兼音乐创作。作有乐曲《美丽的草原》《草原的欢乐》等。

赛音朝克图（1953—　）

音乐教育家。蒙古族。内蒙新左旗人。毕业于东北师大研究生班。任教于呼伦贝尔学院。创作音乐作品300余首，编著有《月光下》《蒙古国歌曲集》（合作），内蒙中师蒙授《音乐》（合作）课本。曾获内蒙音乐教研年会优秀音乐课评比一等奖，歌曲《美好的生活》《悠扬的朝尔》分别获内蒙蒙语歌曲评比中一、三等奖。论文《以电子琴代替中师琴法课》获全区一等奖。1995年获曾宪梓教育基金会三等奖。

赛麦特·阿卜都拉（1912—已故）

民族乐器演奏家。维吾尔族。新疆喀什人。幼年随父从事民间音乐演奏活动。曾在喀什文工团工作。1956年曾赴苏联访问演出。作有乐曲《欢乐》，歌曲《我们的祖国是花园》等。

赛雅拉·阿巴索夫（1954—　）

女音乐教育家。维吾尔族。新疆人。乌鲁木齐市第十届、十一届委员。1982年毕业于西安音乐学院。后在新疆歌舞团工作，1997年调新疆艺术学院任教，副教授。2003至2007年完成两项新疆艺术学院科研课题，2009年完成中央音乐学院科研资助项目。发表《维吾尔声乐作品演唱研究》等论文多篇。出版个人专辑《渴望》及用英语演唱的新疆民歌《柔兹兰》，维吾尔、汉双语教材《维吾尔声乐作品选》。

桑德（1963—　）

作曲家。藏族。青海贵南人。青海民族歌舞剧院创作研究室主任。1980年入海南藏族自治州民族歌舞团。先后入上海音乐学院、中央民族大学学习理论作曲。1997年毕业于西北民族大学少语系95级研究班。曾任海南藏族自治州民族歌舞团副团长，音舞协会副主席。参加歌舞剧《霍岭之部》，神话舞剧《佛土圣族》，民族风情歌舞剧《高天厚土》等剧目的创作演出，其中有的获省及国家奖。著有《音乐主拴全解》。被授予"青海省青年优秀专家"称号。

桑洁（1944—　）

作曲家。蒙古族。内蒙古科尔沁左翼后旗人。1967年毕业于内蒙古师范大学。先后任内蒙古鄂尔多斯市歌舞团编导室主任、乐队指挥、副团长，市创作研究所主任、音协主席。中国少数民族音乐学会理事。作有歌剧《乌仁都西之歌》《柳情》《女王归来》等多种音乐及大量声乐作品，其中舞剧音乐《森吉德玛》（合作），获"文华奖"和全国舞剧观摩优秀作曲奖，舞蹈音乐《孟克珠岚》获文化部"群星奖"金奖，《苏勒定巴雅尔》获"群星奖"铜奖，歌曲《八千里边防线》获全军文艺汇演创作一等奖，《劝奶歌》《草原绿色》获自治区"五个一工程"奖。出版有《桑洁歌曲选》《桑洁抒情歌曲集》，CD专辑《可爱的鄂托克》《永远的思恋》等。

桑楠（1960—　）

作曲家。朝鲜族。辽宁沈阳人。1976年毕业于吉林延边艺术学院。1987年毕业于上海音乐学院，成都军区战旗歌舞团创作室作曲。1992年在第六届全军文艺汇演中，所作歌舞《心连心》获一等奖，创作大型歌舞《西藏之光》获新剧目奖，作有歌曲《在格桑花开飘香的地方》《热血青春》（合唱），《军人本色》《祝愿》《绿色军衣》《祖国吉祥》《绿色情谊》《信念》《西部，我为你歌唱》《山城乡妹穿军装》《中国的希望》等，在各类评奖中均获一、二等奖。

桑 桐（1923— ）

作曲家、音乐教育家。上海人。1941年入上海国立音专理论作曲组学习。1949年秋起在上海音乐学院任教。曾任上海音乐学院院长，教授。上海音协主席。创作有歌曲、钢琴曲、大提琴曲、小提琴曲等百余首。理论著作有《和声学专题六讲》《和声的理论与应用》《和声学教程》《半音化的历史演进》《和声论文集》等。曾获美国传记学会的"教育事业杰出贡献奖"，第三届中国音乐"金钟奖"终身成就奖。

桑 雨（1961— ）

作曲家。河南信阳人。1981、1989年先后毕业于河南信阳师范学校、武汉音乐学院作曲系。曾任广州军区歌舞团创作员。2007年自主择业。所作杂技音乐《龙腾虎跃》《逐日——荡爬杆》分别获法国国际杂技比赛金奖、第五届全国杂技比赛"金狮"奖，士兵歌舞剧《好兵李向群》（合作）获第七届全军文艺汇演音乐创作一等奖、"五个一工程"奖，舞剧《虎门魂》（合作）音乐获文化部"文华奖"。曾为中央电视台《综艺大观》片头音乐和音乐剧《火的故事》作曲，为全国第八届大学生运动会作曲并任开幕式音乐总监，歌曲《青春起飞》被征为会歌。

桑都仍（1926—1968）

马头琴演奏家。蒙古族。内蒙古呼盟人。1947年入内蒙文工团乐队。曾在内蒙艺术剧院歌舞团。作有马头琴曲《银白色的蒙古包》《孤独的小马驹》《思乡曲》。

桑建良（1961— ）

小号教育家。山东莱州人。1989年毕业于内蒙古师范大学音乐系，曾任内蒙古呼盟满洲里市文工团乐队演奏员，现任内蒙古大学艺术学院音乐系副主任、副教授。参与组织和管理校内外各层次的教学、科研、比赛及演出活动。曾获区室内乐比赛重奏组一等奖、区教学成果二等奖、指导教师奖等。发表《关于军乐队规范化建设的思考》《谈中国传统民族民间音乐的继承与发展》《论小号演奏艺术》等论文多篇。

桑送青（1902—已故）

音乐教育家。浙江人。1931年毕业于浙江第一师范。曾在浙江湘师任教多年。曾任音协浙江分会常务理事。著有《小学音乐教师手册》等。

桑叶松（1942— ）

指挥家。浙江上虞人。1966年毕业于解放军艺术学院。后入工程兵文工团、总政歌剧团工作。指挥有组歌《工程兵战歌》《四渡赤水》，舞蹈《胜利之路》及幻想交响乐《再见吧！妈妈》。

桑叶舟（1928— ）

钢琴教育家。浙江上虞人。1946年考入南京国立音乐院钢琴系。1951年毕业于中央音乐学院钢琴系。先后执教于沈阳音乐学院、吉林艺术学院、东北师范大学音乐系、杭州师范学院音乐系。历任钢琴教研室主任、系负责人，中国函授音乐学院杭州分院副院长兼教务长，杭州钢琴学会会长。曾在电影《地下尖兵》《上甘岭》《兵临城下》等电影配乐中任钢琴演奏并饰替身。创作有《婚礼之舞》等钢琴曲。编著《钢琴简易维修法》《歌曲即兴伴奏》（合作），发表有《钢琴〈二泉映月〉的演奏艺术》等。

森 林（1929—已故）

圆号演奏家。天津人。曾为北京圆号协会名誉理事。天津歌舞团首席圆号、铜管打击乐声部长，兼任天津音乐学院圆号教师，天津大学音乐客座教师。1950年考入天津音工团任小号演奏员，1955年师从德国专家弗里圈·霍夫曼。1960年调天津音乐学院所属天津乐团任圆号独奏员。曾应邀参加中央乐团的音乐会，任首席圆号。改编曲目有《游击队歌》《我是一个兵》《京剧二黄》《平戏反调》《莫扎特回旋曲》《柴科夫斯基抒情曲》。作有歌词《溜冰圆号圆舞曲》《歌声响遍渤海湾》《展开青春的翅膀》均获作品一等奖。出版《圆号吹奏法》。

僧 格（1938— ）

大提琴演奏家、作曲家。蒙古族。内蒙古乌兰浩特人。1955年起从事部队文艺工作，原工程兵文工团首席大提琴。后从事音乐创作和乐队指挥。先后创作歌曲、乐曲百余首。作有《红叶颂》《我向党旗走来》《战士的歌声》《向小康社会大步走》《我们这片国土》《军族好姐们》。作品在北京合唱比赛中获优秀作品奖、全军文艺汇演创作奖。长期深入部队，辅导基层文艺工作，被授予"全军下放标兵"称号。

沙 梅（1909—1993）

作曲家、音乐教育家。四川广安人。毕业于国立北平大学艺术学院音乐系。30年代参加救亡音乐活动。先后任湖北国立师范学院、上海艺术专科学校、国立戏剧专科学校、国立女子师范学院教授。曾任上海歌剧院顾问、中国音协理事、上海市政协委员。早期作品有《打回老家去》《五卅纪念歌》《打柴歌》。并作有《祖国之恋》《岂有这样的人我不爱他》等电影歌曲及舞台剧插曲。新中国成立后，长期在上海歌剧院任职。创作有歌曲《红军飞渡娄山关》《新四季歌》，小提琴曲《短歌》，管弦乐曲《幸福生活圆舞曲》，民乐曲《庆功队来到合作社》，《第一交响乐》《第一钢琴协奏曲》等。发表有百余篇音乐论文。著有《论川剧高腔音乐》《沙梅歌曲集》。

沙 青（1924— ）

作曲家、音乐评论家。满族。辽宁辽阳人。1936年在延安参加红军抗日剧社，1940年入延安鲁艺中央党校学习。抗战胜利后任内蒙古文工团音乐指导、东北文协文工团副团长。新中国成立后，任东北人民艺术剧院副院长兼歌舞团团长、哈尔滨歌舞剧院院长。曾任中国音协常务理事、辽宁省音协副主席、黑龙江省音协副主席，后任黑龙江省音协、哈尔滨市音协名誉主席。作有歌曲《蒙汉人民团结歌》《内蒙古骑兵歌》《内蒙古解放三部曲》《祖国解放之歌》。写有《西藏音乐考察记》《评丰子恺音乐知

S

识十八讲》等音乐评论。

沙 石（1929—）

作曲家。辽宁营口人。1948年始从事部队文艺工作。1960年入湖北艺术学院音乐系进修。曾任海南军区文工团团长、广州军区歌舞团副团长等职。作有歌曲《我的丈夫是英雄》《年轻的朋友唱一支歌》等，为话剧《秋收霹雳》配乐。

沙 涛（1962—）

男高音歌唱家。回族。北京人。毕业于西北民族大学艺术系，后为该校音乐舞蹈学院副主任。曾任兰州军区战斗歌舞团歌队演员。曾参加演出歌剧《茶花女》《阿哥巴郎》，歌舞晚会"走向明天""新年交响音乐会""艺术歌曲音乐会""世界三大男高音紫禁城音乐会"等，并分别担任主要角色、独唱、领唱或合唱。曾获全国青年歌手大奖赛甘肃赛区美声组二等奖。撰有《我们理解的歌唱与教学》《浅谈男高音的训练》等文，分别获论文评选一、三等奖。

沙 雁（1953—）

女作曲家。回族。上海人。河南省鹤壁市音协常务副主席兼秘书长，市文联组联部主任，市第七、八届政协委员，大学本科学历。13岁开始在河南省歌舞剧院学习声乐，并先后在上海音乐学院、河南大学音乐系、安阳大学音乐系进修或学习音乐，主攻声乐，兼修钢琴、作曲。曾在河南省"金龙杯"声乐比赛中获美声组金奖，在原煤炭部举行的文艺赛事中多次获声乐奖和创作奖，并在河南省"黄河之滨"音乐节中获奖。创作歌曲有近百首发表、播出或获奖。

沙春义（1935—）

音乐教育家。回族。河北保定人。1960年天津师范大学体育系毕业，后任保定市北市区文教局教研室副主任、中学高级教师，保定市教研会副理事长。撰写论文《沧州地区民歌风格与地方特点》《如何运用民歌素材进行音乐创作》，参与《中国民间歌曲集成·河北卷》，学前班教材《音乐》的编纂工作。创作歌曲、舞蹈音乐百余件，30余首歌曲作品入选歌曲集，《春暖花开》《朋友之歌》《总理请放心》《体坛的春天》等获创作奖并在电台、电视台播放。为保定市北市区培养大批音乐教师。

沙根君（1954—）

音乐教育家。回族。河北涿州人。1990、1993年先后曾就读于河南开封职大中文系，进修于濮阳师范音乐系。历任台前县剧团二胡演奏员，濮阳市台前县小学、实验小学、子路小学音乐教师，副校长。所指导、指挥的大合唱在参加革命歌曲大奖赛中获一等奖、童生合唱三等奖。在参加纪念长征胜利60周年演唱会、庆六一文艺演出等大型活动中任艺术总监，在市古筝、二胡、琵琶大赛中获"优秀辅导教师奖"及"优秀组织工作者"称号。

沙汉昆（1926—）

音乐教育家。广东兴宁人。上海音乐学院教授、上海交通大学研究生院兼职教授、中国旋律学学会副会长。1954年毕业于上海音乐学院理论作曲系。曾任上海音乐学院作曲指挥系副系主任、上音附中作曲学科主任。作有童声二重唱《喂好我的大黄牛》（1954年全国歌曲评选三等奖），小提琴独奏曲《牧歌》等。著有《中国民歌的结构与旋法》《旋律发展的理论与应用》。

沙浪平（1935—）

琵琶演奏家。回族。江苏仪征人。1950年入重庆市文化馆。1953年入重庆市杂技艺术团任演奏员。曾多次随团出访并担任独奏。

沙里晶（1959—）

女古筝演奏家、教育家。浙江嵊县人。曾任四川音乐学校古筝教师，深圳艺校副教授、深圳古筝学会会长、芳吟乐团团长、中国古筝学会理事。1982年毕业于四川音乐学院。先后在全国民族器乐电视大赛、中国器乐"ART"杯国际比赛和深圳器乐比赛中获三等奖、演奏奖和金奖。曾分别获中国民族管弦乐学会和深圳市政府颁发的优秀教师奖、深圳市中青年骨干教师称号。2005年文化部授予"区永熙优秀音乐教育奖"。研制的"双岳古筝"获国家专利。编著出版有《琵琶古筝二重奏曲集》《古筝练习一百首》及音像制品。曾出访日本、意大利、荷兰、法国等。

沙凌祯（1953—）

女作曲家。江苏人。第五届中国音协理事。先后毕业于南京艺术学院作曲系，上海音乐学院作曲指挥系。《江南梦境》两次获文化部第四、五届"群星奖"银奖，《月光》获三等奖，《夕阳圆圆》《秦淮花信风》分获江苏省创作一等奖、二等奖。1995至2002年任第三、四届海南省音协秘书长、副主席。2002年始任教于南京艺术学院。

沙永跃（1947—已故）

作曲家。回族。北京人。1964年始从事业余文艺创作。后在共青团中央宣传部、中国音像协会等单位任职。作有歌曲《党在我心中》《海的怀恋》《我的摇篮》。

沙雨沛（1974—）

琵琶演奏家。回族。云南昆明人。电脑音乐制作人。北京海淀区青少年活动管理中心（甘家口分部）琵琶教师。2001年获"澳美通杯"中国琵琶大赛全国总决赛个人优秀奖、北京市"赛特杯"一等奖。2003年获全国第七届Digimus新音乐大赛"最佳制作奖"。连续两届获海淀区青少年活动管理中心"青年先进教育工作者"称号。2003年获北京市第五届"月坛杯"民族器乐比赛"优秀园丁奖"。录制有《全国琵琶考级作品集》（上、下册CD），其学生在全国、市、区比赛中多次获奖。

沙玉华（1943—）

打击乐演奏家。北京人。1960年入中央实验歌剧院学员班。同年在中央音乐学院进修打击乐。1970年入中央芭蕾舞团，后在中国歌剧舞剧院任打击乐声部长。

沙震中（1936—已故）

单簧管演奏家。浙江温州人。1963年毕业于上海音乐学院管弦系，入中央芭蕾舞团交响乐团任木管声部长。

沙子铨（1928— ）

作曲家。浙江宁波人。早年就读于上海中华音乐学院，学习作曲。曾任职于重庆市歌舞团。整理出版《四川清音》、四川民歌集《摘葡萄》，编印内部资料《秀山花灯》。创作有大量四川民间音乐特点的作品，如对唱《老两口学文化》《看展览》，独唱《巴山背二哥》《东西南北任我闯》，女声小合唱《欢乐的火把》《年轻人都爱美》，大合唱《巴山红旗颂》《大巴山的回声》《月亮，月亮》《水漫金山》等。

沙玛瓦特（1950— ）

葫芦笙、单簧管演奏家。彝族。四川喜德人。1976年毕业于中央民族学院艺术系。先后担任凉山州歌舞团团长，凉山州文化局局长，中共凉山州委宣传部副部长，凉山大学客座教授。曾先后参加首届全国少数民族专业文艺汇演，首届中国民间艺术节，首届56个民族精品歌舞展演，四川省"蓉城之秋"音乐会演出。曾赴希腊、马耳他、英国、日本、香港等国家和地区演出。作品有《彝族情歌》《卡德尼且啦》等。曾先后获四川省"十佳演员""四川省有突出贡献的专家"、全国文化系统"先进工作者"称号。

沙里·铁木耳（1929— ）

民族乐器演奏家。维吾尔族。新疆哈密人。1952年始在哈密地区文工团任演奏员兼创作员。作有歌曲《毛主席是明灯》，器乐曲《欢乐》，整理《哈密麦西来甫》。

莎 莱（1923— ）

女作曲家。安徽人。1940年毕业于延安鲁艺音乐系，师从冼星海、吕骥等。在首演《黄河大合唱》中担任《黄河怨》独唱。解放战争中主演歌剧《白毛女》，歌剧《兵》（与海默、程云合作）获冀察热辽军区甲等功。作有女声合唱《纺棉花》，入选苏联柴科夫斯基音乐院声乐教材。合唱《歌唱井冈山》选入《毛泽东文艺思想大辞典》。合唱《嗺咚嗺》，首演于全国首届音乐周。主创大型歌舞诗乐《九歌》音乐，并获"五个一工程"奖、"文华奖"。曾任中国音协常务理事，武汉市文联党组书记、文联主席、音协主席。曾获第五届中国音乐"金钟奖"终身成就奖。

莎莉波波西（1940—已故）

女民歌演唱家。柯尔克孜族。新疆阿克其人。1954年入阿克苏文工团。1955年入新疆歌舞团。演唱有柯尔克孜族民歌《红色的花园》，维吾尔族民歌《美丽的祖国》。

莎帕尔玉苏因（1937—已故）

热瓦甫演奏家。维吾尔族。新疆莎车人。1954年毕业于西北艺术学院音乐系民族班。曾任新疆喀什地区文工团团长。作有歌曲《歌唱毛主席》，合唱《天山之歌》等。

珊 卡（1940— ）

作曲家。重庆人。中国社会音乐研究会副秘书长。18岁始自学作曲，作有大量歌曲作品，其中有舞蹈音乐，电视专题片音乐，并参与多部音乐集成省、地卷编撰工作。发表歌曲数百首，获国家级奖数十首。1993年由浙江省音协编辑出版《珊卡歌曲选》，2000年由人民音乐出版社出版《珊卡歌曲选》。其中《五十六根琴弦连北京》获1997年全国"五个一工程"奖、建国50周年全国征歌一等奖，《中国向世界歌唱》被定为第五届"中国艺术节"节歌，《我家住在运河边》获全国"每周一歌金奖"。1995年获全国职工自学成才奖。

闪源昌（1934— ）

手风琴教育家。回族。北京人。1948年从事部队文艺工作。1953年毕业于沈阳音乐学院手风琴专业。曾在解放军艺术学院任教。曾任中国手风琴学会副会长兼秘书长，《中国手风琴报》副主编。

闪自仙（1944— ）

女高音歌唱家。回族。河北涿鹿人。1967年毕业于河北艺术师范学院音乐系。1968至1969年借调至河北省歌舞剧院任独唱、领唱。1969年到唐山市歌舞团任演员兼声乐教师。1974年调天津音乐学院声乐系从事教学。1980年参加民族民间唱法调演。1992年举办个人独唱音乐会。有多篇论文发表并获奖，其学生遍及国内外，有数十名获全国、省市、地区各种比赛名次奖。

陕 军（1964— ）

女歌唱家。山西临汾人。山西省歌舞剧院歌唱演员。1980年入中国铁路文工团学习。曾参加华北音乐节及上海国际艺术节等演出并随团赴日本、新加坡、香港等国家及地区演出，曾在第二届全国青年歌手电视大奖赛中获奖，并主唱大型民间歌曲《黄河儿女情》《黄河一方土》音乐艺术片《黄土情》及《歌从黄河来》，该片获国家"星光奖"。曾为数十部影视作品配唱，录制并出版个人专辑。

单 斌（1951— ）

歌剧表演艺术家。河南镇羊人。1992至1994年就读于河南大学音乐系。河南省歌舞剧院歌剧团演员。1979至1985年在歌剧《梅花案》《货郎与小姐》《芳草心》及歌舞剧《昨夜星辰》中担任男主演。曾演唱信阳民歌《石榴花开一树红》《少林，少林》《编花篮》等。作有歌曲《故乡恋》获省第四届歌曲创作评比三等奖，在"黄河之滨"民族音乐会上演唱《下扬州》被评为优秀演出奖，《光辉前程》获表演一等奖。撰有《我们要唱自己的歌—浅谈中原艺术歌曲》。

单 明（1956— ）

音乐活动家、作曲家。江苏阜宁人。江苏省建湖文化局副局长。作有歌曲《前进吧，建湖》《孟兰河畔的太

S

阳》《盐阜大地我爱你》等，其中《放鸭郎》获团中央精神文明建设"五个一工程"奖，《春风带着欢笑来》获省"三新"大赛作品三等奖，《四季花开》获省"五星工程"奖，全国"群星奖"入选作品。小歌剧（音乐）《甩手官学艺》《金心记》《海浪传书》分别获盐城市一、三等奖。发表有《标准——实际效果的初步研究》《"人才饱和"面面观》获县、市、省"人事工作先进个人"称号。策划、组织各种文艺活动二百余场。

单红龙（1964—　）

音乐教育家。山西临汾人。山西艺术职业学院音乐系主任，山西省音协民族音乐委员会副主任。1979年毕业于临汾艺术学校，入临汾地区文工团。1988年毕业于山西大学艺术系，后到山西艺术职业学院从事音乐教育工作，副教授。发表《扬琴的音律及音位排列》《构建具有鲜明时代特征的高等音乐职业教育体系》等论文。主持参与多项省市级科研项目的研究工作。曾先后赴美国、德国、俄罗斯等地参加国际音乐节的演出活动。曾获文化部第五届"区永熙优秀音乐教育奖"。

单建洲（1939—2006）

作曲家。山西临汾人。临汾市音协名誉主席。1959年考入山西艺术学院，毕业后曾就职于临汾市五一剧团，后调临汾市群艺馆任馆长，多年从事群众文化工作。收集整理的大批民族民间音乐资料，被收编在我国民族民间音乐四大集成中。撰有《试谈阴阳鼓的生成与发展》等文。作有二胡独奏曲《迎春曲》，歌曲《新风赞》等。改编的《临汾阴阳鼓》获山西省锣鼓大赛一等奖。

单威伟（1968—　）

唢呐演奏员。河南项城人。毕业于河南大学音乐系，后任中国歌剧舞剧院民乐团演奏员。文化部青联委员。长期在院民乐团担任高、中音唢呐独奏、领奏、合奏并掌握吹戏、咔戏、口笛等的演奏，演奏过大量作品。曾随团赴德国、美国、英国、奥地利、韩国、日本、荷兰、法国、卢森堡、香港、澳门、等国家和地区访问演出，任高、中音唢呐的领奏和独奏。

单向舞（1931—1988）

作曲家。河北唐山人。1949年始从事部队文艺工作。曾任秦皇岛群艺馆副馆长。作有歌曲《野营路上》《伟大的党》《我们是一群小海娃》。

单啸林（1938—　）

音乐活动家。河北满城人。1960年毕业于河北保定师范学校（高师），1961年在河北师范大学进修钢琴。曾先后在保定市工会宣传部任文艺干事、市文化宫任业务主任。培养了许多音乐人才，不少学生在各级比赛中获奖。曾创办"保定合唱团""保定市红领巾合唱团""保定市工人艺术团"及"星期日艺术学校"。作有歌剧《一块银元》，舞蹈音乐《理想之歌》《幼小心灵》《扑蝶曲》等，并获奖。发表歌曲、乐曲百余首。

单秀荣（1946—　）

女高音歌唱家。天津人。1969年毕业于中国音乐学院。1972年起先后任中央芭蕾舞团、中国歌剧舞剧院独唱演员。曾为电影舞剧《沂蒙颂》演唱《愿亲人早日养好伤》，为电影《归心似箭》演唱《雁南飞》。录制十余张唱片、CD数百首歌曲。获1985年全国聂耳·冼星海声乐作品民族唱法铜奖，1986年黄河流域九省市"黄河歌会"特别奖。在全国"振兴中华民族之声"音乐会和大型音乐舞蹈史诗《中国革命之歌》中担任独唱。先后出访德国、奥地利、日本、朝鲜。曾被中央音乐学院、中国音乐学院聘为客座教授。撰有《民族声乐唱法的探索和实践》。

单振岳（1974—　）

唢呐演奏家。河南人。中国戏曲学院音乐系副教授、中国民族管弦乐学会唢呐专业委员会副秘书长。毕业于中国音乐学院器乐系，2001年考入中国戏曲学院作曲专业硕士研究生班。作有《大地之舞》，创作、改编《豫东乡韵》《边寨月夜》《喀秋莎》等。2006年举办"单振岳师生唢呐音乐会"。编著《中音加键唢呐演奏技法》，出版管乐吹奏系列—《包龙图传奇》，撰写《浅析大唢呐协奏曲〈包龙图传奇〉的艺术形象及演奏处理》等文多篇。曾任首都师大音乐学院、内蒙大学艺术学院、北师大艺术学院客座教授，并多次出任音乐赛事评委。

商　泉（1950—　）

小提琴演奏家。北京人。1953年始在中国铁路文工团歌舞团任首席小提琴。演奏曲目有门德尔松《e小调协奏曲》，柴柯夫斯基《d小调协奏曲》。

商　易（1929—2001）

作曲家。山东清平人。1947年入华北音乐学校、私立中国艺专学习。曾任上海歌剧院艺术指导。上海市政协第六届常委。作有舞剧音乐《小刀会》《奔月》。

商俊声（1956—　）

歌唱家。黑龙江哈尔滨人。1983至1986年在中央音乐学院歌剧系进修声乐。哈尔滨歌剧院歌剧团团长。在《特洛伊斯与克瑞西达》《江姐》《红珊瑚》《千鹤瑶》《八女投江》等歌剧中饰演主角，在各种大型音乐会中担任独唱、重唱等。在"金号奖"评选活动中获美声唱法"十佳歌手"奖、在"黑龙江歌坛回顾"群星荟萃大奖赛中获美声唱法金奖。所撰《男高音唱法训练与技巧》《男高音训练的几点体会》获首届全国征文一等奖。

商立君（1962—　）

音乐教育家。满族。辽宁西丰人。毕业于河南大学音乐系。曾任洛阳市歌舞团乐队队长、洛阳师范学院音乐学院副院长。撰有《试论器乐表演教学的新途径》《音乐教育的功能作用》。参与编写《音乐欣赏》。指挥洛阳师范学院管乐团参加中央电视台"第二起跑线"节目录制，并多次播放。曾获河南第八届大学生艺术节专业组一等奖，第八届"黄河之滨"音乐周专业组金奖，2007年"欢乐中

S

原"大型合唱比赛金奖。本人获优秀指导教师奖。

商清秀（1954—　）

唢呐演奏家。山东滕州人。1970年参军从事部队文艺工作。中国唢呐学会常务理事。1978年调入济南军区前卫文工团民族乐团任独奏演员。曾获首届"中国艺术节"金杯奖，全军第五、六、七、八届专业文艺汇演一等奖，中国文联优秀演员奖。2002年春节赴奥地利、维也纳金色大厅演出担任唢呐、吹咔、独奏、领奏。作有唢呐独奏曲《观花灯》，葫芦丝独奏《春恋》，唢呐、吹咔录音专辑《百鸟朝凤》。曾为基层部队义务演出上千场，被济南军区政治部多次嘉奖与表彰。

商晓野（1929—已故）

作曲家。河北乐亭人。1948年始从事部队文艺工作。后任《天津歌声》编辑部副编审。发表有声乐作品二百余首，论文多篇。主要作品有花腔女高音独唱曲《落叶在笑》《秋夜聊歌》，歌曲《荷花美》获天津民间音乐舞蹈比赛三等奖，天津电台作"每周一歌"1995年由河北音像出版社录制《晓野浪漫曲》钢琴曲，收入10首钢琴曲。

尚　峰（1965—　）

歌唱家。天津大港人。1989年毕业于天津音乐学院，师从张松益、闪自仙教授。中国石化音舞协会理事，天津市职工艺协会副秘书长。2000年获天津市"摩天杯"新世纪新歌手电视大奖赛民族唱法银奖。2002年获"中国石油杯"全国职工歌手大奖赛民族唱法铜奖。2002至2005年度被授予中国石化"德艺双馨"文艺先进工作者，2005年荣获中国天津母亲文化周天津和谐家庭风采大赛金奖。

尚　杰（1937—　）

作曲家。河南偃师人。河南巩义市音协名誉主席。1958年就读于河南郑州教育学院数学系，曾任河南巩义市戏校校长、市豫剧团团长。创作的歌曲《辉煌之光》《腾飞吧，巩义铝厂》1995年获中国工人歌曲新作征歌银奖，出版有歌曲作品专辑《跨世纪之歌》等。

尚　晶（1961—　）

女声乐教育家。满族。吉林人。1982年毕业于东北师大艺术系。吉林市满族联谊会副秘书长，北华大学艺术学院教授。主讲声乐、声乐教法课及满族音乐研究。发表论文十余篇，包括《天上流下一条松花江》《知识的继承、批判与创新》《开发利用满族文化资源、加强东北高校传统音乐教育》《浅谈声乐教学的师范性》等。2003年出版满族原创歌曲CD个人演唱专集《格格新歌》。多次参加全国及省级的专业比赛并获奖。

尚　可（1925—　）

音乐教育家。河南许昌人。1950年在小学任教时，进修、毕业于开封音乐专科学校。曾在河南荣军中学及武汉49中任教。湖北省美育研究会副会长。曾任市音乐教研会理事、区音美教研会会长。1995年参与编写湖北省高中音乐欣赏教科书并在高中开设《歌曲作法》课。论文《音

乐欣赏与想象力的发展》《音乐美与德智体》在杂志上发表，撰写有《民族乐器趣谈》《歌曲分析与写作》教材。创作的歌曲《船过青山港》被编入中学教材，《同窗柳》《黄鹤楼》等在演出中获奖。

尚　平（1968—　）

男高音歌唱家。陕西人。毕业于中国音乐学院声乐系。就职于福建歌舞剧院。曾获西北民歌比赛银奖、华东六省一市青年歌手比赛铜奖、福建第三届优秀中青年歌手比赛金奖、福建电视台青年歌手比赛金奖、中国民歌精英赛铜奖、中央电视台第八届青歌赛专业组民族唱法优秀奖、广电总局全国听众最喜爱的歌手金号奖及十佳歌手奖等。多次参加福建和中央电视台的大型文艺晚会，并参加出国演出，首唱作品有《我爱家乡美》《陕北人》《海峡西岸正春风》《清水岩》等。出版《青春磋砣》《悄佳人》等光盘。

尚敖大（1935—　）

作曲家。江苏常州人。1957年毕业于南京师范学院音乐系。任常州戏剧学校副校长，高级讲师。作有歌曲《科学的春天来到了》《春雨轻轻地飘》等。

尚存宝（1939—　）

笛子演奏家。辽宁沈阳人。1958年考入哈尔滨艺术学校音乐系学习竹笛、二胡，后入天津音乐学院学习笛子专业。1961年回哈艺任课，同年调省歌舞团任笛子独奏演奏员，后入黑龙江歌舞剧院任演奏员兼创作员。曾随团独唱独奏小组赴全国巡演，曾参加历届"哈尔滨之夏"音乐会及"沈阳音乐周"。创作歌曲《女代表》《周总理来到咱们村》《祖国，我的母亲》，合唱《泰山组歌》，笛子独奏《欢乐的嫩江草原》《乌苏里情歌》（合作），撰有《东北大鼓及金派艺术》等文。

尚德义（1932—　）

作曲家、音乐教育家。辽宁沈阳人。毕业于北京师范大学音乐系，吉林艺术学院教授。长期从事作曲及作曲技术理论教学工作。作有歌曲《千年的铁树开了花》《科学的春天来到了》《春风圆舞曲》《七月的草原》《牧笛》《祖国永在我心中》《老师，我总是想起你》《巴黎圣母院的敲钟人》及合唱《大漠之夜》（获首届中国音协"金钟奖"金奖），《去一个美丽的地方》（获第二届"金钟奖"），出版有《独唱歌曲选集》《合唱作品选集》及《独唱歌曲选》第二集。

尚二宁（1926—　）

音乐教育家。北京人。1952年毕业于燕京大学音乐系。北京艺术学院、中国音乐学院作曲系教授。编有作曲技术理论课。

尚飞鸽（1961—　）

歌词作家、音乐编辑家。陕西人。中国音协第七届理事，陕西音协副主席兼秘书长。中国音乐文学学会理事、陕西省音乐文学学会副主席，《音乐天地》总编。1980年

S

始在延安歌舞团从事小提琴演奏，1988年调陕西省音协。为《毛泽东在陕北》《龙年档案》《黑金地的女人》等二十余部影视剧及全国特奥会等大型活动作词、撰稿。作词歌曲《黄河我身边流过》《庄稼人把秧歌扭起来》《圪梁梁上的二妹妹》《风雨武当》《关爱》分别获中宣部"五个一工程"奖，第八、九届入选作品奖，陕西文艺大奖等。被授予"陕西省有突出贡献专家"称号。

尚奋斗（1956—2008）

词曲作家。甘肃庆阳人。1970年参加工作，后在兰州军区战斗文工团任职。自1980年至今发表、映播、上演有大量音乐作品，出版歌词集《高原的风和梦》《彩色的笑》《带着太阳上路》。歌曲作品被毛阿敏、殷秀梅、德德玛等歌唱家演唱，中央电视台及各省台多次播出。百余件作品在国内外获奖。代表作品有《妹子你别走》《青藏高原的菩萨兵》《中国放飞着精彩》，电视剧《银杏飘落》片头、片尾曲等。

尚家骧（1929— ）

声乐理论家。上海人。先后肄业于大同大学电机系、维也纳音乐学院声乐系、维也纳大学音乐学。曾任中央乐团合唱队员、教员。中国艺术研究院外国艺术研究所研究员。译配有《意大利歌曲集》《古典抒情歌曲集》，著有《西欧声乐发展史》。

尚建三（1946— ）

作曲家。河南郑州人。1960年入西安歌舞团从事音乐工作。曾任西安歌舞剧院副院长兼乐队指挥。作有舞剧音乐《金色的海螺》《秦俑魂》《萧史弄玉》。

尚廷文（1940—2007）

音乐教育家。安徽芜湖人。1960年毕业于安徽艺术学院中专部。曾入上海音乐学院民乐系及作曲指挥系进修。后任安徽艺术学校音乐科主任。作有广东音乐《梦九华》，交响诗《大别山，我的母亲》（合作）。

邵 恩（1954— ）

指挥家。天津人。1983年毕业于中央音乐学院指挥系。曾任中央广播艺术团交响乐团指挥。并指挥中国青年交响乐团赴欧洲演出。

邵 瑾（1959— ）

女长笛演奏家。北京人。中央歌剧院交响乐团长笛首席。1985年毕业于北京广播电视大学中文专业。曾任煤矿文工团乐队演奏员。参加歌剧《卡门》《费加罗的婚礼》《茶花女》《阿依达》及世界三大男高音紫禁城音乐会的演出。曾在波切利北京音乐会、歌剧《塞维利亚理发师》、蒋英学生音乐会上为外国指挥任翻译。

邵 敏（1960— ）

女二胡演奏家。山东青岛人。1984年毕业于中央音乐学院民乐系。中国歌舞团民乐队演奏员。演出的曲目有《嘎达梅林》《瑶族舞曲》《弯弯的月亮》《热舞》等。

参加过《心向春天》《大红绸子飘起来》《春天你好》《正月里来闹新春》《红色经典》等专题节目或专题音乐会的演出。是"融合"5人女子乐队的成员之一，担任二胡演奏部分。为中央电视台、北京电视台等录制节目。曾赴日本、泰国、新加波、印度尼西亚、法国访问演出。

邵 宁（1958— ）

音乐教育家。福建福州人。福州市幼儿师范学校教务处副主任。1982年毕业于福建师范大学艺术系。组歌《海峡两岸盼统一》获福州市首届文艺百花大赛创作一等奖。主编、出版有《儿童音乐绘画新天地》系列丛书，指挥福州市幼儿师范七色光合唱团在福州市祖国万岁歌咏比赛中获金奖。

邵 强（1952— ）

歌词作家。河北乐亭人。1970年入伍从事部队文艺工作。1988年毕业于河北大学中文系。曾任邯郸市群众艺术馆馆长、轻音乐团团长、市政协处长等职。作有歌词《一年照了一张像》《我的家乡在河北》《月下山海券》。出版歌词集《大地·阳光》等。

邵大钊（1953— ）

演奏家。北京人。1978年任中国广播交响乐团演奏员、2000年任中国爱乐乐团乐队演奏员。曾发起组织中国首届"交响音乐鉴赏电视晚会"、中国首届"现代舞大赛"，组织举办纪念勃拉姆斯逝世一百周年纪念音乐会等。担任设计广播交响乐团、爱乐乐团团标、音乐会舞台设计、节目单与广告等，曾担任马勒千人合唱音乐会、《卡门》音乐会、《士兵的故事》等舞美设计。

邵鼎坤（1943— ）

作曲家。福建厦门人。桂林市政协常委，民进桂林市委委员。1964年毕业于上海音乐学院附中琵琶专业，1989年毕业于中国函授音乐学院理论作曲系。1965年始在桂林市歌舞团工作，后在创作室任作曲。作有歌曲《弯弯的小路》《红帆，在大洋上》《我要对你说》《漓江行》等，作有舞蹈音乐《漓江渔歌》《白鹭情》《桂北金秋》等分别获各种奖项。民族舞剧《漓江情韵》获全区"五菱杯"舞蹈比赛特等奖。创作的大型轻歌剧《日月神组曲》为自治区成立30周年献礼剧目。

邵根宝（1933— ）

低音提琴演奏家。江苏无锡人。1951年参加中国青年文工团，后到中央歌舞团、中央乐团交响乐队工作。曾任中国音协表委会低音提琴学会会长。

邵光琛（1933—已故）

作曲家。山东莱芜人。1954年毕业于华东艺专音乐系。后为新疆艺术学院研究室副教授。作有电影音乐《阿凡提》《不当演员的姑娘》，大管独奏曲《前奏曲与舞曲》。

邵光禄（1947— ）

小提琴演奏家。安徽繁昌人。1965年毕业于安徽艺术

S

学院音乐系小提琴专业，任安徽省淮南市歌舞团管弦乐队小提琴首席，安徽省音协小提琴委员会副会长、秘书长，淮南市音协副主席。1988年起培养了不少优秀学生，考取省内、外艺术院校或部队、地方艺术团体。发表论文有《从事少儿小提琴启蒙教育的休会》《儿童乐感的培养》《浅谈儿童小提琴教学中的几个常见问题》等。

邵汉强（1941— ）

作曲家。安徽蒙城人。创作歌曲百余首，多首被收入各种歌曲集，有的获奖，其中《天下阿妹属你最好》于1997年获"流行歌曲词曲大赛"二等奖，《忘不了你的眼睛》获北京市文化局"青年歌手大赛"、北京市抗击非典群众文艺作品征集活动创作奖，《千年黄鹤楼》获武汉市"黄鹤之声"征歌特别奖。

邵汉文（1931—1997）

音乐编辑家。上海人。1957年毕业于上海音乐学院声乐系。曾任广东人民广播电台文艺部音乐采录编辑。

邵吉民（1936— ）

小提琴演奏家。陕西商洛人。1959年毕业于西安音专。先后任职于陕西乐团、陕西歌舞剧院、陕西戏曲研究院。历任演奏员、副队长、乐队首席，兼任作曲、指挥工作。作品有小提琴曲《庆丰收》《忆秦娥》《秋燕》等15首。歌剧《渡口新风》《无私无畏的人》等9部。歌曲集《红太阳颂》。西安音院45周年校庆其间，曾举办"邵吉民音乐研究成果展演会"，展出音乐论文百余篇，演出其小提琴作品独奏音乐会。出版有邵吉民音乐文选—《乐海浪花》。先后任陕西秦筝学会理事、省民族管弦学会理论创作部副主任。

邵甲龄（1924—已故）

指挥家。辽宁丹东人。1946年从事部队文艺工作。1949年起从事指挥。1958年入宁夏歌舞团任首席指挥。曾任中国音协合唱指挥学会理事。

邵开旗（1959— ）

声乐教育家。天津人。1985、1990年先后毕业于哈尔滨师范大学音乐系、音乐教育系。曾任黑龙江农垦师范专科学校、河北廊坊二中、中国石油天然气管道局青少年宫音乐教师。曾参加哈尔滨业余声乐比赛、河北省职工歌手比赛、"天动杯""神州杯"等歌手大奖赛，分获荧屏奖、十佳歌手奖、演唱一、二等奖。组织"油龙艺术团"参与中央电视台春晚录制工作，担任电视歌手大赛评委及音乐会撰稿人。

邵凯生（1945— ）

歌词作家。安徽绩溪人。1968年毕业于合肥师范学院中文系。安徽省音乐文学学会副会长。发表歌词二百多首，出版有歌词选集《雪野吟风》、长篇记实专著《云岭交响曲》。作品在全国及省级评奖中获奖二十多次，如《兰花与杜鹃》获文化部群星奖，《游子情思》获文化部全国合唱比赛新作品一等奖，《云岭交响曲》获安徽省优

秀成果奖。作品曾入选《中国当代歌词选》等多种专集。

邵明成（1943— ）

作曲家。辽宁人。1975年毕业于沈阳音乐学院。1958年起先后在黑龙江省牡丹江市歌舞剧团、沈阳军区军乐队工作，1969年入沈阳军区前进歌舞剧团任作曲。作品有歌曲《木棉花开的时候》（获全军比赛一等奖），《庄稼院里的笑声多》《乡情啊，乡情》《温柔的风》《春潮颂》，合唱《啊，中华》，管弦乐曲《阿诗玛幻想曲》，杂技音乐《孔雀开屏》。为歌曲《血染的风采》配置的千人大合唱被中央电视台选用并邀请进京演出。为电视音乐片《长城》编配音乐。

邵庆祥（1927—1982）

音乐编辑家。天津人。1946年入北京师范大学，1949年任中央歌剧院乐队小提琴演奏员，1951年随中国歌舞团赴柏林参加第三届世青节演出。1961年始任黑龙江省电视文工团团长，广播电台文艺部主任。

邵荣久（1950— ）

琵琶演奏家。北京人。1973年毕业于中国音乐学院附中。江苏省歌舞剧院民族乐团副团长、中国琵琶研究会江苏分会副组长。参加"海内外第一届江南丝竹大赛"获二等奖，江苏省第三届音舞节民乐合奏《八段锦》《栖霞钟鼓》分获二、三等奖。出版发行民乐专辑《歌》《月》《吟》《舞》，担任琵琶独奏、领奏。曾随团赴日本、新加坡及欧洲七国访问演出。

邵世岐（1942— ）

低音提琴演奏家。山东掖县人。1964年毕业于中央音乐学院管弦系。同年入中央乐团交响乐队。并随团赴日、朝、苏丹、委内瑞拉、特里尼达和多巴哥、圭亚那演出。

邵寿棋（1955— ）

作曲家。江西玉山人。1997年毕业于中央党校函授学院。曾任玉山县文化馆长、县文化局长。歌曲《甜蜜的事业》1986年获全省工人之歌评奖三等奖，《云里雾里的茶店》获全国农业题材征歌三等奖。

邵淑丽（1948— ）

女中音歌唱家、教育家。河南周口人。1975年毕业于河南大学艺术系声乐专业。后在河南省周口师院音乐系任教，系主任、副教授。撰有《男中音嗓音训练》《声乐教学改革初探》《声乐与绘画》等，出版有《歌唱知识与技能训练》《中外名歌赏析》，作有《丝绸工人之歌》（获地区创作一等奖），《祖国我爱你》。参加独唱《祖国我爱你》《我爱你中国》《新世纪钟声敲响》（均获演唱奖），女小合唱《绿色翡翠黄泛区》（获省第六届民族民间音舞比赛金奖），所教学生多人次在专业比赛中获奖。

邵伟民（1939— ）

长笛演奏家。北京人。中国管乐协会高级顾问。1963年毕业于中央音乐学院管弦系。任总政军乐团、解放军艺

S

术学院军乐系长笛教员。从事长笛演奏及教学工作三十余年，培养出一批优秀长笛演奏人才。1994年、1995年先后出版专著《长笛演奏基本教程》《长笛中外名曲集》。曾任2000年北京第二届全国长笛比赛评委、中央音乐学院长笛考级评委。

邵伍祥（1933— ）

长笛演奏家。河北宁河人。1949年始先后任华北人民文工团、北京京剧团演奏员、中央歌剧院管弦乐团副团长。曾随团赴朝鲜、苏联访问演出。

邵锡铭（1926—1991）

戏曲音乐理论家。满族。河北青龙人。1948年始从事音乐创作。后为河北艺术研究所研究人员。《中国戏曲音乐集成》（河北卷）副主编。为河北梆子《窦娥冤》《望江亭》编曲，著有《河北梆子音乐》。

邵晓勇（1969— ）

音乐教育家。浙江湖州人。先后毕业于杭州师院音乐系与俄罗斯国家音乐学院合唱、指挥系。硕士生。任教于湖州师范学校与湖州师范学院艺术学院，副教授。曾获全国大学生艺术歌曲演唱比赛优秀奖、浙江省大学生艺术歌曲演唱比赛优秀辅导教师奖等。发表《交响合唱〈为毛泽东诗词谱曲〉研究》《塔涅耶夫的合唱〈日出〉研究》《交响合唱〈云南风情〉调性研究》等文。

邵学起（1961— ）

萨克斯演奏家。辽宁大连人。1982年毕业于解放军艺术学院音乐系，分配在总政军乐团任演奏员。1986年入中国轻音乐团。1996年调中国歌舞团轻音乐团。曾参加各类音乐会演出，担任管乐四重奏领奏。参与组建胜利油田工人管乐团、东莞学生管乐团、北京商业系统女子铜管乐团。编写《萨克斯管考级教材》，并任全国萨克斯管考级评委。

邵亚杰（1938— ）

女声乐教育家。内蒙古扎兰屯人。1961年毕业于内蒙古师大艺术系声乐专业，分配到内蒙古歌舞团任女高音声部长兼视唱练耳教师。1964年参加华北地区歌话剧调演，在歌剧《鄂伦春新歌》中担任女主角，获优秀表演奖。1976年调回内蒙古师大艺术系，任声乐教师，副教授。发表专论有《民族唱法诸原则刍议》《〈教我如何不想他〉的思想内涵及艺术特色》。

邵遗逊（1934— ）

音乐编辑家。福建福州人。1955年毕业于东北音专。后入解放军军乐学校、解放军军乐团从事部队音乐工作，曾进修于上海音乐学院。1973年入《解放军歌曲》编辑部，先后参与并主持《解放军歌曲》1973年3期至1994年12期编辑工作。发表歌曲有《回归曲》，文稿《'女兵'题材歌曲刍议》等，编辑书目有歌剧《江姐》《李伟歌曲选—附音乐论文》《中国歌剧选曲集》《啊！红星—傅庚辰歌曲集》《我爱祖国的蓝天—羊鸣歌曲集》《战士音乐欣

赏手册》。

邵永静（1941— ）

声乐教育家。甘肃兰州人。1962年毕业于西北师范大学音乐系。曾在新疆生产建设兵团歌舞团担任独唱演员及声乐教员，并在多部歌剧中担任主要角色。1978年起在西北民族大学音乐系从事声乐、合唱教学，后返聘于绍兴文理学院蔡元培艺术学院兼职教授。有十多首音乐作品获全国和省级奖项。排练指导的声乐节目及合唱节目获全国比赛十多个奖项。指导培养的二十多名学生在国际国内比赛中获奖。发表《声音的训练及歌声的美感》等文十多篇。

邵永强（1939— ）

歌词作家。甘肃兰州人。1956年始发表小说、诗歌、散文，以歌词为主。出版歌词集《九色鹿》。作词歌曲《牧笛》《走进敦煌》《去一个美丽的地方》等，分别获中宣部、文化部、中国音协奖励，《大漠之夜》获第一届"金钟奖"金奖。一些作品被定为中国国际合唱节必唱歌曲或选入国内高等音乐院校教材，并在美国、意大利、日本和港台地区演出。

邵正义（1947— ）

作曲家。山东文登人。就职于大连电台。曾任演奏员、创作员、音乐教员和文艺编辑。创作《还是祖国好》《幸福和美丽》等二百余首歌曲，其中三十余首获奖。曾编导过《蓝色的爱》等四十余部广播剧，并为《古莲子传说》等五十余部广播剧配乐作曲，编导的六集广播剧《悲剧发生在我们中间》和单本剧《新婚》等5部剧本获全国奖。参与组织全国首届"海峡之声"音乐会和12集电视剧《篱笆、女人和狗》的音乐创作及编辑工作。连续6年获全国广播新歌组织、创作优秀作品奖。中国民族管弦乐学会会员。

邵智敏（1959— ）

作曲家。浙江临海人。临海市文联副主席、市音协主席。1974年开始歌曲创作。1982年毕业于浙江师范学院。作有歌曲《国泰民安》《阳光下的中国》《永恒的歌》《父母中国》《夸父追日》，声乐套曲《太阳之恋》，器乐曲《大海，梦的摇篮》。曾获全国歌曲评比金奖、浙江省歌曲评比一等奖。

邵智贤（1935— ）

女钢琴演奏家、教育家。江苏南京人。1958年毕业于上海音乐学院钢琴系，入贵州省歌舞团任钢琴独奏及艺术指导等。1985年调贵州师范大学艺术系任钢琴教研室主任。贵州省音协钢琴学会会长、省音协理事。曾担任《黄河协奏曲》独奏及钢琴伴唱《红灯记》伴奏，为电台、电视台录制二百余首独唱伴奏曲。撰写有《独唱与伴奏的关系》《钢琴的音色与触键》等文。为《蔓萝花》等民族舞剧、四十余首民歌编配钢琴伴奏。合编《贵州各族儿童民歌21首》，贵州电视台、上海教育电视台先后播放由其撰稿并主讲、演奏的《幼儿钢琴启蒙》（250讲），出版《幼

S

儿钢琴启蒙》。贵州省音协等单位曾联合举办"祝贺邵智贤教授从事钢琴艺术五十周年音乐会"。

邵钟世（1946— ）

小提琴演奏家。江苏南通人。1965年毕业于上海音乐学院附中，1979年入上海音乐学院进修。后任福建艺术学校校长，福建省联合交响乐团首席小提琴、音协福建分会常务理事。

邵紫绶（1936— ）

女音乐教育家。上海人。1958年北京艺术师范学院音乐系本科毕业，主修钢琴。后入北京市少年宫艺术教育部工作。任北京音协青少年爱乐乐团团长、指挥。1974年组建全国第一支少年业余管弦乐团，先后在北京、天津、兰州等地演二百余场专场音乐会，多次获奖。1974年在少年宫组建并负责儿童歌曲创作组。创作、改编、编配乐曲百余首。撰文有《管弦乐队的组织和训练》《儿童歌曲创作队伍的培养》《管弦乐队"嘎达梅林"交响诗排练辅导方案》《钢琴教学中教师的示范教学》。

邵祖亮（1932— ）

音乐教育家。江苏无锡人。曾任武汉师院汉口分院教务处长、武汉江汉大学艺术系主任、广东省肇庆艺术职业学校校长、广东星海音乐学院肇庆分教部校长、中国音协武汉分会音乐教育委员会主任、湖北省美育研究会副会长、中国音乐教育学学会常务理事。曾参加由教育部主持的《和声学教学大纲》及《中等师范学校音乐教学大纲》的编写和审定工作，1995年参加《初中教师之友—音乐卷》的编写工作。主编出版《中学音乐教学法》。

佘华盛（1940— ）

作曲家。四川丰都人。1965年毕业于中央音乐学院作曲系。曾任总政歌舞团创作员。作有舞蹈音乐《战马嘶鸣》，电视片音乐《长征——生命的歌》，话剧配乐《原子与爱情》。管弦乐《边疆组曲》。

舍拉西（1887—1967）

马头琴演奏家。蒙古族。内蒙古哲盟人。民间艺人，自幼随父学琴，15岁开始演奏，擅长内蒙古自治区东部一带较古老的民间曲调。新中国成立后参加内蒙古文工团，后为内蒙古民族歌舞剧团马头琴独奏演员。

申 芳（1953— ）

作曲家。河南辉县人。1988年毕业于河南广播电视大学。1980年在辉县市文化馆任文艺部主任，2001年始在辉县市文化局任艺术科科长。作有歌曲《找到了大海就找到了你》获1987年河南群艺馆系统歌曲创作一等奖，《慈母心》《等你回家》分获省第四、五届歌曲创作评选二等奖，《把心交给祖国》《巍巍太行山》《过年了，我要回家》分别获省第六、七、八届歌曲创作评选三等奖，《柳笛声声》获"第七届河南省民间音乐舞蹈比赛"创作银奖，并为《山里红》创作舞蹈音乐。

申 非（1935— ）

作曲家。辽宁盖州人。1951年始从事业余音乐创作。1960年考入本溪市歌舞团，历任小提琴演奏员、乐队指挥、作曲、艺委会主任、团长。1962年曾入沈阳音乐学院作曲系进修。创作有歌舞剧音乐、管弦乐、声乐等作品数百部。其中舞蹈音乐《走出山村的小丫蛋》参加第二届中国艺术节演出获文化部奖励，歌剧音乐《夺不走的爱》，舞蹈音乐《山乡红花》，板胡协奏曲《清明时节》（合作）先后获辽宁省政府、省文化厅等专项奖。

申 浩（1958— ）

音乐教育家。朝鲜族。吉林人。延边音协副主席，延边大学艺术学院副院长、副教授。毕业于延大艺术学院作曲系。曾在上海音乐学院、韩国教员大学、朝鲜平壤音乐舞蹈大学学习。论文《朝鲜族音乐多声化研究》等二十多篇发表在全国及省级刊物上。完成了校级、省级科研项目多部和一部专著，其中《中国与朝鲜半岛朝鲜族音乐比较研究》获东三省音乐理论评比二等奖，作曲的舞蹈《野营之歌》获全国少数民族音乐舞蹈比赛优秀作品奖。

申 健（1961— ）

歌唱家。江苏泰兴人。1981、1993年曾分别毕业于新疆艺术学院声乐系和新疆师大音乐系。1988年始在新疆兵团歌舞剧团任演唱队队长。1987年获兵团首届青年歌手大赛二等奖，1990年获乌鲁木齐市首届卡拉OK大赛二等奖。在史诗剧《烽火索马里》中任男主角，获农业部、文化部优秀节目奖。参加兵团心连心慰问演出，任主持人、独唱、重唱，每年百余场演出。曾赴广州、深圳、珠海巡演，赴香港、菲律宾访演。曾被评为优秀演员。

申 溪（1931— ）

音乐活动家。北京人。1949年入华北大学三部学习。1950年始在中央实验歌剧院和中国歌剧舞剧院工作。主演歌剧《货郎与小姐》。曾任文化部少儿司副司长，中国儿童音乐学会会长，现为终身名誉会长。

申保山（1941— ）

男高音歌唱家。江苏苏州人。1965年毕业于中央音乐学院声乐系。曾任安徽省歌舞团团长、华侨联合会副主席兼秘书长。1964年曾参加大型音乐舞蹈史诗《东方红》的演出。撰写《唱歌基本常识》《民族声乐艺术讲座》等文，作有歌曲《北京的光芒》《灯光》《香港回归祖国之歌》《风帆》等，出版专辑唱片《报童之歌》《燕子》《拉网小调》等。曾参与组织、策划大型歌舞、音乐会十余台。1979年获安徽省优秀演员奖。曾出访日本、香港、俄罗斯等地。

申非伊（1933— ）

女歌剧表演艺术家。四川渠县人。1949年入重庆育才学校音乐组学习。曾先后在皖南军区文工团、安徽省话剧团、歌舞团任演员。1959年考入中央音乐学院民族声乐系进修，结业后在解放军艺术学院进修班执教。曾主演歌剧《赤叶河》《王秀鸾》《刘胡兰》及《槐荫记》。后供职

S

于安徽省艺术研究所，多年从事戏曲声乐研究与教学。曾为黄梅戏、徽剧、庐剧演员。撰有声乐研究论文多篇。

申建华（1955— ）

音乐教育家。河南项城人。1977至1995年先后毕业于河南省周口师范首届艺术班、河南省安阳师专艺术科、河南大学音乐二系专升本师训班。毕业后在河南省淮阳师范任教。1996年入项城市文化馆。创作歌曲作品多次在省级获奖。发表学术论文多篇。合著《政治家的音乐故事》。

申丽娟（1948— ）

女高音歌唱家。黑龙江哈尔滨人。1965年考入解放军艺术学院音乐系。1969年分配到铁道兵文工团任独唱演员。1992年调总参兵种部编研室工作。所演唱的小舞剧《鱼水情》主题歌获全军第四届文艺汇演优秀奖。中央人民广播电台录制播放其独唱歌曲《原野上的小花》等三十余首，中国唱片社录制十余首。1995年解放军音像出版社出版独唱专辑磁带。1996年中央电视台播放《鱼水情》。

申文凯（1924— ）

戏曲作曲家。吉林人。曾就读于吉林师大音乐系。1948年参加工作。1960年入吉林省吉剧团任教及作曲。参加吉剧《桃李梅》《江姐》音乐设计，担任评剧《红姊妹》音乐设计。

申旭光（1951— ）

作曲家。江苏淮安人。1979、1989年分别毕业于安徽省艺术学校音乐系，江苏省戏剧学校编导系。先后任盱眙黄梅剧团乐队演奏员、作曲、副团长，淮安市淮阳区文化局创作室主任。作有黄梅歌《兵哥哥》，歌曲《妈妈的眼睛》《天地间大写的人》，笛子独奏《淮海情》，器乐与舞蹈《春到洪泽湖》分获创作银奖、"五星工程"金奖、"五个一工程"入选作品奖等。撰有《戏曲音乐也应该强化精品意识》，《浅析金湘秋歌的艺术特色》，《黄梅戏唱腔创新的启示》。

申玉粉（1960— ）

女音乐教育家。朝鲜族。吉林敦化人。延边大学艺术学院音乐系副教授。1987年毕业于延边大学艺术学院，曾就职延边群艺馆音乐部。撰有《论21世纪中国朝鲜族音乐》《关于指导教师的声音观点和发声训练》《论变声期的声音》等。曾获全国第五届"群星奖"表演三等奖，"白银杯"全国少年儿童"小百灵"歌赛辅导三等奖，吉林省群众音乐舞蹈系列大赛美声组一等奖。

申玉花（1919—已故）

女民歌演唱家。朝鲜族。黑龙江牡丹江人。1957年入延边艺校教唱民歌。曾演唱朝鲜族古典歌剧（唱剧）《春香传》《沈清传》及朝鲜族民歌。

申玉旺（1958— ）

音乐教育家。河北邯郸人。承德市民族师专音乐器乐教研室主任。1979、1984年分别毕业于河北省艺校、河北师大音乐系。论文、歌曲多次获各级奖。其中《关于承德民族师专音乐母语教育的调查与思考》获教育部第四届全国音乐教育论文评选二等奖。电子琴独奏曲《找朋友》获全国"冰心艺术"优秀创作奖，歌曲《我用歌声祝福你》获全国第十一届"中国人口文化奖"银奖。在第十一届全国少儿钢琴比赛中获"优秀辅导教师"奖。多次获全国音乐考级优秀钢琴指导教师奖。

沈 滨（1957— ）

音乐教育家、作曲家。天津人。广东省深圳艺术学校高级讲师。1982年毕业于湖北艺术学院管弦系。撰有《声乐学习要注意语言训练》等文。编有《视唱教程》（7册），《钢琴即兴伴奏教程》等。曾参加在人民大会堂举行的国庆文艺演出及出访日本国的文化交流活动。先后多次为湛江市春节晚会谱写主题歌。多次获省市征歌等级奖和"五个一工程"奖入选作品奖，其中《湛江之歌》获文化部举办的"新世纪全国城市之歌"大赛最佳歌曲奖。

沈 诚（1959— ）

板胡演奏家。陕西西安人。1984年毕业于西安音乐学院民乐系，1988年于中国音乐学院器乐系读研究生，同年留校任教，历任板胡教师，院长办公室主任，实验乐团副团长。现任中国音乐学院附中校长。撰写论文《论中国板面拉弦乐器》，《演奏艺术中的个性形成与体现》。创作板胡协奏曲《桑梓》，板胡独奏《看线戏》，高胡、古筝二重奏《春天来了》。参与《中国乐器大全》录制《秦腔牌子曲》《月牙五更》。曾随团赴朝鲜毛里求斯、塞舍尔群岛、香港等地演出。

沈 丹（1973— ）

音乐制作人。湖北武汉人。2002年毕业于武汉音乐学院音乐教育专业。在学习期间分别任正大唱片公司、北京星碟文化公司音乐制作人。2004年为雷佳制作的参赛歌曲获央视青歌赛民族组金奖，2005年为宋祖英制作的歌曲《飞》获央视春晚"我最喜欢的节目"二等奖，2009年为空政文工团制作的舞剧《天空》获全军文艺汇演第一名。2004、2006年出版发行个人演唱专辑《穿越》《罗布泊》。

沈 恒（1962— ）

作曲家、音乐教育家。浙江杭州人。浙江艺术职业学院音乐系副主任。1986年毕业于杭州师范学院音乐系。后就读于中央音乐学院研究生班。曾任浙江昆剧团演奏员。作有歌曲《我是山乡女歌手》《逝者如歌》，丝竹乐《曲院风荷》，二胡独奏曲《追思》，二胡协奏曲《钱江魂》，舞台剧音乐《手拉手，我们是朋友》《呐喊》，舞蹈音乐《当春风吹来时》等。撰有《MIDI技术与音乐的三度创作》论文等。

沈 嘉（1937— ）

女声乐教育家。浙江吴兴人。曾为中央民族大学音乐学院声乐系副教授。1954年入中央民族歌舞团任演员。1964年毕业于天津音乐学院声乐系。曾举办个人独唱音乐会。撰有《科学唱法及艺术歌曲》《有关京、苗、蒙等少数民族歌曲演唱风格及特色与科学发声方法的关系》等多篇论文，译有《声乐基础》。退休后仍兼授中央民族大学音乐学院声乐系及北京民族大学艺术系的声乐课。

沈 军（1954— ）

作曲家。满族。吉林白城人。文化馆研究馆员。作有论文《浅谈小型乐队的编制、编配及排练》《群众音乐欣赏试析》《论音乐的民族性》《浅谈音乐考级》，均在省级刊物上发表。歌曲《平安歌》获吉林省"平安保险杯"歌曲大赛优秀作曲奖，《朋友，请来长白山》《咱们的家乡多甜美》《山水情》登在《我为吉林添光彩》歌集。《草原游子吟》《祥光照鹤乡》《前进，前进》和《爱恋的拉萨》四首歌曲收入《中国民族歌曲选粹》歌集。

沈 枚（1929—已故）

女钢琴教育家。上海人。1952年毕业于上海音乐学院钢琴系。后留校任上音附中基本乐科教研组长及钢琴教师，副教授。

沈 洽（1940— ）

音乐理论家。上海人。1963年毕业于上海音乐学院理论系。曾任上海文艺出版社音乐编辑。1978年入南京艺术学院攻读理论作曲研究生，后在中国音乐学院创研部工作。撰有《音腔论》等文，作有歌曲《火把之歌》等。

沈 茜（1963— ）

女钢琴教育家。天津人。1986年毕业于武汉音乐学院，后任音乐教育学院钢琴教研室主任。中国教育学会钢琴学术委员会委员。曾举办"沈茜钢琴教学汇报音乐会"。撰有《旋律段歌唱时钢琴演奏的灵魂》《钢琴曲'秋'及其演奏》《浅谈教师思想素质》等文，并担任《新编中国钢琴曲集》中级版编委。

沈 榕（1939— ）

女小提琴演奏家。上海人。1952年毕业于上海音乐学院管弦系。后在该院附中任教，为院女子重奏组成员。曾录制有《梁山伯与祝英台》小提琴协奏曲唱片，随重奏组赴澳大利亚举行室内乐音乐会。

沈 湘（1921—1993）

音乐教育家。天津人。1940年考入燕京大学英国文学系兼修音乐，后转入上海圣约翰大学英国文学系，同时考入上海音专。1944年毕业后在上海举办首场独唱音乐会。1947年起先后在北京师范大学音乐系和中央音乐学院任教，曾任声歌系主任、教授。中国音协常务理事，表演艺术委员会副主任，第七、八届全国政协委员。1987至1991年连续三届任英国卡迪夫国际比赛评委，应意大利卡拉斯国际声乐比赛组委会邀请担任评委，1992年应德国慕尼黑ARD比赛委员会邀请任国际比赛评委。1987至1992年，应邀与夫人李晋玮先后16次赴芬兰歌剧节举办大师班，并赴爱沙尼亚歌剧院举办大师班两次。80年代在教学上与李晋玮

合作，7个学生在国际声乐比赛中多次获一、二等奖。

沈 璇（1938— ）

女音乐理论家。重庆人。1961年毕业于上海音乐学院作曲系。后在该系任教。撰有《小提琴协奏曲"梁祝"》《试论德彪西》《贝多芬》《阿伦柯普兰及他的三首管弦乐曲》等文。

沈 音（1922— ）

作曲家。广西荔浦人。20世纪40年代初就读于桂林美术专科学校图音系。曾任柳州市文联副秘书长、市音协主席。出版《沈音创作新歌选》《流浪之歌》（歌曲集），《沈音歌曲选集》等。记录、整理了二百余首湖南民歌，创作歌曲近二百首。主要作品《农歌》《这歌声由谁寄你》《夜歌》《漓江恋》《杨梅熟了的时候》（合作），《我是一个小画家》《到处都有好朋友》《都乐美》等。部分作品获奖，并在电台、电视台播放。

沈 章（1942— ）

大提琴演奏家。重庆人。1966年毕业于上海音乐学院管弦系。历任长春电影制片厂乐团首席大提琴演奏员、独奏演员、指挥、副团长。参与数百部影视片的录音工作，策划组织多项大型演出活动，担任独奏、重奏、交响乐、协奏曲的演奏。1992年应厦门音乐学校之邀率学生赴香港演出。作为特邀演奏员曾随团赴日本、马来西亚演出。在第四届全国大提琴比赛中获奖。有众多学生工作于国内外乐团或成为演奏家。

沈 铮（1960— ）

女小提琴家。江苏南京人。南京艺术学院音乐学院副教授、南京艺术学院实验乐团首席、江苏室内乐团首席兼副团长、新古典室内乐队创建人及艺术指导。多次举办个人独奏音乐会和讲学活动，多次获奖。1995年赴日本演出担任独奏并在"千人交响音乐会"上任中日联合交响乐队首席。1996年与上海交响乐团合作首演小提琴协奏曲《莫愁女幻想曲》。曾任第六届中国艺术节江苏联合交响乐队首席，2003年应邀在南京首届国际音乐大师班任教，2007年在澳大利亚悉尼举办个人独奏音乐会和学术报告活动。出版多篇论文、教学示范VCD和录音带，所授学生多人在各类比赛中获奖。

沈宝钢（1936— ）

作曲家。云南人。曾任《福建歌声》主编。福建省音协常务理事、音乐创作委员会副主任。1958年毕业于福建师范学院音乐专业。曾在1987年五省市（京、沪、苏、闽、粤）校园歌曲创作、演唱电视大赛中任总评委。合唱作品《奔向光辉的前程》获1996年中国合唱节创作奖，小合唱《海面漂着渔火》获文化部第九届"群星奖"金奖。

沈承宙（1939— ）

剧作家。浙江人。曾为武汉市艺术学校教师。为歌剧《青春之歌》《第二次握手》编剧分别获武汉市文艺创作奖、一等奖，为小剧场话剧《青春独白》作曲获作曲

奖，歌舞小品《五花进城》（合作）获99中国曹禺戏剧文学奖。另作有音乐报告剧《不朽的雷锋》（编剧），中型歌剧《我们要见周伯伯》（编剧），日本歌剧《吉四六昇天》（参与歌词配歌），专著和论文有《漫谈美国音乐剧的群众性》，美国音乐剧《俄克拉荷马》《关于舞台艺术教育新模式的思考》。曾获武汉市文化系统"最佳公仆"称号，1997年获湖北省文化系统首届"十佳教师"称号。

沈传薪（1942— ）

作曲家。上海人。1953至1973年在上海音乐学院求学、工作。1973至2003年任上海电视台首席作曲。任上海影视艺术进修学校校长。创作发表有大量作品，获奖三十多次，如文化部全国优秀歌曲奖、上海文化艺术奖等。作有《全国第五、第六套儿童广播体操》，清唱剧《迎龙桥》，小提琴协奏曲《创作业》，钢琴组曲《云南民歌五首》，器乐曲《春到太湖》，歌曲《红杉树》《青春曲》《月光啊月光》等。为《大上海出租车》《第三根弦》等四百多集电视剧作曲。出版《沈传薪影视歌曲集》等音带十余种，《沈传薪歌曲选》等三册。制作唱片《贺绿汀作品精选》《周信芳名剧精粹》等。

沈次农（1950— ）

音乐评论家。上海人。《新民晚报》音乐记者，曾获1985至1986年上海市文联颁发的第一届文学艺术奖（音乐理论奖），多年来在《人民日报》《文汇报》《解放日报》和有关音乐刊物发表音乐评论及报导文章20多万字。

沈大德（1920—已故）

歌唱家。天津人。1941年毕业于国立上海音专。曾在香港永华电影公司乐队工作。后任中央歌剧院演员。曾在歌剧《茶花女》《蝴蝶夫人》《阿依古丽》中扮演角色。

沈大壮（1936— ）

手风琴教育家。浙江嘉兴人。1961年始从事演奏工作。后在广州音专钢琴系任教。研制成功自由组合和弦低音键盘手风琴（获1978年全国科技大会及文化部奖励）及音乐电子转奏器，著有《手风琴的演奏及编配》。

沈德皓（1935— ）

女高音歌唱家。上海人。1958年由上海音乐学院声乐系毕业后留校任教。1962年任上海民族乐团独唱演员、声乐组长，并开始从事中国古代琴歌的弹唱和研究。1982年兼任上虞琴社副社长，合编《今虞琴歌》曲谱集。首唱的琴歌及《敦煌曲谱》唐声诗曲等古代歌曲收录在《隋唐古韵》《春莺啭》《中国唐乐》盒带及CD盘中。先后在美国圣地亚哥加州大学、州立大学、耶鲁大学、密西西比大学举办中国琴歌、民歌讲座及表演。现旅居美国，任孟菲斯市"大孟联华人艺术团"艺术顾问、声乐教师，获音乐杰出贡献奖。

沈凤泉（1934— ）

二胡演奏家、教育家。上海人。1958年毕业于上海音乐学院民乐系二胡专业。曾任职于浙江艺术职业学院。浙江省二胡专业委员会会长。作有《小霓裳》《慢三六》《中花六板》《绣手巾》等。曾为现代沪剧《红花满地开》《革命前夜》《羊城暗哨》作曲，为电视艺术片《江南丝竹》的编曲、演奏、音乐艺术指导。所编演奏乐谱和录音录像，已被艺术院校作为教材。编撰有《江南丝竹乐曲选》，撰有《从力学观点剖析二胡按弦的手法》《"慢三六"的剪接及演奏艺术手法》等。曾随团出访香港。

沈根荣（1928— ）

演奏家。江苏海门人。1950年进南京市文联民间艺术部地方艺员学习班学习。曾在浙江省越剧实验剧团、省越剧男女合演二团任乐队首席指挥、鼓师。曾为越剧表演艺术家姚水娟的《庵堂认母》，姚传香的《思凡》，沈传昆的《醉打山门》，吕瑞英和张桂凤的《穆桂英挂帅》以及婺剧表演艺术家周越先的《哑子背疯》操作鼓艺。在浙江第三届戏剧节上荣获优秀伴奏司鼓奖。撰有《戏曲锣鼓经的选择、应用、改革》《越剧指挥司鼓艺术综论》等教材。筹建浙江"小百花"越剧团并任乐队指挥、鼓师。

沈冠恩（1940— ）

女小提琴教育家。上海人。毕业于上海音乐学院。留校任该院附中弦乐科副主任。学生有董昆、左军等。

沈光权（1937— ）

小提琴演奏家。江苏人。曾任上海交响乐团演奏员。1960年毕业于沈阳音乐学院，同年入上海歌剧院任小提琴演奏员。

沈贵生（1938— ）

歌唱家、歌词作家。上海人。1956年参加中国建筑歌舞团任歌唱演员。1963年参加中国人民解放军海军政治部歌舞团，在全军第三届文艺汇演中演唱男声四重唱《俺的海岛好》获优秀表演奖。后任海政歌舞团副团长。长期从事四重唱演唱及歌词创作，并在全国、全军获演唱奖和创作奖。

沈桂和（1956— ）

女钢琴教育家。河北昌黎人。1979年毕业于河北师范学院音乐系。1990年任化工部第十三建设公司总工会宣传教育部部长，1995年在秦皇岛市职业教育中心任钢琴教师。秦皇岛市音协键盘艺术委员会副会长。作有歌曲《我们是十三化建人》，歌舞《化工建设者之歌》《自豪吧，化工建设者》。1994年始组织学生参加中国音协的考级活动，辅导的钢琴学生多人多次在省、市专业比赛中获奖，多次被评为优秀指导教师。

沈海清（1944— ）

大管演奏家。江苏南京人。1962年入江苏省歌舞团。1977年毕业于上海音乐学院管弦系。江苏省歌舞剧院交响乐团副团长，为院交响乐团之前的管弦乐团筹建人之一。曾多次与指挥家、演奏家合作演出，担任首席大管。在"新春交响音乐会""扬州新年音乐会"等专场音乐会中任第一大管。交响乐《霸王鼎》获江苏省音舞节演奏金

S

奖。多场音乐会被中央电视台、省电视台录播。

沈汉志（1931— ）

二胡演奏家。浙江仙居人。中国音协二胡学会顾问、中国民族管弦乐学会胡琴专业委员会顾问。1948年毕业于浙江湘湖师范音乐专修科，师从陆修棠。1956年入北京艺术师范学院音乐系师从蒋风之深造，后在江西师范大学音乐学院任教。作有《春到赣江》《山村行》等二胡曲及歌曲《这是光荣的旗帜》《千万人民一句话》《我爱仙居好家乡》。撰写《二胡教学中左手小指的训练问题》《漫谈二胡》等文。创作并演奏《汉宫秋月》等二胡曲，1983年在中央电台播放。1990年江西电视台播出专题片《二胡先生沈汉志教授》。

沈鹤霄（1930— ）

指挥家。上海人。1949年始就学于南京军政大学文艺系。曾任福建军区文工团、上海广播乐团、中央广播乐团演员。后任中央广播电台青少部少年广播合唱团指挥。作有《星星火炬》节目开始曲。现居国外。

沈洪娟（1959— ）

女小提琴教育家。上海人。上海松江青少年活动中心音乐工作室小提琴教师。1979、1992年先后毕业于上海音乐学院附中、湖北社会科学院继续教育学院。曾任湖北歌剧舞剧院交响乐团演奏员。参加大小歌剧、音乐会演出数百场。培训学生多人次在省级以上小提琴比赛中获奖，其中有的在中国音协主办的2007年"全国小提琴考级优秀选手比赛"中获八级金奖、十级银奖，本人获优秀辅导教师奖。

沈洪泽（1930— ）

钢琴演奏家、作曲家。天津人。曾为湖北省歌舞团民间音乐研究室主任。曾先后师从黄廷贵教授、德国专家司达瑞克、意大利专家哈罗派学习钢琴。1949年参军后任四野保卫部宣传队乐队队员、广州军区战士歌舞团乐队分队长等职。作品有双簧管独奏曲《孩子们在草原上》，舞蹈音乐《桑树下》《放鸭》，舞剧音乐《友谊之路》，歌剧《金凤树开花》，出版有《手风琴基础教程》（合作），曾为《编钟乐舞》总体设计成员及领导小组成员。

沈会葵（1932—已故）

作曲家。湖南长沙人。1951年入湖北省歌剧团任作曲、指挥。指挥过《秋江》《白蛇传》等剧目。后任音协湖南分会副秘书长。作有歌曲《知春柳》《桃花女》《渔家恋洞庭》。

沈惠琴（1950— ）

女歌唱家。上海人。1983年毕业于中国音乐学院声乐系。成都军区战旗文工团声乐指导，四川省民族声乐学会理事。1988年由成都军区文化部、省音协、四川音乐学院在成都举办独唱音乐会。成名独唱曲为《草原唱晚》。1987年策划并参与创作女中音声乐套曲《战士与母亲》，获全军第五届文艺调演优秀声乐作品奖，全军第六届文艺调演表演一等奖。参加大型歌舞《西藏之光》的演出，其独唱的《吉祥的红云》获文化部"文华奖"。曾为《深情》《含羞草》《带血的答卷》《千里边关壮士行》三十余部电视剧配唱主题歌、插曲。出版有《夕阳伴我归》《我的歌声伴随着你》等4盒独唱专辑。曾应邀赴英国、波兰、苏联、老挝等国访问演出。

沈建华（1956— ）

作曲家。江苏淮安人。任淮安市楚州区文化局副局长。1978年考入南京师范大学音乐系。1991年在中国音乐学院作曲系进修。1988年任周恩来纪念馆开馆大型文艺晚会音乐总监和乐队指挥。作有组歌《桃花垠之恋》获全国"百年恩来"征歌二等奖。作曲的电视音乐风光片《大鸾起飞的地方》由江苏省电视台拍摄并播映，大型淮剧现代戏《蓝盾情》音乐获江苏省第三届淮剧节音乐设计奖，大型现代戏《窦娥冤》音乐获江苏省第四届淮剧节优秀作曲奖。

沈建军（1932— ）

音乐教育家。湖北人。1958年毕业于中央音乐学院干部进修班，1948年任江汉公学合唱指挥，后就职于华中理工大学音乐中心，副教授。撰有《音乐教育与智力开发》，出版《音乐与智力》。1978年开始研究音乐智力学并在华中理工大学开办智力班，研究音乐与智力发展的关系。

沈健坤（1939— ）

声乐教育家。上海人。1965年毕业于上海音乐学院。后任贵州艺专副校长、副教授。中国少数民族声乐学会第一届理事。学生有兰婷菊、高建华、张惠冬。

沈金华（1955— ）

女音乐教育家。四川自贡人。1989年毕业于西南师范大学音乐系。四川理工学院音乐系声乐教研室主任。出版译著《哈农钢琴练指法》（合作），撰有《高师音乐专业声乐教学常见的问题及对策》《科学发声与嗓音保护》《论歌曲视唱艺术再创作中的审美性把握》。所培养的学生多名在全国"推新人"、大学生公益文化艺术大赛及省市比赛中获奖。

沈坤林（1952— ）

小提琴演奏家。浙江吴兴人。1970至1972年于江苏省革命文艺学校学习，后分别于江苏省文工团、歌剧团任乐队演奏员，江苏省交响乐团第一小提琴声部演奏员。曾出访朝鲜、日本，并受到中朝领导人的亲切接见。多次参加江苏省及其他地区的音乐节，曾获《弦乐四重奏》二等奖、天津首届京剧节铜奖。编写有《小提琴初级教程》。

沈立良（1937— ）

胡琴演奏家。上海人。1956年入新影乐团。后任中国电影乐团民乐队首席。创作及演奏乐曲有《海岛盛开花》《澜沧江畔喜丰收》。曾多次出国访问演出。

沈利群（1932— ）

作曲家。上海人。1948年参加革命。1954年考入上海音乐学院作曲系，毕业后任上海人民艺术剧院作曲。曾任上海音协理事。为话剧《珠穆朗玛》《祖国狂想曲》《泪血樱花》《再见了，巴黎》《孙中山与宋庆龄》《三百年前》《杜鹃山》，京剧《闪闪的红星》《樱花颂》，昆曲《马克佩斯》，越剧《第十二月》，川剧《红楼梦》，电影《陈毅市长》《李慧娘》，香港李萍倩导演的《三笑》等作曲。曾参加京剧《智取威虎山》《龙江颂》作曲。1991年与安徽省黄梅戏剧院合作《红楼梦》，获第二届文华音乐创作奖。

沈龙山（1951— ）

作曲家。浙江定海人。浙江省舟山市定海区文化馆馆长。1989年毕业于上海音乐学院作曲指挥系。1970年曾在江西抚州市采剧团、抚州地区歌舞团任演奏员，在舟山市群众艺术馆任音乐室主任。歌曲《中华一家亲》曾获中国原创歌曲浙江选拔赛"十大金曲提名奖"，《当家的人》获省少儿音乐一等奖及全国第二届"蒲公英奖"金奖。撰有《谈对少儿器乐曲创作的几点认识》等文。

沈梦骏（1942— ）

作曲家。上海人。1959年入山西歌舞团，先后任舞蹈演员，唢呐、双簧管、中提琴演奏员和创作员。1990年调山西电台担任文艺编辑、节目主持人，总编室听评组"听评导报"负责人。作有歌曲《春雨沙沙》《姑娘的爱情藏在哪里》《荒凉也有情》《黄土坡的女人》等。舞蹈音乐《云岗乐舞》《中国寓言故事舞蹈系列》。为大型电视纪录片《山西绿化》，广播剧《豆芽庄》《凤凰山》，电视连续剧《路神》《小城刑警》等配乐。湖南省东方文化名人研究院研究员。

沈乃凡（1941— ）

钢琴演奏家。天津人。1966年毕业于天津音乐学院钢琴专业。曾在乌克兰国立敖德萨聂日丹诺娃音乐学院钢琴系进修。历任河北省歌舞剧院、天津歌舞剧院演奏员及天津音乐学院键盘系钢琴共同课教研室主任。作有《笛子与交响乐队协奏曲》（合作），歌曲《后生再不愁娶妻难》《楚歌》等。撰有论文《声乐系钢琴共同课的改革及考试办法改革》《如何学习钢琴即兴伴奏》。曾获优秀教师称号。为关牧村伴奏的歌曲《摇篮曲》获一等奖。第二届合唱节获专业伴奏奖。

沈念慈（1933— ）

音乐理论家、作曲家。安徽阜阳人。曾任安徽音协理事。1953年毕业于安徽大学，后任安徽艺术学院理论作曲教研组长。曾任科技大学及上海交大人文学院艺术系兼职教授。1992年赴美参加全美中国研究会，发表论文《中国音乐作品中的道家思想及其天然诗意》《中国现代音乐作品的曲式结构及哲理变化》（合作），著有《中外著名歌曲欣赏》（主编），《中西音乐的比较研究》《音乐审美中的民族意识的培养问题》。为上海电台撰写大型系列专题讲座专稿《中国民歌漫谈》及《自然有情，艺术有美，

人生有味》等专稿，以及乐、剧、戏曲音乐评论多篇。作有交响组曲《天仙配》，歌曲《啊！春天》。

沈佩华（1943— ）

女高音歌唱家。江苏海门人。1973年毕业于上海音乐学院民族声乐系。南通市歌舞团声乐演奏员兼教师。参加女声小合唱、女声二重唱、女声弹唱多次获奖。在仿唐乐舞《阳关三叠》中担任独唱。参加歌剧《刘胡兰》《第二次握手》《刘三姐》《孙悟空三打白骨精》《王老虎抢亲》《喜事的烦恼》的演出。发表《声音的高部位与吐字的高部位—浅谈民族唱法的吐字》等文。

沈浦生（1949— ）

作曲家。江苏南通人。1969年特招入伍，任兰州军区某部宣传队演奏员、创作员。1987年毕业于中国人民大学，后任南通市文化局助理调研员、南通市音协副主席、省音协创作委员会委员。先后创作大量声乐作品，四十余首获省以上奖项，其中《人口普查歌》和《有事就找'110'》分别由国务院人口普查办公室、中央有关部委向全国推广。1991年举办"沈浦生声乐作品音乐会"。

沈其严（1941— ）

音乐教育家。江苏江阴人。1962年毕业于南京师范大学音乐系。曾任徐州中学音乐教师，徐州市音协副主席、徐州教育学会音乐教学专业委员会主任。培养的学生在音乐比赛中获奖六十余项次，考取高等学校音乐专业的有百余人。曾被评为市学科优秀教师、徐州市名教师、全国优秀教师、江苏省中学音乐特级教师并获全国优秀教师奖章，1997年获江苏省中等学校"红杉树杯"园丁奖金奖。

沈秋鸿（1954— ）

音乐教育家。重庆人。重庆师大音乐系副教授、副主任。毕业于西南师大音乐学院。担任钢琴、电脑作曲等教学。钢琴演奏与作曲均曾获省一、二等奖。获奖作品多次在中央电台、重庆电台、电视台播出。在《中国音乐》《人民音乐》《上海高教研究》《中国音乐教育》《音乐探索》《儿童音乐》《音乐世界》等杂志发表多篇学术论文和词、曲作品。

沈仁浪（1932— ）

作曲家。浙江奉化人。1955年毕业于华东艺专音乐系作曲科。后任安徽省群众艺术馆研究馆员。作有合唱《山南海北都照红》《万岁伟大的中国共产党》。

沈瑞波（1953— ）

音乐教育家。湖北随州人。1975年毕业于湖北襄阳地区师范学校，后在随州市浙河高中、实验中学任音乐教师。撰有《器乐教学点滴》获襄樊市教育学会二等奖。作有歌曲《教师我爱你》《童年的时候》《祝福歌》《山孩子的星期天》等。1998年在随州市首届"编钟美育节"中指导的器乐合奏获一等奖。2000年被国家教育部授予艺术教育先进个人。

沈瑞奉（1926— ）

女音乐活动家。浙江人。1950年毕业于燕京大学。曾任中央歌舞团及中央乐团合唱队副队长、资料室主任、学员班教员、外事翻译。后任中央乐团社会音乐学院教务长。译有《世界著名歌唱家》。

沈时松（1944— ）

女音乐教育家。安徽合肥人。1963年入中央音乐学院民族声乐系。1964至1968年在中国音乐学院声乐系学习。同年入中央乐团，1981年回中国音乐学院声乐系任教，副教授。撰有《民族唱法要打开喉咙》《民族唱法的嗓音运用》。编著《声乐教材》（第一、二册），《中国民族声乐教材》（第一、二集），《谈谈歌唱的咬字》等。所教学生在全国声乐比赛中获金、银、铜奖及荧屏奖。

沈叔都（1939— ）

女钢琴演奏家。福建厦门人。1955年入铁道兵文工团、1958年到宁夏歌舞团工作。长期从事钢琴伴奏工作。

沈颂蔚（1925— ）

女钢琴教育家。上海人。1947年毕业于金陵女子文理学院音乐系，1951年毕业于英国皇家音乐学院研究院。副院士。后为南京艺术学院音乐系钢琴教研室副教授。

沈苏斐（1930— ）

女歌唱家、合唱指挥家。江苏苏州人。早年曾就读于台湾师大音乐系。1949年回大陆，曾师从周小燕教授学习声乐。后在北京任海政歌舞团独唱演员，曾在海军首届文艺汇演中获奖。转业后从事声乐教学，任苏州市歌舞团团长及艺术指导，苏州市音协顾问。曾应邀赴美国兰尼大学举办声乐讲座，并在《中国音乐》等刊物上发表多篇论文。后创办苏州市吴侬女子合唱团，任团长及指挥，2002年该团在第六届中国合唱节中获奖。

沈铁侯（1932— ）

作曲家。江苏苏州人。1949年始从事文艺创作。曾任浙江音像出版社社长。作有影视音乐《沙漠追匪》《华罗庚》等。

沈文娟（1931— ）

女高音歌唱家。江苏吴江人。1953年入上海广播乐团工作。1957年入苏联专家奥尔菲诺夫声乐班学习。后为中国广播艺术团合唱团演员。

沈文信（1925— ）

作曲家。浙江萧山人。1949年从事部队音乐工作。后在江苏淮阴教育学院工作。作有吹奏乐曲《芦笙舞曲》及管弦乐曲《秧歌舞曲》《圆圈舞曲》《小黄鹂鸟》等。

沈武钧（1932—1981）

指挥家。浙江绍兴人。1954年毕业于中央音乐学院作曲系。曾在苏联合唱指挥专家班进修及在中国音乐学院任教，先后在中央乐团、中国京剧团、东方歌舞团任指挥。

沈西蒂（1939— ）

女提琴演奏家。重庆人。上海音乐学院管弦系教授，中、小提琴教研室副主任。国际中提琴学会会员。1957年毕业于上海音乐学院附中小提琴专业，1962年毕业于上海音乐学院管弦系。1985年作为访问学者赴澳大利亚塔斯玛尼亚音乐学院进修中提琴演奏与教学。培养出一批优秀的中提琴教师及演奏人才。曾获上海市育才奖、上海音乐学院优秀教授奖、上海音乐学院院长奖、上海音乐学院贺绿汀基金奖。

沈相文（1935— ）

音乐编辑家。朝鲜族。朝鲜庆北人。黑龙江朝鲜民族出版社音乐编辑。1955年毕业于哈尔滨师范学院音乐系大专班。曾任黑龙江省东宁县朝中音乐教师、县文工团指挥和手风琴演奏员。负责编辑的《金在清小提琴教学法》《崔三明作曲集》获东北三省朝版图书二等奖。作品有《啊！希望》《在山那边》，歌舞《双刀山下大寨人》获省优秀节目奖。

沈小放（1950— ）

小提琴演奏家。湖南长沙人。湖南省歌舞剧院交响乐团首席、中国音协小提琴考级湖南考区考官、省音协弦乐委员会名誉会长。曾进修于珠影乐团、中央音乐学院，师从梁文柄、王振山教授。先后任省京剧团、歌舞剧院交响乐团首席。曾为格鲁吉亚芭蕾舞团演出《天鹅湖》伴奏，任乐团首席及领奏。演奏曲目有小提琴协奏曲《梁祝》《巴赫d小调双小提琴协奏曲》。曾应邀与俄罗斯钢琴家琳赫沃因·达俐玛撒拉偌维娜合作演奏小提琴曲《沉思》及贝多芬的钢琴、小提琴、大提琴三重奏《作品第1号》。

沈小蜂（1960— ）

音乐教育家。江苏南通人。福建艺术职业学院副教授。1992年毕业于中国音乐学院。曾任安徽艺校教师、福建省艺术研究所助理研究员。参与编撰《中国戏曲音乐集成·福建卷》，并获全国艺术科学规划领导小组颁发的文艺集成志书编撰成果二等奖。撰有《中日音乐通史写法比较概要》《潮起潮落的中国艺术歌曲》等文。

沈小筱（1938— ）

女高音歌唱家。浙江杭州人。1956年入中国歌剧院任独唱演员。演唱有台湾民歌《盼望》《绿岛小夜曲》。

沈晓明（1955— ）

电子琴、手风琴演奏家。辽宁人。沈阳音乐学院钢琴系手风琴、电子琴教研室主任。沈阳市政协委员、中国电子琴学会理事。1976年毕业于沈阳音乐学院手风琴专业。1988年赴日本国作阳音乐大学音乐学部电子琴音乐专业留学，研究生毕业。编著有《初级电子琴演奏法》《沈晓明电子琴演奏曲集》等。论文有《关于人体乐器的倡导》《关于人体乐器的试验与论证》。关于人体乐器的研究获成功并取得日本专利，由雅马哈乐器公司生产，并担任该

s

项目的合同研究员。

沈星槎（1925— ）

小提琴教育家。浙江绍兴人。1946年入南京音乐学院管弦系。1949年始从事部队文艺工作。1974年入北京师范学院音乐系从事小提琴教学。曾任音乐系副主任。

沈雄胜（1947— ）

歌唱家。广西防城人。归侨。曾为广西北海市文联副主席、市文艺创作研究所副所长。1963年加入越南广宁省歌舞团。曾受过苏联声乐专家培训，1970年获全越舞台艺术会演银质奖。1979年回国在广西北海市歌舞团，曾师从魏鸣泉习声乐。1985年任副团长。多次随广西歌舞团赴各地巡演，曾两次进中南海为中央领导演出。曾获广西省少数民族文艺汇演一等奖，全国少数民族文艺汇演成绩优良奖，广西一、二届"三月三"音乐舞蹈节演唱一等奖，广西"纪念毛泽东诞辰100周年"声乐比赛第一名。

沈学诗（1945— ）

音乐教育家。安徽灵璧人。1968年毕业于合肥师范学院艺术系音乐专业本科。1978年任宿州师专艺术系手风琴教师，后为宿州学院艺术系副教授、中国音协手风琴学会理事、安徽省音协理事、省手风琴委员会副会长、宿州市音协常务副会长。发表《谈手风琴的连奏》《谈手风琴演奏知识》《谈手风琴的触键》等文。改编创作手风琴曲《在希望的田野上》获"大学生之春"文艺汇演二等奖。作有歌曲《周总理办公的灯光夜长明》《让生活充满欢笑》等十余首。培养的学生在省级以上手风琴比赛中有百余人次获奖。

沈亚威（1920—2002）

作曲家。浙江湖州人。1938年参加新四军，先后任职于战地服务团、前线剧团、第三野战军文工团、华东军区解放军剧院。1954年入中央音乐学院进修理论作曲。曾任南京军区前线歌舞团团长、南京军区文化部长、全国文联第三届委员、中国音协第四届副主席、江苏省第三届文联副主席。音协江苏分会第二、三、四届副主席。曾获首届中国音乐"金钟奖"终身成就奖。作有歌曲《乘胜追击》《捷报，捷报，歼灭了黄伯韬》《别处哪儿有》《狠狠地打》（淮海战役组歌选曲），《四季风车歌》，历史剧音乐《甲申记》。新中国成立后，作有歌曲《七律·人民解放军占领南京》，《行进在祖国大地》《海岸炮兵歌》《战士第二个故乡》《贫下中农一条心》等，出版有《沈亚威歌曲选》。许多作品经演出后被录制成盒带、唱片。1981年在南京举办"沈亚威声乐作品专场音乐会"。

沈一鸣（1938— ）

音乐教育家。江苏人。上海音乐学院作曲系副教授。1958年毕业于上海音乐学院附中，1963年毕业于上海音乐学院作曲系。作有钢琴小协奏曲《闪闪的红星》（合作），大管独奏《到敌人后方去》，《铜管五重奏》三首。编写教材《和声学》《和声习题选》（一）（二），

撰有《欧洲近现代五声旋律的和声运用》。

沈幼潜（1933—已故）

作曲家。浙江杭州人。1949年参军。1956年天津音乐学院毕业后任内蒙古师大音乐系作曲教师。1961年任江苏省歌舞团、歌剧团创作室主任，歌舞剧院管弦乐团艺术指导兼团长。曾任江苏省音协常务理事、理论创委会主任，省艺术系列高职评审委员，英国皇家联盟科学院名誉博士。作有歌剧《月亮花》《天涯歌女》，舞剧《红楼梦》，交响组曲《月亮花》《莲莲的奇遇》，交响随想曲《颂》，交响序曲《春之序》，六架大提琴与钢琴《二泉映月》，舞蹈音乐《春到水乡》《百花迎春》，歌曲《雄伟的毛主席纪念堂》《藕丝牵到红菱根》等。编著《和声学自学速成指导》，撰有《谈苏南民歌与戏曲中清角音的表现作用》。

沈玉华（1956— ）

男中音歌唱家。天津人。天津广播影视艺术团团长、天津音协理事。1980年毕业于天津音乐学院声乐系并留校任教。1982年到天津广播电视艺术团任歌唱演员。演唱歌曲有《我们工人跟党走》，昆曲古调《鱼翁》。创作歌曲有《八荣八耻》等。1987年获天津市文艺新人奖。先后参加天津市大型文艺晚会的演唱以及各类中外文艺演出的组织、策划工作，曾参与天津市委、市政府连续11次组织春节、国庆文艺晚会，并担任其中的演唱工作。

沈玉玲（1945— ）

女声乐教育家。河南开封人。河南省合唱协会理事。1968年毕业于河南大学（原开封师范学院艺术系）声乐专业。1969年任郑州师范专科学校声乐教师。1979年入郑州市群艺馆任文艺部主任、创研部主任。发表论文《中国民族美声体系探讨》《论声乐演唱中的字正腔圆》等。策划编导"国际少林武术节""河南省艺术节""纪念抗战40周年""爱我中华"等多个重大文艺晚会。

沈在勤（1927— ）

小提琴教育家。浙江人。曾任星海音乐学院小提琴教研室主任，副教授。1956年毕业于上海音乐学院管弦系，后到湖北艺术学院任小提琴教师、小提琴教研组组长。第一、三届全国音乐院校小提琴比赛评委及羊城花会小提琴和器乐比赛评委。

沈泽全（1942— ）

扬琴演奏家。四川威远人。1966年毕业于四川音乐学院民乐系扬琴专业。先后在四川省军区和空军某部宣传队担任乐队指挥和扬琴演奏员。1982年转业到成都市文联，任组联部主任和市文联副秘书长，负责筹备成立了成都市音乐家协会，并担任市音协秘书长、副主席。1989年起当选为四川省音协常务理事，2001年当选为省音协副主席。

沈振翮（1936— ）

歌剧表演艺术家。江苏常州人。1958年毕业于上海华东师范大学俄语系。曾任中央歌剧院歌剧团团长兼合唱

团团长。曾在《柯山红日》《王贵与李香香》《马可·波罗》《茶花女》《蝴蝶夫人》《卡门》《图兰朵》等多部歌剧中饰演主要角色。参与策划、制作、演出原创音乐剧《日出》。曾随团参加芬兰萨伏林纳国际歌剧节的演出，多次出访芬兰、日本、新加坡美国等国家。

沈正钧（1933— ）

指挥家、剧作家。江苏吴江人。1949年参军。1962年起在哈尔滨歌剧院任指挥、编剧。曾指挥《江姐》《蓝花花》《三里湾》《夺印》等歌剧演出。曾写作歌剧《魂飞马嵬坡》《特洛伊罗斯与克瑞西达》《牡丹亭之梦》及音乐剧《夜半歌魂》《黑眼睛，蓝眼睛》、越剧《孔乙己》等文学本。曾任哈尔滨市音协副主席、顾问及黑龙江省音乐文学会顾问。

沈正陆（1936— ）

二胡演奏家、音乐教育家。江苏滨海人。江苏音协名誉理事、民族音乐委员会副主任。1947年参加革命，先后入淮北局宣工队、盐阜文工团、苏州地委文工团。1958年于南京师范学院本科毕业后留校工作。曾担任教研室主任、系副主任、教授。1963年参加"上海之春"全国二胡比赛获三等奖，参赛的曲目《阳关三叠》《赶集》等被录制成唱片、盒带。长期从事教学工作，培养的学生众多。论文有《二胡揉弦初探》。

沈知白（1904—1968）

音乐教育家。浙江湖州人。长期从事中、西音乐史与音乐理论研究工作。曾为中央音乐学院华东分院音乐史教授，兼该院《音乐丛书》主编。

沈志鹏（1944— ）

板胡演奏家。辽宁沈阳人。1959年入辽宁歌舞团。曾任该团民族管弦乐队首席。曾多次出国访问演出。

沈仲章（1905—1987）

音乐理论家。江苏苏州人。原任上海中国管弦乐团顾问、今虞琴社顾问。中央音乐学院民族特约研究员。

沈竹音（1957— ）

女音乐编辑家。江苏人。吉林省吉林市人民广播电台副台长。1989年毕业于吉林教育学院。曾任《说话、写作与逻辑》副主编。专著有《金话筒风采》。1995年获中国广播电视学会金话筒奖，并被授予全国十佳节目主持人称号。出版《竹音创作歌曲》选。

沈尊光（1940— ）

作曲家、音乐评论家。湖南长沙人。北京电视艺术促进会副会长、摩登天空唱片公司音乐总监。1958年从事歌曲创作，1975年任北京市工人歌曲创作组组长。1979年调中国音协，任《音乐通讯》《音乐信息报》编辑部主任，并任会员工作部主任。多年兼任《音乐生活报》副总编、总编辑。获奖歌曲有《祖国理解我》《碧帕尔姑娘》《孤独的小熊猫》《摇篮啊小船》《工人之歌》等，出版有

《少儿歌曲集》《沈尊光、石铁民歌曲选集》（170首）。主编有《中国歌坛人物》（合作），《10位老音乐家艺术画册》《新世纪之歌》（6册）。撰写有大量音乐新闻、人物、评论文章。策划、主持数十项全国性音乐大赛及大型活动，曾应邀赴香港、澳门出任世界华人青少年音乐大赛评委。

生　茂（1928—2007）

作曲家。河北晋州人。中国音协理事。1945年参加冀中军区火线剧社，1946年入三纵队前线剧社。1952年毕业于中央音乐院干部专修班。曾随军文工团参加抗美援朝。1954年任六十三军一八八师文工队长，后任军文工团指挥。1958年调北京军区战友歌舞团，历任队长、创作员、编导室主任、艺术指导。作有歌曲《真是乐死人》《马儿啊，你慢些走》《看见你们格外亲》（合作），《老房东查铺》《祖国一片新面貌》《远方的书信乘风来》《长征组歌》（合作），出版有《生茂歌曲选》。

盛　洁（1957— ）

二胡演奏家。仫佬族。河南邓州人。1982年毕业于广西艺术学院音乐系，同年任广西南宁市艺术剧院二胡演奏员，1993年入南宁市群众艺术馆，后任馆长。创作二胡独奏曲《油茶情》，马骨胡独奏曲《欢乐的壮乡》等。歌曲《绿色的梦》入选广西省中学音乐教材。创作民族歌舞组画《情系青山绿水》，发表论文《浅谈马骨胡发展趋势》等。曾获广西首届民族器乐观摩赛三等奖。

盛　茵（1934— ）

女钢琴演奏家。上海人。曾任中央广播乐团、上海广播乐团演奏员，上海乐团艺术室主任、上海音协表演艺术委员会副主任。为《唱支山歌给党听》等百首歌曲唱片担任钢琴伴奏，编著钢琴曲集《二十世纪新音响钢琴曲集》《外国儿童钢琴曲选——近现代乐曲》，创编有大量钢琴伴奏曲。已出版的有《胡笳十八拍》，译配外国歌曲《美丽的梦神》等三百余首。热心业余音乐教育，经常参加各类音乐社会活动。

盛翠兰（1958— ）

女作曲家。吉林延吉人。任教于长春师范学院音乐系。1980年毕业于东北师范大学艺术系音乐专业。1981年在吉林省延吉市少年宫任教，后任市群众艺术馆文艺部主任。作有歌曲《满江阿哥也在变》《劳动者的奖章》《共和国的呼唤》《走向希望》《小城之夜》等，有的获奖。撰有《浅谈当前我国朝鲜族歌曲创作发展趋势》《儿童歌曲创作谈》《浅谈群众文化的艺术活动》《浅谈朝鲜族民间音乐的价值取向》。参与编著《实用音乐大全》。

盛凤麟（1937— ）

女歌唱家、声乐教育家。湖南人。1959年毕业于武汉音乐学院，先后在江西省文艺学院任教和江西省音协工作。江西省音协副主席、省声乐学会会长、省音乐考级委员会副主任。并任江西省政协八、九届委员、教文卫委委员。1988年获省"三八"红旗手称号。1989年在江西艺术

S

剧院主办个人独唱音乐会"献给祖国母亲的歌"。创办江西"心声"歌队，并任华夏大学生合唱团团长及艺术总监。创作有多首音乐作品并获奖。出版歌曲音像专辑《江西是个好地方》《党、祖国、军队、英雄》。

盛家莉（1945—已故）

女高音歌唱家。辽宁盖县人。1960年入贵州省歌舞团任独唱演员。歌剧演员。省政协第四、五、六届委员。演唱有《水家怀念毛主席》《请到山寨走一走》。

盛建颐（1913— ）

女钢琴教育家。江苏武进人。早年毕业于英国伦敦皇家音乐学院。曾任上海音乐学院附小校长。举办过钢琴独奏音乐会。主编《儿童钢琴初步教程》。

盛礼洪（1926— ）

作曲家。浙江湖州人。曾就读于重庆国立音乐院作曲系。1947至1949年先后任职于上海中华音乐院、中国乐舞学院、上海市政府交响乐团，后在中央音乐学院作曲系任教，1969年调中央乐团创作组。作有歌曲《黄河里有漩涡》。1960年为戏剧《黑奴恨》配乐，1969年合作《钢琴协奏曲黄河》，70年代创作无伴奏合唱《明月几时有——水调歌头》（改编古曲），大合唱《在毛主席像前》《巍巍青山高》，并为周总理诗歌《我听见你的歌声》谱曲。1980年首演第一交响曲《海之歌》，1982年首演第二交响曲。1986年创作音乐电视片《江河源抒情》。

盛明亮（1932— ）

小提琴演奏家。江苏南京人。1951年毕业于中央音乐学院少年班。曾任中央乐团演奏员。并随团赴苏联、朝鲜及东欧演出。

盛明耀（1933— ）

大提琴演奏家。江苏南京人。1950年入中央音乐学院少年班学习。1951年参加中国青年文工团，1957年入莫斯科柴科夫斯基音乐院学习三年。曾在中央乐团工作。译有苏联达维多夫著《大提琴演奏教程》。

盛荣富（1959— ）

小提琴演奏家。上海人。新疆建设兵团歌舞剧团管弦乐队首席、乐队队长。1982年毕业于阿克苏艺术学校小提琴专业，后任阿克苏地区歌舞团小提琴独奏。1986年调入兵团歌舞剧团。演奏的作品有维尼亚夫斯基《d小调第二小提琴协奏曲》，门德尔松《e小调小提琴协奏曲》及中国作品《新疆之春》《庆丰收》《新春乐》等。

盛文贵（1947— ）

钢琴家。辽宁大连人。沈阳音乐学院声乐系钢琴艺术指导教研室主任。教授、硕士生导师。1968年毕业于沈阳音乐学院。曾任沈阳军区前进歌剧团声乐钢琴艺术指导、教员。1982年起，任沈阳音乐学院声乐系、民族声乐系钢琴艺术指导。培养多名硕士研究生。为我国与外国专家、国内外声乐比赛及重要演出担任钢琴伴奏。发表论文《友好的使者、精湛的艺术》《钢琴伴奏在声乐教学中的作用》《声乐钢琴伴奏中的平衡》等，在东北三省的音乐论文评比中获优秀论文二等奖。编配大量歌曲钢琴伴奏谱。

盛喜郁（1944— ）

女钢琴演奏家。上海人。毕业于沈阳音乐学院钢琴系。1982年入上海音乐学院钢琴系进修。曾在宁夏歌舞团工作。1985年获宁夏中青年演员大奖赛钢琴演奏一等奖。

盛一奇（1941— ）

女音乐教育家。上海人。上海音乐学院钢琴系副教授、硕士生导师、上海钢琴专业委员会副会长。1963年上海音乐学院毕业后留校任教。曾任上海音乐学院附小、附中、本科及硕士研究生班级教师，并任上海音乐学院附中副校长。历年来培养出多名学生在国内、国际比赛中获奖。曾两次获上海音乐学院"贺绿汀院长奖"等奖，并荣获市委宣传部颁发的"2005年度优秀教师特等奖"。

盛易新（1929—已故）

音乐活动家。江苏武进人。1948年始从事音乐教育工作。1960年入常州市文工团。后任常州市文联副秘书长，音协江苏分会常务理事。作有歌曲《歌唱幸福生活》《雪花》等。

盛志发（1946— ）

小提琴演奏家。湖北洪湖人。1970年毕业于湖北艺术学院，分配至武汉军区歌舞团，任小提琴首席、乐队队长、指挥兼小提琴教学。1986年转业至海员文化宫任主任。曾演奏大量经典名曲和国内、外优秀作品，指挥过贝多芬、舒伯特等作品，参加各种音乐会、文艺汇演及慰问部队的演出，参加国庆35周年大典并任全军联合军乐团分指挥及武汉军区军乐集训队指挥。曾获优秀演奏奖。

盛中国（1941— ）

小提琴演奏家。江西人。中国音协第六届理事。自幼师从马思聪学习小提琴，1954年入中央音乐学院管弦系，1960年入莫斯科音乐学院。后长期任职于中央乐团。应邀在世界各国及港、澳地区举办个人独奏音乐会，1980年出访澳大利亚五大城市巡演，演出一批古典和现代著名小提琴曲、协奏曲。在国内外录制发行十多张唱片、CD，获中国唱片总公司首次颁发的个人专辑金唱片奖。1986年、1991年曾两度应邀出任在日本和美国举行的国际小提琴比赛评委。第七、八、九、十届全国政协委员。演奏活动被多次拍成电影舞台艺术片《春天》、故事片《生活的颤音》、电视专题片《东方之子》等。

盛中华（1943— ）

女小提琴教育家。江西人。1967年毕业于上海音乐学院管弦系。曾在该院管弦系任教。1963年获"上海之春"全国小提琴比赛第二名。改编小提琴曲《台湾同胞，我的骨肉兄弟》等。著有《小提琴演奏基础》。

S

师 芳（1963—）

女作曲家。河北人。河北师范大学音乐系毕业后，在总参谋部政治部宣传部任职。2008年被评为全军文化艺术工作先进个人。作有歌曲《奔向新世纪》《放心吧祖国》《时刻准备着》《神圣使命》《英雄颂》《黄河魂》，有的在各类比赛中获奖。创作、导演的小品《女教官的男家属》，快书小品《挪被窝》《今天直播》，群口说唱《军营动漫秀》等，分获中国戏剧家"曹禺戏剧奖"和"群星奖"。撰有《高擎先进文化旗帜的轻骑兵》《手风琴的演奏技巧》。

师敬学（1943—）

作曲家。吉林扶余人。吉林市文联副主席、吉林省作家创作中心聘任作家。作有《让我们共创辉煌》（第八届冬运会会歌），《大江摇撸》《我就是我，我是中国》《美丽的祖国我的家乡》《中华一家亲》《故乡有盏不灭的灯》等歌曲百余首，创作《常青藤》《心界》《放船歌》《走出非洲》《山丹丹花红》等各类器乐曲数十首。创意并编配大型音乐作品D大调二胡协奏曲《二泉映月》和交响合唱（组曲）《红梅》。编著《新时期歌曲选》。

师敬尊（1953—）

作曲家。吉林人。吉林市龙潭区文化馆馆长，吉林省音协副主席。1989年毕业于北京民族大学艺术系理论作曲专业。曾为中国吉林雾凇冰雪节等活动担任音乐创作，为音乐风光片《点点秋情觅乡音》等担任音乐编辑，为中国第八届冬季运动会创作主题歌《雾凇笑迎八方客》。编著歌曲集《时代歌声精粹》，合作编辑并出版手风琴教材。

师延龄（1930—）

音乐教育家。河南通许人。1956年江西师范学院艺术系音乐科毕业。郑州市音乐文学会会长。先后在江西九江师范、河南幼儿师范、郑州十六中学任教。曾在电台、报刊发表作品数百首，其中《我们是革命的硬骨头》《民族团结力量大》《春风吹来山河笑》《我们是光荣的中学生》等，获国家及省、市优秀作品奖。《少林武术传天下》《友谊天长地久》获省银奖。1995年参与编辑出版少儿歌曲集《当我们长大的时候》。

施 帷（1955—）

作曲家。浙江东阳人。1980年毕业于江西师范学院南昌分院音乐系。福州市音协常务理事，市歌舞剧院创作员。创作有大量音乐作品。音乐剧《春风吹又生》，歌剧《茉莉之歌》，舞蹈诗《潮涌马江》，儿童剧《一样的阳光》，民族管弦乐序曲《海西的节日》，合唱组曲《三坊七巷》，无伴奏合唱《乐游曲》，合唱《和谐的海西谁不爱》，笛子与乐队《畲寨印象》，钢琴曲《影与形》，二胡曲《盼归》，舞蹈音乐《网》《搓糍齐搓搓》，歌曲《机场小夜曲》《琴岛小夜曲》等。作品多次获奖，并在报刊及电台、电视台发表播出。编著有《福州茶亭十番音乐》等。

施 维（1947—）

音乐教育家。浙江义乌人。毕业于上海音乐学院音乐学系民族音乐理论专业，1993年结业于中国艺术研究院研究生部。先后在婺剧剧团、文化馆、文化局担任主胡演奏、司鼓、创作及搜集、整理、组织、辅导等工作，发表论文与作品多次获国家级、省级奖项。宁波大学初教分院音乐系副教授、宁波市艺术教育委员会委员。

施 予（1948—）

钢琴教育家。福建人。1967年毕业于福建省艺术学院音乐系钢琴专业。曾任福州市歌舞团独奏演员，后毕业于日本东京艺术大学大学院硕士研究生，在东京举办"独奏音乐会"五十余场。获奖作品有独奏曲《闽江端午》《晨曲》《樱花随想曲》等。获奖论文有《快速识谱法》《中小学音乐课教法改革》《"倒过来"的音乐课教法》等。培养多名学生考入中国、日本的音乐大学，多名学生在全国钢琴比赛中获奖。1997后从事社会钢琴教学。

施爱华（1952—）

女歌唱家。福建福州人。1980年毕业于上海音乐学院声乐系。福建省歌舞剧院歌舞团歌队队长。福建省音协第三届理事、省青联第六届常委。先后获福建省青年歌手大赛获民歌演唱一等奖，华东六省一市民歌会演专业组三等奖。曾演唱数百首各种风格的歌曲。为《聊斋》《东山吟》《碧海金滩尽朝晖》等电视片及《山海经》等电影配唱主题歌。福建电台、福建电视台曾录制"施爱华专题音乐节目"，中央电台予以转播。出版个人独唱专辑盒带。曾应邀赴美国、巴西、秘鲁、新加坡等国演出。

施昌庚（1944—）

作曲家。福建福州人。1966年毕业于福建省艺术学院。曾在三明市文联工作。音协福建分会第三届常务理事。作有钢琴组曲《山乡的印象》，组歌《都市速写》。

施定其（1936—已故）

作曲家。福建晋江人。1955年始从事部队文艺工作，曾任福州军区政治部宣传部文化处长。1985年任晋江地区文化局副局长兼首届泉州市音协主席、泉州市文联副主席、福建音协常务理事、省文联委员，现为中国（泉州）南音申报联合国"人类口头非物质遗产代表作"（文本）成员。发表、演播音乐作品三百余件，其中五十余件获奖。作有《南国一枝花》《今日惠安女》《我为海峡两岸唱支歌》《战士背包带》等歌曲。1987年率泉州南音代表队访菲演出。出版专辑盒带《后渚港之歌》《侨乡文明赞歌》《漳泉铁路之歌》和CD盘《施琅将军颂歌》。

施观林（1939—）

作曲家。浙江杭州人。青海音协荣誉主席。1963年毕业于南京艺术学院作曲系。曾任青海省民族歌舞剧团副团长、青海省话剧团团长、青海省音协副主席。所作歌曲《出征》《高天厚土》《天池梦》等，曾获国家及省级奖32项。舞剧《智美更登》《七彩江河源》《驼泉交响诗》等5部，连续五届参加中国艺术节。歌舞《奥赛尔》《七彩

s

袖》曾出国访演并参加文化部春节晚会。《七彩江河源》获中宣部"五个一工程"奖。

施光南（1940—1990）

作曲家。重庆人。1957年入中央音乐学院附中，1959年入天津音乐学院作曲系，1964年毕业后入天津歌舞剧院，1978年调入中央乐团工作。曾任中国音协第四届副主席、全国青联副主席。作有歌剧音乐《伤逝》《屈原》，芭蕾舞剧音乐《白蛇传》，声乐套曲《革命烈士诗抄》，弦乐四重奏《青春》，小提琴曲《瑞丽江边》，京剧《红云岗》唱腔及音乐，河北梆子《红灯记》唱腔及音乐，电影音乐《海上生明月》，歌曲《最美的赞歌献给党》《台湾当归谣》《五好红花寄回家》《打起手鼓唱起歌》《祝酒歌》《假如你要认识我》《洁白的羽毛寄深情》《周总理你在哪里》《高举亚运会的火炬》《吐鲁番的葡萄熟了》《在希望的田野上》《月光下的凤尾竹》，出版有《施光南歌曲选》等。

施国宪（1932— ）

音乐编辑家。上海人。1959年入南京艺术学院音乐系学习理论作曲。1963年始从事音乐编辑。曾任江苏省人民广播电台主任编辑、音响导演。音协江苏会分第三、四届常务理事。

施汉廷（1932— ）

音乐教育家。壮族。广西钦州人。1949年起在部队专业文艺团体担任小提琴演奏员、音乐队长。退役后就读于西北师院音乐系，毕业后从事中学音乐教学。担任过广西音乐教研会理事，钦州市音舞协会主席，市音协顾问。撰写发表音乐论文、歌曲等四、五十篇（首），五万字的《园丁叙事曲》一文，被收入新世纪教育文库《中国著名特级教师教学思想录》一书。1989年获得广西人民政府授予的"特级教师"荣誉称号。

施鸿鄂（1934—2008）

男高音歌唱家。上海人。1956年毕业于上海音乐学院声乐系。同年赴保加利亚索非亚国立音乐院留学。1962年归国后入上海歌剧院，任艺术指导。获1962年赫尔辛基世界青年联欢节古典声乐比赛金质奖章。曾赴日本、香港、澳门演出。

施黄捷（1969— ）

音乐教育家。江苏启东人。1991年毕业于南京师范大学音乐系，曾就读于上海音乐学院研究生进修班。江苏启东中学教师、艺术教研室主任，启东市文联副主席、音协理事、秘书长。曾获"金三角"声乐大奖赛三等奖，南通市"十佳歌手"，"香港回归，百年团圆"演唱大赛铜奖，教师优质课评比一等奖。撰有《浅谈音乐欣赏的几个阶段》《音乐教育与校园文化》《信息技术和音乐科学》等文多篇。部分获全国、省市论文评选一、二等奖。

施林生（1962— ）

吉他演奏家、教育家。云南牟定人。1983年任铜陵市管弦乐队演奏员、青少年宫吉他教师。曾在北京、上海等全国多个城市举办独奏音乐会，并在首届全国吉他比赛中获独奏奖。长期致力于古典吉他的教学；所培养的学生多次在国内各项大赛中获一、二、三等奖。发表音乐论文二十余篇。多次担任国内各项赛事评委与上海考级评委。

施明新（1930—2002）

指挥家。福建厦门人。1947年肄业于国立福建音乐专科学校。1956年毕业于苏联专家合唱指挥学习班。曾任广州乐团团长、指挥。中国音协第四届理事，音协广东分会第二、三届副主席。广东省文学艺术咨询委员会委员。

施其仁（1939— ）

歌唱家。云南砚山人。四川省合唱协会理事、四川省民族民间声乐学会常务理事。1962年大学毕业入成都军区战旗歌舞团，后任声乐队队长、声乐指导。在各种晚会中担任独唱、领唱、重唱、表演唱等。在大型歌剧《雪山红松》《梁山结盟》中饰演重要角色。歌曲作品《阿哥的小树》《我爱锦江》《大雪山》等在成都市委、市文化局的歌曲评比中分别获一、二、三等级，其中花腔女高音《我爱锦江》被收入《蓉城之声》系列原创歌曲专辑发行。

施万春（1936— ）

作曲家、音乐教育家。河北青县人。1961年毕业于中央音乐学院作曲系，留校任教。1973年调中央乐团创作组。自1984年起执教于中国音乐学院作曲系，任作曲系主任，教授。培养众多学生。中国音协常务理事、创作委员会副主任。作品有管弦乐《节日序曲》《第一钢琴协奏曲》《第一弦乐四重奏》，交响音画《瀑布》，二胡与乐队《叙事曲》，筝与乐队《随想曲》，舞剧音乐《红色娘子军》第三幕，电影音乐《青松岭》《丫丫》《苦恋》《黄河之滨》《良家妇女》《孙中山》《开国大典》，电视片音乐《黄河》（合作），及《亥年残秋偶作》《梅岭三章》《送上我心头的思念》《咏鹅》等艺术歌曲。

施王伟（1956— ）

作曲家。浙江乐清人。曾先后毕业于浙江艺术学校和上海音乐学院。浙江艺术职业学院创作研究室主任。发表声乐作品百余首及器乐作品若干，并为戏剧作品、舞蹈音乐、电视剧、广播剧作曲。获各类奖四十余项。其中歌曲《祖国母亲的笑在哪里》《你是一曲壮丽的歌》《春天的童话》获全国奖。出版有《施王伟艺术歌曲集》。

施文楠（1941— ）

作曲家、音乐理论家。安徽南陵人。1963年考入安徽师范大学音乐系。长期收集民歌、戏曲，抢救古老目连戏遗产。作有《礼物献给科学家》《向阳花》《朋友，请到九华来》等歌曲。曾多次出席国际与全国性傩戏、目连戏、戏曲音乐学术研讨会，发表论著数十篇。撰有《中国戏曲音乐集成·安徽卷·目连戏音乐分类》《安徽目连戏唱腔选编》《安徽地方志·音乐篇》等，四次获省（部）、市级社科优秀成果奖，五次获全国、华东地区、

S

省级优秀论文奖。

施新容（1959— ）

女音乐教育家。福建福安人。2003年毕业于福建师范大学音乐学院。福建省宁德市民族中学教师。参加省级青年歌手赛、卡拉OK比赛分别获一、二等奖。自2000年以来，辅导学生参加各类全国性的音乐、舞蹈比赛，有多人获金、银、铜及一、二等奖，本人获优秀教师辅导奖、最佳教师奖。

施阳辉（1929— ）

歌唱家。福建人。曾任江苏省歌舞剧院歌剧团团长。1949年参军任师文工队队演奏员、指挥，后任南京军区前线歌舞团合唱队员。曾主演歌剧《红嫂》中的彭林，歌剧《白毛女》中的黄世仁。作有歌曲《王杰是我们的好榜样》《巴拿马人民在怒吼》《菜地里的姑娘》《喜报捎给毛主席》等。

施詠康（1929— ）

作曲家。音乐教育家。上海人。曾任广州星海音乐学院副院长、教授。中国音协广东分会副主席、广州市艺教委委员、《音乐创作》特约编委、文化部首届交响乐比赛评委。1955年上海音乐学院毕业留校任教。1981年出席亚洲作曲家大会，1988年以团长身份率中国音乐家代表团访问捷克斯洛伐克。创作的交响诗《黄鹤的故事》获第六届世界青年联欢节交响乐比赛三等奖。作有圆号协奏曲《纪念》，专著《管弦乐队乐器法》等。

施友云（1935— ）

女音乐教育家。江苏南通人。1958年毕业于南京师范大学音乐系。历任盐城师范学校、东台师范学校、东台县中学音乐教师，1984年后任江苏省教委教研室音乐教研员。为部队、企业及文化单位培养大批音乐人才。编写省编中学音乐教材。撰有论文《为振兴江苏音乐教育办实事》《浅谈大面积提高音乐教学质量》等多篇。组织省级音研活动，拍摄音乐教改录像片多部，在省内交流，或送全国参加比赛。

施裕芬（1943— ）

女手风琴演奏家。湖北襄樊人。1961年毕业于湖北艺术学院音乐系附中手风琴专业。曾任湖北省手风琴学会常务理事，湖北省音协理事，襄樊市音协主席，市音乐教育学会会长，襄樊市群众艺术馆音乐舞蹈部主任，副研究馆员。曾参加《中国民间音乐集成》《中国曲艺音乐集成》《中国曲艺志》等湖北卷的搜集、整理、编撰工作。1980年起编印出版《襄樊歌声》，先后任责任编辑、主编。参与、策划和组织全市各类大型音乐、群众文化活动，多次受省市级表彰和奖励。

施兆淮（1947— ）

作曲家。江苏淮安人。1965年入部队文工团，后为湖北宜昌市文化局副局长，市音协主席。作有电视风光片音乐《昭君故里乡情》《三峡天下奇》，电视剧音乐《阳光穿过云层》《第四次握手》，歌曲有《放排战士之歌》《春回高山寨》《古老的小河》《家在人间仙景中》。部分作品获奖。曾主编出版歌曲集《三峡旋律》。并主持"中国湖北三峡艺术节"的音乐创作及大型舞剧《土里巴人》的创作。

施振萍（1958— ）

女音乐教育家。安徽安庆人。深圳市宝安中学德育处副主任。1982年毕业于西北师范大学。论文《'从兴趣入手'是行之有效的教学途径——谈音乐课程分类教学》获中国教育研究院论文评选一等奖。指挥深圳宝安区教师合唱团获第七届中国国际合唱节成年组金奖。

施正镐（1918—1987）

音乐理论家。福建漳州人。早年就读于国立杭州艺专音乐系。1942年毕业于重庆国立艺专音乐系作曲理论专业。1951年执教于中央戏剧学院歌剧系。1976年调中国音乐研究所从事外国音乐研究。副研究员。曾参与《评剧传统唱腔选集》《评剧音乐唱腔选集》等书的编辑工作。发表有《评剧音乐调式研究》《发展生角唱腔的几种作法》等文。并承担《中国大百科全书·戏曲卷》戏曲音乐辞目的审稿工作，并兼任《中国音乐词典》（续编）编委，为该词典及《简明音乐百科词典》撰写词条。

施正沛（1927— ）

音乐教育家。福建漳州人。新中国成立初期考入南京师范学院音乐系，先后执教于南师教育系、福建师大音乐系，后应聘执教于福建三明师专、集美大学。长期致力于儿童音乐的研究，创编有钢琴联弹曲《瑶族舞曲》于1957年获江苏省首届音乐创作二等奖。另有儿童歌曲及儿童舞曲《我们都来庆祝儿童节》《小白鹅》《放学歌》（合作）等。发表有《中学视唱教学初探》《浅谈中学生节奏训练民族化》等文。

石　峰（1931— ）

作曲家。浙江浦江人，1953年毕业于上海音乐学院。中国音乐治疗学会常务理事。作品有治疗音乐《五音疗效音乐》五集，《悠然四君子》等多部作曲专集，电影音乐《突破乌江》和回文歌曲《五音回文璇玑图谱》等。出版有《音乐世界趣谈》《音乐与健康》《鸟与音乐》等文集。所设计的新记谱法《视听结合图谱》，被国际现代记谱协会列为发明项目。

石　夫（1929—2007）

作曲家。湖南湘潭人。先后毕业于湖南华中高级艺术学校及中央音乐学院作曲系，师从杜鸣心。后历任西安音乐学院、中央音乐学院、中国音乐学院兼职教授。曾任中国音协创作委员会副主任、中国音协理事，兼任中国音协创作委员会顾问、中国吉他学会会长。主要作品有歌曲《娃哈哈》《牧马之歌》《解放军同志请你停一停》《阿瓦日古丽》等数百首，钢琴曲《第一二三新疆组曲》等数十首，舞剧《文成公主》《林黛玉》等10部，歌剧《阿依古丽》《阿美姑娘》等4部，交响乐《帕米尔之歌》等8部，交响合唱《黄河太阳》《木兰词》等及众多音乐小品。出版多部音乐专集，多次获国家奖励。

石 钢（1941— ）

音乐教育家。扬州人。1963年毕业于南京师院音乐系钢琴专业。新疆五家渠教师进修学校钢琴高级教师，新疆音协钢琴学会副会长、新疆兵团音协副主席、昌吉市人大代表、昌吉州暨五家渠市政协委员。长期从事钢琴教学，众多学生分别获不同奖项。

石 钢（1957— ）

作曲家、音乐活动家。湖南长沙人。1987年毕业于湖南师范大学艺术学院，曾任长沙市少年宫副主任、深圳市福田区文化局副局长。深圳市文联副秘书长。作有歌曲《小竹桥》，筝弹唱《瑶山月夜》，合唱《美丽的小海星》分别获全国一等奖、波兰国际艺术节演奏奖、全国中小学合唱比赛优秀奖。策划MTV《走进新时代》获中央电视台MTV金奖、文化部"文华奖"、中宣部"五个一工程"奖。钢琴协奏曲《走进新时代》获中央电视台MTV银奖，合唱《在灿烂阳光下》获中国音乐"金钟奖"。组织200台钢琴广场音乐会获英国总部吉尼斯世界纪录。

石 歌（1936—已故）

作曲家。河北南皮人。山东潍坊地区群艺馆文艺组组长。1958年毕业于山东师范学院艺术系。曾任潍坊市文化馆音乐干部、市文工团指挥、地区文化局创作员。创作发表歌曲及文章近百首、篇。其中《绣花曲》《二姑娘夸女婿》《书记挑担云中走》《南岭北国起歌声》《四月茶乡好风光》《银球传友谊》等，分别刊发在《人民音乐》《歌曲》等刊物，或演唱播出。曾任上海之春山东歌舞团代表队创作员。

石 谷（1929—1998）

小提琴演奏家。贵州大方人。清华大学历史系毕业。1949年参加北京青年文工团，1950年任北京人民艺术剧院、中央歌剧院小提琴演奏员。参加《白毛女》《刘胡兰》《阿依古丽》《茶花女》《货郎与小姐》《蝴蝶夫人》《宝莲灯》等数十部歌剧、舞剧、交响乐的演出及京剧《杜鹃山》等电影录音。1964年参加音乐舞蹈史诗《东方红》任演奏员，参与歌舞剧《焦裕禄》歌词创作。与捷、日指挥合作演出《自新大陆交响乐》、歌剧《夕鹤》。1981年起任中央歌剧院院长办公室主任。1988年赴芬兰参加萨沃林纳歌剧节，任演出团秘书长。

石 磊（1921—2003）

作曲家。河北高阳人。1938年始从事部队音乐工作。原任总政军乐团团长。中国文联第四届全委。作有歌曲《打它个冷不防》《绵江河谣》等，著有《中国近代军歌初探》。

石 林（1920—已故）

音乐活动家。江苏泰州人。1938年参加抗日歌咏活动。后入新四军从事部队文艺工作。曾任文工团创作员、指挥及领导等工作。曾任音协江苏分会副主席。作有歌词《马儿飞奔吧》及歌曲《再见吧，故乡》等。

石 林（1938— ）

民族声乐教育家、歌唱家。上海人。上海音乐学院声乐系民族声乐硕士生导师、教授。中国声乐学会常务理事、民族声乐研究会理事、上海市音协声乐专业委员会常务副会长、上海爱乐协会副会长。培养众多优秀民族声乐演唱人才，许多学生在全国声乐比赛中获奖，十余名学生举办个人独唱音乐会。其中获第八届全国青年歌手电视大奖赛民族唱法专业组第一名、业余组第二名、专业组优秀奖。曾举办"星星泉——石林民族声乐教学音乐会"、发表论文《浅谈民族声乐教育的继承和创新》。录制出版其主讲的《民族声乐训练与辅导》音像制品。曾担任各类声乐比赛评委，主持上海市业余声乐定级考试等。

石 铁（1935— ）

作曲家、演奏家。朝鲜族。黑龙江鸡西人。1953年师从苏联专家保斯特列姆教授学习大提琴演奏和作曲理论。后为沈阳军区政治部前进歌舞团作曲。辽宁省朝鲜族音协副会长。作品有舞蹈音乐《八女投江》《你从战场上归来》《秦王扫六合》，分别获全军、全国文艺汇演音乐创作一等奖。为歌舞、乐舞《雪花、雪花》作曲，1996年在第二届全国舞蹈比赛中获文化部第六届"文华奖"音乐创作奖。歌曲《雷锋组歌》获全军文艺汇演优秀奖，舞蹈音乐《情缘，白蛇传》获北京舞蹈汇演一等奖等。

石 薇（1963— ）

女小提琴演奏家。湖南邵阳人。毕业于星海音乐学院管弦系，后任珠江电影制片公司珠影乐团二提声部副首席。曾参加纪念电影诞辰100周年暨中国电影诞生90周年举办的大型视听电影名曲音乐会、名伶荟萃——交响粤剧音乐会、纪念毛泽东诞辰110周年毛泽东诗词朗诵五百多场音乐会演出，为三十余部电影、电视剧录音配乐，撰有《谈谈影视音乐》《也谈莫扎特A大调小提琴协奏曲的演奏》。参与演出粤剧《锦伞夫人》，曾与英国NBT芭蕾舞团合作演出《圣诞颂歌》。

石 蔚（1959— ）

女音乐教育家。山东淄博人。山东理工大学音乐学院器乐教研室主任。1986、1991年先后毕业于山东师大艺术系、上海交通大学研究生院文艺系，2000年入中央音乐学院音乐学研究所学习一年。曾在淄博京剧团任演奏员。撰有《音乐审美本质略论》《高师音乐审美教育刍议》等文，著有《音乐听觉问题研究》《音乐审美体验论》，编有《视唱练耳与音乐审美情感》《琵琶演奏教程》。

石 祥（1939— ）

歌词作家。河北人。曾任中国音乐文学学会副主席，现任《词刊》编委。1958年入伍，历任班长、排长、北京军区战友歌舞团创作员、北京军区政治部文艺创作室主任。曾为第五届全国人大代表。作词歌曲有《十五的月

S

677

亮》《望星空》《八一军旗高高飘扬》及《中国人民解放军驻香港部队军歌》《军人道德组歌》（合作），出版有词论集《月下词话》，歌词集《日月星》及诗集、报告文学集等多部。曾获中宣部"五个一工程"奖、解放军文艺奖、金唱片奖。

石 鑫（1970— ）

双簧管演奏家。新疆霍城人。中央歌剧院交响乐团演奏员。1993年毕业于中央音乐学院。曾任新疆伊犁地区歌舞团乐队、中央乐团室内乐团演奏员。参加中央乐团和中央歌剧院大量的交响乐作品和歌剧的演出活动。在北京音乐沙龙举办"个人独奏音乐会"。

石 岩（1915— ）

戏曲音乐教育家。山西晋城人。曾任山西晋东南长治戏曲学校音乐教师，山西省文联委员。著有《民族乐器基本教材》，作有《渡江大联唱》，歌曲《带上光荣向前进》等。

石 英（1959— ）

女大提琴演奏家。黑龙江人。黑龙江省音协大提琴专业委员会副会长。1979年从事大提琴演奏工作，后任哈尔滨歌剧院交响乐团大提琴首席。曾获哈尔滨市音乐比赛一等奖，全国第二届大提琴比赛优秀表演奖。收集、整理并发行全国业余考级规定曲目《大提琴曲集》，在1999年出版的《黑龙江大提琴史话》中任副主编。2001年被聘为黑龙江大学艺术学院客座教授。

石光伟（1934—已故）

音乐编辑家。满族。吉林九台人。1961年毕业于沈阳音乐学院民乐系。曾任《中国民族民间器乐曲集成》（吉林卷）副主编兼编辑部主任。撰有《满族音乐初探》《满族音乐概论》等文。

石宏伟（1973— ）

男中音歌唱家。陕西富平人。长庆石油勘探局党委办秘书。1993、2002年分别毕业于天津大港油田石油学校、陕西师大成人教育学院美术教育系。2002年获全国首届职工艺术节声乐选拔赛中国石油天然气集团公司赛区二等奖，2005年获陕西省总工会文艺调演演唱一等奖，同年获中国石油天然气集团公司音乐、舞蹈大赛美声组一等奖。

石吉舜（1942— ）

中阮演奏家。吉林永吉人。1959年入中国地质文工团民乐队。1964年入中国歌剧舞剧院民乐队，从事三弦和中阮的演奏。著有《中阮演奏法》。

石家环（1947— ）

民族管乐演奏家。吉林辽源人。1968年参加吉林省辽源市文工团，后转入商业文工团。曾任吉林省民族乐团管乐声部首席。1988年先后入广东民族歌舞团、南方歌舞团任排箫演奏员。获文化部排箫改革科技奖。

石家礼（1934— ）

作曲家。辽宁复县人。1949年始在部队文工团任手风琴演奏员。1956年入铁路文工团从事音乐创作。曾在中央音乐学院函授进修。作有管弦乐曲《幸福的列车》，歌曲《铁路工人干一杯》《夜巡》。

石建民（1954— ）

作曲家。山东诸城人。吉林省通化市音协副主席、通钢文工团团长。1978年参加省首届独唱歌会，获优秀歌手奖。《祖国我的天堂》《钢城的小伙》《炉长我心里乐开了花》《师傅的心思猜不透》《炉前的汉子》等歌曲分别获省冶金之声、全国十钢歌手大赛一等奖。为通化电视台创作春节联欢晚会主题歌《春风溢春情》《龙腾虎跃贺新春》《金蛇舞春》及《托起新世纪的太阳》。2003年作有《爱心世界》获全总和中国文联文艺汇演铜奖。

石金城（1951— ）

作曲家、音乐评论家。河北唐山人。开滦集团文体中心副主任。1975年从事音乐创作。1988年毕业于河北师大音乐系。发表《不问你是谁》等歌曲百余首，撰写《煤矿的雕塑家》《振人心扉的一溜边鼓》等文章百余篇，为《小溪情》等艺术专题片撰稿十余部。获第五、十三届中国广播新歌评选银奖、铜奖。

石景玲（1957— ）

女作曲家。山东人。徐州市音协副主席。市第十二、十三届人大代表。徐州市群众艺术馆副研究馆员。从事作曲、音乐教学。作品有童声合唱《我的梦》、唢呐独奏《剪窗花》分别获文化部第六、九届"群星奖"铜奖，《维维之歌》获中国工人歌曲评奖金奖，独唱《您走了，留下一个遗憾》获江苏省百年梦圆歌曲大赛金奖。舞蹈音乐《小鸟》《汉娃》分别获江苏省第三、四届音舞节一、二等奖。撰有《都市文化浅议》获文化部群文论文评奖。

石俊越（1958— ）

小提琴演奏家。辽宁大连人。1986年毕业于沈阳音乐学院管弦系。辽宁歌剧院交响乐团演奏员、声部长。曾参加歌剧《苍原》《沧海》《红海滩》，舞剧《二泉映月》，《新世界交响曲》《梁祝小提琴协奏曲》、德彪西《牧神午后》及贝多芬、柴科夫斯基、柯萨科夫等诸多名家名曲的演奏及交响音乐会、新年音乐会演出。2002年参加中国歌剧及交响音乐会万里行活动，赴澳门、台湾、广州、北京等地巡演。此活动入选中国"十大演出盛事"。

石克昭（1943— ）

词曲作家。湖南长沙人。1964年毕业于湖南师范大学物理系。曾任株州市、湖南省音协理事，深圳福田区音协副主席，深圳福田区政府科技局调研员、科协常务副主席。作词作曲的组歌《雷锋颂》获湖南省1962年全省大学生文艺汇演一等奖，《罗湖桥守卫战士之歌》获1977年深圳市迎香港回归十大金曲奖，器乐曲《胜利锣鼓》于1976年由湖南广播电台专题播出。

石莉莉（1945— ）

女电子琴演奏家。上海人。1959年考入中国煤矿文工团，任钢琴、手风琴、电子琴演奏员。1988年在中央音乐学院和日本音乐振兴会合办的雅马哈高级电子琴师资培训班取得高级电子琴四级演奏、四级教师资格的国际证书。后致力于开展对少儿电子琴的教学及对电子琴老师的教学培训。中国音协电子琴协会理事。中国音协、中央音乐学院电子琴考级专业考官。撰有《教你弹好电子琴》、2002年在中央3台《音乐教室》教学示范（VCD）。

石麟之（1941— ）

钢琴演奏家。北京人。1965年毕业于中央音乐学院钢琴系。在学习期间曾获中央音乐学院首届中国钢琴作品比赛三等奖。1971年调中央五七艺大京剧队弹奏京剧伴唱。1976年返回中央音乐学院指挥系任艺术指导。多名学生于国际指挥比赛获大奖。1987年被本院评为优秀教师。1994年获中央音乐学院首届民族器乐独奏观摩赛艺术指导奖。

石美云（1956— ）

女钢琴演奏家。北京人。北京舞蹈学院钢琴教研室高级讲师。1988年毕业于北京舞蹈学院成人教育钢琴系。曾为《中国舞基本训练钢琴曲选》《中国舞分级考试教材伴奏曲》中《蹲·控制》《紫气东来·控制》《身段组合》作曲。先后演奏众多不同类别的舞蹈钢琴伴奏。在1992年赴香港演出中担任《中国舞基础教材》编配及录音。

石人望（1906—1985）

口琴演奏家。浙江宁波人。1928年始从事口琴普及、培训工作。1929年创办上海大众口琴会。后在上海黄浦区文化馆工作。曾任上海市文联委员。著有《口琴吹奏法》《口琴编曲法》《口琴独奏、重奏曲集》《口琴广播教材》等。

石瑞生（1938— ）

作曲家。河北昌黎人。毕业于天津音乐学院作曲系干部进修班。天津音协理事。曾任天津《歌迷与明星》（原《天津歌声》）与天津《歌词》月报音乐编辑，副研究馆员。歌曲《我家住在杨柳青》被选入《中国当代抒情歌曲选》中，并获市"鲁迅文艺奖"。《天津城外杨柳青》获1998年全国广播新歌金奖，并获全国广播文艺作品政府一等奖。出版4盘磁带《唐诗宝典》。与韩国曹喜俊（作词）合作25首儿童歌曲在韩国出版。与王莘等合作15首歌曲录制成《好时代》《万众一心，众志成城》CD光盘。

石生朝（1933— ）

二胡演奏家、指挥家。湖南新邵人。曾任部队文工团演奏员，湖南省歌舞团二胡首席、乐队指挥。后从事戏曲音乐研究，任《中国戏曲志·湖南卷》编辑，《中国戏曲音乐集成·湖南卷》副主编，《中国戏曲音乐集成》总部特约编审。发表论文、专著和国家重点科研项目百万字。所著《湘剧高腔研究》（合作）获"湖南新时期优秀文艺作品奖"，《目连戏·南戏源流与声腔形态》获湖南省"戏剧理论专著奖"，1998年第二届"中国戏曲音乐理论研究"

一等奖，1999年文化部"建国50周年艺术科研成果三等奖"。曾获"湖南省艺术科研一等奖"，"中国文艺集成编纂成果二等奖"。

石叔诚（1946— ）

钢琴家、指挥家。北京人。中国爱乐团助理艺术总监、指挥。1969年毕业于中央音乐学院钢琴系。后在中央乐团创作组任创作员及钢琴独奏家。钢琴协奏曲《黄河》创作成员之一，于1989年在中央乐团指定下对此曲稿行修订，并担任独奏和指挥进行录音。1983年被选派赴德国科隆高等音乐学院进修，师从指挥家沃尔克·汪恩海姆。曾与国内外著名的独奏家、指挥家、交响乐团合作。举办音乐会逾千场，足迹遍及数十个国家的百余座城市，演奏或指挥众多中外音乐名作，并在国内外录制出版有不同类型的音像制品。1981年和1991年两度获文化部嘉奖，被授予"优秀专家"称号。美国传记研究院、英国剑桥传记中心均将他列入世界名人录，并成为中国大陆首位"施坦威艺术家"，北京第29届奥运会期间，他成为29位被授予"奥运艺术家"称号的中外艺术家之一。

石顺义（1949— ）

歌词作家。河北沙河人。1980年始在空政歌舞剧团艺术室任创作员，后为创作室主任。曾在陆军第63集团军任排长、宣传干事。作词歌曲有《说句心里话》《一二三四歌》《白发亲娘》《父老乡亲》《报答》《想家的时候》《兵哥哥》《黄河源头》《我的士兵兄弟》等，并分别获各种奖项。出版歌词集《我是一棵树》。

石思一（1950— ）

男中音歌唱家。贵州贵阳人。1987年毕业于上海音乐学院声乐系。贵州省歌舞团合唱队队长。所演唱歌曲曾多次获奖，1983年第二届"苗岭之声"青年独唱比赛获二等奖，1986年贵州省声乐比赛获第三名。歌曲《问我为啥乐呵呵》由中国唱片公司制作发行，中国国际广播电台多次播放。致力于推广合唱艺术，指导多个单位合唱团，在不同比赛中获奖。

石铁民（1938— ）

作曲家。黑龙江尚志人。1958年从事歌曲创作。1975至1979年任北京市工人歌曲创作组组长。1983年调入北京煤炭管理干部学院，任电教中心主任、高级工程师。获奖歌曲有《欢欢喜喜朝前走》《我们是火，我们是钢》《林区的姑娘爱风雪》《祖国理解我》《雨中走来卖花女》《故乡的竹林》《祖国美》《孤独的小熊猫》《摇篮啊小船》《工人之歌》《我们生活在同一个星球》《献给亲爱的祖国妈妈》《放心吧，母亲》《海峡的风》等。出版有《沈尊光、石铁民歌曲选》（170首）。

石惟琪（1941— ）

女钢琴演奏家、教育家。山东人。生于缅甸仰光。副教授。1959年任哈尔滨艺术学院音乐系声乐艺术指导，1965至1992年在哈师大艺术学院音乐教育系先后任钢琴讲师、教研室主任。1978年在上海音乐学院钢琴系进修。长期从事钢琴教学，多次担任独唱音乐会的钢琴伴奏。曾为歌唱家张权独唱音乐会伴奏，出任"全国音乐周""哈尔滨之夏""星海、聂耳声乐大奖赛""文化部国际声乐比赛"国内选拔赛等多种音乐活动的钢琴伴奏。曾被评为哈尔滨市归侨侨眷先进工作者，获黑龙江省政府教师荣誉证书、教学质量一等奖。现在深圳从事业余钢琴教育。

石惟正（1940— ）

男中音歌唱家、声乐教育家。天津人。任天津音乐学院教授，石惟正声乐理论研究室负责人。1958年考入中央音乐学院，1963年毕业于天津音乐学院，留校任教。先后任声乐系主任、副院长、院长。60年代起两次参加全国独唱独奏调演，9首歌曲录制唱片。1981和1991年曾在国内及日本、美国举办独唱音乐会与讲学。出版专著有《声乐教学法》《晨声69声字结合练声曲》《声乐学基础》。发表论文及评论多篇。曾应邀在国内20所院校讲学，培养众多演员和教师，学生有多人在国际、国内获奖。曾任多项全国声乐专业大赛评委。

石伟民（1941— ）

指挥家。山西人。1966年毕业于中央音乐学院指挥系。曾任空政文工团管弦乐队指挥兼队长。1987年获全军第五届会演指挥奖。曾任京剧《杜鹃山》指挥。

石晓明（1946— ）

音乐教育家。湖北汉川人。湖北手风琴学会副会长。曾任武汉市西湖职业技术学校校长、中学音乐教师、区教研室音乐教研员。歌曲《把一切献给党》《黎明的书声》《我们是朋友》《喜雨》《送牛奶的姑娘来了》和舞蹈《放鸭姑娘》多次在湖北省和武汉市获一等奖。长期从事手风琴演奏和教学，培养数百名手风琴爱好者。参与编写《湖北省手风琴考级教程》等教材。组织学校和社会艺术团队为群众演出上千场，深入工厂、农村、机关、街道、学校、部队进行作曲、指挥、伴奏、排练等方面的辅导。

石新民（1950— ）

小提琴演奏家。上海人。浙江省小提琴学会副秘书长。1970年毕业于上海音乐学院附中小提琴专业。1973年入浙江省越剧团，1978年调浙江歌舞团。参加本团各种管弦乐音乐的演出。长期任浙江省业余小提琴考级评委。近年来经常辅导中学生业余歌舞团管弦乐队，重点辅导的该团小提琴齐奏组，在省内比赛中获优秀奖。

石应宽（1935— ）

作曲家、民族音乐家。贵州贵阳人。中国少数民族音乐学会理事、贵州毕节音协主席。毕业于贵阳师范学院艺术专修科。发表声乐作品二百余首，歌曲《卡沙沙》《太阳把光芒放出来》《我们的小队》《春来苗寨》，合唱《我们签名》《祖国爱我，我爱祖国》于1989年评为全国队列歌曲二等奖，仡佬族舞蹈音乐《打亲敬酒》获全国少数民族歌舞汇演一等奖。撰有《中国先秦时期音乐美学思想探识》《春秋战国的几种非乐思想》《'周易'与中国古代音乐美学思想的启蒙》《中国苗族多声部民歌的发

现及其结构初析》等文。个人文集《乐苑撷萃》。民族音乐光碟《乐海浪花》，获教育部"第六届全国教育软件评比"一等奖。

石玉坤（1946— ）

作曲家。河北清苑人。1965年始从事部队业余文艺创作。曾在石家庄显像管厂工作。作有歌曲《改革的年代，改革的歌》《深山勘探之歌》，均获1984年全国"建设者之歌"征集评选创作奖。

石玉泉（1940— ）

作曲家。湖北宜都人。曾任宜昌市音乐家协会副主席。1957年参军，退伍后在交通部门任职。曾发表大量散文、剧本、诗词、曲艺、歌曲等。其中舞蹈音乐《采松花》曾参加第三届中国艺术节，舞蹈音乐《土家花背篓》，歌曲《登山》《雨水轻轻滴下》等三十余首在省级以上获奖，部分作品入选《十月战歌》《歌唱家演唱歌曲集》等。出版歌曲集《三峡旋律》。

石玉琢（1938— ）

作曲家。河北乐亭人。1954年始学习音乐理论、钢琴和小提琴演奏。曾在丰润师范、天津音乐学院、河北文化学院学习调式、作曲、导演，后任职于乐亭县文教局文化工作指导站。作有影调戏《海上红哨》《渤海春湖》，皮影戏《洞庭湖》及歌曲《今年又是一个丰收年》《看金榜》《五谷丰登》等，有的被评为优秀作品，在电台播放并出版专集。撰有《乐亭皮影音乐概论》《谈乐亭皮影》。挖掘整理民歌近百首。

石志航（1939— ）

女大提琴演奏家。湖北武汉人。1963年毕业于上海音乐学院，任职于中央芭蕾舞团交响乐团，担任独奏演员。曾在《天鹅湖》《红色娘子军》《白毛女》《唐·吉诃德》《罗米欧与朱丽叶》等多部芭蕾舞剧中担任大提琴独奏。曾随团赴奥地利、德国、南斯拉夫、罗马尼亚等国和台湾、香港、澳门演出。多年来还从事大提琴教学工作。

石志佗（1942—已故）

小提琴教育家。福建漳州人。1966年毕业于福建师范学院艺术系音乐专业。曾任辽宁省抚顺市文工团、京剧团管弦乐队首席、指挥。1978年后担任福建师范大学音乐系小提琴教师，教授。出版有《小提琴基础教本》一书。

石中光（1934— ）

指挥家。上海人。1954年毕业于上海音乐学院钢琴系。南京艺术学院教授。曾任南艺乐团团长兼艺术指导。音协江苏分会第三届常务理事。1986年曾应邀赴日指挥名古屋交响乐团举行中日联合交响音乐会。

石仲柯（1953— ）

作曲家。河北石家庄人。1973年毕业于四川省艺术学院民乐系、1989年毕业于中央音乐学院函授学院作曲系。现任陕西省戏曲研究院艺研中心作曲。作有现代眉户戏

《漂来的媳妇》《留下真情》《好年好月》，秦腔戏《蔡伦》《陕北婆姨》，秦腔电视连续剧《狸猫换太子》，碗碗腔《金碗钗》等多部戏剧音乐作品，多次获"文华奖""五个一工程"奖、最佳作曲奖、优秀配器奖、中国戏剧节优秀音乐奖。

时白林（1927— ）

作曲家、戏曲音乐理论家。安徽蒙城人。1949年任皖北青年文工团乐手。1953年毕业于上海音乐学院干部专修班。先后任安徽省黄梅剧团作曲、指挥、副团长，省艺术研究所音舞室主任，中国戏曲音乐学会会长，中国音协第三、四届理事。为电影舞台剧《天仙配》《女驸马》《牛郎织女》《孟姜女》《梁山伯与祝英台》《雷雨》作曲。著作有《黄梅戏音乐概论》《时白林自选文集》等十余部。作品多次获国家和省级奖。2001年获省政府"优秀艺术家"荣誉称号。

时锦芬（1952— ）

女音乐活动家。安徽寿县人。合肥市群众艺术馆副馆长、副研究馆员，市音协常务理事、童声合唱研究会理事。先后师从刘涛教授、申非伊教授、何延昌教授学习声乐。长期致力于群众歌咏的训练和指挥工作，所指导排练的《我们和你们》等两首童声合唱获1998年全国中小学生文艺汇演二等奖。为合肥市第一、二届合唱节的组织者和评审委员会负责人。2002年参与组织安徽代表团赴京参加全国群众歌咏比赛活动，同年在参加安徽群众歌咏大会中担任合肥代表队合唱指挥。

时乐濛（1915—2008）

作曲家、指挥家、音乐活动家。河南伊川人。1934年毕业于开封师范学校艺术科。1938年到延安陕北公学学习，入鲁艺音乐系，师从冼星海学习指挥和作曲，1940年毕业后留校任指挥。曾任延安市音乐工作委员会主席等职。1950年始先后任重庆市军管会文艺处长、川东军区文化部长、解放军总政文工团艺术指导、总政歌舞团团长、解放军艺术学院副院长等职。中国音协第三、四届副主席，第六届顾问，中国音协表演艺术委员会主任，《歌曲》主编。曾获首届中国音乐"金钟奖"终身成就奖。1952年被总政治部授予"中国人民解放军作曲家"称号。作有组歌《千里跃进大别山》，大合唱《祖国万岁》《长征》《雷锋》《缚住苍龙》，合唱曲《英雄们战胜了大渡河》（合作）《就义歌》（合作）《红军想念毛泽东》《不朽的战士黄继光》《小河淌水》《长征》《怀念周总理》，歌剧《两个女红军》《南湖颂》，歌曲《三套黄牛一套马》《歌唱二郎山》《社会主义放光芒》《全世界人民团结起来》《心中的玫瑰》《我爱你长城》《南湖的船，党的摇篮》。为电影《探亲记》《五彩路》《万水千山》《柳暗花明》《泪痕》等配乐。

拾景林（1933— ）

钢琴教育家。江苏徐州人。青岛大学艺术学院特聘钢琴教授，青岛音协理事、音教委主任、钢琴学会顾问。1953年毕业于山东师院音乐专业，后入哈尔滨"苏侨"音乐学院进修钢琴4年。曾任哈尔滨艺术学院钢琴教研室主任、副教授、音教系副主任。应邀担任全国音乐学院钢琴比赛评委，山东高校钢琴专业教师比赛评委主任。1989年任青岛师专音乐系主任，青岛大学师院音乐系主任。出版专著《钢琴学习的进度与版本》，发表学术论文多篇。

史 丹（1968— ）

小提琴演奏家。江苏常州人。先后毕业于四川音乐学院附中和中央音乐学院。曾任中央芭蕾舞团、中央歌剧院、中国交响乐团乐队演奏员。参加芭蕾舞剧《天鹅湖》《红色娘子军》《鱼美人》《睡美人》《胡桃夹子》《灰姑娘》《罗密欧与朱丽叶》等和歌剧《马可波罗》《卡门》《图兰朵》《托斯卡》《弄臣》《蝴蝶夫人》的排演。参加澳门艺术节、庆香港回归、北京国际音乐节等音乐会的演出。随团赴美国、波多黎各及世界小提琴大师帕尔曼和音乐剧大师韦伯合作演出。

史 俊（1935— ）

歌词作家。浙江宁波人。1964年始从事歌词创作。曾在上海广播乐团工作。作有《红杉树》《飞哟飞到北京》《请到苗寨来》及声乐套曲《翠岛音诗》和清唱剧《迎龙桥》等。

史 林（1942— ）

作曲家。辽宁沈阳人。1963年毕业于中国戏曲学院音乐系。后入吉林省戏曲学校专业研究室，1969年始在长春评剧院艺术室任作曲兼指挥。撰有《戏曲音乐杂谈》《谈评剧"白莲花"的创腔与演唱》《戏曲的功能与个性》等文，收入《史林评剧音乐创作集》中。编纂整理《民歌、民族器乐、戏曲视唱教程》，记谱、整理、编辑《评剧唱腔选集》等。作有歌曲《春天来了》《英雄儿女战西沙》《金色盾牌》《银幕粉墨情》，器乐曲《拉练路上》《评调》，大型歌舞曲《丰碑颂》《空港卫士之歌》。

史宝林（1929— ）

三弦演奏家。北京人。1950年入北京人民艺术剧院任演奏员。后在中央戏剧学院歌舞剧院、中央实验歌剧院、中国歌剧舞剧院任演奏员。曾多次随团出国访问演出。

史崇义（1943— ）

音乐教育家。江苏南京人。毕业于上海大学。曾任浙江歌舞剧院办公室主任兼小提琴演奏员。参加众多各类音乐会演出。曾任音乐编辑。先后在浙江大学人文学院等院校讲授《音乐史论》等课程，举办音乐欣赏讲座二百余场。主编浙江少儿出版社《音乐的故事》丛书。1998年起先后参与创办浙江三大系列普及音乐会，并现场讲解。曾应邀主持世界三大男高音之一卡雷拉斯独唱音乐会及德、奥、法、美等国的交响乐团、音乐家访华音乐会。

史次欧（1922—已故）

作曲家、歌唱家。河北威县人。曾任兰州军区战斗文工团团长、军区政治部文化部副部长、军区政治研究室研究员。1940年毕业于延安抗日军政大学，后考入延安鲁艺

681

音乐系，主修作曲、声乐，师从冼星海、郑律成。作有儿童歌曲《小朋友》《正月里》《我们都是好娃娃》。1944年毕业于鲁艺并留校任教。作有部队歌曲《军民进行曲》《民兵摆战场》等。新中国成立后，作有《南梁山大合唱》《我是一个饲养员》《刺刀与玫瑰》《忆战友》《游子吟》《假如明天发生战争》等百余首。先后创作并演出歌剧《红鹰》，参加国庆十周年汇演获创作、演出一等奖，歌舞剧《带血的项链》获二等奖。撰文《论音乐民族化问题》《唱出人民的心声》等十余篇。出版《战斗的号角——史次欧歌曲集》盒带。

史德林（1940— ）

作曲家。辽宁沈阳人。1960年代表辽宁省参加全国第三届文艺汇演，其笛子独奏获表演奖。曾任辽宁笛箫协会常务理事，沈阳市音协顾问，沈阳评剧院作曲。作有《小院风波》获全国优秀配器奖。《风流寡妇》获优秀作曲奖，《山里人家》获文化部优秀作曲奖，《秧歌情》获文化部优秀作曲奖，《水墙》获中宣部"五个一工程"奖。广播剧《春归何处》《沂蒙山人》由中央人民广播电台录制、获奖、展播。发表论文若干。

史恩伟（1958— ）

歌唱家。吉林扶余人。吉林石油集团公司文体活动中心松江活动室主任兼歌唱演员。1992年毕业于哈尔滨师范大学艺术学院。曾任吉林油田职工艺术团歌唱演员。演唱歌曲《祖国，慈祥的母亲》《夜恋》《飞旋吧，钻机》《我像雪花天上来》和《我的太阳》。先后获"第五届中国石油艺术节音乐大赛""全国石油文化艺术大赛"、吉林大企业职工艺术团调演、省群众音乐舞蹈大赛、省第二届业余歌手大赛一、二、三等奖和演唱奖。

史根源（1943— ）

作曲家、指挥家。浙江宁波人。1969年毕业于上海音乐学院民族作曲系。后在吉林省京剧团创编室，1982年调常州市歌舞团任作曲、指挥。撰有《关于声乐作品民族风格的一点思考》等文。曾为话剧《农奴戟》作曲（合作），为京剧《寒号鸟》《金童》《霸王别姬》作曲兼指挥，为多部电视剧《扦脚姑娘的爱情》作曲兼指挥。作有歌曲《我是一片飘飞的秋叶》《何必》《共同拥有蓝色的希望》《北斗之歌》等十余首，另作有民乐合奏《春游路上》《渔米之乡闹革命》，京胡与乐队《西皮随想》，管弦乐《春潮圆舞曲》等。

史广汉（1919— ）

大管演奏家。江苏南京人。1936年入南京市政府音乐队。后在广播管弦乐队及中华交响乐团任演奏员。新中国成立后曾在部队及华北文工团任乐队演奏员，后在中央歌剧院任大管首席。

史哈斯（1963— ）

女作曲家。蒙古族。内蒙古通辽人。通辽市科左中旗文联文艺创作室副主任。曾就读于中国函授音乐学院理论作曲系，并先后在中央民族学院、内蒙古大学艺术学院理

论作曲系进修。曾任科左中旗文化馆文艺组长。作有歌曲《富饶美丽的科左中旗》《我的阿爸》《唱给妈妈的歌》《我的草原》，舞蹈音乐《醉了那达慕》《牧家女》等数十首（部）音乐作品，有的获奖。出版有《金杯美酒》CD专辑。

史红彬（1959— ）

女音乐教育家。辽宁大连人。1982年毕业于哈尔滨师范大学艺术系音乐理论作曲专业，后任大连大学音乐学院副教授。讲授乐理、和声、歌曲作法、音乐欣赏等。撰写论文十余篇，其中《试析音乐创作与音乐欣赏中的通感》发表于《中国音乐》，《中国民族音乐与传统文化》《变奏中的听觉体验》发表于《中国音乐教育》，《音乐艺术中的通感现象》获辽宁优秀音乐论文一等奖，发表歌曲多首。

史济民（1925— ）

音乐理论家。浙江鄞县人。1956年毕业于上海音乐学院，曾在该院任教。著有《基础乐理教程》《和声学实用教程》。

史建华（1965— ）

声乐教育家。辽宁黑山人。1990年毕业于沈阳音乐学院音乐教育系。先后任锦州第一师范学校、高等师范专科学校、辽宁渤海大学艺术学院音乐系教师、副教授。多年从事音乐教育，培养大批演唱和音教人才。撰有《关于声乐基础教学中存在的问题——由高师音乐招生考试所想到的》《论声乐教学的阶段性》获全国论文评选优秀奖。曾参加"中华赛歌会""金长城电脑杯"全国青年歌手大赛分获二、三等奖。1990年举办独唱音乐会。

史建南（1935— ）

指挥家。江苏南京人。1951年入伍，曾任歌剧演员、军乐队指挥。1961年毕业于沈阳音乐学院本科指挥专业，任辽宁歌剧院指挥、副院长。指挥有中外歌剧、舞剧《琼花》《快乐寡妇》《归去来》《苍原》等二十余部和数十台音乐歌舞晚会。1991年获省优秀指挥奖，1996年获"文华音乐创作指挥奖"，1998年获全国歌剧汇演优秀指挥奖，并因《苍原》成功演出受到辽宁省人民政府"通令嘉奖"。受聘于东北大学兼职教授。

史建榕（1963— ）

音乐活动家。福建福州人。1983年毕业于福建省艺术学校，后进修于福建师范大学。三明市文化与出版局文化艺术科科长。协助市音协出版《三明市优秀歌曲集》并任编辑、编委。组织策划多场音乐舞蹈节演出、比赛及其他大型演出活动。先后在工人文化宫、市少年宫举办声乐培训班，本人及学生多次在省内声乐比赛中获奖。

史介绵（1932— ）

女指挥家。上海人。1947年从事音乐工作。1952年获全军音乐指挥优秀奖。1954年入中央音乐学院作曲系、指挥系学习。1962年任中国歌剧舞剧院指挥。1981年获歌剧

S

指挥优秀奖。

史染朱（1956—）

单簧管演奏家。江苏宜兴人。中国音协第六、七届理事、中国管乐学会理事、浙江音协副主席、浙江吹奏乐专业委员会会长。1976年毕业于杭州艺术学校，1982年毕业于上海音乐学院单簧管专业，后任浙江歌舞剧院管弦乐团单簧管首席。1984年与美国指挥家庞丘斯合作在浙江首演莫扎特《A大调单簧管协奏曲》。作为主要倡导者，1995年在杭州首次举办新年音乐会。作为主要创建者，2009年成立了独立建制的浙江交响乐团。创建了浙江吹奏乐专业委员会，培养了近百支吹奏乐队，多次在比赛中获大奖。

史生保（1933—）

作曲家。山西人。曾任铁道兵文工团合唱队、铁道兵宣传队副队长，创作组组长。作品有声乐作品《汤旺河边洗军装》《青春在四化中闪光》（合作），《在明媚的阳光里》。舞蹈音乐《雪里送炭》（合作），《奋战地下水》《剪彩的日子》（合作），二胡独奏《过马帮》，歌剧《红花山》（合作），电视剧《金秋》，电影《铁道兵之歌》等。多部（首）作品参加全军第一至第四届文艺汇演并获奖。

史圣筠（1935—）

小提琴演奏家。山东烟台人。自幼从师于普拉夫罗夫斯基学小提琴。1951年起从事小提琴演奏及教学。曾在总政歌舞团工作。

史世翔（1951—）

男高音歌唱家。辽宁沈阳人。1987年毕业于沈阳音乐学院声乐系。曾在沈阳市和平区文化局、文化馆文艺部任职，1992年始任辽宁群艺馆文艺部主任、副研究馆员。撰有《论当前城区群众的文化需求心理》《试谈歌唱的共鸣与应用》等文。作有男女声二重唱《共和国的同龄人》，导演小品《选择》获"群星奖"铜奖。在1997年"庆七一、迎回归、颂中华"歌咏活动中获特别贡献奖，2001年在省直机关庆祝建党80周年《党的儿女》大型晚会中获声乐指导一等奖。曾组织、策划、排演大量演出活动，如"五四"运动八十周年群众歌曲演唱会、秧歌表演赛、"心连心"艺术团赴营口港演出等。

史维宁（1956—）

作曲家。辽宁鞍山人。1993年毕业于天津音乐学院作曲系。历任内蒙古包头市歌舞团、歌舞剧团乐队演奏员、艺术工作室创作员。作有歌曲《我爱党爱国家》《眷恋》《辉煌的日子》，合唱《黄河儿女情》，民族歌剧《舍楞将军》，民族舞剧《额吉》，舞蹈音乐《欢腾的那达慕》《春妮照相》等，担任自治区运动会音乐创作、艺术总监，创作大型团体操音乐《生命欢歌》《奋进》等。作品曾获自治区"五个一工程"奖、"文华新剧目"特别奖、中国人口文化奖、"荷花奖"。

史贤文（1938—）

女歌唱家。重庆人。1954年入西藏昌都文工队任歌舞演员。1960年入上海声乐研究所进修。曾任重庆市歌舞团独唱演员。曾随团赴北欧五国访问演出。

史小林（1961—）

小提琴演奏家。江苏清江人。新疆歌舞团爱乐乐团二提琴副首席。1981年毕业于上海音乐学院小提琴专业，曾赴中央音乐学院进修并曾在新疆歌剧团民族乐团担任二提琴副首席。

史新民（1930—）

民族民间音乐学家、音乐教育家。江西丰城人。1959年毕业于湖北艺术学院民乐系，留校任教，后任民乐系副主任、教务处副处长及武汉音乐学院常务副院长。曾任《中国民族民间器乐曲集成·湖北卷》主编。自1989年始，致力于湖北省重点科研项目"中国武当山道教音乐研究"，创建道教音乐研究室。出版有《中国武当山道教音乐》《全真正韵谱辑》《道教音乐》等。发表有《中国武当山道乐初探》《论武当道乐之特征》等二十余篇论文。1987年应邀赴昆士兰大学、音乐学院讲学。1991年赴香港出席第二届国际道教科仪音乐研讨会。并在国际传统音乐学会第三十一届年会发表论文《中国大陆与香港道教科仪音乐之现行研究》。

史秀莉（1964—）

女歌唱家。山西阳泉人。1985年毕业于山西职业学院戏剧科，1992年毕业于山西大学音乐学院声乐专业。1985年在阳泉市文化艺术学校任声乐教师。撰有《让歌喉青春永驻的良友——咽音》《童声变声期声乐训练法则》。1991年参加全国大学生音乐舞蹈大赛，表演舞蹈《春蚕》获优秀奖。曾出任山西省各类音乐舞蹈大赛的主持。1996年在山西省校园歌手大赛中获专业教师组二等奖。多次获园丁奖、辅导教师奖。1998年随阳泉市政府代表团赴英国，任演出团团长、节目主持、独唱等。

史秀芸（1937—）

女歌唱家。山东临清人。1954年考入解放军建筑2师文工团。1955年调入包头市歌舞团任独唱、歌剧舞剧演员。主演过《刘三姐》《刘海砍樵》《夫妻观灯》等多部歌舞剧。1957年参加全国第一届音乐舞蹈汇演，独唱西部民歌《挂红灯》《妹妹就看上哥哥好》。1959年获内蒙汇演一等奖。1963年调入中央歌舞团任独唱演员。曾随中国文化代表团等出国演出。1964年访柬埔寨时被西哈努克亲王授予王后勋章。1993年组建中国歌舞团业余艺术学校。

史学文（1946—）

女作曲家。河北曲阳人。1968年毕业于天津音乐学院。先后在石家庄市文工团、工人文化宫文艺组、市群艺馆文艺组、市委宣传部文艺科从事音乐创作，1983年起曾任石家庄市文化局副局长。作有舞蹈音乐《假日在果园》《喂鸡》，歌曲《烛光》《小企鹅》《小蝌蚪找妈妈》《嬉戏》《小路绕村走》等，并获省各种奖项。曾任第四

S

届吴桥国际杂技艺术节大型行进表演音乐总编导。

史英杰（1932— ）

戏曲作曲家。河北人。1957年入中央音乐学院进修大提琴兼修作曲。1949年参军，曾任天津公安军文工团大提琴演奏员兼作曲，后任甘肃省陇剧团作曲。曾为四十余部陇剧作曲，其中有《双星会》（合作），《一路平安》《红柳堡》《沙家浜》《徐九经升官记》等，《异域知音》（合作）获甘肃省1985年调演演出一等奖。歌曲《新征途上》获1983年甘肃音协歌曲评奖三等奖。论著有《陇剧音乐》（三集，合编），撰有《总结经验教训，搞好陇剧音乐》等。

史玉兰（1941— ）

女民歌演唱家。山西代县人。1958年始从事民歌演唱。曾在山西省歌舞剧院工作。演唱曲目有《清清泉水绕山流》《挂红灯》等。1982年获山西省中青年演员评比演出一等奖。

史掌元（1920— ）

农民作曲家。山西昔阳人。曾任中国音协理事、山西省音协副主席、山西省人大代表及山西音协名誉主席。出席过全国第三、四次文代会。作品有1962年创作的《唱得幸福落满坡》，获全国业余歌曲创作比赛一等奖。1977年创作的《我给总理扎花圈》，成为毛主席纪念堂落成典礼演奏的两首歌曲之一。1980年创作的《小顶针，亮光光》获全国少儿文艺创作二等奖。1997年创作的《清鳞鳞的渠水哗啦啦地流》获山西省"五个一工程"优秀作品奖。出版有《唱得幸福落满坡——史掌元创作歌曲选》。

史真荣（1933— ）

作曲家。江苏吴县人。曾就学于天津师范大学。曾在上海儿童艺术剧院工作。作有交响童话《龟兔赛跑》，管弦乐曲《海滨假日》，大提琴独奏曲《爷爷话当年》。

史志有（1956— ）

作曲家、指挥家。黑龙江哈尔滨人。毕业于中央音乐学院作曲系、指挥系。1979年任中国歌剧舞剧院指挥。指挥首演中国歌剧《伤逝》、舞剧《文成公主》，创作电影音乐《扬起你的笑脸》，电视剧音乐《司马迁》。完成已故人民音乐家施光南遗作歌剧《屈原》。为建国50周年庆典创作主题歌《祝福你祖国》《中国新世纪》荣立国家一等功。在全球发行个人作品专辑唱片26张，其中《雪梅》等多次名列欧洲世界音乐排行榜。创作中国音画《清明上河图》获第三届国际音博会特别金奖。2008年中国国家交响乐团在国家大剧院举办《龙声华韵——史志有交响乐作品音乐会》。

史宗毅（1942— ）

作曲家。福建闽侯人。1963年毕业于福建师范学院艺术系。曾任福建电视台主任编辑。福建省第六届政协委员。作有小歌剧音乐《红军鞋》，电视片音乐《海峡

情》。著有《史宗毅歌曲选》。

寿　梅（1948— ）

女钢琴教育家。浙江绍兴人。任教于厦门音乐学校。1980年毕业于上海音乐学院钢琴系。曾任湖南省歌舞团钢琴演奏员。先后在"金龙杯"全国歌手邀请赛、全国第二届少儿小提琴比赛、亚洲TOYAMA杯钢琴比赛中分获"最佳伴奏奖""优秀伴奏奖""优秀指导老师奖"。辅导学生参加各类钢琴比赛获奖，本人获"园丁奖"。在历届钢琴考级及"金钟奖"全国少儿钢琴比赛中担任评委。

舒　风（1935— ）

音乐理论家。满族。黑龙江哈尔滨人。1952年入东北鲁艺音乐部学习，1954年入中央乐团工作。曾任音协黑龙江分会秘书长兼《北方音乐》主编。撰有《哈尔滨音乐艺术发展概况考略》等文。

舒　京（1955— ）

作曲家。江西南昌人。首都师范大学初等教育学院音乐系主任。毕业于首都师范大学。1978年开始音乐创作，发表、演播大量音乐作品，获全国及省级音乐创作奖五十余次。歌曲《弯弯的歌》《绿洲之恋》《克拉玛依，唱不完的亚克西》获全国征歌一等奖，《敲手鼓的小巴郎》《胡同里的北京娃》《爱在心窝里》入选小学音乐教材。

舒　模（1912—1991）

作曲家、戏曲音乐理论家。江苏南京人。1935年毕业于南京国立中央大学艺术科音乐系。1937年起参加上海抗敌剧团，1940年任一队副队长。创作有歌曲《军民合作》《你这个坏东西》《大家唱》《跌倒算什么》等。新中国成立后，曾任浙江省文工团副团长、中国音协第一届理事、音协浙江分会主席，后为浙江省文联副主任兼秘书长。1952年调中央音乐学院任歌剧系副主任。1953年调中国戏曲研究院任艺术室主任。1979年任中国剧协常务理事、书记处书记，为中国戏剧研究会主席团委员。

舒　平（1933— ）

作曲家。台湾台北人。曾入南下纵队文工团开始音乐工作。1961年毕业于上海音乐学院，分配到新疆军区歌舞团，后调福建前线广播电台，从事音乐创作和编辑工作。作有民族管弦乐《台湾组曲》，论文《试论我国多声部民歌》《丰富多彩的福建民间音乐》《台湾高山族音乐》《旋律写作与民间曲调》，歌舞《我们的队伍向太阳》，参与创作神话剧《太极图》。编选出版《闽南民歌》《中外钢琴曲100首》。1997年在国外出版《我所认识的王洛宾》。先后指挥过管弦乐队、铜管乐队、民乐队、新疆民乐队、合唱团。曾获福建省首届中老年歌手比赛金奖。

舒　昭（1936— ）

二胡演奏家、教育家。云南大理人。1957年毕业于西南音专。曾先后到中央、沈阳音乐学院深造。后为四川音乐学院教授。五十年代曾与省内名家联袂举行一系列音乐会。1957年和次年曾为国家领导人演奏。1963年获四川二

S

胡演奏评比第一名。1990年应邀出国讲学。1993年出席阿炳国际学术会议。学生中有四十余人获高级职称。1998年以来在成都等地携子舒虹、舒希举办六场"三舒二胡独奏音乐会"。著有《自学二胡》《舒昭二胡教程》。

舒宝琴（1940— ）

女民族音乐学家。贵州独山人。《中国民族民间器乐曲集成·贵州卷》音乐编辑。1964年毕业于贵州大学艺术系，后分配到贵州省花灯剧团工作，1972年调省群艺馆，从事民间音乐的搜集、整理与研究。在《中国民间歌曲集成·贵州卷》《中国民族民间器乐曲集成·贵州卷》以及多种出版的书籍上，刊发记录、整理的民歌、民间器乐曲数百首。编辑出版了《贵州水族、仡佬族音乐》一书。对苗族直箫音乐大师王连兴进行了长期、全面的"田野工作"，发表《苗族直箫乐论》系列研究论文多篇。

舒琛珍（1921—2009）

女音乐教育家。贵州贵阳人。1939年参加抗日救亡宣传工作。1948年底肄业于重庆国立音乐院理论作曲系。1949年10月在广州军管会文艺处音乐工作组工作，后调广州华南文艺学院音乐部。1953年调武汉音乐学院任教为视唱练耳教授。1956年考入中央音乐学院前苏联专家巴拉晓夫视唱练耳班进修。曾获湖北省普通高等学校优秀教学成果二等奖。论文有《谈音准问题》《首调及其应用》《节奏教学法》《节奏命名》等。

舒承一（1940— ）

打击乐演奏家。重庆人。曾任中国广播交响乐团首席打击乐兼声部长、中国打击乐学会副会长兼秘书长国际打击乐协会（P.A.S）荣誉会员。曾为四川音乐学院客座教授、研究生导师。1955年考入四川音乐学院附中，1959年升入四川音乐学院本科，同年调中国广播交响乐团任打击乐演奏员。多次随团赴港、澳、台地区和欧洲8国演出木琴独奏。曾任第二、三届山西省锣鼓大赛评委。1996年任首届中国"万宝路贺岁"锣鼓大赛组委会艺术顾问，1997年任该赛事评判长。

舒克敏（1935— ）

指挥家。贵州贵阳人。曾任贵州省歌舞团指挥。指挥有歌剧《洪湖赤卫队》《货郎与小姐》，舞剧《红色娘子军》《白毛女》，管弦乐《春节序曲》《瑶族长鼓舞》，民乐合奏《踩歌堂》《天鹅湖》组曲片段，大合唱《总理组歌》《清水江，我美丽的家乡》，组曲《苗岭山中》《草原之滨》等。曾获"苗岭之声"音乐节指挥优秀奖。

舒铁民（1929— ）

作曲家。湖北江陵人。1943年于新四军五师从事文艺工作。1946年赴延安。新中国成立后任北京人民艺术剧院、中央实验歌剧剧院演奏员、民乐队队长及指挥。1957年毕业于上海音乐学院理论作曲系（选修），作品有歌剧《红云崖》《贺龙之死》，舞剧《牡丹亭》（合作），民族管弦乐曲《将军破阵乐》，艺术歌曲《敬爱的周总理，人民的好总理》以及论文《根植于民族土壤之中》等。曾

参加文化部音乐舞蹈史诗《中国革命之歌》以及一至四届全运会大型团体操音乐创作，获国家体委颁发的"体育运动荣誉奖章"。

舒小模（1944— ）

作曲家。江苏南京人。1963年毕业于中央音乐学院附中。后到总政军乐团开始音乐创作。1978年调中国音协《歌曲》编辑部。曾任中国音乐家音像出版社编辑，《儿童音乐》副主编。作有歌曲《祝愿歌》《我多想摘下一片白云》等。

舒效慎（1932— ）

女歌唱家。湖南常德人。曾为江西省歌舞团演员兼声乐指导、江西省音协声乐研究会理事。1949年考入湖南革命大学。1950年入第四野战军21兵团文工团，任歌剧演员和独唱演员。1955年调北京中央交通部政治部文工团。曾在中央乐团、上海音乐学院进修。主演过《赤叶河》《血泪仇》等歌剧。其主演的小歌舞剧《解放军和俺心连心》获表演奖。首唱江西民歌《请茶歌》由中央电台作为每周一歌播放。参与录制《井冈山组歌》《江西民歌》专辑。

舒泽池（1942— ）

作曲家。湖南溆浦人。1966年毕业于中央音乐学院作曲系。1973年入四川省歌舞团任创作员。曾任《人民音乐》副主编。作有舞剧音乐《鸣凤之死》，交响叙事曲《在烈火中永生》，电视系列片音乐《万里长城》，撰有《"现代技法"与中国现代音乐创作》。

舒宗锐（1946— ）

作曲家。四川阆中人。省社会音乐研究会理事、市文化局艺术科长。毕业于中国函授音乐学院。任音乐教学、创作、组织工作多年。作品《红苹果，绿苹果》《手拉手》《天使之爱》《送古董》《小小孩儿爱唱歌》《金银秋》等在文化部、中国文联、四川省文化厅等主办的创作评奖中获奖。数十首作品在省级刊物发表或演出、播放。大型乐舞《巴渝鼓舞》（曲）专题片在四川、中央电视台播放。作有地方旅游文化品牌《阆苑仙乐》。

帅刚强（1956— ）

作曲家。浙江人。南昌市音协秘书长。1974至1976年在江西省农业系统文工团担任首席小提琴、乐队队长、创作员。1991年毕业于江西师范学院。发表歌曲《采茉莉》《摇篮曲》《和平的钟声》等。1998年调入南昌市文联音协，多次组织本市音乐工作者开展采风创作、文艺演出、音乐研讨及社会音乐考级活动。

水 蓝（1957— ）

指挥家。浙江杭州人。1985年毕业于中央音乐学院指挥系。曾任北京交响乐团常任指挥。曾在美国留学。1987年获第37届贝藏松国际指挥大奖赛第二名。

水桂英（1961— ）

女音乐教育家。河南三门峡人。1984年毕业于河南

大学艺术系。曾参加省"黄河之滨"音乐会及教师专业汇演等演出并获文化厅优秀奖与教育厅一等奖。作有歌曲《飞翔》《让生命告诉心灵》《阿里山的歌》分获一、二等奖。培养多名学生考入天津音乐学院等专业院校。撰有《二胡表现力浅谈》《浅谈音乐艺术的作用》《音乐专业课中渗透心理健康教育》等，多篇获奖。任《音乐教程》副主编。

司　远（1927—　）

音乐活动家。安徽肥东人。南京市文联委员。1940年参加新四军。1949年任某兵团文工团乐队队长、指挥。1950至1979年先后任华东军大文艺系音舞队长、华东军区文训班辅导队长，中央警卫团文工队长，中央广播民乐团副队长，广播管弦乐团政委、团长，广播说唱团团长。

司宏钟（1931—　）

音乐教育家。安徽梁园人。1942年参加革命工作，任新安旅行团团员、苏北建设学校文艺系辅导员。1950年入上海音乐学院进修。历任江苏军区文工团音乐教员，解放军某师政治部文工队、农业建设第四师文工队副队长，盐城专区实验淮剧团副团长、文工团团长、盐城戏剧学校校长、盐城市鲁迅艺术学校校长，高级讲师。盐城音协主席、省音协理事。

司培勋（1932—　）

作曲家。河北大名人。1946年毕业于冀南艺术干部学校。长期从事音乐工作。曾任河北省群艺馆辅导部主任。作有歌曲《我们的生产合作社》，笙独奏曲《端花》。

司瑞姿（1963—　）

女歌唱家。吉林人。1988年毕业于东北师范大学音乐系。曾任吉林市音乐舞蹈家协会副主席，北华大学艺术学院副院长、副教授。曾获吉林省青年歌手美声唱法一等奖。所演唱的多首歌曲在中央电视台播放，多篇论文在《艺术教育》《中国高教研究》中发表，所指导的学生多次在国家及省内获奖。

司绍润（1968—　）

小提琴教育家。安徽巢湖人。安徽巢湖监狱巢铸中学教师、省小提琴专业委员会理事。1992至2007年先后毕业于安徽阜阳师范学院音乐系、安徽师大音乐学院本科。论文《我国中小学音乐教育刍议》1996年获巢湖地区教研成果二等奖。辅导小提琴学生二百余名，多名学生在省各项小提琴赛事上获一、二、三等奖。本人多次获优秀教师奖、优秀园丁奖。

司文虎（1938—　）

作曲家。山西晋城人。1962年毕业于西安音乐学院作曲系。曾在陕西乐团创研室工作。音协陕西分会第二届常务理事。作有钢琴协奏曲《南泥湾颂》，歌舞剧音乐《缅桂花开》，无伴奏合唱《汉江船歌》。

司玉杰（1955—　）

男高音歌唱家。山东新泰人。中国广播艺术团独唱演员，曾师从鲍延义教授。先后获第二届全国青年歌手电视大奖赛十佳优秀歌手、全国民族民间独唱比赛二等奖。演唱作品有《有一个美丽的传说》等。曾赴美国、法国、日本等国演出，并参加许多音乐演出活动。出版有演唱专辑《军旅情怀》，创作歌曲有《可爱的甘巴拉》。

司徒博（1919—1993）

小提琴演奏家。广东开平人。1930年始就学于广东省戏剧研究所及广州音乐院。新中国成立后曾在华南文工团、华南歌舞团乐队任小提琴首席及教员。

司徒汉（1923—2004）

指挥家、作曲家。广东开平人。曾任上海乐团团长、名誉团长。毕业于复旦大学及中央乐团合唱指挥班。曾任中国音协常务理事、中国合唱协会副理事长，第五届全国人大代表。1938年参加广东青年抗日先锋队及历次学生运动。筹建上海第一个专业合唱团，指挥《黄河大合唱》《长征组歌》。为音乐舞蹈史诗《东方红》在京首演的执行指挥之一。创作清唱剧《矿山烈火》《当祖国需要的时候》。应邀赴日指挥佐世保市的合唱团演出中国歌曲。应邀指挥芝加哥地区华人演唱《黄河大合唱》。庆香港回归时为黄浦江两岸百支歌队的总指挥。

司徒抗（1939—　）

作曲家。广东开平人。1958年毕业于中南音专附中管弦系，1959年肄业于广州音专管弦系。曾在珠影制片厂乐队、广州乐团任管弦乐队演奏员，在广州乐团和广州交响乐团创作组从事作曲。作有歌曲《珠江水静静地流》《乡情曲》《行花街》《沙滩》等，舞蹈音乐《运粮船》《号角》《我爱五指山》，电影音乐《与魔鬼打交道的人》《乡音》《夜上海》（合作），出版录音盒带《大笨象会跳舞》《真好笑》《麻雀仔担树枝》《二叔公唱火筒》。

司徒海城（1921—　）

小提琴演奏家，广东开平人。1946年毕业于国立音专管弦系。后入上海交响乐团。曾任上海音乐学院管弦系兼职小提琴教师。

司徒华城（1927—1987）

小提琴教育家。广东开平人。早年就读于上海音专。先后在上海交响乐团、中央乐团任乐队小提琴首席。曾任中央音乐学院实验乐团团长、教授，文化部艺术专业高级职称评审委员会副主任。创作及改编中外音乐作品多部及撰有论文多篇。

司徒幼文（1923—已故）

女音乐翻译家。广东开平人。1944年毕业于上海沪江大学政治系。为中央音乐学院音乐研究所副研究员。曾任中国音乐学院钢琴教研组长。译有《旋律史》。

s

司徒志文（1933— ）

女大提琴演奏家。广东开平人。1945年起先后就读于国立上海音乐院、国立上海音专本科，并赴莫斯科音乐学院进修。1950年入上海交响乐团，后任中国青年文工团、中央歌舞团、中央乐团、爱乐女乐团大提琴首席。曾演出海顿、爱尔加、德沃夏克协奏曲，1989年在华盛顿第一届世界大提琴大会上独奏并介绍中国作品。曾作为专家由文化部派赴越南工作。曾任社会音乐学院副院长、教授，中国音协大提琴学会会长，国际及全国大提琴评委。出版有《实用大提琴教程》《古典大提琴奏鸣曲》等。

斯　琴（1948— ）

女歌唱家。蒙古族。新疆吉木萨尔人。1967年入吉木萨尔县文工队。曾任新疆军区歌舞团独唱演员。演唱曲目有《草原上升起不落的太阳》《我爱你天山》《祖国就像百花园》。

斯坎德尔（1937—已故）

作曲家。维吾尔族。新疆吐鲁番人。1954年毕业于西安音乐学院。曾在新疆歌舞团工作。音协新疆分会常务理事。作有歌曲《敬爱的毛主席》《丰收之歌》，舞剧音乐《叶丽古丽》。

松波尔（1954— ）

音乐教育家。蒙古族。内蒙古鄂尔多斯人。1982年内蒙古师大音乐系毕业留校任教，后为音乐学院院长、党总支书记、音乐学硕士生导师、教授。内蒙音协副主席。出版教材《乐理》《音乐欣赏》《音乐理论基础》。作有女声小合唱《腾飞的草原》，歌曲《祖国·太阳》获自治区"五个一工程"奖，《美丽的内蒙古》获自治区艺术创作"萨日纳"奖，童声合唱《初升的太阳》获全国少儿歌曲电视大赛一等奖。发表学术论文数篇。曾任区内各种重要文艺演出比赛评委。

宋　波（1959— ）

歌剧表演艺术家。辽宁大连人。先后毕业于沈阳音乐学院、中央音乐学院助教班、美国波士顿大学艺术学院歌剧系（获歌剧艺术家文凭），美国朱丽亚音乐学院硕士研究生。上海音乐学院声乐系教授、硕士生导师。曾获文化部国际比赛国内选拔赛第一名、美国罗萨庞赛尔国际声乐大赛"依丽莎白"大奖。先后与纽约市歌剧院、圣路易斯歌剧院、华盛顿国际歌剧院等合作，主演《弄臣》《波西米亚人》《茶花女》《卡门》等十余部歌剧。多次参加德国汉诺威音乐节、北京国际音乐节、"上海之春"国际音乐节重要演出，曾在纽约、汉诺威、沈阳、上海等地举办过个人独唱音乐会。

宋　东（1956— ）

女中音歌唱家。北京人。任职于中国交响乐团合唱团。1976年毕业于中央音乐学院。1977年进入中国交响乐团。长期跟随乐团在各地巡演，曾赴多个国家演出中外合唱作品数百首，在部分作品中担任领唱。演唱的作品有《第九交响曲》《黄河大合唱》，世界多名作曲家的《安魂曲》，中外歌剧合唱专场音乐会，"伏尔加合唱"和"王洛宾合唱"专场音乐会，并为电影、电视、电台配音和参加文化部举办的专场音乐会。曾担任北京田华艺校声乐系主任。

宋　飞（1969— ）

女二胡演奏家、教育家。天津人。中国音乐学院副院长、教授、硕士生导师。中国音协第五、六届理事，第七届副主席。1991年毕业于中国音乐学院器乐系，后毕业于文化部器乐研究生班。1991年获中国音乐学院"学院大奖"。1996年发起组建"华韵九芳"民乐团。为国内外电台、电视台录制大量音乐节目。出版《江河云梦》《长城随想》《宋飞与爱乐女》《如来梦》等十余张独奏专辑及《中国二胡名曲指导》教学VCD。著有《胡琴家族演奏入门》。曾获中国"金唱片""金碟"奖。2003、2004年举办《宋飞师生联袂二胡演奏会》《弓弦情——宋飞师生音乐会》，首演《竹韵》《楚魂》《燕赵春潮》等作品。在《弦索十三弄》独奏音乐会中，演奏二胡、板胡、坠胡等拉弦乐器和琵琶、古琴共十三种乐器。出访数十个国家和地区演出。曾在纽约卡内基、维也纳金色大厅、柏林爱乐大厅举行音乐会或演出。

宋　歌（1940— ）

作曲家。河南镇平人。1966年毕业于河南大学音乐系。曾任音协河南分会常务理事、郑州市文联副主席。作有《田汉儿女同修河》获河南省歌曲评比一等奖。《牵牛花呀小喇叭》获全国少儿歌曲评比纪念奖。

宋　瑾（1956— ）

音乐理论家、教育家。福建宁德人。中央音乐学院音乐研究所教授。曾任福建宁德县中学、师范学校、福建师范大学音乐系教师。著有《西方音乐：从现代到后现代》《20世纪音乐素材与技法》（译著），《音乐美学教程》（合著）等。撰有《音乐的明确性》《音乐文化本土观的突破》《音乐美学及其对象》《世纪末反思：关于音乐的民族性》《'后现代'与中国当代音乐文化》《以审美为核心的音乐教育改革》《关于'新音乐'美学基础若干问题的思考》等。

宋　军（1918—1993）

作曲家、音乐编辑家。广东鹤山人。曾任鹤山县文联名誉主席。1944年毕业于国立福建音专并开始从事音乐工作。曾任《人民音乐》《歌曲》《儿童音乐》编辑。发表有大量音乐作品。出版个人音乐专集二十余本。先后有《海鸥》《白帆、白帆》等十余首歌在北京、上海、广东等地获奖。1986至1988年举办4场个人作品音乐会。1988年获省音协颁发的"从事音乐工作逾40年，为祖国音乐事业做出贡献"荣誉证书，1989年省人民政府授予"广东省关心少年儿童健康成长先进工作者"称号，1992年被评为江门市优秀文艺工作者。

宋　军（1927—已故）

歌词作家。黑龙江哈尔滨人。1948年入东北文协文工团，后在辽宁歌剧院工作。作有《绿叶才能配红花》《共产党好，共产党亲》等。

宋 军（1961— ）

作曲家。河南周口人。毕业于河南大学音乐系。1981年开始从事音乐教育工作，1987年调入许昌市群众艺术馆任音乐创作，副研究馆员。创作各类音乐作品百余件。其中，歌曲《魏武挥鞭》《拥抱春天》《火火的秧歌》《守望她们的家乡》，器乐曲《古刹春阳》《梨园秋声》，舞剧《窗》《钧窑神火》《灯笼红、雪花白》等作品，曾获文化部"群星奖"和省市多项比赛金奖。2002年被评为许昌市"拔尖人才"和"德艺双馨"文艺工作者。

宋 珑（1926— ）

音乐编辑家。北京人。1945年始从事部队文艺工作。1951年入上海音乐院进修理论作曲。创作影视剧音乐有《火线爱民》《黄鼠狼送礼》《梧桐雨》等数部，其中电视剧《何日彩云归》主题歌《彩云归》获全国优秀影视歌曲奖。创作歌曲百余首，其中《水兵回到海岸上》获全国部队优秀歌曲二等奖，《归国游》获北京市优秀创作奖。曾为大量电视节目配乐、编曲、作曲。发表《论电视音乐的创作》《谈电视歌曲》《明确主题，深入主题》等文。

宋 敏（1951— ）

女音乐教育家。四川彭山人。四川南充第五中学音乐高级教师。1979、1998年先后毕业于四川音乐学院、西南师范大学音乐系。曾任公共音乐教研组长，兼职音乐教研员，中级教师职务艺术评委，少年宫、文化馆等合唱团的声乐教师，南充教育学院艺术系音乐客座副教授等职。曾获"全国首届少儿音乐智力竞赛"指导教师奖。

宋 桥（1957— ）

作曲家、音乐活动家。湖南长沙人。中国音协第七届理事，湖北音协驻会秘书长，社会音乐活动委员会主任，湖北省流行音乐学会常务副会长，湖北省国际文化交流中心理事，湖北省"有突出贡献中青年专家"。1982年获武汉音乐学院学士学位，长期从事音乐出版、创作、录制和音乐活动组织工作。创作的作品曾获"星光奖""群星奖""文华奖"，省"五个一工程"奖。作有钢琴曲《楼梯上的竞赛》，舞蹈诗《呀吷依嗬》等。

宋 荣（1958— ）

京胡演奏家。内蒙呼市人。1972年入内蒙古自治区京剧团学员队乐队任演奏员，后任创编室主任。中国民族管弦乐学会胡琴专业委员会理事。1984年毕业于中国戏曲学院音乐系。

宋 涛（1932— ）

女大提琴教育家。浙江杭州人。1957年毕业于中央音乐学院管弦系并留校任教。曾在苏联大提琴家瓦吉姆·契尔沃夫专家班深造。中央音乐学院大提琴教授，中国大提琴学会理事。众多学生成为国内外专业文艺团体或音乐院校的骨干，并在国内外大提琴比赛中获优异成绩。发表有《对大提琴演奏左手手指力度与灵巧性训练的探讨》《我的教学心得》《概论大提琴奏鸣曲》等文。创作《红河的孩子》《喜玛拉雅随想曲》等大提琴独奏曲及编写多首大提琴教材。编著有大型系列教材《大提琴教程》。1989年获中央音乐学院优秀教学成果奖，1991年获"北京市高等教育系统优秀教师"称号。

宋 新（1959— ）

音乐教育家。山东冠县人。1982年毕业于河南大学艺术学院音乐系留校任教，副教授。撰有《关于高等师范院校音乐各科钢琴专业教学问题的初步思考》《豫剧唱腔音乐调式问题探讨》（合作），《豫剧的声腔体制和基本曲调》（合作，均刊发于《交响》），《渐变是明智的选择——戏曲音乐改革管谈》（合作，刊于《中国音乐学》），出版有《音乐欣赏》《简谱基本乐理》。二胡独奏曲《喜庆》获河南省委宣传部颁发的三等奖。

宋 扬（1918—2004）

作曲家、音乐编辑家。湖北汉川人。1938年参加抗日文艺工作，先后任职于第九战区流动宣传队、广西国防艺术社、湘北第四军铁血剧团，自学作曲。1941年赴长沙任中学音乐教员。40年代创作有《读书郎》《苦命的苗家》《古怪歌》《好太阳》《两口子对唱》《一根竹杆容易弯》《人民的太阳》等歌曲。新中国成立后，任长沙市工人文工团团长。1955年调中国音协《歌曲》编辑部，任编辑组组长。1965年任《歌曲》杂志副主编。自1973年始任职于中国音乐研究所，特邀研究员。中国音协理事。发表有《浅谈80年代初期的抒情歌曲》《通俗歌曲的民族性》等文。专著有《歌曲怎样表现情感》。曾获第四届中国音乐"金钟奖"终身成就奖。

宋 阳（1928—1998）

作曲家。河北武强人。1940年始从事文艺工作。1950年入中央音乐学院进修，后从事音乐创作。曾任音协甘肃分会第一届副主席。作有歌曲《夸新家》《我们的炮兵真英勇》，歌剧音乐《英雄刘四虎》（合作）。

宋 一（1956— ）

男中音歌唱家。朝鲜族。吉林人。1972年入延边大学艺术系学声乐。1983年入中央音乐学院进修。1981年入中央民族歌舞团，任该团独唱演员。曾获全国聂耳·冼星海声乐作品演唱比赛美声唱法男声组铜质奖。

宋 英（1928— ）

作曲家。山东荣成人。1946年入胶东抗日军政大学，次年转胶东军区国防剧团，后任福建文工团音乐队副队长。1957年毕业于中央音乐学院作曲系。曾任福建省歌舞团副团长、省文化厅艺术指导、省音协常务理事。作有歌剧、舞剧、合唱、管弦乐等各类体裁的音乐作品数百件，部分参加演出，电台播放及在大赛中获奖。出版有《宋英歌曲选集》（钢琴伴奏谱），合作有舞蹈音乐《走雨》。曾指挥《白毛女》《红色娘子军》等芭蕾舞剧。

宋　颖（1963— ）

　　女高音歌唱家。安徽合肥人。先后毕业于解放军艺术学院音乐系和中国语言文学专业。南京军区前线文工团歌队演员，受聘南京艺术学院演艺学院音乐系声乐教授。参加《纪念毛泽东诞辰100周年〈诗人·毛泽东颂〉》、中央电视台《迎千禧年大型广场文艺晚会》等大型重要文艺晚会、音乐会。与荷兰皇家交响乐团合作演唱《好一朵茉莉花》。先后获全国聂耳·冼星海声乐比赛江苏省第三届声乐大赛二等奖，优秀歌手奖。2000年举办独唱音乐会。出版《只要有爱》《祝福南京》等音像制品。

宋　正（1970— ）

　　手风琴演奏家。河南孟州人。郑州大学音乐系器乐教研室主任，中国音协手风琴学会理事。1995、2001年分别毕业于河南大学艺术学院音乐系，获硕士学位。撰有《浪漫主义与现实主义的结合》《莫扎特声乐作品演唱风格》等论文10余篇，数篇获奖。著有《手风琴晋级教程》《西方音乐史》等著作多部。教研成果10余项获省一、二、三等奖，其中《普通高校开展音乐艺术教育再探》等获省社科联多项一等奖。指导学生多次在全国省级手风琴比赛中获金奖、银奖。本人多次获指导教师奖。

宋爱霞（1953— ）

　　女高音歌唱家。山东烟台人。1970年从事部队文艺工作，后曾在市文化局任职。1987年毕业于烟台艺术学校声乐专业，1996年毕业于山东省干部业余本科班。2000年调烟台艺术学校任教。烟台市音协副主席、秘书长。演唱有《送哥哥去参军》获全国民间音乐、舞蹈比赛表演三等奖、山东省二等奖，《樱桃好吃树难栽》获山东省民族歌曲比赛二等奖并录制唱片、盒带，《渔家屋檐下》《一支队伍进牙山》《夸胶东》等分别获省级比赛二、三等奖。

宋邦林（1945— ）

　　大提琴演奏家。安徽芜湖人。1964年毕业于安徽省艺术学院音乐系，后分配到淮南市歌舞团任大提琴演奏员。曾参加舞剧《白毛女》，京剧《智取威虎山》，钢琴伴唱《红灯记》，舞蹈《新人骏马》《铁树开花》，钢琴协奏曲《黄河》等演出。演出四重奏《游击队员之歌》曾在安徽省电视台播出。1985年受聘于省艺校任大提琴教师。

宋邦义（1958— ）

　　板胡演奏家。青海人。西宁市歌剧团板胡独奏演员。在歌剧《马五哥与尕豆妹》和歌舞诗剧《彩虹飞落的地方》中任板胡独奏。先后随青海省藏族艺术团大型歌舞剧《格萨尔王·霍岭之部》剧组赴粤、黔、川、藏及中南海汇报演出。曾在《光明日报》《人民日报》发表《植根于民族艺术的沃土》论文。作有板胡协奏曲《秦川行》。

宋宝莲（1920—1983）

　　女钢琴教育家。天津人。1940年毕业于伦敦三联音乐学院香港分院钢琴系。曾为山东师范学院艺术系教师。曾先后在北平慕贞女子中学、清华大学、北平艺术专科学校、中央音乐学院钢琴系、山东大学艺术系任教。

宋保才（1931— ）

　　唢呐演奏家。河南开封人。1950年入上海音乐学院，1954年毕业后调入中央民族歌舞团任独奏员。多年来，先后深入许多少数民族地区演出、采访，掌握了近二十多种民族管乐器。曾多次随团出访欧洲、亚洲、美洲等三十多个国家和地区演出，并举办民族管乐独奏音乐会与讲座。中国音乐学院客座教授，曾在香港举办大师班。与中国广播交响乐团合作录制唢呐协奏曲《大得胜》、双管曲《江河水》，并与新加坡国家交响乐团合作演出。

宋保军（1934— ）

　　大提琴演奏家、教育家。山东高青人。1948年参加渤海区清河地委文工团，后入华东大学艺术系学习，1954年毕业于华东艺术专科学校，1958年结业于中央音乐学院苏联专家班。历任南京艺术学院教授、音乐系主任、院学术委员会委员，中国大提琴教师学会常务理事、江苏分会主席，南京音乐疗法学会主任等职。专著《大提琴演奏法》《音乐疗法概论》。创作《宋保军大提琴曲集》四集。论文《建设具有中国特色的社会主义音乐仍须走民族化之路》等。科研成果有首创《大提琴音乐疗法》1986年始"人民日报"、中央电视台、电台等多家媒体均有报导。

宋斌廷（1946—已故）

　　歌词作家。吉林长春人。1969年从事音乐工作。曾在音协吉林分会《轻音乐》编辑部工作。曾任吉林省音协秘书长。中国音乐文学学会第一届理事。作有歌词《满族乡飞来吉祥的鹰》获全国民族团结征歌二等奖，《大森林的孩子》《美人松的故乡》《妈妈的眼睛》等。

宋博年（1943— ）

　　音乐教育家、音乐学家。湖南湘阴人。1965年毕业于新疆艺术学院音乐系。先后在新疆艺术学院、西北铁路文工团任教员、演员。1984年任教于新疆师范大学，曾任声乐教研室主任、系科研组组长、教授。中国音乐史学会会员、中国音教委声乐教育协会常务理事。在国家及省级刊物发表学术论文二十余篇，歌曲二十余首，并多次获奖。专著《歌唱与审美》获省级科研专著优秀奖。著有《西域音乐文化史略》（合著）。

宋长志（1935—已故）

　　指挥家。河北安国人。1951年考入中央音乐学院音工团。1953年入中央歌舞团任演奏员，后入陕西延安歌舞剧团任音乐教师、乐队指挥。指挥演出《王贵与李香香》《蓝花花》等大型歌剧、舞剧、舞蹈及《白毛女组曲》、钢琴协奏曲《黄河》《卡门组曲》《陕北组歌》《延安颂》等。歌剧《蓝花花》分别获文化部演出二等奖、陕西省演出一等奖。先后随中国青年艺术团、中国民族乐团、中国艺术团出访欧、亚、拉美等十余国家。

宋朝盛（1947— ）

　　作曲家、音乐评论家。云南昆明人。1962年考入云南艺术学院附中理论作曲专业。1979年起先后任职于云南省文化厅艺术处音乐工作室，并任云南省民族艺术研究所音乐研究室主任，云南省音协常务理事、对外联络委员会副主任、音教委副主任。获奖歌曲有《菠萝献给解放军》《唱支幸福的歌》《美丽的边疆》《我爱云南》《我爱我的小月琴》。1982年中国唱片社曾录制《啊！云南，我可爱的家乡》《边寨姑娘洗军衣》《美丽的瑞丽江》等歌曲。出版有山歌剧《山妹的锣声》单行本。发表有《论黄虹的演唱艺术》《云南民族音乐纵横谈》《评音乐剧〈少年聂耳〉》等。

宋承儒（1939— ）

作曲家。辽宁长海县人。1959年于内蒙古农牧学院毕业。曾任长海县文工团业务团长、电台文艺部主任。创作的歌曲《黄海龙》《中国农民》在全国获一等奖，部分歌曲获省、市级奖。并发表。创作大型组歌、舞蹈音乐各两部，为歌剧、评剧谱曲二十余部。创作小戏、曲艺、演唱若干、广播剧4部。小说《洪福老汉坐飞机》获全国三等奖。编导文艺节目多台，发表有收集整理的《长海船民号子》。出版有个人歌曲集。

宋承宪（1926—2009）

男中音歌唱家、声乐教育家。江苏苏州人。1941年获"叔萍"奖学金，就读于上海南方中学。1942年考入上海音专师从俄籍教授苏石林。新中国成立后曾任职于上海广播乐团合唱团、中央广播艺术团合唱团。1961年任中央民族学院艺术系音乐教研室主任、教授。著有《歌唱咬字训练与十三辙》10年间再版5次，发行46万册。为中央音乐学院整理编选《声乐曲选》。1992年、2002年中央民族大学分别举办从艺50周年和60周年师生演唱会。曾任中国少数民族声乐学会首任秘书长及顾问。

宋大能（1931— ）

音乐教育家、民族音乐学家。四川富顺人。四川音乐学院教授。长期从事音乐创作及民族音乐理论研究工作，发表过一些著述及作品。1983至1991年任四川音乐学院院长。曾任第四届中国音协理事、音协四川分会副主席，成都市音协主席。

宋德祥（1928— ）

指挥家、作曲家。山东人。广西艺研所音研室主任。中国戏曲音乐学会二届理事，三、四届常务理事，广西音协三届理事，广西戏曲音乐学会首届会长。1948年营口联中肄业后参加解放军，在部队文工团任指挥、作曲。1955年转业，先后任广西文艺干校、区戏曲学校教师，省彩调剧团、区桂剧团编导组长、导演、副团长、团长。指挥音乐、戏曲作品百余部。为歌剧、歌舞剧及电影戏曲艺术片《董存瑞》《贝江河畔送大军》《刘三姐》《三朵小红花》（合作）等作曲。撰写《中国戏曲志·广西卷》，主编《中国戏曲音乐集成·广西卷》。

宋非比（1942— ）

女钢琴教育家。福建莆田人。1965年毕业于武汉音乐学院钢琴系。1978年底调入福建艺术学校任教，曾任钢琴教研组长。所培养的主科学生分布国内外和省专业院校，文艺单位。近年来参加过全国和省的钢琴考级评委，获社会考级省优秀辅导奖。演奏的作品有肖邦《练习曲》（OP25№1），《夜曲》（OP27№1），巴赫《意大利协奏曲》，莫扎特《奏鸣曲》（K283、333），贝多芬《奏鸣曲（月光）》《田园》《暴风雨》。

宋光海（1930— ）

指挥家。上海人。曾任上影乐团指挥。1961至1964年在上海音乐学院指挥系进修。指挥乐队配录有电视音乐《年青的一代》《马兰花》《陈焕生进城》《月亮湾的笑声》《月亮湾的风波》《草原英雄小姐妹》《大庆战歌》等。指挥乐队首演的民乐合奏曲《飞天》《西山红叶》《大江东去》《秋收起义》等在全国器乐创作比赛和"上海之春"获奖。曾在上海民族乐团、成都民族乐团、香港爱乐乐团、台北市国乐团任客席指挥。2004年获中国民族管弦乐学会"民乐终身贡献奖"。

宋广斌（1963— ）

作曲家。河北临章人。新疆兵团农五师医院工会主任、师音协副主席。1991年毕业于安徽师大音乐系。发表歌曲作品多首，获奖作品有《人间有正气》《女儿不哭》《关爱女孩》《博尔塔拉我可爱的家乡》《你是一束沙枣花》《哨卡的灯火》《阿里情结》《兵团赞歌》《心中的角落》等。参加第十、十一届全国城市职工歌手赛均获优秀组织奖。

宋国生（1938— ）

二胡演奏家、作曲家、河北乐亭人。1961年天津音乐学院毕业并留校工作。曾任民乐系主任、顾问。中国音协二胡学会副会长，中国民族管弦乐学会荣誉理事、胡琴专业委员会顾问。1963年"上海之春"全国二胡比赛获三等奖、新作品优秀演奏奖。曾发明双跳、双抖、论弓等多种二胡新技法。出版有《二胡演奏艺术》《胡琴家族演奏入门》。录制《如诉曲》等CD唱片，创作民族曲《豫乡行》《燕赵春潮》等。还作有大量数歌曲和十余部电视剧音乐。培养了宋飞，林聪等优秀人才。曾获中国乐器国际比赛"园丁奖"、天津市级"教学楷模"和文化部"区永熙优秀音乐教育奖"。

宋何开（1932— ）

男中音歌唱家。广东普宁人。华南人民文学艺术学院肄业。曾入上海声乐研究所进修，后在广东歌舞团工作。演唱曲目有《朱德同志的竹扁担》《斗牛士之歌》。

宋华强（1952— ）

小提琴演奏家。四川绵阳人。贵州省安顺市黄果树艺术团副团长、1977于四川省音乐学院进修。曾参加多部花灯剧、歌剧及文艺晚会的演出，并任首席及小提琴独奏。曾任花灯剧《屯堡人》《金果银瀑》策划、艺术总监，该剧获贵州省第三届少数民族汇演金奖。

宋纪庆（1951— ）

唢呐演奏家。河南开封人。1964年入武汉军区歌舞团乐队任独奏演员。1988年毕业于武汉音乐学院民乐系。演奏作品有唢呐曲《报喜》等，1989年改编板胡曲《红军哥哥回来了》，1990年创作《妹送哥哥当兵走》（合作），1991年创作《宝塔山下忆当年》（合作），全军第三、四届文艺汇演获优秀演员奖。1996年中央电视台播出题为《军营唢呐王》专辑。

宋继勇（1954— ）

作曲家。山西人。1970年考入南京军区前线歌舞团。后曾在上海音乐学院和南京艺术学院进修作曲理论。创作的歌曲《永存的爱》曾获亚洲音乐节通俗音乐比赛大奖，《留恋的土地》曾获罗马尼亚"金鹿杯"国际通俗音乐比赛第4名，《闪耀吧，城市之星》获全国第三届城市运动会征歌金曲奖，《报答》获全军第七届文艺汇演声乐创作一等奖，音乐剧《阳光哨所》获全军音乐创作一等奖。曾为电影《红杜鹃，白手套》《英雄无语》，电视片《血脉》《邓颖超》作曲。以上影视作品分别获中宣部"五个一工程"奖、中国电影华表奖、中国电视金鹰奖。

宋家明（1957— ）

指挥家。浙江杭州人。1986年毕业于上海音乐学院作曲指挥系。杭州艺术学校校长、浙江省音协理事、杭州市音协副主席。策划、组织、指挥省内外数百场音乐会，担任《浓妆淡抹总相宜》《白蛇与许仙》《江姐》《江南风情》《阿姐鼓》等舞剧、歌剧、音乐剧的乐队指挥、音乐总监。曾与日本岐阜市合作演出《特洛伊女人》《文那，从树上下来》《失去尾巴的龙》。

宋建敏（1953— ）

小号演奏家。山西灵石人。1973年任山西省歌舞剧院小号演奏员。1978年考入山西大学音乐系，主修小号。毕业后任中国电影乐团首席小号。曾参加《红军娘子军》《沂蒙颂》《草原之歌》《草原儿女》《鱼水情》等歌舞剧演出。后为《刘少奇在东北》《周恩来》《朱德和史沫特莱》《开国典礼》《三大战役》《巍巍昆仑》《西游记》《红楼梦》等影视片录制音乐，并录制了大量的CD及唱片。曾随中央乐团赴欧洲巡演。

宋健伟（1927— ）

中提琴演奏家。河北人。1948年入吉林营城矿工会乐队。后在中国铁路文工团工作。1972年入中央芭蕾舞团任演奏员。曾随团出国访问演出。

宋金兰（1936— ）

女钢琴教育家。广东新会人。曾为中国音乐学院钢琴教研室主任，教授、硕士生导师。1957年毕业于北京艺术师范学院音乐系钢琴专业并留校任教。1987年被评为北京市"教书育人，服务育人"先进工作者。1993年被评为北京市优秀教师。1999年被文化部聘为直属艺术表演团体艺术专业人员应聘资格考评委员会委员。

宋景濂（1922— ）

箫笛演奏家。浙江吴兴人。早年从事江南丝竹演奏活动。1957年入浙江民间歌舞团，后入浙江曲艺团，为浙江歌舞团江南丝竹顾问，所作琴箫曲《思贤操》被联合国教科文组织选入音乐专集。1983年应邀赴香港演出讲学。

宋景新（1956— ）

音乐教育家。广东化州人。化州市教师进修学校音乐科组长，音乐舞蹈高级讲师，中国教育学会音乐教育专业委员会会员，茂名市音乐舞蹈家协会理事。著有《儿童舞蹈师资培训实用教程》，由中国文联出版社出版，并被评为儿童舞蹈教材一等奖。创作音乐作品数十件，其中论文有多篇获奖。二十多篇（首）论文、教案、歌曲在、省级以上刊物发表。被评为广东省优秀少年儿童教育工作者。

宋可夫（1958— ）

作曲家。浙江嘉兴人。杭州市群众艺术馆副研究馆员，市音协副主席。1979年起任剧团乐队演奏员。1985年在杭州师范学院音乐系理论作曲班学习。创作的歌曲《税务所来了个俏姑娘》获全国第二届表演唱汇演大奖与浙江省"五个一工程"奖，《嘿！老哥们》与舞蹈音乐《心中的旗帜》获全国第十三届"群星奖"纪念奖，《我想遨游》被指定为首届杭州国际动漫节主题歌，少儿表演唱《粽粽谣》获2005年第六届CCTV少儿艺术电视大赛金奖，无伴奏合唱《包粽子》获2006香港国际青少年合唱节银奖。

宋克友（1942—已故）

作曲家。回族。山东陵县人。1963年始从事文艺创作。后在宁夏石嘴山市群众艺术馆工作。作有歌曲《可爱的祖国大西北》《我是一条小溪》。

宋莉莉（1955— ）

女音乐教育家。山东烟台人。山东师范大学音乐学院教授。1982年毕业于曲阜师范大学音乐系。著有《中学音乐教学法》（合著），《西方音乐史》（合著），编著有《西方音乐简史与欣赏》《中外音乐史百问百答手册》，撰有《音乐创作中的想象心理》《西方音乐史学研究的新视点》《诠释学与音乐文本的理解》等文。

宋立民（1965— ）

男高音歌唱家。黑龙江哈尔滨人。沈阳军区前进歌舞团独唱演员。1991年入中国音乐学院声乐系进修，曾任黑龙江省歌舞剧院独唱演员。多次参加全军文艺汇演，所演唱的《北疆连着我家乡》等获演唱一等奖。参演过大型歌舞《红心．太阳．黑土》，并获全国民族歌手比赛中国十佳民歌手称号及中国民歌精英大赛金奖等。

宋丽华（1949— ）

女高音歌唱家。天津人。1965年入战友文工团。1966年入全总文工团歌舞团工作。曾赴日本访问演出。

宋连生（1952— ）

声乐教育家。北京人。1976年毕业于北京师院音乐

S

系。1990年就读于首都师大，获双学士学位。后就读于中央音乐学院研究生同等学历班。首都师范大学音乐学院硕士生导师。先后师从丰子玲、张清泉教授学习声乐。并多次受到美国威悌尔音乐学院罗伯逊教授亲授。1982年获华北五省市声乐比赛专业组一等奖。先后在国家和省部级刊物发表数十篇学术论文，并著有《歌唱的形式美与意蕴美》等。中国音乐教育研究会理事。

宋伶俐（1968— ）

女中音歌唱家。四川乐山人。中央民族乐团歌队声部长。1995年毕业于中国音乐学院歌剧系。曾录制《金风吹来的时候》《寻找回来的世界》并在国际台播放。在校期间曾演出歌剧《卡门》片断并饰演卡门。在乐团担任独唱、领唱、重唱、女小合及合唱等。参与各类大小型音乐会，如"纪念马可音乐会""在那遥远的地方""庆祝香港回归"等大型演出，以及多项社会公益性演出活动。

宋路娃（1950— ）

女音乐活动家。黑龙江人。哈尔滨市音协常务副主席兼秘书长，中国音协第五届理事。1968年毕业于沈阳音乐学院附中管弦学科。先后在河北邯郸市文工团、哈尔滨歌剧院任演奏员、创作员。1983年毕业于沈阳音乐学院音乐文学专业。作品有歌曲（作词）《松花江船歌》《思乡曲》《秋江》等。1986年起在哈尔滨市音协工作，策划、组织多种全市性大型音乐赛事及活动。负责组建并主持全面工作的哈尔滨童声合唱艺术团获文化部1998年全国合唱比赛童声组一等奖，2000年第五届中国国际合唱节少儿组金奖，2002年第二届国际合唱奥林匹克童声组银奖。

宋铭举（1944— ）

戏曲音乐作曲家。山东泰安人。1962年毕业于山东省艺术专科学校，曾任枣庄市柳琴剧团、豫剧团乐队队长兼音乐设计，市青少年宫艺术团团长，枣庄市群艺馆馆长。作有歌曲《人民富了更爱党》《中华五千年》《黄河口》等，为柳琴戏《三星高照》《江姐》《刘胡兰》等及豫剧《报春花》《华陀恨》等三十余部戏曲剧目谱曲。并作有舞蹈音乐、器乐曲等多件，发表论文《浅谈柳琴戏记谱法》。1986年任《中国戏曲音乐集成·山东卷》编委。

宋宁邻（1954— ）

歌唱家。江苏南京人。毕业于南京师范大学音乐系。1982至1984年师从男低音歌唱家李孚生。现任江苏省歌舞剧院歌剧团副团长。曾多次组织并在参加国内外重要演出中担任独唱和重唱。先后在歌剧《弄臣》中饰演斯巴拉夫契，在大型民族歌剧《孙武》中饰演伍子胥，在歌剧《茶花女》中饰演欧比尼侯爵以及在歌剧《江姐》和《椰岛之恋》中担任角色。近年来随马革顺教授学习合唱指挥，组织并排演了《悲怆的黎明》合唱部分。

宋青松（1963— ）

歌词作家。山东宁津人。1990年毕业于哈尔滨师范大学。北京市石景山区文联主席，黑龙江省音协副主席、北京音协理事、中国音乐文学学会副秘书长。作有大量歌词作品，先后发表四百余首，并在全国性大赛中获奖八十多次。代表作《长大后我就成了你》获全国歌词大赛"红雨杯"一等奖、93MTV大赛金奖，于1994年央视春节晚会演唱后广为流传，另有近百首作品由歌唱家演唱在电台、电视台播出。曾参与奥运及国庆文艺活动的策划及创作，被评为黑龙江省歌坛20年特别贡献奖。

宋蕊青（1931— ）

作曲家。河北武强人。毕业于中南部队艺术学院。曾任广州军区军乐队首席长号、创作员。广州乐团分团团长。1960年创作改编大型管乐合奏曲《在太行山上》。为科教片《鸟岛》作曲并获第二届"小百花"奖与文化部"优秀科教片"奖。创作歌曲《周总理永远和我们在一起》《周总理您同江河大地永生》《周总理给我一支笔》，在《长春歌声》发表并获二等奖。曾参加广州第一届《羊城花会》青年艺术家专场音乐会，演出长号独奏《嘎达梅林》《滑稽波尔卡》。

宋瑞宏（1954— ）

音乐教育家。江西萍乡人。1974年毕业于江西师范大学音乐系，后任江西省艺术教育委员会常委，江西省中师音乐中心教研组组长，副教授。多次参加省市各类音乐艺术竞赛活动的组织指导，所指导的学生在参加省、市竞赛活动中多次获一、二等奖。有近百首作品在省市级刊物及竞赛活动中发表或获奖，多篇论文获国家及省市级奖。2003年调入萍乡高等专科学校艺术系筹建音乐专业并担任组织管理和专业教学工作。

宋瑞凯（1946— ）

音乐学家。江西丰城人。1973年始先后在江西省歌舞团、九江市歌舞团、苏州市歌舞团从事音乐工作。1989年开始涉足中国古代音乐史研究，主攻先秦音乐史。在其兄宋瑞桥首先发现唐代《祖孝孙旋宫》理论的基础上，上溯西周，发现了我国西周时期使用的"阴阳五声全音旋宫体系"，并提出了中国先秦音乐的"四度圈"理论。首次以图表的形式将"五音、六律旋宫太极图"公诸于世。解决了困扰音乐理论界多年的有关蔡元定燕乐理论中的"变""闰"之争。所撰《蔡元定的燕乐"四度旋宫"——也谈"变"与"闰"》一文已由第九届世界华人艺术大会在世界华人艺术网上展出。

宋士芳（1942— ）

京胡演奏家。黑龙江哈尔滨人。1953年开始学习京胡等民族器乐。1957年考入黑龙江省少儿京剧团。毕业于中国函授音乐学院作曲系。黑龙江省剧协理事。1991、1992年分别在北京音乐厅、哈夏音乐会举办"京胡独奏音乐会"。创作京胡协奏曲《梨园情》《怀念》等3首，创作、改编京胡曲牌11首，为新编剧目设计唱腔音乐四十余出。曾赴日本演奏京胡独奏七十余场。多次赴台湾大学、台湾政治大学音乐系、台湾艺术大学讲课。曾先后8次获国家、省级京胡独奏、京胡伴奏、音乐、唱腔设计一等奖。

S

宋世珍（1933— ）

女声乐教育家。北京人。中央戏剧学院表演系声乐教研室副组长。1949年从事部队文艺工作，先后在中南、广州空政文工团、空政歌舞团任独唱演员。曾师从李书年、朱崇懋、姜瑛、邓述西学习声乐。在歌剧《阿玛妮》《血泪仇》，歌舞剧《长山火海》和《革命历史歌曲表演唱》中任主要角色。演唱曲目有《哈萨克圆舞曲》《蜻蜓姑娘》《我爱你，中国》《山歌向着青天唱》等。编写有《话剧演员舞台发声基础教材》。

宋书林（1963— ）

歌词作家。江苏邳州人。发表作品近千首，近百首作品获奖。《牵挂》获文化部全国声乐比赛优秀作品奖，《军营柳阴下》获全军"战士文艺奖"一等奖。《太阳和祖国》《回家》《祖国吉祥》等作品分别由中央电视台、湖南卫视等媒体播出。出版歌词集《书林一叶》和盒带专辑《感情存折》。

宋树秀（1928— ）

女声乐教育家、歌唱家。上海人。1953年贵阳师范艺术系毕业，后留校任教。1954年入四川音乐院师从郎毓秀教授，结业后任教于贵州民族学院、贵州大学、贵州艺术学院从事声乐教学，曾任声乐教研室主任，教授、硕士生导师。贵州省音协常务理事。编撰有《咬字正音》《意大利语语音》《德语语音》教材。发表《运用汉语语音规律解决吐字问题》《论歌唱演员的基本功及全面艺术修养》等文。收集整理有《彝族民歌集》。译著《外国近代音乐家简介》。培养出一批优秀歌唱人才。

宋铁雄（1954— ）

作曲家。江西余干人。余干县文化馆副馆长，上饶市音协常务理事、余干县音舞协理事长。1960年进余干县赣剧团担任乐队队长主琴和作曲。曾赴上海音乐学院进修，并多次参加省级以上的学术研讨和培训。在省、市演出、播放、发表大量作品，搜集、整理民间音乐二百余首。为全国高等音乐学府输送不少学生。作曲的赣剧现代剧《亲友面前》，传统剧《呼家将》，歌曲《圆梦》，音乐剧《抗洪英雄吴长春》等均获奖。歌曲《唱不完渔家幸福多》等由福建前线台和南京金陵台播放。

宋铁铮（1934— ）

音乐编辑家。上海人。中央人民广播电台高级编辑。1955年毕业于西安音乐专科学校作曲专业，1957年调中央人民广播电台文学戏剧部任配乐。从事配乐工作四十余年，录制歌曲、乐曲、广播剧、广播文学、话剧、电视等多种形式的节目千余首（部），并作有广播剧音乐《丹凤朝阳》《居里夫人》。撰有《谈广播剧的音乐美》《广播剧中的音乐》等文。

宋伟光（1962— ）

音乐教育家。满族。吉林四平人。浙江金华市青少年宫艺术部部长。毕业于东北师大音乐系。东北师大教育科学院教育原理专业研究生。中教高级教师。中国音协考级

委员会钢琴、电子琴考官。从事青少年音乐培训多年。数名学生分别考入全国各大艺术院校，多次获优秀指导教师奖。发表有论文数篇。

宋西平（1954— ）

作曲家。河北人。1970年入汽车制造厂当工人。1979年考入青海师范大学音乐系，毕业后留校任教。后就职于西南科技大学艺术学院，从事音乐基础理论和作曲理论的教学工作。主要作品有独唱、重唱、合唱、小舞剧、电视艺术片、管弦乐等。多部作品曾参加各类比赛、演出，并获各类奖励。

宋喜元（1936— ）

曲胡演奏家。河南汝州人。河南省曲剧团曲胡大师。1954年参加郑州市曲剧团。后调入河南省曲剧团。从事"曲胡"演奏六十余年。其伴奏部分剧目和"曲胡"独奏在全国和全省会演中多次获奖。培养"曲胡"学生数十人，致力于曲胡演奏技巧研究及曲胡改革，"便携式曲胡"获国家发明专利。五、六十年代曾多次调中南海演出，受到国家领导人的亲切接见。

宋小兵（1948— ）

少儿歌曲作家。山东人。曾任青岛市音协副主席，青岛市少年宫小海燕艺术团团长。长期从事少儿歌曲创作。创作的歌曲《童心世界》《我们都是世界的未来》《大山爷爷》《太阳，少年》等歌曲曾获文化部"蒲公英创作金奖""五个一工程"奖。中国音协、中央电视台"全国观众最受欢迎十首少儿歌曲奖"等。2004年，出版个人专辑《今夜星光下——校园舞台歌曲集》。

宋小明（1951— ）

歌词作家。湖北汉川人。东方歌舞团创作中心编剧。中国音乐文学学会常务副主席、中国音乐著作权协会理事、中国音协第六、七届理事。1981年在中国音乐学院作曲系音乐文学专业学习。1987年正式从事歌词创作。先后任北京文化音像出版社《演艺圈》画报编辑部主任、北京京文音像公司艺术总监，从事多种电视、演艺活动策划。作品有《你是这样的人》《中国功夫》等。先后任专题电视片《百年恩来》《二十一世纪不是梦》主体策划，大型活动"十年歌坛回顾""首届南宁国际民歌节""中国出了个毛泽东"策划、撰稿。曾获中宣部"五个一工程"奖、北京文学艺术奖等。

宋小霞（1972— ）

女高音歌唱家。山东莱阳人。中华女子学院山东分院音乐舞蹈科艺术培训中心主任。曾分别毕业于山东烟台艺校、山东师大音乐系和中国音乐学院音乐表演系。撰有《在市场经济体制下文化馆的生存和发展》获第二届全国论文二等奖。演唱的歌曲《蓬莱女》《西行车队》《山菊花》分别在中央、省内外电台、电视台播放。多次在全国、省市大型音乐演出中担任独唱，包括参加团中央主办的"五四"青年节文化演出及与俄罗斯红旗歌舞团同台演出。创办莱阳少儿艺术培训中心，培

S

养大量音舞人才。

宋晓咏（1956— ）

作曲家。广东鹤山人。鹤山市文联主席。1972年开始音乐创作，已发表歌曲百余首。其中在省级以上书刊发表、录制、演唱、播出、获奖的有六十余首。《大雁情》《您好，您好》《圆圈圈》《美化生活，五彩缤纷》《校园小路》《太阳花》等在文艺评比中获奖。《妈妈，我给您唱支歌》被文化部、国家教委、广电部等6部委选为"唱好歌"活动推荐歌曲。

宋学伟（1957— ）

歌剧表演艺术家。北京人。师从魏启贤、黎信昌学习声乐。1986年考入中央歌剧院。先后在多部世界著名歌剧《弄臣》《卡门》《茶花女》《蝴蝶夫人》《费加罗的婚礼》及中国歌剧《马可·波罗》中饰演主要角色。与世界多位著名艺术家合作演出歌剧及音乐会，均获好评。多次出任贝多芬第九交响乐《欢乐颂》，及冼星海《黄河大合唱》中的独唱、领唱。多次参加各种大型文艺演出。

宋延勋（1956— ）

长号演奏家。满族。河北人。乌鲁木齐陆军学院副教授。曾任南疆军区文工团长号演奏员。1984年调新疆军区军乐队参加国庆35周年大典任联合军乐团长号声部长。1986年毕业于解放军艺术学院长号专业，后毕业于新疆师范大学音乐专业。在全国首届业余铜管乐大赛中，长号独奏《帕米尔雄鹰》获二等奖。1999年参加国庆50周年大典任联合军乐团五大队大队长。

宋一民（1930—2004）

音乐理论家。江苏溧阳人。曾任无锡电视台文艺部主任、艺术指导，无锡乐团团长兼合唱指挥。主编《音乐欣赏》《音乐知识讲座》等节目数百期。江苏省音协第三、四届常务理事、无锡市音协三至六届主席。1986年赴日本为《无锡旅情》等作品进行修改、审定并举行首发式。江苏省音协名誉理事、无锡市音协名誉主席、中国民族器乐学会学术委员。

宋友权（1944— ）

音乐编辑家。藏族。四川金川人。中央人民广播电台高级编辑。1968年毕业于中央民族学院艺术系，先后在青海人民广播电台和中央人民广播电台从事音乐编辑、受众研究及领导工作。中国广播电视学会理事、广播受众研究委员会常务副会长、中国发展战略学研究会文化委员会理事、中国传统音乐学会理事、中国少数民族音乐学会常务理事。独立创作和与他人合作的58部作品在国内外评比中获奖。主编有《中国广播受众学》《广播情》《广播在我心中》《广播听众工作文集》。

宋玉珊（1936— ）

女音乐编导家。辽宁海城人。1950年开始从事部队文艺工作。后为中央电视台制作部主任音乐编辑。编导专题

节目有《九州方圆》《合家欢》《天府之梦》。

宋月林（1944— ）

女声乐教育家。山东黄县人。曾为辽宁阜新市音协副主席、市文联二届委员会主席团委员。1970年毕业于沈阳音乐学院声系，曾任职于阜新市文化馆、市群众艺术馆文艺部主任、副研究馆员。曾组织各种形式的群众音乐活动，担任各种比赛评委，举办声乐理论、基础知识与歌唱方法培训班多次，培养的学生多人在比赛中获奖或考入高等艺术院校及文艺团体。

宋云连（1939— ）

音乐教育家。新疆精河人。1964年毕业于新疆艺术学院理论作曲专业，并留校任教。曾任"音乐欣赏""视唱练耳""音乐基础理论"等课程的教学工作，并任音乐理论教研室主任，副教授。发表有《播种音乐的人》《现实丑与艺术美》《漫谈艺术美》《经过寒冬的百灵鸟》《琵琶的回归与反思》等文，其创作歌曲、译配歌曲、音乐随笔等散见于国内各种报刊。1996年被评为新疆自治区级优秀教师。

宋运昭（1934—已故）

音乐编辑家。苗族。湖南长沙人。1957年毕业于华中师范学院音乐系。多年从事音乐编辑工作。《艺术与时代》副主编。有歌曲《深山里的小河》，撰有多篇论文。

宋照敏（1955— ）

指挥家。河南商丘人。中国合唱协会河南分会常务理事。1982年毕业于河南大学音乐系。1993年入中央音乐学院指挥系进修。曾先后在解放军第43军文工团任演奏员、副团长，武汉军区胜利京剧团任演奏员。1986年任洛阳师专音乐系教师。多次指挥学校合唱团参加省市演出及全国调演，获金奖、一等奖等多种奖项。发表论文《听觉训练与分析》《马金凤唱腔艺术浅析》《唱歌的基本要求》《谈歌曲作法与形象教学》《合唱声音训练》等。

宋珍珍（1961— ）

女声乐教育家。福建宁德人。福建省艺术馆艺术培训部主任。1983年毕业于福建师大艺术系。撰有《漫谈声乐艺术之"声情"》《漫谈声乐的美学标准》等论文多篇。1986年获全国"首届民族民间音乐舞蹈比赛"声乐三等奖，1989年获福建省"海峡同乐杯""国土杯"青年歌手大赛一等奖。本人多次获各级比赛优秀辅导奖、园丁奖。培养的学生10余人次在全国、省市声乐比赛中获金、银、铜奖，数十人考入大中专音乐院校。

宋正为（1941— ）

中提琴演奏家。辽宁营口人。1967年毕业于沈阳音乐学院管弦系。后任沈阳军区歌舞剧团中提琴首席。作有舞剧音乐《蝶恋花》《伟大的战士》等。1977年获全军文艺汇演创作奖。

宋志山（1954— ）

长笛演奏家。新疆人。新疆生产建设兵团歌舞团乐队首席长笛。1979至1980年在中央音乐学院、中央乐团学习长笛，1980年在天津音乐学院学习竹笛，1987年在上海音乐学院学习长笛。曾参加歌舞剧团的小舞剧《选军马》《拾麦穗》，大型舞剧《沙吾贵克的春天》，舞剧《狼牙山五壮士》的排练演出，及在音乐会上演奏《天鹅湖》《红旗颂》并参加国庆50周年歌舞晚会、电影音乐会等的演出。多次演奏笛子独奏《帕米尔的春天》等，在歌剧、舞剧及交响乐中均担任首席长笛。

宋宗然（1962— ）

女声乐教育家。河南南阳人。1986年毕业于河南大学音乐系，分配至河南大学艺术学院任声乐教师、副教授。撰有《歌唱发声状态的建立与训练》《论唱歌发声中的反向控制》《对声音训练与研究》《对中小学生音乐教育的一点看法》等文多篇，曾获省文化厅一等奖及"黄河之滨"论文一等奖。曾获多届优秀教学奖、园丁奖。合著《手风琴教程》。

宋祖芬（1947— ）

女音乐编辑家。北京人。1966年毕业于中国音乐学院附中声乐专业。1972至1979年任中国铁路文工团歌舞团歌剧演员，主演过歌剧《审椅子》《山花烂漫》等。1979至1986年任中国电影乐团独唱演员、声部长。1986年后任中国音乐家音像出版社编辑、编辑部主任、总编助理。编辑出版几百种音像制品，并在全国各类奖项中获奖。

宋祖英（1966— ）

女高音歌唱家。苗族。湖南古丈人。海政歌舞团副团长、中国音协第七届副主席、全国文联委员。全国人大代表、全国政协委员、全国青联常委、全国妇联执委。中国环境保护大使。先后毕业于中央民族学院音乐舞蹈系、中国音乐学院民族声乐研究生班。1991年调入海政歌舞团。曾主演歌剧《红珊瑚》，音乐剧《赤道雨》。演唱曲目有《辣妹子》《小背篓》《等你来》《好日子》《十八弯水路到我家》《中国永远收获着希望》《长大后我就成了你》《兵哥哥》《英雄》《阳光乐章》《越来越好》《五月槐花香》《又唱浏阳河》《望月》《爱我中华》《大地飞歌》等。曾获全国少数民族声乐比赛一等奖，中央电视台音乐电视大赛金奖，中央电视台"全国听众最喜爱的歌手评选"民族组金奖，中国"金唱片"奖，中国"民族声乐杰出成就奖"。2002年在悉尼歌剧院举办"好日子——宋祖英独唱音乐会"，2003年在维也纳金色大厅举办独唱音乐会，2006年在华盛顿肯尼迪表演艺术中心举办《好一朵美丽的茉莉花》独唱音乐会。2009年在北京"鸟巢"作为主唱与多明戈、郎朗、周杰伦举办《2009魅力中国》大型演唱会。出版有《好日子》《乐海真情》《百年留声》等多张个人演唱专辑唱片、录影带。2005年被评为"中国妇女海内外有影响时代人物"，获2006年度第49届格莱美音乐大奖提名。

苏　聪（1957— ）

作曲家。广东东莞人。1982年毕业于中央音乐学院作曲系。1984年毕业于联邦德国慕尼黑音乐学院作曲研究生班。后在西柏林自由大学攻读博士学位。1985年获匈牙利纪念李斯特逝世一百周年国际作曲比赛第二名。1987年获民主德国德累斯顿国际作曲比赛荣誉奖。电影音乐《末代皇帝》1988年获美国"金球奖"最佳音乐奖，并获奥斯卡最佳电影音乐奖。

苏　达（1958— ）

小提琴教育家。河南开封人。1981年毕业于河南大学音乐系小提琴专业。河南省歌舞剧院交响乐团第二小提琴首席。河南省音协小提琴专业委员会会长。参加大量的中外交响曲、室内乐的演出，并担任独奏。先后为国家培养了近二十名专业人才，分别被中央、上海等音乐院校录取，学生中有二十多人在全国及省、市的各项比赛中获奖近五十项。被河南省音协评为"河南省优秀小提琴教师"并多次获奖。

苏　防（1963— ）

歌词作家。安徽人。安徽音乐文学学会副主席、巢湖市音协副主席兼秘书长。大学汉语言本科毕业。1980年应征入伍，曾在武汉军区直属炮团任团政治处新闻干事。复员后曾任《潜川报》社副刊部主任编辑、记者，县文化馆副馆长。庐江县文物管理所所长。发表歌词三百余首、论文百余篇，作品获奖七十余次，其中《自己路靠自己走》获安徽省第八届"五个一工程"奖，论文《从作曲角度谈歌词的音乐性》获安徽省首届音乐论文征集二等奖，《做个有志的中国娃》获安徽省黄梅戏少儿歌谣调演一等奖，《为巢湖喝彩》被定为巢湖市首届艺术节节歌。

苏　红（1961— ）

女歌唱家。满族。河南人。1975年入辽宁本溪歌舞团。1982年入沈阳音乐学院进修。1987年入全总文工团。北京市人大代表。1986年获全国青年歌手电视大奖赛通俗唱法专业组第一名。1987年获听众最喜欢的歌唱演员"嘎林杯"第一名。

苏　克（1921—2000）

作曲家。福建南安人。1944年毕业于福建音专。1948年在香港主编《儿童音乐》杂志。新中国成立初期在广东省文化局音乐工作组工作。1956年任广州音专作曲系教研室组长，后任星海音乐学院作曲系教授。作有歌剧音乐《海岸激浪》（合作），歌曲《歌唱吧，中国的少年》，编写有教材《复调音乐教程》等。

苏　力（1957— ）

大提琴演奏家、教育家。满族。内蒙古包头人。1988年毕业于俄罗斯圣彼得堡国立音乐学院，获音乐艺术博士学位。厦门大学艺术学院教授、院长、中国音协大提琴学会常务理事、福建省音协副主席、厦门市政协委员。教育部2009年"新世纪优秀人才支持计划"评审专家。曾多次出任全国大提琴比赛评委，并任第四届柴科夫斯基国际青少年音乐比赛初审评委，并获"组织贡献奖"。发表有《关于大提琴演奏中体现蒙古族音乐风格问题的几点想法》《大提琴与蒙古族马头琴、四胡之比较研究》等文，出版音乐作品《草原情》等获厦门市政府"文学艺术优秀创作奖"。赴美、英、德、俄、日、泰等国家独奏和进行学术交流。2005年代表中国出席在日本神户举办的"第三届世界大提琴年会"，并参加由罗斯特罗波维奇指挥的千人大提琴专场音乐会演出。

苏 玲（1961— ）

女古筝演奏家。广西柳州人。1987年毕业于上海音乐学院民乐系古筝专业。后任职于广西桂林市歌舞团。广西古筝学会副会长。曾多次在广西民族器乐比赛中获奖。创作古筝独奏曲有《苗乡月夜》《放风筝》《大小撮练习》《泛音练习》《左右手同步练习》《颤音练习》《上下滑音练习》等古筝练习曲数十首。撰写《习筝与演奏——谈筝的基础训练与演奏之门道》《声情并茂的艺术感染力——筝曲与演奏处理点滴》等文，在全国性的古筝学术研讨会上宣读、交流。曾受聘于广西师大音乐系等高校。

苏 柳（1965— ）

女歌词作家。山东人。中国武警文工团创作员。全国青联委员，中国音乐文学学会常务理事、秘书长，《词刊》杂志编委。曾为数十部影视剧创作主题歌、插曲，为百余台晚会创作歌曲或任策划、撰稿。出版《我叫苏柳》等6部个人歌词专著及《因为有你》等多张专辑光盘。作有系列爱情诗词《飞吻无痕》及歌曲《红彤彤的春天》等。有多首作品获全军、全国奖，其中《武警之歌》获中宣部"五个一工程"奖、《月光下》获第九届全军文艺汇演一等奖。曾任第十一届"文华奖"评委。

苏 曼（1961— ）

女小提琴演奏家。河北唐山人。1985年毕业于解放军艺术学院音乐系，总政歌舞团任小提琴演奏员、副首席。参加多部中、外著名歌剧《托斯卡》《这里的黎明静悄悄》《党的女儿》等排练演出工作，在北京及全国各地举办的世界名曲音乐会、大型交响音乐会、大合唱《东方红》《我们的队伍向太阳》《俄罗斯之夜》《世界名曲合唱音乐会》等演出活动。以及大型歌咏晚会《战士与祖国》《世纪之春》双拥晚会等，多次下连队为部队战士演出。随团赴匈牙利、罗马尼亚、波兰、朝鲜等国进行文化交流。被总政歌舞团评为"红星业务能手"。

苏 民（1923— ）

女作曲家。浙江温州人。1938年参加新四军，并先后在新四军、东北民主联军从事部队文艺工作。期间在华中鲁艺、延安鲁艺及中央音乐学院进修理论作曲。1947年起在东影、长影、北影担任电影作曲。作曲的主要影片有纪录片《边疆战士》，《民主东北》第四集中的"东影保育院"，动画片《谢谢小花猫》，故事片《光芒万丈》（合作）《无穷的潜力》《扑不灭的火焰》《龙须沟》（合作）《青年鲁班》《红雨》《高中锋和矮教练》等，其中《边疆战士》获文化部优秀影片三等奖。曾任中国电影音乐学会理事。

苏 敏（1955— ）

女板胡演奏家。回族。北京人。1977年入北京歌舞团。曾获全国民族器乐独奏观摩演出"优秀表演奖"。

苏 木（1935— ）

音乐史家。北京人。1963年毕业于中央音乐学院音乐学系，后为该院音乐研究所副研究员。长期从事古代音乐史的教学和研究。著有《中国古代音乐史》《道家音乐美学研究拾零》。译有《七弦琴音乐的历史概观》。

苏 楠（1930— ）

戏曲音乐理论家。辽宁人。1949年入东北军政大学文工团任演奏员。曾任音协辽宁分会戏曲委员会副主任、沈阳市音协副主席。著有《评剧现代戏唱腔选》《筱俊亭唱腔研究》。

苏 宁（1970— ）

琵琶演奏家。陕西西安人。自幼随母亲学习琵琶。1988年毕业于西安音乐学院附中，1992年毕业于中央音乐学院民乐系本科琵琶专业。同年考入中央民族乐团工作。中国民族管弦乐学会，中阮学会理事。曾随团出访香港、台湾、日本、韩国、奥地利、德国、丹麦、叙利亚、约旦、突尼斯、美国等十几个国家和地区。其中1998与1999年随团两次在维也纳金色大厅演出，2000年在联合国会议大厅为各国首脑演出。

苏 平（1942— ）

女民歌演唱家。撒拉族。青海化隆人。1959年入甘肃省歌舞团。曾任音协甘肃分会常务理事、省政协第五届常委。演唱"花儿"有《妹妹的山丹花》《阿哥是天上的白棉花》《领上吧，妹妹》。

苏 萍（1958— ）

女歌唱家。山东荣成人。14岁参军从事部队基层文艺工作，曾在某军宣传队从事京剧、中国民歌演唱。后调总政歌舞团担任独唱、领唱、主持。1991年毕业于解放军艺术学院音乐系声乐专业。演唱曲目有《没有强大的祖国哪有幸福的花》《格桑花》《月亮走，我也走》等，曾参加驻京部队青年演员独唱音乐会及青年演员声乐比赛，获第三名。为电影《漩涡里的歌》《新兵马强》和电视连续剧《山林深处》《大森林的回声》《破烂王》等录制主题歌和插曲。

苏 青（1952— ）

女作曲家。广东人。1982年毕业于南京艺术学院作曲专业，留校任教，后任该院音乐学院作曲系主任，副教授。1983至1985年上海音乐学院作曲指挥系研修。作有钢琴曲《赋格曲三首》，小提琴独奏《故乡的回忆》，民乐合奏《碧螺春讯》，歌曲《飘雪了》《落叶》《炊烟》等，有近三十部获国、省级音乐创作比赛奖项。出版作曲的激光唱片两张。发表《析'弦索十三套·十六板'的复调性特征》等文十余篇。

苏 生（1954— ）

女高音歌唱家。蒙古族。新疆和布克赛尔人。1970年入塔城文工团。1975年入新疆音乐学院声乐系进修。后任新疆广播电台文艺部音乐编辑。

苏 生（1964— ）

女歌唱家。蒙古族。新疆和韦人。1988年毕业于天津音乐学院附中声乐学科。新疆塔城地区文工团独唱演员，第十一届伊黎哈萨克自治州政协委员。1990年获天津"民族杯"文艺系列大赛民族唱法二等奖，1991年获伊黎哈萨克自治州专业文艺汇演一等奖，1998年获新疆新人新作比赛专业组美声唱法三等奖。先后于2000、2006年举办"我从草原来""情系和布克赛尔"个人独唱音乐会。

苏 铁（1930— ）

作曲家。山东乐陵人。1947年从事部队文艺工作。1955年入东北音乐专科学校进修，师承霍存慧、李一贤教授。1980年任广西电影制片厂作曲。为《血战台儿庄》等12部电影和《来者不善》等数十余部电视剧作曲。在《音乐创作》《歌曲》等刊物发表歌曲数百首，其中有数十件作品获奖。

苏 夏（1923— ）

音乐教育家、作曲家。广东东莞人。1938年始参加抗战宣传工作。1941年入广东省艺术专科学校音乐系学习。1944年入重庆国立音乐院作曲系学习。毕业后，在上海参加新音乐社。1949年随中华音乐院部分师生参与中央音乐学院的筹建工作，后一直在该院作曲系任教，教授。曾两次师从苏联作曲专家学习作曲。1986年任作曲及作曲技术理论专业博士生导师。出版作品集《新民歌集》《苏夏钢琴曲选》《苏夏艺术歌曲集》《苏夏合唱作品集》，舞剧音乐《东郭先生》《有情人终成眷属》，歌剧音乐《阿诗玛》，电影音乐《水上春秋》等。出版作曲理论《歌曲写作》《和声的技巧》《实用对位法》《卡农曲写作法》《歌曲写作读本》及《论中国现代音乐名家名作》等。曾获第五届中国音乐"金钟奖"终身成就奖。

苏 燕（1960— ）

女音乐教育家。甘肃靖远人。西北民族大学音乐舞蹈学院教授。1986年毕业于西北民族学院艺术系。发表《浅谈扬琴伴奏中几种实用手法》《浅谈扬琴音色美的创造》《谈器乐教学与学生潜能开发》等文。曾多次获少儿器乐比赛辅导奖、园丁奖。

苏 扬（1924— ）

指挥家、音乐活动家。江苏丹阳人。1938年参加抗敌演剧队、孩子剧团，后在重庆国立音乐学院学习，毕业于延安鲁艺。抗战胜利后曾担任东北鲁艺文工团、东北人艺歌剧院领导工作，并任指挥。指挥演出的歌剧有《火》《王贵与李香香》《为谁打天下》《白毛女》《小二黑结婚》《星星之火》等。1954年调中央实验歌剧院担任

乐团党政工作，并任指挥。1960年调入北京青年京剧团任团长，为民间京剧团改革、继承、发展程派京剧做组建工作。1962年后在对外文化联络委员会、中国驻老挝大使馆任职。1973年调国家出版局任办公室副主任。1978年调中国音协，任领导小组成员、副秘书长、对外联络委员会副主任、书记处书记，并任《歌曲》副主编。与山西音协创建中国函授音乐学院，任董事长。曾出席联合国教科文组织国际音理会、亚洲词曲作家同盟会等会议。

苏 勇（1937— ）

作曲家。天津人。天津音协理事、创作委员会委员。毕业于天津师范学校美术音乐班。曾任职天津市少年宫并在天津音乐学院在职进修指挥、作曲。作品有歌曲《小司机》《祖国祖国多美好》《歌儿飞向台湾岛》《我们是党的好孩子》《小伞花》《静静地听》《飞呀飞》《少女之歌》《樱花树》《要让友谊花盛开》，音乐片《幸福的回忆》。曾任天津市少年宫、天津电台、天津电视台少儿合唱团、天津音协小星星合唱团辅导员、指挥。

苏 越（1955— ）

作曲家。北京人。中国音协第七届理事。1979年入总政歌舞团任中提琴演奏员，后任文化部中国录音录像总公司总编辑、社长，中国《百老汇》杂志社总编辑。作有电视连续剧音乐《甄三》，歌曲《血染的风采》《黄土高坡》等。曾在日本留学，学习录音制作、作曲、演唱及声像技术与技能。

苏爱丽（1942— ）

女音乐教育家、钢琴家。江苏苏州人。1953年入中央音乐学院附中钢琴学科学习，1964年毕业于中央音乐学院钢琴系。师从易开基、韩建明先生。曾任济南前卫歌舞团演员，长期担任中央音乐学院声乐歌剧系艺术指导教师兼任钢琴伴奏。排演了《费加罗的婚礼》《茶花女》《波西尼亚人》《卡门》《蝴蝶夫人》等多部歌剧。所指导的学生，或在国内、外声乐比赛中获奖，或成为国内、外乐坛、歌坛的主要演员。

苏安国（1943—已故）

二胡演奏家。辽宁丹东人。1958年始从事文艺工作。曾任山东军区歌舞团民族乐队首席及教员。1975年获全国音乐汇演独奏"优秀奖"。作有器乐曲《山茶花叙事曲》《幸福歌儿唱不完》等。曾出访日本、智利、捷克、瑞典等国家。

苏布达（1962— ）

女琵琶演奏家。蒙古族。内蒙古人。内蒙古广播电视艺术团琵琶、柳琴演奏员。1979年考入中央民族学院艺术系学习琵琶专业。1982年考入上海音乐学院民族器乐系。毕业后在内蒙古广播电视艺术团工作。1985至2000年参加录制内蒙古电视台、电台每年春节晚会。参加录制大量的电视剧、磁带、CD音乐及多场演出并担任独奏。在"内蒙古自治区第二届室内乐作品暨演奏、演唱大赛"中获二等奖。2003年被聘为中国音协校外考级

S

琵琶专业评委。

苏春敏（1958—）

女柳琴演奏家、教育家。河北人。毕业于上海音乐学院。曾任国际青少年器乐比赛评委。多次赴日本、德国、法国、俄罗斯等地进行艺术交流。编著出版上百万字的书籍，撰写、发表数十篇论文或获奖。出版柳琴教学VCD和录音带。柳琴与巴乌《火把节恋歌》，柳琴独奏《剑器》在"全国校园春节联欢晚会"节目评选中获一等奖。所辅导的学生近百人次在各类比赛中获奖。

苏丹娜（1963—）

女合唱指挥家、音乐教育家。浙江玉环人。先后毕业于福建师大、首都师大音乐系，结业于中央音乐学院和中国艺术研究院研究生班。北京航空航天大学艺术教育中心副教授、中国音协合唱联盟理事。2002至2005年在美国Hartford音乐学院进修合唱指挥法和音乐教学法，获（柯达伊教学法）毕业证书。发表有《论高校艺术教育和人才培养》《合唱是提高大学生素质的一条有效途径》等文，编有《声乐与合唱艺术》《中外优秀合唱曲集》《交响乐欣赏教程》（合作）。

苏凤娟（1929—）

女中音歌唱家。天津人。1955年毕业于中央音乐学院声乐系，留校任教。1957年入中央歌剧院任演员、声乐教员。曾在第四届世界青年联欢节声乐比赛中获奖。1980年获文化部直属文艺院团观摩评比演出"一等奖"。

苏富世（1936—）

作曲家。山西文水人。1962年毕业于山西艺术学院音乐系。曾任山西阳泉市文化局副局长。作有歌曲《太行山歌唱朱老总》《煤矿工人听毛主席的话》。

苏桂林（1937—）

作曲家。山东泗水人。1959年从教。1988年任临沂市音协主席。1990年起组织首届"中国革命老区民歌演唱会"，并主办各类音乐大赛二十余次。创办《沂蒙乡音报》，主编歌集五部。著有歌集《献给母亲的歌》。作品多次获奖并在中央及省、市电视台播映。1989年获省文化厅、民委及文联"集成志书"奖，1995年获曾宪梓优秀教师奖。

苏国红（1949—）

作曲家。云南昌宁人。1975年毕业于昆明师范学院艺术系。曾任中学教师，后带文艺团队。1988年调县文化馆工作。发表的部分作品先后被收入《中国原创音乐作品集》《中国之春》等歌曲集。出版《苏国红歌曲选集"春雨"》，创作歌曲选《秋颂》。出版音乐论文集《文化传承与社会进步》，收入论文26篇。

苏国明（1958—）

女中音歌唱家。河北人。1975年参加工作。1977年入成都军区战旗歌舞团任歌唱演员。1987年转业至西安公路

学院团委。1991年调入成都歌舞剧院任歌唱演员及节目主持人，四川省青联委员，四川通俗音乐学会理事。曾担任四川电视台节目主持人及声乐教学，多次担任晚会策划、艺术总监、导演、音乐总监等。任成都理工大学广播影视学院音乐舞蹈系主任。

苏汉兴（1939—）

作曲家、二胡演奏家。四川会理人。四川音协理事、四川民族管弦乐学会副会长。1961年毕业于四川音乐学院民乐系。先后在战旗歌舞团、四川省乐团、峨影乐团，历任乐队队长、副团长、指挥及创作员。出版有《电声乐队配器法》，二胡作品专集《流畅练习曲26首》，交响诗《忆苦思甜》，轻音乐《黄杨扁担》，古琴与乐队《忆故人》，二胡曲《火车开进彝家寨》，小提琴曲《千里凉山变新颜》等多部作品，在全国、全军、省级文艺作品评奖中获优秀作品奖。为六十多部电影、电视剧作曲并指挥。

苏焕洲（1941—）

琵琶演奏家。辽宁沈阳人。曾任长影乐团副团长，乐团琵琶首席。1956年入长春电影制片厂乐团学习琵琶演奏，师从夏仁根，刘德海以及俞良模。曾为《冰山上的来客》《刘三姐》等数百部电影担任配乐，并录制过琵琶齐奏唱片。及曾参加演音乐歌舞电视片《关东歌舞》的拍摄。曾为沈阳音乐学院编写琵琶教材，并随团赴苏联等国家。

苏建忠（1946—）

歌剧表演艺术家。云南昆明人。曾任中央歌剧院歌剧团副团长。就学于云南艺术学院和中国音乐学院。1962年入伍，在团、师、军宣传队（文工团）中担任小提琴演奏员和独唱、重唱及歌剧、话剧表演，并从事音乐、文学创作。1979年入中央歌剧院。在歌剧《刘胡兰》《军民进行曲》《芳草心》《图兰多》《屈原》《马可·波罗》等十余部歌剧中饰演主要角色，并担任四重唱、领唱。曾随团出访越南、芬兰及港、澳地区演出。

苏凯立（1948—）

小提琴演奏家、作曲家。辽宁开原人。广州军区战士歌舞团乐队首席。1966年毕业于沈阳音乐学院附中。获全军第四、六届文艺汇演演奏奖。1984年擂胡独奏曲《阿凡提之歌》（合作）获全国民族器乐作品评奖比赛三等奖。曾赴日本东京音乐大学进修作曲。创作的舞蹈《椰林醉了》音乐获创作二等奖，民乐三重奏《醉》获第二届"长风奖"中国民族器乐作曲比赛三等奖。

苏兰生（1954—）

音乐编辑家、翻译家。安徽亳州人。毕业于西北师大音乐系，曾先后在西北民族学院音乐系艺术系任教，后又毕业于天津音乐学院作曲系作曲技术理论专业。人民音乐出版社外国音乐编辑室副主任、《钢琴艺术》常务副主编、《音乐研究》副主编、中国音协西方音乐学会理事。策划并组织实施《中国当代作曲家曲库》《外国音乐学术经典译著文库》等图书百余种。撰写各种文论数十篇，为《音乐百科辞典》《中国音乐百科全书》《牛津简明音乐

辞典》等工具书编写部分词条。译著有《新音乐词汇——现代音乐记谱法指南》《古今钢琴协奏曲史典》等。

苏良成（1925— ）

男高音歌唱家。福建人。生于缅甸。1949年始从事部队文艺工作。1957年毕业于上海声乐研究所。曾任江西省歌舞团歌队队长。演唱曲目有《老汉从小爱唱歌》《澧水船夫号子》。

苏茂华（1946— ）

音乐教育家。回族。陕西留坝人。1976年毕业于西安音乐学院音教系。曾任校长、文化馆长、市音协理事。曾获县文化系统先进个人、社会办学优秀教师称号。所教学生考入大、中专音乐院校数人，培训有大批青少年电子琴、二胡学生，所辅导的学生何莹参加"华夏"声乐比赛获二等奖。撰写论文数十篇，创作发表歌曲五十余首。出版有《音乐教育论文集》与《陕南留坝民歌集》。

苏妙筝（1947— ）

女琵琶演奏家。广东潮州人。1960年入广州军区战士歌舞团，1963年考入广州音乐专科学校附中，1965年入海南军区战线文工团，1969年调入海军南海舰队文工团，历任合奏、独奏和琵琶个人弹唱演员。参加过全军多次调演、汇演、公演、录音等活动。编写《潮州琵琶曲选》一册。发表论文《广东佛教音乐概况》《关于红线女艺术研究的趋向》等。长期参与有关潮州音乐及佛教音乐的抢救收集、整理研究工作，合作出版有专著《潮州禅和板佛乐》《泰国华宗赞佛偈语词谱》《潮州弦诗全集》《潮州古谱研究》等。

苏巧筝（1944— ）

女古筝演奏家。广东潮州人。自幼随筝家苏文贤学艺，1960年始从事部队文艺工作。1981年入星海音乐学院从事研究工作。编著有《潮州大锣鼓》《潮州筝艺》。曾在香港及东南亚举行个人音乐会及讲学。

苏人振（1925— ）

音乐教育家。北京人。曾任北京十九中高级音乐教师、海淀艺术培训中心器乐系副主任、区音乐教研员、广播少年民族乐团办公室副主任。撰有论文《论音乐在使学生德、智、体、美全面发展中的作用》《论音乐与智力的良性循环》，编著《怎样欣赏民族音乐》，编辑青少年系列课外读物《音乐》（下册），并于1989年出版。创建音乐加强班，培养了大批学生。

苏任千（1932— ）

作曲家、指挥家。辽宁沈阳人。1948年参加解放军文工团。1951年任指挥。1957年、1964年先后毕业于沈阳音乐学院干修班、总政上海指挥班。1964年起任空军军乐队队长、歌舞剧团团长、文工团团长。曾指挥歌剧《刘胡兰》《江姐》，交响音乐《智取威虎山》及多部合唱、合奏、电视剧音乐等。1964年获全军指挥奖。1969年任国庆大典千人乐团副总指挥。所指挥的乐曲《巡逻在祖国天空》，合唱《鹰击长空》获全军汇演作品奖。为1989年颁发的《中国空军进行曲》（空军军歌）的主要作曲者。曾率团赴美国、西班牙、朝鲜等访问演出。

苏荣玉（1960— ）

女声乐教育家。福建福安人。福建宁德师范高等专科学校副教授。1979年起先后在宁德师范、集美师专、西安音乐学院、北京师大音乐系进修。2003年毕业于福建师大函授音乐系本科。发表《关于嗓音的运用》《谈音乐的形式与内容的关系》《歌唱中的咬字与吐字》等文。曾参加宁德地区举办的"军民心连心中华大家唱"歌手赛获二等奖。

苏瑞林（1942— ）

笙演奏家。北京人。1962年起任全总歌舞团民乐队笙领奏、独奏。连续多年被本团评为优秀演奏员。多次赴欧洲、亚洲国家和地区演出。1998年获法国瓦隆国际艺术节团体演出一等奖。创作的笙独奏曲有《草原上的运粮队》《童趣》及葫芦笙独奏曲《欢乐的边寨》等。1988年起任本团民乐队队长。

苏瑞清（1939— ）

女钢琴演奏家。广东中山人。曾为山东青岛歌舞团钢琴演奏员。1962年毕业于中央音乐学院钢琴系。曾任职于黑龙江哈尔滨歌剧院并为歌唱家张权伴奏。曾参加"沈阳音乐周""长春音乐会""哈尔滨之夏"等演出，演奏有钢琴伴奏《红灯记》，钢琴协奏曲《黄河》及肖邦的钢琴作品。创作的钢琴曲《春天来了》1960年曾获中央音乐学院中国钢琴作品比赛奖。培养的钢琴学生曾在国内钢琴比赛中获名次奖。

苏沙宁（1957— ）

音乐教育家、理论家。广西梧州人。1982年毕业于广西艺术学院音乐系。广西艺术学院民族艺术研究所副研究员。出版专著、发表《鼻箫探赜》《二胡U滑音辨析》等论文二十多篇。曾参加辞书《少数民族音乐辞典》的编纂，撰写《中国少数民族音乐史》中的"瑶族音乐史"。课题研究"壮族铜鼓及其音乐""壮族骨胡""壮族八音"等得到专家肯定。作有《壮乡夜画》获广西首届"红铜鼓"艺术专业大赛优秀创作奖。所教学生多次获专业大赛奖。

苏盛兰（1937— ）

女民歌演唱家。满族。北京人。1950年从事专业文艺工作。后入总政歌舞团。演唱曲目有《王大妈要和平》《信天游》等获全军第二、三届文艺汇演"优秀节目奖"。先后随团出访东欧、西欧等国家。曾获埃塞俄比亚及墨西哥"金质奖章"。

苏素筝（1963— ）

女演奏家。广东潮州人。中国民族管弦乐协会阮专业委员会常务理事。1985年毕业于星海音乐学院民乐系。星海音乐学院民乐系副教授、系副主任。毕业留校以来从事三阮、阮、柳琴专业的教学并参加文艺演出和电台、电视台的录音录像活动。曾获首届全国广东音乐邀请赛一等奖。多次应邀赴美国和港澳地区访问交流演出。主科学生曾在民族器乐独奏阮专业比赛中获优秀表演奖等。发表《如何取得阮的理想音质及音色变化》《潮州小三弦琐谈》等文，编著出版《阮基础教程》等。

苏伟光（1942— ）

歌词作家。广东吴川人。1965年毕业于中山大学中文系，分配至中央电台文艺部。曾任职于文化部艺术局创作研究室，《艺术通讯》副主编。1986年调深圳市。曾任深圳市文化局局长，广东省民间艺术家协会副主席、深圳市文联副主席、市民协主席、市音协理事。歌词作品有《全世界人民一定胜利》《歌唱解放军》《中南海，我心中的海》《鲁迅颂》《珠江从我梦中流过》《开拓者之歌》。合作著作有《歌词创作杂谈》《深圳民间歌谣》。

苏蔚蔚（1965— ）

女音乐编辑家。甘肃酒泉人。1984年入伍，曾从事科研技术工作。1993年始任中国酒泉卫星发射中心电视台文艺编导。其作品音乐舞蹈史诗《东风航天城之歌》、组歌《我们是航天城的战士》、歌组合《中国龙》分别获总装备部文艺节目调赛编导二等奖、创作一等奖、创作二等奖。快板书《大漠英雄航天城》获2000年全国"牡丹文学创作"奖，作词歌曲《今夜月光如水》获中央电视台"三角杯"第六届军旅歌曲音乐电视大赛金奖。

苏文炳（1915—2005）

打击乐演奏家、作曲家。广东佛山人。曾任广州市文史馆曲艺组组长。1945年起在广州多个大型粤剧团任掌板。1950至1958年先后任广州市音乐职业工人临时代表会副主席、粤剧曲艺工人临时代表会组织干事，参加筹组广东民间乐团并任工会主席，调广东音乐曲艺团后，兼任教师。广州市第六届人大代表，第五届政协委员。1959年出访苏联和匈牙利。作有广东音乐《庆丰收》《广州起义组曲》（合作），主编《传统牌子小曲十八首》和《广东粤剧锣鼓基础知识》。

苏文进（1947— ）

作曲家。广西北海人。1972年始从事音乐创作。1987年任北海市文化局艺术研究室主任、音协广西分会第三届常务理事。作有歌曲《祖国象妈妈一样》《槟榔树下摇网床》《十八岁的红蜡烛》。

苏小莎（1949— ）

女词曲作家。湖南长沙人。1979年始就读于贵州广播电视大学英语系、师范大学中文系，1993年毕业于贵州民族学院艺术系。1992年入贵州省文联《音乐时空》编辑部任副主编、副编审。获奖作品有《门前有条小溪流》《做新衣》《闪光的理想》《你可知道这样一条河》《会跳舞的小草》《小野花》《我的作业做完了》《游子的恋情》《彩云的故乡》《噢，遵义红楼》《公交工人之歌》《娄山情思》。《音乐时空》被评为省百家刊物优秀期刊。

苏晓辉（1963— ）

女钢琴演奏家。河北张家口人。河北交响乐团乐队演奏员。1980年毕业于河北省艺术学校音乐科。曾任河北省歌舞剧院歌剧团、乐团演奏员。在本团影视大屏幕音乐会钢琴独奏《叶塞尼亚》和《爱情的故事》，在"儿童交响音乐会"演出圣桑双钢琴与交响乐队《动物狂欢节》担任独奏，在"英雄河北"音乐会中演奏《bB大调少儿钢琴协奏曲》。担任乐团歌剧排练伴奏的曲目有《三个女儿的婚事》《他们的心》等。

苏孝林（1958— ）

歌唱家。甘肃兰州人。1974年入兰州市歌舞团工作。甘肃省文联副主席、省音协副主席、兰州大剧院院长。曾参加首届、二届全国电视歌手大奖赛，并获奖。在第一、二、三届甘肃赛区中获美声唱法第一名。2005年任国家舞台艺术精品剧目、首届中国优秀保留剧目《大梦敦煌》艺术总监。曾被授予"全国新长征突击手"称号。

苏修荣（1932— ）

扬琴演奏家。湖北人。曾任职于四川歌舞剧院歌舞团。先后在重庆市文工团、中央广播民乐团、成都曲艺团学习扬琴演奏。创作并演出有扬琴独奏曲《将军令》《战鼓催春》，双扬琴对奏曲《打擂台》。曾赴京参加全国第一届歌舞观摩调演。先后随团赴埃及、叙利亚、黎巴嫩、阿尔巴尼亚及香港、澳门演出。编著有《怎样学习扬琴》《扬琴曲十首》（合作）。

苏雪生（1939— ）

琵琶演奏家。福建福清人。1956年起在福建省歌舞剧院乐队任演奏员、琵琶首席。1959年被聘为福建省艺校琵琶专业教师。曾两度应邀担任福建师范大学音乐系与福州市艺术师范学校兼职琵琶专业教师，两次赴日本参加音乐剧《大航海》的演出，并担任三弦独奏。

苏严惠（1969— ）

女指挥家、音乐教育家。广东潮州人。华南师范大学音乐学院副院长、广东音协理事及省合唱学会常务理事。1996年毕业于中央音乐学院指挥系。发表的《关于合唱的音色融合训练》《对高师"合唱与指挥"教学的新认识》等文均获奖。所指挥的华南师大合唱团、广州合唱团、广东老演员合唱团多次获得全国及省市比赛奖项，2004年指挥华南师大合唱团赴法参加"中法文化年"交流活动。2005年获"广东省优秀音乐家奖"。

苏燕玲（1961— ）

女歌唱家。壮族。广西武鸣人。毕业于中国音乐学院，广西民族学院声乐教师。曾获全国首届"中国民歌大赛"金奖、第二届"金号奖"——全国听众最喜爱的歌声"十佳歌手"奖、全国"刘三姐杯"声乐大赛铜奖、西南六省区声乐大赛一等奖。担任《印象·刘三姐》主唱、为壮剧《歌王》女主角丹霞配唱。在第二届少数民族汇演中获独唱一等奖。录有《红水河之歌》《美丽神奇的地方》《中国情歌恋曲》《壮乡集锦》等。为《窍乡》等十余部广播、电视剧配唱主题歌。被自治区党委宣传部授予"广西文艺家"称号。

苏以淑（1939— ）

指挥家。壮族。广西武鸣人。1963年毕业于广西艺术学院音乐系作曲专业，后在省级单位从事作曲、指挥、音乐辅导。发表和演出各类音乐作品及撰文二百余首（篇），有15项成果获全国奖、25项获省级奖。发起成立广西合唱协会，多次指挥合唱团在全国和国际赛事中获奖。第八届全国人大代表，广西政协第七届常委、第八届委员。

苏艺娟（1968— ）

女歌唱家。湖北武汉人。1980年起就职于竹溪县文工团、十堰市艺术团，任独唱演员。1995年毕业于武汉音乐学院声乐系。后任湖北省歌剧舞剧院歌剧团演员。先后担任独唱、二重唱、三重唱和节目主持人。曾随团赴马来西亚、法国和瑞士演出，并在演出保留剧目《编钟乐舞》中任主角皇妃，在西班牙演出大型乐舞《钟鸣楚天》中担任独唱。此外曾赴朝鲜、台湾、香港等地演出。

苏永进（1946— ）

作曲家。广西梧州人。江苏音乐文学学会理事、南京音协副主席。长期从事中学音乐教学、企业社会音乐和文艺辅导及南京市群艺馆音乐创作。作有歌曲《水乡小楼》《飘吧，江南的彩云》《水仙开啰》等，获广播新歌、"水仙杯"全国征歌大赛、"星光杯"等大赛金奖、优秀奖，在刊物发表、电视台、电台播放，录制唱片、磁带近百件。多次组织省、市级大型音乐活动并任比赛的策划和音乐编辑，曾任南京小红花艺术团特聘创作员。

苏友谊（1944— ）

作曲家。山西人。曾为山西杂协秘书长、山西曲协副主席。1968年毕业于山西大学艺术系。曾任歌舞团演奏员并从事民间曲艺音乐研究。创作有潞安大鼓及上党鼓书《醋为媒》《柳二狗与小广州》《小城变奏曲》等，作品多次获各级奖项，多次受政府嘉奖并获1992年山西省"优秀文艺工作者"称号。发表大量论文并担任《中国曲艺集成·山西卷》副主编。

苏挚衡（1920— ）

音乐教育家。四川成都人。1945年于国立音乐学院管弦系理论作曲系肄业。西南师范大学音乐系教授。著有《小提琴基本练习补充教材》。

苏仲芳（1932— ）

女音乐教育家。北京人。1954年毕业于师范大学音乐系。任山东艺术学院教授。撰写发表论文《浅论歌曲结构》《浅论舒伯特的声乐套曲〈美丽的磨坊女〉》等十余篇。著有《五线谱乐理知识》《外国音乐名著教程》《简谱乐理知识》（合著）、《小学音乐知识辞典》（合著），译文有《巴洛克时期的音乐》《匈牙利人民和孩子

们爱戴的柯达依》。

苏娜央宗（1958— ）

女歌唱家。藏族。西藏亚东人。中国广播艺术团民乐团独唱演员，1982年毕业于上海音乐学院声乐系。曾获1987年全国少数民族声乐比赛优秀奖、文化部授予"珠穆朗玛优秀演员奖"。曾参加上海国际音乐节、中央电视台元旦晚会等演出，参与拍摄音乐电视片《中国风》，先后为中国国际广播电台等录制30多首藏族民歌与拍摄过十多部音乐电视。

苏来曼·伊明（1944— ）

作曲家。维吾尔族。新疆喀什人。1965年毕业于新疆艺术学院音乐系。1978年入中央音乐学院作曲系进修，后在新疆艺校任教。作有歌曲《新疆儿女怀念周总理》，民乐曲《热烈的劳动歌声》，钢琴曲《古莱莱》等。

宿永良（1958— ）

扬琴演奏家。辽宁沈阳人。1979年任解放军工程兵文工团演奏员、1983年任总政歌舞团乐队演奏员，历任多届"双拥"晚会、五届"八一"晚会音乐编辑，配器百余首。出版扬琴独奏曲5首。编曲电子音乐专辑两盘，已由辽宁春风文艺出版社出版发行。

粟仁金（1925—1990）

作曲家。广西桂林人。1948年始从事音乐工作。曾任音协广西分会副秘书长，广西中小学音研会副理事长。曾在越南学校教音乐，获越南劳动勋章。作有歌曲《壮人永跟毛泽东》。

隋捷（1953— ）

录音师。天津人。中国音协手风琴学会理事。1970年学习手风琴。1985年调入中央音乐学院电教科从事录音工作。录制作品有故事影片《蒋筑英》《蓝花花》音乐，中国音协"全国小提琴、钢琴考级曲目演奏示范带"，中央电视台《音乐桥》专栏"钢琴作品专辑"音乐及《音乐国宝》之三"中国钢琴名曲集"等。2002年在研究键盘式手风琴教学基础上开始研究键钮式手风琴的演奏与教学。

隋宁（1970— ）

女歌唱家。黑龙江哈尔滨人。1993、2001年分别毕业于沈阳音乐学院民族声乐系及美国南加利福尼亚大学工商管理系。先后任沈阳军区文工团、深圳市歌舞团、北京军区战友文工团歌唱演员。多次参加央视春节联欢晚会、中秋晚会、"心连心"艺术团等大型演出活动并任独唱。曾获深圳"格兰之声"大奖赛优秀奖，"荔枝杯"大奖赛冠军，全国青年歌手电视大奖赛民族组冠军，并任中央电视台特邀演员。创作并演唱的歌曲《祝福世界》在澳大利亚拍成MTV，《梦旧故乡》获深圳"艺术精品奖"。

隋镛（1944— ）

作曲家、音乐理论家。辽宁人。1969年毕业于天津音乐学院作曲系。曾任该院作曲系共同课教研室主任、副教

S

授。70年代末曾在西藏师范学院艺术系任教，创作配器的舞蹈音乐《雪莲赞》《秋夜》获西藏自治区会演二等奖，舞蹈音乐《夏尔巴的春天》配器获全国少数民族会演优秀奖、西藏自治区一等奖。撰有《西藏民间音乐堆谢》《西藏民间音乐》《论声乐学生的音乐听写课教学》，编著教材《视唱练耳高考中考冲刺》，参编《文学、艺术新术语词典》，主编有《音乐基本素质考级教材》等。

隋景宏（1971— ）

唢呐演奏家。安徽亳州人。先后毕业于安徽艺术学校戏剧科、解放军艺术学院文学系。南京军区前线文工团演员。在第六届中国艺术节闭幕式大型民族音乐会中担任独奏，在北京人民大会堂纪念反法西斯战争胜利60周年大型交响音乐"和平颂"演出中任声部首席。分别获国际民族器乐独奏比赛、省第三、四届民族器乐比赛、第二届茉莉花杯民族器乐比赛金奖、一等奖和演奏奖。出版《中国古代名曲大全》《隋景宏唢呐独奏专辑》等音像制品。

隋景山（1963— ）

音乐教育家、演奏家。安徽亳州人。1982年始任唢呐、笙主课教师。创作发表笙、双管、笛子、唢呐、闷子等十余首器乐曲。在《中央音乐学院学报》《文化时空》等报刊发表关于笙和唢呐演奏、教育的论文二十余篇。1994年在安徽亳州举办民族管乐独奏音乐会，2000年在中央音乐学院举办唢呐独奏音乐会，曾获国际华夏民族器乐比赛优秀演奏奖。

隋克强（1927— ）

音乐教育家。天津人。中央音乐学院小提琴、中提琴教授、管弦系主任。1952年毕业于中央音乐学院管弦系小提琴专业，并留校任教。先后师从来华德国小提琴家修尔兹、苏联小提琴家米基强斯基马科连科学习深造3年。录制发行小提琴独奏曲《莫北之春》《红河山歌》等唱片。1956年与匈牙利专家合作录制发行多张重奏作品唱片。编写中央音乐学院小提琴、中提琴教学大纲。编写小提琴教材及中提琴曲集各一册。

隋立本（1946— ）

音乐教育家。山东高密人。曾任沈阳音乐学院附中作曲学科主任。1979年毕业于沈阳音乐学院作曲系。曾任辽宁省京剧团演奏员兼指挥，辽宁乐团、辽宁芭蕾舞团作曲。作有歌曲《卖火柴的小女孩》《秋风吹来一个故事》《没有比咱更自豪》《校园风》《为祖国祝福》等，分别获各类奖项。撰有论文《歌曲创作中节奏的运用》《偏音在五声性调式旋律中的运用》。出版《隋立本歌曲选》。

隋丽美（1961— ）

女大提琴演奏家。黑龙江哈尔滨人。中国广播艺术团电影交响乐团演奏员。1986年赴匈牙利李斯特音乐学院大提琴系学习一年。曾在维瓦尔第《第一小提琴协奏曲《四季》、巴赫《布兰登堡协奏曲》、亨德尔清唱剧《弥赛亚》、莫扎特《第四十交响曲》《第三十九交响曲》《贝多芬第一交响曲》、韦伯《邀舞》等演奏中任大提琴演奏

员。参加不同形式的演出，录制电影、电视剧音乐和大量唱片、磁带、CD等。

隋利军（1952— ）

作曲家。黑龙江鸡西人。1977年毕业于上海音乐学院民乐系，1989年赴中央音乐学院作曲系进修。曾任黑龙江省歌舞团唢呐演奏员、创作员，现任黑龙江省歌舞剧院民族乐团团长，省音协副主席等职。创作《民族音乐组曲》，月琴协奏曲《北大荒狂想曲》，民乐合奏《三江弄潮》《黑土歌》，民族交响乐《零》，编鼓协奏曲《渔火》等。在全国民族管弦乐展播活动中多次获奖。

隋稳掬（1938— ）

女音乐教育家。山东青岛人。毕业于武汉音乐学院钢琴系。曾任青岛教育学院音乐系钢琴教研室主任、山东省、市、地教育学院音乐教研中心组长、青岛教育学院学术委员会委员、青岛音协理事、键盘艺术委员会主任。所培养的学生在国际、国内各类比赛中获奖。多年来担任全国省、市组织的钢琴考级评委及各类钢琴比赛评委。撰写有《地方民歌》《中外钢琴教材》三册等被收录于山东大、中专音乐师范院校统编教材中。

隋晓方（1960— ）

女中音歌唱家。满族。辽宁大连人。中央歌剧院演员。1986年毕业于中国音乐学院歌剧系。曾举办个人独唱音乐会。在歌剧《江姐》《刘胡兰》《芳草心》扮演重要角色，在中日合排的歌剧《歌仙、小野小町》扮演小町的母亲，在歌剧《乡村骑士》中扮演母亲露契娅，在贝多芬第九交响曲《欢乐颂》中担任四重唱的女中音领唱等。

隋星桥（1929— ）

指挥家、音乐教育家。山东青岛人。山东师范大学音乐学院教授，山东大学音乐学院、山东艺术学院客座教授。中国师范院校合唱学会理事长、中国合唱协会常务理事。1953年毕业于北京师范大学音乐系。先后任职于华中师范大学、武汉艺术师范学院、湖北艺术学院。从事欧洲音乐史、合唱、指挥、小提琴课程的教学。撰有《巴赫》《完成的〈未完成交响曲〉》《霍尔斯特的〈行星组曲〉》《微音及微音音乐》等文十余篇。专著《中外名曲欣赏》（合作）获多种奖项。曾任《合唱与指挥》教材编写组长，多次获指挥奖。

隋月龙（1931— ）

小提琴演奏家。山东人。1948年起先后入华东军政文工团、上海电影乐团、北京电视乐团任演奏员。1954年入上海交响乐团任第一小提琴演奏员。1960年入上海音乐学院管弦系进修，后兼任上海交通大学音乐研究室副主任，1988年任上海舞剧院院长。

孙　柏（1954— ）

音乐活动家。陕西勉县人。1972年起先后在陕西某军演出队、兰州军区战斗歌舞团任演员。后入武警甘肃总队任宣传队队长、艺术团团长。1993年毕业于陆军政治学

S

院。1999年调武警文工团任办公室主任。作有歌曲《咱们连的小菜香》《愿你听见我的歌》等，部分作品获全军、武警奖。参加全军、全国各类大型文艺演出。曾组织策划武警、公安首届射击比赛专题晚会、第四届中国艺术节开幕式演出、"久别了香江"专题晚会、"中华神韵"曲艺歌舞晚会、"永远的誓言"专题晚会。

孙 斌（1946—已故）

男中音歌唱家。山东人。1968年毕业于解放军艺术学院音乐系。后任新疆军区歌舞团合唱队独唱、重唱演员。曾与哈米提演出二重唱《真象一对亲兄弟》。1986年转业到南京市音协工作（驻会），曾任该协会第四届秘书长，第五届副主席兼秘书长，第六届主席兼秘书长，第七届名誉主席至今。曾任南京市"纪念长征60周年毛泽东诗词演唱会"和南京雨花台"万人颂长征"大型广场音乐会的导演，并演唱《黄鹤楼》《四渡赤水》。

孙 诚（1953— ）

歌唱家。北京人。全总文工团歌舞团声乐演员。1970年调黑龙江生产建设兵团某团宣传队任队长、导演。1981年考入北京社会音乐学院声乐系进修。曾在《沙家浜》《智取威虎山》中饰郭建光、少剑波。演唱歌曲数百首，部分歌曲在中央、省市电台、电视台专题节目、"每周一歌""风光片"等栏目播出。参加中国音协等单位举办的"黄河之滨""耕耘者之歌"音乐会。

孙 川（1958— ）

作曲家、音乐理论家。北京人。1981年于西安音乐学院作曲系毕业后入陕西安康歌舞团任作曲。1988年中国艺术研究院音乐系毕业，获硕士研究生学位，同年入全总文工团。作有歌曲《珍珠姑娘》《勤劳汉子最风流》《觅知音》《河畔相见》，音乐片《高原上的杜鹃花》组曲，电视连续剧《敲诈》《水乡轶事》《多彩的年华》音乐，《电视红娘—今晚我们相识》主题歌等各类音乐作品。撰有《试论音乐与人类情感的联系方式及其审美基础》等论文数十篇。

孙 绰（1934— ）

作曲家。山东济宁人。1957年毕业于南京艺术学院音乐系，后任中国建筑歌舞剧团创作组作曲。1963年入海政文工团，先后在歌剧团、歌舞团编导室任创作员。中国音协第四次会员代表大会代表。作品有舞剧《都江堰》，歌剧《渔岛风云》，歌曲《巡航走天涯》《皎皎海疆月》《中国，龙的故乡》《送你一片荫凉》，舞蹈《甲午壮歌》《心声》等。有三十余首作品在汇演比赛中获奖。

孙 迪（1969— ）

单簧管演奏家。黑龙江哈尔滨人。1992年毕业于中央音乐学院管弦系，后任广州交响乐团单簧管首席。曾参加歌剧《艺术家生涯》演出，并先后在维也纳、悉尼、巴黎、荷兰、卢森堡、比利时等著名歌剧院演出。曾获全国首届单簧管演奏大赛二等奖及全国指挥大赛文化部嘉奖。

孙 丰（1941— ）

小提琴演奏家。山东掖县人。1965年毕业于中央音乐学院管弦系，后入中央乐团，任该团独唱独奏组小乐队首席及排练指导。曾多次随团出国访问演出。

孙 虹（1935— ）

音乐教育家。江苏苏州人。中国音乐学院教授、视唱练耳教研室主任。中国视唱练耳乐理学会理事兼副秘书长。1954年毕业于上海陶行知艺术学校，保送入华东师大音乐系。1958年毕业于北京艺术师范学院。曾执教于北京艺术学院附中、中央音乐学院、香港耀中艺术学校。曾赴匈牙利学习柯达伊音乐教学法。主持制定《视唱练耳分级制教学大纲》。编著出版《练耳初、中级教程》《视唱练耳》《视唱练耳简明教程》《儿童音乐基础教程》共14本。音像制品有《怎样训练音乐耳朵》《高考视唱练耳指导与训练》。论文有《音乐教育与智力开发》《音乐教育应尽早开始》《音乐与人才，人才与音乐》《怎样自修视唱练耳》等。曾担任卫星电视教育视唱练耳课主讲。

孙 凰（1981— ）

女二胡演奏家。江苏无锡人。毕业于中央音乐学院民乐系，2004年保送入本院硕士研究生，留校任教。1995年参加"天华杯"全国二胡比赛获一等奖，2002年获文化部首届全国青少年民族器乐独奏比赛二胡青年专业组金奖，同年获第二届"龙音杯"中国民乐（二胡）国际比赛青年专业组第一名。1994年参加"中国杰出少年演奏家"音乐会，2003年与香港中乐团合作大型协奏曲。出版个人二胡专辑《引子与回旋》和《第3二胡狂想曲》，出版个人教学专辑《二胡快速技巧系统训练及名曲讲解》《二胡硕士毕业音乐会》专辑和《轻松二胡带你练》教学专辑。曾在国内外若干城市举办二胡独奏音乐会或二胡专题讲座。

孙 杰（1943— ）

作曲家。江苏靖江人。1960年靖江艺术学校毕业，后任职于靖江歌舞团。1964年就读于南京师范大学音乐系本科，后分配在江苏省锡剧团从事音乐创作。参与创作了《嫦娥奔月》《三夫人》《孟姜女》《嫁媳》《映天湖》等不同剧种的剧目，并均在全国会演中获奖。在全国各类音乐刊物上发表歌曲近百首。多次兼任江苏电视台大型文艺晚会音乐总监。创作主题歌《翻过历史辉煌》《老师的花园》《回归之恋》曾在电台播放。

孙 洁（1978— ）

女高音歌唱家。江苏连云港人。中国东方歌舞团声乐演员。1994至1997年分别毕业于江苏艺校、中央民族大学、中国音乐学院声乐系。曾任二炮文工团声乐演员。在大型晚会歌舞节目《大河之舞》与赴法国、意大利等国的演出中均担任独唱。多次参加中央电视台春节晚会、"心连心"艺术团和文化部、公安部春节晚会。在国内外音乐赛事上获奖多次，其中2000年获哈萨克斯坦第十一届国际流行音乐大赛第二名，2001年获"金号奖""十佳歌手"称号，出版个人CD演唱专辑。

S

孙　静（1964— ）

女高音歌唱家。江苏镇江人。毕业于南京艺术学院，就职于海政文工团。多次参加文化部的大型晚会演出。曾获第二届"中国民歌大赛"金奖、第七届"全国青年歌手大奖赛"专业组民族唱法第二名、"中国音乐电视大赛"银奖。首张个人专辑《民歌名曲》由江苏音像出版社出版发行。个人CD专辑《祖国·乡韵》由中国音乐家音像出版社出版发行。

孙　军（1957— ）

歌词作家。江苏南京人。中国群文学会副秘书长，解放军总政治部文化部文化影视局副局长。1986年大专毕业。曾在部队各级演出队、文工团任演员、乐手、队长、团长。作有《高射炮兵组歌》《歌唱英雄杨建章》《我们十八九岁正年轻》等，部分在刊物发表或获奖。编著《中学生美育》《士兵美育》等音乐教材，编辑《当代军人喜欢的歌》《少年鼓号队》《祖国万岁》《中外军乐名曲》等，撰文《月亮为何会发光》《一阵清风，万里涛声》《军歌抒豪情》。

孙　凯（1938— ）

作曲家。山东掖县人。哈尔滨市音协顾问、黑龙江省合唱协会副会长。1958年毕业于黑龙江省师专音乐科。曾从事工会文艺干事、文化馆馆员、馆长、太阳岛乐团团长等工作。写有上千首不同类型的声乐作品，其中百余首获国家、省、市级奖励。主要作品有《升旗颂》《三个和尚没水喝》《祖国的形象》《雪花》等。出版有歌曲集《风说雨说我说》。组织、辅导、指挥过众多合唱团、队，并被聘为哈师大艺术学院"指挥法"兼课教师。

孙　康（1922— ）

戏曲音乐家。山东牟平人。1944年始从事音乐工作。1951年入东北鲁艺作曲系进修。曾在辽宁戏剧学校任教。编有《评剧音乐大全》《金开芳唱腔选》等。

孙　奎（1962— ）

中提琴演奏家。山东牟平人。先后毕业于新疆艺术学校音乐系和上海音乐学院管弦系，师从沈西蒂先生。曾任新疆文工团乐队首席兼独奏演员、中国爱乐乐团乐队演奏员。曾与世界许多知名指挥家、演奏家、歌唱家合作演出。随团赴西欧七国和香港、台湾、澳门及广州、西安、大连等地巡回演出贝多芬、巴托克、舒伯特、莫扎特等一系列交响乐和协奏曲。1981年曾代表新疆参加全国第一届小提琴比赛。

孙　昆（1972— ）

女音乐教育家。北京人。毕业于中央音乐学院音乐教育专业。曾执教于万泉小学，2003年成为蓝色梦幻音乐软件公司中的一员。为北京市参加国家教委中澳电子琴实验项目教师进行培训。在与国内外的教育工作者进行交流中，其活泼、创新的教学风格荣获各级嘉奖。在人民音乐出版社新出版的九年制义务教学音乐教材教师用书及配套光盘中录制语音提示，并参与制作国内第一部电脑多媒体音乐教程《乐理新思路》《听力冲刺》。

孙　栗（1925— ）

女歌唱家、声乐教育家。辽宁沈阳人。"九一八"事变后流亡关内，"七七"卢沟桥事变后辗转入川，参加抗日救亡歌咏演剧活动。1947年毕业于上海国立音专声乐系。建国后在上海广播乐团、上海华东音乐院分院音工团、上海乐团、上海歌剧院任独唱演员、声乐艺术指导。1952年参加中国人民赴朝慰问团。文革前在上海音乐学院参与创办歌剧演员训练班，至文革后继续培养歌剧演员，历经三十余年，培养了钱曼华、杨玉蓉、王海平、孙美娜等一批有社会影响的演员。

孙　砾（1979— ）

男中音歌唱家、歌剧表演艺术家。福建霞浦人。武警文工团音乐队演员。2001年毕业于福建师大音乐系。曾与中央歌剧院、中国歌剧院合作，在歌剧《丑角》中饰希尔维奥，在《绣花女》中饰马切洛，在《杜十娘》中饰孙富，在《拉美莫尔的露其亚》中饰恩里科等。曾获第十届央视青歌赛美声业余组金奖，总政第八届全军专业文艺调演演唱一等奖，文化部第三届中国国际声乐比赛男声部第一名。

孙　琳（1963— ）

女音乐教育家。贵州贵阳人。1984年毕业于四川音乐学院声乐系。进修于中央音乐学院。在美国纽约大学、西南师范大学音乐学院声乐系研究生毕业。历任贵州师范大学艺术系教师、英国伦敦中乐团、美国纽约长风乐团独唱演员、纽约皇家音乐学院、贵州大学音乐学院教师、北京师范大学艺术与传媒学院音乐系副教授。曾在伦敦"中秋之夜音乐会"、纽约"琴之声音乐会"、曼哈顿"声乐演唱会"、贵阳市"森林之城交响音乐会"等演出中任独唱。发表《浅谈歌唱中音色变化的重要性》《舒伯特与沃尔夫的歌曲比较》等文多篇。

孙　零（1933— ）

女钢琴教育家。浙江杭州人。1959年毕业于上海音乐学院钢琴系。曾任浙江省文工团钢琴演奏员、省文化局音乐工作组成员。1959年调浙江歌舞团管弦乐队，后调入浙江艺术学院任钢琴、基本乐理教师。除演奏、伴奏外，培养了一批学生，多人考入专业院、团或在各类比赛中获奖。编写教材《常用音乐专用名词浅释》《音乐基本理论上、下册》《简明乐理教材》《舞蹈班音乐欣赏教材》等。曾任杭州市钢琴学会理事。

孙　敏（1947— ）

女音乐教育家。河北人。洛阳市第八届政协委员。1966年毕业于洛阳师专。曾先后在河南大学音乐系、河南省音乐教育专业进修。1973年入洛阳师专音乐系任教，后任艺术系副主任、主任。组建校合唱队、管乐队、舞蹈队等艺术实践队伍，参加各类文艺演出活动。撰有课题论文《关于对钢琴运动的思考》《高师音乐教育专业技巧课级别的研究与实践》等。出版《美学通论》。

s

孙　明（1959—　）

二胡演奏家。山东青岛人。1982年入新疆生产建设兵团杂技团乐队，任二胡首席。曾在首届"民族器乐观摩会"比赛中，二胡独奏《美丽的巴音草原》获优秀演奏奖，并在首届"乌鲁木齐之声"音乐会上，二胡独奏《挑起担子干得欢》获优秀演奏奖。1993年《深情的思念》获演奏节目二等奖，在此曲中任乐队首席及高胡领奏。在连续四年的新春音乐会上，演奏二胡独奏《山村变了样》《翻身歌》《美丽的巴音草原》等曲。在电视剧《雪神》《怀念王洛宾》中，任板胡、二胡、高胡演奏。1998年始多次与新疆爱乐乐团合作演出，均担任二胡，板胡领奏。

孙　牧（1941—　）

歌词作家。吉林省吉林人。1962年毕业于安东师专中文系，长期从事中学教学工作。辽宁省群众文化学会副会长、《辽宁群众文化》副主编。辽宁省音乐文学学会理事。发表有大量诗歌及文学作品。获奖的作词歌曲有《放心吧，妈妈》《小乌鸦爱妈妈》《光荣的岗位》《妻子的心》《吉祥鸟衔来福音》《关东爬犁》《雪原上的故事》《七只小鸟》《大海，我们永远相爱》等。曾获辽宁省"优秀文艺成果"奖。歌词作品大都为青少年题材，如《绿色的歌》《洁白的校徽》《金色的早晨属于谁》《三把钥匙》《老师，你有一颗金子的心》《同窗柳》《青年，祖国的早晨》等。出版有歌词集《关东放歌》。

孙　鹏（1970—　）

大提琴演奏家。陕西西安人。1992、2003年先后毕业于西安音乐学院与德国吕贝克音乐学院管弦系。西安音乐学院管弦系教师、交响乐团首席。曾参加德国莱比锡门德尔松、汉诺威音乐学院举办的室内乐研讨会，0降Erstdorf音乐节，随省民族交响乐团赴北京展演，并赴山东、杭州及日本巡回演出。曾参加中央电视台"音乐中国"栏目节目录制，在省青年文艺创作评比中获"青年音乐家"奖。

孙　翮（1943—　）

女钢琴演奏家、教育家。北京人。海南大学艺术学院教授。第一、二、三届湖南省政协委员。1965年毕业于中央音乐学院钢琴系。后任广西省歌舞剧团钢琴演奏员，1979年入广西艺术学院任教，1988年任海南大学副教授，教授。1985年《孙翮钢琴独奏·重奏音乐会》获广西"三月三音乐舞蹈节"特别奖。论文《元报音乐浅析》获世界学术贡献奖"论文金奖"。2003年举办《孙翮琴韵五十载钢琴音乐会》。所教学生六十多名在全国及香港专业比赛中获奖。

孙　闪（1956—　）

音乐活动家。河北保定人。保定市文化局助理调研员、群艺馆馆长。1979年、1991年先后毕业于河北艺校音乐科、河北师范大学夜大音乐教育系。曾任保定市文化局办公室文秘。撰有《群文调研贵在求实的几点认识》（获十一届"群星奖"铜奖）、《当前群众文化工作的思考和构想》等论文。创作舞蹈音乐《浣上渔歌》，器乐曲《春醒山乡》《禘祖》分别获全国、省"群星奖"铜奖、优秀

奖。培养琵琶学生近百人考入中国音乐学院、北师大等专业院校。

孙　韶（1934—　）

作曲家。山西运城人。1958年毕业于西安音乐学院作曲系。曾任陕西省广播电视民族乐团团长兼作曲。1983至1986年任陕西音像出版社副社长。中国民族管弦乐学会荣誉理事，陕西省民族管弦乐学会副会长。创作有大量音乐作品，大多在中央及各省、市电台、电视台播出、报刊发表、出版唱片、盒带、CD。作有歌曲《手摘红枣想亲人》《延安儿女心向毛主席》《小米饭香来土窑洞暖》《灯碗碗开花在窗台》，巴乌独奏《巴山情歌》，民族管弦乐合奏《华祖颂》等。出版《碗碗腔曲选》《孙韶歌曲选》。

孙　燊（1933—　）

音乐教育家。浙江绍兴人。1958年毕业于沈阳音乐学院管弦系，后在上海音乐学院任教。曾任音协贵州分会副秘书长。

孙　慎（1916—　）

作曲家、音乐活动家。浙江镇海人。1935年加入中国左翼作家联盟，与吕骥、周钢鸣等一起从事抗日救亡群众歌咏运动，并从吕骥学习作曲，是歌曲作者协会和歌曲研究会等组织的重要成员。1946年赴广州与力丁、联抗一起主编《新音乐》月刊（华南版），同年，与李凌共同主持上海中华星期音乐院的工作。新中国成立后历任中国音协秘书长、《人民音乐》主编、人民音乐出版社社长兼总编辑、文化部艺术局音乐处处长。中国音协第三届、第四届副主席、党组书记、第六、七届顾问。获首届中国音乐"金钟奖"终身成就奖。作有歌曲《救亡进行曲》《民主是哪样》《我们是民族小英豪》《大家看》《前进》《摇篮歌》《缉私歌》《游击歌》《春耕歌》《募寒衣》《讨汪歌》《模范游击队》等。出版作品集《战地新歌》（与麦新、联抗合集），文集《音乐散论》。

孙　涛（1942—　）

音乐活动家。河北武安人。1980年调中国歌剧舞剧院，在业务处负责演出组织工作。曾参加本院舞剧《文成公主》《红楼梦》《剑》，歌剧《白毛女》《贺龙之死》以及"陈爱莲舞蹈晚会""赵青舞蹈晚会""郭兰英歌剧片段晚会"等的组织工作。参加文化部、央视春晚和扶贫演出、赈灾义演等活动及电视剧《乔厂长上任》《西游记》等的拍摄工作。

孙　铁（1944—　）

小提琴演奏家。满族。辽宁人。1967年毕业于中央音乐学院管弦系。1979年入中国儿童艺术剧院任乐队首席。曾赴加拿大学习。

孙　伟（1967—　）

手风琴演奏家。江苏人。1986年毕业西南师大音乐学院留校任教，2003年调入重庆师大音乐系从事手风琴、钢琴配奏、电子琴等课程的教学。1987年在"全国首届青

年手风琴邀请赛"中获高等师范组第一名，并在巴黎参加"第三十五届法国国际手风琴比赛"中获金奖。发表有《手风琴风箱运用的力学原理》《高师手风琴教学初探》等论文数篇。出版有《孙伟手风琴专辑》《全国音乐考级示范》磁带CD十余盒（张）。

孙 未（1955— ）
音乐教育家。河南郑州人。1972年任鹤壁市歌舞团乐队队长，1978年在河南大学音乐系学习钢琴、二胡、指挥。后在鹤壁群众艺术馆任馆长。1992年起在郑州大学文化与传播学院艺术系任教。作有歌曲《明天月亮更圆》《高山的梦很长》《郑州大学之歌》等，舞蹈音乐《赶集》。1986年整理民舞音乐《抬皇杠》获一等奖。1996年在庆祝全国高等学校音乐教育学会成立十周年"教师声乐、器乐、舞蹈比赛"中获二胡独奏一等奖，在1998年在河南大学生艺术节中，指挥合唱《邮递马车》获一等奖。

孙 夏（1955— ）
女小提琴演奏家。山东海阳人。1987年毕业于郑州大学。1970年入河南省歌舞团交响乐队任演奏员，1995年始在省歌舞剧院任副首席。曾参加多届"黄河之滨"音乐会、旅美指挥家张春和指挥的"春之声"交响音乐会、黄晓同指挥的新年音乐会、李心草指挥的大型交响乐伴奏豫剧《穆桂英挂帅》、美国指挥家马兰·卡尔松指挥的"标题交响作品音乐会"、张培豫指挥的"故乡情"交响音乐会的演奏。撰有《圣殿里的角逐》《舞台心理重培养》等文。

孙 宪（1924—已故）
音乐教育家。吉林永吉人。1949年东北大学音乐系肄业。曾任吉林艺术学院教务处长，音协吉林分会第二届常务理事。撰有《艺术教育中的几个问题》《试论先锋音乐》等文章。

孙 毅（1955— ）
歌剧表演艺术家。山东海阳人。1983年毕业于中央音乐学院声乐系，后任中国歌剧舞剧院歌剧团副团长。曾主演歌剧《绣花女》《月娘歌》《伤逝》《原野》。

孙 禹（1957— ）
歌剧表演艺术家。安徽人。曾为安徽马鞍山市话剧团演员。1983年毕业于中央音乐学院歌剧系，后入中国歌剧舞剧院工作。在歌剧《原野》中扮演男主角，在《费加罗婚礼》中扮演主要角色。

孙 渊（1928— ）
音乐理论家。辽宁丹东人。1948年参军，从事文艺工作，新中国成立后任岳南文工团长。曾指挥《黄河大合唱》。曾任湖南音协一至四届理事、常务理事和社会音乐活动委员会主任。1986年担任湖南省民族民间音乐舞蹈调演和1987年全省"芙蓉奖"歌手大赛业余组评委会主任，1989年获在音乐岗位上工作40年荣誉证书。主持编纂《湖南民歌全集》和《中国民间歌曲集成·湖南卷》，并担任

《中国民族民间器乐曲集成·湖南卷》主编。

孙 钺（1964— ）
打击乐演奏家。天津人。1987年由中央音乐学院毕业后到中国煤矿文工团任打击乐演奏员，1990年参加在德国柏林举办的"世界打击乐"艺术节，担任重奏、领奏，并赴奥地利参加打击乐专场音乐会担任领奏，1995年随团赴马来西亚，担任钟磬五重奏《春江花月夜》领奏，随团赴西班牙、格鲁吉亚参加艺术节担任打击乐领奏，1987年参加中央讲师团赴双鸭山煤矿师范学校一年，被讲师团评为先进个人。

孙 真（1942— ）
音乐教育家。辽宁营口人。1963年毕业于沈阳音乐学院。后任本溪师专艺术系副主任兼音乐教研室主任，副教授。编有中师音乐教材《音乐基本理论》《中国民歌选》和《和声学初步》。撰有《中国古代音乐史话》（30篇），论文有《中国民歌在音乐教学中的位置》《关于音乐教学中的民族化问题》《论师范院校的素质教育》等多篇。刊发文艺随笔、音乐史话、创作歌曲等六十多篇（首），曾为辽宁省中师音乐中心教研组顾问、本溪市音协副主席兼钢琴协会会长。1998年获"本溪首届文学艺术（音乐）学科带头人"称号。

孙 正（1929— ）
作曲家。河北沧县人。1950年入上海音乐学院进修。曾任济南军区歌舞团团长、音协山东分会副主席。作有歌曲《夸山东》，舞蹈音乐《仙鹤舞》《织女穿花舞》（国际比赛获"银质奖章"）。

孙爱宪（1965— ）
音乐教育家。河南许昌人。许昌职业技术学院音乐教研室主任。1988年毕业于河南大学音乐系。撰有《电脑音乐及教学》《论艺术教育的四个特征》等论文。为许昌市多场音乐专场制作MIDI。多首音乐制作获省"五个一工程"奖。科研项目《艺术教育与社会主义精神文明建设关系研究》获省社科联二等奖，《我省高校规模扩张与规模效益互动调节机制研究》列为省教育厅重点课题。

孙安刚（1959— ）
作曲家。山东龙口人。1982年毕业于山东省昌潍师范学院艺术系音乐专业。山东省龙口市文化馆馆长、副研究馆员，市音协主席。曾获文化部"群星奖"、中国曹禺戏剧奖、小品小戏奖及省、市级各类奖项30余次。歌曲作品有《咱们胶东人》《闯海汉子》《心总放不下》等。

孙邦固（1941— ）
作曲家。湖北恩施人。鄂西电视台音乐编辑、湖北省音协理事。1959年毕业于湖北恩施师范分配至恩施专区歌舞团，后任团长。1985年调州文化局任创研室主任，1993年调鄂西电视台。创作音乐作品数百件，大部分作品由省、州专业及业余艺术团体上演，三十余件获奖，近百件在刊物发表或由电台播放，其中舞蹈音乐《火塘》获全国

少数民族舞蹈比赛音乐创作二等奖，混声三重唱《木叶情歌》获全国音乐舞蹈比赛创作三等奖。

孙宝贵（1933— ）

男中音歌唱家。天津人。1957年入全国总工会歌舞团任独唱演员。1960年入上海声乐研究所进修。演唱有《我为啥这样乐》《心里真舒坦》《咱们工人有力量》等。

孙宝林（1940— ）

作曲家。河北景县人。1959年入哈尔滨艺术学院作曲专业学习。1964年始从事部队文艺创作。曾任北京军区战友歌舞团副团长。作有歌曲《每当我唱起东方红》，合唱套曲《军旅剪影》，电影音乐《女儿楼》等。

孙宝淇（1939—已故）

大提琴演奏家。天津人。1952年始先后入中央实验歌剧院少年班、中国儿童剧院少年班。曾任中央芭蕾舞团大提琴首席。曾随团赴缅甸、罗马尼亚、南斯拉夫、奥地利、西德、阿尔巴尼亚演出。

孙宝清（1930— ）

音乐教育家。天津人。曾为天津市南开中学高级教师。1956年被评为天津市优秀教师，1988年被授予天津市特级教师称号。在基本乐科、声乐、指挥、键盘即兴伴奏等方面对传统的、学院式的教学进行了改革，在探究各学科知识与能力序列和学生认知最佳结合点的基础上，创立了"简·约化学习法"，从理论和实践上进行探索。曾任中国教育学会音乐教育委员会常务理事、学术委员。

孙宝媛（1947— ）

女京胡演奏家。北京人。1966年毕业于北京市戏曲学校，后任北京京剧院一团琴师。1982年获全国民族器乐独奏观摩演出"优秀表演奖"。

孙宝忠（1943— ）

音乐文学家。河北玉田人。1959年从事文艺工作。曾任中国唱片总公司进出口部经理。作有歌剧《琴箫月》（合作），歌词《家乡好》《十二属相歌》及电视片《闽南雄风》。

孙必泰（1937— ）

歌词作家。安徽合肥人。曾任怀宁县文联副主席、副研究馆员，《怀宁文艺》主编。作有民歌《轻水河边一朵花》，儿歌《嫂嫂心红似火焰》，歌词《五月，枇杷熟了》等。其中歌词《小鸟，请把翅膀借给我》《金草帽》《春天的小雨淅沥沥》曾获全国少儿歌曲演唱大赛作品二等奖、纪念奖，《拾稻穗的小姑娘》获全国首届"女性之歌"，并被选入全国小学音乐课本。出版有歌词集《心之声》，诗歌集《拾萃集》，并主编诗集《青春风采》。

孙昌淳（1952— ）

单簧管演奏家。吉林和龙人。吉林省歌舞剧团演奏员。1973年毕业于吉林省艺术学院、留校任教，同年入吉林省京剧团任演奏员。曾在大量音乐会演出中担任单簧管独奏，并与中外许多指挥家、演奏家合作演出。在沈阳、上海等地举办的中青年器乐比赛中多次获奖。

孙昌杰（1950— ）

小号演奏家、教育家。朝鲜族。吉林和龙人。曾为延边音协理事，中国朝鲜族音乐研究会会员，延边管乐学会副会长，吉林省管乐比赛评委。曾任延边艺术学校教务处科长、副处长。1973年吉林省艺术学院毕业留校任小号教员、副教授。先后在长影乐团、吉林省歌舞剧院、吉林京剧团任演奏员，1979年调吉林艺术学院延边分院。发表《关于管乐演奏》等论文十余篇，2001、2002年在吉林省青少年管乐比赛中获"优秀指导教师"奖。

孙长春（1939— ）

多弦琴演奏家。辽宁大连人。1962年毕业于哈尔滨艺术学院。曾任沈阳军区歌舞团民乐队队长、中国民族器乐协会理事。发明的多弦琴获文化部科技成果三等奖。专题盒带获首届中国艺术节"金杯奖"。

孙承骅（1942— ）

作曲家。浙江绍兴人。1966年毕业于上海音乐学院管弦系，1979年入作曲系进修。曾任江苏省歌舞团团长。作有《你说这该感谢谁》《淡淡的三月天》，小提琴协奏曲《路》等。

孙承禧（1931— ）

作曲家。贵州贵阳人。1954年毕业于沈阳音乐学院作曲系。从事音乐研究与作曲，贵州省音协传播委员会顾问。创作歌曲曾多次获奖，录制唱片7张、光碟6张。《养猪好》被《歌曲》月刊评为群众喜爱的歌，《我爱贵州》被省音协评为"苗岭金曲"、并作为贵州省"多彩贵州"歌唱大赛推荐歌曲。《我爱家乡杜鹃红》《口弦声声》为获奖歌曲。

孙崇大（1945— ）

萨克斯演奏家。江苏六合人。1965年考入总政军乐团任萨克斯演奏员。经常参加迎接外宾及国家礼宾任务。从部队到公安后，负责文艺宣传工作。中国管乐协会理事、北京管乐协会常务理事、全国公安书法家协会副主席。2004年任全国公安文联副秘书长，负责组织、协调、辅导、训练警察系统百余支业余管乐团队，受聘于珠海、驻马店等多支业余警官乐团的艺术顾问兼指挥。所辅导的管乐团队在全国业余管乐大赛中多次获奖。

孙从音（1921— ）

音乐学家。浙江宁波人。中国音协师范基本乐科学会名誉会长。1938年参加抗日救亡歌咏活动。1941至1944年就读于重庆国立音乐院作曲系。1946年入新音乐总社兼中华音乐院教师。1949年参加中央音乐学院建院暨教学。1958年调天津音乐学院教学，兼任民族音乐研究室暨音乐理论基础理论教研室主任。著有《歌队指挥法》《乐队基础教程》《练耳》《中国昆曲腔词格律及应用》《中国戏曲创腔思维原则》《调式音动律》。主编有《合唱艺术手册》《器乐装饰音演奏指南》《基本乐科教程》等。1995年获美国传记协会授予"金唱片成就奖"。

孙翠珍（1935— ）

女歌唱家。浙江人。1949年入浙江嘉兴文工团。1954年入中央民族歌舞团任独唱、领唱演员。录有独唱曲《我是白族拖拉机手》《雾蒙蒙的苗岭山》等。

孙大方（1936— ）

圆号演奏家、教育家。江苏无锡人。1949年7月入湖北军区文工团，1952年入总政军乐团，曾任独奏演员、教研室主任。并兼教于中央音乐学院、中国音乐学院、中央民族大学、天津音乐学院、解放军艺术学院。圆号作品有《牧人新歌》《大柳树下育新人》《回延安》，在全军汇演中获创作奖、演奏奖，并录制唱片。著有《铜管吹奏原理和布音歌唱法》《圆号吹奏实用教程》《铜管乐器演奏入门》。圆号作品《花鼓》《回延安》乐谱在西德出版。

孙大鹏（1962— ）

音乐教育家。山东牟平人。任教于浙江大学城市学院。1986年毕业于安徽省师范大学音乐系。曾在中国科学技术大学团委任音乐指导。先后在省及全国大学生艺术节文艺比赛中获优秀创作奖、独唱二等奖，小合唱一等奖及优秀指导教师奖。在中国科大校庆40周年演出活动中，担任指挥、独唱，领唱及创作。在全国诺基亚大学生"我看未来"情景剧比赛中获一等奖，在省纪念"五四"运动80周年歌咏活动中获突出贡献奖。

孙丹萍（1957— ）

女钢琴教育家。山东枣庄人。1982年毕业于西安音乐学院钢琴系。1970年在西安市歌舞团、1982年在陕西省广播文工团任演员，1987年始在西安音乐学院管弦系任教，副教授。撰有《钢琴伴奏随笔》《从唱片、录像带看演奏风格的变迁》《音准—永恒的主题》等文。在文化部主办的全国第五届小提琴比赛中获钢琴伴奏奖。自1992年起一直担任中国音协考级委员及陕西地区评委，曾参加全国各地的钢琴考级工作。1992年出版个人专辑录音带《难忘的旋律》。

孙德进（1941— ）

小提琴教育家。山东人。1968年毕业于中央音乐学院管弦系。1974年前在中国京剧团乐队任演奏员，后任中央音乐学院附中小提琴学科主任、高级讲师。编录有儿童小提琴教学参考资料盒带《未来提琴家》。

孙德俊（1956— ）

声乐教育家。黑龙江哈尔滨人。内蒙古大学艺术学院声乐副教授，"美声演唱技法课程"组主持人，内蒙古音协理事。1982年毕业于哈尔滨师范大学艺术系声乐表演专业。所教学生数十人在自治区和全国性声乐大赛中获奖。参与编辑《歌唱艺术与训练》系列丛书和《音乐艺术研究文集》，发表论文数篇。曾被聘为21世纪音乐学科教材

《声乐表演艺术史》主编。

孙德伦（1939— ）

手风琴教育家。山东烟台人。曾任哈尔滨师范大学艺术学院音乐教育系主任、教授，中国音协手风琴教师学会会长、中国音协手风琴学会副会长、顾问。出版《手风琴普及教程》《高等师范院校手风琴教程》。发表论文《手风琴低音记谱法研究》。所教学生多名在全国、国际手风琴比赛中获奖。曾举办"孙德伦手风琴教学41年音乐会"，多次在全国、国际手风琴大赛中担任评委。

孙德玉（1943— ）

歌唱家。山东掖县人。由吉林艺专声乐系毕业后入吉林市歌舞团任演员，1963年起先后在吉林歌舞剧院、东北林业文工团、北京军区战友歌剧团、歌舞团任演员。曾演歌剧《小保管员上任》《俩老汉看比武》，曾参加《长征组歌》的首排，1975年参加声乐比赛，演唱《连长发给我一支枪》获优秀奖，参加歌舞剧《遥远的回声》独唱主题曲《难忘的回忆》。1984年任《长征组歌》导演，曾为港澳导演该组歌。1998年借调至总政歌舞团合唱队赴法国演出，曾为"夕阳红"剧组录制独唱歌曲《老司机》，由中央电视台播放。

孙德元（1947— ）

作曲家。辽宁宽甸人。中国石油天然气管道学院工会办公室主任、文体干事。1960、1985年分别毕业于黑龙江伊春市艺校戏曲班、哈尔滨师大伊春分校中文系。发表音乐作品数十件，十余首获奖，其中《一片片塔头挨头》于1995年获文化部全国第五届"群星奖"铜奖，《祝福你，中国》于1997年获河北省"庆回归"声乐作品大赛创作二等奖。为电视剧《背后是青山》创作片头片尾曲，为大型评剧《半壁青山》创作音乐和设计唱腔，并于1992年获黑龙江省第三届天鹅艺术节暨第二十届哈尔滨之夏音乐会创作一等奖。

孙恩正（1934— ）

作曲家。山东青岛人。省、市音乐理论委员会委员、副主任，市音教副理事长。1963年为全国少运会团体操《以农为乐》及歌舞《海边擒谍》作曲。1987年获青岛家庭文艺汇演一等奖。1992年所教小提琴学生近百人在北京演奏（公开课），论证"所有S都是P"教学法，获中国音协嘉奖。1995、1997年市先后召开本人"音乐理论作品""小提琴教学"研讨会。小提琴曲《故乡小康情》被选入考级教材。

孙尔敏（1929—已故）

板胡演奏家。陕西韩城人。1949年入西北文艺工作团，后在陕西省歌舞剧院古典艺术团工作。曾随团多次出国访问演出。著有《怎样拉板胡》。

孙凤举（1928— ）

作曲家。辽宁营口人。曾任辽宁省文联书记处书记、省文联委员，省音协副主席兼秘书长，《音乐生活》副主

S

编，省政协委员。创作歌曲百余首。其中《我的丈夫是英雄》《战斗英雄关崇贵》，分别获中南军区第二届文艺汇演创作一、二等奖，《来呀朋友奋起追》获辽宁省政府奖。发表有《也谈高快硬响》《关于求异性思维与创新问题的断想》等四十余篇音乐评论文章。出版有《歌曲写作例话》（合作）。

孙奉中（1943— ）

　　二胡演奏家。回族。北京人。1967年毕业于中国音乐学院器乐系。中国民族管弦乐学会常务理事、中国音协二胡学会常务理事，曾任中国电影乐团民乐团首席。发表近体诗等作品百余首，在各项征文评选活动中获金奖3次、一等奖11次、银奖、三等奖、国际论文（作品）优秀奖等奖项近二十种。先后被授予多种荣誉称号。

孙福田（1942— ）

　　音乐教育家。山东昌邑人。四川音乐学院绵阳艺术学院教授。1967年毕业于四川音乐学院，曾任绵阳地区文工团、市歌舞团业务团长、艺术指导等。在歌剧《货郎与小姐》，芭蕾舞剧《白毛女》等大型剧目及上百场歌舞晚会中担任主要角色。在歌舞剧《新娘鸟》，专题文艺晚会"紫荆花开——庆香港回归文艺晚会"等多部剧目中任总导演兼撰稿。创作剧本《凶手》《天边有一颗星》等小戏、小品三十余个。撰文《掌握好美声唱法的金钥匙——对CaeSaRi关于"提升"论述的体会与浅见》《对传统戏剧结构与现代戏剧的管窥》等数篇。

孙光军（1954— ）

　　音乐学家、作曲家。山东人。1982年毕业于天津音乐学院理论作曲系并留校任教。1997年考入河北大学中国古代文学词曲学博士研究生。现任天津师范大学音乐与影视学院院长。发表论文《天津法鼓乐》《天津民歌》《天津十番乐》《碎金词谱今译》《从文学样式之衍变审视曲子词之音乐》。创作音乐有电视片《公仆》，电视剧《你应这样选择》，电视系列剧《疙瘩惹惹》，电影风光片《杨柳青》，交响音画《黄山》。创作大型舞蹈音乐《和平之神》《月季花》等。获奖作品有《游子情》《新定九宫大成南北词宫谱校译》等。

孙光全（1956— ）

　　作曲家。山东烟台人。泰安市音协副主席，市艺术馆馆长、研究馆员。1976年毕业于山东省艺术学校音乐系大提琴专业，1988年毕业于山东艺术学院音乐理论作曲专业。作有《山恋》《大路旁的村落》《凤舞潮头》《泰山景》《热闹泰山》《泰山随想曲》《潇洒山村》等歌曲。

孙广海（1948— ）

　　二胡教育家。辽宁辽阳人。1969年开始音乐创作和二胡教学研究工作。作有二胡曲《故乡行》《仲夏夜随想曲》等，十余部作品多次在全国、省级比赛中获奖，其中《故乡行》获省政府荣誉奖。十余部作品被编入《全国二胡考级作品集》和《二胡名曲集》。出版专著《少儿二胡教程》，并获国家级"精品奖"。培养百余名二胡演奏

员，其中数十人在专业大赛中获奖。

孙广泰（1943— ）

　　二胡演奏家。天津人。1962年毕业于中央音乐学院附中民乐学科。东方歌舞团乐队演奏员、乐队首席。作有《生命的火焰》《青春的节奏》等舞蹈音乐，器乐曲《欢乐的毛难族舞曲》。改编有一批以民族器乐为主加以国外特色乐器及合成器融合演奏的舞蹈音乐作品《阿坚舵梦幻》《阿拉伯舞》《索利斯》。随团访问法、德、意、荷兰、比利时等欧洲国家。

孙广志（1950— ）

　　音乐教育家。河北石家庄人。石家庄幼儿师范学校教师。1990、2001年分别毕业于河北师院、河北师大音乐系。所撰论文《手风琴学习中如何培养良性心理技能》获河北省"基础教育论坛"论文评选一等奖。担任作曲的独舞《喂鸡》1984年获全国少儿业余舞蹈录相评奖三等奖。所培养的学生多人考入北京、天津、上海等音乐学院。曾获国家教委中小学教师教学基本功大赛一、三等奖和河北省骨干教师称号。多次在市大型音乐活动中任总导演、总策划、艺术总监。

孙贵生（1937— ）

　　笛、箫演奏家。上海人。曾在中国电影乐团工作并在中国音乐学院兼授箫课。编配三重奏曲《阳关三叠》《平沙落雁》等。作有洞箫独奏曲《牧羊湖畔》。

孙桂庆（1947—已故）

　　作曲家。湖北天门人。1964年起先后在天门及荆州文艺团体任演奏员、创作员、指挥，天门文化馆创作辅导员、武汉大学中文系干修科宣传干事、湖北省群众艺术馆《文艺指导》副主编和研究员。创作歌曲三百余首，戏曲音乐、曲艺音乐、器乐及舞蹈音乐作品多件，发表论文二十余篇。曾获首届中国艺术节奖、楚天群星奖金奖及国家重点研究项目文艺集成志书编纂成果一等奖。

孙桂英（1946— ）

　　女钢琴家。山西永济人。1970年毕业于西安音乐学院钢琴系，曾在西安庆安公司子弟中学任教，后任西安音乐学院管弦系副教授。曾在全国小提琴一、二、四届比赛，全国圆号比赛和全国小提琴中国作品比赛中任伴奏。为匈牙利大提琴家盖特万斯·托马斯、美国小提琴家林达、美国大提琴家渥美孝顺和国内单簧管演奏家张仁富等音乐会伴奏。撰有《器乐曲钢琴伴奏的艺术》《大提琴协奏曲的钢琴伴奏艺术初探》。

孙翰书（1936— ）

　　词曲作家。黑龙江肇东人。1961年毕业于哈尔滨工业大学，高级工程师。作词作曲的歌有《车间有条奔腾的河》《大庆我们的家园》《依恋你、热爱你》《呼伦贝尔》分别获省职工文艺汇演佳作奖、中国石油石化歌曲征评三等奖，2004年龙江神韵征歌二等奖。出版歌曲集《大庆情》，歌词集《幸福时光》。发表大量词曲作品及音乐

论文十余篇。

孙和声（1935— ）

小提琴演奏家。江西南昌人。1949年始从事部队文艺工作。先后在中央乐团、上海音乐学院进修。曾任云南艺术学院音乐系系副主任。曾多次随团出国访问演出。

孙恒柏（1932— ）

二胡演奏家。江苏南京人。1961年毕业于南京艺术学院，首创在二胡上使用钢弦代替丝弦。后调至扬州市歌舞团任独奏、领奏、艺术指导。1963年参加全国二胡比赛并获江苏赛区第一名。独奏曲《渔舟唱晚》《春之歌》及《花梆子》由江苏电台播放。1989年曾随团赴日本演出。所发明的"和声二胡"获国家专利，创造在二胡上演奏各类和声音程的新技艺，撰写有《和声二胡演奏法》。

孙恒枢（1931— ）

音乐教育家、二胡演奏家。江苏扬州人。毕业于南京师范学院音乐系。曾任南京师范大学音乐系器乐教研室主任、教授。长期从事二胡教学，撰有《二胡演奏法概要》《二胡发音规律》《二胡教学中的音准问题》等文。撰写《中小学音乐课应当有器乐教学》。设计"二胡调弦机构及可装卸音位标杆"，获校科研成果奖。研制半音齐全的八孔竖笛获国家专利，使八孔竖笛教学得以在全国推广。出版有《八孔竖笛教程》《八孔竖笛入门》《八孔竖笛教学示范录音带》等。

孙鸿钧（1934— ）

民族音乐家、音乐活动家。辽宁抚顺人。1947年参加革命。1954年毕业于东北音乐专科学校。曾任前进歌舞团、抚顺市歌舞团团长。编著《中国满族音乐》《锡伯族音乐》《朝鲜族音乐》《寺院音乐》等9部专著，均获艺术科研特别奖。撰有《清王朝满族单鼓音乐考析》《中国满族民歌100首》《乌拉婚礼》等文多篇。曾率团赴汉城、广岛、悉尼、曼谷参加世界音乐大会，期间发表《满族音乐概论》《光绪甲申年工尺谱考析》《满族民歌与锡伯族民歌风格与曲式比较》，均获大会最高荣誉奖和优秀论文一等奖。被韩国汉阳及中央音乐大学聘为客座教授。

孙鸿云（1933— ）

圆号演奏家。山东平度人。1948年入伍。同年参加旅大职工业余吹奏乐队及歌咏活动，任工会文化教师。1953年考入东北音专学习大提琴及小号，后入上海音乐学院专家班进修，并随朝鲜专家学习，1957年毕业后到志愿军总部文工团。演出大型歌舞《志愿军战歌》。1961年调总政歌舞团乐队，参加大型音乐舞蹈史诗《东方红》《中国革命之歌》的演出。在《长征组歌》，交响乐《智取威虎山》，电影《万水千山》等多部作品中任首席圆号及担任圆号独奏。

孙厚存（1942— ）

作曲家。山东荣成人。山东音协专家指导委员会副主任。曾任青岛市文联副主席、青岛市音协主席。毕业于山东艺术学院音乐系。1962年入伍，后在北海舰队文工团工作。1988年转业至青岛电台任文艺部主任和文艺频道总监。发表作品千余件、获奖百余件。其中《台湾雪》获中宣部"五个一工程"奖、中国音乐"金钟奖"和中国"广播新歌"一等奖，广播剧《海边的铜铃》《风雨同舟》获中国广播剧最佳音乐奖。编撰广播论文《中国北派琵琶曲传人在山东》获山东首届"刘勰论文"奖。出版歌曲集《大地与大海的恋歌》及CD系列《孙厚存专辑》。

孙焕英（1940— ）

音乐理论家、歌词作家。河北故城人。1970年毕业于中国音乐学院理论系。历任天津市文化局、基建工程兵创作员。出版有歌曲唱片《大庆颂》，电视系列片《中国民族乐器系列》，词作《孙焕英旅游诗词集》，论文《施光南歌曲创作中的模式化倾向》《对杨荫浏二胡历史定论的否定》，其中《京剧五十年反思》获"我看京剧"全国征文第一名等。

孙会清（1930— ）

女钢琴演奏家。天津人。1953年毕业于中央音乐学院钢琴系。曾在五、六十年代，随中国歌剧舞剧院赴新疆、华东、华北、华南地区演出，并担任独唱、独奏、重唱、手风琴的钢琴伴奏及舞蹈排练伴奏。主要演出剧目有《宝莲灯》《雷峰塔》《刚果河在怒吼》等十余部舞剧。80至90年代起被中央音乐学院附中聘为钢琴兼课教师。

孙慧双（1938—已故）

音乐翻译家。辽宁人。1963年毕业于北京外国语学院，分配到北京语言学院工作。中国翻译工作者协会会员。译配有《卡门》（由中央歌剧院先后演出百余场，海内外数十家电视台均予转播，国内录制两套磁带，后由法国录制唱片，获"法国20世纪唱片文献国际大奖"），荣获法国骑士勋章。《快乐寡妇》（旧译《风流寡妇》，由辽宁歌剧院演出，获匈牙利文化部荣誉证书），《美人海伦》（由上海歌剧院演出），《浮士德》（由中央音乐学院选场演出），《奥尔菲下地狱》（在新加坡和台湾演出），奥地利作曲家施托尔茨作品音乐会（由中国电影乐团演出，本人获奥地利国际罗伯特·施托尔茨荣誉证书），发表有《在巴黎大歌剧院一年》《西方歌剧艺术如何生存》等论文。出版专著有《法国歌剧史话》。曾应邀赴各大院团作学术报告。

孙继南（1928— ）

音乐教育家、史学家。安徽芜湖人。曾任中国音协音教委委员、教育部艺教委委员、山东省文联副主席。1954年结业于上海音乐学院声乐系。长期从事高师音乐教育，并任系主任。论著有《李叔同歌曲艺术的研究、继承与发扬》《中国音乐通史简编》（主编之一），《中国近现代音乐教育史纪年》，《黎锦晖与黎派音乐》等。

孙继文（1924—1995）

单簧管演奏家。河北保定人。1956年入上海电影乐

s

团任管弦乐队首席单簧管。作有乐曲《月夜》《青春圆舞曲》等。

孙加祯（1934— ）

歌词作家。山东即墨人。1952年起在山东任小学教师，1962年始在新疆喀什市汽三营子弟学校与乌鲁木齐市四十二中学任教师。长期坚持歌词创作，先后在国内外的各种刊物上发表大量作品，其中《西部圆舞曲》《新疆人》《大漠风》《听海》等近百首获奖。另有作品被选入几十部歌曲集或录制盒带。

孙佳宾（1961— ）

音乐理论家、音乐教育家。吉林长春人。1986年毕业于吉林艺术学院音系系。吉林艺术学院院长助理、音乐学院院长、教授，吉林省音协理事。发表论文《关于器乐创作的美学思考》《论音乐表现》《论音乐想象》《溪山琴况的音乐美学思想研究》《试论嵇康声无哀乐论的美学价值》《论音乐欣赏的感性方式与理性目标》《论音乐审美记忆结构中的感觉记忆》《论心理认知在音乐审美中的意义》等三十余篇学术论文。其中部分获奖并在学术研讨会上宣读。出版《中小学教师音乐小百科》《适度的诠释——音乐美学散论》。2001年被吉林省评为"吉林省中青年骨干教师"，2008年被评为"吉林省高等学校、教学名师"。

孙家国（1964— ）

音乐教育家。湖北公安人。1998年由星海音乐学院音教系毕业。广东省肇庆学院教师。撰有《从德彪西〈牧神午后〉分析看印像主义音乐》《视唱练耳教学中科学思维的建构》《音乐表达范式与听觉分析训练》等文。作有歌曲《妹妹采茶正清明》《春天开花》《深情为祖国奔流》《中国选择了你》等，部分获奖。为第一届楚文化节开幕式音乐《荆堤逶迤》作曲。参与《中国民间器乐集成》湖北卷的收集工作。

孙家龙（1950— ）

作曲家。山东济南人。济宁市青少年宫培训部部长。1991年毕业于中国函授音乐学院理论作曲系。曾任市豫剧团乐队队长、作曲、指挥。撰有《浅谈少年先锋队鼓号演奏教程》。发表歌曲数首，其中《卖烧鸭》（合作）于1990年获全国广播电台一等奖，《连家船谣》及作曲配器的舞蹈《采菱》分别在省、中央电视台播放，作曲的山东琴书《风流年华》（合作）《孔子拜师》分获山东"榴花杆"曲艺大赛一等奖及全国首届"蒲公英"评选曲艺银奖。培养的学生多人次在全国比赛中获奖，本人获优秀指导奖。

孙家鸣（1955— ）

小提琴教育家。江苏人。安徽大学艺术学院教师。1976年毕业于安徽艺术学校。撰有《关于比赛与教学的思考》等文。培养的学生曾获全国第四、五届少儿小提琴比赛二、三、四、五等奖，本人获相关比赛的园丁奖。

孙家胜（1952— ）

手风琴教育家。辽宁大连人。大连职业技术学院艺术教育学院教师。曾先后就读于沈阳音乐学院钢琴系、哈尔滨师范大学音乐学院音乐教育系。曾在大连空军某部演出队担任手风琴独奏、伴奏与在大连师范学校任音乐教师。中国音协手风琴学会理事、大连音协副主席。1985年举办个人手风琴独奏音乐会。撰有《手风琴教学与考级中的误区》等文。

孙家馨（1928— ）

女高音歌唱家。安徽芜湖人。1950年毕业于南京金陵女子大学音乐系声乐专业。1950年起，先后担任上海乐团与中央乐团独唱演员和声乐教员。曾随团赴罗马尼亚、波兰、保加利亚、德国等地演出。1979年赴香港、澳门演出并举行个人独唱音乐会。1980年获文化部直属单位演出比赛一等奖。演唱作品有歌剧《弄臣》《茶花女》《魔笛》等中的咏叹调，歌曲有《春之声圆舞曲》《维也纳森林的故事》《洋娃娃》《燕子》及《海燕》《千年铁树开了花》《姑娘生来爱唱歌》等。自1985年起任中央乐团声乐艺术研究室主任、中央音乐学院声乐教授，培养了众多声乐人才。

孙建滨（1961— ）

音乐教育家。山东烟台人。1984年毕业于山东艺术学院并留校任教，1993年结业于上海音乐学院助教班。后任山东艺术学院音乐教育学院院长、教授、硕士生导师、山东省钢琴专业委员会会长。1991年获山东省高等院校青年教师钢琴比赛一等奖，1996年主讲电视系列教学片《钢琴考级艺术指导》，发表音乐论文十余篇。曾获山东省文化艺术科学优秀成果一等奖，艺术教育优秀成果二等奖。获山东省中青年学术骨干、学科带头人称号。

孙建国（1958— ）

作曲家。江苏人。浙江艺术职业学院音乐系作曲教研室主任。1997年毕业于安徽师范大学音乐系，后考入中国音乐学院学习作曲。歌曲《挖煤的汉子就这样》获省"华夏征歌"三等奖，《祖国生日辉煌》获安徽省"五个一工程"奖。舞蹈音乐《雄蜂之歌》获第二届威海全国少儿电视舞蹈大赛银奖，《春之恋》获省专业组（第四届花鼓灯节艺术奖）创作奖。曾为中央电视台有关栏目创作主题歌曲多首。

孙建华（1950— ）

作曲家。上海人。南京市《集成》办公室民间歌谣主编。作有少儿歌舞《采春笋》《欢乐》《队鼓声声》，歌曲《牧羊歌》《秋天多么美》《磨车刀》。

孙建基（1956— ）

声乐教育家。山东莱西人。1984年毕业于广州星海音乐学院音教系，后任广东省艺术师范学校、广东外语艺术职业学院艺术教研室主任、音乐系副教授。曾参加合唱比赛、中国歌曲比赛，获特等奖、一等奖。撰有《论艺术教育在素质教育中的重要作用》《谈成人音乐教学中的视

S

唱练耳训练》《略谈歌唱与环境》。受聘于广东"明日之星"大中专学生歌唱大赛评委。

孙建军（1959— ）

音乐教育家、作曲家。河北沧州人。1982年毕业于曲阜师范大学音乐系。曾在德州学院任教7年，1989年调济南工作。发表文章二百余篇、词曲近百首，其中论文《钢琴集体课中优秀教学法的借鉴和吸收》与作曲的歌曲《我们是玫瑰》等三十多篇件在全国和省级评选中获奖，并出版教学文集《晴朗的周末》。多次担任山东省暨济南市庆"六一"大型文艺演出导演、撰稿人及首届少儿春节电视文艺演出艺术总监。

孙建萍（1957— ）

女歌剧表演艺术家。吉林人。毕业于天津音乐学院。吉林市音协理事。1977年入吉林市歌舞团任独唱演员，随团参加许多大型文艺演出。曾在歌剧《乔老爷上轿》《流眼泪的红喜字》《王府怪影》中任主要角色。曾随团出访日本、韩国、香港、澳门。演唱曲目有《游松花湖有感》《故乡的松花湖》《妈妈对我说》等，均获奖，《雪花》《布达拉宫的太阳》《祖国永在我心中》分别在电视台和电台播放。参加大型民族音乐剧《秧歌浪漫曲》演出，获联合国第四次世界妇女大会中国组委会嘉奖。

孙建英（1943— ）

女音乐编辑家。吉林农安人。1967年毕业于中国音乐学院声乐系。中国艺术研究院《中国音乐年鉴》编辑部主任、副研究馆员。从事编撰《中国音乐年鉴》11卷，共为年鉴撰文数十万字。在《音乐信息》《人民音乐》《中国大百科年鉴》《当代中国》撰写多篇文章。搜集30位作曲家作品手稿近二百部，音响近二百首，并为《中国乐器幻灯片》编辑120分钟音乐。编辑盒带《天上下雨地下流》。

孙锦屏（1956— ）

歌词作家。彝族。四川人。四川凉山州文化局文化市场科科长。1988年毕业于中央民族大学民族学系。著有诗歌集《凉山清雨》，在《词刊》等刊发表歌词多首，数十首歌词经谱曲演出、演唱，制成碟带发行。多首歌曲获奖，其中《节日的泉边》分获共青团中央、四川省"五个一工程"奖，《心儿在歌唱》获四川第三届巴蜀文艺节一等奖，《阿莫牛牛》《大凉山放歌》《节日的眼睛》分获四川第三、四届少数民族艺术节音乐（专业）创作二、一、三等奖。

孙晋奎（1931—1986）

作曲家。山东人。1944年从事部队音乐工作。曾任国防科委文工团政委。舞蹈音乐《天罗地网》《乐呵呵》获全军第三届文艺汇演创作奖，歌曲《蓝天里有一颗会唱歌的星》获全军四届会演创作奖。

孙经信（1936— ）

女高音歌唱家。四川人。上海广播电视艺术团独唱演员兼声乐教员。1957年毕业于上海音乐学院声乐系。

1956年参加第一届全国音乐周任独唱并主演歌舞剧《打猪草》。1963年举办个人广播电视独唱音乐会。1959至1965年，多次参加"上海之春"独唱独奏专场音乐会，在《黄河大合唱》中任《黄河怨》独唱，《祖国颂》领唱。1972年随上海芭蕾舞团《白毛女》剧组赴朝鲜、日本访问演出。录制唱片有《苗家之歌》，电影《苗家儿女》插曲《满山葡萄红艳艳》《毛主席永远和我在一起》。还录制有《黑姑娘的歌》《杨柳枝词》《忘怀得多快》《他曾如此爱过我》及《波西米亚人》《曼侬》《图兰朵》等歌剧选曲。

孙景云（1953— ）

女音乐教育家。山东龙口人。1991年毕业于哈尔滨师范大学音乐系钢琴专业本科。先后任哈尔滨中学、职业高中、成人教育学院、哈尔滨学院音乐系教师、教授。培养了大批专业人才和音乐爱好者，多人考入音乐院校或成为歌舞团演员。撰有《高校钢琴教学方法的实践与探索》《论钢琴教学民族化的强化》《论成人本科即兴伴奏》等，多篇获征文奖、科研成果奖。任《走近钢琴——钢琴快速教学法》《中国当代教育论丛》副主编、主编。

孙靖平（1957— ）

竹笛演奏家。辽宁沈阳人。辽宁歌舞团副团长、省音协理事、辽宁民族管弦乐学会副会长、管乐学会会长。曾获辽宁省第四届音乐作品大赛独奏优秀演奏奖、第四届"沈阳音乐周"优秀演奏奖、日本稻泽国际音乐节个人独奏金奖。分别于2000年、2001年获辽宁省文化厅优秀人才奖和辽宁省文联文艺之星奖。曾参与创作女子民族音乐秀《女儿风流》，时尚乐舞秀《中国变奏》，大型歌华晚会"奥运之光""盛世中华""与春天相约"，大型民族音乐会"美韵金秋""北方新春民族音乐会"并担任艺术总监。撰有《论梆笛的演奏风格》《竹笛的几种演奏方法》等。

孙静文（1955— ）

指挥家。黑龙江哈尔滨人。中国函授音乐学院大庆分院副院长。1975年在省艺校"五七"专业部学习大提琴，1979年在上海音乐学院学习作曲指挥。70年代初曾在长影乐团帮助工作，后在大庆歌舞团从事配器、演奏、指挥。作有《创业人交响诗》，弦乐四重奏《燃》。编写《和声入门》《古典音乐欣赏》。筹建大庆工人交响乐团、合唱团，指挥演出交响合唱《英雄大庆人》《长征组歌》等。

孙俊文（1931— ）

声乐教育家。江苏无锡人。1956年毕业于中央音乐学院声乐系。曾任中央广播乐团声部长，河南艺术学院声乐讲师，北京崇文区文化馆文艺部主任、副研究馆员。

孙开远（1933— ）

大提琴教育家。辽宁大连人。1954年为东北音专大提琴研究生。曾任吉林艺术学院弦乐教研室主任、副教授。曾为《精神文明辞书》撰稿。

S

孙克凡（1959— ）

音乐教育家。陕西西安人。海南文化艺术学校副教授，省音协理事及社会活动部主任。1980年就读于西安音乐学院首届视唱练耳专业班。1983年在中央音乐学院进修。发表歌曲《西行谣》并获青海省"歌唱青海"征歌作曲一等奖，歌曲《海警颂歌》获作曲三等奖。《视唱练耳是怎样一门课》获优秀论文奖。2003年获中国音协考级海南考区辅导教师一等奖。编写《视唱教程》。出版《高考视唱500首》。

孙来法（1971— ）

歌唱家。安徽人。1990年就读于安徽师范大学音乐系，毕业后留校任教。1998年结业于中央音乐学院研究生课程班，2004年被安徽师范大学录取为音乐学专业硕士研究生。曾获首届安徽省青年歌手大奖赛二等奖，第十届全国青年歌手电视大奖赛安徽赛区决赛金奖，第十一届全国青年歌手电视大奖赛荧屏奖。发表《论音乐教育的艺术性与科学性》《回归声乐课的审美品格》等文多篇，出版专著《重唱概论》。

孙丽丽（1958— ）

女音乐教育家。山东黄县人。1981年毕业于河南洛阳师范艺术系。后在河南朝川矿务局子弟学校，1983年始在洛阳某校任音乐教师。撰有《探索教学规律，搞好音乐教学改革》一文。1985年起致力于音教改革，主攻方向是分声部合唱教学，将管簧、打击、电子琴、口琴搬上课堂。曾获1991年洛阳市音乐教学比赛一等奖，并在省第三届音乐教学研讨会上执教观摩课获优质课奖。音乐教案《看龙船》获全国"四通杯比赛"佳作奖。曾被河南省教委评为优秀教师。

孙丽伟（1959— ）

女琵琶演奏家。河北沧州人。1982年毕业于上海音乐学院民乐系琵琶专业。同年任教于福建师范大学音乐学院，教授、硕士生导师。1985年应邀在国内首次举办的台湾作曲家作品音乐会上担任琵琶独奏。从教以来先后获省、部级和学校颁发的十余个奖项。多次参加在国内、外召开的音乐学术研讨会，宣读和发表论文十九篇。编著的《琵琶教程》2000年由人民音乐出版社出版。曾赴日本、韩国演出。

孙丽英（1962— ）

女高音歌唱家。满族。浙江杭州人。总政歌剧团独唱演员。1982年毕业于中国戏曲学院京剧。1982年入中央民族乐团任独唱演员。1987年获第二届全国少数民族青年歌手比赛"银雀奖"。1988年获全国青年歌手电视大奖赛民歌组二等奖。曾在《野火春风斗古城》等歌剧中饰演女主角。

孙连君（1968— ）

女歌唱家、声乐教育家。山东章丘人。先后毕业于哈尔滨师范大学、辽宁师范大学研究生部。厦门大学嘉庚学院音乐系主任、教授。黑龙江音协理事、伊春市音协副主席。在省桃李杯、市师生艺术节及小兴安岭音乐会上获民族唱法一等奖，优秀指导教师奖。发表有《音乐和审美价值》《钢琴教学应注意的问题》，分别获省二等奖。歌曲《父老乡亲》《采山谣》分获市一等奖、省二等奖。出版《声乐教程》（合著），《歌唱与教学》。

孙莲梦（1962— ）

女歌唱家。吉林人。吉林市现代音乐学校校长。1986年毕业于吉林艺术学院音乐系声乐专业。1988年获吉林省首届青年歌手电视大奖赛第一名。1991年起，先后获全国"天才杯"青年歌手大赛银奖，中央电视台"五州杯"青年歌手电视大奖赛二等奖，第三届"花城杯"音乐电视大赛铜奖。演唱歌曲有《黑土地》《大姑娘美》《大姑娘浪》。曾为电视连续剧《河弯弯》《路弯弯》《后妈》等二十余部录制主题歌。近年来从事声乐教学。

孙灵光（1934— ）

指挥家。辽宁人。1949年开始在部队从事音乐工作。曾入军乐指挥学校和沈阳音乐学院学习指挥。先后任总政军乐团和海政歌舞团指挥。1979年入中央音乐学院任外事办主任。副研究员。曾随校际交流代表团、中国青年交响乐团、合唱团、民乐团等出访欧亚十多个国家和地区。

孙履端（1941— ）

作曲家。天津人。曾任天津广播电视艺术团作曲兼指挥。1964年毕业于天津音乐学院本科键盘系钢琴专业。1996年参加大型声乐套曲《抗洪组曲》的创作和演出，被授予天津市1996年抗洪先进个人。在创作的大量音乐作品中，男声独唱《电波架起彩色的桥》获全国"天塔之歌"三等奖，女声独唱《廉政为民记在心》1998年获天津市廉政歌曲演出创作一等奖。所作曲的电视剧《我看见了大海》获全国首届"奋发文明进步"电视剧铜奖。为公益广告《搬家以后》作曲，该片获全国公益广告大赛"印象杯"第二名。

孙茂林（1960— ）

巴松演奏家、教育家。北京人。中国爱乐乐团巴松演奏员。1999年毕业于中国社会音乐学院巴松专业。发起成立了北京爱乐木管五重奏团。改编创作大量的世界名曲重奏音乐，其中大部分被中央音乐学院管弦系选为重奏课的教材。曾出访世界30多个国家，多次在维也纳金色大厅、美国林肯艺术中心演奏。培养了大批艺术人才，部分学生已成为专业演奏员。

孙美娜（1963— ）

女高音歌唱家。上海人。毕业于上海师范大学艺术系声乐本科，任职上海歌舞团。曾获中国轻音乐学会首届"学会奖"大赛"全国最佳民通新人歌手"等十多项奖项。为二十多部影视剧配唱主题歌和插曲。曾以一曲《秋天的女人》获首届东方风云榜"群星耀东方"全国十大金曲奖。原唱《我们的中国》获上海亚洲音乐节十大金曲奖和群众最喜爱的歌曲奖。多次应中央电视台特邀参加"中秋文艺晚会""春节特别节目"和"心连心"艺术团等演出活动。先后赴美国、日本等国家访问演出。出版发行《问你一声好》CD唱片和《真情永久》DVD大碟等二十余部音像专集。

孙明庆（1955— ）

歌词作家。湖北仙桃人。1988年毕业于中央文化管理干部学院。曾在湖北荆州市群艺馆任副馆长，1997年在湖北荆州市艺术研究所任副所长、副研究馆员。作有歌曲《告别》获湖北音协"九十年代之歌"征集一等奖，《芝麻开花节节高》获征歌一等奖，并与《橘颂》录制MTV在中央电视台展播。发表有歌曲《虫虫飞》《火红的党旗》《沐浴阳光》《农民的日子》等。歌曲《就是这群魂魄》《举杯，朋友》录制磁带发行。出版有《荆州地区歌谣集》，撰有《荆州地区民间歌谣概述》等文。

孙明珠（1941— ）

女钢琴教育家。江苏无锡人。1962年毕业于北京艺术学院音乐系。曾任中国铁路文工团歌舞团演奏员、首都师范大学音乐系副教授。中国音协钢琴考级委员会高级考官。1988至1993年在的"星海""乐友"青少年钢琴学校任教，1994年因学生获"华普杯"全国少年钢琴大赛一等奖而获"教师指导奖"。1995年被评为"北京市优秀教师"。出版有《少儿钢琴学习辅导》（合著）《简明钢琴教学法》（合著），后者获北京市第五届哲学社会科学优秀成果奖，合编卫星电视教育音乐教材《钢琴》和《成人钢琴教程曲集》。

孙铭红（1959— ）

双簧管教育家。江苏泰安人。1982年毕业于上海音乐学院管弦系双簧管专业，后留校任教。曾被上海多个乐团聘为首席演奏员，参加多种演出活动，组建管乐五重奏组巡演全国，并赴日本、苏联等国演出。1986年公派赴法国进修二年，在巴黎等地举办独奏音乐会，获法国高级演奏文凭。上海音乐学院乐队教研组组长、副教授，上海音协管乐专业委员会理事，上海管乐厂顾问，法国里古塔父子公司中方协调员。

孙宁玲（1956— ）

女作曲家。湖北汉阳人。1979年毕业于上海音乐学院民族音乐作曲系。南京军区前线文工团创作员。作有钢琴独奏《塞外驼铃》《山歌》，民乐合奏《柳寨行》，琵琶与乐队《长江岸边的人》，儿童歌舞剧《绿色家园》，舞剧音乐《金陵十二钗》，舞蹈音乐《拓荒者》。为"金牛闹春""花儿朵朵向太阳""祝福来年"、全国新闻颁奖晚会、"阳光下的小天鹅"等大型歌舞晚会作曲，或任音乐总监。舞蹈音乐《鸭丫头》《天边的红云》《情系沙家浜》《巾帼英雄》分别获文化部群星奖、荷花奖、文华奖、全军音乐奖。

孙佩华（1937— ）

女民歌演唱家。北京人。1949年参加华北人民革命文工团艺术干部培训班学习。曾任中央实验歌剧院演员、中国铁道艺术剧院独唱演员、总政歌剧团演员和前进歌舞团独唱演员、教员、艺委会委员。中华全国总工会宣教部调研员、副研究馆员。中国群众文化协会理事。首唱歌曲《歌唱志愿军》《探亲亲》。为电影《柳堡的故事》主题曲《九九艳阳天》配音主唱。主演过《小二黑结婚》《云姐》《长征》和《王贵与李香香》等十几部歌剧。曾会同中央电视台参与《劳动颂》《咱们工人有力量》和《为了明天更美好》等"五一"晚会的策划。为1993年度中宣部"五个一工程"优秀戏剧评委会委员。

孙蘋章（1942— ）

声乐教育家。山东掖县人。1965年毕业于解放军艺术学院音乐系声乐专业，后在该院任教。1977年获全军第四届文艺汇演"独唱优秀表演奖"。

孙其军（1931— ）

音乐教育家。上海人。1949年参军，1952年毕业于军委工程学校。1965年转业后任沈阳音乐学院副教授。1990年受聘于上海音乐学院附中。创作改编有小号独奏曲《庆丰收》《在欢乐的草原上》《八月桂花遍地开》《陕北民歌》。撰有《小号吹奏法》《铜管乐器重奏基础训练》《关于提高节奏感问题的探讨》《小号在歌唱——记小号演奏家、教育家朱起东教授》《我国小号演奏家教育家》《中华人民共和国小号专业及中国音乐教育的发展》等。

孙奇良（1940— ）

作曲家。河北东光人。1963年毕业于天津音乐学院，主攻理论作曲。曾任涿州市文化局副局长、石家庄市歌舞团团长、石家庄市艺术学校校长、河北大学影视艺术学院副院长、中国教育学会音乐教育委员会委员、石家庄市音协常务理事及键盘乐学会会长。多年来主要从事音乐创作和艺术教育，创作歌曲、器乐曲、曲艺等作品百余篇（件），出版著作《孙奇良歌曲集》《教你弹钢琴》。培养有大量音乐人才。

孙强忠（1967— ）

作曲家。安徽人。1998年两首创作歌曲同获济南军区文化部颁发的歌曲创作一等奖与总政治部颁发的全军业余文艺调演创作一等奖。器乐小合奏获文化部颁发的第九届群星奖金奖。

孙清华（1951— ）

音乐活动家。山东青岛人。1987年毕业于中国社会学函授大学。自幼学习小提琴，12岁参加青岛中学生管弦乐团。1968年起先后在青岛市吕剧团、省歌舞团乐队工作，1985年由省歌舞剧院调山东剧院，后任经理。在舞剧《毛白女》《红绝娘子军》及多部交响乐演出中担任第二提琴副首席、首席，曾担任打击乐声部长。任剧院经理期间，在"山东齐鲁风情演唱比赛""山东省第一届、第二届艺术节等大型活动中承担组织和领导工作。

孙荣绮（1945— ）

女小提琴演奏家。辽宁沈阳人。1966年毕业于中央音乐学院附中管弦学科。1972入中央芭蕾舞团。1974年入总政歌舞团乐团。1983年后在中央芭蕾舞团乐团任演奏员。演出有《红色娘子军》《白毛女》《草原儿女》《沂蒙颂》《天鹅湖》《希尔维亚》《吉赛尔》《堂吉诃德》《胡桃夹子》《葛培丽亚》《灰姑娘》《林黛玉》等。曾参加各类音乐会、中外文化交流及出国演出。

孙萨利（1953— ）

　　女歌唱家。北京人。1974年考入海军南海舰队文工团任独唱演员。1978年考入中央歌剧院。1987年在中央音乐学院声乐歌剧系进修。先后在歌剧《女仆作夫人》《卡门》《费加罗的婚礼》《塞维利亚的理发师》等歌剧及音乐剧《音乐人》中扮演主要角色。2001年参加了紫禁城世界著名三大男高音音乐会的合唱，2003年在超大型景观歌剧《阿依达》中扮演女祭司长。

孙三民（1944— ）

　　民族音乐家。河南汝南人。1959年起任河南汝南剧团指挥、作曲、主奏二胡、板胡，兼奏多种乐器。曾进修于上海音乐学院戏剧艺术进修班。1984年调入文化馆，搜集、整理大量濒临灭绝的古老民族艺术资料，如《傩戏》《卷戏》《善书》均收入《中国戏曲音乐集成》《中国曲艺音乐集成》（河南卷）《中国豫剧大词典》。获奖、发表、电台播放的作品有戏曲音乐、电影插曲十余首（部），声乐作品数十首，论文和调查报告近二十篇。为艺术院校培养大批音乐人才。传承的古老民族艺术"罗戏""卷戏"于2008年被批准为国家级非物质文化遗产。

孙善耕（1932— ）

　　作曲家。浙江杭州人。1949年入部队文工团任手风琴演奏员。1970年任中央广播文工团创作员。作有歌曲《我们的祖国好》《西双版纳我的家乡》《朱德爷爷的竹扁担》。曾任中央电视台总编室艺术指导。

孙善佐（1936— ）

　　音乐教育家。山东济南人。1956年毕业于山东师院艺术系。曾任教于山东淄博第四中学，并为市中小学音乐教学研究会副理事长，市艺教委音乐组组长。为国家培养和输送近百名学生。创作发表《荷花》《打起锣鼓庆丰收》《小矿灯放光彩》等数十首歌曲。其中《峨庄礵小唱》参加1965年华东汇演并录制唱片。编著《音程固定节奏多变的视唱教程》。1987年获淄博市优秀教育工作者称号。

孙少兰（1956— ）

　　女歌剧表演艺术家。纳西族。云南丽江人。空军政治部歌舞团演员。1969年始从事艺术工作，在丽江县文工团任舞蹈演员。1973年参军入昆明空军文工团，1977年调空军政治部歌剧团。1991年毕业于解放军艺术学院音乐系。1977至1991年四度复演歌剧《江姐》，在剧中扮演女主角江姐。还在《洪湖赤卫队》《芳草心》《爱与火四重奏》《雪域风云》《女飞行员》等多部歌剧中担任女主角。

孙胜华（1953— ）

　　小提琴演奏家。安徽人。1977年南京艺术学院音乐系

小提琴专业本科毕业。1980年任江苏省歌剧团乐队首席，1992年任江苏省交响乐团第一小提琴。1995年应南京艺术学院邀请，赴日参加中日文化交流与日本名古屋交响乐团、爱知县艺术大学交响乐团，联合演出《马勒第八交响乐》（千人交响乐）担任小提琴演奏。2002年南京艺术学院音乐学研究生课程进修班结业。多年从事小提琴教育工作，有多名学生考入音乐学院，进入专业团体。

孙胜利（1951— ）

　　作曲家、音乐教育家。河北任邱人。河南师大音乐系毕业。曾任新乡市音协副主席、艺校副校长。长期从事音乐演奏、创作、教学。发表歌曲、器乐曲、论文百余件，培养小提琴、钢琴学生近百名。组织参加《怀梆音乐》《豫剧音乐集成》编整工作。发表《种蓖麻》《明灯颂》等歌曲。发表《紧张——习琴者之大敌》《小提琴两种教学模式之辨析》等文，其中《'丰收渔歌'的演奏技术与音乐处理》获河南优秀教案评比二等奖。《小提琴弓法艺术研究》被评为2003年省创新教育教学研究成果一等奖。

孙圣汉（1931— ）

　　指挥家。辽宁大连人。1948年参加工作。1953年在沈阳音乐学院学习、工作。1958年入哈尔滨歌舞剧院任指挥。曾指挥歌剧《兴安岭战歌》《洪湖赤卫队》及大型交响乐曲。

孙士峰（1931— ）

　　音乐活动家。山东蓬莱人。1946年始从事部队文艺工作。曾任音协天津分会副秘书长，《中国民间歌曲集成》和《中国民族民间器乐曲集成》天津卷的副主编。

孙士藻（1938— ）

　　男高音歌唱家。天津人。1962年在武汉军区歌舞团任独唱演员。1979年调总政歌剧团。曾主演歌剧《棉花姑娘》《政治连长》《大野芳菲》等。

孙世成（1939— ）

　　歌唱家。天津人。吉林省音协理事、吉林市音协顾问。1963年毕业于北京艺术学院，后任总政军乐团、吉林市歌舞团独唱演员。1980年举行个人独唱音乐会多场，并在《货郎与小姐》《洪湖赤卫队》等多部歌剧中任主要角色。多年来从事声乐教学，为文艺团体及音乐院校输送人才。上世纪70年代末，创作发表《剥掉四人帮的画皮》《十天没见你》等几十首歌曲，并编撰《情系松花江》歌曲集。1998年任吉林市音舞协会常务副主席、秘书长。

孙世鲁（1947— ）

　　作曲家。山东商河人。陕西音协常务理事，渭南市音协名誉主席。1960年入西安音院附中学习钢琴，1970年在渭南秦一团先后任乐队演奏员、作曲、指挥。1973年在西安音院作曲试点班学习作曲。1979年调市群艺馆任副馆长。曾发表、获奖或演出秦剧《杜鹃山》，舞蹈《新春社火》等戏曲、舞蹈音乐18部，歌曲《我赞美你骆驼》《让

我倾听》及器乐作品41首，音乐论文6篇。

孙书筠（1922— ）

女京韵大鼓表演艺术家。北京人。自幼学艺，演唱大量的优秀传统曲目。新中国成立后，演唱有《黄继光》《罗盛教》《向秀丽》《韩英见娘》《激浪丹心》等几十个现代曲目。曾受聘于中央音乐学院、中央戏剧学院、中国音乐学院、北京大学讲授京韵大鼓的演唱技巧。曾赴美国演出，赴多伦多大学讲学，有《艺海沉浮》一书。

孙姝丽（1961— ）

女歌唱家。黑龙江人。吉林省歌舞剧团演员。1980年毕业于吉林艺术学院，曾入中国音乐学院、中央音乐学院进修。1990年获全国青年歌手电视大奖赛优秀奖以及全国声乐比赛演唱奖。1991年出版个人专辑，并多次举办独唱音乐会，先后为多部影视作品配唱。

孙淑香（1961— ）

女高音歌唱家。山东日照人。1995年毕业于解放军艺术学院音乐系。1979年起先后在西藏军区文工团和辽宁芭蕾舞团歌队任演员，1991年任总政歌剧团演员。1986年获首届辽宁广播歌坛十大歌手称号，1989年获辽宁省第二届青年歌手电视大奖赛专业组通俗唱法第一名，1990年应上海歌剧院邀请出演音乐剧《请与我同行》，同年获文化部颁发的优秀演员奖。曾参演歌剧《白毛女》，音乐剧《芦花白·木棉红》《玉鸟兵站》等。曾为电视剧配唱插曲和片尾曲。1995年举办了个人独唱音乐会。

孙树滨（1952— ）

歌唱家。山东人。青海省西宁市音协副主席、西宁歌剧团副团长。参加十余部歌剧排演，在《马五哥与尕豆妹》《厮罗王》《祁连山那无声的雪》中担任重要角色。曾获青海省"三下乡"先进个人称号。2001年在北京民族文化宫参加"赞美西部"系列文艺展演任独唱、主持人。先后在西宁举办的刘诗昆钢琴独奏音乐会、盛中国小提琴独奏音乐会及中国青海郁金香节开、闭幕式任主持人。

孙树恒（1940— ）

大管演奏家。山东人。曾为内蒙古歌舞团交响乐团团长。1960年就读于中央音乐学院，多年来参加了内蒙古歌舞团及交响乐团的大量演出活动，其中有莫扎特、贝多芬、德沃夏克等世界知名作曲家及国内作曲家的交响乐作品和管弦乐作品。

孙树林（1941— ）

琵琶演奏家、教育家。吉林白城人。1965年毕业于吉林艺术学院。教授、硕士生导师。中国琵琶学会常务理事。多年来为中央、省、市音乐艺术院校和文艺团体培养了一大批优秀艺术人才，学生多次获奖。撰有《一代琵琶宗师——李廷松》《试论琵琶演奏中"放松与用力"的辩证关系》《振兴民族音乐后继有人》等文，录制《古典琵琶名曲》《琵琶演奏入门》专辑。

孙树强（1955— ）

长号演奏家。山东烟台人。1972年考入甘肃陇剧团乐队学员班学习长号演奏。1978年考入上海音乐学院管弦系本科长号专业学习。1982年毕业后进入中国歌剧舞剧院管弦乐团。1984年调入浙江歌舞剧院交响乐团工作，兼任杭州师范学院音乐艺术学院外聘教授，浙江管乐学会副秘书长及杭州数所大中小学业余管乐团的指挥及指导老师。

孙树森（1954— ）

作曲家。河南郑州人。郑州市音协副主席，新密市音协主席。1974年参加文艺工作，先后创作歌曲三百多首，戏曲音乐（豫剧、曲剧）25部，曲艺（河南坠子、大调曲子、三弦书、山东琴书）音乐三十多篇，舞蹈、影视音乐及器乐作品四十余部，出版个人音乐专辑《青屏之歌》。曾获全国工人歌曲创作银奖及全国豫剧丑角大赛音乐奖，多次获文艺优秀成果奖，六次获得全国民族乐器（古筝、扬琴及民乐队）辅导奖。

孙顺忠（1944— ）

词曲作家。重庆潼南人。1968年毕业于西南师范学院音乐与汉语言文学系。曾任《用歌壮辉煌》《长天唱流韵》责任编辑。《清明》等数首歌曲刊于台湾《主人翁之歌》。《童年多美好》《新娘不是我》《打工的人》《爱情班机》《红颜知己》《相伴相随》等歌曲被上海、北京、吉林等地音像出版社选用，录制CD、VCD出版。

孙思源（1946— ）

作曲家。吉林白城人。1965年毕业于白城艺术学校后从事文艺工作。历任评剧团演奏员、部队宣传队独奏员、戏曲剧团作曲、文化馆文艺辅导员、戏剧创作室作曲兼编剧。乐改项目"改良大三弦（五弦）"获文化科技成果奖。作有歌曲《梦中的卓玛》《魂牵梦绕西柏坡》《光荣的舰队》《我的长白山》，大型情景史诗剧作曲《走近西柏坡》，专场情景音乐剧作曲《白山卫士情》，舞蹈音乐《大山的太阳》《原野的花》《安代舞曲》，大三弦独奏曲《科尔沁畅想曲》。

孙素梅（1939— ）

女音乐编辑家。辽宁鞍山人。1964年毕业于北京广播学院文艺专业。多年来一直从事电台文艺编辑工作，曾任黑龙江人民广播电台文艺部副组长。组编音乐专题获奖的节目有《曲曲颂歌迎新春》《郭颂音乐会》《聂耳作品声乐比赛》《北方有座音乐城》，以及录音专访《好歌来自他们》。撰有论文《试论〈每周一歌〉的选材》。

孙天恩（1938— ）

大号演奏家。河南人。曾任中央乐团独唱独奏艺术家小组副组长。1955年入解放军军乐学校学习大号。1958年调总政军乐团，1966年入中央乐团交响乐队，均任大号演奏员。1968年在人民大会堂为国家领导人演出交响乐《沙家浜》、钢琴协奏曲《黄河》。1972年任中央乐团独唱独奏演出队舞台监督。1985年组建室内乐队任副队长、舞台

s

监督。曾应邀赴西班牙、澳门演出。

孙铁民（1940— ）

作曲家。吉林长春人。1956年入甘肃省歌剧团。作有歌剧音乐《阿尔金战歌》《马王与尕豆》，声乐套曲《草原素描》，电视剧音乐《山道弯弯》《拜年》。

孙维晃（1951— ）

手风琴演奏家。上海人。1979年始任职于江苏省歌舞剧院，曾任交响乐团副团长、业务科长。担任手风琴、电子合成器的演奏，演出上千场。组织"第三届全国城市运动会"开、闭幕式的演出、歌剧《孙武》乐队排练及众多著名音乐家专场音乐会的组织排练演出工作。获省音协"优秀指导教师""江苏省音乐考级优秀指导教师"。曾随团赴朝鲜访问演出。

孙维佳（1973— ）

女高音歌唱家。山东黄县人。哈尔滨歌剧院歌剧团演员。1993、2000、2007年先后毕业于哈尔滨文化艺术干部学校歌剧表演系、哈尔滨广播电视大学音乐系、哈尔滨师范大学音乐表演系。曾在音乐剧《太阳、气球、流行色》《千鹤谣》《明天，你好》和歌剧《八女投江》中任女主角。1998年举办个人独唱音乐会。1999年获"黑龙江省青年歌手大奖赛"专业组美声唱法二等奖，1993年获文化部等六单位主办的"优秀青少年剧目评选"个人表演奖。

孙维敏（1935— ）

女歌剧表演艺术家。安徽人。1956年入安徽省歌剧团。1961年调入空政文工团。主演歌剧《方珍珠》《红霞》《洪湖赤卫队》等。曾获第三、四届全军文艺汇演"优秀演员奖"。

孙维农（1931— ）

女声乐教育家。北京人。1949年从事部队文艺工作。1962年毕业于中央音乐学院声乐系。先后在解放军艺术学院、总政歌剧团从事声乐教学。

孙维熙（1945— ）

琵琶教育家。山东青岛人。1965年毕业于中央音乐学院附中。曾在中央音乐学院民乐系任教。曾任中央音乐学院附中校长。编有《琵琶基础训练》。

孙文彬（1930— ）

男低音歌唱家。北京通州人。1950年入空军文工团。1963年毕业于上海音乐学院声乐系。曾任上海广播电视乐团艺术指导、华东师范大学兼职教师。多次举行个人独唱音乐会。

孙文妍（1940— ）

女古筝演奏家、教育家。上海人。上海音乐学院筝演奏专业硕士生导师、上海国乐研究会负责人。曾获上海音乐学院教学优秀奖，1989年"ART杯中国乐器国际比赛"园丁奖，1995年获文化部主办的"全国青少年古筝比赛"园丁奖。与何宝泉合作出版六套《中国古筝教程》与曲集。配合叶栋教授的唐代筝曲译谱工作，演释《春莺啭》等五十余首唐代筝曲曲谱。发表《唐代筝曲演奏初探》《后起之秀的浙江筝艺流派》等十余篇论文。参加创立上海音乐学院"丝竹五重奏"组与"古筝乐团"。

孙文煜（1943— ）

作曲家、指挥家。河北滦县人。1965年毕业于吉林艺术学院音乐系，同年入吉林市群众艺术馆，1973年入吉林市歌舞团任作曲及指挥，后任该团副团长兼作曲、指挥，1988年任吉林市艺术研究所副所长。曾为迎接西哈努克亲王文艺晚会创作歌曲《奔腾的鸭绿江》等。为舞蹈《金色种子》创作音乐获全国舞蹈调演优秀节目奖，所作歌剧《友谊之歌》（音乐）在东三省地区演出上百场。多年来在各种音乐晚会中担任乐队指挥。

孙希康（1943— ）

钢琴演奏家。辽宁安通人。任职于北京舞蹈学院，从事芭蕾舞钢琴伴奏与钢琴教学工作。著有《芭蕾舞基本训练钢琴曲选》和《少儿器乐入门》（钢琴部分），担任北京舞蹈学院中国舞考级教材音乐编委，并为该教材编写部分曲目。多次赴新加坡、香港进行中国舞海外考级工作。任北京舞蹈学院芭蕾舞分级考试教程五、六级的音乐编辑及第三级音乐带的钢琴演奏。

孙贤储（1955— ）

笛子演奏家。四川人。毕业于四川音乐学院民乐系。任职于成都歌舞剧院民族乐团。制作和演奏笛子、埙、口笛、箫等。发表和出版大量词、曲、器乐作品。2001年赴香港文化中心举办《论西南少数民族吹管乐器的挖掘与发展》学术讲座。2002年将成都永陵"二十四乐舞伎"中的唐代宫庭乐器20种23件制作复原完成。曾赴日本，印尼、德国、新加坡、香港、台湾演出。

孙效祖（1931—1999）

作曲家。辽宁大连人。1947年考入辽宁白山艺校。1949年调江西，在文艺团体任领导工作。中国音协理事、江西省音协副主席。《民歌集成、器乐集成江西卷》副主编、主编。曾任《心声》歌刊主编。作有歌曲《八一起义小唱》《井冈春光好》，歌剧音乐《鹧鸪战歌》，采茶戏音乐《一个志愿军的未婚妻》，声乐套曲《赤子恋》，组歌《杜鹃之歌》，电视音乐《孔雀石之歌》《井冈，彩色的画卷》等。歌曲《雷锋踏着春光来》获江西省文艺创作一等奖，《我走在八一大道上》获省音乐节一等奖。出版有《杜鹃之恋》歌曲选集。1990年曾随中国音乐家代表团赴罗马尼亚访问。

孙笑非（1955— ）

女音乐编辑。山西交城人。中央电台文艺部音乐编辑。1981年毕业于中央音乐学院。从事音乐及综艺节目采编工作以来，编辑制作了大量广播音乐节目，其中《啊，延安——文艺老兵话当年》获第一届广播政府奖二等奖。编写并出版《中国电影明星录》等。曾制作"音乐信箱"

"周末电影音乐会""绿荫里的歌"等栏目。

孙啸天（1934— ）

音乐教育家。安徽肥东人。1957年毕业于山东师范学院艺术系音乐专业，后任山东成武一中教师，作有歌曲《色楞调》《越南人民打得好》《肩扛锄头手拿枪》《牡丹花开朋友来》等，完成成武古乐《汉高祖武功大成曲》，成武古曲《宫女十八调》的整理工作，为《引导养生功》中的《育真补之功》配曲。编写《怎样认识简谱》一书。

孙星群（1938— ）

音乐学家。福建福州人。福建省艺术研究所研究员，中国少数民族音乐学会常务理事、《中国民族音乐通史》副主编、国际音乐艺术中心顾问委员会委员（设在英国），1960年开始在《人民音乐》发表评论，1980年以来在《音乐研究》《人民音乐》《中国音乐学》、各大音乐学院学报以及美国、加拿大、韩国、新加坡音乐理论刊物发表论文80多篇。专著有《音乐美学之始祖〈乐记〉与〈诗学〉》《西夏辽金音乐史稿》《福建南音探究》《高山族音乐史》《五代宋辽西夏金音乐》等。

孙秀华（1944— ）

女音乐编辑家。山西交城人。山西省音乐舞蹈曲艺研究所研究员。曾任山西省音乐舞蹈研究所音研部主任、山西音协民委会副主任。1963年毕业于山西省戏曲学校。1984年结业于上海音乐学院民族音乐理论系。先后任二胡演奏员、音乐编辑、音乐理论教员。1979年始任《中国民间歌曲集成·山西卷》编辑，《中国民族民间器乐曲集成·山西卷》副主编、《中国曲艺音乐集成·山西卷》副主编兼编辑办公室主任，《中国曲艺志·山西卷》副主编。曾获文化部艺术规划领导小组颁发的两个二等奖及优秀编审工作奖。发表有《中国古代的乐教》《二人台溯源》《山西小调类·传统民歌的调式特色与区划》等文。

孙玄龄（1944— ）

音乐理论家。北京人。1962年毕业于中国戏曲学校音乐系。曾为中国艺术研究院音乐研究所副研究员。著有《元散曲的音乐》，合译有《论各民族的音阶》。曾参加交响乐《沙家浜》、钢琴伴唱《红灯记》创作。

孙学武（1929— ）

音乐理论家。辽宁昌图人。曾任沈阳音乐学院学报《乐府新声》副主编、副编审。1954年东北音专作曲系毕业，后在文艺团体工作。1980年入辽宁音协，1985年入沈阳音乐学院。发表有《玛勒与中国唐诗》《美国第二个格什温——伯恩斯坦》《传统·现代——谢德林第二钢琴协奏曲》《科技时代工业社会呈现的音乐现象》《西方流行音乐的兴起、发展及特征》及译文《汉斯利克其人》等。2004年被选为中国音协西方音乐学会理事。

孙雪金（1937—已故）

琵琶教育家。江苏武进人。1963年毕业于上海音乐学院，留校任教。编有《琵琶演奏中音色的变化》《琵琶技术练习》（合作），培养了一批优秀琵琶演奏家。

孙延修（1941— ）

大提琴演奏家、指挥家。山东蓬莱人。山东歌舞剧院名誉院长，大提琴学会理事。1964年毕业于山东艺专。历任山东省歌舞剧团大提琴声部首席、副队长、队长，交响乐团团长、副院长。1970年参与组建管弦乐队，1978年恢复重组民乐队，培养一批大提琴演奏员。1987年发起并组织"山东省首届大提琴比赛"，组织"首届全国全级别大提琴比赛"，在本省举办的多种大型演出中担任指挥。

孙耀芬（1947— ）

女琵琶演奏家。湖北武汉人。武汉歌舞剧院演奏员。1965年毕业于武汉艺校。参加演出的大型歌舞诗乐《九歌》获文华奖。为广播、电视录制的音乐作品曾获奖。

孙耀广（1946— ）

歌剧表演艺术家。辽宁大连人。辽宁师范大学中文专业毕业。1968年入部队文工队，1974年入沈阳军区前进歌剧团。参加全军音乐曲艺调演、全军第四届文艺汇演、第三届沈阳音乐周。主演《丹心颂》（饰周恩来），《壮丽的婚礼》（饰周文雍），《施琅将军》（饰施琅），《萨布素将军》（饰康熙皇帝）等七部大型歌剧和京剧《沙家浜》（饰郭建光）等。1981年获沈阳军区专业演员业务汇报二等奖。1983年调入海军大连舰艇学院任副教授。1991年指挥学院合唱团参加全国群众歌咏大赛获特级大奖。

孙一鸣（1957— ）

作曲家。山西人。1989年毕业于天津音乐学院理论作曲系。1976年以来在全国、省部级，各类征歌、会演，及报刊上发表大量作品，其中获奖百余件。女声独唱《小雨，小雨淅沥沥洒》在中国工人征歌中获奖并由中央电视台拍摄成MTV后，在央视播出。曾连续两届获山西"五个一工程"奖。

孙怡荪（1945— ）

女钢琴演奏家。黑龙江哈尔滨人。1964年毕业于中央音乐学院附中，1969年毕业于沈阳音乐学院钢琴系。先后在沈阳样板戏钢琴伴唱《红灯记》剧组、沈阳歌舞团、总政歌舞团任钢琴、竖琴演奏员。随团赴欧洲十国及美、加等地访问演出。曾在北京"星海""乐友"钢琴学校任教。学生多次在北京"星海杯""希望杯"等比赛中获奖。多年来担任中国音协社会艺术水平考级钢琴考官。创作舞蹈音乐《海燕》《军礼》于1986年在全军、全国舞蹈比赛中获奖。

孙以诚（1945— ）

胡琴演奏家。安徽人。1963年毕业于中央音乐学院附中。1971年入浙江省歌舞团任民乐队队长。1994年在深圳创建大型民乐团任副团长、二胡首席。后在杭州创建吴越之声国乐团，任音乐总监。曾在《中央音乐学院学报》发表论文《日本尺八与杭州护国仁王禅寺》，确认杭州护国寺是日本尺八的祖庭之地，引起国内外音乐学界关注。同年在杭州举办"中日尺八国际学术研讨会"。曾三次出访日本考察、讲学、举办二胡独奏音乐会。2006年在全省中老年音乐比赛中板胡独奏《黄土情》获第一名。

孙亿曼（1942— ）

女声乐教育家。上海人。1966年毕业于上海音乐学院声乐系。先后在江西省歌舞团、上饶文工团任演员兼声乐指导，后调江西师范大学任声乐教研室主任。华南师范大学音乐系声乐教授、硕士生导师。撰写有《歌唱艺术中的音准问题》《试论歌唱艺术中的语言发声问题》等多篇论文，发表于《中国音乐》等刊物。《高师声乐教改的理论与实践》获广东省教学成果一等奖。培养了众多在国内外享有声誉的教师和演员。

孙亦传（1927—已故）

音乐教育家。浙江人。1957年毕业于中央音乐学院声乐系。先后在陕西歌舞剧院乐团、歌舞团任教，后任西安音乐学院副教授。曾随中国文化代表团赴印尼访问演出。撰有《谈谈歌唱发声》《谈声乐教学中混声训练的几点体会》。在长期的教学中为西北地区众多艺术院团培养声乐人才。对秦腔演唱方法的改革进行探索并取得一定成绩。

孙亦林（1935— ）

女作曲家。北京人。1951年始从事部队文艺工作。1962年毕业于中央音乐学院作曲系。曾在中国广播艺术团创作室工作。作有《青年钢琴协奏曲》，黑管与乐队《美丽的阿吾勒》在全国首届交响音乐作品比赛中获奖。

孙音音（1964— ）

中提琴演奏家。山东潍县人。1989年毕业于中央音乐学院管弦系。后任中央乐团、中国交响乐团、中国爱乐乐团乐队演奏员。曾随中国青年交响乐团赴法国、波兰、苏联演出，随中国少年交响乐团赴澳门演出，随中央乐团四重奏组参加伦敦弦乐四重奏比赛，参加中国艺术家小组出访保加利亚、罗马尼亚，随中央乐团赴西班牙、德国、奥地利、英国、日本、墨西哥和香港、澳门地区及随中国爱乐乐团赴美国、波多黎哥、日本、韩国、巴黎、维也纳、华沙等地演出。

孙迎海（1930— ）

作曲家。辽宁本溪人。1950年毕业于东北鲁艺音乐系，后入东北煤矿文工团。1953年起任编辑、主任、馆长等职。创作有歌剧音乐《矿山泪》《忘不了的仇恨》，歌曲《送公粮》《民警姑娘》《修小桥》《吉祥鸟我心中的鸟》等。搜集抗联军歌《东北抗日联军第一路军军歌》《西征胜利》《六条纲领》《劝伪军反正》等。

孙永武（1932— ）

音乐活动家。湖南澧县人。1951年毕业于湖北省教育学院音乐系。1956年入中央乐团，曾任文化部民族文化办公室副主任。作有合唱《徐学惠》《伟大的祖国》，歌曲

《怀念敬爱的周总理》。编有《中国少数民族歌曲集》。

孙有志（1931— ）

长号演奏家。湖南邵阳人。1950年从事部队音乐工作。曾任中国广播交响乐团团长。

孙幼兰（1932— ）

女音乐翻译家。湖北汉阳人。1957年毕业于北京大学俄罗斯语言文学系，1958年调文化部民族音乐研究所工作。发表《神游往古，心追未来——音乐理论家黄翔鹏》《追念淑芳》等论文。译撰书目有《普罗科菲耶夫》《艺术概论》《20世纪外国音乐家词典》。诗作《悼念亡父孙定超将军》与《悼念亡叔孙必信教官》获荣誉金奖。个人获"中华德艺双馨艺术家"荣誉称号。诗作《飞龙赞》获特别金奖，个人获"终身成就奖"荣誉。

孙宇荣（1955— ）

二胡演奏家。上海人。任职于浙江省歌舞剧院。中国二胡学会常务理事。二胡独奏曾获国际艺术节荣誉奖和韩、中、日艺术名人大奖，并多次在国内重大音乐比赛中获奖。1999年举办了个人专场独奏音乐会。同年，二胡独奏被选入文化部对外宣传影片《新中国文化艺术50年》。曾多次应邀赴东南亚国家举办音乐会和讲学活动。在国内外录制、出版多张独奏专辑唱片，并撰写、出版多部演奏专著和多首二胡作品。

孙玉洁（1975— ）

女高音歌唱家。河北秦皇岛人。1989至1993年在北戴河师范学校学习音乐；1997年毕业于解放军艺术学院音乐系后入总政歌剧团任歌剧演员。曾在上海音乐学院声乐系进修。多次获河北省及秦皇岛市中学生歌手及青年歌手大赛第一名及第二名。1998年至1999年，参加总政歌剧团歌剧《屈原》及音乐剧《玉鸟兵站》的排练、演出。2000年获文化部"广厦杯"二等奖。2002年获第八届国际声乐、器乐比赛美声唱法第二名。

孙育斌（1962— ）

歌唱家。新疆乌鲁木齐人。1990年毕业于中国音乐学院歌剧系，后入重庆市歌剧院任音乐队副队长。曾担任男声四重唱。曾在歌剧《芳草心》中饰于刚，在《江姐》中饰华力、魏吉伯、唐贵山。2006年歌剧《江姐》片断复排，担任导演并饰演沈养斋。

孙裕德（1904—1981）

民族乐器演奏家。上海人。1922年始先后参加和发起组织霄霓乐团、国乐研究会等民乐团体。1951年任上海市国乐团体联谊会副主任委员。1956年任上海民族乐团副团长。著有《洞箫演奏法》。演奏曲目有《塞上曲》《浔阳夜月》等。

孙跃云（1958— ）

女小提琴演奏家。山西人。太原师范学院音乐系副主任、中国音协音乐教育委员会视唱练耳学会理事、山西省

S

音协小提琴学会副会长。1982年毕业于山西大学艺术系音乐专业，主修小提琴。曾在太原师范专科学校艺术系、太原师范学院音乐系任教，教授视唱练耳、曲式与音乐作品分析、音乐作品欣赏、美育、小提琴等。出版著作多部，在《中国音乐学》等刊物发表论文数篇。

孙云鹰（1928— ）

音乐教育家。江苏高邮人。天津音乐学院作曲系教授、硕士生导师，并在中国音乐学院任教。1947年《用力歌》刊载于上海时代日报，并演出出版。1951年《创意曲》出版。1952年《治淮号子》中央电台演播。1955年歌剧《嘎达梅林》缩本由中央音乐学院在本院和唐山演出。50至80年代撰写《五哥放羊》（声乐变奏），《对中国民间支声复调的初步探讨》《论二声部复调民族风格》等学术论文先后在北京音乐期刊发表。1991年《复调音乐基础教程》由高等教育出版社出版。

孙蕴白（1922— ）

歌唱家。河南嵩县人。1944年入西北音乐学院声乐系学习。曾在河南大学音乐系任教。1953年曾随总政歌舞团赴朝鲜、捷克、苏联、波兰、罗马尼亚演出。

孙兆申（1944— ）

圆号演奏家。天津人。曾任北京海淀剧院经理。1967年毕业于中央音乐学院管弦系。1972年入山东京剧团《奇袭白虎团》剧组乐队，任首席圆号兼乐队负责人。1978年调中央乐团交响乐队任第三圆号兼第一圆号。1990年入北京音乐厅任业务副经理。1992年调海淀剧院。多次参加国庆周年庆典等大型演出活动，参加《红云岗》等百余部影视剧音乐录音。曾与国内外指挥家合作演出。随团出访美国、香港、澳门。

孙振华（1958— ）

女歌唱家。黑龙江哈尔滨人。南京军区前线歌舞团独唱演员。1979年起，先后入上海音乐学院与解放军艺术学院学习，师从温可铮和王秉锐。多次在全军文艺汇演中获奖，并先后在上海以及天津等地举办独唱音乐会及为中央电视台等录制电视节目以及灌制唱片。曾获全国聂耳、冼星海声乐作品比赛特别奖，"五洲杯"全国歌手电视大赛荧屏奖，全军中青年声乐比赛美声组三等奖等。演唱曲目有《两地书母子情》《妈妈的小诗》等。

孙振兴（1934— ）

作曲家。上海人。1957年毕业于东北音专作曲系。曾任教于沈阳音乐学院附中、师范系、作曲系。主授和声学、作曲课程。撰有《和声常识》《论音乐旋律与和声的民族风格及时代特点》。作有钢琴独奏曲《即兴诗八首》获辽宁省室内乐作品一等奖，《音乐创作》小型作品三等奖、辽宁省政府奖，钢琴协奏曲《A》获辽宁省交响乐作品三等奖。管弦乐组曲《东蒙音画》于1985年在沈阳音乐周交响乐专场演出。还创作有大量钢琴小品、钢琴独奏曲。

孙峥莹（1954— ）

女音乐教育家。山东昌邑人。1975年起从事师范学校音乐教育工作，副教授。毕业于福建师范大学音乐系。1988年创作舞蹈音乐《隔海情》参加全国中师舞蹈录像比赛获二等奖。1997年指挥合唱参加福建省第三届校园艺术节合唱录像比赛和演出获一等奖。1999年排练女声小组唱参加福建省中等师范第三届文艺汇演获一等奖和优秀指导教师奖。长期从事音乐教学工作，多篇论文在各种刊物上发表和获奖。

孙正中（1962— ）

二胡演奏家。江苏连云港人。1982、2001年分别毕业于连云港市艺术学校，南京艺术学院音乐系二胡专业。先后任连云港市歌舞团乐队演奏员，市艺术学校教师。作有二胡独奏曲《黄河恋歌》《苏北小曲》（合作）获新作品创作奖、演奏奖。参与创作、演奏的专题片《弦上歌》分别在江苏、连云港电视台播放。1982年后从事教学工作，多名学生在各类乐器比赛中获奖，多人考入音乐院校，本人多次获优秀指导教师称号。

孙志诚（1942— ）

打击乐演奏家。天津人。1958年毕业于天津戏剧学院打击乐专业，同年任天津河北梆子剧院乐队司鼓。先后进修于河北大学中文系、天津音乐学院民乐系。1965年始任中央民族乐团管弦乐队演奏员、乐队队长，曾随队赴全国各地巡回演出。1982年起分别率中直艺术团代表队、本团民族乐队参加全国民族器乐比赛及作品获奖音乐会。曾组织举办"闵惠芬二胡独奏音乐会""赵春亭笛子独奏音乐会"。曾赴日、韩、美等国访问演出。1997年曾分别参加北京电视台、文化部举办的新春音乐会。

孙志芬（1933— ）

女歌唱家。山东人。曾任中央乐团合唱队副队长与中国合唱协会秘书长。1949年考入华北大学三部音乐科学习，曾参加为庆祝全国政协成立大会的演出。同年分配至天津中央音乐学院音工团歌队，曾演唱《飞虎山》大合唱，并参加巡回演出。1951年先后转入中央歌舞团和中央乐团，曾参加贝多芬第九交响乐《欢乐颂》的排练与演出。1979年随指挥严良堃、秋里赴菲律宾参加国际合唱节演出合唱音乐会。

孙志敏（1958— ）

古筝教育家。安徽人。安徽省古筝协会副会长，国际古筝协会会员，芜湖市艺术剧院乐团副团长、培训中心古筝专业教师、副教授。自幼师从郑汝忠教授学习琵琶及古筝。1978年考入专业文艺团体从事古筝演奏工作。1983至1985年进修于中国音乐学院，师从史兆元教授专修古筝。1998年获华东少儿民乐研究会授予的古筝辅导一等奖荣誉证书。2001年获南京艺术学院考级委员会颁发的音乐考级优秀指导教师证书。曾获北京古筝研究院、安徽省音协、省古筝协会颁发的优秀教师奖及省市级文艺专场调演辅导一等奖。

S

孙志强（1934— ）

小提琴演奏家。吉林长春人。1951年入长春市文工团。曾在东北人民艺术剧院、中央歌剧舞剧院、北京京剧团任演奏员，后在中国歌剧舞剧院工作。曾多次随团出国访问演出。

孙志勇（1956—2006）

作曲家。山西人。山西音协副主席，山西省戏曲音乐学会常务副会长。1976与1987年分别毕业于山西省艺术学校与山西大学艺术系。先后为四十余部戏曲、歌舞剧、电视剧作曲，13部作品、14次获中宣部"五个一工程"奖、"文华音乐创作奖""星光奖"等奖项。撰写、发表艺术理论文章百万余字，1999年被中国文联授予"中国青年文艺家"，同年被中国戏剧家协会授予"德艺双馨会员"。曾任山西省文化厅艺术处处长兼创作室主任、山西省晋剧院院长。

孙志渊（1936—2008）

女高音歌唱家。山东莱州人。1951年参加抗美援朝从事部队文艺工作。期间受过三位朝鲜声乐教授的专业训练。1961年调总政歌舞团担任独唱、领唱、女声小合唱、大合唱。曾随团多次出国访问演出。受过嘉奖。曾获朝鲜民主主义人民共和国二级国旗勋章。在《光明日报》《解放军报》《人民日报》发表《战斗歌声传友情》《精湛的艺术、深刻的教育》《春风又来时，花红叶更绿》等文。

孙中生（1949— ）

作曲家。安徽寿县人。淮南市歌舞团乐队指挥、作曲，安徽省音协理事。作有女声独唱《姑娘的青春多美好》，男声四重唱《相逢在春天里》，歌曲《留住春天，拥抱春天》《中国结》《走向西部》，舞蹈《淮河的女儿》《月儿挂柳稍》《花裙子飘起来》《踢踏十分钟》等，部分作品获奖。电子琴独奏曲《课间曲》《自豪的小女兵》编入电子琴教学考级教材。

孙中伟（1962— ）

小号演奏家。河南郑州人。中原歌舞团业务办公室主任。1982年毕业于中央音乐学院附中，1992年毕业于河南大学音乐系。曾随中央音院红领巾交响乐团全国巡演，随河南省歌舞剧院乐团演出情景交响乐《木兰诗篇》、交响豫剧《花木兰》等，均任小号首席。撰有《柴科夫斯基和他的第六交响曲》。作有歌曲《黄河故乡》《河南在腾飞》《拥抱新世纪的太阳》等。受聘多所学校任小号教师和艺术指导，多名学生考入艺术院校。

孙中尧（1937— ）

作曲家。河北人。多年从事音乐教学工作，坚持歌曲创作。发表大量歌曲，《共产党带来好时光》曾在人民大会堂获奖。《兔宝贝》在中央电视台参加展播，《党是妈妈亲又亲》《党啊，我从小热爱您》在河南电视台播出，《一只小羊》在上海出版盒带。《多么甜》收入小学音乐课本。

孙忠安（1936— ）

作曲家。山东牟平人。1956年始从事音乐教育工作。曾任烟台市群艺馆副馆长。作有小合唱《胶东渔歌》，组歌《海上半边天》，筝独奏《丰收锣鼓》。著有《胶东秧歌》。

孙忠俭（1940— ）

二胡演奏家。吉林德惠人。1964年毕业于沈阳音乐学院民乐系。曾任中央民族乐团独奏演员。在"上海之春"全国二胡比赛中获二等奖。曾随团赴日本等国家演出。

孙忠敏（1955— ）

二胡演奏家。黑龙江哈尔滨人。哈尔滨歌剧院民族乐团团长。曾任哈尔滨儿童艺术剧院演奏员。参加过《江姐》《焦裕禄》《千鹤谣》等多部大、中、小型歌剧的排演及独奏、重奏民族音乐会，在省、市和国家专业比赛中均获得过演奏奖和创作奖。发表有《浅谈二胡的拨弦》。作有二胡曲《喜庆》《山乡欢歌》《挑赶担子走得欢》及高胡曲《天山素描》。创作改编单簧管独奏曲《铭记毛主席的恩情》等。多次参加哈尔滨之夏音乐会并获先进个人和模范工作者称号。

孙重琪（1938— ）

歌唱家。安徽怀远人。1952年毕业于怀远师范。后入安徽省艺术学院高级班，毕业留校任教，后为安徽省青年歌舞艺术团艺术指导。曾到中央乐团进修声乐。担任独唱、歌剧主演的有《白毛女》《血泪仇》《泪血樱花》等。曾参加全国独唱、独奏调演、中央第二批文化工作队以及黄梅戏《审椅子》演出。撰有《浅谈歌唱艺术》。

孙珠丽（1961— ）

女歌唱家。吉林长春人。吉林大学艺术学院声乐系教授、硕士生导师。吉林省音协理事。17岁考入吉林省歌舞剧院任独唱演员。曾先后入中国音乐学院干部专修班与中央音乐学院干部专修班深造。为省市电台、电视台录制电视剧、广播剧演唱歌曲三十余首，举办三场个人音乐会。主编出版《女中音艺术歌曲与咏叹调》。所撰文章《浅谈歌唱艺术中的"唱声"与"唱情"》获东北三省二等奖。2006年赴美国华盛顿出席华人艺术节演出并获荣誉奖。培养一批声乐人才，有多名学生在全国专业大赛中分获多种奖项。多次出任大赛评委，并获优秀指导教师奖。曾赴俄罗斯、韩国、美国演出。

索 丽（1957— ）

女小提琴教育家。河南安阳人。河北保定市群艺馆音乐辅导部教师、保定市爱乐乐团小提琴首席。分别毕业于河南大学音乐系、天津音乐学院管弦系。曾在保定春节晚会上演奏小提琴独奏《梁祝》《渔舟唱晚》。多次到全省各地担任中国音协小提琴考级评委。所教学生在2006年全国小提琴比赛、河北省小提琴比赛中获一、二等奖及全国优秀奖，2007年在河北省小提琴考级优秀选手比赛中，获多类奖项。

S

索之华（1955— ）

词曲作家。内蒙古人。中国音协《歌曲》杂志责编，中央电视台《音乐桥》等栏目策划、编辑、撰稿。毕业于中国函授音乐学院理论作曲系，已发表、演唱有大量音乐作品。作有歌词《套马杆上的梦》获全国"成才之路"金奖，《马背上的民族》获全国"虹雨杯"歌词大赛三等奖，歌曲《富足的庄稼院》获全国"小天才"杯特别奖，《春江雾》获全国"成才之路"优秀奖。歌词《铁路之歌》为全国铁路"路歌"评选五首之一。撰写的音乐家李焕之等及画家、书法家等《书画五十家》电视专题片，均在中央电视台播出。为多部电视剧创作歌曲。曾为内蒙古赤峰市音协副主席。

索伊洛图（1942— ）

作曲家。蒙古族。内蒙古鄂尔多斯人。1956年入内蒙古歌舞团任演奏员、指挥、作曲、创作室主任。曾任内蒙古歌舞团艺术委员会副主任，自治区音协理事。60年代开始音乐创作。1975至1980年，先后进修于天津音乐学院、上海音乐学院作曲系。作有蒙语歌曲《牧民心中升起红太阳》《明媚的春天》《鲜花盛开在草原》，汉语歌曲《草原连着天安门》《鄂尔多斯，我的母亲》，器乐曲《赛马》《欢乐的草原》《鄂尔多斯的春天》，蒙语歌剧《银碗》，舞蹈音乐《盅碗》《前哨》《鹰》《弓箭手》《牧马人之歌》，舞剧音乐《马头琴的传说》《蒙古婚礼》，影视音乐《那达慕》《骆驼之乡》《盗墓人》《独贵龙》等。作品多次获奖。

T

塔　拉（1957— ）

歌唱家。蒙古族。内蒙古人。中央乐团合唱队队员。1973年起入内蒙古锡盟歌舞团。1983年毕业于中央音乐学院声乐系。曾参加贝多芬《第九交响曲》，海顿《创世纪》，冼星海《黄河大合唱》等中外经典音乐作品演出，并随团赴香港、美国、加拿大等地区和国家和参加"二十世纪华人经典""中国国际合唱节"等大型活动的演出。

塔　斯（1933— ）

长笛演奏家。达翰尔族。内蒙扎兰屯人。1961年毕业于中央音乐学院管弦系，曾在中央芭蕾舞团工作，任长笛首席。

台中兴（1942— ）

作曲家。山东诸城人。1964年毕业于山东艺术专科学校音乐系。曾任山东省艺术馆音乐科长，副研究馆员。担任现代京剧《红云岗》音乐设计（合作），作有民族器乐曲《山东民歌主题二首》。

泰　尔（1941— ）

女钢琴教育家。江西人。1965年毕业于中央音乐学院。曾任该院钢琴系共同课教研组教师、教授。1990年拍摄电视教学片《即兴伴奏》课在全国教育台播放。

谈柏年（1946— ）

男高音歌唱家。江苏常州人。1966年考入新疆军区文工团任声乐演员，1976年考入上海乐团任独唱演员。曾为电影《傲蕾·一兰》《勘探一号》《啊，宝钢》《少女和三个影子》等录制主题歌，为《范中淹》《瞿秋白》《何愁无知音》《中国姑娘》等20部电视剧录制主题歌，演唱歌曲《黄山，我心中的明星》《那就是我》《松花江上》等制成密纹唱片。1986年在上海第三届戏剧节中扮演法国轻歌剧《美丽的海伦》中的帕里斯王子。

谈炯明（1933— ）

作曲家。上海人。1955年毕业于中央音乐学院作曲系。曾任中央乐团交响乐队演奏员。1959年始兼职音乐创作。作有《风暴交响曲》（合作），《小夜曲集》等盒带音乐。

谈龙建（1952— ）

女三弦演奏家、理论家。江苏南京人。中央音乐学院教授。1964年至1973年就读于中国音乐学院附中三弦专业，毕业后在天津音乐学院任教师。1982年毕业于中央音院民乐系三弦专业，后留校任教。1994年获芬兰西贝柳斯音乐院音乐硕士学位。曾先后在北京、赫尔辛基等地举办过三十多场三弦独奏音乐会，并在日本、欧洲七国、香港、台湾等地，参加近百场演出。出版CD唱片和录音《檀龙吟——谈龙建三弦独奏专辑》《爱新觉罗毓峘三弦传谱》。发表论文《三弦演奏艺术》《三弦自学入门与提高》《谈三弦的换把》《弦索十三套的三弦演奏艺术》《关于〈合欢令〉传谱的辨析》《三番·海青》《从爱新觉罗毓峘传谱看弦索音乐的流传》《三弦教学理论与实践的反思》等。

谈声贤（1944— ）

作曲家。浙江吴兴人。曾任浙江越剧院艺术部作曲。1965年由浙江艺术学校音乐专科毕业后留校任教。1968年调入浙江越剧团任作曲及创作组长。曾在上海音乐学院理论作曲系戏曲作曲班进修。共创作越剧大、小戏六十余台，其中《乾嘉巨案》《明月何时圆》《冷水湾人家》等分获省戏剧艺术优秀作曲、及一、二等奖。为电视剧《西施》《约会》《孔乙己》及电影《三角警标》等作曲。并创作器乐曲、合唱、独唱歌曲多首。

谈守文（1938— ）

打击乐演奏家、教育家。江苏南京人。中国民族管弦学会会员，打击乐专业委员会常务理事。1958年毕业于安徽艺校，曾在省歌舞团工作。1973年始起任省艺校、安徽大学艺术学院教师，副教授。1978年赴北京辅导东方歌舞团"花鼓灯"出访泰国。参加拍摄《花鼓灯艺术》专题片并任指挥。1982年赴中央音乐学院客座教学，所编写的

《安徽花鼓灯锣鼓》由该学院出版发行。1985年参加西安七省市打击乐演奏家"金石之声"音乐会。论文多次在全国与省级报刊发表。2001年在北京参加"鼓乐声声汇京城"全国打击乐演奏家研讨会、音乐会。

谈焱焱（1960—　）

歌词作家、诗人。土家族。湖北人。湖北恩施音协主席。1986年毕业于哈尔滨文学院。出版爱情诗集《既然你爱我》，哲理诗集《山泉》。诗歌《勤劳的父亲》获中国作协《新作家》全国征文大赛二等奖。后转写歌词，先后在《词刊》《歌曲》发表词作二十余首。作有《三峡移民三部曲》——祝福三峡、三峡，我的故园、三峡的思念，其中《祝福三峡》在2004年春节热播。

谈远铸（1933—　）

小提琴演奏家。湖北武汉人。1949年从事部队文艺工作。1952年毕业于中南部艺。1962年毕业于湖北艺术学院管弦系，后任湖北省歌剧团乐队队长兼小提琴教员。

谈云波（1970—　）

女声乐教育家。蒙古族。青海湟源人。1991年毕业于西北师范大学音乐系。任青海师范大学音乐系教师、副教授。曾获"樱花杯""天驹杯""大红鹰杯""百灵鸟杯"等青年歌手大奖赛美声组一、二、三等奖，并获全国大学生艺术歌曲演唱比赛指导奖。举办个人独唱音乐会。撰有《如何加强音乐专业学生实习工作的指导》《抽象的戏剧》《演唱艺术片论》《古典音乐的形式特点与幽默特性》等。

谭　盾（1957—　）

作曲家。湖南长沙人。1983年毕业于中央音乐学院作曲系。纽约大都会歌剧院签约作曲家。1979年获中央音乐学院作曲比赛一等奖。交响乐《离骚》获第一届全国交响音乐作品评奖鼓励奖。弦乐四重奏《风、雅、颂》获德累斯顿国际韦伯室内乐作品比赛二等奖。1982至1985年曾三次举办个人作品音乐会。1986年赴美国哥伦比亚大学艺术学院攻读作曲博士学位。作有《钢琴协奏曲》《两乐章交响乐》《乐队及三种固定音色的间奏》，小提琴与乐队《戏韵》，交响音乐《道极》《长城》，歌剧音乐《九歌》等。1996年完成歌剧音乐《马可·波罗》的创作，并在林肯中心纽约市歌剧院首演。创作并指挥交响乐《1997，天地人》在香港回归交接仪式时演出。

谭　建（1928—2001）

戏曲音乐理论家。广东顺德人。1953年始从事戏曲音乐工作。1954年入中南音专作曲系进修。曾在广东粤剧院工作。著有《粤剧音乐概论》。

谭　建（1955—　）

作曲家。江西都昌人。江西上饶市群艺馆副馆长。1981、1989年分别毕业于上饶师专艺术系、上海音乐学院作曲系。创作发表音乐作品多件，其中无伴奏童声合唱《静悄悄》，合唱《我们相聚在井冈》于1991年分获江

西省第三届少儿艺术节第一、二等奖、辅导一等奖，电视剧《阿村的主心骨》主题歌获江西省"先锋颂"评奖一等奖。曾为第三届全国武术比赛开幕式大型文艺表演创作音乐和主题歌。

谭　晶（1977—　）

女高音歌唱家。山西侯马人。总政歌舞团独唱演员，音乐学硕士。中国音协第七届理事。第十一届全国人大代表、第十九届中国十大杰出青年、全国青联委员。演唱的歌曲有《在那东山顶上》《远情》《妻子》《在和平年代》《走西口》《天空》《一起飞》《中国之约》等。曾获第九届全国青年歌手电视大奖赛专业组通俗唱法金奖、"金号奖""金唱片奖""中国唱片金碟奖""内地年度最佳女歌手"等，并在第九届"亚洲之声"国际流行音乐比赛、亚洲地区"七星杯"中外歌手大赛、第15届韩国最高人气演艺奖等活动中获奖。曾举办"和谐之声——谭晶维也纳金色大厅独唱音乐会"和"献给中国改革开放30年·和谐之声——谭晶深圳独唱音乐会"以及"和谐之声·为祖国祝福——谭晶长城独唱音乐会"。

谭　林（1922—　）

音乐理论家。广东顺德人。国立音乐院肄业。抗战时期投身新音乐运动，在重庆、上海、香港等地新音乐社负责刊物编辑，并在中华音乐院从事教学。新中国成立后历任华南文联音乐部总干事、音乐工作者协会副主任等职。八十年代后任广东省音协副主席，音乐刊物副主编、主编，发表有大量音乐评论。晚年投身国民音乐教育事业，任中国音协音乐教育委员会副主任。离休后任广东省文化艺术界咨询委员。曾任第八届广东省政协委员。

谭　明（1954—　）

男高音歌唱家。山东人。1976年毕业于南京艺术学院声乐系，师从声乐教育家黄友葵教授。毕业后任南京市歌舞团独唱演员，后入武汉军区胜利歌舞团，1986年调入广州军区政治部歌舞团至今。1990年获全国青年歌手电视大奖赛专业组美声唱法第二名，1995年获全国聂耳·冼星海声乐比赛专业组第二名，1997年在全国广播电影电视部广播歌曲比赛中获演唱金奖。曾随团赴美国、欧洲、东南亚、香港、澳门等国家及地区访问演出，并参加中央电视台和各地电视台举办的联欢晚会与专题文艺晚会。

谭　楠（1957—　）

打击乐演奏家。黑龙江哈尔滨人。1982年毕业于上海音乐学院打击乐专业。后在广电部中国电影乐团任演奏员。20年中曾参加几百部电影、电视、CD磁带录音，参加数百场演出。如建国50周年庆典演出，澳门回归倒计时100天在历史博物馆广场的演出等。

谭　萍（1942—　）

女声乐教育家。河南人。1963年毕业于北京艺术师范学院本科，同年在中国音乐学院进修，后留校任教，历任助教、讲师、副教授。所教学生中较有影响者有万山红、

小香玉、刘慧琴、甄莹、戴月琴等。

谭 燕（1937— ）

长笛演奏家。北京人。1950年参军，任华北空政文工团长笛演奏员。1955年调至军委文工团任第一长笛。1956年借调中央乐团参加德国指挥戈斯林乐队吹奏长笛，又借调新影乐团参加贝多芬音乐会，后调天津音乐学院参加美国齐佩尔指挥的音乐会。1971年调天津音乐学院任长笛主科教师。翻译有《长笛发展史》。

谭 勇（1957— ）

二胡演奏家。甘肃岷县人。毕业于四川音乐学院。西南民族大学艺术学院副院长。曾获川渝两省市"四川省十佳演员"政府奖，古巴十四届世界青年联欢节金奖，浙江第七届中国艺术节"群星奖"金奖，四川省少数民族艺术节协奏、重奏演奏作曲二等奖。1999年在欧洲举行九场独奏会。著有《谭勇乐论文集》《银弦无垠》《谭勇胡琴、马头琴协奏、重奏总谱集》《谭勇电视二胡独奏音乐会》（VCD），演奏作曲指挥《协奏曲——归》《二胡、手风琴、吉他——哈瓦拉回忆》等，并多次获奖。

谭蓓苓（1945— ）

女琵琶演奏家。天津人。1958年就读于中央音乐学院附中，1964年入中央民族乐团。1978年入中央歌舞团任琵琶首席。

谭冰若（1924—已故）

音乐理论家。广东广州人。1951年上海音乐学院音乐系毕业，留校任教。后任该院音乐系副主任。中国音协第四届理事。曾任音协上海分会常务理事，上海市群众文化学会副会长，上海市吉他协会名誉会长。长期从事音乐学的教学、研究及社会音乐工作。

谭大霖（1934— ）

作曲家、音乐编辑家。广东东莞人。1949年入中南军区第四野战军政治部部队艺术学院音乐系，曾任广州军区战士歌舞团歌唱演员、广州市歌舞团创作组长、广州音像出版社副社长。作有女高音独唱《采茶忙》《哥在高山喊一声》，合唱组歌《海员之歌》（六首），舞蹈音乐《急修班》《带路》，小歌剧《战备粮》等。曾任广州市音协理事。

谭国璋（1940— ）

小提琴演奏家。山东潍坊人。1966年毕业于上海音乐学院管弦系。1980年担任上海歌剧院管弦乐队首席，1985年任管弦乐团副团长兼乐团首席。80年代中期曾协助指挥家曹鹏组建上海室内乐团，任第二提琴首席。曾任上海音协表委会管弦乐组副组长。1993年入上海交响乐团任演奏员。2002年始受聘于上海交通大学交响乐团、华东师范大学，先后任辅导教师及兼职教授。

谭会昌（1946— ）

指挥家。河北唐山人。毕业于河北省戏曲学校唐剧

科。先后任唐山市歌舞剧团副团长、市实验唐剧团团长、京剧团团长、市群艺馆馆长，唐山市音协副主席。曾指挥演出舞剧《红色娘子军》《白毛女》，小提琴协奏曲《梁祝》，交响乐《沙家浜》《长征组歌》《黄河大合唱》等曲目。获河北省石家庄第五届合唱艺术节优秀指挥奖、2001年新加坡亚洲合唱大汇演最佳指挥奖、2002年韩国釜山奥林匹克合唱比赛银奖。

谭惠玲（1945— ）

女音乐教育家。广东开平人。1967年毕业于湖北艺术学院作曲系。历任武汉音乐学院视唱练耳副教授，星海音乐学院附中校长、大学部基础训练教研室主任，深圳艺术学校教学研究室主任等职。出版有《基础乐理问题解答》《音乐启蒙》《单声部视唱基础教程》，发表有《论调式变化音与调式变化音级》《视唱音准问题探讨——利用音律的变通性和灵活性寻找音高的最佳点》《以节奏型为基础的初期节奏训练》等文。1998年被评为深圳市优秀教师，1999年获广东省"胡楚南奖教学奖学金"。

谭惠权（1942— ）

作曲家、音乐理论家。广西桂平人。1964年毕业于广西艺术学院音乐系理论作曲专业。1972年起任广西歌舞团作曲。后为团长、广西音协副主席。作品有独唱《拒马河，靠山坡》《红太阳照瑶山》《中午的太阳》，对唱、重唱《果园姑娘抛绣球》《我为英雄洗战衣》，表演唱、小组唱《上门去》，合唱《民族健儿的风采》，钢琴独奏《欢腾》，小提琴独奏《歌圩》，唢呐独奏《山路弯弯走马帮》，轻音乐《大象》，芦笙协奏曲《赶坡》，舞蹈音乐《瑶族双刀舞》，电视连续剧音乐《死囚》，电视音乐专题片《交响大合唱—红水河之歌》。合作有艺术歌曲《歌声飞过金水桥》，歌舞音乐《红日照南疆》等。发表有《大苗山苗族民间音乐调查报告》，《中国音乐的特点及其渊源》等文。出版有《春潮曲》。

谭建春（1965— ）

作曲家。陕西平阳人。陕西戏曲研究院青年团艺术组组长。1999、2004、2006年先后毕业于西安广播电视大学音乐教育系、陕西师范大学音乐系、西南音乐学院作曲系。曾任本团乐队演奏员兼作曲。论文《秦腔唱板音乐略论》于2002年获"地方戏发展论坛暨第二届中国秦腔艺术理论研讨会"一等奖。眉户《迟开的玫瑰》获第九届"文华音乐创作奖"，秦腔《王宝钏》获"第二届中国秦腔艺术节"作曲一等奖。编著出版《秦腔优秀唱腔荟萃》等戏曲音乐专著数部。

谭建光（1962— ）

作曲家。湖南涟源人。1997年毕业于中国音乐学院作曲系。湖南人文科技学院音乐系主任。作有歌曲《缝衣歌》《圆圆的童话》《三峡的山三峡的水》《吹响木叶不用媒》《因为我属于祖国》《桃花源记奉家山》，有的获全国及省市级奖项。作有舞蹈音乐《布市色彩》《潮》。

谭建民（1953— ）

女手风琴教育家。湖南人。1975年毕业于重庆幼儿师范学校，分配至重庆市少年宫任手风琴教师。1982年入四川音乐学院钢琴系进修手风琴、音乐理论。曾获国际手风琴比赛优秀教师奖。编写《少儿手风琴初级教材》《少儿手风琴中级教材》。曾带领少儿手风琴团队参加省内外的大型文艺演出。所培养的学生在参加重庆市和全国青少年手风琴比赛中获重要奖项。

谭晋翘（1910—已故）

小提琴教育家。湖南人。1938年毕业于国立杭州艺专音乐系。曾任中央实验歌剧院及中央广播乐团实验乐队演奏员。1959年始在湖南师范大学音乐系从事小提琴教学。

谭景华（1970— ）

女高音歌唱家。广东阳江人。阳江市第一职业高级中学教师。1999年星海音乐学院音乐教育系毕业。撰有《幼师专业钢琴教学的构思与实践》《合唱在教学中的作用》《职高幼师教学中存在的问题及对策》等文，部分获奖。录制CD专辑《沁园春·雪》《音乐人生》。2004年举办个人演唱会。受聘担任阳江市合唱团、市青少年宫合唱团指导老师。举办各种音乐讲座并参与策划大型文艺晚会。

谭丽娟（1937— ）

女高音歌唱家。浙江义乌人。1956年入浙江民间歌舞团。1961年入上海声乐研究所进修。曾任浙江歌舞团艺术指导，音协浙江分会副主席、省音协主席。演唱有《小弟歌》《李三宝》《西湖为什么这样美》。

谭利华（1955— ）

指挥家。江苏徐州人。北京交响乐团团长、音乐总监、首席指挥。1980年毕业于上海音乐学院作曲指挥系。中国音协第五届理事，第六、七届副主席兼表演艺术委员会主任。中国交响乐发展基金会副理事长、北京音协主席、中国文联全委、国家大剧院艺术委员会副主任。第十、十一届全国政协委员。曾应邀指挥俄罗斯国家交响乐团、伦敦爱乐乐团、以色列爱乐乐团。作为客席指挥曾与欧、美、澳、亚洲三十余个著名交响乐团成功合作。自1997年始参与策划北京新年音乐会，为历届新年音乐会的顾问和指挥。2001年始曾四次率北京交响乐团赴欧洲巡演。2008年指挥北京交响乐团录制第29届奥运会212首国（会）歌和开幕式音乐。曾指挥许多大型演出活动，录制唱片四十余张和数百余部影视音乐作品。指挥数十位中国作曲家新作的首演，演出中外交响乐作品数百场。曾获中国金唱片指挥奖。

谭良举（1956— ）

作曲家。云南罗平人。1974年毕业于曲靖师范音乐专业，1993年毕业于云南文化艺术学院音乐系。主编并出版《罗平洞经音乐》《罗平民族民间音乐》《云南罗平布依族音乐文化研究》丛书。创作舞剧、舞蹈音乐有《太阳三姑娘》《菟丝子告状》《红土情》《布依恋歌》《欢腾的水乡—三江口》。歌曲有《唱出布依人的心声来》《滇

东明珠人间天堂》《美丽的三江口》《布依米酒敬亲人》《布依巧手织锦绣》等。花灯器乐曲《八步等点》，姊妹箫器乐曲《布依春早》，唢呐器乐曲《金玉满堂》在汇演中获奖。

谭柳生（1938— ）

戏曲音乐家。湖南洞口人。1957年开始任教。1960年调洞口剧团任作曲、指挥，1965年结业于省戏曲音乐理论作曲班。1980年调邵阳市戏工室任音乐·史论组组长、《中国戏曲音乐集成·湖南卷》编委、《湖南戏曲音乐集成·邵阳市卷》常务副主编。参加过《邵阳花鼓戏音乐》《祁剧音乐》和《武冈丝弦》等的收集整理。先后发表《祁剧高腔腔句结合规律》《走场牌子的结构特点》等多篇论文。合作编著出版《湖南花鼓戏常用曲调续集》。其花鼓戏《乐朝天做媒》获音乐奖与省戏剧季二等奖。

谭密子（1936— ）

长笛演奏家。广东东莞人。1962年毕业于上海音乐学院管弦系。曾任上海交响乐团首席长笛。曾随团参加第七届世界青年联欢节。作有长笛协奏曲《迎春》，译有《长笛》等。

谭明才（1934— ）

音乐教育家。四川万县人。1961年毕业于四川音乐学院民乐系二胡专业，曾师从刘明源进修板胡。曾任四川音乐学院民乐系、音乐学系教授，学报《音乐探索》编辑部主任，四川民族管弦乐学会常务理事。参加独奏领奏等演出数百场，举办音乐专题讲座百余场，编著民族弦乐教材五册，撰写并拍摄有《蜀派古琴教学》等电视片六部，发表音乐评论、专访等二百篇。获奖论文有《蜀派（流水）之形神系统暨美感心理研究》《论板胡二胡揉弦技艺》。曾获省高校学报优秀编辑奖。

谭胜功（1956— ）

作曲家、音乐活动家。河南西平人。1979年入河南汝南师范音乐专业，1987年毕业于河南大学音乐系作曲系。曾在西平县文化局任职，1986年始在西平县棠溪音乐社任社长，西平县文联副主席。历时五年，自费骑驴两万余里搜集、整理并出版《冯玉祥军歌选》填补了中国音乐史上的一段空白。出版《中国近代军歌初探》。参加《中国曲艺集成·西平县》卷任主编，中国《曲艺志》《民间器乐曲》《戏曲志》等西平县卷，均任副主编。出版《可爱的中华歌曲集》。组织策划、导演、指挥文艺演出数百场。

谭士俊（1957— ）

作曲家、演奏家。山西代县人。内蒙古包头博物馆馆长。1975年始从事音乐创作，其中歌曲《植树歌》《青山多姿水多情》《香港在呼唤》《大青山，一条金色的项链》《吹起控烟的号角》等分获内蒙古自治区"五个一工程"奖及入选为第六届亚太地区烟草或健康大会主题歌。曾学习竹笛、小提琴演奏并任包头市歌舞团演奏员。组织排练多部戏剧、歌舞、音乐晚会等文艺活动。

T

谭抒真（1907—2002）

小提琴演奏家、教育家。山东青岛人。幼年学过多种民族乐器。中学时师从李勖及俄籍小提琴家欧鲁普学琴，17岁考入北京大学音乐传习所。1925年赴上海师从荷兰籍小提琴家凡·海斯特继续学习。1927年考入上海工部局交响乐团任小提琴演奏员。曾执教于上海艺术大学等多所院校。后赴东京及德国深造。1940年毕业于沪江大学。1947年任国立上海音专小提琴教授。新中国成立后，长期执教于上海音乐学院，曾任副院长兼管弦系主任、学院顾问，中国音协理事，上海市音协副主席，上海市政协常委。培养有众多小提琴演奏家。曾应聘担任法国巴黎玛格丽特·朗—蒂博钢琴与小提琴国际音乐比赛评委、英国伦敦卡尔·弗莱什国际小提琴比赛评委。1982年获美国旧金山音乐学院名誉博士学位。在提琴制作、音响、建筑音响等领域均有见术，发表过大量学术论文。

谭素敬（1972— ）

女高音歌唱家。山东文登人。山东东营市艺术团副团长。1996年毕业于中国音乐学院歌剧系。多次在全国、省级音乐赛事中获奖。其中获第三届全国石油职工文化大赛声乐美声唱法一等奖，第六届山东省文化艺术节专业演唱一等奖，第九届央视青歌赛业余组荧屏奖，省第八届青年歌手大奖赛美声唱法一等奖。

谭维友（1929—已故）

作曲家。吉林人。1947年参加合江鲁艺文工团。1953年毕业于东北鲁艺音乐部。1957年入上海音院学习指挥。曾任黑龙江省艺术学校器乐科主任。作有《森林号子联唱》等。

谭渭裕（1935— ）

民族器乐演奏家、教育家。浙江萧山人。1960年毕业于上海音乐学院民族音乐系，留校任教，教授。上海今虞琴社社员。1958年开始笛、箫、尺八的研制与改良，其改良的七个指按孔加三个键按孔结构笛、箫、尺八系列获国家发明专利。用改良箫演奏中外乐曲12首，由中央电台录播。为发挥改良箫、笛、尺八的转调、半音阶、音域宽广等性能，创作有《盼》《惜》等独奏曲。《盼》1994年参加第三届全国民族管弦乐展播获优秀奖。论文《谈笛子改良中继承与发展的问题》，出版有《箫独奏曲集》专集音带。曾应邀赴香港讲学。

谭晓春（1953— ）

女小提琴教育家。山东东阿人。安徽艺术职业学院音乐系副教授。先后毕业于安徽艺术学校音乐科、上海音乐学院管弦系、安徽教育学院艺术系。长期从事小提琴专业教学、研究，为音乐院校、演奏团体输送了一批人才，多次被安徽省文化厅、学校评为优秀教师。1997年至2004年举办过四场师生小提琴独奏音乐会。撰有《试论小提琴愉快教学法》《论小提琴无伴奏音乐》《试论小提琴协奏曲及其在教学中的分类运用》。

谭孝鑫（1940— ）

二胡演奏家、教育家。湖南人。曾任山西大学艺术系音乐教研室副主任。1963年毕业于湖南师范大学音乐系。主授二胡、中国近代音乐史、论文指导等。创作并演奏二胡与管弦乐《走西口随想曲》。曾举办个人二胡独奏音乐会。演奏曲目有《二泉映月》《烛影摇红》等。撰有《白帆之歌》等文。

谭学俊（1957— ）

女音乐活动家。湖北宜昌人。宜昌市群艺馆培训部主任。1971年任宜昌市歌舞团演员，1975年毕业于湖北艺术专科学校声乐专业。曾主演《江姐》《刘三姐》《雷雨》等多部歌剧、话剧，并举办各类艺术培训班，带领学员参加全国及省市各类艺术比赛，多次获奖。发表有《宜昌方言中的'儿化'现象》《童声训练'禁区'之探析》等文。作有歌词《月亮巴巴》《妹妹我也要上学》、歌曲《小阿妹爱吹咚咚喹》《只要妈妈露笑脸》等。

谭学胜（1970— ）

声乐教育家、歌唱家。重庆人。四川音乐学院声乐系副教授。1995年毕业于四川音乐学院声乐系，2003年在中国音乐学院进修，师从金铁霖教授。曾任西藏军区政治部文工团演员。获全国青歌赛"大红鹰"杯民族唱法专业组第二名、"哈药六厂"杯与"新盖中盖"杯优秀奖、第四届中国音乐"金钟奖"银奖。在山东、上海等地举办个人独唱音乐会。演唱歌曲有《祖国啊，这里有我》《什么也不说》《九曲黄河第一弯》等。

谭英林（1958— ）

男中音歌唱家。黑龙江哈尔滨人。先后毕业于中央乐团学员班声乐科、解放军艺术学院音乐系、中国音乐学院音教系（函授），南京军区政治部文工团歌队队长。曾参加中央人民广播电台建党60周年专场广播音乐会。获第六届电视歌手大奖赛荧屏奖，纪念毛泽东诞辰100周年江苏声乐比赛一等奖。组织本队歌手参加全国大赛多次获奖。

谭永春（1954— ）

歌词作家。黑龙江拜泉人。山东东营市群艺馆馆长、市音舞协会副主席。1976年毕业于黑龙江省克山师专。论文《关于群众文艺创作再铸辉煌的新思考》获中国群众文化学会"文化大视野"优秀论文奖。出版有歌词选集《浪漫城堡》，作词歌曲《我怎能舍得走》1991年获全国城市电视台MTV大赛银奖。《母亲的笑容》（合作），《永远跟随你》分获全国第九届、十三届群星奖山东赛区创作二、三等奖。

谭兆龙（1939— ）

戏曲音乐家。湖南浏阳人。1959年任益阳市花鼓剧团作曲。1970年任益阳市创作组组长。后调益阳地区戏工室任副主任、主任。先后创作戏曲音乐三十多部，歌剧音乐两部。其中有的出版唱片，并多次获省汇演作曲奖。1987年创作的花鼓戏音乐《风过小白楼》并参加首届中国艺术节，1993年获全省艺术科研一等奖。先后发表音乐、戏剧、历史、民俗等论文五十多篇共四十万字。曾任益阳市音乐家协会主席。

汤 广（1941— ）

小号演奏家。广东广州人。1961年入广州乐团交响乐队从事小号演奏，1963年入中央音乐学院管弦乐系小号专业进修，后任广州乐团交响乐队首席小号。长期与国内外优秀指挥家、演奏家合作，受到广泛好评。1998年入广东歌舞剧院从事演奏及培训教学。热心于青少年社会音乐活动及管乐的推广普及，多次获得省市表彰。曾受聘于广州音乐学院、深圳艺术学校，培养了不少管乐人才。

汤 洁（1970— ）

女钢琴教育家。广东花都人。1992年毕业于西安音乐学院音乐教育系。陕西师范大学音乐学院键盘系副教授。撰有《我国民族和声的表现力》《甘洒嗜音未有不亡——先秦音乐亡国再记》，发表于《乐府新声》《交响》。

汤 铭（1949— ）

双簧管演奏家。北京人。1968年毕业于中央音乐学院附中。先后在中国京剧团、山东省京剧团任演奏员及在中央歌剧院交响乐团任木管声部长。担任首席双簧管演出的剧目有《白毛女》《刘胡兰》《阿依古丽》《茶花女》《卡门》《魔笛》《费加罗的婚礼》《红灯记》《红色娘子军》等。曾应邀到日本与新星交响乐团演出歌剧《歌仙》，应邀到香港、澳门、芬兰参加艺术节并任首席。

汤 萍（1957— ）

女中音歌唱家。湖南人。1975年开始从事文艺工作，1978年进修于中央乐团。湘潭市艺术剧院艺校声乐教授、湖南省声乐艺术委员会理事、全国社会艺术水平考级考官。演唱的歌曲《湖畔花下飞渔歌》曾被中央、省、市电台录制后播放，《心儿甜透啦》《我们正年轻》被湖南省电台作每周一歌播放，并由成都唱片厂灌制唱片。歌剧《深宫欲海》主题歌《索桥谣》曾在中国首届艺术节中获"最佳演出奖"。1996年从事声乐教学，所辅导的学生有数十人在各类声乐、演讲比赛中获奖。

汤璧辉（1931— ）

歌词作家、音乐编辑家。浙江松阳人。1949年始从事音乐工作。曾任浙江省音乐文学学会副会长，《花港》词刊主编，《中小学音乐教育》副主编、特约编审。编辑《中小学音乐教案精选》及《音乐教案集锦》。歌曲《我们的祖国好》由中央电台教唱，《西湖风光谁不爱》选入《中国新文艺大系·音乐卷》，《富裕的日子像朵花》在全国农业题材歌曲比赛中获奖，《水花花，泥花花》获全国首届校园歌曲电视大赛奖。有词集《春秋歌》。

汤伯林（1935—已故）

作曲家。广西柳州人。曾为哈尔滨市音协理事。1949年起任解放军某师宣传队、文工团小提琴演奏员，1963年毕业于哈尔滨艺术学院音乐系作曲专业，历任市十五中学音乐教师，哈尔滨儿童艺术剧院作曲。创作大量歌曲、

器乐合奏，童话歌舞剧《六盘山》《梅园颂》《带响的弓箭》《神笔马良》《三个和尚》等作品，并获全国、省、市级奖多次。

汤化过（1931— ）

指挥家。江苏灌南人。山东省艺术馆研究院馆员。1946年始从事部队文艺工作。1951年结业于上海音乐学院音乐教育专修班，1956年就读于解放军总政治部指挥训练班，师从德国专家赫佛特。先后任济南军区文工团乐队指挥、山东省歌舞团副团长兼合唱指挥。作有歌曲《战备学文化》《摘棉歌》《我们是公社女社员》等。曾在接待外国元首及驻华使节参观团的重要演出中担任合唱指挥。

汤凯旋（1945— ）

扬琴演奏家、作曲家。广东新会人。1961年由广州艺术学校考入广东音乐曲艺团。曾任广东音乐团团长兼广东音乐曲艺一团团长、艺术指导。80年代创作的《狮舞》获广东省首届艺术作品优秀作品奖，《鹅潭新貌》获羊楶音乐花会新作优秀奖。编配的《故乡情·我是红娘》获全国曲艺调演一等奖。1993年获首届省港澳广东音乐邀请赛个人精英奖。1994年创作《云山春色》获第三届全国民族管弦乐展播作品优秀奖。1997年负责音乐设计配器粤曲《雏凤新声颂伟人》获文化部第七届"文华新节目奖"。

汤良兴（1948— ）

琵琶演奏家。生于上海，美籍华人。13岁考入上海民族乐团。1974年参加全国琵琶选拔赛，被选为中央乐团特邀琵琶演奏员，随团赴日本演出。后随上海交响乐团、全国青年艺术家代表团等赴亚、欧、美及大洋洲多国演出，曾参加交响音乐《智取威虎山》的演出，首演琵琶协奏曲《花木兰》《西双版纳的晚霞》《故乡风情》。1986年赴美国深造，在林肯中心、卡内基音乐厅及多所大学举办独奏音乐会并讲学。曾与多家美国交响乐团合作演出《梁祝》《草原小姐妹》等琵琶协奏曲。1991年应邀赴台湾各城市举办个人琵琶独奏音乐会。众多演奏曲目录制成CD盘。1993年获"美国国家传统艺术家"大奖，克林顿总统签发贺信。

汤良洲（1935— ）

琵琶、柳琴演奏家。上海人。生于江南丝竹之家。曾任中国电影乐团弹拨声部长、上海沪风沪剧团首席乐师。著有《琵琶新演奏法》。

汤六一（1950— ）

钢琴演奏家。北京人。任职于中央乐团独唱独奏组。1960年进入中央音乐学院学习。1977年进入东方歌舞团任演奏员，1980年入中央乐团，1988年入日本东京音乐大学钢琴系研究生班，1990年毕业，并在日本东京、札幌、大阪、京都、国立等举行个人独奏音乐会。1987至1988年出版专著《儿童钢琴100首》及续集，获得"全国优秀图书奖"。1999年任美中基金会音乐总监，先后四次带领"中国小钢琴家代表团"出访美国演出。2001年在美国纽约"林肯艺术中心"演出，获得"华人杰出演艺奖"。近年

来，致力于青少年的钢琴教育工作，并在全国和各种比赛中担任评委。

汤沐海（1949— ）

指挥家。上海人。1977年毕业于上海音乐学院作曲指挥系，留校任教。1979年赴德入慕尼黑高等音乐学院指挥大师班学习。1982年应邀担任柏林爱乐乐团客席指挥并随卡拉扬继续深造。1983年担任指挥大师伯恩斯坦助理。1984年在第一届国际康德拉申指挥比赛中为前三名决赛获奖者之一。1983年以来与欧美各国交响乐团进行合作。

汤萍生（1933— ）

女音乐编辑家。山东青州人。1954年毕业于华东艺专作曲系。曾任山东省艺术馆音乐科副科长。长期从事山东民歌的收集、整理和研究工作。

汤其河（1961— ）

作曲家。河南人。大专学历。河南省豫剧三团艺术室主任。曾为五十余部大型舞台剧、6部戏曲电视剧担任作曲。先后获"文华音乐创作奖"、中国第六届艺术节、首届中国豫剧节、"中国金三角"、河南省多届戏剧大赛等优秀作曲奖及国家、省"五个一工程""精品工程"优秀文化成果奖。并为其它省市艺术团体作曲。作有《红果红了》《香魂女》《儿大不由爹》《蚂蜂庄的姑爷》《红剪花》等音乐作品。被河南省政府记功一次。

汤其娴（1928— ）

女钢琴教育家。四川人。1956年毕业于中央音乐学院钢琴系，后留校任指挥系伴奏教师。

汤寿高（1956— ）

二胡教育家。重庆人。四川省职业艺术学院教师。1978年毕业于四川省"五七"艺校，师从蒋才如。撰有《如何在二胡运弓中掌握与运用动力和重力》。1981年获"四川省二胡、琵琶、小提琴、声乐比赛"二胡演奏二等奖，所教学生分获国内重要赛事一、二、三等奖，并为国内多所音乐院校输送了二胡演奏人才。

汤秀娣（1940— ）

女琵琶演奏家。上海人。自幼随家兄学习琵琶。1958年考入中国煤矿文工团任演奏员，后担任乐队弹拨乐声部长。曾演奏《霸王御甲》《金蛇狂舞》等曲，在中央台录制《满载乌金去北京》。曾随团出访美国、加拿大、波兰，在舞剧《丝路花雨》中担任琵琶独奏，在舞剧《长恨歌》中担任独奏和领奏。

汤雪耕（1920—1978）

声乐教育家。浙江海宁人。1946年毕业于四川音乐专科学校。同年入上海中华音乐学校任声乐教师兼校务主任。1949年始任中央音乐学院声乐系副教授、声乐教研室主任。著有《实用歌唱法》《怎样练习歌唱》。

汤亚汀（1947— ）

音乐翻译家。辽宁抚顺人。曾为上海音乐学院研究所副译审。1988年毕业于上海外国语学院，后入英国杜伦大学进修。长期从事音乐各学科著作的翻译及编辑工作。出版有译著《非洲音乐》《二十世纪音乐》等，撰写有论文《〈旧约〉乐器考》，并参加编撰《中国大百科全书·音乐舞蹈卷》以及《撒哈拉以南的非洲音乐》。

汤昭智（1951— ）

歌词作家。湖南益阳人。毕业于复旦大学。上海音乐文学学会会长。创作有上海国际服装艺术节节歌、上海旅游节节歌、上海国际电影节节歌等。曾为《张闻天》等几十部影视剧和大量电视文艺晚会创作主题歌词、插曲歌词等。《假如你要认识我》曾被评为"当代青年喜爱的歌"，《远山》在日本名古屋举行的亚洲音乐节上获银奖，《和平母亲》等作品先后获"星光奖""金鹰奖""群星奖"等政府奖。出版有歌词集等九种。1997年被评为上海十大工人艺术家。

汤正方（1926— ）

作曲家。山东青岛人。曾就学于国立上海音专。1948年始任教于国立福建音专、国立北京师范大学音乐戏剧系。后在中国歌剧舞剧院工作。曾参加歌剧《王贵与李香香》音乐创作。

汤重稀（1934— ）

作曲家。重庆长寿人。四川音协理事、成都市音协常务理事。1949年从事部队文艺工作。1953年在朝鲜战场负伤，四川省一等革命伤残军人。身残志坚、自学作曲，几十年来创作有大量歌曲作品，发表、参演、播放、录制歌曲近四百首，五十余件作品获奖。作有《不见英雄花不开》《龙溪河上歌声飞扬》《荣军之歌》《新农家乐》《蝴蝶兰》《光明颂》《红军的妈妈》，为第三届亚洲冬季运动会创作歌曲《我们在冰雪中相逢》。

唐　彪（1963— ）

男高音歌唱家。四川人。广东省政协委员，全国青联委员。1982年就读星海音乐学院声乐系。广东歌舞剧院独唱演员兼艺术指导。曾获太平洋"云雀奖"，"美声、民族、通俗唱法全能歌手大赛"全能冠军，"万千星辉耀中华"全国十大最受欢迎歌手奖，"广东国际艺术节"表演一等奖。获"全国文化先进工作者"，"首届广东省优秀中青年文艺家"称号，"广东省劳动模范""文化部优秀专家"。随团出访美洲、澳洲国家和地区巡回演出。

唐　兵（1960— ）

圆号演奏家。江苏人。中国爱乐乐团演奏员。1982年毕业于武汉音乐学院管弦系。曾在中央歌剧院交响乐团、中国广播交响乐团任圆号首席。演奏大量古今中外交响乐作品及十余部世界著名歌剧。1986年获"全国交流会及圆号比赛"第一名。在2000年"北京国际圆号艺术节"上举行个人独奏音乐会，并任评委。著有《圆号教学大纲》。

先后随团赴美、日、韩等国及香港、澳门、台湾演出。

唐 富（1943— ）

　　古筝演奏家。吉林农安人。中国筝会荣誉理事、中国音协民族管乐研究会常务理事。原黑龙江省政协委员。1958年考入黑龙江省歌舞团。1963年，参加"哈尔滨之夏"第二届音乐会的演出。1964年，首张唱片在参加沈阳音乐周演出时由中国唱片社录制。同年，曾3次应台北市国乐团邀请，举办个人笙独奏音乐会与海外民乐大师联合组台演出。创作有20首笙独奏曲，大部分已录制成唱片出版。作品有《天鹅畅想曲》《喜运丰收粮》《林海新歌》《快乐的女战士》及大型笙协奏曲《文成公主》。

唐 诃（1922— ）

　　作曲家。河北易州人。1938年参加八路军。曾任中国音协常务理事、战友文工团副团长。作品有《骂阎锡山》《边区好》《军队向前进》《在村外小河旁》《众手浇开幸福花》《祖国祖国我爱你》《丁香花说我爱你》等。合作有《长征组歌》《老房东查铺》《沁园春·雪》《打靶歌》《牡丹之歌》等。《最美最美是中华》获广播歌曲金奖，《我们的生活充满阳光》被联合国教科文组织选为亚洲音乐教材。为电影《花儿朵朵》《锦上添花》《甜蜜的事业》《决裂》等作曲。出版各类歌、文集十余册。"音乐书法"作品传至日、美、新加坡等国家。在青岛举办《唐诃作品音乐会》和《唐诃书法作品》展。军委颁发三级勋章，获第三届中国音乐"金钟奖"终身成就奖。

唐 江（1928— ）

　　作曲家、指挥家。山西原平人。中国合唱协会顾问。1938年参加八路军，在抗日战争、解放战争及抗美援朝战争中数次荣立战功。1951年参加第三届世青节，随中国青年艺术团赴东欧六国访问演出。1953年考入中央音乐学院，完成作曲、指挥两个专业的学习，1960年毕业。后任北京军区战友歌舞团团长、指挥。1964年任音乐舞蹈史诗《东方红》指挥组副组长、执行指挥。1965年任《长征组歌》首任指挥。1966年随周恩来总理率领的艺术团出访东欧。在合唱演出中多次获优秀指挥奖。谱写《七律·长征》《沁园春·雪》《三千里江山云和月》等获奖作品。1998年组建北京老战友合唱艺术团，2003年率团参加文化部艺术司、中国音协联合主办的《峥嵘之光》系列合唱音乐会指挥专场演出。

唐 朗（1928—2006）

　　作曲家。四川江北人。1949年始从事音乐工作。作有歌剧音乐《夺印》，歌曲《毛主席的光辉把炉台照亮》。

唐 力（1954— ）

　　作曲家。瑶族。广西桂林人。广西民族大学艺术学院院长，《歌海》杂志社社长、总编。作有歌曲《北部湾情歌》《阿爸阿妈》《阿妈的手》《老百姓说好就是好》《戴花竹帽的多情妹》等。为电视连续剧《女进修生》（合作）、电影《那年秋天》作曲。作品分获中国音乐电视铜奖、中国广播新歌银奖，第三、四届广西文艺创作铜

鼓奖，1995、2002年广西"五个一工程"奖，连续两年获广西文化厅主办的歌曲创作评比一等奖。出版作品专辑。

唐 琳（1943— ）

　　女歌唱家、音乐教育家。重庆江北人。中国教育学会音乐教育专业委员会第三届理事。1965年毕业于四川音乐学院声乐系，先后在四川省曲艺团、四川省歌舞团任独唱演员。1983年回母校任音乐教育系主任、教授、研究生导师。1993年获学院教学科研成果一等奖、四川省普通高校教学科研成果二等奖，1997年获全国曾宪梓教育基金授予的高等师范教师三等奖。主要论文有《高师声乐集体课尝试》《植根在民族文化的沃土中》《建立完整音响概念指导声乐教学》《论声乐教学中的对立统一规律》，专著有《声乐教学泛论》。

唐 宁（1962— ）

　　钢琴教育家。安徽蚌埠人。山东师大音乐学院教研室主任、教授。1982年毕业于山东师范大学艺术系。所撰论文《课题型钢琴集体课电化教学模式应用研究》获山东省政府教学成果二等奖，《钢琴复调音乐作品的学习》获省艺教委论文一等奖，主编的山东省五年制师范学校统编教材《键盘乐器》获省教育厅人文科学著作三等奖。

唐 蓬（1962— ）

　　女歌唱家。江苏南京人。南京大学教授。1977年考入江苏省歌舞剧院，任歌剧演员。1986年参加全国青年首届民歌、通俗歌曲"孔雀杯"大奖赛，获民歌类"银孔雀杯"奖。1987年，参加江苏省首届音乐舞蹈节，获民族唱法二等奖。在歌剧《椰岛之恋》饰主要角色获表演一等奖。1989年，随团出访日本并参加亚洲艺术节的演出。1990年，参加江苏省第二届青年歌手大赛获专业民族组一等奖。1991年，参加江苏省第二届音乐舞蹈节获民族唱法一等奖。曾随国家教委组织的"祖国慰问团"赴欧洲各国演出，受到嘉奖。

唐 平（1942— ）

　　作曲家。湖北武汉人。1965年毕业于武汉音乐学院作曲系。江西赣南歌舞团副团长。合作有歌剧音乐《鲁班石》《长岗红旗》《啊，春光》《飘蓬》。

唐 平（1960— ）

　　女钢琴教育家。河南漯河人。洛阳市音协理事。1982年毕业于河南大学艺术学院钢琴专业。1984年调入洛阳师范学院音乐系任教，后任该院音乐系钢琴教研室主任。发表论文二十余篇，其中4篇获优秀论文一等奖。2002年主持科研项目《钢琴多彩音色的研究》。1992年以来，三次举办"唐平钢琴教学演奏会"。1997年被评为河南省优秀指导教师。

唐 石（1955— ）

　　作曲家。辽宁人。曾任黑河地区文工团、哈尔滨铁路文工团首席小提琴、乐队队长、作曲、指挥。曾在上海音乐学院学习小提琴，1993年参加中国音协合唱指挥研修班

T

学习指挥。1991年指挥哈铁职工乐团、合唱团参加"哈尔滨之夏音乐会"合唱节获第一名。多次参加歌剧、舞剧及各类音乐会、戏曲等的创作演出。作品曾在中央电视台、中央电台及各级刊物及演出团体播放、发表或上演。获演奏、作曲、指挥奖百余次，其中歌曲《中国大铁路》获文化部、中央电视台征歌银奖，《新的起跑线》评选为全国铁路第十届运动会会歌。

唐 渊（1953—）

女歌唱家。江苏泰兴人。泰州市音协常务理事、市文联副主席。毕业于南京师范大学音乐系。其主演的小歌剧《候补民兵》曾获江苏省业余文艺调演优秀奖。曾在扬州市民族器乐演奏团赴日本演出中担任独唱、扬琴独奏。所创作的歌曲《人人心中都拥有》《玫瑰花》获市级"五个一工程"奖，并为电视剧《烽火扬州路》谱写主题歌。2003年由江苏省文化音像出版社出版个人演唱专辑《我是母亲放飞的心愿》。

唐 韵（1950—）

女小提琴演奏家。上海人。曾任上海交响乐团独奏员。现居美国。演奏小提琴协奏曲《梁山伯与祝英台》。

唐白坦（1937—1989）

音乐编辑家。河北唐山人。1961年毕业于中央音乐学院民乐系古琴专业。曾任天津文联理论研究室编辑。主编《天津古乐资料》《音乐理论文丛》。

唐宝善（1931—）

指挥家。江苏常州人。1957年毕业于上海音乐学院指挥系。曾任上海电影乐团、上海交响乐团、上海广播电视艺术团客席指挥。

唐璧光（1920—）

作曲家。湖南东安人。毕业于湖南大学音乐系理论作曲专业，后调长沙市工人文工团。曾导演花鼓戏《田寡妇看瓜》并任作曲。1979年调永州市花鼓剧团工作。作有歌曲《浏阳河》等。发表论文《祁剧高腔音乐的发展手法及特点》《祁剧〈木莲戏〉高腔音乐的创腔经验其特点》等。在中国文艺十大集成编辑工作中《为中国戏曲志（湖南卷）》撰写有关条目，获省文化厅颁发的优异成绩奖。主编出版《零陵花鼓戏志》。

唐斌华（1942—）

作曲家。江苏苏州人。苏州市音协副主席。自60年代始，先后任职于江苏省苏昆剧团、苏州市京剧团、苏州市音协。撰写《戏曲音乐的地位、功能与创作》等文发表于《中国音乐》等刊物。创作歌曲百余首，部分发表于《歌曲》《上海歌声》《江苏音乐》等刊物。其中《太湖·天堂的湖》《相会在苏州》《太湖渔归》《走向赛场》分获各类奖项。

唐昌祺（1938—）

作曲家、音乐编辑家。贵州遵义人。毕业于西南音乐专科学校附中，肄业于四川音乐学院管弦系，曾在贵州省歌舞团任首席单簧管演奏员与作曲。1980年起历任贵州广播电台音乐编辑、贵州电视台总编室音乐组组长、观联组组长、央视调查咨询中心贵州办事处经理等职。在省内获奖的作品有交响音诗《黄果树瀑布》，琵琶协奏曲《收租院》，弦乐四重奏《三个音的主题与变奏》以及舞剧音乐《山花烂漫》《山魂交响曲》等。曾发表数篇理论文章，在全国获奖的论文有《电视的社会功能与观众的文化需求之相关性研究》《受众视听心理规律》等。

唐长夫（1933—）

音乐活动家。上海人。1955年入上海乐团。1962年入上海音乐学院进修。曾任上海市文化局音舞处处长。撰有《西洋传统唱法在中国的发展》。

唐春生（1942—）

女作曲家。满族。北京人。1967年毕业于中国音乐学院作曲系。曾为豫剧《朝阳沟》《海港》《必正与妙常》等四十多部戏曲剧目和十多部广播剧作曲配器。发表多首歌曲、器乐曲。合作编著《豫剧新编曲牌》。参加国家重点科研项目《中国戏曲音乐集成·河南卷》的编辑工作，获中国音协、文化部颁发的先进工作者证书。在业余钢琴考级活动中曾获河南省优秀钢琴教师称号。

唐纯志（1938—）

作曲家。浙江松阳人。湖南省第三、四届文代会代表，省音协二届理事、三届常务理事。历任湘潭花鼓剧团、后阳地区歌舞团业务团长、岳阳市戏剧工作室主任、群众艺术馆馆长。作有《洞庭撒网歌》《好得很歌》《伟大真理放光辉》等。著有《论"引商刻羽"—楚音乐调式，调性转换的特征》《析唐"二变义"论湖南民歌和小戏音乐中的两上偏音》。

唐道庄（1927—）

音乐教育家。安徽人。1954年毕业于上海华东师大音乐系。先后任山东淄博一中、淄博师范音乐教师，淄博师专音乐教研室组长，1982年任淄博市教研室音乐教研员、美育顾问。作有二重唱《一步一朵胜利花》，歌曲《回味》《请到咱们柳泉来》《故俚》（获省创作奖），论文《怎样上好中学音乐欣赏课》《乐理知识教改初探》。编写教材《山东省师范音乐教材》（1—3册），《师专和声教材》《作曲法教材》《配器常识》。专著《山东省初中音乐教师教材教法进修要求》。

唐德君（1954—）

男高音歌唱家。辽宁大连人。1974年任大连歌舞团独唱演员、声乐指导。1986年入沈阳音乐学院音乐系干部进修班学习。在沈阳和大连举办了独唱音乐会。1990年主演歌剧《海蓬花》获全国歌剧调演优秀演员奖、1991年获文化部首届"文华奖"、1992年获中国戏剧"梅花奖"。

唐德平（1946—）

竹笛演奏家。湖北武汉人。1960年考入武汉人民艺术剧院学员训练班学习竹笛，1965年由学员转正为演奏员。任职于武汉歌舞剧院民族乐团。多年来一直从事竹笛、排箫、箫、埙等民族吹管乐器演奏。曾随艺术团赴新加坡、日本等国演出。曾获演奏、作曲及文化科技进步奖。

唐德松（1953— ）

小提琴演奏家。江苏兴化人。1972年毕业于南京艺术学院音乐系小提琴专业，后于江苏省京剧院任乐队演奏员。1978年调入江苏省歌舞剧院交响乐团任演奏员。参与演奏的曲目有京剧《木棉花开了》，舞剧《五姑娘》《颂》《双桥故事》，歌剧《孙武》等，并多次获文化部、江苏省演出奖。自1995年，参与中央电视台《文艺广角》等栏目的音乐录制。

唐德松（1963— ）

作曲家。苗族。贵州松桃人。贵州省音协副主席，贵州民族学院音乐舞蹈学院院长。1984年毕业于中央民族大学音乐学院，留校任教。1989年毕业于上海音乐学院作曲指挥系。历任贵州民族学院艺术系副主任、音乐系主任。发表论文《浅谈红水河北岸布依族民歌及唢呐曲调》《二十世纪音乐视界的开拓与探索》。作有《第一交响曲——傩神》，民族舞剧《魂系苗山〈红军坟〉》，大型儿童舞蹈诗《鼓儿咚咚》，器乐作品《为一架手风琴而作》《风神》，声乐作品《声乐赋格曲》《我的母亲叫中国》《芦笙大摆裙》《芦笙吹起来》等音乐作品，并获奖。曾参加"第三届中国西南艺术节"汇演。

唐德耀（1923— ）

二胡演奏家。福建福州人。1949年毕业于福建学院。1965年任福建省民间歌舞团二胡、高胡独奏并从事民乐创作。曾任福建省音协常务理事、表演艺术委员会委员。作有莆仙音乐小合奏《花灯》，同年被评为全国"为农村服务"优秀音乐作品并录制唱片。《芗剧音乐联奏》1957年参加全国歌舞会演获好评。上述两曲目，1978年被评为福建省"十七年来的优秀作品"，还创作有闽乐合奏曲《五凤吟》，参加第一届全国音乐周会演获奖，并录制唱片。1980年参与高山族舞蹈音乐《杵乐》的编曲配器，在全国少数民族文艺汇演中演出。

唐殿坤（1958— ）

作曲家。山东人。徐州市歌舞团副团长、市音协副主席。1972年从事专业艺术工作，先后担任演奏员、作曲、艺术总监、音乐总监、策划。创作舞剧音乐三部，其中《淮海雪》获江苏省音舞节作曲奖。歌舞、音乐剧数十部，声乐、器乐作品百余首。获全国大奖两个、省级专业一等奖七个，省级二、三等奖二十余个，省"五个一工程"奖一个。常年担任省、市级各类声乐、器乐、舞蹈大赛评委。

唐尔丰（1929— ）

小提琴教育家。江苏无锡人。1957年毕业于中央音乐学院管弦系。曾任山东艺术学院音乐系管弦教研室主任，院学术委员会委员、教授。撰有《小提琴的发展与教育史话》《教学中的因材施教》等文。改编的小提琴独奏曲《侗歌向着北京唱》获省优秀创作奖。

唐凤翔（1933— ）

小提琴演奏家。辽宁营口人。1948年始从事部队音乐工作。曾任青海黄南州文工团副团长。曾在四川灌县西川联合开发公司工作。

唐福生（1935— ）

指挥家。广西桂林人。1951年从事音乐工作。1974年结业于四川音乐学院作曲系指挥进修班。曾在重庆市歌剧团工作。1984年在全国话剧、戏曲、歌剧调演中，指挥歌剧《火把节》获演出二等奖与乐队伴奏奖。

唐光菊（1955— ）

女声乐教育家。湖北黄陂人。曾任陕西安康歌剧团歌剧演员，在《江姐》《杨开慧》《窦娥冤》等歌剧中担任主演。1982年毕业于西安音乐学院声乐系，师从陶立玲教授，后留校任教。任兰州师专客座教授，硕士生导师，所教授的学生多次在部、省级各类声乐大赛中获奖。发表《嗓音与歌唱的基本练习法》《浅谈音乐教育中的声乐教学》《高师声乐教学中突出普通音乐教育特征》等论文。为陕西太白出版社录制中小学音乐教材范唱带《东方升起红太阳》。

唐瑰卿（1941— ）

女声乐教育家。河南漯河人。曾任河南大学艺术学院教授、省声乐教育协会副会长。长期从事演唱与声乐教学。演唱歌曲有《春到鸡公山》《笑吧，中国的乡村》《春风唱着一支歌》等。用"意念控制教学法"培养出不少歌唱人才并多次在声乐比赛中获奖。撰有《简论中国近代艺术歌曲及其演唱》《中国古代声乐美学发展初探》《豫南山歌的特点与演唱》等文近二十篇。译文有《欧洲十九世纪的歌剧与乐剧》。

唐国峰（1962— ）

中阮、柳琴演奏家。北京人。中国歌舞团民乐队演奏员。曾在交响诗《红楼梦》、中央电视台戏曲音乐、北京音乐厅"火树银花不夜天""华夏风情""二泉映月中秋""乐海冲浪"等民族音乐会担任中阮、柳琴、电吉它首席及独奏。随团赴全国各地演出，并曾出访澳门地区、越南、老挝、新加坡等国家。

唐国光（1955— ）

男高音歌唱家。山东临沂人。山东济南第一职业中等专业学校校长、山东音协副秘书长。1978年毕业于山东师大艺术系。编有山东省幼师专业教材《基础乐理》，参编山东省《音乐教材》（中学），《声乐考级曲库》等。曾多次参加各类大型演出，其中在秋里先生指挥的《黄河大合唱》中担任领唱，参加了严良堃先生指挥的《贝九》《黄河大合唱》等。多首独唱、重唱歌曲电视台录制播出。多次在各级各类文艺演出比赛中担任评委。

唐国霖（1941— ）

作曲家。江苏大丰人。曾任盐城市音协副主席、市管乐学会会长、市歌舞团演员、演奏员、乐队队长、指挥、市群艺馆副馆长。所作舞蹈音乐《马夹金球》《盐城花鼓》等作品参加市、省级文艺调演，多次获奖。曾参加第二届中国艺术节演出。多次参加市综合文艺晚会的策划、创作、编导。从1983年起先后参加《中国民族民间舞蹈集成（江苏卷）》《中国民间歌曲集成（江苏卷）》《中国民间文学三套集成（江苏卷、盐城卷）》《中华舞蹈志（江苏卷）》等志书的编纂工作。

唐惠琴（1953— ）

女高音歌唱家。贵州人。贵州省黔东南民族歌舞团副团长。曾获贵州省第二、三届《苗岭之声》音乐节青年独唱比赛二、三等奖及全省大、中学生电视歌手大奖赛民族唱法一等奖，2001年在合唱《踩鼓》中担任领唱，获中宣部精神文明建设"五个一工程"奖。在本团排演的歌剧《货郎与小姐》和喜剧《甜蜜的事业》中担任主要角色。

唐建平（1955— ）

作曲家、音乐教育家。吉林辽源人。中央音乐学院作曲系主任。中国音协第七届理事。1982年毕业于沈阳音乐学院作曲专业本科，1985年考入中央音乐学院作曲系，先后获作曲硕士、博士学位。作有交响协奏曲《圣火——2008》，大型交响音乐史诗《成吉思汗》，大型交响清唱剧《神州和乐》，歌剧《青春之歌》，舞剧《风中少林》《精卫》，音乐剧《彩云飘过山岗》，琵琶协奏曲《春秋》等。其中交响组曲《圣火2008》获全国交响乐比赛金奖，室内乐九重奏《玄黄》获台湾省立交响乐团第三届作曲比赛第一名。并获"国家优秀教学成果奖"一等奖，被评为北京市优秀教学团队带头人。

唐进发（1953— ）

音乐活动家。上海人。上海音协艺术室主任。1977年在江苏省南通市歌舞团任声乐演员，1988年在上海音乐学院声乐系进修。1996年任《东方之声》杂志社编辑部主任。曾参与策划、组织上海市在全国钢琴考级，参加"金龙杯"全国声乐大赛获美声组优秀奖。1991年策划上海市"雀巢杯"流行音乐创作演唱大赛。1996年主持《上海歌声》改版为《东方歌声》，曾参与上海市"五个一工程"的歌曲评选。主持编辑并撰写声乐考级教材，曾率上海女子合唱团出访韩国。

唐俊乔（1973— ）

女笛子演奏家。辽宁鞍山人。上海音乐学院副教授、硕士生导师。1992年考入上海音乐学院。1996年入上海民族乐团任笛子首席、独奏演员。首演谭盾笛子协奏曲《卧虎藏龙》，杨青民乐版笛子协奏曲《苍》，唐建平交响版笛子协奏曲《飞歌》，朱世瑞为德国夏季音乐节委约创作的笛子协奏曲《天问之问》及郭文景笛子协奏曲《愁宝山》。曾与世界多个著名乐团合作，其中有英国BBC交响乐团、伦敦交响乐团、法国国家交响乐团、汉堡交响乐团等。多次获比赛大奖和政府嘉奖，培养的学生多人多次获

专业器乐大赛金奖及一等奖。曾出版多张演奏专辑和竹笛教材。2004年被评为"上海十佳文化新人"。

唐孟冲（1958— ）

作曲家。湖南人。湖南省音协理事。其歌曲作品《山里人最爱打哟嗬》曾获全国第十一届"孔雀奖"声乐大赛新歌创作奖，《将进酒》《大瑶山放歌》《乡下老妈》连续三届获全省"五个一工程"奖。

唐敏南（1929— ）

女小提琴演奏家。福建莆田人。1949年毕业于福建音专，后在香港音乐院任教。1954年入中央歌剧院，任乐队首席。

唐明顺（1956— ）

钢琴演奏家、音乐教育家。山东人。吉林艺术学院钢琴教研室主任，副教授。吉林省音协理事。毕业于吉林艺术学院钢琴系。先后在北京、沈阳等地多次举办个人钢琴独奏音乐会，参加过"长春音乐周"等音乐活动的演出并多次获奖，为数十部影视剧录制配乐。

唐牧歌（1951— ）

男高音歌唱家。黑龙江哈尔滨人。深圳市育才中学教师。毕业于哈尔滨师范大学，并留校任教。1986年在上海音乐学院声乐系进修结业。1989年在哈尔滨举办个人独唱音乐会。1997年和2003年，分别获首届、第四届教育部全国中小学优秀音乐论文评比三等奖。曾在深圳"庆香港回归"，中国首届"高交会"开幕式，中宣部、文化部庆祝建党80周年"祖国，深圳对你说"等大型演出中担任领唱、独唱。

唐乃智（1928—已故）

音乐活动家。山东淮县人。1947年始在哈尔滨从事组织领导和音乐评论工作。曾任"哈尔滨之夏"等音乐活动组织者，音协哈尔滨分会主席。

唐佩珠（1956— ）

女民歌演唱家。壮族。广西宜山人。广西歌舞剧院演员。广西音协副主席。全国第七、八、九届人大代表，第八届全国人大主席团成员，广西第九、十届政协委员。1983年毕业于广西艺术学院音乐系声乐专业，后到中国音乐学院进修。曾获1985年第一届全国少数民族青年声乐比赛"银雀奖"，1986年第二届全国青年歌手电视大奖赛民族唱法优秀奖，1987年全国第二届少数民族青年声乐比赛"金凤奖"等多项奖。曾扮演歌舞剧《刘三姐》中刘三姐，为广西第三代"刘三姐"。代表作有《赶圩归来阿哩哩》《广西好》《山乡夜市》等。1998年获自治区成立40周年大庆荣誉勋章，广西首届中青年"德艺双馨"文艺家，2003年入选广西文联13年成果展艺术家。

唐朴林（1934— ）

音乐教育家、作曲家。河北唐山人。天津音乐学院作曲系教授。1947年参加部队文工队。1963年毕业于上海音

乐学院该院民族作曲专业。从事民族音乐教学、科研及创作。著有讲义五部，出版专著四部，发表论文几十篇，创作音乐作品百余首。其中部分作品获全国、省市奖项。作有民族交响叙事曲《垓下大战》，交响合唱《峨眉赋》，埙与乐队《黄陵祭》，柳琴协奏曲《隔壁放歌》，琵琶独奏《海峡相思》等。主要著述有《民族器乐多声部写作》《民·音乐之本》《古龠论》《神奇的音乐》《中国乐器组合录》等。2008年举办"唐朴林甲子暨中华音乐会"。

唐其竞（1929—2003）

作曲家、音乐翻译家。上海人。1950年入部队文工团。1956年毕业于中央音乐学院作曲系。毕业作品有小提琴独奏曲《花儿》获1957年世界青年联欢节音乐作品银质奖，根据青海民歌编曲的女高音独唱曲《四季歌》被选为电影《复试》的主题歌。毕业后任总政歌舞团创作员及作曲教员。1979年调解放军艺术学院音乐系任教授。作有晋剧音乐《吴王剑》获振兴晋剧调演音乐一等奖。翻译出版有《赋格曲》《对位法》《和声学》，曾译配意大利普契尼的歌剧《托斯卡》，1989年由总政歌剧团演出。

唐青石（1954— ）

指挥家、作曲家。四川南充人。峨嵋电影制片厂乐团指挥、作曲。1975年毕业于四川"五七"艺术学校单簧管专业，任峨影乐团单簧管演奏员。1982年入上海音乐学院专修指挥。作有交响叙事曲《草地往事》（合作），单簧管独奏《随想曲》，舞剧音乐《原野》（合作），小提琴与钢琴《暮》，《单簧管幻想练习曲》等。作有电影故事片音乐《井》《山月儿》《避难》《起诉》等，另有电视剧、广播剧音乐二十余部。指挥多部中、外交响乐作品音乐会。

唐荣枚（1918— ）

女歌唱家、声乐教育家。湖南长沙人。1933年考入上海国立音专学习声乐。曾演唱冼星海、贺绿汀的多首歌曲被录制成唱片。1938年始任延安鲁艺声乐教员。1942年出席毛泽东主持召开的延安文艺座谈会，并参加秧歌运动。为《延安颂》《翻身道情》《信天游》等歌曲的首次演唱者。曾任东北鲁艺音乐系副主任。1949年任上海音乐学院、声乐系副教授。1953年任华东人民艺术剧院艺术指导、后任中央歌舞团声乐指导。1957年率北京业余合唱团赴莫斯科参加第六届世界青年联欢节，获合唱比赛金质奖。1960年率东方歌舞班随周恩来总理赴缅甸、随陈毅副总理赴印尼访问演出。曾任中央民族乐团常务副团长兼党委书记、团长。1984年率中国艺术团赴美国洛杉矶等十余个城市巡回公演。曾为中国音协第一至三届理事。曾获第二届中国音乐"金钟奖"终身成就奖。

唐山樵（1927— ）

歌词作家。湖南炎陵人。曾任江西省歌词研究会会长。1965年参与创作大型歌舞《井冈山颂》（主创），歌词代表作有《毛委员和我们在一起》《井冈山上太阳红》等。《三湾来了毛委员》收入"建国三十年声乐作品选·合唱歌曲集"。《山里老表多自豪》获"当代农民之歌"征

歌活动创作奖。参与创作的《江西之歌》获"振兴江西"征歌一等奖。《家乡山水巧描绘》获江西省第一届音乐节创作奖。曾荣获省音乐文学创作贡献荣誉证书。

唐生奇（1954— ）

小号演奏家。安徽人。曾在兰州市歌舞剧院工作。1973年入兰州市青年京剧团任首席小号。先后师从金凤山、夏之秋先生。1990年调甘肃省歌剧团任首席小号、独奏演员。1999年参加全省首届声乐、器乐大奖赛获铜管组第一名。多年的演奏实践和教学，为音乐院校输送大批优秀学生。

唐盛河（1933— ）

戏曲音乐作曲家。瑶族。湖南道县人。湖南艺术研究所副研究馆员，《中国戏曲音乐集成·湖南卷》副主编。1950年入零陵专署文工团。1951年调湖南花鼓戏剧院先后任乐手、作曲、指挥。1979年入湖南艺术研究所从事花鼓戏音乐创作辅导和研究。为《打铜锣》等许多剧目谱曲。在《中国戏曲音乐集成·湖南卷》中担任邵阳、衡阳、零陵花鼓戏和湖南花灯戏四个剧种主编，并负责《湖南卷》全卷音响资料收集整理、编辑校对工作。

唐世林（1949— ）

词曲作家。布依族。贵州惠水人。作有歌曲数百首，在《歌曲》《词刊》等刊发表并在电台播出百余首。作有歌词百余首。其中《绿色黔南好花红》《园丁之歌》《山野梅花开》获金奖。《水族端节》（合作），《布依山寨美如画》选编入中央民族大学《中国少数民族声乐教材》。有3首歌拍成MTV在电视台播放。出版有个人歌曲专集《西部放歌》（100首），CD光碟（12首），《布依六月六》获《歌曲》月刊"晨钟奖"。并为布依族歌舞剧《好花红》编剧、编曲。

唐世伟（1951— ）

声乐教育家。满族。黑龙江哈尔滨人。中国音乐学院、呼伦贝尔学院客座教授。1986年就读于中央乐团音乐学院、中央音乐学院声乐系。曾任总政歌舞团、中央交响乐团、中央民族歌舞团歌队演员。多次参加双拥晚会、国庆晚会、北京新年音乐会、广西国际民歌艺术节。出版有作曲并演唱的专辑CD《我从草原来》，并在中央电台播放。为高等艺术院校培养一批艺术人才。撰有《声乐速成教学法》。

唐天尧（1945— ）

作曲家、音乐编辑家。云南昆明人。曾任云南人民广播电台主任编辑。六十年代开始音乐创作。《敲起我的小木鼓》获全国少儿歌曲创作评选一等奖，《对着大雁唱支歌》《放学吹起笛哩噜》获全国少儿卡拉OK大赛优秀作品奖，合唱《每一个清晨都是节日》《吉祥鼓》获全国广播新歌征集银奖，女声独唱《山寨琴声》获全国民族歌曲征集优秀作品奖。编制大量音乐广播节目，首次将歌曲《阿佤人民唱新歌》《我爱老山兰》推向全国。

T

唐文清（1932— ）

音乐编辑家。江苏徐州人。1948年在鲁中南文工团乐队学习器乐演奏，次年进入徐州市委文工团任乐队指挥兼演奏员。《上海词刊》主编，副研究员。曾为《战斗在敌人的心脏里》等三十余部沪剧编曲。有19首歌曲及器乐曲在省市级比赛中获奖。曾任《中国民族民间器乐曲集成·上海卷》副主编及编辑部主任。出版有《中国历代音乐故事百篇》《上海江南丝竹乐曲集》（合作），并任《江南丝竹音乐大成》执行副主编。

唐霄莉（1947— ）

女钢琴演奏家。湖南祁阳人。1966年毕业于广西艺术学院音乐系。曾与广西京剧团合作上演钢琴伴唱《红灯记》并担任钢琴演奏。1969年入伍后任空政歌舞团演奏员，参加大量独奏、伴奏与合奏演出。1985年参加中国艺术团赴西班牙演出及随空政歌舞团赴美国演出。为电子工业部发行的电子琴教程《父母之友》弹奏全部乐曲录制音带。1988和2004年与二胡演奏家蒋巽风先生合作录制《刘天华二胡名曲集》的音带和CD担任钢琴伴奏。

唐小凤（1955— ）

女声乐教育家。回族。甘肃永昌人。陕西省音协音教委副主任。1977年毕业于西安音乐学院音乐教育系，2003年毕业于该院研究生班。曾任陕西商洛师专、西安育才中学音乐教师，组建学生管乐团，承担全国第五届大学生运动会开幕式、第四届城市运动会开幕式演出，并参加中国国际青少年管乐节演出。曾任市直属中学音乐联合教研组长。2000年任职于陕西广播电视大学，教授。创办省电大音乐教育专业，任教研室主任。发表有《近代中国音乐教育思想的嬗变与思考》《20世纪前期中国音乐教育思想》等文，并多次获奖。

唐小玲（1955— ）

女小提琴演奏家。浙江杭州人。浙江省交响乐团首席、省音协小提琴分会会长。毕业于上海音乐学院小提琴专业。演奏曲目有莫扎特《第五小提琴协奏曲》、门德尔松《e小调小提琴协奏曲》及贝多芬、萨拉萨蒂、巴托克、帕格尼尼、马斯涅、马思聪等经典作品，参加大量交响音乐会和文艺演出。为乐团培养众多小提琴演奏员。曾举办个人独奏音乐会，出版小提琴协奏《梁祝》等音像制品。

唐晓燕（1962— ）

女高音歌唱家。福建福州人。福建省音协副主席，福建省政协委员，福建省艺术指导委员会成员。先后获福建省第二届中青年演员比赛第一名，省第二届艺术节优秀演员奖（最高奖），全国首届十大城市歌手赛一等奖，第六届全国青年歌手电视大奖赛（专业组）美声唱法三等奖。1999年代表福建艺术家赴澳大利亚悉尼歌剧院参加"99悉尼澳华世纪音乐会"演出。随福州艺术家赴日本、台湾演出。发表《略论中国声乐艺术的发展方向》《对我国声乐发展的几点思考》等文。

唐新成（1954— ）

音乐教育家。安徽淮南人。安徽音协声乐专业委员会理事，淮南市声乐学会副会长。1972年毕业于淮南师范，1996年毕业于安徽师范大学艺术系。淮南市青少年宫高级音乐教师、合唱指挥。音乐作品有合唱《雷锋——我心中的红》获1994年北京国际合唱节新作品创作奖。另有舞蹈《西部希望》，独唱《还是妈妈的饭菜香》《侗家花轿》等，还有众多作品刊发在各级专业报刊。曾获省"园丁奖"，市"十个一工程"奖，《歌海》第五届"风采杯"词曲大赛二等奖。出版有《新成创作歌曲集》。

唐新华（1953— ）

音乐教育家。湖北荆州人。毕业于武汉音乐学院。任教于深圳市福田中学。深圳福田区第一届政协委员、中国教育学会音乐专门委员会会员、全国器乐教育委员会委员、《中国音乐教育》通讯员、全国新课程标准中学《艺术》课本及《艺术教师用书》编委。多年来，一直从事省、市、区教学、教研、辅导艺术高考工作。创作有音乐作品十余首，在省级以上刊物上分别发表与获奖。参加编写国家级、省级论著、课本及教材等十余部。

唐学咏（1900— ）

钢琴教育家。江西永新人。1929年毕业于法国里昂国立音乐院。曾任福建音专校长。哈尔滨师大艺术系教授。作有钢琴曲《永怀》《怀母》《新生》《乡居》等。

唐亚玲（1966— ）

女音乐教育家。湖南宁远人。广东惠州市群众艺术馆副研究馆员、副馆长。1989年毕业于湖南师范大学音乐系。曾任湘潭大学、长沙水电师院音乐教师。1988年获"湖南省首届民族器乐大赛"专业组二等奖。编写有《湘潭大学音乐课选修教材》。发表论文有《器乐教育：要拨动孩子心中的弦》《扬琴获得优美音色的三个条件》等。1998年获"广东省首届群众音乐花会"创作、演奏银奖（扬琴），2000年获"首届中国青少年艺术新人选拔大赛"园丁奖。创作扬琴独奏曲《瑶乡春趣》获文化部新作品纪念奖。

唐一道（1935— ）

小提琴演奏家、教育家。河北保定人。1949年始从事部队文艺工作。1955年参加全军小提琴训练班学习，师从朝鲜刘光德教授，1958年毕业。1972年任总政歌舞团乐队首席，曾赴苏联、罗马尼亚等国访问演出。1979年调解放军艺术学院任音乐系器乐教研室主任、教授。撰文有《好的演奏来源于正确的认识》获军艺学术论文比赛三等奖。1997年参与完成《红星音乐坛》的创作与发展，被评为军队院校教学成果一等奖。中央民族大学小提琴兼课教师、北京大学交响乐团艺术指导。

唐银成（1964— ）

歌唱家、声乐教育家。湖南邵东人。1983毕业于湖南省艺校歌剧科，1991年毕业于中国音乐学院声乐系。在中国戏曲学院表演系任教，1995年赴西藏艺校任教三年。

1998年回中国戏曲学院表演系任戏曲声乐教研室主任、副教授。撰有《声乐教学新思维》《声乐教学之我见》《探索西藏民族声乐教学新路》等文。与西藏广电厅合作、制作音乐专题片——《西藏，永远的牧歌》任声乐指导，获第六届上海国际音乐节特别奖，为电视连续剧《纸圣传奇》配唱插曲，在多次参加的文艺演出中担任独唱。作为援藏干部，曾在海拔五千米为藏民歌唱。担任二十多个艺术团体数十名戏曲和声乐演员的声乐导师。

唐莹泽（1924— ）

女声乐教育家。四川人。先后毕业于重庆国立女子师范学院音乐系与上海音乐学院声乐系。后任上海歌剧院演员，曾参加《白毛女》《红霞》等歌剧的演出，并担任独唱、重唱。1960年后在湖北艺术学院（现武汉音乐学院）任声乐老师，培养了大批音乐人才。编有《青少年儿童及变声期的嗓音保护和歌唱训练》声乐教材，撰写发表论文《气功在声乐教学中的运用》《鼻腔在高泛音共振中的机理与调节》等多篇，曾获省科技成果奖。

唐永葆（1956— ）

作曲家、音乐教育家。吉林人。毕业于中央音乐学院作曲系，获博士学位。2002年始任星海音乐学院院长，教授。中国音协第六、七届理事，广东省音协副主席，教育部全国艺术教育专业教学指导委员会委员。作品有《长笛、黑管、钢琴三重奏》，弦乐钢琴四重奏《幽涧》，为七件乐器而作《间奏曲》，打击乐曲《龙抬头》，钢琴曲《生成》《羽调式赋格》《凉山风情》。中国古诗词歌曲《雁丘辞》《忆秦娥·临高阁》《孤雁儿》，独唱与合唱《珠江水南国情》等。撰有《周文中晚期音乐创作研究》《经典曲式与民间曲式思维的有机结合》《现代音乐主要流派评述》《现代音乐的组织结构与技术特征》《45年以后的先锋派音乐》等。

唐永荣（1942— ）

民族音乐评论家。湖北监利人。作有民间音乐研究《试谈栽秧号子 啰啰咚》《湘鄂西洪湖苏区红色歌曲歌谣探究》与《中华音乐典故与传说》《湘鄂西洪湖苏区红色歌曲歌谣》。另有音乐评论及随笔《穷探邃索、独辟蹊径——评吴雁泽独唱音乐会》，评《葛洲坝交响大合唱》《游子的悲怨痛苦的行吟——评电视剧〈游子吟〉主题歌》。曾参加《中国民歌集成·湖北卷》《湖北民歌集成·荆州地区分卷》的采集、编纂工作。

唐玉林（1954— ）

二胡演奏家。上海人。江西省歌舞剧院演奏员。1977年毕业于上海音乐学院，师从王永德。1998年担任主奏的《山坡羊》获首届海内外江南丝竹比赛三等奖，2000年担任主奏的《欢乐歌》等获江西省首届器乐合奏重奏比赛二等奖。

唐玉琴（1955— ）

女歌唱家。山东信阳人。江西赣州市章贡区文化局副局长兼赣州艺术剧院院长、赣州市音协主席。1970年入赣州地区文工团任演员。1985年入上海音乐学院声乐系干部专修科进修，1988年回赣南歌舞团工作。后任该团副团长。1997年任赣州市文化局副局长兼赣州艺术剧院院长。

唐毓斌（1934— ）

二胡、高胡演奏家、教育家。山东威海人。曾任沈阳音乐学院民乐系主任、研究生导师。1956年毕业于沈阳音乐学院民乐系留校任教，1985年晋升为教授。录制二胡、高胡曲《秧歌调》《春天来了》等二十余首。赴前苏联、捷克、比利时、法国、日本等国家演出。出版《唐毓斌二胡高胡创作曲集》《二胡演奏基础教材》《唐毓斌中国民族器乐文集》。曾获第六届世界青年联欢节"金质奖章"和中国民族管弦乐学会颁发的"民族艺术终身贡献奖"。举办《唐毓斌教授胡琴作品音乐会》及《唐毓斌胡琴艺术研讨会》。培养学生遍及国内外。

唐元峰（1956— ）

歌词作家。黑龙江大庆人。先后毕业于黑龙江省艺术学校编剧大专班、中共中央党校政法专业。大庆油田文联创评部部长。曾任大庆市歌舞团创作员。歌词作品《有一个地方叫丰收》《我送你一束玫瑰》《东北风，铜唢呐》《家乡》等分别在全国或省评选中获奖。出版《白马奔来》《大庆导游词精选》《淡泊的时光》《石油之光》等作品集。多次为大庆电视台春节晚会和大型晚会撰稿。2003年获中国文联"德艺双馨文艺工作者"称号。

唐远如（1934— ）

女作曲家。广东珠海人。中央乐团驻团作曲。曾就读于东北鲁艺、东北音专、中央音乐学院，1955年毕业并任教于沈阳音乐学院，1978年就任于中央乐团创作组，曾兼课于中央音乐学院。曾任北京乐器学会展览中心秘书长。作有小提琴协奏曲《蝴蝶泉的故事》，钢琴曲《时代的列车在飞奔》《盼红军》《到农村去》（赋格），合唱《大庆组歌》《党旗颂》《黑夜里的脚步声》，独唱《节日圆舞曲》《他是总理》《杜鹃》《星光，摇篮》《硝烟中的红棉树》，歌剧《胜利在望》，舞剧《湄公河三姐妹》（皆与竹风合作），舞蹈音乐《四季组舞之一'春'》，电影音乐《哥儿们发财记》《三对半情侣和一个小偷》等，以及民歌和外国歌曲钢琴伴奏数百首。

唐跃生（1960— ）

歌词作家。重庆人。2003年毕业于江汉石油学院。深圳市群众艺术馆创作员。创作歌词数百首，多首歌曲获奖，其中《你就是一个士兵》《亲爱的中国我爱你》《祝福长江》《我家就在长江边》等分别获全国及省、部级金奖，一等奖等。曾担任电视剧《归途如虹》策划、文学统筹、艺术指导。出版《唐跃生歌词集》《唐跃生诗歌集》。

唐在炘（1922— ）

京胡演奏家。上海人。1947年毕业于上海圣约翰大学。1952年入北京京剧团。后任中国京剧院二团琴师兼唱腔设计。唱腔设计剧目有《碧波仙子》《西厢记》

《杜鹃山》等。

唐泽民（1946— ）

作曲家、指挥家。重庆人。中国合唱协会理事。1967年毕业于四川音乐学院作曲系。1990年毕业于中央音乐学院指挥系、音乐学系。重庆市劳动人民文化宫文艺科科长。作有二重唱《悄悄话》、小合唱《大路上走来一群姑娘》、女声独唱《天涯何处无青山》、群众歌曲《建设者之歌》，其中有的获奖。曾在多次大型音乐活动中任作曲、指挥、编导。组建职工业余合唱团，培养大批各类基层音乐骨干。发表论文《论音乐的形式美》《论大众歌曲》等，编辑出版《世界金唱片通俗歌曲选》。

唐志华（1935— ）

作曲家。满族。北京人。曾任克拉玛依歌舞团创作室主任、市音协副主席。作有《信号员舞》，手风琴曲《克拉玛依畅想曲》，歌曲《征服塔克拉玛干》《跳吧！欢乐的夏提亚纳》《欢迎您到新疆来》《千里引水灌油田》，歌舞音乐《公社迎亲人》《春的信息》《油海热潮》，男声四重唱《火红的青春放光华》《神奇的城》等，作品部分获奖，并在电视台、电台播放。曾为电视剧《依依钻塔情》《检察官的证明》等作曲，编辑《克拉玛依之歌》电视音乐风光片，作有歌剧音乐《转战》（合作）。

唐中六（1936— ）

作曲家、琴学家。四川南江人。1963年毕业于四川音乐学院。曾任成都音乐舞剧院院长、成都民族乐团团长、四川省民族管弦乐学会会长。作有歌舞《板车号子》，民族器乐曲《巴山春早》《羌寨风情》，钢琴独奏曲《主题与变奏》《船歌》《舞曲》《赋格组曲》，歌曲《我们是成都人》《卫士之歌》等。发表有《民族音乐的复兴》《为了今天的青年——初冬访巴金》《舞剧〈鸣凤之死〉在日本》等文。编著出版琴学专著《琴韵》《草堂琴谱》《巴蜀琴艺考略》《临邛琴粹》，编纂《中国乐舞诗》琴卷、歌卷、舞蹈卷、乐器卷。

唐重庆（1936— ）

女钢琴教育家。上海人。1958年毕业于北京艺术师范学院音乐系。曾任北京师范学院音乐系副主任、副教授。1987年随少年合唱团赴美演出任钢琴伴奏。

唐作定（1942— ）

女声乐教育家。湖南长沙人。1964年毕业于解放军艺术学院声乐系，留校任教。1983年举行独唱音乐会。

陶诚（1964— ）

音乐教育家。安徽安庆人。中国教育学会音乐教育专业理事会理事、广东音协理事。曾先后就读于安徽师大艺术系、福建师范大学音乐学院音乐学专业。1994年调广州华南师范大学音乐系任教，任系副主任、主任。2003年任广州市文化局局长、广州市文联第七届委员兼职副主席。曾被评为广东省"南粤教坛新秀"。多次参加各种大小音乐会表演钢琴独奏，并举行过两场专场钢琴独奏音乐会。

撰有《关于高师钢琴教学的几个问题》《献给琴童们一颗炽热的爱心》《卡尔·车尔尼初探》等文。全国师范"专升本"音乐学专业必修课《钢琴》主编，《广东省高中音乐欣赏教材》主编。

陶克（1930—2009）

音乐编辑家、作曲家。辽宁丹东人。1948年参军。1957年毕业于中南音专作曲系。历任武汉军区胜利文工团，湖北民族广播乐团编导，湖北电影制片厂编辑部副主任，湖北人民广播电台文艺部副主任，扬子江音像出版社社长、总编辑。歌曲《什么是美》在全国"八十年代新一辈征歌"中获奖。参与作曲的电视剧《老梅外传》获全国电视第四届"飞天奖"一等奖，广播剧《向警予》获全国第一届广播剧评选优秀节目奖。并创作有电影音乐《高炉战歌》，电视剧音乐《鸳鸯曲》，广播剧音乐《甜甜的刺莓》，大型声乐套曲《葛洲坝交响大合唱》，小提琴独奏曲《牧场夜曲》等。

陶龙（1956— ）

作曲家。上海人。1985年毕业于西安音乐学院作曲系，后留校任教。1986年调西安电影制片厂任音乐创作室主任。作有琵琶小舞剧《仙鹤的故事》，《第一弦乐四重奏》，圆号独奏曲《山歌》，歌曲《我是一片飘飞的秋叶》《男人的路》等，电影音乐《双旗镇刀客》《代号美洲豹》《兰煞星》《决战天门》《深宅奇剑》等，电视剧音乐《飞行师长》《大漠英魂》《金叶情》《晚霞的剪影》《天灯》等多部，曾获优秀作品奖、最佳影片大奖等多种奖项。编著《中外电子琴曲101首》。

陶然（1957— ）

作曲家。新疆乌鲁木齐人。1975年入乌鲁木齐市文工团任小号演奏员。1988年毕业于中央音乐学院作曲系。后在乌鲁木齐市艺术剧院创编室任作曲兼指挥。作有交响随想曲《西部》，为话剧《世纪夜》，专题片《天山回声》，儿童话剧《水晶之歌》作曲。为电视剧《天山在回答》《荒漠恋歌》等作曲，为舞蹈《戈壁》，合唱《又一个春天》，独唱《天山香江永相连》，广播剧《野马河》，四幕舞剧《大漠女儿》等作曲。撰有《MIDI音乐制作中的控制器使用》《XG控制改变信息和系统专用信息的实际运用》等文。

陶然（1974— ）

演奏家、音乐教育家。湖南长沙人。毕业于上海音乐学院。深圳艺校高级讲师、中国音协单簧管学会常务理事。选编、演奏《音乐会经典名曲系列·单簧管独奏〈乘着歌声的翅膀〉》。发表有《自我控制》《论单簧管正确发音》《浅谈管乐呼吸法》等文。曾在武汉、上海、深圳等地举办多场独奏、重奏音乐会，多次在广东比赛中获奖。曾参加多场大型音乐会及海国际单簧管艺术节等国际交流音乐会。多次担任专业音乐比赛评委。

陶辛（1961— ）

音乐理论家。江苏常熟人。上海音乐学院音乐学系副教授。1987年毕业于上海音乐学院音乐学系，曾任上海艺术研究所助理研究员。编写有《电子琴指法概述》，《流行音乐手册》，《西方音乐通史》（二十世纪部分）等。

陶　欣（1924— ）

作曲家。满族。辽宁人。1944年吉林师大音乐系毕业，历任长春文工团作曲、指挥、长春市评剧团作曲、乐队队长、长春歌舞团作曲兼指挥，吉林省戏曲学校科研处音乐教员。作有歌曲《慈母深情》《啊，海浪》《思亲曲》，合唱《民型换代》，儿歌《茁壮成长》及女高音独唱《胸怀》等，舞蹈音乐《红绸舞》《红灯舞》，歌剧音乐《鸭绿江边》，舞剧音乐《公园》，评剧音乐《孟姜女》《漳河湾》《刘胡兰》，吉剧《队长不在家》等。

陶　冶（1957— ）

小提琴演奏家。辽宁沈阳人。1970年入辽宁歌剧院。1983年毕业于上海音乐学院。辽宁歌剧院乐队首席。

陶　智（1949— ）

作曲家、音乐活动家。黑龙江人。重庆市音协副主席、秘书长，中国音协第六、七届理事，社会活动委员会委员。1968年参加铁道兵某部文工团，历任演奏员、作曲、指挥。1976年在辽宁省锦州市文艺创作办公室、音协任创作员、音乐编辑、组联部主任等职。1981年调重庆音协工作。创作声乐、舞蹈、歌剧、影视作品二百余部（首）。《我光荣地当上了铁道兵》《大海有一个美丽的岛》《走马仙女山》等多首作品获奖，其中广播剧《生命天梯》获中宣部第八届"五个一工程"奖。

陶爱凤（1926— ）

女音乐教育家。浙江杭州人。1947年毕业于浙江湘湖师范音乐班。同年任教于杭州市天长小学，兼任市、区小学音乐教研组长。所指导的文艺节目多次获省、市奖，歌舞《友谊之花》曾在中央人民广播电台播放。1986年被聘为杭州市教育局教研室小学音乐教研员。后任浙江省九年义务教育小学音乐教材编写组副主编。曾任省理事。

陶承志（1946— ）

作曲家。满族。辽宁抚顺人。曾为辽宁省音协副主席、沈阳市文联副主席、沈阳市音协主席兼秘书长、市政协委员。1968年毕业于沈阳音乐学院附中，1983年毕业于沈阳音乐学院作曲系干修班。历任沈阳歌舞团创编室主任、团长助理、副团长、艺委会主任。2000年到沈阳市文联工作。编剧、作曲、作词的舞剧《月牙五更》，获中宣部"五个一工程"奖、文化部"文华奖"、第六届中国艺术节大奖。被辽宁省委、省人民政府授予"辽宁省优秀专家"称号。

陶纯孝（1937— ）

女单簧管教育家。四川人。1951年在川东军区文工团任团员。后到西南音乐专科学校学习，1961年毕业于捷克布拉格音乐学院。回国后任中央音乐学院教授及管弦系主任。中国音协单簧管学会会长。期间为国内外各大院校及文艺团体培养了不少骨干。编写过若干教材及专著，如《单簧管教材》《跟我学单簧管》《单簧管世界经典名著》《单簧管演奏与教学》《欧洲管乐艺术史》《音乐物理学导论》等。1990年调任文化部教育科技司任副司长、司长，从事艺术教育管理工作。2002年获教育部颁发的全国"宝钢优秀教师"奖。

陶翠平（1962— ）

女声乐教育家。湖北武汉人。江西九江青少年宫高级教师。1988年毕业于江西师大音乐系。曾在江西省教师技能技巧比赛中获校外专业组二等奖，在全国12城市青少年宫教师声乐交流赛中获三等奖，在中国第三届少儿歌曲卡拉OK电视大赛中获"辅导奖"。撰有论文《从制度管理走向自主管理的途径》《依靠管理促进校外教育的繁荣与发展》，并分别获奖。

陶端桀（1922— ）

音乐教育家。江西新建人。1948年毕业于南京国立音乐院。曾为江西师院艺术系副教授。从事基本乐理、歌曲写作、和声学等教学。曾参加全国音乐术语译名统一工作。

陶端立（1947— ）

小号演奏家。江西新建人。1970年毕业于解放军艺术学院学员队。总政军乐团演奏员。多次完成国家外事演奏任务，先后参加国庆35、40、50周年庆典及亚运会、全运会、民运会的演奏任务。多次参加中央电视台、广播电台的录音、录像的演奏工作，录制多张唱片、磁带。1997年被总政授予"热心为兵服务的文艺战士"称号。

陶继红（1958— ）

女音乐活动家。湖南长沙人。毕业于新疆师范大学音乐系、1996年毕业于陕西师范大学汉语言文学系。历任新疆哈密市第五中学音乐教师、哈密地区文联音协创作员。曾参加哈密地区职工歌手大赛、交通部文艺演出、金秋职工歌手大赛、金秋音乐会等任独唱、舞蹈编排，曾获演出一等奖、个人优秀奖、编舞创作奖等多个奖项。组织策划多台晚会、歌手电视大奖赛、职工文艺汇演，少儿声乐、器乐大赛等活动，担任节目审定、评委、艺术总监等工作。

陶继宽（1935— ）

音乐编辑家。安徽泗县人。1958年毕业于安徽师范大学艺术系。曾任音协安徽分会编辑。作有歌曲《鲜花的歌》《祝您晚安》。

陶嘉舟（1933— ）

作曲家。四川苍溪人。1950年在部队从事音乐演奏、指挥、作曲，1976年任峨影乐团创作组长，1993年任成都艾开伶流行音乐学校校长。作有歌曲《革命熔炉火最红》（合作），《心上人啊，快给我力量》《船工号子》《少儿学古诗歌曲100首》，叙事大合唱《田野在欢笑》等，小号协奏曲《赶车》《天山新歌》以及影视音乐《神圣的使命》《自古英雄出少年》《警官的故事》等七十余部。出版《陶嘉舟歌曲精选》《陶嘉舟小号·单簧管曲集》《陶嘉舟的传奇音乐人生》。

陶剑心（1915—1996）

音乐教育家。浙江嘉兴人。延安鲁艺戏剧系三期学生。曾任西北人民艺术学院音乐系主任，音协甘肃分会常务理事。

陶景陶（1944— ）

作曲家。河南开封人。1960年进修于中央音乐学院。曾任珠海群众艺术馆馆长、珠海粤剧团团长。撰有《努力追求题材风格和形式的统一》《音乐启蒙与儿童素质教育》《家有琴童》等文。作有二胡协奏曲《木兰戏》，歌曲《泉城之歌》《中年之歌》，唢呐协奏曲《气壮山河》。1995年主编《珠江潮声》歌曲集。组织"璀璨的明珠""祖国万岁""双拥共建、共创辉煌"大型文艺演出并担任总导演。被授予珠海优秀专家、拔尖人才称号。

陶俊禄（1942— ）

作曲家、画家。山东威海人。国际美术家联合会会员，山东将军书画院艺术顾问、理事，新加坡"新神州艺术院"名誉院士。1962年毕业于山东艺术学院音乐系。先后任山东省音协二、三、四届理事，创作研究委员会委员，枣庄市音协主席、名誉主席，市群众艺术馆业务馆长，市文化艺术研究委员会副主任。作有歌曲《日月潭边谁吹箫》《黄河恋歌》《我的家乡在山东》。

陶立玲（1931— ）

女声乐教育家。上海人。1950年就读于北京燕京大学音乐系。1952年全国院系调整，转至天津中央音乐学院声乐系学习，1955年毕业留校任教三年。1958年调西安音乐学院声学系工作，历任教研室主任、系主任。1956年在苏联专家指导下，曾在中央音乐学院排练和演出的柴科夫斯基歌剧《叶甫根尼·奥涅金》中任女主角塔姬亚娜。

陶立新（1966— ）

男中音歌唱家。安徽当涂人。华南师范大学音乐学院音乐系教师。曾先后毕业于安徽师范大学音乐系、上海音乐学院音乐系。1998年获第八届全国青年歌手电视大奖赛荧屏奖、综合素质评比第一名。发表《声带机能调节与歌唱换声原理》《试论布莱恩物费尔的声乐艺术》等文。编纂出版《中外经典少儿歌曲精选》。1999年课题《高师声乐、钢琴与伴奏面向21世纪改革研究》获教育部立项。

陶敏霞（1961— ）

女钢琴教育家。上海人。西安音乐学院键盘系钢琴教授，钢琴主修教研室主任。1973年考入西安音乐学院附中钢琴专业。1982年毕业于西安音乐学院，留校任教。1984年赴中央歌剧院学习声乐钢琴伴奏。多次在中外歌唱家独唱音乐会上担任钢琴伴奏。1994年在学院钢琴系从事钢琴教学，多次获优秀教师奖、园丁奖。被中国音协聘为钢琴业余考级评委。

陶明辉（1937— ）

作曲家。上海人。1961年毕业于上海音乐学院民族音乐系理论专业。1959年起任杭州市歌舞团作曲。演出有小提琴独奏曲《货郎小调》，器乐合奏《建设农村乐无疆》。出版二胡曲《庆丰收》，小歌剧《千担粪，万担粮》。1963年调杭州市富阳越剧团任作曲。为《枫树湾》《海岛女民兵》《红嫂》等多部越剧作曲。1981年调入富阳市文化馆。出版有《陶明辉歌曲集》。1986年起研究富阳古亭音乐，撰写《论富阳的古亭音乐》《南宋大曲的活化石》。2001年获杭州西湖博览会演出金奖，论文获郁达夫文艺特别奖。

陶珮霞（1920—已故）

女声乐教育家。湖南岳阳人。1943年毕业于西南联大历史系。1950年毕业于美国明尼阿波利斯市麦克菲尔音乐戏剧学院。1950年回国。先后在北京艺术师范学院、中央音乐学院、中国音乐学院等校任教。曾任中国音乐学院声乐系副主任，副教授。

陶思耀（1944— ）

作曲家。江苏南京人。南京军区前线歌舞团艺术指导。1963年始从事部队文艺工作。1978年就读于上海音乐学院作曲系。历任前线歌舞团乐队小提琴演奏员、音乐创作员、编导室主任。出版有《陶思耀歌曲选》。个人作品CD专辑《太阳之歌》《祖国正是花季》等九辑。多次荣获全国、全军作品比赛一等奖及"五个一工程"奖。作有歌曲《中国的土地》《莫愁啊莫愁》《旗帜》《山里山外》《祖国正是花季》《天安门广场抒怀》《我跟着祖国一、二、一》等，大型组歌《千里跃进大别山》《没有硝烟的战场》，舞蹈音乐《水乡送粮》《陈喜与春妮》，舞剧音乐《天山深处》等。

陶文华（1955— ）

指挥家。吉林东丰人。1988年毕业于内蒙古民族师范学院中文系。历任内蒙古哲里木盟歌舞团、艺术学校、广东白云轻歌剧团、广东南方歌舞团乐队指挥。曾指挥歌剧《十五的月亮》，舞剧《龙子情》及中国合唱节、全国老年合唱节、悉尼国际管乐节、韩国釜山奥林匹克国际合唱节、新加坡第八届合唱节、维也纳第一届世界杯管乐比赛等大型演出，并获金、银奖，优秀指挥奖。

陶晓朝（1969— ）

双簧管、英国管演奏家。辽宁沈阳人。1991年毕业于上海音乐学院管弦乐系。广州交响乐团演奏员。参加北京国际音乐节、香港艺术节、澳门艺术节、澳门国际音乐节的演出。2002年随团与小提琴大师帕尔曼在广州音乐厅合作演出。曾随团赴奥地利、法国、荷兰、卢森堡、埃及、澳洲、新西兰等国家演出。

陶旭光（1964— ）

单簧管演奏家。山东青岛人。中央歌剧舞剧院交响乐团单簧管首席。1986年中央音乐学院管弦乐系毕业。三次参加美国前世界单簧管学会主席约翰丹曼大师班学习。

1985年获中国首届单簧管比赛—北京首届单簧管比赛第一名。出版独奏专辑《樱桃粉红》《你的一丝微笑》，主编出版《人人喜爱的世界单簧管独奏曲集》。

陶亚兵（1959—　）

音乐学家、指挥家。黑龙江人。哈尔滨师范大学音乐学院院长、教授、博士生导师，省音协副主席。中国音乐教育学理事、中国音乐史学会理事。中国音协第七届理事。1975年入部队文工团。1986、1992年先后毕业于哈尔滨师范大学音乐系、中央音乐学院，获博士学位。所著《中西音乐交流史稿》获全国高校社科成果二等奖，所作歌曲《科教兴省涌春潮》获全国大学生艺术展演二等奖，主持《中国近代演出史》获文化部社科基地研究项目、《俄罗斯音乐文化对我国近代音乐发展的影响研究》获国家社科基金艺术类重点项目。任哈尔滨师范大学音乐学院交响乐团常任指挥、国家级艺术实验教学师范中心主任。被评为黑龙江优秀中青年专家、省重点学科带头人。

陶亚平（1955—　）

作曲家。重庆人。2001年毕业于四川音乐学院作曲系。后任重庆永川市文化馆馆长。作有歌曲《超越生死的情感》《茶山飞歌》《我为行徽添光彩》《交通工人之歌》及少儿歌曲《熊猫咪咪》并曾获奖。曾担任当地大型群众音乐活动的组织、策划及辅导。曾指挥《长征组歌》《黄河大合唱》《祖国颂》等。

特木其勒（1933—已故）

小号演奏家。达斡尔族。内蒙古呼伦贝尔人。1948年入内蒙文工团任小号演奏员。50年代多次应邀赴蒙古、朝鲜访演，并随团赴各地巡回演出。1956年考入文化部举办的德国克拉其克教授小号学习班，曾应中央乐团特邀任首席小号。内蒙古歌舞团交响乐团小号首席。内蒙古自治区文联委员、内蒙古师大艺术学院客座教授。参加交响诗《嘎达梅林》的首次演出。演奏曲目有海顿的《降E大调协奏曲》，胡美尔的《降E大调协奏曲》，贝多芬的《命运》，德沃夏克的《自新大陆》，斯美塔那的《我的祖国》等。

腾格尔（1960—　）

歌唱家、作曲家。蒙古族。内蒙古鄂托克旗人。中国音协第六、七届理事。1978年毕业于内蒙古艺校器乐专业，后入中国音乐学院指挥系进修，1985年毕业于天津音乐学院作曲系。1989年在文化部主办的全国流行歌曲优秀歌手选拔赛上获十佳第一名，1990年在乌兰巴托世界流行音乐大赛上获最高奖。创作并演唱的《父亲和我》在第二届亚洲音乐节上获中国作品最高奖。1992年在台北中正纪念堂广场举办个人演唱会，并于1993成立苍狼乐队。1994年参加电影《黑骏马》拍摄，创作并演唱全部作品。出版个人演唱专辑《故乡的风》《三毛来了》《天堂》《我热恋的故乡》《蓝色的故乡》《戈壁梦》《八千里路云和月》《成吉思汗颂》等。

滕　冰（1963—　）

琵琶演奏家。内蒙古赤峰人。内蒙古赤峰市民族歌舞团副团长。中国民族管弦乐学会琵琶专业委员会常务理事，内蒙古音乐家协会理事。1983年起先后毕业于沈阳音乐学院、中国音乐学院、中国艺术研究院研究生班。获国家、省部级各种奖十余项。1989年赴加拿大参加中、加首航庆典演出，出访俄罗斯等东欧国家。2002年应中央电视台文艺中心邀请，赴北京中央电视台录制蒙古族器乐作品演奏专场节目，担任策划、作曲、指挥和演奏。

滕　达（1943—　）

音乐教育家。四川成都人。四川音协音乐文学委员会常务理事，省音协音乐文学专委会少儿合唱团副团长、指挥兼声乐指导。1962年毕业于成都第二师范学校，并在四川音乐学院声乐系进修声乐。历任小学、中学、中师和大学预科班音乐教师、教研室音乐教研员、童声合唱团指挥。首倡、实践并推广童声训练的"混合声训练法"在全国省市多次获奖。教学中为艺术院校输送大量音乐人才，许多学生在全国、省、市声乐比赛中获奖。著有《论音乐感觉》《中小学生的歌唱训练》。

滕　维（1953—　）

小号演奏家。北京人。1975年入中国广播交响乐团。早年曾在中央乐团学习小号。曾随团出访意大利、法国、瑞士、西班牙、德国、南斯拉夫等国，曾在奥地利维也纳金色大厅演出。录制有维瓦尔第双小号协奏曲。

滕春江（1954—　）

女古筝演奏家。上海人。中国音协古筝学会常务理事，中国民族管弦乐学会古筝专业委员会常务理事，东方古筝研究会会员。1978年毕业于上海音乐学院民乐系。师从于孙文妍、何宝泉，并向潮州筝乐大师郭鹰学习传统潮州筝曲。1982年在文化部举办的"全国民族器乐观摩演出"中获一等奖，演奏曲目《冰排》录制唱片。录制唱片有《出水莲》《一剪梅》《摇篮曲》《名家演奏中国古典民间乐曲辑》（共4辑），古筝独奏专辑《将军令》。1994年参加北京大学"首届中日音乐声学研讨会"。撰有《音乐的听觉感受》一文。1984年被中央音乐学院、中国音乐学院聘为客席教师。专著有《器乐考级主要曲目及详解·古筝》。中央音乐学院考级评委、全国古筝考级评委。

滕春山（1933—　）

低音提琴演奏家。山东人。1951年入志愿军文工团。1961年入总政歌舞团，从事低音提琴、电贝司演奏和教学。

滕国雄（1946—　）

作曲家、单簧管演奏家。广西柳州人。1966年毕业于广西艺术学院音乐学系。分配至广西河池地区文工团创作组，之后调入广西省鼓舞团、广西省歌舞剧院任副团长、副院长。作有舞蹈音乐《花竹帽献北京》《花山战鼓》《莫一大王赶山》，三首作品均分别在北京、广西等地演出获创作及表演奖。

滕茂隆（1935— ）

小提琴教育家。山东文登人。1947年从事部队文艺工作。1963年毕业于南京艺术学院小提琴专业。1968年任河南省京剧团管弦乐队首席小提琴，兼任小提琴学员班指导教师。培养薛伟等众多优秀学生，如"文革"后被文化部选送的第一批公派留学生竺培璈及赴比利时留学的李雪等。1980年调武汉音乐学院任教，整理、编写有三十余万字的教学参考资料。又相继培育姜伟（现执教于中央音乐学院），滕青（美国圣安东尼奥交响乐团终生第一小提琴），莫怡（中央音乐学院第一位小提琴硕士研究生）等小提琴演奏家。专著有《小提琴演奏入门》。

滕清泉（1933— ）

男高音歌唱家。辽宁海城人。哈尔滨市音协副主席。师从俄籍女高音歌唱家阿恰依。曾饰演焦裕禄、阿尔弗莱德、杨白劳、沈养斋等30余部中外歌剧主角。在上海举办9场个人独唱音乐会。演唱曲目《我站在铁索桥上》《祝酒歌》《卖布谣》《我的太阳》。曾任导演、创作、省高职评委、省专业歌手评委组长。省政协委员、市政协常委。培养大批学生。多次获省市戏剧调演、独唱一等奖。

滕圣友（1937—已故）

作曲家。山东掖县人。1953年入沈阳音乐学院附中，1962年毕业于沈阳音乐学院。曾在哈尔滨歌剧院工作。作有歌曲《冰上圆舞曲》，琵琶协奏曲《孟姜女》。

滕矢初（1947— ）

钢琴演奏家。山东掖县人。中国音协第六届理事。1968年毕业于中央音乐学院附中，后入北京京剧团。1973年入中国广播艺术团交响乐团任演奏员。曾多次出国访问演出钢琴独奏。作有影视片音乐《镜泊湖》。

滕英盛（1937— ）

音乐活动家。浙江东阳人。曾任浙江嘉兴市群众艺术馆副馆长。嘉兴市音协主席。1958年毕业于安徽师范学院艺术科音乐专业，长期从事群众音乐工作，收集大量当地民间歌曲与民间乐曲。曾任《中国民族民间器乐曲集成·浙江卷》（嘉兴卷）主编。创作作品有女声小合唱《妹在园中采石榴》，筝独奏曲《水乡恋》，舞蹈音乐《南湖菱娃娃》《流向人间都是情》等。

滕仲英（1933—1998）

作曲家。湖南常宁人。曾任梅州市山歌剧团艺术室主任。1959年首创"竹膜长笛"，创作竹膜长笛与管弦乐曲《南方之春》在首届"羊城音乐花会"演出，并任独奏。先后创作有40余部山歌剧音乐，曲目有《彩虹》，山歌剧电视艺术片《虹桥情》《春花闹宴》，中国第一部客家山歌剧电影《啼笑冤家》等。发表有《谈山歌剧唱腔的发展》《歌不离山，多元催发》《广东客家山歌剧音乐》等论文。1994年参加在香港举办的第二届国际客家学研讨会。曾参与《中国戏曲音乐集成·广东卷》的编纂工作。

田 斌（1945— ）

唢呐演奏家。江苏泗洪人。曾任安徽省歌舞团民族乐团唢呐演奏员、副团长、任二炮文工团演奏员。创作、改编并演奏的唢呐独奏曲有《家乡好》《十送红军》、黄梅戏天仙配选段《槐荫树下拜天地》和民间吹打乐《欢乐曲》《常回家看看》，其中唢呐独奏曲《幸福路》获安徽音协三等奖。撰有《论唢呐的演奏》《浅谈吹腔的演奏》《民族吹打乐浅谈》。曾赴俄罗斯、韩国、墨西哥、香港、澳门演出。

田 川（1926— ）

剧作家。安徽六安人。1938年参加革命。历任军文工团团长、总政文工团创作室主任、总政歌剧团团长、中国歌剧研究会执行副主席。1953年初在中央戏剧学院歌剧系毕业。创作及与他人合作的大型歌剧剧本有《抱住Ç杆不撒手》《小二黑结婚》《志愿军的未婚妻》《翠玉岛》《雷锋》《傲蕾·一兰》《同心结》《火红的木棉花》等十余部。中小歌剧《打黄狼》《李月娥还乡》等多部。多次获创作奖。如《同心结》获全国优秀剧作奖，《傲蕾·一兰》获国庆优秀剧作奖。与任萍作词、罗宗贤作曲的《岩口滴水》获第七届"世界青年联欢节"抒情歌曲奖。与荆蓝主编《中国歌剧艺术文集》。

田 丹（1943— ）

小提琴演奏家。湖北人。1961年入武汉歌舞剧院歌剧团管弦乐队任小提琴演奏员。1964年曾在中国音乐学院作曲系进修，曾在文化部艺术局演出处任职。

田 地（1948— ）

演奏家、作曲家。北京人。1972年中国音乐学院毕业后入总政歌剧团。多次在音乐会中担任笛子独奏。1988年演奏的《挂红灯》《放风筝》由台湾福茂唱片公司录制专辑为《北派笛子名家名曲》唱片和磁带。曾在全军第四届文艺汇演和全国民族器乐独奏观摩演出中获奖。曾为三十余部电视剧作曲。1982年创作的《边哨之春》在全国第三届音乐作品评奖中获奖。男声独唱《人往高处走》在《歌曲》发表。

田 丁（1931—2002）

作曲家。陕西耀县人。50年代入中央音乐学院专修科学习。历任创作员、编辑、音乐教员。曾任音协甘肃分会副秘书长、《祁连歌声》编辑。作有歌曲《兰州好啊兰州美》，舞蹈音乐《手铃与花环》。

田 丁（1956— ）

声乐教育家、男中音歌唱家。河南人。广东省音协理事，广州大学音乐系主任、声乐教授。1982年毕业于河南大学音乐系，分别在河南开封师专音乐系、河南大学音乐系、广东肇庆西江大学、广州大学音乐系任教，1991年在中央音乐学院声歌系学习，在参加该系演出的《费加罗的婚礼》中扮演伯爵。多次获省级以上声乐比赛的各种奖

T

项，1999年获第六届"广州羊城音乐花会"中年组专业美声唱法奖。发表声乐教学研究和理论研究论文二十余篇。

田 丰（1933—2001）

作曲家。湖北沔阳人。1962年毕业于中央音乐学院作曲系。曾任中央乐团创作员。作有民乐曲《舟山锣鼓》获第七届世界青年联欢节金质奖，组歌《云南风情》获全国第五届音乐作品评奖一等奖，合唱《为毛主席诗词谱曲五首》。

田 丰（1945— ）

小提琴演奏家、教育家。上海人。曾任安徽省歌舞剧院演奏员、交响乐团第二小提琴首席，中国小提琴协会理事，安徽音协小提琴专业委员会副会长、副秘书长。排练演出了大量交响乐、歌剧、舞剧及电影、电视的配乐，为中央音乐学院附小、附中、大学及上海音乐学院、广州星海音乐学院培养并输送了许多优秀人才，有的在全国及省的比赛中多次获金奖、银奖和一、二、三等奖。本人曾多次获中国音协和安徽省文化厅、省音协颁发的优秀教师奖、音乐奖、特殊贡献奖等荣誉称号。

田 刚（1956— ）

作曲家。山东惠民人。杭州师范学院音乐艺术学院作曲系主任。1976年、1987年先后毕业于贵州艺校音乐科四川音乐学院作曲系。曾任四川音乐学院作曲系教师。撰有《超越时空的对话》《用现代阐释传统》等文九篇并发表，著有《音乐分析的历史和方法》，译有《音乐分析概论》。女声独唱《苗岭夜歌》、合唱《钱江，流金的天河》《起航的华夏巨轮》《木管，弦乐七重奏—前奏曲》在杭州音乐会首演。《圆号与钢琴叙事曲》于1986年获文化部"全国圆号作品评选会"作品奖。

田 歌（1931— ）

作曲家。山东单县人。1948年从事部队文艺工作并开始学习作曲。1949年随部队进驻新疆。1955年调新疆军区文工团。后任职于兰州军区政治部文工团创作组，先后任创作室主任、副团长。中国音协理事。作有歌曲《啊！亲爱的伊犁河》《边疆处处赛江南》《中华儿女志在四方》、影片《绿色原野》插曲《草原之夜》《革命青年进行曲》《我为祖国守大桥》《春风吹遍了美丽的家乡》《喀什噶尔女郎》等以及舞蹈音乐《葡萄架下》。出版歌曲集《啊！亲爱的伊犁河》《边疆处处赛江南》《田歌歌曲选》。诸多作品录制成唱片、盒带，并获国家级奖励。

田 光（1925—2009）

作曲家。河北饶阳人。1944年参加革命。1945年参加冀中军区火线剧社，后转入三纵队前线剧社。1951年在中央音乐学院进修理论作曲，1953年毕业后调八一电影制片厂，同年12月调《解放军歌曲》编辑部，先后任编辑、组长。1978年任解放军文艺出版社副社长兼《解放军歌曲》主编。曾任中国音协第三、四届理事。创作有大量歌曲。出版歌曲专集《美好的赞歌》《献给你的旋律》《田光歌曲选》。作有《伟大的领袖毛泽东》《民兵扛起枪》《北

京颂歌》（合作）《要把农村变乐园》《草原夜歌》等。著有《二胡自修教程》。获第五届中国音乐"金钟奖"终身成就奖。

田 柯（1929— ）

作曲家。辽宁绥中人。1948年毕业于华北联大音乐系。曾任新疆文工团副团长，新疆兵团歌舞话剧团创作员。作有歌曲《我们的锻工班》获全国优秀群众歌曲奖，《春光万里红旗扬》较有影响。

田 亮（1955— ）

歌唱家。河北固安人。北京市国家安全局国安乐团独唱演员。1999年获全国第九届"群星奖"音乐比赛银奖，2000年获中央国家机关文艺汇演音乐比赛一等奖。演唱曲目有《我的太阳》《重归苏连托》《今夜无人入睡》等。

田 鸣（1957— ）

女高音歌唱家。浙江杭州人。1977年毕业于中央音乐学院声乐系。后入中央歌舞团。曾与张西珍演唱二重唱。1980年获文化部直属院团观摩评比演出优秀演唱奖。曾随团出访墨西哥等拉美六国。

田 农（1934— ）

歌词作家。满族。黑龙江人。1952年入东北鲁艺学习。曾在中央歌舞团、东方歌舞团任职。曾任深圳体委办副主任。词作有电影《小花》插曲《绒花》（合作）及《清晰的记忆》《竹林沙沙响》《周总理和我们欢度泼水节》。

田 青（1948— ）

音乐学家。河北唐山人。中国艺术研究院研究员，国务院学位委员会委员，中国音协第七届理事、理论委员会委员。1977年毕业于天津音乐学院作曲系，1984年毕业于中国艺术研究院研究生部，获文学硕士学位。著有《中国古代音乐史话》《音乐通论》等。历任北京佛教乐团副团长、音乐研究所副所长、《中国音乐年鉴》主编、宗教艺术研究中心主任、非物质文化遗产研究保护国家中心主任、中国非物质文化遗产保护中心副主任。发表学术著作、论文百余万字，主编专业书籍九百万字，文学创作及音乐评论三十万字。所著《中国宗教音乐》《佛教音乐选萃》等成为中国宗教音乐研究领域的奠基之作。多次组织、率领中国佛教乐团出国访问。

田 青（1973— ）

词曲作家。陕西乾县人。中国石油长庆油田公司艺术团音乐队队长。1996年毕业于长庆石油学校经贸专业。词曲作品有《为中国石油喝彩》《石油汉子》《走向辉煌》《石油恋歌》等。作有歌曲《红衣姑娘》《前进，采油厂》《穿越梦想》，创作歌曲多次获奖，曾获"全国推新人大赛"二等奖，获中国石油音乐大赛二等奖、金奖。

田 庆（1950— ）

长笛演奏家。上海人。安徽省管乐协会理事。1970年入安徽省池州地区文工团任首席长笛，1983年调安徽省歌

舞剧院交响乐团任首席长笛演奏员。参加交响乐、歌舞剧等大型音乐会、晚会数十场，均担任长笛首席。参与安徽管乐比赛和考级的组织工作，担任评委和考官。撰有《浅谈长笛的音质》《漫谈音乐的民族性》论文。

田 鑫（1949— ）

打击乐演奏家。北京人。1969年毕业于中国戏曲学校音乐科，1970年起在铁道兵文工团任演奏员，1982年起在中国广播民族乐团任演奏员。作有打击乐合奏《胜利的锣鼓》《列阵》《斗趣》等。《金牛贺岁》获"万宝路贺岁锣鼓大赛"金奖。改编的板胡重奏《拉呱》获文化部第九届文华奖金奖。录制出版有编钟协奏曲《梅花三弄》担任独奏。1996年曾赴台湾讲学，并与高雄国乐团合作演出《丰收锣鼓》、举办"田鑫与高雄市国乐团打击乐之夜"音乐会，任独奏、领奏。

田 瑛（1927— ）

音乐翻译家。天津人。1947年于北京师范大学音乐系肄业。后入华东军大文工团。曾任安徽省徽剧团团长、黄梅剧团团长、省艺校校长。后为安徽省艺术研究所音研室副研究员。译有《西方音乐美学概述》等。

田 钰（1935— ）

长笛演奏家。山东高唐人。1949年参加西北文工团。1951年在陕西省歌舞剧院任首席演奏员。1956年参加第一届全国音乐周并担任独奏。参加歌剧、交响乐、舞剧等六十余部的排练和演出，并任数部歌剧配器兼指挥。1998年获优秀辅导员证书。后在西安育才中学等几所学校的管乐团担任艺术指导和指挥。曾在全国省市的管乐比赛中获奖。

田 源（1959— ）

作曲家。吉林辉南人。1990年毕业于吉林省艺术学院音乐系。吉林北华大学艺术学院音乐系副主任、副教授。主编有《中华歌王》《老歌经典》。发表有《中国钢琴作品文化内涵及特征》，作有歌曲《草原家乡》《其实你不懂我的心》。曾受西华盛顿大学的邀请赴美国讲学，在美第一届中国文化节音乐会中指挥西华盛顿大学交响乐团演出中国作品。

田 云（1946— ）

板胡演奏家。重庆人。任教于四川音乐学院。1962年进入重庆喜剧团，后在部队文工团、四川省曲艺团、成都杂技团任板胡独奏及多种弓弦乐器演奏。创作并演奏的《芙蓉花开迎宾来》等多首板胡曲在中央及省、市电视台，电台播放。创作、演出多首杂技音乐，其中《车技》获全国"青苗杯"杂技比赛银奖。与陈泽教授研制的"复合振动膜板胡"获文化部科技进步三等奖。发表《说说胡琴的执弓》等文。

田 云（1956— ）

女高音歌唱家。回族。山西阳城人。2003年毕业于贵州省委党校。贵州安顺市文化局副局长。在花灯剧《春

嫂》中担任主角"春嫂"，参演的《故乡人》在全国歌剧观摩演出中被文化部评为剧目奖，在安顺地区组织的各类演唱比赛中担任独唱、领唱，并多次获奖。多次参与、组织、策划参加省市各类演出活动，获得各类奖项。

田 耘（1924—1986）

作曲家、指挥家。山西阳城人。1941年起在抗敌演剧宣传队第二队等单位工作，曾立三等功二次。后调总政歌舞团任乐队队长兼指挥。1951年进入天津中央音乐学院专修科、作曲系学习。1954年获"华北解放纪念章"。1956年参加文化部组织的德国戈斯林教授指挥班学习，回总政歌舞团后任乐队指挥、音乐艺术指导。作品有合唱《麦子熟了》，大管独奏曲《茶子丰收了》，舞剧音乐《罗盛教》（合作），歌曲《每当我想起伟大的长征》（获奖），随总政歌舞团赴朝鲜、缅甸、苏联、罗马尼亚演出并担任乐队指挥。

田宝信（1932— ）

歌唱家。河北武清人。1959年入江西省农垦文工团，1969年入省话剧团，1978年入省歌舞团任合唱队长。

田保安（1935— ）

二胡演奏家。河南虞城人。1958年毕业于东北师范大学音乐系。曾任中央音乐学院、中国音乐学院二胡教研室主任，菲律宾碧瑶大学音乐学院教授。著有《论二胡演奏的发音与训练》。

田保惠（1916—已故）

音乐教育家。河北邢台人。1946年毕业于重庆国立音乐院理论作曲系。曾在天津音乐学院理论作曲系任教。

田步高（1943— ）

音乐活动家。江苏扬州人。扬州华韵乐器有限公司总经理、扬州民族乐器研制厂厂长。70年代创办扬州市小红花艺术团，曾任市少年宫教务主任。1976年参加研制第一代古筝，创办扬州民族乐器研制厂，筹办"少儿百筝大齐奏"及应邀赴香港举办"百琴书画博览展"。在扬州开办老、中、青、少年古筝班，及古筝师资集训班，为省内外培训古筝师资百余人。2000年创办民营乐团——扬州华韵国乐团并任团长。

田传江（1952— ）

歌唱家。安徽合肥人。中国音协第七届理事。安徽省文化厅副厅长兼省音协主席。1986年至1988年入北京广播学院学习，2005年毕业于中央党校经济学系在职研究生。曾在中央音乐学院、中央歌舞剧院进修，并在《货郎与小姐》《台湾剑客》《洪湖赤卫队》等十余部歌剧和小戏中担任主角。出版演唱专辑《我的歌》。多次组织并参加省内重大音乐赛事活动。

田春明（1961— ）

作曲家。山西汾阳人。山西省汾阳县文化馆馆长。曾任吕梁地区歌舞团、汾阳歌舞团作曲、指挥，1988年曾借

调中央歌舞团，后入中央音乐学院作曲系大专班学习。作有组曲《交城山颂》，舞曲《枣红马》《取亲》，为电教片《明珠异彩》作曲并获中组部党教片创作奖，为中央乐团大提琴组赴台湾演出创作《八个大提与一个女高音》。参加组建汾阳少年艺术团，并出任管弦乐团团长。

田春雨（1948— ）

钢琴教育家。吉林长春人。1968年毕业于沈阳音乐学院附中钢琴专业，1982年毕业于吉林艺术学院音乐学院钢琴系本科，先后师从柯岐、金石教授。吉林艺术学院音乐学院钢琴系教授。从事钢琴专业教学30年，培养许多钢琴演奏、教学人才。专著《钢琴八度技术练习教程》。撰有《钢琴八度演奏技术论析与解难》《盲人钢琴教学艺术研究》《浅谈钢琴音质的优劣对学琴的影响》等文。

田大文（1941— ）

戏曲音乐家。四川泸州人。1963年毕业于四川音乐学院民乐系。曾任四川省歌舞团演奏员。副研究员。作品有川剧音乐《轵侯剑》《貂婵之死》，少儿舞蹈音乐《小雁学飞》《春到苗岭》《小竹马》，曲剧音乐《死去活来》，歌曲《心中的小白鸽》等均在全国获奖。出版发行戏曲音像带《貂婵之死》《扫松》《断桥》《曲江打子》《盗红绡》等。撰写有《现代乐理与我国传统音乐》《中华学人理论文献》《"川派小生"的"秘招"》及巴渝文化理论研究和评论文章。专著有《中国戏曲音乐创作浅谈》，合作主编论文集《戏乐剧韵——重庆当代戏剧音乐研究》。曾任《重庆民族民间舞蹈集成》总编撰。

田德方（1945— ）

歌词作家。黑龙江绥化人。1964年始从事部队文艺创作，曾在兰州军区歌舞团工作。兰州音乐文学学会副会长。作有歌词《青年进行曲》《刨花生》《告别母校》《卖菜歌》。

田德忠（1934— ）

作曲家。满族。辽宁沈阳人。1951年始从事部队文艺工作。曾为沈阳军区歌舞团创作员。作有舞蹈音乐《金山战鼓》，著有《锣鼓敲击法》。

田逢俊（1935— ）

歌词作家。四川自贡人。1950年参加文艺工作。1985年任四川音协《音乐世界》责编。发表歌词及评论文章，部分获奖，其中《卡沙沙》《红岩颂》《哈雷彗星你好》获第五届全国音乐作品评奖二等奖，《奋进腰鼓》和《中国昂起你的头》分别获第七届全国音乐作品评奖二等奖和创作奖，另有《四川的太阳》《我是一缕阳光》《我愿和妈妈一样》《草原日记》，《风光宝石九寨沟》。出版有《情弦弹出的心声——田逢俊歌词选》和《艺海漂萍录——田逢俊杂文随笔选》。

田凤鸶（1960— ）

作曲家。土家族。湖北人。师从沈阳音乐学院隋立本教授学习作曲。辽宁省音协理事、省合唱协会常务理事，

东北大学大连艺术学院合唱培训基地指导老师，葫芦岛市音协主席。作有歌曲《小小渔船飘悠悠》《海风》《迎着新世纪的呼唤》《海上月光》《梨花姑娘》《鲜红的党旗、绿色的军衣》《美丽警花》等，多次获等级奖、优秀奖，曾获优秀指导教师奖，三次获辽宁葫芦岛市委市政府"新世纪文学艺术成果奖"。

田贵璋（1928— ）

歌唱家。河北人。1949年毕业于东北鲁艺音乐系。1947年任哈尔滨鲁艺三团歌唱演员，1949年起先后任鲁艺音工团、东北人艺歌舞团、中央歌舞团、中央乐团队合唱队长、领唱。曾参加《第九（合唱）交响曲》《东方红》大歌舞、《中国革命之歌》大联唱及《黄河大合唱》的演出。1954年赴波兰参加世界青年联欢节并赴朝鲜、德国演出。

田桂珍（1939— ）

女高音歌唱家。辽宁大连人。1956年考入中央歌舞团。1957年随中国青年艺术团赴莫斯科参加第六届世青节，在合唱比赛中获金质奖章。1958年随中国歌舞团赴日本，在东京、大阪、名古屋、京都等城市演出。1964和1984年分别参加大型音乐舞蹈史诗《东方红》和《中国革命之歌》的演出。1996和1998年应邀两次赴香港演出。2001年应邀赴台湾省参加音乐季演出。

田国安（1954— ）

歌词作家。河北昌黎人。秦皇岛市群艺馆研究馆员，副馆长，市音协副主席，市音乐文学学会会长。作品《海洋的呼唤》获全国"公益歌曲"金奖，《哥哥就要走》《美丽的水》等获全国第九届"群星奖"银奖，第八届、第十一届中国人口文化奖银、铜奖等。出版有歌词集《并肩走过春季》，发表、播放有大量音乐作品。1999年被秦皇岛市委、市政府评为"跨世纪学术技术带头人"，2004年被评为市"德艺双馨"艺术家。

田海云（1956— ）

女作曲家、音乐编辑家。北京人。曾任北京卫戍区某部文艺宣传队作曲、演奏员，并先后进修于解放军艺术学院音乐系与中央音乐学院作曲系。1984年调入中国广播电视出版社任音像部音乐编辑。其创作歌曲多由歌唱家演唱、中央电台播出及在《歌曲》等杂志发表。其中《落叶归根》获首届中华乐会征歌比赛佳作奖，《田里的妈妈》获广电部、中国音协等举办的"当代农民之歌"征集二等奖。编辑有《百年电影金曲》《世纪民族之歌》《毛主席诗词歌曲选集》《通俗歌曲博览》（上下册）《通俗歌曲博览续集》（上下册）及《田光歌曲选集》《晓河歌曲选集》，并参与编辑《歌声中的20世纪》等。

田惠珍（1940— ）

女钢琴教育家。河北保定人。1961年毕业于天津音乐学院。河北艺术学校（现河北艺术职业学院）高级讲师。长期从事钢琴教学，同时兼任基本乐科及民间音乐课教学工作。撰有多部教材，并发表《对钢琴热的冷思考》《钢琴音乐的通俗化》等文。多年担任中国音协业余钢琴考级

全国评委，并被中国音协及省音协考级办评为钢琴优秀辅导教师。

田继宁（1946— ）

作曲家。山西文水人。1960年入甘肃省戏曲学校学习，1962年在省秦剧团任演奏员，1965年任省秦剧团作曲，1984年始任省陇剧团作曲。撰有《陇剧音乐传人》《陇剧主奏乐器改革》《陇剧音乐四十年之发展》等文。作有大型现代陇剧《天下第一鼓》（该剧获文化部"第三届文华剧目奖"），乐舞音乐《太平鼓舞》，大型陇剧《石龙湾》《鼓舞太平》（参加中华锣鼓大赛获金奖），《社火》《秋影》《鼓舞》等。并作有六集陇剧电视连续剧音乐，《失子惊疯》获1997年甘肃省青年演员大奖赛一等奖。

田建设（1953— ）

作曲家。浙江缙云人。曾入南京艺术学院音乐系进修作曲，并先后在南京军区炮兵宣传队、第一集团军文工团任作曲、团长，后任浙江省金华市规划局婺城区分局局长、金华市音协常务理事。作有《把心贴着祖国》《我送你》等百余首歌曲及《蒲公英》《缚》等二十余部舞蹈音乐，其中歌曲《织网谣》获第三届"天安杯"全国华夏渔歌大赛优秀奖。为《新的起飞》等十余部电视片设计音乐，其中《婺江两岸飘奶香》获中央电视台二等奖，《化作春雨育新苗》《一枝红杏出墙来》获浙江省二等奖。

田景安（1944— ）

歌词作家。贵州遵义人。遵义市音协常务理事。1961年在遵义市黔剧团乐队，后入伍在师文艺宣传队从事歌曲创作和器乐演奏。退伍后任长征子弟学校音乐教师。先后在《词刊》《歌曲》《儿童音乐》及全国各省市音乐刊物发表大量作品，其中获奖、制带、播放六十余首。《雄关颂》《为你十六岁祝福》《我们用青春卷起中国雄风》《欠你情太多》在中央电台、电视台播放。

田克俭（1938—已故）

扬琴演奏家。北京人。1958年考入中央歌舞团学员班，毕业后留团任演奏员。退休后入中国国宝团进行对外交流演出。曾出访四十多个国家、地区和参加国内重要演出活动，均担任首席扬琴。多次为来访的外国元首演奏。创编扬琴曲《龙船》获文化部、广电部创作二等奖。首创扬琴"摘音""才音"技巧。曾任中国音协扬琴研究会副会长，中国民族管弦乐学会常务理事。

田丽群（1946— ）

女小提琴演奏家。贵州贵阳人。贵州省歌舞团演奏员。撰有《因材施教，对症下药》等文，多年来培养了不少小提琴人才，其中有多人已成为上海音乐学院、四川音乐学院等院团的业务骨干，并有部分学生在国内外小提琴比赛获奖。

田联韬（1930— ）

音乐教育家、作曲家。河南人。毕业于中央音乐学院作曲系。中央音乐学院研究员、博士生导师，中国少数民族音乐学会副会长、秘书长。先后在中央民族学院与中央音乐学院任教。著有《西藏传统音乐集粹》《中国少数民族传统音乐》等。曾为日本、英国《格罗夫音乐与音乐家辞典》撰写中国民族音乐条目。承担并完成多项国家级民族音乐科研项目。作品有电影音乐《孔雀公主》，电视剧音乐《红岩》，舞剧音乐《阿凡提的故事》，大提琴曲《喜玛拉雅随想曲》，钢琴曲《塔吉克舞曲》，小提琴曲《帕米尔随想》，舞蹈音乐《送粮路上》（合作）等。曾被北京市及国家民委评为"民族团结先进个人"，被聘为香港特区学术评审局特邀评委等。

田龙瑞（1944— ）

小提琴演奏家。陕西西安人。1957年考入西安音乐学院附中学习小提琴，毕业后分至陕西乐团任演奏员、乐队首席，曾演出小提琴协奏曲《杜鹃山》《梁祝》，随想曲《碗碗腔》及《贝多芬D大调》《门德尔松e小调》等。

田沛泽（1925— ）

音乐编辑家。浙江上虞人。早年就读于上海中华音乐院，曾任上海"歌联"主席、上海乐团办公室副主任、上海市群艺馆音舞室负责人。曾主讲《群众音乐工作初探》专题。后任《中国民间歌曲集成·上海卷》副主编，曾获"艺术学科国家重点研究项目文艺集成编撰成果一等奖"。同时，被评为上海文化系统史志工作先进工作者。著有《音乐知识趣谈》《乐海拾贝》《大音乐家的小故事》《名曲轶事》《乐坛传奇》。撰有《上海民间歌曲初探》《上海救亡歌咏运动纵横》《上海民主歌咏运动史料辑录》《试谈表演唱的创作与表演》等文。有民乐合奏《调龙》获奖。

田荣久（1932— ）

单簧管演奏家。河北人。早年在中央音乐学院音工团师从俄籍迪克耐教授，后考入德国科列斯朵曼专家班进修。全国单簧管学会常务理事，中国音乐学院社会音乐等级考试考官。长期在中央歌舞团、中央乐团任演奏员。参加国内诸多重大的国事演出任务及出国访问活动。是国内最早录制独奏唱片者之一。两届任澳门国际音乐节演出总监，为北京数十所大中小学校组建学生管乐团，并在其中部分院校任指导教师和指挥。

田生玉（1933— ）

女歌唱家、民族声乐教育家。陕西绥德人。1946年曾参加战地服务团，后在陕北文工团、陕西省文工团任演员。1956年毕业于西北艺术学院声乐专业，任职于延安歌舞剧团，曾在上海声乐研究所进修二年。1963年就职于西安音乐学院声乐系，副教授。中国民族声乐学会理事，北京声乐研究所学术委员会委员。参加过许多大型歌剧的演出。演唱的《当红军的哥哥回来了》《信天游唱给毛主席听》《哥哥当了游击队》《想起周总理纺线线》等数十首歌曲，录制唱片或被电台录音播放。

田士权（1956－）

音乐教育家。吉林辽源人。辽源市戏剧创作室副主任、音协副主席。曾任吉林省东丰县文工团手风琴演奏员，后在东丰县师范学校任教。创作歌曲百余首，三十余首被报刊、电台采用、发表并获各类创作奖。多次参与东方歌舞团、中国轻音乐团演出活动。1978年开始从事钢琴教育和辅导，有百余名学生在国家、省市级举办的各类比赛及音乐考级活动中获奖，本人多次获各类优秀辅导奖。

田世吉（1961－）

作曲家。吉林人。吉林辽源市音协常务理事。1983年始从事音乐教学，高级教师。辅导学生参加音乐比赛近百次。多次被评为省级优秀指导教师。作有歌曲《你听到了吗》《童年的梦》等多首。参加各种社会公益演出百余场，曾获吉林省首届"鸿雁杯"吉它比赛优秀奖，吉林省"女神杯"青年歌手大赛通俗组唱法一等奖，吉林省群众音乐舞蹈系列大赛通俗唱法一等奖及省音乐评优课一等奖。

田世英（1955－）

女音乐教育家。山东文登人。哈尔滨工业大学艺术教研室副主任、学校艺术团艺术总监。1963年开始学习小提琴演奏艺术。1970年在武汉军区胜利歌舞团担任专业演奏员。1983年考入武汉音乐学院学习。1989年调哈尔滨工业大学艺术教研室工作，副教授。2000年任中国艺术教育促进会理事，黑龙江省高校艺术教育委员会委员。2003年任黑龙江省音协理事。

田寿龄（1931－）

女歌唱家、声乐教育家。江苏扬州人。1956年毕业于中央音乐学院声乐系。先后执教于中南音专、湖北艺术学院、厦门大学音乐系，历任厦大音乐系副教授、声乐教研室主任。培养了许多优秀的声乐人才和戏曲演唱人才。曾用科学发声治愈二百余名戏曲演员的声带小结和声带闭合不全等病症，撰有《要用正确发声治疗声带小结》等文。

田颂刚（1930－）

作曲家。辽宁西丰人。1947年肄业于沈阳师专。1949年入江西文工团乐队。曾入上海音乐学院进修。曾在江西评剧团工作。曾任省政协委员。作有歌曲《一道喜讯传下来》《登梅关》。

田薇丽（1957－）

女声乐教育家。吉林长春人。吉林艺术学院音乐学院声乐系主任、教授。1982年毕业于沈阳音学院，留校任教。后进修于中国音乐学院，师从张权。撰有《音乐院校声乐教学分级滚动制度的探索与实践》等论文，主编有《中国声乐经典教材》，1981年曾获辽宁专业团体声乐演唱比赛一等奖。

田维勤（1926－已故）

作曲家。陕西子长人。1946年参加延安联政宣传队任演奏员、分队长。1953年考入中央音乐学院理论作曲系。

1959年任战斗文工团创作组长。曾任甘肃音协常务理事、甘肃音像出版社社长。创作歌剧音乐16部，各种声乐作品二百余首，采集各族民间音乐千余首，写作大型器乐曲3部。多次获音乐作品奖。

田伟宁（1964－）

扬琴独奏家。北京人。6岁随父学习扬琴。1983年考入社会音乐学院，1984年考入中央歌舞团。1993年受文化部派遣，组成民族室内乐小组，参加国际音理会主办的第一届日本大阪国际室内乐大奖赛，并获银牌。作曲参赛的有扬琴曲《龙船》及所编配的其它乐曲。曾赴欧亚许多国家和地区演出。并于1998至1999年在北京和日本东京举办了个人独奏音乐会。1994年曾获民族音乐特别贡献奖，2001年被文化部评为德艺双馨演员，2002年被吸收入中国青年演奏家艺术团。

田霞光（1930－）

作曲家。河南沁阳人。1944年入抗大太岳分校，1945年调太岳军区政治部宣传队任宣传员。1948年毕业于北方大学艺术学院。历任沁河剧团、太行四分区沁河文工团、新乡专区文工团、平原省艺校音乐教员、乐队队长、指挥兼导演工作。1953年调山东省音乐工作组、山东省群众艺术馆任《山东歌声》《群众艺术》《山东文艺》《山东广播歌选》音乐编辑、研究馆员。撰有《生活与民歌》《山东歌舞音乐》等文。

田晓宝（1959－）

音乐教育家、指挥家。河北人。教育部直属华中师大音乐系副主任、湖北省教委音乐教学指导委员会副主任、省合唱协会秘书长。1982年毕业于武汉音乐学院声乐系，曾师从王秀峰学习指挥。1988年举办个人独唱音乐会，1992年举办"声乐教学音乐会"。所辅导指挥的华中师大学生合唱团、湖北"知音"合唱团多次参加重大演出，与美国杨柏翰大学艺术团交流演出，分别在中央电视台青歌赛合唱比赛及各种比赛中获不同奖项。众多学生在"中国国际和平周声乐比赛"及艺术节中获一等奖等不同奖项。编著出版《合唱教材》《声乐教育手册》《合唱教程》，撰文多篇。

田晓耕（1955－）

作曲家、音乐编辑家。北京人。1969年入伍，1973年始从事音乐创作。1986至1988年在中央音乐学院作曲系进修。1988年转业，历任《歌曲》编辑部编辑、主任、副主编。2007年起任中国音协分党组成员，第六、七届副秘书长。先后为电视剧《沈鸿》创作主题歌《好大好大的世界》，为18集系列专题片《今日中国》创作主题歌《今日中国充满希望》，为组歌《劳动颂歌》创作歌曲《笑容》，为6集大型人物传记文献纪录片《钱学森》创作主题歌《飞翔的路》，为《北京组歌》创作歌曲《光荣的北京》《港人爱国心》等。所作《女兵进行曲》《蓝天上流下来一条河》《母亲桥》《雪域骄子》《走在妈妈的目光里》《晚风吹拂着北京》《高原上走来千万个你》《卓玛的黑眼睛》《团聚》《清风莲韵》等百余首歌曲分别在电台、电视台播放，并多次获全军、全国奖。曾任"北京2008"第一至第四届奥运歌曲征集、中宣部"五个一工程"奖歌曲评选及中国音乐"金钟奖"等评委。

田信国（1964— ）

词曲作家。江西瑞昌人。江西电视台导演。作有歌词《出风头》《江南乡韵》《伸出你的手连成爱的长城》等分获全国"成才之路"大选赛、首届中华歌会、全国青年歌词创作奖。出版有歌词专集《明天的风景》。为电视片栏目及影视剧创作《美丽江西》《庐山你得来》《亲亲井冈山》等词曲作品数十首，有的在央视、江西卫视播出，并有近二十首作品获奖。新编江西民歌《江西是个好地方》受好评。2005年江西电视台主办"美丽江西——田信国电视歌曲欣赏会"，并出版DVD专辑。另有《东林净土梵乐》CD发行。

田学斌（1963— ）

歌词作家、文学家。甘肃会宁人。国务院办公厅局长。1991年清华大学经管学院毕业。歌曲《望月》获2004年中央电视台春晚一等奖，《春去春来》获多个奖项，《中华情》《我有一个梦想》《在您的旗帜下》等在中央电视台及各地电视台播出。出版散文集《丝路春秋》《我有一个梦想》，散文、随笔集《农桑夜话》，诗集《大地》。

田燕君（1951— ）

作曲家。浙江温岭人。先后毕业于江西师大音乐系、杭州师院音乐系。主修作曲理论。台州市音乐教学研究会副会长、温岭市音协副主席。音乐作品、论文、演出近百次在国家、省、地市级发表、获奖。歌曲《岩茶把我乡情牵》获全国艺术歌曲二等奖，《请到家乡来》《我爱你中华》《你象春神》获省歌曲演唱大赛创作奖，论文《音乐教学中培养学生想象力和创造力的探索》获全国二等奖。

田杨林（1951— ）

作曲家。河南人。1984年入郑州大学新闻系进修。1985年创办并主编《流行歌曲》杂志。出版歌集《秋雨中的少女》。

田耀农（1956— ）

音乐理论家、教育家。安徽霍山人。毕业于中国艺术研究院获音乐学博士学位。曾在安徽霍山师范学校、广东韶关教育学院、南京艺术学院工作。杭州师范大学音乐学院院长、教授。浙江音协副主席、中国传统音乐学会副会长、亚洲传统雅乐舞研究会会长。发表《林中的小鸟在歌唱》等二十余首歌曲作品，撰有《民族音乐与艺术音乐的最后分野》等文五十余篇，出版《皖西锣鼓研究》《陕北礼俗音乐的考察与研究》等四部学术专著。曾获教育部高教科研成果二等奖、浙江省高校科研成果一等奖、杭州艺术人才突出贡献奖等各类奖项二十余项。

田有彦（1945— ）

女歌唱家。湖南攸县人。1970年毕业于湖北艺术学院声乐系。曾在解放军某部文艺宣传队工作。后为湖北省群艺馆声乐艺术指导。参加芭蕾舞剧《白毛女》、京剧《红灯记》的演出，担任主角。在参加青年歌手、农民歌手比赛和中国艺术节中均获奖。随中国民间艺术团出访东德。撰文《声乐教学辅导札记》《歌曲的创作与演唱》《声乐常识浅谈》等，创作歌曲《我爱我的祖国》《踏上幸福路》等。录制盒带独唱歌曲《我愿有》《啊！地球只有一个》。

田雨春（1953— ）

低音提琴教育家。吉林长春人。先后毕业于上海音乐学院专科与吉林艺术学院本科。吉林艺术学院教育学院院长、吉林省音协副主席。论文《试论弦乐演奏中"内心听觉"的培养》《试论二十一世纪专业音乐教育》《浅谈室内乐课在培养音乐人才中的作用》在东北三省音乐论文评奖中均获一等奖。演奏的低音提琴曲《爱的热情》，参与演奏的五重奏《鳟鱼》，由吉林省电台录制播放。曾多次组织室内乐团、民间音乐演出团，在全国各音乐院校和日本七城市巡回演出。

田玉斌（1944— ）

男中音歌唱家。黑龙江哈尔滨人。1964年入中央音乐学院声乐系学习。1968年入中央乐团任独唱演员。曾任东方歌舞团团长、中国歌剧舞剧院院长。中国音协第六届理事，中国合唱协会主席。曾两次向意大利声乐大师吉诺·贝基学习，担任《创世纪》和贝多芬《第九交响乐》中的领唱。1976年赴老挝讲学一年。

田玉明（1938— ）

男中音歌唱家。新疆阿尔泰人。1949年9月参加工作。1957年始入新疆兵团歌舞团。60年代初师从刘安煌学习声乐，曾在多部歌剧中担任独唱、领唱，塑造了多种人物。70年代代表新疆军垦参加在北京举办的独唱音乐会，80年代代表新疆军垦在中南海演出。

田再励（1958— ）

二胡演奏家。河北人。1982年毕业于中央音乐学院民乐系，留校入实验乐团。1984年获北京市第三届青年二胡演奏会演第三名。1987年获广州羊城音乐花会"广东音乐"高胡比赛一等奖。

田增谟（1936— ）

音乐教育家。山东人。曾任小学音乐教师、文化馆干部、文化站长。1962年毕业于沈阳音乐学院作曲系。1980年后调辽宁本溪市师范学校任音乐教师，讲授乐理、作曲、视唱练耳、合唱指挥等课程。作有歌曲《只有社会主义路一条》《走，跟着共产党走》《山里人想念毛主席》《枫叶颂》。发表论文《谈师范专业琴法教学的素质训练》。出版有《作曲法基础教程》。

田兆杰（1936— ）

音乐教育家。山东高青人。1956年由山东省惠民师范毕业。先后在乐陵二中、滨县二中、滨州三中任音乐教师。1985年入中国函授音乐学院学习理论作曲，常年从事军乐和各种器乐的辅导训练，并建立了中学生铜管乐队。被评为全国优秀教师。

田振林（1943— ）

歌唱家。北京人。中央乐团合唱队独唱演员。1962年毕业于中央音乐学院附中。曾参加《红军根据地大合唱》、音乐舞蹈史诗《东方红》、大合唱《四季》和《第九交响曲》等演出，并担任独唱、领唱、重唱、小合唱和节目主持人。曾任第二届全国青年歌手电视大奖赛评委。

田智周（1932— ）

声乐教育家。湖南长沙人。1949年参加部队文艺工作。1955年考入上海音乐学院声乐系，学习期间，曾在第七届世界青年联欢节获金质奖章的《幸福河大合唱》中担任独唱。毕业后，在昆明师范大学艺术系、云南艺术学院音乐系从事教学及管理工作，任系副主任，系主任、教授。为社会培养了二十余届本、专科毕业生。1991年国务院授予有突出贡献的专家。

田祝厚（1940— ）

音乐编辑家。满族。北京人。1964年毕业于中国音乐学院作曲系。后在北京群众艺术馆、人民音乐出版社从事编辑工作。曾任《北京音乐报》副主编、主编。著有《艺术概论》中"音乐篇"部分，并撰有评论文章多篇。

铁 金（1963— ）

女高音歌唱家。回族。河南人。空政歌舞团演员，第十届全国人大代表。1976年加入51055部队，1982年入河北省歌舞剧院。1985年考入中国音乐学院歌剧系。1990年加入空政歌舞团。在复排歌剧《江姐》中，饰演江姐。后入中国音乐学院攻读硕士研究生，并举办毕业独唱音乐会。在全国、全军声乐比赛中多次获奖。

铁 流（1925— ）

作曲家。江苏建湖人。曾任苏州地委文工团副团长、镇江市五中副校长、市群众艺术馆副馆长。发表大量词曲作品，出版有《铁流之歌》。所创作的歌曲《缴粮小调》《丰收谣》曾在上海人民广播电台播放，《四月二十三》《竹林深处是我家》《浇花》《小浪船》等十余首歌曲在全国及省市大赛中获奖或广为传唱。

铁 英（1955— ）

作曲家。辽宁人。1978年毕业于黑龙江省艺校大提琴专业。曾任满洲里歌舞团乐队、内蒙古呼盟民族歌舞团乐队大提琴独奏演员。1987年上海音乐学院作曲系毕业后任歌舞团创编室作曲，1989年调入内蒙古艺术学院任音乐系主任。作有歌曲《醒来了，伐木人》《绿土上的歌》，合唱《太阳河》，舞蹈音乐《金铃铛》《雪娃娃》《太阳的年轮》，钢琴、大提琴、长笛三重奏《惊蛰》，大提琴独奏《献给家乡的歌》等多首。获全国、地区奖多次。参加国际艺术节、国庆40周年、建党70周年等大型音乐会演出。发表论文《链条·导体·组合》等。

铁 源（1932— ）

作曲家。辽宁大连人。中国音协第四、五届理事。1947年参加革命工作，1950年起从事部队文艺工作。作有舞剧音乐《蝶恋花》，舞蹈音乐《鸭绿江之歌》《战斗的非洲》，歌曲《我为伟大祖国站岗》（合作），《在那桃花盛开的地方》《十五的月亮》（合作），《望星空》《北疆连着我家乡》《我们的心并不遥远》等。出版有《铁源歌曲101首》《铁源声乐作品选》《徐沛东、谷建芬、秦咏诚、铁源歌曲经典200首》。1994年举行"铁源声乐作品音乐会"。

通 福（1919—已故）

作曲家。达斡尔族。内蒙呼盟人。1941年入日本新泻师范学习音乐。1946年入呼盟文工团。曾在内蒙电影制片厂、内蒙歌舞团担任作曲。后调内蒙文联。曾任音协内蒙分会副主席。作有电影音乐《草原上的人们》《草原晨曲》。

同云波（1930—已故）

作曲家。陕西韩城人。1949年入"延大"文工室。1955年入西安市歌舞剧院。曾任《长安音乐》副主编。西安市音协副主席。编著有《怎样指挥》《怎样开展农村歌咏活动》，作有歌曲《前进！伟大的社会主义祖国》。

佟 军（1959— ）

歌唱家。满族。黑龙江林口人。中央歌剧院歌剧团演员。1985年中央民族学院音乐系毕业。曾任黑龙江省歌舞团演员，获黑龙江省青年歌手大奖赛二等奖。参加男声四重唱，参与音乐片《红与绿交响曲》的录音录像工作以及文化部主办的"新春音乐会"等演出。先后参演歌剧《贾尼·斯基基》《蝴蝶夫人》《卡门》《茶花女》等。随团赴香港、澳门、芬兰等地演出。

佟成杰（1955— ）

歌唱家。吉林人。1984年毕业于沈阳音乐学院声乐系，1988年毕业于上海音乐学院。1984年始在黑龙江省艺术学校任教，后任声乐科主任、副校长。撰有《谈歌唱声乐的起与落》《歌唱与模仿》《中国流行音乐将走出死水微澜》等文。编写声乐教材三套（即中国作品、外国作品、中国民族作品），主编《中国民族声乐曲选集》。参加黑龙江省电视大奖赛获民族专业组三等奖。在上海音乐周独唱《三江口》，在王品素执教45周年教学研讨会上演唱《金钥匙》，并参加沈阳音乐学院举行的毕业生音乐会演出。2002年被省教委评为省级专业学科带头人。

佟富功（1939— ）

民族管乐演奏家。满族。北京人。曾任中国音协民族管乐研究会副秘书长。1959年在天津音乐学院进修，同年考入中国煤矿文工团。先后演奏18种中外乐器，并对葫芦丝、巴乌、埙、篪、弓笛等乐器进行了改革制作。发表专题论文《论巴乌、葫芦丝等民族管乐的梯度变化》等多篇。2002年在成都举办个人专场独奏音乐会。出版发行VCD个人系列专辑《美丽的金孔雀》和《美丽的瑞丽江》。创作及改编的乐曲有《矿山喜讯》《芦笙恋歌》。曾赴北美、东欧、东南亚地区多个国家演出并讲学。

佟吉生（1955— ）

作曲家。锡伯族。新疆伊宁人。中国音协第五、六、七届理事，第四、五、六届新疆文联委员。1976年毕业于新疆艺术学院音乐系小提琴专业，后学习作曲，曾任新疆伊宁市文工团首席小提琴、乐队队长、作曲。1986年任伊犁哈萨克自治州音协常务副主席兼秘书长，1997年任新疆维吾尔自治区音协常务副主席兼秘书长，二级作曲。作有大量歌曲、器乐曲及舞蹈音乐，其中《新疆有条美丽的河》《美丽的新疆》《锡伯姑娘》《只要你走进哈萨克毡房》等多件作品在自治区及全国获奖。曾担任数百场音乐会、晚会的策划、编导及数十张音乐光盘的音乐编辑。多次率队赴法、意、瑞、德、俄等国及台湾、香港地区进行文化交流和比赛。

佟铁鑫（1958— ）

男中音歌唱家。满族。吉林人。自幼随父学习声乐。1976年入伍，1979年始任空政歌舞团独唱演员。1981年考入中央音乐学院。在大型音乐舞蹈史诗《中国革命之歌》中任独唱，并在第十一届亚运会上演唱会歌。先后获第十三届世界青年联欢节、全国军旅歌曲电视大赛、全国听众最喜爱的歌唱演员金奖，先后5次在全军文艺调演中获一等奖、第七届全军文艺汇演声乐表演特殊贡献奖、中宣部"五个一工程"奖、2001年中国音乐电视金奖、2002年中央电视台音乐电视金奖等被解放军总政治部授予声乐表演"特殊贡献奖"，中国唱片总公司将个人专辑收录于"20世纪中华歌坛名人百集珍藏版"。

佟文西（1945— ）

歌词作家。满族。湖北当阳人。中国音乐文学学会理事、湖北省政协第九届常委。1964年从事教育工作。1989年毕业于天津音乐学院音乐文学专业，后回湖北省文联，任《长江音乐》编辑部主任、《长虹》词刊主编、湖北省音乐文学学会会长兼秘书长。发表有大量诗、词作品，出版《青春之光》等9部专著。《国旗颂》等作品收入大、中、小、幼及师范音乐教材。《山路十八弯》《摆手舞》分别获中宣部第七届、第八届"五个一工程"奖。

佟笑梦（1930— ）

声乐教育家。满族。辽宁沈阳人。曾任锦州师范学院声乐讲师。毕业于沈阳音乐学院声乐系。培养的学生分别考入高等艺术院校和专业文艺团体，部分学生在全国少儿声乐比赛中先后三次荣获一等奖。本人两次获声乐辅导奖。其声乐论文《声乐人才应从小培养》获省级二等奖。创作歌曲五十余首，其中《我爱我的火车头》曾获演唱、创作一等奖。

佟艳杰（1960— ）

女民歌演唱家。满族。河北人。1986年毕业于沈阳音乐学院民族声乐系并留校任教。1987年获全国第2届少数民族青年声乐比赛金凤奖、全国盒带大赛银奖。

佟泽生（1955— ）

作曲家。辽宁沈阳人。辽宁省盘锦市大洼县文化馆创编室主任，市音协副主席兼副秘书长。1998年毕业于中国函授音乐学院理论作曲系。曾任辽宁省大洼县文工团作曲。作有《生死相依》《女儿的问候》《爱鸟的孩子》等歌曲。其中部分作品获奖。担任辽河油田老年大学合唱团常任指挥。多次组织、策划县内各类音乐赛事。

童　方（1961— ）

作曲家。安徽合肥人。安徽省肥东师范学校音乐讲师，肥东县音乐舞蹈家协会主席兼秘书长。1985年毕业于宿州师院音乐系。近年来创作大量歌曲，有5首获全国一等奖，五十多首获省级以上奖，二百余首在刊物上发表或在广播、电视播放、舞台演出与出版VCD音像带。作品有《月》《我的祝福》《昨夜的星》《情暖万家》《故乡的江水》等。出版有《献给母亲的歌》个人作品选集并发表音乐论文多篇。

童　伟（1962— ）

单簧管演奏家。天津人。1978年考入天津音乐学院附中，1986年毕业于天津音乐学院管弦系，任总政歌舞团乐队木管声部长。曾随团赴东欧四国，参加朝鲜平壤国际艺术节，并随团到上海、南京、广州、深圳及港澳地区演出。曾参加《世纪之春》《战士与祖国》《军旗下的我们》《人民军队忠于党》等大型演出，多次获团"业务能手"称号。

童　跃（1959— ）

作曲家。天津人。毕业于天津音乐学院键盘系。天津广播影视艺术团键盘演奏员。曾担任全国第四届"冰心"艺术奖电子琴比赛、全国"鹦鹉杯"手风琴比赛、小天使乐团MIDI音乐比赛、天津市华夏未来电子琴比赛评委。1991年至今担任天津市及华北地区手风琴、电子琴考级评委。2001年编曲并录制笛子独奏专辑《云雀》，创作女子组合《海河情思》，打击乐《神兵天降》《激情跳动》等乐曲。曾先后参加全国及天津市百余场音乐会演出。应邀编曲并录制电视剧音乐，电台录制并播放手风琴独奏专题，编曲制作百余首MIDI音乐在电视、电台演播。

童道锦（1942— ）

女音乐编辑家。江苏扬州人。毕业于北京艺术学院音乐系，主修钢琴。先后在辽宁歌剧院、黑龙江歌舞团、北京京剧院任演奏员。后任人民音乐出版社编辑、副编审，系《声乐曲选集》《中国风格钢琴曲集》等数十部书谱的责任编辑及《钢琴艺术》杂志执行副主编。合著《少儿钢琴学习辅导》，合编《钢琴艺术研究》《中国钢琴作品选集》，主编《中国作曲家钢琴作品系列》《中国著名作曲家钢琴作品系列》丛书等多部。

童生垣（1965— ）

打击乐演奏家。河北张家口人。1984年毕业于中国戏曲学院，后为中国歌剧舞剧院民乐团演奏员。中国戏曲学院音乐系客座教师、北京化工大学素质教育基地艺术指导老师。所编撰的《京剧打击乐合奏教程》被选定为中国戏曲学院音乐系专业教材。

童松真（1952— ）

女音乐活动家。浙江绍兴人。浙江绍兴市群艺馆文艺室声乐指导。1994年毕业于浙江农业大学社会文化专业。撰有《浅议群众声乐教学方法》等论文，曾任《中国民族民间舞蹈集成·浙江绍兴卷》副主编，1990年获浙江省音乐舞蹈节声乐表演二等奖。1994年获浙江省第三届群众声乐大赛伯乐奖，多次获优秀辅导奖。辅导的学生演唱《老酒谣》《蔡白糖》获第四、五届儿童音乐电视大赛金奖。

童文忠（1941—2003）

二胡演奏家、教育家。安徽人。1958年考入安徽省艺术专科学校二胡专业，毕业后留校任教。安徽大学艺术学院二胡副教授。曾参加"上海之春"二胡比赛及演出，随安徽黄梅戏演出团赴京参加全国音乐及戏曲调演。曾获省二胡比赛第一名。1992年组建安徽音协民族弓弦乐委员会，后任会长，培养了大批优秀演奏教学人才。曾为省电台录制"怎样拉好二胡"讲座，创作二胡曲《渠山长流》《丰收歌儿唱不完》。1995年辅导并领队赴江阴参加"天华杯全国少年二胡大赛"等活动。

童璇丽（1942— ）

女声乐教育家。上海人。上海师范大学音乐系副教授。1968年毕业于上海音乐学院声乐系，曾任青岛市歌舞团歌唱演员。撰有《高师声乐教学中的语言训练探微》等文。培养的学生曾在华东六省民歌大赛中获奖，并为部分艺术院团输送了音乐人才。

童宜风（1923— ）

古筝演奏家。浙江武义人。1949年毕业于江苏学院经济系。历任中央广播文工团民族乐团副团长、中国广播艺术团说唱团副团长。中国民族管弦乐学会古筝专业委员会荣誉理事、北京古筝研究会顾问。曾被聘为中央音乐学院古筝兼课教师。50年代先后为中国唱片出版社、中央广播电台录制古筝独奏曲《渔舟唱晚》《高山流水》《出水莲》《河南八板》等十余首。编著出版《古筝入门》《古筝练习曲》。

童永和（1935— ）

女钢琴教育家。云南昆明人。1951年考入上海音乐学院钢琴系本科，师从钢琴教育家李加禄。1961年毕业后到解放军艺术学院音乐系从事钢琴教学。1987年编著《世界著名儿童钢琴曲精选》，并录制磁带在全国发行。1991年赴美从事钢琴教学。2004年在纽约林肯艺术中心大剧院参与组织春节联欢晚会，并担任艺术总监。

童忠良（1935—2007）

音乐理论家、教育家。湖北洪湖人。自1950年起，先后在中原大学文艺学院、中南文艺学院、中南音乐专科学校学习。1955年赴民主德国卡尔·马克思大学进修德文，后在莱比锡高等音乐学院学习作曲、音乐理论。1961年回国，长期执教于武汉音乐学院，曾任武汉音乐学院院长，中国音协第四届理事。多年来，培养了一大批学生。出版专著《近现代和声的功能网》《小型乐队编配》（合著），撰写并发表《曾侯乙编钟的三度关系》《论中国民族音乐的数列结构》等二十余篇论文。

图力古尔（1944—已故）

作曲家。蒙古族。内蒙哲里木人。在内蒙直属乌兰牧骑工作。音协内蒙分会常务理事、内蒙文联委员。作有歌曲《牧民歌唱共产党》《吉祥的那达慕》，乐曲《彩虹》。

图木莉斯（1940— ）

女钢琴教育家。维吾尔族。新疆伊犁人。1965年毕业于中央音乐学院。曾任新疆艺术学院音乐系主任。

涂强（1964— ）

大提琴演奏家。四川人。1980年入中央音乐院学习。1983年赴澳大利亚留学两年。现在中央音乐学院管弦系任教。1982年在英国朴茨茅斯国际弦乐四重奏比赛中获"梅纽因奖"。

涂传耀（1940— ）

笛子演奏家。江西人。江西省歌舞剧院演奏员，中国民族管弦乐学会常务理事，江西民族管弦乐学会常务副会长，江西音协常务理事。为全国及省内专院校培养众多竹笛学生。创作有笛子曲《闹春耕》《春绿赣江》《鄱阳渔歌》《南词》等7首，《春绿赣江》《鄱阳渔歌》《南词》《牛歌》《共产党毛主席恩比天高》被拍成电视片在中央电视台播放。在首届海内外江南丝竹音乐创作与演奏比赛中，《山坡羊》获创作奖与演奏奖。

涂光极（1944— ）

作曲家。湖北武汉人。1961年始从事部队文艺工作。1964年在上海音乐学院进修。曾任武汉军区胜利文工团指挥、作曲、歌舞队队长。创作军乐合奏《时刻准备着》获1964年全军军乐会演优秀创作奖，舞蹈音乐《战地华尔兹》与歌曲《妹妹好比山桃花》分别获第四届全军文艺汇演优秀创作奖、三等奖，歌曲《老人峰》《云是信笺，风是邮递员》分别获第五届全军文艺汇演二等奖、三等奖，《最可信赖的朋友》获1990年全国征歌一等奖。为《阿团》《黄蜂行动》等多部电视剧作曲，发表音乐评论文章三十余篇、歌曲近百首。

涂琳莉（1975— ）

女歌唱家。土家族。湖北利川人。1990年毕业于湖北省艺校。重庆市歌舞团独唱演员。曾演唱长阳南曲《土家吊角楼》《鄂西土家族民歌联唱》，利川小曲《千里寻妻》。川剧《朱福隆撞轿》获全国及湖北表演奖，舞蹈《女儿会》获全国舞蹈比赛鼓励奖。参加全国及湖北电视歌手大奖赛多次获奖。1990至2003年连续13年被评为先进工作者，1998年被省文化厅授予"德艺双馨演员"称号。

涂希宁（1955— ）

女音乐教育家。江西人。石家庄经济学院人文社科学院艺术教研室主任。1982年毕业于吉林艺术学院音乐系留校任教，副教授。1998年任第四届全国高等学校音乐教育学会学术委员会委员。发表多篇论文，《关于普通高等学校音乐教学理论与实践的研究》获全国高等学校音乐教育学会优秀论文一等奖暨中国高等教育科研成果二等奖。

涂晓路（1969— ）

音乐编辑家。湖北襄樊人。江西电台文艺部副主任。1989年起先后就读于南昌职业技术师范学院、江西师范大学音乐系。采编的歌曲《寻根》《老家》分获2001、2002年中国广播文艺三等奖。主创并任音乐编辑的文献片《共和国摇篮》《军旗从这里升起》，分获八、九届全国"五个一工程"奖。推荐歌手并录制的歌曲《西山雨》分获广电总局二、三等奖。撰有《剪刀的革命——浅议计算机音频编辑》《浅析广播节目配乐》。

涂永梅（1935— ）

音乐教育家。福建莆田人。南京艺术学院教授、江苏文史研究馆馆员。1961年毕业于南艺中乐系，留校任教。南艺古筝专业创办人。1987年应邀率古筝演奏家小组，参加香港古筝艺术团成立首演。1997年应聘加拿大卑诗中乐学院教学指导，2002年应聘南师大音乐学院硕士研究生论文答辩委员会主席，2002年秋应聘中国南京国际古筝学术研讨会专家委员会副主席。创编作品有《金陵怀古》《春光咏》《水乡高歌》《大浪淘沙》等十余首。论文《古筝教学的智力结构》《筝乐创作中的调式与创新问题》等多篇在学术刊物上发表。

涂泽光（1934— ）

大提琴演奏家。四川人。1953年始先后任西南公安部音乐组长、北京管弦乐队组长、中央广播管弦乐团大提琴声部长、首席。作有大提琴曲《老年乐》《回忆》《丰收乐》等。

涂振南（1929— ）

小提琴教育家。福建人。生于印尼玛琅市。1957年毕业于中央音乐学院管弦系。曾在中央乐团交响乐队、西安乐团任演奏员。1975年任天津音乐学院管弦系副教授，并在天津音乐学院附中兼课。培养不少优秀人才。创作管弦乐《风雷颂》及合唱伴奏、独唱伴奏、小提琴独奏、弦乐三重奏、四重奏改编曲等。

涂正明（1941— ）

作曲家。云南昆明人。1965年毕业于上海音乐学院作曲系。曾在云南省歌舞团工作。作有舞蹈音乐《栽秧赛》，大提琴协奏曲《大理畅想曲》，交响诗《聂耳》。

涂志坚（1933— ）

作曲家。湖南长沙人。1949年参加部队文艺工作。历

任海军军乐队艺术组长、创作组长等职。主要作品有器乐曲《轻快的步伐》《抗日歌曲主题幻想曲》《草原》《阿尔巴尼亚随想曲》《丰收之歌》，舞蹈音乐《新的征途》《金黄、碧蓝、鲜红》（合作）等。

屠巴海（1942— ）

作曲家。四川重庆人。1965年毕业于上海音乐学院管弦系。作有器乐曲《西湖的清晨》《向往》，歌曲《迎着黎明迅跑》。

屠式璠（1938— ）

音乐学家。北京人。副研究员。1979年发明的T式键开创了在有键的音孔上奏出滑音的功能，简化了键结构。设计的"T—Ⅱ"型乐理演示板，获国家专利。在《中国音乐年鉴》（1995年卷）发表《当代我国笛类乐器改革述评》。在全国第一次律学学术讨论会并宣读论文《竹笛内径》。1977年提出移调记谱方案，已用于香港政府出版的竹笛考级教材。1988年，组织创作并编辑出版环保歌曲专辑Ⅰ《地球的孩子》。1995年策划组建了第一支埙乐队。

屠咸若（1919—1981）

作曲家、音乐编辑家。浙江上虞人。曾任上海市音协常务理事。1942年考入重庆青木关国立音乐院主修钢琴，兼修理论作曲。1947年毕业于南京国立音乐院。1950年调上海电台广播乐团，历任作曲、合唱指挥、钢琴伴奏与《广播歌选》月刊编辑。1955年任中央广播乐团领导小组成员。1956年任新组建的上海广播乐团电台文艺广播编辑部音乐组组长。曾主编《音乐爱好者》期刊。作有群众歌曲《红色青年之歌》《农民心里有春天》等，独唱及合唱《七一颂》《夜歌》，钢琴曲《龙舞》，电影音乐《谁是凶手》，合唱《革新颂》（合作）《春耕组歌》（合作）等。出版有《怎样识简谱》《怎样识五线谱》。

屠冶九（1927—2001）

作曲家、音乐教育家。江苏常州人。1948年考入南京国立音乐院。新中国成立后入中央音乐学院，主修作曲理论。毕业后曾在西安音乐学院任教，曾任作曲系副主任。1982年始任中国音乐学院作曲系教授。1985年与李凌共同创办中国函授音乐学院，任副院长。中国音协第三届、第四届理事。作品有歌曲《青春献给伟大的党》，电影《李清照》插曲《夏日绝句》，改编声乐曲《三天里程路两天到》《阳婆里拾柴燎哥哥》，改编器乐曲大提琴独奏《北京颂》，管弦乐器《山丹丹开花红艳艳》。著有《交响音乐艺术修养》。编著有《作曲基本技法》（第1—24集）。

吐　冉（1947— ）

女歌唱家。哈萨克族。新疆伊犁人。1966年毕业于新疆艺术学院音乐系。后入塔城文工团。1980年调新疆广播电台文艺部任音乐编辑。创作、演唱的歌曲有《童年时代》《未变》。

吐尔干·艾仙（1943—1987）

作曲家。柯尔克孜族。新疆珂合奇人。1963年毕业于

T

新疆艺术学校音乐系。曾在克孜勒苏自治州文工团工作。作有歌曲《歌唱我的祖国》《你在哪里》，电影音乐《冰山脚下》。

吐尔逊·卡德尔（1944— ）

作曲家。维吾尔族。新疆疏附人。曾在新疆喀什地区文工团工作。作有歌曲《美丽的塔什库尔干》，合唱《天山之歌》，舞蹈音乐《草原民兵》。

吐尼莎·拉依丁（1946— ）

女歌唱家。维吾尔族。新疆人。1964年毕业于中央戏剧学院表演系。自治区木卡姆艺术团演员，1980年调新疆艺术研究所"木卡姆研究所"从事演奏、演唱和研究。曾在移植维吾尔歌剧《红灯记》中扮演李铁梅，学习并掌握维吾尔族大型套曲《十二木卡姆》的演奏，并在其中任沙塔尔琴的演奏和演唱，曾参加《十二木卡姆》的全部录制工作。出版专辑《古丽麦来姆》盒带。创作歌曲《木卡姆》《古丽麦来姆》，其中《出售甜瓜的人》《您的荣誉永垂不朽》获自治区一等奖。

吐尔逊江·力提甫（1949— ）

音乐理论家。维吾尔族。新疆人。新疆教育学院教授。1990年毕业于新疆教育学院音乐系。曾在伊犁农四师、伊犁州歌舞团任小提琴演奏员，音乐创作及乐队队长等职。1984年至今在伊犁二师范，新疆教育学院音乐系从事音乐教育。出版有《音乐基础理论》《中外音乐史》《音乐教学法》等10部教材。在全国和自治区各报刊发表六十多篇研究论文。多部音乐作品及论文获自治区级创作奖及社会科学优秀成果奖。

吐尔逊江·帕孜力汗（1964— ）

作曲指挥家、冬不拉演奏家。新疆特克斯人。伊犁州歌舞团副团长兼作曲、指挥，新疆音协副主席。曾进修于上海音乐学院管弦系，先后毕业于新疆艺术学院、哈萨克斯坦国立音乐学院理论作曲系和新疆大学哈萨克语言文学专业。作曲配器的舞蹈音乐《渴望》，广播剧音乐《永恒的纽带》，弹拨乐重奏曲《世纪随想》，获自治区创作奖。歌曲《世纪之歌》《宝贝》等获新疆电台征歌二等奖。编辑出版哈文中学音乐教师用书六册，哈语高中音乐《音乐鉴赏》《冬不拉民间乐曲集·深渊》《哈萨克六十二空恩尔阿克鹊》《哈萨克民间乐器库布孜教材》《哈萨克肯艾斯乐曲集》。获"哈萨克民间音乐保护传承做出突出贡献先进个人"称号。

托汉·司马古力（1964— ）

歌唱家、音乐教育家。哈萨克族。新疆阿勒泰人。1986年毕业于新疆艺术学院音乐系声乐专业，留校任教，1991年至1994年在哈萨克斯坦国立戏剧电影学院留学。新疆艺术学院音乐学院副院长、教授，新疆音协理事，声乐学会副会长。曾获第三届新疆青年歌手电视大赛二等奖、哈萨克斯坦国际格局比赛"特等奖"、新疆电台首届哈语征歌大赛中《思念》作品二等奖、全疆文艺百佳"德艺双馨"称号。编有《金曲》声乐教材、作有《欢歌》歌曲集

（合作），撰有《训练声音的基本要求》《哈萨克器乐浅谈》《中外哈萨克音乐比较研究》等数十篇。编辑有《新疆民族声乐独唱曲选》《黑眼睛》创作歌曲集。曾举办个人独唱音乐会。合作出版VCD带。参加新疆"纳吾热孜节""吉尔邦节"文艺晚会、新年音乐会等大型演出活动。多次出任新疆声乐专业大赛评委。

W

万　里（1925— ）

音乐教育家。浙江余姚人。1948年毕业于国立上海音专声乐、作曲专业。曾任上海音乐学院院刊副主编、科研处长。撰有《标民族之新，立民族之异》等。

万　里（1954— ）

作曲家。安徽合肥人。任职于云南省创作研究中心。1985年入云南艺术学院音乐系专修作曲。作有《山童》《高原女人歌》《一窝雀》等数百首歌曲。为《阿诗玛》《青铜魂》等多部舞蹈、舞剧、歌剧作曲，为全国"五一"晚会等三十余台大型演出创作音乐，为《五朵金花的儿女们》等二十余部电视剧作曲。合作创作的钢琴独奏曲《撒尼幻想》被选为国际国内钢琴比赛及考级曲目。先后获中宣部"五个一工程"奖、文化部"文华奖"、广电部"飞天音乐奖"等奖项。被授予"云南省有突出贡献的优秀专家"和"昆明市中青年学术和技术带头人"。

万　璞（1955— ）

大提琴演奏家。山东济宁人。新疆兵团杂技团副团长、杂协副主席兼秘书长，兵团音协理事。1970年师从袁名宇、朱伯睿教授学习大提琴。1971年考入乌鲁木齐县文艺宣传队。1978年调入兵团杂技团。演奏的大提琴独奏曲《萨丽哈最听毛主席的话》《鹰笛恋》《叼羊》等均作为杂技《顶碗》《双皮条》等的伴奏音乐并获奖。曾随团赴俄罗斯巡回演出，参加白俄罗斯维捷布斯克国际艺术节。曾参加自治区、兵团举办的大型音乐活动的组织与创作。

万　云（1964— ）

女音乐教育家。天津人。河南新乡市工人文化宫文艺科教师。河南音协电子琴学会会长、中国音协电子琴学会理事、新乡市音协理事。1988年毕业于河南大学。曾先后就读于中央音乐学院声歌系、中国音乐研究所研究生班。主编的《电子琴基础教程》获省文化厅优秀教师辅导奖。

万　昭（1941— ）

女音乐学家。湖北潜江人。1966年毕业于中央音乐学院音乐学系。为中国文学艺术研究院音乐研究所外国音乐

研究室副研究员。撰有《柴科夫斯基的时代、思想和创作倾向》《格林卡在俄国音乐史上的贡献与俄罗斯民族乐派产生的根源》。

万蔼端（1946— ）

作曲家。广东东莞人。1959年考入广东粤剧院，后在广州音专进修。曾为广东粤剧院创作研究中心主任，广东粤剧院音乐总监、乐队指挥。广东省剧协、音协理事，广东粤剧学校艺术顾问。参与百余部大小粤剧作品的音乐唱腔设计和作曲，其中有多部剧目获中国剧协"梅花奖"、文化部"文华奖"、中央宣传部"五个一工程"奖、"中国人口文化奖"及广东省各届艺术节的音乐唱腔设计一、二等奖。曾赴香港参加香港回归五周年纪念"粤曲名伶交响晚会"并任音乐总监、乐队指挥。多次赴美国、加拿大、新加坡等国及港澳地区演出。

万宝柱（1944— ）

音乐教育家。北京人。副教授。1963年创作的《学拼音》《不懂礼貌的大白鹅》等歌曲，多次在中央电视台及北京电视台、电台播出、出版。1987年编著《少年儿童电子琴初、中、高级教程》（配有音、像带及VCD光盘）发行近三百万册。1998年随钢琴教委出访澳大利亚。出版有《钢琴普及实用教程》《成人电子琴教程》《钢琴简谱教程》《手风琴简谱教程》。2003年举办"万宝柱从教41年作品音乐会"。

万昌文（1917— ）

音乐教育家。江西南昌人。国立福建音专肄业。师从方于、谢绍曾教授学习声乐。抗战期间历任云南昆华男师、女师、女中等校音乐教师，昆明青友合唱团指挥。抗战胜利后任江西音教会声乐指导，江西体专音专科教师，湖南音专民乐队、合唱队指挥、二胡教师。新中国成立后历任中南音专、武汉音乐学院声乐教研室主任。著有《声乐基础知识》《声乐教学实践与探索》等。

万长海（1945— ）

作曲家。河南通许人。1964年起至今创作歌曲百余首，曾在中央电视台、天津广播电台、河南电视台、《四川音乐》《解放军歌曲》等媒体播出或发表，并出版《听月亮—万长海歌曲集》。曾在河南省少儿歌曲评选、省职工文艺创作评选、天津静海征歌、上海归侨联合会"华声曲"征歌等活动中获奖。主编刊物两次获河南期刊"二十佳"，并荣获全国少儿报刊优秀工作者称号。

万德玉（1932— ）

音乐教育家。黑龙江人。1948年入东北音工团工作，随团转战东北各战场。1950年随吕骥参加筹建中央音乐学院工作，后留校学习，并在音乐学院音工团工作。1952年入中央歌舞团。1959年调中国电影乐团从事电影音乐工作，参加录制电影《东方红》大歌舞，《白毛女》《党的女儿》等数百部。参与录制磁带唱片《中国古典音乐大全》《故宫音乐》《离宫燕乐》《古典音乐专辑》。创作歌曲《庆祝国庆多增产》等数十首，参加《东北地区民歌集》《河北地区民歌集》收集编选工作。创办北京高级文化艺术学校，后为北京田华艺术学校常务副校长。

万鼎一（1928— ）

民族声乐教育家。湖南长沙人。1950年参军任海政文工团乐队大提琴手。1953年。创作男声小合唱《炮艇大队出动了》。1955起先后任海军青岛基地文工团编导、威海基地俱乐部主任。1960年组建北海舰队文工团任歌舞队长，负责声乐教学与合唱排练。1964年获第三届全军文艺汇演优秀指挥奖。1976年转业到广西木偶剧团，为木偶戏《红军标语》作曲，其间曾从事音乐教学。曾被广西文化厅授予"荣誉文化工作者"称号及奖章。

万帆影（1957— ）

手风琴教育家。江西人。其创作的歌曲《战士的形象》曾获南京军区文艺汇演创作二等奖，《从急救室里写来的信》获全军文艺汇演二等奖，《咱们水厂多美好》在河北电台播出。《憨哥哥》获新编江西民歌一等奖，《七月向我们走来》获97庆香港回归征歌比赛一等奖。《论手风琴教学中的心理调节》获江西省音乐论文评选一等奖。所教学生分别在"中华杯"全国手风琴大赛与江西少儿手风琴大赛中获优秀奖、一等奖。

万馥香（1941—已故）

女歌唱家。江苏苏州人。1959年毕业于江苏省艺校。1962年入空政歌剧团，在歌剧《江姐》首演中饰江姐。后为中国音乐学院实验乐团独唱演员，在该院声乐系任教。

万家德（1949— ）

作曲家。四川成都人。1986年至2003年任成都市龙泉区少年宫主任。培养了大批学员，有二十多人考入艺术院校。创作的歌曲、舞蹈音乐《心里的桃花》《伞花朵朵》等获省、市奖。撰写的论文十余篇在全国学术交流中获奖。2000年被团中央、文化部授予"全国优秀青少年宫工作者"称号。

万杰雄（1938—2005）

电声技术家。河北唐山人。1961年毕业于北京师专，长期从事学生文艺社团的组织管理及艺术指导。1972年调首都师范大学音乐系从事电声技术并任设备室主任。作有歌曲《社员的春天》《公社圆舞曲》等，发表论文《论开放式声柱在舞台扩声中的应用》，录制京剧磁带并在海外出版。

万乐乐（1945— ）

女长笛演奏家。安徽滁州人。1965年毕业于安徽艺术学院音乐系。曾任淮南市歌舞团、安徽巢湖地区歌舞团管弦乐队长笛首席，1980年调安徽省歌舞剧院交响乐团任长笛首席。曾参与音乐会"回归颂""八一颂""绿都之春"等演出，与香港钢琴家合演钢琴协奏曲《天仙配》，与盛中国合演小提琴协奏曲《梁祝》，与日本钢琴家合演钢琴协奏曲《黄河》等。

万黎晖（1969— ）

女中音歌唱家。上海人。九三学社江苏省委员会委员。江苏省歌剧舞剧院歌剧团演员。1994年毕业于南京艺术学院音乐系。发表《有感于音乐剧〈狮子王〉的精彩》《风采各异的音乐风格》等文。曾先后获江苏省首届、三届、四届声乐比赛三、二等奖、优秀歌手奖，江苏省第四、五届音乐舞蹈节演唱银奖、演唱奖。参与排演大型交响清唱剧《江姐》饰双枪老太婆，排演大型原创歌剧《悲怆的黎明》饰主角于微。曾在南京举办个人独唱音乐会。

万卯辰（1939— ）

作曲家。天津人。1959至1961年在天津音乐学院业余进修作曲。曾任天津广播电视艺术团团长。天津市音协名誉理事。作有大量声乐、器乐、电视音乐作品。歌曲《我们工人跟党走》由中央电台推荐，广为传唱。《祖国啊，我亲爱的妈妈》《津城美》等三首歌曲分别获天津市鲁迅文艺优秀作品奖及国庆35周年征歌一等奖。大型声乐组曲《海河之滨》获天津市新作品佳作奖，电视音乐片《明珠璀璨》（六首）获第三届电视歌星大汇串作品二等奖。曾为《倾斜的阁楼》等多部电视剧作曲。中央电台曾播放"万卯辰作品音乐会"专题节目。

万卯义（1941— ）

歌词作家。天津人。毕业于天津师范大学文学院。1961年参军开始创作。天津歌舞剧院原创作室主任，天津师范大学兼职教授。发表有大量文艺作品，获奖作品数百件。其中有作品获天津一至五届鲁迅文艺奖（政府奖），作有歌曲《指南针》《美丽的花环》《理解多好》等，大型作品《唐宋风韵》《长江大合唱》等，曾为上百台晚会进行创作。出版词集、MTV等百余件，曾荣立大功及获七五立功奖章。1992年在天津人大举办"万卯义百奖庆祝会"，1999年在天津政协举办"万卯义作品研讨会"，2009年举办"万卯义获奖作品音乐会"。

万山红（1959— ）

女歌剧表演艺术家。黑龙江人。中国音协第六、七届理事、中国剧协理事、全国政协委员、全国青联常委。1978年入中国歌剧舞剧院。在歌剧《原野》《白毛女》《江姐》《小二黑结婚》《星光啊星光》《窦娥冤》等中担任主角。演唱并拍成MTV的作品有《公仆赞》《芬芳的赞歌》《山丹丹开花红艳艳》《翻身道情》等。曾入中国音乐学院声乐研究生班深造，并完成中央戏剧学院高级导演研修班学业。导演过多部歌剧及大型晚会。1988年获第六届戏剧"梅花奖"，1990年获第四届全国青年歌手大奖赛民族唱法专业组第一名，1995和1996年分获全国MTV大赛金奖，1995年获"五个一工程"奖，1999年获第八届"文华表演奖"和文化部国庆五十年庆礼演出"优秀表演奖"，2007年获中国金唱片奖。

万绍芷（1960— ）

女高音歌唱家。江西南昌人。江西省教育学院音乐系教研室主任。先后毕业于江西师范大学音乐系和上海音乐学院声乐系。曾在江西音乐舞蹈节、庆七一、迎回归

歌唱大赛、省广播电视歌手大赛中获二等奖、一等奖，担任排练、指挥的大合唱《万语千言赤子情》《怒吼吧，黄河》分别获全国第四届大学生艺术节二等奖、省一等奖、省合唱比赛二等奖，所指导的女声二重唱《乘着歌声的翅膀》、男声四重唱《人家的船儿奖成双》分别获全国、省级奖。1988、1996年两次举办个人独唱音乐会。发表《意大利语言在歌唱中的应用》等文。

万树隣（1923— ）

音乐教育家。辽宁锦州人。1944年吉林师道大学音乐系肄业。曾在吉林艺术学院音乐系任教。编有《师范与中学音乐课本》《大学生修养》。

万天健（1954— ）

女音乐教育家。湖北黄梅人。1970年在南昌县文工团任琵琶演奏员，1978年在南昌职业技术师范学院音乐系学习，1981年在江西南昌第三中学任音乐教师。2000年毕业于江西师大艺术学院。撰有《如何引导学生学习欧洲音乐》《琵琶与古曲十面埋伏》等文，曾获江西省、南昌市优质课比赛一、二等奖。

万桐书（1923— ）

民族音乐学家。贵州遵义人。1938年参加武汉学生抗日救亡团体，后在沙市从事抗日宣传和战地服务。1943年入重庆青木关国立音乐院理论作曲系，主修作曲、音乐理论。1948年后先后任教于广州市立艺术专科学校音乐系、长沙音乐专科学校。1949年调中央音乐学院（天津）音工团及研究部。1951年调新疆文工团任音乐教员，兼任十二木卡姆搜集、整理工作组组长。中国音协第四届理事、中国少数民族音乐学会顾问、新疆维吾尔自治区音协副主席、《中国大百科全书·音乐卷》编委。1960年参与《十二木卡姆》（两卷）的编纂出版。发表《维吾尔木卡姆的种类及其比较》等论文。著有《维吾尔族乐器》。创作部分歌曲、戏剧音乐、歌舞音乐。

万婉治（1965— ）

声乐教育家。福建泉州人。福建泉州师范学院艺术学院声乐副教授。1987、1996年先后毕业于福建师大音乐系。撰有《浅论正确发声与其共鸣技巧在声乐中的运用》《浅谈歌唱心理的调控与培养》等文。独立完成科研课题《高师声乐教学模式改革与研究》。曾于1998年获泉州市"迎接新世纪展现教师风采"声乐比赛专业组一等奖。指导学生曾获第十二届央视青歌赛荧屏奖。

万苇舟（1925—1989）

作曲家。河南南乐人。1939年参加抗日救亡歌咏运动，后长期从事音乐教育。新中国成立后，曾在中央音乐学院进修。自1962年始，任职于文化部艺术局音舞处。艺术局专员、文化部艺术委员会委员，中国音协第三届和第四届书记处书记。作有歌剧音乐《参军保田》，木偶剧音乐《金钥匙》，歌曲《毛泽东思想闪金光》等。发表有《单弦音乐》《怎样写轮唱》《跨进一步之后》等文。

W

万小娟（1959— ）

女音乐教育家。江西南昌人。1978年在南昌师范学校文艺班学习。1986年毕业于江西师范大学音乐系后在该校任教。1993年在上海音乐学院钢琴系进修。撰有《爵士音乐的历史——反诉的历史》《卡尔·弗莱什之后出现的》《主体论与素质教育》（合作）等文。作有歌曲《说一生爱你》，小提琴与钢琴《叙事曲》（合作）获江西省首届音乐舞蹈节三等奖。所带学生分别在江西第一届中国作品钢琴比赛与"珠江杯"比赛中获各种奖项。1993年举办个人钢琴独奏音乐会。

万晓明（1955— ）

音乐活动家。江西南昌人。1980年毕业于江西宜春师专艺术系。从1984年起，先后任江西省新建县文化馆馆长、新余市歌舞团团长、市文化局局长。新余市广播电视局局长、市音舞协会主席、江西省音协常务理事。作有歌曲《追赶春光》《钢城之夜》并发表获奖。长期从事基层文化工作，组织策划音乐创作、演出活动。2006年任江西省第十二届运动会开幕式大型文体表演《崛起的江西》总策划。

万耀华（1929— ）

作曲家。江西南昌人。曾为江西省音协理事、省戏曲音乐学会理事。在京剧《李双双》《大渡河》《过彝区、大渡河、飞夺泸定桥》《雪地红心》《风展红旗》等剧目中担任唱腔音乐设计并操琴。在戏剧《忠魂曲》《女囚》《仰望井冈山》《为人民建新功》中担任演奏和唱腔音乐设计，先后分别获江西"玉茗花"戏剧节演奏奖和唱腔设计三等奖、二等奖和一等奖。论文《京剧的流派与唱腔发展的关系》被收入《戏曲音乐论文选》中。

万志民（1926—2007）

作曲家、民族音乐学家。天津霸县人。1938年从事部队文艺工作。1940年入华北联大文艺部、抗日军政大学七分校学习。1941年创作《锄奸小调》等歌剧音乐十余部。1949年始从事民族民间音乐研究，出版有《新疆民歌》《西北民歌选》《维吾尔族民歌》《哈萨克族民歌》《陕南民歌》等集。改编有大量民歌及创作歌曲，其中有维吾尔族民歌《送我一枝玫瑰花》《我不愿擦去鞋上的泥》、陕北民歌《卖娃娃》等。所撰论文《刀郎人及其音乐》获"世界学术论文"金奖。

万治平（1942— ）

打击乐演奏家。湖北人。曾就职于武汉歌舞剧院民族乐团。演出曲目有鄂西吹打乐《赛龙舟》，编钟独奏曲《钟乐·梅花》《组合打击乐与乐队》《醒狮锣鼓》《鄂西风情》《打场锣》。作品有《合家欢》《赛龙舟》。兼任武汉音乐学院、湖北省艺术学校、武汉市艺术学校打击乐教学工作。

汪 澈（1958— ）

女高音歌唱家。满族。辽宁辽阳人。长影乐团独唱演员。曾为南京军区前线歌舞团歌队学员。1995年以来先

后在吉林省音乐舞蹈系列大赛、吉林省庆香港回归文艺汇演、文化部首届"爱我中华"优秀歌手大赛中获一等奖，优秀指导教师奖。参加各种大型晚会演出数百场。

汪 菲（1978— ）

女小提琴演奏家。北京人。先后师从王治隆、赵薇、唐一道教授，2000年毕业于解放军艺术学院音乐系小提琴专业，获学士学位。2009年就读于中央音乐学院管弦系小提琴专业，攻读硕士学位。2007年参与中国音协新版小提琴考级教材音乐CD的录制工作。2008年担任空政文工团歌剧《江姐》乐队首席。曾荣获北京市少儿小提琴比赛一等奖，第三届中国音乐"金钟奖"全国小提琴比赛演奏证书，文化部全国流行音乐新人新作选拔赛乐队组合演奏一等奖，第八届全军文艺汇演演奏二等奖。

汪 辉（1955— ）

作曲家。河南驻马店人。河南省音协理事，驻马店市音协主席、市群艺馆副馆长。曾任驻马店地区京剧团、豫剧团小提琴演奏员、作曲。曾分别就读于中国函授音乐学院理论作曲系、河南大学音乐二系。创作大量歌曲，其中《楼上楼下》曾获"四进社区"优秀文艺作品展演金奖及五届、六届河南省"五个一工程"奖，多次获河南省创作歌曲评奖一等奖。还作有歌曲《中原，我的家乡》《西部赞歌》《河南人说中就是中》及组歌《竹沟颂》等。

汪 娟（1972— ）

女歌唱家。河北人。毕业于中国音乐学院。1985年随中国文化部少儿司艺术团赴新加坡访问演出。多次参加中央电视台及各省市大型文艺晚会。曾获中央电视台第七、八届全国青年歌手电视大奖赛民族唱法优秀奖，河北省第四届青年歌手电视大奖第二名、河北省第六届戏剧节优秀表演奖。参与录制的电视剧《北风吹》获中宣部"五个一工程"奖。发表多篇论文。

汪 莉（1960— ）

女歌唱家、声乐教育家。黑龙江哈尔滨人。1986年毕业于中国音乐学院声乐系。北京师范大学艺术与传媒学院副教授。1998年赴德国慕尼黑音乐戏剧学院进修访问，1999年考入德国慕尼黑音乐戏剧学院，2002年考入意大利费拉罗国际声乐大师班，同年在北京中山音乐堂举办大师班音乐会。多次参加德国Isny国际歌剧节，在多部歌剧中担任主角。在国内外举办多场个人独唱音乐会及声乐讲座，并多次出任声乐比赛评委。出版有《声乐训练》专著，发表声乐论文多篇。

汪 林（1947— ）

单簧管演奏家。北京人。曾任二炮文工团首席单簧管演奏员。1986年毕业于解放军艺术学院音乐系单簧管专业。曾在北京少年宫管弦乐队、陕西省歌舞剧院、装甲兵文工团从事单簧管演奏。1972年入总政军乐团培训。演奏有《韦伯第一协奏曲》《韦伯第二协奏曲》《克莱茵协奏曲》及创作改编的单簧管独奏曲《红军哥哥回来了》。

W

汪 玲（1931— ）

女作曲家、音乐编辑家。安徽人。1958年毕业于上海音乐学院理论作曲系。后任职于上海文艺出版社音乐舞蹈编辑室、上海音乐出版社。歌曲《吹起金色的小喇叭》获全国少儿文艺创作二等奖，《打电话》《数高楼》等广为传唱。为《洗手绢》《小燕子》《摘星星》等二十余首歌曲录制唱片，《小人书你不要哭》《好一朵茉莉花》等由电台播放。编辑丁善德管弦乐《新疆组曲》，朱践耳管弦乐《节日序曲》，陈铭志声乐《无伴奏合唱曲》，以及《革命群众歌曲选》（两集），《少儿歌曲280首》《幼儿园歌曲180首》《怎样读五线谱》。

汪 敏（1961— ）

女音乐编辑家。辽宁沈阳人。1989年毕业于沈阳音乐学院音教系钢琴专业。辽宁省音协副主席兼秘书长，中国音协第六、七届理事。1999至2001年结业于中央音乐学院音乐学系。撰有《追求国际化的声音规格是歌剧领域的新课题》《微笑与哭泣的平衡——莫扎特钢琴奏鸣曲K330的风格特征》《声无哀乐论的音乐美学思路研究现状述评》《中国的音乐天使——记国际竖琴比赛首奖得主于丹》等多篇论文及专访文章。合著有《大学音乐》及《学生音乐辞典》部分词条。被东北师范大学、沈阳大学、大连大学音乐学院聘为客座教授。

汪 琦（1961— ）

女声乐教育家。侗族。湖南芷江人。湖南女子大学艺术表演系副主任、教授。长期从事声乐教学、演唱与科研工作，并在声乐大赛中多次获奖。撰写多篇论文在《音乐创作》《艺术评论》等期刊发表，并在全国高师声乐教学研讨会上宣读。2009年获教育部高校艺术教育科研论文三等奖。撰有《美声模唱·名师指点》《教你学唱歌》，参编《声乐歌曲集》，编著《中国经典歌剧选》。主持国家子课题、省级课题各一项。主持精品课程、省级《优秀教学实习基地》。

汪炳炎（1932—1987）

二胡演奏家。北京人。1950年入北京人民艺术剧院民乐队任演奏员。后在中国歌剧舞剧院工作。演奏高胡独奏曲《春天来了》《云雀》，二胡独奏曲《二泉印月》《良宵》。作有歌曲《张二嫂回娘家》。

汪潮柱（1934— ）

作曲家。广东揭阳人。历任韶关艺术学校校长、广东音协第四届理事、广东省新歌剧促进会理事、韶关市文联常委、韶关市音协主席。创作的歌曲有《祖国啊母亲》《骑上红骏马》等。其中合唱《大瑶山畅想曲》（组歌）获全国、地市电台庆祝国庆四十周年音乐专题大联播二等奖，舞剧音乐《小阿贵的心愿》获1978年省汇演优秀奖。

汪呈发（1931— ）

双簧管演奏家。山东临清人。1948年由陆军中学调入华北军区军乐队。1949年参加第一届政治协商会议的音乐演奏，受到国家领导人的接见。同年10月1日参加开国大典

的音乐演奏。50年代初赴上海学习双簧管及音乐理论。长期担任军乐团双簧管首席、教员。参加大量音乐会和国家重大礼仪的音乐演奏。编写有较完整的基本功训练教材。撰有《双簧管乐器演奏法》。曾获第四届全军文艺汇演舞台监督奖。

汪传媛（1933— ）

女歌唱家。江苏人。曾任南京军区前线歌舞团声乐教员，江苏省音协理事。1949年入华东军政大学预科学习，1950年毕业于该校文艺系，1962年入军艺进修班学习。获第三、第四届全军文艺汇演优秀演员奖。曾赴苏联、波兰、阿尔巴尼亚演出。参加维也纳第七届世界青年联欢节。曾任歌剧、京剧主要演员，在《东海前哨之歌》《长征组歌》任独唱、领唱。

汪大刚（1947— ）

作曲家、民族音乐理论家。安徽无为人。1954年起任无为县庐剧团编导组长、团长等。1996年起任县文化局副局长。安徽省庐剧研究会理事、省音协民族弓弦乐委员理事，无为县音协主席。先后为庐剧《费姐儿》《会计姑娘》《红楼梦》《莫愁女》等五十余部剧目作曲和指挥。撰文有《庐剧音乐继承与发展之我见》。曾担任《中国戏曲音乐集成·安徽卷》编委。歌曲作品有《甜甜的水蜜桃》《咱乡镇企业的一颗星》《我爱黄山松》等获省坰奖。记谱、整理的民歌《秋收稻谷堆满仓》《来年春日等郎归》入选《中国民间歌曲集成·安徽卷》出版发行。

汪恩来（1934— ）

大管演奏家。江苏南京人。1950年始从事部队文艺工作。1971年入中央芭蕾舞团交响乐队任演奏员。

汪高原（1964— ）

音乐教育家。重庆人。曾任重庆万县天城中学、万县师范学校音乐教师，1990年毕业于西南师范大学音乐学院音乐系，留校任理论教研室教师、副教授。发表《我国当代大学生不可缺少的一课——音乐教育》《三峡库区的方言对其民歌调式的影响》《建构主义观点下的和声理论学习》等论文多篇，主编、合编教材《音乐高考必读》《中国钢琴小曲集》《学前教育专业音乐教育系列教材》《乐理与视唱》等。

汪继长（1943— ）

作曲家、词作家。安徽歙县人。1963年考入安徽合肥师范学院艺术系，主修声乐、理论作曲。曾任安徽省音协常务理事、省音乐文学学会常务理事、县文化局副局长、创作研究室主任、市工人文化宫副主任等职。在皖南山区，搜集、整理过大量民歌、民谣，有二十余首被《中国民间歌曲集成·安徽卷》收录，多首创编民歌被录制成唱片、盒带。作有歌曲《五月，枇杷熟了》《怀着对土地的深情》《雨中黄山》等，歌词《背篓情》《江南忆》等，音乐广播剧《张曙》，电视剧音乐《林涛的回响》，小歌剧《绣花石与卧牛峰》。

汪江冰（1963— ）

女高音歌唱家。江西永新人。佛山二中高级音乐教师。1983年毕业于江西师范大学音乐学院声乐系。发表《浪漫主义音乐》《音乐欣赏多元化途径》等文。曾获首届南昌、佛山地区十大歌星称号、全国青年卡拉OK（民族歌曲）大赛南昌选拔赛二等奖及江西省职工业余歌手比赛、省首届"建设者之声"歌手赛二等奖、三等奖。所指导的合唱团获中学生合唱比赛一等奖。多次参加在佛山市举办的音乐会和大型文艺晚会的演出。

汪宽礼（1938— ）

二胡演奏家。安徽休宁人。1960年毕业于安徽师范学院，后在铜陵市文化馆工作。1978年调铜陵市文联，后任文联、音协主席、安徽省音协理事。作有歌曲《开采》《矿山灯火》《炉火照天烧》《高高山上有条河》等。发明"撑持二胡"获国家专利，并创造"二胡撑持演奏法"，应中央音乐学院特邀作专题讲座。作有二胡独奏曲《迎风激浪》《上山岭吔唻》《唱支山歌给党听》。

汪立三（1933— ）

音乐理论家、作曲家。湖北武汉人。1948年考入四川省立艺术专科学校音乐科，1951年转入上海音乐学院作曲系。1959年以来先后任职于佳木斯合江农垦局文工团、哈尔滨艺术学校、哈尔滨艺术学院。1980年后，历任哈尔滨师范大学副教授、教授。曾任哈师大艺术学院院长、中国音协理事、黑龙江省音协主席、黑龙江省政协常务委员、黑龙江省文联副主席。作有女声合唱《北大荒的姑娘》，铜管五重奏《五色土》，钢琴曲《蓝花花》《小奏鸣曲》《小弟的画》组曲等。撰有《论对星海同志一些交响乐作品的评价问题》（合作）。

汪丽君（1913—2009）

女声乐教育家。湖北武汉人。1934年在北平大学女子文理学院音乐系学习，1935年考入上海国立音专学习声乐，1939年考入教育部实验巡回歌咏团宣传抗日。1941年起先后在贵州遵义浙大附中、四川北碚女师大音乐系及重庆普通中学从事音乐教学。1945年回上海参加民主妇女联合会，后在上海从事声乐和钢琴教学。1948年在上海市立复兴中学任音乐教师，并组建"高声唱"合唱队。1950年在广播局广播器材厂文艺科任副科长。1952年调中央电台文艺部任秘书，后任文艺部采录组副组长兼音响导演。

汪孟琼（1940— ）

女音乐编辑家。四川成都人。1961年毕业于西南师院音乐科。后任四川人民广播电台文艺部民族文艺科长。撰有音乐专题《一束馥郁芬芳的民族歌舞之花》获全国"羚羊杯"优秀节目奖和优秀编辑奖。

汪明洁（1936— ）

女声乐教育家。上海人。1964年毕业于中央音乐学院声乐系。曾任河北歌舞剧院独唱演员。后为河北师大音乐系声乐副教授。

汪培华（1932— ）

女钢琴演奏家、教育家。浙江杭州人。武汉音协顾问。1946年考入南京国立音乐院键盘系，后转学上海音乐学院，先后师从拉扎罗夫、丁善德及李翠贞。1951年毕业后任武汉歌舞剧院及武汉乐团独奏演员。曾演奏《浔阳古调》（第一届全国音乐周），钢琴协奏曲《黄河》。曾长期担任吴雁泽独唱音乐会的全场伴奏，在全国巡演。1972年起致力于儿童钢琴教学，曾举办三届《汪培华学生演奏会》，两度率团访日演出。并为湖北电视台录制《儿童钢琴讲座》教学片20讲。

汪培元（1919— ）

音乐教育家。浙江江山人。1983年获匈牙利柯达伊奖状及奖章。曾任国立福建音乐专科学校助教，台湾省编译馆编辑，上海美术专科学校讲师、副教授，金陵女子文理学院副教授，上海音乐学院教授。华侨大学福建音乐学院名誉董事。《中国大百科全书·音乐卷》理论副主编、《国立福建音乐专科学校校史》主编。译有《应用和声学》《键盘和声学》，著作有《和声学》讲义，《复调音乐概论》《作品分析》讲义，《柯达伊音乐教育体系》。

汪启璋（1918— ）

女音乐理论家、教育家。江苏吴县人。1935年毕业于上海圣玛利亚女校。1938年毕业于国立音乐专科学校。曾在上海音乐学院工作40年，历任外国专家翻译、外语教研组组长、编译室主任及音乐研究所副所长。译著有《音乐基本理论》《歌唱艺术》《歌唱艺术手册》等。主译《论钢琴表演艺术》《音乐作品分析》《外国音乐辞典》（获上海音乐学院科研成果奖），《西方音乐史》等十余种。发表论文百余篇。为《辞海》音乐卷及《音乐百科辞典》撰写条目数十条。2001年获"萧友梅音乐教育建设奖"，2002年获上海音乐学院院长奖，同年获第二届中国音乐"金钟奖"终身成就奖。

汪庆龄（1941— ）

女音乐教育家。江苏六合人。曾任南京六合县实验小学高级音乐教师、海亮外国语学校教科所教研员。曾获全国音乐知识大赛一等园丁奖。《诱发寻找儿童学习音乐节奏的兴趣》获教育部征文三等奖，论文《关于音乐记忆品质的培养》获中央教科所教研杯三等奖。歌曲《小伞》获"狮王杯"优秀创作奖，《老师的岁月是花季》在全国征歌中获二等创作奖。《关于音乐课堂教学的艺术评估》获诸暨市教学论文评比第一名。曾获中国教育学会"全国优秀教坛精英"称号。

汪秋逸（1907—已故）

音乐教育家。江苏扬州人。1931年毕业于国立中央大学教育学院艺术科。后从事音乐教育工作。新中国成立后入镇江师范任教。曾任镇江文联副主席。作有歌曲《枣红袄》等。

汪人元（1949— ）

戏曲音乐家。上海人。1984年毕业于中国艺术研究院研究生部，获文学硕士学位。曾任江苏省文化厅艺术处处长、研究员。发表学术论文、评论文章百余篇。主持《中国戏曲音乐集成·江苏卷》的编纂工作，参加大学文科试用教材《中国戏曲艺术教程》的编写及江苏"八五"重点项目《时代的课题》撰写。出版专著《戏曲音乐论探》《京剧"样板戏"音乐论纲》《京剧唱腔音乐欣赏》（合著），《中国戏曲表演史论》（合著）等，编辑已故老师文集《何为戏曲音乐论》。

汪容琛（1919—1994）

女琵琶演奏家。浙江杭州人。十二平均律琵琶改革者。1941年毕业于上海国立音专。从事琵琶教学及电影音乐配音，1948年任教香港音乐学院。1957年任广州音专民乐组组长。编写练习曲有《传统琵琶各种指法练习》《常用音阶与琶音练习》《子弦中弦大小三度六度，四度五度双音练习》。改编新曲有《东方红》《解放军进行曲》《游击队歌》《秧歌舞曲》《彝族舞曲》《小天鹅舞曲》《土耳其进行曲》。

汪申申（1951—　）

音乐理论家。上海人。1975年毕业于华中师范学院中文系。后任武汉音乐学院音乐研究所副所长、学报《黄钟》副主编，曾主持编写《中华小百科全书·艺术卷》。

汪声毅（1935—　）

指挥家。江西南昌人。1951年始从事部队音乐工作。曾任武汉军区歌舞团乐队队长兼指挥。后任该团歌舞队教导员。指挥有交响音乐《沙家浜》及合唱、舞蹈音乐等。

汪声裕（1927—　）

作曲家。广东广州人。早年在清华大学外文系学习时兼学音乐理论及钢琴。1949年参军从事部队文艺工作。1962年入中央音乐学院作曲系进修。为迎接北京解放所写歌曲《走向胜利》（词曲），参加全国首届文代会演出。主要作品有舞蹈音乐《五朵红云》（合作），歌曲《织网女》《姑嫂月下守海防》《广东好》《红灯》《像雷锋同志那样生活》《海恋》《给母亲的歌》《回归圆舞曲》《让新绿铺满征途》，器乐曲《南海渔歌》《海南岛啊五指山》《昭君出塞》，电影音乐《庐山植物园》《英雄的广州》等。

汪士淮（1932—　）

作曲家。安徽歙县人。1955年毕业于南京师范学院音乐系。先后工作于安徽省黄麓师范学校、巢湖地区文工团、地区文联和群艺馆。曾任巢湖群艺馆馆长。作有歌曲《姑娘织网湖边唱》，叙事合唱《毛主席送我上讲台》，民歌套曲《巢湖民歌拾萃》（编配），钢琴组曲《玄武湖之春》，管弦乐序曲《湖之晨》，小歌剧《三月三》，大型歌剧《失去的新娘》，童话歌舞剧《山林的早晨》等大量作品。为各种乐队和MIDI配器千首以上，曾多次获奖。

汪淑芳（1940—　）

女作曲家。满族。北京人。1967年毕业于沈阳音乐学院作曲系。后任沈阳歌舞团创编室副主任、沈阳市音协副主席。作有交响乐《海之歌》，为电视剧《新岸》配乐。出版有《汪淑芳歌曲集》。

汪文耀（1944—　）

民族器乐演奏家、指挥家。浙江温州人。1960年入浙江艺校学习。浙江小百花越剧团副团长兼乐队指挥。指挥的作品有电影音乐《五女拜寿》《花烛泪》《唐伯虎》《红丝错》，民族管弦乐音诗《岳飞》，民乐合奏《畲寨歌节夜》《湖山烟雨》，戏剧音乐《小刀会》《刑场上的婚礼》《汉宫怨》及首届中国艺术节"越剧演唱会"。录制成唱片、像带、音带等数十种。曾参加浙江省第三届戏剧节获指挥奖。作有《西湖风光谁不爱》《天堂哪有西湖好》《爱美歌》等歌曲。

汪熙明（1945—　）

作曲家。浙江衢州人。1966年毕业于江西师大音乐系。后为江西省音协常务理事、上饶市文联副主席、市音协主席。歌曲《深山小茶亭》《春风颂》《不要吵啊，知了》《啊，侨胞》，胡琴协奏曲《三清山抒怀》等作品分获江西省文化厅、广播电视厅、省文联音协奖励，《叫声乳名格外亲》获文化部奖。《红土地再创辉煌》音乐获省文艺优秀成果二等奖。主编《中国民族民间器乐曲集成·江西卷·上饶地区分卷》，撰写三万多字的概述对上饶串堂班进行研究。编写《合唱与指挥》讲稿。

汪贤林（1954—　）

作曲家。湖北人。武汉市艺术学校音乐教研室主任。全国第七届"区永熙"优秀音乐教师。多次参加湖北省、武汉市新剧目创作的作曲、配器，其中有楚剧《穆桂英休夫》《少年花木兰》《黄鹤楼》《吴光浩》，京剧《射雕英雄传》，荆州花鼓《荷花洲头》等。编写《基础乐理高考辅导》《基础乐理习题》《视唱练耳教程》简谱一、二册等教材。

汪学萱（1939—　）

女音乐编辑家。湖北武汉人。曾为湖北人民广播电台文艺部副主任。音协湖北分会理事。1956年毕业于华中师范学院音乐科。曾任华中师范学院音乐系助教、西藏军区政治部文工团歌舞队副队长、独唱演员。1964年担任领唱的《哈达献给金珠玛》曾获全军第二届文艺汇演优秀表演奖，曾参加《洗衣歌》的录音和灌制唱片。作有歌曲《高原汽车驾驶员》《大树下》《美丽的格桑花》等，曾创办"农村乐园"专栏节目。所编制的音乐专题节目曾获"全国广播音乐厅"优秀节目奖，并获优秀编辑称号。

汪燕燕（1955—　）

女高音歌唱家。湖北黄冈人。1970年任职于通信兵、空政文工团。曾为中央乐团独唱演员。曾入上海音乐学院进修二年。1985年在巴西第十二届国际声乐比赛中获环球电视大奖、歌剧院大奖和维拉·罗博斯金奖。

W

汪毓和（1929— ）

音乐史学家、音乐理论家。江苏吴县人。中央音乐学院教授，博士生导师。曾任音乐研究所所长，中国音协理论委员会委员、顾问，北京市音协理论创作委员会主任，中国音乐史学会副会长，马思聪研究会会长。著作有《中国近现代音乐史》《欧洲音乐史》（合作主编），《聂耳评传》《音乐史论新选》等。参与《中国大百科全书·音乐舞蹈卷》的撰稿及审稿，并任编委会委员暨"中国近现代音乐"分支学科主编。参与《聂耳全集》《冼星海全集》的编订工作，并任编委会委员。发表专题论文及音乐评论百余篇。近年来，先后承担综合百科辞典《辞天》音乐学科主编、《简明中国百科全书》音乐部分顾问。

汪云才（1931— ）

作曲家。江苏沛县人。1948年入东北鲁艺文工团。后为哈尔滨歌剧院创作员。合作有歌曲《乌苏里船歌》，歌剧音乐《赫哲人的婚礼》《焦裕禄》。

汪云楠（1932— ）

小提琴家。江苏宜兴人。1946年起从事部队文艺工作。1955年在总政治部小提琴专家班学习小提琴，师从朝鲜国立音乐大学弦乐系主任刘光德教授。后历任南京军区空政文工团、空政歌舞团首席提琴、乐队队长。1976年起从事小提琴教学工作，著有《小提琴实用教材》1—4册。为中央电视台少儿部摄制《琴声中流出的希望》专题片。1997年举办《汪云楠小提琴学生专场音乐会》。

汪照安（1941— ）

作曲家。福建晋江人。1985年进修于上海音乐学院作曲指挥系。曾任福建省梨园戏实验剧团作曲兼泉州市民族乐团指挥。作曲的梨园戏《董生与李氏》《乐羊子》《皂隶与女贼》获福建省戏剧会演作曲一等奖，《皂隶与女贼》获第九届文华新剧目奖，《董生与李氏》被评为全国舞台艺术精品工程剧目。器乐曲《骏马》《怀念》《梅花操》《窈窕娘》曾由台湾实验国乐团、民风乐集民乐团及泉州市民族乐团公演。参加编纂《中国戏曲音乐集成》（福建卷），2000年获文化部文艺集成志书编纂成果集体奖。

汪振波（1930—已故）

歌唱家。满族。辽宁新民人。1949年毕业于东北鲁艺音乐系。后任辽宁歌剧院演员。主演歌剧《草原烽火》《洪湖赤卫队》《江姐》《友谊与爱情的传说》。

汪政明（1931— ）

声乐教育家。安徽合肥人。成都音协顾问、研究员。1957年毕业于四川音乐学院声乐系。曾任甘肃省歌剧团、成都市歌舞团声乐指导、独唱演员，成都市音协副主席、省民族声乐学会秘书长。培养的学生在国内外声乐比赛中获奖。发表文字作品数十万字，二十余篇获奖。《试析三种唱法及走向》获全国音乐评论优良（银）奖。《论音乐的多功能多层次》为《人民音乐》刊用。指挥成都合唱团演唱的《四川美呀美得鲜》获省文艺汇演一等奖。主编

《成都市民歌集成》，出任成都市歌征集主编，著有《中国歌唱艺术》。

汪忠修（1935— ）

歌唱家。浙江舟山人。1955年考入上海广播乐团合唱队任演员，1959年参加演出贝多芬《第九交响乐》、后任独唱演员。1962年任中央广播少年合唱团指挥、哈尔滨之夏客席指挥。1987年为聂中明指挥的副手。1987年后任基督教会圣诗班指挥。创作、改编钢琴伴奏谱总计三十余首，其中3首由人民音乐出版社出版，3首系为人民艺术剧院《枯木逢春》配乐（合作）。

汪子良（1936— ）

女钢琴教育家。江苏常州人。1958年毕业于北京艺术师范学院音乐系，后调兰州艺术学院音乐系任教。1962年始在西北师范大学任教师，教授。撰有《师范院校钢琴教学中常遇到的几个问题》《钢琴复合音律概说》（合作），《演奏思维的属性》（合作），《简论钢琴弹奏的姿势》等多篇。曾获1996年甘肃省教委颁发的"教学成果奖"，甘肃省学校1996至1987年度社科成果一等奖，全国音乐、美术优秀论文评选三等奖。

王 安（1933— ）

作曲家。江西白安人。1949年始从事文艺工作。曾在江西省群众艺术馆任职。作有歌曲《卖余粮》《妹妹送哥去参军》等。

王 蓓（1970— ）

女高音歌唱家。甘肃兰州人。1992年毕业于西北师大音乐系，留校任教，2000年于本校音乐学院攻读硕士研究生，曾入中国音乐学院声歌系深造。发表《让歌声更美妙—论"以情带声"》等文5篇。为大型文献纪录片《青山作证》演唱主题歌。1997年获首届"黄河口杯"全国民族声乐比赛铜奖、甘肃少数民族声乐比赛专业民族唱法第二名。2001、2005年先后获首届、第五届中国音乐"金钟奖"声乐比赛甘肃赛区第一名。

王 俟（1939— ）

音乐编辑家。山西祁县人。曾任山西忻州行署文化局音舞办负责人、文化科长，中国音协山西分会理事、忻州地区文联常委。作有歌曲《俺嫂嫂》《我爱树木爱花草》等，其中《老师是咱可爱的人》曾获全省歌咏赛优秀创作歌曲奖，《黄河啊祖国的黄河》曾获全省民间音乐舞蹈大奖赛三等奖。参与搜集整理《五台山寺庙音乐》，搜集整理编辑忻州地区民间器乐曲集成、曲艺音乐集成等，撰有《忻州地区民间舞蹈概述》。

王 斌（1953— ）

作曲家。安徽淮南人。安徽艺术职业学院音乐系主任。1986年毕业于上海音乐学院作曲指挥系，后在安徽艺术学校、安徽大学艺术学院讲授作曲与作曲理论课程。其创作的歌曲《祖国需要我醒着》《永恒的表达》等发表在《音乐创作》等刊物上，所作曲的多部舞蹈作品获全国与

省级音乐创作奖。多部电视剧获国家"飞天奖"和大众"金鹰奖"，其中电视剧《桃花扇》获美国南海"金猴奖"。另外创作有大量民乐、室内乐、弓弦乐作品，其中《e小调小提琴协奏曲》获第八届全国音乐作品（交响乐）比赛优秀创作奖。

王 斌（1955— ）

二胡演奏家。江苏南京人。南京市下关区音协副主席。1977年考入南京市越剧团。1988年毕业于中国函授音乐学院江苏分院表演系。1991年获江苏省第二届"音乐舞蹈节"三等奖。1996年举办"迎新年——王斌师生二胡演奏会"。改编创作有二胡叙事曲《莫愁女》等，其中儿童二胡歌曲《欢乐的校园》《快乐的节日》等获创作奖。其发明的综合改良儿童二胡获国家专利证书，曾被评为江苏省音乐考级优秀指导教师。曾随团赴香港和台湾演出。2003年获社会艺术水平考级高级考官资格证书。

王 冰（1964— ）

歌唱家。山西人。曾为电视连续剧《情感热线》《为了明天》，电视片《孤山夜话》《学生时代》配唱主题歌。先后获首届美声、民族音乐电视大赛特别奖，全国"立邦杯"电视歌手大赛铜奖，浙江省第四、五届"音舞节"三等奖、二等奖，"星河杯"电视歌手大赛优秀奖。参与演出（主演）影视剧《水浒传》《红蜘蛛》《上海女性》《5、6、7姑娘》《原野的歌》《谁都会说我爱你》《恋爱导演》。

王 博（1921— ）

作曲家。浙江宁波人。1938年参加抗日救亡歌咏活动。1939年毕业于新四军教导总队文化队，任军部小河口留守处及八路军桂林办事处俱乐部主任。1942年于延安鲁艺音乐系毕业。曾任兰州军区文工团副团长、艺术指导，长影作曲，陕西音协刊物编辑，县文化馆音乐干部。战争年代作有一批歌曲、秧歌剧及歌剧8部。合作电影音乐《虎穴追踪》。主编《陕甘宁边区优秀声乐作品选集》，2004年陕西音协出版。

王 晡（1945— ）

音乐学家。畲族。浙江杭州人。1969年毕业于上海音乐学院作曲系。1973年任教天津音乐学院，2000年任杭州师范学院音乐艺术学院常务副院长，教授、硕士生导师。中国音协西方音乐学会副会长兼秘书长、美国音乐研究会常务理事兼副秘书长、浙江音协理事。曾出版与发表多种专著和论文。所创作的歌曲、钢琴曲、管弦乐、大合唱和歌曲钢琴伴奏，曾获全国征歌大赛银奖。

王 呈（1928—已故）

小提琴演奏家。北京人。1949年入华北大学三部演出队。后任中央音乐学院音工团、中央歌舞团、中央乐团演奏员。曾多次随团出国访问演出。作有小提琴协奏曲《红霞》（合作）。

王 川（1931— ）

琵琶演奏家。四川岳池人。1950年进入川北文工团，后调至重庆工人文工团、北京全总文工团歌舞团学习琵琶。1959年调入湖南省总工会文工团，任琵琶演奏员。1974年调长沙市青少年宫，任副研究馆员。中国琵琶研究会会员，长沙市儿童音乐学会会长，原长沙市音协副主席。编创大量歌曲、乐曲、歌剧及音乐杂谈、戏曲音乐，并在广播电台、电视台播放或报刊上发表。

王 琮（1944— ）

音乐编辑家。辽宁沈阳人。广东省当代文艺研究所副所长，副编审。1960年入北京艺术学院附中，1968年毕业于中国音乐学院器乐系。先后任广州歌舞团独奏演员、创作员，湖南人民广播电台文艺部任采录编辑、音乐填长、文艺部副主任，汕头海洋音像出版社总编辑部副主任。1992年调广东省音乐研究所，任《中国民族民间器乐曲集成·广东卷》编辑部副主任，广东卷编委、副主编。荣获全国"文艺集成志书编纂成果奖"个人二等奖。近年来策划主编《岭南音乐系列》丛书。

王 达（1970— ）

歌唱家。江苏人。南京军区政治部文工团歌队歌唱演员。2004年毕业于解放军艺术学院文学系。曾任无锡市歌舞团舞蹈演员。先后获中国网络原创歌曲大赛第一名，第十届全国青年歌手电视大赛专业通俗组金奖，全国广播新歌大赛政府一等奖，中宣部"五个一工程"奖。

王 丹（1926— ）

音乐编辑家。北京人。1947年肄业于北平国乐传习所，1949年毕业于华北大学第三部音乐科。曾任中央人民广播电台文艺部艺术指导、高级编辑，中国音协第四届民族音乐委员会委员。主编《民族器乐讲座》《民族音乐系列广播节目》。撰稿并编辑制作的专题节目有《管中窥宝—我国民族乐器宝库浏览》《琴声悠悠遍草原》等。发表有《民族音乐是我国悠久文化宝贵财富》《中国传统音乐在广播电视中的传播》等文。1987年曾出席联合国教科文组织亚太地区音乐教材专家会议。

王 丹（1929— ）

小提琴演奏家。黑龙江巴彦人。1947年始曾先后任职于东北文协文工团、东北文工团、东北人民艺术剧院歌剧团、中央实验歌剧院管弦乐团、中央芭蕾舞团，历任演奏员、副首席、首席。1978年调中国歌剧舞剧院管弦乐团任首席。参加演出的剧目有《白毛女》《血泪仇》《刘胡兰》《伤逝》《原野》《茶花女》《货郎与小姐》等歌剧，《宝莲灯》《雷峰塔》《小刀会》《文成公主》《剑》《堂吉诃德》《红色娘子军》《晚霞》等舞剧。曾应邀赴苏联、南斯拉夫、罗马尼亚、朝鲜等国演出。

王 德（1937— ）

歌词作家。河北乐亭人。1949年始从事文艺工作。后任哈尔滨市文联副秘书长。作有《我爱你，塞北的雪》。

W

王 迪（1929—已故）

女音乐理论家。北京人。自幼随管平湖学习古琴。1952年毕业于中央音乐学院作曲系。曾为中国音乐研究所副研究员，从事古琴音乐研究。合著有《广陵散初探》《古指法考》，发掘定谱《琴歌》等。

王 丁（1956— ）

小提琴演奏家。福建福州人。1976年毕业于贵州省艺术学校，后在黔东南州歌舞团任演奏员。从1981年起在贵州省歌舞团乐队任副队长。1994年起参加弦乐四重奏组在贵阳、遵义等地举行专场音乐会。在第三届中国艺术节演出《山之舞》。一名学生曾获省小提琴比赛第二名，后考入中央音乐学院附中，多名学生在全国课余小提琴比赛中分获三、四、五等奖。担任历届省小提琴考级评委。

王 冬（1960— ）

女高音歌唱家、音乐教育家。黑龙江哈尔滨人。毕业于解放军艺术学院音乐系声乐专业。1976年随黑龙江省歌舞团赴广交会演出，随后调入该团。曾任消防文工团、武警文工团独唱演员、节目主持人。现就职解放军艺术学院从事声乐教学。

王 冬（1962— ）

大管演奏家。北京人。青海省戏剧艺术剧院副院长。1978、1988年分别考入上海音乐学院附中、上海音乐学院干部专修班学习大管及萨克斯专业。曾任青海省民族歌舞剧团乐队首席大管演奏员与萨克斯独奏演员，后任青海省民族歌舞剧院演出经营管理处处长。曾参加大型系列歌舞《七彩江河源》，交响乐《西海风》，大型神话舞剧《智美更登》等多项重大演出并分别获"五个一工程"提名奖、第六届中国艺术节二等奖、全省文艺调演一等奖。

王 多（1956— ）

女小提琴演奏家。安徽芜湖人。1995年毕业于安徽师范大学音乐教育系。历任安徽省文工团管弦乐队演奏员、省歌舞剧院交响乐团团长。曾参加中外经典交响乐、管弦乐、钢琴、提琴协奏曲、大型歌剧、舞剧、黄梅戏、京剧等现场伴奏及多部电视剧的录音工作。参与组建"女子弦乐四重奏组"。现兼任省歌舞剧院艺术培训中心小提琴教师，培养多名学生，在考级和各类赛事中获奖。撰有《弓弦上的辉煌》《琴童练琴琐谈》等。

王 铎（1932— ）

大管演奏家。北京人。1949年入华大三部，后入中国煤矿文工团。1963年起先后在空政歌舞团、中央广播乐团、北京京剧团、中国歌剧舞剧院任演奏员。改编有大管独奏曲、轻音乐曲。

王 凡（1945— ）

女音乐教育家。安徽芜湖人。曾任南京艺术学院音乐学院副教授。1969年毕业于南京艺术学院音乐系声乐专业。1974年从事声乐教育。先后在安徽师范大学、南京林业大学、南京艺术学院任教。培养诸多职业、非职业艺术人才。1995年赴日本名古屋演出"中日友好千人交响曲"。1999年在维也纳音乐研究院学习交流。同年赴德国慕尼黑参加民间艺术节。出版《当代大学生歌曲集》等三部，撰文十余篇。

王 芳（1958— ）

女音乐教育家。黑龙江宾县人。哈师大艺术学院音教系教师。曾任黑龙江省歌舞团独唱演员。先后获省"天鹅杯"青年歌手大赛一等奖、省"远大杯"新人新作独唱歌曲大赛金奖、全国"金龙杯"青年歌手大赛三等奖、全国青年歌手大赛优秀奖、全省新人新作歌手大赛专业组一等奖。多次代表哈师大参加"东北二省沈阳音乐周""哈尔滨之夏"等省内外重大演出活动。

王 芳（1964— ）

女钢琴教育家。江西人。江西省赣南师院音乐学院教授，键盘教研室主任。1986年毕业于赣南师院艺术系，先后在武汉音乐学院钢琴系、江西师大音乐学院、厦门大学音乐教育硕士研究生课程班学习。曾参与国家级课题《基础教育改革背景下的历史选择》、省级课题《能力教育的实验与研究》的研究。所带学生分别在2003年"舒曼杯"国际钢琴大赛亚太地区选拔赛中获得第C组亚军、季军。全国首届少儿艺术节珠江钢琴大赛全国总决赛获银奖、铜奖，本人获"园丁奖"。

王 飞（1955— ）

作曲家。黑龙江庆安人。黑龙江庆安县文化局副局长。省音协理事、绥化音协副主席。1975年入绥化师专音乐专业学习，1983年入长春音协作曲班，同年开始在刊物上发表《火烧云》等声乐、器乐作品。《我的北方》在省电台"每周一歌"播放，《家乡黑龙江》获全省"五个一工程"奖，《冰上渔歌》入选《中国少数民族声乐教材曲选》。出版有《王飞歌曲选》《我的北方——王飞声乐作品100首》。曾举办"王飞作品音乐会"，并被评为市首届十佳"德艺双馨"文艺工作者。

王 丰（1968— ）

男高音歌唱家。河南人。先后毕业于星海音乐学院声乐系，上海音乐学院周小燕歌剧中心，师从蔡静仪、周小燕教授。曾主演歌剧《图兰朵》《茶花女》《蝴蝶夫人》《乡村骑士》《卡门》《丑角》等。并多次和国内外著名交响乐团、指挥家、歌唱家合作演出歌剧及音乐会。1995年获全国"冼星海、聂耳音乐比赛"优秀奖，1998年获文化部举办的全国声乐比赛三等奖。出版《王丰独唱音乐会》实况CD唱片。

王 枫（1928—1995）

作曲家。河北邢台人。曾任河南军区文工团团员、海南军区文工团乐队队长、广东省音协创作组长、广州乐团副团长。

王 刚（1956— ）

二胡演奏家。辽宁沈阳人。陕西延安歌舞剧团副团长，1975年毕业于西安音乐学院民乐系。撰有论文《二胡艺术发展琐谈》。曾担任首席独奏赴奥地利、日本参加艺术节演出。在大型歌舞剧《蓝花花》《延安儿童团》中担任乐队首席、独奏，获文化部颁发的演出二等奖，二胡独奏《黄土吟》获1993年陕西省专业剧团音舞大赛演奏一等奖，创作（合作）二等奖。2004年在延安大礼堂举办"王刚二胡独奏音乐会"。

王 钢（1928— ）

指挥家。吉林人。中国合唱协会理事。1945年毕业于长白师范学院音乐系。1948年参加冀热察边区工作。同年负责张家口军管会文化接管组，后转入察哈尔军区文工团。1950年调华北军区文工团并参加抗美援朝。1954年考入中央音乐团苏联合唱专家班学习指挥，毕业后任战友文工团指挥。1959年转业至天津宝坻师范学校任音乐教师。1978年调天津广播电视艺术团任办公室主任，其间带领天津市教师合唱团参加第二届全国合唱节获专业组二等奖。

王 钢（1952— ）

作曲家、音乐编辑家。湖南祁东人。湖南衡阳电视台艺术中心制片人。1985、1987年分别毕业于上海、天津音乐学院作曲指挥系。曾在零陵地区祁剧团任小提琴演奏员。作有歌曲《瑶家三月三》《故乡梦里行》《党啊，我的母亲》，钢琴曲《湖南民歌主题变奏》，室内乐《主题与变奏——为小提琴、大提琴、钢琴而作》，交响音画《瑶岭风情》。曾为配乐诗剧《春雨》，电视剧《神警》作曲。撰有《谈谈轻音乐》《歌曲创作常用技巧浅析》。

王 冠（1937— ）

小提琴教育家。北京人。军校毕业后任部队文工团小提琴演奏员。曾就读于北京艺术师范学院音乐系。举办过个人独奏音乐会。先后任中央人民广播交响乐团、辽宁歌剧院、沈阳军区前进歌舞团、辽宁乐团首席小提琴。"文革"后执教于沈阳音乐学院，管弦系教授。全国少儿小提琴教育联谊会理事暨辽宁分会负责人。长期从事小提琴教学，培养众多学生，部分学生参加全国及国际小提琴比赛获奖。出版《世界小提琴演奏艺术的发展及对中国的影响览略》《小提琴教学中的规格与艺术》。发表多篇有关小提琴艺术的评论文章。曾应邀赴美国考察并进行学术交流。

王 冠（1957— ）

圆号演奏家。辽宁沈阳人。中国音协管乐学会理事。曾任空政歌舞团圆号首席、管乐声部长、乐队副队长。1990年考入中央乐团任第一圆号演奏员。1996年考入中国广播乐团任首席圆号演奏员。2000年考入中国爱乐乐团任副首席圆号演奏员。多次出访国外，经常与国内外音乐大师合作演出。参与录制多部电影、电视剧音乐。

王 贵（1932— ）

声乐教育家。满族。北京人。1951年入海政文工团，后入上海声乐研究所学习。1962年入哈尔滨歌剧院。为黑龙江省群艺馆副研究馆员。被聘为北京声乐研究所教师。

王 浩（1969— ）

长号演奏家。湖北武汉人。湖北省音协管乐学会常务理事。1986年从事部队文艺，师从解放军艺术学院梁沛新、中央音乐学院胡炳余等教授。现任武汉乐团低音长号首席。参与演奏大量的独奏、重奏、协奏、交响乐作品，并出访演出。在社会音教活动中被聘为常任指挥、艺术总监等，获"优秀指导教师""最佳园丁奖"等。并为省市电视台制作长号等专题节目。发表有《浅谈管乐器的正确呼吸及训练方法——论胸腹式呼吸》《浅谈铜管乐器的特征及其在管乐队中的运用》等文。

王 合（1956— ）

打击乐演奏家。天津人。天津市广播影视艺术团演奏员。天津市民管会、天津打击乐学会理事。1976年天津音乐学院附中毕业，留校任教。后师从中央音乐学院赵春峰教授进修深造。1979年调入天津广播影视艺术团。1987年在"全国爵士鼓大赛"中获第三名。发表论文《爵士鼓演奏》《唢呐的过去与今天》。录制《永远的爵士》CD。所培养的爵士鼓学生，多人次获爵士乐的研究和相关赛事的奖项。

王 红（1953— ）

女音乐活动家。江苏人。镇江市文化局文化艺术处处长、市音协理事。1976年毕业于南京艺术学院音乐系声乐专业。先后就职于镇江地区文化馆、镇江市群艺馆、镇江市文化局，从事群众文化辅导、戏曲音乐编撰、文化艺术行政管理等。所作的《采木耳》《我伴妈妈织渔网》等多首歌曲在江苏少儿艺术节等比赛活动中获奖。组织策划《园丁颂》《群众歌咏演唱会》等大型音乐会。

王 红（1960— ）

大提琴教育家。安徽合肥人。西南大学音乐学院副教授。1982年毕业于四川音乐学院管弦系。曾任四川省攀枝花市歌舞剧团首席大提琴演奏员。编纂有《大学音乐》，主编有《音乐欣赏》《交响乐欣赏教程》，发表有《论演奏帕格尼尼大提琴作品》《论音乐教师—指挥—演奏者的关系》。曾指导学生参加首届重庆高校艺术展演并获器乐表演一等奖。

王 红（1960— ）

女音乐教育家。河南偃师人。中央民族大学音乐学院基础理论部副教授。作曲理论研究生班毕业。主要从事"视唱练耳""音乐基础理论"课程的教学。《论视唱节奏感问题》《基本乐理中民族调式的教学》《为通俗音乐正名》《20世纪"新音乐"概观》《菊城赋》《您是否还记得我》等论文及作品多次在国内获奖或发表。1999年成功举办了"王红视唱教学成果演示演唱会"。编辑出版了《中国戏曲唱腔精选》《曾文济影视歌曲创作》《20世纪外国著名歌曲1000首》等6卷册。

王 宏（1956— ）

男高音歌唱家。四川自贡人。1982年四川音乐学院声乐系毕业，后留学保加利亚索菲亚国家音乐学院。四川理工学院音乐系副主任，副教授。发表《歌唱训练中的三个重要环节》《高师音乐教育改革刍议》等文多篇，部分获奖。留学期间与十多个国家艺术家同台演出。2002年举办从教20周年独唱音乐会。

王　宏（1964—　）

女音乐活动家。北京人。1988年毕业于北京信息科技大学计算机应用系。同年入中国音协工作，先后任会员部主任、社会部主任。利用所学专业，参与编写中国音协会员档案数据库管理软件，使会员档案由手工管理转换为计算机管理。参与中国音乐"金钟奖"赛事的部分组织管理工作，编写比赛计分系统软件。组织全国各地考级工作，组织专家编写钢琴、电子琴、小提琴、古筝等考级教材及新旧教材的交换。发起和组织全国考级优秀考生展演比赛，展示多年考级成果。

王　泓（1945—　）

女作曲家。江苏南京人。1966年毕业于南京师范大学音乐系，1980年任《江苏音乐》编辑。1994年任东南大学中国文化系兼职教授。江苏省文联研究员。先后发表论文、器乐曲、歌曲等数百篇（首），其中获全国评奖一等奖两首、省一等奖四首、省优秀论文一等奖三篇。为周小燕、陈洪等撰写评析文章。曾四次应中国音协音教委邀请，参与国民音乐教育改革与研究工作。

王　泓（1958—　）

小提琴演奏家、教育家。山西临汾人。1988年毕业于中央音乐学院，同年入中国广播交响乐团任第二小提琴首席。曾任重庆市歌剧院演奏员，获1981年四川省青年小提琴比赛乙级组第一名，参加首届"蓉城之秋"音乐节的演出并获奖。1987年在重庆举办个人独奏音乐会。曾随中国广播交响乐团出访意大利、德国以及香港等地演出。

王　洪（1957—　）

大提琴演奏家。福建福州人。福建歌舞剧院乐团首席大提琴兼独奏演员。1982年毕业于福建艺术学校，并先后在上海音乐学院、南京艺术学院进修。1983年获"福建省青年演员、演奏员比赛"一等奖，1985年获"全国艺术院校第一届青少年大提琴演奏比赛"三等奖，1985年福建音协和福建乐团联合主办"王洪大提琴独奏音乐会"。

王　洪（1963—　）

小提琴演奏家。天津人。中央歌剧院交响乐团二提琴首席。1987年毕业于中央音乐学院，师从隋克强教授。在校期间参加中国青年交响乐团赴英、法、德、意、比利时、瑞士等国家演出。在任职歌剧院期间参加剧院一系列的歌剧演出。1995年参加组建新世纪室内乐团，1997年参加组建中国四重奏团。出版演奏专辑。

王　虹（1955—　）

女歌唱家。上海人。上海广播电视艺术团独唱演员。1988年毕业于上海音乐学院声乐系，师从周小燕教授。曾任福州军区前锋文工团独唱演员。1983年获福建省"武夷之春"音乐节优秀演员奖，1986年获第二届全国青年歌手电视大奖赛专业组美声唱法优秀歌手奖。1986年曾与顾欣举行独唱音乐会。

王　华（1955—　）

作曲家。山东人。重庆市歌剧院艺术室副主任。曾先后在部队文工团、贵州省歌舞团任乐队演奏员。1985年毕业于四川音乐学院作曲系，师从黄虎威教授。发表有钢琴独奏《忆》，作有二胡协奏曲《迁徙》（合作），二胡曲《黄杨扁担》（合作），歌曲《海关关员之歌》《相约三峡》《神女赋》《长江，我的母亲河》《为了三峡，为了中华》《川江，我的母亲河》等，并均获不同奖项。

王　华（1963—　）

音乐教育家。河北人。中央民族大学音乐学院副院长、校学术委员。中国少数民族音乐学会副秘书长。曾留学美国，为中央音乐学院在读博士。国家科研子课题《中国少数民族音乐教育》项目负责人，国家211工程项目《中国少数民族音乐数据库》负责人。编著有《中国少数民族合唱》。发表《萨满教活动与'安代'歌舞的考察研究》《内蒙古科尔沁地区安代歌舞的传承与变迁》等文多篇。为电影《孤儿泪》及电视连续剧《爱情与阴谋》创作音乐与主题曲。

王　华（1977—　）

笛子演奏家。河南郑州人。1991年考入武汉音乐学院附中，2001年于中央音乐学院毕业后考入中国歌剧舞剧院任笛子独奏演员，兼任中央音乐学院附中综合艺术部客席笛子教师。2001年获"第九届台北市民族器乐协奏曲大赛"笛子演奏第二名。录制不同风格音乐作品和多部影视音乐作品，如《一个人的战争》《好奇害死猫》《闯关东》等。多次与中国爱乐乐团、中国交响乐团、澳门中乐团、亚洲乐团等合作。编著出版有《从零起步——学葫芦丝轻松入门》《竹笛、竖笛、巴乌》教学VCD。

王　辉（1931—　）

男高音歌唱家。上海人。曾任上海警备区文工团乐队队长、上海乐团合唱队队员兼秘书、上海音乐学院合唱训练班班主任、上海乐团副团长。在上海乐团三十余年，负责演出工作，参与组织市各种大型综合性演出及对内、对外的重要演出活动。

王　辉（1941—　）

女歌唱家。北京人。历任河北省音协理事。受聘于河北省艺术职业学院声乐教师。1965年毕业于天津音乐学院民族声乐系，后任河北省歌舞剧院独唱演员。省电台录制有其独唱歌曲《梨乡新歌》《我爱水乡白洋淀》《花山小唱》作为每周一歌播放。参加的男女声的二重唱获1978年全国民族唱法调演优秀演唱奖。同年随廖承志"中日友好之船"访问日本。培养多名学生先后在全国、省电视歌手大赛中获三等、一等奖。

W

王 辉（1945— ）

作曲家。湖南拓城人。湖南省音协理事、怀化市音协主席。曾师从湖南师大杜光教授和广西艺术学院孔德杨教授学习理论作曲，师从声乐教育家向大勋学习声乐。发表演播大量各类音乐作品，有百余件作品获国家、省、市级奖。作有《侗锦·芦笙和兰花》《春花吹侗乡》《月亮乖》《侗寨恋》《拉萨河》等。出版专著及论文多部（篇）。培养了一批音乐人才。2002年被中共怀化市委、市政府授予"德艺双馨"文艺家称号。

王 慧（1957— ）

女中音歌唱家。回族。天津人。天津歌舞剧院独唱演员。在古装歌剧《宦娘》，现代歌剧《银杏树下的爱情》《素馨花》和《歌魂》中分别担任女主角，并在戏剧节中获表演奖。在音舞诗画《唐宋风韵》中担任主唱，在音画舞剧《妈祖》中担任独唱、领唱及伴唱，在《江姐》中扮演"双枪老太婆"。随天津市代表团赴多个国家和地区并在全国巡回演出。曾在天津电视台录制个人演唱专辑。有多首歌曲在天津电视台"每周一歌"播放。

王 建（1953— ）

作曲家。云南昆明人。曾任云南省音协副秘书长。云南省戏剧家协会秘书长。1980年开始音乐创作。作品在全国和省内获奖三十余次，多首歌舞被选入云南省中小学音乐教材。出版个人作品专辑《边塞晚归—王建创作歌曲专辑》CD专辑和《静静的小河湾—王建少儿歌曲作品集》。其中有歌曲《走向未来》《北盘江，我的母亲河》《边塞晚归》，儿童歌曲《黑色的头发甩起来》（金色的木鼓敲起来），《静静的小河湾》等。2002至2006年连续五年被云南省委宣传部聘为文艺阅评员。

王 剑（1964— ）

小提琴演奏家。湖北武汉人。湖北小提琴学会理事、省音协考级委管弦乐考级评审委副主任。1982年毕业于武汉音乐学院。后入武汉歌舞剧院。1983年获武汉市首届专业优秀中青年演奏员调演比赛银奖。现任武汉乐团二提琴声部首席。独奏曲目有萨拉萨蒂《吉普赛之歌》等。与国内外指挥、演奏家合作录制大量独奏、重奏、协奏及交响乐作品。

王 健（1928— ）

女歌词作家。北京人。1947年从事文艺创作。天津河北师范学院音乐系肄业。后在华北大学音乐科进修与工作。曾在中央音乐学院音工团、中央歌舞团创作组任职。在中国音协《歌曲》编辑部任文字与歌词编辑长达30年。歌词被谱曲后流传的有《歌声与微笑》《绿叶对根的情意》《历史的天空》《未了情》《二泉映月》（填词）等。先后为48部影视艺术片作词。出版有《王健作词歌曲选》《牵牛花引》（散文集二种），歌词集2种，主编有老歌集《再塑群雄》等9种。1960年被评为"全国三八红旗手"。曾任田汉基金会理事等多种社会职务。

王 健（1929—已故）

作曲家。重庆人。1954年毕业于西南师范学院音乐系。曾在江西萍乡师范学校任教。作有少儿歌曲《喂鸡》《藤儿长长牵着瓜》等。

王 健（1961— ）

钢琴教育家。湖北十堰人。武汉音乐学院钢琴系副教授，硕士生导师。湖北省钢琴协会常务副会长。1976年进入湖北省十堰市歌舞团工作。1981年考入武汉音乐学院，毕业后留校任教。所教学生在各类比赛中获奖。本人多次获优秀"园丁奖"和"指导教师优秀奖"。先后赴加拿大、日本、澳大利亚等国家学习进修和进行学术交流。多次举办音乐会。曾获全国声乐比赛优秀钢琴伴奏奖，加拿大第六届声乐国际比赛最佳钢琴伴奏奖。撰写、发表多篇论文。曾获"园丁奖"称号。

王 杰（1934— ）

作曲家、音乐理论家。浙江台州人。1955年毕业于南京艺术学院理论作曲专业。后为河北省群艺馆研究馆员。河北省音协第三届顾问。作有大量歌曲，获奖歌曲三十余首，《平原扇鼓》获文化部群星奖。撰写论文、评论百余篇，出版专著《用民间音调写歌》《教歌于指挥》。开办群艺馆、文化馆音乐培训班二百余期，培养出大批音乐人才。1980年任《河北卷器乐曲集成》主编，获文化部"集成志书编纂成果奖"。出版《王杰歌曲选集》。

王 静（1952— ）

女高音歌唱家、歌剧表演艺术家。山西介休人。1978年毕业于中央音乐学院声乐系，同年入中国歌剧舞剧院歌剧团。曾获全国独唱、二重唱调演优秀奖，参演《芳草心》《小二黑结婚》《白毛女》《伤逝》等歌剧中的主要角色，主演晋剧《红灯记》《龙江颂》等。先后参加中国艺术节、亚运会、北京申办奥运会等演出活动。

王 静（1956— ）

女歌剧表演艺术家。回族。吉林长春人。总政歌剧团歌剧演员。毕业于中央音乐学院声乐系。在歌剧《小二黑结婚》中演女主角小芹，《芳草心》饰岚岚，《窦娥冤》饰窦娥，在《伤逝》《原野》《古兰丹姆》《花木兰》《杨贵妃》等多部歌剧中饰演角色及合唱等工作，并在电视剧《绵山活佛》《人杰地灵》中配唱插曲。

王 炬（1953— ）

音乐编辑家。辽宁大连人。中国音像协会秘书长。1977年北京广播学院艺术专业毕业，入中央广播文工团任合唱团演员。1979年任中央人民广播电台文艺部音乐编辑、中国音乐组副组长，《今晚八点半》综艺节目组副组长。1988年任中国广播音像出版社副社长、常务副社长。1997年任中国唱片总公司北京发行公司经理，总编室副主任、主任。1999年任《中国音像》杂志执行副主编。2001年任中国音像协会常务副秘书长、秘书长。

王 珏（1930—2007）

女音乐活动家。江苏太仓人。1949年从事部队音乐工作。1953年参加赴朝慰问团演出活动。1957年毕业于西南音专声乐系。1959年调云南省文联参加筹备云南音乐舞蹈家协会，筹建大理州白族大本曲协会。此后曾组织并参与搜集云南省民间音乐资料，共21集。曾任省音协常务理事、副秘书长。担任第一、二届聂耳音乐周组织工作。曾获"亚运之声"全国音乐知识竞赛组织大奖。撰有《声乐民族化问题小议》《浅谈大理白族调》，合作编译《白族情歌选》。

王 珏（1949—）

笛子演奏家、教育家。江苏淮阴人。湖南省艺术职业学院竹笛专业副教授。湖南省音协竹笛专业委员会会长。1988年毕业于天津音乐学院民系。先后任铁道部四局文工团、湖南省木偶皮影艺术剧院、湖南省艺术学校竹笛演奏员、笛子教师。曾随院出访日本演出。1999年随湖南省民间歌舞团赴马来西亚参加国际民间节。多年来培养众多笛子学生，有的在全国、省级大赛中获金奖。编著有《竹笛名师指点》。

王 珏（1964—）

女电子琴教育家。安徽合肥人。毕业于安徽省艺术学校二胡专业，后进修于中央音乐学院雅马哈师资培训班。曾任教安徽艺术学校，后创办合肥小天使电子琴音乐培训学校并任校长。培养的学生多人在全国比赛中获奖，改编、创作大量电子琴曲在省电视台播放，举办多届"音乐小舞台"电子琴专场音乐会。

王 军（1933—）

指挥家。辽宁岫岩人。吉林省歌舞剧院原常任指挥。曾任吉林省音协副主席、顾问。1947年参加部队宣传队，1953年参与创建东北军区军乐队，任副队长兼指挥。1963年毕业于沈阳音乐学院作曲系指挥专业。指挥大量中外交响乐、大型歌剧、舞剧和现代京剧，多次指挥交响乐专场音乐会。1981年首演、录音的交响音乐《九歌》第一组曲等数十部（首）作品在全国和省内获奖。多年坚持交响音乐讲座、演出活动，向社会开展普及工作。三次获省内优秀指挥奖。

王 军（1953—）

女高音歌唱家。山东青岛人。1970年入铁道兵某师文工队任演员。1974年调总政歌舞团。1985年毕业于中央音乐学院大专班。曾任歌舞团歌队队长，总政合唱团团长。曾先后在合唱《十五的月亮》《妈妈教我一支歌》《太阳最红，毛主席最亲》以及交响乐《智取威虎山》中担任领唱。曾在全国独唱比赛以及全军文艺汇演中获奖，并获"建国40周年广播金曲奖"。

王 军（1959—）

管乐演奏家。山东黄县人。1978年考入新影乐团任独奏演员。先后师从教育家、演奏家刘枫鸣、吴安明、刘枫桐。长于多种民族管乐演奏，录制多种个人独奏专辑磁带、唱片。多次参加中国艺术家代表团出访欧、亚及港、澳、台演出，并担任多项乐器独奏。1995年参加"北京国际器乐比赛"获优秀演奏奖。参加《红楼梦》《长征》《西游记》等百余部影、视剧的录音并任独奏。

王 军（1960—）

歌唱家。山西人。1977年从事文艺工作。1982年考入四川音乐学院。杭州市音协和市声乐研究会理事。演唱《百姓工程》《中国农民歌》等六十余首原创歌曲，为电视剧（片）《老房子新房子》《飞越浙江》等配唱主题歌。在《江姐》《白毛女》多部歌剧中任重要角色。曾获全国MTV大赛特别奖，第七届全国青歌赛荧屏奖，浙江第三、四、五届音乐舞蹈节声乐比赛一等奖，杭州新剧目调演一等奖。出版有《王军经典12首》专辑，举办个人独唱音乐会。出访日本、法国和香港、台湾。

王 军（1961—）

歌唱家。黑龙江齐齐哈尔人。中国西部艺术教育专家组成员。原黑龙江省艺术学院齐齐哈尔分校校长、声乐教授、声乐专业委员会秘书长。1977年始从事艺术教学和舞台演唱工作，先后师从于魏启贤、叶佩英、金铁霖专修声乐。2004年编辑出版《声乐杂谈》，举办个人独唱音乐会。曾参加大量演出活动，为文艺团体和艺术院校培养一批专业人才。

王 俊（1954—）

女音乐教育家。苗族。贵州人。1974年入贵州黔东南苗族侗族自治州歌舞团学员班，后任歌队演员，1989年在武汉大学读文艺理论研究生，1999年毕业于湖南师大艺术学院音乐系。同年在岳阳师范学院音乐系任教研室主任。发表《音乐与美育》《苗族民间音乐鸟瞰》等文。专著有《大学音乐教程》《音乐艺术欣赏教程》等，作有《我们是长江和洞庭的传人》《风调雨顺的中国》等歌曲。1989年代表岳阳市参加湖南省"洞庭金秋"歌手赛获民族唱法二等奖。

王 珂（1955—）

音乐活动家。山东人。济南市市中区文化馆文艺部主任，中国音协电子琴学会理事，山东音协电子琴、手风琴专业委员会副秘书长。1991年毕业于山东师范大学艺术系。1987年获山东省文化馆站业务技能比赛二等奖，创作舞蹈音乐及歌曲数十首，获文化部及省级一等奖数件。主办数十次全省及市级钢琴、手风琴、电子琴大赛并获省、市优秀指导教师奖数次。

王 可（1932—）

歌剧表演艺术家。河南项城人。1949年始从事部队文艺工作。1950年入上海音乐学院学习。1952年入上海歌剧院工作。曾在歌剧《草原之歌》《红霞》《洪湖赤卫队》《血与火》中饰主角。

王 克（1928—）

音乐教育家。黑龙江呼兰人。1954年毕业于东北师大音乐系，留校任教。著有《中等学校音乐教学法》。

王 昆（1925— ）

女歌唱家、歌剧表演艺术家。河北唐县人。1939年入西北战地服务团任演员。1944年入延安鲁艺学习。1945年首演《白毛女》饰喜儿，并演出《兄妹开荒》《夫妻识字》等秧歌剧。新中国成立后曾任中央实验歌剧院演员。1952年为电影《白毛女》配音获金质奖章。1954年入中央音乐学院进修。1964年在大型音乐舞蹈史诗《东方红》中演唱《农友歌》。主要演唱曲目有《绣金匾》《翻身道情》《咱们的领袖毛泽东》《秋收》等，《桂花开放幸福来》获"金唱片"奖。曾任东方歌舞团团长、艺术顾问。中国音协理事、中国文联委员，第一、二、三届全国人大代表。第五、六届全国政协委员。曾获第五届中国音乐"金钟奖"终身成就奖，并获巴基斯坦政府颁发的明星勋章。2009年由文化部、中国文联主办，中国音协、东方歌舞团等承办的"王昆从事革命文艺工作70周年"系列活动在国家大剧院、人民大会堂举行。

王 昆（1950— ）

作曲家。辽宁锦州人。锦州市歌舞团业务副团长。1980年毕业于沈阳音乐学院作曲系。曾任葫芦岛市文工团、锦州市评剧团演奏员、作曲、配器。创作歌曲《情系土地》获省优秀创作奖，《春游》《锦州那地方出苹果》《中日友好之歌》分获市最佳创作奖或电视台播放。舞蹈音乐《忆江南》《冰凌花》，话剧《张鸣岐》，木偶剧《卖火柴的小女孩》，五幕歌舞剧《炼油之歌》，古装评剧《王老虎抢亲》，交响序曲、巴乌独奏、管弦乐曲分获"五个一工程"奖提名奖等。撰有《话剧张鸣岐音乐创作随笔》《略述严肃音乐与通俗音乐》。

王 磊（1955— ）

女音乐教育家。河北人。河北师范大学声乐教授，硕士生导师。1980年考入河北师范大学音乐系学习声乐，毕业后留校任教。曾进修于中央音乐学院声歌系，受到沈湘、周美玉教授指导。先后在"全国听众最喜爱的歌手"、第一届"河北省听众最喜爱的歌手"声乐比赛中分获一、二等奖。撰写、发表多篇论文。独立完成一项河北省社科规划项目，两项河北省教育厅科研项目。河北电台播放《王磊和她的歌》音乐专题。培养众多声乐人才。

王 磊（1981— ）

萨克斯管演奏家。回族。宁夏吴中人。中国石油长庆油田公司艺术团音乐队队长。1996年毕业于甘肃省艺校器乐班，2008年毕业于西安石油大学。曾先后两次赴"西气东输"工程沿线慰问演出。1996年起三次获中国石油音乐大赛器乐类萨克斯管演奏金奖。先后为《石油大哥》《腾飞长庆》《家园》《侗乡之夜》《生命彩虹》等原创音乐作品编曲，帮助歌手录制《吉祥》《大路》等歌曲，创作《无悔与石油结缘》等歌曲。

王 蕾（1961— ）

女歌唱家。河北沧州人。1987年毕业于中央音乐学院

歌剧系，后到中央歌剧院歌剧团任演员。在歌剧《卡门》《蝴蝶夫人》《马可·波罗》《弄臣》等中饰演主角。1988年在歌剧院同芬兰指挥家合作演出威尔第的清唱剧《安魂曲》中任女中音领唱，同年随院出访香港、澳门、芬兰演出。在参加奥芬巴赫国际声乐比赛中获特别奖。曾随中国艺术团参加平壤艺术节，随院独唱组赴新加坡参加"歌剧精粹"音乐会演出。

王 莉（1940— ）

女古筝演奏家。北京人。1964年毕业于中国音乐学院，留校任教。1973年入中央乐团任独奏演员。演奏曲目有《梅花三弄》《广陵散》《湘妃泪》《胜利花灯》。曾随团赴日本演出。

王 莉（1960— ）

女歌唱家。安徽人。1977年参加河南军区独立师宣传队，1980年调入原武汉军区胜利文工团任话剧、声乐演员，1987年调入广州军区战士歌舞团任主持和声乐演员。1989年全军第五届文艺汇演获表演一等奖，1992年全军第六届文艺汇演获表演金奖。1997年转业至广东文化厅任艺术处处长。

王 莉（1980— ）

花腔女高音歌唱家。安徽合肥人。2002年毕业于中国音乐学院歌剧系。空政文工团演员，第五代《江姐》扮演者。第十一届全国人大代表，第九、十届全国青联委员。获第十一届全国青年歌手大奖赛美声专业组金奖，文化部第25届全国艺术歌曲大赛一等奖，第八、九届全军文艺汇演演唱一等奖，首届中国人唱外国歌大赛金奖，德国"新声音"国际声乐大赛"国际最佳音色"奖。多次参加中央电视台春晚、心连心及文联、音协、军队大型演出。为多部电影、电视剧演唱主题歌及插曲。主演法国歌剧《霍夫曼的故事》饰奥林匹亚，中国歌剧《原野》饰金子。

王 丽（1959— ）

女声乐教育家。河南郑州人。先后毕业于安阳师范学院音乐科、河南大学音乐系。郑州艺术学校音乐教研室主任。曾任80305部队文工团歌唱演员，中原油田师范学校音乐教师。曾分别获"濮阳首届青年业余歌手大赛"、省卡拉OK大赛一、二等奖。创作歌曲《月亮情》《群星放歌新世纪》。发表有《怎样唱好教好儿歌》《卡拉OK与音乐素质教育》等在"全省艺术中专学校戏曲、声乐、舞蹈比赛"等比赛中获伯乐奖、园丁奖。应聘担任中奥维也纳音乐学校声乐教师。学生分别在各级比赛中获奖。

王 莲（1933— ）

女钢琴教育家。河北人。1955年毕业于中央音乐学院。后入德国专家班学习。曾在新疆师范大学音乐系任教。著有《儿童钢琴教学初探》。

王 联（1955— ）

女筝演奏家。辽宁阜新人。1977年毕业于沈阳音乐学

院民乐系。现在辽宁省歌舞团工作。1983年分别获法国第三十二届"贡福朗"和"第戎"国际民间艺术节集体最高荣誉奖及铜牌奖。

王 亮（1954— ）

音乐学家、作曲家。山西曲沃人。山西大学音乐学院教授，2001至2009年任院长。中国音协第七届理事、山西音协主席、中国传统音乐学会常务理事。1978年毕业于山西大学艺术系，1982至1984年在中国音乐学院音乐学系进修。长期从事民族音乐理论教学与研究。在国家、省级学术刊物发表论文五十余篇，理论著述多部，并创作歌曲百余首，出版有《王亮创作歌曲选》。2000年在太原举办个人作品音乐会。

王 林（1926— ）

作曲家。山西晋城人。1938年始参加工作。曾就读于延安部艺音乐系。1956至1958年在上海音乐学院进修。曾任广州空军文化部部长。作有歌曲《后勤支前联唱》《高射炮兵志气高》等。

王 琳（1931— ）

器乐演奏家。山东掖县人。分别毕业于白山艺专音乐系和中国戏剧学院刊授班。曾在辽宁艺术剧院歌舞团任萨克斯、管乐、键盘乐演奏员及鞍山市音协主席。1960年担任舞剧《宝莲灯》，歌剧《白毛女》指挥。撰文《论音乐的社会功能》《关于艺术管理学的思考》。主持国家重点艺术科研项目《戏曲音乐集成》《曲艺音乐集成》，获国家重点科研奖。

王 琳（1934— ）

女歌唱家。黑龙江哈尔滨人。1949年毕业于鲁迅文学艺术学院，1950年始先后进修于中央音乐学院和苏联专家班。曾任中国广播艺术团女中音独唱、对唱、三重唱演员。演唱曲目有《柳巴莎咏叹调》《可尼亚咏叹调》《哈巴涅拉舞曲》《有一个黑人姑娘在歌唱》《吉普赛女郎之歌》等。曾参加大型音乐舞蹈史诗《中国革命之歌》的演出及电影录制工作。多次赴苏联、朝鲜、蒙古等国家访问演出，并随中国音乐家代表团赴澳大利亚参加第二届国际音乐节演出。

王 霖（1963— ）

大提琴演奏家。黑龙江哈尔滨人。1986年毕业于中央音乐学院管弦系。后在中央乐团（中国交响乐团）任演奏员。1982年获大提琴中国作品演奏比赛二等奖，1984年在英国朴茨矛斯国际弦乐四重奏国内选拔赛中获第二名，此后赴英参赛。在参加第四届全国弦乐新作品演奏比赛中获弦乐四重奏优秀演奏奖，1990年作为中央乐团四重奏组成员参加全国选拔赛获第一名，1991年赴英国参加"伦敦国际弦乐四重奏比赛"，1993年在第二届全国大提琴比赛中获成人重奏组第一名。

王 玲（1951— ）

女歌唱家。甘肃人。1972年入甘肃省歌舞团，并曾进

修于中央音乐学院。在甘肃省电台录制播放独唱歌曲百余首，其中22首由中央台播放，5首由中唱公司录制唱片。独唱歌曲《远方的嘱咐》被中央台评为80年代青年最喜爱的歌曲。所辅导的学生在全国残疾人调演中分别获金、银、铜奖及两个一等奖。本人获国家五部委颁发的辅导金、银、铜奖及全国"爱心奖"。被甘肃省政府授予"优秀辅导教师"称号。发表声乐论文数篇。曾赴罗马尼亚、法国、意大利、香港、台湾等地演出。

王 玲（1961— ）

女琵琶演奏家。回族。河南郑州人。1978毕业于西安音乐学院附中，1982年本科毕业。后入陕西省戏曲研究院乐队，1983年任陕西歌舞剧院音乐舞蹈团演奏员。撰有《民族管弦乐队编制浅谈》。录有盒带《仿唐乐舞》独奏曲《绿腰》。随团赴日本、北欧六国、新加坡等演出，担任弹拨乐首席。在赵季平为日本京都新音乐厅落成庆典创作《东渡》一曲中任琵琶独奏。在琵琶协奏曲《弦颂》中任独奏，并获"优秀演出奖"。1993年在省文化厅举办的音乐舞蹈调演中陕歌乐队获一等奖。本人曾多次获"优秀演奏奖"。

王 隆（1927—已故）

指挥家。山西临汾人。1949年在山西西北艺校第二部音乐系学习，后任西北军大艺术学院实验剧团乐队演奏员。1953年毕业于上海音乐学院干修班，后任西南人民艺术剧院双簧管演奏员，1958年任重庆市歌剧团乐队指挥。合作创作歌剧《漳河湾》音乐，担任指挥《一个志愿军的未婚妻》《草原之歌》《红珊瑚》《货郎与小姐》《江姐》等大、中、小型歌剧四十余部。曾指挥交响音画《中亚细亚草原》《费加罗婚礼》序曲等。

王 曼（1960— ）

女钢琴教育家。山东兖州人。济宁学院副教授。1982年开始从事钢琴教育，教授的学生多人在音乐比赛中获奖，并先后考入中国音乐学院等艺术院校。曾任全国器乐考级钢琴专业山东赛区评委。撰有《关于音乐专业论文写作的探讨》《漫话古钢琴音乐》《谈如何提高师范院校学生的艺术修养》。作曲演奏《今日兖州人》在中央电视台《祖国各地》栏目播出。根据本人事迹拍摄的专题片《生命如歌》，分别在美国斯克拉电视网、中国黄河电视台和省、市电视台播出，并获中国广电学会"彩桥奖"。

王 玫（1946— ）

女竖琴演奏家。北京人。1960年入中央乐团交响乐队学员班学竖琴专业，后任演奏员。曾在小提琴协奏曲《梁山伯与祝英台》及《天鹅湖》中担任独奏。演出曲目有莫扎特《长笛、竖琴协奏曲》等。

王 玫（1962— ）

女音乐教育家。辽宁沈阳人。中国人民大学副教授。毕业于沈阳音乐学院。长期从事视唱练耳教学。撰写的《儿童五线谱入门》1989年获中央电视台广播电视部电教节目二等奖，《V字图标节奏同步速记法》1999年获东北三

省优秀论文一等奖，另有《视唱练耳教学中和弦标记问题的思考》《视唱练耳、乐理、音乐常识》《视唱练耳200课》《图标节奏速记法续——三连音的记谱法》《乐理与视唱练耳高考考典》《音乐考生听力冲刺》等。

王 猛（1949— ）

作曲家。山东烟台人。供职于辽宁歌剧院艺术室。1968年毕业于沈阳音乐学院附中，1983年毕业于沈阳音乐学院作曲系。作有歌剧《桃花湾》，交响诗《永恒的怀念》，管弦乐交响组曲《二泉映月》，民族管弦乐《人间自有真情在》。舞剧《山情海韵》获辽宁艺术节作曲优秀奖，小号协奏曲《青年》获辽宁省政府奖，歌曲《大辽河》《远归》获辽宁中宣部"五个一工程"奖，芭蕾舞剧《二泉映月》获全国第五届艺术节作曲金奖及中宣部"五个一工程"奖，舞剧《白鹿额娘》获中宣部"五个一工程"奖、文华奖、第八届中国人口文化最佳作曲奖。

王 猛（1958— ）

双簧管演奏家。天津人。1972年考入天津歌舞剧院学员班，先后师从教育家、演奏家汪德明先生及中央芭蕾舞团姜克先生。1982年在天津市文化局直属院团器乐比赛中获金奖。1985年调入天津交响乐团任双簧管首席。1995年随天津歌舞剧院赴香港演出大型交响史诗《东方慧光》任声部首席，2003年随天津交响乐团赴日本大阪参加亚洲交响音乐周演出。兼任南开大学、中国民航学院、武警军乐团等院校乐队辅导教师。

王 敏（1934— ）

作曲家。内蒙古开鲁人。1947年参加麦新宣传队，1950年参加内蒙古东部区文工团（现为呼伦贝尔市民族歌舞团），历任该团乐队演奏员、作曲、指挥、团长。创作歌曲三百余首，五十余部歌剧、舞剧、电视片、舞蹈音乐以及大型声乐作品。歌曲有《鄂伦春姑娘》《我骑着膘肥的枣红马》《呼伦贝尔酒歌》《那达慕圆舞曲》以及大型合唱组歌《森林畅想曲》（合作），歌剧《鄂伦春新歌》《草原红鹰》等。1991年在北京举办《我爱呼伦贝尔》王敏声音作品广播电视音乐会，出版有《我爱呼伦贝尔》歌曲集及盒式带。

王 鸣（1933—2009）

作曲家。黑龙江齐齐哈尔人。东方歌舞团专业作曲。1947年参加东北文工团一团，后任东方歌舞团乐队队长兼作曲，艺术室副主任、主任。创作改编音乐作品笛子独奏《幸福的边疆》《缅桂花开十里香》，民乐合奏《乘风破浪》，轻音乐《采茶扑蝶》《含包欲放的花》，舞蹈音乐《清宫行》《月亮亮》《鹤舞》《泼水姑娘》，男女二重唱《竹林沙沙响》，合唱《中原情》。多首作品获奖。

王 鸣（1958— ）

女歌唱家、声乐教育家。河北涉县人。湖北咸宁学院副教授。曾任咸宁市艺术学校讲师、群众艺术馆副馆长。1974年至1984年，为咸宁地区歌舞剧团演员。主演歌剧《江姐》，歌舞剧《刘三姐》，黄梅戏《天仙配》等。后从事声乐教学和表演工作，教授美声、民族、通俗三种唱法。曾受聘于武汉音乐学院，任卫星电视高师音乐班声乐教师。获湖北省文化厅"优秀园丁"奖、艺术教育科研成果二等奖。

王 鸣（1969— ）

歌唱家。河南周口人。宁夏音协理事。1993年起从事部队文艺工作。曾就读于北京中央民族大学。1992年起分别获全国公安系统文艺汇演特等奖，宁夏首届声乐比赛民族唱法一等奖，武警部队文艺调演一等奖，宁夏"仙鹤杯"声乐比赛民族唱法一等奖，全国第二届少数民族会演演唱二等奖，武警部队"东风汽车杯"文艺汇演获表演一等奖，宁夏"小灵通"杯歌手大奖赛演唱一等奖。

王 茗（1961— ）

女手风琴演奏家、教育家。山东青岛人。1980至1984年就读于山东艺术学院、天津艺术学院键盘系。后在山东艺术学院音乐系任教，1989年始在新疆师大音乐系任副教授。著有《键盘式、键钮式手风琴训练指导》（合作），撰有《手风琴风箱运用》《键式手风琴与键钮式手风琴之比较》等文，作有《民歌主题变奏》获90年全国首届手风琴作品比赛创作奖。1995年组建新疆师大手风琴乐团，多次举办音乐会，并于2000年带队赴澳大利亚参加国际手风琴锦标赛和新西兰南太平洋国际手风琴锦标赛获七项第一名，本人为乐团首席。现为新疆手风琴学会副会长。

王 酩（1934—1997）

作曲家、音乐活动家。上海人。1964年毕业于上海音乐学院作曲系。曾任中央乐团创作员，中国音协理事，中国轻音乐学会常务副主席兼秘书长，《音乐生活报》总编辑，第七、八届全国政协委员，民盟中央委员。作有管弦乐组曲《海霞》，单簧管奏鸣曲《天山之春》，琵琶协奏曲《霸王卸甲》，交响诗《忆先烈》，合唱《重上井冈山》，清唱剧《尹灵芝》等。电影音乐有《海霞》《黑三角》《小花》《樱》《知音》《有一个青年》《西子姑娘》等，电视连续剧音乐有《诸葛亮》《王昭君》《海外遗恨》《炎黄二帝》等。其中电影插曲《边疆的泉水清又纯》《妹妹找哥泪花流》《绒花》《青春啊青春》于1980年被中央人民广播电台、《歌曲》编辑部评为"十五首听众最喜爱的广播歌曲"。歌曲《难忘今宵》被中央电视台春节联欢晚会沿用至今。电影音乐《小花》获第三届"百花奖"最佳电影音乐奖。出版有《王酩歌曲选》。

王 楠（1947— ）

歌剧表演艺术家。山东沂水人。1969年起在铁道兵文工团任演员，1977年在中国歌剧舞剧院歌剧团任演员。先后参加歌剧《白毛女》《韦拔群》《星光啊，星光》《窦娥冤》《伤逝》《古兰丹姆》《刘胡兰》《原野》的演出。随艺术家小组赴美国参加奥尼尔艺术节演出歌剧《原野》，在1995年复排《白毛女》中饰演黄世仁，在复排《原野》中饰演白傻子。

W

王 能（1947— ）

独弦琴演奏家、作曲家。壮族。广西防城人。1966年参加专业文艺工作，曾任防城区艺术团团长、市艺术馆馆长。广西合唱协会理事、广西儿童音乐学会理事、防城港市音协主席。创作独弦琴乐曲30余首及舞蹈音诗《咕哩美》，为电视连续剧《海藤花》《故乡的独弦琴》《金滩有情》作曲，创作并演奏独弦琴《大海情深》《京家阿伯踩竹乐》。为《八桂大歌》中的《京岛阿娇》独弦琴配乐。先后获"群星奖"金奖、铜奖和"文华奖"。培养的一批独弦琴乐手成为专业团体、艺术院校的演奏家，有的在参赛中获得多种奖项。

王 宁（1954— ）

作曲家。黑龙江哈尔滨人。中国音乐学院作曲系主任、教授、博士生导师。中国音协第六、七届理事。曾任中国音乐"金钟奖""金鸡奖"、央视大赛及"精品教材"等评委。作有《孔子》等歌剧两部，《第三交响乐"呼唤未来"》《时代》等交响乐七部，《庆节令》等民族管弦乐六部，协奏曲两部，《异化》等室内乐十余部以及合唱、艺术歌曲等多首，《大转折》《周恩来万隆之行》等影视音乐多部。曾获"金钟奖""文华奖""中国学院奖"等国内外作曲奖多个。曾被评为北京市优秀青年骨干教师，被授予"繁荣首都文艺事业作出突出贡献者"称号。出版《管弦乐法基础教程》及个人作品选集总谱、个人作品CD专辑。撰有《德彪西的管弦乐法艺术》《中国民族管弦乐队的结构与发展的再认识》《中国民族管弦乐队的源流与发展》等论著。

王 沛（1953— ）

民族音乐家。甘肃临夏人。临夏州群艺馆研究员，甘肃省民协副主席，临夏州民协主席。上世纪70年代以来，抢救、搜集、整理大量西北民间艺术作品。主编《中国民间歌曲集成》《中国曲艺音乐集成》《中国曲艺志》《中国戏曲音乐集成》中临夏分卷。发表《咪咪—故本四孔的羌笛》《花儿源流新探》等论文二十余篇。出版《韩起功抓兵》《解放临夏》等民歌曲艺音带、光盘和《河州花儿研究》《河州说唱艺术》等。多次获国家、省级奖。

王 芃（1938— ）

歌唱家、声乐教育家。山东黄县人。1957年考入中国歌剧舞剧院歌剧团，曾在十余部歌剧中担任重要角色。1963年毕业于上海声乐研究所。同年考入中央乐团任独唱演员。多次与刘淑芳、卢德武、蔡焕贞举行四人独唱音乐会。"文革"期间，担任交响乐《海港》主要角色。后调中央歌舞团任声乐教员兼独唱演员。多年来所培养的学生，部分在参加国际、国内声乐比赛中获奖。出版的《送你一副金嗓子——谈正确发声方法的世界性》流传至英国、德国、比利时、日本、韩国等国家。

王 鹏（1928— ）

小提琴教育家。辽宁辽阳人。1953年毕业于中央音乐学院管弦系。曾在沈阳音乐学院、中央音乐学院附中任教。曾任天津音乐学院管弦系弦乐教研室副主任。撰有《小提琴演奏法》。

王 平（1941— ）

作曲家。山东人。辽宁省音协理事，盘锦市音协名誉主席。1958年中学毕业后，先后在沈阳民间歌舞团、本溪市歌舞团、评剧团、辽宁省农垦局评剧团、盘山县文化馆从事专业、群众文艺工作。在盘锦市音协担任秘书长期间，曾组织"萌芽杯"少儿钢琴大赛等活动数十项。创作音乐作品数百首，其中歌曲《啄木鸟与小山雀》《人在江湖》等百余首在刊物发表或获奖，主编《盘锦歌声》2辑。1999年被盘锦市政府评为"德艺双馨文艺家"。

王 平（1948— ）

女小提琴演奏家。北京人。1955年在中央音乐学院附属业余音乐小学和天津音乐学院专业音乐小学学习。1967年毕业于天津音乐学院附中，分配到天津歌舞剧院任小提琴演奏员和独奏演员。1975年以来师从小提琴家盛中国。在天津交响乐团担任乐队副首席、首席。组建弦乐四重奏组并任第一提琴，排练大量曲目，并随乐团出国演出。曾旅居德国学习、演出。

王 平（1971— ）

女高音歌唱家。新疆人。中央戏剧学院声乐副教授。2001年毕业于中央音乐学院，声乐硕士。编写声乐教材《戏剧演员声乐技巧》，发表论文《我国民歌发展构想》《借鉴意大利美声唱法演唱民歌的可行性思索》《河北民歌的演唱探索》等。曾在合唱《东方的太阳》《渤海之梦》中任领唱。在歌剧《费加罗婚礼》中演唱苏珊娜的咏叹调《美妙时刻将来临》。在北京曾举办四场个人独唱音乐会。2008年被邀请作《被缚的普罗米修斯》声乐指导及台湾音乐童话剧《王后的新衣》的声乐指导，并担任剧中主唱。演唱曲目被制作成CD光盘。

王 萍（1939— ）

女音乐教育家。天津人。曾为天津市和平区教学研究室音乐教研员。天津摇篮少儿艺术学校校长兼音乐教师、中国合唱协会理事、天津音协理事。1958年毕业于天津师范学校，曾进修于天津音乐学院声乐系。1994年被天津市和平区命名为"名教师"。曾为中央教育科学研究所主持的国家"七五计划"音乐教育重点课题《中学生音乐能力研究》课题组成员。1994年以来5次被评为"中国少年儿童卡拉OK大赛优秀园丁"。

王 琦（1958— ）

音乐活动家。辽宁营口人。1998年毕业于安徽省教育学院音乐系。安徽省合肥市佳音艺术学校校长。组织、策划并举办多次音乐会，与省音协合作多次举办"佳音杯"钢琴比赛。

王 千（1928— ）

作曲家、指挥家。江苏涟水人。曾为云南省歌舞团团长兼艺术指导。12岁参军。毕业于上海音乐学院，后师从德国专家学习合唱指挥。曾任部队文工团音乐股长、团长。指挥录制的唱片有歌剧《娥并与桑格》选曲、《阿佤人民唱新歌》等。歌曲《跑得凶就打得好》获华东军区一等奖并被收进《建国50周年歌曲集》。《边疆大会唱终曲》《唱得百鸟枝头落》被录制唱片。出版有《王千声乐作品选集》。

王 黔（1941— ）

小提琴演奏家。北京人。1952年考入中央音乐学院少年班、附中，主修小提琴专业。1959年附中毕业，并考入中央音乐学院本科继续主修小提琴，1964年本科毕业，考入中央乐团交响乐团任第一小提琴声部演奏员。

王 强（1935— ）

女作曲家。山东烟台人。现定居香港。香港作曲家联会客座会员。1947年参加胶东军区文工团。1955年考入上海音乐学院作曲系。从教几十年，培养众多学生。曾创作大合唱《幸福河》（合作）获1959年第七届世界青年联欢节作曲比赛金质奖章。1960年起创作大提琴协奏曲《嘎达梅林》，管弦乐曲《喇叭与鼓》，大提琴与低音提琴二重奏五首，管弦乐序曲《希望》，管弦乐幻想序曲《爱》，电影音乐《曙光》《宝葫芦的秘密》等5部，电视剧音乐《卖大饼的姑娘》等两部。

王 乔（1954— ）

女高音歌唱家。山西灵石人。1984年中国音乐学院声乐系毕业。曾任四川省自贡市歌舞剧团副团长。参加《江姐》《洪湖赤卫队》《刘三姐》《红葫芦》等多部歌剧、花灯剧的演出，并担任大型演出的独唱演员。多次任自贡市声乐大赛及自贡广播电视大赛评委。为本团自创小歌剧《雨过天晴》导演。

王 述（1931— ）

女钢琴演奏家。江苏常熟人。1950年考入南京金陵女大音乐系钢琴专业，1957年毕业于上海音乐学院钢琴系，留校任声乐系艺术辅导，副教授。曾与高芝兰、蔡绍序等歌唱家合作演出。与温可铮教授长期合作举办独唱音乐会。曾在康乃尔大学、普林斯顿大学、曼纳斯音乐院、纽约市立大学、香港中文大学、浸会学院等与温可铮合作举办学术性独唱音乐会。1993年任纽约华人爱乐合唱团钢琴伴奏。曾获美国加州荣誉演出奖状。

王 群（1952— ）

作曲家、音乐编辑家。云南弥渡人。1970年参加弥渡花灯团任演奏、作曲，同年调大理州文化局，1987年调云南省民族艺术研究所从事音乐集成编辑及研究，后任《中国戏曲音乐集成云南卷》《中国民间歌曲集成云南卷》常务副主编、编辑部主任。曾为六十余出戏剧、歌舞及百余首歌词作曲，发表一批音乐论文并编辑音乐书籍三十余种。2000年获国家文艺集成志书编纂成果一等奖。2003年出版《云南花灯音乐概论》。

王 柔（1928— ）

小提琴演奏家、音乐理论家。江苏南通人。1960年毕业于上海音乐学院管弦系小提琴专业，后分配到中央芭蕾舞团乐队。1982年撰文《西洋音乐传入中国考》，论述西方音乐早在16世纪已传入中国，据现有文献考证，首先学习西乐并负总责编撰西方乐理者为清康熙皇帝，将一般认为西方音乐系19世纪传入中国的看法上溯到17世纪，距今已有三百余年。论文发表后，《新华文摘》以提要转载。之后，又将康熙皇帝御订的第一本西方乐理——《律吕正义》续篇诠译发表在《中央音乐学院学报》。

王 锐（1957— ）

笛子演奏家。黑龙江人。黑龙江省歌舞剧院民乐团副团长。毕业于哈尔滨师大艺术学院音乐系，曾从上海音乐学院陆春龄、俞逊发教授专修竹笛。撰有《谈中国竹笛的历史与发展》。曾三次分获黑龙江省民族乐器大赛专业组金奖、一等奖、二等奖，1989年获中央电视台全国民乐大赛演奏奖。曾随团赴朝鲜、印度、尼泊尔、孟加拉等国和台湾地区演出。2002年在北京中山音乐堂举行笛子专场音乐会。

王 锐（1960— ）

女音乐教育家。黑龙江哈尔滨人。哈尔滨师范大学艺术学院理论教研部地方艺术研究室主任、教授。1976年起任某部队演出队扬琴演奏员，并担任编曲。1985年毕业于哈尔滨师范大学音乐系留校任教。二十余篇论文、作品在国家级、省级刊物上发表并获奖。多次为黑龙江电视歌手大奖赛及各种大赛、考试命题并担任综合素质评委。中国音协社会艺术水平考级"音乐基础知识"高级考官。

王 瑞（1930— ）

男低音歌唱家。辽宁海城人。1951年入辽东省文工团，1954年入中央歌舞团工作。后入中央乐团合唱队，曾任独唱独奏组组长。

王 瑞（1945— ）

二胡教育家。江苏滨海人。1962年从事部队文艺工作。1976年毕业于南京师范学院音乐系。1978年调入徐州师范大学。历任艺术教研主任、音乐系副主任、副教授。多次被评为优秀教师，获优秀教学成果奖。在三十多年二胡教学中培养了一批专业人才。编、撰、创有教材、论文、乐曲多篇。录有音乐专题《真正的艺术，永远是探求》等。1992年录制出版《中华二胡》专辑磁带，收入不同时期、不同风格的二胡名曲8首。

王 森（1932— ）

歌词作家。上海人。1951年大学肄业，同年入伍，1955年复员进厂。1978年调上海乐团任创作员。出版诗集及儿童诗读物。其中《找厂长》入选《红旗歌谣》，《国旗国旗真美丽》等入选《中国歌谣集成·上海卷》。《听话要听党的话》于1960年获全国业余歌曲创作一等奖，《队礼歌》获全国少年儿童歌曲评选一等奖。《密林深处的歌声》被选入《建国三十周年声乐作品选·祖国颂》。为《海之恋》《难忘的战斗》《燕归来》等二十余部影视

W

片配写主题歌词。

王 珊（1962— ）

女音乐教育家。福建泉州人。1984年毕业于福建师大艺术系。福建省泉州师范学院艺术学院院长、教授，福建省音教委常务理事，泉州市政协常委。2003年创办泉州师范学院艺术学院音乐学（南音方向）本科专业。多次参加国际学术交流，并在大会上宣读论文。在《中国音乐学》《人民音乐》《中国音乐》等学术刊物发表论文20余篇。出版《人类口头与非物质文化遗产丛书·泉州南音卷》《中国泉州南音教程》。曾获"全国中等师范学校优秀教师奖"。

王 珊（1963— ）

女音乐教育家。江苏溧阳人。郑州市第九中学高级教师。1989年毕业于河南大学音乐系。撰有论文数篇，部分获奖，其中《浅谈音乐教育对培养学生创新精神的作用于2000年获省教育厅论文一等奖、第五届中南六省（区）音教协会大会一等奖，《谈对高中音乐课教学教改认识和探索》于2003年获第六届中南六省（区）音教协会一等奖。教学科研成果"合唱艺术走进高中的设想与实践"于2004年获省教育厅二等奖。2005年获东方青少年钢琴、键盘乐器大赛河南赛区优秀辅导教师奖。

王 树（1926—已故）

作曲家。四川达县人。毕业于中央音乐学院作曲系，曾任该院作曲与配器教授。作有清唱剧音乐《悲壮》，交响叙事曲《十面埋伏》，双筝曲《回旋协奏曲》。著有《交响音乐的配器写作技巧》《论民间合奏》。

王 爽（1968— ）

女低音提琴演奏家。黑龙江鹤岗人。1978年被黑龙江省农垦总局北大荒文工团破格录取为二胡独奏演员。1981年考入中国音乐学院附中，攻读大提琴专业六年，先后师从中央音乐学院宗柏教授、中国音乐学院刘建华教授。1987年考入中国音乐学院低音提琴专业本科，师从侯俊侠教授。1991年毕业，分配至中国广播艺术团民族乐团。2002年考入中国交响乐团任低音提琴演奏员。

王 涛（1961— ）

琵琶演奏家。浙江杭州人。毕业于浙江大学音乐系。杭州歌舞剧院琵琶演奏员。先后赴日本、美国、法国、非洲等国和地区演出，演奏曲目有《十面埋伏》《月儿高》《火把节之夜》。录制出版《月儿高》《塞上曲》演奏专辑。曾应香港凤凰卫视邀请参加"两岸三地电视文艺晚会"并担任独奏。

王 田（1933— ）

小提琴演奏家。山东莒县人。1945年从事部队文艺工作。先后任胶东军校文工队、胶东军区文工团、济南军区文工团演奏员。1958年在总政小提琴训练班学习，后调总政歌剧团任乐队副首席、分队长、副队长。多年来经常随队赴前线、海边防为部队演出，并参加军内和国家的重大

庆典活动及出访港、澳地区。先后参演《白毛女》《血泪仇》《柯山红日》《党的女儿》等数十部新歌剧和《托斯卡》在国内的首演。曾为本团近百首独唱作品配器。

王 铁（1954— ）

女中音歌唱家。江苏吴县人。1977年在中央音乐学院附设中央乐团合唱专修班学习。1980年起在中国交响乐团合唱团任声乐演员兼副团长。参加"西欧歌剧合唱"音乐会、莫扎特《安魂曲》、"齐尔品作品音乐会"、歌剧《卡门》、第一届合唱节、清唱剧《创世纪》《中国革命之歌》的演出与电视拍摄，参加《黄河大合唱》《贝多芬第九交响曲》（合唱）等演出。上世纪90年代后参加"亚运会闭幕式"，第二、三届合唱节，"毛泽东诗词演唱会"等的演出及多套合唱曲目的录制工作。

王 同（1957— ）

音乐教育家。甘肃兰州人。1982年毕业于西北师范大学音乐系，后任甘肃省歌舞团乐队演奏员。1986年在杭州师范学院音乐学院任副院长、副教授、硕士生导师。撰有《论"五四"时期以来音乐民族化探讨的局限及其超越》《先秦诸师考略》《相和大曲结构形态考释》等数十篇。出版《大学音乐赏析》《民族民间音乐教程》。1983年获甘肃省首届器乐比赛优秀奖（一等奖），1999年获浙江省教育厅艺术节比赛二等奖。

王 彤（1958— ）

男高音歌唱家。黑龙江满洲里人。少年时代参加中央人民广播电台学生合唱团。1976年参军成为文艺兵。曾师从中国音乐学院声乐教授张畴。曾在北京广播学院进修。从艺30年，参加多次重要演出。先后出访日本、香港、澳门等地。多次参加中央电视台的大型演出。除演唱外，还担任电视晚会的主持人和导演工作，被多家电视台邀请作为主持人和策划人。

王 威（1974— ）

音乐活动家。满族。北京人。文化部艺术服务中心影视部主任。1999年毕业于中国音乐学院音教系，曾举办个人独唱音乐会。任北方交通大学艺术教育中心副主任，负责全校学生社团第二课堂建设。曾获"步步高"杯第十届青歌赛北京赛区美声唱法金奖，2001年指挥交大合唱团获"首届全国大学生艺术节"一等奖、交响乐一等奖、个人获最佳指挥奖。另担任文化艺术交流活动及大型演出活动的组织与策划，如《两部豪情·世纪放歌》，原创民族舞剧《大梦敦煌》《明星大马戏·欢乐总动员》及欧洲超大型舞蹈史诗《火舞》等。

王 巍（1931— ）

男高音歌唱家。天津人。早年曾在学运中组织音乐社团活动，新中国成立后调入文艺团体，师从王福增、张相影学习声乐。曾在群众剧社、天津音工团、天津歌舞剧院任独唱、歌剧演员、合唱队长。1981起任天津音协副秘书长、天津文联副秘书长。1988年当选天津音协主席。曾首唱《歌唱祖国》，领唱并录制第一版唱片。歌词《祖国

颂》由马思聪、刘施任先后谱曲。音乐评论有《歌坛怪论三则》等近百篇。《音乐的困惑》一文获1986年"天津市鲁艺文艺奖"。

王 巍（1947— ）

竹乐器演奏家、发明制作家。北京人。1964年起从事专业音乐工作，任中国东方歌舞团乐队队长。多年来致力于中国竹乐文化事业的开拓创新，开发研制一批新的竹制乐器，获多项国家专利，组建第一个竹乐团，率团多次参加演出活动，并赴各地及台湾地区演出，已录制发行五张竹乐CD专辑。2004年获美国竹艺术比赛荣誉奖。

王 为（1928— ）

女声乐教育家。河南开封人。1939年入选重庆育才学校任学员。后考入西南美专、国立女师学习声乐。1955年毕业于上海音乐学院，至西安音乐学院任教。上世纪60年代从事戏曲声乐教学，分别在上海戏剧学院、上海东海学院任教多年。撰文有《话剧演员怎样掌握语言的声、气、字》《童芷苓声腔艺术》《京剧旦角的唱、念、做》。

王 玮（1962— ）

唢呐演奏家、教育家。山东人。1982年毕业于南京艺术学院音乐系，1976年在南京市杂技团任演奏员。1982年在南京艺术学院音乐系任教师。发表有《唢呐与唢呐箫音》《鼓吹乐小史》《乐器个性与作品风格》等文。曾随南京民乐团赴京演奏《新十番锣鼓》。曾赴东欧、日本、西欧、澳大利亚演出担任唢呐独奏。1995年随南京艺术学院代表团赴日本参加"千人交响乐"活动，1999年随南艺民乐家小组赴台湾演出，均担任唢呐独奏及打击乐。

王 蔚（1960— ）

作曲家、音乐教育家。江苏苏州人。1985年毕业于南京师范大学音乐系。苏州教育学院音乐系副教授。曾任苏州京剧团、歌舞团乐队演奏员、乐队首席。多年从事和声、复调、配器和西方音乐史课程教学。创作有大型声乐套曲《唐宋组歌》，二胡协奏曲《女神》，管弦乐《招魂》，舞蹈音乐《香雪颂》，钢琴独奏曲《再别康桥》《雪花的快乐》，歌曲《西风吹月》《祝福中华一天天》《给我一束花》，部分获奖。撰写《论黄自》《高师声乐教学的新概念》《从三宝的音乐论后浪漫主义和时尚》等文。2000年苏州市文联推荐为"跨世纪优秀人才"。

王 文（1958— ）

歌唱家。吉林长春人。1984年毕业于沈阳音乐学院声乐系，任辽宁省儿童艺术剧院歌唱演员，1986年入黑龙江省歌舞剧院，后任该院合唱团副团长。1990年在中央音乐学院进修。曾参演歌剧《白毛女》《洪湖赤卫队》《托斯卡》等。1992年获全国青年歌手大奖赛三等奖。首唱《北大荒北大仓》。1993年举办个人独唱音乐会。

王 武（1960— ）

音乐活动家。江苏南京人。湖北黄冈市音协副主席、市吉他学会会长。1982年毕业于山东师大艺术系小提琴专业。曾任湖北蕲春县文工团乐队队长。在黄冈市弦乐四重奏演出中任第一小提琴，在黄梅戏《未了情》《天仙配》中任小提琴独奏。组织编纂《鄂东音乐作品专辑—情系大别山》。作有歌曲《山里来了修路人》，小提琴独奏曲《映山红映红大别山》。著有《吉他演奏教程》《戏曲风格的小提琴曲集》。

王 熙（1930— ）

音乐活动家。北京人。先后在北京朝阳大学、北京艺专学习。曾赴罗马尼亚见习舞台监督。曾任北京歌舞团团长。担任音乐舞蹈史诗《东方红》《中国革命之歌》舞台总监。曾随团出访欧、亚、非许多国家。

王 熙（1954— ）

歌唱家。上海人。1980年毕业于上海音乐学院声乐系。先后任湖北宜昌地区歌舞团、市歌舞团演员、队长。曾演唱《楚天健儿梦》《追太阳》《三峡圆梦》等大量歌曲，并获省一等奖、中央广播新歌金、银奖。在获中宣部"五个一工程"奖、文化部"文华奖"的舞剧《土里巴人》中任声乐指导和其中领唱。

王 曦（1943— ）

声乐教育家。山东青岛人。毕业于上海师范大学音乐系本科。进修于上海音乐学院和中国音乐学院声乐系。副研究馆员。撰有论文和创作歌曲多篇（首），培养一批声乐人才。1994年随上海爱乐合唱团，参加多场重要演出。1999年出访香港和新加坡。录制CD《莫斯科郊外的晚上》《黄河大合唱》《百老汇在中国》及VCD《合唱的训练》。1986年创建上海春天合唱团并任常任指挥。两度赴三亚市爱乐合唱团讲学。指挥作品有《幸福大合唱》，交响合唱《沙家浜》《黄河大合唱》《长征组歌》。

王 霞（1960— ）

女高音歌唱家、歌剧表演艺术家。吉林敦化人。第十一届全国政协委员、第八届全国妇联执行委员、中国文联第七届全国代表大会代表。1988年赴日本桐朋学园音乐学院攻读硕士。先后任吉林延边文工团、总政歌剧团演员。1991年入中央歌剧院。曾主演歌剧《图兰朵》《托斯卡》《蝴蝶夫人》等。在《中国革命之歌》中担任大合唱《祖国颂》领唱。多次在专场音乐会、电视晚会中担任独唱和领唱。

王 宪（1954— ）

作曲家。北京人。1972年始从事音乐工作。1985年毕业于天津音乐学院作曲系。后在中国广播艺术团工作。作有电视剧音乐《末代皇帝》《萤火虫》，故事片音乐《末代王朝》《八旗子弟》。

王 湘（1919—2003）

音乐声学家。黑龙江人。1946年参加东北文工团。新中国成立后，先后在中国青年艺术剧院、文化部、中国音乐学院、中国音乐研究所等单位工作。1956年赴德国柏林音乐学院深造2年。曾参与我国第一个乐器制造专业的筹办。1978年参与筹建中国舞台科技研究所并任负责人。长期从事音乐理论、乐器物理性能研究，获1978年全国科学大会科研成果奖，另有5项研究获文化部科技成果奖。1981年因"曾侯乙墓出土编钟音律探讨"获文化部科技成果二等奖。

王 湘（1943— ）

笛子演奏家。北京人。1968年毕业于中国音乐学院，分配到中国京剧院任笛子演奏员。曾在京剧《红灯记》《蝶恋花》《平原游击队》《大闹天宫》《档马》《李清照》等剧中担任笛子主奏，在《北京有个金太阳》《万岁毛主席》等民乐合奏中担任领奏。独奏有《牧民新歌》《扬鞭催马运粮忙》等。曾赴朝鲜、加拿大、西班牙、瑞士、法国等国及台湾地区演出。1989年赴日本与日本歌舞伎合作排演《龙王》，并演出百余场。录有盒带数盘。

王 祥（1929—已故）

大提琴演奏家、音乐教育家。山西原平人。1946年入延安管弦乐团。1950年考入上海音乐学院大提琴专业。曾随中国青年艺术团赴罗马尼亚、波兰、民主德国演出，并参加第四届世界青年联欢节。1955年考入中央音乐学院，后考入苏联大提琴专家契尔沃夫班，毕业后留校任教。曾任管弦系大提琴教研室主任、系副主任，教授。培养一批大提琴演奏家，许多学生参加国内外大提琴比赛获奖。撰文有《严谨、热情、细致——听大提琴家保罗·托特里演奏》《大提琴演奏中发音的几个问题》（合作）等。

王 欣（1929— ）

音乐教育家。吉林人。1949年毕业于东北大学音乐系。1957年入中央音乐学院进修。河北师大学音乐系史论与欣赏课教授。将戏曲剧本《红姐妹》《少年英雄刘文学》《高玉宝》改编为歌剧，将吉剧《雨夜送粮》改编为小型歌剧。撰写柴科夫斯基《黑桃皇后》《古老神话传说与音乐的产生》《世俗音乐的兴起》等文。编著《中外音乐史》《歌剧音乐欣赏》教材。论文《高等师范音乐教育的历史任务》获东北师大科研奖。参加中国长春电影节获优秀表演奖。

王 莘（1918—2007）

作曲家。江苏无锡人。早年在上海参加抗日救亡歌咏运动。1938年入延安鲁迅文学艺术学院音乐系，毕业后执教于华北联合大学文艺部音乐系。上世纪50年代入中央音乐学院作曲系进修班学习。1961年任职于中国音协天津分会。后历任天津人民艺术剧院副院长、天津歌舞剧院院长。曾任天津市音协主席、天津市文联副主席，全国人大第三届、第四届代表。作有歌曲《边区儿童团》《歌唱祖国》《祖国颂歌》《可爱的小白杨》等，歌剧音乐《宝山参军》《义和团》《煤店新工人》，大合唱《团结反帝》等。代表作《歌唱祖国》（词、曲）传唱至今。自1980年5月始，中央人民广播电台将此歌的乐曲作为全国新闻联播节目的开始曲。曾获天津"鲁迅文艺奖"，首届中国音乐"金钟奖"终身成就奖。专著有《王莘歌曲选集》。

王 馨（1919—已故）

女歌唱家。朝鲜族。辽宁柳河人。1945年毕业于哈尔滨第一音乐学校，后留校任教。1948年始在朝鲜平壤保卫省协奏团任声乐指导员。1949年任平壤音乐大学教授。1950年入北京人民艺术剧院，后转入中央实验歌剧院任歌剧演员。

王 炘（1945— ）

作曲家。上海人。新疆伊犁哈萨克自治州音协副主席、州文联联络处处长。1965年起先后在新疆兵团农四师文工团、伊犁州歌舞团任小提琴演奏员、作曲、指挥。1985年任伊犁地区文化处艺术科长，1991年任伊犁地区文联副主席、音协主席，伊犁州音协副主席。长期从事群众业余歌咏活动普及和指挥。担任作曲的《伊犁小白杨》《赤土》等作品分获第二、第四届全国少数民族题材电视片"骏马奖""星光奖"三等奖。另有众多音乐作品获自治区级奖项。1994至2001年连续三次被伊犁地区评为有突出贡献的拔尖人才。

王 星（1958— ）

双簧管演奏家。北京人。1976年毕业于北京艺术学校音训班双簧管专业，同年入北京艺术学校歌舞队任演奏员。1978年任北京歌舞团交响乐队演奏员，1985年任北京交响乐团双簧管首席，参加大量交响音乐会演出，并协助指挥完成管乐声部训练等各项工作。

王 行（1935— ）

二胡教育家。山西新绛人。1957年毕业于北京艺术师范学院音乐系。曾在北京师范学院音乐系教授二胡。

王 旭（1942— ）

作曲家。吉林白山人。先后为吉林省音协理事，吉林省白山市音协主席、名誉主席兼顾问。1971年始从事文艺创作，《鸭绿江美丽的江》《啊，星星》等歌曲作品，被选入《少年儿童歌曲选》《解放军歌曲》《建军50周年歌曲集》《中国民歌》，有的获不同奖项。搜集整理民歌百余首，吉林省民歌集成卷采用19首，受到文化部、国家民委、全国艺术科学规划领导小组的表彰。1982年被吉林省文化厅评为业余创作积极分子。

王 序（1961— ）

声乐教育家。辽宁沈阳人。福建艺术职业学院音乐系主任。1990年毕业于中央音乐学院声歌系。撰有《浅谈声音的科学性》《字正未必腔圆》《声乐教学中的三个重要的环节》等论文。在沈阳军区歌剧团期间，曾参加多部大中小型歌剧及各类音乐会、晚会的演出，并担任重要角色和独唱、领唱等。担任声乐教师工作以来，培养的学生多人次在各级比赛中获奖。

王 岩（1954— ）

歌唱家。河北抚宁人。1978年入总政歌舞团，师从杨彼德。1981年毕业于解放军艺术学院。曾为电视剧《破烂王》，电影《大决战》等多部影视作品录制主题歌，为

《"中华大家唱"卡拉OK曲库》录制多首歌曲。曾随团赴朝鲜、新加坡等国和地区演出，多次参加中央电视台等媒体的文艺晚会演出和电视节目录制。

王　岩（1959— ）

女高音歌唱家。俄罗斯族。新疆乌鲁木齐人。1997年始在新疆生产建设兵团歌舞剧团任独唱演员。演唱曲目有《戈壁上飞来绿翠鸟》《这里望不到大海》《边疆处处是花园》《兵团圆舞曲》等。曾三次参加自治区"天山之声"声乐大赛分获一、二等奖。应邀参加"世界民歌节"演出。1997年在新疆举办个人首场"戈壁绿翠"——王岩独唱音乐会。1997年拍摄《兵团圆舞曲》MTV，获全国综合艺术铜奖，1998参加在宁夏举办的"98中国花儿歌手大赛"获一等奖。撰有《歌声浸满妈妈的爱》《浅谈我对歌唱的一点体会》等文。

王　艳（1957— ）

女高音歌唱家。吉林临江人。1981年毕业于中央音乐学院声乐系。1996年毕业于吉林大学工业经济管理系。1976年入吉林省林业文工团。1988年入吉林省歌舞剧院民族乐团任演员、艺委会委员。曾主演话剧《救救她》《特别代号》，京剧《望江亭》。先后获吉林省首届电视大奖赛二等奖、东北三省"本钢杯"声乐比赛金奖、吉林省首届艺术节演唱一等奖、中国民族声乐比赛优秀奖及全国听众喜爱的歌手大赛三等奖。

王　焱（1932— ）

作曲家。陕西绥德人。陕西省音协顾问。1946年始从事演奏与指挥。1962年入中央音乐学院作曲系进修。曾任陕西省乐团团长、陕西省音协第二届副主席、《音乐天地》主编。作有歌剧音乐《义和团》《丹峰儿女》，交响合唱《古城之光》，组歌《秦巴新曲》《我们开采阳光》，歌曲《毛主席恩情比海深》《森林静悄悄》（合作），舞蹈音乐《陕北组舞》《送荷包》，电影音乐《渔岛怒潮》，单簧管独奏曲《牧马之歌》等，六十余首（部）作品获奖。撰有《民歌的激活与创新》等文。1989年随中国作家代表团出访德国。

王　燕（1931— ）

作曲家。辽宁丹东人。原本溪市文化局《文化志》编辑部主任。所作器乐曲《春之舞曲》1960年获全国首届职工文艺汇演"优秀器乐作品奖"，广播戏曲音乐《继母》获辽宁省广播戏曲展播一等奖，戏曲音乐《孔雀东南飞》，器乐曲《闹春耕》，小合唱《拥军优属》等由省电台播出。

王　燕（1965— ）

女音乐教育家。河南濮阳人。毕业于星海音乐学院小提琴专业。广州市白云区少年宫小提琴教师。培养众多少儿小提琴手，在小提琴考级中均取得优良成绩，参加香港、澳门及各省市比赛获奖30余项。2006、2007年连续两年被广东省音协评为广东省优秀音乐家并被少儿小提琴教育协会聘为比赛及考级评委。发表有《浅谈少儿小提琴启

蒙教育》《教学生练琴中如何掌握要领点滴体会》等文。

王　燕（1971— ）

女高音歌唱家。山东人。于1987年考入烟台艺术学校主修声乐、舞蹈、戏剧表演。1997年毕业于中央音乐学院声乐歌剧系，后考入中国歌剧舞剧院。先后师从郭淑珍、美国歌唱家琼·道勒门、德国女中音歌唱家玛土·施米格和拉奇。曾获文化部"新人新作"声乐比赛美声组二等奖，第九届青年歌手电视大奖赛专业组银奖，首届"金钟奖"和莫斯科"德尔菲"国际声乐比赛女声部第一名。曾应邀赴日本举办个人独唱音乐会。2002年参加在维也纳金色大厅的中国新年音乐会，2008年在北京奥运会闭幕式中演唱《梦幻》和在奥运征歌中演唱《走进东方的梦》。在音乐剧《花木兰》中饰花木兰，在歌剧《杨贵妃》中饰杨贵妃，《日出》中饰陈白露，《法斯塔夫》中饰那奈塔。

王　羊（1932— ）

作曲家。黑龙江富锦人。1948年参加革命，1956年毕业于前东北音专作曲系研究生班。历任沈阳音乐学院、哈尔滨艺术学院、哈师大艺术学院作曲理论教师，省戏剧音乐工作室创作辅导员，省歌舞剧院创作员、管弦乐团团长。发表《我的兴安，我的爱》等百余首歌曲，获奖十余首。舞蹈音乐四部，《铃兰花》1986年获省舞蹈比赛音乐创作二等奖。为电影、电视剧、广播剧作曲二十余部。电视连续剧《萧红》1991年获天鹅杯一等奖。歌剧《山花烂漫》获1979年文化部二等奖。龙江剧《花木兰传奇》音乐获1994年文化部"五个一工程入选作品"、1995年获第五届"文华奖"。

王　洋（1972— ）

指挥家。江西萍乡人。本科毕业后曾在中央音乐学院指挥系进修一年。南昌大学艺术学院副教授。所指挥的曲目曾多次获得中国广播电视学会、江西省文化厅等单位举办的声乐大赛一等奖。多次参加一些重要演出。发表《儒家音乐思想价值的倾向》等文数篇，出版个人唱片专辑《用生命歌唱》，编撰有《合唱与指挥》《中外艺术歌曲赏析》。

王　瑶（1963— ）

女音乐教育家。山东烟台人。山东艺术学院音乐系钢琴教授。1984年毕业于山东艺术学院音乐系。撰有《钢琴教学撷拾》《诠释音乐的法则》《钢琴教学中的薄弱环节》等文。曾获"省教育厅、文化厅优秀论文"一等奖三项、二等奖四项、三等奖一项、优秀奖二项。1998年被教育部授予"全国优秀教师"称号。

王　怡（1925—2005）

音乐编译家。辽宁新金人。1949年东北师范大学音乐系肄业。曾任人民音乐出版社编辑，译有多部音乐书刊。曾在北京市外国企业服务总公司教学部任教。

王　怡（1964— ）

女小提琴演奏家。陕西西安人。甘肃省艺校高级讲

师。1981、1985、2000年先后毕业于甘肃省艺校、西安音乐学院、中国音乐学院。撰有《应重视琴童的合奏与重奏训练》等文，其中《音乐学科的教学目标》《简论弓弦乐器"泛音"训练》获中国中等教育学会第十五届年会论文二等奖。2002年参加全国中等专业学校器乐大赛获小提琴专业组一等奖。指导的学生多人在全国、省级比赛中获一、二、三等奖，本人多次获优秀指导教师奖。

王 乙（1919—2002）

二胡教育家。江苏吴县人。1956年入上海音乐学院任教，教授。曾任音协上海分会理事。学生有闵惠芬等。

王 易（1929—已故）

作曲家。湖北武汉人。1948年入湖北师范学院音乐系学习。1957年毕业于中南音专作曲系。曾在湖北省歌剧团工作。作有电影《地下航线》《渔童》等音乐。

王 毅（1953— ）

女扬琴演奏家。重庆人。曾进修于天津音乐学院，1985年入中央音乐学院主修扬琴获大专文凭。1972年入重庆市曲艺团学习扬琴及古筝演奏，后历任该团演奏员、团长。曾参加全国曲艺调演，先后三次获伴奏一等奖。1988年在重庆举办"王毅扬琴独奏音乐会"。多次组织重庆民乐团举办大型音乐会。移植扬琴协奏曲《梁祝》（合作），创作扬琴独奏曲《川江叙事曲》《布谷鸟迎春》等。

王 翼（1923— ）

定音鼓演奏家。北京人。曾就学于中国大学历史系、辅仁大学心理系、华北联大音乐系。历任华北联大文工团、中央实验歌剧院、中国歌剧舞剧院演奏员。

王 寅（1962— ）

小提琴演奏家。上海人。先后毕业于解放军艺术学院和南京艺术学院音乐系。南京军区政治部文工团乐队演奏员、乐团首席，并担任南京艺术学院小提琴教师，培养一批小提琴演奏人才。录制有小提琴教学音带，为晚会、电视录音，担任独奏的作品获一等奖。2002年举办个人小提琴独奏音乐会。

王 英（1928— ）

作曲家。辽宁锦县人。1948年起先后在锦州市文工团、辽西省文工团、辽宁省艺术剧院歌舞团、锦州市艺术馆工作，后任副研究馆员。作有歌曲《凌河畔上把歌唱》《革命路上不停留》《领袖号召学雷锋》《思念远方》，小提琴独奏曲《毛主席恩情比海深》《怀念》《唱支山歌给党听》，民乐合奏《社员都是向阳花》《民兵进行曲》。

王 莹（1970— ）

女歌唱家。蒙古族。内蒙古人。天津音乐学院教师。1990年内蒙古大学艺术学院毕业，留校任教。曾获内蒙古自治区"草原金秋"美声专业组第二名。1999年考入天津音乐学院声乐系攻读硕士研究生学位，师从石惟正教授，毕业后留校任教。2001年获第十二届全国少数民族声乐大赛美声专业组第一名。2002年考入上海音乐学院"周小燕国际声乐大师班"。曾与中国歌剧舞剧院合作演出歌剧《拉美莫尔露琪亚》，饰演重要角色。

王 莹（1974— ）

女高音歌唱家。北京人。1997年毕业于解放军艺术学院音乐系声乐本科，师从马秋华，后留校在军艺音乐系任教。2005年随中国艺术团赴法国、荷兰、瑞士等进行艺术交流。2006年在奥地利维也纳金色大厅举办个人音乐会。出版有演唱专辑《军营飞来一只百灵》《走进东方的梦》，DVD音乐电视专辑《爱在天堂》，DVD维也纳个人演唱会专辑《乘着歌声的翅膀》。

王 颖（1922— ）

音乐教育家。四川铜梁人。上海市音乐特级教师。1947年毕业于南京中央大学音乐系，毕业后长期从事音乐教育工作。在上海市幼儿师范高等专科学校（现为华东师范大学学前教育学院）任职并担任音乐教研组组长三十余年，致力于提高学生的音乐素质和钢琴弹奏技巧，培养大批钢琴教育骨干教师。参与编写和主编大量教学效果好的音乐和钢琴教材，幼儿园教师培训教材《音乐基础知识》（两册），幼儿园教师进修教材《音乐》及《幼儿师范音乐课本》10册。

王 颖（1928— ）

作曲家。黑龙江克东人。1947年从事部队作曲及指挥。后在音协河南分会工作，曾任音协河南分会常务理事。作有歌曲《北大仓颂》《前进吧祖国》，歌剧音乐《豹子湾的战斗》（合作）。

王 颖（1963— ）

女钢琴教育家。山东沂水人。沈阳师大戏剧艺术学院声乐钢琴系副主任。1988年毕业于沈阳音乐学院音乐教育系。撰有论文《车尔尼钢琴快速练习曲299的教学体会》《如何培养学生公开演奏的心理素质》《谈钢琴教学中学生的个体差异性》等，获东北三省音乐论文奖。

王 颖（1981— ）

女二胡演奏家。河北定州人。毕业于中央音乐学院附小、附中和大学本科民乐系二胡专业，师从严浩敏教授。在校期间，经常参加国内外的演出活动并担任二胡独奏，2003年参加央视新年晚会。曾获全国少儿民乐比赛幼儿组二等奖、河北省"建设杯"儿童乐手二等奖、全国首届民乐独奏观摩赛优秀奖、全国第一届"天华杯"少年二胡比赛一等奖、全国青年二胡比赛一等奖、全国第三届中国音乐"金钟奖"二胡比赛金奖。

王 影（1950— ）

歌词作家。广东人。广州市《小艺术家》杂志社社长、主编。广东省义务教育课程标准《艺术》实验教材主编，广州市小艺术家艺术团团长，广州市音协理事。曾任广东省惠阳地区文工团演员、创作员。后调入广州市文艺创作研究所从事歌词创作。1986年毕业于广东省首届高等教育自学考试中山大学汉语言文学专业。作有大量歌词，并多次获得全国、省、市奖项。其中少年合唱组曲《椰岛少年》获广东省大中型专业音乐作品创作奖。出版歌词专集《原野上的风》，多首作品被收入中小学音乐教科书。

王 永（1927— ）

指挥家。辽宁庄河人。1945年入东北八路军四纵队。历任纵队宣传队演员、三弦、小提琴、单簧管演奏员，乐队小队长。1952年先后任解放军军乐团、内蒙古军区军乐队指挥、队长。曾被选送到中央乐团和中央音乐学院进修。1964年毕业于解放军总政上海指挥训练班。任工程兵文工团指挥、副团长。指挥曲目有交响乐《沙家浜》，舞剧《白毛女》《红色娘子军》，小提琴协奏曲《侗乡情》及多首舞蹈音乐。

王 勇（1934— ）

作曲家。回族。安徽颍上人。安徽省政协委员、阜阳市音协主席、市艺校校长。1965年毕业于中央音乐学院（函授）理论作曲专业。参与中唱录制《安徽民歌集锦》系列唱片和《中国民歌集成·安徽卷》的编辑工作。创作发表有大量声乐、器乐作品，为四十余部歌剧、戏曲、舞蹈、电视片作曲、配乐、指挥。作有组歌《唢呐声声迎虎年》，套曲《小姐爱上货郎》，古筝与乐队《农家抒怀》，吹打乐《欢腾的骡马行》，电视剧音乐《钟声又响了》，音乐风光片《歌甜舞美颍河情》及声乐曲《顺着这条绿色的路》等。

王 勇（1956— ）

笙演奏家。山东平原人。南京市民族乐团演出办主任。1996年就读于南京师范大学文艺管理专业。曾任南京市杂技团演奏员。2004年赴台湾参加"千禧岁末音乐会"任声部首席，2004年赴维也纳参加"新年民族专场音乐会—金陵寻梦"任声部首席。

王 勇（1961— ）

钢琴教育家、音乐活动家。湖北荆州人。广州爱乐乐团艺术培训中心总校校长。1986、1998年先后毕业于武汉音乐学院音乐教育系、华南师大音系。曾任广东外语艺术职业学院、湖南艺术专修学院客座副教授。合著《钢琴电子琴考级教程》，著有《八孔竖笛教学法》，编著《中小学音乐教学法》，撰有《电子琴在中小学课堂教学中的运用》于1993年获全国电子琴教学研讨会一等奖。出版有《钢琴、电子琴教学》VCD。多次策划组织广东省艺术大赛、第十届全国推新人大赛广东总决赛等活动。曾连续5次获广东省年度"优秀音乐家"称号。

王 羽（1929— ）

钢琴教育家。河北遵化人。上世纪五十年代毕业于上海音乐学院，曾任该院附中副校长。作有钢琴协奏曲《跃进的河南》（合作）等。

王 羽（1931— ）

单簧管演奏家、教育家。吉林人。1957年毕业于上海音乐学院进修班。先后任西安电影制片厂乐团演奏员、西安音乐学院教师。曾参加百余部电影及唱片录音。编著有《单簧管初级教程》《单簧管五声音阶实用练习》及论文《单簧管基本功训练与生理现象》。众多学生在全国及省从事专业演奏、教学，并在各级比赛中获奖。

王 远（1951— ）

女声乐教育家。浙江新昌人。先后毕业于哈尔滨师范大学音乐教育系和中国音乐学院歌剧系。江苏南通大学音乐系教授、南京师范大学音乐学院兼职硕士生导师。在《中国音乐》《人民音乐》等期刊上发表学术论文二十余篇，出版学术著作2部，主持省级课题《江苏省人文社会科学研究项目》。获黑龙江省政府、省委宣传部等7家单位颁发的"园丁奖"和黑龙江省教委、教育学会科研成果二等奖。培养了大批声乐学生，有的在省、市及全国声乐比赛中获奖。

王 岳（1918—1995）

作曲家。上海人。"七七"事变后，赴陕北入抗日军政大学学习，毕业后入延安鲁艺二期音乐系学习。后随抗日军政大学一分校挺进敌后，历任抗日军政大学一分校文工团副主任、胶东胜利剧团副团长。曾任河南省音协顾问、省吉他协会名誉会长、河南省音协副主席。作有《晋东南进行曲》《山东进行曲》《走向新中国》等七十余首抗战歌曲，发表有《晨歌》《祖国》《绿城美》等歌曲，部分作品获省级奖。出版歌曲集《老战士的歌》。

王 悦（1964— ）

女小提琴演奏家。广东广州人。1987获全国小提琴中国作品比赛演奏奖，同年毕业于星海音乐学院，后加入广东交响乐团。曾随团参加在英国皇家芭蕾舞团、德国国家芭蕾舞团、北京国际音乐节、澳门国际艺术节、维也纳金色大厅以及文化部在巴黎举办的中国文化年的演出和在欧洲等地巡回演出。曾与著名小提琴家帕尔曼、大提琴家麦斯基、王健，钢琴家郎朗、李云迪，作曲家潘德列斯基，指挥家韦瑟等合作演出及伴奏。1993年作为广州乐团女子四重奏组成员受邀赴苏格兰。

王 越（1953— ）

作曲家。北京人。1986年毕业于上海音乐学院作曲指挥系。任职于内蒙古歌舞团，内蒙古自治区音协理事。创作音乐作品数百件。作有交响叙事曲《马头琴的传说》，大型民族舞剧《马头琴的传说》，大型民族歌舞史诗《腾飞吧，内蒙古》（合作），室内乐《钢琴变奏曲》，舞蹈音乐《风之光》《草原飘香》《响铃姑娘》，电视剧音乐《愤怒的白鬃马》《情系边关》《青城风采》，声乐曲《我的大草原》《边关情》等。曾获内蒙古自治区艺术创作"萨日纳"奖。编纂出版《音乐知识词典》。

王 云（1964— ）

女高音歌唱家。苗族。贵州人。北京歌舞剧院声乐演

W

员。1984年毕业于贵州省艺术学校。1991年毕业于中国音乐学院声乐系。曾参加第四届全国青年歌手电视大奖赛获民歌专业组荧屏奖。1990年曾随中央电视台全国巡回演出和纪念"七一"演出。录制的歌曲《你我之间》，获北京音乐台当期"歌曲排行榜"第一名。2002年参加北京地区"首届中老年歌手歌唱大赛"，获十佳歌唱家第一名。录制出版个人演唱专辑《玫瑰花开了》。

王 芸（1951— ）

女音乐编辑家。回族。北京人。1971年考入山西大同雁北文工团，1977年考入山西大学艺术系，1981年毕业后分配到人民音乐出版社。1985年调入中国艺术研究院舞蹈研究所，在《中国民族民间舞蹈集成》编辑部任责任编辑。1991年在中国艺术研究院音乐研究所《中国音乐文物大系》编辑部任责任编辑、编辑部副主任、副编审。该书前8卷于1999年获第四届国家图书奖荣誉奖。1998年合著《文物与音乐》。

王 韫（1955— ）

女竖琴演奏家。四川仪陇人。1973年入天津歌舞剧院学员班。1976年调天津歌舞剧院。1985年入天津交响乐团任演奏员。曾参加大型舞剧《天鹅湖》《一千零一夜》《孔雀恋歌》演出。演奏有肖斯塔科维奇《第七交响曲》、马勒《第一交响曲》等大量中外名曲。参与录制十余部影视音乐。

王 珍（1943— ）

女高音歌唱家。江苏江阳人。1960年入中央冶金部文工团，1964年调入铁道兵文工团。曾师从于李瑞英、喻宣萱。1964年参加音乐舞蹈史诗《东方红》演出，任《南泥湾》独唱B角。在全军第四届文艺汇演中获优秀演员奖。演唱《在北京的金山上》《请喝一杯酥油茶》《彝家热爱子弟兵》《革命熔炉火最红》等歌曲。曾为大型纪录片《沙石峪》，歌舞电视片《英雄的雕像》演唱主题歌。1982年随团赴欧洲及西非11国演出。

王 真（1963— ）

男高音歌唱家、声乐教育家。山东人。西安音乐学院声乐系教师。1985年毕业于西安音乐学院声乐系。后入中央音乐学院声歌系进修。多次举办个人独唱音乐会，录制有专辑《七月里在边区》等。曾获全国聂耳、冼星海声乐作品演唱比赛铜奖，并多次在电视歌手大奖赛陕西赛区比赛中获奖。

王 箴（1928— ）

大提琴演奏家。黑龙江人，1948年毕业于哈尔滨大学音乐系。曾在东北文教队、东北人民艺术剧院、中央实验歌剧院任演奏员，后在中国歌剧舞剧院工作。作有小歌舞剧音乐《养猪姑娘》。

王 征（1960— ）

中提琴演奏家。上海人。1977年入南京军区歌舞团。1981年就学于上海音乐学院。1985年参加英国朴茨茅斯国际弦乐四重奏比赛，获第二名。

王 铮（1946— ）

女古筝演奏家、教育家。江苏南京人。1960年考入上海音乐学院附中，师从浙派传人、古筝名家王巽之。1969年毕业于上海音乐学院。曾任上海歌剧院、上海乐团、深圳青年艺术团独奏演员。多次随团赴西欧及香港等地。1993年由深圳市委宣传部、共青团深圳市委举办"王铮古筝独奏音乐会"。香港演艺学院古筝客席导师。1995年筹建上海音乐学院深圳地区音乐定级考试委员会，任常务副会长。

王 直（1930— ）

作曲家、音乐教育家。山东蓬莱人。中国民族管弦乐学会常务理事、中央音乐学院教授。1948年始从事部队文艺工作。1963年毕业于中央音乐学院民乐系，后到湖北省歌舞剧团。1977年回中央音乐学院民乐系任教，培养大批学生，遍及海内外。作品有民乐合奏《彝族踩跷舞曲》《酉水河畔》《景颇刀舞》，笛子与小乐队《台湾民谣十首》（合作），《钗头凤幻想曲》，电影音乐《秘方》，大型佛经音诗——合唱与乐队《般若波罗密多》，合奏《湘西风情》（合作）获国家二等奖。古筝与乐队《渔舟唱晚主题随想曲》于1984年由法国雅尔电子合成器乐队与中央音乐学院民族乐团合作在首都体育馆参加大型演出。1994年在香港举办古筝作品专场音乐会，口笛《西南风情》（合作）曾在维也纳金色大厅演出。

王 志（1934—已故）

女音乐教育家。安徽巢县人。1955年毕业于西南音专作曲系。曾在新疆艺术学院音乐系任教。编著有《塔塔尔民歌集》。

王 智（1945— ）

音乐教育家。辽宁辽阳人。东北师范大学音乐学院教授，钢琴硕士生导师、教学督导。曾任吉林省音协理事，吉林省手风琴学会副会长。曾就读于沈阳音乐学院附中钢琴学科、沈阳音乐学院钢琴系。后在丹东歌舞团从事创作与配器，作有器乐合奏《扬帆出海捕鱼忙》，歌舞剧《大撸歌》等。指挥合唱《长征组歌》，舞蹈《丰收舞》等。1978年调至东北师范大学音乐系，任钢琴教研室主任、教学系主任。在《艺术教育》《钢琴艺术》等刊物发表论文《钢琴演奏心理障碍的产生与排除措施》《培养良好的钢琴演奏心理》等四十余篇。主编《钢琴演奏》《中外钢琴名曲精选》等四部教材。

王 智（1968— ）

女歌唱家。山东蓬莱人。1988年起进修于沈阳音乐学院。沈阳歌舞团独唱演员。多次为电影、电视剧《黄天厚土》《梁祝》演唱主题歌插曲，为文化部春节晚会、中央电视台"东方时空""综艺大观"、十四大闭幕式大型现场直播晚会、省、市电视台春节晚会及各种大型演出中担任独唱。先后获中国音协《歌曲》主办的首届"成才之路"金奖第一名，全国青年歌手电视大赛三等奖、中央电

W

视台MTV大赛铜奖。1998年随中国文联采风团赴山西采风。

王 中（1930— ）

作曲家。吉林长春人。1948年在东北大学音乐科学习。后入东北鲁艺音工团任黑管演奏员。曾在中央民族歌舞团创研室工作。作有少儿歌曲《小小公鸡》，编有《西南少数民族民歌选》（合作）。

王 州（1971— ）

音乐教育家。福建长汀人。1993年毕业于福建师大音乐系，留校任教，先后任助教、音乐教育系副主任。2002年、2006年分别毕业于日本千叶大学教育学部、福建师大音乐学院。撰有《世界民族音乐课程的哲学基础》《世界民族音乐课程资源的开发与利用》等数篇论文，其中《中国民族音乐集成与音乐教育的课程资源》获中国教育学会音教委员会首届会员论文评选一等奖。合著《世界民族音乐》于2005年获福建省社科优秀成果三等奖。

王 卓（1928— ）

作曲家。山西浑源人。1939年参加抗日宣传队，后入西北战地服务团。毕业于延安鲁艺音乐系。新中国成立后，曾入上海音乐学院深造。《下一代》杂志社社长兼总编辑，辽宁省音协副主席、省儿童音乐学会会长、省民族管弦乐协会主席。作有大合唱《东北好地方》《英雄的高地》，清唱剧《中朝友谊之歌》《大同江之歌》，歌剧音乐《王德胜悔过》《雷锋的童年》，歌舞剧音乐《人参娃娃》《风雪那伦花》，歌曲《放风筝》《梦故乡》，民族管弦乐交响诗《望儿山》及《民主东北》等电影、电视剧音乐。出版《王卓声乐作品选》。

王阿民（1956— ）

作曲家。陕西三原人。陕西省安康地区群艺馆副馆长、陕西音协常务理事、安康地区音协副主席。1990年毕业于西安音乐学院作曲系。创作戏曲音乐8部，其中现代汉剧《马大怪传奇》（合作）获第二届中国戏剧节金奖。作有歌曲专集《安康风情》。近百件音乐作品发表，二十余件（首）获奖或电视台播出，其中歌曲《山妹子》于1995年获文化部全国农民歌手大赛创作二等奖、文化部第五届"群星奖"铜奖，《欢聚在1999》于1999年获文化部全国第九届"群星奖"优秀奖，作曲舞蹈《汉江渔歌》于1999年获陕西省建国50周年优秀剧（节）目展播创作一等奖。

王阿依（1965— ）

女高音歌唱家。苗族。贵州黄平人。1981至1983年在中央民族学院艺术系、贵州艺专学习声乐，1986年毕业于上海音乐学院声乐系。1992年入贵州黔南州歌舞团任演员、副团长。1996年获中国音乐电视大赛铜奖，同年获贵州省"五个一工程"奖、"天马杯"二等奖，2001年获省第二届少数民族文艺调演二等奖。1994年赴意大利、瑞士参加国际艺术节，1997年赴日本参加国际戏剧节。曾参加第五届中国艺术节、西部地区成立十周年、昆明"世博会"、黔南州庆祝建国50周年、"世纪风"等大型歌舞晚

会的演唱等。1998年拍摄音乐电视《吊脚楼的传说》及个人专题《我从山中来》《苗族三姐妹》。

王霭林（1934— ）

音乐评论家。河北乐亭人。1946年入冀东军区鲁艺学习，后入北京、上海音乐院校学习。曾长期从事部队音乐工作。曾在沈阳音乐学院任教。撰有音乐评论文章多篇。

王爱春（1960— ）

音乐教育家。江西人。江西九江师范学校教师。中国音协电子琴学会第二届理事。论文《师范学校风琴教学中不可忽视的几个环节》获第二届全国中师青年教师教学论文评比鼓励奖，歌曲《江南雪》获"江南杯"全国歌曲创作一等奖，《野菊花》获首届全国通俗歌曲大赛创作奖，《忘事的小猴》获全省中师舞蹈音乐创作一等奖。另获江西省中师青年教师讲课比赛一等奖及江西省首届电子琴考级优秀辅导老师，并曾先后获全国电子琴考级评委及全国音乐素养考级评委资格。

王爱国（1952— ）

作曲家。江苏溧阳人。江苏省军区政治部副主任，省九届、十届人大代表。1968年入伍。1979年始发表作品。创作歌曲三百余首，发表、播出近百首。《大秦川》获陕西旅游歌曲大赛优秀奖，《秦淮月》获江苏音舞节银奖，《大地丰碑》获"颂小平、唱广安"全国征歌优秀作品奖。军旅歌曲《排长》《兵丫头》《官兵亲》《爱军报国当好兵》《当兵就是一家人》《军旗追着党旗飞》《我们是雷锋的战友》由中央电视台播出并专题介绍。

王爱康（1956— ）

大提琴演奏家、作曲家。山东人。江苏省歌舞剧院歌舞团副团长。1970年入江苏省戏剧学校。曾为中国唱片公司广州分公司等出版的民族音乐唱片专辑担任编配及演奏，所创作的民乐合奏《竹歌》和《杨柳青》分别获全国第三届民族器乐作品展播比赛一等奖和优秀奖。

王爱琴（1966— ）

女高音歌唱家。河南南阳人。河南大学艺术学院戏剧系副教授。2004年毕业于河南大学艺术学院音乐表演系研究生班，获硕士学位。撰有《浅谈歌唱时的放松》《论声乐教学之道》等论文。1994年获全国歌星双栖明星演唱大赛银奖，1998年获第八届央视青歌赛专业组民族唱法荧屏奖。曾参加中央电视台"神州大舞台""五一特别节目""同一首歌"等演出任独唱。多次参加省内外电视台大型活动及综艺节目演出。曾在歌剧《江姐》中饰江姐、《小二黑结婚》中饰小芹等。

王爱群（1921— ）

梨园戏作曲家。福建泉州人。早年从事抗日戏剧歌咏活动。曾任福建晋江地区梨园戏剧团团长、音协福建分会副主席。参加戏曲电影《陈三五娘》《胭脂记》音乐设计。编有《梨园戏音乐调查研究》。

W

王爱生（1944— ）

演奏家。江西于都人。赣南采茶歌舞剧团乐队队长。1960年进赣南采茶剧团，任司鼓、指挥、作曲。1985年参加《中国戏曲音乐集成·江西卷》编辑工作。1993年进北京演出《山歌情》并任乐队指挥。2000年参加海峡两岸小戏大展台湾地区演出《搭船巧遇》《试妻》并任司鼓、指挥。2001年参加第二届全国少数民族文艺汇演，担任江西代表团赣南采茶小戏《汉哥·瑶嫂》作曲、司鼓，曾获创作银奖，演出一等奖。

王安国（1942— ）

音乐理论家、音乐教育家。贵州贵阳人。1964年贵州大学作曲毕业，后任遵义文工团作曲、指挥。1981年获武汉音乐学院硕士学位，后任教于湖南师大、首都师大，任音乐系主任。教授、博士生导师。1986年为中国音乐研究所特约研究员。发表论文百余篇，著作十余部。中国音协第四、五届理事，理论委员会副主任。教育部中小学音乐课程标准研制组组长。中央音乐学院音乐学研究所学术委员，上海音乐学院客座教授。曾任湖南音协、北京音协副主席。

王安国（1949— ）

作曲家。陕西宁强人。1970年参加文艺工作。1975年毕业于西安音乐学院作曲专修班。曾从事戏剧音乐创作及乐队指挥。后从事群众音乐的组织辅导及民间音乐的收集、整理、研究并致力于音乐创作。副研究馆员。百余首声乐作品在国家、省、市报刊、电台、电视台、音像社发表、出版或演播，并分获省、市一、二、三等奖，省"五个一工程"奖等。2003年在汉中举办了个人作品音乐会。2005年被陕西省文化厅授予全省文化系统先进个人。陕西省音协理事，汉中市音协副主席。

王安华（1943— ）

音乐教育家。四川绵竹人。1966年毕业于中国音乐学院。曾在四川省舞蹈学校任教。撰有《当今世界四大音乐教学法》《音乐对智力的开发》《音乐基础知识》。

王安明（1918—2006）

潮剧作曲家。广东揭阳人。1946年入潮剧团工作，曾任老正顺潮剧团乐队领奏、副团长。汕头戏曲学校教师，音协广东分会副主席，汕头市音协主席。作有潮剧《刘金锭杀四门》《两个女红军》音乐等。

王百灵（1949— ）

小提琴演奏家。四川屏山人。曾任陕西省音协副秘书长兼组联部主任、表演艺术委员会常务副主任。1970年任新疆军区政治部歌舞团小提琴演奏员、第二小提琴首席等职。参加过现代芭蕾舞剧《白毛女》《草原儿女》《沂蒙颂》，歌剧《江姐》，舞剧《江格尔古丽》，长征组歌《红军不怕远征难》及大型歌舞晚会的排练演出。撰写《书目—书海之舟—浅析书目的价值与作用》《〈三通〉解题》《摇滚乐漫谈》《乐耶乐耶》等文章。

王柏龄（1932— ）

戏曲音乐家。安徽阜阳人。曾任安徽省音协理事，合肥市庐剧团作曲。1952年毕业于皖北文艺干校音乐科。先后为《桃花扇》《双锁柜》《花园扎枪》《牛郎织女笑开颜》《金沙江畔》《杜鹃山》《红灯照》等多个剧目编曲。撰有《谈庐剧伴奏和曲牌调高规范问题》等文，编辑和参编出版《庐剧音乐》《庐剧唱腔选》。参加中国戏曲志等三个集成的编纂工作。

王柏同（1947— ）

作曲家。山西晋城人。河南商丘文化艺术学校教务科科长、商丘市音协主席。1966年毕业于山西晋城市戏曲学校，1972、1990年分别进修、函授于沈阳音乐学院作曲系和人民大学群文系。多件音乐作品获奖，其中作曲配器的大型历史剧《睢阳忠烈》，大型现代戏《银河湾》，大型现代豫剧《葡萄梦》分获河南省第三、六、七届戏曲大赛音乐配器奖，歌曲《仰望国旗》《两千年的钟声》均获河南省第六、七届创作歌曲银奖。出版戏曲、民歌、器乐曲录音盒带7盘。

王宝灿（1941— ）

民族打击乐演奏家。山西太谷人。中国民族管弦乐学会打击乐专业委员会副会长，山西绛州鼓乐艺术团总监。1962年毕业于山西省艺术学院音乐系，曾任山西省歌舞剧院民族乐队打击乐首席兼声部长。主编《山西民间锣鼓集萃》，合编《山西锣鼓》，主要代表作《金沙滩》（合作）获"山西省文学艺术基金铜牌奖"，《秦王点兵》获文化部第三届群星奖金奖、全国民间音乐舞蹈比赛器乐大奖，《滚核桃》获一等奖、第二届群星奖银奖，并创作鼓乐《黄河鼓韵》等。曾出访许多国家和地区进行演出。

王宝成（1945— ）

作曲家。天津人。1960年始从事文艺工作。1979年入天津音乐学院进修。曾任河北歌舞剧院歌剧团团长。作有《河北民歌组曲》，电影音乐《巧玉之石》。

王宝芬（1936— ）

女竖琴、钢琴演奏家。上海人。1954年考入东北音乐专科学校钢琴系，毕业后留校任教。1955至1956年，随中国青年代表团赴比利时、法国、摩洛哥、苏联等国演出。1958年起先后任沈阳音乐学院附中钢琴学科副主任，中国广播艺术团合唱团钢琴演奏员，中国广播交响乐团竖琴演奏员。经常为中央电台、中央电视台，北京电影制片厂等单位录音、录像。多次随乐团赴全国各地巡演。

王宝林（1932—已故）

作曲家。山东人。1948年始从事音乐教育及编辑。曾任音协延边分会副主席、省第五届人大代表。作有管弦乐《狂欢序曲》，歌曲《党的光辉照边疆》。

王宝强（1963— ）

单簧管演奏家。山东莱州人。解放军军乐团一队演奏员。1985年入首都师范大学音乐系培训班，师从美国专家学习单簧管。在1998年"国际单簧管音乐节"和国庆50周年"千人联合军乐团"中任单簧管首席。在军乐团首席独奏、重奏音乐会中担任单簧管独奏。出版《单簧管二重奏中外名曲集》，在全国统一曲目业务考核中获第一名。

王宝全（1924— ）

音乐活动家。辽宁丹东人。曾为音协江西分会顾问。曾任省广播电视艺术团负责人、宜春师范专科学校艺术系主任、省电视台艺术顾问。

王宝璋（1935— ）

歌唱家、声乐教育家。山东昌邑人。1964年毕业于上海声乐研究所研究生班。军乐团演出团声乐指导，中国音协咽音艺术教研中心主任、中国声乐学会常务副会长、北京师范大学艺术系客座教授。曾参加全军第一届至第四届文艺汇演，参加全国"三独调演"独唱比赛，均获优秀演员奖。培养有大批学员，其中近百人次参加全国各级各类声乐比赛获奖。将世界"练嗓儿"超技"咽音"用于艺术歌唱，与"声乐教学十六技"融为一体，形成了有规格、有理论、有体系的教学方法。著述有《咽音技法与艺术歌唱》《论"中国唱法"》等。

王宝珍（1935— ）

女歌剧表演艺术家。黑龙江哈尔滨人。1949年开始从事独唱和歌剧表演，曾在大型歌剧《星星之火》中饰李小凤，《王贵与李香香》中饰香香。1953年调沈阳人民艺术剧院歌剧团，在东北三省汇演中曾获表演奖。1954年调中央实验歌剧院，曾主演歌剧《红云崖》《嘎达梅林》《春雷》《两个女红军》等。1981年曾在《救救她》中饰演方媛获文化部直属单位会演表演奖。1996年录制出版演唱专辑《中国歌剧民歌精选》，合作录制出版《中国名家名曲》及《20世纪中华歌坛名人百集珍藏版》。曾应中央电视台之邀录播个人演唱专辑《拔根芦柴花》《扎根于民族沃土》《霜叶红于二月花》等。

王宝珠（1956— ）

作曲家。河北宁晋人。河北省邢台市群艺馆创作员。1994年毕业于河北师范大学音乐系。曾任邢台市京剧团乐队演奏员。所作歌曲《山村小曲》《山里人》《无名星》有的获奖，舞蹈音乐《扇鼓》，电视风光片《牛城情》，电视散文音乐《山妞妞》《我的毛泽东情结》，电视专题片音乐《共和国基石》等。培养的学生有的成为本地区音乐活动骨干，有的进入大专院校学习。

王宝柱（1953— ）

歌词作家。天津人。内蒙古包头包钢技校高级教师。1977、1983年分别毕业于包头师范学院、包头教育学院中文系。在《歌曲》《词刊》等刊发表歌词作品多首。二十余首词作歌曲获省级以上奖，其中《这里的泉水最甜》《草原歌儿甜又香》《青山多姿水多情》《鸿雁高飞》获内蒙古"五个一工程"奖，《山路弯弯》于1989年获文化部中国少儿歌舞创作一等奖，《黄河纤夫》于1994年获全国职工诗歌大赛一等奖。

王保安（1928—已故）

作曲家。辽宁金县人。1950年入中国铁路文工团，曾任该团创作室副主任。先后就学于东北音专、中央音乐学院作曲系进修班。作有歌曲《筑路工人的礼物》《共产主义是我们的理想》。

王保安（1961— ）

演奏家。河南项城人。河南越调剧团副团长。1975年参加工作，1977年始担任司鼓。担任司鼓和乐队指挥的剧目《明镜记》《双灵牌》《吵闹亲家》《七擒孟获》《尽瘁祁山》《远山春雨》《三探老子》分别获中宣部"五个一工程"奖、"文华新剧目"奖、河南省人民政府"优秀文化成果"奖、河南省戏剧大赛金奖"文华大奖"。2003年参加首届"国花杯"全国中青年演员戏剧大赛获"十佳金奖"。

王保华（1956— ）

女音乐教育家。北京人。河北幼师专科学校高级音乐讲师，教务处副处长兼音乐教研室主任。石家庄市音协理事、市艺教委委员。1982年毕业于河北师大音乐系。2004年获硕士学位。所授高师、中师声乐、合唱指挥等课程，多次在省、市优秀课评比中获奖，并在全省同类校展播。发表论文多篇，其中《走出儿童歌唱的误区》《谈音乐教育的范唱艺术》获全国教育教学优秀论文评选一等奖。作有校园歌曲《晨钟》等多首发表并获奖。多次辅导学生参赛的合唱、独唱，曾获一等奖、优秀节目奖。

王保华（1965— ）

女歌唱家、音乐教育家。浙江杭州人。浙江工业大学艺术学院音乐舞蹈系主任、副教授，杭州歌舞团声乐艺术指导。曾就读于北京大学、上海音乐学院，先后师从李厚义、卞敬祖、周小燕。曾获第四届全国高校音乐教师专业比赛声乐组一等奖等多项奖，并多次担任省级声乐比赛、省内文艺单位专业演员考核评委。为演出团体输送了数名研究生和优秀歌唱演员，培养一批青年歌唱家。撰有《态势语言在声乐教学中的运用》等文，主编全国性高等院校音乐教材《大学音乐》，录制《歌唱艺术》等6张光碟。

王葆栋（1954— ）

电子琴教育家。山东青岛人。深圳市电子琴教学中心主任，中国音协电子琴学会理事。1982年毕业于山东师大艺术系。历任中专音乐讲师、电视台音乐编导、中唱深圳公司音乐编辑。1984年转为电子琴教学及研究。所指导的学生和撰写的论文多次在全国、省、市比赛中获奖。所改编的电子琴重奏、合奏《玛依拉》和《送我一枝玫瑰花》被国家教育部艺教委选定为全国中小学电子琴比赛的规定曲目。出版《实用电子琴教程》《电子琴中级教程》《电子琴重奏、合奏曲集》《广东省电子琴考级教程》。

王本惠（1934—1988）

指挥家。湖南溆浦人。1951年入西南军区文工团。

1954年入总政军乐队。1979年在云南艺术学院任教。曾任中国音协合唱指挥学会理事。1986年第二届北京合唱节指挥合唱，获节目二等奖。

王本谦（1955— ）

歌唱家、声乐教育家。福建三明人。任教于福建三明高等专科学校。1982年毕业于福建师大艺术系，后进修于上海、中央音乐学院。演唱歌曲《风，你吹吧》《小桥弯弯》等由省电台、电视台播放并获奖。辅导的学生参加"荣涛杯"歌手比赛多人获奖，本人获"指导教师奖"。作有歌曲《紧紧握住你的手》《叶笛》，舞蹈音乐《海滩上的梦》。撰有论文《浅谈音乐欣赏课的作用》《歌唱的呼吸》《关于师范院校声乐集体课教学的构想》。

王本银（1907— ）

庐剧表演艺术家。安徽肥东人。自幼学庐剧。新中国成立后入庐剧团。曾任安徽省庐剧团副团长。安徽省第二、三届人大代表，政协委员。1954年获华东地区戏曲会演演员一等奖。著有《庐剧音乐》（合作）。

王碧云（1931— ）

手风琴演奏家。台湾彰化人。自幼学习口琴、钢琴、手风琴。曾在上海中华音乐学校学习音乐基础理论课。师从上海音乐学院范继森教授学钢琴。1949年入军委工程学校文工团。1952年入总政歌舞团，从事手风琴演奏。多次随团出访苏、波、捷、罗、朝等国家演出。1988年在美国洛杉矶达拉斯与张国平举办"母子手风琴独奏音乐会"。广播、电视台多次播放全家五重奏节目。被誉为"手风琴之家"。第三届全军文艺汇演获优秀表演奖。第四届全国人大代表。第五、六、七、八届全国政协委员。

王彬林（1959— ）

唢呐演奏家。山东莱芜人。山东歌舞剧院常务副院长、演奏员，山东音协副主席。1984年毕业于山东艺术学院音乐系。曾于1982年获文化部全国民族器乐观摩演出表演奖。出版3盒唢呐专辑，收入《一枝花》《百鸟朝凤》《打枣》《观花灯》《春的呼唤》等乐曲20首。中央、山东电视台多次播放其作品，山东电视台曾录制播放"青年唢呐演奏家王彬林的演奏艺术"专题节目。曾作为政府文化交流成员赴新加坡、澳大利亚、韩国、日本、奥地利、马来西亚、肯尼亚访问。参与策划众多省大型文艺晚会，曾被中央电视台聘为"巨人教育杯"2009CCTV民族器乐电视大赛评委。

王秉璘（1932—已故）

作曲家。新疆伊犁人。1954年毕业于西北艺专音乐系。曾任新疆文化厅木卡姆研究室副主任。作有歌曲《在领袖身边》《雪莲花开在冰峰上》，合作编有《新疆民间歌曲选集》（六卷）。

王秉锐（1935— ）

声乐教育家。回族。山东济南人。1960年毕业于中央音乐学院声乐系，曾任该院声乐歌剧系副主任、副院长、教授，中国民族声乐学会会长。

王秉信（1956— ）

低音提琴演奏家。黑龙江哈尔滨人。1974年任海政歌舞团交响乐队低音提琴演奏员，1979年任低音提琴首席兼中、大、低声部大声部长。1974年起多次参加全国全军文艺调演及重大庆典演出活动。曾赴香港、澳门、俄罗斯、泰国等国演出。1997年起先后担任中国音乐学院校外考级专家评委，清华大学、北京大学艺术团艺术指导，全国大学生特长考试专家评委。2003年应邀担任中央音乐学院管弦系低音提琴专业教师。

王秉义（1933— ）

笙演奏家。山西榆次人。笙专业委员会荣誉理事、黑龙江省民族管弦乐学会理事。1949年从事部队文艺工作。1958年转业北大荒。1962年调入哈尔滨歌剧院。上世纪60年代创造笙腹颤音呼吸技法。曾兼任哈师院艺术系教师。创作演奏《思乡吟》等笙独奏曲，编有《笙演奏法教材》。发表学术论文多篇，其中《笙的腹颤音技巧探析》获第三届哈尔滨"天鹅文艺奖"论文创作奖，《笙的口内技巧与语音》获中国音协民族管乐研究会"优秀论文奖"。著有《龠文化与笙艺术研究》，被国家图书馆收藏。

王炳灿（1957— ）

作曲家。河南漯河人。河南越调剧团艺术室主任。1983至1985年分别结业于长春电影制片厂"歌曲作法"、安徽省艺校"和声学"函授部。作有《七擒孟获》《申凤梅》《尽瘁祁山》《远山春雨》《老子》等二十多个剧目及多台文艺晚会。创作歌曲、器乐曲、戏曲联唱、小品数十个（件），曾分别获文化部"音乐奖"、河南省"五个一工程"奖、"优秀艺术成果"奖、河南省戏剧大赛"优秀音乐奖""河南文华音乐奖""配器奖"。

王炳杰（1962— ）

柳琴演奏、教育家。山东文登人。山东艺术学院音乐系副教授，中国民族管弦乐学会柳琴专业委员会副会长。1981、1990年分别毕业于山东艺术学校音乐与山东艺术学院音乐系。曾在济南市歌舞团任独奏演员。撰有论文数篇，其中《柳琴艺术回顾与展望》《柳琴专业教学应掌握的原则》分别获山东省文化艺术科学优秀成果一、二等奖，曾获中国民族器乐独奏大赛第五名，山东首届中青年业务技能比赛一等奖及山东省优秀指导教师奖。2003年赴维也纳金色大厅演出。2004年编创、指导排练的柳琴齐奏、柳琴组合《春到沂河》《毕慈卡欢庆会》在中央电视台播出。

王炳志（1943— ）

歌唱家。福建人。1965年毕业于中央音乐学院声乐系。曾任原北京电影乐团独唱演员、声乐教员。录有电影《少林寺》主题歌《少林、少林》等。1984年起任中国儿童艺术剧院独唱演员、声乐教员。曾任音乐剧《皇帝新装》《青鸟》《月光摇篮曲》《马兰花》声乐指导。1998年后两度赴日本研修音乐剧，任中、日、美合排的音乐剧

《美女与野兽》和原中国青年艺术剧院排演的《三毛钱歌剧》声乐指导，并赴香港参加国际艺术节演出。

王井臻（1933— ）

女钢琴教育家。山东青岛人。1956年毕业于中央音乐学院钢琴系，后任中央音乐学院附中钢琴教师。1965年任甘肃省歌剧团演奏员。1979至1981年任山东省歌舞团演奏员。后在山东艺术学院音乐系任钢琴教授、教研室主任、研究生导师，山东省钢琴协会会长。

王伯华（1937— ）

女歌唱家。辽宁沈阳人。1950年从事部队文艺工作。曾任北京军区歌舞团演员。曾在歌剧《亲如一家》《木匠迎亲》中饰主角，在《长征组歌》中任领唱。

王伯林（1933— ）

音乐教育家。江苏常州人。1957年毕业于上海音乐学院理论作曲系音乐理论专业。曾任同江县中学音乐、美术教师，后在宝清县文化馆从事群众音乐工作，1991年起被聘为常州市戏曲学校器乐班"外国音乐理论知识和作品欣赏课"教师。创作歌曲参加"兰陵音乐会"，为音乐创作干部举办歌曲创作、和声学知识讲座，曾任常州音协理论创作组长。

王采宁（1957— ）

中提琴演奏家。天津人。1975年担任天津歌舞剧院中提琴演奏员。1990年调入天津交响乐团，并组建弦乐四重奏小组任中提琴演奏员。1998年担任天津交响乐团中提琴首席及乐队队长。

王灿星（1954— ）

指挥家。山东泰安人。海军潜艇学院教育技术中心高级工程师。1969年入伍，先后任陆军团、师、军政治部宣传干事和海军潜艇学院教育技术中心主任。曾发表音乐、诗歌、摄影、曲艺等作品百余件并多次获奖。指挥演出《洪湖赤卫队》等多部歌剧、京剧剧目。1986年率战地文工团晋京汇报演出。

王昌达（1955— ）

音乐教育家、理论家。江西兴国人。1977年入赣南师范学院艺术系学习。深圳大学艺术系音乐教研室主任、副教授，中国音教学会理事。发表《试论普通学校音乐教学的研究》等文数十篇，创作音乐作品30余件，专著《音乐审美教育理论与方法》，译著《新版音乐教育学概论》及《大学音乐自修教程》等。独唱《农家乐》由中央电台播放。培养一批中等学校音乐教师，众多学生在全国、全省钢琴比赛中获奖。

王昌盛（1945— ）

作曲家。山西人。1968年毕业于天津音乐学院，曾任太原市文化局办公室副主任，太原市歌舞剧团团长兼指挥。先后指挥过歌剧、舞剧、京剧等。创作中型管弦乐曲《樱花》由山西电台录制播出，并作有多首独唱歌曲。曾为山

西大学艺术系及中学音乐教师进修班代键盘课，并对大型厂矿进行业余辅导。

王昌元（1945— ）

女古筝演奏家。浙江杭州人。1969年毕业于上海音乐学院民乐系。曾任上海民族乐团独奏演员。作有古筝独奏曲《战台风》，改编有《广陵散》《洞庭新歌》等。

王昌芝（1950— ）

女高音歌唱家。河南太康人。1970年毕业于河南大学艺术系。曾在河南省歌舞团工作。河南省第六届政协委员。1985年获全国聂耳·冼星海声乐作品比赛民族唱法铜质奖。

王长翔（1932— ）

音乐理论家。河北乐亭人。1947年毕业于冀东军区鲁艺。1953年入华中师范学院音乐系进修。曾任吉林省群艺馆馆长。撰有《论少儿美育》等。

王长源（1956— ）

大提琴演奏家。湖北人。曾任湖南省湘潭市花鼓戏剧团副团长、湘潭市艺术剧院副院长、湘潭市文联委员兼副秘书长、湘潭市剧协副主席兼秘书长、湘潭市音协弦乐专业委员会副会长、剧院大提琴演奏员。1972年参加专业剧团，组织并参加剧团演出数千场。多次参加全国及省、市文艺调演和艺术节活动。1987年随湘潭市歌舞剧团《深宫欲海》进京参加首届中国艺术节，1994年随湘潭市花鼓戏剧团《筒车谣》进京参加文化部调演并获"文华奖"。

王超慧（1966— ）

女琵琶演奏家。黑龙江哈尔滨人。1991年毕业于中国音乐学院器乐系，2000年毕业于东京艺术大学获音乐学硕士学位。首都师大音乐学院副教授。曾多次参加国内外的大型演出及艺术节。撰有发表《诉——读唐诗（琵琶行）有感》《论琵琶演奏中气息的运用》《授之以技，传之以神》《中日音乐文化交流的历史渊源》等多篇论文。参加《白领公寓》《秋香》等电视剧音乐创作及琵琶配乐。歌曲《漂泊》（作词）2001年获第十一届"孔雀奖"。录制出版《王超慧琵琶专辑》。曾赴朝鲜、日本、挪威、韩国、英国等国及香港地区访问演出。

王超明（1943— ）

作曲家。四川自贡人。曾为四川内江市人民艺术剧院艺术部主任。1965年毕业于西南师范学院。创作的歌曲《专业户夸农行》获"全国首届城市电台优秀行业歌曲展播"一等奖，《中华民族再生的凤凰》获1990年"川南五地市音乐舞蹈专业比赛"创作奖。

王超然（1941—已故）

琵琶教育家。河北晋县人。1962年入天津音乐学院任教，为该院民乐系副主任。撰有《运动生物力学与琵琶基本功训练》《琵琶发音与音色》，乐曲有《草原雄鹰》。

王朝刚（1953— ）

手风琴教育家。甘肃景泰人。中国音协手风琴学会常务理事。1974年毕业于甘肃师范大学音乐系。西北师范大学敦煌艺术学院艺术教育研究室主任。发表论文《手风琴学习中钢琴技能的迁徙与干扰》《手风琴基本技巧概说》《手风琴触键技巧教学要点》《重复与练琴》等三十余篇。其中《放松的机制》《练琴心理及其相关因素》获中国手风琴教师学会科研成果奖一等奖。

王朝相（1936— ）

音乐教育家。河南禹州人。曾任武汉体育学院副教授。1956年毕业于河南高等师范专科学校音乐班。作有歌曲《北京，战士心中的城》，歌剧《一块银元》，专题片《轻舟一叶》，电视艺术片《虎跃年华三楚乐》，电视连续剧《兰兰的路》，报告文学《人生跑道上的交响曲》，音乐专著《中国古典名曲评介》《中国古代诗词歌曲音乐赏析》。任世界名著系列丛书《世界名著历险故事大观》《世界名著科幻故事大观》等副主编。

王晨湖（1939— ）

歌词作家、音乐编辑家。江苏人。上海音乐文学学会顾问。1958年开始业余诗歌、歌词创作。1974年至1977年始在上海音乐学院作曲系任歌词创作，1977年调上海文艺出版社任编辑。先后参与《工农兵歌声》《儿童歌声》《音乐爱好者》《歌迷》等刊物的编辑工作。任《中国民歌》（四卷本），《中小学音乐教师手册》《贺绿汀全集》《学琴日记》等三十余种音乐书籍的责任编辑。先后发表歌词作品近三百首，音乐文学评论文章四十余篇。《希望之光》《流萤》《我们去寻找春天》《快乐的小队》等四十余首歌词获奖。

王成惠（1953— ）

女歌唱家。重庆人。四川省歌舞剧院独唱演员。1972年入四川省“五七”艺校（现四川舞蹈学校），由四川音乐学院代训三年。1984年获“蓉城之秋”声乐表演奖并在参加歌剧《格达活佛》中演出获优秀表演奖。曾在歌剧《明月几时有》《旋转的三色柱》《酒干倘卖无》任主角和主要角色，并随四川友好访问团赴日演出，并为电影、电视、电台录音。

王成槊（1967— ）

歌词作家。浙江苍南人。苍南县音协副秘书长，群文副研究馆员。作品曾获第七届团中央精神文明建设“五个一工程”奖、第五届全国音乐电视节目“金童奖”三等奖。词作有《流水，你别急》《咚咚咚》《打开春天的心扉》《山里小妹》《畲家娃娃啊哩啰》《捣衣女郎》。出版《永远的苦楝树》《覆盖》《月亮在海上》《心窝窝里有一片蓝天》等诗、词集。曾受邀为“浙闽边界7县（市）巡迴新春音乐会”“曙光之春·浙闽山海情”苍平鼎两省三地大型元宵电视文艺晚会作词。

王成瑞（1937—2005）

作曲家。安徽庐江人。安徽省文化厅“重点剧目指导小组”副组长、省音协名誉主席、安徽师大艺术学院兼职教授。1956年毕业于安徽师范学院艺术系音乐专业。先后参加中央音乐学院、上海音乐学院“作曲进修班”学习。曾任肥西师范学校音乐教师，安徽省文化厅艺术处副处长、处长、副厅长。作有歌曲《我是公社气象员》《年轻的留学生去远行》《海峡飞来玉蝴蝶》，管弦乐《闹花灯》，电视音乐《滔滔淠史杭》，歌剧《火鸟》（合作），专著《王成瑞歌曲选集》《台前幕后——王成瑞论文随笔选》。

王成祥（1930— ）

单簧管演奏家。山东人。1947年入东北鲁艺三团。1949年在鲁艺音乐系学习。曾任中央歌剧院乐队队长。曾参加音乐舞蹈史诗《东方红》演出。

王成竹（1952— ）

作曲家。吉林长春人。吉林青年音协常务副主席，吉林省音协理事。毕业于东北师范大学艺术系。作有歌曲《长白山组歌》《神奇的长白大峡谷》《我为青春歌唱》《我们的长春》《走进长白大森林》，长春国际汽车博览会主题曲《跨越时空，跨越梦想》，二胡协奏曲《江南思春》，小提琴独奏《飞翔》，电视连续剧《风火晚霞红》主题曲等，著有《曲式学》等。

王承山（1932— ）

作曲家。河北丘县人。1946年始从事文艺工作。曾在河北省话剧院工作。话剧配乐有《红旗谱》《战洪图》《张灯结彩》。

王承圣（1942— ）

音乐教育家。苗族。贵州丹寨人。1963年毕业于贵州大学艺术系键盘乐专业。曾主持社会艺术水平考级贵州考区的工作。创作手风琴独奏曲《彝家赞歌》《铁路修到苗家寨》。编写《手风琴速成教程》。发表有《让音乐创作进入早期教育的构想与实践》《谈中小学音乐教学的选材问题》等文。作有《十月的歌》《金唢呐》《课堂搬到半山腰》等数十首歌曲，均发表或在电台、电视台播放，有的在比赛中获奖。曾主办多期音乐教师培训班，与残疾人艺术班。

王承祖（1934— ）

音乐理论家。苗族。贵州丹寨人。中国少数民族音乐学会理事、贵州音协名誉主席、《中国少数民族艺术词典》综合科主编、《中国民间歌曲集成》贵州苗族分卷主编、北京《发现》杂志社副理事长、《中国民间器乐曲集成·贵州卷》编委。1950年参加工作。发表音乐作品多首。出版有《中小学音乐教师之友》《雷山芦笙乐曲集》《王承祖歌曲选》《黔东南民歌选》《侗歌在巴黎》《歌曲作法教程》等。为影视片《声鼓传人》《鼓楼情韵》等作曲和编配音乐。

王程太（1954— ）

作曲家。江西太和人。1970年入伍，曾任指导员。后入海峡之声广播电台任音乐编辑。1980年毕业于南昌陆军学院。曾任深圳海洋音像有限公司编辑、发行部主任、中国轻音乐学会理事。深圳市非物质文化遗产保护中心办公室主任。作有歌曲数百首及大量歌词。1985年中央电台曾播出1小时音乐会。出版歌曲专辑2本及盒带、唱片专辑，获省以上奖励的有五十余首。作有电视剧音乐《炎黄儿女》，大型声乐剧《年青人的歌》《泰山风情》《云岭姑娘》等。

王澄芬（1948— ）

女小提琴演奏家。江苏人。1960年考入天津歌舞剧院学习小提琴，1962年入该院管弦乐队任演奏员，1985年后任该院管弦乐团二提琴首席，1997年调入天津交响乐团任小提琴演奏员。

王澄泉（1938— ）

作曲家。河南西平人。河南合唱学会副会长，新加坡狮城华乐团名誉主席。曾任河南广播艺术团、歌舞团指挥、编导室主任、副团长。早期毕业于郑州艺术学院，后进修于上海音乐学院作曲指挥系。作有二胡协奏曲《花木兰》，唢呐协奏曲《小浪底畅想》（合作），组曲《风情》，民族交响音诗《兵车行》《岳飞》，管弦乐曲《李自成》等音乐作品。出版《王澄泉合唱歌曲选》及古典组舞《汉风》音乐（合作），为《绿色王国》《沙滩上的金孔雀》等电视剧作曲。曾在新加坡举办民族管弦乐专场作品音乐会《豫乡行》和《中原英豪千秋颂》。

王持久（1951— ）

歌词作家。四川成都人。1980年起先后在成都市艺术馆、四川歌舞剧院、海政歌舞团任音乐文学编辑、创作员。中国音乐文学学会理事。多次参与中央和地方各类艺术活动及文艺晚会的策划、撰稿。作有《古老的歌》《我们的祖国歌甜花香》《众人划桨开大船》《红月亮》等。为《一个中国女孩的故事》《弹道无痕》《刑警队长》《大收藏家》等数十部影视片主题歌及插曲作词。作品多次被中央电视台春节晚会和国家重要活动选用。部分作品被音乐院校选为教材。

王川昆（1928— ）

作曲家、民族音乐理论家。山东平阴人。1949年从事文艺工作，1954年毕业于山东大学艺术系作曲专业，后到山东省艺术馆工作，研究馆员。《民歌集成》《民族器乐集成》山东卷编委，作有歌曲《毛主席带着春天来》等数百首，并撰写有大量文稿，如《五大调音乐研究》等论文。《孔子与韶乐》等发表于美国纽约报刊。为多部歌剧、电视剧谱写音乐。记录民歌、民乐、曲艺、戏剧音乐近千首，其中《采莲船》等四百余首被采用。创作及整理民歌、民乐曲如《剪窗花》《步步高》等三十余首在省及全国获奖，三十余首录制唱片及盒带。

王传东（1940— ）

笛、萧演奏家。山东济南人。中国民族管弦乐学会竹萧委员会顾问。1959年考入中央音乐学院民族音乐系

本科，师从陈重教授和演奏家王铁锤。1964年毕业入中国歌剧舞剧院民族乐团任笛、萧演奏员，管乐声部长。参加《白毛女》《小二黑结婚》《宝莲灯》《小刀会》等数十部歌剧、舞剧的演出，担任其中的笛、萧领奏。先后赴日本、法国、西班牙、以色列、土耳其和香港、台湾等国和地区演出。曾任首都联大中国歌剧舞剧院分校副校长。

王传涓（1936— ）

女声乐教育家。天津人。1961年毕业于中央音乐学院。曾任天津音乐学院声乐系教研室主任。

王传伟（1931— ）

作曲家、指挥家。河北唐山人。原秦皇岛市文化局艺术科科长、社会文化管理办公室主任，秦皇岛市音协副主席。1954年毕业于河北师范学院音乐系。作有歌曲《我爱国旗，我爱太阳》《莫负春光》，舞蹈音乐《海潮》，评剧音乐《红鹰展翅》，电视片音乐《霜叶颂》等作品。指挥有京剧《杜鹃山》《海港》《龙江颂》等。

王春芳（1950— ）

女电子琴教育家。四川成都人。曾任云南省文化馆音乐辅导部少儿部主任。1970年毕业于四川音乐学院附中，1985年毕业于四川音乐学院干修班。编有《少儿电子琴实用教材》《少儿电子琴演奏技巧》《全国电子琴考级作品辅导》。电子琴独奏曲《彝族变奏曲》（改编）获第七届少儿电子琴比赛创作奖。曾多次获全国及云南省少儿电子琴大赛园丁奖、优秀教师奖。曾参与第三届中国艺术节、第五届全国农民运动会、世界园艺博览会等大型活动的开闭幕演出组织活动。

王春生（1928—2009）

长号演奏家。北京人。曾先后就职于中国铁路文工团，天津歌舞剧院。天津音协理事。退休后在天津大学、南开大学、中国民航学院、海军工程学院等学生艺术团担任校外艺术指导。

王春生（1955— ）

小提琴演奏家。天津人。1973年毕业于空政文工团学员班。先后师从张春和、周恩清，曾赴莫斯科音乐学院学习一年。中国歌舞团轻音乐团首席、小提琴演奏员。曾在人民大会堂为美国总统里根夫妇演奏《星条旗》《陕北组歌》，得到高度赞誉。参与演奏的《光辉的历程》获文化部颁发的"新剧目奖"。1998年首次在北京音乐厅演出轻音乐。多次参加中央电视台、北京电视台国庆、元旦、春节等晚会的录制、演出工作。

王淳琰（1950— ）

音乐理论家、作曲家。贵州贵阳人。贵州《音乐时空》杂志社社长、编审。汉语言文学、理论作曲大专毕业。历任《春之声》《苗岭之声》期刊编辑、副主编等职。发表作品数百篇，出版磁带歌曲辑《爱之梦》，歌词选集《高原的风》，歌曲选集《依依握别在深秋》，音乐论文集《音乐对比论》。多篇论文在国家级音乐学术刊物

W

上发表。曾任贵州省文联委员。

王次恒（1959— ）

笛子演奏家。浙江杭州人。1984年毕业于中央音乐学院。中央民族乐团笛子首席、中国笛子学会副会长、文化部优秀专家。1989年获全国民族器乐电视大奖赛二等奖，同年在第十三届世界青年联欢节获笛子独奏金奖，1991和1999年在文化部音乐评比中获优秀演员奖。两度赴美巡回演出并在联合国会议大厅等音乐厅担任独奏，两度赴奥地利金色大厅担任独奏。出版7张个人独奏专辑，7部教学用书及配套光盘。

王次炤（1949— ）

音乐理论家、教育家。浙江杭州人。1983年毕业于中央音乐学院音乐学系。历任中央音乐学院音乐学系美学教研室副主任、音乐学系副主任、副教授、副院长、教授。1998年任中央音乐学院院长。中国音协第五、六、七届副主席，《人民音乐》主编，第十、十一届政协委员，全国政协科教文卫体委员会委员，教育部高等院校艺术类专业教学指导委员会主任，北京音协副主席，萧友梅音乐教育学会会长。论文有《肖邦音乐浪漫主义特征中的民族因素》《价值论的音乐美学探讨》《音乐的结构与功能》《论音乐传统的多层结构》。出版有《音乐美学基础》（合作），《音乐美学新论》《音乐美学》（主编），《歌剧艺术的改革者》等。曾获北京市哲学、社会科学中青年优秀成果奖、全国优秀教学成果国家级一等奖。曾应邀赴日本、港澳台等国家和地区讲学并参加学术活动。

王聪生（1964— ）

音乐教育家。福建长汀人。福建龙岩学院音乐专业负责人。1989年毕业于福建师大音乐系、2003年在福建师大音乐学院研究生进修班学习。撰有《乡土音乐——音乐课的又一切入点》《闽西苏区革命山歌的音乐特点》等论文。改编二胡、古筝与人声《阳关三叠》于1999年获福建省第三届中师文艺汇演一等奖及优秀指导奖。指挥本校合唱团参加省市纪念《古田会议75周年》等大型演唱会，多次指挥校内外合唱团在市合唱比赛中获一等奖。

王萃年（1926— ）

女高音歌唱家。安徽芜湖人。1949年毕业于南京大学（原中央大学），后参军进入华东军区解放军艺术剧院音乐部（前线歌舞团前身）任演唱组长。1956年调总政歌舞团，长期担任独唱、领唱、重唱及教学工作，为本团及军内外培养了大批声乐人才。曾录制歌曲《岩口滴水》《茶林曲》歌曲唱片。1953年参加抗美援朝任中国人民志愿军九兵团文工团员。

王翠英（1933— ）

女音乐活动家。黑龙江双城人。1954年毕业于东北音专作曲系。曾任黑龙江双鸭山市文联副秘书长。作有歌曲《祖国赞歌》，舞蹈音乐《踢毽子》获1954年全国大中学生汇演音乐创作奖。

王大昌（1940— ）

音乐教育家。湖北蕲春人。江西省音协常务理事兼音教委副主任，江西音乐教育研究学会副理事长。1960年毕业于江西师范学院艺术系，后到江西文艺学院音乐系执教。1988年调江西教育学院任音乐系主任。提出过"音色可有自然色彩与艺术色彩之分"理论，分别被收编于全国高师《基本乐科教程》乐理、练耳卷。《论乐音的音色属性及其表现功能》一文被载入《中国音乐学》。四部合唱《万语千言赤子情》获教育部、文化部颁发的"99全国大学生艺术节"优秀节目创作奖。

王大浩（1964— ）

南洞箫演奏家。福建泉州人。泉州南音乐团演奏员、撰有《尺八的改革探索》《泉州地方剧种常用乐器制作及销售》，编著《泉州南音洞箫教程》。1983年研制成功首支低音洞箫。洞箫独奏《怀念》《燕归》《追想》均曾获奖。洞箫笛子二重奏《故乡行》获福建省第八届音舞节银奖。曾赴法国、新加波访问演出，担任独奏。2006年在泉州联合举办"王大浩洞箫独奏音乐会"。

王大来（1944— ）

作曲家。浙江文成人。浙江瑞安市文联副主席。1988年毕业于浙江省广播电视大学。歌曲《树逢甘霖花盛开》获1980年全国少数民族文艺汇演优秀奖，《河上人家》1987年获浙江省业余歌曲作品评选创作一等奖，《东方》1996年获浙江省优秀创作歌曲评选铜奖。

王大立（1948— ）

音乐教育家。广西人。广东小提琴协会理事。1985年毕业于湛江教育学院，先后在湛江师院、深圳翠园中学、行知中学任教。1990年加入深圳室内乐团，同年创建深圳第一中学管弦乐团，并担任指挥。多次应邀赴港交流，并参加法国音乐节、香港回归等重大演出活动。培养近百人考入各类艺术院校。获奖论文及群众歌曲四十余篇（首），其中《音阶游戏在器乐教学中的运用》获2001年国际华人文艺优秀论文奖。

王大立（1971— ）

钢琴教育家。广东陆丰人。华南师大音乐学院副教授。1990至2002年先后毕业于广东艺术师范学校音乐科，华南师大音乐学院钢琴系、硕士生班。著有《电子琴艺术之路》《钢琴基本技巧》《钢琴》等，撰有《钢琴基本技巧训练》《浅谈钢琴的演奏》等文二十余篇。作有歌曲《橄榄绿》，编曲演奏《化蝶》《爱我中华》。曾参加"中国作品专场"钢琴演奏会。作有《叶尔羌河》《骑青马》等获全国、省广播录音节目技术质量三等奖，多次获"优秀园丁奖""优秀指导教师奖"。

王大民（1945— ）

歌词作家、编辑家。河北邯郸人。供职于花山文艺出版社，编审。1977年开始业余歌词创作，已发表大量歌词，出版歌词集《我的太阳》。作品《祖国给我理想》获中央电台广播新歌"每周一歌"评选金奖，1994年被选为国庆45周年全国推荐歌曲。《几年不进山窝窝》1992年获文化部"群星奖"金奖。有近百首（次）作品获省以上奖。曾发表诗歌二百余首、文论随笔三百余篇。曾编辑出版《20世纪中国歌曲集萃》（8册），《田汉全集》（20卷，获"国家图书奖"荣誉奖）等。河北省音协常务理事、省音乐文学学会副会长。

王大鹏（1948— ）

歌唱家。安徽寿县人。1965年毕业于安徽省艺术学校，后入淮南歌舞团任独唱演员。1972年担任组歌《煤城颂》的领唱，参加男声四重唱《我们走在工厂大路上》的演唱。1973年演唱《游击队歌》《真像一对亲兄弟》获淮南市汇演一等奖。1982年演唱《党的旗帜高高飘扬》获市演出一等奖，1992年在市春节电视晚会上演唱《淮南豆腐谣》，后在中央电视台播出。1993年参加中国豆腐文化节演唱《淮南豆腐美》，由海峡之声电台播出，获二等奖。

王大启（1940— ）

民族乐器演奏家。湖北武汉人。中国民族管弦乐学会副会长。1963年毕业于武汉音乐学院管弦乐系。分配至中国广播民族乐团，曾任声部首席，副团长、团长。多年来率团出访欧、澳、亚洲许多国家和香港、台湾地区。组织中国广播民族乐团录制大量广播、唱片、磁带、CD，以及电影、电视、晚会演出活动。1987年参与首届"中国艺术节"开幕式，演出民乐合奏"千人大乐"，并参与组织多次全国性的音乐表演和比赛活动。1997年与李松、张敬添合作改革的胡琴琴轴获吉林省科技进步三等奖、文化部科技进步四等奖。

王大燕（1955— ）

女音乐教育家。湖南华容人。广东省高教音乐学会常务理事、韶关市音协副主席、韶关音乐学院院长、教授。长期担任高校音乐理论教学，培养许多优秀学生。发表论文和音乐作品六十余篇（首），著有《艺术歌曲概论》。参与北师大基础课程中心编写国家标准《艺术教材》11本。歌曲《苍天热土》1991年获中国音协建党70周年全国征歌"优秀创作奖"，舞蹈音乐《喊湖》2004年获湖南省文化厅第四届"三湘群星奖"金奖。

王大瑜（1928— ）

音乐美学家。江苏苏州人。1952年毕业于中央音乐学院管弦系大提琴专业，1961至1962年入南开大学高等物理研修班学习。长期致力于音乐美学研究。2001年应邀在北京中关村中科大厦作题为"谈谈音乐艺术中的形象问题""浅谈科学与艺术的溶合"等学术报告。2001年应邀参加为庆祝清华大学建校90周年李政道博士主持的"艺术与科学国际学术研讨会"，提供论文《牛顿动力学定律与米凯朗基罗的大卫雕像》参加国际学术交流。曾任天津市津南区民盟主委二、三、四届政协常委。

王丹丹（1962— ）

女民族音乐理论家。福建泉州人。1982年毕业于福建师范学院音乐系，后任泉州师范学院艺术学院副院长、硕士生导师、教授。"福建省新建本科高校，新世纪优秀人才计划"入选者。撰有《闽台南音一脉相承》《南曲的旋法特征探析》《南音'腔韵'的艺术特征、表述形态及其价值观》《关于南音传承问题的思考》《从新南曲'咏梅'的创作谈南音的继承发展》等文，编著出版首部高等音乐院校南音教材《中国泉州南音教程》（合作），作有二胡独奏曲《海峡情》等。

王道诚（1946— ）

歌词作家。江苏常州人。1969年毕业于山西大学艺术系，曾任海政歌剧团艺术室副主任兼编导，现任公安部金盾艺术团编剧、导演，公安部专业技术评委会委员。其作词歌曲《蓝披肩海魂》《这里有我的兄弟》《硝烟中的女兵》《红楼鹃》《星星月亮》《在旗帜下》《浦江之夜》，创作或导演的戏曲《金石口》《战乌龙》，话剧《高峰在前》，歌剧《琴箫月》（合作），《红杜鹃》，电视剧《春夜情话》被分别演唱、演出或播映，有的在省、部、全军、全国获奖。

王道尊（1941— ）

音乐教育家。四川成都人。长期从事音乐组织、教育、创作和演出辅导活动。参与或主持各种文艺培训和各类型文艺汇调演。培养一批文艺人才，曾被成都市政府授予"教育先进个人"称号。创作大量各类音乐作品，在全国及地方获奖作品数十件。编辑出版《中国通俗歌曲新作选》《少儿合唱歌曲选》。著有音乐文学专辑《蜀都情》《康巴音画》《梦中的香巴拉》。

王德才（1953— ）

圆号演奏家。满族。天津人。先后担任黑龙江省农场局文艺宣传队、张家口市文工团、艺术团乐队首席圆号、指挥，张家口市群艺馆文艺部主任兼音乐创作。作有歌曲《我是一个怪女孩》《为民宗旨歌》《生命在燃烧》《山里红》等，并获各类奖项。参与创作并演奏圆号二重奏曲《坝上晨曲》。撰有《略谈舞蹈音乐的创作》。完成大量各种风格的MIDI电脑音乐，其中二人台《父子争权》获全国"群星奖"金奖。

王德丰（1958— ）

男高音歌唱家。黑龙江哈尔滨人。哈尔滨歌剧院轻音乐团团长。2004年于哈尔滨文化局中等专业学校表演系毕业。在歌剧《灯与梦》《红珊瑚》《千鹤谣》《江姐》《太阳！气球！》等中扮演男主人公及领唱等主要角色。多次在哈尔滨之夏、新年音乐会、新春音乐会等演出中担任独唱。在国际、国内的声乐比赛中获多个奖项。

王德华（1944— ）

音乐教育家。北京人。1960年在中央音乐学院附中乐器制造专业，1964年毕业于中央音乐学院，后在乐器科工作。撰有《美国鲍德温钢琴的先进技术》《钢琴调律的训练方法》等文15篇。1976年在中央音乐学院开设钢琴调律专业，编写教学讲义数万字，部分章节在《乐器》杂志刊发。2000年出版VCD盘《钢琴调律与维修》。曾为尼克松、

w

撒切尔、金日成、欧盟主席廷德曼斯等访华演出调试钢琴。1986年、1993年先后赴奥地利、德国、日本访问交流和研修。曾任中国乐器协会调律师分会副会长。2002年始任中央音乐学院钢琴调律大专班教师。

王德林（1930— ）

男中音歌唱家。山东蓬莱人。1956年毕业于东北音专声乐系，后入总政歌舞团工作。曾参加音乐舞蹈史诗《东方红》演出。1955年赴波兰华沙参加世界青年联欢节。

王德荃（1955— ）

女音乐教育家。安徽怀远人。1978至1982年就读于西北师范大学音乐系。毕业后在甘肃兰州市少年宫音乐组任教师。撰有《浅谈考级前电子琴启蒙教育》《初学电子琴，家长应注意哪些问题》等。1990年在上海第三届全国少儿音乐智力竞赛中获优秀指导奖。所辅导的学生曾获石家庄第四届"三北"地区少年宫文艺汇演中独唱一等奖。及全国性及省、市比赛多种奖项。

王德荣（1931— ）

小提琴教育家。河北人。沈阳音乐学院小提琴教授，硕士生导师。1945年师从俄籍教授学习小提琴。1947年考取哈尔滨市苏联高级音乐学校。1949年参加哈尔滨文联乐队，1953年调东北音乐专科学校（现沈阳音乐学院），历任讲师、副教授、教授、教研室主任。五十余年培养了大批小提琴、中提琴高级演奏人才。撰有《论演奏感觉与控制能力的培养》等论文。多次出任小提琴演奏比赛评委。

王德文（1932— ）

小提琴教育家。天津蓟县人。1952年入中南部队艺术学院。1960年沈阳音乐学院管弦系毕业。曾入中央音乐学院小提琴专家班进修，后任沈阳音乐学院管弦系主任。作有小提琴曲《西藏音画组曲》《椰林晨光》等。

王德文（1955— ）

作曲家。水族。贵州台江人。1971年任黔东南州歌舞团小号演奏员。1982年结业于湖北艺术学院作曲系，1989年毕业于贵州航大。作有合唱《苗山笑了》《大家来踩鼓》《踩鼓》《木鼓敲起来》，歌曲《敬酒歌》《木叶情》，钢琴独奏《苗寨音画》，分别获金奖、银奖、一等奖、二等奖、中宣部"五个一工程"奖和贵州省政府文艺奖。另有27件作品获省部级二、三等奖。发表歌曲五十余首、论文十余篇，音乐CD12首。主编出版《芦笙情歌》音乐CD专集。2003年被贵州省政府授予"省管专家"称号。

王德志（1952— ）

声乐教育家。河北三河人。1978年毕业于哈尔滨师范大学艺术系，1978年在天津市河西少年宫任文艺部部长。1998年在天津市小红旗艺术学校任校长。为各大专院校、音乐团体输送了专业人才26人，师范院校三十余人。其辅导的声乐艺术表演多次在国内外表演中获奖，曾获首届天津市少年宫系统声乐教学比赛合唱、独唱两个一等奖，

曾获两届"葡萄牙国际小歌手节"童声独唱"国际金奖"和"国际最佳表演奖"。曾组织举办天津市庆祝教师节，"老师您好"独唱音乐会等多项大型演出活动。

王登云（1935— ）

小提琴教育家。山东泰安人。早年毕业于华东艺术专科学校、上海音乐学院。曾任南京艺术学院音乐系管弦教研室主任、系主任。江苏省音协理事、省室内乐学会会长、中日联合钢琴调律学校理事。长期从事小提琴教学，培养学生众多。曾两次应邀赴日本访问、讲学，并组织乐团与日本名古屋交响乐团、爱知艺大交响乐团联合举办"中日千人交响乐音乐会"。发表《人体生理功能与小提琴技巧训练》《略论小提琴音准》等文。编撰《小提琴左手技巧练习》《秧歌舞曲》等教材。

王殿才（1941— ）

歌剧表演艺术家。辽宁营口人。1959年始从事歌剧演唱。曾在河南省歌舞团工作，在《货郎与小姐》《洪湖赤卫队》等歌剧中饰男主角。

王殿槐（1937— ）

作曲家。河北廊坊人。曾任沈阳黎明航空发动机集团公司仪表加电厂工会主席、助理研究员、任辽宁音协二、三、四届理事，辽宁神剑文学艺术学会一、二、三届常务理事、沈阳市文联常委、沈阳市音协副主席。1960年参加全国第三次文代会。创作歌曲近千首，发表作品数百首。1984年由沈阳市总工会出版《王殿槐创作歌曲选》。

王殿相（1933— ）

民族声乐教育家。满族。辽宁沈阳人。1953年入沈阳民间歌舞团。1956年入中央实验歌剧院吉明彩娃声乐学习班进修。曾任辽宁歌舞团声乐教员。

王鼎藩（1929— ）

女钢琴家。福建人。1942年入国立福建音专，随克拉拉·曼哲克（德）学习钢琴。1947年毕业留校任教。1948年赴上海师从马古斯（德）学习钢琴，并在中华音乐学院任教。1950年任职于中央戏剧学院管弦乐队。1952年调中央民族歌舞团。1953年调舞蹈学校。其间曾创建音乐课教研组，培养了一批能弹琴、读谱的舞蹈人才。后在中国音乐学院任教。编著有《钢琴音乐知识入门》共五册。

王鼎南（1929— ）

作曲家。祖籍泉州、印尼归侨。副研究馆员。泉州市文联委员、市音协主席、《中国泉州南音集成》专家委员会委员、泉州南音申报"人类口头及非物质遗产代表作"专家研究组成员。1954年毕业于南京师院音乐系，先后在江苏、福建等地任音乐教师，在剧团、文化馆担任作曲、馆长等职。曾任市人大代表、省音协理事。作有歌曲《县长下乡来》《工厂来了三个姑娘》《海峡风月有深情》《侨乡女》及闽南语歌曲《闽南人的脚步》《唱首咱厝的歌给你听》《狗猴相抵头》（合唱）。

W

王定乾（1928— ）

中提琴演奏家。江西安福人。1945年就读于辅仁大学。1949年入华北大学三部音乐系学习。先后在中央音乐学院音乐工作团、中央歌舞团工作。曾任中央乐团演奏员。曾参加第四、五届世界青年联欢节演出。

王东成（1960— ）

二胡演奏家。江苏省滨海人。盐城市音协副主席。1974年进入江苏省响水县文工团任二胡演奏员。1982年毕业于南京艺术学院音乐系民乐专业，后留校任教。曾任江苏滨海县文化局副局长，后在盐城市文化局任艺术处长。1988年参加《江苏省民族器乐集成·盐城卷》和《盐城曲艺音乐集成》编纂工作。创作歌剧音乐《无花果》和二胡曲《水乡道情》，参加省、市调演并获奖。

王东方（1957— ）

作曲家。河南人。驻马店市音协副主席。新蔡县文化馆馆长、副研究馆员。曾创作百余首歌曲，在省、市发表、演唱或获奖，其中《携手新世纪》获河南省第七届创作歌曲评选一等奖与省第五届"五个一工程"奖。论文二十余篇在各级以上刊物发表或研讨。组织大型文艺活动五十余次，为大中专艺术院校培养输送百余名学生。1992年举办"王东方声乐作品音乐会"。

王东路（1928— ）

音乐教育家。河北高阳人。1958年毕业于中央音乐学院音乐学系。曾任天津音乐学院作曲系讲师兼史论教研室主任。参与编写《中国近现代音乐史》《欧洲音乐简史》。

王冬梅（1962— ）

女高音歌唱家。黑龙江人。1981年考入哈尔滨师范大学音乐系。1993年考入中央音乐学院声乐歌剧系进修班，后借调到中央歌剧院工作。哈尔滨师范大学艺术学院声乐系教授，声乐教研室副主任。1989年获黑龙江省"天鹅杯"广播电视作品演唱比赛美声唱法一等奖，后获第三届全国青年歌手电视大奖赛美声唱法二等奖，省"新人新作"评比演出一等奖。1999年在第十三届比利时维尔维耶国际声乐比赛中获特别奖，2001年获首届中国音乐"金钟奖"声乐比赛一等奖。出版发行《王冬梅演唱意大利古典歌曲专辑》，发表论文《艺术嗓音的回顾与展望》《试论歌唱活动中歌唱者的心理状态》等。

王恩承（1939— ）

二胡演奏家。山东历城人。毕业于山东艺术学校。曾任中国音协常务理事。中国胡琴协会常务理事。1956年参加中央广播民族乐团。曾在吉林艺术专科学校任教。1979年调吉林艺术学院任讲师、教授。出版二胡独奏曲《节日欢歌》《湘韵》《欢乐的牧民》《山村喜讯》等，歌曲《泉城我可爱的家乡》被收入《盛世歌典》，《节日欢歌》参加吉林省首届作曲比赛获三等奖。编撰有《二胡演奏法》。

王恩沛（1937— ）

作曲家。辽宁沈阳人。曾就职于抚顺市歌舞团，并为抚顺市音协副主席。1961年毕业于沈阳音乐学院作曲系。作有歌剧《沧海恨》，歌曲《星和灯亮晶晶》曾获1985年省《小百灵》赛歌作品二等奖，《辽河，我的故乡》获1982年抚顺市歌曲创作一等奖，《罕王醉》获第二届抚顺市艺术节一等奖。

王恩悌（1937—2002）

指挥家。浙江镇海人。曾入中央音乐学院学习小提琴。后在中央歌舞剧院等单位任演奏员。曾任中国歌剧舞剧院首席指挥。指挥有歌剧《月娘歌》，舞剧《文成公主》《铜雀伎》。曾应邀赴美国交流访问。

王恩显（1916—已故）

教育家。辽宁辽阳人。早年就读于吉林高等师范图画音乐科。1940年始长期从事音乐教育工作。1948年入吉林东北大学音乐系任教，后任吉林艺术学院音乐系主任。

王尔村（1965— ）

女柳琴教育家。福建人。中国民族管弦乐学会柳琴专业委员会理事。1985年毕业于福建师范大学艺术系并留校，分别担任琵琶与柳琴专业教师、副教授。1986至1988年曾就读于山东艺术学院音乐系。创设福建高校柳琴专业学科，培养一批柳琴专业人才。

王发仁（1941— ）

音乐教育家。江苏徐州人。中学高级教师。1964年毕业于南京师范学院五年制音乐专修科，后到徐州第一中学任教。所教学生部分成为音乐家。主讲的音乐录像课《多声部训练—校园诗情》获省优秀奖，歌曲《春天阳光多暖和》获省三等奖，论文《对调式体系概念性分析》获省级优秀奖。曾在徐州市教育学院讲授声乐、钢琴、合唱与指挥，为多部大型歌舞音乐配器。

王范地（1933— ）

琵琶演奏家、音乐教育家。上海人。中国音乐学院教授。1957年在莫斯科第六届世界青年联欢节民间器乐比赛中获金质奖章。曾多次赴东德、苏联、保加利亚、蒙古、澳大利亚、新西兰、法国、菲律宾、日本、美国、新加坡、香港、台湾等地演出。专著和论文有《琵琶演奏技术及教学的基础理论》《琵琶右手训练的几个问题》《琵琶右手动作形态和音质的关系》《第一次探索》《琵琶教学语言研究》《王范地琵琶演奏谱》《养和集》等。创作与改编的琵琶曲有《澜沧春晓》《景颇刀舞》《送我一支玫瑰花》《天山之春》《红色娘子军随想曲》等。出版CD唱片有《王范地琵琶独奏曲专辑》《王范地琵琶艺术》。

王方亮（1928— ）

指挥家、作曲家。吉林吉林市人。曾任中央歌舞团团长、中央歌舞团艺委会主任、中国音乐家协会理事。40年代曾任教于冀察热辽联合大学鲁艺学院戏音系，50年代初随中国青年文工团参加第三届世青联节后赴东欧等9个国

w

家访问演出。1952年受组织委托成为第一个国家民间合唱队的指挥与建设者之一。1957年与李焕之同志率领中国北京青年民族合唱团参加在莫斯科举行的第六届世青联欢节合唱，任指挥，荣获金质奖章。60年代调任中国歌剧舞剧院指挥兼作曲，曾指挥《白毛女》《嘎达梅林》等歌剧、歌舞剧。80年代重返中央歌舞团任职，并任文化部艺术专业高级职务评审委员。作品有合唱曲《三十里铺》《蓝花花》等，歌剧《渡江前夜》《韦拔群》《收租院》。著有《陕北民歌合唱集》《南海情歌》。曾获中国歌舞团建团50周年"有突出贡献奖"。

王飞翔（1962— ）

女高音歌唱家。新疆人。新疆军区文工团演员。毕业于解放军艺术学院。演唱的歌曲有《甜甜的歌儿迎宾客》等多首。曾获全军"首届战士歌手大赛"民族唱法二等奖，兰州军区"西北五省'长风杯'舞蹈、歌曲大赛"民族唱法二等奖，新疆"首届青年歌手电视大奖赛"优秀歌手奖。1992年在北京举办个人独唱音乐会。出版个人演唱新疆民歌专辑"阿瓦古丽"（CD），长期为部队基层文化活动做义务辅导工作。

王非非（1965— ）

女高音歌唱家。山西忻州人。中国煤矿文工团演员。1986年毕业于河北师范大学艺术系。1992年入中国煤矿文工团说唱团。曾出版王非非作词作曲并演唱的声乐作品CD专辑《梅》。

王凤岐（1940— ）

音乐学家。河北香河人。1957年入中央音乐学院附中学习，1959年升入该院音乐学系攻读中国音乐史专业，毕业后分配至北京市海淀区文化馆任干事。1984年调中央音乐学院任图书馆常务副馆长。中央音乐学院研究员、音乐教育学研究生导师。曾任"中央音乐学院丛书"副主编、马思聪研究会副会长兼秘书长，《中国音乐词典》等多种辞书责编、副主编。《音乐百科全书》编辑部主任兼乐器分支副主编。编撰出版《简明音乐小词典》。著有《世界音乐简史》《现代音乐鉴赏》等。

王凤桐（1940— ）

音乐活动家。黑龙江桦南人。1964年毕业于哈尔滨艺术学院理论作曲专业。曾任中国函授音乐学院大庆分院院长，音协黑龙江分会理事。

王凤贤（1943—2007）

女音乐教育家。辽宁沈阳人。1964年毕业于沈阳音乐学院附中。曾在国防科委文工团、海政歌舞团任歌唱演员。1985年毕业于沈阳音乐学院作曲专业。解放军艺术学院音乐系副教授。撰文《关于声乐专业视唱练耳教学的思维基点》发表于《解放军艺术学院院刊》。1998年被评为解放军艺术学院首批十佳教员和全军优秀教员。

王凤云（1962— ）

女歌唱家。内蒙古人。自1991年起先后获"人才之

春"青年歌手电视大奖赛优秀奖，全国第七届"双汇杯"青年歌手电视大奖赛业余组民族唱法第一名，全国煤矿系统文艺汇演一等奖，全国产业系统文艺展演金奖，第二届中国煤矿艺术节文艺汇演第一名，全国首届中国音乐"金钟奖"声乐比赛山西选拔赛一等奖，第十届晋、冀、鲁、豫曲艺大赛金奖等二十余次。

王福来（1957— ）

作曲家。山东人。毕业于山东师大音乐系，后为滨州市电视台主任编辑。在省以上刊物发表大量作品，其中《全国各族人民是一家》曾获国家民委主办的民族团结征集奖，《美丽的小村寨》获中国音协主办的音乐创作优秀奖，《采桑忙》由中国唱片录制唱片，其中《扑向这片热土》等多首作品在中央、省电视台播出。1996年出版《王福来歌曲专辑》盒式磁带。2000年出版《王福来歌曲专辑》（二）盒式磁带。曾受文化部及文化厅表彰。

王福立（1943—1986）

擂琴演奏家。山东济南人。自幼随父王殿玉学艺。1963年毕业于中央音乐学院附中。后入中国煤矿文工团。创作并演奏的擂琴曲有《苏三起解》《二进宫》《六畜兴旺》《家乡乐》。

王福林（1946— ）

词曲作家。湖北人。1963年任小学音乐教师，1969年起任中学音乐美术教研组长。曾创作大量校园歌曲并屡获奖项。1979年调入《黑龙江日报》社，先后任《农村报》《老年报》总编辑。出版的音乐作品有盒式磁带《国内首套老年金曲》，CD碟《情》，歌曲集《握着你的手》等，多首歌曲被收入《中国当代著名词曲作家作品选》及《古今中外名歌精萃》。

王福生（1953— ）

手风琴教育家。山东青岛人。曲阜师范大学音乐学院副院长、硕士生导师。撰有《手风琴演奏中的风箱技巧》《手风琴触键的几个基本原则》《论音乐艺术的形象思维》《试论音乐教育与青少年心理素质的优化》《试论器乐教学中的乐感规律》等文十余篇。出版有《外国儿童手风琴曲选》《儿童五线谱入门》《手风琴技巧训练与教学研究》《中外手风琴作品演奏技法与分析》。

王福顺（1938— ）

指挥家。回族。黑龙江齐齐哈尔人。齐齐哈尔市群艺馆副馆长、市音协常务副主席兼秘书长。1960年毕业于内蒙古师范大学艺术系。同年在齐齐哈尔市歌舞剧团任合唱指挥。1969年转入齐市文化局，负责群众文化工作。曾组队参加第五、六届"哈尔滨之夏"，进行专场演出。曾担任《刘胡兰》《洪湖赤卫队》等歌剧的排练指挥。作有歌曲《永远在毛主席身边》。主编《卜奎词报》。

王福田（1943— ）

作曲家。河南永州人。1960年开始从事艺术工作，先后为戏曲、歌曲、舞蹈作曲二百余首。歌曲《悦泉之歌》

《你的情你的爱》参加国家级比赛分获银奖和作曲奖。戏曲音乐《杨靖宇》《祝寿》《县纪委书记》获优秀作曲奖，《金钢岭》《金梅岭》《千古遗恨》《包公卖铡》《假县令巧断奇案》《三上书》《烛光闪闪》《雨夜警笛》在驻马店、信阳地区戏曲会演中获作曲一等奖。

王福增（1922— ）
　　声乐教育家。北京人。1941年留学于日本东京上野音乐学院。1947年毕业于南京国立音乐院。先后任中央乐团、中央实验歌剧院、中国音乐学院声乐教师、中央音乐学院教授。学生有傅海静等。著有《声乐教学笔记》，撰有《微声唱法》。

王甫建（1953— ）
　　指挥家、作曲家。上海民族乐团团长、艺术总监，中国音协第七届理事。1982年于中央音乐学院毕业后留校任教，先后任民乐系副主任、指挥系副主任。1985年率先指挥中央音乐学院青年民族乐团在北京推出民族音乐现代作品音乐会。多次应邀与中央民族乐团、广播民族乐团、台北市立国乐团等海内外民乐团合作演出。作有琵琶与管弦乐队《十面埋伏》，双琵琶协奏曲《断桥》，民族管弦乐《二泉印月》《山歌乐舞曲》等均在海内外演奏。2005年调入上海民族乐团后，在乐团内部进行一系列改革。自2006年起首推专业演出季，其中"上海回响""锦绣中华""大音华章"均入围上海市重大创作项目。

王甫先（1929— ）
　　指挥家、音乐编辑家。黑龙江人。1948年始历任四野160师宣传队、湖南军区文工团、成都军区战旗歌舞团、河南省歌舞团指挥。演出《白毛女》《黄河大合唱》等数十部作品。1989年离休前任河南省电台音乐编辑。组织"八十年代新一辈"等数次大型征歌活动，推介大批新人新作，创设《广播歌选》等名牌栏目。采录歌曲、管弦乐、民歌、民乐约五百余首，撰写《大河咏叹调》等十几篇获奖专题音乐，编辑系列赏析《命运》等中外名曲五十余首。曾任省音协一、二届常务理事、顾问，艺委会副主任，省民间音乐集成编委。

王付林（1945— ）
　　作曲家、歌词作家。黑龙江富锦人。1964年考入解放军艺术学院音乐系。1968年毕业分配到海军文工团，先后任演奏员、专业创作员（作曲作词）、副团长、艺术指导。中国音协第五、六、七届理事，中国音协流行音乐学会常务副会长，中国大众音乐协会副主席，全军艺术专家委员会委员，中国音乐文学学会常务理事。创作词曲作品《太阳最红，毛主席最亲》《妈妈的吻》《祝愿歌》《小螺号》《小小的我》《故园之恋》《相聚在龙年》《都是一个爱》《楼兰姑娘》《香港别来无恙》《步步高》《天蓝蓝海蓝蓝》《故乡情》等。为影视剧《潮起潮落》《儿女情长》《哦，昆仑》《朱德》《刘少奇》《戊戌风云》《父子老爷车》《好汉三条半》《刘胡兰》等创作音乐。改编民乐合奏曲《梁祝》，创作《牛郎织女》民乐套曲，创作电子乐专辑《皇家园林》和十几盘个人作品专辑唱片

磁带。为音乐剧《赤道雨》及歌剧《红雪花》担任作曲。出版《歌星成功之路》《付林歌曲精选》《歌词写作新概念》《流行歌曲写作新概念》《流行演唱声乐新概念》《中国流行音乐20年》《音乐素质660题》等专著。

王付平（1946— ）
　　作曲家。江西萍乡人。大专毕业。萍乡市文联副主席，江西民协副主席，省文联委员，省音协理事。省政协六至七届委员，省民建三至五届委员。1959年入萍矿歌舞团，1960年就读于北京艺术学院。出版有《心中的歌》歌曲集，主编过《祖国山水情》歌曲集，其中《我有一支心中的歌》获全国歌曲创作一等奖。为电视剧《毛主席去安源》等影片作曲。任艺术总监的电视片《梦幻之神——傩》曾获中国民间文艺山花奖银奖。

王付正（1940— ）
　　作曲家。江西萍乡人。南昌市音协名誉主席、市政府参事。出版歌曲集《生活恋歌》《月是故乡明》《风云赞歌》，中央电台、电视台多次播放音乐作品。为《赣水情》《安源风雷》等二十余部电视剧、广播剧、歌剧创作音乐。《盼哥》《长相忆》等二十余首歌曲获中国音协、文化部奖。《上班的小路》《南昌美》等数十首歌曲获省级奖。省音协举办其作品音乐会。多次出任江西省"五个一工程"奖、"金钟奖"等音乐赛事评委及多所院校的客座教授。

王赴戎（1938—2001）
　　作曲家。四川成都人。1956年曾任中央实验歌剧院演员，在歌剧《红梅岭》《金凤树开花》等多部剧目中担任重要角色。1979年毕业于中央音乐学院作曲系，后任剧院创作室作曲。作有歌剧《阳关大道》《印度洋边漂泊人》，舞剧《霸王别姬》《欢庆胜利》等，为儿童剧《长城有个黑小子》、中央台配乐小说《音乐世家》及多部电影、电视剧作曲。发表歌曲百余首，其中儿童歌曲《种太阳》（合作）被选入中华卡拉OK曲库，并被意大利国家电视台录制后作为新年与圣诞节的电视专题片播放。《九九登高》曾随团赴泰国、马来西亚、新加坡等国家演出，《马背天涯》成为亚洲音乐节评选的十大金曲。

王富强（1968— ）
　　歌词作家。四川广安人。先后就读于四川岳池师范、南充教育学院、西南师范大学。历任教师、科学技术情报研究所副所长、报刊副主编等职。现在四川省文联工作。发表歌词、歌曲作品数百首，著有《重塑丰碑》《泛滥的迷惑》《真情真话》《祖国恋》《小平家乡的弄潮儿》等14部诗集、散文诗集、散文随笔集、歌词集、音乐作品集、报告文学集。主编、参编作品多部。四川省青年联合会委员，《华夏文艺家丛书》主编。

王赋智（1951— ）
　　女中音歌唱家。河南郑州人。1970年始从事部队文艺工作。1974年入总政歌舞团合唱队，1976年始在空政歌舞团任演员，并担任独唱、二重唱、女声小合唱演出。1986

年参加全军文艺干部考核演唱《卡门》中的《哈巴涅拉舞曲》及《假日舞会》选曲，被时乐濛等专家推荐为全军女中音第一人。参与策划"跨世纪音乐晚会"及去海岛、边疆为战士演出。

王刚强（1936— ）

古筝演奏家。浙江遂昌人。1961年毕业于南京艺术学院，后留校任古筝教师。1973年调入浙江丽水师范专科学校任音美教研室主任。创作有独唱《瓯江渔歌》，合唱与筝乐队《好一朵茉莉花》，古筝独奏《老簧调》《钧天新乐》《蹦蹦跳》，合奏《百花争艳》（集体），《跃进曲》及筝合奏《迎宾曲》等，部分曲目在中央、省电台录音播出。所著《古筝新韵》由上海音乐出版社出版。

王高林（1951— ）

唢呐演奏家。山西忻州人。幼年随祖父学唢呐。十四岁入山西歌舞剧团，曾任该团民乐队副队长。1982年获全国民族器乐独奏观摩演出优秀表演奖。1984年获山西省优秀演员称号。

王高铉（1935—已故）

作曲家。上海人。1956年入东北师大音乐系作曲专业。曾在吉林省歌舞剧团工作。作有歌剧《报童之歌》《彩云归》，广播剧《孩子啊，你可知道》。

王观宾（1931— ）

小提琴演奏家。山东人。曾任中国电影乐团演奏员。1949年入山东渤海文工团任小提琴、二胡演奏员。1954年毕业于华东艺专音乐系。曾参加《白毛女》《赤叶河》《血泪仇》《王贵与李香香》《刘胡兰》等歌剧，贝多芬《第七交响曲》、肖斯塔科维奇《第十一交响曲》，电影《暴风骤雨》《怒潮》《悼念周总理》《潜海姑娘》的演出和录音。出版有《业余小提琴曲集》。

王官福（1915—2006）

川剧音乐演奏家。四川三台人。17岁以司鼓为业。曾辗转四川各地，被誉为"川剧鼓王"，成都市川剧院鼓师。中国音协理事。作有传统戏川剧高腔《玉簪记》《柳荫记》，现代戏《江姐》《丁佑君》，新编历史剧《夫妻桥》等。曾为第一部川剧电影舞台记录片《川剧集锦》司鼓。1953年参加慰问团赴朝鲜演出。1957年参加整理出版的传统剧目《彩楼记》《玉簪记》《柳荫记》获文化部优秀创作奖。1959年随中国川剧团赴苏联、民主德国、波兰等国演出。著有《王官福司鼓艺术》。

王冠君（1919— ）

豫剧板胡演奏家。河南洛阳人。曾任职于河南省豫剧一团。中国音协第二届理事。曾与豫剧表演艺术家常香玉合作四十余年，创立豫剧常派声腔艺术并创立统一了近代豫剧板胡演奏法。

王冠群（1934— ）

音乐教育家、作曲家。河南商水人。1949年从事部队

音乐工作。1954年毕业于河南师专艺术系，先后在滑县、商水任中学音乐教师。后任河南安阳师院艺术系音乐教研室主任、副教授。八届全国人大代表、安阳市七、八届政协常委、河南省音协理事。获教育部"曾宪梓教育基金"三等奖。歌曲有《唱唱我们共和国》《为建设农村献青春》《登山去》。词作有《万岁！我们的祖国》《这就是我们伟大的党》等。出版有《王冠群歌曲选》。

王冠群（1934— ）

作曲家。天津人。1955年毕业于东北师大音乐系。曾在吉林省文化艺术干部学校任教。曾任音协吉林分会秘书长、《轻音乐》杂志主编。作有歌曲多首，撰短文多篇。

王冠儒（1940—已故）

唢呐演奏家。山东济南人。1953年在中央音乐学院学习唢呐。1962年在中国音乐学院学习音乐基础理论。1959年任中国煤矿文工团民乐队唢呐演奏员。曾在歌舞剧《宝莲灯》《小刀会》《丝路花雨》，以及各类歌舞晚会上担任唢呐演奏。创作有吹打乐《报喜队》《打金钱》，唢呐协奏曲《新社员》等。作有电视剧（编剧）《大山和小桥》《警钟长鸣》，担任电视专题《开拓者的歌》《摇篮曲》撰稿，电视专题栏目《京城不夜天》《走进紫禁城》撰稿。

王光池（1946— ）

歌词作家。重庆人。重庆市沙坪坝区文化馆研究馆员，重庆市人大代表。1969年下乡插队落户，1971年入重庆东风化工厂任子弟学校教师，1987年入重庆沙坪坝区文化馆。1973年开始歌词创作，为《傻儿师长》《山城棒棒军》等多部电视剧撰写歌词。出版歌词集《日月之恋》及合唱歌曲集《希望的太阳》。《日月之恋》《弹月琴的小姑娘》等歌曲在全国获奖。

王光华（1928— ）

音乐教育家。黑龙江齐齐哈尔人。曾为抚顺市教育学院音乐教研员。1953年毕业于东北师大音乐系。曾任抚顺市师范学校、省艺术师范学校音乐教师。主编有《小学音乐参考书》《中学音乐参考书》《辽宁中学音乐教材》，论文《谈情感在音乐教育中的作用》《调查、探索、创新——音乐教学改革实验申请报告》《对音乐教学改革的几点思考》被省教研会评为优秀论文。

王光民（1945— ）

女歌唱家。辽宁人。1960年入中央民族乐团合唱队。1963年赴山东老区演出获文化部二等奖，参加大型歌舞《东方红》和《椰林怒火》、亚非作家会议、"中国革命之歌"、亚运会闭幕式、建党五十周年演出，以及随团经常赴全国各地巡回演出。演出中除参加合唱外还担任领唱、女声二重唱、女声小合唱。曾多次参加中央电视台春节晚会的录音工作。

王光明（1936— ）

中提琴演奏家。重庆人。师从著名小提琴家林氏兄

弟。早年就读北平私立志成中学。1951年起历任大竹军分区文工队宣传员、川东军区文工团团员、解放军军乐团演奏员、中央广播管弦乐团首席中提琴、中国京剧团第一中提琴、中国歌剧舞剧院交响乐团首席中提琴、日坛中学交响乐团教师。先后被授予模范演奏员等荣誉称号，并十多次获得嘉奖。多次应聘于多个国家剧院在国内外演出。

王光兴（1941— ）

作曲家。北京人。黑龙江伊春职业学院教授，伊春市音协理事。1965年毕业于黑龙江大学。主编出版大专音乐课本《视唱教材新编》及《林都放歌》三部歌曲集。2008年出版个人歌曲选《夕阳圆梦》。在《歌曲》《歌海》《校园歌声》《音乐周报》等报刊发表歌曲二百余首，有多首获奖。曾为吉林《华夏词曲作家》杂志编辑部主任，《北方歌词》杂志编委。

王光耀（1933— ）

音乐教育家。河南罗山人。1953年毕业于西北艺术学院音乐系声乐专业，1955年入中央音乐学院进修。后为西安音乐学院视唱练耳教研室主任，教授、硕士生导师。中国音协视唱练耳·基本乐理学会副会长。学生遍布海内外，出版《五线谱识谱基础》《视唱练耳教学法论集》。主编《单声部视唱》（下册）《视唱练耳高考指导》（合作）等。发表论文十余篇。

王光瓒（1928— ）

音乐教育家。重庆人。曾为重庆市中区教师进修学校音乐教研员、重庆音协理事。1955年毕业于西南师范音乐系，后任中小学音乐教师。编有《音乐基本理论》《中小学音乐教材教法》《歌曲作法与教材分析》《合唱指挥》等，曾发表《谈怎样提高音乐教师和教学质量》等文。

王广沅（1931— ）

作曲家、音乐编辑家。湖南衡阳人。1953年毕业于成都艺术专科学校理论作曲专业。上世纪50年代从事民族民间音乐的收集、整理和研究。历任《西南音乐》《园林好》音乐月刊、《四川音乐》《音乐世界》编辑、编辑主任、副主编等职。先后在中央及各省、市级报刊发表《故乡》等声乐作品数百首。《四川民间音乐初探》等研究、评论文章五十余篇，出版《四川工人哨子》研究专辑。曾任四川省第七届人大代表、四川省音协常务理事。

王贵华（1947— ）

单簧管演奏家。北京人。1966年毕业于军艺军乐系，后入总政军乐团。曾任乐队副首席、首席。曾参加音乐舞蹈史诗《东方红》的演出拍摄，数百次完成了礼仪接待外国国家元首的任务。常年下部队、深入边防、工矿及灾区慰问演出。在历届全国、全军调演中多次获奖，其中有黑管三重奏《三个小伙伴》《游击队歌》获表演奖及创作奖。辅导过几十支业余乐团并在比赛中获奖，曾获优秀辅导教师称号。

王桂红（1969— ）

女歌唱家。吉林桦甸人。中国石油吉林油田分公司扶余采油厂科员。演唱歌曲《那一年我十七岁》《妈妈的吻》《光辉照儿永向前》《我爱我的抽油机》分别获石油管理局举办的文艺汇演、爱国主义歌曲卡拉OK大赛、建矿40周年演唱比赛及第三届全国石油职工文化大赛戏曲演唱大赛一等奖、二等奖。获"吉林省优秀企业文艺工作者"、石油管理局"声乐标兵"称号。

王桂娟（1941— ）

女音乐教育家。北京人。北师大实验中学高级教师。1962年毕业于北京艺术学院。曾任北京110中、98中教师、市少年宫钢琴伴奏、北师大实习生指导教师、教育学院分院教研员、教育部教材审定会审读委员、全国五四制中学音乐教材编写者（主编张肖虎、茅匡平）北师大职称评定组成员、东图音乐学校钢琴教师。曾指导学生排练《长征组歌》，在演出及外事活动中多次获奖，并曾获全国音乐知识大赛优秀奖。

王桂岚（1937— ）

女中音歌唱家。北京人。1951年入北京公安总队文工队。1957年入天津人民艺术剧院。1961年入总政歌舞团合唱队工作。曾参加音乐舞蹈史诗《东方红》《中国革命之歌》演出。

王桂滋（1933— ）

歌唱家。山东昌邑人。1949年参军。1954年从事部队文艺工作，次年结业于总政歌舞团声乐训练班。曾任山西省歌舞剧院歌舞团团长兼演员。曾获省首届独唱比赛优秀节目奖、省合唱比赛领唱毛主席诗词《七律·长征》一等奖和省城老年人独唱比赛特别奖。在担任歌舞团团长期间，创作演出《黄河儿女情》获国家"文华奖"，并被评为全省集体一等奖。长期坚持义务辅导群众文艺活动，1999年省文化厅授予"模范老年人"称号。

王国忱（1916—2000）

音乐教育家。辽宁盖县人。1939年毕业于吉林高等师范学校艺术系。1945年始从事音乐教育工作。1960年入哈尔滨师范学院任教，曾任艺术系副主任。

王国良（1963— ）

音乐教育家。河南延津人。1986年毕业于河南大学音乐系，2007年毕业于该校艺术学院研究生部。2002年在郑州师范高等专科学校音乐系任教，教授。撰有《教师基本功大赛》《儿童歌曲的题材与体裁》均获省教育厅二等奖。合作编著《音乐技能与课外活动》《音乐作品分析》等书，另撰有《音乐的治疗作用》《谈中小学器乐教学》《乡土神韵·交响奇苑》《网络音乐的特性及其评析》《漫谈网络音乐》《对高师配器课思考》等文。

王国平（1945— ）

小提琴演奏家。安徽合肥人。1965年毕业于安徽省艺术学院，后入安徽省歌舞团。曾任安徽省小提琴协会副

W

会长。多次在"歌舞晚会""交响音乐会"中担任小提琴独奏、领奏。培养出一批专业小提琴演奏员。1975年在文化部主办的全国"独唱、独奏、重唱、重奏"文艺调演中，合作演奏小提琴二重奏《白毛女》《淮北新歌》。排练演出《毛主席的恩情》《白毛女》，贝多芬《命运交响曲》，李斯特《前奏曲》，德沃夏克《新世界交响曲》及民族舞剧《孔雀东南飞》。

王国强（1935— ）

作曲家、音乐活动家。江西南城人。大专毕业后任中学音乐教员和从事群众辅导工作。1985年任原上饶市文联常务副主席。1981年创作男声小合唱《江西老俵爱江西》被灌制成唱片，并获江西省政府优秀文艺作品二等奖。先后在中央电台、《军营文化天地》《心声》《湘江歌声》、省电台发表、播出作品八十余首，其中获省以上作品奖二十余首。作品有《沿着红军走过的山坡》《当兵的哥哥你莫说走》《打靶》《储蓄所的窗口》《畲家妹子赶花会》《祖国的孩子》《问小苗问大树》《多韵的小雨》等。2008年出版歌曲、歌词集《红土情》。

王国潼（1939— ）

二胡演奏家。山东福山人。1955年考入中央音乐学院附中，后升入该院民乐系，1960年提前毕业，留校任教。1972年调中国广播民族乐团任首席二胡，后任艺术指导。1983年调中央音乐学院任民乐系主任。中国音协理事，香港演艺学院中国音乐顾问。先后应邀赴日、法、英、意等二十余国演出、讲学。曾与北京民族乐器厂技师满瑞兴合作研制方圆二胡、低调粗弦二胡，均获文化部科技成果三等奖。编撰有《二胡练习曲选》《二胡音阶练习》。1992年获国家级"有突出贡献的中青年专家"称号。

王国伟（1957— ）

音乐活动家。浙江瑞安人。1984年毕业于上海第二医科大学，2000年毕业于中央党校函授学院党政管理。曾在瑞安市总工会、工人文化宫任职。市音协副主席兼秘书长、市文联主席。出版《在那遥远的地方》盒带专辑，《草原情歌》CD专辑（合作）。曾多次参加省文化厅、文联等举办的赛事，演唱《撞钟歌》《农机工人下乡来》《江海行》，获优秀奖。为电视风光片《到阿坝州去》演唱主题歌《阿坝行》。组织市各种大型文艺活动如"瑞星杯""大红鹰杯""金猫杯"声乐大赛及"质量之市"文艺晚会等。编辑《瑞安文艺精品选》VCD。曾被评为"全国职工文化先进工作者"。

王海波（1964— ）

女音乐教育家。北京人。毕业于北京师范大学艺术系，后留校从事钢琴教学。后为该校艺术与传媒学院音乐系副教授。发表学术论文数篇。2001年录制《名师教钢琴系列VCD》两套，由人民音乐出版社出版发行。2002年主编《中国钢琴作品教学曲选》并录制CD一张由人民音乐出版社出版发行。2002年举办"王海波师生双钢琴音乐会"，2003年在重庆举办"王海波钢琴独奏音乐会"。

王海峰（1960— ）

音乐教育家。山东栖霞人。连云港师范高等专科学校音乐系主任。1986年毕业于南京师范大学音乐系。曾在连云港中学、连云港师范学院及教育学院任教。撰有《声乐教学中的歌唱共鸣问题研究》《论歌唱中喉咙打开的重要性》《感知、感动、感悟》等文。两次获市教育局嘉奖。

王海民（1955— ）

男高音歌唱家。北京人。1972年入北京市艺术学校学习声乐。1983年毕业于中央音乐学院声乐系。1983年调中央歌剧院任演员，后任男高音声部长。曾在中央音乐学院附中"中国作品声乐比赛"获第一名。1988年在中央电视台举办的青年歌手大赛获民族组荧屏奖。1992年获中国国际博览会"歌王·歌后"大赛第一名。在剧院演出的多部歌剧中饰演主要角色。

王海平（1955— ）

大管、萨克斯演奏家。江苏连云港人。1977年入贵州省歌舞团任首席大管。1982年入上海音乐学院管弦系干部进修班。1990年起在贵州省艺术高等专科学校任教。作有萨克斯曲《秋》《悲歌》。录有萨克斯独奏唱片专辑。曾获贵州省"苗岭之声"音乐节独奏奖。

王海泉（1954— ）

作曲家、钢琴教育家。河南郑州人。河南省妇女干部学校音乐教研室高级讲师。1982年毕业于河南大学艺术学院音乐系。撰文十余篇，大部分获奖，其中《论职业音乐教师的能力构成》于1999年获河南省教委论文评比一等奖，《浅谈音乐编辑的能力构成》于1999年获河南省文化厅音乐论文二等奖。音乐作品多件获奖，其中为戏曲广播剧《桃红时节》作曲获煤炭部文学艺术乌金奖，为戏曲广播剧《九九重阳》作曲获全国电台评比一等奖。曾举办"春之声"等钢琴音乐会。

王海天（1924— ）

作曲家。北京人。曾师从古普克教授学习钢琴。1943年任陕西省第二保育院儿童艺术班钢琴教师。1979年任陕西省乐团作曲，陕西省音协第二届名誉理事。作品有交响序曲《冬夜听书》，管弦乐组曲《西北风情》，故事片《金银滩》音乐（合作），大合唱《延河照样地流》（合作）等。

王海天（1957— ）

歌唱家。河北人。唐山开滦艺术团团长、中国煤矿文联音乐舞蹈协会理事、开滦音协主席。曾师从于沈阳音乐学院李鸿宾教授。1990年获中央电视台第四届全国青年歌手大赛荧屏奖。1997年演唱的歌曲《矿工老哥》获中宣部第六届"五个一工程"奖。2002年获首届中国职工艺术节声乐比赛美声组金奖。2002年赴新加坡参加中、马、新三国歌唱家"星光之夜"演唱会获得金奖。2003年获全国安全文艺汇演金奖。两次获全国煤矿艺术节声乐比赛第一名。2003年被授予"全国煤矿优秀文化工作者"称号。

王海燕（1957—2008）

音乐教育家。吉林人。华南师大音乐系副教授。1974年毕业于吉林艺术学校，后留校任教。1982年毕业于沈阳音乐学院钢琴系。先后任教于吉林艺术学院、河北师范大学。举办个人独奏音乐会。其学生曾在全国、省、市比赛中获奖。曾任全国业余钢琴教育考级评委、广东业余钢琴教育考级评委。曾在国家级等刊物上发表多篇文章。

王海燕（1959— ）

女声乐教育家。安徽六安人。1982年毕业于安徽师范大学艺术系声乐专业。先后在安徽滁州师专音乐系、合肥幼儿师范学校音乐教研组及安徽教育学院艺术系任声乐教师。1988年在杭州举办的全国影视歌曲青年歌手大奖赛中获二等奖，同年在省电视台主办的青年歌手电视大奖赛获教师系列二等奖，1990年在省音协、省电台声乐比赛中获专业组美声唱法一等奖。

王海云（1925— ）

作曲家。山东乳山人。1947年始从事部队文艺创作。1953年毕业于上海音乐学院进修班。烟台市群众艺术馆副研究馆员。作有歌曲《组织起来力量大》《打草辫》《枕边常梦拾海螺》。

王汉光（1938—1989）

作曲家。广西平南人。1963年毕业于广西艺术学院音乐系。曾任广东珠海市音乐学会会长。作有歌曲《今日撑船乐悠悠》《台湾飞来花蝴蝶》。

王汉华（1940— ）

作曲家。江苏扬州人。扬州市音协主席、江苏省音协理事、省文联委员。1963年毕业于南京艺术学院作曲专业。曾任扬州市文艺研究室主任等职。获全国奖及省"五个一工程"优秀作品奖的作品有《采贝》（女声合唱），歌曲《思悠悠，水悠悠》《栀子花呀茉莉花》《江北的云》《又是烟花三月天》《里下河人民爱唱歌》《黄鹤楼送孟浩然之广陵》《我的家在水乡》，舞蹈音乐《琼花赋》。全国文艺集成志书获编纂成果二等奖。为电视艺术系列片《江苏名镇》《天南地北扬州人》作曲。

王汉清（1926—已故）

作曲家。山西沁源人。1938年始从事部队音乐工作。1959年入中央音乐学院作曲系进修。曾任中国电影乐团副团长。作有纪录影片音乐《消灭细菌战》《中国人民志愿军撤军》等。

王和春（1933— ）

小提琴演奏家。辽宁辽阳人。1945年参加通化市文协合唱团在电台教唱革命歌曲。1946年入东北民主联军炮校文工团，参加《血泪仇》《白毛女》《抓壮丁》演出。1949年师从特拉赫顿别尔格学习小提琴。1951年调入总政歌舞团管弦乐队工作，后随赴朝慰问总团演出。曾多次出国访问演出。1961年师从谭抒真学习小提琴。1974年入北

京京剧院西乐队任首席。

王和泉（1950— ）

歌词作家。安徽合肥人。创作发表大量歌词经谱曲被演唱，数十首词作歌曲被录制成唱片及DVD。歌词作品《中华大年画》《年年都唱花鼓歌》《梨花海》《选择》等，其中《再见了，大别山》获中国音乐电视大赛银奖，被评为全国"十大金曲"，并先后入选"中华大家唱曲库"及音乐院校声乐教材。撰写歌舞电视剧《花鼓女》、音乐电视剧《将军的摇篮》文学本，均由安徽电视台拍摄并在央视播出。声乐套曲《大别山抒怀》由吴雁泽录制唱片。出版有音乐文学专集《直面人生》和个人作品DVD专辑《选择》。

王和声（1955— ）

作曲家。河南洛阳人。1971年考入军乐团学习大管演奏专业，1985年考入中央音乐学院作曲系作曲专业，1988年毕业任军乐团创作员。作有《管乐交响诗—圆明园》获1999年第七届全军会演一等奖，独唱《草原夜色美》获1984年全国征歌一等奖，小号独奏《月光下的舞步》，交响合唱《咏梅》等。《号角曲》及《致敬曲》在香港、澳门回归祖国交接仪式上演奏。

王和松（1974— ）

钢琴家。湖北武汉人。曾留学美国，先后毕业于罗斯福大学、芝加哥音乐学院，后在印第安那大学捷克伯音乐学院获钢琴演奏家文凭，在旧金山音乐学院获钢琴表演硕士学位。曾在阿斯本音乐节大师班上随钢琴家 AntonNe1，Frankweinstock 学习。暨南大学艺术学院音乐系副教授。近几年，在国际国内一些重要的钢琴比赛中，有多名学生获奖。

王鹤立（1961— ）

钢琴教育家。河北秦皇岛人。1986年毕业于河北师大艺术系钢琴专业。后在秦皇岛市第二中学任教，1988年始入秦皇岛市青少年宫任钢琴教师、副研究馆员。1993年在河北省青少年宫系统第三届少儿文艺汇演中，获优秀辅导奖。后在历届本系统少儿汇演及全国性少儿钢琴大赛中所辅导的学生均有多人次获等级奖，并多次获优秀指导教师奖，辅导一等奖。1999年被秦皇岛市青年联合会评为优秀青联委员，2001年被评为秦皇岛市市直机关"十行百佳"竞赛先进个人。

王亨德（1944— ）

音乐教育家。浙江人。归侨。毕业于上海音乐学院。原上海乐团演员。1960年作词作曲并担任独唱的《民兵大合唱》曾获"上海之春"创作及演出一等奖全国民兵文艺汇演一等奖。70年代开始从事声乐教学，培养了大批歌唱优秀人才。后从事钢琴教学，近十年来有多名学生获全国性及华东、上海市及地区比赛大奖，并有上百名学生通过了高级别的钢琴等级考试。

王恒奎（1942— ）

音乐理论家。安徽人。四川省文化厅艺委会委员、秘

书长。1958年毕业于中央音乐学院附中民乐学科，1966年毕业于中国音乐学院理论系。曾先后任四川省音乐舞蹈研究中心副主任，四川省文化厅艺术处副处长、处长、法规处处长，中国音协四川分会第四届副主席，《中国戏曲音乐集成·四川卷》和《中国曲艺音乐集成·四川卷》副主编。曾参加第五届中国艺术节等组织工作。撰有《评歌剧〈火把节〉》《评二胡独奏曲〈满江红〉》等文。

王红星（1976— ）

男高音歌唱家。安徽淮北人。云南艺术学院音乐学院常务副院长、硕士生导师。上海音乐学院声乐系研究生毕业，师从陈敏庄教授。曾获第五届中国音乐金钟奖比赛获声乐比赛金奖，第十三届全国青年歌手电视大奖赛美声组金奖，第三十八届意大利贝利尼国际声乐大赛第一名。多刺参加中央电视台春节晚会、同一首歌、心连心、元旦晚会等大型演出。多次成功举办个人独唱音乐会，广受好评。曾获"云南省青年表演艺术家"及"新中国·星云南"民意奖等殊荣。

王红艺（1968— ）

女柳琴演奏家。上海人。天津音乐学院在读研究生。1978年考入济南军区前卫歌舞团，任独奏演员、柳琴首席。1988年毕业于山东师范大学艺术系。1991年调总政歌舞团任独奏演员。1993年应聘兼任中央音乐学院首任柳琴专业老师。1997年任珠海女子中乐团艺术指导、独奏演员。曾出版多张个人柳琴专辑，多次在香港、台湾举办独奏音乐会。曾获"95国际中国乐器独奏大赛"柳琴一等奖。

王红云（1959— ）

女歌唱家。河北唐县人。黄河三门峡水利枢纽管理局宣传中心局文协秘书长，三门峡市音协副主席。曾任三门峡枢纽局业余文工团常务副团长。先后在"全国水电职工调演""全国首届水利艺术节"、河南省"中华大家唱"等声乐大赛中获奖。撰有文章《浅谈演员的表演技巧与艺术气质》《浅谈戏曲音乐的走向》。被授予三门峡市"德艺双馨""百佳模范"称号。曾随团赴比、法、德、荷等国演出。

王宏伟（1972— ）

男高音歌唱家。河南人。解放军总政歌舞团独唱演员、全国青联委员。1984年入伍。1997年任新疆军区歌舞团独唱演员。2000年调入总政歌舞团，1991年考入解放军艺术学院大专班。2000年考入解放军艺术学院研究生班，师从孟玲教授。1997年获全军"战士文艺奖"，1999年获全军第七届文艺演唱一等奖，2000年获第九届全国青年歌手电视大奖赛专业组民族唱法金奖与观众最喜爱的歌手奖，2003年获金唱片奖。多次参加中央电视台春节晚会及全国、全军大型文艺演出。赴意大利、俄罗斯、日本、港澳等地演出。

王洪光（1941— ）

音乐教育家。山东荣成人。1963年毕业于山东艺术专科学校。长期从事音乐教育工作。曾任青海省艺术学校代校长、高级讲师。

王洪亮（1958— ）

歌词作家。山东泰安人。任职于齐鲁石化公司。先后毕业于山东电视大学、中央党校经济管理专业。作有《岁月》《拉起你的手》《珍惜生活》《香格里拉》等。被谱曲的歌词有《同时代的你和我》《儿时的伙伴》《家有老妈妈》《师徒情》等。出版作词歌曲集《听雨》。

王洪鸣（1935— ）

单簧管演奏家。江苏宜兴人。1950年从事部队文艺工作，曾任师军乐队指挥。1952年调总政军乐团，1960年被选派赴上海音训班进修。历任单簧管演奏员、独奏演员、教员。1976年调中国电影乐团，任交响乐队单簧管首席，曾为数百部电影、电视剧录制音乐。1988年随中国广播交响乐团赴意大利、法国、奥地利等国演出。撰有《单簧管音色的探讨》等文，改编《云南山歌》等单簧管独奏曲。曾为北京单簧管研究会理事。

王洪奇（1946— ）

作曲家。天津人。曾为河北保定群艺馆长。1983年入天津音乐学院作曲系进修，师从廖胜京。创作的唢呐独奏《喜庆丰收》获文化部"群星奖"，管子独奏《农家喜事多》获全国民间音乐舞蹈比赛二等奖，《白洋淀边鸭司令》获全国少儿歌曲比赛创作奖，歌曲《你曾说》获全军文艺汇演创作奖。

王洪生（1956— ）

音乐教育家。山东济宁人。济宁市音协副主席。1972年任济宁京剧团小提琴演奏员。1982年毕业于曲阜师范大学音乐系。济宁师专音乐系教授，担任中国音乐史、西方音乐史、音乐美学和小提琴演奏等课程的教学。1995年在中国艺术研究院音乐研究所做国内访问学者。撰有《对音乐心理学定义的探讨》《关于音乐心理学的一些思虑》《论汉斯立克的音乐审美心理观》等文。

王洪霞（1964— ）

女歌唱家。新疆阿克苏人。1989年入阿克苏地区艺校任教，声乐高级讲师。1991年获阿克苏地区"阿克苏之春"文艺汇演"最佳演员"奖。1998年获新疆"新人新作"美声专业二等奖。地区文化局曾在阿克苏文化艺术中心主办"迎新年王洪霞独唱音乐会"。2002年参加文化部教科司在西北片区举办的专业比赛中获二等奖。为地区培养一批优秀艺术人才和音乐教师。

王洪彦（1954—2008）

二胡演奏家、作曲家。黑龙江阿城人。发表多篇论文。曾任职于哈尔滨市群艺馆。1974年考入哈尔滨歌剧院民乐队，先后任演奏员、二胡首席，并担任独奏。演奏的二胡独奏《赛马》《喜唱丰收》被省人民广播电台多次播出。曾指挥排练哈尔滨首届300人二胡演奏会。三十余首歌曲在国际、国内省级获奖，

w

王鸿烈（1932— ）

指挥家。河北新乐人。中国合唱协会常务理事，河北省合唱学会会长。1948年入伍，1958年为中央音乐学院指挥系学生。曾任石家庄市文工团副书记、指挥，评剧团、歌舞团书记兼团长。河北文艺进修学院常务副院长。曾为大、中型歌剧《三世仇》《长岗红旗》《红云崖》《包三黑赶考》等作曲。为《红珊瑚》《小二黑结婚》《江姐》与《沁园春·雪》《盐水谣》等合唱配器并指挥。编著《合唱指挥与合唱知识》。参与策划九届河北省会合唱节，获省"繁荣与发展河北省音乐事业贡献荣誉"奖。

王厚臣（1956— ）

葫芦丝、巴乌演奏家。山东莱阳人。陕西省歌舞剧院演奏员，中国民族管弦乐学会理事。陕西省葫芦丝、巴乌专业委员会会长。师从元修和、陈重、张之良教授。1976年毕业于西安音乐学院。曾多次出访欧洲及亚太地区，担任独奏。编著的《葫芦丝、巴乌教程》《葫芦丝、巴乌辅助考级教程》以及《埙曲集》《笙曲集》均出版发行。创作、发表音乐作品数十首。其中多首被定为考级曲目并在各项赛事中获奖。

王厚光（1948— ）

词曲作家。河南濮阳人。长期领导企业文化工作，曾获"首届石油文学优秀组织者"称号和大庆市"首届文艺奖组织领导奖"等。1968年开始业余词、曲创作，并参加《大庆不是传说》等五部歌集出版前的编选。作有小歌剧《热血红心》，歌曲《铁人颂》《百年大庆世纪辉煌》《油田青年之歌》《油田巾帼之歌》《大庆，我可爱的家乡》《我是油田老物资》等被收入中国文联等出版社出版的三部歌曲集。在中国音协及省文联和音协举办的歌曲创作大赛中，获多项奖励。

王厚林（1949— ）

作曲家、二胡演奏家。湖北天门人。1968年开始从事部队文艺工作，1973年赴总政文工团和中国歌剧舞剧院学习。长期担任部队文工团专职作曲兼二胡演奏。后为天门市音协副主席，从事音乐创作与二胡教学。作有歌舞《双双草鞋寄深情》《采药战士进太行》《英雄李全洲》，组歌《硬骨头六连之歌》《东海演兵》及大型组歌《天门之歌》（合作），歌曲《硬骨头六连战旗红》《月夜练刺杀》《园丁之歌》，器乐曲《学习雷锋》《草原轻骑》等，有的获奖。

王虎鸣（1957— ）

男中音歌唱家。天津人。天津歌舞剧院声乐演员。1991年毕业于天津音乐学院。曾为天津广播影视艺术团特聘独唱演员。2001年，获首届中国音乐"金钟奖"铜奖。后在泰国曼谷举办的"泰国新年音乐会"上获演唱金奖，在中纪委举办的"全国廉正歌曲比赛"中获一等奖。

王华杰（1941— ）

擂琴演奏家。山东人。中国音协擂琴研究会会长，宁夏民族管弦乐学会会长。1955年起师从王殿玉学习擂琴，

多年刻苦钻研传统曲目及开发新曲目，在技法上有所创新。1985年曾参加温哥华亚太艺术节，同年参加加拿大国际艺术节演出。随团赴中非、西非、欧洲、北美洲的数十个城市演出。曾应"香港通利音乐中心"之邀赴港考察。作品有《穆斯林的婚礼》（合作），由中国音像出版社出版磁带和CD。

王华元（1945— ）

作曲家。北京人。1968年毕业于中国音乐学院。曾任宁夏歌舞团团长、音协宁夏分会副主席。作有花儿歌舞剧音乐《曼苏尔》，歌曲《赶山的人儿喜洋洋》。

王化民（1930— ）

作曲家。河南民权人。1953年毕业于西南人民艺术学院音乐系。曾任贵州电视台主任编辑，音协贵州分会常务理事，省政协第六届委员。作有苗族民歌《芦笙情歌》（合作），电视片音乐《苗乡纪行》。

王化耀（1942— ）

扬琴、木琴演奏家。河北唐山人。曾任河北省艺术学校艺术师范科主任。1967年毕业于天津音乐学院扬琴专业，师从郑宝恒。1969年入河北唐山市歌舞团。创作的歌曲《金秋美》在全国广播新歌评选中获金奖，并在中央电台"每周一歌"栏目播出。培养一批演奏人才，有的学生曾获全国少儿民族乐器比赛三等奖。

王怀坚（1962— ）

作曲家、音乐教育家。浙江杭州人。广州大学音乐舞蹈学院副院长，作曲系副教授。1984年毕业于安徽师范大学艺术系音乐专业。曾先后任职于高校音乐系、国企、专业歌舞团、文化局创作室等。创作的音乐作品《忠诚》《祝你成功》《中国走向辉煌》《黄河交响》及音乐剧《迷乱的星空》等分别荣获第八届中宣部"五个一工程"奖、第八届全国运动会"优秀体育歌曲"奖、中国文联"新作品"奖、第六届安徽省艺术节创作一等奖和第二届安徽省艺术节优秀剧目奖等。曾于1997、2008年两度举办"王怀坚声乐作品音乐会"。

王怀健（1952— ）

作曲家。湖北宜昌人。江西师大艺术学院音乐系副教授。1976年在江西省高安师范文艺班学习，1978年起先后在江西樟树中学、宜春地区群艺馆工作。90年代曾在上海音乐学院三年制作曲系干专班及江西师大硕士研究生稿修班学习。撰有《论中国风格音乐作品中新音响的探索》等文。作有歌曲《团圆》《祖国，我爱你》，钢琴曲《山歌》，钢琴组曲《赣风》，合唱《历史的回响》等。曾参与《中国民族民间音乐集成·江西卷》的编撰工作。

王恢南（1931—已故）

板胡演奏家。浙江温州人。1949年始从事部队文艺工作。曾在浙江歌舞团工作。作有器乐曲《晚归》《在农村俱乐部里》《将军得胜利》。

W

王荟年（1928— ）

女高音歌唱家、声乐教育家。安徽芜湖人。中国广播合唱团演员。曾任广播合唱团副团长、声乐教员、北京广播学院艺术专业负责人、中央戏剧学院声乐教师、湖南吉首大学艺术学院声乐教授、重庆涪陵师范学院音乐系客座教授。1953年毕业于中央音乐学院声乐系，师从汤雪耕、陈琳，后又师从苏联专家吉米采娃等。曾参加庆祝建国十周年贝多芬《第九交响乐》，音乐舞蹈史诗《东方红》等演出。为中央电台录制舒伯特《小夜曲》及大量合唱歌曲。在歌剧《萨布罗斯人》中担任男女声二重唱。

王惠然（1936— ）

作曲家、演奏家。浙江镇海人。中国柳琴协会会长。1956年从艺，曾任济南军区前卫歌舞团指挥、艺术指导，珠海女子中乐团艺术总监。首创首演琵琶《彝族舞曲》入选"20世纪华人音乐经典"。作有柳琴曲《幸福泉》《春到沂河》等，其中《塔吉克舞曲》获第三届全国民乐展播一等奖。吹打乐《南疆凯歌》、柳琴协奏曲《毕兹卡欢庆会》分别获文化部调演一、三等奖，琵琶、中阮、二胡曲数十首，获全国全军奖十余项。四弦高音柳琴改革成果获1988年文化部科技进步一等奖、国家三等奖。著有《柳琴演奏法》《王惠然柳琴作品集》《柳琴考级曲集》，撰有《柳琴改革及柳琴艺术之发展》，出版有光碟《王惠然合奏作品集》《柳琴与交响乐》等。

王慧筠（1937— ）

女声乐教育家。黑龙江齐齐哈尔人。1963年毕业于哈尔滨艺术学院声乐系，曾任该院音乐教育系声乐教研室副主任。

王慧康（1936— ）

音乐教育家。北京人。1951年随解放军政治部文工团赴朝鲜从事部队文艺工作。1963年毕业于中央音乐学院，后在南京部队任职。1983年调中国大百科全书音乐卷。曾主持崇文区音协的筹建，并任副会长兼秘书长。多次举办"音乐教育改革""国内外音乐信息"等专题学术讲座。组织、辅导和举办各种音乐活动。发表论文《试谈音乐教育的现状与改革》及其它音乐文章。

王慧林（1964— ）

女音乐教育家。辽宁大连人。大连市沙河口区教师进修学校音乐教研员，中学高级教师。1984年毕业于沈阳音乐学院师范系，同年任大连市实验中学音乐教师。2003年毕业于辽宁师范大学教育科学研究院，获教育硕士学位。撰有《音乐课应该突出音乐艺术特点》等文。其中3篇获国家级奖、6篇获省级奖。曾获辽宁省音乐教师教学基本功比赛奖，被大连市音协评为首届全国音乐考级大连优秀指导教师。

王慧中（1942— ）

笙演奏家。天津人。中央民族乐团原首席笙。36簧方笙改革者之一，并创立36簧方笙独奏艺术。作有《草原欢歌》《傣乡风情》获文化部比赛一等奖，并被台湾国乐大赛指定为决赛曲目。曾参加香港中国吹管乐大师演奏会，用笙吹奏《野蜂飞舞》有独特技巧。被文化部聘任为业务考核评委、全国民乐大赛评委。

王积福（1931— ）

歌词作家。四川成都人。长期任职于中华全国总工会文工团，曾任歌舞团团长、创作室主任。出版歌词集《柔与刚》。词作有《好久没到这方来》《青春的旋律》《咱们的俱乐部》《工人篮球赛》《印染工人多快活》《川江船歌》《沸腾的葛洲坝》。影视歌曲《爱得死去活来》《深流》以及通俗歌曲《喊和唱》《水和月》。

王积应（1943— ）

作曲家。重庆人。曾任綦江县文化馆副馆长、重庆市合唱协会理事。多年从事民间音乐收集、整理、舞蹈音乐创作、川剧音乐设计及业余歌手的辅导。1965至1979年在川剧团担任乐队指挥和作曲。1979年起从事群众文化工作。作品《重庆火龙》《打酸枣》分别获文化部群星奖银奖、优秀奖。《丁丁猫·红爪爪》获文化部蒲公英奖银奖。大量作品在各级刊物上发表或在演出中获奖。

王基笑（1930—2006）

作曲家。辽宁丹东人。河南省音协名誉主席，中国戏曲学院客座教授。1948年春参军从事军旅音乐工作，任手风琴等多种乐器演奏员、乐队指挥、作曲。1955年专攻戏曲音乐。曾为《朝阳沟》《红果红了》等百余部新编豫剧作曲。为《红雨》《少林童子》等18部电影，《唢呐情话》《包公》等百余部（集）电视剧、广播剧作曲。出版《豫剧音乐概论》等15部。1980年赴香港考察，1990年中国音协派往罗马尼亚考察访问，1997年赴美国访问讲学。曾任中国音协第三、四届常务理事，河南第四、六届省人民代表及政协委员，河南省音协主席、省文联主席团成员。

王吉乐（1953— ）

男高音歌唱家、声乐教育家。山东莱州人。1977年毕业于首都师范大学音乐学院，1983年进修于解放军艺术学院。曾任中国木偶艺术剧团独唱演员、首都师范大学音乐学院声乐教研室教师、表演系声乐副教授。在《人民音乐》《音乐周报》《儿童音乐》等刊物发表《声乐教学中几种提法的内在联系》《请关注青少年歌唱》《论初学声乐学生歌唱呼吸》《女声的真假声结合训练》等文多篇。作有歌曲《节令歌》。

王季纯（1937— ）

作曲家。安徽宿县人。浙江艺术学校教授，省音协小提琴专业委员会副会长。发表论文《回顾与反思》《谈"深宫欲海"的音乐创作》《戏曲音乐表现的新手段—浅谈电脑音乐在戏曲中的运用》。创作器乐作品《欢乐的牧童》《山丹丹开花红艳艳》《剡溪乡音》《畲乡情》，以及影视、戏曲音乐作品《胭脂》《红珊瑚》《白蛇前传》《深宫欲海》等。多部作品获奖，并录制成唱片、盒带。

W

王季威（1937— ）

　　儿童音乐作曲家。湖北武汉人。全国社会艺术水平考级手风琴考官。1955年毕业于湖北省武昌艺师。长期以来，潜心致力于少儿的艺教事业。曾先后在《儿童音乐》《长江歌声》等刊物发表儿歌近二百首。童谣风歌曲《吹起金色的小喇叭》，校园歌曲《我们班级歌咏队》，童声合唱《春天小雨淅沥沥》，深得孩子们的喜爱。1994年，武汉市音协武汉儿童音乐学会等单位联合举办了以"六月的鲜花"为题的《王季威少儿作品音乐会》。

王继凤（1953— ）

　　作曲家。黑龙江鹤岗人。1971年在河南平顶山矿务局京剧团任京胡演奏员，演出京剧《智取威虎山》《红嫂》全剧，《红灯记》选场等。作有合唱《我们是光荣的煤矿工》，获全国煤矿系统一等奖。为电视剧《都是钱闹得》作曲。歌曲《石人山的秋天等你来》，音乐剧《灯笼红，雪花白》《风车》《欢天喜地过大年》等作品在中央电视台播出。1991年在平煤集团文工团任业务团长。

王继祖（1934—2003）

　　大提琴演奏家。陕西人。1955年毕业于西北艺术学院音乐系。曾任甘肃省歌剧团首席大提琴，并兼任兰州艺术学院等校教师。《中国民歌集成·甘肃卷》《中国民族器乐曲集成·甘肃卷》副主编。

王霁晴（1960— ）

　　二胡演奏家、音乐制作人。北京人。1987年毕业于社会音乐学院。中国歌舞团民乐队二胡首席演奏员。曾出版《那一句话》等十余盘个人独唱、重唱、对唱专辑。创作、改编、制作歌曲、器乐曲、舞曲、电视剧音乐、广告音乐、片头音乐数百首。改编、编曲并二胡领奏的《中外舞会曲库》100首（盒带），发行量超过二十万盘。参与策划、编曲、制作、编辑北京电视台"五彩缤纷""音乐电视"栏目及多种大型文艺晚会节目。曾随中国青年艺术团赴阿曼访问演出。

王家宝（1949— ）

　　小号演奏家。贵州贵阳人。贵州省歌舞团乐队副队长，贵州省音协小号学会副会长。1984年毕业于上海音乐学院管弦系。曾参加舞剧《红色娘子军》《白毛女》《山花烂漫》，歌剧《江姐》《洪湖赤卫队》《货郎与小姐》《酒干淌卖无》及各类歌舞晚会、交响音乐会演出。曾受聘于贵州大学艺术学院参与教学工作。任《贵州省小号（业余）考级教程》主编。

王家栋（1953— ）

　　作曲家。山东青岛人。青岛市艺术研究所理论部副研究馆员。1986年毕业于青岛市教育学院音乐系。撰有《正视与弘扬》《重视传统，意在出新》等文。作有《梦回神州》《林间清泉》，坠琴独奏《鲁地琴声》，民乐小合奏《戏八仙》等十余首。《专家荟萃话民乐》于1998年获山东省广播电视音乐专题一等奖，笛子协奏曲《孟姜女》于1990年获全国省市文艺节目交流优秀奖，于1993年获山东

省群文创作二等奖。参加了《中国民族民间器乐曲集成·山东卷》等6项集成的编纂，主持、挖掘、整理、编辑出版《民族民间器乐集成·青岛卷》等3项集成。

王家驹（1938— ）

　　作曲家。黑龙江哈尔滨人。黑龙江省音协理事。1959年于哈师专音乐专业毕业后，任哈尔滨铁路局音乐干事。1966至1993年历任哈铁分局文艺演出队队长、哈铁分局俱乐部主任、总工会宣教部文艺指导员、哈铁文联音协秘书长。参与成立哈尔滨合唱协会，并任副秘书长。多次组织"哈尔滨之夏"音乐会比赛。编辑出版《铁路工人创作歌曲集》《心中的歌》。作有《年轻的调车员》《朋友你想过没有》《我们是光荣的哈铁工人》等歌曲二百余首。

王家伦（1933— ）

　　作曲家、小提琴教育家。吉林榆树人。1947年参军，曾在团宣传队、军区及总政文工团工作。1955年调总政歌剧团任第一小提琴演奏员。1961年入中央音乐学院进修。曾为吉林省音协理事、吉林市音协名誉主席。所作歌曲《唱得那山区变江南》发表于《歌曲》，并被评为1960年优秀歌曲。《保险，闪亮的星》获"吉祥之声"全国征歌二等奖，《冰花树》获省级征歌二等奖。撰有《解放战争时期吉林北部地区群众歌曲浅析》，著有《美丽的松花湖》，选编盒带《松花湖圆舞曲》等。多次获小提琴"优秀教师"称号。

王家祥（1945— ）

　　音乐教育家。浙江缙云人。杭州师范学院副教授。中国音协手风琴学会常务理事，浙江省音协手风琴专业委员会会长。全国高等音乐教育专业教材编委会专家委员。1963年始从事音乐教育，培养了许多音乐师资与音乐人才。注重比较教育研究，并出访德国进行学术交流。著有《乐海漫游》《巧学手风琴》等三部，主编、参编全国及省教材《大学音乐基础与欣赏》等十余部。有十余篇音乐教育论文及《采红梅》等十余首创作歌曲在刊物上发表。曾获杭州市优秀教师等称号。

王家训（1957— ）

　　打击乐演奏家。满族。辽宁人。1973至1976年进修于总政军乐团，1981至1982年进修于中央音乐学院。1976年起任总政军乐团打击乐演奏员及木琴独奏演员。先后参加中国共产党代表大会、全国人民代表大会、全国政协会议以及国宴等重要演出。1977年在全军文艺汇演中获优秀演奏奖。1988年发明大型玻璃钢马林巴获国家专利、北京发明博览会金牌奖及北京国际发明展览会银牌奖。1986年举行个人独奏音乐会。

王家彦（1931— ）

　　女声乐教育家。辽宁沈阳人。1949年考入华北大学第三部音乐科，同年参加在怀仁堂举行的开国大典演出。1952年考入中央音乐学院声乐系，毕业后分配至哈尔滨歌舞剧院任独唱演员。1958年参与哈尔滨艺术学院的创建工

w

作，后任声乐教员。1962年调哈尔滨师范大学艺术系任教，副教授。曾在"哈尔滨之夏"音乐会中任独唱。1978至1985年，三次获教学优质奖。发表《高师声乐教学要贯彻师范性》《浅谈声乐教学》等文。编纂《中国独唱歌曲集》《外国古典艺术歌曲集》教材。

王家阳（1939— ）

小提琴演奏家。上海人。1963年毕业于上海音乐学院管弦系，留校任教。曾任浙江歌舞团副团长兼乐队指挥。作有小提琴曲《四季调》，中提琴协奏曲《雨花台》，中提琴与乐队《思念》等。

王家媛（1938— ）

女音乐编导家。回族。辽宁沈阳人。1956年入总政歌舞团。1973年任中央电视台文艺部编导。编导专题音乐片有《青春的回声》《长城百灵》。

王嘉实（1953— ）

作曲家。山东青岛人。毕业于中国音乐学院作曲系。曾在中央人民广播电台文艺部工作。作有歌曲《世上的路有多长》《爱情是一口深深的井》《趁着春风吹来的时候》。曾获亚洲广播联合会颁发的"放送文化基金奖"。

王嘉祥（1925—已故）

歌剧表演艺术家。河北新城人。1947年毕业于北京师范大学。1950年入北京人民艺术剧院任歌舞队队长。1954年入中国歌剧院。曾主演歌剧《槐荫记》《窦娥冤》。作有乐曲《迎春舞曲》《西藏舞曲》，歌曲《农友歌》。

王嘉桢（1938— ）

女歌词作家。浙江温州人。厦门大学中文系肄业。曾在福建电台工作。1960年开始创作歌词，数百首，出版歌词集《路长梦更长》。其中《数鸭子》获首届少儿歌曲卡拉OK大赛一等奖、中宣部第五届"五个一工程"奖，《信儿捎给台湾小朋友》获第二次全国少儿音乐"入选作品奖"，《太阳》《建设都市新村》《我的家》等均获不同奖项。创作歌剧《推磨》《珍珠女》。为电视连续剧《皮旅》《走向天堂》《深深的井》等撰写主题歌、插曲，为电视音乐片《八闽奇秀》《绿之旅》《这一片热土》《碧水丹山武夷秀》创作歌词。

王建宝（1963— ）

二胡教育家。河北邢台人。山西大学音乐学院副教授。1987年毕业于山西大学，1998年获中央音乐学硕士，师从刘长福。曾任山西太原市工人文工团演奏员。撰有《从时代作品探寻二胡艺术百年发展之轨迹》《再论演奏技能中的四大环节》等论文，出版《全国二胡考级曲目演奏专辑》。

王建国（1960— ）

木琴演奏家。回族。北京人。中央民族乐团副团长，文化部高级职称专家评委。1979年毕业于北京舞蹈学院音乐班，后留校任交响乐队打击乐首席。1984年调入中国轻音乐团任木琴独奏演员。1991年在大型器乐曲《光辉的历程》中参与打击乐编配，并设计爵士鼓演奏，获文化部优秀新剧目奖。1996年调中国歌舞团，其木琴独奏参演《浪漫与激情》《拉美之夜》等百余场音乐会。1999年参与组织、演出的国庆50周年献礼轻音乐会获文化部奖励。曾任中国东方歌舞团团长助理，两次随团赴非洲演出。

王建和（1945— ）

作曲家。福建清流人。1964年开始从事音乐工作。曾任宁化县文化馆副馆长、宁化县文联副主席、三明市音协理事。曾致力于闽西宁化客家祖地民间音乐收集、整理工作。先后主编并出版《宁化客家民间音乐》《宁化客家牌子锣鼓》等。为舞蹈《摇摇茶》创作的音乐获华东地区社会舞蹈比赛音乐创作铜奖，《踩竹麻》的音乐获文化部全国舞蹈"群星奖"比赛音乐创作铜奖，《酒坊娘子》的音乐获福建省音舞节舞蹈创作一等奖。

王建华（1957— ）

打击乐演奏家。天津人。毕业于天津市戏曲学校京剧班打击乐专业。1982年毕业于中央音乐学院民乐系打击乐专业并留校任教。1994至1996年入新加坡华乐团任打击乐声部长。中央音乐学院副教授、打击乐教研室主任。多次赴欧、亚各国和地区演出。录有个人打击乐专辑CD，创作打击乐合奏《闹天宫》，鼓乐《抗金令》及打击乐独奏《鼓韵》《板与鼓》等。

王建华（1961— ）

女歌唱家、教育家。山东济宁人。山东济宁艺术学校声乐教师、高级讲师。曾在中央音乐学院继续教育部专升本声乐表演系学习，在济宁市歌舞团任独唱演员。先后在山东省青年歌手电视大奖赛中获优秀歌手奖、全国第五届"群星奖"中获铜奖，首届"孔孟乡音"电视大赛中获最佳演唱奖，山东省首届"齐民思杯"卡拉OK大赛中获一等奖，并获省"优秀创新性教案"二等奖和"优秀指导教师奖"。撰有《心理学在声乐教学中的运用》等文。

王建华（1968— ）

女高音歌唱家。满族。吉林白山人。北京燕山石化艺术团歌队主管。1992年上海音乐学院声乐系本科毕业，后到中国艺术研究院进修。曾获北京市总工会行业歌曲比赛一等奖、北京市2003年青年歌手大赛民族组二等奖、中国石化"第十届全国青年歌手电视大奖赛"歌手选拔赛一等奖等多个奖项。2002年获北京音协"十佳歌唱家"称号。

王建民（1941— ）

作曲家。陕北绥德人。1967年毕业于西安音乐学院作曲系。后任职于陕西省广播电视民族乐团。作品有数百件。电视合唱组歌《不夜的峡谷》、歌剧音乐《延河湾》、舞剧音乐《通讯员》、歌曲《崖畔上酸枣红艳艳》分别获全国及陕西省奖项。《拾玉镯》《圪梁梁》《毛主席当年在延安》广为传唱。陕西电台曾四次播放"王建民音乐专题"节目。

王建民（1956— ）

作曲家、音乐教育家。江苏无锡人。上海音乐学院民乐系主任、教授。中国音协第七届理事、民族音乐委员会委员，中国民族管弦乐学会副会长。在全国及省市的各类音乐作品比赛中，有多首作品获奖，其中第一、第二、第三《二胡狂想曲》《天山风情》《幻想曲》等在全国各类民族器乐大赛中被指定为参赛必奏曲目。作品曾多次在国内外的音乐会及艺术节上演。录制出版一批CD专辑。出版专集《王建民古筝曲选》《王建民二胡曲选》。多次出任各类民乐大赛的评委。

王建平（1954— ）

音乐教育家、演奏家。山西太原人。毕业于山西大学艺术系。中山大学艺术教育中心主任。1975年在山西歌舞剧院任演奏员。曾参加大型歌舞剧《黄河儿女情》《黄河一方土》的排练演出。1992年在中央电视台、山西教育音像出版社联合摄制的12集电子琴教学片中任撰稿、主讲、演奏。1994年创办"山西省黄河少儿艺术团"，并任团长、艺术总监，曾主持该团连续参加中央电视台三年春节晚会，并参加"97年以色列国际民俗节"和"98年新西兰国际艺术节"。曾先后在海南师范学院和苏州大学艺术学院任教。

王建平（1958— ）

歌唱家。北京人。1985年调入武警文工团担任独唱演员。1984年接待朝鲜国家安全部艺术团。1985和1990年先后两次代表公安部出访朝鲜。1989年参加总政歌舞团举办的大型歌舞《共和国卫士》的演出。1990年获第四届全国青年歌手"五洲杯"电视大奖赛"荧屏奖"。1996年获文化部举办的"哈尔滨之夏"全国声乐大赛"演唱奖"。

王建卫（1952— ）

音乐编辑家。天津人。人民音乐出版社编辑、质量管理中心主任、编审。曾在部队从事乐队指挥及作曲。1988年始从事音乐编辑工作，1996年被中国出版协会和中国编辑学会评为第二届全国优秀中青年编辑。担任责编并出版有《中华大家唱（卡拉OK）曲库》《中央音乐学院校外音乐水平考级丛书》等。作有《妈妈的怀抱》等音乐作品，撰有《音乐著作权的保护与限制及其平衡》等文。

王建新（1967— ）

音乐编辑家。山东东营人。东营电视台文艺部副主任。1989年毕业于山东艺术学院音乐系。创作的《跟着黄河走》等歌曲在省级刊物、电台和电视台刊登、播放，并获省政府奖、精品工程奖。导演、作曲、编配的《春风又绿黄河口》等电视晚会、《流钟》等广播剧分别获全国"星光奖"提名奖、中国广播剧研究会银奖和省政府奖。撰写的多篇论文在国家级刊物发表。

王建英（1957— ）

女歌唱家。浙江余姚人。宁波鄞州区文化馆副研究馆员。演出的独唱《幸福属于你》《甬城有一首歌》获省一等奖，《我们是青年突击手》《开放宁波》等由浙江、上海电台播出。所作《绣花女民兵》等歌曲获全国、省级奖。撰有《群众文化的重点是普及》等文。

王建元（1957— ）

作曲家。江苏苏州人。1982年毕业于南京艺术学院作曲系并留校任教。1986年毕业于上海音乐学院干修班。南京艺术学院爱乐学院院长、教授、博士生导师，南京学报《音乐与表演》副主编。中国音协音乐传播学会常务理事、江苏音协创作委员会副主任。作品有《第一交响乐》，交响随想曲《雨花祭》，交响音画《轮回》，室内乐《月·我·影》，民族管弦乐《惊蛰》，艺术歌曲《飘雪了》等，其中在国内外音乐创作专业比赛中获奖三十余项。2001年在江苏举办个人交响作品音乐会。混声合唱《香格里拉》获美国爱荷华州国际合唱节杰出作曲奖，交响合唱《节日》赴日本西尾市由大阪交响乐团、西尾合唱团首演。出版个人作曲CD唱片13张。为大型文献片《诗人毛泽东》作曲（本片获金鹰奖）。完成专著、主编6部，发表学术论文十余篇。

王建中（1933— ）

音乐教育家。江苏江阴人。1950年进入上海音乐学院作曲系，随桑桐、陈铭志学习作曲理论，李翠贞、张隽伟学习钢琴，1958年毕业于钢琴系。曾在沈阳音乐学院、中央乐团工作。主要在上海音乐学院教授钢琴、作曲等课程，曾任作曲系副主任、副院长。钢琴作品有民歌改编曲《陕北民歌四首》《云南民歌五首》，民间器乐改编曲《百鸟朝凤》，古典音乐改编曲《梅花三弄》以及《小奏鸣曲》《诙谐曲》《组曲》《情景》等原创乐曲多首。

王建忠（1953— ）

作曲家。青海人。1984年毕业于西安音乐学院，后任青海省艺术学校高级讲师，兼受聘于青海师大任教。曾任海南州歌舞团作曲、指挥，西宁歌剧团作曲，省艺校教务主任。青海省音协理事。作有交响音画《夏日的草原》，歌剧《祁连山那无声的雪》《三牡丹》，音乐舞蹈诗画《雪山魂》，舞剧《阿娜红花姑》，舞蹈《我也很幸福》，歌曲《我家门口流飞泉》《九九雁归来》，器乐曲《花海吟》，广播剧、电视片音乐《雪山悲歌》《艺人的家乡》等三百余部（首）。获奖数十次。在校担任"音乐基础理论""和声""音乐欣赏"等课程的教学工作。撰有《和声学简明教材》《乐理与视唱》两部教材，出版歌曲集《雪莲之歌》。

王建忠（1956— ）

作曲家。湖南人。湖南株洲市文化艺术创作中心副主任，湖南省音协创作委员会理事、株洲市音协副主席、株洲市政协第七届委员会委员。曾就读于南京艺术学院作曲系。配器并指挥的戏剧《红藤草》获中宣部"五个一工程"奖，歌曲《中国风》获文化部"群星奖"，作曲的舞蹈音乐《众》获湖南省第二届艺术节金奖，大型组歌《工人组歌》（合作）获中华总工会"五一文化奖"，歌曲《新嫁妆》获湖南省委宣传部"五个一工程"奖。

W

王剑兵（1931—1999）

歌词作家、剧作家。山东济南人。1963年入南京大学中文系学习文艺理论。曾为空政歌剧团创作员。作有歌剧《风云前哨》《忆娘》（合作），作词歌曲有《黑头发飘起来》、电影《春天》插曲、《敬爱的周总理永远活在我们心间》《春光曲》《焦裕禄，我们的好书记》《人人来学麦贤得》《女飞行员之歌》《我飞在祖国天空》等，其中多首歌曲录制唱片。

王剑鸣（1930—　）

作曲家。河南宝丰人。1948年参加部队文工团，任管弦乐队队长兼大提琴手。1951年赴总政师从白奉霖学习大三弦演奏。1958年在天津专区艺校任教。1961年赴天津音乐学院进修，后在天津及沧州群艺馆从事音乐辅导工作。多年投身民歌挖掘整理，作曲多以民歌为素材。在省及全国获奖的作品有歌曲《二嫂学做饭》，舞蹈音乐《松梅颂》《渤海春潮》及器乐曲《黄骅渔鼓》等。1988年获文化部等单位颁发的"挖掘民间艺术遗产有突出贡献"荣誉状。被聘为《中国民歌集成·河北卷》特约编委。

王江平（1965—　）

女高音歌唱家。满族。北京人。中国农民艺术团副团长。1986年毕业于山西大学音乐学院。曾获首届"聂耳·冼星海声乐作品演唱比赛"优秀奖，北京市首届艺术节声乐比赛第一名，北京市第六届青年文化节声乐一等奖。1992年在北京音乐厅举办"王江平独唱音乐会"。曾主持央视晚会、BTV春晚等。创作《生命的呼唤》MTV、《家园》《追梦》和《共和国从这里走来》等声乐作品。

王洁实（1952—　）

歌唱家。北京人。1977年毕业于中央戏剧学院表演系。中国电影乐团轻音乐团团长。演唱二重唱有《祝愿歌》《校园的早晨》《我多想摘下一片白云》。曾为多部影视片配唱，录制多盒演唱歌曲专辑。

王金鳌（1929—　）

作曲家。山西汾阳人。1957年毕业于中央音乐学院作曲系。曾在四川民族音乐舞蹈研究中心任职。曾任音协四川分会常务理事。作有歌曲《西昌是个好地方》，扬琴协奏曲《将军令》。

王金宝（1955—　）

音乐教育家、男高音歌唱家。甘肃镇原人。上海音乐学院声乐系毕业。肇庆学院音乐学系系主任、教授，广东省音协理事，肇庆市音协主席。所教学生在全国及省市声乐比赛中有数十人次获奖，举办学生独唱音乐会十余场。本人曾获高校青年教师成才奖等多项。主持完成省级科研项目4项，出版教材一部，发表学术论文20余篇。参加各种演出活动百余场。为省、市电台、电视台录制独唱20余首，曾与男高音歌唱家刘唯唯等联袂为希望工程义演。

王金城（1940—　）

低音提琴演奏家。山东人。1960年任中央歌舞团乐队低音提琴演奏员，随团为厂矿、部队、农村慰问演出。多次参加国事、外事演出和公演活动。为厂矿、部队和学校进行文艺辅导。1965年参加音乐舞蹈史诗《东方红》演出。曾随团出访非洲、拉丁美洲及香港等地。

王锦铭（1941—　）

双簧管演奏员。天津人。曾任中国电影乐团双簧管演奏员。1965年毕业于天津音乐学院管弦系。为《南京长江大桥》《毛主席接见外宾》《敬爱的周总理永垂不朽》《伟大的领袖毛泽东》《闪闪的红星》《许茂和他的女儿》《甜蜜的事业》《带手铐的旅客》《丝绸之路》《西游记》《第四纪冰川》《徐悲鸿》《画家叶浅予》等数百部故事片、纪录片、电视片、科教片录制音乐，并担任木管组长、双簧管首席。多次组织大型演出活动。

王锦琦（1936—　）

女戏曲音乐家。福建人。1957年毕业于华东艺术专科学校音乐系。后在安徽省歌剧团及电影制片厂任作曲。1984年调浙江省艺术研究所任《中国戏曲志·浙江卷》编委。曾任《中国戏曲音乐集成·浙江卷》副主编，副研究员。创作《春回大地》等乐曲多首，为《贵妃醉酒》《渡江第一船》等作曲，《杨贵妃后传》获中国戏曲音乐第三届"孔三传奖"作曲奖。发表《论徽剧声腔的三个发展阶段》《戏曲现状初探》等文。为《中国大百科全书》《中国音乐辞典》等四部辞书撰写条目。合作编著有《沪剧音乐概论》。

王锦璇（1939—　）

音乐教育家。浙江永康人。曾任中国音协教委全国小学音乐教师联谊会筹备组副主任，浙江省九年义务教育初中音乐教科书和教师教学参考书编委。曾在《人民音乐》《中国音乐》《中国音乐教育》《儿童音乐》等刊物发表音教论文。早年致力于音乐创作，歌曲《县长同志你不要走》曾在浙江省人民广播电台教唱、推广，《做个新农民》获浙江省"为农村服务歌曲"奖，民间舞蹈《十八蝴蝶》曾于1984年参加在杭州举行的中日青年联欢节演出。

王进德（1928—　）

钢琴教育家、作曲家。江苏苏州人。1949年毕业于国立社会教育学院艺术系，同年考入南京国立音乐学院，1954年毕业于中央音乐学院钢琴系本科。天津音协钢琴专业委员会副会长，天津音乐学院副教授。1955年代表中国音乐家参加捷克斯洛伐克"布拉克之春"和第五届"世界青年联欢节"的演出活动。同年赴波兰、罗马尼亚等国演出。曾与著名歌唱家喻宜萱、梁美珍、罗忻祖等人合作演出并录制唱片。在第一、二届天津音乐周演出创作的钢琴协奏曲《海河之春》，小提琴协奏曲《青春》。另作有钢琴独奏曲、声乐作品等。

王进军（1956—　）

小提琴演奏家。四川合江人。重庆市歌剧院乐队副队长。就读于天津音乐学院管弦系。先后参加在重庆、成都

W

举办的"二十世纪华人经典音乐会"、京剧《神马赋》、歌剧《巫山神女》、中国第五届艺术节、第七届中国金鸡百花电影节等大型演出。曾与葡萄牙里斯本交响乐团合作演出。受聘于重庆艺术学校并被评为优秀教师。

王进龙（1941— ）

音乐教育家、民族器乐演奏家。山东平度人。1964、1994年分别毕业于潍坊职工大学、中央文化干部管理学院。曾任潍坊市文工团首席、队长。论文《从专业评估中看实施性数学计划的作用与地位》获全国中等艺术教育学会年会二等奖，《戏曲现代戏研究》（合作），《风筝的学问》分别获山东中专教育学会一、二等奖。演奏有板胡协奏曲《喜送丰收粮》，独奏曲《庆功会上》，吹打乐《庆胜利》等。主持潍坊教研课题《关于在中小学实行双学历教育》。起草的《中国中等艺术学校设置标准》获文化部"中国中等艺术教育贡献奖"。

王晋川（1952— ）

歌词作家。山西临汾人。供职于四川省眉山市文体局，眉山市文联副主席。1980年开始歌词创作，在《歌曲》《词刊》《天津歌声》《乐苑》等音乐刊物发表作品三十余件。创作大型音乐舞剧《一醒惊天》《千古东坡》等。作词音乐作品曾获中华人口文化奖、第二届全国民族民间音乐舞蹈比赛银奖、文化部"群星奖"、四川省"五个一工程"奖等。

王京胜（1948— ）

作曲家。山西平遥人。中国音协电子琴学会理事，1973年开始发表音乐作品，迄今创作歌曲百余首，发表于《解放军歌曲》《天津歌声》等。省级以上获奖作品有《矿区的早晨》《飞吧，我的歌》《煤乡颂歌》《我幸福，我生在中国》《唱给祖国的恋歌》等。近年来，致力于儿童电子琴教育事业。曾创作《京戏印象》《闹元宵》等数首电子琴作品，有的获全国比赛创作奖。

王惊涛（1932—已故）

音乐编辑家、音乐活动家。山东烟台人。1952年入华东上海电台，1953年转入中央电台，后为电台主任编辑。组录、编播的节目有"陕甘宁边区革命历史民歌五首""世界十位著名男高音歌唱家""世界十位著名女高音歌唱家""听众喜爱的广播歌曲15首"等。1987年以来，每年组织全国四十余家电台，采录并评选"广播新歌"。1984年及1989年国庆大典，任天安门广场全部播放歌曲及乐曲的主编。1989年赴日本东京参加联合国教科文组织亚洲文化中心主办的第十三届专家会议，审选亚洲及太平洋地区民歌的传播、交流等事宜。

王景隆（1938— ）

男高音歌唱家。北京人。1961年调中央歌舞团从事演唱，任歌队队长。演唱《红军的恩情比山高，比海深》《对不起，没关系》《朋友啊朋友》《祝妈妈长寿》等多首歌曲并在北京电视台、四川电视台、北京电台播放。1993年创办中央歌舞团艺术学校并出任校长，培育学生近

百名，多名学生在比赛中获奖，后为该校名誉校长。

王景煊（1938— ）

男中音歌唱家。天津人。1957年入中央音乐学院声乐系师资进修班学习。1959年入中央乐团合唱队工作。随团参加菲律宾第一届亚洲合唱节演出。

王景业（1955— ）

音乐教育家。山东人。1980年毕业东北师范大学音乐系钢琴专业。先后在市青少年宫、通化师院分院工作。辅导学生多次在全国及省市大赛、汇演中获奖，辅导的《我们的天地》音乐电视专题片1987年获省编导奖。发表歌曲十余首，其中《期待我们的是祖国的花蕾》被定为师院校歌。发表音乐教学论文十余篇。多次评为教学能手、学科带头人。全国钢琴考级评委。

王竞杰（1931— ）

女歌唱家。江苏徐州人。1949年初考入华东军政大学。曾任总政歌剧团独唱演员，首都老战士艺术团一队副队长。曾在《夫妻识字》《大江东去》《稻香曲》等歌剧中饰演主要角色，并随总政歌剧团赴朝鲜演出歌剧《一个志愿军的未婚妻》。参与电影《红霞》的拍摄工作。上世纪50年代初期，多次参加重大礼宾演出活动。作词、作曲歌曲有《敬爱的周总理，我们永远怀念您》《卢沟晓月》《香山红叶片片情》，为《我们爱党爱国家》《妈妈捎来大红枣》等词谱曲，其中《夕阳红，夕阳美》由北京电台播放。

王竞成（1941— ）

打击乐演奏家。河北文安人。自小随父学昆曲剧目、工尺谱、练基本功。1960年拜鼓师学习梅派艺术。担任司鼓三十余年，伴奏过近二百出剧目。曾为参加全国京剧会演的《好媳妇》司鼓，后此剧拍成电影。为《赵春娥》《闹天宫》设计音乐并担任司鼓，为京剧艺术家张世麟、张幼麟、孙元坡、孙元彬、浩亮的演出司鼓，为袁世海来郑州纪念"梅、周诞辰"演出司鼓。

王敬强（1970— ）

男高音歌唱家。江苏人。1996年毕业于新疆艺术学院音乐系。1997年入中央音乐学院进修声乐。2002年入首师大音乐学院研修班。新疆教育学院音乐系副教授。主要从事声乐、即兴伴奏教学。在音乐期刊上发表关于声乐教学、钢琴即兴伴奏等论文多篇。2006年获《光明日报》社教育部优秀论文奖。在声乐教学中，本人指导的学生多次在全国、全疆声乐比赛中获奖。曾获国家级"优秀指导教师奖""伯乐奖"。

王敬之（1926— ）

女音乐编导家。河北深泽人。1943年在延安抗大七分校学习。1946年起从事部队文艺工作，后调西北文工团。曾参演话剧《红旗歌》《美国之音》与歌舞剧《红旗颂》《梁干桥》《兄妹开荒》《小二黑结婚》《战友》等。1955年调中宣部党委。1958年调入中央电台任文艺部副主

任，长期负责音乐节目的采录、征集、编辑、评选等。1971年曾赴延安组织词曲作家采编《山丹丹开花红艳艳》等陕北5首民歌。参与组织全军四届文艺汇演、全国少数民族汇演，以及大型音乐舞蹈史诗《东方红》的采选录制及播出工作。

王静芬（1942— ）

女音乐活动家。天津人。早年毕业于天津音乐学院声乐系。1969年起从事群众艺术编导工作。曾任北戴河区音协主席。在专业技术岗位上工作30年，培养众多优秀声乐学生，向艺术院校、文艺团体及文艺部队输送了大批人才。多次获省、市级优秀辅导奖和文化工作先进个人奖。

王静楦（1956— ）

女歌剧表演艺术家。湖北人。武汉歌舞剧院演员。1987年毕业于中央音乐学院声乐歌剧系大专班。曾主演歌剧《刘三姐》《白毛女》《启明星》《第二次握手》《货郎与小姐》《洪湖赤卫队》等。1980年获湖北省中青年演员声乐比赛一等奖，1983年获武汉市中青年演员、演奏员比赛金质奖及"琴台音乐会"优秀表演奖。主演《鸳鸯曲》《同心园》两部电视剧。

王久芳（1937— ）

作曲家、音乐教育家。江苏扬州人。1961年毕业于上海音乐学院作曲系。后留任教，副教授。先后曾担任民族作曲教研组长、通俗作曲教研组长、作曲指挥系副系主任等。1958年与肖白等集体创作的《幸福河大合唱》获第七届世界青年联欢节大型作品一等奖。作品（含合作）有歌曲《学习英雄解放军》，交响诗《红娘子》，舞蹈音乐《剑舞》，歌剧《赤胆忠心》，电视连续剧音乐《徐特立》，改编唢呐独奏曲《百鸟朝凤》。

王聚宝（1956— ）

作曲家。江苏南通人。1992年毕业于中国函授音乐学院作曲理论专业。先后任江苏如皋市木偶团、如东杂技团乐队演奏员、队长，南通市少儿活动中心音乐教师。南通市音协副秘书长，《南通音乐》责任编辑。作有歌曲《铃铛在摇响》《孝敬咱妈妈》《啊！千手观音》《与廉洁同行》等，获全国、省创作银奖、三等奖。撰有《浅谈音乐形象的特性》《探索器乐教学规律，提高校外音乐课外教学质量》等文，出版《金色的海浪花》《人生畅想曲》。

王涓爱（1971— ）

女高音歌唱家。北京人。中国歌舞团独唱演员。1994年毕业于中国音乐学院。师从金铁霖。曾任中央民族乐团独唱演员。多次参加文化部春节文艺晚会，文化部、广电部新春音乐会、心连心艺术团的一系列演出活动，并随团出访新加坡。

王钧时（1938— ）

指挥家。黑龙江哈尔滨人。1964年毕业于沈阳音乐学院作曲指挥系。曾任天津乐团副团长、首席指挥，天津音乐学院指挥系兼课教师。

王俊峰（1963— ）

唢呐演奏家、教育家。河北人。解放军艺术学院音乐系民族器乐教研室唢呐主科教员。1979年入伍，1987年毕业于解放军艺术学院音乐系。曾应邀参加"中国名家名曲音乐会""胡海泉作品音乐会"等演出活动，担任其中的唢呐独奏和管子独奏。1995年获"富利通杯"国际中国民族器乐独奏大赛唢呐独奏三等奖。

王俊杰（1948— ）

作曲家、音乐编辑家。内蒙古丰镇人。内蒙古艺术研究所副研究馆员、中国北方草原音乐文化研究会副会长。毕业于中国音乐学院。创作发表大量歌曲作品，其中《美丽的白莲》《胡麻开花》《祖国请您收下》等三十余首获国家及省市、自治区奖。发表《论蒙汉民族间的音乐文化交流》等音乐论文二十余篇。参加编撰出版中国音乐艺术集成志内蒙古卷6部，任编辑、副主编、常务副主编。获全国艺术科学规划领导小组颁发的"特殊贡献一等奖"。

王俊杰（1963— ）

音乐编辑家。吉林人。毕业于吉林艺术学院音乐系。曾任吉林电台东北亚音乐台台长。吉林电视台文体频道总监。先后录制大量音乐作品，组织策划全省或全国性征歌和各种音乐比赛十余次。录制的作品曾获中宣部"五个一工程"奖、中国广播文艺奖、吉林省长白山文艺奖。多次担任中国广播、中国原创音乐总评榜评委。撰写多篇音乐欣赏、音乐论文。

王俊琪（1924—2003）

指挥家。河北深泽人。曾任山西省歌舞剧院管弦乐队指挥。指挥有小提琴协奏曲《梁山伯与祝英台》《卡门序曲》等。作有乐曲《开花调变奏曲》《马车夫》《山西风光》等。

王俊荣（1951— ）

女音乐编辑家。安徽铜陵人。1973年毕业于安徽师范大学艺术系。安徽铜陵市文艺台副台长、主任编辑。编辑出版行业歌曲集《大潮涛声》。作有歌曲《夏日的日记》获华东地区音乐笔会创作二等奖。辅导的男声独唱《矿井里的杜鹃花》获省职工汇演一等奖。编辑音乐专题《献给祖国母亲的歌》《飞扬的吉它》《一支没有休止符号的乐章》分获广播节目评选一、二等奖。曾多次出任全市性演唱比赛评委。被市文联授予"协会先进工作者"。

王俊生（1941— ）

琵琶演奏家、教育家。山东济南人。山东艺术学院音乐系教授。历任学院学术委员会委员，民族器乐教研室副主任。1995年被国家教委聘为人文社会科学音乐学科评审委员。1988年改革"铝制共鸣箱琵琶"，获文化部科技进步四等奖，山东省科委、山东省发明协会二等发明奖，省文化厅科技进步二等奖。出版有《琵琶弹奏法》《教你如何弹奏琵琶》《琵琶教程》。发表教学论文十余篇。

王俊义（1959— ）

笙演奏家。河北衡水人。中国歌舞团乐队副队长。多次随团参加巡回演出，担任笙独奏、合奏及伴奏。多次参加中央台录音工作。演奏曲目有《凤凰展翅》《天山的节目》《阿里山，我可爱的家乡》《一支鸟仔》《下山虎》等。作为独奏参加北京音乐厅音乐会的演出。曾赴天津慰问石油工人，随文化部中央慰问团赴海南岛慰问解放军，赴青海龙羊峡工地慰问工人。随团出访多国。

王开春（1941— ）

播琴演奏家。满族。辽宁海城人。1958年起从事部队文艺工作。曾在沈阳军区歌舞剧团工作。创作并演奏的曲目有《牧场夕笛》《包龙图》等。多次出国访问演出。曾获全军文艺汇演优秀表演奖。

王凯传（1935— ）

歌词作家。天津人。1956年入中央乐团。中国音乐文学学会常务理事。创作有大量歌词作品。曾为《黑三角》《小花》《第二次握手》《樱》《年轻的朋友》《有一个青年》《武生泰斗》《虾球传》等二百余部电影、电视及电视晚会撰写歌词。作词歌曲有《歌唱敬爱的周总理》《边疆的泉水清又纯》《妹妹找哥泪花流》《青春呵青春》《洁白的羽毛寄深情》《游子吟》等。参加《中国革命之歌》《黄河太阳》《山高水长》《光明赞》《回归颂》《祖国颂》《红旗颂》以及九届文化部春节电视晚会策划和文学创作。作品曾获文化部一等奖、解放军文艺奖、"金唱片"奖、"五个一工程"奖等三十余奖项。

王凯东（1955— ）

作曲家。安徽芜湖人。曾为安徽作曲家协会理事。毕业于安徽职业艺术学院理论作曲班，后供职于芜湖市歌舞团。在《歌曲》《解放军歌曲》等刊物上发表大量歌曲作品。其中在省以上获奖五十余件。先后为电视连续剧《官场现形记》，音乐片《黑之歌》等十余部电视剧（片）作曲，多次获中国音乐电视"星光奖"。出版有个人专集音乐盒带《贵妃出浴》。女声独唱《江水静静流》，领唱、合唱《皖江春潮》及舞蹈音乐《划大船》《根》在省内获创作一等奖。

王凯平（1938— ）

男中音歌唱家。天津人。1961年毕业于中央音乐学院声乐系。后入吉林延边歌舞团任独唱演员。1975年调中央广播合唱团担任独唱。曾赴朝鲜、日本及肯尼亚等非洲四国演出。

王亢宗（1931— ）

音乐教育家。山东潍坊人。九三学社市委副主委。曾任山东昌潍师专艺术系键盘教研室主任。1953年毕业于山东省师范学院艺术系音乐专业本科。先后在抚顺师范、辽宁艺术师范、昌潍师专等校教授和声学与钢琴。发表论文《浅谈三和弦与泛音列的关系》（合作），《浅论和声学

教学》，编写《钢琴、风琴即兴伴奏》等教材。

王可忠（1927— ）

小提琴演奏家。山东人。1946年始先后就学于南京国立音乐院及上海音乐学院。历任中国青年文工团乐队副首席、中央歌舞团乐队首席、中央乐团第二提琴首席。曾随团赴苏、匈、波、保、罗、捷、奥等国演出。

王克达（1933— ）

二胡演奏家。山东临沭人。1962年毕业于天津音乐学院，后任职于曲阜师范大学音乐学院，讲授二胡及中国古代音乐史。1984、1989年两次举行个人二胡独奏音乐会。发表文章《浅析〈闲居吟〉》《高师二胡教学探究》《白居易与休止符、琴瑟——我国最古老的弹弦乐器》《柷敔——我国最早的击木乐器》《白居易与音乐》等。出版二胡独奏专集《夕阳情》。编印《二胡教材》和《普及二胡十五课》及《中国古代音乐史纲要》等教材。两次被学校评为先进工作者。

王克义（1952— ）

作曲家。山东临朐人。1986年在山东艺院干修班学习结业，1994年毕业于曲阜师大音教专业。先后创作、演出《山路弯弯》等多部吕剧、歌剧音乐。出版有《王克义音乐作品选——乡音》，主编《沂山的旋律》歌曲集四部。《海上夜航》等数十件作品获奖，《鸟儿盼着春天》获潍坊市"精品工程"奖。部分词曲作品刊发于《歌曲》《群众艺术》，并在电台、电视台播出。《鸿雁之歌》《心中的歌》制作成MTV音乐电视。

王克正（1937— ）

民歌演唱家。天津人。1954年从事部队音乐工作。曾任北京军区歌舞团独唱演员。演唱曲目有《这话一点也不假》《海岛战士小唱》。曾任《长征组歌》"祝捷"领唱。

王昆仑（1965— ）

作曲家。江西婺源人。江西司法警官职业学院副院长。1990年毕业于江西师范大学音乐系。论文《试论音乐欣赏在美育课教学中的作用》2003年获江西省教育厅二等奖。歌曲《精彩江西》2002年获塑造江西人新形象征歌一等奖，《雄伟的井冈山》获全国歌词歌曲创作大赛二等奖。

王兰萍（1951— ）

女歌唱家。羌族。北京人。云南省音协秘书长，中国音协第五届理事。1966年加入昆明军区歌舞团。1982年转业至云南省歌舞团。先后在中央民族大学、解放军总政歌舞团、总政歌剧团、中央乐团学习，毕业于云南艺术学院音系科。担任过独唱、节目主持人。现受聘于昆明艺术学院，参与主办多台大型晚会。在"全国歌手唱云南"大赛中获中国音协、云南省委宣传部颁发的"突出贡献奖"。

王兰馨（1940— ）

音乐编辑家。苗族。湖北来凤人。曾任来凤县文化馆馆长、副研究馆员，中国少数民族音乐学会理事。搜集整

理百多万字的民间音乐和文字资料，大都被国家卷、省、州卷选用，1988年获文化部、国家民委等单位颁发的奖证。主编出版《来凤民间歌曲》和《来凤民间器乐曲》，创作和撰写音乐作品数百篇（首），多次应邀参加全国音乐学术研讨会，先后获30多个奖项。曾应邀赴波兰参加国际民间艺术节和中国文化周，编曲的《土家爱跳摆手舞》演出十余场。

王岚影（1932— ）

女歌剧表演艺术家。河北张北人。1945年参军入塞外剧社，演出过《兄妹开荒》《八路女子》等剧目。后调冀热察军区战胜剧社。1947年至1949年，主演《白毛女》《刘胡兰》等歌剧。曾在歌剧《两种兵》《大家喜欢》《杨勇立功》《钢铁与泥土》《李万禄》等十余部歌剧中担任重要角色。1952年调北京军区战友歌舞团。曾随艺术团赴朝鲜慰问志愿军。1957年考入沈阳音乐学院声乐系。1964年参加《长征组歌》的演出及电影拍摄，任女低音声部长。曾创作歌词并排练的女声合唱《天安门前留个影》录制成唱片。为北大作曲并导演歌剧《骆驼山》，获二等奖。撰写有数篇战地文艺工作回忆录，发表于《延安文艺研究》等杂志。1988年获独立功勋奖章。

王老黑（1935—已故）

音乐活动家。湖北汉川人。曾任汉川县文联主席、政协常委。1960年入武汉市文艺干校学习。从事群众音乐辅导工作多年，组织群众性合唱演出数十场，举办各类音乐培训班多次，培养一批音乐人才。创作歌词近百首，歌舞《看龙舟》获中国农运会演三等奖。

王莉华（1937— ）

女歌唱家。天津人。1957年考入中央音乐学院业余声乐部进修。1960年调入总政歌舞团，1973年调入总政军乐团，均任独唱演员。在全军第四、五届文艺汇演中演唱《胜利的节日》《重上井冈山》获优秀演唱奖。曾多次由中央电视台录制"王莉华独唱音乐会"专题节目。在大型音乐舞蹈史诗《中国革命之歌》中担任独唱。1996年中央电视台在《我的成名曲》栏目中录制《胜利的节日》等歌曲。多次应邀参加北京、上海、天津、广州、深圳、重庆、成都、延安等地大型文艺演出。2002年在全国老年文艺调演中演唱《胜利的节日》《我爱你中国》获金奖。

王黎光（1961— ）

作曲家。黑龙江人。北京电影学院党委副书记、硕士生导师。中国音协第六、七届理事，北京音协副主席、青联常委。1991年毕业于中央音乐学院作曲系，分配至北京电视台，历任总编室科长、新闻中心主任等职。主编《北京新闻》《北京您早》《晚间新闻报道》《今日话题》《第七日》《首都经济报道》《纪实报道》等栏目。作有电视剧音乐《宰相刘罗锅》《年轮》《搭错车》《京华烟云》《真情年代》《密战》《一年又一年》，电影音乐《天下无贼》《集结号》《看车人的七月》《唐山大地震》，交响序曲《荒殁》，交响音诗《水歌》，《D大调小提琴协奏曲》等，其中《天地之间有杆秤》《天上有没

有北大荒》《知道不知道》等电视剧主题歌及多部影视音乐获各类奖项。曾获"繁荣首都文化专业突出贡献奖"、"北京市中青年德艺双馨艺术家"称号。

王黎明（1949— ）

作曲家。陕西西安人。陕西音协常务理事，铜川市音协主席。1985年在北京广播学院进修音乐编辑专业。1989年毕业于中国函授音乐学院理论作曲专业。曾在铜川市歌舞团工作，曾任铜川广播电台音乐编辑、文艺部主任、副台长。创作音乐作品数百首，舞蹈音乐《打猴》获中国少儿歌舞会演音乐创作奖，笛子二重奏《矿车飞奔》获陕西省群众文艺汇演二等奖。出版舞蹈音乐《金凤蝶飞来了》。为多部广播剧和春节晚会作曲、配乐。

王黎琦（1943— ）

歌词作家。陕西周至人。1968年毕业于西安音乐学院民族器乐系。先后为陕西省京剧团编剧，陕西省歌舞剧院副院长。曾参加《仿唐乐舞》的设计、创作，参与创作并执笔《延安大合唱》，为《蓝色的港湾》《六盘山》等诸多电影歌曲作词。发表《金光大道多宽阔》《友谊的春天》等词作数百首，其中《秋月，秋叶》1983年获对台广播歌曲创作奖，《西安，您好》录制盒带。

王理人（1957— ）

作曲家。陕西人。1976年起在新疆伊犁州歌舞团任小提琴演奏员、创作员，1998年在伊犁州任文联音协秘书长。曾在中央音乐学院进修作曲理论。作有歌曲《你最美》《月夜》《故乡》《人生》等，小提琴曲《燕子》，器乐曲《美丽的伊犁》，舞蹈音乐《巧姑娘》《心弦》等多部。为州歌舞团、地区歌舞团担任配器的作品多达数百首。其中不少曲目获得一、二等奖。1999年被评为伊犁州有突出贡献的拔尖人才。

王力波（1960— ）

二胡演奏家。满族。吉林扶余人。中国民族管弦乐学会会员。1981年考入沈阳音乐学院民乐系二胡专业。1985年毕业分配到中央民族歌舞团工作。1998年随团去香港参加"亚洲艺术节"的演出，2001年参加在香港举办的"首届香港道教音乐汇演"。2002年参加由文化部组织的中乐大师赴台湾、澳门、香港演出和访问活动。1989年合作编创二胡独奏曲《怀念》并任二胡独奏。

王力叶（1929— ）

词曲作家。江苏沭阳人。1945年起从事部队文艺工作，曾任二胡演奏员、创作员、师宣传队长、志愿军总部文化部助理。1958年转业到中央电台音乐部，曾任中国广播艺术团创作组长、分团团长、总团团长。后为海外电视音像制品审查委员会副主任。作品有《进军号》《胜利欢唱》等部队歌曲，有《书记蹲点住俺家》（劫夫曲），《东海前线英雄多》等歌词、唱词三十多首。为广场剧《哑巴说话》，小歌剧《李华探家》谱曲。出版有《海上红帆》《井场夜歌》《相声艺术与笑》。

王立东（1960— ）

作曲家。辽宁沈阳人。中央电台《广播歌选》艺术总监。上世纪80年代始发表音乐作品，作品经歌手演唱后在电台、电视台播出或在刊物发表。创作并录制《我的祝福你听见了吗》《等你在手机里》《大雪原》《奥林匹亚连北京》《和谐中华》《母亲的手》等个人专辑。

王立光（1956— ）

低音提琴演奏家。辽宁大连人。1975年就读于沈阳音乐学院管弦系。1978年入辽宁歌剧院任演奏员、乐队队长。1994年参加小泽征尔指挥的交响音乐会，1996年随辽宁芭蕾舞团赴香港演出，1997年随歌剧《苍原》参加庆香港回归演出，随团赴韩国演出。曾参加新年音乐会、辽宁第四届艺术节开幕式、大连电影音乐会、赴北京演出歌剧《沧海》、迎新春交响音乐会、歌剧《红海滩》和"我们走在大路上"文艺晚会等近百场演出。

王立民（1949— ）

歌唱家。黑龙江牡丹江人。1969年考入铁道兵文工团任独唱演员。曾入中央音乐学院进修，后考入中央歌剧院。曾在全军文艺汇演中获优秀演唱奖。在电视歌舞片《英雄的雕像》、电视艺术片《美丽的东北》《情漫大路》任独唱。参加歌剧《蝴蝶夫人》《图兰朵》《茶花女》《魔笛》以及施光南的歌剧《屈原》的演出。在"浪漫之旅"世界名曲音乐会和国际艺苑沙龙"夜曲、小夜曲""俄罗斯声乐作品"等音乐会上担任独唱。

王立铭（1956— ）

长号演奏家。辽宁人。1988年毕业于中央音乐学院干部专修班，同年起任总政军乐团演奏员、声部长、首席、领奏、独奏演员。曾师从美国著名长号演奏家、国际长号主席艾文·互格纳、史蒂文·辛格、吉斯布朗等，并举行音乐会（合作），1988年举行独奏音乐会。参加演出有贝多芬《第九交响曲》，"柴柯夫斯基作品音乐会"及我国首场"长号音乐会"。出版磁带《春游》。

王立平（1941— ）

作曲家。满族。吉林长春人。1965年毕业于中央音乐学院作曲系。曾任第七届全国政协委员，第八届全国人大代表、全国人大民族委员会委员，第九届政协常委，第十届全国人大常委、全国人大民族委员会副主任委员，第十一届政协常委，中国民主促进会中央副主席，中央文史研究馆馆员，中国音协第五、六届副主席及第七届顾问，中国文联第六届全委，中国音乐著作权协会主席，中国电影音乐学会名誉会长，中国音乐文学学会副主席，中国版权研究会常务理事，中国电影乐团团长、终身艺术指导。作有电影音乐《戴手铐的旅客》《少林寺》《大海在呼唤》《夕照街》《香魂女》，电视剧音乐《红楼梦》《西游记》（前5集），纪录片音乐《潜海姑娘》《哈尔滨的夏天》及歌曲《太阳岛上》《浪花里飞出欢乐的歌》《牧羊曲》《少林寺》《飞吧！鸽子》《大海啊，故乡》《驼铃》等。

王立琴（1956— ）

女琵琶演奏家。湖北钟祥人。1976、1977年先后进修于上海电影乐团、北京电影乐团，师从陈震声、潘娥青等。任职于新疆生产建设兵团杂技团。创作并演奏有《丝路琴韵》《间奏曲》《乌克兰变奏曲》《我的热瓦甫》等琵琶曲。作有《我们的生活多美好》《放眼大草原》《性急的小雨》《草原妈妈，你好》等数十首歌曲，其中有的作品选入《中国当代优秀校园歌曲》。撰有《更新创作观念，适应现代审美》《琵琶技法在风格和韵位上的细微处理》《琵琶技法'轮指、揉音、推拉'在乐曲中的运用》。

王立文（1939— ）

女中音歌唱家。黑龙江齐齐哈尔人。1956年入中央歌舞团任歌唱演员，曾师从郭淑珍教授学习声乐。1960年入中央民族乐团合唱队任女中音声部长。担任过领唱、独唱、二重唱、三重唱、小合唱等表演形式。参加音乐舞蹈史诗《东方红》《中国革命之歌》的演出活动。曾参加第六届世界青年联欢节合唱比赛，获金质奖章。曾随中国艺术团赴美、欧、亚洲一些国家和地区访问演出。曾在北京民族大学、北京师范大学任教。

王立业（1938— ）

音乐编辑家。吉林延吉人。延边音协第四届副主席、第五届顾问，延边广播电台文艺部副主任。1958年在延边艺术学校作曲系学习，1959年入延边歌舞团任创作员。曾先后任敦化林业局文工团业务团长，延边京剧团演奏员、作曲，林业局文工团团长，延吉市工人俱乐部职员，延边人民广播电台音乐编辑。

王立志（1945— ）

民族音乐学家。贵州贵阳人。曾任贵阳市群众艺术馆副馆长。1991年结业于中国音乐学院群文作曲班。1979年始参加"十大文艺集成志书"工作，分别任中国民族民间舞蹈集成、器乐曲集成、舞蹈集成贵州卷音乐编审、副主编、主编，获文化部、国家民委等颁发的艺术科学国家重点研究项目先进工作者、"十大集成"省级科研成果一等奖。论文有《贵州山歌——赶马调》《跳戏——贵州牛场乡蓬莱村布依族跳戏音乐舞蹈雏议》。音乐、舞蹈作品及论文曾获国家"群星奖""金狮奖"。

王丽达（1977— ）

女歌唱家。湖南株洲人。2006年毕业于中国音乐学院声歌系，硕士研究生。现为总政歌舞团独唱演员。先后获第十届、第十一届全国青歌手电视大赛、首届全国大学生艺术歌曲演唱比赛、第八届全军文艺汇演民族唱法银奖、一等奖。曾出访泰国、墨西哥等10多个国家。2005年举办《500里——王丽达个人演唱会》，所演唱的歌曲《500里》获中央电台中国民歌榜"十大金曲奖"。四次参加中央电视台春节联欢晚会。在《瑶山情话》《原野》《江姐》《阿诗玛》等电视剧、歌剧中担任主要角色。《亲吻祖国》《500里》以及《500里——王丽达个人演唱会》录制成CD、DVD发行。

王丽单（1964—）

女音乐教育家。吉林人。哈尔滨学院音乐系教授。1988、2000年先后毕业于哈尔滨师大音教系、中央音乐学院研究生班。撰有《教育的艺术》等文，著有《拉威尔钢琴作品分析》，主编《教你学钢琴》。参与《音乐专业课教学改革探索与研究》等五项科研课题，主持科研课题《音乐心理学的研究与应用》。曾分别举办"王丽单老师毕业班学生专场音乐会""王丽单老师钢琴教学成果演奏会"。在第十一届全国少年儿童钢琴比赛（哈尔滨赛区）等比赛中多次获优秀指导教师奖。

王丽芳（1944—）

女音乐教育家。天津人。1963年毕业于中央音乐学院附中，后进修于中央音乐学院和声与作品分析课，1974年任该院附中视唱练耳教师，后任理论学科副主任，1991年获优秀教学成果奖。编写《儿童视唱》教材二册。

王丽华（1960—）

女歌唱家。吉林人。洛阳市群众艺术馆馆员、声乐指导教师。1974年在洛阳戏曲学校学习戏曲表演专业，1981年在原洛阳地区豫剧二团任演员，1984年调入洛阳市文化局艺术科，1986年调入洛阳市群众艺术馆。1987年考入河南大学音乐系成人专修班主修声乐，获大专文凭。2002年进修于中央音乐学院，获声乐单科结业证书。1995年获中华全国声乐大赛河南赛区美声一等奖。1996年获河南省"新人、新风、新歌"声乐大赛三等奖。

王丽娟（1937—）

女音乐教育家。河北人。吉林市船营区小学教师、市老干部女子合唱团团长兼指挥。曾多次获全国、省、市少儿文艺汇演节目奖、创作奖和辅导奖。撰写《童声合唱与艺术指导》等论文，在全国、省、市交流，所编排的部分少儿节目曾和日本及东南亚教科文组织进行过交流。为艺术院校培养一批艺术人才。1998年获教育部、团中央全国妇联授予的"艺术教育先进工作者"，2004年率市老干部女子合唱团获全国老年合唱大赛金奖。

王丽君（1940—）

女高音歌唱家。湖北武汉人。1964年毕业于湖北艺术学院声乐系。先后在广西歌舞团、湖北歌舞团任独唱演员。曾在武汉音乐学院声乐系任教。

王丽娜（1962—）

女歌唱家。河北邯郸人。河北师范大学音乐学院教授、研究生导师。1990年获全国青年歌手电视大奖赛河北赛区美声唱法一等奖，曾多次举办个人演唱会。所教学生十余次在全国及省市声乐大赛中获奖。在《中国音乐》《人民音乐》等刊物上发表文章多篇。先后获河北师范大学教学成果一等奖、河北省教学成果三等奖、中华园丁奖及河北师范大学"中青年骨干教师"称号。

王丽南（1938—）

笙演奏家。河北保定人。1956年毕业于北京第五中学。曾任中国广播民族乐团笙演奏员、副团长，曾在中国广播艺术团老干部处工作。作有器乐曲《都柳江边》《欢庆胜利》（合作），合作研制"中音笙"获广电部科学技术进步奖。参加诸多演出、录音、录像任务。多次随团赴罗马尼亚、保加利亚、意大利、德国演出。

王丽萍（1961—）

女歌唱家。安徽无为人。就职于海南海口市城建开发总公司工会。1982年毕业于安徽艺校。曾任安徽省歌舞团独唱演员。1984年获安徽省首届"江淮之秋"歌舞节声乐表演三等奖，1999年获"华荣杯"中国歌唱大赛跨世纪金榜歌手民歌一等奖。

王丽琴（1955—）

女歌唱家。山东人。上海歌剧院歌唱演员。曾入上海音乐学院学习。主演歌剧《艺术家生涯》《女人心》《图兰朵》《蝙蝠》《楚霸王》等。曾获"上海之春"音乐节优秀表演奖及"上海艺术节"表演优秀奖等。

王丽伟（1962—）

女音乐教育家。吉林长春人。1983年毕业于吉林艺术学院音乐系扬琴演奏专业，留校任教并获艺术学硕士学位，后任音乐系主任、副教授、硕士生导师。吉林省音协理事、省扬琴学会副会长兼秘书长。发表《中国扬琴艺术本体与文化价值研究》等文多篇。创作、改编和移植扬琴独奏《太阳最红、毛主席最亲》，二重奏《回忆与遐想》，四重奏《杨柳堤》（合作）等六首。作品及论文多次获省一、二等奖。录制"国乐经典"等扬琴独奏（CD）。2005年应邀赴美参加国际文化艺术节交流演出，并被授予"杰出艺术成就"奖。

王丽霞（1966—）

女歌唱家。黑龙江哈尔滨人。1996年毕业于哈尔滨师范大学音乐教育系。长期从事民族声乐演唱。先后获文化部第五届"群星奖"金奖，"第九届全国城市职工歌手大赛"民族唱法金奖第一名，第三届广西南宁国际民歌艺术节民族、民间歌手大赛最佳歌手奖。多次参加黑龙江省及哈尔滨的大型文艺晚会。演唱有《除夕的月亮》《白衣战士，你是最可爱的人》《西格玛饺子送亲人》《恩重如山》《火车进拉萨》等五十余首创作歌曲。

王连才（1938—）

作曲家、音乐教育家。黑龙江望奎人。从事音乐教学与群众文化工作近半个世纪，培养众多学生。作有声乐套曲《萨尔图畅想》。《油田夜色》先后在黑龙江电视台、大庆电台"每周一歌"播放，获文化部第三届"群星奖"优秀作品奖。《萨尔图，月亮升起的地方》获第七届"世界之春"全国征歌"精品金奖"。《何不早归来》《我爱你城市森林》获第八、九届"北极星群英杯"金奖。《情随大江流》获"2009中国杯"金奖。出版《中国当代作曲家作品经典—王连才专辑》。编著《音乐漫谈与赏析》。

王连城（1933— ）

打击乐演奏家。北京人。1949年毕业于华北大学第三部音乐科，后入部队从事音乐工作。曾任总政歌舞团民乐分队长。

王连苓（1933—已故）

女音乐编辑家。辽宁人。1948年参加东北文化教育工作队。曾任中国唱片社音乐编辑部主任编辑。录制出版有《中国革命历史歌曲》《九宫大成》《姜白石宋曲十八首》等。

王连三（1926—1986）

大提琴教育家。福建清流人。1946年毕业于国立福建音专。曾任台湾交响乐团大提琴首席，香港中英乐队特邀独奏家。原为中央音乐学院附中副教授、中国大提琴教师学会常务理事。作有大提琴曲《采茶谣》《风雨童年》。

王连锁（1937— ）

作曲家。天津人。天津交响乐团专业作曲。创作舞蹈音乐《峥嵘岁月》《我们爱打乒乓球》，舞剧音乐《孔雀恋歌》《画皮》等，儿童歌曲《小蜜蜂》《儿童圆舞曲》，花腔女高音独唱《春雨滴滴》《啊，祖国火中的凤凰》，交响声乐套曲《腾飞吧，祖国》，电影音乐《祝君平安》，电视剧音乐《现在正是早晨》，大提琴协奏曲《长城颂》，琵琶协奏曲《剑》，唢呐协奏曲《小放牛》，交响诗《聊斋》等多首（部），其中《小蜜蜂》《剑》《腾飞吧，祖国》《孔雀恋歌》、戏歌《春》等作品获市级和国家级创作奖。

王连义（1947— ）

二胡演奏家。天津人。河北省秦皇岛市群艺馆副研究馆员，民族乐团团长，市音协名誉副主席，中国民族管弦乐学会理事。自1970年开始，先后在专业艺术团体及群艺馆民族乐团担任首席二胡。曾多次在北戴河为中央领导和外宾演出。演奏曲目《平湖秋月》获2006年国际华乐艺术节艺术大赛金奖。1987年为电视舞蹈专题片《我们爱大海》作曲并演奏，获河北省少儿节目展播二等奖。歌曲《你走进人民心中》等作品在报刊发表。

王连元（1931—已故）

音乐编辑家。天津蓟县人。1948年始从事部队文艺工作。1958年入北京电影制片厂任音乐编辑。后任北京科学教育电影制片厂音乐组编辑。曾为《古潜山油田》编配音乐，此片在日本获大奖。

王廉运（1952— ）

女音乐活动家。河北河间人。深圳市委宣传部文艺处处长。1975年毕业于四川师大中文系。策划组织的大型剧式歌舞剧《祖国、深圳对你说》获中宣部"五个一工程"奖，策划创作的歌曲《祝福祖国》《秋天的诉说》《又见西柏坡》等获中宣部"五个一工程"奖。组织多个音乐活动及征歌活动。

王亮生（1954— ）

二胡演奏家、音乐教育家。江西兴国人。江西省第五、六届常务理事，江西省民族管弦乐学会副会长。现任南昌大学艺术与设计学院常务副院长、教授。1991年毕业于中国音乐学院民乐系，师从二胡教育家刘长福教授。同年在北京音乐厅举办二胡独奏音乐会，2006年在江西艺术剧院举办《心在弦上》——王亮生二胡独奏音乐会，并出版发行音乐会专辑。从艺40年来，在全国和省级专业音乐赛事中获奖十余次（项）。

王令如（1938— ）

女歌剧表演艺术家。天津人。1963年毕业于中央音乐学院声乐系。历任中国歌舞剧院独唱演员、歌剧演员、声乐指导，兼首都职工联合大学中国歌舞剧院分校声乐系教授。1956年获天津市文艺汇演独唱一等奖，多次参加大型音乐会及大型歌剧的排练及演出。曾主演歌剧《白毛女》《小二黑结婚》《红梅岭》，1980年主演歌剧《救救她》在全国歌剧汇演中获优秀奖。多次受文化部委派到全国各文艺团体讲学。发表有《如何唱好不同风格的声乐作品》。

王露意（1929— ）

女钢琴演奏家。上海人。1952年毕业于上海音乐学院钢琴系。长期任中国广播艺术团钢琴伴奏。1984年为日本东芝唱片公司录制中国广播合唱团的12首中外合唱曲伴奏。1986年为中国广播合唱团参加第二届北京合唱节伴奏获一等奖。1988年为中国广播合唱团参加日本国际合唱比赛伴奏获大奖。1991年获第三届北京合唱节优秀伴奏奖。1994年获全国业余钢琴教学优秀教师称号及荣誉状。2000年参加全国老年合唱节，为广电总局老干部合唱团伴奏获金奖第一名。

王路明（1953— ）

作曲家。河北安平人。北京军区战友文工团作曲。曾先后就读于解放军艺术学院文学系与中央音乐学院作曲系。歌曲《属于我的30天》获第六届全军文艺汇演二等奖，《爱习武歌》获1995年全军优秀队列歌曲奖，《同志们好，首长好》获第七届全军文艺汇演二等奖与第四届军旅歌曲大赛金奖。舞蹈音乐《士兵圆舞曲》获第七届全军文艺汇演音乐创作二等奖，《士兵的旋律》获第二届"荷花杯"全国舞蹈大赛"优秀作曲奖"。

王罗生（1949— ）

二胡演奏家、教育家。湖南湘乡人。中国音协二胡学会理事、湖南音协二胡专业委员会副会长。1984年考入中央音乐学院民乐系进修二胡，师从王国潼教授。1989年毕业于天津音乐学院民乐系，师从宋国生、居文郁教授。1990年入湖南艺术职业学院任二胡教师。2003年举办个人二胡独奏音乐会。创作二胡独奏曲《童年》。撰有《论二胡演奏的声与情》。为高等院校培养输送众多优秀学生。连续四年评为学院优秀教师，获文化部"区永熙优秀音乐教育奖"。

W

王洛宾（1913—1996）

作曲家。北京人。1931年考入北京师范大学音乐系，后任中学音乐教师。1937年参加八路军西北战地服务团。1938年在赴新疆途中参加兰州抗战剧团。1941年被捕入狱。1944年出狱后在青海某中学任教。1949年在西安参军并随部队入新疆。后任职于新疆军区政治部歌舞团。1960年被捕入狱，长达15年，1979年平反后任职于兰州军区战斗歌舞团创作组。自1937年始，长期从事西北少数民族民歌整理工作。编创有《玛依拉》《在那遥远的地方》《达坂城的姑娘》《阿拉木汗》《亚克西》《青春舞曲》等歌曲。1957年以来先后出版其编纂的《哈萨克歌曲集》《洛宾歌曲集》。创作有《战斗的历程》《无人村》《两代人》（合作）《托太尔的百灵》《沙漠之歌》《带血的项链》等歌剧音乐。被誉为"西部歌王"。

王茂祺（1941— ）

二胡教育家。河北保定人。1963年毕业于北京艺术学院音乐系。先后在北京艺术学院、中央音乐学院、中国音乐学院从事二胡专业教学工作。曾任中国音乐学院附中校长。

王玫罡（1927— ）

民族音乐学家。河北保定人。1957年毕业于中央戏剧学院导演进修班。1953年任热河省戏剧学院教导主任，后在省话剧团兼管歌舞队，任副团长。撰有《避暑山庄宫廷音乐在易县西陵》《多尔衮后裔创办的清音会》《满族音乐文化孕育了二人转》等文章。编辑有《中国民歌集成·河北卷（满族民歌）》，译记整理《萨满乐舞》及《群打太平鼓》。整理蒙古族长调音乐，编著成蒙古族戏曲《牧羊姑娘》并将民间吹腔音乐编写成现代乐舞剧《枣红马》，分获"热河省文艺检阅大会"创作一等奖。

王梅玲（1943— ）

女钢琴教育家。江苏阜宁人。1967年毕业于湖北艺术学院钢琴系。1980年调入西安音乐学院任钢琴系副主任、副教授。所教的学生曾获昆明"珠江奖"钢琴专业组优秀奖、鼓励奖，太原全国少儿钢琴二等奖及西安举行的"苗苗奖"多个奖项。发表论文《论放松》由上海文艺出版社收入论文专集，并获教学优秀成果奖。

王梅贞（1940— ）

女音乐教育家。上海人。上海音乐学院钢琴系毕业。曾任中央音乐学院电子琴教研室主任、副教授，中国音协电子琴学会会长。70年代曾随中国体操队出访法国、卢森堡。获双排键电子琴三级（副教授级）国际证书。编撰出版《电子琴教材》《毛毛学琴》《电子琴演奏基础训练》《业余电子琴考级曲目》等教学录像带。编创有《牧民的一天》《新疆游记》《童谣》《桑巴舞曲》《陕北风情》等电子琴曲。历任全国少儿及中小学生电子琴比赛评委，辅导学生多次参加全国及省、市电子琴比赛获奖。创办《电子琴学会学报》。

王瑞华（1932— ）

女高音歌唱家。浙江绍兴人。1949年始从事演唱及声乐教学。1959年毕业于上海音乐学院声乐系进修班。曾在澳门举办海韵声训班，任全澳歌唱大奖赛评判。演唱曲目有《姑娘月下守海防》《瑶民长鼓舞曲》等。

王美玲（1961— ）

女声乐教育家。山西太原人。马鞍山市青少年宫艺术团团长。1981年毕业于安徽滁州学院音乐系。先后为大专院校、部队、专业团体输送大批声乐人才。多次获国家、安徽省颁发的优秀辅导员奖、园丁奖。所教学生曾获全国"首届中华校园歌曲电视大赛"三等奖。曾带团赴韩国参加中、日、韩三国合唱交流。所指导的学生"民歌联唱"，在2005年"国际文化音乐节"选拔赛中获金奖。发表论文《试论童声合唱队的组织与训练》等。马鞍山市声乐研究会副会长。

王美铃（1951— ）

女音乐教育家。安徽宿县人。1974年毕业于安徽师范大学艺术系音乐专业。安徽省淮南市化建中学特级教师、淮南市声乐协会副秘书长。长期从事音乐教育工作，培养一批已在教育岗位上做出成绩的人才。曾获首届"奇美杯"器乐教学论文三等奖，全国第三届音教论文三等奖、第四届评选二等奖。出版有《中学生学唱歌》。

王淼池（1931—1996）

作曲家。河北博野人。1945年从事部队文艺工作。曾任总政歌舞团合唱队长、副团长。作有歌曲《打的准开的动》，歌剧音乐《心连心》。

王民安（1927— ）

作曲家。江西人。1949年从事部队文艺工作。湖南大学音乐系毕业。1953年在志愿军部队创作《快乐的战士》获优秀歌曲奖，大合唱《两条半枪闹革命》（合作）获江西省优秀节目奖。1955年始从事戏曲音乐工作。撰有《赣东北采茶戏音乐》，发表《试论赣东采茶戏湖广调的基本特征和发展》等文。创作设计的《对面相逢不相识》《游春常惜落花红》剧目被编入《江西地方戏曲新腔选》。

王民基（1932— ）

民族音乐理论家、书法家。广西阳朔人。1953年毕业于华南文艺学院音乐部。1956年毕业于中南音专作曲系留校任教。后在中央音乐学院进修。长期从事民族音乐理论及戏曲音乐的教学和研究工作。1982年调中国音协任中国民族音乐集成总编辑部副主任。

王民杰（1956— ）

唢呐演奏家、教育家。山东定陶人。山东济宁学院音乐系教研室主任。1983年毕业于曲阜师范大学音乐系。曾在济宁地区杂技团任演奏员。2000年主奏唢呐《拜鼓曲》获金奖。2005年获山东省艺术院校器乐大赛指导教师二等奖。先后赴日本、韩国演出唢呐独奏。

王民利（1955— ）

音乐教育家。山东青州人。毕业于山东师范大学音乐系。曾任潍坊市音协画师秘书长、键盘专委会副会长、区文化馆副馆长。曾组建并指导市高中合唱队获全国首届中小学合唱比赛二等奖。所教大量学生陆续考入全国各大音乐院校，所撰写的音教论文在省、市获奖，14首歌曲在省市报刊、电台发表或获奖。编有《优秀幼儿歌曲选》。多次参与潍坊国际风筝会开幕式大型演出。业余教授少年儿童钢琴、手风琴，获文化部等颁发的辅导一等奖证书。

王敏夫（1929— ）

音乐教育家。河北人。1949年入解放军三野某师文工队乐队，新中国成立后，历任辽宁本溪市中心完小、第五中学、师范学校音乐教师。培养众多学生在全市各中、小学及幼儿园任音乐教师，1987年被市教委聘为师范、中学的中级职称评委、音乐科中级职称评审组长、中学音乐科高级职称评审组长。退休后任市教委老干部合唱团指挥。

王明喜（1955— ）

长号演奏家、作曲家。山东蓬莱人。1984年入沈阳音乐学院作曲系学习作曲。曾任黑龙江省歌舞剧院演奏员，1987年任黑龙江省歌舞剧院创作员，后任院长助理、副院长、省音协副主席。创作音乐作品数百件，作有歌曲《故乡土故乡路》《月亮里有条松花江》《中国旗袍》，钢琴曲《北方风土素描》《变奏曲》，歌舞剧《黑妹》等。为电视剧《屋顶》《蛇》作曲。《中华汉字》等数十首声乐作品在全国、省级比赛中获奖，百余首作品在电视台播出。曾获黑龙江省"德艺双馨文艺家"、文化部"优秀专家"称号。

王明祥（1953— ）

男高音歌唱家。辽宁大连人。中央乐团歌唱演员。1976年毕业于中央音乐学院。师从韩德章、吉诺．贝基等中外声乐专家。曾随团赴美国、加拿大、香港等国家和地区演出。参加《中国革命之歌》、"二十世纪华人音乐经典"系列音乐会与"哈尔滨之夏"音乐节等演出活动，在海顿《创世纪》、莫扎特《安魂曲》、贝多芬《第九交响曲》等演出中担任领唱，录制有演唱专辑。

王明政（1957— ）

作曲家。吉林长春人。长春市音协秘书长、省音协理事。1982年毕业于东北师范大学音乐系，同年入吉林工学院任教。创作上百首音乐作品，并多次获奖，其中《送你欢乐》获中央人民广播电台举办的"永恒的祝福"专题征集活动创作奖，所作曲的长篇广播剧《毒窟生死情》获全国第十六届广播剧大赛二等奖。曾为电视剧《牡丹情》等影视作品创作音乐。

王乃光（1947— ）

作曲家。吉林大安人。毕业于沈阳音乐学院。白城市音协副主席。曾任白城市文化局副局长、白城市明珠艺校校长、华南文工团作曲兼指挥。作品有歌剧《泉水奔流》《山林历险记》，歌曲《美丽的三江》《呼马河的波浪》《大沁塔拉的明珠》《我的梦在飘雪的北方》等二百余首。《故乡的河湾》获《歌海》杯全国词曲大赛一等奖，

《走进迷人的葡萄沟》获全国广播电视空中大联播一等奖。2004年在全国首届声乐器乐舞蹈大赛中被授予"育才成就奖"，2005年被白城文联授予"艺术成就奖"。

王乃禾（1953— ）

钢琴教育家。四川成都人。1982年毕业于西南师范大学音乐学院本科。西南师范大学音乐学院副教授，钢琴系主任，从事钢琴教学。著有《钢琴的弹奏与教学》，主编教材《21世纪高等师范大学音乐教材·钢琴教材》第三册第六级，发表《关于钢琴弹奏中的力度变化与音色控制》等十几篇论文。

王乃洁（1946— ）

女作曲家。辽宁沈阳人。1965年毕业于江西文艺学院音乐系。曾任九江市歌舞团副团长。作有《庐山迎宾曲》于1980年获江西省创作歌曲一等奖，《浔阳江》于1985年获省二等奖。

王宁一（1939— ）

音乐美学家。江西南昌人。1963年毕业于沈阳音乐学院作曲系。后到吉林省艺校任教。1981年毕业于中国艺术研究院研究生部、获硕士学位。曾任该院音乐研究所副所长。撰有《从词曲关系看歌曲中的音乐形象》等论文。

王培凡（1936— ）

女大提琴教育家。四川广安人。1956年毕业于西南音专器乐系。曾任四川音乐学院管弦系弦乐教研室主任、中国大提琴学会常务理事、大提琴学会四川分会会长。作有大提琴曲《春到大凉山》。

王培立（1940— ）

音乐教育家。山东寿光人。淄博市音协理事。先后毕业于山东艺术专科学校、山东教育学院历史系（函授），向艺术院校输送众多音乐人才，所教学生在省市声乐比赛中多次获奖。所提中小学音乐教材增加欣赏内容等建议被全国统编教材采纳。1988年赴武汉市出席全国教育学会音乐教学研究会第一届学术研讨会。撰写《谈切分音的音乐功能及其概念的表述》，被收入《世界学术文库》（华人卷），并获香港世界学术贡献奖，评审委员会"论文金奖"。发表多首音乐作品。

王佩之（1912—1997）

作曲家。河北满城人。1938年任晋察冀第一军分区战线剧社音乐队队长。1940年入华北联合大学音乐系学习。抗日战争、解放战争期间，深入部队一线从事音乐活动。作有《战斗进行曲》在部队广为流传，此歌为电影《战火中的青春》《大决战》主题歌。为大型歌剧《不要杀他》作曲（合作），为歌剧《李大娘送子归队》作曲。另作有《战场上立功劳》《一杆红旗》《烽火满天红》等歌曲。新中国成立后，任战友文工团管弦乐队队长、曲艺杂技团团长。1965年后任北京市文工团团长、北京市河北梆子剧团团长，北京市第五届政协委员。

W

王彭年（1928—2005）

锯琴演奏家。山东曲阜人。1948年肄业于齐鲁大学。中国音协锯琴学会会长、中国人口文化促进会理事。其锯琴在《白毛女》等歌剧中参加伴奏。后创办了锯琴学会。其演奏在中央、国际、北京等电台播出，并被邀请参加各种重大文艺晚会。出版《锯琴之恋》《神奇的音符》专辑磁带，《锯琴与锯琴艺术大师》CD专辑。

王品素（1923—1998）

女声乐教育家。河南开封人。1946年毕业于国立上海音专。上海音乐学院声乐系教授。曾任系副主任。长期从事民族声乐的研究和教学，学生有才旦卓玛、何纪光等。曾任中国音协第四届理事，音协上海分会常务理事，上海市第七届人民代表。曾两次获全国"三八"红旗手称号。

王平安（1955— ）

小号演奏家。河北清苑人。1975年入天津歌舞剧院乐队任演奏员，1984年始在天津交响乐团乐队任小号首席。曾参加芭蕾舞剧《红色娘子军》《草原儿女》《沂蒙颂》《孔雀恋歌》以及大量舞蹈伴奏、器乐合奏、管弦乐作品的演奏。并演奏贝多芬第一至第九交响乐，莫扎特第39、40、41交响曲，德沃夏克第八、九交响曲，柴科夫斯基第四、五、六交响曲，《天鹅湖》全剧，施特劳斯家族的大量圆舞曲。在本团的铜管五重奏中任第一小号。演奏过上百部交响序曲及歌剧序曲。

王平洲（1922— ）

女音乐编辑家。安徽芜湖人。上世纪四十年代入上海音乐学院学习。曾任上海科教电影厂音乐组长兼编辑。所编科教片音乐《双水翼舰艇》被评为1975年影片评选单项音乐优秀奖。

王屏藩（1901—1996）

秦剧音乐演奏家。陕西长安人。1917年入西安易俗社学艺。1938年赴宁夏，为秦剧乐队司鼓。新中国成立后在宁夏秦剧团工作。

王萍萍（1971— ）

女音乐教育家。福建南安人。福建省儿童发展职业学院音乐科教研组长、副教授。1993年毕业于福建师大音乐系。作有歌曲《正月点灯红》《那一双眼睛》《一朵梅花》等，均获奖。撰有《关于中、小学视唱教学中音准的培养与训练》《高甲戏的音乐特色》《把握闽南语歌曲创作的乡土特色》等文。

王其珩（1929—已故）

作曲家。山东长岛人。1947年入鲁艺四团。1951年入鲁艺戏剧部研究室，专修歌剧作曲。曾与人合作为《金玉满堂》《师与徒》《祥林嫂》等五部歌剧及大型歌舞剧《保卫世界和平》作曲。1953年调东北戏曲研究院从事戏曲改革工作，任音乐组组长。曾为百余出剧目作曲，其中有《小女婿》《洪湖赤卫队》《杜鹃山》《江姐》等剧目中的若干唱段，广为流传。80年代后，曾参与《沂蒙山

人》《家》《秧歌情》等剧目的音乐创作，多次获"文华奖"。出版专著《评剧音乐概论》（合作）。沈阳戏曲剧院音乐总监。沈阳市音协名誉主席。

王其慧（1933—已故）

声乐教育家。河北丰润人。1955年毕业于东北音乐专科学校声乐系。曾任沈阳音乐学院副院长、教授。从事演唱和民族声乐教学。

王其书（1938— ）

音乐教育家、民族音乐学家。重庆永川人。1960年毕业于四川音乐学院民乐系留校任教，历任民族管乐教研室主任、教授、院教务处副处长、科研处处长、音研所常务副所长。1963年获四川省首届笛子比赛第一名。改革"新曲笛"获1987年文化部科技成果四等奖、第三届全国发明展览银牌奖，改革发明"双腔葫芦埙"获1992年文化部科技进步二等奖，1993年获国家发明奖三等奖等共七个奖项。1991年来共主持完成教育部规划项目《西南少数民族乐器研究》《西南丝绸之路音乐文化考察研究》等课题。

王启清（1954— ）

手风琴教育家。安徽宿州人。安徽省宿州逸夫师范学校音乐组高级讲师。曾在安徽师范大学音乐系进修，曾任宿州市褚兰中学音乐教师。撰有《关于农村孩子音乐教育现状的思索》《从神童谈早期教育》等文，其中《试论音乐教师的体态语言》《中师音乐课堂教学艺术初探》获省中师音乐教学论文评选一等奖。演唱的男女声二重唱《远方的书信乘风来》获二等奖。作有歌曲《党旗颂》等。编有《少儿手风琴教程》《宿州幼儿园教师培训教材》。

王蒨竹（1922—已故）

指挥家、作曲家。辽宁海城人。曾任沈阳军区前进歌舞团指挥、副团长，辽宁省音协管乐学会理事长。1964年参加全军首届军乐会演，创作并指挥的《冬训组曲》（合作），单簧管独奏《小老板》分获作曲、指挥优秀奖。创作器乐曲有《国防战士进行曲》《农民进行曲》等百余首，编配的《青春竞赛》被选为全国青年运动会会歌。发表有《中国军乐的新发展》《管乐训练教材》等文。主编出版《东北管乐资料汇编》。1984年参加建国35周年首都阅兵式，任沈阳军区集训队队长。所试制的"行进排鼓""礼号"在1989年全国青运会、1990年北京亚运会启用。

王俏蔚（1966— ）

女古筝教育家。浙江遂昌人。1988年毕业于上海音乐学院民乐系后留校任教，副教授。曾参加国际儿童联欢节、亚洲艺术节、大阪中国年，并随团赴新加坡、日本、波兰及香港、台湾等地演出任独奏、重奏。获"上海之春"表演奖，"ART杯"国际比赛三等奖。出版音像制品《蕉窗夜雨》《孔雀东南飞》《丝弦女》《中国古筝考级曲集》等。作有筝独奏曲《畲山茶歌》。撰有《潮州音乐与潮州筝》。

W

王翘玉（1926— ）

女歌唱家、声乐教育家。北京人。1944至1946年就学于重庆国立音专声乐系，后入北京国立艺专音乐系学习。任天津音乐学院声乐系民族声乐教研组组长。1941年在抗战剧《桃花源》中饰桃花仙子。曾参加中央音乐学院和天津音乐学院教师独唱音乐会。为《摇篮曲集》译配歌词。多次参加教材编写和举办声乐讲座。

王秦雁（1940— ）

音乐理论家、音乐编辑家。陕西延安人。1967年毕业于上海音乐学院民族音乐理论系。上海音乐出版社副总编、编审，上海市音协理事。参与编辑《音乐欣赏手册》《外国音乐辞典》《世界名曲欣赏》《简明牛津音乐史》《流行音乐手册》《合唱艺术手册》《外国名曲欣赏辞典》《音乐爱好者丛书》《中国艺术大系·音乐卷》《中国民族音乐大系》《贺绿汀全集》等百余种音乐图书，许多图书曾获优秀图书奖。策划、组织全套《上海市中小学音乐教材》和《全国中师音乐教材》出版。曾任《音乐爱好者》与《多来咪》主编。

王青晓（1952— ）

小提琴演奏家。陕西人。中国音协第六届理事。第四届青海省音协副主席，青海省民族歌舞剧院交响乐团团长。1971年考入青海省歌舞团学员队学习小提琴，1981年担任省歌舞团交响乐团首席演奏员，2002年起兼任乐团指挥。2004年被授予青海省宣传文化系统优秀人才称号。

王清泉（1962— ）

萨克斯管演奏家。山东人。解放军军乐团教研室与解放军艺术学院音乐系管乐大专班教师。1977年考入军乐团。1981年起任该团一队萨克斯管首席、声部长。1990年底调入教研室任专职萨克斯管教师，为军内外培养了一批优秀的演奏人才。1994年举办个人独奏音乐会。由人民音乐出版社等录制发行个人演奏专辑《野蜂飞舞》《马车夫之恋》《萨克斯管练习曲集》《萨克斯管演奏教程》。

王晴华（1927— ）

女钢琴教育家。四川渠县人。毕业于金陵女子大学音乐系。曾任上海音乐学院钢琴副教授。

王庆琛（1938— ）

笙演奏家。辽宁辽阳人。1956年入辽宁歌舞团，曾任副团长。创作并演出的作品有《水库引来金凤凰》《边塞新歌》等。

王庆华（1938— ）

作曲家。湖北黄梅人。1956年从事音乐工作，曾任江西九江市歌舞团创作组长、江西民间歌曲、民族民间器乐曲等集成编委。创作歌曲《农忙时节》《长长的路通了》及儿童舞蹈音乐《梆歌》先后在江西赛事评选中获创作一等奖，《心灵的呼唤》获中国成都国际熊猫节节歌一等奖，《将军紧握士兵的手》《哥在河中驾竹排》先后获文

化部音乐作品征评铜奖。《割草谣》入选小学音乐教学补充歌曲。音乐论文《浅谈赣北打鼓歌的艺术形态与源流》获中国首届长江歌会优秀论文奖。

王庆君（1955— ）

女歌唱家。山东济南人。武警文工团艺术指导。1972年入伍，先后任北京军区炮兵宣传队、战友文工团独唱演员，1989年调入武警政治部文工团任独唱演员、歌队队长。1993年演唱的《我爱你五星红旗》获CCTV首届MTV大赛银奖，1994年演唱的《黄河人》获CCTV第二届MTV大赛银奖，1995年演唱的《壮乡行》获CCTV第三届大赛铜奖。曾先后赴朝鲜、澳大利亚、新西兰等国演出。参与策划"中日友好歌会""霓虹灯下新一代"等大型晚会。

王庆兰（1935— ）

女长笛演奏家。河北保定人。1949年始先后入沈阳市青年文工团、沈阳市歌舞团任演奏员。曾任中央歌剧院乐队长笛首席。

王庆隆（1913—1992）

口琴演奏家。台湾彰化人。曾就读东京日本大学文科。后任上海文史馆馆员、中华口琴学会会长、上海市台联会理事。编著有《怎样吹好口琴》《中外口琴名曲八十首》《中级高级口琴独奏名曲集》。

王庆泉（1945— ）

作曲家。吉林长岭人。毕业于北京邮电大学，工程师。白城市老年艺术团作曲。《龟兹美女》等几十首作品在《歌曲》《音乐生活报》等报刊发表，《等你等到九十九》等多首作品获奖。《歌声环球飞》获专家"作品老到心音天来"评语。《朋友难得》等10首作品被译成英文出版，并在音乐网站展示。出版CD《关注中国》（李湘词）《朋友难得—李湘、清泉歌曲选集》。

王庆武（1952— ）

音乐活动家。山东青岛人。1999年毕业于山东工会管理干部学院。胜利油田文工团副团长。作词歌曲有《托起太阳》《苦的后面总是甜》《师傅你慢些走》《我的名字叫油娃》等，有的获奖。作曲并演奏的《单簧管与小乐队》获首届职工文艺调演二等奖。组织策划山东"庆五一""七大企业艺术节""我为祖国献石油"、全国石油第二届职工文艺大赛等大型音乐会。

王庆沅（1938— ）

民族音乐理论家。江苏南京人。1961年任兴山文工团指挥、作曲。1980年借调至兴山文化局从事民歌的搜集、整理、编纂工作，参与《中国民间歌曲集成·湖北卷》的编纂，曾获全国艺术科学规划领导小组颁发的"文艺集成志书编纂成果"二等奖和湖北省"民族民间文艺集成志书编纂成果"一等奖。1987年任兴山文化局副局长。后为宜昌市音协顾问。发表论文三十余篇，1987年在黄翔鹏先生的帮助下，发现荆楚古音。

W

王庆忠（1959— ）

唢呐演奏家。吉林人。1977年毕业于吉林省艺术学校，同年入吉林省歌舞团，1984年任吉林省民族乐团演奏员。创作唢呐独奏曲《拥军小唱》《农家小院乐陶陶》等，创作大唢呐曲《龙摆尾》《夜祭》《雪原红缨》。获国际民族器乐独奏大赛优秀演奏奖。

王秋兰（1962— ）

女声乐教育家。山东沂南人。1982年毕业于兰州师范高等专科学校，2001年毕业于河南大学艺术学院音乐教育专业，并就读于河南大学研究生班音乐学专业。2009年在中原工学院艺术设计系任艺术教研室主任。撰有《略论刘彻与李世民对汉唐音乐的贡献》《"德乐"与"世俗乐"》等文多篇，著有《音乐鉴赏》（任编委），《90天实用教程》（副主编）。曾获河南省教育系统科研奖励及主持二等奖。

王遒立（1935— ）

音乐教育家。北京人。曾任天津音乐学院作曲系副主任。作有交响诗《难忘的1976》《刘胡兰》，译著有《作曲法教程》《论斯特拉文斯基》《西方音乐流派及作曲家》《论音色旋律》等。

王全仁（1932— ）

音乐教育家。江苏人。1946年参加新四军从事文艺创作。曾出版《全仁歌曲集》《儿童歌舞剧集》《幼儿歌词选》《家庭音乐游集》等11部和中小学生行为规范组歌《亮晶晶》（合作）《宝宝歌谣》以及教学录像片《儿童音乐体育游戏》。《小青蛙代家》等三首歌曲被编入小学和幼儿园音乐教材。创作歌曲《孟母，伟大的母亲》《春天的祝福》《井冈笑》等四十余首获奖。指挥过歌剧《董存瑞》《红珊瑚》，舞剧《罗盛教》及《卡门序曲》等。

王铨翔（1932— ）

音乐教育家。天津人。1948年始从事部队文艺工作，任打击乐演奏员、创作员。曾在解放军艺术学院音乐系任教。作有管弦乐四重奏《洪湖泛金光》，编有《音乐基本理论》教材。

王群生（1952— ）

二胡演奏家。北京人。1978年进入中国歌剧舞剧院任胡琴演奏员。先后参加歌剧《白毛女》《小二黑结婚》等剧目的演出。在舞剧《红楼梦》首演中任二胡首席并独奏。师从汪炎火先生学习高胡。在音乐会中演奏广东音乐。曾师从姚来顺、蒋风之与刘长福教授。

王人艺（1912—1985）

小提琴演奏家。湖南浏阳人。曾就读于国立音专研修小提琴。1935年入上海工部局交响乐团，先后在多处任首席小提琴。曾在武昌艺专、国立音乐学院及常州少年班、上海音乐学院附中及本科任教。教授。学生有聂耳、周文中、盛中华等。

王日灿（1961— ）

声乐教育家。山东德州人。山东省德州市艺术馆音乐部主任。曾就读于德州学院音乐系。后在平原县文化馆任音乐组组长。1998年在全国推新人声乐大奖赛中获优秀奖，同年在山东省"元首杯"青年歌手大奖赛中获美声唱法二等奖。曾在山东省职工文艺调演中，辅导合唱《祖国颂》获"辅导一等奖"。作有歌曲《金色的校园》《风雨一青松》。撰有《演唱技艺与声音训练》。

王日昌（1952— ）

音乐教育家。吉林长春人。东北师范大学音乐学院副教授、硕士生导师。1972年任小学音乐教师。1977年毕业于东北师大音乐系留校任教。1980至1981年在南京师大音乐系师从鲁兆璋先生进修"和声学"。2004年始任中国教育学会音乐教育专业委员会理论作曲学术委员会委员。曾以《静·远·肃穆平和之声》等为题作"佛教音乐赏析"讲学。出版有《和声写作指导》，发表有《谈古代典籍中的佛教音乐》《〈一个华沙幸存者〉赏析》等文，创作歌曲《地藏菩萨赞》。

王日仁（1937—已故）

指挥家。山东临淄人。1961年毕业于沈阳音乐学院。曾任沈阳歌舞团指挥。指挥有京剧《海港》、舞剧《白毛女》、歌剧《江姐》，作有歌剧音乐《风雪探亲人》。

王荣禧（1933— ）

女音乐编辑家。辽宁大连人。曾师从阿巴扎、罗忠镕学习和声、钢琴。1953年考入中央音乐学院作曲系，师从江定仙、萧淑娴。在校期间，作有中胡与箫《关山月》主题赋格曲，受到苏联专家阿尔扎玛诺夫的赞扬，并被选为中央音乐学院复调音乐课教材，1987年在西德RIAS电台播出。1958年中央音乐学院毕业入中国国际广播电台任音乐编辑、记者。撰写有大量音乐和戏曲稿件。曾获中国国际电台与中国国际广播学会"优秀节目奖"。1988年赴香港采访第二届亚洲艺术节。1990年致力于钢琴教学。

王瑞江（1939— ）

歌唱家、声乐教育家。山东昌乐人。1960年考入沈阳音乐学院声乐系，毕业后留校任教。1983年起任沈阳音乐学院党委书记、后兼任院长，教授、硕士生导师。辽宁省文联副主席、省音协名誉主席、省民族音乐教育促进会会长。长期担任民族声乐教学，所教学生近二十人次获全国性及省级比赛一、二等奖。曾演唱民族歌剧《白毛女》，秧歌剧《夫妻识字》，东北"二人转"等。撰写《关于民族唱法男声训练的一点体会》等专业及评介文章近二十篇。与作曲家合作发表《春天的歌》等歌曲三十多首。出版教材《民族声乐教学曲选》，任副主编，主要负责男声教学曲目部分。

王瑞林（1952— ）

作曲家。天津人。1970年从事文艺工作。1975年毕业于内蒙古师范大学音乐系，后任内蒙古广播电视艺术团作曲兼指挥。1979年到天津音乐学院进修。1992年起，先后任深圳锦绣中华、北京欢乐谷音乐总监。2005年任北京天创寰宇功夫剧院常务副总。作品有电影音乐《绿野晨星》一部，电视剧音乐《京江祭》等十余部，电视片音乐《沙漠散记》等数十部，舞台艺术晚会《东方霓裳》等数十部，大型器乐作品《阴山岩画印象》等数部，舞蹈音乐《翔》等数十部。曾6次获全国奖项。

王瑞年（1955— ）

音乐教育家。山东滕州人。烟台师范学院教授。1999年毕业于中央音乐学院作曲系获硕士学位。论文《乐音噪音辨析》获山东省第二届艺术科学优秀成果二等奖，《论音乐形式美的技法内涵》获山东省文化艺术科学优秀成果二等奖，所著《五线谱首调视唱》获山东省文化艺术科学优秀成果一等奖。

王瑞璞（1954— ）

指挥家。河北交河人。北京市文联组联部副主任，北京音协音委教委主任委员、音协理事。1983年毕业于首师大音乐系。指挥中央电视台银河少年电视艺术团多次参加演出、录音，其中有1991年在北京音乐厅举办的童声合唱音乐节，1991、1999年中央电视台全国直播的"六一"晚会，20集电视连续剧《成功少年》8首合唱曲等。1990至2001年为中央电视台"大风车""夕阳红""东方儿童"、春晚等各种晚会、电视剧、MTV指挥录制大量童声合唱曲。指挥合唱团多次获奖，其中于1998年指挥北京晓音女声合唱团赴波兰参加第21届国际音乐节获室内无伴奏合唱金奖、音乐节最高奖、波兰国民教育部特别奖。

王瑞强（1955— ）

作曲家。云南腾冲人。云南省音协理事，保山市歌舞团副团长。曾在四川音乐学院进修。1985年毕业于中国函授音乐学院理论作曲系。创作有歌曲、器乐曲、电视剧音乐、山歌剧、舞剧、舞蹈音乐。其中歌曲《山窝里的小木房》获省二等奖，国家三等奖。器乐曲《傣乡的早晨》获云南省政府作曲奖。参与作曲的舞蹈诗《啊傈僳》获中国舞蹈"荷花奖"银奖。创作作品数百件，获奖百余件。

王瑞檀（1933—1989）

板胡演奏家。陕西蒲城人。1949年始从事部队文艺工作。曾任西安市艺术学校音乐教研组组长，陕西省板胡学会副会长，陕西省秦腔艺术研究会常务理事。著有《板胡演奏法》（合作）、《板胡入门》（合作）。参加电影《红鹰》的作曲。

王瑞玮（1923— ）

管乐教育家。河南开封人。1946年国立上海音专肄业。曾任上海交响乐团演奏员，在上海音乐学院管弦系任教。译有《管乐发声原理》，撰有《节奏，节奏感及其训练》等。

王瑞英（1953— ）

女高音歌唱家。上海人。1971年入青海民族歌舞剧团工作。后入中央音乐学院进修。省政协第四、五届委员。

1985年获全国聂耳·冼星海声乐作品演唱比赛特别奖。

王润琴（1910—已故）

歌唱家、音乐教育家。河南杞县人。1936年毕业于上海美术专科学校音乐系。曾任开封师范专科学校教授。作有小奏鸣曲《美丽的春天》，发表于《音乐创作》，省电台录播。1957年赴北京出席全国声乐教学会议。曾由省文化厅、文联举办四人演唱会，用俄语独唱《列宁山》等歌曲。录制中外钢琴名曲15首。作有歌曲《家乡的红莲》《我要报答祖国的恩情》，撰有《人民音乐家冼星海与作曲家贺绿汀在开封》《歌曲与伴奏的节奏随谈》《音质属性分化学说》《我国古今乐律概况》等文。

王若忠（1935— ）

指挥家。黑龙江哈尔滨人。上世纪50年代初师从苏联专家学习管乐，在中国铁路歌舞团任演奏员兼指挥。1963年调入中央芭蕾舞团交响乐队，曾任乐队指挥。指挥演出作品有芭蕾舞剧《红色娘子军》《草原儿女》《白毛女》《天鹅湖》、钢琴协奏曲《黄河》。曾随团出访德国、奥地利、南斯拉夫、罗马尼亚、阿尔巴尼亚等国，任首席指挥。为电影《归心似箭》《奇袭》的音乐指挥。

王森昌（1949— ）

作曲家。河南人。任职于平顶山市艺校。1965年参加许昌地区越调剧团任作曲。1981年为电影《白奶奶醉酒》编曲，并获长影第四届"小百花奖"。1985年应邀到许昌艺校任教，后调入平顶山市越调剧团任作曲。1992年参加省越调戏曲荧屏大赛获优秀音乐设计金奖。1993年调入平顶山市豫剧团，获省第五届戏剧大赛优秀音乐设计奖。曾参加《中国戏曲音乐集成》编写工作，并任越调撰稿人。1996与1998年分获省六、七届戏曲大赛优秀音乐设计奖。撰有《越调戏与〈白奶奶醉酒〉》《越调新花香九都》《教学戏的唱腔设计》《袁秀莲和她的演唱》等文。

王善杰（1925— ）

音乐教育家。福建龙岩人。曾任台湾花莲女中、厦门中华中学音乐教员，龙岩师范音乐教师。福建省音乐教育研究会常务理事。

王少辰（1931— ）

戏曲音乐家。山东临沭人。曾任滨海军区宣传队某军文工团宣传员、乐队队长。1950年入上海音乐学院进修。后任浙江省音协理事，省戏曲音乐学会副会长，杭州市文联副主席。主要从事戏曲音乐创作和理论研究。为越剧、婺剧大型剧目作曲八十余部。录制音乐磁带、CD光盘、电视片多部。部分代表作被收入《中国戏曲音乐集成·浙江卷》，并多次获奖。

王少华（1950— ）

音乐理论家。江苏人。1979年毕业于上海音乐学院音研所音乐理论专业，留校任音研所所长助理。撰有《山西八大套的套曲结构》《合唱在歌剧中的运用》《欧美作曲家笔下的文学形象》《上海的音乐教育》《音乐的时空效应》《音乐教育学概论》等文，出版《外国音乐中的美丽传说》盒带4盒，《欧美作曲家笔下的文学形象》专题16讲由上海广播电台播出。

王少华（1958— ）

单簧管演奏家。河北人。天津歌舞剧院演奏员。2003年毕业于立陶宛国家国立音乐研究院。在乌克兰"世界管乐比赛"中参加萨克斯独奏、单簧管协奏、二重奏共获三项优秀奖。曾获"内蒙首届交响乐室内乐"单簧管协奏曲一等奖，"昭君杯"独奏一等奖。出版《萨克斯世界名曲》曲集，萨克斯《乌兰珊丹》专辑。作品《巴拉根仓》获全国"中音雅马哈MIDI作曲、制作大赛"三等奖。曾任大型晚会"来自大钐故乡的歌"音乐制作人、音乐总监。受聘于天津师范大学津沽学院、北京现代音乐研修学院从事爵士音乐教育。

王少君（1964— ）

二胡演奏家。吉林辽源人。1989年毕业于吉林艺术学院音乐系。曾在吉林辽源市吉剧团、吉林民族乐团任职，2002年始入吉林省歌舞剧院歌舞团任副院长、团长。1991年在省首届民族器乐大赛中获专业组演奏一等奖。曾为几十部电影音乐配乐。组织策划各种演出及晚会数百场。曾带队赴沙特阿拉伯演出。2001年组织6台晚会分别赴英国、爱尔兰、日本、泰国、南非等十几个国家演出。

王少林（1943— ）

二胡演奏家。江苏南京人。中国音协二胡学会常务理事。6岁开始学琴，师从马友德教授。1963年始多次在全国、全省专业比赛中获奖，曾三次到中南海汇报演出。除二胡外，兼板胡、高胡、京胡、中胡、坠胡演奏。创作二胡曲《江西小曲》《畲寨欢歌》《鄱湖随想》及协奏曲《余江春光好》由人民音乐出版社出版和电台播放并录制唱片。培养一批二胡人才。

王少明（1954— ）

音乐教育家。湖北孝感人。1995年毕业于武汉大学哲学系。广州星海音乐学院研究部副主任，音乐学系教师、副教授。多年从事音乐理论教学与研究。在《人民音乐》《星海音乐学报》等发表论文《关于发展文化产业的几个理问题》《音乐产业与音乐权益保障的若干思考》《后现代主义·民族音乐·岭南音乐》《广东汉乐的文化品位》《以问题意识观上的岭南音乐文化研究》等多篇。

王少雄（1957— ）

小号演奏家。福建福清人。1978年在福建省艺校音乐科学习，1979年在总政军乐团进修，1987年毕业于福建艺校大专班作曲专业。1975年起先后在福建京剧团、福建省歌舞剧院任小号演奏员、首席小号。曾参加石叔诚钢琴独奏音乐会，与台湾省立交响乐团合演的交响音乐会，美国指挥家庞丘斯指挥的交响音乐会，陈燮阳指挥的福建各大，中专文化节专场音乐会，黄晓同、张国勇指挥的新年音乐会，万山红独唱音乐会等，均担任首席小号。

王邵玫（1964— ）

女高音歌唱家。黑龙江绥化人。1989年毕业于黑龙江艺术学校声乐系，后入解放军艺术学院进修。广州军区战士文工团演员。在全国青年歌手电视大奖赛、文化部声乐大赛、全军第八届文艺汇演等多项比赛中获奖。参加庆祝香港、澳门回归文艺晚会、广东省迎接"十六大"召开"东方红日"歌舞晚会、纪念抗日战争胜利六十周年暨冼星海诞辰100周年民族之声交响音乐会。多次为电影、电视剧录制插曲。

王绍康（1928— ）

作曲家。河北海兴人。1947年从事部队文艺工作。1952年毕业于中南部艺音乐系。曾在志愿军文工团、工程兵文工团工作。作有合唱《工程兵之歌》，舞蹈音乐《渡江送粮》。

王绍麟（1939— ）

女钢琴教育家。山东青岛人。1964年毕业于中央音乐学院钢琴系。曾在该院管弦系任钢琴伴奏。

王绍伟（1960— ）

女音乐教育家。山东烟台人。太原师范学院音乐系声乐教研室主任、教授，山西省音协音教委委员。1983年毕业于山西大学艺术系，获文学学士学位并开始从事声乐教学。出版专著二部。发表专业论文三十余篇，其中有《声乐实用基础理论与教学》《声乐教学与评价》。曾多次参加山西省声乐比赛并获奖，多次出任省声乐比赛评委。

王绍友（1949— ）

打击乐演奏家。河北滦县人。1969年起任铁道兵某师宣传队京胡演奏员。曾在陕西歌舞剧院学习扬琴与长号演奏。1974年担任铁道兵文工团扬琴及打击乐（定音鼓，小军鼓。爵士鼓，木琴）演奏员。多次为国家领导人和外宾演出木琴独奏。曾任中国音乐学院歌剧系兼课教师。1989年随团赴土耳其演出。

王慎慈（1929—已故）

音乐教育家。山东黄县人。1958年毕业于西南音专作曲系。曾任新疆艺术学院艺术研究室副主任。编有《新疆民族音乐视唱教材》《哈萨克抒情民歌二十首》。

王生耀（1953— ）

音乐教育家。新疆乌鲁木齐人。1974年先后在南京艺术学院音乐系、新疆师大音乐系、西南师大音乐系学习、进修。1978年任新疆师范大学音乐系副系主任。发表论文《对新疆高师音乐教育的思考》《浅谈手风琴教学中的几个问题》等，参与编写音乐教材新疆乡土部分。组织自治区的手风琴大赛、合唱比赛、交响音乐会、中外名曲合唱之夜、纪念长征胜利60周年《长征组歌》演出等活动。曾获新疆师大教学成果一等奖，获手风琴大奖赛园丁奖、优秀指导教师奖。

W

王胜国（1959— ）

男中音歌唱家。辽宁大连人。毕业于解放军艺术学院音乐系。曾任南京军区歌舞团独唱演员。后聘于南京艺术学院任教。多次参加全国、全军重大比赛并获奖，其中1985年获"全国聂耳·冼星海声乐作品比赛"特别奖，同年获全军首届中青年声乐比赛二等奖。1992年获全军第六届文艺汇演声乐比赛一等奖。1993年随中国友好歌舞团赴蒙古、俄罗斯等国演出。1997年参加央视等五家电视台联合举办97迎香港回归晚会演出。首唱有《中国，中国鲜红的太阳永不落》《啊！中国的土地》《永远跟党走》。

王胜利（1949— ）

女高音歌唱家。河北人。1969年毕业于内蒙艺校音乐科。曾为北京军区歌舞团独唱演员。演唱曲目有《护士之歌》《啊！朋友，请你回答》。曾担任《长征组歌》第三曲领唱。曾在全国独唱调演中获奖。

王盛昌（1926—2007）

音乐编辑家。河北定州人。1949年从事音乐创作，先后任《山西歌声》编辑，《黄河之声》主编，山西音协副主席兼秘书长，山西省文联委员。创作歌曲数百首（词），合著有《中外名曲赏析》。

王诗学（1935— ）

声乐教育家。山东淄博人。1963年毕业于中央音乐学院声乐系。曾任内蒙古大学艺术学院副院长，并从事声乐教学工作。

王施晔（1935— ）

作曲家。上海人。1949年始从事部队文艺创作。曾在云南省歌舞团工作。作有歌曲《竹楼》《新米歌》，葫芦丝独奏曲《竹林深处》及《刀美兰独舞晚会》音乐。

王石景（1944— ）

民族音乐学家。云南曲靖人。曲靖市文化馆辅导部原主任、云南省音协理事。1961年毕业于云南艺术学院。撰有《滇东北地区堂祭音乐诗经演唱、洞经音乐调查报告》等文。曲靖市《民歌集成》《曲艺音乐集成》《曲艺志》《器乐集成》责任主编。

王石林（1929—已故）

男中音歌唱家。辽宁人。1949年入旅大歌舞团担任独唱。1957年入中央乐团合唱队工作，担任领唱。曾多次随团出国演出。

王石路（1930—已故）

作曲家。辽宁丹东人。1940年始从事音乐工作。曾任大连歌舞团团长。音协辽宁分会第二、三届常务理事。作有民族管弦乐《渔家组曲》。

王石庆（1954— ）

作曲家。安徽天为人。1971年入重庆市歌舞团，先后任乐队演奏员、管弦乐队队长、歌舞团团长。作有管弦乐《序曲》《假日》《山歌与变奏》《山的小诗集》（获全国电脑音乐大赛优秀奖），舞蹈音乐《生命》（获重庆首届舞蹈比赛一等奖）、《南竹》《高山上一树槐》，舞剧音乐《灵巫纪源》《龙族风韵》，歌曲《好高好高的山》（获重庆十大金曲一等奖）、《失落的情歌》（获重庆首届新歌赛一等奖）、《唐诗·登鹳雀楼》《下江陵》《故乡的红梅花》，合唱《丰碑》等。

王士达（1934— ）

音乐理论家。河南沈丘人。1951年始从事部队文艺工作。1960年毕业于河北大学教育系。曾在天津音乐学院任教。著有《音乐的基本特征》《文艺学常识》（合作）。

王士坤（1949—2007）

作曲家。山东人。1969年入兰州军区文工团。作有歌曲《战士的心愿》《青春好似红玫瑰》《居延海牧歌》，舞蹈音乐《送哥出征》《冰峰雪莲》。

王士怡（1934— ）

作曲家。天津武清人。1957年毕业于东北师范大学音乐系。曾在山东益都师范、昌潍艺校、师专及江苏启东中学任音乐教师，后在安徽马鞍山市教育局、市文联从事音乐教学研究和音协工作。创作歌曲及歌舞《棉棉战歌》等作品数十首（部），部分参加省、市会演或报刊发表，其中马钢《自控之歌》获全国工人歌曲征集银奖，歌曲《我们是人民的保险员》获安徽"保险杯"二等奖。编写6种音乐教材。1999年被评为"从艺四十年优秀文艺工作者"。

王世安（1952— ）

钢琴教育家。上海人。苏州大学音乐系主任。1982年毕业于东北师大音乐系。1989、1993年先后进修于上海音乐学院钢琴系、美国伯克莱大学、斯坦佛大学计算机音乐系。曾任吉林省梨树县文工团演奏员。撰有论文《计算机在音乐领域内的开发与应用》《多媒体技术与音乐教育》《如何选择计算机音乐系统配置》，著有《实用电子琴曲100首》《计算机音乐》，作有歌曲《放风筝》，电视剧音乐《表妹之恋》，舞蹈音乐《缤纷校园》等。

王世昌（1950— ）

音乐活动家。辽宁鞍山人。1967年入辽宁省鞍山市歌舞团任演奏员、乐队队长。1979年起任中央歌舞团任演奏员，1988年任乐队队长，1994年任中国歌舞团（原中央歌舞团）演出处处长。2000年调入中央民族乐团任该团演出中心主任。中国民族管弦乐学会理事。

王世光（1933— ）

歌唱家。广东广州人。1953年入中央歌舞团。曾任中央乐团男声四唱组演员。所作歌曲《丰收的庄稼齐登场》《卖菜歌》于1980年分别获文化部直属院团观摩评比演出二、三等奖，男声四重唱获演出二等奖。

王世光（1941— ）

作曲家。山东青岛人。1963年毕业于中央音乐学院

W

作曲系，后分配至音乐出版社任编辑。1976年调入中央歌剧院，1988年任院长。1992年获国家"有突出贡献中青年专家"称号。第八、九、十届全国政协委员，中国文联第六、七届委员，中国音协第五、六届副主席，第七届顾问兼创作委员会主任，《音乐创作》主编。多次担任"文华奖""五个一工程"奖、"金钟奖"评委。创作的歌剧《第一百个新娘》获文化部创作奖，《马可·波罗》获"文华奖"及《结婚奏鸣曲》等5部均由中央歌剧院首演。民族管弦乐组曲《善缘来住》，民族管弦乐与声乐组曲《牧心》，三重协奏曲《愚顽乐》，交响清唱剧《霜降之歌》《花严之歌》均首演于台湾。《梦在九次元狂想与月光默剧》《白痴、玩家、守城人与五商旅——游子的八兄弟们》等4部，钢琴协奏曲《松花江上》获全国交响乐创作比赛二等奖。另作有交响乐《长江交响曲》，管弦乐曲《塔里木》与《青春》及交响合唱《大河颂》，电视音乐《话说长江》《话说运河》《再说长江》等，其中歌曲《长江之歌》与合唱曲《青春舞曲》等广为流传。

王世璜（1933— ）

古筝教育家。湖北黄岗人。1949年入皖西军区文工团任演奏员。曾任中央音乐学院附中民乐学科主任。曾随团赴缅、蒙、匈、罗等国演出。编有《双手弹奏古筝练习曲》《二十九首古筝双手练习曲》。

王世慧（1955— ）

女音乐教育家。山东沂源人。山东艺术学院音乐学院教授。曾在沂源县文工团、县文化馆任演员、音乐专干。1983年起，先后就读于山东艺术学院音乐系与中国音乐学院声歌系。曾获省青歌赛与全国首届青歌赛二等奖、华东民歌汇演一等奖、山东省第七届艺术节一等奖。曾先后参加赴京演出、"上海之春"开幕式演出等。曾在北京民族文化宫、山东省剧院举行个人独唱音乐会。曾作为学者访问日本、美国、澳大利亚并做交流、演出。发表《中国民歌的渊源和分类》等文，编著出版《山东民歌与演唱》出版《献给沂蒙山的歌》《沂蒙山小调》等个人演唱专辑。

王世君（1947— ）

音乐教育家。江苏徐州人。1974年毕业于南京师范大学音乐系。曾任徐州市青少年宫副主任。多年来担任二胡、钢琴、合唱指挥、舞蹈等教学工作，培养大批文艺人才。作有大合唱《医学生之歌》，舞蹈音乐《荷花与少年》《盅碗舞》，话剧音乐《蛙之声》，二胡齐奏曲《饮水思源》，唢呐曲《你追我赶干得欢》等，分获省市创作一等奖、文艺汇演创作奖。曾带领少儿艺术团赴日本演出。经常组织文艺活动任艺术指导、总监。多次辅导部队、机关、铁路、学校的演出。

王世俊（1935— ）

板胡演奏家。山西榆次人。1948年始从事部队文艺工作，1956年入全总文工团任乐队首席兼队长。曾在该团艺术辅导室从事音乐创作和辅导工作。录制板胡曲有《晋调》《草原牧马》。

王世康（1936— ）

音乐教育家。四川自贡人。1957年毕业于北京师范大学音乐系。先后在四川省自贡市担任音乐教师和音乐教研工作。音乐特级教师。曾任中国音乐教育专业委员会第一、二届常务理事，四川省音乐教育专业委员会第一届副理事长，第二、三届理事长，国家教育部音乐教材一、二、三届审查委员。主编中小学音乐教材10套，教师用书6套，在全国部分省市使用。

王世兰（1943— ）

女音乐文学家。山东烟台人。南昌市艺术创作研究所所长。南昌市音协副主席、市人大常委。作有歌剧《谁之罪》，歌词《雷锋踏着春光来》《天池夕照》等。

王世敏（1950— ）

音乐教育家。河北人。1976年毕业于河北师范大学音乐系。华北石油教育学院副教授。歌曲《静静的采油之夜》《我们是一支钢铁的队伍》《电站，不落的星座》《深山筑路歌》《我们年轻人都是建设者》《钻塔上的灯》《中国的太阳》获全国及地方奖项，《月下海滨》灌制成录音带，《我们的年轻人都是建设者》由中央电视台"心连心艺术团"演唱。1994年获曾宪梓全国高等师范院校先进教师三等奖。

王世庆（1942— ）

作曲家。山东人。1960年毕业安庆市艺术学校音乐科，先后在市黄梅剧团、京剧团从事作曲、配器、指挥、司鼓及演奏小提琴、二胡。1995年考入中央党校函授学院安庆教学点大学本科班。曾多次被评为市、文化局先进工作者。为数十首歌词作曲，并为数十出大小戏作曲、司鼓、指挥。作有电影、电视《小店春早》《于无声处》音乐。出版唱片、音带多张（盒），撰有《谈黄梅戏<烽火连心>的音乐创作》等文。

王世祥（1954— ）

男高音歌唱家。辽宁人。中国广播艺术团演员。1977年毕业于中央音乐学院。曾任独唱、二重唱、四重唱、领唱、男高音声部长。演唱歌曲有《在银色的月光下》《松花江上》等。录制《东奔西闯》《南来北往》盒带专辑。参加音乐舞蹈史诗《中国革命之歌》演出及小泽征尔指挥的合唱《欢乐颂》。曾三次赴日本演出。

王世琰（1938— ）

钢琴教育家。湖北武汉人。四川音乐学院钢琴研究生导师、教授，四川省钢琴学会常务理事。1962年毕业于四川音乐学院钢琴系留校任教，1963年调入总政军乐团。1970年入四川歌舞剧团。1985年任教于四川音乐学院。作有双簧管独奏曲《芦笙调》，获1964年全军调演优秀作品奖。著有《钢琴简谱即兴伴奏法》《钢琴基础教学法的运用》。为《全国高等师范院校入学测试指南》钢琴部分撰文。出版双簧管独奏曲《芦笙调》及钢琴练习曲《激浪》。培养许多优秀钢琴教师人才，被学院评为"优秀教师"。

王世一（1924— ）

　　作曲家。浙江绍兴人。南开大学肄业。曾任内蒙古文化厅顾问、音协内蒙分会副主席、乌兰牧骑学会副会长、中国戏曲协会常务理事。作有《象撒缰骏马在草原上飞奔》等歌曲。

王世哲（1945— ）

　　二胡、板胡演奏家。黑龙江富锦人。峨眉电影制片厂乐团民乐队首席。1964年参军入原铁道兵六师文工队。1979年入峨影乐团。曾任民乐队长。在电影《被爱情遗忘的角落》《焦裕禄》，电视剧《黄杨扁担》等多部影视剧及舞蹈、话剧、团体操、电台电视台片头音乐中任二胡、板胡、高胡独奏。发表多首歌曲，出版二胡曲《春绿满山坡》，创作《采花》《手挽手》等多首民乐和管弦乐合奏曲，撰写出版《舞厅电声乐队演奏系列》（合编）。

王守伦（1955— ）

　　歌唱家、歌词作家。山东东营人。潍坊学院院长，中奥维也纳音乐学院名誉院长。曾在奥地利维也纳金色大厅和北京国家大剧院演出，多次参加中央电视台"同一首歌""倾国倾城"节目巡演。创作发表和演唱的歌曲有《记着老百姓》《大山东》《腾飞的梦》《老龙湾》《大路朝天我在前》《白浪河在我心中流淌》等。个人首张专辑《记着老百姓》由中国音乐家音像出版社出版发行。录制的MTV《记着老百姓》在中央电视台播出，曾获全国"魅力校园"大赛一等奖和山东省政府首届"泰山文艺奖"二等奖。

王首先（1933— ）

　　作曲家。四川合江人。1951年参加某军文工团，之后在海军军乐队、东海舰队军乐队任长号演奏员。1959至1962年先后在天津歌舞剧院、西藏军区文工团任中提琴演奏员。师从黄源洛、李忠勇、何福琼教授学习和声学、钢琴织体写作、曲式学。声乐作品有《过路的客人为何不下马》、组歌《走进女儿国》等。1993年获四川省文联颁发的从事文艺工作40年荣誉证书。

王寿坤（1944— ）

　　小号演奏家。江苏常州人。1961年入南京军区军乐队学习小号演奏。1964年获全军军乐小号独奏比赛优秀演员奖。1966年毕业于总政管乐训练班。1970年调入总政军乐团三队任首席小号。1984年小号独奏《我为祖国守边疆》获全军文艺汇演优秀演员奖。1985年起先后任海军战士军乐队队长、海政歌舞团小号首席。

王寿庭（1914— ）

　　二胡演奏家、教育家。河南虞城人。曾为河南大学音乐系教授。中国音协第四届理事，河南省音协第一届副主席，河南省第四届、第五届政协委员。1946年肄业于西北音乐学院。长期从事二胡教学，培养学生众多。出版《二胡教程》《二胡创作曲集》等及《王寿庭二胡演奏曲》专辑盒带。

王寿印（1929— ）

　　打击乐演奏家。山东济南人。毕业于铁路专科学院。1949年参加华北革大文工团。曾任中央歌舞团副团长。创作打击乐合奏曲《回娘家》，著有《中国民族打击乐浅谈》。曾多次出国访问演出。

王书礼（1940— ）

　　小提琴演奏家。北京人。1963年毕业于中央音乐学院管弦系。曾任北京军区歌舞团乐队队长，首席小提琴。

王书文（1935— ）

　　音乐教育家。北京人。1958年毕业于河北天津师范学院音乐系。曾任张北师院音乐教师与河北师院音乐系声乐教研室主任、副教授。撰有《试谈民族器乐演奏艺术中的几个辨证关系》（合作）。

王叔培（1931— ）

　　钢琴教育家。上海人。1956年毕业于上海音乐学院钢琴系，留校任钢琴系钢琴基础教研室副主任。曾任中国残疾人联合会主席团委员、上海市盲人协会主席。

王淑德（1937— ）

　　女歌剧表演艺术家。河南滑县人。1951年参加西北荣院文工队。1954年调入陕西省歌舞剧院，任歌剧和独唱演员。曾先后当选省五届人大代表、省十届党代会代表、省四届政协文化组成员、省二届文联委员。曾在《刘胡兰》《白毛女》《洪湖赤卫队》《江姐》等二十余部歌剧中担任主要角色，所唱《绣花团》《歌唱共产党》等歌曲在中央电台播放。1972年拍摄、录制电影艺术纪录片《西北五首民歌》中的《翻身道情》。在大合唱《汉江欢歌》中担任领唱，该节目在全国文艺节目评比中获一等奖。

王淑华（1960— ）

　　女二胡演奏家。天津人。曾就读于天津音乐学院附中，毕业后分配到天津歌舞剧院任演奏员。曾获首届华北音乐节二胡演奏二等奖。参加在北京举办的"世纪回响民族音乐会"专场演出及"妈祖"公演、"纪念梅兰芳诞辰100周年"演出，演奏曲目有二胡协奏曲《三峡随想曲》《二泉映月》等。在天津市"海河之春"消夏晚会及重大节庆晚会活动中担任独奏、主奏、伴奏。曾随天津民族乐团赴德、意、奥、比等十几个国家及港澳台地区演出。

王淑慧（1935— ）

　　女歌剧表演艺术家。北京人。1949年入华北军大文工团。1950年入总政歌舞团。曾入上海音乐学院保加利亚专家声乐训练班进修。后任总政歌剧团演员。主演歌剧有《洪湖赤卫队》《柯山红日》《傲蕾·一兰》。

王淑英（1942— ）

　　女声乐教育家。北京人。1966年毕业于解放军艺术学院音乐系声乐专业。解放军艺术学院音乐系教授、中国音乐学院歌剧系客座教授。毕业后曾在铁道兵文工团任声乐教员兼独唱演员。1978年始，长期执教于解放军艺术学院音乐系。在30余年的声乐教学中，为部队及地方文艺团体培养了众多独唱演员，部分学生在全国声乐比赛中获奖。

王曙亮（1943— ）

二胡演奏家、教育家。河北衡水人。1964年毕业于河北艺术学校。河北艺术学院高级讲师、中国音协二胡学会常务理事、中国民族管弦乐学会理事。曾在北京、上海、洛杉矶、东京发表二胡曲七十余首，有《琵琶怨》《乡景》《放风筝》等，其中《剪窗花》于2003年荣获中国音乐"金钟奖"。出版编剧、作曲、主演的神话音乐电视剧《凡师仙徒》VCD。撰写《用弯柱法扩大二胡音域的尝试》，获国际优秀论文证书。

王述政（1918—已故）

音乐教育家。辽宁丹东人。1940年考入吉林师范大学音乐班。后于锦州女子国立高中学校任音乐教员。新中国成立后，组织学生演唱《解放区的天》《国民党一团糟》等歌曲，并排演《星星之火》《白毛女》等歌剧。作有《解放南京城》《解放大军渡长江》《庆祝胜利》《一定要解放台湾》等歌曲。1952年被选为锦州市模范教师。曾任锦州市音协主席。1953至1985年，先后执教于东北师范大学音乐系、吉林艺术专科学校、吉林艺术学院，副教授。发表有《视唱练耳教学经验介绍》《听觉训练的内容与方法》等文。

王树斌（1929— ）

作曲家。山东烟台人。1946年入部队文工团从事文艺工作，1952年以来先后为小歌剧《不识字的害处》《卖余粮》作曲，创作组歌《反坦克英雄颂》与《踏遍青山》《彩色的生活》。1953年以来，曾在省级以上刊物发表歌曲约百余首，歌词多首，论文多篇，曾获济南军区、新疆军区、成都军区歌曲创作奖多次。

王树刚（1943— ）

二胡教育家。北京人。中国音协二胡学会理事。1963年入中国煤矿文工团，任二胡首席。1979年任北京燕山文工团乐队队长，1983年任北京青年轻音乐团团长。1995年调入北京市石景山区青少年活动中心，任教研室主任并从事二胡教学工作。撰有《初级二胡音准训练与心理素质培养》，在全国少年儿童校外教育工作优秀论文评选中获二等奖。

王树槐（1939— ）

小提琴演奏家。辽宁人。江西音协常务理事、表演艺术委员会副主任、小提琴学会副会长。1952年学习小提琴师从佐藤康政、特拉赫顿别尔格。先后在鹤岗煤矿文工团、东北农垦总局歌舞团、江西省歌舞团任独奏演员、乐队首席，演出《第五交响曲》《费加罗的婚礼》《天鹅湖》《红旗颂》《洪湖赤卫队》《小二黑结婚》以及交响乐等，指挥歌剧《彼岸》《友谊与爱情传说》《七十二家房客》等。曾任乐队队长、副团长、艺术总监、团长。

王树人（1937— ）

指挥家。天津人。1958年任中央歌舞团民歌合唱队助理指挥、指挥。1960年任中央民族乐团民歌合唱队常任指挥。1964年毕业于中央音乐学院指挥系。1998年起任河北省交响乐团合唱团首席指挥。曾指挥中央民族乐团民歌合唱队、中国民歌合唱团等先后在全国合唱大赛中6次荣获金奖及荣誉奖。1996年与1999年两次赴香港指挥中国民歌合唱团演出合唱音乐会，2001年赴台湾指挥中国民歌合唱团演出合唱音乐会。曾任中国音乐家协会理事、中国合唱协会副理事长。

王树仁（1941— ）

高胡、二胡、演奏家。山东蓬莱人。曾任中国歌剧舞剧院民族管弦乐团首席、团长，文化部专业考聘委员会委员。中国民族管弦乐学会理事、胡琴专业委员会常务理事、二胡学会副秘书长。1963年毕业中央音乐学院民乐系二胡专业，后调中国歌剧舞剧院民族乐团工作。三十多年来参加大量歌剧、舞剧音乐独奏、领奏。1974录制中国第一首双千斤二胡曲《太行行》，演奏有大量广东音乐乐曲。

王树生（1954— ）

手风琴演奏家、教育家。回族。天津人。天津音乐学院教务处处长、教授、硕士生导师。中国音协手风琴学会副会长。1974年毕业于天津音乐学院手风琴专业留校任教，所教的众多学生在国内外比赛中屡次获奖。1989年获国家级优秀教学成果奖。创作大量手风琴作品，其中《诺恩吉亚幻想曲》在手风琴界广为流传。从2001年起连续出任意大利卡斯尔费达多国际手风琴比赛评委。

王树棠（1938— ）

大提琴演奏家、教育家。陕西扶风人。曾任上海京剧院管弦乐队演奏员。1966年毕业于西安音乐学院管弦系。上海音乐学院兼职教师。培养一批大提琴演奏人才，有学生多次在国内外比赛中获奖。曾参加大量京剧及交响音乐会的演出和录音。撰写多篇论文。

王双有（1946— ）

音乐教育家。天津人。中国教育学会音乐教育专业委员会理事。1982年任北京市音乐教育研究会副理事长兼秘书长，北京教育科学研究院基础教育教学研究中心音乐教研员。曾担任《北京地方民间音乐教材》主编、《北京市中小学音乐教材》副主编。出版有《王双有歌曲选》《我的音乐教学》《手风琴入门》等。在音乐教育学、音乐心理学、音乐教学论、音乐教材编写等方面发表百余万字。

王顺通（1934— ）

歌唱家、音乐编辑家。北京人。1957年毕业于中央民族学院。曾任新疆伊犁哈萨克自治州歌舞团独唱演员、歌舞队队长、艺术指导。演唱曲目有《百灵鸟和夜莺》《如今唱歌用冬不拉装》《啊，亲爱的伊犁河》等。后为人民音乐出版社副编审。曾任《中国音乐词典·续编》《简明音乐教学词典》《义务教育音乐课程标准实验教科书》及各册

w

《教师用书》等百余部书稿的责任编辑。《管弦乐法基础教程》《曲式分析基础教程》《复调音乐初级教程》等高等院校音乐专业系列教材的复审和终审。编著有《音乐欣赏教程》《音乐作品欣赏实用教程》，撰写音乐词条释文200条，分别辑入《中国图书大词典》《新华词典》。

王思克（1929—2002）

音乐理论家。湖北随州人。1948年毕业于重庆中央干部学校大专部音乐系。曾任陕西省歌舞剧院音乐理论教师、陕西歌剧研究会副秘书长。编有《乐理》《和声基础知识》，作有歌剧音乐《患难之交》。

王颂华（1959— ）

女小提琴演奏家。辽宁人。广西歌舞剧院交响乐团团长、广西音协表演艺术委员会委员。1977年从事文艺工作，1985年毕业于广西艺术学院小提琴演奏专业，后入乐团工作。参加由国内外指挥家指挥的交响音乐会及全国性的大型演出活动和出访活动，还积极参与各类音乐会的策划、组织排演。曾在广西音乐舞蹈比赛中获奖，并获优秀指导教师奖、最佳组织奖。

王苏芬（1943— ）

女高音歌唱家、声乐教育家。四川广汉人。1961年考入中国音乐学院附中，1969年毕业于中国音乐学院声乐系。曾参加大歌舞《东方红》的演出。1973年入总政军乐团任独唱演员。曾演唱《海上女民兵》。1983年调入中国音乐学院声乐系任教研室主任。曾赴福建学习南音。1984年赴新加坡、马来西亚参加南音大会唱，演唱《望明月》。为中央电台录制古曲80首，为中央电视台录制4个古典诗词歌曲的专题并播出。参加央视春节歌舞晚会等十余台大型演出。在美、韩共同拍摄的《改革开放的中国》专题片中演唱古曲《忆王孙》向海外播放。三次举办个人独唱音乐会，四次举办"王苏芬师生音乐会"。被全国妇联列为"中国妇女500杰"。1983年始从事声乐教学，培养一批优秀青年歌手，并有多名学生在全国专业大赛中获奖。

王苏军（1951— ）

作曲家。陕西宝鸡人。就职于江苏盐城文化馆。曾进修于南京艺术学院音乐系、上海音乐学院作曲系。撰有《谈奇婚记的音乐创作》论文。创作的《奇婚记》戏曲音乐1985年获全国戏曲观摩演出音乐设计一等奖。作有民族器乐曲《月夜潮声》等。

王苏坡（1932— ）

音响导演。陕西延安人。1947年入绥德师范。1950年入西北革大文工团。1956年入中央广播局音乐部任音响导演。曾任职于中国唱片社录音技术部。

王素芳（1944— ）

女大提琴演奏家。山东青岛人。1963年毕业于中央音乐学院附中，同年入中国广播交响乐团任演奏员。曾参加演出大型歌舞《东方红》。随团赴欧洲巡回演出及参加澳门艺术节，参演贝多芬交响曲系列音乐会，曾与大提琴家马友友等音乐家合作演出，随团参加各种巡演。

王素萍（1944— ）

女高音歌唱家。山东菏泽人。1959年入山东艺术专科学校专修声乐。曾在山东省歌舞剧院工作。录制唱片《飞吧，天鹅姑娘》。曾赴赞比亚、索马里、坦桑尼亚、巴基斯坦演出。

王太琪（1933— ）

作曲家。辽宁大连人。1947年参加关东社教团（现大连歌舞团）工作。历任演奏员、创作员、创编室主任，大连音协理事，第六、第七届大连市政协委员。前期主要活动在艺术舞台上，担任钢琴、手风琴伴奏，并学习声乐。曾赴苏联、蒙古、日本等国演出。后期进入专业创作，出版个人作品集《我的旋律》，部分作品先后获文化部、东北三省"东北风情作品奖"、解放军文艺创作奖等奖项。作有歌曲《一面小红旗》《老铁山的猎人》《马蹄莲的歌》《赶海谣》《五湖四海来当兵》《北方的小村庄》。

王天力（1957— ）

指挥家、二胡演奏家。山东青岛人。毕业于山东师大音乐系。济南军区前卫文工团乐队队长、指挥，中国民族管弦乐学会常务理事，省学会副会长。曾获山东省二胡比赛专业组一等奖，第七、八届全军文艺汇演指挥奖、演奏一等奖。作有弹拨乐小合奏《节日的哨所》，二胡齐奏《士兵小唱》。录制二胡曲《山茶花叙事曲》《海峡情思》等，为电视剧《武松》《杨家将》等录制二胡独奏。撰有《浅谈律制在民族乐队中的应用》获山东音乐论文评比一等奖。曾出访芬兰、意大利等国家。2002年在维也纳金色大厅参加中国马年春节民族音乐演奏会演出。

王天荣（1939—2009）

作曲家。甘肃西峰人。1958年始从事音乐工作。曾在甘肃庆阳地区文联工作。作有歌曲《红心向北京》《小雨沙沙》。

王天延（1947— ）

琵琶演奏家。浙江台州人。福建省京剧团乐队队长。撰有《少儿琵琶教学探索》等文。曾赴京参加全国"独唱、独奏"音乐会，全国"民歌、民间唱法"会演等。1980年参加福建省青年演员新作品器乐比赛，改编并演奏琵琶独奏曲《采茶灯》获第三名，1989年参加福建省第二届中青年演员器乐比赛，琵琶独奏《草原英雄小姐妹》获铜奖。培养的学生二十余人考入中央音乐学院、上海音乐学院等音乐院校。

王铁锤（1932— ）

笛子演奏家。河北定县人。1947年入华北联合大学文艺学院音乐系学习，后在该校文工团乐队工作。曾先后在中央戏剧学院乐队、中央歌舞团乐队、中央民族乐团乐队任笛子独奏演员。1953和1955年两次在世界青年联欢节笛子独奏比赛中获奖。曾随中国艺术团赴欧、亚、非、美、拉美等三十多个国家及港台地区访问演出。出版《王铁锤笛子曲集》《笛子速成演奏法》《箫速成演奏法》《笛子名曲选》《箫、竖笛吹奏入门》《巴乌自学入门与提高》和《王铁锤创作精华集》《王铁锤吹管乐大成》等CD唱盘。

王铁军（1941— ）

歌唱家。回族。河北滦县人。1964年毕业于中央音乐学院声乐系。曾任吉林省歌舞剧团歌队队长。曾参加《梅河两岸》《愤怒的贤良江》等歌剧的演出。

王廷军（1970— ）

声乐教育家、男中音歌唱家。吉林人。1994年毕业于吉林艺术学院声乐系，后进修于上海音乐学院声乐研修班。北华大学歌舞剧团团长、艺术学院实践教研室主任、副教授，市音协声乐委员会主任。曾举办个人独唱音乐会。发表论文20篇，编著教材一部。2004年担任《中国经典声乐教材·男中音部》副主编。曾作为特约嘉宾参加在人民大会堂召开的第二届全国教育家大会。撰有《从声乐教学谈师者何为》《爱护你的嗓子》《让歌声更美妙》《高师音乐课程改革新思路》等文，在评选中获一、二等奖。

王廷顺（1942— ）

歌唱家。安徽芜湖人。1965年毕业于安徽艺术学院音乐系，后任省歌舞团声乐演员。曾在《夺印》《柯山红日》《白毛女》《箭杆河边》等多部歌剧中饰演主要角色，在多台歌舞晚会中担任独唱、领唱。1979年后调安徽省音协，组织率队到广州参加"广东音乐演奏邀请赛"、参加上海首届"海内外江南丝竹演奏邀请赛"并均获奖。先后参与多台音乐会的创作组织及演出。

王廷珍（1929— ）

音乐文学家。布依族。贵州兴义人。1946年任解放军滇桂黔边纵《战斗报》编辑、记者。新中国成立后任贵州省委党校理论文化部副主任、四川音乐学院教务处副主任、副教授，贵州民族学院艺术系主任。出版有《歌词作法》《中国音乐文学简史》（合作），中篇传记文学《音乐家贝多芬》《海顿》，《中国古代音乐故事》《久被埋没的宝石—外国音乐家故事》。担任副主编的《中国少数民族艺术辞典》获全国民族图书一等奖。

王同安（1956— ）

作曲家。陕西人。1988年毕业于山东艺术学院，1989年任东营市艺术团团长。胜利电视台高级音乐编辑。歌曲作品三百余首发表在《歌曲》《儿童音乐》《音乐天地》《音乐生活》《音乐世界》，其中有《记住我的国歌》《喇叭花》《石油恋》等，有多首在全国征歌中获奖，有5首获国家级一等奖。出版歌集《黄河入海流》《祖国请听我说》《心中的河》。

王同峰（1953— ）

萨克斯演奏家、教育家。河北望都人。1978年毕业于天津音乐学院管弦系单簧管专业，2003年就读乌克兰敖德萨涅日丹诺娃音乐研究院管乐系萨克斯专业，获硕士学位。天津师范大学音乐与影视学院表演系系主任，教授。天津音协萨克斯专业委员会主任，天津市天海艺术团团长。发表《萨克斯风与中国音乐的结合》等多篇论文，编著《世界萨克斯名曲精选》。为天津电视台《军嫂》《走上人生舞台》MTV作曲。曾任2001年河北省大型文艺晚会"来自大钊故乡的歌"策划、作曲、总导演。

王婉宜（1965— ）

女小提琴演奏家。吉林长春人。中国交响乐团演奏员。1985年毕业于上海音乐学院管弦系，后任长影乐团演奏员。1987年调中央乐团室内乐队，曾随室内乐团赴西班牙演出。1989年与钢琴、指挥家合作演出《门德尔松d小调小提琴曲》任独奏。1990年参加第四届澳门国际音乐节担任《巴赫d小调双小提琴协奏曲》的独奏，1991年参加天津市新年音乐会，演出四重奏。出访日本、法国、德国、西班牙和香港地区。在"国交"演出重奏、四重奏、交响乐数百场。

王万喜（1932— ）

作曲家。山西人。1945年从事部队音乐工作。1954年任总政歌舞团笛子独奏演员。曾出访苏联、捷克、罗马尼亚、波兰等国。1958年后为总政歌剧团大型歌剧《莲花湖》《李各庄》《翠玉岛》《雷锋》《夺印》《黄继光》《柯山红日》等音乐配器，并担任《夺印》《雷锋》歌剧指挥。1970年任总政歌剧团创作员，为歌剧《海霞》《狂飙曲》，移植歌剧《杜鹃山》，小型歌剧《数九春风》《红星不落》《爱情之歌》等作曲。其中《狂飙曲》参加1977年全军文艺汇演获演出奖。

王万祥（1946— ）

小号演奏家。北京人。天津市艺术表演交流辅导中心教员。1961年考入解放军军乐团。1970年任天津歌舞剧院管弦乐队演奏员，后任天津轻音乐团演奏员。多次被聘为全国青少年艺术采风展示大赛、全国"星星火炬"艺术英才推选活动的评委。曾被评为歌舞剧院"先进工作者"。

王为民（1952— ）

二胡、板胡演奏家。山西大同人。1992年结业于中央音乐学院作曲系、指挥系。山西大同歌舞剧院副院长、中国二胡学会理事、山西省二胡学会常务理事、大同市文联委员、大同市音协主席。创作并演奏的二胡、板胡独奏曲及民乐器乐曲、室内乐、歌曲、舞蹈音乐、音乐剧等多次由省市电台、电视台录制并播放，并多次获奖。部分创作歌曲由《黄河之声》和山西省出版社出版发行。

王维德（1927— ）

男高音歌唱家、声乐教育家。上海人。曾任上海音乐学院声乐系副主任、教研组组长。1949年毕业于上海国立暨南大学教育系，同年参军在福建省文工团任音乐副团长兼独唱演员。1959年毕业于上海音乐学院声乐系留院任教，后兼任上海交通大学人文学院声乐教授。撰有《歌唱发声中的辩证法》《谈大嗓男高音的训练问题》《男高音的换声问题》《谈如何练声》等文。先后在上海、湖南、湖北、江苏、山东等地举行学术讲座。

王维芬（1941— ）

女小提琴演奏家。浙江杭州人。1964年毕业于中央音乐学院管弦乐系。曾任中国电影乐团演奏员。

王维民（1923—已故）

民族吹奏乐演奏家。辽宁辽中人。1956年参加公安军文工团。曾任济南军区歌舞团演奏员。1957年世界青年联欢节民间文艺比赛获集体演奏金质奖。曾获全军会演演奏奖。

王维平（1960— ）

女琵琶演奏家。陕西西安人。陕西省歌舞剧院演奏员。1972年入西安音乐学院附中主修琵琶，后留校任教，1983年毕业于西安音乐学院。曾多次举办琵琶独奏音乐会，创作多首琵琶乐曲。录制有个人演奏专辑《龙宾调》及《月残除夕夜》。曾赴日本及香港等地演出。获1989年全国"山城杯"民族器乐比赛表演奖。

王维平（1963— ）

男中音歌唱家。安徽巢湖人。杭州师大音乐学院教授，硕士生导师。浙江省声乐教育专业委员会副主任。先后师从朱小芸、刘若娥。1989年安徽师大音乐学院本科毕业。后在淮北煤炭师院音乐系任教。其间在上海音乐学院修完硕士研究生主课。1995年调入杭州师大音乐院任声乐教学。曾获首届中国音乐"金钟奖"银奖、第二届"聂耳·冼星海全国声乐比赛"铜奖、第七届"全国青年歌手电视大奖赛"优秀歌手奖。出版《巴黎归来》独唱专辑。发表各类论文三十余篇。

王维新（1954— ）

倍大提琴演奏家。内蒙古包头人。1986年先后就读于解放军艺术学院自学考试、北京市高等教育自学考试。历任装甲兵宣传队、二炮文工团演奏员、办公室主任、副团长。曾参全军四至八届文艺汇演及人民军队忠于党、人民军队爱祖国、长城颂、热血颂、交响之春、绿云里的歌、张暴默独唱音乐会、长剑之歌等大型音乐会、歌舞剧的演出，担任首席倍大提琴。

王伟芳（1943— ）

女高音歌唱家。浙江镇海人。1967年毕业于上海音乐学院声乐系。曾任上海乐团独唱演员。曾随团赴希腊、比利时、卢森堡、瑞士演出。演唱曲目有《渔光曲》《夜莺》等。

王伟华（1957— ）

作曲家。河北沧州人。1983年毕业于山东德州师专，1988至1990年于中央音乐学院学习作曲。曾任沧州市音协主席。河北省群众文艺创作中心办公室主任、河北省音协副主席、中国群文学会音乐专业委员会副主任。创作大量歌曲、器乐曲、电视片音乐及舞蹈音乐。获国家级奖励十余次，发表、录播歌曲作品百余首。

王伟任（1934— ）

音乐教育家。河北人。1950年参加文工团，1956年毕业于东北师大。先后在旅大师范学校、辽宁师范大学音乐系教史论课，教授。曾任大连音协音教主任、艺术教育委员会主任。发表论文《对钢琴热中几个问题的思考》《高等学校音乐教育的主要任务》《莫扎特之旅与钢琴协奏曲》等二十余篇。编著有《音乐欣赏教程》。创作歌曲《飞吧，焊花》获第二届全国工人歌曲比赛银奖。

王纬一（1933— ）

小提琴演奏家。山东日照人。1946年从事部队文艺工作。1962年毕业于上海音乐学院。1959年入上海交响乐团。曾任上海市文化局外事办公室主任。

王卫国（1949— ）

作曲家、指挥家。湖北荆州人。荆州电台音乐总监、市民族管弦乐团艺术总监、市教师合唱团艺术指导。1970年入文工团，历任演奏员、作曲、乐队指挥。1986年毕业于武汉音乐学院作曲系。获奖作品有歌曲《飞行曲》，木管五重奏《打铁谣》，双簧管独奏《草原之夜》。曾为广播剧《大山的寻觅》及电视剧《枣姑》作曲。指挥市职工管弦乐团演出交响曲《龙魂》第四乐章。

王卫华（1959— ）

男中音歌唱家。江苏淮阴人。1984年毕业于安徽师大艺术系。后入安徽省合肥市歌舞团任演员，后任声乐队队长。自1997年开始，曾多次参加合肥市"绿都之春"、春节文艺晚会、新年音乐会及大风歌、爱心烛光等文艺晚会中任独唱演员。曾分别获省第六届、第七届艺术节演唱三等奖、二等奖（二重唱）及省青年歌手大赛美声组三等奖。撰写并发表《浅谈歌唱的表演》《歌声的衣裳》等文。曾随合肥市文化交流团赴日本演出。

王未名（1951— ）

大提琴演奏家。北京人。1970年始先后任通信兵文工团、总政歌舞团乐队演奏员、分队长、办公室主任，总政交响乐团副团长、总政歌舞团乐队队长。1989年参加策划并组织实施军队"八一""双拥"庆典活动的多台大型文艺晚会。在广东杰盛唱片有限公司担任音乐总监，为阎维文、董文华、谭晶、夏米力、宋飞等制作专辑，曾获"中国唱片金唱碟奖"，并为多军种及明星企业监制代言形象歌曲、军乐曲和音乐电视片，制作《清明上河图》《茶马古道》等跨界音乐专辑。

王文池（1932— ）

指挥家。山东青岛人。1954年毕业于南京艺术学院音乐系。后入上海歌剧院工作。1956年入上海音乐学院进修。指挥有歌剧《蝴蝶夫人》《卡门》《白毛女》。

王文汉（1930— ）

唢呐、打击乐演奏家。辽宁人。曾任北京舞蹈学院民乐队队长、高级讲师。1953年入东北人民艺术剧院音乐舞蹈团乐队。创作有《东北秧歌音乐》（合作），吹打乐

W

合奏《庆丰收》《欢庆》，舞蹈音乐《华风乡情》（合作）。发表论文《唢呐曲牌〈句句双〉浅析》《借与贷》（合作）。曾获辽宁民间艺人汇演一等奖。随团赴朝鲜、美国、菲律宾及香港、澳门等地演出。

王文和（1928— ）

歌唱家、声乐教育家。福建人。1940年参加抗日救亡歌咏活动。1947年考入国立福建音专。1953年毕业于上海音乐学院声乐系。曾参加赴朝慰问团演出。1963年举行内部观摩独唱会并在广州电台录制18首古典音乐节目。1987年举行60华诞独唱会演出。曾为广西艺术学院副教授。撰文有《歌唱的声音艺术与呼吸方法》《中国声乐民族化的第一道门坎——民族音乐作品和民族语言研究问题》。作有合唱组曲《光荣归于伟大的中国共产党》以及《四化红花向阳开》《美不过呀五色的云彩》《时代的列车永向前》。

王文和（1944— ）

电影音乐史学家。天津宝坻人。曾任中国电影艺术研究中心《电影》编辑部主任。70年代开始研究和宣传电影音乐，撰写大量电影音乐常识介绍和评论文章，散见于广播、电视和报刊。上世纪90年代出版中国电影音乐史专著《中国电影音乐寻踪》。发表《新中国电影音乐史话》，主编《中国电影歌曲百首》。

王文军（1966— ）

钢琴演奏家、教育家。黑龙江齐齐哈尔人。云南师范大学音乐系教师。曾在齐齐哈尔华安厂三中、华安厂文工团及齐齐哈尔师范学院艺术系任教。2001年毕业于西南师范大学音乐学院硕士研究生。1986年演奏钢琴协奏曲《黄河》曾获黑龙江省"最佳乐手"称号。在黑龙江、云南许多音乐会及声、器乐比赛中担任钢琴伴奏，并获奖。撰有《汪立三钢琴音乐研究》等文九篇。

王文澜（1959— ）

音乐教育家、理论家。甘肃会宁人。西北师范大学敦煌艺术学院教授、音乐教育学博士研究生、音乐学硕士生导师。1986年毕业于西北师范大学音乐系，留校任教，1995年考入中央音乐学院硕士学位班，师从黄晓和教授。1999年以《普罗科菲耶夫交响创作及风格漩变》获文学硕士学位。撰有学术论文二十余篇。出版有《实用美学》（合著），《交响音乐赏析》及音乐艺术科研项目七项。音乐作品多次获省级奖，并获西北师大教师讲课比赛一等奖，西北师大教学成果一等奖，省委、省政府"园丁奖"。

王文麟（1948— ）

音乐活动家。福建南平人。福建省艺术馆副研究馆员、《福建歌声》编辑部副主任。1979年毕业于福建艺术学校作曲系专业，1990年入中国音乐学院作曲系学习。作品有领唱、合唱《闻二十日之报喜》等，另有《春暖闽南》《啊！中国》《金秋之夜》获文化部"群星奖"。多次参与策划组织福建省各类大型文艺晚会。所创作的福建进京彩车音乐，受福建省政府表彰。

王文平（1961— ）

小号演奏家。山东文登人。1983年毕业于中央音乐学院管弦系，同年入武警文工团任小号首席，兼任中央音乐学院附中小号专业课教师。曾获全国部分省、市、自治区第四届朝鲜族少儿艺术节辅导一等奖。1991年随团赴朝鲜演出。

王文堂（1945— ）

作曲家。河南洛阳人。曾为洛阳市歌舞剧院院长。作有歌曲《吼秦腔》，舞蹈《牡丹飘香》《腾飞》，少儿歌舞《游洛阳》以及歌曲《感谢电工一片情》《水电工人之歌》《压路机之歌》《春都之歌》《十里花路》《黄河摇篮曲》，有的先后在全国或省评奖中获奖。任《中国民族民间器乐曲集成·河南卷》《中国民族民间歌曲集成·河南卷》中编委。撰有《统一下的自由，自由上的统一——浅议中国通俗音乐的发展》《情系西部梦萦的沃土》等文。

王文亭（1943— ）

作曲家。河南许昌人。河南省音协理事。1960年毕业于许昌艺师音乐班，曾任职于许昌地区京剧团，后任许昌市群艺馆馆长。论文《论广场文化发展趋势与广场文化力的开发》获河南省群众文化科研成果一等奖，《许昌传悲音乐发展与问题研究》获河南省社会科学重点科研成果奖。歌曲《打工的哥哥回来了》获文化部"群星奖"。主编的《中国民间歌曲集成·许昌卷》《中国民族民间器乐集成·许昌卷》《中国曲艺音乐集成·许昌卷》获省艺术学科重点科研项目一等奖。

王文旺（1940— ）

二胡教育家。天津人。河北艺术学校高级讲师。1965年由天津音乐学院民乐系二胡专业毕业后，到河北省歌舞剧院任演奏员，1984年调河北艺术学校任二胡教员。创编有《采蘑菇的小姑娘》《多么好》等二胡曲及练习曲，被收入全国二胡考级一书。曾举办二胡教学专题讲座。所培养的学生在全国及省二胡比赛中多次获大奖。1994年举办王文旺二胡教学成果音乐会并获省教学一等奖，同年获省委宣传部、省文化厅颁发的"浇花奖"。

王文苑（1941— ）

指挥家。山东烟台人。曾任山东省潍坊市音协副主席。1964年入潍坊市歌舞团，历任指挥、副团长、团长。先后指挥演出《白毛女》《洪湖赤卫队》《江姐》等十几部大型歌剧及钢琴协奏曲《黄河》，小提琴协奏曲《梁祝》。组织并指挥第三至十八届潍坊国际风筝会中心会场大型文艺晚会的演出。曾担任在潍坊举行的27个省市全国农民歌手大奖赛的指挥，获文化部颁发的乐队伴奏奖。

王文章（1951— ）

文艺理论家。山东人。中国新闻工作者协会理事，文化部艺术司司长。毕业于山东大学中文系文学专业。曾在北京电影学院电影理论班进修。1978年调文化部艺术局工作。1993年任《中国文化报》领导工作。发表各类艺术理论、戏剧理论、艺术管理文章五十多万字。出版《艺术体制改革与管理初探》。

王文珍（1941— ）

女音乐教育家、合唱指挥家。北京人。原北京东城区教研科研中心高级教研员。1963年毕业于中国音乐学院。曾任北京第19中学、168中学音乐教师。长期从事合唱指挥，所指挥的欧美同学会合唱团、国家电网合唱团多次获奖，并在中央电视台实况播出。撰有《音乐教育与德育和智育》《音乐教育与良好个性的培养》等论文及音乐评论、音乐教育文章数十篇。著有《中学各科的爱国主义教育》《高中音乐欣赏教材》等。

王闻中（1945— ）

歌词作家。安徽亳州人。安徽东至县文化馆研究馆员，安徽音乐文学学会副秘书长，池州市音协副主席。1968年毕业于安徽师范大学。曾任东至县文化馆馆长。在《歌曲》《词刊》《解放军歌曲》等刊物发表大量歌词，其中三十余首在省内外获奖。出版歌词集《希望的朝霞》。作词歌曲《黄山农家女》《春风春雨》分别由中国国际广播电台播出，中国文联出版社发行盒带。

王问奇（1912—1998）

音乐教育家。江苏六合人。1940年毕业于中央大学音乐系。曾任南京晓庄师范副校长、江苏省文联第四届委员、中国音协江苏分会第三届音教委主任、南京音协第四届主席。撰有《音乐教学法》《怎样上好小学音乐课》。

王务荆（1942— ）

女高音歌唱家。浙江湖州人。上海歌剧院演员。1963年毕业于上海音乐学院。师从林明平、马革顺。译配有舒曼无伴奏合唱《腊人之歌》等12首。演唱的曲目有《女巫的咏叹调》《月亮颂》《鳟鱼》以及亨德尔《弥赛亚》、海顿《创世纪》、莫扎特《安魂曲》等。

王西麟（1937— ）

作曲家。山西稷山人。1949年入部队文工团。1962年毕业于上海音乐学院作曲系。后分配至中央广播交响乐团任创作员。1977年调北京歌舞团任作曲。作有交响乐《云南音诗》《太行山印象》《交响音诗二首》《第三交响曲》《古风三首》《铸剑二章》《殇》《国殇》《壁画三首——海的传奇》《第四交响曲》《小提琴协奏曲》《追思曲——第五交响曲》等。1991、1994、2005年，先后三次举办"个人作品音乐会"及"交响乐作品音乐会"。曾为四十多部影视剧作曲。还作有轻音乐作品和艺术歌曲，其中歌曲《春雨》2000年获文化部艺术歌曲大赛一等奖。1994年获美国洛克菲勒兄弟亚洲文化委员会奖金，并应邀在美国耶鲁大学音乐学院等8所大学讲学。

王希立（1924— ）

小提琴演奏家。上海人。1967年上海音乐学院管弦系研究生毕业。曾任上海芭蕾舞团乐队首席。先后随团赴朝鲜、日本、法国、加拿大等国演出。

王希平（1944— ）

女音乐教育家。陕西西安人。西安音乐学院管弦系副教授，陕西音乐文学学会理事。1956年考入西北艺专（西安音乐学院前身）首届少年班，主修钢琴。1967年毕业于西安音乐学院管弦系本科长笛专业。曾长期在贵州遵义地区文工团和广西艺术学院从事乐队演奏和教学工作。所培养的学生遍及全国，并成为各专业学术团体和教育界的骨干教师。

王希彦（1939— ）

音乐教育家。山东莱州人。山东艺术学院音乐系教授。1961年毕业于山东艺专音乐系。从事音乐教学四十余年，曾获山东省教委颁发的"优秀教学成果省级二等奖"。出版专著《山东民间器乐概论》。参与编纂《山东民间艺术》（音乐卷）、《张斌与吕剧音乐》《方法大辞典》等5部，撰写发表音乐论文数十篇。参加艺术科学国家重点研究项目《中国民族音乐集成》（山东卷）的编纂与撰写工作。1988年获文化部等单位颁发的荣誉纪念奖。

王希珍（1948— ）

女高音歌唱家。湖南长沙人。1970年参加文艺工作。1981年入中国音乐学院歌剧系进修。后在湖南省歌舞团工作。演唱曲目有《明天再相会》《姑娘爱赶坡》。

王惜扬（1941— ）

女音乐理论家。重庆人。1965年毕业于中央音乐学院音乐学系，在该院任教。曾在中国音协理论创作委员会工作。撰有《印象派作曲家德彪西》《德国著名音乐家勃拉姆斯》。

王锡仁（1929— ）

作曲家。四川内江人。1949年就读重庆敦义农工学院时参军，加入二野十一军文工团，1958年调北京海政文工团。1950年开始作曲，参加《红珊瑚》《水兵之歌》《琴箫月》《党的女儿》等三十余部歌剧音乐创作。谱写《太阳最红，毛主席最亲》《水兵进行曲》《父老乡亲》《白发亲娘》《中国的月亮》等歌曲三百余首。为《花枝俏》《郑和下西洋》《朱德》《海防线上》等十余部影视、话剧作曲。有的歌曲及歌剧唱段广为流传，并为外国艺术家演唱和演奏。曾荣获国家"文华奖"等创作奖数十次。

王熙文（1939— ）

三弦演奏家。河南西峡人。1960年毕业于郑州艺术学院。曾任河南省歌舞团、襄阳文工团、河南省曲剧团演奏员、乐队指挥。为市电台录制《古朴严谨的艺术，纯正浓郁的乡音——介绍王熙文和他演奏的三弦曲》专题音乐，获1987年全国音乐专题二等奖。编辑《河南大三弦曲选集》。曾参加中央乐团《黄河大合唱》，河南省歌舞团交响乐《沙家浜》，舞剧《汉风》，河南曲剧《陈三两》《风雪配》的演出及影视片摄制。指挥排演舞剧《沂蒙颂》，歌剧《江姐》。曾任《中国民族民间器乐曲集成》特约编辑。

w

王熹平（1939— ）

笛子教育家。北京人。曾任教于吉林艺术学院音乐系。1955年师从笛子演奏家王铁锤、冯子存。1960年入中央广播民族乐团。1987年兼任长春大学特殊教育学院音乐教研室主任。培养多名专科及本科笛子专业学生，创办残疾人高等音乐专业学校。撰有《笛子的音色与发音》等。编写多部笛子教材。改编民乐合奏《打虎上山》。曾随团赴苏联和香港演出。

王习礼（1943— ）

二胡演奏家。山东文登人。1962年毕业于山东艺专。后任山东省吕剧院乐队首席。参加排演《李二嫂改嫁》《画龙点睛》《苦菜花》等百余出戏。曾随团去长影、上影拍摄电影，担任独奏、领奏。曾应邀在山东艺术学院教授二胡。1996年被评为山东省"全省文化下乡先进个人"。

王喜梅（1946— ）

女高音歌唱家。河北新乐人。中国电影乐团独唱演员。1970年毕业于中国音乐学院声乐系。曾参加北京及全国各地多种大型演出。为《万里长城》《微笑》《走向原野》等多部影视剧录制主题歌及插曲，为中央广播电台国际台录制《红绣鞋》《剪窗花》等15首中国民歌，为中央人民广播电台录制《这就是我的中国》《锦绣秦川》等几十首歌曲，并多次获奖。

王霞梅（1957— ）

女歌唱家。浙江仙居人。浙江台州市路桥区文联副主席、浙江音协声乐专业委员会副秘书长。1992年毕业于中央党校党政管理系，1999年结业于浙江大学研究生班教育管理系。1993、1997年分别由省、市、县文宣部门举办三次个人独唱音乐会。多次在声乐比赛中获奖，其中于1986年获浙江省首届音乐舞蹈节声乐表演二等奖。培养的学生二十余人考入艺术院校，有的在省市音乐赛事上获奖。

王先洲（1944— ）

作曲家。江西泰和人。1962年毕业于江西赣南行政区文化艺术学校。后任职于瑞金采茶剧团。为话剧《年青的一代》《302号案件》《开路先锋》和歌剧及小戏曲《上哨》《渡口》《爱粮嫂》等小戏作曲。创作有舞蹈音乐《绣门帘》，合唱《焦庄户地道战组歌》《环卫工人之歌》《绿色北京，绿色奥运》，小合唱《会计员之歌》《养鸭阿哥去参军》《国税姑娘心中的歌》，独唱《张秉贵在我们中间》。曾任北京市顺义区文化委员会业务科长和区文化馆副馆长。

王冼平（1956— ）

女音乐编导家。辽宁人。中央电视台高级编辑，《音画时尚》《旋转舞台》《民歌·中国》栏目总制片人。中国音协第六、七届理事，中国民间艺术家协会理事。先后担任汉城奥运会开幕式十四国电视联播中方总导演、迎香港回归天安门大型焰火晚会、庆澳门回归《中华日月明》、多届央视春晚、第29届奥运会帆船比赛开幕式、奥巴马首次访华、人民大会堂及金色大厅文艺晚会等大型演出总导演。曾获第三十届亚太联文化娱乐大奖，星光奖及"中国双百佳电视艺术工作者"称号。编著有《百年经典》《民歌中国》。

王宪德（1950— ）

作曲家。山东陵县人。1970年参加德州市歌舞团工作，历任乐队演奏员、队长，1984年任团长兼党支部书记。德州市音协副主席，德州市第十二届政协委员。作有《那一片黄土地》《我和祖国一起飞翔》《大爱》等，先后在山东省文化艺术节比赛中获奖。在2009"中国杯"共和国六十周年优秀词曲、歌手、乐手展示大赛全国总决赛中，所作歌曲《故乡在远方》获作曲金奖。为德州市重大演出活动承担策划、组织和音乐创作等工作。

王宪玲（1954— ）

女高音歌唱家。北京人。1989毕业于中央民族大学声乐大专班。1970年入陆军某军宣传队，1979年始在全总文工团任独唱演员。1991年参加"刘三姐"杯民族歌曲演唱邀请赛获银奖。多次参加电台、电视台的大型晚会及音乐会。1984年在音乐电视片"三江情"中演唱《江水静静流》。在中央电视台的晚会"青春颂"中演唱《向四化扬起风帆》《祝酒歌》《为艺术为爱情》，歌剧选段《上帝给我安宁》《绣红旗》等歌曲。

王宪生（1955— ）

音乐编导家。江苏南京人。1983年毕业于中央音乐学院歌剧系。曾任中央电视台文艺部导演。编导有文艺片《云南民歌》《走向世界》及《1987年元宵晚会》。

王相见（1961— ）

笛子演奏家。陕西清涧人。延安歌舞团副团长、陕西民族管弦乐学会常务理事。1986年毕业于西安音乐学院。曾出版《王相见笛子曲选集》《王相见民族器乐曲选集》和《长门怨》《三十里铺随想》《爬山调随想》《红都情》4张CD唱片。曾获优秀演奏奖及作曲、演奏、论文一等奖、二等奖多项。作有歌曲《忘不了你》，民族管弦乐《陕北道情》，笛子协奏曲和笛子独奏曲《塞上情》《酒曲》《滇南春色》，二胡独奏《窑洞夜话》，板胡独奏《秦腔欢音》，吹打乐合奏《大拜年》等。

王相乾（1937— ）

大提琴教育家。陕西咸阳人。1959年毕业于西安音乐学院，曾任该院管弦乐弦系教研室副主任。

王相通（1951— ）

作曲家。辽宁辽阳人。创作各类音乐作品数百首，在国家及省级大赛中获奖三十余首，其中《相思树叶》《江南乡韵》等8首获金奖及一等奖。歌曲《青春吟》《我是浪花党是海》《先锋赞歌》《问一声妈妈你累不累》（MTV）在中央电视台及省电视台演播。歌曲《碧绿的湖》《感谢春光》等被选入《张藜作词流行歌曲精粹》中，电视剧《深山有远亲》插曲《好人》被选入《通俗唱法歌曲大全》中，《美来把你伴随》被选入《歌典》中。

王向红（1952— ）

女琵琶演奏家。吉林长春人。1970年入吉林军区文工团。后在吉林省民族乐团工作。1980年获省青年琵琶比赛第一名。1980年获上海之春全国琵琶比赛鼓励奖。1986年获省中青年器乐比赛二等奖。

王向荣（1952— ）

民歌演唱家。陕西府谷人。陕西省音协副主席，国家非物质文化遗产——《陕北民歌》传承人代表。1977年始在府谷县新民乡业余文艺队，1981年始在陕西榆林市民间艺术团任演员。1987年随团赴法国、瑞士、苏联、美国等十几个国家和地区演出。1992年参加山西太原市中国第二届民间艺术节，演唱《五月散花》获金奖，同年参加昆明中国第三届民间艺术节，演唱《拜年》《走西口》获全国优秀曲目展演奖。1996年演唱《黄河船夫曲》参加全国MTV大赛获银奖。1997年在人大会堂参加迎香港回归大型文艺晚会，1999赴台湾参加"台北艺术季"音乐会。多次参加中央电视台、全国文联、文化部等举办的大型音乐晚会。2000年多次在央视"艺术人生""实话实说""鲁豫有约"等栏目讲述民歌艺术。作有歌曲《哪达也不如咱山沟沟好》获全国歌王大赛创作三等奖。曾参加近三十部影视作品的拍摄，并多次获奖。

王象荣（1944— ）

打击乐演奏家。山东人。1962年毕业于中央音乐学院附中，同年入中央芭蕾舞团交响乐队任打击乐演奏员、声部长、乐队队长、艺委会主任。1996年考入中国交响乐团任打击乐声部长。2000年爱乐乐团成立，先后任乐队副队长、打击乐声部长。中国音协打击乐学会常务理事，文化部院团专业人员应聘资格考评委员会委员，中央音乐学院硕士学位评议委员会委员。

王小波（1960— ）

女小提琴演奏家。山东莱州人。1978年入黑龙江歌舞剧院。1985年毕业于解放军艺术学院音乐系，同年入武警文工团任小提琴演奏员。曾参与演奏贝多芬第五、六、八交响曲、德沃夏克《自新大陆》、舒伯特《未完成交响曲》《白毛女》《红旗颂》《春节序曲》《北方森林》等经典名作。参加大量各类音乐会及文艺演出。

王小冬（1962— ）

女小提琴演奏家。湖北人。毕业于河南大学音乐系、河南大学艺术学院音乐教育系研究生。先后任河南豫剧院二团、安徽合肥市歌舞团、河南省歌舞剧院交响乐团乐队演奏员。曾参加二夹弦、豫剧、京剧、黄梅戏等剧种的各类演出及安徽新年音乐会、"颂中原"世纪之声音乐会、"五个一工程"歌曲等演出。作有歌曲《共享一片蓝天》《四十五分钟》及论文《在音乐教学渗透EPD》。主编《当代儿童喜爱的歌曲200首》。

王小凤（1931—已故）

女声乐教育家。回族。安徽怀宁人。1952年毕业于南京大学音乐系。后在江西师范大学音乐系任教。曾任江西声乐研究会会长。撰有《论男高音声区交换》《论歌唱的喉头位置》等。

王小昆（1947— ）

作曲家。音乐教育家。安徽凤阳人。桂林旅游学院教授。1982年毕业于广西艺术学院作曲专业，后任桂林市歌舞团创作员。1986年调回学院任实验交响乐团负责人兼指挥。后到音乐系作曲教研室任教。1993年赴上海音乐学院教师进修班深造。先后发表不同体裁作品数百首，有的作品在广西获奖。创作的筝曲《花山印象》曾获自治区"铜鼓奖"。2005年出版《桂林抗战音乐文化研究》。发表论文数十篇。

王小丽（1963— ）

女古筝演奏家。河南新野人。1981、1995年先后毕业于河南省戏曲学校、河南大学音乐系。先后任河南青年实验豫剧团、省豫剧一团、洛阳市歌舞团演奏员，洛阳市群艺馆辅导员兼任洛阳师院音乐系古筝教授。在全国民间音乐舞蹈比赛中，古筝独奏《黄河魂》获一等奖，并多次获省内各类比赛金奖，"群星奖"金、银奖。曾随团赴日本交流演出。辅导的大批学员在各类赛事中获奖。

王小梅（1962— ）

女高音歌唱家。河北保定人。广西艺术学院音乐学院教师。1985年广西艺术学院音乐系毕业，后在上海音乐学院进修。曾获第二届聂耳·冼星海声乐比赛广西赛区金奖，第七届全国青年歌手电视大奖赛广西赛区二等奖。论文《中西歌唱艺术比较》《让学生漫步在音乐殿堂里》分获广西教育厅主办的优秀论文评选二等奖，《声乐教学与歌唱心里》等论文刊于《艺术探索》等刊物。指导的学生在广西声乐比赛中多次获奖。

王小民（1947— ）

作曲家。河北成安人。1968年毕业于天津音乐学院附中，1985年毕业于该院作曲系。1978年后调河北省曲艺团创作室，后为省群艺馆研究馆员，培训、辅导中心副主任，中国社会音乐研究会理事、河北省社会音乐研究会会长、省音协理事、河北音教委主任，会刊《群众音乐创作选粹》《音乐教育研究》主编。发表歌曲数百首、论文25篇，出版有《小民歌曲选》《电子琴百技通》。曾在历届群星奖大赛中多次获奖。

王小宁（1959— ）

女小提琴演奏家、音乐编辑家。湖北襄樊人。1983年毕业于河南大学艺术学院艺术系，先后任河南开封京剧团、文工团、省豫剧院三团乐队演奏员。曾演奏《贝多芬D大调》小提琴协奏曲、《柴科夫斯基D大调》协奏曲、《卡门》序曲、《春节序曲》《费加罗婚礼》等曲目。1986年后历任河南黄河文艺出版社、海燕出版社音乐编辑。编有《中学生喜爱的歌曲》《当代儿童喜爱的歌曲200首》《中外影视歌曲大全》等。

王小朋（1960— ）

音乐编辑家。河南安阳人。新乡人民广播电台文艺部主任。1989年毕业于河南大学。曾任新乡市京剧团乐队琴师。撰有论文《广播文艺要适应新形势，弘扬时代主旋律》等。1994年编辑的音乐节目《太行歌手李洪程》《空中舞台》获省广电厅、广播电视学会三等奖，2004年撰稿编辑《农家花门楼》获中国广播电视学会广播文艺研究会一等奖。

王小平（1934— ）

音乐活动家。北京人。1949年从事部队文艺工作。1952年调总政军乐团，后为解放军艺术学院军乐系负责人、军乐团业务副团长等职。多次参加全军文艺汇演、军乐会演，获优秀演员奖。参加历届首都"五一""十一"大典及国家重大礼仪乐队演出。任第十一届亚运会开幕式大型军乐团表演训练总指挥。中国音协手风琴学会副会长兼秘书长。专著有《手风琴演奏入门》《军乐基础知识》《轻松编配手风琴伴奏》等。创作木琴独奏《我是人民的小骑兵》，二重奏《祖国的花朵多可爱》（合作）等器乐曲。

王小平（1954— ）

作曲家。江苏无锡人。1989年毕业于中国函授音乐学院理论作曲专业，1994年毕业于上海音乐学院作曲指挥系干部进修班。历任无锡歌舞团、无锡市京剧团乐队队长、作曲。作有歌曲《妈妈最大我最小》《水妹子》，二胡独奏曲《双推磨随想》，钢琴与弦乐五重奏《大浪淘沙》，民乐组合《太湖丽人》、器乐三重奏《茉莉花》，舞蹈音乐《苏小娥》《团团又圆圆》，分别获江苏省音乐舞蹈节、全国"小荷风采"舞蹈比赛、省中小学艺术展演一等奖、金奖、银奖。撰有《西方音乐发展之基本线条》《音乐普及讲稿》《谈原生态民歌的现状与发展》等文。

王小平（1964— ）

女古筝教育家。江苏南通人。江苏省扬州大学艺术学院音乐系副教授。1988年毕业于南京师大音乐系。撰有《近年古筝左手技术的发展与筝曲的音乐风格》《谈高师艺术专业古筝课的教学》《家长在幼儿学习古筝的作用和意义》等文9篇。曾在第一、二、三次全国古筝学术交流会上独奏表演。赴济南、香港参加"名家名曲古筝演奏会"，担任独奏。随扬州艺术团赴朝鲜演出，担任古筝伴奏。

王小寿（1932— ）

双簧管演奏家。河北定县人。1947年入华大。曾任教于中央音乐学院。曾任中国歌剧舞剧院双簧管首席兼独奏演员。曾参加世界青年联欢节获集体奖。演奏有独奏曲《牧羊姑娘》等，所录盒带被香港"百利"公司选为优秀带。

王小星（1963— ）

女钢琴教育家。河南清丰人。贵州大学艺术学院音乐系教研室主任、贵州钢琴学会会长。先后毕业于贵州省

艺术学校音乐系、四川音乐学院钢琴系，2003年公派俄罗斯留学一年。曾参加巴赫、莫扎特纪念音乐会巡回演出并担任独奏。2002年由俞峰担任指挥演奏莫扎特的钢琴协奏曲。1990、1991年分别在贵阳、深圳举行独奏音乐会。培养许多学生走上专业道路。

王小雄（1961— ）

音乐编辑家。山东龙口人。北京电视台文艺中心导演。1990年毕业于中央音乐学院作曲系，师从叶小刚、杜鸣心教授。为电视剧《女兵》作曲的主题歌《飞翔的梦》发表于《歌曲》杂志。歌曲《北京文明赞》获市精神文明奖，编辑的电视剧《年轮》获"五个一工程"奖，担任音乐总监、总制片的《新世纪、新北京》2001年电视台春节文艺晚会获广电总局"星光奖"一等奖。

王晓春（1962— ）

女歌唱家。满族。吉林人。中央民族歌舞团声乐演员。1980年毕业于宁夏大学艺术系，入宁夏歌舞团任独唱演员。1985年起，先后入中央音乐学院歌剧系与中国音乐学院声乐系深造。曾在1996年"全国声乐比赛"中获演唱奖。后在北京、马来西亚、宁夏举办了五场个人独唱音乐会。1999年获第九届"孔雀杯"铜奖，2000年在第二届中国西部民歌邀请赛中获金奖。所演唱的《神奇的西部》曾获第八届全国精神文明建设"五个一工程"奖。2004年出版《神奇的西部》个人演唱专辑。

王晓锋（1963— ）

作曲家、音乐制作人。山东人。中国广播艺术团作曲。中国音协第七届理事。多次担任中央电视台青年歌手电视大奖赛流行唱法评委以及中国音乐金钟奖流行音乐大赛评委。曾获中宣部"五个一工程"奖、"中国改革开放三十周年三十首流行金曲勋章""国家广电总局抗震救灾五一劳动奖章""国家广电总局电视文艺星光奖最佳音乐奖""2008北京奥运会火炬传递优秀歌曲"。作有歌曲《从头再来》《超越梦想》《在路上》等，电影音乐《那山·那人·那狗》《第601个电话》《情人结》等，电视剧音乐《不要和陌生人说话》《中国式离婚》《潜伏》《保姆》《生死线》等。

王晓刚（1956— ）

指挥家、作曲家。河北人。曾任山西省军区宣传队演奏员，北京军区某师宣传队乐队副队长，山西省歌舞团指挥、作曲。1986、1992年先后入中央音乐学院指挥系、作曲系进修。作有歌曲《托起一片新天在黄河东》《羊羔羔吃奶眼望着妈》，电视音乐《黄土情》《狄仁杰断案传奇》，舞蹈音乐《傲雪藏红》《今年十八岁》，交响诗《途》《根》《壶口颂》，弦乐四重奏《记忆》，钢琴独奏《汾河印象》等。曾指挥歌剧《山婚》《酒干倘买无》，交响乐《贝多芬第一交响曲》《莫扎特第40交响曲》及小提琴协奏曲《梁祝》。

王晓红（1958— ）

女古筝演奏家、教育家。吉林长春人。1982年毕业

于沈阳音乐学院。吉林艺术学院古筝专业教授、硕士生导师。撰写《古筝技法大指摇初探》《简论当代古筝技法的流变》《古筝教学模式的建立》等文。编写多首古筝二重奏、小合奏作品。培养大批古筝学生，许多学生在全国比赛及省各类比赛中多次获奖。曾赴美国、日本、加拿大访问演出。获中美交流"杰出表演艺术奖"，吉林省政府授予"德艺双馨艺术家"称号。

王晓洪（1949— ）

作曲家。上海人。1970年起先后在专业文艺团体任演奏员、教员、创作员。历任中国儿童音乐学会副会长、广西儿童音乐学会会长、广西小铜鼓艺术团团长、广西朝霞工程少儿艺术团艺术总监、广西音像出版社主任编辑。作品多次获奖和被音乐教材选用，出版作品专辑盒带《我是小小刘三姐》，歌曲集《花儿的梦》。两次带队进京到中南海向中央领导作汇报演出。获广西"自学成才"奖、全国百名儿童音乐舞蹈工作"突出贡献奖"。

王晓杰（1959— ）

女钢琴教育家。回族。河北承德人。河北省艺术职业学院音乐教育系副主任。1982年毕业于河北师范学院。发表《家长在钢琴教学中的作用》等文。歌曲《记住我们的国歌》1996年获河北省"凯音杯"校园歌曲征集一等奖，《亲吻你，五星红旗》1997年获吉林省征歌大赛金奖。教案《贝多芬c小调钢琴奏鸣曲》获河北省职业学院优秀教案评比二等奖。

王晓洁（1964— ）

女小提琴演奏家。安徽合肥人。1982年毕业于安徽艺校音乐科小提琴专业，同年入安徽省歌舞剧院交响乐团从事小提琴演奏，担任独奏、重奏。撰有《论柴科夫斯基音乐特性》《刍议台上演奏的心理》《美妙琴声从这里激扬》论文并在专业刊物上发表，其中《美妙琴声从这里激扬》获《家教世界》优秀论文奖。

王晓坤（1949— ）

音乐教育家。江苏宜兴人。曾于江苏大学任教。江苏省音协理事，镇江音协主席。1975年毕业于南京师范学院音乐系。长期从事高校音乐教育工作，多次担任各类大型音乐会的独唱及钢琴伴奏。曾获全国地市广播音乐类评比独唱一等奖，钢琴伴奏优秀奖。另有部分创作歌曲获全国大学生文艺汇演一等奖、江苏省二等奖。

王晓坤（1960— ）

女音乐教育家。河南新乡人。毕业于河南大学音乐系。河南师范大学音乐系副主任、副教授，主讲钢琴。主持完成河南省规划办项目《豫北传统音乐的继承传播与发展》与省教育厅《关于高师音乐教育专业钢琴教学改革的探讨》。发表论文多篇，其中《传统音乐在乡风民俗中传承传播与发展研究》获河南省"黄河之滨"音乐周论文征文一等奖。1999年获教育部曾宪梓教育基金优秀教师奖，2001年获河南师范大学首届教学优秀奖一等奖。

王晓莉（1956— ）

女大提琴演奏家。上海人。1971年考入云南省歌舞团，1977年考入中央民族乐团任大提琴演奏员。1996与1998年两次参加中、日、韩三国组成的亚细亚乐团的演出。1998与1999年两次赴维也纳金色大厅演出。2000年赴美国联合国大厅为2000年世界首脑会议演出。随团赴二十多个国家及地区在世界著名音乐厅演出。

王晓莲（1950— ）

女电子琴演奏家。湖北人。中国音协电子琴学会副会长，中国音协及中央音乐学院电子琴业余考级委员会副主任。曾在中国煤矿文工团、海政歌舞团任竖琴演奏员。1985考入中央音乐学院"雅马哈双排键师资培训班"，获雅马哈双排键三级演奏及教师国际证书。1988年改编并演奏的《春江花月夜》获第三届全军汇演优秀节目、优秀创作、优秀表演三奖项。曾任中央音乐学院电子琴考级教程执行主编。

王晓亮（1965— ）

小提琴演奏家。山西人。1988年毕业于新疆艺术学院小提琴专业。曾在阿克苏地区艺术学校任教，1988年后任新疆爱乐乐团副团长、乐团首席。在各类交响乐、影视、舞剧、歌舞等音乐作品中担任独奏、领奏。与乐团合作演奏《梁祝》《维瓦尔第四季》《贝多芬D大调小提琴协奏曲》《莫扎特G大调协奏曲》等，1998年由新疆音像出版社录制出版发行小提琴独奏专辑《天山情韵》。

王晓岭（1949— ）

歌词作家。北京人。曾任北京军区战友歌舞团创作员、团长。中国音协《词刊》杂志主编，中国音乐文学学会副主席。自1976年始，致力于歌词创作。主要词作有《三唱周总理》《浪花啊，浪花》《九州方圆》《当兵的人》等。部分词作谱曲后录制成唱片、盒带，并多次获国家级奖项。

王晓明（1964— ）

音乐教育家。福建泉州人。1996年毕业于江西师大音乐学院本科班。全国高师合唱协会会员。任职于江西师范大学。2003年"塑造江西人新形象"合唱比赛获团体一等奖，本人在该队担任主唱。发表论文《浅谈中学音乐欣赏教学质量》。潜心于音乐教育，培养众多学生，有的在高等学校任专职教师，有的考取了专业院校。

王晓宁（1960— ）

音乐教育家。广西桂林人。广西艺术学院研究生处处长、硕士生导师，广西音协副主席。1983年始任职于广西电台，1986年后任教于广西艺术学院音乐学院，2002年任广西艺术学院音乐学院院长。1994年获国家教育部资助赴丹麦哥本哈根大学作访问学者。作品有管弦乐《绣球舞》《壮族舞曲》，大型民族史诗《壮天歌》——"天锦·五色土"，民族器乐曲《月柿红》，钢琴组曲《西山画页》，合唱《迷漓的七夕雾》等。任由国家教育部门立项的广西中小学音乐教材常务副主编。发表论文有《音乐，时间永远是现在》《从壮族史诗布洛陀看音乐、舞蹈和诗歌的起源》《西方文明中的音乐创作》，专著《西方音乐鉴赏语言》等。

王晓霞（1961— ）

女歌词作家。满族。河北丰宁人。1985年毕业于中国音乐学院作曲系音乐文学专业。任职于中央民族歌舞团。曾发表大量诗歌、歌词，作品曾被中央电视台春节歌舞晚会、全国大型文艺晚会采用。出版《多情的风》《三色梦》等唇歌、歌词作品集。部分作品被选入《河北省新时期文学丛书·诗歌卷》、中央民族大学《中国少数民族声乐教材》和收入《中华大家园·民族风情歌典》《我们告诉世界》《祝福你，祖国》等歌曲集。

王晓雄（1956— ）

中提琴演奏家。北京人。1979年考入解放军艺术学院，1985年毕业于解放军艺术学院音乐系，同年进入武装警察部队政治部文工团，任首席中提琴。曾多次参加全军大型文艺晚会以及历次春节"双拥"晚会的演出，并担任全军联合乐队的中提琴声部长。

王晓燕（1959— ）

女歌唱家。白族。云南大理人。四川大学艺术学校音乐系主任、教授、硕士生导师。1971年考入云南省京剧院任演员，1984年毕业于中央民族学院音乐系声乐表演专业。同年分配到中国广播艺术团民族乐团任独唱演员，1993年调四川省歌舞剧院任独唱演员。曾举办独唱音乐会。曾出访美国。获全国民歌精英大赛金奖、全国广播新歌演唱银奖、全国民歌大赛铜奖、四川省"五个一工程"奖，获四川省十佳演员、全国听众喜爱的歌手称号。

王孝刚（1949— ）

小号演奏家。天津人。1968年毕业于解放军军乐团学员队小号专业。总政军乐团演奏员、队长。执行国家、军队重要内外事司礼演奏数百次，参加本团举办的音乐会及下部队慰问数百场。参与组织纪念莫扎特诞辰200周年音乐会，与中央乐团在北京音乐厅同台演出等活动。多次与电台、电视台合作组织乐队录制音乐盒带、唱片。曾带领乐队赴河南、云南、湖南、上海等地演出。

王孝久（1940— ）

小提琴演奏家。辽宁铁岭人。先后任中国儿童艺术剧院乐队演奏员、中央芭蕾舞团交响乐队首席小提琴演奏员。参加芭蕾舞剧《红色娘子军》《白毛女》《鱼美人》《天鹅湖》《睡美人》《泪泉》等演出的伴奏。随团出访缅甸、阿尔巴尼亚、罗马尼亚等国和香港、澳门、台湾地区演出。曾与秘鲁、日本、美国、英国等指挥家联合演出音乐会和芭蕾舞剧。为电视台等单位录音、录像。

王孝芹（1929—已故）

女声乐教育家。黑龙江齐齐哈尔人。1950年肄业于天津中央音乐学院。曾在哈尔滨师大音乐系任教。撰有《关于民族声乐教学的探讨》。

王孝先（1932—已故）

大管演奏家、教育家。山东莱阳人。原吉林艺术学院音乐系管弦教研室主任。1955年毕业于东北音乐专科学校管弦系，后任吉林省歌舞团乐队队长兼首席大管。1976年调吉林艺术学院任教。作有讽刺歌曲《美国兵自述》（赴朝鲜演出节目），大管独奏曲《牧人之歌》。编写《大管音阶及和弦练习》《大管练习曲》教材。撰有《莫扎特bB大调协奏曲浅析》《演奏者在审美再创造中的主体意识》。

王肖璜（1962— ）

女中提琴演奏家。辽宁沈阳人。福建歌舞剧院交响乐团中提琴首席，任教于福建音乐学院。1977年考入福建艺术学校，1983年在中央音乐学院师从孙德进教授学习中提琴。2000年举办个人独奏音乐会。曾获全省中、青年演员比赛银奖。第五、第九届"武夷音乐舞蹈节"比赛专业组金奖。所担任中提琴演奏的四重奏中国作品盒带专辑《心弦》在全国比赛中获奖。

王效恭（1940— ）

音乐理论家、音乐编辑家。山西太原人。中国音协合唱联盟副秘书长。1963年毕业于中国音乐学院钢琴专业。从事音乐教育多年，其间撰写音乐知识、音乐教育、教学论文三十万字。1979年起，先后任中国音协《儿童音乐》编辑部主任、副主编、编审，中国少年儿童文化艺术基金会秘书长，中国儿童音乐学会常务副会长。《全国少儿歌唱考级作品集》（主编徐沛东）执行主编。出版著作《教你弹钢琴》《音乐知识博览》《天才音乐家》《不朽乐章》《音乐万花筒》《教你学唱歌》《通俗唱法基本功》等。曾任文化部群星奖（音乐类）、国家新闻出版总署全国优秀音像制品（音乐类）、澳门国际青少年音乐大赛评委。曾率团参加比赛并获奖。长期从事钢琴教学，学生多人次获"希望杯"、北京市中小学生艺术节一等奖。

王笑林（1951— ）

音乐活动家。辽宁锦州人。哈尔滨市南港区文化馆声乐辅导干部。多次参加东北三省联合举办的"哈尔滨之夏""长春音乐会"的演出。曾获省"新声新秀"声乐比赛三等奖。1986年随"太阳岛乐团"全国巡回演出。获第五届全国"群星奖"比赛重唱金奖。参加第五届"中国艺术节""群星奖"获奖节目的展演，多次参加全国及国际合唱比赛活动。

王欣欣（1958— ）

女音乐教育家。新疆人。新疆石河子大学文学艺术学院副教授，教研室主任。1987年毕业于新疆师范大学音乐系。1995年毕业于中国音乐学院音乐教育系，获文学学士。后在新疆石河子师范任教。1997年在广东湛江师范学院音乐系任教。2001年始供职于新疆石河子大学。新疆石河子钢琴协会副会长。为国家培养一批音乐人才。发表十余篇教学与科研论文。

王新国（1949— ）

男高音歌唱家。北京人。1968年从事歌唱专业，1972年入中央音乐学院进修。曾任吉林歌舞团、基建工程兵文工团独唱演员，中央民族歌舞团冬布拉弹唱领弦。演唱的作品有《长白红花》《基建兵之歌》《雪花》《哈萨克民兵》等。曾任演出处副处长、舞台监督，策划组织各类演出三千余场。后任中国文化旅行总社演艺部经理，中华民族文化促进会联络部副部长。

王新良（1939— ）

歌唱家。山西万荣人。1962年毕业于山西省艺术学院音乐系。后在山西大学艺术系进修。曾在山西晋东南歌舞团、长治市城区文化馆、侯马市职业中专任职。1987始任市音协副主席。撰有《声乐入门》。作有《俺这儿变成小江南》《井岗有条竹扁担》《我站在周总理像前》等歌曲。曾在歌剧《江姐》《白毛女》，话剧《雷雨》中任主要角色。自编、自导、自演小戏《军民一家》《让新房》《献绳》《看门》等，并获奖。

王新路（1929— ）

作曲家。山东泗水人。1945年始在鲁南军区从事部队文艺工作。1950年入济南华东大学艺术系研究生，主修作曲。毕业后在上海联合电影制片厂专职作曲。1953年入中央电影局作曲干部训练班学习。1955年在中央音乐学院听苏联专家阿拉波夫讲作曲理论及技法。后任职于上海科学教育电影制片厂。为《不平静的夜》《珊瑚》《南京长江大桥》等多部科教影片作曲。被中国乐器协会钢琴调律分会评为高级调律师，先后在上海、广州、深圳及美国西雅图和加拿大温哥华从事钢琴调律师工作。

王新年（1949— ）

小号演奏家。天津人。1965年入总政军乐团学员队学习小号、短号演奏。1970毕业后分配到总政军乐团一队任演奏员。多次参加国家重要外事司礼工作及演出，并参加大量乐曲录制。1976年调总政歌舞剧团乐队任首席小号演奏员，先后参加《狂飙曲》《刘胡兰》《傲蕾·一兰》《大野芳菲》《党的女儿》等多部歌剧的演出及外国歌剧《这里黎明静悄悄》《托斯卡》等演出。曾在全军第四届文艺汇演中获总政颁发的个人演奏奖。

王信纳（1939— ）

歌剧表演艺术家。山东烟台人。曾任中央歌剧院艺委会委员，独唱组组长。多次受名师指导。在歌剧《茶花女》《丑角》《卡门》《蝴蝶夫人》《第一百个新娘》和音乐剧《乐器推销员》中饰男主角。在新加坡制作的《地狱中的奥尔费》中饰男主角。在众多音乐会中担任独唱演员。多次赴国外演出。培养出很多优秀学生。翻译剧本《纳布科》《爱尔纳尼》《乡村骑士》。多次受中央及北京电视台专访。

王信威（1937— ）

音乐理论家。吉林永吉人。1961年毕业于沈阳音乐学院理论作曲系。曾任辽宁省艺术研究所音乐舞蹈研究室主任、音协辽宁分会戏曲音乐委员会副主任。任《中国民间歌曲集成·辽宁卷》副主编。著有《辽宁皮影戏音乐》。

王信义（1955— ）

音乐活动家。山东济南人。济南市妇女儿童活动中心主任、省音协副秘书长、中国青少年宫协会理事。2005年毕业于济南大学经济管理系。曾任济南市儿童歌舞团副团长、市青少年宫办公室主任。论文《儿童音乐潜能的发现》获华东地区第三届少儿民乐会演一等奖，器乐《童趣》获省音协音乐作品征集一等奖，2004年获第六届中国老年合唱节金奖。曾创建省少年交响乐团、少年手风琴团、少儿电声乐团，并分别担任团长、指挥。

王兴骧（1932— ）

铜管乐演奏家。上海人。1949年参军，先后在某部文工团和某军区军乐团任长号演奏员。1961年调安徽艺术学院音乐系从事铜管乐器教学兼任管弦乐教研室主任，1965年起任淮南市文工团歌舞队队长及安徽师范大学音乐系教师。曾参加开国大典军乐队、在中南海为国家领导人、庆祝国庆十周年等演出。担任《椰林怒火》演出组的指导和组织舞剧《白毛女》的演出。改编管弦乐《亿万人民学雷锋》《在太行山上》等作品。

王兴龙（1942— ）

钢琴调律师。北京人。中国音协钢琴调律学会秘书长、中国乐器协会钢琴调律师分会副会长、国家高级钢琴调律师考评委员。1963年毕业于北京艺术学院附中，同年派往北京钢琴厂学习钢琴装配与调律。曾任中国音乐学院主任钢琴技师、教务处副处长、钢琴调律专科班主科教师。1988年赴奥地利维也纳培森朵夫钢琴厂学习音乐会三角钢琴的调律技术，获音乐会等级证书。培养一批钢琴调律人才。

王兴青（1931— ）

音乐教育家。山东青岛人。1954年毕业于北京师范大学音乐系。曾任山东艺术学院音乐理论教研室主任。合著有《视唱练耳教材》《五线谱乐理》。

王星铭（1949— ）

作曲家。内蒙古包头人。内蒙古音协副主席，二人台学会会长，包头电台文艺总监。1969年毕业于包头钢铁学院建筑专业，1979年参加内蒙古首届作曲配器班，1989年在中国音乐学院作曲系进修结业。涉笔歌曲创作、民间音乐研究、广播电视文艺等领域。其中歌曲《我从草原来》获中宣部第七届"五个一工程"奖与第六届中国音乐电视大赛金奖。《鸿雁高飞》《什么时候你来呀》《金色的马鞍》《梦草原》获中国原创歌曲二等奖。出版专集《梦草原》《眊妹妹》。搜集整理出版《二人台坐腔精选》磁带5集。

王行强（1946— ）

民乐演奏家。浙江人。1960年考入中国广播艺术团民族乐团，开始从事高胡、二胡演奏。参加广播、电视音乐的录制与中央电视台举行的各种重大演播活动。同时随团参加一系列国家重要演出活动，及出访意大利、德国、马耳他、罗马尼亚、南斯拉夫、阿尔巴尼亚、比利时、瑞士、泰国、以及台湾、香港"亚洲艺术节"等演出。

王行珍（1935— ）

女琵琶演奏家。上海人。1956年考入中国电影乐团。曾师从龚万里、陈永禄及刘德海先生学习琵琶古典名曲。得力于家兄王范地（琵琶演奏家）的指导培养。在中国电影乐团供职35年，曾为数百部影视片录制音乐，并担任独奏、领奏，如《侦察兵》《闪闪红星》《许茂和他的女儿》《海囚》《红楼梦》《西游记》等。1961年创作演奏琵琶独奏曲《哈萨克之春》，由中央广播电台录制。1978年创作弹拨乐合奏曲《天山红花向阳开》，由中国广播民乐团录制唱片。

王幸勋（1954— ）

作曲家。河南人。平顶山市文化艺术学校副校长。从事戏曲音乐创作三十多年，为五十多部剧目进行音乐唱腔设计。作品曾多次获国家、省级优秀音乐设计奖，如豫剧《长孙皇后》《青山情》《重圆》、曲剧《清州遗怨》等，分别获第六届、第七届映山红戏剧大赛和第二届国际小戏艺术节优秀音乐设计奖。戏曲节目《鹰城新曲》《新八姐游春》《金牛耕春梨园情》《红旗颂》在中央电视台多次播放。为《鹰城戏曲荟萃》进行音乐创作、配器并指挥的激光唱盘发行至全国和港、澳、台地区及东南亚国家。被平顶山市委、市政府评为专业技术拔尖人才，并授予精神文明成果奖。

王羞凤（1963— ）

女高音歌唱家。上海人。1983年毕业于湖南师大音乐系，1992年毕业于上海音乐学院声乐系。1975年入湖南常德地区歌舞团、浦源文工团任演员，1994年起，先后在肇庆学院、江苏教育学院任教，副教授。撰有《"三种唱法"之我见》《略论歌唱中的情感因素》《从心里角度看声乐教学》等文。曾分别在厦门鼓浪屿、肇庆、苏州举办独唱音乐会。曾获湖南省声乐擂台赛第二名，湖南省音乐调演独唱、重唱二等奖，1992年获湖南省青年歌手电视大赛第二名。

王秀芬（1953— ）

女高音歌唱家。河北石家庄人。总政歌舞团独唱演员，中央音乐学院特聘兼课教授。1987年毕业于中央音乐学院声歌系。曾参加全国聂耳·冼星海音乐作品演唱比赛获美声组金质奖，参加朝鲜第20届友谊艺术节获演唱金奖，参加法国图鲁兹第33届国际声乐比赛获决赛荣誉奖。连续两届在全国听众最喜爱的歌唱演员评选中，分别获美声组铜奖、金奖。曾应邀主演意大利歌剧《托斯卡》。在大歌舞《中国革命之歌》中演唱《祖国颂》。曾在第十一届亚运会闭幕式上演唱《我爱你，中国》。曾在多个城市举办个人独唱音乐会。出版有《王秀芬个人演唱专辑》《20世纪中华歌坛名人百集（珍藏版）·王秀芬专辑》。曾应邀赴美、法、德、俄等国及港、澳、台地区演出。

王秀峰（1938— ）

指挥家。湖北武汉人。第七届湖北省音协顾问，湖北省合唱协会会长。1962年毕业于湖北艺术学院作曲系，后进修合唱指挥专业。1962年起历任湖北省歌剧团指挥、副团长、团长、艺术指导、省音协副主席、省政协第五、六、七届常委，八届委员。指挥歌剧《洪湖赤卫队》《樱花》《江姐》《人生》等三十余部，指挥大量舞剧、交响乐、合唱、现代京剧演出。创作歌剧《丰收之后》《杜鹃》等十余部，为《洪湖赤卫队》1999年演出本配器、合唱编配及音乐整理。1994年被省委、省政府授予"湖北省有突出贡献的中青年专家"。

王秀贵（1949— ）

音乐教育家。四川南充人。四川省小提琴教育研究专业委员会理事。1984年任市青少年宫副主任。所教学生多次在全国及西部、西南地区少儿小提琴演奏比赛中获奖，多次获"指导教师奖"。作有合唱《嘉陵江组歌》，获四川省第二届"蓉城之秋"音乐会创作奖，歌曲《嘉陵江的风帆》获长江水系"长江杯"优秀创作奖。

王秀玲（1955— ）

女作曲家。河南郑州人。福建艺术研究所音舞研究室主任。1982年毕业于福建师范大学。曾任福建三明师范学校教师。撰有《音乐之乡论音乐》等评论文章。歌曲《农家唱晚》1985年获福建省音乐创作三等奖，校园组歌《彩虹的旋律》（七首）1987年获省学院音乐周优秀创作奖。曾为多部电视系列片谱写主题歌，获第二届全国优秀电视人物短片一等奖。

王秀英（1940— ）

女高音歌唱家。黑龙江哈尔滨人。1960年入辽宁省歌舞团工作。1961年入沈阳音乐学院进修。后为辽宁歌剧院演员。辽宁省第六届政协委员。曾在歌剧《第二次握手》中饰女主角。演唱《赞美你骆驼》获《音乐生活》月刊首唱奖。

王秀月（1932— ）

女歌剧表演艺术家。河南西平人。1949年从事部队文艺工作。曾任音协浙江分会常务理事、副秘书长。曾主演《白毛女》《刘胡兰》《红霞》等歌剧。词作有《漂呵，野花》《我爱春天，春天爱我》。

王秀枝（1952— ）

女音乐活动家。河南舞阳人。舞阳县文联主席。1976年毕业于河南大学音乐系。曾任县文化馆馆长、县文化局副局长、县文联副主席。1989年任漯河市音协副主席。近30年来一直从事宣传、音乐活动组织、教育工作，组织大型音乐活动百余场次，创作发表各类音乐作品二十余篇首，其中《我们爱党爱国家》获省电台等部门颁发的创作奖，创作歌曲《漯河城在绿色中》入选《群星放歌新世纪》。多年来培养众多音乐人才考入重点音乐院校。

王绪道（1939— ）

　　低音长号演奏家。天津人。1962年毕业于中央音乐学院管弦系乐队专修科，同年入中央乐团交响乐队任演奏员。曾随团赴日本、朝鲜、美国及港、澳演出。

王玄迈（1934— ）

　　声乐教育家。上海人。1957年毕业于中央音乐学院声乐系。先后任上海广播乐团、武汉歌舞剧院独唱、声乐指导与声乐教员。曾先后受聘中国音乐学院、中央音乐学院声乐系进行民族声乐研究和教学工作。撰文数篇，编选高等音乐院校声乐教材目录一套。在北京多次大型音乐会中任艺术指导。兼任中国培黎大学音乐系副主任、中国函授音乐学院声乐系副主任。1990年先后任武汉歌舞剧院歌剧团副团长、星海音乐学院肇庆分教部校长。三次组织武汉合唱艺术团赴新加坡演出任声乐指导兼合唱指挥。

王学林（1942—2001）

　　作曲家、二胡演奏家。安徽肥东人。安徽省音协民族弓弦乐器协会副会长。1964年毕业于安徽艺术学院音乐系。曾在安徽艺术学校、安徽六安京剧团任职，后在安徽六安市文化局任副局长。作有歌曲《大别山儿女心向党》《登上高楼数新房》等。为京剧《淝水之战》、木偶剧《贪嘴的华华》作曲。作有舞曲《春催杜鹃》，二胡曲《锣鼓喧天迎港归》《春恋》。发表论文《试谈二胡艺术如何更好反映时代精神和满足群众的需要》《试谈新建市文化事业发展》等。三次举办二胡独奏音乐会。

王学平（1948— ）

　　小号演奏家。浙江定海人。上海歌剧院交响乐团首席小号。1968年毕业于上海音乐学院附中管乐科。录有《黄金小喇叭》《兰色的梦》等个人CD专辑5张。在《黄河大合唱》《白毛女》《梁祝》《大江东去》等近百张CD、电影、电视剧的音乐中担任小号首席。多次赴苏联、新加坡、香港、澳门等地参加艺术节等音乐活动。曾在1993年东亚运动会、第五届上海电视节开幕式、2000年上海国际少儿艺术节开幕式等大型文艺演出担任首席小号。

王学诗（1939— ）

　　作曲家。辽宁沈阳人。兰州少年交响管乐团音乐总监、常任指挥。1956年入西北艺专学习声乐。曾任甘肃现代音乐学会主席，兰州市歌舞团副团长，甘肃省歌剧院指挥，甘肃省音协爱乐乐团团长、指挥。作有交响乐《天山》《拉卜楞印象》，钢琴协奏曲《阿克赛掠影》，歌剧《魂兮》《努尔哈赤》，歌曲《祖国、我的太阳》《扳船的哥哥慢些走》《九十九支曲九十九道湾》。

王学武（1948— ）

　　音乐编辑家。天津人。毕业于天津音乐学院作曲系。曾任中国广播电视学会音乐研究会常务副会长兼秘书长、《广播音乐报》主编，廊坊电台文艺部主任、市广播电视学会秘书长、市音协副主席。曾为全国电视台、电台制作开始曲、标志乐、配乐、歌曲等大量电子音乐。发表大量音乐作品和论文，其中民乐合奏《天鹅嬉水》《庆丰年》

《牧场欢歌》等在中央电台播出。撰稿、作曲的音乐专题《河北音乐漫谈》获中国第四届广播文艺专家奖一等奖。

王学新（1929—1996）

　　声乐教育家。江苏吴江人。1958年毕业于上海音乐学院声乐系。安徽省艺术学校声乐教授。

王雪莉（1958— ）

　　女琵琶教育家。河北石家庄人。先后毕业于河北省艺术学校音乐系琵琶专业、河北师范大学音乐系琵琶专业及教育系儿童教育专业。曾任河北省梆子剧院演奏员，石家庄幼师琵琶教师，后任石家庄青少年宫琵琶专业教师。撰有《青年音乐审美能力的培养》《如何加强少儿对艺术资料的辅导使用》《从天王怀抱琵琶说起》《十面埋伏的流派与渊源》等文。

王雪芹（1939— ）

　　女歌唱家。山东黄县人。1961年考入中央音乐学院，1967年毕业于中国音乐学院声乐系，后任职中国电影乐团。曾录制独唱歌曲《采煤队新来一个棒小伙》《甜在农民心窝窝》《朱大嫂送鸡蛋》。为电视剧《战歌没有消逝》录制主题歌《愿为家乡添锦绣》，为《泪痕》《红楼梦》等百余部电影、电视录制音乐。曾参加《中国革命之歌》演出。应邀出访新加坡、日本、马来西亚、泰国、香港等地进行艺术交流活动。曾受聘为北京大学、天津南开大学特长生考试考官。

王雪辛（1923— ）

　　音乐理论家。浙江温州人。1942至1946年就读于国立福建音乐专科学校。后入上海任中学音乐教员。1949年参加部队文工团，曾任三兵团文工团、西南军区文工团音乐指导、合唱指挥，其间曾赴朝慰问。1979年任铁路文工团音乐指导。四川省音协理事、创作委员会副主任。长期在各大学及青年会举办音乐欣赏讲座。作有歌曲《是祖国建设的捷报》等数十首，撰有《论调式交替》《漫谈'变凡'》。专著有《音乐新潮》（合作），《中国赞美诗曲调民族化探索》等。1982年后潜心研究基督教音乐，著有《圣乐鉴赏》。

王雪燕（1967— ）

　　女声乐教育家。陕西城固人。陕西延安大学鲁迅艺术学院副院长。1990年毕业于西安音乐学院音乐教育系，曾入西南师大、华中师大进修。撰有《谈歌唱中的艺术表现》《陕北民歌中的悲喜人生》等文。曾获延安地区"煤炭杯"业余歌手大赛二等奖，"培植杯"专业组二等奖。

王亚非（1955— ）

　　小提琴演奏家。陕西周至人。1987年毕业于解放军艺术学院小提琴专业，后任成都军区政治部战旗歌舞团乐队队长、乐队首席。四川小提琴教育研究委员会常务理事。经常在省、市、部队的文艺节目中担任创作和演奏。曾参加全军多届文艺汇演，编创大量声乐、器乐、舞蹈以及其它形式的音乐作品。作有舞蹈音乐《热巴姑娘》《喜马拉

W

雅少女》，音乐快板《雪山婚礼》，小提琴独奏曲《春潮》，编曲配器音带专辑《吹泡泡》《酒歌》等数十盒（盘），并致力于小提琴普及教育。

王亚军（1952— ）

音乐编辑家。浙江杭州人。上海音乐出版社音乐编辑室主任。1985年毕业于上海徐汇业余大学。担任责任编辑的书籍有《汤普森简易钢琴教程》（3），《孩子们的肖邦》《柴科夫斯基钢琴曲选》《圣-桑小提琴名曲选》等。编著《世界著名序曲欣赏》。

王亚军（1958— ）

作曲家。蒙古族。内蒙古人。内蒙古音协副秘书长。1975年参加工作，1978年考入黑龙江艺术学校民族班学习大提琴专业。先后担任呼伦贝尔电台文艺部副主任、主任，呼伦贝尔电视台文艺总监。2002年调入内蒙古音协工作。自1980从事音乐创作以来有百余首歌曲问世，为多部广播剧电视片作曲。多首歌曲作品在全国和全区获奖，《草原、圣洁的邀请》获内蒙古艺术创作最高奖"萨日娜"奖，另有歌曲连续四年在全国广播新歌评选中获奖。出版CD专辑和歌曲作品集。

王亚伦（1948— ）

作曲家。江苏南京人。1989年毕业于南京教育学院音乐系。曾任南京市音协副主席。发表大量音乐作品，获全国、省级以上奖四十余次，其中《美丽的海滩》获中宣部、中国音协、国家教委艺术教育委员会优秀奖。《蝴蝶飞啊飞》获中央电视台、中央教育科学研究所2002年春节晚会特等奖。《溜溜的水乡》《祖国在欢笑》分获1998和2003年江苏省"五个一工程"奖。

王亚南（1934— ）

女民族声乐教育家。安徽安庆人。1949年参加解放军某军文工团。1960年毕业于沈阳音乐学院声乐系后留院任教，从事民族声乐专业教学和科研。1984年为该院民族声乐系筹备组成员之一，1985年任民族声乐系教研室主任。1990年任华南师范大学音乐系副主任、民族声乐教授，培养了一批优秀的民族声乐人才。

王延安（1961— ）

男中音歌唱家。吉林人。北华大学艺术学院声乐教研室主任、副教授。1980年毕业于吉林师范学院。先后任教于永吉师范学校、吉林师范学院。1990年到吉化艺术团任独唱演员。曾获首届"民族歌舞周"声乐比赛金奖、"双汇杯"全国青年歌手电视大奖赛美声唱法第二名、全国文联企业系统声乐比赛银奖。曾由中央电视台"星星播台"栏目录制《王延安演唱的歌》个人专辑。培养学生多人，有的被中央音乐学院、中国音乐学院等院校录取。

王延珍（1931—已故）

女声乐教育家。上海人。1947年入南京国立音乐院学习声乐。1952年毕业于中央音乐学院。长期从事声乐教

学。曾在西安音乐学院任教。

王岩淑（1962— ）

女声乐教育家。山东人。1987年毕业于哈尔滨师范大学音乐系。历任市幼师音乐教研室教师及哈尔滨学校音乐系教授。曾任哈尔滨专业合唱团演员、领唱并多次参加国内、国际比赛获金奖或第一名，2001年获首届"金钟奖"黑龙江赛区一等奖。撰有《声乐教学与实践》《合唱基础教程》，并在《中国音乐教育》《艺术教育》《艺术研究》等刊物发表论文多篇。曾赴俄罗斯、朝鲜、法国、德国、意大利演出。

王彦彪（1932— ）

作曲家。内蒙古人。山西阳城人。1949年从事部队文艺工作。山西省总工会文工团音乐指导。毕业于中央音工团音乐干部培训学校。先后在绥远、内蒙古文艺团体任专职作曲，后任呼和浩特市民间歌舞剧团常务副团长。曾任中国音协内蒙古分会理事，呼市音舞协会副主席、呼市政协常委。作品有歌曲《小青马》《在我们草原上》《牧人歌唱共产党》，大合唱《战南滩》《祖国，我们为您歌唱》《赞歌与颂诗》，歌剧音乐《南海长城》《豹子湾战斗》《丰收之后》《槐树庄》《雷锋》等，电视剧音乐《并非小事》。

王彦芬（1955— ）

女高音歌唱家。北京人。1974年毕业于北京艺术学校。1979年入北京歌舞团，后任北京歌舞剧院独唱演员。1981年随团赴法、瑞士、比利时等国演出。同年，与歌唱家张树楠共同举办专场师生独唱音乐会。1983年入中国音乐学院声乐系进修。1985年参加全国聂耳·冼星海声乐作品演唱比赛获特别奖。1986年参加全国首届民歌、通俗歌曲"孔雀杯"大赛获"银孔雀"奖。1991、1993年先后参加大型歌舞剧《盛世行》、大型宫廷歌舞《华夏古韵金声玉指》演出获优秀表演奖。近年来被多所高等院校聘为客座教授，为国家培养了一批民族声乐人才。

王艳君（1958— ）

女歌唱家。河北景县人。1975年参加荆州地区文工团。曾获湖北省首届独唱、重唱比赛二等奖、长江歌手"宏达杯"大赛二等奖。1985年毕业于中国音乐学院歌剧系进修班。后毕业于三峡大学外语学院英语专业，学士学位。任职于宜昌市歌舞团。先后从事过话剧、歌剧、音乐会的演出，担任过晚会的主持人。三峡大学特聘声乐教师。

王艳梅（1965— ）

女作曲家。四川古蔺人。中国音协第七届理事、海南音协秘书长。1989年毕业于四川音乐学院。曾任海南广播电视总台文艺广播节目部主任，海南广播电视总台钢琴频道副总监，海南省文联研室主任。创作歌曲《永远的邀请》获首届全国旅游歌曲大赛作曲单项奖，音乐剧《邻里亲》获文化部、中央文明办举办的第五届全国"四进社区"文艺作品展演金奖。歌曲《难忘1988》获海南省流行歌曲创作大赛评选中第一名。担任音乐主创的"海之南，

W

天之北"春节电视晚会（海口电视台与新疆电视台合办）获2008年中国广播电视协会颁发的电视文艺类节目一等奖。

王艳荣（1958— ）

女音乐教育家。吉林永吉人。1986年毕业于吉林艺术学院音乐系作曲专业，后任该院副院长。中国戏曲音乐理论研究会副会长。论文《论吉剧的音乐形态》《新时期戏曲音乐创作探究》在中国戏曲音乐理论年会上分别获一等奖。论文《从文化选择的视角谈民歌课的教学》《论吉剧音乐在母体（东北二人转）音乐中的嬗变》等分别在国际会议及全国的学术会议上宣读，并在相应的理论刊物上发表。吉林省哲学社会科学规划项目《东北民歌史》（专著）的负责人。

王燕鸿（1961— ）

中提琴演奏家。北京人。中国广播艺术团交响乐团中提琴首席。1988年天津音乐学院毕业。创作的小提琴曲《山歌》被收入2004年《全国音乐教学考级系列丛书—小提琴教学考级演奏教程》中。曾与中外著名指挥家合作演奏多部交响乐、歌剧、芭蕾舞、合唱及影视音乐作品。

王燕平（1954— ）

笛子演奏家。河北平山人。任职于中国广播艺术团说唱团。与作曲家吴华合著出版《箫演奏实用教程》《笛子演奏实用教程》《笛子基础教程》，出版专著有《从零起步学笛子》。为《箫演奏实用教程》配套出版的录像带，获全国优秀教育音像制品三等奖。

王燕樵（1937— ）

作曲家。安徽南陵人。1965年毕业于中央音乐学院作曲系。曾任新疆艺术学院教师、中央乐团创作员。作有钢琴协奏曲《战台风》（合作），《琵琶协奏曲》（合作），电影音乐《大河奔流》《婚礼》《春雨潇潇》。参加芭蕾舞剧《红色娘子军》音乐创作。曾在日本留学。

王燕侠（1954— ）

女音乐教育家。河北唐山人。陕西能源技术学院副教授。1975年毕业于西安音乐学院音乐教育系。后相继结业于中国音乐学院音乐教育系、天津大学合唱指挥研修班。在各类艺术教育及交流活动中，开发许多适合高职学生选用的音乐教材，制作与其配套的课件与软件。培养的学生在2006年"北京流行音乐大赛"中有多名学生代表陕西参赛，分获等级奖。个人被授予优秀园丁奖和十佳优秀教师。

王仰朴（1931—已故）

音乐活动家。陕西子洲人。1947年始从事部队文艺工作。1956年师从李松庭学习琵琶。曾任职银川市文化馆。

王养渝（1933— ）

指挥家。浙江镇海人。1956年毕业于南京艺术学院音乐系。曾任江苏省歌舞剧院管弦乐团副团长。1987年获省首届音乐舞蹈节指挥奖。

王耀华（1942— ）

音乐理论家、教育家。福建莆田人。1961年毕业于福建师院音乐专业，留校任教。现为音乐系教授、博士生导师。国务院学部委员会艺术学科评议组成员。全国政协常委、福建省政协副主席、福建省民盟主委、中国音协第五、六、七届理事，福建省文联副主席、省音协主席。1986至1987年留学日本琉球大学，2001年被授予名誉博士称号。出版专著《琉球、中国音乐比较论》《三弦艺术论》《中国传统音乐概论》《世界民族音乐概论》等二十余部。发表论文百余篇。著作多次获国家级、省级奖。

王耀平（1928— ）

女钢琴教育家。北京人。1950年毕业于北京师范大学音乐系。曾在北京舞蹈学院任教。撰有《关于莫扎特G大调奏鸣曲的论述》。译有《攀登音乐高峰》。

王一丁（1921—1983）

作曲家。黑龙江哈尔滨人。1943年毕业于东京国立高等音乐学院。曾任哈尔滨音协主席。原在中央歌舞团创作组工作。作有舞曲《版纳月夜》，舞剧音乐《碧莲池畔》，乐曲《山区运输队》。

王一山（1959— ）

歌唱家。江苏人。浙江省歌舞总团独唱演员。曾在中国音乐学院学习，师从姜家祥。曾参加拍摄音乐艺术片《中国风》，多次在全国青年歌手电视大奖赛中获奖，并获全国广播新歌演唱金奖、第二届中国民歌大赛银奖、浙江省音乐舞蹈比赛专业组一等奖等。演唱专辑有《浙江民歌联唱》《震撼民谣》等，曾赴日本和马来西亚等国演出。

王依群（1922—已故）

戏剧音乐作曲家。陕西渭南人。1952年毕业于天津中央音乐学院理论作曲专科，1954年西北艺专音乐系肄业。后为陕西省戏曲剧院副院长。撰有论文《秦腔板眼研究》《谈戏曲音乐风格问题》等十余篇。纪录整理《眉户曲集》《碗碗腔音乐》。曾为《屈原》《白毛女》《刘巧儿》《赵氏孤儿》《红灯记》等十余部秦腔戏配曲，为《军民一家》《宿营》等小歌剧作曲。

王沂甫（1917—已故）

扬琴教育家、演奏家。辽宁海城人。1957年执教于西安音乐学院民乐系，教授、硕士生导师。曾任陕西省音协理事，陕西省第四、五届政协委员，北京扬琴研究会、广州扬琴协会、新疆扬琴协会顾问。1959年参加独唱独奏音乐演出团，赴新疆为庆祝中国音协新疆分会成立演出，用首创的扬琴勾弦技法演奏独奏曲《春天》，后经选拔参加北京国庆演出获三等奖。曾编著扬琴教材八册。在继承传统的基础上发展为扬琴八大技法。出版著作《王沂甫扬琴独奏曲选》《扬琴八大技法教程及乐曲》。撰有《论扬琴竹法》《扬琴上轮竹技法》等文。

王宜勤（1937— ）

二胡演奏家、教育家。山东济南人。1956年起任中

W

广播民族乐团二胡演奏员，后任首席。录制二胡独奏《春涛》《平湖秋月》《步步高》等近四十首。另录制有广东音乐、潮州音乐、江南丝竹。曾任第一届中国艺术节"中华千人大乐"首席。先后受聘于中央音乐学院、中国音乐学院和首都音乐院团，学生有周耀琨、蒋才如、段永强。曾借调《红灯记》剧组以二胡、高胡独奏配戏。1996年举办"从艺40周年师生音乐会"。2000年二胡独奏专辑出版。2004年在马尼拉华侨中学举办"王宜勤二胡演奏会"。

王贻矩（1926— ）

民族器乐演奏家。北京人。1944年组建松风国乐社，合编《粤乐汇粹》。1948年北京大学毕业。1949年任新华电台音乐编辑。1953年参加组建广播民族乐团。1957年参加第六届世界青年联欢节民间音乐比赛八人乐队获金质奖章。1980年五人演奏广东音乐《双声恨》获奥斯卡金像奖。致力于广东音乐、潮州音乐、苏南吹打、河北吹歌研究。著有《广东音乐》《概述中国广播民族乐团低音弓弦乐器的改革》等。合作创作潮州音乐大合奏《千军万马齐出阵》《韩江春潮》等。

王以东（1964— ）

打击乐演奏家。山东齐河人。1978年在山东省艺术学校音乐科学习。1985年毕业于中国音乐学院器乐系留校任教。1995年入中央乐团（中国交响乐团）乐队任演奏员、打击乐声部副首席。曾参加中国民族器乐演奏团赴香港演出，中国音乐家演奏团赴新加坡、朝鲜演出及1996年华夏室内乐团赴法国参加现代音乐节等。曾随中国交响乐团赴英国、德国、奥地利、墨西哥等国演出。作有打击乐合奏《节日锣鼓》及个人专辑《鼓上铜乐》，获首届"江南丝竹"海内外创作与演奏比赛一等奖。

王义和（1940— ）

倍大提琴演奏家。山东日照人。兰州军区政治部战斗歌舞团演奏员。曾任陕西汉中地区歌剧团演奏员、兰州军区军乐队队员、总政上海军乐训练班演奏员。创作歌曲《汉江两岸好风光》《此情哪里有》等，其中《汉江两岸好风光》获兰州军区音乐创作二等奖，另有板胡独奏曲《想起当年纺车声》等。

王义来（1955— ）

作曲家。山东人。1981年开始发表作品，在沈阳音乐学院学习作曲、二胡。曾在沈阳实验小学担任民乐队教师。先后在《歌曲》《音乐生活》《音乐世界》《湘江歌声》等杂志发表作品百余首，歌曲《妻子的心》获全国工人征歌银奖，少儿歌曲《童心向党》获全国征歌一等奖，古筝曲《故宫随想》获文化部、广电部全国音乐舞蹈比赛二等奖。现为沈阳市沈河区文化馆音乐干部。

王义年（1955— ）

低音提琴演奏家。山西太原人。1976、2000年先后毕业于山西省艺术学校音乐科、省职工文学院音乐系。山西省歌舞剧院交响乐团首席低音提琴、指挥、音乐副总监。曾参加舞剧《红色娘子军》《二泉映月》、贝多芬第

三、五交响曲、勃拉姆斯《第二小提琴协奏曲》及新年音乐会、交响音乐会演出。指挥大型文艺晚会多场。受聘于山西大学音乐学院、职业艺术学校、职业戏曲学院，副教授。大批学生考入高等音乐院校或专业文艺团体。

王义平（1919—1999）

作曲家。广东广州人。1942年入国立歌剧学校任教。曾在武汉音乐学院作曲系工作。作有管弦乐曲《貔貅舞曲》《交响音诗三峡素描》。

王义茹（1958— ）

女扬琴教育家。山东寿光人。山东师大音乐学院表演系器乐教研室主任。中国扬琴专业委员会理事。1982、1995年分别毕业于山东师大艺术系与中国音乐学院器乐系。十余篇论文在专业刊物上发表，其中《论扬琴弹奏的科学性》《扬琴教学中的记忆问题初探》在山东省艺术教育优秀论文成果评选及本校论文评选中获一、二、三等奖。编有教材《音乐》第一、二、三册。出版音乐磁带《二泉映月》二胡精选名曲珍藏版。1996年获山东师大优秀教师奖。

王义侠（1940— ）

音乐教育家。山东长岛人。1960年考入山东艺术专科学校，主修理论作曲。1963年毕业后在安庆等地从事中学音乐教育，与李瑞合编有中学音乐教材。自1976年始执教于曲阜师范大学艺术系，音乐理论教研室主任、副教授。从事音乐教育近四十年，培养学生众多。

王亿卿（1948— ）

作曲家。青海人。西宁铁路房建生活段工会主席。曾任兰州铁路局文协理事、青海省职工文化学会副秘书长。作有《铁路工人歌》《青藏线组歌》《青藏线，你是弹不断的琴弦》。《西进谣》在青藏线传唱。获铁道部"全路优秀工会工作者"，兰州铁路局"双十佳工会主席"。

王艺林（1950— ）

小提琴演奏家。安徽安庆人。1969年毕业于安庆艺术学校音乐系、1975年安徽师大艺术系毕业。历任安徽铜陵市文化局群众艺术馆创作员、艺术剧院乐队队长、省小提琴学会副会长。作有歌曲《黄昏》《铜都是个金银川》《大桥畅想曲》，舞蹈音乐《春灯会》《国旗伴着我成长》等，均获奖或在文艺晚会上演出。撰有《浅谈业余小提琴教学的几个主要环节》等论文。培养一批小提琴学生，在考级和比赛中获得好成绩，多人考入艺术院校。曾举办学生"未来之星"音乐会。

王艺曼（1926— ）

声乐教育家。回族。安徽凤阳人。省五届人大代表、省首届声乐研究会代表。1943年师从西北音乐学院翟立中教授主修声乐，选修理论作曲、钢琴。1950年后任教于徐州师范。编有《视唱》《创作歌曲》《音乐教材》等。被评为"省劳模""省先进教师"。1979年创办师大滁州分校（现滁州学院音乐系），任系主任、副教授。1984年出

W

席北京"全国高等师院声乐研究会"论文交流。同年出版《中学生歌曲选》。2004年出版大学音乐专业用书《歌曲作法》线谱版。

王奕秋（1948—　）

二胡演奏家、作曲家。黑龙江庆安人。哈尔滨"艺蕾"少儿器乐培英中心主任。1962年毕业于黑龙江省松花江艺术学校器乐专业。曾任绥棱县文工团团长、文化馆馆长。演奏有二胡独奏曲《豫北叙事曲》《三门峡畅想曲》《战马奔腾》等。作有歌曲《桃花曲》《我幸福我长在中国》，二胡齐奏曲《丰收乐》，二胡协奏曲《寒江随想》，民族管弦乐合奏曲《塞北金秋》，板胡独奏曲《奔驰在希望的大道上》，部分作品发表、获奖并由中央电台播出。2008年出版个人音乐作品集。

王毅平（1949—　）

男高音歌唱家。辽宁沈阳人。1974年入辽宁歌舞团工作。1983年入中央音乐学院声乐系进修。曾任辽宁歌舞团歌队队长。1981年获辽宁省"优秀青年歌手"称号。

王翼亭（1954—　）

音乐教育家。上海人。曲阜师范大学乔羽音乐学院院长、教授、硕士生导师。1991年曾获山东省高校青年教师声乐比赛一等奖。担任声乐专业教学，培养的学生有数十人分别获文化部、山东省文化厅、省电视台等省级声乐比赛奖，有十人分别考取中央音乐学院、上海音乐学院、天津音乐学院等声乐演唱专业研究生。出版专辑，参加省级重点立项课题，发表论文多篇。

王音宣（1938—　）

作曲家。河北景县人。1961年于天津音乐学院师范系本科毕业，先后在河北电台、省群艺馆和天津南开文化宫任音乐编辑、主编。在报刊、电台、电视台发表、演播、录制盒带、唱片、光盘等三百余件。在全国及省市比赛中获奖百余件，四词四曲选入小学课本。出版《童歌一百首》CD专辑，发表论文二十余篇。1996年创制"一线谱"，1998年发明"双六"键盘乐器并获国家专利。为国际记谱法协会会员。

王音旋（1936—　）

女高音歌唱家、教育家。山东青州人。山东艺术学院声乐教授、研究生导师。曾任声乐教研室主任、音乐系副主任。山东音协副主席，全国民族声乐学会理事，中国咽音学会理事。1948年从事部队文艺工作。曾在天津音乐学院、上海声乐研究所进修音乐。为电影《苦菜花》《红日》《大浪淘沙》等配唱的插曲及演唱的《我的家乡沂蒙山》《清蓝蓝的河》《红花朵朵献雷锋》《请到沂蒙看金秋》广为流传，录制多种个人演唱光盘。培养彭丽媛、王世慧、罗余瑛等一批优秀声乐人才。撰写并发表《民族声乐教学的体会》《民族声乐教学中咽音的运用》《民族声乐教材》。1989年文化部授予"尖子人才"，1991年获"全国文化系统先进工作者"称号。

王引龙（1923—已故）

作曲家。河北定州人。1940年参加八路军，在晋察冀军区三分区冲锋剧社从事音乐工作。1945年任五分区北进剧社音乐组长，同年任冀晋剧社音乐组长，1949年任66军文工团副团长，1952年任华北军区文工团创作组组员、副组长，1956年任69军文工团团长，1958年任北京军区战友歌舞团副政委，后任团长、政委。作有歌曲《民兵战歌》《今年的新年不一般》《献给伟大的毛主席》《战士歌唱东方红》（合作），表演唱《一家子》（合作），歌剧《模范夫妇》。管弦乐有舞蹈音乐《献给孩子们》，舞剧《雁翎队》（合作），出版有《引龙歌曲选》。

王印泉（1925—　）

作曲家。山东诸城人。1945年辅仁大学肄业。1946年从事部队文艺工作。1959年入济南军区歌舞团任艺术指导，后到军区文化部工作。作有歌剧音乐《董存瑞》，歌词《情深谊长》等。

王英风（1934—已故）

戏曲音乐设计家。河南正阳人。1952年毕业于开封师范音乐专科班。曾任正阳县文工团、信阳专署文工团及河南豫剧院三团乐队大弦、提琴、二胡演奏员兼合唱指挥。1970年任豫剧三团专职音乐设计。先后为《朝阳沟》《红色娘子军》《青春曲》《甜蜜的风波》《耕耘记》等多部剧目设计唱腔，并任《中国戏曲音乐集成》《河南戏曲音乐集成》编辑，合作完成《花鼓戏》《太平调》《四平调》《宛梆》等分卷的编纂工作。

王英惠（1944—　）

歌词作家。辽宁人。吉林省歌舞剧院歌舞团团长。1968年毕业于吉林大学哲学系。创作发表歌剧、舞剧、歌词、论文等音乐文学作品数十件。大型歌剧《人参女》获文化部"文华奖"和吉林省政府"长白山文艺奖"。作词歌曲《我们在长春相遇》广为流传。

王英奎（1957—　）

音乐教育家。辽宁兴城人。1988年毕业于沈阳音乐学院音乐教育系，后在北京师范大学课程与教学研究生班学习。现为辽宁省基础教育教研培训中心艺术部主任、硕士生导师。曾在全国报刊杂志发表论文四十余篇，出版《音乐新课程教学法》《音乐教师新课程教学指南》《校园美育的理论与实践研究》等十余本，曾主持全国教育科学规划《当代学校美育发展研究》课题三项，主编九年义务教育音乐教材和新课标实验教材2套，曾获辽宁省模范教师称号和五一劳动奖章。

王英眉（1938—已故）

女声乐教育家。辽宁大连人。1962年毕业于沈阳音乐学院声乐系。曾任省歌舞团独唱演员、东北师大音乐系声乐教研室主任。撰有《声乐教学研究》等论文。

王英谦（1934—　）

小号演奏家。海南人。中央乐团演奏员。1953年起先后任职于海南歌舞团、中央民族歌舞团、华南歌舞团、北京京剧团、全总文工团、中央芭蕾舞团交响乐队、上海《智取威虎山》剧组、山东《奇袭白虎团》剧组，参加歌剧《刘胡兰》，现代京剧《红灯记》，芭蕾舞剧《红色娘子军》及《东方红》大歌舞等重要演出。

王莹波（1926— ）

大管演奏家。黑龙江佳木斯人。1947年入东北军大文工团乐队。后到总政歌舞团管弦乐队工作，曾任该团副政委。

王拥军（1970— ）

音乐教育家。陕西安康人。1993年由陕西师范大学艺术系毕业并留校任教。现任该校音乐学院音乐系主任。撰有《探索中求发展——声乐教学中的几点体会》《孔子与老子音乐思想之比较》《音画歌舞相结合，设情立趣求创新——童声合唱训练探微》《论高等师范音乐艺术教育现状、对策、作用》《音乐人才的素质培养》。曾获陕西文化厅举办的第二届声乐比赛三等奖、中国教育工会陕西高校声乐比赛二等奖。

王永昌（1940— ）

古琴、琵琶演奏家。江苏南通人。全国古琴考级专家委员会委员，中国管理科学研究院特约研究员，梅庵派古琴和瀛洲古调派琵琶的主要代表。先后拜古琴、琵琶大师徐立孙、孙裕德为师。1999年赴台湾演奏古琴、琵琶。撰有琴乐论文二十多万字，发表于国家级刊物。其中《论梅庵琴派》获国际优秀论文奖，并与《古琴三调论》《琵琶轮指发微》参加中国艺术界名人作品展示会。古琴独奏曲《捣衣》、琵琶曲《十面埋伏》等14首被中国音乐研究所等单位录音存档，部分入编《中国音乐音响目录》。

王永德（1945— ）

二胡教育家、演奏家。上海人。1965年毕业于上海音乐学院，留校任教，曾任民乐系主任，教授。中国音协二胡学会副会长，上海二胡专业委员会副主任。1987年参加首届海内外江南丝竹演奏比赛获一等奖。1990年在上海举办"王永德师生琴韵"二胡教学音乐会。曾赴美、加拿大、日本、东南亚各国以及港、台等地进行讲学演出。出版《欢腾的水乡》《喜摘丰收棉》等二胡独奏曲，编撰《青少年学二胡》《二胡的琶音练习》等教材，出版《二胡演奏法》教学录像片（五集），发表《关于二胡的音准》《二胡教学心得体会》等文。2005年在上海贺绿汀音乐厅举办"王永德教学38年成果展音乐会"。同年策划举办上海之春国际音乐节"世纪二胡盛会"三千人同台演奏。

王永和（1926—2004）

指挥家。满族。黑龙江呼兰人。1947年在东北大学文学系学习音乐。曾在东北鲁艺文工团、中央戏剧学院管弦乐团任演奏员。1952年入中央民族歌舞团先后任演奏员、乐队协理员、队长、指挥。深造于上海音乐学院理论作曲专业。搜集、整理百余首少数民族音乐。改编创作《瑶族舞曲》《雅鲁藏布之歌》《丰收跳乐》等大型民族器乐曲。在《凉山巨变》《高原铁姑娘》《火树银花》等舞剧中担任指挥。获第一届中国艺术节"中华大乐"和全国音乐作品民族器乐比赛指挥三等奖。赴印尼等多国演出。

王永和（1936— ）

小提琴演奏家。河北玉田人。1947年始从事文艺工作。1951年入东北鲁艺进修。曾参加演出歌剧《白毛女》《王贵与李香香》《血泪仇》《柯山红日》《洪湖赤卫队》，大型舞剧《宝莲灯》，现代京剧《沙家浜》。作有歌曲《矿工之歌》《煤矿工人特别能战斗》《矿山姑娘》，小歌剧《走上矸子山》，舞蹈音乐《矿山红小兵》。1963年任中国煤矿文工团歌舞团乐队副队长，1974年任中国煤矿文工团总团副团长。

王永厚（1945— ）

作曲家。山东泰安人。1968年毕业于哈尔滨师范学院艺术系音乐专业。历任同江县文化馆任馆长，佳木斯市广播电台文艺部编辑、主任，电视台副台长、台长及佳木斯市文联副主席、市音协主席。歌曲《我爱三江山和水》《军营盛开育才花》《荒原上的琴声》等，均获创作奖。电视剧音乐《李宗仁归来》《枫叶悄悄的红了》《留下的影子》获二、三等奖。电视专题音乐片《同乡人春节联欢会》《三江秋色》分别获二等奖和优秀节目奖。

王永桦（1961— ）

歌唱家。黑龙江人。曾先后师从哈尔滨文化列车文工团男高音歌唱蒋效忠及武汉音乐学院杨金岚教授。在大庆参加多项声乐比赛和演出活动。1994年获全国第四届"群星奖"金奖，1996年获中央电视台"双汇杯"青年歌手电视大奖赛三等奖第一名，1999年获中国文联"中华全国总工会庆国庆50周年文艺展演"声乐金奖。同年代表石油文联参加"向祖国汇报——创作经验交流会"，获"全国百名优秀青年文艺家"称号。2003年在"大庆之冬艺术节"举办"王永桦独唱音乐会"。

王永吉（1947— ）

指挥家。上海人。1967年入上海电影乐团任指挥，2001至2007任民族乐团艺术总监。中国音协第六、七届理事。曾任上海市政协第七、八届常委，上海市青联副主席。指挥有电影音乐《大桥下面》《高山下的花环》《芙蓉镇》及芭蕾舞剧《天鹅湖》等。1986年获上海市文学艺术奖。曾为京剧《海港》《赤壁》，越剧《红楼梦》，担任乐队指挥工作。

王永令（1932— ）

指挥家。山东济南人。曾入中央乐团举办的专家指挥班进修。曾任山东淄博市歌舞团副团长。指挥有贝多芬《命运》，柴科夫斯基《悲怆》等十余部交响乐和其作曲的歌剧《海岛姑娘》，舞剧《刘海》。发表、播出的歌曲有《祖国啊早晨好》等。撰有《怎样欣赏交响乐》《回忆我国第一个交响指挥训练班》《新世纪作曲家应具备的素质刍议》《当前歌曲创作的八个问题》等文多篇。多次在国家及省级征歌、征文中获奖。

王永龙（1940— ）

二胡演奏家、音乐教育家。安徽合肥人。1960年毕业于安徽省艺术学院。安徽大学艺术学院音乐系副教授、中国音协二胡学会常务理事。编订《双声恨》《连环扣》演奏谱，分别收录在《全国二胡演奏（业余）考级作品集》及《高胡技法》一书中。录制个人高胡专辑《小桃红》。曾随安徽大学艺术学院民族乐团赴德国访问演出。在近50年的教学中，为国家培养大批优秀专业人才。

王永敏（1955— ）

单簧管演奏家。山东龙口人。1973年毕业于南京艺术学院音乐系，后入江苏省京剧院、歌剧团，现任江苏省歌舞剧院单簧管演奏员。曾参加歌剧《茶花女》及"长江卫星之夜""迎回归，庆团圆""纪念抗战五十周年""百年丰碑""难忘的历程"等大型演出，任单簧管首席。

王永谦（1943— ）

作曲家。上海人。"东方神曲"原创音乐基地首席作曲，湖北省音协六届理事，湖北省流行音乐学会理事、湖北省儿童音乐学会理事。有大量音乐作品在中央、省市级报刊、电台、电视台及各类大赛中发表、演播或获奖。其中有《生日的红蜡烛》《问》《花非花》《踏雪寻梅》《情人节的玫瑰》《水晶心》《紫丁香》《天才小妹妹》《偷吻》等。

王永强（1937— ）

歌唱家。北京人。1960年毕业于沈阳音乐学院声乐系。历任辽宁歌剧团歌剧演员、北京军区文工团独唱演员、首都师范大学音乐系声乐教师。1963年随中央慰问团去西藏演出任独唱和表演唱。参加慰问中印边界的解放军的演出。在空军文艺汇演时参加《一根扁担》等歌剧的演出饰主角，获两个优秀表演奖。撰文《歌唱的发声法》。

王永清（1934— ）

二胡演奏家、教育家。黑龙江呼兰人。1948年入东北音工团，后为沈阳东北鲁艺音乐系。1949年底结业，入解放军沈阳高级炮兵学校文工团任演奏员。1955年考入东北音乐专科学校民乐系，毕业后分配至山西艺术学院音乐系，后调山西大学音乐系，担任二胡等民族乐器的教学。培养大批二胡专业学生，部分学生在大赛中获奖。编撰有《二胡各调音阶练习》等教材。

王永全（1923— ）

声乐教育家。河北博野人。1938年始从事部队音乐工作。1940年在晋东南鲁艺分院进修。1948年在华大音乐系结业。曾任部队文工团音乐指导兼指挥。1949年任中央音乐学院办公室主任、图书馆长、音乐系教师。1964年任中国音乐学院音乐系声乐教师、研究所声乐研究组长。创作歌曲百余首及大合唱、歌剧等。并有论文多篇发表。曾获北京市文联颁发的铜质奖牌。

王永泉（1928— ）

作曲家。辽宁锦州人。1949年从事部队文艺工作，任沈阳军区前进歌舞团创作员。中国音乐著作权协会理事。作有《我爱我的枪》《打靶归来》《我当上解放军》《解放军叔叔进村来》《战士万岁》《尊干爱兵歌》《夜行军》《志愿军铁匠炉》《小出击最合算》等二百余首歌曲，其中《打靶归来》广泛流传，《我当上解放军》获解放军总政治部颁发的金奖，列入当时向全军推荐的十首歌曲之一，并录制成唱片、盒带。

王永生（1956— ）

小提琴教育家。天津人。任教于天津音乐学院。1975年毕业于天津音乐学院管弦系，后入中央、天津音乐学院进修。曾任天津交响乐团小提琴演奏员、乐队首席。与国内外许多指挥家合作演出，并多次参加天津独奏音乐会。撰有论文《在小提琴演奏艺术教学中引入多媒手段的尝试》《浅谈小提琴演奏的表现力》《论小提琴演奏中"放松"与发音的关系》等。研制《世界著名小提琴家》多媒体教材，获天津教学成果二等奖。

王永顺（1937— ）

作曲家。北京人。曾任山西省阳泉市工人文化宫主任、山西省音协名誉理事、阳泉市文联名誉主席。1980年毕业于山西省艺术干部学院。创作的歌曲《五好矿工歌》《石圪节矿风实在好》等发表在《歌曲》刊物上，并由中央广播电台播放。《煤矿工人永远听毛主席的话》（合作），被中国唱片社录制。《我为您唱支心中的歌》获全国"煤乡之春"征歌一等奖，《垂柳》获山西省征歌二等奖。另有二十余首歌曲在参加山西征歌中获奖。

王永新（1934— ）

长笛教育家。湖北武昌人。1950年入中央音乐学院（天津）少年班长笛专业。毕业后分配至中央民族歌舞团。1953年随团赴朝鲜慰问演出。1954年入捷克布拉格高等音乐学院，1958年毕业后回国执教于中央音乐学院从事长笛专业教学。培养一批长笛专业演奏人才。编辑出版《中外长笛曲选》。编著《木管五重奏曲》《木管练习曲》教材。发表论文《循环换气——长笛演奏者的特殊技巧》，后译成英文发表于美国《长笛季刊》，并被多家海外杂志转载。

王永秀（1931— ）

女指挥家。重庆人。1951、1954年先后毕业于西南人民艺术学院音乐系本科、成都西南音乐专科学校理论作曲系。曾先后在重庆市文化局、群艺馆、青年宫、杂技艺术团工作，后任该团乐队副队长兼指挥。曾随团赴民德、保加利亚、苏、匈、捷等国演出并担任乐队指挥。曾指挥文化局主办的"民族民间音乐会"演奏《月光变奏曲》《小天鹅》《大寨》《大庆》等乐曲。

王永郁（1935—已故）

女歌唱家。湖北武汉人。毕业于中南文艺学院戏剧系，分配到中南民族歌舞团任独唱演员，1955年起先后调中央民族歌舞团歌队与地质文工团。1961年考入中央乐团合唱队任女中音演员。演唱的作品有《黄河》《大凉山》和音乐舞蹈史诗《东方红》《中国革命之歌》及由苏联阿诺索夫，日本小泽征尔等指挥的《贝九》，亨德尔的清唱剧《所罗门》，海顿清唱剧《创世纪》。录制中外合唱磁带两盘和为法国唱片公司录制《贝九》。随团赴菲律宾、香港、澳门、台湾演出。

王咏梅（1969— ）

女词曲作家。江苏灌南人。江苏灌南县委宣传部文联副主席。先后毕业于南京艺术学院音乐师范、作曲研究生班，曾赴德国学习艺术管理。作有歌曲《香泉水，泉水香》《欢迎你到这里来》《我们的校园永远年轻》《童年的小船》《四季平安》《今宵共举杯》《向前走》《你爱太阳到永远》等，其中《放飞青春》被评选为第七届大学生运动会会歌。曾为《独领风骚—诗人毛泽东》电视专题片作曲。《和谐中国》由祖海演唱，被选为全国十运会会歌。

王勇华（1965— ）

女歌唱家。陕西西安人。咸阳师范学院艺术系副主任。1998年、2001年先后毕业于西安音乐学院音乐教育系、中国音乐学院表演系。撰有《音乐学科德育刍议》《论高师音乐专业的人文素质教育》等论文。主持院校级教改立项《高师声乐分级教学的理论与实践》，科研立项《多元文化背景下的陕北民歌研究》，重点建设课程《声乐》。多次在音乐赛事上获奖，其中2000年获第九届央视青歌赛业余组荧屏奖，2005年获陕西省第六届声乐比赛美声专业中年组一等奖。

王勇杰（1963— ）

音乐教育家。山东人。广东工业大学艺术教研室主任，全国高等教育学会理事，广东省音乐教育专业委员会常务理事兼秘书长。1986年毕业于山东曲阜师范大学音乐系，1997年就读于上海交通大学音乐研究生课程班。主编有《感情音乐》和多本教材，在国内期刊发表论文十余篇，获多项省、部级奖。

王友忠（1954— ）

打击乐演奏家。河南宁陵人。1971年入伍，毕业于解放军艺术学院军乐系，后任职于解放军军乐团。多次完成党和国家重大外交司礼及人大、政协开闭幕的音乐演奏任务。获全军第四、八届文艺汇演音乐演奏奖。随团出访泰国、法国、香港等国家和地区。2000年随援外专家组培训马里国家军乐队，获马里总统颁发的最高荣誉"骑士勋章"。

王佑贵（1950— ）

作曲家。湖南宜章人。中国歌舞团创编中心主任。中国音协第六届理事。曾师从湖南师大陆民德、张一希，武汉音乐学院作曲家赵德义、匡学飞、周振锡、高洪祥、陈国权，中国艺术研究院音研所宋扬、王安国，中央音乐学院作曲家牟洪教授。作品有四重奏、钢琴与乐队、交响

之声、歌剧及电视剧音乐多部。作有歌曲《春天的故事》《长大后我就成了你》《我属于中国》《多情东江水》等。连续5届获中央电视台MTV金奖，多次获中宣部"五个一工程"奖及其它奖项。1997年获中国文联德艺双馨百佳艺术家称号。

王佑开（1952— ）

小提琴演奏家。江苏人。江苏交响乐团小提琴演奏员、南京市歌舞团艺术学校教研室主任。1970年考入南京市属剧团文艺学校。1972年任南京市京剧团中提琴首席。1980年入江苏省歌舞团担任中提琴首席、小提琴演奏员。曾参加中央电视台录制的《世界名曲音乐会》。参加歌剧《孙武》的演奏获文化部"文华奖"，参加歌舞《好一朵茉莉花》的演奏获第六届中国艺术节奖。

王玉才（1934— ）

圆号演奏家。山东平度人。1950年始先后入松江省林业宣传队、东北人民艺术剧院。曾任中央歌剧院圆号首席、声部长。1958年随团赴苏联演出。

王玉成（1925— ）

音乐教育家。天津蓟县人。1949年毕业于北京师范大学音乐系。曾在北京师范大学、北京艺术师范学院、北京师范学院音乐系任教。从事中国古代、近现代音乐史的教学与研究。

王玉成（1933— ）

作曲家。辽宁大连人。1949年始从事部队文艺工作。曾任广州乐团第一副团长，深圳乐团团长。作有歌剧音乐《重阳秋》，合唱《我们为农讲所站岗》。

王玉澄（1944— ）

女音乐理论家。广东东莞人。1967年毕业于湖北艺术学院管弦系长笛专业。1970年起在湖北通城麦市高级中学、武汉音乐学院、星海音乐学院任乐理、视唱练耳教师及附中基础课教研组长、副教授。发表论文《附中视唱练耳教学中的重要环节》并在全国音乐院校视唱练耳教学经验交流会上宣读。曾被评为省高教系统先进个人。

王玉芳（1934— ）

板胡演奏家、教育家。河北辛集人。1944年任解放军某军分区剧社乐队队员。1961年毕业于天津音乐学院民乐系并留校任教。为创建我国大专院校板胡专业颇有贡献。擅长中外打击乐，为天津打击乐学会理事。在四块瓦演奏技法上独创一派。在乐律研究中有独特业绩，成功研究开发便携式"简明乐律通"盘，完整、正确的阐明了古今中外乐律变换的相应关系。著有《板胡伴奏法》《板胡运弓与弦振的剖析》《民族器乐伴奏技法口诀》。

王玉珏（1957— ）

音乐教育家。湖南邵阳人。湖南省音协钢琴专业委员会理事、邵阳工业学校艺术科音乐教师。1985年、1996年先后毕业于湖南省衡阳师专音乐系、湖南师大音乐学院音

乐教育系（函授本科），长期从事幼儿师范音乐教学，为中国音乐学院、武汉音乐学院、西安音乐学院等专业音乐院校输送了大批音乐人才。2001年组建邵阳市"梦里缘"业余合唱团，担任指导老师，多次在省级比赛中获奖。

王玉兰（1962— ）

女作曲家。山西阳泉人。省音协理事、阳泉市人大常委、市音协副主席兼秘书长。1983年毕业于山西艺术学院，分配至阳泉市群艺馆。1988年获省青年歌手电视大奖赛通俗唱法一等奖，音乐电视《青青校园》《流浪的牧人》先后在中央电视台播出并获奖。近年来创作、演唱的歌曲《老师你好》（作曲）先后获中宣部第七届"五个一工程"优秀作品奖、首届中国音乐"金钟奖"银奖，《山娃的歌》获中宣部第八届"五个一工程"优秀作品奖。

王玉莲（1956— ）

女歌剧表演艺术家。四川人。曾任重庆市歌剧团演员队副队长。曾主演歌剧《刘三姐》《货郎与小姐》《芳草心》《火把节》。

王玉良（1947— ）

男低音歌唱家。辽宁大连人。1979年入中国电影乐团，任独唱演员。曾为《毛泽东》等影视片配唱主题歌。

王玉苓（1957— ）

女音乐教育家。山东日照人。济宁职业技术学院艺术系副主任。曾就读于曲阜师范大学音乐系，并在曲阜文工团任扬琴演奏员，在济宁市三中任教。作有歌曲《我们的理想从这里飞翔》《在太阳下耕耘》等，其中《秋风吹来一个故事》《小红花》获省校园歌曲评选二、三等奖。在山东省"泉城之秋"艺术节及各种演出、比赛中获多项指挥奖和优秀辅导奖。撰有《音乐教学中激励机制运作的探索》等文。

王玉民（1942— ）

歌词作家、音乐活动家。吉林伊通人。1965年吉林大学中文系毕业，分配到原中央乐团从事歌词创作，并兼任中国音协《词刊》杂志编辑。先后任中央歌剧院院长助理、办公室主任、副院长，中国交响乐团副团长兼党委副书记。作有《美在滇池一湖水》《我们是朋友》等。先后为电影《梨园传奇》《没有字的信》《巨澜》《玩猴的人》《带血的红地毯》及电视剧《今日长征路》《四川杜鹃花》《他是谁》等十余部撰写主题歌、插曲。合著专辑《地球在摇晃》。1981年始历任中国音乐文学学会副秘书长、秘书长、副主席。

王玉明（1964— ）

二胡演奏家。河南永城人。1981至2000年曾多次参加安徽省戏曲调演、艺术节、小戏、折子戏等比赛演出活动。并获得演出奖、演奏奖、及作曲奖。2001年报考全国民族乐器演奏艺术水平考级二胡专业，获拾级证书。2001年参加第六届中国"映山红"民间戏剧节，获音乐设计一等奖（合作），演出一等奖及优秀乐手奖。2002年参加中国"映山红"民间戏剧节优秀剧目晋京演出。2003年参加首届中国博兴国际小戏艺术节，获演出一等奖。

王玉平（1919— ）

高胡演奏家。吉林长春人。1938年毕业于满州国乐社。1948年入东北文教队。后在辽宁省歌舞团工作。1953年获东北区音乐、舞蹈、戏剧观摩汇演优秀表演奖。

王玉珊（1931— ）

音乐活动家。辽宁人。1949年3月参加工作。1949至1959年先后任沈阳青年文工队、沈阳文工团队员，广电部中国广播艺术团乐队队员、队长、业务处长、外事负责人。在参加第三届赴朝慰问团、香港亚洲艺术节、澳门国际音乐节、亚洲、欧洲等国访问中分别任总策划、领队、秘书长等职。曾为中央人民广播电台、中央电视台演播节目，创作乐曲。撰写有关演出管理论文。任柬埔寨王国留学生教师。先后获广电部、文化部、中国演出家协会、中华全国新闻工作者协会、中国广播艺术团颁发的荣誉证书和奖励。

王玉田（1936—1991）

作曲家。河北唐山人。1956年始从事音乐教育工作。曾任清华大学附中高级音乐教师，《儿童音乐》编委，儿童歌舞研究会理事。作有歌曲《天已经亮了半天了》《我是雅鲁藏布江边小卓玛》《在周总理劳动过的地方》《对不起，没关系》等。

王玉文（1935— ）

女歌唱家。河北东光人。1949年毕业于华北大学三部戏剧科。1950年入中国歌剧舞剧院工作。1961年毕业于上海声乐研究所进修班。1964年入中央歌舞团任独唱演员。演唱有《江南三月》《四季花开》《五哥放羊》等。

王玉西（1928—2009）

作曲家。河北成安人。曾任河北省音协主席。1945年参加工作，1948年毕业于华北大学第三部。历任河北省群众艺术馆馆长、河北省歌舞剧院副院长、河北省艺术研究所所长、河北省文化局副局长、河北省广播电视厅副厅长，兼任过河北省文联副主席、中国音协第四届常务理事。从1949年开始从事音乐创作，有歌曲《社员都是向阳花》《李双双小唱》《知音歌》，歌剧《园林好》（合作），出版《乐理小常识》《王玉西歌曲选》，举办个人声乐作品音乐会。发表文艺评论百余篇。

王玉珍（1935— ）

女歌剧表演艺术家。湖北人。曾任第三、五届全国人大代表，湖北省剧协副主席；湖北省音协理事，中日友协理事，全国青联委员。获中国唱片总公司金唱片奖。1950至1981年在湖北歌剧舞剧院任主要演员。1981年调中国音乐学院任民族声乐教研室主任，乐团艺术指导。任北京市第八、九、十届人大代表。演唱有大量湖北民歌，并在歌剧舞台上塑造众多英雄人物，特别是在歌剧《洪湖赤卫队》中，从舞台到电影成功塑造了韩英的光辉形象，许多

W

唱段广为流传。

王玉筝（1942— ）

作曲家。北京人。1967年毕业于中国音乐学院作曲系。河南省戏曲学会副会长，《中国戏曲音乐集成·河南卷》副主编。曾任河南省音协第一、二届副主席，河南省艺术研究所所长。为豫剧《桃李梅》《巧县官》等六十余部剧目作曲、配器，为电影戏曲片《七品芝麻官》《巧配鸳鸯》《鸳鸯戏水》及纪录片《豫剧表演艺术家常香玉》作曲、配器。为《关公》等五部电视剧和多部广播剧作曲。发表歌曲、器乐曲、歌评、乐评数篇（首），曾获文化部颁发的艺术科研成果二等奖。

王聿珍（1937— ）

戏曲音乐理论家。山东临沂人。曾任江苏省淮安市音舞协会顾问。1960年毕业于南京师范学院音乐系，先后任江苏省淮海剧团作曲、淮安市京剧团指挥、市戏剧学校校长、文化局艺术研究室主任、音舞协会副主席。组歌《八十二烈士颂》（合作）获江苏省创作一等奖。1997年任《江苏戏曲志·淮阴卷》及《江苏戏曲志·淮海戏志》音乐撰稿。

王育苏（1938— ）

女音乐教育家。河北人。曾为东北师范大学音乐学院副教授、硕士生导师。1962年毕业于吉林艺术学院音乐系。曾任中国高等艺术院校乐理、视唱练耳协会理事，北京现代音乐学院教授、教学主管副院长。长期从事视唱练耳教学。1987年参加"全国艺术教育总体规划"意见书的编写工作。著有《民族视唱与立体节奏》《儿童节奏的训练》及由吉林省教育电视台与中国教育电视台播放的《百集视唱练耳教学》。撰有《论内心听觉的培养》《论节奏与时代的关系》等文二十余篇。

王郁芝（1942— ）

女高音歌唱家。云南保山人。1960年进云南省歌舞团，1962年参加"全国独唱独奏音乐座谈会"并选入中南海向周总理等汇报演出。1984年毕业于上海音乐学院声乐系进修班。分别在昆明、上海、北京举办独唱音乐会。出访泰国、缅甸、新加坡及台湾、香港、澳门。演唱《春风吹来竹叶青》《景颇山上丰收乐》等近百首云南民歌录制唱片、CD。曾获云南首届民歌演唱特等奖、第三届中国艺术节歌曲演唱大赛荣誉奖及"云岭巾帼文艺十杰"称号。

王域平（1940— ）

手风琴演奏家。河北抚宁人。1961年毕业于天津音乐学院师范系，后任该院手风琴专业教授。作有手风琴独奏曲《牧民歌唱毛主席》《司机之歌》等。

王誉声（1939— ）

音乐理论家。河北万泉人。1962年毕业于西安音乐学院理论作曲系。1980至1981年在中央音乐学院进修音乐学。1978年始在西安音乐学院音乐学系任教，副教授。著有《中国古代音乐史纲要》《音乐源流学》《中国古代

音乐文学简史》《敦煌音乐文学研究》，撰有《隋唐的歌唱》《燕乐二十八调研究》《论音乐作品的分类》《丝绸之路上的音乐文化研究》等文数十篇。

王毓芳（1922—1986）

女声乐教育家。天津人。1945年毕业于国立北京师范大学音乐系。曾任天津音乐学院声乐系副教授。曾在京、津两地举行个人独唱音乐会。撰有《关于如何训练女声声区统一问题》等文。

王毓华（1933— ）

音乐教育家。浙江上虞人。1951年先后加入上海大众口琴会和中华口琴会，并在上海口琴独奏比赛中获奖。1963年毕业于中央音乐院音乐学系外国音乐史专业，同年任教于山西大学艺术系。1980年调中国音乐学院任教，副教授。著述有《外国音乐史提要》。撰写《欧洲音乐文化发展述略》《纪念巴托克》《介绍斯特拉文斯基》等文章。1991年为中国电视学院编写和主讲电视艺术教育片《外国音乐史讲座》。

王毓建（1953—已故）

小号演奏家。湖南人。湖南省音协管乐专业委员会副会长。曾任职于湖南省歌舞剧院交响乐团。1983年被湖南文化音像中心聘为音乐编辑，编辑出版盒带《甜滋滋的梦》。1998年出版《跟我学小号》。2000年编写出版《全国乐器考级—小号卷》，2002年出版音乐经典名曲系列VCD小号独奏专集《爱之梦幻想曲》，并在其中担任独奏。2003年编著出版《跟我学小号—练习曲集》。

王毓麟（1922— ）

音乐翻译家。浙江杭州人。1951年入上海广播乐团任演奏员。曾在音协上海分会工作。译有歌曲《海港之夜》《幸福的人》，译文《肖斯塔科维奇的森林之歌》。

王毓麟（1940— ）

笛子演奏家、作曲家。满族。北京人。1961年毕业于天津音乐学院附中，同年入河北省歌舞剧院从事作曲及乐队指挥。作有笛子协奏曲《花木兰》，独奏曲《跑旱船》，大型民族乐舞剧《离宫情》。

王毓芝（1926—已故）

女声乐教育家。天津人。1949年毕业于北京师范大学音乐系，1951年入天津中央音乐学院为研究生。后长期在华侨大学、北京师范学院等院校从事声乐教育工作。1983至1985年在我驻意大利使馆工作时曾在意大利进行学术考察。

王元方（1914—1993）

音乐活动家、音乐教育家。山东人。1938年曾到延安鲁艺，任120师战斗剧社音乐组长，创作《参加八路军》《百团大战》等歌曲。1942年为鲁艺音乐系研究生。1944年任西北文工二团音乐股长、团长，曾指挥演出歌剧《白毛女》《刘胡兰》，创作歌曲《翻身谣》《毛主席到重

W

庆》等。新中国成立后历任西北文化部办公室主任兼艺术处副处长，新疆自治区文化局副局长、文教办副主任。1956年起先后任中国音协副秘书长、中德友协秘书长、中国文联副秘书长。曾翻译屠里可夫的《和平万岁》及肖斯塔科维奇的学术论文。1979年任中央音乐学院第一副院长，后任中国音乐学院党委书记、副院长。翻译德国指挥家赫尔曼·舍尔欣的《指挥教程》《我的经历》和瑞士恩斯特库尔特的《浪漫主义和声及其心理基础》等。

王元茂（1958— ）

长笛演奏家。辽宁大连人。解放军军乐团教研室长笛教师。1972年考入解放军军乐团学习长笛。1983年考入中央音乐学院管弦系，毕业后任解放军军乐团长笛首席、声部长。曾在第一届全国长笛比赛中获奖，1992年在全军文艺汇演中获音乐表演奖。1999年在国庆50周年大典中担任千人乐团长笛声部长，2003年随军乐团赴美国芝加哥参加第57届国际管乐交流大会。编著《长笛演奏教程》。被聘为中央音乐学院考级委员会长笛评委。

王原平（1955— ）

作曲家。河南清丰人。中国音协第六、七届理事。湖北电影制片厂厂长，湖北省文联副主席，湖北省音协副主席。1975年毕业于武汉音乐学院作曲系。创作发表各类音乐作品数百部（首）《三峡，我的家乡》《山路十八弯》《我从三峡来》《三峡的孩子爱三峡》《峡江情歌》获中宣部"五个一工程"奖，《大别山情怀》《山里的女人喊太阳》获文化部新作奖，电视剧《家在三峡》音乐获"飞天奖"，《家住长江边》《筑城记》《楚水巴山》获第八届中国艺术节"文华奖"和"音乐创作奖"。

王远生（1939— ）

作曲家。福建清流人。创作有大量歌曲、器乐曲、戏剧和舞蹈音乐作品，其中百余首获奖或发表。1995、2002年分别举办两场作品音乐会，出版《家乡有条龙津河》和《江南塞外曲中情》作品选集。被授予2004年度中国民乐考级优秀指导教师称号，并多次获省、市表彰。曾为三明市音协常务理事、市民间文艺家协会理事。

王苑平（1964— ）

女音乐教育家。四川威远人。福建泉州华侨职业中专学校音乐组高级讲师。1988年、1999年分别毕业于福建师大音乐系、音教系师资培训中心。撰有《音乐教学中的"趣"和"说"》《歌唱中的艺术表现》。培养的学生十余名在省市音幼专业技能比赛中获三项全能奖，钢琴单项一等奖，数十名学生获二、三等奖。

王月忱（1936— ）

女民歌演唱家。山东蓬莱人。1954年入辽宁歌舞团工作。演唱有《小拜年》《拉骆驼的黑小伙》等。

王月明（1955— ）

长笛演奏家。福建福州人。福建省歌舞剧院交响乐团演奏员。1988年毕业于上海音乐学院管弦系。撰有《演奏家的境界——论长笛演奏之追求》《印象主义风格谈——从"牧神午后"看德彪西》。在多场重要音乐会上担任首席、独奏，其中有福建省乐团首场演出"红旗颂专场"、美国指挥家庞丘斯"贝多芬交响音乐会"、上海音协举办的"上海优秀长笛演奏家演奏世界名曲音乐会"等。1989、1998年分别获福建省二、三届中青年演员比赛银奖，2000年获第九届福建音乐舞蹈节西洋管弦乐演奏比赛专业中年组金奖。

王月英（1957— ）

女歌剧表演艺术家。满族。黑龙江哈尔滨人。曾在中央音乐学院深造。1974年入解放军总政治部歌剧团，先后主演《这里黎明静悄悄》《塞维尔理发师》《原野》《大野芳菲》《刘胡兰》《同心结》等多部歌剧，并在歌剧《托斯卡》中扮演托斯卡。曾在中央电视台1999年"七一"晚会上演唱主题歌《镰刀斧头有多重》。所演唱的《海鸥》等7首独唱歌曲由北京音乐台录制成专题音乐节目播放。2001年获首届全国听众喜爱的歌手"金号奖"。

王跃进（1958— ）

小提琴演奏家。湖南湘潭人。湖北省歌剧舞剧院交响乐团首席演奏员。1988年毕业于武汉音乐学院管弦乐系小提琴专业。曾担任舞蹈《高山红梅》《玩灯人的婚礼》《啊，明天》《都府堤》《天天迎来东方红》中的小提琴独奏员以及小型音乐会首席。曾参加歌剧《樱花》的演出。在歌剧《洪湖赤卫队》《江姐》中任乐团首席演奏员。多次随团赴全国各地演出。

王跃玲（1958— ）

女音乐教育家。福建泉州人。福建泉州市童声合唱协会副会长。1975年起曾多次参加省、市级文艺调演。1982年毕业于福建师大艺术系音乐专业。一直从事福建泉州幼师音乐教学，高级讲师。1983年起曾多次指挥本校学生合唱团，参加福建省学校音乐周、省中师音乐教师"合唱指挥"录像比赛及泉州市大型演出活动。2002年指导泉州市广播少儿合唱团参加在泰国举行的国际童声合唱节演出。

王跃武（1956— ）

歌唱家。安徽寿县人。安徽歌舞剧院歌舞团团长。1978年、1995年、2007年先后毕业于安徽省艺校、安徽省教育学院、中央党校安徽分校。撰有《浅谈歌唱者的艺术素质》等数篇论文。参加省各类演出数百场，全部担任独唱演员。曾参加赴台湾各地演出的《徽韵》民族音乐会。2004年获中国广播文艺"金号奖"，2005年获第六届"文化之春"、第七届"世界之春"中国民歌十佳演唱家金奖。

王云阶（1911—1996）

作曲家。山东黄县人。1927年赴上海国立音专学习钢琴、作曲。曾先后执教于重庆国立音乐院、金陵大学、四川艺专。1947年任上海昆仑影业公司作曲。新中国成立后，任职于中央电影局。1955年入上海电影制片厂。后为乐团团长，中国音协常务理事，中国电影音乐学会会

W

长。作有第一交响曲《建设祖国》，第二交响曲《抗日战争》，第三交响曲《春天》，管弦乐组曲《江南》，独唱曲《牧羊恋歌》，电影音乐《新闻怨》《三毛流浪记》《六号门》《林则徐》《阿Q正传》《护士日记》等。《小燕子》等电影插曲曾广为流传。著有《电影音乐与管弦乐配器法》《论电影音乐》。1991年上海市音协等单位联合举办"王云阶音乐作品演出会""王云阶音乐创作研讨会"。

王云之（1938— ）

作曲家。辽宁大连人。1966年毕业于中央音乐学院作曲系。后调入总政歌剧团任创作室主任、副团长、团长兼总政交响乐团团长。参加创作歌剧《傲蕾·一兰》《同心结》《两代风流》等十余部。曾为《高山下的花环》《今夜有暴风雪》《孔子》《孙子》《开国领袖毛泽东》《长征》等二百余部（集）电视剧作曲。1985、1992年两度获电视剧优秀音乐作曲单项"飞天奖"。在出访港澳、俄罗斯及多场大型文艺晚会中任总导演、艺术总监。曾任中乐音乐艺术培训中心校长。

王允玲（1936— ）

女歌唱家。山东济南人。分别毕业于山东大学艺术系、华东艺术专科学校音乐系。曾任上海合唱团、上海乐团合唱团演员，上海音乐学校副校长、艺术室副主任。其间参加过贝多芬《第九交响乐》，亨德尔《弥赛亚》及《黄河大合唱》等大型合唱作品的演出。1959年被评为上海市文化局优秀青年演员，同时获全国青年社会主义建设积极分子称号。

王在镐（1932— ）

声乐教育家。山西宁武人。山西省特级教师、省六届政协委员。1959年毕业于中央音乐学院声乐系。曾在张家口艺术专科学校、山西省歌舞剧院、山西大学音乐学院、太原大学外语师范学院从事声乐教学工作。60年代主持山西省广播电台"教唱歌"节目。曾先后担任省广播合唱团、星海合唱团、工人合唱团、教师合唱团、干部合唱团指挥和声乐指导。

王赞珍（1964— ）

女音乐教育家。山西人。山西大学音乐学院民乐系副教授，中国民族管弦乐学会琵琶委员会常务理事。1987年毕业于山西大学艺术系。1997年结业于中央音乐学院研究生课程班。曾荣获山西省第四、五届艺术中专音乐舞蹈比赛编排导演一等奖，2001年获全国琵琶大赛山西赛区选拔赛第一名，"澳美通杯"中国琵琶大赛决赛优秀奖。发表论文多篇并多次获奖。参与创编琵琶独奏曲《赶会》《太原民歌集》等。出版个人琵琶考级演奏专辑。

王泽民（1936— ）

戏曲音乐家、作曲家。山西原平人。1958年考入北京艺术学院本科理论作曲系。山西省戏曲音乐学会理事、大同市音协副主席。指挥演出歌剧《洪湖赤卫队》，创作并指挥演出《迎宾舞》等节目。参与《杨门女将》《喜荣归》等历史戏的音乐、唱腔艺术改革，重点加工了《沙

家浜》《红灯记》的音乐唱腔。创作《春风杨柳》等现代戏音乐，电视剧音乐《杜铁匠的悲欢史》（合作）。编撰出版有《北路梆子音乐教材》《北路梆子音乐》（上下册），参与《中国戏曲志·山西卷》《中国戏曲音乐集成·山西卷》《中国民族民间器乐曲集成·山西卷》的编纂工作。

王曾婉（1935— ）

女民族音乐学家。满族。北京人。1949年入西北军政大学艺术学院，1955年毕业分配至新疆。先后在自治区歌舞团、伊犁州歌舞团、自治区艺术学院从事创作、教学和少数民族民间音乐的记录研究工作。1977年起在中国音乐研究所、中国大百科全书·音乐舞蹈卷、中央民族大学少数民族音乐研究所担任编辑及撰稿，1985年任中国民间歌曲集成总编辑部编辑。曾在《新疆艺术》，香港《明报月刊》，台湾《民俗曲艺》等刊物上发表《论汉代胡笳与斯布孜额》（上、下篇）及《木卡姆的调式理论与苏祗婆的"五旦七声"》和《中华民族的文化长城》《飘扬四海的中国民歌》等文。

王增道（1940— ）

歌唱家。河北保定人。曾任中央歌舞团、中央民族乐团合唱演员。1962年在纪念聂耳·冼星海音乐会上演出《生产大合唱》。1964年在人民大会堂演出民歌合唱受到国家领导人接见。曾为来访的也门、苏丹、柬埔寨等国家元首演出。演出领唱曲目有《石油工人干劲大》《乌苏里船歌》《下四川》等。曾为亚运会闭幕式演出获纪念奖，为建党70周年演出获优秀奖，在北京"第二届合唱节"比赛中获专业组一等奖。录有《苏武》《胡笳吟》《胡笳十八拍》等古典唱片。

王增刚（1957— ）

手风琴演奏家、指挥家。广东丰顺人。1981年毕业于四川音乐学院手风琴系，后分别在贵州师大及西南师大学习钢琴及合唱指挥，研究生学历。贵州师范大学音乐系教师、副教授，中国音协手风琴学会理事，贵州省音协手风琴学会副会长兼秘书长。撰文并发表《群众性合唱比赛的组织和排练》《手风琴演奏中手腕的动向运用》《谈手风琴教学中应注意的几个关键问题》。参加贵州合唱比赛多次获奖，并获优秀指导教师奖。

王增镇（1934—已故）

歌舞编导家。回族。黑龙江哈尔滨人。1949年入中国煤矿文工团工作。1961年入北京艺术学院进修导演。曾担任音乐舞蹈史诗《东方红》表演唱导演。

王展旗（1954— ）

管乐演奏家。山东招远人。1972年结业于总政军乐团学员队军乐专业，后在上海音乐学院和中央音乐学院管弦系进修。1973年调总政军乐团一队任乐队首席声部长。后任武警黄金指挥部宣传处长兼黄金文工团艺术指导。参加国庆阅兵、五一晚会、迎外宾、人大、党代会等重大演奏千余次。撰文《单簧管发展前史》《单簧管哨片的制作

与调整》《在管乐器发展史上》《浅谈音分与频率》等。出版《单簧管演奏实用教程》。随黄金文工团到全国演出二百余场。

王占昆（1933— ）

　　歌唱家。辽宁义县人。1950年始，从事部队文艺工作。历任沈阳军区歌剧团、歌舞团演员、声乐教员、艺术指导。师从中央音乐学院沈湘教授。录制唱片、磁带有清唱剧《友谊之歌》，歌剧《吴琼花》选曲，以及《黄河颂》《党旗颂》等多首艺术歌曲。曾演出三十余部歌剧，扮演歌剧《白毛女》中的杨白劳，在新编历史歌剧《萨布素将军》《施琅将军》中饰萨布素、施琅。在北京、沈阳等地举行独唱音乐会。出访美国、加拿大以及欧洲一些国家。多次参加全军文艺汇演并获奖。

王昭仁（1928— ）

　　音乐翻译家。江苏吴县人。先后毕业于上海复旦大学中文系、北京外国语学院德语系。曾任中国音乐研究所学术情报研究室主任、译审。译有《十九世纪音乐史》《十八世纪德国文学、艺术、音乐的资产阶级化》等。

王兆乾（1928— ）

　　黄梅戏作曲家。山东临沂人。1947年肄业于贵阳师范学院教育系，后入解放军二野三纵文工团。曾在安徽省安庆市黄梅剧院任作曲。曾任《黄梅戏艺术》副主编。作有黄梅戏音乐《金狮子》《金沙泉》《血防线上》。

王兆宇（1924— ）

　　作曲家。黑龙江富锦人。1945年入吉林师范大学音乐系学习。长期在沈阳音乐学院任教。1978年任沈阳歌舞团团长。作有民族管弦乐曲《春耕曲》。

王照乾（1936— ）

　　音乐文学理论家。河北易县人。中国音乐学院教授。1961年毕业于南开大学中文系，先后任教于北京艺术学院和中国音乐学院附中、中央五七艺校、中央音乐学院理论系。1981年始任中国音乐学院作曲系音乐文学教研室主任，1986年至1996年任该院附属音乐中专校长。著有音乐文学专论《歌词美学探蹊》《歌论》《原歌》及作品《贺龙走马洪湖边》《北京啊，我愿你变得温柔》《妮玛之歌》，散文《圆明园凭吊》等。

王肇春（1934— ）

　　小提琴演奏家。山东蓬莱人。1947年参加东北文工二团少儿队。先后师从王治隆、黎国权、朱枫林、周恩清、盛雪学习小提琴。1953年后任中国儿童艺术剧院乐队首席。1953年参加"世界青年联欢节"，赴罗马尼亚、波兰、东德和莫斯科演出。1961年参加中国芭蕾舞团赴缅甸演出《天鹅湖》《海侠》。1973年调中央乐团交响乐队。参加与小泽征尔、皮里松指挥家与梅纽因、施特恩演奏家的合作演出。随团出访日本、朝鲜、韩国、香港、澳门、台湾、西班牙、马来西亚等国家和地区演出。

王肇恕（1955— ）

　　男高音演唱家。湖北黄梅人。1990年毕业于湖北大学中文系。1972年入武汉歌舞剧院歌唱剧团任演员，1986年始在武汉市群艺馆文艺部任主任、副研究馆员。辅导小品《爱的代价》获文化部第十一届"群星奖"比赛金奖。曾在《海岛女民兵》《启明星》《刘三姐》《壮志凌云》《青春之歌》等歌剧中饰演角色。策划、举办三届新年音乐会及2006年"黄鹤之声"群众歌咏大赛。作有独唱曲《纵情歌颂伟大的党》《怀念伟人周总理》《1997—归航》及合唱《光明颂》（作词），《唱着战歌跟党走》等。撰有《市场经济与群众文化》《提高群众合唱水平之我见》等文。

王哲明（1929—已故）

　　指挥家。山东莱阳人。1949年入哈尔滨铁路文工团任乐队队长、指挥。1962年毕业于中央音乐学院指挥系进修班。曾任中央芭蕾舞团乐队队长、指挥。指挥有舞剧《草原儿女》《骄阳》，小提琴协奏曲《梁山伯与祝英台》，管弦乐曲《天鹅湖组曲》。

王哲生（1942— ）

　　打击乐演奏家。北京人。1963年毕业于中央音乐学院附中管弦学科。曾入保定戏校进修中国民族打击乐。1972年始先后在总政军乐团、全总文工团、北京歌舞团交响乐队等任演奏员、独奏演员及北京交响乐团副书记。多次参加国家庆典以及党和国家重要会议和礼宾演出。随北京交响乐团参加"华北音乐节""海河之春""北京之歌"和大歌舞《中国革命之歌》等的演出。

王振东（1940— ）

　　板胡演奏家、作曲家。河北抚宁人。曾为哈尔滨市评剧院演奏员。1956年入哈尔滨市评剧院学习伴奏及作曲，师从张春荣等。在多次参加全国现代戏调演中担任《红灯记》等剧目的板胡伴奏及作曲，曾获文化部优秀演出奖，为·《萧红出走》等影视作品配乐。作品《悲天曲》在文化部主办的"振兴评剧交流演出"中获伴奏奖，创作多部现代评剧。发表文章《我在评剧板胡演奏中的几点体会》。

王振华（1956— ）

　　作曲家。河北人。三门峡市文化局文化科、艺术科科长。河南省音协理事，三门峡市音协名誉主席。曾任三门峡市群艺馆文艺部主任、副馆长。《回归》《祖国，祝福你》获河南省歌曲创作一等奖。多次组织三门峡市大型音乐活动，多次组队参加河南省"黄河之滨音乐会""民歌节""声乐大赛""合唱节"等活动，获优秀组织奖。

王振杰（1947— ）

　　二胡演奏家。辽宁人。1968年始先后在宁夏京剧团、歌舞团和宁夏艺校工作。曾为宁夏音协理事、宁夏二胡学会会长。二胡演奏作品在宁夏及银川电视台、电台播出，多次获奖。1982年获文化部全国民乐独奏比赛优秀奖。合奏曲《穆斯林的节日》在全国发行。二胡独奏曲《春到六盘》收录于《全国二胡考级作品集（七）》。发表《论二胡音乐艺术的创作与发展》《二胡协奏曲的产生与发展》《二胡演奏中的发音、音色及其应用》等文。2005年举办个人独奏音乐会。曾被授予"区永熙优秀音乐教育奖"。

王振崑（1931— ）
钢琴家。辽宁大连人。1963年毕业于沈阳音乐学院钢琴系本科。曾任吉林艺术专科学校、大连师范学校钢琴教师。1983年被聘为大连中级、中师教师行业音乐专业技术职务任职条件评审委员会委员，1987年评为高级讲师。全国社会艺术水平等级考试钢琴专业高级考官。大连钢琴学会会长。培养大批钢琴专业人才，并输送到各大音乐院校及专业艺术团体。

王振兰（1938— ）
女作曲家。江苏人。1959年中央音乐学院进修作曲。北京出版社高级音乐编辑。作有《青春的诗行》《采蘑菇》《吉它在悄悄地倾诉》《我对祖国的思念》等歌曲。《相思的月亮》《归乡》等10首歌曲由金陵电台录制专题音乐节目。《乡土恋歌》《牧羊归》等录制成激光唱盘。1991年中国音协、中央电台联合在北京音乐厅主办"王振兰声乐作品音乐会"。出版专辑盒带《王振兰艺术歌曲特辑》。编辑出版《世界名曲系列》《往日的歌》。

王振民（1933— ）
声乐教育家、男低音歌唱家。北京人。1949年参加西北军区战斗剧社。1953年调入总政文工团。曾在保加利亚声乐专家训练班随契尔金与迪亚科维奇教授进修学习声乐。在歌舞团曾任声部长、分队长。1964年获全军文艺汇演优秀奖。曾多次随团赴苏、捷、罗、波、朝、缅等国访问演出。1980年调入军艺任教员。后被聘为有关院校客座教授。有多名学生多次获全国、全军奖。

王振启（1954— ）
长号演奏家。蒙古族。辽宁喀左人。天津交响乐团长号演奏员。曾入中央音乐学院干部进修班管弦系进修。曾任铁道兵某师文工队、青海省民族歌舞团首席长号。演出有《智美更登》《雪山雄鹰》等民族舞蹈、歌剧音乐。演奏贝多芬、莫扎特、柴科夫斯基等数百首大、中、小型中外音乐作品。

王振琴（1953— ）
女歌唱家。山东人。1979年中央广播电台录制"王振琴演唱"的歌曲。在全国各电台、电视台录制四十余首新创作歌曲。1980年获文化部声乐评比三等奖，1982年获全国对台广播歌曲大赛二等奖。在海南省1996年"怡田杯"大赛中，《老师忘不了您》获二等奖。1998年在海南建省十周年大型音乐会中担任独唱。1999年全省合唱比赛，担任地税局指挥获一等奖。2001年获省音协"华韵杯"声乐比赛优秀辅导奖。

王振权（1930— ）
民族音乐家。福建泉州人。1951年任福建省晋江专区文工队音乐组组长。1953年任福建省闽南戏实验剧团乐队队长。1961年毕业于上海音乐学院民族音乐系理论专业，后由福建省戏曲研究室调入泉州市高甲戏剧团任作曲、副团长。1980年获福建省第四届现代剧汇演音乐设计奖。作品有古筝独奏《采莲谣》，发表论文《试论民歌分类》（合作），《现代剧促进地方戏曲音乐推陈出新》等。由《中国精神文明大典》编辑委员会评审办评为"百名中国精神文明之星"金奖。

王振山（1935— ）
小提琴教育家。吉林长春人。1951年入吉林省文艺工作团。后考入东北鲁艺。曾随东北歌舞团赴民主德国演出。1955年赴匈牙利留学，毕业于李斯特音乐学院。回国后在中央音乐学院任教，培养诸多小提琴家，多名学生参加国际国内大赛获奖。曾倡导举办首届全国青少年小提琴比赛。多次率团出国比赛、演出，并赴欧、美讲学。长期兼授室内乐，任中央音乐学院室内乐教研室主任，教授。组建中央音乐学院室内乐团，任艺术指导。曾于1996年获"杨雪兰教育奖"。著有《小提琴高级音阶、双音教程》。

王振先（1933— ）
音乐教育家。江苏镇江人。1953年毕业于中央音乐学院本科，后留校任教，1955年创立三弦专业。1956年组建民乐系。1989年任中央音乐学院图书馆馆长、培训中心副校长、附中培训中心督导。所撰《三弦艺术》《三弦练习曲选》《三弦演奏基础与乐曲》获优秀教材奖。主编《中国民族器乐曲博览·三弦曲谱》《海内外中院大阮考级曲目》《杨元亨管子曲集》。撰有论文《三弦史略》《中国三弦音乐》《三弦史话》等。改革的"加弦三弦"获文化部科技进步三等奖。

王振亚（1949— ）
作曲家。蒙古族。河南新野人。历任县文化馆书画员、馆长、副局长，河南省南阳市音乐家舞蹈家协会副主席、新野县音协主席。创作大量音乐作品，先后获奖七十余次，其中在1991年"全国未来词曲作家、演唱家大选赛"上获金奖，2000年在全国总工会、中国文联、中国音协等联办的全国企业歌曲大赛上获三等奖。曾被评为河南省文化工作先进工作者、南阳市劳动模范及南阳市专业技术拔尖人才。

王镇范（1942—已故）
音乐理论家。黑龙江绥化人。黑龙江省艺术研究所集成部研究员、编辑。1964、1987年分别毕业于黑龙江戏曲学校评剧音乐科、省教育学院中文系。著有《评剧音乐论》，参与编纂有《中国戏曲音乐集成·黑龙江卷》《中国曲艺音乐集成·黑龙江卷》，分获省科研成果二等奖、一等奖。撰有《论当代评剧音乐发展趋向》《成兆才与评剧音乐》等文，其中《传统精髓，民族神韵——试论评剧琴师魏长春板胡演奏风格》于1998年获黑龙江戏曲伴奏艺术理论论文一等奖，《超越：关东评剧音乐创作的审美定位》于1998年获第四届中国戏曲研讨会论文二等奖。

王镇如（1928— ）

女音乐活动家。北京人。1948年毕业于北京师范大学音乐系。长期从事音乐教育工作。曾任文化部群文局艺术处副处长，后为中国艺术研究院研究生部副主任。

王震亚（1922— ）

作曲家、音乐教育家。河南人。1947年毕业于国立音乐院作曲系。曾任中央音乐学院作曲系主任、副院长、研究员。中国音协三、四届理事、常务理事，创作委员会副主任、顾问，《音乐创作》主编、顾问。获第三届中国音乐"金钟奖"终身成就奖。创作、发表管弦乐曲《繁星颂》《九寨沟断章》，歌曲集《中国古代歌曲五首》，编配《九首独唱古歌》以及一些独唱、合唱、钢琴和其它器乐独奏曲。其中由古曲改编的合唱曲《阳关三叠》入选20世纪华人音乐经典。1946年以来相继有《五声音阶及其和声》《怎样写二部歌曲》《十二音序列》《中国作曲技法的衍变》《古琴曲分析》等著作出版。

王震扬（1942— ）

音乐活动家。江苏建湖人。1967年毕业于南京农学院。曾任射阳县中学、教师进修学校音乐教师，县文化局副局长，县文化广播电视台副局长。作有现代剧《将军泪》《渔人和网》。二胡独奏曲《苏北小调》于1998年获江苏省新作品评选铜奖，现代剧《渔人和网》获省第三届淮剧节演出音乐设计一等奖。

王正凡（1938— ）

歌唱家。新疆人。曾为新疆歌舞团舞台监督。1950年参军，曾任一野某文工团团员。后在开封师范学院声乐系、中央广播合唱团进修。曾主演大型歌剧《无人村》《小二黑结婚》《洪湖赤卫队》等，所演唱的双人歌舞《兵团农场亚克西》被录制成唱片并获自治区演出一等奖。

王正强（1942— ）

音乐理论家。甘肃人。曾任职于甘肃电台。编著有《秦剧名家声腔选析》《甘肃秦腔唱论》等，论文有《兰州鼓子渊源初探》《为"西秦腔"探源寻踪》等，作有歌曲《陇原儿女怀念毛主席》《扁担剧团进山来》《驼铃》等。《兰州鼓子研究》获甘肃社会科研成果二等奖，民间文艺研究专著二等奖。《秦腔音乐概论》获国家民委、中国音协等主办的国际学术研讨会专著二等奖及甘肃第二届敦煌文艺奖专著一等奖，《陇剧音乐研究》获甘肃第三届敦煌文艺奖专著一等奖。歌曲《歌唱兰州》获甘肃优秀文艺作品二等奖。

王正荣（1954— ）

儿童歌曲作曲家。山东青岛人。小学高级音乐教师。青岛市李沧区少年宫副主任。1981年从事少儿音乐创作，发表少儿歌曲百余首。《共产党带来好时光》《树上挂着一串小书包》等10首少儿歌曲，曾在征歌比赛中获一、二、三等奖。《春天举行音乐会》《金色的童年是一首歌》《拍手唱笑呵呵》《妈妈对我说》《笑一个吧》《小

黑熊帮忙》等6首作品选入全国小学音乐教科书中。曾获全国少年儿童校外教育先进工作者、青岛市优秀教师称号。

王正宇（1940— ）

作曲家、音乐编辑家。山西文水人。1963年毕业于广西艺术学院音乐系理论作曲专业。长期从事音乐创作及图书编辑、音像出版工作。历任两届广西音协副主席。获省级以上奖励及广播、电视、发表的歌曲有《水珠与大海》《美好的赞歌》《四个现代化是朵幸福花》《水上人家》《唱给金凤凰的歌》《我们共同升起一面旗帜》等四十余首。曾任全国及省级音乐大赛评委数十次。编辑出版包括音乐、戏剧、影视、舞蹈、曲艺、群众文化、通俗文艺读物等各类图书近三百种（本）。2006年被授予"广西儿童音乐终身荣誉奖"。

王政声（1910— ）

音乐教育家。福建海澄人。曾为国立福建音专、厦门大学、福建师范大学艺术系教授。后定居香港。

王之宪（1922—1964）

音乐活动家。湖南长沙人。1943年毕业于广西艺术师资训练班。曾在四川及湖南任中学音乐教员。1950年任湘潭专区文工团代理团长兼声乐教员。六十年代任湖南省文联秘书长。

王芝玉（1938— ）

作曲家。河北交河人。1959年考入天津音乐学院师范系。1962年毕业后从事音乐教育工作。在35年任教期间，创作词曲作品上千首，其中《我是小小歌唱家》《小牧笛》被选入小学音乐课本，《小贝壳》《小马驹》等14首获省级创作奖。1986年中央人民广播电台在音乐专题节目中播出11首歌曲。1985年获河北省"儿歌大王"称号。曾连任两届河北省政协委员。

王志辉（1965— ）

歌唱家。河南巩义人。河南大学艺术学院戏剧系副教授。1984年、1991年分别毕业于河南省洛阳文化艺校，河南大学艺术学院。撰有《浅析李、杜诗篇中对音乐之咏诵》等文多篇，其中《正确理解"呼吸与共鸣"在歌唱中的重要作用》于2004年获河南省教育厅等征文活动一等奖。曾获河南省文化厅艺术歌曲比赛演唱二等奖，第三届武汉"樱花杯"声乐比赛民族唱法二等奖。参加河南省庆祝建党80周年文艺晚会等多场重要演出。2004年演唱怀念任长霞专题片《霞映长空》插曲《永恒的彩霞》。

王志坚（1934— ）

单簧管演奏家、教育家。上海人。1949年参加解放军西南服务团。1957年毕业于中央音乐学院本科，留院任单簧管及室内乐教学。1962年入天津音乐学院从事单簧管演奏、教学及乐器制造研究。撰有《单簧管嘴子风口的设计问题》，曾在美国《单簧管》杂志上发表。历任天津音乐学院教授、硕士生导师、图书馆馆长。天津音协理事，天

W

津乐器协会理事，中国音协单簧管学会常务理事，国际单簧管协会中国会长。

王志杰（1931— ）

小提琴演奏家。河南巩义人。1948年毕业于中原大学，后留校。1949年随军南下武汉，后在中原大学、中南文艺学院和武汉人艺学习、工作。曾任人艺小提琴独奏、首席，歌舞剧院歌剧团乐团团长。曾在大型音乐舞蹈史诗《东方红》、琴台音乐会、中日联袂赴京演出省市联合大乐队中任首席。出版小提琴独奏《忆念曲》《放下三棒鼓》唱片专辑，《高原随想曲》《太空回响曲》《油田之歌》《金色的田野》等辑入《中国小提琴名曲荟萃》《中国小提琴作品集》和考级教程。

王志杰（1955— ）

音乐编辑家。湖南人。1982年毕业于湖北艺术学院作曲系。湖南广播电台音乐编辑。先后任职黄石市汉剧团、湖南广播艺术团。创作大量音乐作品，二十余件在中央、省电视台、电台播放或发表。完成三十余部（集）电视剧音乐创作，指挥二十余部电视剧音乐，获国家、政府奖二项、全国广播新歌金奖六项、银奖三项、铜奖一项。《不再等待》被选为国庆40周年天安门广场联欢晚会播放用曲。

王志利（1955— ）

作曲家。陕西靖边人。陕西靖边文化馆书记。1971年、1978年、1983年先后毕业于梅梦地区中教音乐班、西安音乐学院音乐系、陕西省戏校进修大专班。撰有论文《试谈秦腔 祝福 音乐得与失》（合作）《谈陕北民歌的地方特色时代气息》（合作）。《石油工人走三边》《我从万亩林中过》等歌曲发表或获奖或收入歌集，《我的老师》在世界文化艺术交流中心评选活动中获"国际优秀作品奖"，《千古匈奴第一都》获2006年原创歌词、歌曲暨歌手演唱评选活动二等奖。

王志民（1928— ）

戏曲音乐家。山东高唐人。1945考入解放区冀南建国学院艺术院任伴奏员、创编员，1949年并入河北省文工团。曾入天津音乐学院音训班学习。曾任河北省艺术研究所副研究员，《中国戏曲音乐集成·河北卷》副主编。创作的混声二部合唱《走上光荣的工作岗位》获文艺创作二等奖。合作搜集、整理曲艺音乐"八角鼓"，编印《八角鼓音乐》油印本。长期从事戏曲音乐改革工作，发表多篇论文及有关戏剧、表演、音乐、电影等评论文章。

王志敏（1954— ）

作曲家。贵州遵义人。遵义市音协副主席。发表、演播大量歌曲作品，其中《繁星升起》，获"第四届中国艺术节"三等奖，《迷人的酒窝醉心窝》《想见见你是我唯一的理由》获全国"90年代之歌"三等奖，《写你》获全国歌曲创作大赛金奖，《同享爱的芬芳》被选为"首届贵州酒文化节"会歌，《相约在遵义》被选为"金狮奖全国第三届少儿杂技大赛""中国贵州国际名酒节"会歌。

王志琴（1957— ）

女手风琴演奏家。天津宁河人。1975年入天津歌舞剧院学员班。1978年调天津歌舞剧院。1986年入天津交响乐团任演奏员。天津市手风琴学会理事、电子琴学会常务理事。参加各类音乐会和大型文艺演出，并演奏大量手风琴名曲。许多学生曾在本市及全国手风琴比赛中获有重要奖项，本人获"伯乐奖"。兼任天津音乐学院考级委员会专家委员，市手风琴、电子琴考级评委。

王志伟（1938— ）

二胡演奏家、作曲家。辽宁人。1956年始先后任中国广播民族乐团二胡演奏员、首席、弦乐声部长、副团长。其间参与乐团各项重大演出任务并任作曲，创作有《椰乡的节日》《采莲曲》《荷塘月夜》等近百首民乐作品，出版《通俗二胡曲集》《民族乐队常用乐器及其编制》等著作。曾任中国二胡学会副秘书长。编辑出版《全国二胡考级作品集》十余册。

王志祥（1949— ）

笛子演奏家。湖北黄陂人。1968年毕业于武汉音乐学院附中，后分配到黄石京剧团乐队任队长。1981年调入黄石市歌舞团，后任团长。1998年调入黄石艺术学校任业务副校长。创作并演奏笛子独奏曲《磁湖问》获湖北省七市器乐金杯赛金奖，创作并演奏萨克斯独奏曲《盼》获全国广播电视音乐作品铜奖，1996年由黄石电视台制作音乐风光片获全国广播电视音乐作品铜奖，2003年获湖北省"群星奖"铜奖，组织排演大型舞剧《元神祭》获文化部"文华新剧目奖"。

王志昕（1980— ）

男高音歌唱家。吉林图门人。沈阳音乐学院教师。所撰《谈民族声乐演唱的呼吸技巧》获东北三省论文评比优秀奖，《民族声乐二度创作手法》获东北三省论文评比二等奖。2008年被中国妇联和中国妇女发展基金会授予"中国母亲援助行动"爱心大使称号。曾获"隆力奇杯"第十三届CCTV央视青歌赛民族组优秀奖、文化部第七届声乐比赛三等奖、"孔雀杯"全国声乐大赛银奖、"通用杯"全国声乐大赛一等奖。

王志新（1934— ）

作曲家。湖北黄冈人。1955年从教师岗位走向文艺岗位，1962年回到教师岗位，从事儿童音乐教育，后任中小学音乐教研员。辅导的童声合唱及创作的童声歌曲多次获奖。作品有《美丽的花儿给你戴》《月儿弯弯象金钩》《小小石拱桥》。曾为湖北省首届黄鹤美育节谱写会歌《走向美好的未来》。创编竖笛曲《家乡的歌谣》《快乐的小竖笛》及女声合唱《江陵摇篮曲》《啊，美妙的和声》。参加编撰《中学音乐教师之友》教材。为中学高级音乐教师。

王志信（1942— ）

作曲家、指挥家。河北乐亭人。1958年入中央歌舞团。1960年调中央民族乐团历任声乐演员、指挥、艺术指导、作曲等职。指挥本团合唱队演出录音的曲目有《诗经五首》《启明星》（组歌）、《春潮》（组歌）及为台湾福茂唱片公司录制民族合唱专辑，获第二届合唱节优秀指挥。曾先后师从李焕之和杜鸣心。1983年入中央音乐学院作曲系干部进修班学习。声乐作品有《木兰从军》《蓝花花》《孟姜女》《母亲河》《昭君出塞》及合唱组歌《金色的田野》。器乐作品有《陕北风情》《思想起》。有多首作品获文化部奖励，并选为全国艺术院校声乐教材或考级的规定曲目。

王志英（1932— ）

京剧表演艺术家、作曲家。回族。河北沧州人。曾任职于黑龙江省艺术学校。1939年起先后拜京剧表演艺术家王洪涛、李遇春、马兰亭等为师。1957年入佳木斯京剧团任主要演员、艺委会副主任、学委会主任。作曲的剧目有《杨靖宇》《八一风暴》《火焰山》《三打白骨精》等数十部。参加编剧、导演、作曲及演出的《雪岭苍松》，获黑龙江省戏曲汇演优秀唱腔设计奖。录制出版《王志英京剧演唱集》磁带。中央台曾以"介绍黑龙江省京剧演员王志英"为题作报道。

王志远（1938— ）

作曲家。北京人。曾在河北省固安县文化馆、天津海河文工团从事音乐工作。1979年调入廊坊市群艺馆任编辑、副研究馆员。廊坊市音协名誉主席。创作儿童歌曲《沙沙沙》获全国"群星奖"，《家乡新歌》获全国当代农民之歌征歌创作奖，《我编支小曲唱河北》获省文艺振兴奖并立三等功。《姑嫂养猪》被选入《中国名歌大全》，《库尔班爷爷和小兰兰》被团中央推荐为红五月演唱歌曲。1988年独自创办音乐小杂志《歌迷世界》。2001年被美国世界名人文化研究中心评为"歌迷世界一人编辑部世界之最"，并授予荣誉博士学位证书。

王志忠（1950— ）

扬琴演奏家。河北人。1979年始在中国煤矿文工团歌舞团任演奏员。长期活跃在矿区，为矿工演出上千场次。多次随《丝路花雨》舞剧出访美国、加拿大演出。在赴日本演出"丝绸之路"音乐会中担任独奏。还随中国歌剧舞剧院"北京名人名家乐队"赴新加坡、马来西亚、香港等地演出。录有《中华民乐》磁带四盘。曾多次参加大型演出活动，如"千人大乐""龙年音乐周"等。

王治春（1936— ）

单簧管演奏家。浙江人。1954年毕业于西安音乐学院。师从阿·依·鲍果金教授（俄籍），在甘肃省歌舞团工作。1962年与著名女高音歌唱家曾宪恩举行"独唱独奏音乐会"，演奏《降E大调克拉玛协奏曲》，中央电台曾多次播出。1991年国庆举行"从艺四十周年单簧管独奏音乐会"。1994年应邀担任"第一届全国青少年单簧管比赛"特邀嘉宾。

王治栋（1947— ）

歌唱家。山东青岛人。1970年毕业于中国音乐学院声

乐系。后为总政歌舞团歌队分队长。曾在"毛主席诗词交响乐大合唱"中担任《六盘山》《望延安》的领唱，为电影《长江大桥》主题歌录音。随团赴朝鲜和参加澳门艺术节。参加北京国际第一、二届合唱节和全军会演，均获一等奖。为多部电影、电视片插曲录音。

王治隆（1925—1997）

小提琴教育家。吉林怀德人。1952年毕业于中央音乐学院，后任该院教授。北京市九届人大代表。学生有王峥嵘、黄滨、柴亮、游晓、余富华。

王治远（1932— ）

音乐编辑家。天津人。天津群艺馆《天津歌声》编辑部副主任、副研究员。1952年始从事群众文化活动。先后在天津市文化局群众文艺组、天津业余艺术学校、天津群众艺术馆音舞部工作。1970年在《天津歌声》编辑部编辑《初级手风琴教程》《简明五线谱对照简明乐理》。撰有《中外音乐家及其主要作品》等文七十余篇。

王治中（1944— ）

作曲家。四川乐山人。1977年毕业于四川音乐学院作曲系。曾在乐山市文工团任创作组长、作曲，市群众艺馆馆长。1990年调乐山文艺研究所任作曲兼所长。作有歌曲《峨眉山上的雪》获全国"金龙杯"优秀作品奖，《乐山美》（合作）获"峨眉山文艺奖"一等奖。曾为舞蹈《战火中的凤凰》，话剧《戎马书生》，电视剧《大围歼》，电视艺术片《致敬，铺路石》《璀灿的明珠》作曲。作有器乐曲《小凉山下》（合作）。曾任《中国民族民间器乐曲集成·乐山卷》主编。

王致安（1933— ）

作曲家。河南新野人。1948年参加解放军桐柏军区文工团，后任五十八军文工团、河南军区文工团作曲、指挥。1951入中南军区部队艺术学院音乐系进修作曲。1958年转业到河南群艺馆工作，后任河南省歌舞团编导室主任。1960年创作歌曲《抗旱山歌》获全国群众歌曲比赛一等奖。1989年起参加中国曲艺音乐集成编纂工作，任河南卷常务副主编和责任编辑，获文化部国家艺术科学重点科研项目奖。

王致铨（1945— ）

歌词作家。四川璧山人。1977年始从事业余创作。曾任重庆市江北区文化馆长。词作有《东海里有一只船》《我的心怀》《小鸭嘎嘎》。

王智仁（1946— ）

低音提琴演奏家。天津人。任职于新疆歌舞团。新疆艺术学院音乐系客座教授。1961年从事音乐工作，先后任职于新疆乐团、歌舞话剧院歌舞团、民族乐团、爱乐乐团，均任首席低音提琴演奏员。撰写并发表有《新疆维吾尔族乐器概况和改良乐器胡西塔尔》《谈低音提琴演奏艺术》《谈低音提琴演奏中的紧张与放松》《演奏艺术中的心理素质》等文。多年来，为新疆各文艺团体培养数十名

低音提琴演奏员。

王中山（1968— ）

古筝演奏家。蒙古族。河南南阳人。中国音协第七届理事、古筝学会秘书长，中国民族管弦乐学会常务理事兼古筝专业委员会秘书长。1974年学习古筝，1981年考入河南南阳戏曲学校，后在南阳曲剧团工作。1988年考入中国音乐学院器乐系，其间获"ART"杯中国乐器国际比赛三等奖，毕业后留校任教。1995年获"富利通"杯国际中国民族器乐独奏大赛古筝第一名。1997年选入文化部"优秀青年演员研究生班"学习。曾应邀赴欧洲及东南亚地区演出、讲学。曾举办三十余场独奏音乐会。出版个人作品集和演奏、教学专辑。

王忠艳（1961— ）

女高音歌唱家。吉林农安人。厦门大学艺术学院音乐系副教授。1983年毕业于哈尔滨师大音乐系，1989年毕业于中央音乐学院声歌系。先后任教于伊春市六中、佳木斯师专、烟台师范学院音乐系。2001年举办"且歌且行"王忠艳独唱音乐会。演唱的歌曲有《我爱你，中国》《乌苏里江》《饮酒歌》《啊，我亲爱的爸爸》《我站在铁索桥上》等。曾获第四届全国青歌赛"五洲杯"美声唱法一等奖，以及省内多项声乐比赛的奖项。

王仲丙（1924— ）

阮演奏家。江苏无锡人。现代中阮和大阮发明人。1946年师从杨荫浏、曹安和。1949年兼职苏南人民广播电台国乐组组长，1953年起任中国广播艺术团阮演奏员，1988年获中阮、大阮国家发明奖、"发明人"称号，1992年国务院授予"表演艺术事业做出突出贡献的表演艺术家"。中国民族管弦乐学会阮专业委员会会长。编著出版国内第一本《阮演奏法》。作有《瑶族长鼓舞》《引水上山坡》《山歌》等阮独奏曲。为《中国大百科全书》撰写拨奏弦鸣乐器"阮"条目。撰有《王昭君与琵琶》《话阮》《琵琶、阮品相研究》等论文。受聘于中国音乐学院、中央音乐学院。

王竹芬（1955— ）

女钢琴教育家。云南昆明人。1974至2000年分别毕业于曲靖师范学校、云南艺术学院、云南师范大学音乐教育系。先后任曲靖师范附中、师范学校、师范学院音乐系教师。培养大批音乐工作者、中小学音乐教师，输送多名优秀毕业生考入专业院校并在各类赛事中获奖。曾担任曲靖"秋之韵"钢琴演奏会，建国50周年大型文艺演出，建党80周年音乐会总策划、艺术指导。发表论文《师范生的音乐教育与培养》《有关教师道德人格构建的思考》等多篇，获云南省论文评选一等奖等奖项。

王竹林（1928—2003）

作曲家。河北完县人。曾任北京军区战友歌舞团艺术指导。中国音协民族管弦乐学会理事。1940年始从事文艺工作。1957年毕业于中央音乐学院作曲系。创作有歌曲《野战军小唱》（合作）《壮族人民纵情歌唱》（二重唱），交响合唱《雪山之歌》，大型舞剧音乐《雁翎队》（合作）《徐福》，管弦乐曲《日出幻想曲》《火与人之舞》，舞蹈音诗《鄂尔多斯情愫》（合作），舞蹈音乐《行军路上》《草原女民兵》（合作）《森吉德玛》获全国舞剧音乐一等奖，并获"文华奖"音乐奖。《舞台素描》《金珠玛米赞》等10首京胡协奏曲及二胡协奏曲《边疆叙事》，民族管弦乐曲《雪趣》等，收入个人激光唱片专辑。参与大型音乐舞蹈史诗《东方红》《中国革命之歌》及大型歌舞《椰林怒火》《刚果河在怒吼》的音乐创作。

王卓模（1942—已故）

作曲家。福建永定人。1962年毕业于福建师范学院艺术系音乐专业，主修理论作曲。曾任龙岩地区汉剧团团长、福建闽西戏剧研究所所长。福建省音协常务理事、龙岩地区音协主席。曾为剧团上演的百余出剧目作曲。为《兰继子》《乾隆游嘉兴》《鬼恋》等剧目录制音乐并由电台、电视台播出。作有《汀江红旗颂》《海峡情深》《长城颂》等合唱、组歌由中央电台播出。作有歌剧音乐《浪花》参加省级会演并获奖。发表歌曲数十首。音乐论文数十篇。主编《中国民间歌曲集成·福建卷》（龙岩卷），《中国民族民间器乐曲集成·福建卷》（龙岩卷）。出版《闽西汉剧散论》《闽西（客家）民间音乐研究》等。

王子初（1948— ）

音乐史学家。江苏无锡人。1976年毕业于南京师范学院音乐系，1988年毕业于中国艺术研究院研究生部获硕士学位。中国音协理论委员会委员，中国音乐史学会副会长兼秘书长，中国艺术研究院音研所研究员、常务副所长。多年来主持国家重点研究项目《中国音乐文物大系》的编撰出版工作，历任总编辑部副主任、执行副总主编、总主编暨总编辑部主任，兼《湖北卷》《上海卷》《江苏卷》《新疆卷》等分卷主编。著有《荀勖笛律研究》《中国音乐考古学》及大量学术论文。为"中华和钟"的主要设计者之一。论著多次获奖，其中《中国音乐文物大系》（12卷本）于1999年获国家"图书奖"荣誉奖。多次出国讲学。

王子和（1946— ）

歌词作家。河北唐山人。先后毕业于解放军南京外语学院与解放军北京政治学院。作有歌词数百首。出版歌词集《我的歌词年代》、盒式歌曲音带《土地之歌》等。作词歌曲《在那个世纪》，被选入建国40周年北京天安门广场群众集会上播放。歌曲《四十根红蜡烛》在全国歌曲评比中获奖。《读你的身影》《纪念碑下的歌唱》《有一条河》获江苏省"五个一工程"奖。曾获南通市人民政府文学艺术奖一等奖。曾为南通市音协名誉主席，《南通音乐》主编。

王子仁（1936— ）

小提琴演奏家。上海人。1949年毕业于国立音乐院少年班。1950年从事部队音乐工作。曾任总政歌舞团乐队声部长、首席小提琴。曾随团赴苏、罗、波、捷等国演出。

王子申（1932— ）

指挥家。天津人。1950年从事文艺工作。曾任天津市音乐工作团（现天津市歌舞剧院）小号演奏员，1960年任天津市歌舞剧院指挥。指挥的作品有音舞诗画《唐宋风韵》，舞剧《西班牙女儿》《红色娘子军》《孔雀恋歌》及歌剧《费加罗的婚礼》《洪湖赤卫队》《货郎与小姐》等和音乐会管弦乐曲、合唱的演出。

王子喜（1936— ）

音乐教育家。重庆万州人。1961年毕业于西南师范学院音乐系。曾任四川宜宾地区杂技艺术团乐队队长、作曲、指挥，多次为中央首长及外宾演出专场。后调渝任教，重庆师大高级讲师。培养过众多优秀人才，发表论文、歌曲数十篇（首），参加《中师地方教材》编写工作。参与主持并指导"关于幼儿学习手风琴与智力发展的关系"的实验研究。论文获国家教委颁发的三等奖，重庆市妇联教育研究会颁发的二等奖。

王自东（1965— ）

音乐教育家。安徽肥西人。安徽师范大学音乐学院院长，音乐分析博士、教授、硕士生导师。中国教育学会音乐教育专业委员会理事。主持安徽省教育厅社科重点及教学研究项目各一项。出版编著《金色音乐厅——音乐分级欣赏指导（第五级）》，参编《曲式与作品分析新编教程》。发表学术论文近十篇。

王宗德（1927—已故）

小提琴教育家。陕西西安人。西安音乐学院教授。1943年始先后入西北音乐院、南京国立音乐院学习小提琴专业。1953年毕业于中央音乐学院管弦系。同年入西安音乐学院任教，教授。曾多次举办小提琴独奏音乐会，演奏过门德尔松的《e小调协奏曲》，拉罗的《西班牙交响曲》等曲目，并在交响乐队中任首席。长期从事小提琴教学，为专业乐团培养出一批演奏人才，多名学生赴海外留学并在大赛中获奖。撰有《小提琴教学体会》等文。

王宗鉴（1932—2009）

指挥家。山东人。1956年毕业于沈阳音乐学院作曲研究生班，同年入上海音乐学院苏联指挥专家班进修。曾在沈阳音乐学院任教。指挥柴科夫斯基《第四交响曲》等。

王宗葵（1930— ）

三弦演奏家、音乐史学家。河南开封人。1943年入大相国寺修习佛教音乐及大相国寺古代孤本传谱。释译出部分乐谱及敲击乐谱，保存已失传的佛教音乐中有代表性的管乐器"筹"，填补了我国古代音乐史研究的空白。著有《大相国寺音乐文献初探》及其他论文报道数十篇。1952年入中央民族歌舞团为三弦演奏员，主要致力于"法音"即大相寺古代音乐传谱的研究。

王宗澜（1932— ）

低音提琴演奏家。山东高密人。原上海交响乐团演奏员。1949年入山东人民文工团任演奏员。1952、1954年先后毕业于山东大学艺术系和华东艺专音乐系，同年入上海电影局音乐组。1955年调上海交响乐团。与许多国内外著名指挥家、演奏家合作演出。演奏有歌剧《白毛女》《王秀鸾》等。曾出访新西兰、澳大利亚、日本、美国及香港。兼任多个艺术院团低音提琴的演奏和教学工作。

王祖安（1940— ）

民族乐器演奏家。四川大竹人。1961年毕业于四川省舞蹈学校音乐班。四川省歌舞剧院二胡、扬琴、中胡、中提琴、爵士鼓演奏员。多年来随院、团参加各种演出和调演。曾随团赴埃及参加埃及国际艺术节及各省巡回演出，赴香港参加演出。创编有二胡独奏曲《喜送粮》《太阳出来喜洋洋》，笛子独奏曲《赶花会》，唢呐独奏曲《好久没到这方来》，马勃独奏曲《彝家多快乐》，葫芦丝独奏曲《傣家恋曲》等。

王祖皆（1949— ）

作曲家。上海人。1977年毕业于上海音乐学院作曲系。曾任南京军区前线歌舞团副团长、总政歌剧团团长、艺术指导，中国音协第五、六、七届理事，中国音协创作委员会副主任，中国歌剧研究会主席，中国音乐剧研究会代会长。作有歌剧《芳草心》《党的女儿》《野火春风斗古城》，舞剧《繁漪》，合唱套曲《南方有这样一片森林》，电视连续剧音乐《唐明皇》（片头、片尾主题歌5首）、《苍天在上》《凤凰琴》《周恩来在上海》《逃之瑶》《省委书记》，歌曲《小草》《两地书·母子情》《我们是朋友》《遥远的拜年》《眷恋》《别姬》《我心永爱》《喊月》《爱情湖》《脉搏》等，以上作品均获国家和军队奖项。曾被推选为全国"德艺双馨"代表。

王祖堂（1956— ）

二胡演奏家。黑龙江人。1979年毕业于沈阳音乐学院民乐系，同年入辽宁省歌舞团乐队。1981年获辽宁省民族器乐比赛优秀演奏员一等奖。

王祖荫（1931— ）

音乐编导家。河北新城人。1950年始从事音乐工作。曾任新疆电视台文艺部主任。参与抢救维吾尔"十二木卡姆"的录音，并编制介绍"十二木卡姆"的广播节目。组织拍摄大型电视艺术片《祖国啊，萨拉姆》《天山交响曲》《西部畅想曲》，电视文艺片《天山长江两依依》（合拍），电视纪录片《丝路乐舞》，电视剧《果园》，电视文艺片《天山儿女献给母亲的歌》，分获"骏马奖""星光奖"等奖项。1986年后专攻硬笔书法，作品入选《中国硬笔书法鉴赏辞典》《中国硬笔书法精品大典》。

王作成（1933— ）

作曲家。山西洪洞人。1948年始从事音乐工作。曾任山西省歌舞剧院创作员。作有歌曲《祖国，我把爱献给你》《同心同德跟党走》，小提琴独奏曲《丰收忙》。

望　安（1936— ）

女歌词作家。湖南人。1958年开始发表作品。1961年

W

大学毕业。出版专集多本，其中含词作的个人诗集有《雪花》《白蝴蝶》《夸妈妈》《哈哈镜》等。获国家级奖的作品有词作《嘀哩嘀哩》《飞来的花瓣》《风铃》《漂亮的小男孩》《童话国》《流星》，诗集《彩色的小诗》等。

危大苏（1945— ）

作曲家。湖南人。曾任湖南电视台作曲，中国视协湖南分会理事。1970年毕业于中央音乐学院音乐学系。先后为三十余部（集）电视剧作曲，其中《杨老师》获1982年全国优秀电视剧"飞天奖"二等奖，《故园行》获湖南省优秀电视剧奖并获优秀音乐奖。作有歌曲《剪雪花》《妈妈爱我我爱她》等。

韦　虹（1919—已故）

作曲家。广东中山人。1938年入延安鲁艺音乐系。历任音乐教员、乐队指挥、文艺科长等。曾任吉林歌舞剧院院长。曾在中央民族乐团工作。作有歌剧音乐《不要杀他》《为谁当兵》。

韦　俊（1932— ）

指挥家。上海人。1945年入苏北新安旅行团。历任上海歌剧院、东方歌舞团、中央民族乐团指挥。指挥有舞剧《小刀会》。曾参加第八届世界青年联欢节，担任舞蹈比赛乐队指挥。

韦　明（1925— ）

歌剧编导家。江苏扬州人。1944至1951年先后参加新四军前线剧团、第三野战军文工团、华东解放军剧院，历任戏剧股长、演员队长。在话剧《甲申记》《前线》，歌剧《血泪仇》《白毛女》《碧海红旗》等演出中任主角。1961至1987年任总政歌剧团导演，执导《洪湖赤卫队》《同心结》《扬子江暴风雨》及中小型歌剧三十余部。曾在中央音乐学院、解放军艺术学院讲授表演课程。出版专著《中国歌剧艺术散论》，报告文学《长春起义》，淮海组歌《乘胜追击》。发表40万字的评论文章。曾任《歌剧艺术》杂志特邀编委。

韦　苇（1923— ）

作曲家。壮族。广西邕宁人。广西音协第三届常务理事、广西戏曲学会副会长、广西戏曲音乐学会顾问。1939年参加南宁战时工作团。1952年毕业于广西艺专后留校任教。历任广西歌舞团、广西壮剧团作曲。作有大合唱《太阳照进大苗山》参加第一届全国音乐周演出，广西评为一等奖。《了罗山歌》《好个日头好个天》《壮族歌圩》入选国庆十周年《歌唱祖国》选集出版，《红水河有三十三道弯》选入中央音乐学院《声乐教材曲选》。歌舞剧《刘三姐》第三、四、六场音乐设计。《金花银花》获广西和中央戏曲会演音乐设计优秀奖。著有《壮剧艺术研究》《壮剧音乐初探》，撰有《壮剧唱词格律》《壮族多声部民歌概论》。

韦福根（1949— ）

钢琴演奏家。江苏人。1969年毕业于上海音乐学院附

中，后入北京军区歌舞团。1979年入上海乐团。在第四届全军文艺汇演中获优秀演奏员奖。曾参加布达佩斯国际声乐比赛、维也纳国际歌剧歌唱家比赛，担任伴奏。曾在美国留学。

韦红雨（1963— ）

女琵琶演奏家。陕西人。中央电视台海外专题部编导。1976年在济南军区前卫歌舞团任琵琶、中阮演奏员。1987年毕业于沈阳音乐学院民乐系。曾多次参加全国性的民乐比赛并获奖。先后两次举办"韦红雨琵琶中阮独奏音乐会"。1987年在浙江电视剧制作中心任音乐编辑。曾担任《满江红》等近百部（集）电视连续剧的剪接和音乐编辑。1997年在央视海外专题部任编导，曾独立编导《绿色的呼唤》《探寻屈原》《人间仙境黄山游》等数十部文艺专题并多次获奖。

韦俊云（1931— ）

音乐教育家、理论家。浙江东阳人。1954年毕业于南京师大音乐系。曾任舟山师范、舟山中学音乐高级教师。浙江省音教会理事。发表音乐论文和声乐、器乐作品三十余篇（首），参编浙江师范学校《音乐》课本。上世纪90年代后，曾多次参加国际学术研讨会，并宣读论文《船家的心声——舟山船渔工号子浅析》《浅析东海渔歌六首》《翁洲走书探源》《新笛内径初探》《关于笛子音准问题的初步探索》。

韦来根（1946— ）

笛子演奏家。江苏扬州人。上海民族乐团演奏员。1959年入上海音乐学院附中，1970年毕业于上海音乐学院，1972至1985年任职于上海乐团。演奏的独奏曲曾录制唱片和音带。1978年参加上海市青年演员汇报演出获优秀奖。曾随团出访澳大利亚、新西兰、新加坡、香港等地演出，任笛子独奏。

韦柳春（1963— ）

女钢琴教育家。壮族。广西柳州人。广西艺术学院音乐学院副教授、钢琴系主任、硕士生导师。广西省音协理事，第十、十一届全国人大代表。全国社会艺术水平考级考官。1976年考入广西艺术学院附中钢琴班，1983年毕业于武汉音乐学院钢琴系，同年到广西艺术学院任教。曾多次举办个人钢琴独奏音乐会和参加全国、省区文艺演出。撰写论文多篇，所指导的学生曾在钢琴比赛中多次获奖。

韦模材（1939— ）

作曲家。广西岑溪人。1964年毕业于广西艺术学院音乐系作曲专业，后在广西音乐采风队工作。1966年入桂林地区歌舞团。曾任作曲、指挥、团长、文化局副局长、文联主席，1998年任桂林市音协主席。创作、上演大小型歌剧三十余部，歌曲、器乐曲三百余首，其中在省级及省级以上刊物发表百余首，获奖八十余首。歌曲《阿妹不责怪》获1983年全国民族团结歌曲评比二等奖，广西一等奖、广西政府"铜鼓奖"。

W

韦戎图（1938—）

小提琴演奏家、指挥家。壮族。广西上林人。广西艺术学院管弦系教研室主任。曾任中国音协广西分会理事、表演艺术委员会副主任。1963年毕业于湖北艺术学院管弦系，分配到湖北省歌剧院任管弦乐队首席兼教员。曾任湖北省歌舞剧院交响乐队、广西歌舞团交响乐队首席兼指挥。1988年执教于广西艺术学院。曾在武汉等地举办独奏音乐会，在广西首演《梁祝》小提琴协奏曲。指挥过歌剧《洪湖赤卫队》《江姐》，舞剧《红色娘子军》《白毛女》及多部中外交响乐作品。作有小提琴曲《工地上》，歌曲《盼来韶山的金太阳》，歌剧《送货路上》等。专著有《怎样演奏小提琴》。1999年获广西壮族自治区文艺界"十佳"艺术教育工作者称号。

韦世文（1939—）

指挥家。壮族。广西田阳人。1958年始从事文艺工作。1978年入中央音乐学院指挥系进修。曾在广西歌舞团工作，兼任广西广播电视爱乐乐团首席指挥。

韦水平（1936—）

单簧管演奏家。广西人。1957年毕业于中央乐团德国专家班。曾任部队文工团、华南歌舞团管弦乐队、广州乐团交响乐团单簧管首席。作品有女声小组唱《看谁抢先传捷报》，电视儿童舞蹈配乐《钱鼓舞》及单簧管二重奏《庆丰收》。

韦贤彰（1930—已故）

小提琴演奏家。广东人。1942年入上海国立音专（特别选科生），毕业于同济大学土建。1953年入中央乐团交响乐队，曾任乐队首席、独奏演员，社会音乐学院器乐系主任。

韦小华（1959—）

音乐活动家。北京人。1977年入武汉军区胜利歌舞团，任琵琶演奏员。1977至1978年在中央音乐学院民乐系进修琵琶专业。曾参加总政文化部举办的全军第四届文艺汇演，每年下部队及赴西沙海岛慰问演出近百场。1987年调入中国音协组联部、会员部，参与组织第一届至第七届"金钟奖"评奖活动，2003年"中华情"歌曲征集演唱系列活动及一至四届鼓浪屿钢琴节暨青少年（专业）钢琴比赛。撰有《时代呼唤着音乐评论——全国音乐评论座谈会在淮南举行》（合作），参与编纂《战士音乐欣赏手册》及民歌集成《江西卷》《陕西卷》《湖南卷》。

韦晓吟（1956—）

女音乐编辑家。北京人。中国唱片社音乐编辑，编译有大量音乐资料。作有散文诗集《冬的女儿》，歌词《茶花谣》（合作）于1982年获北京市新创作剧目评奖三等奖。

韦学利（1938—）

歌唱家。山东德州人。1958年入中央歌舞团，先后任独唱、合唱、声部长、副队长、声乐教员。演唱有《千山万水连着天安门》《我赶着大车跑的欢》，表演唱《逛亲城》，合唱《锁龙潭》，清唱剧《库里申科》，小歌剧《卖猪》《赶鸡蛋》及拉美歌曲等。曾参加音乐舞蹈史诗《东方红》《中国革命之歌》电影拍摄。多次参加为国家领导人和外事活动演出。

韦有琴（1942—已故）

女民歌演唱家。山东莒县人。1963年毕业于临沂师范学校。1964年入山东省歌舞团工作。1967年随团赴东非四国演出。演唱曲目有《沂蒙山小调》《沂蒙山区好地方》。

韦宇琛（1941—）

作曲家。广西梧州人。1963年毕业于广西艺术学院音乐系理论作曲专业，同年调中国音协广西分会，长期从事音协会务、音乐编辑、音乐创作。曾任广西音协专职副主席、《民族歌坛》主编、《芦笛》（词刊）主编。现为广西儿童音乐学会副会长、广西音乐文学学会副主席。作有歌曲《无题》《雨中》《世界》等。

韦郁珮（1926—已故）

音乐编辑家。浙江东阳人。1944年始先后就学于上海圣约翰大学、上海东吴大学法学院。后在中央乐团、中国音乐学院等单位任声乐教师。曾任中央音乐学院外研室《外国音乐参考资料》副编审。译有《苏联音乐及音乐生活》（合作）。

韦稚君（1944—）

管子演奏家。广西百色人。1956年在中央音乐学院附中学习，1967年毕业于中央音乐学院管弦系，曾任音乐学系教师。1968年起任北京市河北梆子剧团乐队演奏员，1974年起在中央芭蕾舞团、中国歌剧舞剧院任演奏员。参加了千余场音乐会、歌剧、舞剧演出，1976年随团赴欧洲演出时任管子独奏。参加《四世同堂》等十多部电视剧、电影的录制工作，并录制《中华古曲》《佛教音乐》《道教音乐》等。

韦祖雄（1966—）

作曲家、芦笙演奏家。水族。贵州三都人。黔东南民族歌舞副团长。1991年毕业于贵州民族学院艺术系作曲和芦笙专业。歌曲《花山白云》获孔雀杯创作评比优秀奖，舞蹈音乐《苗乡彩虹》获省文艺汇演二等奖，《苗都凯里惹人醉》获省文艺汇演三等奖。为大型芦笙艺术表演《沸腾的苗岭》担任编曲、排练。器乐曲《欢乐的日子》曾获第二届中国民间艺术节暨世界锣鼓节集体金奖，赴韩国参加比赛获优秀奖。撰写《二十八管半音阶芦笙》，将传统芦笙改为28管半音阶芦笙。

卫　成（1944—）

民乐演奏家。山西闻喜人。1962年考入中国广播民族乐团，演奏琵琶、大阮、中阮，任大阮声部长兼首席，参加本团全部演出、录音、录像工作，并担任本声部的独奏、领奏。曾参加中央音乐学院、中央民族乐团、中国歌剧舞剧院的演出。作有弹拨乐合奏《打谷场上心欢畅》等乐曲。随团先后多次出访日本、香港、澳门，参加当地艺术节演出。曾赴新加坡、德国、奥地利、瑞士、比利时、美国及台湾地区演出。2000、2001年两次随团赴维也纳金色大厅举办"新春民族音乐会"。

卫 东（1938— ）

歌唱家。天津人。1956年考入中央乐团合唱队。曾参加"第一届全国音乐周""北京第一届合唱节"和音乐舞蹈史诗《东方红》演出。多次参加纪念冼星海、聂耳音乐会演出，为国家领导人和各国首脑来华访问演出。演出的曲目有贝多芬《第九交响曲》、莫扎特《安魂曲》等。

卫培泽（1955— ）

二胡教育家。山西河津人。1982年毕业于山西大学艺术系二胡专业。先后在临汾地区文化宫、临汾艺校、山西师范大学音乐学院任教，教授，山西省音协理事。共发表二胡学术论文15篇其中两篇获奖。多次举办个人二胡独奏音乐会、二胡学术讲座。作有《二胡与钢琴》《二胡演奏中的'悬空媒介指'与'悬空保留指'》等。

卫睿华（1936— ）

女音乐教育家。上海人。1956年毕业于上海华东师大音乐专业，1958年毕业于北京艺术师范学院钢琴专业。后在内蒙古师范学院、青岛音乐学校任教，1980年始在青岛幼儿师范学校任音乐组组长，高级讲师。撰有《论幼儿嗓音保护》《如何发展幼儿嗓音》等文，编写《全国幼儿师范学校钢（风）琴课本》（共三册）。1998年与杨凌志指挥合作率青岛市老干部合唱团，在"夕阳红"全国老年电视合唱比赛中获金奖，2000年与杨凌志指挥率青岛市音协合唱团获国际合唱节金奖。

卫铁信（1955— ）

作曲家。河南偃师人。1980年参加洛阳市短期作曲培训班赴上海音乐学院学习。1970年入偃师豫剧团任演奏员，后从事音乐创作。1988年任偃师市人民文化馆副馆长。作有歌曲《中华之声》《黄河在呼唤》分别获，南省歌曲评选、省"团结奋进，振兴河南"歌咏活动创作三等奖，《农民情调》获"共和国五十年"入选作品奖。编纂《中国曲艺音乐集成、河南卷·偃师分卷》获二等成果奖。搜集整理民间曲艺音乐十余篇，被收入《中国曲艺音乐集成》中。为《包公戏娘娘》设计唱腔与音乐，为戏曲剧《金银情》写配器等。组织文艺工作者参加省市举办的文艺活动，获振兴偃师文艺二等奖。

卫仲乐（1909—已故）

民族乐器演奏家。上海人。曾任上海音乐学院民族音乐系主任、教授，第六届全国政协委员，音协上海分会副主席兼民委会主任。改编古琴曲《流水操》为民族器乐合奏曲。

蔚 成（1949— ）

作曲家。山西大同人。原中国唱片社成都分社副社长兼编辑部主任，原成都空军政治部文工团专职指挥兼作曲。曾指挥《江姐》《红灯记》《沙家浜》《智取威虎山》等歌剧、现代京剧、交响合唱。举办音乐培训班数十期，培训和受聘指挥合唱团数十个，并多次获奖。为歌舞剧《晋阳红旗颂》作曲，为三十余部歌剧、歌舞剧、舞蹈音乐和近二百首歌词配乐作曲。其作品在全军文艺调演中数次获创作奖。编辑出版唱片数十张，其中《回旋888》《世上只有妈妈好》和《鲁冰花》均获中唱优秀节目编辑奖。

魏 波（1958— ）

女歌唱家。山东寿光人。1983年在中国音乐学院民族声乐系进修班学习。1976年入吉林省歌舞团，1987年在省民族乐团任演员。曾获吉林省声乐比赛一等奖、民族唱法二等奖。曾为广播剧《响铃公主》等录制主题歌，首唱《关东情》《阳春白雪》等具有满族风格的创作歌曲。连续数年参加省春节晚会，并先后到北京、杭州、广州、宁波等二十余个城市演出近千场。曾获吉林省文化系统青年突击手荣誉称号。

魏 飞（1966— ）

女高音歌唱家。回族。宁夏灵武人。中央民族乐团演员。1991年毕业于中央民族大学。曾任宁夏回族自治区歌舞团演员。1997年获第四届中国少数民族艺术"孔雀杯"声乐大奖赛三等奖。曾为电视连续剧《爱在莫斯科》录制插曲。近年来参加国内许多重大的演出活动，担任独唱。

魏 煌（1958— ）

音乐理论家。辽宁葫芦岛人。1975年入辽宁锦西歌舞团任演奏员。1983年毕业于沈阳音乐学院管弦系，1985年毕业于沈阳师范学院教育系，同年入沈阳音乐学院任学报主任。发表论文《练琴中的高原现象》《演奏艺术教学刍议》《我国音乐教育理论发展的几个问题》《最近发展区理论在音乐教育中的意义》《音乐教育与科学》等。著有《音乐教育学》（合作），《苏联音乐教育》（合作），论文《音乐教育学的研究对象与性质》获国家教委全国首届优秀音乐教育论文二等奖。

魏 加（1959— ）

女小提琴演奏家。四川人。中央乐团交响乐队演奏员。1982年毕业于中央音乐学院。曾任中国煤矿文工团乐队副首席，参加中央乐团国内巡演并赴美国、西班牙等国家演出。

魏 晶（1960— ）

女高音歌唱家。山东人。1984年毕业于西安音乐学院本科，后进修于中央音乐学院。先后获西安首届电视大赛二等奖，陕西"聂耳·冼星海声乐作品演唱"女声组一等奖、全国特别奖，1987年获美国"丹杰罗青年艺术家国际声乐比赛"第四名。所教学生在全国、省级比赛中获得不同奖项。

魏 立（1942—1991）

女指挥家。台湾台中人。1963年毕业于天津音乐学院附中作曲专业。1968年毕业于中央音乐学院指挥系。后任中国铁路文工团指挥。合作有《啊，台湾》《清风细浪寄深情》《这是我的故乡》《遥望北京心头暖》《列车之歌》《美丽的台湾岛》《乡井谣》等歌曲和电影插曲。1979年赴美国加利福尼亚等音乐院校深造。1987年与台北乐团合作举行个人作品音乐会。曾指挥声乐合唱与闽南歌仔戏乐曲联奏，并赴美国演出。中国音协第三届理事。

魏 玲（1946— ）
女琵琶演奏家。辽宁铁岭人。1963年毕业于哈尔滨艺术学院，后任黑龙江省龙江剧院乐队琵琶首席。1992年在黑龙江省艺术学校任教。曾受聘于哈尔滨师范大学艺术学院、哈尔滨市少年宫、市教委中学生民乐团以及黑龙江大学艺术学院任指导教师与教授。撰文《龙江剧乐队伴奏三观规则》获第二届全国剧本评论征文二等奖，还撰有《浅谈琵琶夹弹、轮指训练》《论龙江剧音乐创作十六字方针》等文。曾赴日本、香港等地演出。曾获文化部"文华奖"优秀伴奏奖、省文化厅优秀伴奏奖、优秀园丁奖、优秀指导教师奖。

魏 玲（1964— ）
女钢琴教育家。天津人。1985年毕业于河北师范大学音乐系，并在该校音乐学院任教，副教授。2001年毕业于河北大学艺术学院。著有《乐理研究与实践》。撰有《论钢琴艺术史教育的必要性》《论德彪西的钢琴音乐风格》《如何诠释钢琴音乐作品的内涵》《大学生钢琴演奏之我见》《谈音乐在素质教育中的作用》等十余篇文章。《体育舞蹈与音乐关系》《钢琴艺术的灵魂》分获河北省第四届体育科学会议科研论文一等奖、河北省第五届"飞龙奖"二等奖。曾获河北省优秀钢琴指导教师奖。

魏 敏（1962— ）
女歌词作家。蒙古族。湖南人。广西音协理事、南宁市文联音舞曲协会常务副主席、广西音乐文学学会秘书长。1983年毕业于广西艺术学院音乐系二胡专业。1984年以来主要从事群众文化工作，组织、策划自治区及南宁市大中型群众歌咏、舞蹈、曲艺、卡拉OK大赛等活动。1990年开始写歌词，作有《民族之光》《共和国的脊梁》《童年的故事》《啊，红水河》《父亲》《我与你》《绿色的情怀》等，《敬茶歌》被选入广西民俗《礼仪歌》盒带。主编《南宁歌声》。

魏 群（1935— ）
作曲家。辽宁抚顺人。1948年参军，历任文工团员、军乐团小号、二胡演奏员、创作员。声乐、器乐作品有《海上女民兵》《芝麻开花节节高》《歌唱敬爱的周总理》《浪花啊浪花》《合欢花我心中的花》《天地之间的歌》《欢迎进行曲》《团结友谊进行曲》《军威进行曲》《祝你好运》、小号独奏《春天的歌舞》（以上作品个别的与人合作），1981年出版《魏群独唱歌曲选》。有近百首声、器乐作品在全国、全军获奖。有的作品在国外发表、演唱、演奏。曾任《歌曲》编委。中国轻音乐学会常

务理事，中国电视音乐研究会特约理事。

魏 戎（1957— ）
作曲家。内蒙古赤峰人。江南唱片社音乐制作，音乐监制。毕业于江西师范大学音乐学院。作有舞蹈音乐《血染的丰碑》《春江花月夜》，获江西省艺术节音乐创作一等奖。歌曲《用心牵着你的手》2006年获中宣部歌曲征集活动一等奖。歌曲《春天里的承诺》获"新世纪之声——优秀歌曲征集"二等奖。参加2009年江西省大型文艺晚会《江西是个好地方》（参加全国舞台艺术精品工程）的作曲、编创工作。

魏 松（1954— ）
男高音歌唱家、歌剧表演艺术家。满族。辽宁锦州人。中国音协第六、七届理事。上海音协副主席，上海歌剧院副院长。1977年毕业于上海音乐学院声乐系，师从周小燕。曾任沈阳军区前进歌剧团演员。主演歌剧《托斯卡》《图兰朵》《乡村骑士》《卡门》《奥赛罗》《茶花女》《西施》《楚霸王》《雷雨》《苍原》等。多次赴法国、德国、意大利、瑞士等国家和地区演出和举办独唱音乐会。曾获第二届全国青年歌手电视大奖赛美声唱法第三名，第十四、十五届"上海之春"优秀表演奖，全国少数民族声乐大赛美声唱法第一名及第五届"白玉兰"戏剧表演艺术奖最佳男配角，第八届中国艺术节"文华表演奖"等奖项。

魏 薇（1954— ）
女作曲家、音乐编辑家。辽宁鞍山人。任职于江西省人才交流中心。1990年毕业于上海音乐学院民族音乐作曲干部大专班，曾在上海音乐学院作曲指挥系、中央音乐学院硕士主要课程班进修。曾任江西南昌电台音乐编辑、中央电视台"音乐桥"栏目撰稿、编辑。作有民族管弦乐曲《乡音》获第三届全国民族管弦乐展播创作三等奖，由中央台播出。声乐作品有《仙鹤》《爱的距离》等，其中《哈达似的白云》获第六届央视青歌赛作品二等奖。曾编辑"音乐桥"节目五十余期，翻译《卡门》等外国歌剧及交响乐节目的英文字幕。

魏 莘（1958— ）
女歌剧表演艺术家。北京人。中央歌剧院演员。曾在歌剧《蝴蝶夫人》中扮演苏祖基、《卡门》中扮演梅塞德丝、《费嘉罗婚礼》中扮演凯罗比诺、《弄臣》中扮演乔万娜、《佳尼·斯基基》中扮演切思卡。先后赴日本、芬兰、美国、新加坡、香港、澳门、台湾等国和地区演出。在许多音乐会中担任独唱、重唱、领唱。

魏 岩（1916— ）
音乐教育家、编辑家。山东蓬莱人。1939年在桂林参加抗敌演剧队一队，后参加"新音乐"活动。1945年曾在毕节专区师范任教，并组织合唱团演出《黄河大合唱》。1948年入东北文工二团，曾任哈尔滨市音协副主席。1981年任职于贵阳市文联音协《新花乐刊》。编辑有《抗战音乐教材》《幼儿歌曲集》《和平进行曲》等音乐书籍。作

有《周总理访问到我家》《我是一棵好苗苗》《园丁颂》等歌曲，发表《论新音乐》《音乐美学漫谈》等文百余篇。曾任中国函授音乐学院贵州分院副院长、贵州省音乐教育研究会顾问。

魏 艺（1963— ）

作曲家。安徽寿县人。就职于寿县文化广电局创研室。安徽省音协理事。毕业于中国函授音乐学院作曲系。发表歌曲作品百余首。在省级电台、电视台播出并获奖的有《三月的小雨淅沥沥》《我为你播种，中国》《妈妈》《花枕头》《农家有支唱不完的歌》《我问你，月亮》《春雨田间路》等。在国家级电台、电视台播出并获奖的有《牛背上的孩子》《乡情》《老师的目光》《黄昏来到校园》《手拉手好朋友》《党是春雨党是太阳》等。撰有《泥土中飞出的旋律》。

魏宝贵（1936— ）

歌词作家。辽宁锦州人。1950年始从事部队文艺工作。先后任沈阳军区前进歌舞团团长，军区文化部副部长兼前进文工团总团团长。发表有大量词作，四十余件作词歌曲获全国、全军及省级奖。其中表演唱《新人新事出在新国家》，独唱《手拿枪心向党》《我为伟大祖国站岗》，队列歌曲（合作）《枪杆子永远听从党指挥》，独唱《师长有床绿军被》等。独唱《在那桃花盛开的地方》（合作）被文化部等单位评为"当代青年喜爱的歌曲"一等奖，并获第二届解放军文艺奖和"十年金曲奖"。电影《闪闪的红星》主题歌《红星歌》曾获全国少年儿童创作评比一等奖。辽宁电台曾举办作品演唱会。曾任辽宁省文联副主席、音协副主席。

魏宝正（1936— ）

低音提琴演奏家。北京人。中国人大徐悲鸿艺术学院、中央音乐学院、中央民族大学低音提琴客座教授。中国低音提琴学会常务理事。1957年入中国广播交响乐团，后任首席低音提琴，艺术委员会委员。1982年出任国际低音提琴比赛会评委（英国），1993年作为中国代表参加国际低音提琴协会学术年会，同时任国际低音提琴独奏比赛会评委（美国），1987年应聘参加世界爱乐交响乐团，在日本东京演出"音乐与和平"盛大交响音乐会。2001年应邀参加紫禁城午门"世界著名三大男高音音乐会"演出。1997年应聘任《低音提琴（业余）考级教程》编委会主编。

魏昌玉（1957— ）

音乐教育家。吉林四平人。从事业余声乐教学工作，撰有《发声健身训练法》收入在《中国新世纪创业文化研究与实践》专著，并获二等奖。《浅谈强化训练声音技术》《浅谈业余歌者怎样建立正确的声音概念》收入《中国现代社区文化建设文库》。从教学数十年，所教学员多人考上艺术、师范类院校，并在省、市音乐大赛中获奖。长期坚持对基层文艺骨干的辅导，2003年被评为省、市年度优秀骨干。

魏长柏（1945— ）

作曲家。辽宁本溪人。1978年考入沈阳音乐学院作曲系。毕业后任本溪市歌舞团作曲、指挥。1987年调入山东省日照市文工团任作曲指挥与群艺馆馆长，1993年任市艺术学校校长，曾为日照市音舞协会副主席。先后创作大量各类音乐作品。其中京剧电视剧《绿珠坠楼》获1984年全国市地盟广播协作会"优秀节目奖"，部分作品及论文在省以上获奖。

魏川晓（1921— ）

指挥家。四川达县人。1945年毕业于国立重庆师范音乐科，后就读于西南美专音乐系。1949年于第二野战军军事政治大学第三期毕业。先后在二野军大、第二高级步兵学校、哈尔滨军事工程学院等院校文工团任指挥，后调武汉军区政治部文工团任指挥。1957年结业于军委总政治部举办的东德指挥专家赫伏特合唱指挥训练班。1971年后历任中国第二汽车制造厂任总厂宣传队长、工会文体部副部长，十堰市音协顾问，东风汽车公司音协主席。

魏聪雯（1952— ）

女钢琴教育家。河南长垣人。1975、1991年先后毕业于河南大学音乐系、上海音乐学院钢琴系。先后任河南省豫西师范、洛阳教育学院、洛阳师范学院音乐系教师、副教授。撰有《中师生音乐基础训练探索》《歌唱的三大原则》《钢琴复调音乐》《音乐专业师资培养与素质教育》《我教音阶》。出版有《钢琴基础简论》《高校社会论丛》。曾获"伯乐奖""优秀指导教师"奖。

魏德泮（1947— ）

歌词作家。福建建瓯人。毕业于福建师范大学。历任音乐教师、建瓯市文联主席、福建省音协副主席兼秘书长。中国音协第六、七届理事、中国音乐文学学会常务理事、中国儿童音乐学会理事，省音乐文学学会副会长。数十首歌词在全国和省级征歌中获奖，其中《读唐诗》获中宣部"五个一工程"奖优秀作品奖、中国音乐"金钟奖"，《海峡之梦》获全国流行歌曲创作大赛一等奖及"五个一工程"奖优秀作品奖，《愿建广厦千万间》《海峡姐妹花》等5首获全国征歌一等奖，《土楼人家》《背新娘》等4首作品获省政府百花文艺奖，音乐剧《武夷情》获省剧本奖，多首歌曲MTV在央视播出。出版歌词选《背新娘》和理论专著《歌词例话》《乔羽论》。

魏阜荪（1930— ）

打击乐演奏家。浙江余姚人。1950年入中国铁路文工团乐队。1963年入中央芭蕾舞团交响乐队。

魏冠卿（1938— ）

声乐教育家。河北定兴人。1962年毕业于北京艺术学院音乐系民族演唱专业。曾为北京宣武区少年宫声乐高级教师。培养不少声乐人才，其中百余名学生在市、区文艺汇演和赛事活动中获奖，有的在全国与国际声乐赛事活动中获奖。发表论文《谈谈歌唱时喉头位置问题》《我是怎样解决歌唱中喉结上提问题的》《试论童声教学培训的三

w

个阶段》及音乐评论多篇。曾担任《中国歌坛》副主编，并主编《校外歌声》。合作编写《育儿新潮》等书。1998年曾赴巴西，在"巴西华人协会"作声乐讲学。

魏国政（1930— ）

音乐教育家。辽宁黑山人。1951年任锦州师范附小音乐教师，后任义县师范、锦州五中音乐教师，音美教研组长。曾组织少年合唱团，创办师范生合唱团、中学生铜管乐团，参加各种类型的运动会、集会的演出活动。作有歌曲《前进吧，黑山》《飞呀，飞向灿烂的明天》等，撰有《中学音乐教改实验与今后的设想》等文。参加锦州音乐教材编写组，合作编写了十余本小学音乐课本。

魏红斌（1950— ）

作曲家。河北魏县人。就职于魏县文化馆，邯郸市音协理事。1976年毕业于天津音乐学院理论作曲系。创作百余首歌曲在全国各地刊物发表，四部大型戏曲作品在河北省电视台播放。二十多首歌曲获省级奖和河北文艺"振兴奖"。器乐曲《春到山乡》获文化部、广电部创作三等奖。《更有幸福在前头》《在春晖中成长》分获文化部、广电部佳作奖、银奖。

魏鸿发（1922—已故）

音乐编辑家。天津人。大专毕业。曾在中央音乐学院进修音乐史等课程。曾任天津人民广播电台音乐编辑、记者。编有音乐故事《一个不寻常的音乐会》《小鼓手》等。

魏华良（1934— ）

音乐编辑家。湖南隆回人。1956年入总政歌舞团合唱队。1976年入人民音乐出版社任编辑。作有歌曲《医疗队员之歌》，编有《农村新歌》《电视歌曲》。

魏家稳（1936— ）

指挥家。辽宁沈阳人。毕业于沈阳音乐学院作曲指挥系。曾任内蒙交响乐团团长、指挥。内蒙文联第三届委员。曾在华北音乐节指挥贝多芬《第五交响曲》。作有小号协奏曲《草原颂》。

魏金栋（1959— ）

歌唱家。北京人。中国广播艺术团电声乐团团长。曾出版发行个人演唱专辑《中国龙》。演唱曲目有《大黄河》《送给你》《牧歌》《人民警察之歌》《龙船调》《宣言》《万众一心》《真想回家》等。曾多次赴台湾、香港、澳门、美国、加拿大、俄罗斯、日本、欧盟等地演出。曾获优秀民歌演唱大奖赛第一名。《大黄河》获民族唱法第二名和"孔繁森声乐作品"演唱比赛优秀演唱奖。1989年始连续三年参加中央电视台春节联欢晚会，多次参加中央电视台"心连心"艺术团的慰问演出以及中央和地方电视台举办的大型文艺晚会。

魏晋华（1950— ）

作曲家。河北井陉人。就职于北京海淀区文化馆。

1989年毕业于中国函授音乐学院。曾任山西阳泉矿务局二矿歌舞团团长、北京海淀评剧团副团长。儿歌《彩霞，你飘向哪》1986年获山西少儿歌曲评奖一等奖，女声独唱《家乡的黄土路》获山西省第三届"三民大赛"二等奖、全国农民歌手邀请赛优秀作品奖。

魏景世（1946— ）

小提琴演奏家。湖南长沙人。曾任海政歌舞团乐队小提琴分队长。1965年毕业于湖北艺术学院附中。先后在歌剧《刘胡兰》，轻音乐、杨文涛手风琴独奏、曹金琪小号独奏及卞小贞、胡宝善独唱任乐队首席。参加众多重大外事及国内重要演出及电影、电视剧等录音，曾获全军第四届文艺汇演伴奏奖。

魏景舒（1941— ）

作曲家。湖南长沙人。1963年毕业于武汉音乐学院理论作曲系，1979年获硕士学位。曾任职于潇湘电影制片厂。湖南省音协名誉副主席、省音协理论创作委员会会长。并任湖南涉外经济学院音乐系教授。作有影视音乐《贺龙军长》《竹山青青》《秋收起义》（该片获94年中宣部"五个一工程"奖），《湖南和平起义》《太阳花》等。发表歌曲数百首，有四十余首获全国及省级奖，另有一批器乐曲广播或出版。作有交响组歌《骄阳曲》，大型声乐套曲《青年毛泽东在长沙》（合作），专著有《小型乐队编配二十讲》《文艺湘军百家文库·魏景舒卷》《歌曲写作入门九讲》。

魏景文（1953— ）

小提琴演奏家。湖南长沙人。中国广播艺术团交响乐团副团长。1986毕业于上海音乐学院干部专修班，师从丁芷诺。曾任武汉乐团小提琴演奏员并随团赴意大利、瑞士、法国、台湾、香港等国家和地区巡回演出，多次参加澳门艺术节。曾与韩中杰等指挥家合作演出。录制有小提琴教学专辑《开塞小提琴练习曲》。

魏俊祥（1952— ）

作曲家。辽宁瓦房店人。1985年考入沈阳音乐学院作曲系。瓦房店市文化馆文艺部主任，副研究馆员，瓦房店民族乐团副团长、常任指挥。瓦房店市音协主席。作有大量歌曲、器乐曲、舞蹈音乐、戏曲音乐，获奖和发表的百余首（部），其中唢呐独奏曲《杂板》曾获文化部作曲二等奖、配器二等奖，双管曲《英魂颂》、吹咔《笑语欢歌庆丰收》、唢呐曲《喜讯传到果乡来》获辽宁省文化厅作曲金奖或一等奖。

魏开泰（1915—2005）

作曲家。湖南长沙人。1935年始从事社会音乐活动。后在长沙师范等校任音乐教员。1950年调湖北省文联任音乐部副部长。1952年任湖北省歌剧团首任团长。1978年始任省音协驻会主席。创作歌曲数百首，出版《出征歌集》《思乡曲集》《朵朵红云》（合作），《魏开泰歌曲作品选》。作有《太平桥》《一个志愿军的未婚妻》（合作），《高山流水》（合作）等十余部歌剧音乐。1982年曾组织创作《葛洲坝交响大合唱》，后在武汉第二届"琴台音乐会"演出，获优秀创作奖、演出奖。

魏乐文（1916—已故）

小提琴演奏家。山东济南人，1939年毕业于山东省立剧院音乐系。1952年任山东省音乐工作者协会副主席。曾任南京艺术学院音乐系副主任。

魏丽华（1968— ）

女二胡演奏家。黑龙江哈尔滨人。济南军区前卫文工团民乐队分队长。1999年毕业于解放军艺术学院文学系。多次参加大型文艺演出。1994年赴香港参加专场民族音乐会与山东新作品专场民族音乐会，并担任独奏。多次在军内外文艺汇演中获奖，其中于1995年获国际中国民族器乐独奏大赛二胡独奏优秀奖，1992、1999年分获全军文艺汇演二胡齐奏一等奖。

魏丽娟（1970— ）

女歌唱家。河北唐山人。河北省交响乐团演出中心主任。1999年河北省艺术学校音乐系大专班毕业，2005年毕业于北大艺术管理系。曾获河北省"桑塔纳"杯新人、新作、新风大赛二等奖，第三届中国音乐"金钟奖"铜奖及意大利第十届国际声乐比赛最佳荣誉奖等。在河北省委宣传部和文化厅举办的重大文艺晚会上担任独唱。演唱作品有《思念》《故园恋》《凯撒大帝》等。出版个人演唱专辑《别梦依依》。

魏鸣泉（1921—2000）

男高音歌唱家、声乐教育家。四川开江人。1940年考入成都南虹艺校学声乐。1943年入国立音乐院分院深造，师从谢绍曾、蔡绍序等。后又师从周小燕和俄籍教授苏石林。1948年在中国乐舞学院任教务主任兼声乐教员。1949年在上海录制其谱曲的《送军粮》和《我是人民的歌手》及《农民小唱》和《行军小唱》两张唱片。后调上海电影制片厂音乐组，合作创办"上海音乐专修班"。1951年调中央乐团，担任独唱、声乐教员及合唱队长。曾随中国艺术团赴苏联等东欧国家演出。还随中央乐团赴全国各地巡回演出。1959年在中央乐团演出"贝九"四重唱中担任男高音领唱。演唱有四川民歌《太阳出来喜洋洋》及西洋歌剧选曲《星光灿烂》，风趣歌曲《瓦夏之歌》等。1981年调中国音乐学院任教，歌剧系主任、教授。

魏企翔（1940— ）

长号演奏家。上海人。1964年毕业于上海音乐学院。1960年任上海交响乐团长号首席。曾在上海音乐院、南京艺术学院兼课。作有小品《摇篮曲》。

魏启贤（1921— ）

男中音歌唱家。辽宁沈阳人。1947年毕业于南京国立音乐院声乐系，留校任教。1949年始先后在中央音乐学院、中央乐团担任教学和独唱。曾多次举行独唱音乐会。曾在中央乐团社会音乐学院任教。

魏起有（1970— ）

男高音歌唱家。吉林松原人。1997年毕业于吉林省师范学院音乐系。中国石油吉林油田分公司采油厂工人。演唱歌曲《我的石油大嫂》《走进吉林大油田》等，创作（词、曲）并演唱《有一只鸿雁》《西部放歌》《美丽的松原》，特别为聋哑儿童创作（词、曲），演唱《最美的语言》《疼爱妈妈》。先后在全国石油职工新人新作歌手大赛、第三届全国石油职工歌手大赛、第五届石油职工艺术节分别获民族唱法一、二等奖和银奖。多次随吉林省歌舞剧院、吉林民族乐团到生产一线慰问演出。

魏秦芳（1943— ）

女音乐编辑家。陕西西安人。1966年毕业于中国音乐学院声乐系。1969年入河南歌舞团任独唱演员。曾任中央人民广播电台文艺部音乐编辑。全国少数民族声乐学会理事。

魏庆荔（1956— ）

作曲家、指挥家。河南信阳人。大学本科学历。海南省群众艺术馆音乐舞蹈部主任。所创作与指挥的音乐作品先后获文化部节目金奖2个，指挥金奖2个，创作一等奖4个，银奖4个及省、市奖多个。所创作的作品参加全国、省、市文艺演出三百场，1999年在北京音乐厅指挥"椰风海韵"专场民族音乐会。发表论文9篇，歌曲近百首，出版发行盒式录音带5盒。曾为电视片《茶梦》《红色的土地》作曲。2002年被海南省人民政府授予为海南省文化艺术事业"作出突出贡献的优秀专家"称号。

魏秋荣（1930— ）

女声乐教育家。天津人。1953年毕业于北京师范大学音乐系。曾在北京师范学院音乐系教授声乐。曾任声乐教研室副主任。多次获教学优秀奖及院系教师独唱独奏评比音乐会最高奖。

魏瑞祥（1928—已故）

作曲家。陕西子长人。1946年始从事音乐创作。1957年毕业于西北艺术学院音乐系理论作曲专业。1958年始在西安电影制片厂从事电影音乐创作。作有电影音乐《桃花扇》《苦果》《叛国者》。

魏盛海（1953— ）

男高音歌唱家。河北人。华药宣教文体部部长。毕业于河北师大音乐系。1974年参军从事专职文艺工作，担任独唱演员。曾任河北陆军预备役步兵师交响乐团副团长。所唱歌曲曾在省电台、电视台播放。所指导的华药职工合唱团多次获全国、省、市级合唱比赛大奖。2000年与中央电视台《同一首歌》剧组共同完成了大型歌会《走进石家庄》。2001年获中国视协企业分会举办的"企业之歌比赛"金奖，同年7月参加在北京举办的中国企业职工合唱大赛获金奖。

魏世夫（1957— ）

作曲家。天津人。1987年毕业于沈阳音乐学院作曲系。内蒙赤峰学院音乐系音乐理论副教授。创作音乐作品

W

百余首，其中有歌曲《西拉沐沦之歌》《感受奥运》《草原在呼唤》《我们是龙、我们是火》《我的祖国》《马背上的小哥》《画草原》《快乐的新学年》《我是草原小骑手》分别获全国母亲河征歌三等奖、"支持北京申奥全国歌曲创作大赛"二等奖、"中国环保歌曲征集公益歌曲"三等奖、全国石化石油歌曲创作三等奖，在《儿童音乐》刊发。

魏世华（1954— ）

作曲家。陕西咸阳人。1970年入咸阳市文工团，后在青岛市文联工作。作有歌曲《一生好比一支歌》《美丽的青岛》等。

魏守强（1943—已故）

音乐教育家。湖北人。1967年毕业于武汉音乐学院声乐系。曾在鄂西北竹溪县文工团任主要演员，1979年调入襄樊市歌舞剧团从事声乐教学，并任音乐舞蹈诗剧《洪湖的女儿》声乐艺术指导。1995年担任襄樊学院艺术系客座教授。撰有《变声期嗓音保护与训练》获湖北省艺术教育奖。培养大批专业及业余声乐人才，有七十多人次先后在国家、省市歌手大赛中获奖，十多名受聘于省市专业艺术团体，五十多名分别考入全国音乐艺术院校。

魏苏杭（1964— ）

女音乐教育家。河南许昌人。毕业于河南大学音乐系，进修于中央音乐学院。1981年起任许昌文化艺术学校二胡、钢琴教师，为高等院校及文艺团体培养众多演奏人才。撰写《悟乐》《器乐教学中的素质培养》《二胡演奏中的音乐表现》《二胡的揉弦及表现风格》《漫谈音乐之特性》等文，先后在刊物发表并获奖。歌曲《最美莫过爱国情》获河南省第七届歌曲创作二等奖，并在民间音乐舞蹈比赛中获金奖

魏天葆（1948— ）

作曲家。河南南阳人。1968年始从事文艺工作。南阳地区越调剧团原团长、南阳市戏曲工作室主任。长期从事越调音乐设计、研究及剧本创作。《中国戏曲音乐集成·河南卷》编委，《河南越调音乐》主要编纂人，国家科研项目《河南濒灭剧种的抢救与发展研究》主要参加者。撰文《越调唱腔曲牌与早期音乐体制》等数十篇，出版《河南越调音乐概论》。曾获第一、二届中国王国维戏曲论文奖和田汉戏剧奖。独立和合作剧本多部，在《剧本》《河南戏剧》等刊物发表和立于舞台，曾参加第七届中国艺术节演出。

魏铁柱（1946—已故）

扬琴演奏家。北京人。1969年毕业于中国音乐学院器乐系。1973年入中央乐团。1983年入中国音乐学院并兼任东方歌舞团客席演员。著有《扬琴演奏法》（合作），录有《扬琴独奏曲选》（合作）。

魏廷格（1942— ）

音乐理论家。黑龙江人。1962年毕业于吉林艺专音乐系。后入吉林省歌舞剧院任钢琴演奏员兼指挥。1981年毕业于文学艺术研究院研究生部获硕士学位。曾在音乐研究所工作。撰有《论我国钢琴音乐创作》等文。

魏廷章（1942— ）

唢呐演奏家。吉林人。1959年始从事部队文艺工作，为唢呐独奏演员。曾任沈阳军区政治部前进文工团政委。曾参加音乐舞蹈史诗《东方红》大歌舞的排演工作，参加全军第三、四、五届文艺汇演，首届中国艺术节，全国第一届民族管弦乐展播等。曾随中国民间艺术团赴巴基斯坦、埃及、乌干达等国访问演出，任独奏和伴奏。曾应聘为沈阳音乐学院本科及附中、辽宁戏校教授唢呐。改编创作并演奏唢呐曲《十八板》《河北梆子调》。1987年演奏《百鸟朝凤》由中央电视台元旦向全国现场直播。

魏喜奎（1926—1996）

女曲剧表演艺术家。河北人。自幼习艺。曾任北京曲艺曲剧团演员。1957年获第六届世界青年联欢节民歌比赛金质奖章。主演故事片《方珍珠》，曲剧《杨乃武与小白菜》《箭杆河边》等。

魏显忠（1940—2009）

笛子演奏家。辽宁沈阳人。辽宁民族音协副主席、中国竹笛学会副会长。辽宁歌舞团演奏员。1959年始从事专业笛子演奏。创作并演奏笛子独奏曲《扬鞭催马运粮忙》，被选作澳洲广播电台华语节目开始曲。曾出访阿尔巴尼亚、罗马尼亚、南斯拉夫、巴基斯坦、法国、日本、朝鲜、澳大利亚等国家及香港地区。获法国第二十六届"贡福朗"国际民间艺术节"明星团"称号，并受到文化部的通令嘉奖。出版专辑《中国名曲》《中国笛子》盒式带，1997年录制笛子演奏专辑《扬鞭催马运粮忙》《梅花三弄》CD。

魏晓彬（1968— ）

女高音歌唱家。安徽定远人。江苏省仪征化纤艺术团演员。1993年起先后毕业于上海音乐学院声乐系干部班、扬州大学大专班、南京政治学院艺术系。曾获上海电台"华旋杯"声乐比赛二等奖，"推新人大赛"江苏赛区一等奖，"中国石化文艺调演"演唱一等奖。在北京参加"用心装饰世界"文艺汇演，演唱的《七彩人生》获最佳演出奖。

魏新民（1957— ）

音乐教育家。甘肃甘谷人。1983年毕业于西北师范大学音乐系。曾在天水第二师范学校、天水市一中、天水师范专科学校任教。后历任湛江师院艺术系声乐教研室主任、系副主任、副教授。曾任天水市音协常务理事副秘书长。在第二、三、四、五届全国青年歌手电视大奖赛甘肃预选赛中分获专业组民族唱法鼓励奖、业余组民族唱法一、二等奖。撰有《论歌唱气韵美的形成》《听觉误差对声乐教学的困扰》《论歌唱者主体气质的张扬》。

魏秀峨（1923— ）

女声乐教育家。福建人。1945年毕业于上海音专钢琴

857

系。为上海音乐学院声乐系教授。

魏秀荣（1942— ）

女音乐活动家。河北永年人。河北省群艺馆研究馆员、河北省音协副主席。1967年毕业于天津音乐学院民族声乐系，1969年分配到河北省歌舞剧院，曾任歌剧队副队长。1983年任保定地区文化局副局长。1986年调省群艺馆任副馆长。1986年组队赴京参加"全国民间音乐舞蹈比赛"。1991年策划并组织"中国民歌演唱邀请赛"。1995年参与策划并组织"河北省纪念抗日战争胜利五十周年大型群众文艺晚会"，任总导演。1996年获文化部、广播影视部颁发的辅导三等奖两个，1995年在全国第五届"群星奖"（音乐类）评奖中获文化部辅导金奖。

魏雅鸣（1955— ）

打击乐演奏家。北京人。中国歌剧舞剧院民乐团团长，中国民族管弦乐学会理事、民族打击乐专业委员会常务理事，中国儿童音乐学会会长。1978年起参加了本院众多的歌剧舞剧演出，如《白毛女》《小二黑结婚》《原野》《贺龙之死》《刘胡兰》《窦娥冤》等。编写了木琴独奏曲《儿童歌曲联奏》及《木琴基本练习》《云锣与排鼓》《小军鼓独奏曲》等。2000年策划民乐团近百场民族音乐精品音乐会。

魏砚铭（1952— ）

扬琴教育家。天津人。1976年毕业于天津音乐学院留校任教，后任弹拨教研室副主任、副教授。作有器乐曲《思》，二胡独奏曲《梆子风》，笛子独奏曲《牧场欢歌》等。著有《扬琴曲集》（1、2）、《扬琴初级教程》等，其《徒手练习操》《扬琴左手技术练习》均获天津科研项目成果奖。曾参加全国丝竹乐比赛获二等奖，1993年后参加新加坡"龙腾虎跃"音乐会、"狮城乐团"音乐会，并在新加坡讲课与培训打击乐演奏人才。

魏永华（1954— ）

音乐教育家。福建南靖人。福建南靖一中音乐教师。1979年福建师大艺术系毕业。创作歌曲《我为庄稼献食粮》。培养的学生多人考入上音、川音、中国音乐及省内音乐院校。指导的学生在省市县各级音乐比赛中有多人获奖。多次被评为"优秀园丁奖""优秀音乐教师"。

魏幼勤（1954— ）

女小提琴演奏家。江苏南京人。1972年毕业于江苏省南京艺术学院管弦系。任江苏省歌舞团、管弦乐团演奏员，2004年调江苏交响乐团。曾参加舞剧《白毛女》《红色娘子军》《草原英雄小姐妹》，歌剧《金孔雀》《木棉花开》《茶花女》《弄臣》《孙武》，交响乐《霸王鼎》，交响序曲《血与火》等大型剧目的演出，与多位著名指挥家合作演奏大量中、外名曲，参加慰问部队、厂、矿、农村的演出。

魏雨修（1925— ）

女钢琴教育家。安徽涡阳人。1937年参加抗日救亡文艺宣传队。1947年毕业于国立音乐院键盘专业。曾执教于南京师范大学，任音乐系副教授。从事钢琴教学四十年，培养大批专业演奏人才。编著有《钢琴教材》，撰有《关于钢琴教学基础训练的几个问题》《钢琴教材教法的原则和实践》《孩子学钢琴问题解答》等文。作有《菊花》《快乐的舞曲》等歌曲，改编《阿拉木汗》等钢琴曲。多次获优秀教学奖。

魏育茹（1960— ）

女中阮演奏家。满族。北京人。中央民族乐团阮声部首席。中国民管会理事、阮专业委员会副会长。曾多次赴亚洲、非洲、欧洲、美洲的几十个国家和地区演出。录制的中阮独奏曲磁带及CD唱片有《云南回忆》《悠悠情思——魏育茹中阮专辑》等。编著出版《中阮自学入门与提高》《阮柳琴演奏基础教程》《阮柳琴演奏曲集》等中阮教材。1998年在北京音乐厅举办"雪雁南飞——魏育茹阮独奏音乐会"。曾获"第十三届世界青年联欢节"金奖及国际中国民族器乐独奏大赛二等奖。

魏云龙（1936— ）

音乐教育家。河北唐山人。1986年毕业于石家庄教育学院音乐专科。曾任天津"海河"合唱团、红领巾合唱团，南开文化宫艺术学校钢琴伴奏、辅导教师。作有歌曲《毛主席的战士人人爱》《人民教师多光荣》《思念祖国》等多首，发表或获优秀奖。组织、指挥省会职工百人合唱比赛，获优秀奖。在十省市幼教专业技能比赛中获优秀指导教师奖。

魏占河（1932— ）

作曲家、音乐学家。山东陵县人。1948始从事文艺工作，1953年毕业于上海音乐学院干部专修班。山东省艺术馆原音乐部主任、研究馆员。创作歌曲近百首，戏曲、舞蹈音乐二十余部。搜集大量民间音乐，整理出版二百余首（套），撰写论文三十余篇。主持、参与民歌等三部音乐集成的编纂工作，获文化部颁发的"特殊贡献个人奖"等奖项。先后被省政府、文化部、人事部评为"有突出贡献的文艺工作者""全国文化系统先进工作者"。

魏志章（1940— ）

声乐教育家。甘肃兰州人。1959年考入西安音乐学院附中，1962年升入本科声乐系。曾先后就职于甘肃省歌剧团、延安歌舞团、甘肃省敦煌艺术剧院。1985年调入西北民族学院任声乐教研室主任。兰州高等师范专科学校音乐表演系特聘教授。培养的学生在历届全国电视大奖赛等专业比赛及省级专业比赛中获一、二等奖。发表《歌唱语言的建立》《字正腔圆的渊源及含义》《我国民族声乐理论的渊源及发展》等文。

魏中珂（1933— ）

女音乐活动家。吉林人。1955年毕业于东北音乐专作曲系。后入中央音乐学院进修。历任《哈尔滨文艺》音乐编辑，哈尔滨艺术学院作曲系教师，后到中国音协《歌曲》编辑部工作。1973年调文化部音乐舞蹈处，曾任处

W

长。后任文化部艺术局副局长，中国音协第四届书记处书记。长期从事音乐活动的组织、领导工作，主持举办过众多大型音乐活动。

温　冰（1935—1997）

作曲家。河南禹县人。1948年起在部队从事文艺工作，1954年转业到河北省寿王坟铜矿任俱乐部主任，后调河北省承德市文工团任乐队队长、指挥及作曲，1961年任承德市群艺馆音乐专职干部。曾任河北音协理事、承德市音协副主席（常务），作有歌曲《铜矿工人之歌》《承德好啊山庄美》等，舞蹈音乐《红领巾》《热河泉的传说》等，器乐作品《美丽的热河泉》。撰有《承德寺庙音乐初探》《关于承德宫廷音乐》。

温　佩（1946— ）

作曲家。云南昆明人。云南省音协第四届常务理事、云南省滇剧院艺委常务副主任、艺术创作研究室主任。1958年投入滇剧艺术工作，曾任演奏员、音乐创作员。1985年毕业于上海音乐学院戏曲作曲专科学院。先后为剧院四十余台大型上演剧目谱写音乐。《关山碧血》获文化部颁发的音乐设计二等奖，《碧血儿女》《光明宫》《南国风》均获省音乐创作奖。为云南省庆祝建国55周年重点剧目《童心说》创作音乐。发表有关滇剧音乐论文十余篇，《论滇剧唱腔的艺术流派》获云南省文化艺术基金论文三等奖。

温　萍（1931— ）

女作曲家。广东梅县人。广州星海音乐学院副教授、硕士生导师。毕业于广州音乐专科学校，后留校任教。编撰有《歌曲作法》《曲式》等教材。作品有交响组曲《南海之歌》《井冈山剪影》，电视剧音乐《珠江情》，弦乐四重奏《井冈山上太阳红》，广东音乐《花城佳节》，声乐套曲《珠江风情》，大合唱《郑和颂》，歌剧《丹江长虹》，舞蹈《红灯情》。发表声、器乐作品八十多首。编撰出版《客家山歌探胜》《粤东奇葩》《客家音乐文化概论》等。发表论文六十余篇。

温　群（1932—1996）

歌唱家。广东梅县人。1960年毕业于上海音乐学院声乐系。后历任上海歌剧院歌剧演员、上海乐团独唱教研组成员及广州星海音乐学院声乐系副教授。曾主演外国歌剧《茶花女》《蝴蝶夫人》，歌剧《草原之歌》《刘三姐》《江姐》等剧目。参加数届"上海之春"音乐会任独唱、重唱并获青年歌手称号。参加《幸福河大合唱》《南海风暴》等合唱。撰文有《谈男高音获得真音的途径》《历史的疏漏》等。所教学生中多人获国内外声乐比赛奖项。

温　森（1943— ）

歌唱家、合唱指挥家。满族。北京人。1969年毕业于中国音乐学院歌乐系。后入河南省歌舞团。1996年在河南省歌舞剧院任歌剧团团长。曾参加歌剧《洪湖赤卫队》《江姐》《梅花案》等排练与演出，导演河南省"建党75

周年暨中国工农红军长征胜利60周年文艺晚会""金色的中国中西部"等大型文艺晚会。排练、指挥郑州铁路局合唱团参加"团结奋进、振兴河南"合唱比赛获金奖，排练指挥中国人民银行河南省分行合唱团参加比赛获金奖。

温　潭（1924— ）

小提琴教育家。广东梅县人。曾就读于岭南大学英文系。1950入中央音乐学院华东分院音乐工作团任演奏员兼乐队业务组长。1953年调上海交响乐团。先后受聘于市少年宫、市青年宫辅导乐队及上海音乐学院附中小提琴任兼课教师。1984任交响乐团艺术室编译。英语译文《上海犹太侨民的贡献》由美国犹太杂志《在东方》登载。编写中英文对照的上海交响乐团团刊并获上海市委宣传部对外宣传小组鼓励奖。

温恒泰（1954— ）

男中音歌唱家。广东梅县人。中国教育学会音乐教育专业委员会声乐学术委员会副主任委员，星海音乐学院声乐教授。1972年考入广东连南瑶族自治县民族歌舞团任独唱演员。1978年考入广州音乐学院（星海音乐学院前身），1982年毕业留校任教。

温弘之（1938— ）

作曲家、音乐编辑家。天津人。中国社会音乐研究会副秘书长、《歌曲》编辑部副编审，兼任艺术院校、师范院校客座教授。1960年毕业于北京艺术师范学院音乐系，留校任教。参加过教学大纲及教材的编撰工作。1978年调中国音协。学生时代起即发表歌曲，多次获奖，部分作品入选音乐教材。作有《少年民兵歌》《如果有人问我》《我们的旗帜是共产主义》《你不要问我是谁》《你是一朵云》《小雨的季节》《献给母亲》《故乡的云》（合作），《银河》《我们拥有一个名字——中国》（改编）等歌曲。曾为《音乐欣赏手册》《实用中小学音乐教师手册》等书撰文。编撰有《儿童歌曲写作常识》，编辑出版有《中学生歌曲选》等。

温欢纳（1916—已故）

女音乐教育家。广东揭阳人。1937年毕业于南京中央大学音乐系。长期从事音乐教育。曾在南京师范学校、宁海中学任教。作有钢琴曲《我爱祖国的台湾》，歌曲《新年祝愿》等。

温可铮（1929—2007）

声乐教育家、歌唱家。北京人。原中国音协理事，上海音乐学院声乐系主任、教授。美国纽约华人爱乐合唱团团长、艺术总监。上海音院，中国音院，同济、扬州、海南大学及南师音院教授。上海市连续三届政协委员。上世纪40年代考入国立音乐院，1950年执教金陵女大音乐系，后在上海音乐学院任教。1950年在京津宁举办个人独唱会。1956年获全国声乐比赛榜首，1957年获莫斯科国际声乐比赛银奖。曾两次应康乃尔大学音乐系之邀赴美讲学。其独唱音乐会遍及亚、美、欧。2004年获美加州荣誉演出奖状。多次担任国际、国内声乐比赛评委。出版有演唱及教学CD与画册。

温连贵（1941— ）

琵琶演奏家。辽宁沈阳人。1958年始从事演奏。曾在辽宁省歌舞团工作。创作并演出的曲目有弹拨乐合奏《天山之春》等。

温明兰（1933—已故）

女高音歌唱家。山东黄县人。1948年入长影乐团工作。1955年获吉林省专业音乐会演一等奖。为电影《神秘的旅伴》《芦笙恋歌》《我们村里的年轻人》配唱插曲。

温庆民（1959— ）

男高音歌唱家。吉林怀德人。1995年毕业于中央音乐学院声歌系，2000年毕业于齐齐哈尔黑河分校音乐系。曾在黑龙江省黑河市民族歌舞团任声乐演员、黑河市人民艺术剧院副院长。1992年主演歌剧《山魂》获省艺术节一等奖，曾参加黑龙江省第四届青歌赛获专业组美声唱法三等奖，1997年获省文化厅举办的声乐比赛专业组美声唱法二等奖，同年获"黑龙江省歌坛回顾"群星荟萃大赛专业美声组银奖。1994年举办个人独唱音乐会。策划和导演《祖国万岁》《我们走在大路上》等歌舞晚会。曾赴俄罗斯演出并在电视台录制3首中国歌曲。

温诗荣（1929— ）

小提琴演奏家。广东梅县人。1957年毕业于中央音乐学院管弦系，同年入中国广播交响乐团任演奏员。创作、改编管弦乐曲《庆丰收》《黄河颂》《迎宾曲》等二十余首。后入苏联专家班学习。曾参加音乐舞蹈史诗《东方红》演出，担任中提琴首席。先后赴意大利、法国等十余个国家演出并兼任翻译。

温天明（1936— ）

小提琴演奏家。客家族。香港九龙人。1959年毕业于中央音乐学院。历任中央乐团、中央歌剧院演奏员、北京京剧团乐队首席、中国歌剧舞剧院演奏员。

温有道（1936— ）

戏剧作曲家。山东人。宁夏歌舞团演奏员。1950年在西北独立第一师文工队任演员。1958年调宁夏文工团任演奏员，后到艺研室工作，同时兼任银川剧院歌舞剧团演奏及作曲。曾为该团谱写过大型现代眉户剧《妇女代表》《迎春花开了》《粮食》等。有十余首歌曲，获全国、省、地市级的奖励。所谱写的茂乡戏《月难圆》音乐获自治区音乐创作三等奖。谱写的夏剧《皇封乞丐》音乐参加中国第二届艺术节的演出。还谱写过夏剧《中秋月》《豫海莫花》以及古装喜剧电视片《打面缸》的音乐。

温钰泽（1937— ）

声乐教育家。满族。北京人。1960年毕业于中央音乐学院声乐系，先后执教于中央音乐学院、中国音乐学院声乐系。1972年调任总政歌剧团声乐指导、演员队队长。在《傲蕾·一兰》《大野芳菲》等十余部中外歌剧中扮演重要角色。为《这里黎明静悄悄》《托斯卡》等配歌，举办《中国歌剧发展史》讲座。1996年组织"育英贝满校友合唱团"担任指挥、声乐指导。2002年获国际合唱节比赛银奖，"夕阳红"全国电视大奖赛金奖第一名。编辑出版《中外合唱歌曲精选》。

温增源（1955— ）

音乐编辑家。山东济南人。《音乐大观》杂志社主编，山东省音协理事。1980年毕业于山东艺术学院音乐系，曾任泰安三中音乐教师。撰写有《中国民间器乐集成·山东卷·综述》，主编有《中国音乐文物大系·山东卷》等。撰写近百篇学术论文、音乐评论和音乐人物访谈，部分刊登于《人民音乐》等刊物。曾研制仿古乐器"泗滨编磬"并获国家文化科技成果奖。

温中甲（1945— ）

作曲家。河北唐山人。中国歌剧舞剧院作曲。毕业于中央音乐学院作曲系，师从杜鸣心教授。作有舞剧音乐《魂的和弦》《霸王别姬》，歌曲《未了情》《同心曲》《重整山河待后生》《就恋这把土》及《南腔北调大汇唱》，并为电影《无敌鸳鸯腿》《杂嘴子》，电视连续剧《四世同堂》《夜深沉》《平凡的世界》等作曲，部分作品曾获国内外相关奖项。曾与多位歌唱家合作，为其编曲录制演唱专集。曾多次参与中央电视台春节晚会和其他大型晚会的音乐制作，并任文化部多届春节电视晚会的策划和音乐总监。

文 采（1929—1988）

歌词作家。河北承德人。肄业于中国大学哲学教育系。1949年从事部队文艺工作。曾任空政文工团创作室负责人。1976年入人民音乐出版社任编辑部主任、副编审。作有歌词《地勤战士之歌》《李大娘看闺女》，歌舞表演《碧空姐妹》。

文 进（1929— ）

作曲家。山西介休人。1984年至1993年任介休市政协副主席。1949年毕业于华北大学第三部音乐科。先后在山西省总工会文工团及省文联、音工组、群艺馆、音协、介休文化馆任作曲、指挥，《创作歌选》《山西歌选》《激流之歌》编辑。在省和国家级报刊、电台发表、播出歌曲四百余首，获奖二十余首。出版有歌剧《光荣的开始》《婆媳之间》《仙泉取水》（作曲），编著有《怎样识歌谱》《音乐基本理论》。

文 平（1954—已故）

作曲家。湖北沙洋人。曾任湖北省荆门市文联副主席、音协主席、市政协常委、市群艺馆文艺部主任。曾毕业于湖北艺术学院作曲系，进修于中国音乐学院作曲专业。曾任荆门市京剧团乐队指挥、乐队长。创作戏曲、舞蹈、声乐、器乐、电视音乐数百首（部），在国家、省市级各类比赛中获奖百余件。其配器指挥的大型现代荆州花鼓戏《闹龙舟》获"文华奖"，作曲指挥的唢呐独奏《楚乡花鼓》获全国唢呐比赛二等奖，在国家级、省级、地市级刊物发表、播放作品八十余件。

文 岩（1956— ）

　　作曲家。湖南元江人。东北师范大学音乐学院毕业后任该院作曲系主任、教授、硕士生导师。曾在第六届亚洲冬季运动会开幕式、第六届长春电影节六十余场国家及省市大型晚会中担任作曲和音乐总监。撰有《电脑音乐制作与乐队编配》《"新民乐"漫谈》《作曲家瞿希贤的音乐世界》《音乐专题——理想之光》等文。

文 彦（1921— ）

　　女音乐资料家。湖南长沙人。1941年参加抗敌演剧队。1945年入国立音乐院理论作曲系。曾任中国音乐研究所资料室主任。副研究馆员。编有《河北民间歌曲选》《单弦牌子曲选集》《中国音乐期刊目录》（合作）。

文春芳（1971— ）

　　女歌唱家。江西九江人。2006年毕业于解放军艺术学院。南京军区前线文工团独唱演员，曾任南昌陆军学院宣传处播音员。演唱曲目《咸咸的世界》《公元1997》《香港的故事》分别获中央电视台"中国歌坛辉煌20年、喜迎香港回归全国青年歌手大赛江苏赛区各种奖项。先后获全国首届艺术歌曲比赛、文化部全国新人新作比赛、第七、八届中央电视台青歌赛、南京军区第二届"东线银屏杯"歌手大赛荧屏奖等奖项。出版《泡桐花影》CD等音像制品。

文佳良（1962— ）

　　笙演奏家、作曲家。辽宁沈阳人。任职于沈阳军区前进歌舞团。中国民族管弦乐学会理事。在全国第三届民乐器乐作品展播中，创作并演奏的笙独奏曲《冬猎》获作品二等奖及优秀演奏奖，后参加国际中国民族器乐比赛获笙独奏二等奖。2000年被沈阳音乐学院聘为客座教授、研究生导师。2004年获第八届全军文艺汇演表演一等奖。创作有《巡逻》《冬猎》《月下欢歌》《行香子》《花儿》《丰收渔歌》等笙独奏曲，其中《快快跑，雪爬犁》获作品三等奖。曾随中国艺术家代表团赴欧、亚、美洲数十个国家访问演出。

文立波（1962— ）

　　单簧管演奏家。山东蓬莱人。1977年入解放军军乐团学员队学习单簧管演奏专业，毕业后分配在本团任单簧管演奏员。曾在西安政治学院法律和解放军艺术学院文学系各学习三年。参加近千次国家和军队以及外事的重大司礼演奏工作。为1984、1999年国庆大典和每年全国人大、政协开闭幕式奏乐、演出。参加各种音乐会演出数百场。

文世昌（1951— ）

　　音乐活动家。土家族。湖北建始人。1976年任建始县文工团乐队演奏员，1980年调县文化馆任音乐专干，后任文化馆馆长。恩施州音协副主席。长期致力于民族、民间文化艺术遗产的收集、整理工作。所编《中国民族民间器乐曲集成·湖北卷·建始资料卷》被湖北省史志办公室评为一级卷本。编著有《建始号子》《建始丝弦锣鼓》《建

始民间表演艺术》。作有《风流柑橘王》《清江谣》《农民的儿子》等三部歌舞剧音乐，由建始县文工团和湖北省民族歌舞团演出百余场。

文铁林（1956— ）

　　歌唱家、声乐教育家。江苏淮阴人。1976年毕业于南京师范大学音乐系。1994年考入上海音乐学院声乐系，主修声乐，选修作曲、电脑音乐制作、和声等课程。曾多次在省、市声乐比赛中获奖。曾任江苏省淮阴师范学院音乐系主任、淮阴市音协副主席。南京晓庄学院音乐系副教授。学生数名在国家、省、市声乐比赛中获奖。1996年举办个人独唱音乐会。演唱曲目有《冰凉的小手》《今夜无人入睡》《星光灿烂》《偷洒一滴泪》《请让她相信》《奇妙的和谐》《女人善变》等世界著名男高音咏叹调及艺术歌曲。

文秀杰（1946— ）

　　女音乐教育家。黑龙江绥化人。1965年在哈尔滨师范学院音乐系学习。1968年起先后在河北唐山地区戏曲学校、河北昌黎师范学校任声乐教师，1984年在秦皇岛市海港区教师进修学校任声乐教研员。撰有《用合唱艺术培养在职音乐教师》《怎样掌握歌唱的呼吸》《关于打开喉咙唱歌》等文，所指挥的"青云少儿合唱团"的演唱获河北省中小学艺术节歌咏比赛一等奖，训练的"建设路小学合唱团"，曾两次在河北省中小学汇演中获一等奖并在全国获二等奖。学生多人考入多个专业艺术院团。

文应明（1942— ）

　　作曲家。贵州贵阳人。先后毕业于贵州大学艺术系附中、贵州民族学院艺术系。1961年起，先后在贵阳市南明区文化馆、贵阳市京剧团、贵阳市文化局、《贵阳文艺》和《花溪》杂志、贵阳市音协任职。发表作品百余件。其中《毛风细雨》《月亮出来》《乌蒙红霞》获"贵阳市文艺成果奖"、贵州省歌曲创作一等奖、省"五个一工程"奖。策划、组织"95中国贵阳童声合唱节""首届西南合唱节（1999年）"等大型歌咏活动。历任中国合唱协会理事、贵州省音协理事、贵州省合唱协会副理事长、贵阳市音协主席。

文征平（1933— ）

　　女高音歌唱家。山东济南人。1959年毕业于中央音乐学院声乐系。同年入中央乐团任独唱演员。曾赴欧洲、非洲、中东各国演出。录制有唱片和磁带。现任珠海市文联顾问、市音协名誉主席、市老年文化协会名誉会长。

文智波（1965— ）

　　作曲家。江西萍乡人。毕业于中央音乐学院二胡和作曲双专业。后就读于北京大学哲学系美学与文化产业专业研究生。音乐作品有电影《红娘》《秘语十七小时》《小雨之歌》《制服》等。电视剧《西部歌王》《等你说爱我》《派出所的故事》《天地养我》《永不低头的向日葵》等。音乐舞台剧《在路上》《龙的心》《鹿回头》等。唱片《东方神话》《蝶殇》《红娘》《风中的羽毛》

w

《局外人》《八十年代》。歌曲《你说》《尽头》《就算是梦》《大地》等。作品多次获奖。

文卓凡（1928— ）

粤剧高胡演奏家。广东宝安人。生于香港。1942年始从事粤剧乐师工作。擅长高胡、小提琴演奏，并从事音乐唱腔设计。曾在广州粤剧团工作。曾任广州市文联委员。作有粤剧《胡二卖子》《宝莲灯》音乐，著有《粤剧乐队与伴奏》。

翁　东（1949— ）

歌词作家。满族。辽宁西丰人。任职于沈阳和平区中华路街道办事处。词作《唱吧、跳吧、各族小朋友》《一朵小红花》获全国少儿优秀节目奖，《我们爱中华》获全国校园歌曲一等奖，《日出》获吉林广播征歌银奖，《童心向党》获上海征歌一等奖，《走出阳台》获第三届中国人口文化二等奖，《老师的故事》《悄悄讲给星星听》分获辽宁少儿电视歌曲一、二等奖，《祖国爱我，我爱祖国》编入全国小学音乐教材。曾被授予沈阳市优秀青年作者称号。

翁　葵（1953— ）

歌唱家、声乐教育家。壮族。广西宁明人。广西大学艺术学院副院长。1982年毕业于广西艺术学院并留校任教，先后任助教、讲师、副教授、教授、硕士生导师、学术委员会委员。曾多次获省级声乐大赛一等奖及全国民族声乐大赛银雀奖、全国民族声乐邀请赛银奖、广西高校论文一、二等奖。培养的学生有多名在全国性声乐比赛中获重要奖项。出版个人CD专辑《花山梦》《壮乡情》。发表音乐论文数十篇，编著教材数本。曾赴西欧、美国及东南亚各国和港、澳、台地区演出和讲学。

翁持更（1960— ）

作曲家。福建人。1988年毕业于上海音乐学院作曲系。先后任浙江省歌舞剧院作曲、副院长，浙江省音协副主席兼秘书长、中国音协第七届理事。作有交响组曲《白蛇传》，交响合唱《钱塘江》（合作），合唱《大运河，神州的飘带》，音乐剧《蓝眼睛、黑眼睛》，新编越剧《宋观》等。曾获中宣部"五个一工程"奖，文化部"文华"音乐创作奖及中国戏剧节优秀音乐奖。

翁芳映（1942— ）

男中音歌唱家、歌剧表演艺术家。湖北红安人。1958年考入中南音专附中。1966年毕业于武汉音乐学院声乐系。1968年分配至新疆歌舞团后调入湖北荆州市艺术剧院任歌唱演员。演唱有重唱歌曲《歌唱伟大的中国共产党》，男中音独唱歌曲《飞行曲》等。曾主演歌剧《彭德怀坐轿》，在舞剧《红色娘子军》中担任男低音声部长，在《洪湖赤卫队》《江姐》《刘三姐》《情人》《万水千山》《霓虹灯下的哨兵》《泪血樱花》歌舞剧、话剧中担任主要角色。参与编纂《当代沙市文化》《沙市戏曲资料汇编》。

翁若梅（1925— ）

女歌唱家。江苏常州人。上世纪40年代随苏石林教授学习声乐，1953年入中央歌舞团，1956年入中央乐团合唱队工作，曾任该团社会音乐学院教师。译有《歌声的音响学》。

翁向新（1934— ）

作曲家。北京良乡人。历任中学音乐和语文教师、副教授、教导主任、校长，北京市政府教育督导，北京市乐器普及协会副秘书长等职。曾师从张文纲、潘振声、刘庄等学习作曲，创作词曲数百首。获奖歌曲有《什么叫有礼貌》《金孔雀轻轻跳》（编入教材）和《欢庆香港回归》，少儿合唱《雨》。出版音像作品有《幼儿音乐天地》（4盘磁带），《小鼓手》《学习赖宁》和《中国少年儿童合唱歌曲集》，撰有《加强美育、重在建设》等文。

翁镇发（1949— ）

民族吹奏乐演奏家。广东人。1960年入红霞歌舞团。上海电影乐团演奏员。1978年获上海青年演员汇报演出优秀奖。曾赴澳大利亚、比利时、卢森堡等国演出。作有乐曲《韶山银河水流长》等。

翁镇荣（1952— ）

笙演奏家。广东潮阳人。1976年入上海儿童艺术剧院。1978年入上海民族乐团。1979年调中国电影乐团。在近百部电影、电视剧音乐中担任笙独奏、领奏。在各类音乐会中任笙独奏。先后赴美国、日本、伊拉克及香港、台湾演出。曾获首届海内外江南丝竹音乐比赛二等奖。

乌　仁（1961— ）

女指挥家。蒙古族。内蒙古鄂尔多斯人。内蒙古广播电视艺术团常任指挥。曾指挥该团合唱团参加在韩国釜山举办的第二届国际奥林匹克合唱大赛，获无伴奏民谣、有伴奏民谣、混声合唱三项冠军及大赛最佳指挥奖。2007年指挥该团在法国图尔国际合唱比赛中获混声合唱银奖、自由式演唱银奖和传统音乐大奖，并赴挪威参加"中国年"。2008年指挥该团赴法国巡演。同年指挥内蒙古赛音安达合唱团获全国民歌合唱比赛一等奖。被选为2008北京奥运火炬手。

乌兰杰（1938— ）

民族音乐学家。蒙古族。内蒙古兴安人。1953年考入中央音乐学院附中。1965年毕业于中国音乐学院音乐学系。后任职于该院创作研究室。1973年任职于中央音乐学院作曲理论系。1977年调内蒙古自治区音协，创办刊物《草原歌声》。1984年任内蒙音协秘书长。1985年始任内蒙古民族剧团团长。中国音协理事、中国少数民族音乐学会副会长。著述有《论蒙古族古代狩猎歌舞》《草原牧歌的音乐特点》《蒙古族古代音乐舞蹈初探》等。编撰出版《蒙古族叙事民歌选》。为音乐剧《杜瓦莱与阿司坦》作曲（合作）。

乌兰娜（1955— ）

女音乐理论家。蒙古族。吉林人。副研究员、硕士生导师。1982年毕业于内蒙古师范大学音乐系，学士学位。内蒙古艺术研究所戏剧舞蹈美术研究室主任。担任《中国戏曲志·内蒙古卷》蒙古剧音乐、剧目、机构等条目的撰稿人。《中国曲艺志·内蒙古卷》编辑部副主任，独立撰写八角鼓音乐等多个条目并获个人成果二等奖。《中国戏曲音乐集成·内蒙古卷》初、复、终审，获个人成果二等奖。《中国民族民间器乐曲集成·内蒙古卷》编辑、编委。专著《蒙古剧音乐研究》列为1999年全国艺术科学"九五"规划重点课题。

乌日娜（1963— ）

女歌唱家。鄂温克族。内蒙古呼伦贝尔人。中国少数民族声乐学会理事、中华全国青年联合会第七、八届委员。1983年毕业于呼伦贝尔盟艺校，分配至盟歌舞团任独唱演员。1984年考入中央民族学院音乐舞蹈系声乐本科班，1988年毕业留校任教于该校音乐学院。同年在中央民族学院举办"乌日娜独唱音乐会"。自1991年始，先后应邀赴蒙古、美国、日本等国演出。1985年参加第一届全国少数民族青年声乐比赛获"金凤奖"（最高奖），1992年参加全国歌王歌后大赛获"挑战者奖"（二等奖）。发表多篇论文。1997年应邀赴韩国参加国际艺术节。

乌日塔（1957— ）

男高音歌唱家。蒙古族。内蒙古人。中央民族歌舞团独唱演员、中国少数民族声乐学会理事。1975年考入中央民族大学艺术系，1991年进修于中央音乐学院。1980年起先后获内蒙古自治区文艺汇演、全国少数民族文艺汇演、"刘三姐杯"全国声乐比赛金奖、三等奖。出版有个人演唱CD专辑。演唱曲目有《呼伦贝尔大草原》《父亲的草原母亲的河》《努丽格尔玛》《草原你在哪里》《难忘童年的摇篮》《草原赤子情》《呼伦贝尔人》等。曾随中国艺术团赴日本、韩国、俄罗斯、德国等十几个国家访问演出。

乌斯满江（1930—已故）

民族乐器演奏家。维吾尔族。新疆伊宁人。1949年参加工作。1951年入乌鲁木齐市文工团。1952年调中央民族歌舞团。曾多次随团出国访问演出。作有热瓦甫独奏曲《天山的春天》，歌曲《民族团结之歌》等。

乌日古木拉（1942— ）

女三弦教育家。蒙古族。内蒙古伊旗人。内蒙古艺术学院高级讲师。曾任伊克昭盟鄂托克旗乌兰牧骑、内蒙直属乌兰牧骑全国丝绸演出队三弦独奏演员。作有三弦独奏曲《公社枣红马》《森德尔姑娘》《边防骑兵》《草原晨曲》等。发表论文《论蒙古三弦的演奏技术》《谈蒙古三弦》等。撰写《蒙古族器乐教材》《蒙古民俗百科词典》中的三弦条目。曾参加国庆大典、中国民间艺术节等演出活动。1988年随鄂尔多斯民间艺术团赴日本演出。

乌布里·卡赛姆（1943— ）

手鼓演奏家。维吾尔族。新疆喀什人。1961年调入中央民族歌舞团乐队任手鼓独奏演员。曾到美国、日本、荷兰、香港、澳门、台湾等二十余个国家和地区访问演出。1978年在文化部组织的赴美国手鼓选拔赛中获第一名。作有《苹果园》《响吧，我的手鼓》《花帽》《丰收》。出版有《手鼓独奏》唱片、CD以及《手鼓教材》等。演出保留节目有表演唱《春天》《祖国的花园》《亚克西》《阿拉木汗》等。曾任中国打击乐学会常任理事。

乌拉木·木依丁（1942— ）

作曲家。乌孜别克族。新疆阿克苏人。1956年入新疆歌舞团。曾在阿克苏地区文工团工作。作有歌剧音乐《复仇》，器乐曲《阿克苏河边》，声乐曲《怀念周总理》。

邬 眉（1961— ）

女声乐教育家。福建武平人。上海师范大学音乐大学声乐教研室主任。1987年毕业于上海师范学院音乐系。撰有论文《谈美声唱法在歌唱中的应用》《歌曲的艺术处理》《声乐教学中的心理素质培养》等。曾参加"上海国际电视节开幕式"演出民歌联唱。曾随上海各艺术团赴法国、韩国、埃及、意大利及澳门等国家与地区演出独唱。

邬成香（1965— ）

女歌唱家。江西丰城人。江西省歌舞剧院副院长，江西省音协副主席、省声乐学会副会长，江西省第八、九届政协委员。1981年毕业于江西省文艺学校宜春分校戏曲表演班。1981至1990年在江西省宜春地区采茶剧团任职。1992至1996年在中国音乐学院声乐系学习。1996年在北京举办个人专场音乐会，1988、2006年分别在江西南昌举办个人专场音乐会。1990年获中央电视台"五洲杯"全国青年电视大赛优秀歌手奖，1996年获全国"东西南北中电视大赛"金奖。2009年在大型情景歌舞《井冈山》中担任演唱《十送红军》，此作品获中宣部"五个一工程"奖。2002年受文化部派遣赴白俄罗斯、亚美尼亚等国演出，曾赴日本、香港、台湾、澳门等地演出。

邬大为（1933— ）

歌词作家。浙江人。1960年起从事专业创作。发表大量歌词作品，其中有二百余首作品分获全国、全军、省、市级奖励。作有《红星歌》《在那桃花盛开的地方》（合作）、《有一个美丽的村寨》等。著有系列词集《北疆之恋》等四部。编著有大型辞书《歌词韵谱》《歌词技法》。出版有专题音像制品《人民的儿子—献给小平的歌》等多种。为中国音协理事，中国音乐文学学会理事。

邬環生（1926—已故）

歌唱家。山东长山人。1948年哈尔滨市四中毕业后入东北音乐工作团，同年合编入东北鲁迅文艺学院音工团。后为东北人民艺术剧院音乐舞蹈团歌唱演员。演唱有《黄河大合唱》中的《河边对口曲》的张老三，歌曲《变工队生产》，东北大鼓《爆炸英雄董存瑞》，东北民歌《翻身五更》，山东琴书《梁山伯与祝英台下山》等。

邬建军（1961— ）

长号演奏家。浙江宁海人。1980年毕业于福建省艺术

W

学校，1980年在总政军乐团进修长号，1982年在福建省歌舞剧院交响乐团任首席长号。先后与指挥家韩中杰、庞丘斯（美国）、曹鹏、陈燮阳、黄晓同、李德伦、张国勇等合作，演奏了数十场交响音乐会及省内新年音乐会、中外歌剧经典音乐会、五一广场音乐会以及江晨钢琴独奏音乐会等，均担任长号首席。

邬满栋（1944— ）

笛子演奏家。山西河曲人。1961年入山西省歌舞剧院任笛子演奏员。山西音协理事。独奏的《刘胡兰》《五梆子》等由中央电视台、电台播放。作有独奏曲《叮咯叮》《兴头》等作品，其中《走西口》（合作）于1984年获全国民族器乐创作奖，并入选《中国笛子大全》系列光盘。曾赴日本、香港、奥地利等地演出。并在比利时第三十届世界民间艺术节及荷兰第十九届国际民间艺术节上获奖。

邬析零（1920— ）

音乐编辑家。上海人。1937年从事音乐工作，曾任音乐团体指挥。新中国成立后，相继任职于中央戏剧学院、国务院文化部。1963年任中央歌舞团代团长。1977年调入民音乐出版社。曾主持多种音乐辞书的编纂工作。中国音协第三届理事兼中国音协对外联络委员会副主任。

邬小云（1959— ）

女中音歌唱家。四川彭县人。甘肃音协理事。1976年参加工作。1978年入伍，曾任兰州军区战斗文工团副团长。1984年毕业于上海音乐学院声乐系并举办独唱音乐会。曾获全国聂耳·冼星海声乐作品演唱铜质奖，全国"奥运希望之船"声乐比赛金奖。1994年随中国艺术团参加朝鲜国际友谊艺术节获演唱金奖及全军第五、六、七届文艺汇演表演二等奖。在歌剧《带血的项链》《阿莱巴郎》《阿美姑娘》《太阳之歌》中饰主角。录制有独唱专辑。

巫 一（1930— ）

作曲家。重庆人。1949年从事部队文艺工作。原任海军北海舰队政治部文工团团长。作有歌曲《五好战士进行曲》《祖国山河涌春湖》《祖国，我永远爱你》等。

巫洪宝（1939— ）

作曲家。江苏江阴人。1959年始从事歌曲创作。1963年创制碗琴并作独奏曲《快乐的炊事员》，于1964年参加上海第五届"音乐之春"会演。著有《碗琴的制作与演奏》《青少年吉他弹唱速成》《老上海的歌》。出版《二胡入门教材》（合著）。曾在上海举行个人作品与家庭音乐会并由上海电视台录播。曾多次应邀赴中央电视台录播《幸福的家庭》《我的家在黄浦江边》。个人首次将玻璃杯、瓶、碗琴综合在大世界"吉尼斯"颁奖电视晚会上演奏。

巫一舟（1913—已故）

钢琴教育家。四川成都人。1937年毕业于上海国立音专钢琴系。先后在重庆育才学校、武昌艺专等学校从事钢琴教学。曾任中南音专副校长、钢琴教授。

巫漪丽（1931— ）

女钢琴演奏家。广东龙川人。早年随外国专家梅百器、吕白克学习钢琴。曾任中央乐团独奏演员。曾与杨秉荪合开独奏会，并随团赴东欧演出。编有广东音乐《娱乐升平》，钢琴曲《大红枣》。

毋海明（1957— ）

作曲家。河南焦作人。毕业于河南大学音乐系。任职于海南琼州大学艺术系。曾任焦作市音协常务副主席兼秘书长、黄河科技大学音乐学院作曲指挥系主任。获奖作品有《得胜鼓》《彩蝶纷飞》，管弦乐《新春圆舞曲》，合唱《黄河岸边》《为祖国祝福》《新世纪的太阳》。多次为省、市大型文艺晚会创作音乐。

吴 斌（1951— ）

音乐教育家、编辑家。北京人。中国音协第六、七届理事。1982年毕业于东北师范大学音教系。1989年调入人民音乐出版社，先后任音乐教育编辑室主任，《钢琴艺术》《中国音乐教育》《音乐研究》主编。曾任人民音乐出版社总编辑、社长、党委书记。中国教育学会音乐教育分会副理事长兼秘书长、中国教育学会理事、中国出版协会理事。东北师大特聘硕士生导师。曾参与教育部《学校艺术教育总体规划》《中小学音乐教学大纲》的起草工作，并任国家基础教育《音乐课程标准》课题研制组副组长，主编国家基础教育《课程标准》实验《中小学音乐教材》。国家出版行业领军人物。

吴 波（1960— ）

女小提琴演奏家。山东人。浙江省音协常务理事，宁波市音协副主席兼秘书长。1979年在宁波市群艺馆音乐部任职。1980年到上海音乐学院专修小提琴演奏。1982年以来在宁波市文联分管音协，并主持日常工作。

吴 昌（1931— ）

作曲家。安徽桐城人。1961年毕业于湖北艺术学院作曲系。曾任武汉江汉大学艺术系音乐理论教研室主任，副教授。撰有《民歌与民俗》《论音乐的创作性思维》等文。合作主编《音乐生活》一书。作有大合唱《汉水巴山彩虹》，组歌《八月桂花遍地开》，小组唱《火车开进深山来》，管弦乐《歌唱毛泽东》等。收集、整理数十首民歌入选《中国民间歌曲集成·湖北卷》。曾参与多种高等师范音乐教材的编纂。

吴 超（1929— ）

民间文艺理论家。安徽桐城人。《中国民间歌曲集成》特约编审、《中国歌谣集成》副主编。1949年毕业于二野军大后从事文艺工作。中国民间文艺家协会第四届理事。曾任中国歌谣学会常务副会长、《中国歌谣报》主编、中国民间文学刊授大学教务长。曾在中国音乐学院为音乐文学专业首讲《中国歌谣学》。著有《歌谣学概论》《中国民歌》《中华民族童谣》（合作）。2001年应聘为香港中华文化艺术研究中心高级研究员、高级评审员。

w

吴 珹（1936—已故）

歌词作家、诗人。上海人。1960年毕业于复旦大学新闻系。曾任河北省文化厅副厅长。中国演出家协会副会长、河北省歌词研究会会长。出版有儿童歌词集《柳笛》。作品多次获国家级、省级奖，部分作品由海外报刊转载。儿童散文诗集《美丽的童心》获"中国新时期（1979至1988）优秀少儿文艺读物奖"一等奖。曾应邀赴亚、美、欧及大洋洲十余个国家讲学。

吴 非（1972— ）

男高音歌唱家。黑龙江哈尔滨人。1990年参军，1997年毕业于解放军艺术学院音乐系，获学士学位。同年任沈阳军区政治部前进歌舞团独唱演员，2001年任解放军艺术学院戏剧系声乐教员。2005年任南昌大学艺术学院音乐系声乐副教授。现任深圳市盐田区文化中心演出培训部主任。曾参加沈阳军区歌剧《羽娘》演出，获全国歌剧展演大奖。在中央电视台拍摄的电视剧《七剑下天山》中担任音乐主创人。

吴 菲（1937— ）

女小提琴教育家。浙江奉化人。曾任上海音乐学院附中小提琴、中提琴教授。1956年毕业于上海音乐学院附中小提琴专业，1957至1958年就读于莫斯科音乐学院，1962年毕业于上海音乐学院管弦系，后留校任教。1960年作为中提琴手参加在柏林举行的舒曼国际弦乐四重奏比赛，获第四名。在四十余年的教学工作中培养了许多优秀学生。多次被学院评为优秀教育工作者，曾获上海音乐学院附中校长奖，上海音乐学院贺绿汀基金奖。

吴 歌（1924—1989）

戏曲音乐家。河南开封人。1951年毕业于中央音乐学院声乐系。曾任苏北音协主任。上海市戏曲学校研究室主任。编辑有《苏北民间歌曲集》《民族音乐视唱教材》。担任昆曲《墙头马上》音乐设计。

吴 歌（1933— ）

作曲家、指挥家。河南巩县人。河南省歌舞剧院创作员。中国音协第五届理事，河南省音协第三届主席，河南省合唱协会会长。作有合唱《公社闹花灯》（被选为国庆10年中央电台每周一歌），《喜看今日新兰考》，小合唱《洗衣裳》《扬鞭催马送粮忙》，民族管弦乐《豫调》等。组歌《黄河，中原儿女心中的歌》获河南省政府奖。先后指挥演出大量歌剧、舞剧、交响乐等作品，获河南省专业指挥奖。

吴 昊（1961— ）

二胡演奏家。湖北汉口人。1985年毕业于西安音乐学院民乐系，入陕西省歌舞剧院歌舞团任演奏员，后任乐队副队长。在陕西省音乐舞蹈调演中合奏《黄土地》组曲获演奏一等奖。在陕西省首届民族器乐大赛中合奏《觅》获演奏一等奖。发表《二胡演奏者用高胡演奏广东音乐应注意的几个问题》《要正确阐释史料》等文。合作录制CD《平湖秋月》。先后随团赴苏联、新加坡、日本、印度等国演出。

吴 骥（1941— ）

长笛演奏家。山西太原人。山西省音协长笛学会会长。1962年毕业于山西省戏曲学校。任职于山西省歌舞剧院交响乐团，历任副团长、首席长笛。参加数十部大型歌剧、舞剧和大量的中外管弦乐和交响乐作品的演出。编著出版《长笛与演奏》。曾为山西大学音乐学院、省市艺术学校、省戏曲学校外聘长笛教师。1994年参加全国《清溪杯》青少年管乐大赛获优秀辅导员奖。

吴 坚（1955— ）

歌唱家。黑龙江鸡西人。中央乐团合唱队副队长。1971年入黑龙江省鸡西市文工团，后入中国音乐学院歌剧系学习。曾任长春电影制片厂乐团及空政歌剧团歌唱演员。为十多部电影录制插曲参演歌剧《江姐》《我爱祖国的蓝天》等。1981年在空军青年演员声乐比赛中获奖。曾在金湘作品《诗经》及《黄河大合唱》中担任独唱，1994年参演二十世纪华人经典音乐作品音乐会。曾随团赴台湾地区演出。

吴 兢（1973— ）

女歌唱家。江苏江都人。1990年任南京军区某部小提琴演奏员兼主持人。1997年毕业于解放军艺术学院音乐系，分配到二炮文工团任独唱演员。曾在音乐剧《青鸟》中担任主要角色，在中国音乐电视大赛中演唱《火箭兵的梦》获铜奖。多次参加"心连心"艺术团，"三下乡"等大型文艺晚会及慰问广州军区，驻港、澳部队，边防哨所演出。

吴 静（1964— ）

女中音歌唱家。满族。黑龙江牡丹江人。1984、1989年先后毕业于佳木斯师范专科学校英语系、哈尔滨师范大学艺术学院音乐系。哈尔滨歌剧院女中音声部长。曾参加东北三省春节晚会、意大利国际合唱比赛、中外名曲音乐会、中国合唱节、奥林匹克国际合唱节，在歌剧《茶花女》《卡门》《千鹤谣》等大型音乐会的演出任独唱、合唱或饰演重要角色。发表有《歌唱的审美》。

吴 珏（1927— ）

女低音歌唱家。江苏苏州人。1956年毕业于中央音乐学院声乐系，后入中央乐团合唱队、担任女低音声部长。曾担任贝多芬《第九交响乐》领唱。原中央乐团社会音乐学院声乐教师。

吴 军（1958— ）

扬琴演奏家。四川三台人。中国音协第五、六、七届理事，第三、四、五届新疆兵团音协主席。1978年进修于上海音乐学院。1985年毕业于西安音乐学院民族器乐系。1989年受文化部委派赴乌兹别克斯坦参加国际现代交响乐和室内乐音乐节。演奏有《美丽的天山》《鹰笛恋组曲》等。撰有《扬琴技巧在新疆民族音乐中的运用》《锵（新疆扬琴）简介及源流》等文。出版《新疆扬琴曲选》《维吾尔古曲音乐十二木卡姆扬琴曲45首》。曾被中国文联授予全国"百名优秀青年文艺家"、文化部授予"优秀专家"称号。

吴 凯（1947— ）

作曲家。湖南常宁人。湖南省华云机器厂工人。作词歌曲《竹方谣》，2002年获江苏省中国首届民歌节金奖，2004年获第四届中国音乐"金钟奖"声乐作品优秀奖。作词作曲的《好美的张家界》2003年获湖南省新歌二等奖。

吴 侃（1959— ）

男高音歌唱家。江苏镇江人。山东歌舞剧院歌舞团演员。1983年毕业于山东艺术学院音乐系。撰有《善良的人，让我感动》。在本院排演的《原野》《徐福》《高高采油树》等多部歌剧中分别饰焦大兴、秦始皇、王为民等主要角色。多首演唱歌曲收入《山东民歌》CD，其中有独唱《大实话》《泰山景》《唱秧歌》等，对唱《对花》《拐磨子》《搭戏台》等。曾在第二、四、六届山东文化艺术节分获歌剧表演二、一等奖，独唱最高奖（优秀表演奖），多次在全国、省大型文艺晚会上担任独唱、领唱、四重唱等。

吴 锟（1957— ）

嗓音专家。上海人。15岁师从林俊卿学习艺术嗓音治疗。北京声乐研究所嗓音治疗室主任、上海咽音学会常务理事。撰有《改变舌骨位置的嗓音矫治》《咽音对戏曲演员的作用》等。

吴 磊（1968— ）

钢琴教育家。江苏苏州人。江苏省音协音教委委员，苏州市钢琴学会会长，市音协理事、副秘书长。苏州大学艺术学院副院长、音乐系主任、副教授、硕士生导师。长期从事钢琴教学及音乐文化研究，曾发表《关于钢琴演奏技能形成的系统分析》《20世纪90年代中国流行音乐价值批判》等论文二十余篇，出版专著《浮世的吟唱—大众文化语境中的90年代中国流行音乐》，主编《钢琴分级教程》等教材。主持《传承与创新：民族音乐学视野中的昆曲音乐》等省科研项目三项。学术论文《互动与共享：流行艺术与大众传媒》获苏州市第九次哲学社会科学优秀成果三等奖。

吴 蛮（1963— ）

女琵琶演奏家。江苏南京人。1985年毕业于中央音乐学院，1987年获该院研究生部琵琶硕士学位，后任该院民乐团独奏演员。合录有唱片《琵琶集锦》，撰有《琵琶曲"月儿高"的演奏风格》等。1985年曾随团赴美国巡回演出。

吴 梅（1933— ）

戏曲作曲家。海南海口人。原海南音协常务理事、海口市音协副主席，曾在海口市文化馆和海口市琼剧团长期任职。1947年参加海口新生社合唱团活动，长期从事民间音乐资料收集和文艺创作，多次组织群众歌咏和文艺活动。1964年任琼剧团编导、作曲，为二百余部剧目谱写音乐和唱腔，其作品十多次随团到新、马、泰、港、澳、台等地演出。歌曲《海口罐头厂之歌》《天涯海角笑》及琼剧《泪血樱花》等获中央、省级作曲奖。

吴 梅（1955— ）

女音乐教育家。山西长治人。毕业于太原师范学院音乐系。太原第二外国语学校音乐高级教师。撰有《创设民主氛围是音乐教学成功的前提》《赋予音乐教学模式新的内涵》等文在刊物上发表或获奖。作有歌曲《校园，我成长的摇篮》《光荣与我们同行》《记忆的收藏》。2006年曾任新西兰国际中学生才艺大赛等评委。任《中外优秀儿童歌曲50首》副主编。编导、组织多场音乐会。辅导的学生多人在省市比赛中获一等奖，本人获优秀教师奖。

吴 梅（1967— ）

女音乐编辑家。安徽蚌埠人。芜湖有线广播电视台文艺生活部副主任。1990年毕业于安徽师范大学。曾任淮南市职业教育中心音乐教员。撰有《杂志式电视节目包装之初探》等论文。编导的电视文艺栏目"阳光音乐网"获第三届安徽电视文艺"杜鹃"奖二等奖。任导演的大型文艺晚会"皖江看潮"，2000年获安徽电视文艺"杜鹃"奖一等奖。

吴 娜（1978— ）

女歌唱家。河南项城人。总政歌舞团独唱演员。2001年毕业于解放军艺术学院。1996年获辽宁省"银星杯"青年歌手大赛一等奖，2000年代表军艺参加第九届"步步高"杯全国青年歌手电视大奖赛获团体第一名。2000年与2009年分别举办个人独唱音乐会。出版"中国当代青年歌唱家"系列个人演唱CD唱片。

吴 培（1967— ）

女中音歌唱家。湖北孝感人。中国交响乐团独唱演员。1992年毕业于中央音乐学院声歌系，曾赴卢森堡皇家音乐学院深造，获该院最高歌剧表演文凭。2000年考入莫斯科柴科夫斯基音乐学院，2002年获声乐副博士学位。曾参加《玛勒第二交响乐》演出，任女中音领唱、独唱，参加"第43届世乒赛闭幕式"演出，任独唱、领唱。1997年在卢森堡与卢国家乐团合作，主演《卡门》《女人心》等四部歌剧片断。代表柴科夫斯基音乐学院参加萨马拉"21世纪青年之星"国际艺术节演出任独唱。曾获"全国歌坛新秀声乐比赛"美声组金奖，第七届全国青年歌手电视大奖赛专业组美声唱法第三名。

吴 强（1967— ）

音乐教育家。重庆人。1992年毕业于西南师范大学音乐系。曾任贵州艺术高等专科学校教师、音乐系副主任和贵州大学艺术学院教学科研处副处长，后任该院副院长。撰有《论管弦乐队与电教乐队配器的异同》《谈内心视觉及其训练方法》《关于节奏的训练》《音乐教育与大学生素质教育》《论专业音乐教育中的文化素质教育》，作有歌曲《怀乡》《为什么爱你》《默默思念你》。

吴 琼（1961— ）

女钢琴教育家。吉林长春人。黑龙江钢琴学会理事、中国音协考级黑龙江考区评委，1985年毕业于哈尔滨师范大学音乐系并留校任教，后为钢琴教授。主编黑龙江《钢琴演奏（课余）考级曲目》指南，编著《外国钢琴曲100首》《大学生音乐修养》，录制《钢琴（课余）考级曲目》《音乐舞蹈训练》VCD。发表《钢琴教学初探》《伟大的音乐教师李斯特》等文。其中《浅析蓝色狂想曲中的爵士成因》《浅谈成人钢琴教学》《浅谈高师音乐教育钢琴训练中应掌握的技能》分别获国家级和省级不同奖项。曾应俄罗斯布拉格维什克国立师范大学邀请访问演出。

吴 琼（1962— ）

女歌唱家。安徽繁昌人。1980年毕业于安徽艺术学校黄梅戏表演专业分至省黄梅剧团。1987年在上海戏剧学院进修编导专业，1992年师从金铁霖教授在中国音乐学院声乐系进修，后调入中国广播艺术团任歌唱演员。曾参加香港艺术节、新加坡"中国相声·民歌之夜"及1989至1993年的中央电视台春节晚会。演唱的黄梅戏有《女驸马》《天仙配》《牛郎织女》《汉宫秋》，黄梅歌《小石桥》《悄悄话》及歌曲《大步流星奔小康》《风雨同舟朝前走》等。

吴 群（1932—已故）

手风琴教育家。天津人。毕业于北京师范大学音乐系。曾为北京幼儿师范学校高级讲师，中国音协手风琴学会理事。编有《轻音乐手风琴曲集》《青少年手风琴波尔卡曲集》《青少年手风琴圆舞曲曲集》《青少年手风琴进行曲曲集》等系列教材，其中《全国幼儿师范学校手风琴课本》曾获手风琴优秀科研成果二等奖。参加诸多演出，部分演出曲目由电台播放。培养大批手风琴专业人才。

吴 冉（1966— ）

女钢琴教育家。四川成都人。1989年毕业于西南师大音乐学院，留校任教，后入四川音乐学院进修。1994年调入成都音乐舞剧院，受聘于海南刘诗昆钢琴艺术中心。所教学生在国内外钢琴专业大赛中获奖。发表《钢琴演奏手型之我见》。参加2002年四川省古筝考级讲析演示音乐会并担任钢琴伴奏，参加四川省文化厅主办的纪念王光祈先生诞辰110周年交响音乐会、都江堰市2003年各届人士迎春团拜大型交响音乐会与2003年西南交通大学新年音乐会。编著《键盘上的芭蕾—钢琴》，合编《外国音乐名著快读》。

吴 容（1943— ）

男高音歌唱家。江苏苏州人。曾为上海乐团歌唱演员。1960年入上海广播乐团，师从黄凛等。后入上海音乐学院学习。在国内首唱日本民歌《拉网小调》并录制唱片，与导演沈传薪合作主演清唱剧《迎龙桥》，演唱过许多西洋男高音咏叹调及艺术歌曲并多次举办独唱音乐会。

吴 顺（1941— ）

女作曲家。河南安阳人。1965年毕业于天津音乐学院作曲系。河北省歌舞剧院艺术室创作员，作有歌曲《祖国，我的母亲》、管弦乐组曲《燕赵颂》。曾记三等功一次。

吴 涛（1959— ）

作曲家。河南人。全国青联委员，河南省青联副主席，河南省歌舞剧院业务副院长。曾随中国青年代表团赴古巴参加第十四届世界青年联欢节并获杰出作品奖，中央电视台"综艺大观"、广东电视台等播出其作品近百首。其论文《论歌曲创作》曾获全省论文比赛一等奖。曾担任各种大型出国演出活动的艺术总监、总导演、音乐总监。组织编排的大型组舞《中原风情》曾赴多个国家和港澳台地区演出。

吴 彤（1942— ）

二胡演奏家。湖北武汉人。1960年入陕西省歌舞团任演奏员，后任陕西省歌舞剧院民族交响乐团首席。陕西省民族管弦乐学会理事。作有二胡齐奏曲《送肥路上》（合作），二胡独奏曲《秦川谣》等。所演奏的二胡独奏曲《蓝花花叙事曲》，二胡与乐队《秦中吟》《西魂九韵-汉宫怨》等曲目在陕西艺术节等活动中分别获演奏一等奖。曾随团赴加拿大、日本、泰国等演出。撰有《二胡揉弦技巧与音乐表现》《二胡运弓技巧与音乐表现》等文。

吴 彤（1969— ）

男高音歌唱家。湖北武汉人。1989年毕业于武汉市江汉大学艺术系，后任广州边防歌舞团歌队队长、独唱演员、主持人、键盘手。曾多次获全国及地区歌唱比赛金奖、一等奖。1993年出版个人演唱专辑《情书图》。2000年随中央电视台"心连心"艺术团赴包头慰问演出。所作歌曲《你是一个好警察》获公安部金盾奖。

吴 伟（1957— ）

女高音歌唱家。河北枣强人。1978年毕业于黑龙江省艺术学校声乐专业。后入黑龙江省歌舞剧院任合唱演员。1982年获全省二重唱比赛一等奖，1997年获全省20年歌坛回顾专业组民族唱法银奖，2000年获全省新人新作独唱歌曲比赛金奖。撰有《论歌唱心理控制能力的培养》一文。所教学生多人获得各项专业赛事的奖项。

吴 蔚（1947— ）

女钢琴演奏家。江苏人。1988年毕业于上海音乐学院钢琴系干部专修科。曾与天津乐团合作演出钢琴协奏曲并参加音乐周的演出，1974年调入杭州歌舞团，担任钢琴协奏曲《黄河》等曲目的演奏。1985年任周小燕教授随室声乐伴奏，曾参加张建一独唱音乐会钢琴伴奏赴日本演出及中国艺术家小组赴香港参加"黄河艺术节"的演出。

吴 瑕（1969— ）

女大提琴演奏家。四川成都人。先后毕业于四川音乐学院附中和中央音乐学院管弦系。曾任中央歌剧院交响乐团声部副首席与中国爱乐乐团演奏员。与多明戈、帕瓦罗蒂、卡雪拉斯合作演出音乐会，并十次访问澳门。参加演出《茶花女》《费加罗的婚礼》《图兰朵》《卡门》《弄臣》《蝴蝶夫人》等名剧。与国内外音乐家合作演奏贝多芬全部交响曲、协奏曲和大部分序曲及马赫、帕辽兹、德沃夏克、柴科夫斯基、肖斯塔科维奇的作品。为德意志唱片公司录制中国作品的唱片。

吴 贤（1930—2001）

作曲家。安徽歙县人。1949年始从事部队音乐创作。1959年入广东电台，曾任音乐编辑、记者、音乐组组长。作有歌曲《浪花请你告诉我》《江南雨》。

吴 宪（1956— ）

二胡演奏家。辽宁大连人。1981年毕业于沈阳音乐学院，曾任教于沈阳师范学院艺术系。1983年调辽宁歌舞团民族乐团任弦乐声部长。1994年在辽宁省第四届音乐作品、演奏评奖中获一等奖。参加舞剧《白鹿额娘》《关东那座山》演出，两剧均获金奖。1996年在省文化厅主办的首届高雅音乐展演月新春民族音乐会中任二胡独奏，1997年在省厅主办的香港回归音乐会中，担任二胡协奏曲《长城随想》独奏。在担任辽宁歌舞团民乐队副队长近十年中，曾多次组织大、中型演出活动。

吴 晓（1947—已故）

女歌唱家。江苏无锡人。1964年参加工作。1976年入徐州地区文工团。1978年参加全国民族民间唱法调演，后入江苏省歌舞团任独唱演员。

吴 煦（1913—已故）

钢琴教育家。浙江平阳人。早年毕业于上海美专音乐系。1934年始从事音乐教学。曾先后任教于国立艺术专科学校、上海美专音乐系、湖北艺术学院。

吴 岩（1931—1988）

歌词作家。黑龙江齐齐哈尔人。1948年入黑龙江省文工团。原任黑龙江省歌舞剧院创作员、省音乐文学学会秘书长。作有《我爱这些年轻人》《望海》等。

吴 岩（1957— ）

女钢琴教育家。吉林人。任职于哈尔滨师范大学。出版有《钢琴教育》《钢琴集体课教程》，发表论文有《浅谈幼儿钢琴弹奏的注意力分离训练法》《浅谈钢琴教育对人脑智能的开发》。2000年获中国继续五工程教育协会基础教育工作委员会论文报告会二等奖，1999年由黑龙江音像出版社出版钢琴伴奏带一盒。1991年起连续三年获哈师大优秀教学质量二等奖，1996年获黑龙江优秀艺术教师先进个人奖，1997年获黑龙江省高校先进优秀教师奖。

吴 扬（1935— ）

歌词作家。北京人。1949年入平原省文工团，1953年调入北京，先后在北京市音乐工作组、北京群众艺术馆、北京市文工团、北京市曲艺团工作，1986年任北京市文化局社会文化处处长。长期从事群众音乐活动的策划、组织、辅导、协调等，参与在北京举办重大群众性音乐和节日庆典活动。与许多著名作曲家合作，有百余首作词歌曲见诸报刊，其中《燕子》获全国少儿歌曲一等奖，《钓鱼》《星期天》《踢毽子》等在少年儿童中广为传唱。1979年参与《北京音乐报》的创建和领导工作。

吴 阳（1965— ）

小提琴演奏家。辽宁沈阳人。中国爱乐乐团首席之一。1975年在沈阳音乐学院附中学习小提琴，后入本科继续深造。1981年由国家选派送往朝鲜平壤音乐大学系统完成大学全部学业。1986年调入中国广播艺术团交响乐团。1987年任该乐团首席。2000年入中国爱乐乐团。

吴 尧（1930— ）

作曲家。江苏如东人。1946年参军，1951年赴朝，任志愿军某部文工团队长、艺术指导，后任如东文联副主席兼秘书长。1980年调江苏省音协，任《中国民间歌曲集成·江苏卷》编辑、编委。江苏省政协第六届委员、南通市音协名誉主席。曾进修于平壤青大、上海音院。发表作品三百余首，歌曲《马儿飞奔吧》于50年代传唱朝鲜、罗马尼亚等国。主编出版《情洒万家》等盒带，撰有《写歌点滴》《美的乡韵》等文。为电视片《南黄海风情》作曲，获1992年文艺专题片"金牛奖"一等奖。

吴 翌（1962— ）

小提琴教育家。福建福清人。1975年在福建艺术学校音乐科中专部学习。1980年在上海音乐学院寄读大专部进修。1982年起任福建交响乐团小提琴首席、独奏演员。1993年在福建艺术学校音乐科任弦乐教研组长。曾获福建省第五届"武夷山音乐舞蹈节"音乐表演一等奖，福建省第二届中青年演员比赛金奖。培养一批小提琴专业学生，输送到专业交响乐团和音乐院校。

吴 毅（1915—1984）

作曲家。山西安邑人。1937年始长期从事部队音乐工作，后任重庆市群众艺术馆馆长。作有歌剧音乐《血泪仇》《王克勤班》及纪录片音乐《百万雄师下江南》《西南凯歌》。

吴 因（1919— ）

作曲家、指挥家。湖南岳阳人。1935年参加抗日救亡歌咏活动。曾任抗大文工团音乐组长，东北军大、中南军大文工团团长，总政歌舞团团长，解放军艺术学院音乐系代主任、研究员。创作有百余首歌曲及多部大合唱、组曲、歌剧音乐、活报剧音乐。曾为电影《回到自己队伍里来》作曲（合作），编剧、作曲有歌剧《为谁打天下》《钢骨铁筋》。1940年在晋东南指挥抗大文工团与鲁艺演出《黄河大合唱》，1951年秋指挥武汉军队与地方文艺团体演出《黄河大合唱》，同年在武汉"纪念冼星海音乐会"上指挥千余人演出《黄河大合唱》等曲目。

吴 迎（1957— ）

钢琴演奏家。江苏武进人。1976年毕业于中央音乐学院钢琴系，1982年本校钢琴研究生班毕业，后为钢琴系主科教师。1984年毕业于奥地利维也纳国立音乐及

W

表演艺术大学。撰有《肖邦降b小调奏鸣曲——兼论肖邦音乐的演奏》。1979年获全国钢琴选拔赛第一名，1980年参加波兰华沙肖邦国际钢琴比赛获奖。曾赴伦敦、罗马尼亚、奥地利举行独奏音乐会。演奏曲目多次在电台播放，并出版唱片。

吴　元（1938—　）

女钢琴教育家。山东青州人。中央音乐学院教授。1961年毕业于中央音乐学院并留校任教。曾获北京市教学成果奖及建院50周年杰出贡献奖。学生多人在国际国内钢琴比赛中获奖。著述有《学习钢琴的途径》（主编及撰写），《巴赫练习指南》《中央音乐学院、中国音协考级曲目演奏指南》《帮助你弹好考级乐曲——钢琴考级演奏辅导（1—5级）》（合作），编选《中央音乐学院新考级教程1—9级》（合作），录制有钢琴教学VCD十余部。

吴　钊（1935—　）

音乐史学家。江苏苏州人。1959年毕业于南开大学历史系。原中国音乐研究所中国音乐研究室主任、副研究员，北京古琴研究会副会长。著有《中国音乐史略》《琴曲集成》等。

吴安明（1943—　）

唢呐、竹笛演奏家。安徽砀山人。1965年毕业于安徽艺术学院。曾为安徽省音协副主席，安徽省民族管乐委员会会长。安徽大学艺术学院、安徽艺术学校唢呐、竹笛教授。作品有《欢乐的茶乡》《欢腾的淮北》《淮河行》《锔大缸》《情系淮河》等，其中《唢呐情牵乡土音》获广电部戏曲研讨一等奖。改编的《塔塔尔族舞曲》获文化部第二届"蒲公英奖""创作金奖"。曾赴德国、法国、马来西亚、菲律宾等多国演出。

吴柏林（1957—　）

女歌唱家、声乐教育家。吉林开鲁人。1982年毕业于河南大学音乐系。后在郑州工学院社科系文艺室、郑州工业大学艺术教研室任职，2000年入郑州大学音乐系任副主任、副教授。撰有《谈音乐与健康》《试谈音乐对大学生素质的培养》等文，主编有《交响乐赏析教程》《新编大学语文辅导》（副主编），《交响乐赏析》（编委），1991年参加河南省首届声乐大赛、全国高校音教学会专业教师声乐大赛均获一等奖，曾获河南省高校合唱比赛指挥一等奖，第三届北京合唱节二等奖（领唱），中宣部等举办的大学生艺术歌曲比赛合唱三等奖、二重唱三等奖并均获指导教师奖。

吴宝昌（1950—　）

小提琴演奏家。河北昌黎人。沈阳军区前进歌舞团管弦乐队演奏员。1987年毕业于沈阳音乐学院管弦系。参加全军第四、五、六、七届文艺汇演获一、二等奖，其中大型舞剧《蝶恋花》获创作奖，舞蹈《杨门女将》《金山战鼓》《战火中的青春》获一等奖。为电视剧《婚姻世界》作曲获辽宁省优秀电视短剧奖。参加各种音乐会多场，其中有"铁源作品音乐会"。担任第一小提琴，组织本团弦乐四重奏团并演出数十场，省市电视台播出。

吴宝明（1945—　）

戏曲音乐家。安徽怀远人。1968年毕业于山西大学艺术系作曲专业。1970年任山西省晋东南地区第一剧组创作组长，后任剧团艺委会主任，第一副团长。1985年任山西省晋城市文化局副局长，1988年任山西省　党戏剧院院长。1995年任《中国戏曲音乐集成·山西卷》编委、《上党梆子》主编。曾为百部戏曲担任音乐唱腔设计与配器指挥。撰有《上党梆子音乐唱腔理论研究与改革》等文，多次获省级会演音乐设计一等奖，曾获"首届中国戏曲音乐孔三传奖"一等奖，2001年获第六届中国"映山红"戏剧节音乐唱腔设计配器一等奖。

吴保华（1939—　）

作曲家。江苏丹阳人。1956、1958年先后毕业于丹阳艺术师范音乐专业和安徽师范大学音乐系。历任安徽省含山县中学音乐教师，宣城地区皖南歌剧团作曲指挥、艺委会主席、团长及安徽省音协理事，宣城地区音协副主席。创作歌剧音乐《金星朝阳》《杜鹃山》《云岭翠竹》《夜半歌声》等，有的曾获奖，歌曲《山里的阿哥爱唱歌》《甜津津的枣蜜醉人心》均获三等奖，另作有管弦乐《草原英雄小姐妹》、二胡独奏曲《春晨曲》。出版竹笛独奏《山歌越唱越欢畅》。曾指挥演出歌剧《小二黑结婚》《洪湖赤卫队》等。

吴北京（1953—　）

作曲家。四川大竹人。邢台市群艺馆副馆长。1981年毕业于中央音乐学院作曲系。获奖作品有京胡协奏曲《京韵声声伴回归》，歌曲《祖国啊，我为你歌唱》。在从事音乐教学工作中有多名学生考入中央音乐学院等院校。

吴本儒（1955—　）

作曲家、指挥家。辽宁沈阳人。青海省西宁市音协副主席、西宁歌剧团团长、首席指挥、西宁市十一届政协常委、青海省九届政协委员。1984年考入上海音乐学院进修班学习作曲。作有交响乐《祁连山》，为歌剧《湟水谣》《山牡丹》作曲。歌曲《环卫工人之歌》获建设部、国家建材局一等奖。曾指挥演出歌剧《马五哥与尕豆妹》《刘胡兰》《湟水谣》。并与吕思清合作，指挥演出小提琴协奏曲《梁祝》。被评为青海省宣传文化系统"四个一批"优秀人才。

吴彼得（1933—　）

双簧管演奏家。广州人。1949年起先后担任志愿军总部文工团、总政歌舞团二团首席双簧管演奏员。曾就读于朝鲜国立音乐大学。1961年起先后在解放军艺术学院、广州星海音乐学院、华南文艺成人学院担任视唱练耳、乐理和钢琴教师，副教授。编写有《首调视唱教材》《基本音乐理论》《儿童小提琴、钢琴教材》《儿童视唱教材》，以及《舞蹈音乐》等教材。作品有双簧管独奏《海南的春天》《草原晨曲》等。

吴碧霞（1975— ）

女高音歌唱家。湖南常德人。毕业于中国音乐学院，硕士学位，后赴美国朱丽亚音乐学院和马里兰大学学习。任教于中国音乐学院。中国音协第七届理事、第十一届全国人大代表、全国德艺双馨文艺工作者。被誉为中西合璧的"夜莺"，将民族和美声唱法集于一身并获得最高国际奖项的歌唱家。曾获文化部"全国声乐比赛"民族唱法一等奖，"中国国际声乐比赛"第一名，第八届"西班牙毕尔巴鄂国际声乐比赛"第一名，第四届"波兰玛纽什科国际声乐比赛"第二名，第十二届"柴科夫斯基国际声乐比赛"第二名。经常参加世界各地大型的演出交流。在世界各地举行三十余场个人独唱音乐会。出版13张个人演唱专辑，第四、六届中国金唱片奖，中国金碟奖。撰有《试论"鱼"与"熊掌"能否兼得——论中外作品演唱的歌唱观念和思维方法》。

吴博艺（1941— ）

戏曲作曲家。河南周口人。周口师范学院音乐系兼职教授。作有歌曲《颍河湾》《龙湖美》《挖沙人的传说》等，戏曲音乐作品有豫剧《西湖公主》《市井人生》《周口辅政》《都市彩虹》（豫剧音乐及豫剧电影音乐），《都市霓虹》《状元戍边》《龙门渡口》，越调《明镜记》《吵闹亲家》等，以上戏曲音乐作品均获省级创作奖，《市进人生》获文化部音乐创作奖。

吴蓓珠（1939— ）

女钢琴教育家。云南昆明人。1960年毕业于北京艺术师范学院音乐系。原中国音乐学院钢琴教研室副主任。

吴长礼（1942— ）

二胡教育家、作曲家。安徽巢湖人。安徽音协民族弓弦乐委员会常务理事、铜陵市音协民族弓弦乐委员会会长。1960年参加安庆市职工文艺汇演后入选省会演代表团赴北京演出，1964年起任铜陵黄梅戏剧团担任乐队主音胡琴兼作曲。先后创作舞剧《槐荫别》、歌曲《三月三》获1988年安徽艺术节创作奖，歌曲《走进化工厂大门》《冒了尖的豆腐哥》入选化工部进京文艺调演在中央电视台播出或刊发。组建铜陵市音协民族弓弦乐委员会，并从事二胡教学。

吴超凡（1941— ）

作曲家。山东济南人。山东省音协理事。创作各类作品千余件，发表出版、播出、演出数百件（首），获国家、省、市级奖励百余件（首），主要作品有（含合作）故事片《女人也是人》，电视连续剧《乡村女税官》，音乐片《千莺斗春》等的音乐。歌剧《海韵》，茂腔《盼儿记》，吕剧《李二嫂后传》，京剧《陈少敏三请徐公》等的音乐与歌曲《祖国赞歌》《中华魂》。出版《吴超凡歌曲九十九首》，发表论文《试谈茂腔音乐的调式调性》。

吴陈彬（1945— ）

作曲家。福建漳州人。曾为福建艺术学校龙溪木偶班教师、作曲、指挥。作有芗曲小合唱《古道别》，歌仔戏音乐《双剑春》，木偶戏音乐《画皮》《两个猎人》《小猫钓鱼》《狼来了》，木偶神话剧音乐《八仙过海》，木偶电视连续剧音乐《黑旋风李逵》《岳飞》，现代儿童木偶剧音乐《赖宁在我们心中》等。1987年赴加拿大及美国参加国际儿童艺术节，获多届福建金钥匙少儿电子琴比赛园丁奖。

吴晨晖（1955— ）

钢琴教育家。江苏常州人。中国石油大学艺术系主任。1982年毕业于东北师大艺术系。撰写、发表《试谈高校的艺术教育》《论美育在高校人才培养中的地位和作用》文章十余篇。编有《乐理基础与名曲的欣赏》，任《体育舞蹈》副主编。

吴成栋（1935— ）

作曲家。安徽休宁人。1957年毕业于北京师范大学中文系，曾任中学、大学语文教师。1973年开始，在安徽省芜湖地区文化局、文联从事音乐工作。黄山学院副教授、黄山市音协副主席。在报刊、电台发表作品百余首。《美丽的田野》《山里人，山里歌》《妈妈脸上有块伤疤》《云岭行》《我们去寻找理想》等歌曲，先后获安徽省歌曲创作一等奖、优秀奖。参与《中国民间歌曲集成》安徽卷的编纂工作，主编《安徽省芜湖地区民歌选》和《芜湖地区创作歌曲选》。

吴承簇（1945—已故）

音乐教育家、指挥家。吉林人。原东北师大音乐系教授，吉林省合唱学会副会长。1969年沈阳音乐学院本科毕业，1981年在中央音乐学院严良堃指挥班进修。1960年入吉林市儿童剧团任小提琴演奏员，1970年任营口师范学校声乐兼作曲教师。1979年任东北师大音乐系指挥教师，后任工会常委、文艺部长。作有器乐曲《野营路上》等。指挥有《黄河大合唱》等。曾获省以上指挥奖。

吴崇生（1941— ）

作曲家。北京人。1958年入中央音乐学院附中高中部，1961年升入大学本科，1966年毕业于中国音乐学院作曲系。1973年任海政歌舞团专职作曲，1989年任海政歌舞团副团长、团长，1998年任艺术指导。作有歌曲《大海白云》《大雁情》《无悔的选择》《秋到渤海湾》《合成军兵团进行曲》等。舞蹈音乐《多彩的风》《叩海》《美丽的筒裙》等。话剧及电视剧音乐《海的向往》《李自成》《珊瑚海岸》《夜郎风情》《东边日出》等。多次担任全国青年歌手电视大赛、全国音乐电视大赛及全军文艺汇演、全军音乐作品评奖评委。

吴崇义（1939—已故）

琵琶教育家。辽宁人。曾为首都师范大学音乐系副教授。毕业于北京艺术师范学院音乐系，曾在北京艺术学院、北京师范学院音乐系讲授琵琶及二胡、三弦、柳琴等课程，曾演奏《十面埋伏》等独奏曲，并编写多种乐器教材。创作的歌曲《新鲜事万万千》中央电视台播放，发表文章及论文《丰富多彩的弹拨乐器》《琵琶的发音基础》。

吴春楚（1928— ）

作曲家。江苏扬州人。1952年进华东艺术专科学校学习作曲，师从吴梦非研习音乐理论与创作，后在上海烽火淮剧团从事专业创作。1987年起为上海乐团电子琴学校、上海音协电子琴学会顾问。与吴嘉平合著《电子琴学习指南》《电子琴名曲精选》，并将谱曲的钢琴曲《浦江明珠》改编成电子琴曲。1987年为日本访华音乐专家举行专场演出。所培养的学生在全国及上海电子琴比赛中多次获奖。本人多次获优秀园丁荣誉奖。

吴春帆（1965— ）

女歌唱家。四川广安人。重庆万州区文化馆副馆长。2004年毕业于重庆市委党校函授学院经济管理系。曾分获文化部举办的"歌王、歌后"大赛优秀奖、"蓉城之秋"音乐汇演二等奖、四川省"首届歌舞大赛"演唱第二名、重庆市"舞台艺术之星"二等奖及中视大汇串演唱集体一等奖。曾被万州区委、区政府命名为"有突出贡献的中青年拔尖人才"称号。

吴春福（1973— ）

音乐理论家。湖南桃源人。湖南师大音乐学院音乐教育系教授。1990年至2004年先后毕业于湖南桃源师范学校、湖南师大、首都师大、中央音乐学院。2007年结束在上海音乐学院的博士后工作回湖南师大任教。著有《罗忠镕后期现代风格的音乐创作研究》《音乐考研复习精要——曲式与作品分析》，撰有《从媒体关注现代音乐所引发的思考》《论高为杰先生的音乐生涯与艺术成就》等十余篇论文在各专业刊物上发表。

吴春礼（1927— ）

戏曲音乐理论家。北京人。曾先后毕业于北京华北文法学院、北京华大二部文学系。1951年始从事戏曲音乐整理研究。先后为中国艺术研究院戏曲研究所研究员，中国戏曲音乐学会副秘书长、《中国戏曲音乐集成》总编辑部编审。编撰出版（含合作）《京剧打击乐汇编》《京剧〈雁荡山〉总谱》《京剧唱腔》《京剧曲牌》《京剧锣鼓》等。撰有《梅兰芳唱腔介绍》《余叔岩轶事》等文。主编《余叔岩艺术评论集》。曾任《中国戏曲音乐集成》江苏卷等8部省卷的责任编辑。1996年参与编辑大型戏曲图册《中国京剧艺术》。执笔整理鼓师白登云论述《京剧锣鼓的练功和运用》，入编《戏曲乐队工作经验》。

吴春林（1959— ）

大提琴演奏家。吉林长春人。1976年入中国广播交响乐团任演奏员、大提琴首席。两次随团参加澳门音乐节演出，以及赴欧洲七国的巡演，与马友友等世界著名音乐家合作演出。曾参演贝多芬交响曲系列音乐会，柴科夫斯基作曲系列音乐会，勃拉姆斯系列音乐会的演出。

吴春燕（1975— ）

女歌唱家。黑龙江哈尔滨人。北京歌舞剧院歌剧团团长。自1997年起，多次获省及全国性声乐比赛金奖，2008年首唱《爱的祝福》在赈灾歌曲评选中获金奖。演唱《盛典》获奥运优秀歌曲奖。连续八年参加央视春节联欢晚会，多次参加公安部、文化部、北京电视台春节晚会及央视"心连心""同一首歌""中华情"等大型公益演出。曾被国家林业局授予"绿色形象大使"，被中国慈善基金会、中国扶贫开发协会分别授予"形象大使"。

吴翠云（1933— ）

女高音歌唱家。辽宁沈阳人。1949年从事部队文艺工作。曾从师于保加利亚声乐专家。后在总政歌舞团工作。在全军第二、三、四届文艺汇演中获优秀演员奖。曾随团出访苏联等六国。

吴大巢（1966— ）

歌唱家。安徽肥东人。安徽省马鞍山市文化局副局长、安徽省音协理事、马鞍山市音协副主席。1986年毕业于安徽艺术学校，后任巢湖地区群艺馆音乐干部。1990年获安徽省皖中南民歌大赛演唱特等奖。1991年起先后任职于马鞍山市歌舞团、市文化局。1994年获第四届安徽省艺术节演出一等奖，先后获第四届安徽省花鼓灯艺术节演唱一等奖、省电视歌手展示赛最佳歌手奖。2003年出版个人演唱专辑《菜石矶情怀》。

吴大明（1934— ）

作曲家。江苏无锡人。1958年毕业于中央音乐学院作曲系。曾任长春电影制片厂作曲，中国音协第四届理事。作有电影音乐《雁鸣湖畔》《绿色钱包》《勿忘我》《人到中年》《苦难的心》，广播剧音乐《第二次握手》等。

吴大昭（1932—2009）

歌唱家、声乐教育家。江苏无锡人。原上海乐团教研室成员。1957年毕业于上海音乐学院声乐系，师从杨树声等教授，后考入苏联、保加利亚专家班学习。结业后入上海乐团。参加歌剧《萨特阔》第二幕演出。1960年在年上海乐团委托上海音乐学院举办的合唱训练班任声乐专职教员。有多名学生考入国内外音乐院校。作有歌曲《水乡田歌》《西湖》等。

吴代燕（1938— ）

女声乐教育家。湖北武汉人。襄樊市歌舞剧团声乐副教授。1958年毕业于中南音专声乐专业，同年分配到湖北省实验歌剧团，1959年参加歌剧《洪湖赤卫队》赴京演出。1965年参加省大型音乐舞蹈史诗《东方红》演出。1986年起先后参加音乐电视艺术片《襄樊好风光》制作与音乐诗剧《洪湖的女儿》演出，担任音乐编辑、声乐指导、合唱指挥。论文《变声期异常嗓音训练初探》参加第一届全国艺术医学学术交流会。

吴道岭（1930— ）

歌唱家。河北定兴人。1949年由华北大学戏剧科毕业，后到中央戏剧学院歌剧团任演员。1951年调中央歌剧院，曾主演秧歌剧《新条件》，并在歌剧《小二黑结婚》

《草原之歌》《望夫云》《打击侵略者》《朝阳沟》中担任男主角。在我国首演著名歌剧《茶花女》《青年近卫军》，为《草原之歌》拍摄片段电影。曾赴苏联、德国、波兰、罗马尼亚等国演出。合作编纂、出版《中国歌剧选曲集》，出版《歌剧声乐艺术随笔》及《流年碎影》。

吴德珠（1945— ）

作曲家、指挥家。满族。辽宁复县人。1970年毕业于哈尔滨工业大学机械制造系，1986年结业于中央音乐学院作曲系干修班。曾任承德地区京剧团、地区群艺馆音乐组指挥、作曲及承德市艺术研究所副所长。获奖与发表的作品有歌曲《很美很美的少年》《我们是跨世纪的小主人》《华夏是摇篮》《养路工之歌》等，木管四重奏《小伙伴》，管弦乐曲《青春》，交响诗《长城》，笙独奏《离宫情思》等器乐曲。指挥过《杜鹃山》《小刀会》等剧目，并任《万里东归》等戏曲音乐设计。发表论文《黄河大合唱作曲技法学习札记》等。

吴独标（1938— ）

音乐教育家。河北定兴人。原河南省新乡市第十中学高级教师。1958年毕业于新乡市师专。1982至1984年曾在西藏阿里地区中学任教。创作的儿童歌曲《我学叔叔补衣裳》《种南瓜》分获省、市一、二等奖，在西藏阿里地区支教期间创作有《阿里，我可爱的故乡》《一片哈达一片心》参加自治区会演并获奖。为电视剧《大明奇才解缙》《李立三》等谱写主题歌、插曲多首。

吴多善（1937—2008）

低音提琴演奏家、音乐教育家。海南海口人。1964年毕业于中南音专（现武汉音院）管弦系低音提琴专业。先后任广西歌舞团管弦乐队首席低音提琴，广西艺术学院低音提琴教师，海南大学音乐系首任主任、教授。参加大量国家级演出和繁多的录音工作，为广西专业文艺团体培养了一批低音提琴演奏骨干。多次与各国艺术家同台演出，并与越南、美国、日本的低音提琴演奏家进行多次专业学术交流。曾赴香港、新加坡演出，并为新加坡国家交响乐团讲学。

吴凤仪（1933— ）

女歌唱家、竖琴演奏家。海南人。曾就读广西桂林艺术专科学校，1956年毕业于上海音乐学院声乐系并任声乐教师。1957年起先后任西安市歌舞剧团声乐教师、西安儿童剧团训练班音乐组组长、陕西乐团声乐组长兼独唱演员和竖琴演奏员。1984年起借调南京艺术学院任声乐组长。多次组织、排练"抗日战争胜利万岁"等各类演出，1983年举办"吴凤仪独唱音乐会"。所教学生多人次在全国声乐比赛、全军中青年声乐比赛和全国冼星海、聂耳声乐作品演唱比赛中获不同奖项。

吴福祥（1956— ）

作曲家。山西大同人。山西省音协理事，大同市音协常务副主席兼秘书长。有百余首歌词、歌曲及评论文章在全国各类刊物发表，其中歌曲《春雨洒向哪里》获一等

奖，《丝路新声》获二等奖。1998年在山西戏曲音乐改革研讨会暨征文中，论文《开阔借鉴思维，拓宽创新领域，努力寻求发展戏曲音乐的新途径》获优秀论文奖。为十二集大型电视政论片《康庄大道》创作主题歌《绿色的希望》及片尾曲《这一条大道》，并为全片进行音乐设计。

吴光达（1932—已故）

二胡演奏家。山东济南人。1948年从事部队文艺工作，历任总政歌剧团乐队演奏员和总政歌舞团乐队队长。原中国剧院负责人。在音乐舞蹈史诗《东方红》乐队中担任二胡首席。

吴光锐（1931— ）

作曲家。河北青县人。1948年入晋察冀军区文工团，1949年参加开国大典。曾任华北军区、总参、总政军乐团演奏员、中队长、教员及创作员。《祖国您好》《在节日晚会上》《生命之歌》曾作为电台"每周一歌"播放。木琴独奏《小骑兵》在全军文艺汇演中获奖，器乐曲《摩托化部队进行曲》（合作）在全国第七届音乐比赛中获二等奖，《运动员进行曲》（合作）为历届体育盛会用曲。1989年中央电台录有个人作品专题。出版《吴光锐管乐创作曲集》《小军鼓演绎教程》。

吴光庭（1933— ）

小提琴教育家。重庆人。1950年毕业于中央音乐学院少年班，同年调到华东军区解放军剧院（改名南京军区前线歌舞团），1959年随中国青年艺术团参加第七届世界青年联欢节及访问演出。为庆祝我国建国十周年大庆，在莫斯科参加多场盛大的演出活动。1964年参加音乐舞蹈史诗《东方红》的排练演出。后在上海音乐学院与南京艺术学院学习小提琴。担任乐队首席与小提琴教师。1983年任重庆业余音乐学校、重庆艺术学校小提琴专业教师。1987年获全国少儿"蜀都杯"小提琴邀请赛优秀辅导教师奖。

吴光祖（1935— ）

小提琴演奏家。河北保定人。1949年加入冀中军区火线剧社。1950年调入北京军区战友歌舞团乐队工作，曾任乐队首席，参加历届全军文艺汇演及《长征组歌》演出，并随团赴朝鲜、罗马尼亚、阿尔巴尼亚、苏联、日本等国访问演出。后致力于业余小提琴教学工作，被中国音协聘为全国社会艺术水平考级考官。

吴广川（1944— ）

歌词作家。江苏沛县人。就职于沛县文化馆。1963年高中毕业，当过代课教师、沛县剧团编剧、县文化馆副馆长等。多年来发表剧本、小说、散文、报告文学、诗歌等计百余万字。《青春泪》《飞来的闺女》获江苏省新剧目创作奖。作有广播剧《红娥》《生命之光》（合作），散文《那辉煌的一瞬》获庆香港回归5周年征文一等奖。出版歌曲集《梦中的母亲》《望月》两部，获国家、省市级奖五十余次，并作有《炎帝颂》《我们苏北大平原》等。

吴敬浓（1941— ）

作曲家。海南文昌人。海南音协副主席。1961年广州音乐专科学校毕业后参加工作，后由中国函授音乐学院作曲系毕业，之后在琼山剧团、文工团任作曲指挥。在海南电台任文艺部主任等职。创作编辑大量琼剧音乐、歌曲、乐曲、舞曲，部分在省及全国获奖。主编并出版《宝岛新歌》。《琼崖山歌》《海南我的家》等十多首歌曲在全国获金、银、铜奖。《广播音乐与歌曲欣赏》《谈音乐感受》等论文在《广播歌选》发表。

吴军行（1945— ）

女声乐教育家。江西分宜人。江西师范大学音乐学院教授、硕士生导师，江西声乐家协会常务理事。出版有《大学音乐》《民间文化学新论》《声乐艺术理论》。编纂的教材有《民歌》《音乐基础知识》。发表论文约三十余篇，其中《倾斜、曝光、担忧》《南丰傩舞的世俗心理与节奏形态探索》《江西灯彩及其音乐》刊登在《人民音乐》及《中国音乐学》等刊物上。培养指导的声乐学生曾参加全国第十届电视青年歌手大奖赛获"荧屏奖"。

吴君孚（1933— ）

民族器乐演奏家。北京人。中国评剧院艺术处副主任。1949年从事部队文艺工作，任民族乐队主奏、独奏，并兼作曲、配器。1978年由新疆军区歌舞团专业至中国评剧院。作有歌曲《胜利喜讯传下来》《驭手之歌》《坦克兵之歌》，二胡独奏曲《春到农村》等。对陕北、东北、新疆等地区民歌及广东音乐有较深入研究，并熟悉戏曲、曲艺音乐。收集、整理有新疆少数民族民歌、乐曲，会演奏维吾尔族艾捷克和沙塔尔乐器。在新疆部队工作期间，曾随团出国访问。近年来投入社会文化活动，被北京市东城区聘为"社区文化志愿者"。

吴俊生（1938— ）

琵琶演奏家。河北武清人。1952年毕业于中央音乐学院民乐系，后为中国音乐学院副教授。著有《琵琶轮指、弹挑、摇指与练习》。作有琵琶曲《唱支山歌给党听》《火把节之夜》。

吴可均（1928— ）

音乐学家、图书馆学家。广东新会人。1959年毕业于上海音乐学院理论作曲及乐队指挥专业。后任教于广州星海音乐学院，从事音乐作品分析、音乐名作及西方音乐史等课程的教学与研究工作。1960至1989年任星海音乐学院图书馆馆长。论著有《音乐专业图书馆综合分类法》《音乐作品分析》等及其他著译百余万言。曾先后担任上海音乐学院校务委员会委员、星海音乐学院学术委员会委员、校务委员会委员及职称评审委员会委员、中国图书进出口公司音乐顾问、广东省电台音乐台音乐顾问及专栏作者、《音响世界》杂志社编审等。

吴克辛（1924— ）

指挥家。生于印尼、祖籍广东。1953年毕业于上海音乐学院专修科。1958年任上海市少年宫合唱指导。作有歌曲《在刘胡兰像前》。

吴孔团（1936— ）

洞箫演奏家。福建南安人。1952年参加南音馆。原在福建省歌舞团工作。著有《洞箫演奏法》。创作并演奏洞箫曲目有《南乐洞吹》《燕归》《月下箫歌》。

吴奎隆（1951— ）

小提琴演奏家。浙江绍兴人。曾进修于南京艺术学院、上海音乐学院。曾任江苏省歌舞团、歌剧团演奏员、业务秘书，1999年任江苏省歌舞剧院评弹团副团长。先后参加团里的舞剧《白毛女》《红色娘子军》，交响乐《沙家浜》及各种文艺晚会的演出。1999年率评弹团参加第三届江苏省曲艺赛，获节目金、银奖，创作金、银奖及组织奖。2000年《评弹音乐—唐宋古韵忆江南》获优秀节目奖，江苏民间歌舞《好一朵茉莉花》获"六艺节"大奖，并获"文华奖"。在小提琴教学中培养了百余名学生。

吴坤侠（1945— ）

声乐教育家。海南文昌人。1966年毕业于中央民族大学音乐系声乐专业，留校任教，副教授。在30年的教学工作中，曾教过不同国籍、不同民族的学生达数百人，其中有侗族女高音肖玫等多位学生曾在重要演出和比赛中取得好成绩。曾多次应邀在各省市讲学，1992年应邀赴泰国、马来西亚、新加坡讲学。撰有《谈民族声乐若干问题》《谈混声与混合共鸣在少数民族声乐教学中的运用》《谈对少数民族男高音的教学》等文。

吴乐光（1934— ）

小提琴演奏家、作曲家。河北人。曾任中国电影乐团演奏员兼配器。1947年起参加冀东军区第某军分区宣传队。曾先后师从罗吉兰、刘光德等学习小提琴、和声学、复调音乐和曲式与作品分析。从事创作、配器、指挥、演奏。录制《白毛女》《洪湖赤卫队》《雷锋》《柯山红日》《一个志愿军的未婚妻》等大量电影、电视音乐及中外指挥家指挥的音乐会，并为《血泪仇》《奇印》等配器。曾参加在中南海建国十周年献礼演出。撰有《谈歌剧"柯山红日"打击乐的运用》等文。

吴乐懿（1919—2006）

女钢琴教育家。浙江鄞县人。1941年毕业于上海国立音乐专科学校钢琴专业。1949年赴法国巴黎音乐学院，师从法国女钢琴家马格理特·朗及伊凡·诺特教授，1953年毕业。1954年在中央音乐学院华东分院（上海音乐学院）钢琴系任教，曾任钢琴系主任，教授。中国音协第三、四届理事。全国第三届人大代表，第五、六、七届政协委员。曾获首届中国音乐"金钟奖"终身成就奖。录制唱片的钢琴曲目有丁善德《新疆舞曲》、瞿维《序曲第二号》，汪立三《蓝花花》，德彪西《回忆》，李斯特《第一钢琴协奏曲》，柴科夫斯基《第一钢琴协奏曲》等。曾多次出访演奏，并出任国际钢琴比赛评委。曾在国内钢琴大赛中担任评委主任。培养大批优秀钢琴人才。

吴莉莉（1954— ）

女歌唱家。福建莆田人。福建莆田华侨体育师范学校高级教师。1982年毕业于福建师大音乐系。撰有《简评中国近现代音乐史》《以美育人是素质教育的重要一环》等文。多次参加莆田市委宣传部、文化局、教委组织的大型演出活动并担任领唱、独唱、指挥，演唱曲目有《祖国颂》《在希望的田野上》《红梅赞》等，指挥曲目有《爱我中华》《走进新时代》等。多次获市"先进音乐工作者"称号。

吴莉娅（1966— ）

女高音歌唱家。土家族。湖北人。广东省佛山市音协副主席，顺德合唱团团长、声乐指导。任职于顺德文化馆。毕业于武汉音乐学院、星海音乐学院教育系声乐专业，1997年在中央音乐学院研究生课程班和"维也纳音乐大师班"学习。曾获"全国城市职工歌手大赛"金奖，"21世纪全国农民歌手大赛"金奖，文化部第四届全国"群星奖"演唱银奖，"全国第二届少数民族文艺汇演"银奖。1999年在北京与广东举办个人"独唱音乐会"。

吴利宾（1949— ）

作曲家、音乐活动家。湖南衡阳人。曾任职于湖南衡南县文化馆。曾为衡阳市音协副主席兼秘书长。1968年始任中学音乐教师、县文化馆音乐专干、馆长、书记。致力群文辅导、"非物质遗产"保护。先后主编或参加编辑中国民歌、器乐曲、曲艺音乐集成省、市、县卷，共收编十五万余字曲目编入。创作有音乐作品上百件，有部分发表、演播或获奖。歌曲《春在一幅画图中》《记住南疆》《边陲有颗闪亮的星》等收入《生活的原野》专辑中。

吴利明（1953— ）

作曲家。浙江宁波人。江苏太仓市文化馆副馆长。2005年毕业于江苏省委党校经济管理系。曾任德兴县文工团、上饶地区歌舞话剧团、上饶地区京剧团小提琴演奏员。撰有《群众文化在构建和谐社会中的重要地位和作用》等文在刊物发表。创作器乐曲《骑车去郊游》（第一作者）获2001年文化部第二届"蒲公英"创作银奖，江苏第三届少儿艺术节一等奖。歌曲《听月亮》获2004年中国文联等单位举办的"中华情"全国征歌提名奖。出版CD唱片《吴利明创作歌曲专辑》。

吴莲玉（1949— ）

女小提琴演奏家。朝鲜族。吉林珲春人。1961年在吉林延边艺术学校学习。1968年起先后在吉林延边市艺术团乐队、延边广播电视艺术团任首席小提琴。在延边和黑龙江巡回演出中担任独奏，演奏有《新疆之春》《云雀》《红太阳照边疆》等曲目。1979年始先后录制电视剧音乐《我们的老师》《月有圆缺》《芦花》《女人是什么》均任小提琴独奏等，在《故乡的春天》《欢笑的金达莱》等音乐会中任第一小提琴。1999年被选为延边音乐家协会理事，中国朝鲜族音乐研究会理事。

吴林抒（1934—已故）

歌词作家。江西临川人。原任江西抚州地区文联副主席，省文联常委、副研究员。作有《保卫和平歌》《请饮一杯麻姑酒》《我爱抚河美》等。

吴玲芬（1945— ）

女指挥家。山东青岛人。1967年毕业于中央音乐学院指挥系。1986年赴莫斯科柴科夫斯基音乐学院进修，后在中央音乐学院任教。曾指挥首演歌剧《费加罗婚礼》。在苏联指挥演出歌剧《茶花女》。1983年任中国少年广播合唱团指挥，赴日本演出。

吴令仪（1942— ）

女钢琴教育家。上海人。1968年毕业于上海音乐学院钢琴系本科。上海师范大学音乐学院副教授、硕士生导师、院学术委员会委员，上海市中等师范学校教师中级职务任职资格评审委员会学科组成员，上海市多项钢琴大奖赛评委。曾获上海市第三届少儿智力竞赛优秀指导奖，胡葆琳音乐教育基金教师一等奖及上海师范大学"三八"红旗手称号。编有教材《钢琴即兴伴奏实践与应用》《全国高师专科音乐专业钢琴与伴奏》等，并在报刊、杂志多次发表论文和文章。

吴茂清（1951— ）

作曲家。湖北天门人。大学专科毕业。群众文化副研究馆员。湖北天门市文化局副主任科员、湖北省"楚风"二胡协会理事。1969年入伍，历任原铁道兵团宣传队队长、师宣传队作曲兼指挥、二胡与手风琴演奏员。歌曲《美丽的柴达木，可爱的家乡》，舞蹈音乐《烽火山之鹰》获全军业余文艺调演创作表演奖，收入总政治部《青春花正红》优秀作品专辑。作曲的花鼓戏戏歌合唱《我的江汉大平原》获省音协、剧协首届戏歌创作一等奖。

吴玫玫（1959— ）

女中音歌唱家。浙江桐乡人。1982至1984年在中国音乐学院歌剧系学习。1978年始入中央民族乐团歌队。演唱有毛主席诗词《娄山关》《美妙歌声随风荡漾》等歌曲。1995年曾在北京海淀剧院演出中担任半场独唱。举办个人及两人、四人独唱音乐会。1996年在北京国际艺苑参加吴其辉师生独唱音乐会。1997年参加中国首届优秀女中音歌唱家音乐会。1998年由中国音协、中央民族乐团主办第二次个人独唱音乐会。录制醮《如来世家》，中国民乐百科集神韵系列光盘，1996年应德国管风琴演奏家托斯腾·梅德特之邀，担任女中音独唱。

吴美和（1929— ）

女高音歌唱家。江苏苏州人。1946年起在国立音乐学院师从俄国专家苏石林和黄友葵教授学声乐。新中国成立后，师从喻宜萱教授。为中国青年艺术团演员，后任中央歌舞团及中央乐团声乐演员。1981年任中央乐团声乐研究室及专家办公室负责人。多次主持举办声乐培训班，推广美声唱法、提高声乐水平，培养声乐人才。后在中央乐团

w

社会音乐学院任教，毕业生多次在各种比赛中获奖。

吴美华（1952—）

女声乐教育家。山东青岛人。1968年开始从事文艺工作。1984年毕业于上海音乐学院声乐系。从事高校声乐教学工作近三十年，就职于鲁东大学音乐学院，教授、研究生导师。所教学生在国家及省级声乐比赛中获奖数十人次。承担省级科研课题6项，发表音乐论文20篇。获省级各类科研成果、教学成果及优秀指导教师奖8项。获鲁东大学"师德标兵"称号。

吴梦非（1893—1979）

音乐教育家。浙江东阳人。1914年毕业于浙江高等师范音乐图画专修科。长期从事艺术教育。1952年始任上海音乐学院教务处副主任。曾任音协浙江分会秘书长。编著有《和声学大纲》《中国音乐史》等。

吴梦华（1939—）

指挥家。山东青岛人。曾为青岛市工人文化宫文艺科科长、青岛市歌舞团演奏员。1960年毕业于青岛艺术学校，后入山东艺术学院进修，指挥有小提琴协奏曲《梁祝》《黄河大合唱》《长征组歌》等。创作的歌曲《毛主席走遍千山万水》被收入人民音乐出版社出版的《歌曲选集》中，《我们的歌》获中国音协、全国总工会一等奖。

吴明德（1938—）

男中音歌唱家。上海人。1963年毕业于上海音乐学院合唱训练专科，曾在上海乐团历任合唱队员、乐团艺术室干部、演出办公室主任、乐团办公室主任，上海交响乐团任副总经理。1990年任上海市文化局演出处副处长、处长。1998年担任中国上海国际艺术节中心节目统筹及剧场协调，并在中国上海国际艺术节历届国际演出交易会中负责演出洽谈总协调。中国演出家协会理事、上海演出家协会常务副主席。

吴明祥（1945—）

作曲家。江西乐平人。1960至1962年先后在乐平县歌舞团、上饶地区歌舞团任演奏员、作曲。1987年毕业于上海音乐学院干修科作曲专业。同年回上饶地区歌舞团任作曲、指挥。1991年调上饶地区艺术创作研究所任副所长、作曲。创作歌曲四百余首，歌剧十余部，器乐、舞蹈音乐三十多部。其中高胡曲《畲寨欢歌》、歌曲《阳光下的中国》等获得奖项。为电教片《闪光的里程》作曲，获全国"红星奖"二等奖。为江西九运会大型文艺表演创作的音乐"运动交响"，获省文学艺术优秀成果二等奖。

吴明馨（1928—已故）

民族乐器演奏家。江苏苏州人。中国广播艺术团民族乐团原演奏员。曾参与整理改编民乐合奏曲《将军令》《百花园》《万花灯》等十余首乐曲。1957年赴苏联参加世界青年联欢节担任琵琶独奏，1977年赴阿尔巴尼亚、南斯拉夫、罗马尼亚访问演出担任中阮和打击乐演奏。1980年赴日本，1982年赴香港演出担任编钟独奏，曾兼任河

南、吉林、青海等省艺术院校及团体教师。

吴南江（1963—）

音乐编导家。安徽霍山人。先后毕业于北京广播学院电视制作专科、解放军陆军参谋学院电教编导本科、复旦大学行政管理研究生班。后任安徽省霍山县广播电视局编导。曾编导制作《大别山霍山民歌专辑》六部60首，编导地方歌手MTV电视专辑2部30首歌曲，合作拍摄制作5部音乐风光片。电视音乐艺术片《霍山风光》，被省政府选为对外宣传光碟。另指导本单位制作的《红绿蓝恋曲》等多首歌曲，在电视广播系统会演中获一、二等奖。安徽省音乐文学学会副会长。

吴念秋（1955—）

作曲家。江苏南京人。1973年就读于南京艺术学院音乐系。1977年入南京市歌舞团任作曲。作有歌曲《外婆桥》《鹊桥仙》《为你祝福》《金沙江恋歌》，分获二、三等奖，舞蹈音乐《虞姬》获省音舞节银奖，歌剧《不屈的灵魂》（合作）获省音舞节铜奖。在十二集电视连续剧《无情的火魔》中任音乐编辑。撰有《论合唱艺术在戏曲演唱中的运用》《茉莉花香飘四海》等文。

吴宁宁（1958—）

钢琴演奏家。安徽泾县人。安徽艺术职业学院音乐系钢琴教研室主任。曾就读于上海音乐学院钢琴系助教班。举行过多场独奏音乐会和师生专场音乐会。所教学生获2002香港"柴科夫斯基钢琴大赛"海南（国内）选拔赛少年A组第一名。2004全国艺术职业院校钢琴教学邀请赛A组第四名，同时获"练习曲优秀演奏奖"和"中国作品优秀演奏奖"，2005年全国第一届"卡担萨"杯中国钢琴作品比赛专业青年组第四名。发表论文《巴罗克时期的古钢琴音乐》《浅论钢琴的触键与音色》等。

吴培文（1946—）

男中音歌唱家。福建厦门人。原厦门大学艺术学院院长，福建音协副主席、厦门文联副主席、厦门音协主席。先后毕业于福建师院艺术系、上海音乐学院声乐系。先后与上海交响乐团、上海乐团合作在《贝九》中担任男中音独唱。应上海歌剧院邀请在《艺术家的生涯》《霸王别姬》多部歌剧中任主要角色。主演民族歌剧《仰天长啸》饰岳飞，获首届"上海戏剧表演艺术白玉兰奖"主角奖。曾任中共中央代表团艺术团、中国人民解放军歌舞团独唱演员，解放军艺术学院、上海音乐学院客座教授。培养的学生有多人次在专业大赛中获奖。发表有《关于三种唱法的若干思考》和《京剧发声技术初探》。曾赴俄罗斯、美国、日本、香港、朝鲜、马来西亚、泰国等演出。

吴佩华（1927—）

女音乐翻译家。安徽人。1950年毕业于上海沪江大学英文系。后在上海音乐学院音乐研究室从事翻译与研究生教学工作。译有《复调音乐》（合作），《论音乐的民族特点》《作曲技法》等。

吴佩勇（1957— ）

音乐教育家。江苏沛县人。1998年毕业于曲阜师范大学音乐系音乐教育专业。曾任济宁县文工团独唱演员、济宁艺术学校音乐教师、教务处主任。作有歌曲《妈妈的怀抱》《孔繁森我们怀念你》《心中的太阳》《敦煌我的千古飘带》等多首，出版歌曲集《阳光下的中国——吴佩勇歌曲选》。撰有《规范化教学管理初议》《艺术院校班主任的素质与能力》等，获山东省"红霞杯"教育教学优秀成果二等奖。

吴鹏翔（1965— ）

音乐教育家。福建泉州人。1985年毕业于厦门集美师专音乐系。泉州华侨职业中专学校教师。撰有《谈谈钢琴教学中的几点问题》《钢琴教学经验点滴谈》《钢琴即兴伴奏教学方法的思考》等文。2000年参加泉州合唱节获优秀钢琴伴奏奖。组织策划"果园飘香"等大型文艺演出。培养大批优秀幼教毕业生。被授予优秀教师奖章、中小学学科带头人称号。

吴其辉（1935— ）

男高音歌唱家。广东中山人。1953年入中央歌舞团，后入中央乐团合唱队。1980年赴意大利米兰威尔弟音乐院进修，曾从师歌剧大师莫纳科、斯泰方诺、吉诺·贝基学习。原中央乐团合唱队声乐指导。

吴企善（1950— ）

男高音歌唱家。浙江绍兴人。毕业于解放军艺术学院。成都军区战旗文工团独唱演员，西南民族学院客座教授。创作歌曲及舞蹈音乐多首（部），曾获第六届全军文艺汇演最佳优秀表演奖，被评为"四川十佳演员"。1992年应俄罗斯文化部邀请赴俄罗斯访问演出。

吴启达（1943— ）

音乐教育家。江西临川人。曾任江西省音协常务理事，江西省音协音乐教育委员会副主任，抚州地区音协主席，抚州地区歌舞团作曲、指挥、团长，抚州师专艺术系主任，江西大宇艺术学院院长等。1993年调入高校，创建抚州师专艺术系，担任音乐理论研究与教学。创作、发表、展演、灌制唱片、录制盒带等音乐作品近千件，其中百余件作品在国家、省级的各种比赛中获奖。

吴启芳（1939— ）

女钢琴教育家。上海人。1961年毕业于哈尔滨艺术学院音乐系。原任哈尔滨师范大学艺术学院音乐系键盘教研室主任、副教授。钢琴独奏《涛声》获第四届全国音乐创作评比演奏奖。

吴乔刚（1943— ）

作曲家。仫佬族。广西罗城人。曾为广西罗城仫佬族自治县文化馆副馆长。作词作曲的《仫佬山恋歌》，1990年获全区农村文艺汇演创作振兴奖，《歌的家乡》《走坡恋歌》等分获中国民族歌曲演创大赛银奖、金奖。为仫佬剧《红背带》等设计声腔声乐。撰有《浅谈仫佬剧音乐》等文章。

吴清礼（1938— ）

音乐编辑家。广东广州人。广东汕头海洋音像出版社高级编辑。曾任部队文工团长笛演奏员，武汉电台编辑、音乐组长，武汉音协理事。曾为武汉歌舞剧院新编歌剧《情人》录音剪辑并播出，制作《玉笛梅花黄鹤来》专题音乐节目推介"东方魔笛"孔建华，1983年编播介绍湖北省歌舞团将随州出土的编钟、编磬搬上舞台的录音通讯。撰有二百余篇音乐短文。1987年获中国记协颁发的从事新闻工作30年"老新闻工作者"荣誉证书。曾赴京组录《中国风情舞曲》系列立体声等盒带并获奖。

吴庆生（1944— ）

歌词作家。湖北武汉人。武汉音协副主席，湖北省音乐文学学会副会长。1961年入伍。1969年开始歌曲创作。三十余年创作有大量歌词，歌曲有三百余首。有数百件作品发表于军内外报刊及电台、电视台，其中四十余件作品获全国、全军及省、市级奖励。队列歌曲《扛起革命枪》广为流传，队列歌曲《杀出的军威练出的功》《当个什么兵》（合作）为总政文化部向全军推荐的必唱曲目。著有《吴庆生歌词选》《吴庆生歌曲选》《大海的呼唤》《大山情结》文艺作品集。

吴秋红（1962— ）

女声乐教育家。福建泉州人。福建省泉州师范学院艺术学院副教授。1986年毕业于福建师大音乐系，2001年毕业于中央音乐学院继续教育部。发表《南音演唱行腔吐字规律管见》《情为声之本，声为情之表》《音乐表演艺术泛谈》等文。指导的女声小组唱《蓝色多瑙河》《山野的风》获福建中师第二届文艺汇演二等奖。

吴日根（1959— ）

音乐教育家。蒙古族。内蒙古通辽人。中央民族大学音乐系副主任。1985、1998年分别毕业于中央民族大学音乐系、中央音乐学院音乐系（硕士研究生），先后两次主持编写、修订系专业教学大纲，建立了中央民族大学民族管弦乐团。培养的学生多名被中央歌剧院、北京交响乐团、中国歌剧院舞剧院等专业团体录用。数名学生在全国小提琴、圆号、长笛等比赛中获奖。多次被评为"优秀青年骨干教师""优秀教师"。

吴荣发（1933—2001）

作曲家。苗族。湖南保靖人。1961年、1983年分别毕业于上海音乐学院作曲系民族班、作曲指挥系进修班。原任湘西土家族苗族自治州民族文艺创研所副所长，音协湖南分会第三届常务理事。编有《花老虎民族艺术歌曲集》《民族团结大合唱》，著有《打家伙研究》。

吴莎莎（1963— ）

女音乐教育家。河南人。1986年毕业于洛阳师范学院音乐系，后一直从事于中学基础教学并在省级学术刊物发表多篇教学论文。其中1987年的《论舞蹈的情感表

W

现》获河南省音乐论文评比一等奖、河南省优质课二等奖，2000年《乐器进课堂使音乐教育更加丰富多彩》获洛阳市音乐论文评比一等奖，2003年《情感激励想像，想像孕育创新》获全国音乐论文评比一等奖。从教以来，在洛阳市各种演出中多次获奖，为大专院校输送多名音乐专业学生。

吴善翎（1939— ）

歌词作家。浙江宁波人。1959年入辽宁歌舞团。1979年辽宁大学中文系进修。曾任辽宁歌舞团创作室主任。作有《我爱家乡山和水》《绿色的梦》等。

吴少华（1956— ）

打击乐演奏家。广东汕头人。1976年毕业于广州文化艺术中专学校打击乐专科，后任广州歌舞团乐队演奏员。曾参加舞剧《白毛女》《沂蒙颂》《小刀会》，歌剧《货郎与小姐》及羊城音乐花会、中国的太阳、大型歌舞晚会、彭丽媛个人演唱会、南粤风情、珠江颂等节目演出，任第一爵士鼓手。受聘于星海音乐学院、达华艺术学校、刘诗昆钢琴艺术中心打击乐教师。培养一批优秀打击乐手。曾参加《星海·黄河》打击乐录音，获"五个一工程"奖。撰有《打击乐演奏技术探讨》。

吴少伟（1921—已故）

声乐教育家。江苏南京人。原在上海歌剧院任教。著有《歌声的发展规律》《整体控制功能训练法》《演唱技术结构训练法》《艺术嗓音科学选材方法》和《演唱技术分析法》。

吴少雄（1955— ）

作曲家。福建泉州人。中国音协创委会委员、福建省音协副主席、福建省艺术研究所副所长。作品《乡月三阕》获首届中国唱片奖，《刺桐城》获由联合国教科文组织委托日本主办的"丝绸之路"交响乐国际作曲比赛第三名。先后创作11部舞剧（诗）音乐，其中《丝海箫音》（合作），《惠安女人》《黄道婆》先后获文化部主办的第一届及第三届全国舞剧观摩演出（比赛）作曲第一名及第三、十一、十二届文华作曲奖。个人CD专辑《海灵》获首届中国文艺音像奖一等奖，《原野》获第五届中国金唱片奖一等奖。还作有大型交响乐集《我的海峡》等多部交响乐、歌剧、室内乐、中国器乐和影视音乐。专著有《干支合论》。

吴声业（1931— ）

女歌唱家。湖南人。1950年后曾任华南文工团音乐部中提琴演奏员、华南歌舞团小提琴演奏员、华南歌舞团合唱队演员、广州乐团合唱队演员、副队长、声乐教员、声乐教研组副组长。1956至1959年在上海音乐学院及上海声乐研究所学习。后任广东省歌舞剧院歌剧队副队长、惠阳地区文化局艺术科科长、声乐教员，广州乐团音乐艺术研究室副主任。曾担任音乐舞蹈史诗《东方红》合唱连副连长、副指导员。

吴盛栗（1960— ）

作曲家。江苏宿迁人。1993、1998年分别毕业于南京艺术学院音乐系作曲专业，上海音乐学院干部作曲进修班。历任宿迁文工团、京剧团、艺术团演员、作曲，南京板桥解放军国际关系学院长江艺术团团长，江苏省广电总台文艺部干部。作有歌曲《哦，南京》《无名英雄之歌》《欢欢喜喜走过来》《我们告诉世界》等获"汤歌杯"、电视大赛十优作品奖，全国、省银奖、三等奖等。为多部电视文献片配乐，在中央及各地方电视台播出。

吴世杰（1951— ）

二胡演奏家。辽宁沈阳人。1976年起在营口市评剧团、营口市曲艺团、歌舞团任独奏演员。1971年在营口市师范学校音乐班学习，1979年毕业于沈阳音乐学院民乐系。1991年曾在上海民族乐团进修。撰有《一曲绝唱、真情永存》。1995年曾举办"吴世杰二胡独奏音乐会"。多年来参加各种赛事并获政府级奖。所教学生多名被输送到各专业院团。

吴世忠（1943— ）

音乐教育家。福建泉州人。1963年毕业于福建师大音乐系。1975年开始南音研究及南音和民族乐器教学，培养众多南音演奏演唱人才。撰有《古老的民间音乐——南音》《南音与敦煌曲谱的不同点》《论福建南音音律》（该文获《中国音乐学》"中青年优秀论文奖"三等奖），洞箫独奏曲《我回到了唐山故乡》获"华东少儿民乐调演"创作奖。

吴式锴（1932— ）

音乐教育家、理论家。辽宁人。1956年毕业于中央音乐学院作曲系，后留校任教，后任该系和声教研室主任、和声专业博士生导师。上世纪60年代在《音乐研究》发表论文《中国民调式和声问题初步探讨》。撰有《和声发展的历史继承性》《有关和声习作的若干特殊问题》及《和声的风格性与传统和声教学》，在文化部主办的"全国高等艺术院校和声学学术报告会"上宣讲，并刊载于《中央音乐学院学报》。所著《和声学教程—理论与实践》由人民音乐出版社出版，并获首届文化部直属高等艺术院校优秀专业教材评比二等奖。完成国家教委科研课题《和声艺术发展史》，并由上海音乐出版社出版。

吴式铨（1925— ）

指挥家。辽宁义县人。南京艺术学院音乐学院副教授。1950年毕业于重庆青木关国立音乐院理论作曲专业。曾在解放军二野文工团、西南军区战斗文工团、《解放军歌曲》编辑部、铁道兵文工团等单位任研究员、创作员、合唱指挥、乐队队长、音乐编辑等职。曾立三等功一次。1980年后到南京艺术学院任民族管弦乐队编曲、指挥。

吴守智（1940— ）

手风琴演奏家。四川成都人。毕业于沈阳音乐学院。曾为四川音乐学院手风琴专业教授，中国音协手风琴学会会长。撰有《手风琴的触键》《风箱运行》《中国手风琴艺术发展概述》《中国键钮式手风琴乐器与演奏》《练习曲训练》等文，编著《手风琴教程》，合作有《中国手风琴大观》《手风琴考级标准》等。数十名学生在国内外手风琴比赛中获一、二等奖。担任历次全国手风琴比赛评委并多次担任国际手风琴比赛评委。

吴寿松（1954— ）

演奏家。浙江杭州人。1970年始从事专业演奏工作，任职于杭州市余杭越剧团。1972年师从赵松庭学习竹笛演奏技艺。1999年笛子独奏《姑苏行》获"江浙沪江南丝竹邀请赛"二等奖，2000年获"浙江省第八届戏剧节演奏奖"金奖。2003年创作的葫芦丝独奏曲《天使礼赞》入编中国民族管弦乐学会主编的《葫芦丝·巴乌考级曲集》，并由中国广播电视出版社出版。除演奏外，还长期进行教学工作，有数名学生考入浙江艺术职业学院和上海音乐学院。

吴淑林（1931— ）

女音乐活动家。湖北黄梅人。1952年中师毕业即从事群文工作，曾两度入省文艺干校音舞班进修。副研究馆员。1958年起在《长江歌声》《湖北音乐》发表《喜事传进咱村庄》《茶女盼郎归》等作品百余件。1980年撰写《优美动听的黄梅民歌》，由湖北电台录播。辅导与培训数百名音乐教师和文艺骨干。编撰出版有《黄梅民歌集》《黄梅文曲》《黄梅采茶戏音乐》《黄梅曲艺简志》，任《中国民间歌曲集成·湖北卷》与《中国曲艺音乐集成·湖北卷》编委，《中国戏曲音乐集成·湖北卷》编辑。

吴淑贞（1946— ）

女声乐教育家。辽宁大连人。1969年毕业于沈阳音乐学院，1979年调营口市师范学校教音乐理论、作曲、声乐，1979年调长春师范学院艺术系任教研室主任。撰文有《改进中小学音乐指挥教学》《歌唱艺术漫谈》《试论在声乐教学中如何培养学生的记忆思维》《谈"真声"和"假声"的结合与运用》等。培养了一批音乐教师，其中有多名学生分别在中央、省市级声乐大赛中获奖。

吴树德（1970— ）

唢呐、管子演奏家。辽宁人。1993年毕业于中国音乐学院，后在中国歌剧舞剧院民乐团任唢呐演奏员。曾在北京电视台"99"春节文艺晚会中演奏唢呐协奏曲《欢庆胜利》，在本院《十大名曲》演出中担任管子独奏《阳关三叠》，在胡海泉作品音乐会中演奏管子乐曲《忐性悠》，在罗大佑北京演唱会中唢呐伴奏《船歌》《青春舞曲》等。曾随院赴希腊、雅典、泰国、香港、澳门以及两次出访韩国参加中日韩三国乐团的演出。1999年在文化部中直院团国庆五十周年评比展演中荣获优秀表演奖。2002年随院参加芭蕾舞团演出的《大红灯笼高高挂》担任管子独奏。

吴恕民（1948— ）

二胡演奏家、作曲家。安徽人。1965年毕业于安徽省黄梅戏学校，留校任教。1970年入安庆市京剧团乐队，1974年在安庆市黄梅戏剧组任二胡演奏员，1984年始回安徽省黄梅戏学校音乐科任教师。撰有《黄梅戏高胡演奏的

历史与发展》（获省厅论文二等奖），编写安徽省黄梅戏学校二胡教学大纲。为《棒打无情郎》《赶会》《别洞观景》等数十部剧目作曲。获安庆市器乐比赛二胡演奏一等奖。培养众多二胡专业学生，其中多人考入专业院团。

吴水神（1949— ）

音乐教育家。福建厦门人。1968年任小学音乐教师。1976年毕业于福建师大艺术系音专。福建省音协电子琴学会理事、泉州市音协常务理事。1985年任泉州市青少年宫教务科长。1992年被福建省文化厅授予"福建省少年儿童文化艺术先进工作者"称号。1994年获第五届全国儿童电子琴邀请赛园丁奖。参与组织并带领泉州市少儿艺术团赴马来西亚、新加坡巡回演出。指挥的民乐合奏《妙音鸟》参加全省比赛获金奖，参加华东少儿民乐比赛获一等奖。2000年起连续四年被省音协、省教委评为优秀指导教师。

吴顺章（1944— ）

扬琴教育家。河北石家庄人。1967年毕业于天津音乐学院。历任衡水地区京剧团指挥、作曲、音乐设计，河北师大器乐教研室主任。曾指挥排演京剧《红灯记》《海港》和多部声乐作品。为《龙港银泉》设计音乐，为歌剧《三临门》作曲。编写《扬琴教程》。作有扬琴独奏曲《放风筝》《散花》《献给爱丽丝》，曾获三等奖、并在电台录播。发表论文《扬琴演奏的力源、力感和力的传递》《气功与演奏的紧张与放松》等多篇。创作弹拨乐合奏《采蘑菇的小姑娘》《献花》获全国少儿民乐演奏比赛三等奖。

吴思一（1941— ）

女钢琴教育家。江苏太仓人。1952年就读于中央音乐学院少年班，1963年毕业于上海音乐学院钢琴系。曾任解放军艺术学院附小、附中钢琴副教授，后任上海音乐学院附中钢琴学科副主任。参加上海音协钢琴专业委员会主编的考级系列教程《钢琴分级实用教程》的编写，为香港得理有限公司编制钢琴教学电脑软件共22课、参加《钢琴教室》中国钢琴家教学示范系列VCD制作、编写并制作《儿童钢琴初步教程》等。多年来培养数十名学生考入音乐院校，有的赴国外深造，多名学生在国内外钢琴比赛中获奖。

吴颂今（1946— ）

词曲作家。江西九江人。毕业于上海音乐学院作曲系。中国唱片广州公司颂今音乐工作室艺术总监，广州市音协副主席。广东省政协委员。曾获中国流行歌坛10年成就奖章、广东流行音乐歌坛20年成就奖章。创作有大量词曲作品，其中有《井冈山下种南瓜》《风含情，水含笑》《你那里下雪了吗》《情哥去南方》《我的老班长》等。培养包装过杨钰莹、陈思思、周亮、黄伟麟（澳门），军营民谣组合等歌手。

吴苏宁（1953— ）

歌词作家。福建福清人。曾任福建省歌舞剧院首席长笛、创作中心副主任。1985年毕业于中国音乐学院作曲系

W

音乐文学专业，后留学日本。曾入中央戏剧学院戏文系高研班，为北京师范大学民俗学访问学者。1996年自驾越野汽车从事艺术采风活动，先后四次进藏成功穿越青藏、新藏、川藏（南北线），滇藏公路，抵达珠穆朗玛峰登山大本营。兼任国内外多家媒体记者、编辑。歌曲作品四十余首在全国各类比赛中获奖。出版四部诗词专辑和长篇纪实文学《吉普骑士》。歌剧剧本《月沉月亮湾》获"第三届中国戏剧文学奖"金奖。

吴素华（1940— ）

女二胡演奏家。湖北武汉人。1964年毕业于武汉音乐学院民乐系，后任该院民乐系主任。1963年在全国二胡比赛中获奖。演奏曲目有《江河水》《赛马》等。撰有《谈二胡演奏的揉弦技巧》。

吴素娟（1958— ）

女音乐教育家。安徽人。宁夏石嘴山市第七中学高级教师、中国音协声乐考级评委。1977年毕业于银川师范音乐专业，曾进修于北京师范大学艺术系。创办"百灵鸟"合唱团，多次在全国各类声乐比赛中获奖，并获优秀辅导教师和园丁奖。撰写的《浅谈中学生多声部音乐的培养》在全国音教战线论文评奖中荣获二等奖，《让个性的风帆在音乐课堂上起航》在首届全国优秀教育论文评选活动中荣获三等奖，所辅导的声乐学生，多次在国家级、区、市级比赛中荣获一、二、三等奖，本人荣获优秀辅导教师奖。

吴太邦（1954— ）

作曲家。四川隆昌人。辽宁盘锦市群艺馆文艺部辅导员、馆长。1990年毕业于沈阳音乐学院作曲系。撰有《辽宁省盘锦市"文昌宫"道教器乐调查报告》《盘锦高跷音乐的调查与研究》等文，其中《关于艺术馆教师教和学生之论辨》获辽宁省音乐论文一等奖。作有歌曲《水乡情》《妞妞》，器乐曲《对话》等数十首，其中歌曲《辽河欢歌》等歌曲分获省文化厅第四届艺术节一等奖、银奖，器乐曲《苇塘日记》获辽宁省首届迷笛音乐创作金奖。参与电视散文剧《飘逝的音符》的作曲及参与《盘锦歌声》第一、二辑的编辑工作。

吴天球（1934— ）

男低音歌唱家、声乐教育家。福建同安人。1954年考入无锡华东艺专，后转入中央音乐学院声乐系。1959年由国家选派入保加利亚国立音乐学院声乐系攻读研究生，师从契尔金教授。同年参加维也纳第七世界青年联欢节古典声乐作品演唱比赛，获三等奖。1961年回国执教于中央音乐学院，教授。先后在北京、天津、哈尔滨、厦门等城市举办独唱音乐会二十余场。1982年录制立体声专辑唱片，演唱曲目有《伏尔加船夫曲》《鳟鱼》《跳蚤之歌》等。出版专著《让你的歌声更美妙》。曾应邀赴亚、欧、澳、美等国家和地区，举办个人演唱会。

吴铁英（1941— ）

钢琴教育家。安徽歙县人。1963年毕业于北京艺术学

院音乐系，后任职于北京艺术学院、北京舞蹈学院、首都师范大学，并曾在塞舌尔音乐学校任教4年。发表论文《从〈巴赫创意曲集〉谈乐谱的版本问题》《钢琴中踏板的运用》。合著《简明钢琴教学法》，并获北京市第五届哲学社会科学优秀成果奖。1988年举行首场中国钢琴作品独奏音乐会。后在北京、塞舌尔等地举行演奏会。录制、出版CD《他山集·中国钢琴名作选》。1998年受中国音协表彰，并获园丁奖、最佳指导教师奖。

吴廷篆（1933— ）

二胡演奏家。河南人。1956年毕业于华中师院音乐系，留校任教，副教授。1957年随陆华柏主任到长沙开音乐会，担任二胡独奏。1959年参加湖北省慰问团赴新疆演出，任二胡独奏和伴奏。1960年参加组建黄冈地区文工团任团长、书记。1981年调洛阳师专主持筹建艺术系，先后任主任、书记，任洛阳市音乐教育研究会会长。1987年任河南省中专系列高级职称评审委员会委员兼体音美学科组组长。

吴庭樾（1933— ）

音乐教育家。广东佛山人。中学时代师从杨桦学习小提琴，1951年参加广州市文艺工作团管弦乐队任第一小提琴。1952年考入武汉华中师院，师从盛雪学习小提琴，毕业后返穗工作。长期从事中小学生的课余小提琴教学工作，并组织辅导和指挥中学生管弦乐队，参加省、市演出，并与香港、美国等学生乐队交流演出活动。1956年后历任广州市中学音乐教研会委员、主席，参加历次广州市中学音乐教材编写工作。1985年获广州市群众文化工作（活动）荣誉奖。1993年获"广东省南粤优秀音乐教师"特等奖。

吴拓宇（1960— ）

作曲家。江西鹰潭人。江西师范大学鹰潭学院客座教授，鹰潭市拔尖人才。现任鹰潭电视台副台长，江西省音协常务理事，鹰潭市音协主席。作有歌曲《这里是我们的土地》《园梦》《太阳、彩云、星星》《白鸽与风筝》《美丽的心》《我们知道感谢谁》《新的飞翔》《鹰潭之歌》及器乐曲《春天的斑鸠》《母校写生》等。

吴薇莉（1947— ）

女音乐教育家。江苏镇江人。曾任安徽蚌埠市群艺馆馆长，后调蚌埠市文化局任艺术指导。从事声乐教学以来，为中国音乐学院、上海音乐学院、解放军艺术学院和各级文艺团体培养输送了一批声乐人才。2006年指导的童声合唱《四季灯歌》获首届中国少年儿童合唱节银奖，童谣《星星娃》获全国第二届"蒲公英"奖铜奖。撰写的论文多次在全国及省市刊物上发表，其中《并非可取的道路》2001年获文化部主办的全国第十一届"群星奖"科研成果优秀论文奖。

吴维安（1943— ）

女圆号演奏家。浙江绍兴人。曾任江苏省歌舞剧院管弦乐团首席圆号。1967年毕业于中央音乐学院管弦系圆号

W

专业，曾师从德国专家阿鲁依斯·巴姆布拉。多次随团赴朝鲜演出并参加国内巡演以及歌舞剧的演出，1990年与上海音乐学院周小燕歌剧中心合作演出歌剧《弄臣》。受聘担任江苏省戏曲学校圆号教师。

吴维直（1935—）

小号演奏家。四川合江人。1951年考入某军随军学校。1952年赴朝在上甘岭战役期间参与战勤工作。1954年回国后任步兵某师军乐队小号演奏员。1956年调入武汉军区军乐队任分队长，多次完成北京授阅任务。早期曾参加中南军区军乐集训队，曾接受钱万跃、朱启东教授的指导，1964年毕业于总政军乐团上海训练班。1969年调入武汉军区，三次参加全军军乐、文艺汇演均获优秀演奏员奖。

吴伟锦（1941—）

作曲家。江苏新沂人。1979年以来先后任乌鲁木齐市群艺馆《音乐辅导报》编辑、文艺部艺术研究室主任。有多首作品在全国和自治区获奖，其中《冰山风景线》《我的心在鲜花中欢笑》《祖国啊母亲》《西部沉思》等获文化部"群星奖"。1993年出版《我爱边疆山河美》歌曲集。1992至1996年相继被乌鲁木齐市政府、自治区政府授予"优秀专业技术人员"称号。1997年市委宣传部、文化局举办了"吴伟锦作品音乐会"。曾任乌鲁木齐市文联委员、音协副主席。

吴伟圻（1940—）

歌唱家。江苏无锡人。早年师从上海声乐研究所林俊卿博士，并随廖一鸣、薛天航先生学习意大利传统发声方法。并在《刘胡兰》《血泪仇》《红珊瑚》《江姐》等歌剧中饰演男主角。1980年在无锡举办独唱音乐会。1982年和1984年两次应邀参加上海星期广播音乐会担任独唱。1984年应中央电视台邀请参加"爱我中华修我长城"音乐会担任独唱。1990年在无锡和上海召开吴伟圻艺术生涯32周年独唱音乐会。创作有《笑声》《民族魂》等多首歌曲。无锡市音协理事。

吴伟忠（1939—）

作曲家、琵琶演奏家。广东丰顺人。1956年考入华南歌舞团，1957年随中国青年艺术团赴莫斯科参加第六届世界青年联欢节演出。1962年调入广东汉剧院任乐队队长与音乐唱腔设计。曾任广东汉剧《一袋麦种》《人民勤务员》的音乐设计、乐队指挥。1993年任《中国戏曲音乐集成·广东卷》责任编辑，1989年被文化部全国艺术科学领导小组评为编纂一等奖。1962年创作音乐舞剧《渔童》参加首届羊城音乐花会演出。参与音乐唱腔设计的广东汉剧剧目有《百里奚认妻》《背新娘》《丘逢甲》等。

吴慰多（1947—）

低音提琴演奏家。江苏宜兴人。上海交响乐团低音提琴演奏员。1967年毕业于上海音乐学院附中，同年入上海京剧院《海港》剧组，1985年入上海乐团，1989年调上海交响乐团。曾参加上海音乐学院教师俞丽拿等组成的重奏组，在上海、杭州、武汉等地举行室内乐音乐会，演奏舒伯特《鳟鱼》钢琴五重奏，并参加纪念舒伯特逝世150周年音乐会。

吴慰云（1939—2003）

钢琴演奏家。江苏宜兴人。1964年毕业于中央音乐学院钢琴系，后担任该院声乐歌剧系钢琴伴奏。编著有《民歌风教材汇编》《中国独唱歌曲集》。

吴文峰（1964—）

歌词作家。江西九江人。在全国各地报刊、电台、电视台等发表、播放大量作品。歌曲《海鸥》《走进共和国的记忆》《我是一个女民兵》《月月红》《幸福的女孩》，曾分别在文化部、团中央、总政等单位举办的各类歌曲征集活动中获奖。还为国家跳水队创作《在蔚蓝之间》，为中国国航创作《最美世界凤凰》。出版有歌词集《在蔚蓝之间》。并有歌曲在网络流传。

吴文光（1946—）

古琴演奏家、教育家。江苏常熟人。1967年毕业于中央音乐学院。曾先后获中国艺术研究院硕士学位、美国威斯里昂大学民族音乐学博士学位。中国音乐学院音乐系主任。擅长演奏《广陵散》《潇湘水云》《胡笳十八拍》等曲目。早期录制的唱片《潇湘水云》曾获中国唱片社颁发的金唱片奖。近年来录制有《流水》《阳春》等个人古琴演奏专辑激光唱片。曾赴日本及欧美、东南亚诸国演出。曾任菲律宾国立大学音乐学院客座教授，并获该院颁发的"优秀外籍教师教学奖"。著有《〈碣石调·幽兰〉研究》《〈神奇秘谱（上卷）·太古神品〉探微》《中国音乐现象的美学探索》《虞山吴氏琴谱》《吴景略的古琴音乐艺术》。

吴文俊（1939—）

女钢琴演奏家。广东人。1962年毕业于上海音乐学院钢琴系。原任中央乐团钢琴伴奏员。曾随团多次出国演出。

吴文良（1942—）

歌词作家。河北秦皇岛人。1967年毕业于北京外语学院东欧语言文学系。原秦皇岛市文联副主席、《浪淘沙》文学期刊主编。曾发表多首歌词作品。

吴文漪（1946—）

音乐教育家。江苏吴江人。1968在北京东城某学校任教，特级音乐教师。撰写并发表有《小学音乐欣赏教学》《思维、情感与音乐教学》等专著，主编《小学音乐欣赏教学的理论与实践》，2002年出版音乐教材（1—3册），1994年获全国优秀教师称号，2002年被聘为《儿童音乐》编委。

吴锡麟（1923—）

女音乐教育家。云南石屏人。1952年毕业于中央音乐学院声系。后在该院声乐系、民族声乐系任教，音乐学系副教授。

吴熙宇（1945— ）

　　大提琴演奏家。四川仁寿人。重庆市万州区音协副主席，重庆三峡歌舞剧团调研员。1957年考入四川音乐学院附中，大提琴专业。1967年毕业于四川音乐学院本科管弦乐系大提琴专业。1968年分配至万县地区（现万州区）京剧团，任乐队队长。1979年调万县地区歌舞剧团（现重庆三峡歌舞剧团），历任乐队队长、演出部部长、副团长。曾为重庆考区电子琴考级考官。

吴喜庭（1935— ）

　　音乐教育家。蒙古族。辽宁彰武人。毕业于北京艺术学院音乐系管弦乐专业。北京教育学院丰台分院高级教师，中国音协音教联理事长。曾任国家教委全国各省音乐教材评审，并参加北京市音乐教学参考书、北京市音乐教师《继续教育大纲》及全国重点科研课题《德育研究》的编写。多次举办音乐教师讲习班、声乐比赛和研讨会。

吴宪昌（1950—已故）

　　作曲家。吉林四平人。曾任四平市铁西区文化馆馆长、市铁西区文联秘书长。1969年调四平市文工团任作曲、乐队指挥。1982年调四平市文化馆。多首作品在省内、外刊物发表或获奖，1990年由吉林省音协编辑出版《吴宪昌作品选》个人歌曲专辑。

吴小明（1961— ）

　　小提琴演奏家。广东人。广东交响乐爱好者学会理事。1978年毕业于广州音乐专科学校。曾在上海音乐学院管弦系进修小提琴专业。任广州乐团交响乐团首席。曾录制出版《铃木小提琴教本自学示范》（1、2）和《霍曼小提琴基本教程精选自学示范》（1、2）录音带。多次与中外著名指挥家合作演出，如在石叔诚指挥的音乐会上担任独奏《莫扎特第三小提琴协奏曲》，与英国皇家芭蕾舞团合作演出《睡美人》，与苏联莫斯科大剧院芭蕾舞团合作演出《吉赛尔》等。

吴小平（1956— ）

　　作曲家、指挥家。江苏泰州人。江苏省文化厅艺术处处长、省音协副主席、南京艺术学院客座教授。作有歌曲《梅兰芳》，获第七届"金钟奖"。先后为京剧《红菱艳》《胭脂河》《飘逸的红纱巾》《驼哥与金兰》，锡剧音乐《珍珠塔》《江南雨》，越剧音乐《陆游与唐婉》《李清照》《春琴传》《柳毅传书》，舞剧《格桑花与茉莉花》《虞美人》作曲。撰有《旋律写作ABC》等文。曾获第十届"文华音乐奖"。曾任第十届全国运动会闭幕式音乐总监。2006年获文化部优秀专家称号。

吴小燕（1935— ）

　　女作曲家。浙江杭州人。1959年毕业于中央音乐学院作曲系。先后任职于江西省歌舞团、江西省师范学院及北京歌剧舞剧院。参加江西省第一部大型体裁作品的创作，如舞剧《红井》《井冈山大合唱》等。1963年出版唱片《丰收喜煞茶山女》（小合唱），作有歌曲《相思树》《我爱金色的北京》。获奖作品有《井冈儿女上大学》《白帆》。

吴小舟（1956— ）

　　合唱指挥家、音乐教育家。安徽滁州人。1971年起从事专业文艺工作，1981年起任音乐教师。现任教于安徽艺术职业学院音乐系，几十年来，培养了一大批各类音乐人才，有大量传作歌曲和音乐论文发表于报刊并获奖。指挥各类合唱团队，参加大型演出，并常在省、市各类合唱比赛中获奖。民主同盟安徽省文化委员会委员、安徽省合唱协会副主席、安徽省钢琴协会副主席等。

吴晓波（1960— ）

　　女演奏家。福建人。1982年毕业于福建艺术学校后被分配在歌仔戏剧团。2001年大型神话剧《白鹭女神》在中国戏剧节上演出。撰有论文《承其精华大胆创新》，为大型古装戏《珍珠塔》作曲，参与作曲和音乐设计的剧目有古装戏《观音传奇》《白蛇传》《乘龙错》等。担任主弦的剧目有《乘龙错》《白鹭女神》《白蛇传》《主婢恋》等。六次赴新加坡，并赴金门、台湾演出。曾获福建省第五、七届"水仙花"戏剧奖铜奖、专业组优秀演奏员奖。2006年毕业于集美大学艺术教育学院音乐系函授大专班。

吴晓路（1956— ）

　　女歌唱家。浙江宁波人。1971年入合肥市歌舞团。1978年考入中央音乐学院歌剧系，后在中央歌剧院工作。曾在歌剧《费加罗的婚礼》《卡门》中扮演角色。1985年获全国聂耳·冼星海声乐作品演唱比赛特别奖。

吴晓明（1965— ）

　　男高音歌唱家。陕西汉中人。1990年贵州师范大学艺术系毕业，1991年入中国音乐学院声乐讲习班进修。任职于贵州省群众艺术馆。贵州省第八届政协委员。演唱歌曲获文化部"中华魅歌会"全国总决赛美声组银奖及省市级奖项。在省市大型演出中多次担任独唱、领唱、二重唱。1999年作为文化系统省管专家候选人报送省委组织部。

吴晓娜（1947— ）

　　女钢琴教育家。浙江温州人。毕业于武汉音乐学院钢琴系。华中师范大学音乐学院钢琴硕士生导师。主持省级教学科研《促进学生创新素质发展的钢琴教学模式研究与实验》，参加教育部科研项目两项。编著《钢琴音乐教程》，撰有《钢琴演奏中的音乐设计》《钢琴集体课教学与21世纪人才培养模式初探》等文。主编并出版教材6部，参编出版教育部教材二部，参编并已出版省级教材三部。多次获校"教书育人"奖、教学优秀奖。曾应邀赴多所高校讲学，并被聘为客座教授。

吴晓平（1957— ）

　　合唱指挥家。福建厦门人。1982年毕业于福建师范大学艺术系，后在厦门市师范学校任教。曾在中国音乐学院进修钢琴调律。1999年始执教于厦门音乐学院。曾指挥厦门音乐学校合唱团获第二、三届"群鹭奖"金奖、北京第五届国际合唱节银奖、文化部"蒲公英"奖、纪念建党80周年合唱比赛金奖。指挥厦门鼓浪屿合唱团、厦门市直机关青年合唱团参加第四届世界合唱比赛分获金奖、银奖。

吴晓云（1954— ）

作曲家。河北人。沈阳音乐学院作曲系副教授、辽宁音协音乐创作委员会委员。1985年毕业于沈阳音乐学院作曲系。曾任辽宁儿童艺术剧院创作员。撰有《拉赫玛尼诺夫大#C小调前奏曲结构特色剖析》等文。作有交响诗《涤》，管弦乐曲《C商随想曲》《二胡与乐队—空山鸟语》《秋韵》，交响曲《丰碑》，声乐作品《献给母亲的歌》《愚公留下的》《星星五千万》等，其中有的获奖。

吴晓钟（1951— ）

管子演奏家。吉林人。毕业于中国音乐学院附中。1973年在陕西省歌舞剧院任独奏演员。1986年赴日本东京艺术大学研修指挥与日本雅乐，1990年加入新加坡华乐团，后受聘于西安音乐学院。改编和演奏管子独奏曲《阳关三叠》《丝路之旅》《江河水》以及和赵季平合作的《丝绸之路幻想组曲》及《文姬归汉》。举办过《筚箫之旅》——管子独奏专场音乐会。演奏足迹遍及日本、韩国、法国、西班牙及香港、台湾。

吴杏华（1936— ）

女歌唱家、声乐教育家。江苏南京人。武汉歌舞剧院歌剧演员。曾在歌剧《向秀丽》《启明星》《货郎与小姐》及喜歌剧《打鸟》中饰演女主角。在改编合唱湖北民歌《催咚催》中担任领唱。1962年起师从汤雪耕先生，结业于中国音乐学院声乐系。1980年起师承林俊卿博士，学习其创建"咽音练声法"。1986年起与喉科教授毕胜斌合作从事嗓病训练治疗。1993年起任武汉乐团声乐艺术指导，曾受聘于武汉音乐学院音教分院教授声乐。

吴修龙（1936—已故）

作曲家。湖北荆门人。《新歌》杂志原主编。曾进修于湖北省文艺干校。创作改编歌曲三百余首，其中《小青蛙本领大》《车水忙》《庆丰收》等获奖。编辑出版《名校校歌》和个人音乐作品专集《托起太阳》。撰有《试论民歌的发展及其作用》《浅析民族音乐的社会地位及其功能》《喜看荆门民间吹打乐》论文。参与《中国民间歌曲集成·湖北卷》等全国四大音乐志书的搜集整理工作，受到省文化厅、省音协、省编辑部的表彰和奖励。省文化厅授予"老文化"、荆门市政府授予"劳动模范"称号。

吴岫明（1927—已故）

作曲家。江苏涟水人。1951年毕业于上海音乐学院音教班。原南京艺术学院音乐系副教授。作有歌曲《十个新郎》《心红铃响》《琼花》《白兰花》。

吴学禹（1952— ）

手风琴教育家。甘肃山丹人。西北师大音乐学院副院长、全国手风琴学会理事。1974年毕业于甘肃师大艺术系。发表《持琴与演奏絮语》《手风琴轻指技法的分析与研究》等文二十余篇，著有《手风琴伴奏技法》，完成音乐教学科研立项2项。指导手风琴学生多人在省市手风琴比赛中获一、二、三等奖，其中2人获全国比赛一、二等奖。

吴学源（1945— ）

作曲家、音乐理论家。云南人。曾任职于云南民族艺术研究所。编著有《云南少数民族调演乐器调查》《基诺大鼓调查》《聂耳的〈翠湖春晓〉与昆明洞经音乐》，为《中国音乐词典》撰写词目二十余条。器乐作品有二胡独奏曲、民族管乐、巴乌葫芦箫二重奏、大型民族舞蹈音乐等，其中月琴独奏《彝族跳乐组曲》在"云南省首届聂耳音乐周"演出。为电影戏曲片《铁弓缘》担任音乐设计、唱腔配器，该片获第三届电影"百花奖"最佳戏曲片奖。曾负责组织云南省民族乐器改革三制工作，获文化部"科技进步奖"。曾获"十大艺术志编纂"先进个人奖。

吴雪光（1927— ）

音乐教育家。山东人。从事中小学师范音乐教学，培养许多音乐专业人才。新中国成立前后投身于群众歌咏文艺宣传活动。曾师从孙从音学习指挥，60年代创作并指挥的《雷锋精神克勤克俭万丈光芒》，获济南教育系统创作演出一等奖。80年代参加华东七省市幼儿教师进修教材的协编和教学大纲的撰写，并参与济南幼儿音乐教育的教研工作。创作数十首校园歌曲，发表有《幼师之歌》《慰问台湾小朋友》等十余首。

吴娅琳（1956— ）

女音乐教育家。福建福州人。1982年毕业于福建师范大学艺术系。福州市第三中学高级教师。撰有《口琴进课堂的教学与成效》《音乐课外活动在素质教育中的作用》《"五点引导"教学法在音乐欣赏课中的运用》，分别在福建省教学论文评选、全国优秀论文评选中获奖。指导的合唱、童声独唱、童声二重唱在福建省校园文化周、学校音乐周、全国首届中小学生文艺汇演中获奖，指导的独唱获全国卡拉OK比赛一等奖，本人被授予"园丁奖"。

吴言楚（1943— ）

音乐编辑家、音像出版家。河北新城人。1967年毕业于中国音乐学院。曾任中国音协《人民音乐》编辑、中国音乐家音像出版社社长兼总编辑。作品有《中国少数民族乐器介绍》（图书），《西洋古典音乐欣赏曲库》（100种唱片），《中国音乐大系汉族器乐篇》（30种唱片），《儿童欣赏古典音乐指南》（20种唱片）等。新闻出版总署音像制品专家审读委员会委员、新闻出版总署进口音像制品审查委员会审查专家。

吴彦琳（1931— ）

女音乐编辑家。安徽合肥人。1949年参加工作，1951年毕业于安徽师大艺术系音乐科。1952年后历任芜湖电台音乐助理编辑、安徽电台音乐编辑。1973年任安徽人民出版社音乐编辑，副编审。编写制作《沸腾的1958年》《介绍贝多芬第九交响乐》等广播音乐专题节目。编辑出版

《器乐欣赏基本知识》《浅谈音乐节奏》《黄梅戏音乐唱腔》《安徽民间音乐》《中外儿童歌曲选》等音乐书籍。1986年参加研制的《广播文艺节目微机辅助编辑系统》项目，获得省级重大科技成果证书。

吴雁泽（1940— ）

男高音歌唱家。山东淄博人。1964年毕业于中央音乐学院声乐系。曾任中国歌剧舞剧院党委书记兼副院长，中国音协第五届驻会副主席、分党组书记，第六届副主席，第七届顾问。先后在北京、天津、上海等二十几个城市举办独唱音乐会。曾出访意大利、德国、奥地利、美国、英国、澳大利亚等二十多个国家和地区。首唱歌曲有《再见了，大别山》《满载友谊去远航》《一湾湾流水》《清江放排》，再度创新演唱的《草原上升起不落的太阳》广为流传。在国内外重大演出中任主要演员。在国内声乐大赛中担任评委主任、评委。曾获中国金唱片奖。全国政协第九、十、十一届委员，全国政协第十届教科文卫体委员，中国文联副主席。曾任中国音乐学院、天津音乐学院、武汉大学等多所院校客座教授。出版有《我的演唱技术、技巧的形成》声乐专著和声乐套曲《英雄大别山》光盘。

吴耀先（1922—已故）

指挥家。辽宁沈阳人。1943年毕业于吉林师大学音乐系。后任本溪市文工团乐队指挥。指挥演出过唢呐协奏曲《欢庆胜利》，话剧《红灯狮子》，歌剧《阿妈妮》及舞蹈《红绸舞》《采茶扑蝶》等。发表音乐作品百余首，其中歌曲有《出来了！太阳》《歌唱张志新》《天堂为我落人间》，管乐曲有《前进在伟大的80年代》。

吴一帆（1957— ）

声乐教育家。江西人。全国高师合唱指挥专业委员会副主任。江西音协常务理事。江西声乐学会副会长。江西师范大学音乐学院副院长、教授、硕士生导师。曾连续四届被评为江西省普通高校中青年骨干教师。主编专著、教材五部，发表论文十余篇，主持省级课题多项获全省教学优秀成果一、二等奖、全国第三届青年歌手大奖赛专业美声组荧屏奖，并为多部电视剧演唱主题歌。多次在全国及省内合唱与声乐比赛中获一、二等奖，并在省内大型演出中担任独唱、指挥、策划、导演。所培养的学生多人次在全国及省内比赛中获奖。

吴一可（1955— ）

钢琴教育家。湖北武汉人。1987年武汉音乐学院钢琴、管弦系毕业，1998年华中师范大学音乐系毕业。现为湖北省武汉市江汉大学艺术学院音乐系教师。发表有《钢琴教学中的范奏技术》《贝多芬与钢琴》《论钢琴教育的科学性》《重视钢琴文献的研究》《漫谈钢琴右踏板的艺术》等多篇论文。专著《钢琴即兴配弹理论与实践》被评为"优秀专著奖"。所培养的学生多人获各种奖项。

吴以悦（1953— ）

小提琴演奏家。江苏扬州人。江苏省歌舞剧院交响乐团小提琴演奏员。曾任职于南京京剧团、江苏省歌舞团。

所作歌曲《潇洒女兵》《班长》《黎明中的红星》《边疆军魂》等获"五个一工程"入选作品奖、第四届"中国广播新歌"金奖。曾参加上海国际艺术节、中央电视台及江苏、无锡、宁波的众多各类大型文艺演出并担任第一小提琴。参加录制《影视歌迷》《毛阿敏专辑"迷失"》《知青之歌》等许多盒带、CD专辑。并随团赴朝鲜演出。

吴逸群（1942— ）

民族乐器演奏家、音乐活动家。安徽歙县人。1959年入上海民族乐团任演奏员，1973至1981年先后在上海市群众文艺小组、市音乐创作办公室及市文化局音舞处任音乐干部。后任上海民族乐团副团长、文化局群文处副处长。1990年上海大学文学院毕业。曾在第一、六届"上海之春"民族音乐专场担任独奏。多次组织策划大型赛事和演出。论文《论创造各县特色的社区文化》获市一等奖。著有《怎样吹好笛子》《民族音乐手册》（合作）等。

吴应炬（1926— ）

作家曲。广西南海人。1954年毕业于中央音乐学院作曲系。1957年调上海美术电影制片厂任作曲，1960年任作曲组组长。共创作135部（集）影视音乐，如动画片《大闹天空》《牧笛》《小蝌蚪找妈妈》《草原英雄小姐妹》，木偶戏《谁唱歌最好》《阿凡提种金记》，剪纸片《猴子捞月》《火童》《葫芦兄弟》，故事片《大李老李和小李》。声乐套曲有《侨声曲》，管弦乐《阳光旅途序曲》《金发和银发》，还撰有关于美术片音乐的论文。获当代中国电影音乐特别贡献奖。

吴雍禄（1926— ）

单簧管演奏家。湖北武汉人。1938年在汉口钜源音乐传习所学习，后为上海交响乐团演奏员。演奏曲目有德彪西的单簧管《第一狂想曲》等。

吴永平（1952— ）

坠琴演奏家。江苏无锡人。济南军区前卫文工团乐队首席。曾任职于山东省京剧团。坠琴独奏《夸山东》获1984年首届中国艺术节纪念金杯奖、全军第五届文艺汇演优秀节目奖，全军第六、七、八届文艺汇演演奏一等奖（集体），作品《夸山东》获1984年中国音协等单位举办的全国第三届音乐作品评奖鼓励奖。

吴幼益（1945— ）

歌唱家。江苏南通人。江苏省文联委员、省音协理事、第六届南通市音协主席。1959年入南通市歌舞团工作。历任男高音独唱演员、大提琴演奏员、剧团团长、市文化局艺术科科长、市文联驻会副主席。参与全市性文艺演出活动的组织策划并任总导演、艺术总监，参与组织南通市民间艺术团赴罗马尼亚、匈牙利、意大利、奥地利等国及率市民族乐团赴台湾进行演出。

吴予霄（1951— ）

女作曲家。浙江定海人。1976年毕业于西北师范大学音乐系。曾在兰州市群艺馆、市文化局任职，在珠海市群艺馆任副馆长。创作歌曲有《西行曲》等。1996年参与组织并担任珠海室内歌唱团副团长。曾获广东首届合唱大赛一等奖，1996年全国合唱大赛金奖。

吴玉宝（1943— ）

女歌唱家。湖北大冶人。1963年毕业于湖北省汉剧演员训练班，1964年调湖北省歌舞剧院任民歌独唱演员，并师从中央音乐学院魏鸣泉教授学声乐。曾在大型芭蕾舞剧《白毛女》中任主唱，在音乐舞蹈史诗《东方红》的演出中任《南泥湾》独唱。演唱的《条条银线连北京》《回娘家》《幸福歌》等曲目，由中央电视台、中央电台播放，并由中国唱片公司出版唱片。曾赴南斯拉夫、阿尔巴尼亚、日本、美国、加拿大等国演出。

吴玉霞（1959— ）

女琵琶演奏家。上海人。中央民族乐团琵琶首席。中国音协表演艺术委员会副主任、中国民族管弦乐学会青年演奏家艺术团团长，全国政协委员，中国音协第六、七届理事。先后就读于北京舞蹈学院音乐班、中央音乐学院民乐系、北京大学艺术学系研究生班。曾获1980年首届全国琵琶比赛二等奖、中直院团评比展演最高优秀演奏奖。多次在国内外举办个人独奏音乐会、琵琶名曲赏析、赴维也纳金色大厅、美国卡耐基音乐厅演出。录有《情寄长白山》《敦煌古乐》《千秋颂》《吴玉霞琵琶琴韵》等光盘。为《末代皇帝》《霸王别姬》《风月》等电影、电视剧录制音乐。作有《律动》《风戏柳》等琵琶独奏曲。首演作品《春秋》《古道随想》等。撰有《东瀛琵琶行》等。出版书谱《琵琶演奏曲集》《琵琶演奏基础教程》《儿童趣味琵琶曲集》《指尖上的舞蹈》——琵琶技术技巧练习38首等。

吴育绅（1939— ）

中提琴演奏家、教育家。满族。辽宁沈阳人。1963年毕业于沈阳音乐学院。曾任中央芭蕾舞团交响乐团团长，国家教委高等院校特长生考评委员，中国音协中提琴学会顾问。并受聘于中央音乐学院附中、中央音乐学院、北京师范大学、中央民族大学、解放军艺术学院等院校，任客座教授。主办过三届学生中提琴演奏会。曾为中央音乐学院附中编撰《中提琴中级练习曲二十五首》《中提琴外国乐曲十首》。译著有《中提琴艺术史》。主编中央音乐学院海内外《中提琴考级教程》（业余）。

吴毓清（1930— ）

音乐美学家。安徽合肥人。1955年毕业于中央音乐学院。原任中国音乐研究所《中国音乐学》副主编。撰有《论稽康音乐美学思想的主要方面》《〈溪山琴况〉论旨的初步研究》《庄子"天乐"思想试论》。

吴远雄（1949— ）

作曲家、音乐教育家。广西苍梧人。1982年毕业于广西艺术学院音乐系本科理论作曲专业并留校任教，音乐教育学院副院长、教授、硕士研究生导师。发明"乐谱模板"获国家专利及广西科技进步三等奖，主持的教学科研

项目获省级优秀教学成果三等奖，科研论文获全区教育科研优秀成果二等奖。发表论文十余篇，声乐、器乐作品百余首。歌曲《请你带走我的歌》及管乐合奏《边疆健儿进行曲》等二十余首作品在全国及全区专业评奖中获奖。编有《吴远雄歌曲选集》《电脑音乐基础》等专著及教材。曾获"全国优秀教师"奖章，"广西壮族自治区成立40周年荣誉勋章"，"曾宪梓教育基金会教师奖"。

吴跃聪（1959— ）

音乐教育家。福建云霄人。漳州市音协常务理事，云霄县音协副主席、政协委员。曾任专业剧团演奏员、师范学校及附小音乐老师。多次在福建省"音乐舞蹈节"及戏曲调演中获演奏二等奖及优秀演奏奖。撰有《音乐欣赏与儿童创造力培养》《谈二胡教学中学生乐感的培养》等文数十余篇，并发表在全国刊物。发表歌曲十余首，其中《祖国恋》被拍成MTV在各电视台播放，《跟党走，朝前走》获福建省艺术节漳州赛区创作一等奖。曾获"漳州市艺术先进个人"。

吴跃跃（1959— ）

音乐教育家、二胡演奏家。湖南人。湖南师范大学音乐学院教授、硕士生导师。中国音乐教育学会常务理事，湖南省音协音乐教育委员会执行会长兼秘书长，湖南教育学院音乐教育专业委员会副理事长，湖南省音协二胡专业委员会副会长。主持承担省部级科研课题三项，写有《音乐教育协同理论与素质培养》《新版音乐教学论》等八部专著、教材，先后在国家级、省级学术刊物发表论文六十余篇。并多次在国际、全国和学校获奖。曾赴加拿大举办两场个人二胡独奏音乐会。

吴粤北（1957— ）

作曲家。广东广州人。在武汉音乐学院作曲系任教。作有圆号与钢琴奏鸣曲《峡》等，其中《第一圆号协奏曲》、轻音乐《山的诱惑》在全国评选中获一、二等奖。

吴云浩（1937— ）

作曲家。安徽歙县人。曾为陕西省音协副主席兼秘书长。1961年毕业于西安音乐学院作曲系后留校任教。1962年入陕西汉中歌剧团任作曲。1981年调入陕西省音协。作有歌剧《风云岭》《红军崖》。歌曲《浪花、小溪》在中国人民武装警察部队第二届文艺调演中获二等奖。

吴云龙（1935— ）

四胡演奏家。蒙古族。内蒙古奈曼旗人。1955年入奈曼旗文化工作队，后在内蒙古哲里木盟歌舞团工作，音协内蒙古分会常务理事。作有四胡独奏曲《牧马青年》《草原骑兵》《欢乐的牧民》。

吴赞文（1939— ）

弓弦乐器演奏家。福建福州人。1962年毕业于上海音乐学院附中，后入上海民族乐团任独奏、领奏。曾任职于福建省歌舞剧院。1986年在上海举办"吴赞文六种弓弦乐器独奏音乐会"。1987年随中国音乐家代表团、赴国外举

行三人独奏音乐会。1989年发明"多功能弦式转换器"获国家科技进步奖。1992年参加上海国际艺术节。2005年担任世界教科文卫组织专家成员。

吴曾焕（1929—已故）

低音提琴演奏家。北京人。1949年毕业于华北大学第三部音乐科，同年入中央戏剧学院附属歌剧团任演奏员，后任中央歌剧院低音提琴首席。

吴增华（1940—已故）

男高音歌唱家。满族。辽宁沈阳人。1965年毕业于沈阳音乐学院声乐系。原任中国电影乐团歌队队长。

吴展辉（1949— ）

作曲家。蒙古族。江苏人。1971年入哲里木盟歌舞团。作有歌曲《驯马的小伙子》《草原故事有多少》《女儿湖》，管弦乐《力》。

吴樟华（1968— ）

笛子演奏家、音乐教育家。浙江诸暨人。浙江绍兴艺术学校校长。1992年毕业于中国音乐学院。曾获"山城杯"全国民族器乐大奖赛笛子独奏三等奖，"富利通杯"国际中国民族器乐独奏大赛笛子独奏二等奖。创作有器乐合奏《山水欢歌》。撰有论文《雏凤清音》。

吴兆基（1908—1997）

古琴演奏家。湖南人。苏州大学教授。1959年参加话剧《蔡文姬》与古琴曲《胡笳十八拍》的配音、录音及会演交流活动。曾应邀赴意大利凤凰大剧院演出，并分别在新加坡、香港、台湾进行古琴文化交流及演出活动，1986年创办吴门琴社。1989和1993年在香港雨果录制公司分别出版发行了《吴门琴韵》音带和CD片。

吴哲铭（1975— ）

歌唱家。广东澄海人。广东歌剧舞剧院独唱演员。曾演唱录制《小螺号》，系列唱片《流淌的歌声》《铭响》等CD唱片数十辑。《流淌的歌声》获第四届中国音乐"金唱片"奖最佳专辑奖。2003年开始在广州致力于学习研究歌剧表演及参与推广歌剧艺术。曾获第三届中国音乐"金钟奖"声乐比赛铜奖，获广东省'新世纪之星'称号。两次赴法国、意大利学习歌剧演唱及表演。曾在歌剧《费加罗的婚礼》《弄臣》中扮演主要角色。

吴振文（1934— ）

作曲家。广东丰顺人。1961年毕业于广州音乐专科学校。第四届省音协理事，梅州市文联委员，市音协第一、二届副主席、主席。1984年起任梅县地区民间艺术团团长。1986年创作大型山歌剧《相思豆》音乐（合作），该剧在全区专业文艺汇演中获4项一等奖和音乐唱腔二等奖，同年在广东第二届艺术节上获3项二等奖和音乐唱腔三等奖。1987年调任梅州市群众艺术馆馆长。主编过三部《梅州剧作选》和《梅州获奖歌曲集》。

吴正明（1936— ）

作曲家。安徽歙县人。1958年毕业于安徽师范学院音乐专业。曾在皖西文工团、艺校、庐剧团任作曲、指挥。创作发表歌曲数十首以及器乐、歌剧等作品，为庐剧设计创作了八十多部唱腔音乐，并多次获省级奖励。其中《妈妈》一剧曾赴京演出，并被录制唱片，在中央电视台播放。庐剧新腔《寒尺腔》等许多唱段被收入《中国戏曲志》《中国戏曲音乐集成》。曾任六安市音协主席。

吴正明（1955— ）

小提琴演奏家。北京人。1972年入中国电影乐团。1983年入中央音乐学院大专班进修。原任中国电影乐团交响乐队小提琴首席。在《唐蕃古道》《凯旋在子夜》《磋砣岁月》等多部影视片配乐中担任独奏。

吴正忠（1947— ）

作曲家。安徽芜湖人。安徽省铜陵市群众艺术馆业务副馆长，副研究馆员。1984年进修于上海音乐学院。曾为安徽音协常务理事，铜陵市音协主席。创作有歌曲《铜都，我是你放飞的小鸟》《微笑》《我就是我》《山道弯弯》《水乡春夜》《石榴红了》《开不败的花》《爱的交响》以及器乐曲、舞蹈音乐数百件作品，其中三十余件作品在省以上获奖或在《歌曲》《解放军歌曲》发表，及在中央电视台、上海电台、安徽电视台播放。

吴之珉（1935— ）

二胡演奏家。上海人。1957年入上海音乐学院民族音乐系、毕业后留校任教。1963年获"上海之春"二胡比赛三等奖。原任上海音乐学院民族乐器系副主任、副教授。

吴之琪（1944— ）

女高音歌唱家。重庆人。1964年考入中国音乐学院声乐系，师从李先、卜瑜华等教授。1973年调入中国煤矿文工团歌舞团，担任独唱演员、女高音声部长。后调入艺术室任声乐辅导组组长，主管煤矿系统各文工团声乐演员培训，培养了数名省及省级以上声乐大赛中的获奖歌手，后任艺术室主任。1994年起担任中国煤矿文工团艺术学校校长，培养了一批艺术人才。

吴志光（1932—已故）

指挥家。辽宁沈阳人。1954年毕业于东北音专管弦系。1976年毕业于沈阳音乐学院作曲系。原在长春电影乐团工作。指挥有电影音乐《小字辈》《残雪》等。

吴志浩（1934—2004）

词曲作家。上海人。曾任中国音协吉他研究会理事。1950至1977年在某军文工团任二胡、圆号、长号演奏员兼音乐创作。曾任上海文艺出版社编辑。作有歌词《我是小小吉他手》等，歌舞《我爱边疆的山和水》，儿童歌舞《欢迎台湾小朋友》。其中歌曲《欢乐的海岛》，独幕歌剧《开幕之前》分获济南军区会演创作一等奖和优秀创作奖。幼儿歌曲《亲亲我》《在哪里》分获全国少工委二、三等奖。撰有《略谈潘振声儿童歌曲的创作特色》等。著有《家庭与音乐》。

吴志灵（1928— ）

女声乐教育家。辽宁海城人。1953年毕业于中央音乐学院声乐系。原天津音乐学院声乐系副教授。

吴致祥（1932— ）

圆号教育家。新疆人。1954年毕业于西北艺术学院音乐系（现西安音乐学院）并留校任教。后赴哈尔滨、上海音乐学院师从克西金（白俄），库左也夫、库拉切克（德）和黄怡钧学习。曾借调省京剧院、省戏曲剧院参加秦腔《沙家浜》《红灯记》，舞剧《白毛女》的演出和录音。编写有《圆号音阶练习》《圆号练习曲37首》《圆号中国乐曲选》。

吴终齐（1949— ）

小提琴演奏家。浙江杭州人。天津交响乐团乐队首席。1968年毕业于天津音乐学院附中管弦系。1969至1983年任天津市评剧院乐队演奏员，在评剧院乐队任小提琴首席兼指挥期间，曾指挥、录制《花木兰》《向阳商店》等十多出戏剧。

吴紫籓（1937— ）

音乐教育家、作曲家。台湾台北人。1962年于福建师院艺术系毕业后留院任教。三十多年来，培养一批文艺人才。创作歌曲数百首，有的在音乐刊物上发表，有的在省电视台、电台播放，并在全国、全省征歌中获奖。曾被晋江县人民政府评为先进教育工作者，被福建省委宣传部、省教委、省文化厅评为先进个人。1992年被省教委评为优秀音乐教师。出版《吴紫籓歌曲选》。

吴自强（1961— ）

歌唱家。安徽肥东人。北京军区战友文工团歌队声部长、队长，业务办公室主任、支部副书记。1985至1988年在上海音乐学院学习研究生课程。曾任安徽师范大学音乐系讲师。培养一批优秀声乐人才。在文工团参加了大量排练演出工作，并曾举办个人独唱音乐会。

吴宗汉（1953— ）

音乐活动家。江苏南京人。南京市民族乐团演出部舞台总监。1998年毕业于南京师大文艺管理系。曾任南京市歌舞团男中音独唱演员、声部长。担任舞台总监主要演出有：2001年首届"世界华人论坛会议"文艺晚会、第六届"华商大会"文艺演出、2004年维也纳"金陵寻梦"音乐会、中国南京世界历史文化名城博览会演出、2005年北京人民大会堂"和平颂"大型民族交响乐音乐会。

吴宗泽（1938— ）

作曲家。侗族。湖南新晃人。历任湖南省文联委员、省音协常务理事，怀化市音协主席、戏曲工作室主任、中国少数民族音乐学会理事。曾在新晃歌舞团、怀化地区歌舞团任作曲、指挥。创作《侗歌向着北京唱》《祖国是个大花园》等歌曲二百余首，《尝薪节》《竹林新曲》等舞蹈音乐二十余部，《中国侗族》电视音乐一部（共五集），发表《谈侗戏音乐》《侗族民俗村建立的思考》等论文三十余篇。参加编纂《中国戏曲志·湖南卷》《中国戏曲志·湖南卷》《湖南地方剧种志丛书》，主编有《湖南戏曲音乐集成·怀化地区卷》《中国侗族戏曲音乐》等。

吴祖强（1927— ）

作曲家、音乐理论家、音乐教育家。江苏武进人。1952至1958年先后毕业于中央音乐学院、苏联柴科夫斯基音乐学院。中央音乐学院教授、博士生导师，1982至1988年任院长，1998年任名誉院长。中国音协第四届副主席，第五、六、七届名誉主席。中国文联执行副主席，1996年再度当选为副主席。1999年起连任三届国际音乐理事会执行委员。历任七、八、九、十、十一届全国政协常务委员。1991年起任全国政协科教文卫体委员会委员。曾任和现任的其它社会职务有国家教委艺术委员会委员、欧美同学会及留苏分会副会长、宋庆龄基金会理事、中国人民对外友好协会理事、马思聪音乐研究会名誉会长、中国交响乐发展基金会会长、中国国家大剧院艺术委员会主任等。作品有歌曲、合唱、室内乐、管弦乐、协奏曲、舞剧、戏剧、电影音乐等百余部（首），改编和创作弦乐合奏《二泉映月》，琵琶协奏曲《草原小姐妹》（合作）等。编著的音乐教科书《曲式与作品分析》获1987年全国高等院校优秀教材奖。撰写音乐评论数十万字，出版文集《霞晖集》《七老八十集》。曾多次担任国际、国内重要音乐比赛的评委和组织者。

吾布力·阿西木（1951— ）

热瓦甫演奏家。维吾尔族。新疆喀什人。1965年入喀什文工团任热瓦甫演奏员。1983年入西安音乐学院作曲系进修，后回团兼搞创作。作有热瓦甫独奏曲《欢唱吧，喀什热瓦甫》等。

吾布力·托乎提（1955— ）

作曲家。维吾尔族。新疆民丰人。1970年从事部队文艺工作，后任新疆军区文工团音乐创作员，自治区音协创作委员会委员。先后毕业于解放军艺术学院和上海音乐学院。发表作品千余首，出版个人专辑7部，作品集2部。作有歌曲《最美的还是我们新疆》，获中宣部"五个一工程"奖和第二届全国少数民族文艺汇演一等奖。歌曲《天山儿女》获年中宣部"五个一工程"奖和第四届广播新歌征集金奖。

仵晓岚（1959— ）

歌剧表演艺术家。陕西西安人。1978年在西安音乐学院声乐系学习，1985年入解放军艺术学院进修。曾任陕西汉中歌剧团副团长，2000年始任陕西省歌舞剧院歌剧团副团长。撰有《歌剧'司马迁'李陵形象在歌剧演唱的结合》《浅谈树立整体歌唱中的重要方面》等文。1999年被陕西省委宣传部、省文联命名为"跨世纪青年音乐家"。首演原创大型歌剧《司马迁》获2001年"五个一工程"

W

奖、中国第七届戏剧节"优秀表演奖"，2002年获文化部第十届"文华新剧目奖"。

伍 渝（1941— ）

作曲家。重庆人。1965年毕业于四川音乐学院作曲系。先后在湖南湘西州歌舞团、四川省民歌集成办工作，1986年起任教于绵阳师范学院音乐系。长期从事民歌的搜集、整理与研究。1984年在阿坝州首次发现羌族（尔玛）多声部民歌后，又对其进行了实地考查采录，整理出大量第一手资料，并从多方面进行了研究。对高师和声学进行教改实验，编写出相关教材《和声理论与伴奏实践》。发表论文二篇。创作歌曲《祖国最知我的心》《三月雨》分获省文化厅一等奖、省音协三等奖。

伍凤英（1903— ）

女民歌演唱家。广东罗定人。四十岁开始口头编歌。新中国成立后积极参与民歌创作并在农村演唱。曲目有《歌唱新农村》《练兵歌》。

伍芙蓉（1917— ）

女钢琴教育家。广东人。1939年毕业于上海国立音专。曾在香港、澳门及上海任教。1953年入上海音乐学院、副教授。

伍国栋（1943— ）

音乐理论家。四川成都人。1958年入西南师范学校音乐科。1981年毕业于中国艺术研究院研究生部获硕士学位。后任职于该部。撰有《长鼓研究——兼论细腰鼓之起源》《中国各民族多声部民歌的发现与研究》等。

伍国忠（1957— ）

箫、笛演奏家。北京人。1975年毕业于广东人民艺术学院（现星海音乐学院），先后任省粤剧二团演奏员、粤剧学校笛子专业教师。1980年起任广东省歌舞剧院笛子首席，管乐声部长。曾分别获第三、四届羊城音乐花会器乐比赛表演奖及广东音乐一等奖（全国），第二届全国民族管弦乐演奏奖，省、港、澳广东音乐比赛优秀奖（五架头），建国成立四十五周年赴京演出获嘉奖，同年获文化部嘉奖。曾赴香港、澳门、新加坡、葡萄牙、日本、波兰等国家和地区访问演出。录制个人笛子专辑12盒，广东音乐专辑十余盒。

伍经纬（1948— ）

音乐教育家。江西高安人。1960年在江西高安市采茶剧团，1988年起在江西宜春文艺学校教务科任科长。1986年进修于上海音乐学院，1997年毕业于江西师大艺术学院音乐系。撰有论文《高安方言声调与高安采茶戏的关系》等，创作有古装戏《罗帕宝》唱段精选、《补背褡》全剧音乐等戏剧音乐作品，唢呐独奏《欢乐的小山村》获三等奖，大型现代戏《女乡长》获作曲一等奖。编著采茶戏《视唱》《唱腔》教材等。组织排演宜春市历年的文艺晚会及创作省十运会大型文体表演《世纪交响曲》音乐。

伍林发（1957— ）

作曲家。福建清流人。福建省三明市文联副主席、市音协主席、省音协常务理事。1980年毕业于福建师大音乐系。曾任师范学校音乐教员、副校长，1992年调入三明市文联任秘书长。舞蹈音乐《李寄斩蛇》获全国金奖，歌曲《霓虹灯亮在白云边》获中国音协建国50周年征歌入选作品奖，钢琴曲《客家庙会》获福建省创作金奖。中央电台和福建电视台曾多次介绍和播放其作品。

伍明实（1947— ）

民族打击乐演奏家。四川人。1960年考入四川音乐学院附中，后曾就读于四川音乐学院、四川省委党校，进修于中央音乐学院。1978至2004年先后任四川省歌舞剧院独奏演员、团长、副院长、书记、院长。四川省音乐舞蹈研究所所长兼书记、四川省音协副主席、四川省民族管弦乐学会副会长、四川省音协打击乐专业委员会主任，成都大学、四川省教育学院教授（客座），出版个人音乐作品专辑在全国发行。出访世界十多个国家及地区，担任独奏、重奏、艺术总监。

伍目连（1953— ）

作曲家。江西南昌人。江西音协理事、二胡艺术研究会理事、南昌市音协副主席兼创作委员会主任、二胡艺术研究会理事。70年代在部队文工团从事演奏、指挥、作曲，后被选送到内蒙古艺术学院学习二胡和作曲。先后在县文化馆、文联从事音乐及行政工作。在中央电台、《歌曲》及省市电台、电视台、报刊发表大量作品，数十次获奖。出版有《伍目连歌曲播出选》，获南昌市第四届陈香梅文化奖，被授予专业技术拔尖人才称号。

伍荣生（1968— ）

音乐教育家。福建将乐人。福建三明学院教师教育系副教授、副书记。1989年、2000年先后毕业于福建三明师专、福建师大音乐系，2006年本校在职读硕士。撰有《浅谈音乐教育中学生创新能力的培养》《音乐课程标准与柯达伊音乐教育思想》等论文。歌曲《希望之路》（曲）获福建省中师第二届文艺汇演创作一等奖。1997年指导三明师范管乐队参加省第二届大中专院校艺术节开幕式演出，管乐队列表演《进行在回归的大路上》获演出一等奖。

伍少怀（1946— ）

二胡演奏家。湖南邵阳人。1960年开始从事戏曲音乐工作。曾任湖南邵阳市花鼓剧团艺委会主任。长期担任剧团兼职编曲工作，与人合作编曲剧目《儿大女大》在2006年湖南艺术节获音乐创作奖。合作编著《邵阳花鼓戏音乐》《湖南花鼓戏常用唱腔曲牌选》（续集），撰有《谈趟调》等文。参加《中国戏剧志·湖南卷》编写，受到文化部和省文化厅表彰。2006年底举办"伍少怀从艺46周年二胡独奏音乐会"。老年民族乐团音乐总监兼指挥。

伍湘涛（1927— ）

音乐教育家。湖南邵阳人。1950年湖南大学毕业后先后在中专、湖南师范学院、沈阳航空学院任教。1990年后在清华大学讲授音乐欣赏。并任教于汕头大学。1996年主编国家级重点教材《音乐鉴赏》。出版高校教材《音乐欣赏理论基础》《音乐知识与名曲欣赏》《交响音乐赏析教程》《交响音乐赏析新编》，并参与编写《清华大学音乐教材》《简明艺术词典》。发表音乐教育论文30篇，多篇获省、部级奖。曾任全国高校音乐教育学会副筹备组长、副理事长。

伍晓原（1945— ）

钢琴演奏家、音乐教育家。广东台山人。贵州民族学院音乐系副教授。1965年毕业于贵州大学艺术系。出版录像带《钢琴业余考级名师点评》。1968年以来参加各种演出数百场，其中与黔东南州京剧团合作演出钢琴伴唱《红灯记》数场，1970至1976年指挥黔东南州京剧团、州歌舞团混编乐队演出现代京剧《智取威虎山》《沙家浜》《杜鹃山》等近二百场。1994、1996年分别举办"中外著名小品音乐会""小提琴独奏音乐会"，并按时代、流派风格介绍欧洲古典主义、浪漫主义、现代派及中国作品三十余场。

伍雍谊（1921—2008）

音乐理论家、作曲家。广西北海人。1948年毕业于国立音乐院理论作曲组。1978至1985年任《人民音乐》副主编。1983至1985年任中国音协书记处书记。1989至1995年任《中国音乐教育》副主编、主编。1991年起被国家教委高等学校社会科学发展研究中心聘为兼职研究员，并担任该中心主持的重点科研项目"普通学校美育的理论与实践研究"系列丛书编委会副主任，主编及参与撰写其中的《中国近现代学校音乐教育》。出版有《人民音乐家吕骥传》《怎样欣赏音乐》。发表论文《形象思维和音乐创作》等数百篇。创作的音乐作品有弦乐四重奏《行板》及歌曲《啊，起伏的山岗》。

武　丽（1956— ）

女高音歌唱家。江苏无锡人。曾在中央民族乐团、上海音乐学院学习声乐。现任无锡市歌舞团演员、声乐指导。先后在《江姐》《红珊瑚》等多部歌剧中担任主要角色，参加千余场歌舞演出并担任独唱。曾在中华歌会"大运河之歌"获佳作奖、独唱歌曲《中国山水》获省"五个一工程"奖、在省音舞节声乐大赛上多次获金、银奖，并多次参加全国各类大型庆典文艺活动的演出。曾赴日本进行文化交流演出，担任山禾合唱团声乐指导。1991、2000年分别举办个人独唱音乐会。

武保建（1955— ）

作曲家。河北平山人。1971年起在襄樊市歌舞剧团先后任乐队演奏员、创作员与副团长。1987年曾在天津音乐学院作曲系进修。作有歌曲《浪花赞》《春姑娘的歌声》《搁浅的小船》等多首，小提琴独奏《等待》，钢琴曲《梦之故乡》，交响序曲《岘山》，合唱《倾情襄江》，舞蹈音乐《秋月情》《娃娃驴》《山的女儿》《红盖头》等。其中歌曲《浪花赞》获七市声乐"金杯赛"金杯奖，钢琴曲《梦之故乡》获七市器乐金杯赛金杯奖。舞蹈音乐《娃娃驴》获全国少儿歌舞录像汇演三等奖。

武炳统（1935— ）

作曲家。山东肥城人。1949年参加革命，1954年起先后在华东、山东大学艺术系少年班学习，后毕业于华东艺专、中央音乐学院作曲系，硕士，毕业后留校任教。1972年调中国广播艺术团，曾任合唱团团长、总团副团长、团长兼党委书记。主要作品有舞剧音乐《农奴之歌》，歌剧音乐《青春之歌》（合作），双簧管协奏曲《刘胡兰》（执笔），电影音乐《非常岁月》，电视艺术片音乐《下课以后》（合作），交响大合唱《怀念》，合唱组曲《神话四题》以及独唱重唱曲等。

武长青（1946— ）

笛子演奏家。吉林长春人。任职于二炮歌舞团。中国音协民族管乐研究会副秘书长，中国民族管弦乐学会竹笛专业委员会常务理事。1968年毕业于吉林艺术学院竹笛专业，曾在中国音乐学院进修作曲。1975年参加全国独唱独奏会演笛子独奏获优秀奖。1977年参加全军四届会演获演奏奖。1997年在中央民族大学音乐系兼职任教。2003年率学生在北京举办个人作品独奏音乐会。作有《天山哨兵》《陕北随想》《昆曲新韵》等。

武达萱（1939— ）

女钢琴演奏家。上海人。1954年入沈阳音乐学院附中，1963年毕业于沈阳音乐学院钢琴系。在中央芭蕾舞团任芭蕾钢琴伴奏三十余年，曾任钢琴组长。编有大量芭蕾基训音乐。排练过中外舞剧二十余部，如《天鹅湖》《红色娘子军》等。在排练中曾与世界著名芭蕾编导合作。参加过招待国宾的重要演出。曾随团到东欧国家演出。业余从事钢琴教学，部分学生在国内外业余钢琴比赛中获奖。被北京外交人员语言文化中心聘为钢琴副教授。

武道生（1941— ）

大提琴演奏家。河北张家口人。1963年毕业于中央音乐学院管弦系。曾任武汉音乐学院副教授、后为武汉交响乐团副团长。

武栋银（1940— ）

大管演奏家。山西汾阳人。曾先后任总政军乐团二队演奏员、四队教员。参加过全军军乐汇演，歌舞《椰林怒火》，京剧《红灯记》《沙家浜》《奇袭白虎团》演出。1962年以来，除完成司礼任务、国庆、党代会、政协会议等重要演出外，还随团参加广交会、全军文艺汇演音乐会数百场。1970年以来，先后培养众多优秀学员走上专业音乐道路。1985年被聘为中央民族学院大管教师。

武惠安（1964— ）

作曲家。河北正定人。石家庄市文联协会部主任。1983年在河北师大音乐系学习。作有大量歌曲，获奖歌曲有《跨世纪的太阳》《毛主席来到西柏坡》《祝福之歌》《祖国，我亲爱的祖国》《万众一心奔小康》《妈妈的怀、爸爸的肩》《石家庄我可爱的家园》《问一问老百姓就知道》《我们是幸福的中华少年》。

武慧芳（1959— ）

歌词作家。河南新安人。河南省新安县文化局局长。1980至2002年分别毕业于洛阳师专、河南省委党校函授本科、郑州大学行政管理学院。主编歌曲、曲艺、戏剧等艺术类专著《汉关新韵》，副主编《洛阳戏剧精粹》。发表歌词有《祝福祖国妈妈》《请到新安小城来》《争口气》《纪检干部之歌》《黄河万山湖》。

武冀平（1938— ）

歌词作家。北京人。1957年毕业于北京师范学校音乐文学专业。曾任中国旅游出版社编辑。作有《亲爱的老师，您在想什么》《理想，张开金色的翅膀》等。

武进勇（1949— ）

作曲家。河北人。曾任邯郸市音协副主席，峰峰矿区文联副主席、音协主席。1968年起任文化馆文艺部主任、馆长、副研究员。曾在中国煤矿文工团进修作曲。发表大量歌曲，其中五十余首获奖。撰文十余篇，为三部电视专题片作曲。1986年歌曲《含笑的橄榄树》在人民警察之歌征集中向全国推广。歌曲《白杨和小河》被收入全日制小学课本《音乐》第10册。1993年出版《武进勇歌曲选》。

武俊达（1916—已故）

音乐理论家。江苏南京人。1946年毕业于国立音乐院声乐系。曾任音协江苏分会常务理事、戏曲曲艺委员会主任委员。中国戏曲音乐学会副会长。《中国大百科全书·戏曲曲艺卷》音乐分支副主编，《中国戏曲音乐集成·江苏卷》主编。著有《昆曲唱腔研究》《京剧音乐研究》。

武联珠（1921— ）

女声乐教育家。浙江定海人。1947年毕业于重庆中央大学师范学院艺术系。曾在中央乐团苏联专家班、保加利亚专家班进修。曾任上海广播乐团、中央乐团独唱演员、声乐教员。后任北京师范学院音乐系声乐教研室主任。

武良田（1950— ）

作曲家。天津人。1976年毕业于河北师范学院音乐系，曾师从天津音乐学院张国勋、高燕生教授学习作曲。曾被评为天津市文化系统先进工作者。后任北京崇文区文化馆副馆长，副研究馆员，崇文区文联副主席。创作大量音乐作品，其中歌曲《中国船》《永恒》《闪光的身影》，舞蹈音乐《快乐小丫》分别获文化部"群星奖"金奖等奖项。《浅谈歌唱的整体意识》《速成合唱队的训练和演出》《对北京市群众歌曲创作的思考》等多篇文章在刊物发表或获奖。

武荣璋（1937— ）

歌唱家。北京人。1993年在北京东单公园成立"不老歌声"歌舞团，为2008年我国申办奥运会成功助阵。1994年自编歌舞《冰糖葫芦》到长城、天安门广场、敬老院和春节庙会表演。1997年在中国革命博物馆举办"雪洗百年

国耻、喜迎香港回归"的展览中，拍摄的"香港回归歌"的照片入选参展。1999年新中国成立50周年国庆前夕，由北京市委、政协共同出版的《抚今追昔话北京》一书中，选入其编写的稿件《不老的歌声》。

武彤夫（1923— ）

作曲家。广东潮阳人。1943年始从事音乐创作。1956年入上海音乐学院进修班学习。曾任上海广播乐团副团长、上海人民广播电台文艺部副主任兼音乐组长。作有歌曲《祖国美丽的祖国》《微风轻轻吹》。

武文斌（1932— ）

竹笛演奏家、作曲家。陕西西安人。先后在陕西省文工团、戏曲研究院、陕西乐团、省歌舞剧院担任竹笛演奏员、民乐队首席、声部长。为电影《李双双》，秦腔剧《三滴血》《女蓝五号》《生命的火花》《昆仑铁蹄》《紫阳彩茶》等配乐演奏。为秦腔剧《十五贯》《法门寺》，眉户剧《满院桂花香》《十八里相送》，小歌剧《台湾悲歌》创作音乐。作有小合唱《工地劳动号子》，独唱《骊山美》。编写出版"西安鼓乐曲选"四册。发表多篇论文。

武文凡（1930— ）

作曲家。黑龙江佳木斯人。1946年参军任军区文工团小提琴演奏员。后任海南军区文工团、广东广播电视文工团小提琴演奏员。创作歌曲有《流溪河组歌》《燃烧的心》《一定要解放台湾》等。1978年任中国唱片社广州分社总编兼社长、中国唱片公司广州分公司总经理。现定居美国。

武夏红（1960— ）

女歌唱家。山西阳城人。1982年毕业于福建师大艺术系音乐专业。后任福州市委宣传部文艺处处长，福州市音协副主席。出版有《武夏红音乐绘画专集》与个人首创原唱CD专辑《茉莉花开》。同年由福建音协举办"武夏红《茉莉花开》演唱会"。参与组织与中央电视台合作的"故乡梦·海峡情"《同一首歌》晚会。曾参加数百场全国、省、市大文艺演出和历届省"五个一工程"奖等音乐评选活动。

武秀之（1932— ）

女声乐教育家。河南西平人。长期从事声乐教学。曾入中南音专进修并任教于湖北艺术学院。后在开封师范大学艺术系任教。多次参加各种演出活动。

武旭海（1974— ）

小号演奏家。河北深州人。中国歌剧舞剧院交响乐团演奏员、团长助理。1998年毕业于上海音乐学院。参加排演歌剧《原野》《杨贵妃》《荒山狐乐》等，交响乐《沃尔塔瓦河》《贝多芬第五交响曲》《柴科夫斯基第七交响曲》等，舞剧《天鹅湖》《罗密欧与朱丽叶》等。制作《首席乐队》《名家名曲》《永远的邓丽君》交响音乐会等演出。曾参加建国58周年人民大会堂国庆晚会、《我的

祖国》晚会的主创工作，参加奥运会北京展演等活动，曾赴意大利、瑞士、奥地利、汤加等国演出。

武艺民（1934—2007）

作曲家。山西应县人。1950年始从事音乐工作。曾任山西雁北地区文联副主席兼音协主席。作有歌曲《我爱塞上水和山》。研制电子击琴1987年获全国第三届展览会银牌发明奖、文化部三等科研成果奖。

武增文（1953— ）

女钢琴家、教育家。重庆人。1977年毕业于西南师范大学音乐学院，后任音乐学"钢琴表演艺术与教学研究"硕士生导师，副教授。重庆市钢琴协会主席，重庆市刘诗昆钢琴艺术中心常务副校长。培养的学生在国内钢琴赛事中多次获奖。撰有《钢琴演奏的科学训练》《钢琴即兴配弹研究》《钢琴音乐理论研究》。发表《高等师范院校钢琴教学面临的挑战与对策》等多篇论文，出版有《武增文钢琴教学学生独奏音乐会》光盘。

武兆鹏（1950— ）

戏曲音乐理论家、作曲家。山西神池人。山西忻州市剧协主席、忻州市音协副主席。1969年参加工作，1989年毕业于中国函授音乐学院理论作曲系。历任神池道情剧团作曲、团长，忻州地区北路梆子青年团作曲、团长、忻州市文联秘书长。创作戏曲音乐七十余部，出版戏曲音乐作品10部。撰有《晋北道情音乐研究》《菊苑履痕》与歌曲《我要回故乡》等文。曾多次获全国优秀音乐论文、教案、歌曲新作展评优秀作品奖、山西省社科优秀成果评比一等奖、山西省"五个一工程"奖等。

武政新（1955— ）

长笛演奏家。甘肃兰州人。青海省民族歌舞剧院乐队演奏员。曾任铁道兵某部文工团长笛演奏员。参加演奏的曲目有《红旗渠》《命运交响曲》《梁祝》《白毛女》《红色娘子军》《春节序曲》《北京喜讯到山寨》，长笛协奏曲《花乡三韵》等。在全省文艺调演中，担任长笛领奏的《西海风》和交响乐《智美文登》分别获一、二等奖。在长安音乐会、丝绸之路音乐会、迎香港回归音乐会的录音、录像中均担任长笛独奏或领奏。

武志萍（1955— ）

女二胡演奏家、教育家。江苏沭阳人。1978年毕业于安徽省艺校，1991年毕业于安徽师范大学，曾在首都师范大学音乐系教师培训班学习。1978至1981年在合肥市越剧团任琴师，参加《红楼梦》《梁祝》《王昭君》《祝福》等大型剧目的演出，并担任独奏。1981年在蚌埠四中任教。辅导的学生考入艺术院校，节目多次获奖。发表论文二十余篇。现任安徽省胡琴专业委员会理事、省音乐教育委员会理事。

武志荣（1944— ）

女音乐编导家。四川人。1968年毕业于中国音乐学院声乐系。北京电视台音乐舞蹈编导。编导有《古曲新生》《念故乡》等专题片。《青年小提琴家胡坤》获1982年北京广播电视局优秀节目一等奖。

X

西彤（1929— ）

音乐文学家。广西恭城人。1949年始从事部队文艺工作。曾在作协广东分会《作品》编辑部工作。曾任音协广东分会常务理事，广东省歌词研究会会长。作有歌曲《南京路上好八连》《曲蔓地》《奋发图强》，小歌剧《双补衣》等。

奚明钰（1934— ）

作曲家、音乐编辑家。上海人。原甘肃电视台音乐编辑、宣传科科长。甘肃电视协会理事，中国电视音乐研究会副会长。1991年中国函授音乐学院理论作曲系毕业。1951年在某军文工团从事黑管、二胡演奏及音乐创作。1952年入朝从事火线文艺工作。作有歌曲《修起幸福路一条》，舞蹈音乐《迎归来》，舞剧音乐《牧民的呼唤》，电视歌曲《黄河明珠刘家峡》等。1961年入甘肃歌舞团，1971年调甘肃电视台。系列片《中国西部之光》等节目获省以上奖。撰有《论电视音乐编辑的地位和作用》等。

奚其明（1941— ）

作曲家。上海人。中国音协第六届理事。1954年就读于上海音乐学院附中，1966年毕业于上海音乐学院作曲系。历任上海乐团、上海芭蕾舞团作曲，上海市创作中心音乐舞蹈负责人，交响音乐《智取威虎山》创作组成员。作有交响芭蕾组曲《魂》，抒情交响音诗《向往》，交响大合唱《七一》，小提琴与民乐队《阿里山的姑娘》，交响序曲《光明行》，管弦乐《城市之光》《永远的号角》《降B大调钢琴协奏曲》，芭蕾舞剧《魂》《伤逝》《青春之歌》等，舞剧《雪梅》，歌剧《杜十娘》，电影音乐《理发师》等，电视剧《张闻天》等，歌曲《我们走进十月的阳光》等，其中《远山》曾在第一届亚洲音乐节获奖。

席强（1963— ）

板胡演奏家。甘肃人。1985年毕业于中国音乐学院器乐系，师从刘明源。中央民族乐团团长。中国音协第七届理事。第十一届全国政协委员、国家大剧院艺术委员会委员。从事板胡与中胡演奏。参与策划、组织赴美国纽约卡内基音乐厅、维也纳金色大厅及大型民族交响音乐会《乐府画廊》《江山如此多娇》等重要演出。撰写和发表有《民族器乐的传播活动》《民族音乐的润腔理论》《民族管弦乐队的建设与发展》等论文。出版专著《中国民乐》《民族音乐随笔》《青少年学二胡》。

席福洪（1936— ）

小提琴演奏家。北京人。1949年起先后在西北局文工团、陕西歌舞剧院、歌舞团任乐队首席、队长，后为陕西省乐团演奏员。曾参加《小二黑结婚》《洪湖赤卫队》《草原之歌》《刘胡兰》等四十余部歌剧，《白毛女》《格培利亚》等舞剧及《黄河大合唱》《长征组歌》的演出。演奏有小提琴协奏曲《梁祝》《打虎上山》《拉特斯基进行曲》等。

席景贤（1941— ）

作曲家、指挥家。河南偃师人。1962年毕业于郑州艺术学院音乐系。1964年起先后任偃师十中音乐教师，偃师曲剧团、洛阳地区、市曲剧团作曲、音乐设计兼指挥。在电影戏剧片《背靴访帅》，舞台纪录片《寇准背靴》《齐恒公之死》等剧目中任作曲兼乐队指挥。出版有《马其唱腔专集》。发表文章《慢垛·书韵之由来》，并有多部剧目赴京参赛。1989年任《中国戏曲音乐集成·河南卷》的编辑。

席为民（1957— ）

小提琴演奏家。山东济南人。1982年入中央音乐学院进修。1971年入陕西省歌舞剧院学员队，1973年始在陕西省歌舞剧院歌剧团乐队，乐队首席。撰有《对弦乐四重奏中各声部的特点及体会》一文。1991年获陕西省歌舞剧院西洋乐器比赛小提琴独奏第一名。参与演出《桃花渡》《张骞》《司马迁》等多部剧目，获"文华奖""五个一工程"奖，曾获2003年陕西省文化厅、省音协主办的小提琴比赛专业组二等奖。

席伟泷（1952— ）

音乐教育家。河南郑州人。广州星海音乐学院管弦系主任、教授。1981年毕业于西安音乐学院管弦系。撰有《单簧管哨片研究》《论音乐演奏中的技艺结合》等文。出版《单簧管音阶与名曲困难片段练习》。所教学生分别获文化部"全国第一届青少年单簧管比赛""罗马尼亚艺术节单簧管比赛""北京单簧管比赛"一、二等奖，有的被国外知名院校录取。2001年获文化部第三届"区永熙优秀音乐教师奖"。

席臻贯（1941—1994）

音乐学家。上海人。先后于中央音乐学院及外国文学研究所函授部结业。曾在甘肃省歌舞团工作。著有《佛本行集经·忧波离品次琵琶谱号考》《大音希声新译辨》及敦煌舞谱系列论文。

夏　白（1919— ）

作曲家。四川渠县人。1935年参加抗日救亡戏剧音乐活动。1939年在中共南方局领导下参加新音乐运动。曾担任《音乐艺术》编委，主编新华日报《时代音乐》专刊。1946年在重庆担任以周恩来为名誉团长，郭沫若与陶行知、李公仆为正副团长的"星海合唱团"指挥。新中国成立后任中国音协理事，华东—上海音协党组副书记、秘书长。主编《上海音乐》、创办《上海歌声》。著有《在新

音乐运动的行进中》《关于星海》，作有歌曲《停止反人民的战争》《英雄们向暴风雨飞去》《中国人民解放大合唱》，歌剧音乐《黎明舞曲》《人民的太阳》。

夏　冰（1927— ）

歌词作家。河南西平人。1948年从事部队文艺宣传工作。1950年起历任海军青岛基地文工团编导员，《人民海军报》编辑，海政歌舞团创作员、编导室主任。创作有《三八作风歌》《战斗的最强音》《高举毛主席的伟大旗帜》《五星红旗高高飘扬》《水兵进行曲》，先后获总政队列歌曲创作优秀奖，文化部、中国音协颁发的"全国优秀群众歌曲奖"。1995年出版诗词选《浪迹歌影》。参与创作歌剧《海防前哨》，歌舞剧《钢铁战士麦贤得》，大型歌舞《红日照航程》等。曾获国防部"解放奖章"，中央军委"胜利功勋荣誉奖"。

夏　鼎（1941— ）

音乐教育家。云南鹤庆人。1965年毕业于云南艺术学院音乐系，分配到文山州歌舞团从事演奏、指挥、创作工作。1978年调昆明师院艺术系任民乐教员，担任二胡、扬琴专业课教师。云南艺术学院恢复后任师范系主任、副教授。作品有扬琴独奏《欢乐的苗山》，民族管弦乐合奏《壮乡舞曲》，拉祜小三弦独奏《神秘的澜沧江》。发表论文《拉祜小三弦的改革》。

夏　峰（1956— ）

作曲家。江苏兴化人。扬州市委宣传部文学处副处长、江苏音协理事、扬州市音协主席。1979、1999年先后毕业于江苏高邮专音乐系、扬州大学政法学院行政管理系。《秧歌秧歌》获中国音协、农业部全国首届农村歌曲大赛二等奖，《柳编歌》获文化部、广电部全国第二届民间音乐舞蹈比赛优秀奖，并入选第六届中国艺术节展演，另有多首歌曲获省级音乐赛事奖。担任，97中国邮电文化节音乐总监，并创作主题歌《邮之魂》。

夏　康（1930—1998）

指挥家、作曲家。浙江宁波人。1949年从事部队文艺工作。曾任总政歌舞团合唱队指挥，铁道兵歌舞团团长，中铁指文工团艺委会主任。曾随德国专家赫夫特学习指挥。指挥演出有合唱《红军不怕远征难》《长征组歌》，舞剧《白毛女》，舞蹈《怒火在燃烧》等。作有舞剧音乐《鱼水情》，舞蹈音乐《雪里送炭》（合作），男女声二重唱《歌唱我们的新西藏》，女声独唱《原野上的小花》。部分作品获全国、全军奖。

夏　岚（1956— ）

女歌唱家。安徽人。1978年毕业于省艺校，后在安徽省歌舞团任独唱演员。考入上海音乐学院全国干部进修班，毕业后回团工作。录制唱片及音带《黄山，我心上的明星》《摇篮曲》。在电视音乐片《黄山之歌》中主演教授夫人，在歌剧《货郎与小姐》中饰演姑妈。1984年参加省首届艺术节独唱获演员一等奖，由中央电视台优选参加全国歌手大奖赛获优秀歌手奖，并参加第四届全国青年歌

手电视大奖赛获"荧屏奖"。录制专辑盒带《悄悄话》。

夏 平（1953— ）

音乐活动家。河南温县人。山西省文化厅艺术处长、文联委员、音协副主席、剧协执行副主席。撰写策划《戏曲音乐与交响乐队》音乐会方案并赴京演出，策划、组织的晋剧现代戏《油灯灯开花》获中宣部"五个一工程"奖组织奖，创作的晋剧现代戏《小卒子过河》获山西省"五个一工程"奖。担任晋剧新编历史剧《梨花情》编剧，创作及发表歌曲及理论文章，部分获省级和国家级奖励。担任编剧的舞剧《西厢记》获第十一届文华新剧目奖。多次被评为省直文化系统先进工作者。

夏 野（1924—1995）

音乐理论家。四川广安人。1949年毕业于上海复旦大学法律学系。1950年毕业于上海音乐学院音乐教育专修班。上海音乐学院音乐学系副系主任，教授。曾任中国音乐史学会副会长、上海市音协古乐团荣誉顾问。著有《戏曲音乐研究》《中国古代音乐史简编》。撰有《南宋作曲家姜夔及其作品》《中国古代音阶、调式的发展和演变》《唐俗乐二十八调在南北曲中的演变》等文。

夏宝林（1935— ）

歌唱家、作曲家。贵州贵阳人。曾任贵州音协理事暨理论委员会副主任。1951年参军入朝，在志愿军高炮部队业余文艺汇演中获演唱奖。1957年考入四川音乐院声乐系本科。1961年毕业后任战旗歌舞团独唱演员，在《柯山红日》《夺印》等歌剧中任主角。1965年参加援越抗美文化工作队，获越南颁发的"优秀文工团员"奖状奖章。1970年转业后任贵州省歌舞团歌剧队长。后坚持词曲创作和理论研究，在全国及省市刊物发表四百余首（篇），很多作品曾获奖。出版有《难忘的音乐之旅——夏宝林歌文集》。

夏宝森（1932— ）

作曲家。北京。中国印钞造币总公司高级政工师、全国金融系统劳动模范。自1952年创作《生产任务要提前完》到2003年《火红的心》共作有三百余首歌曲。其中《永远站在社会主义建设最前线》于1964年获全国20个城市职工革命歌曲演唱广播比赛创作奖，《金鹰之歌》在2000年首届中国金鹰艺术节被作为主题歌。1993年出版创作歌曲集《新潮曲》，同年3月由全国总工会、中国音协等在北京音乐厅举办声乐作品音乐会。2000年由北京文联、北京音协举办第二次声乐作品音乐会。2004年出版有附钢琴伴奏谱的《夏宝森创作歌曲选》第二集。

夏春季（1952— ）

作曲家。回族。河南商丘人。1985年毕业于南京艺术学院音乐系。1969年入河南省宁陵县豫剧团乐队，曾在商丘市豫剧团乐队任指挥、作曲。1981年始在河南省商丘市梁园区文化馆任文艺科科长。作有歌曲《相思与合欢》《我是快乐的营业员》《女人不是月亮》《母亲的心》，其中《黄河水》获2001年省第五届"五个一工程"奖，《女人·太阳花》获省第九届歌曲创作二等奖。出版有个

人作品专辑《忏悔》，为电视连续剧《烽火兵站》作曲。主编《商丘市音乐集成》，参与《河南省戏曲集成》编辑工作。为《十五贯》《打金枝》《穆桂英下山》《血溅乌纱》等设计音乐唱腔（合作）。

夏方豪（1969— ）

手风琴演奏家、钢琴教育家。安徽合肥人。深圳书画艺术学院莫扎特音乐中心主任、教授。曾任国际比赛钢琴、手风琴评委，奥地利维也纳音乐学院客座教授，安徽师大音乐学院兼职教授。2001年毕业于德国霍纳特罗辛根音乐学院并获演奏家文凭。曾获德国国际手风琴比赛"杰出音乐成就奖"及"德国国家音乐奖杯"，获"音乐特别贡献奖"。录制出版CD个人专辑，出版有《风箱里的旋律》，自传体音乐散文书《心语·琴话》及在多家报刊发表许多音乐评论文章。

夏飞云（1936— ）

指挥家。浙江桐乡人。1961年毕业于上海音乐学院民乐系乐队指导专业并留校任教。后任中国民族管弦乐学会荣誉理事、指挥专业委员会副会长，上海音乐学院教授、硕士生导师。曾任上海京剧团《智取威虎山》剧组首席指挥、香港中乐团驻团指挥、新加坡华乐团首席客座指挥。1993年率香港中乐团赴加拿大巡回演出。2001年率上海民族乐团赴维也纳金色大厅演出。指挥出版CD、盒带百余种。1995年获中国唱片第三届"金唱片奖"指挥特别奖。

夏冠苓（1947— ）

女钢琴家。安徽人。曾就职于天津交响乐团。天津钢琴专业委员会理事。先后师从我国著名钢琴教育家王重生、章明詹等。曾多次为国内外著名演奏家、歌唱家担任音乐会伴奏。多次代表天津市参加国内外各种音乐节、艺术节、比赛等。多次应邀赴美国、瑞典、日本等国演出。为天津市及外省市电台、电视台、音像唱片公司录制大量音乐节目及电影电视音乐、录音带、CD等。

夏桂生（1947— ）

歌词作家。河南人。1968年起先后任《湘潭日报》编辑、湘潭电台文艺编辑、编辑部副主任、文艺部主任、湘潭有线电视台副台长等。曾主编多个广播、电视文艺专栏并在《龙凤呈祥》等多台电视文艺晚会中任导演。创作《风流巷》《女代理商》等长篇电视剧，戏曲剧本《螺丝巷》《韶山红杜鹃》等，任多部广播剧编剧、导演，并在以上作品中创作主题歌歌词。曾多次获广电部、中国剧协、湖南省"五个一工程"奖和省政府奖。

夏国民（1940— ）

作曲家。河南睢县人。1962年毕业于山西大学艺术系。曾在柘城师范等校任音乐教师。1984年始入柘城县文化馆任副馆长。作有《校园里的小白杨》《王大娘》《我和祖国共月光》《香港回归在今天》《养蜂歌》《黄河九曲十八弯》《望月亮》。撰有《通俗唱法刍议》《漫步歌坛写随感》等文。多次组织辅导群众音乐活动。

夏国民（1952— ）

歌唱家。浙江江山人。1978年毕业于上海音乐学院声乐系，后在浙江歌舞团歌队任独唱、重唱，组织排演男声四重唱赴华东地区巡回演出。1984年调入浙江省群众艺术馆音乐室。1985年起曾组织全国、全省大、中型多项群众活动，如"94中国校园歌曲推广活动"及省一、二、三届群众声乐大赛等。辅导的歌手有数人在全国各类声乐比赛中获奖。撰有《群众声乐辅导应注意的几个问题》等，曾编辑出版《中国校园歌曲丛书》。

夏红樱（1940— ）

女歌唱家。河南人。1966年毕业于南京艺术学院，师从黄友葵学习声乐。曾任江苏省文工队独唱演员、省歌舞团歌队队长、声乐教员，省歌舞剧院艺术辅导室主任。1956年随江苏代表团赴京参加第一届音乐周，任合唱、领唱、二重唱。培养的学生在省和全国比赛中获奖。

夏家宝（1935— ）

大提琴演奏家。上海人。1950年入中国福利会儿童艺术剧院。1956年入中央音乐学院大提琴专家班进修。1972年入上海交响乐团，曾任首席大提琴。作有大提琴曲《怀念》《台湾寄来的歌》。

夏家骥（1940—已故）

男高音歌唱家。安徽安庆人。湖北省音协理事。1963年毕业于湖北艺术学院声乐系，任湖北黄石市歌舞团独唱演员、声乐教员、音乐创作等职。1988年调市文化艺术学校任副校长，从事教学及管理。作有歌曲《毛主席身穿绿军装》《我是一片绿叶》《中国·光明的中国》等，多件作品获奖并被电视台、电台播放。曾参加音乐舞蹈史诗《东方红》及《货郎与小姐》《白毛女》、等剧目的演出，均担任主要角色。辅导、协助大型企业成立艺术团，主持、举办各类音乐会和演出活动。担任各类声乐比赛、音乐创作比赛评委。

夏建国（1954— ）

长笛演奏家。江苏南通人。南通艺术剧院独奏演员、首席长笛，南通市音协理事。先后赴日本、罗马尼亚、匈牙利、意大利、奥地利、法国、韩国等国和台湾地区演出。1993年获罗马尼亚国际器乐比赛特别奖，并应邀在罗马尼亚国家电台录制独奏专辑。在江苏音乐舞蹈节专业组比赛中多次获奖。举办长笛和中国吹管独奏音乐会。

夏劲风（1944— ）

歌词作家。湖南临澧人。任职于株洲市群艺馆。1968年毕业于武汉大学中文系。中国音乐文学学会理事、湖南省音乐文学学会常务副会长。1980年创办全国第一份歌词报《潇湘词报》。参与创建中国音乐文学学会。出版《醒来的感觉》《湘女的故事》《夏劲风作词歌曲选集》《骄杨曲》（组歌），《工人组歌》《祝你旅途平安》《潇湘情韵》等词、曲专著近三十部。《好美一个秋》《潇湘神韵》《东方姑娘》《古文茶歌》《天下凤凰美》等分获中宣部"五个一工程"奖、全国"金钟奖""星光奖""群

星奖""金鹰奖"。发表有《中国诗歌之我见》《词者，诗之宗也论》等文。

夏敬禄（1929— ）

大提琴教育家、演奏家。四川简阳人。1950年考入解放军中南军区部队艺术学院，后任大提琴教师。1955年毕业于上海音乐学院管弦系并留校任教，副教授。在职期间编写《大提琴创作曲选》（合作）共二册。曾多次参加北京、上海、南京、广州、西安、成都等地巡回演出，并担任大提琴独奏。1962年调任音院附中大提琴教研组组长。在教学期间曾多次获音院教学个人先进工作者称号及教学优秀奖。

夏敬熙（1930— ）

小提琴教育家。四川人。1957年毕业于上海音乐学院管弦系。曾为四川音乐学院小提琴副教授。撰有《小提琴揉弦的训练和运用》。

夏俊发（1941— ）

作曲家、指挥家。湖南兰山人。曾任湖南音协常务理事、郴州市音协主席、市歌舞剧团副团长，市群众艺术馆馆长，副研究馆员。创作、发表、演出大量音乐作品。主要作品有歌剧《芙蓉姐》、10集连续广播剧《湘南暴动》，歌曲《毛主席当年住我家》《瑶寨美》，舞蹈《瑶家阿妹上大学》《烽火红缨》。1987年在电影戏曲故事片《疯秀才断案》中担任配器和指挥。1996年出版《夏俊发歌曲选》。

夏奎斌（1932—已故）

戏剧表演艺术家。湖北人。1950年起，先后从事戏曲与歌剧工作，曾任湖北省剧团演员兼编导。曾在歌剧《洪湖赤卫队》《江姐》《追报表》《山林锣鼓》中扮演主要角色。发表论文《浅谈用嗓和保嗓》。

夏兰青（1946— ）

女小提琴演奏家。湖北孝感人。1966年毕业于中央音乐学院附中。1972年任中央芭蕾舞交响乐队第一小提琴演奏员。曾随团赴印度尼西亚、新加坡、台湾、香港、澳门等国家和地区演出芭蕾舞剧《天鹅湖》《吉赛尔》《唐吉柯德》《红色娘子军》及交响音乐会。1996年特邀随北京交响乐团赴韩国演出交响音乐会。曾担任全国业余小提琴比赛评委。

夏莉安（1955— ）

女小提琴演奏家。浙江慈溪人。安徽省歌舞剧院交响乐团演奏员。1995年毕业于安徽师范大学音乐教育系。1975至1980年曾在安徽京剧团任演奏员。撰有论文《浅谈小提琴教学中的体会》《怎样欣赏交响乐》，并在专业刊物上发表。

夏丽萍（1935— ）

女音乐教育家。浙江定海人。曾任广东外语外贸大学音乐教授。广东省音协理事、广东高校音教会理事

长。1958年毕业于中国音乐学院。先后在海南、广东两省广播电台任音乐编辑、音乐组长，后在高等院校任教。发表音乐专题、评论、论文近六十篇。出版《中国古曲赏析》，主编并出版广东高校"九五"规划教材《普通高校音乐教程》。1993年起负责与上海交通大学合办"音乐教育专业助教进修班"。与暨南大学王红主合作研制成《中国古曲赏析》计算机辅助教学课件（CAI），获全国"高等学校音乐教育学会"教学科研一等奖、国家教委第二届全国普通高校优秀计算机辅助教学软件三等奖。

夏玲玲（1938— ）

女中音歌唱家。江苏人。1952年参加上海市工人文化宫业余艺术团合唱队。1965年上海音乐学院声乐系本科毕业，分配至上海歌剧院歌剧队任演员，1971年调上海乐团任合唱队演员。曾参加著名指挥家皮里松指挥的《创世纪》大合唱及贝多芬《第九交响曲》四重唱中任女中音领唱。在上海音协室内乐合唱团《弥赛亚》专场演出中担任八、九段独唱，在多次巡回演出中担任《蝶恋花》领唱及女中音独唱。

夏美君（1957— ）

女高音歌唱家、音乐教育家。江苏大丰人。苏州科技学院音乐系教授。1982年毕业于南京师范学院音乐系。曾任盐城市歌舞团声乐队演员。撰有《声乐教学用语的误区》《论歌唱语言发声技巧》等文十余篇。著有《声乐艺术论》（合作），编有《声乐教程（理论教学与训练）》（合作）《声乐教程（中外独唱、多声部作品）》（合作），出版有唱片《水乡桥连桥》，录音盒带《珊瑚颂》，CD《茉莉花夏美君民歌演唱专辑》。多次参加各种音乐会任独唱，1987年获江苏首届音乐舞蹈节民族唱法三等奖。

夏仁根（1932— ）

琵琶演奏家。上海人。1951年入上海剧专剧工团。曾在中国电影乐团工作、新影民族乐队队长。1955年获第五届"世界青年联欢节"民间音乐比赛金质奖。曾多次出国访问演出。

夏盛奎（1950— ）

音乐活动家。吉林双辽人。1987年毕业于北京师范学院音乐系。曾为中国石油音协副秘书长。担任历届石油职工文化大赛文艺比赛总评判长、总导演。多年为石油管道春节团拜大型文艺晚会编创制作音乐并任总导演，为全国石油系统参加第七届全运会开幕式编创大型文体表演《铝盔颂》，组织多场大型文艺演出活动。参与策划的舞蹈诗剧《大荒的太阳》，民族舞剧《大漠女儿》获中宣部"五个一工程"奖，本人获先进个人组织工作奖。

夏世亮（1956— ）

音乐教育家。湖北武汉人。1987年毕业于武汉教育学院艺术系，2002年毕业于武汉音乐学院研究生班。曾在武汉市盲童学校音乐组任教，后任湖北省艺术学校艺培部主

任。出版有《电子琴与钢琴》《电子琴系列教程》《新编电子琴系列教程》，电子琴教学VCD一套、《中国舞钢琴伴奏120首》《初级电子琴教程》等。撰有《论音乐才能》等文，作有《祖国多美好》等歌曲。1993年获湖北省首届电子琴大赛优秀创作奖、园丁奖，1998年获国家艺教委颁发的"指导教师奖"。

夏书勤（1937—2009）

音乐编辑家。回族。天津人。1956年中央音乐学院干训班毕业。同年考入天津人民广播电台。编辑策划"音乐欣赏""教唱歌""周日舞会""德国之声"等数十个文艺栏目。曾在全国广播节目中首创"京、津、沪、粤"四家电台联合直播的空中音乐会。在全国率先创办"探亲音乐会"的演出形式，组织国内外的天津籍音乐名人回津演出。根据不同民族和地域的特点，策划编辑的"每周一歌"栏目在全国优秀广播栏目评选中获银奖。所作歌曲《少先队员在前进》《儿歌伴着笑声飞》《我爱天津》等，在音乐刊物发表或在中央台、各省市台播放。

夏树忠（1942—2008）

词曲作家。山东威海人。曾任威海市音协主席。1961年毕业于威海师范音乐班。历任中学音乐教师，环翠区文化馆馆长、文体委副主任、文化局副局长，山东音协理事。1984年创建威海铜管乐队。1990年创办《威海音乐报》并任主编。1991年创办首届威海广场文艺晚会。先后创作歌曲千余首，发表、获奖大量作品，其中多首在中央电视台播出。2002年出版歌词集《蓝色故乡》。1989年以来先后被评为市级劳模、威海十佳文化工作者和拔尖人才。

夏天星（1950— ）

歌剧表演艺术家。北京人。1974年入总政歌剧团任演员。1983年结业于中央音乐学院歌剧系进修班。曾主演歌剧《火红的木棉花》《一滴泉》《两代风流》。

夏文涛（1960— ）

音乐编辑家。山东淄博人。1982年毕业于山东师范大学艺术系，后在青岛市群艺馆任职。1985年始在青岛人民广播电台，后任主任编辑、文艺频道主任。曾编辑17集音乐专题《中学生音乐之友欣赏》《中国革命歌曲欣赏》（57集），先后为百余部（集）的广播剧配乐，编辑录制歌曲数百首。组织筹备成立青岛文艺广播电台等工作，组织过几十场音乐会。曾任省音协副秘书长，承办中国音协考级工作。

夏亚南（1950— ）

女音乐教育家。湖南益阳人。1975至1997年先后毕业于锦州第一师范、沈阳音乐学院音乐文学系、辽宁教育学院音乐教育系。先后任锦州第一师范学校、高等师范专科学校音乐教研室主任。培养的学生多次获省级表演奖。撰有《师范教育改革的理论与实践》《歌唱发声的探索过程》《音乐的独白与对话》等文多篇，作有歌曲《送别》《锦州恋》《老师手中的粉笔》等多首。多次担任锦州市

各种大型合唱、声乐赛事评委。

夏一峰（1882—已故）

古琴演奏家。江苏淮安人。三十年代曾录制《良宵引》《静观吟》等唱片，并在音乐院校授课。1954年应聘为中央音乐学院民乐研究所特约演奏员。曾任南京乐社副社长，南京市音协副主席。编有《古琴曲汇编》。

夏英模（1950—　）

歌词作家。北京人。曾任海政歌舞团团长。从事部队文艺创作以来，有不少歌词、诗歌作品被演出、播出与刊用。参与策划撰稿创作《在洒满阳光的航道上》等大型晚会十余台。《在那水天相连的地方》《画太阳》《再见吧军校》等作品获全国、全军奖。出版歌词集《海韵》。曾受聘为海军政治学院文化管理专业兼职教授，首都建国50周年庆祝活动群众游行总指挥部专家和军旅舞台美术研究中心专家。

夏永清（1939—　）

音乐教育家。安徽合肥人。1963年毕业于安徽教育学院中文系。曾任合肥西市区文化馆、西市区教委音乐美术教研员等职。作有歌曲《旱地行舟》《学习蔡永祥叔叔》《在人民中间》《啊，老师》等。辅导学校、基层歌咏队获多种奖项。发表论文《谈组织观摩教学活动》。1991年被评为区优秀教师。1993年被评为安徽省优秀音乐教研员。

夏禹生（1931—　）

合唱指挥家。安徽芜湖人。1952年毕业于南京大学音乐系。曾为南京师范大学音乐系副教授。南京市音协第四届副主席。编有《中外优秀合唱歌曲100首》。

夏正合（1953—　）

音乐活动家。四川人。1972年以来先后在四川省南充市杂技团、南充市川剧团任大提琴演奏员。曾随川北灯戏团赴北京中南海演出。长期从事群众音乐活动参与创作和组织推荐的作品，先后在全国"群星奖"中获金、铜等奖项。所作的歌曲《有这样一种人》《喊歌》分别获"全国第二届群众歌曲大赛"金奖，"全国歌曲征集评比"二等奖。发表歌曲作品数十首。组织、策划各类大型音乐活动上百次。

夏之秋（1912—1993）

铜管乐教育家。湖北孝感人。1936年入上海国立音专学习。致力于铜管乐教学五十余年。中央音乐学院教授。作有歌曲《歌八百壮士》《思乡曲》《最后的胜利是我们的》。著有《小号吹奏法》一书。

夏之云（1937—　）

音乐教育家。江苏人。印尼归侨。1955年入总政歌舞团合唱队，任合唱、小合唱演员。参加音乐舞蹈史诗《东方红》演出。曾随团出国访问演出。1984年入北京市海淀区幼儿师范学校（现海淀区艺术职业学校），任音乐教研

组组长。曾被区教育局评为先进工作者。1988年被评为中学高级教师职称。

夏中汤（1936—　）

作曲家、音乐教育家。湖北武昌人。1962年毕业于中央音乐学院。后任中央民族大学教授、硕士生导师，音乐系作曲理论教研室主任。作有交响组曲《丝路之音》，管弦乐《帕米尔春晨》，艺术歌曲《我心爱的夜莺》《蓝天里有一颗会唱歌的星》《塔吉克人民怀念毛主席》，合唱《赶巴扎》，二胡曲《马头琴之歌》，电影音乐《两厢情愿》，高山族舞剧《宝岛渔歌》，电视艺术片《班禅东行》，歌舞《送粮路上》等，并分获各种奖项。著有《曲式与作曲技法》，撰有《哈恰图良的和声技法》，分获中央民族大学教学科研成果一、二等奖。编纂《塔吉克族音乐史》《柯尔克孜族音乐史》等，编写有《旋律节奏与歌曲写作》《管弦乐配器纲要》《塔吉克族音乐》等教材。

夏重恒（1928—　）

声乐教育家。辽宁沈阳人。1953年毕业于中央音乐学院声乐系。曾任天津音乐学院声乐系主任。天津市政协委员。曾在天津举办独唱音乐会。

夏宗贵（1950—　）

音乐教育家。河南商水人。1974年毕业于河南淮阳师范音乐大专班。1974年、1982年先后任河南省淮阳师范学校、河南省郑州师范学校音乐教研室主任。曾先后任全国中师《音乐教学大纲》、全国中师统编教材编委。发表论文《面向小学实际，改革中师音乐教育》《对四大块音乐教学的思考》《在中小学音乐教育中如何加强素质教育》，并分别获奖。

夏宗荃（1941—　）

小提琴演奏家。江西南昌人。1959年在井冈山文工团、江西农垦文工团任小提琴演奏员。1969年调入江西省歌舞团任乐队首席、团长助理兼乐队队长，并担任作曲、指挥。1990年任江西省文化厅艺术处副处长、调研员。作有小提琴齐奏曲《井冈山上太阳红》（改编），《公社春光好》，笛子独奏曲《南词》（合作）等。江西省音协小提琴学会副会长兼秘书长，江西省音协第六届名誉副主席。

夏买买提（1922—　）

热瓦甫弹奏演唱家。维吾尔族。新疆墨玉人。12岁随父学习热瓦甫弹奏。曾为民间艺人。演唱曲目有《牲口篇》《团结篇》《朋友朋友》等。1958年获新疆民间艺人调演一等奖，1981年获全国少数民族音乐调演一等奖。

夏米力·夏克尔（1960—　）

歌唱家、作曲家。乌孜别克族。新疆人。新疆军区文工团歌唱演员。1995年入解放军艺术学院音乐系进修。演唱有《忠诚》《啊，天安门》《巴达木》《黑眼睛》等，其中《我是连队歌唱家》《我的热瓦甫》《哨所和我》曾获全军文艺汇演两个一等奖、一个二等奖。所作歌曲《我的歌儿》（词曲）获1984年全军文艺汇演创作一等奖，

《连队周末晚会》《阿拉山口》分获第六、七届全军文艺汇演一、二等奖。

鲜于越歌（1976— ）

女高音歌唱家。河北抚宁人。西安音乐学院声乐系讲师。1999、2003年先后毕业于新疆艺术学院、西安音乐学院声乐系。进修于意大利阿·布佐拉国立音乐学院。曾获"金钟奖""同为杯""全国歌手唱云南""大红鹰杯"等比赛金奖、一等奖、优秀节目奖，并赴德国参加国际音乐节获公众奖和评论奖。申报科研项目《当代意大利美声教学研究》，参与《意大利语语音》编写工作。

冼炳林（1953— ）

音乐教育家。广东广州人。广州育才中学音乐高级教师，广州管弦乐学会学校部部长。曾指挥管乐团参加"全国首届少年儿童管乐比赛"获优秀奖，参加"广州羊城音乐花会管乐比赛"获一等奖。先后赴澳门参加"穗港澳管乐交流"，赴香港参加"管乐缤纷"演出，赴台湾参加嘉义市国际管乐节专场音乐会，赴日本参加"日中学生管乐吹奏大会"及"亚太地区管乐协会第十二届年会广州国际管乐演奏大会""韩国济州管乐节""亚太地区管乐协会第十三届年会管乐节"演出。

冼妮娜（1939— ）

女音乐史料家。广东番禺人。生于延安。1964年毕业于天津大学无机化系，分配到西北某国防工厂。1977年调浙江图书馆工作，工作之余，从事父亲冼星海的史料、作品搜集研究工作。《冼星海全集》编委，并捐出数十万元稿酬支持编辑工作。撰写有《我的父亲冼星海》《爸爸回来了》等文数十篇。2005年主编出版《黄河大合唱》（含《黄河大合唱》延安手稿和《交响大合唱黄河》莫斯科手稿），应邀参加有关冼星海纪念活动及相关活动，曾赴港、澳、台，并随中国音乐家代表团赴苏联，1998年随江泽民主席去过阿拉木图寻访父亲当年足迹。1999年再访阿拉木图。

相隋柱（1956— ）

民族管乐演奏家。陕西西安人。西安易俗社乐队演奏员、作曲兼指挥。先后毕业于西安文艺战士训班、西安艺术学校、西安音乐学院民乐系、西安广播电视大学作曲系。曾任西安秦腔二团乐队演奏员。作有秦腔现代戏音乐《日本女人关中汉》，秦腔剧音乐《女使臣》《三滴血》《郭秀明》，电视艺术片音乐《铡美案》，笛子独奏《秦风》《春到秦川》，葫芦丝独奏《心赛情思》，巴乌独奏《节日》，分别获全国各种奖项或发表。撰写论文《秦腔现代戏"真与假"音乐创作拾零》《笙音随心入曲来》等。

相西源（1962— ）

作曲家。陕西西安人。1985年由西安音乐学院作曲系毕业，后入上海音乐学院深造，2004年获博士学位。暨南艺术学院常务副院长。撰有论文《20世纪中国交响音乐作品中的主题构造形态研究》《祁连山狂想曲》《感悟中国现代音乐的真谛》。作有《第三交响曲〈宗〉》《回旋曲》，交响组曲《青藏写生》，电视连续剧《废墟的部落》音乐及弦乐四重奏《土风》等。出版《中西乐论》《配器》《相西源交响音乐作品专辑》。

向 彤（1923— ）

音乐文学家。浙江杭县人。1948年始从事部队文艺工作。曾在南京军区歌舞团工作。作有歌剧《芳草心》（合作），合唱套曲《南方有这样一片森林》等。

向 异（1926— ）

作曲家。山西平遥人。1939年参军。1948年开始电影音乐创作，先后为《一定要把淮河修好》《草原上的人们》（均合作），《李双双》《北国江南》《等到满山红叶时》《许茂和他的女儿们》《蓝天鸽哨》等三十余部影片作曲，有《淮河两岸鲜花开》《草原牧歌》《小扁担，三尺三》《满山红叶似彩霞》《竹林小路》等插曲。此外，还写有大合唱、组曲及戏剧、电视剧音乐，并撰写论文数十篇。1962年被聘为上海电影艺术研究所特邀研究员。

向 音（1933— ）

作曲家。陕西子长人。毕业于中央音乐学院作曲系。1946年入延安与陕西省文工团，1958年入西安电影制片厂，1975年调中国广播艺术团任作曲，1985年调中国唱片总公司任总编室主任。主要作品有故事片音乐《生命的火花》《黄河大侠》《大刀王五》等30部，电视片广播剧音乐《毛主席纪念堂》《东方红》等近百部（集），歌剧音乐《丹峰儿女》《丰收之后》等15部（合作）以及播出的音乐、舞蹈、电视等数百件。大型歌舞《边区生产歌》曾获陕西省优秀音乐创作奖。参与音乐创作的电视剧《英雄出山》《欲海情仇》曾获第一届电视剧（片）优秀奖。曾兼任《音像杂志》主编。

向 隅（1912—1968）

作曲家。湖南长沙人。1932年入上海国立音专学习小提琴。1937年到延安，历任鲁艺音乐系教员、研究室主任，东北鲁艺音乐系主任，音工团团长。1949年始任上海音乐学院副院长，中央人民广播电台音乐部主任。中国音协第一、二届常务理事。曾参加歌剧《白毛女》音乐创作并任指挥。作有歌曲《红缨枪》，歌剧音乐《农村曲》，出版有《向隅歌曲选》。

向 政（1932— ）

作曲家。湖北五峰县人。1949年入伍，任部队文工团乐手兼作曲。1958年转业到广西防城县从事文化工作。中国人民大学教育培训中心行管专业结业。曾任县文联主席，县政协委员。五十多年来，创作歌曲三百余首，歌剧音乐6部（含合作），舞蹈音乐十余部及部分器乐曲。歌曲作品有《贫农妈妈热爱子弟兵》《因为我们穿过军装》《北仑河畔唱友谊》《我是京家小哈妹》等。多年来，搜集、整理民歌百余首，并参与《中国民间歌曲集成（广西卷）》的编纂工作。

X

向家驹（1945— ）

作曲家。湖北沙市人。宜昌市歌舞剧团艺术指导。1964年毕业于河北艺术学院。曾担任数十部歌剧、歌舞剧、舞蹈、话剧、电视片的作曲、配器、指挥。百余首作品在全国、省、市发表、获奖。作有歌曲《扬鞭催马跑得欢》《用电工人之歌》《水之歌》《手拉手喜团圆》，舞蹈音乐《招魂》《推磨摇磨》《土家响铃舞》，器乐曲《九龙奔江》等，其中无伴奏合唱《鸦雀子》在第六届中国合唱节上获新作品奖。

向菊瑛（1954— ）

女作曲家。土家族。重庆秀山人。重庆市艺术创作中心（原重庆市文广局创作室）音舞部主任、重庆音协副主席。1980年毕业于四川音乐学院作曲系。少儿歌曲《小背篓》获中宣部第七届"五个一工程"奖、全国第二届"蒲公英"创作金奖、重庆市首届文学艺术奖，歌曲《摆手舞》获中宣部第八届"五个一工程"奖、重庆市第二届文学艺术奖，重庆市"五个一工程"奖，歌曲《青滩的姐儿、叶滩的妹》获中宣部第十届"五个一工程"奖，重庆市"五个一工程"奖特别奖，歌曲《木叶歌》获重庆市"五个一工程"奖，歌曲《把丰收的喜悦跳出来》获全国第九届"群星奖"优秀作品奖。

向钧治（1942— ）

音乐教育家。云南昆明人。1966年毕业于云南艺术学院音乐系作曲专业。1968年入怒江州歌舞团。创作有歌曲《歌声飞出心窝窝》。1975年调云南艺术学校，历任教师、科主任、校长。创作歌曲《没有太阳就没有鲜花》在"全国优秀群众歌曲"评奖中获奖。1991年获"全国职教先进工作者"称号，1999年获"云南省先进工作者"称号。曾任云南省音协副主席、昆明艺术职业学院常务副院长。

向魁生（1933— ）

小提琴演奏家。湖北武汉人。中国电影乐团演奏员。1952年毕业于中南部艺音乐系。曾任总政歌舞团首席小提琴。1976年后在中国电影乐团工作。作有小提琴协奏曲《红娘》及小歌剧《卖椰子的小姑娘》音乐（合作）等。其小提琴业余教学曾获中国音协表彰，中国音协业余音乐考级考官。

向乾坤（1968— ）

钢琴教育家。四川德阳人。西南民族大学艺术学院音乐系副主任。1991年、2001年分别毕业于西南师大音乐系、西南师大音乐学院研究生班。撰有《演奏巴赫作品的几点建议》《五声性调式歌曲的钢琴即兴伴奏》等论文。2004年任成都周广仁钢琴艺术中心专家顾问。指导的钢琴学生曾于2006年获第三届"星星火炬"全国总决赛钢琴专业青年组金奖。本人多次获"优秀指导教师奖""伯乐奖"。

向如玉（1956— ）

女歌唱家。江苏南京人。1980年毕业于南京艺术学院音乐系，后任南京市歌舞团歌队队长。曾参加省、市各种比赛并获奖，其中1982年参加南京市青年演员会演获二等奖，1991年参加江苏省"云仙杯"大赛获二等奖，第四届省音舞节银奖等。1999年在获奖歌剧《不屈的灵魂》中任主角。所教学生在省、市级音乐比赛中获一等奖、银奖及十佳歌手奖等。

向世钟（1940— ）

女钢琴教育家。重庆人。1963年毕业于四川音乐学院钢琴系，同年入贵州大学艺术系任教。1982年任中央民族大学音乐系钢琴教师。撰有《少数民族钢琴教学中的几个问题》，编写钢琴教材《中国作品五十首》等。

向樟年（1928— ）

低音提琴演奏家。山西文水人。1950年始从事音乐工作。曾在山西省歌舞剧院工作。

向万麾（1939— ）

音乐教育家。四川人。1960年毕业于西南师范大学音乐系留校任教，先后任二胡、手风琴教学兼钢琴配奏课。编写《手风琴教材》四册，改编手风琴曲《北京喜讯传边寨》《到敌人后方去》《青春像朵美丽的花》等。出版《通俗手风琴曲集》。为歌曲集《丝路情歌》中的《天山的云》《半个月亮爬上来》等编配钢琴伴奏。1987年参加成都全国首届青年手风琴邀请赛获三等奖。

向延生（1939— ）

音乐史学家。湖南长沙人。生于延安鲁艺，"延生"为毛泽东主席取名。1956年考入沈阳音乐学院附属音乐中学。1965年毕业于中央音乐学院音乐学系音乐史专业。中国艺术研究院音乐研究所研究员。曾参与编写《中国音乐史》《中国音乐辞典》《中国大百科全书·音乐卷》《艺术辞海·音乐卷》。编写《聂耳》画传，负责编辑出版《聂耳全集》。主持"中国音乐陈列室"的重建工作。主编出版《中国近现代音乐家传》（共四卷），撰有音乐研究论文数十篇。曾兼任文化部《新文化史料》副主编。

向阳光（1952— ）

音乐教育家。湖南临湘人。中学高级教师。1973年始从事音乐教育工作。发表音教论文、音乐作品数百篇（首），《论素质教育的基本理念与音乐教育》等8篇论文获湖南省一等奖，《论素质教育中的器乐教学》等2篇论文获"世界学术贡献奖"金奖，《地税之歌》等8首获全国征歌大赛金、银、铜奖。著作有《音乐文化与素质教育》《中国音教十家优秀歌曲专集》，声乐套曲《临湘组歌》（十乐章）等十多部。

向耀楚（1936— ）

作曲家。湖南衡东人。曾任衡东花鼓剧团团长、衡东县文化馆副馆长。长期从事作曲与演奏。曾为《卖猪记》等百余个大、小剧目作曲（部分与人合作），有28个剧、节目参加省级以上会（调）演，其中获全国金奖1个，银奖2个。省级会演一、二等奖10个，三等奖2个，优秀奖3个。

作有戏曲音乐《今又中秋》《喜哥走了桃花运》，歌曲《我爱我的氮肥厂》。发表论文多篇。

向泽沛（1945— ）

　　小提琴演奏家。湖南人。1962年入中央音乐学院附中。1965年到北京平谷县工作，曾任宣传队长。1979年入北京交响乐团任首席兼独奏演员。录有《金奖小提琴独奏曲集》盒带。

向兆年（1959— ）

　　长笛演奏家。山东青岛人。1984年毕业于山东艺术学院，任教于音乐系，副教授。1982年获全国首次长笛比赛青年组三等奖。1990年获山东省直艺术团体青年演奏比赛器乐专业第一名。在任山东省歌舞剧院交响乐团任首席长笛兼独奏演员期间，先后多次与谭利华、张国勇等指挥家合作，演出《长笛协奏曲》《卡门幻想曲》及莫扎特的《D大调协奏曲》《G大调协奏曲》等曲目。

向振龙（1937— ）

　　单簧管教育家。湖北恩施人。国际单簧管协会会员。曾为中国音协单簧管学会常务理事、四川音协管乐专委会主任。1952年入云南省歌舞团。曾在中央乐团进修并参加交响乐队演出两年，1960年四川音乐学院毕业留校任教，先后任管弦系主任、院长助理教授。编著教材五册。论文《论管乐吹奏时的呼吸》获成都市优秀论文二等奖，乐曲《圭山节日》获文化部创作鼓励奖，主持的室内乐课获四川省教学成果二等奖。多次在音乐会上任独奏、重奏、合奏，录制单簧管二、三、四重奏唱片一套。曾赴美国、日本、加拿大讲学。

项　成（1947— ）

　　作曲家。四川南充人。四川省社会音乐研究会理事，苍溪县文化馆音乐干部。自1962年参加群众文化辅导及民间音乐搜集整理工作。1983年起在国家、省级以上二十多家音乐报刊发表大量声乐作品及文章，其中获全国、省级奖二十余件。歌曲《大山的保姆》获全国"当代工人之歌"征歌二等奖，《粮仓卫士》获首届"中国潮金曲"征歌二等奖。

项　飞（1936— ）

　　圆号演奏家。北京人。中国音协圆号学会名誉会长。1949年参加解放军四野南下工作团文工团，任短笛演奏员。1952年赴上海军乐团训练班改学圆号，师从黄贻钧教授，后回京任军乐团管弦乐队及演出队首席圆号。1957年毕业于中央乐团德国圆号专家班。1964年任音乐舞蹈史诗《东方红》管弦乐队第一圆号。1955年先后任教于军乐团、军乐学校、中央民族大学艺术系。1976年起任中国广播交响乐团首席圆号及铜管声部长。曾随团出访欧洲7国。1982年起任中国音协圆号研究小组秘书长、圆号学会会长。1995年应赴日本参加国际圆号协会第27届年会。2000年在北京主持举办国际圆号协会第32届年会及圆号艺术节。

项　婕（1956— ）

　　女歌唱家。浙江温州人。1974年入天津歌舞剧院。1980年入中央音乐学院声乐系进修。后在天津歌剧团工作。曾在歌剧《费加罗的婚礼》中饰演女主角。

项　阳（1956— ）

　　音乐理论家。湖北人。中国艺术研究院音乐研究所副研究员。1991年厦门大学音乐系研究生毕业。曾任山东潍坊昌潍师专艺术系教师。撰有《与中国弓弦乐器相关的几个问题的探讨》《五弦筑研究》《山西"乐户"考述》《中西歌唱发声体系声音形态的比较研究》等文数十篇，译著有《音乐语言的起源》《世界音乐院校》《商代弦乐器及木制乐器》等。

项斯华（1939— ）

　　女古筝演奏家。上海人。1965年毕业于上海音乐学院。曾任新影乐团、上海乐团、中国歌剧舞剧院独奏演员。演奏有移植京剧唱腔音乐《文姬归汉》《卧龙吊孝》《连营寨》。现移居香港。

项涛涛（1958— ）

　　女音乐活动家。北京人。中华民族文化促进会演出部主任。1969至1975年为广州军区战士歌舞团学员，演奏小提琴。参与组织"20世纪华人音乐经典系列活动""吕思清小提琴协奏曲音乐周""中华人民共和国国歌纪念音乐会""琵琶行—章红艳巡迴音乐会"等多类文艺演出活动。

项信恩（1934— ）

　　女钢琴教育家。浙江宁波人。1955年毕业于上海音乐学院钢琴系，后留校任教。曾举办独奏音乐会。1984年在法国蒂博小提琴国际比赛中任伴奏。

项绪文（1965— ）

　　男高音歌唱家。山东淄博人。先后毕业于福建集美师范大学音乐系、解放军艺术学院声乐系。南京军区前线文工团歌队演员。应邀在"傅庚辰作品音乐会""解放军艺术学院建院35周年优秀学生音乐会"上演出。先后获全国首届艺术歌曲大赛，文化部全国新人新作比赛，第七、八届中央电视台青歌赛，南京军区第二届"东线银屏杯"歌手大赛荧屏奖等奖项。出版《泡桐花影》CD等音像制品。

项祖华（1934— ）

　　扬琴演奏家、作曲家。中国音乐学院教授、国际扬琴学会副主席、中国扬琴学会会长、中国民族管弦乐学会常务理事、北京音协理事。先后就职于上海民族乐团，上海、中央、中国三所音乐学院。作品有扬琴套曲《国魂篇》（"屈原祭江""林冲夜奔"等4首，扬琴协奏曲《海峡音诗》，扬琴组曲《芳季篇》4首，独奏曲《竹林涌翠》《丝路掠影》《神山圣水》等。专著《扬琴弹奏技艺》获高校教学成果一等奖。专著有《项祖华扬琴作品集》《项祖华扬琴教程VCD》《全国扬琴考级曲集》等。被文化部授予音乐教育优秀奖、民乐艺术终身贡献奖。

项祖英（1926—1999）

二胡演奏家、教育家。江苏苏州人。1949年毕业于苏州东吴大学法律系。1956年入上海民族乐团任乐队首席。曾为上海音乐学院教授，中国民族管弦乐学会理事。曾随中国艺术团赴苏联、罗马尼亚、德国、波兰等国演出。1960年参加首届"上海之春"艺术节任二胡独奏。1986年应邀赴香港讲学并举办二胡独奏音乐会。1990年获上海市颁发的"优秀园丁奖"。1993年在上海举办"项祖英教授从艺五十五年系列展演"。撰有《对〈二泉映月〉的理解与演奏处理》《陆修棠及其二胡艺术》等文。编创《阳关三叠》等二胡曲。出版有《项祖英二胡独奏专辑》《古典名曲》《山村变了样》等唱片、盒带。编著《怎样拉好二胡》《二胡基训教材》。

萧　冰（1949—　）

词曲作家。福建福州人。毕业于福建师范大学。历任县剧团编剧、文化馆长、旅游局长、华中师大网络教育学院福州分院副院长。发表作品二百余件，多次在全国、省级竞赛中获金、银、铜奖，其中《小鹂鸪》在中央电视台《每周一歌》播出，《太阳》《璀璨的金星》在中央电台展播。创作的剧本《女大当家》《归雁情》《魂归金瓯》《龙女怨》等均上演。剧本《彩莲闹婚》获省戏曲汇演作品二等奖。

萧　寒（1931—　）

音乐教育家、作曲家。山东人。1945年从事部队文艺工作。新中国成立后考入南京师范大学音乐系，师从陈洪学习理论作曲。曾任德州师专艺术系主任、教授。编有《应用和声教程》《和声复调》《中西音乐史及音乐名著》《合唱指挥》等高师音乐理论教材。作有歌曲《唱家乡》《战海河》《唱大戏》，二胡协奏曲《人民怀念毛泽东》，交响音画《抗日烽火》。发表音乐论文数十篇，《变声辨》《旋宫之法》《音乐教育师范化探索》获省级科研成果、教学成果奖。

萧　黄（1926—　）

作曲家、编辑家。浙江乐清人。曾任《上海歌声》编委、上海《吉他之友》副主编、上海文艺出版社音乐舞蹈读物编辑室副主任，编审。作品有交响乐《辽阔的草原》，儿童钢琴曲《美丽的山村》，小提琴独奏曲《陕北民歌主题变奏曲》，大提琴独奏曲《月夜》及《六盘山》《黄浦江之夜》《新春圆舞曲》，儿童歌曲《我爱布谷鸟》《小花猫》等声乐作品二百余首。参与编撰《文艺鉴赏大成》音乐条目。

萧　冷（1930—　）

作曲家。吉林人。1947年参加东北鲁艺三团。1961年毕业于上海音乐学院作曲系，后在中央民族学院艺术系任教。1978年调中国歌剧舞剧院任专职作曲。作有男声四重唱《敬爱的周总理我们从心底里把你怀念》，歌曲《天山驼铃传深情》《采菱船歌》《海岛之夜》《明月几时有》《帆》《望月》《别忘了我的歌》《云南的云》等。钢琴组曲《民族风俗集》《钢琴曲四首》《单簧管小曲二首》

《舞曲三首》（管弦乐曲），管弦乐组曲《边陲风情》第一乐章"欢庆藏历年"，获"黑龙杯"管弦乐作曲奖。撰写有音乐评论百余篇。

萧　莉（1939—　）

女歌唱家。河南封邱人。1958年考入西安音乐学院附中学习声乐，后升入本科继续学习至1966年毕业。1967年分配到中国电影乐团任声乐演员，曾担任组长。合唱队组建后任女高音声部长。在校期间曾担任音乐会中的独唱。1964年代表西安音乐学院参加西北地区文艺汇演，1965年参加中央慰问团赴新疆演出，均担任独唱。曾参加多部影片的录音工作。

萧常纬（1934—　）

女音乐教育家。湖南常德人。四川音乐学院音乐学系副教授。1956年毕业于西南师范学院音乐系，后留校任教。从事中国民族音乐理论教学和研究，发表四川汉族、羌族、白马藏族民歌和曲艺论文多篇。编著、出版《中、小学音乐基础知识》（合著），《中国民族音乐概述》教材。参加《中国民间音乐集成·四川卷》编辑工作，为该卷撰写《四川民间歌曲概述》，获1997年文化部颁发的文艺集成志书编纂成果奖。

萧济众（1937—　）

音乐教育家。河北威业人。曾任山东济南师范学校艺术教研组长。1954年毕业于济南师范学校，留校任教。1958年毕业于山东师范大学艺术系。曾赴美国芝加哥学习音乐，后回母校任教。编写《手风琴十课》《手风琴教程》上下册，编曲《欢乐的草原》由济师附小演奏获济南市一等奖。培养多名学生获省市奖。

萧世同（1951—　）

双管、唢呐演奏家。辽宁沈阳人。北京歌舞团独奏演员。曾就读于国防科委文工团中专学员班。1971年起先后任广州军区战士歌舞团、国防科委文工团管子、唢呐独奏演员及黑管首席。演奏的作品有唢呐独奏《发射场之夜》《鱼卧浪》《东北秧歌》，单簧管独奏《千乘佛》《海青歌》等。录音出版有《江河水》《关山月》《河北梆子》《抬花轿》《唢呐咔戏集锦》。曾赴巴黎、华盛顿肯尼迪艺术中心、旧金山、纽约演出，并参加中央电视台元宵文艺晚会等均担任独奏。

萧淑娴（1905—1991）

女音乐教育家。广东中山人。1928年毕业于北京国立女子大学音乐系。1934年毕业于比利时布鲁塞尔皇家音乐学院。1935年回国执教于上海音专。1936年后赴瑞士定居。1941年创作管弦乐组曲《怀念祖国》，成为最早在欧洲乐坛上演出的中国作曲家的管弦乐作品之一，并多次应邀在日内瓦音乐学院讲学。1950年回国任中央音乐学院（天津）作曲教授。中国音协第三届理事。1984至1985年，应邀赴美国伯克利加州大学、洛杉矶州立加州大学讲学。1990年由中央音院举办"萧淑娴教授作品音乐会"。译著有歌剧《卡门》及《巴托克的曲式与和声》《对位法概要》。

萧天静（1936— ）

女大提琴演奏家。湖北人。1949年9月参加解放军战斗剧社少艺队学习小提琴。1952年调西北军区政治部文工团改学大提琴。1955年任兰州军区战斗歌舞团乐队低音声部长及独奏演员。1978年调到西北民族学院艺术系任大提琴教师，副教授。80年代初编撰《大提琴音阶练习》及《西北民族大提琴独奏曲集》等教材，并发表学术论文十余篇。1993年在北京参加全国第二届大提琴比赛获荣誉奖及重奏成年组表演奖。

萧义璞（1942— ）

作曲家。山东烟台人。第四届济南市音协顾问。1960年入济南市歌舞剧团。1985年毕业于上海音乐学院作曲专业。历任第三届山东音协理事、济南市音协副主席。作有《母亲的歌》获全国"八十年代新一辈"征歌优秀歌曲奖，笙独奏曲《骑竹马》获全国第三届音乐作品三等奖，歌剧《闪光的心灵》获全国少儿剧创作奖，琵琶协奏曲《静夜思》获第五届羊城音乐花会二等奖。曾为全国首届城运会大型团体操《龙腾虎跃》作曲。三弦独奏《远眺》、笙独奏《静夜思》、丝弦乐重奏《梅花吟》、吹打乐《普天同庆》演出于维也纳金色大厅。

晓城（1952— ）

歌词作家。山西文水人。1978年由黑龙江生产建设兵团调回北京。北京都市歌舞团创作员。作有《故乡情》《月牙弯弯》《柯达怀之歌》《雨中行》及电视连续剧《宰相刘罗锅》主题歌及其插曲等。

晓丹（1949— ）

作曲家、编辑家。江苏镇江人。《音乐生活》杂志社总编辑、编审。中国音协发展委员会委员、中国儿童音乐学会副会长、辽宁省音协副主席、辽宁省关心下一代高级专家组副主任。作有《我们美丽的祖国》《采一束鲜花》《哪吒闹海》《快乐阳光》等歌曲。部分作品被选为国家中小学音乐教材，并被译成英、日、韩、蒙等国文字介绍到国外。1990年文化部少儿司等五单位联合举办了"晓丹少儿声乐专场音乐会"及作品研讨会。出版歌曲选集《唱在朝霞里》《晓丹歌曲选》，主编中国首部《学生音乐辞典》，《中国少年儿童歌唱标准考级教材》。曾出访日本、乌克兰、俄罗斯、韩国、美国、蒙古等国，并举办个人音乐会。

晓河（1918— ）

作曲家。江西上饶人。1938年参加抗日救亡运动，1940年参加新四军。抗日军政大学第八分校毕业。曾任解放军艺术学院教务长等职。1958年参加中国音乐家代表团访问苏联。1965年参加文艺界代表团访问越南。第三、四届中国音协理事。作有《瞎老妈》《白河浪》《活捉王耀武》《牛大巴》等大、小歌剧音乐四部。歌曲作品有《进击歌》《四旅进行曲》《山是我们开》《唱功劳》《勘探队之歌》《三杯美酒敬亲人》《伟大的国家伟大的党》

《几内亚比绍共和国国歌》《佛得角共和国国歌》《一定要把胜利的旗帜插到台湾》等。发表有《音乐创作的群众化问题》等音乐评论五十余篇。出版有《唱功劳》组歌，《晓河歌曲选》《三杯美酒敬亲人》歌曲选，《希望之歌》歌集及《在我的大学里》音乐论文集。曾获首届中国音乐"金钟奖"终身成就奖。

晓笛（1927—已故）

女歌唱家。河北山海关人。1944年在冀热辽尖兵剧社任演员、分队长，冀察热辽军区文工团女生队长。后任哈尔滨东北音乐工作团、沈阳鲁迅艺术学院音乐工作团演员。新中国成立后任天津音乐学院音乐工作团演员，解放军一三四师文工队、一三五师文化科演员、副队长。1953年任沈阳军区前进歌舞团合唱队长。1958年毕业于沈阳音乐学院声乐系。1959年任西安歌舞团声乐教员，西安文化艺术学校教务处主任。1961年任中央民族乐团合唱队长，声乐教研组组长。

晓其（1946— ）

作曲家。天津宁河人。浙江省音协主席、《中小学音乐教育》杂志名誉主编，中国音协第五、六届理事、中国音协教育委员会委员。1959年考入天津音乐学院附中，1985年毕业于天津音乐学院作曲系。曾任唐山市歌舞团作曲，1988年调入浙江省音协。作有民族管弦乐《秦山之光》，交响乐《元·源·圆》，交响诗画《钱塘江》，歌曲《问江南》《巴黎归来》《祝你幸福》《听我唱支抒情的歌》等数百首（部）。有多首（部）作品获奖，其中歌曲《四季平安》获全国"生命之歌"大赛金奖。主编《周大风教育文集》。出版《晓其歌曲选集》《晓其艺术歌曲15首》及浙江省青年歌唱家系列CD八辑（担任策划、音乐总监），举办个人作品音乐会，由上海交响乐团演奏。

晓星（1923—2006）

歌词作家、音乐理论家。浙江宁波人。1941年参加新四军，1943年毕业于抗日军政大学。1958年毕业于北京师范大学中文系研究生班。历任新四军军部文化教员，东北民主联盟总政文工团干部，总政《自卫报》战地记者，鲁迅文学院教师，中国音乐研究所副研究员、研究室主任，《歌曲》副主编，《词刊》主编，《中国民间歌曲集成》全国编委、特约编审，《中华诗词》学会理事。1946年始发表作品。著有《中国歌诗发展记略》《晓星词曲论集》《清浅居歌吟》。主编有《河曲民间歌曲调查研究专辑》《鄂尔多斯民间歌曲选》等专集。其作品《钢铁部队进行曲》被中央军委定为38军军歌，歌曲《歌唱科学的春天》获西藏自治区优秀创作奖。

晓影（1935— ）

作曲家。江西安义人。1959年毕业于湖北艺术学院，分配在广西歌舞团任专业音乐创作，1985年调广西艺术创作中心。有多件作品获国家级、省级奖。作有歌剧音乐《马樱花》，舞蹈音乐《北海女民兵》、瑶族《长鼓舞》、侗族《坐衣》、壮族《绣球梦》《桃》，二胡独奏曲《壮山抒情曲》，歌曲《甜甜的乡情》《歌唱家乡》

《千歌万曲歌唱毛主席》，大合唱《西山红火》等。1991年创办音乐杂志《歌海》，历任副主编、主编。

孝兴阿（1928— ）

作曲家。蒙古族。内蒙古哲里木盟人。1946年始从事部队文艺工作，曾任内蒙古军区文工团团长。作有歌曲《可爱的祖国》《莎日纳花》，组歌《内蒙古人民子弟兵》。

肖 斌（1956— ）

歌唱家。江西泰和人。江西省第七、八届政协委员，省音协常务理事。1981年、1984年相继入中央民族学院艺术系、中国音乐学院进修声乐专业。1980年入吉安地区歌舞团担任合唱、领唱、二重唱、独唱，并任声乐指导、歌舞团团长。在大型歌剧《大海作证》中饰演重要角色。曾获首届华东六省一市民歌比赛专业组二等奖、第二届全国青年歌手电视大奖赛专业组民族唱法荧屏奖、江西音乐舞蹈艺术节演唱一等奖。多次受邀在江西省电台、电视台演出声乐节目。

肖 兵（1967— ）

小提琴演奏家。湖南长沙人。1987年毕业于西北民族学院音乐系。宁夏歌舞团小提琴独奏演员，宁夏音协提琴学会会长。1989年以来，多次参加在西安举办的中国艺术节《西夏土风》，黄河艺术节《黄土情》以及西北音乐周、丝绸之路艺术节等大型演出。1992年任宁夏歌舞团乐队副首席。2003年为央视"心连心"艺术团赴宁夏演出的百名儿童小提琴演奏任指导教师。成功举办三届全区小提琴、大提琴比赛及夏令营活动。

肖 炳（1938—已故）

秦腔作曲家。陕西合阳人。1965年入中国音乐学院作曲系进修。原在陕西省戏曲研究院从事音乐创作与研究。担任秦腔《谢瑶环》《祝福》音乐设计。著有《秦腔音乐唱板浅释》。

肖 珩（1931—已故）

作曲家。山东牟平人。1946年始从事部队音乐工作。1957年毕业于中央音乐学院作曲系。1963年入上海电影制片厂，作有电影音乐《年青的一代》《苦菜花》《大刀记》《红日》（合作）。

肖 红（1958— ）

女音乐教育家。河南西平人。天津市第一中学音乐教师。1955年毕业于天津音乐学院音乐教育系。撰有《高中艺术课改革初探》《走进音乐与联想创造思维的开启》等文，其中《高中音乐欣赏培养创造能力的探索》获天津市普通高中新课程试验论文二等奖。曾获1997至1998年度天津市中青年教师市级双优一等奖。

肖 纪（1927—已故）

作曲家。山西永和人。曾任江西省抚州军分区政治部副主任。1952、1963年分别毕业于中央团校、北京政治学院。1939、1942年分别在吕梁剧社、120师战斗剧社进行歌

曲创作，担任指挥。发表音乐作品多首（部），部分收入各种歌集。曾为歌剧《这不是回家的时候》《新旧光景》《叫他们快回来》，歌舞剧《生产歌舞》等作曲。1945年为王翠词《自从来了八路军》谱曲，由120师战斗剧社演唱。《老干部工作者之歌》被省军区政治部选为各干休所学唱歌曲。1992年出版《祖国的春天—肖纪歌曲选》100首。

肖 军（1958— ）

钢琴教育家。黑龙江人。新疆阿克苏艺校副校长，新疆音协钢琴学会副主席。1980年毕业于新疆师大中专部钢琴专业后入阿克苏艺校担任钢琴教学。1992年毕业于新疆师大钢琴专业。1999年起相继获西北五省钢琴比赛优秀园丁奖、"星海杯"新疆少儿钢琴比赛指导教师奖、"中雅之声"新疆钢琴电视大奖赛优秀指导教师奖等。有3篇专业论文获国家级论文评选一等奖。所教学生曾获西北五省钢琴比赛三等奖、优秀奖与"星海杯"新疆少儿钢琴比赛一等奖、三等奖、第八届"星海杯"全国少儿钢琴比赛优秀选手奖。

肖 克（1956— ）

男中音歌唱家。河北石家庄人。1977年毕业于沈阳音乐学院，曾入昭乌达盟文工团、赤峰市民族歌舞团声乐队，在民族歌舞剧院任声乐艺术指导，2000年任大连艺术学院音乐系主任。演唱《草原红牛》《久别的朋友》在中央电台、电视台播出。演唱其作词、作曲的歌曲《大草原我的母亲》在内蒙电视台播出。演唱《内蒙古礼赞》《草原魂》分别获自治区及赤峰市声乐比赛三等奖、一等奖。撰有《声乐教学中歌唱心理的培养》（合作）等文。

肖 玫（1962— ）

女高音歌唱家。侗族。贵州人。1984年毕业于中央民族学院音乐舞蹈系、留校任教。1985年获全国少数民族声乐比赛"金凤奖"。1986年获第二届全国青年歌手电视大奖赛"优秀歌手奖"。

肖 梅（1956— ）

女民族音乐学家。江苏人。1982、1987年先后毕业于福建师大音乐系、中国音乐学院音乐学系。任中国艺术研究院音乐研究所陈列室主任。撰有论文《亡乎、生乎——析戏曲及传统艺术》《民族性、传统、文化》。著有《世纪的梦》《音乐文化人类学》（合作），1995年两次参与《中华乐舞——纳西专题集》摄制组实地拍摄。1999年担任中国国际广播电台"民歌涵海"节目主持人和撰稿人，其撰稿节目多次获奖。

肖 民（1927— ）

作曲家。山东单县人。1939年始从事部队文艺工作。1956年入上海音乐学院理论作曲系进修。曾任广州军区文工团总团副团长，广州军区政治部创作组副组长，中国音协第四届理事，音协广东分会第二、三届副主席。作有歌曲《人民军队忠于党》《井冈山上采杨梅》《火把节之夜》，大合唱《万山红遍》，舞剧音乐《菊花传》等。

肖 敏（1940— ）

女声乐教育家。湖北武汉人。1962年毕业于湖北艺术学院声乐系。原任中央戏剧学院表演系声乐教员。改编民歌《懒姑娘》《胜利歌》。

肖 鸣（1958— ）

指挥家。湖南长沙人。湖南省歌舞剧院副院长，湖南省交响乐团团长，湖南音乐家协会理事。先后毕业于上海音乐学院管弦系小提琴专业、中央音乐学院指挥系。1988年在日本桐棚学园冈部守弘指挥大师班学习，同年在北京音乐厅举办个人专场音乐会，成功指挥中国广播交响乐团。1995年赴美国指挥美国华盛顿一安德尼交响乐团演出。2000年获湖南省"德艺双馨"艺术家称号。2003年9月得到江泽民主席的亲切接见。

肖 铭（1936— ）

钢琴教育家。广东中山人。1959年毕业于上海音乐学院钢琴系，后留校任教。1984年曾任日本钢琴全国比赛评委。

肖 萍（1963— ）

女高音歌唱家。四川中江人。1982年就读于四川音乐学院师范系，后进修于上海音乐学院声乐系、毕业于四川音乐学院成教系。1985年四川绵阳师范任教，1994年始入绵阳师范学院音乐系，副教授。撰有《高等师范声乐教学小议》《声乐发声训练》《关于艺术美的思考》等文。演唱曲目有《踏青》《你悄悄离去》《三月雨》《我是会唱歌的幸福鸟》等。在第四届"蓉城之秋"音乐会合唱的《荡秋千》等两首歌曲获二等奖，1992年西南五省"长航杯"大赛获美声唱法一等奖。1995年被评为绵阳市有突出贡献的中青年科技拔尖人才。绵阳市政协委员。

肖 晴（1919— ）

女戏曲声乐理论家。贵州贵阳人。1946年毕业于国立音乐院声乐系。中国戏曲研究所副研究员。撰有《民族声乐的教学方法》《唱工讲话》《程砚秋演唱艺术特色及成就》等。

肖 文（1942— ）

词曲作家。湖北荆门人。原湖北荆门市群艺馆编导、副主编，研究馆员。1962年毕业于青岛新声音乐学校理论作曲专业。作有歌词《赶集》《有一位美丽的姑娘》，歌曲《敬你一杯金龙泉》《星星亮晶晶》等。其中歌曲《爱的旋律》获湖北省"腾飞杯"创作一等奖，《赖向桥畔的传说》获中国广播电视学会一等奖。多次组织、辅导群众音乐文化活动。

肖 炎（1933— ）

指挥家。江苏人。1959年在上海音乐学院指挥系进修。1945年参加新安旅行团任演员，1952年起历任华东歌舞剧团乐队队长、上海歌剧院歌剧团副团长、歌舞团团长、上海歌剧院院长。曾随上海杂技艺术团访问非洲任艺术指导、指挥，随上海舞剧团出访朝鲜，指挥舞剧《小刀会》《宝莲灯》，随上海芭蕾舞团出访法国、加拿大。1984年指挥大型舞蹈《椰林怒火》。

肖 燕（1962— ）

女琵琶演奏家、作曲家。安徽合肥人。1981年毕业于安徽艺术学校。合肥市音乐舞蹈家协会秘书长。作曲并演奏的琵琶独奏曲《巢湖泛舟》获第九届"群星奖"全国铜奖及省市一等奖。歌曲《公交职工之歌》获全国征歌比赛优秀奖。《十六岁绿橄榄》等4首歌曲结集出版。曾随合肥市人民政府访日团交流演出，策划组织"辉煌的历程"大型广场演出等十余次重大社会文化活动。发表《地方音乐应如何走向当今社会》等多篇论文。2004年获合肥市专业技术拔尖人才称号。

肖 燕（1977— ）

女高音歌唱家。壮族。湖南邵阳人。中国歌舞团独唱演员。2003年毕业于中国音乐学院，师从金铁霖教授。曾任广西艺校教师。1998年获西南六省青年歌手电视大奖赛银奖，2000年获第九届青年歌手电视大奖赛民族唱法优秀奖。拍摄《您辛苦了》《美丽的广西》《龙眷》《在乎你》等音乐电视作品。作有歌曲《爱是不能忘记的》《爱情超出服务区》。

肖 扬（1922—1989）

声乐教育家。湖南湘乡人。1940年入国立戏剧专科学校乐剧科。1945年始从事声乐教学及演唱。曾在青海师范大学任教。曾任省音协教委会合唱指挥学会理事。作有歌曲《高射炮兵之歌》《巴塘打菁稞》《阿姐》。

肖 远（1920— ）

女作曲家。浙江杭州人。中国音协第四届理事。1936年考入浙江省立湘湖师范学习音乐，1942年考入国立福建音专主攻钢琴。1945年进入山东解放区，创作大量儿童歌曲及两部歌舞剧。1949年参加上海音专组建工作。1953年参与组建中央新闻纪录电影制片厂电影音乐创作科，曾任音乐创作室主任。1980年初借调文化部电影局，组建中国电影音乐学会，任秘书长、副会长、顾问。曾发表《新闻纪录电影艺术结构及其民族风格》《当前电影音乐中存在的问题》等文。创作有《劳动万岁》《欢庆十年》等纪录片音乐。1986年任《中国电影艺术词典》编委及音乐学科副主编。

肖白墉（1941— ）

二胡演奏家。广东潮阳人。1959年任浙江越剧团演奏员。曾任上海民族乐团乐队首席及独奏演员。1963年获"上海之春"二胡比赛二等奖。曾举行个人独奏音乐会。

肖保证（1956— ）

音乐活动家。河南人。洛阳市群众艺术馆副研究馆员，艺术辅导部主任。曾在新安县文工团、洛阳地区曲剧团任首席小提琴。1979年起先后任洛阳戏校音乐教师，洛阳地区群众艺术馆、市群众艺术馆音乐专干。其音乐作品曾获中国七大古都优秀节目奖、河南省作曲金奖、省辅导一等奖、省个人组织一等奖。多篇音乐论文发表或交流，曾获省论文一等奖、群文科研成果奖。

肖晨光（1963— ）

唢呐演奏家。广东大埔人。广东歌舞剧院民族乐团副团长。1983年毕业于广州音乐学院附中，1987年毕业于广州星海音乐学院并获学士学位。同年分配至广东歌舞剧院民族乐团。熟练地掌握南北不同的演奏风格，尤其是对广东三大乐种的演奏颇有心得。曾出版发行了多种形式的音像制品。曾出访过日本、韩国、葡萄牙、波兰、香港、澳门等国家和地区。

肖翠琪（1944— ）

女钢琴演奏家。广东梅县人。1967年毕业于天津音乐学院钢琴系，师从郭汀石。曾任河北石家庄文工团演奏员。1974年入北京木偶艺术团任演奏员，后任中国木偶艺术剧团演奏员。曾在中央音乐学院指挥系兼任钢琴伴奏，为大量儿童歌曲编配伴奏。培养一批钢琴及电子琴人才。

肖而侠（1921—1983）

音乐理论家。江西萍乡人。1942年入福建音专，后在广西、江西等地从事音乐教育。1951年调中国音协任《歌曲》杂志编辑。1961年入人民音乐出版社任理论编辑。编辑有《豫剧唱腔音乐概论》等戏曲音乐研究丛书。

肖福熙（1942— ）

女高音歌唱家。贵州贵阳人。曾任贵州省歌舞团合唱队长，贵州音协理事暨表演艺术委员会委员。1958至1965年先后就读于四川音乐学院附中、声乐系，曾获院声乐比赛二等奖，1965年毕业后任贵州省歌舞团演员。曾在交响音乐《沙家浜》，舞剧《白毛女》中任独唱、领唱，在歌剧《杜鹃山》《洪湖赤卫队》《江姐》《货郎与小姐》中任主角并多次在省市声乐比赛中获奖。

肖桂珍（1944— ）

女音乐活动家。辽宁大连人。1968年毕业于沈阳音乐学院声乐系，同年入沈阳军区前进歌舞团，1983年入沈阳市文联音协，后任市文联协会工作部主任。曾组织全国《当代工人》征歌活动、沈阳市"市歌"征集活动、举办《太阳，你好》创作笔会和专题电视音乐晚会以及《勿忘国耻，振兴中华》万人合唱等音乐活动。编辑《百歌送中华》《沈阳之歌》等歌曲集。

肖翰芝（1931— ）

女声乐教育家。江西赣县人。1952年毕业于南京大学师范学院音乐系。原江苏省文艺研究所研究员。从事民族声乐与西洋声乐比较研究及戏曲声乐教学。

肖鸿鸣（1949— ）

音乐教育家。广东兴宁人。福建三明学院艺术系副教授。1982年毕业于福建师大艺术系音乐专业。曾任三明师范学校及高等专科学校音乐教师。发表《舒伯特艺术歌曲的情感特征》《试论声乐艺术中的几个关系》《声乐表演

的二度创造——谈歌曲演唱的创作方法》等文。多年来组织策划文艺演出及艺术实践二百余场。指导训练学生管乐队、合唱队数百人，为高等艺术院校培养输送众多人才。

肖吉木（1949— ）

歌唱家。山东德州人。山东德州市歌舞团男高音歌唱演员、副团长。在山东省音乐舞蹈曲艺会演中所独唱的《黄河水流到俺村来》《枣乡八月铺锦绣》分获一等奖，在山东省第六、七届艺术节中独唱的《大山东》《甜美的乡音》分获一、二等奖。在全国民歌会演中，演出的对唱《裁单裤》由中央电台播放。先后在全国、省市电台、电视台录音、录像二百余首歌曲。

肖继根（1944— ）

作曲家、音乐活动家。江西人。1964至1986年在部队任新闻干部、文化科长。转业后任景德镇市歌舞团书记兼团长、景德镇市音协主席。主持、策划了三十余台歌舞晚会并在省内外公演。创作了四十余首声乐作品，其中二十余件首获省级以上奖励，有十余篇论文及30件文艺作品在报刊发表。1999组织策划并参与瓷系列乐器研制获得成功，组织并参加瓷乐队担任瓷箫演奏。曾赴日本、新加坡、韩国、香港、澳门等地演出。

肖家驹（1909—已故）

音乐活动家。贵州贵阳人。1928—1934年就读于北京大学史学系。长期从事音乐教育工作。新中国成立后在贵州省文化局、省文联工作。曾任音协贵州分会副主席、省政协委员。编辑有《侗族大歌》《侗族民歌》。

肖家禄（1945— ）

作曲家、音乐活动家。重庆梁平人。1964年入伍后曾学习扬琴和作曲，担任演奏和创作任务。曾任武警总部文化部副部长。长期从事部队音乐（文化）活动的组织领导工作。参与创办《武警歌声》杂志，组建武警部队各级文工团和军乐队，多次率团赴朝鲜等国访问演出。先后创作歌曲百余首，其中《寄给妈妈的日记》《让青春的歌声伴随着你》等多首作品获全军及全国奖项。

肖嘉喜（1955— ）

双簧管演奏家。天津人。1973年入海军南海舰队文工团。1979年毕业于上海音乐学院双簧管专业，后回南海舰队文工团，任乐队队长。1984年转业到天津歌舞剧院，1985年入天津交响乐团，先后任双簧管、英国管演奏员、乐队队长、业务团长、团长。天津音协副主席、天津爱乐协会会长、中国管乐协会理事。

肖建涛（1954— ）

女小提琴演奏家。湖南人。河南平顶山市音协副主席，平顶山市群艺馆音舞部主任、副研究馆员。1971年任平顶山市文工团小提琴演奏员。1982年后长期从事小提琴演奏与教学、合唱钢琴伴奏和群众文化工作。创作歌曲多首，其中《读你》获河南省委宣传部"五个一工程"奖，《唱给黄河母亲》获全国"祝福新世纪"歌词一等奖。曾

获全国首届"蒲公英奖"银奖、河南省第二届"蒲公英奖"金奖及河南省第七届音舞大赛辅导金奖。

肖剑声（1928— ）

三弦演奏家、教育家。湖南洞口人。中国音乐学院教授。1952年毕业于中南部队艺术学院，后任艺术剧院音工队、中南军区文工团歌剧团及总政文工团歌剧团演奏员，1964年始任中国音乐学院器乐系三弦教师。对三弦的传统作过较系统的研究，对各种演奏方法进行综合整理，以发展三弦的新技法提高表现力。收集、整理一批珍贵的三弦传统乐曲，并创作、改编一批三弦独奏曲。出版有《肖剑声三弦曲集》《三弦乐曲选集》（合编），《三弦基础教程》。改革设计的"80型大三弦"和"86型高音三弦"获文化部科技成果奖，被海内外三弦演奏家广为采用。

肖鉴铮（1936— ）

音乐理论家。江西南昌人。1951年始从事部队文化工作。1961年毕业于重庆市中学师资班，后任文化馆音乐辅导老师、九江市第十届政协委员、九江县戏研室干部。撰有《论对称与黄金分割》获省社科优秀成果三等奖，《营造优良的音教软环境》获全国音教论文大赛三等奖，《谈三分损益》获全国音乐知识短文比赛金奖，《培养兴趣比传授知识更重要》获全国中小学素质教育优良论文评选一等奖。2007年《肖鉴铮音乐文选》由中国文联出版社出版。

肖金声（1966— ）

歌唱家。吉林舒兰人。1988年入吉林市安装公司文艺宣传队任干事。1989年毕业于吉林师范学院艺术系。1992年入北京武警总队军乐团。1995年入中国歌舞团。在各类音乐会中担任独唱、重唱、领唱。曾获吉林省第二届业余歌手大赛美声唱法二等奖、中华赛歌会全国总决赛金奖及全国新人新作比赛民族组演唱三等奖。

肖经昌（1935—1988）

长号演奏家。生于印尼日惹城，祖籍广东。1953年始从事部队文艺工作，后在武汉军区文工团任演奏员。1962年获全军军乐会演"优秀演奏员奖"。

肖黎声（1945— ）

声乐教育家。山西人。1975年毕业于内蒙古师范学院艺术系声乐专业后留校任教，后任音乐系副主任、副教授。培养了大批优秀声乐学生，有多人在各级声乐大赛中获奖。发表科研论文《中、小学音乐教学与辅导》《歌唱嗓音的结构特征研究》等多篇，并获内蒙师范大学优秀教学成果二等奖、优秀科研成果三等奖。

肖立鸾（1929— ）

女音乐教育家。江苏南京人。1952年毕业于南京大学音乐系。历任南京第九中学音乐教员，西安航空学院音乐指导，西安音专、西安艺术学院副教授。曾参与编写《风琴教材》《陕西省中小学音乐教师参考用书》风琴部分。

肖联珠（1946— ）

音乐编辑家。山东聊城人。太原市音协主席。南京中山文学院客座教授。毕业于山西大学艺术系音乐专业，长期从事编辑和业余音乐创作。先后担任太原电台文艺部主任、副台长，太原有线电视台副台长，太原广播电视局副局长兼太原电台台长。山西省音协理事、常务理事、社会音乐活动委员会副主任。发表词、曲作品二百余首及诗歌、散文、小说、戏曲多部。出版歌词专集《夏夜微风》。

肖梅英（1940— ）

女音乐教育家。广东梅县人。1963年毕业于广州音专声乐系，在湛垦文工团任歌剧演员、声乐教师。后从事音乐教育工作，1982年训练广铁二中合唱队参加省、市比赛获第一名，代表省参加全国比赛获二等奖，曾九次获省、市比赛一等奖。为上海、星海音乐学院及专业文艺团体输送多名声乐人才。1986年以来，被评为省特级优秀教师、铁道部中青年有突出贡献专家、全国优秀知识分子。曾任市音乐教研会副主席、省音协理事。

肖铭炎（1935— ）

男高音歌唱家。安徽安庆人。1953年参加中央歌舞团合唱队。1955年毕业于该团学员班。后任中央乐团合唱队长。1955年参加男声小合唱，演唱《川江号子》获第五届世界青年联欢节"金质奖"。曾任《黄河大合唱》领唱。

肖前勇（1942— ）

二胡教育家。四川人。中国二胡学会理事。先后毕业于四川音乐学院和上海音乐学院民乐进修班。从教以来，培养专业音乐人才近百人。曾发表歌词及民乐独奏曲二十余首，音乐、电影、电视评论百余篇，音乐人物评传、音乐学术论文多篇。出版有《二胡名曲赏析》（合作）及《二胡入门基础教程》。研创了"叠加S形动作""两手反向对应"和"呼吸调节"运弓法。

肖善艺（1929— ）

作曲家。河南人。武汉歌舞剧院创作组长，武汉音协顾问。作品有轻音乐曲《欢乐的神农架》，民族器乐合奏《秋思》《黄麻起义》，小提琴协奏曲《向警予》，管弦乐《祖国交响诗》《长虹之歌》分别获全国轻音乐创作二等奖，第二届全国民族管弦乐曲展播作品奖、武汉市创作一等奖，武汉市优秀创作一等奖，1987年作曲的电视连续剧《动物王国窃案》获全国大众电视"金鹰奖"。

肖世军（1953—2008）

歌词作家。河北冀县人。河北省歌舞剧院原创作员。以晚笛笔名发表词作二百余首，其中作词歌曲《还是一个年轻人》《责任田四季歌》《春天哪去找》《酱菜厂的姑娘》《深山筑路歌》获省级各类奖项，《年轻人都是建设者》《深山勘探之歌》1984年获中国音协、全国总工会"建设者之歌"征歌三等奖。《唱唱我们的共和国》被少年儿童广为传唱。

X

肖树文（1936—已故）

歌词作家。湖南芷江人。曾任贵州音乐文学学会副会长。1984年入贵阳市文联音协任驻会干部，兼《校园歌声》编辑，1987年任《春之声》词报编辑。参与编辑《贵州解放四十年歌词集》等，歌词作品《唱不完的欢乐歌》《迎着太阳唱太阳》等获全国校园歌曲征集入选奖及中国国际合唱节新作品创作奖，《春之歌》被王莉莉选为中央电视台首届青年歌手电视大奖赛参赛作品，《党给苗家金嗓子》参加全国少数民族文艺汇演。

肖顺康（1945— ）

手风琴、电子琴演奏家。湖南人。武汉歌舞剧院独奏演员。中国音协手风琴学会名誉理事、省电子琴研究会副会长、手风琴学会名誉会长。出版有《手风琴演奏教程》《手风琴演奏法》《电子琴基本教程》《电子琴基本教程》（增订本），曾获国家级"优秀园丁"奖、"专家特别贡献奖"。发表歌曲《战士的心愿》等。1997年在武汉举办个人作品、师生音乐会。

肖万才（1921—2008）

唢呐演奏家。辽宁沈阳人。10岁开始演奏管、唢呐，后入总政歌舞团民乐队。曾在大型音乐舞蹈史诗《东方红》中担任领奏。改编整理双管曲《鱼卧浪》和唢呐曲《将军令》等多首。

肖卫华（1954— ）

女音乐教育家。湖北荆州人。湖北荆州市职教中心音乐教师。1989年毕业于武汉音乐学院。1992年被聘为湖北省荆州市教育科研成果评审委员会委员。撰有《手势与音准教学》等文，创作数十首儿童歌曲。多次承担省级音乐教学课题，并培养一批音乐专业人才。

肖文海（1945— ）

作曲家。天津人。1964年入天津音乐学院作曲系学习，后在河北省艺术研究所工作。作有琵琶协奏曲《孟姜女》，小提琴幻想曲《丝绸之路》。

肖文兮（1939— ）

女声乐教育家。四川人。1956年入沈阳音乐学院声乐系，毕业后留校任教。曾在部队文工团任独唱演员、华南师范大学任副教授。于1983年举办个人独唱音乐会。从事声乐教育工作三十余年，因材施教、因人施治，培养出一批优秀声乐人才。

肖新华（1949— ）

小提琴演奏家。江西樟树人。1969年考入赣南歌舞剧团，后任乐队首席。参加了舞剧《红色娘子军》《白毛女》《沂蒙颂》《草原儿女》，歌剧《洪湖赤卫队》《江姐》等剧目的演出及电影《茶童戏主》乐队的录音工作。1989年毕业于中国函授音乐学院理论作曲系。创作各类体裁的音乐作品近百首。系晋京调演剧目《长长的红背带》《围屋的女人》主创者之一。部分作品在各地展播展演。

肖兴华（1941— ）

音乐理论家。河南开封人。1965年毕业于中国音乐学院。原中国音乐研究所副研究员。著有《中国传统名曲欣赏》《常用民族乐器》《云岗石窟乐器雕刻》等。

肖学锋（1955— ）

作曲家。云南富源人。1971年始从事音乐活动。先后在《红色娘子军》《沂蒙颂》《白毛女》等大型芭蕾舞剧中担任首席小号演员。1989年创作舞蹈音乐《锡山人》，参加"首届全国有色系统职工文艺汇演"获创作奖，哑剧小品《笛声悠悠》（折射"人与自然和谐"主题）获第四届云南省文学创作奖励基金会"政府二等奖"，笛子二重奏《逗趣》在第六届全国残疾人艺术汇演中获三等奖。

肖雅瑜（1950— ）

作曲家。湖南长沙人。株洲市市长、市委书记。70年代先后毕业于湖南大学工人大学、湖南农学院，1997年毕业于中山大学研究生班。曾在湖南省工农兵文艺工作室师从张丕基、张方瑞学习作曲。获奖歌曲有《走进春天》《向着太阳走》《小白鹅》等。发表歌曲有《红红的中国结》《千念一笑》《张家界情歌》《祭炎陵》《有缘同在蓝天下》《相邻就是缘》等。出版有肖雅瑜音乐作品《向着太阳走》歌曲集及专辑DVD、CD。

肖衍信（1935— ）

小提琴演奏家。湖北汉口人。总政歌剧团乐队演奏员。1949年入中南军政大学学习，1951年师从白俄罗斯伊万诺夫学习小提琴，1960年入中央音乐学院进修。多次参加大型慰问、访问演出，其中有1950年炮政文工团"胜利渡长江"演出，1979年赴黑龙江边防部队慰问演出，1960年由贺龙率代表团赴朝访问演出，1961年由周恩来率代表团赴缅甸访问演出以及赴苏联、罗马尼亚、波兰等地访问演出。曾在歌剧《董存瑞》《刘胡兰》，舞剧《湘江北去》，京剧《海港》等剧中任乐队首席。

肖亦歌（1955— ）

女音乐编导家。北京人。中国广播艺术团制作部"音乐厅"栏目导演。1982年毕业于北京邮电学院电视专业，后在北京广播学院音乐编辑专业进修。曾作为音响导演为数十部电视剧录音，先后在中央电视台"广播艺苑""音乐厅"栏目担任导演，负责制作播出古典音乐节目。曾随音乐团体赴美国及澳门香港地区拍摄音乐节目。组织录制及编导全国交响乐团电视展演、合唱展播等专题节目。制作《永远的巴洛克》，歌剧《阿伊达》《电影中的古典音乐》节目。并以"全国交响乐团电视展演开幕式音乐会"获中国电视节目"星光奖"一等奖，以《刘明源》和《查拉图斯特拉如是说》节目分别获"星光奖"二等奖和三等奖。

肖应泽（1967— ）

歌唱家。安徽芜湖人。毕业于安徽师范大学音乐学院。芜湖市文化馆创研部主任、安徽师大音乐学院特聘教师、市艺术剧院特邀演员、省音协理事、市音舞协副主席、市政协常委。曾获第十届全国青年歌手电视大奖赛美

X

声唱法铜奖、华东六省一市青年歌手大赛金奖等。演唱过《为你喝彩》《黄山，中国的名片》《春光万里》等原创歌曲，发表《巧妙安排动情点》《欣赏：声乐的要素》《大学生器乐作品欣赏能力的培养与提高》等文。

肖英群（1967— ）

女歌唱家、音乐教育家。吉林扶余人。1991年毕业于内蒙古师大音乐学院声乐系，留校任教，2001年毕业于中国音乐学院研究生部。撰有《如何走出歌唱发声训练的误区》《浅谈声乐教学中的引导方法》等多篇文章，并在专业刊物上发表。2001年、2005年分别在中国音乐学院、内蒙师大音乐厅举办专场独唱音乐会。培养众多音乐专业人才。

肖友明（1952— ）

作曲家。陕西南郑人。四川绵阳市歌舞团作曲，绵阳市音协副主席。毕业于四川音乐学院作曲系。创作的民族歌舞剧《新娘鸟》获四川省歌剧调演作曲三等奖，歌曲《我是一个快乐的小孩》获中国文联第五届"爱力特尔杯"一等奖。先后担任四川省七届运动会开幕式、绵阳市三运会开幕式大型文艺表演作曲、制作。曾获绵阳市政府"优秀文艺成果奖"。

肖云翔（1926— ）

作曲家。河北行唐人。1938年参加革命工作。1940年曾在联大学习。后调入晋察冀边区群众剧社从事文艺工作。抗日战争和解放战争期间，一直工作在太行山抗日根据地和华北解放区。1949年由解放区进驻天津并带职到中央音乐学院学习。历任天津歌舞剧院院长，天津音协常务副主席、代主席、名誉主席。作有歌曲《祖国之歌》《纺织姑娘歌》《月夜清洁工》等，大合唱《建设者》，改变民歌《夸女婿》《采花》分获天津文艺评奖一、三等奖。曾为十余部歌剧谱曲。与人合著并出版《笙的演奏法》。1991年天津音协、文化局、音乐学院等10家单位联合举办"云翔作品音乐会"，并出版《云翔音乐作品选》。

肖正民（1954— ）

词曲作家。湖南南县人。湖南省南县文联主席，副研究馆员。省音乐文学委员会副会长、益阳市音协副主席。1970年参加文艺工作。出版文学与音乐著作三本，策划、指挥、导演文艺活动上百次。作词或作曲的歌曲作品《庄稼后生》《我对祖国说》《我的小小村庄》《斑竹泪》《马桑树下》已连续五届获湖南省"五个一工程"奖，歌曲《斑竹泪》（作词）获第三届中国音乐"金钟奖"，四声部合唱《湖乡春歌》晋京比赛获全国职工合唱艺术节银奖。发表有大量文学与音乐作品。被省文联授予"德艺双馨中青年艺术家"。

肖自平（1921—2001）

作曲家。贵州人。毕业于贵阳师范学院。曾任《中国曲艺音乐集成》（贵州卷）副主编。作有电视片音乐《赶场》《沅阳三峡》，歌曲《有心搭话口难开》《沅阳如锦绣》等。

肖克来提·克里木（1964— ）

作曲家。新疆人。1980年考入新疆伊犁州艺校，1983年调伊犁州歌舞团。1986年入上海音乐学院深造，1990年调新疆歌舞团。1998年考入中央音乐学院作曲系，2003年毕业后到新疆歌舞团工作。担任大型晚会"洒满阳光的新疆"、音乐剧《冰山上的来客》、歌舞剧《可爱的一朵玫瑰花》及国庆60周年晚会"吐鲁番的葡萄熟了"音乐创作。两次获文化部创作奖及两届自治区"天山文艺奖"。曾获自治区优秀专业技术工作者及有突出贡献优秀专家。

校毅之（1949— ）

女高音歌唱家。河南中牟人。曾在武汉音乐学院声乐系学习，后任襄樊地区文工团演员队队长，襄樊市歌舞剧团副团长、书记。1967年开始独唱，演唱有《沁园春·雪》《我爱你中国》《黄河怨》等大量歌曲，多次获省、国家演唱奖。先后在歌剧《洪湖赤卫队》中饰演韩英、《江姐》中饰演江雪琴、《夜半歌声》中饰演李小霞、《红珊瑚》中饰演珊妹、《刘三姐》中饰演刘三姐。曾随团赴香港演出。

谢耿（1934— ）

钢琴教育家。江苏无锡人。1954年毕业于沈阳音乐学院钢琴系，1956年毕业于该系研究生班，后留校任教。1988年调广州华南师范大学音乐系，任钢琴教研室主任、教授、硕士生导师。广东省钢琴学会会长。作有钢琴曲《霓裳羽衣曲》获第五届"羊城音乐花会"音乐作品比赛创作奖，并在首届中国风格钢琴作品国际比赛中获"国家电台广播奖"。作品还有《青春练习曲》《猜谜》《嬉舞》，钢琴八手联弹《祝酒歌》等。编著出版有《幼儿钢琴启蒙教程》《钢琴即兴配弹教程》等。撰有《钢琴教学中如何培养幼儿的识谱和视奏能力》等文多篇。获曾宪梓教育基金会授予"高等师范院校优秀教师奖"。

谢红（1963— ）

女钢琴教育家。江西信丰人。1982年毕业于河北师范学院音乐系，留校任钢琴教研室主任、副教授。撰有《春天与音乐》《船歌悠扬异国情》《音乐艺术与企业文化》等文，其中《高师声乐素质教育目标体系的理论研究与实践》获河北师大教学成果一等奖、省教学成果三等奖。在2000年第八届"星海杯"全国少儿钢琴比赛中，获河北省优秀教师奖。培养有大量音乐人才。曾任河北省历届钢琴比赛评委，并被聘为钢琴考级专家评委。

谢华（1946— ）

女音乐教育家。重庆人。小学高级音乐教师，曾在重庆市沙坪坝区莲光小学任教。中国教育学会音乐教育研究会会员。自1964年始，长期从事音乐教学，培养学生众多。1985年被评为四川省劳动模范，并获四川省"三八红旗手"称号。

谢晶（1942— ）

指挥家。山西人。1975年起在兰州歌舞剧院和兰州市轻音乐团从事指挥、作曲。指挥演出各类音乐会、歌舞晚会数百台。曾创作交响诗《1976》，交响序曲《祁连》，交响音画《大漠》等数百首（部），器乐独奏《大漠春色》获文化部第二届"蒲公英"奖创作金奖，在第七届中国戏剧节和中国第二届秦腔艺术节中获配器一等奖。曾为甘肃省音协理事、兰州市音协副主席。

谢 理（1924— ）

女声乐教育家。山西太原人。1949年毕业于南京国立音乐院声乐系。曾在西南师范大学音乐系任教。

谢 林（1961— ）

女钢琴演奏家。福建邵武人。1986年毕业于江西师大音乐学院，留校任教。1993年举办个人独奏音乐会。曾获江西省"优秀指导教师奖"。撰有《钢琴教学中"错误动力定型"的形成及纠正》《叫你练"乒乓变奏曲"》《钢琴教育与素质教育关系浅谈》《儿童钢琴教学点滴谈》等文。主持《探索音乐教育在大学生创新能力培养中的作用》科研课题并参与《建立高师钢琴集体课新型教学体系的研究与探索》课题。

谢 林（1961— ）

女小提琴演奏家。湖南洞口人。广州市交响乐团第二小提琴首席。1982年毕业于星海音乐学院（原广州音乐学院）管弦系。1999年应邀前往日本福冈参加"亚太联合乐团"。随团出访欧洲、非洲、韩国、港、澳等国家及地区巡回演出。多次获"优秀演奏员"。多年来为多家唱片公司录制多张弦乐四重奏镭射唱片及《中国18把小提琴》。

谢 琳（1954— ）

女歌唱家。浙江人。杭州市音协副主席，市政协艺术团副团长，市群众艺术馆声乐教师。曾在西湖博览会狂欢节导演组工作。2002年先后获浙江省第四届群众声乐大赛优秀辅导奖，浙江省第四届音乐新作品演唱演奏大赛辅导一等奖。所教学生在第十一届全国电视歌手大赛浙江赛区比赛获第一名（非职业组），并获中央电视台"荧屏奖"。

谢 琳（1958— ）

女高音歌唱家。辽宁大连人。1983年毕业于中国音乐学院声乐大专班。1978年入中央民族乐团任独唱演员。1980年获文化部直属院、团观摩评比演出声乐表演奖。

谢 灵（1962— ）

女高音歌唱家。水族。天津人。致公党海南省副主委员。海南省音协理事。1985年毕业于西南师院音乐系，后在贵州师大艺术系任教。1988年入海南大学艺术学院任教，副教授。1992年结业于上海音乐学院声乐系硕士研究生班。1993至1995年三获海南省声乐大赛第一名。1995年获全国"中华赛歌·北京总决赛"银奖。1998年获"海南省优秀艺术家德艺双馨"。1999至2000年先后有两篇论文获大学教育研究成果奖。曾两次获大学教师讲课比赛第一名，三次举办"谢灵独唱音乐会"。2003年获海南"金椰奖"优秀声乐指导教师奖。

谢 明（1922— ）

音乐活动家。四川广安人。1948年毕业于国立上海音专声乐系。曾任上海电影制片厂音乐组副组长。1950年任上海音协执行委员，兼任上海音乐专修班班主任，担任声乐及合唱教学。1952年调文化部电影局任作曲部训练班班主任，1954年调中央歌舞团任合唱队副队长，1956年任中央乐团合唱队队长、乐团艺委会副主任、团长助理，1961至1962年兼任北京艺术学院声乐系主任，1980年调文化部艺术二局音舞处任副处长，1982至1993年任中央乐团常务副团长。曾先后担任国际声乐比赛与国内选拔赛评委。

谢 珊（1937— ）

女音乐教育家。北京人。曾为沈阳音乐学院教授。著有《视唱练耳教程》《体态律动学教程》。主编《视唱练耳、乐理、音乐常识试卷总汇》《视唱练耳升学考试听唱技能200课》《基本乐理升学考试题库及答案》《乐理、视唱练耳高考考典》。发表论文与译文有《浅谈体态律动学》《节奏与节拍的练习》《多声部的视唱技巧》《苏联当代大音乐家——谢德林》《乐理教学中有关学术名词如何规范化的商榷》。多次视唱练耳与乐理学术会上作"体态律动"的学术报告。曾获优秀图书奖、优秀教学成果奖。

谢 旭（1921— ）

作曲家、音乐教育家。福建人。1945年毕业于国立音乐学院。长期坚持音乐教育、创作及合唱指挥工作。曾参与编著福建中师音乐教材及全国中师音乐教材。多次获"园丁奖"及"优秀教师奖"。后任厦门老教授合唱团、侨友合唱团、民盟合唱团指挥，多次获省、市及全国合唱节演出活动的金银奖。作品有《厦门海堤大合唱》《厦门前线大合唱》《飞翔吧，白鹭》《百年梦幻》《祝福澳门》《牵你的手与你偕老》《鼓浪屿的女儿》。2002年获厦门市文学艺术奖项中的"耄龄双馨"奖。2007年出版回忆录《遥远的歌》诗、文、歌选集两册。

谢 宇（1957— ）

小提琴演奏家、教育家。四川成都人。四川音乐学院弦乐教研室主任。1990年四川音乐学院管弦系研究生毕业，1996年毕业于美国威斯康辛大学小提琴专业。发表《论小提琴演奏生理与心理状态》《中美音乐艺术教育异同一瞥》等文，译文《智慧的明珠》《记谱法》。曾获川音器乐比赛室内乐组第一名。举办过4场个人独奏音乐会。

谢 元（1948— ）

女钢琴教育家。江苏人。毕业于天津音乐学院。1981年起在天津音乐学院任教，1991年任附中钢琴学科主任，1995年任键盘系主任、教授、硕士生导师。市音协钢琴专业委员会常务副会长。培养多名优秀学生在国内外比赛中获奖。多次出任文化部、教育部主办的全国比赛及香港亚洲地区钢琴比赛评委。发表学术论著十余篇。策划并组织"2003全国音乐院校钢琴主课教学研讨会"。获天津市高等教育系统首届"教师楷模"。

X

谢 征（1962— ）

音乐教育家。江西上犹人。赣南师范学院音乐学院教授，硕士生导师，理论与作曲教研室主任。1981年大学毕业后从事音乐教学工作，主要担任《中国民族音乐》《音乐教育导论与教材教法》等理论课程的教学与研究。近年来，主持参与完成省、部级多项课题研究，先后在全国音乐类核心期刊、全国中文类核心期刊发表论文二十多篇，发表歌曲多首，2006年由作家出版社出版学术专著《赣南客家民歌探析》。

谢爱明（1933— ）

女钢琴教育家。广东开平人。1957年毕业于中央音乐学院钢琴系，曾为该院附中高级讲师。编有管乐、声乐、大提琴、小提琴钢琴伴奏教材。

谢安庆（1954— ）

歌词作家。山东滕州人。山东省济宁学院硕士生导师。中国音乐文学学会副主席，山东音协副主席，国家教育部艺术指导委员会专家。1979年毕业于山东艺术学校音乐系，1982年毕业于曲阜师范大学艺术系，1992年毕业于山东师范大学研究生班。出版理论及歌词专集多部，创作大量歌词作品，在省级、中央电台、电视台播出与报刊发表歌词作品百余首，获各类奖近百次。其中《旗帜飘扬》《走回家门》等入选《中国年度最佳歌词》。《让太阳微笑》被确定为"2007中国水上运动会"会歌，《孝贤中国人》被确定为"中国孝贤文化节"节歌。《中国农民》获2003年中国音乐"金钟奖"。

谢白倩（1928— ）

作曲家。台湾新竹人。中国大学文学系肄业。终生从事音乐教育工作，中学高级音乐教师。歌曲作品《唱给台湾的小阿梅》《国旗国旗多美丽》《我们与世界同行》《到太空握手》在全国评比中获奖。曾编写《小学音乐教学大纲》及《小学音乐教材》。著有《音乐欣赏教学》。

谢宝燊（1931— ）

作曲家。福建人。福建音协理事。1951年在部队从事音乐等工作。1956年起从事莆仙戏音乐编曲，抢救记录曲牌千余首，两次被评为全省"好团长"。为鲤声剧团《春草闯堂》等二百多个剧目谱曲。多部器乐曲作品获优秀音乐设计等奖项。音乐论文有9篇在全国和省级刊物上发表。为《中国戏曲志·福建省卷》《民族民间三套集成·福建卷》编写并提供大量曲谱。专著有《莆仙戏曲》（合作）。

谢必忠（1929— ）

作曲家。四川资中人。1949年毕业成都南虹艺术专科学校。1950年入川西军区文工团，1955年入战旗歌舞团。曾任四川省群艺馆研究馆员，四川音协常务理事。多次赴四川各地采风，搜集大量民歌、民谣。出版有《秀山花灯歌曲》（合作），创作音乐作品百余件，主要有歌曲《太阳出来一盘花》《赞歌声声唱太阳》《军民并肩修电站》，无伴奏合唱《林中野火》，歌剧音乐《鱼水情》等。1984年创办《抒情歌曲》并任主编。开办音乐创作学

习班，培养许多音乐骨干。

谢博声（1942— ）

歌唱家、声乐教育家。浙江宁波人。曾任浙江音协主席团委员、宁波市音协副主席。1966年毕业于江西师范大学音乐系，1990年结业于中国音乐学院全国师资讲习班。曾任江西省农垦歌舞团、江西吉安市歌舞团独唱演员、声乐指导。1978年在歌剧《货郎与小姐》中主演阿斯克尔。后任浙江宁波群众艺术馆声乐指导。曾组织"知音歌队"普及声乐艺术。培训多名歌手在全国声乐比赛中获奖。歌曲《三湾来了毛委员》入选《建军五十周年歌曲集》。

谢长庆（1933—1999）

男高音歌唱家。湖南祁阳人。1949年始从事部队音乐工作，后入广州军区歌舞团工作。曾在总政保加利亚专家班进修。1972年入广州歌舞团任独唱演员。主演歌剧《董存瑞》《纪念碑》《冒着炮火》。

谢成功（1932—已故）

作曲家。河南太康人。1948年始从事部队文艺工作。1958年后曾任九江县剧团作曲兼指挥，九江县文化馆副研究馆员。九江市民族管弦乐学会会长。作有歌曲《新打脚车四步头》《导游姑娘》《迷人的光》，组歌《星火颂》，器乐曲《烈日下的歌声》，舞蹈音乐《寻》《我们先行》，歌剧音乐《谁的罪恶》，文曲戏音乐《铜印记》，电视专题音乐《唱不完九江好风光》等，部分作品获奖。《中国民间歌曲集成·江西卷》（九江卷）责任编辑。被评省文艺集成编纂先进工作者。撰有《一部交响性的田园组歌》等文。编辑出版《九江县民歌集成》。

谢承培（1934— ）

作曲家。江苏常州人。1956年毕业于东北音专作曲系，同年入总政军乐团。曾任浙江歌舞团创作员、兼浙江艺术音像制作中心编辑。为浙江省七届运动会大型团体操配曲获大会银质奖。

谢崇山（1948— ）

作曲家。福建龙岩人。先后毕业于福建省龙溪师范学校、福建省艺校理论作曲专业。南靖市文联主任科员。创作的声乐曲、器乐曲、舞蹈音乐、戏曲音乐多次参加全国和省级演出比赛并获奖，其中歌曲《帆船之歌》入选《中国企业（行业）之歌》，《水电厂之歌》在全国水电系统征歌中获金奖，器乐曲《遥望》获福建省第六届音舞音乐创作二等奖，戏曲音乐《白鹭女神》在中国第七届曹禺戏剧节调演中分获作曲奖、唱腔设计奖。

谢达群（1945— ）

女钢琴演奏家。广东南海人。1969年毕业于中央音乐学院钢琴系。曾任中央乐团演奏员。现定居香港。先后在京、津、穗、沈举行独奏音乐会。曾随团赴罗、波、朝演出。

谢导秀（1940— ）

古琴家。广东梅县人。1963年毕业于广州音乐专科学

校（今星海音乐学院）民乐系古琴专业，后从事中学音乐教育和岭南派古琴传播与教育工作。1980年与杨新伦先生共同创建广东古琴研究会并担任琴会秘书长。1990年任广东古琴研究会会长。曾记录、整理岭南古琴传谱——《古冈遗谱》以及《岭南古琴入门》教材。录制、出版、发行个人CD专辑《淳醇清亮古琴梦》《碧涧流泉》等共8辑。演奏作品相继在中央、广东等地广播电视台播出。

谢迪尧（1936— ）

钢琴演奏家。浙江温州人。曾为浙江省温州地区群艺馆艺术部主任。1958年毕业于福建师院音乐专业，曾任温州师范学校音乐教师以及温州京剧团演奏员。创作歌曲十余首，策划并组织许多音乐辅导班及音乐演出和比赛。撰有《如何为歌曲作即兴伴奏》《键乐十二律的调音法》等文。培养了一批钢琴演奏人才。

谢冬娜（1960— ）

女音乐编辑家。河北人。制作上百期音乐节目，其中《贺绿汀音乐世纪情》《大地的儿子——作曲家李焕之》均获全国电视文艺星光奖二等奖。

谢高翔（1941— ）

笛子演奏家。四川成都人。1957年考入重庆市歌舞团任竹笛演奏员、民乐队队长。曾为重庆市音协理事、市民族管乐学会会长。1963年参加四川首届笛子比赛获第三名。1984年随中国艺术团赴美国11个城市演出。1989年随重庆艺术团赴日本广岛等城市演出。作有笛子独奏曲《丰收的喜悦》《思念》，巴乌曲《边寨之夜》等。

谢功成（1921— ）

作曲家、音乐教育家。湖南永兴人。1947年毕业于国立音乐院理论作曲组。后在湖南音专和香港中华音乐院任教。新中国成立后曾任华南文艺学院音乐部副主任、中南音专作曲系主任、湖北艺术学院副院长，武汉音乐学院教授。曾任中国音协理事、湖北省音协主席。并兼任《中国民族民间器乐曲集成》全国编委，《音乐创作》特约编委以及《星海全集》编委。获第三届中国音乐"金钟奖"终身成就奖。作有大合唱《长江抒情诗》，民歌合唱《阿拉木汗》等，著作有《合唱写作技巧》（合著），《曲式学基础教程》《和声学基础教程》（合著），参与主编《音乐自学丛书（作曲卷）》。

谢广富（1942— ）

作曲家。辽宁辽阳人。1965年毕业于哈尔滨艺术学院音乐系。曾任同江艺术馆馆长、同江赫哲族文工团团长。从事扬琴教学。创作歌曲、器乐合奏、舞蹈音乐、小歌剧多首（部），其中部分获奖。歌曲（词曲）《山水醉了咱赫哲人》获省首届音乐创作三等奖，歌唱家郭颂于1984年在央视春晚演唱的《赫哲人就是这个样》（曲）获省音乐创作二等奖，《同江，我可爱的家乡》（曲）在省电台、电视台播放。

谢桂芬（1936— ）

女歌剧表演艺术家。四川新津人。1954年入四川省歌舞团。1956年曾随苏联声乐专家吉明采娃、罗马尼亚声乐博士克里斯特斯库学习声乐。后为四川省歌舞剧院独唱、歌剧演员，声乐教授。中国咽音学会理事、四川省音协理事。1958年随中央歌舞团赴日本演出。曾主演《刘三姐》《红珊瑚》《货郎与小姐》等中外歌剧。1981年赴上海师从林俊卿教授学习咽音。发表《林俊卿咽音练声法浅谈》《咽音在民族声乐中的作用》等文十余篇。出版专著《咽音与歌唱》。

谢国华（1940— ）

作曲家、音乐教育家。江苏溧水人。安徽省第九届人大常委会委员。1961年毕业于安徽艺术学院音乐系，师从崔思愚、蒋小风先生。1980年回院任教。作有舞剧《冬兰》《孔雀东南飞》音乐，抒情歌剧《冰湖上的篝火》，黄梅戏《无事生非》，音乐剧《爱》。歌曲《家园》《好不过淮河两岸》等在省内多次获奖。舞剧音乐《女娲》获文化部第一届舞蹈汇演音乐创作三等奖，杂技音乐《海燕》（空中秋千）获文化部第四届金狮音乐奖。

谢红亮（1963— ）

双簧管演奏家。河南人。中国爱乐乐团演奏员。1985年考入中央音乐学院管弦系，期间曾随中国青年交响乐团出访欧洲。1989年考入中国广播交响乐团，与国内外著名指挥家、演奏家、歌唱家多次成功合作，并为电台、电视台、录制大量节目。2003年随中国爱乐乐团赴法国、奥地利、波多黎各、美国以及维也纳金色大厅和法国国家歌剧院音乐厅举办音乐会。

谢厚鸣（1936— ）

圆号演奏家。江苏南京人。1951年毕业于中央音乐学院大专班。曾随中国青年文工团赴东欧多国访问演出。后任职于中央歌舞团。1956年入中央乐团交响乐队任圆号首席、铜管声部长。曾兼任中央乐团学员班、社会音乐学院，中央音乐学院附中圆号教师。北京圆号学会副主席。并创作有歌曲及器乐曲作品。

谢华珍（1938— ）

女钢琴演奏家、教育家。重庆人。曾为中央音乐学院钢琴系教授。1963年毕业于上海音乐学院钢琴系。曾在中央歌剧院、中央芭蕾舞团、中国歌剧院举办的音乐会上担任独奏或伴奏。1981年赴美国深造，并取得艺术硕士学位，期间获协奏曲演奏比赛第一名。1984年回国任教于中央音乐学院钢琴系主科教研室。多次应邀担任国内外钢琴比赛评委。参加全国各地钢琴普及教育、考级讲学和讲评活动。曾任中国音协全国钢琴演奏考级专家委员会委员。

谢季刚（1933—已故）

指挥家。湖南湘乡人。1963年入上海音乐学院指挥系进修。曾任江西省歌舞团团长兼首席指挥，音协江西分会副主席，中国音协教委会北京合唱指挥学会理事。1985年

X

911

获江西省音乐节优秀指挥奖。

谢继群（1959— ）

竹笛演奏家。安徽人。中国民管学会竹笛专业委员会常务理事。从事竹笛演奏三十余年，先后受到赵松庭、陆春龄、俞逊发等著名艺术家的指导。曾获江苏省第二届民族器乐比赛竹笛演奏一等奖，《台城舞影》获第四届江苏省音乐舞蹈节一等奖。曾赴法国、日本、以色列、马耳他、埃及、摩洛哥等二十多个国家演出。

谢家国（1939— ）

琵琶演奏家、教育家。上海人。早年曾长期在上海民族乐团及京剧院任琵琶演奏兼作曲、指挥，并随团赴国内外十几个城市演出。1979年调入上海市戏曲学校，曾任音乐教研室主任及校教导主任及上海戏剧学院附属戏曲学校高级讲师。曾带队参加"第二届中国海内外江南丝竹比赛"获二等奖。80年代末参与上海市琵琶学会的筹建工作。编写、出版《戏曲音乐常识》《中国戏曲音乐史稿》《中国琵琶考级曲集》及琵琶独奏曲《青吐翠竹》《阿波舞曲》和《夜巡》等。

谢家鉴（1928— ）

作曲家。湖北武汉人。1950年始从事音乐创作。曾任长沙市音协主席，音协湖南分会第二届常务理事。作有歌曲《工人真光荣》《比学赶帮争五好》。

谢嘉幸（1951— ）

音乐理论家。福建南安人。中国音乐学院研究部副主任，中国音协音乐教育学会会长。1988年毕业于中国音乐学院作曲系，2002年毕业于中央音乐学院音乐学系，博士研究生。撰有论文《关于当代中国音乐教育的文化思考》《让每个学生都会唱自己家乡的歌》。著有《音乐教育与教学法》（合作），《走进音乐》《音乐分析》等。担任《德国音乐教育研究》《音乐年鉴》《民族音乐传承与学校教育》等国家科研课题主编和负责人。

谢建平（1954— ）

音乐理论家。安徽宿州人。1977年毕业于南京艺术学院音乐系。曾任南京市京剧团创作员、下关文化馆副馆长、江苏省文化艺术研究所研究员。多次在《中国音乐学》《艺术百家》等刊物发表评论文章。组织编写《中国民族民间器乐曲集成·江苏卷》《江苏丝竹音乐大成》《江苏民间音乐音响资料目录》。1997年获"文艺集成志书编纂成果个人一等奖"。发表歌曲《现代化心中的花》《吴山吴水俏江苏》。

谢建中（1956— ）

作曲家。河南禹州人。河南省音协理事，许昌音舞协主席，许昌市文联秘书长。毕业于河南大学音乐系。曾任许昌群艺馆馆长。歌曲《花开时节动京城》《您好，八二一》《那盏灯》分获全国歌曲比赛金、银奖，器乐曲《责任田边农家乐》获中国第九届"群星奖"、《小猴画画》获全国少儿歌舞大赛创作奖，歌曲《怎叫游子不思乡》《人民公仆》《放风筝》分获河南省创作歌曲比赛一等奖，同时获河南省第三、四、五届"五个一工程"奖。任《中国民间歌曲集成》《中国曲艺音乐集成》《中国民族民间舞蹈集成》副主编。

谢进起（1963— ）

萨克斯演奏家。河北鹿泉人。1980年毕业于总政军乐团学员班，后为该团演奏员。为中国国际电台录制第一张萨克斯管独奏专辑，为中央电台录制中国作品独奏专辑。先后六次举办个人独奏音乐会。曾参加在意大利举办的世界第十届萨克斯大会。作有《萨克斯管演奏法》《萨克斯初级教程》，合作出版《只有一个孤独的心》《故乡的亲人》《萨克斯管世界名曲集重奏曲集》《沉思》《野蜂飞舞》《萨克斯流行经典》《萨克斯流行经典二》，主讲示范录制《萨克斯考级辅导大全》等。

谢静琴（1930— ）

女高音歌唱家。壮族。广西南宁人。1951年参加上海音乐学院音工团。1955年始在中央乐团合唱队担任独唱及领唱，曾任中央乐团社会音乐学院声乐教师。

谢静生（1923—1986）

男中音歌唱家。壮族。广西南宁人。1937年始从事音乐工作。1949年毕业于上海音乐学院。1951年参加第三届世界青年联欢节。曾任广西艺术学院声乐教研组长，副教授。为影片《山间铃响马帮来》配唱主题歌。

谢开明（1935— ）

女小提琴演奏家。上海人。曾在天津音乐学院、中央音乐学院学习小提琴。曾在中央芭蕾舞团交响乐队任演奏员。

谢莉斯（1947— ）

女歌唱家。湖南衡阳人。1967年毕业于中国音乐学院附中。曾任中国电影乐团演员。演唱二重唱有《祝愿歌》《校园的早晨》《我多想摘下一片白云》。录有盒带专辑。

谢力成（1931— ）

音乐编辑家。四川永川人。1954年毕业于西南师大音乐系。曾长期在音协辽宁分会工作。曾任四川省音乐舞蹈研究所编辑。

谢立明（1957— ）

歌词作家。浙江磐安人。历任县司法局副局长、县委政法委委员。出版歌词集《让快乐照亮心灵》《打捞生活快乐》。发表有大量歌词作品，有多首获奖。《有一种牵挂天长地久》在2000年全国歌曲创作比赛中获奖，《中华世纪大团圆》获共青团精神文明"五个一工程"奖，《你是一面飘扬的旗》获中纪委举办的全国反腐倡廉歌曲创作比赛一等奖、浙江省"五个一工程"奖，《水乡梦乡》获浙江省"江南风"歌词创作一等奖。为晚会创作主题歌《平安浙江》《浙江政法干警之歌》《温州精彩了中国》

X

《追逐太阳歌唱》《美丽的西施》。

谢林义（1958— ）

作曲家。安徽含山人。中国音协第六、七届理事。先后毕业于安徽艺术学校、安徽师大艺术系。曾在省徽剧团从事乐队、作曲及音乐理论研究。1993年调省音协，现任副秘书长，安徽省文联委员。先后为徽剧《潘金莲》《玉洁冰清》《七步吟》（合作）等戏剧作曲，其中《女审》《失子惊疯》获安徽省作曲奖。歌曲《微笑》获全国"山花杯"作曲一等奖，《天也说你好，地也说你好》《芳草之歌》分获全国作曲金奖、银奖，《微笑》获全国作曲一等奖，《青青背篓情》获全国广播新歌作曲铜奖，《梦想成真》选为省十一届运动会歌，舞蹈《摘石榴》获省第五届花鼓灯艺术节作曲一等奖。论文《试论程长庚的唱唸艺术》《好腔无重用》分获第二、三届中国戏曲音乐理论研究论文二、三等奖。

谢玫瑗（1927— ）

女钢琴教育家。浙江慈溪人。武汉音乐学院钢琴系教授，硕士生导师。全国钢琴比赛评委，中国国际钢琴比赛武汉赛区评委。1942至1948年先后在上海音专和南京国立音乐院学习钢琴，师从丁善德教授、拉扎洛夫教授。后师从德国钢琴专家罗兰·勃拉斯耐脱尔教授。1956年应文化部聘请，从越南回国工作。先后执教于中南音专、湖北艺术学院、武汉音乐学院钢琴系。50年来，培养众多优秀钢琴人才。论文《钢琴教学中技术如何与音乐紧密结合的培养方法》，获湖北省优秀教学成果奖。

谢门才（1972— ）

音乐教育家。广东河源人。东莞市虎门镇宣传科教办公室艺术辅导员。2003年华南师范大学音乐系毕业。发表《多媒体在唱歌教学中的作用》《生本理论在学校音乐教育中的运用》（合作），《音乐因你而精彩》等文。创作歌曲《梦圆大中华》《彝家姑娘赶集来》入选《中国当代优秀群众歌曲大全》，《我的家》获奖。曾获"广东省首批基础教育系统名教师""广东中华文化基金奖章"等荣誉称号与奖项。2004年赴欧洲八国进行学术交流。2006年被授予"特级教师"称号。

谢明晶（1961— ）

音乐教育家。海南人。广东实验中学高级音乐教师。1984年毕业于广州星海音乐学院师范系。2000年曾率广东实验中学合唱团赴奥地利参加首届奥林匹克合唱节，获青少年童声组、无伴奏民歌组金奖。2002年率广州市少年合唱团赴韩国釜山参加第二届国际奥林匹克合唱节，获童声组和民谣组金奖与优秀指挥奖。2004年率广东实验中学合唱团赴德国布莱梅参加第三届奥林匹克合唱节，获少年组无伴奏民族组现代作品组金奖与总冠军。2004年率广东少年广播合唱团获第三届中国合唱节金奖与优秀指挥奖。

谢明焰（1939— ）

音乐教育家。江西人。1963年毕业于中央音乐学院（大专），长期致力于少儿小提琴教学。1985年在河北唐山创办少儿小提琴学校，该校连年被评为优秀学校。新培养的学生，有的考入中央音乐学院附中、河北省乐团等。有的在唐山市和天津市音乐附中的小提琴考级与比赛中，多次获一等奖。1995年在天津举办的第三届全国少年儿童小提琴演奏比赛中，曾有学生获少年组"希望奖"。

谢佩琪（1961— ）

音乐活动家。湖南邵阳人。广东江门群艺馆副馆长。曾先后毕业于湖南衡阳师范学院音乐系、广州星海音乐学院钢琴系、华南师大研究生班音乐系。曾先后在广东省歌舞剧院、广东珠江音像出版社等单位任职。歌曲《我为侨乡挥彩笔》《朝气蓬勃的建设者》分获"中国潮金曲"铜奖、优秀奖。著有《乐理与视唱练耳》《少年电子琴概念教程》等三十余部专著。参与《亚洲文化部长论坛大型歌舞晚会》等音乐活动的策划，并担任总监、导演。

谢瑞珍（1955— ）

女歌剧表演艺术家。上海人。1981年毕业于上海音乐学院声乐系本科。现任上海歌剧院歌剧演员。曾在歌剧《西厢记》中饰演崔莺莺、《雷雨》中饰演繁漪，《杜兰多公主》中饰演杜兰多公主、柳儿，《奥涅金》中饰演塔姬娅娜、《蝙蝠》中饰演罗沙琳德、《货郎与小姐》中饰演居丽乔赫拉，并经常在各类音乐会上担任独唱，领唱，重唱。曾分别荣获第十四、十五届"上海之春"女高音独唱表演奖和音乐表演奖。

谢绍曾（1914—2004）

音乐教育家。江苏海州人。早年就读于国立上海音乐专科学校，后长期从事音乐教育工作。新中国成立后，任上海音乐学院教务主任、教授。获首届中国音乐"金钟奖"终身成就奖。著作有《声乐教学法》《歌唱与教学》。90岁时学校举办"谢绍曾学生音乐会"以及晁浩建为老师举办的学生音乐会。

谢声美（1943— ）

女声乐教育家。湖北红安人。1958年考入武汉艺术师范学院附中，1966年毕业于该院声乐系。1968年任乌鲁木齐市第十二中学音乐教员。1976年调入湖北沙市群众艺术馆任文艺部主任、业务副馆长。1988年起先后获全国第五届"群星奖"声乐辅导铜奖，文化部"小百灵"赛歌声乐辅导三等奖、文化部中国少年儿童歌舞会演演唱辅导奖、中南区声乐辅导一等奖、湖北省声乐辅导特等奖。培训学生数百人次，其中十余人考入省、市音乐艺术院校和专业文艺团体，数十人在全国、省、市各类声乐比赛中获奖。

谢世南（1952— ）

女音乐活动家。四川成都人。自贡市文联秘书长。1977年曾在四川音乐学院试点班学习，1988年获省高教自考文学大专文凭。曾任自贡市文化馆副馆长、少年宫艺术部长。曾获四川省职工文艺调演演唱二等奖。先后组织策划"盐都神韵""向着太阳歌唱"大型音乐会、"盐都放歌"合唱比赛及"中华魂"对唱、重唱、合唱比赛等。

X

谢思颖（1928— ）

指挥家。贵州习水人。曾为重庆音协秘书长。1949年参军，后任志愿军某师文工队指挥、重庆群艺馆音乐干部。曾组建"重庆市青年业余乐团"并任指挥兼首席小提琴，该团参加历年重大节日及纪念音乐会演出，许多节目分获创作及表演奖。曾培养并向专业院团输送不少音乐人才。

谢提音（1935—已故）

作曲家。重庆人。1949年始从事音乐创作与演奏。曾任陕西歌舞剧院作曲指挥。作有电影音乐《爱情与财产》《飞燕曲》，小提琴独奏曲《峨嵋山歌》。

谢畹华（1919— ）

女歌唱家。江苏南京人。1946年毕业于上海音专声乐系。曾任中央歌剧院歌剧演员。在歌剧《刘胡兰》《货郎与小姐》中担任角色。

谢万智（1956— ）

歌词作家。福建泉州人。泉州市文化局社文科科长，副研究馆员，市音协副主席。毕业于厦门大学历史系。作品散见于《词刊》《歌曲》《儿童音乐》《福建歌声》等刊物。出版有《戏稿》《闽南石头歌》《邻家女孩》作品专集及电子音像读物多种。曾任第六届全国农运会开幕式大型文艺表演《大地情飞扬》总撰稿并创作会歌。曾获全国"群星奖""中国人口文化奖"及福建省政府"百花文艺奖"、福建省音乐舞蹈节奖等。

谢文经（1931— ）

作曲家。海南临高人。1949年始从事音乐工作。1953年调海南民族歌舞团、广东民族歌舞团，先后任独唱演员、歌队队长、创作组长、艺委会主席，曾任海南省音协民族音乐委员会副主任。曾在广东人民艺术学院作曲系进修。声乐作品《春米谣》《黎家姑娘》《黎家心花开》《我是五指山人》等百余首被广东、上海等地的音乐刊物及电台、电视台发表并选播。其中《飞吧！小鸽子》等获"海峡之声"三等奖、"全国民族之声"优秀奖、省优秀奖，器乐曲《万泉河之夜》（合作）获广东器乐曲大赛三等奖。

谢希良（1937—1994）

音乐编辑家。河北保定人。1957年始从事音乐工作。曾任河北广播电台主任编辑。作有歌曲《鱼爱大海鸟爱林》《太行山的路》《日子越过越兴旺》《漂流之歌》。

谢晓滨（1956— ）

扬琴演奏家、音乐教育家。江西人。1977年考入江西师大音乐系，1983年毕业于上海音乐学院民乐系扬琴专业，后回江西师大任教，师大艺术学院音乐系副主任。编著有《扬琴艺术论要与演奏技法》，撰有《艺术传播与接受美学》《试论扬琴持竹问题》等文。作有扬琴协奏曲《鄱湖随想》，重奏曲《牧童山歌》，独奏《山民情》分获江西省首届音舞节等比赛二、三等奖，并选入中央音乐学院、上海音乐学院扬琴教材。曾获省级以上演奏二等奖2项、表演奖2项，获省级以上辅导奖数十项。多名学生考入中央音乐学院等专业院校。曾赴日本演出扬琴独奏。

谢秀珍（1948— ）

女音乐教育家。壮族。广西人。电脑多媒体音乐教程《乐理新思路》作者、《洪恩宝宝学音乐》撰稿人，中国音协《音乐基本素养考级教程》编撰者之一。从事乐理和视唱练耳教学三十余年，历任中国乐理视唱练耳学会理事，中央民族大学音乐学院基础理论教研室副主任、副教授，首都师大音乐学院音乐科技系特聘教授。

谢颜泽（1970— ）

小提琴演奏家。贵州贵阳人。中央芭蕾舞团交响乐团小提琴独奏演员。1982年获贵州"花溪之夏"音乐节小提琴演奏三等奖，1986年获"苗岭之春"音乐节小提琴比赛第五名。1990年参加中国青年交响乐团。1994年在贵阳市、安顺市举办三场小提琴独奏音乐会。1999年担任交响乐团小提琴独奏演员，并与指挥家卜祖善、李心草、范涛、张艺、刘炬、德国指挥本·哈德等合作，在全国各地巡演中演奏《梁祝》。

谢彦如（1942— ）

小提琴教育家。湖南人。曾为贵州师范大学音乐学院副教授。全国小提琴考级高级评委。1965年毕业于贵州大学艺术系。长期任职于贵阳市京剧团，1985年任教贵州师大音乐系。为省、市各文艺团体培养数十名演奏员，发表论文及创作乐曲数篇（首），学生数十人在省内外各种比赛中获奖，并有多人考取中央及上海等音乐学院，有的已成为国内外知名学者。

谢艳丽（1965— ）

女声乐教育家。黑龙江富锦人。1990年毕业于哈尔滨师大艺术系，1999年于首师大音乐系研究生课程班结业。哈师大艺术学院音乐系副教授、民族声乐教研室主任。撰有《论歌唱中"意念"原理与歌唱技巧的关系》《试论民族唱法的表演艺术》。编写省高校音乐学专业招生统一考试大纲。2001年先后在俄罗斯、哈尔滨举办"谢艳丽师生独唱音乐会"，出版有《我爱你，塞北的雪》演唱专辑。曾获"新人新作声乐大赛"黑龙江省选拔赛一等奖。演唱有《九九又重阳》《献给秋天的爱》《白桦林的思念》等数十首歌曲。2002年赴俄罗斯演出，在"华夏琴韵"中国民族声乐作品音乐会上，演唱《我的家乡在兴安岭》。

谢艳玲（1954— ）

女歌唱家。河南安阳人。1963年在安阳戏校学习。1969年调安阳市文工团任声乐演员。曾在歌剧《刘三姐》《刘胡兰》中扮演主要角色。1976年由中央人民广播电台录制的《毛主席，中原儿女怀念您》等歌曲在中央台及省台播出。1978年调市群众艺术馆。曾在河南省"黄河之滨"音乐会声乐大赛中5次获一等奖，创作并演出的无伴奏女声小合唱《数瓜》在第九届全国群星奖比赛中获铜奖。

X

谢怡配（1933— ）

女声乐教育家。陕西安康人。1955年毕业予北京师范大学音乐系，曾任武汉歌舞剧院歌剧演员，武汉市汉江大学艺术系音乐副主任。曾主演歌剧《向秀丽》《货郎与小姐》。撰有《略论以"字"为主导的声乐教学法》。

谢益新（1954— ）

作曲家、笛子演奏家。浙江温州人。1973年毕业于温州市戏剧学校音乐专业，后任温州市歌舞团副团长。创作的笛曲《雁荡秋色》获首届鹿城音乐会创作、演奏一等奖，《十二月令》获第二届中国儿童音乐电视大奖赛大奖，歌曲《对鸟》获浙江省第六届音乐舞蹈节创作一等奖。曾指挥歌剧《货郎与小姐》。创作有舞蹈音乐《小海娃》《喊山的山姑娘》等。作有《温州童谣》。出版《温州山歌》及《谢益新音乐作品专辑——温州风韵》，笛子演奏专辑《水乡笛韵》等。先后出访意大利、法国、荷兰等国家。

谢憶生（1932— ）

指挥家、男高音歌唱家。北京人。曾为成都军区战旗歌舞团艺术指导、指挥。1950年在四川音乐学院进修大提琴，1954年师从中央音乐学院李维勃教授学习声乐，1956年参加总政举办的由德国专家任教的指挥培训班，1963年师从严良堃学习合唱指挥。曾获全军二至五届文艺汇演演员奖、指挥奖。所指挥的歌剧《凉山结盟》获文化部奖。曾担任首届全军文艺高级职称评委。

谢永祥（1938— ）

词曲作家。台湾基隆人。1957年参加海南民族歌舞团。1958年开始词、曲创作。1965年在参加全省排演音乐舞蹈史诗《东方红》时任乐连民乐排副排长兼板胡、高胡声部长。曾先后任歌舞团乐队副指挥员、歌舞团创编室主任、副团长。作有歌词《远航归来》《祖国的珍珠与玛瑙》《美丽的鹿回头》，词曲《踏遍青山为人民》《姐妹岛长相盼》，二胡曲《望故乡》《公仆之碑》等。出版个人作品选集《露珠》。

谢永雄（1953— ）

作曲家、音乐理论家。广东东莞人。曾就读广东人民艺术学院和星海音乐学院、中山大学中文系。1973年起任作曲、指挥、管弦乐队首席。自1987年起在广东当代文艺研究所从事民族音乐理论研究、评论、创作。除已出版与他人合著的音乐辞书外，发表音乐论文、评论等文百余篇，出版发表众多歌曲、器乐曲、舞蹈、舞剧等音乐作品。多篇（件）论文及音乐作品获国家级奖项。多次被邀请参加省、市、全国及国际性音乐学术研讨会。

谢永宜（1945— ）

小号演奏家。安徽怀远人。1965年毕业于安徽艺术学院音乐系，同年入淮南歌舞团。1983年调淮南群艺馆任馆长、副研究馆员。演出有舞剧《雷锋塔》《小刀会》《椰林怒火》《红色娘子军》，歌剧《白毛女》《柯山红日》，协奏曲《黄河》《梁祝》等。曾在一些文艺演出中

任音乐总监、总策划与乐队指挥。撰有《关于文化队伍的新老交替》《业余军乐队的改组与培训》。编有《小号教学大纲》。

谢雨晴（1967— ）

女音乐教育家。四川南充人。南充市教育科学研究所艺体室主任。1991年、2001年先后毕业于成都师范专科音乐系、西华师大音乐学院音乐教育系。曾组织七届市级音乐教师教学优质课展评活动，五届中小学音乐教师教学基本功大赛，两届幼儿教师教学基本功大赛，四届音乐教师论文大赛，三届中小学艺术节，三届中小学生艺术人才大赛。参与编写《义务教育九年一贯制教科书—音乐》（共18册），《二部合唱曲》。1993年获四川中小学教师教学基本功大赛二等奖，1995年获四川中小学音乐教师优质课评比一等奖。

谢兆英（1930— ）

指挥家。河北兴隆人。1947年从事部队文艺工作。曾任前昆明军区国防文工团总团长兼指挥。1955年入解放军军乐学校学习指挥，后留校任教。1962年入上海干部指挥班深造。指挥演出《红色娘子军》《沂蒙颂》《白毛女》等多部舞剧、歌剧，指挥演出交响乐《沙家浜》《黄河》《保卫延安》等。合作的电视艺术片《祝福你孔雀之乡》获国家民委首届"金马奖"。指挥录音的《舞山幻想组曲》获中国首届交响乐作品鼓励奖。1990年与人合作在北京音乐厅举办由总政军乐团演出的"云岭号角"音乐会。

谢哲邦（1951— ）

钢琴教育家。浙江宁波人。1982年毕业于上海师范大学音乐系，现任该校音乐学院钢琴教授。中国钢琴即兴伴奏协会、上海钢琴专业委员会成员，上海器乐协会理事。出版有《钢琴即兴伴奏实用教程》《钢琴即兴伴奏大纲及教材》，《钢琴即兴伴奏能力训练》等，发表论文有《改革琴法教学的三点设想》《谈师范音乐教学中即兴伴奏的课程建设》，谱写独唱曲《歌唱祖国的春天》《校园的春风》、小提琴合奏曲《春回大地》及《行进在祖国的大地》等五十余首钢琴伴奏谱。

谢正恭（1934— ）

音乐教育家。江苏镇江人。毕业于华东师范大学。后为辽东学院师资部高级讲师。省、市劳动模范。发表有《谈手势唱名法在音乐教学中的运用》《我怎样教聋哑儿童学音乐》等文。发表歌曲五十余首，其中有《时间就是生命》《悯农》《游子吟》《枫桥夜泊》等。创造和研制多种音乐教具，线谱管板琴曾列入国家教委教学仪器研究项目。为唐诗谱曲三十余首。两次参加国际会议。曾赴美协助戴维斯加州大学的中国留学生学者联谊会，开办识谱培训班并筹建小乐队。在1986年首届国民音乐教育会上受到国家教委表彰。

谢直心（1922— ）

作曲家。四川新津人。1953年毕业于中央音乐学院作曲系。曾在中央广播乐团、四川温江文工团从事音乐创

X

作。1979年到四川音乐学院任教。著有《民族管弦乐配器探索》。

谢志强（1956— ）

笙演奏家。广东梅州人。1973年毕业于广州市文化艺术中等专业学校笙专业，师从胡天泉、闫海登、王慧中。广东歌舞剧院民族乐团高音笙演奏员。演奏曲目有《红花遍地开》《阿细跳月》《旱天雷》《水库引来金凤凰》等。参与数十张民乐天碟CD录音。随团赴泰国、新加坡、波兰、德国等国演出。撰有《笙在民族乐团的作用》等文，创作并演奏笙独奏曲《沸腾的水利工程》《梅江情》《长潭韵》《羊城花市》及笙协奏曲《围屋春秋》等。

谢宗华（1961— ）

大号演奏家。吉林柳河人。1980年毕业于中央音乐学院附中，后任北京交响乐团演奏员，1996年调中国交响乐团任演奏员。曾在北京多所大学进行多年的交响乐普及演出，并先后被多次邀请参加各大乐团国内外重要演出，曾应邀赴上海参加交响乐作品录音演奏，应广播交响乐团邀请赴欧洲多国演出、应上海交响乐团邀请赴日本巡演等。1993年应广州乐团邀请参加首届指挥比赛的乐队演奏。随中国交响乐团先后在全国各地及赴德、英、奥、日等国演出了大量的交响乐作品。

谢宗良（1953— ）

小提琴演奏家、指挥家。上海人。苏州市群众艺术馆副研究馆员。1970年任江苏省东台文工团首席小提琴，1976年任指挥，同年指挥大型组歌《陈毅同志在盐城》。1998年随苏州民间艺术团赴韩国演出担任独奏。作曲的女声小组唱《有缘村里来相会》获第九届全国群星奖。撰有《论音乐的社会适应机制》《从群众文化音乐干部的一专多能谈起》等文。

谢尔艾力（1929— ）

民族乐器演奏家。维吾尔族。新疆喀什人。1956年始在苏联塔什干音乐学院留学四年。曾在新疆艺术学院音乐科教授艾捷克、胡西塔尔，并从事乐器改革。

解 冰（1922— ）

女歌剧表演艺术家。北京人。1942年参加文艺工作。后在中央歌舞团工作。1946年在鲁艺文工团主演歌剧《白毛女》《星星之火》。1947年曾随团赴苏联作音乐考察。改编有民歌《生产忙》《翻身五更》等。

解 放（1942— ）

音乐编辑家。黑龙江富锦人。曾任中国文联出版公司音响编辑、文化部侨联艺术团艺术指导，总政歌剧团乐队、北京风雷京剧团管弦乐队任圆号演奏员、队长。曾参加《柯山红日》《洪湖赤卫队》《杜鹃山》等剧目的演出。1983年后参与组建文联出版公司音响编辑室和广州白天鹅音响艺术有限公司，先后编辑、录制《广东音乐》《二胡专辑》《琵琶专辑》《军人抒情歌曲》《木鱼石的传说》《一曲明天下》等多种声乐、器乐磁带。曾任《中

日友好歌曲集》等书籍责任编辑。

解 飞（1971— ）

音乐教育家。河南鄢陵人。河南鄢陵县教师进修学校教务处主任，县音协副主席。1997年毕业生于河南大学音乐系。所撰《中师视唱教学初探》《浅谈音乐教育中的素质教育》分获《中小学音乐报》举办的全国音乐教育论文比赛一等奖，河南省第三次素质教育理论与实践征文二等奖。歌曲《县职高校歌》于1996年获中国音协"世纪之声"全国歌曲大赛优秀奖，《春蕾艺术团之歌》于2001年获《中小学音乐报》举办的全国校园歌曲创作比赛二等奖。

解 华（1942— ）

词曲作家。江苏南京人。中国音乐文学学会理事、江苏省音协理事、江苏省音乐文学学会会长、《歌迷大世界》杂志社主编。1964年毕业于江苏戏剧学院歌舞话剧系。先后在南京市文化局、文联、江苏省文联负责音乐创作和音乐编辑工作。曾主编《江苏音乐》刊物，创办《歌迷大世界》杂志。出版个人歌词选《江南春早》《捎上一束茉莉花》和词曲作品音响专辑《解华作品集》《天堂之歌》。词曲作品《月光照着太湖水》曾在央视春节晚会上演唱，并获"海峡之声"全国征歌一等奖。

解 荒（1963— ）

作曲家。辽宁丹东人。丹东市音协副秘书长。曾就读于中央音乐学院作曲系。歌曲《森林才是我的家》获文化部二等奖，评剧音乐《杏花村》获辽宁省文化厅金奖，舞蹈音乐《清平韵》《鼓语》《那丹乌西哈》获辽宁省第五届艺术节优秀奖。为木偶剧《森林的故事》创作音乐。发表歌曲《甲午海战百年祭》《祝福人间》《我们是明天的太阳》《明天在召唤》等。发表《浅谈戏曲音乐在歌曲创作中的运用》等文。

解 丽（1959— ）

女歌剧表演艺术家。辽宁人。全国青联委员、江西省政协委员。1998年毕业于江西师大艺术学院。1979年入南昌市歌舞团。1990年入江西省歌舞团，任合唱队队长。演唱歌曲《黄河怨》《思乡曲》《长江之歌》，歌剧选曲《月亮颂》《伯爵夫人咏叹调》《风萧瑟》，民歌《回娘家》《茉莉花》等。曾担任《红土地的精灵》《货郎与小姐》等19部歌剧、话剧与电视剧女主角。为电视剧《九月菊》等配唱。

解 瑝（1953— ）

女音乐编辑家。重庆人。1983年毕业于北京大学第一分校历史系。1986年起先后在中国音协《中国音乐信息》《音乐周报》《今日艺术》《中国艺术报》等报刊任编辑记者。1997年任主任编辑。曾在《人民日报（海外版）》《光明日报》《中国文化报》《北京青年报》等报刊发表文章。撰写的文章多次获北京专业报系统新闻奖。参与编撰《中国名人大词典》《中国音乐家词典》《中外歌唱家词典》《艺术词典》《故宫词典》《音乐编辑手册》和电

子出版物《辉煌五十年》北京版。

解策励（1932— ）

女作曲家。湖南长沙人。1964年毕业于上海音乐学院作曲系进修班。曾任江西省文化厅艺术处处长。中国音协第四届理事、音协江西分会副主席。作品有歌曲《请茶歌》《养猪模范李月娥》等。曾参与组织举办过众多大型音乐活动。

解承强（1954— ）

作曲家。山东荣成人。广东歌舞剧院创作室创作员。1980年毕业于上海音乐学院作曲系。撰有《听觉识别系统》《音乐学院学不到》。创作歌曲《信天游》《一个真实的故事》《祈求》，器乐曲《螺号声声》《珠穆朗玛》等文，分别获改革十年全国优秀歌曲评选活动优秀奖、首届中国音乐"金钟奖"声乐作品铜奖及文化部与地方比赛各类奖项。

解崇坤（1932— ）

指挥家。天津人。1949年华北大学结业后先后任职于陕甘宁边区文联、西北军政委员会文化部、第一步兵学校、第一政干学校、西北军区公安部队文工队、新疆军区文工团，历任演奏员、队长、副团长、代团长、兼作曲、指挥。曾指挥演出舞剧《白毛女》，歌剧《江姐》及大合唱等。创作的音乐有舞蹈《祖国哨兵》，舞剧《江格尔古丽》（合作），歌舞《新疆好》（合作）等。曾参加第二、三、四届全军会演及全国、前线慰问及出国访问等演出活动。曾获总政颁发的优秀个人奖、创作奖。

解际宸（1933— ）

声乐教育家。山东青岛人。1960年毕业于山东艺专。曾任烟台文工团声乐教员，烟台艺术学校校长、高级讲师。作有歌剧《毕英兰》《昆山劲松》（合作）。

解金福（1941—2003）

琵琶演奏家、教育家。江苏人。曾任上海音协办公室主任，中国琵琶研究会副秘书长、上海琵琶学会秘书长。1984年中央电大汉语言文学专业毕业。1958年考入甘肃电台乐队。1961年入兰州军区战斗文工团任独奏及声部长，1988年调上海音协。独奏曲目有《十面埋伏》《草原英雄小姐妹》《彝族舞曲》等，为歌剧《红鹰》，舞剧《小刀会》，京剧《红灯记》等领奏、伴奏。曾受聘于多所艺术院校任教。撰有《介绍中国的琵琶和琵琶演奏的乐曲》《汪派琵琶与乐队》等。

解景田（1930— ）

声乐教育家。山东德州人。山东师大音乐学院教授。1947年在济南华北音乐学校随姚牧学习，多次在音乐会担任独唱或重唱。1949年入北京师大音乐系随沈湘教授学声乐。1955年毕业分配内蒙古师范学院音乐系从事声乐教学，任系主任。1977年调山东师大音乐系任声乐教研室主任。从事声乐教学50年，培养一批声乐教学演唱骨干，多

名学生在大赛中获奖。

解维力（1962— ）

音乐活动家。山东烟台人。烟台市群众艺术馆副馆长。毕业于曲阜师范大学音乐系。1995年考入中央音乐学院双排键电子琴进修班。作有歌曲《中国正年轻》《蓬莱海》《春雷》《承诺》等分别在中央电视台、省电视台播出，曾获山东省精品工程展播奖和烟台市文艺创作一等奖。多次担任烟台电视台春节晚会音乐总监及各类重大音乐活动的组织、筹划和领导工作。

解玉芝（1963— ）

女高音歌唱家。满族。山东章丘人。1988年毕业于沈阳音乐学院民族声乐系。中央民族歌舞团演员。1990年参加央视第四届全国青年歌手电视大赛获荧屏奖。1992年在北京电视台"荧屏连着我和你"新人新秀比赛获银奖。参加国庆40周年少数民族汇演、文化部及北京电视台春节晚会、中央电视台"乡音·乡情"民族音乐会、澳门同胞迎香港回归文艺晚会等。曾赴马来西亚、香港演出。

解中彦（1930— ）

小提琴演奏家。吉林人。1946年入长影乐团，后入辽宁芭蕾舞团。曾任辽宁歌剧院乐队首席。作有小提琴独奏曲《牧马人》《辽河之春》，歌剧音乐《社长女儿》《焦裕录》（合作）。

辛　兵（1970— ）

二胡演奏家。吉林人。辽宁省歌舞团附属艺校副校长。1991年毕业于沈阳音乐学院民乐系。曾获1984年少年器乐比赛三等奖、2000年第四届沈阳音乐周优秀表演奖、2004年首届中国青少年演艺新人推选活动青年组金奖。论文《对二胡演奏技巧的几点看法》获2000年辽宁省音乐论文评奖二等奖。

辛爱萍（1965— ）

女歌唱家。山东海洋人。1990年毕业于哈尔滨师范大学音乐教育系。曾任中学音乐教师、石油音协、石油天然气管道局文体干事，1991年后任管道局廊坊基地残联办公室主任。曾参加"天王杯""通业杯""听众喜爱的青年歌手""红鹰杯""群星奖"等歌手大赛，分获"荧屏奖"、美声唱法优秀奖、一等奖。曾独唱《春天》《走进新时代》《祖国、慈祥的母亲》《为祖国干杯》《祝福你、中国》等歌曲。在中央电视台"星星擂台"栏目播出《辛爱萍演唱的歌》。

辛朝霞（1963— ）

女音乐教育家。福建泉州人。福建泉州华侨职业学校教师。2002年毕业于福建师大音乐系函授本科。曾获农村题材歌曲创作演唱比赛"我的家乡美"三等奖。撰有《幼教声乐教学的基本训练》《浅谈钢琴的基本训练与练习》等文。辅导音幼专业学生参加省级独唱、四项全能比赛有多名获奖。

辛春生（1941— ）

　　长笛教育家。山东海阳人。山东音协第三届理事。1964年毕业于山东艺术专科学校，留校任教。曾任省歌舞团管弦乐队长笛首席，后调山东艺术学院音乐系任副主任。目前山东各艺术团体长笛演奏员均为其所教学生。作有交响音诗《海滨随想曲》，交响曲《黎明的海涛》以及管弦乐曲《金秋即兴》《山乡的春天》《青年圆舞曲》。为电视剧《谁最能》配乐。撰有《浅论长笛的基础训练》《长笛教学中的几个问题》。

辛发先（1946— ）

　　作曲家。重庆人。重庆市音协副主席，重庆万州艺术馆副馆长。长期从事作曲、指挥及民间音乐研究。在全国和省、市发表、演播创作的各类音乐作品三百多件，六十余件次获奖。作有系列歌曲《三峡梦》《三峡红叶》《三峡石头歌》《高峡平湖天地宽》，舞蹈音乐《纤夫曲》《三峡榨房汉子们》，二胡与乐队《大宁河音画》，大型歌剧《断线风筝》，论文《对三峡民间音乐的感性认识和理性思考》。

辛沪光（1933— ）

　　女作曲家。江西万载人。1956年毕业于中央音乐学院作曲系。曾任内蒙古音协副主席，北京音协理事。在内蒙古教学、创作达26年之久。作品曾参加1982年在意大利罗马举行的国际女作曲家作品展览。交响诗《嘎达梅林》在国内、香港、日本、捷克录制唱片。作品还有管弦乐《草原组曲》，马头琴协奏曲《草原音诗》，一组管弦乐通俗小品《山泉似的红走马》，清唱剧《草原小姐妹》，京剧音乐《草原小姐妹》，电影音乐《祖国啊！母亲》《五张照片》，电视音乐《生命之歌》《沙漠散记》，大型舞剧音乐《蒙古源流》《生命欢歌》。

辛来滨（1952— ）

　　小提琴演奏家、作曲家。回族。河北人。内蒙古自治区呼伦贝尔市民族歌舞团演奏员、呼伦贝尔市音协理事。曾在解放军某部文工团任作曲、演奏员。先后多次参加自治区文艺汇演、调演及各类演出。作有歌曲《呼伦贝尔我的家》《奶酒的祝愿》等，其中《海拉尔美丽的城》《党像亲人好慈祥》分获自治区少儿歌曲评选一、三等奖，《鄂温老人》《为内蒙古干杯》获自治区"五个一工程"奖、优秀作品奖。出版有个人作品CD专辑。

辛清华（1929— ）

　　作曲家。江苏人。上海昆剧团艺术专家咨询委员会委员。为大型昆剧谱曲、改编的剧目有《钗头凤》《司马相如》《蔡文姬》（与傅雪漪分场合写），《牡丹亭》（上中下三本），现代昆剧《琼花》等十余出。其中《钗头凤》获首届上海戏剧节作曲奖，《琼花》获1992年全国工曲音乐学会颁发的"孔三传"优秀音乐创作奖。为唐宋诗词、毛泽东诗词谱曲共六十余首。

辛祥利（1939— ）

　　作曲家。安徽霍邱人。曾任安徽省管乐学会顾问，安徽师范大学老龄大学合唱团指挥。1961年毕业于安徽艺术学院音乐系。后调安徽师大音乐学院，从事长笛、合奏、合唱课教学、科研及创作。发表作品五十余首，论文十余篇，出版《长笛教学研究》。代表作《山乡春早》在国内外演出百余场，被编入《中国竹笛名曲荟萃》中。随中国艺术团出访西非六国、乌兰巴托和维也纳。1992年参加省高校"教书育人报告团"荣获"景泰兰"杯。

辛玉桐（1929— ）

　　音乐活动家。山东济南人。1949年7月起先后在济南市公安局军乐队任指挥兼教员，在槐荫区文化馆、市群艺馆从事音乐工作，在济南市中区文化馆任副研究馆员。曾指挥军乐队在省市举办的音乐会上演出，并为乐队演奏的许多歌曲配器。曾为歌剧《枣红马》《小八路》谱曲。作有舞蹈音乐《春耕支农进山庄》《我爱这一行》《师徒赞》《种树忙》《春之歌》等，并分别获省、市一等奖。

辛占波（1957— ）

　　作曲家。辽宁鞍山人。内蒙古包头人民广播电台文艺中心主任编辑。1982年毕业于内蒙古师范大学音乐系。编辑和制作的电视音乐《土默川山曲儿》、作曲和编辑的广播剧《钢花映红的岁月》分别获内蒙古"五个一工程"奖、内蒙古"萨日纳"奖，作曲和编辑的广播剧《警官日记》获内蒙广播文艺一等奖、内蒙"五个一工程"奖等多种奖项。

鑫　林（1958— ）

　　女中音歌唱家。天津人。从事声乐艺术工作二十余年，先后在全国、市、区各种声乐比赛中48次获奖。1999年在参加全国"新人新作"歌手比赛中获美声组金奖。1997年在杭州和著名歌唱家、艺术家一起录制音乐歌曲录音带，献给癌症患者。1997年在杭州电视台参加"爱心同在"大型文艺演出，1999年在北京音乐厅参加"全国抗癌宣传日"的盛大义演。2000年起还参加电影、电视剧的拍摄工作，先后在电视剧《杀青》《花自飘零》中担任角色。

信惠忠（1940— ）

　　作曲家、音乐理论家。山东人。六十年代作有小歌剧《手上的疤痕》《光荣人家》，歌曲《俺是公社民兵》《高举红旗大步走》《我为革命多炼钢》等。出版的戏曲音乐专著《五音戏音乐研究》国外发行。1971年在市文化局期间撰文数十篇。1990年带队赴南京参加第二届中国艺术节演出五音戏《换魂记》。1993年调市文联，1960年出席第六次全国文代会。1999年主持市音协工作，组织参加"五个一工程"的音乐创作活动。作曲的《画碗姑娘》舞曲被山东省文化厅定为50年来的经典作品，重新排练、录像、制作光盘发行。

邢　籁（1941— ）

　　女歌词作家。北京人。1961年毕业于哈尔滨师大中文系。曾在黑龙江省歌舞剧院创作室工作。第七届全国政协委员。黑龙江省音乐文学学会会长。词作有《太阳岛上》，电视片《寻找回来的世界》插曲等。

邢保俊（1936— ）

作曲家。山东人。1957年毕业于山东省文化干校音乐科。出版《邢保俊、张宝祥歌曲选》《张宝祥、邢保俊曲艺作品选》与论文集《跨世纪新论》《科苑论文集》《山东柳琴戏的形式与发展》。参加主编歌曲集《我的家乡沂蒙山》《情满沂蒙》《这里四季是春天》《这里也风流》《沂蒙之光》。参与主办中国革命老区民歌汇演。编撰《戏曲音乐集成》。参与歌舞剧《沂蒙丰碑》，历史剧《卧龙求凤》作曲。

邢丑花（1943— ）

女民歌演唱家。山西忻州人。1964年入中国音乐学院声乐系专修声乐。先后任山西省歌舞剧院歌舞团合唱队副队长、演员队队长。1957年获全国民间文艺汇演优秀节目奖，1982年获山西省中青年演员比赛一等奖。演唱的山西民歌有《打酸枣》《观灯》《放风筝》《俺和知心人结个婚》等，被录制成唱片或盒带。在二十余部大、中、小型歌剧中扮演主要角色。1990年随《黄河儿女情》剧组参加香港艺术节表演。1997年在广东代表郭兰英艺术学校参加迎香港回归大型演出。

邢德芸（1935— ）

女歌唱家、教育家。广东人。五、六十年代演唱过一批歌曲在广东省获奖并由广东电台录音播放。演唱的《苗家山歌》《姑娘的心为什么跳荡》等歌曲由中国唱片总公司录制成唱片。七十年代后为专业团体培养一批独唱演员、戏曲演员。曾在全国及中南六省和本省的声乐大赛中获一、二等奖。在戏曲教学中成功地解决了戏校少年学员的"变声期"难题，1979年在全国变声期学术研讨会上作经验介绍。

邢贵民（1931— ）

小提琴教育家。辽宁新金人。1950年入东北鲁艺学习。1956年入沈阳音乐学院管弦系，毕业后留校任教。

邢履荘（1936— ）

女歌唱家。陕西西安人。1959年毕业于西安音乐学院声乐系，入陕西省工会文工团。1962年调陕西省乐团。后任延安歌舞剧团任独唱演员、声乐教员、为延安音协副主席，省音协理事。1990年调陕西省艺术师范任教研室主任。参加过《洪湖赤卫队》《茶花女》《卡门》等中外歌剧的演出。1977年后曾两次进京演出，在歌舞剧《蓝花花》的排演中，担任全部演员唱段及伴唱领唱，节目获全国二等奖。1986年参加九省市联合举办的"黄河歌会"获特别奖。出版陕北民歌个人演唱专辑盒带《浪花从延河飞出》。陕西电台为其举办"邢履荘独唱音乐会"专题节目，并由中唱公司录制3首陕北民歌。

邢仁强（1959— ）

作曲家。山东禹城人。禹城市文化局局长兼文化馆长，德州市音协副主席。1976年毕业于山东艺校。创作百

余件声乐、器乐、舞蹈音乐作品，先后在《歌曲》《广播歌选》发表或在电台、电视台播放，部分在大赛中获奖。《村里的孩子》获全国青少年新歌大赛一等奖，《喊秋》获文化部"群星奖"铜奖，《这个世界这个家》获中华人口文化三等奖，《妈妈的爱》为山东省国庆50周年推荐歌曲。出版歌曲集《故园风》、CD唱片《岁月飞歌》。

邢汝迎（1943— ）

小提琴演奏家。天津人。1953至1958年师从白俄罗斯安邦老师学习小提琴。1970年由部队转业至天津《海港》剧组乐队任小提琴首席。1976年调入天津歌舞剧院任小提琴演奏员，后为天津交响乐团副团长、天津爱乐协会副主席。先后参加《海港》《智取威虎山》《红灯记》等十余部大型现代剧和多部大型歌剧舞剧及柴科夫斯基、贝多芬、肖斯塔科维奇等交响音乐会数百场演出活动，多次获天津市文化局、市总工会先进工作者称号和天津市"七五"立功奖章。

邢维凯（1963— ）

音乐学家。北京人。中央音乐学院教授、中央音乐学院附中校长。1981年毕业于中央音乐学院附中钢琴专业。1984至1995年就读于中央音乐学院音乐学系，主修音乐美学，获博士学位后留校任教。曾任中央音乐学院音乐学系副主任。1999年荣获首届"文化部文化艺术科学优秀成果奖"，2000年荣获"杨雪兰音乐教育奖"，2001年入选"北京市培养新世纪（2001—2005）社科理论人才百人工程"。

邢晓林（1968— ）

作曲家。朝鲜族。辽宁人。任职于天津音乐学院作曲系，从事作曲及视唱练耳教学。1997年毕业于天津音乐学院作曲系，2000至2002年公派赴乌克兰敖德萨国立音乐学院学习。曾应邀赴韩国和乌克兰举办音乐会，作品涉及室内乐及奏鸣曲。有多篇音乐作品发表于《音乐创作》等国内刊物，出版著作《音乐美术教育》。论文《对我国音乐学院作曲系教学现状的思考及改革设想》获天津市教委论文奖并出版发行。

邢学智（1930— ）

单簧管演奏家。山西运城人。原西北军大艺术学院音乐部副区队长、国际单簧管协会会员。1954年毕业于成都西南音专本科并留校任单簧管教师。1956年曾随东德单簧管专家学习。历任四川音乐学院单簧管助教、讲师、副教授和管乐教研室组长、主任、器乐系副主任、管弦系主任。作有单簧管独奏曲《彝族欢舞》《翻身农奴之歌》《高原到处喜洋洋》《红日照康巴》。撰写《善歌者使人继其声，善教者使人继其志》《梅西安末日四重奏》《斯波尔四首单簧管协奏曲》《单簧管音乐史》《外国单簧管名曲及其作者简介》等文三十余篇。

邢晏芝（1948— ）

女评弹演唱家。江苏苏州人。1964年入常州市评弹团，1986年调苏州评弹学校并从事演唱。1976至1987年先

后随团赴朝鲜、香港、美国等地演出。1982年获文化部颁发的"全国曲艺调演优秀节目"一等奖，1984年获"江苏文体十佳"。发表过多篇评弹论文。

邢照寰（1942—　）

作曲家。天津人。1960年考入新疆艺术学院作曲系。曾任乌鲁木齐铁路局电视台综合文艺部主任，新疆音协理事。撰有《刀郎乐舞》《职工文化发展现状之我见》等文。收集、整理并加工改编大量新疆各民族民间音乐。作有歌剧音乐《奔腾的叶尔羌河》《靴子》，歌舞剧音乐《王杰之歌》，大合唱《火辣辣的歌》《春天来到了铁路职工的心间》，歌曲《巡道工的灯光》《雪莲花》。曾任中国函授音乐学院客座教授。先后为《情洒天山路》《书香人家》等电视专题片作曲，并分别获奖。

邢治平（1956—　）

作曲家。安徽无为人。铜陵市艺术剧院创作室主任。1979、1992年分别毕业于安徽省艺校及省电大。撰有《论音乐节奏的情感》，作有歌曲《老长辈》《老百姓最爱的人》等，其中《啄木鸟》《明天》在全国及省级比赛中获奖。多次组织策划群众歌咏比赛、歌手大奖赛和青年歌手大赛，并担任大型歌舞综艺晚会《红色先锋》创意、撰稿包括创作、编曲。组建市通俗音乐学会。

醒　声（1930—1984）

作曲家。辽宁锦州人。1945年从事部队音乐工作，1950年随部队参加抗美援朝。转业后先后任安徽省文化局音乐工作组组长，安徽省歌舞团团长，安徽省文化局副局长。曾出版《黄山，我心中的明星——醒声歌曲集》。歌曲《绿化祖国之歌》发表于《人民日报》，《啊，樱花》（合作）获文化部二等奖，《黄山，我心中的明星》《报童之歌》《准备着，时刻准备着》分获省级一、二等奖。

幸志斌（1941—　）

音乐理论家。江西南康人。1963年毕业于广州音专民乐系。历任文工团乐队队员、创作员。1987至2003年，在广东省当代文艺研究所主持编纂《中国民族民间器乐曲集成·广东卷》，任编辑部主任、常务副主编、副编审。兼任中国管理科学研究院学术委员会研究员。获国家"文艺集成志书编纂成果一等奖"。所设计的能演奏中立音的"24音律双键盘电子琴"于2000年获得国家专利。歌曲作品有《春雨》《雾蒙蒙的海》等。

熊　椿（1941—　）

指挥家、小提琴家。重庆人。就读于西南音乐专科学校附中，1964年毕业于四川音乐学院管弦系，后分配至自贡市文工团，曾任首席小提琴、业务副团长。1985年任自贡市歌舞剧团团长。1993年调自贡市文联任秘书长、副主席。自贡市音协主席、四川省音协理事，省小提琴教育研究专业委员会理事。指挥演出过歌剧《江姐》《洪湖赤卫队》，舞剧《白毛女》《红色娘子军》，交响乐《沙家浜》《皮尔·金特组曲》《天鹅湖组曲》，合唱《长征组歌》《黄河大合唱》。曾指挥录制《呼唤太阳》《黄花

颂》《何似在人间》等电视片、广播剧音乐。

熊　辉（1949—已故）

作曲家。江苏江都人。1975至1985年自修中央音乐学院作曲系全部课程。1967年在山东临沂京剧团、1969年在青岛市歌舞剧院工作，青岛市歌舞团副团长。1995年初组建青岛民族乐团，担任艺术总监、乐队指挥。作有歌剧《大地生辉》《泪血樱花》，民族舞剧《祭海》，舞蹈音乐《我爱油田》《海的女儿》《碧海银珠》，大型歌舞《严力宾之歌》，歌曲《看亲人》《渔歌》等数十首，器乐作品《黎明》《潮》，室内音乐《琴岛小夜曲》，轻音乐《山东民歌新奏》，曲艺音乐《石狮子咧咀》《三巴掌》，广播剧《静静的河边》，电视剧、电视音乐片《向往》《青岛，美丽的岛城》。

熊　黏（1972—　）

作曲家。贵州开阳人。安顺市音协秘书长、安顺师范高等专科学校艺术系副主任。2003年毕业于西北师范大学。曾主编参编多部专科公共课音乐教材，并撰有发表多篇文章。创作歌曲、器乐曲有《西部印象》《龙抬头》《岩洪窝和七公主》等。曾指挥合唱团参加安顺市多项比赛中获奖。

熊　萍（1962—　）

女音乐教育家。湖北武汉人。江汉大学实验师范学院副院长。1983年、2001年分别毕业于武汉师范学院艺术系，华中师范大学教育管理系。曾任市教育局体卫艺处科长。编辑出版《大学音乐鉴赏与实践》系列教材，《器乐艺术与实践》丛书，起草了《武汉市学校艺术教育发展规划》等系列规章制度。开展了"七色光走进艺术"专场巡演，举办了七届学校艺术节。曾率武汉教师合唱团赴奥地利参加第六届格拉茨国际合唱节比赛获特别优秀奖。辅导多个学校合唱团，在省汇演中获一、二等奖，在中国第七届合唱节和全国首届教师合唱节比赛中均获金奖。

熊　纬（1964—　）

作曲家。江西贵溪人。毕业于江西师大音乐系，进修于中央音乐学院作曲系。中国音协第六、七届理事、江西音协驻会副主席、《心声》歌刊主编。数十次获国家级、省级奖。发表作品数百首。作有管弦乐组曲《运动交响》（合作），舞蹈音乐《三清神韵》，风俗组歌《赣傩的表情》（合作），江西省九运会会歌《再创辉煌》（词曲）等。大型组歌《赣鄱谣》（合作）在国家大剧院上演。歌曲《把城里的哥哥娶回家》《"清贫"颂》获中宣部"五个一工程"奖。出版有《茶韵悠然》——茶歌茶曲集。

熊　卫（1957—　）

女高音歌唱家。重庆人。四川理工学院音乐系教师。1982年毕业于四川音乐学院声乐系。发表《论声乐演唱的艺术处理》《怎样保护好声带，科学合理用嗓》《论高师声乐教学的几点思考》等文多篇，部分获奖。演唱的歌曲《沁园春·雪》《我爱你，中国》等获多项比赛奖项。曾

获自贡市第二届广播电视大奖赛"十大歌手"称号。

熊 瑛（1960— ）

女音乐教育家。江苏盐城人。福建省南平市青少年宫副主任，福建音协福建合唱协会理事，省校外教育音乐专委会会长。先后获全国影视歌曲演唱大赛三等奖，福建省青年歌手比赛第一名，曾参加中央电视台文艺节目的录播。擅长青少年声乐教学和群众性合唱训练，培养的学生先后在全国及省市青年歌手大赛、少儿声乐比赛中多次获奖。本人多次获全国及福建省文艺汇演、大赛等活动的优秀辅导奖、优秀园丁奖。撰写有教学论文并获奖。

熊 岳（1960— ）

女古筝演奏家。四川泸州人。1976年入中国广播民族乐团任古筝演奏员。独奏曲目有组曲《表情素描》（被中央、中国音乐学院选为古筝教材），《第一古筝协奏曲—潇湘水云》《采莲曲》（获全国民族器乐比赛三等奖），古筝与琵琶二重奏《龙凤吟》等。曾随团赴日本、澳大利亚、新西兰、菲律宾演出，应邀赴香港举行个人独奏音乐会，赴新加坡、马来西亚举办演奏会和讲学。受聘担任中央音乐学院古筝教师。

熊 照（1953— ）

大提琴演奏家。上海人。1969年入东海舰队文工团，1975年入上海广播电视乐团。任首席大提琴及独奏演员，后任该团乐队队长。1981年毕业于上海音乐学院大专班。演奏并录制唱片有大提琴独奏曲《欢乐的牧民》，大提琴协奏曲《漫游》，柴科夫斯基《罗可可主题变奏曲》。曾获上海市青年演员会演大提琴专业比赛第一名、全国大提琴比赛优秀演奏奖。随团赴香港、日本、美国访问演出。为上百部影视剧配乐。

熊保明（1964— ）

作曲家。湖北黄冈人。解放军外国语学院政治部前哨艺术团团长。2001年在总参音乐创作培训班学习，2003年在解放军艺术学院文管系学习。歌曲《红肩牌》获2005年"总政全军院校歌曲征集评选"二等奖，《红肩章》获2006年"总参创作歌曲文艺演出"一等奖，歌曲《练兵场上》、小品《心灵》分获2007年"总参纪念建军80周年文艺调演"一等奖。

熊承敏（1957— ）

作曲家、音乐教育家。湖北武汉人。1989年毕业于武汉音乐学院师范本科，同年回武汉第二师范学校教科处工作，后任音乐教研员。1996年借调国家教委艺术教育委员会。湖北省手风琴学会会长，中国手风琴协会理事。作有钢琴协奏曲《西兰卡普幻想》，手风琴曲《转经》《洪湖叙事曲》《神女的诉说》《楚天儿女情》《黄鹤故乡》等。编写出版全国中师手风琴教程（第三册），筹备成立武汉儿童音乐学会，筹备成立全国中师音乐教学研究中心。参与策划各类音乐比赛活动并任评委。培养出大批音乐教育人才。

熊初保（1960— ）

词曲作家。湖南人。南京艺术学院计算机音乐本科毕业。中学高级音乐教师。有大量作品在刊物发表、舞台演出、电台、电视台播出、音像出版、征歌获奖。作品《毕业晚会》曾为央视年度品牌栏目"毕业歌"系列晚会主题歌，《海之头江之尾》获中国音协"长江颂"全国征歌一等奖，《快乐节日》《青藏圆梦人》《小男孩》《边走边唱》《小猴过河》《学校办进山窝窝》等歌曲在征歌中获等级奖并由央视播出音乐电视。出版有声乐套曲《南京1937》CD光盘。

熊达天（1935— ）

歌词作家、剧作家。福建武平人。任教于福建省宁德教育学院。出版《爱的飘落》《重新美丽》《弯月摇情》《春漫蓝潮》及摇滚诗集《月照天眼》等。作有歌曲《渔港静悄悄》《老师心底的春天》《三月小雨醉畲乡》《温柔的月光》及组歌《三峡行》，音乐电视文学剧本《将军之恋》。音乐作品《还不了的债》《为何又要回首》《海峡之恋》《中国人民海军猎潜艇进行曲》被福建广播电台专题播出。

熊大果（1944— ）

作曲家。江西南昌人。广东电视爱乐乐团艺术指导、作曲、演员，中教国际教育交流中心特聘音乐艺术顾问。歌曲《上一道坡坡下一道梁》《壶口放歌》《海峡深海峡浅》《月之故乡》《大西北恋歌》《武陵山茶赛美酒》《中国的色彩》《思乡喊月》《农民兄弟》《美丽的恰尔巴特》等获创作金、银奖。曾为电影《乌克兰的中国女人》、电视连续剧《心远》创作主题歌和插曲《挥别你难》及《春晖育桃李，丹心报祖国》。许多歌曲在专业报刊和省、市电台、电视台刊载、播放。连续六年获广东省优秀音乐家奖。

熊道儿（1937— ）

女钢琴教育家。广东人。曾任教于星海音乐学院。1951年参加广州市文工团。1961年毕业于中央音乐学院钢琴系本科。长期从事专业和业余钢琴教学工作。曾任广州钢琴学会理事、副会长。编著出版《初级、高级钢琴音阶、和弦、琶音》《实用钢琴技巧练习曲集》教材十二册，钢琴四手联弹《拉德茨基进行曲》等四册。撰有论文《提高听觉素质是钢琴教学重要课题》。

熊芳琳（1932—已故）

女歌词作家。湖北武汉人。曾在音协北京分会工作，音协北京分会理事。作有《湖水哟，多么好》《春天真正好》，撰有《新时代的青春之歌》《温燕青在追求》等。

熊飞影（1907—1969）

女粤曲演唱家。江西人。12岁从师学唱粤曲，15岁开始登台演唱。曾在香港、广州等地巡回演出并在香港歌林唱片公司录有唱片。新中国成立后先后在广州粤剧团、华南歌舞团和广东音乐曲艺团任演员。

熊复名（1960—　）

作曲家。湖北广水人。曾就读于湖北艺术学院、湖北大学中文系、中国函授音乐学院理论作曲系、中国艺术研究院编剧进修班。后在文艺团体任演奏员、作曲。发表、播出《懂得》《江南水》《蝴蝶花》等大量歌曲作品。并在全国征歌中获奖。两次晋京中南海为国家领导人演出，2001年赴上海参加第三届国际艺术节演出。

熊冀华（1932—）

指挥家、作曲家。北京人。四川音乐学院教授、成都市音协顾问。1953年毕业于成都艺专音乐科，曾入上海合唱团德国专家班、上海音乐学院苏联专家班进修指挥。曾任四川音乐学院作曲系副主任、教务处长，四川省音协副主席，成都市音协副主席。长期兼任峨影乐团、成都市交响乐团、四川省交响乐团首席客座指挥。1993年参加华人音乐经典系列演出。作有交响曲《浣溪沙》，著有《管弦乐总谱读法》（合作），

熊家源（1949—　）

男高音歌唱家。湖北武汉人。深圳歌舞团副团长。1970年参军，先后在武汉、广州等军区歌舞团任独唱演员。1988年毕业于武汉音乐学院声乐系，曾在全国、全军歌唱大赛中十多次获一、二等奖。曾代表国家和军队到世界二十多个国家访问演出，出版发行CD、唱片、盒带等演唱专辑几十盘。曾三次荣立三等功。1992年被广东省省委、省政府授予"广东省优秀中青年专家"称号。1994年荣获"深圳市杰出专家"称号。广东省政协第七届、第八届委员，深圳市政协第二届、第三届委员。

熊镜蓉（1922—　）

女声乐教育家。四川丰都人。1946年毕业于重庆国立音乐院分院声乐系。1951年在重庆艺专任教。后在西南师大音乐系任教。

熊赳赳（1954—　）

作曲家。湖南浏阳人。湘潭市文联副主席、音协副主席，市文艺评论协会副主席，副研究馆员。曾多次参与大型文化活动的策划和组织。有多篇论文在省级以上专业刊物发表，有的曾获省文化厅论文奖。作有舞蹈音乐《月下行》《红黄蓝》和歌曲《采莲曲》《难忘的夏天》等二十多部（首），在省级以上刊物、电台、电视台发表和演播。其作曲的舞蹈《月下行》获湖南省"洞庭之秋"艺术节一等奖。

熊开宏（1941—　）

小提琴演奏家。湖南长沙人。1965年毕业于武汉音乐学院管弦系。曾任武汉歌舞剧院交响乐团小提琴首席。

熊克炎（1927—2003）

音乐教育家、理论家。湖北潜江人。曾任中央音乐学院视唱练耳、乐理教研室主任，教授，中国音协视唱练耳、乐理学会会长。1946年毕业于陶行知重庆育才学校音乐组。先后任教于长沙音专、香港中华音乐学院、

中央音乐学院。为视唱练耳、乐理专业的创建者及学术带头人。翻译出版有《奥斯特洛夫斯基自然音、变化音视唱》《斯波索宾二部、三部》视唱，阿诺夫《交响乐总谱读法》。1958年赴匈牙利参加柯达伊学术研讨会。创编熊克炎1至4册视唱教程，编著出版"九五"国家级重点教材《视唱练耳教程》（上、下册），撰有《关于视唱练耳教学中的三个基本问题》《有关视唱练耳考试中的一些问题》《关于中国七声调式音阶的写法》等文。

熊乐忱（1909—已故）

音乐教育家。江西南昌人。早年从北京国立艺专音乐系、上海国立音乐院肄业。1929年与冼星海一道留学于比利时皇家音乐学院，学习音乐理论和钢琴。回国后任北平美术学院音乐系教授、系主任。曾任国民政府教育部音乐教育委员会编订组主任。新中国成立后，曾任江西文艺干校教务处长兼音乐科主任，省文联常委、省音协副主席、南昌大学师范部艺术科客座教授。

熊立正（1968—　）

歌唱家、音乐活动家。吉林松原人。先后毕业于吉林艺术学院、吉林艺术学院成人教育学院音乐系。历任吉林油田职工艺术团歌队演员、吉林石油集团公司工会文体中心辅导员。先后参加吉林企业职工艺术团调演、省青年歌手电视大赛、第三届全国石油职工歌手大赛获美声组二等奖，省企业歌手大赛、石油职工艺术节大赛获一等奖，省第四届青年歌手大赛获金奖。

熊曼玲（1958—　）

女声乐教育家。江西人。江西省政协委员，南昌市音协副主席，江西省音乐教育研究会会长。1976年攻读于江西师范大学音乐研究生班，1980年毕业于南昌职业技术师范学院，1986年入中央音乐学院进修。1993年入南昌职业技术师范学院任音乐系副主任。1990年在澳大利亚举办三场独唱音乐会。多次参加省内声乐比赛获大奖。曾获"江西省高校优秀归国人员""市五一劳动奖章""优秀教育工作者"等称号。发表论文《论发展我国民族心音乐》等。

熊茂勋（1940—　）

作曲家。河南汝南人。毕业于河南大学音乐系。原驻马店师范学校音乐教研室主任、副教授。在国家、省、地市刊物上发表数十首歌曲，并多次获各级歌曲创作奖，其中1999年创作的男女二重唱《献给老师的歌——把爱心奉献》入编"99迎接新世纪全国校园新歌作品集"，本人被评为"校园歌曲优秀作曲家"。

熊敏学（1941—　）

作曲家。湖北武汉人。1965年毕业于上海音乐学院民族作曲系，曾先后就职于宁夏歌舞团、湖北省歌舞剧院。获奖作品有歌剧《杜鹃山》（合作），歌曲《伟大的祖国》，民族管弦乐《昭君出塞》《楚风》《黄水谣》（皆与人合作），交响幻想曲《求索》《孺子牛》等。并为《战斗在大别山》等二十余部电视连续剧作曲。

X

熊青云（1922—1997）

吹打乐演奏家。四川遂宁人。自小学习四川清音及民间吹打乐，1953年参加四川省民间音乐舞蹈会演，并选派赴北京参加全国第一届民间音乐舞蹈会演。后随第三届赴朝慰问团到朝鲜慰问演出。1957年赴莫斯科参加第六届世界青年联欢节，伴奏的《小放风筝》等节目获金质奖章。编曲的《布谷鸟儿咕咕叫》获四川省第一届曲艺会演一等奖。上世纪50年代末，调成都市戏剧学校，教授。四川清音琴师，四川省曲艺家协会理事。编曲的现代曲目有《春天来到川西坝》《花儿朵朵红》《水乡春早》《弹琴姑娘》。改编的传统曲目有《秋江》《断桥》《赶花会》等。

熊卿材（1949— ）

男中音歌唱家。上海人。1971年入总政歌舞团工作。曾任全国青联委员。演唱有《中国，中国，鲜红的太阳永不落》《三峡情》《长城永在我心上》。

熊生民（1941— ）

歌词作家。广西柳江人。1964年毕业于北京广播学院新闻系文艺专业，同年任中央人民广播电台编辑。曾任中国唱片总公司总经理，1995年任中国广播艺术团团长。曾为声乐组曲《长城行》《和平涛声》等创作歌词。其它歌词有《歌唱敬爱的周总理》《同心曲》《迎春曲》《海上吹来轻柔的风》等。

熊盛华（1934— ）

女歌唱家。满族。重庆人。1957年毕业于四川音乐学院声乐系，同年起进入新疆生产建设兵团歌舞剧团。历任独唱演员、声乐指导、艺委会副主任。自治区文学艺术专家委员会委员、生产建设兵团音协名誉主席。首唱代表作《举杯祝贺》《卖花帽》《唱吧！我心爱的冬不拉》《火焰山下葡萄园》等在中央人民广播电台播放。曾获"园丁奖""优秀声乐指导"奖。所排练指导的合唱、重唱获多项全国奖、省级奖，并多次参加北京国际合唱节。

熊士敏（1935— ）

作曲家。江西南昌人。原江西省艺术音像出版社社长。1955年毕业于南昌师范学院专科学校艺术科。曾先后在江西公安厅文工团、新建县采茶剧团、江西音协工作。作有歌曲《我托春风捎个信》《我要回到你身旁》等，其中《祖国啊，我献给你一束鲜花》获省二等奖。为古装戏、现代戏及十余部折子戏设计唱腔。创作儿童童话歌剧《骄傲的小公鸡》和《张木匠》等六部小歌剧音乐。

熊天声（1936— ）

小提琴演奏家。湖北人。1945年入国立音乐学院幼年班，1958年毕业于中央音乐学院小提琴专业，随苏联专家学习后留校任教。1962年由中央乐团协奏在国内公开演奏《柴科夫斯基小提琴协奏曲》。1970年调中央乐团。1975年起参加"小分队"独奏、"样板戏"、交响乐、四重奏，并赴美、日、朝等国演出。1999年起在中国人民大学徐悲鸿艺术学院音乐系任小提琴教授。

熊伟谊（1956— ）

作曲家。湖南双峰人。1992年毕业于湖南师范大学音乐系。娄底市艺术馆副馆长。撰有《浅谈现代花鼓戏小型乐队伴奏的配器》获省三等奖。创作歌曲《青春风采》《中国我的主题歌》《我回来了，妈妈》，舞蹈音乐《白羊闹春》《梅山蛮》，吹打乐《闹新春》等。指挥合唱在建国55周年及其他比赛中分别获湖南省第三届"群星奖"、优秀辅导奖。1988年分别获《中国民间器乐曲集成》《中国曲艺音乐集成》娄底市一等奖。

熊小明（1945— ）

女钢琴教育家。江西南昌人。江西省赣南师范学院音乐学院副教授。1965年毕业于江西师范学院。曾任南昌市八一中学音乐教师。撰有《迎接21世纪的挑战——论音乐教育在跨世纪人才培养中的地位》（合作）等文，其中《跨世纪的文化思考——论国民音乐教育的文化取向》获1997年全国音乐美术优秀论文评选二等奖。

熊馨梅（1964— ）

女声乐教育家。江西南昌人。江西省南昌师范学校高级讲师。1985年毕业于江西师大。论文《关于师范学校声乐教学的思考》获江西省第三届音乐论文评选三等奖。曾获教案评比优秀奖、一等奖及优秀教师、先进教育工作者称号，为国内的音乐院校输送众多声乐人才。

熊学琴（1947— ）

女音乐教育家。重庆人。绵阳师范学院钢琴副教授。曾在西昌凉山州歌舞团、中国唱片社成都分社工作，1985年调绵阳师范学院音乐系，培养大批学生，在全国首届高校音乐教育专业学生基本功大赛中获全能一、二等奖。对《高师钢琴教学法》《高师钢琴分级教学》等课题有深入研究，发表论文十余篇，多篇获奖。《围绕培养目标，改革高师钢琴教学》获"中国高等教育教学研究"论文一等奖。曾任省、市青少年钢琴比赛评委。

熊义珍（1938— ）

音乐高级讲师。湖北武汉人。先后毕业于中南音专（俄文编译室培训一年），武汉市文化局专业艺术学校（大专），曾任武汉歌舞剧院歌剧演员兼场记。后调广东艺术师范任声乐、民歌教师。1987年创导儿童广播剧《冬冬的一天》。多首歌曲作品在"琴台音乐会"演出。曾获广东直属机关歌唱比赛一等奖。与房鸿明教授合编《中国民歌荟萃》。

熊幼忱（1935— ）

作曲家。江西南昌人。1959年毕业于湖北艺术学院音乐系。曾任武汉歌舞剧院演奏员、音乐教员、音乐教学组组长、器乐培训班主任。1974年起转入音乐创作组，曾任创作组组长。作有《阳光下》《见面》等十多部歌剧音乐及声乐器乐、影视音乐作品。武汉电台曾播放熊幼忱专题音乐节目。曾被评为武汉市文化系统先进工作者。

熊正林（1939— ）

二胡教育家、演奏家。四川都江堰人。中国民族管弦乐学会理事、胡琴专业委员会常务理事。1958年四川音乐学院民乐系毕业，分配至福建省歌舞团，后调福建艺术学院。1963年参加"上海之春"首届全国二胡独奏比赛获奖。1985年研制成功二胡多功能双千斤，获福建省科技成果二等奖。1989年研制成功多功能系列胡琴双千斤获国家专利和文化部科技进步三等奖。撰有《二胡的按音》《二胡弓序音差》《直边蛋形二胡》《二胡揉弦的科学性与美学价值》《关于二胡曲谱符号规范化的意见》《二胡跳弓技法初探》《多功能胡琴系列双千斤及其演奏法提要》等文。

熊志成（1923—已故）

作曲家。江西新建人。1941年毕业于江西省音训班。曾任音协江西分会副主席，南昌市文化局副局长。作有《祖国我爱你》《插秧山歌》，编有歌曲选三集。

熊志音（1960— ）

竹笛演奏家、教育家。江西南昌人。1995年毕业于江西师范大学音乐学院。南昌大学艺术学院音乐系副教授。曾任江西省杂技团乐队演奏员。先后获文化部全国民族器乐观摩演出笛子独奏优秀表演奖，全省青年演员汇演笛子独奏第一名，国际中国民族器乐大赛竹笛独奏优秀奖。

熊仲响（1933— ）

圆号演奏家。广东英德人。1951年参加广州市文艺工作团。1959年毕业于中央音乐学院管弦乐系。先后在广州市文工团乐队、中央乐团、广州乐团、珠影乐团任圆号演奏员。作有交响序曲《远航》，交响叙事曲《沙基缅怀》，圆号与管弦乐《山歌与回旋曲》。曾任珠影乐团舞台总监。

修 骏（1954— ）

作曲家、音乐活动家。山东莱阳人。毕业于天津音乐学院。全总文工团特约创作员、研究馆员，北京市音协理事，北京市劳动人民文化宫副主任兼文艺部部长。《党旗和大山》《师傅》《秦川鼓潮》《五星红旗升起来》《中国工人之歌》《握手》《前程美》等三十余首（部）音乐作品分别获全国"群星奖"、全国工人歌曲征集比赛一等奖、陕西省"五个一工程"奖、北京市群众歌曲创作比赛一等奖等奖项。百余首作品在省级以上音乐刊物上发表或由中央、省市电视台、电台播放。1999年在京举办"修骏声乐作品音乐会"。曾多次担任中宣部"五个一工程"奖歌曲评委。2007年策划主持《劳动颂歌》（组歌）创作演出，并由北京电视台在"五一"期间播出电视晚会。

修海林（1952— ）

音乐史学家、美学家。山东人。1983年毕业于中央音乐学院。曾任该院音乐研究所所长，现任绍兴文理学院蔡元培艺术学院院长、教育部高等学校社会科学发展研究中心兼职研究员、中国音乐史学会常务副会长、音乐美学会理事，博士生、硕士生导师。曾任《音乐研究》主编、河南大学特聘教授。在音乐史学、音乐美学、音乐教育学领域共发表有学术专著12部、论文八十余篇。其中《古乐的沉浮》获北京市哲学社会科学优秀成果二等奖，《中国古代音乐教育》获教育部第二届全国教育科学优秀成果二等奖、《中国音乐的历史与审美》和《西方音乐的历史与审美》分获教育部2002年普通高校优秀教材一等奖。

修小波（1929—1990）

作曲家。辽宁庄河人。1948年始从事部队音乐工作。1949年任开国大典军乐队分指挥。1950年任某军文工团音乐队副队长兼指挥。1984年到中国音协工作，任组联部秘书。作有歌曲《姑娘的心》《过去的事情就让它过去》。

秀 田（1933— ）

歌词作家。天津人。1949年入东北鲁艺文工团，后在黑龙江省歌舞剧院艺研室工作。作有《新货郎》《越走越亮堂》《太阳岛上》《浪花里飞出欢乐的歌》。

秀日什吉（1940— ）

女高音歌唱家。藏族。青海化隆人。1957年入青海民族歌舞团。曾入上海音乐学院学习，后在青海民族学院任教。原音协青海分会副主席。

胥昌秀（1959— ）

女声乐教育家。河南光山人。1982年毕业于河南大学音乐系。后在新乡地区艺术学校、河南省艺术学校任教，2002年始任河南省职业技术学院中奥维也纳音乐学院声乐教研室主任。撰有《假声在变声期中的应用》《戏曲韵白在歌唱中的应用》《中国MTV现象分析》《心韵的咏叹》《声乐心理学初探》等文，其中《中国MTV现象分析》与《声乐心理学》被评为二等奖。

胥国红（1961— ）

女歌唱家、音乐教育家。山东茌平人。先后毕业于济宁师专艺术系、曲阜师大函授本科音乐系。曾任济宁市歌舞团演员。撰有《歌唱的咬字吐字》《师专音乐教学管见》。演唱的《大辫子甩三甩》《水乡美》《地地道道好为人》等在中央、省电台、电视台播放。1989年获重庆歌手大赛民族唱法一等奖，1991至2000年分获山东高师青年教师声乐比赛一等奖、曲艺比赛一等奖及创新教案一等奖。

胥怀瑜（1942— ）

胡琴演奏家。四川成都人。1962年毕业于四川舞蹈学校器乐科。四川歌舞剧院民族乐团首席演奏员。在多个民乐曲目中担任首席，并在民乐合奏《将军令》《喜看银河穿山来》《草地随想》中担任高胡及板胡领奏等。其中担任首席的大型川剧《死水微澜》于1997年获文化部第七届文华奖，担任板胡领奏的民乐合奏《闹年》获四川第六届"蓉城之秋"表演二等奖。参加大型交响音乐会近百场，并曾赴日本、印度、香港等地演出。

胥正君（1955— ）

词曲作家。山东潍坊人。1970年从事部队文艺工作，1982年转业到济南市群众艺术馆任文艺部主任。山东省少儿音乐专业委员会副主任委员、济南市音协副主席。曾获山东省富民兴鲁劳动奖章与省先进工作者。作有中国信息博览会会歌《跨越时空》，第13届亚足杯赛主题歌《精彩无限》，济南国际幽默周主题歌《笑口常开》《飞吧，蒲公英》《到处都有你》分获文化部"蒲公英"奖创作金奖、银奖。《中国女孩中国红》获"中国人口文化奖"歌曲类入选作品奖，《你真美》《想的是老百姓》获山东省委宣传部"精品工程奖"及首届"山东泰山奖"。

徐　德（1967—　）

音乐编辑家。浙江宁波人。人民音乐出版社图书研发中心主任、副编审。1999年毕业于中央音乐学院音乐学系，获硕士学位。组织本社图书编辑，每年推出大量新版书谱。曾承担《20世纪中国音乐史论研究文献综录》等国家重点出版项目。担任责编的《中国古代音乐审美观研究》《牛津简明音乐词典》获"三个一百"原创图书出版工程等各种奖项。曾发表《关注版本—莫扎特钢琴奏鸣曲》等多篇译文，另有《音乐课—音乐艺术欣赏》《即兴的乐趣》等译著。论文《音乐出版与音乐家》获第二届中华优秀出版物（论文）奖。

徐　冬（1959—　）

女音乐编辑家。满族。辽宁沈阳人。中央音乐学院出版社编辑。1980年在辽宁省艺术幼儿师范学校任钢琴教师，1982年考入沈阳音乐学院钢琴系，1984年转修音乐学专业，并入中央音乐学院音乐学系委培。1987年毕业后即分配到中国音协《人民音乐》编辑部，曾担任"纪念与启迪""音乐教育""表演艺术""民族音乐"等栏目编辑。撰有《国乐改革的基点分析》《数字化音乐春潮涌动》《永远的肖邦——"肖邦岁月——波兰音乐周"述评》等文。编著有《钢琴之路——结构定向化设计钢琴集体课教材》。

徐　斐（1922—　）

女钢琴教育家。上海人。1941年毕业于国立上海音专。后入美国波士顿音乐学院学习。曾在北京师范学院音乐系任教。参加编写《全国高等师范学院校钢琴基础教程》，译有《莱舍蒂茨基钢琴演奏法的基础》。

徐　枫（1963—　）

女声乐教育家。河南开封人。河南许昌职业技术学院艺术系主任。1987年毕业于河南大学音乐系。1988年参加许昌电视台春节文艺晚会任独唱。多次在许昌市各类文艺比赛中担任艺术指导、评委。撰有《也谈歌唱的激情感和表现欲》《试论民族唱法的几个问题》《中国音乐文学漫谈》《论钢琴即兴伴奏的六大特点》等论文。曾获河南教育学院系统论文二等奖，第四届河南省音乐理论研讨会论文二等奖。

徐　锋（1963—　）

女琵琶演奏家。江苏南京人。先后毕业于江苏省艺术学校昆曲专业、解放军艺术学院文学系本科。南京军区政治部文工团琵琶演奏员。改编、创作琵琶独奏曲《莫斯科郊外的晚上》《西班牙斗牛士》《回娘家》《西双版纳泼水节》《古寺钟声》（合作），在第七届全军文艺汇演、第六届中国艺术界上演奏评弹《血桃花》获一等奖。多次参加中央电视台"山城杯""通利杯"全国民族器乐大赛及南京军区各种比赛获不同奖项。

徐　广（1963—　）

低音提琴演奏家。浙江杭州人。中国广播艺术团电声乐团副团长。1982年毕业于中央音乐学院附中管弦科。曾任"刘诗昆钢琴独奏音乐会""盛中国小提琴独奏音乐会""国际风筝节""国际啤酒节"开幕式等大型活动音乐总监。担任《2008——北京期待你》张学友世界之旅大型演唱会导演。曾随团赴意、德、瑞、法、西班牙、南斯拉夫、奥地利等国演出。

徐　涵（1943—　）

作曲家。江苏涟水人。群文副研究馆员，涟水县音舞协会主席。1963年毕业于江苏省淮阴师范学校。服兵役后，1967年分配到涟水县文化馆从事创作，辅导和培养大批群众文艺骨干。编写《淮海锣鼓介绍》。创作一批演唱作品，其中表演唱《张老汉装上电话机》获全国首届"群星奖"铜奖，女声独唱《一片丹心献园林》获全国工人歌曲征歌银奖。

徐　红（1957—　）

女琵琶演奏家。上海人。七岁从师学习琵琶。1976年入上海歌剧院。演奏有《琵琶行》《十面埋伏》。1980年获全国琵琶比赛二等奖。曾随团赴菲律宾、美国、希腊演出。现居香港。

徐　宏（1941—　）

大提琴演奏家。天津人。1965年毕业于中央音乐学院。曾在中央歌剧院工作。在日本歌剧《夕鹤》演出时任首席大提琴。在"歌剧序曲音乐会"中担任独奏。

徐　宏（1963—　）

指挥家。安徽蚌埠人。安徽省歌舞剧院副院长、常任指挥。2003年毕业于上海音乐学院作曲指挥系。指挥交响音乐会和民族音乐会百余场。撰有《浅析中国艺术歌曲的发展》《试析贝多芬第九交响曲的英雄性和斗争性》《琴韵悠扬》论文并在专业刊物上发表。

徐　华（1953—　）

作曲家。湖北人。湖北公安县文化馆副研究馆员、公安县音协主席。1976年起在原武汉军区后勤部演出队任唢呐演奏员和创作员。在国家级刊物上发表一批作品。其中在全国获一、二等奖、优秀奖的作品有歌曲《跪在父亲的坟前》，歌词《因为我只有一次生命》《我们在耕耘》，曲艺《犟老张》，舞蹈《我们是欢乐的小号手》。1999和2001年先后应邀赴韩国、日本演出。

徐　建（1941—　）

音乐教育家。北京人。曾任湖南省株洲市田园艺术学校董事长兼校长、中学高级音乐教师、湖南音协扬琴学会副会长、省扬琴艺术委员会副主任。1961年毕业于湖南艺术学院音乐系民乐专业。1975年始学习歌曲创作，并指导中学生演唱《党是阳光我是花》等多首歌曲，此歌获创作一等奖。编排大型民乐合奏《山丹丹花开红艳艳》获1992年中国·湖南国际国际烟花节开幕式一等奖，并获湖南省中学生调演一等奖第一名。1990至1994年间创办两所市少儿民乐培训基地，发展壮大民办名校——株洲市田园艺校。四十多年来一直从事音乐教育，为国家培养大批音乐人才。1992年被评为市级"艺术教育先进个人"。

徐 健（1962— ）

单簧管演奏家。安徽蚌埠人。1979年安徽省艺术学校毕业。安徽省歌舞剧院办公室主任，交响乐团演奏员。发表《单簧管演奏与呼吸技巧》等文。参加有不同形式和内容的音乐会、文艺演出，任首席单簧管。曾获安徽文化艺术节演奏一等奖。

徐 杰（1914— ）

音乐教育家、作曲家。湖北黄梅人。1946年毕业于重庆国立音乐院理论作曲系，后任教于国立女子师范学院音乐系、西南人民艺术学院音乐系。曾任四川音乐学院作曲系副主任、师范系主任，重庆市音协副主席，四川音协理事、顾问，四川省政协委员。作品有钢琴奏鸣曲《奠》，清唱剧《江姐上华莹》，歌舞剧《四季》，音乐剧《牛郎织女》，合唱曲《遥祭》《献花》《望红台》《沁园春·雪》，歌曲《江边小唱》《大渡河放歌》《水调歌头》。

徐 杰（1958— ）

歌词作家。福建漳浦人。福州市体育局局长。有数十首歌词被谱曲并演唱。其中《一片新绿》《五月来看花》等分别在中央电视台、中央电台播出，《迎接阳光》《台湾阿舅》等在刊物登载。《清明花开》《又是一场花瓣雨》等分别在评比中获奖。出版有个人作品CD唱片专辑《想起高高的山岗》。

徐 杰（1958— ）

音乐教育家。河南开封人。1982年毕业于河南大学音乐系。广东肇庆市音协副主席，曾分别参加李德伦和拉乌尔·索萨执棒的交响音乐会任大提琴副首席。1997年获广东省教育厅科研成果一等奖。2002年参加全国首届音乐心理学学术研讨会，其论文入选大会论文集。同年参加全国中小学音乐教育及高师专业音乐教育教学改革研讨会，论文获二等奖。

徐 瑾（1957— ）

长笛演奏家。辽宁人。总政军乐团二队长笛首席、声部长。1972至1981年先后在总政军乐团学员队、后师从中央乐团李学全、中央音乐学院朱同德学习长笛演奏，1988年毕业于中央音乐学院大专班。参加完成团的几乎所有重大演出活动。首创"长笛口风、双唇控制法"，既演奏巴赫、莫扎特、贝多芬的古典作品，又努力体现米约、桑

冈、亨德米特、鲁赛尔、里费尔、姆津斯基、等近、现代作曲家作品风格。

徐 静（1938— ）

音乐教育家。山东胶州人。曾任青岛建筑工程学院美育教师。1959至1961年就读于山东艺术专科学校。作品《运肥谣》曾获1963年山东省文艺汇演歌曲创作一等奖。曾发表歌曲《好山好水好山东》《心中盛开牡丹花》《中华，我爱你》等并为歌剧《送灯》，电视剧《冒尖赛》作曲。撰有《工科院校音乐教学探讨》，编著有《音乐基础》（合作）。

徐 君（1937— ）

作曲家。山东济南人。济宁市音协主席。1958年始音乐创作，发表各类作品数百件。出版专著《徐君音乐作品选》，盒带《太阳的承诺》（合作），音乐电视《大辫子甩三甩》，音乐专题片《香飘四海》《祭孔乐舞》，歌曲《说孔子》《情洒微山湖》，乐曲《挡马》《运河旁有首动人的歌》《飘香的农场》等数十件。分别获不同奖项。担任《圣魂》《齐鲁潮》《英雄大聚义》总体设计、编导、撰稿、作曲等。山东文联委员，山东音协理事，《中国民乐集成·山东卷》编委等。

徐 凯（1972— ）

扬琴演奏家。南京人。南京市音协副主席。1992年毕业于南京艺术学院音乐系，同年入南京民族乐团任声部首席，后任乐团团长。1992年获"纪念华彦钧诞辰一百周年"全国民族器乐大赛扬琴专业二等奖，1997年获江苏省民族器乐大赛扬琴专业第一名，1999年获江苏省第二届文化艺术节茉莉花金奖，2006年组织创作"秀色国乐"演出获"四月之春"朝鲜国际艺术节金奖。

徐 克（1925—已故）

作曲家。辽宁抚顺人。1945年始从事部队音乐工作。1957年毕业于东北音专作曲系。曾在辽宁歌剧院工作。作有歌剧音乐《友谊与爱情的传说》（合作），歌曲《赞美你，骆驼》。

徐 葵（1967— ）

双簧管、萨克斯管演奏家，音乐教育家。辽宁沈阳人。1992年毕业于中央音乐学院管弦系。历任中国电影乐团双簧管首席、全国萨克斯考级委员会评委、中国歌剧舞剧院音乐学校客座教授。2004年参加北京迎接奥运圣火主会场大型文艺晚会，担任萨克斯独奏。同年受聘于澳门特别行政区文化局演艺学院，任萨克斯管、双簧管教授。

徐 朗（1930— ）

声乐教育家。上海人。上海师范大学音乐学院声乐教授、硕士生导师，中国声乐教育学会副理事长，上海音协声乐专业委员会顾问。1949年就读于上海剧专歌舞系。1952年起任上海乐团歌唱演员及声乐教员。先后任东海舰队文工团、前线歌舞团声乐教师。1978年起在上海师大音乐系任教，后为声乐教授、音乐系主任。曾获上海市劳动

模范，上海教学成果一等奖，"曾宪梓教育基金"奖。合作编写《声乐曲选集》《中国声乐作品选集》《外国声乐作品选集》《声乐教学曲选》《声乐教学曲库》等。

徐 乐（1954— ）

音乐教育家。上海人。1976年毕业于南京师范学院音乐系，2000年结业于苏州市首届名师班，2001年结业于首都师范大学国家级骨干教师班。现任江苏苏州中学校长助理。系苏州市跨世纪高级人才。长期潜心于基础教育理论的研究与实践，发表大量音乐教育、教学研究论文，获国家、省、市级奖励二十余项。已出版《少先队鼓乐队的组织与训练》《竖笛吹奏法》《教你识谱学唱歌》《少先队鼓号队实用教学法》。

徐 雷（1957— ）

声乐教育家。江苏无锡人。河南洛阳文化艺术学院副教授。1980年、2000年先后毕业于河南省戏曲学校音乐科，河南大学音教系（自学考试），撰有《声乐教学中教育学辩证关系》《关于美声教学的几点看法》等论文。作有歌曲《丝路悠悠》获河南省第十三届歌曲创作二等奖。多次获河南省艺术中专声乐比赛辅导奖。培养的学生二十余人考入专业音乐院校，多个学生在省级声乐比赛中获奖。多次担任洛阳市大型文艺晚会独唱、领唱，及各类专业大赛评委。

徐 良（1961— ）

歌唱家。北京人。1985年毕业于西安音乐学院声乐系。兰州军区战士。在中越边界自卫反击战中光荣负伤。在前线曾自办"猫耳洞电台"为战士演唱，被誉为"战地百灵"。演唱有《血染的风采》等歌曲。

徐 林（1935— ）

作曲家。辽宁丹东人。1947年在沈阳军区空军政治部文工团任团长，1954年就读于沈阳音乐学院作曲系。曾任沈阳公安七处文工团创作员、朝阳市建昌县文工团艺委会副主任、喀右蒙古族文工团创作组长，并在戏研所工作，后调任辽宁省朝阳市纺织厂工会文艺干事，副研究馆员。作有歌剧、戏曲、民族管弦乐、器乐曲等多种音乐作品，曾获市音舞节，"柱石杯"文艺大赛、"中国煤矿艺术节"等多种奖项。

徐 敏（1937— ）

小提琴演奏家。河南洛阳人。结业于沈阳音乐学院，先后在延安歌舞剧团乐队、新疆乐团、新疆歌舞话剧院管弦乐队、陕西省歌舞剧院歌剧团乐队担任首席、副首席小提琴，同时辅导教学小提琴演奏员多人。1985年调入陕西省艺术馆，副研究员。先后组织辅导各类大型文艺演出、比赛数十台（次），其中在全国性的比赛中，本省获得大奖及一、二、三等奖二十余个，撰写音乐书籍7部，发表论文及各类文章四十余篇，参加编导拍摄影视艺术片17部。1986年配乐伴奏和组织辅导的《安塞腰鼓》，获文化部、广电部颁发的表演一等奖。

徐 牧（1937— ）

女高音歌唱家。河北杨柳青人。吉林省歌舞剧院歌剧团声乐指导。1961年毕业于吉林省文化局干部大专进修班。1957年起师从苏联专家玛丽亚、张权教授学习声乐。撰有《如何歌唱赞美诗》等论文。发表《声乐讲座》等文章30余篇。曾在交响乐《沙家浜》中饰阿庆嫂，在歌剧《报童之歌》中饰白姑。1956年参加东北军区首届文艺汇演，获独舞表演唱《美丽》，豫剧《拷红》片断，婺剧《断桥》三项奖。在省歌剧院任独唱演员多次完成电台、电视台录音任务。1982年举办"花腔女高音徐牧独唱音乐会"。

徐 楠（1932— ）

女作曲家。江西上饶人。1956年毕业于上海音乐学院作曲系。曾任安徽省歌剧团音乐创作、安徽艺术学院配器、作曲教师。作有舞蹈音乐《在运动场上》《十二条手巾》《红灯记》《凤阳新鼓》等，分别参加全国舞蹈会演、华东六省一市会演并获奖。器乐作品《刘胡兰板胡协奏》（合作），《牧归》《观灯》参加安徽省器乐会演并获奖。电子琴独奏《牧歌》获冰心创作一等奖。广播剧音乐《包公智擒螃蟹三》获全国广播剧调演优秀奖，歌曲有《划龙船》《攻关》《年轻的一代》《祖国的希望》。论文有《论中国现代音乐作品的曲式结构及哲理变化》（合作），《安徽花鼓灯的曲式结构》等。

徐 佩（1930— ）

作曲家。山西太原人。1950年参加部队文艺工作，曾任军乐指挥。曾在石家庄市文化局戏研室从事作曲。作有丝弦《空印盒》。

徐 平（1957— ）

女歌唱家。山东荣成人。毕业于西安音乐学院音乐系。西安歌舞剧院独唱演员。1977年曾入中央歌剧院深造。撰有《歌唱的支点与灵魂》《敞开心扉用情歌唱》等文。作有声乐作品数十首。其中《我为祖国守岁》《怎能忘记》被选为老年大学声乐教学歌曲。《陕西颂》《佤山阿妹》分获歌海"风采杯"第五届全国歌曲大赛三等奖、优秀奖。1984年获全国首届"冼星海、聂耳声乐作品"声乐大赛西安赛区第一名。

徐 强（1938— ）

音乐教育家。江苏人。原徐州音协理事，徐州云龙区政协委员。1958年入徐州市文工团任独唱演员，现为中学高级音乐教师，并从事成人及少年儿童声乐教学及研究活动。曾在《人民音乐》等杂志及学术研讨会上发表多篇声乐论文。编排出适合少年儿童使用的既有科学性又有趣味性的"喉保健操"。获"学科优秀教师""全国推新人大赛优秀辅导教师""省音协考级优秀辅导教师"的称号。

徐 青（1957— ）

音乐活动家。辽宁沈阳人。1976年毕业于沈阳音乐学院，1979年入解放军艺术学院深造。1989年转业至中国石油集团公司工作。曾挂职新疆福海县任副县长。2000年创作《福海组歌》，并为新疆艺术风光片《福海神韵》谱写主题音乐。参与策划中俄石油天然气公司互访艺术交流，中国石油职工艺术节等大型活动，并任总导演。中国石油文联副秘书长。

徐 曙（1914—1980）

作曲家。江苏镇江人。1938年赴延安入抗日军政大学二分校学习。后曾任晋察冀抗敌剧社音乐队队长。1955年后任广播民族管弦乐团团长、中国唱片社副社长。作有歌剧、秧歌剧及歌舞剧音乐二十余部，其中有《春之歌》《在这土地上》《当兵去》《不要杀他》《生产大活报》等。作有舞剧、舞蹈音乐《空城计》《过难关》《交通战》等十余部。作有歌曲《晋察冀小姑娘》《王老三减租》《八路好》等百余首。并参加《日出》《前线》等话剧的演出。出版有《北京的旋律》成套唱片。

徐 涛（1967— ）

作曲家。辽宁铁岭人。1990年毕业于沈阳音乐学院音乐教育系。同年任教于沈阳师范大学音乐系。1993年进修于中国音乐学院干修班。作有《第二届全国青少年运动会会歌——青春竞赛》，《小姑娘，小花伞》由国家四部委向全国中、小学生推荐演唱，《工人本色》获中华全总、中国文联、中国音协等征歌一等奖，《不得了》获国家六部委环保歌曲征集一等奖，《爱，从这里启航》入选国家五部委"民族精神代代传"大型活动。

徐 韬（1928—2002）

音乐编辑家。北京人。1946年入抗敌剧社。1947年入华北联大文艺学院音乐系进修。1956年赴民主德国柏林音乐学院音响系进修。曾任中国唱片总公司高级编辑、录音艺术指导。录制有《国际歌》《中华人民共和国国歌》。

徐 韬（1960— ）

指挥家。河南郑州人。任职于建设银行河南分行宣传部。1987年、2001年先后毕业于河南大学音乐系本科、硕士。撰有《艺术教育与社会主义精神文明建设关系研究》于2004年获河南省社科联课题研究优秀成果二等奖，著有《中外名曲名家鉴赏》《中外音乐史话》。担任合唱指挥，多次带队参加省级合唱比赛，其中在香港回归、纪念毛泽东诞辰100周年、纪念长征80周年合唱大赛中获一、二等奖。

徐 薇（1935—已故）

女歌唱家。山东济南人。1954年考入北京航空学院。1956年入天津歌舞团任独唱演员。1958年随团赴埃及、叙利亚、阿富汗等国演出，担任女声二重唱及领唱。1960至1965年曾多次为国家领导人演出。1980至1986年间，每年在天津电台录制中外艺术歌曲及外国歌剧选曲。

徐 巍（1971— ）

女音乐教育家。黑龙江汤原人。大庆石油管理局物资装备文化中心文艺组干事。1991年哈尔滨师大音教系毕业。撰有论文《浅谈键盘乐对少儿智力的影响》《如何培养青少年对音乐的兴趣》《关于电子琴重奏的训练》。创作的合奏曲《澳门你好》在全国"蒲公英"少儿文艺大赛中获金奖。曾获省职工文艺汇演三等奖，青年骨干教师业务大赛键盘类二等奖及"优秀指导教师奖""园丁奖"。

徐 伟（1957— ）

女音乐活动家。山东青岛人。山东省潍坊市歌舞剧院院长兼艺术指导。曾任山东昌邑市京剧团小提琴演奏员、潍坊吕剧院二胡演奏员。先后参与创作吕剧音乐《龙凤峪》《根的呼唤》《挂画》《喜荣归》《李二嫂后传》等并获省多种奖项。组织编创《音乐大课堂》。话剧《真情无悔》在山东省第七届"文化艺术节"中获剧目一等奖，本人获编剧一等奖。组织本院参加多种大型演出，受市委、市政府表彰和嘉奖。

徐 炜（1921— ）

歌唱家、音乐教育家。广东东莞人。1936年在北平参加抗日救亡活动，1938年7月在武汉"纪念抗日一周年献金音乐大会"中演唱《丈夫去当兵》，8月参加"抗敌演剧队"任独唱演员，在桂南前线宣传抗日救亡。1946年毕业于重庆国立上海音专。1948年组建上海广播乐团，新中国成立后任广播乐团团长。1953年随中国青年艺术团赴布加勒斯特参加第四届世界青年联欢节，后到波兰、东德演出。1972年调上海师范大学音乐系任教，任声乐教研室主任。

徐 卫（1951— ）

女钢琴演奏家。四川阆中人。总政歌剧团钢琴演奏员。1969年毕业于沈阳音乐学院附中钢琴学科。1977年入中央音乐学院进修钢琴及和声。后相继在工程兵文工团任钢琴演奏，在二炮文工团任声乐伴奏及电钢琴演奏。参加《黄河》协奏曲，钢琴伴唱《红灯记》的演出。曾随团到前线——珍宝岛慰问演出。随团赴南斯拉夫、罗马尼亚和巴基斯坦等国演出。多次参加全国、全军声乐、器乐比赛和音乐厅的歌剧、艺术歌曲音乐会，并获奖。

徐 湘（1956— ）

作曲家。江苏南京人。大学音乐本科毕业。历任江苏两所高校艺术专业负责人。现任江南大学音乐系教授，兼任高校音乐创作委员会副主任。多年来创作发表有大量音乐作品，并获各级奖。领唱、合唱《小天鹅之歌》获全国企业歌曲评选银奖，合唱曲《假期一梦》获全国青少年歌曲征集评选一等奖，歌舞曲《江南的春天》获江苏省"五个一工程"优秀作品奖，独唱曲《茉莉花开的地方》获中国音协《歌曲》"晨钟奖"，《水兵的梦》获新华社纪念海军建军60周年征歌一等奖。

徐 欣（1956— ）

女音乐教育家。重庆涪陵人。长江师范学院音乐学院院长、中国少数民族音乐学会理事、重庆音协钢琴专业委员会副会长。曾获重庆市大学生"校园之春"合唱比赛专业组指导教师一等奖、重庆市大学生艺术展演合唱比赛专业组指导教师二等奖、第六届全国校园春节联欢会节目评选优秀编导三等奖和优秀演员奖、四川省高校第二届科研课题一等奖、第三次全国高师教育研究优秀教学成果二等奖、重庆市高等教育教学成果二等奖。主编教材《乌江流域民族民间音乐教程》。发表论文十余篇，被评为长江师范学院优秀主讲教师。

徐 新（1930—2006）

指挥家。江苏常州人。曾为中国音协指挥学会会长，中国交响乐发展基金会常务副理事长。早年在常州、苏南、江苏文工团从事音乐工作。1952年进中央音乐学院作曲系学习，1958年毕业于指挥系，后留校任教，担任附中红领巾乐团指挥。1972年调总政歌舞团任指挥、艺术指导。1988至1996年任中央音乐学院指挥系主任，教授。被兰州市授予荣誉市民称号。

徐 徐（1918—1986）

作曲家、音乐评论家。江苏江阴人。1938年考入陕西洛川抗日军政大学。1939年入延安鲁艺音乐系学习，后为研究生。1949年调东北电影制片厂任作曲。曾任中国电影乐团团长、中国音协理事、中国电影音乐学会副会长。作有《无形的战线》《高声猛进》《柞蚕》等电影音乐。参与电影《反对细菌战》《沙家店粮站》的音乐创作，参与《勇敢向前进》《飞吧，鸽子》等苏联电影及《流浪者》等印度电影中部分电影插曲的译配工作。作有《深山里的菊花》等电影音乐。撰有《关于电影歌曲》《民族乐队与电影音乐》等文。主编《电影音乐创作探索》。

徐 迅（1963— ）

钢琴教育家。江苏南京人。1986年毕业于南京艺术学院钢琴系，曾进修于该院研究生进修班。南京艺术学院音乐学院键盘系副教授。撰有《浅谈德国钢琴音乐教育》《从几篇学术论文剖析我国西方钢琴艺术史之研究》《钢琴触键手指关节运动规律浅析》等文。

徐 演（1936— ）

音乐文学家。满族。云南昆明人。1962年毕业于华中工学院。曾任云南省歌舞团团长。作有歌剧《翠湖春晓》，花灯剧《槟榔恋》《银海飘零记》，云南民族风情音画《有一个美丽的地方》（合作）。

徐 扬（1930—2000）

女音乐理论家。安徽太和人。1953年毕业于上海音乐学院专修班。曾任《安徽歌曲》副主编，安徽省文联音乐家协会编辑。著有《泗州戏音乐研究》。

徐 阳（1963— ）

女阮演奏家、教育家。江苏南京人。中央音乐学院副教授，硕士生导师。中国民族器乐学会理事，中央音乐学院青年演奏家阮族乐团艺术总监。毕业于西安音乐学院民乐系并留校任教，1998年调入中央音乐学院执教。曾先后赴欧洲、东南亚等国演出、讲学。多次在比赛中获奖。出版阮演奏专辑《满江红》《花会》《流水颂》等。创作阮曲《小牧民》，拍摄有《玉楼月》等阮曲系列节目和第一

张阮器乐MTV专辑。曾在北京音乐厅举办阮个人音乐会。编写有阮基础教程，阮初、中、高级专业教材。出版个人演奏专辑、教学专辑及教学专著《跟名师学阮三十课》《阮必学教程》。

徐 宜（1931— ）

女音乐教育家、翻译家。湖南长沙人。上海音乐学院声乐系教授、研究生导师。1949年入上海广播乐团。1960年毕业于莫斯科柴科夫斯基音乐学院声乐系、回国任教。后入广州部队文工团任声乐教员。1978年仍回上海音乐学院执教。曾受国务院文化部委派率团赴莫斯科参加第十届柴科夫斯基国际声乐比赛。翻译作品有《西方神剧和歌剧咏叹调集》《法尔斯塔夫》《费加罗的婚礼》等，翻译舒曼、舒伯特、勃拉姆斯等19位作曲家的歌曲共五百余首。分别选辑、译配柴科夫斯基、穆索尔斯基、马勒、沃尔夫、拉赫玛尼诺夫五位作曲家的艺术歌曲精选即出版有5册艺术歌曲专集。所翻译新剧《叶甫根尼·奥涅金》全剧出版并由上海歌剧院公演。

徐 源（1934— ）

音乐教育家。安徽合肥人。1952年前任安徽省文工团演奏员。1958年毕业于中央音乐学院作曲系后留校任教。为副研究员。作有交响序曲《故乡》，管弦乐《黄山音画》。著有《民族乐队乐器法》。

徐 展（1929— ）

作曲家。山东掖县人。1947年始从事音乐工作。1953年毕业于东北鲁艺音乐部。曾任中国煤矿文工团调研员。中国音协第四届理事。作有轻音乐曲《友谊圆舞曲》《夏夜》。

徐 庄（1954— ）

作曲家。江苏南京人。《海南日报》副总编辑，海南省音协副主席。1982年毕业于河南大学音乐系理论作曲专业。曾任开封市文化局艺术科科长、宣传部文艺科科长，省新闻出版局文化处处长、版权局副局长。作有舞蹈音乐《痛击侵略者》《突破》，话剧音乐《新路》，广播剧音乐《讲清楚》及器乐曲、歌曲等。撰有《中央乐团合唱音乐会观后》《谈谈怎样练习乐曲》等文。

徐安利（1957— ）

歌词作家。北京人。1992年开始歌词创作，先后为电视剧《我爱我家》《姐姐妹妹闯北京》《国际航班》《中国马家军》《马寅初》以及《红色康乃馨》《走过旧金山》《曼谷雨季》《最后的棚户人家》等大量影视剧创作歌词及为企业创作企业歌词。2000年获第十八届中国电视金鹰奖电视剧歌曲奖。2002年起从事MTV音乐电视拍摄导演，其主要作品有《我的小妹》《爱在记忆里舞蹈》《因为你高兴，所以我快乐啦》《分享快乐》。

徐邦杰（1946— ）

作曲家。陕西西乡人。1967年毕业于西安音乐学院附中。曾在《歌曲》《儿童音乐》等海内外报刊发表音乐作

品千余首。其中百余首曲作、三部歌剧音乐、三篇论文获国家级、省级奖励。18首入编中、小、幼音乐教材。作品有《搬运工人铁肩膀》《采山》《祖国·太阳》《放牛歌》等。《安塞腰鼓》《你代表中国》分获1999、2004年陕西省"五个一工程"优秀奖。出版《徐邦杰少儿歌曲选》《西乡县文化艺术志》《西乡县中小学校园歌曲集锦》《谈艺录》专著。曾获陕西省颁发的文学、音乐、民舞和戏曲四项个人奖。

徐邦献（1955— ）

音乐教育家。江苏建湖县人。先后毕业于南京师范大学音乐系、音乐教育系。发表《农村小学音乐教育浅议》《全面提高全民素质，必须从农村小学抓起》《指挥在合唱中的作用》等文。创作歌曲《园丁之歌》《扶贫工作队之歌》《新大陆纪行》《十年之路》《青春之歌》《长虹之歌》等。曾任中央电视台"红色经典走进盐城"文艺晚会指挥。组织导演多场文艺晚会。被评为省"艺术教育先进个人"，省师范中青年学科带头人。

徐昌俊（1957— ）

作曲家。浙江人。中央音乐学院副院长、教授，教育部高等学校艺术类专业教学指导委员会委员。1986年上海音乐学院毕业。1995年赴意大利进修。2000年获博士学位。2001年到美国考察研究。作品《剑器》获第六届全国音乐作品评奖二等奖第一名。曾获文化部第二届"区永熙优秀音乐教育奖"。博士论文《鲁契亚诺·贝里奥的十三首"模进"》获2003年全国优秀博士论文提名。作有柳琴曲《剑器》、民乐合奏《龙舞》，交响大合唱《我们的祖国》，室内乐《风点头》等。

徐昌茂（1949— ）

笛子演奏家。江苏盐城人。执教于深圳翠园中学。师从林克仁、俞逊发、赵松庭学习笛子演奏。1988年起先后于南京、盐城、北京、深圳举办个人独奏音乐会。应邀赴新加坡、马来西亚、泰国、日本、韩国及香港、澳门、台湾等地交流演出。拍摄有电视专题片《笛缘——记年轻笛子演奏家徐昌茂》及"徐昌茂民族管乐独奏音乐会"。

徐超铭（1942— ）

笙教育家、演奏家。浙江人。曾任中国笙学会副会长、上海音乐学院教授。1962年毕业于上海音乐学院附中，1967年毕业于上海音乐学院笙专业。与牟善平、肖江合著并出版《笙练习曲选》一书。创作并出版《送茶》等笙曲、芦笙曲十余首。发表《笙的和音与结合音》《笙演奏技术的创新》等论文。演奏赵晓生的无伴奏现代笙曲《唤凤》，获1989年上海文化艺术节优秀成果奖。录制《静夜思》《中国笙》等独奏专辑。曾在巴黎用37簧笙替代长笛，参加法国管弦乐队录制普罗科菲耶夫的交响童话音乐《彼得与狼》CD。

徐彻微（1950— ）

作曲家、指挥家。朝鲜族。吉林图门人。沈阳军区前进歌舞团指挥。1983年毕业于上海音乐学院作曲指挥系，

曾任武警文工团创作员和指挥，曾为电视剧《我的老师》作曲，并获广电部等颁发的"骏马奖"二等奖。作品有管弦乐《鼓风谣变奏曲》，歌舞《故乡的春天》，民族器乐曲《乡情》等。撰有《从调式调性上来分析西方现代音乐》。

徐成刚（1949— ）

半音阶口琴演奏家。江苏人。中国音协口琴分会干事、北京口琴会理事。曾师从美籍著名口琴艺术家黄青白教授学习半音阶口琴。并在中央电视台、中央人民广播电台、北京电视台录音、录像、为电视剧，歌曲录音。在国内比赛中多次获奖。1987年赴英国泽西岛参加首届世界口琴锦标赛获得半音阶口琴比赛最高荣誉奖。编写有《口琴演奏世界名曲80首》《半音阶口琴演奏中外名曲》等口琴曲集，并录制口琴教学VCD两套。

徐春龙（1940— ）

作曲家。山东荣成人。1959年入二炮文工团。曾在上海音乐学院进修作曲及指挥。作有歌曲《团结胜利进行曲》《我站在英雄树下》《祖国大地充满阳光》及舞蹈音乐《井冈挑粮》。

徐春晓（1977— ）

女音乐文学编辑家。辽宁沈阳人。毕业于沈阳音乐学院音乐文学专业，并在中央音乐学院与沈阳音乐学院进修音乐学。曾在北京电台、中国音乐家音像出版社任编辑。2003年调中国音协《词刊》编辑部任编辑。多首词作发表于《词刊》《歌曲》。为中央电视台动画片《马兰花》创作的主题曲《幸福花开》，在2007年由中宣部、中国音协等举办的全国少儿歌曲征集中获银奖。为电视连续剧《风云泸沽湖》创作主题歌《难舍天堂》。参与编辑《全国成人歌唱考级歌曲集》。

徐大庆（1963— ）

小提琴演奏家。河南周口人。郑州市文联党组书记。2002年毕业于郑州大学获硕士学位。曾在商水县文化馆任小提琴演奏员与在周口师专艺术系任音乐理论、和声教师。1985年在周口师专建校十周年文艺演出中，担任中提琴演奏。所作少儿歌曲《大地告诉我们小朋友》获周口地区创作奖。曾指挥郑州交通系统大合唱并获指挥一等奖。

徐代泉（1940— ）

作曲家。安徽人。1961年毕业于安徽艺术学院戏曲作曲专业，1985年毕业于上海音乐学院戏曲专修班。曾任安徽大学艺术学院副教授、安徽戏曲音乐学会理事、《中国戏曲音乐集成·安徽卷》副主编，参与全卷的组稿、审校等工作。作有歌曲《雨打农家竹篱笆》《中国之恋》等多首，作有器乐合奏《旱船》，舞蹈音乐《山妇》，戏曲音乐《喜脉案》《汉宫秋》（合作），《桃花扇》，音乐电视剧《半把剪刀》（获"金鹰奖"），撰有《黄梅戏音乐概述》《试论程长庚对京剧的贡献》（合作）等文，出版有数盒音带。

徐德奇（1944— ）

低音提琴演奏家。河南人。河南省音协理事，河南省爱乐协会会长。从事演奏工作以来，担任本声部首席，与国内外多位指挥家合作完成了贝多芬、柴科夫斯基、德沃夏克、拉赫玛尼诺夫等数十部交响乐作品的排练。为省内专业团体、大中专院校输送了一批音乐人才。

徐定芬（1931— ）

女声乐教育家。湖南人。1954年于上海音乐学院声乐系毕业，分配至华东戏曲研究院工作。1959年入上海合唱团，1964年任上海乐团声乐教员。先后培养声乐演员数十人，有的考入音乐院校，有的进入专业文艺团体，有的赴美深造。

徐东蔚（1948—2001）

作曲家。广东五华人。曾任广东群艺馆馆长、研究馆员，广东文联党组副书记、省音协主席，中国社会音乐研究会副会长。1965年始任文艺团体演员、演奏员、创作员。1977年入广东人艺音乐系作曲进修班，后从事群众音乐工作。1988年在北京举办了个人作品音乐会。作有歌曲《请到天涯海角来》《渔家四季尽春光》《重阳九月九》《南方之夜》《珠江行》，歌舞剧音乐《美人鱼》，歌剧音乐《春度喜鹊桥》及影视、舞蹈音乐多部。为《走马体坛两万里》《珠江情》《南粤风采》等十余部电视片创作主题歌及插曲。撰有《论歌曲产品在文化市场中的竞争》《精人与精品》等文。出版《徐东蔚歌曲集》及作品专辑。

徐东晓（1960— ）

长号演奏家。山东人。中国交响乐乐团首席长号。1980年毕业于中央乐团学员班。曾参加1979年美国波士顿乐团与中央乐团合作演出及在京举行的"交响乐之春"等大型演出，曾与世界著名指挥家卡拉扬、小泽征尔等合作演出，并随团赴美国、西班牙、马来西亚等国家演出。

徐敦广（1964— ）

声乐教育家。辽宁本溪人。2009年毕业于东北师范大学比较教育学专业，博士。现为该校音乐学院声乐教授、副院长、硕士生导师。2005年被评为"长春百名文艺新秀"。多次参加各大型文艺晚会及省市电视台晚会的演出。1998年演唱的第九届冬运会会歌《拥抱春天》和2001年为庆祝建党八十周年演唱的《七一的传说》，均拍成音乐电视在央视及省、市台播出。所教学生多次在全省全国比赛中获奖。先后发表《音乐教育与情感培养》《对"民族美声唱法"的质疑》《关于新时期美声唱法"民族化"的思考》《当代我国民族声乐审美取向与思考》等文三十余篇。出版有《中外艺术歌曲演唱赏析》《音乐教育理念的文化阐释》《民族声乐学》等教材及专著。

徐娥新（1925—已故）

女音乐编辑家。山东烟台人。1948年大学毕业，后入华北大学艺术干部训练班音乐科学习。后任中央人民广播电台主任编辑。曾三次获中央电台优秀节目奖。

徐辅一（1932— ）

小号演奏家。朝鲜族。辽宁人。1950年入东北鲁艺音乐班学习。1951年入鲁艺音工团。1956年入中央乐团交响乐队。曾任小号首席。曾随团赴德、波、朝等国演出。

徐庚仁（1940— ）

作曲家。山东人。1954年在东北音专附中作曲学科学习，1967年毕业于沈阳音乐学院理论作曲系。曾任本溪市歌舞团作曲兼指挥、沈阳音乐学院作曲系教师、大连大学师范学院音乐系主任与辽宁师范大学音乐系副主任。论文有《优化的选择》《新、奇、美——艺术的生命力》《现代与民族的探索与实践》等。为音乐广播剧《送我一朵玫瑰花》作曲，获最佳作曲奖及综合一等奖。作有钢琴独奏曲《啊！中国的土地》。

徐光汉（1903— ）

小提琴演奏家。北京人。1947年毕业于师大音乐系。曾任乐队首席、后任北京艺术学院管弦系副主任，并在中央音乐学院、中国音乐学院任课。译有《小提琴基本练习》。

徐光明（1945— ）

作曲家。陕西绥德人。1970年毕业于西安音乐学院民乐系。陕西省音协副主席，曾任榆林地区文工团副团长，陕西省戏曲研究院艺术研究室副主任、副院长。发表有《树立精品意识、繁荣戏剧创作》《关于秦腔音乐改革的几点设想》等论文数篇。创作有《农家人过上好光景》《九十九支唢呐闹红火》《当红军的哥哥回来了》《情深谊长》等百余首音乐作品，为戏剧、秦腔、眉户、碗碗腔、豫剧、陇剧等百余部剧目配器、指挥，其中部分作品获多项音乐创作奖。

徐光荣（1939— ）

小提琴教育家。北京人。1954年获北京少年小提琴独奏比赛优秀奖。1956年入中央广播乐团。1961年入吉林艺术学院任教。多次举行独奏会及讲学活动。

徐贵岩（1945— ）

作曲家。满族。辽宁辽阳人。1966年毕业于吉林艺术学院音乐系。山东省政协及文联委员、音协顾问、济南市音协主席、研究馆员。作有管弦组曲《泰山颂》（合作），管弦乐曲《蒙山随想曲》，大型组歌《故乡的恋歌，统一的呼声》，声乐套曲《祖国颂》（合作），女声独唱《金水河的清泉在我心上流》，舞剧音乐《金凤归来》，话剧音乐《山菊花》《冰下暖流》，杂技音乐《溜冰》，山东大鼓唱腔设计《陈毅出山》《水仙会》《有心常作济南人》等二百余首（部），多次获奖。参与《集成志书》编纂。《泰山组曲》获山东省首届"泰山文艺奖"。

徐桂华（1944— ）

女音乐教育家。江苏如东人。1965年毕业于南京师范学院音乐系。曾任江苏徐州地区文工团独唱演员、合唱队长，徐州师范学校音乐教研组长。曾参加《江姐》《洪湖赤卫队》等多部歌剧、舞剧的排练演出。培养大批专业

X

教师，并有多名学生考入音乐院校。撰有《琴法技能教学的系统分析与技能培养》《普师新生音乐综合教学浅议》《充分发挥音乐教学的德育功能》等，分获省论文比赛一、二等奖。

徐桂珠（1936— ）

女民歌演唱家。满族。辽宁大连人。大连歌舞团独唱演员、艺委会副主任，辽宁省第六届人大代表，辽宁省音协第四届常务理事，大连市音协第一、二、三届副主席、第四届顾问。曾任辽宁省职工文工团独唱演员。多次参加全国独唱独奏音乐会，全国民歌演唱音乐会，中国民歌大汇唱和全国少数民族音乐家演出团等重大音乐活动。演唱录制曲目有《俺是快乐的饲养员》《摇篮曲》《江河水》等。曾赴日本、朝鲜、泰国演出。发表有《演唱余抄》等评论十余篇。

徐国弼（1924— ）

音乐教育家。吉林辽源人。1943年毕业于吉林师大音乐系。曾为吉林艺术学院音乐系教授。撰有《现代复调音乐概述》，译有《古典钢琴乐曲装饰音》等。

徐国康（1949— ）

音乐教育家。浙江杭州人。毕业于安徽师范大学音乐教育专业。1986年起担任中、小学音乐教育教学的研究与指导，曾参加浙江省和全国中、小学音乐课程与教材的改革，先后担任浙江省音乐教材副主编和教育部初中音乐教材编委。承担多项省、市级规划课题的研究和指导，《对音乐课堂教学创新的理性思考》等十余篇论文在全国及省、市评比中获奖或发表。撰有《通俗音乐欣赏指南》及《教育科研的过程与方法》等文。

徐国立（1959— ）

作曲家。江西鹰潭人。南昌航空学院艺术学院副院长。1983年在江西师大音乐系学习。曾在鹰潭市教育局和鹰潭市艺术团任职。2001年星海音乐学院音教系毕业。先后在江西师大鹰潭学院音乐系和南昌航院工作。作有歌曲《卢溪泛舟》《畲家的爱最实在》《同在蓝天下》等，舞蹈音乐《畲家马灯舞》《畲乡铃声》，合唱《前湖之光》，民乐合奏《龙虎山·春》。有的作品曾获全国"群星奖"及省音舞节等奖项。

徐国强（1953— ）

单簧管演奏家。江西南昌人。1970年开始从事京剧音乐工作。历任江西省京剧团轻音乐队队长、教育培训部主任、团长助理、副团长。策划、参加演出获奖剧目赣剧《还魂曲》获北京第二届合唱节银奖，新编京剧《贵人遗香》获文化部第四届文华新剧目奖，创编京剧《长剑魂》获首届中国京剧艺术节"程长庚优秀剧目奖"，京剧儿童剧《岳家小将》获中国第四届京剧艺术节"儿童题材京剧特别奖"。撰有《京剧音乐创新之我见》发表于《影剧新作》，《单簧管演奏京剧音乐心得点滴》获江西省文化系统论文一等奖。

徐国清（1950— ）

音乐理论家。山东高密人。1969年毕业于吉林艺术学院音乐系，同年入长春市歌舞团任演奏员。1974年入上海音乐学院民乐系。1978年任吉林省群众艺术馆文艺部主任、研究馆员。撰有《满族民歌的历史渊源及传悲音调特征》《浅谈东北抗联歌曲》《满族民歌探索》《吉林蒙古族民歌述略》《吉林回族民歌述略》等，并获奖项。参与编撰《中国民间歌曲集成·吉林卷》《吉林蒙古族民歌及其研究》《中国民间曲艺集成·吉林卷》及《中国打击乐图鉴》。

徐国政（1952— ）

打击乐演奏家。江苏镇江人。淮南市歌舞团乐队演奏员。参加演出并担任定音鼓、小军鼓与手风琴、架子鼓伴奏的有《白毛女》《红色娘子军》，钢琴协奏曲《黄河》《花鼓灯随想曲》，管弦乐《红旗渠》《世纪情》，舞剧《沂蒙颂》，小提琴协奏曲《世世代代铭记毛主席的恩情》，并为话剧《白求恩》《生命线》录音。

徐国仲（1945— ）

作曲家、指挥家。四川彭县人。1969年毕业于山西大学艺术系。曾任大同市歌舞团团长兼党支部书记。山西省音协理事。1975年创作琵琶协奏曲《阿佤人民唱新歌》，1976年文化部调该曲参加北京"五一"游园演出，1979年中国音协调该曲参加全国器乐作品座谈会。大型民族组舞《云冈九阕》音乐获1991年山西省文学艺术基金会银奖。作有管弦乐《塞外春》，歌曲《北岳雄风》等。共创作音乐作品三百余件。1990年在太原指挥演出，"交响乐专场"，1996年指挥百余人乐队演出《红旗颂》。在北京、天津、上海、重庆等地指挥演出数百场。

徐海鸥（1947— ）

小提琴演奏家。江苏无锡人。1966年于四川音乐学院毕业，分配至峨嵋电影制片厂乐团，担任首席及独奏。1992年调入四川歌舞团，任歌剧、舞剧的独奏、领奏及省歌舞剧院管弦乐团首席。曾参加1988年省电视大赛，1989年大型通俗交响音乐会，歌剧《青稞王子》《江姐》，"乐百氏"大型交响音乐会等演出。

徐海燕（1968— ）

女歌词作家、音乐活动家。安徽蚌埠人。安徽省音协办公室主任。1990年毕业于安徽大学经济管理学院，2008年毕业于合肥师范学院音乐系。多首歌词作品及论文在《词刊》等刊物发表，其中歌词《幸福大道》获纪念改革开放三十周年全国歌曲评选三等奖。参与组织、策划、实施省词曲作家深入生活，省级大型音乐活动的组织工作。负责全国音乐考级安徽考区的组织工作。

徐寒梅（1961— ）

女声乐教育家。壮族。广西人。广西音协理事，中国音乐教育委员会高师声乐学术委员。1977年任广西右江歌舞团独唱演员，1987年广西艺术学院毕业后留校任教。曾获首届广西"三月三"演唱一等奖，1996年中央电视台

MTV大赛铜奖。论文《歌唱的乐感》入选全国民族声乐教学研讨会论文集，作品《花帽子沙沙》获西南高校创作一等奖。2002年赴美奥克拉荷马东南州立大学、朱丽亚音乐学院研习和讲学。

徐汉文（1930— ）

音乐教育家、合唱指挥家。满族。北京人。1955年毕业于北京师范大学音乐系，后留校任教。先后在北京艺术师范学院音乐系，北京艺术学院音乐系，中国音乐学院作曲系开设乐理和声学、合唱、合奏、指挥法等课程。1982年起担任北京老同学合唱团常任指挥，1996年组建北京市老干部活动中心合唱团并担任指挥工作。并为首都多所大学、北京市文化宫等多次举办合唱指挥培训班。多年来参加全国及北京所举办的合唱节，并获多种奖项。

徐亨平（1940— ）

作曲家。湖北武汉人。武汉歌舞剧院民族乐团原副团长。中国民族管弦乐学会理事、武汉音协理事。出身于音乐世家，1957年考入武汉歌舞剧院，并在中南音专进修二胡专业。作有管弦乐《在震中的土地上》，民族交响诗《琴台的故事》，琵琶协奏曲《十面埋伏》，民族吹打乐《八哥洗澡》。其中交响诗《天国》，歌舞诗乐《九歌》《楚韵·九歌》分获文化部"文华奖"及中宣部"五个一工程"奖。曾出访日本和苏联。撰有《楚声的寻觅》《音色——人类对音响的审美认识》等文。

徐横夫（1946— ）

音乐活动家。辽宁沈阳人。1959年考入沈阳音乐学院。1967年起曾先后任文化处长，大型活动办主任、演出公司经理，市音协副主席。从首届大连国际服装节起，曾七次任开幕式艺术总监。倡导、主持中国首届农民吹奏乐邀请赛、大连首届歌手、乐手大赛和有影响的国内外演出上百场。大连艺隆演出公司艺术总监。

徐洪连（1931— ）

音乐编辑家。河北人。1945年入部队文工团任演奏员。1955年入沈阳音乐学院作曲系进修。曾任辽宁人民广播电台文艺部音乐组长。作有管弦乐曲《草原夜曲》，撰有《音乐在广播中的作用》等文。

徐鸿鸣（1954— ）

作曲家。浙江海宁人。1971年在浙江省艺术学校学习，1975年起在浙江省越剧团与浙江歌舞剧院任乐队演奏员、创作员。1994年毕业于上海音乐学院作曲系。作有歌曲《零点的钟声》《与我同行》《恋江南》，舞蹈音乐《我们工人有力量》《祖国多美好》《梨园春秋》，歌舞《旗帜颂》，小提琴与乐队《采茶》，广播剧《高原赤子》，交响诗《期》，电视剧音乐《命运不是梦》等。撰有《寻找雅俗共赏的契合点》（合作）等文。

徐华东（1955— ）

作曲家。安徽潜山人。潜山县职业教育中心艺体组音乐教师。1989年、1993年、2001年先后毕业于安徽省艺术学校、安徽师大、安徽教育学院音乐系。曾任潜山县黄梅戏剧团演奏员、乐队队长，县余井中学音乐教师。多首歌曲在《歌曲》等刊物发表，部分歌曲获省市级奖。2003年为"中国第三届黄梅戏艺术节"开幕式大型演出创作主题歌《东西南北唱黄梅》、男声四重唱《槐荫开口把话提》等。论文《音乐教育要以审美为核心》获1998年论文评比二等奖。2006年举办个人作品专场音乐会。

徐华英（1939— ）

女音乐编辑家。印尼雅加达人。1956年回国。1966年毕业于上海音乐学院声乐系，曾任沈阳空政文工团独唱演员。1977年入人民音乐出版社。1987年担任音乐辞典编辑，为副编审。撰有《马勒——大地之歌》音乐传记。旧版《牛津音乐辞典》和《西洋歌剧名作解说》《名典事典》等书的编辑和译者之一，曾译配日本歌曲《银色的道路》以及英国儿童歌曲等。

徐怀娥（1923— ）

女钢琴演奏家。山东烟台人。1946年毕业于北京师范大学音乐系。曾任中央乐团钢琴伴奏。后在该团附属星海音乐学校任教。曾随团赴蒙、朝及欧洲多国演出。

徐环宙（1966— ）

歌词作家。广东信宜人。1988年毕业于武汉科技大学。原任南方医科大学宣传处干事。作有《相约北京》《闪亮的军旗》《钟声飞扬》《东方桃花源》《抚摸西藏》《青春扬帆》《送你一个好心情》《I loveyou广州》《为你千杯醉》等二百余首，曾分别获"2008北京奥运征歌优秀歌词"作品奖、全国军旅歌曲MTV大赛银奖、全国及省市奖项。出版个人词集《又见桃花红》。

徐辉才（1919—已故）

作曲家。安徽芜湖人。1938年入陕北公学。后到延安鲁艺学习与工作。新中国成立后曾任武汉歌剧院及市文化局的领导工作。曾任武汉文联副主席。作有电影音乐《哈森与加米拉》《暴风雨中的雄鹰》。

徐慧林（1921— ）

女作曲家。江苏人。1955年毕业于中央音乐学院作曲系，后留校任教。1958年调天津音乐学院任教。撰文有《音乐与教育》《和声教学中的一点尝试》。编著有《钢琴即兴伴奏》。编有《幼儿园英语教材》，并为其中大部分英语谱曲。所作歌曲《剪窗花》由天津电台"每周一歌"播出，儿童钢琴曲《火车的歌唱》《木偶戏》被收入中央音乐学院《少年儿童钢琴曲集》。

徐吉祥（1948— ）

作曲家。北京人。新疆生产建设兵团第四届音协副主席，新疆石河子市第五届音协主席。1965年从北京支边来到新疆后，长期从事合唱指挥、作曲等工作。1984年以来，曾多次组队代表新疆兵团农八师参加兵团汇演或代表兵团参加新疆自治区文艺汇演，并取得前三名的好成绩。《我们把绿洲爱在心窝里》等12首歌曲，在全国文化部等部门获银奖、铜奖，其中《在将军铜像前》获新疆兵团"五个一工程"奖及城市歌曲"作曲特别奖"。

徐纪星（1960— ）

女作曲家。广西南宁人。1984年毕业于上海音乐学院。后留校任教。作有重奏《观花山壁画有感》获全国第三届音乐作品比赛一等奖，《第一钢琴协奏曲》获1984年"上海之春"优秀作品奖，《志摩诗三首》获《音乐创作》艺术歌曲评奖一等奖。

徐加珍（1956— ）

女音乐活动家。山东新泰人。济南市群艺馆副馆长。1974、1999年先后毕业于山东艺校、山东青年干部管理学院。曾任济南市歌舞团演员。撰有《少儿艺术赛事的组织与开展》《解读现代群众文化工作》等文，其中《少儿声乐训练撮要》于2004年获山东文化艺术科学优秀成果二等奖。创作编导的童声小合唱《我的家在湖边》获全国第二届"蒲公英"大赛山东赛区创作辅导一等奖，《在阳光下成长》获全国第十三届"群星奖"等。2003至2006年获中国少年歌曲卡拉OK电视大赛5个园丁奖，8个优秀编导一等奖，十余名学生获一等奖。

徐嘉琪（1935— ）

民歌演唱家。江西南昌人。1956年从事群众音乐工作。1957年结业于江西省文艺学校。长期搜集、整理、研究民歌，为群众演唱。曾多次参加全国及华东地区汇演。1979年任《中国民歌集·江西卷》编委。1979年主编《中国民歌集·江西卷·九江市分卷》。1956年获全国职工文艺汇演二等演员奖。1994年获九江市劳动模范称号。1995年获江西省军民共建精神文明先进个人称号，获文化部、人事部授予全国文化系统先进工作者称号。

徐建频（1956— ）

女音乐教育家、钢琴演奏家。北京人。首师大音乐学院钢琴副教授，硕士生导师。主编有《21世纪高师音乐教材——钢琴教程》《钢琴即兴伴奏基础教程》，担任国家卫星电视教材主讲教师，举办多场讲座、录制大量音像作品及教学片，先后在北京等地举办六场个人钢琴音乐会，参加多场音乐会演出，在德国演奏意大利作曲家雷斯庇斯的作品《七件乐器协奏曲》中担任独奏、为作曲家金湘的合唱《金陵祭》首演担任伴奏。

徐建新（1955— ）

小提琴演奏家。江苏南京人。贵阳市歌舞剧团乐团副团长兼独奏演员、首席。1977年、1980年先后在中央音乐学院、中央乐团学习小提琴，师从刘育熙、盛中国。曾在贵州举办专场独奏音乐会，演奏《梁祝》。参加贵阳"花溪之夏"艺术节独奏《吉普赛之歌》获一等奖，参加云南三省艺术节独奏《梁祝》获演奏奖。在贵阳电视台录播音乐专题片《大地、母亲、我》和小提琴专业教学片ABC共24讲，并为五所大学举办小提琴讲演欣赏会。

徐剑频（1956— ）

歌词作家、音乐编辑家。江西南昌人。江西音协副主席。1990年毕业于江西大学作家班。曾任江西省音协秘书长、驻会副主席，中国音协第六届理事。《心声》歌刊、编辑。撰有《略谈音乐期刊的走向》《江陌时代词坛现象》《浅析音乐文学特性》，有《四海美名万年青》《人民的好儿女》《我给妈妈的礼品》等十余首歌词获国家、省级奖励。编有《中外影响儿童歌曲200首》《孔雀石之歌》等歌曲集。任《中国民族民间器乐曲集成·江西卷》编辑部副主任。

徐健民（1946— ）

二胡演奏家。江苏南京人。1965年毕业于江苏省戏剧学院，后到江苏省歌舞剧院民乐团工作，任二胡独奏演员及首席。曾获江苏省二、三、四届音乐舞蹈节二胡演奏二、三等奖，全国"江南丝竹"比赛演奏二等奖。参加第四届"上海之春"。录制、出版CD《春》《归》《吟》。参加江苏电视台摄制音乐片《霓裳曲》（四重奏）并向全国播映。曾随团赴美国、日本、新加坡等国及台湾地区演出。

徐锦华（1937— ）

女高音歌唱家。上海人。1949年参军，曾在志愿军文工团、海政歌舞团、中央民族乐团工作。曾任文化部社文局一处处长。曾在歌剧《三月三》中担任主角。

徐锦明（1963— ）

女歌唱家。黑龙江哈尔滨人。黑龙江省艺术职业学院音乐副教授。曾就读于哈师大艺术系，毕业后从事声乐教学。在国家级及省级各种声乐大赛中获金、银、铜奖若干项，在各级刊物发表论文三十余篇。2001至2003年攻读哈师大教育经济与管理研究生获硕士学位。

徐晋山（1962— ）

大提琴教育家。山西临汾人。1978年入山西临汾市文工团，1988年毕业于山西大学艺术系管弦专业，并在该校音乐学院管弦系任教，副教授。1993年在辽宁师范大学音研所进修。撰有《民间音乐的传承》《关于大提琴演奏的音准问题》《卡菲尔斯与巴赫六首无伴奏大提琴组曲》《演唱、演奏课教学中教师的双重境界》《大提琴教学中的音阶、琶音训练问题》。1988年在第一届全国大提琴比赛中获青年组表演奖，《谈大提琴拇指按弦》一文获山西第二届音教论文优秀奖。

徐经伦（1958— ）

女高音歌唱家。湖南人。1980年考入湖南广播电视艺术团任独唱演员。1988年毕业于湖南师范大学音乐系专科。先后为电台、电视台录制大量广播、电视剧主题歌、插曲及各类文艺专题片歌曲，其中为电视剧《乡里妹子》配唱的主题歌《乡里妹子进城来》曾一度流传。录制湖南第一盒民歌磁带《放风筝》，演唱的歌曲多次获全国、全省各类奖项。1995年组建湖南广播电视少儿合唱团并任团长兼声乐指导，培养一批优秀艺术人才。2002年调入长沙市儿童活动中心并任湖南广播电视小天使合唱团团长。

徐景新（1943— ）

作曲家。上海人。中国音协第六届理事。1960年毕业于上海音乐学院作曲系。1967年入上海电影制片厂。曾任上海电影乐团团长、中国电影家协会理事，上海音协副主席。作有电影音乐《苦恼人的笑》《小街》《月亮湾的笑声》《日出》，乐曲《飞天》《大江东去》，舞剧《闪闪的红星》，交响合唱《心祭》《铁军之歌》等。

徐竞存（1938— ）

女歌唱家。湖南湘阴人。湖南省音协声乐艺委会顾问。1961年毕业于湖南师范学院中文系，后入广州军区战士歌剧团任演员。曾在歌剧《洪湖》《刘胡兰》等中任主要角色。转业后在湖南省群艺馆、省艺术研究所从事声乐、戏剧表演等方面的教学辅导与研究工作。为全国各高等艺术院校输送多名学生，并在全国声乐大赛与省级大赛中获奖。出版有《演戏常识》《通俗唱法名师指点》《戏曲声乐教程》《跟我学通俗唱法练声曲集》。

徐俊松（1944— ）

歌词作家。上海人。第五届中国音协理事、中国音乐文学学会理事。1962年入伍，曾任团、师、军文艺演出队队长，并兼手风琴、巴松、贝司演奏员。1985年毕业于中国音乐学院作曲系音乐文学专业，后任安徽《乐坛》编辑部编辑组长（笔名峻松），省音协秘书、副秘书长，安徽省音协常务副主席兼秘书长。发表大量歌词、歌曲、诗歌、专访、散文，其中五十余首获奖。歌曲《忠诚》获中宣部第八届"五个一工程"优秀作品奖，2002年获中国音乐"金钟奖"组织奖。

徐俊雅（1962— ）

女古筝演奏家。浙江温州人。中国筝会理事、浙江省温州市政协委员、温州筝会会长、致公·温州市俊雅民族音乐学校校长。曾两次获全国古筝比赛专业大奖。多次获"全国优秀园丁"及"全国优秀辅导教师"称号。先后赴意大利、瑞士、美国及香港、台湾地区演出、教学。培养了一批优秀学生。出版有《中国古筝名曲欣赏之二》个人演奏专辑。

徐开春（1941— ）

作曲家。山东人。1959年考入沈阳音乐学院民乐系学二胡，后在作曲系攻理论作曲。1965年毕业后相继在吉林省吉剧团任作曲、在长春市歌舞团、吉林省歌舞团任指挥兼作曲。1980年借调西藏师范艺术系教作曲和手风琴。作有组歌《红太阳照亮汽车城》（合作），歌剧音乐《何时彩云归》（合作），《说不清的是爱情》等，舞蹈音乐《送水》《大姑娘美》等，电视剧音乐《帷幕刚刚拉开》《起点》《我不告诉你》。出版《东西南北二人转摇滚乐》。

徐开强（1935— ）

作曲家。贵州黄平人。1949年从事部队文艺工作。曾任贵州省歌舞团创作员。作有歌曲《清水江啊！我美丽的

家乡》《问我为啥乐呵阿》《侗乡放排歌》。

徐康年（1937— ）

音乐编辑家。四川成都人。1950年参加工作。曾先后在茂县专区文工队、国务院川甘青三省边境工作团民族歌舞团、甘孜藏族自治州歌舞团担任演奏员、作曲、指挥工作。1973年入四川音乐学院作曲系指挥专业进修班第一期学习，1974年结业。1982年调至成都市群众艺术馆太空音乐音响中心编辑部任音乐编辑、编辑部主任。

徐兰田（1945— ）

女音乐活动家。浙江人。原文化部社会文化司艺术指导处处长。1965年毕业于解放军艺术学院音乐系。曾任部队文工团歌唱演员。多次策划并组织在中国音乐学院等高校开办作曲，声乐等专业培训班，培养了一批文艺人才。组织全国民间音乐舞蹈大赛、中国艺术节，全国群星奖、中国合唱节等各类全国性音乐活动。多次率团出国参加对外文化交流活动。

徐兰沅（1892—1977）

京胡演奏家。江苏苏州人。出身于梨园世家。曾任谭鑫培和梅兰芳的琴师。多次出国演出并录有大量唱片。新中国成立后曾任北京京剧团顾问并在戏校任教。

徐浪潮（1959— ）

打击乐演奏家。陕西兰田人。1979年入陕西省广播电视民族乐团，1988年始任陕西省歌舞剧院民族乐团乐队队长。曾在陕西省民族乐器独奏、重奏音像作品比赛中获演奏奖，参加省音乐舞蹈调演电影《黄土地组曲》获演奏一等奖，在陕西首届民族器乐大赛中合奏《觅》获演奏一等奖。1999年随团赴新加坡演出打击乐专场音乐会，随团赴维也纳演出"华乐新韵"。2006年随团赴南非演出《仿唐乐舞》。撰有《"锵锵鼓声亦如诗"我们怎样欣赏打击乐〈鼓诗〉》等文。

徐丽仙（1927—1984）

女评弹演唱家。江苏苏州人。出身于评弹世家。1953年入上海人民评弹工作团。中国音协第二届理事。曾与周云瑞合作，探索弹词音乐的改革与发展。上世纪60年代演唱的弹词开篇《蝶恋花·答李淑一》曾风靡全国。代表性唱段还有《罗汉钱》《杜十娘》《新木兰辞》《情探》等。出版有《徐丽仙唱腔选》。

徐亮新（1956— ）

音乐教育家。江苏南京人。安徽教育学院高师中文系毕业。安徽铜陵市音协副主席、市第一中学高级音乐教师。为全国高等艺术院校输送优秀音乐人才百余人。长期训练并指挥学生合唱队、乐队演出。2003年率民乐团赴英国哈尔顿市文化交流演出。参加国家、省市级文艺比赛、汇演获奖三十余次。1997年被国家教委授予"校园歌曲园丁"称号。创作《走进校园》等歌曲10首，其中3首在省以上获奖。

X

徐林强（1952— ）

男高音歌唱家。上海人。1971年入总政歌舞团。1981年入中国铁路文工团工作。1982年入中国音乐学院进修。在第十一届"上海之春"音乐会上主演歌剧《绣花女》。1987年参加美国亚特兰大第六届国际声乐比赛获第一名。

徐灵威（1953— ）

小提琴演奏家。山西人。1970年任山西晋东南地区歌舞团乐队首席，后任山西省歌舞剧院交响乐团首席。1988年毕业于中国函授音乐学院音乐教育系。曾任厦门爱乐乐团首席。在晋东南地区歌舞团先后演出舞剧《红色娘子军》《白毛女》《草原儿女》《沂蒙颂》，交响乐《沙家浜》等，任首席并在艺校教授小提琴。1985年主讲小提琴电视教学30集，播出一年。所教学生多人考入音乐院团。

徐令晋（1934— ）

打击乐教育家。天津人。1951年入志愿军文工团。1974年入天津音乐学院任教。天津打击乐学会理事长，世界打击乐艺术家学会会员，日本木琴协会名誉会员。著有《打击乐教程》《少年儿童节奏音乐》等。

徐茂良（1955— ）

音乐教育家。江西上饶人。先后毕业于赣南师范、江西师大音教系。上饶市一中高级教师。作有《庄稼汉》《我们走在职教路上》《赣剧音乐小段》等歌曲。撰有《音乐欣赏中的审美通感》《矢无回头方中的》《在音乐欣赏中提高学生的创造性想象和再造性想象》（均获省市一等奖）等文。曾参加上饶市青年歌手比赛获民族组二等奖，参加江西音乐教师基本功比赛获二等奖，辅导学生合唱连获上饶市中学生合唱比赛一等奖，辅导学生女声小合唱获省二等奖，获第十届全国少儿电子琴大赛园丁奖。

徐懋心（1939—1987）

男中音歌唱家。回族。吉林长春人。1963年毕业于沈阳音乐学院，后入吉林省歌舞剧院任独唱演员。1978年入中央民族乐团工作。撰有《论女中音三个声区的结合》等文。

徐美辉（1964— ）

女音乐教育家。湖南华容人。1989年毕业于湖南师大艺术学院音乐系。1999年获硕士学位。2007年在湖南师大历史文化学院主攻音乐文化史，获历史学博士学位。湖南省群众艺术馆研究馆员。长期从事音乐教育和传统音乐的收集整理研究工作。著作有《20世纪湖南音乐人才群体研究》《湖南音乐普查报告》《湖南非物质文化遗产名录·音乐舞蹈卷》《音乐文化与思辨》等。在国家和省级刊物发表《论声乐艺术的声乐造型》《论黎锦晖先生儿童音乐教育的地位、影响与作用》等学术论文三十余篇。其理论研究成果曾获文化部"群星奖"。

徐孟东（1954— ）

作曲家。浙江杭州人。上海音乐学院常务副院长，作曲系教授、博士生导师。中国音协第六、七届理事，上海音协副主席，全国复调音乐学会会长。作有管弦乐、室内乐作品三十余部，其中《第一弦乐四重奏》《远籁》《交响舞诗》《幻想曲》《惊梦》《白娘子——序曲》等分获国内外重要奖项，并作有多部影视音乐。撰有《20世纪帕萨卡里亚研究》等专著、译著及论文。获全国优秀教学成果二等奖、上海市优秀教学成果一等奖、文化部区永熙音乐教育奖、上海领军人才。多次担任全国音乐赛事评委。先后赴日、美、韩及台湾、香港等地进行文化交流。曾任浙江省音协副主席、杭州市音协主席。

徐乃成（1934— ）

音乐教育家。浙江青田人。中华教育艺术研究会理事、中国音协中学音教联副理事长兼会刊《学校音乐》总编辑、《中华爱乐报》主编。1957年开始发表音乐教学论文。在执教高中音乐课中开设"港台流行音乐"鉴赏。1988年创办《温中音乐》内部小报，后该报扩大版面，拓宽报道范围，改名为《学校音乐》。

徐迺榜（1932— ）

歌唱家、声乐教育家。浙江人。1958年由上海音乐学院声乐系毕业，后到华南歌舞团（现广东歌舞剧院）任独唱演员、声乐教员。曾演唱钢琴伴唱《红灯记》和粤剧交响音乐《沙家浜》，并获广东省文艺调演一等奖。1964年参加大型音乐舞蹈史诗《东方红》演出，任《井冈山会师》一场任独唱。1979年在大型歌舞剧《燎原火炬》中饰主角，获全国文艺调演三等奖。1980年在大型歌剧《泪洒蝴蝶兰》中饰主角，获广东省文艺调演一等奖。

徐能强（1952— ）

古筝演奏家。上海人。1974年入银川市文工团。1983年始就学于中国音乐学院、上海音乐学院民乐系专修科。1982年获全国民族器乐独奏观摩演出优秀表演奖。

徐宁祥（1941— ）

作曲家。宁夏银川人。1961年从事文艺工作。1977年宁夏大学艺术系音乐专业毕业，1989年中国函授音乐学院理论作曲系结业。作有歌舞剧《农奴戟》，板胡协奏曲《丰收》，管弦乐《开幕曲》及《圆舞曲三首》，笛子独奏曲《又是一个丰收年》等。古筝曲简析《乡音一曲诉哀情》和儿歌《沙枣花儿喷喷香》由中央电台录播。1990年获全国音乐知识大赛优秀奖，杂技音乐论文获全国二等奖，儿歌《我亲爱的祖国》获全国创作奖并获宁夏"五个一工程"奖。参与《宁夏通志文化卷·银川分卷》的编撰。

徐佩武（1953— ）

竹笛演奏家。天津人。1970年入天津音乐学院民乐系学习竹笛专业。1974年毕业分配至天津歌舞剧院任独奏演员，后任该院歌舞团团长。中国上海笛文化研究所常务理事、天津音协理事。先后创作并演奏笛子协奏曲《海霞》《漓江曲》《刘胡兰之歌》《渤海春潮》等多首乐曲。曾随剧院多次赴美国、德国、日本、泰国、韩国、台湾等国家和地区演出。

X

徐沛东（1954— ）

作曲家。辽宁大连人。1970年考入福州军区歌舞团任首席大提琴。1976年考入中央音乐学院作曲系，师从杜鸣心教授。1979年毕业，回福州军区歌舞团任作曲及指挥。1985年调入中国歌剧舞剧院任创作室主任、副院长。2004年调入中国音协任分党组书记、第六届驻会副主席、第七届驻会副主席兼秘书长。全国政协委员、中国文联主席团委员、中华海联会常务理事、中国环境文化促进会副会长。曾获"全国文化系统先进工作者"称号。1988与1992年被评为全国十大词曲作家。1996年获中国歌坛辉煌20年作曲成就奖及中国流行歌坛成就奖，1999年被评为全国百名优秀青年文艺家。歌曲《篱笆墙的影子》获20世纪华人经典奖。2009年获第71届美国好莱坞斯卡莫大奖"世界作曲家超级明星"奖。作有歌曲《我热恋的故乡》《十五的月亮十六圆》《苦乐年华》《亚洲雄风》《不能这样活》《命运不是辘轳》《乡音乡情》《辣妹子》《种太阳》《爱我中华》《我像雪花天上来》《大地飞歌》等。出版近百盘（张）个人作品专辑，有百余首作品获奖。多次参加国际音乐节，担任音乐比赛的评委并进行文化交流活动。

徐萍萍（1963— ）

女中音歌唱家。江西南昌人。1989年毕业于江西师范大学音乐系。曾在南昌八一学校任教。2003年始入南昌大学艺术与设计学院音乐表演系任副教授。撰有《关于歌唱中的呼吸》《学会欣赏作品，提高音乐素质》等文。曾于1995年获江西省中小学校外教育艺术教师技能技巧比赛音乐专业一等奖，江西省有线电视歌手大赛美声组二等奖，省首届电影歌曲演唱大赛银奖，1997年获"庆七一迎回归全省歌手大赛"青年组二等奖，中国音乐"金钟奖"声乐比赛江西选拔赛二等奖。

徐奇武（1947— ）

管子演奏家。广东潮阳人。曾在武汉歌舞剧院工作。1982年获全国民族器乐独奏观摩演出优秀表演奖，1983年获湖北省第二届"琴台音乐会"优秀表演奖。

徐启川（1949— ）

指挥家。湖北武汉人。曾任武汉歌舞剧院指挥、民族乐团团长，中国民族管弦乐学会常务理事。1960年考入武汉歌舞剧院任乐队演奏员，毕业于武汉市艺术学校。1978年后在武汉音乐学院作曲系、中央音乐学院指挥系进修。指挥演出芭蕾舞剧《白毛女》《红色娘子军》《草原儿女》，民族舞剧《小刀会》《楚魂》，交响诗《琴台的故事》，大型琵琶协奏曲《十面埋伏》等作品。1985年指挥大型古代歌舞诗乐《九歌》晋京演出，1994年再次晋京为"两会"专场演出，获文化部"文华奖"演出奖及中宣部"五个一工程"奖。

徐青茹（1941— ）

女声乐教育家。山东陵县人。1964年毕业于山东艺校。后为山东省歌舞团独唱演员，山东师大音乐学院教授、硕士生导师。多次参加省大型文艺晚会及北京、上海的演出活动。撰有《与业余歌手歌唱者谈歌唱》等文与《声乐教程》，参加主编《全国高师声乐教材》第14分册。录制《唱秋歌》《对花》等唱片。连续四届培养一批声乐硕士及表演、教学人才。曾获"山东省优秀教师"称号。

徐秋菊（1957— ）

女客家山歌演唱家。广东蕉岭人。先后就读于梅县地区戏剧学校、星海音乐学院、上海歌剧院。分别任梅县地区民间艺术团、梅县地区山歌剧团主要演员、副团长，梅州市艺术学校高级讲师、副校长。2004年调广东省群艺馆。梅州市第二、三、四届政协委员、文联委员。在梅州多次歌唱大赛中均获一等奖。应邀出访美国等国家和地区。出版有个人专辑、CD、VCD。1991年举办独唱音乐会。曾在《相思豆》《山稔果》等大型山歌剧中任主要角色，其中《山稔果》获文化部优秀表演奖。撰有《如何引导学生把握山歌唱法》《客家山歌的魅力和作用》等论文。

徐荣华（1928— ）

作曲家。朝鲜族。辽宁新宾人。1943年毕业于日本早稻田大学通信函授班。曾任中国朝鲜族民族音乐研究会顾问、辽宁朝鲜族音乐学会会长。1946年任部队宣传队创作员、团宣传队队长，1949年在朝鲜人民军、海军司令部任军乐队队长。1957年转业到沈阳市朝鲜文化艺术馆任工会主席、文艺部主任。1945年谱写儿歌《万岁八一五》《义勇军叔叔真是好》。创作歌曲《手榴弹》《少先队进行曲》《侦察英雄边勇洙》，管乐曲《功臣进行曲》，小歌剧《翻身》。出版有《李红光支队革命歌曲选集》《民谣曲集》。曾获沈阳市委特发的荣誉证书和纪念章。

徐荣坤（1930— ）

音乐理论家、教育家。浙江安吉人。天津音协副主席。1949年参加湖嘉公学文工团。曾先后毕业于上海音乐学院干部专修科和中央音乐学院作曲系本科。1959年起任教于天津音乐学院曾任作曲系副主任、副院长、教授、硕士生导师。撰有《民歌的衍变与重新创造》《和声根音进行问题刍议》《同均三宫是一种假象与错觉》等论文。

徐荣芹（1933— ）

女钢琴教育家。重庆人。1958年毕业于上海音乐学院钢琴系。曾任中央乐团杜玛舍夫专家指挥班伴奏、福建省艺校钢琴教研组组长。

徐荣旋（1945— ）

作曲家。重庆人。曾为四川省文化厅副厅长、四川省文物局局长。歌曲作品多次在中央、省、市大型文艺晚会和文化部春节晚会上演出。作有歌曲《知己》《月夜》《无言》《惜别》《珍爱》《平安的夜晚》，分别由孙毅、祖海、殷秀梅、冯瑞丽、刘媛媛、于丽娜等演唱或在音乐刊物发表。

徐蓉桢（1932— ）

女声乐教育家。四川成都人。1959年执教于天津师范学院音乐学院，后入中央音乐学院任教。曾率中国儿童艺术团访问新加坡，率北京市少年宫合唱团访问香港。先后指导北京地区参加全国大学生艺术歌曲比赛获5个一等奖，指导南开大学合唱团、哈尔滨建设合唱团参加意大利国际合唱比赛分获金、银奖，指导南开大学合唱团参加韩国釜山第二届奥林匹克合唱比赛获两项金奖、一项银奖。

徐瑞础（1946— ）

小号演奏家。浙江诸暨人。1961年在上海管乐团学习小号，1964年在总政军乐团进修。1978年入上海乐团任小号首席演奏员，曾在上海京剧团《海港》剧组乐队任第一小号，1985年兼任上海音乐学院小号教员。曾获上海市青年演员汇演小号独奏演出奖。

徐瑞祺（1941— ）

女合唱指挥家。江苏南京人。广东省音协副主席、省合唱协会会长、广州乐团艺术指导、合唱团常任指挥。1965年毕业于上海音乐学院指挥系本科。曾任广东歌舞剧院、广州交响乐团合唱团指挥。排演有海顿的《创世纪》《莫扎特安魂曲》，贝多芬的《幻想合唱曲》《欢乐颂》等。1986年指挥广州乐团合唱团获第二届"北京合唱节"专业组一等奖，1995年率团赴法表演多场"中国风情"音乐会，1998年指挥"小云雀合唱团"获"中国合唱比赛"童声组一等奖第一名。曾被授予第二届"鲁迅文艺奖"音乐指挥奖。

徐若望（1943— ）

小提琴演奏家。上海人。1967年毕业于上海音乐学院管弦系。曾在上海京剧团、京剧三团、上海乐团管弦乐队任小提琴首席，1988年调上海交响乐团任第一小提琴演奏员。曾参加京剧《龙江颂》演出及电影录音工作，参加大型歌剧《西厢记》及经典作品《创世纪》《弥赛亚》《贝多芬第九交响乐》等演出以及独奏、重奏、室内乐队的演出与大量唱片、磁带录制工作。曾随团赴美国、日本、香港等地演出。

徐莎光（1948— ）

女作曲家。安徽人。1961年入沈阳音乐学院附中。1978年入北京歌舞团创作组，1986年调北京音像公司任音乐编辑。作有歌曲《绿荫里有我的小山庄》，录有作品专集盒带《追求》。

徐盛荣（1963— ）

作曲家。浙江苍南人。平阳县音舞协会主席、鳌江镇文化站站长、副研究馆员。从事音乐工作三十余年，创作数百件音乐作品，策划组织各类文艺活动上百场。曾获文化部"群星奖""蒲公英奖"等奖项数十个。作有《托起辉煌的明朝》《碧海仙山》《牧童哪里去了》《我是畲家小山哈》《中华家谱》等。曾获温州市劳动模范。出版《丁香花——丁丁歌曲集》。

徐士家（1936— ）

音乐史学家。上海人。1966年毕业于中央音乐学院音乐学系，后留校任教。曾历任音乐学系中国音乐史教研室副主任、党委副书记兼副院长等职。中央音乐学院研究员。北京音协理事、马思聪研究会理事、萧友梅音乐研究会副会长。编著《中国近现代音乐史纲》《中国现代音乐史纲（1949—1986）》，撰有《海陆丰农民运动中的歌咏活动》《内心的袒露，时代的记录—读冼星海的日记》等文。曾为《中国大百科全书·音乐舞蹈卷》撰写人物条目。合编有冼星海音乐论文集《我学习音乐的经过》。

徐世芳（1935— ）

女民歌演唱家。彝族。云南开远人。1951年始先后在蒙自地委文工队声乐组、元阳边工委民族歌舞队、楚雄州文工团歌队、红河州歌舞团任演员。1985年在中国音乐学院进修2年，回团后任独唱演员。多年来演唱各民族民歌、外国民歌、创作歌曲、地方戏曲。曾在歌剧《江姐》中饰江姐，《刘三姐》中饰刘三姐，《小二黑结婚》中饰小芹。1962年演唱《阿波毛主席》《哈尼姑娘赶街》颇有影响。80年代录制独唱歌曲《喜鹊调》《放羊调》《採花行》《西厢坝子—窝雀》，盒带发行全国。

徐世骧（1934— ）

作曲家、合唱指挥家。重庆人。曾任中国合唱协会理事、云南合唱学会副会长兼秘书长及昆明市音协副主席、小提琴学会顾问。写过歌曲、杂技伴奏曲、歌剧等作品，曾获第三届全军文艺汇演优秀作曲奖、全国性歌曲比赛等级奖及最佳奖。在西南军区歌舞团、昆明军区文工团曾任乐队队长、指挥、作曲，在出访日本、越南等国时担任二胡独奏。1980年以来指挥各合唱团，在省、市合唱比赛中屡获一等奖及大奖。1993年在全国首届童声合唱比赛中获优秀指挥奖。

徐守廉（1918—已故）

指挥家。浙江杭州人。1942年毕业于同济大学机械电工系。1947年任缅甸伊江合唱团指挥。回国后曾任云南省歌舞团指挥。音协云南分会历届理事。省政协第四、五届委员。作有歌曲《山林果》，傣族舞剧音乐《孔雀公主》。

徐曙红（1966— ）

女歌唱家。河南新蔡人。江西省歌舞剧院歌唱演员。先后毕业于江西省文艺学校、江西师范大学。曾在江西省举办的世纪之光合唱比赛中担任领唱并获特等奖，在省文化系统合唱比赛中获一等奖，在省音协主办的中华民歌演唱大赛中获二等奖。撰有《浅谈民族唱法》等，其中《表演心理学中音乐对男女性别心理感知差异分析》曾获江西省文化系统论文评比二等奖。

徐顺章（1933— ）

歌唱家。上海人。曾就职于中国唱片总公司总编室。并在上海广播乐团合唱团、中央广播乐团合唱团任歌唱演员。曾参演音乐舞蹈史诗《东方红》、贝多芬《第九交响曲》、广播乐团无伴奏合唱音乐会等。

X

徐思萱（1932— ）

歌词作家。福建建瓯人。1952年毕业于军委工校。后从事部队文艺工作。1963年入陕西歌舞剧院歌舞团先后任演员、创作员。作有《锦绣秦川》《每当我呼唤你的名字》《长安情》（合作），《森林的春天》。

徐四中（1954— ）

音乐编辑家。湖北武汉人。1978年毕业于湖北艺术学院。同年入湖北电台文艺部任编导，从事文艺节目录制、配乐等工作。作有歌曲《您应该来》《巴山小街》《牧羊哥哥上了山》《我们和野人》《魂牵梦绕的土地》《高原七月》《第一缕春光》《爬山调》《神女的期待》，管弦乐《九匹马》，戏曲音乐《董永与章大姐》等，其中部分作品获奖。

徐苏建（1955— ）

声乐教育家。江苏南通人。中国九江石化职工艺术团副团长。1972年考入江苏通州市歌舞团，1988年毕业于南京师大音乐系。多次参加中国艺术节及江苏省音舞节并获奖，指导学生多人考入各级各类艺术院校，有的在省市及全国声乐比赛中获奖，其中获国家级金奖7项。1992年在江苏通州市举办"徐苏建声乐教学汇报音乐会"。1992年任职九江市石化总厂工会。先后获"全国优秀辅导教师"、国家级"园丁奖"、中石化"德艺双馨文艺工作者"称号。

徐天惠（1944— ）

女小提琴演奏家。江西赣州人。1960年曾随上海音乐学院陈又新学琴。1990年于上海音乐学院深造并结业。曾在江西省歌舞团、江西赣剧团任小提琴首席，并在省艺校任教。2000年任南昌市少年宫专职小提琴教师。1995年在大型采茶戏《过了严冬又是春》中担任首席，获音乐演奏一等奖。在玉蓉花戏剧节大型赣剧《三滩血》中任首席获音乐二等奖。1999年在大型赣剧《还魂后记》中任首席获"演奏优秀奖"。

徐万水（1952— ）

音乐教育家。北京人。1975年入首都师范大学音乐系学习，1978年毕业后分配至八一中学任音乐老师。中学高级教师。曾获海淀区"五月鲜花"教委系统独唱比赛第一名、北京市中、小、幼独唱比赛第二名，所指导的校合唱团每年参加"五月鲜花"比赛均获优秀节目优秀奖，并曾获海淀区合唱比赛第二名。本人在北京市教育系统纪念十一届三中会廿周年担任合唱、领唱并获一等奖。合作的歌唱《发声基础》由机械工业出版社出版。

徐文娥（1945— ）

女大提琴演奏家。天津人。1964年毕业于中央音乐学院附中大提琴专业，同年分配到中国电影乐团民乐团任大提琴演奏员。曾参加《地道战》《地雷战》《红雨》《暴风骤雨》《孔雀公主》《小兵张嘎》《南征北战》《闪闪的红星》《红楼梦》等大量影、视剧录音工作。

徐文珍（1940— ）

女高音歌唱家。天津人。1966年毕业于中央音乐学院歌剧系。曾在中央芭蕾舞团合唱队、北京电影乐团担任合唱队员和独唱演员。1979年入中央歌剧院任女高音声部长。曾参加大型歌舞《东方红》、中央慰问团赴云南边境慰问以及纪念毛泽东诞辰100周年演出。为电影《红色背篓》录制主题歌。出演《茶花女》《卡门》《小丑》等多部歌剧，随团赴日本演出歌剧《魔笛》。曾与帕瓦罗蒂、卡巴耶等世界著名歌唱家同台演出。

徐雯阁（1966— ）

女歌唱家。安徽合肥人。1986年毕业于阜阳师范学院音乐系。曾在淮北煤炭师范学院任教，1992年在淮北市歌舞团任独唱演员。淮北市政协委员。1992年获安徽省"中华大家唱"歌唱比赛艺术歌曲演唱一等奖。1999年获安徽省电视歌手展示赛第一名。2000年参加全国青年歌手电视大奖赛。

徐武冠（1935— ）

指挥家。浙江人。1961年毕业于上海音乐学院指挥系，师从马革顺教授。曾任东海舰队文工团指挥、中国合唱协会理事、全国师范院校合唱学会副理事长、上海音协理事。编著《合唱与指挥教学研究》《青少年学指挥》，录制《遥远的回声》唱片，撰有《多层次音乐思维能力培养》《师范学校合唱教学中学生能力的培养》《谈音乐教育专业合唱教学》等文，译配外国合唱歌曲数十首，合作编写高师、中师教材及合唱曲集多种。

徐希茅（1952— ）

音乐教育家、作曲家。江西南昌人。1974年毕业于江西师大。后任该校音乐学院院长、教授，中国音协第七届理事，江西省音协主席，中国音乐教育分会副理事长，省教育厅艺教委副主任。教育部全国高校教学指导委员会专家，全国高校理论作曲学会副会长，中国音乐学院兼职博导。先后完成国家级、省级科研课题11项，四次获省高校教学优秀成果一、二等奖，发表论文数十篇，著作十余部，音乐作品百余首，获奖三十余次。1997年获全国曾宪梓教师奖。作品《抗洪组歌》（合作）获教育部、文化部专业组一等奖。

徐锡宜（1938— ）

作曲家、指挥家。上海人。中国音协合唱联盟主席、爱乐男声合唱团团长、指挥。中国音协第四、五届理事。1951年考入上海行知艺术学校。1952至1963年在上海音乐学院少年班、附中、本科学习钢琴、小提琴及指挥。毕业后任总政歌舞团乐队指挥、作曲。作有多类体裁音乐作品八十余首（部）。多首（部）声乐和器乐作品在全国和全军获奖。歌曲《十五的月亮》（合作），《战士歌唱毛主席》《怀念战友》《七色光》广为流传。出版《徐锡宜歌曲选集》。筹组中国音协爱乐男声合唱团，指挥该团赴美国、俄罗斯、澳大利亚等国家和地区演出。获俄罗斯政府荣誉证书、俄中友谊奖章及美国洛杉矶桔城政府荣誉奖状。曾立二等功一次，三

939

等功三次。

徐冼尘（1914—2005）

音乐评论家。江苏沙洲人。1938年从事抗日救亡歌咏活动。抗战胜利后任中国歌舞剧艺社副社长兼艺术部长。曾参加秧歌剧《兄妹开荒》，歌舞剧《新年大合唱》的演出。导演并演出《王秀鸾》《赤叶河》《小二黑结婚》等歌剧。新中国成立后，曾任华南歌舞团办公室主任、广东省群艺馆馆长、广东音协书记处书记、中国民间文艺家协会理事、广东省政协委员。撰有《沿着歌剧民族化之路开拓前进》等文，主编出版有《民族民间艺术研究》。

徐玺宝（1965— ）

音乐教育家。甘肃静宁人。浙江师大音乐学院副院长。1989年毕业于西北师范大学。曾任兰州师范高等专科学校教师，撰有《歌曲钢琴即兴伴奏素质的完善》等文，出版专著《钢琴即兴伴奏与键盘和声》。钢琴曲《悟》1989年获甘肃省庆祝建国四十周年音乐作品评奖器乐作品三等奖，《风车谣》获全国首届"森雀杯"音乐作品大赛三等奖。

徐向东（1955— ）

长笛演奏家。江苏睢宁人。先后在解放军某部文工团与江西省歌舞团乐队任演奏员，现任江西省歌舞剧院院长兼书记。毕业于中国人民大学商学院，研究生学历。担任主创的大型舞剧《瓷魂》获国家文华奖、全国舞剧比赛金奖。大型情景歌舞《井冈山》获第十一届全国精神文明"五个一工程"优秀作品奖。执导过上百台大型歌舞晚会，近十年来多次任江西省重大晚会的总导演。2002年担任团长率江西文化代表团代表国家赴白俄罗斯、亚美尼亚进行文华交流。担任演奏员期间演奏过中外交响乐、管弦乐作品上百首。

徐小娥（1954— ）

女音乐教育家。广西合浦人。1977年毕业于广西艺术学院并留校工作。曾师从歌唱家、声乐教育家谢静生、刘中连、李德珍，并得到声乐教育家黄友葵、李志曙等教授的精心指教。1985年至今，先后在广东省艺术师范学校和广东外语艺术职业学院任教。自创声乐教具"口咽助开栓"和"声乐五连环教学练习法"，发表音乐论文近十篇，参编教育部体卫艺司组编的声乐教材2套和推荐的声乐教材1套。为两广培养出大批优秀的音乐教师。有众多学生在全国和省、市比赛中获奖。

徐小懿（1949— ）

女高音歌唱家。浙江镇海人。上海师大音乐学院教授、硕士生导师，曾任副院长。撰有《论高等师范声乐教学改革》等文。主编、编著《声乐演唱与教学》《民族声乐独唱曲选》等。出版有《徐小懿民歌独唱专辑》盒带、CD及音像制品曲目数十首。2000年在上海大剧院举办个人独唱音乐会。曾为多部电影、电视剧及话剧配唱主题歌。培养的学生多人在全国及省市声乐比赛中获奖。

徐晓辉（1948— ）

音乐教育家。安徽合肥人。1976年毕业于安徽师范大学艺术系。后任教于芜湖第十中学。1996年任芜湖第二中学音乐教师。曾为市音协副秘书长。作有歌曲《我们是奔腾的长江》，并分别担任市"镜湖"乐队、"月季花"乐队、文化宫乐队队长。并组建二中安澜中学生管乐团，参加七十余场庆典、晚会、运动会的演出。曾获芜湖市中青年课堂教学大赛、教学优质课评比第一名。

徐晓明（1953— ）

作曲家。辽宁鞍山人。战友文工团创作员。1978年毕业于中央音乐学院作曲系。作有《这女人，这辈子》《人间天上情》《美丽家园》《买买提的2008》等二十余部电影音乐。《贞观长歌》《东周列国》《木卡姆往事》等三十余部电视音乐，其82集《贞观长歌》获韩国国际电视节最佳音乐提名奖。作有《中国戏曲管弦乐配器法》系列教程，并教有中国戏曲学院数届本科生。作有交响京剧《红沙河》《梅兰芳》《赤壁》，歌曲《共有家园》《山风凰》《桃花谣》，舞蹈音乐《士兵变奏曲》《妻子》《受阅在明天》等。曾获全国全军一等奖。

徐新圃（1939— ）

作曲家。吉林珲春人。1962年毕业于吉林艺术学院音乐系。曾任该院音乐系主任、副教授。作有电影音乐《血沃中华》，撰有《试论钢琴的即兴伴奏》等文。

徐新生（1951— ）

歌唱家。天津人。山东歌舞剧院歌唱演员。曾在歌剧《洪湖赤卫队》《江姐》《青春之歌》《货郎与小姐》中饰演主要角色。获山东省第二、四届艺术节表演奖，山东省等六届艺术节表演二等奖。在省、市举办的大型文艺晚会担任独唱、重唱及领唱。参加过电视剧《秃尾巴老李》与电视片《蒲松龄故居》主题歌和插曲的演唱录制。

徐星平（1930— ）

作曲家、指挥家。天津人。曾先后在上海音乐学院、中央音乐学院、天津音乐学院、中央歌剧院进修歌剧音乐创作。1949年参军在四野炮兵宣传队任演奏员、民乐组长，后任广州军区防空军演出队队长兼指挥。作有《雪山大合唱》，歌剧《红云崖》《消灭侵略者》等，发表歌曲《敬爱的周总理》《风钻工之歌》《保卫祖国》等百余首。指挥歌剧《白毛女》《江姐》《黄河大合唱》等，著有长篇音乐家传记《黄河魂》《弘一大师》《音乐家冼星海的故事》等。曾任浙江省革命文史编委、杭州文化局史志办副主编。

徐行效（1941— ）

声乐心理学家。四川成都人。1964年毕业于云南艺术学院音乐系。后为四川师大教授、硕士生导师。中国音乐心理学会理事。撰有《建立一门新学科——声乐心理学》《歌唱者心理状态初探》等文数十篇。著有《声乐心理研究》《声乐心理学》等。多篇论文、专著获省市政府奖。第一个在国内提出建立"声乐心理学"和"合唱指挥心理学"学科。曾获国家教委"曾宪梓教育基金"一等奖。所教学生及指挥的合唱团多次在全国、省市比赛中获奖。

徐学吉（1956— ）

作曲家。山东龙口人。星海音乐学院作曲系教授、作曲教研室主任。1984年毕业于山东艺术学院，并留校任教。1989年入上海音乐学院作曲系深造，1999年考取中央音乐学院作曲系硕士研究生。曾被评为山东艺术学院专业技术拔尖人才。作有交响曲3部，协奏曲2部，室内乐十余部以及2部专著和十余篇论文。作品曾在汉城、北京、广州、天津、武汉、成都、济南等地公演，并获多项国家及省部级奖。

徐学军（1960— ）

女中音歌唱家。河北任丘人。任职于河北交响乐团。演唱有电视剧、广播剧、风光片《小白菜》《嶂石岩畅想曲》《太行七贤》《古道驼铃》《长城颂》等插曲百余首。曾获河北独唱、独奏音乐会"优秀表演奖"，中华全总职工汇演"优秀演员奖"。曾在河北台录制多首广播歌曲并有专辑。参加过《众志成城》等大型活。2008年曾在"新歌唱新疆"全国征歌活动中，作词并演唱的《阿娜尔汗的小摇床》获二等奖。

徐学敏（1949— ）

指挥家。山东青岛人。山东歌舞剧院交响乐团团长。1986年毕业于中央音乐学院指挥系。长期从事指挥工作，排演了大量不同类型的作品，其中有歌剧《原野》《江姐》《货郎与小姐》，舞剧有《无字碑》及贝多芬的9部交响曲等。每年定期举办广场音乐会，参加省内各种大型演出。经常深入厂矿企业举办音乐讲座，并担任音乐顾问、指导等。

徐雅琴（1943— ）

女钢琴教育家。江苏常州人。钢琴考级评委。1964年毕业于南京师大音乐系。1984年创办南京教育学院音乐系，任系主任、副教授，并担任钢琴教学。曾获学院教学一等奖、省普通高校优秀教学成果二等奖、南京大学教学二等奖。撰有《应当重视音乐教育》《师范院校钢琴教学改革实践初探》《关于普通高校开设钢琴选修课的实践与思考》及编写中学教师《钢（风）琴》音乐教材等。出版有《钢琴实用教程》。

徐艳萍（1961— ）

女音乐教育家。江西广丰人。江西省上饶师院音乐系副主任、副教授，江西省声乐学会理事，上饶市音协常务理事。1986年毕业于江西师大音乐学院，先后从事音乐教育、音乐表演及群文辅导等，培养、输送了大批专业人才及教学骨干。创作、演唱、发表的声乐作品《月光下的三青山》《美丽婺源我的家》等在中央台及地方台反复播出。撰写多篇论文及研究课题在《中国音乐》及其它刊物发表。多次获各类声乐比赛、音乐辅导一、二等奖。

徐燕芬（1947— ）

女高音歌唱家。江苏苏州人。曾任上海乐团合唱团演员。先后随团与严良堃、曹鹏、俄罗斯杰夫林等指挥家合作演出《创世纪》《欢乐颂》专场音乐会及交响合唱《卡尔米娜、布拉那》《弥赛亚》专场音乐会，交响合唱《智取威虎山》《长恨歌》，以及歌剧《楚霸王》等，并分别担任独唱、领唱、重唱。曾赴香港、澳门参加国际音乐节演出并受聘担任上海乐团音乐学校等声乐教师，许多学生在国家级比赛中获金、银奖。

徐一之（1927— ）

男高音歌唱家。湖北武汉人。毕业于浙江大学。曾任中央乐团演员、声乐教员。曾举行独唱音乐会。著有《歌唱发声中的倒三角椎概念》《学习声乐常遇困难问题七讲》。

徐以忠（1938— ）

指挥家。上海人。1961年毕业于上海音乐学院。曾任《上海歌声》编辑部主任、兼任上海工人艺术团合唱指挥、上海合唱指挥学会秘书长。作有舞曲《欢乐之舞》。

徐永翔（1954— ）

圆号演奏家。湖北武汉人。曾任武汉乐团圆号声部首席、乐队队长、乐团副团长。武汉音乐家协会理事、表演艺术委员会副主任。1973年开始从事圆号演奏专业，排演过大量歌剧、交响乐、室内乐作品，所参演的国内创作曲目多次获省、市级优秀演出奖。长期参与铜管五重奏、木管五重奏、圆号重奏等艺术形式的演奏。曾随武汉乐团赴德国、日本等国家交流演出。

徐友恭（1934— ）

作曲家、指挥家。山东潍坊人。曾先后参与筹建山东省青年文工团与山东省歌舞团。1956年赴北京参加全国第一届音乐周。1958年任山东省歌舞团乐队指挥。1985年调山东省群众艺术馆，副研究馆员。曾为中国合唱协会理事。作有民族器乐曲《冰上红花》，吹打乐《夺丰收》，独唱曲《梅花与樱花》《梦回神州》，舞蹈音乐《葱园小调》《玫瑰花香》等。

徐有光（1933— ）

女高音歌唱家。浙江海宁人。1950年参加抗美援朝，在装甲兵文工团任演员。1951年调入总政文工团。后为总政歌舞团独唱演员。1955年师从苏联专家吉明采娃学习声乐。1964年参加《东方红》大歌舞首演。随团出访朝、苏、捷、波、罗、缅甸、日本等国。获罗马尼亚"星"勋章，捷克"伏契克"奖章，朝鲜二级"国旗勋章"，有学校某班以"徐有光"命名，受到金日成赞扬。

徐玉萍（1962— ）

女少儿声乐教育家。广东梅县人。福建省艺术馆活动策划部副主任，副研究馆员。1983年毕业于福建艺校歌剧表演专业，师从魏雅娴。后从事群众文化工作，策划、组织过许多大、小型文艺晚会、多次在重要演出中担任独唱节目。出访台湾及新加坡、马来西亚、泰国进行文化交流。曾多次获国家、省级声乐比赛一、二等奖，少儿声乐比赛辅导金奖、优秀辅导奖。现为福建省"艺术扶贫工程"培训基地声乐教师，多年来坚持为边远贫困山区的小学生上音乐课。

徐月波（1935— ）

作曲家。湖北人。曾为湖北省荆州地区群艺馆馆长。1957年毕业于湖北省文艺干校。曾任湖北沔阳县文化馆文艺股长、荆州地区文工团乐队队长、指挥、作曲。作品有为毛主席诗词《咏梅》谱曲及歌剧《杜鹃山》，并曾指挥歌剧《刘三姐》《红珊瑚》等。撰有《曲艺音乐的继承与革新》《荆州民歌概述》《试论荆州花鼓戏音乐的形成与发展》等文。

徐月初（1929—2008）

音乐教育家。江苏靖江人。曾任中国音协第四届理事、广西音协名誉主席。1958年毕业于上海音乐学院理论作曲系理论专业，同年到广西艺术学院任教，教授。培养出一批音乐人才。著有《徐月初音乐论文集》（上、下册），1989年获广西高校社科优秀成果奖，1990年获首届全国少年（业余）钢琴比赛辅导教师奖。

徐月萍（1949— ）

儿童音乐教育家。上海人。1969年插队至江苏丹阳，1972年起担任中学民办教师。1977年考入南京师范学院音乐系，1982年毕业分配至江苏省镇江市少年宫担任童声合唱指挥，并开设"儿童综合音乐教育"课程。1993年举办"镇江少年宫徐月萍老师综合音乐教育汇报演出"的大型活动，镇江电视台作实况转播。所教学生在全国、省、市少儿声乐比赛中多次获奖。

徐韵生（1942— ）

小提琴教育家。天津人。1966年毕业于中央音乐学院管弦系。曾在天津音乐学院任教。曾任总政歌舞团管弦乐队第二小提琴声部首席。

徐韵梅（1925— ）

女钢琴教育家。上海人。1953年毕业于中央音乐学院钢琴系。曾为西安音乐学院钢琴系副教授。作有钢琴曲《在北京的金山上》《壮锦献给毛主席》等，撰有《略谈钢琴教学上的点滴体会》。

徐占海（1945— ）

作曲家。河北昌黎人。沈阳音乐学院教授、硕士生导师。中国音协第六届理事、创委会委员。创作多部交响乐、合唱作品及影视音乐。为多部大型舞台艺术作品创作音乐，并多次获国家级奖励。其中京剧《英台梦》获文化部京剧调演"优秀音乐奖"，评剧《魂断天波府》获辽宁省首届艺术节作曲金奖，舞剧《星海·黄河》获中宣部第六届"五个一工程"奖，歌剧《归去来》获文化部"文华作曲奖"、《苍原》获文化部"文华奖""文华作曲奖""五个一工程"奖，合唱《放飞》获第四届金钟作品

奖。曾获文化部"区永熙优秀教育基金奖"，担任"文华奖"、国家舞台艺术精品工程等多项音乐赛事评委。

徐肇基（1945— ）

作曲家。黑龙江齐齐哈尔人。1983年毕业于上海音乐学院作曲系进修班。曾在广州军区歌舞团工作。作有交响序曲《秋瑾》，舞剧音乐《白蛇传》，歌曲《生命的星》，大型舞剧《虎门魂》的音乐，大型歌剧《沧海》作曲。

徐振海（1959— ）

笙演奏家。黑龙江哈尔滨人。1975年结业于黑龙江省艺术学院民乐系，1978年进入省歌舞剧院任笙演奏员，歌舞剧院民族乐团笙首席、管乐部长。1985年出版盒带《东北大秧歌》获黑龙江省"敦煌杯"独奏大赛一等奖。2003、2004年获省文化厅、音协"希望杯"大赛一等奖。曾在《浙江戏文》发表论文《36簧笙演奏及悠舌的运用》及《浅谈笙独奏〈丰收的渔歌〉的创作与演奏》。

徐振民（1934— ）

作曲家、音乐教育家。山东烟台人。毕业于中央音乐学院作曲系并留校任教。翌年调南京艺术学院。1988年回中央音乐学院任教授、博士生导师。数十年间为国家培养一批优秀作曲人才。作有声乐曲《白帆》《海鸥》，钢琴曲《变奏曲》《唐人诗意两首》，管弦乐曲《雪里梅园》《边寨音画》《枫桥夜泊》《金陵怀古》和《华夏颂》等。五部管弦乐曲和《唐人诗意两首》在全国性比赛中获奖。《枫桥夜泊》入选20世纪华人音乐经典。

徐正琳（1957— ）

女音乐活动家。浙江黄岩人。先后毕业于台州师范专科学校、杭师院音乐系本科音教专业及中国艺术研究院研究生课程班音乐学专业。1975年起任中学、师范学校音乐教师。1993年调入黄岩文化广电新闻出版局任副局长。长期坚持歌曲创作、钢琴教学、合唱指挥以及组织大型群众文化活动。作品散见于《歌曲》《天津歌声》《浙江省建国50周年歌曲集》等。作品及辅导的学生多次获省级、国家级奖项。其中歌曲《中华橘颂》被摄制成MTV。2000、2004年分别任中国群星民间艺术团和中国浙江群星民间艺术团副团长、团长，并参加在日本和葡萄牙举行的国际民间艺术节。

徐正音（1946— ）

女琵琶演奏家。上海人。1964年毕业于中央音乐学院附中。同年入中央民族乐团任独奏演员。曾任中国戏曲学院兼课教师。曾随团赴日本演出。现定居国外。

徐志德（1912— ）

小提琴教育家。福建龙海人。生于缅甸仰光。曾执教于缅甸仰光大学。1942年归国，先后任教于国立福建音专、福建协和大学、厦门大学、福建师范大学音乐系。小提琴教授，培养诸多优秀音乐人才，部分学生成为小提琴演奏家、教育家。多次举办小提琴独奏音乐会。编著有多种

小提琴教材、大提琴教材。创作、改编有多部弦乐四重奏。

徐志芳（1960— ）

单簧管演奏家。北京人。中国单簧管协会常务理事，中央歌剧院交响乐团单簧管声部首席。1974年考入中央音乐学院附中学习单簧管演奏。1979年入中央音乐学院本科。曾任中国歌剧舞剧院管弦乐团单簧管首席、木管声部长，1986年任乐团副团长。参加演出《卡门》《托斯卡》《图兰多》《蝴蝶夫人》《奥塞罗》《绣花女》《茶花女》《弄臣》《阿依达》等歌剧及多场交响音乐会。曾随团多次参加澳门艺术节。2007年随团赴美演出中国歌剧《霸王别姬》。出版《单簧管演奏入门》CD教学光盘。

徐志英（1933— ）

女声乐教育家。北京人。1953年毕业于河北师院音乐系。曾为保定师范声乐高级讲师。撰有文章《歌唱艺术的美学特征》等。

徐志远（1931— ）

作曲家。江苏苏州人。1960年毕业于中央音乐学院民乐系民族乐队指导专业。先后任职于中央民族乐团、辽宁省歌舞剧院、大连市歌舞团、上海民族乐团。作有大量音乐作品。其中钢琴曲《芦笛变奏曲》获中央音乐学院儿童钢琴曲创作比赛一等奖，民族管弦乐交响诗《金田风雷》获文化部颁发的创作二等奖，舞蹈音乐《瀑布》在第一届全国舞蹈比赛中获三等奖。所作曲的舞蹈《船台放歌》《码头战歌》等作品曾赴北京演出。

徐志远（1955— ）

作曲家。安徽人。安徽省艺术研究所创作部主任。1983年毕业于上海音乐学院。作有黄梅戏舞台剧《红楼梦》《风雨丽人行》《秋千架》《孔雀东南飞》《和氏璧》《青铜之恋》，黄梅戏电影《徽商情缘》，黄梅戏电视剧《貂禅》。曾获文化部第二届"文华音乐创作奖"。

徐中一（1926—已故）

作曲家。辽宁夏县人。1946年参加旅大文工团。1951年入东北鲁艺学习作曲。曾任音协辽宁分会创作研究室、组联室主任。作有《村姑娘的愿望》《小俩口赶集》。

徐钟东（1944— ）

作曲家。辽宁沈阳人。曾任大连音协理事、沈阳铁路局文联音舞协会副主席、大连铁道有限责任公司文联音舞协会主席。1982年进修于沈阳音乐学院作曲系。作有歌曲二百多首，其中有六十多首演唱和发表。辽宁电台、大连电台曾在"工人作曲家专栏"作专题介绍。歌曲《矿山的小路》《我们的客运列车向着太阳》《我们是钢，我们是火》《养路工人的追求》分别在"新世纪工人歌曲征集"、全国企业（行业）歌曲大赛中获金奖和银奖等奖项。出版有《徐钟东作曲集》和《徐钟东歌曲经典》光碟。

徐竹影（1929— ）

歌词作家。辽宁辽阳人。1949年毕业于辽东文法学院中文系。曾在辽宁本溪合金总厂宣传部工作。作有《我是一个小骑兵》《北京——仰光》等。

徐子浩（1934— ）

音乐教育家。江西上饶人。中学音乐高级教师。1950年在部队文工团任声乐演员。1955年起先后在普中、中师任教，期间兼任地区音乐教研会理事长。1972年从事歌曲创作，处女作《我们是革命知识青年》发表于江西《新歌选》。先后有近三十首歌、舞、曲作品在省、全国刊物发表、播放，其中《黄河在地图上流淌》（词曲），《师魂》（词曲），《女人是那杏花雨》《放牧情歌》获奖。

徐宗俭（1934— ）

歌词作家。湖南长沙人。江西省音乐文学学会副会长。1950年考入解放军某兵团文工团，1956年就职中央交通部文工团，随团调至江西省歌舞团。作品有《每当我走过八一起义楼》《滕王阁抒怀》《红土地的山歌》，轻歌剧《春风小草》等。合唱作品《中南海的灯光》获2001年全国第二届"蒲公英奖"创作金奖。

徐祖颐（1928— ）

女钢琴教育家。广东番禺人。1949年毕业于前圣约翰大学，获学士学位。长期执教于上海音乐学院。教学论文《乐曲简介四篇》《黄虎威"巴蜀之画"》《刘庄"变奏曲"》等获上海音院1978至1985年度教研成果评奖教材奖。巴托克管弦乐《乐队协奏曲》《第一钢琴协奏曲》《第二钢琴协奏曲》《第三钢琴协奏曲》等译文九篇刊登于上海音院研究所编译的《管弦乐名曲解说》。《论双手的独立性》等七篇作为上海音乐学院教材。出版合编《外国钢琴曲100首》（上、下册）。

许　冬（1972— ）

旅美钢琴家。北京人。10岁考入中央音乐学院附小钢琴学科，后升入附中和大学本科，师从金爱平、赵屏国、李其芳教授。1996年毕业于钢琴系。曾两次在全国比赛中获奖。1996年赴美国就读于伊斯曼音乐学院，1999年获钢琴硕士学位。同年进入辛辛那提音乐学院深造，获音乐艺术钢琴演奏博士学位。曾与美国多个乐团合作演出，创办"梦幻室内乐团"，曾于2002年回国巡演。同年在纽约卡内基音乐厅演出《中国经典名曲之夜》独奏会。出版有《好莱坞电影音乐钢琴曲集》《浅易钢琴名曲集》乐谱及演奏CD。

许　飞（1961— ）

作曲家。回族。安徽省宿州人。宿州蛹桥区文化馆馆长，省音协理事，宿州市音乐协会主席。曾为安徽省坠子剧团作曲。先后在安徽省艺术学校音乐系作曲班、安徽师大函授大学中文系群文专业学习。作有独唱、合唱、舞蹈音乐、器乐作品获省级以上数十个奖项，其中有歌曲《妈妈教我剪窗花》，童声合唱《走向世界的中国》，舞蹈音乐《瑞雪兆丰年》，泗州音乐剧《拾棉花》等。撰有论文《正确处理'以文补文'中的几个关系》，并挖掘整理淮北渔鼓、淮北大铙、淮北皮影、淮北钱杆子等民间音乐艺术。

许 芬（1942— ）

女音乐教育家。河北秦皇岛人。中国琵琶协会常务理事。1967年于天津音乐学院毕业后任职河北省歌舞剧院。1983年起在河北师大音乐学院从事琵琶教学，培养多名琵琶演奏人才，其中多人在省、全国和国际器乐比赛中获奖。发表《势崩雷电英雄色，悲凄威武霸王情》等二十多篇论文。创作的琵琶独奏曲《母子情》发表于《琵琶曲集》中。编著教材三部，其中《琵琶基础教程》已出版。

许 刚（1959— ）

音乐编导家。天津人。福建省广播影视集团都市频道总监、福建省音协副主席。1986年毕业于福建师范大学音乐系。曾任福建电视台文艺中心主任。电视散文《在路上》获中国首届电视散文大赛一等奖，电视小说《命若琴弦》获中国"奋发文明进步奖"二等奖，音乐电视《共圆一个梦》《拉着中华妈妈的手》《我爱你中国》分获第三、四、五届中国音乐电视大赛金奖，《九九归一》获第十七届中国电视"金鹰奖"一等奖，《妈祖》获中国广播电视学会金奖。组织、策划、导演、录制大量各类电视文艺晚会。曾获"百佳电视文艺工作者"称号。

许 耿（1918—2003）

低音歌唱家、声乐教育家。江苏无锡人。1945年毕业于重庆国立音乐院声乐系，师从男高音歌唱家胡然。1946年在重庆成功举办个人独唱音乐会。以后相继在成都、贵阳、无锡、南京、武汉等地从事演出活动。1947年在无锡、南京排练、指挥民族音乐大会。新中国成立后，先后在长沙、武汉指挥演出歌剧《白毛女》，歌舞剧《花开五指山》及《淮海战役组歌》《工人大合唱》等兼任配器。自1945年始相继执教于国立边疆学校、湖南音专、中原大学文艺学院、总政歌剧团，曾兼任声乐教研组组长。

许 俭（1959— ）

双簧管演奏家。新疆人。新疆爱乐乐团双簧管首席。1982年毕业于新疆艺术学院。随团与中外指挥家、演奏家、歌唱家合作，演出大量中外交响乐等音乐作品。参加相关电影、电视的录音。

许 健（1923— ）

古琴史学家。河北磁县人。1946年毕业于重庆国立音乐院理论作曲系。后执教于重庆育才学校、重庆女子师范学校、西南美术专科学校等。1949年任某军文工团乐队队长。1954年调中国音乐研究所，研究员。后任北京古琴研究会副会长。编著有《古琴曲集》（两集），《琴史初编》，撰有《琴曲胡笳十八拍》《琴歌简史》《虞山派的清微淡远》《溪山琴况与中和之道》等文，改编《流水》《渔樵问答》等古琴曲，发掘《小胡笳》《大雅》等多首古谱。

许 晶（1956— ）

女高音歌唱家。黑龙江人。1985年毕业于中央音乐学院声歌系，后考入中央乐团（现为中国交响乐团）合唱队。曾任独唱、重唱。曾参加了大型清唱剧《所罗门》《黄河大合唱》《贝多芬第九交响曲》（合唱），歌剧《茶花女》，清唱剧《长恨歌》《凤凰涅槃》，威尔第的《安魂曲》，巴赫的b小调《弥撒》以及莫扎特、勃拉姆斯、舒伯特、柴科夫斯基、拉赫玛尼诺夫的艺术歌曲和歌剧选段的演出。并为许多电视剧配唱并录制作品。

许 靖（1963— ）

音乐编辑家。北京人。人民音乐出版社编辑。1987年毕业于首都师范大学。曾任职于中央人民广播电台新闻部。出版专著《实用新闻编辑学》《音乐教育学》等。

许 可（1927— ）

木琴演奏家。福建诏安人。1942年参加诏安国乐研究会，1950年始在部队文工团从事演奏工作，后任福建省歌舞剧院演奏员。

许 林（1935— ）

作曲家、音乐教育家。北京人。原广西艺术学院音乐系副教授、贵州民族学院高等艺术专科学校管乐作曲系教授、贵阳师范高等专科学校军乐团客座教授，现返聘为广西艺术学院小号教授。先后出版发表各类音乐作品两百余件，其中部分管乐作品被选入1961年全国音乐院校教材和1996年中央音乐学院汇编的《小号考级教程》。主要作品有小号与钢琴《秧歌》、双簧管与古筝二重奏《月宫》、降B大调小号协奏曲《刘三姐》。撰有《试论西洋铜管乐器体现民族特色问题》等文。铜管五重奏《刘三姐》组曲由台北联合乐团演奏并录制出版CD音碟。

许 民（1946— ）

音乐教育家、作曲家。湖北武汉人。曾任湖北黄梅戏剧团创编室副主任，黄冈师范学院艺术学院调研员，湖北音协理事。1987年毕业于武汉音乐学院音乐学系。撰有《声调区》《和声歌诀的用法》《培养创造性音乐人才》等文十余篇，其中《师专音乐教育专业招生中音乐听力测试方案的设计与运用》获湖北省教育厅艺术教育论文一等奖。

许 民（1955— ）

作曲家、音乐活动家。黑龙江哈尔滨人。中国音协第六、七届理事，吉林省音协常务副主席兼秘书长，《轻音乐》杂志主编，1980年毕业于东北师大音乐系。创作发表音乐作品二百余首，其中获各种奖项二十余首。出版《大海，五彩的摇篮》《电声乐队配器实用教程》《音乐作品欣赏实用教程》等大量音乐曲谱、教材。参加和组织各级音乐比赛、评奖，多次出任评委和艺术指导。曾任吉林艺术学院、东北师大客座教授。

许 平（1955— ）

女指挥家。山东人。重庆市歌剧院指挥。1975年毕业于四川省五·七艺校声乐专业，同年加入四川峨嵋电影乐团演员队。1989年在中央音乐学院学习合唱指挥，同时在中央乐团社会音乐学院学习声乐。曾在歌剧院担任独唱、重

X

唱及在歌剧中担任主要角色，曾指挥大小音乐会及歌剧排练演出，多次指挥抗旱救灾、纪念抗日战争胜利60周年、重庆新年音乐会等大型音乐会。

许 蓉（1958— ）

女高音歌唱家。云南昆明人。1980年毕业于南京艺术学院，任职于江苏省歌舞剧院。撰文《江苏亭台楼阁拾趣》《京口三山甲东南》《孙中山与藏经楼》等发表于香港《大公报》及台湾《世界论坛报》。曾参加第三届城市运动会闭幕式、庆祝江苏省文联成立四十周年等大型演唱会演出并完成多部音乐会的电脑字幕制作。

许 玮（1947— ）

女钢琴教育家。河北人。1968年毕业于西北师范大学音乐系钢琴专业，同年任玉门石油管理局文工团演奏员。1980年任兰州师专音乐系钢琴教师及系主任。发表《高等师范专科学校钢琴教学点滴》等文，改编《割韭菜》《刮地风》等甘肃民间音乐为钢琴曲。培养一批钢琴人才，其中多人获奖，有学生被美国曼哈顿音乐学院录取。担任甘肃省首届钢琴比赛等赛事的评委，多次担任全国钢琴考级甘肃考区评委。

许 文（1920—2008）

歌词作家。湖南永兴人。1939年湖南湘潭华中艺专肄业。后任职于中央乐团创作组。以放平为笔名的作词歌曲有《王大妈要和平》《反对武装日本》《潮白河大合唱》，大合唱《两战大渡河》《秋收起义大合唱》《江上的歌声》，清唱剧《尹灵芝》等。主编《山歌通讯》。著有《鼓声集》《桂花姑娘》等诗集。

许 骥（1934— ）

作曲家。辽宁人。任职于湖南常德市群众艺术馆。所创作的女声小合唱《布谷鸟叫迟了》《农村歌咏队》由中国唱片社出版。民族器乐合奏《春耕谣》《收割忙》由省歌舞团演奏、省电台播出。舞蹈音乐《花扇舞》《咚咚喹》，由省歌舞团演出。创作的歌剧《孟姜女哭长城》音乐（兼任指挥），在中央电视台播放。歌曲《山泉》在湖南省首届音乐周上获二等奖。

许 奕（1961— ）

女二胡演奏家。浙江杭州人。1980年入浙江省歌舞团任演奏员。参加第四届"羊城音乐花会"获广东音乐比赛二等奖，1991年参加第三届音乐舞蹈比赛获演奏二等奖，1993年参加法国鲁昂国际博览会获演奏金奖。1988年在杭州举办闵惠芬、许奕师生音乐会，1988年举办个人二胡演奏会。录制有《梅花三弄》《汉宫秋月》《二泉映月》《春江花月夜》《吴越之音》等CD盘和专辑。随团出访摩洛哥、芬兰、德、法、日本、马来西亚、西班牙等国，担任二胡独奏。

许 直（1927— ）

合唱指挥家。湖北黄陂人。1947年毕业于北平艺专音乐系，1955至1956年进修于中央乐团合唱专家指挥班。

1948年起，曾任冀察热辽联大鲁艺音乐教员、东北文协文工团乐队指挥。搜集、编辑、出版《蒙古民歌集》（胡尔查译词），《东蒙民歌选》（与安波合作），曾先后任东北人艺音舞团合唱队队长兼指挥、沈阳音乐学院副教授、中央民族大学音舞系教授、公共教研室主任。1986年指挥中央民大音舞系学生合唱团获第二届北京合唱节专业组二等奖，1988年获大学生"理想之歌全国合唱决赛"冠军。

许霭荪（1933— ）

男低音歌唱家。上海人。1949年参军在九兵团20军文训队工作，后参加抗美援朝。1960年就读于上海音乐学院合唱专业。后长期在上海合唱团从事合唱事业。退休后继续参与合唱、歌咏等音乐活动，其中参加市老演员合唱艺术团、市老干部合唱团及新旅艺术团，在全市、全国老年文艺汇演中多次获奖。

许宝勋（1942— ）

戏曲音乐作曲家。河南太康人。1956年从事戏曲工作，先后任演员、演奏员、作曲。《试夫》《清风亭》《闹花灯》《人生路口》《虢都遗恨》分别获河南省戏剧大赛音乐优秀奖、豫剧节作曲奖、'98少儿戏曲"小梅花奖"荧屏荟萃奖、"映山红民间戏剧节"唱腔设计一等奖、省第十届"汇通杯"戏剧大赛文华音乐创作奖。多次应邀赴台湾文化交流，为国光剧团豫剧队的十部大戏作曲，其中《孟丽君》《抬花轿》等成为该团保留节目。

许才芳（1939— ）

歌唱家。山东青岛人。1962年毕业于中央音乐学院附中声乐学科。同年入中央广播艺术团合唱团，担任独唱、二重唱、领唱、小合唱的演出。曾参加音乐舞蹈史诗《东方红》《中国革命之歌》的演出赴澳门参加"国际音乐节"赴日本参加"国际合唱节"的演出。曾担任电台、电视台的教歌和录制唱片《花丛舞》《穷则思变》《铁锤之歌》等工作。

许成志（1940—1999）

歌唱家。安徽歙县人。上海歌舞剧院演员。曾参演《洪湖赤卫队》《草原之歌》《江姐》，《仰天长啸》《大野芳菲》数十部歌剧，并随团赴全国各地演出。

许春源（1942—2007）

作曲家。河南安阳人。河北省群众艺术馆研究馆员，创作中心主任。河北省社会音乐学会副会长，河北省合唱协会副主席。1961年任张家口市歌舞团作曲、指挥，并在中央音乐学院进修作曲，在天津音乐学院进修指挥。1978年调河北省群众艺术馆音乐室工作。所指挥的整台歌舞节目参加1979年国庆进京献礼演出，获文化部一等奖。作有歌曲《小小驼铃响叮铛》《挖野菜》《啊，山那边》《青纱帐》，器乐曲《学拉花》。撰有《三线谱》等文。

许德宝（1954— ）

戏曲音乐理论家。陕西西安人。1975年毕业于陕西省艺术学院音乐教育系。后在榆林地区歌舞团乐队任队长，1984年始在陕西省艺术研究所任音乐研究室主任。发表《浅谈秦腔唱腔的旋律》《论秦腔的风格与流派》《陕西戏曲音乐的划分与声腔归类》等20篇论文，撰有《八十年代的一出好戏》《观秦腔新编剧"李白醉酒"有感》等十余篇评论，作有《秦陇争艳》（双簧管与乐队），《催春》（笙独奏），女声独唱《皎皎的月光》。为《中国戏曲音乐集成·陕西卷》撰稿并主编，2000年获全国社科重大基金科研项目个人成果一等奖。

许德清（1948— ）

歌词作家。河北玉田人。1965年入北京军区战友文工团任创作员，1993年任中国铁道建筑文工团总团副团长。作有词集《太阳心》《收获阳光》等6部，交响组歌《抗洪英雄雕像》等8部，电视音乐片《燕山金秋》等8部，其中《筑路者之歌》获全国电视文艺首届"星光奖"。曾编写广播剧2部，在中央电台播出。所作歌词《好人》《苍天》等获奖百余项，其中《眼睛》获中国人口文化奖"东华杯"奖，《铁建员工之歌》获全国企业歌曲金奖。

许光毅（1911—2000）

古琴、二胡演奏家。上海人。1934年入上海大同乐会，任古琴、二胡教员。曾参与创办中国管弦乐团、国乐进修室，筹建上海民族乐队。1957年入上海民族乐团，后为副团长。曾举办古琴、二胡独奏及师生音乐会。先后随团赴美、德、奥地利等国演出。撰有《谈谈优秀古典乐曲春江花月夜》《抢救民族音乐》及回忆录《永做琴台孺子牛——我爱民族音乐的一生》等，出版《怎样弹古琴》《怎样拉二胡》，挖掘、整理古琴曲六十余首。2003年"永做琴台孺子牛——许光毅"铜像在上海落成。

许国华（1942—2000）

作曲家。上海人。1965年毕业于上海音乐学院。曾在上海民族乐团工作。作有《伟人颂》系列套曲，双音笛协奏曲《云岗遐想》。著有《未完成的文章》《民族器乐手册》《京剧音乐介绍》。

许国屏（1940— ）

笛子演奏家、儿童音乐教育家。上海人。曾任上海中华笛文化研究所副所长、上海儿童艺术剧院艺术教育部主任、新苗业余音乐学校校长。所创造发明的"多功能组合式民族管乐器"获国家专利，并获首届国际爱因斯坦新发明、新技术博览会国际金奖，文化部科技进步二等奖。作有笛子协奏曲《雷锋》，电琵琶与乐队《思念》，弹拨乐合奏《跳绳》，故事音乐《心灵的眼睛》，笛子独奏《快乐的小笛手》。编著有《儿童民族乐队实用手册》《青少年学竹笛》《多功能笛练习100条》等。曾获首届"六一育苗"奖、"宝钢高雅艺术"奖及上海德艺双馨艺术家称号。

许国荣（1950— ）

二胡演奏家。青海人。曾任青海省民族歌舞团乐队队长，并受聘于青海师大音乐系二胡教师。多次随团赴阿曼、阿联酋、日本、美国等国及联合国总部演出，曾在"全美华商博览会"演出中获金奖及国际文化交流贡献奖。在全国"星光杯"电视大奖赛中所参加演出的《羯鼓谣》获一等奖，舞剧《智美更登》获全国"五个一工程"提名奖，交响乐《智美更登》获第六届中国艺术节优秀演出奖，交响乐《西海风》获全省文艺调演一等奖，在音乐电视《藏族弦子曲》担任二胡独奏。

许鸿谦（1943— ）

作曲家。天津人。1958年在天津市师范学校主修手风琴，1964年在新疆生产建设兵团直属子女学校任音乐教师，1974年在新疆兵团文工团、杂技团乐队任演奏员、作曲、指挥，1990年在新疆兵团豫剧团、杂技团任团长，1996年在新疆兵团文化局任调演员兼兵团业余合唱团团长。撰有《新葩怒放》等文。曾组织创排豫剧音乐《草原情》，作有器乐曲《英姿飒爽》，歌曲《黄河沿上的花椒树》等。曾策划、组织、编导各类大型文艺晚会和大型艺术活动，并任《兵团组歌》导演。

许惠祥（1945— ）

作曲家。江苏南京人。江苏省文联工会副秘书长。创作音乐作品千余种，多首歌曲获奖，其中有《无名的花、无名的星》《搬船的哥哥回来了》《追随太阳》《水乡欢歌》《有一片辽阔的热土》《水乡四色》《长城长》《黄河情》《心中的长霞》等。

许家骏（1949— ）

歌唱家。浙江鄞县人。曾任职于文化部少数民族文化司艺术处。1973年入中央五七艺术大学音乐学院附设中央乐团合唱专修班，1976年入中央乐团合唱队。1986年调文化部民文司艺术处。曾随团到全国各地巡回演出。演唱有《黄河大合唱》《长恨歌》《贝多芬第九交响曲》《欢乐颂》《安魂曲》及欧洲歌剧选曲等，并参加音乐舞蹈史诗《中国革命之歌》和香港"黄河艺术节"演出。

许健华（1962— ）

指挥家。广东潮州人。澳门青年交响乐团协会理事长，澳门青年交响乐团协会创建者之一，曾任澳门青年音乐比赛和文化局澳门室内乐团及音乐教育的统筹员。近年来率领澳门青年交响乐团赴维也纳参加第八届维也纳和萨尔斯堡世界音乐节及赴澳大利亚、新加坡演出，2009年率该团在北京、上海、广州进行"拥抱祖国"巡回演出。多年来还分别创建澳门培正中学管弦乐团和浸信中学光线乐团、组建澳门儿童合唱团，分别担任指挥、合唱团协会理事长。2007年获澳门特区政府颁发"功绩奖状"。

许讲德（1938— ）

女二胡演奏家。北京人。中国音协社会音乐委员会副主任，二胡学会副会长。1950年参加部队文工团，后随团参加抗美援朝。1953年回国调入北京军区战友歌舞团任演奏员。曾演奏《子弟兵和老百姓》《金珠玛米赞》《喜唱丰收》等，并演奏京剧名家的代表性唱段。多次出国讲学及进行艺术交流。1980年开始任教，兼课于中央音乐学院。1991年倡议二胡（业余）考级，并主编（合作）多套考级教材。出版有《许讲德二胡演奏艺术》CD盘。2005年举办"从艺55年师生音乐会"。

许讲真（1944— ）

女声乐理论家。蒙古族。北京人。1967年中国音乐学院声乐系毕业后，入北京军区战友歌舞团。著有《语言与歌唱》《歌唱语言艺术》《歌唱艺术讲座》分别由上海文艺出版社、大连出版社、人民音乐出版社出版。1998年由中国国际音像出版社出版《中国歌唱艺术讲座》VCD。多次应邀在《中国音乐年鉴》发表论文、并在各地举行声乐讲座及担任歌唱比赛评委。

许洁如（1941— ）

女指挥家、作曲家。上海人。1953年入上海音乐学院附中钢琴科，1965年毕业于上海音乐学院作曲指挥系。先后任职于新疆艺术学院、宁夏歌舞团、湖北省歌舞剧院，参与创建华中师范大学音乐系。1987年聘为指挥，钢琴副教授。曾指挥各种类型乐队及影视音乐。获奖作品有民族管弦乐《昭君出塞》，二胡协奏曲《黄水谣》，钟磬古乐《楚风》《升平乐》，钟磬合奏《莫愁曲》，声乐与钢琴《故乡的井》。编著《和声学》（上下册），1990年创办深圳南山艺术学校并任校长。

许金星（1963— ）

作曲家。山东聊城人。濮阳市合唱协会副会长。中原油田音协副主席。艺术中学副校长。为油田培养一批优秀教师，为高等艺术院校输送学生数百名。先后发表论文、作品二十余篇，其中《谈音乐教育在素质教育中的地位》获第五届全国教师论文大赛一等奖。《我们是石油工人》在"中外建三峡杯"新世纪工人歌曲征集活动中获二等奖。2001年起被评为中原油田优秀人才与河南省学科带头人。

许敬行（1924— ）

音乐教育家。福建龙海人。中国音乐学院作曲系教授、中国视唱练耳乐理学会常务理事。1953年毕业于北京师范大学音乐系，曾到上海音乐学院、中央音乐学院进修视唱练耳，听苏联专家授课。从事基本乐科教学达50年。发表有《关于绝对听觉训练问题》《儿童和声听觉训练》《视唱练耳的基本教学法》等文。编著《视唱练耳》《儿童音乐基础教程》《四声部和声听觉训练》。主编《视唱练耳分级教程》。1989年获北京市优秀教学成果奖。

许镜清（1942— ）

作曲家。山东龙口人。毕业于哈尔滨艺术学院作曲专业。中国电影音乐学会理事。1965年任北京农业电影制片厂作曲。作品有民族器乐合奏《大寨红花遍地开》，板胡独奏曲《喜开丰收镰》，大型民乐合奏《乌苏里啊我的故乡》，扬琴协奏曲《井冈山》。曾为故事片《丹心谱》《红象》《九月》《良宵血案》《OK大肚罗汉》《就要嫁给你》作曲。还作有电视连续剧《西游记》音乐，其中《敢问路在何方》被评为美国纽约最受华人喜爱的歌曲。为电视剧《半边楼》《女人不是月亮》《宋庆龄和她的姐妹们》《荒路》《情债》《七品钦差刘罗锅》《汽车城》《流星蝴蝶剑》《乾隆与香妃》等创作主题曲及音乐。

许俊卿（1955— ）

双簧管演奏家。河北人。内蒙古音协理事，内蒙古民族歌舞剧院交响乐团副团长。曾在内蒙古艺术学校带职学习。先后任内蒙古民族剧团乐队演奏员、首席。参加演出、录制有歌剧《草原曙光》《褐色的鹰》《满都海斯琴》分别参加自治区30年、40年、50年大庆献礼演出和全国第六届艺术节演出。所改编并演奏的双簧管独奏曲《木马青年》在内蒙电台播出。曾获自治区第二届室内乐比赛木管五重奏奖。受聘于内蒙古师大音乐学院、内蒙古大学艺术学院双簧管专业客席教授。

许康健（1954— ）

音乐教育家。河南开封人。1982年毕业于河南大学音乐系。1986年入上海音乐学院作曲系进修。曾在洛阳师专音乐系任教，担任"基本原理""和声学"等教学工作。1994年任该系理论器乐教研室主任。发表论文《练琴方法论》《论音乐听觉的全面培养》《论高师基本乐理教学的师范特点》等。从事社会音乐教育工作以来，培养了一批音乐人才，多次获优秀教学奖。

许菱子（1957— ）

女古筝演奏家。广东人。1983年毕业于上海音乐学院并留校任教。1987年调中央民族乐团任古筝独奏。出版有五重奏专辑《欢乐的夜晚》《筝独奏专辑》《中国筝》《中国器乐大全》第三辑、《许菱子独奏专辑》及论文《论筝的左手操按》。曾应邀在"武夷音乐节""上海之春"音乐节演出独奏或五重奏，先后赴加拿大、荷兰、比利时、印度、巴基斯坦等国家演出。

许路加（1931— ）

钢琴教育家，江西临川人。毕业于沈阳音乐学院钢琴系研究生班。曾在中国音乐学院教授钢琴。

许梅华（1978— ）

女歌唱家。辽宁大连人。大连大学音乐学院声乐系教师。毕业于天津音乐学院声乐系，后于中国音乐学院攻读艺术硕士。2005年在大连"亿海杯"青歌赛中获民族唱法第一名，2006年获第十二届央视青歌赛民族唱法荧屏奖，同年作为访问学者留学德国慕尼黑查·斯特劳斯音乐学院，期间举办个人独唱音乐会。2007年获第六届中国音乐"金钟奖"民族唱法优秀奖。后曾举办独唱音乐会，并获大连市第六届文艺新人奖。出版个人演唱CD、DVD。发表《中国戏曲与西洋歌剧的比较研究》等文。

许敏男（1946— ）

作曲家、手风琴演奏家。辽宁本溪人。1969年毕业于沈阳音乐学院钢琴系，1984年毕业于沈阳音乐学院作曲系干部进修班。曾任广州军区战士歌舞团团长、艺术指导，总政歌舞团副团长，广东省音协理事兼表演艺术委员会副主任，广东省手风琴学会名誉会长。广州皇家音乐艺术中心校长。作有歌曲《我们的潜伏哨》《青春献给伟大的党》《年青的朋友莫徘徊》。

许乃模（1945— ）

小提琴演奏家。天津人。1965年毕业于中央音乐学院附中，后分配到总政文工团歌剧团乐队。1970年借调至中国京剧院参加排演《红灯记》《红色娘子军》等剧目，并多次随团赴广州、海南岛等地演出。1977年后在总政歌剧团参加多部歌剧的排演及音乐会的演出，其中有《狂飙曲》《同心结》《刘胡兰》《火红的木棉花》及苏联歌剧《这里的黎明静悄悄》等剧目。

许沛元（1929— ）

大提琴教育家。河北徐水人。1953年毕业于西北艺术学院音乐系。长期从事大提琴教学。曾在西安音乐学院管弦系任教。

许平叔（1943— ）

作曲家。满族。辽宁辽阳人。1962年毕业于沈阳音乐学院，后在沈阳辽宁歌剧院工作。作有歌曲《买饭勺》《恭喜歌》，交响组曲《雷锋》。

许青彦（1920—2005）

作曲家。浙江嘉兴人。1952年始入上海乐团、上海民族乐团从事民族器乐创作。作有合奏《喜迎春》，声乐与乐队《胡笳十八拍》（合作）。

许荣爱（1941— ）

女高音歌唱家。山东淄博人。1964年毕业于山东艺专音乐系，后任山东省歌舞团独唱演员。演唱有《我爱伟大的祖国》《金水河的清泉在我心上流》等。

许荣庆（1945— ）

音乐活动家。江苏南通人。曾任部队文化干事、南通市劳动人民文化宫业务主任。南通市音协副主席兼秘书长。先后组织各种音乐活动并为基层创作作品数百件，在省级和全国发表或获奖近百次，作有《走向练兵场》《魂系土地的太阳》《不朽的诗篇》等。

许瑞禄（1916—已故）

作曲家。朝鲜族。吉林延吉人。1942年毕业于朝鲜汉城某学校英文系。曾任延边艺术学校副校长。作有铜管乐《祝捷进行曲》《胜利进行曲》，歌曲《纺织瑶》《新阿里郎》。

许珊舟（1956— ）

女音乐教育家。江苏溧阳人。1987年毕业于上海音乐学院作曲系，师从何占豪。1971年在哈尔滨市京剧团乐队任演奏员。1987年在哈尔滨师范大学音乐系理论教研室任教员。1991年调入解放军军乐团四队任音乐理论教员。歌曲《飘飘船》在《儿童音乐》上发表，民族管弦乐《嬉戏》由台湾百乐音乐中心出版。

许善飞（1968— ）

作曲家。浙江慈溪人。福建军区政治部宣传处文化干事兼省军区文工团创作员。1987年参军。1992年毕业于厦门大学艺术学院音乐系。舞蹈《石城惠女》（曲）获"南京军区文艺调演"一等奖，舞蹈《蓝色的梦》（曲）获"第三届全国少年舞蹈展演"金奖，歌曲《等待》为"第七届全国青年电视歌手大奖赛总决赛"演唱曲目。曾为12集大型文献纪录片《炮击金门》，大型歌舞剧《军嫂》，中央电视台拍摄的专题片《哨所的小白鸽》作曲。

许世铎（1933—已故）

声乐教育家。天津人。1953年参加中央乐团合唱队，并赴朝鲜慰问志愿军。1954年任北京少年宫友谊合唱队指挥。1956年毕业于中国音乐学院后留校任教。1975年调入天津音乐学院附中任声乐教师。1976年后任天津少年合唱队指挥。在海军第一届文艺汇演中其创作的《全民皆兵》组歌中有三首歌曲获奖。在教学中培养了一批歌唱演员。

许舒亚（1961— ）

作曲家。河北安新人。1983年毕业于上海音乐学院。1992年获巴黎音乐学院（CNSMDP）高级作曲班第一奖文凭，1994年获该学院第三阶段作曲大师班文凭。上海音乐学院院长、中国音协第七届理事。作品获美国亚历山大·齐尔品协会作曲比赛一等奖，法国第五届贝藏松国际交响乐作曲比赛第一大奖，法国第21届布尔热国际电子音乐作品大赛第二大奖，意大利第15届吕齐·卢索罗国际电子音乐作曲比赛第二大奖和日本东京9入野义郎音乐奖"。主要作品有歌剧《八月雪》，交响乐《涅磐》，歌剧《太平湖的记忆》，舞剧《马可·波罗的眼泪》《拉姆之海市蜃楼》《秋天的陨落》等。其音乐被德国、法国、荷兰、意大利等唱片公司出版唱片。

许述惠（1932—2004）

小提琴演奏家。黑龙江哈尔滨人。中央乐团交响乐队首席。1947年入东北鲁艺三团乐队任演奏员。曾师从俄国特拉赫顿贝尔格教授。1954年任中央歌剧院管弦乐团交响乐队一提演奏员，1957年任中央乐团交响乐队首席。40年来演出上百套中外交响曲。多次与国内外著名指挥家、演奏家合作演出。随团出访美、德、日、西班牙、马来西亚。1956年改编出版小提琴独奏曲《渔舟唱晚》。

许树坚（1940—2001）

歌唱家。广东新会人。1963年毕业于广州音专声乐系。曾任星海音乐学院理论研究室主任。参与《流行歌曲的鉴赏》《艺术集》等音乐读物的撰写。

许孙兴（1932— ）

音乐编辑家。福建福清人。福建《海峡城市》杂志副主编。1956年毕业于福建师范学院音乐专业，后在福建电台文艺组工作。任音乐编辑、组长、文艺部秘书、副主任。编辑大量广播音乐稿件，发表音乐广播论文三十余篇，并就音乐广播特点、导向、社会功能、编辑的业务素养，广播音乐编辑的主体意识，专题音乐广播的编写、制作及手法的应用，地方音乐在广播中的地位与作用等课题作系统阐述。多次在福建新闻理论研讨会上宣读论文。

许天云（1968— ）

歌词作家。广东饶平人。多首作词歌曲获奖，其中《盼回归》获全国省市广播电台优秀文艺广播节目评选金奖，《中国情》获中央广播电台第五届广播新歌优秀作品征集银奖，《东方谣》《祖国，听儿女的一声呼唤》获全国第五届"中国民歌百首金歌"大赛金奖。出版有许天云作品CD、VCD专辑。

许为通（1915—已故）

音乐教育家。浙江东阳人。从事中学、师范及艺专、音专音乐教育50年。长期在浙江师范大学杭州幼师学院任教。著有《小学音乐科教材教法》。合编有《浙江省师范学校暂用音乐教材》《浙江音乐家小传》等。

许维胜（1948— ）

作曲家。海南人。儋州市歌舞团音乐创作兼二胡独奏演奏员，先后毕业于广州音专附中、海南大学艺术学院和星海音乐学院。创作的舞蹈音乐有《果园乐》《苗山天兵》《十月的鼓声》等。《我的家乡洋浦港》等多首歌曲分别在《海南日报》等报刊上发表。二胡作品《喜迎亲人到黎寨》《宝岛新歌》收入人民音乐出版社《二胡曲集》中。《黎山夜曲》分获1995年海南文艺调演创作和表演一等奖。摇琴独奏分获2008年"德艺双馨"全国总决赛金奖和广东省金奖。

许卫信（1935— ）

长笛教育家。广东广州人。1949年参加部队文工团。曾师从德国长笛教授以及我国长笛演奏家李学全、周志新等。1956年任海军管乐队长笛首席及独奏组组长，后任海政歌舞团乐队长笛首席。出版有《长笛入门与演奏》，并编配长笛独奏曲数十首。

许晓丽（1963— ）

女扬琴演奏家。安徽黄山人。安徽池州市音协主席，安徽省音协理事。2005年毕业于安徽师大音乐学院。曾任池州地区文工团演奏员。1983年获安徽省首届黄梅戏艺术节伴奏二等奖。作有扬琴独奏曲《敲起锣鼓庆丰收》（合作），歌曲《教师之师》等。撰有《立体化视唱教学刍议》《浅析黄梅戏音乐及风格走向》等论文。曾参加安徽省音乐集成《池州卷》的编撰工作，参加池州傩戏、舞、乐及佛教音乐的挖掘、抢救整理工作。

许新华（1958— ）

作曲家。四川万县人。曾就职四川攀枝花歌舞团。1991年毕业于四川音乐学院作曲系。华南师范大学音乐系教授，广东音协理事。发表论文《音高材料与音高记忆的不确定性》等十余篇，出版教材《视唱练耳高考必备》及作品集《钢琴音画》。发表的作品中有多部获奖，合唱《喜庆锣鼓》《龙舟飞歌》、钢琴曲《童年的游戏》、电脑音乐作品《八月桂花遍地开》《记住我的国歌》分别

获全国合唱"群星"银奖、"国家电台奖"、、98罗兰杯电脑音乐大赛二等奖、广东省新歌创作大赛一等奖、第六届中国合唱节创作奖。在第六届羊城音乐花会中，钢琴曲《山寨三则》《第一木管五重奏》，艺术歌曲《娥眉山月歌》分别获音乐作品创作二等奖、三等奖。

许新建（1954— ）

次中音号演奏家。河南人。总政军乐团二队中音首席、声部长。1974年毕业于军乐团学员班。随团参加大量重要外事、迎宾和党代会、全国人大、政协会议、建国35周年阅兵、802华北军事学习等重大庆典、仪式演出。创作有次中音号独奏曲《光辉普照天地红》，编配有合奏曲《欢乐的泼水节》及移植日本交响曲《伐木歌》等。1986年被评为优秀声部长，1987年评为总政系统学习科学文化带头人。曾兼任解放军艺术学院军乐系教员。

许秀珍（1943— ）

女民歌演唱家。河南新乡人。1959年入河南省歌舞团工作。曾在多部歌剧中担任重要角色。演唱曲目有《红旗渠凯歌震天响》《天上银河落太行》。

许学东（1962— ）

扬琴演奏家。满族。江苏江阴人。中央民族大学音乐学院教授，硕士生导师。中国民族管弦乐学会常务理事，全国扬琴专业委员会副会长、秘书长。曾就读于天津音乐学院和中国音乐学院"文化部民族声乐、器乐优秀演员研究生班"。曾获"全国民族器乐独奏观摩演出"扬琴专业组一等奖。录制多张个人独奏专辑，创作多首扬琴作品，二胡独奏《西口情》及扬琴曲《秋·梦·藕》分获全国第三届民乐作品展播二等奖和优秀作品奖。出版有多张个人作曲及独奏专辑唱片。曾赴亚、欧、美多国和港澳台地区进行独奏演出与讲学。

许学琴（1944— ）

女歌唱家。上海人。原上海歌剧院合唱团演员。1967年毕业于上海音乐学院声乐系。曾任上海民族乐团独唱演员、上海乐团合唱团演员。1964年为周恩来总理等国家领导人演唱《洪湖水，浪打浪》。先后为《三笑》《牛府贵婿》《双女情歌》等影视片配唱主题歌。

许学勤（1931— ）

音乐编辑家。山东高密人。1946年从事部队文艺工作，任连队文化干事。解放战争期间进行战地宣传，教唱革命歌曲。1957年毕业于华东艺专音系，曾任《音乐天地》（原《群众音乐》）编辑，参与编辑出版该期刊二百余期。在全国各地期刊发表歌曲、乐曲七十余首，音乐论文十余篇。

许亚萍（1955— ）

女音乐教育家。河北人。毕业于天津师专艺术系。1973年任天津市河西区少年宫音乐教师。培养的学生多次获天津市少年宫声乐比赛一等奖，并在文化部少儿司、团中央等主办的各类少儿声乐比赛中多次获奖，有的在北京

中日歌手大赛中获少年金奖。发表有《关于儿童声乐的教学方法》等文。受聘担任天津音协、天津音乐学院声乐考级评委。

许燕冰（1957— ）

女音乐教育家。广东湛江人。湛江市第七小学高级音乐教师。2003年毕业于湛江教育学院音乐教育系。曾任湛江市歌舞团演奏员。从事音教工作外兼任学校第二课堂键盘教育。1993年创办湛江云燕手风琴学校，1995年成立湛江业余艺术教学中心。1998年获中国教育学会音乐教育专业委员会优秀指导教师奖。

许一钧（1935— ）

女低音歌唱家。浙江金华人。1959年毕业于上海音乐学院声乐系。原中国广播艺术团合唱团演员。40年的演唱生涯，在中国广播艺术团女低音声部担任合唱及重唱。

许以远（1951— ）

歌唱家、声乐教育家。浙江杭州人。深圳市笋岗中学高级音乐教师。1982、1986年分别毕业于南京艺术学院音乐系、上海音乐学院声乐系。曾任江苏省首届"玄武湖之春""星期音乐会"、深圳"春节晚会"、香港"99合唱节"中任独唱，并获奖。撰有《音乐学习与欣赏漫谈》《感性体验和理性知识学习相结合》《简谱、五线谱教学之我见》等文。

许永生（1947— ）

男高音歌唱家。辽宁抚顺人。1987年毕业于中国音乐学院声乐专业。中国煤矿文工团独唱演员、歌队队长。曾在现代京剧《海港》中扮演男主角高志扬、《红嫂》中饰男主角彭林，并在歌剧《救救她》中任男主角。曾师从沈阳音乐学院鲍延义学声乐。每年随团下矿区慰问演出百余场。1979年参加中央慰问团赴广西前线，演唱《我的大炮发了言》受到官兵欢迎。

许勇三（1915—已故）

音乐教育家、作曲家。江苏无锡人。早年师从俄籍教师学习钢琴、小提琴，1937年毕业于燕京大学音乐系，1938年就读于美国密歇根大学音乐学院获硕士学位。曾任教于燕京大学音乐系。中央音乐学院作曲系副教授、天津音乐学院教授。曾任中国音协第三届理事、天津音协副主席。主编《论巴托克的音乐创作》。译著有《大型曲式学》《对位法》。撰有《巴托克的创作道路》《音乐文献学之我见》。作有《四首钢琴独奏曲》，钢琴协奏曲《东方红》，管弦乐《白洋淀组曲》《草原赞歌》及合唱曲《阳关曲》。

许友滨（1923—已故）

音乐理论家。河北安新人。1938年始从事部队文艺工作。1951年毕业于上海音乐学院专修班。曾任音协吉林分会秘书长，第三、四届常务理事。撰有《为新长征引亢高歌》《民族音乐和音乐民族化》，歌曲《军队向前进》。

许友夫（1927— ）

作曲家。河北唐县人。1940年参加西北战地服务团儿童演剧队。1953年入西北艺术学校专修小提琴及和声学，1958年毕业于上海音乐学院理论作曲系进修班，后任西安电影制片厂作曲。曾任中国电影音乐学会理事。长期从事电影、电视剧音乐创作。曾为《天山上的红花》《乳燕飞》《没有航标的河流》《老井》等三十余部电影、七十余集电视片作曲。作品多次获奖，其中电影音乐《人生》获中国电影"金鸡奖"最佳音乐奖。

许幼黎（1944— ）

歌唱家。上海人。上海民族乐团声乐演员。1969年毕业于上海音乐学院声乐系。曾任职于东海舰队文工团、上海音乐学院、上海乐团。曾担任交响乐《智取威虎山》杨子荣、交响乐《沙家浜》郭建光的演唱。1987年在华东师大举办个人独唱音乐会。曾为电影、电视剧插曲配唱。

许玉明（1960— ）

作曲家。江西瑞金人。毕业于江西师范大学。政协江西省瑞金市委秘书长。先后在《歌曲》《儿童音乐》《心声》等报刊及电台、电视台发表、播出歌曲作品百余件。其中《山里的月亮》获北京音协金奖，并由江西电台"每周一歌"播出。《长长的麻花辫》获东莞市首届打工歌曲创作大赛优秀奖，《太阳的颂歌》获全国征歌优秀奖，电视专题片《这片红土地》获"五个一工程"奖。

许毓黎（1941— ）

歌唱家、音乐教育家。上海青浦人。曾任安徽教育学院艺术系副主任，安徽音协副主席。撰写发表十余篇声乐论文。除担任音乐会独唱、领唱外，曾在《夜半歌声》中饰演宋丹萍，在《柯山红日》中饰演男主角。1984年率合肥歌舞团赴京演出歌剧《冰湖上的篝火》并任主演。多次应邀赴省各高校举办学术讲座。

许元植（1935—已故）

作曲家。朝鲜族。吉林龙井人。1956年入沈阳音乐学院作曲系，后在延边歌舞团工作。曾任音协延边分会常务理事。作有小提琴曲《我的家乡》，声乐协奏曲《浣溪沙》，歌曲《白山红花》。

许月英（1947— ）

女二人台演唱家。山西河曲人。曾为山西省忻州市文联副主席、市音协主席、山西省第六届人大代表、市政协委员。1958参加河曲二人台剧团，1964年调忻州地区文工团历任演员队长、副团长、团长。曾获山西省首届独唱汇演第一名，1965年获全国优秀奖，1980年获省第二届民间音乐汇演独唱、对唱两项一等奖，1982年获省优秀演员称号，并获晋蒙陕冀二人台电视艺术大赛特殊贡献奖。由中央电台、中国唱片社等录制二人台民歌专辑音带多张。

许运权（1945— ）

作曲家。广东紫金人。1990年毕业于中国函授音乐学院作曲专业。先后任广东军区独立一师、紫金花朝戏剧团演员，深圳市荣根学校音乐科教研组长。创作大量校园歌曲，多首入选《中国校歌大系》，其中《荣根，智慧的摇篮》获银奖。在"桃李芬芳青少年民乐观摩音乐会"上获优秀指导教师奖。《三、六度音程、音准教学是合唱的基础》获全国论文大赛一等奖。

许蕴卿（1937— ）

女小提琴教育家。北京人。1961年毕业于沈阳音乐学院管弦系。曾在天津音乐学院任教。美国世界中提琴协会会员。长期从事中提琴与小提琴教学。

许在扬（1938— ）

音乐编辑家。山西临汾人。1950年在晋东南地区参加工作。1952年入山西长治师范学校。1956年考入北京艺术师范学院音乐系。1964年毕业于中国音乐学院作曲系，同年分配到贵州省工作。1975年调回北京。1977年入人民音乐出版社理论编辑室，先后任编辑、副编审、编审及编审委员会成员。从事古代音乐文献的整理与研究。撰有学术论文、评介、杂著等数十篇。

许占田（1936— ）

唢呐演奏家。河北人。1952年入战友文工团任演奏员。1954年入中央音乐学院进修，曾任中国广播艺术团电声乐团副团长。曾多次随团出国演出。

许昭雄（1942— ）

琵琶、柳琴演奏家。广东汕头人。1992年任广东民族乐团副团长。曾获首届全国广东音乐邀请赛一等奖，第三届羊城音乐花会独奏比赛表演奖。1994年在汕头举办"许昭雄独奏电视音乐会"。其作曲的琵琶协奏曲《塞外琵琶》获首届全国琵琶曲创编比赛二等奖及第五届羊城音乐花会音乐作品评比三等奖。扬琴独奏曲《彩蝶迎春》获第三届全国民乐展播三等奖。曾任星海音乐学院柳琴教师。

许镇疆（1940— ）

戏曲作曲家、京胡演奏家。安徽歙县人。1960年入武汉市汉剧团任琴师，1962年始任唱腔设计、作曲。先后设计《闯王旗》《红色娘子军》《断桥》《逼上梁山》等30多个剧目的汉剧唱段音乐，并在中央台、广州、湖北、武汉台录音、录像。《花木兰》《义责王魁》曾在香港演出，汉剧《男绑子》获1984年中青年汇演音乐创作奖。发表作品《传统唱腔集》。

许正源（1938— ）

女高音歌唱家。浙江人。1954年考入天津歌舞剧院，1956年起任独唱、领唱。曾多次主演苏联喜剧《货郎与小姐》，歌剧《泪血樱花》。1970年用柬语首唱柬埔寨国家元首西哈努克亲王所谱写的《怀念中国》《丰收的喜悦》等十余首歌曲，并录制成唱片作为亲王馈赠友人的礼品，受到外交部和周恩来总理的赞赏。1997年在天津音乐厅成功举办个人独唱音乐会。

许芝兰（1919— ）

女声乐教育家。河南开封人。1946年西北音乐学院声乐系肄业。曾任西安音乐学院师范系副主任，西安音协第一届主席。

许知俊（1960— ）

指挥家。江苏南京人。中国音协第七届理事。1989年毕业于中央音乐学院作曲指挥系，同年入中央歌剧院任指挥。作有大型晚会主题歌《壮丽航程》《归航》《花神》《中华恋》。在"光明赞""欢庆香港回归""青春之歌""欢庆澳门回归"等大型演出中担任指挥。担任中国歌剧《马可波罗》《羽娘》首演指挥并获奖。出访亚、欧、美、非几十个国家和地区。多次担任中国音乐"金钟奖"评委。兼任中央民族乐团常任驻团指挥，珠影乐团首席客座指挥，中国音协合唱联盟副主席。

许志国（1953— ）

小号演奏家。山东牟平人。毕业于解放军艺术学院音乐系。1970年考入解放军军乐团，任短小号首席演奏员。出版有《许志国小号独奏专辑》盒带及CD盘。演奏曲目有海顿《小号协奏曲》，胡美尔《小号协奏曲》，《西班牙斗牛士》及中国乐曲《秧歌》等，并多次获军乐团短小号演奏一等奖。曾为部队和地方培养过许多小号演奏人才。

许竹茂（1947— ）

音乐教育家。湖北武汉人。曾任武汉市黄陂六中高级音乐教师、武汉老年大学音乐教授。毕业于武汉音乐学院函授大学。曾编著出版《简谱乐理与习题》（合作），《简谱视唱教材》等多种音乐教材。编辑出版《全国教师作曲家歌曲集》（合编）等多本歌曲集。发表音教论文数十篇。其中数篇分别获各级竞赛一、二、三等奖。创作发表歌曲数十首。其中多首荣获省、市和国家级奖励。在各种大赛中多次获得"组织奖"和"园丁奖"。

续柯璜（1937— ）

作曲家。山西定襄人。先后在定襄剧团、忻定歌舞团、晋剧团、文工团及北影梆子剧团任板胡、二胡演奏员及作曲、指挥、团长。主要作曲、配器、指挥有晋剧《杨八姐游春》《岳云贵》《苦菜花》《迎春花》《32111钻井队》，北路梆子《红石榴》《八一风暴》，现代戏《卖范亭》《山乡风云》，电影《金水桥》，管弦乐合奏《朝天子》《大得胜》，电视剧《和尚下乡》《画龙点睛》《香壶案》以及《双龙会》《巧嘴吐情、妙手传情》。多次参加重要演出并获奖。

续世生（1940— ）

钢琴演奏家、指挥家。山西人。山西文化艺术学校原校长、高级讲师。1964年山西大学艺术系毕业，分配至大同市四中任音乐教师。1969年调入同文工团，1974年入山西京剧团任演奏员、作曲、指挥，后从事钢琴教学。曾参与创作大合唱《煤海颂》，舞剧《女矿工》。1971年在大同市公演钢琴协奏曲《黄河》，任独奏。为《蔡锷与小凤

X

仙》等二十余部京剧编写音乐及总谱，并指挥排练演出。

轩彦欣（1955— ）

音乐活动家。河南临颍人。郑州市群众艺术馆馆长。毕业于河南大学音乐系。1971年考入中国人民解放军总政军乐团任小号演奏员，1985年转业。曾多次担任大型文艺活动导演。组织策划了"河南省百日广场文艺"开幕式、郑州市庆祝建国50周年、建党80周年等大型文艺晚会，策划创作大型组舞《大河情愫》获河南省第八届民间音乐舞蹈大赛大奖，并获全省文学艺术优秀成果奖。多篇论文获河南省文化艺术评比一等奖。出版《军乐知识及演奏》《中华现代礼仪》专著。2004年被评为郑州市专业技术拔尖人才。

宣 科（1930— ）

民族音乐家。纳西族。云南人。曾任丽江中国大研纳西古乐会会长、云南省第八届政协委员、丽江市第一届政协常委。1978至1983年组织丽江纳西古乐老艺人恢复重建大研古乐会。曾率团赴欧洲多个国家和香港、台湾地区以及北京、上海等城市访问演出。应邀在国内各音乐学院及英国伦敦大学亚非学院、牛津大学等学术团体作学术报告。撰有《白沙细乐小议》《音乐起源于恐惧》等文章，翻译并主编《中国西南古纳西王国》，参与翻译并出版《被遗忘的王国》中的七个章节。曾获云南省"文学艺术成就奖"。

宣立华（1963— ）

音乐教育家。山东滨州人。山东东营职业学院艺术系副主任。毕业于原山东惠民师范学校、德州学院与曲阜师大音乐系。2003年获在职教育硕士。曾任原山东滨州教育学院音乐系主任。编有《简谱乐理习题》。撰文数篇，其中《以蓬勃开展的群众性合唱活动，看当今合唱指挥教学的使命》获全国师范院校合唱与指挥教学优秀论文奖。任《二十世纪中国音乐美学文献》副主编，获文化部科研课题三等奖。作有歌曲《瓦工的手》获山东第二届青年歌手、歌曲作品大赛创作三等奖。

宣兴立（1953— ）

手风琴教育家。安徽合肥人。安徽省手风琴学会副会长。1992年毕业于安师大音乐系。曾在部队文工团任手风琴独奏及歌曲创作。发表《翻山越岭练硬功》等歌曲。1982年任合肥市少年宫手风琴、电子琴教学及少儿音乐创作、MD制作。舞蹈音乐《金色的课堂》《小花鼓摇起来》等在全国获奖。1987年任安徽剧院艺术团指导。1988年被宋庆龄基金会授予优秀园丁奖。

宣艺龙（1966— ）

长号演奏家。黑龙江齐齐哈尔人。1993年毕业于天津音乐学院管弦系，同年考入中央歌剧院交响乐团任长号演奏员，参加演出的中外歌剧有《弄臣》《图兰多》《假面舞会》《茶花女》《游吟诗人》《法斯塔夫》《卡门》等。2001年参加紫禁城世界三大男高音演唱会。曾与世界著名歌唱家帕瓦罗蒂、多明戈、卡雷拉斯、波切利等合作

演出。还参加大量世界经典交响乐作品音乐会的演出。中国长号大号协会常务理事、北京龙音天地文化发展有限公司董事长。

薛 安（1950— ）

钢琴教育家。辽宁鞍山人。1978年毕业于首都师范大学音乐系。北京石景山区青少年活动中心音乐高级教师。中国音协全国钢琴考级高级考官，北京音协钢琴基础教育学会副会长。多年来先后发表《以提高钢琴弹奏能力为主线的钢琴教学》等教学论文二十余篇，发表歌曲《飞吧，小爬犁》等二十余首，其中《来吧，年轻的朋友》获北京市优秀创作奖。1984年随中日青年友好代表团赴日本，在东京、大阪、神户、京都等城市演出。1993年被中国音协表彰为在业余钢琴教学中做出贡献的教师。

薛 淳（1960— ）

指挥家。北京人。1982年毕业于中国音乐学院，后入中央音乐学院指挥系进修。1982年任中央民族乐团演奏员，后任管弦乐队指挥。创编笛子独奏《山歌》，埙独奏曲《水龙吟》，洞箫独奏曲《洞庭》《梅花》，中阮独奏曲《三弄》《高山流水》等。多次担任外事及庆典演出的指挥。1991年在大型民风音乐专题片《九曲》中担任指挥及音乐策划，获星光杯一等奖。

薛 丹（1974— ）

女高音歌唱家。黑龙江巴彦人。1994年毕业于黑龙江省艺术学校声乐专业。后入黑龙江省歌舞剧院任合唱队员。演唱《黑土新蕾》《创业颂》《塞北之春》《中国歌剧经典金曲》《海峡情思》《雪妹妹》等。撰有《以情带声与声情并茂》，曾获1995年黑龙江青年歌舞大赛通俗组专业一等奖、省专业艺术新人新作民族唱法一等奖、2001年中央电视台第六届"康佳杯"MTV大赛银奖等多项奖励。

薛 凡（1922—已故）

音乐编辑家。陕西韩城人。1949年从事音乐工作任演奏员、乐队队长兼作曲。后任陕西歌舞剧院教员。曾任西安市音协主席、《长安音乐》主编、中国函授音乐学院西安分院副院长。

薛 范（1934— ）

音乐学家、翻译家。上海人。中俄友好协会全国理事、上海师范大学客座教授。长期从事外国歌曲翻译、介绍和研究，译配发表大量歌曲，如《莫斯科郊外的晚上》等。编译出版《苏联歌曲汇编》（3集），《1917—1991苏联歌曲珍品集》《俄罗斯民歌珍品集》《世界电影经典歌曲500首》《拉丁美洲歌曲集》等三十余种。著有《歌曲翻译探索与实践》《苏联歌曲史话》《摇滚乐史话》等以及其它文章近百篇。1997年被俄罗斯联邦授予"友谊勋章"，并由中俄两国政府分别授予"中俄（俄中）友谊奖章"及荣誉证书。

薛 红（1961— ）

女二胡演奏家。山东聊城人。1980年毕业于山东济宁

师专。曾任山东省德州市杂技团乐队二胡演奏员。1983年起就职于山东省聊城市群众艺术馆，研究馆员。曾获山东青年演员比赛二胡演奏一等奖、山东省文化（艺术）馆站业务技能比赛表演二等奖。作有歌曲《星星云霞曲》《中原是咱好家园》《中国大西北》《聊城美·水城美》分别在全国或省市比赛中获奖。发表论文、歌曲作品数十篇。

薛　克（1967— ）

女二胡演奏家、教育家。山西人。1990年毕业于中央音乐学院民乐系，同年入中央民族乐团，1996年入中央音乐学院民乐系任教。其间多次在大型民族音乐会中担任二胡独奏和协奏。曾赴菲律宾、德国、奥地利、香港、台湾等国家和地区演出。为中央电视台录制《古曲赏析》节目。获第三届中国音乐金钟奖二胡B组金奖。多次在国际和国内民族器乐比赛中获二胡奖项。

薛　莱（1930— ）

音乐编辑家。江苏人。1955年始从事音乐工作。曾任中央人民广播电台文艺部录音导演，《广播歌选》编委，中国广播电视出版社音像制品编辑部主任，中央电视台艺术指导。

薛　磊（1957— ）

低音提琴演奏家。甘肃庆阳人。历任甘肃陇剧院民族乐团低音提琴演奏员、乐团副团长、业务演出部副主任、院长助理。参加伴奏的《天下第一鼓》曾获"文华奖"，《失子惊疯》《谢瑶环》《苏武归汉》《坐楼杀惜》《自逼宫》获"梅花奖"，伴奏的全国精品折子戏，在省级比赛及中国秦腔艺术节中共获奖十余次。《探窑》获全国盒带银榜奖。撰写、发表《浅读陇剧的嘛簧》《低音提琴演奏方法的体会》等文。

薛　礼（1938—已故）

大提琴演奏家。内蒙古包头人。1959年考入中国煤矿文工团，后任首席大提琴。1970年开始学习作曲配器。作品民乐合奏《煤海春潮》获全国第一届民乐作品展播优秀奖，系列板胡与乐队《悠悠黄土情》获第三届中国民乐作品展一等奖，另有声乐作品《一帮一，一对红》。曾任中国民族管弦乐学会理事，中国煤矿文工团乐队队长。曾参加"千人大乐"等大型演出，随团赴美国、加拿大、朝鲜、波兰、马来西亚等国演出。

薛　良（1917—1997）

音乐学家、编辑家。福建福州人。1940年始先后在昆明、桂林等地主编《歌咏岗位》《音乐知识》等刊物，并任《新音乐》执行编辑。新中国成立后历任贵州音协副主席、省歌舞团副团长、省艺术馆副馆长。后任中国音乐学院《中国音乐》副主编。著译有《歌唱的方法》《名音乐家传》《新兴音乐的理论与实践》《新音乐手册》《外国民歌222首》《音乐理论基础》《调式和调的探索》等二十余部。担任《大英百科全书简编》部分音乐条目编译。1991年应邀任芝加哥中国音乐论文评委。曾任《中国新文艺大系·音乐集》第三、四辑特约编审，第五

辑执行编辑。

薛　明（1931— ）

长笛教育家。江苏无锡人。1949年入部队文工团任长笛演奏员。1960年毕业于上海音乐学院。曾在河南省戏曲学校任教。

薛　明（1933— ）

声乐教育家、歌唱家。陕西西安人。曾为西安音乐学院声乐系主任、院学委会委员、教授，陕西音协理事。1957年毕业于西北艺术专科学校，师从罗马尼亚声乐专家。1959年在中央音乐学院干部进修班深造，师从喻宜萱教授。曾在各地举办多场独唱音乐会。创办西安红领巾合唱团，任团长、指挥。在山西高等院校音乐舞蹈观摩汇演中获演唱奖。作有《娄山关》《冬云》《大石桥》等三十余首歌曲，有的入编《声乐教材》。所撰《声乐之路》出版发行。

薛　明（1939— ）

作曲家。四川人。1958年考入四川音乐学院。1965年毕业后分配至四川省歌舞剧院。先后创作各类音乐作品数百件。主要有独唱《心上人像达玛花》《马尔康姑娘》《羌族姑娘绣彩绣》等，中型作品《三峡素描》《海抒怀》《雪山情》《火把节即景》《喊山》等，舞蹈音乐《百合花》《击缶》《红与白》等20部。曾发表音乐论文及评论文章70余篇，其中《生活与创作》《"天鹅之死"质疑》《论通俗歌曲的民族风格》被多家刊物转载。曾获省以上音乐作品奖。

薛　庆（1963— ）

钢琴教育家。四川隆昌人。1983年毕业于西南师范学院音乐系、留校任教。1996年起任广东艺术师范学校、外语艺术职业学院音乐系主任、副教授。曾在"蓉城之秋"音乐会、中国艺术节成都区及《长征组歌》中担任伴奏，并获伴奏奖。在美国东德克萨斯举办"中国钢琴作品独奏音乐会"在成都举办"希望之星"师生钢琴演奏会。撰有《论钢琴弹奏中手指基本功训练》。著有《钢琴简谱即兴伴奏实用教程》及教材《钢琴》。

薛　荣（1941— ）

琵琶演奏家。山西大同人。1958年始从事文艺工作。曾在山西省歌舞剧院任演奏员。作有琵琶协奏曲《云岗印象》《气壮山河》。

薛　伟（1963— ）

小提琴演奏家。江苏人。中央音乐学院教授、全国青联委员。曾在上海音乐学院附中、中央音乐学院深造，师从林耀基、郑石生等。1986年获第八届莫斯科柴科夫斯基国际小提琴比赛银奖，后又获卡尔·弗莱什国际小提琴比赛金奖。1985年移居英国，入伦敦市政厅音乐学院学习，后为英国皇家音乐学院教授。与伦敦交响乐团、皇家爱乐乐团、柏林广播交响乐团、芬兰广播交响乐团等合作演出，录制大量专辑。获"美国唱片月奖""大不列颠古典音乐

X

家最佳唱片奖"等。开办多场讲座形式的音乐会，多次担任国际小提琴比赛评委，任多所音乐院校客座教授。

薛 艳（1962— ）

女高音歌唱家。山东临朐人。北京军区战友文工团演员。1996年毕业于工程兵指挥学院。曾任内蒙古大兴安岭文工团演员。参加大型晚会《长征组歌》《八路军组歌》等文艺晚会的演出。多次主持军内外一些大型演出活动。

薛 艺（1949— ）

歌唱家。天津人。1974年入武汉空军文工团。曾任保定歌舞团副团长。曾在全国"建设者之歌"中评为优秀歌手。在首届全国青年歌手电视大奖赛中获业余组三等奖。

薛 蕴（1934— ）

女声乐教育家。陕西西安人。1955年毕业于西北艺术学院音乐系声乐科。同年入新疆歌舞团任声乐教员。1961年调自治区文化厅艺术科艺术研究室，曾在音协新疆分会从事民族声乐研究工作。

薛宝伦（1938— ）

打击乐教育家。广东人。1963年毕业于上海音乐学院管弦系，曾在该系任教。曾随团赴朝、日、新、澳等国演出。改编有《喜相逢》《无穷动》等，编有《木琴独奏曲》。

薛伯川（1932— ）

作曲家。四川隆昌人。毕业于西南人民艺术学院音乐系。1950年始从事部队音乐工作。曾任武汉军区歌舞团指挥、创作组长、副团长。作有歌剧音乐《枪之歌》，舞曲《胜利号角》，歌曲《满怀豪情唱春天》。

薛澄潜（1930— ）

小提琴演奏家、教育家。河南卢氏人。1949年从事部队文艺工作。曾在前线歌舞团任小提琴首席。1962年调哈尔滨歌剧院任交响乐团小提琴副首席。黑龙江省政协第六届委员、哈师大客座教授。长期从事小提琴教学，培养学生众多，多次获市"优秀教师奖"。创作、改编十余首小提琴独奏、齐奏曲，其中《中原畅想曲》获哈尔滨第一届"天鹅杯"二等奖，并在蒙特利尔国际小提琴比赛中获奖。《中原畅想曲》及改编的《红军哥哥回来了》入选《全国小提琴（业余）考级专集》。

薛传懿（1918—1981）

男低音歌唱家。广东中山人。1952年毕业于法国巴黎音乐学院声乐专业。曾任重庆市歌舞团声乐教师。曾在南京、广州、成都及东南亚、巴黎举行独唱音乐会。

薛恩全（1936— ）

钢琴演奏家、教育家。江苏无锡人。原任广州星海音乐学院音教系钢琴教研组（室）负责人。三岁半学习钢琴。曾入上海音乐学院进修钢琴与室内乐演奏和指挥法。1954年起在华南歌舞团、广州乐团参加大型音乐舞蹈史诗《东方红》演出。1978年起任教星海音乐学院。其学生多次在各级比赛中获奖，或考入维也纳、汉堡等音乐学院。多次担任各类钢琴比赛和钢琴考级评委。曾五次举办个人钢琴独奏音乐会。发表《舒曼OP·54作品分析》等多篇论文，编配《全国声乐教学曲库》伴奏多首。合作编写的《音教系钢琴教学改革与成果》论文，获省高校优秀教育成果二等奖。

薛芳玲（1966— ）

女音乐教育家。辽宁本溪人。1984年毕业于沈阳音乐学院音教系。原本溪市青少年宫主任兼钢琴、电子琴专业高级教师。辽宁省电子琴学会副会长、本溪市音协主席、中国音协音乐考级高级考官。辅导学生获"金钥匙"全国少儿电子琴比赛一等奖，本人获辅导奖。多名学生获辽宁省少儿器乐比赛钢琴、电子琴一、二等奖。发表音乐论文多篇，曾被辽宁省音协评为优秀教师。

薛红平（1958— ）

女中音歌唱家。甘肃人。西安音乐学院声乐系教授，硕士生导师。1992年于日本太平洋国际音乐节任波恩斯坦交响合唱"切切斯特"四重唱。两次获陕西声乐大赛金奖。曾在陕西庆祝香港、澳门回归文艺晚会上分别任领唱、独唱，在交响清唱剧《江姐》中饰演主要角色。2003年赴意大利参加著名歌唱家弗莱尼举办的美声中心大师班。后于西安和美国斯坦福大学"08中国奥运音乐之旅"巡回演出中任"贝九"交响曲四重唱，赴韩国参加韩、中、日交流演会。在声乐教学中两次获西安音乐学院教学成果一等奖，所教学生多人次获奖。发表论文数十篇。

薛华杰（1937— ）

作曲家。陕西韩城人。曾任甘肃省群众艺术馆副研究馆员，中国社会音乐研究会理事，甘肃省音乐文学学会副主席。1949年参加部队文工团，转业后分别任甘南藏族自治州歌舞团任专业作曲、团长与省群艺馆文艺辅导部主任。先后创作发表、演出大量各类音乐作品，其中小歌剧《一串项链》曾被西安电影制片厂拍摄为歌剧艺术片。有五十余首歌曲在全国及省、市获奖。近年所创作的歌曲《口弦轻轻吹》《尕娃娃，捉蚂蚱》《快乐裕固娃》等先后获中宣部第七、八、九届"五个一工程"奖及文化部"群星奖""蒲公英"金、银奖，省"敦煌文艺奖"。2001年获甘肃文化艺术人才"金飞天奖"。

薛建洲（1964— ）

音乐教育家。陕西韩城人。深圳市福田区南园小学教师。曾分别就读于西安音乐学院、星海音乐学院音乐教育系。撰有《中国唱法论》等论文，出版有个人演唱专辑《中华，我的家》《男子汉》等。2005年获全国第六届"文化之春—中国民族歌曲演创大奖赛"金奖。

薛金强（1964— ）

手风琴演奏家。吉林松原人。毕业于吉林大学。吉林省手风琴学会副会长、省音协常务理事。曾先后获全国手风琴比赛教师专业、省首届键盘大赛独奏一等奖，被评为全国优秀手风琴教师、省首批荣誉奖牌优秀音乐指导教师。《莫把考级曲目当教程》等多篇论文在省、全国获奖或发表。编创《小燕子》等手风琴曲三百余首。编撰有《儿童手风琴技术训练》《少儿手风琴曲选》《音乐考级漫谈与辅导》。

薛金炎（1934— ）

音乐理论家、教育家。江苏无锡人。1955年毕业于东北音专作曲系，1958年毕业于上海音乐学院苏联理论作曲专家班。曾任沈阳音乐学院作曲系主任、教授。东北大学音乐系主任，辽宁音协理事，辽宁省政协委员。发现我国特有的八板体民族曲式，发表于《音乐博览会》。出版专著《交响乐世界》。组织全国首届"黑龙杯"管弦乐作曲大赛。参与举办向海外直播的新年音乐会。1995年与企业家合作创办第一所私立的东北音乐学院。1997年应中央电视台之邀，拍摄音乐教育系列片《音乐博览会》。2000年合作创办以工科为主的东北大学音乐系。

薛连生（1934— ）

长笛演奏家。河北人。1947年起先后任华北军区军乐队、总政军乐团长笛演奏员、教员、业务干事。1975年起任中国电影乐团长笛演奏员、副队长、业务科长。多次参加苏联国家交响乐团、中央乐团等重大演出，参加百余部故事片、新闻纪录片、科教片及电视剧、广播剧的录音工作及交响乐音乐会。

薛明镜（1926— ）

音乐教育家。四川隆昌人。1949年毕业于中央大学艺术系。1950至2000年在西南师范学院音乐系（现西南师范大学音乐学院）工作。长期从事视唱练耳教学，兼授小提琴。1980年参加全国高师视唱练耳教学大纲制定会。1983年出席南京师范大学陈洪教授受教育部委托编写的全国高师试用教材《视唱教程》审稿会。1985年起先后为高年级学生开设视唱练耳选修课，为助教进修班开设视唱练耳专业课。曾任西南师范大学出版社的特邀编辑。

薛明兴（1939— ）

作曲家。四川邛崃人。1965年毕业于四川音乐学院，后任职于四川省歌舞剧院。四川音协理事。作有歌曲《马尔康姑娘》《漂亮的渣尔瓦》《心上人像达玛花》并出版唱片。作有《三峡素描》《邛崃抒怀》等音乐作品及舞蹈音乐《百合花》《红与白》《击缶》等二十余部。为《血亲大仇杀》《带刺的玫瑰》等二十余部电视剧作曲，参与歌剧《格达活佛》《天涯歌女》的音乐创作。撰有《生活与创造》《试论通俗歌曲的创作规律》等数十篇，主编《节日歌曲精选212首》《温馨歌曲精选212首》。

薛奇逢（1914— ）

声乐教育家、歌唱家。广东汕头人。1930年在意大利学声乐，1935年回国入上海美专学美术，后师从俄籍

教授学声乐。1939年任上海美专声乐翻译。多次举办个人独唱音乐会及钢琴音乐会。曾任江西师专音乐科主任、山东艺术学院声乐教授、中国声乐学会理事。出版有《德国古典艺术歌曲集》。发表大量论文，编撰多种声乐教材。出版意大利《美声歌唱》系列专集及《歌中有画，画中有歌》歌画集八部。举办《美声歌唱史传100讲》电视讲座。

薛强华（1959— ）

声乐教育家。安徽淮北人。1985年毕业于安徽师范大学音乐系。1991年入上海交大研究生院进修。安徽淮北煤炭师院音乐系副教授、声乐教研室主任。发表论文《声乐教学要考虑歌唱心里》《谈高师声乐的集体课形式》《高师音乐系艺术实践课随想》《前苏联三次对音乐家的批判及对我国音乐界的影响》《论音乐美育在高等教育中的重要作用》《音乐师范教育应注重音乐审美》等。其演唱在淮北市多次获一等奖。所教学生数十人在省市声乐比赛中获奖。

薛沁音（1951— ）

女歌唱家。山西沁源人。曾任中国铁路文工团说唱团歌队队长，艺术培训部主任。1973年考入中国铁路文工团歌舞团任独唱演员。先后在上海音乐学院、中国音乐学院进修，师从王品素、程浩教授。曾主演大型歌剧《山花烂漫》《星光啊星光》。所演唱的歌曲《我爱那闪闪的信号灯》《冬运战歌》《安全伴你走天涯》《慰问歌》在铁路内外流传。1996年始从事声乐教学工作，有多人在各类声乐比赛中获奖。

薛清海（1955— ）

作曲家。山东滕州人。1982年毕业于解放军艺术学院。后进修于中央党校函授学院。现任解放军汽车管理学院政治部政工教研室副教授。《坦克兵组歌》《军旅之恋》《铁骑之歌》《军营柳荫下》《喊一声老乡》和《我爱我的装备车》等作品在全国、全军比赛中获奖。《秋叶》《第一次远行》《回沂蒙》等多首作品在中央电视台及在不同音乐会上演出。出版《军与民之恋》歌曲专集。

薛如英（1928— ）

女作曲家、音乐编辑家。江苏常州人。中国聂耳·冼星海学会驻会干事，武汉音协顾问。早年就读国立女师学院音乐系，毕业于湖南大学音乐系。1951年始从事音乐编辑工作，曾任《中南广播歌选》《长江歌声》音乐编蕳。负责《湖北民歌集成·武汉分册》收集整理工作。小舞剧《降魔保丰收》获1960年全国群众文艺汇演作曲一等奖。曾担任剧团指挥、作曲，为《彩云归》等十多个剧目编曲并指挥演出。编辑出版《纪念聂耳诞辰70周年文集》《论聂耳·冼星海》《永生的海燕》（合编），中国聂耳·冼星海学会《通讯》。

薛世民（1940— ）

音乐教育家。四川泸县人。1960年毕业于西南师大

留校任教，先后担任基本乐理、和声学、合唱指挥等课，后任音乐系副主任。作有舞蹈音乐《扎根鞋》，儿童体操音乐《雁》（获奖），编写教材《和声学》《歌曲作法》《指挥常识》等。曾指挥《黄河大合唱》《沙家浜》《长征组歌》。撰有论文《和声教学之我见》《论中国近代作品终止式》《西南地区艺术教育调查报告》，著有《中小学音乐基础知识》（合作）。

薛首中（1963— ）

音乐教育家。山西人。山西太原师范学院音乐系主任，教授。山西省音协音委会主任。1983年毕业于山西大学艺术系音乐专业。曾任山西省歌舞剧院板胡独奏演员。曾获"1995国际中国民族器乐独奏大赛"板胡独奏优秀演奏奖。曾出版《二胡初级教程》《音乐素质基础训练》及胡琴专辑《南风北风梆子风》等。所创作的二胡练习曲被选入《全国二胡考级作品集》中，板胡独奏曲《丰收的日子》《还家》被选入《板胡曲集》中。曾赴意大利、日本、香港、澳门等国家和地区演出。

薛淑琴（1927— ）

女声乐教育家。北京人。北京市音协第四届理事。1946年毕业于重庆国立音乐学院分院声乐系。1947年起，曾在西南美专、浙江湘湖师范、苏北、苏南军区文工团任音乐教员。复员后为江苏省歌舞团、中央乐团合唱队合唱演员。1960年起，先后负责组建北京艺术学院声乐系，北京师范学院音乐系，任声乐讲师、副教授、系副主任。1970年任宁夏回族自治区歌舞剧副团长及声乐教员。新中国成立前曾在重庆、南京与钢琴家朱伯封、屠咸若举行独唱、独奏音乐会，主演歌剧《牛郎织女》。曾参加"第一届全国文代大会"和"华东军区文艺汇演"中担任独唱。培养有众多音乐人才。

薛顺平（1953— ）

中提琴演奏家。河北人。先后任内蒙古民族歌舞剧院交响乐团、呼和浩特市文工团、内蒙古歌舞团交响乐团中提琴演奏员、首席。曾参加李德伦、张培豫、田久保裕等著名指挥家和剧院所有歌舞、歌剧及交响乐音乐会的演出。创作有大型歌剧《张灯结彩》音乐，歌曲《青城之夜》《青春的心灵》等。

薛天航（1925—1986）

嗓音治疗家。江苏无锡人。1948年上海戏剧学院肄业。曾在中央音乐学院华东分院音乐工作团任演员，后在上海声乐研究所任教。曾任北京声乐研究所副所长。

薛天申（1927— ）

音乐编辑家。浙江瑞安人。曾任浙江省音协常务理事、秘书长。杭州国立艺专毕业。先后任职省青年文工团、省文联、省音工组、省群艺馆。副研究馆员。参加收集、编辑、出版《浙江民间歌曲选》《浙江民间小调》《浙江革命历史歌曲》。任《中国民间歌曲集成》《中国民族民间器乐曲集成·浙江卷》副主编，获文化部"文艺集成志书编纂成果奖"。撰有《浙东锣鼓》《浙江民间吹打乐与丝竹锣鼓》《喜听器乐曲 海洋丰收》等文，作有歌曲《摘棉花》《喜卖余粮》等。

薛为坤（1954— ）

单簧管演奏家。江苏滨海人。1973年毕业于江苏省革命文艺学校音乐专业、1972年调入江苏省歌剧团，1989年始在江苏省歌舞剧院交响乐团任演奏员。曾与国内外指挥家、演奏家合作演出贝多芬、李斯特等的作品，其中交响合唱《龙河船夫曲》获演奏奖。演奏录制有CD《中国民谣》，歌剧《茶花女》，录制《世界名曲音乐会》，钢琴独奏音乐会，与吕思清合作演出交响音乐会，歌剧《孙武》（获文华奖），《长江组歌》音乐会，歌舞《好一朵茉莉花》（获金奖）。

薛维恩（1948— ）

钢琴演奏家、教育家。辽宁大连人。大连大学音乐学院钢琴系副教授。1968年毕业于沈阳音乐学院附中。曾任大连大学师院艺术系教师。90年代曾先后在大连和日本举行钢琴独奏音乐会。在大连校庆音乐会上曾演奏钢琴协奏曲《黄河》。曾参加加拿大温哥华钢琴与大提琴音乐会。撰有《浅谈五声音阶在钢琴作品中的运用》《中国钢琴作品的创作特点》等文。出版专著《中国五声音阶钢琴练习曲》。多年来为高等音乐院校输送数名音乐人才。

薛文彦（1933— ）

作曲家。甘肃人。曾任《西部歌声》主编、甘肃省天水市文联主席、省音协主席、甘肃省音协常务理事，广东省湛江师范学院教授。1994年1月，由中国音协创委会、中央电视台等八单位联合在北京音乐厅举办《薛文彦交响作品音乐会》，演出交响乐《母亲》、交响舞曲《跳弦》。作品还有无调性混声四部合唱《家乡的小鸟天堂》，电子音乐《草原春雨》《黎明的鸟岛》《跨越大峡谷》，歌曲《生长在黄土高原》等二百多首（部），论文、论著二十多篇，获奖三十多次。

薛锡祥（1944— ）

歌词作家。安徽人。解放军南京政治学院上海分院副教授。分别任《上海诗报》《上海歌词》编委。出版有《云间诗韵》《心灵广场》《青春嫁接》等多部诗词集。词作《我们的中国》评为"亚洲音乐节"十大金曲奖。《大地之魂》《生命的放飞》《花满人间》分别评为全国第三届农运会、全国第八届运动会、全国四届花博会会歌。《人间真情在》获文化部金奖。《跨世纪远航》《春之永恒》及填词《红旗颂》为合唱歌曲。上海电视台、东方电视台等单位先后联合为其举办《军旗下的敬礼》《永恒的爱恋》《军魂》大型朗诵演唱会。

薛小明（1956— ）

钢琴教育家。河南安阳人。1978年起先后就读于河南大学音乐系和中央音乐学院钢琴系干部教师进修班。1982年起先后任教于河南大学、厦门大学，后任厦门大学艺术教育学院音乐系钢琴教研室主任、教授。厦门音协钢琴专业委员会副主任兼秘书长、《琴童》杂志钢琴考级栏目特约撰稿人。

薛晓艳（1964— ）

女音乐活动家。陕西绥德人。就职于深圳龙岗区文化馆。1987年毕业于西安音乐学院。论文《浅谈群众性业余合唱团演唱曲目的选择》获优秀论文奖。曾组织举办深圳龙岗区第二、三届声乐大奖赛，并多次主持深圳市大型音乐活动。

薛学行（1939—已故）

女小提琴演奏家。浙江金华人。1963年毕业于沈阳音乐学院。曾任职于辽宁歌剧院，辽宁乐团，中国电影乐团。在院、团举办的音乐会上演出独奏节目，并在多部电影及音乐资料的录制中担任小提琴独奏。1987年加盟中央芭蕾舞团交响乐团，参加演出了《天鹅湖》《胡桃夹子》《吉赛尔》等十多部世界著名芭蕾舞剧，并随团赴港、澳、台及印度尼西亚等地演出。

薛艺兵（1950— ）

音乐学家。甘肃人。1978年前在兰州窑街矿物局文工团任作曲兼指挥。1982年毕业于西北师院音乐系。1985年毕业于中国艺术研究院研究生部音乐系，获文学硕士学位。为中国音乐研究所研究员。撰有《秧歌音乐研究》。

薛映春（1934— ）

女音乐教育家。江苏人。原北京第三师范高级讲师。先后毕业于华东师范大学音乐系、北京艺术师范音乐系。曾在中央音乐学院等院校任声乐、指挥、合唱、复调等课程。撰有《再谈普师音乐课的视唱练耳教学》《师范音乐课中的视唱教学设想》《声乐教学浅谈》等论文。曾任北京市劳动人民文化宫声乐班声乐教师，北京少年宫合唱队声乐指导。所指导的女声小合唱等声乐节目多次获不同奖项。所教学生或考入音乐院校从事专业声乐工作，或在各类比赛中获不同奖项。

薛元龙（1930— ）

指挥家。辽宁大连人。1942年参加学校管乐队开始音乐活动，1946年入伍，从事部队文艺工作。1954年进总政指挥班进修。历任41军军乐队队长、广州军区军乐队队长、广州军区战士歌舞团副团长兼指挥。曾指挥舞剧《红色娘子军》《草原英雄小姐妹》《沂蒙颂》等。

薛跃林（1959— ）

男中音歌唱家。吉林人。天津歌舞剧院声乐队队长。1982年毕业于东北师范大学艺术系音乐专业。曾在歌剧《货郎与小姐》《费加罗婚礼》《帕老爷的婚事》《江姐》及音乐剧《异想天开》中饰演男主角。先后参加电视片《唐风宋韵》，舞剧《精卫填海》《斯巴达》等剧目的排演。作有歌曲《海陆空战友一样亲》《祖国，我永远记心里》。曾策划组织"东方慧光""俄罗斯风情音乐会""歌剧音乐会"。

薛云升（1949— ）

作曲家、音乐活动家。河南鹿邑人。陕西省略阳钢铁厂工会干部，汉中音协副主席。1992年毕业于陕西工运学院。作有歌曲《乡下女人》《不一是》《我们在赶路》《北方人家》《橘子花儿开》等。曾筹办汉中市爱乐乐团、民族管弦乐乐团。策划、组织、筹办"纪念国乐大师刘北茂民族音乐会"等音乐会多场。参加、策划、筹办"陕西省旅游歌曲"征集活动。

薛增禄（1928—已故）

作曲家。陕西绥德人。1944年入陕北文工团，长期从事音乐工作。曾任西安易俗社副社长。作有地方戏曲及歌剧音乐多部。作有电影音乐《火焰驹》《三滴血》。

雪　飞（1926— ）

女民歌演唱家。江苏人。1939年始从事文艺工作。曾在江苏省歌舞剧院工作。曾任音协江苏分会副主席，江苏省第一、二、三、四、五届政协委员。1950年华东文艺汇演获民歌独唱三等奖。

雪　野（1970— ）

作曲家、指挥家。辽宁人。海政文工团创作员。毕业于海军舰艇学院，进修于沈阳音乐学院。中国文化艺术演艺经纪人，南昌大学客座教授。曾任大型晚会音乐总监及导演，多次担任千人联合乐团指挥。声乐作品有《远航》《放心吧妈妈》《无言》等。军乐曲《海之梦》《蓝色苍穹》《军旗升起》《将军号角》。影视音乐《甲午百年祭》《好梦成真》《情缘》等。风情音乐剧《魅力》（编剧作曲），另创作有海军及各军兵种部队歌曲数百首。多次在军内外获奖。出版个人作品集《从军情》CD。

雪康·索郎达吉（1922— ）

民族乐器演奏家、教育家。藏族。西藏拉萨人。擅长演奏比旺、扬琴、扎木聂等乐器，并精于演唱囊玛、堆谐等曲目。1954年任西藏歌舞团团长。先后率团赴北京及多个省市巡回演出。1978年始执教于西藏大学艺术系，曾任系副主任兼民族音乐考古室主任、教授，中国音协理事。撰有《著名民间音乐家——朗吉》《论囊玛、堆谐的历史渊源关系》《论西藏民族传统的练声法》。创作并演奏拉萨堆谐《欢乐的青年》《昌都锅庄》。

荀安华（1959— ）

声乐教育家。山东莱阳人。安庆师范学院艺术学院音乐系主任。1986年毕业于安徽师范大学音乐系。发表《略谈音乐教育的育人功能》《简论音乐教学的综合性》《贵池傩戏艺术初探》等文。1991年获安徽省民歌歌舞演唱二等奖。

X

Y

雅 文（1935— ）

作曲家、音乐教育家。壮族。广西田阳人。1949年从事部队文艺工作。1958年毕业于四川音乐学院作曲系。先后在贵州民族学院、贵州大学、贵州艺校任教。1972年入贵州省文化厅。1978年调省文联，历任省音协副主席兼秘书长，曾任《苗岭歌声》《春之声》杂志主编，省文联副主席。出版《两个太阳》《柿子红了》《杉林青青》等声乐作品选集，《乐旅拾零》音乐文集。作有钢琴曲《序曲》《土风》，歌剧《数九春风》，音乐剧《园》，歌舞乐《乌蒙风情》，管弦乐组曲《山水画集》。为《四渡赤水》等4部话剧，《中国贵州行》等10余部影视片，《苗山童谣》等8部舞蹈作曲。作品多次获奖。撰有《合唱的功能》《论少儿音乐的民族性》等文。

亚 欣（1924— ）

作曲家、民族音乐学家。河北保定人。曾任四川省文化厅艺术处处长、党组成员。《中国民间歌曲集成·四川卷》主编。1937年在华北冀中参加八路军，历任八路军三纵队火线剧社宣传员，某师战斗剧社干事、乐队队长，晋绥文联音乐部研究员，西北艺校教员。新中国成立后，由军管会派驻艺专任军代表，西南音专校长、办公室主任，省艺专研究室主任，峨眉电影制片厂艺术室副主任等职。作有歌曲《新农村小唱》，编有《晋绥民间歌曲选》。

娅伦格日勒（1962— ）

女指挥家。蒙古族。内蒙古安盟扎来特旗人。内蒙古艺术学院讲师。中国合唱学会理事，内蒙古合唱学会副理事长，1975年考入内蒙古艺术学校，1978年入锡盟阿汕旗乌兰牧骑。1986年毕业于上海音乐学院作曲指挥系。1987年创建内蒙古青年合唱团并任指挥。所指挥录制的《吉祥欢乐》等24首合唱，选为中央电台与德国、法国、日本、美国等六十多个国家电台交流节目。在"中国第三届合唱节"比赛中获"合唱指挥奖"。

闫 波（1958— ）

作曲家。山东福山人。山东东营市物资局艺术团团长兼艺术指导。曾在昌潍师专艺术系、潍坊教育学院进修音乐专业。于1977年始发表作品，出版歌曲集《晨风吹来一缕油香》《黄河的回忆》《金色的梦幻》，并在省级以上刊物发表作品百余件，部分作品在电视台、电台播放并获奖。带领艺术团多次参加省音乐会、文艺调演及比赛活动。同时参加《中国戏曲音乐集成·山东卷》《中国民族民间器乐曲集成·山东卷》编辑工作。

闫 健（1945— ）

双簧管演奏家。北京人。1963年考入解放军军乐团，历任双簧管演奏员、首席、声部长。参加大量外事司礼演出任务和历次国庆大典演出。1964年起先后参加《东方红》大歌舞演出及电影拍摄、参加"纪念长征胜利40周年"及多届"北京交响乐之春"音乐会，并赴大庆、西安、秦皇岛等地演出。1971至1989年参加全国党代会、人代会、政协等重要会议的演出，曾获优秀演奏奖。

闫 明（1940— ）

作曲家。河北徐水人。1958年毕业于河北省戏曲学校，1963年毕业于天津音乐学院作曲系。后为河北梆子剧院专业作曲。为《龙江颂》《洪湖赤卫队》《包公陪情》《阿Q正传》等数十部河北梆子设计唱腔（含合作），作有戏曲广播剧音乐《青春的旋律》，河北梆子音乐剧音乐《杜十娘》，河北梆子现代戏音乐《小镇风流》，河北梆子歌舞剧《田园四重唱》，歌曲《韶山红太阳，百年毛泽东》，古筝独奏曲《陌上桑》等，均获省级以上奖项。

闫 铭（1929— ）

音乐教育家、翻译家。天津人。1953年毕业北京大学英语系，曾师从捷克专家学习大提琴。曾为中国音乐学院器乐系大提琴教授、中国音协大提琴学会理事。先后在北京师范大学、中央音乐学院任教。培养许多音乐、外语人才。译文有《中国传统音乐和音乐教育》（汉译英），《若瑟·阿米奥和启蒙运动时期对毕达哥拉斯定律法起源的讨论》（英译汉）等。1982年曾在美国大使馆口译《中国民歌》讲座。1988年在澳大利亚国际音乐教育会议上，宣读中国代表团的论文。

闫 璞（1938— ）

女音乐编辑家。河北蠡县人。1961年毕业于天津音乐学院。先后在河北广播文工团与河北电台文艺部任演员、音乐编辑。1973年调天津电台音乐频道任编辑、组长、副总监制。曾编辑采录大量音乐节目，并有多个节目在全国及省市级的评比中获奖。音乐专题《华风琴韵新传人》《民乐大师刘明源》《乡音袅袅，弦管悠悠》，歌曲采录《天津城外杨柳青》《送你一束红月季》等获中国广播文艺政府奖。采编的歌曲《山里妹子》《海河多么美》和创作的《后生再不愁娶难》等获中国广播新歌评比金奖。

闫伯政（1957— ）

指挥家。天津人。中国少数民族声乐协会理事，中国合唱协会理事。1980年毕业于中央音乐学院声乐系，1993年毕业于中央音乐学院指挥系。中央民族乐团合唱指挥。曾指挥中国民族爱乐乐团、前中央乐团合唱团、中国歌剧舞剧院合唱团、马来西亚"雪隆"合唱团、日本"金城"合唱团等。1995年入中国艺术研究院攻读民族音乐学硕士研究生。在海内外曾发表有关中国合唱艺术方面的文章。

闫唱民（1933—已故）

作曲家。湖北枝江人。1951年参加部队文艺工作。曾任株州市音协主席，音协湖南分会常务理事，湖南省社会音乐活动委员会副主任。作有歌剧音乐《红樱歌》《摸花轿》等。

闫定文（1940— ）

民族音乐学家、教育家。山西祁县人。太原师范学院教授，中国戏曲音乐理论研究会常务理事。曾任山西音协民委会副主任。就读于西安音乐学院民乐系，先后在山西大学艺术系及师范学院教授三弦、琵琶、民族音乐，培养众多演奏人才。撰有论文《祁太秧歌调式探》《西皮腔之源质疑》《秧歌史话》《上党梆子音乐研究》《说"越调"》《说三弦弹戏》等，部分论文获全国、省二等奖和国际优秀论文奖。连续多年被学校评为优秀教师。

闫冬林（1955— ）

作曲家。河北邢台人。1970年入伍，任南京军区前线文工团创作员。全军专业高级技术职称评审委员会委员。本科毕业。作有音乐话剧《征婚启事》获全军戏剧音乐奖，歌曲《初恋不再回来》获文化部优秀作品奖，歌曲《格桑花》获第三届中国音乐"金钟奖"，《时刻准备着》《响当当的连队呱呱叫的兵》分获全国"五个一工程"奖，《梦中的他》《爱在最深处》分获全军抒情歌曲最佳作品奖。

闫恩辉（1941— ）

作曲家。河北静海人。1960年始从事音乐工作。1980年创刊《天山音乐》并任主编。曾任乌鲁木齐市音乐舞蹈家协会主席、名誉主席。作品有歌曲《伊犁河啊我心中的河》《草原摇篮曲》，舞蹈音乐《礼物》《瀚海春波》，管弦乐《快乐的伙伴》。出版有《西班牙吉它演奏及伴奏编配法》。

闫国宜（1932— ）

女声乐教育家。湖北人。1954年毕业于华中师范学院音乐科，留校任教。撰有《声乐基本训练中的因材施教问题》。译有《俄罗斯古典歌曲七首》。合作编写《声乐基本知识》教材第二、三、十一部分（执笔），曾两次参加武汉音协主办的独唱独奏音乐会，并在电台播放。

闫海泉（1929— ）

大管演奏家。河南周口人。1948年始从事音乐工作。1953年毕业于中南文艺学院。曾任河南省歌舞团乐队演奏员并从事教学。

闫红生（1957— ）

笙演奏家。天津人。海政歌舞团演奏员。毕业于解放军艺术学院。1982年参加全国民族器乐观摩演出获一等奖。创作笙独奏曲《奔赴新家乡》《牧马人之歌》《苏珊娜》《雨丝》《红梅花儿开》《我是一个兵》等由人民音乐出版社出版。部分笙曲目被选为音乐学院笙专业学生必修曲目。多次赴美国、日本、俄罗斯、泰国演出独奏。

闫洪吉（1935—已故）

长号演奏家。山西太原人。1949年入总政军乐团。曾

在山西省歌舞剧院工作。

闫惠昌（1954— ）

指挥家。陕西合阳人。1983年毕业于上海音乐学院。香港中乐团艺术总监、指挥。曾任中央民族乐团首席指挥。中国音协第七届理事。中国民族管弦乐常务理事。1987年应邀指挥香港中乐团月季音乐会。担任首届中国艺术节千人民乐合奏指挥。作有琵琶独奏《思乡曲》，交响音画《水之声》。

闫俊茹（1958— ）

女中音歌唱家。辽宁沈阳人。1979年在甘肃省艺术学校学习。1982年起在甘肃艺术学校声乐研究室任教师，1987年毕业于中央音乐学院声歌系。1989年调入总政歌剧团任演员。1980年曾在"兰州之夏音乐会"担任独唱，并被评为优秀节目，演唱的《梦回神州》《请不要问我》等曲目在甘肃电视台、电台播出，曾随中国音乐家小组和中国艺术团赴意大利、香港、澳门、俄罗斯演出并任独唱，在大型历史歌剧《屈原》中饰演南后，1999年分别在北京"国际艺苑"和兰州举行个人独唱音乐会。

闫瑞岐（1941— ）

竹笛教育家。辽宁黑山人。黑山音协主席。曾任黑山评剧团乐队伴奏、作曲配器，黑山文化馆文艺股长。1981年进修于辽宁职工文艺大学。所作民乐联奏《在山村的晚会上》在全国民间音乐比赛中获三等奖，省、市一等奖。曾在黑山县多所学校任笛子辅导教师，有些优秀学生考入沈阳音乐学院。2002年起连续被评为省级优秀辅导教师。

闫绍一（1936—1986）

板胡演奏家。河北滦县人。1949年入部队文工团。1958年入总政文工团。1983年转业到石家庄钢铁厂工会工作。创作并演奏有《河北花梆子》《地道战》插曲等。著有《板胡演奏法》。

闫太公（1930—2007）

小提琴演奏家。辽宁大连人。原中央广播艺术团交响乐团小提琴首席。1948至1949年就读于北京真理学院。曾任西南军区战斗文工团乐团首席，总政文工团歌舞团副首席。译著有《贝多芬》《外国音乐家传》《小提琴演奏艺术》《柴科夫斯基国际比赛》。作有歌曲《春天》《夏日》等十余首及器乐合奏曲《积肥小调》多首，曾为多首歌曲伴奏配器。

闫秀芬（1955— ）

女高音歌唱家。河北唐山人。1989年毕业于中央乐团社会音乐学院声乐系。曾任北京军区守备四师宣传队、中国电影乐团歌队独唱演员，1990年后任中央歌剧院合唱团副团长。曾参加歌剧《茶花女》《马可·波罗》《图兰朵》《卡门》《魔笛》《绣花女》的演出，为电影《哑姑》《天国》等配唱主题歌，曾参加兰州第二届艺术节、电影乐团建团音乐会的演出。曾随电影乐团赴昆明、上

海、杭州等地演出均担任女高音独唱。

闫永丽（1959— ）

女高音歌唱家。回族。山东菏泽人。菏泽学院音乐系副教授、副主任。1982年毕业于山东曲阜师大音乐系。所撰《艺术教育的改革与发展》《菏泽古筝艺术》《我是如何教乐理课的》获省中师音乐论文二等奖、中师讲课一等奖。演唱有《水泊梁山美名传》《我的故乡》。作曲的《爱无言、爱无边》及女声小合唱《小城》在中央、省电台、电视台播放。为中央电视台《牡丹仙子》电视连续剧创作《美酒敬仙人》。参与策划"中韩古筝伽倻琴"音乐交流会及菏泽市"风雅颂"等音乐会。

闫有才（1936— ）

打击乐演奏家。内蒙古呼和浩特人。1949年参加部队文工团。1955年入山西省歌舞团从事打击乐演奏。

闫正容（1928— ）

女作曲家。甘肃人。1961年毕业于西北师范学院音乐系。曾任兰州市文联协会部副主任、兰州市音协主席。作有歌曲《小花伞》《春天》，豫剧音乐《金城飘香》。

闫志才（1954— ）

歌唱家。陕西安塞人。西安音乐学院音教系副教授、硕士生导师，曾任延安歌舞团副团长。1975年西安音乐学院声乐系毕业。1984年入中央音乐学院声乐系进修。主演歌剧《蓝花花》获文化部建国30周年二等奖、陕西省一等奖。1983年在音乐舞蹈史诗《中国革命之歌》中任男高音独唱。曾获第二届全国青歌赛专业民族唱法优秀奖、首届中国艺术节一等奖，首唱歌曲《走三边》《龙吟颂》获中宣部"五个一工程"奖、建国五十周年优秀歌曲奖。陕西省第二、三届电视大奖赛第一名。1997年举办个人独唱音乐会。

闫祖荣（1937— ）

女歌唱家。回族。上海人。曾就读于中央音乐学院、上海音乐学院声乐系本科。后为战友歌舞团歌队队长。先后在歌剧《夺印》中饰演胡素芳，在《长征组歌》中担任领唱、独唱。1974年起任本团声乐教员，举办多期声乐学习班，多人在全国比赛中获奖。录制《翻身道情》唱片。为影片《第一届亚洲乒乓球赛》配唱主题歌《乒坛友谊花盛开》。

严　冬（1960— ）

作曲家。安徽人。1977年考入贵州艺校作曲专业，1981年任贵州省歌舞团作曲，1984年考入中央音乐学院作曲系。广州星海音乐学院作曲系副教授。曾被评为广东省"南粤教坛"新秀。所作合唱《银色的鸽子》被选为第二届中国"金鸡""百花奖"电影节主题曲。合唱《第二个太阳》获中国首届"园丁大赛"金奖。舞蹈音乐《老火靓汤》获第十届中国"群星奖"金奖。《小提琴随想曲》获第三届中国音乐"金钟奖"铜奖。

严　方（1933— ）

男高音歌唱家。江苏南京人。山西省歌舞剧院独唱演员。1949年参军，先后在西南军区公安文工团、北京公安文工团任独唱演员。曾师从蔡绍序、沈湘教授。1954年赴西藏慰问演出。1956年参加首届全国音乐周。1957年赴蒙古参加中、蒙、苏三国青年联欢节演出。1961年与郭兰英在太原举办独唱音乐会。1994年参加省九九老年演唱获特别奖。1997年在郭兰英艺术学校任教。2004年获中央少工委及中央电台文艺部"优秀园丁奖"。

严　凤（1954— ）

女歌唱家。浙江杭州人。福建师大音乐系声乐教研室副主任。1982年毕业于福建师大音乐系，1985年毕业于上海音乐学院声乐专业进修班。1980年获"省青年演员声乐比赛"一等奖，1982年获"省大学生汇演"优秀演员奖，1985年获省"武夷音乐舞蹈节"一等奖。省音协、福建师大曾于1985、1986年两次举办"严凤独唱音乐会"。

严　峻（1948— ）

歌词作家。福建人。毕业于厦门大学中文系诗歌专业。后任福建省艺术馆副研究馆员，《福建歌声》编辑部主任，福建省音乐文学学会秘书长。长期从事歌词编辑、创作，有四十余件在省级获奖。曾获文化部"群星奖"金、银奖，福建省政府百花文艺奖特别荣誉奖。其作词的歌曲由毛阿敏、殷秀梅、孙青等演唱。还为电视片《严复》，电视剧《海峡女》《羊枣之狱》《义务兵》创作主题歌、插曲歌词。出版有词集《醉人的酒窝》。

严　玲（1921— ）

女声乐教育家。河南信阳人。1939年参加抗日救亡歌咏活动，曾在抗敌演剧一队工作。1945年毕业于重庆国立音乐院分院。1950年起先后在东北鲁艺、沈阳音乐学院、南京艺术学院任教。历任东北鲁艺声乐教研组组长、讲师，沈阳音乐学院声乐教研组组长、声乐系副主任，南京艺术学院声乐教研室主任、副教授，音协辽宁分会常任理事、江苏分会理事，声乐委员会主任委员、表演委员会副主任委员。

严　琦（1973— ）

古筝演奏家、教育家。辽宁沈阳人。星海音乐学院管弦系长笛专业教师，广东管乐学会理事、秘书长。先后获中央音乐学院学士学位，巴黎高等音乐师范学院长笛高级教学硕士文凭和高级室内乐硕士文凭。曾分别获UFAM国际长笛比赛、第十届"欧洲音乐比赛"、联合国教科文组织音乐大赛，"金谱号"长笛专业比赛（最高级别组）一、二等奖。发表专业论文多篇。录制发行长笛教学VCD《长笛演奏技法》。曾获文化部教育科技司授予的长笛专业指导教师奖，评为"广东省优秀音乐家"。

严　然（1926— ）

音乐教育家。浙江余姚人。1949年毕业于华北大学，曾任天津市塘沽区音协主席，塘沽文联副主席。早年从事音乐、戏剧工作，1952年起担任天津市塘大中学音乐教师。歌曲《选举小唱》《火红的太阳》《歌唱英雄黄继光》《江南一片好风光》等百余首在报刊发表并多次获奖。曾为姚剧参加省、地会演的《雷锋》《柜台》《搭壁拆壁》《凤凰桥畔》等剧作曲并做唱腔改革，多次获奖。曾先后担任天津教师合唱团、天津公安青年合唱团、塘沽教师合唱团指挥。

严　韵（1934— ）

圆号演奏家。湖北人。1948年参加桐柏襄阳军分区文工团。后任武汉军区军乐队第一圆号演奏员。先后在中南音专、中央乐团学习圆号。曾多次参加北京联合军乐团"五一""十一"庆典和迎接外宾的仪仗任务。1960年国庆典礼获联合军乐团荣誉证书。1959年参加演出肖斯塔科维奇《1905交响曲》任第一圆号。70年代后曾任中国长航集团总工会宣教部副部长、湖北省音协第四届理事。先后获武汉市音协授予从事音乐40年突出贡献荣誉证书和省楚天文艺奖证书。离休后参加湖北省老干部艺术团乐队。

严安思（1941— ）

女音乐教育家。湖北汉川人。1965年毕业于中国音乐学院，留校任教。1974年任中央音乐学院音乐学系教师。译著有《阿拉伯音乐》。编有《柬埔寨歌曲集》《阿拉伯歌曲集》。后移居突尼斯。

严东东（1954— ）

歌唱家。山东人。福建省第四届"武夷音乐舞蹈节"青年歌手比赛二等奖，第五届"武夷音乐舞蹈节"音乐表演一等奖，第二届中青年演员比赛银蝉奖，第六届"武夷音乐舞蹈节"歌手比赛三等奖，第20届戏剧会演演员奖，第八届音乐舞蹈节"闽星奖"银奖，第三届中青年演员比赛银奖与文化部第九届文华奖表演奖。

严凤英（1930—1968）

女黄梅戏表演艺术家。安徽桐城人。自幼学戏。15岁开始登台演出。1953年入安徽省黄梅戏剧团工作。曾主演《打猪草》《柳树井》《梁祝》《夫妻观灯》《天仙配》《女驸马》。

严福保（1934— ）

小提琴教育家。浙江杭州人。1958年毕业于中央音乐学院管弦系。曾任山西大学艺术系器乐教研室主任。

严高陵（1952— ）

作曲家。江西人。1971年入抚州市文工团任圆号、小提琴演奏员。1984年从事专业音乐创作。1999年入中国戏曲学院学习作曲。先后为四十余部采茶戏、歌舞剧作曲，作品多次在国家级和省级调演中获奖。参加编纂《中国曲艺音乐集成·江西卷》《中国戏曲音乐集成·江西卷》《中国民间器乐曲集成·江西卷》等丛书，获国家艺术科研成果三等奖，江西省艺术科研成果一等奖。

严广廉（1939— ）

作曲家。湖北新州人。荆州市音协名誉主席，市人民

艺术剧院作曲。1957年毕业于湖北省实验师范。自1958年先后任长沙文工团乐队队长、市汉剧团、市歌舞团、市人民艺术剧院作曲、指挥，创作室主任。作品有歌舞剧、电视剧音乐《酒干倘卖无》《中国第一间谍》及大量歌曲，其中《桃花似火》获全国广播新歌金奖，《芝麻开花节节高》获全国征歌一等奖。曾参加《中国民歌集成·湖北卷》等书的编辑工作，撰有《论歌曲的旋律美》。

严华生（1944— ）

作曲家、音乐教育家。广东高明人。1966年毕业于广州音专作曲专业，后任职于文艺团体作曲兼指挥。肇庆学院音乐系作曲、指挥副教授。编著出版有《歌曲作法教程》《传统广东音乐精选》《传统广东音乐曲谱大全》。作品有交响乐《广州起义》，管弦乐《金色的季节》，民乐合奏《天高鸟飞》，合唱《菩萨蛮·大柏地》等。

严继华（1928—已故）

男低音歌唱家。上海人。早年师从国立音乐院俄籍苏石林等教授学声乐。1954年入上海乐团创立"男声四重唱"节目组。80年代编著《美国流行歌曲101首》。先后参加"上海之春"历届音乐节、第一届"哈尔滨之夏"、首届"全国音乐周"等大型专场音乐会演出。与来访的德、日、美、法指挥家独唱家合作演出中、外男低音独唱及重唱曲目。多次参加纪念巴赫、亨德尔、威尔第、格林卡歌剧选段专题音乐会。80年代起兼任乐团学员班声乐教授。

严洁敏（1968— ）

女二胡演奏家、作曲家。浙江杭州人。1978年在上海音乐学院附小、附中学习，1986年起先后在中央音乐学院民乐系与作曲系学习。1990年任中央音乐学院民乐系教师。曾获全国少年民族器乐比赛二胡组第一名，ART杯中国乐器国际比赛二胡青年专业组二等奖，1994年获台北民族乐器协奏大赛第一名。录制出版二胡独奏《乡情》《梁祝》《正气歌》《三门峡畅想曲》等CD专辑。演奏曲目有《红梅随想曲》《卡门主题幻想曲》等。1999年在北京音乐厅曾举办"严洁敏二胡独奏音乐会"。作有《第一交响乐》《弦乐四重奏》《钢琴变奏曲》，艺术歌曲《别》，混声合唱《白雪绿叶》等。

严金萱（1924— ）

女作曲家、音乐教育家。贵州贵阳人。1939年始从事音乐工作。1952年毕业于中央音乐学院作曲系。曾在华北联大音乐系、延安鲁艺进修。历任上海儿童艺术剧院副院长、上海舞蹈学校副校长、中国儿童音乐学会副会长、上海儿童音乐学会会长。为芭蕾舞剧《白毛女》等三十余部歌、舞剧、影视剧作曲配乐。舞剧《白毛女》插曲《大红枣儿甜又香》及歌曲《金色的童年》广为传唱，歌曲《小英豪》《三位少女》《深情的爱》等获全国优秀创作奖。出版《歌声里的故事》《彩色的梦——严金萱歌曲选集》。曾获上海市"白玉兰奖"。

严隽慧（1929— ）

小提琴教育家。上海人。1946年始在上海电台教授口

Y

琴并从事演奏。1955年毕业于中央音乐学院。曾在西安音乐学院任教。编有《群众口琴曲集》等。

严开礼（1924— ）

小提琴演奏家。江苏南京人。1949年毕业于国立上海音专。曾任上海交响乐团副首席兼独奏、重奏演员及上海歌舞团演奏员。

严克祺（1941—已故）

作曲家、二胡演奏家。江苏溧水人。1963年毕业于南京师范大学音乐系，同年分配至盐城市歌舞团，从事二胡演奏、作曲、指挥。曾任业务团长、盐城市音协副主席。多年来创作并发表歌剧、舞剧、器乐曲、独奏曲、歌曲数百部（首），作品有《焦裕禄》《秋海棠》《白莲花传奇》《新四军在盐城》《黄山组曲》《献给少奇的歌》《欢庆》《小康欢歌》等。指挥演出过多部歌剧、舞剧及大型文艺晚会的演出，并为多部电视小品剧创作主题歌。

严丽珠（1955— ）

女歌唱家。江苏扬州人。中国广播艺术团演员。1971年入中国广播艺术团学员班学习。曾参演歌剧《小二黑结婚》《白毛女》等，录制组曲有《刘胡兰》，为《海霞》《春苗》等多部影视作品演唱主题歌。多次参加"广交会"及外交礼宾活动等演出，并赴法国、日本、比利时等国演出。

严良堃（1923— ）

指挥家。湖北武昌人。1938年参加抗敌演剧九队，后任孩子剧团指挥。曾从冼星海学指挥，自学乐理、和声。1947年毕业于重庆国立音乐学院理论作曲系，曾到香港中华音乐院任教。新中国成立后在中央音乐学院音工团、中央歌舞团任指挥。1958年毕业于莫斯科柴科夫斯基音乐学院研究生指挥专业。归国后在中央乐团任指挥、团长。中国音协第四届副主席，第六、七届顾问。合唱指挥学会理事长。全国政协第五、六届委员。1964年任音乐舞蹈史诗《东方红》大歌舞指挥组组长，1979年赴菲律宾参加国际合唱节指挥中央乐团合唱团演出合唱音乐会。还先后率团赴香港、马来西亚、新加坡、台湾等地演出。曾获第三届中国音乐"金钟奖"终身成就奖。指挥曲目有《黄河大合唱》《长恨歌》《海韵》《娄山关》《牧歌》等中国作品及贝多芬《第三交响曲》《第九交响曲》，柴科夫斯基《第四交响曲》，德沃夏克《自新大陆》，海顿《四季》，莫扎特的《安魂曲》，以及西洋歌剧合唱等百余首古今中外合唱名曲。多年来，致力于辅导专业、业余合唱团，培训合唱指挥，普及合唱艺术事业。

严庆祥（1933— ）

音乐教育家。浙江兰溪人。1956年毕业于上海音乐学院理论作曲系，留校任教，曾任该院教务处长。所作歌曲《太阳出来石榴红》于1952年获全国歌曲创作二等奖。撰有《巴赫的和声手法及表现意义》等文章。

严荣发（1963— ）

作曲家。浙江江山人。浙江绍兴群艺馆音舞部创作干部。1986年结业于沈阳音乐学院作曲函授班，1992年毕业于中央党校浙江分校经济管理函授大专班。作有数百首歌曲、器乐曲、舞蹈音乐，部分获奖，其中琵琶独奏曲《南疆行》获浙江省首届民族器乐曲征集比赛优秀作品奖，歌曲《出去走走》《江南青青竹》分获浙江第四届青舞节二等奖、浙江歌曲新作大赛金奖，《两厢情愿》获中国群众歌曲大赛金奖，《笑弯的月儿你为谁》获《歌曲》杂志"晨钟奖"，《母亲—中国》获浙江省建国三十五周年征歌二等奖。

严天义（1936— ）

单簧管教育家。湖北汉川人。1960年毕业于上海音乐学院，曾在该院附中任教。后赴美国。

严铁明（1943— ）

巴乌演奏家、作曲家。黑龙江哈尔滨人。曾为沈阳艺术学校教授。演奏多种中西乐器。1964年开始演奏巴乌。1975年演奏的巴乌独奏被评为全国优秀节目，创作的巴乌曲《渔歌》被评为全国优秀作品。1977年研制成音域为两个八度的巴乌，获1978年全国科学大会重大科技成果奖和文化部文化科技成果奖。1979年又自制音域为两个半八度的巴乌。创作并演奏的乐曲有《春到草原》《景颇山上》等。撰有《巴乌的发音原理及其声学性质》。

严晓藕（1945— ）

女作曲家。陕西澄城人。1969年毕业于中央音乐学院作曲系。曾任总政军乐团创作员。作有歌曲《歌唱敬爱的周总理》，器乐曲《万岁，伟大的社会主义祖国》。

严学万（1952— ）

音乐编辑家。朝鲜族。黑龙江哈尔滨人。1970年入福州军区空政文工团，任首席小提琴演奏员。1979和1997年分别任哈尔滨电台音乐编辑和珠海特区报社文艺编辑。1987年在哈师大艺术学院主修音乐美学毕业。合作编著《吉他弹唱50首》，编辑音乐专题《中华情》《花儿在笑》《新歌园地》等。发表大量创作歌曲及器乐曲，多首获奖。曾组织全国性的《献给祖国之歌》征歌活动，被聘为多届"哈尔滨之夏"音乐会创作歌曲评委会评委。

严玉良（1934— ）

音乐教育家。四川崇庄人。1957年毕业于西南师大音乐系。曾任四川音乐学院附中副校长、该院师范系党总支书记。作有舞蹈音乐《羊角花开》。撰有《羌族的民歌》等。

严章谋（1941— ）

作曲家。江西南康人。曾为中国艺术研究人才库创作委员、江西省音协常务理事、赣州地区音乐舞蹈家协会主席、赣州市音协名誉主席、赣南艺术创作研究所所长。1959年考入江西师院中文系本科。为戏剧、戏曲《怎么谈不拢》《茶童哥》《莲妹子》等百余部作曲配器，其中

《试妻》获全国戏剧小品大赛二等奖、首届江西省文学艺术优秀成果二等奖。歌曲《南方，我的南方》获司法部"金剑文化工程艺术奖"。主编《中国戏曲音乐集成·赣南采茶戏音乐分卷》，参编《赣南民歌集成》《赣南民舞集成》《赣南民器集成》。

严正平（1935— ）

大提琴教育家。湖北黄陂人。1956年毕业于中央音乐学院管弦系。曾任天津音乐学院管弦键盘系主任、教授。

严忠宣（1932— ）

音乐编辑家。天津人。1961年毕业于中央音乐学院民乐系。曾任天津市广播电视局研究室音乐编辑。主编审定《刘天华二胡曲十首》介绍、《弦索十三套》介绍、《世界通俗名曲欣赏》。

阎　飞（1926—2003）

作曲家。北京人。1946年入南京国立音乐学院作曲系，1949年入华东军区文工团，1953年入中央新闻纪录电影制片厂工作，1978年入中国电影乐团任作曲。曾任中国电影音乐学会理事。先后为五十余部电影、电视片及京剧、芭蕾舞作曲。影视音乐有《刘少奇主席访问印度尼西亚》《今日西藏》《三条驴腿的故事》等。主题歌《翻身农奴把歌唱》《美丽的西双版纳》《公社的日子万年春》等广为传唱。电视剧《敌营十八年》主题歌《曙光在前头》获1992年全国影视歌曲大赛佳作奖。

阎　戈（1963— ）

女声乐教育家。宁夏银川人。福建艺术学校声乐教师。1988年毕业于上海音乐学院声乐系。发表《音乐的教育功能》《音乐与乐感》《浅谈高师音乐专业的声乐教学》等文，由省电台录制其独唱曲《钗头凤》《湖中雨意》《阳关三叠》《春晓》等并播出。1990年举办阎戈独唱音乐会。教授多名学生获"广电杯""全国青歌赛"及省大、中专院校歌手大赛一、二、三等奖。

阎　俐（1936— ）

女古筝教育家。黑龙江富锦人。北国古筝学会会长。中国民族器乐学会学术委员会委员。辽宁省民族管弦乐协会副主席。辽宁省民族音协副主席，中国古筝学会副会长。出版有《古筝教程》并获国家教委优秀教科书二等奖。曾由辽宁电视台出版《古筝初级教学与筝曲欣赏》电教片。由辽宁省电台录制广播讲座《潮州筝及潮州筝曲》，《介绍河南筝与河南筝曲》。出版古筝乐曲《缅怀》《春耕谣》。出版学术论文《古筝弹奏中的紧张与放松问题》等。

阎　肃（1930— ）

歌词作家、剧作家。河北保定人。1950年从事文艺工作。空政文工团创作员，中国音乐文学学会荣誉主席，中国大众音乐协会常务理事。作有歌剧脚本《江姐》《党的女儿》《特区回旋曲》，京剧脚本《红灯照》，歌词《我爱祖国的蓝天》《军营男子汉》《故乡是北京》《北京的

桥》《长城长》《五星邀五环》《雾里看花》《大碗茶》等。为电视连续剧《西游记》创作主题歌歌词。中央电视台历届青年歌手电视大赛嘉宾、评委。1995年由中国音乐文学学会、《词刊》编辑部、空政文化部、空政歌舞团在北京联合举办"阎肃歌词作品研讨会"。

阎爱华（1953— ）

女古筝演奏家、教育家。江苏南京人。南京艺术学院音乐学院民乐系副主任、硕士生导师，中国音协古筝学会理事。培养众多优秀学生。多次获文化部、中国音协演奏奖、优秀园丁奖。曾举办多场古筝音乐会，并录制光碟海内外发行。发表《关于古筝教学改革中的几个问题》等文数十篇，出版《筝艺新探——线谱古筝教程》《古筝现代技法训练》《古筝抒情曲》等，曾获江苏高校科研成果奖。1999年获江苏高校"红杉树"园丁奖银奖。

阎福兴（1954— ）

民乐演奏家。满族。辽宁兴城人。兴城市文联副主席，市民间艺术家协会主席。掌握、模仿上百种鸟鸣的口技、指哨绝活，能与鸟类"对话"。历任兴城县剧团演奏员、市电影院经理、图书馆副馆长。熟练运用笛子、箫、葫芦丝、巴乌、埙等四十多种民族乐器演奏乐曲。应邀在中央电视台的"东方时空""曲苑杂谈""走遍中国"等三十多个栏目做过专题节目。曾赴美国、也门、卡塔尔等二十多个国家访问演出。2001年获第二届"中华绝技大赛"金奖。

阎海登（1930—2004）

笙演奏家、教育家。山西定襄人。曾为天津市歌舞剧院演员。自幼随师学习笙、唢呐、笛子及民族打击乐器的演奏技法。在全国第一届民间音乐舞蹈汇演上演奏的民间器乐名曲《大得胜》获优秀节目奖。先后创作并演奏《孔雀开屏》《晋调》《海南春晓》和大型笙协奏曲《大庆红旗扬》等数十首乐曲。曾赴亚洲、非洲、东西欧等国家和地区演出。曾受聘担任中国音乐学院、中央音乐学院、天津音乐学院教授，培养出众多笙演奏家。出版《笙的演奏法》。

阎厚今（1939— ）

作曲家、音乐教育家。山东诸城人。1963年毕业于山东艺术专科学校作曲专业。中国石油大学社会科学系艺术研究室副教授、东营市音协副主席。作有歌曲《沂蒙情》《金风吹来的时候》，舞蹈音乐《丹心照明湖》，儿童歌舞剧音乐《百花盛开》，琵琶协奏曲《激战孟良崮》。撰有《关于音乐不确定性探讨》《吕剧板式的新突破》等文。编撰《茂腔》戏剧资料集，获戏曲集成山东卷撰写"优秀工作者"称号。主编《音乐基础与名曲赏析》。

阎惠昌（1954— ）

指挥家。陕西合阳人。1983年毕业于上海音乐学院。香港中乐团艺术总监、指挥。曾任中央民族乐团首席指挥。中国音协第七届理事。中国民族管弦乐学会常务理事。1987年应邀指挥香港中乐团月季音乐会。担任首届中

Y

国艺术节千人民乐合奏指挥。作有琵琶独奏《思乡曲》，交响音画《水之声》。

阎家鸣（1931— ）

指挥家。天津人。1949年入天津音乐工作团任乐队指挥、作曲。曾任天津木偶剧团指挥兼创作员。作有笙协奏曲《三月》。指挥有歌剧《小二黑结婚》，管弦乐《未完成交响曲》。

阎前进（1949— ）

作曲家、音乐活动家。陕西西安人。1985年毕业于陕西广播电视大学中文专业，后函授于南京艺术学院作曲系。群众文化馆副研究馆员。创作的独唱《根在黄土地》，混声合唱《腾飞吧！中国的西部》，领唱合唱《中国神舟》，女声三重唱《啊！高高的脚手架》，合唱《辉煌舞台》等先后获文化部"群星奖"、全国总工会"五一文化奖"及"第五届陕西省艺术节"歌曲创作一等奖等。多次参与全省文化活动的策划、组织和导演。1994年被授予"陕西省职工艺术家"称号。

阎水村（1938— ）

作曲家。山东临淄人。山师大淄博教学部音乐专业客座教授，市鼓乐协会主席、市音协名誉主席，齐国音乐文化研究专家。1958年始从事师范、中学音乐教育。先后在博山文化馆、文化局工作。1990年调入市艺术节办公室。整理研究淄博民乐、民歌百余首。被国家《民乐、民舞集成》收入27首。发表歌曲、舞曲近百首，论文数十篇。其中《俚曲悠悠唱博山》《我为人民站柜台》等被吴雁泽、杨松山选唱，并有多首歌曲获奖。著有《淄博民间锣鼓》《齐都乐论》《齐国韶乐概论》等。

阎维文（1957— ）

男高音歌唱家。山西平遥人。中国共产党第十五次代表大会代表、第十届全国人大代表、第十一届全国政协委员。中国音协第六、七届理事。总政歌舞团独唱演员。1970年考入山西省歌舞团。1972年入伍，1979年调总政歌舞团。曾参加全军中青年声乐比赛获第二名，参加全国青年歌手电视大奖赛获民族唱法专业组第一名。多次被评为"全国影视十佳歌手""全国听众最喜爱的歌手"。曾获朝鲜第20届"四月之春友谊艺术节"个人演唱金奖。曾为《末代皇帝》等四十多部电视连续剧、电视音乐片录制主题歌和插曲。演唱有《东西南北兵》《赶牲灵》《说句心里话》《小白杨》等。出版《两地书，母子情》《峨嵋酒家》《东北民歌专辑》等多种个人演唱专辑。先后随团赴日本、美国、加拿大等国演出。获中宣部、人事部、中国文联联合授予的"第二届全国中青年德艺双馨文艺工作者"称号。

颜 洁（1964— ）

女小提琴演奏家。湖南人。江苏交响乐团首席。曾就读南京艺术学院音乐系小提琴专业，后入江苏省歌舞剧院管弦乐团任第一小提琴手。历年获表彰。1999年获第四届江苏省音乐节器乐演奏金奖。2002年竞聘并担任交响乐团

首席，曾与多位国内外艺术家合作演出。

颜 陵（1946— ）

小提琴演奏家。上海人。曾为上海交响乐团小提琴演奏员。7岁开始学习小提琴，1960年入上海交响乐团附属学馆深造，1965年毕业于上海音乐学院管弦训练班。先后任上海舞蹈学校管弦乐队演奏员、上海歌舞团管弦乐队小提琴首席及上海交响乐团副首席。

颜翅鹏（1957— ）

指挥家。山东人。哈尔滨交响乐团暨哈尔滨歌剧院首席指挥。先后毕业于黑龙江艺校、黑龙江电大、中央音乐学院指挥系干修班。现为哈尔滨歌剧院艺术室副主任、并兼哈尔滨爱乐乐团、黑龙江大学艺术学院、黑龙江艺术职业学院首席客座指挥。曾指挥演出大量各种形式的音乐会、歌剧、京剧等。近年来，与国内众多知名指挥家均有合作。此外，创作多部广播剧音乐及论文等。

颜蕙先（1932— ）

女声乐教育家。四川自贡人。1955年毕业于重庆西南师院音乐系，1959年入中央音乐学院声乐系进修，后任哈尔滨师大艺术学院声乐教授。1955年代表重庆市学生赴北京参加全国文艺汇演获优秀奖。1959年国庆十周年期间在北京人大会堂多次参加演出活动。撰有《借鉴伊丽莎白·托德教学方法》《关于女中音声部鉴定及其声区统一》，合编《中国声乐作品选》《外国声乐作品选》《中国声乐教学曲选》等教材，作有歌曲《石油姑娘爱唱歌》《太阳岛的传说》。曾任《声乐教学曲库》副主编。

颜冷滨（1925— ）

指挥家。黑龙江宁安人。1949年始从事音乐工作。1951年入东北鲁艺音乐部进修。曾任中国铁路文工团歌舞团副团长。指挥有歌剧《洪湖赤卫队》，电影《柳堡的故事》。作有舞剧《并蒂莲》，电影音乐《碧海丹心》。

颜莉娅（1955— ）

女歌唱家。云南广南人。1987年就读于云南艺术学院。1990年始在浙江省杭州市萧山区文化馆任声乐指导。作有歌曲《走进你祖国》等十几首。所教学生多人分别考入上海音乐学院、西安音乐学院、浙江师范大学等，并在全国专业比赛中获金、银、铜奖。1995年在萧山剧院举办"颜莉娅师生音乐会"。

颜丕承（1929—已故）

作曲家。山西汾阳人。曾任新疆音协副主席、顾问。1947年始从事部队文艺工作，1952年任新疆军区文工团代团长。1955年随中国文化代表团出访埃及等亚、非六国，任乐队指挥，后任创作组长。1975年任文工团团长，1979年任歌舞团团长。1983年调乌鲁木齐军区政治部任创作员。1986年离休后学习中国函授音乐学院理论作曲系课程，1991年毕业。先后创作数百首各类音乐作品，出版有《我把心儿留给了你》《我热爱今天的好时代》歌曲集。

颜世昌（1933— ）

小提琴演奏家。山东章丘人。1949年入山东省省府文工团任演员。先后在华大艺术系、华东艺专音乐系学习小提琴。曾任中国木偶艺术剧团乐队队长兼首席。曾随团参加国际木偶节、国际木偶比赛。参与《巧媳妇》《大闹天宫》等近百个木偶剧音乐的录制。曾为《快乐的小熊》《南美之行》等木偶剧作曲。培养一批青少年、幼儿小提琴人才。

颜庭寿（1938— ）

音乐文学家。福建泉州人。1972年始从事音乐文学创作。曾在福建省歌舞团工作。作有歌剧《相思曲》，歌词《小小花伞》《静静海峡》《少女恋情》等。

颜文澜（1943— ）

女音乐教育家。湖南邵阳人。长沙市十六中学高级教师，1965年毕业于湖南师范学校。曾任湖南省体委体院二队体操运动员、常德专区歌剧团演奏员。撰有《为音乐教育登上新台阶努力》《看考级，谈学琴》等文，曾获2002、2004年湖南省二、三届合唱节优秀指挥奖，多次获省、市音乐课堂教学比赛一等奖。

颜贻钊（1955— ）

作曲家。福建石狮人。石狮市文化馆馆长。1974年石狮市华侨中学毕业。曾任晋江县木偶剧团作曲、指挥。作有木偶神话剧音乐《白龙公主》《三探无底洞》，舞蹈音乐《毽子舞》《上海泼水节》，歌曲《游子恋歌》《共享一片蓝天》《千古中华》《真想跟你走》，器乐曲《南鼓独奏》等。以上作品曾分获全国及省级奖项。

颜子敏（1953— ）

男中音歌唱家。浙江杭州人。四川省中医药研究院工会干部，四川音乐学院外聘音乐教师。1981至1985年先后毕业于上海音乐学院、天津音乐学院声乐系。演唱歌曲《教师节随想》《斗牛士之歌》《我的太阳》等，在《万水千山》《老裁缝》《苹果树下》《小白兔》等话剧、舞剧、童话舞台剧中饰主要角色或担任独唱、领唱。曾随云南哈尼族、彝族自治州文工团春节拥军演出，担任独唱、表演唱，男生小合唱。2006年获世界华人艺术节总决赛美声组金奖。

演道远（1942— ）

三弦演奏家。陕西城固人。1966年毕业于西安音乐学院，后任中国电影乐团三弦演奏员。曾为《少林寺》《西游记》《红楼梦》等大量影视片录制音乐。1975年研制成功《反弧型共鸣箱三弦》，推动了三弦制作和演奏的发展。改编、创作三弦曲数十首，如《迎亲人》《新春乐》《豫北欢歌》《拉兹之歌》《重整河山待后生》等。出版三弦曲谱十余首，录制三弦曲二十余首，出版《三弦大王》个人专辑盒带。

彦 军（1915—1995）

作曲家、音乐教育家。江苏丹阳人。1938年从事文艺创作。1940年入延安合唱团。曾就读于陕北公学。历任西北军区文工团团长、东北军区空军政治部副主任、江苏省戏剧学校副校长、江苏音协驻会副主席。作有歌曲《军民大生产》《眼看日本鬼子命不长》《歌唱英雄张保英》《想起毛主席的那一天》等，组歌《延安灯火》（合作），歌剧音乐《流离》。

彦 克（1924—2003）

作曲家。山西灵石人。1938年从事文艺工作。曾在延安鲁艺学习。曾任中南军区文工团艺术指导、团长，总政文工团创作室副主任，中国音协第四届理事，中国国际文化传播中心音乐部主任。1957年入中央音乐学院进作曲。作有歌曲《党的旗帜高高飘扬》《人民的铁骑兵》《骑马挎枪走天下》《回延安》《七律·长征》《库尔班大叔您上哪儿》，电影音乐《农奴》《南征北战》《刑场上的婚礼》《四渡赤水》，舞剧音乐《五朵红云》《艰苦岁月》等。出版《彦克歌曲100首》。

晏 璐（1931— ）

作曲家。湖北武汉人。武汉市文联文艺理论研究室、文艺创作史志办公室副主任。1949年入华中文工团，曾在华中师范学院艺术系、武汉音乐学院进修结业。同年任华中文工团首席中提琴兼作曲，1966年任武汉青山区文化馆创作辅导员。1978年任《琴台之声》杂志责任编辑。1988年后任市文联文艺理论研究室副主任。著有《歌曲作法、音乐常识提问试答》《音乐排练基础知识》。撰有《清泉映月弦有情》《近代十大音乐家少儿时期学习生活》。作有小歌剧《日夜商店》《一颗镙丝钉》。编撰《武汉市文化志》。

晏成佺（1941— ）

女音乐教育家。湖北汉川人。曾就读于中南音乐专科学校附中钢琴专业。毕业于湖北艺术学院作曲系。后任贵州省兴义师范、凯里一中音乐教师。1979年到武汉音乐学院作曲系任教，从事作曲技术理论教学与研究。发表论文《民歌配和声中偏音与变音的运用》，出版有《电子琴和声编配》《基本乐理教程》（合作）等。

燕 泓（1960— ）

女小提琴教育家。山东泰安人。山东省泰安市艺术馆文艺部副主任。1979年入上海音乐学院进修小提琴，曾就读于中国函授音乐学院理论作曲系。淄博市文工团小提琴演奏员。辅导大批学生在参加全国小提琴考级中取得优异成绩。作有歌曲《心愿》《泰山日出》《我的家乡是泰安》等。参与策划组织"国际登山节"等大型文艺活动，多次担任市声乐、器乐赛事评委。

燕录音（1956— ）

音乐教育家。四川成都人。历任赣南师范学院艺术系声乐教研室主任、音乐教研室主任，赣南师院音乐学院院长、副教授、硕士生导师。江西音协理事、江西省声乐学会常务理事、赣州市声乐学会会长。长期从事音乐教学和科研工作，主编高校教材三部，主持和参加省级课题、横

Y

向课题多项。在国家、省级期刊发表论文和歌曲作品二十余篇（首），多次策划和指导学生参加国家级、省级比赛并获奖。

央 宗（1958— ）

女歌唱家。藏族。西藏人。1975年毕业于中央民族学院艺术系声乐系，后任西藏歌舞团独唱演员。先后随团出访北欧五国及英国等数十个国家及香港地区，参加过多次声乐比赛并获奖。1988年调入西藏电视台任编导及音乐编辑，录制有《一颗闪耀的星》文艺节目在全国及西南地区比赛中获一等奖。并数次参加大型文艺晚会的音乐编辑工作并担任独唱。独唱的多首歌曲在西藏广为流传。

羊 鸣（1934— ）

作曲家。山东长岛人。空政歌舞团艺术指导。中国歌剧研究会主席团成员，中国大众音乐协会常务理事，中国音协创作委员会委员。1947年入伍，毕业于东北音专。作有大型歌剧《江姐》（合作）《忆娘》《雪域风云》及《爱与火的四重奏》音乐。所作歌曲《我爱祖国的蓝天》《红梅赞》（合作）《山歌向着青天唱》《我幸福，我生在中国》《九百六十万》《为人民服务》《好收成》《报答》以及《中国空军进行曲》（合作）等广为流传，《阿里，阿里》及《好收成》《唐古拉》《让军旗告诉国旗》《兵哥哥》《请把我的歌声留下》《香港也是妈妈的孩子》《报答》分别获第六届文艺汇演一等奖、个人一等奖、中宣部"五个一工程"奖、首届"金钟奖"等奖项。

阳亚洛（1930— ）

女声乐教育家。重庆人。1952年毕业于西南师范学院音乐系。1953年起历任云南省歌舞团演员、教员、歌队副队长。在歌剧《刘胡兰》《春雷》《多沙阿波》中任主角。1964年调云南省文艺学校，先后任音乐科副主任、副校长，培养一批优秀学生。1996年举办"阳亚洛学生音乐会"。同年应聘组建聂耳音乐学校、昆明艺术职业学院，任常务副校长、副院长、督导兼声乐教授。出版有《民族声乐教育家阳亚洛》。曾获省优秀教师、德育先进工作者荣誉奖。

杨 兵（1967— ）

歌唱家。四川攀枝花人。攀枝花市文艺演出公司经理。从艺二十多年，参加各类演出上百场，担任独唱、领唱，多次获优秀歌手奖。

杨 波（1940—已故）

音乐教育家。四川阆中人。重庆市教育科学研究所音乐组组长，中学高级教师。毕业于重庆西南师范学院音乐系。撰有《重庆市初中音乐教育现状的调查报告》《坚持走自己的路》《交流经验，推动音教》《为中小学音乐教育呼吁》《应当重视中小学的民族音乐教育》《我是怎样搞音乐教研的》《幽默风趣的音乐图画〈动物狂欢节〉审美赏析》《淡雅媚丽的山水画〈春江花月夜〉审美赏析》。作有歌曲《我愿做颗小星星》《小雁学飞》。参编

《四川省高级中学音乐（试用）课本》《四川省幼儿师范音乐教材》。编有《我要唱——中小学生珍爱的歌》等。

杨 璨（1943— ）

双簧管演奏家。山东人。中国交响乐团演奏员。1969年毕业于中央音乐学院管弦系。曾参加许多重要演出并先后赴日本、朝鲜及香港、澳门等国家和地区演出。近年来主吹英国管兼任萨克斯、唢呐独奏。

杨 春（1936— ）

作曲家。安徽宿州人。1950年从事文艺工作。曾任宿州市文联副主席、《曲音集成》安徽卷副主编。作有《北大荒战士组歌》等20首歌曲在全国、省、军内获奖，另作有戏曲音乐《新人骏马》，器乐曲《五大池好风光》，电影音乐《两张发票》。5篇论文分获全国一、二、三等奖。编著论文集《唱遍神州大地的凤阳歌》，音乐选集《乐海涛声》。

杨 璀（1930— ）

女音乐编辑家。陕西人。1953年毕业于西北艺术学院音乐系。相继在陕西省音工组、陕西省艺术馆、陕西省艺术研究所工作，副研究员。参与《中国民族音乐集成》——《陕西民歌卷》《陕西曲艺音乐卷》的编撰并任两卷副主编。论文有《五首同词异曲"走西口"浅析》获省文化厅优秀论文奖，并由上海、北京分别出版。合编书籍有《陕南民间歌曲选》《陕北革命民歌选》《中国民歌·I》（陕西部分），个人有《露水地里穿红鞋》（信天游专辑），在20年的编纂《音乐集成》中，曾多次获文化部、省文化厅嘉奖。

杨 棣（1955— ）

小号演奏家。北京人。1987年安徽大学毕业。合肥市歌舞团副团长。在歌舞团参加演出的音乐会、文艺演出中担任首席小号，兼任音乐编配、配器等工作。在该团创作的剧目《刘铭传》中任乐队首席小号，该剧获"五个一工程"奖。

杨 丁（1965— ）

钢琴教育家。江西吉安人。江西省音协钢琴学会秘书长，江西艺术职业学院音乐系客座教授，江西省少儿音乐舞蹈创作委员会委员。1991年毕业于江西师范大学音乐学院音乐系钢琴专业。2004年毕业于北京大学艺术学系艺术学专业，获研究生学历。长期从事钢琴教学和创作，作有歌曲《热血忠魂天地间》曾获中纪委"全国廉政文化建设征歌"一等奖，《知荣明耻之歌》获"金色童年"全省少儿歌曲征集活动特等奖。

杨 仃（1929— ）

小提琴演奏家。山西晋城人。1941年入延安部艺音乐系，1950年入上海音乐学院管弦系。曾任教于中南部艺、解放军艺术学院音乐系。1973年始任武汉军区文化部副部长。

Y

杨 凡（1926— ）

女作曲家。湖南长沙人。1949年毕业于湖南大学音乐系。同年去湖北文联文工团教声乐。1951年应聘到衡阳艺术馆教声乐。60年代曾与名艺人伍嵩皋合作创新渔鼓音乐，为《送亲人》编曲，并在全省会演中获奖。在1974与1977年两届汇演中，为《英勇救列车》《草房红灯》编曲的节目均获优秀节目奖。1979年为《李大娘怄闷气》渔鼓编曲，获十市职工汇演一等创作奖。作有歌曲《回雁峰上景色佳》《姐姐有间小书房》，歌舞剧《稻田案件》《春雷滚滚》等。曾在《湖南民间音乐研究》《省曲艺专辑》上发表《洞腔初探》《浅谈衡阳渔鼓音乐》等论文多篇。

杨 凡（1957— ）

钢琴演奏家。重庆人。1988年毕业于武汉音乐学院，师从赵德义、彭志敏教授。1999年入重庆歌剧院担任专职钢琴演奏。曾参加歌剧《江姐》《费加罗的婚礼》《巫山神女》及贝多芬《第九交响曲》的演出。曾配合指挥家严良堃进行音乐会的排练及演出。在重庆市对外文化交流和对外省市音乐的交流活动中经常担任音乐会独唱伴奏，并演出独奏。

杨 放（1921— ）

民族音乐家。云南个旧人。1946年于前国立音乐院钢琴系肄业。50年代始在云南省文联、云南省文化局从事民族民间音乐收集、整理、研究。1959年始在云南艺术学院任教，教授。《中国民间歌曲集成·云南卷》（上、中、下）主编。编辑出版有《云南各民族情歌100首》《彝族曲子舞曲选集》《云南民族民间儿童歌曲选》等十余部书。

杨 非（1927— ）

作曲家。江西南康人。1949年毕业于江西师范大学。后入昆明军区歌舞团从事专业作曲，任艺术室主任。第五届云南省政协委员。创作一批具有云南少数民族风格及边疆特色的声乐和舞蹈音乐作品，如合唱《阿细山歌》，女声合唱《有一个美丽的地方》《背起背篓上山来》，独唱《边疆牧歌》，舞剧和舞蹈音乐《霞姐》《春新米》《版纳三色》《打水姑娘》《勾裙》《石林回声》等，电影音乐《勐龙沙》《孔雀飞来阿佤山》《双头鹰之谜》。出版有《杨非歌曲选》。

杨 戈（1929— ）

声乐教育家。白族。云南大理人。1958年毕业于上海音乐学院声乐系。原云南艺术学院副教授。撰有《发展民歌手嗓音的探索》《浅谈民歌唱法的嗓音特征》。

杨 光（1929— ）

作曲家。黑龙江延寿人。辽宁歌剧院艺术室主任。1964年毕业于沈阳音乐学院作曲系。发表歌剧、协奏曲、影视音乐及各类声乐作品数百件。其中《共产党好共产党亲》《鼓鸣盛世》《碧波年华》等二十余首歌曲在国家及省内评奖中获奖。1990年获省政府"优秀文艺成就奖"。论著《锡伯民族音乐概述》获省文艺论文评比一等奖。出版《杨光歌曲选》。

杨 光（1942— ）

女歌唱家。吉林人。吉林歌舞团二级演员。在歌剧《白毛女》中饰喜儿，《夺印》中饰胡素芳，《洪湖赤卫队》中饰秋菊、韩英，《梅河两岸》中饰玉莲，《货郎与小姐》中饰居丽乔赫拉。演唱有《打起手鼓唱起歌》《沁园春·雪》《北京颂歌》《毛主席派人来》《雄伟的喜马拉雅山》等歌曲，钢琴伴唱《红灯记》选段。参加舞剧《草原儿女》演出，领唱《毛主席走遍祖国大地》及大歌舞《各族人民歌唱毛主席》。

杨 洸（1932— ）

音乐翻译家。吉林长春人。1953年毕业于东北师范大学俄语系，同年任北京师范大学音乐系理论翻译。后为中央音乐学院音乐研究所副研究员。译著有《音乐社会学》《音乐美学原理》。

杨 红（1959— ）

女音乐活动家。山东济南人。1954年毕业于四川音乐学院。先后供职于重庆市音乐工作组、重庆群众艺术馆、中国音协重庆分会。曾为重庆市区县文化馆音乐干部进修班、中小学音乐教师进修班、中山学校音乐班、重庆市大中学生音乐骨干培训班、市工人文艺干部训练班举办讲座。深入区县基层指导活动、培训骨干，组织、辅导业余团体重庆市广播新歌合唱团。多年来，为高等艺术院校和专业文艺团体输送一批音乐人才。

杨 华（1955— ）

女音乐活动家。北京顺义人。任职于北京顺义区发改委工委办公室。1973年毕业于北京师范学院文艺系。撰有《浅谈民间艺术》《顺义地区民间舞蹈音乐》等文。组建全国第一支女子龙狮舞艺术团，担任总编导和音乐总体设计，获第四届世界妇女代表大会开、闭幕式双嘉奖。曾担任北京龙狮舞艺术团总编导和音乐总监，赴莫斯科、巴黎、汉城等地参加国际文化交流活动。曾任"全国龙舞大赛""海内外青年汇长城"、建国50周年天安门游行等大型活动的特聘专家。

杨 华（1955— ）

女音乐教育家。江苏太兴人。扬州大学艺术学院副院长，副教授、硕士生导师。扬州市音协副主席。1983年毕业于南京师大音乐教育专业。曾为扬州市第一中学音乐教师、扬州市教育局教研室艺术教研员。致力于声乐教学和普通音乐教育研究，曾获全国、省市歌唱比赛一、二等奖。参加江苏省中学和高等院校教育教材的编写。发表论文二十余篇。曾获扬州市优秀园丁奖、教育部世界银行贷款师范改革一等奖等。

杨 桦（1921—1999）

指挥家。广东南海人。1937年参加抗日歌咏和戏剧活动，担任艺宣队指挥。1946年毕业于国立福建音专。曾任广州乐团、广东歌舞剧院、珠影乐团指挥，中国音协广

Y

东分会副主席。后在香港从事指挥及创作。长期从事交响乐指挥，并创作有多种类型的作品，如《向秀丽交响诗》《南海之滨交响组曲》。

杨 慧（1962— ）

女钢琴教育家。北京人。北京师范大学音乐系副教授，北京音协钢琴基础教育分会常务理事。1979年在解放军艺术学院担任钢琴伴奏教师。1981年考入中央音乐学院钢琴系进修。1987年毕业于北京师范大学音乐系并留校任教。曾与杨比德、刘秉义等合作演出，并于2002年举行北京师范大学百年校庆师生钢琴音乐会。所培养的学生多次在各类钢琴比赛中获奖，如第二届全国高校基本功比赛钢琴专业组第五名，第五届北京"希望杯"钢琴比赛青年组一等奖。曾在国家学术刊物上发表有十余篇论文。

杨 健（1936—已故）

单簧管演奏家。白族。云南人。曾任昆明军区乐队及云南省歌舞团首席单簧管、独奏演员。1964年参加全军文艺汇演获"优秀演员"称号。参与组织过三届全国和全省舞蹈单双三比赛和民族器乐及交响乐作品比赛，多次获省级和全国一、二、三等奖。在省歌舞团工作期间，负责创作、演出的民族舞剧《阿诗玛》获20世纪舞蹈经典及"文华奖"等。曾率团赴泰国、新加坡、日本、美国及香港地区演出。曾分别兼任云南艺术学院、省艺校单簧管专业代课老师，培养诸多专业演奏员。

杨 健（1971— ）

女扬琴演奏家。天津人。1994年毕业于天津音乐学院民乐系扬琴专业。海南省歌舞团扬琴独奏演员。撰有《如何克服舞台演出时紧张情绪》《演奏应具备的艺术修养》等文。出版有《扬琴演奏抒情歌曲精选》《初级扬琴演奏曲集》。主编有《民族器乐演奏入门》。1993年在天津音乐厅举办"杨健大扬琴独奏音乐会"。移植、编写有《云雀》《樱花随想》等扬琴作品。曾赴新加坡、马来西亚、香港、澳门演出。

杨 杰（1941— ）

圆号演奏家。天津人。1952年入中央戏剧学院附属管弦乐团少年班学习。1953年入中国儿童艺术剧院。1961年入中央芭蕾舞团任演奏员。

杨 捷（1956— ）

男中音歌唱家、歌剧表演艺术家。北京人。1975年入海政歌舞团任歌唱演员。1983年考入中央音乐学院声歌系，师从杨比德、蒋英教授。1985年在第一届全军声乐比赛中获银质奖章。1990年赴美深造，就读于波士顿大学音乐学院。后又在意大利贝尔冈泽大师班深造。1985年与美国尤金·奥尼尔艺术中心合作演出音乐剧《异想天开》担任男主角埃·卡罗。1995年获美国歌剧节声乐比赛金奖第一名。曾成功饰演《游吟诗人》《魔笛》《蝴蝶夫人》《诺尔玛》《丑角》等歌剧中的男主角。在北京、台北及美国波士顿、休斯顿、达拉斯、洛杉矶等地举行独唱音乐会。

现居美国。

杨 捷（1956— ）

音乐编辑家。云南个旧人。1983年毕业于四川音乐学院作曲系。后入武汉音乐学院作曲系读硕士研究生。曾任中国音协《音乐创作》编辑。作有弦乐三重奏《苗歌三章》，民乐四重奏《乡俗》，歌曲《峨嵋山月歌》等。

杨 靖（1965— ）

女琵琶演奏家。湖北武汉人。1986年毕业于中国音乐学院民乐系、研究生。曾获1980年"上海之春"全国琵琶比赛二等奖，1982年全国民族器乐独奏观摩演出"优秀表演奖"。曾随团赴罗马尼亚、匈牙利、苏联演出。

杨 静（1963— ）

女琵琶演奏家。陕西人。中央民族乐团琵琶演奏员。1976年考入河南许昌文化艺术学校，1982年毕业于上海音乐学院民乐系本科。1979年先后入许昌豫剧团、越调剧团从事琵琶演奏。所作独奏曲《九连钰》获"上海之春"创作二等奖、CCTV"山城杯"优秀创作奖及演奏第二名，《品诉》获"上海之春"创作三等奖。1987年参加广东音乐邀请赛，获一等奖。1989年赴朝鲜参加"世界青年联欢节"获金奖及最高艺术家荣誉证书。举办个人独奏音乐会。出版《十面埋伏》《蝴蝶梦》演奏专辑。

杨 军（1934— ）

女歌唱家。山东人。1951年入锦州铁路局文工团。1956年入中国铁路文工团任独唱演员，后任该团电视剧部副主任。曾主演歌剧《白毛女》《小站新风》《江姐》。

杨 军（1955— ）

音乐活动家。吉林长春人。1989年毕业于吉林省教育学院。先后任洮河农场中学音乐教师，吉林石化集团职工艺术团业务办主任、文体管理中心音乐主管。作有歌舞《我为祖国献石油》（词）获创作二等奖。曾获群众音乐舞蹈系列大赛辅导一等奖，首届中国职工艺术节暨第三届全国石油职工歌手大赛声乐辅导一等奖。策划、导演、总监"第三届职工业余艺术团汇演""吉林省庆祝抗日战争胜利50年文艺晚会""第二届中国职工艺术节声乐选拔赛暨石油歌手大赛"。

杨 军（1961— ）

二胡演奏家。满族。辽宁辽阳人。1983年毕业于中国音乐学院民乐系。中国歌舞团民乐队演奏员。1983年曾在广播电台音乐厅举办两场音乐会。作为独奏演员多次参加大型演出，在人民大会堂为罗马尼亚贵宾演出，"火树银花"庆祝建国五十年大庆、北京音乐厅民族音乐会演出。演奏二胡独奏曲有《二泉映月》《战马奔腾》《赛马》《蓝花花》等。曾随团赴奥地利、澳门等地演出。

杨 军（1968— ）

作曲家。土家族。湖北恩施人。恩施市音协副主席。曾任恩施民族文工团团长。作有歌曲《茶园春晨》《龙船调变奏曲》等。参加恩施民歌、地方戏曲、民族器乐曲的收集整理工作。

杨 军（1973— ）

小提琴演奏家。黑龙江人。中国广播艺术团电影交响乐团演奏员。1989、1996年先后毕业于包头市艺校小提琴科、天津音乐学院管弦系。曾在包头市歌舞团交响乐队任小提琴演奏员。多年来参加本团各种形式的演出。在小提琴幼儿普及教学方面也取得一定成绩。

杨 峻（1939— ）

钢琴教育家。回族。天津人。1964年毕业于中央音乐学院钢琴系、留校任教，后为副教授。先后在北京、上海、天津举办独奏音乐会。曾赴肯尼亚、埃塞俄比亚、莫三比给和马达加斯加演出。

杨 凯（1957— ）

男高音歌唱家。广东人。1981年毕业于上海音乐学院声乐系大专班，后任总政歌舞团演员。1977年获全军第四届文艺汇演优秀演员奖，1985年获全军第一届中青年声乐比赛美声唱法二等奖。

杨 科（1957— ）

作曲家。仡佬族。贵州遵义人。1989年贵州航空工业职工大学音乐教育系毕业。贵州省务川中学音乐教师。创作歌词《每当我走进营房》《我送老师一束花》等分别在《春之声词报》《苗岭之声》等刊物上刊登。歌曲《我们的生活多香甜》《记着老师的爱》等多首分别在《少儿歌舞》《贵州少儿文化艺术》等刊物上刊登。其中《阳光牵着我的手》获浙江音协主办的"卡西欧杯"三等奖。

杨 琨（1920—1995）

作曲家。北京人。1942年毕业于北京师范大学音乐系。1958年入青海省民族歌舞团。曾任歌舞团创研室主任，音协青海分会副主席，省政协第三、四届委员。作有歌曲《草原风光》《洛赛日之夜》。

杨 力（1929— ）

作曲家。白族。云南大理人。曾任云南西双版纳州艺术创作研究室副主任。1950年任云南省文工团音乐组长，后任西双版纳州民族歌舞团副团长、作曲，1988年任《中国民间歌曲（西双版纳卷）》主编。曾为舞剧《召树屯》中"金湖边"创作音乐，为舞蹈《新米节》《春到茶山》创作的音乐获省级奖，曾任舞剧《召树屯与娜木诺喃》音乐创作组长，并为其中二、六两场作曲，此剧曾获省综合演出奖及北京调演获创作一等奖，整理哈尼族民歌《哦哦哩》等，撰有《具有民族特色的傣族器乐》《傣族象脚鼓》等文。

杨 炼（1955— ）

歌词作家。北京人。1977年入中国广播艺术团创作室任创作员。作有《柴达木的黄昏》《明天这里是一座新城》《祖国之夜》。大合唱《中国》获第五届全国音乐作品评比三等奖。

杨 林（1934—已故）

小提琴教育家。重庆人。1951年从事小提琴演奏，1956年师从比利时小提琴家罗吉兰进修。原任东北师范大学器乐教研室副主任。作有乐曲《春到田间》。

杨 林（1964— ）

作曲家。安徽阜阳人。毕业于阜阳师范学院音乐系、进修于中国音乐学院作曲系。阜阳市音协副主席、颍泉区文联副主席。发表作品百余首，创作有舞蹈音乐、唢呐曲、电视片音乐十余部。代表作《牛背上的孩子》《心中的希望》《做你的孩子真好》《大京九之歌》《村支书》等分别获全国"成才之路"银奖、"群星奖"优秀奖、"希望工程"优秀作品奖、全国"大地之爱·母亲之歌"征歌优秀奖，安徽省第六届、第八届"五个一工程"奖。

杨 玲（1944— ）

女音乐教育家。广东中山人。北京广播学院影视艺术学院副教授、硕士生导师。曾就读于沈阳音乐学院附中作曲专业、中国音乐学院音乐学系。毕业后曾任教于北京文化局音乐训练班、北京艺术学校。1979年到北京广播学院从事《音乐赏析》《音乐作品分析》等教学和科研工作。曾参与《中外广播电视百科全书》《中外文化名人辞典》的辞条撰写及"九五"国家级重点教材、高校美育系列教材《音乐鉴赏》的编写工作。著有《寓教于情——广播音乐教学的思考》《广播电视音乐教育的基本规律》《广播音乐论集》等。

杨 玲（1955— ）

女民歌演唱家。回族。辽宁丹东人。1979年入沈阳音乐学院声乐系进修。任职于辽宁歌舞团。1981年获省一级优秀青年歌手称号。曾获辽宁省聂耳·冼星海声乐作品演唱比赛二等奖。省电视大奖赛第三名。

杨 翎（1956— ）

女作曲家。山东人。1973年入定海县文工团任独唱演员。1978年调定海县文化馆从事音乐辅导工作。1994年任舟山市群艺馆音乐干部。作有《晒鱼鲞》《有一首歌谣》《家乡有条清清的河》《洋娃娃和小汽车》等数十余首歌曲，并演唱、发表、获奖。策划省级声乐对抗赛、声乐作品选拔赛及大型电视文艺晚会。

杨 矛（1941— ）

作曲家。安徽巢县人。1961年考入上海音乐学院作曲系。1967年入上海电影制片厂从事电影音乐作曲。曾任中国电影音乐协会理事。1979年以来，为《姐姐》《童年的朋友》《最后的太阳》《女人的故事》《人鬼情》《十八岁的男子汉》《庭院深深》《开天辟地》《日出西柏坡》二十余部电影及电视剧作曲。其中电影《童年的朋友》音乐获首届"童牛奖"。电影《人鬼情》音乐获第八届"金鸡奖"题名。电影《庭院深深》音乐获第10届"金鸡

Y

奖"。获首届"宝钢高雅艺术奖"。电影《我也有爸爸》音乐，获第7届"童牛奖"。电影《我也有爸爸》音乐获第17届"金鸡奖"题名。

杨 明（1932— ）

男高音歌唱家。山东青岛人。1949年参加青岛青年文工团，1952年任青岛文化宫文艺组组长，1953年在山东省青年文艺汇演中获奖。1955年考入上海音乐学院声乐系，毕业后任上海合唱团男高音声部长，并长期担任男女声对唱节目的演出。后在交响合唱《沙家浜》《智取威虎山》以及《长征组歌》等诸多大型音乐作品中担任主要角色或领唱，兼任独唱演员组组长。1988年任上海乐团艺术室副主任、上海声乐艺术爱好者协会理事。现旅居美国，任孟菲斯市"大孟联华人艺术团"艺术顾问。

杨 明（1938— ）

作曲家。白族。云南鹤庆人。1957年毕业于昆明师范学院。1960年在东川市歌舞团任演奏员、作曲、团长。1983年毕业于中国音乐学院作曲系进修班。1989年起任职《云岭歌声》杂志社。作有歌剧《天生一个风流国》，民族历史舞剧《泪碑》，交响诗《望郎坡》，花灯剧《半把剪刀》，舞蹈《彝寨新歌》，大合唱《放马山歌》，独唱《卖杨梅》《香格里拉——我的高原我的家》《苗家姑娘过山来》《凉山的月亮》等。出版《杨明歌曲选》《红土情》CD专辑，以及《歌曲写作基本技法》。

杨 明（1947— ）

笛子演奏家。河北人。就读于中央音乐学院附中民乐学科，后就职于湖南省歌舞团。中国民族管弦乐学会笛子专业委员会常务理事。曾获文化部举办的"全国民族器乐独奏比赛"优秀表演奖。在全国第三届音乐作品评奖中，巴乌独奏曲《侗乡之夜》获作品奖。曾多次随中国湖南艺术团赴日本、意大利、奥地利、波兰等国演出和参加国际艺术节。

杨 明（1949— ）

女钢琴教育家。上海人。4岁起学习钢琴。上海市少年宫、南京市小红花艺术团的钢琴小组成员。1976年毕业于安徽师范艺术系钢琴专业。1980年起，先后任高师音乐系和南京晓庄学院专职钢琴教师、副教授。曾被滁州市教委评为"优秀园丁"。1993年在南京市大学生歌咏比赛中获钢琴伴奏一等奖。撰有《在钢琴教学中如何加强对后进学生的帮助》。培养众多成绩优异的学生。

杨 鸣（1957— ）

钢琴演奏家、教育家。福建人。中央音乐学院教授、钢琴系主任。上海音乐学院学士，中央音乐学院硕士。学于美国克利夫兰音乐学院。1975年在全国音乐调演中获最高荣誉奖，多次在国家庆典中演出。获"上海之春"全国钢琴比赛二等奖，多次在国际比赛选拔赛中获奖。与多个乐团合作演出协奏曲、独奏和伴奏。曾在多个国家演出、讲学。获美国杜朗市荣誉市民及城市金钥匙。为电视台、音像出版社录制几十部钢琴作品。在美国吉那巴考娃和伊斯曼等国际、国内比赛中任评委。

杨 铭（1961— ）

作曲家。福建泉州人。1979年入伍，毕业于军事经济学院。泉州市音协理事、长白山音乐文学学会理事。曾任多家音乐杂志编辑，《闽台歌谣》编委，《刺桐乐坛》副主编。多次获省市先进工作者、优秀共产党员称号。被中国音协音乐考级委员会评为器乐专业优秀辅导员。发表、播放百余首作品。2006年举办个人作品音乐会。歌曲作品七十余次在省级以上整个活动中获奖，代表作有《老屋》《惠安女美》《铁观音·乌龙茶》《侨乡小路》等。

杨 模（1950— ）

歌词作家。河北饶阳人。先后任职于河北省沧州军分区后勤部、河北省纪委。1970年参军在某部队文艺队，1979年毕业于解放军武汉后勤学院。作词歌曲有《挑树秋》《农家的笑》《走自己的路》《麦熟一晌》等数百首，出版音乐风光片《我的家乡衡水城》《庄稼人》，歌集《橄榄绿之声》等。部分作品在评选中获优秀创作奖、金奖、银奖。

杨 宁（1945— ）

女钢琴教育家。云南大理人。1963年毕业于云南艺术学院附中钢琴专业。曾任红河州歌舞团演奏员、云南文化艺术职业学院钢琴副教授、省音协钢琴协会副会长。1986年毕业于云南艺术学院音乐系钢琴专业。1991年参加第三届北京合唱节，曾获文化部、广电部、中国音协等颁发的钢琴伴奏奖。1993年后受文化部外联局派驻毛里求斯中国文化中心任教两年，受邀到新加坡实践表演艺术学院讲学两年。所教学生分别考取省内、外艺术院校，并在钢琴比赛中多次获奖，本人获优秀指导教师奖。

杨 宁（1954— ）

音乐活动家。江苏靖江人。1977年从南京师大音乐系毕业以来，相继在靖江县文化馆、县文化局任职，后任靖江市文化馆馆长。组织策划文艺节25届，发表歌曲多首。创作、组织的节目多次在全国省市比赛中获奖，其中舞蹈《弹棉谣》获江苏第七届"五星工程奖"铜奖（编创作曲），表演唱《五朵金花选驸马》获泰州首届农村文艺调演一等奖，参与创作排练的男声小合唱《打豆号子》获江苏省第五届"五星工程奖"金奖，小品《枣儿》获中国99曹禺戏剧奖小品、小戏一等奖。

杨 宁（1956— ）

歌唱家。山东沂水人。山东天山学院音乐系声乐教研室主任。1983年毕业于曲阜师大音乐系。参与编写山东中等师范学校教材《音乐》。舞蹈音乐《登山乐》《关不住的小老虎》1989、1994年分获山东舞蹈大赛创作二等奖、音乐创作奖，歌曲《建设者青春》获山东省建筑职工汇演优秀创作奖。曾获泰安市省市学科音乐教学能手、青年骨干教师、优秀艺术教育工作者称号。

杨 培（1920— ）

评剧作曲家。河北雄县人。1937年参加八路军。1940年调入战力剧社，参加过《血泪仇》等戏曲的作曲和演奏。1946年入华北联大音乐系学习，1953年到中国评剧院专事音乐创作。将评剧小型民乐队发展成为二十几人的中西混合乐队，并吸收各地民间音乐及其它剧种的曲牌，融入歌剧写作技法，写出大量并能与评剧唱腔协调的音乐。在《四季常青》的音乐设计中，首创评剧男腔的"越调大慢板"，在《秦香莲》《杜十娘》等剧目中使白派唱腔得到发展。《花亭会》的音乐将西路评剧唱腔的精华与东路评剧丰富的板式融为一体，丰富了评剧音乐。

杨 平（1924— ）

作曲家。山西孝义人。1937年参加革命。1949年底入上海音乐学院进修。作品有独唱《春到边疆》（获《解放军歌曲》二等奖），《歌唱我们的党》《焦书记活在俺心里》，小合唱《我们的连队好》，合唱《军营组歌》，合唱管弦乐队伴奏《小河淌水》，舞蹈乐曲《军邮员来了》《保丰收》（获全军第三届文艺汇演优秀奖），管弦乐曲《拾麦穗》，小提琴独奏曲《彝家之歌》，民乐曲（合作）《喜庆丰收》（获全军第三届文艺汇演优秀奖），电视剧音乐《桔林深入》（合作），曾任炮兵文工团副团长、音乐指挥，总政文工团乐队队长、乐队指挥，总政歌舞团副团长，解放军艺术学院音乐系副主任。

杨 平（1934— ）

女音乐教育家。满族。辽宁沈阳人。1956年毕业于西北师范学院艺术系。原新疆艺术学院声乐副教授、艺术教研室主任。编有《声乐基础知识》。

杨 琦（1921—已故）

音乐理论家、诗人。纳西族。云南丽江人。1946年毕业于国立音乐院理论作曲专业。曾任音乐教师、新闻记者。发表大量新诗、歌词、歌曲及文学作品。后为四川音乐学院教授、中国音协理论委员会委员、四川音协顾问。著有《在音乐战线上》《杨琦文集》《音乐美的哲学思考》《为我报仇》（剧本）、《杨琦诗抄》《春天奏鸣曲》等。合作编撰有《艺术家与德育》《外国名人故事·音乐家》。

杨 青（1926—1996）

作曲家。湖北蒲圻人。中国音协第六届理事。14岁参加抗日救亡歌咏运动。1943年考入广东省立艺术专科学校，主修理论作曲。1949年始从事部队文艺工作。1955年任四川省歌舞团合唱队长兼指挥。1957年入中央音乐学院作曲指挥系进修。曾任四川省音协理事，省政协第四、五届委员。作有歌曲《八一颂》《阻击战之歌》《毛主席颂歌》《红太阳升起来》《祝你幸福》，声乐套曲《歌唱新中国》《川北红军根据地大合唱》等。曾举办"杨青声乐作品音乐会"。出版《月圆曲——杨青声乐作品选》。

杨 青（1953— ）

作曲家。湖南醴陵人。首都师范大学音乐学院院长、教授、博士生导师。中国音协第七届理事、音乐教育委员会副主任，北京音协副主席、民族音乐及创作委员会主任。1983年毕业于上海音乐学院民族理论作曲系。曾任湖南衡阳市歌剧团小提琴演奏员、中国音乐学院作曲系教师。多部音乐作品在北京、上海、巴黎、东京、香港、新加坡、台北等地演出，并获中国音乐"金钟奖"，建国40、50周年文艺作品征集奖，台湾"新原人"世界华人音乐作品征集奖、中国"黑龙杯"管弦作曲大赛奖、中国音协"共和国五十年"优秀作品奖、台湾"2002世界华人民族音乐创作奖"等。被评为"全国中青年德艺双馨"艺术家、"繁荣首都文艺事业作出突出贡献者"称号。

杨 清（1957— ）

女中音歌唱家。广东人。1985年毕业于上海音乐学院声乐系。先后师从于声乐教育家董爱琳、葛朝祉教授，并在广州军区歌舞团、上海歌剧院任独唱演员。现任上海师范大学音乐学院教授、音乐表演系副主任。曾在十余部中外歌剧中担任主要角色，如马勒的《大地之歌》《贝多芬第九交响曲》，亨德尔的《弥赛亚》，哈恰图良的《欢乐颂》。曾赴德国、瑞士、澳大利亚、法国及香港等国家和地区演出。到上海师大音乐学院任教后，在声乐专业研究生班开设了"中外歌剧重唱"课程，并出版《外国歌剧重唱曲集》。

杨 箐（1969— ）

女声乐教育家。上海人。武汉市艺校副校长。1991年毕业于武汉音乐学院。撰有《关于声乐教学中"比喻"教学的若干探讨》获第十三届全国中专年会论文评比三等奖。2003年赴美国奥古斯坦那大学任访问学者，讲授中国民歌、民谣、戏曲等。培养的学生分别获考取中国音乐学院、武汉音乐学院、解放军艺术学院等艺术院校。

杨 琼（1970— ）

女高音歌唱家。苗族。贵州人。1994年毕业于中央民族大学。中国歌舞团歌队助理。随团先后到郑州、安徽、鞍山、重庆、成都、江西、浙江、广东、贵州、新疆、广西等省市自治区及香港进行演出，担任独唱、领唱。在广西举办的首届中国民歌大赛中获金奖，"第六届全国青年歌手电视大奖赛"专业组民族唱法获三等奖，"中国民歌分类演唱精英赛"获金奖，"全国声乐新人新作比赛"获政府二等奖。

杨 全（1943— ）

唢呐演奏家。回族。北京人。原中国京剧院演奏员。1967年毕业于中国音乐学院器乐系。曾在交响乐《节日序曲》、吹打乐片《管教山河换新装》中担任唢呐主奏，演出现代京剧《红灯记》《沙家浜》等，并为著名京剧演员李世济、刘长瑜、李维康等担任伴奏。

杨 锐（1950— ）

演奏家、音乐活动家。安徽安庆人。毕业于安徽黄梅戏学校音乐科。集琴、棋、书、书画装裱诸技艺于一身。书法作品曾多次参加省、地、市展览并获奖。部分作品入选《安庆书画作品选》。热心于大合唱指挥，在渡江战役胜利暨安庆解放五十周年革命歌曲演唱会中获"最佳指挥奖""九九安庆文化系列活动先进个人"称号。安庆市音协副主席、市书法家协会理事、市政协委员。

杨 瑞（1971— ）

女歌唱家、教育家。山东德州人。任教于山东省德州学院音乐系。2003年毕业于首都师范大学音乐学院声乐系硕士研究生。曾获山东省迎香港回归"光明杯"声乐比赛中一等奖、第二届高校教师声乐比赛中美声组二等奖、第三届"东航杯"职工歌手大赛优秀奖。撰有《如何克服上台演唱时的紧张心理》《对民族美声两种唱法的共性与个性的探讨》等文十余篇。

杨 韶（1938— ）

二胡演奏家。辽宁大连人。历任辽宁人艺演奏员，辽宁歌舞团二胡首席兼弦乐声部长、独奏演员。曾在东北音乐专科学校进修。随团赴朝鲜、日本、法国等访问演出，曾获法国贡弗郎国际艺术节"帝荣国际艺术节"铜奖。多次应邀赴香港演出、讲学。1994年应邀在台湾"国立音乐厅"演出，参加台湾国乐学会座谈会并讲学。创作并演奏的曲目有二胡协奏曲《孟姜女》，二胡独奏曲《怀念敬爱的周总理》《农村万象新》，板胡独奏曲《山村喜日》，民族器乐合奏曲《欢腾的节日》（合作）。

杨 声（1948— ）

乐器制造修理家。白族。云南大理人。云南民族民间音乐艺术品开发公司经理、中国乐器协会理事。合作编辑出版《弓笛、古陶埙、巴乌、葫芦丝独奏曲选集》。出版并策划拍摄介绍弓笛、古陶埙、巴乌、葫芦丝的电视音乐片"神州音韵"，并创作主题歌词，该片音乐盒带《中国竹乐》曾获中国十大畅销盒带第三名，并在多个电台播放。发明钢琴弦槌涂剂获中国第二届国际专利及新技术新产品发明铜奖、"爱迪生杯"发明金奖，制作的古陶埙获北京第二届国际博览会银奖。

杨 实（1935— ）

小提琴演奏家。山东人。1949年入哈尔滨市文联乐队，后任中央乐团演奏员。曾随团赴波兰、日本、美国演出。

杨 素（1944— ）

女作曲家、音乐活动家。上海人。1965年毕业于江西省文艺学院音乐系。曾任江西省群艺馆音乐部主任，后任职于深圳宝安区文化馆、副研究馆员。长期从事琵琶、扬琴、手风琴、钢琴教学，培养学生众多。曾任全省少儿歌舞花会音乐总编导。多次参与组织全省行业征歌、歌咏比赛、业余歌手大赛。作有《家乡的路》《什么是祖国》《井冈杜鹃》《我站在特区摩天楼上》《腾飞吧，宝安》等歌曲，数十首获奖。合作《腾飞的金龙》等电视音乐。

杨 憬（1933— ）

女歌词作家。重庆人。1950年始从事部队文艺工作。曾在总政歌舞团合唱队工作，后任北京师范学院音乐系艺术实践组组长。作有歌词《小青马》《争取当模范》《星星啊星星》。

杨 涛（1948— ）

小号演奏家。湖北武汉人。1967年毕业于湖北音乐学院附中，后分配至孝感京剧团。先后任演奏员、指挥、乐队队长、艺术培训中心主任。1995年调孝感市艺术学校、市体育艺术学校任教务科、艺术科长，并担任合唱指挥、音乐欣赏等专业基础课教师。培养大批专业、业余音乐人才。曾获省"熔炉杯"、中央电视台"荧屏奖"、全国音乐剧大赛伴奏各类奖项，"黄鹤杯"指挥、辅导奖及省"黄鹤美育节"优质课一等奖。曾为湖北省音协理事、孝感音协副主席、政协委员。

杨 为（1926—2002）

女川剧作曲家。四川成都人。1954年毕业于西南音乐专科学校理论作曲系，后任职于成都市川剧院艺术研究室。四川音协第二届理事、《中国戏曲音乐集成·川剧卷》副主编。作有川剧音乐《春灯谜》《屈原》《怎么谈不拢》，另有《别洞观景》《乔太守乱点鸳鸯谱》曾赴北京参加国庆十周年献礼演出，被拍成电影、电视剧，录制成唱片。撰有《漫谈川剧音乐设计》《浅析高腔的唱腔组合》《川剧昆腔欣赏》。整理出版《归舟》《思凡》《贵妃醉酒》《刁窗》（合作）等川剧折子戏。获国家集成编纂荣誉证书及编纂先进个人奖。

杨 惟（1960— ）

琵琶演奏家。上海人。1978年入上海民族乐团。1980年获全国琵琶比赛三等奖。1982年获全国民族器乐独奏观摩演出优秀表演奖。1985年获上海市青年演员会演优秀奖。

杨 伟（1947— ）

作曲家。白族。云南人。云南省文联五届主席团委员、副秘书长。1968年毕业于云南师范大学艺术系。曾师从吴祖强、雷振邦、朱践耳、杨鸿年学习作曲、指挥。长期在西双版纳州歌舞团等文艺团队任作曲、指挥。创作有舞剧《召树屯与婻穆婼娜》（合作）《孔雀公主》，小提琴独奏曲《澜沧江轻舟》及为首届中国佤族木鼓节创作的大型歌舞《走出司岗里》《情铸司岗里》和为孟连首届中国神鱼节创作的《神奇的绿宝石》。出版有《云南民族音乐研究文选》《孔雀公主—杨伟管弦乐作品选》及《跳起黄灰做得药》《梅子湖抒情》等磁带与光碟。《佤山摇篮》等作品获省部级奖。

杨 晓（1959— ）

作曲家。湖南永顺人。曾任湖南民族歌舞团乐队演奏员。1990年于星海音乐学院作曲系毕业，留校任教，现为该学院科研处处长。编著《实用乐理》（合作）《广东音乐视唱精选100首》《艺术常识辑要500例》等。音乐创作有交响诗《冥》、童话舞剧《鸭公主东游记》等，歌曲《读书郎》、舞蹈《南国小红豆》（音乐）等分获全国及地方不同奖项。2004年获"全国模范教师"称号。

杨 岩（1962— ）

歌唱家。辽宁大连人。广东音协理事，星海音乐学院声乐系主任，副教授。1988年毕业于沈阳音乐学院声乐系。曾在沈阳、广州演出贝多芬《第九交响乐》中任领唱。1990年获全国"每周一歌"演唱金奖。1991年毕业于上海音乐学院助教进修班和周小燕歌剧中心。1993年获"羊城音乐花会"银奖。2000年在法国获第八届"嘎斯哥尼"国际歌剧比赛男声组第一名。曾主演中外歌剧《鸣凤》《乡村骑士》等。随团赴俄罗斯、美国、法国、新加坡等国演出。

杨 研（1949— ）

女歌唱家。江苏人。曾任职于四川歌舞剧院，在本院创作的小型舞剧《幸福光》担任领唱，该节目在全国单、双、三舞蹈调演中获金奖，演唱本院创作的《六弦琴》获第三名。在四川省音协举办的首届歌曲比赛中演唱毛主席诗词《沁园春·雪》获优秀表演奖，并在"蓉城之秋"音乐会上演唱。

杨 扬（1955— ）

音乐理论家。河南洛阳人。1982年毕业于河南大学艺术系。1971年起先后任职于河南平顶山市文工团、平顶山市群艺馆，1984年始任河南省艺术研究院副院长、音舞研究部主任、副研究员。曾参加《中国戏曲志·河南卷》的编撰工作，获编撰成果一等奖。为《河南通典》撰写"文化艺术"条目。撰有《'河南新志'中的二簧梆子辨析》《歌颂黄河的精神》《建立完备的豫剧唱腔体系》等文。组织河南省艺术歌曲比赛、河南省专业器乐比赛等活动。2001年出版《洛阳十万宫廷乐基本调查报告》。曾主持、参与多项科研项目，发表论文数十篇，著有《中国豫剧》《河南豫剧音乐知识》（合作）。

杨 羊（1957— ）

女作曲家、钢琴家。北京人。1976年毕业于沈阳音乐学院钢琴系，后任长影乐团钢琴演奏员。1982年毕业于沈阳音乐学院作曲系，任长春电影制片厂作曲室创作员。1988年调任中国歌剧舞剧院创作室作曲。曾为《蓝色的爱》《八卦莲花掌》等电影和《妻子》《开不败的丁香》《姑娘不出嫁》《天阶》《青青的草地》《海》等电视剧、电视艺术片作曲。还创作钢琴协奏曲《冰山之春》，歌曲《唐人街》《命运与共》等，其中《思恋中的北京》《让我们伸出友爱的手》《这里连着世界》等获奖。1995年被德国威斯巴登音乐学院聘为客座教授。

杨 曜（1948— ）

打击乐演奏家。回族。北京人。1967年毕业于中央音乐学院附中。曾在总政歌舞团乐队任打击乐声部长。1993年毕业于解放军艺术学院音乐系，后在解放军艺术学院任教。参加中国音协、文化部组织的民族音乐演出团，在全国十省市演出，任木琴独奏。应总政歌剧团之邀，在歌剧《党的女儿》中任打击乐演奏员，与中央芭蕾舞团交响

乐团合作录制木琴协奏曲《苗岭采风》。并受聘为舞蹈学院、中央民族大学教员及中国音乐学院校外考级评委。曾应邀出访香港、新加坡等地。

杨 叶（1931— ）

音乐教育家。江苏人。1946年入东北大学。1952年结业于东北鲁艺音乐部研究生班，同年在沈阳音乐学院任教。1985年任广州音乐学院音乐研究所所长、教授。著有《京剧音乐研究》《评剧唱腔结构研究》等。现定居国外。

杨 屹（1961— ）

手风琴演奏家。北京人。北京军区战友歌舞团演奏员、中国音协手风琴学会副会长。1975年从事文艺工作。1987年毕业于天津音乐学院管弦键盘系。曾获首届全国专业手风琴比赛一等奖，第二届全国手风琴新作品创作一等奖。曾举办手风琴交响独奏音乐会，并在中央电视台《音乐世界》播放独奏专辑。录制面向全国中小学音乐教师的《手风琴演奏基础》电视教学片，出版《手风琴演奏教程》及配套VCD，参与编写《全国手风琴考级曲目集》、并出版全套考级乐曲示范演奏VCD。

杨 毅（1929— ）

作曲家。河北保定人。1953年毕业于苏联高等音乐学校。哈尔滨三十六中音乐教师。创有歌曲《千里草原把身翻》《难忘那迷人的夜晚》《我生长在大兴安岭上》《祖国颂》《思念》《我流浪在异国他乡》《含苞的花蕾已开放》《梦幻的童年》等，作品多为歌唱家演唱并在各电台、电视台播放。2004年北京大学为其举办《爱的呼唤》诗歌歌曲演唱会。

杨 英（1944— ）

女歌唱家、声乐教育家。北京人。曾任全总文工团艺术辅导室声乐教员。1963年毕业于中央音乐学院附中民族声乐班，后考入全总歌舞团任独唱演员。演唱有《南泥湾》《山丹丹开花红艳艳》等歌曲，曾在中南海为国家领导人演唱《洪湖水浪打浪》。参加音乐舞蹈史诗《东方红》演出。在钢琴伴唱《红灯记》中演唱李铁梅唱段，在京剧《沙家浜》中饰演阿庆嫂，在舞剧《草原儿女》，舞蹈《天山彩虹》中担任领唱。1987年从事声乐教学及辅导排练和指挥等工作。编辑出版《中国工人歌曲200首》。

杨 永（1918— ）

音乐教育家。广东大埔人。1943年毕业于国立音专理论作曲组。曾在重庆国立歌剧学校、国立上海音专、安徽大学艺术科等任教。原上海音乐学院作曲系副教授。

杨 咏（1969— ）

女音乐教育家。江西上饶人。江西省上饶师范学院音乐系教师。1988年起先后就读于江西师范大学、上海交通大学与福建师范大学音乐系。撰有《江西羽调民歌的音调特征初探》《江西高师音乐教育专业课程结构的思考》等文，其中《适应新课标的江西高师音乐教育专业课程研究》获江西省第五届、全国第一届大学生艺术展演二、三

Y

等奖，《让学生享受音乐》获江西省教育厅三等奖。

杨 勇（1955— ）

作曲家。北京人。1981年毕业于中央音乐学院作曲系研究生班。后在该院任教。作有交响诗《渤海》，钢琴五重奏《音诗》，撰有《固定旋律在复调音乐发展中的作用》。

杨 涌（1937— ）

歌词作家。河南开封人。1949年从事部队文艺工作。1960年入湖北艺术学院作曲系进修。曾任武警总队政治部电视制作部主任、文化处负责人。作词歌曲有《妈妈教我一支歌》《五十六个民族同唱一支歌》《拜年歌》等，多首作品获奖。《升腾吧，亚细亚的太阳》《迎宾曲》《运动员圆舞曲》入选第11届亚运会优秀歌曲。1983至1985年与黄一鹤、邓在军导演合作，担任策划和创作组长，推出中央电视台"春节联欢晚会"。1993年出访英国。歌曲《人类竞赛》（合作）在奥运征歌中获优秀奖。

杨 育（1954— ）

女音乐教育家。吉林集安人。吉林通化师范学院音乐系副主任。1977年毕业于吉林省东北师范大学音乐系。先后任通化师范学院团委、宣传干事、艺术教研室副主任。撰有《外国歌曲在中国的传播》《体态语言在音乐教学中的作用》等文。

杨 愈（1918—2000）

音乐理论家。江苏人。1946年参加筹办上海中华音乐学院。1949年为音协上海分会常务执委。长期从事表演艺术理论研究。撰有《杰出的广东民族音乐家吕文成》《著名评弹表演艺术家徐丽仙》。

杨 煜（1944—2005）

作曲家。河北唐山人。唐山音协主席。1963年天津音院附中毕业，后师从施万春教授完成作曲大学课程。多部作品在国内外获奖。《C大调第二钢琴协奏曲》、交响大合唱《唐山——烈火中再生的凤凰》1986年进中南海演出，受到好评。2001年作曲指挥的《钢琴与人声》获亚洲合唱大汇演作品、演唱、指挥三项最佳奖。2002年指挥唐山音协合唱团获第二届奥林匹克世界合唱比赛两项大奖。

杨 园（1929— ）

指挥家。云南昭通人。1959年毕业于中央音乐学院指挥系。原任辽宁芭蕾舞团指挥。指挥有组歌《命脉》，歌剧《阿诗玛》《洪湖赤卫队》《江姐》，京剧《海港》。

杨 镇（1951— ）

指挥家。福建厦门人。毕业于福建师范大学音乐系。1971年起任福建莆田地区文工团乐队队长、作曲、指挥。历任厦门大学音乐系理论作曲教研室主任、艺术实践委员会副主任、主任、音乐系副主任、音乐学作曲方向硕士研究生导师。中国合唱协会常务理事、福建音协音教委副主任、厦门音协合唱专业委员会主任。曾多次应邀赴香港及菲律宾、泰国等地指挥演出。撰有《合唱、管弦乐指挥法教程》《音乐学院附小钢琴教程精选》。多次获厦门大学"青年工作积极分子""教书育人百龄奖""清源奖""校园文明奖"。

杨 震（1944— ）

小提琴演奏家。湖南长沙人。1962年毕业于中央音乐学院附中，1966年毕业于该院管弦学科。1980年入北京舞蹈学院。1987年调中央芭蕾舞团。演出有《红色娘子军》《天鹅湖》《睡美人》《吉赛尔》《堂吉诃德》《罗密欧与朱丽叶》《海盗》《仙女》《祝福》《杨贵妃》《大足石魂》等。曾参加各类音乐会、中外文化交流及出访演出。

杨 仲（1927— ）

作曲家。山东掖县人。1946年始从事音乐工作。历任哈尔滨工人文工团副团长、《音乐生活》编辑、中国铁路歌舞团副团长。后在中国铁路文工团创作室工作。作有小歌剧音乐《老耿头》，歌曲《轻歌一曲茶一杯》。

杨 竹（1957— ）

钢琴教育家。重庆人。1982年毕业于西南师范大学音乐学院音乐教育系。1983年始在四川南充教育学院艺术系任教，副主任、副教授。作有《嘉陵江组曲》（合作）（获四川"蓉城之秋"优秀作品创作奖），《嘉陵江的风帆》《园丁之歌》，三重唱《早晨之歌》等。为电视片《悠悠故园情》《嘉陵教苑一枝春》作曲。撰有《高师专科层次钢琴教学初探》《音乐与智能》等文。指挥历次中国四川南充丝绸节开幕式200人铜管乐队及南充教育学院合唱比赛并获一等奖。培养多名钢琴学生并获"优秀辅导教师"称号。

杨爱珍（1953— ）

女歌唱家。山西人。山西忻州供电分公司工会干部。曾在中国音乐学院进修。1986年在"全国民间音乐舞蹈大奖赛"中获演唱奖，1991年在全军业余文艺调演中获演唱一等奖，2000年在"全国电力系统京剧地方戏大赛"中获优秀演员奖。录制民歌六十余首。为《歌乡行》等七部音乐电视剧和电影《咱们的退伍兵》《喜相逢》配唱民歌插曲。山西省政府荣记特等功一次。曾赴日本访问演出。

杨白薇（1935— ）

女音乐教育家。四川蓬溪人。1953年毕业于川北南充高级师范音美班。多年从事音乐教育，为艺术院校、文艺团体输送百余人，培养的业余歌手多人次在比赛中获奖。主演和导演歌剧、话剧、京剧、川剧9部。作有歌曲《妇女四自歌》。曾应邀多次作《精神文明与音乐欣赏》讲座。1961年至1969年参加昆明军区某部宣传队，获军区职工调演优秀演唱奖。先后获南充市职工音乐会演唱一等奖、四川省老干部卡拉OK赛三等奖。1990年创办南充女子合唱团，获南充市文化局"伯乐奖"。

Y

杨柏森（1953— ）

　　作曲家。吉林人。吉林松原市艺术创作研究室主任。1970年在扶余县文工团任作曲、指挥，后调入民间艺术团任团长。1987年毕业于吉林艺术学院，任松原市满族新城戏剧团书记兼作曲、指挥。后任市创作研究室任主任。作有大型满族新城戏《铁血女真》获第三届文华音乐奖，歌曲《大姑娘美》《黑土地——生死之吻》等百余首及电视连续剧《刘老根》两部，《马大帅》《种啥得啥》《农家十二月》《大山嫂》等十余部，电影《男妇女主任》《我爱我孙》等。

杨宝智（1935— ）

　　小提琴演奏家。广东佛山人。1957年毕业于中央音乐学院管弦系，后在该院任教。改编、创作有小提琴独奏曲《喜相逢》《关山月》《广陵散》，歌剧音乐《火把节》（合作）等。

杨宝忠（1899—1966）

　　京胡演奏家。北京人。10岁开始学习京胡演奏。24岁任著名京剧艺术家马连良、言菊朋的琴师。新中国成立后任天津市戏曲学校副校长。著有《京胡制作与演奏》，并编有京剧曲谱等。

杨葆光（1949— ）

　　作曲家。回族。河北秦皇岛人。1990年毕业于北京人文函授大学群众管理专业。先后任市京剧团、文工团演奏员、队长、指挥，市人民剧场经理，市群艺馆书记、馆长及秦皇岛市音协副主席。作有歌曲《世纪童谣》《自信的我们》《快乐的星期天》，唢呐二重奏《喜庆》，唢呐曲《渔村走进喜日子》《渔家乐》《欢天喜地庆丰收》等，其中有的获作品优秀奖、征歌一等奖、"燕赵群星奖"一等奖。曾组织万人歌咏大会、百面古筝演奏会、诗词演唱会等大型节目演出并获优秀总导演奖。

杨比德（1927— ）

　　声乐教育家、男低音歌唱家。北京人。1948年考入北京师范大学音乐系，毕业后先后任教于北京师范大学、中央音乐学院及解放军艺术学院并任音乐系主任，教授。50年代赴莫斯科、华沙、捷克斯洛伐克等地演出，并参加"布拉格之春"音乐会。60年代在北京等地举行独唱音乐会，曾多次参加纪念世界著名作曲家亨德尔、莫索尔斯基等的音乐会。培养了众多的声乐人才。撰有《如何唱出美好的歌声》（合作），《从高尔基评论夏利亚平演唱"跳蚤之歌"谈起》《关于男低音声部的几个问题》。出版CD《梦中情怀之永远难忘的俄罗斯艺术歌曲》。多次担任国内重大声乐比赛评委。

杨碧海（1921— ）

　　作曲家。浙江杭州人。1940年考入福建省立音专本科，学习小提琴、钢琴与作曲。1945年毕业后留校任教。曾创办《音乐学习》杂志，并赴上海向谭小麟先生学习作曲，兼在中华音乐学院任教。1950年调入中央戏剧学院创作室，1952年调入中央民族歌舞团创作室。曾向吴祖强先生学习作曲。主要作品有舞剧音乐《和平鸽》《苗岭山上》《凉山巨变》（合作），钢琴曲《彝族民歌六首》由音乐出版社出版。

杨碧华（1947— ）

　　女音乐教育家。福建霞浦。1968年毕业于福建师范学院艺术系音乐专业，后任平和县一中、漳州五中音乐教师，1985年起在福建师大音乐系任办公室主任。撰有《关于高师音乐教育专业弘扬传统音乐的设想》《关于学校教育的几点思考》《改革从树人入手，树人从高师抓起》等文。专著有《音乐基本理论》（教材）。

杨秉孙（1929— ）

　　小提琴演奏家。湖北武汉人。1957年毕业于匈牙利李斯特音乐学院。原任中央乐团副团长兼社会音乐学院副院长，中国音协第三、四届理事。曾在第三、五、六届世界青年联欢节小提琴比赛中获奖。1983年被授予匈牙利柯达伊纪念章及证书。多次举行个人独奏音乐会，并赴苏联、东欧、日本、菲律宾演出。

杨炳维（1926— ）

　　作曲家。福建漳州人。福建省音协和厦门市文联顾问。毕业于上海音乐学院。曾任厦门市歌舞剧团团长（兼编导作曲），市音协主席、省音协副主席、市文联副主席。作品有舞剧《白鹭》，歌舞剧《双莲杯》（合作），合唱《我爱我的台湾》《东渡晨曲》，舞蹈《半屏山》《晚霞美》，器乐合奏《台湾组曲》《咏梅》。曾十多次在全国和省内会演中获奖。2003年为闽南语歌曲《荔枝与龙眼》作曲，获中华闽南语歌曲电视大赛"十大金曲"创作奖。

杨博亚（1939— ）

　　声乐教育家。河北人。1963年毕业于北京艺术学院声乐系。曾在黑龙江省龙江艺术剧院、艺术职业学院任教。黑龙江大学艺术学院声乐专业客座教授。多次担任黑龙江声乐大赛评委和文艺系列高级职称评委。撰写声乐论文多篇。40年来一直从事声乐教学，培养了很多优秀声乐人才，他们有的在高等艺术院校任教，有的在国家专业团体及部队歌舞团任独唱演员，并在国内外各类声乐比赛中获奖。

杨昌喜（1942— ）

　　女高音歌唱家。苗族。贵州凯里人。1959年入黔东南歌舞团任独唱演员。创作并演唱有苗族民歌《芦笙情歌》（合作）获贵州省优秀创作奖、表演奖。

杨长安（1953— ）

　　音乐教育家。湖南人。1977年毕业于湖南师范大学音乐系，1984毕业于上海音乐学院民乐系。现为湖南师范大学音乐学院音乐表演系硕士生导师、副教授，中国音协二胡学会常务理事，中国民族管弦乐学会胡琴专业委员会常务理事。湖南省音协二胡专业委员会会长。曾两年被评为湖南师大"教学优秀奖"与"三育人先进个人"称号。出版《跟我学二胡》等9部，发表学术论文8

Y

篇，音乐作品1部。

杨长春（1954— ）

作曲家。回族。河北人。甘肃省音协副主席、省剧协副主席。1975至1977年在西安音乐学院进修小提琴。1988至1989年在中国艺术研究院研究生部首届硕士学位研究生课程进修班攻读中国戏曲音乐理论专业。2000年由甘肃省委党校哲学专业研究生毕业。曾任甘肃陇剧院副院长。曾获第七届"中国戏剧节"优秀作曲奖，第二届"中国秦腔艺术节"作曲一等奖，甘肃"敦煌文艺奖"一等奖，甘肃艺术人才银"飞天奖"，甘肃"五个一工程"奖。

杨长庚（1940— ）

作曲家。北京人。1964年毕业于中央音乐学院作曲系。原任天津市京剧团指挥兼作曲。作有交响诗《风暴》，管弦乐《边寨欢歌》，电影音乐《渡口》《芦花淀》。

杨长雄（1934— ）

音乐理论家。湖北武汉人。先后任职于江西上饶地区群艺馆、景德镇市群艺馆。江西清林学院艺术系学科带头人、副教授。1990年获省级"自学成才者"及"专业技术拔尖人才"称号。撰文《谈赣东北民歌的过渡性特征》，1999年获中国艺术研究院"优秀论文一等奖"，2002年获中国香港世界文化艺术研究中心"国际优秀论文奖"，歌曲《工人进行曲》被《工人日报》列为1983年"五一"劳动节向全国推荐的第一首歌曲，并被江西省人民政府授予"优秀文艺作品二等奖"。

杨长友（1938— ）

指挥家、作曲家。河北保定人。毕业于河北大学中文系。先后任石家庄市歌舞团指挥、作曲、副团长，石家庄广播电台文艺部主任、编导。曾指挥演出芭蕾舞剧《白毛女》《红色娘子军》《沂蒙颂》，歌剧《江姐》《货郎与小姐》，钢琴协奏曲《黄河》。获奖作曲作品有歌剧《代价》，双人舞《接地牧羊鞭》，小舞剧《山村女教师》，配乐散文《抱犊山魂》，广播剧《五彩水晶山》《石门破晓》，《丰碑颂》《古曲新韵》等。

杨承华（1947— ）

作曲家。陕西西安人。西安歌舞剧院创研室创作员。1967年毕业于西安音乐学院作曲系（大专），撰有《音乐创作中的五声音阶》等文。音乐作品《春游》于1989年参加了全国少年儿童歌舞会演，于1993年获保加利亚国际艺术节最佳节目奖，获文化部等7单位颁发的音乐创作奖，陕西省第二届艺术节创作作曲奖和舞蹈音乐作曲奖。1997年为最高人民检察院摄制的专题片《失职的代价》作曲。

杨崇勇（1940— ）

作曲家。江西安义人。曾任南昌市音协副主席、安义县文联主席兼文化广播电视局副局长。发表大量创作歌曲，其中《我驾着汽车进山来》《滚滚茅坪河》《乡村夜笛》等曾作为"每周一歌"在中央人民广播电台和省电台播放。1999年由省、市音协举办"杨崇勇个人音乐作品研讨会"。1994年安义县委、县政府授予"专业技术拔尖人才"称号。

杨春华（1942—2007）

词曲作家、合唱指挥。回族。河北涿州人。17岁考入中央音乐学院新歌合唱团，师从秋里。北京电视大学中文系毕业。北京市校外教育研究室声乐业研组组长、副教授。创作发表有大量少儿歌曲，其中数十首获奖，多首选入大、中、小学教材。有数十首词曲作品入选北京舞蹈学院《中国舞·海内外考级教材》。创作校歌五十余首。主要作品有《少先队友谊之歌》《可爱的小白杨》《绿色的童话》《拨浪鼓》《漂亮的小男孩》《小熊掰棒子》等。为中央电视台5部儿童系列片《谁对谁不对》《幻想国》《童话大舞台》等谱写主题曲。作有声乐套曲4部、小歌剧4部。出版有《小歌唱家》《幼儿园生活歌曲50首》等。

杨春林（1953— ）

指挥家、作曲家。江苏泗阳人。毕业于中央音乐学院指挥系。中国民族管弦乐学会常务理事、指挥专业委员会秘书长，中国东方歌舞团指挥。长期从事中国民族管弦乐的创作、演出及研究。多次与中央民族乐团、广播民族乐团等进行合作。并曾指挥中央乐团、中央歌剧院等交响乐团。所作二胡曲《陕北抒怀》《影》在1984年全国第三届音乐作品比赛中获奖，曾在新加坡、马来西亚、香港、北京等地举办多场个人作品音乐会。

杨大成（1936— ）

作曲家。甘肃泾川人。1951年参军后在部队文工团学习音乐。1966年毕业于西安音乐学院，后到中央民族乐团任作曲及创作组组长、团长助理兼创研室主任、副团长等职。曾创作独唱、重唱、小合唱、合唱歌曲，部分歌曲曾发表于音乐刊物或在电台、电视台播出，或在全国性征歌中获奖。创作民乐合奏曲《闹元宵》，曾被1985年我国发射的第一颗通信卫星作为试播乐曲使用。

杨大风（1934— ）

小提琴教育家。广东茂名人。1959年毕业于中央音乐学院管弦系，后在附中任教。1972年曾入中央芭蕾舞团乐队演奏小提琴。1978年回院任附中管弦学科教师。

杨大恒（1940— ）

女高音歌唱家。黑龙江哈尔滨人。1964年毕业于哈尔滨艺术学院音乐系，后入哈尔滨歌剧院任歌剧演员和独唱演员。曾为哈尔滨音协理事、市政协委员。先后在《金色的鄂伦春》《绣花鞋》《江姐》等歌剧中担任主要角色。多次参加"哈尔滨之夏"、沈阳音乐周。演唱有《黄河怨》《延安颂》《岩口滴水》《我住长江头》《月亮颂》等歌曲，《五尺钢枪镇东海》《为共产主义把青春贡献》等歌剧选曲录制唱片。曾获黑龙江省建国30周年表演奖，"黑龙江歌坛回顾"优秀园丁奖。

杨大钧（1913—1987）

琵琶演奏家。北京人。先后担任国立女子师范学院音乐系副教授，北京师范大学、北京艺术学院、北京艺术师范学院、中央音乐学院、中国音乐学院教授，中国音协民族音乐委员会委员。

杨大明（1923—2001）

笙演奏家。天津人。早年自学民乐。1948年毕业于中国大学法律系。1951年入崔承喜舞蹈研究班音乐组工作。1953年入广播民族乐团。著有《笙的吹奏法》。

杨代纹（1953— ）

长笛演奏家。四川安岳人。1982年考入峨影乐团。1994年毕业于四川音乐学院管弦系。四川广播交响乐团长笛演奏员。受聘为四川音乐学院管弦系及四川省舞蹈学校长笛专业教师。曾参加四川省"中国音乐周"、历届"蓉城之秋"音乐周及"让世界充满爱""百花双奖"等大型文艺演出及北京"峨眉之夜""九寨之春"大型交响音乐会演出。参加并录制了近百部影视歌曲等作品，其中有获奖影片《焦裕禄》《钢铁将军》等。

杨道先（1928—已故）

女歌唱家。四川人。1952年毕业于南京金陵女子大学音乐系。1953年入中央乐团合唱队，曾任女低音声部长并担任独唱、二重唱、小歌剧演唱、表演唱等。

杨德富（1930— ）

歌唱家。重庆人。1960年毕业于中央音乐学院声乐系，师从苏联专家梅德维捷夫教授，同年任天津歌舞剧院独唱演员。曾在天津、北京、上海、内蒙古、广州、武汉、济南举办独唱音乐会，举办"爱我中华""修我长城""抢救大熊猫"专题独唱音乐会。培养众多学生，如女高音歌唱家高曼华、男低音歌唱家刘跃。录制有光盘演唱专集。

杨德林（1937— ）

单簧管演奏家。河南南阳人。曾任兰州军区战斗文工团政委。1953年参军在航空学校学军事，后从事部队文艺工作。1960年赴上海军乐学校进修，学习单簧管。毕业后一直从事演奏、教学和指挥工作。曾举办个人独奏会并指挥演出过多场管乐音乐会。1955、1965年分别获大军区和全军文艺汇演优秀演员奖。应聘担任兰州地区几个大学音乐系的客座教授。多次参加首都十一国庆大典阅兵工作。

杨德龙（1947— ）

圆号演奏家。满族。北京人。曾任天津歌舞剧院首席圆号与天津交响乐团圆号演奏员。参加演出《白毛女》《货郎与小姐》《西班牙女儿》《小刀会》等歌剧、舞剧。演奏贝多芬、勃拉姆斯、莫扎特、柴科夫斯基等数百首大、中、小型中外音乐作品。1995年在天津组织圆号专场音乐会，演奏了贝多芬《哀格蒙特序曲》等。

杨德嵘（1938— ）

音乐教育家。山东淄博人。1963年山东艺术专科学校器乐班毕业，后到山东省歌舞团任小号演奏员，参与多部

歌剧的伴奏演出。1979至1982年参加援藏，培养百余名中小学音乐教师。曾任淄博市第18中学教导主任、市青少年宫主任兼少儿艺术团团长。曾率团赴京汇报，并前往华北五城市演出。1994年后致力于铜管乐队的组织与人才的培养，先后培育中、小学铜管乐队近百支，并创作编排鼓号操27个，于1998年获得山东省比赛第一名。

杨荻虎（1953— ）

小提琴演奏家。浙江人。南昌市少年宫小提琴教师。毕业于江西师范大学音乐系。江西省小提琴学会副秘书长。1971至1986年任南昌市歌舞剧团乐队首席小提琴。1987年调少年宫后，辅导多名学生考入专业艺术院校及文艺团体。指导学生参加中国音协全国考级，在全国及省市小提琴比赛中获奖。本人多次获省、市小提琴比赛一等奖。

杨淀泉（1932— ）

歌唱家。河北丰润人。1954年参加业余歌咏活动。1956年调入全总文工团，担任合唱、表演唱、独唱及男声小合唱演唱、排练与指挥。1964年任音乐舞蹈史诗《东方红》朗诵演员。曾在北京、山西、山东、内蒙古等地举办声乐培训班，受训学员多人成为专业演员和音乐学院教师。

杨殿斛（1968— ）

音乐理论家。布依族。贵州长顺人。黔南民族师范学院音乐系副主任。2000年贵州师范大学音乐系毕业。撰有《回归与超越》《普通中小学音乐教育观念淡漠成因初探》《音乐文化的人类学视野》等文并发表于《人民音乐》《中国音乐学》增刊等刊物，部分论文在音乐教育论文评奖中获奖。

杨东铭（1936— ）

歌唱家。福建福州人。毕业于福州师范艺术科。1956年入省民间歌舞团。1958年对唱《茶山情歌》等3个节目选入香港长城电影公司拍的首部福建歌舞艺术片。独、对唱福建民歌六十多首，古诗词歌曲16首由中央、省电台播放。创、编歌曲四百多首，其中四十多首在全国、省市评奖中获奖，部分录制唱片、盒带及省电视台播放。出版声乐论文集《金嗓子之路》《含泪的歌声》，歌曲集《心儿在歌唱》等5册。1997、1999年两次获得全国性"优秀校园歌曲园丁"称号。

杨冬梅（1964— ）

女音乐教育家。河南人。洛阳市音协理事。1987年毕业于河南大学音乐系，后到洛阳市教育学院、洛阳市第二师范学校任教。2004年调入洛阳大学任教。曾多次被评为师德标兵、省市教育系统优秀教师。发表论文二十余篇，分别获国家、省级一、二等奖。编写的《钢、风琴弹唱》教材被省教委定为统用教材。担任的二胡独奏《河洛欢歌》获国家级一等奖，指挥的合唱《蓝色多瑙河》获省级一等奖，辅导的学生在全国第二届"蒲公英杯"大赛中二胡独奏获金奖。

杨恩谦（1953— ）

低音提琴演奏家。山东济宁人。济南市歌舞团团长。1970年毕业于山东戏曲学校。曾在历城、济宁市豫剧团工作。组织策划、导演"济宁市新春文化艺术节"及其他大型文艺活动。改编《拉德斯基进行曲》《基督教进行曲》等为电声乐队演奏。多次为市吕剧团排练《师魂》《柳叶青》及市豫剧团排练《哦，立交桥》《拓荒者》。为企业组织艺术团、军乐团。培养的学生有的考入艺术院校或成为企、事业单位音乐骨干。

杨恩荣（1931— ）

作曲家。河北人。1945年始从事部队文艺工作。1963年毕业于上海音乐学院理论作曲系。曾任齐鲁豫音像出版社社长。作有乐曲《我是连队司号员》《比武场上》1964年获全军优秀作品奖。

杨方刚（1930— ）

民族音乐教育家。江西广丰人。曾任《中国民族民间器乐曲集成·贵州卷》主编。1949年参军，任分队长。1953年毕业于西南艺术学院音乐系。1957年始在贵州省艺校、艺专、贵州大学艺术学院任教，先后任学报常务副主编、民族音乐研究室副主任、贵州大学少数民族语言文化研究所客座研究员。发表有《芦笙记谱法的研究与实践》《贵州苗族芦笙文化研究》等文，主编有《中国民族音乐研究》等。

杨凤恩（1934— ）

女音乐教育家。安徽合肥人。1953年安徽大学艺术系音乐专业毕业。曾在安徽省蚌埠市第六中学任教。1979年调北京中国人民大学哲学系艺术教研室任专职音乐教师，副教授，从音乐美学的角度去渗透分析音乐作品，使学生产生强烈的美感。为艺术院校、专业团体培养一批音乐人才。编写有大量教材、讲座稿，发表论文十余篇。指导学生艺术团排练节目，组织"一二九""五四"文艺汇演，并在寒暑假带领学生赴边远地区考察演出。

杨凤桐（1952— ）

音乐教育家。回族。北京人。撰写多篇教学论文在市、区及国家刊物上发表，在广播电台先后六次作中国民乐讲座。创作多首符合学生特点的民乐合奏曲，有的在市、区比赛中获奖。其辅导过的宣武少年宫民乐团和回民学校民乐团均被北京市教委命名为"金帆民乐团"。曾率团赴澳大利亚、挪威、蒙古等国家演出。

杨奉国（1935— ）

女音乐理论家、音乐教育家。陕西三原人。曾任甘肃省音协音乐理论委员会委员、省教委高级职务评审委员会音乐学科评委、省音乐学院音乐理论教研室主任。早年考入西北艺术学院附中音乐科，后入西安音乐学院理论作曲系。毕业后分配到甘肃省高校音乐系任教，副教授，担任音乐基本理论、和声学、复调音乐等课教学。1996年受聘于福建音乐学院。1990年曾赴德、法、捷克等国访问并考察音乐教育。发表论文十余篇。编译《世界钢琴名曲270首

的中文索引及注释》。

杨芙蓉（1962— ）

女歌唱家。安徽五河人。安徽省马鞍山市歌舞团演员。1992年，在中央电视台举办的第五届全国青年歌手"五洲杯"电视大奖赛专业组获荧屏奖。1997年，在第四届"安徽省花鼓灯会"中获专业组表演二等奖。

杨福成（1943— ）

作曲家。四川成都人。长期从事业余音乐创作。作曲的《杨梅甜》获林业部、中国音协颁发的"绿叶奖"，作有歌曲《尖尖山》《龙凤中华》《湖上的风》《太阳·军旗·山峰》《东方的希望》等，有不少作品在省、市、中央电台、电视台播放，或在省、市及全国获奖。其中《哦，林中木屋》被收入《祖国万岁》歌集中。

杨福生（1945— ）

板胡、二胡演奏家。山东烟台人。1990年毕业于中国函授音乐学院音乐教育系。曾任济南军区前卫歌舞团独奏演员、副队长、业务办公室主任、陆军某部文化干事、宣传队队长。2005年起任山东省音协办公室主任。为幻灯片《好连长》《接大嫂》，山东琴书《老解放》创作音乐，分获全军一等奖或收入中国30年曲艺曲集。创作有板胡协奏曲《喜临门》，板胡独奏曲《英雄花》和鼓乐《凯旋》。撰写文艺评论文章百余篇。先后赴意大利、芬兰、奥地利、德国演出，2002年随团在维也纳金色大厅举行"中国马年春节音乐会"。

杨富超（1939— ）

声乐教育家。四川成都人。1961年毕业于西南师院音乐系并留校任教。1986年任西南师大音乐学院声乐教研室主任，1987年任声乐硕士生导师。曾3次被西南师大评为优秀教师、教书育人先进个人及教学管理先进个人。后为重庆海联学院声乐系主任、教授。首创并主研的"高师声乐集体课教学"获校优秀教学成果二等奖，并已被全国众多高师采用。其论文被评为校优秀论文。

杨溉诚（1927—1987）

音乐教育家。广东中山人。1953年毕业于华南文艺学院音乐系。曾为武汉音乐学院音乐研究所副教授。参与《中国近现代音乐史》《欧洲音乐简史》编写。译有《巴托克与瓦格纳》《匈牙利音乐民俗学的研究》。

杨干之（1938— ）

作曲家。湖南长沙人。就读于湖南艺校（原华中高艺）学习音乐、绘画。毕业于湖北艺术学院音乐系。曾先后在青海省民族歌舞团、湘西土家族苗族自治州民族歌舞团从事音乐创作和乐队演奏工作，后调湖南省文联。曾任湖南省音协副主席、《湘江歌声》主编。作有小提琴协奏曲《庆丰收》，舞蹈音乐《侗乡明月夜》《织花带》《花山的节日》，声乐作品《玛汝江嘎》《秋收起义举刀枪》《团结鼓》《把丰收的喜悦跳出来》《山雨》《侗家相思歌》《筒车谣》《山哩的哩哩》《叮咚小山泉》《勾玛花

裙飘》等，作品多次在全国获奖。

杨戈夫（1959— ）

　　钢琴演奏家。福建厦门人。福建艺术学校高级讲师。1981年毕业于厦门艺术学校钢琴专业，1998年毕业于福建师范大学音乐专业。多次举办独奏音乐会，多次担任本省市钢琴、电子琴比赛及考级评委。相继在第四、五、六届"武夷音乐舞蹈节"获演奏二等奖、专业组表演一等奖、伴奏奖。钢琴演奏录音曾在中央电台及福建电台播出。指导的学生在各种钢琴比赛中获奖。发表论文《关于钢琴基本练习应注意的几个问题》。

杨歌阳（1961— ）

　　作曲家。湖南人。广州军区战士文工团作曲。1985年毕业于湖南师范大学音乐系。作品小提琴与钢琴组曲《山情》曾获文化部、广电部、中国音协主办的第四届全国音乐作品三等奖，舞蹈音乐《踩花鞋》在意大利米兰举行的第四十二届国际民间艺术节比赛中获金奖，歌曲《警花》获公安部歌曲金盾奖，《咱们驻澳兵》获军旅MTV大赛金奖，《欢乐苗寨》在"第二届中华民歌大赛"中获创作二等奖。另有《八百里洞庭我的家》《妹妹的小酒窝》被传唱。

杨光灿（1930— ）

　　手风琴教育家。重庆人。1950年始从事音乐工作。曾在空政文工团任演奏员。1957年入沈阳音乐学院进修。曾在西南师大音乐系任教。曾任全国高师手风琴学会理事、重庆市手风琴学会会长。

杨光婉（1936— ）

　　女音乐编辑家。重庆人。1958年起从事音乐编辑工作。后入宁夏广播电台。编辑的音乐节目在自治区第三届文艺作品评奖中获"耕耘奖"，在中央电台1987年《广播新歌》征集评选中获"编辑奖"。

杨光熙（1939— ）

　　小提琴演奏家。四川内江人。1951年入西南青年文工团。1957年入上海音乐学院进修。后任中国电影乐团交响乐队首席二提琴兼独奏演员。作有管弦乐曲《湄公河组曲》。

杨光熊（1947— ）

　　二胡教育家。北京人。1960年入中央音乐学院附中，1966年毕业于中国音乐学院。解放军艺术学院中国器乐教研室主任、二胡导师，中国民族管弦乐学会副秘书长，中国音协二胡学会副秘书长、刘天华研究会副秘书长。长期从事二胡演奏和教学工作，多名学生获国家、国际级奖项。出访欧亚12个国家和地区。出版《二胡考级作品集》录像带和《二胡曲集》，发表三十余篇学术论文。获军队院校教学成果一等奖，被解放军三总部评为全军优秀教师。

杨广金（1941— ）

　　作曲家。河北唐山人。1966年毕业于天津音乐学院作曲系。原任河北省河北梆子剧院艺术室副主任。作有电视

剧音乐《棒槌山的传说》、戏曲艺术片音乐《哪吒》。

杨广泉（1915—1987）

　　戏曲作曲家。广东澄海人。自幼师从潮乐艺人郑献梅习艺。曾任广东潮剧院研究室顾问。整理潮乐《柳青娘》《粉红莲》。担任潮剧《春香传》《芦林会》唱腔设计。

杨桂兰（1962— ）

　　女音乐教育家。河北保定人。1984年毕业于河北师范学院艺术系。河北师范大学音乐学院教师。撰有《论声乐教学中的"打哈欠"》《让我们的歌声更美好》等文。1992年获河北省第二届职工歌手比赛美声唱法三等奖。1999年的研究课题《高师声乐专业素质教育目标体系的理论研究与实践》获河北师大教学成果一等奖和河北省教学成果三等奖。

杨桂萍（1959— ）

　　女声乐教育家。侗族。贵州黎平人。毕业于福建师范大学艺术系声乐专业。历任福建三门市师范学校音乐教师、福州市属师范学校艺术分校教研组长、省教育厅直属福建省福州艺术师范学校教师兼校办公室主任。在省文化厅举办的"长征OK"优秀歌曲比赛和"保险杯"民族唱法比赛中均获三等奖，在省文化厅等举办的第二届少数民族文艺汇演中获二等奖。培养了许多声乐人才，2001年被评为福建省优秀教师。

杨桂荣（1933— ）

　　音乐编导家。黑龙江人。1950年始任黑龙江人民广播电台音乐编辑，后任黑龙江电视台音乐编导。编导有音乐艺术片《镜泊奏鸣曲》《中华情》。

杨国立（1949— ）

　　手风琴教育家。北京人。首都师大音乐系副教授。中国音协手风琴学会副秘书长，中央音乐学院手风琴考级专家委员会副主任。1978年毕业于北京师范学院音乐系，同年留校任手风琴教师。曾任1995、1996年德国克林根塔尔国际手风琴比赛评委，编辑出版《儿童手风琴曲选》《中央音乐学院手风琴考级教程》（1—9级），担任1—4届中国国际手风琴艺术节组委会副主席，所教学生在国内外多项手风琴比赛中取得名次。

杨国良（1954— ）

　　作曲家。天津人。1974年毕业于天津音乐学院。天津市塘沽区文化馆文艺部主任。在中央电视台、中央人民广播电台、国家级刊物以及省级电台、电视台、刊物发表、播出声、器乐作品近二百件。有四十余件作品在全国、省级获奖，歌曲《越变越精神》获广电部、文化部等六部委主办的"当代农民之歌"二等奖，歌曲《把心交给祖国》获首届中国音乐"金钟奖"声乐作品铜奖。

杨国钦（1934— ）

　　音乐教育家。江苏武进人。历任常州市中学音乐高级职称评委、常州市音协理事。曾获武进文联"德艺双馨"

Y

会员奖和"文艺贡献奖"。曾长期在江苏省前黄高级中学任音乐教师。所排练的文艺节目参加市、县会演，屡次获奖。向音乐院校输送三十多名学生，其中三名学生在长沙参加全国首届（业余）杨琴邀请赛中荣获两金一银。撰写音教论文四十余篇。创作歌曲三十多首。

杨国珍（1930— ）

作曲家。天津人。1949年从事部队文艺工作。海政歌舞团创作员。任乐队吉它、萨克管、大提琴、三弦演奏员。作品有《登陆舞》《欢乐的节日》《战友相会》《在泉边》《织网姑娘》《海燕》《海战》《纺织女工》《骨肉情深》《在浪桥上》等舞曲，及舞剧音乐《安业民》（部分），《麦贤得》（部分），《南海风云》（部分），《雪山红旗》《红日照航程》（部分），电影音乐《大海》《扫雷兵》《五好战士》《大江大河去游泳》等。

杨海鸣（1955— ）

音乐活动家。俄罗斯族。新疆乌鲁木齐人。克拉玛依市新疆石油文联组联部主任。1983年毕业于新疆艺术学院音乐系。曾任克拉玛依歌舞团演员，市音协秘书长、副主席、钢琴学会副会长。组织大量各类音乐赛事和晚会。收集整理新疆石油音乐作品四百余首。主编《克拉玛依之声——企业创作歌曲100首》，收集并出版《克拉玛依之歌》歌曲集。筹建多个艺术团、军乐团、合唱团。作有歌曲《新疆钻井工人之歌》《克拉玛依的采油女》《石油城里的红玫瑰》等，部分获奖。曾获市"先进文艺工作者""优秀协会干部"称号。

杨汉果（1935— ）

钢琴教育家。四川广安。1954年毕业于四川音乐学院，曾在中央音乐学院、上海音乐学院钢琴系进修。历任四川音乐学院钢琴系主任、教授，四川省音协理事、钢琴学会会长。长期从事钢琴教学，培养众多学生。改编钢琴曲《白毛女》《我爱北京天安门》等。1991年作为访问学者赴美国讲学、演出，并在美国多个城市举办个人钢琴独奏音乐会。获省及四川音乐学院优秀教学成果一等奖。多次应聘担任全国钢琴比赛评委。

杨和柏（1940— ）

女歌唱家。湖北武汉人。1962年毕业于中央音乐学院附中。任中央民族乐团演员、合唱队副队长。1964年在大型音乐舞蹈史诗《东方红》中任《丰收歌》《双双草鞋送红军》的领唱。在第二届北京合唱节中，随团演出民族交响合唱《诗经》五首，并担任《天作》的领唱，获专业组一等奖。1965年起先后随中国青年代表团、东方歌舞团等赴日本、越南、阿尔巴尼亚、罗马尼亚、南斯拉夫访问演出。1995年先后随团赴香港、台湾演出。

杨和平（1961— ）

音乐教育家。回族。山东淄博人。胜利油田教育学院黄河文化研究所所长。1982年毕业于山东德州师专艺术系音乐专业，曾在中央音乐学院音乐系助教进修班、中国艺术研究院研究生班学习。担任石油大学艺术教研室、胜利油田教育学院艺术系中外音乐史、和声学、乐理、钢琴等课程的教学。主持山东省八·五重点项目《音乐教育学》的研究，并任《中国音乐通史》编委。撰有《中外通俗名曲赏析》《音乐审美效应论》《亚洲音乐》《论音乐批评的美学原理》等著作与论文。

杨红斌（1963— ）

作曲家。白族。云南大理人。大理学院教授，云南省音协理事、大理音协主席，大理南诏古乐学会会长。1986年毕业于中央民族大学音舞系器乐本科班。历任云南大理师专音乐系主任、艺术系主任、大理学院音舞系主任、艺术学院院长、民族文化研究所副所长。作有《想不完的是大理》《大理水》《锦绣大理》《大理的春天》《一朵红山茶》《洱海姑娘》等歌曲，出版有《杨红斌歌曲作品集》《心中的梦》《彩色的梦》《禾甸民间花灯歌舞音乐》《禾甸民歌》。

杨宏镐（1943— ）

女钢琴教育家。安徽人。西安音乐学院音教系钢琴教师、副教授。1968年毕业于西安音乐学院。曾任陕西省体工队体操钢琴伴奏，陕西省歌舞剧院歌舞团舞蹈伴奏。1986至2002年先后获陕西省"园丁奖""体育英才奖"和"优秀教师奖"。

杨宏业（1946— ）

大提琴演奏家。陕西西安人。曾任西安音乐学院管弦系副教授，陕西音协理事、表演艺术委员会副主任，中国大提琴学会常务理事。1966年毕业于西安音乐学院附中大提琴专业。曾从事群众文艺工作十年之久。1981年毕业于西安音乐学院并留校任教。先后教授视唱练耳、大提琴、低音提琴并兼任附中副校长，管弦系主任等职。1994年和1997年，作为秘书长参与组织在西安举行的全国首届单簧管比赛和第三届大提琴比赛。2002年获陕西省教学成果二等奖。

杨洪冰（1967— ）

音乐教育家。新疆石河子人。1990年西安音乐学院键盘系本科毕业，2004年获香港公开大学获得硕士学位。曾工作于新疆乌鲁木齐铁路文工团、广东肇庆西江大学，陕西师范大学艺术学院音乐系主任。《论音乐与文学相互融合的美感》《马勒音乐中的生与死》《试论音乐欣赏中"听懂"的误区》《中国的文学与音乐》《华夏之心民族之根——大型乐舞轩辕黄帝颂》等多篇论文发表于《乐府新声》《各界导报》《中外社科论丛》《舞蹈》等期刊。

杨洪基（1941— ）

男中音歌唱家、歌剧表演艺术家。山东人。中国音协理事。曾在大型历史歌剧《屈原》中扮男主角，该剧获中宣部"五个一工程"奖。在大型民族歌剧《党的女儿》中饰男主角，该剧获"文华奖"，个人获优秀表演奖。演唱有电视连续剧《三国演义》主题歌《滚滚长江东逝水》及众多歌曲作品。多年来积极参加国家、军队等大型文艺演出。为百余部电视剧、电影录制主题曲，为音像公司、电视台和重大演出录制大量歌曲。1986年在歌剧《两代风流》中扮演男主角李辰，获第四届戏剧"梅花奖"。

杨洪英（1942— ）

女高音歌唱家。白族。云南大理人。1957年始从事演唱活动，1959年调云南大理白族自治州歌舞团。曾主演歌剧《白毛女》《苍山红梅》《望夫云》。

杨鸿年（1934— ）

指挥家。江苏六合人。1955年毕业于华东师范大学音乐系。曾在上海乐团德国指挥专家班学习。中央音乐学院指挥系教授。中国交响乐团附属少年及女子合唱团常任指挥。著有《乐队训练学》获中国音乐"金钟奖"理论著作奖，《合唱训练法》被指定为国家级教材，另著有《童声合唱训练学》。所指挥的合唱团1987年赴美国参加国际童声合唱节，获美国前总统里根签署的"鉴赏证书"。

杨华瑞（1930— ）

女歌唱家、声乐教育家。重庆人。1951年毕业于西南师范大学音乐系声乐专业。曾任陕西省歌舞剧院独唱演员、声乐教研组长、院艺委会副主任、顾问。撰有《歌唱基本方法十二讲》《歌唱训练中字、声问题探讨》。编写《十三辙练声曲》等。培养专业演员二百多人。1985年陕西文化厅、电视厅、音协等单位举办"桃李之声杨华瑞学生独唱音乐会"，获得成功，受到嘉奖。

杨化堂（1922—已故）

歌唱家。江苏徐州人。国立音乐学院肄业。曾任中央乐团独唱演员、声乐教员，中国音乐学院声乐系副教授。

杨焕礼（1933— ）

男高音歌唱家。河北香河人。1956年入中央乐团合唱队。1964年入中央音乐学院合唱班进修。1975年始参加中央乐团男声四重唱组。录有唱片及盒带。

杨汇云（1930— ）

女歌唱家、音乐活动家。贵州贵阳人。贵州省音协顾问。1946年参加薛良组织的青年会合唱团。1952年任贵州省民族文工团、贵州歌舞团合唱队队长、独唱演员。赴京参加第一届全国民族民间歌舞会演，与苗族歌手阿泡用苗语演唱《歌唱民族区域自治》获优秀奖。1958年毕业于上海音乐学院进修班。后任贵州省音协秘书并当选为第三届全国文代会代表。策划组织两届"苗岭之声"音乐节。1985年任贵州省音协副主席。1986年策划组织排练侗族大歌和安顺地戏参加法国艺术节。

杨会林（1944— ）

作曲家。回族。吉林前郭人。1967年毕业于吉林艺术学院音乐系，后在北京军区战友歌舞团编导室工作。作有乐曲《塞上铁骑》《家乡喜讯》《喜唱丰收》。

杨惠芬（1936— ）

女音乐教育家、作曲家。河北人。1961年毕业于东北师大音乐系。后从事音乐基础理论教学。1981年入天津音乐学院理论作曲班进修，后在长春师范学院音乐系任教，副教授。撰有《论高师学生审美教育及素质结构》《漫谈星海逸事》《论星海创作中的美学思想及艺术魅力》等多篇文章。作有歌曲《日月潭边谁吹箫》《草原上吹过绿色的风》《我的心愿》《毛芽芽》《北方的雪》《有色金属工人之歌》《弯弯的小路》。出版有《音乐欣赏入门》《儿童趣味音乐》《音乐自学速成》。

杨惠风（1930— ）

女高音歌唱家。甘肃人。1957年毕业于中央音乐学院声乐系。1979年入天津儿童艺术剧团任声乐教员。曾在《货郎与小姐》《白毛女》等歌剧中扮演角色。

杨惠明（1947— ）

圆号演奏家。天津人。国际圆号协会会员，天津歌舞剧院首席圆号。60年代初师从圆号演奏家森林、韩洗光先生，学习圆号及铜管乐器的演奏技巧。曾演奏大量中外交响乐、中外芭蕾舞及中外歌剧作品，与国内外著名指挥家均有良好的合作。

杨惠年（1937— ）

女音乐教育家。江苏常州人。1955年曾在武汉中南音专学习，1959年毕业于湖北艺术学院声乐系。历任河南郑州艺术学院、河南大学音乐系、福建泉州师范音乐教师，广东省艺术师范学院艺术教研室副主任。为艺术院校、专业文艺团体输送大批优秀音乐人才。发表论文《有表情的唱歌》《小学音乐教材分析》等，编撰有《中师歌唱教材》《幼儿音乐教学法》《琴法》及小学音乐教师教学参考《趣味练声曲50条》。

杨惠荣（1955— ）

女高音歌唱家。江苏连云港人。1978年参加江苏省声乐调演后被调入江苏省歌舞剧院歌剧团任独唱演员。1980年在歌剧《金孔雀》中担任女主角并参加江苏省首届"玄武湖之春"音乐会。1987年在歌剧《椰岛之恋》中担任女主角，并在江苏省首届音乐舞蹈节获优秀表演奖。在第二届音乐舞蹈节获男女声对唱二等奖，在第三届音乐舞蹈节获对唱三等奖。1990年随国家教委艺术团赴日本演出。1994年在江苏省首届男女声对唱、重唱比赛中获一等奖。

杨积强（1949— ）

二胡演奏家。安徽安庆人。南京军区政治部文工团艺术指导，原南京军区前线歌舞团团长，全军艺术系列高级评审委员会委员。曾赴欧美亚非数十个国家演出。中胡演奏《赞歌》获94年全国第三届民族管弦乐展播"优秀演奏奖"。曾两次在原捷克斯洛伐克和德国国际艺术节高胡移植演奏《空山鸟语》均被选定为中国艺术团代表性节目。2007年被美国亚洲文化学院授予"杰出成就奖"，个人专辑被美国国会图书馆和美国国家民俗中心收藏。

杨继陶（1923— ）

作曲家。江苏吴江人。1928年毕业于苏州国立社会教育学院艺术科。1951年任上海音协创委会秘书，业务室主任。副研究馆员。撰有《关于儿童音乐的一点意见》《重视早期儿童人才的培养》等文。作有儿童木偶动画片《三只蝴蝶》音乐，儿童歌舞剧《花儿朵朵开》音乐，并在日本翻译演出。儿童歌曲《我愿做颗小珍珠》编入上海广播少儿合唱精选盒带出版。女声独唱《女农艺师之歌》获1982年科技工作者征歌"优秀创作奖"。《小白鹅》《骑小车》等多首被编入音乐教材。

杨继武（1925—已故）

作曲家。黑龙江人。1948年毕业于哈尔滨大学戏剧音乐系。原音协辽宁分会副主席。长期从事作曲、指挥工作。合作有唢呐独奏，管弦乐协奏曲《欢庆胜利》在第六届世界青年联欢节获"铜质奖"。

杨霁青（1934—已故）

作曲家。广东电白人。1956年毕业于华中师范学院音乐系，后入上海音乐学院作曲系进修。曾任湖北歌舞剧院专业作曲，湖北音协理事、创作委员会副主任。作有歌曲《大庆工人有气派》《湘鄂西革命民歌联唱》《赛龙船》，声乐套曲《江汉平原，我美丽的家乡》，钢琴曲《娃娃舞曲》，管弦乐曲《洪湖渔歌》，电视剧音乐《恭喜发财》，舞蹈音乐《土家喜送爱国粮》。撰有《民歌的变音离调手法及其运用》《民歌主题的运用技巧》《民歌象声性衬词的内涵特色及运用》。

杨加义（1963— ）

作曲家。四川犍为人。四川犍为县文体旅游局副局长、乐山市音协副主席。曾任兰州军区守备一师政治部宣传队声乐演员。歌曲《七月伞花》（合作）2002年获四川省第四届少数民族艺术节创作二等奖、四川省"五个一工程"奖，1991年获四川省首届少数民族艺术节演唱一等奖，1994年获西南三省市地州歌舞大赛民族唱法一等奖。

杨家祥（1926— ）

单簧管演奏家。北京人。1949年毕业于北京国立艺专音乐系，后在中国电影乐团工作。北京口琴学会副理事长。在《玉色蝴蝶》《大连漫游》等影视片配乐中担任口琴、萨克斯管独奏。

杨家洵（1940— ）

女声乐教育家。湖南益阳人。1961年毕业于沈阳音乐学院声乐系。先后在中央歌剧院、中央音乐学院进修两年，师从罗忻祖、周美玉。1961年至1979年任战友歌舞团演员兼教员。曾主演歌剧《花果山》《雷锋》《小保管》，参加《长征组歌》演出、电影拍摄，并任女高音声部长。1979年起任解放军艺术学院音乐系声乐教研室主任，全军高职评委，外院研究生答辩专家评委，全军专业文艺团体技术考核评委，学生数十名在全国、全军比赛中获金、银、铜奖、文华奖、金唱片奖。

杨嘉林（1923—2009）

歌唱家。广西桂平人。抗争初期入广西学生军，从事抗日救亡宣传工作。1947年毕业于重庆军乐学校声乐系，留校任教。1949年入上海电影制片厂音乐组。1953年入上海乐团合唱队任男低音声部长，担任领唱、独唱。曾任上海乐团艺委会副主任，后执教于该团附设音乐学校。

杨嘉鹏（1923— ）

音乐文学家。辽宁锦州人。1949年毕业于冀察热辽联大鲁艺文学院。原任辽宁歌剧院文学创作组组长。作有歌剧《第二次握手》，歌词《放风筝》《穆斯林姑娘》等。

杨嘉仁（1913—1966）

音乐教育家。广东中山人。1940年毕业于美国密欧根大学音乐院研究部理论系。曾为上海之江文理学院等校音乐副教授。新中国成立后为中央音乐学院华东分院音乐理论、钢琴教授。编著有《曲式学大纲》（合作）。

杨建波（1955— ）

作曲家。山东聊城人。聊城市艺术馆副馆长。1976年毕业于山东省"五·七"艺术学校，后就读于山东艺术学院、中国函授音乐学院。歌曲《乡泉》获山东省首届艺术节创作三等奖，《海那边》获全国第二届"蒲公英奖"山东选拔赛二等奖，《常来常往》获山东省"时风杯"青年歌手大奖赛特等奖。记谱整理曲艺音乐《山东四平调》。

杨建生（1953— ）

女歌唱家。湖北人。中央乐团合唱队演员。1980年毕业于中央音乐学院合唱专修班，1986年毕业于干部进修班，师从李晋玮教授，后入意大利基诺·贝基和尼古拉·罗西·雷梅尼大师班学习并参加演出。曾与奥尔迪斯合作演出《所罗门》并担任主角。1988年参加"友谊使者"音乐会，1988年获全国青年歌手电视大将赛荧屏奖。

杨建伟（1957— ）

音乐教育家。浙江松阳人。浙江丽水学院艺术学院副院长。1978年起先后就读于浙江师范学校、安徽师范大学、浙江师范大学与杭州师范学院。曾任松阳师范学校教务处处长、丽水师专音乐系书记、主任。创作的歌曲《不要忘记校园》《有心采花莫畏难》《夸松狮》获省创作二等奖，管乐合奏《校园青春曲》获省创作三等奖及园丁三等奖。指挥的合唱《黄水谣》《拥军花鼓》获省优秀指导奖。撰有《怎样加强高师音乐艺术实践教学》。著有《巧学乐理知识》等。曾获浙江省"特级教师"、全国师范院校"优秀教师"称号。

杨建勋（1938— ）

作曲家。江苏南京人。无锡市艺术创作研究所专业作曲。1951年考入山西省文教厅文工团，后相继在山西省管弦乐团、省歌剧团、省歌舞剧院任演奏员、作曲、指挥。进修于中央乐团、中央芭蕾舞剧团，天津音乐学院。主要作品有器乐曲《山乡月夜》，舞蹈音乐《为祖国锻炼》，歌曲《春天、你是我的希望》《百灵鸟唱了》，合唱《永远跟党走》《崇安寺之恋》《月亮升起》《太湖圆舞

Y

曲》，声乐组曲《美不美太湖水》《人间丰碑》等多次获奖。曾在中国音协山西分会、省音乐舞蹈研究所任职，参与《中国民歌集成·山西卷》《山西民歌300首》的编纂工作。获文化部、省文化厅嘉奖。

杨建中（1957— ）

指挥家。河北新乐人。1971年就职于太原市青年歌舞团，师从打击乐演奏家齐景全。1981年毕业于中央音乐学院指挥系，师从指挥家杨鸿年、黄飞立、秋里。曾任陕西省乐团指挥，山西省歌舞剧院交响乐团团长、艺术总监、首席指挥。山西大学音乐学院副院长、教授，中国合唱协会理事、中国合唱协会童声合唱委员会常务理事，山西省音协副主席。曾被山西省委宣传部授予"先进个人"称号，1996年被评为山西省"跨世纪文艺新星"，同年被文化部授予"优秀专家"称号。

杨江顺（1943— ）

长笛演奏家。安徽怀宁人。1965年毕业于安徽省艺术学院，同年入安徽省淮南市歌舞团。曾参加《椰林怒火》《林公俭》《黄河大合唱》《白毛女》《智取威虎山》《红色娘子军》《沂蒙颂》等剧目的演出。组织策划"1991年抗洪救灾义演""纪念毛主席'讲话'发表50周年""纪念抗日战争胜利50周年专场晚会""淮南市解放50周年专场演出"等。参与创作长笛三重奏曲三首。教授的多名学生均取得佳绩。

杨洁明（1931— ）

作曲家、指挥家。黑龙江齐齐哈尔人。1948年从事专业音乐工作，1955年考入中央音乐学院主修作曲。原中央歌舞团民族管弦乐队首席指挥。作品有琵琶独奏曲《新翻羽调绿腰》（获联合国教科文组织优秀音乐作品奖），民乐合奏《小磨坊》《西部随想》，电视剧《新星》，歌舞剧《塞上昭君》《唐·宋风韵》《诗经新乐舞》，三弦协奏曲《大河情流》。多次指挥交响乐、民乐、合唱、舞剧、戏曲音乐会，演出中外音乐作品。

杨今豪（1926— ）

音乐教育家。浙江杭州人。1942年国立上海音专理论作曲系肄业。1947年毕业于之江大学机械工程系。原任天津音乐学院代院长、教授，音协天津分会第三届常务理事。

杨金国（1958— ）

作曲家。云南昆明人。昭通师范专科学校艺术系副教授。1986年毕业于云南艺术学院。2002年入北京大学艺术学院为访问学者。作有《我们的祖国》《高黎贡山、怒水沧江与保山》《当兵为国家》《我们是祖国的花朵》《爱在何方》《秀美黄山，天下无双》等。

杨金岚（1919— ）

女声乐教育家。湖北武汉人。1946年毕业于重庆国立音乐院分院声乐系。曾任武汉音乐学院声乐系教授。

杨金荣（1934— ）

单簧管演奏家。上海人。1957年毕业于上海音乐学院，后在上海交响乐团工作、并任上海音乐学院兼课教师。

杨金田（1939— ）

作曲家、指挥家。满族。辽宁海城人。曾任宁夏儿童音乐学会四届副会长、常务副会长，名誉会长。1958年先后在兰州铁路文工团、宁夏石嘴山京剧团、宁夏秦剧团任小提琴演奏员、作曲、乐队指挥。曾指挥舞剧《红色娘子军》《白毛女》，歌剧《红云岗》及《长征组歌》等。作有《机车乘务员之歌》《我给矿工当红娘》《煤矿工人多豪迈》等歌曲，其中《宁夏川》在全国获奖。为歌剧《红云岗》，独幕歌剧《煤海浪尖》，小舞剧《忙坏了统计员》作曲。

杨锦和（1932— ）

作曲家、民族音乐学家。黑龙江宾县人。1947年参加中国人民解放军文工队，1954年转业，1956年支援边疆调德宏州歌舞团。创作歌曲、舞曲、器乐曲近百首，有的灌制唱片或中央调演或云南省会演获奖。撰写论文十余篇。2004年参加国际传统音乐学会第37届世界年会作了《论傣族语言诗词与民歌曲调的关系》的学术报告。撰写傣族、景颇族、阿昌族音乐史。

杨景成（1923— ）

作曲家。陕西澄城人。1938年前投身救亡歌咏活动，后在部队从事文艺工作。曾任中南军区文艺科副科长、广州军区某部科长、中国音协理事、广东分会副主席、文联委员。作有《战斗在南泥湾》《南海英雄赞》等多部合唱，《营救》《便依队》等多部歌剧音乐，《三五九旅进行曲》《解放大中原》《我为祖国练兵忙》《赞美我的祖国》等数百首歌曲。出版有《景成歌曲选》。

杨景凤（1941— ）

音乐戏剧编导家。土家族。湖南长沙人。曾任贵州省电视艺术家协会常务理事，贵州省贵阳电视台文艺部主任。1964年毕业于贵州大学艺术系，分配到贵州铜仁地区文工团工作。曾参演歌剧《江姐》《海岛女民兵》等，导演歌剧《货郎与小姐》《美霞花》，花灯剧《巧英晒鞋》等，自导自演花灯剧《啼灯记》获文化部全国戏曲观摩演出奖项。曾参与音乐专题片《西部之声》的编导工作，组织"贵阳市首届青年歌手电视大赛"及"95贵阳全国童声合唱节"。

杨竞明（1918—已故）

扬琴演奏家。安徽芜湖人。1940年始从事扬琴、古琴演奏。1952年入中央广播民族乐团。著有《变音扬琴演奏法》。改革变音扬琴获1984年国家银质奖。

杨九海（1932— ）

二胡演奏家。河北唐山人。曾任中国煤矿文工团工会主席。1949年入煤矿文工团演奏小号、二胡，后任民乐队首席兼打击乐定音鼓。1956年起从事二胡、高胡独奏及歌

Y

曲、舞蹈音乐创作。独奏有《光明行》《二泉映月》《渔舟唱晚》《步步高》等。作有歌曲《老矿工》《矿灯房的好姑娘》，器乐曲《山峪之歌》，舞蹈音乐《勘探队员之歌》等。曾随团赴美国、加拿大、波兰演出舞剧《丝路花雨》。

杨九红（1969— ）

女歌唱家。浙江杭州人。1995年中国音乐学院声乐系研究生毕业。任总政歌舞团歌队独唱演员。曾获"王朝杯"声乐比赛第一名，"歌王歌后"大赛民族组、"希望奖"、第六届"通业杯"全国青歌赛民族唱法第二名、第二届"聂耳·冼星海全国声乐比赛"第二名，中国艺术歌曲音乐电视展评中获优秀演唱奖，在第七届全军文艺汇演中获声乐表演一等奖。在中国音乐学院和宁波音乐厅分别举办个人独唱音乐会。

杨九华（1963— ）

小提琴教育家。白族。云南大理人。1982年在江西师范大学音乐系学习，1986年为南昌职业技术师范学校音乐系助教、讲师、副教授，1995年在上海音乐学院音乐学系进修，1995年在德国科隆音乐学院管弦系，获小提琴教育硕士学位。1999年江西师范大学艺术学院任院长助理。撰有《主体论与素质教育》《卡尔·弗莱什教学法的传人》等文，及合著《音乐美育》，编著《欧洲古典重奏、合奏曲精选》，编译《巴托克——献给孩子们》等。作有小提琴与钢琴《叙事曲》等。1993年在江西电台播出小提琴音乐会，小提琴与钢琴《思》获江西音乐节演奏二等奖。

杨九如（1932— ）

女音乐教育家。河南新密人。1951年毕业于省立开封艺术学校，留校任教。1954年调任郑州幼儿师范音乐教研组副组长、高级教师。曾任郑州市舞蹈研究会会长、市音协理事。创编音乐、舞蹈教材8种，发表音乐作品近百首。其中《幼儿园是小乐园》《我们大家来唱歌》《荷塘歌唱家》等获省级奖。合作出版《党是太阳我是花》《2000年你在干什么》，撰有《幼儿音乐教学小议系列》《'听唱法'浅论》。1992年创办"九如小琴苑"培养一批琴童。

杨巨方（1937— ）

作曲家。河北人。曾任天津市杂技团作曲、指挥、副团长。1964年毕业于天津音乐学院作曲系，后入河北艺术师范学院任教。1971年入天津京剧团任作曲。作有民族器乐合奏《白洋淀渔歌》《儿童组曲》，京胡协奏曲《正气歌》，交响诗《难忘的一九七六》，交响组曲《宝莲灯》，歌曲《八十书怀》《鲁迅颂》及杂技音乐、电影音乐《万紫千红》等。曾赴北欧五国访问演出。

杨君玉（1941— ）

女歌唱家。湖北襄樊人。1963年毕业于中国音乐学院声乐系，后分配到中国煤矿文工团担任独唱、重唱及歌剧的主要角色，在全国各地演出达五千余场，并曾从事影视工作，曾任文化部系统民革主委。1982年从事民族声乐教学，曾任中国煤矿文工团艺校声乐系主任，北京太阳影视

艺术学院院长。2003年被共青团中央聘为中国少年先锋队红领巾艺术团艺术总监，担负全国性青少年艺术交流、艺术大赛、艺术培训等活动。

杨君璋（1925—已故）

音乐活动家。四川岳池人。1942年就读于重庆青木关国立音乐院理论作曲系。曾从事中学音乐教育、部队文工团音乐创研、重庆市中区文化馆社会音乐活动工作。1986年始任重庆音协驻会干部兼常务理事、副秘书长，《重庆音讯》杂志社副社长、副总编辑。作有歌曲《缴粮小唱》，撰文《为新时代高歌》《育德以美，英才可得》《杂谈川剧应当加强音乐性》《星期音乐会的两个月》等。

杨俊鹏（1952— ）

歌唱家。甘肃临夏人。海南省文化艺术学校教师。曾为甘肃省歌舞团独唱演员。就读于中央音乐学院声乐系。1982年获甘肃省声乐大赛二等奖。1987年获全军汇演优秀奖，同年获甘肃省青年声乐大赛二等奖。1995年演唱《犹忆青梅竹马时》获中国广播歌曲银奖。1997年演唱《琼崖山歌》获中国广播歌曲银奖。发表多篇论文，获2个全国性论文比赛奖项。

杨浚滋（1942— ）

音乐教育家。山东滕州人。1962年毕业于山东艺专。所研制的"泗滨浮磬""石琴"及"编磬制作新技术"获省文化科技进步一等奖。曾先后在《人民音乐》发表《漫谈律吕》《二部歌曲教学的点滴体会》，在《中国音乐》发表《一千多年前的民歌——踏摇娘》，在《音乐生活》发表《李叔同为什么出家当和尚》等，在台湾的《北市国乐》发表《论我国古代乐队的排列》。论文《论中小学音乐教学观念的更新》及歌曲《十四岁的憧憬》《山东是个好地方》《姑娘俺就是有主张》，获省一等奖。

杨开宣（1948— ）

作曲家。陕西渭南人。陕西渭南市临渭区文化馆原馆长。1989年毕业于中国函授音乐学院，师从李重光、赵季平。论文《浅谈渭华秋歌》1987年获省文化厅论文二等奖。歌曲《故乡河》2004年获陕西省精神文明"五个一工程"优秀作品奖。

杨可三（1936—已故）

指挥家。四川自贡人。1957年毕业于中央音乐学院作曲系，后在成都音乐舞剧院工作。曾指挥大型舞剧《卓瓦桑姆》。

杨克霖（1944— ）

小提琴演奏家。河南渑池人。1967年先后毕业于西安音院附中、西安音乐学院本科管弦系小提琴专业。历任陕西省戏曲研究院秦腔剧团乐队小提琴演奏员、首席、戏曲音乐改革成员兼小提琴教师、乐团业务科长、交响乐队副队长、队长及陕西省乐团交响乐队演奏员兼队长。参加多场交响音乐会、音乐歌舞晚会、芭蕾舞晚会排演及乐团的电影、电视剧的录制。培养数十位优秀小提琴演奏和教学

Y

人才。并担任陕西省音协、西安音乐学院业余小提琴考级评委。

杨匡民（1920— ）

音乐理论家、教育家。福建厦门人。缅甸归侨。武汉音乐学院音乐学系教授。曾任音乐研究所所长，中国音协理事。1941年在缅甸参加由光未然、赵沨、李凌等领导的缅甸华侨战时工作队。1944年在四川国立剧专乐剧窟学习，1948年底肄业于南京国立音乐院理论作曲系。1951年秋在广州华南文艺学院音乐部任教。1980年担任《中国民间歌曲集成·湖北卷》主编。获省文艺集成志书编纂特等奖。论文有《民歌三声腔调式研究》《民歌色彩区研究》，专著《楚学文库·荆楚歌乐舞》（合著）等。

杨礼科（1953— ）

唢呐演奏家。河北安国人。中国唢呐专业委员会荣誉理事。1953年入上海民族乐团任演奏员。1958年在山东艺术学院进修唢呐。独奏、协奏曲目有《欢庆胜利》《送新娘》《河北梆子》《喜报》《大枣》等。1988年在上海举办神州管乐师生独奏音乐会。1995年与同仁创办民营东方国乐团并任副团长。长期在上海音乐学院、现代戏曲学院兼职教学。

杨立岗（1953— ）

音乐教育家。山西人。1982年毕业于哈尔滨师范大学音乐系，历任山西大学艺术系办公室主任、音乐系副主任、校艺术中心主任。1996年至今任太原师范学院音乐系声乐教授。发表论文多篇，著有《正音学》。培养10名学生19次在全国声乐大赛中获奖。曾获全国青年歌手大奖赛"伯乐"奖，山西省优秀教学成果二、三等奖和山西省优秀教学骨干艺术教育先进个人等称号。多次担任山西省大型文艺活动、声乐比赛的策划，艺术总监和评委。

杨立梅（1943— ）

女音乐教育家。河北昌黎人。1963年毕业于中央音乐学院附中。1968年毕业于中国音乐学院作曲系，后任北京师范大学艺术教育系副主任，中国教育学会音乐教育研究会副秘书长。

杨立青（1942— ）

作曲家。四川人。第五、六届中国音协理事。先后毕业于沈阳音乐学院作曲系、上海音乐学院作曲指挥系，1983年毕业于德国汉诺威音乐戏剧大学钢琴高级班和作曲大师班（博士研究生），历任上海音乐学院作曲系配器教研室主任，系副主任、主任，副院长及院长、教授。曾任奥地利萨尔茨堡莫扎特音乐学院客座教授、美国康奈尔大驻校访问教授。从事音乐创作及现代作曲技法、管弦乐配器技法的研究。作品多次获奖并公演于国内和国外多个国家。参加德、法、奥、日、韩及香港等国际音乐节。入选"二十世纪华人音乐经典"。曾在欧美国家的二十余所大学及音乐学院举办学术讲座。获人事部授予的"有突出贡献的中青年专家"称号。

杨立中（1931— ）

竹笛教育家。河北邯郸人。1948年参加冀南文工团，后为河北省文工团。1954年在河北省艺校任教。1958年于天津音乐学院任教，先后兼任音乐学院附中副校长、师范系主任等职。1957年始撰写有《怎样吹竹笛》《十孔改良竹笛》《漫谈笛子改革》等，多篇论文在音乐刊物上发表。培养出众多竹笛专业人才。1993年入选《中国民间名人录》。

杨丽芳（1958— ）

女作曲家。彝族。云南个旧人。云南省玉溪市易门县文工团副团长。1997年、2002年先后毕业于云南艺术学院音乐系大专、音乐教育系函本。撰有论文《葫芦笙音乐浅谈》《易门苗族音乐之比较》。发表《花山情歌》《春天的树苗》等歌曲。苗族舞蹈音乐《帽儿尖尖帽儿园》获第三届全国"进社区"文艺展演金奖，花腰傣舞蹈音乐《帕织央》，彝族舞蹈音乐《阿嬷揉啊揉》《山路弯弯》分获省民族歌舞乐展演金、银、铜奖。

杨丽娟（1956— ）

女歌剧表演艺术家。上海人。1982年毕业于南京艺术学院音乐系声乐专业，1997年毕业于南京大学中文系现代文学专业。1977年从艺，曾任江苏省歌舞剧院歌剧团副团长，江苏省戏剧家协会秘书长。曾主演歌剧《江姐》，后在歌剧《刘三姐》中饰刘三姐、歌剧《木棉花开》中饰冯婷。1986年获江苏省首届音乐舞蹈节美声唱法一等奖，1990年获全国歌剧优秀演员奖、江苏省第二届文学艺术奖。导演《快乐推销员》获江苏省第四届音乐舞蹈节优秀导演奖，《好一朵茉莉花》获文化部文华导演奖。

杨丽苏（1952— ）

女音乐教育家。重庆人。1997年毕业于西南师范大学音乐系。曾任重庆南岸区教师进修学校音乐教研员。长期致力于中、小学基础音乐教育培训及研究工作，培养了大批音乐教师在全国、省市级各类音乐大赛中获奖，主持开展多项音乐教育科研。发表《浅谈音乐教学中教师的教态》《美、活、新音乐教学方法探索与研究》等文多篇，著有《义务教育音乐课程标准教科书》《音乐课标教材音乐课例选》等。指挥的合唱队多次获得全国及市级奖项。

杨丽薇（1962— ）

女手风琴演奏家。回族。河北三合人。1976年任解放军某部宣传队，1982年任河北省张家口市艺术团乐队演奏员。参加历年张家口市春节文艺晚会担任手风琴独奏。作有歌曲《小鸟唱的什么歌》获全国首届"聂耳杯"优秀作品奖、河北省"凯音杯"校园歌曲比赛一等奖，《向灭绝动物致哀》获"全国绿色环保征歌"优秀作品奖，《快乐星期天》获张家口"五个一工程"入选作品奖。撰有《对手风琴演奏我国民族音乐浅见》等文。

杨丽霞（1968— ）

女音乐教育家。河南郑州人。1989年毕业于洛阳师范大学音乐系。任平顶山矿务局职业中专音乐组教师，曾获河南省公交"文明杯"文艺大赛民族唱法一等奖，在新疆自治区"党在我心中"文艺大赛获演唱一等奖，新疆教育系统卡拉OK演唱大赛一等奖。1994年创建平顶山星海文化艺术学校任校长。曾举办少儿器乐演奏音乐会，培养的学生获省、市级器乐大赛奖多次，并有多人考入各艺术院校。

杨连理（1938— ）

小提琴演奏家、作曲家。河北人。曾任宁夏歌舞团演奏员、首席小提琴。1956年入中央歌剧舞剧院并随苏联小提琴家尤拉学琴。作有轻音乐《欢乐的古尔邦》获1982年自治区器乐奖，女声独唱《早晨的太阳》获1982年全国"八十年代新一辈"征歌二等奖。《塞上江南是个好地方》曾在宁夏电台多次播出。曾多次参加全国文艺调演、西北音乐周等重要演出。

杨连起（1953— ）

戏剧音乐家。天津人。文化馆研究馆员。十三岁拜师学艺，1976年考入天津音乐学院。1986至2004年共组织参加天津市田野文化艺术节八届、农民艺术节三届，历任各届艺术指导。1989年后，创作完成《悠悠燕山情》等两部电视剧，由中央电视台播出。2002年全国评剧票友大赛天津赛区策划、指导。2003年文化部民间乐曲集成天津卷音乐编辑。2004年为天津市文化局出版文化史志书籍撰写宁河评剧团团史。

杨林昌（1956— ）

歌词作家。陕西西安人。先后毕业于中央广播电视大学汉语言文学专业、解放军艺术学院音乐系声乐专业。历任兰州军区战斗歌舞团演员、声乐队教导员、队长、编导室主任。1994年随中国艺术团赴朝鲜参加"四月之春"友谊艺术节获演唱大奖，2003年获第八届中国戏剧节表演奖，1995年为联合国第四次世界妇女大会作词的歌曲《我们拥有一个追求》被评为大会优秀歌曲，2003年作词的歌曲《一排二班》《士兵》分获中央电视台"三角杯"和第六届军旅歌曲MTV大赛创作金、银奖。

杨林华（1942—已故）

作曲家。黑龙江哈尔滨人。1964年毕业于哈尔滨艺术学院音乐系，先后入工程兵文工团、北京军区战友歌舞团工作。作有歌曲《我们捧着鲜花束》，舞蹈音乐《雪山上的好门巴》，大合唱《军旅剪影》（合作）。

杨凌超（1956— ）

音乐教育家。陕西人。甘肃省陇东学院音乐系教授。1976年毕业于西北师大音乐系。甘肃庆阳市音协副主席，陇东学院"学科带头人"。出版有《少儿歌曲分析与写作》《欧洲古典音乐精品鉴赏》，出版教材《甘肃省中师音乐选修课教材》（任副主编），发表论文二十余篇、歌曲二十余首，其中《黄河水东流》《信天游飞出心窝窝》分别获奖。负责并主讲的《合唱与指挥》课被省教育厅评为高校精品课程。

杨凌志（1932— ）

指挥家、声乐教育家。天津人。1956年毕业于北京师大音乐系，后入中央乐团苏联指挥专家班进修指挥。曾任北京艺术师范学院、北京艺术学院声乐助教、青岛市歌舞团专职声乐教员兼合唱指挥。1953年参加赴朝慰问团合唱队任男低音声部长。曾担任北京市少年宫"友谊合唱团"及"布谷鸟合唱团"等多个合唱团的指挥，1961年曾为青岛市歌舞团所有上演的声乐节目及合唱进行排练，其中歌剧、舞剧三十余部，音乐专场数十组，辅导声乐学生近百人考入专业团体和音乐院校，并有数十名学生在音乐赛事中获奖。

杨陵光（1961— ）

作曲家。江苏南京人。曾毕业于安徽省艺术学校、海军飞行学院、中央电视大学。福建省泉州市鲤城区文联副主席，鲤城区音乐舞蹈家协会主席，中国工商银行鲤城支工会主席。泉州合唱团副团长，中国工商银行泉州市分行银鹰艺术团团长，泉州老年大学艺术团艺术指导。1979年开始从事军旅音乐工作。1985年起开始业余创作，其歌曲《我爱初春的太阳》《绿色的歌》《我是一朵白色的云》等先后在《歌曲》《上海歌声》发表。

杨陇生（1947— ）

作曲家。山西人。1968年毕业于西安音乐学院附中民乐专业，曾在汉中京剧团乐队任指挥，后任陕南国防工办艺术教育协会会长。2002年始入汉中市市民乐团任指挥、副团长。合作歌剧音乐《海岛女民兵》获陕西省优秀创作奖，民乐合奏《巴山组歌》联奏，小歌剧《红心育苗》《心岸》，表演唱《歌颂压铸班》，舞蹈音乐《夫嫂赶集》均曾获各种奖项。培养众多学生考入西安音乐学院等院校。

杨路欣（1954— ）

大管演奏家。广东广州人。广东省音协理事。先后在广东粤剧院、珠江电影制片公司乐团担任大管演奏员，1997年起兼任珠影乐团业务办公室主任。参加二十余部粤剧的演出、录音。曾为三百余部（集）电影、电视剧的音乐录音。与国内外著名艺术家合作，上演过数百场交响乐音乐会和民乐、曲艺音乐会以及戏剧、舞剧等。

杨孟杰（1944— ）

大唢呐演奏家。山东人。曾任济南工人文化宫文化部副部长。1961年考入济南军区前卫歌舞团民乐队任大唢呐独奏演员，并历任分队长、管乐声部长。多次参加全国、全军文艺调演、汇演及音乐会、中国艺术节等重大演出活动，在大型音乐舞蹈史诗《东方红》，电影音乐艺术片《旭日东升》《鹏程万里》的演出、拍摄中担任首席和独奏。作有大唢呐独奏曲《天山牧歌》，军乐曲《欢迎您到泉城来》等。曾参加"庆祝建国30周年全国献礼"调演，担任唢呐领奏的吹打乐曾获演奏一等奖。

杨梦缎（1927— ）

女音乐编辑家。山东烟台人。原上海文艺出版社音

Y

乐舞蹈读物编辑室副主任。1945年入临沂山东大学文艺系艺术班学习音乐、戏剧、文艺理论。后入华东军区文工团三团与第三野战军特种兵纵队文工团任演员、指挥。1950年在上海音乐学院进修作曲、钢琴、声乐。1952年转业至中央电影局艺委会音乐处任作曲干事。1955年后历任音乐出版社、上海音乐出版社、上海文艺出版社音乐编辑、组长。编辑有《独唱歌曲二百首新编》等多本歌集。作有部分儿童歌曲，译配过多首外国歌曲。

杨民望（1921—1986）

音乐理论家。福建厦门人。1947年毕业于福建音专。1954年始在上海交响乐团从事交响乐普及工作。1985年获"上海文学艺术奖"。译有《管弦乐队讲话》，著有《世界名曲欣赏》。

杨明高（1943— ）

作曲家、民族音乐学家。白族。云南大理人。1963年云南民族学院毕业。曾在大理州白剧团、县文工队及文化馆任演奏员和音乐创作。作有独唱《献上白族一片心》《高歌欢唱走四方》，男女声对唱《洱海边上丰收忙》《歌唱新长征》。白剧《审公公》获州、省戏剧调演音乐创作一等奖。参加中国民歌、戏曲、曲艺音乐、民族民间舞蹈集成白族卷的收集记录和编纂工作。撰写《谈西山白族调》《白族民俗和白族唢呐音乐》等文，部分编选入《中国民族音乐论文集》《云南宗教音乐论文汇编》。

杨明良（1918—1977）

作曲家。四川璧山人。1943年毕业于重庆国立音乐院分院。曾任武昌艺专、西南美专、桂林艺专音乐教师，重庆市歌舞团创作员。作有歌曲《刚刚摘下的苹果》。

杨明亮（1962— ）

音乐教育家。河南信阳人。广东湛江艺术教育专业委员会副主任，市第二中学艺术教研员。先后毕业于河南许昌教育学院、河南大学音乐系。后从事群众文化工作，历任艺术馆员、文化馆馆长。1994年起在广东湛江市第二中学任教。撰写的音教论文、教案多次获奖或发表。指导学生艺术团队在全国及省、市比赛中获奖。1997年被授予"全国优秀中小学音乐教师"称号。

杨明锁（1939— ）

戏曲音乐理论家。山西永济人。1962年毕业于山西运城艺术学院音乐系。原山西地区行署文化局副研究馆员。撰有《蒲剧音乐改革的几个问题》《论蒲剧与民间音乐的综合音响形态》。

杨明轩（1940—2004）

音乐教育家。河北石家庄人。1964年毕业于河北艺术师院音乐系。原河北师范大学音乐系音乐理论教研室主任、副教授，河北省高等师范音乐教育研究会秘书长。

杨明有（1937— ）

双簧管演奏家、教育家。辽宁大连人。1964年毕业

于沈阳音乐学院本科，后分配到天津乐团任双簧管首席、独奏演员。1966年调北京军区军乐队任教员、独奏演员。1970年入北京军区政治部战友歌舞团，任首席双簧管、独奏演员、乐队教导员、队长、团部业务办公室主任。曾任北京市军乐艺术学校副校长、双簧管教员。出版有《双簧管的哨片与呼吸法》。

杨鸣键（1941— ）

民族音乐理论家。甘肃人。1959年始从事音乐创作、音乐研究工作。曾在甘肃武都地区文工团任创作员、在甘肃省文化厅《民族音乐集成》编辑办公室工作。撰有《谈古代音乐研究问题》《有感引新》。

杨牧雲（1927—已故）

小提琴演奏家。黑龙江哈尔滨人。曾任中央乐团小提琴副首席。参加创作交响诗《穆桂英挂帅》，交响乐《风暴》《沙家浜》。

杨慕震（1937— ）

民族音乐家。重庆人。福建省南平市音协名誉主席。1951年参军后长期在战士演出队从事业余音乐创作。1964年转业到文化部门从事群众音乐辅导，并创作了许多作品，多次获市、省及国家级奖励。1979年后，主要参与音乐舞蹈集成的编辑工作，曾获国家艺术规划小组撰写二等奖。出版有《锁歌·傩舞茶灯戏》一书。

杨娜妮（1954— ）

女古筝演奏家、教育家。蒙古族。吉林辽源人。沈阳音乐学院民乐系教授、硕士生导师。中国古筝学会副秘书长。著有《初级古筝教程》《杨娜妮古筝教程讲座》等。作有筝曲《月夜情歌》，合唱与筝《摇篮曲》等，多次获奖。曾赴日本、英国、泰国、韩国、马来西亚演出。录制个人独奏专辑多张。所教的学生多人在全国及省级比赛中获奖。

杨乃林（1954— ）

作曲家、音乐教育家。天津人。1981年毕业于中央音乐学院作曲系，后留校任教，副教授。作有管弦乐序曲《霸王别姬》，民乐合奏《湘西风情》，钢琴曲《赋格》，民族器乐曲《京胡与打击乐》，管子独奏《雁落沙滩》，影视音乐《旗旗号巡洋舰》《家乡浪漫曲》，话剧音乐《吴王金戈越王剑》，京剧（戏曲）音乐《梅派珍藏》等。出版个人演奏专集CD三盘。曾赴美国、新加坡演出，并举办个人作品演示讲座。

杨乃珍（1937— ）

评弹演唱家。江苏苏州人。1956年入江苏省歌舞剧院工作。曾任曲协江苏分会副主席，第五届全国人大代表、七届全国政协委员，江苏省第六届人大常委、七届人大代表。1982年获全国曲艺优秀节目观摩演出一等奖。

杨培彬（1953— ）

作曲家。满族。辽宁本溪人。1972年入大兴安岭军

Y

分区战士演出队。曾在吉林省艺校进修作曲。1979年任黑龙江省汤原县评剧团乐队队长，并从事民乐队的编曲、配器。1987起先后任本溪市南芬区文化局长、文化馆长、区文联副主席。创作发表有大量歌曲作品，近30首作品获奖，有的被录制成光盘发行。出版有创作歌曲选集《心的呼唤》。2005年被本溪市政府授予艺术学科带头人。

杨培鑫（1938— ）

作曲家。陕西华阴人。1961年西北师范大学毕业。兰州市文联顾问。曾任兰州市文化局副局长、文联党组书记。1958年始发表歌曲数百首。部分作品获奖。曾举办过个人作品音乐会和少儿歌曲演唱会，并出版歌曲集和磁带专辑。《唱着歌儿去放羊》获"全国业余歌曲创作比赛"二等奖。《淘淘和树苗》（作曲）获"21世纪儿童歌曲评选活动"三等奖。

杨沛英（1931— ）

音乐活动家。青海西宁人。青海省音协第二届副秘书长、第三届秘书长、第五届顾问，《中国民间歌曲集成·青海卷》常务副主编。所编辑的青海民歌收编于《中国各民族民歌选集》由人民音乐出版社出版，《中国民歌集》青海民歌部分由上海文艺出版社出版。曾获1988年由文化部、国家民委、全国艺术规划领导小组、中国音协联合颁发的《全国文艺集成志书》编纂成绩奖，1997年文化部文艺集成志书编纂成果奖。

杨平修（1940— ）

作曲家。广西人。1964年毕业于广西艺术学院音乐系作曲专业。曾在广西钦州地区文化局、歌舞团任作曲。1983年创作《北部湾渔歌》获广西一等奖、全国二等奖。1984年任广西音协理事。1987年获钦州地区科委先进工作者称号和科技成果奖。1988年参加文艺集成志书的编纂工作和资料整理工作，获文化部、国家民委、全国艺术科学规划领导小组表彰。1997年被评为广东省教育厅直属机关职业道德先进个人。

杨朴轩（1919—已故）

音乐教育家。江苏金坛人。1948年毕业于四川国立音乐院国乐组，后为江西师范大学音乐系副教授、音协江西分会顾问。

杨普烈（1930—1987）

音乐文学家。辽宁辽中人。1948年始先后在辽西文工团、东北鲁艺、音协辽宁分会、沈阳音乐学院进行创作和教学。副教授。作有《摇篮曲》《歌唱烈士张志新》，撰有《谈歌词的特点》等。

杨起才（1923— ）

音乐教育家。贵州遵义人。遵义师范学院音乐系副教授。1946年毕业于桂林艺术专科学校音乐系，先后执教于遵义师范学校、遵义县立中学、豫章中学。新中国成立后，任遵义师范学校音乐教研组组长、遵义师范专科学校

艺术科副主任、遵义地区文工团理论作曲、指挥教师。创作的《卫生拍手歌》《牧歌》《祖国啊，你发布命令吧》《北戴河》等歌曲或入编教材或发表于报刊。撰有《中等师范音乐教程》《论中等师范音乐教育》《音乐欣赏教材》等文。参与《遵义地区民间歌曲集》《遵义地区花灯音乐》等编纂。

杨绮贞（1939— ）

女音乐编导家。广东人。曾任职于武汉电视台文艺部。曾获全国民歌民间舞调演武汉区节目摄制奖，编导混声四重唱《借得他山石，俚曲赋新曲》获音乐专题二等奖，作曲、编导二胡协奏曲《魂兮归来》（音、诗、画）获一等奖。创作楚剧曲牌音乐欣赏《民乐合奏》由武汉电视台广播。撰有《楚剧乐队的继承和发展》。

杨青山（1966— ）

作曲家。山东寿光人。山东东营市音协主席。1990、2004年先后毕业于新疆大学、北京大学光华管理学院。歌曲《老家》《我为祖国骄傲》《大哉！孔子》《塔克拉玛干的胡杨》等二十余首由王宏伟等歌唱家演唱，《口碑》《我有一个梦想》被中央电视台"心连心""综艺大观""每周一歌"及多台大型晚会选用，《口碑》获山东文化精品一等奖。

杨秋仪（1957— ）

指挥家。湖北襄樊人。湖北音协理事、省音乐教育学会常务理事、襄樊市音协副主席兼秘书长。1973年入襄樊市歌舞剧团，1987年毕业于武汉音乐学院音乐教育专业，1997年结业于武汉音乐学院首届研究生班合唱指挥专业。襄樊学院音乐系理论教研室主任、副教授。《音乐》《艺术》教科书及高中《音乐鉴赏》副主编。撰文《步履艰难的国民音乐教育》曾获教育部优秀论文一等奖，《从通俗音乐的审美价值取向看我国的通俗音乐创作》获省金奖。出版有《合唱艺术》。

杨全富（1933—已故）

音乐教育家。四川郫都人。1949年始从事部队文艺工作。1956年毕业于华中师范学院音乐系。后为中央民族学院音乐舞蹈系副教授。编著有《中国少数民族中的胡琴》《二胡系列教材》。

杨人翊（1942— ）

作曲家。福建福州人。原哈尔滨歌剧院艺委会主任、创作室主任、副院长。哈尔滨音协顾问。1965年毕业于哈尔滨艺术学院作曲专业，曾任甘肃平凉地区文工团作曲、指挥，齐齐哈尔师范学院艺术系教师。创作歌曲二千余首，其合唱《喊一声北大荒》《阿爸的渔船回来了》等多首作品获国家奖励，交响诗《黑土》等多部管弦乐作品和《焦裕禄》《夜半歌魂》等十余部歌剧及音乐剧，并为《米兰的故事》《秋天的二人转》等六十余部电视剧及话剧作曲，多次担任"国际冰雪节开幕式"等各种大型晚会音乐总监及国家省市多项艺术赛事评委。

杨儒怀（1925— ）

音乐教育家、理论家。北京人。自幼学习钢琴。1938年参加教会合唱团。1944年考入北京辅仁大学西洋语言文学系。其间，参加该校业余管弦乐队及北平交响乐团，任双簧管、大提琴演奏员。1950年毕业于燕京大学音乐系，获第二文学学士学位。1952年始长期执教于中央音乐学院作曲系，教授，担任和声学、复调音乐、作品分析等课程的教学。发表大量教学论文。著有《音乐的分析与创作》《音乐分析论文集》。

杨瑞庆（1948— ）

作曲家、音乐编辑家。江苏昆山人。任职于昆山市文化馆，兼任苏州市音协副主席。1991年曾出席全国业余青年创作者会议。1992年被文化部授予全国少年儿童文化工作先进工作者称号。1980年以来公开发表大量歌曲、歌词、评论及论文。曾出版《歌曲创作90题》《歌曲旋律100年》《中国民歌旋律形态》《听歌、唱歌、写歌》《歌曲创作探索》《歌坛散论》等15本音乐书籍。曾编辑《中国大舞台》《中华大家园》等多部大型歌曲和《群众歌会金曲》，并由上海音乐出版社出版。

杨润萍（1954— ）

女高音歌唱家。河北饶阳人。河北衡水电视台文艺部主任。1978年毕业于河北师范学院音乐系。曾多次参加全国全省歌手比赛，1984年获河北省"音乐之春"歌唱比赛一等奖，2002年获全国歌唱西部大开发歌手比赛一等奖和演唱大奖。为本地培养了大批声乐人才，多次荣获优秀辅导教师奖。其中2006年、2008年获河北省"燕赵群星奖"优秀辅导奖，2005年、2007年获"中国优秀特长生"优秀辅导教师奖。1991年举办美声、民族唱法个人独唱音乐会。

杨若声（1935— ）

音乐理论家。黑龙江佳木斯人。1956年毕业于东北音专理论作曲系，后在辽宁北国音像出版社从事音乐编辑工作。撰有《歌曲抒情的社会作用》《论广播剧音乐》。

杨善乐（1927—已故）

作曲家。湖南安乡人。湖南师大音乐系副教授。1957年毕业于上海音乐学院作曲系，后任中央人民电台音乐编辑。发表有《春节儿歌》《因为有了共产党》《歌唱五大员》《苗山寨》等五十余首歌曲，及论文《小提琴音乐民族化的探索》。1952年运用湖南安乡地花鼓中的民歌音调创作小提琴独奏曲《夏夜》。1985年文化部文研院将其作为小提琴音乐民族化的优秀曲目，收入《中国音乐辞典》（续编）。

杨善朴（1955— ）

作曲家。上海人。辽宁音协理论创作委员会常务副主任。1986年毕业于沈阳音乐学院作曲系。获奖作品有：舞蹈音乐《金色的秋天》，合唱《青春似火》，管弦乐《愉快的夏日》《春之歌》，钢琴组曲《西南印象》，交响曲《萨满祭》，民乐五重奏《五行》等。发表歌曲《心心相

印》《我和中华亲亲地》等三十余首，发表音乐评论《新星璀璨—青年作曲家张千一及其作品》，音乐散记《零点突破》，音乐评著《巴托克的弦乐四重奏》等。

杨善武（1948— ）

音乐学家。河南灵宝人。灵宝市文化馆副研究馆员。1965年开始在地方文艺团体和文化部门从事音乐创作。70年代起在国家与省级刊物发表、演出歌曲并获奖。80年代在民间音乐收集整理工作中先后被评为河南省民歌、民族器乐集成先进工作者。1988年赴上海音乐学院进修。后从事音乐学研究，主要以传统宫调理论与乐学规律研究为方向。发表论文二十余篇，曾获中国传统音乐学会首届中青年论文评选二等奖与河南省音乐论文评选一等奖。

杨少臣（1931— ）

作曲家。山西天镇人。1949年入绥远省文工团，后为内蒙古艺术研究所副研究员。作有歌曲《满打满算数上哥哥你》《欢迎你到青城来》。编有《内蒙古西部区民间歌曲选》《二人台牌子曲》。

杨少春（1957— ）

男低音歌唱家。江苏连云港人。连云港市音协副主席，连云港职工艺术团副团长。1993年毕业于中央乐团音乐学院声乐系，1997年毕业于南京师范大学。曾两次参加金铁霖教授声乐学习班，演唱的歌曲有《啊，中国的土地》《手挽手》《青年的心》《男子汉去飞行》《满江红》《斗牛士之歌》《伏尔加船夫曲》《老人河》，有的获奖。发表音乐理论文章多篇。参加全国"心连心"及"连云港之夏"等大型演出。

杨少飞（1971— ）

作曲家。福建人。黑龙江省哈尔滨电视台音频科科长。1993年毕业于哈尔滨师范学院音教系。曾为广播剧、音乐片、纪录片、专题片作曲、制作音乐数十部，数十项获全国、省级奖。作曲的广播剧《北方那辽远辽远的河》《爱的呼唤》，歌曲《北国蓝天下》《春·丹顶鹤飞回来了》，作曲的广播剧《跑官》《远山的风铃》，歌曲《北国蓝天下》均获各种音乐奖项。

杨少见（1936— ）

音乐教育家。安徽巢县人。1956年毕业于安徽师范学院。历任中学及师范音乐教师。1981年入宿州师专任艺术系主任。作有歌曲《外婆桥》《乡邮员的铃声》。著有《名人与音乐》等。

杨少毅（1939— ）

作曲家。壮族。广西南宁人。1963年毕业于湖北艺术学院管弦乐系。后在总政军乐团任演奏员、教员，兼职作曲。1974年入广西电影制片厂任作曲，后任副厂长。曾参与约50部故事片的投产决策，如《血战台儿庄》《大阅兵》《周恩来》《百色起义》等。曾为十多部故事片及多部电视剧作曲。1993年调入广西艺术学院任副院长。曾任广西文联副主席、广西音协主席、名誉主席。主持并参与

主编《中国传统音乐（资料）精选》。作有交响组曲《风雨左右江》、管弦乐组曲《江南音画》、双簧管独奏曲《天山牧歌》《春之恋》。

杨少英（1929—1979）

音乐活动家。吉林人。1945年始从事文艺工作。曾任吉林省评剧团团长、省歌舞团团长、省歌舞剧院副院长，音协吉林分会理事、舞协吉林分会副主席。

杨绍斌（1941— ）

作曲家。广东佛山人。1960年任冶金部艺术剧院民乐队指挥，1964年返粤后潜心于粤乐研究和普及，作品有广东音乐《织出彩虹万里长》《蔗乡晨曲》等。1990年发起和组织全国首届广东音乐创作比赛，1992、1994年应邀前往日本演奏广东音乐和敦煌古乐。1972年起历任音协广州分会理事、佛山地区文联副主席、佛山市音协主席、名誉主席、广东音乐研究组组长、佛山民间艺术团团长。

杨绍辉（1961— ）

歌唱家。重庆人。重庆市歌剧院演员队队长、重庆市音协第二届理事。1987、1990年先后结业于中国音乐学院声乐系、歌剧系，1993年毕业于中央音乐学院声乐歌剧系。曾在部队文工团任演员，1988年获成都军区歌舞比赛独唱二等奖，1989年获全军歌舞大赛美声优秀奖，1995年获第二届"聂耳·冼星海声乐比赛"重庆赛区第一名，1996年获重庆市首届艺术院团舞台艺术之星二等奖。

杨绍桐（1940— ）

作曲家。苗族。贵州人。1967年毕业于上海音乐学院。1972年入上海电影制片厂任作曲。为故事片《喜盈门》《少年犯》《珊瑚岛上的死光》《小小得月楼》《漂泊奇遇》《沂蒙山人》《卧底》等四十余部电影作曲。为《傅连暲》《难唸的经》《悠悠赤水河》《大唐名相》《黄齐生与王若飞》等几百部（集）电视连续剧作曲。声乐器乐作品有独唱《飞哟，飞到金色的北京》（获全国民族团结征歌三等奖）、《梦中再聚首》，合唱《姐妹送粮》《乘风远航》，小提琴独奏《侗乡情》，芦笙与乐队《丰收的苗家》，坠胡与乐队《喜盈门》，苗岭风情民乐系列（8首），合唱《弈家乐》，笛子与乐队《飞歌扬》，古筝二重奏《瀑布赞》，二胡独奏《侗乡情》，四重奏《苗山春》，合奏《芦笙节》。

杨绍谦（1929— ）

音乐编辑家。黑龙江宁安人。1948年参加牡丹江鲁艺文工团。50年代初在东北鲁艺编辑东北解放后第一个音乐刊物《东北歌声》。1953至1957年任东北音乐专科学校作曲系讲师。1960年起长期在中国唱片社任总编室主任等职。1983年曾倡导并组建"中国音乐家演出团"，并以秘书长身份率团赴香港演出。1984年曾参与《聂耳全集》编选工作。

杨绍宗（1942— ）

二胡演奏家。侗族。贵州格江人。中央民族歌舞团二胡演奏员。因对少数民族音乐和乐器的偏爱，长期以来不断地摸索和研究一些民族乐器，尤其是弓弦乐器的演奏方法和风格，如藏族的二胡、维吾尔族的艾捷克、朝鲜族的奚琴、蒙古族的马头琴和四胡等。创作的器乐曲有葫芦丝独奏《竹林傣家楼》，维吾尔族器乐合奏《丰收的喜悦》，蒙古族器乐合奏《欢腾的草原》及朝鲜族的奚琴独奏《茅草屋里的歌声》等。

杨胜慧（1962— ）

女音乐教育家。贵州石阡人。广西柳州职业技术学院音乐系副主任。1983年毕业于广西艺术学院师范系。发表《高师声乐课教学思考》《合唱教学初探》等5篇论文，其中《伟大的巴赫—试论巴赫平均律钢琴曲集》《试论歌唱中的平衡》获21世纪中国教育研究论文一等奖。指导的钢琴学生数十次在全国、省市级钢琴比赛中获一、二等奖，本人多次获"园丁奖"一等奖。组织、策划柳州百台钢琴演奏音乐会等大型音乐活动。

杨胜利（1949— ）

女音乐编辑家。云南曲靖人。贵州省音协秘书长。贵州省中国现代文学学会副会长。作有短篇小说、文艺评论、电影文学剧本等，并分别编入文集《古矿迎春》、短篇小说集《女明星》。曾任《贵州新文学大系》编委，《贵州省志·文学艺术志》《贵州大百科全书》副主编。

杨士菊（1946— ）

女音乐教育家、理论家。回族。吉林人。毕业于吉林艺术学院音乐理论作曲专业。1975年任教于东北师范大学音乐系，后为东北师范大学音乐学院教授、硕士生导师。吉林音协理事。出版《歌曲写作初级》《瞿希贤音乐创作浅论》《祝愿——杨士菊歌曲选》《歌曲创作入门》。撰有《音乐与素质教育》《花香四季——记作曲家尚德义教授》《踏雪寻梅——东北民歌随想》等，作有《净月潭和日月潭的传说》《绿色的名字》。

杨士清（1935— ）

音乐理论家。达斡尔族。黑龙江齐齐哈尔人。1958年毕业于沈阳音乐学院理论作曲系。原黑龙江省艺术研究所音乐研究室主任，中国少数民族音乐学会副会长。编有《达斡尔族民歌选》。撰有《达斡尔族民歌初探》。

杨世昌（1942— ）

板胡演奏家。甘肃人。第二届省民进省委委员。1964年毕业于西北大学音乐系，后分配至甘肃省歌舞团，任独奏演员、乐队首席、队长、作曲、指挥。板胡独奏先后演出三百多场次。作品有《丝路花语》舞剧的部分音乐编配，板胡曲《东陇开岁》，笙独奏曲《铜奔马》，二胡协奏曲《阳关魂》以及歌曲配器约三十多首，随《丝路花语》组先后赴法国、意大利、日本、泰国、苏联、土耳其演出，曾在朝鲜专场为金日成首相演出。

杨世科（1934— ）

作曲家。陕西泾阳人。1965年入中国音乐学院作曲理论系进修，后在陕西省戏曲研究院工作。电影音乐《屠夫状元》1981年在省新作品调演中获作曲一等奖，碗碗腔音乐《红色娘子军》（合作），1987年在省首届艺术节中获作曲二等奖。

杨淑芳（1963— ）

女琵琶演奏家。吉林长春人。吉林大学艺术学院副教授、硕士生导师。中国音协、民族管弦协会考级评委。先后毕业于吉林艺术学院音乐系与中央音乐学院进修班。曾举办个人独奏音乐会及琵琶专场音乐会。出版有《琵琶的训练与演奏》（合作），《杨淑芳琵琶经典名曲》专辑CD及《琵琶的训练与演奏》教学DVD。撰有《从独立的器乐体裁的作品浅析巴洛克时期音乐艺术的特点》《探索音乐表演的多元化教学》。多次赴日本、韩国、南非等十几个国家演出。

杨淑敏（1951— ）

女音乐活动家、歌唱家。河南南阳人。西安市群艺馆音乐辅导员。曾任新疆军区文工团歌唱演员。在全国群众歌咏比赛，陕西第五届声乐比赛中分别获三、一等奖。2006年率团参加抗战胜利50周年合唱展演获银奖。发表《善歌必先调其气，五音四呼市经纬》《发展先进文化，繁荣群文化事业》《浅议歌唱的松弛状态》《浅谈成人声乐教学》《论音乐教育在素质教育中的地位及重要性》。

杨淑琴（1950— ）

女手风琴演奏家、教育家。河北大厂人。河北师大音乐系副教授。1974至1977年天津音乐学院学习。撰有《学习手风琴中出现的问题及解决方法》《手风琴演奏时的放松》《手风琴的技术技巧训练》《手风琴教学经验点滴谈》等多篇论文。曾任河北省手风琴大赛评委，曾获优秀指导教师证书，并被聘为中国音协考级评委。

杨曙光（1963— ）

女歌唱家、声乐教育家。土家族。湖南吉首人。1990年毕业于中国音乐学院硕士研究生。任教于中国音乐学院声歌系。曾在湖南湘西自治州歌舞团任声乐演员。在全国首届少数民族声乐比赛、全国高等艺术院校艺术歌曲比赛、中国广播新歌演唱比赛、马来西亚国际华人声乐公开赛等赛事中获各类奖项。举办个人独唱音乐会，出版个人演唱专辑。为二十余部影视剧配唱主题歌。撰有《中国民族声乐艺术的审美特征》等文。

杨树华（1945— ）

音乐编辑家。河北人。曾任上海人民广播电台主任编辑。制作有大量广播剧、诗歌、散文等配乐作品，撰有声乐文章十余篇。作有大型系列广播剧《刑警803》等。曾获国家级、省级奖项百余次。其中《无言的歌》《嫁给了公家人》《走进罗布泊》《雪碧》《龙吟》先后获中国广播剧最佳音乐奖、中宣部"五个一工程"奖、中国广播剧一等奖、中国广播广告一等奖、上海国际音乐节金编钟奖。2003年获首届中国广播剧编辑终身成就奖。

杨树山（1949— ）

歌词作家。吉林九台人。毕业于中国音乐学院作曲系音乐文学专业。内蒙古电业文工团创编室主任，内蒙古自治区音乐文学学会理事。发表歌词作品数百首，数十首获奖。其中《沙海驼铃》获全国"民族之声"征歌二等奖。《草原上的歌》获内蒙古自治区精神文明征歌一等，《草原的灯光》获全国电力人唱电力歌金奖。曾为《土墨川风情》等音乐风光片作词，由中央及内蒙电视台播放。为中国第十一、十六届国际和平周大型文艺晚会撰稿与创作歌词。多次担任内蒙古电台、电视台及文艺团体大型活动策划、撰稿。

杨树声（1918—2002）

音乐教育家。江苏无锡人。1934年入上海国立音专学声乐。长期从事声乐教学。1956年入兰州西北师院音乐系任教、教授。音协甘肃分会第一、二届副主席，常务理事。

杨树元（1954— ）

长笛演奏家。河南汝南人。河南省豫剧三团演奏员。1988年毕业于河南大学音乐系。撰有《戏曲音乐中的新宠——电子合成器》等文，连续多年参加河南省戏剧大赛，并多次获音乐伴奏奖。其参加演出的豫剧《红果红了》《马蜂庄的姑爷》等，曾获文化部第五届"文华奖"以及中宣部"五个一工程"入选作品奖等。1997年获中国豫剧艺术节最佳音乐伴奏奖，曾为第六届中国艺术节获奖作品《香魂女》担任配乐。

杨庶正（1933— ）

作曲家。回族。山东人。1948年参加革命，曾在华东革大文工团、上海歌剧院任乐队演奏员，1954年考入上海音乐学院作曲系，毕业后在上海天马电影制片厂、战士歌舞团、广州乐团担任作曲。后任深圳交响乐团团长、艺术顾问。曾任中国音协理事，广东省音协副主席，深圳音协主席、名誉主席。作有交响音乐《土族民歌主题随想曲》《南岭风光组曲》，舞蹈音乐《金凤花开》，女声合唱《织网歌》，童声合唱《五彩缤纷的大地》，混声合唱《遥远的小渔村》，电影音乐《女理发师》《乡情》，电影歌曲《谁不说俺家乡好》（合作）等。

杨双智（1947— ）

作曲家。福建泉州人。毕业于上海音乐学院民族理论作曲系。曾任福建泉州歌剧团团长，福建音协常务理事。撰有《漫谈南音历史状况及南音双智音乐作品集》。创作大小歌剧十余部，其中歌剧《藩客婶》获文化部优秀演出奖，《素馨花》获第九届文华新剧目奖。提线木偶剧《钦差大臣》分获文化部第七、十一届文华新剧目奖。合唱《雨来檐头流》《天黑黑》2006年获世界合唱节比赛银奖。出版有《杨双智音乐作品集》。

杨顺利（1957— ）

音乐教育家。河北唐山人。1977年参加工作。1980至1989年在唐山市三十五中学、唐山市综合职专任教，并获河北省政府首批"园丁奖"。1989年调市教委基础教育

Y

处，任艺术教育行政管理干部兼音乐、美术教研员。1997年被国家教委，评为全国中小学优秀音乐教师，2000年被教育部评为全国艺术教育先进个人。撰写有多篇论文曾获奖励。还参加过河北省和人民教育出版社音乐教材的编写工作。曾任唐山市音乐教育研究会副理事长，唐山市音协副主席。

杨顺雪（1955— ）

琵琶演奏家。上海人。1977年毕业于中央音乐学院民乐系。后到中国歌剧舞剧院任民族管弦乐团琵琶演奏员。1984年和2007年先后参加大型音乐舞蹈史诗《中国革命之歌》和大型民族交响音乐会《岁月如歌》的排练演出，并参加中日韩亚洲乐团音乐会及担任国庆音乐会《祝福祖国》的音乐统筹。1988年应邀赴新加坡演出，担任独奏和伴奏，之后应新加坡、马来西亚和香港之邀录制《中国华乐》四盘录音带并出版。1990年赴南斯拉夫留学深造，1999至2003年赴香港参加演出中国歌剧片段，并赴希腊、澳门、泰国演出。

杨思远（1957— ）

男中音歌唱家。江苏无锡人。成都军区战旗歌舞团歌唱演员。1991年在大型歌舞《西藏之光》（获"文华奖"）中参加男声五重唱《翻身酒歌》，表演唱《走在拉萨大街上》获第六、八届全军会演表演三等奖。参加的男声演唱《奋进腰鼓》《新兵老兵》《黄河的节日》《扎木涅酒歌》分别获中国广播新歌评选金、银奖。主演的歌表演《探亲歌》为团里保留节目。主演的音乐剧《太阳花》获总政优秀剧目奖。曾为《长征组歌》《永恒的追思》《西部之舞》《鹏程万里》等电视音乐片配唱，为《铁拳》《美姑河奏鸣曲》《走向高处》等电视剧配唱主题歌。并录制歌曲多首。

杨松山（1938— ）

民歌演唱家。山东寿光人。1960年入山东省歌舞团。1963年入上海音乐学院民族声乐系进修。原山东省歌舞剧院副院长，山东省第四届文联委员。1980年获全国民族民间唱法会演优秀节目奖。演唱曲目有《唱起歌儿心里甜》等。

杨素凝（1926—已故）

女钢琴教育家。江苏武进人。1951年毕业于上海音乐学院钢琴系。1954年入上海音乐学院附小任教。著有《幼儿钢琴教程》。

杨唐杰（1934— ）

小提琴演奏家。湖北天门人。1951年参军，先后在东北鲁艺、西北艺术学院学习小提琴演奏与作曲。曾随某兵团文工团，参加抗美援朝。1961年起任首席小提琴兼作曲。创作了多首大型舞蹈音乐与器乐作品。1966年转业，先后任昆明歌舞团乐团首席小提琴、指挥，兼任云南艺院、艺校校外教师。曾多次组织指挥演出交响音乐会，为昆明交响乐团的成立奠定了基础。1992年起任昆明小提琴学会副会长兼秘书长。

杨天解（1952— ）

作曲家。湖南人。毕业于上海音乐学院作曲系，香港国际影视学院客座教授，湖南省音协副主席，湖南省歌舞剧院作曲。获奖作品有交响乐《苗寨狂欢节》，民族管弦乐《瑶山的春天》，舞剧《边城》《远山鼓谣》《南风》，舞蹈《槺杆上的凉帽》。合唱《峨嵋姐》获波兰国际合唱节特别奖、第六届中国音乐"金钟奖"合唱比赛金奖。舞蹈《砚说》获第三届中国舞蹈荷花奖作曲金奖。舞蹈诗《我的湘西》获第三届全国少数民族汇演大奖创作金奖。15集电视剧《苍山如海》获中宣部"五个一工程"奖。歌剧《遥远的侗寨》，音乐剧《鹅卵石》，舞剧《天山芙蓉》均获田汉音乐奖。电影《我是花下肥泥巴》《他们的船》分获"华表奖"及上海国际电影节大奖。多部作品在美国、奥地利、俄罗斯、加拿大、波兰等国上演。

杨天君（1964— ）

歌唱家、声乐教育家。陕西人。华南师范大学音乐学院副院长。硕士生导师。1985年毕业于沈阳音乐学院附中声乐专业，1989年毕业于沈阳音乐学院声乐系。1992至1994年考入上海音乐学院助教进修班学习声乐。多次在全国及省级专业声乐比赛中获奖并参加各种重大演出。1993年获羊城音乐花会声乐比赛美声专业组三等奖。1998年获中央电视台全国青年歌手大奖赛荧屏奖。同年在广州星海音乐厅举办独唱音乐会。2000年获羊城音乐花会声乐比赛美声专业组二等奖。在国家级及省级学术刊物上发表学术论文十数篇。

杨天胜（1945— ）

笛子演奏家。四川成都人。中国民主促进会成都市委文艺支部副主委，省民族爱乐研究会常务理事。1959年进入成都市戏剧学校器乐班学习竹笛，翌年进入市歌舞团。作有笛曲《乡音、乡情》《世界名曲联奏》《新天方夜谭》等，作有《喜讯传到羌寨来》《赤子思归》等声乐作品。所作舞剧《映山红》音乐获建委系统全国比赛二等奖。1988年应邀赴港参加艺术节，演奏《乡音、乡情》以及柳笛、口笛套曲《云雀》。编撰F1教材两册。

杨天锡（1928— ）

音乐教育家。上海人。曾为西安音乐学院作曲系副和声教师、教授。1955年由中央音乐学院作曲系毕业。1958年在文化部举办的前苏联作曲家"和声进修班"学习结业。在和声教学中强调声部结合中横向旋律线条的构成与进行，在学习继承西欧传统和声学的基础上进行汉族民歌曲调的四部和声写作练习的实践，撰有《斯波索宾和声学教程书面习题示范》《为汉族民歌曲调配置四部和声》。

杨铁刚（1952— ）

手风琴演奏家、作曲家。辽宁沈阳人。1970年入云南省歌舞团，1982年入中国音乐学院作曲系进修，后任职于中央民族乐团。全国青联五、六、七届委员。编有《杨铁刚手风琴独奏专集》，出版民族管弦乐曲《彝家新歌》。手风琴独奏曲《新疆组曲》与舞蹈音乐《归途》曾获奖。曾获第十三届世界青年联欢节金质奖章。1985和2008年两次作为中国青年代表团成员赴日本演出。

杨通八（1943— ）

音乐理论家、教育家。重庆人。1967年毕业于中国音乐学院作曲系，1982年获天津音乐学院硕士学位。1982年始执教于中国音乐学院，历任作曲系和声复调教研室主任、系主任、副院长，教授。曾两次赴法国考察，出席联合国教科文"作曲国际论坛"。撰有《巴托克八首钢琴即兴曲之和声研究》《论德彪西的印象主义和声》《调式半音体系与和声的现代民族风格》《和声理论与实践的历史透视》等，著有多种和声学教程。与罗忠镕合作，主持编著《现代音乐欣赏辞典》。

杨通艺（1953— ）

指挥家。贵州贵阳人。贵阳市工人文化宫副主任。1993年毕业于贵州师范大学。1998年获全国合唱比赛优秀指挥奖，先后任贵州千人合唱指挥及有关专业院团的客席指挥，指挥了省内的许多演出活动。

杨为璞（1936— ）

长笛演奏家。吉林长春人。1948年从事部队文艺工作。1955年入北京军区歌舞团管弦乐队。1958年任总政军乐团首席长笛，后在解放军艺术学院军乐系任教。

杨慰慈（1941— ）

女钢琴演奏家。广东揭阳人。1962年毕业于中央音乐学院钢琴系，后任该院附中管弦学科、学院指挥系、北京舞蹈学院舞剧系附中芭蕾舞科钢琴伴奏。1974年以来为日本松山芭蕾团、英国芭蕾舞学校校长、莫斯科国家大剧院名演员及法国青年芭蕾舞团团长来院上课，及为来华的美国地质科学家克劳德夫人杰尼歌唱音乐会担任钢琴伴奏，培养不少钢琴业余学生。

杨文富（1938— ）

音乐教育家。四川泸州人。毕业于西南师大音乐系。市少年艺术团指导教师。作品《春蚕姑娘》《飘吧，多情的云》《我郎是个勤快人》获市一等奖。撰写有《音阶手势教学法》《手谱》《四川省中学音乐教材》。自制音符卡、音乐卡、补充卡，以完成各种音乐功能的教学。从音乐游戏中提高和加深学生对经典曲目的兴趣及理解。

杨文静（1970— ）

女高音歌唱家。天津人。天津广播影视艺术团独唱演员。1993年毕业于天津音乐学院声乐系。出版CD唱片《锦瑟——阿镗古诗词歌曲集》。获首届中国音乐"金钟奖"——中国艺术歌曲声乐比赛天津赛区优秀歌手奖、第六届"青年歌手电视大奖赛"获专业组美声荧屏奖。1997年在天津举办独唱音乐会。曾在马来西亚"华人艺术学院"讲学，在清唱剧《小龙与苏苏》中担任女主角。

杨文揆（1921—2006）

音乐编辑家。回族。上海人。1943年重庆青木关国立音乐院声乐系肄业。长期从事音乐编辑工作。1979年始任《上海歌声》编辑部主任、副编审。1989年担任《中国民间歌曲集成》（上海卷）副主编兼编辑部主任。1996年完成该《集成》终审稿。1997年获文化部颁发的文艺集成志书编纂成果奖。

杨文娜（1975— ）

女二胡演奏家。安徽淮北人。中国歌剧舞剧院民族交响乐团二胡独奏演员、中胡声部首席，亚洲乐团二胡独奏演员。1991年考入安徽省艺校，1994年保送至中国音乐学院。1998年参加美国总统克林顿访华演出，后排演《白毛女》《刘胡兰》《小二黑结婚》《江姐》等歌剧。在多场大型音乐会中任二胡独奏。参加"第九届亚洲艺术节""第十届亚洲艺术节"。2007年在山西举办专场音乐会。2008年应邀在韩国新总统就任音乐会中上演《二泉映月》。2009年在维也纳金色大厅举办的"第三届国际胡琴节"中与京胡大师燕守平共同演奏《夜深沉》。曾与韩国城南市市立乐团、澳门中乐团、台北市交响乐团、日本民族乐团、沈阳民族乐团等乐团合作，参加录制大量影视音乐作品与CD唱片。

杨文涛（1935— ）

手风琴演奏家。吉林丹东人。曾任中国音协手风琴学会副会长、顾问。1952年从事手风琴专业。曾应邀在中央人民广播电台、中央电视台作《手风琴演奏技法及风格》讲座，面向全国中小学音乐教师的《手风琴演奏基础》的卫星电视教学，出版与之配套的《手风琴演奏教程》及"入门""技巧""伴奏"的VCD光碟。出版有《手风琴技巧训练》《通俗手风琴曲集》《手风琴抒情歌曲伴奏集》等数十首篇独奏、重奏、伴奏曲及短文。

杨文兴（1955— ）

音乐教育家。河北承德人。毕业于河北师大艺术系音乐专业。承德市民族高等师范专科学校音乐系主任、教授，河北音协理事，承德音协副主席。撰有《钢琴学习与素质教育》《钢琴集体课教学》《贝多芬三十二首钢琴奏鸣曲浅析》等文二十余篇。所教学生多人在全国及省市比赛中获奖，有的成为音乐院校骨干教师。

杨文秀（1942—1997）

女歌唱家。四川人。1965年毕业于中央音乐学院声乐系，后入二炮文工团任独唱演员。1969年入广州市歌舞团任独唱演员。曾任广州市文史馆馆员，广州市政协第六、七届委员会委员，广州市文联委员。

杨文延（1958— ）

小提琴演奏家。河北武安人。中国广播电视学会和中国合唱学会理事，中国广播艺术团总团副团长。1983年毕业于天津音乐学院。曾在河北省武安市剧团任乐队小提琴、二胡首席。1986年始先后在中国电影乐团乐队任独奏，赴安徽支教从事音乐教学工作，在首都新闻工作者合唱团、银波合唱团任指挥。曾指挥并由电视台录音的作品有《念故乡》《祖国颂》《保卫黄河》《牧歌》等，独奏、重奏曲《杏花新村》《母亲》等。作有诗词《男子汉

Y

993

的风采》《牡丹别吟》等。出版歌曲专辑磁带（合作）。

杨先惠（1926— ）

女声乐教育家。四川成都人。1952年毕业于南京大学师范学院音乐系。南京师范大学音乐学院声乐教授。曾任院工会委员、系学术委员等。曾获优秀教学奖。部分学生已成为高师声乐教授和文艺团体独唱演员及中师的骨干教师。1992年举办"庆祝声乐教育家杨先惠执教40年音乐会"，江苏电台、电视台，《新华日报》的《倾心育花香》《清贫与富足》做了专题报道。撰有《声乐教学中的体会》《声乐课发声练习的探讨》《声乐课演唱歌曲的探讨》《歌唱发声生理知识》，译有《嗓音疾病和发声病变的声带震动》等。

杨相勇（1969— ）

钢琴教育家、演奏家。河南濮阳人。河南安阳师范学院音乐学院副院长。1986年至2002年先后毕业于河南濮阳师范学校、河南大学、首师大音乐系、首师大音乐学院。撰有《发挥讨论在钢琴集体课中的作用》《随风潜入夜，润物细无声——》等十余篇论文，其中《钢琴教学中"谱、法、乐"辩证教学观初探》等数篇论文在省市级论文比赛中分获一、二、三等奖。主持完成省级课题《中小城市推广高雅音乐的途径》获社科联成果评比二等奖。

杨湘粤（1954— ）

歌词作家。湖南衡山人。广东珠江文艺杂志社常务副主编，中国音乐文学会理事。著有《昨夜心曲》《红黄蓝白紫》两部，8张作词的CD、盒带、唱片。为20余部电视连续剧创作片头、片尾及插曲（词），为中央、省、市电视台数10台大型文艺晚会创作主题歌（词），曾获国家级、省级奖百余个。《中国百名音乐家——著名词作家杨湘粤》专题曾在中央电视台播放。作有《真的好想你》《牵挂你的人是我》《桃花岛》《扎西德勒》《真心真意谢谢你》《微笑》。

杨祥功（1943— ）

歌词作家。安徽定远人。曾任安徽淮南市文化局社文科科长、助理调研员，淮南市音协理事兼秘书长。1987年毕业于北京人文函授大学。词作有《姑娘的青春多美好》《南疆情》《岗亭礼赞》《谁不夸你最潇洒》《淮河从这里奔向大海》《淮河妹》等数十首，其中《中国的十月》《石磨悠悠》获省"五个一工程"奖。策划、组织数届"中国豆腐文化节"大型文艺晚会及各类大型晚会、音乐活动，并担任撰稿。

杨向洲（1937— ）

作曲家。河南人。1958年毕业于河南禹州高师音美科并留校任教。同年起先后任禹州市文工团作曲和指挥，许昌文化艺术学校教务科长、办公室主任。曾为百余部剧目谱曲。《家家都有难念的经》《情殇》《打神告庙》《半把剪刀》《三请樊梨花》分别获河南省首届企业文艺汇演优秀创作奖，中国首届艺术节西北荟萃演出，甘肃青年演员汇演三等奖，或由中国唱片社录用、播放。编有音乐欣赏等教材。撰有《我省戏曲教育小议》入编河南艺术类中专学术研讨会论文集。

杨小波（1940— ）

作曲家。湖南湘潭人。1961年毕业于湖南艺术学院音乐系理论作曲专业。历任湖南省戏校教师，湘西土家族自治州歌舞团作曲、乐队副队长，湖南广电艺术团作曲、艺术室副主任、团长助理等职。现为湖南省音协荣誉理事，理论创作委员会顾问。先后录制、播出、发表音乐作品及评论文章三百余件，获省级以上奖三十余次。主要歌曲作品有《土家喜爱咚咚奎》《请到我们湘西来》《美丽的西郎卡普》《今日苗山歌最多》《放牛娃架起拖拉机》《团圆鼓舞》等。出版有《杨小波歌曲选》。

杨小兰（1965— ）

女歌唱家。四川阿坝人。四川省音协会员部干事。1988年毕业于四川音乐学院。曾任四川阿坝州歌舞团歌唱演员。曾获四川省"企业杯"中华卡拉OK赛一等奖、四川省颂歌献祖国"万里长城杯"优秀歌手奖、四川省首届旅游风光歌曲电视大赛最佳奖，曾任"四川省首届声乐大赛"主持人，并参与了省内一系列音乐活动的组织工作。

杨小幸（1953— ）

作曲家。贵州开阳人。1983年毕业于上海音乐学院作曲指挥系。贵州省歌舞团艺术总监。所作管弦乐曲《土风》获省第三届"苗岭之春"创作一等奖，舞蹈音乐《长发妹》获省舞蹈比赛作曲一等奖，大型民族歌舞《好花红》获文化部"文华音乐奖"。

杨小勇（1958— ）

男中音歌唱家、歌剧表演艺术家。四川人。上海歌剧舞剧院歌剧团副团长。1981年入四川音乐学院进修，1987年入上海音乐学院，师从张仁清，周小燕。主演歌剧《图兰朵》《奥赛罗》《茶花女》《塞维利亚理发师》《屈原》《原野》等，并在《德意志安魂曲》《九歌》，贝多芬第九（合唱）交响曲、《黄河大合唱》中担任男中音独唱。主演音乐剧《蝶》，首演歌剧《蜀道难》。多次应邀赴美国及台北演出现代歌剧或大型声乐作品。曾获上海国际声乐选拔赛第一名，意大利G.B.Viotti国际歌剧比赛男子前五名及第十五届"白玉兰"戏剧奖。

杨晓村（1946— ）

音乐教育家。河南孟津人。1968年毕业于河南大学体育系。历任郑州铁路六中音乐教师、郑铁分局教委教研中心教研员。作有《乘务员之歌》《中原铁道之歌》等歌曲百余首，在各类演出中获奖。参加各类演出活动，历任编导、指挥、演唱、伴奏、节目主持等。撰有《气功与声乐》《朗颂漫谈》《声、景交融情更浓》《对少儿轻声唱法的异议》等论文多篇。任郑铁分局文联音舞分会会长，河南省教育学会音教专业委员会理事。

杨晓琳（1965— ）

女音乐教育家。四川营山人。四川大学学生处艺术教

Y

育中心副教授、教研室主任。1987、2000年分别毕业于西南师大音乐系、四川大学政治学院。撰有《音乐欣赏课初探》《大学生音乐欣赏课初探》等文，编有《中外音乐欣赏基础知识》《交响音乐欣赏》（合编），指导的合唱、合奏多次在全国、省各艺术节获奖，其中指导四川联大学生合唱团合唱《祖国颂》于1994年获四川首届大学生艺术节歌咏比赛一等奖，指导四川大学学生艺术团民乐队民乐合奏《采花》于1999年获全国大学生艺术节二等奖。

杨晓燕（1958— ）

女高音歌唱家。山东青岛人。毕业于解放军艺术学院音乐系。1973年入伍，济南军区前卫文工团艺术指导。曾获第四、五届全军文艺汇演优秀演员奖，海军声乐比赛优秀演唱奖，山东"泉城之秋"音乐舞蹈比赛专业组演唱一等奖，"黄河歌会"民歌大赛优秀演唱奖，全军声乐比赛二等奖，全国民歌新人新作比赛二等奖，全国广播新歌"连环杯"演唱金奖。随团赴意大利、芬兰、新加坡等国演出。出版《杨晓燕演唱专辑——赶海的少女》唱片，并为多部电视剧配唱主题歌。

杨孝毅（1908—已故）

钢琴教育家。辽宁金县人。1935年毕业于日本东京武藏野音乐学校钢琴系，1937年毕业于该校研究科，参加该校赴长野县音乐演奏旅行。曾任东北行政学院音乐科主任，东北鲁迅文艺学院音乐部教授及沈阳音乐学院钢琴系教授。1947年在沈阳举行钢琴独奏音乐会。

杨笑影（1950— ）

歌词作家。山西平鲁人。原成都军区战旗歌舞团团长。曾任全军高级职称评委、四川音协副主席。大型歌舞《西藏之光》获国家"文华奖"，藏戏电视剧《朗莎雯波》与作词歌曲《麻辣烫》《中国的希望》均获中宣部"五个一工程"奖，《神奇的高原》获中国音乐电视大赛金奖，《甘巴拉》获全国军旅歌曲音乐电视大赛金奖，《心连心》获全军会演一等奖，《山上的老兵》获全军新作品比赛一等奖。还有作词歌曲《祖国吉祥》《草原花海》和音乐剧《大山小兵》，《遥远的童话》等。曾在军内外多台大型晚会中出任策划、撰稿和主创。

杨心泉（1922— ）

女音乐教育家。河南开封人。早年毕业于重庆国立女子师范学院音乐系。40年代在江苏无锡任教，培养了大批优秀学生。新中国成立后，曾任无锡市政协社会教育委员会委员，浙江师范大学杭州幼儿师范学院钢琴教师。80年代与曹星、陆加庆创建了西子女声合唱团，90年代仍从事儿童钢琴教育教学，发表有《幼儿钢琴教学浅谈》《幼师键盘教学初探》《平凡而伟大、贫穷又富有》等论文。

杨新伦（1898—1990）

古琴演奏家。广东番禺人。自幼学习古琴。1956年在广东省文史馆工作。曾在广东音专及广东省文史夜学院教授古琴。广东省政协第三、四届委员。

杨新亚（1941— ）

小提琴演奏家。黑龙江哈尔滨人。1960年考入沈阳音乐学院干修班小提琴专业，1973年选送中央乐团深造。1956年入哈尔滨歌舞剧院。曾任哈尔滨歌剧院交响乐团团长。多次与国内外知名指挥家及乐团合作演出，任首席小提琴。1990年调青岛市歌舞剧院任指挥兼音乐教员，曾指挥排演大型歌舞剧《严力宾》。担任山东省音乐艺术考级评委。

杨新宇（1954— ）

音乐教育家。河南滑县人。河南财经学院艺术教育中心主任、副教授。毕业于河南大学音乐专业。曾任河南安阳师专艺术系副主任。1992年调入河南财经学院主讲音乐欣赏课。1993至2004年先后被郑州大学等高校聘为兼职教授，主讲和声课。2003年被河南省教育厅聘为普通高校艺术教育指导委员会委员。2003年获社会艺术考级钢琴高级考官资格证书。

杨鑫铭（1933— ）

音乐教育家。湖北崇阳人。1955年毕业于江西师范学院，曾在江西省音乐工作组等单位从事音乐辅导和音乐编辑工作，后到江西师范大学音乐学院任教。发表歌曲和音乐评论文章近五十首（篇），歌曲有《比赛歌》《采茶谣》，人物评传《井冈翠竹，清心无华——音乐教育家刘天浪》。编著《名歌尝析精编100》《戏曲音乐概论》《江西民间音乐》。先后被评为南昌市丙等劳动模范、江西省文艺先进工作者、江西师范大学"双育人"先进个人。

杨兴模（1943— ）

歌词作家。重庆人。毕业于重庆职工大学。曾任重庆市文化局《重庆文化报》编辑部主任、《巴渝文化》执行主编。撰有《音乐文学创作的新课程》《通俗歌曲歌词的审美意识探微》及《青春花季》歌词集，《口哨啊口哨》《我的月牙船》等数十首歌词获奖。发表诗作四百余首。出版有《梦之船》诗集。诗作《日食印象》获中国当代作家代表作陈列馆新人新作有奖征文佳作奖。

杨兴新（1955— ）

作曲家。辽宁丹东人。1978年入丹东歌舞团。1986年毕业于沈阳音乐学院民乐系。创作演奏的三根弦板胡曲《彝乡月夜》获全国第三届音乐作品鼓励奖。后在国外留学。

杨行璧（1939— ）

女钢琴演奏家。上海人。1962年毕业于中央音乐学院钢琴系，后在中央音乐学院声乐系担任钢琴伴奏。曾在奥地利学习。1981年获巴西里约热内卢国际声乐比赛钢琴伴奏一等奖及钢琴大师、最佳钢琴家称号。

杨修生（1947—已故）

唢呐教育家。吉林长春人。1964年曾在吉林省戏曲学校音乐科学习，1969年起在吉林艺术学院音乐系任教，后任副系主任。撰有《浅谈吉剧唢呐演奏特色》《浅谈管乐循环换气法》《让时代的旋律响彻神州大地》《振兴民族音乐必须建立系统工程》等文。创作唢呐独奏《军民大生产》《快乐的饲养员》等。为国家培养了数十名唢呐演奏人才，编写唢呐、民间音乐、音乐欣赏教材多册。论文《21世纪弘扬中国民族器乐艺术的历史意义与文化价值》（合作）被东北三省评为二等奖。

杨秀娟（1933— ）

女指挥教育家。广东汕头人。1958年毕业于上海音乐学院，后为该院作曲指挥系副教授。曾指挥该院乐团在上海演出莫扎特的歌剧《费加罗的婚礼》及《安魂曲》。

杨秀梅（1962— ）

女高音歌唱家。四川三台人。陕西省乐团合唱队演员，西安音乐学院特聘声乐教师。1986年毕业于西安音乐学院声乐系。曾任四川绵阳地区川剧一团乐队小提琴演奏员。先后获省音乐舞蹈会演、第四、五届全国青年歌手电视大奖赛陕西选拔赛独唱二、三等奖、第二名，获中央电视台第五届"五洲杯"全国青年歌手电视大奖赛专业组美声唱法荧屏奖。参加省首届歌坛新秀音乐会、"走向希望"部分获奖演员音乐会、省电视台春节晚会担任独唱。发表文章《浅谈良好的歌唱》。

杨秀明（1935— ）

古筝演奏家。广东潮州人。五十年代师承徐涤生学习琵琶、古筝，并受肖韵阁、许敦王指点，七十年代拜慧原法师学习梵音。五十年代参加汕头地区文工团。1981年应聘任教中国音乐学院器乐系，并指导潮州音乐合奏课。为中国国际广播电台、北京电视台录制音像节目，并举办个人古筝演奏会。1992年举办由中国中央交响乐团协奏的独奏音乐会。1996年举办《行云流水》个人独奏音乐会。2002年赴新加坡华乐团参加潮州音乐会。香港、台湾分别出版《千声佛》《梵音胜彼世间音》个人CD专辑。

杨秀英（1956— ）

女高音歌唱家。四川成都人。乐山市歌舞剧团声乐队队长。1982年四川省音乐学院声乐系进修结业。先后获第四和第五届全国青年歌手电视大奖赛（四川赛区）专业组民族唱法优秀歌手奖、四川省第一届少数民族艺术节音乐表演三等奖、四川省第三届少数民族艺术节专业组表演二等奖、第十届全国推新人选拔赛声乐组优秀指导老师奖。

杨秀玉（1961— ）

女琵琶演奏、教育家。山东莱芜人。1985年毕业于山东艺术学院音乐系后留校任教。撰有《琵琶演奏中的弹挑及其应用》《琵琶教学方法浅探》等，其中5篇论文分获省科学优秀成果一、三等奖。出版《琵琶教册》《琵琶教学曲论精选》及CD《弹拨乐》《对花》。独奏曲《楼兰梦》2002年获文化部新作品奖。曾赴维也纳金色大厅和韩国演出。

杨秀昭（1940— ）

音乐理论家。侗族。贵州天柱人。1964年毕业于中央民族学院艺术系。后任广西艺术学院教务处处长、副教授，中国少数民族音乐学会第一届理事。撰有《广西少数民族音乐的中立音与中调式》等文，著有《广西少数民族乐器考》。

杨绣敏（1934— ）

女小提琴演奏家。河北人。1952年起任铁道部文工团管弦乐队小提琴演奏员，1971至1978年任中国电影乐团首席。参加录制《潜海姑娘》《闪闪的红星》《南征北战》等大量故事片、电视剧。为芭蕾舞剧《海侠》《天鹅湖》及法国歌唱家等伴奏，曾参加由李德伦指挥的300人交响乐团演奏的肖斯塔科维奇第十一交响曲，以及由美国、日本、瑞士及国内著名指挥家指挥的音乐会数百场。

杨绪森（1931— ）

长笛演奏家。天津人。1957年毕业于中央音乐学院管弦系。原任广州乐团音乐研究室副主任、首席长笛。

杨学正（1934— ）

音乐教育家。辽宁营口人。1958年毕业于北京艺术师范学院音乐系。先后任丰台、海淀师范学校音乐教师。1986年起历任吉林师范学院音乐系主任、教授。所出版的《简谱视唱教程》获学院科研成果一等奖。论文《论歌唱与"打哈欠状态"》，被2004年世界学术成果研究院授予"世界优秀学术论文（成果）国际金奖"。歌曲《赤诚的中华魂》，在1994年首届《中华歌会》征歌比赛中获作曲金奖。曾举办杨学正教授民族声乐作品音乐会、研讨会。推出歌曲磁带专辑《不老情》。

杨雪敏（1964— ）

女高音歌唱家。回族。河北大名人。1997年毕业于河北师范大学音乐系。1983年始在河北省邯郸市邯山区文化馆任副馆长。1995年在河北省委宣传部主办的"太行魂"中担任独唱，1997年在文化部主办的中国第五届艺术节中参加男、女对唱《喊太阳》。分别获中国民歌演唱邀请赛、全省民间音乐舞蹈比赛演唱一等奖。曾在全国影视歌曲明星演唱大赛中获金奖，演唱《默默的奉献》《将军渠的故事》分获第二届文化部"群星奖"和河北省文化厅一、二等奖。

杨延龄（1929— ）

作曲家。回族。福建厦门人。天津滨湖中学高级教师。1954、1955年分别毕业于天津教师学院音乐、天津艺校作曲班。作有歌曲《坐火车》《含羞草》《想忘也忘不掉的》《小雪花》《小浪花之歌》《五爱歌》《小小手》等。《坐火车》被选入天津小学音乐课教材，于1956年获"解放以来创作优秀歌曲"三等奖。《教师之歌》于1985年获天津市合唱比赛演唱一等奖、创作三等奖，《家乡的桃花堤》由天津电台"每周一歌"播出。

杨晏如（1934—2000）

女钢琴教育家。浙江鄞县人。1956年毕业于上海音乐学院钢琴系，后在该院附中任教。曾与沈西蒂合作举办音乐会。

杨雁行（1948— ）

音乐理论家。天津人。1977年毕业于天津音乐学院理论作曲系，原任该院音乐研究所副所长。编有《欧美一百名作曲家及作品简表》《中国一百名音乐家简表》，译有《简明不列颠百科全书》《当代英汉词典》音乐条目。

杨燕迪（1963— ）

音乐学家、评论家。四川达州人。上海音乐学院副院长、教授、博士生导师。中国音协第六、七届理事，上海音协副主席。1977年入伍，1979年在电台任音乐编辑。先后获学士、硕士和博士学位。曾留学英国，并在美国和德国进行多次学术研究和考察。发表著译二百万字，内容涉及音乐学基础理论、西方音乐史、音乐美学、音乐评论等多个领域。曾获文化部优秀专家、全国优秀留学回国人员、教育部跨世纪优秀人才、上海领军人才等称号。获美国亚洲文化基金会研究奖、上海市人文社会科学优秀成果奖、霍英东教育基金会研究奖、中国文联文艺评论二等奖、国家优秀教学成果二等奖、上海市优秀教学成果一等奖及德国学术交流中心研究奖等。

杨燕宜（1960— ）

女音乐教育家。江苏六合人。1983年首都师范大学音乐学院钢琴系毕业，1995年德国基尔大学音乐教育专业博士毕业。现为上海音乐学院音乐教育系副主任。曾担任中国国家交响乐团少年及女子合唱团伴奏，"香港美声合唱团"钢琴伴奏，多次与旅港中国音乐家合作举办音乐会。出版著作《中国音乐教育》《德国音乐教育》《"巴斯蒂安"儿童钢琴教材》。

杨业成（1943— ）

作曲家、演奏家。广东人。1962年毕业于广东潮安师范图音专业。1979年任县潮州民间音乐团副团长。作有潮州苏锣鼓曲《韩水长流》，庙堂乐曲《驱鳄颂》，弦诗乐曲《韩江恋》，小锣鼓曲《鹅湖春晓》，大锣鼓曲《金秋夕照明》分别获奖，有的载入《潮州市潮州音乐志》。曾获"首届潮州大锣鼓电视大赛"金奖和创作奖。曾为潮州市音协副主席，潮安县音协主席，潮州市庙堂音乐团团长，潮州市金秋艺术团副团长，潮州曲社社长。

杨一丹（1951— ）

作曲家。白族。云南昆明人。先后毕业于云南艺术学院附中、天津音乐学院作曲系。1969年参部队文工团，后调入中央民族歌舞团，任创作室主任。作有歌曲《民族团结颂》《在祖国大家庭里》《大海情歌》，器乐曲《小卜少》等在全国音乐作品评选中获奖。撰有《歌曲电声乐队配器》《音乐的立体声多轨录音》《MIDI实用技术》《电脑音乐制作速成》等。另有《如何提高钢琴练习的效率》被选编入《世界学术文库》（华人卷）中。

杨一然（1935— ）

女歌唱家。天津人。1954年入部队文工团任独唱演员。原在北京军区歌舞团工作。演唱曲目有《狼牙山五壮士》《向北京致敬》等。

杨亦兵（1958— ）

长笛演奏家。甘肃天水人。甘肃敦煌艺术剧院交响乐团、民族交响乐团指挥，甘肃敦煌艺术剧院副院长。1976年至1978年赴京深造，师从长笛演奏家、教育家李学全。参加大量各类型演出，并随《丝路花雨》剧组多次出国访问演出。2000年参加甘肃省首届器乐大赛获"管乐组一等奖"。兼任西北民族大学、兰州大学、甘肃师范大学长笛教师。

杨轶琴（1956— ）

女高音歌唱家。江苏人。福建省歌舞剧院乐团独唱演员。1982年毕业于上海音乐学院声乐系，学习期间学院声乐比赛优胜奖。参加福建省四、五届"武夷音乐舞蹈节"获声乐比赛一等奖。曾参加世界著名指挥家艾德勒及歌唱家卡门·巴斯普排练的歌剧《浮士德》，并任女主角。1987年分别在福州、厦门举办"个人独唱音乐会"。

杨翠春（1927— ）

女声乐教育家。辽宁沈阳人。1949年毕业于东北鲁艺音乐系。原任沈阳音乐学院声乐教研室副主任，副教授。

杨荫林（1930— ）

高胡演奏家。吉林怀德人。1950年入东北鲁艺音乐系学习，后在辽宁省歌舞团工作。曾多次出国访问演出。

杨荫浏（1899—1984）

音乐理论家。江苏无锡人。肄业于上海圣约翰大学经济系。曾任国立音乐院教授、中国音乐研究所所长、中国艺术研究院顾问、中国音协常务理事、全国文联委员。著有《中国古代音乐史稿》《杨荫浏论文选集》等。

杨银花（1946— ）

女歌剧表演艺术家。回族。宁夏人。1966年毕业于宁夏艺术学校戏剧学科。曾任银川市文化局副局长。曾主演歌剧《江姐》《马五哥与朵豆妹》，歌舞剧《玩灯人的婚礼》。

杨永杰（1956— ）

打击乐演奏家。河南密县人。1973年毕业于解放军军乐团学员队打击乐专业，后于解放军西安政治学院进修。总政军乐团演奏员。曾多次完成内外事的演奏任务，先后参加来华外国首脑的欢迎仪式。曾获全团打击乐声部第一名及"业务先进个人"。随团赴日本、芬兰、俄罗斯、新加坡及澳门、香港等地访问演出。

杨永娟（1964— ）

女二胡演奏家。侗族。贵州人。中国歌剧舞剧院演奏员。1982年毕业于贵州省艺校，后到南京艺术学院进修。曾代表贵州队参加了全国民族器乐调演并获表演奖。1988年由中央音乐学院毕业后分配到中国歌剧舞剧院。1999年

Y

在文化部中直院团国庆50周年评比展演中，担任《夜深沉》京二胡演奏并获优秀演奏奖。多年担任"好丝弦五重奏"二胡演奏。曾赴日本、韩国等地访问演出。

杨永瑞（1935— ）

指挥家、作曲家。甘肃临夏人。1952年毕业于西北军区艺术训练班，后任第一野战军某师文工队小提琴手。1961年在中央音乐学院指挥系、作曲系进修，后任中建部歌舞剧团分队长、海政歌舞剧团乐手兼指挥、海政文化部《水兵之歌》主编。其创作的作品有器乐曲《三八作风变奏曲》《草原晨曦》，声乐曲《当兵就要当好兵》《夜巡》，歌剧《王老汉喜送爱国粮》，指挥的作品《嘎达梅林》交响诗、《梁祝》小提琴协奏曲，组歌剧《水兵之歌》《椰林风火》《黄河大合唱》《中国人》。

杨永贤（1960— ）

音乐教育家。陕西陇县人。2001年中央音乐学院研究生毕业。浙江省绍兴市文理学院音乐系副教授。发表《试述和声在音乐创作中的审美意义》《越剧改革中唱腔的演变与发展》《拉斐尔创作生命中最后的辉煌》等多篇论文。创作《伊人之恋》《黄土深情》《桂花谣》百余首歌曲。

杨永泽（1957— ）

音乐教育家。山东高密人。吉林艺术学院音乐学院作曲系主任。1988、2003年先后毕业于吉林艺术学院音乐系、上海音乐学院助教进修班。曾任二胡、圆号演奏员。作有二胡与乐队《月牙五更主题变奏曲》，二胡协奏曲《刘胡兰》，《第一弦乐四重奏》，钢琴曲《长城谣》《我爱五指山，我爱万泉河》，话剧音乐《快乐朋友》，电视剧音乐《伤情》《青苹果，红苹果》，歌曲《大海作证》等，部分作品获奖。撰有《论奏鸣曲结构》等。

杨永钟（1940— ）

女作曲家。四川成都人。1962年毕业于四川音乐学院作曲系，后在重庆市歌舞团工作。作有歌剧音乐《天涯歌女》《灵与肉》，舞蹈音乐《小萝卜头》。

杨友鸿（1929— ）

女音乐学家。湖南人。1950年毕业于美国波士顿音乐学院。曾在中央民族歌舞团工作，后为中国艺术研究院音乐研究所副研究员。著有《民间音乐采访手册》。译有《有关美国歌剧艺术》（合作）。

杨又青（1952— ）

指挥家。四川人。中国歌剧舞剧院交响乐队指挥。1984年业毕于上海音乐学院指挥系。指挥歌剧《原野》在首届"中国艺术节"中获奖。曾受聘为广州交响乐团、山东交响乐团、上海乐团、中国广播交响乐团、北京交响乐团、中央乐团交响乐队客席指挥。指挥录制"中国歌剧之魂""交响乐之春"由中央电视台播放，指挥录制"中国管弦乐作品"出版唱片。

杨幼昆（1948— ）

歌唱家、音乐活动家。辽宁大连人。1965年在中国音乐学院附中学习，1968年分配到中央乐团任合唱队员。曾参加交响乐《沙家浜》《黄河大合唱》、贝多芬《第九交响曲》等的演出。1985年参加《中国革命之歌》大型演出。1986年任团业务处副处长，多年担任中国合唱协会常务理事。曾多次参加大型演出的组织策划、舞台监督及节目主持人，并被国家商检局等单位聘为声乐指导。2000年任中国交响乐团后勤处处长。

杨渝生（1939— ）

女钢琴演奏家。上海人。1964年毕业于上海音乐学院钢琴系。曾任总政军乐团演奏员。

杨余申（1926— ）

女声乐教育家。黑龙江齐齐哈尔人。1945年毕业于满洲女子师范大学音乐科。1948年毕业于长白师范学院音乐系。后为东北师大音乐系副教授。

杨余燕（1932— ）

女音乐教育家、作曲家。黑龙江齐齐哈尔人。1950年考入东北鲁艺音乐系，1956年毕业于沈阳音乐学院作曲系研究生班，后留校任教。历任沈阳音乐学院附中作曲学科主任，沈阳音乐学院作曲系多声教研室主任。著有《多声写作基础教程》《和声学教程》。撰有《论丁善德的和声与手法》《论印象派作曲家拉威尔的和声手法》等论文。创作歌剧《情人》，歌曲《开拓者进行曲》《椰寨情歌》，改编合唱《团结就是力量》，获全国及省政府奖。编写有《走进音乐世界》中、小学音乐教材，沿海版曾获广东省教育创新成果一等奖。

杨虞芳（1942— ）

女歌唱家、歌剧表演艺术家。天津人。1961年毕业于南京艺术学院附中声乐专业，后在江苏省歌舞剧院歌舞团、歌剧团、乐团任独唱、重唱演员，并兼任南京艺术学院成人教育、江苏省文艺学院指导教师。曾参加各类大型音乐舞蹈演出，包括世界著名歌剧《弄臣》《茶花女》以及歌剧《天朝风云》《椰岛之恋》《霜天红叶》《木棉花开了》《江姐》《孙武》等。在中国第六届艺术节上参加《茶花女》、贝多芬《第九（合唱）交响曲》的演出，并在电视剧《太湖人家》《选择》中担任女主角的配音。培养的学生曾获全国中学教师比赛一等奖。

杨玉国（1943— ）

长号演奏家。云南昆明人。1963年从事部队文艺工作。曾任总政军乐团一队首席长号、总政歌舞团管弦乐队首席长号、音乐舞蹈史诗《中国革命之歌》乐队铜管低音声部长。

杨玉辉（1940— ）

大号演奏家。辽宁人。原总政军乐团大号首席、声部长。曾就职于中央乐团。参加历届党代会、全国人大、政协会议等重要演出以及毛主席、周总理逝世的悼念活动。

多次接受党和国家领导人的检阅，担任全军千人乐团大号首席、声部长，多次完成欢迎尼克松、布什等国宴演奏任务。1977年获全军文艺汇演个人演奏奖。经常赴全国各地巡演与国外管乐团交流演出。

杨玉平（1961— ）

男高音歌唱家。黑龙江海林人。1987年毕业于沈阳音乐学院声乐系。辽宁歌剧院演员队队长。参加各种大型文艺晚会千余场，担任独、重唱。在歌剧集锦《爱的旋律音乐会》《归去来》《苍原》《沧海》中饰演主要角色。获上海艺术节"白玉兰"奖及各类比赛奖项多个。曾随团赴俄罗斯、香港、台湾、澳门演出。

杨玉蓉（1940— ）

女高音歌唱家。上海人。1960年考入上海音乐学院，毕业后先后任上海歌剧院歌剧演员、上海歌舞团独唱演员、上海轻音乐团独唱演员兼团艺校校长。曾举行多次星期广播音乐会和个人独唱音乐会，录制演唱生涯音响专李，出版唱片《二月里见罢到如今》《蓝色多瑙河》《赞美祖国》等。合作编著有《上海市文化娱乐业歌手考核曲目选》《声乐考级曲集·通俗卷》《声乐考级曲集·通俗卷——修订版》及《青少年学通俗唱法——杨玉蓉编著》。曾赴法国、加拿大演出。

杨玉生（1934— ）

作曲家。四川遂宁人。1951年始从事文艺工作。原在四川绵阳群众艺术馆工作。作有歌曲《我是爱唱歌的幸福鸟》，舞蹈音乐《快乐的罗嗦》。编有《大阮练习曲》。

杨玉芝（1945— ）

女音乐教育家。山东淄博人。1968年毕业于山东师范大学艺术系。曾任淄博市中学音乐教师。多年来培养一批文艺骨干，参加社会音乐辅导工作。采用"柯尔文手势""奥尔夫教学法"教学，使学生的音乐成绩不断提高，并为市教研室、全市音乐教师、少年宫、群艺馆讲课。

杨昱武（1951— ）

作曲家。辽宁辽中人。1969年毕业于沈阳音乐学院附中。曾在锦州市京剧样板戏学习班、锦州市歌舞团工作，后任锦州市京剧团团长。创作有大型歌剧《刑场上的婚礼》等音乐多部及广播剧音乐、器乐曲、歌曲百余首，其中歌曲《建设美丽的新锦州》《我爱电厂》《千军万马奔四化》、歌舞剧《赖宁》，新编历史京剧《契丹太子》《明月情》等，分获优秀创作奖、艺术节奖。

杨毓莲（1951— ）

琵琶演奏家。北京人。珠海天韵公司董事长、乐器厂厂长。7岁起学习平湖派、浦东派、崇明派琵琶及蜀派古琴艺术。1970年入陕西煤矿文工团任琵琶独奏演员，1981年调陕西科大艺术学院任教。1986年筹组珠海珠宝乐器厂，1989年参与筹组中国音协琵琶研究会。所研制琵琶曾获国家发明专利和科技进步奖，并在北京人民大会堂举办国际新闻发布会。录制出版《塞上曲》《月儿高》《阳关三叠》等唱片。

杨元亨（1893—1959）

管子演奏家。河北安平人。自幼从师学习民乐吹奏。曾在民间乐队和乡村剧团演奏。1951年入中央音乐学院任教。

杨元吉（1940— ）

作曲家。白族。云南剑川人。1959年师范毕业分配至怒江任教一年，后负责组建怒江州民族歌舞团，历任副团长、团长。创作民族声乐、器乐、小剧等作品数百件，部分作品在全国、全省文艺汇演和比赛中获奖。先后编辑出版《怒江之声》一、二集和《石月亮》三盘磁带。论著有《峡谷中的歌舞艺术》《怒江各民族歌舞海洋探幽》《傈僳族音乐史》《怒族音乐史》《独龙族音乐史》。曾三次组织傈僳族农民合唱团，用四声部合唱参加第五届中国金鸡百花电影节，第四届、第五届中国国际合唱节。

杨元其（1931— ）

歌词作家。安徽嘉山人。曾任安徽音乐文学学会副主席，马鞍山市音协主席。抗日峰火年代参加新四军，任军文工团团长、高级政工师等职。出版歌词集《山水之恋》。创作大型歌剧《白兰花》（合作），《海燕》，小型歌剧《看亲人》，独幕话剧《哨兵》，歌曲《两个小伙一般高》（合作），有五十多首作品获奖，《我们来到这个世界》等十多首获省以上创作一等奖。

杨远昌（1943— ）

器乐演奏家。广东南海人。1962年毕业于上海音乐学院附中钢琴学科。同年任辽宁省歌剧院、省歌舞团演奏员。中国音协电子琴学会理事。曾在首都庆祝元旦晚会等各类演出中担任钢琴、电子琴、电子合成器和电钢琴的独奏。1994年起兼任辽宁文化艺术学校钢琴学科主任。

杨悦奇（1932— ）

音乐教育家。山东招远人。分别于1960年、1986年毕业于中国人民大学贸经系，中央音乐学院作曲系。曾任北京市丰台区少年宫民乐教师、市校外教育研究员，北京市工人艺术团管弦乐队首席单簧管，中央民族乐团附属乐团演奏员及丰台区文艺宣传队演奏员、创作员。出版有《音乐启蒙少儿扬琴演奏法》《少儿二胡演奏法》及《怎样组建与培训乐队》磁带。创作有民乐合类《芦沟晓月》《拉起手》。撰写《一位扬琴师付的白描》《应把儿童民族器乐生产提上日程》。为专业音乐院校输送学生四十余名，获全国比赛一等奖等奖项。

杨云起（1934— ）

作曲家。上海人。武汉市江岸区教委音乐教研员。1956年毕业于中南音乐专科学校作曲科。撰有《浅探演唱者的声与情》《新歌新曲唱心声》等文。民歌合唱《八斗角来了贺龙军》，女声独唱《你用什么报答祖国》《归来吧台湾》由省广播电台播放。电视片《江上情》插曲《安全幸福紧相连》在湖北、湖南、南京等电视台播放。女声

Y

独唱《流星颂》《留下辉煌的足迹》代表湖北省分别参加首届、第三届央视青歌赛。

杨运安（1940— ）

男高音歌唱家。山东人。1961年毕业于辽宁省戏剧学校声乐班，同年入辽宁歌剧院工作。主演秧歌剧《兄妹开荒》。1965年入辽宁省歌舞团担任男高音声部长兼大、小合唱排练工作。

杨在强（1939— ）

作曲家。山东淄博人。1963年毕业于山东艺术专科学校。江苏省徐州市歌舞团创作室主任兼乐队指挥。作有歌曲《世界面前有你和我》《恋》《拉魂腔》《彭城美》《东方》和《同在阳光下》，分获江苏省第二届电视大奖赛创作一等奖、第二届音乐舞蹈节声乐作品二等奖。古筝独奏《水流红》，埙独奏曲《汉风遗响》，分别获江苏省第三届音乐舞蹈节器乐作曲二等奖和三等奖。

杨增慧（1915— ）

女音乐教育家。浙江杭州人。1936年毕业于国立北平艺专。先后在浙江大学、上海华东师范大学、北京艺术师范学院、中央音乐学院任教，后为中国音乐学院器乐系钢琴教授。作品有钢琴独奏《采莲随想曲》。抗战时期多次举行音乐会为救济流亡同胞义演，1946至1949年曾在杭州师范、浙江大学《黄河大合唱》的演出中任钢琴伴奏。

杨占荣（1957— ）

作曲家、音乐活动家。陕西安塞人。陕西安塞县文联主席。1978年、1981年先后毕业于延安师范音乐班、西安音乐学院作曲系。撰有《论陕北民歌的创作与发展》等文章。创作数十首歌曲和舞蹈音乐，其中有歌舞剧《张思德之歌》，《安塞腰鼓》打击乐谱。曾组织排练、带领安塞腰鼓队参加北京第十一届亚运会开幕式、迎香港回归、天安门广场国庆50周年庆典等大型文艺活动。1999年率安塞腰鼓队随文化部对外交流团出访德国、法国、英国、芬兰。

杨昭亮（1951— ）

词曲作家。甘肃永登人。兰州市音协副主席。其作词作曲并撰稿的电视音乐片、音乐艺术片《玫瑰乡情》《吐鲁沟的传说》《飞吧！飞天的故乡》第三集《追美》，先后在中央电视台和省台播出。专题片《玫瑰川》获中央台建国35周年二等奖，组歌《玫瑰乡情》获第十一届黄河流域优秀节目二等奖，作词作曲的系列音乐专题节目《追春》《追潮》《追美》获1995年中国广播综合文艺节目一等奖、金城文艺奖一等奖。曾录制多张CD光盘音乐专辑。撰写论文《永登县苦水高高跷》被列入第一批国家级非物质文化遗产保护项目。

杨兆丰（1956— ）

手风琴教育家。河北人。唐山市音协副主席、手风琴委员会主任委员。任职于唐山师范学院，讲授"手风琴""基本乐理""中学音乐教学法"课程，曾先后任键盘理论教研室主任、音乐系主任。撰写论文数十篇，出版《手风琴伴奏基础教程》《手风琴演奏教程》，其中《手风琴自学基础》等获中国音协、中国手风琴教师学会"科研成果三等奖"。

杨振邦（1927—已故）

作曲家。河北定县人。1944年始从事部队音乐工作。1958年入沈阳军区歌舞团担任领导兼作曲。曾任沈阳军区文化部副部长、音协辽宁分会副主席。作有小歌剧音乐《红布条》，歌曲《将革命进行到底》《绣英雄》。

杨振芬（1945— ）

女高音歌唱家。回族。云南大理人。1968年毕业于解放军艺术学院音乐系。后在兰州军区歌舞团任歌唱演员。1979年调解放军艺术学院任训练部副部长、副教授。70年代曾在现代京剧《智取威虎山》中扮常宝，在《红灯记》中饰铁梅，并在歌剧《春漫草原》中任女主角。在全军文艺汇演等演出中担任独唱。1992年举办个人独唱音乐会。撰有《从"双选制"的试行谈教员队伍建设的几个问题》《抓住规律科学管理，加强艺术实践教学》等文。曾获总政"巾帼建功模范"称号。

杨正华（1941— ）

音乐教育家。陕西西安人。1964年毕业于南京艺术学院音乐系声乐专业，后入河北歌舞剧院工作。1981年入河北艺术学校任音乐科副主任、高级讲师。

杨正杰（1942— ）

作曲家。四川阆中人。曾为四川南充市音协主席。1960年入南充地区文工团，先后任演员、队长、副团长、团长、歌舞剧院院长。创作的作品《对山歌》《幺姑娘养鸡》《巴山魂》《纤女谣》《欢送船工上大学》等分别获文化部、四川"蓉城之秋"音乐节大奖。曾为四川省第八届运动会创作会歌、为大型广场文艺表演"情满嘉陵"担任作曲。1984年被评为四川省劳动模范。

杨正仁（1940— ）

作曲家。白族。云南昆明人。1961年毕业于昆明师范学校，后在成都军区歌舞团工作。作有歌曲《阿佤人民唱新歌》《草原唱晚》《阿佤"解放"是一家》。

杨正玺（1933— ）

作曲家。云南昌宁人。1964年毕业于云南艺术学院音乐系，后在云南省文艺学校工作。作有民族器乐独奏曲《竹林深处》《景颇山的黎明》。撰有《景颇族音乐概论》。

杨志刚（1959— ）

作曲家。山西阳泉人。多件音乐作品在省内外获奖，组建了多个合唱团，策划、组织数十次大型音乐活动，主编出版有《祖国颂合唱歌曲选》《少儿新歌》等4本歌集，《听听唱唱》等磁带，合作编写出版《音乐赏析》。先后任中国电影家协会理事、山西省电影家协会副主席兼秘书长、山西省音协理事、山西省企业文联副主席、山西省农村文化促进会秘书长、山西省文联委员、山西省政协委员。

杨志红（1953— ）

女声乐教育家。湖北人。广东省中等职业技术教育专业技能课程考试操作音乐类考官、东莞市政协委员、优秀教师。1978年毕业于首都师范大学音乐学院。培养众多音乐教育骨干，分别获得省市声乐比赛大奖，其中有的成为地区歌舞团专业歌唱演员。多次获市声乐比赛一等奖。曾担任"中国德艺双馨大赛"与"中华青少年精英演艺人才选拔大赛"等各类声乐比赛的评委。发表论文十余篇，其中获一等奖一篇。

杨志忠（1929— ）

作曲家。满族。吉林人。1949年毕业于鲁艺音乐系。1963年在沈阳音乐学院作曲系进修。1981年为满族大型舞剧《珍珠湖》作曲（合作），获辽宁省政府创作一等奖。70年代，歌曲作品《党的阳光照耀着祖国》由李双江、顾企兰演唱，并由中国广播交响乐团改编为管弦乐，分别录制唱片。歌曲《卖菜歌》获省政府优秀创作奖。为满族舞蹈《满乡情韵》作曲（合作），获全国第二届少数民族调演创作金奖。

杨钟声（1944— ）

女音乐教育家。山东掖县人。曾为黑龙江哈尔滨市道里区经纬小学音乐教师。1963年毕业于哈尔滨师范学校。撰写的《加强音乐教学中音准训练》获优秀论文一等奖、《培养学生表达歌曲的能力》《学习奥尔夫音乐教导法的初步尝试》等获市教育学会优秀论文一等奖，出版教材《黑龙江省中、小学音乐参考资料》《小学音乐幻灯教材文字脚本》等。曾被评为市优秀教师、市三八红旗手、全国优秀教师。

杨仲华（1951— ）

音乐教育家。天津宝坻人。曾执教于张家口教育学院宣化分校。培养一批音乐人才，在刊物上发表大量论文，参与多家出版社等出版社多部音乐教材的编写。其《漂亮的嗓音和容貌具有可塑性》的科研成果，被国家"十五"规划研究课题《全脑教育研究与实验》课题组列为子课题。系中国民族声乐艺术研究会常任理事、张家口市音协声乐委员会副主任，2005年被评为"张家口市拔尖人才"。

杨竹青（1969— ）

女高音歌唱家。山东人。全总文工团歌舞团演员。1991、2004年分别毕业于北京师大艺术系与北京大学艺术系。曾获第六、十一届央视青歌赛专业组通俗唱法"优秀歌手"奖。演唱的《轻轻地走进你》获2000年"金钟奖"。曾为电影《离婚大战》，电视剧《手心手背》等十余部影视片录制主题歌和插曲。参加中央电视台"3·15"晚会与"心连心"艺术团演出。拍摄音乐电视《仙林青梅》。在音乐剧《金沙》中饰演主角。曾赴新加坡、马来西亚、韩国、俄罗斯演出。

杨孜孜（1961— ）

声乐教育家。湖北公安人。1988年毕业于杭州师范学院音乐系，1993年入上海音乐学院声乐系进修。杭州师范学院音乐艺术学院副院长、副教授。撰有《重唱在西洋歌剧中表现类型与作用》《舒伯特的艺术歌曲'魔王'及演唱技巧》《辩证哲学观在声乐教学中的运用与实践》《贝尔冈齐大师给我们的启示》。演唱曲目有《可爱的中华》《思乡曲》《忘不了那一片深情》《长征》《怀念战友》及《为祖国干杯》《生死相依苦恋着你》等。

杨子星（1926— ）

音乐教育家。四川云阳人。1957年毕业于中央音乐学院作曲系。原在四川音乐学院作曲系任教。著有《和声学教程》《二部合唱写作》（合作），译有《现代和声手法》《实用现代和声学》。

杨自武（1945— ）

作曲家。云南嵩明人。曾任云南省曲靖市艺术研究所作曲。1993年毕业于中国函授音乐学院理论作曲专业。作有花灯剧《官妻》《春燕配》《泪洒相思地》《草鞋县令》等剧目音乐唱腔及歌曲《山乡人家》《振兴之歌》《找月亮》《山歌当作酒来喝》《光荣的群体》《云岭先锋颂》《交通人之歌》及歌舞音乐《传油香》等百余部（件），多部作品获国家及省、市音乐创作奖。

杨自真（1937— ）

音乐理论家。安徽怀宁人。1960年毕业于原皖南大学艺术科音乐专业。后在原安徽艺术学院音乐科、原合肥师范学院艺术系、安徽师范大学音乐系讲授二胡、文艺理论、基本乐理等课程。曾任安徽师范大学音乐系音乐理论教研室主任、副教授。获得过"教学质量优秀奖"和"优秀教学成果奖"。撰有《基本乐理》教材一部。1996年参编出版《基本乐科教程乐理卷》。此外，还曾编辑出版流行歌曲集《风雨真情》。

杨宗祥（1944— ）

戏曲音乐家。山东人。1958年入黑龙江省戏曲学校评剧音乐班主修大提琴，毕业后就职黑龙江评剧院。1976年入沈阳音乐学院作曲系学习。1995年调入中国评剧院。作品有评剧《刘胡兰》《苏宁》《大山里》等，其中《大山里》《苏宁》分获音乐创作一等奖、戏曲调演作曲奖。《南腔北调大联唱》，电视剧《大山的女儿》，交响诗《雪橇》，大提琴独奏曲《悲歌——十里长街》，歌曲《逛一逛东北的大山沟》《关东情》也分获各种奖项。论文《动机在传统评剧声腔中的潜在作用》发表于1993年全国戏曲音乐研讨会第三次年会。

么 红（1968— ）

女高音歌唱家、歌剧表演艺术家。河北人。1991年毕业于中央音乐学院声歌系，师从郭淑珍教授，同年入中央歌剧院工作。曾获"全国青年歌手电视大奖赛"三等奖，法国"第四届马赛国际歌剧比赛"第一名。先后在歌剧《茶花女》《艺术家生涯》《草原之歌》《弄臣》《绣花

Y

女》中担任女主角。1999年赴意大利留学。2001年与世界三大男高音在北京同台演出。

姚 策（1943— ）

中阮演奏家、作曲家。天津人。东方歌舞团演奏员。1962年毕业于中央音乐学院附中民乐科。1991年赴印度学习西它尔琴及印度音乐。曾就职于中国艺术团。在校期间主攻三弦，后以中阮为主，并掌握曼陀林、热瓦甫、吉它、三味线（日本）等多种弹拨乐器的演奏。学习印度最古老乐器西它尔的演奏技法并创作与二胡合奏的曲目，随团访问三十多个国家。参与编纂中阮考级曲目，并参加"东方神韵"音乐会的创作。

姚 朝（1930— ）

扬琴演奏家。广东增城人。40年代始从事粤剧乐师工作。新中国成立后，先后在广州曲艺大队、广州粤剧工作团、广东粤剧学校、广东歌舞剧院民族乐团等单位任扬琴演奏员、教师、艺术顾问。1957年参加第六届世界青年联欢节，合奏潮乐《抛网捕鱼》《画眉跳架》等曲目，并获民族音乐比赛"金质"奖章。为粤剧表演艺术家红线女担任参赛曲目《昭君出塞》的伴奏获金质奖。1993年参加广东省文化首届老人节文艺汇演，获扬琴独奏一等奖。

姚 笛（1935— ）

指挥家。上海人。1950年始从事音乐工作。曾在总政指挥班进修。曾为上海电影乐团常任指挥。先后为多部电影作曲，其中《巴山夜雨》《喜盈门》《城南旧事》分别获第一、二、三届中国电影"金鸡奖"的最佳音乐奖。

姚 笛（1954— ）

作曲家、笛子演奏家。天津蓟县人。河北省音协理事，廊坊市音协主席，廊坊市群众艺术馆副馆长，廊坊师范学院客座教授。1970年在天津地区京剧团工作。1971年在天津音乐学院附中学习。1987年毕业于天津音乐学院民乐系。1995年创作的笛子二重奏《踏青》获全国第五届"群星奖"作曲、演奏双项金奖。曾为三十多部影视剧音乐作曲，并创作大量歌曲、器乐曲及舞蹈音乐。

姚 峰（1953— ）

声乐教育家、作曲家。湖北武汉人。1975年毕业于武汉音乐学院声乐系后留校任教，先后任副教授、声乐系副主任。1994年被授予"湖北省有突出贡献中青年专家"称号。深圳市文联专职副主席、武汉音乐学院客座教授、硕士研究生导师。曾为中央及省市文艺团体培养了众多歌唱家，为三十余部影视片配唱主题歌、录制出版个人演唱盒带专辑《狼·真棒》并合作录制9盘盒带及唱片，出版《姚峰歌曲选》，为9部电视剧作曲、配器。声乐作品曾数十次获全国级奖项。

姚 洪（1949— ）

打击乐演奏家。北京人。1969年毕业于中国戏曲学校板鼓专业。曾任北京军区战友京剧团、歌舞团鼓师、乐队声部长。在全军文艺汇演中领奏打击乐合奏《军营一日》

获个人和集体表演三等奖。长期去部队和边防，三次赴老山前线慰问演出，并随团到罗马尼亚、香港、澳门等国家与地区演出。

姚 健（1948— ）

口琴演奏家。浙江嘉兴人。高级工程师。1955年始学习演奏口琴，后师从张浙曾、黄青白学习复音和半音阶口琴。80年代初，独奏《步步高》《金蛇狂舞》等曲目在中央人民广播电台播出，并在国内演出中多次获奖。1986年获全国复音口琴独奏比赛优胜奖、1989年内蒙古自治区文艺调演口琴独奏自创曲目《欢庆》获器乐优秀表演奖。曾参加在日本举行的"国际复音口琴录音带比赛"及在西德举办的"第二届世界口琴锦标赛"。

姚 珏（1964— ）

女小提琴演奏家。上海人。现定居香港。毕业于美国朱莉亚音乐学院。曾任香港演艺学院校董事会董事兼学术事务委员会主席，任香港艺术发展局委员、香港赛马会音乐及舞蹈信托基金委员、香港艺术节节目委员会委员、香港歌剧院艺术顾问，上海市政协委员、上海海外联谊会理事。曾在各地举办音乐会，也曾多次回国参加各项演出活动。2001年创办姚珏天才音乐学院。2002年获雪达表颁发"杰出小提琴家奖"，2004年当选为"香港十大杰出青年"，2008年当选为香港杰出专业女性。

姚 练（1945— ）

女音乐理论家。湖南人。曾任湖南省音协常务理事、湘潭市音协副主席。1965年毕业于湖南师范学院艺术系钢琴专业，1987年毕业于中国艺术研究院艺术理论研究生班。发表《论汉民族音乐思维逻辑的形成》《论湖南方言音调与音乐音调结构的对应》《试论湖南省湘剧音乐中的复调因素及调式和声》等文三十余篇。现从事业余钢琴教育。

姚 林（1934—已故）

作曲家。湖南邵东人。1959年毕业于山东艺专。曾在湖南邵阳市群众艺术馆工作，副研究馆员，音协湖南分会常务理事。作有苗族山歌剧音乐《相亲亭》（合作），歌曲《王二伯看闺女》《让我轻轻地告诉你》。

姚 伶（1923— ）

作曲家。陕西合阳人。1938年入延安民众剧团。1954年入西北艺专音乐系进修。曾在陕西省戏曲研究院工作。省政协第四、五届委员。作有秦腔音乐《游西湖》《窦娥冤》及眉户现代戏音乐《梁秋燕》。

姚 明（1948— ）

作曲家。辽宁营口人。空政歌舞团创作员。1961年入沈阳音乐学院附中学习，1971年入沈阳军区空政文工团任乐队指挥。1974年入沈阳音乐学院作曲系进修，毕业后回空政文工团任创作员。1985年调北京空政歌舞团任作曲。作有歌曲《前门情思大碗茶》《故乡是北京》《唱脸谱》《大黄河》《男子汉去飞行》，舞蹈音乐《醉鼓》《旦

Y

角》，影视剧音乐《西游记》续集，《小井胡同》等。曾获中宣部"五个一工程"奖、中国音乐"金钟奖"等多项政府奖。

姚　铭（1933—2005）
女高音歌唱家。上海人。1956年入上海广播乐团。曾在中国广播艺术团合唱团工作。

姚　文（1936—　）
音乐活动家。上海人。1960至1986年曾在总参谋部和国外任职。1986至1996年任中国音协外联部副主任、主任。曾组织亚太地区音乐研讨会和四十多个中国音乐家代表团出访。并接待五十余个外国音乐家代表团的来访。与国际音理会和许多国家、地区的音乐组织建立了关系。

姚　迅（1953—　）
音乐教育家。安徽芜湖人。1981年毕业于安徽师范大学音乐系后留校任教。安徽师范大学音乐学院艺术实践教研室主任。从事单簧管、电子琴、钢琴即兴伴奏等课程教学多年。著有《铜管乐队合奏曲集》《鼓号乐队合奏曲集》《民乐小合奏曲集》。在《中国音乐教育》《表演与艺术》等刊物发表论文数篇。

姚　易（1955—　）
小提琴演奏家。河南清丰人。四川农村日报副总编辑。1973年、1986年先后毕业于成都市"五·七"艺校、四川大学历史系。曾任成都音乐舞剧院交响乐团小提琴首席，参加过《白毛女》《红色娘子军》等舞剧、歌剧以及贝多芬等大师作品的演奏。辅导的小提琴学生多人考入中央音乐学院、上海音乐学院。组织策划举办"四川省第一届少儿小提琴比赛"等多项比赛和演出活动。训练指挥的合唱队获省报业集团歌咏比赛第一名，撰写的农村文化专题报道获省好新闻一等奖。

姚　湧（1928—　）
声乐教育家。河北人。1945年毕业于北京电影艺术学院。1953年毕业于北京师大音乐系。曾任吉林艺术学院音乐系声乐研究室主任。音协吉林分会理事。

姚爱莲（1941—　）
女钢琴教育家。河北涞源人。首都师范大学音乐学院钢琴系副教授。1963年毕业于中国音乐学院音乐系钢琴专业。先后在北京45中、138中任音乐教师，在北京舞蹈学院、中央民族学院、宣武区师范学校任教兼钢琴伴奏。撰有《钢琴音乐织体与钢琴教学》《海顿钢琴音乐作品的装饰音处理》《肖邦夜曲的音乐分析与教学》等文。

姚本树（1954—　）
音乐教育家。苗族。湖北利川人。广东茂名市第一中学高级音乐教师、南京中山文学院客座教授。毕业于武汉音乐学院。发表多篇音乐及音乐教育论文，其中《鄂西地方小戏音乐结构及其特征》获第二届中国戏曲音乐研究二等奖。出版《南粤情怀》。先后参加中国民歌、中国戏曲、中国曲艺音乐湖北卷收集整理工作，主编《利川民歌集》《利川曲艺音乐集》。所作歌曲多次获省、市级奖。为电视专题片谱写主题歌曲。

姚昌明（1933—已故）
女高音歌唱家。湖北武汉人。1953年入中央歌舞团学员班。1957年入中央乐团合唱队。曾担任小合唱、领唱、男女声二重唱。

姚关荣（1936—　）
指挥家。浙江人。曾任中国电影乐团首席指挥。留学德国期间师从指挥家谢尔兴。录制过《寒夜》《蹉跎岁月》等大量影视音乐，并与中外多个交响乐团成功合作，演出贝多芬九部交响乐等大批作品。与德国乐团合作的音乐会曾向全欧洲直播。曾先后率德国乐团登上米兰威尔第音乐厅，率中国乐团登上柏林爱乐音乐厅、布拉格斯美塔那音乐厅和纽伦堡名歌手音乐厅。曾任中国音协表演艺术委员会副主任、深圳音协主席、深圳交响乐团荣誉总监。

姚光鑫（1951—　）
琵琶演奏家。上海人。山东大学艺术学院、山东艺术学院客席教授。曾任山东歌舞剧院民族乐团副团长。1968年参加现代京剧《红嫂》的乐队伴奏。1980年获山东省直文艺团体青年演员汇演一等奖，同年在"上海之春"全国琵琶比赛和1982年的全国民族器乐独奏观摩演出中获奖。改编《牧歌》《半个月亮爬上来》《娃哈哈》等十首琵琶曲，其中改编并演奏的琵琶独奏曲《情深谊长》收录在上海音乐出版社出版的《中国琵琶名曲荟萃》集中，中央电视台播出。曾赴美国、墨西哥、新加坡、澳大利亚、奥地利等国演出。

姚汉光（1924—　）
指挥家。黑龙江哈尔滨人。1943年在哈尔滨古风音乐社研究学习中国民间音乐。1948年在冀察热辽联合大学鲁艺学院任音乐教员。新中国成立前夕到武汉，历任中南人民艺术剧院、武汉人民艺术剧院演奏员、指挥，武汉歌舞剧院副院长、院长，湖北省文联理事，省音协、武汉音协理事，武汉音协顾问。曾指挥过歌剧《白毛女》，舞剧《五朵红云》等。专著有《二胡基础教程》和《重奏曲》。翻译《昆曲新译》，由工尺谱译为简谱及五线谱，共100出折子戏唱段（16分册）。

姚鹤鸣（1942—　）
作曲家。河北人。1965年毕业于哈尔滨艺术学院作曲系。曾任二炮文工团创作组长。作有组歌《歌声在导弹阵地上飞扬》，舞蹈音乐《春茶》《新绿》。

姚恒璐（1951—　）
作曲家。北京人。中央音乐学院作曲系教授、博士生导师。中国音协理论委员会委员。自幼学习钢琴，毕业于山西大学艺术系。80年代曾在北京电台文艺部任音乐编辑。后赴英国利兹大学攻读四年，获音乐硕士、哲学博士学位。在英演出新作第一交响曲《升华》获奖。1995年回国在中央音乐学院作曲系任教。2002年作为访问学者，赴英、德、奥等国进行音乐教学交流。创作有室内乐、管弦乐作品七十余首，学术论文六十余篇。著有《20世纪作曲技法分析》《现代音乐分析方法教程》《鲁卡斯拉夫斯基的偶然音乐作曲技法研究》《作曲的基础训练》，主编《金色音乐厅——音乐必听曲目欣赏指导》（九册），《音乐技法的综合分析》。

姚洪亭（1953— ）

音乐教育家。河南人。河南濮阳市音协副主席，濮阳市艺术教育委员会主任。1975年毕业于安阳师专音乐系。先后在濮阳师范、安阳师范任教。1984年入北京师范学院音乐系学习。后任濮阳教育学院公共教研室主任。曾发表《浅谈美育和音乐教育》《初学钢琴应注意的几个问题》等文和歌曲《从二一年到九一年》。多年来培养了大批音乐人才，多次被学院评为先进工作者，多次被聘为艺术指导和出任大赛评委。

姚怀生（1958— ）

单簧管演奏家。山东济南人。1972年在青海省海西州民族歌舞团。从事单簧管演奏、独奏。1985年调中原歌舞团。历任演（独）奏、作曲、指挥，后任书记。1982至1984年在中央音乐学院学习单簧管演奏专业，1992年在解放军艺术学院学习作曲、指挥。创作歌曲《金唱歌曲》《石油人的情意》《心中的歌》等百余首。多次获国家级创作奖。

姚辉云（1936— ）

歌词作家。江西九江人。九江市文联文艺创作室高级创作员。原江西作协理事，九江市作协副主席兼秘书长，九江市音乐文学学会会长。发表文艺作品百余万字，出版歌词集《大海和白云》《匡庐恋歌》等专著5部。《大海和白云》《无名的枕木》《工地之夜》《江南美》等四十余首歌词在全国、省级获奖，《桃花渡口喜事多》获江西省人民政府奖。《大海和白云》获"杜鹃奖"全国征歌一等奖。

姚继刚（1941— ）

作曲家。山东济南人。1962年毕业于山东艺术专科学校音乐系，后任山东歌舞剧院钢琴演奏员、创作员。作有歌曲《请给我纤绳》《中华情思》，分获广电部新歌创作第三名和金奖，《家乡的花》获广电部优秀奖并在中央电视台春节晚会演出，《高飞的大雁》在中组部、中宣部、文化部、广电部联办的征歌比赛中获金奖。歌剧《徐福》获文化部第五届文华奖（音乐创作奖），《高高采油树》获山东艺术节作曲一等奖。

姚继新（1923—1994）

声乐教育家。江苏江宁人。1940年毕业于上海国立音专。曾为上海音乐学院副教授、师范专修科主任、音协上海分会副秘书长。

姚继业（1943— ）

作曲家。云南昆明人。1965年毕业于四川音乐学院作曲

系。曾在贵州民族学院艺术系任教。作有歌曲《公社带来好生活》，交响诗《长刀的故事》，舞剧音乐《山城报童》。

姚家杰（1940— ）

指挥家、作曲家。广东梅县人。总政歌舞团指挥、中国合唱协会常务理事、中国合唱联盟副秘书长。1956年入总政歌舞团，曾任独唱组长、歌舞团指挥。师从时乐濛、胡德风、严良堃及外国合唱指挥家，曾在中央音乐学院指挥系、中国音乐学院作曲理论系学习。指挥《中外名曲合唱音乐会》《黄河大合唱》《长江组歌》和全军、全国文艺汇演的合唱节目。为各地电视台及部队策划创作并指挥《胜利之歌》《军工风采》《橄榄绿之夜》等大型歌舞晚会。创作、编配音乐作品百余件，《同一祖先》获"中华歌会"金奖。为中央和北京电视台的电视片作曲有《我们已经长大》《青春风采》《初升的太阳》等。曾先后任清华、人大二十多支合唱团的指挥。举办多次合唱专场音乐会，参加全国比赛共获三十多个一等奖。

姚建萍（1956— ）

女歌剧表演艺术家。湖北人。毕业于中央音乐学院。中央歌剧院演员。参加《茶花女》《蝴蝶夫人》《图兰多》《卡门》《奥赛罗》《阿依达》《漂泊的荷兰人》《魔笛》《丑角》《乡村骑士》《绣花女》等歌剧的演出。曾赴美国、日本、新加坡、印度尼西亚、马来西亚、香港、澳门、台湾等国与地区演出。1989年在中央电视台和全国总工会举办的首届全国职工歌手大奖赛中获美声组第一名。在文化部举办的艺术歌曲比赛中获女声三重唱表演奖。

姚锦新（1911—1992）

女音乐教育家。上海人。1930年考入清华大学，1932年赴德国柏林音乐院留学主修钢琴，1939年毕业。1940年在香港举办个人钢琴独奏音乐会。先后赴美国耶鲁大学音乐系、加利福尼亚大学音乐系，主修作曲、理论。1948年回国，执教于华北大学。新中国成立后，长期在中央音乐学院、中国音乐学院任教授。曾任中国音协理事。

姚力铭（1948— ）

女扬琴演奏家。甘肃民乐人。1980年入北京总政军乐团学习扬琴演奏，后在中央民族歌舞团学习。1976年入新疆阿勒泰县文化队，后在杂技团主要担任演奏。1995年始在新疆歌舞团爱乐乐团任打击乐首席。1982年在新疆民族器乐独奏比赛中获扬琴独奏一等奖，同年新疆代表队参加全国民族器乐独奏比赛，获4个一等奖、2个二等奖（本人担任扬琴伴奏），后曾在阿勒泰"阿山之声""伊犁之声"音乐会中分别获扬琴独奏两个一等奖及一个三等奖。曾先后参加中国歌剧汇演，《阿曼尼莎》《古兰木罕》均获国家二等奖。

姚连乔（1966— ）

女高音歌唱家、教育家。辽宁丹东人。哈尔滨师范大学艺术学院声乐系教研室主任、黑龙江音协声乐副秘书长。1988年毕业于沈阳音乐学院声乐系，2000年由首都师

Y

范大学音乐系研究生班结业。自1992年起在连续七届"哈尔滨之夏"音乐会、日本访华团专场音乐会及迎香港、澳门回归等演出中担任独唱。作曲并演唱的《我爱哈尔滨的冬天》已录制VCD光盘。曾举办个人独唱音乐会，并演唱大量德、法、意艺术歌曲及歌剧咏叹调。在西洋歌剧《绣花女》中主演公咪咪。撰有《中国歌剧与西洋歌剧的对比研究》。曾赴韩国访问交流。

姚鲁生（1955— ）

女歌唱家。河南范县人。山东菏泽市群艺馆文艺部主任。1973、1990年分别毕业于贵州省艺校、中国函授音乐学院。曾任菏泽地区文工团、贵州省军区歌舞团独唱演员。在参加山东省第一、二届"泉城之秋艺术节"中担任独唱与女声小合唱。1992年获苏、鲁、豫、皖四省电视青年歌手大赛"歌星奖"，山东文化馆站业务技能比赛独唱二等奖。配合组织市各项大型音乐活动，担任音乐赛事评委。培养的学生多人考入艺术院校和专业艺术团体，并在声乐比赛中获奖。

姚明忠（1944— ）

笛子演奏家。湖北荆门人。自幼习艺。1961年入湖北省歌舞团。曾入湖北艺术学院进修。曾在深圳青春歌舞团工作。创作和演奏笛子独奏曲目有《欢庆胜利》《清江船歌》等。

姚泉荣（1939— ）

作曲家。上海人。曾任江西景德镇市歌舞团副团长、市音协副秘书长。1961年毕业于上海音乐学院师范科。曾任职于上海音乐学院视唱练耳教研组与云南德宏州民族歌舞团。所作歌曲《上民校》（合作）获"上海之春"歌曲创作奖，《日子富了歌也多》获江西省首届"井冈之春"歌曲评奖三等奖，《腾飞吧！中华》获江西音乐节创作二等奖，另作有景颇族歌剧《红木寨》。所研制的新型民族乐器瓷瓯在江西省文化科技授奖会获奖。

姚润如（1942—已故）

音乐编辑家。河北交河人。1962年参加内蒙古军区文工团，1973年调内蒙古人民广播电台文艺部，后任音乐组组长。编辑撰写制作节目有《介绍新歌——美丽的草原我的家》《介绍达瓦演奏的马头琴曲》《呼伦贝尔的思念》等。发表评介文章《白莲·小河》《介绍蒙古族民歌——嘎达梅林》《充满泥土芳香的艺术之花》等。

姚绍宏（1956— ）

作曲家。江苏泰州人。1979年毕业于南京师范大学音乐系。泰州文化馆馆长兼市文化艺术学校校长、研究馆员、江苏音协理事、泰州音协主席。歌曲《中国梦》《幸福河里把船摇》分别获华东六省一市比赛银奖、江苏省第三届精神文明建设"五个一工程"奖。应邀参加韩国文化、体育部举办的"97汉城笛子祝节"，在学术交流会上发表论文《筚篥略考》并被收集出版。先后获"江苏省音乐考级优秀指导老师"证书及泰州市政府首届文艺奖。

姚盛昌（1950— ）

作曲家。浙江海宁人。中国音协第六、七届理事。天津音乐学院院长、教授。1977年毕业于天津音乐学院作曲系，后任教于作曲系，1985年获硕士学位。琵琶协奏曲《渤海三章》，小提琴与钢琴《音诗》获鲁迅文艺奖，电视连续剧《唐明皇》音乐获第十三届"飞天奖"。曾为《汉武帝》《杨贵妃》《苍茫》《邓颖超和她的妈妈》《铁血英才刘伯坚》等获奖电视剧作曲。创作歌剧、交响乐、协奏曲、室内乐等近百部。

姚世真（1938— ）

女钢琴教育家。上海人。1961年毕业于上海音乐学院钢琴系。曾任浙江省歌舞团、海政歌舞团演奏员。后任上海音乐学院钢琴系教授、硕士生导师。曾在苏联列宁格勒音乐学院进修。撰有《浅谈普罗科菲也夫的〈罗密欧与朱丽叶〉作品75号》《关于肖邦的晚期钢琴作品》等文。编写大量钢琴基础教材的文字注释及录制VCD专题教学片并校注《李斯特钢琴练习曲全集》。所培养的学生在国内及英、美等国的钢琴赛事中获奖。

姚书文（1963— ）

作曲家、笛子演奏家。天津蓟县人。1975年考入天津音乐学院附中笛子专业，1980年升入天津音乐学院本科。1995年创作并演奏的笛子二重奏《踏青》获全国"群星奖"创作、演奏双项金奖。创作大量歌曲，有的在全国、省市比赛获奖。电视片《金色追寻》的主题歌在全国电视片比赛中获二等奖。歌曲《苗岭飞歌》《月亮山依恋》及《军装美》或由专业歌手演唱或拍成音乐电视。近年来从事MIDI音乐制作、编曲和录音。

姚思源（1925— ）

音乐教育家、作曲家。河北人。首都师范大学音乐系教授。1949年毕业于北京师范大学音乐系。作有艺术歌曲、合唱曲、钢琴曲等数百首，出版有《姚思源音乐作品选集》，并于1991年在京举办个人作品音乐会。著有《论音乐教育》《论音乐与音乐教育》《儿童歌曲伴奏曲109首》。主编出版有《北京志·音乐志》《中国当代学校音乐教育》。曾任中国音协第四届理事、音乐教育委员会副主任、顾问，北京音协第三、四届副主席、顾问，国家教育部社科中心兼职研究员，教育部中小学音乐教材审查委员。

姚素秋（1953— ）

女作曲家。河北蓟县人。1981年曾在天津音乐学院进修作曲及音乐理论，后毕业于北京人文函授大学群众文化专业。曾任承德市文联秘书长、市音协主席。作有歌曲《心里飞出快乐的歌》《战友啊战友》《姑娘心中有颗星》等，舞蹈音乐《哨鹿》，广播音乐专题《塞外小百灵》，电视剧音乐《关外青山》，电视专题《塞外掠影》等。多部作品获创作奖、"军钢杯"佳作奖等。撰有《浅谈承德地区民歌特点》《质朴的大众乐曲浓郁的民族风格》等文。

Y

姚维琪（1931— ）

歌唱家。陕西人。1949年参军，先后在陕西军区文工团、陕西省文工团、陕西省歌舞剧院任演员、独唱演员、合唱队副队长、队长，团附属艺术学校校长。参加歌剧《董存瑞》《小儿黑结婚》，话剧《万水千山》《长征组歌》，歌舞剧《焦裕禄颂歌》，舞剧《白毛女》等演出，并饰主要角色。参加中日青年友好大联欢、国庆30周年、中南海等演出。为女声小合唱《打草鞋》《政策落实农家乐》，女声二重唱《阿哥出嫁》作曲。举办"姚维琪等四同志专场音乐会"。参加《唐长安乐舞》演出中任"秦王"领唱。

姚伟成（1957— ）

女歌唱家。四川德阳人。德阳市城房艺术学校常务副董事长兼校长。在文艺团体工作期间主演过《江姐》《洪湖赤卫队》等多部歌剧，多次获得省、市表演奖。1979年主演峨眉电影制片厂故事片《迟到的春天》《噪音》。1985年到德阳市文化局工作并兼任市艺术学校校长。2003年四川音像出版社出版发行了《三叠阳关》（MTV）——"姚伟成艺术歌曲演唱专辑"。

姚文华（1926—1998）

圆号演奏家。安徽芜湖人。毕业于上海圣约翰大学。1952年入上海交响乐团任演奏员。译著有《铜管演奏的艺术》。

姚晓强（1964— ）

作曲家。广西人。1986年毕业于广西艺术学院。中国音协第六、七届理事，广东省音协秘书长。创作歌曲数百首，音乐剧、舞蹈音乐、电子音乐多部。曾获中国音乐"金钟奖"优秀作品奖，央视MTV大赛民歌金奖，广东省"五个一工程"奖"鲁迅文艺奖""世纪经典"中国流行音乐广东杰出音乐人奖等上百个奖项。有三十多个作品被拍成MTV在央视、卫视播放，并被央视春节联欢晚会、歌舞晚会、公安晚会、"同一首歌"等采用。主要作品有《幸福山歌》《吉祥颂》《怎么HAPPY》《亲亲祖国》《中国山歌》，以及大型民族音乐剧《神话中国》，大型民歌音乐剧《曲水流觞兰亭会》等。

姚晓琴（1963— ）

女扬琴演奏家。江苏南京人。南京师范大学音乐学院副教授。1986年毕业于南京艺术学院音乐系，后从事扬琴教学和演奏。1994年赴韩国举办演奏会。1995年获国际华夏民族器乐比赛优秀演奏奖。1997年举办"迎香港回归，姚晓琴扬琴独奏音乐会"。2000年举办师生音乐会。2001年获华东地区民族器乐比赛优秀园丁奖。出版扬琴音带和民族音乐精典CD套盘，以及个人扬琴演奏专辑《昭君怨》CD盘。发表多篇学术论文。

姚晓云（1953— ）

女小提琴演奏家、歌词作家。达翰尔族。吉林人。曾在黑龙江省多次文艺汇演和代表黑龙江到北京演出歌剧《草原红鹰》及内蒙古自治区的各类演出中，均任小提琴

演奏员。另有作词歌曲《鄂温克人》《鹿铃森林》《为内蒙古干杯》《海拉尔美丽的城》《祝福草原》《党像亲人好慈祥》等，多次在自治区各类征歌和比赛中获奖。出版《奶酒的祝愿》个人CD专辑。

姚学诚（1929— ）

作曲家。安徽桐城人。1949年入空政歌舞团，曾任该团创作组副组长。1958年毕业于上海音乐学院理论作曲系。作有大型歌舞音乐《革命历史歌曲表演唱》（合作），《长山火海》及歌曲《强大机群向前飞》《我为英雄洗战衣》《千万个祝福带给你们》。近年来有近十首歌曲被选为中央台每周一歌播放。撰写文艺评论文章多篇。

姚学言（1931— ）

指挥家。山东人。1949年入青年文工团。1957年入中央乐团德国双簧管专家班学习。1978年入中央音乐学院指挥系进修。曾任中央歌剧院指挥。指挥有歌剧《白毛女》《货郎与小姐》，舞剧《红色娘子军》。现移居美国。

姚雪华（1933— ）

女钢琴教育家。上海人。1956年在中央音乐学院声乐系任歌剧表演课艺术指导、声乐系教材小组成员。在歌剧表演课中，指导的曲目有《青春之歌》《草原之歌》《阿诗玛》《绣花女》《费加罗的婚礼》《女人心》等。1960年由人民音乐出版社出版大部分曲目由其编配钢琴伴奏的《声乐教材选集》第一、二册，1985年发表个人编配的钢琴伴奏曲专辑《声乐教材选集》第三册。

姚亚平（1953— ）

音乐理论家。四川成都人。中央音乐学院教授、音乐学系副主任。1984年毕业于四川音乐学院作曲系，1989至1995年中央音乐学院音乐系攻读硕士、博士学位。撰有《语言与命名》《复调产生的理论及其评价》多篇论文。出版有《西方音乐的观念》《西方音乐通史》《音乐学文集》等。

姚一凡（1931—已故）

女低音歌唱家。黑龙江哈尔滨人。1952年入吉林省文工团任演员。1954年入中央乐团任合唱队员、女低音声部长。曾任中央乐团艺术辅导室声乐培训班教师。

姚怡德（1929—1991）

古筝演奏家。江苏苏州人。1949年毕业于东北鲁艺音乐系。曾为西北民族学院艺术系副教授。1959年第七届"世界青年联欢节"独奏比赛获奖。1979年为京剧《南天柱》作曲获文化部创作一等奖。

姚以让（1916— ）

音乐教育家、理论家。四川江油人。1944年毕业于重庆国立音乐院分院专修科理论作曲专业。后长期任教于四川音乐学院作曲系，担任和声、曲式、作品分析及创作课。曾任成都市音协副主席，四川省音协理事、顾问。作有小提琴曲《农村舞曲》，合奏曲《箫》《快活年》，

Y

著有《歌曲分析与写作》《音乐新潮》（合作），撰有《'桥'的艺术》《五声音调系列研究》《声与色的交响》等。

姚艺君（1955— ）

女音乐理论家。湖北老河口人。中国音乐学院音乐学系副主任。1984至2005年先后毕业于武汉音乐学院、中国音乐学院、福建师大音乐学院，硕士研究生。曾任湖北襄樊市歌舞剧团演员。撰有论文《戏曲音乐创作的思考》《西塘杂感话田歌》等，其中《戏曲音乐曲牌"耍孩儿"的形态研究》获首届中青年论文一等奖。著有《中国传统音乐欣赏》《中国民族民间音乐》。担任《典藏中国音乐大系之三》《中华戏宝》撰稿、音乐编辑。

姚玉芳（1952— ）

女音乐教育家。广东汕头人。1973年毕业于厦门大学教育系艺术专业。曾任教于三明师范、永安铁路中学、永安十二中。中学高级教师。自编中师教材6部，多篇文章分别在《音乐周报》《福建歌声》等刊物上发表，另有十余篇在评选中获奖。指导培训学生数人考取高等音乐院校，并指导学生在音乐赛事中获奖。曾获"福建省企业优秀歌手奖"，被上海铁路局评为优秀教师。

姚玉玲（1941— ）

女长笛演奏家。山东巨野人。1963年毕业于山东省艺术专科学校。曾任新疆伊犁自治州文工团与江苏徐州市歌舞团演奏员。曾参加歌舞《十二木卡姆》，芭蕾舞剧《红色娘子军》，歌舞剧《摸花轿》，钢琴协奏曲《黄河》的演出。

姚玉美（1946— ）

女音乐教育家。浙江镇海人。1958年考入上海音乐学院附中，1961年获钢琴专业优等证书，师从金传城、张慧妹先生，1965年获理论专业毕业证书，师从靳卯君、汪培元先生。河北省艺术职业学院音乐系高级讲师、全国钢琴演奏业余考级评委。主要从事钢琴与音乐理论课的教学，学科带头人，获河北省优秀教师称号。作品有小提琴独奏曲《思念》获河北省第三届文艺振兴奖，器乐曲《灯月交辉》获河北音乐之春创作一等奖。

姚玉卿（1936— ）

作曲家。山东泰安人。青岛老教授协会副会长、青岛市音协顾问。曾任青岛大学副教授，青岛东亚学院教授，山东省政协二、三届委员，青岛市音协副主席兼教育委员会主任。1954年开始音乐创作。作有歌曲《四姐五姐本是亲姐妹》《赞美我的祖国》《春雨》，弦乐四重奏《乡音》《纺织歌》，交响序曲《科技之光》，交响诗《青岛之恋》。撰有《歌曲写作技法》。

姚云彬（1956— ）

声乐教育家。黑龙江哈尔滨人。哈尔滨师范大学艺术学院音乐教育系声乐教授，声乐教研室主任。1981年毕业于哈尔滨师范大学艺术系音乐专业，后留校任教。1984至

1986年先后在中央音乐学院、沈阳音乐学院声乐系进修。多年从事声乐理论与实践的教学研究，培养的学生多次在声乐大赛中获奖。数篇论文在省级以上刊物发表。被聘为黑龙江省电视台等单位举办的声乐大赛评委，中央音乐学院社会艺术水平考级声乐考官。为中国教育学会音乐教育委员会高师声乐学术委员会委员。

姚运才（1940— ）

作曲家。湖南人。1964年毕业于湖北艺术学院作曲系，曾任职湖北省文联。1971年起先后任郧阳地区文工团任副团长，湖北省音乐家协会第四、五、六届常务副主席，第五届中国音协理事，《中国民间歌曲集成·湖北卷》副主编，武汉音乐学院、华中师范大学音乐系兼职任教。创作近400件声乐、器乐、歌剧、舞蹈等音乐作品，其中三十余件在全国或省市获奖，主要作品有合唱组歌《平原的太阳》，歌曲《热土》，管弦乐曲《扬场歌》，古筝独奏曲《小河淌水》等，出版有《平原的太阳——姚运才创作歌曲选》。

姚珍青（1925— ）

女音乐编辑家。山东青岛人。1948年入湖南音专学习。1950年后在湖南人民广播电台从事音乐编辑工作。曾任湖南省政协第四、五届委员。音协湖南分会第三届常务理事。

姚志军（1941— ）

钢琴教育家。1967年毕业于上海音乐学院钢琴系。曾为该院副教授。

姚志明（1949— ）

手风琴演奏家。北京人。1969年入昆明军区歌舞团，曾任音协云南分会理事。1981年入中国歌剧舞剧院任独奏演员，曾任艺术教育部副主任，中国歌剧舞剧院手风琴电子琴学校校长，小天使艺术团团长，并受文化部派遣率团出演二十多个国家历任团长及领队。出版有《少年儿童手风琴速学教程》《手风琴电子琴中级教程》《手风琴电子琴高级教程》。

药　林（1959— ）

小提琴演奏家。北京人。中国铁路文工团歌舞团团长。1979年考入中国铁路文工团歌舞团任小提琴演奏员，后任第一小提琴演奏员。参加大量歌剧、舞剧、音乐会的演出，并随团多次出国进行访问演出。参加大量的磁带、唱片、CD的录音。

药春生（1932— ）

低音提琴演奏家。山西榆次人。1948年入解放军十六兵团文工团。全总歌舞团演奏员。作有歌曲《钢铁工人之歌》《只要有咱们工人在》。

伊耀宽（1944— ）

作曲家。浙江象山人。象山县文化宫副主任。1990至1993年分别参加《天津歌声》、成都音乐学校作曲函授

Y

班、浙江省电声乐队配器培训班和指挥培训班学习。曾任象山县越剧团乐队队长。作有歌曲《啊！腾飞的象山》《当代工人》《共产党领导幸福来》《打渔归来》《我爱祖国的春天》《吆喝一声开渔啦》等，多首作品获奖或由电台、电视台播放。

叶　常（1944— ）

二胡教育家。广西贺州人。1965年始从事文艺工作，先后任广西桂林市彩调剧院乐队首席二胡演奏员、贺州市文化馆音乐专干。1985年在中国音乐学院器乐系深造，师从安如励教授。任教于深圳市音乐艺术培训中心。多年的演奏和教学，为全国文艺团体输送众多二胡演奏员。连续多年被文化部、国家教委等单位授予"全国先进文化工作者"等荣誉称号。被广西文化厅授予"有突出贡献的科技工作者"。

叶　栋（1930—1989）

音乐理论家。江苏吴县人。1956年毕业于上海音乐学院理论作曲系，曾在该院民乐系任教。曾任上海市政协委员。著有《敦煌琵琶曲谱解释》《唐代音乐与古谱译读》等。

叶　凡（1970—2007）

女歌唱家。江苏南京人。1991年南京艺术学校声乐专业毕业，后为武警文工团演员。自1994年始，在声乐比赛中多次获广电部、文化部政府奖，中宣部"五个一工程"奖。演唱歌曲《江南》《黎明百姓长久》分获中央电视台第三、四届音乐电视大赛金奖、银奖。1996年赴哈萨克斯坦参加第三届"亚洲之声"国际声乐大赛演唱《等你》获银奖。创作并演唱歌曲《归家》《绿色，我们的家》《树》《始祖炎黄》《爱的力量》等歌曲。1998年推出个人专辑《随爱飞翔》盒带及CD唱盘。主打歌多次荣登国内流行歌曲排行榜冠军。1998年在上海举办个人演唱会。曾为六十多部电视剧演唱主题歌及插曲。

叶　枫（1918—2005）

音乐教育家、作曲家。河南人。1936年毕业于河南艺术专业学校。1937年参加抗日巡回宣传队。1938年赴延安鲁迅艺术学院音乐系学习作曲、指挥，1940年毕业后留校，在音乐工作团工作。1947年参加人民解放军，曾任政治部创作组组长，文工队队长，总政歌舞团合唱队队长，中国艺术研究院音乐研究所所长、戏曲研究所所长、副秘书长、党委办公室主任。创作歌曲数百首，多已陆续出版或公演。发表有关戏曲音乐、演员舞台艺术及唱法研究等文章数篇。

叶　锋（1965— ）

双簧管、萨克斯演奏家。布依族。贵州贞丰人。贵州省歌舞团演奏员。1997年贵州师范大学音乐系毕业。1990年录制双簧管独奏曲4首在贵州省广播电台播出。曾参加昆明"第三届中国艺术节"、纪念毛泽东诞辰100周年、与"中国残疾人艺术团"共同演出等省内外大型演出活动。

叶　坚（1947— ）

戏曲音乐家。浙江宁波人。曾为浙江京昆艺术剧院演奏员。1964年毕业于宁波市戏曲学校。浙江民族管弦乐学会理事、浙江剧协第五次代表大会主席团副秘书。曾担任京剧团副团长、京小班领导小组组长等。参加演出的剧目有《龙凤呈祥》《四郎探母》《失空斩》《玉堂春》《霸王别姬》《二进宫》等。曾任《八仙过海》《大闹天宫》等剧音乐设计和唱腔整理，其中《搜孤救孤》获浙江省第二届戏剧节演出奖。多次赴日本、澳大利亚等国传播京剧艺术和文化交流。

叶　键（1974— ）

女钢琴家。安徽合肥人。安徽大学艺术学院副教授。2005年毕业于中国艺术研究院，获音乐学硕士学位。1994年毕业于安徽师范大学音乐学院，留校任教。主持并参加多项省部级、国家级课题。获安徽省第二届（2006年）音乐论文比赛一等奖。主编安徽省"十一五"规划教材《钢琴》（第二册），曾由安徽人民广播电台制作播发个人演奏专辑。

叶　林（1922— ）

音乐理论家。广东惠阳人。1948年毕业于国立福建音专。曾任文化部艺术局专员和文化部艺术委员会委员。作有歌曲《啥人养活啥人》。撰有多篇音乐评论文章。

叶　林（1937— ）

女歌唱家。江西人。江西省歌舞团独唱演员。1960年进修于上海音乐学院声乐系，后师从谢绍曾教授。曾任歌剧《洪湖赤卫队》《爱情传说》《沙家浜》《白毛女》主要角色或独唱，演唱有《献给祖国的歌》《我爱你，中国》《月明》《蝶恋花》《为咱亲人补军装》等歌曲。长期从事声乐教学，部分学生获奖或考入专业院校。

叶　鲁（1918—1984）

音乐理论家。广东东莞人。1946年毕业于福建音专。长期从事音乐教育工作。1956年任广东音乐学校负责人。1977年任音协广东分会民族民间音乐委员会副主任。撰有《广东音乐简介》。

叶　萌（1956— ）

小号演奏家。福建古田人。1974年入福建省歌舞剧院乐队任小号演奏员。1989年毕业于厦门大学。曾师从中央乐团陈家敏学习小号。福建省歌舞剧院副院长。曾在钢琴协奏曲《黄河》，交响乐《沙家浜》，舞剧《红色娘子军》，歌剧《货郎与小姐》，以及在美国指挥家庞丘斯指挥的上海乐团和中央乐团指挥家指挥的音乐会上任首席小号。策划组织台湾作曲家、福建作曲家作品音乐会、交响音乐会赴校园演出近百场。兼任福建师大、厦门大学、福建艺校、等院校的小号教师。

叶　平（1957— ）

低音提琴演奏家。北京人。中国爱乐乐团低音提琴演奏员。曾任职于海政文工团、中国评剧院、中央歌剧院。

叶佩英（1935— ）

女高音歌唱家、声乐教育家。广东惠阳人。马来西亚归侨。1960年由中央音乐学院声乐系毕业后留校任教，教授、硕士生导师。全国人大第六、七届代表和第七届人大华侨委员会委员，全国政协第八、九、十届委员及八、九届政协社会和法制委员会委员。60年代起即在重要演出中担任独唱，如纪念抗日战争胜利20周年大会、聂耳·冼星海纪念音乐会，文化部艺术节及各种音乐节，庆祝建国50周年以及贺绿汀、郑律成、肖友梅、向隅、吕骥、郑秋枫等作品音乐会。独唱曲目有《我爱你，中国》《请允许》《送上我心头的思念》《蓝天里有一颗会唱歌的星》《钗头凤》，其中《我爱你，中国》曾获中央电台40年五洲杯"演唱奖"。曾出版个人独唱专集《我爱你，中国》和《高飞的海燕》等。先后出访美国、日本、香港、马来西亚、新加坡、泰国、意大利演唱并讲学。

叶谦哲（1943— ）

音乐教育家。福建诏安人。福建诏安县第一中学高级教师。1968年毕业于福建师大音乐系。作有歌曲《制糖工人之歌》《让环球弥漫春的信息》并获奖。撰有文章《培养良好的节拍感和节奏感》。曾在全省学校音乐周中被评为"先进个人"，在音乐教学和课外活动中被评为"优秀音乐教师"，在第二届福建省中小学音乐、美术录像课评比中获"指导教师奖"。

叶清海（1939— ）

作曲家、音乐活动家。福建厦门人。福建音协常务理事。1965年毕业于福建艺术学院作曲专业。历任福建省芳华越剧团作曲、省文化局音工室主任、省艺术馆副馆长。组织过多届"武夷之春"大型音乐会及音乐培训和赛事活动。发表和演播歌曲、器乐曲、论文四十余首（篇），并多次获奖。在国家艺术科研重点项目文艺集成编纂工作中成果突出，获文化部、国家民委、全国艺术科学规划领导小组颁发的突出贡献奖和两项编纂成果一等奖。

叶申龙（1938— ）

女古筝演奏家。香港人。曾为中国音协中国筝会理事，辽宁省民族管弦乐学会副会长，古筝专业委员会副会长。1953年考入东北音乐附中，1960年毕业于沈阳音乐学院民乐系，先后在辽宁省歌舞团、沈阳歌舞团任独奏演员。为北京、上海唱片公司录制《闹元宵》《渔歌》《浔阳夜月》《阿里山歌》等唱片。1978年获市院团个人技术表演赛一等奖。2000年被授予"沈阳市百位文艺名家"并获市文联"十佳音乐家"称号。随团赴罗马尼亚、南斯拉夫、日本等国演出，并应邀赴香港、台湾举行专场音乐会。

叶士林（1935— ）

女高音歌唱家。北京人。1950年从事部队音乐工作。曾任战友歌舞团合唱队声部长。演唱曲目有《摘豆角》《挂红灯》等。

叶淑涟（1919— ）

女音乐教育家。福建福州人。1942年毕业于国立上海音专钢琴系。1954年始先后在上海音乐学院附中及上海音乐学院从事视唱练耳教学工作。

叶淑敏（1939— ）

女钢琴教育家。台湾人。1959、1964年先后毕业于沈阳音乐学院附中、沈阳音乐学院钢琴系。任大连理工大学附中教师，1990年调辽宁师范大学音乐系任钢琴教研室主任。曾在大连艺术馆业余艺校担任钢琴教师。培养了一批学生，其中数人在省市钢琴比赛中获奖，有的考上专业院校。多次担任市钢琴比赛评委及中国音协全国业余钢琴考级评委。在出版的《中学各科学习方法与疑难问题解析》一书中撰写音乐部分。

叶松荣（1955— ）

音乐学家。福建闽侯人。1982年毕业于福建师大艺术系，留校任教。曾两赴中央音乐学院进修。主要从事西方音乐史教学和研究。现为福建师大音乐学院院长、教授、研究生导师、博士学位候选人。完成全国艺术科学"十五"国家社科基金项目《欧洲音乐文化史论稿》《中国人视野中的欧洲音乐》，获2003年福建省政府颁发的社科优秀成果一等奖。受教育部委托主持编撰高师《西方音乐史》教材。发表论文数十篇。

叶颂东（1958— ）

作曲家。湖北赤壁人。1971年在湖北咸宁市歌舞剧团先后担任演员、演奏员、作曲和指挥。1985年就读于武汉大学中文系，1988年在湖北咸宁市戏剧研究所从事音乐文学创作，后任市轻音乐团团长和市艺术学校常务副校长，1998年在武汉音乐学院学习理论作曲。曾任咸宁市音协副主席、秘书长和市政协常委。发表音乐和歌词作品百余首（部），多首作品获各级奖。1998年创作湖北省第十届运动会开幕式团体操音乐和主题歌。现为湖北省艺术职业学院音乐教师。

叶蔚林（1934—已故）

歌词作家。广东人。1950年始从事部队文艺工作。1960年入湖南歌舞团，后入省戏剧工作室任创作员。作有歌词《挑担茶叶上北京》《洞庭鱼米乡》《风雷颂》。

叶向阳（1965— ）

古筝教育家。福建南安人。泉州儿童发展职业学院艺术系高级讲师。1987、2005年分别毕业于厦门大学音乐系、北京师大教育管理系。发表《浅谈在音乐教育中培养审美情感》《谈谈古筝教学》等文。

叶小钢（1955— ）

作曲家、音乐教育家。广东人。美国罗切斯特大学伊斯曼音乐学院作曲专业毕业，研究生学历。中央音乐学院教授、博士生导师，曾任作曲系副主任、督学，现为副院长。中国音协第六、七届副主席，第十届全国政协委员，第十一届全国政协常委。创作有多部作品在多个国家演出并获奖。主要作品有交响乐作品《最后的乐园》《悲歌》《冬》《地平线》《大地之歌》《深圳故事》组曲，歌曲

Y

《花季雨季》，影视作品有《湘女潇潇》《洗澡》《玉观音》《刮痧》《惊涛骇浪》《芬妮的微笑》等。曾在中国音乐"金钟奖"、中央电视台全国青年歌手大奖赛、文化部全国交响乐比赛等音乐大赛中担任评委。培养的学生其作品多次在国内外赛事中获奖。

叶晓初（1944— ）

音乐教育家。福建南平人。1963年毕业于上海音乐学院附中。历任新疆阿克苏地区文工团演奏员、教员、乐队指挥，新疆艺术学院键盘教研室主任，新疆音协钢琴学会副会长兼秘书长，福建集美大学艺术教育学院音乐系副主任，厦门大学艺术学院音乐系客座教授。厦门市音协常务理事、厦门市音协钢琴专业委员会主任。曾多次代表新疆赴北京、西安、哈尔滨等城市参加全国性的比赛及演出。1978年以来致力于钢琴教学。多次被各级评为优秀教师。论文《高师教学模式和考试方法的改革》1997年被评为集美大学教学成果一等奖。

叶晓雯（1959— ）

女高音歌唱家。安徽天长人。安徽省歌舞剧院演员。1990年毕业于安徽大学艺术大专班。1990年举办个人演唱会。出版《把美洒遍人间》演唱专辑。受聘任中国科技大学等院校客座教师。

叶新元（1950— ）

作曲家。河南商水人。新疆伊犁州文体局副局长、州政协委员，州音协副主席。1969年参加工作，历任州歌舞团乐队首席圆号、乐队队长、州话剧团团长、州文化局处长、副局长。先后创作各类音乐作品二百余部（首），部分作品在全国、自治区、自治州获奖。多年来在伊犁举办的各类大型文艺活动中担任策划、组织、指挥和评委等工作，2002年任自治区第五届民运会开幕式入场式和大型文艺表演《拥抱明天》的总指挥、总导演。

叶旭全（1955— ）

歌词作家。广东东莞人。1978年毕业于华南师范大学中文系。中国音乐文学学会副主席、广东省流行音乐协会副会长、深圳市音协主席团成员。曾任深圳东深供水局局长，广东粤港投资控股有限公司董事副总经理、粤海啤酒集团有限公司董事局主席、深圳金威啤酒有限公司董事长。从事歌词及音乐创作近20年，发表歌词及音乐作品100多首。《春天的故事》（合作）获中宣部"五个一工程"奖，中国音乐"金钟奖"及音乐电视大赛金奖。《永远跟你走》（作词）获中宣部"五个一工程"奖。

叶绪然（1936— ）

琵琶教育家。江苏苏州人。1960年毕业于上海音乐学院，任教于该院。中国琵琶研究会长江流域联席会主席。1982年首演《敦煌曲谱》和《五弦琵琶古谱》。1997至1998年应台湾台北市国乐团和中华筝乐社邀请两次赴台讲学和巡回演出。1999年应加拿大政府艺术委员会邀请参加加拿大民间艺术节举办独奏音乐会，并作巡回演出，其间在Montreal大学和V.B.C大学作介绍琵琶的学术报告。作品

有《赶花会》等。著有《学好琵琶》《少儿琵琶教程》以及《上海音乐学院校外考级曲集和练习曲》等。

叶彦荣（1922—已故）

音乐编辑家。北京人。1939年入北师大音乐系学习。1951年入音协陕西分会任《群众音乐》（后改为《音乐天地》）编辑。作有歌曲《红五月之歌》。

叶仰曦（1902—1983）

戏曲音乐家。满族。北京人。早年师从爱新觉罗·溥侗习昆曲。1956年入北方昆曲剧院工作。著有《戏曲龙套艺术》。合作整理译谱戏曲遗产《九宫大成》。担任《百花点将》《李慧娘》音乐设计。

叶益平（1956— ）

作曲家。浙江玉环人。1970年在玉环县越剧团，1981年始在县文化馆任副馆长。获奖歌曲有《钓鱼谣》《飞龙之歌》《走进月光》《闯大海》《天鸿》《甜妹子》等多首。作有民乐合奏《欢乐的渔民节》，舞蹈音乐《我家住在小渔村》，二胡独奏《盼归》，埙、笛与打击乐《渔岛的传说》，分别获省民族器乐比赛、省音舞节创作评选获三等奖、二等奖、金奖。创办《台州音讯》，筹措资金举办少儿钢琴大赛、浙江省"飞龙杯"青年歌手大赛。2002年出版《台州湾放歌》歌曲集和《台州民歌集》并举办"钱梅洁师生音乐会"。

叶佑濂（1935— ）

圆号演奏家。广东人。1951年参加广州市文工团乐队。后在中央实验歌剧院、中国舞剧团工作。曾在中国歌剧舞剧院任演奏员。

叶兆华（1948— ）

作曲家、指挥家。江西人。江西省歌舞剧院乐团团长、指挥。1969年毕业于江西省文艺学校音乐科。多首音乐作品获奖，其中管弦乐《思念》于1985年获江西音乐节三等奖，担任作曲的大型舞蹈诗《闪烁的星辰》于1992年获首届江西省文学艺术优秀成果三等奖，琵琶独奏曲《春风又绿》（合作）于1994年获第三届全国民族管弦乐展播优秀奖，担任作曲的舞蹈《中国娃》于1997年获江西省少儿艺术节创作一等奖。指挥本院交响乐团演奏多部中外名曲，其中有贝多芬《第五交响曲》《红旗颂》序曲等。

叶正华（1930—2001）

作曲家。山东蓬莱人。1958年毕业于东北音专声乐系，兼修作曲。后入新疆生产建设兵团歌舞团任指挥、作曲。1977年调甘肃省歌舞团，后任甘肃敦煌艺术剧院作曲兼指挥。作有管弦乐组曲《雪莲》，弦乐四重奏《荒漠》，木管五重奏《叙事曲》。获奖歌曲有《月儿圆》《献给人民的科学家》。其中《我为祖国献粮棉》曾广为传唱。

叶正凯（1922— ）

低音提琴演奏家。江苏人。1946年毕业于天津音乐专

Y

修班。曾任香港音乐院教务主任兼教师。1951年入中央戏剧学院管弦乐团。曾在中央音乐学院任教。作有《陕北民歌组曲》《丰收舞曲》等。

叶正明（1955— ）

　　戏曲音乐家。福建泉州人。福建省泉州市高甲戏剧团副团长、福建省第八届政协委员。1982年毕业于福建省艺术学校。任音乐设计的高甲戏《海上女神》获福建省第十八届戏曲汇演音乐设计奖，参与音乐设计的高甲戏《金魁星》获文华音乐奖。参与组织训练泉州民族乐团并任首席指挥。

叶志强（1933— ）

　　指挥家。香港人。安徽省歌舞团指挥。曾任中国音协第四届理事，安徽省音协第二、三届副主席。1944年始从事部队音乐工作。1954年任上海歌剧院乐队指挥，1960至1986年曾任安徽省歌舞团副团长兼指挥。1984年在安徽省首届"江淮之秋"歌舞节交响音乐会专场演出中获指挥奖。曾指挥演出中外著名作品百余部，其中有交响曲《命运》《田园》《未完成》《自新大陆》，协奏曲《黄河》《梁祝》，组曲《卡门》《天鹅湖》，序曲《春节》，圆舞曲《蓝色的多瑙河》，歌剧《洪湖赤卫队》《红霞》《红珊瑚》，舞剧《白毛女》《红色娘子军》《小刀会》等。为普及交响乐，先后应邀到省、市电台、电视台以及十几所院校举办欣赏系列讲座达两百次。

叶梓禄（1950— ）

　　作曲家。广东郁南人。广东云浮市文化局副局长。1978年毕业于广东人艺学院音乐系。先后在县文工团、粤剧团、县委宣传部、市文化局等单位任职。《中国企业之歌》特邀编委。歌曲《我爱我的校园美》获"世纪之声"全国征歌大赛银奖，《众志颂歌唱四方》《漫山遍野果飘香》《山里的阳光多么璀璨》获广东省歌曲创作奖。有多首企业、行业歌曲收入《中国企业之歌》。2002年举办"叶梓禄作品演唱暨笛子独奏音乐会"。

叶宗来（1931— ）

　　作曲家。浙江松阳人。毕业于上海音乐学院。曾任浙江省歌舞团指挥教练。创作有歌曲《党的恩情》《杭嘉湖大合唱》等，其中《我爱我的炮兵连》在参加第五届世界青年联欢节歌曲比赛中获优秀歌曲奖。1960年合编的民间器乐曲《丰收锣鼓》获省一等奖，并由上海唱片厂录制唱片在国外演奏。1976年受聘于省教材编写组，编著教学参考用书《作曲常识》。曾撰写论文《指挥与歌队》。

伊鸿书（1931— ）

　　音乐理论家。天津人。1960年毕业于中央音乐学院民族音乐系。曾任中国音乐史教研室主任、副教授。编著有《中国古代音乐史》《琴用指谱辨正》。

伊漾非（1923— ）

　　女声乐教育家。河北保定人。1947年毕业于上海国立音乐专科学校。曾在兰州艺术学校、江西广播艺术团从事

教学和演唱。曾在江西省文艺学校任教。

伊永仁（1953— ）

　　笙演奏家。北京人。1974年考入中国广播民族乐团任独奏演员，笙首席、管乐声部长。作有芦笙独奏曲《瑶家儿女唱新歌》《火车进侗乡》《苗家乐》《情深谊长》等多首，并由中央电视台、广播电台，英国、德国、香港等国内、外多家媒体录音、录像并播出。多首作品被收入国家教委中学音乐教材、音乐学院教材中。多次参加国庆、广交会、招待外国使节及中央电视台春节音乐歌舞联欢等重大演出活动。

伊明库尔班（1936— ）

　　手鼓演奏家。维吾尔族。新疆阿克苏人。曾任新疆歌舞团乐队副队长。曾随东方歌舞团、新疆歌舞团、中国新疆艺术团赴越南、西非等四国及巴基斯坦演出，担任舞蹈《摘葡萄》手鼓伴奏及手鼓独奏。

伊明尼乐孜（1934— ）

　　弹布尔演奏家。维吾尔族。新疆鄯善人。曾在新疆第二师范、乌鲁木齐音乐培训班学习，后在吐鲁番市恰特哈勒乡任教。1955年后在吐鲁番地区文工团任创作组组长，创作、发表并演播了大量歌曲。在自治区举办的各种文艺汇演上《苹果园里的勤劳姑娘》《春歌》《胜利之歌》《女拖拉机手》《民族团结之歌》等多首歌曲分获得各级奖项。

伊沙木丁·吐尔地（1947— ）

　　作曲家。维吾尔族。新疆新和人。1960年入新疆军区文工团。作有歌曲《我从黎明走来》《时代节奏》等。

宜永涛（1975— ）

　　歌唱家。陕西子长人。长庆油田勘探局钻井总公司固井公司操作工。在基层文化活动和各种演出中担任领唱、独唱等。1996年获第二届中国石油职工声乐大赛民族唱法二等奖，2005年获第五届中国石油职工艺术节民族唱法二等奖，3次获长庆石油勘探局职工文艺比赛演唱第一名。

怡　明（1930— ）

　　作曲家。河北乐亭人。1945年起参加部队文艺工作，曾任文工队、文工团合唱指挥。先后在十二兵团兼湖南军区文工团任乐队队长、音乐教员。湖南省文化局音乐工作室、省群众艺术馆从事音乐创作、收集整理民间音乐、辅导群众音乐活动。歌曲作品写有《歌唱毛主席》《矿工的歌》《吃水不忘挖井人》《我们是国家的主人》（合唱），《警卫战士之歌》（合唱），《四美的春风遍地吹》（独唱），湘湘风情小曲《湖畔渔歌》《茶歌缠在茶树梢》，发掘整理通道侗族多声部民歌《本地歌》，江华瑶族多声部民歌《梧州歌》《八都歌》，城乡苗族多声部民歌《酒歌》《担水歌》等。曾任湖南省音乐家协会常务理事、荣誉理事，《中国民间歌曲集成·湖南卷》主编、全国编委。

Y

义德日（1935— ）

作曲家。达翰尔族。黑龙江齐齐哈尔人。1954年毕业于内蒙古师范学院。曾任内蒙古师大音乐系副主任。作有舞曲《第一次出猎》，合唱《青云马》。

易 柯（1953— ）

音乐教育家、作曲家。四川富顺人。四川音乐学院副院长、成都市音协副主席。1981年毕业于四川音乐学院作曲系、留校任教。撰有《撒尼人民心中一朵花—阿诗玛叙事诗创作札记》《网络音乐的现状分析》《简释申克的"即兴创作"概念》，译有《申克的即兴作曲理论》。作有笛子与乐队《阿诗玛叙事诗》，二胡与琵琶乐队《读"长恨歌"感怀》，曲笛协奏曲《路南调》，民族管弦乐《大渡河狂想曲》等，并获奖。曾被四川省政协评为教育教学成果一等奖。

易 人（1929— ）

女音乐理论家。安徽合肥人。1952年毕业于山东大学艺术系。曾任南京艺术学院学报《艺苑》音乐编辑室主任，南京艺术学院音乐学院教授。先后拍摄《玄武湖之春》《秋到栖霞》等音乐专题片，录制《孟姜女春调》《放风筝》等专题讲座。编著《简谱常识》《江苏历代音乐家》，出版《岁月如歌——我的音乐人生》歌曲集，撰有《"孟姜女"的流传及其影响》《芳香四海的"茉莉花"》，发表《玄武湖之春》等歌曲数十首。曾获《集成》编纂成果二等奖。

易 炎（1926—2004）

作曲家。山西文水人。1938年入延安鲁艺学习。1946年始从事作曲，1950年入中央音乐学院进修。1959年起在甘肃陇剧团、戏剧研究室、省歌舞团工作。曾任甘肃省歌舞团副团长兼作曲，中国音协理事、甘肃省文联副主席。作有歌曲《骑兵进行曲》《青年之歌》，歌剧音乐《红花渠畔》《月亮湾》，陇剧音乐《断桥》等。随团赴苏联、法国、意大利、朝鲜、日本演出。陇剧音乐《枫洛池》获"戏曲音乐开拓奖"。

易 扬（1918—2007）

作曲家。土家族。湖南凤凰人。1939年始从事抗日救亡歌咏活动及音乐创作。编辑出版《活页歌选》《儿童歌曲》。新中国成立后，任湖南省工人文工团创作员。1958年参与筹建湖南文艺学院，后任职于湖南省戏曲研究所。曾任湖南音协副主席、名誉主席，省政协委员。作有歌曲《人民的太阳》《源江船夫曲》《条条大路我们开》《凤凰青年战时服务团团歌》《晨呼队队歌》《十月进行曲》。撰有《戏曲音乐的继承与革新刍议》，主编《湖南戏曲乐论》。

易国泰（1945— ）

作曲家。江西萍乡人。江西省音协常务理事，萍乡市音协主席。60年代开始从事音乐创作，1983年入中央音乐学院进修。作有歌曲《故乡的小船》《布谷歌》，《太阳伞》等。曾获国家"群星奖"、江西省政府奖等奖项近

二百次。歌曲作品集《赣西，我热恋的故乡》。为《大百科全书·曲艺卷》《中国民歌集成》撰写条目（含采录民歌），在国家级和省级刊物、电台发表作品三百余件。主编歌曲集、系列VCD光盘数十种。

易果平（1962— ）

作曲家。湖南长沙人。1981年毕业于湖南省艺校。1996年毕业于上海音乐学院作曲系。曾任职于株洲市文工团花鼓乐队教师，2004年入湖南省艺术职业学院音乐系任教师。作有歌曲《心中有朵茉莉花》《倾听吴浓软语》，大筒独奏曲《湖南小曲》，钢琴独奏曲《湘江畅想》，舞蹈音乐《冬季花儿开》。撰有《民族管弦乐作品创新、评比之我见》《中等艺术学校二胡专业教学初探》。录制作曲并演奏的大筒独奏《湖南小曲》《春到湖乡》由湖南电台制作个人专题播出。

易慧珠（1952— ）

女作曲家。江西萍乡人。1974年毕业于江西师范大学艺术系。1983年在湖北艺术学院作曲系进修。曾任萍乡市音协二、三、四届秘书长，后在市群众艺术馆从事音乐创作。1977年出版个人作品专集《回荡心曲》。先后参与编辑《萍乡民间音乐集成》《萍乡民间舞蹈集成》，并曾多次获省文化厅和省音协奖励。作品和论文多次在省级各类评选中获奖。有的已制成磁带发行。

易开基（1912—已故）

钢琴教育家。四川万县人。1935年毕业于上海国立音专。曾为中央音乐学院教授兼钢琴系主任三十余年。历任北京市第三、四、五、六届政协委员。学生有应诗真、沈灿。1961年受文化部委托主持编选《高等音乐院校钢琴曲选》五集。

易纳新（1968— ）

指挥家。湖北武汉人。武汉乐团乐队指挥。1994年毕业于上海音乐学院管弦系，2006年毕业于德国魏玛李斯特音乐学院指挥系并获指挥硕士学位。指挥乐团参加各种大型文艺演出，兼任华中交响乐团、武汉大学艺术团、陕西交响乐团、厦门爱乐乐团客席指挥。2007年被聘为武汉科技大学中南分校艺术学院客座教授。

易培坚（1933— ）

指挥家。湖南礼陵人。1954年毕业于华中师范学院音乐系。1958年始从事歌剧、舞剧、交响乐指挥工作。曾任武汉歌舞剧院交响乐团常任指挥。

易荣华（1944— ）

小提琴演奏家。安徽芜湖人。1965年毕业于安徽艺术学院音乐系小提琴专业。曾任芜湖市歌舞团乐队队长。安徽省音协小提琴专业委员会常务委员、全国社会艺术水平考级考官、芜湖市政协第七、八、九届政协委员。

易希宁（1959— ）

作曲家。彝族。云南元江人。1980年毕业于云南省

思茅师专艺术系。先后任曲靖市轻音乐团、曲靖市文化馆、麒麟区文化馆作曲、指挥、副馆长。作有《珠江源的祝福》《红小鬼》《尽写风流》、舞蹈音乐《火舞》《回族双刀舞》《奋进曲》等大量歌曲、器乐曲。曾获"世纪之声"全国歌曲大赛二等奖，舞台艺术新作展演作曲一等奖。参加市各类文艺晚会任作曲、指挥，曾指挥老干部合唱团参加"全国晚霞情"合唱节获"红梅奖"。撰有《论视唱练耳的功能与群众歌咏之合唱训练》。

易希平（1957— ）

作曲家。彝族。云南元江人。1980、1999年分别毕业于云南思茅师专艺术系，云南艺术学院音乐教育系。先后任孟连县文工队队长、创作室指挥及乐器演奏，曲靖师范学校、师范学院音舞系教师、副教授。培养大批音教人才。作有《我爱我家金竹楼》《我是山里的小歌手》，领唱与合唱《摇篮颂》等大量歌曲，获各级创作奖、优秀奖多首。撰有《培养中师生音乐情趣的思考》《试论西方实践形态的音乐美学》等文多篇，数篇获奖。组建县文工队及参加群众性文艺活动。多次担任省市音乐赛事评委。培养学生千余名，多人成为各级音乐教育人才。

易祥忠（1946— ）

二胡、小提琴演奏家。安徽巢湖人。1962年于江西省文艺学校集训结业，九江市歌舞团乐队演奏员。1号乐器作品"双杆琴"和2号高、中、低系列性弓弦乐器作品"易琴"分别于1993年、2003年获国家专利。在歌剧《江姐》《追雪》等多部歌剧的演出中，任小提琴、中胡、二胡、大三弦演奏。

易小梅（1956— ）

女小提琴演奏家。湖南常德人。曾任邵阳市歌剧团首席小提琴，1996年任邵阳市文化馆专职小提琴教师。2005年在湖南邵阳学院举办"易小梅小提琴独奏音乐会"，在湖南省群文系统个人技能大赛中获金奖。培养一批优秀小提琴人才，有多名学生被艺术院校录取，多名学生在小提琴专业赛事中获奖。2009年被湖南省文化厅评为省级优秀指导老师。

易耀年（1934— ）

长号演奏家。广东鹤山人。1954年任北京饭店管弦乐队长号演奏员，后任广州乐团长号演奏员。演奏众多世界著名交响乐作品。从50年代始任广州音专、广东人民艺术学院、星海音乐学院的长号教师，培养一批专业长号演奏员。

易佑庄（1928—已故）

戏曲音乐家。湖北武汉人。曾为湖北省楚剧团艺术研究室主任。1950年毕业于中原大学文艺学院音乐系，曾就职于武汉市文艺工作团、武汉市楚剧团。先后为楚剧《两兄弟》《葛麻》《杨乃武与小白菜》《刘介梅》《红色杯兵》《桃花扇》《李慧娘》《夺印》《红色娘子军》《昭君出塞》及京剧《海岛女民兵》等作曲。所编写的《楚剧音乐简编》1962年由湖北人民出版社出版。

毅 军（1942— ）

作曲家。山东人。1959至1968年就读于上海音乐学院附中及本科。先后在山东省歌舞团、山东艺术学院工作，后任该院音乐系副主任。作有交响诗《英魂》，古筝协奏曲《柳泉吟》，论文《论持弓法的选择》《论音乐形象与形象音乐》《论民歌主题在交响乐创作中的美学价值》等。为电视剧《长流水》《哑女》《汉斯·希伯》配乐。曾指挥歌剧《江姐》《洪湖赤卫队》《层林尽染》，交响序曲《白毛女》，小提琴协奏曲《梁祝》等。

毅 灵（1959— ）

女音乐教育家。达斡尔族。内蒙古呼盟人。1982年毕业于内蒙古师范大学音乐学院、1987年毕业于上海音乐学院声乐系。任内蒙古师范大学音乐学院声乐系主任、副教授、硕士生导师。发表《高师声乐教学的探索与实践》《草原音乐文化中一特色歌种——漫瀚调》等文多篇。任《中国声乐经典教材、女中音专集》副主编、《高师声乐教学曲库·女中音专集》《蒙古族近、现代音乐史》编委。培养大批优秀学生在各类赛事中获奖并多人考入大中专院校、文艺团体。

阴法鲁（1915—2002）

音乐史学家。山东肥城人。1942年毕业于北京大学研究生班。曾任北京大学古典文献教研室主任、教授，北京市文联第四届常务理事，音乐舞蹈家协会第一届副主席，第八、九届市人大代表。专著有《唐宋大曲之来源及其填织》《宋·姜白石创作歌曲研究》（合著），《先汉乐律初探》《历史上中外音乐文化的交流》《中国古代音乐文学史讲话》。

音 波（1927— ）

作曲家。山西偏关人。1952年毕业于中央音乐学院作曲系。1948年起在部队从事音乐文化工作。1958年起任省文联委员，后任山西歌舞剧团歌舞队队长、晋东南文工团团长、山西省音协副秘书长。1985年任省榆老年合唱团团长。《中国戏曲音乐集成·山西卷》副主编。获奖作品有《飞过天安门》《黄河的浪花你停一停》《黄河唢呐》。组织"省城老年合唱团"参加全国、省市群众文艺大赛，并获全国老年人合唱节"青松杯"一等奖等二十余项奖。

殷 飚（1968— ）

吉他演奏家。广东人。1986年毕业于广州音乐学院附中，1998年毕业于维也纳国立音乐学院吉他大师班。先后创编吉他名曲18首及电视剧《情魔》插曲《心中的话语》，录制CD、VCD教学带等15盒，撰有《吉他民族化与创立中国吉他学派之我见》等文。出版《现代吉他综合教材》《跟名师学吉他》等，拍摄《创新是民族的灵魂》等电视专辑。多次在全国、省、市级比赛获奖。现为星海音乐学院外聘吉他副教授、殷飚中国吉他学校校长。

殷 刚（1926—已故）

作曲家。天津人。1945年始从事音乐工作。1951年入上海音乐学院进修。曾任江西省文化厅处长。音协江西分会第一、二、三、四届常务理事，第五届顾问。作有歌曲《积肥治水小唱》。

殷 梅（1955— ）

女音乐教育家。山东文登人。1978年毕业于西南大学音乐系。后任该校音乐学院音乐学系声乐教研室副教授。曾在中央乐团、中央音乐学院深造。先后在西南大学、重庆交通大学等举办五场个人独唱音乐会与教学音乐会。出版教材三部，发表学术论文二十余篇，出版全国高师声乐德奥艺术歌曲德语发音、德语演唱教学光碟CD暨个人演唱专辑VCD光碟三盘。曾获哲学社会科学创新成果一等奖、优秀论文二等奖、教学科研成果三等奖。

殷 琪（1959— ）

手风琴演奏家。四川威远人。1983年毕业于四川音乐学院钢琴系手风琴专业。贵州民族学院艺术系西洋乐器教研室主任、副教授。发表论文《手风琴平风箱的实际运用》《中国手风琴学派的历史与展望》《手风琴教学专业化训练问题的几点讨论》。创作及改编作品《动物狂欢节》《拉科奇进行曲》《蓝色狂想曲》《二泉映月》等。多次获全国及地方手风琴演奏大奖。录制专辑《手风琴名曲》及《费加罗的咏叹调》。

殷彬华（1956— ）

小提琴演奏家。江苏苏州人。1972年毕业于南京艺术学院音乐系。江苏省歌舞剧院小提琴演奏员、乐队首席。参演的交响序曲《弄潮》《雪与火》，歌剧《孙武》，舞剧《五姑娘》，舞蹈《雪与梅》《雪魂》分获江苏省第二届、第三届音乐舞蹈节一、二等奖。歌曲《班长》《潇洒女兵》获"五个一工程"第六届入选作品奖。曾参加纪念周恩来总理诞辰100周年及"心连心"艺术团等大型文艺演出。

殷承典（1938— ）

音乐教育家。福建厦门人。曾任福建二中、厦门市音乐学校常务副校长。其学生在参加省市少儿钢琴、小提琴比赛均名列前茅，在全国少儿小提琴比赛中获一、二、三等奖。学生合唱队在省、市中小学合唱比赛中均获一等奖，在全国"蒲公英"合唱比赛与北京国际合唱节中获童声合唱银奖，由本人担任伴奏的鼓浪屿合唱队在厦门市职工第一至第八届比赛中均获一等奖，两次为独唱伴奏获伴奏奖。

殷承基（1943— ）

男低音歌唱家。福建厦门人。1967年毕业于上海音乐学院声乐系。曾任上海乐团独唱演员。曾随团出访澳大利亚、新西兰等国。主演清唱剧《创世纪》，演唱有《教我如何不想他》《跳蚤之歌》等。

殷承宗（1941— ）

钢琴演奏家。福建厦门人。自幼学钢琴，9岁举行钢琴独奏音乐会。先后在上海音乐学院附中、中央音乐学院附中学习钢琴。1959年参加维也纳第七届世界青年联欢节钢琴比赛，获金质奖章。1960年赴苏联列宁格勒音乐学院学习。1962年参加第二届柴科夫斯基国际钢琴比赛，获第二名。1965年任中央乐团钢琴独奏演员，多次与世界著名交响乐团、指挥家合作演出。曾参与钢琴协奏曲《黄河》《中国民歌五首》创作并独奏。录制《夕阳箫鼓》《翻身的日子》等多种专辑。

殷丛丛（1957— ）

女中音歌唱家。湖北汉阳人。毕业于解放军艺术学院。济南军区前卫文工团独唱演员，省音协声乐艺术委员会委员。演唱曲目有《兰花》《希望》《这才几年》《故乡的云》《风儿吹来的故事》《你是海岛的传说》等。1980年获全国"海峡之声"演唱一等奖，1984年获山东省首届青年歌手大赛一等奖，1994年获全国"平安夜"声乐大赛一等奖，并在全军文艺汇演和文化部举办的全国艺术歌曲大赛中获奖。近年来多次举行独唱、重唱音乐会。

殷二文（1929—已故）

唢呐演奏家。山西定襄人。九岁开始学唢呐、管子及打击乐。1953年入天津歌舞剧院。曾赴阿富汗、埃及等国演出，改编吹打乐曲《大得胜》，唢呐曲《满天红》《喜唱丰收》等。

殷桂兰（1963— ）

女歌唱家。江苏海门人。1985年毕业于南京艺术学院音乐系。江苏省歌舞剧院演员。曾出演歌剧《弄臣》《茶花女》《孙武》中的女主角。所唱歌曲多次获奖，1990年获大学生电影歌曲比赛美声组第一名，1993年获朝鲜第十一届"国际艺术节"独唱二等奖，1992年获中国首届"歌王歌后"比赛三等奖等奖项。曾出访香港、新加坡、韩国、朝鲜等地。

殷国福（1938— ）

音乐教育家。河北易县人。1962年毕业于天津音乐学院师范系。原任山西临汾市文化艺术学校副校长，高级讲师，临汾市音协顾问。主编《临汾地区民间歌曲集》《威风锣鼓音乐》《吹打乐》《曲艺说唱音乐》等。

殷海涛（1962— ）

作曲家。普米族。云南宁蒗人。1987年毕业于云南艺术学院，同年入云南丽江地区文化局创作室。1996年始任《云岭歌声》责任编辑。作有《快乐的节日》《小流船》等歌曲，词作有《打跳来》《丽江玉泉水》。撰有《普米族音乐概论》《云南摩梭人的民歌》，专著有《普米族风俗歌》，编有《普米族民间歌曲集》（副主编）和《沪沽湖，普米人的家乡》歌曲集，主编《世纪之约文丛》（歌词集丛书10本）及盒带制作《泸沽湖母亲湖》等5辑。

殷怀禄（1946— ）

作曲家。山东人。曾任山东莱钢艺术团团长。1964年任兰州部队笛子演奏员，1970年任山东莱钢工人文化宫副主任。1988年毕业于山东师大艺术系。所作歌曲《看一看脸儿就知道》获1986年"全国民间音乐舞蹈比赛"一等

Y

奖，《我们是炼钢的棒小伙》获全总主办的"全国首届厂歌行业歌曲比赛"一等奖。为7部电视剧、音乐片、风光片作曲。

殷惠麟（1938— ）

琵琶教育家。广东饶平人。1962年毕业于广州音专，1963年师从林石城进修。后从事琵琶理论、演奏、教学及吉他艺术民族化研究。在四十多年教学中形成了一套教学思想和方法。撰写近三十多篇论文，其中《潮州南派琵琶历史发展及对现状的思考》获"新世纪优秀学术一等奖"和"哲学社会科学创新一等奖"。专著有《潮州南派琵琶曲集》《琵琶基础教程》及配套VCD。星海音乐学院教授、硕士研究生导师，中国琵琶学会副会长。

殷金娣（1935— ）

女音乐编辑家。上海人。1951年参加工作，后从事记者工作。1965年毕业于北京电视大学中文系。新华社《瞭望》周刊海外版主任记者。中国记协首都影视记协常委理事。

殷景阳（1946— ）

作曲家。湖北黄岗人。曾为湖南省音协名誉副主席、长沙市文联副主席、长沙市音协主席。1967年毕业于武汉音乐学院附中声乐系，同年分配到长沙市歌剧团任歌剧演员，先后在《夜半歌声》《梅花案》《一双绣花鞋》《特别代号》等十多部歌剧中担任男主角。1985年调入长沙市文联。先后在《歌曲》《音乐创作》《儿童音乐》《词刊》等刊物发表大量音乐作品、音乐评论、声乐论文。出版有《殷景阳歌曲选集》和《殷景阳音乐文集》。2001年组织策划《优美的旋律献给党》《长沙之歌》全国征歌比赛，2003年组织策划创作、演出大型声乐套曲《青年毛泽东在长沙》。

殷静平（1964— ）

小号演奏家。贵州贵阳人。毕业于贵州民族学院音乐系，曾先后任贵州省广播电视乐团、广州交响乐团演奏员与贵州省歌舞剧院乐团队长。参与全国首届"杜鹃杯"征歌颁奖晚会、贵州电视台春节晚会、全国首届"金话筒"主持人颁奖晚会等各种晚会、音乐会及故事片《烈火金刚》主题音乐的录制工作，在新年音乐会等文艺晚会演出中担任独奏、首席。1996年贵州电视台举办"驰宇音乐风"系列特别节目，并举办个人小号独奏音乐会。《贵州省小号考级教程》副主编、贵州小号学会理事。

殷均乐（1938— ）

音乐教育家。湖北武汉人。1956年在湖北艺术学院音乐系中专学习。1959年起在襄樊市歌舞剧团任音乐编导室主任。撰有《谈三人舞〈争宝〉音乐创作的体会》《有益的尝试——看〈弄潮〉后所想到的》《拔苗助长现象》等文。编排"襄樊市春节军民联欢电视晚会"中作有片头音乐歌曲表演唱《送年礼》《石榴开花小麦黄》等。作有音乐诗剧《洪湖的女儿》。曾创作歌曲数百首，大、小歌剧，舞蹈音乐，话剧配音二十余部，以及电视剧《大山里的孩子》音乐等。所教学生曾在各种赛事中获奖。

殷力甫（1951— ）

音乐教育家。江苏响水人。毕业于南京师范大学音乐系。1994年获中南六省音乐优秀课调教中学组第一名，1995年获全国中小学音乐课调教比赛中学组一等奖。辅导的海南华侨中学合唱团在1994年全国中小学合唱（录像）比赛及"95贵阳童声合唱节"分获中学组一等奖，辅导的海南省老干部合唱团、海南女子合唱团在"96全国'夕阳红'合唱节"和"96中国合唱节"均获二等奖。

殷汝芳（1936— ）

圆号演奏家。江苏武进人。中国圆号协会顾问、世界国际圆号协会会员。1946年起先后入常州国立音乐幼年班、北京中央音乐学院少年班学习。1955年进修于中央乐团德国霍史曼圆号专家班，1957年结业于中央音乐学院，师从夏之秋教授。曾任广州交响乐团首席圆号、铜管声部长，兼任广州交响乐团音乐服务中心艺术培训学校校长等职。录有圆号独奏曲《瑶山畅想曲》《月光曲》等。

殷士慧（1944— ）

女音乐教育家。浙江嘉兴人。1965年毕业于湖南师大音乐系钢琴专业。后曾历任省音乐教育理事会理事，湘潭市音乐教研会会长，长沙师范音乐教研室主任、副教授，湖南省钢琴专业委员会副会长、顾问，国家艺术水平考级考官。所指导的学生多人次在省、市级广州军区等钢琴比赛中获奖。编写《钢琴教材》3册，撰文《运用迁移规律进行幼儿钢琴教学》。其课题《钢琴集体课分级教学》获省优秀论文奖和科研成果一等奖。2000年被教育部评为全国艺术教育先进个人。

殷士森（1948— ）

小提琴演奏家、作曲家。重庆人。1982年毕业于西南师范大学音乐系。历任云南思茅地区民族歌舞团第二小提琴、四川省绵阳文工团、绵阳市歌舞团首席小提琴兼作曲、指挥。期间担任小提琴独奏演出百余场次，创作舞蹈音乐及歌曲数十首，并获省、市各种奖项。歌剧《新娘鸟》（合作）获四川省首届歌剧调演三等奖、绵阳市文艺创作成果奖。1993年担任四川省第七届运动会大型开幕式音乐创作获省优秀音乐创作奖。

殷树举（1934— ）

作曲家。河北故城人。1949年始从事部队文艺工作。1962年入中央音乐学院指挥系进修。曾任杭州市歌舞团创作组长。作有舞蹈音乐《三潭印月》，歌剧音乐《不准出生的人》。

殷文霞（1962— ）

女歌唱家。贵州贵阳人。贵州省歌舞团独唱演员。1987年毕业于贵州省艺术专科学校音乐系。曾获"苗岭之声"音乐节美声唱法一等奖，全省大学生歌手电视大奖赛一等奖，并在全国"聂耳·冼星海声乐作品"演唱比赛中获铜奖，在长沙"金龙杯"全国歌手邀请赛获银奖，1987

Y

年参加中国艺术节四川、贵州分会场的演出，并举办个人独唱音乐会。

殷新英（1939— ）

女歌唱家。北京人。曾任中央歌舞团艺术培训班声乐教员兼班主任，中国社会音乐研究会理事。1959年考入中央歌舞团，任合唱、男女声对唱、表演唱领唱，女高音声部长。演唱有《放风筝》《逛新城》《湖北花鼓戏》，外国歌曲《羽毛草》《黑色的眼睛》等，其中男女声对唱《对不起、没关系》曾作为北京电视台"每周一歌"播放。曾参加音乐舞蹈史诗《东方红》《中国革命之歌》电影拍摄，在《生产大合唱》中任主要角色。多次参加为国家领导人和外事活动演出。

殷秀梅（1958— ）

女高音歌唱家。山东人。中国音协第六、七届理事。中国广播艺术团独唱演员。1970 年入黑龙江鹤岗市文工团。1976年调中央广播合唱团（现中国广播艺术团），后深造于中央音乐学院歌剧系，师从沈湘教授。参加众多重大演出活动。演唱歌曲有《党啊，亲爱的妈妈》《祖国，我永远热爱您》《我爱你，塞北的雪》《长江之歌》《我爱你，中国》《中国大舞台》《我们是黄河泰山》等。曾先后获金唱片奖、神州十二星奖、十大金曲奖、优秀影视歌曲奖、听众喜爱的歌手奖、十年优秀歌曲奖、全国首届新时期优秀歌曲十佳奖和音乐电视美声演唱奖。多次随团赴东欧、澳洲、美洲、非洲、亚洲等数十个国家演出。获德艺双馨艺术家称号。

殷雪妮（1942— ）

女音乐编导家。天津人。1964年毕业于武汉音乐学院管弦系，入广东省歌舞团任小提琴演奏员。1980年调北京电视台任文艺部副主任、文艺中心导演，北京电视艺术促进会副会长兼秘书长。编导有"军乐之声""龙年音乐会""银屏歌声""京胡与北京""北京维也纳音乐之声"等栏目。担任历次直播导演的"北京新年音乐会"。多次赴国外录制节目。撰有《乐声重传情》《浅谈电视文艺晚会的民族性》。创编导演的"梦里情怀"音乐栏目获第11届全国电视文艺"星光奖"。曾被北京市授予"优秀导演奖""十佳电视艺术家"和第二届全国"百佳电视工作者"等称号。

殷在平（1938— ）

作曲家、指挥家。江西省南昌人。任职于江西省京剧院。1985年毕业于江西省广播电视大学文科。多件音乐作品获奖，其中板胡独奏曲《斑鸠鸟调》《公社的春光》，器乐合奏曲《游击队歌》（改编）于1963年获江西省首届音乐周优秀节目奖。多件音乐作品由省电台播放，其中有男声小合唱《歌唱李文忠》，民乐合奏曲《农村一片新气象》，二胡独奏曲《在摇篮里幸福成长》，歌曲《请茶歌》《红米饭南瓜汤》《将军回乡来》等。参加音乐创作的大型现代京剧有《红灯记》《海港》《龙江颂》等。曾任电视剧《黑船》音乐指挥。

银　星（1929—1997）

作曲家。山东邹平人。1940年入山东长山话剧团。1952年入上海音乐学院进修班。曾任音协安徽分会副主席兼秘书长，《乐坛》主编。中国音协第二届理事、第三、四届常务理事。作有歌曲《保卫家乡》《勇往向前》《史河情歌》《黄山之赞》。

银力康（1926—1992）

作曲家。广西柳城人。1952年毕业于中南部艺音乐系。曾任中国唱片社上海分社音乐编辑。作有歌曲《再见吧，阿妈妮》《大学生圆舞曲》《我多么不愿离你而去》等。

银杏吉斯（1960— ）

女歌唱家。裕固族。甘肃张掖人。1980年演唱《裕固族姑娘就是我》获第一届全国少数民族文艺汇演文艺奖，后调入中央民族歌舞团。曾出访朝鲜、匈牙利。1995年出版个人演唱专集。1998年由省文联、省音协联合举办"银杏吉斯声乐作品"演唱会。2000年出版发行个人VCD专集。甘肃省河西学院声乐系客座教授。

尹　恒（1947— ）

大提琴家。壮族。广西南宁人。1960至1968年曾在广西艺术学院学习。后就职于广西歌舞团，曾任大提琴首席兼独奏演员、歌剧乐队队长、管弦乐分团副团长、交响乐队队长。曾于1974年赴北京中央音乐学院进修大提琴，后曾在上海音乐学院干部专修科学习。1988年起在广西艺术学院等院校多次举办大提琴独奏音乐会。编著的《跟我学大提琴》由湖南文艺出版社出版发行。

尹　鉴（1922— ）

音乐教育家。安徽人。1948年毕业于南京国立音乐院国乐组。曾在皖北文艺干校、安徽师范学院、安徽艺术学院等校任教。1970年入安徽师范大学音乐系任教，副教授。主授二胡、手风琴。曾任全国高等师范院校手风琴学会理事。

尹　良（1960— ）

作曲家。河南开封人。现任深圳市南山区文艺创作中心主任、南山区文化馆副馆长。歌曲作品《永远的思念》《最美的人生》等先后在全国电视台、电台、报刊上播放与发表。《父母天地》等作品先后获中国人口文化奖、广东省鲁迅文艺奖，MTV《今天的中国》《我的爸和妈》等作品多次在全国重大文艺晚会中上演，出版有组歌《天后颂》《父母天地》等CD专辑。

尹　松（1950— ）

女钢琴家。江苏涟水人。1960年起，先后在黑龙江省艺校、上海音乐学院钢琴系及南京艺术学院钢琴专业学习，1988年任深圳交响乐团演奏员。撰有《勃拉姆斯与钢琴音乐》《贝多芬bB大调三重奏》等文，录制钢琴独奏曲《喜悦的水乡》《江南民歌主题变奏曲》。编著《少儿钢琴教程》。举办数场钢琴独奏音乐会以及为小提琴、大提

Y

琴独奏音乐会伴奏，演奏有钢琴与乐队《沙龙音乐》、钢琴协奏曲《山林》《交响变奏曲》、演奏数场三重奏、室内乐及中国作品独奏音乐会等。所教学生多人多次获全国、省、港钢琴比赛一、二、三等奖。

尹 伟（1969— ）

男中音歌唱家。云南富源人。云南艺术学院音乐学院音教系主任，声乐副教授。1993年毕业于云南艺术学院并留校任教。曾获全国歌手"唱云南"电视大奖赛专业组第二名、中国西部民歌演唱大赛专业组银奖、西南六省专业歌手电视大赛美声组金奖、全国城市歌手邀请赛美声组金奖。连续三届获云南省青年歌手电视大奖赛专业组美声唱法一等奖，三次获云南省大中专院校音乐教育专业演唱大赛教师组最高奖，曾获云南文学艺术新人奖。演唱有《红土地，红土魂》《梦绕魂牵彩云南》《我的红土地》等原创作品。

尹 信（1953— ）

作曲家。江西漳州人。天津音乐学院作曲系毕业后任江西漳州师院管弦乐教学主任、漳州市政协委员。在国家主要重点期刊《人民音乐》《歌曲》《词刊》及各省音乐刊物、音像出版社发表作品、论文三百余件，出版有《尹信客家音乐作品集》，《四野的风尘》歌词集。歌曲《妈妈对我说》入选高师声乐教材，《擂擂茶》获全国"五个一工程"入围奖，《山水好江南》《海之恋》分获全国征歌比赛金奖、银奖。

尹 钊（1931— ）

作曲家。白族。云南鹤庆人。1948年毕业于省立昆华师范学校。1953年加入云南省花灯剧团。曾对众多流传民间的花灯曲调和传统剧目进行收集整理及出版工作。为百余部花灯剧编写音乐唱腔，如神话歌舞剧《红葫芦》，现代剧《依莱汗》，现代歌舞小戏《数九春风》，还作有歌曲《巧梳妆》《大风刮来竹叶落》。

尹 镇（1956— ）

歌唱家。朝鲜族。吉林人。延边音协理事，延边歌舞团业务部长。毕业于吉林省艺术学院。1978年在吉林省歌舞剧院任独唱演员，1985年在延吉市朝鲜族艺术团任副团长，1996年在延吉市文化馆任音乐部主任，1999年在延边歌舞团工作。1982年起先后三次获吉林省声乐比赛美声组第二名，所参加的合唱、男声重唱等均获国家级奖励。

尹爱青（1958— ）

女音乐教育家。福建南平人。毕业于吉林艺术学院音乐系小提琴专业。东北师范大学音乐学院院长、教授。九三学社长春市文教委员会副主任、吉林省音协副主席。长期从事音乐教育理论及小提琴教学。组织学生在"金钟杯"声乐比赛中获银、铜奖，承办、策划"第六届亚冬会大型文体表演"。发表论文三十余篇。曾获全国音乐美术论文评比一等奖，两次获香港教育社科研究计划指导奖，多次获吉林省优秀教师和东北师大优秀教师奖。

尹德本（1945— ）

作曲家。辽宁人。1967年毕业于辽宁艺术学院，先后任辽宁省京剧团、乐团、芭蕾舞团小提琴演奏员、乐队首席、独奏、乐队队长、作曲等职。作有小提琴曲《祖国颂》，二胡曲《欢聚》，笛子曲《春游》及改编的钢琴曲《小螺号》，发表歌曲《我的家乡渤海湾》等。主编、编写小提琴曲集《弦动我心》《电子琴曲曲库》2集，《钢琴弹唱》5集，《中外钢琴名曲曲库》20集等音乐丛书。

尹德丽（1941— ）

女声乐教育家。湖北武汉人。曾为江西南昌职业技术师范学院音乐系主任。1965年毕业于湖南师范大学音乐系。曾长期担任中学音乐教师，培养了一批音乐教育人才。发表有《浅谈高师院校的声乐教学》《高师声乐教政初探》等文，组织学生参加"江西省大学生合唱节"并多次获得冠军，录制有十多首独唱歌曲。

尹钢哲（1957—已故）

作曲家。朝鲜族。吉林珲春人。1977年毕业于延边艺术学校小提琴专业。1979年任延边广播电视艺术团演奏员。1988年毕业于天津音乐学院理论作曲系，同年在延边电视台任文艺部副主任、延边音协理事。作有《第一小提琴协奏曲》，歌曲《人生是彩虹》等数十首。录音合成数百首广播电视歌曲。

尹广军（1949— ）

单簧管演奏家。河北人。1965年考入解放军军乐团。在任演奏员和担任队领导期间，曾兼任乐队声部首席、声部长、联合军乐团大声部长、编导组长。1995年起任副团长，组织领导全团完成平均每年近三百次的内外事司礼演奏任务。1997年参加香港回归盛大典礼，组织策划了军乐团近百场各种形式和规模的音乐会，并主持制（修）定了外事、演出、训练等各项管理规章制度。

尹桂阜（1951— ）

二胡演奏家、作曲家。山东人。1978至1980年就读于沈阳音乐学院民族器乐系干部进修班。后任黑龙江省歌舞剧院副院长。主持创作的舞剧音乐《渤海公主》获文化部全国舞剧观摩演出优秀作曲奖，民乐合奏《乌苏里江》获全国民族管弦乐展播三等奖，二胡叙事曲《松花江音诗》（合作）获省民族器乐独奏、创作两项二等奖。参加中央电视台1983年春节联欢晚会。

尹建玲（1961— ）

女二胡演奏家。满族。内蒙古喜桂图旗人。现任河南开封市群众艺术馆器乐教师。1981年毕业于开封市戏曲学校器乐专业，在开封市豫剧二团任琴师。多次为著名豫剧表演艺术家阎立品、马金凤等人出版盒式带及唱片的乐队领奏。录有《秦雪梅》《穆桂英挂帅》等，全国发行。1992年调入开封市群众艺术馆，同年考入河南大学艺术系主攻二胡、板胡。为电视连续剧《埋葬的罪恶》配制二胡独奏。出版发行《尹建玲二胡独奏专辑》盒式带、《尹建

Y

玲二胡、板胡演奏集》VCD光碟。

尹经民（1951— ）

作曲家、音乐教育家。江西吉安人。江西宜春学院艺术学院院长、教授。全国高等学校音乐教育学会会员、江西艺术教育委员会副主任、江西音协常务理事、宜春市音协主席。先后就读于江西师大、西南师大研究生班。1977年毕业分配至宜春学院至今。曾获"全国高等师范院校优秀教师奖""江西省高校中青年学科带头人""江西省高等教学名师奖""江西省高等学校优秀教学成果奖"。出版专著、教材十余部。发表学术论文、音乐作品五十余篇。获全国、省级奖二十余项次。担任"江西省第十届运动会"和"全国第五届农运会"开幕式大型文体表演主要音乐创作。

尹开先（1935— ）

作曲家。江西莲花人。1950年始从事部队文艺工作。后入福州军区文工团。作有舞剧音乐《心声》获"武夷之春"音乐会优秀作品奖，舞蹈音乐《出征》《海岛红旗颂》获全军第二、三届文艺汇演优秀作品奖。

尹可富（1961— ）

二胡演奏家。河南伊川人。河南豫剧三团演奏员。1981、1993年先后毕业于河南艺术学校二胡专业、河南广播电视大学理论作曲系。曾在豫剧《红果红了》《蚂蜂庄的姑爷》《太阳花》等比赛中，获伴奏奖。所作唱段《河南人爱哼梆子腔》录入汪荃珍DVD专辑。曾兼任河南艺术学校二胡教师、河南省二胡考级评委。撰有论文《如何把握二胡在豫剧伴奏中的个性》。

尹樑柱（1946— ）

单簧管演奏家。河北饶阳人。1963年考入解放军军乐团学习单簧管专业，后调入军乐团一队，参加了近百名国家元首、政府首脑的欢迎仪式，并随团出访日本、法国。参加香港回归交接仪式的演出及历届党代会、人代会、政协会议的开、闭幕式和大量对社会、下部队演出。近年来从事业余教学辅导，培养了一批管乐人才。

尹其颖（1933— ）

古筝演奏家。回族。辽宁海城人。1950年入沈阳文艺干部集训班。1958年毕业于沈阳音乐学院。曾任中央民族乐团独奏演员。作有《瑶族乐曲》《大起板》。1957年参加第六届世界青年联欢节民族器乐比赛获金质奖章。

尹荣智（1933— ）

作曲家。山东烟台人。1949年始从事部队文艺创作。曾在湖南潇湘电影制片厂工作。作有歌剧音乐《无人村》《金黛莱》，歌曲《坦克兵到农场》）。

尹升山（1925— ）

指挥家。山东莱州人。1945年毕业于宫内府音乐学校，后就职于白俄交响乐团。1978年任长影乐团副团长。中国影协理事、中国音协常务理事、吉林省音协名誉主席。参加1949年新中国第一部故事片《桥》音乐的录制。指挥四百余部电影音乐的录制，其中《中华儿女》《白毛女》获卡罗维发利国际电影节奖，《五朵金花》获二届亚非电影节优秀影片奖，《刘三姐》获全国二届百花奖音乐奖，《冰山上的来客》获长影百花奖最佳音乐奖。曾担任1984年上影、北影、长影汇演指挥，1995年纪念外国电影100年、中国电影90年指挥。曾获"吉林省英才奖章"，长影建厂50年获"中国电影摇篮杯奖"，"中国吉林世纪艺术金奖"，第五届中国音乐"金钟奖"终身成就奖。

尹世瑛（1941— ）

女高音歌唱家。山东日照人。1961年毕业于山东艺术专科学校音乐系，留校任教。1962年调山东省歌舞团任主要演员，后任省歌舞剧院声乐指导兼艺委会副主任。主演《洪湖赤卫队》《货郎与小姐》《夺印》等歌剧。演唱歌曲百余首由电台、电视台播放，其中十余首录制成唱片。撰有《迪斯尼的动物音乐会》《试论民族唱法与通俗唱法的结合》等文，译配有《新船游歌》《四节歌》等韩国民歌。曾赴韩国演出。

尹松玲（1931—已故）

作曲家。朝鲜族。吉林延吉人。1949年参军，曾编入朝鲜人民军军乐队。1956年调延边歌舞团管弦乐队，参加过众多重大演出活动。1960年调汪清县艺术团任业务团长，后入县文联创作组。作有歌曲《看水员之歌》《插秧之歌》等，其中《果园之歌》被录制唱片，部分作品获省、市级奖。另作有唢呐独奏曲、舞蹈音乐数十首。

尹铁良（1956— ）

作曲家。河北武强人。中国音协第五届理事，首都师大音乐学院教授、音乐科技系主任。1982年毕业于河北师院音乐系。1986年师从施万春、金湘教授深造，1989年入中国音乐学院进修。创作、发表、播出各类音乐作品四百余部（首），其中舞剧音乐《轩辕黄帝》获文化部第七届"文华奖"。室内乐《网Ⅰ》《网Ⅱ》《网Ⅲ》《图像三页》《辞章四阕》等在国内外公演。著有《声乐作品分析与作曲技法研究》《歌曲创作基础》《儿童歌曲创编》等。两次获省部级优秀教学成果奖，1991年获全国优秀教师奖章。

尹维鹤（1940— ）

笛子演奏家。湖北武汉人。1961年入武汉音乐学院进修。曾在湖北省歌舞团。1982年发明双音笛获科学技术进步奖。演奏并作有笛曲《春山采茶》《清河颂》《云》等。曾出访美国、日本及香港。

尹五立（1959— ）

声乐教育家。河北保定人。曾在保定地区文工团任独唱演员，1987年毕业于河北师范大学音乐系后任教保定师专音乐系。1992年考入中央音乐学院声歌系干修班。曾获第六届中央电视台青年歌手大奖赛美声专业组"荧屏奖"、河北省第三届青年歌手大奖赛二等奖。1995年举办"马子兴、尹五立独唱音乐会"、1997年举办"尹五立执教10周年师生音乐会"。出版有个人演唱专辑，发表论文十余篇。2005年任教河北大学艺术学院任教，副教授。

尹希元（1941—　）

音乐编导家。山东人。1968年毕业于解放军艺术学院音乐系后分配至空政歌舞团任演员，1978年转业至中央电视台文艺部，1996年任该台戏曲音乐部主任。策划编辑多台地方戏曲与文艺晚会、新年音乐会及其他音乐会。

尹晓星（1947—　）

作曲家、音乐评论家。湖南邵阳人。中国少数民族音乐学会常务理事、湖南省音协副主席、《音乐教育与创作》执行主编。刊播、出版音乐作品千余部（首），发表音乐评论数百篇。获国家级、省（部）级音乐创作奖160项（次）。作有歌（舞）剧音乐《传宝》《相亲亭》（合作），合唱套曲《山花童谣》，电视剧音乐《湘中剑》等。出版专著有《尹晓星获奖声屏歌曲选》，大型歌剧音乐《赖宁》（合作），《乐坛散论》等多部。1985年创办中国第一张《中小学音乐报》在海内外发行。2000年评为湖南省"德艺双馨"中青年文艺家。

尹兴雅（1934—　）

小提琴演奏家。北京人。1953年参加工作。先后任上海广播乐团、中国广播交响乐团中提琴、二提琴首席。与国内外指挥家和乐团演出贝多芬九首交响乐及京剧《红灯记》《东方红》大歌舞等。先后赴澳门、意大利、西班牙、法国、瑞士、奥地利、南斯拉夫等国演出，获乐团第二小提琴荣誉首席。中国音协、音乐学院器乐考级和北京市中小学小提琴比赛评委。创办北京少儿艺术学校，任副校长和艺术团长。撰有《小提琴速学新法》《小提琴速学进阶》《怎样学习小提琴》等。

尹行星（1965—　）

女歌唱家。朝鲜族。吉林龙井人。延边音协理事。1984年入龙井市艺术团，1989年起在延边歌舞团任歌唱演员。1985年获全国通俗唱法比赛一等奖。1992年获全国少数民族声乐大赛通俗唱法二等奖、哈尔滨全国朝鲜族声乐大赛通俗唱法一等奖、朝鲜第21届"四月之春"国际艺术节金奖。其演唱歌曲由中国北光声像艺术公司、韩国SKC等出版。为十多部电视连续剧、话剧、故事片演唱主题歌。

尹勋锋（1973—　）

女钢琴教育家。山东济南人。1994年毕业于山东艺术学院音乐系。先后任江西省南昌市人才交流中心、江西科技师范学院音乐系教师、副教授。曾参加全国大学生艺术歌曲比赛、中国国际合唱节开幕式等活动任钢琴伴奏。作有歌词《秋水长天》于2006年获《心声》全国词曲创作大赛优秀奖。撰有《演奏技巧与音乐表现的关系》《钢琴伴奏在音乐表现中的作用》《如何弹好艺术歌曲的钢琴伴奏》等文多篇发表并获奖。

尹一权（1942—已故）

圆号演奏家。朝鲜族。吉林延吉人。1959至1963年在中央民族歌舞团学员班学习圆号、钢琴、和声学及音乐理论，后任该团首席圆号。继而调中央乐团交响乐队任圆号演奏员。1964年参加音乐舞蹈史诗《东方红》演出，任首席圆号。与国内外许多著名指挥家、音乐家合作演奏大量古典、近现代交响乐作品。曾随团赴韩国、香港、台湾访问演出。

尹占才（1941—　）

歌唱家。山西河曲人。山西省歌舞剧院声乐队原队长。1960年入河曲县二人台剧团，1964至1978年在忻州地区文工团。曾在二人台《洪湖赤卫队》《白毛女》《龙江颂》《三月三》中饰演重要角色。1982年在全省中青年演员比赛中获一级优秀演员奖。

尹兆旭（1960—　）

歌唱家、声乐教育家。河北张家口人。任教于河北师大音乐学院。1982年毕业于上海音乐学院声乐系，后攻读于该院研究生班。曾参加河北省"97香港回归新年音乐会""庆祝建国50周年电视歌舞晚会"等。演唱《回家》《浪淘沙·北戴河》《松花江上》等歌曲，曾获"海河之春"优秀歌手奖等奖项。举办个人独唱音乐会。河北电视台播出"万花丛"——尹兆旭独唱音乐会专题。撰有论文《学习歌唱技巧浅析》《浅谈歌唱艺术》。曾参加国际青年歌剧歌唱家比赛获"青年天才的歌剧歌唱家"称号。

尹震华（1939—　）

作曲家。河北正定人。1969年天津音乐学院毕业后，赴大港油田，创作大量以石油题材为主的音乐作品，《油样桶，我的好伙伴》《钻工才叫男子汉》《钻塔上的灯》《油龙颂》等歌曲，曾在全国石油系统等文艺比赛中获奖。1992年率油田艺术团赴京演出《长征组歌》，任指挥。1994年编导反映石油创业史的大型歌舞《太阳潮》并任指挥。1996年任艺术指导率天津民间艺术团赴意大利，参加第41届国际民间艺术节，获团体一等奖。1999年出版《荒原心旅》音乐作品选。

尹正文（1962—　）

音乐教育家。吉林市人。东北师范大学音乐学院基础理论部主任、副教授。毕业于莫斯科国立师范大学。撰有《高师视唱练耳现代教学构想》《论音乐的审美教育》。2006、2008年在教育部主办的第四、五届"珠江钢琴"全国高校音乐教育专业大学生基本功比赛中担任"合唱指挥"科目的指导教师，有4名学生取得本科目的单项奖以及"五项全能"一等奖。2008年，担任指导教师以及合唱团的指挥，带领学生合唱团参加了"CCTV全国第十三届青年歌手大奖赛"的合唱比赛。

尹政修（1919—　）

长笛演奏家。浙江绍兴人。1941年为东吴大学法学士。1943年国立音专肄业。1941年入上海工部局交响乐团，后为上海交响乐团，曾任首席长笛。1950年始在上海音乐学院兼课。

Y

尹志超（1927—1998）

手风琴教育家。吉林人。1955年在东北师大音乐系任教。1956年创造手风琴简易记谱法。为吉林艺术学院教授。曾任省手风琴学会主席。著有《手风琴简易记谱法演奏教程》。

尹志发（1958— ）

萨克斯演奏家。山东济南人。1977年考入七台河市文工团。1991年毕业于中国音乐学院理论作曲系，同年调入全总文工团任萨克斯独奏演员，曾参加大型"五一"晚会，中央慰问团等演出及两次赴美国国际艺术节。撰写与出版《萨克斯自修教程》《萨克斯演奏教程》《萨克斯爵士演奏教程》《单簧管、萨克斯管双吐演奏教程》等19部。撰写有《萨克斯管颤音演奏与练习》《单簧管、萨克斯管双吐演奏艺术》《萨克斯指法的选择与应用》等6篇论文。受中国音协考级委员会委托，编写全国萨克斯考级教程1—9级，并制定考级标准。录制有两盘像带，四盘音带，四盘CD。

尹宗明（1957— ）

音乐活动家。重庆永川人。重庆市教育委员会艺术教育办公室主任。1982年毕业于西南师大音乐系。作有歌曲《铜梁龙灯》《龙乡明珠之歌》等。组织重庆市大、中小学艺术节十余届，组织大型电视文艺晚会、文艺比赛、各单项艺术竞赛活动等数十次，还组织参加全国教育系统、文化系统各类文艺竞赛、对外文化交流等活动，并获各种奖项。

印　青（1953— ）

作曲家。上海人。中国音协第五、六届理事，第七届副主席。曾任江苏省军区演出队演奏员，浙江省军区文工队作曲、指挥，浙江省军区政治部宣传处干事，南京军区政治部前线歌舞团创作员、创作室副主任、副团长，总政歌舞团副团长、团长。创作歌曲、器乐曲、舞蹈（剧）音乐和歌剧、音乐剧及影视音乐一千余件，其中二百余件在全国、全军获奖。多次获中宣部"五个一工程"奖、文化部"文华奖"、中国音乐"金钟奖"等奖项。代表作有歌曲《走进新时代》《天路》《江山》《西部放歌》《芦花》《望月》等。全国中青年德艺双馨艺术工作者、解放军英模大会代表、总政系统优秀共产党员。

印洗尘（1943—已故）

歌词作家。辽宁昌图人。1960年始从事歌词创作。曾在内蒙文化厅调研室工作。内蒙音乐文学学会副会长兼秘书长。作有《草原上有一个美妙的传说》《乳香飘》《雕花的马鞍》。

印再深（1954— ）

二胡、高胡演奏家。吉林扶余人。1982年沈阳音乐学院毕业留校任教，副教授。中国音协二胡学会常务理事。演奏的作品《春诗》《桂花情》《梁祝》《日月潭随想曲》等被录制唱片或专辑。合作《娣妹恨》《山里山外》《古币》电视剧音乐。撰有《佛教梵呗音乐》《佛教梵呗

音乐在我国之缘起与发展》。曾获辽宁省优秀民族器乐演奏员奖、文化部优秀表演一等奖与辽宁省政府"优秀成果奖"。作品《日月潭随想曲》《路》获省政府三等奖，中阮与乐队《海鸥》获作品奖。多次应邀赴日本、泰国、英国、爱尔兰及台湾等地演出讲学。

应诗真（1937— ）

女钢琴教育家。浙江鄞县人。1955年入中央音乐学院钢琴系，研究生毕业后留校任教。后为中央音乐学院副教授并赴苏联留学深造。

应锡恩（1949— ）

音乐教育家。浙江慈溪人。慈溪市浒山街道西门小学教师。1993年毕业于杭州师范学院。论文《实施'新课标'再论教师基本功》2004年获《中国当代教育杂志》优秀论文二等奖，教案《甜甜蜜蜜的歌》1996年获《中小学音乐教育》杂志社全国中小学教案比赛三等奖，歌曲《诚实是金·守信是银》2006年获"童年我做主、童谣大家创"创作优秀奖，著有《应锡恩创作歌曲集》

应有勤（1945— ）

音乐理论家。浙江黄岩人。曾任上海音乐学院研究所副研究员。1969年毕业于上海音乐学院民乐系，撰有《验证敦煌曲谱为唐琵琶谱》《论东方民族乐律的不确定性》《口弦综合考察》等文数十篇，编、著有《当代中国丛书》（音乐卷），《中国古代器物大词典》《乐器学导论》等。设计并研制仿曾侯乙编钟、民族钢管乐器活塞招军、27音渔鼓、功能键竹笛等乐器。

应兆铭（1954— ）

作曲家。浙江永康人。金华市群艺馆副馆长。1973年毕业于浙江省艺术学校，曾任金华地区文工团小提琴演奏员及作曲，浙江省艺校音乐理论课教师。创作有歌曲、舞蹈音乐、电影音乐作品、舞蹈音乐，其中《托起金色的辉煌》获文化部优秀音乐创作奖。培养了一批小提琴演奏人才，多人考入中央乐团、上海广播乐团等文艺团体。策划并组织1995年"金华—中国民间文化艺术节"等音乐活动。

雍　西（1946— ）

女歌唱家。藏族。西藏昌都人。1960年始从事声乐演唱。1964年入西藏军区歌舞团，曾首唱《在北京的金山上》。1965年考入中国音乐学院声乐系，1978年进修于上海音乐学院。后为成都军区战旗歌舞团独唱演员。在电视台、电台录播歌曲百余首，录制唱片三十余张。为《朵朵红花向太阳》《今日西藏》等影片配唱主题歌。文化部曾举办"雍西、郭兰英、胡松华独唱音乐会"。多次获文化部、总政治部优秀演员。曾随团赴加拿大等国演出。

永儒布（1933— ）

指挥家。蒙古族。内蒙古哲里木盟人。1952年毕业于东北鲁艺音乐部。曾任内蒙广播电视艺术团指挥兼作曲。作有交响组曲《故乡音诗》，电视《小活佛》《鄂温克三

Y

部曲》音乐，合唱《花的草原》。

尤　静（1927—）

戏曲音乐家。江苏泗阳人。1947年入上海中国乐舞学院学习舞蹈，1951年入上海音乐学院作曲系，师从陈铭志、丁善德。1954年入上海歌剧院任作曲，先后为歌剧《小二黑结婚》（配器），京剧《红孩儿》、沪剧《日出》《南方来信》《红花绿叶》《上海激战》《珍珠泪》、锡剧《沙家浜》等三十余部戏曲作曲。1978年调入上海音协，负责编辑、出版会刊《上海音讯》及发展会员、组织活动等工作。

尤　奎（1933—）

低音提琴演奏家。浙江嘉兴人。1953年毕业于中央音乐学院管弦系。1956年入中央乐团交响乐队任演奏员。

尤长安（1940—已故）

作曲家、音乐活动家。福建泉州人。1961年毕业于福建师范学院艺术系音乐专业，入福建省歌舞团。后任龙岩市文化局局长、文联主席，福建音协理事。主编有《闽西山歌》《闽台情歌》。作有歌曲《土楼人家》《我爱大森林》，儿童歌曲《春天和秋天》《新苗之歌》，声乐组曲《闽西客家速写》，小提琴独奏曲《韭菜开花一管心》，山歌《剪掉髻子当红军》等。部分作品录制成唱片，并获奖。撰有《闽西山歌概论》。

尤成立（1960—）

音响设计师。河南孟津人。1980年毕业于河南省戏曲学校音乐科。后任职河南省青年实验剧团、豫剧院一团、湖北十堰市豫剧团乐队。1994年任十堰市群艺馆馆长。作有歌曲《走向辉煌》。担任第三、四、五届中国武当国际旅游节开幕式大型文艺演出音响工程设计，2007年担任全国第14届"群星奖"音乐类决赛音响工程设计。

尤大淳（1937—）

钢琴演奏家。上海人。1961年毕业于上海音乐学院。1964年入上海交响乐团。曾多次举行独奏音乐会。1979年兼任上海音乐学院钢琴教师。

尤德义（1940—）

单簧管演奏家。河北新城人。1959年入军乐团。1961年入上海训练班进修。曾任军乐团单簧管教员、教研室主任，兼任解放军艺术学院音乐系单簧管、萨克斯管教员。1985年"北京第一届青年单簧管比赛"任秘书长，1998年"北京国际单簧管音乐节"策划人兼组委会副主任。中国音协单簧管学会副会长。撰有《单簧木管乐器吹奏法》。著有《单簧管基础教程》《中外单簧管教学曲选》《单簧管演奏教程》。录有《管乐演奏入门》单簧管教学音像带、《军乐博士》管乐教学系列讲座VCD盘。

尤国强（1937—）

大提琴演奏家。江苏人。1961年毕业于西安音乐学院，后为陕西省歌舞剧院歌舞团乐队队长。作有大提琴独奏曲《春天》及《随想曲》，曾为歌剧《望柳滩》配器，编写《大提琴二重奏中国曲集》（合作），多次参加全国及省会演，多次获集体奖并演奏歌剧、舞剧四十多部及交响乐、秦腔、豫剧等作品。

尤泓斐（1971—）

女歌剧表演艺术家。黑龙江呼兰人。1996年毕业于中国音乐学院歌剧系，入中央歌剧院任独唱演员。1997年曾获首届德国"新声音"国际比赛中国赛区第四名，1999年赴朝鲜参加"四月之春"国际艺术节，获47届朝鲜平壤国际艺术节个人演唱金奖。在申奥宣传片及香港、澳门回归大型演出中担任独唱。主演歌剧《茶花女》《游吟诗人》《夜晏》。曾赴澳大利亚、德、法、美等国演出。并在全国各地演出近百场。

尤继祖（1927—）

音乐教育家。河南林州人。林州市第一中学高级教师。曾在安阳专区文工团任指挥兼配器，指挥演出过《白毛女》《刘胡兰》《兄妹开荒》《夫妻识字》等十余部歌剧。编有《简谱速成读谱法》《五线谱速成读谱法》《二胡速成演奏法》等教材。撰有《浅谈音乐与智力开发》《试论聂耳的群众歌曲》，并分获全国首届"中音杯"和全国首届"聂耳杯"音教论文大赛优秀奖。

尤家铮（1941—）

女音乐教育家。江苏无锡人。1962年毕业于上海音乐学院，先后任该院作曲、指挥系视唱练耳教研组长。编有《和声听觉训练》。

尤锦声（1942—）

音乐教育家。河北保定人。1960年入北京军区战友歌舞团学员队，1969年毕业于天津音乐学院声乐系。1972年起，先后任保定地区文工团歌舞团演员、保定地区群艺馆副馆长，1985年任保定师专音乐系声乐教研室主任。撰有《高师声乐课教改小议》《歌唱与气功》等文。曾任散文集《蓝天白羽》《大学音乐自修教程》编委。曾组织保定地区的几十个县、市群众艺术文化活动，参与创办保定师专音乐系。在保定曾举办"尤锦声从艺四十周年师生音乐会"，培养出大批优秀歌唱人才和音乐教师。

尤耀文（1963—）

大提琴演奏家。陕西西安人。15岁考入空政歌舞团，1985年毕业于解放军艺术学院（中专），1989年调中国电影乐团交响乐队任大提琴首席。在空政歌舞团期间长期下基层演出大提琴独奏。曾参加"田园交响音乐会""交响沙龙"等多场音乐会并担任大提琴首席。1988年获首届"全国大提琴全级别比赛"青年组优秀演奏奖及中国作品全级别优胜奖。

尤怡红（1965—）

女音乐教育家。福建泉州人。九三学社成员。泉州儿童发展职业学院艺术系教研室主任。1985年毕业于福建师大艺术系。发表论文《潮流涌江自有好景观》《音乐审美

Y

趣味培养》。1992年面向省中师音乐中心组开设观摩课。曾指导学生在省中师生基本功等比赛中获四项一等奖。

尤永根（1931— ）

男中音歌唱家、声乐教育家。江苏苏州人。曾任广东音协理事，广东合唱协会顾问。1949年在宁参加"晓河歌咏讲习班"，1950年参军，参加抗美援朝。1963年毕业于上音声乐系本科，曾任广州乐团合唱团独唱演员、声乐指导、副团长，并兼任华南文艺学院音乐系主任、星海音乐学院教师。曾在齐贝尔（美），严良堃、施明新指挥广州交响乐团演出的《贝九》中任男中音独唱。1984年广东电台为其录制独唱专辑，2002年出版个人独唱CD。培养多名声乐演员进入专业团体及大专院校，许多学生获全国与省级比赛金银奖。

由　嘉（1968— ）

女钢琴演奏家。云南昆明人。1987年毕业于云南省文艺学校音乐科。东方歌舞团舞蹈队演奏员。在各种文艺演出中任独奏、伴奏等工作。曾获云南省青少年音乐比赛一等奖，云南省独奏比赛钢琴组一等奖。

由文举（1953— ）

作曲家。黑龙江人。1984年毕业于哈师大音乐教育系，副教授。作有歌曲《共享和谐》《中国欢乐的海》《生死相依》《老师不老》《祖国似锦我是花》等在刊物发表，有多首获奖。有5首歌曲由中国音乐家音像出版社制作CD光盘。1984年组建"小星星"艺术团，已培养百余名学生考入艺术院校。2000年在北京人大会堂被授予"中华大地之光"优秀主人公称号。

油达民（1930— ）

作曲家。山西岢岚人。1943年始从事部队文艺工作。曾任陕西省艺术研究所研究室主任、研究员，陕西乐团团长，陕西音协常务理事、民族音乐委员会副主任，省音协顾问。作有管弦乐曲《江山如此多娇》《欢度新春》《渭水谣》《拥军秧歌》，交响大合唱《延安》，歌曲《妇女打坝歌》《风儿轻轻地吹》等百余首。曾为《史圣司马迁》《六斤县长》等广播剧作曲、配乐。参与《陕甘宁边区革命民歌五首》整理、编撰。

游伯樵（1939— ）

作曲家。湖北孝感人。1958年参加文艺工作。历任湖北咸宁地区歌舞剧院乐队副队长、创作组副组长、作曲兼指挥、咸宁市群艺馆常务副馆长、湖北音协理事、湖北咸宁音协顾问。创作并演出（或发表）小、中、大型歌剧音乐28部，合唱、舞蹈音乐13部，歌曲数十首。在音乐创作、群众音乐组织与辅导、史志集成诸工作方面曾获国家奖三次，省级奖七次。在本市的重要演出活动中获市政府奖三次。

游长宁（1947— ）

小提琴演奏家。四川资中人。四川歌舞剧院民族歌剧团团长。1966年毕业于四川音乐学院附中管弦专业。1966

年入峨嵋电影制片厂乐团，参加了《圣灯山》等多部电影的录音演奏。参加四川成都市各种大型文艺晚会，演出舞剧《白毛女》，歌剧《洪湖赤卫队》，德沃夏克《自新大陆》等。担任副首席参加演出的曲目多次获奖，其中有弦乐合奏《康巴风情》获第二届巴蜀文艺奖，合唱《欢庆澳门回归》获第七届"蓉城之秋"音乐会二等奖，在"捷丰之夏""柳宾之夜"等交响音乐会中担任策划，乐队副首席。

游国屏（1942— ）

男高音歌唱家。福建永定人。印尼归侨。曾任广州市歌舞团独唱演员、副团长、艺术指导。广东省音协艺术表演委员会副主任、广州市音协副主席。首唱《我爱五指山，我爱万泉河》《怀念祖国》及电影《方世玉》主题歌。1994年调广州市侨联从事侨务及对外宣传工作，担任侨联艺术团团长。多次组织艺术团出访亚、非、拉、澳、欧、美等国进行文化交流活动。

游立志（1954— ）

男高音歌唱家。湖南人。曾任全国青联委员。1976年毕业于武汉市第一师范学校音乐科，分配至湖北省歌舞团任独唱演员。曾进修于中国音乐学院歌剧系及意大利声乐艺术大师吉诺·贝基声乐训练班。曾随团赴日本、美国、加拿大、苏联等国家演出，并担任独唱、领唱。先后获得全国首届民歌通俗歌曲大赛银奖，全国长江歌会"长江杯"银奖及全国"金龙杯"大赛铜奖等。

游庆贤（1952— ）

音乐教育家。福建古田人。福建省古田县教师进修学校高级教师。1977年毕业于福建师大艺术系。撰有《科学的发声是唯一唱法》于1997年获全国跨世纪音乐教育论文大赛一等奖，《对小学音乐〈课标〉的理解与实践的思考》于2004年获全国教学论文大赛一等奖。作有儿童歌曲《小花狗》，舞蹈音乐《走嫁》，歌曲《不倦的钟声》等。培养的学生多人考入大中专音乐院校，有的在省级比赛中获奖，培训各地中西乐队20余班。

游天菁（1937— ）

音乐教育家。福建平沄人。1958毕业于福建师范大学音乐系。先后担任福建仙游二中、仙游师范音乐教研组长，省音乐教研会常务理事，莆田市音协副主席。50年代开始研究莆仙戏音乐，并为五十多部现代戏和古装戏谱写音乐，并参加莆仙戏音乐集成编辑工作。曾多次获市创作奖。

游泳源（1932— ）

音乐教育家。福建上杭人。1955年毕业于武昌华中大学音乐系。在校主攻音乐理论、小提琴，兼学指挥。毕业后长期在赣南从事音乐教育工作。曾执教于宁都师范、赣南文艺学校、赣南师院、嘉应大学音乐系。1997年被聘为教授。曾任赣南歌舞剧团首席指挥，地区艺术委副主任，省初中音乐课本主编。出版有《合唱指挥艺术》《歌曲分析与旋律写作》《简谱视唱教程》《守调唱名视唱教程》

Y

《音乐基本理论及其教学辩证》等。

有德乡（1955— ）

男高音歌唱家、声乐教育家。山东肥城人。1982年毕业于南京师范大学，后入上海音乐学院进修。南京师范大学音乐学院副院长、声乐教授、研究生导师。江苏省音协副主席、江苏省有突出贡献专家、中国教育学会音乐教育分会理事、声乐学术委员会副主任。曾获文化部举办的"第25届哈尔滨之夏"全国首届艺术歌曲比赛二等奖，全国第二届聂耳冼星海声乐比赛铜奖，江苏省音舞节美声比赛一等奖。发表有《呼吸——歌唱艺术的生命》《歌唱审美的三度创作》《从中国之莺到声乐教育大师》《给世界一个微笑》（译文）等文，编辑出版《高等学校音乐专业系列教材》。曾在乌克兰和美国芝加哥举办"有德乡美声之夜"独唱音乐会。

于 兵（1942— ）

女中音歌唱家。河北唐山人。1973年在中央音乐学院进修声乐。曾任唐山机车车辆厂子弟小学音乐教师，1965年入中国铁路文工团歌舞团任独唱演员、声乐指导。创作并演出独唱《读毛主席的书》，在河北省业余文艺汇演获第一名。演唱其它艺术歌曲有《春光万里红旗扬》《打起手鼓唱起歌》《西班牙女郎》等。1965年被选入第二次亚非会议中国代表团演出团。曾参加赴西南三线，中越自卫反击战前线，以及赴坦桑尼亚、赞比亚的慰问演出。曾主演歌剧《星光啊，星光》。

于 波（1957— ）

单簧管演奏家。辽宁大连人。1972年毕业于总政军乐团学员队，1985年毕业于中央音乐学院管弦系专科进修班。总政军乐团演奏员。曾多次在全国、全军重大比赛中获奖。独奏曲目有《河北花梆子》等。长期担任乐队首席，在完成国家外事任务、迎接外国元首的演奏中，担任独奏、领奏。曾随团赴泰国、法国、香港等地演出。

于 渤（1957— ）

歌唱家。辽宁大连人。副研究馆员。1968年开始从事基层文艺活动。毕业于齐齐哈尔大学艺术学院。1993年结业于中央音乐学院声歌系，师从黎信昌教授。多次参加国内、国际大型文艺活动。曾获央视第七届"双汇杯"全国青歌赛在内的多个奖项。先后二十余次获黑龙江省声乐比赛金奖。培养众多音乐人才，其中多人多次在国内外赛事中获奖。本人多次获国家、省级优秀辅导教师和园丁奖。发表论文多篇。

于 潮（1931— ）

低音大号、倍大提琴演奏家。北京人。曾在华北军区军乐团师从苏联专家学习铜乐管演奏。先后任职于某师宣传队乐队、总参军乐团二队、北京新影乐团交响乐队、辽宁阜新歌舞团乐队、北空文工团乐队，1965年起任职于北京京剧院一团、二团乐队。多次参加《国歌》《国际歌》《解放军进行曲》《分列式》《战车》《飞行员》《空军》《骑兵》等进行曲的演奏和录音及数百部故事片、

新闻纪录片的音乐录音，参加过京剧《沙家浜》《海港》《红灯记》《西厢记》等的伴奏及各种大型演出。

于 峰（1934— ）

指挥家。重庆人。1955年毕业于四川音乐学院声乐系。1956年入沈阳音乐学院手风琴系进修。1977年入中央音乐学院指挥系进修。曾任全国总工会文工团指挥。北京合唱指挥学会理事。现居香港。

于 光（1956— ）

作曲家。河南濮阳人。1985年毕业于武汉音乐学院作曲系。1970年入河南省京剧团任作曲、指挥。1988年调武警河南总队文工团任编导。作有歌曲《苗岭赶秋歌》《河南好》《干杯！战友》《同龄人》《小平，你好》《武警魂》《黄河卫士情》《绿色的选择》《军中的白玉兰》并获各类奖项，舞蹈音乐《雷西之夜》，电视片音乐《武警魂》《送你一颗鲜太阳》《金融卫士》。多次参加大型社会音乐活动，任指挥或艺术指导。

于 海（1934— ）

小提琴演奏家。天津人。全国社会艺术水平考级小提琴高级考官。1949年参军，1952年在朝鲜国立艺术剧院学习小提琴，1955年在中央音乐学院苏联小提琴专家班学习。曾任46军文工团、铁道兵文工团小提琴首席。参加多届全军文艺汇演和为国家领导人及外宾的重要演出，并获优秀演奏员。演奏有《梁祝》《流浪者之歌》《卡门序曲》，莫扎特《第五协奏曲》，贝多芬《D大调协奏曲》及现代芭蕾舞剧《白毛女》《红色娘子军》等。

于 海（1955— ）

指挥家。山东日照人。十一届全国政协委员，解放军军乐团团长，中国音协第五、六、七届理事，中国音协管乐学会主席，指挥家学会理事。1970年考入解放军军乐团。1988年毕业于中央音乐学院指挥系，2001年毕业于北京大学艺术系研究生班。2006年毕业于长江商学院EMBA。曾在全国党代会，人大、政协开闭幕式及各种国家庆典活动中担任指挥。曾指挥解放军军乐团、中国交响乐团、中央歌剧院舞剧院和澳大利亚国家军乐团等中外著名乐团举办音乐会。曾赴欧、美、亚洲等多个国家进行文化交流或举办专场音乐会。多次被评为全军优秀指挥。中央电视台、中央人民广播电台等为其制作"东方之子"、"旋转舞台"、"于海指挥交响音乐会"等专题节目。

于 恒（1930—1987）

作曲家。河北容城人。1944年始从事部队文艺工作。1950年入中央音乐学院学习。曾任河北省军区司令部政治处主任，音协河北分会第一、二届常务理事。作有歌曲《哥在部队驾铁牛》《青春在冰上闪光》。

于 红（1951— ）

女高音歌唱家。满族。内蒙古呼和浩特人。1972年考入内蒙古广播电视艺术团，任独唱演员，为内蒙古广播、电视录制大量汉语、蒙语歌曲。80年代先后在上海音乐学

院、中国音乐学院进修。在高芝兰、叶佩英等名家指导下学习声乐。1987年毕业于内蒙古师范大学音乐系。2000年到印尼从事声乐教学。2001年出版个人演唱专辑CD——《草原—尼罗河》。

于 华（1954— ）

女高音歌唱家。山东青岛人。1979年考入中国歌剧舞剧院，先后参加《白毛女》《小二黑结婚》《伤逝》《古兰丹姆》《窦娥冤》《刘胡兰》《将军情》《原野》等戏的排练演出。1995年在《白毛女》中扮演喜儿。曾在电视剧《军魂》《今日到古渡口》中担任女主角，分别获第六届"大众电影金鹰奖"和宁夏回族自治区"电视剧大奖"。在全国"明日之星"声乐大赛中获二等奖，在"中国民歌演唱精英赛"中获优秀奖。1997年出版个人演唱专辑，1998年举办个人独唱音乐会，两次参加央视春节晚会及一系列节庆、中外艺术家联合演出等。

于 欢（1964— ）

歌唱家。吉林磐石人。吉林艺术学院音乐学院教授。1989年毕业于吉林艺术学院音乐系，同年入吉林省歌舞团任演员，2003年入吉林艺术学院音乐学院任教。先后担任"全国首届大学生公益歌曲比赛"吉林赛区、"第四届吉林省中青年声乐比赛"评委。指导的学生获"全国大学生歌曲演唱比赛"银奖，指导学生"七色光"组合获国家广电总局举办的中国歌手"金号奖"。1999年举办个人独唱音乐会。曾代表吉林省政府赴日本文化交流演出。

于 江（1954— ）

小号演奏家。山东人。1970年始从事部队文艺工作。后任总政军乐团独奏演员。1983年获第22国际小号比赛全国选拔赛第二名。改编有小号独奏曲《快步舞》，三重奏曲《号手的节日》。

于 杰（1965— ）

女作曲家。山东人。有多首歌曲在全国性刊物发表，其中有的作品曾获全国一等奖、三等奖。

于 捷（1958— ）

歌唱家。江苏常州人。1981年毕业于江西师范学院艺术系音乐专业，同年入江西师范大学艺术学院任教，并任党委副书记。曾获全国首届聂耳·冼星海声乐作品演唱比赛优秀奖，首届全国民歌演唱比赛优秀演唱奖，华东六省一市民歌大奖赛铜奖，江西省声乐比赛专业组二等奖。撰有《试论歌唱呼吸中的"超常规"及辩证关系》《论童声合唱队的选材与训练》《浅谈中小学生的视唱练耳训练》等，部分文章获奖。

于 景（1950—已故）

歌词作家。辽宁彰武人。1986年毕业于山东大学自修班。曾任济南军区歌舞团副团长。作有歌词《故乡情》，编有电视连续剧《高山下的花环》，获第四届电视剧飞天奖一等奖、第二届金鹰奖一等奖。

于 侃（1937— ）

歌词作家、音乐活动家。山东武城人。哈尔滨市文化局原副局长。中国群众文化学会理事、中国合唱协会理事、黑龙江省合唱协会常务副会长、哈尔滨市音协顾问。曾任北京军区战友歌剧团歌剧演员。长期从事歌曲创作，作有歌曲（词）《拉履带》《比比看》，分别获北京军区文艺汇演银、铜奖，《朋友，你想过没有》获全国职工汇演创作二等奖。多年来创作歌曲（词）二百余首，其中有多首获全国及省、市级创作奖。编著有《工人文化宫·俱乐部手册》（合编）获中国群众文化学会创作三等奖。

于 坤（1930— ）

作曲家。山东海阳人。福建音协顾问。1945年始从事音乐创作，后参加国防剧团任演员、作曲。1949年后在福建省文工团任创作室主任、乐队队长和作曲。1951年入上海音乐学院作曲系进修。1959年到福建省民间歌舞团，任业务团长并搞创作，后任省音协秘书长、副主席、主席、顾问，中国音协理事、常务理事。作有歌曲《解放军什么也不怕》《夸支书》《创业者之歌》《畲家妹子》《漳州有座百花村》《你啊你，生活》《阿蒙想家》《大海风》《漂啊，野花》。

于 雷（1954— ）

歌剧表演艺术家。辽宁铁岭人。1973年入伍，在前进歌剧团任演员。1977年毕业于沈阳音乐学院。曾在歌剧《施琅将军》《萨布素将军》《刑场婚礼》《两朵花》《刘四姐》《喜相逢》中饰演主要角色。1982年调广州军区战士文工团任合唱、独唱演员、副团长。曾在大型音乐舞蹈《灯塔颂》中扮演周恩来。

于 敏（1954— ）

音乐教育家。吉林白城人。白城师范学院音乐系主任、副教授，白城市音协常务副主席、吉林省青年音协副主席、白城市广播电视艺术家协会顾问。1978年毕业于东北师范大学音乐系音乐教育专业。1978至2003年先后在原白城地区通榆师范、在白城职业技术学院从事音乐教育教学。作有歌曲《请说普通话》《璀璨的明珠，可爱的校园》《香海情》等。发表论文《关于〈水浒传〉中的主题曲〈好汉歌〉的作品分析》《科尔沁草原音乐文化研究》等。

于 平（1956— ）

男中音歌唱家。辽宁鞍山人。1985年毕业于沈阳音乐学院。后入中央音乐学院进修。曾在沈阳音乐学院声乐系任教。中国音协第六届理事。辽宁省政协第六届委员。1987年获第四届罗莎·庞赛尔国际声乐比赛第二名。

于 琦（1955— ）

作曲家、月琴演奏家。河北武邑人。1987年毕业于河北师范大学音乐系。1970年入河北衡水京剧团，1988年始任衡水群艺馆副馆长，衡水市音协副主席。作有河北梆子《布衣皇后》，单簧管独奏《小放牛》，京歌《中国心》《党啊，亲爱的妈妈》《我爱我的行徽美》。演奏的月琴曲《赛马》《京剧曲牌》《京剧唱腔》在省电台播放。导演1998年衡水市"中秋十月圆"文艺晚会、"热土欢歌"文艺晚会及2002年衡水"名家、名曲。名段"文艺晚会、"鱼水情深"大型文艺晚会。

于 琴（1931— ）
音乐活动家。山东牟平人。1944年从事部队文艺工作，在文工团任小提琴演奏员。1950年入上海音乐学院音乐干部专修班，1958年入中央音乐学院苏联专家班。历任新影乐团副团长、北京电影乐团团长、文化部电影局机关和北京电影制片厂党委书记，中国电影家协会理事。作有《毛主席的恩情长》，《海上练兵组歌》，小歌剧音乐《金元宝》（合作），为多部新闻纪录片配乐。

于 青（1974— ）
女歌唱家。江苏南京人。1996年于南京艺术学院音乐系毕业后入江苏演艺集团歌剧团任演员。在昆明世界园艺博览会开幕式等多个大型演出中担任独唱。2004年获全国歌手秦淮大赛一等奖，2006年获朝鲜第24届国际艺术节演唱金奖。多首演唱歌曲收入各种CD专辑。2006年出版个人专辑《思念江南》CD，拍摄MTV《平山茶歌》。曾先后随团赴日本、美国、加拿大、毛里求斯、新加坡、香港、澳门等地演出。

于 沙（1927— ）
歌词作家、诗人。湖南临澧人。1953年毕业于湖南大学。曾任《湘江文艺》《湘江歌声》编辑，湖南省作协专职作家，湖南省音乐文学学会会长，中国音乐文学学会理事。出版《第一行足迹》《跋涉之歌》《于沙诗选》等诗集、散文集，有二百余件（首）作品入选数十种选集及辞书。发表歌词数百首，部分词作由作曲家、歌唱家谱曲和演唱。出版《踏着落花归去》歌词集。

于 爽（1971— ）
男高音歌唱家。辽宁锦州人。1987年在解放军某部战士演出队任演员。1995年毕业于解放军艺术学院音乐系，1996年在总政歌剧团任演员。参加"傅庚辰作品音乐会"担任领唱，在《屈原》歌剧的演出中扮演宋玉，在音乐剧《玉鸟兵站》中担任连长。2000年参加奥地利萨尔茨堡音乐大师班学习，并参加该地区音乐节演出。2001年赴比利时参加第十四届维尔维埃国际声乐比赛获第五名。参加新人新作军旅歌曲大赛获第二名。参加2002年总政主办的双拥晚会担任独唱。

于 田（1930— ）
单簧管演奏家。满族。黑龙江人。1949年入黑龙江省文工团。曾在哈尔滨歌剧院交响乐团工作。1986年应邀赴西柏林艺术学院讲学考察。

于 昕（1954— ）
女作曲家。辽宁人。1988年毕业于星海艺术学院作曲系。任广州市歌舞团演奏员、创作员，广州文艺创作研究所创作员、编辑。作有歌曲《天上有颗星》《家乡的

清清泉》，器乐曲《在北京的金山上》《世世代代铭记毛主席的恩情》（合作），《山村小竞》《人人心中有个周恩来》《阳光小草》《故乡的歌》等。撰有《陶埙与钢琴（寒夜）浅析》《高胡协奏曲（乐魂）赏析》《曹光平和他的第十交响曲》。曾在演出中任合成器、电钢琴演奏。

于 行（1920— ）
音乐理论家。沈阳人。1941年毕业于吉林师范大学音乐系。后为沈阳音乐学院作曲系教授。

于 音（1937— ）
小提琴教育家。满族。黑龙江哈尔滨人。宋庆龄基金会华音音乐学校校长。原北京市中学生金帆交响乐团艺术总监。1948年参加鲁艺二团，1950年保送入哈尔滨苏联侨民高等音乐学校学习小提琴。1954年鲁迅管弦乐队首席兼独奏演员。1956年考入中央音乐学院，毕业后分配到中央芭蕾舞团，任交响乐队独奏员、首席，参加《天鹅湖》《红色娘子军》《白毛女》演出。曾随芭团及中国艺术团到东欧国家演出。1978年调入解放军艺术学院任教授。1985年创办星期天华音音乐学校。作有小提琴独奏曲《马头琴之歌》，出版有《怎样才能演奏好小提琴》，编撰有《少儿小提琴系列教材》，译有《40首跳弓变奏练习》。

于 英（1945— ）
作曲家。新疆奇台人。1983年考入天津音乐学院理论作曲系进修。昌吉回族自治州民族歌舞剧团党支部书记。新疆音协理事、州音协主席。撰有《新疆曲子音乐与民歌、平弦音乐的关系》等文。编配、创作的作品数百件。作有声乐曲《不如党的政策好》《荒原上第一支歌》，舞蹈音乐《看社火》《山里的尕妹子》，儿童舞蹈音乐《戏雪》，大型回族歌剧音乐《马尔乃》（合作），舞剧音乐《风雪牡丹》（合作）与新疆曲子现代戏音乐《远村》（合作）等。部分作品获省、自治区级一、二等奖。

于 勇（1949— ）
扬琴演奏家。江西人。曾任江西省九江市歌舞团演奏员。1964年入中国音乐学院进修，后入上海音乐学院及中央音乐学院进修西洋打击乐。曾随团在全国各地巡回演出，并受聘于浙江省歌舞团轻音乐团任团长。作品有木琴独奏曲《春到鄱阳》，扬琴独奏曲《红井水》，多次在江西省音乐舞蹈艺术节中获奖。

于 璋（1960— ）
唢呐演奏家。北京人。1986年毕业于中央音乐学院民乐系唢呐专业，同年入中央民族乐团任演奏员。演奏有唢呐独奏曲《百鸟朝凤》《一枝花》《霸王别姬》《啦呱》《吹破天》等。曾随团赴德国、意大利、荷兰、瑞士、美国、奥地利、南斯拉夫及台湾、香港演出。录制《吹破天》《啦呱》《庆丰收》光盘。

于 政（1943— ）
音乐编辑家。黑龙江佳木斯人。从事歌曲创作二十余年，并组织各种音乐活动，高级编辑。黑龙江省音协第

Y

二、第三届理事，黑龙江省广播电视学会理事等。七台河市音协主席，七台河人民广播电台副台长、市广播电视学会副会长。各类作品获奖二百余件，其中歌曲MTV《大山情》获国家级铜奖、黑龙江省文艺"精品工程"奖。出版《黑龙江，我亲亲的故乡》创作歌曲选。

于　之（1927— ）

歌词作家、诗人。上海人。早年毕业于上海圣约翰大学。1950年始从事诗歌创作。历任上海《萌芽》诗歌组组长、上海歌剧院编剧、《上海歌声》编委、上海乐团创作员、上海音乐文学学会会长。作有交响音诗《森林日记》，歌曲《迎春花》《走啊，走啊》《永远是你》等。《雨后彩虹》被列入"20世纪华人音乐经典作品"，艺术歌曲《桥》获首届中国音乐"金钟奖"金奖。出版诗集《水之恋》《往昔的温柔》《大海、旋风和老虎》《用耳朵走路》等。

于宝权（1965— ）

音乐教育家。黑龙江佳木斯人。广州黄埔区青少年宫副主任、声乐、钢琴教师。1986年先后毕业于哈尔滨师范大学艺术系、华南师范大学音乐系声乐专业研究生班。曾参加省、市声乐比赛均获得不同奖项。发表多篇论文。多名学生考入华南师范大学、星海音乐学院、哈尔滨师范大学等高等艺术院校。参加组织、策划、编导大型文艺演出活动，并担任男高音独唱。

于宝玉（1966— ）

作曲家。辽宁丹东人。1986至1998年分别毕业于沈阳音乐学院、中央音乐学院作曲系，2002年入中央音乐学院作曲系研究生班。撰有《音乐教育的社会职能》于1995年获辽宁省优秀音乐论文评选二等奖。多件音乐作品获奖，其中歌曲《妈妈叫我不要搬家》于1995年获全国武警系统歌曲比赛二等奖，舞蹈音乐《绣球的传说》于1997年获文化部第七届全国少数民族舞蹈比赛优秀作曲奖。另作有电影主题歌《请勿打扰》，管弦乐《国魂进行曲》，交响合唱《热爱生活》，舞蹈音乐《初雪》，管弦乐变奏曲《雾里看花》，交响音画《啰儿调》，音诗《雪域霞光》（合作）等。

于长斌（1954— ）

作曲家。内蒙古哲里木人。1972年从事部队文艺工作。1982年入解放军艺术学院深造。1983年考入中央音乐学院作曲系干部进修班，后任职于总后勤部政治部。发表声乐、器乐作品近百件。其中有独唱歌曲《士兵的渴望》，重唱、合唱歌曲《军中白玉兰》《军校山河边》，音乐电视《唐古拉的风》，器乐曲《妹送哥哥当兵走》等。其中《士兵的渴望》《迷彩的士兵》获中央电视台"军神杯"音乐电视军旅歌曲大赛银奖。

于长生（1956— ）

音乐教育家。吉林永吉人。吉林省永吉县进修学校高级教师。1986年毕业于吉林省艺术学院音乐系。作有歌曲《校园之歌》《江风》。撰有论文《论音乐教师的素质教育》《论器乐教学的可行性》等。

于传赟（1939—已故）

作曲家、指挥家。北京人。浙江省舟山市群艺馆音舞室主任、副研究馆员。曾在哈尔滨歌舞剧院、黑龙江歌舞团、舟山市文工团工作。作有独奏曲《挑起扁担唱山歌》《英雄珍宝岛》等，并为多部影片录制配器并任指挥，其中越剧《海明珠》配器获省戏剧节一等奖，《唐宫风云》获二等奖，并有一批歌曲作品在省级刊物发表、获奖。曾指挥杭州歌舞团管弦乐队、上影民乐团演出、录音，并获省第二届音舞节指挥奖。

于春阳（1972— ）

女高音歌唱家。黑龙江人。黑龙江省音乐教育学会理事，大庆市中小学音乐教育学会副秘书长，大庆中学音乐教师。演唱多首歌颂大庆油田、歌颂美好生活的原创歌曲，如《灿烂的石油之光》《魅力大庆》《大庆，我可爱的家乡》《辞旧迎新》《激情之夏》《与日月同行》《以石油的名义》等。长期从事声乐教学，辅导的近百名音乐高考学生均以优异成绩考取中央音乐学院、沈阳音乐学院、东北师大等高等学府。

于春咏（1953— ）

词曲作家。安徽人。曾任安徽音协理事，安徽音乐文学学会理事，铜陵市音协常务副主席。1970年考入安徽无为县文工团，先后任长笛演奏员，创作员。1983年在安徽大学学习，毕业后任无为县文化局创作员。创作并发表歌曲作品百余首，其中《走进校园》获中宣部"五个一工程"奖、中国广播新歌银奖、中国音协"共和国五十年"优秀作品奖。歌曲《皖南游》《我是春天的风》分别获华东地区音乐笔会作词一等奖、作曲二等奖。

于大波（1930— ）

作曲家。山东海阳人。1947年入辽宁省文工团任指挥兼作曲。曾任辽阳市文联常委，音协辽宁分会常务理事。作有民乐曲《胜利鼓》，歌剧音乐《信不得》，著有《二人转曲调介绍》。

于大成（1937— ）

作曲家。山东烟台人。1962年毕业于中央音乐学院作曲系。曾任中国舞蹈学校、中国儿童艺术剧院创作员。作有舞蹈音乐《草原英雄小姐妹》《冰山雪莲》及交响诗《永久的怀念》。

于尔毅（1933— ）

作曲家。黑龙江哈尔滨人。1948年参军从事部队文艺工作。1958年调安徽省歌舞团任音乐创作员、创研室主任。1962年在中央音乐学院作曲系干部进修班专科毕业。安徽省音协、电视艺术家协会、文艺人才研究会理事、常务理事。先后创作、发表、演出各类题材、体裁的作品近千件，女独《颂歌献给敬爱的周总理》《啊！樱花》，男独《爸爸的摇篮曲》，交响曲《黄山》，管弦乐《鼓浪屿之波》，大型歌剧《冰湖上的篝火》，歌舞《坂寨幻想

Y

曲》，合唱《东宝之光》，组歌《高速公路之歌》等。其中获文化部、农垦部、华东区、省、市等多种奖项。

于广太（1955— ）

作曲家。黑龙江林口人。河北音协常务理事，华北石油管理局文化中心主任。曾随张以达学习音乐理论。近百首作品先后在《歌曲》《青年歌声》《通俗歌曲》等发表，在中宣部、中国音协、中央电视台、中央人民广播电台、中央教育电视台、中华全国总工会、中国石油天然气总公司、河北省委宣传部、河北电视台、电台等单位举办的活动中采用，四十余件作品获国家及省（部）级奖。

于桂荣（1948— ）

女高音歌唱家。北京人。1969年毕业于中国音乐学院附中。1978年中央音乐学院进修班结业。后在陕西广播电视民族乐团工作。省五届政协委员。曾随团赴日本、保加利亚、罗马尼亚、丹麦、瑞典、冰岛演出。为电视剧《唢呐情话》《蓝花花》配唱。

于桂生（1952— ）

男高音歌唱家。江苏苏州人。1970年参加工作，1977年考入江苏省歌舞剧院歌剧团，并任主要演员。曾主演过外国歌剧《弄臣》，中国古装戏《孙武》，并在《天朝风云》《椰岛之恋》《天涯歌女》《不准出生的人》《江姐》等多部歌剧中担任主要角色，曾在首届江苏音乐舞蹈节上荣获歌剧《椰岛之恋》男主角优秀演员奖及第三届江苏音乐舞蹈节美声唱法银奖。

于国庆（1959— ）

笛子演奏家。北京人。1981年毕业于中国戏曲学院。中国歌剧舞剧院民乐团笛子首席、管乐声部长。曾参加大型歌剧《白毛女》《窦娥冤》《小二黑结婚》《江姐》《洪湖赤卫队》和舞剧《宝莲灯》《牡丹亭》《红楼梦》《牡丹亭》的排练演出。1991年随文化部艺术团赴日本大阪参加亚洲青年艺术节。先后录制有徐沛东编配的广东音乐专辑《国乐漂香》和《竹笛名曲欣赏》CD专辑。曾作为剧院文化使者赴新加坡、美国、挪威、加拿大等国访问演出。

于赫兮（1932— ）

女中音歌唱家。黑龙江哈尔滨人。1948年入冀察热辽联合大学鲁艺学院戏音系学习。1949年起先后在部队文工团和天津歌舞团合唱队任领唱、二重唱演员。1957年入中央广播合唱团。1983年任清华大学合唱团艺术及声乐指导。1989年赴广州参加广东省老干部活动中心合唱团。

于红兵（1957— ）

作曲家。山西大同人。大同城区文化馆副馆长。1989年毕业于山西大学艺术系理论作曲专业。1980年入解放军某部文工团任作曲、指挥。撰有论文数篇，其中《少儿合唱训练之管见》《我国少儿歌曲创作的若干特点》分获省群众文化论文比赛三等奖与一等奖。作有歌曲《小背篓》1989年获文化部少儿歌曲录相比赛创作三等奖，表演唱《爸爸妈妈听我说》获文化部全国"蒲公英"奖银奖。曾

为电视剧《李糊涂传奇》与舞蹈《鼓舞》等作曲并参加法国少儿艺术节。出版有歌舞、音乐、器乐专辑6部。

于红梅（1971— ）

女二胡演奏家。山东人。中央音乐学院民乐系副教授、中央民族乐团客席独奏演员。独奏专辑CD《红梅随想曲》《迷胡》分别获全国首届优秀文艺音像制品一等奖、获美国举办的世界独立唱片大奖"最佳世界民族音乐奖"。曾经在国内、外举办过四十多场个人独奏、协奏音乐会。2001年荣获在美国纽约举行的"乐府国际音乐大奖"。并在美国纽约卡内基音乐厅举办个人独奏音乐会。2003年《于红梅二胡协奏曲专辑》获第四届"金唱片"奖。

于红民（1958— ）

小提琴演奏家、教育家。山东文登人。1978年任兰州军区战斗歌舞团独奏演员。1982年获甘肃省首届青年器乐比赛一等奖。1987年任中国铁路文工团演奏员。1992年毕业于中央乐团社会音乐学院。1995年在北京市崇文区少年宫任小提琴教师。北京少儿小提琴学会秘书组成员。在长期教学工作中发表了诸多儿童小提琴训练口诀及论文。2006年在北京市校外教师基本功大赛中获奖。

于红岩（1962— ）

女高音歌唱家。山东莱州人。丹东市群众艺术馆馆员。中国民主同盟文化教育委员会副主任。1986年毕业于沈阳音乐学院声乐系。曾任丹东歌舞团歌唱演员。曾获辽宁省首届青年歌手电视大奖赛美声唱法优秀歌手，在1991年丹东市青年专业系列技术表演赛中获一等奖，在全国"成才之路"歌手大赛中获金奖，并在全国少儿声乐各类比赛中获指导教师奖与艺术园丁奖。论文《建立正确声音概念的思考》获辽宁省优秀论文评比一等奖。

于洪年（1933— ）

作曲家。辽宁沈阳人。1948年入鲁艺戏音系学习。1949年从事音乐创作。曾在音协吉林分会工作。作有《小提琴五声音阶练习教程》《双扇舞曲》。

于化新（1938— ）

二胡演奏家、作曲家。山东人。1962年毕业于中央音乐学院二胡演奏专业。1963年入中国音乐学院声乐系，任声乐伴奏教师。1993年任该院实验乐团乐队队长。创作并出版笛子独奏《雪山风情》《庙会》等，器乐合奏《唱秧歌》《抬花轿》等。为彭丽媛、李丹阳、宋祖英等歌唱家出版磁带、唱片以及供教学用的声乐作品配器数百首。

于会泳（1926—1977）

作曲家。山东海阳人。1946年从事音乐工作，1951年毕业于上海音乐学院音乐教育专修班。后任该院戏曲作曲讲习班主任。作有秧歌剧音乐《夸女婿》，歌曲《支前小唱》《不唱山歌心不爽》及现代京剧音乐《智取威虎山》《杜鹃山》等。

于吉星（1954— ）

男高音歌唱家。山东人。1970年入大连歌舞团任独唱演员。1980年毕业于中央音乐学院附属中央乐团声乐训练专修班，后入中央乐团任独唱演员。在清唱剧《弥赛亚》、贝多芬《第九交响乐》中担任独唱。1986年获莫斯科柴科夫斯基国际音乐比赛男声组第四名。

于继学（1939— ）

长笛教育家。黑龙江汤原人。1953年入沈阳音乐学院附中，师从孔繁生。1959年入上海音乐学院捷克长笛专家班。1961年后任沈阳音乐学院长笛教授，培养大批优秀音乐人才。1987年赴美进修两年，多次在国内及加拿大、日本举行独奏音乐会。曾任上海长笛比赛评委、文化部第一届长笛比赛评委、大连长笛夏令营组委会主任、沈阳国际长笛艺术节顾问。

于建芳（1954— ）

指挥家、作曲家。山东文登人。1991年毕业于中央音乐学院指挥系。总政军乐团指挥。先后指挥音乐会数百场，包括指挥中央乐团、中央芭蕾舞团交响乐队、中国广播交响乐团、北京交响乐团、北京电影乐团等，录制大量音乐节目。创作管乐作品数十首（部），管弦乐作品百余首（部），改编军乐、管弦乐曲数十余首（部），发表声乐作品数十首。交响诗《吐鲁番的古道》，序曲《一个骑兵的故事》，进行曲《庆典进行曲》及歌曲《天山驼铃传深情》等作品获奖。

于建华（1953— ）

女钢琴演奏家。上海人。1962年先后就读于上海音乐学院附小、附中钢琴科。1970年考入广州军区战士歌舞团任钢琴演奏员。曾担任1985年全军声乐比赛和1995年聂耳、星海声乐大赛钢琴伴奏并获优秀伴奏奖。受聘任中国音协、广东省音协及广东钢琴学会举办的钢琴高级考官。有多名学生在各类钢琴比赛及考级中获得优秀成绩。

于建群（1969— ）

女声乐教育家。江苏淮安人。江苏淮安市清河区教研室音乐、幼教教研员。1996年毕业于南京师范大学音乐教育系。撰有《谈声乐教学中以情带声》《浅谈儿童趣味钢琴教学法》等6篇文章并在专业刊物上发表。2001年被江苏省教育厅授予"江苏省学校艺术教育工作先进个人"。2002年获苏、鲁、豫、皖声乐邀请赛美声组第一名。

于金凤（1938— ）

女声乐教育家。辽宁新金人。1965年毕业于沈阳音乐学院声乐系。1978年后相继任辽宁艺术幼儿师范学校声乐教师、辽宁教育学院艺术系音乐大专、本科班声乐学科教师及辽宁教育学院艺术系声乐教师。长期从事声乐教学，培养歌手二十多人，歌手获奖达百余次。出版《歌唱基础与练习》，撰文《怎样帮助患声带小结的歌唱者恢复艺术嗓音》《怎样选歌》，编写省幼师声乐教材二册，编写多期歌曲集和发声练习曲。

于金森（1946— ）

歌词作家。辽宁大连人。1964年在大连中山艺校、大连声乐研究班学习。1987年毕业于宁夏大学。曾任银川市文工团演员与宁夏回族自治区歌舞团创编室主任。撰有《谈民族声乐艺术的学习与借鉴》《歌曲艺术表现的探求及其发展》。作有歌词《赞歌献祖国》《山青水秀人更美》《赞歌献给伟大的党》等，其中《我登上高高的贺兰山》《红柳颂》《情洒塞上》曾获奖。曾多次为自治区新年音乐会、春节晚会、文化艺术节等大型活动撰稿。

于京军（1957— ）

作曲家。北京人。1977年毕业于中央音乐学院作曲系，留校任教。后赴日本东京音乐大学进修。现在澳大利亚。作有钢琴组曲《达卜之歌》《长号协奏曲》，撰有《关于现代音乐记谱符号》。

于敬海（1955— ）

单簧管演奏家。山东人。解放军军乐团教研室单簧管教员。1970年考入解放军军乐团学习单簧管，后选送到中央音乐学院学习。1985年起任乐队首席，曾数次完成国家重大司礼任务及演出。并曾出访芬兰、俄罗斯、新加坡等国。1991年在北京音乐厅组织并参加《单簧管独重奏音乐会》的演出。1993年毕业于解放军艺术学院音乐系。1996年至2001年任军乐团一队队长，完成1997年香港回归交接仪式中的乐队演奏任务。2000年带队参加德国布莱梅军乐节。

于凯峰（1968— ）

歌唱家。吉林人。1991年毕业于哈尔滨师范大学音乐教育系。黑龙江省大庆市音协副主席。在黑龙江歌坛回顾歌星荟萃大奖赛与第八、九届全国青年歌手电视大赛中分别获业余组美声唱法优秀奖。曾随"心连心"艺术团赴包头市慰问演出并担任《歌声伴我们一路同行》领唱。获第二届中国石油文化大赛声乐表演一等奖、黑龙江省"安康杯"文艺汇演中荣获表演一等奖。演唱的《归来的星光》获首届华语网络歌曲排行榜"最受爱戴"男歌手奖。

于立芳（1931— ）

女声乐教育家。辽宁阜新人。1948年在部队文工队扮演歌剧《刘胡兰》中刘胡兰及《血泪仇》中桂花等角色。1950年调广州战士歌舞团，先后随中国艺术团赴越南、澳门等地演出。1957年任河南省歌舞团独唱演员，曾在歌剧《洪湖赤卫队》中扮演韩英。1966年任河南省戏曲学校声乐教师。编写声乐教学大纲一册。撰有论文《呼吸》，被河南省文化厅艺术室评为优秀论文，并发表有《雏燕凌空翔翔》，《有感于李喜梅的演唱艺术》《忆锡剧表演艺术家梅兰珍》《观张秋玲个人演唱会有感》。

于立柱（1960— ）

作曲家。河北定兴人。1986年毕业于河北师范学院艺术系，2000年入中央音乐学院音乐学系学位班。1986年在邢台师范高等专科学校音乐系任系主任，2002年任邢台学院音乐系系主任、副教授。河北音协理事。撰有《论艺术

Y

发声与科学用嗓》《从死笛活笛论笛子的音准》《师范院校音乐专业技能课教学改革初探》等文。作有《县长给咱带红花》《二月花之歌》《新世纪的风》等歌曲及笛子独奏《节日的喜悦》，民族管弦随想组曲《故乡叙事》，单簧管独奏《儿童舞曲》，舞蹈音乐《军营里的娃娃》。担任笛子随想组曲《河北风情》演奏。组建邢台师专"大学生艺术团"及"教工乐队"，创建邢台市蓓蕾（业余）艺术学校。

于丽娜（1970— ）

女高音歌唱家。满族。辽宁丹东人。1987年毕业于河北省艺术学校，同年进入河北省歌舞剧院任独唱演员，1999年调入二炮文工团任独唱演员。1991年获全国"广播新歌"演唱金奖；1997年获全国少数民族"艺术孔雀奖"声乐比赛银奖、"中国广播奖"演唱银奖。1998年获文化部全国新人新作声乐比赛二等奖。2001年获国家首届中国音乐"金钟奖"演唱金奖，2001年获中国音协"全国歌手唱云南"青年歌手电视大奖赛一等奖。2002年获国际民歌节暨中华民歌演唱大赛第一名。2003年获第六届军旅歌曲音乐电视大赛金奖。2004年获全军文艺汇演声乐表演一等奖。

于莲芝（1932— ）

女歌剧表演艺术家。辽宁大连人。1949年入旅顺市文工团。1954年入中央实验歌剧院。后在中国歌剧舞剧院工作。曾主演秧歌剧《兄妹开荒》，歌剧《王贵与李香香》，豫剧《红娘》《断桥》。

于联华（1960— ）

女高音歌唱家。山东烟台人。山东歌舞剧院歌舞团演员。中国音协第七届理事。1992年毕业于中国音乐学院声乐系。多次在各级声乐比赛中获奖，其中于1985年获山东"泉城之秋"音乐舞蹈艺术节演唱一等奖，1990、1992年分获第四、五届央视青歌赛三、二等奖。1995年获文化部"文华表演奖"、1996年全国声乐比赛第二名、2004年出版于联华《爱的诉说》光盘、2009年举办"我爱我的祖国"演唱会。在大型歌剧《江姐》中扮演江姐，在《建筑爱的哥儿们》中饰女主角温慧，在《徐福》中饰女主角阿辰。多次参加省大型歌舞晚会并担任独唱，其中有"电影节""建国50周年""香港回归"等。

于林青（1933— ）

作曲家、音乐理论家。河南遂平人。1948年从事部队音乐工作。1962年毕业于中央音乐学院作曲系干部进修班。曾任湖北省音协副主席，广东省音协顾问。创作歌曲有《上士的信》《我赶着大车跑得欢》《时刻准备上战场》等。出版有《常香玉的演唱艺术》《曲艺音乐概论》《音乐散论》《音乐散论·续集》《中国优秀歌曲百首赏析》《于林青歌曲选》等。

于路丁（1933— ）

音乐教育家、作曲家。山东文登人。曾为文登一中高级音乐教师。1956年以来长期任中学和艺校音乐教师，培养了大批人才。1990年应聘为烟台师院音乐系客座教授，

1993年倡办山东艺术学院威海分部并任职。撰有教学论文多篇，获奖、发表文艺作品五十余件，其中《昆嵛山，我家乡的山》曾由中国国际广播电台播放。出版歌曲专辑盒带两部。为三部电视专题片谱曲。

于曼珍（1934— ）

女歌剧表演艺术家。辽宁金县人。1949年入鹤岗文工团工作，后为黑龙江省歌舞剧院独唱演员。曾主演《小二黑结婚》《刘胡兰》《白毛女》等歌剧。

于乃久（1968— ）

歌唱家。黑龙江海伦人。北京军区战友文工团演员。2002年毕业于解放军艺术学院。师从于李双江。曾任兰州军区战斗文工团演员。1998年获中央电视台第八届全国青年歌手电视大奖赛专业组美声唱法第一名。2004年获第八届全军文艺汇演演唱一等奖。近年来在多部歌剧中饰男主角。

于庆新（1946— ）

音乐理论家、编辑家。河南西平人。1966年毕业于中国音乐学院附中理论专业，1987年毕业于中央音乐学院音乐学系。1979年调中国音协《人民音乐》编辑部，先后任编辑部主任、副主编，编委、编审，中国音协理论委员会委员、民族音乐委员会副主任，中国广播民族乐团、新加坡华乐团艺术顾问。发表音乐评论、述评等数十篇，其中《歌坛又见'语录歌'——'八荣八耻'歌曲浪潮的反思》在首届"中国音乐评论学会奖"评奖中获第三名。在《人民音乐》发起并组织1989年首届"ART杯中国民族乐器国际比赛"及三届"龙音杯"中国民族乐器国际比赛，任秘书长。出任美国第一、二届"飞扬杯"民族乐器国际比赛评委。作为发起人，参与并完成了马思聪夫妇骨灰回国安葬工作。

于庆祝（1940— ）

扬琴演奏家。北京人。1956年入中央歌舞团民乐队。1960年入中央民族乐团。1964年曾入中国音乐学院作曲系进修班学习。作有弹拨乐合奏《南疆舞曲》、扬琴协奏曲《延河畅想曲》等。曾随团赴日本、美国演出。

于秋颖（1962— ）

女高音歌唱家。赫哲族。黑龙江同江人。第二炮兵文工团独唱演员。先后毕业于中央民族大学音乐舞蹈系声乐班与解放军艺术学院。多次参加全国各类声乐大奖赛和中央电视台、北京电视台、中央教育电视台等各类电视晚会的录音、录像和大型演出活动。1991年在全国少数民族调演中获声乐表演一等奖，同年在"桃李杯"声乐比赛中荣获民族唱法一等奖。曾由中国唱片总公司出版有个人演唱专辑《献上赫哲姑娘一片心》。

于润洋（1932— ）

音乐学家。辽宁人。中国音乐美学学会、中国西方音乐学会名誉会长，《音乐研究》主编，北京大学、上海音乐学院等兼职教授。1952年先后入中央音乐学院和波兰华沙大学攻读作曲和音乐学。1960年回国入中央音乐学院任

教，1988年任院长，后从事教学与研究。出版论文集《音乐美学史学论稿》等。著有《悲情肖邦——肖邦音乐中的悲情内涵阐释》。译著《卓菲娅·丽萨音乐美学译著新编》。主编《西方音乐通史》。曾获国家"有突出贡献专家"、全国"优秀教师奖"、波兰"文化贡献勋章"及多个专著奖项。

于韶华（1929— ）

女高音歌唱家。辽宁大连人。1946年入辽东学院音乐系学习。1949年毕业于东北鲁迅文艺学院。同年参加东北人民艺术剧院，后入中央乐团合唱队，曾担任独唱、领唱。1953年获东北区戏剧音乐舞蹈观摩大会独唱奖。

于少华（1959— ）

音乐教育家。山东荣成人。青岛科技大学艺术学院音乐专业教研室主任，教授。青岛市政协委员。担任钢琴专业课程、音乐美学课程教学工作。1970年考入山东省吕剧院。1983年毕业于山东师范大学音乐专业。1998至1999年赴日本伊丽莎白音乐大学作钢琴专业访问学者。出版翻译著作《巴赫创意曲演奏指南》，发表有关钢琴演奏、钢琴教学与音乐审美等方面学术论文二十余篇。

于淑荣（1936— ）

女高音歌唱家。辽宁大连人。1958年入长影乐团。后为陕西乐团独唱演员。曾为电影《冰山上的来客》《冬梅》《李清照》等配唱插曲。

于淑岩（1932— ）

女歌唱家。辽宁丹东人。1948年参加丹东市委文工队，后在东北鲁艺学院戏剧部就读。1953年起在东北人民艺术剧院任歌剧团演员，1954年调中国歌剧舞剧院任歌剧团演员。曾主演歌剧《斗诗亭》，参演歌剧《小二黑结婚》，并为北京电影制片厂故事片《生活的浪花》录制插曲。1963年随中国青年代表团赴尼泊尔访问，同年调入中央民族乐团，任独唱演员。1970年始致力于民族声乐理论研究和教学，并举办个人独唱音乐会。1989年后从事中国家具史和家具文化的研究，并于2002年出版《中国家具文化》（合作）。

于淑珍（1936— ）

女高音歌唱家、歌剧表演艺术家。河北阜城人。1956年从工厂调入天津歌舞剧院任独唱演员。曾主演歌剧《刘三姐》《洪湖赤卫队》《江姐》《宦娘》等。演唱歌曲有《扎风筝》《李双双小唱》《我们的生活充满阳光》《月光下的凤尾竹》《浪花啊浪花》《让人们生活得更美好》等，其中《扎风筝》获首届金唱片奖。出版有《中国歌剧选》《微风》《中华歌坛名人百集珍藏版》等演出专辑。曾多次当选为天津市劳动模范，并获首届"五一劳动奖章"。天津第十一、十二届人大常委，第五、六、九届全国人大代表。曾任天津音协副主席、全国音协理事。

于澍骅（1941— ）

作曲家。天津人。1966年毕业于中国音乐学院作曲系。曾在人民音乐出版社工作，曾任中国音乐家音像出版社编辑部主任。作有歌曲《草原夜歌》《路》《百灵鸟在唱歌》，著有《最新吉他演奏技法》。

于思斌（1933— ）

小提琴演奏家。山东孝成人。1947年入胶东军区文工团任演奏员。1979年毕业于解放军政治学院。曾任总政歌剧团乐队政委、队长。曾随团赴朝鲜演出。

于松柏（1966— ）

萨克斯演奏家。吉林人。1998年毕业于吉林艺术学院成人教育学院音乐系。曾任吉林油田职工艺术团乐队萨克斯演奏员。演奏曲目有《回家》。先后获吉林省民兵役器乐大赛、长春市庆祝香港回归文艺汇演、省首届管乐比赛、第五届石油职工艺术节萨克斯演奏一、二等奖，获省首届青少年管乐大赛、全国推新人大赛吉林赛区成人器乐组萨克斯演奏"优秀指导教师奖"。

于苏贤（1931— ）

女音乐理论家。黑龙江哈尔滨人。1953年毕业于华东艺专音乐系。1960年毕业于中央音乐学院作曲系，后在该院任教。著有《歌曲钢琴伴奏的写作》《复调教程》。作有交响诗《青春之欢》。

于天佑（1943— ）

作曲家、民族乐器演奏家。北京人。1959年入总政文工团、1963年在中央民族歌舞团任独奏演员。率先改革少数民族乐器"葫芦丝"，与文化部艺术研究院音乐研究所合作改革加键巴乌、并用改革加键巴乌演奏。先后掌握并演奏11种少数民族管乐器，作品有独奏乐曲《湖上春光》《金色的孔雀》《在草原上》《圭山之夜》《阿瓦新歌》等。曾赴亚洲、南、北美洲演出。曾任中国少数民族文化艺术研究所所长。

于廷水（1940— ）

歌唱家、歌剧表演艺术家。河北秦皇岛人。1958年入大同煤矿文工团。1964年进修于中国音乐学院声乐系。历任山西省歌舞剧院歌剧团、交响乐团团长，山西省曲艺团团长，山西省曲艺家协会副主席。曾在《江姐》《白毛女》《哑姑泉》《老二黑离婚》《骄杨》《夺印》等十余部歌剧中担任主要演员。创作并演唱的《大寨人想的是什么》《站在虎头山上唱大寨》作为中央电台"每周一歌"播放，演唱的《什么人留下想情人》《东山上点灯西山上明》等山西民歌录制唱片。曾举办个人独唱音乐会。

于伟江（1956— ）

二胡演奏家、作曲家。山东潍坊人。山东潍坊市歌舞剧院创编室主任、指挥。演奏有二胡独奏曲《赛马》《一枝花》《三门峡畅想曲》《二泉映月》，板胡独奏曲《红军哥哥回来了》等。被评为全国二胡考级"优秀指导教师"。作有话剧音乐《风筝谣》等各类音乐作品数十首（部），编配总谱数百部，指挥大型演出数十场。

Y

于文浩（1939— ）

音乐编辑家、指挥家。陕西三原人。1960年毕业于北京艺术师范学院音乐系小提琴专业。曾任北京第三师范学校音乐教师。1970年任北京市海淀评剧团作曲、指挥。1978年调中国音协任《人民音乐》编辑、《音乐创作》编辑部主任、中国音乐家音像出版社总编辑。曾配器并指挥评剧《夺印》，移植评剧《杜鹃山》等和指挥现代京剧《智取威虎山》以及1972年北京市各区县联合组织的大合唱及大型歌舞《陕北民歌五首》。为《中小学音乐教材》编配多首钢琴伴奏。撰写《唱吧！叶英》《盲人钢琴调律师—李任炜》《青年小提琴家吕思清》《中国的帕格尼尼——吕思清》等文。为电视剧《犟种》《他没有风雨衣》《小镇总理》等作曲。

于锡彬（1955— ）

萨克斯演奏家。山东人。任职中国交响乐团社会音乐学院，北京成人高校艺术协会常务理事。先后就读于解放军军乐团和中央乐团社会音乐学院萨克斯专业。曾任中国录音录像公司音乐编辑。先后在瞿小松作品音乐会、电影《珍珍发屋》《黑炮事件》《摇滚青年》《轮回》，电视剧《黄城根》演出录音中担任萨克斯独奏或演奏。录制、出版《二泉映月》《梁祝》《萨克斯讲座》《夕阳醉》等专辑。1998年参加《图兰朵》演出任萨克斯演奏。

于显文（1949— ）

作曲家。满族。黑龙江海伦人。1970年入铁道兵文工团，任二胡、柳琴、圆号、月琴演奏员兼作曲。曾演奏二胡独奏曲《北京有个金太阳》《赛马》，柳琴独奏曲《幸福渠》《春到沂河》。在电影《红旗渠》《沙石峪》音乐中担任二胡演奏。作有《你送来一支奋发的歌》《平安的日子阳光灿烂》等，多首作品获奖。1983年入武警总部政治部宣传文化处，任《武警歌声》杂志主编。后任职于中国音乐家音像出版社。

于秀华（1959— ）

女歌唱家。河北沧县人。1981年毕业于河北省艺术学校声乐专业。后在河北省歌舞剧院任独唱演员。1985年获河北省专业和业余青年歌手比赛二等奖、1992年获河北省"听众喜爱的歌手"大赛一等奖，获首届全国"大自然杯"全国听众喜爱的歌手民族唱法组优秀奖。1995年演唱《依山傍水小村庄》获河北省专业歌手比赛一等奖，曾由中国录音录像总社发行于秀华专辑《女人的爱》录音带。自1987年始在河北省历次大型文艺演出中担任独唱。

于学友（1962— ）

作曲家、音乐教育家。辽宁大连人。沈阳音乐学院音乐教育系副主任、教授。1988年毕业于沈阳音乐学院音乐教育系，后留校任教。1994年毕业于东北师大音乐学院硕士研究生班。作有独唱《小白菜》《我是长江，我是黄河》《月圆的时候》，重唱《想亲亲》《玛依拉的随想》，合唱《祖国在我心中》《祖国，我永远的爱》，钢琴独奏《信天游》，民族管弦乐《欢乐》。著有《和声的基本理论与应用》《课程的改革与实践》，论文《高师和声教学与歌曲钢琴伴奏相结合的探讨》等。曾于1986年举办个人作品音乐会。

于雪非（1929— ）

女音乐编辑家。辽宁大连人。1948年毕业于华北联大文艺学院音乐系。1950年任中央音乐学院专修科辅导员。1957年毕业于北京俄语学院。曾任中国广播合唱团俄语翻译。1959至1987年任中国国际广播电台主任编辑。主编有《中国少数民族音乐集锦》《中国民族器乐介绍》等系列节目。1978年为联邦德国西南电台举办的《中国周》节目设计、编写其中的音乐节目。策划、编导的英语环球广播迎新年文艺晚会特别节目多次获国际台优秀广播节目奖。

于延河（1943— ）

打击乐演奏家。吉林舒兰人。1960年始先后在吉林市歌舞团、吉林省歌剧院、吉林省民族乐团任职，为陕西省打击乐学会名誉理事。演奏有打击乐独奏曲《跑火池》《非洲战鼓》，云锣独奏曲《货郎鼓儿敲》《幼儿园的早晨》，吹打乐《八仙庆寿》《胜利锣鼓》。1989年参加全国六省市演奏家"金石之声"音乐会。曾随团赴朝鲜、日本等国演出。1985年赴印度参加"国际打击乐艺术节"。

于英杰（1938—1998）

音乐教育家。辽宁沈阳人。先后毕业于东北音专与哈尔滨艺术学院。曾任贵州省歌舞团歌队副队长、教研组组长、省群艺馆馆长，省黔剧团团长，贵州省音协理事。担任《杜鹃山》《洪湖赤卫队》《江姐》等歌剧的排演工作。多年来致力于黔剧音乐及戏曲唱法的研究。撰有《谈谈中小学生的歌唱训练》《大力普及群众声乐艺术》等文数十篇。编有《声乐基本教材》《音乐基础知识》《贵州民族声乐教材》等。

于振江（1946— ）

音乐活动家。河北保定人。1969年毕业于天津音乐学院师范系，后在天津市第一师范学校音乐组任教，1980年调河北保定地区群艺馆任编辑部主任，作有歌曲《静静地听》《老师的眼睛》等，舞蹈音乐《争梨》《踢毽儿》（合作）等。撰有《给初学作曲者的一封信》等文。参与创办《创作歌选》、开办各类音乐培训班，1980年成立保定音乐创作研究会，创办河北师大音乐夜大保定班，组织音乐赛事及评委工作。

于正惠（1948— ）

女歌唱家。天津人。1969年在山西省军区宣传队任独唱演员，1976年调入总政军乐团任独唱演员。1986年转业后到海淀区少年宫从事儿童声乐教学工作，并担任"少儿银帆合唱团"声乐指导兼指挥。曾多次带领学生参加北京、全国和国际童声合唱比赛，获"中国优秀童声合唱团队"奖，蝉联1997至1999年北京市、区少年宫合唱比赛一等奖。1998年率队赴美国西亚图参加第十三届"国际儿童艺术节"，1999年赴澳门参加"迎澳门回归倒计时五十天"活动。多次获北京市校外教育系统优秀辅导员称号。

Y

于智强（1956— ）

作曲家。江苏扬州人。上海韵律音乐制作有限公司总经理。首任公安部金盾艺术团、上海武警文工团、上海歌舞团作曲、指挥。作有歌曲《莫把战友惊醒》《中国人民武装警察之歌》《无尽的爱》等，其中《啊，黄河我要把你寻找》《依然》《阵地上的吉他声》等获各类奖项。为电视连续剧《老娘舅》，喜剧《想你》等作曲。《上海歌声》1991年第六期发表"于智强通俗音乐作品专页"。

于中友（1931— ）

小提琴演奏家。辽宁旅顺人。1946年入旅大文工团。1951年入中国儿童艺术剧院任管弦乐队首席。1961年始在中央芭蕾舞团工作。

于忠海（1912—已故）

声乐教育家。满族。河北河间人。早年就读于北平艺术学院。1942年赴成都、上海等地举行独唱音乐会。后长期从事教学。曾在上海音乐学院声乐系、哈尔滨师大艺术系任教。

于仲德（1936—2008）

指挥家、作曲家。山东莱阳人。第五届中国音协理事、中国音协表演艺术委员会副主任、中国民族管弦乐学会常务理事、山东歌舞剧院名誉院长。1949年加入济南市少先文工团，1960年从事专业指挥。1964年入中国音乐学院作曲系学习。曾指挥歌剧、舞剧、交响乐、民族管弦乐、现代京剧、电影、电视剧等，演出达千余场。音乐创作有艺术歌曲、独奏曲、协奏曲、民族管弦乐曲、舞蹈、舞剧音乐等。组织策划、创作、演出中国第一部交响舞剧《无字碑》，歌剧《徐福》等。

余 冰（1963— ）

女音乐教育家。河南平顶山人。河南大学艺术学院音乐系副教授。1989年、2001年分别毕业于河南大学艺术学院本科、音乐学系研究生班。撰有论文《浅谈MIDI在音乐中的作用》《手风琴演奏技法刍议》《论〈四个四重奏〉的音乐结构》《克雷格的戏剧人生》等多篇，著有《中国戏曲唱腔精选》《手风琴普及教程》。

余 峰（1958— ）

作曲家、音乐教育家。云南文山人。1994年由中国音乐学院音乐学系毕业后留校任教，获硕士学位。作有舞剧音乐《金笛》。所作交响舞曲《点花裙》《清明祭》分获云南省音乐比赛一、二等奖。收集出版北京大兴民歌近二百首。歌曲《人民代表》曾在中央电视台作为"每周一歌"播出。撰有《近代中国"新音乐"的文化学意义》《中国音乐文化主体性再识》《中国近代音乐文化的发展》等文。

余 含（1969— ）

女音乐教育家。安徽灵璧人。1991年毕业于安徽师大音乐系，曾在淮北师范学校任教。1998年任安徽省教育科学研究院艺体室音乐教研员。撰有《在创新中学音乐，在

音乐中学创新》《降低难度，提高质量——学习音乐教学大纲的思考》《切实加强艺术教育，全面推进素质教育》《认真落实〈总体规划〉，提高艺术教育整体水平》等文，主编安徽省普通高中《音乐欣赏》（上下册），九年义务教育《音乐》教材（安徽地方音乐）。

余 虹（1969— ）

女歌唱家、声乐教育家。江西景德镇人。任教华南师范大学音乐系。硕士生导师。1990年毕业于北京师范大学音乐系，1993年考入上海音乐学院助教进修班学习声乐。曾任浙江师范大学音乐系声乐教师。2003年作为访问学者公派赴莫斯科柴科夫斯基音乐学院讲学、交流。近年来多次在声乐比赛中获奖并参加各种重大演出。1998、2003年在广州星海音乐厅举办独唱音乐会，2005年在莫斯科格涅辛音乐学院音乐厅举办独唱音乐会。2000年在中央电视台青年歌手电视大奖赛及文化部"爱我中华"歌手大赛中获奖。发表声乐教学及表演的学术论文十数篇。

余 军（1962— ）

歌唱家。蒙古族。江苏镇江人。1988年毕业于南京艺术学院音乐系声乐专业，后就职于镇江市艺术剧院，任声乐队队长。镇江市音协理事。1992年以来先后获江苏省"十优歌手"、江苏省声乐比赛二等奖、江苏省声乐比赛美声组三等奖、江苏省"十佳歌手"、江苏省声乐比赛青年民族组三等奖、江苏省音舞节独唱演唱奖，2002年获文化部颁发的全国歌剧、音乐剧观摩演出"优秀男配角奖"。

余 力（1970— ）

小提琴演奏家。浙江慈溪人。广州交响乐团演奏员。1993年毕业于星海音乐学院管弦系。参加北京国际音乐节、香港艺术节、澳门艺术节演出。曾随团赴奥地利、法国、荷兰、卢森堡、澳洲、美国等国家演出。撰有《弓在弦上揉转成美——从〈哈恰图良小提琴协奏曲〉探小提琴演奏中音色的运用》《探索小提琴的奥秘——论乐队小提琴指法选择的若干原则》。录制《中国18把小提琴》《生命交响曲》《东方红日》《走进交响乐》等DVD、CD。

余 林（1918—已故）

作曲家。山东滕州人。1940年入延安鲁艺音乐系学习。历任兰州艺术学院教务长、中国音协第四届理事、宁夏回族自治区文联主席。在宁夏、甘肃等地培养大批音乐骨干。作有《我们是新民主主义青年团员》《庆祝胜利》《祖国颂》《中华，我的母亲》《让它开一朵大红花》《歌唱大反攻》《追悼烈士歌》《新年之夜圆舞曲》《全中国人民站起来》等数十首歌曲，部分作品获奖。

余 珑（1952— ）

低音提琴演奏家。上海人。江苏省交响乐团副团长。1976年任江苏省清江市文工团乐队演奏员，1980年任江苏省歌舞团管弦乐队演奏员。1987年由上海音乐学院管弦系低音提琴专科毕业后，任江苏省交响乐团低音提琴首席。曾先后参加过《弄臣》《茶花女》《孙武》《悲怆的黎

Y

术中的作用》等文。曾编写舞蹈预科钢琴教材一册。

余年年（1955— ）

钢琴教育家。浙江人。安徽省教育学院艺术系副教授。1982年毕业于安徽师范大学艺术系钢琴专业。1982年起先后任芜湖十七中、合肥十三中音乐教师，1992年后任安徽省教育学院艺术系钢琴教师。先后担任安徽省钢琴考级、全国钢琴考级安徽考区、安徽省、合肥市各类钢琴比赛评委。2003年获全国社会艺术水平考级钢琴高级考官资格。

余品金（1937— ）

指挥家。重庆人。曾任昆明市音协主席兼秘书长、云南省音协常务理事。1952年从事部队音乐工作。1957、1960年先后毕业于北京市军乐学校指挥专业、上海军乐训练班器乐专业。历任昆明军区军乐队首席双簧管演奏员、独奏演员，昆明市歌舞团、昆明乐团指挥兼音乐创作。曾指挥歌剧《洪湖赤卫队》，舞剧《白毛女》，京剧《杜鹃山》等剧目四十余部，歌舞晚会二十余台，创作音乐作品多首（部），曾获"世界学术贡献奖金奖"、第五届"中国金鸡百花电影节"创作歌曲二等奖。

余其铿（1949— ）

打击乐演奏家。广东人。中国音协第七届理事。广东文化厅副厅长兼广州交响乐团团长、广东星海演艺集团总裁、中国音协打击乐学会副会长、广东政协常委、省政协教科文卫体委员会副主任、广东文联副主席、广东音协副主席。1967年毕业于中国音乐学院附中打击乐专业。曾任广东歌舞团管弦乐队和广州交响乐团打击乐演奏员、独奏演员、打击乐声部首席、定音鼓首席。多次参加北京、香港、澳门地区的国际音乐节、艺术节的演出。1996年赴台湾出席"华裔音乐家学术研讨会"。先后率乐团赴韩国、奥地利、德国、法国、卢森堡、澳大利亚、美国、日本等国演出。

余其伟（1953— ）

高胡演奏家。广东开平人。1975年毕业于广东人民艺术学院音乐系高胡专业，曾就职于广东省歌舞团、广州乐团、1983年任广东省歌舞剧院民族乐团副团长，后任广州乐团民族乐团团长，1987年任广东歌舞剧院民族乐团艺术指导兼乐队首席，2002年任教于星海音乐学院。获1989年首届中国金唱片奖。出版著作音乐评论集《粤乐艺境》，演奏法教材《中国广东音乐高胡名曲会萃——余其伟编注演示版》。

余启雄（1933— ）

单簧管演奏家、作曲家。湖北武汉人。曾任武汉歌舞剧院歌剧艺术团单簧管独奏演员、乐队队长兼指挥、院创作室副主任、艺术团团长。市文化局创作中心歌剧编剧、作曲。曾创作单簧管独奏曲《流水欢歌》并获省优秀作品奖，歌曲《牧人之恋》录制唱片、音带，民族歌剧《烈烈巴人》获国家、省级奖七项。

余清莲（1928— ）

女音乐教育家。四川资中人。高级讲师，肄业于西南师范学院音乐系，先后供职于山西省文工团、省音乐工作组、省音协，后任山西省戏曲学校音乐科科长，山西省音协理事，参与《中国戏曲音乐集成·山西卷》编辑工作，搜集整理《拜月儿》等多首山西民歌并入选《山西民歌300首》和《中国民间歌曲集成·山西卷》，整理出版《晋剧名家唱段集萃》《简谱试唱》等书并发表多篇论文，创作有歌词《六一儿童节歌》及歌曲《农村青年突击队》等。

余庆海（1956— ）

男中音歌唱家。上海人。1976年毕业于中央音乐学院声乐系。同年入中央乐团任独唱演员。1980年在文化部直属院团观摩评比演出中获声乐二等奖。1980年入美国声乐专家伊丽莎白·毕晓普班进修。

余庆堂（1946— ）

作曲家。湖北天门人。湖北天门群艺馆音乐部主任。1988年毕业于中国函授音乐学院。撰有《天门说唱概述》（合作），女声独唱《渔歌声声唱金秋》1984年获湖北省"祖国在前进"征歌创作二等奖，《妹妹心随哥哥转》获省"三民"调演创作三等奖，渔鼓《一口咬定》2001年获全省曲艺小品比赛"楚天群星奖"金奖。

余珊鸣（1934— ）

女高音歌唱家。江西黎川人。1951年始从事部队文艺工作，后在铁道兵文工团任独唱演员。曾入上海音乐院学习声乐，师从劳景贤、林俊卿。1957年为大型纪录片《移山填海》配唱，并在中央电台、各省台及中国唱片公司录制数十首歌曲。演唱作品有《剪掉辫子当红军》《五指山》《畲家姑娘会绣花》等，并在全军文艺汇演中被评为优秀演员。曾出访法国、波兰等国家，被邀请赴新加坡、泰国、香港讲学。历任铁道兵文工团歌舞团歌队队长、艺术委员、文化部艺术局北京声乐研究所副所长。

余书棋（1933— ）

戏曲音乐家。湖北人。1949年参加工作，长期从事汉剧音乐作曲与研究。原任安康汉剧团党支部书记。曾为百余部传统戏曲和现代戏作曲和音乐设计。1956年陕西省第一届戏曲观摩会演《雷电颂》，八岔戏《站花墙》获音乐奖。1960年省青年演员会演，汉剧《染红玉》获音乐奖。1981年省首届汉剧会演，在现代戏《梅刀新传》音乐中将地方民歌融入西皮腔，被省文化厅授予"特别贡献"奖。所撰《试论西皮调与襄阳腔》《试论汉调二黄在汉水流域之流变》获省级论文奖，同时获省文化厅授予"40年来为戏剧辛勤耕耘，成绩卓著"的荣誉证书。

余淑渊（1936— ）

音乐编辑家。重庆人。毕业于华北军政干校。曾任浙江电视台文艺部主任，一台编辑部主任、专题部主任，主任编辑。作有《野营组曲》，在全军观摩演出中获创作二等奖。电视专题片《飞车皇后——吴福妹》，获中央电视台《神州风采》二等奖。曾在全国第二届青年歌手电视大

Y

奖赛中担任通俗唱法和民族唱法评委，1989年在全国青年越剧演员电视大奖赛中担任裁判长。多次组织全省性大型文艺赛事活动。

余小明（1954—）

歌词作家。广东人。作品有《党旗上的铁锤我们举》《请你回答》等。《永恒的誓言》分别在"全国职工三热爱征歌"、福建省第八届音乐舞蹈节获奖，并被选入《建国50周年福建优秀歌曲选》词曲新作"晨钟奖"，被选定为福建省第十三届运动会会歌。连续两届获龙岩市原创歌曲"十大金曲"奖，连续三届获龙岩市委、市政府授予的"闽西文化奖"。并被福建省文联、龙岩市委、市政府授予"先进工作者"，被龙岩市委宣传部授予"优秀文艺工作者"荣誉称号。出版有歌词集《永恒的笛韵》。

余小信（1966—）

音乐教育家。浙江淳安人。浙江省教育学院艺术学院副教授。1990年毕业于安徽阜阳师范学院音乐系。曾任淮北煤炭师范学院钢琴教师。论文《关于高师音乐基础理论课的改革的设想》获"浙江省教育系统第二届艺术节"大学音乐组三等奖，同时获该艺术节钢琴独奏二等奖。2003年浙江省音协授予年度优秀音乐工作者称号。

余小珍（1950—）

女声乐教育家。浙江温州人。温州市群艺馆副馆长。先后任南海舰队文工团声乐演员、歌舞队副队长。曾进修于中国音乐学院声乐系。1995年获文化部第五届"群星奖"辅导银奖。担任团长和声乐指导的温州市星际合唱团，获中国第五届合唱节铜奖。2001年获文化部"蒲公英"辅导金奖。指导温州市鹿城区女教师合唱团，获文化部等八部委联办的"全国群众歌咏比赛"金奖。

余晓芸（1963—）

女高音歌唱家。江西新建人。江西师范大学音乐学院声乐副教授。1983年毕业于江西师范大学音乐系，1985年师从周小燕教授学习声乐，1996年在硕士研究生班学习，2002年在中国音乐学院声歌系进修。多次获省声乐比赛民族唱法一等奖、全国比赛三等奖和优秀奖。所演唱的歌曲多次被录制唱片、磁带或由中央电视台播放。多篇论文在省级国家级刊物上发表。

余亦文（1938—）

作曲家、演奏家。广东人。曾任广东省音协副主席、顾问，广东歌舞剧院副院长兼广东民乐团团长。著有《艺海笔耕》《潮州音乐概论》《广东乐器的历史与现状》《新世纪潮乐的梳理与取向》等。发表艺术评论、音乐杂文三百余篇，部分作品获优秀奖。曾应邀参加《中国音乐词典》和《广东科技志》《广东音乐志》编写工作。作有《庆丰收》《今昔》《韩江春》《潮州民俗风情》，舞剧《茶薇花》音乐，部分作品获奖。

余佑才（1938—）

音乐教育家。海南儋州人。1958年入广州音专学习声乐、钢琴、作曲，毕业后分配在海南军区战线文工团。1965年随海南职工文艺代表团赴广州、梅县、韶关等地演出。多年来，先后任教于广东临高师范和儋州市那大二中。作品有小舞剧《湄公河风暴》，表演唱《八姐妹炮班》，组歌《洋浦港之恋》《松涛颂》，歌舞《儋州颂》等，其中男中音歌曲《悠悠故园情更亲》获第三届世界海南乡团联谊会歌曲比赛优秀奖。

余远荣（1943—）

作曲家。湖北宜昌人。1970年毕业于湖北艺术学院作曲系。曾任音协湖北分会秘书长。作有歌曲《要做共产主义接班人》《葛洲坝交响音画》（合作）。

余远云（1935—）

作曲家。四川简阳人。1953年毕业于西南艺术学院音乐专修科。曾在音协四川分会工作。作有歌曲《卡沙沙》，电视艺术片音乐《风光宝石九寨沟》，大合唱《红岩颂》。

余月丽（1937—）

女小提琴演奏家。浙江慈溪人。曾任广东小提琴教育协会副会长。1948年入伍后在某军文工团工作。1957年毕业于上海音乐学院附中，同年到广州乐团，历任独奏演员、第二小提琴首席、第一小提琴首席等职，参加多次重大演出。培养了一批优秀小提琴人才，其中有国际大赛金奖获得者，国外交响乐团主要演员和音乐学院教授等。

余占友（1956—）

笛子演奏家。安徽淮南人。1981年毕业于上海音乐学院民乐系。分别于1982、1984年获全国民乐独奏比赛、安徽省首届"江淮之秋"一等奖，1987年获"全国广东音乐邀请赛"、首届"海内外江南丝竹比赛"二等奖。出版《百鸟音》笛子曲集、《安徽民间唢呐曲集》《学校乐队组合与训练》。1998年创作民乐合奏《节日欢歌》获"广东音乐创作大赛"一等奖，创作并指挥管乐合奏《春满校园》《青年狂想曲》等获省、市一、二等奖。2000年在佛山举办民族管乐独奏音乐会。曾赴日本、韩国、香港、澳门演出。

余贞一（1936—）

指挥家。江西南昌人。1957年始历任南昌、深圳、江西广电少儿合唱团指挥。南昌市少年宫合唱团参加首届、二届中国童声合唱节和华东童声合唱节均获优秀合唱团称号。1993年应邀与中国电影乐团合作参加大型文献纪录片《中国出了个毛泽东》主题歌演唱录音。1995年应邀率团赴台湾演出。1998年率深圳少年合唱团赴香港参加首届中国国际童声合唱节。2002年率江西广电少儿合唱团参加曼谷ISCCP国际儿童合唱节。中国合唱协会理事、中国童声合唱委员会副主任。

余志望（1920—）

女钢琴教育家。浙江鄞县人。1945年毕业于上海国立音专。长期从事钢琴教学。1950年始在南京师范学院音乐系任教，曾为教研室副主任。

余忠娥（1951— ）

女歌唱家。江西波阳人。江西上饶市歌舞话剧团演员。曾任江西省波阳县采茶剧团演员。在1990年江西音乐舞蹈艺术节上，演出独唱《好地方，好风光》获二等奖。在第三、四届江西省少儿艺术节上，辅导参赛节目《在党的怀抱里》《静悄悄》《农家小院真快活》《八月天好时光》获辅导奖。

余自强（1940— ）

作曲家。山西阳泉人。阳泉市音协主席、电台文艺部主任、歌舞团团长、群艺馆馆长、省音协理事、省文联委员。所创作的歌曲《老师你好》（词），《二娃上了因特网》（词曲）分获首届中国音乐"金钟奖"银奖与全国"五个一工程"优秀作品奖，舞蹈《迓鼓打的火辣辣》（作曲）获全国第十届"群星奖"银奖。

俞　飞（1964— ）

笛子演奏家。安徽人。苏州科技大学音乐系副教授、实践教研室主任。1989年毕业于上海音乐学院民族音乐系，后入苏州铁道师范学院音乐系任教。1990年随济南前卫歌舞团赴北京为庆祝建军节演出。1994年参加北京首届国际合唱节。1996年，在日本举办个人独奏音乐会。2004与2005年先后赴俄罗斯远东国立艺术大学和新加坡进行学术交流与演出。所指挥的合唱团在苏州历次比赛中均获第一名。出版VCD个人笛子独奏专辑。演奏的《梅花三弄》《百鸟音》《秋湖月夜》等乐曲多家电视台播出。

俞　峰（1964— ）

指挥家。浙江人。中央歌剧院院长、指挥。中国音协第六、七届理事。曾任中央音乐学院院长助理、指挥系主任、教授，中国青年交响乐团首席指挥，深圳交响乐团特聘音乐总监。1991年毕业于中央音乐学院指挥系。曾获德国DAAD奖学金留学柏林音乐学院，获最高指挥艺术家博士文凭。1991年以来先后获全国及国际多种奖项，其中有霍英东教育基金会全国高校青年教师一等奖及金质奖章和"首都五一劳动奖章"等。曾应邀指挥柏林交响乐团、柏林乐团、中国爱乐乐团、中国交响乐团等国内外著名交响乐团的音乐会，在国内、外巡演。香港回归应邀指挥在故宫举行的海内外华人千人《黄河大合唱》。曾多次应邀赴日本、美国等进行学术交流和讲学。

俞　钢（1953— ）

演奏家。浙江新昌人。1974年毕业于上海音乐学院。1976年在浙江省歌舞团任交响乐队演奏员，1980年入杭州青少年活动中心，1999始在浙江音协《中小学音乐教育》杂志社任音乐编辑。曾创作儿童音乐剧《与台湾小朋友在一起》，获杭州市小学生会演一等奖。编写《电子琴教程》（1—4册），在浙江各地区普遍采用。在省音协、青少年活动中心培训部工作二十多年，培养众多电子琴学生。

俞　敏（1947— ）

指挥家。江苏人。1989年毕业于中国函授音乐学院理论作曲系大专班。1963年任新疆生产建设兵团农一师政治部文工团演奏员、创作员。1975年入新疆自治区阿克苏歌舞团任演奏员、指挥、作曲。之后相继在上海金山县文化馆、武警上海消防队文工团、公安部金盾文工团任指挥、作曲、乐队队长、团长。作有舞剧音乐《楚河岸边的布鲁特人》（合作），《边塞凯歌》（合作），《泉》（合作），小提琴独奏《公社放牧员》，扬琴独奏《塞外风情》，器乐合奏《塔河两岸庆丰收》等。

俞　频（1928— ）

女作曲家。江苏南通人。南京军区前线歌舞团原编导室主任。40年代初就读于南通女子师范学校。1944年参加新四军，后分配至苏中军区前线剧团。其间作有广场歌舞剧《火线爱民》《淮海战役组歌》序曲、《争取更大的胜利》等。1954年转业，同年入上海音乐学院理论作曲系，1959年毕业后第二次入伍，任前线歌舞团作曲。作有歌剧音乐《碧海红旗》《战旗红》《大江东去》《海娘》，电影音乐《夺印》，歌曲《捕渔歌》《白山高，绿水长》《为了和平握紧枪》《小小针线包》《知心的话儿对党说》《韶峰红日照万山》等，二胡曲《忆苦》《湘江潮》《琴声寄乡音》《忆淮河》等。

俞　平（1915— ）

音乐教育家、作曲家。安徽寿县人。1940年入延安鲁艺音乐系。曾任南京航空专科学校校长。作有歌曲《儿童团》《江南春》，歌舞音乐《生产舞》《两样光景》，歌剧音乐《商人乐》。导演《白毛女》等多出剧目。撰有《关于视唱体系的探讨》《音乐教育的改革问题》，其中《终身为人民服务》获优秀科研成果奖，《文艺工作者要切实深入生活》获首届新世纪中国新文学的新崛起研讨会二等奖。编著有《简谱音乐讲话》《怎样教孩子唱歌》。

俞　平（1946— ）

女音乐教育家。江苏扬州人。1973年始在上海师大音乐系任教，为教研室主任、副教授。编著有《基本音乐理论》。在中国音协音教委师范院校基本乐理学会编写的《基本乐科教程》中，任《视唱分卷》部分主编之一。在上海举办的"首调唱名法教学研讨会"上，进行公开教学，发表论文《首调唱名法教学初探》。为中国音协音教委师范系统基本乐科教育学会副会长，并长期担任上海金盾艺术团乐理视唱教学。

俞　抒（1931— ）

音乐学家、作曲家。上海人。1957年毕业于上海音乐学院作曲系，后被选派去中央音乐学院苏联专家班研修西方音乐史。曾为四川音乐学院教授，从事作曲、西方音乐史及音乐美学的教学和科研工作。作有钢琴曲、大提琴曲、合唱、独唱、民族管弦乐合奏、重奏、电视剧配乐等数十件。出版音乐文选《琴余断想》。

Y

俞 薇（1924— ）

女音乐教育家。上海人。1941年入上海沪江大学音乐系学习声乐。1943年入上海音乐院，转学大提琴。1947年底赴港。广州解放后赴穗接管中华交响乐团任军代表。曾任中南音专教务处秘书、附中校长，湖北艺术学院教务处副处长兼音乐系副主任，广州音专副校长。后任广州音乐学院党委副书记，省音协副主席，省五届人大代表。

俞秉杰（1944— ）

男中音歌唱家。朝鲜族。吉林珲春人。曾为中国少数民族声乐学会吉林分会副秘书长，延边歌舞团男中音独唱演员。1960年任珲春市文工团独唱演员。1987年起曾随延边歌舞团、中国民族艺术团到朝鲜、美国、苏联、韩国演出。1980年获全国少数民族文艺汇演优秀演员奖，获省第一届艺术节独唱一等奖，举办两次独唱音乐会，录制3盒独唱专辑，百余首演唱歌曲曾在电台、电视台播放。

俞丹妮（1949— ）

女琵琶演奏家。河北人。曾为中国琵琶研究会长江流域联席会副主席。1982年考入中央音乐学院民乐系。1986年随江西省歌舞团赴南斯拉夫、罗马尼亚演出。创作并演奏的琵琶曲《杜鹃花》获江西省第四届艺术节创作二等奖、表演二等奖。2001年与朱寅辅导的学生在全国琵琶大赛"澳美通"杯中分别获业余组二等奖，多次在华东地区、江西省市获一等奖。

俞德秀（1924— ）

指挥家、作曲家。朝鲜族。辽宁清原人。1944年毕业于日本东京东洋音乐学院，后从事音乐创作与指挥。1949年任朝鲜人民军军乐团指挥。曾任辽宁省歌剧院艺委会主任，省政协委员、辽宁省朝鲜族音乐学会会长。作有歌曲《三大任务之歌》《我们的排长同志》，作曲、指挥歌剧《毛泽东号》，歌舞剧《蛇与农夫》，指挥歌剧《刘胡兰》，舞剧《王贵与李香香》，京剧《平原作战》，舞蹈《东北组舞》及交响诗《嘎达梅林》。曾获朝鲜三级国旗勋章。

俞绂棠（1914—1992）

作曲家、音乐教育家。浙江新昌人。1937年毕业于上海新华艺术专科学校钢琴专业，留校任教。1950年始从事歌曲及民乐创作。作有《莲子行变奏曲》《畲族定情舞》《翠盘舞》等器乐曲，《我爱我的炮兵连》《海军歌》《列车在暮色中飞驰》《庄严的国徽》等歌曲。《百叶龙》（合作）舞蹈音乐获全国会演特别奖、莫斯科第六届世青节金奖。1980年任《浙江音乐》主编。撰有《音乐语言与语言音调的关系》《漫谈模仿与创新》，编著《小学音乐教育法》《中国近代艺术大师李叔同》。参与《浙江音乐家小传》编纂及"李叔同纪念馆"筹建工作。

俞国强（1953— ）

单簧管演奏家。浙江宁波人。安徽省歌舞剧院首席单簧管演奏员、省管乐委员会理事、合肥市音乐学校单簧管教师。曾参加《红灯记》《沙家浜》等多个现代京剧演出，任乐队首席，每年参加省新年音乐会及所有大型演出。曾参加李德伦、曹鹏、张国勇多位著名指挥家的专场音乐会，并赴广州、香港演出。

俞礼纯（1933— ）

作曲家。湖北武汉人。1950年始先后在武汉市青年文工团中南民族歌舞团任乐队演奏员。1975年任中央民族歌舞团创作室作曲、副主任。后任副团长、1965年参加音乐舞蹈史诗《东方红》，1983年参加《中国革命之歌》的音乐创作。1990年参加北京亚运会专场晚会及闭幕式的舞蹈音乐创作。作有《五十六个民族五十六朵花》《民族团结颂》（合作），《帕米尔升起红太阳》《祖国我亲爱的祖国》等歌曲，器乐曲《苍山洱海赞》《欢乐时代》，管弦乐《刀郎之舞》，舞蹈音乐《英雄姐妹》《珠穆朗玛》《铃鼓舞》《锦绣中华》《茫茫草原》。

俞丽拿（1940— ）

女小提琴演奏家、教育家。上海人。中国音协第六届理事。1951年考入上海音乐学院附中，1962年毕业于该院管弦系，留校任教，后任该院教授。1959年首演小提琴协奏曲《梁山伯与祝英台》，获中国首届金唱片奖。1960年作为上海音乐学院女子重奏组第一小提琴，赴柏林参加国际舒曼弦乐四重奏比赛获奖。1962年随团赴香港、澳门演出。多次与来华访问的外国指挥家及乐团合作演出，任独奏。录制有多种唱片及盒带。

俞良模（1937— ）

琵琶演奏家。浙江人。中国民族管弦乐学会荣誉理事、琵琶专业委员会副会长。1956年任中国广播民族乐团弹乐声部长、首席琵琶、指挥助理至1997年。1957年参加第六届莫斯科世界青年联欢节室内乐比赛，领奏《春江花月夜》获金奖。1957年经全国选拔录制琵琶独奏曲《月儿高》《塞上曲》及领奏《春江花月夜》唱片。1963年兼职中央音乐学院、中国音乐学院琵琶教师，1996年担任台湾"高雄市国乐团"弹拨乐指导，1998年曾担任"新加坡华乐团"客座艺术指导，并举行两场音乐会。多次随团赴苏联欧洲多国及日本、泰国访问演出。

俞鲁滨（1939— ）

女小提琴教育家。浙江宁波人。1962年毕业于上海音乐学院。后任该院附中小提琴教师，弦乐科主任。1986年赴美国访问考察音乐院教学，并在乌兹道克城中学任教小提琴一年。

俞鲁思（1928— ）

女钢琴教育家。浙江宁波人。幼年在教会学校学习钢琴，1949年毕业于上海华东师范大学音乐系钢琴专业。先后执教于苏州、南京、北京师范学院，北京艺术学院，首都师范大学音乐系。培养学生众多。1993年获中国音协"优秀教师"证书。撰有《论钢琴慢速度训练的必要性》《钢琴教学中的手腕技术》，合著《风琴弹奏法》《钢琴教材》。

俞明龙（1956— ）

歌词作家。江西广丰人。江西省音协理事、江西省音乐文学学会理事、上饶市音协副主席。创作的歌词有数百件，在央视、中央台及《歌曲》《词刊》等和省内外播放、发表。其中作词歌曲《清贫颂》获中纪委特等奖、中宣部"五个一工程"奖，《麦客走了》获文化部"群星奖"金奖，《在妈妈身边》获文化部一等奖，《太阳下面是故乡》获中国音协"晨钟奖"等，《九九采莲》《情系秦淮》《长江茶楼》等分别获奖。出版歌词集《梦的歌唱》，为《情暖珠江》等多部电视连续剧作主题歌词。

俞人悦（1932— ）

女音乐编辑家。广东广州人。1956年毕业于中央音乐学院作曲系。曾任总政歌舞团音乐教师兼钢琴伴奏，人民音乐出版社兼《音乐创作》编辑。曾编辑聂耳·冼星海歌曲选集，歌剧《江姐》选曲，舞剧《红色娘子军》选曲以及《长征组歌》《汤普森现代钢琴教程》《外国钢琴曲选》《马格南特手风琴演奏法》《钢琴家论演奏》《钢琴技术的合理原则》《键盘和声教程》《器乐曲式学》《圆号创新教学法》等。

俞蕊青（1955— ）

女歌唱家。上海人。1971年进入中国广播艺术团合唱团。曾担任女高音声部长。参加多场古今中外合唱作品的专场演唱，如大型音乐史诗《中国革命之歌》。曾数次随团赴日本、澳门及全国各地演出。1988年随广播合唱团赴日本参加宝塚宝内国际合唱比赛，获混声合唱及女声合唱金奖。经常担任独唱、领唱、重唱。90年代始参加大量录音配唱。并不断被学校及单位聘为声乐指导教师。

俞守仁（1940— ）

声乐教育家。陕西西安人。曾任河西学院音乐系主任。1958、1963年分别毕业于西北师大音乐系预科与本科。先后在北京酒仙桥中学、垂杨柳一、二中、甘肃永登水泥厂职校教学。在培养歌手与组织指挥训练合唱队中，有数名学生在省级比赛中获一、三等奖。2002年曾在河西学院举办两场个人独唱音乐会。

俞松林（1946— ）

音乐活动家。上海人。1964年入中国音乐学院器乐系学习，毕业后入中央芭蕾舞团。1978年调文化部艺术局音舞处任处长。后任中央民族乐团团长，中央乐团团长。

俞先明（1940— ）

指挥家。浙江新昌人。1962年任上海电影乐团圆号演奏员，后转为乐团指挥。1990年开始担任学生乐团指挥工作，并在上海大学、上师大附中兼职。所负责训练的各个大、中小学乐团在上海各项比赛中多次荣获金奖和一等奖。曾指挥上海市第三女中和上师大附中管乐团赴台湾、香港及法国、韩国交流演出，1996年被上海市教委评为"优秀艺术教育工作者"。1997年获得上海宝钢高雅艺术奖。2005年指挥上师大附中管乐团参加"2005荷兰国际音乐节管乐比赛"荣获B组金奖，本人获"最佳指挥奖"。

俞晓冬（1960— ）

女古筝演奏家。江苏苏州人。南京军区前线歌舞团古筝独奏演员。1981年毕业于南京艺术学院古筝专业本科。曾先后随团出访美国、加拿大、蒙古国、埃塞俄比亚等国进行访问演出并担任独奏。发表论文《古筝我的第二生命——兼谈古筝的演奏与教学》。出版古筝演奏CD专辑多盒。出版发行《筝艺神韵——实用古筝教程》。2000和2001年先后在南京举办"俞晓冬师生古筝演奏会""文化名园——俞晓冬古筝演奏音乐会"。

俞逊发（1946—2006）

笛子演奏家。上海人。1960年考入上海民族乐团任演奏员。1962年参加第三届"上海之春"选拔赛获第一名。发明笛子演奏新技法17种。研制发明"口笛"，并演奏口笛曲《苗岭的早晨》。创作、改编《妆台秋思》《琅琊神韵》等二十余首笛子独奏曲，多首获奖，其中《秋湖月夜》被列为"20世纪华人音乐经典作品"，《第四交响曲——为竹笛及22件弦乐而作的室内交响乐曲》在1990年国际交响乐作品大赛中获奖。著有《中国竹笛》。随团赴欧、亚、美、非、大洋洲等三十余个国家及台、港、澳地区。录有《牧歌》《台湾民谣》等十余种笛子专辑。曾获上海首届文化艺术奖、上海宝钢高雅艺术奖。

俞延华（1923— ）

倍大提琴演奏家。河北抚宁人。1947年始先后入哈尔滨市店联文工团、东北人艺乐队。中国歌剧舞剧院任演奏员。

俞扬玲（1954— ）

女声乐教育家。福建平潭人。1980年毕业于福建师大音乐专业。1980年始在福建省仙游师范任音乐教师。1985年指导的女声小组唱，获福建第三届学校音乐周录音评选一等奖。1989年指导的大合唱获大中专合唱评选二等奖，1995年创意并指导手风琴与声乐"校园放歌"获省中师第二届文艺汇演一等奖，2000年指导学生王乃强参加"安利杯"学生歌手电视大奖赛获通俗组金奖，本人获"伯乐"奖。1992年在全省学校音乐周活动中获总评先进个人。

俞玉姿（1929— ）

女音乐教育家。江西婺源人。1953年毕业于南京师范学院音乐系。中央音乐学院音乐学系教授。曾任中国音乐史学会理事。1953年起，先后在华中师院、北京艺术师范学院、中国音乐学院和中央音乐学院担任中国近现代音乐史论等教学工作，培养了一批音乐学人才。发表有《赵元任的音乐创作》《革命音乐家任光及其创作》《江文也年谱》等论文30余篇。出版有《王光祈音乐论著选集》（合作），主编《中国近现代音乐教育文选》《中国近现代美育文选》（合作），2000年获学院杰出贡献奖。

俞子正（1954— ）

男高音歌唱家。江苏昆山人。南京师范大学音乐学

Y

院院长、教授。1979年毕业于南京师范大学。1983年毕业于上海音乐学院。1987年毕业于东京艺术大学研究生院。1986年获日本国际音乐比赛第三名、文化放送音乐比赛第一名。曾获教育部霍英东青年教师奖、江苏文学艺术奖。

虞　勇（1949— ）

作曲家、音乐编辑家。上海人。人民音乐出版社音像中心副编审。1983年毕业于中央音乐学院，学士学位。编著翻译有《儿童电子琴教程》《小型电子琴的性能与演奏》《儿童电子琴大教本》《西班牙吉他演奏法》《世界电子工业》（翻译），1990年创作、编辑、配乐的《卡拉OK与小朋友》磁带获"优秀畅销书""中央音乐学院教材丛书"列入文化部直属文艺院校教材。编辑出版录制大量中外声乐、器乐书籍和音像制品及广播间奏音乐。

虞文琴（1945— ）

女歌词作家、音乐编辑家。河南信阳人。1986年毕业于湖北省教育学院中文系。中国音乐文学学会副主席。1971年开始写作歌词。曾任武汉军区文工团创作员，《歌曲》编辑部编辑，后任《词刊》副主编、主编、编审。作有歌词《万里长江横渡》《鹰》《飒飒白杨林啊》等，其中《我听见时光的声音》《彩云南》分别获中宣部"五个一工程"奖。出版歌词集《让梦想成真》，长篇报告文学《飞越零汀洋》等。

宇文永清（1936— ）

男高音歌唱家。黑龙江明水人。1960年毕业于齐齐哈尔师范学院。1965年入黑龙江省歌舞团。曾任黑龙江歌舞剧院民乐团副团长。曾多次出国访问演出。

禹　鼎（1926—已故）

男高音歌唱家。回族。江苏南京人。1947年毕业于军乐学校声乐系。1949年参加华东文工团。曾在电影乐团、中央实验歌剧院工作。后任中国广播艺术团合唱团男高音声部长。

禹　疆（1941— ）

木琴演奏家。河北定县人。1961年入中央歌舞团民族乐队任演奏员。演奏有《晨歌》《咪咪叫的小山羊》《塔巴斯科舞曲》《高原的节目》。

禹济哲（1936— ）

音乐理论家。朝鲜族。生于朝鲜黄海道。1957年毕业于黑龙江师专音乐科。曾在齐齐哈尔师范学院艺术系任教。撰有《谈歌曲创作》（合作），《伟大时代的歌手郑律成》。

禹永一（1961— ）

作曲家。朝鲜族。吉林人。1977年参加工作。1980年由吉林永吉师范学校毕业后先后任中学教师、吉林黄林文工团作曲、指挥、副团长等职，1989年毕业于吉林艺术学院。期间在沈阳音乐学院学习作曲、指挥。后任沈阳航空学院艺术教研室主任。1995年毕业于中国音乐学院作曲

及作曲技术理论专业，师从施万春先生，获硕士学位，留校任教。创作有三十多部电视剧音乐及多部管弦乐、室内乐、声乐作品。

禹玉兰（1937—已故）

女民歌演唱家。朝鲜族。吉林延吉人，生于朝鲜罗津。1953年始在延边歌舞团任独唱演员，后调延边大学艺术学校任民歌教员。1955年演唱的民歌《梨花打令》由中国音像出版社出版。1957年获第六届世界青年联欢节（莫斯科）延边歌舞团大合唱《长白之歌》领唱银质奖。演唱的十余首民歌辑入《中国民间歌曲集成·吉林卷》。韩国KBS文化放送录制九首其民歌演唱。

玉素甫江（1933— ）

音乐编辑家。维吾尔族。新疆伊宁人。1952年入新疆文化局音乐干部培训班学习。1953年任新疆人民广播电台音乐编辑。作有配乐广播剧《塔西瓦依》、歌曲《钢铁工厂圆舞曲》。

玉山江加米（1930— ）

热瓦甫演奏家。维吾尔族。新疆伊宁人。自1944年始先后在伊犁文工团和乌鲁木齐市文工团任乐队队长。曾在新疆歌舞团工作。作有歌曲《解放了的时代》《火车来了》，乐曲《黎明的光》《在清晨》等。

玉赛音·克里木（1942— ）

音乐理论家。维吾尔族。新疆喀什人。曾在新疆艺术学院研究室任职。中国少数民族音乐学会理事。著有《卡龙琴的简史》《热瓦甫的简史》《弹拨尔的简史》《维吾尔族戏剧史》。

郁　虹（1968— ）

女古筝演奏家。河北南宫人。江苏省歌舞剧院民乐团演奏员、省音协古筝考级评委会副主任。1990年毕业于上海音乐学院民乐系，同年入上海歌舞剧院。曾在扬州、江苏、北京及中央电视台举办的晚会及艺术节、音乐会上演奏古筝独奏、重奏，在"富利通杯"国际民族器乐比赛、江苏省第三届民族器乐比赛中，获优秀单曲奖或一等奖。录制出版《古筝名曲》《好风如水》《用心弦与琴弦歌唱》《器乐入门—古筝》等个人演奏专辑和教学片。

郁　亮（1956— ）

弹拨乐演奏家。满族。天津人。中国歌舞团乐队演奏员，担任中阮、大阮、琵琶、柳琴、古琴、热瓦普等民族弹拨乐器及三角琴、曼托林、吉他等国外弹拨乐器的演奏。编配有中阮独奏曲《出海》《草原情歌》《难忘的回忆》《美丽的小村庄》，吉他独奏曲《野蜂飞舞》《拿波里舞曲》《土耳其进行曲》等，在数十首曲目中担任独奏、领奏。曾多次随团访问演出。

郁家驹（1954— ）

高音笙演奏家。上海人。1978年毕业于安徽省艺术学院音乐科，同年分配到安徽省歌舞剧院民族乐团担任笙独

Y

奏、领奏、重奏、合奏。撰有《笙的发展与改革》《月之韵—浅析春江花月夜的意境美》《芦笙和葫芦笙的起源与发展》等论文，并在专业刊物上发表。

郁钧剑（1956— ）

歌唱家。江苏南通人。中国文联演艺中心主任。全国政协委员，中国文联全委，中国音协第五、六、七届理事。曾任总政歌舞团独唱演员。毕业于中国音乐学院音乐文学专业和北京大学艺术学系研究生班。演唱有《说句心里话》《什么也不说》《当兵干什么》《兵之歌》《家和万事兴》等歌曲，录制四十余张唱片、CD、VCD专辑，多次获全国、全军文艺汇演一等奖、中国"金唱片奖"、中宣部"五个一工程"奖等。曾获"全国十大歌手""全国听众最喜爱的歌唱演员""全军十大明星"等称号。多次担任国家级声乐大赛评委。出版有5部诗集、2部散文集和2部书画集。近年来，多次策划组织国家级大型文艺活动，其中有"中国文学艺术展""百花迎春"春节大联欢，"纪念中国人民解放军80周年音乐周""纪念改革开放30年音乐周"等。

郁生祥（1925— ）

音乐教育家。江苏无锡人。1952年上海华东师范大学音乐系毕业。先后在扬州师范学校、上海艺术师范、中央音乐学院、天津音乐学院任教。撰有《谈在视唱练耳课教学中可采用的几种方法》。

郁玉岱（1938— ）

音乐教育家。天津人。1963年毕业于北京艺术学院理论作曲专业。曾任北京师范学院音乐系副主任、副教授。从事民族音乐理论教学与研究。

郁正民（1955— ）

音乐教育家。河北乐亭人。哈尔滨师大艺术学院理论教研部主任。1978、1983年分别毕业于哈尔滨师大艺术系、教育系研究生。撰有《论音乐教师的修养》《音乐教学论的构建》等文。著有《音乐教育心理学》，译著《音乐基础知识程序教学》，主编《大学生音乐鉴赏》等。论文数次获奖，其中于1994至2001年分别获黑龙江高校社会科学研究成果一、二、三等奖8项。独立完成黑龙江省委"八五重点"社科项目《音乐教育心理学课程创谈》。主持黑龙江省教育厅"十五"项目2项。

郁洲萍（1952— ）

作曲家。江苏人。1974年入山东师范大学艺术系进修作曲。1980年始在中国武警部队江苏总队政治部工作。作有《军民并肩守海防》等百余首歌曲，《祖国边疆一条河》《妈妈的白发》《祖国的眼睛》《永恒的太阳》为其代表作。1975年创作声乐套曲《渤海赞歌》。先后为电视片《警官奏出吉它声》《警官男子汉》《龙城卫士》谱写主题音乐、主题歌。男声小合唱《我们是武警巡逻队》《故乡月》《我和祖国》《警徽颂》《哨所新月》《无名小星》等歌曲分别获奖。

喻　彬（1935— ）

女歌唱家。四川人，生于德国柏林。任职于四川省歌舞剧院。1950年从事部队文艺工作。曾赴朝参加慰问志愿军演出。1956年参加全国音乐周，后选送至文化部罗马尼亚声乐专家班深造。还曾师从沈湘教授学习声乐。撰有《声乐学习心得体会》等文，编撰声乐练习曲。曾在四川联合大学等院校举办声乐讲座及示范演唱会。先后任省市老干部合唱团音乐艺术指导与成都、重庆历届业余器乐等级评委。曾随团赴阿尔巴尼亚、埃及、黎巴嫩等国演出。

喻绍泽（1903— ）

古琴教育家。成都人。毕业于四川国立外专。1923年始从事古琴研究。曾在四川音乐学院民乐系任教。作有古琴曲《欢庆》《耕歌》《思念》，整理曲目有《秋水》《高山流水》《幽兰》《佩兰》。

喻宜萱（1909—2008）

女高音歌唱家、音乐教育家。江西萍乡人。1933年毕业于上海国立音乐专科学校。1935年赴美国留学，入康乃尔大学研究生院，主修音乐，副修教育学。1939年回国，先后在成都金陵女子大学和湖北省立教育学院任教并兼音乐系主任。抗战胜利后，专事演唱，先后在各地及香港举行独唱音乐会。首唱歌曲有《康定情歌》《在那遥远的地方》。1948年，曾受联合国教科文组织委派，赴英、法、意、瑞士等国考察音乐教育，并在伦敦、巴黎举行独唱音乐会。1949年回国，任中央音乐学院声乐系主任，后任副院长。在半个多世纪的声乐教育工作中，培养出一大批卓有建树的优秀声乐人才。出版有《我与音乐》《喻宜萱声乐艺术》等专著，编译出版《德彪西、拉威尔、普朗克歌曲选集》等七部外国艺术歌曲集。曾任全国政协第二、三、四、五、六届委员，中国音协常务理事及第四届顾问。曾任《中国大百科全书》音乐卷编委兼声乐分支主编。曾获首届中国音乐"金钟奖"终身成就奖。2007年获中国文联第六届造型表演艺术成就奖。

喻钟弘（1941— ）

指挥家。四川内江人。1963年毕业于四川音乐学院管弦，后任重庆市歌剧院指挥。指挥过多部大型歌剧及交响乐、合唱等。作有歌曲《彝家小阿妹》，歌剧《魔鬼索南塔》（合作）等，并多次获奖。

遇景正（1945— ）

双簧管演奏家。辽宁大连人。1966年毕业于沈阳音乐学院附中。宁夏回族自治区歌舞团管弦乐队双簧管首席、乐队队长。

毓继明（1930— ）

三弦教育家。满族。北京人。1953年毕业于北京师范大学美术工艺系。八岁起学习三弦，十岁起师从恭王府太监学习弦索十三套及宫廷音乐。先后任中央音乐学院、北京艺术师范学院、中国音乐学院三弦教师，并向中央音乐学院谈龙建传授弦索十三套。出版有《爱新觉罗·毓恒三弦传谱》，磁带《爱新觉罗·毓恒三弦传谱音乐》。演出

Y

保留曲目有《合欢令》《海音第一段》《普庵咒佛颂》。1988年由中国音协主办"爱新觉罗·毓恒传谱音乐会"。

元　青（1922—　）

音乐活动家。山西洪洞人。1936年始从事部队文艺工作。1941年毕业于延安部艺音乐班。曾任成都军区歌舞团团长、成都军区文化部副部长、音协四川分会常务理事。

元柏萱（1932—　）

女声乐教育家。天津人。1958年毕业于中央音乐学院声乐系。吉林艺术学院教授，长期从事声乐教学工作。1998年受聘于西北民族大学音乐舞蹈学院任教，为吉林、甘肃等地培养了一批声乐演员和在高校从教的青年声乐老师。

元希凡（1934—　）

小提琴演奏家。山西人。原空政文工团乐队演奏员。曾分别在西南工人文工团与十八兵团文工团学习打击乐、小提琴和小号，在中国煤矿文工团任乐队首席。参加演出的有歌剧《兄妹开荒》《白毛女》《小二黑结婚》。在重大庆祝活动中，演出过四重奏《弦乐小夜曲》《A大调四重奏》《二泉映月》等。曾在怀仁堂为党和国家领导人演出《革命历史歌曲表演唱》、歌舞剧《长山火海》，并参加歌剧《忆娘》《江姐》及多部电影的演出、录音。

元修和（1937—已故）

竹笛演奏家、教育家。山东人。1959年毕业于西安音乐学院并留校任教，曾师从赵松庭。所培养从事竹笛教学和演奏的学生遍布全国和全省。作有笛子独奏《秦腔主题随想曲》（合作），1980年发起成立"长安古乐学社"，整理、翻译古乐曲近百首，包括坐乐八套。出版有盒带，播出有电视片等。

贠恩凤（1940—　）

女歌唱家。陕西华阴人。1951年从事广播文艺工作。陕西省广播电视民族乐团名誉团长，中国音协理事。陕西省政协第四届委员，第五、六、七、八届常委。以演唱陕北及中外民歌见长，出版发行四百余首。《贠恩凤演唱歌曲选》收入了《信天游唱给毛主席听》《十唱共产党》《手摘红枣想亲人》《延安儿女心向毛主席》《蓝花花》《翻身道情》《山丹丹开花红艳艳》等歌曲。曾在西安、洛阳、上海、北京举办过四十余场独唱音乐会。在日本、泰国、菲律宾、美国及香港举行"贠恩凤演唱会"。

原　野（1936—2004）

板胡演奏家、作曲家。天津人。曾在公安军文工团、前卫歌舞团任演奏员，后曾任武警文工团团长。创作并演奏板胡曲《红军哥哥回来了》《山东小调》《山乡》《梦乡》《泉乡》等百余首。作有笙独奏曲《草原骑兵》，民族管弦乐曲《鹏程万里》，舞剧音乐《高山下的花环》等。参加音乐舞蹈史诗《东方红》演出。1976年合作研制双千斤板胡。出版个人演奏专辑，拍摄电视艺术片《原野琴风》。中央电台、电视台播放"原野作品音乐会"专题

节目。曾随团赴亚、欧、拉丁美洲等多个国家演出。编著有《民族乐队配器常识》。

原作哲（1939—　）

女音乐理论家。河南人。1963年毕业于西安音乐学院作曲系，同年入安徽省休宁县文工团，1985年入陕西省艺术研究所音乐研究室工作。参与创作歌剧《红峰岭》《茶绿心红》，以及众多声乐作品和舞蹈音乐《春播》。1986年担任《中国曲艺音乐集成·陕西卷》的常务副主编。撰有《陕西曲艺音乐概说》《陕西说唱艺术的萌生与发展轨迹》《陕西曲艺音乐的艺术特色》等文。

袁　彪（1935—　）

钢琴演奏家。浙江桐庐人。1958年毕业于中央音乐学院钢琴系。并以优异成绩毕业于苏联钢琴副教授丹吉阳那、克拉关科班。后被分配至长春电影制片厂任钢琴电影配音及演奏，还兼任吉林艺专钢琴教学工作。创作钢琴乐曲《小溪旁捞鱼》《催眠曲》《在节日里》《坦克兵进行曲》《火车向着韶山跑》等百余首。举办钢琴独奏会四十余场。培养有众多钢琴学生。并对传统音阶、琶音弹奏指法进行革新。著有《中国音乐哲学》（即《新乐经》），《天才论》《音乐科理》等。

袁　方（1933—　）

指挥家。辽宁沈阳人。1956年毕业于东北音专作曲系，后入柏林音乐学院学习指挥。曾任中国广播交响乐团首席指挥、艺术指导、团长，澳门室内乐团音乐总监，中国交响乐爱好者学会副会长以及中国指挥家学会顾问。曾任德国柏林、莱比锡、汉堡NDR广播交响乐团、日本东京新星、大阪世纪、广岛、仙台交响乐团、葡萄牙广播、里斯本大都会交响乐团及土耳其总统府交响乐团等二十余个乐团的客串指挥。与葡萄牙钢琴家阿·诺尔丹共同策划创建了澳门国际音乐节。两次被聘为波尔图国际钢琴比赛评委。1992年获葡萄牙东方基金会艺术合作奖，1995年获葡萄牙总统授予的"国家功勋章"，1999年获英国剑桥指挥成就奖。

袁　飞（1928—　）

音乐活动家。上海人。1947年毕业于国立上海音专夜大学。曾在江苏省文化厅艺术处工作。音协江苏分会常务理事。作有歌曲《共青团林之歌》，编有《常用小调曲选》（合作）等。

袁　军（1953—　）

女高音歌唱家。北京人。1970年入总政文工团学习声乐，师从仓传德，后任总政歌剧团歌唱演员。参与大型音乐舞蹈剧《芦花白木棉红》的演出以及全国巡演，曾在《党的女儿》《洪湖赤卫队》《半篮花生》《刘胡兰》《托斯卡》等多部歌剧中扮演角色。为《聪明的一休》等多部影视剧配唱主题曲。多次在随团演出中担任独唱。

袁　琨（1954—　）

女高音歌唱家。辽宁抚顺人。辽宁省音协理事、沈阳

军区前进歌舞团演员。1970年入沈阳军区歌剧团。1987年毕业于中央音乐学院。曾在《萨布索将军》《施朗将军》《重庆谈判》《芳草心》等十余部歌剧中担任主要角色。曾获全军第四、五届文艺汇演优秀表演奖、第六届全军文艺汇演音乐表演二等奖、全军首届中青年声乐比赛三等奖、辽宁省第二届青年歌手电视大赛专业组美声唱法第一名、辽宁全国名歌手邀请大赛金奖。1987、1988年相继在沈阳、北京音乐厅举办独唱音乐会。

袁　强（1958—　）

　　单簧管、萨克斯管演奏家。江苏姜堰人。1976年毕业于南京艺术学院单簧管专业，后任该院演艺学院歌剧音乐系副主任。江苏省音乐协会常务理事。曾获江苏省"葆尔春杯"管乐大赛第一名。曾在省京剧院和省歌舞团交响乐队任首席单簧管、木管声部长及轻音乐队队长。与省歌舞团交响乐队合作演出中外协奏曲及自创作品数百场，并在与日本首席管乐团和美国萨克斯管五重奏乐团合作演出中担任独奏。1980年开始从事萨克斯管演奏及教学并出版教学VCD。创作、改编、配器大量的轻音乐作品，编写过多部萨克斯管教材。

袁　硕（1920—　）

　　作曲家。安徽巢县人。1939年参加革命工作。曾入华中鲁艺学习。曾任徐州文化局副局长。作有歌曲《保卫莫斯科》《麻雀战》，歌剧音乐《翻身乐》。

袁　伟（1960—　）

　　作曲家、指挥家。天津人。毕业于天津音乐学院，后入中央音乐学院进修作曲、指挥，曾在日本著名指挥家冈部守弘专家班学习。中国民族管弦乐学会指挥委员会理事、中央音乐学院特聘MIDI技术专家、天津歌舞剧院作曲与民族乐团首席指挥。作有歌剧《梦的衣裳》，第一民族交响曲《世纪回响》，交响诗《心愿》，二胡协奏曲《丝路随想》，唢呐与民族管弦乐队的交响诗《执》，大型民族交响组曲《中国鼓曲大观》等，其中《的哥畅想好生活》获中宣部"五个一工程"奖，《天津城外杨柳青》获中国广播奖配器金奖。为《绿林行》《情醉野三坡》《方城之误》《忏悔录》等五十余部电视剧作曲。1998年举办以"神的传奇"为标题的个人作品音乐会。出版有《电声乐队配器指南》《电脑音乐创作指南》两部专著。

袁　莹（1935—　）

　　女音乐教育家。上海人。曾任浙江杭州师院音乐系教师。1958年毕业于上海音乐学院理论作曲系。先后任教于杭州音专、杭州艺专、沈阳音乐学院作曲系，开设《音乐作品分析》《外国音乐欣赏》《和声学》等课程。编著教材《曲式与作品分析》《和声学》等。

袁　征（1965—已故）

　　音乐教育家。湖南常德人。1986年毕业于湖南怀化师专音乐系，1986年在中央音乐学院音乐学系进修，1996年在湖南师大艺术学院研究生部学习。1981年起先后在湖南常德县中与冷水江师范学校任教，1989年起在湖南岳阳

师范学院音乐系任系主任兼理论和钢琴教学。撰有《析郑卫之音及其在古代的反映》《全唐诗的音乐史学价值》等文，著有《中国音乐通史》《公共艺术教程》《钢琴必修教程》等。作有《我爱青海》等歌曲。担任当地多场大型音乐演出的策划、导演、指挥、配器等工作，曾任湖南省音教委、钢琴专业委员会副会长。

袁丙昌（1934—1998）

　　民族音乐学家。广东兴宁人。1957年毕业于华中师范学院音乐系。后任教于中央民族学院艺术系。曾任中央民族大学少数民族文学艺术研究所研究员、中国少数民族音乐学会常务副会长、中国民族器乐学会常务理事。参与编写高校民族音乐教材及中国民族音乐、古代音乐史的教学。著有《土家族音乐》《维吾尔族乐器》《彝族乐器》等。主编《中国少数民族乐器志》《中国乐器志》，获国家优秀科研成果奖一等奖。曾应邀赴德、奥等国讲学。

袁炳清（1937—　）

　　音乐理论家、作曲家。湖南隆回人。早年毕业于华中艺术专科学校音乐戏剧科。历任长沙市工人文化宫主任、《工人音乐报》主编、长沙市音协主席、湖南音协常务理事、湖南省音协民族管弦乐团团长，副研究员。出版《袁炳清歌曲集》《农村常用乐器谈》。作有《光荣门》《苗寨欢歌》《渡口》《捡煤碴》四部小歌剧，撰有《年龄的变化是审美心理变化的依据》《未成曲调先有情》等文数十篇。歌曲《金碟飞遍五大洲》《看花炮》分获全国歌曲创作一、二等奖。

袁忱悟（1935—　）

　　作曲家。河南清丰人。1944年参加革命，入冀鲁豫大众剧社。新中国成立后在天津人民艺术剧院工作。1964年毕业于天津音乐学院作曲系本科。曾任天津歌舞剧院队长、创作组组长、副院长，天津歌剧团团长，中国北方曲艺学校校长，天津音协理事。作有歌曲《洒下一路幸福歌》《柿子红了》《是你呀纺织姑娘》，歌剧《宦娘》《弗尔玛之歌》，曾先后分别获天津优秀创作奖。并在1973年北京"亚非拉乒乓球邀请赛"时担任开幕式大歌舞的作曲与配器（合作），出版有《袁忱悟歌曲集》。

袁晨野（1967—　）

　　男中音歌唱家、歌剧表演艺术家。辽宁大连人。分别毕业于中央音乐学院与美国皮博迪音乐学院以及休士顿大歌剧院歌剧培训中心。中央歌剧院演员。曾获芬兰第三届"米丽娅姆·海林国际声乐比赛"男声组第一名、第十届9柴赜夫斯基国际音乐比赛"声乐金奖、"纽约大都会歌剧比赛"最高奖、休士顿大歌剧院声乐比赛第一名。曾饰演歌剧《弄臣》中的弄臣——里戈莱托，《茶花女》中的乔治·阿芒，《唐·璜》中的唐璜，《福斯塔夫》中的福德，《卡门》中的斗牛士，《外套》中的米凯莱等。

袁大琳（1956—　）

　　女中音歌唱家。江苏无锡人。四川大学哲学研究生

Y

1045

毕业。1976年在四川广播交响乐团任独唱演员。四川广播交响乐团团长，四川省文联第四届、五届代表，四川省电影家协会常务理事，中国管理学会特约研究员。曾录制电影、电视、广播音乐数十部。策划大型演出数十台。1999年个人独唱专辑获四川省出版精品奖。

袁大位（1937— ）

作曲家、民间音乐理论家。江西南康人。1963年毕业于上海音乐学院作曲专修科。长期从事客家民间音乐收集、整理及研究工作，《中国民间器乐曲集成·江西卷》副主编。作词作曲的《打鼓要打鼓边沿》、作曲的《茶歌》先后获文化部"群星奖"银奖、铜奖。主要论文有《江西吹打乐概述》《赣南客家民歌》等。

袁德明（1942— ）

音乐教育家。广西玉林人。星海音乐学院民乐系副主任、副教授。中国民族管弦乐学会常务理事、广东音协理事。1965年广州音专毕业后留校任教。创编《珠江风情》等数十首民族管弦乐曲，发表《中国民族管弦乐的现状与思考》《广东音乐的特色与旋法结构》等论文，为"中唱""雨果"等国内外数家唱片公司录制《云南回忆》《昭君怨》等三十多款激光唱盘。参与策划、组织广东重大民族音乐活动，指挥演出广州地区庆祝建国40周年"百人民乐"合奏。

袁东艳（1961— ）

女声乐教育家。湖北人。星海音乐学院声乐系教授。中国声乐学会理事。1982年考入武汉音乐学院声乐系主修民族声乐，后任该院民族声乐教研室主任。1996年毕业于武汉音乐学院获硕士学位。2000年调到星海音院声乐系，主教民族声乐。参与民族音乐的采风及科研活动。参加编钟乐团晋京演出和中国唱片社的录音、央视"中国民歌湖北组"的独唱录制及多场大中型的演出。发表多篇学术文章。创作多首歌曲。

袁福恒（1931— ）

声乐教育家。天津人。1953年曾参加第三届赴朝慰问团。1955年毕业于北京师大音乐系，分配至内蒙师大音系任教，后任声乐教研组组长。1974、1985年先后任天津师范学校、天津音乐学院师范系声乐教师。撰有《关于歌唱的归韵》，著有《声乐的基本理论和实践》。所教学生遍及自治区各地大中学校及专业团体。

袁富根（1935— ）

民族乐器演奏家。上海人。原中国电影乐团演奏员。曾任上海好友剧团、雪飞剧团主胡琴师。在《祝福》《农奴》《青年鲁班》等数百部故事片、纪录片、科教片、儿童片录音中担任二胡独奏。多次为党和国家领导人及外国元首演出。先后随团赴苏联、瑞典、丹麦等国家和地区演出。作有扬琴独奏曲《花灯》，唢呐独奏曲《春风吹绿黄河岸》，民乐合奏曲《滇池圆舞曲》，二胡齐奏曲《新春乐》等。

袁国志（1934— ）

声乐教育家。湖南人。1958年毕业于东北师范大学音乐系。先后任山西省太原市郊区文工团、太原市艺校、太原市红小兵歌舞团声乐教练，太原市群众艺术馆音乐工作室副主任，太原师范专科学校艺术系主任，湖南涉外经济职业学院音乐系声乐教授。中国声乐教育学会常务理事。有5篇论文在刊物上发表或获全国性论文奖。

袁合金（1951— ）

作曲家。河南西平人。1975年毕业于河南大学艺术系音乐理论作曲专业。曾任河南省驻马店地区豫剧团音乐设计、乐队指挥，地区群艺馆音乐干部，地区文化局文化科科长及河南漯河市文联副主席，省音协理事，市音协主席。曾为二十多个豫剧剧目设计音乐唱腔、配器并指挥演出。发表各类音乐作品三十余件，其中歌曲《卖饺子》等十余件作品在省以上获奖。与人合作出版《配器法》。

袁家浚（1927—2009）

音乐理论家。浙江余姚人。1948年任东北文化教育工作队乐队队员，1951年曾在东北音专作曲系进修。历任吉林工人政治大学音乐班讲师，东北人民艺术剧院少儿剧团作曲兼教员，中央歌舞团民歌合唱队教员，贵阳市黔剧团、评剧团创作组长。1992年被聘为贵州师大艺术系客座副教授。作有民歌合唱《土地还家》，歌舞剧《两只小花猫》、舞蹈音乐《花鼓灯》及歌曲多首。发表文章《音乐形象的特征问题》《诗经音乐初探》等多篇，著有《中国音乐史稿》《中国音乐文学史》，曾任《中国戏曲音乐集成·贵州卷》副主编。

袁静芳（1936— ）

女音乐学家、教育家。湖南岳阳人。1961年毕业于中央音乐学院，留校任教。曾任中央音乐学院音乐学系主任、现代远程音乐教育学院院长、博士生导师，中国音协理事，《中国民族民间器乐曲集成》副主编。著有《民族器乐欣赏手册》《乐种学》等，《民族器乐》《中国乐器》《中国佛教京音乐研究》获国家优秀教学成果奖。撰有《杰出的民间音乐家阿炳和他的二胡曲》《民间锣鼓乐结构探微》等文。被授予"北京市优秀教师"。

袁丽蓉（1938— ）

女音乐教育家。天津人。曾为天津音乐学院作曲系副教授。撰有《二人台音乐简介》《德彪西管弦乐曲分析》《拉威尔作品分析》《和声习作的阶段要求》等。

袁明声（1932— ）

歌唱家、声乐教育家。辽宁盘锦人。1948年起先后在部队文工团任独唱演员。1963年结业于上海声乐研究所，师从"咽音"专家林俊卿博士。曾先后在辽宁、江苏、北京、广东等地长期从事声乐教学。在任北京声乐研究所教研室主任期间，制定第一部《教学科研大纲》。编著有《艺术嗓音训练调整实用教学法》《歌唱艺术技术规范学》等教材。培训诸多声乐爱好者、专业歌手，部分学生

Y

在国内外声乐比赛中获奖。

袁尼安（1960— ）

音乐教育家。江西新余人。曾在四个戏曲剧团工作，担任主胡、作曲和乐队指挥。1986年大学毕业后从事音乐教育工作，培养了一批音乐人才。现任江西新余高等专科学校艺术系副主任、副教授，市政协委员，江西民族管弦乐学会常务理事，全国社会艺术钢琴考级考官。

袁培文（1932— ）

小提琴演奏家。浙江镇海人。1951年入上海音乐学院。1962年毕业于匈牙利李斯特音乐学院，获艺术家、教育家称号文凭。1962年始在上海音乐学院任教。

袁启顺（1945— ）

作曲家、二胡演奏家。安徽巢湖人。曾为安徽音协理事、安徽弓弦乐委员会理事、巢湖音协主席。曾在部队文艺团体从事二胡、板胡演奏、作曲兼指挥。为部队和地方培养了大批音乐人才，创作、发表获奖的歌曲有《黄山松精神之歌》等多首。曾任巢湖市第五届政协常委，并获居巢区首届"拔尖人才"称号。

袁巧平（1956— ）

词曲作家。广西平南人。广东封开县文化广电新闻出版局副局长，肇庆市音协副主席。创作大量词曲作品，其中百余首经演唱、播出或发表，多首作品获优秀创作奖。1991年广东歌词研究会、肇庆音协等单位联合主办"袁巧平音乐作品鉴赏会"。歌曲《我的路，我的歌》《笑吧，翡翠沟》《绿色的信鸽》《中国，世界为你喝彩》先后在央视"艺苑风景线"栏目播出。作品还有《母亲的祝福》《天上人间梦一回》《今后永远不用愁》《我想回家》《星湖雨》。

袁荣昌（1942— ）

作曲家。福建上杭人。福建音协顾问，厦门市文联、音协顾问，福建省艺术指导委员会成员。1963年毕业于福建师范学院艺术系音专。1970年调厦门市歌舞团从事作曲，1987年入厦门市台湾艺术研究所任创作员。历任厦门市歌舞团团长、市音协主席、市文联副主席、福建音协副主席。作有民族歌舞剧《双连杯》，南音歌舞剧《南音魂》，小舞剧《前沿小八路》《高山情歌》。南音乐舞《长恨歌》获文化部第十届"文华音乐创作奖"。出版《袁荣昌创作歌曲选——海螺》。

袁善琦（1944— ）

女音乐教育家。湖北人。1960年考入湖北艺术学院附属中学，1963年入该院本科。1986年起在华中师范大学任教，教授、硕士生导师。曾任中国音协音乐教育学学会理事、湖北省教材审定委员会委员。作有《音乐教育的基础理论与教学实践》《音乐教学技能》《儿童趣味音乐教学》等。曾参加人民音乐出版社出版的九年义务教育音乐教材和教师用书的编写。1994与2001年曾在全国音乐教育优秀论文评选中分获一等奖和三等奖。2000年曾获湖北省师德先进个人称号。

袁世臣（1941— ）

琵琶演奏家。北京人。1959年起从事琵琶演奏专业工作。在地质部文工团歌舞团任职。1961年调入中国歌剧舞剧院舞剧团任琵琶演奏员。曾加入中国民族管弦乐协会和琵琶研究会。主要曲目有《春江花月夜》《月儿高》《塞上曲》《十面埋伏》等。1980年曾随郭兰英艺术代表团出访日本。参加演出小合奏及广东音乐《惊涛》《步步高》等。

袁世正（1931— ）

指挥家。辽宁人。早年就读于国立音乐院幼少班，学习钢琴、黑管等乐器。曾任南京军区前线歌舞团手风琴、双簧管独奏、领奏，乐队队长兼指挥。指挥的曲目有钢琴协奏曲《黄河》，大合唱《八连颂》，大型舞剧《沂蒙颂》，京剧《杜鹃山》，舞蹈《丰收歌》，歌剧《洪湖赤卫队》等。1964年参加音乐舞蹈史诗《东方红》演出。曾赴苏联、匈牙利、印度尼西亚等地演出。训练、指挥多支铜管乐队。

袁素春（1934—已故）

女民歌演唱家。山东茌平人。1955年获山东省青年会演独唱一等奖。1956年获山东省农民会演独唱一等奖。同年入中央歌舞团，后入中央民族乐团工作。参加第六届"世界青年联欢节"合唱比赛获金质奖（担任《三十里铺》领唱）。

袁锡峰（1949— ）

大管演奏家。辽宁大连人。1968年入海军军乐队，后编入海政歌舞团乐队，任大管首席、乐队教导员。曾参加演奏交响乐《沙家浜》，钢琴协奏曲《黄河》，贝多芬《第九交响曲》及柴科夫斯基和约翰·施特劳斯的作品。参加舞剧《白毛女》《红色娘子军》及歌剧《歌仙·小野小町》演出。演奏的木管五重奏，获全军第四届文艺汇演优秀奖。现从事大管、萨克斯管教学辅导工作。

袁小钢（1963— ）

双簧管演奏家。辽宁丹东人。中国广播交响乐团双簧管首席。1985年毕业于中央音乐学院。多次举办独奏音乐会，并与大提琴演奏家马友友合作演出，曾随团赴西欧七国等地演出。1990年应邀赴美参加国际双簧管协会第十九届年会，1991年起任中央音乐学院兼职教师。

袁晓红（1960— ）

女歌唱家。江苏人。中国音乐学院研究生毕业。曾为江苏省歌舞剧院歌剧演员，现为南京艺术学院声乐教师。民进江苏省委常委、妇女委员会主任。曾获文化部首届"文华奖"、江苏省政府"文学艺术奖"。1998年当选为江苏省十大杰出青年，第九届全国妇女代表大会代表。先后主演过《天朝风云》《木棉花开了》《江姐》《血祭京江》等近十部歌剧。

袁新荣（1956— ）

音乐活动家。四川人。1987年毕业于新疆师范大学音乐系创作专业。先后任新疆米泉一中音乐教师，市文化馆音乐专干，佛山群艺馆副馆长。广东佛山市音协副主席。作有歌曲《绣下个团结的彩虹》《党是阳光我是花》《小松树快长大》《绿色的小村庄》，板胡协奏曲《刘胡兰》，歌舞剧音乐《铁马风光》，器乐合奏曲《快乐的锻工》，大型组舞曲《情醉水乡》，舞蹈音乐《行花街》等，并获奖。撰有《音准是视唱的基础》《社区文化应作为群众文化的重点》。参与编辑《佛山市群众文化丛书》。

袁秀敏（1946— ）

女钢琴演奏家。天津人。1959至1970年就读于天津音乐学院附中和大学钢琴专业，毕业后留校任教，后任教研室主任。1975年随全国音乐调演三队在北京举行独唱独奏音乐会。1977年随天津歌舞团赴日本访问演出。曾为日本男高音歌唱家田中举行的独唱音乐会担任钢琴伴奏，为天津音乐学院教授陈蓉蓉、高曼华、杨德福等音乐会担任钢琴伴奏。合译有《苏联当代作曲家小传》。

袁义富（1953— ）

长笛演奏家。山东寿光人。1970年入解放军军乐团学员队学习长笛演奏，毕业后分配在该团一队任演奏员、首席、声部长。1972年以优秀学员代表身份参加独奏音乐会。1988年随团参加在日本举行的世界军乐团汇演，为多届党代会和全国人大、政协开、闭幕式、国庆大典、迎送外国元首、外宾司礼演奏。参加香港回归交接仪式和第十一届亚运会与国际体育赛事奏乐。在社会辅导教学中，有上百名学生在全国、北京市、区比赛中获奖，改编的教学、比赛曲目有《山村新歌》《瑶族舞曲》等。

袁幼丽（1950— ）

女二胡演奏家。四川成都人。四川省曲艺团二胡独奏演员。毕业于四川音乐学院附中，从事二胡演奏专业。曾获全国曲艺伴奏二等奖、"长治杯"全国鼓曲音乐大赛伴奏二等奖、四川省曲艺新作比赛伴奏一等奖。1999年始任四川成都首家涉外民间民俗经营性实体"蜀风雅韵"艺术总监。2002年应马来西亚之邀，在各地巡回演出，担任演出总监及二胡独奏，演出百余场，受到马来西亚媒体的赞扬。

袁玉生（1949— ）

男中音歌唱家。重庆人。1972年入长影乐团工作。为影片《五号机要员》等配唱插曲。1987年获东北三省四市专业歌手比赛美声唱法第一名。曾多次举办独唱音乐会。

袁韫梅（1942— ）

女声乐教育家。河北昌黎人。1967年毕业于天津河北艺术师范学院音乐系。后任秦皇岛市群艺馆副研究馆员。撰有《浅谈群众音乐活动新态势及其引导》等文。创作的歌曲《孟姜女哭长城》1992年获河北省文化厅创作一等奖。1986年、1992年分获文化部、广播电影电视部全国民间音乐舞蹈比赛辅导三等奖、二等奖。培训大批文艺骨干，有数十人在声乐比赛中获奖。

袁至刚（1935— ）

作曲家。广东广州人。1951年加入部队文工团。1964年毕业于解放军艺术学院作曲进修班。先后在南海舰队文工团、铁道兵文工团、中铁建文工团任创作员、艺委会委员。作有双簧管与弦乐队《海南的春天》，单簧管与乐队《火车到山寨》，歌曲《希望的春天》《工地的灯光》，舞剧影视音乐《鱼水情》（合作），《红线记》《石松赞》《大能人趣话》。

袁至真（1943— ）

女钢琴演奏家。广东东莞人。1965年毕业于武汉音乐学院钢琴系，曾先后任职于广西歌舞团、广东民族歌舞团、南方歌舞团，从事钢琴演奏。

袁志忠（1942— ）

作曲家。河南辉县人。1960年考入郑州艺术学院音乐系、主修理论作曲。1965年考入中国音乐学院音乐理论系史论专业，毕业后分配到河南省文化局。后入河南省群艺馆，研究馆员。曾任《豫苑》《群星》杂志主编。作有《中国更上一层楼》《家家都是幸福花》和童话歌剧《美丽的花园》等。《黄河五彩路》《我们都爱美》等分获国家级奖。为《沸腾的早晨》《酒乡行》等电视剧（片）创作主题歌、插曲。编撰出版《文苑大观》《群星放歌新世纪》《中外著名歌曲集萃》《中国十年流行名曲荟萃》《金曲颂中华》。

袁钟霞（1933— ）

歌词作家。江苏南京人。1949年于成都南虹艺专肄业。后从事部队文艺工作。曾在四川省歌舞剧院工作。词作有《川北红军根据地大合唱》《赶马哥哥赶马郎》。

远 平（1951— ）

男高音歌唱家。内蒙古通辽人。毕业于内蒙古民族师范学院音乐系。1966年考入通辽县文工团，任独唱演员及手风琴演奏员，1979年任该团业务团长。1984年调哲里木盟歌舞团任独唱演员、歌队队长，1993年任该团团长。内蒙古自治区音协常务理事、通辽市文联副主席、音协主席。1982年中国唱片社发行首张个人唱片，其录唱的曲目有《草原小夜曲》《草原歌手的歌》《蒙古马》《牧笛唤春》《草原情》等独唱、重唱歌曲数百首。1984年获内蒙古东部"兴安音乐会"上金奖，1991年获内蒙古自治区全区声乐大赛上专业组民族唱法第一名。

苑 铁（1967— ）

女歌唱家。天津人。山西大同煤矿集团公司文工团副团长，大同矿区政协委员，大同音协理事。先后参加中央电视台《矿山平安夜》《南锣北鼓》，第十、十一届"五一"音乐会。2002年获全煤系统《生命颂歌》安全文艺汇演一等奖，并获全国安全生产文艺汇演银奖，同年被评为大同市劳动模范。2005年荣获全国煤炭系统文艺汇演

Y

优秀十佳演员奖。曾出版个人演唱专辑《我的家乡在塞北》，举办个人演唱赏析会，同年被市总工会评为"工人艺术家"荣誉称号。

苑飞雪（1971— ）

作曲家。辽宁营口人。1990年毕业于中央音乐学院附中。中国歌舞团创编室作曲家、编曲、录音师。曾参与大型文艺演出艺术创作，作有傣族舞蹈《碧波孔雀》，苗族歌舞《彩虹飞歌》，蒙族舞蹈《草原骏风》，佤族舞蹈《林中之恋》，陕北歌舞《东方红》，歌舞晚会《浪漫述说》《咖啡飘香》《猎韵情怀》等，在大型旅游晚会《蝴蝶之梦》中担任晚会作曲。为全国"桃李杯"舞蹈大赛作曲的舞蹈《摩挲夜歌》获三等奖。

苑国华（1938—已故）

小号演奏家。辽宁营口人。1957年始先后在海政文工团、总政歌舞团任小号演奏员。1963年入上海音乐学院进修。1978年入中央歌剧院交响乐团任铜管声部长、小号首席。曾参加全军、全国文艺汇演及重大演出。多次与国内外指挥家、乐团合作演出。录制出版《苑国华小号专辑》《金喇叭演奏集》盒带。先后随团赴日本、芬兰、印尼及香港、澳门演出。

岳　峰（1959— ）

女音乐教育家。河南人。南京师范大学音乐学院教授、硕士生导师。1981年毕业于河南大学音乐系，留校任教。1984年赴上海音乐学院进修，1985年考入河南大学音乐系民族器乐研究专业硕士研究生，1989年毕业并获西安音乐学院硕士学位。曾任《音乐教育》副主编。主持完成省级课题《二胡艺术文化研究》。撰有《奚琴、嵇琴、胡琴音义考辩》等文十余篇，编著《音乐家储师竹——储师竹作品及对他的研究》等四部。

岳　辉（1944— ）

指挥家。河南博爱人。1959年在河南省歌舞剧团乐队任演奏员，1982年在上海音乐学院学习作曲、指挥。1985年起先后在省歌舞团任指挥、编导室主任，1996年起任河南省歌舞剧院副院长兼交响乐团常任指挥。撰有《谈指挥》（一）（二），创作有中型歌舞剧《大漠情》的音乐，1991年在指挥本团民乐队参加全国民族管弦乐作品展播获奖作品《中州韵》《豫调》，曾指挥贝多芬第三交响曲、德沃夏克自新大陆交响曲、钢琴协奏曲《黄河》等。

岳　瑾（1959— ）

作曲家。湖南新邵人。1980年毕业于湘南学院音乐系。先后担任桂东县文化馆音乐干部、郴州市歌舞剧团作曲。合作有音乐剧《公寓·13》《那年冬天》，作有音乐剧《啊，队长》《蹈火者之歌》《等你回来》《半条棉被》《矿帽》等，舞蹈音乐《梦回永乐》《世纪春潮》《阳山义学》，歌曲《请不要给我写信》《想去一个美丽的地方》《郴州从远古走来》《东江湖的妹》，花鼓戏《乡里大亨》，多个作品获湖南省艺术节金奖、银奖。

岳　亮（1953— ）

音乐编辑家。天津人。天津市人民广播电台音乐台音乐编辑。1977年毕业于天津音乐学院声乐系。曾担任声乐演员及教师。其编辑的《冀东小曲》《豫乡情》曾获全国民族管弦乐展播二等奖，培养了一批声乐人才。

岳　崙（1930— ）

作曲家。河北玉田人。1945年从事部队文艺工作，曾任军文工团团长，参加抗美援朝慰问演出。转业后历任吉林市歌舞团团长、吉林省歌舞剧院院长、文化科技研究所所长、吉林省音协理事、省政协委员。作有《剿匪歌》《东北解放大合唱》《唱雷锋》《五好社员歌》《周总理当年来傣家》等，其中《我是一个兵》广为流传。多次随团赴荷兰、德国等国考察。

岳　松（1916—1988）

作曲家。黑龙江木兰人。1937年始从事音乐创作。1942年入西北文艺工作团。曾任中国音协第一届至第三届常务理事、甘肃省文联副主席、省音协主席。作有歌剧音乐《无敌民兵》，秧歌剧音乐《孙大伯的儿子》，歌曲《老汉吆车》等。曾主持举办过诸多大型音乐活动。

岳　亚（1956— ）

作曲家。四川阆中人。1972年从事文艺工作。毕业于四川音乐学院作曲系。后任四川南充市歌舞剧院艺术室主任、市政协委员。创作的音乐代表作有民族歌剧《风雨送春归》，校园青春歌舞剧《哎呀呀，网》，音乐剧《城乡小恋曲》，声乐作品《中国风》《走四川》《云南好个春》《桃花三月天》《嘉陵江上大舞台》等，部分作品先后获文化部、中国文联及四川省音乐奖项。

岳　重（1951— ）

男低音歌唱家。山东人。1970年始学习声乐。1972年入中央乐团工作。1975年担任独唱。演唱并录制曲目有莫扎特《安魂曲》及《黄河大合唱》中的男低音独唱《黄河颂》。

岳彩富（1957— ）

歌剧表演艺术家。上海人。1977年毕业于上海歌剧院学馆，2004年毕业于上海戏剧学院导演大专班。上海歌剧院歌剧演员，上海音乐学院民族声乐系中国歌剧表演教师。先后在《白毛女》《江姐》《图兰朵》《西厢记》《艺术家的生涯》等数十部中外歌剧中担任主要角色。曾任歌剧《图兰朵》副导演，歌剧《楚霸王》编排副导演。执导的歌剧《江姐》曾为国家领导人专场演出。为《逃往西伯利利》等数十部电影、电视剧配唱主题歌、插曲，录制音带数十盒。曾率上海艺术家小组赴西班牙、意大利、法国演出。

岳彩帼（1955— ）

女中音歌唱家。山东人。就职于中国儿童艺术剧院。毕业于中央音乐学院大专进修班，师从李晋玮老师。在第四次全军文艺汇演中获演唱一等奖，在全国文艺汇演中获优秀歌手奖，在央视第二届青年歌手大奖赛中获优秀奖。演唱的电影《神圣使命》插曲《心上人啊快给我力量》，被评选为全国十五首优秀抒情歌曲之一。多次参加中央电视台春节联欢晚会以及文化部春节联欢晚会。

岳道琏（1925— ）

声乐教育家。江苏南京人。1949年毕业于上海音乐学院声乐系，长期从事声乐教学。1954年随东北艺术团赴民主德国演出独唱。曾任哈尔滨师范大学艺术系教研室副主任。

岳桂洪（1939— ）

女古筝演奏家。辽宁大连人。1956年考入沈阳音乐学院附中。1959年升入沈阳音乐学院民族器乐系，师从赵玉斋、曹正。1965年毕业分配到中央民族歌舞团任乐队演奏员，在乐队曾从事伴奏、合奏、重奏、独奏等。在《闪闪的红星》电影音乐中演奏古筝。曾任中央民族歌舞团副团长、艺委会主任、艺术总监等职。并曾率团赴菲律宾、日本、台湾、香港、澳门等国家和地区交流演出。

岳华恩（1945— ）

笙教育家。山东济南人。1962年参加工作，先后任职于济南部队宣传队、济南市歌舞团、咸阳市文工团。西安音乐学院教授、硕士研究生导师，中国笙学会常务理事、副秘书长。出版《笙教程》（合作），《中国笙演奏家——名曲荟萃》，全国民族乐器演奏艺术水平考《笙曲集》。发表《笙管教学曲目论》《胡天泉演奏艺术初探》《阎派笙演奏艺术初探》《历经沧桑·笙乐逢春——20世纪笙演奏艺术回眸》《论笙的改革与规范化问题》等文。

岳计合（1937— ）

打击乐演奏家。山西定襄人。1956年后历任北京饭店乐队队员、空军政治部文工团演奏员、北京艺术学校教员、北京歌舞团交响乐队定音鼓演奏及北京交响乐团演奏员。曾参加中国人民赴朝鲜慰问团演出。随中国民族艺术团赴蒙古、阿尔巴尼亚、罗马尼亚、莫斯科和缅甸演出。参加全军二、三、四届文艺汇演，及天津、北京、太原一、二、三届华北地区音乐节及亚运会闭幕式的演出。

岳嘉臻（1934— ）

笛子演奏家。湖北人。1949年参军后曾业余演奏器乐。1956年调入总政歌舞团乐队吹奏竹笛。曾多次随团出国访问演出，并参加大型音乐舞蹈史诗《东方红》演出。

岳素英（1931—2005）

女歌唱家。吉林双阳人。1947年从事部队文艺工作，曾参加过辽沈、平津等战役。演出过歌剧《白毛女》《为谁打天下》《王大娘赶集》以及歌舞和独唱节目。1951年初随团调入总政文工团任演员。曾参加排演《黄河大合唱》《祖国万岁》《英雄们战胜大渡河》及大型音乐舞蹈史诗《东方红》。1953年赴朝慰问。1965年出访苏联、罗马尼亚。1972年随中国芭蕾舞团赴罗马尼亚、阿尔巴尼亚访问演出。曾获解放奖章、胜利功勋荣誉奖章。

岳伟强（1959— ）

小提琴演奏家。黑龙江人。1986年毕业于武汉音乐学院管弦系大专班，2000年结业于武汉音乐学院研究生课程班。曾获省级小提琴比赛二等奖，全国首届小提琴中国作品比赛演奏奖。曾指挥湖北省新春民族音乐会，与台湾指挥家陈澄雄共同执棒《天涯共此时——中秋交响音乐会》。曾任湖北省歌剧舞剧院副院长兼乐团团长。现在上海从事青少年儿童校外音乐教育工作。2005年被评为"全国少年儿童校外教育名师"。

岳晓青（1956— ）

女歌词作家。内蒙古呼伦贝尔人。内蒙古兴安盟文联主席、党组书记。内蒙古音协理事、内蒙古音乐文学学会副主席。作词歌曲《不落的歌谣》《跟着你》《阿尔山》获内蒙古文艺创作"五个一工程"奖，《草原恋歌》获内蒙古建设民族文化大区征歌一等奖，《跟着你》《大西北有你有我》《草原情歌》分获"热爱内蒙古、建设内蒙古"与自治区成立五十周年征歌优秀奖。发表、上演的作品还有《不老的牧歌》《我的阿妈，我的草原》《相约草原》《生命卫士》《新世纪的草原》《携手同行》等百余首。曾获内蒙古中青年"德艺双馨"文艺工作者称号。

岳秀峰（1949— ）

作曲家。湖北汉川人。1978年考入四川文理学院音乐系，后在四川省达州市通川区文化馆工作，副研究馆员，曾任馆长。达州市音协常务副主席兼秘书长。创作的歌曲、舞蹈音乐发表、播映、演出计二百余首，获奖五十余首。学生数十人先后考入各地音乐院校、专业文艺团体。长期从事基层声乐及文艺节目的辅导。多次获省、市部门的嘉奖及表彰，被评为优秀文化工作者，优秀科技文艺拔尖人才。

岳延福（1941— ）

词曲作家。天津人。石家庄新华艺术团顾问、天津《歌词》特约编委、秦皇岛教育学院客座教授、中国艺术研究院调研员。1966年毕业于天津音乐学院理论作曲系。曾任伴奏、作曲、指挥。其中百余首（篇）发表，数十首获奖。作有单弦齐唱《主席著作是明灯》，童声表演唱《俺班同学张大力》，校歌《雷锋，我们的好榜样》等大量词曲、诗文作品。编著有《优秀校园歌曲选》《中国戏曲音乐集成·石家庄秧歌分卷》。

云 华（1928— ）

作曲家。河南清丰人。1944年起从事音乐工作，1957年毕业于中央音乐学院作曲系。曾任中国铁路文工团总团创作室主任、中国音协第四届理事。作有电影、电视剧、歌剧、舞剧音乐及大型合唱。歌曲《祝你一路顺风》《台湾的亲人回来了》。电视剧《赶驴记》、组歌《前进！毛泽东号火车头》均获奖。并在中央电视台多次播放。出版有《云华歌曲选》。

云 剑（1952— ）

歌词作家。河北阜城人。二炮文工团创作室副主任。

创作有大量歌词作品与电视音乐片、艺术片、风光片、专题片六十余部，电视剧近百集。出版有歌词集《梦断天涯》《祝福中国》，作词歌曲音带《请茶歌》《送你一个祝福》，电视文学集《东方神韵》等。作词歌曲和担任撰稿的各类电视片有百余次获奖。曾获莫斯科国际电视节"彩虹奖"、中国电视"星光奖"一等奖、中国电视"金鹰奖"最佳电视专题文艺片奖、中宣部"五个一工程"奖、中国音乐"金钟奖"等。主要作词歌曲有《咱老百姓》《祖国，永远祝福你》等。

匀 平（1933— ）

作曲家。河北唐山人。曾为四川音协第三届理事、理论创作委员，曾任"蓉城之秋"音乐会评委，《音乐创作》《人民音乐》通讯员。1958年毕业于上海音乐学院作曲系，后入成都军区政治部歌舞团任作曲兼指挥。指挥过舞剧《蝶恋花》，歌剧《凉山结盟》，交响音乐《沙家浜》。创作发表及演出大量作品，曾获文华奖、银奖、铜奖及全军奖等。

恽 愍（1918—已故）

作曲家。江苏武进人。1942年上海国立音乐专科学校声乐系肄业。曾在山东省艺术研究所音乐研究室从事曲牌音乐研究。作有纪录影片音乐《桂林山水》，获1957年文化部二等奖。

Z

臧 立（1945— ）

音乐理论家。辽宁沈阳人。曾任音乐教师、文化馆音乐辅导干部、文艺刊物编辑等职。受聘于广东省广播电视大学南艺分院，任音乐教育专业教授，从事音乐理论教学工作。撰有《说唱艺术探源》《郭老与音乐》等十余篇论文并发表。

臧东升（1937— ）

作曲家。黑龙江嫩江人。1956年毕业于东北音乐专科学校，后任公安军文工团创作员。1958年调济南军区前卫歌舞团，历任创作室主任、副团长、艺术指导。中国音协理事，山东音协副主席。获奖作品有歌曲《情深谊长》（1964年被音乐舞蹈史诗《东方红》选用）《兰花》《风儿吹来的故事》《祖国深情记得清》《当兵谣》《伟大的军队英雄多》《贴心人》，歌剧《沂蒙儿女》《菊芳千秋》，舞剧《十八勇士》《红流》，电视艺术片《南方的红土地》《青岛，青春的岛》《最后一个军礼》。另为《两个小八路》等多部影视片作曲，并作有民族管弦乐乐曲《迎亲人》，舞乐诗《大同梦——孔子春秋祭》等。1996年任全军艺术系列音乐专业高级职务评委。

臧凤来（1929—1987）

女音乐教育家。辽宁沈阳人。1952年毕业于中央音乐学院。曾任中央音乐学院附中视唱练耳高级讲师。编有视唱教材七册（合作）。

臧凤珍（1957— ）

女歌唱家。河南舞阳人。河南省平煤公司文工团副团长。1984年毕业于河南大学艺术系。曾在河南省舞阳县说唱团、平顶山矿务局说唱团、平顶山市文工团任演员，在平顶山矿务局三中、平煤公司教师进修学校任音乐教师。在大学毕业时举办个人独唱音乐会。先后在"黄河之滨"音乐周、全省煤炭系统第二届文艺汇演、河南省企业文艺汇演、中国煤矿安全管理局第二届文艺汇演及"颂中华全国卡拉OK大赛"中获各类奖项，并在全省职业中专汇演中获辅导二等奖。

臧家芳（1941— ）

女歌唱家。辽宁大连人。1958年起在中央歌舞团、中央民族乐团任独唱、二重唱、合唱演员。曾参加国庆10周年献礼、内蒙巡回演出，参加音乐舞蹈史诗《东方红》《中国革命之歌》演出，参加合唱节一、二、三届，国际合唱节一、二届，国庆40周年的演出。曾为电视剧《黄河东流去》《唐明皇》《彭德怀》《敦煌古谱》及"全运会"等配唱，为音乐片《启明星》录音并录像。

臧玉琰（1923—2005）

男高音歌唱家。河北黄骅人。1948年毕业于南京国立音乐院声乐系。曾在湖南大学、华中师范学院、南京艺术学院任教。曾任中央乐团独唱演员。

臧云飞（1952— ）

作曲家。山西太原人。先后任北京军区战友歌舞团作曲、指挥。曾就职山西省军区。中国音协第六、七届理事。北京军区政治部电视艺术中心主任。作有歌曲《一二三四歌》《当兵的人》《士兵小唱》《东西南北兵》《珠穆朗玛》《我的士兵兄弟》《三百六十五个祝福》《中国人民解放军驻港军歌》《驻澳军歌》《客家土楼大合唱》。作品多次获"文华奖""五个一工程"奖及"解放军文艺"奖。

臧志君（1958— ）

音乐编辑家。内蒙古赤峰人。内蒙古文化音像出版社副社长。曾在巴林右旗乌兰牧骑任演奏员。创作小提琴齐奏曲《欢乐的敖特尔》，舞蹈曲《育苗》及歌曲作品并获得奖励。1979年调赤峰市民族歌舞团，创作有民族器乐曲《神马飞奔》，歌舞音乐《民族团结之歌》，儿童歌剧音乐《我怎么长出了胡子》等作品。担任《内蒙古民歌精品典藏》《草原歌声》《草原世纪金曲》《草原乐魂》等音像制品的责任编辑，均获国家和自治区奖励。

则克力·艾里帕塔（1915—1986）

作曲家。维吾尔族。新疆伊宁人。自幼学习民间音乐，为当地优秀乐师和歌手。1950年入伊犁文工团从事专业音乐工作。1959年调至音协新疆分会。曾任中国文联委员、中国音协常务理事，音协新疆分会主席、名誉主席，新疆政协常委。作有《鲁赫萨尔》大型新木卡姆套曲。长期从事整理、研究《十二木卡姆》工作。

泽 多（1953— ）

作曲家。藏族。四川石渠人。甘孜藏族自治州民族歌舞团作曲，二胡首席兼长号演员，乐队副指挥。创作舞蹈音乐二十余首，歌曲八十余首，器乐曲三十余首。其中舞蹈音乐《潇洒的康巴汉子》《挤奶舞》在韩国获"世界和平奖"。《康定情歌的故乡》获省少数民族艺术节一等奖，风情歌舞《康定情歌》获"全国少数民族艺术节"金奖。歌曲《草原情》获"CCTV西部民歌电视大赛"铜奖，《梦中情人》《草原的朝霞》分别获中国音协、公安部、四川省少数民族艺术节创作一等奖和三等奖，组合歌曲《邦金麦朵》等分获省广播电视政府奖、文艺类电视音乐一等奖等。曾被四川省委、省政府授予"四川省有突出贡献的优秀专家"和"德艺双馨文艺工作者"称号。

泽仁雍珠（1938— ）

女声乐教育家。藏族。四川人。1960年毕业于四川音乐学院声乐系并留校任教。中国少数民族音乐学会理事、成都市少数民族联谊会副主席。曾多次赴西藏、甘孜等藏区学习传统民间音乐，同时接受正规、系统的声乐训练。曾举办个人独唱音乐会，多次参加全国民族声乐调演，培养众多民族声乐人才。发表《探索少数民族声乐教学》《藏族声乐艺术的开展与提高》《民族歌唱语言思考》等文。出版有《浅论歌唱声音训练的心理性》。编写一套具有浓郁藏族风格的系统声乐教材，进行"藏族声乐艺术美学初探"的科研项目。

泽旺多吉（1987— ）

歌唱家。藏族。四川阿坝人。2007年考入解放军艺术学院，师从孟玲教授。曾获第十二届全国青年歌手电视大奖赛民族组银奖、第二届"多彩贵州"全国歌手大赛金奖。参加中央电视台"中华情"中秋节文艺晚会、庆祝建军81周年大型演唱会、纪念毛泽东主席诞辰110周年演出、歌唱改革开放30周年大型文艺晚会、新春文艺晚会、"走向阳光"——庆祝西藏百万农奴解放50周年文艺晚会、中国文学艺术界春节大联欢以及参加三次抗震救灾大型义演活动。曾随红星合唱团赴日本演唱《拉网小调》。

曾 诚（1966— ）

音乐教育家。广西南宁人。1992年毕业于武汉音乐学院声乐系，任教于广西艺术学院，副教授。1996年曾获广西青年歌手电视大奖赛专业组美声唱法一等奖，1998年获西南六省优秀歌手电视大奖赛美声组金奖，多次在广西大型文艺晚会中担任独唱。在国家级、省级期刊发表教学科研论文6篇。2001年获广西大学生艺术歌曲演唱比赛优秀指导教师奖，多次获中国青少年艺术新人选拔大赛园丁奖。

曾 宏（1968— ）

作曲家。江西人。武警江西总队文工团团长。1988年

入武警江西总队文工团从事乐手、作曲及迷笛制作。创作音乐作品近百件，多次在武警部队及省、市各类比赛中获奖，在中央、省、市电视台播放。历任武警江西总队文工团乐队队长、指挥、副团长，1998年在上海音乐学院作曲系进修。组织并参加下基层部队慰问演出。

曾 健（1936— ）

手风琴演奏家。江西南康人。1950年入广州军区战士歌舞团。曾为中国手风琴学会常务副会长、广东手风琴学会会长。创作改编《我为祖国守大桥》《飞速前进》《吹起芦笙跳起舞》获1975年全国音乐调演一等奖。出版有《曾健手风琴作品荟萃》（上、下册），1996年始使用电脑创作三十余首中国手风琴作品，编著五本《手风琴作品专辑》。在首届中国手风琴艺术节中获"元老杯"演奏金奖。1995年举办"曾健从事手风琴表演艺术45周年作品音乐会"。培养许多手风琴人才。

曾 静（1958— ）

女歌唱家。辽宁沈阳人。中国煤矿文工团独唱演员。1993年毕业于沈阳音乐学院。曾首唱《沈阳啊沈阳》在东北三省流传。之后由辽宁省主办"90之春曾静、毛宁双星演唱会"。所演唱的《二泉吟》《一梦千年》《太阳的故事》获中国音乐电视大赛金、银奖，"五个一工程"提名奖，后又获电视文艺"星光奖"二等奖。2003年获"金号奖"。曾随团出访日本、俄罗斯、法国、意大利等国。

曾 模（1934— ）

作曲家、音乐编辑家。广西南宁人。1949年始从事文艺工作。1955年后曾任《北京歌声》《山西歌声》编辑，山西电视台编辑、导播。1991年定居美国。曾为《黄河之声》副主编，山西音协理事、副秘书长。作有各种形式歌曲、乐曲及音乐评论数百首（篇），获奖歌曲有《技术文化大革命》《风儿在轻轻地吹》《井架上的杜鹃花》等，出版个人作品选集《祖国万里好江山》。

曾 彤（1968— ）

女声乐教育家。湖南益阳人。柳州职业技术学院音乐系声乐教师。1990年毕业于华中师范大学音乐系，2006年毕业于广西艺术学院音乐教育学院研究生班。多次举办个人独唱音乐会。所教学生曾在第九、十一、十二届全国青年歌手电视大赛广西赛区及广西"花红杯"赛歌会等许多赛事中获多种奖项。撰有《声乐教学艺术之初探》《浅议民族声乐教学中的共性与个性训练》《论高职音乐教育声乐教学的训练》等文。参加2006年"十一五"精品课程的《声乐》项目工作。

曾 薇（1960— ）

女音乐活动家、作曲家。湖南长沙人。湘西自治州群艺馆副馆长，州音协副主席、秘书长。2002年毕业于湖南吉首大学艺术系。辅导学生演唱歌曲《外婆桥》《新姐妹》，组织创作的歌曲《山坡里好热闹》《美美的湘西》等分获各类奖项。作有歌曲《土家赶上好光景》《苗山的月亮》，电视片音乐《湘西民歌经典》等。合作的歌曲

《阿公的酒碗》《小河浪花》分获湖南省"五个一工程"金奖、二等奖。撰有论文《浅谈对孩子进行音乐教育的意义及实现》《民族地区文化工作应对入世的思考》。

曾 寻（1926— ）

指挥家。四川隆昌人。1944年参加中央广播电台国乐队。1949年于重庆长江音专肄业。1954年任中央广播民族乐团指挥。曾任中国广播说唱团音乐指导。作有二胡曲《拉骆驼》，合著有《名曲介绍与欣赏》。

曾 毅（1922— ）

音乐编辑家。四川内江人。新中国成立前毕业于音乐干部训练班。曾任音协四川分会《四川音乐》杂志编辑。作有歌曲《挖泥塘》《我的铁牛拖拉机》《有志青年爱农村》等。

曾 毅（1958— ）

作曲家、音乐活动家。四川人。四川省德阳市文联兼职副主席、秘书长。德阳市音协副主席。四川省第四、五次文代会代表。长期从事文化宣传及文艺管理工作，历任县文体局局长、宣传部副部长。多次组织策划市、县大型演出及文化活动。多次在省市发表作品。歌曲《山海颂》获四川省"五个一工程"入选作品奖和四川省"广播新歌"金奖，歌曲《村支书》获全国"五个一工程"入选作品奖和全国第十三届"广播新歌"征评金奖。

曾 渝（1969— ）

女高音歌唱家。四川成都人。成都艺术剧院歌舞团演员。1993年毕业于四川音乐学院声乐系，成都市十佳演员，成都理工大学广播影视学院声乐系客座副教授。曾为《天火》《府河人家》《李剃头》等多部电视剧配唱主题曲、插曲。获第八届央视青歌赛民族唱法专业组荧屏奖，四川省首届民族民间歌手大赛民族唱法专业组金奖等。

曾 哲（1925—2009）

指挥家。广东焦岭人。1948年毕业于广东省立艺专，师从赵沨、马思聪、黄友棣。曾任华南歌舞团、广州歌舞团指挥、艺术指导。广东省音协理事。1957年赴莫斯科参加第六届世界青年联欢节，任中国青年艺术团指挥。1964年广东排演音乐舞蹈史诗《东方红》时任指挥。曾随中央及省市慰问团赴海南、西沙、旅顺、大连慰问演出。曾为舞蹈《不屈的人》《耍歌堂》谱曲。创作录制有《欢乐舞曲》《刘明源胡琴独奏专集》。

曾 臻（1957— ）

女琵琶教育家。四川成都人。西南师范大学音乐学院器乐教研室琵琶教师。1982年毕业于四川音乐学院民乐系。撰有《音乐艺术与情绪情感的相通特性》《月儿高与霓裳羽衣曲》《琵琶演奏中的呼吸》等文。编译《音乐体验的真实性与现实性》，主编《古典吉他实用教程》。曾举办个人琵琶独奏音乐会。

曾葆萃（1940— ）

女古筝演奏家。山西太原人。曾为北京古筝研究会副会长。1962年毕业于北京艺术学院（现中国音乐学院），主修古筝，后分配到北方昆曲剧院任古筝演奏员。曾先后为北京电视台录制《古筝集锦》，为山西电视台录制古筝传统曲目10首。1993年受美国旧金山古筝乐团邀请赴美演出、讲学。1994年受聘为美国国际表演学院顾问。2000年参加澳洲布里斯艺术节演出获金杯奖。2003年赴美与"出水莲古筝乐团"举行音乐会，并任教于古筝乐团。

曾成伟（1958— ）

古琴演奏家。四川简阳人。任教于四川音乐学院音乐研究所。1985年毕业于该校民乐系，师从喻绍泽。蜀派古琴第六代传人。培养了一批古琴演奏人才和留学生，曾赴日本、澳大利亚等地演奏及讲学，多次举办个人演奏会。发表有《中国古琴》《忆故人》等。代表作有《秋水》《佩兰》等。曾参与创办及组织"第一届中国古琴国际交流会"和四川古琴研究会等，并长期从事古琴制作。

曾杜克（1947—2004）

作曲家、笛子演奏家。广东五华人。1966年毕业于中国音乐学院附中，1993年毕业于解放军艺术学院音乐系。曾在海军南海舰队文工团、解放军艺术学院任教。作曲并演奏的双管侗笛曲《火车开进侗家寨》《侗乡欢歌》曾在中央电台专题播出。民乐作品有《韩江情韵》《吉祥鸟》《竹楼绣女》《东方之珠畅想曲》《高山青》《红火火的日子》，声乐作品有《小岛》《母亲河》《海潮》。出版专辑十余张。作有民族器乐曲《九州同乐》《东方之珠畅想曲》《火车开进侗家寨》，交响乐《亚龙湾随想曲》《腾飞》，电视剧《刑警日记》《牛牛》《少年铁血队》，电视片《万里海疆》《李清照》，电视歌曲《九歌》《红火火》《恭喜龙年》。

曾繁柯（1929— ）

作曲家。四川成都人。1950年毕业于四川省艺专作曲专业。1953年始先后在四川歌剧团、重庆歌剧团、歌舞团任创作室主任。曾任重庆音协副主席、《重庆音讯》主编。曾赴苏联、捷克、阿尔巴尼亚等国演出。所作歌剧音乐剧《红云崖》，舞蹈音乐《拉纤的人》，交响合唱《红岩村组歌》，歌曲《红叶红了的时候》等均获奖。歌曲《毛主席来四川》《大寨红花遍地开》广为流传。

曾广沐（1941— ）

音乐教育家。福建莆田人。曾任涵江区音协主席。1963年毕业于福建师范学院艺术系音乐专业。曾任省、区、市职业学校音乐专业教研组长、中心组成员，多次参加全国及省职业学校音乐专业的教学大纲、教学计划的讨论、制定及全省音乐专业班毕业生录（聘）用统考（乐理、音乐欣赏学科）的考纲、命题、评卷等。曾荣获福建省"学校音乐周活动"总评先进个人与福建省中专职业学校"明星教师"称号。

曾国栋（1939— ）

音乐教育家。福建漳州人。1962年毕业于福建师院音乐专业，后从事音乐教育和专业演员。省首届音教会理事，漳州市副理事长，高级教师。撰写论文在全国音教论文比赛中两次获奖并收入论文选，有几篇论文在省音教年会宣读并发表在省教育刊物上。创作歌曲数十首，龙海一中校歌编入《当代校园歌曲》，龙海紫云公园园歌在市电视台播放并镌刻在公园石壁上，后又收入以反应"土楼"为主的影碟片中发行。获全国民族音乐知识竞赛组织指导奖、省声乐考级辅导奖、龙海市文艺成果和先进个人奖。

曾国平（1954— ）

男高音歌唱家、教育家。福建厦门人。1982年毕业于福建师大艺术系。厦门市华侨中学高级音乐教师。多次随厦门市文联、市星海合唱团赴菲律宾、泰国、印尼、香港、澳门等地担任领唱、独唱。曾获福建省"乡歌"比赛一等奖，演唱的《放鸭歌仔》获全国"春满校园"二等奖，2007年获"首届校园闽南语原创歌曲演唱比赛"一等奖。参加歌剧《阿美姑娘》的演出，并在歌剧《走南洋》中任主演。撰写的《探索激发学生创造性潜能》一文，获全国中、小学教学改革论文评选一等奖。

曾国盛（1961— ）

音乐教育家。湖南娄底人。1987年毕业于湖南师范大学音乐系。中学音乐高级教师。创作歌曲二百多首，少儿歌舞及舞蹈音乐二十余部，获奖四十余次，十多件作品被录制成盒带和录像带出版发行。歌曲《海恋》选入《中国当代抒情歌曲选》，《啄木鸟》（合作）获2005年全国反腐倡廉歌曲评比银奖。先后参加湖南省中小学音乐教材及《音乐教学原理与方法》等多部著作的编写工作。

曾海帆（1930— ）

琵琶演奏家。四川合江人。1951年参加文艺工作。后入重庆杂技团民乐队。1980年任重庆川剧学校琵琶教师。曾为重庆音协的驻会干部。曾随团赴朝鲜、捷克及南美四国演出。

曾海平（1953— ）

作曲家。广西平乐人。广西艺术学院音乐学院作曲系副主任、教授、硕士生导师。1982年毕业于广西艺术学院，1985年结业于武汉音乐学院作曲系。出版有八桂音乐丛书《曾海平歌曲集》。在《音乐创作》《歌曲》及电台、电视台发表作品百余部（首），作品有民族管弦乐《骆越音诗》，琵琶独奏《山水抒怀》，客家诗舞剧《围龙歌》，歌曲《花腰带》《绣球女》，交响大合唱《花山音画》等，计有22部作品分别荣获全国、省、市级奖。发表的论文《音乐审美的心理结构探微》等，分别获全国、省级二等奖。

曾和平（1955— ）

小提琴演奏家。四川平昌人。重庆市歌剧院小提琴首席。1977年毕业于四川音乐学院器乐系。先后参加《刘三姐》《货郎与小姐》《江姐》等歌剧演出并担任乐队首席，演奏《梁祝》等独奏曲。多次参加重庆电视台春节文艺晚会等大型演出。在重庆举办的专业团体"艺术之星"器乐比赛中，三次获二等奖。兼任重庆市少年宫、重庆市艺校小提琴教师，培养了一批优秀小提琴学生。

曾慧灵（1922— ）

女音乐理论家。广东番禺人。1940年参加澳门四界救灾回国服务团抗日救亡工作。1942年在广东艺专、重庆国立音乐学院学习。1951年毕业于中央音乐学院作曲系。曾任教于西安音乐学院、中央音乐学院及天津音乐学院作曲系。1956至1957年先后参加苏联专家阿拉波夫"作品分析"班和古洛夫"和声教学研究"班学习。作有合唱套曲《天安门红旗飘》《达子花开花红艳艳》。创作并录制"眼的保健操"配乐唱片。编著《音乐名作》教材（上、下卷），为电台撰写评介李斯特、柴科夫斯基等作曲家十余部作品的文章。

曾纪照（1936— ）

作曲家。湖南汉寿人。1958年入县文工团任乐队二胡首席，1960年调入县汉剧团。先后为大量新编历史剧和现代戏配乐、唱腔设计、编曲和作曲，其中《春柳湖》《沉雷》《芙蓉姐》在常德市文艺汇演、调演中，连续三届获编曲奖。高腔戏《芙蓉女》在湖南省第三届戏剧季调演中获音乐编曲一等奖。曾在《音乐论丛》《中国音乐》等刊物发表多篇论文。任《中国戏曲音乐集成·湖南卷·武陵戏》主编。1993年获《中国戏曲音乐集成·湖南卷》艺术科研成果二等奖。

曾加庆（1933—2001）

作曲家。福建人。1955年毕业于东北鲁艺器乐系，后入上海乐团民族乐队作曲，1971年调上海京剧院参加京剧现代戏创作。作有小型合奏曲《青山万里长》，轻音乐曲《祖国之春》，二胡独奏曲《新农村》《情调变奏曲》《牧马》《正气歌》等，其中《山村变了样》《赶集》由中国音协推荐为优秀曲目，编入建国三十周年器乐作品《二胡曲选》。另作有板胡独奏曲《收割忙》，笛子独奏曲《江南春》（合作），《春风送暖遍江南》，民族管弦乐组曲《台湾风情》。曾为京剧《甲午海战》，电影《白蛇传》创作音乐。为电视艺术片《泉州风情》创作音乐获二等奖。

曾建彪（1953— ）

作曲家。广东湛江人。1982年毕业于湖北艺术学院。后任广东湛江市歌舞团副团长。撰有《漫谈雷州音乐》《北部湾民歌的特点及其对音乐创作的影响》《雷州半岛，海之歌音乐创作手记》等文。为木偶剧《阿东与花母鸡》与舞蹈《赶小海》作曲，在大型歌舞《雷州半岛，海之歌》中担任艺术总监和作曲，还创作有歌曲《抓沙蟹》《半岛，绿色的梦》。出版个人CD《北部湾恋歌》。

曾锦藩（1961— ）

音乐教育家、作曲家。福建人。1983年于福建师大毕业后留校任教。曾任高校《大学生音乐》主编。在国家、省级刊物发表各类文艺作品百余篇。出版《锦藩音乐创作选》《手风琴伴奏曲集》。作品被收入《世界学术文库》《中国当代词曲家作品集》《1949—1999福建优秀歌曲集》等。

曾锦霖（1955— ）

作曲家。福建仙游人。福建仙游县文化馆馆长。1979、1996年分别毕业于福建艺校作曲科、中国逻辑与语言函授大学群文系。撰有《群众音乐辅导六步谈》《谈简谱与五线谱》等文。创作音乐作品多件，部分获奖，其中戏曲《新亭泪》音乐设计（合作）于1981年获福建省文化厅专业戏曲会演第一名，器乐组曲《莆仙风情》分别于1987、1988年分获福建省第三届、全国第二届残疾人艺术调演一等奖。百人唢呐大鼓吹曲《畴农乐悠悠》于1994年获福建省第六届音舞节一等奖、全国"群星奖"优秀奖。曾赴台湾访问演出。

曾堃华（1941— ）

音乐教育家。四川广安。四川广安师范高级讲师、四川教育学会音乐专业委员会会长。1958年毕业于西南师范学院音乐专科。撰有《用三机一琴解音乐教学之难》《加强领导开创音乐教育新局面》等文。编有《四川省中师音乐选修教程》，主编《四川省贫困山区小学音乐教材》《四川省小学音乐课本》各12册。指导的学生曾获四川省中师学生艺术节第一、三届笛子独奏二等奖。本人曾获全国学校艺术教育工作先进个人等称号。

曾理中（1926—1993）

指挥教育家。湖南长沙人。1945年入重庆国立音乐院作曲组学习。为武汉音乐学院教授。曾任北京合唱指挥学会常务理事。著有《二声部歌曲写作技巧》《合唱写作技巧》等。

曾立毅（1965— ）

电子琴教育家。福建漳平人。厦门大学艺术学院音乐系器乐教研室主任、副教授。1989年毕业于厦门大学艺术学院音乐系，1986年在上海音乐学院雅马哈双排键电子琴师资培训班学习。撰有论文《电脑音乐系统对音乐艺术发展的意义》《双排键电子琴演奏与声学乐器音色的模拟》。编著有《电子琴演奏与应用》《双排键电子琴中国作品集》。

曾美河（1947— ）

音乐教育家。广东丰顺人。毕业于中国音乐学院，梅州中学高级音乐教师，高级调律师。培养众多学生，有的在波兰、韩国、北京等国际合唱节获奖。作有歌曲《致富不忘党恩情》，器乐曲《机车飞转干得欢》，教学论文《练耳的难点——论大小三和弦的色彩变化与属七和弦的倾向及解决办法》，曾分别获广东省音乐作品评比一、二、三等奖。《梅江流过咱门前》《山居四时乐》等多篇音乐作品在省、市刊物发表。1993年举办个人音乐作品及学生演唱会。1997年获梅州市"梅花文艺奖"。

曾民德（1943— ）

小提琴演奏家。广东保安人。1959年考入总政歌舞团。师从中央音乐学院林克昌教授。历任解放军交响乐团第二小提琴首席，总政歌舞团北京音乐厅假日乐团第二小提琴首席。中国音乐学院小提琴考级评委。曾任北京京剧团乐队第二小提琴首席。先后获第七届解放军"红星艺术奖"、业务能手奖、"飞天奖"优秀音乐奖。长期从事小提琴教学。学生有冷培厚、刘日光，李夏毕业于奥地利维也纳音乐学院，并留校任教。

曾民信（1947— ）

小提琴演奏家。广东宝安人。1960年从事部队文艺工作。1962年入上海音乐学院进修。曾在总政歌舞团工作。在《中国革命之歌》中任乐队首席，北京音乐厅室内乐团二提首席。

曾嫩珠（1918— ）

女音乐教育家。广东广州人。1941年毕业于中山大学教育系。曾任桂林广西艺术馆、广州乐团独唱演员。新中国成立后在广州师范学校、广州音乐学院声乐系任教。1959年由全国妇联评选为文艺战线的"全国三八红旗手"。1980年任星海音乐学院师范系副主任、副教授。广东省政协第二、四、五届委员，广东省第三届人大代表。

曾强章（1939— ）

男高音歌唱家。广东兴宁人。1955年参加工作。1958至1959年在广东汕头地区文工团，军分区文工团任歌唱演员。1963年毕业于广州音专声乐系。先后任湛江地区农垦文工团、广州军区生产建设兵团宣传队、广州歌舞团独唱演员、声乐教员、声部长。首唱《我爱五指山，我爱万泉河》。1988年任广东省音协专职办公室副主任、工会主席。曾任客家山歌艺术团团长，赴台湾进行文化交流。广州山歌学会顾问，广东省客属海外联谊会副秘书长。

曾庆辉（1932— ）

小提琴演奏家。四川邻水人。1956年毕业于四川音乐学院器乐系，曾师从胡静翔、罗吉兰（比利时人），林克汉、林克昌等教授学习小提琴。历任北京电影乐团第二小提琴首席，中国京剧团乐队首席，中国歌剧舞剧院小提琴演奏员。演出曲目有《原野》《白毛女》，舞剧《宝莲灯》《文成公主》《天鹅湖》，京剧《红灯记》，交响乐贝多芬的《命运》《英雄》《田园》及德沃夏克的《新世界》等。

曾庆清（1948— ）

作曲家。湖南临武人。湖南株洲市群众艺术馆副研究馆员。长期从事音乐创作、音乐辅导和音乐理论研究。1988年结业于中国函授音乐学院作曲系。曾在株洲市歌舞团担任作曲指挥和乐队主奏，先后为《张思德之歌》《苗寨惊雷》等剧（节）目作曲、编曲。所创作的歌曲、舞曲、器乐曲在全国和各省、市的评奖比赛中共获各类奖项88个（次），主要作品有《甜甜的歌》（全国征歌一等奖）《数不完的变化哪里来》（中国音协征歌创作奖）

《快乐的农家娃》（全国少儿歌曲评选一等奖）《与你同行》（获2006年晨钟奖）《蓝蓝的天，清清的水》《大神州》（获省"五个一工程"奖），撰写音乐论文二十余篇先后发表和获奖。1999年被评为市德艺双馨文艺家。

曾庆蓉（1938— ）

女琵琶教育家。四川成都人。1960年毕业于四川音乐学院民乐系琵琶专业，留校任教。1971年调云南艺术学院，任民乐教研室主任。培养二十四届毕业生，被评为云南省高等院校优秀教师。撰写四本云南不同民族音调的琵琶教材，并为云南省的每一个少数民族创作一首琵琶乐曲，其中《红河夜景》《竹楼琴声》出版，《瑞丽江畔》《心中的歌》等由本人演奏，电台、电视台播放。

曾叔懋（1915— ）

声乐教育家。江苏常熟人。1944年入重庆青木关国立音乐院任声乐教授。抗战胜利及新中国成立后，曾在辽宁音乐学院、南京音乐学院、天津国立音乐学院及上海歌剧院任声乐教授，多次举办独唱音乐会。退休后仍从事声乐教学工作。

曾淑雯（1962— ）

女音乐教育家。福建厦门人。1983年毕业于福建师大音乐系，1986年起在福建师范大学音乐系任教，曾在中国音协主办的"音乐基本素质师资班"学习。发表有《论当代中国流行音乐创作的美学特征》《抒情歌手——刘欢》《音乐基本素养之我见》《音乐的现象与本质》《声画对位与情感弥合》《节奏训练三点谈》等文，其中《论素质培养在当代东西方音乐教学法中之呈现》获第二届福建师范大学青年教师优秀成果奖三等奖。

曾遂今（1949— ）

音乐学家、作曲家。四川人。中国传媒大学教授、音乐系系主任，传媒音乐学学科带头人，博士生导师。中国音协音乐传播学会会长。先后从事民族音乐学、音乐社会学及数字音乐与音乐创作研究。撰有大量音乐论文、译文、评论，其中三篇音乐学术论文曾以俄、英、德、法、西班牙文在国外权威杂志上发表与转载。在国内艺术、音乐期刊上发表论文六十余篇。出版论著有《音乐社会概论》《音乐传播学理论基础》等十多部。为广播、音像媒体及影视专题片、文艺团体作曲、编曲、配器或音乐制作作品约三百首（组），文论与音乐作品多次获奖。2008年获中国传媒大学"教学名师奖"。

曾腾芳（1949— ）

歌词作家。湖北人。原天门市群艺馆馆长。1972年始从事音乐文学创作，曾参加省文艺创作室组织的征歌活动编辑工作及县级市歌手大奖赛、"长江音乐会"等音乐活动。作有歌词专辑《时代的重托》，京歌专辑《江汉风情》等。作词歌曲《妹妹心随哥哥转》《杨树开花叶儿青》由湖北省艺术团演唱并作为出国演出节目。组歌《平原的太阳》曾获文化部、广电部、中国音协创作奖。

曾田力（1946— ）

女音乐教育家。江西人。北京广播学院录音艺术学院教授、硕士生导师。曾就学于中央音乐学院附中钢琴学科和中央音乐学院音乐学系，毕业后在总政军乐团创作组工作。1979年到北京广播学院任教，主要讲授、研究"中国当代音乐""广播影视音乐""音乐美学""音乐传播"等科目。出版专著《音乐·生命的沉醉》《冲击视觉的音波——影视剧音乐美学探索》《影视剧音乐艺术》。发表《音乐与人——音乐感性鉴赏力的审美生成》《从"新潮派"音乐的波澜再起看中国现代音乐的发展》《影视剧音乐的文化价值取向》等数十篇。

曾渭贤（1921— ）

声乐教育家。广东广州人。曾任中国少数民族声乐学会理事。1949年入上海广播乐团。1956年任中央民族歌舞团声乐教员。曾为二十多个少数民族培养声乐人才。学生有邓玉华、蒋大为、方明、战布拉、江逊之、郁钧剑等。

曾文济（1937— ）

音乐编辑家。广东人。曾任中央电视台录音科科长，《收租院》《贝多芬》等影视片音乐编辑。作有歌曲《送你一支奋发的歌》《战士与蝴蝶》《巴黎之歌》。

曾宪恩（1925— ）

女歌唱家、教育家。湖北武汉人。浙江省声乐学会名誉会长。1943年肄业于重庆国立音乐院声乐系。1949年毕业于南京中央大学艺术系声乐专业本科。先后在中央歌剧院、甘肃省歌舞团任独唱演员及声乐教员。后在兰州艺术学院、西北师院及杭师院音乐系，任声乐教研室主任、教授。曾任甘肃省、浙江省政协第四、五、六、七届委员。50年代在中央歌剧院参加歌剧《茶花女》的国内首演。1989年浙江省音协、声乐学会和杭师院联合主办"曾宪恩教授师生音乐会"。

曾宪峰（1949— ）

作曲家、音乐活动家。海南琼海人。毕业于海南师范学院文艺专业。湖南省音协理事，琼海市青少年文化宫副主任，市音协名誉主席，市文联副主席，市文化馆馆长，省群众文化学会理事。作有歌曲《春已来到》《我家住在万泉河》《菠萝脱手滚下坡》，器乐曲《万泉河的早晨》，吉他小品《椰林抒情》，舞蹈音乐《万泉嫂与嘉积鸭》等先后在音乐作品评选中获奖。曾获广东省首届优秀歌手奖。创建琼海"春之声"轻音乐团、万泉河爱乐合唱团，主编《琼海民间文化（歌谣及故事卷）》《万泉河之歌（曾宪峰歌曲选）》。

曾宪灵（1942— ）

女音乐教育家。四川人。曾为四川成都石室中学艺术教研组长，省音教委委员。1961年毕业于西南师范学院。撰有《谈谈记谱教学》《音乐课的发散性思维训练》《美育的核心是"美感培育"》《当前音乐教改之我见》等文。曾任成都市教师合唱团指挥。

Z

曾宪瑞（1936— ）

歌词作家、音乐编辑家。江西吉安人。历任桂林市文联副主席、党组成员兼南方文学杂志社社长、主编、编审。广西歌海杂志社总编辑，中国作家协会、中国音乐文学学会理事，广西音乐文学学会主席，桂林市音协名誉主席。1954年以来发表诗歌、小说、散文、曲艺作品二百多万字，并有大量词作歌曲。出版诗集、歌词集《蓓蕾集》《心中的歌》《南方三月天》，词作歌曲集《美丽的白莲》《山水情》等10本。歌词《壮家少年在红旗下成长》《党啊，请接受我的爱》《篝火，燃烧的花朵》《妈妈的笑容》等百余首在中央和省、市获奖。主编《中国当代百家歌词选》获中国少数民族地区优秀出版物一等奖，主编《中国歌海词丛》获广西"桂版优秀图书奖"。

曾翔天（1941— ）

作曲家。四川成都人。1959至1967年先后在中央音乐学院附中及本院民族音乐系、中国音乐学院作曲系学习。1969年任北京京剧院音乐设计，参加现代京剧《沙家浜》《杜鹃山》音乐创作。1979年任中国歌剧舞剧院创作员，任《白毛女》《小二黑结婚》《刘胡兰》《窦娥冤》等歌剧的音乐配器。参加音乐舞蹈史诗《中国革命之歌》和舞剧《牡丹亭》《光明之恋》作曲。作有歌曲《故乡的椰子树》《朋友，愿你珍惜这美好的生活》等。曾任中国歌剧舞剧院社教部主任，首都联大中国歌剧舞剧院艺术系主任、分校副校长。

曾小燕（1975— ）

女歌唱家。布依族。贵州贵阳人。1998年毕业于中国音乐学院。后在海政歌舞团歌队任演员。曾参加2000年第九届全国青少年歌手大赛获"荧屏奖"，2001年首届中国音乐"金钟奖"中国艺术歌曲声乐比赛获新作品演唱特别奖，"全国歌手唱云南"声乐比赛获三等奖，首届全军声乐新人新作大赛获优秀演员奖，首届全国听众喜爱的歌手"金号奖"，获民族唱法"十佳歌手奖"。

曾晓安（1969— ）

钢琴教育家。四川广安人。西华师大音乐学院副院长，中国教育学会音乐专业委员会委员。1990、1995年先后毕业于绵阳师专音乐系、西南师大音乐系。撰有《钢琴弹唱结合教学法》等十余篇文章。论文《刍议钢琴即兴配奏教学中培养学生的创造思维》《高师钢琴教材改革思考》分别获四川省第四、五届音乐论文一、二等奖。参编教材《乐理与名曲欣赏》。培养的学生数十人在全国、省市钢琴比赛中获奖。个人多次获优秀指导教师奖。

曾晓伟（1954— ）

作曲家。四川珙县人。云南省峨山县文工团副团长。1987年毕业于云南大学（自考大专）。撰有论文《民族民间音乐在小戏中的运用》《峨山彝族民歌跳乐调》等。作有歌曲《躺在抚仙湖沙滩上》《红河之歌》山等，舞蹈音乐《赛哩美》《扎的故乡》《跳花腰》等，小彝剧音

乐《小猪、篱笆、人家》，为《今日玉溪》等电视片（合作）作曲。

曾新芳（1941— ）

女高音歌唱家。广东梅县人。1960年毕业于广东梅县艺术学校，后就读于上海音乐学院声乐系进修班。长期任广州交响乐团独唱演员。其演唱的《不忘阶级苦》在"上海之春"音乐会上获优秀节目奖并录制唱片。曾在广东音乐舞蹈史诗《东方红》中担任独唱、领唱。出版有卡带《王杰小唱》《客家山歌特出名》《歌声飞过淡水河》。曾为电影《大浪淘沙》，电视剧《苦斗》及纪录片《青年运河》等配音。出版有《乡音乡情》客家山歌CD专辑。发表歌曲作品《尽是故乡情》《山花怒放到处歌》及论文《梅州客家山歌歌曲化的探讨》。

曾炎宣（1935—已故）

音乐教育家。江西人。曾为武汉冶金建筑专科学校德育教研室音乐教研组组长。1956年毕业于华中师范学院音乐系。曾先后任江西崇义城区小学音乐教师，湖北沔阳一中音乐教研组长。主编有《乐理基础与名曲赏析》《音乐——人生的伴侣》《美育与音乐》，撰有《音乐有助于开拓型人才的成长》《试用乐理中的音乐形象教学》等文，部分论文获全国高校音教学会武汉分会优秀论文奖。作有歌曲《边塞摇篮曲》《春之旋律》等。

曾艳萍（1950— ）

女声乐教育家。湖南人。曾为衡阳市音协副主席，省音协声乐专业委员会理事。1972年调市歌舞团任歌剧演员，主演歌剧三十多部。1982年调市群艺馆任声乐专干、副馆长，曾进修于中央音乐学院与中国音乐学院师资班。其编导的声乐节目获全国及省级奖数十个，所主演的歌剧片断《刹那》曾获全省第一名，所编排的女声二重唱《赶水谣》获文化部、广电部民族民间音乐舞蹈大赛铜奖，童声无伴奏小组唱《山乡素描》获文化部"蒲公英奖"金奖，《湖南民歌联唱》获中央电视台少儿歌舞大赛金奖。多次在全市大型比赛和晚会中担任总导演和执行导演，所教多个学生考取音乐院校。

曾永清（1944— ）

笛子演奏家。广东中山人。1955年考入中央音乐学院少年班（后为附中），1961年附中毕业入大学。1972年进总政歌舞团任独奏演员。学生时期曾师从刘管乐、冯子存、王铁锤、赵松庭等。创作有笛子独奏曲《麦收》《草原巡逻兵》《沂蒙山歌》《秦川情》。配合赵松庭大师培养了优秀青年演奏家王明君、王次恒、詹永明、戴亚等。曾出访美、法等国及港澳门台地区。三次任全国大赛评委，并录制出版CD《中国魔笛》和《乱云飞》。

曾咏贤（1951— ）

男高音歌唱家。广东顺德人。1976年毕业于广东人艺学院音乐系声乐专业。历任广东省歌舞团、广州乐团独唱演员，广东歌舞剧院歌队队长、轻音乐团团长。曾获全国首届青年歌手电视大奖赛广东地区优胜奖，全国青年首

Z

届民歌、通俗歌曲大奖赛演唱优秀奖，广东全能歌唱大赛季军，中国歌坛十年回顾贡献奖。演唱歌曲有《敦煌梦》《父亲》《人生韵律》《落雨大》等。

曾雨音（1909—1991）

音乐教育家。福建龙岩人。1932年考入上海国立音乐专科学校学习作曲。先后任教于福建音专，龙溪、龙岩师范学校。新中国成立后，长期执教于福建师范学院艺术系，任系副主任、教授。中国音协第三届常务理事，福建音协第二届主席。作有歌曲《田家苦》《我们是钢铁的一群》《晨唱歌》《我们站在光荣的岗位上》，二胡独奏曲《西南大进军》。撰有《1936年全国乐坛一瞥》《福建中小学音乐教育的今天和明天》等文。

曾章琴（1949— ）

女作曲家。重庆万州人。四川省电视艺术制作中心音乐总监、电视导演、高级编辑。乐山市中国西部民族音乐研究会会长。曾为多部（集）电视片配乐或作曲，为十余部（集）电视剧作曲。在中国音协《歌曲》等刊物发表创作歌曲数十部。有多首歌由著名歌手演唱并拍成MTV，在央视和省市电视台播出并获"中广协"银奖、铜奖和中央台展播奖，《黑竹沟有条流金的河》获第二十届中国电视"金鹰奖"。

曾昭斌（1969— ）

女民族管乐演奏家。北京人。1992年毕业于中国音乐学院器乐系，2001年毕业于中国音乐学院研究生班。1992年始在中央民族乐团任演奏员。1993年参演《敦煌古乐》，第一次把玉笛、玉箫搬上舞台，获文化部"文华奖"。1994年录制《浔阳遗韵》并参加"敦煌艺术节"。1997年组建"华韵九芳"女子演奏家室内乐团，演奏《鹧鸪飞》。1998年随中央民族乐团赴维也纳举办"新春音乐会"，演奏《春江花月夜》《大胡笳》。曾参演"欢迎克林顿总统访华音乐会"，中、日、韩电视台"新年音乐会"，赴美巡演及八场个人专场音乐会以及"龙凤呈祥"——曾昭斌、冯晓泉专场音乐会。1999年获中直院团汇演演奏奖。出版个人专辑《春潮》《天上人间》。

曾昭玢（1944— ）

音乐编导家。黑龙江富锦人。1965年毕业于中央音乐学院附中，后入空政歌舞团任小提琴演奏员。1980年任中央人民广播电台文艺部采录组录音导演。曾两次赴德国学习录音导演专业。

曾昭昆（1946— ）

手风琴、钢琴演奏家。山东莱州人。1965年考入辽宁省歌舞团任演奏员。1968年毕业于沈阳音乐学院。后调入工程兵文工团任合唱队队长。1983年始在总参某部任职。在文工团期间，担任手风琴独奏及伴奏，并为十余首歌曲编配手风琴伴奏。出版有《外国手风琴曲选》（合作），组建总参老战士合唱团排练演出及组织"总参战士手风琴训练班"。曾随团赴老挝、巴基斯坦等国演出。

曾昭优（1974— ）

男高音歌唱家。江西赣州人。江西省歌舞剧院歌队队长。1991年毕业于江西省文艺学校赣南分校声乐专业，2004年毕业于江西师大。曾在中央电视台拍摄的音乐艺术片《杜鹃红·茶树绿》中演唱《吹开蒙雾望娇莲》，在电视片《军队和老百姓》中演唱《爹娘是靠山》。在江西省电视歌手大赛和音舞艺术节演唱《兴国山歌》和《江西老俵》获一等奖。

曾兆山（1939— ）

作曲家。壮族。广西扶绥人。1962年毕业于广西艺术学院音乐系。曾任广西广播电台主任编辑。作有歌曲《我们的党大有希望》《思乡曲》《丰收的月亮》。

曾正芳（1943— ）

女三弦教育家。四川成都人。1965年毕业于西南师范大学音乐系，留校任教，教授三弦、柳琴课，副教授。撰写《西南地区艺术教育调查》获校哲学、社会科学二等奖。参加四川省九年制义务教育中、小学音乐教材编写工作，获校科研二等奖。

曾祖标（1949— ）

歌词评论家。江西瑞金人。2002年出席中国音乐文学学会在深圳召开的"中国新时期歌词创作研讨会"。评论《感情，歌词的生命》《重大题材歌词构思走笔》《远远近近看乔羽》《把词写在琴弦上》《不为积习所蔽，不为时尚所惑》《一朵永不凋谢的玫瑰》等在《词刊》《文艺报》等刊物发表。

查阜西（1895—1978）

古琴演奏家、音乐理论家、教育家。江西修水人。13岁学弹古琴，后在长沙、苏州、上海等地从事琴学活动，30年代初在上海发起组织"今虞琴社"。新中国成立后历任中国音协第二届副主席，中央音乐学院民族器系系主任，北京古琴研究会会长等职。1956年率文化部、中国音协古琴调查组，赴全国10个城市，搜集、整理大量琴学史料。编印有《琴曲集成》《存见古琴曲谱辑览》《存见古琴指法谱字辑览》《历代琴人传》《幽兰实录》和《琴论辍新》等琴学书刊。对《九宫大成南北词宫谱》《智化寺音乐》等音乐的演唱、演奏做了大量工作。主编有《琴曲集成》，出版有电台录音及唱片《潇湘水云》《渔歌》《洞庭秋思》《醉鱼唱晚》《长门怨》《阳关三叠》《古怨》《苏武思君》等。

查世超（1934— ）

歌唱家。安徽人。1953年入中央乐团学员班。1955年入中央乐团合唱队，任中央乐团社会音乐学院声乐教员。曾应邀赴云南大理州文化局举办声乐培训班。

查汪宏（1958— ）

音乐教育家。江苏苏州人。1984年毕业于山东师范大学音乐系。曾任山东教育学院音乐系副主任，后任山东教育学院音乐系党总支书记、副教授，山东省教育学会中

Z

小学音乐教育专业委员会副会长。主要讲授声乐、视唱练耳、乐理等基础音乐理论课程。1990年以来先后在各省级刊物上发表论文二十余篇，主持山东省基础教育新课程改革中小学音乐教师省级培训工作。主讲《音乐课程标准解读》《中小学音乐教学改革》等课程。

扎西次旺（1957— ）

作曲家。藏族。西藏人。1987年毕业于中央民族大学音乐舞蹈系作曲专业，后任西藏自治区歌舞团创研室副主任。担任过长号演奏员、乐队指挥、专业作曲。指挥排演过藏戏、器乐、声乐等多部作品，其中藏戏《朗萨雯波》获全国少数民族会演一等奖。创作舞蹈音乐《牧女舞》《扎西德勒》等八十多部，声乐作品百余部。歌曲《祖国的西藏》获文化部"文华奖"，《梦里相见》获自治区"珠穆朗玛奖"二等奖。创作器乐曲七十多部，其中大提琴与钢琴《忆》获全国"中华怀"三等奖，《家乡颂》获全区一等奖，二胡独奏曲《弦子舞曲》获全国优秀奖、全区二等奖。影视片音乐《弹起我的扎年琴》获全国"骏马奖"儿童故事片二等奖。

扎西达杰（1950— ）

作曲家。藏族。青海玉树人。青海省玉树州文工团副团长，青海省政协委员。1972年入中央民族学院艺术系作曲班学习，1982年入上海音乐学院师从曹鹏学习指挥。撰有《玉树藏族格萨尔说唱音乐研究》《玉树藏族格萨尔说唱曲调分析》。歌曲《人民就这样怀念您》在省文艺汇演中获创作三等奖，单簧管独奏曲《高原春潮》被中央民族学院艺术系选为教材。

扎格达苏荣（1955— ）

歌唱家。蒙古族。内蒙古锡林格勒人。1973年入内蒙古东苏旗乌兰牧骑。后在内蒙古广播电视艺术团工作。全国青联委员。1982年获全国少数民族青年独唱演员调演优秀表演奖。

翟 翰（1933— ）

音乐教育家。河南伊川人。1955年毕业于开封艺术学校，函授于中央音乐学院、河南大学中文本科。在执教中先后培养了大批中、小学音乐教师及活动骨干。编著有《简谱乐理知识》《五线谱知识》《风琴演奏入门》《怎样指挥唱歌》。搜集整理了《高跷曲》《十盘曲》《伊川民歌》。在全国多家报刊发表大量歌曲，其中有《慰问咱亲人解放军》《姑嫂养猪》（合作）《洛阳牡丹甲天下》。撰写论文《发声期的保护与音乐教学》及音乐故事《马可拜师》等。

翟 杰（1958— ）

小提琴演奏家。河南郑州人。1985年毕业于河南大学音乐系。1970年入河南省豫剧院三团，1985年始在河南大学艺术学院音乐系任教，副教授。撰有《浅谈小提琴左手技术训练中的几个问题》《试论豫西民歌的结构及其特征》等文。编著《钢琴弹奏指引》（合作），参编初级中学课本《音乐》教师教学用书（一、三、五册），合作

有戏剧电视剧音乐《福星照万家》，歌曲《党啊，敬爱的党》，1985年在河南大学演奏厅举办个人小提琴独奏音乐会，在"共和国辉煌"文艺晚会上合作演出小提琴与钢琴《报国》。曾任省音协小提琴艺教委副会长。

翟 咏（1933— ）

音乐编辑家。陕西西安人。1949年末参加西北青年文工团任演员，1954年毕业于西北艺术学院音乐系理论作曲专业并留校任教。1955至1957年先后在文化部举办的民主德国施密特和苏联康津斯基音乐史专家班进修。曾任西安音乐学院"曲式学""音乐史名著欣赏""音乐编辑学概论"等课教师，主持编印院内唱片室音乐欣赏辅导刊物《音乐园地》。1982年起参与西安音乐学院学报《交响》的创刊工作，任该刊编辑、副主编、主编等职，两度被全国高校文科学报研究会评为优秀编辑。撰文近百篇，并于1994年在该院开设"音乐编辑学"课。

翟保平（1955— ）

扬琴演奏家。山西临汾人。毕业于山西大学艺术系。山西民族管弦乐学会理事，临汾市音舞协会副主席。曾任临汾蒲剧院青年蒲剧团团长，临汾蒲剧院副院长。曾参加戏曲艺术片《烟花泪》的拍摄。主编《戏缘——蒲剧艺术家十三红评传》。创作并领奏的打击乐合奏《鸿雁腾飞》赴京参加"纪念中国邮政一百周年"演出活动。合作演出的京东大鼓获第二届中国曲艺节"牡丹奖"与全国"群星奖"曲艺比赛金奖。作有歌曲《前进吧！中国邮政》获全国企业（行业）歌曲评选活动特别金奖。

翟从盛（1937— ）

音乐教育家。安徽六安人。曾为安徽音协副主席，音教会会长。曾在安徽师范学院、上海音乐学院理论作曲系学习、进修，后任安徽艺术学院音乐系、合肥师范学院艺术系助教，1970年后任安徽师范大学音乐系讲师、副主任、教授。编写有《视唱教程》《视唱入门》等，发表论文《论中学音乐教师的音乐素养》《试谈高师音乐系科教学改革》《面向中学实际，改革高师音乐教育》等。

翟德平（1947— ）

双簧管演奏家。北京人。1960年入中央实验歌剧院管弦乐团。曾任总政歌舞团一队副队长。在音乐舞蹈史诗《中国革命之歌》乐队中任双簧管首席。

翟继峰（1957— ）

音乐教育家。吉林人。1980年毕业于东北师大艺术系，后在天津音乐学院作曲系、中央音乐学院作曲系学习。长春市政协委员，吉林省音协理事，省音教委副主任。长春师范学院音乐学院院长，吉林大学艺术学院教授，硕士生导师。出版有《通俗歌曲理论与应用》《指挥与合唱》，编撰有《经典民歌改编的通俗钢琴曲集》《影视歌曲改编的通俗钢琴曲集》《儿童歌曲改编的通俗钢琴曲集》《流行歌曲改编的通俗钢琴曲集》。

Z

翟连保（1939— ）

作曲家。山西朔州人。1964年毕业于西安音乐学院。汉中歌剧团作曲兼指挥。1989年调入佛山市青少年宫，从事业余音乐教育工作。先后任青少年宫副主任，市青少年科技艺术学校校长，中国函授音乐学院广东分院、华南文艺成人学院副教授等职。市第十届人民代表大会代表。

翟乔松（1942— ）

黄梅戏作曲家。湖北黄梅人。1960年起从事黄梅戏音乐创作。作有《一斤二两半》《於老四与张二女》《邢绣娘》及戏曲电视连续剧《姐妹皇后》等大量黄梅戏音乐。曾获湖北省首届戏剧节作曲银牌奖，湖北省剧种汇演作曲二等奖。发表学术论文《黄梅戏音乐的继承与发展》《"於老四与张二女"音乐创作漫笔》《从音乐的角度谈湖北黄梅戏》等多篇。

翟秋芳（1931— ）

女歌剧表演艺术家。山西永济人。1949年入西北军大艺术学院音乐系。长期从事歌剧演员工作，1958年入重庆市歌剧团。曾任省政协委员。主演歌剧《刘胡兰》《白毛女》《江姐》。

翟宪立（1954— ）

女高音歌唱家。满族。北京人。1970年始从事部队文艺工作。1977年入战友文工团，1986年入中央民族乐团任独唱演员。在《中国革命之歌》中任领唱。主演电视音乐片《她从音画中走来》。

翟晓明（1946— ）

女大提琴演奏家。安徽芜湖人。1965年毕业于安徽艺术学院，后入省歌舞团管弦乐队任首席大提琴。曾在上海音乐学院进修。1982年参加荷兰籍大提琴家林克明的讲座并参与演奏。参加团内舞剧《白毛女》《沂蒙颂》《天方夜谭》及室内乐的演奏。在全国广东音乐邀请赛、海内外江南丝竹比赛中均获二等奖。录制黄梅戏、庐剧、安徽民歌磁带，录制《小虎子》《晨星》《家》等电视剧音乐。培养一批大提琴人才，输送至中央院、省艺校等。

翟晓霞（1928— ）

女钢琴教育家。河北人。1956年毕业于上海音乐学院。曾在中国音乐学院任教。编有钢琴曲《阿佤人民唱新歌》等。

翟学京（1957— ）

歌唱家、音乐教育家。河南开封人。1982年毕业于河南大学音乐系，1991年就读于中央音乐学院声乐干部专修班。广州星海音乐学院音乐教育系主任、声乐教授、硕士生导师。撰有《声乐语言的再生性》《谈艺术歌曲》等文二十余篇。曾两次举办个人独唱音乐会。1994年获央视青歌赛荧屏奖。1996年获全国声乐比赛优秀演唱奖。与人合作完成省级科研项目十余项。

翟永勤（1948— ）

作曲家。河北唐山人。1977年毕业于天津音乐学院作曲系，同年任济南军区政治部文工团音乐创作员。1984年转业至天津北辰文化馆，副研究馆员。作有歌曲《立交桥上的新婚夫妇》（获全国总工会"五一"征歌金奖）《勤俭歌》《拥军爱民歌》，舞蹈音乐《月儿圆》《伞花飞舞》《喜盈盈》《情系国粹》《运河两岸桃花红》《农家乐》，有的获"群星奖"银奖、天津舞蹈大赛特等奖、一等奖，编曲制作、监制、录制有《唐诗宝典》《夕阳情歌》《万众一心众志成城》。

翟永义（1941— ）

作曲家。河南开封人。河南音乐专修学院客座教授。1965年考入中国音乐学院作曲系。作有合唱音诗《中国山》《红烛颂》《春满社会主义共和国》，声乐套曲《时代旗帜——焦裕禄》《孔繁森——藏胞心中的启明星》《中原摇篮颂》（合作），神话音乐剧《和平女神的故事》，豫歌音乐剧《包龙图铡陈世美》，少年大合唱《我们的生活像烈火》，儿童歌舞《荷花灯》《快乐的放牛郎》，童话钢琴小品《野草地里的小黄牛》，歌曲《新时代民主进行曲》《新时代毕业歌》等。多首歌曲出版CD唱片。应邀为《中国解放区文艺大辞典》撰写音乐条目。

翟渊国（1941— ）

大提琴演奏家、作曲家。河南开封人。1963年毕业于湖北艺术学院管弦系。分配至河南省歌舞团，后任河南省歌舞剧院管弦乐团演奏员。作有扬琴曲《红旗渠畔喜丰收》，三弦曲《辟山引水战太行》，唢呐曲《山乡新貌》，笙独奏曲《毛主席的光辉》，板胡独奏曲《车轮滚滚驾春风》，二胡独奏曲《喜讯迎春来》，坠胡独奏曲《喜相逢》，大提琴改编曲《别亦难》等，曾任管弦乐团大提琴首席，演出《白毛女》《红色娘子军》《智取威虎山》等。

翟云生（1942— ）

扬琴演奏家。江苏江阴人。1963年毕业于江苏戏曲学院扬琴专业，同年进入江苏省歌舞剧院任首席扬琴、声部长。1975年赴京参加全国音乐调演。1981年随省歌舞剧院民乐团、江苏艺术团赴日本、朝鲜、香港、台湾等国家和地区演出，并担任独奏。曾参加第一至第四届"江苏省音乐舞蹈节"，第五、六届"中国艺术节"。参与录制了民乐系列专辑多集。编写有《扬琴演奏基础教材》两册。还为高等音乐院校、团体培养了一批演奏人才。曾任南京扬琴学会副秘书长。

翟志荣（1952— ）

音乐教育家。陕西扶风人。中国音协第六届理事。1977年毕业于西安音乐学院。1993年始历任西安音乐学院副院长、院长。长期从事音乐教育、科研、创作和管理等各项工作。曾在全国首创研制古钢琴、系列秦筝产品，近年研制新型中国拉弦乐器——系列秦胡，获国家科技进步二等奖。作有唢呐与交响乐队《沸腾的黄土地》，二胡与交响乐队《曙光》，古筝与交响乐队《沧》等大型音乐

Z

作品。另有大量音乐教育理论著述。

翟志忠（1942— ）

打击乐演奏家。陕西醴泉人。曾在陕西省戏曲剧院演员训练班学习秦腔、眉户、碗碗腔等地方戏曲音乐演奏，后分到剧院任司鼓，兼操提琴等乐器。曾参与设计秦腔剧《千古一帝》并获音乐设计一等奖，在民族戏曲邀请赛中曾获；太阳杯"最佳司鼓奖。在故事片《秋菊打官司》中任首席演奏员，参与电影、电视剧的编配音乐工作。录有戏曲、音乐资料、教学带五十余盒。1990年后参加《陕西省通志·戏曲志》《中国戏曲志·陕西卷》《中国戏曲音乐集成·陕西卷·碗碗腔分卷》的编纂工作。

詹　明（1951— ）

笙演奏家。广东遂溪人。1970年毕业于广州音乐专科学校民乐系，后任广东汉剧院、广州歌舞团乐队演奏员。广东音协理事。曾担任舞剧《小刀会》领奏。随团赴加拿大、新西兰、秘鲁及香港、澳门演出，担任独奏、领奏，并赴新加坡讲学。

詹　皖（1962— ）

音乐教育家。江苏南通人。1988年毕业于南京师范大学音乐系，后进修于上海音乐学院民乐系、钢琴系。曾任南通师专音乐教师，1999年任南通师院音乐系理论、民乐教研室主任、副教授。曾编排、辅导舞蹈《跳马夫》，大合唱《年轻的山，年轻的海》，分获全国、省大学生艺术节优秀节目奖。组建师院大学生铜管乐队，组织多次大型文艺晚会，举办市儿童钢琴艺术节。发表《高师钢琴教学特色的凸现》《大学生交响乐欣赏教学的思考》《论钢琴音乐作品的力度审美》等文多篇。

詹澄秋（1889—1973）

民族乐器演奏家。湖北襄阳人。青年时期在学习法律的同时兼学民乐演奏。曾在山东曲阜雅乐讲习所任教。曾为山东省文史研究馆馆员兼中央音乐学院民乐研究所通讯研究员。

詹红亚（1969— ）

歌唱家、声乐教育家。安徽阜阳人。合肥幼儿师范学校高级讲师。1995年毕业于安徽师范大学音乐系，后考入中央音乐学院声乐歌剧系干修班。在《中国文化报》《教育导刊》等报刊杂志发表十余篇专业论文，并成功举办个人独唱音乐会。声乐教学论文《树立正确的声音概念，培养科学的发声方法》，在全国音乐教育论文比赛中获一等奖。指导学生多次在全国及省市音乐赛事中获奖。

詹景森（1931— ）

作曲家。广东高州人。曾任广西歌舞团创作组组长，广西第四、五、六届政协委员。1953年毕业于华南文艺学院音乐系。歌舞剧《刘三姐》（合作）获文化部一等奖，歌曲《桂西我们的家乡》《山歌不唱心不开》《壮乡五月荔枝红》《瑶山顶上飘彩云》获广西音乐创作二等奖。录制唱片有《桂西我们的家乡》《姐妹们样样都不差》《壮

族人民怀念周总理》。曾被评为全国归侨先进工作者。

詹曼华（1960— ）

女高音歌唱家、歌剧表演艺术家。贵州贵阳人。现旅居美国。1984年毕业于上海音乐学院声乐专业，留校任教。同年参加第三届维也纳国际歌剧歌唱家比赛获第一名，并获《歌剧世界》杂志颁发的特别奖。多次代表中国赴欧洲各国演出、讲学。1986年赴美国纽约曼哈顿音乐学院留学，获声乐硕士学位、歌剧演唱特别奖。1989年获纽约歌唱比赛首奖。曾在美国参加《卡门》《浮士德》《费加罗的婚礼》《水仙女》《塞维利亚的理发师》《湖上女》等歌剧演出。

詹士华（1963— ）

女高音歌唱家。福建厦门人。福建集美大学艺术教育学院音乐教研室主任。1985至1996年分别毕业于福建师大艺术系、厦门大学音乐系，获学士学位。撰有《琴歌"阳关三叠"读解》《欲得声乐法，须求科学方》等文。编译《意大利语言歌唱教程》（合作）《意法德英歌唱语言指南》（合作），担任主要演员之一的歌剧《阿美姑娘》获国家奖多项。曾出访菲律宾、香港等地。演唱有《饮酒歌》《天长地久到永远》等歌曲多次在中央、省市电台、电视台播出。

詹天高（1936— ）

歌词作家。四川人。1974年始任安徽省歌舞团创研室创作员、主任。作有《插上理想的翅膀》等几十首歌词，其中《红枫赞》等七首在省、市获创作优秀奖，歌曲《故园情》获省"华夏征歌"一等奖。作有《光辉的青春》（四场歌舞），《战火迎春》（舞剧），大型组歌《茶乡大寨红花开》，声乐套曲《彩虹》，琵琶与合唱《霸王别姬》等多部作品。撰有乐评《抽尽心丝谱心曲》《她就是一支歌》等。

詹永明（1957— ）

笛子演奏家、教育家。浙江杭州人。自小师承笛子大师赵松庭，1975年毕业于浙江艺术学校，1987年毕业于中央音乐学院干修班，后在中国艺术研究院研究生部和悉尼大学深造。上海音乐学院民乐系教授、硕士生导师。90年代移居新加坡，任教于新加坡南洋艺术学院。作有笛子独奏曲《听泉》《西湖春晓》《蓝花花》，演奏多次获奖。著有《笛子基础教程》《中国竹笛名曲欣赏与教学》《笛子十讲》等。录制大量个人专辑唱片。

詹月元（1935— ）

音乐编导家。浙江宁波人。1957年毕业于上海艺术师范学校。后入中央广播合唱团任演员。1965年毕业于北京电视大学中文系。曾任中央电台文艺部录音导演，《广播歌选》副主编。

詹正贵（1936— ）

音乐活动家。江西鹰潭人。1954年始从事音乐工作。曾任南昌市音协副主席兼秘书长，音协江西分会社会音乐

委员会副主任。长期从事群众音乐的创作、辅导和协会组织工作。

詹祖荫（1939— ）

作曲家、指挥家。江西婺源人。1960年毕业于广州教育学院高等音乐师范专业，曾任广州教育委员会副主任。作有歌曲《钢铁长上了翅膀》《希望之歌》《台湾飞来一只鸟》《海鸥》。曾任广州市少年宫合唱团、郭兰英艺术学校合唱团、广州大学合唱团等指挥。1995年指挥万人合唱团在天河体育中心演唱《黄河大合唱》。

占　堂（1954— ）

小提琴演奏家。回族。河南唐河人。1969年入邯郸市文工团任管弦乐队演奏员，1982年始在邯郸市青少年宫任教。1987年毕业于邯郸市教育学院音乐系。市音协副主席。作有《丛台雨》，改编齐奏曲《每当我走过老师窗前》，撰有《课外教育培训工作浅谈》。曾参加钢琴协奏曲《黄河》，舞剧《白毛女》《沂蒙颂》《小刀会》，歌剧《洪湖赤卫队》《刘三姐》及歌舞专场演出，担任小提琴伴奏、乐队首席。担任小提琴教学，组办全市连续七届少儿器乐比赛，策划组织大型音乐活动任音乐总监。

战布拉（1942— ）

歌唱家。蒙古族。内蒙扎来特旗人。1956年入内蒙古呼伦贝尔盟歌舞团。中央民族歌舞团独唱演员。演唱歌曲有《边防战士之歌》《歌声像百灵展翅飞翔》。

战洪海（1949— ）

歌唱家。河北人。1985年毕业于中央音乐学院声歌系。曾在济南军区前卫文工团、哈尔滨歌剧院任声乐演员，并任职于哈尔滨市道里商委工会。参加各类音乐会、晚会演出。1977年获全军第四届文艺调演声乐演唱奖，1988年获全国"金龙杯"声乐比赛业余美声组金奖，1989年获首届全国职工歌舞大赛美声组第二名。

湛明明（1943— ）

作曲家。重庆云阳人。重庆三峡艺术馆舞蹈部主任。1985年于上海戏剧学院戏文系函授结业。曾任四川万县地区歌舞团歌舞演员，万县群艺馆辅导部主任。作有歌曲《三峡美》《三峡情》等，部分作品获一、二等奖。集编舞与音乐创作于一身，获省创作一、二等奖的舞蹈作品有《山那边的晒场上》《打工妹子回乡来》《邀约云纳税》等多部。曾任大型舞蹈诗画《三峡风情》总编导，并导演歌剧《一个名星的遭遇》，舞剧《白毛女》，话剧《救救她》等十余台大型剧目。

湛瑞虎（1933—1994）

音乐教育家。四川丰都人。1954年毕业于武汉华中师范学院音乐系音乐专修科。曾在广州市幼儿教育职业高级中学任高级教师。1972年任广州市中学教育研究会委员兼教研组长，主持广州市中学音乐教研和参加编撰省中学音乐教材共12册，编写广州市幼儿教育职业高级中学音乐教

学大纲及钢琴教材3册。论文有《钢琴教学中培养学生自学能力的探索》《论简谱歌曲的钢琴即兴伴奏教学》。广东省中学特级教师。

张　碚（1959— ）

音乐教育家。重庆人。西南师范大学音乐学院副教授，硕士生导师。四川省小提琴教育委员会理事，市教委高考艺术特长生考试评委。1978年考入四川音乐学院管弦系，师从小提琴教育家胡惟民教授。曾多次赴京、沪两地音乐学院学习，受教于李克强教授等人。2002至2004年被派往莫斯科国立师范大学音乐系作访问学者，获俄罗斯音乐教育家米·约瑟伐维奇导师的高度评价。

张　弼（1950— ）

音乐理论教育家。吉林长春人。1982年毕业于吉林艺术学院音乐系，留校任教，后任该院音乐系理论教研室主任。曾为舞蹈《雪映深情》创作音乐，参加全国舞蹈调演。参加《伪满沦陷区的音乐》科研课题，撰有《伪满高师音乐概况》《论贝多芬晚期创作思想》。受聘于十多所高校以及省、市电视台作交响音乐欣赏专题讲座。兼任中国函授音乐学院教师。

张　彬（1926— ）

作曲家、音乐教育家。河南舞阳人。1947年毕业于河南信阳高师艺术科音乐专业。历任河南省文工团乐队队长兼指挥，省艺校研究室研究员，省艺院教学秘书，河南大学音乐系教授兼理论教研室主任，河南广播电视大学艺术系主任。出版有《歌曲创作基础知识》《音乐知识十二讲》。作有独唱《我是人民好歌手》《油田小夜曲》，重唱《悄悄话》《祖国，我爱你》，合唱《三门峡大合唱》《夜读》，声乐套曲《井冈山组歌》《中原摇篮颂》，歌剧音乐《热血红心》，舞蹈音乐《继续攀登》等。

张　彬（1958— ）

指挥家。山西离石人。广东湛江师范艺教中心主任，副教授，合唱团指挥。1985年毕业于江西师大音乐系，主修声乐。1998年师从杨鸿年学习合唱指挥，曾指挥北京理工大合唱团获高校合唱比赛二等奖。2000年创立湛江爱乐合唱团，任团长、指挥。指挥该团获"百歌颂中华"合唱比赛铜奖，中国合唱节A组银奖。指挥湛江师范学院合唱团获艺术歌曲演唱比赛优秀奖，获第六届中国国际合唱节成人组金奖、优秀指挥奖，韩国釜山获第二届国际奥林匹克无伴奏民谣合唱银奖。举办"中外经典合唱"音乐会。

张　斌（1924— ）

音乐教育家。浙江宁波人。1942年始任中学及师范学校音乐教师。1950年任余姚中学音乐教师，培养一批音乐学生，其中6人考入上海音乐学院。1983年起任宁波师范音乐教师，1986年评为中专音乐高级讲师。1979至1990年培养十余人考入音乐院校及省、市文艺团体。2002年被宁波市音协评为"有突出成就的老音乐家"。作有《简谱视唱法》《二胡启蒙教程》等。

张 斌（1968— ）

笛子演奏家。山东人。中国民族管弦乐协会竹笛委员会常务理事。1995年参加"富利通杯"国际中国民族器乐独奏大赛获三等奖，1998年赴南斯拉夫参加"贝尔格莱德国际艺术节"演奏《鹧鸪飞》《三五七》，获"杰出艺术成就"奖。同年底，随团赴维也纳金色大厅参加"虎年春节民族音乐会"。2000年赴美参加"中国文化美国行"的演出活动。曾出版《笛子演奏法教程》《笛子名曲欣赏》《天唤玄音》《春到湘江》《三五七》等书籍及CD。

张 波（1957— ）

男高音歌唱家。辽宁锦州人。1978年入镇江市歌舞团，后在电台任音乐编辑、台长。1991年毕业于北京广播学院江苏分院新闻采编系。江苏省歌舞剧院歌剧团副团长。曾在《江姐》《雷雨》《小二黑结婚》等多部歌剧、话剧中担任主要角色，参加数十台大型演唱会并多次获奖。创作有散文《妈妈再教我一次》，小说《老A趣事》，影评《男人中的男人》等均获全国及省市创作奖。组织江苏电视台"98新年交响音乐会""共建我们的家园——一首抗洪歌"等大型音乐会。

张 畅（1955— ）

大提琴演奏家。北京人。甘肃省歌剧院乐团副团长。1985年毕业于西安音乐学院管弦系。曾参加"纪念毛泽东诞辰100周年"等大型晚会及音乐会。1990至2006年任历届兰州新年音乐会副首席、首席。1993年获第二届全国大提琴比赛重奏组优秀奖。在与中外著名指挥家李新革、杨阳、道格拉斯（美）、丁乙留（德）、萨沙（俄）等合作演出中，担任大提琴首席。

张 超（1960— ）

双簧管演奏家。山西昔阳人。1980年中央音乐学院附中管弦系毕业，入中央民族歌舞团管弦乐队任演奏员。多年以来，圆满完成各类演出（独奏、重奏、合奏、伴奏）等任务。

张 朝（1964— ）

作曲家。云南人。中央民族大学音乐学院作曲系主任、副教授、硕士生导师。1987年以作曲、钢琴双专业毕业于中央民大音乐系。1998年毕业于中央音乐学院作曲系研究生班。作品《山晚》1994年获台湾首届"新原人"世界华人作曲大赛室内乐奖，《第一弦乐四重奏》获台湾交响乐团"2001年征曲比赛"优秀作品奖，钢琴曲《滇南山谣三首》2002年获第二届中国音乐"金钟奖"，钢琴协奏曲《哀牢山狂想》2000年由中国唱片总公司出版发行。

张 晨（1931—已故）

钢琴教育家。辽宁沈阳人。1952年毕业于东北鲁艺音乐系钢琴研究生班。后为沈阳音乐学院钢琴系副教授。作有钢琴曲《春》《思乡》《雨》等。

张 澄（1949— ）

男高音歌唱家。上海人。1968年参加中国人民解放军部队业余文工团。1997年毕业于上海音乐学院声乐系。1985年任上海乐团合唱团团长，1999年任上海歌剧院合唱团团长。曾组织、策划过大量的合唱音乐会，参加过大量的独唱、领唱和合唱经典曲目的演出。先后出访过苏联、澳大利亚等国家。

张 弛（1944— ）

词曲作家。宁夏银川人。宁夏音协理事。1968年毕业于宁夏大学中文系。曾任宁夏歌舞团专业编剧。1977年调宁夏文化厅创作办公室。创作有大量词曲作品，六十余件获奖。著有《张弛歌词集》和自选歌曲集《宁夏好整光》，合作编著有合唱独唱歌曲集《宁夏好地方》，出版音带《塞上情歌·张弛歌曲专辑》。创作改编（含合作）大型歌剧、歌舞剧、音乐剧10部，以编剧、撰稿、作词、作曲参与摄制电视剧4部，电视片15部。发表论文、评论、散文多篇。

张 畴（1930— ）

声乐教育家。江苏宜兴人。1954年毕业于北京师范大学音乐系。后任中国音乐学院歌剧系声乐教研室主任、教授。撰有《演唱发声的环节与关键》《论"擞"——兼谈余叔岩先生的"无字不擞"》《论彭国珍的演唱经验》《应尚能先生创作中的倾向》《论"一哭、二笑、三讲、四唱"》等，编辑出版《中国古代歌曲选集》《应尚能艺术歌曲选集》《张肖虎艺术歌曲集》等，主编《中国艺术歌曲选》。

张 纯（1961— ）

作曲家。河南新乡人。中央民族大学音乐学院作曲系教授、研究生导师。1979年入河南大学音乐系主攻钢琴与作曲，先后获文学学士，并由作曲理论研究生班毕业及中央音乐学院干修班结业。作品有交响诗《水戏》《清明上河》，组曲《中国戏》，弦乐四重奏《戏曲道具》，歌剧《文天祥》《留取丹心照汗青》等，并分别在上海大剧院、中央电视台、国际现代音乐节、台湾国际华裔青年作曲家研讨会及《音乐创作》等处公演、发表或获奖。另为电影《我的法兰西岁月》及多部电视歌舞音乐作曲。注释出版《中国当代钢琴名曲集》等十余卷。

张 栋（1965— ）

女音乐教育家、钢琴演奏家。甘肃会宁人。1987年毕业于西北师范大学音乐系。1995年考入上海音乐学院钢琴系，师从钢琴教育家郑曙光教授。西北民族大学音乐舞蹈学院教授、硕士生导师。在全国各类学术刊物发表论文二十余篇，其中《高等艺术教育中培养复合型人才理论与实践》获全国优秀理论成果奖，《长怀逸心谈明志，一生苦诣终觉浅——感受傅聪》在《人民音乐》上发表。

张 帆（1939—2009）

手风琴演奏家、教育家。湖北武汉人。湖北省美育研究会手风琴学会、武汉音协手风琴学会会长，中国音协手风琴学会名誉理事。1960年调入武汉歌舞剧院。曾赴越南、日本、新加坡、法国等国家演出。出版《少儿手风琴

Z

实用教程》。1997年应邀担任俄罗斯佐罗维也夫国际手风琴大赛评委。

张 方（1946— ）

作曲家。云南昆明人。1974年入昆明市五华区轻工业局宣传队，从事器乐演奏、创作。1979年调五华区文化馆从事音乐创作、演奏与辅导工作。1993年入中国戏曲学院进修作曲、京胡专业。作有京胡曲《虞姬恨》《欢庆》《阳关别》等，京剧歌舞音乐《国剧神韵》，汉剧歌舞音乐《齐王求将》。录制有《京胡新曲》《多彩的京胡》。参与创作大型京剧音乐《九重山》，河北梆子《深宫欲海》，花灯剧《状元与村姑》《浪子回头》等。

张 非（1918— ）

作曲家、指挥家。河南开封人。1939年春入陕北公学，后调陕北公学剧团任歌咏指挥。1942年冬调晋察冀军区抗敌剧社。1944年与汪洋辅导的河北阜平高街村剧团创作演出广场剧《穷人乐》。新中国成立后，任职于华北军区文工团、北京军区战友文工团及政治部文化部副部长。中国音协第四届书记处书记兼秘书长，晋察冀文艺研究会副会长，《当代中国·音乐卷》副主编，《中国音乐家名录》（1990年版）主编，《冼星海全集》编委兼办公室主任。曾担任第一届全国音乐周陆海空三军大合唱指挥，演唱《晋察冀小姑娘》并录制成唱片。作有歌曲《让地雷活起来》《咱们永远在一起》《晋察冀民众四唱》（合作）《一颗金星》《唱唱我这身新衣裳》（合作），歌剧音乐《钢铁与泥土》（合作，获晋察冀边区鲁迅文艺奖）《不要杀他》《大庆功》（合作），小歌剧音乐《王大炮回头》（获晋察冀边区"政治攻势奖"）等。出版有《让地雷活起来——张非歌曲歌剧选集》。2003年获第三届中国音乐"金钟奖"终身成就奖。

张 风（1926— ）

女作曲家。吉林人。1948年前在哈尔滨大学戏剧音乐系学习。1955年入辽宁人艺歌舞团创作组。作有歌曲《志愿参军保家乡》《全世界人民团结紧》（合作），译配朝鲜歌曲《谁也不知道》。

张 峰（1925— ）

作曲家。山西临猗人。山西音协历届理事，山西省戏曲音乐学会副会长，临汾地区音协名誉主席。1947年参加革命工作，曾任县文化馆长、剧团团长，创作歌曲七十余首，其中《新年劳军》获山西省1951年首届文艺新闻乙等奖。为蒲剧影片《窦娥冤》《烟花泪》，眉户影片《涧水东流》《一颗红心》等作曲。1979年庆祝建国30周年献礼演出《麟骨床》（音乐设计）获文化部演出二等奖。《窦娥冤》获1992年首届中国戏曲音乐"孔三传奖"优秀创作奖。为百余部舞台剧设计音乐唱腔，多部获奖。搜集整理出版《蒲剧音乐》，编著《蒲剧唱腔结构初探》等书。

张 庚（1944— ）

女高音歌唱家。天津人。1964毕业于中国音乐学院附中，分配到中央民族乐团合唱队任女高音，后任合唱队队长。曾参加第一届全国音乐周和音乐舞蹈史诗《东方红》《中国革命之歌》的演出。1996、1998年两次赴香港演出民歌专场音乐会，1995、2001年两次赴台湾演出民歌专场音乐会。曾参加北京市第一、二、三届合唱节，获专业组一等奖。参加1998年文化部举办的"哈尔滨之夏"合唱比赛，获专业组二等奖。

张 弓（1940— ）

古筝教育家。江苏泰兴人。扬州广陵琴社副社长兼秘书长，中国民族管弦乐学会古筝专业委员会副秘书长，中国古琴学会理事。1959年考入南京艺术学院附中，学习古筝。毕业后分配至扬州文工团，1973年调扬州市文化局。1981年在创办扬州少儿古筝培训班和青少年古琴培训班。曾发表《还乐于民，从娃娃抓起》《古筝艺术的发展走向》《关于古筝教育中的若干问题》等论文，编著出版《古筝弹奏指南》。1988至2001年曾排演百余人与上千人的古筝演奏活动，创作改编有十余首筝曲。

张 弓（1941— ）

音乐教育家。壮族。广西龙州人。1964年毕业于广西艺术学院并留校任教。后为广西艺术学院音乐系副教授。曾任广西手风琴学会会长、广西电子琴学会会长。著有《电子琴教程》《霍拉舞曲——电子琴曲集》《怎样识乐谱及必须掌握的音乐知识》《怎样演奏手风琴》《怎样演奏电子琴》《新编电子琴教程》。作有电子琴独奏曲《白云深处》，改编曲《彝族舞曲》和《霍拉舞曲》，手风琴改编曲《西班牙斗牛舞》，管弦乐《京岛晨歌》，舞蹈音乐《侗林飘香》《京岛渔歌》等。

张 瀚（1969— ）

三弦演奏家。辽宁人。中国歌剧舞剧院民乐团中阮声部首席，历任该院民乐团副团长、团长助理。曾参演过《党的女儿》《篱笆墙的影子》《徐福》等众多歌剧、舞剧的伴奏，并担任三弦领奏。为《郑板桥》《五月槐花香》《后姨妈的现代生活》《我这一辈子》等影视剧音乐录制音乐。随剧院赴希腊、西班牙、奥地利、芬兰、加拿大及东南亚等国家演出。近几年为民乐团策划完成了一系列国内外音乐会演出。

张 浩（1956— ）

长号演奏家。吉林长春人。1971年考入吉林省歌舞团从事长号演奏。1985年任省歌舞剧团交响乐队队长，后任该团副团长，省音协理事。曾参加排演歌剧《茶花女》《洪湖赤卫队》，舞剧《红色娘子军》以及中外交响音乐作品百余部。曾随团赴朝鲜、韩国等国家演出。

张 和（1942— ）

女钢琴演奏家。江苏常熟人。1956年以来先后在上海音乐学院附中、中央音乐学院附中、中央音乐学院钢琴系学习。曾任北京舞蹈学院附中民族舞钢琴教研室主任，主要从事管弦乐专业与舞蹈的钢琴伴奏及钢琴教学工作。参加《中国舞分级考试教材》《中国古典舞基训高级教材》钢琴部分编纂，并参与演奏与录音，兼任音乐编辑。发表论文《富有儿童情趣的音乐伴奏教材》。

张 赫（1921—1971）

作曲家。辽宁铁岭人。1937年入沈阳私立音乐学院学习。1949年入华东海政文工团。1953年入总政歌舞团任创作员。作有舞蹈音乐《苗胞婚礼舞》《狼牙山五壮士》《植棉姑娘》，管弦乐曲《欢欣舞曲》《快乐的农村》。

张 鹤（1974— ）

女高音歌唱家。河北唐山人。天津歌舞剧院歌剧团独唱演员。毕业于天津音乐学院声乐系。曾获全国声乐比赛"演唱奖"，全国首届推新人声乐比赛天津赛区第一名，全国青年歌手电视大奖赛专业组美声唱法"荧屏奖"等。演唱歌曲《生活因我们而美丽》《海河在我心中流》《锦绣天津》及电视剧主题歌《爱是不落的太阳》《大爱无边》《月光》等。举办"江山如此多情"和"青春的太阳"独唱音乐会。出版《青春的太阳》等三张演唱专辑。在歌剧《杨贵妃》中饰演女主角杨玉环。被授予"天津市文艺新星"等称号。

张 恒（1916—2007）

女音乐编辑家。广西北海人。曾在广东省立女子师范、广州市立师范学院附属艺专就读。1933年赴广州开始早期革命活动。经吕骥介绍参加上海业余合唱团。1937年参加抗日战地服务团慰问前线抗战将士。1938年赴延安，先后在陕北公学、鲁艺音乐系（三期）学习，并任系指导员。参加由冼星海创作并指挥的《黄河大合唱》在延安首演。1946年在中央党校文艺工作室任研究员，并参加中央管弦乐团。1949年调天津军管会文艺处，后任天津市文联音乐编审、编辑出版组副组长。编写许多歌词并创作发表多首儿童歌曲。1955年入出版界，在多家出版社担任领导工作，编辑出版不少音乐书籍。

张 虹（1957— ）

歌词作家。黑龙江哈尔滨人。黑龙江音乐文学学会副会长兼秘书长。研究馆员。1973年任铁道兵某部队政治部文工团演奏员、创作员。1981年起任哈尔滨市南岗区文化馆辅导员、文艺部主任、创作部主任。1987年毕业于哈尔滨广播电视大学汉语言专业。1995年调入黑龙江省文联，先后任《北方音乐》杂志常务副主编，黑龙江省企业文联负责人。发表音乐作品数百首，获国家、省、市级歌曲创作奖近百件。代表作有《兴安人》《冬趣》等。

张 欢（1959— ）

音乐教育家。甘肃酒泉人。1980年毕业于新疆师范大学音乐系，修业于天津音乐学院。曾任新疆师范大学音乐系主任、教授。2000年任新疆师大音乐学院院长、硕士生导师，新疆音协副主席。撰文并发表20余篇，主编研究文集、教材、专著25部（册）。策划组织大型国际艺术节，指导合唱团、手风琴乐团、民族乐团在意大利、澳大利亚、新西兰、香港等国际比赛中获金奖10枚，并举办音乐会。获国家级教学优秀成果奖二等奖及有突出贡献的优秀专家、自治区"德艺双馨"艺术家称号。曾任教育部本科

特色专业建设点项目、财政部共建"声学实验室"项目、全国艺术科学十一五规划课题《双重乐感的理论与实践》等主持人。

张 辉（1962— ）

音乐教育家、歌唱家。辽宁人。沈阳师范大学音乐学院教授、副院长、硕士生导师。曾担任辽宁省歌舞团独唱演员，参加1999年中央电视台春节联欢晚会的演出。出版发行26万字个人专著《中国流行乐坛演唱大家》一书，发表多篇有关声乐以及流行音乐的论文及文章。曾获教育部优秀指导教师奖。

张 辉（1963— ）

小号演奏家。河北栾城人。1981年从总政军乐团学员队调该团一队任小号首席和独奏演员。1988年入中央音乐学院进修。后入军乐团二队任小号首席和独奏演员，兼任解放军艺术学院小号教师。在本团专业竞赛中演奏海顿《降E大调协奏曲》获二等奖。多次参加国家重大活动和外事迎宾演出。演出独奏曲有《春天的歌舞》。曾在北京电视台专题艺术片《军乐随想曲》中担任独奏。随团赴日本、澳门、香港等地访问演出。

张 慧（1952— ）

钢琴教育家。吉林长春人。1982年毕业于东北师范大学，后在钢琴系任教，先后担任钢琴基础课、选修课、即兴伴奏课的教学工作。1997年始担任硕士生导师、教授。培养硕士数十名，大多数目前在高校任钢琴教师。多名学生多次在国家、省举办的各类比赛中获奖，两名学生作为全国高师选手参加了中国音乐"金钟奖"钢琴比赛。

张 坚（1945— ）

作曲家。江西人。毕业于中央音乐学院作曲系，1973年分配至成都军区战旗歌舞团，1986年任该团艺术指导。中国合唱协会理事，四川省合唱协会常务理事，省音协理事。作有民族管弦乐《大漠戍边图》《金沙遗梦》，合唱《高腔山歌》，中提琴独奏《草原音诗》，女声独唱《神奇的高原》获中国广播征歌金奖第一名，大型歌舞《西藏之光》获文化部"文华奖"。

张 见（1916—已故）

作曲家。河南唐河人。1938年始从事文艺工作。1944年入延安鲁艺戏剧音乐系学习。曾任浙江歌舞团副团长。作有歌曲《枪啊枪》《侦察兵》。

张 建（1946— ）

长号演奏家。北京人。原总政军乐团教研室教员，长号声部首席、声部长、乐队艺委会委员。曾移植、编配贝多芬《第五交响曲》《塞维利亚的理发师》序曲，创作有《昆仑盛开大寨花》等。曾获专业汇报二等奖、司礼工作用曲二等奖及编曲三等奖。

张 健（1930— ）

中提琴演奏家。辽宁桓仁人。1949年入华北大学三

Z

部音乐系学习,参加《人民胜利万岁》大歌舞演出。毕业后,历任中央音乐学院音工团、中央歌舞团、中央乐团中提琴演奏员。曾任中央乐团、国联乐团中提琴首席及教学工作。随团赴朝鲜、波兰、日、美、西班牙等国及香港、澳门演出。参加《革命歌曲大联奏》及小歌剧《家史》《援越战歌》等创作。发表音乐评论、乐曲解说、交响乐普及等多篇文章。

张 健（1971— ）

二胡演奏家。安徽人。安徽民族管弦乐学会二胡学会秘书长,安徽民族管弦乐学会副秘书长。省歌舞剧院民族管弦乐团副团长,乐团首席。毕业于安徽大学艺术学院,师从童文忠、李坚雄学习二胡演奏。曾先后与闵惠芬合奏黄梅戏曲调《打猪草》,与澳门中乐团合作演出二胡与乐队《二泉映月》,在其中担任独奏。受邀随中国侨联艺术团出访泰国、香港等地演出。曾随院民族管弦乐团先后赴俄罗斯、德国、奥地利、瑞士、埃及、台湾、澳门等地演出。受聘于安徽艺术学院任二胡专业教师。

张 杰（1920— ）

歌唱家、声乐教育家。辽宁锦西人。1943、1948年先后肄业于北京师大音乐系、中央音乐学院声乐系,后为辽宁歌剧舞剧院声乐教员。曾随中央歌舞团赴波兰、西德演出,赴布加勒斯特参加世界青年联欢节。两次参加招待苏联最高苏维埃代表团的演出以及纪念莫扎特等世界著名音乐家的演出。

张 杰（1934— ）

音乐教育家。河北人。1948年参加工作,曾担任内蒙古呼伦贝尔盟艺校校长。1989年在北京音乐厅举办"张杰作品音乐会"。同年,由中央音乐学院教材科编印《美丽的草原——张杰声乐作品选集》。1991年中国国际广播出版社出版《美丽的草原——张杰小提琴作品选》。1992年由中国国际广播音像出版社录制发行《美丽的草原——张杰声器乐作品选》盒式带。

张 杰（1946— ）

女歌唱家。江苏徐州人。1967年入部队文工团。1970年入总后文工团任独唱演员。演出《红灯记》饰李铁梅获全军一等奖,全军文艺汇演时独唱获优秀奖。1984年任中国广播艺术团合唱团团长,组织和带团参加过多次重要演出,如春节晚会、国庆晚会等。曾在广播艺术团有关部门任领导职务。

张 杰（1949— ）

女民歌演唱家。辽宁瓦房店人。1965年入瓦房店评剧团。1970年入辽宁歌舞团任独唱演员。1981年获省一级优秀青年歌手称号。演唱歌曲《阿妹的心》《钟摆之歌》。

张 傑（1950— ）

古筝演奏家。江苏扬州人。曾参军在部队服役,期间任宣传队笛子演奏员。上世纪80年代学习古筝曾得到名师指导。1993年毕业于北京经济管理学院。1999年任广陵乐

社社长。参与组织第三次全国古琴打谱经验交流会。相继参与策划组织四届全国古筝艺术学术交流会,以及"回眸与展望"古琴艺术研讨会暨张子谦先生诞辰100周年纪念活动。曾应邀访问美国。

张 军（1942—已故）

作曲家。山东人。1967年毕业于沈阳音乐学院作曲系。1979年入空政歌舞剧团,曾任副团长。作有歌曲《女兵》《南方有座小城》,管弦乐《飞行进行曲》《美丽的蓝天》。

张 军（1955— ）

音乐教育家。江苏连云港人。1982年毕业于南京师范学院音乐系。毕业后相继担任镇江中学音乐教师,镇江师范学校音乐教师、教务处及教科室主任,江苏科技大学副教授、音乐艺术指导,镇江市音协秘书长。所教授的课程多次被上级评为优质示范课,所排练的节目多次在国家、省、市级比赛中取得优异成绩。2001年被江苏省教育厅评为学校艺术教育先进个人。

张 军（1962— ）

声乐教育家。河南焦作人。河南焦作师专艺术系主任。1989年毕业于河南大学音乐系。撰有《合唱声部训练的方法》获河南省中师音教论文二等奖。合作编著《钢、风琴弹唱》《音乐技能训练与课外活动》。曾获河南省电视歌手大赛银奖,省中青年音乐教师基本功大赛声乐一等奖,独唱《故乡之恋》在央视播出。参加焦作市春晚、新春交响乐音乐会等大型文艺演出数十场。曾任河南省中师音乐中心组成员。曾获"焦作市优秀教师"称号。

张 俊（1937— ）

音乐文学家。天津人。中国音乐文学学会理事,天津音乐文学学会副会长,《歌词月报》主编。1959年河北大学中文系毕业后入天津音乐学院任教。1971年为天津市曲艺团创作员。1979年返天津音乐学院,历任教授、教务处副处长、附中校长,从事音乐文学教学、研究、创作。1987年创建音乐文学专业,担任主科教学。出版专著《歌词的抒情艺术》及编写教材并撰文等三十余万字。发表、播出有大量歌词(歌曲)及鼓词作品。

张 俊（1963— ）

女声乐教育家。河南信阳人。洛阳师范学院公共艺术教研部主任、副教授。1985年毕业于河南大学艺术系。1992年获河南省第一届"团结奋进,振兴河南"合唱节比赛金奖(任领唱),1993年获全国青年歌手大奖赛河南赛区选拔赛美声组第二名。撰有《中国戏曲与西方歌剧》,著有《声乐基础理论与声乐作品选》。

张 浚（1925— ）

指挥家。天津人。1949年从事部队文艺工作。曾任总政歌舞团声部长,武汉军区歌舞团合唱指挥及声乐教员,解放军艺术学院国外音响资料编译。先后被中国音协聘任为原《中国音乐通讯》编辑和《中国音乐家名录》(1990

Z

年版）编辑。曾获全军第三届文艺汇演优秀表演奖。1954年随团出访前苏联、捷克、波兰、罗马尼亚、朝鲜等国。

张　柯（1932— ）

作曲家。彝族。贵州毕节人。1957年毕业于西南音专。后任贵州省歌舞团创作室主任，音协贵州分会第三届常务理事。作有舞剧音乐《蔓萝花》（合作），小提琴独奏曲《草海音诗》。

张　柯（1951— ）

歌词作家、剧作家。满族。辽宁大连人。大连市音乐文学学会副主席，研究馆员。原任金州区文体局创作室主任，辽宁满族文学学会常务理事。出版个人专辑《东北虎吟》《午夜沉沉》《厚土》3部作品专辑，合作5部歌曲专辑。剧作《寒夜》《呼唤》分获文化部"群星奖"金奖、铜奖，儿童音乐短剧《娃娃、奶奶、蝈蝈》《吊鱼》曾获全国青少年儿童交流汇演最佳创作、导演、演出奖，歌曲《温锅》《东北虎下山》《乡镇企业的厂长》等数十首（篇）获奖作品。出版个人作品专辑（3张）光盘。被授予"辽宁省社会文化优秀人才"奖。编导的《金州龙舞》为国家级非遗项目。

张　琨（1934— ）

乐器制造家。河北唐山人。1953年任职于东北音专，后学习钢琴调律、乐器制造。先后任沈阳音乐学院高级实验师，沈阳张琨乐器有限公司董事长。撰有《谈筝的改革》《什么是基音、泛音、复合音》《钢琴的保养与检修》等文。著有《钢琴的调律及维修》。1989年主持设计的"乐友"牌钢琴，被著名音乐家李焕之誉为"一支红杏出墙来"。1983年为《仿唐乐舞》剧组设计"仿唐箜篌"，1984年合作研制"琵琶形转调箜篌"，并于1988年获文化部科技进步三等奖。

张　岚（1958— ）

音乐活动家。甘肃天水人。任职于甘肃省教育厅。1982年毕业于西北师大音乐系。长期任小学、中学音乐教师，组织"普及民乐"活动。培养许多琵琶学生。参加我国首创"半音转调大扬琴"鉴定工作，制定全省学生艺术等级评定琵琶专业标准。任《甘肃音乐论文集》特邀编辑。撰有《音乐教师的条件与修养》等文，还有多篇文章在《人民音乐》《音乐周报》《青年文摘》《祁连歌声》刊登。

张　蓝（1932—已故）

女高音歌唱家。河北人。毕业于中央戏剧学院。新中国成立前参加第一次全国文代会演出，后到部队文工团，参加中国人民志愿军，进行战地宣传、演唱，荣获军功章。后在哈尔滨歌剧院任演员及声乐教员。四十余年来参加过许多重大演出活动，演唱大量中外名曲及创作歌曲，如《乌苏里伐木》《为什么》（歌剧《茶花女》选段）《千年的铁树开了花》等。担任《小二黑结婚》《卡门》等歌剧选段的声乐指导。在合唱《祖国颂》《放下三棒鼓，扛起红缨枪》《我们走在大路上》中担任领唱，并由

中央电台录制成唱片。

张　浪（1967— ）

歌唱家。四川平昌人。成都市成华区地税局副局长。1991年毕业于四川音乐学院声乐系。曾获第四届全国青年歌手电视大奖赛美声业余组荧屏奖，四川省直机关卡拉OK大赛一等奖，"灵芝杯"四川青春之声决赛优秀奖。

张　乐（1950— ）

女高音歌唱家。江苏人。毕业于南京师范大学音乐系。曾任厦门市音协副主席，福建省音协理事，福建省合唱协会常务理事。多次参加本省大型音乐会和重大艺术交流活动，并曾赴日本、泰国、菲律宾、香港、金门等国家和地区演出，演唱的歌曲有《马儿啊，你慢些走》《公仆赞》《我像雪花天上来》《帕米尔，我的家乡多么美》《我爱你，中国》等。曾与厦门市歌舞剧院交响乐团、厦门爱乐乐团合作，演出独唱《黄河怨》《大海啊，故乡》《白鹭女神之歌》。所教学生和参加演唱的合唱团在全国、省市的声乐、合唱比赛中多次获奖。

张　雷（1931— ）

女声乐教育家。黑龙江哈尔滨人。1948年入哈尔滨外侨高等音乐学校声乐系学习。沈阳音乐学院声乐系副教授。1953年获东北大区文艺汇演歌剧表演奖。

张　莉（1958— ）

女高音歌唱家。回族。四川盐亭人。毕业于四川音乐学院，后留校任教。教授、硕士生导师。曾在上海音乐学院、中国音乐学院、美国科罗拉多学院进修和讲学。撰有《谈歌唱语言与歌唱状态的关系》等。首唱《让世界充满和平》《秋风般的冷漠》《锁不住的怒火》等数十首艺术歌曲和歌剧咏叹调。与上海歌剧院合作首演歌剧《雷雨》，并在《茶花女》《艺术家的生涯》等歌剧中饰女主角，在《圣乐幻想曲》中担任第一女高音，并与美国交响乐团合作演出《洛克斯韦尔1915之夏》。在全国声乐大赛中多次获奖，三次被评为全国听众喜爱的十佳歌手。

张　莉（1958— ）

女高音歌唱家。新疆额敏人。1985年毕业于中国音乐学院歌剧系，后在中央民族学院音舞系深造。1987年入新疆塔城地区歌舞团，新疆民族乐团，1991年始在新疆歌舞团任演员。曾在京剧《红灯记》中饰铁梅，参加歌剧《货郎与小姐》的演出。随团赴哈萨克斯坦、蒙古、新加坡演出，任独唱。多次举办独唱音乐会，演唱《母亲教我的歌》等，并赴北京参加献礼演出。曾获"天山之声"声乐比赛一等奖等多种奖项。录制唱片《我为祖国献棉粮》《新疆哈族民歌》，并出版CD个人专辑《新疆名歌》。曾担任新疆各类声乐比赛评委。

张　黎（1954— ）

作曲家。重庆人。四川绵阳音协副主席。绵阳市音乐学科带头人。1982年毕业于西南师范大学音乐系理论作曲专业。曾在绵阳师专音乐系任教，并任绵阳市歌舞团副团

长。1988年调绵阳市广播电视中心，先后任音乐编辑、文艺编导、文艺体育部主任等。创作的歌曲曾获1996全国音乐电视作曲金奖，1997至1999年度四川省"五个一工程"奖。有多部电视文艺作品获国家级、省市级奖。曾获"四川省十佳电视艺术工作者"称号。

张 黎（1958— ）

女钢琴教育家。回族。河南人。海南大学艺术学院副教授。海南音协理事，键盘专委会主任。1982年毕业于河南大学音乐系钢琴专业。发表论文多篇，《德彪西〈阿拉伯风格曲第一首〉论析》获海南大学"两吴教育教学研究成果奖"，《呼吸在钢琴演奏中的作用》获世界学术贡献论文金奖，《斯克里亚宾〈五首前奏曲Op.16〉创作思维探微》获海南高校艺术科研论文评比一等奖。培养一批优秀学生在国内外钢琴大赛中获奖。个人获"教学成果金奖""优秀指导教师"及"园丁金奖"。

张 藜（1932— ）

歌词作家。辽宁大连人。1948年入东北鲁艺学习，毕业后从事创作及教学。1957年入吉林歌舞剧院，后入吉林作协任专职作家，1978年入中央民族乐团工作。曾任中国音乐文学学会副主席。词作有《伟大祖国百花吐艳》《党的光辉照延边》《鼓浪屿之波》（合作）《十五的月亮十六圆》《我和我的祖国》《亚洲雄风》等。为多部电视连续剧创作主题歌或插曲歌词，如《命运不是辘轳》《篱笆墙的影子》《苦乐年华》《不能这样活》《山不转水转》等。出版有《百灵鸟》《歌诗之路》《相思潮》及《张藜文集》等。

张 力（1930—2004）

音乐活动家。辽宁辽阳人。1946年参加东北文协文工团，任戏剧队队长。后为东北人民艺术剧院歌剧团演员兼组织秘书。1954年赴京，在中央实验歌剧院歌剧团、北方昆曲剧院任办公室主任。1961年在北京艺术学院附中任职。1964年始任中国音乐学院办公室主任。之后任中国音乐学院实验乐团团长，组织和带团进行了多次国内外演出活动。

张 立（1969— ）

小提琴演奏家。重庆人。1991年毕业于四川音乐学院管弦系，后任重庆市歌舞团管弦乐团演奏员、副首席。参加各种演出及音乐会，在大型舞剧《三峡情祭》音乐的录音工作中担任领奏，1994年组织成立了"重庆弦乐四重奏组"，经常深入到大专院校、部队、工厂举办数十场音乐会，曾获"重庆市舞台艺术之星"汇演一等奖。1998年赴英国皇家音乐学院学习弦乐四重奏演奏及教学，曾参加中葡艺术家联合演出的"中葡世纪之声"交响音乐周、中国首届青少年文化节、圣诞室内乐音乐会。

张 良（1950— ）

圆号演奏家。内蒙古人。1971年后历任第二炮兵政治部文工团演奏员、分队长、乐队队长、副团长、团长。先后在中央音乐学院国际圆号协会副主席希尔讲习班、美国圆号大师汉·匹斯坎训练班学习。曾参加"交响乐之春""秋之歌"及舞剧《沂蒙颂》，小提琴协奏曲《梁祝》，京剧《红灯记》等音乐会和中外音乐作品演出。多次任全国、全军、中央电视台大型演出活动的舞台总监和音乐监制，并赴老挝及港澳地区演出。

张 列（1958— ）

打击乐演奏家、作曲家。上海人。陕西省歌舞剧院歌舞团乐队指挥。1984至1986年在西安音乐学院进修作曲及打击乐，曾先后参加了多部交响乐、歌剧、舞剧的各类打击乐演奏。作有打击乐合奏《决战之路》《西域驼铃》，二胡与民族乐队《秦中吟》，排鼓与民族乐队《关山随想》等，撰有《准确地演奏 正确地表达》，编写教材《打击乐节奏训练教程》。兼任西安音乐学院打击乐教师。

张 烈（1951— ）

作曲家。重庆人。在国家、省（市）级音乐期刊上发表各类声乐与器乐作品四百余件（部），九十余件（部）作品在国家、省（市）级获奖。其中以合唱为主的音乐作品连续五次获国家奖，儿童音乐作品连续五届（六件）被列为"中国少儿歌曲卡拉OK电视大奖赛"的指定曲目。四次获重庆市"五个一工程"奖，三次获重庆市"十大金曲奖"以及国家级诸多奖项。部分作品录制成MTV在国内外公开发行或选入歌曲选集及现行的中小学音乐课本。出版有《张烈创作歌曲选》《张烈作品音乐会歌曲选》，合唱歌曲专集《希望的太阳》。1995年举办张烈作品音乐会。

张 林（1936— ）

民族音乐理论家、文艺评论家。黑龙江泰来人。曾先后任林口县、大庆市评剧团团长，大庆市文联副研究员，中国音乐基本理论学会常务副会长兼秘书长。撰有《简论我国戏曲指挥艺术》《宋代"均拍"非"均等节拍"》《二人转起源初探》等文，著有《中国音乐节拍法》《二人转写作常识》。编创评剧《分家》，表演唱《请妈妈放心》，二人转《春播曲》，部分剧目参加省级文艺调演。发表大量戏剧、曲艺、音乐评论，曾获安徽省、山东省戏剧评论一等奖。曾任《黑龙江省戏曲志》《黑龙江省曲艺志》编委。

张 琳（1947— ）

女歌唱家、教育家。上海人。原上海浦东新区文化艺术指导中心音乐干部。曾在江西泰和文工团、吉安歌舞团任独唱演员兼作曲。演唱歌曲有《杜鹃啊杜鹃》《长江之歌》《金梭银梭》等，获"江西新民歌手"称号。作有歌曲《珍惜宝贵的时光》《井冈香茶寄北京》《什么是祖国》等。撰有文章《浅谈社区老年合唱队的管理和指导》。培养不少声乐人才，获"优秀指导奖"。

张 龙（1947— ）

作曲家。安徽人。曾为成都音乐舞剧院艺术室副主任、创作组长。1959年入川音附中，1969年毕业于四川音乐学院。作品圆号独奏曲《羌寨随想》获文化部"全国高等音乐院校圆号中国作品"优秀作品奖，童声合唱《哈雷

Z

彗星你好》获文化部、广电部、中国音协举办的"全国第五届音乐作品（合唱）"评奖二等奖、四川省少儿歌曲创作评奖三等奖，歌曲《走月》获1988年"江南杯"全国歌曲创作大奖赛二等奖。为电视剧《刘伯承血战丰都》作曲，该剧获西南五省区电视一等奖。

张　龙（1958— ）

小提琴演奏家、音乐制作人。北京人。1981年就读于中央乐团社会音乐学院。1975年入中国煤矿文工团歌舞团任演奏员，后任团长。1996年起为《昨天，今天，明天》电视剧创作音乐。作有《野花》《爱》《沁园春》等歌曲。1978年起任乐队首席及小提琴独奏演员，演奏《流浪者之歌》《打虎上山》《查尔达什》《F大调浪漫曲》等曲目达二百余场。任一至十四届"五一音乐会"音乐总监，歌舞诗剧《日出印象》音乐总监及制作人。编写有《电贝司演奏教程》（上、下册）《电吉它演奏教程》（上、下册）（均为合作）。

张　鲁（1918—2003）

作曲家。河南人。1938年赴延安学习、工作。1958年入中央音乐学院进修。曾任中央歌舞团团长，黑龙江省歌舞团团长，省文联主席，音协河北分会名誉主席等职。中国音协第三届常务理事、第四届理事。作有歌曲《王大妈要和平》《慰问志愿军小唱》，歌剧音乐《白毛女》（合作）。著有《如何继承发扬民族民间音乐传统》。曾获中国音协"金钟奖"终身成就奖。

张　眉（1939— ）

女指挥家。上海人。上海音乐学院教授。毕业于上海音乐学院指挥系。几十年来从事歌剧、舞剧、影视音乐、交响乐的指挥工作。历任吉林省歌舞剧院指挥，长春电影制片厂乐团副团长、指挥，上海音乐学院青年交响乐团指挥，上海音乐学院作曲指挥系指挥教研室主任。1991年获第十四届"上海之春"音乐节作品指挥优秀奖。多次带领青年交响乐团赴国内外演出。

张　梅（1930— ）

女民族音乐家。广西柳州人。广西艺术学院副教授。1953年毕业于广西艺术专科学校，1960年赴北京中国音乐研究所民族音乐概论研究班学习。曾担任中国曲艺音乐学会理事，广西曲艺家协会常务理事、名誉主席。《中国民歌集成·广西卷》《中国曲艺音乐集成·广西卷》副主编。1960年获广西南宁市"女能手"奖，1989年因编撰民歌集成获广西文化厅、广西民委联合颁发的"先进工作者"奖，1997年获全国艺术科学领导小组颁发的文艺集成志书编撰成果二等奖。

张　民（1932— ）

音乐教育家。山东历城人。1954年毕业于山东师范大学艺术系。曾为山东蓬莱师范学校高级讲师。1957年在山东首届音乐汇演中获创作奖。1958与1972年分别参加山东省中师音乐课本与烟台中师音乐教材的编写，1973年应邀为全国中学运动会团体操编配音乐。发表论文、歌曲等各类音乐作品二百余件，获奖作品十余件。有《音乐教育家李叔同》等文章收录在《音乐故事会》中。

张　民（1939— ）

戏曲音乐理论家。河南洛阳人。中国戏曲音乐学会常务理事。1963年毕业于哈尔滨艺术学院音乐系作曲专业。1982年毕业于中国艺术研究院研究生部戏曲系、研究员。参加《中国戏曲音乐集成》编辑工作并任总编辑部副主任。作品有交响诗《花木兰》。论著有《京胡伴奏研究》。论文有《京剧反西皮研究》《试论戏曲程式》《戏曲唱腔的时代感》《论中国戏曲音乐的特点》《论数字式十二音记谱法》。

张　名（1956— ）

歌唱家。湖北武汉人。武汉歌剧院歌剧团副团长，武汉音协理事。1982年毕业于武汉音乐学院声乐系。1989年被美国芝加哥音乐学院录取为声乐硕士研究生。曾在民族歌剧《启明星》中饰演男主角，在歌舞诗乐《九歌》中担任独唱、领唱。1985年获全国聂耳·冼星海声乐作品比赛武汉赛区金奖与全国声乐比赛美声唱法优秀奖，1990年获湖北省专业演员新人新作声乐比赛第二名。所领唱的《东方之珠》获全国合唱比赛金奖，主唱的大型音乐风光片《三峡梦》获广电部"星光杯"金奖。为《心中的爱》《动物王国窃案》等十余部电视剧配唱主题歌。

张　明（1942— ）

作曲家、指挥家。湖北公安人。1966年毕业于清华大学工程物理系。曾任中国人民银行国防司司长。曾指挥天津交响乐团等单位演奏《卡门》《拉德斯基进行曲》《祖国颂》《喀秋莎》《瑶族舞曲》《长征组歌》等曲目。作有歌曲《燃起亚运的火炬》《秋风》《祖国，我的心为你跳荡》《小雨不停地下》《生命之爱》等多首，并由电视台、电台录音、播放并出版盒带。

张　铭（1932— ）

音乐编辑家。内蒙古呼和浩特人。1962年开始历任内蒙古人民广播电台音乐编辑、音乐组长、文艺（音乐、文学、戏曲）组长、文艺部主任。曾任内蒙古合唱学会常务理事，内蒙古音乐文学学会理事。1974年应邀为前线台（对台广播）制作音乐专题《雨露滋润禾苗壮》——介绍蒙古族歌手宝音德力格尔。1978年策划、组织、现场录音播出自治区音乐史上第一个声乐演员独唱音乐会——德德玛独唱音乐会。创作歌词及相关文章有《浅谈群众歌曲及其创作》《为了祖国美好的明天》《美丽的青城》等。

张　难（1933— ）

作曲家。云南昆明人。曾任云南红河州歌舞团作曲、指挥、团长。1982至1984年在上海音乐学院进修。作品有《阿波毛主席》等歌曲四百余首，歌剧《多沙阿波》（合作），舞剧《红河猎歌》，电影《黑面人》音乐，滇剧移植《红灯剧》（合作），琵琶独奏曲《月夜篝火》，民族管弦乐曲《埕施歌舞组曲》，小提琴奏鸣曲《春籁》，小提琴协奏曲《红河音诗》（2001年获"金钟奖"银奖）。

张 宁（1937— ）

音乐翻译家。安徽芜湖人。早年就学于陶行知育才学校音乐组。1959年毕业于北京外国语学院。曾任《歌曲》月刊常务副主编、编审，清华大学、北京师范大学兼职教授，英国女王大学客席教授。著有《音乐佳作欣赏》，写有论文、评论、散记及歌曲作品。译有《李斯特论柏辽兹与舒曼》（合译）《强力集团作曲家论标题音乐》等书，撰有《肖邦创作中的民间音乐因素》《音调表现作用及其与生理学的关系探讨》等文。译配外国歌曲数百首，收于《外国名歌》《新译外国歌曲100首》《俄罗斯浪漫曲精选》等十余本专集中。

张 宁（1953— ）

声乐教育家。湖北武汉人。湖北孝感学院音乐系副教授。1979、1995年先后毕业于湖北艺术学院音乐系、武汉音乐学院音教系。撰有《如何用声音的高位置训练教学用嗓》《如何掌握歌唱中的咬字吐字》《歌唱中的声音观念建构》等文，作有歌曲《校园曲》《孝感之歌》。培养学生数名在省市歌手大赛中获奖。

张 沛（1925—1991）

作曲家。河北安国人。1941年赴华北联大文艺学院音乐系学习，1951年入中央音乐学院进修作曲。曾任中国音协第四届理事，音协山西分会副主席。作有《牧歌》《报春鸟》《大寨大合唱》《李林颂》（组歌）等歌曲数百首，《哑姑泉》等歌舞剧十余部。大型歌舞音乐《黄河儿女情》获文化部"文华奖"。为故事片《神行太保》，戏曲艺术片《三关点将》，电视片《典型》《巧会康熙》等作曲。合著《晋剧音乐》，出版《迎春花——张沛歌曲诗文选》。曾任《中国戏曲音乐集成·山西卷》《中国民间歌曲集成·山西卷》及《音乐舞蹈》主编。

张 平（1953— ）

女声乐教育家。河南人。河南大学音乐二系副主任。1976年毕业于河南大学音乐系，后在武汉音乐学院进修。撰有《民族声乐教学改革的教材建设》《声乐教材应体现民族特点》等文多篇，编著有《民族声乐教程》，出版有《歌唱知识与技能训练》。论文《更新教材，创新教法》获1994年全国音乐教育优秀论文评选三等奖。

张 平（1954— ）

小号演奏家。安徽六安人。1970年任蚌埠市文工团演奏员，1971年赴上海音乐学院进修，后任蚌埠市歌舞团团长。曾发表《浅谈小号高音演奏》等文。曾参加排练演出舞剧《白毛女》《沂蒙颂》《蝶恋花》《草原儿女》，担任第一小号演奏员，曾随团进京演出花鼓灯歌舞剧《玩灯人婚礼》《淮河风情》。所教学生在省管乐大赛中获小号少儿组总分第一，多名学生考入全国各音乐艺术学院。

张 平（1965— ）

女音乐教育家。河南唐河人。海南师院艺术系副教授。曾先后就读于河南省艺术学校、河南大学音乐系。曾任河南艺校曲艺科声乐教师。出版的《聆听大地——民歌艺术精神新探》获海南省第四届社会科学优秀成果专著三等奖。创作的《长歌琵琶行》获中国第二届曲艺节"牡丹奖"。撰有《中国古代声乐艺术蠡测》《让河南坠子走出困境》等文。

张 平（1970— ）

大提琴演奏家。朝鲜族。内蒙古呼和浩特人。中央歌剧院交响乐团大提首席。1992年毕业于上海音乐学院。1992年由上海交响乐团协奏演出肖斯塔科维奇《第一大琴协奏曲》。曾举办多场室内乐及重奏音乐会。参加剧院的歌剧演出和音乐会的演出，并担任其中大提琴声部独奏部分的演奏。

张 奇（1929— ）

歌词作家。湖南长沙人。1949年毕业于四川财经学院，后为贵州人民出版社副编审，贵州音乐文学学会副会长，贵州出版工作者协会常务理事。作有歌词《苗家姑娘会绣花》《青春不再来》。

张 琦（1945— ）

音乐教育家。北京人。60年代毕业于中央音乐学院歌剧系。曾受喻宜萱、沈湘、郭淑珍、杨比德指教。毕业后在中国煤矿文工团担任合唱队声部长及教学工作。曾任中国煤矿文工团艺校教务主任兼声乐、钢琴、乐理教学。培养的不少学生步入众多艺术院校和文艺岗位，部分学生曾获中央电视台儿童钢琴大赛、日本东京儿童钢琴比赛奖，香港少年儿童钢琴奖，英国伦敦中小学生钢琴比赛奖。

张 起（1925— ）

指挥家。满族。吉林人。早年就读于吉林大学、长白师范学院音乐系。1955年毕业于中央音乐学院作曲系，后入武汉歌剧院任指挥。曾指挥大型音乐舞蹈史诗《东方红》《黄河大合唱》。

张 前（1935— ）

音乐教育家。辽宁新金人。1950年起先后就学于东北鲁艺普通班、东北音乐专科管弦系，1959年入中央音乐学院干部进修班。中央音乐学院音乐学教授、博士生导师。著有《音乐欣赏心理分析》《音乐美学基础》（合著）《中日音乐交流史》等，译著有《音乐美的构成》《古典名盘收藏术CD特辑》，撰有《论秧歌剧》《音乐表演创造的美学原则》等文数十篇。获文化部"区永熙优秀音乐教育奖"。曾随团赴德国演出，两次赴日本讲学。

张 虔（1924—已故）

女音乐教育家。山东蓬莱人。早期肄业于日本东京上野音乐学院钢琴系。历任东北鲁迅文艺学院音乐系教员，沈阳音乐学院讲师兼基础理论教研室主任，解放军艺术学院干部进修班及军乐团学员队教员兼理论教研组组长，北京私立民族大学音乐系主任等职。编撰有多种教材，出版有《音乐通论》《明乐八调研究》《音乐欣赏普及大全》等译著专著。先后获得第一届全国三八红旗手、总政三八红旗手称号以及从事国防教育工作30年奖章、解放胜利功勋荣誉章。

张 潜（1940— ）

作曲家。山东成武人。1955年参加工作，先后在山东成武县师范、菏泽师范任音乐教师，高级讲师。多年来在《音乐教育》《儿童音乐》《音乐生活》等二十余家刊物上发表儿童歌曲百余余首，论文三十余篇。作有歌曲《今天是星期天》《我是白族小金花》《雪山草原是我家》，撰有《中师音乐教材设想》《节奏训练探讨》等文。被评为山东省优秀教师。

张 倩（1961— ）

女中音歌唱家。广东人。1980年毕业于广东文化艺术学校，1985年毕业于上海音乐学院声乐系进修班。1992年在香港演艺学院深造高级声乐文凭。任广州乐团独唱演员。1988年参加全国"金龙杯"声乐比赛获美声专业组第一名，1991年参加在巴西举办的"第十五届里约热内卢国际声乐比赛"获特别奖，同年获文化部颁发的表彰证书。广东、深圳电视台为其摄制专题片《东方百灵——张倩》《路是这样走的》。现定居美国。

张 强（1928—2006）

作曲家。广西合浦人。1947年参军，1948年从事音乐工作。1959年毕业于上海音乐学院作曲系。先后在部队及地方文艺团体、音像出版部门任作曲、指挥、音乐指导、编审主任、艺术院校兼职教师等。作有歌剧音乐《琼花》，舞剧音乐《磐石湾》，器乐曲《台湾组曲》，表演唱《榜山风格赞》，歌舞表演《焦裕禄》，歌曲《我们驰骋在江、淮、河、汉》《七律·橘子洲头》等以及南曲《阿庆嫂》《江姐》。收集、整理民歌及民间器乐曲千余首，部分入选《中国民间歌曲集成·福建卷》。撰有《锦歌初探》《芗剧音乐浅析》等文。

张 强（1944— ）

二胡演奏家。浙江杭州人。1963年毕业于中央音乐学院附中。曾任职于昆明军区国防文工团，后在武警文工团工作。作有二胡独奏曲《边寨欢歌》《滇池鱼乡乐》。曾获全国、全军调演优秀节目奖。

张 强（1966— ）

小提琴演奏家。广东广州人。星海音乐学院教师。1989年上海音乐学院管弦系毕业，1995年留学比利时皇家音乐学院。曾就职于比利时皇家爱乐乐团、比利时Kortrijk交响乐团。撰有《论欧洲室内乐演奏的若干基本问题》《演奏家的二度创作》。出版《实用小提琴教程》。留学期间，每个音乐季均参与比利时皇家爱乐乐团的多场演出。所教学生大多活跃在广东一线音乐舞台，有的举行独奏音乐会。

张 强（1972— ）

歌唱家。河北宁河人。哈尔滨歌剧院演员。2007年毕业于哈尔滨师范大学。2003年获第九届黑龙江省青年歌手电视大奖赛专业组美声唱法二等奖，2005年获黑龙江省"红叶杯"声乐比赛专业组美声唱法一等奖，2007年获省声乐比赛专业组美声唱法一等奖。

张 勤（1957— ）

女音乐编辑家。山西洪洞人。北京电台音乐台台长、高级编辑。1982年毕业于山西大学音乐学院声乐专业。曾任北京市艺术馆声乐干部。原创、编辑并指导有《初秋日记》《六十年的心声》《侗乡随想》《生命因音乐而精彩》《巡天遥看一千河》等音乐专题，分获中国广播文艺一、二、三等奖。组织推荐《青藏高原》《我属于你中国》《你是这样的人》《从头再来》《我和你》《北京欢迎你》等歌曲。曾获北京市"五个一工程"奖歌曲推荐工作先进个人和2008年奥运会北京市先进个人称号。

张 清（1934— ）

音乐编辑家。河北永清人。1948年毕业于冀察热辽联合大学鲁迅艺术学院戏音系，同年调部队文工团工作。1958年转业至中央人民广播电台从事新闻播音，1979年任对台湾广播部文艺组长，编、审大量对台音乐广播节目，其中"1987年新春同乐会""1988年台湾歌曲演唱会"等专题节目，在全国对台广播优秀节目评选中获奖。发表对台音乐广播业务论文若干篇，编辑出版《台湾歌曲选》。

张 权（1919—1993）

女歌剧表演艺术家、声乐教育家。江苏宜兴人。1942年毕业于重庆国立音乐院，留校任教。1951年毕业于美国伊斯曼音乐研究院获硕士学位。历任北京音舞协会主席，北京歌舞团艺术指导，中国音乐学院副院长，中国音协第四届常务理事，全国政协委员。多次在重庆、成都、上海、北京等地举办个人独唱音乐会，在旧金山、纽约等城市举办独唱音乐会。主演歌剧《秋子》《茶花女》《蝴蝶夫人》《蓝花花》等。1981年应邀出任巴西第十届里约热内卢国际声乐比赛评委。著有《淮剧曲调介绍》《淮剧音乐概论》，撰有《论戏曲音乐的继承和发展》等文百余篇。曾参与《中国戏曲志·江苏卷》《中国民间歌曲集成·江苏卷》等编纂工作。

张 铨（1935— ）

戏曲音乐家。江苏仪征人。1949年入伍，任部队文工队演奏员、音乐分队长。1955年转业后从事戏改工作，历任江苏省地方戏剧院创作研究室研究员，江苏省淮剧二团艺委会主任，江苏省淮剧团副团长，江苏省淮剧艺术研究会秘书长，盐城市音协副主席。著有《淮剧曲调介绍》（续集）《淮剧锣鼓研究》《淮剧音乐概论》等戏曲音乐专著多部，发表戏曲音乐论文百余篇。

张 群（1959— ）

音乐教育家。辽宁义县人。1978年入锦州第一师范学校学习音乐。后为辽宁锦州市教育教学研究中心音乐教研员。《谈小学音乐教学总体布局三步骤》一文曾获辽宁省中小学音乐教研会优秀论文。参与编写《辽宁省小学音乐教材》及补充教材。主编《锦州市小学音乐实验教材》。创建北镇县、凌河区、义县北街小学音乐教改实验基地，并被辽宁省教委树为艺术教育示范县、区、校。

张 茹（1959— ）

女二胡演奏家。河北井陉人。1982年毕业于天津音乐学院，同年考入天津广播艺术团，任乐队独奏演员。1980年在天津青年二胡比赛中获优秀奖。1989年在北京音乐厅与林聪举行胡琴独奏、重奏音乐会。曾随天津民乐团赴瑞典进行访问演出任独奏。创作三重奏（二胡、扬琴、琵琶）《拔根芦柴花》《月夜》《欢乐歌》等。为王莘歌曲制作录音带担任二胡领奏。

张 锐（1920— ）

二胡演奏家、作曲家。云南昆明人。1941年考入重庆青木关国立音乐院，师从陈振铎学二胡。1943年赴上海国立音乐专科学校，随奥地利小提琴家学习小提琴，随德籍教授学习理论作曲。1945年参加新四军。作有《青年颂》《昆明湖》《向南进军》等歌曲。新中国成立后，曾任解放军剧院音乐部副主任，前线歌舞团艺术指导、团长，中国音协理事。获首届中国音乐"金钟奖"终身成就奖。录有《刘天华二胡曲集》《蝴蝶泉》《刘天华——张锐》《黄水谣》《二泉映月》《阿炳全集》等。作有歌剧音乐《红霞》《碧海红旗》《战旗红》《海娘》，电影音乐《二泉映月》。出版二胡独奏曲集《雨花拾谱》《张锐二胡练习曲》以及二胡演奏学散文集《琴弦语丝》等。先后四次赴欧洲二十余个国家访问演出。

张 锐（1963— ）

音乐活动家。河南人。先后任开封市青少年活动中心主任，市中小学校外活动中心主任。1995年受聘于河南大学任教钢琴专业，曾获中法"咪哆"国际钢琴比赛辅导奖。歌曲《黄河英雄》获省音协作曲一等奖。参与策划宋都文化旅游节，市青年科技文化艺术节，市四运会开幕式团体操大型表演，市电视台春节联欢晚会等。曾出任团中央"保护母亲河"传递活动开封活动区艺术策划，开封市迎接新世纪大型文艺演出执行导演，市"青春之歌——纪念五四运动80周年"等大型演出导演。

张 锐（1970— ）

长号演奏家。江苏人。新疆爱乐乐团演奏员、长号首席。1991年毕业于新疆艺术学院。2006年参加全疆器乐大赛获一等奖。撰有《长号的呼吸与演奏》。曾参加乐团的大量交响音乐会的演出。

张 瑞（1929—1989）

音乐理论家。河北唐山人。1943年从事部队文艺工作，1950年入东北鲁艺学习，1955年赴匈牙利留学。1962年毕业于李斯特音乐学院作曲系。原任海政歌舞团艺术指导。译著有《器乐曲式学》《键盘和声学教程》。

张 瑞（1930— ）

音乐教育家。河北香河人。1953年毕业于河北师院音乐系。保定师范高级讲师。曾任保定地区音协理事长。作有歌曲及理论文章多篇。

张 珊（1968— ）

女古筝演奏家。贵州贵阳人。1989年毕业于中央民族学院，留校任音舞系艺术团独奏演员。曾获"山城杯"全国民乐电视大奖赛优秀独奏奖，"ART"杯中国乐器国际比赛青年专业组二等奖。曾随艺术团赴马来西亚、蒙古国演出，并获蒙古国文化部颁发的优秀演奏奖。

张 善（1932—已故）

音乐理论家、作曲家。山西太原人。1948年考入华北大学。历任中国戏曲音乐学会理事，内蒙古音协副主席，二人台学会副会长，内蒙古函授音乐学院院长，《草原歌声》主编。声乐作品有《甘德利草原》《秋天的早晨》《昭君》《五月散花》，歌剧音乐《翻天覆地的人》《白凌带》。歌曲《天下风光哪儿最美》广为流传。合唱组歌《森林畅想曲》，论文《战士、诗人、音乐家》等获"萨日纳"奖。著有《音乐散论》《歌曲创作浅谈》（合作），主编《内蒙古西部民歌选》《内蒙古三十年歌曲选》《乌兰牧骑之歌》等。曾任《中国民间歌曲集成·内蒙古卷》副主编，及《汉族民歌》分卷主编。

张 韶（1927— ）

二胡演奏家。江苏武进人。1951年毕业于中央音乐学院。1953年入中央广播民族乐团。后为中央音乐学院教授。著有《二胡广播讲座》《二胡演奏法》等。

张 湜（1928—已故）

音乐理论家。陕西子洲人。1945年就学于延安鲁艺。后任音协陕西分会会务部副主任。《中国民族民间器乐曲集成》（陕西卷）副主编。撰有《兰州鼓子音乐》《西宁赋子音乐》，藏族《拉也》等。

张 树（1955— ）

歌唱家。吉林人。1980年毕业于吉林师范学院，后任职于广东省文化厅艺术处。撰有《对舞台艺术精品的理解》一文。在歌剧《流眼泪的喜字》《好伙伴之歌》《香罗恨》中担任主要角色，曾获全国九省市声乐比赛二等奖。担任声乐指导、副团长的广州市合唱团多次在全国、省市比赛中获奖。2005年度被授予"广东省音乐家奖"与"突出贡献个人奖"。

张 帅（1979— ）

作曲家。辽宁沈阳人。中央音乐学院作曲系硕士生。作有歌曲《风调雨顺的中国》《让我飞翔》《雨后的街道》《青春岁月》《开始春天》，舞蹈音乐《腾飞》，钢琴曲《三首前奏曲》，小提琴曲《浔》等。部分作品曾在辽宁电视台、中央电视台播出，并获各类奖项。

Z

张　松（1956—）

古筝、古琴演奏家。浙江仙居人。哈尔滨歌剧院演奏员，黑龙江大学艺术学院客座教授。毕业于沈阳音乐学院，曾举办个人独奏音乐会。。撰有《漫谈古筝摇指技术》《古琴弦轸改革之我见》《重视发挥转调筝的功能，努力提高古筝的实用价值》等文。作有《松》《牧歌》《赫乡素描》《春望》等。参加省、市各类比赛获一、二等奖。曾赴俄罗斯演出。

张　颂（1922—已故）

作曲家。满族。黑龙江哈尔滨人。1947年入东北文协文工团。曾任辽宁歌剧院副院长，音协辽宁分会主席。作有歌曲《说不上为啥》，合作歌剧音乐《草原烽火》《夺印》《地下怒火》。

张　涛（1962—）

音乐教育家。陕西绥德人。陕西省艺术师范学校音乐科科长。1984至2006年分别毕业于西安音乐学院师范系、音乐教育系，陕西师大艺术系。培养了一批优秀中小音乐教师，为高等音乐院校输送多名学生。指导各教研室开展工作，坚持每周开一场音乐会。多次获地区先进教育工作者称号，多次代表学校参加各种演出并获奖。

张　彤（1956—）

二胡教育家。安徽无为人。安徽省艺术职业学院音乐系副主任，省民族弓弦乐委员会会长。1974、1984年分别毕业于安徽省艺校音乐科，天津音乐学院民乐系。撰有《音乐时速》《论二泉映月》等文。1988年代表安徽赴京参加民族音乐展播，任乐队首席、独奏。多次为安徽电视台文艺台录制节目，四次担任独奏。多次参加省内重大演出活动。培养一批演奏人才，多人考入中国音乐学院等专业院校。

张　彤（1970—）

古筝演奏家。黑龙江哈尔滨人。哈尔滨师范大学艺术学院副教授。1992年就读于西安音乐学院古筝专业研究生，师从周延甲、李仲唐研习古琴。多次在哈尔滨、西安等地举办个人独奏音乐会，并参加数百场音乐会的演出。曾获中国古筝大赛成人专业组二等奖，中国音乐电视大赛全国三等奖。分别在1997年台湾"筝乐名家音乐会"及2001年日本世界博览会与2002年莫斯科柴科夫斯基音乐学院演出古筝独奏，并在早稻田大学、国立台湾艺术学院讲学。先后发表十多篇论文，出版个人古筝CD演奏专辑。

张　婉（1957—）

女声乐教育家。吉林长春人。任职于星海音乐学院。1974年参加通化地区文工团任独唱演员。1982年毕业于东北师范大学音乐系，后在长春师范学院音乐系任教。曾在广州举行三场个人演唱会，两场师生独唱会。撰有《保持歌唱中呼吸运动平衡的问题讨论》《如何提高歌唱者的歌唱记忆》《论歌唱表演艺术的表现能力》等文。所教学生有多名在国家及省市声乐大赛中获奖。

张　旺（1930—）

管子演奏家。北京人。出身于民族器乐世家。1952年入中国儿童艺术剧院任演奏员。曾演奏笙、笛、箫、大小唢呐、扬琴、钢板琴、定音鼓及中西打击乐器。参与数十部戏的配乐。木琴独奏《小小旅行家》录制唱片。1961年随团赴缅甸演出。整理改编民间乐曲《锯大缸》《北京童谣》等。作有《绣龙山》等管子独奏曲，录制管子专辑盒带《吹破天》。为《中国民族民间器乐曲集成·北京卷》录制十余首民间乐曲。1989年参与创建北京禅乐社，撰有《佛教音乐简述》。

张　薇（1946—）

女音乐教育家。北京人。1965年起任中学音乐教师兼任中央电视台少年演出队辅导教师。1980年曾在北京教育学院进修。后任中央电视台银河艺术团团长。编辑电视节目《冬天的童话》《我们心中之爱》曾获奖。

张　薇（1954—）

女声乐教育家。河南西峡人。河南省西峡县张薇音乐中心主任。1978年毕业于沈阳音乐学院声乐系。辅导的声乐学生十余人考入音乐院校，多名学生在市以上声乐比赛中获奖。选送8名学生参加2004年全国社会艺术水平南阳考区声乐考级，全部获级别证书，本人获优秀指导教师称号。曾获市级演唱比赛金奖多次，被南阳市委宣传部、文化局授予"南阳市优秀演员"称号。作为高位截瘫伤残军人，曾获南阳市"五一劳动奖章"。

张　伟（1957—）

音乐教育家。江苏扬州人。河南省三门峡市育才小学音乐教师。曾就读于河南大学。曾任河南省渑池县豫剧团乐队小提琴演奏员。作品管弦乐曲《截流》获全国水利电力系统职工文艺调演创作一等奖，论文《对音乐新课程实施中两个热点问题的认识》获全国中小学音乐课程教改论文评选二等奖。2003年被河南省教育厅授予音乐教育省级学科带头人，2004年被三门峡市政府授予"音乐教育教学名师"称号。

张·文（1937—）

女高音歌唱家。广东东莞人。1958年毕业于中南音专，入华南歌舞团工作，后任职于中央乐团合唱队。曾随团参加菲律宾第一届亚洲合唱节演出。

张　梧（1924—已故）

单簧管教育家。天津人。1952年毕业于中央音乐学院管弦系，该院教授。曾任北京单簧管学会副会长。作有单簧管曲《苏北调变奏曲》《迎新春舞曲》《边寨之春》。

张　霞（1955—）

女音乐教育家。河南驻马店人。1972年考入部队文工团任歌舞演员，1974年在兰州市歌舞团学习声乐，1982年在驻马店地区文化艺术学校任教。后毕业于河南大学音乐系。驻马店师专艺术系主任，驻马店音协副主席。近年来所辅导的学生多次获河南省"黄河之滨音乐周"等各类

Z

声乐大赛金银奖，多人考取了河南大学艺术学院研究生。撰有《高师声乐教学中存在的问题及对策》等文十余篇。2003年获河南省社科联创新教育论文评选一等奖。

张 弦（1923— ）

音乐教育家、指挥家。黑龙江人。1944年毕业于吉林师范大学音乐系。曾任民主联军炮兵四团、总政文工团音乐教员，中国煤矿歌剧团团长兼指挥，空军军乐队副队长、指挥，总后文工团副团长、指挥。后为北京师范大学外语系教授。曾在北平和平解放举行入城式时担任特种兵部队军乐队指挥，多次担任国庆节联合军乐团的分指挥。指挥过歌剧《白毛女》《王贵与李香香》《柯山红日》，舞剧《红色娘子军》及《黄河大合唱》等作品。著有《西洋歌剧名作解说》（合译及编审）《歌曲作法教程》（合著）《名曲事典》（合译）《名曲故事》（编译）等。

张 弦（1947— ）

女音乐理论家、编辑家。黑龙江佳木斯人。先后毕业于中央音乐学院附中钢琴学科和中央音乐学院音乐学系。曾在中国艺术研究院音乐研究所工作。1976年始，在中国音协《人民音乐》编辑部工作，后任主编、编审，中国音协分党组成员，五届音协副秘书长。著述有《世界著名歌剧故事集》（合作编译）《穆索尔斯基的生平和创作》《肖邦和他的钢琴艺术》《德彪西钢琴音乐的新诠释》《走进贝藏松》《今夜无人折桂——记第48届贝藏松国际青年指挥大赛》等。曾策划并组织"北京金秋国际音乐节""贝藏松国际青年指挥大赛亚洲地区预选赛""音乐权益保障国际研讨会""肖邦岁月——波兰音乐周"，中法文化年"古乐精华——中国乐器展"在法国巴黎展览及在波兰举办"中国音乐周"等国际音乐活动。2003年获波兰文化功勋奖章。

张 翔（1969— ）

歌唱家。江西人。武警江西总队文工团教导员。曾毕业于江西科技师范学院音乐学院。1996年毕业于江西师范大学音乐学院并受聘为声乐教师。曾获全国听众最喜爱的歌手"十佳歌手奖"，全国军旅歌曲电视大赛铜奖，全国少数民族文艺汇演"优秀演员奖"，全国青年歌手电视大奖赛"荧屏奖"。多次获武警部队和省级声乐比赛金奖。在中央电视台、江西电视台、电台播出专访。经常参加各类文艺晚会，多次立功受奖。

张 枭（1934— ）

作曲家。江苏苏州人。1949年始从事部队文艺工作。曾任《祁连歌声》《小演奏家》主编，甘肃音协副主席，甘肃省政协第五、六届委员。作有歌曲《中华颂》《小胡杨》《日月潭连着月牙泉》以及第四届中国艺术节节歌《从辉煌走向辉煌》，钢琴曲《花儿》，民乐合奏曲《莫高窟遐想》《黄土情》，双簧管与小乐队《陇东风情》等，多件作品获奖。撰有《简论中国西北民歌——花儿》（合作）《21世纪中国音乐将向世界展示她的光彩》等。

张 欣（1938— ）

小提琴演奏家。上海人。1951年考入中央音乐学院华东分院少年班，1957年升入上海音乐学院管弦系，毕业后进入上海电影乐团。曾任管弦乐队首席和独奏。参与数百部故事片、电视剧、美术片、科教片的录音配乐。参与乐团《白求恩大夫》《郑成功》等交响乐作品在历届"上海之春"的首演，并担任乐队首席。1986年开始在上海音乐学院小提琴大课班及上海市音乐幼儿园等任教。创办一所周末弦乐学校。著有《幼儿小提琴启蒙》一书与VCD两张。

张 新（1963— ）

指挥家。山西人。星海音乐学院指挥副教授。1986年毕业于山西大学音乐系小提琴专业。1988年转攻指挥艺术。1994年考入中央音乐学院研究生进修班及中央音乐学院指挥系干修班，并在该院德国专家班随汉斯·约瑞斯教授学习乐队及歌剧指挥。1997年指挥河北交响乐团及合唱团演出大型音乐晚会《跨越世纪的巨龙》。1998年指挥山西交响乐团合唱团参加"哈尔滨之夏"音乐节，并获二等奖。1999年指挥星海音乐学院合唱团获"全国大学生艺术节"专业组金奖。

张 星（1954— ）

作曲家。河北石家庄人。中国唱片总公司音乐制作人，音乐编辑。1977年考入河北省歌舞剧院任乐队演奏员。1978至1982年在河北师大艺术系作曲专业学习，毕业后回河北省歌舞剧院任编导室作曲。1985至1987年师从中国音乐学院施万春、金湘教授。1992年调中国唱片总公司。作品有民乐交响诗《郑成功》，电视童话小舞剧《树娃娃》，电视木偶剧《火炉衣》《明天告诉你》《小羊与狼》，电视剧《金秋落叶》，中央电视台五集专题片《中国之悲鸿》，中央电台广播剧《香港香港，我爱你》。

张 旭（1949— ）

作曲家。天津人。安丘市文化馆副馆长、副研究馆员。曾任多部电影、电视及电视春节晚会的音乐编辑。创作歌曲数百首，其中《春蕾之歌》《我是北京》等十多首分别获全国金、银、铜及优秀作品奖。《心中装着老百姓》《风调雨顺的中国》等获"精品工程奖"和"政府奖"。《情的高山，爱的大海》等制成音乐电视片。2003年《七月的红蜡烛——张旭音乐作品集》由中国文联出版社出版发行，并举行个人音乐作品演唱会。

张 艳（1963— ）

女音乐教育家。山东济南人。山东艺术学院二胡副教授。1985年毕业于山东艺术学院音乐系，同年分配到山东歌舞剧院民族乐团任演奏员，后调入山东文化音像出版社任音乐编辑。2000年调入山东艺术学院执教至今。曾获全国大学生汇演二等奖，全省大学生汇演优秀奖，山东省艺术表演团体青年演员比赛二等奖。所编辑的CD《拉着中华妈妈的手》，曾获山东省十佳电子音像制品奖。

张 艳（1965— ）

女高音歌唱家。辽宁沈阳人。广州星海音乐学院社会音乐系副教授。1988年毕业于沈阳音乐学院声乐系。1991年起任广州交响乐团合唱团女高音独唱演员。曾获2000年文化部全国艺术歌曲大赛三等奖。同年12月参加澳门"回归一周年庆典音乐会"演出。2001年在第九届全国运动会开幕式大型歌舞《盛世中华》中担任花腔女高音独唱。出版唱片《乘着歌声的翅膀》。

张　燕（1946—　）

女古筝演奏家。江苏无锡人。1973年毕业于上海音乐学院民乐系，同年入山东省歌舞团，后任东方歌舞团独奏演员。演奏有《战台风》《渔舟唱晚》《草原英雄小姐妹》。曾随团赴美、澳、新演出。后赴美国留学。

张　扬（1928—　）

歌剧表演艺术家。江苏南京人。1953年毕业于北京电影学院。后在中国歌剧舞剧院工作。曾主演秧歌剧《兄妹开荒》《夫妻识字》，歌剧《小二黑结婚》。

张　尧（1944—已故）

单簧管演奏家。北京人。原总政军乐团队一队队长、乐队首席。1964年毕业于军乐团学员队。曾参加全军第四次文艺汇演、迎宾重要演出及与外国管乐团的交流演出，其中单簧管三重奏在演出中获奖。录制出版有《三个小伙伴》《跳起来》《瑶家歌唱新生活》《游击队歌》等音像制品。

张　耀（1951—　）

音乐教育家。山西黎城人。1982年毕业于山西大学艺术系。曾在运城地区文工团任演员。2004年在太原师范学院音乐系任教，副教授。主编《九年义务教育小学音乐课本》《九年义务教育中学音乐课本》《九年义务教育小学音乐课本教学参考书》《九年义务教育中学音乐课本教学参考书》。撰有《少年儿童合唱团的组织与训练》《合唱的经典，不朽的乐章》等文。作有《在你的心里，在我的心里》《两夜梦》《钢城景美人更美》等二十余首歌曲。辅导的太原市少年合唱团在文化部第二届"蒲公英"比赛中获银奖及辅导奖。

张　也（1968—　）

女高音歌唱家。湖南长沙人。任职于空政文工团，同时在中央音乐学院担任教学工作。中国音协第六、七届理事。1988年获央视青歌赛第三名，同年获全国优秀歌手邀请赛金奖。1992年获中央人民广播电台举办的"大自然杯"观众喜爱的歌手第二名。1995年在中央电视台春节晚会演唱《万事如意》并获奖，同年获"金唱片"奖。演唱的《多情东江水》获第四届中国音乐电视大赛银奖，《走进新时代》获"康佳杯"第五届中国音乐电视大赛金奖。

张　一（1968—　）

音乐教育家。福建仙游人。福建仙游师范学校音乐教师。1993年就读于福建师范大学音乐系，1998年毕业于中央音乐学院声乐系。参加福建省第六、第九届武夷音舞节，分获演唱银、铜奖。在全国第十届电视青歌赛中，

获美声唱法第一名。参加中央电视台全球华人"共度中国年"春节晚会。多次参加省电视台主办的文艺晚会，演出男女二重唱、男声三重唱等。所教学生多人在全国、省、市声乐赛事中获奖。

张　依（1923—　）

女歌唱家、声乐教育家。浙江余姚人。1939年参加余姚中共地下党领导的抗日救亡工作，初演小歌剧《流亡》任主角。1942年参加新四军，频繁深入部队、农村演出。演唱曲目《歌唱二小放牛郎》《南泥湾》《晋察冀的小姑娘》《梁红玉》《生产大合唱》等。1947年入华北联大文艺学院音乐系学习。1950年入上海音乐学院声乐系进修，师从周小燕、葛朝祉。历任上海民族乐团、上海歌舞团、上海合唱团副团长、独唱演员。曾任上海师范大学艺术系副主任，上海音协表演艺术委员会委员，上海中小幼音乐教学研究会副主席。

张　艺（1972—　）

指挥家。安徽芜湖人。中国音协第七届理事。1995年毕业于中央音乐学院指挥专业，2003年再毕业于德国萨尔州音乐学院指挥专业。中央芭蕾舞团交响乐团音乐总监兼首席指挥。曾与中国国家交响乐团、中国爱乐交响乐团、上海交响乐团、中央芭蕾舞团、中央歌剧院、香港小交响乐团、古巴交响乐团、瑞典皇家剧院、德国萨尔布吕肯广播交响乐团等多次合作举行音乐会以及歌剧、芭蕾舞专场并录制唱片。指挥由陈其钢作曲、张艺谋导演的新编芭蕾舞剧《大红灯笼高高挂》的首演，并录制2008年奥运会的开幕式音乐。

张　毅（1924—　）

作曲家。广东潮阳人。1942年始就学于上海震旦大学、上海私立音专。后任中央歌剧院剧目工作组组长。著有《怎样识简谱》，译配匈牙利喜歌剧《小牛》，作有歌曲《在那白茫茫的田野上》《清晨雨》。

张　毅（1954—　）

音乐教育家、指挥家。安徽合肥人。安徽省音乐学科带头人，教授、硕士生导师。1979年毕业于安徽师范大学音乐系。1994至1995年以公派访问学者身份，赴在匈牙利柯达依音乐学院、李斯特音乐学院进修，参与演出亨德尔的《弥赛亚》全剧。曾任安徽师范大学音乐学院院长，省音协副主席。多次参加安徽省音乐戏曲会演，省大学生音乐调演及省市重大音乐活动。出版《在党的旗帜下》专辑，参与编写《全国高等师范院校和声通用教材》（编委），撰写《论和声感知和高师和声教学》等文。

张　毅（1967—　）

小提琴演奏家。广东汕头人。广州交响乐团小提琴首席，广东省音协理事。1980年考入星海音乐学院附中，1990年毕业于星海音乐学院管弦系，后考入广州交响乐团任小提琴首席。1999年代表乐团赴日本参加"亚太联合乐团"演出，并随团赴韩国、西欧五国、埃及和港澳地区及国内巡回演出，与多位指挥家合作演出独奏。曾为电影、

电视剧、舞剧录制小提琴独奏，并为多家唱片公司录制十余张唱片。小提琴专辑《往情岁月》获"第三届全国优秀文艺音像奖"。2003年获"广东省优秀音乐家奖"。

张　翼（1923— ）

作曲家、指挥家。江西九江人。早年就读于国立福建音乐专科学校。1945年始曾执教于教会中学、安徽师范学院、江西文艺学院。曾任江西省艺术学校音乐科主任、教授，江西省音协副主席。作有歌曲《千里淮河千里长》《三杯美酒敬恩人》，钢琴曲《对花》《剪窗花》，管弦乐曲《春之舞曲》《春天》，民乐合奏曲《春光好》，钢琴与乐队协奏曲《卓望山情怀》，舞剧音乐《丽娘之死》等，多件作品获奖。出版《少年儿童歌曲集》《江西民歌合唱曲集》《鲜艳的党旗——张翼合唱歌曲专集》。为电影《赛虎》，电视片《情与仇》，广播剧《兵车行》，话剧《商鞅》等作曲。

张　引（1918— ）

指挥家、音乐教育家。江苏溧阳人。1943年考入西北音乐院声乐组学习，后在西安师范学院任教。曾任西安联合大学师范学院教授，陕西省音协理事，西安音协副主席。作有《为了祖国》《锭子锭子你快快转》《农村组曲》等声乐作品，撰有《论声乐》《谈演唱"五四"以来的歌曲》等文。先后在南京、桂林、西安等地组建多个合唱团，分别任团长、指挥。曾任音乐舞蹈史诗《东方红》西安演出团指挥，多次指挥《黄河大合唱》。编有多部音乐教材。主编《陕西省初中音乐课本》（上册）《中国民歌合唱集》。

张　引（1925— ）

戏曲音乐理论家。辽宁大连人。曾任职于大连市艺术研究所，为辽宁省音协民委委员，大连市音协第一届常务理事。为大连评剧、吕剧、话剧专业剧团上演剧目作曲近百出，代表作有评剧《沈清传》，吕剧《抢伞》及群众歌曲《王二嫂回娘家》。编著有《评剧音乐大全》（合作），撰有《辽宁鼓吹乐的旋法、风格及特点》等文。作品曾获多种奖励。

张　应（1938— ）

女声乐教育家。上海人。13岁从事部队文艺工作。1952年入总政歌舞团任歌唱演员，多次随团赴朝鲜及东南亚、东欧多国演出。1984年始致力于童声教学，先后任北京市西城区童声合唱艺术学校副校长，新月童声合唱团声乐指导。曾任中国合唱协会理事。撰有《童声合唱训练的基本方法要点》，编著有《童声合唱实用手册》（合作），《中等师范学校音乐教科书》（三册）。被评为"全国优秀教师"。

张　英（1954— ）

女声乐教育家。山西文水人。副研究馆员。湖南娄底市艺术馆副馆长。1976年考入冷水江市文工团，后任职于娄底地区花鼓戏剧团、娄底地区艺术馆。演唱《山里人唱起打渔歌》《吹芦笛的小阿哥》《愿你常戴光荣花》等歌曲由电台、电视台播放。1976年参加湖南省首届青年歌手电视大奖赛获优秀歌手奖。长期致力于声乐教学，培养众多学生。曾参与组织举办众多大型音乐活动。

张　鹰（1939— ）

作曲家、指挥家。河北沧州人。1956年入中央歌舞团。1979年调北京歌舞团，任笛子独奏演员、作曲、指挥，多次随团赴亚、非、欧及美洲多国演出。后旅居美国，任美国达拉斯国乐团特邀作曲兼指挥。作有歌曲《南方三月天》，歌舞音乐《宗清乐舞——盛世行》（合作），《华夏古韵——历代宫廷乐舞》，管子曲《一管妙清商》（合作），交响组曲《西山秋色》，管弦乐曲《合家欢》《双飞蝴蝶》等。数十件作品获奖。

张　颖（1957— ）

声乐教育家。吉林长春人。1978年入东北师范大学学习，1998年在该校攻读教育管理研究生。1973年任职于公主岭文工团。1980年在东北三省"长春音乐周"担任独唱演员。1993年任长春市少年宫任主任。撰有《谈中等师范学校声乐教学》，在全国教育年会发表，并被评为一等奖。《浅谈少年宫的管理》被中国教育学会评为二等奖。

张　颖（1963— ）

女音乐教育家。天津人。1989年毕业于河南大学音乐系小提琴专业，获文学学士学位。后在中央音乐学院进修。曾获全国石油、石化文化大赛器乐专业组比赛和首届"中国艺术节"音乐舞蹈大赛器乐比赛一等奖。在河南省"黄河之滨"音乐周、"百泉杯"青少年器乐大赛中获青年组器乐比赛银奖。曾任河南省小提琴教育学会理事，濮阳市小提琴教育学会会长。2005年被评为小提琴教学名师，调入郑州中奥维也纳音乐学校任艺术专业部主任。

张　影（1928— ）

女音乐编辑家。黑龙江哈尔滨人。1947年肄业于哈尔滨工业大学。1948年毕业于正定华北联合大学。曾任中央人民广播电台文艺部主任编辑。担任《歌曲介绍》《八音盒》《歌剧舞剧剪辑》《全国民歌展播》等专栏主编。

张　勇（1939— ）

民族音乐学家。侗族。贵州榕江人。1958年毕业于都匀师范。1962年调榕江县文化馆，曾任馆长、副研究员。1980年以来专事侗族文艺研究，从1984年起倡导侗歌进中小学课堂实验，1985年牵头成立金蝉侗族少儿艺术团。主编、编著、选编《侗族音乐史》《侗族曲艺音乐》《侗族大歌·古籍本》和侗歌乡土教材《长大要当好歌手》。改编剧本并设计音乐的侗戏《丁郎龙女》，获全国少数民族戏剧优秀剧目奖。

张　勇（1963— ）

二胡演奏家。彝族。云南文山人。1979年毕业于中央民族学院艺术系，1984年毕业于中央民族学院音乐舞蹈系。曾在云南省歌舞团任演奏员，1984年始在中央民族歌舞团任演奏员。作有二胡独奏《撒尼新歌》。撰有《从演奏吕文成高胡作品过程中浅谈其创作艺术新得》《学习音乐美学的认识》等文。1982年获中央音乐学院"第二届北京青年二胡观摩演奏会"优秀奖。1983年在全国民族器乐作品比赛中演奏《撒尼新歌》，1985年获"北京二胡邀请赛"优秀奖、特别奖。

张 湧（1959— ）

大提琴演奏家、教育家。辽宁沈阳人。1986年毕业于江西师大音乐学院音乐系，留校任教，后任管弦系主任。1990年入上海音乐学院，获文学学士学位。曾两次举办个人独奏音乐会，演奏多次获奖。作有歌曲《十月的土地》，大提琴独奏曲《路》《摇篮曲》。撰有《大提琴演奏与生理机能的弹性状态》《从试卷分析论基本乐理命题的科学性》。著有《基本乐理实用教程》《新概念大提琴音阶体系》等。获省教学成果奖。

张 予（1933—已故）

作曲家。河北赵县人。1950年参加文艺工作。曾任陕西汉中地区歌舞剧团团长、陕西文联第二届委员、音协陕西分会第一届常务理事。作有歌剧音乐《红梅岭》，歌舞戏音乐《吹鼓手招亲》。

张 元（1949— ）

笛子演奏家。北京人。山东菏泽艺校教务处主任。1986年毕业于山东师大中文系。撰有论文数篇，其中《埙的制作与演奏》《山东派竹笛演奏艺术初探》《乐理教学中的几个小窍门》分获省论文二等奖，《中等艺术教育现状及出路》获中国中等艺术教育学会2000年年会论文三等奖。1970年起在多个文艺团体担任笛子独奏、领奏、长笛伴奏。笛子独奏曲《菊歌》、民乐合奏曲《花香游》获山东文化厅创作奖与优秀演出奖，并获第三、四届中等艺术学校会演优秀指导教师奖。

张 跃（1960— ）

大提琴演奏家。河北人。兰州军区战斗文工团副团长。1991年毕业于解放军艺术学院大提琴专业。多次参加军、地组织的各类音乐活动和演出。参加演出的歌剧有《红霞里有个我》《张思德》《延水情》，大型音乐会有"唱支山歌给党听""改革开放20年晚会"。曾多次为舞蹈音乐、电视音乐录制独奏。

张 云（1954— ）

歌词作家。四川广安人。广安市文联副主席。曾就读于南京师范学校音乐专业班。先后任广安区川剧团编剧、区文化馆馆长、区文体局副局长。作有歌词《山村喜谣》《祝福广安》《渠江谣》《香港你好》《唱起春天的故事》等，多件作品谱曲后由电台、电视台播出，并获奖。出版个人作品CD专辑《祝福广安》。

张 云（1966— ）

女古筝演奏家。河南郑州人。1977年入伍在原昆明军区国防歌舞团，后任成都军区战旗歌舞团演奏员。1993年毕业于解放军艺术学院音乐系，同年在北京举办个人独奏

音乐会并为北京音乐台录制一组古筝独奏专题音乐节目。1994和1997年先后赴德国、奥地利演出。1995年参加国际中国民族器乐独奏大赛获三等奖，同年代表国家民委出访加拿大演出。1999年参加全军第七届文艺汇演获演奏二等奖。2000年参加全国"双拥"文艺晚会，同年赴荷兰、比利时演出。为中国民族管弦乐学会古筝专业理事。

张 芸（1956— ）

女作曲家。江西安义人。江西省安义县政协主席。创作歌曲百余首，制作发行歌曲磁带《献给家乡的歌》，出版发行歌曲专辑MTV光碟《南昌，美丽的英雄城》。发表《不能没有你呀，亲人解放军》等四十余首歌曲。其中《红茶花》《抛却烦恼》获江西省音乐"金钟奖"、优秀歌曲奖。电视剧音乐《小溪弯弯流》获全国优秀短篇电视剧奖，电影音乐《西行》获江西省"五个一工程"奖。

张 钊（1963— ）

打击乐演奏家。北京人。中央歌剧院交响乐团演奏员。1982、1989年先后毕业于云南省文艺学校音乐科、中央音乐学院管弦系打击乐专业。曾在云南省歌舞团工作。参加团里各项演出及各类录音、录像活动。1996年任打击乐声部长。2001年担任"中国青少年艺术部新人选拔赛"北京赛区打击乐评委。先后赴日本、新加坡、香港、台湾、澳门等地演出。

张 峥（1971— ）

指挥家。北京人。中国歌剧舞剧院常任指挥。毕业于中央音乐学院，先后师从徐新、郑小瑛、韩中杰。1998年赴奥地利维也纳国立高等音乐学院指挥大师班专攻歌剧指挥，1999年曾进入法国贝藏松国际青年指挥大赛决赛。指挥中外歌剧作品有《白毛女》《伤逝》《原野》《波希米亚人》《阿依达》《图兰朵》等，并指挥有中国舞剧《篱笆墙的影子》，勋伯格的交响诗《一个华沙幸存者》，京胡与乐队交响诗《三国志》等。

张 政（1937— ）

作曲家。甘肃酒泉人。1949年始从事部队文艺工作，后在甘肃酒泉地区文工团工作。作有歌剧音乐《楚河岸边的布鲁特人》，歌曲《好年头》《烤羊肉》。

张 智（1944— ）

双簧管演奏家。吉林梨树人。1965年毕业于中央音乐学院附中（六年制）双簧管专业。后在河南省平顶山特区文工团任演奏员，1978年在河南省歌舞团交响乐团任业务室主任，1998年调河南省歌舞剧院任交响乐团任演奏员、院办副主任。曾参加北海星期日音乐会任独奏，演奏过数十部中外歌剧、舞剧，及数十台交响乐音乐会。

张 准（1954— ）

音乐教育家。山东济南人。山东师范大学音乐学院教授、山东音协副主席。1982年毕业于山东师范大学艺术系、1982年中央音乐学院作曲系进修。主编、参编音乐著作及撰文共十余部（篇），其中《和声学基础教程》（主

编）2000年获山东省艺教委优秀成果一等奖，《交响音乐赏析》（副主编）2001年获山东省文化厅艺术科学成果一等奖，《配器》（主编）2002年获山东省教育厅高校科研成果三等奖。还曾获山东省优秀教学成果二等奖、中国音协电脑音乐创作组委会奖、曾宪梓高等师范院校优秀教师奖及教育部全国艺术教育工作先进个人。

张爱华（1943— ）

女音乐教育家。河北人。1964年毕业于西北师范大学音乐系，同年分配至乌鲁木齐第一中学任教。曾获高级教师职称和乌鲁木齐市优秀教师称号。曾任乌鲁木齐市五、六、七届政协委员与市音乐、舞蹈工作者协会副主席。曾在新疆师范大学音乐系、新疆教育学院音乐系、中国音乐学院新疆函授分院任声乐客座教授。新疆老年大学音乐艺术系主任、新疆老年大学艺术团副团长、合唱团团长兼艺术指导。

张爱兰（1933— ）

女竖琴、钢琴教育家。北京人。1954年毕业于沈阳东北音专钢琴系，1960年毕业于上海音乐学院竖琴德国专家班。世界国际竖琴协会会员。曾任长春电影制片厂乐队演奏员，沈阳音乐学院附中钢琴、竖琴、副教授。曾参加箜篌双千斤二胡三重奏《二泉映月》，成为我国改革箜篌的首次公演。著有《钢琴快速演奏训练法》《箜篌概述》。为香港艺声唱片公司录制箜篌独奏音带，为辽宁广播电视音像公司录制《钢琴快速演奏训练法》录像带。

张爱群（1949— ）

作曲家、指挥家。吉林辽源人。毕业于吉林师范大学。1970年在辽源市京剧团，后师从尚德义教授学习作曲。1975年起任指挥、作曲，1980年任辽源市轻音乐团团长，后任市文化局副局长、市文联党组书记及市文联主席、音协主席。作有《东辽河之源》管弦乐曲2部，大量歌曲及戏曲音乐二十余部，歌舞剧音乐1部，出版音乐著作3部，发表论文21篇。《溪水情》等八十余首歌曲分别获全国及省、市级金、银、铜奖。歌舞剧《长河》由辽源市艺术团演出。

张安祥（1962— ）

中提琴演奏家。北京人。1980年毕业于中央音乐学院管弦系。先后任北京交响乐团演奏员，中央乐团室内乐团、中国交响乐团、中国爱乐乐团声部首席。曾获北京市音乐比赛中提琴独奏表演奖、中国国际和平友谊之声音乐比赛重奏优秀奖。参加中国音乐家五人小组赴阿根廷、委内瑞拉等国进行文化交流演出，日本长野冬奥会开幕式演出，澳门国际音乐节演出，并由中央台录制《泰勒曼G大调中提琴协奏曲》唱片。

张拔山（1940— ）

戏曲作曲家。海南人。曾任海南省文化艺术学校音乐科舞蹈科科长。海南剧协副主席。1959年入广东琼剧院学习戏曲音乐理论。曾为琼剧《石井村》《福树开花》《接绳路上》《放鸭》《苗山红日》等设计唱腔音乐。曾任

《琼剧过场音乐》《琼剧唢呐曲牌》编辑，编写教材《琼剧语言》《琼剧打击乐》。撰有《谈谈海南音乐的创作和演唱》《琼剧音乐表现现代题材的经验和问题》《琼剧唱词句末字的声调》等文。

张百顺（1942— ）

指挥家。作曲家。河南安阳人。曾任河南省音协理事，安阳市音协副主席。1969年任安阳市文工团乐队队长、指挥。曾执棒演出现代舞剧《白毛女》《红色娘子军》《沂蒙颂》，歌剧《刘胡兰》《刘三姐》，钢琴协奏曲《黄河》等剧目并在全省巡回演出。1978年调市群众艺术馆，1985年任副馆长后，曾策划、组织、举办各类大型群众音乐活动数十项，在省以上发表或获奖的歌曲数十首。2002年率团参加全国老年合唱大赛获铜奖。

张百学（1940— ）

作曲家。山西芮城人。1962年起任中学音乐教师，1982年赴四川音乐学院作曲系进修，1985年调县总工会工作。在国家和省级发表歌曲、音乐论文五十余篇（首），其中《祖国在召唤我们少年》，被推荐为北京市1986年红五月歌咏活动比赛歌曲之一。《心灵的歌》收录入《唱给老师的歌》专题片。获奖作品有《亚宝颂》，民族器乐曲《秋声》（合作）及音乐论文《怎样识别特殊民族调式》。

张邦联（1933— ）

圆号教育家。广东顺德人。星海音乐学院圆号副教授。中国音协圆号学会第二届理事。1949年入广东军政大学，毕业后分配到部队文艺团体。先后在某兵团文工团、志愿军政治部文工团与总政歌舞团任乐手、声部长、代理指挥。1965年随总政歌舞团出访苏联、罗马尼亚。曾指挥舞蹈《高地相逢》及大型舞剧《湘江北去》等。1969年后在广东人艺音乐系、广州音乐学院从事圆号教学。

张宝庆（1937— ）

笛子演奏家、教育家。云南昆明人。1960年毕业于四川音乐学院民乐系，后留校任教。中国民族管弦乐学会名誉理事、竹笛专业委员会顾问。擅长演奏多种民族乐器，长期从事民族音乐教育和民族音乐研究。创作多首民族管乐独奏曲。笛子与古筝《春韵》等6首乐曲在日本演出时录制盒带。笛子独奏曲《欢乐的节日》收录于《中国竹笛名曲荟萃》，并录制唱片。笛子与乐队《阿诗玛叙事诗》（合作）获全国第二届民族器乐创作二等奖。撰有《云南洞经音乐发微》等论文。

张宝仁（1956— ）

长号演奏家。辽宁凤城人。1972年考入解放军军乐团，历任学员、演奏员。军乐团二队长号声部首席、声部长。参加大量的国家和军队重要内、外司礼演奏以及国内外音乐会的演出。获第七届全军文艺汇演三等奖。曾随团赴日本、芬兰、俄罗斯、新加坡、德国等国参加国际军乐节演出活动。

Z

张宝源（1934— ）

　　低音提琴演奏家。天津人。1951年入中央歌剧院交响乐队。后调中国歌剧舞剧院。中国低音提琴学会理事。作有低音提琴独奏曲《草原的歌》。

张保生（1948— ）

　　作曲家。河北香河人。河北省音协副主席、邯郸市音协主席。1962年开始自学作曲，1972年发表作品。1983年考入天津音乐学院作曲专修班，毕业后从事音乐创作。在全国各级刊物发表有大量作品。《麦子熟了》《祖国好，党最亲》《默默地奉献》《草编新韵》等数十件作品获全国"群星奖"、民族团结征歌奖、省"五个一工程"优秀作品奖、省"振光"奖等。

张暴默（1958— ）

　　女高音歌唱家。浙江杭州人。1974年入二炮文工团任独唱演员。曾在中央音乐学院进修，师从郭淑珍、刘淑芳学声乐。获"神州歌坛十二星""全国听众最喜爱的歌手"称号，获全军文艺汇演一等奖、"十年歌坛成就奖"等。演唱有《孟姜女》《敢问路在何方》《太湖美》《鼓浪屿之波》《火箭兵的梦》等。1991年在北京举办"丰收的季节"个人独唱音乐会。曾旅居美国。

张北方（1931— ）

　　豫剧作曲家。河南开封人。1951年入上海音乐学院音干班进修。后在河南省戏曲学校任教。曾参加豫剧《朝阳沟》《刘胡兰》《李双双》及戏曲电视剧《山情》等唱腔音乐设计。

张碧华（1923—已故）

　　女钢琴教育家。浙江杭州人。1948年毕业于国立上海音专钢琴系本科，同年任上海私立沪江大学音乐系助教。1951年调上海华东师范大学音乐系任讲师。1955至1984年在上海音乐学院任教。培养的钢琴学生多人考入音乐院团，并在国内、国际钢琴比赛中获奖。

张标秀（1933— ）

　　作曲家。广东梅州人，出生于印尼。1953年毕业于中南部队艺术学院。任梅州市梅江区文联常务副主席。炮兵某部队宣传队、梅县文艺轻骑队、梅县山歌剧团作曲兼声乐指导。创作的主要山歌剧音乐有《十八娇娇血泪情》《虎牙山上》《苦楝岗》等，电视剧音乐《先生李文国》。创作歌曲百余首，其中《织女穿花》《五更寄情》录制成唱片。民乐小合奏《欢乐的老太婆》曾作为中央电台广播前奏曲。为梅州制药厂创作的厂歌获省行业歌曲比赛一等奖。

张秉燎（1936— ）

　　民族乐器教育家。四川大邑人。1957年毕业于西南音专器乐系，后任四川音乐学院民乐系弦乐教研室主任，副教授。作有二胡独奏曲《人勤春来早》《千里凉山百花开》等。

张炳勋（1932— ）

　　作曲家。河南武陟人。1951年从事音乐工作，1956年入湖北省歌剧团从事音乐创作，后任湖北音像艺术出版社编辑部主任。作有《葛洲坝交响大合唱》获第二届"琴台音乐会"优秀制作奖，歌曲《歌儿唱起来》获湖北省"八十年代新一辈"征歌一等奖。

张波岩（1953— ）

　　小提琴演奏家。黑龙江宁安人。1968年毕业于中央音乐学院附小，系统掌握了小提琴的各种演奏技巧。1970年考入总政歌舞团，参加了各种大型音乐会的演出，赴俄罗斯、捷克、德国、朝鲜等多个国家，完成各种演奏任务，在全军重大演出中任联合乐队的总乐务，并长期担任乐队小提琴分队长，出色的完成了各项任务。

张伯杰（1923— ）

　　潮剧音乐理论家。广东普宁人。生于泰国。1948年毕业于国立社会教育学院社会艺术系音乐班。1955年入汕头广东潮剧团研究室任音乐组长。著有《潮剧唱腔音乐研究》，编有《潮剧音乐》。

张伯雄（1934— ）

　　打击乐演奏家。满族。北京人。曾任昆明军区军乐队分队长、歌舞团演奏员、昆明军区军乐集训队指挥。云南音协管乐学会副会长。器乐作品有黑管二重奏《贺新房》（佤族），《基诺山歌》（基诺族），合作佤族舞曲《喜敲木鼓》，歌曲《大理三月街》（白族），曾在14军文艺汇演、北京全军军乐会演中分别获奖。参加国庆35周年大典、阅兵式，任总政联合军乐团二大队指挥。

张博义（1959— ）

　　男高音歌唱家。河北博野人。1975年从事部队文艺工作，1983年毕业于天津音乐学院声乐系，后在河北歌舞剧院工作。1985年获全国聂耳·冼星海声乐作品演唱比赛特别奖，1986年获全国歌剧调演优秀演员奖。

张长安（1938— ）

　　作曲家。湖北汉川人。曾为湖北省曲艺团作曲，湖北曲协理事。撰有《湖北小曲曲牌分类之管见》《湖北小曲历史源流沿革初探》等文。编创湖北小曲《提亲、抢亲》《龙舟情思》《黄鹤楼抒怀》《选妃》《一叶惊秋》，曾先酿获湖北省一至四届"百花书会"编曲、伴奏一等奖和二等奖，作曲的电视音乐片《楚歌·碟子曲》获第三届全国电视文艺"星光奖"二等奖，作曲的电视短剧《一碗荞麦面》获第十三届全国电视剧"飞天奖"一等奖。

张长安（1939— ）

　　大提琴演奏家。河南人。新疆联合交响乐团大提琴首席，新疆音协大提琴学会秘书长。1964年毕业于西安音乐学院，长期从事大提琴演奏和教学工作。曾任新疆军区文工团乐队队长、团长、艺术指导等。先后演奏过多部大型交响乐、歌剧、舞剧等作品。在大提琴教学工作中，为新

Z

疆培养出一批大提琴演奏人才进入高校或音乐团体。

张长城（1933—已故）

板胡演奏家。陕西渭南人。六岁习艺。1949年从事部队文艺工作。后为二炮文工团独奏演员。作有乐曲《红军哥哥回来了》《绣荷包》，著有《板胡演奏法》。1957年获第六届世界青年联欢节金质奖章。1957年在巴基斯坦亚洲音乐会获金质奖章。

张朝晖（1967— ）

歌唱家。回族。安徽人。安徽音协声乐学会理事、马鞍山市歌舞团独唱演员。2002年获安徽省民歌歌会大奖赛专业组一等奖，2004年获安徽省第七届艺术声乐比赛美声唱法第一名。曾多次应邀参加安徽省大型文艺晚会及李白国际吟诗节等大型文艺演出。多次被市委、市政府授予文艺工作者称号及"创建国家环保模范城"先进个人，并获政府"太白文学艺术奖"。2006年被授予"德艺双馨"荣誉称号。

张朝翔（1954— ）

作曲家、指挥家、音乐教育家。四川渠县人。1975年于上海音乐学院进修并结业。发表音乐作品二百余件，其中部分作品获国家和省、市奖。指挥音乐会和文艺演出二百余场并举办个人音乐会。1984年获江西省职工优秀自学成才奖，1991年获全国自学成才者荣誉称号。2005年获中央宣传部、中央文明办、教育部、文化部等单位联合颁发的中国青少年社会教育"银杏奖"、个人突出贡献奖。

张成全（1930— ）

歌唱家。辽宁人。曾为中国群众文艺协会辽宁分会理事，鞍山市音协副主席。1956年毕业于沈阳东北音专声乐系。曾在鞍山市歌舞团任独唱演员、艺术指导、团长，市曲艺团导演、副团长，1987年调市群艺馆任馆长。演唱大量中、外歌曲，曾在歌剧《白毛女》《洪湖赤卫队》等歌剧中担任主要角色。创作歌曲近百首，多首获市级奖。培养大批声乐人才在各项比赛及演出中获奖。

张成喜（1953— ）

歌剧表演艺术家。山东人。天津歌舞剧院独唱演员。1982年毕业于天津音乐学院声乐系，并授予文学学士学位。曾主演《货郎与小姐》《费加罗的婚礼》《江姐》等六部歌剧。参加有大量演出活动，曾随天津艺术团赴泰国、香港、意大利访问演出，多次参加天津市春节联欢晚会、国庆联欢晚会、公益及慰问演出。并多次在天津市和华北五省市的声乐比赛中获奖。

张承军（1954— ）

男高音歌唱家。北京人。1972年步入职业演唱事业。上海音乐学院专修，师从高芝兰教授。曾任南充歌舞剧院、上海歌舞团、杭州歌舞团主要演员。杭州师范学院声乐教授。曾在多部中外歌剧中任主角，举办多场个人演唱会，为《济公》等电视剧配唱插曲。发表《中国唱法的追求》等文多篇。1985至1988年获全国声乐比赛"银孔雀杯

奖"等4项奖。其学生在全国、全军声乐比赛中多次获奖。

张承宪（1954— ）

作曲家。安徽合肥人。安徽芜湖市艺术剧院院长，市音协主席，研究馆员。作词、作曲的歌曲有《皖之风徽之韵》《江南春早》《中华铁画》等，舞蹈音乐有《缅怀》《幸福的渔家女》《国色天香满园春》等，有的作品获文化部创作奖、安徽省文化厅创作一等奖。出版《文化的操练》《文化的脚印》《文化的歌吟》。曾担任安徽省第五届农运会开、闭幕式以及"丰碑颂""群星璀璨"等文艺晚会的策划、撰稿、作曲、总导演。

张承业（1956— ）

小提琴家。江苏南京人。1982年毕业于南京艺术学院音乐系并留校任教。1993年赴美国麦迪逊大学音乐学院访问进修，同时从事文化交流活动，多次举行小提琴独奏音乐会并作关于中国小提琴作品的专题报告。1995年回国后举行"外国作品专场"独奏音乐会。2001年应邀为美国弦乐教师撰写论文介绍小提琴协奏曲《梁祝》。同年举办"张承业师生音乐会"。在《中央音乐学院学报》等刊物发表教学论文、译文十余篇。

张诚心（1957— ）

圆号演奏家。山西人。先后毕业于内蒙古艺术学校和解放军艺术学院。曾获全国第一届圆号比赛第三名，同年任解放军总政歌舞团管弦乐团第一圆号。1986年起先后任中央乐团、中央歌剧院、中国交响乐团、北京交响乐团圆号首席、声部长。1998年调中央音乐学院任本科及研究生导师，兼任中国人民大学徐悲鸿艺术学院与中央民族大学音乐系圆号客座教授。曾担任文化部考核委员会评委，全国首届管乐室内乐比赛评委及全国圆号考级专家委员会成员。中国圆号学会副会长。出版作品有《圆号经典名曲集》《圆号演奏大全》《圆号演奏杂谈》《圆号教学》和《圆号基础教程》VCD及谱例。

张澄汉（1928— ）

作曲家。广东开平人。曾任开平第一中学，广州越山中学，开平教师进修学校、电视大学等校教师与市红星剧团团长、教工话剧团副团长兼导演。创作大型管弦乐合奏曲《春到侨乡花似锦》《希望工程畅想曲》等，话剧《深秋黄叶》《一道数学难题》曾获曹禺戏剧文化奖、中国戏剧文学奖，歌曲《美加华裔夏令营歌》《家乡新气象》等。出版粤曲专集及歌集、剧集多册。曾任《中国民间文学集成·广东卷》（开平卷）等三套副主编、主编。

张春和（1945— ）

指挥家。北京人。1959年入天津歌舞剧院，1981年入中央音乐学院指挥系进修，后任天津乐团指挥。作曲并指挥歌剧《十五的月亮》获文化部优秀表演奖和创作奖。

张春林（1947— ）

音乐教育家。北京人。1973年安徽师范大学音乐系毕业留校任教，后为音乐学院副教授、硕士生导师。1993年

入上海音乐学院作曲与作曲技术理论骨干教师班学习。安徽省手风琴委员会会长。获安徽省教育委员会"陈香梅"教学奖、安徽师范大学"皖泰"教育奖。作有舞曲《洋娃娃的欢笑》获全国少儿歌舞比赛安徽赛区二等奖，组歌《青春的浪潮》获安徽省第一届青年文化节特别奖，女声独唱《青春芳草地》获安徽省1996年"五个一工程"奖。

张春宁（1956— ）

女高音歌唱家。江苏人。1991年毕业于江苏省电视大学专科班。江苏省歌舞剧院副院长。作为独唱、领唱演员多次参加大型文艺汇演并获奖。女声弹唱《搭凉棚》获文化部表演二等奖，独唱《树苗儿青青》由省电台录制为"每周一歌"，并在历年植树节中播放。曾在省外办等组织的外事旅游上百场演出中任独唱。曾随团赴日本、澳门访问演出。

张春一（1957— ）

音乐编辑家。朝鲜族。黑龙江哈尔滨人。北京千思唱片公司总经理。1976年毕业于沈阳音乐学院。曾任工程兵文工团、武警文工团演奏员。参与编辑制作的音像制品《孙佳星儿童歌曲集》获首届全国音像制品银奖，《竹花花》《青海青》获第三届全国优秀文艺音像制品一等奖。

张丛笑（1963— ）

女高音歌唱家。河南郑州人。毕业于河南省戏校，1980年调入中华全国总工会文工团担任独唱、二重唱。演唱的歌曲有《恩恩爱爱》《河南老乡》《怎叫游子不思乡》《五月》《春的笑容》《微笑》《劳动礼赞》等。为电视剧《母亲的家园》演唱插曲《山榆花》，为音乐风光电视片《孔雀的故乡——西双版纳》录唱《婚誓》《两只斑鸠一个窝》《金色缅桂》，为歌曲《劳模颂》录制音乐单曲。2004年策划组织"歌声颂劳动，情暖职工心"全国巡回慰问一线广大职工演出活动。

张翠兰（1958— ）

女扬琴演奏家。江苏南京人。副教授、硕士生导师。1977年考入南京艺术学院音乐系，师从钱方平教授专修扬琴演奏。曾获江苏省第二届音舞节民族器乐比赛扬琴演奏一等奖、全国民族器乐南京邀请赛扬琴演奏一等奖、第十四届"上海之春"二胡比赛及江苏省青少年二胡比赛优秀伴奏奖。《海燕》《节日的天山》等十余首演奏的作品被广播或录制唱片。主编《扬琴考级曲集》由上海音乐学院出版社出版，并在《中国音乐》等刊物发表论文十余篇。曾赴世界十余个国家演出。

张达民（1934— ）

大提琴演奏家。山西河曲人。毕业于北京电视大学中文系，长期从事大提琴演奏及音乐教学。曾任北京交响乐团办公室主任。1949年入绥远省军区军政干校，后任绥远省军区文工团二胡演奏员，1952年调总政军乐团教师培训班学习大提琴。曾任总政军乐团第一任大提琴声部首席及学员班大提琴教师。70年代起先后任北京艺术学校大提琴教师、北京交响乐团第一任大提琴声部首席、乐队副队长。编撰有《大提琴基本功训练教程》，作有大提琴独奏曲《牧区的春天》《好友相逢叙乡情》及合唱曲《歌唱新北京》《红色老战士之歌》等。

张大光（1934— ）

音乐活动家。天津苏县人。1948年入冀东区党委文工团任乐队演奏员。1959年入河北省歌舞团工作。后任河北省歌舞剧院副院长。

张大华（1953— ）

鼓乐演奏家。河南永城人。历任济南军区前卫文工团民族乐队打击乐首席、队长，中国民族管弦乐学会理事，中国专业打击乐委员会常务理事。创作多首吹打乐曲目并在全国全军获奖。《秦王破阵乐》《神虎飞雷》入选《中国民族乐曲博览——打击乐》专辑、被收入《打击乐考级教材》。1987年在中国首届艺术节开幕式千人大乐中任打击乐首席。曾出访十几个国家和地区。2002年作为打击乐首席随"中国红星民族乐团"在维也纳金色大厅举行"中国马年春节民族音乐会"。

张大力（1958— ）

作曲家。回族。辽宁鞍山人。1989年毕业于沈阳音乐学院作曲系。同年考入海政歌舞团任作曲，1995年转业调中国歌舞团任作曲。创作舞蹈音乐《心中的红黄蓝》《送椰子的姑娘》，声乐曲《蓝色的梦想》《寂寞也是一首歌》《山妹子与水兵哥》，器乐曲《小提琴协奏曲第一号》《双簧管与乐队》等。发表《爷爷和妈妈对我说》《光荣的勇士》《你的微笑》等歌曲。作有轻歌剧《太阳·气球·流行色》。曾任中央电视台大型文艺晚会音乐总监。

张大龙（1952— ）

作曲家。河北人。首都师范大学音乐学院作曲系主任、教授、博士生导师。中国音协第七届理事。曾就读于西安音乐学院、上海音乐学院作曲系。作有歌剧《三换新郎》，大提琴八重奏《秋思》，室内乐《渔阳鼙鼓动地来》，琵琶三重奏《堡子梦》，交响序曲《我的母亲》，单簧管协奏曲《遥远的故乡》，舞剧《白鹿原》（合作）《大围屋》，曲笛协奏曲《飘》及电影音乐《寡妇村》《五魁》《站直了，别趴下》《埋伏》《派出所的故事》《没事儿偷着乐》《别拿自己不当干部》，电视剧音乐《牛王琴的树》《关中往事》《关中女人》《诺尔曼·白求恩》《和平使命》《激情燃烧的岁月2》等，多部作品获国际、国内奖。被授予"有突出贡献的中青专家"及北京市"德艺双馨艺术家"等称号。

张大强（1926— ）

作曲家。山东人。1946年从事文艺工作，历任歌舞团演员、队长、团长。山东省文化局艺术处副处长。山东省音协常务理事。作有歌剧音乐《彻底翻身》（合作），《姐妹拥军》《结婚》，歌曲《为了抗美援朝》《做军鞋》《渔歌》《妹在月下编筐忙》《纺织姑娘》，歌舞《摘玫瑰》音乐，舞蹈音乐《红灯照》《大观灯》《百鸟朝凤》《巧姑娘》等。

张大森（1945— ）

琵琶、柳琴演奏家。北京人。1960年参加中国广播民族乐团，任团长兼指挥。录制有琵琶曲《春江花月夜》，柳琴协奏曲《二月·幽燕春早》，双柳琴协奏曲《春天随想曲》。创作有琵琶与乐队《塞上曲》，古筝与乐队《小河淌水》，民族管弦乐《苏堤漫步》，弹拨乐合奏《欢乐的边塞》等四十余部民族器乐作品。2000年获文化部颁发的"为文化艺术事业做出突出贡献证书"。曾为中国音协民族音乐委员会委员、中国民族管弦乐学会常务理事、清华大学人文学院艺术发展顾问。

张丹红（1954— ）

女音乐活动家。北京人。黑龙江省音协副主席。1982年毕业于哈师大艺术学院。先后在英国史迪文森语言学院、爱丁堡音乐学院学习，并举办两场个人独唱音乐会，举办多场重大音乐活动。回国后主持参加省内重大演出五十余次，创意、策划组织重大音乐活动百余次、撰写音乐文章四十余篇，主编歌、文集12本，主编《北方音乐》数十期。创建省"红天鹅"音乐专项资金。曾任中国音协社会音乐委员会副主任，中国音协电子琴学会秘书长。2002年获第二届中国音乐"金钟奖"个人组织奖。

张道琳（1929— ）

音乐活动家。江苏人。从事音乐辅导和音乐组织管理工作。1988年获山东省中专青年教师讲课比赛辅导一等奖。同年山东举办中等师范学生音乐舞蹈比赛，组织选送的节目有3个获奖。1991年山东省教委举办歌咏比赛及校园歌曲征集评选活动，报送参赛的歌曲获一等奖1首、二等奖5首、三等奖10首、鼓励奖5首。

张道敏（1945— ）

作曲家。河南人。1962年毕业于河南潢川师范艺术班，后入中央音乐学院作曲系（函授）学习。曾在信阳市文工团任作曲，在信阳市文化馆从事创作，1984年任信阳市文化局局长。创作歌曲数十首，《请到茶乡来》曾成为歌唱家吴雁泽的保留曲目，获河南省歌曲创作一等奖，《你在我心中》获全国工人歌曲创作一等奖，为音乐歌舞片《春潮河南》（合作）作曲，获1995年河南省"五个一工程"奖。组织多次文艺演出及群众性音乐活动。

张德安（1951— ）

唢呐演奏家。山东人。从小随父学艺，7岁时演奏《河南曲牌》等，获山东省文艺调演特别奖。1971年毕业于中国音乐学院附中，分配到中国广播艺术团。曾演奏《喜庆丰收》《百鸟朝凤》《一枝花》等曲目。曾录制唢呐独奏《红旗渠上红旗扬》《节日情怀》《田野牧歌》《粉蝶采花》等。曾随团出访德国、意大利、日本等国以及香港、澳门、台湾地区，并于2000年出访奥地利，在金色大厅举办新春音乐会。

张德富（1954— ）

歌唱家、声乐教育家。吉林白城人。1975年考入中国广播艺术团任独唱演员。1983至1985年在中国音乐学院进修声乐，并随中国艺术家代表团赴塞浦路斯参加世界青年节。为中央电台、电视台、中唱公司录制数百首歌曲，并为中录公司录制数盒演唱专集。在中央电台举办的"全国广播新歌征集评选"中，演唱《红土地的风采》获金奖。曾作为访问学者赴西班牙高等声乐学院进修，先后在马德里、冈萨雷斯、巴塞罗那举办独唱音乐会。回国后，录制个人独唱专辑盒带《拉美情歌》。多年来致力于"声韵教学法"的研究，培养出一批歌唱人才。曾赴日本、新加坡、瑞士、法国、希腊等国进行访问演出。

张德河（1944— ）

音乐编辑家、歌词作家。河南卫辉人。开封师院艺术系音乐专业毕业，曾在郑州市青少年宫工作。1985年调河南电台任副总编辑、河南省音协副主席、河南大学艺术学院教授。所作广播音乐专题《中原情》获省首届"文学艺术优秀成果奖"，音乐专题《省长邀请来的小提琴演奏家》获首届中国广播文艺一等奖，《朝拜朱载堉》获中国广播文艺二等奖，《黄河边的故事》获上海广播音乐节国内十佳节目奖，作词歌曲《七月山歌》获中宣部"五个一工程"奖。出版《情梦集》。曾获全国儿童少年先进工作者及省五一劳动奖章等荣誉称号。

张德宏（1954— ）

小号演奏家。山东掖县人。解放军军乐团首席小号。1970年考入军乐团小号专业学习。1982年考入中央音乐学院管弦系，毕业后任军乐团小号演奏员。参加过诸多重大演出活动并演奏部分独奏、重奏曲目。曾在全军文艺汇演中获奖。

张德钧（1939— ）

女民歌演唱家。北京人。1956年入中央歌舞团，后在中央民族乐团工作。1957年获第六届世界青年联欢节合唱比赛金质奖（担任领唱），在音乐舞史诗《东方红》中任领唱。

张德美（1963— ）

作曲家、音乐活动家。湖南常德人。海南省音协副主席。1988年毕业于湖南师大音乐学院。曾任海南省高校音乐教师。出版及发表音乐作品多件，多次获奖，在中央电台及省电视台播、发表音乐作品四十多件。歌曲《永恒的诺言》《大海也是我的家》《海南独揽天下美》拍摄成音乐电视，为电视剧《多梦的青春》《天涯嫂》创作主题歌。多次策划大型音乐会及综合文艺晚会并担任艺术总监和导演。被评为海南省德艺双馨优秀艺术家。

张德民（1958— ）

作曲家。河南濮阳人。1976年参加工作。结业于西安音乐学院作曲系。创作交响乐、舞蹈音乐、音乐剧、杂技乐曲、合唱、独唱等各类体裁音乐作品数十件。部分声乐作品先后发表于《上海歌声》《音乐天地》《流行歌曲》

Z

杂志。多次获省级以上优秀音乐创作奖。为电视连续剧《婚变》谱写音乐。

张德宁（1956— ）

作曲家、指挥家。陕西乾县人。1987年毕业于西安音乐学院作曲系。历任陕西戏曲研究院秦腔团、华剧团板胡演奏员，艺委会作曲、指挥，1997年后任研究院艺研中心作曲、指挥。作有秦腔《大漠情》《郑国渠》《千古一帝》，眉户《好年好月》，碗碗腔《金碗钗》，为电视剧《初定中原》配器、指挥等，分获优秀音乐创作奖、"五个一工程"奖、"东华杯"最佳音乐奖、优秀配器奖等多项。发表《戏曲乐队指挥应注意的几个问题》《音乐设计——戏曲适应时代的切入点》《适者存，变者兴——中国地方戏曲音乐发展浅论》等文多篇。

张德信（1947— ）

双簧管演奏家。湖北人。1965年毕业于武汉艺校。后入武汉歌舞剧院乐团，1993年在武汉乐团任声部长、首席。作有双簧管独奏曲《胜利的节日》（获创作二等奖），《春舞》（获创作奖）等。作有歌曲《永远在一起》《你是春风》《带去我的心》等8首词、曲创作，出版有《爱的歌》盒带。为日本歌曲填词《爱你永不变》《默默分手》《美好时刻》等11首，并由出版社录制音乐盒带。双簧管独奏《海顿C大调协奏曲》曾获1983年武汉市优秀中青年演（奏）员调演二等奖。

张棣昌（1918—1990）

作曲家。广东梅县人。1939年入学于延安鲁艺音乐系。后在东北鲁艺任教。1940年以来创作有《八路军留守兵团军歌》，大联唱《铁树开了花》，秧歌剧《全家光荣》等作品。1948年调长春电影制片厂为《赵一曼》《党的女儿》《甲午风云》《我们村里的年轻人》等三十多部故事片作曲。曾任长影乐团团长、厂艺委会副主任。1955年《丰收》影片音乐获文化部优秀奖。1981年《边寨烽火》《红孩儿》等7部影片获优秀影片奖。歌曲《缅桂花开十里香》《人说山西好风光》获优秀作品奖、广播金曲奖。第一、二、三届中国影协理事，中国文联副主席，广东省音协第三届主席。

张棣华（1937— ）

琵琶演奏家、教育家。山西永济人。1953年入西北艺专附中学习三弦，后升入本科专修琵琶。1959年毕业于西安音乐学院民乐系并留校任教。潜心钻研琵琶教学规律及其演奏理论，培养大批琵琶演奏与教学人才，并在比赛中获奖。编著《琵琶基础教程》《琵琶练习曲》《琵琶教材》，发表《琵琶发音漫议》《陕西风格音乐琵琶演奏技法》《谈琵琶技术训练中的几个问题》《琵琶吟揉阐微》等论文多篇，合著有《三弦演奏法》《三弦基础教程》。

张殿英（1939— ）

作曲家。山东临沂人。1959年考入中央音乐学院，1965年毕业于中国音乐学院作曲系并留校任教。1973年调入中央新闻纪录电影制片厂，1978年调入中国电影乐团任艺术指导、副团长，曾任中国民族管弦乐学会副会长兼秘书长。作品有民族交响诗《岳飞》，二胡协奏曲《母亲》，琵琶协奏曲《民族》，大胡协奏曲《人生》，民族管弦乐《载歌载舞庆佳节》等。并为《华山自古一条路》《南京长江大桥》《大庆新貌》《辉县人民干得好》《坦赞铁路》等创作电影、电视音乐。

张定和（1916— ）

作曲家。上海人。1933至1937年就读于上海音乐专科学校，师从黄自学习音乐理论及作曲，同期创作歌曲十余首。1938年后创作有《嘉陵江水慢慢流》《流亡之歌》《江南梦》等多首抗战歌曲及话剧《棠棣之花》插曲。1950年始任中国歌剧舞剧院作曲，作有歌剧《槐荫记》，舞剧《铜雀伎》音乐，话剧《桃花扇》《文成公主》《枯木逢春》《大风歌》插曲及音乐，戏曲电影《十五贯》《二度梅》场景音乐，合唱曲《人民英雄永垂不朽》《十三陵水库畅想曲》《我们的前程光芒万丈》。曾获第二届中国音乐"金钟奖"终身成就奖。

张定珠（1928—2008）

女音乐编辑家。陕西西安人。1950年入西北文化部音乐科（西安音协前身）编辑《群众音乐》。1955年毕业于西安音乐学院理论作曲系，后任中央电台文艺部主任编辑。在中央电台文艺部工作的三十多年里，从事编辑、制作和出版各类文艺节目，采访报道各种音乐活动，编写介绍声乐、器乐作品和词曲作家，评选优秀音乐节目等工作。编辑出版有《音乐教育辅导讲座》及《广播电视歌曲集》。

张东方（1938— ）

男高音歌唱家。广东梅县人。1962年调入西安市歌舞剧院歌舞团。曾随中央代表团赴新疆为自治区成立十周年庆典演出。1968年在现代芭蕾舞剧《白毛女》中担任杨白劳领唱。在大型《唐长安乐舞》中担任《秦王破阵乐》领唱。合作歌曲《我们是光荣的共青团员》被共青团中央评为优秀青年歌曲，《雄狮之歌》评为优秀企业歌曲。1985年考入中国函授音乐学院理论作曲系学习。2001年后在广州首届"美在金秋"老年风采大赛中获独唱银奖。曾应邀参加"全球华人、华侨中国海峡两岸和平统一促进会——2007布达佩斯年会"演出。多次应邀赴香港、澳门演出。

张东辉（1947— ）

歌词作家。江苏常熟人。曾在成都军区战旗歌舞团任演员、创作室主任。毕业于解放军艺术学院话剧专业。作品曾数次获全国"五个一工程"奖、电视文艺"星光奖"等奖项。发表出版歌词集《生命的花季》《月光落地的声音》，合唱组歌《云南风情》《边寨童谣》及《慈祥的母亲》《康巴汉子》《和平摇着风铃》《妈妈格桑拉》等歌曲。策划、执导"青春中国——全国大学生运动会开幕式""东方绿洲——国际熊猫节开幕式"等百余台电视晚会。创作《宣战》《探亲》《桃花红》等30多部电视剧、话剧、音乐剧和歌舞剧。

张东升（1955— ）

长笛演奏家。河北人。内蒙古民族歌舞剧院副院长兼该院交响乐团首席。13岁起学习长笛，先后师从中央芭蕾舞团的塔斯和中央乐团的李学全。1991年毕业于天津音乐学院。先后参加李德伦、张培豫、田久保裕等著名指挥家和剧院所有歌舞、歌剧及交响音乐会的演出。2000年参加内蒙古自治区室内乐比赛木管五重奏并获奖。受聘于内蒙古师大音乐学院、内蒙古大学艺术学院担任客席教授。

张东胜（1948— ）

女钢琴教育家。陕西神木人。原沈阳音乐学院附中键盘学科副主任。1991年由辽宁省教学院艺术系毕业。曾在沈阳市幼儿师范学校及艺术体育师范学校任教。撰有《二十世纪音乐美》《节拍器在钢琴学习中的作用》《肖邦的降b小调谐谑曲》《使你的演奏更精彩》等文。多名学生在国内、国际钢琴比赛中获奖，本人多次获"优秀指导教师奖"。

张敦智（1938— ）

作曲家、音乐教育家。山东人。曾任上海音乐学院副院长、教授。上海音协副主席。1953年考入上海音乐学院附中高中部作曲科，1957年升入本科作曲系，1962年毕业，师从丁善德教授。1960年赴云南少数民族地区采风，创作毕业作品《金湖大合唱》，于1962年"上海之春"演出。1978年赴东北小兴安岭森林和长白山森林深入生活，创作合唱音诗《森林日记》，于1984年"上海之春"由上海乐团合唱团演出，司徒汉指挥。同年，随上海电视台赴小兴安岭、九寨沟创作音乐摄成艺术片。

张恩熙（1937— ）

作曲家。河南人。中学高级音乐教师。1955年毕业于河南开封艺术师范学校，长期从事小、中小学音乐教学，曾任郑州市少年宫小红鹰艺术团辅导教师。先后在各级报刊发表歌曲和教改论文多篇。曾为专业艺术团体、部队院校等培养、输送扬琴专业人才，有多名学生在全国和省、市级比赛中获奖。被中国民族管弦乐学会聘为全国民族器乐艺术水平考级考官，多次被评为优秀辅导教师。

张伐生（1930— ）

作曲家。北京人。江西新余钢铁厂艺术团副团长。1959年入北京艺术师范和上海音乐学院随陆修棠学习二胡。多件音乐作品参加省级汇演，主要获奖作品有歌曲《并蒂花》于1984年获省"建设者之歌"征歌二等奖，舞蹈曲《旱冰场上的欢乐》，器乐合奏曲《钢城节日》、歌曲《钢厂冶炼了我》于1987年分获江西省冶金系统首届文艺汇演一、二、三等奖，二胡琵琶二重奏曲《觅》于1988年获江西民乐比赛创作三等奖。

张方鸣（1955— ）

二胡演奏家。上海人。中国广播民族乐团二胡首席、独奏演员。1977年毕业于北京广播学院艺术系。演奏录制的曲目有《二泉映月》《秋风吟》《山东小曲》《江南春色》《叙事曲》《一枝花》，重奏《中花六板》，协奏曲《不屈的苏武》《随想曲》等。多次与新加坡、台湾、澳门的乐团合作举办音乐会出任独奏。撰有《评"昭君出塞"》。

张飞龙（1952— ）

音乐教育家。上海人。浙江湖州师范学院艺术学院院长、教授。1977年毕业于上海音乐学院民族器乐系二胡专业。曾任山东曲阜师范大学艺术系主任、音乐系主任。1996年应邀赴美国 Skidmore College 讲学一年，期间与钢琴家 Pola Baytelman 合作举办二胡独奏音乐会，巡演美国各地并出版专辑。应邀担任美国西雅图中国艺术音乐协会的顾问和指导。在全国学术刊物上发表论文三十余篇，出版二胡重奏曲4集。

张丰年（1931— ）

小提琴演奏家。河北人。1948年入内蒙纳文慕仁盟文工团。后在内蒙歌舞团任小提琴首席。后任包头市歌舞团艺术指导。

张凤朝（1938— ）

男高音歌唱家。吉林敦化人。1960年从事部队文艺工作，后任吉林省歌舞剧团独唱演员。曾在歌剧《茶花女》中饰男主角。

张凤良（1929— ）

音乐活动家。山东济南人。先后就读于华大、山大、华东艺专音乐系。历任省音协秘书长、副主席、主席，中国音协常务理事。1954至1991年，创办《山东歌声》。规划组办山东农民歌舞汇演、山东首届音乐汇演、山东民歌演唱会、"泉城之秋"音乐会。主编出版《山东音乐获奖作品集》《山东解放战争歌曲集》《创作歌曲选集》。主编的《中国民乐集成·山东卷》，获文化部、省政府艺术科学中国重点研究项目文艺集成志书编纂工作突出贡献奖、成果一等奖。

张凤玲（1954— ）

女音乐活动家。山东济南人。济南群艺馆副研究员。1987年毕业于北京人文函授大学。曾任济南市歌舞团演员。撰有《浅谈如何辅导少儿声乐》等文，其中《社区文化浅论》《论少儿合唱》分别获山东文化艺术科学优秀成果二、三等奖。辅导学生多次获奖，其中童声小合唱《我的家在湖边》获全国第二届"蒲公英"大赛山东赛区创作辅导一等奖。2004、2005年获中国少年歌曲卡拉OK电视大赛4个园丁奖。编排录制歌曲《清正廉洁兴中华》于2005年获山东纪委举办的创作歌曲大赛一等奖。

张凤宜（1955— ）

女高音歌唱家。北京人。1983年毕业于中央音乐学院声乐系。任职于中央歌剧院。曾获莫斯科第八届柴科夫斯基国际声乐比赛奖、西班牙第二十五届弗朗西斯科·维尼亚斯国际声乐比赛二等奖（无一等奖）。

张福坤（1942— ）

女高音歌唱家。上海人。分别毕业于上海音乐学院合唱班和声乐进修班。曾参加"哈尔滨之夏"音乐会，并担任独唱、领唱。多次赴苏联、澳门参加音乐节演出。创作歌曲《人民公社向太阳》，刊发于《上海歌声》。

张福全（1941— ）

作曲家。黑龙江人。1966年毕业于中国音乐学院作曲系，1969年入中央新闻电影制片厂音工室任创作员。作有电影音乐《第32届世界乒乓球赛》《再次征服珠穆朗玛峰》（合作）《古城扬州》。

张福香（1942— ）

女歌唱家。河北人。曾任总政歌舞团合唱队分队长。1964年毕业于解放军艺术学院，留校任教。1969年调总政歌舞团任独唱、领唱、男女声二重唱、表演唱及歌剧选曲演唱。演唱有歌曲《唱支山歌给党听》《岩口滴水》《洗衣歌》《毛主席派人来》，外国歌曲《啊，亲爱的爸爸》《晴朗的一天》等。长期为部队演出及外宾演出独唱、表演唱。曾出访朝鲜。

张福忠（1957— ）

笙演奏家。山东济南人。中国歌舞团演奏员。1986年毕业于解放军艺术学院。曾任国防科委文工团、总政歌舞团演奏员。参加第十一届亚运会开幕式、春节联欢晚会等国内一系列重大演出活动。创作、改编《森林之音》《小河流水》等器乐作品。

张复生（1933— ）

女大提琴演奏家。湖北武汉人。1955年毕业于四川音乐学院管弦系，后在中央歌剧院工作，曾随团赴苏联演出。

张富明（1938— ）

戏曲音乐家。北京人。1960年毕业于中央音乐学院民乐系二胡专业，毕业后任职于山西省艺术学院音乐系。后从事民歌收集整理和戏曲音乐编创工作，为数十部地方现代戏编写音乐，搜集整理高平《九莲灯》等山西地方舞种，分别入选《中国民族民间舞蹈集成》及《山西民间舞集成》。创作歌曲《听说县长下社来》等。

张富森（1954— ）

唢呐、笙演奏家。山东济南人。山东师大音乐学院器乐教研室主任，教授。中国唢呐、笙专业委员会常务理事，中国古琴学会理事。毕业于天津音乐学院研究生班。1970年在济南空军政治部文工团获全军第四届汇演奖。1978年任教于山东师大。1988年出版唢呐磁带《拜花堂》，获广电部第二届国产优秀音像制品荣誉奖。曾随山东艺术团出访韩国担任笙、唢呐独奏。2004年率队赴北京参加首届全国笙比赛，学生分别获金、银、铜奖，本人获优秀园丁奖。出版专著《唢呐基础演奏法》，获文化艺术科学优秀成果二等奖。出版《笙专业统编教材》13首练习及独奏曲。

张干青（1936— ）

作曲家。湖南长沙人。1958年始自学作曲理论和歌曲创作，八十年代初参加市作曲班学习三年，共创作和发表歌曲作品二百余首。《文明公约歌》《永恒的丰碑》《美在桃花江》多首歌曲在省市电台、电视台播放。《她是谁》《月圆之后》《青藏铁路架金桥》《永恒的丰碑》《天地母爱》《家乡的故事》等数十首歌曲先后获奖。《长沙人》在"长沙之歌"征歌评选中获二等奖。歌曲《祖国阿，我永远热爱你》被影片《共和国走进辉煌历程》采用。出版个人歌曲选集一部。

张高翔（1966— ）

扬琴演奏家。广东潮阳人。1988年毕业于中央音乐学院，同年任中国广播民族乐团扬琴演奏员。曾获"富利通杯·国际中国民族器乐独奏大赛"扬琴组一等奖，整理出版扬琴独奏曲《昭君怨》。曾应邀赴葡萄牙、日本的多座城市巡回演出，与澳门中乐团合作演出并举办扬琴讲座，应邀在日本东京等地举办独奏音乐会，随团出访瑞士，菲律宾，香港，台湾等地。参与《扬琴名家名曲》专辑的录制，1989年被聘为中央音乐学院扬琴教师。

张革新（1955— ）

女音乐理论家。满族。黑龙江绥化人。1977年毕业于绥化师范专科学校，1983年毕业于哈尔滨师范大学音乐系。1987年入黑龙江省艺术研究所，副研究员。撰有《论龙江剧打击乐的艺术特色》，《跨入新世纪的思考》《个性是营造关东地方戏曲剧种的生命》《黑龙江省满族民歌述略》《略论中国歌剧的发展》等文。参与《中国民歌、曲艺、音乐、戏曲音乐》及《曲艺志》四部集成（黑龙江卷）的编撰。为满族音乐、鄂伦春族音乐的撰稿人。《我国新兴戏曲剧种音乐发展的历史走向》获第四届中国戏曲音乐学会上海年会论文二等奖。

张恭友（1952— ）

作曲家。安徽固镇人。安徽省音协副主席，安徽省蚌埠市文联副主席，蚌埠市政协委员。1970年在安徽省固镇县文工团工作。1976年毕业于安徽师范大学艺术系。自1977年在《安徽创作歌曲选》发表歌曲以来，先后创作《在高高的白杨树下》《鹊桥》等歌曲由安徽省电台与"海峡之声"广播电台录制播放。由谭晶演唱的《中国有我》在中央电台播放。《在祖国的怀抱里》《海上升明月》《昨天，今天，明天》《你是南方你是北方》《中国有我》等在《歌曲》等杂志发表，并有多首歌曲及小提琴曲获奖。

张谷密（1930— ）

作曲家。黑龙江五常人。1956年毕业于中央音乐学院作曲系，入中央广播乐团任作曲。1959年任青海省民族歌舞剧团作曲、指挥。1980年始执教于青海师范大学艺术系，曾任系主任、教授，青海音协副主席，省文联委员。作有大合唱《台湾人民盼解放》《万岁！伟大的友谊》《冷湖》，交响诗《山歌的故事》《第二交响曲——花儿缘》，笛子独奏《玉树草原之春》，小提琴独奏曲《喜春》《怀念》，弦乐与钢琴组曲《花海三章》。撰有民族民间音乐研究论述六十余篇，专著有

Z

《西海乐论》。

张冠石（1938— ）

音乐编辑家。河北人。1961毕业于天津音乐学院。曾任河北广播文工团钢琴伴奏，后任河北电台、河北电视台文艺部编辑、编导。策划、录制"音乐欣赏""教唱歌""每周一歌"专栏。联合省音协、省文化厅组织"音乐之春""华北音乐节""河北青年歌手电视大奖赛""河北青少年手风琴独奏、重奏比赛"等活动，并多次担任各级比赛评委。

张冠宇（1953— ）

词曲作家、文艺评论家。吉林人。《中华儿女》报刊社编审，主编。自幼师从中国音乐学院、上海音乐学院老师学习二胡、手风琴及作曲。早年作品二胡齐奏《送粮路上》，手风琴独奏《春耕曲》等获"长春音乐周"优秀作品特别奖。词曲创作，指挥配器《真理之剑》《大地之子》等四部组歌获不同奖项。系大学生版《长征组歌》指挥，创作、主编《时代回旋曲》《名星名曲选萃》等八部歌集，出版《最新影视舞曲》盒带。所作电视片尾曲《让我们把心贴近》获"丹顶鹤"一等奖。撰写音乐、电影、文艺评论百余篇，其中《春晚歌曲这道菜》被广泛转载。

张光华（1934—已故）

歌唱家、声乐教育家。上海人。上海音乐学院声乐系副教授。1958年毕业于上海音乐学院声乐系本科，任天津音乐学院声乐系教师，1980年调回母校任教。1956年在中央音乐学院参加歌剧《叶甫根尼·奥涅金》的演出，饰演格列明公爵。1957年曾在纪念格林卡逝世一百周年音乐会任独唱。曾随中国艺术团赴捷克、罗马尼亚及华沙演出任独唱。1981年在旧金山歌剧院参加歌剧《费加罗的婚礼》《塞尔维亚理发师》及《蝙蝠》的演出，并在剧中扮演主要角色。

张光效（1940— ）

音乐教育家。江苏徐州人。1964年毕业于南京师范大学外语系。曾任滕州师范学校高级音乐讲师。编撰有《民族乐器法》《唢呐演奏法》《民间乐曲》等教材。曾任南京师范大学艺术团乐队队长。1970年调沛县师范创办音乐培训班，培训教师百余名。搜集并记谱的《欢乐歌》等九首乐曲入选《中国民间歌曲集成·山东卷》。曾在多家刊物发表歌曲、曲艺小段及音乐论文。

张光新（1932— ）

指挥家。广西南宁人。曾为南宁市艺术剧院指挥。1949年参军，曾先后在广西军区文工团乐队、广西杂技团、梧州地区文工团任指挥。指挥歌剧《刘三姐》，舞剧《收租院》，移植桂剧《红灯记》《沙家浜》《杜鹃山》等，作品管弦乐《大瑶山随想曲》在南宁市获奖，创作的歌剧《一切为了增产》获中南军区文艺汇演三等奖。改编创作有吹奏乐曲《抛绣球》。

张光亚（1941— ）

音乐理论家。安徽人。中国戏曲音乐学会理事。1965年毕业于合肥师范学院艺术系作曲、编剧专业。作有《矿山小红花》《党和人民给了我新生》《相思树与合欢花》等歌曲，作有《矿山新歌》歌剧。编辑出版铜陵市歌曲集《五月莺歌》。撰有《从戏剧声腔的发展规律看徽剧》《传统美与创造美》等及音乐评论文章近二十万字。出版《青年审美向导》（合作），《美学辩思录》专著。曾长期从事音乐活动组织工作。

张光益（1934— ）

女声乐教育家。湖北武汉人。1958年毕业于上海音乐学院声乐系，师承葛朝祉教授。历任贵州省歌舞团独唱演员兼声乐教师。1978年任广西艺术学院音乐系讲师，1985年任山东艺术学院音乐系副教授，教授。

张光宇（1934— ）

作曲家、音律师。吉林人。1946年始从艺京剧（老生），在《逍遥律》《辕门斩子》等剧目中饰主要角色。1951年任空政文工团演员。创作有女声合唱《空中神枪手》等。1964年在歌剧《江姐》中饰华为。1980年曾任中央教育电影制片厂制片主任。1993年出版发行《鞠萍姐姐教我学唐诗》作曲专辑。1995年结业于中央音乐学院音律专业。2005年为国家人口出版社出版发行《古诗新唱》创作歌曲专辑。

张广财（1958— ）

作曲家、指挥家。山东掖县人。1990年毕业于哈尔滨师范大学艺术学院音乐理论专业。历任哈尔滨吕剧团演奏员、南岗区文化馆文艺部创作员、深圳宝安区新安文体中心音乐专干、黑龙江艺术职业学校特聘音乐理论客座教授、省广播爱乐乐团特约音乐指挥。作有歌曲《升旗颂》《启明星》，舞蹈音乐《吉祥如意》《雪山魂》等大量作品，发表个人专辑《东北的风，东北的情》作品曾获"群星奖"金奖、儿童MTV歌曲大赛银奖、"新人新作大赛"金奖等。曾在各类文艺晚会演出、歌曲演唱大赛中担任音乐配器，现场乐队指挥。

张广俊（1952— ）

作曲家。山东济南人。济南市歌舞剧院创作室主任。山东音协理事。歌曲《老人与海》获1996年"全国广播新歌评选"银奖，《农家乐》《相逢在金秋》分获省音协优秀创作一等奖、二等奖，《你真美》获山东省"五个一工程"奖。

张广庆（1953— ）

歌剧表演艺术家。天津人。天津歌舞剧院副院长。天津音协理事。1978年进入天津歌舞剧院，先后在《泣血樱花》《广厦抒情》《异想天开》《宦娘》等多部歌剧中担任主角和重要角色，并担任独唱和重唱。1993年在全国32家电台征歌大赛中所演唱的《破浪远航》获银奖。策划和参与策划多台综合歌舞晚会民族精品音乐会。

Z

张贵华（1956— ）

女声乐教育家。贵州人。贵州大学艺术学院声乐教授、音乐系主任，音乐学艺术硕士生导师，贵州省音协副主席。1982年毕业于西南师大音乐学院，结业于该院研究生班。曾多次被评为优秀教师、中青年骨干教师。多次在省市声乐比赛中获奖并举办个人教学音乐会。其学生多次在全国青年歌手电视大奖赛、金钟奖（声乐比赛）、全国大学生艺术歌曲演唱比赛（专业组）和南宁国际民歌艺术节中华民歌大赛中获奖。撰文十余篇，有的获省级奖。

张贵禄（1953— ）

长号演奏家。河北井陉人。1979年考入山西大学艺术系，主修长号专业。师从中央音乐学院长号教授胡炳余，1983年毕业后留校任教。山西省音协表演艺术委员会副主任，山西省铜管乐学会会长，山西大学音乐学院管弦系主任，交响乐团指挥，硕士生导师。

张贵声（1939— ）

古筝教育家、演奏家。黑龙江宁安人。哈师大艺术学院教授、中国音协古筝专业委员会理事。1958年考入哈尔滨艺术学院，后转入沈阳音乐学院学习。毕业后留哈尔滨艺术学院任教，1965年随学院合并到哈尔滨师范大学继续执教。编写的古筝教材有《古筝双手弹奏练习曲六十二首》《古筝练习曲集》《少年古筝曲集》。编创的筝曲有《赫哲人的春天》《采花》《湘妃泪》《迎新春》《心中的歌》等十余首。学术论文有《古筝演奏指法符号规范浅议》《筝曲"高山流水"种种》《筝艺散论》多篇。2001年应邀赴日本演出和讲学。数次出任省、市和全国性的民族器乐比赛评委和考级评委。

张桂宝（1944— ）

女音乐教育家。上海人。1965年毕业于上海音乐学院附中，1990年毕业于吉林艺术学院音乐大专班。后任该院音乐系主任。所撰《真善美的赞歌》获东北三省音乐论文三等奖。曾任《中小学教师音乐小百科》编委。在近百场音乐会中担任钢琴伴奏，多首伴奏作品由省电台播放。

张桂林（1960）

音乐理论家、音乐活动家。山东济南人。中国音协第六、七届理事，山东省文联党组成员、副主席，省音协主席。1982年毕业于山东师范大学音乐系，后在石油大学宣传部工作。1986年入山东省歌舞剧院民族乐团。1990年调山东省音协，策划、组织山东民族乐团为庆祝建党80周年进京演出及赴维也纳"金色大厅"演出。著有《传统音乐》《齐鲁乐语》《唱山东》《高等院校音乐普修教程》等书。论文《不惜歌者苦》获山东省首届音乐理论奖一等奖，音乐电视片《黄河歌谣》获第十七届中国电视"金鹰奖"和"星光奖"、省委宣传部"精品工程奖"，音乐广播专题《万里黄河万里歌》获山东省广播电视专项奖一等奖，《永远留在这个家》获中组部等单位"学习孔繁森"向全国推荐20首优秀歌曲奖。2002年获中国音乐"金钟奖"组织奖。

张桂荣（1930— ）

女音乐编辑家。辽宁辽阳人。1949年毕业于华北大学第二期音乐科，1952年入北京俄语专修学校学习，后为人民音乐出版社副编审。译有《铃木大提琴教材》，编有《音乐家心理学》《传统和声学》。

张桂枢（1929— ）

音乐编译家。江苏南京人。分别于1945、1946年肄业于北平国立艺术专科学校和南京国立中央音乐学院键盘系，曾就读于国立师范大学中文系。1949年起，曾任防空军文工团艺术指导、音乐创作员及乐队指挥。1984年起在中央音乐学院图书馆编目组负责外文唱片、磁带、图书、乐谱的翻译、分类，后任首都图书馆视听音乐部进口唱片、磁带的翻译、分类。译著有歌曲《在我们大家的心中》（日）等三首，《贝多芬32首钢琴奏鸣曲分析》《音乐大师柴科夫斯基》及《世界通俗（流行）音乐曲名译名手册》等多部。

张国栋（1931—已故）

大管演奏家。河北抚宁人。1948年任合江鲁艺文工团乐队演奏员，1950年在哈市外侨高等音乐学校学习大管，曾两度赴京在中央乐团进修。先后在省歌舞团、哈市歌舞团、哈尔滨歌剧院任大管首席，后任该院交响乐团副团长。曾参加中外多部歌剧、舞剧、世界著名音乐家的交响曲、序曲、圆舞曲以及中国名曲的演奏。在大管教学中培养了多名大管演奏人才。

张国富（1951— ）

巴松演奏家。内蒙古赤峰人。1970年入工程兵文工团任手风琴、巴松演奏员，兼管乐分队分队长。后为武警政治部文工团乐队队长。1976年随中央慰问团赴老挝演出。在首届交响乐比赛中演奏《北方森林》《再见吧，妈妈》任巴松首席。作有歌曲《皇天厚土》《背太阳》等，舞蹈音乐《边防之歌》《晨练》，轻音乐《快乐的战士》，铜管乐《啊，军歌》。

张国亨（1935— ）

作曲家。吉林长春人。中国电影音乐学会理事。1955年毕业于沈阳东北音专作曲系。后在武汉歌舞剧院任作曲，创作有大合唱《长江大桥赞歌》，舞剧音乐《槐荫记》，舞蹈音乐《支农船歌》，歌曲《鲜红的党旗高高飘扬》，管弦乐曲《幸福畅想曲》等。1984年调珠江电影制片厂，主要电影音乐作品有《同志感谢你》《逆光》（获金鸡奖最佳音乐提名）、《在被告后面》（文化部一等奖）、《逃港者》《花街皇后》等。发表有论文《好莱坞类型影片中的音乐》等。

张国华（1934— ）

小提琴教育家。天津人。1958年毕业于中央音乐学院管弦系，后任天津音乐学院管弦系弦乐教研室主任、副教授。

张国辉（1927—已故）

作曲家。湖南常宁人。曾任湖南音协理事、湖南省戏曲音乐学会会长。学生时代参加抗日救亡歌咏活动，1949年参加工作。长期以来，在湖南省花鼓戏剧院从事音乐研究并作曲。创作有《补锅》《翠鸟衣》《炎黄传奇》《斗嫂子做媒》《刘海戏金蟾》《三里湾》等百余部花鼓戏剧目的音乐。著有《花鼓戏创腔实践》《谈谈当前花鼓戏音乐的革新》《介绍花鼓戏〈补锅〉音乐创作》等。主编《花鼓戏常用曲调选》《湘南花鼓戏曲调》。

张国景（1950— ）

作曲家、音乐活动家。河南商丘人。从部队转业后一直从事群众文化音乐活动并长期坚持词曲创作。在省级以上刊物发表的歌曲作品有《娃娃个个爱祖国》《数呀数》《布娃娃生了病》《娃娃摇篮曲》《儿童牧歌》《教师的心》《家乡的小河》《银色的铧犁》《钢铁哈达》等。2003年被市宣传部授予优秀艺术家称号。

张国良（1956— ）

词曲作家。山东莱州人。1982年毕业于德州师专音乐专业。德州市艺术馆创作室主任，研究馆员，音协副主席兼秘书长。词作《奉献者之歌》《感激母亲》获中国音协征歌一等奖、最佳歌曲奖。曲作《中国龙船》获文化部"群星奖"。《土疙瘩》获中国群众文化学会金奖。《跟你走》获山东省第八届"精品工程奖"等。出版有《放歌热土》词、曲集三部。《水花花、泥花花》《牧童谣》由中宣传部等单位向全国推荐。有大量作品发表、演播、入编教材、录制光盘，获奖百余件。曾获"山东省文化厅先进工作者""德州市有突出贡献中青年专家"等称号。

张国平（1960— ）

手风琴演奏家。台湾人。10岁开始随父学琴。1975年考入广播艺术团从事演奏。美国手风琴协会会员。曾在北京举行个人独奏音乐会。1987年获民主德国第40届克林根塔尔国际手风琴比赛成年组第六名。

张国庆（1959— ）

音乐教育家。山东德州人。1986年毕业于曲阜师范大学音乐学院，从事音乐教学工作。1991年任德州师范艺术系音乐专业主任，2000年任德州学院音乐系主任、教授。曾获山东省文化厅优秀成果一等奖、文化艺术科学优秀成果二等奖等多种奖项。同时，坚持为基层企业、团体创作歌曲等各种音乐作品多部（首）。

张国旺（1947— ）

音乐教育家。江苏宜兴人。中华笛文化研究所副研究员、安徽省民管委员会副会长、安徽省管乐委员会副会长、安庆市管乐艺术学会会长。1965年毕业于安徽黄梅戏学校音乐科后任教。1969年借调安庆市京剧团任乐队队长、首席长笛演奏员。1981年回母校从事笛子教学及音乐教学管理。曾师从赵松庭先生与巴莉·狐津进修长笛。为社会及艺术演奏团培养和输送了不少笛子演奏员。发明"可调膜笛"，并获安徽省文化厅科技进步二等奖。

张国文（1954— ）

作曲家。湖南华容人。岳阳市广播电视局副总编辑，文联副主席、市音协第三届副主席，第四、五届主席。先后毕业于岳阳师专文艺系和湖南师大政治理论班。创作歌曲百余首，为10部湖南花鼓戏设计唱腔和音乐。其中歌曲《中国龙舟》获湖南省1997年度"五个一工程"奖，作曲与合作作词的《君山岛啊神奇的岛》获湖南省优秀风光歌曲奖，《亲人啊你莫走》获湖南省优秀创作歌曲一等奖。作曲的《湖乡人啊水路宽》《采支芦苇吹芦笛》与作词作曲的歌曲《迷人最是南湖水》《君山之恋》《洞庭八百里》等在刊物发表。

张国雄（1931—已故）

音乐教育家。广东清远人。1958年毕业于中央音乐学院作曲系，后任天津音乐学院作曲系技术理论教研室主任、副教授。

张国勇（1958— ）

指挥家。江苏人。上海歌剧院院长、艺术总监。上海音乐学院指挥系教授。中国音协第六届理事，第七届副主席。上海音乐学院本科、莫斯科柴科夫斯基音乐学院博士毕业，师从黄晓同、罗日杰斯特文斯基。与国内外著名交响乐团、歌剧院合作演出各类音乐会、歌剧。也曾在国际指挥大赛中担任评委。

张国柱（1937— ）

小提琴教育家。陕西勉县人。毕业于西安音乐学院管弦系和上海音乐学院助教进修班。广州星海音乐学院弦乐教研室主任和硕士生导师、广东小提琴协会副会长。从教四十多年来为国家培养了大批优秀小提琴演奏人才，其中不少人在历次国内重要比赛中获奖。发表过二十多篇论文，出版书籍《小提琴演奏教程》上、下册。多次获先进教育工作者称号。

张国柱（1953— ）

歌唱家。江苏盐城人。1970年毕业于盐城师院附中。1986年入上海音乐学院进修声乐。曾任职盐城市文艺宣传队，1978年入盐城市歌舞团，后任团长。撰有《民族唱法、西洋唱法比较谈》《抬起你的软腭》《小议"鼻要空""肩要松"》《惜哉"哑唱"》等文。曾在歌剧《她含笑死去》《洪湖赤卫队》中任主角。曾举办个人独唱音乐会。1992年在四省电视歌星大赛中获美声唱法第一名。

张海风（1963— ）

女歌唱家。山西阳泉人。山西省歌舞剧院歌舞团独唱演员、声乐队长兼节目主持人。1984年毕业于天津音乐学院声乐系。先后获天津大学生艺术节声乐一等奖、华北音乐舞蹈节通俗唱法三等奖、全国"金龙杯"通俗唱法铜奖、太原市十佳歌手称号、山西省青年歌手电视大奖赛专业组通俗唱法第一名，后又两次获该奖项一等奖。曾出访法国、印尼、新加波、香港。并参加民间歌舞《黄河儿女情》《黄河一方土》演出。

张海峰（1968— ）

指挥家。北京人。解放军军乐团指挥。1984年考入解放军艺术学院军乐系，毕业后任军乐团演奏员。1993年毕业于解放军艺术学院音乐系单簧管专业。1998年毕业于中央音乐学院指挥系指挥专业。1999年参加了国庆50周年大典的指挥。2001年赴荷兰参加第十四届世界音乐竞赛暨第九届指挥比赛夺得第一名，荣获"金指挥棒奖"。2003年组建中国第一支流行管乐队兼任中央音乐学院、西安音乐学院、广州音乐学院客席指挥。

张海伦（1935— ）

女歌剧编导家。山东济南人。1948年入部队文工团。1953年入总政文工团。曾在《志愿军的未婚妻》《白毛女》《李各庄》《翠玉岛》《柯山红日》等歌剧中扮演女主角。1981年任总政歌剧团导演，执导大型歌剧《大野芳菲》《一滴泉》《延水河畔的歌声》，苏联歌剧《这里的黎明静悄悄》，意大利歌剧《托斯卡》，中国歌剧精选《民族的心声》。合作执导了大型民族歌剧《党的女儿》获文华奖、全军第六届文艺汇演一等奖、导演一等奖。1995年导演小歌剧《克里木参军》获全国"文华新剧目奖"、全军第四届文艺奖。

张海宁（1960— ）

歌词作家。湖南桃江人。上海音乐文学学会副会长、《上海歌词》副主编。作曲的歌词作品有《爱情鸟》《蓝蓝的夜，蓝蓝的梦》《透过开满鲜花的月亮》，2007"世界夏季特奥会"闭幕式主题歌曲《阳光、生命》及《祖国恋曲》《芸儿的故事》《真情永远》《等你回家》，电视连续剧《诺尔曼·白求恩》《英雄虎胆》《爱比恨多一点》《狐步谍影》等主题歌。曾获"东方风云榜"最佳作词、"飞天奖""星光奖"等奖项。

张海燕（1962— ）

女打击乐演奏家。辽宁桓仁人。1979年考入本溪市歌舞团，先后任扬琴、打击乐演奏员。在大型演出中多次担任导演、艺术总监、音乐总监。本溪市歌舞话剧院院长。2000年毕业于沈阳音乐学院。其创作并演奏的器乐曲《山城的节奏》在第六届艺术节获创作、表演一等奖，2000年获本溪市第四届"五个一工程"奖，2001年获本溪市第八届文化艺术节编导奖。

张海宇（1960— ）

女高音歌唱家。河南开封人。中国文化管理干部学院人事处教师。2002年中国艺术研究院音乐学研究生班毕业。发表论文《声乐教学要因人而宜，因材施教》《民族声乐教学中应注重的几个问题》，均获二等奖。出版编著《女高音实用教材歌曲选》。参与《技与艺并进声乐示范教学法》教学光盘的出版暨教学研讨会示范教学演出。所唱歌曲《继往开来》由中央台《综艺快报》栏目播出。

张含弓（1970— ）

作曲家。福建长乐人。福建儿童发展学院科研处处长。1991年毕业于厦门大学音乐系。福建音协青年音乐学

会副会长。撰有《信息技术—小学音乐教师的现代装备》等论文，该文获全国中师教育论文一等奖。合著《合唱与指挥》。获奖歌曲有《永远的爱心》《回归谣》《走月亮》《夕阳归舟》《爱你如诗》《中国福娃》等。指挥福州多个合唱团获省级合唱比赛金奖、铜奖。参与组织福建学生电视歌手大奖赛、百事新星大赛、抗击非典文艺晚会等。

张汉举（1934— ）

作曲家。白族。云南洱源人。1960年入云南歌舞团。长期从事云南民族音乐研究工作。作有器乐曲《孔雀展翅》《洱海月》《佤山夜歌》，舞蹈音乐《雪莲》《登龙门》《我的家乡在红河》。

张翰书（1938— ）

指挥家、作曲家。内蒙古巴林左旗人。中国民族管弦乐学会理事，中国民族管弦乐学会胡琴专业委员会常务理事、指挥家专业委员会理事。1962年毕业于中央音乐学院民乐系，同年任东方歌舞团乐队首席、作曲、指挥。曾出访欧、亚、非二十多个国家和地区。作有舞蹈音乐《泼水姑娘》（傣族），《月亮亮》分获文化部专业舞蹈比赛三等奖和优秀音乐奖，民乐合奏《我的朋友》《欢乐》，二胡协奏曲《华夏魂——黄河》，扬琴与乐队《凤凰于飞》（单乐章），民乐组曲《美丽的科尔沁草原》。

张豪夫（1952— ）

作曲家。陕西西安人。1982年毕业于西安音乐学院作曲系，曾任中国广播艺术团创作室创作员。作有《中国大合唱》获第五届全国音乐作品（合唱）评比三等奖，交响组曲《敦煌》。后在比利时留学。

张贺香（1971— ）

女高音歌唱家。黑龙江鹤岗人。江苏歌剧舞剧院歌剧团演员。1995、2008年先后毕业于南京师大音乐学院音乐系及研究生班。撰有《浅谈歌唱中的换气及重音处理》一文在《剧影月报》发表。先后参加第六届中国艺术节开、闭幕式，亚洲艺术节闭幕式晚会，"二胡之乡"民族音乐会，中央电视台"心连心""周总理百年诞辰"等各种大型音乐演出活动。

张红斌（1949— ）

歌词作家。福建长汀人。毕业于中国逻辑与语言函授大学译文专业。历任福建省长汀县文工团编导、县文化馆创作员、副馆长、馆长，县文联副主席、主席。创作歌词数百首，发表、演播数十首，其中作词歌曲《汀江月夜颂总理》《为了党旗的风采》获省征歌创作奖，《婴仔，在甜蜜的梦中飞去》获创作二等奖，组歌《海峡情深》在中央台播放。组织并编导世界客属公祭客家母亲河第一至第六届歌舞晚会及"难忘汀州""为了人民的安宁"等专题文艺晚会。编剧并执导的戏曲《翠竹岗》参加全省调演。

张红旗（1940— ）

音乐教育家。满族。辽宁沈阳人。1963年毕业于沈阳音乐学院师范系。1982年在沈阳音乐学院进修合唱与乐队

指挥。后参加中国音协举办的中国合唱指挥班。历任辽宁抚顺师范学校教研室教员、组长、教研室负责人。中国师范院校合唱教育协会理事。所撰《谈综合音乐课》《中师音乐教学师范性的探索》《中师音乐教学初探》均获一等奖。编写《全国中师音乐教材》1—3册。所作无伴奏合唱《校园灯光》获一等奖。被聘为中国——联合国教育科研项目少儿录象教材调映会评委。

张红曙（1946— ）

歌词作家。山东寿光人。1960年入伍，历任济南军区前卫文工团创作员、创作室主任、艺术指导。山东音协理事。发表、上演各类型文艺作品三百余部（首），作有歌剧《沂蒙儿女》《菊芳千秋》，电视艺术片《南方的红土地》《青岛，青春的岛》，乐舞诗《大同梦》，舞剧《烛》，歌曲《鼓浪屿之波》《兰花》《陈毅将军在山东》《战地百灵》《黄河人》《青山告诉我》《沂蒙山，沂蒙人》等。五十余部（首）作品在全国全军获奖。作词的大型音乐作品《聊斋俚曲》，在新加坡举行演唱会。

张红霞（1968— ）

女音乐教育家。重庆人。2001年四川音乐学院音教系毕业，后任教于重庆文理学院音乐系。撰有《论高师音教专业学生"创新能力"的培养》《论怎样练好歌曲的即兴伴奏》《浅谈幼儿钢琴教学艺术》《试从素质教育角度谈谈师范院校系考试改革》《红花还需绿叶衬——浅析钢琴配奏》《高师钢琴教学模式改革之我见》《论钢琴演奏的本能与理智》等文，在《中国音乐》《艺术探索》等相关刊物发表。

张红宣（1937— ）

作曲家。江西九江人。1950年参加九江地委文工团，后调省文艺干校、省歌剧团和采茶剧团，历任音创组长、艺术室主任、顾问。省戏音学会秘书长、市音协理事。创作戏曲音乐大小剧目百余本，其中《辩冤》《秧麦》《劝妻》《卖水记》等剧均获全国调演作曲金奖，《幽谷疯女》《乱世侠侣》等获省会演作曲金奖及银、铜奖若干。少儿音乐剧《围捕大田鼠》获全国调演作曲三等奖。多篇唱腔与论文被编入省出版社的书籍中。多首歌曲发表在《心声歌刊》上。

张宏光（1963— ）

作曲家。朝鲜族。辽宁沈阳人。中国歌剧舞剧院作曲。1984、1989年先后毕业于沈阳音乐学院附中作曲学科、中央音乐学院作曲系。曾任某军宣传队演奏员、东方歌舞团作曲。作有歌曲《精忠报国》《美人吟》，网络游戏《剑侠外传》主题曲，舞剧音乐《大漠敦煌》《霸王别姬》《香格里拉》，为电视剧《汉武大帝》《康熙王朝》《邓小平》《法不容情》《人间正道是沧桑》，纪录片《再说长江》创作音乐及主题歌、插曲。

张宏俊（1934— ）

长笛教育家。四川南充人。1955年入中央音乐学院德国长笛专家班进修，1956年毕业于四川音乐学院，1957年入上海音乐学院进修，后在四川音乐学院从事长笛教学和演奏。

张洪宾（1953— ）

音乐活动家。山东高密人。高密市文化馆副馆长。1975年起分别在上海歌剧院、安徽省艺校民乐科培训两年。发表论文数篇，其中《初探板胡持弓与自然跳弓的演奏》等获论文奖。创作的民乐合奏《花旋》获山东第二届"蒲公英"少儿比赛创作二等奖，板胡独奏《欢庆》《京韵报春》获青少年精英演艺大赛创作金奖。所辅导的学校乐团多次获奖，数十名学生考入音乐院校。

张洪斌（1957— ）

歌剧表演艺术家。河北人。1977年毕业于中央音乐学院，后在中央歌剧院工作，曾主演歌剧《现代年轻人》《屋外有热流》，并在歌剧《货郎与小姐》《芳草心》《卡门》中扮演角色。获全国聂耳·冼星海声乐作品演唱比赛美声唱法男声组铜质奖。

张洪岛（1913—2002）

音乐学家、小提琴家。河北人。少年时期开始学习小提琴、钢琴、作曲理论。1932年在北平朝阳大学法律系毕业后，即在天津女子师范学院音乐系任教。其后入法国巴黎音乐学院学习。抗日战争后历任教育部音教会编辑、国立音乐学院管弦系、国立女子师范音乐系、北京师范大学音乐系教授、系主任等职。新中国成立后历任中央音乐学院教授，管弦系、音乐学系主任，培养了大批音乐人才。曾任中国音协第三、四届理事。获首届中国音乐"金钟奖"终身成就奖。译著有《实用和声学》《西洋音乐史》《19世纪西方音乐文化史》等，主编我国第一本外国音乐史教材《欧洲音乐史》。编译有《西洋歌剧故事全集》《外国音乐史》《西洋音乐史》（合作）。

张洪玲（1963— ）

女歌唱家。河南郑州人。1985年毕业于河南省戏曲学校艺术班。后为武警文工团独唱演员。多次参加中央、省市电视台举办的元旦、春节等大型文艺晚会。在歌剧《白毛女》《洪湖赤卫队》中分别饰演喜儿、韩英。1988年获全国"金龙杯"青歌赛民族唱法银奖，1989年获全国首届优秀民歌手电视大赛第一名。1992年获全国"歌王歌后"声乐大赛民族唱法二等奖。曾为《山神》等电影及《黄河东流去》《坠子皇后》《焦裕禄》等电视连续剧配唱主题歌。

张洪模（1926— ）

音乐翻译家、教育家。河北沙河人。曾任中央音乐学院音乐研究所副所长，《外国音乐参考资料》《世界音乐》主编，教授。1946年毕业于晋察冀边区华北联合大学法学院法律系，任职于马列主义研究室。1949年毕业于外国语学院俄语系。后任西南军区翻译。复员后长期执教于中央音乐学院。主要译著有《曲式学》《交响配器学》《音乐分析》，歌剧《叶甫根尼·奥涅金》演出本。曾为《中国大百科全书·音乐舞蹈卷》担任法国、意大利、西班牙音乐条目的撰稿人。应邀担任《现代西方艺术美学文

Z

选·音乐卷》主编，任主要译者。有众多音乐译文发表于全国多家音乐院校学报及音乐刊物。

张洪声（1955— ）

音乐教育家。山东莱州人。大连教育学院高级教师、大连市钢琴学会副会长兼秘书长。出版有《简易实用歌曲钢琴即兴伴奏》。曾多次参加中、小学音乐教材编写工作，为教材中歌曲编配钢琴伴奏。《主席挥巨手》《寒夜过去您才露出欣容》《背影》《闽北的琴声》《山那边，好想》等多首歌曲在刊物发表。撰有《中小学音乐课改中的两个突出问题》和《钢琴教学中的'松'与'紧'》等文。所教学生多人次在专业比赛中获奖。

张洪玮（1939— ）

作曲家、音乐评论家。黑龙江齐齐哈尔人。1959年考入北京公安文工团任作曲、演奏员兼指挥。1974年调入北京市河北梆子剧团任作曲，1985年调入《音乐周报》社任主任记者、编辑，1999年在中国民族管弦乐学会任《中国民乐》副主编。作有舞剧《雪花》，歌剧《三条石》，歌舞剧《大路通向天安门》，舞蹈音乐《绣花曲》《草原新牧民》，戏曲音乐《拜月记》《杜鹃山》等三十多部，歌曲《谁能比得上咱》《大海的歌声》《苦愁》等三百余首。撰有《一场告别人生的音乐会》（获北京市新闻一等奖），《莫道古琴古，翻来是新声》新闻、通讯及音乐评论等三百余篇，音乐赏析《如梦似画的音乐》《春天的颂歌》等近百篇。编有《中外名曲赏析50首》《交谊舞曲集》《祝福你，祖国》以及扬琴、三弦、柳琴、唢呐文集。

张洪侠（1965— ）

女高音歌唱家。山东滕州人。南京艺术学院音乐学院副教授。1986年毕业于南京师大音乐系，后在上海音乐学院声乐系进修。2006年赴德国科隆音乐学院声乐系学习一年。参加省市各种演出五十余场，担任独唱。曾获江苏声乐新人邀请赛一等奖，江苏声乐比赛一等奖，第八届央视青年歌手电视大赛专业组"荧屏奖"。撰有《浅谈歌曲中的二度创作》《成功的歌唱事业》等5篇文章。曾4次举办学生独唱音乐会。

张洪玉（1953— ）

作曲家。吉林长春人。吉林大学艺术学院音乐系教授、吉林省音协副主席。1982年毕业于吉林艺术学院音乐系作曲专业。交响诗《松韵》，管弦乐《幻想曲》《双主题变奏曲》《北国欢歌》，双乐队（西洋、民族）管弦乐《光辉的历程春天的故事》，歌曲《我的梦想在飘雪的北方》《关东雪》《月光圆舞曲》《东方的夜莺》《我们在长春相遇》等，由国内团体、台湾国乐团及美籍华人等在国内外演出，并获国家及省级奖。

张鸿翔（1933— ）

作曲家。山东蓬莱人。1949年在上海参加宋庆龄创办的儿童剧团任演奏，并师从邓尔敬、叶纯之学习理论作曲。1957年建立儿童艺术剧院担任专职作曲。任管弦乐队队长暨艺委会副主任。曾创作歌舞、戏剧和影视音乐百余部，歌曲乐曲数百首。作品有电影和童话剧音乐《马兰花》，芭蕾舞剧音乐《白毛女》（合作）和《阿里巴巴与四十大盗》，儿童剧音乐《童心》《海的女儿》，第五届全运会大型团体操音乐《蓓蕾初放》以及获奖歌曲《彩云与星星》。

张鸿勋（1926— ）

音乐教育家。黑龙江宁安人。曾任哈尔滨市音协副主席、省音协理事。1943年春入吉林师范大学音乐系学习。1945年参加革命，任宁安中学、牡丹江师范音乐教师。1956年至1989年任哈尔滨师范大学音乐系教师、系主任、教授。1999年任哈尔滨师范大学教学督导员。1981年参加全国高师声乐教学大纲编写会，起草《高师声乐教学大纲》，审编六册高师声乐教材。1987至1991年为日本声乐教育家伊藤温教授来华五次讲学当翻译。著有《歌唱语言、咬字、吐字及歌曲表现》。

张鸿懿（1943— ）

女音乐理论家。江苏南京人。中央音乐学院教授，博士生导师，中国音乐治疗学会副理事长。1964年毕业于中国音乐学院歌剧系。长期从事传统音乐教学、研究及音乐治疗学科的创建，曾任中国音乐学院音乐学系副主任、世界音乐治疗联合会（WFMT）理事。曾与专科医院协作进行"参与性音乐治疗对慢性精神分裂症社会功能缺陷的康复效应"研究，获北京市科学进步三等奖。著有《音乐治疗学基础》《儿童智力障碍的音乐治疗》《北京白云观道教音乐研究》《音乐治疗与音乐心理剧》（翻译）《儿童孤独症的音乐治疗》（翻译）。出版有数种音乐胎教和音乐治疗的音乐制品。

张华敏（1962— ）

女高音歌唱家。陕西西安人。二炮文工团独唱演员。演唱歌曲《蓝花花》《故乡的小路》《笑一笑》等。曾获央视青歌赛优秀奖、全国第二届军旅歌曲电视大赛专业组金奖。为《玉堂春》《靓女红星》等多部影视剧演唱主题歌及插曲。先后赴美国、法国等演出。多次在中央、北京电视台"东西南北中""音乐立交桥"等栏目中演唱并出版个人演唱专辑。曾在电视连续剧《靓女红星》中饰康迪，在《盼归》中饰灵芝。

张华山（1949— ）

音乐编导家。四川人。中国音协第六届理事、中国电视协会理事、电视音乐学会理事。1976年毕业于北京大学中文系文学专业。曾任中宣部文艺局副局长、中国电视剧制作中心副主任。曾在中央电视台文艺播出部、影视部、国际部、总编室任职。参加《战地新歌》审听工作。创办《舞台与银幕》《电视你我他》等栏目。主抓"相聚在北京""新年音乐会""春节文艺晚会"等栏目，策划中央电视台"心连心"宣传活动。

张怀冰（1940— ）

女长笛演奏家。上海人。1963年毕业于中央音乐学院管弦系，后任中央芭蕾舞团长笛首席。

张怀德（1941— ）

二胡教育家。陕西西安人。1964年毕业于西安音乐学院并留校任教。众多学生成为全国及省内二胡骨干。作有二胡独奏《渭北叙事》，民乐合奏《节日的苗寨》，胡琴协奏曲《土风》及论文《关于二胡教学使用线谱固定唱名的思考》。1988年起任陕西省青少年民族乐团指挥。

张惠东（1960— ）

歌唱家。河南嵩县人。1985至1988年贵州省艺术专科学校音乐系学习。1991年考入中央音乐学院声乐系专家班，受教于著名声乐教育家黎信昌先生。四川音协理事、四川省青联委员、四川省十佳演员。所演唱的《旗鼓阵》曾获中宣部"五个一工程"入围奖与全国广播歌曲金奖和第五届中国广播文艺奖三等奖。在96全国声乐比赛中获文化部三等奖。1988年获第三届全国青歌赛专业组美声唱法优秀歌手奖。1985年在全国首届聂耳·冼星海声乐作品比赛中获特别奖。

张惠杰（1943—2006）

古筝演奏家。山东人。邢台市群艺馆原馆长。1960年毕业于天津音乐学院。曾在上海歌剧院、电影《嫁不出去的姑娘》等音乐录制中任古筝演奏。在1986至1995年邢台市春节电视晚会的拍摄中担任艺术指导、导演、总导演。

张惠清（1928— ）

女钢琴教育家。湖北安陆人。1954年毕业于北京师范大学音乐系。曾任武汉师范学院汉口分院音乐科主任。1983年任汉口江汉大学艺术系音乐教研室主任、副教授。1980年在上海参加全国高等师范院校钢琴会议，编写全国高等师范钢琴教学大纲。撰有《关于高等师范音乐专业钢琴教法的浅见》等文。曾任武汉音协钢琴考级考官、全国社会艺术水平考级钢琴考官，受聘湖北省音协、武汉音乐学院钢琴高级考官职务。

张慧妹（1925— ）

女钢琴教育家。浙江人。1949年毕业于上海音专钢琴系，曾在行知艺术学校任教，后在上海音乐学院附中工作。

张慧琴（1939— ）

女钢琴演奏家。上海人。1965年毕业于沈阳音乐学院钢琴系。1973年调入中央音乐学院声歌系任艺术指导，后为声歌系教授。1985年在全国聂耳·冼星海音乐作品比赛中获钢琴伴奏奖。1987年在巴西里约热内卢第一届钢琴伴奏比赛中获第三名。多次代表国家出访巴西、菲律宾、新加坡、马来西亚、泰国、日本等国及香港地区演出及比赛。

张慧元（1939— ）

作曲家。黑龙江富锦人。1963年毕业于哈尔滨艺术学院音乐系，后任哈师大艺术学院音乐系副主任、副教授。

作有《二胡练习曲集》，民族管弦乐《龙灯》，琵琶与乐队《江姐》主题随想曲等。

张慧云（1940— ）

女作曲家。湖南泸溪人。21岁入泸溪县辰河高腔剧团任音乐编导。为《春到苗山》《红云崖》《欧阳海》等数十部现代戏编曲，自办少儿古筝培训班多年。创作《祖国的歌》被选入《全国推荐少儿歌曲100首》及《全国少儿歌唱考级作品集（第二集）》。《山里阿妹放牧归》《阿妹出嫁》和《江边有个湘潭县》在全国征歌评比中获一、二等奖。《白云童年》获月刊《歌曲》新作年度"晨钟奖"。

张慧珠（1938— ）

女歌唱家。江苏人。曾任广州乐团合唱团演员、广州春燕少儿艺术中心、白云区少儿艺术中心声乐艺术指导。获第五届中小学合唱比赛"优秀辅导员"称号。广东省老干部活动中心金秋艺术团常任合唱指挥。

张积林（1949— ）

作曲家。甘肃镇原人。庆阳市文化馆文艺辅导部主任。1974年毕业于甘肃师大艺术系。撰有《陇东信天游》等文。采集民歌、民间唢呐曲千余首。负责编辑《庆阳民间地区民间歌曲集成》（上、下卷），《庆阳地区民间器乐曲集成》（上下卷），创作发表歌曲二百余首，其中《真快活》获甘肃省首届少儿歌舞节创作一等奖，《套马杆上的梦》获全国成才之路大赛金奖。辅导的声乐学生多人获省级比赛一、二等奖。

张积民（1945— ）

歌剧表演艺术家。辽宁大连人。1966年入总政歌剧团工作，1981年入中央音乐学院歌剧系进修，在歌剧《狂飚曲》中任男主角，曾获全军第四、五届文艺汇演及全国歌剧调演表演奖。

张稷君（1956— ）

女歌唱家。浙江宁波人。1973年入铁道兵文工团，1975年入上海歌剧院，1986年调中国铁路文工团，均任声乐演员。曾与国内许多歌唱家同台演出独唱。在歌剧《洪湖赤卫队》《樱海情丝》及《长征组歌》中任领唱，在《蝴蝶夫人》中饰演苏如基，在《卡门》中饰演卡门，在《多布杰》中饰演母亲。1981年在上海青年声乐比赛中获"歌坛新秀奖"。

张吉义（1949— ）

歌词作家。山东阳信人。曾任黑龙江军区政治部文化处创作员、黑龙江音协理事。1983年调任武警黑龙江总队宣传处处长，1991年后任武警文工团团长。1990年毕业于北京大学法律系。创作歌词、歌曲《高山哨所练兵场》《亲人为咱守边卡》《冰凌花》《除夕的灯火》等，组歌《大庆红旗映军营》《来自地下的报告》，歌舞剧《我们的大篷车》，及为大型音乐会撰稿。多部作品获军区汇演创作奖、"哈尔滨之夏"音乐会创作奖、"金盾文学

Z

奖"、全国征歌奖等，并在中央电视台春晚、省电视台春晚等各类晚会上演播，电台录制专题并出版发行。

张极新（1951— ）

音乐编辑家。山东济南人。山东教育电视台电教部原作曲、编辑。1978、1996年先后毕业于山东师范学院艺术系、安徽师范大学音乐系。撰有《谈作品分析课的学习》《教育电视音乐节奏的综合运用》。编著《科教电视音乐编辑基础》。主编《艺术教育优秀论文集》。为近百部电影、电视编辑合成音乐，其中电视专题片《大漠的召唤》获全国石油院校"钻塔杯"音乐编辑优秀奖。作有歌曲《人民调解员之歌》，获山东司法行政20周年文艺汇演创作二等奖。

张计贵（1933—已故）

管子演奏家。山西人。七岁开始学习管子吹奏。1956年入海政歌舞团任独奏演员。1959年第二届全军文艺汇演吹奏《春暖花开》获优秀奖并被推荐参加全国群英会。

张季次（1952— ）

音乐活动家。四川内江人。毕业于中央文化管理干部学院。四川攀枝花市歌舞剧团独唱演员，市音协副主席、市文联副主席。1982年起在攀枝花市文化局任局长。致力于舞台艺术、群众音乐、文艺创作、教育培训方面的工作和大型活动的策划、组织。曾组织实施国家艺术学科《十大集成·攀枝花市卷》的工作。歌曲《一杯水》《这里得天独厚》及组歌《索玛花开》《淡淡花香》《多情格萨拉》等分别获多项奖。

张季敏（1940— ）

女音乐教育家。河南人。1964年毕业于甘肃师范大学音乐系。先后任教于甘肃省张掖地区师范学校、新疆医学院附属中学。曾任新疆乌鲁木齐市中小学音乐教研会理事、附中教导主任。新疆音协基本音乐学科学会副秘书长、全国社会艺术水平考级音乐基础知识专业高级考官。曾编写教学辅导资料，创作《校歌》词曲，改编合唱曲。多次指挥排练合唱、歌舞、诗歌朗诵等各类文艺节目参加演出。培养多名学生考入高等音乐院校。

张季时（1918— ）

小提琴教育家。四川成都人。四川音乐学院副教授。省音协理事、政协委员。1945年毕业于国立音乐院分院，主修小提琴，毕业后留总院任教。1946年始执教于成都四川省立艺术专科学校音乐科，任管弦系副主任、弦乐教研主任。曾在成都组建东方弦乐团任团长兼指挥。多次举办个人独奏音乐会，出任历届四川省少儿小提琴比赛及考级评委。从事小提琴教学40余年，培养众多优秀人才。著有《小提琴教程》（三册）。

张济生（1937— ）

女指挥家。河南人。1949年参加西北军大艺术学院实验剧团。1956年西北艺专附中毕业。1962年中央音乐学院指挥系毕业，后任上海歌剧院合唱指挥。1971年参加日本松山芭蕾舞团首次访华演出。1985年兼歌剧院外国剧目组组长。排演中外大中型歌剧、舞剧、大歌舞三十余部及合唱组歌等。曾任上海合唱学会理事。1988年创办上海歌剧院音乐舞蹈艺术学院任校长。1992年全国旅游界文艺汇演，任上海演出队艺术指导，合作创编的《神游上海滩》获三项优秀奖。

张继昂（1940— ）

民族音乐理论家。山东济宁人。1958年始从事戏曲伴奏和创作。1987年毕业于黑龙江党政干部基础科。曾任黑龙江省艺术研究所音乐研究室主任。创作的戏曲作品有《长山史海》《女队长》《红心向阳》。自1984年以来，主持《中国曲艺音乐集成·黑龙江卷》及其它音乐集成志书的编纂。发表论文《歌剧音乐创作的"民族化"与多元化发展走向》《一种民间转调——"扑外弦"》《试论二人转音乐的美学特征》等数十篇。1997年和2000年分别获文化部全国艺术科学规划领导小组颁发的戏曲音乐、曲艺音乐集成志书编纂成果一等奖。

张继红（1959— ）

女音乐教育家。蒙古族。内蒙古包头人。西北第二民族学院音乐舞蹈学院声乐教师。曾先后任职于宁夏军区独立师宣传队演员、宁夏歌舞团演员及丽水师专教师。曾分别在大型民族歌舞剧《曼苏尔》，音乐剧《月圆的时候》饰演女主角。撰有《对'民族唱法'提法的质疑》《对我校艺术系声乐课教学现状的思考》等文。指导的学生分别在"艺术高校声乐专业组比赛"获二等奖，在"西部民歌（花儿）大赛"获银奖。

张继忠（1956— ）

声乐教育家。山东枣庄人。民进济南市委委员。山东济南师范学校声乐教研组长、济南市音协理事。1980、1997年先后毕业于山东济宁师专艺术系、中国音乐学院音乐教育系。曾在《黄河大合唱》中任《黄河颂》独唱。1994年获山东省首届声乐舞蹈大赛声乐一等奖。培养的学生分别于2001年在首届山东校园歌手大赛、省第七届大学生校园歌曲演唱比赛、全国大学生艺术歌曲演唱比赛中获一、三等奖。

张寄平（1940— ）

作曲家、二胡演奏家。河北邯郸人。1962年毕业于天津音乐学院民乐系，后入中央音乐学院民乐系进修。1964年起在天津音乐学院任二胡教师，1972年起先后在邯郸东风剧团及邯郸市文化局艺术研究所任作曲、指挥。撰有《平调剧 铡赵王 唱段赏析》《老舍在秦皇岛》等文，组织参与《中国民歌集成》《中国戏曲音乐集成》《中国曲艺志》《中国曲艺音乐集成》河北卷的编纂工作，为电视剧《九龙圣母》《罗敷戈》作曲，出版二胡曲《庆丰会上话今昔》，举办和声、配器讲习班，所教二胡学生六十余人考入天津、河北、山西等艺术院校。

张加毅（1925—2004）

音乐编导家、歌词作家。山西襄汾人。1939年任八路军115师太平部七月剧社演员、导演。1942年毕业于延安鲁艺。1949至1952年，历任绥远军区文工团、志愿军三十六军文工团副团长、团长等职。曾在《刘胡兰》《战斗里成长》等歌剧、话剧中担任主、配角。1953年调八一电影制片厂任纪录片导演。曾拍摄《移山填海》《绿色的原野》《海上南泥湾》《啊，台湾》等纪录片。创作多首电影、电视歌曲歌词，如《航标兵之歌》《思亲曲》《骨肉亲》《草原之夜》等。其中《草原之夜》插曲广为流传，1991年被联合国教科文组织评为"东方小夜曲"。

张家鸣（1956— ）

女大提琴演奏家。辽宁沈阳人。1971年入宁夏歌舞团，任大提琴首席，1986年入中央音乐学院进修，1985年随团赴加拿大、加纳、佛得角演出。

张家强（1937— ）

音乐教育家。天津人。1960年毕业于南京师大音乐系，后任教于徐州市三中。曾任徐州市音协理事、市音乐教学研究会秘书长、市二胡学会名誉会长兼艺术指导。曾参与编撰江苏省音乐课本。1978年被聘为徐州市中学高级职称评委会评委，多次在全市大型音乐会担任指挥及二胡独奏。1992年获徐州市中学音乐学科优秀教师称号。

张家瑞（1926—已故）

小提琴演奏家。山东掖县人。1950年入长影乐团。曾任该团小提琴首席。

张家信（1945— ）

歌唱家。河北人。全国高校艺术教学指导委员会委员。1965年考入天津音乐学院声乐系。1970年考入济南军区前卫歌舞团，后任济南空军文工团独唱演员、队长。1985年任山东艺术学院青年实验乐团副团长、教务处副处长、主管教学的副院长、教授、研究生导师，《齐鲁艺苑》主编。曾多次举办个人独唱音乐会，发表《谈歌唱的整体意识》等声乐论文数十篇。

张嘉贞（1953— ）

女音乐教育家。江苏吴江人。吴江文化馆副研究馆员、吴江市音舞协会名誉主席。常熟高等师专音乐系毕业，曾任中学音乐教师，1976年调入文化馆。先后有大量作品获奖，其中《水乡妞》获全国创作辅导双银奖，《水乡的小楼》获三等奖，《金雀飞起来》与《太阳下走来的小女孩》获江苏省一等奖、二等奖。论文《儿童初期钢琴教学中如何培养和保持兴趣》获一等奖，《采取多种训练方法，提高业余歌手的参赛水平》《如何组织好创作歌曲的演唱》获优秀论文奖。收集整理编写《吴江民歌》一册。2008年曾举办"水乡情·张嘉贞作品演奏会"。

张嘉筬（1916—已故）

女音乐教育家。上海人。1952年始从事幼儿音乐教育，后为天津幼儿师范学校讲师，全国编写幼儿音乐教材组成员。编著有《幼儿音乐教学法》《幼儿园音乐游戏》等。

张建东（1951— ）

音乐活动家。江苏新沂人。1994年毕业于山东省委党校。先后任中石化胜利油田文联副主席，山东音协、省合唱学会、省创作中心理事。出版《太阳河里的七色小花》《不老石油情》歌曲集及《难忘的时光》《石油人的深情》《我的名字叫油娃》《油田小路》《胜利油田的春天》等作品集。被评为油田拔尖人、中石化音舞协先进工作者。

张建钢（1959— ）

打击乐演奏家。河南安阳人。1994年毕业于天津音乐学院管弦系。曾先后担任河北省歌舞剧院管弦乐队打击乐首席、河北交响乐团打击乐首席、乐队队长、河北音协常务理事、河北省艺术职业学院客座讲师、河北省文化厅艺术处副处长。多年来从事音乐演奏与教学。

张建国（1935— ）

男高音歌唱家。回族。山东人。1950年参加工作，中央歌舞团合唱队演员，曾多次出国访问演出。录有领唱、重唱歌曲《毛主席派人来》《小青马》《龙船调》等。

张建国（1947— ）

作曲家、指挥家。天津人。1959年在天津歌舞剧院任演奏员，1976年在中央音乐学院进修，1979年结业后历任天津歌舞剧院作曲兼指挥，天津轻音乐团团长，天津歌舞剧院副院长。歌曲《火红青春献祖国》获"全国八十年代新一辈"优秀歌曲奖，《幸福之光》获建国35周年二等奖，《时刻把百姓记心间》获天津市廉政歌曲一等奖。所作曲的电视剧《女儿情》获全国二等奖、黑龙江省一等奖，《龙种》获黑龙江省二等奖，《宝贝》《啊！年轻人》《将军的摇篮》《狐仙小翠》分获多种奖项，舞蹈音乐《丰》获华北五省市舞蹈比赛作曲优秀奖。

张建国（1959— ）

音乐教育家。山东人。浙江湖州师范学院音乐系副教授。1986年毕业于山东师范大学音乐系。历任歌舞团乐队队员、中学音乐教师、音乐中专教师和大学音乐系钢琴教师。2004年出版著作《钢琴基础教学导读》。2002至2003年出版音乐创作曲集《二胡重奏练习曲乐曲20首》三集。发表多篇音乐教育与教学论文。主持过省厅级艺术科学研究课题，有11项科研成果获省厅级以上奖励。主要从事钢琴教学、西方音乐文献研究与教学工作。

张建华（1954— ）

女中音歌唱家。云南个旧人。曾在中国广播艺术团合唱团任独唱、领唱、重唱、合唱演员，并担任女中音声部长。参加许多国内外重大演出，为电影、电视、电台录制大量节目。1988年随中国广播合唱团参加在日本举办的国际合唱比赛，获女声合唱和混声合唱两枚金牌。在音乐普及教育及训练和辅导业余合唱团方面亦有建树。

张建华（1966— ）

音乐教育家。安徽歙县人。安徽师范大学音乐学院作

Z

曲理论教师。1987年毕业于安徽省徽州师范学校，后到歙县小洲中学任教。1989年考入安徽师范大学音乐学院，毕业后留校任教。2003年出版学术专著《巴赫〈371首四声部赞歌〉和声研究》，发表《巴赫如何创作四声部众赞歌》等文多篇，歌曲有《天上的西藏》等。创作的舞蹈音乐《新芽》获得第三届安徽省花鼓灯会一等奖。

张建立（1964— ）

中提琴演奏家。河北人。中央乐团演奏员。1982年毕业于中央音乐学院。曾多次随团赴美国、西班牙、韩国等国家演出，并与世界著名指挥家小泽征尔、汤沐海等合作为来华访问的各国领导人演出。

张建林（1953— ）

音乐教育家。河北林城人。1977年考入中央音乐学院指挥系，师从著名指挥家、音乐教育家黄飞立教授。毕业后留校从事视唱练耳教学工作、副教授。多年来，为国家培养了大批音乐人才。合作编著了《音乐基本素养考级教程》一书及《视唱练耳教学》录像带。1997年中国少年民族管弦乐团成立后，一直兼任该团指挥，排练了大量传统与现代音乐作品，曾多次到全国各地巡回演出。

张建民（1935— ）

作曲家。山东苑城人。中国京剧院艺术创作室主任兼音乐创作组组长。1960年毕业于中央音乐学院作曲系。60年代初为舞剧《农奴之歌》《八女颂》《五朵红云》《红旗》等编曲配器，为电影《夺印》《百折不挠》《姊妹》《我们的孩子》等配乐，参与交响诗《刘胡兰》，创作《红灯记》《惠嫂》《蝶恋花》等中国京剧院新剧目，创编《大闹天宫》《八仙过海》等音乐。其中《承天太后》获全国新剧目会演音乐奖。合编《张君秋唱腔集》《京剧著名唱腔集》等四本戏曲唱腔专集。

张建平（1957— ）

男中音歌唱家。安徽合肥人。总政歌剧团独唱演员。1976年考入合肥市文工团，1979年考入解放军艺术学院音乐系声乐班，师从王振民。1982年毕业分配到空政歌舞剧团。1986年在歌剧《爱与火的四重奏》中芒崔庸和，1989年在意大利歌剧《托斯卡》中饰斯卡皮亚。1990年调入总政歌剧团。1995年在"国际艺苑"举办个人独唱音乐会，在第二届"聂耳·冼星海全国声乐比赛"中获铜质奖。曾在歌剧《党的女儿》《我心飞翔》中饰演主要角色。

张建平（1965— ）

音乐教育家。山东济宁人。曲阜师范大学音乐学院院长。1986年毕业于曲阜师范大学艺术系。曾在枣庄师范学校、专科学校任教。撰有《合唱指挥与高等音乐教育》《浅谈中国传统音乐美学思想》《谈歌唱发声的基本原理》《谈高师合唱教学的改革与创新》等文十余篇。出版有《合唱精选作品》《合唱与指挥》《女高声乐作品精选与赏析》。

张建荣（1954— ）

女音乐教育家。河北人。1971年入崇阳县文化馆。1977年毕业于湖北艺术学院音乐教育专业，同年分至咸宁学院任教，期间曾赴武汉音乐学院研究生班学习。曾任咸宁学院教育系副主任、音乐系主任、副教授，后任咸宁学院艺术学院副院长兼音乐系主任。曾获咸宁市政府颁发的优秀艺术指导奖，全国推新人大赛优秀指导奖、校十佳教师奖。

张建生（1953— ）

作曲家。河南濮阳人。1987年毕业于安阳师范专科学校。先后任濮阳县杂技团、市杂技团乐队演奏员、作曲、指挥，濮阳杂技艺术学校办公室主任，音乐组作曲、教师。创作、改编、配器大量杂技音乐《开幕曲》《狮子舞》《双爬杆》《顶碗》《高车踢碗》等，许多曲目在赴澳大利亚、美国、德国、荷兰、香港、台湾等演出中被选用。撰有《对杂技市场的一些思考》《演员、明星、艺术家》《繁荣河南杂技音乐艺术》，分获"金菊奖"论文评选特别奖及全国理论研究会二等奖。

张建一（1954— ）

男高音歌唱家。浙江湖州人。1978年入杭州歌舞团，1981年入上海音乐学院声乐系进修，1984年7月获第三届维也纳国际歌剧歌唱家比赛第一名、欧洲《歌剧世界》杂志特别奖、匈牙利国家电视台"百花奖"。现居美国。

张建中（1952— ）

歌词作家。河北东光人。毕业于包头师范专科学校。原内蒙古瑞德教育印务股份有限公司干部。发表作品近千首，有多首获各级奖。歌曲《祖国啊，请您收下》1987年获内蒙征歌一等奖、萨日纳奖（政府奖），全国一等奖，歌曲《八月的草原等你来》2004年获建设民族文化大区征歌一等奖。出版歌词集《祖国啊，请您收下》。获包头、内蒙"自学成才奖"。曾当选第六届内蒙青联委员。

张剑平（1958—2009）

词曲作家。广西平南人。艺术系理论作曲专业毕业，1975年参加工作。贵州省安顺市文联办公室主任、副研究馆员、安顺市音协主席、贵州省音协理事。创作发表、播放歌曲、歌词、舞蹈音乐、音乐论文等音乐文学作品数百件，近百首歌曲在省级以上征歌活动中获"五个一工程"奖、"十大金曲"奖和一、二、三等奖等。先后被国家人事部、文化部、贵州省文联、省文化厅表彰，授予"全国文化先进工作者""贵州省德艺双馨艺术家""贵州省文化先进工作者"及"安顺市专业技术拔尖人才"称号。

张健民（1955— ）

指挥家。山东人。1978年参加军乐团指挥训练班学习指挥、作曲及和声。1988年就读于中央音乐学院指挥系大专班。1975年后分别参加全军文艺汇演、担任35周年国庆大典千人乐团分指挥、外事司礼及国内音乐会的演出，演出过世界各国的乐曲，并为学校及部队等业余文艺团体进行业务指导。曾获军乐团首届中青年指挥奖及军民共建先

Z

进个人称号。

张杰林（1942—）

作曲家。广东顺德人。1967年毕业于上海音乐学院理论作曲系作曲专业。1973年起任湖南省歌舞团作曲。作有歌剧、舞剧音乐《九十九个梦》《T城酒家》《乡音》《三湘杜鹃红》《遥远的侗寨》，声乐协奏曲《洞庭之夜》，舞蹈音乐《农夫与蛇》《红军泉》《千手观音》《刑场上的婚礼》，交响合唱《洞庭潮》《蓝天大海》，电影音乐《被抛弃的人》《公寓》《巴陵窃贼》《血洒天涯》《侨乡情》，管弦乐组曲《潇湘情韵》。

张洁芳（1935—）

女高音歌唱家。浙江宁波人。1950年入志愿军文工团担任独唱、二重唱演员。1961年入总政歌舞团工作。曾在朝鲜学习伽倻琴弹唱《鹰峰山谣》等曲目并担任领唱。

张介甫（1961—）

女歌唱家。河北人。华中师范大学音乐系声乐副教授、硕士生导师。1984年毕业于武汉音乐学院，1990年获得湖北省"威克杯"电视歌手大奖赛一等奖，全国第五届"五洲杯"和第六届"通业杯"青年歌手电视大奖赛美声专业组优秀歌手奖，1992年获得全国名歌手电视歌手大奖赛铜奖，1994年在第一届中国广播新歌征集优秀作品评选中，其演唱歌曲《神女的期待》获金奖。2001年在全国大学生艺术歌曲比赛中，获湖北省的优秀指导教师奖。出版有《歌唱学习的飞跃》及个人演唱专集《经典演唱》。

张金春（1955—）

中提琴演奏家。河北安平人。中央歌剧院交响乐团中提琴演奏员。曾在北京舞蹈学院音乐班学习中提琴，并在该学院管弦乐团及中国轻音乐团任中提琴首席。在演出的芭蕾舞剧《天鹅湖》《睡美人》《葛佩莉亚》，双人舞《草原上》《吉赛尔》，歌剧《马可波罗》中担任中提琴首席和独奏。出版由中国爱乐乐团协奏、个人独奏的演奏专辑。先后参加香港艺术节、澳门艺术节、芬兰歌剧节和世界三大男高音"紫禁城广场音乐会"。

张金栋（1930—）

中提琴演奏家。黑龙江人。1947年始从事音乐工作，先后在松江鲁艺文工团、中央戏剧学院、中央实验歌剧院、中国舞剧团任演奏员。后调中国歌剧舞剧院。

张金龙（1940—）

作曲家、音乐教育家。云南人。云南省艺术教育委员会委员，曲靖市艺术教育委员会副主任。曾任全国高等师范院校理论作曲学会理事、全国高等师范院校《和声学》通用教材编委、云南音乐教育学会常务理事。创作音乐作品、论文近三百首（篇），部分作品获全国、省级大赛金、银、铜等奖项。著有《歌曲作法初步》《手风琴简易教程》。为多部歌剧、戏曲、电视片、歌舞谱曲。

张金山（1922－2005）

双簧管演奏家、教育家。辽宁开原人。1939年毕业于满洲宫内府音乐部。曾在广州军区战士歌舞团、广州乐团任演奏员兼教员，曾任星海音乐学院管弦系副教授。

张金生（1935—）

板胡演奏家。河南南阳人。1948年始从事部队文艺工作。1964年入上海音乐学院民乐系进修，后在江西省歌舞团工作。作有板胡协奏曲《送郎当红军》。1986年曾赴南斯拉夫访问演出。

张金声（1955—）

指挥家、作曲家。河北人。天津歌舞剧院交响乐队指挥。1975年毕业于天津音乐学院管弦系小提琴专业，分至天津歌舞剧院交响乐团任小提琴首席，与国内外著名指挥家合作，演奏了大量歌剧、舞剧及交响乐作品《费加罗的婚礼》《西班牙的女儿》《洪湖赤卫队》等。1987年在中央音乐学院指挥系、作曲系专修。曾指挥莫扎特、贝多芬、柴科夫斯基等著名作曲家不同风格的作品，其中有大型舞剧《斯巴达克》《精卫填海》，指挥大型音乐会、著名歌剧精品音乐会等。作有《小提琴协奏曲》《打击乐与二胡》《降A大调第一狂想曲》，并为多部电视剧、广播剧作曲，录制多盒磁带与专辑。

张金香（1954—）

女歌剧表演艺术家。黑龙江人。1972年就职于黑龙江哈尔滨歌剧院。曾在歌剧《江姐》中饰演江姐，在歌剧《洪湖赤卫队》中饰演韩英，在《货郎与小姐》中饰演居里乔赫拉，在《芳草心》中饰演芳芳和媛媛两个角色。1994年获文化部个人优秀表演奖。

张金叶（1942—）

女歌剧表演艺术家。河南人。陕西省歌舞剧院歌剧团声乐教员。多年来，在歌剧和歌舞晚会及音乐会中担任领唱、独唱，在《洪湖赤卫队》《向阳川》《白毛女》《沙家浜》《海港》中分别饰韩母、翠琳娘、黄母、沙奶奶、方海珍，曾任《货郎与小姐》《芳草心》《窦娥冤》《江姐》《飘香的花手帕》《七步恋》声乐指导。培养众多学生成为声乐优秀人才，并获不同奖项。

张金云（1953—）

作曲家、音乐教育家。回族。云南人。云南丽江师范高等专科学校教授委员会专职副主任，云南省教育厅艺术教育委员会委员，丽江市音舞协会副主席。历任云南省丽江地区歌舞团团长、丽江地区演出公司董事长、丽江师专艺术系主任、教授。先后撰文数十万字，出版有《乐评短论》《张金云歌曲选》等多部，有众多作品获奖，歌曲《走进丽江》获波兰国际电视音乐节金奖。

张锦华（1950—）

音乐教育家、音乐理论家。安徽定远人。毕业于福建师大艺术系音乐专业，进修于上海音乐学院声乐系、上海戏剧学院表演系。福建艺术职业学院院长，教授、硕士生导师。福建省音协副主席。撰有《当代声乐表演的主体建构》《关于声乐表演的几点思考》等文数十篇。著有《声乐表演教程》（上、下册），合作编著教育部全国统编教材《艺术概论》《文艺演出手册》。主持过文化部国家级课题《通俗歌曲演唱风格变迁及通俗唱法训练模式的探讨》和《中国当代流行音乐的传播与接受研究》，参与各级课题九项。导演《啊，故乡》《清泉》《鹰翅下面》等影视剧二十余部。

张进军（1960— ）

作曲家。陕西榆林人。1990年毕业于西安音乐学院作曲系。曾在陕西省歌舞剧院工作，后任陕西省乐团副团长、交响乐队常任指挥、西北工业大学学生交响乐团客座指挥、艺术总监。创作有舞剧、舞蹈音乐、协奏曲、管弦乐作品、重奏、独奏、重唱、独唱、戏曲等大量作品。有的作品在国家及省级比赛中获奖，部分作品被录制成CD光盘或收入获奖作品集。指挥演出多种风格的交响音乐会。

张晋德（1920—已故）

作曲家、音乐活动家。山东淄博人。前中国唱片社社长、广播民族乐团团长。1936年参加中华民族解放先锋队，从事抗日救亡宣传。搜集大量抗日歌曲编纂出版《抗战吼声》歌曲集。1940年入太行山八路军总部创办的前方鲁艺音乐系学习，毕业后留校任教员。1946年转业至《人民日报》任记者，后调中央电台任文艺编辑。1949年组建中国广播民族乐团，并任第一任团长。1980年率团赴日本东京等城市巡回演出。作有《歌唱我们的英雄》《投弹》等歌曲，合作有《赤叶河》等歌剧音乐。

张晋俐（1964— ）

女音乐教育家。山西洪洞人。山西大学音乐学院声乐系主任、副教授、硕士生导师。1989年毕业于山西大学艺术系声乐专业，留校任教。主授声乐教学、欧洲声乐发展史、声乐艺术、汉语语音课程。发表《全面理解音乐教育在素质教育中的作用》《强化歌手的音乐艺术素养》等文多篇。主持并参与多项省、市级科研项目研究工作。先后获山西省音乐教育论文优秀奖和科学技术优秀成果奖，多次在省内外声乐大赛中获奖。

张景和（1942— ）

二胡教育家。北京人。1965年毕业于中国音乐学院民乐系，后留校任教。作有《春思》《田间小唱》等二胡乐曲，录有《空山鸟语》《二泉映月》。

张景坤（1931— ）

歌词作家。山东枣庄人。1944年参加抗日文艺活动，1945年转入新四军运河支队宣传队，先后在部队五个文艺团体任文工团员、创作组长。1952年任新疆军区创作组长、文艺科（处）长。1978年在苏州市文化局、文联任职。作词歌曲《剿灭匪特》《边卡就是我的家》《江南柳》《太湖夜歌》《家住长江三角洲》等近百首歌曲获奖。曾出版歌剧集《钢铁海防线》，歌诗集《美哉，苏州》，歌词集《绿色的梦》，词作歌曲集《江南

柳》等10部。

张景平（1935— ）

作曲家、指挥家。河南郏县人。河南省音协手风琴专业委员会会长。1949年参加部队文工团，任手风琴演奏员。1958年入湘西自治州歌舞团任乐队指挥。1979年任河南省豫剧三团乐队指挥。作有管弦乐《大起板》，获河南省器乐比赛一等奖。手风琴独奏《编花篮随想》，获第二届中国手风琴作品比赛三等奖。

张景山（1961— ）

低音提琴演奏家。河北石家庄人。解放军军乐团二队队长、低音提琴首席。1995年毕业于南京政治学院。参加大量外事司礼及各种演出活动。1989年参与组织"人民军队忠于党""人民军队爱人民""人民军队爱祖国"大型演出活动，参与承办军乐团内外司礼任务的联系、协调及现场组织实施等工作。1997、1999先后参与组织香港、澳门回归交接仪式及新政府成立宣誓就职仪式的演奏任务。

张景霞（1939— ）

女古筝演奏家。山东鱼台人。1956、1964年先后毕业于沈阳音乐学院职工中学、沈阳音乐学院民乐系。曾任长春电影制片厂、吉林省歌舞团、沈阳军区前进歌剧团、辽宁歌舞团独奏演员，1978年到沈阳音乐学院民乐系任教。1963年获沈阳音乐学院校庆古筝比赛第一名。曾为中央台录制改革转调筝曲五首，并向国内外播放。编写《古筝弹唱》与古筝专业教材、转调筝演奏法等六册。创作古筝独奏曲《春望》等十余首。撰有《渔舟唱晚》等数篇。

张景元（1942— ）

作曲家。北京人。曾任山东省文艺创作研究室创作员。1966年毕业于沈阳音乐学院作曲系，曾参加现代京剧《奇袭白虎团》的相关音乐工作。曾任前卫歌舞团创作员，先后为《刺杀》《济南战役》等五部电影及《聊斋》《三言二拍》等30余部电视剧创作音乐，同时创作有交响乐及舞蹈音乐作品。

张敬安（1925—2003）

作曲家。湖北麻城人。曾任中国文联委员、中国音协理事，湖北省文联副主席、省音协副主席。1949年毕业于国立湖北省师范学院音乐系。自1952年始就职于湖北省歌剧团，任作曲兼、指挥，团长。参与创作、改编大、中、小型歌剧30余部。歌剧《罗汉钱》在中南五省会演中获优秀音乐奖，歌剧《洪湖赤卫队》音乐（合作）获《大众电影》首届"百花奖"最佳音乐奖。选曲《洪湖水，浪打浪》获建国40周年优秀作品奖、"五洲杯"40年广播金曲奖，"百歌颂中华"优秀纪念歌曲奖等。大段唱腔《看天下劳苦人民都解放》《没有眼泪，没有悲伤》为民族唱法专业歌手必选曲目，《手拿碟儿敲起来》《这一仗打得真漂亮》等均广为流传。1978年引进话剧改编的歌剧《泪血樱花》音乐创作，获"文华奖"。2000年获湖北省文联颁发的"从事文艺工作五十年纪念"荣誉证书，2003年获湖

Z

北省音协"金盘奖"贡献奖。

张靖平（1929— ）

小提琴教育家、作曲家。山东邹平人。南京艺术学院音乐学院小提琴教授。江苏音协器乐表演委员会委员、器乐考级小提琴评审组副主任。1948年参军入山东清河地区文工团任小提琴演奏员。1950年考入华东大学艺术系音乐科。1963入上海音乐学院管弦系进修，师从谭抒真。从事小提琴教学，培养学生三百余人。作有小提琴独奏《庆丰收》《民风舞曲》《村里的晚会》《马头琴之歌》《宜兴山歌》《打起锣鼓唱起歌》《陇东舞曲》《儿童协奏曲》《慢诉》，齐奏曲《丰收忙》《青年小提琴协奏曲》。出版《张靖平小提琴曲集》。撰有《小提琴演奏民族风格的探讨》《谈小提琴运弓》《谈小提琴教学》《谈小提琴演奏者的心理素质》。

张静波（1915— ）

作曲家。河南尉氏人。1934年毕业于河南开封师范学校。历任中学音乐教师、上海救亡演剧队钢琴伴奏、重庆中国实验歌剧团男高音演员、南京国防部军中演剧五队队长、指挥、解放军贵州军区文工团队长兼音乐指导、开封市图书馆顾问。作有二胡独奏曲《月夜琴音》等，歌曲四十余首，发表文章《冼星海在洛阳》，其记谱、编曲侗族琵琶歌《一颗真挚的心》曾被评为贵州省文艺界向国庆50周年献礼节目之一。

张静芳（1955— ）

女少儿声乐教育家。辽宁大连人。毕业于大连教育学院艺术系。先后任中学音乐教师、大连市话剧团演员兼声乐指导、大连市少年宫声乐教师。作有童话歌舞剧《燕窝的故事》获"全国首届少年儿童戏剧比赛"创作辅导一等奖，《快乐的节日》等三首作品获"中国儿童音乐电视大赛"辅导银奖，"全国少年儿童歌曲卡拉OK电视大赛"获"园丁奖"、指导教师奖。2001年在辽宁省首届电视合唱大赛中，指导大连市少年宫红领巾合唱团获特别金奖。出版有《桃李芬芳——大连市少年宫张静芳儿童声乐教学作品》专辑。

张静蔚（1939— ）

音乐学家。天津人。1960年毕业于北京艺术师院音乐系，1981年毕业于中国艺术研究院研究生部，获硕士学位。任中国音乐学院音乐学系主任，副教授。论著有《近代中国音乐思潮》（合作）。

张镜聪（1938— ）

民乐指挥家。四川成都人。1960年毕业于四川音乐学院民乐系并留校任教。中国民族管弦乐学会常务理事。作有笛子独奏《骆驼队》，民乐合奏《龙飞曲》《嘉陵江组曲》等。

张隽伟（1911—1992）

钢琴教育家。辽宁辽阳人。1941年毕业于上海国立音专，曾在南京国立音乐院、苏州社会教育学院、上海沪江大学、上海剧专及上海音乐学院任教，曾为音协上海分会常务理事。

张觉平（1957— ）

二胡演奏家。江苏徐州人。浙江黄岩地税局工会副主席。曾任浙江黄岩越剧团团长，兼演奏二胡、作曲。创作并演奏的二胡独奏曲《金色的柑桔节》获浙江省第二届职工汇演创作一等奖、表演二等奖。曾随浙江省群星艺术团赴日本、葡萄牙参加国际民间艺术表演，独奏曲目有《二泉映月》等。

张爵贤（1929— ）

作曲家。广东梅县人。长沙市群艺馆副研究馆员。1945年在广州师从黄飞立学习作曲，1947年曾就读于湖南音专主修钢琴、理论作曲。1949年任长沙市工人文工团音乐队长、指挥。1958年任长沙市文联专职副主席，湖南音协筹委会副主任，同年在省第二届文代会上当选为该协会主席。1963年当选为中国音协湖南分会主席。创作有歌剧音乐《郭亮》《雷锋》，合作歌剧音乐《迎春家》《幸福源》，合作歌舞音乐《瑶家阿妹上大学》。作有歌曲五十余首。

张筠青（1932— ）

女作曲家。北京人。曾任天津市青联委员，中国音乐学院作曲系作品分析教研室主任，教授，博士生导师。1956年毕业于中央音乐学院作曲系。1956至1993年先后在中央音乐学院、天津音乐学院、中国音乐学院作曲系任教。后在中国煤矿艺术团任创作员。作品声乐套曲《啊！多快活》，获第六届世界青年联欢节音乐创作比赛银质奖，女声合唱《牦牛队的姑娘》获中央音乐学院首次创作比赛金奖，歌曲《夜思》获2000年全国艺术院校艺术歌曲比赛第一名，另有合唱套曲《大庆工人之歌》，交响曲《东方红》。著有《歌剧音乐分析》，论文有《两个半乐句的乐段——京剧二黄唱腔的核心结构》《美国音乐剧中宣叙性段落的特性》等。

张俊田（1932— ）

音乐教育家。山东滨海人。1960年毕业于山东艺术专科学校，先后在新太一中、梁才一中任音乐教师。作品有歌曲《颂雷锋》《可爱的校园》《颂园丁》，舞蹈音乐《送军鞋》等，发表《农村中小学少先队的培养与建设》《怎样读简谱》《乐理基本常识》《兴趣教学法》等论文。其中《快乐学习法》获全国音乐课堂教学研讨会一等奖。1991年参加全国合唱指挥与作曲进修班学习。曾率队参加地、市少年队鼓乐团比赛并获得冠军。

张俊廷（1942— ）

作曲家。河北肃宁人。1962年毕业于青岛音乐函授学校。1977年始在县文化馆任职。有大量歌词发表于各地音乐刊物，其中三十余次获创作奖。作有独唱《海滨晨曲》，小合唱《我为革命开铁牛》，歌舞音乐《咱为海河民工洗衣忙》，表演唱《政治夜校好》，诗歌联唱《抗旱战鼓》，组歌《海河两岸起宏图》等。挖掘、整理并编撰出版《中国民间大鼓鼓谱》。出版有《张俊廷歌曲选》。

张俊义（1939— ）

小提琴演奏家。河北唐山人。1952年就读于中央音乐学院少年班，1963年毕业于中央音乐学院管弦系。后分配到解放军铁道兵文工团歌舞团工作，担任过首席。三十多年为部队演出一千多场，二十多次受团内嘉奖。1994至1997年赴深圳机场实验学校教学，培育众多青少年小提琴爱好者，其中有学生1996年夏参加深圳文艺汇演获二等奖。部分学生以特长生选入了各类高等院校。

张开诚（1950— ）

作曲家、音乐活动家。北京人。北京市劳动人民文化宫副主任，北京市职工文化协会秘书长，北京音协理事兼社会音乐工作委员会主任，北京市中学生金帆艺术团艺术指导。师从姚思源、秋里学习作曲和合唱指挥。作有男声小合唱《快乐吉他》（获全国工人歌曲征集评选一等奖，金钟奖北京地区评选一等奖），男声四重唱《啊，春天》（全国建设者之歌优秀创作奖），英语混声合唱《世界是个家庭》（入围奥运歌曲评选，在央视播出）策划、组织北京市"五月的鲜花"职工歌咏活动。

张开仁（1934— ）

钢琴高级试验师。山东人。1950年在大连韵华钢琴修理厂学习，后留厂工作。1956年调大连乐器合作社任键盘车间主任，1961年任辽宁歌剧院乐管科科长，1988年任辽宁艺苑实业公司钢琴厂厂长、高级试验师。制造、修理大量键盘及管弦乐器，1989年设计主持生产的阳光128立式钢琴，达到国内同型号钢琴先进水平，曾获文化部"科技成果奖"。发表有《关于钢琴弦轴板的设想及处理弦轴松动的有效方法》等文。

张开耀（1959— ）

作曲家。山西文水人。1980年任职汾西矿务局文工团作曲、板胡独奏。作品《祭忠魂》被山西省委纪念刘胡兰就义50周年活动采用，《我的大运河》《莲花仙子歌》《我和春天有个约会》《家园》《相约苏州行》等分别在《歌曲》发表和北京电视台播出，舞蹈音乐《河·荷·和》等多次获北京与国家奖项。

张开仲（1934— ）

音乐编辑家。陕西安康人。1952年毕业于安康师范学校。1966年调安康市群众艺术馆，长期担任群众音乐组织辅导工作。曾任陕西省音协理事、安康市音协副主席。主持编纂市、省多部民间艺术音乐集成。1986年《器乐曲集成·陕西卷》编辑工作获省一等奖，1997年获全国艺术科学规划领导小组颁发的《中国民歌·陕西卷》编纂成果二等奖。发表论文十余篇。

张克发（1934— ）

大提琴演奏家。河南孟县人。1958年毕业于西南音专器乐系。曾任全国大提琴学会理事，陕西乐团交响乐队首席大提琴演奏员、独奏演员、艺委会委员。其独奏的曲目

有《匈牙利杂感》《西班牙小夜曲》《村午》《幻想曲》《西北民风舞》《黎明》《节日的天山》《叙事曲——第十个弹孔》，重奏曲目有《情深谊长》《洪湖水浪打浪》《血海》，合奏曲目《梁祝》，贝多芬《第九交响曲》等。为《西安事变》《人生》等数十部影视作品配乐，曾获西北音乐周及陕西艺术节集体演奏奖。

张克良（1941— ）

歌词作家。山东青岛人。已发表歌词（曲）逾千首，省以上获奖三十余次。为多集电视剧《金色海湾》《老王头外传》及电影《月亮跟着星星走》及多部音乐片、专题片创作主题歌及插曲。主要作品有《苦菜花开在三月》《跟着太阳走》《乡里乡亲》《我的人生》（日·远藤实曲）及《全国第二届盲童夏令营营歌》。出版歌词集《彩色风》《相思风景》等。

张克学（1960— ）

声乐教育家。河南长坦人。佛山科学技术学院艺术教研室主任。1984年毕业于河南大学音乐学院声乐系，后在首都师大音乐学院研究生班音乐理论系进修。曾在安阳师范、河南大学音乐学院任声乐教师。撰有《构建音乐教育师资人才战略》《浅议声乐教学中的心理训练》等论文并在刊物发表。曾获"广东第一届大学生艺术展演比赛"论文二等奖、指挥的合唱获三等奖。

张空凌（1923—已故）

音乐活动家。生于印尼爪哇，祖籍广东。1938年到延安，后入鲁艺音乐系学习。曾任音协湖北分会顾问、省侨联主席、全国华联常委、全国第六、七届人大代表、湖北省政协第六届委员。

张孔凡（1931—已故）

指挥家。河北定兴人。1952年毕业于中央音乐学院，后入中央歌舞团。1956年入中央乐团交响乐队，任指挥。曾随团出国演出，后入陕西乐团任指挥。作有交响诗《穆桂英挂帅》（合作）。

张昆鹏（1968— ）

词曲作家。山东济宁人。福建省军区政治部文工团创作员。词曲作品有《山东老乡》《无悔老兵》《当兵为和平》等，其中《山河听我说》获中国广播原创歌曲"十大金曲"一等奖，《团圆中国年》在2005年中央电视台春节晚会上演唱，《班进攻》获全军文艺汇演创作一等奖，《守护平安》被选为福建"首届人民警察评选活动"主题歌。

张黎红（1963— ）

女声乐教育家。黑龙江哈尔滨人。东北师范大学音乐学院副教授、声乐系主任、硕士生导师。中国合唱协会理事。2002年在全国师范院校开设重唱与歌剧表演课，排演过多部中外著名的歌剧重唱片断、中外优秀重唱和合唱作品。2007年在第6届亚洲冬季运动会开幕式大型文体表演担任节目总监和多个节目编导。同年在第38届意大利"贝里尼"国际声乐比赛中国选拔赛中获C组一等奖。2008年担任

Z

第39届意大利"贝里尼"国际声乐比赛中国赛区评委，同年在"香港国际音乐家"比赛中担任声乐评委。

张礼慧（1966— ）

女歌剧表演艺术家。重庆人。中国音协第六、七届理事。重庆市文联副主席、市音协主席。重庆师范大学音乐学院院长、教授。先后在中外歌剧《芳草心》《江姐》《小野小町》《巫山神女》《蝴蝶夫人》《图兰朵》《绣花女》等中担任女主角。曾分别获两届"全国青年歌手电视大奖赛"专业组美声唱法第三、第一名，中国戏剧"梅花奖"，美国克罗拉多国际歌剧咏叹调大赛第一名。2003年在北京成功举办个人独唱音乐会。

张礼仁（1956— ）

歌唱家。重庆人。毕业于四川音乐学院声乐系。1982年任重庆市歌舞团独唱演员，1985至1999年任歌舞团声乐队长。曾到日本演出，获电视大奖赛重庆赛区美声唱法第一名及中央电视台"荧屏奖"。多次参加省级声乐比赛并获等级奖。现被重庆大学美视电影学院、重庆市艺术学校聘为声乐教员。

张厉文（1933— ）

女歌唱家。贵州福泉人。1949年参加部队文工团，曾演出《白毛女》《一朵红花》《夫妻识字》等。1953年入重庆市歌剧团任主演员，曾在歌剧《一个志愿军的未婚妻》《草原之歌》《柯山红日》《向秀丽》《江姐》《李双双》《洪湖赤卫队》等剧目中任主角。多年来培养不少演员进入艺术院校和专业剧团工作。

张立德（1937— ）

音乐理论家、教育家。山西太原人。1963年毕业于北京艺术学院作曲专业并留校任教。1964年调首都师范大学音乐学院。长期从事音乐理论教育，曾任理论作曲教研室主任、副教授。为《中国当代学校音乐教育研究》（一套共3册），《北京文化志·音乐志》《基本乐科教程·乐理卷》《教师百科词典》《教学实用全书·音乐卷》的撰稿人之一。发表歌曲《夜半灯光》《我们美好的心愿》（获北京市征歌二等奖），《民族团结歌》等数十首，发表论文及评介文章多篇。多年来协助参与人民音乐出版社编写《中小学音乐教材》《中小学音乐教师用书》的工作。

张立国（1953— ）

歌词作家。江苏连云港人。连云港市音协副主席、市音文学副会长、市公安文联副主席。作品发表于《歌曲》《词刊》《儿童音乐》等报刊，作词歌曲有《盐工情》《船锚情思》《又见桃花开》《丰收的中国》等，多首作品被选入《中国当代歌词精选》等选本中。出版有歌词集《没有音符的歌》《心的历程》《美丽的脚印》。

张立虎（1951— ）

作曲家。浙江温州人。1976年毕业于浙江师范学院音美班，1995年毕业于浙江省政治大学。1982年调瓯海区文化馆任音乐干部、馆长。1997年任瓯海区文化局副局长。作有《中国梅花》《家乡的竹斗笠》《杨梅儿酸酸，杨梅儿甜》《挑海鲜的姑娘》《谁叫我是渔家女》《乡下的女人》《时代山歌》《我的爱》《向往江南》《老师的情怀》等40余首歌曲，并获各类奖项。为电视剧《血染的丰碑》作曲。

张立军（1955— ）

男高音歌唱家。山东嘉祥人。1992年毕业于中国音乐学院声乐系。沈阳军区文工团合唱队演员。曾任抚顺矿区文工团合唱队演员。撰有《歌唱中力的运用》《浅谈歌唱中的"松与紧"》。曾三次举办个人独唱音乐会。出版《张立军演唱的歌剧咏叹调》专辑。

张立昆（1940—已故）

作曲家。山东青岛人。1956年入中央歌舞团任演员，曾任中央民族乐团创作员。作有歌曲《我老汉心里喜洋洋》《歌手请你告诉我》《汀江红旗颂》。后移居香港。

张立明（1958— ）

小提琴演奏家。上海人。1976年在南京艺术学院学习小提琴，历任江苏扬州市歌舞团、省锡剧团乐队演奏员，1983年调省戏剧学校音乐科任音乐基本理论、音乐欣赏课教师。江苏省交响乐团小提琴演奏员。曾参加演出歌剧《洪湖赤卫队》《江姐》《刘胡兰》《弄臣》《茶花女》，舞剧《白毛女》《红色娘子军》《沂蒙颂》等。参加大量中外名人名曲，室内乐与交响音乐作品的演奏。

张立萍（1965— ）

女高音歌唱家。湖北武汉人。中国音协第六、七届理事。1989年毕业于中央音乐学院声乐歌剧系，获学士学位。1990年留学加拿大温哥华音乐学院，1992年获表演艺术家文凭。中央音乐学院声乐歌剧系主任、教授。是率先进入美国纽约大都会歌剧院主演《蝴蝶夫人》《图兰朵》等歌剧的中国歌唱家之一，也是迄今为止唯一作为首席女高音进入英国皇家歌剧院科文特花园担纲主演歌剧《图兰朵》《蝴蝶夫人》《拉莫摩尔的露齐亚》《绣花女》的中国歌唱家。曾率先进入德国柏林国家歌剧院、德国慕尼黑巴伐利亚国家歌剧院、意大利威尔第之乡帕尔玛歌剧院、意大利普契尼之乡普契尼艺术节、西班牙巴塞罗那歌剧院等世界一流歌剧院主演歌剧二十余部。

张立田（1939— ）

词曲作家。安徽宿州人。原滁州市音协主席，安徽音协理事。1961年毕业于安徽艺术学院音乐系。曾多次获省一、二、三等创作奖，作品《绣不尽情丝万里长》《江淮儿女多风流》等被中国唱片社出版发行。曾在《人民音乐》《乐坛》《江淮音乐》等刊物发表几十首作品。搜集民歌二百余首被《中国民间歌曲集成》和其他刊物选用。多年从事音乐编辑、辅导工作，主持市级大型文艺晚会和文化活动，培养多人进专业文艺团体和高等院校，多次举办音舞班。

张立中（1939— ）

音乐教育家。江西南昌人。1962年毕业于江西师范学院艺术系音乐专业。后调赣南师范学院任教，主要从事声乐和音乐理论教学。先后任声乐教研室主任、音乐理论教研室主任、音乐专业负责人。编著有《歌曲作法》《民族民间音乐》等。作有歌曲《校园之歌》《春到茶山》等，均在省级以上刊物发表或获奖。撰有《论歌曲创作的音乐构思》《论音乐文化的交流》《论音乐形式美的相对独立性》《论歌唱发声中对立因素的和谐统一》等。

张丽达（1955— ）

女作曲家。北京人。中央乐团创作组作曲。1983年毕业于中央音乐学院作曲系。曾任内蒙古呼伦贝尔歌舞团演奏员。作有《小提琴协奏曲第一号"芒谐"》《青岛组曲》，改编有管弦乐及合唱《奥林匹克颂》等，曾为影片《山河旧话》，电视节目"东方时空"等配乐，出版有《呼伦贝尔民歌集》钢琴伴奏15首，艺术歌曲《猎村雪夜》等。

张丽莉（1960— ）

女高音歌唱家。吉林永吉人。1983年毕业于解放军艺术学院音乐系。北京军区战友文工团演员。在《八路组歌》《军旅剪影》《风从太行来》《黄河边的故事》及《长征组歌》中担任独唱、领唱。曾参加在中央电视台"综艺大观""激情广场"录制长征组歌，参加为第六届全国人大代表演出音乐会、北京音乐节、全国合唱节、北京电视台"长征万岁"专题节目等大型音乐会的演出。

张丽娜（1956— ）

女音乐教育家、小提琴演奏家。山西介休人。山西艺术职业学院音乐系副教授。1982年毕业于山西大学艺术系小提琴专业，师从严福保。曾先后在太原市红小兵歌舞团、太原市青年歌舞团任小提琴演奏员，在太原市歌舞团任首席小提琴、小提琴独奏演员。1989年调山西艺术职业学院音乐系，从事小提琴教学与理论研究工作。发表有《论维厄唐的小提琴音乐》《小提琴音准诠释》《帕格尼尼24首随想曲浅析》《克莱采尔42首小提琴练习曲综述》等。

张丽如（1932— ）

女声乐教育家。浙江杭州人。1957年毕业于中央音乐学院声乐系，曾在总政歌舞团任教，后任天津歌舞剧院声乐教员。

张丽生（1944— ）

女小提琴演奏家。陕西西安人。1963年毕业于中央音乐学院附中。1969年起在中国电影乐团任小提琴演奏员，曾担任乐队副首席。期间参加了大量电影及电视剧的配乐、录音工作，并在《闪闪的红星》《侦察兵》《潜海姑娘》《永不凋谢的玫瑰》等配乐中担任独奏。1985年曾参加中国电影明星艺术团赴新加坡、香港等地演出。1993年作为爱乐女四重奏组成员赴法国、德国、荷兰等国访问演出，并多次参加中央芭蕾舞团交响乐队、总政文工团交响乐团、中国广播交响乐团的演出及出访。

张丽艳（1965— ）

女音乐活动家。黑龙江宾县人。1997年毕业于首都职工联合大学中国歌剧舞剧院分校艺术系。先后任宾县文化馆、河北廊坊师范学校舞蹈教师，中国石油音协秘书长。长期从事群众文艺工作，曾组织全国石油系统文化大赛、文艺比赛、歌手大奖赛，舞蹈编导、词曲创作、MIDI制作班，很多学员在各类赛事中获奖。参与组织策划舞蹈诗剧《北大荒的太阳》，大型民族舞剧《大漠女儿》获中宣部"五个一工程"奖，"文华新剧目"奖及优秀组织奖。

张丽珠（1961— ）

女古筝演奏家、教育家。河南襄城人。1983年毕业于河南大学艺术系。后在漯河师范学校艺体科任教，高级讲师。撰有《浅谈中师视唱教学》《改革音乐教学模式，促进中师素质教育》《视唱教学良方新探》等文。在河南第八届"黄河之滨音乐会"上，参赛节目打击乐组合《大唐六骏》获金奖，丝弦五重奏《欢乐的夜晚》获银奖。1993年获河南省中师中、青年音乐教学基本功比赛器乐二等奖，1996年获漯河市"东方杯"器乐大赛金奖，2001年获漯河市首届文艺成果奖。为社会培养了一批古筝演奏人才。

张利娟（1926— ）

女歌唱家。湖北武汉人。1950年毕业于上海音乐学院声乐系。1951年随中国青年文工团赴苏联及东欧九国演出。1952年入中央歌舞团。1954年赴保加利亚学习声乐，曾参加歌剧《弄臣》的演出，并担任助教与举办独唱音乐会。1960年回国后长期在中央乐团担任独唱演员及声乐教员。曾赴苏联、波兰、捷克、香港等国家和地区文化交流演出，三次担任国际歌剧比赛评委，并赴国外讲学与演出。

张利君（1963— ）

手风琴教育家。河北唐山人。2003年毕业于河南大学艺术学院音乐系。先后任北京军区某军文工团手风琴演奏员，河南开封高等师范专科学校、河南大学艺术学院音乐系手风琴教师、副教授。撰有《浅谈高师钢琴课教学》《音乐教育与素质教育》《高师手风琴改革设想》。主编《钢琴即兴伴奏教程》《音乐教程》《手风琴晋级教程》。作有歌曲《迎接新世纪的辉煌》。多次参加省委宣传部等部门组织的大型文艺演出。

张利荣（1951— ）

作曲家。天津人。1977年毕业于天津音乐学院理论作曲系，后为天津儿童艺术剧院专职作曲。曾为天津、北京和其他省市的儿童剧、木偶剧、电视剧等作曲百余部，其中儿童剧《尼玛太阳》《红蜻蜓》《少年霍元甲》《我也是太阳》，木偶剧《大肚弥勒佛》《神唢呐》《华山小子》等获中宣部"五个一工程"奖和文化部"文华奖"。还为《神笔马良》《木偶奇遇记》《白雪公主》《真假美猴王》《火焰山》《嫦娥奔月》《神笛》《钟馗嫁妹》《快乐的汉斯》《少年周恩来》《三牙象》等作曲。

Z

张连葵（1962— ）

女歌唱家。辽宁人。青海师范大学音乐系副主任、声乐副教授、青海音协副主席。1979年考入青海师范大学艺术系音乐专业，次年在上海师范大学音乐系主修声乐，1983年毕业留校任教。1986年考入中央音乐学院声歌系进修。曾获全国第四、第七、第八届青年歌手电视大奖赛青海赛区专业组美声唱法一等奖。1994年在青海电视台举办个人独唱音乐会，演唱有《飞向太空的歌》《雪莲的歌》及外国歌剧《梦游女》《弄臣》选段等。撰有《谈歌唱中的艺术表现》《谈歌唱的吐字与发音》等文。

张连生（1956— ）

二胡演奏家。北京人。1975年入中国广播民族乐团学员班，后任该团二胡独奏演员。曾获全国民族器乐调演表演奖、中央电视台民族器乐大赛优秀表演奖。随团出访台湾、日本、新加坡等地。创作二胡独奏曲《望故乡》，撰写《二胡跟我学》等教材。录制个人二胡抒情名曲专辑《弯弯的月亮》以及《中国二胡》等电视片。

张良杰（1942— ）

作曲家。山东潍坊人。1989年毕业于中国函授音乐学院理论作曲系。潍坊市奎文区文化馆原文艺部主任、潍坊市民族管弦乐学会副会长。创作大量各类音乐作品，有六十余件获奖。其中歌曲《放蜂女》获全国征歌二等奖，《老夫老妻》获全国词曲创作笔会银奖。出版歌曲集《心中的旋律》。长期致力于指挥并培训本市的业余乐团和合唱团，协助创建农民乐团与少儿民族乐团。

张林漪（1911— ）

作曲家。安徽桐城人。1937年参加工作，后入延安鲁艺学习。1955年入上海电影制片厂任作曲。作有秧歌剧音乐《刘顺清》，电影音乐《南岛风云》《柳林曲》。

张令赫（1935—已故）

作曲家。浙江宁波人。曾任浙江省歌舞团创作室作曲。1961年毕业于上海音乐学院作曲系。曾任某军文工团乐队队员，宁夏回族自治区歌舞团作曲。所作大合唱《山丹丹花开六盘山》获1979年国庆30周年献礼演出音乐作品二等奖、宁夏回族自治区国庆30周年文艺评奖一等奖，独唱歌曲《明亮的星星》（合作）获浙江省歌曲评奖一等奖，舞蹈音乐《枸杞园中》获宁夏1979年文艺作品评奖二等奖。另作有交响乐、电影音乐、轻音乐作品。

张令杰（1955— ）

音乐教育家。山东人。毕业于山东艺术学院音乐系并留校从事教学与研究。1980年获山东省青年教师、演员独奏比赛一等奖，1982年获全国民族器乐观摩比赛表演奖，1996年获全国首届大学生文艺汇演优秀指导教师奖，1999年获山东省优秀教师称号。作品《山里行》获全国首届大学生文艺汇演优秀创作一等奖，所撰著《实用二胡运弓技法研究与训练》获山东省文化厅优秀科研成果一等奖。

张龙得（1948— ）

作曲家。湖北黄梅人。1969年考入江西九江市歌舞团，任乐手、指挥兼创作。作有歌曲《青年之歌》（获江西省"八十年代新一辈"青年歌曲征集一等奖），《百灵鸟飞去了》（获三等奖），《鄱阳湖，我的故乡》《门前的江，门前的路》等。舞蹈音乐《花染》，大型舞剧音乐《路》（合作），儿童剧音乐《飞啊飞》。曾获九江市"合唱月"群众歌咏比赛指挥一等奖，1996年在江西音乐舞蹈艺术节上舞剧《路》获伴奏奖。

张隆华（1939— ）

大提琴演奏家。江苏人。1949年参军，先后在部队文工团、治淮文工团、安徽省歌剧团工作。1953年起在中央音乐学院华东分院、中央音乐学院学习大提琴。1957年考入上海音乐学院，毕业后曾任福建省歌舞团、浙江省歌舞团乐队首席大提琴。离休后，仍从事大提琴教学活动。

张隆志（1946— ）

指挥家。江西赣县人。曾任南昌市采茶剧团板胡、二胡演奏员、指挥、作曲。1989年结业于中国音乐学院理论作曲系。指挥、作曲的《幽谷疯女》《过了小年是立春》《病房轶事》先后在江西省第三、五届"玉茗花"戏剧节和第二届艺术节中获指挥奖。《劝夫》《桃之夭夭》先后在首届江西省"生成杯"大赛及第二、三届戏剧节中获作曲一、二等奖，配器一等奖（合作）。二胡齐奏《甜妞妞》，在江西省第四届少儿艺术节中获辅导一等奖。

张鹿樵（1960— ）

声乐教育家。浙江瑞安人。太原师范学院音乐系声乐教研室副主任、副教授。1984年考入山西大学艺术系，师从邓映易教授。1992年入上海交通大学文学艺术系高等学校音乐助教进修班学习。2002年在上海音乐学院周小燕歌剧中心做国内访问学者。发表论文十余篇，出版论著11部，其中《高等学校美育中音乐教育的探索与研究》科研课题获2003年山西省教育厅科学技术进步二等奖。

张禄海（1946— ）

指挥家、作曲家。北京人。1964年毕业于总政军乐团学员队，后任首席圆号、独奏演员及该团艺术指导兼乐队指挥、天安门升旗仪式奏国歌乐队常任指挥。1987年参与武警军乐团创建。1991年参加在意大利举行的世界警察运动会开幕式演出并任指挥。作有百余首独奏、重奏、合奏作品，并将广东音乐《旱天雷》改编为管乐合奏曲，成为国宴保留曲目。

张履福（1949— ）

笙演奏家。北京人。中国煤矿文工团笙演奏员，民族管弦乐队队长。1969年考入部队文工团任笙独奏演员。1979年考入中国煤矿文工团民乐队。先后参加了由著名指挥家彭修文、朴东生、闫惠昌指挥的千人大乐，五家产业文工团举办的龙年音乐会，煤矿文工团上演的大型舞剧《丝路花雨》。以及举办的历届音乐会，并均在演出中担任笙独奏、领奏、伴奏等。曾多次出国演出。

张满燕（1936— ）

女歌唱家。河北人。1947年参军后任解放军冀东某分区宣传队、四野某兵团文工团小提琴演奏员、歌唱演员。1954年调入总政歌舞团，曾参加独唱、表演唱、舞蹈歌剧《白毛女》《刘胡兰》等，及《黄河大合唱》《长征组歌》《光荣颂》等大型作品的演出。在音乐舞蹈史诗《东方红》中，与李光羲共同担任《松花江上》的演唱。1975年调入江苏常州市文艺学校任声乐教师，1980年后任南京歌舞团声乐教员、支部书记、参加辅导、排练等。

张曼昭（1932— ）

女钢琴教育家。江苏苏州人。1954年毕业于沈阳音乐学院钢琴系，1956年研究生毕业。为该院钢琴系副教授。

张茂林（1933— ）

音乐教育家。安徽歙县人。1954年毕业于安徽师范学院艺术系音乐专业。黄山市音协名誉主席。从事音乐教育教学工作四十余年，为艺术团体输送不少人才，为院校培养大批音乐教师。坚持业余创作和合唱指挥，作有歌曲、舞曲、器乐曲和音乐教学论文三百余件，其中在全国和省市一级刊物上发表的作品有七十余件，出版歌曲选《爱的小路》。《翡翠谷之歌》获全国公益歌曲评选活动作品银奖，《乡村师范生之歌》参加省市合唱比赛获一等奖。

张枚同（1940— ）

歌词作家。山西原平人。山西省音协第五届顾问，中国煤矿音协副主席。1965年毕业于山西大学艺术系作曲专业，留校任教，1972年后在大同煤矿工作。曾任山西省音协第四届副主席、山西省政协第七届委员。著有歌词集《年轻的朋友来相会》《九十九支曲儿九十九道湾》等。主要作品有《年轻的朋友来相会》《二十年后再相会》（合作）《我是个采煤的黑小伙》。

张梅果（1930—2003）

作曲家。河北曲阳人。1946年从事部队文艺工作，1960年入中央院作曲系进修，后在哈尔滨歌剧院工作。作有歌剧音乐《海岛女民兵》，合唱组曲《星火燎原》。

张梅玉（1933— ）

女音乐教育家。广东梅县人。1950年考入华南文艺学院音乐部就读，毕业后在中南音乐专科学校（现武汉音乐学院）声乐系学习，1956年留校任教。同年在中央音乐学院苏联专家（巴拉晓夫）视唱练耳学习班学习，结业后回校担任视唱练耳课教学。1962年调广州音乐专科学校，先后任教研组长、教研室副主任、副教授。论文《视唱练耳教学法》《音位显示板在视唱练耳教学中的作用》等，曾先后在全国高等音乐院校第一、二届视唱练耳教学经验大会宣读，并编有视唱练耳教材。曾任全国视唱练耳乐理学会副会长。

张梅珍（1958— ）

女高音歌唱家。上海人。1977年入兰州部队文工团，1979年入上海民族乐团工作。曾在上海及浙江举行独唱音乐会。在全国及上海独唱比赛中多次获优秀奖。录有盒带专辑。曾赴日本、新加坡国家访问演出。

张美波（1934— ）

女钢琴教育家。浙江黄岩人。1950年入广州华南人民文学艺术学院音乐部学习，1953至1955年在武汉中南音专学习。1955年在中南音专及湖北艺术学院任钢琴教学和伴奏，1985年任广东肇庆师专音乐系钢琴教研室组长，副教授。肇庆市政协委员。所教学生1987年在广东佛山、中山、肇庆举行的三市少年儿童音乐比赛中获奖。

张美岚（1947— ）

女歌唱家。山西河曲人。山西歌舞剧院原独唱演员。曾在中国音乐学院进修。1958年在河曲县"八一"歌舞团、1960年在河曲二人台歌剧团、1964年在忻县地区文工团任独唱演员。演唱有《火车开到山里来》及二人台对唱等，获省优秀演员奖。1987年在首届山西艺术节上演唱《黄河儿女情》受文化部和山西省委嘉奖。

张美林（1962— ）

声乐教育家。江苏扬州人。扬州大学艺术学院院长、副教授。2001年毕业于匈牙利国家歌剧院研究生院。撰有《双向选择——声乐教学的新模式》等论文。1996年获全国青年歌手电视大奖赛专业组美声唱法三等奖，2001年获匈牙利布达佩斯国际威尔第歌剧音乐节声乐表演金奖。

张美卿（1936— ）

女音乐教育家。福建长泰人。厦门集美大学师范学院音乐系钢琴副教授、市音协常务理事。1957年于中央音乐学院钢琴系毕业后，分配至武汉中南音乐专科学校钢琴系任教，该校改建为湖北艺术学院后任院务委员。1981年执教于集美高等师范专科学校。从事钢琴教学三十余年，培养了众多优秀人才。近年来，致力于少儿钢琴教学，很多学生在比赛中获奖。1990年获陈嘉庚教育基金会颁发的奖教金。2003年获省自考办与中央音乐学院联合举办的艺术水平考级考试优秀指导教师证书。

张美薇（1964— ）

女歌唱家。山东人。黑龙江省歌舞剧院独唱演员。演唱的声乐作品有《我爱你，塞北的雪》《我的家乡大塞北》《北大荒人的歌》等，曾获1982年省民歌汇演优秀奖，1984年省青年歌手电视大赛二等奖，1986年省民歌、通俗歌曲比赛一等奖。曾随黑龙江艺术团赴香港演出。

张美燕（1950— ）

女键盘演奏家。上海人。上海音协理事、中国音协电子琴学会副会长。1970年毕业于上海音乐学院附中等专科学校钢琴、声乐专业。1985至1987年参加首届上海音乐学院电子琴师资班，并分别获中日合办的首批电子琴理论、演奏高级国际证书。曾先后参与录制近百首音响制品及十

Z

余盘电子琴音乐专辑，担任主编或参与编写出版三十余本电子琴教材和琴谱。先后有数十名学生在全国和省市比赛中获奖。1995年起先后3次举办电子琴师生音乐会、电子琴独奏音乐会和双排键电子琴学生专场音乐会。

张美燕（1968— ）

女演奏家。江苏扬州人。1991年毕业于天津音乐学院。天津广播电视电影集团广播影视艺术团演奏员。发表《浅谈筝的表演艺术》《音乐艺术与广播影视》等文。先后参加"拥军拥政"春节联欢晚会，"纪念抗日战争胜利50周年""庆回归""难忘的岁月""庆祝建国五十周年""世纪颂"等大型文艺演出活动。

张萌伯（1932— ）

女音乐教育家。四川阆中人。1955年毕业于西南师大留校任教，后任音乐系理论教研室副教授。作有歌舞剧《我们和小树一起成长》，组歌《麦贤德之歌》，歌舞《采药》。配合教学编写讲义《音乐艺术引论》和《艺术概论》。发表论文《以其虚而虚天下之实—音乐内容新探》《歌曲与人—关于歌曲的美学思考》《音乐反映现实的美学特征》《音乐—婴儿的精神营养》等。

张民权（1918—已故）

指挥家。广东潮阳人。1951年入上海音乐学院。曾任附中及大学部视唱练耳、和声课教师、后为上海音乐学院指挥系副教授、音协上海分会合唱学会副理事。著有《歌咏指挥基础知识》。

张民兴（1935— ）

作曲家。安徽合肥人。江苏省常熟市文化馆副研究馆员，苏州市音协理事。1953年毕业于安徽大学。作品有歌舞《白茆塘上好风光》《浒浦渔歌》参加1984年文化部调演，并进中南海为中央领导汇报演出。《难忘的目光》获《歌曲》编辑部"江南杯"全国征歌大赛创作三等奖，表演唱《鹞子、鹞子向南飞》获江苏省少儿艺术节创作一等奖。《喊日子》获江苏省中小学汇演一等奖。撰有《苏南民歌中的一朵奇葩》发表于《江苏音乐》并获优秀论文奖。出版有个人作品专集《明天更风流》。

张闽娜（1956— ）

女音乐教育家。河北人。1970年参军后任演员。1978年毕业于上海师范大学音乐系。后在高校音乐教育专业担任声乐、合唱指挥教学工作，曾任音乐系主任。1994年获全国曾宪梓教育基金会教师奖三等奖。2001年被评为自治区学校艺术教育工作先进个人。1993年指挥宁夏电视台"小燕子"合唱团参加"首届全国童声合唱节"，获优秀合唱团称号。2002年指挥宁夏大学音乐系合唱团参加"全国大学生艺术歌曲比赛"获全国优秀节目奖，省级一等奖，指导女声小合唱获全国三等奖。宁夏音协副主席。

张名河（1941— ）

歌词作家。湖南沅陵人。1964年大学毕业。中国音协第六届理事。中国音协及音乐著作权协会理事、《词刊》编委。曾任辽宁省委文艺处处长、省文联副主席、广西文化厅副厅长。作有话剧《母女辩》，出版诗集《爱的沙田》《琴弦上的岁月》，长诗《真理的女神》《红岩碑》，作词歌曲集《神的传说》《爱的花地》，译词歌曲集《山口百惠歌曲选》，歌曲盒带专辑《封神榜》《杨乃武与小白菜》《不朽的黄河》，作词歌曲CD金碟《美丽的心情》《一个美丽的传说》《我们美丽的祖国》《二泉吟》及《张名河作词歌曲集3部》。

张明达（1929— ）

音乐编辑家。河北文安人。1949年入华北军区文工团任演奏员。1957年入中央人民广播电台任音乐编辑。

张明华（1942— ）

女民歌、西河大鼓演唱家。北京人。1962年毕业于中央音乐学院附中。曾任部队文工团歌唱演员，1962年入中国广播文工团（现中国广播艺术团），师从马增惠学习西河大鼓，后任艺术团制作部主任。多年来从事西河大鼓及山东琴书等曲种的整理工作，随团多次参加全国调演。制作"星期音乐会""民族作品音乐会""贝多芬作品音乐会""纪念刘天华音乐会"等电视音乐专题片百余部。

张明怀（1957— ）

作曲家。河南沁阳人。内蒙古包头市教育局体卫艺术科科员。1983年、1991年、2002年先后毕业于包头师范中师、中国函授音乐学院、北师大汉语言文学系。歌曲《啊中华》《勒勒车》等被一些重大比赛和晚会选用演唱。多次获国家、省市级奖，其中《爱草原》2001年获全国第二届"蒲公英奖"少儿声乐比赛创作铜奖、演唱银奖。《巴大格勒》由腾格尔演唱并拍成MTV。1999年3次举办个人作品音乐会。

张明武（1966— ）

歌唱家。布依族。云南罗平人。云南省曲靖市委统战部台办主任，云南音协理事、曲靖音协主席。1991年毕业于云南省文化厅职工大学音乐科。出版个人独唱专辑《布依的太阳》，编有《珠江源头山歌民谣集》《滇桂黔边区革命历史歌曲集》等。曾分别在昆明、曲靖举办个人演唱会。参加中央、云南省等电视台各种大型演出三百余场。曾赴澳大利亚、新西兰、德国、法国等地演出。多次在声乐比赛中获奖，其中于2000年获全国民歌演唱大赛一等奖，全国广场民间歌舞大赛"山花奖"金奖，1998年获"云南省十佳歌手"称号。

张明元（1934— ）

音乐教育家。陕西城固人。1957年毕业于西北师大音乐系。曾先后在西北师大、兰州艺术学院任教，后为新疆石河子师范学校教师。所撰《漫谈和弦的分类与名称》获石河子科协论文二等奖、《谈谈歌唱教学中的准确性》获铸疆维吾尔自治区音教会优秀论文奖，出版《乐理·和声·手风琴知识词典》。

张鸣剑（1930— ）

音乐编辑家。浙江宁波人。1949年入军委工程学校文工团，1956年毕业于中央音乐学院作曲系，入总政歌舞团创作组，后为中央人民广播电台文艺部编辑。作有歌曲《祖国，我为你歌唱》。

张慕鲁（1921— ）

作曲家。江西南丰人。抗战期间曾在福建音专学习，后在沪、浙、赣等地从事音乐教育，1955年入南京军区歌舞团。曾参加音乐舞蹈史诗《东方红》音乐创作，作有大型歌舞音乐《东海前哨之歌》（合作）。

张乃诚（1946—已故）

作曲家。天津人。1964年入中国音乐学院附中学习作曲。1977年入总政歌舞团创作组。作有歌曲《再见吧，妈妈》，获国庆30周年会演创作一等奖。舞蹈音乐《割不断的琴弦》。

张乃护（1950— ）

音乐活动家。陕西西安人。曾任宁夏音协副主席，宁夏手风琴学会副会长兼秘书长。毕业于中央文化管理干部学院。1968年参军，曾任陆军某师文工团团长、俱乐部主任。1981年转业后任宁夏群众艺术馆音乐部主任。多次组织宁夏大型社会音乐艺术赛事。系手风琴优秀辅导教师，合唱指挥。发表文章近百篇。撰写有电视音乐艺术片《手风琴，你好》。获多个国家级奖项。

张乃健（1925— ）

作曲家。江苏如皋人。1943年从事抗日救亡歌曲活动。1946年任中学音乐教师。1947年在苏中江海公学组建文工队，开始作曲。1949年调苏北军区培训大批连队文化教员。编著、出版《怎样识简谱》《指挥与教歌》。曾先后任苏北军区、江苏军区某军、福州军区文工团音乐教员、副团长、团长、苏北音协副主席。作有歌剧《战斗在运输线上》及为多部歌剧配器，舞蹈音乐《夜送宣传品》《花儿朵朵》，歌曲《新花棍调》《刘胡兰颂》《战士四季歌》《大炮啊大炮》。

张乃雯（1940— ）

女歌唱家。山东曲阜人。1962年毕业于北京艺术学院。后入中央乐团工作。随团参加菲律宾第一届亚洲合唱节演出，担任合唱领唱。

张念冰（1942— ）

女三弦演奏家。福建连城人。1965年毕业于上海音乐学院后留校任教，任民族器乐系教研组长。创作、改编并演奏有《平沙落雁》《湘江之歌》《长门怨》《船歌》等三弦曲。

张培兰（1938— ）

女高音歌唱家。山东人。1960年从事文艺工作，后任吉林省歌舞剧院民族乐团歌队队长、音协吉林分会常务理事、省政协第四、五届委员。曾为影片《我们村里的年轻

人》配唱主题歌。

张培萍（1951— ）

女小提琴演奏家。江苏人。毕业于上海音乐学院。从事乐团的歌剧及交响乐演奏，并长期在上海音乐学院小提琴指导班任教。曾参加各种大型国际艺术节和国内重大演出，演奏大量中外著名歌剧及交响乐经典作品，参加电影、电视以及各种类型的音乐会等。编著出版我国首套《小提琴考级练习教材》1、2、3级乐谱三册，录像带三盒。修订1、2、3册并与新编著的4、5级乐谱五册及配套的VCD光盘五片。

张佩吉（1939— ）

女民族音乐学家。辽宁大连人。中国艺术研究院音乐研究所副研究员。1960年毕业于原北京艺术师范学院音乐系声乐专业，并留校任附中声乐教师。1975年入中国艺术研究院民族民间音乐研究室，从事民歌研究。曾赴全国十余省市遍访民间艺人和民歌手。撰有《满族民间音乐概述》《高山族的音乐》《长江流域田歌探究》《原生态民歌的高文化特质》《中国古代歌曲探微》《民间歌曲传承与当代民歌教学》等文数十篇。在音乐学院等高校教学并参与《中国音乐词典》《中国民间歌曲集成》《中国民歌》等辞书和歌曲的撰稿和编辑工作。

张佩萱（1915— ）

女音乐教育家。浙江杭州人。1945年毕业于重庆国立音乐院声乐系，曾在江苏省苏昆剧团任教。苏州铁道师范学院音乐顾问。江苏省第五、六届人民代表。

张丕基（1937— ）

作曲家。河北安国人。早年曾在哈尔滨苏联高等音乐学校学习小提琴、钢琴和作曲理论。1959年毕业于上海音乐学院附中作曲专业并升入本科。1965年毕业于中央音乐学院作曲系。中国大众音乐学会会长、名誉会长，哈尔滨工业大学客座教授。作品有交响组曲《湘江北去》，交响序曲《黄河纤夫》《青春序曲》《节日舞曲》，钢琴独奏《f小调奏鸣曲》，钢琴组曲《滨海抒情》《小进行曲》，小提琴独奏《浪漫曲》，大提琴独奏《思乡曲》，大管独奏《回旋曲》，木管五重奏《土家喜爱咚咚喹》，舞剧《刑场婚礼》，话剧《猜一猜，请来吃晚餐》，合唱《祖国之恋》《美丽的亚细亚》，独唱《乡恋》《夕阳红》，电视剧《寻找回来的世界》《三峡传说》，电影《陌生的朋友》。为四十余部电影及五百余部（集）电视片创作音乐，为大型音乐舞蹈史诗《中国革命之歌》的音乐创作。

张平生（1948— ）

作曲家。北京人。曾任中央民族歌舞团创作室创作员。1990至1994年进修于中央音乐学院作曲系，师从戴宏威教授。曾任云南西双版纳景洪总场宣传队演奏员、西双版纳州歌舞团演奏员。为哈尼族舞蹈《欢乐的爱伲姑娘》，傣族舞蹈《指甲舞》，佤族舞蹈《佤山姑娘》，布朗族舞蹈《缅桂花》等创作音乐。1986年作曲的舞蹈《雀之灵》获第二届全国舞蹈比赛创作一等奖、表演一等奖、

Z

音乐创作三等奖，并获20世纪华人舞蹈经典作品金奖。

张奇亮（1963— ）

钢琴演奏家。北京人。1981年毕业于中央音乐学院。1983年任东方歌舞团电声乐队主键盘手。1990年在"第八届四月之春友谊艺术节"获团体一等奖。1991年在文化部党建七十周年文艺汇演中获声器乐表演一等奖。1995年起连续参加由文化部主办的"中国风"流行音乐大型演唱会。1996、1997年参加"Japan Open"亚洲流行音乐比赛均获得"Roland大奖"。曾为国内外一批歌手的大型演唱会担任伴奏。

张启珩（1940— ）

音乐教育家。土家族。湖北五峰人。1992年获武汉音乐学院优秀辅导教师称号。1993年获湖北省"美育先进个人"。1995年获"湖北省教师进修学校优秀教学成果一等奖"。出版教材两本。撰写的《中小学音乐教师素质》获省、国家教委优秀教育论文奖。发表的《母语，根基与未来》获一等奖，出版有《母语，根基与未来》。曾任宜昌市青少年宫专业教师、宜昌市水电合唱团艺术总监、三峡电厂合唱团指挥、湖北音乐专业委员会副理事长。

张启舞（1932— ）

指挥家。辽宁人。1946年起从事军队文艺工作。1953年入中央音乐学院作曲系。1956年入苏联专家巴拉晓夫指挥班后转指挥系，1959年毕业。历任总政歌剧团指挥、副团长、团长。曾指挥《柯山红日》《白毛女》《洪湖赤卫队》《刘胡兰》《傲雷·一兰》《大野芳菲》《杜鹃山》及苏联歌剧《这里的黎明静悄悄》等。

张启贤（1938— ）

作曲家。回族。贵州安顺人。贵州省安顺市黄果树艺术团团长。1964年毕业于贵州民族学院。创作《春嫂》《巫山云巴山雨》《月儿弯弯》《山里人的面子》《故乡人》《布衣情歌》等多部花灯剧、歌剧音乐。并获诸多奖项。

张启秀（1933—2003）

女高音歌唱家。云南昆明人。1953年入昆明军区歌舞团，1960年在上海声乐研究所进修，后在昆明橡胶二厂任工会副主席。曾获第三届全军文艺汇演优秀演员奖，为电影《山间铃响马帮来》《红色娘子军》配唱插曲。

张启元（1955— ）

作曲家。青海互助人。青海省音协副主席、青海师大客座教授。供职于青海电视台文体中心。曾就读于西安音乐学院作曲系和青海师范大学音乐系。作曲的主要作品有：五幕歌剧《拉仁保与吉门索》（合作），四场大型土族风情歌舞《彩虹飞落的地方》，舞蹈《花儿红了》《青海人》，歌曲《牛背摇篮》《古然格吾》《黑眼睛的阿丽玛》以及电视剧《最后一盘水磨》，专题片《"花儿"为什么这样红》等。曾获中国广播新歌金奖、中国音乐电视大赛银奖、全国电视"星光奖"和"骏马奖"以及青海省

"五个一工程"优秀作品入选奖和省文学艺术创作奖等。

张启斌（1940— ）

作曲家。浙江温州人。1957年就读于温州师范学院音专，曾任温州师范学校音乐教师，温州瓯剧团团长兼作曲，温州市群艺馆馆长，市音协主席。作有歌曲《丰收大联唱》，小戏《怎么谈不拢》，广播剧《郑成功收复台湾》，大型现代戏《血染青山》，大型剧目《朱洪武与马娘娘》，表演唱《请来雁荡作嘉宾》及电视片《瓯剧集锦》（担任音乐总设计），有些作品获优秀创作奖。撰文《试谈六十年代第一春》。多次组织大型音乐活动。

张绮霞（1926— ）

女钢琴演奏家。浙江慈溪人。1944年考入上海国立音乐院，1948年毕业。1953年应聘于天津中央音乐学院钢琴系教授钢琴兼声乐系钢琴伴奏。1956年调至北京外交人员服务局在苏联大使馆教钢琴，后调新影乐团。1957年与作曲家张肖虎排练舞剧《宝莲灯》。1959年参加德国亨德尔逝世200年演出和庆祝西哈努克亲王50寿辰演出。1962年调东方歌舞团。1963至1979年借调中央乐团帮助工作。1970年翻译印度舞蹈四篇，论文一篇，被选入百科全书。

张千一（1959— ）

作曲家。朝鲜族。辽宁沈阳人。总政歌剧团艺术指导。全国政协委员，中国文联全委会委员，中国音协第五、六、七届理事，中国西藏文化保护与发展协会理事，《音乐创作》编委，中宣部"四个一批"人才。1984年毕业于上海音乐学院作曲系，2007年获文学（艺术）博士学位。作有交响音画《北方森林》，室内乐《为四把大提琴而作的乐曲》《A调弦乐四重奏》，交响采风《香格里拉》，《大提琴协奏曲》《庆典交响曲》，歌剧《太阳雪》，舞剧《大梦敦煌》，舞蹈《千手观音》，电影《红色恋人》，电视剧《大染坊》，歌曲《青藏高原》《嫂子颂》《在那东山顶上》等。

张谦施（1940— ）

歌唱家、声乐教育家。黑龙江阿城人。1958年考入哈尔滨艺术学院音乐系。后任河北师范大学音乐系声乐副教授。曾参加第一、第二届"哈尔滨之夏"音乐会，任独唱演员。先后演唱《歌唱二郎山》《唱支山歌给党听》《黄鹤楼》等歌曲，并由电台播放。在哈尔滨歌剧院工作期间，曾在《江姐》《蓝花花》《夺印》《矿山烽火》等歌剧中任重要角色。80年代始致力于声乐教学，多名学生在声乐比赛中获奖，发表有声乐及音乐论文数十篇。

张清泉（1918—已故）

声乐教育家。河南郾城人。1944年毕业于重庆国立音乐院分院。长期从事音乐教学工作。新中国成立后历任江苏师范学院艺教系、上海华东师范大学音乐系副教授。1956年始任北京艺术师范学院音乐系声乐副教授。后入中国音乐学院任教。

张庆朗（1938— ）

音乐教育家。河南兰考人。山东艺术学院教授、硕士生导师。1965年毕业于中央音乐学院声乐系，师从沈湘和吴天球教授。后分配到山东艺术学院任教研室主任，从事演唱教学工作。专著有《歌唱的理论基础》《声乐教程》，论文有《男高音训练琐谈》等数十篇。1993年被国家教委人事部授予"全国优秀教师"。

张庆祺（1944— ）

音乐教育家。河北人。宁夏银川市音协主席。1963年毕业于银川师范。长期组织训练学生合唱团，曾应邀参加北京国际合唱节、中国童声合唱节，出访欧、美等国，并获全国首届校园合唱比赛一等奖。组建宁夏电视台"小燕子合唱团"，多次在中央及省电视台演出节目。创作发表或播出的歌曲作品三十余首，多首作品获省、市级优秀作品奖和全国三等奖。曾为电视专题片《啊！黄灌区》《雏燕展翅》等谱写主题歌。撰写多篇音乐教育论文。

张庆祥（1945— ）

作曲家。河北清县人。1970年毕业于西安音乐学院作曲系。后在陕西省歌剧团工作。作有钢琴三重奏《玉门敬》获"全国第四届音乐作品评奖"二等奖。童声合唱《小星星圆舞曲》获上海市"布谷鸟音乐节"一等奖。

张庆祥（1953— ）

作曲家、音乐教育家。北京人。1975年毕业于北京师范学院音乐系，主修钢琴。1994年毕业于首都师范大学音乐系，主修理论作曲，曾在中央音乐学院学习。北京市潞河中学高级教师。作有钢琴独奏《螳螂与蝉》，混声合唱《中国龙凤的故乡》。十余首歌曲在全国、北京获奖。《啊！祖国》《祖国我的好妈妈》《我是山乡小歌手》分别被团中央等向全国推荐，部分作品录制成唱片。数篇作品在全国音乐教育论文、教案设计大赛中分获一、二等奖。所教钢琴学生有多人次在北京"希望杯"钢琴比赛中获奖。

张庆源（1938— ）

音乐活动家。江苏南京人。曾任江苏淮安音协名誉主席、副研究馆员。1961年毕业于南京师范学院音乐系。历任中学音乐教员、团县委副部长、市文化馆副馆长、文化宫主任，淮阴市委宣传部新闻文艺科科长，1993年任淮阴市文联副主席、市音协主席，并主持工作。组织数十场地市级大型文艺晚会和数十场声乐大赛。

张庆哲（1945— ）

男中音歌唱家。河北大城人。1969年毕业于天津音乐学院声乐系。后选调到济南军区前卫歌舞团从事演唱、教学。创作歌曲及编排合唱多首。1977年在全军第四届文艺汇演中创作、排练、演出的男声小合唱《热火朝天学六连》获创作、演出双优秀奖，歌曲被载入《中国人民解放军建军五十周年歌曲集》中。长期坚持辅导部队基层的歌咏活动，1986年任前卫歌舞团演唱队长、声乐指导。

张秋玲（1949— ）

女钢琴教育家。福建福州人。上海音乐学院副教授。曾多次参加全国各类器乐比赛任钢琴伴奏，多次与外国演奏家合作举办音乐会。1988至1990年均获上海音乐学院颁发的"艺术辅导工作成绩突出奖"。与邹学梅合作的激光唱片《长笛小夜曲》被评为1990年香港十大古典。1997年出版钢琴教学录音带《布格缪勒》，1998年与留美单簧管演奏家钱俊合作录制CD，同年参加全国第六届青少年小提琴演奏比赛任钢琴伴奏，获文化部颁发的钢琴伴奏奖。

张全昌（1944— ）

小提琴演奏家。内蒙古包头人。曾为内蒙古交响乐团乐队首席。1959年入内蒙古艺校学习小提琴，后入中央音乐学院、中央乐团进修。曾随团参加国内的重要演出，并为电视剧《雄狮》《谁是罪犯》及舞剧、歌剧作曲配器，还为内蒙古培养一批小提琴人才。

张全夫（1941— ）

作曲家。浙江海宁人。1960年入浙江省歌舞团民乐队任演奏员，1981年始在浙江海宁市文化馆任文艺辅导室主任。作有二胡独奏《挑起担子干得欢》《捉蟹》《放风筝》（合作），笛子独奏曲《婺江欢歌》（合作）《采桑曲》（合作）《西湖春晓》（配器），板胡独奏《故乡社戏》（合作），三弦独奏《蚕花曲》（配器），民乐合奏曲《水乡喜丰收》（改编）《水乡行》《畲家小乐手》，丝竹乐《南湖月夜》，舞蹈音乐《三女堆的遐思》，音乐专题《火树银花触目红，硖川灯会闹春风》。上述作品大都获省一、二等奖。曾担任三届"中国国际钱江观潮节"开幕式演出大型民间舞蹈《潮神祭》《大潮赋》《潮声乡韵》的音乐创作。

张全贵（1940— ）

作曲家。河南辉县人。1969年毕业于中国音乐学院作曲系。河南省直属电大音乐系教授。历任中央乐团创作员，中央音乐学院作曲系教师，内蒙古军区文工团、河南省豫剧一团创作员。发表、演出有大量音乐作品。在全军获奖的歌曲有《硬骨头六连好榜样》《军旗在硝烟里飘扬》，在省级获奖的豫剧音乐有《试夫》《黑娃还妻》及电视音乐片《石人山》。儿歌《会飞的花朵》选入中师音乐教材，《公社的山啊，公社的水》选入中央音乐学院视唱教材。曾为电视连续剧《天鹅宴》《这里没有终点》《关公》等及大型电视晚会作曲。撰有《怎样训练音准》《怎样训练节奏》，著有《基层文体活动手册》。

张全胜（1969— ）

马头琴演奏家。蒙古族。内蒙古人。1988年毕业于内蒙古艺术学校，1991年毕业于中央民族大学音乐学院音乐系，后留校任教。曾参加北京马头琴独奏音乐会、澳门国际音乐节独奏音乐会、"大草原的风"日本巡回音乐会、欧洲爵士音乐节。曾赴洛杉矶、纽约、东京、台北参加腾格尔演唱会。出版有《草原颂·钢琴与马头琴》《蒙古人之歌》，腾格尔《家园》《苏里格》，德德玛《牧人》等CD盘，并为《千里走单骑》《成吉思汗》《黑骏马》《东归

Z

英雄传》《悲情布鲁克》等电影中的马头琴配乐。

张全喜（1945— ）

戏曲作曲家。河南辉县人。辉县市豫剧团作曲。1993年毕业于河南广播电视大学音乐系。先后为八十余部剧目作曲，还创作了大量的歌曲、器乐曲等。其中移植的现代京剧《红灯记》唱段选已出版。为现代戏《高门楼低门楼》《太行回龙》作曲，并分别获河南省戏剧大赛奖励。作曲的《河南人爱哼梆子腔》与小品《山笛笛》，歌曲《故乡的红蜻蜓》《欢天喜地迎新春》及撰写的论文《豫剧中的交替板式》等均获奖。

张泉声（1954— ）

声乐教育家。北京人。北京丰台区劳技教育中心声乐专业高级教师。北京人民广播电台教育广播艺术团艺术指导。多次应邀在北京电台直播声乐系列讲座。曾为音乐院校、艺术团体输送大量优秀人才。多次获电视台、音协、教委、颁发的最佳指导教师、优秀指导教师奖杯、奖牌、证书等。所教学员多次获全国、全市声乐大赛一、二、三等奖及文化部组织的新人新作演唱大赛金奖等。多次赴欧洲、澳洲、港澳比赛、演出、艺术交流。

张人卓（1942— ）

民族音乐学家。贵州黔西人。中国少数民族音乐学会理事、贵州省音协常务理事、贵州省民族音乐学会副会长。曾任贵州省黔剧团高胡领奏员。为《中国大百科全书·音乐舞蹈卷》《中国少数民族乐器志》《中国少数民族艺术辞典》《中国传统音乐》等条目撰文。担任《中国民歌集成·贵州仡佬卷》主编，参与编纂《中国民歌集成·贵州卷》获文艺集成志书编纂成果二等奖。著有《中国仡佬音乐史》，论文十余篇，其中《从水城民歌和农民画看民间姊妹艺术的审美情趣》获贵州省三等奖。其中发表歌曲百余首。为峨嵋电影制片厂的五部民族风情电影作曲配乐。

张仁富（1928—已故）

单簧管演奏家。湖北武汉人。1950年入上海音乐学院，后赴莱比锡国立高等音乐学校学习。后任中央乐团单簧管首席。参加交响诗《保卫延安》创作。译有《配器法》。

张仁清（1925— ）

女声乐教育家。上海人。上海音乐学院声乐系教授。早年就读于国立音乐专科学校，从师于苏石林教授。经常参加大型演出活动，曾与上海交响乐团合作演出，任独唱、重唱。从教40余年，培养大批优秀学生，学生曾获法国图卢兹国际声乐比赛一等奖，上海市青年歌手电视大赛一等奖，首届全国青年歌手电视大赛业余组第二名。1986年获上海市"三八红旗手"，1989年获上海市首届文学艺术奖，多次获上海音院优秀教学成果奖。

张荣舫（1936— ）

单簧管演奏家。四川人。1957年入总政军乐团，1972年任四川省歌舞剧院管弦乐队单簧管首席，四川省音协管乐专业委员会顾问。1962年曾参加总政歌舞团交响音乐会演出，1979年与日本松山芭蕾舞团合作演出舞剧《葛培利亚》。曾参与演出歌剧《江姐》《洪湖赤卫队》《沂蒙颂》《天鹅湖》，交响乐《贝多芬第六交响曲》《新世界》《培尔金特组曲》等，以及单簧管独奏曲目《庆丰收》《世世代代》《快乐的女战士》《罗马尼亚组曲》。

张荣明（1940— ）

音乐教育家。陕西南郑人。曾为西安音乐学院教务处长、副教授。主讲艺术概论等课程。1964年入中国音乐学院音乐理论系学习。曾任西安师范附小音乐教员。为《中国历史大辞典·隋唐卷》等词典撰写词条，撰有《关于中国音乐史课程建设的一点想法》。

张如恒（1940— ）

作曲家。河北武安人。1986年毕业于湖北教育学院中文系。曾任武汉军区歌舞团指挥、艺术指导。后在湖北音像艺术出版社工作。

张如先（1917— ）

音乐教育家。山东寿光人。曾为副研究员，毕业于济南女子师范高师班与国立北平大学艺术学院音乐系。先后在青岛、陕西任中学音乐教师，在西北军政大学、西北人民艺术学院、西北农学院、兰州艺术学院、甘肃教育学院及西北师大任音乐理论教员、研究员等。创作有《送郎出征》等歌曲，编写中学音乐教材及歌曲选集。发表《甘肃玉门火烧沟三孔陶埙初探》等文。

张儒君（1948— ）

指挥家。河北张家口人。张家口市群众艺术馆党支部书记、河北省音协理事、市音协副主席。1965年毕业于河北艺术学校。曾任张家口市艺术团指挥、团长，市交响乐团首席指挥。曾指挥演出歌剧、舞剧多部，交响乐贝多芬《命运交响曲》《卡门》序曲等。小戏《父子争权》任音乐设计，获全国第十一届"群星奖"金奖。《奔驰的雪橇》《五彩的路》，单弦联唱《迎宾颂》等作品获省优秀音乐作品奖。获市文联"德艺双馨"文艺家称号。

张汝襄（1930— ）

民歌演唱家。天津人。1956年入中央歌舞团。1963年入中央民族乐团任民歌研究组组长。1957年获第六届世界青年联欢节合唱比赛金质奖。

张汝正（1937— ）

歌唱家。北京人。1961年考入总政歌剧团。1964年毕业于解放军艺术学院音乐系。曾参加《柯山红日》《杜鹃山》《党的女儿》及《托斯卡》等三十余部中、外歌剧及音乐会的演出。在《托》剧中扮演密探斯波雷达，《杜》剧扮演温其久。1972年始兼任本团声乐教学工作。解放军艺术学院音乐系客座教授。指挥的合唱在比赛中多次获一、二、三等奖，1997年文化部举办的"汇洋杯"中，指挥市残联合唱团获一等奖，在中山市举办的全国合唱比赛中，指挥铁路"银笛合唱团"获金奖。中国合唱协会理事。

张瑞和（1955— ）

　　大提琴演奏家。白族。云南大理人。广西歌舞剧院副院长、广西交响乐团总经理。1970年在广西文工团艺术系进修，1985年考入中国函授音乐学院理论作曲大专班。发表论文《浅谈〈洛可可大提琴主题变奏曲〉与洛可可风格的联系》《谈大提琴运弓的几个基本要素》。曾获壮剧《金花银花》《月岗桂花江》《醉英雄》音乐设计奖与优秀配器奖。参与排演壮族等情歌舞剧《歌王》，获中宣部第五届"五个一工程"奖，参与在京演出获"精品剧目"奖的《大儒还乡》，组织策划"壮乡和韵""广西畅想"等大型交响音画音乐会多场。组织"普及交响音乐会"进大专院校巡演。

张瑞孔（1952— ）

　　作曲家。河南太康人。供职于河南太康县实验小学。90年代开始音乐创作。作有《田野有支欢乐歌》发表于《中小学音乐教育》。现已发表大量歌曲，散见于音乐刊物、各级电台、电视台，有的在参赛中获奖。

张瑞琼（1951— ）

　　音乐教育家。山西榆社人。1976年毕业于山西大学艺术系音乐专业，同年任教于晋中艺术学校。1984年调入晋中工会任宣传干事，1988年调入晋中师专音乐系。晋中学院音乐系主任、教授，山西音协理事，晋中音协副主席。有二十多篇论文在刊物发表，曾出版《合唱指挥基础》，并多次在省内获优秀奖、最佳指挥奖等。

张瑞蓉（1956— ）

　　女钢琴教育家。山西太原人。山西大学音乐学院钢琴系主任、教授、硕士生导师。山西省音协音乐教育委员会副主任。1982年毕业于山西大学艺术系并留校任钢琴教学。1991年考入上海音乐学院钢琴系进修。先后承担省级科研课题6项，发表省级以上论文18篇，出版论著3部，获省级以上表彰奖励二十余项，所教学生多次获国家和省专业比赛奖项。多次被评为"山西大学十佳优秀教师""山西省优秀中青年教学骨干"。

张瑞雪（1941— ）

　　女大提琴演奏家。山西大同人。1962年毕业于山西艺术学院音乐系大提琴专业，分配到山西省歌舞剧院交响乐团。曾为《宝莲灯》《小刀会》《红色娘子军》等多部歌剧伴奏。曾参加华北歌剧调演、交响音乐中国作品比赛、"晋阳之秋"华北音乐节、美国南卡大学教授罗伯特组织的大提琴四重奏等多次专场音乐会、交响音乐会和录像录音工作。

张森龄（1939— ）

　　戏曲音乐家。陕西西安人。曾任西安市音协理事，西安市秦腔一团作曲。为《西安事变》《状元媒》等八十多个剧目作曲，两次获省级调演作曲奖。参加陕西电视台"秦之声"栏目编导录制。多次获广电部大奖与省级和中央新闻出版署音像精品奖。编辑出版《秦腔荟萃》十几种资料丛书。曾任秦腔电视连续剧《山里世界》监制，任《中国戏曲音乐集成·陕西卷》编委。

张森清（1941— ）

　　笛子演奏家。湖北人。1961年毕业于天津音乐学院附中，同年入北京军区战友歌舞团，担任独奏、领奏和伴奏。师从刘管乐、冯子存、陈重、赵松庭等。演奏有《子弟兵和老百姓》《塞上铁骑》《云雀》等中外乐曲。笛子独奏《欢迎解放军》和《献给最可爱的人》等曲目出版了唱片、专辑并由媒体专题播出。独奏《牧马战士之歌》获全军第三届文艺汇演优秀奖。在《长征组歌》中任笛子领奏。曾赴朝鲜、罗马尼亚、越南、香港、澳门等地访问演出。

张绍安（1955— ）

　　打击乐演奏家。河南临颍人。1973年毕业于解放军军乐团学员队。总政军乐团演奏员。曾多次完成国家重大庆典、演出、外事司仪任务，迎送外国首脑的礼仪演奏和伴宴演奏，为历届党代会、人大会、政协、澳门回归交接仪式演奏。数次随团赴国内外演出，以及为电台、电视台、电影制片厂录音录像。

张绍奎（1943— ）

　　作曲家。白族。云南大理人。大理州音协名誉主席。1960年参加大理州白剧团，曾深入民间对白族吹吹腔、大本曲及民间音乐作过搜集整理研究，为探索发展白剧音乐打下坚实的基础。先后创作设计过47部大中型剧目的音乐。其中《苍山红梅》《望夫云》《苍山会盟》《阿盖公主》《白月亮，白姐姐》参加过全省、全国会演。曾担任《中国戏曲音乐集成云南卷·白剧分卷》副主编，还单独完成《中国曲艺音乐集成云南卷·大本曲分册》的全部工作。多次获省和国家级奖励。

张绍义（1954— ）

　　作曲家。山西太原人。1982年毕业于山西大学艺术系。后入太原电台任音乐编辑、副主任，1992年始在太原经济台文艺部任副台长。作有民乐合奏《推小车》《欢迎您，朋友》《山西民歌主题变奏曲》《吕梁欢歌》，歌曲《起飞吧，太原》等近百首。撰有《中国二胡名曲赏析》，音乐专题《民俗与民歌》《说说唱唱刘罗锅》。参加歌剧《江姐》《刘三姐》《蓝花花》等的演出，参与录制电视歌手大赛、声乐、器乐比赛及大型电视文艺晚会。

张绍兹（1941— ）

　　笛子演奏家。河南开封人。1963年毕业于中央音乐学院民系，师从陈重、王铁锤教授，同年分配至中央实验歌剧院任笛子演奏员。独奏曲目有《忆红梅》《闺怨》《我是一个兵》。在《白毛女》《宝莲灯》等歌剧、舞剧中任笛子领奏。作有笛子独奏曲《大寨人心向红太阳》等各类音乐作品数十首，为声乐、器乐编曲配器三百余首。

Z

张身学（1945— ）

长号演奏家。四川达州人。原成都音乐舞剧院副院长。1969年毕业于四川音乐学院民乐系。曾参演舞剧《红色娘子军》《白毛女》等，并为《洪湖赤卫队》《骄阳》等多部歌剧及声乐作品担任配器和编曲。曾与多位欧、美指挥合作演出及参与组织"中国古琴艺术国际交流会"等诸多音乐活动。

张升平（1941— ）

歌词作家。北京人。历任中国录音录像出版总社录音部主任、中央民族乐团团长办公室主任。中国民族管弦乐学会常务副秘书长。多首词作经谱曲后发表于《音乐创作》《歌曲》《解放军歌曲》等刊物，多家电台、电视台播放。作有女声合唱《敬爱的周总理，各族人民怀念您》《为祖国夺取荣誉》，男声合唱《我放木排下春江》《你听，劳动的歌声》，混声合唱《同把芳菲献中华》《江南春来早》，独唱《静静的月光下》《港湾》《樱桃沟》等。出版个人歌词作品专集《正是播种的时候》。发表有《歌词创作漫谈》。1997年受聘于中央民族大学，教授歌词写作课程。

张胜利（1947— ）

作曲家。天津人。曾任齐鲁石化公司文工团团长、公司音舞戏剧协会主席及山东音协第三、四届理事等。1966年考入中国音乐学院理论作曲系。创作大量各种体裁音乐作品，部分作品在国家、省级获奖。同时，多次组织、指挥大型音乐活动。

张胜良（1960— ）

音乐教育家。江西遂川人。宜春学院音乐舞蹈学院副教授、副院长，宜春市音协副主席。毕业于武汉音乐学院，多次在江西省声乐比赛中获一、二等奖。多次参加江西省重大文艺演出并代表江西省高校赴日本演出。发表音乐论文、作品十余篇，主持和参与省级科研课题3个，编写出版音乐教材。被评为"优秀共产党员""优秀主讲教师"。曾任宜春文艺学校校长、宜春学院艺术学院音乐系主任。

张盛金（1941— ）

作曲家。辽宁盖县人。广州市音协副主席。1960年从事文艺工作，先后在辽宁公安总队、二炮、陕西火线文工团和广州歌舞团任独唱演员、演奏员、作曲、指挥及演出经理、团长、艺术指导。作有舞剧、歌舞剧、器乐曲、舞蹈音乐千余件，发表、播出、录制数百件，八十余件获奖。其中《人间充满爱》《赛马歌》获国际优秀作品奖，《妈妈》《和谐家园》等获全国金奖。多次组织策划大型演出，受到中央领导接见。出访俄罗斯、日本和香港、澳门地区。获广东省"优秀音乐家"奖。

张石露（1927— ）

作曲家。河北深州人。1940年参加革命工作。原铁道兵文工团专职创作员。曾于华北联大、中央音乐学院西安音乐干部进修班学习作曲，留学于朝鲜国立音乐大学。参加全军一、二、三、四届文艺汇演的创作演出。作有女声小合唱《苗家寨来了铁道兵》，女声独唱《我为革命下厨房》《革命熔炉火最红》（合作），板胡独奏《春来早》等。离休后继续从事少儿小提琴教育和音乐辅导活动。

张石柱（1940— ）

琵琶教育家。云南昆明人。1960年考入中央音乐学院民乐系专修科琵琶专业，师从刘德海教授。1963年毕业分配到武汉歌舞剧院任琵琶演奏员。1975年任云南艺术学校琵琶高级教师。在长期的琵琶教学中，有多名学生在全国琵琶大赛中获奖。为中国民族管弦乐学会琵琶专业委员会联谊会员。1998年成功举办了师生音乐会。

张时翠（1956— ）

女歌唱家。土家族。湖南吉首人。1970年任职于湘西自治州京剧团，后调州民族歌舞团、湖南省民族歌舞团。现为湖南省声乐艺术委员会理事。州音协副主席、州文联副主席。曾多次在全省汇演和声乐大赛中获奖。1984年被省文化厅授予"湖南省优秀青年演员"称号。1992年与1997年分别获全国少数民族声乐艺术"和山杯""孔雀杯"大赛三等奖，1979年曾随"中日友好之船"访问日本。2000年被州委、州政府授予"有突出贡献的专业技术人员"。

张始终（1962— ）

作曲家。回族。河南洛阳人。1985年毕业于上海音乐学院理论作曲系。曾获第五届肖邦青少年国际钢琴比赛"最佳伯乐奖"。团中央全国少工委颁发的优秀教师奖与河南省优秀教师称号。为几十部集电视、广播剧作曲并有多部作品和歌曲在评选中获奖。其中歌曲《老人与海》获河南省广播新歌评奖一等奖，丝弦五重奏《南疆风情》获河南省首届器乐比赛二等奖。十二集广播剧《白居易》获全国广播剧评选优秀作品奖、省广播剧评一等奖等。

张士魁（1932— ）

作曲家。北京人。1948年从事文艺工作，1955年东北音专作曲系肄业。后在吉林省艺术研究所工作。《中国戏曲音乐集成》（吉林卷）副主编。担任评剧《密建游宫》《血书情》音乐设计。著有《评剧音乐概论》。

张士敏（1933— ）

作曲家。天津人。曾任山西音协常务理事、社会音乐活动委员会主任，太原市音协常务副主席兼秘书长、名誉主席。1951年始从事文艺工作，担任省、市文工团演奏员，太原郊区文工团作曲、指挥，市群艺馆音工室、艺研室主任。创作音乐作品百余首，并已发表和播演，如歌曲《公社迈向机械化》《生活醇如酒》，大合唱《牧归》等，其中三十余首获国家和省市奖。记录改编民歌《五头赶车》由中唱录制唱片，记录整理二人台小戏音乐《走西口》，主编《太原民歌集》已出版发行。

张士燮（1932—2007）

歌词作家。天津人。曾任空军政治部歌舞团艺术室主任。中国音协理事、中国音乐文学学会常务理事。1949年从事部队文艺工作。歌词代表作有《毛主席来到咱农庄》《社员都是向阳花》《农友歌》《十送红军》《秋收起义歌》《过草地歌》《银球飞舞花盛开》《兰花与蝴蝶》《祝你一路顺风》《我的小路》等。编写大型歌舞《革命历史歌曲表演唱》文学脚本，参加音乐舞蹈史诗《东方红》《中国革命之歌》创作。1993年出版自选歌词作品集《蔺草集》，个人作词歌曲盒带有《原谅我》。

张世铎（1938— ）
男低音歌唱家。天津人。1956年入中央歌舞团任歌唱演员，1960年始任中央民族乐团合唱队男低音声部长，期间曾任中央芭蕾舞团合唱班（队）任班长。曾担任领唱、对唱、表演唱，为男声四重唱、男声小合唱的成员兼排练。参加音乐舞蹈史诗《东方红》《中国革命之歌》的演出。参加第六届世界青年联欢节合唱比赛获金质奖章。随团赴苏联、南斯拉夫、罗马尼亚、新加坡、香港、台湾等国家和地区访问演出。曾任教于北京师范大学。

张世光（1926— ）
音乐翻译家。天津武清人。1948年毕业于上海税务专门学校。后任福建省歌舞剧院艺术室主任。译著有《怎样欣赏音乐》。

张世楷（1946— ）
歌词作家。浙江天台人。曾任职于三门县工人文化宫，研究馆员。浙江音协四届理事，台州市音协一、二届副主席。获省级以上歌词、歌曲作品奖多件。搜集9首民歌入选《中国民歌》集成，曾获文化部等三单位联合奖。撰有《歌词题材五心论》《歌词内容五味论》《歌词形式五色论》《歌词创作五忌论》《歌词风格五行论》等文，分别获中国管理科学研究院·人文研究所二等奖等。

张世明（1935— ）
男高音歌唱家。山东蓬莱人。上海歌剧院演员，上海音协声乐委员会理事。曾在大型交响合唱《智取威虎山》《沙家浜》中担任杨子荣、郭建光的独唱。为《难忘的战斗》《聊斋》等多部电影、电视剧配唱主题歌。在上海乐团的男声小组唱中领唱《澧水号子》《社员挑河泥》反响热烈。出版有个人独唱专辑《牧羊姑娘》。曾随团赴希腊、比利时、德国、瑞士、苏联、澳门等地演出。

张世荣（1938— ）
歌词作家。内蒙古通辽人。1957年开始业余文艺创作。创作出版《草原之恋》《文心之旅》等五本文艺作品及《草原是首歌》CD光盘。主编《萨日朗》《山杏花》等六套文学丛书（合作），有二十多件作品获国家及省区级奖励。通辽市文联名誉主席。先后获通辽市"文明市民标兵"、通辽市"德艺双馨文艺家"称号。

张世祥（1934— ）
小提琴教育家。回族。北京人。1956年毕业于上海音乐学院管弦系，后在上海音院附中任教。译有《小提琴演

奏及教学的原则》《世界著名弦乐家谈演奏》等。

张仕安（1942— ）
二胡教育家、演奏家。浙江缙云人。1965年毕业于安徽艺术学院音乐系并留校任教。曾任该校艺术学院副院长及省民族管弦乐学会副会长。撰有《少儿二胡演奏中常见毛病及纠正》《二胡揉弦探析》等文二十余篇。著有《二胡自学基础》《少儿二胡启蒙教程》等。多首二胡作品入选中央音乐学院二胡考级教材。培养大批二胡专业人才。

张仕伦（1942— ）
作曲家。四川内江人。世界华人交流协会理事。任职于四川内江市川剧团。1953年在重庆学习笛子、二胡，后进入内江市艺校学习操琴，后到四川音乐学院四清工作团音训班学习指挥、作曲。曾就读于北京经济函授大学、东方文化艺术教育中心。创作和发表戏曲音乐作品及论文若干，多次获全省、全国评比一、二等奖及荣誉金奖，《论川剧资阳河流派》在"国际优秀论文"评选中获优秀奖。

张式功（1938— ）
作曲家、指挥家。湖南人。第五届中国音协理事。1962年毕业于中央音乐学院。曾任吉林省歌舞剧院，长春市歌舞团、吉林省民族乐团作曲兼首席指挥，中国民族管弦乐学会副会长，吉林省音协主席、名誉主席，吉林省民族管弦乐学会会长。创作有民族管弦乐《日月潭边》《长白山幻想组曲》在全国和省内获奖。指挥吉林省民族乐团参加"哈尔滨之夏"、长春音乐会、北京"龙乐音乐周"等大型音乐活动的演出。1994年赴台北讲学并指挥台北市立国乐团演奏本人作品，2001和2002年分别在长春和新加坡举行作品音乐会。1999年获吉林省"世纪艺术金奖"。

张式业（1931— ）
指挥家、作曲家。湖南湘乡人。1949年入伍，历任公安军文工团演奏员、济南军区前卫文工团指挥、艺术指导。是前卫民族乐队创建、改革、发展的重要领导成员。曾率该队多次在全国全军文艺汇演中获集体演奏一等奖，受到军委嘉奖。1964年参加音乐舞蹈史诗《东方红》指挥组工作，多次担任全国、全军大型联合演出的指挥，曾三次获全军指挥奖。出版有《民族乐队配器常识》（合作）等专著及论文。作有民乐合奏曲《长征忆事》，电视剧音乐《武松》，二胡曲《一枝花》等。

张守恭（1954— ）
小提琴演奏家。甘肃陇西人。甘肃省歌剧院交响乐团副团长。曾获甘肃省首届声乐、器乐比赛小提琴独奏三等奖。发表《律学音准理论和演奏实践》《小提琴的选择和保养》等文。

张守明（1932—已故）
作曲家。上海人。1955年毕业于沈阳音乐学院作曲系，任该院理论作曲教研室主任、副教授。作有钢琴独奏曲《三十里铺》，无伴奏合唱《台湾岛》等。

张守蕴（1943— ）

女中音歌唱家。北京人。1958年后经常在校内外演出独唱，曾在北海游园会上独唱。1967年毕业于中央音乐学院声乐系。1972年至中央芭蕾舞团合唱队，担任女中音声部长。1980年调入中央歌剧院，担任女中音声部长。曾扮演过次要角色及重唱。因熟悉歌剧业务，能熟用意、法、德、英、俄等外文，并兼任歌剧院资料室工作。

张寿康（1939— ）

二胡、高胡演奏家。山东济南人。全国二胡专家委员会委员，中国二胡学会常务理事。1957年从事专业演奏。原任山东歌舞剧院民族乐团首席。1963年参加"上海之春"全国首届二胡比赛获鼓励奖。1989年中国乐器ART杯国际比赛获园丁奖。出版广东音乐专辑。创作具有山东音乐风格的二胡曲。2003年出版《月下独酌——张寿康创作与演奏二胡曲集》。

张寿山（1939— ）

歌词作家。山东潍坊人。1963年毕业于中央音乐学院民乐系，后入公安文工团任演奏员，1979年入中央民族乐团任创作员。作有《绿色的山谷》《我爱祖国大西北》等获奖歌曲，并为影视片《内当家》《少林梦》等写插曲。

张书萍（1969— ）

女高音歌唱家。山东人。北京房山区文化馆声乐教师、独唱演员，北京房山音舞协会理事。曾入中国音乐学院声乐进修班学习，1995年毕业于中国歌剧舞剧院艺术系声乐歌剧表演专业。获首届全国艺术新星国际交流大赛北京赛区一等奖、全国总决赛声乐组民族唱法一等奖、"在灿烂阳光下"全国歌唱大赛杰出演唱奖、首届全国新家园公益歌曲形象之星总决赛民族唱法金奖。1995年以来多次参加中央电视台、北京电视台春节联欢晚会，"五一"电视晚会及各类型文艺演出。2003年以来由音像公司出版发行多首CD单曲。

张书绅（1926— ）

声乐教育家。湖北麻城人。1949年始从事音乐教育工作，1954年毕业于华中师范大学音乐系，后任河南大学音乐系声乐教研室主任，副教授。撰有《高音训练研究》《男高音歌唱技术浅析》。

张书新（1947— ）

词曲作家。山西原平人。1987年毕业于北京人文函授大学文学系。1968年始在部队宣传队任手风琴演奏员，后曾任山西沂州地区文工团副团长。1990年在中国建设银行沂州分行任工会副主任。撰有《和音唢呐》（合作），歌剧剧本《柳姑娘》，电视专题片《无声的诗》《走出圈圈》，电视纪录片《续范亭》等。作有歌曲《雨夜的星》《张北六月好风光》《我们是坦克兵》等数十首，歌词《黄河湾山歌天下传》《我爱你晋西北》等十余首。出版有《征稽之歌》盒带6首歌曲。曾获"凤鹏之声"歌咏比赛创作奖，中国广播学会"金牛奖"一等奖，"'96新歌征集活动"一等奖等。

张淑芳（1954— ）

女歌唱家。四川仁寿人。1977年毕业于西南师范大学音乐系，同年留校任教，担任本科、专科等多层次学生的声乐教学。1979年赴上海音乐学院声乐系进修。曾多次举办个人独唱音乐会，以及应邀担任声乐比赛评委。撰写论文《探索高师一年级上期声乐教学新路子》《意大利语语言》，编写《中外声乐作品选》等教材。

张淑芬（1937— ）

女音乐编导家。彝族。云南楚雄人。中央电视台高级编导。1950年入西南军区文工团。1953年为总政歌舞团独舞演员，曾随团赴苏联、捷克、波兰、罗马尼亚、朝鲜、缅甸等国家访问演出。1973年任中央电视台文艺部导演。从事导演工作25年来，连续任8届春节联欢晚会主要导演之一，多次荣获全国电视"星光奖"，被中国电视艺委会授予对电视事业有贡献的特别荣誉证书。并被收入《中国少数民族名人大辞典》，获中国舞蹈家协会金质奖章。

张淑霞（1930— ）

女音乐教育家。河北抚宁人。1952年毕业于东北师大音乐系，后为吉林艺术学院副教授，省第六届人大代表。撰有《吉林汉族民歌调式分析》等文。

张淑珍（1932— ）

女音乐编辑家。满族。黑龙江齐齐哈尔人。1948年入东北音乐工作团，从事声乐工作。1953年调中国音乐研究所，曾任资料室副主任、民族音乐声像编辑室主任。1965年北京电视大学中文系毕业。主要从事民族民间音乐的搜集和音像资料的分类、编目及编辑工作。主持修订《音响资料分类法》、编辑《唱片目录》《胶带录音目录》。参与编写《苗族民歌》《湖南民间音乐普查报告》等专著。合编有《中国民歌》《中国古代歌曲》等书。撰有《我国录音制品出版事业八十年》。

张淑珍（1963— ）

女高音歌唱家、声乐教育家。山东人。1988年毕业于天津音乐学院音教系。1994年毕业于上海交大研究生院。2004年以访问学者赴俄罗斯柴科夫斯基音乐学院声乐系深造。任天津师范大学音乐与影视学院声乐副教授。撰有《高师声乐课教改之我见》《'谈'钢琴伴奏》等文。曾在天津举办独唱音乐会，2005年在莫斯科举办张淑珍独唱音乐会。出版个人演唱专辑《月亮颂——张淑珍演唱声乐作品选》。主编《音乐新课程与学科素质培训》，合作主编《师范院校声乐教学常用曲目》。

张淑转（1946— ）

女歌唱家。山西万荣人。1970年毕业于中国音乐学院声乐系。曾任中国铁路文工团独唱演员、歌队队长、歌舞团副团长、团长及总团副团长。中国演出家协会理事。2001年任中国侨联艺术团副团长，并率团赴美访问演出。

张树德（1948— ）

音乐编辑家。湖南人。湖南省音协《音乐教育与创作》杂志责任编辑，湖南省音协理论创委会理事、办公室副主任。1982至1994年兼任中华全国总工会出版的原《工人音乐报》责任编辑。发表歌曲、歌词作品数十件，获奖二十余次。作曲的《五十六个祝福》《我从三峡来》分获文化部第五届"群星奖"、中国首届"金钟奖"。

张树楠（1921— ）

男高音歌唱家。北京人。早年就读于北京师大音乐系，1945年毕业于西北音乐学院声乐系，曾任教于国立音专和中央音乐学院，后任中央歌舞团、中央民族乐团合唱队长、独唱演员。曾多次举行独唱音乐会。

张树平（1953— ）

指挥家、作曲家。湖南人。福建省歌舞剧院院长、福建音协理事、表演委员会主任。1988年结业于上海音乐学院。著有《手风琴初级教材》等书。多次带团赴香港、朝鲜、日本等地演出。配合音协举办各种艺术演出活动。曾于1988年任全国民歌电视大奖赛配器指挥。音乐作品有多次获奖，其中舞蹈《别妻诗》于1991年获华东六省一市社会文化汇演一等奖，舞蹈《悠悠闸水情》音乐于1994年获省创作奖。

张树珩（1925—1997）

大提琴演奏。辽宁辽阳人。1944年毕业于新京音乐院，1948年参加东北鲁艺三团，曾任音乐研究室研究员。后到中央乐团交响乐队任演奏员。

张双虎（1925—1988）

作曲家。陕西商县人。1936年从事部队文艺工作。曾任空政文工团副团长兼歌舞剧团团长。作有歌曲《人民的机枪手》《前进，人民的高射炮兵》。

张四玲（1952— ）

歌唱家。满族。北京人。1989年毕业于中央民族学院音舞系。曾任昌吉州民族歌舞团演唱队长、昌吉州群艺馆馆长。1993年借调至兰州市歌舞团。曾在全国及自治区以上级别的声乐大赛中获一、二、三等奖，最佳奖、优秀奖共十余次，主演小品《吃席》获新疆自治区四十年大庆戏剧小品大赛一等奖及文化部颁发的全国第七届"群星奖"铜奖。培养了一批业余声乐爱好者进入专业院团，并有多名学生在各项比赛中获奖。

张松益（1938—已故）

声乐教育家。天津人。1959年起先后就读于中央音乐学院、河北艺术师范学院和天津音乐学院。曾任教于长沙、岳阳、洛阳、秦皇岛诸学校，任教于天津音乐学院音乐系。撰写有《如何训练男高音》一文。

张素云（1960— ）

女歌唱家。江苏连云港人。连云港市音协主席、江苏省音协理事。曾获市优秀中青年艺术工作者称号。先后

获首届市文学成果一等奖，市第二、三、四届专业剧团新剧（节）目调演优秀表演奖，市青年歌手大奖赛美声唱法一等奖，省文化厅第三、四届音乐舞蹈节演唱银奖、作曲银奖、表演优秀奖，全国推新人大赛美声组铜奖，省文化厅"朝霞工程"原创歌曲金奖。曾由省市电视台、电台拍摄录制个人专题片《这仅仅是开始》《百灵声声抒衷情》《生命如歌》，由中央电视台拍摄《生命中的符点》。

张体龙（1956— ）

歌词作家。河南太康人。河南平舆县委宣传部副部长、文联主席。驻马店市音协名誉主席。1985年毕业于郑州大学。获省级奖的歌词作品有《携手新世纪》《楼上楼下》《人到中年》《学习纲要唱清廉》《让一让》《麦子熟了》。

张天铎（1940— ）

乐器发明家。北京人。高级工程师。1966年毕业于中国音乐学院扬琴专业，师从扬琴前辈杨竞明。70年代初调入北京乐器研究所从事乐器科研工作。1975年研制成一组青少年乐器和一组行走式幼儿打击乐器，获北京市科研成果奖。1979年发明"中国电扬琴"，并在1985年"首届全国发明展览会"上获优秀发明奖。1986年又获第14届日内瓦国际发明展览会银质奖。1987年研制"钢琴复合音板"并向全国各钢琴厂家推广使用。同年创办我国首届钢琴调律班。曾任北京乐器研究所所长助理兼钢琴研究室主任，中央音乐学院钢琴调律班主任兼考级评委。

张天平（1921—2002）

唢呐演奏家。广东东莞人。早年在马来西亚从事音乐活动。1948年开始先后在中国歌舞剧社、华南文工团任演奏员。1972年在广州音专任教。担任潮州大锣鼓的唢呐主奏。演奏《抛网捕鱼》《粉蝶采花》，获第六届世界青年联欢节金质奖。1978年改革的潮州高音唢呐获全国科学大会奖状。

张天佑（1941— ）

男低音歌唱家。陕西人。1960至1961年在西安音乐学院铜管系学习。1962年入陕西省歌舞剧院任演员，1963年任河南省歌舞剧院培训中心声乐指导、演员。著有《声门运动中心论—歌唱发声的关键》，广播讲稿《漫谈通俗歌曲》。曾参加排演《传枪》《豹子湾战斗》《江姐》《阳关道上》等歌剧。1988年创办"郑州市民族声乐研究会"任会长。所教学生在全国、省市声乐大赛中获奖。担任歌舞剧院歌剧《茉莉啊，茉莉》声乐指导，任电视片《黄河》合唱排练。

张天宇（1967— ）

作曲家。江苏邗江人。中国石化仪征化纤公司艺术团团长。1986、1999年先后毕业于江苏扬州市文化艺术学校、南京艺术学院音乐系。创作歌曲多首，部分获奖。歌曲《仪化风》获中国工人歌曲征歌银奖，《石化风采》获中国石油石化征歌一等奖。《五月的阳光》等歌曲在央视、省卫视播出。《红旗飘飘》《老百姓愿意跟着你》分

别在2000年全国女子排球赛开幕式、2007年第二届中国职业艺术节闭幕式上演出。

张天珍（1932— ）

女音乐活动家。浙江杭州人。1956年毕业于无锡华东艺专音乐系。后在上海实验歌剧团、上海电台广播乐团、济南市歌舞剧团、济南市群艺馆任职，副研究馆员。曾在上海广播乐团参加女声小合唱、合唱演出，并拍摄电影新闻片。组织全市业余文艺汇演开办音乐培训班。兼任《群众演唱》音乐编辑。1985年完成济南市群艺馆馆史的编辑。曾举办"吉他演唱比赛"音乐会、"荣誉推出泉城十大歌星"音乐会、"济南市吉他大赛"音乐会。

张铁军（1964— ）

小提琴演奏家。青海人。1982年毕业于青海省艺术学校，后留校任教。1981至1984年在上海音乐学院附中进修。1989年毕业于西安音乐学院。陕西省乐团第二小提琴首席、中国音协社会艺术水平考级高级考官、全国少儿小提琴比赛〔业余〕观察员评委。曾与国内、外著名指挥家、演奏家同台演出数百场音乐会。1995年在青海举办个人独奏音乐会。从事社会音乐教育以来，所教学生在专业小提琴比赛中多次获奖。

张铁明（1955—已故）

钢琴教育家。浙江绍兴人。1979年毕业于上海音乐学院钢琴系。1975年始在吉林省延边艺术学院音乐系任教，副教授。1993年始任延边钢琴教育研究会副会长兼秘书长。撰有《论演奏钢琴的姿态在演奏中的作用》《近代钢琴流派及钢琴演奏风格》《论钢琴教学在音教师范中的重要作用》《关于21世纪音乐人才的培养》。在二十多年的钢琴教学中，先后有四十余人考入各音乐院校。1993年发起成立延边钢琴教育研究会，先后举办二十余次大型钢琴音乐会和辅导讲座。

张铁勇（1957— ）

小提琴演奏家。河北人。呼伦贝尔市民族歌舞团乐队队长。曾在黑龙江省艺术学校、呼伦贝尔市民族艺术学校学习小提琴。先后参加在黑龙江、内蒙古及北京等地举办的全国歌剧调演及黑龙江省歌舞调演、内蒙古自治区舞剧调演、华北音乐节等大型文艺活动，担任小提琴首席。

张庭秀（1945— ）

演奏家。四川资阳人。1964年四川省川剧学校音乐专业毕业，留校任音乐专业琴师课。在四川省青少年优秀琴师奖比赛中所教学生获得前三名。曾任电影《川梅吐艳》琴师、四川省川剧学校副校长。1983年赴京参加"振兴川剧"活动时，担任著名表演艺术家陈少舫等演出《画梅花》诸戏的琴师。撰有论文《川剧盖板演奏技法浅见》。出版《向帝托孤》（附谱川剧），《陕断桥》（川剧唱片），《祭岳》（附谱川剧）等。

张庭萱（1935— ）

音乐活动家。河北饶阳人。1949年从事部队文艺工作。1952年调入总政军乐团，任双簧管演奏员。1979年转业至文化部社文局业务指导处工作，曾任副处长、调研员。参与策划组织全国性大型歌舞活动，如1986年、1992年两届全国民间音乐舞蹈比赛及全国农民歌手大赛等。

张同言（1929— ）

作曲家。山东莱芜人。1946年始从事部队文艺工作。1963年毕业于上海音乐学院作曲系进修班。曾任华东军区八纵文工团团员、军政大学文工团音乐组长、上海警备区军乐团团长、警备区政治部文化处长。作有歌曲《学习好八连》《走上练兵场》《上海的早晨》，管乐合奏《渡江序曲》《野营一日》，民乐合奏《连队的晚会》与大型话剧《征程万里》作曲配乐。

张同杨（1965— ）

钢琴演奏家。回族。北京人。曾任中国歌剧舞剧院钢琴伴奏。1989年毕业于北京师范大学，师从周铭孙。在出版的《跟我学钢琴》《跟周铭孙教授学钢琴》等VCD系列音像制品中任音乐编辑和独立制作人。多次为中国歌舞剧院、中央民族乐团的音乐会担任钢琴伴奏。

张铜龙（1949— ）

歌唱家。天津人。天津交响乐团演员。1974年毕业于天津音乐学院声乐系。曾随中央歌舞团、天津歌舞剧院、天津乐团等单位在全国许多省市巡回演出。1991年在天津音乐厅举办个人独唱音乐会。1994年骑自行车义务举办"中国万里行"独唱音乐会，足迹踏遍黄河上下、珠江之滨、长江、辽河内外，把音乐艺术的种子撒向全国。1995、1996年被分别授予"八五"立功奖和天津"文艺十佳标兵"称号。

张铜霞（1942— ）

女古琴演奏家。回族。四川铜梁人。1959年毕业于四川音乐学院古琴专业。1992年起任中国古琴艺术联谊中心主任。60年代任成都歌舞剧团演员，主演《洪湖赤卫队》《两代人》《夺印》，获优秀演员奖。1979年调中国歌舞团演奏古琴。1994年作为文化部艺术家小组赴挪威、瑞典、荷兰演出。1995年赴香港参加港澳台举办的琴筝演奏会，曾在国内举行近百场演出和学术交流。所主编的《七弦琴音乐艺术》获国家图书馆荣誉证书，香港特区政府荣誉证书。

张铜柱（1938— ）

音乐教育家。山东人。曾为吉林省音协理事。1962年毕业于吉林省艺术学院音乐系作曲专业。历任吉林省吉剧团等单位的作曲、指挥，东北师范大学音乐系研究生导师。所教课程有作曲、和声、复调、配器、曲式、中外音乐史、中外音乐作品欣赏、指挥、钢琴等。著有《家庭钢琴电子琴自学指导》《通俗歌曲理论应用》《曲式学》《管弦乐法》《歌曲写作》等。撰有《论聂耳的歌曲艺术及历史功绩》《曲式分析中"错"与"误"的校正研究》等文。另有多首歌曲、电影及电视剧音乐分别获奖。

张万林（1934— ）

音乐教育家。河北交河人。1955年毕业于西北师院艺术系。后任新疆师大音乐系副主任，副教授。中国教育学会音乐教育研究会理事。著有《中学音乐教学》。

张万全（1943— ）

作曲家。四川绵竹人。1957年参加绵阳市歌舞团，后任绵阳市群众艺术馆音乐干部。1959年进修于四川音乐学院。曾随歌舞川剧《华清池》晋京演出任伴奏。作曲《绵阳市民守则歌》曾被市民广泛传唱，并在电视台、电台教唱。舞蹈音乐《雪》参加中国第二届艺术节四川分会场演出。三首歌曲先后获全国性征歌大赛银奖、优秀奖、创作一等奖。另有数首歌曲作品在刊物发表。

张薇娜（1955— ）

女歌唱家。河南人。1973年参军任某部演出队独唱演员。1982年毕业于武汉音乐学院声乐系本科。后任广州交响乐团合唱团演员。1987年参加"羊城音乐花会"获独唱演出奖。

张维昌（1943— ）

歌唱家。山东莱阳人。1976年结业于沈阳音乐学院声乐系。原江苏徐州歌舞团独唱演员、业务团长。曾演唱四百余首中外艺术歌曲，主演多部歌剧，策划多次（台）大型演出（剧目），多次受邀为电台、电视台录制节目并播出。其中歌曲《赤子情》由海峡之声广播电台对港、澳、台地区播出。演唱之余还从事声乐教学工作。

张维刚（1963— ）

音乐理论家。江西广昌人。1988年毕业于江西师范大学音乐系。江西财经大学艺术与传播学院副书记。发表《音乐图像化视觉，时间性视觉》《浅谈音乐教学中的形象思维训练》《音乐教学中的形象思维训练》《音乐教学中的节奏训练》《音乐教育在素质教育中的作用》等文。课题有《财经高校学生音乐教育素质提升的研究与实践》《非倾向性功能在普通高校音乐欣赏选修课中的实践研究》等。

张维良（1957— ）

音乐教育家、笛子演奏家。江苏苏州人。中国音协第六届理事。1981年毕业于中国音乐学院，师从冯子存、赵松庭等，留校任教，教授。1982年获全国民族器乐独奏观摩演出优秀表演奖，1987年获首届海内外江南丝竹比赛一等奖。致力于创作发展中国乐器的演奏技巧和运用。曾在北京音乐厅、英国伦敦皇家音乐厅多次举办个人独奏音乐会。2002年获北京市德艺双馨奖。曾录制《萧的世界》《花泣》《别梦》《喜相逢》《天幻箫音》《叶》等10张专辑唱片。专著及论文有《笛子演奏法》《萧演奏法》《笛萧与筝曲谱二十首》《冯子存的艺术风格》《中国笛文化发展的透视》等。

张维幸（1958— ）

小提琴演奏家。湖北武汉人。武汉乐团小提琴演奏员，湖北省考级委员会高级考官。毕业于江汉大学艺术学院。演奏曲目有圣桑《b小调第三小提琴协奏曲》、维瓦尔蒂《四季》《阳光照耀着塔什库尔干》及《喜见光明》等中外名曲。曾在"江花杯"艺术人才比赛中获奖，在《艺坛》杂志上发表文章《听听自然的声音》。

张伟才（1930— ）

指挥家。北京人。1946至1950年就读于国立北平艺专、上海音专。曾任上海歌剧舞剧院、广州乐团、珠影乐团大提琴声部首席和乐队指挥。自80年代开始，一直从事编谱、录音工作。出版有盒带、唱片近百种，录制改编室内乐数十首。曾获太平洋影音公司"云雀奖"。

张伟臣（1941— ）

作曲家。山东泰安人。济南市音协顾问。1963年从事部队音乐工作，转业后入济南铁路分局工人文化宫工作。作有歌曲《四美花开春满园》《祖国，你的爱》等二百余首，器乐曲《鱼水情深》《骏马飞奔》等十余首。创作并演奏二胡独奏曲《鱼水情深》，1973年获省汇演创作一等奖、表演二等奖。1999年山东省音协、济南市音协联合举办"张伟臣作品音乐会"。2000年中国文联出版社出版《张伟臣歌曲集》。

张伟光（1960— ）

花腔女高音歌唱家。山东藤县人。安徽淮南矿区工会宣教部干事、中国煤矿音乐舞蹈协会理事。1992至1993年在中国音乐学院歌剧系进修，1999年入中央党校函授行政管理本科学习。多次在全国、省声乐比赛中获奖，其中于1992、1994年分获第五、六届央视青歌赛荧屏奖、业余美声唱法优秀奖，1986年获全国煤矿"情注矿山"文艺汇演美声唱法第一名，1999年获安徽省第一届娱乐场所卡拉OK大奖赛美声唱法第一名。曾参加中组部、中国文联等单位组织的"孔繁森之歌艺术团"赴山东、河北、天津等地慰问演出。

张伟华（1933— ）

女钢琴教育家。福建福州人。1954年毕业于中央音乐学院。曾任中央音乐学院钢琴伴奏、英文翻译。现居美国。译有《舒曼的声乐套曲》《来自匹茨堡的音乐家》。

张伟立（1945— ）

小提琴演奏家。天津人。曾任职于香港管弦乐团。1970年毕业于中央音乐学院管弦系小提琴专业，后任中国京剧团乐队独奏演员。1978年调任中国歌剧舞剧院管弦乐队副首席，后任首席兼独奏演员。参加过众多歌剧、舞剧的演出，曾赴全国各地巡回演出。1986年应上海有声读物出版社邀请，录制出版《外国小提琴名曲》《舞曲小夜曲》专辑盒带。1987年移居香港并考入香港管弦乐团，每年均参加音乐会演出逾百场。

张卫东（1954— ）

词曲作家。山东苍山人。浙江省群艺馆馆长、省音协副主席、省合唱协会副会长、省民研会副会长。自1970

Z

年始发表、演出、播放词曲作品及论文等近四百件。作有歌曲《唤一声西子踏春去》《江南青青竹》获全国精神文明建设"五个一工程"奖、省"鲁迅文艺"奖，舞蹈音乐《碧荷涟涟》《女儿红》《出河头》《家乡的月亮》等获群众文艺"群星奖"。获奖歌曲还有《军营就是战士的家》《水乡船歌》《南方那片红土地》《扛大山的人》《沿着红军走过的山坡》等。并作有电视片主题歌《东方星辰》，巴乌与乐队《筇竹寺记游》（合作），舞蹈电视音乐《江南舞韵》等。出版有个人歌曲集《江南人，江南风》。曾获全国文化系统先进个人荣誉称号。

张蔚鸪（1954— ）

作曲家。山东苍山人。浙江群艺馆馆长，浙江音协副主席，中国群众文化学会理事、研究员。1991年结业于上海音乐学院作曲指挥系干部进修班。创作有大量歌曲、歌词、舞蹈音乐、器乐曲、论文等在省级以上获奖近百件。其中歌曲《唤一声西子踏青去》获全国第七届"五个一工程"奖与浙江省"鲁迅文艺奖"，《水乡船歌》《军营就是战士的家》等在全国获奖，另有舞蹈音乐《碧荷涟涟》《女儿红》《水乡三月天》《青石板》等近十部获文化部"群星奖"金奖，《春的旋律》《春的节奏》获残疾人事业"奋发文明进步"奖。1996年出版个人创作歌曲选《江南人、江南风》。全国文化系统先进工作者。

张文博（1943— ）

大提琴演奏家。黑龙江哈尔滨人。1959始入哈尔滨杂技团，1970年调省杂技团，1986年始在黑龙江省歌舞剧院任民乐团演奏员兼任交响乐团首席大提琴演奏员。2000年组建黑龙江省音协"大提琴技艺委员会"并任副秘书长。撰有《黑龙江省大提琴史话》（合作），曾受聘于黑龙江省艺术学校任教，所教学生多人在专业文艺团体任职。

张文川（1957— ）

声乐教育家、作曲家。河北保定人。河北大学艺术学院副院长。1982年毕业于河北师大音乐系。撰有论文《浅谈舒伯特第八未完成交响曲》《论音乐对胎教的作用》《论歌唱中的呼吸方法》。著有《音乐艺术教育》。担任《大学生音乐自修教程》副主编。出版《世纪相约》CD盘。作有歌曲《校友情》《夸河北》《太阳颂》，舞蹈音乐《金秋柿子红》《淀上渔歌》，并分别获奖。

张文慈（1938— ）

声乐教育家。满族。黑龙江人。1965年毕业于沈阳音乐学院声乐系，分配至内蒙古艺校任教，高级讲师。撰有《声乐演员应当重视基本功训练》《意大利美声唱法的特点及在实践中的应用》《咽肌功能在歌唱中的重要地位》。曾多次出任全国、省市声乐比赛评委。培养众多蒙古族歌手及其他艺术人才，许多学生已成为国家和内蒙文艺团体、文艺界的骨干力量。

张文纲（1919—1990）

作曲家、音乐编辑家。广西合浦人。曾任中国音协理事。1945年毕业于重庆青木关国立音乐院作曲系，留校任教。新中国成立后，任中央音乐学院业务部副主任、音工团创作组组长。后调任中央歌舞团、中央乐团创作组组长，兼任中国音协《儿童音乐》主编。作有大合唱《飞虎山》参加罗马尼亚"人民友谊"歌曲国际比赛获三等奖，歌曲《在祖国的和平土地上》《我们快乐地歌唱》在全国群众歌曲评奖中获奖。另作有独唱歌曲《牧羊女》，合唱曲《壮士骑马打仗去了》，儿童歌曲《我们的田野》《少先队植树造林歌》《歌唱我们的中队》等。出版有个人少儿歌曲集《我们的田野》。

张文广（1932— ）

大提琴演奏家。山东烟台人。曾任山东渤海文工团小提琴、京剧锣鼓演奏员。1950年入华东艺术专科学校学习音乐。1954年调上海交响乐团任大提琴首席兼声部长。演奏过大量中外交响曲，众多曲目录制成盒带、唱片。曾随团赴澳大利亚、新西兰、日本、德国访问演出。1993年与上海乐团马可·勃罗交响乐团、香港HNH国际唱片公司合作录制"系列中国交响音乐作品大全"专辑。曾任第四、五届全国大提琴比赛评委。

张文俊（1931— ）

指挥家。满族。黑龙江宁安人。1950年毕业于东北鲁艺音乐系。后为中央歌舞团合唱指挥兼中国和平音像出版社音乐总监。

张文力（1961— ）

歌唱家。黑龙江嫩江人。农垦总局北大荒文工团演员队队员。1997年毕业于解放军艺术学院音乐系。曾获"黑龙江省青年歌手电视大奖赛"三等奖，全国成才之路"小天才"杯演唱金奖，城市之光"哈尔滨之夏"音乐会比赛一等奖。论文《民族声乐的学习与训练》获黑龙江省论文一等奖。

张文启（1954— ）

作曲家。河北保定人。河北省音协常务理事、保定市音协秘书长。1970年考入专业剧团任乐队队员。1973年参军后开始声乐创作。作品有《金秋夜》《我穿上了绿军装》《走自己的路》《古槐的风彩》《拉歌》《中华国画》。曾出版组歌《公民道德组歌》《在新星升起的地方》《四战四平显神威》与《张文启歌曲选》《真情无限》。创作的影视作品音乐电视连续剧《乐土，乐土》在央视播出。专题节目《孜孜以求事业成》《共筑共和国长城》在地级电视台播出。曾举办张文启音乐会。《古槐的风彩》等多件作品获"群星奖"等。

张文倩（1930— ）

女音乐教育家。广东广州人。1949年参加工作后就读于华南文艺学院。1956年毕业于中南音专作曲系，后入星海音乐学院任教。作有电影音乐《马口英雄赞》（合作），撰有《广东兴梅客家山歌的音乐特点》。

张文卿（1928—2004）

戏曲音乐理论家。湖南湘潭人。1952年毕业于中南文艺学院音乐系，后在湖南省湘剧院工作。曾任音协湖南分会第三届副主席。著有《湘剧高腔音乐研究》，作有歌剧音乐《园丁之歌》。

张文生（1935— ）

指挥家。北京人。1949年从事部队音乐工作。1965年任福州部队前锋歌舞团指挥。曾指挥歌剧《琵琶行》，舞蹈《送盐》等。1982年调任海峡之声广播电台文艺科长。

张文巍（1979— ）

男低音歌唱家。辽宁大连人。2005年毕业于星海音乐学院，后任该院声乐系教师。2006年获第十二届CCTV青年歌手电视大奖赛美声组银奖，2005年获第十一届德国新声音国际声乐比赛中国赛区银奖并赴德国参加总决赛获优秀奖，2006年获第二届国际声乐比赛中国赛区银奖，并赴维也纳参加总决赛。

张文秀（1930— ）

作曲家。回族。辽宁凌源人。1947年参加工作。1954年考入沈阳音乐学院作曲系，毕业后到山西省歌舞剧院从事作曲，任剧院艺术指导。曾被选为省劳模、优秀文艺工作者。创作（含合作）有歌剧《哑姑泉》《希望之火》，大型歌舞《黄河儿女情》，交响乐《乡音组曲》，晋剧现代戏《三上桃峰》《刘胡兰》，歌曲《桃花红，杏花白》《想亲亲》等，并为《毛泽东过山西》等多部电视连续剧作曲。出版有个人歌曲集。其作品获国家和省级奖励四十余次。

张文一（1957— ）

歌词作家。朝鲜族。吉林人。吉林汪清县文联主席。1986年毕业于延边大学汉语系。创有文学和翻译（朝译汉）作品数百篇（首），其中编写的《中国朝鲜族民俗风情与岁时节庆》与翻译的民歌《阿里郎》《桔梗谣》被中央电视台20集电视连续剧《金达莱》剧组采用。翻译出版《二十一世纪中国朝鲜族音乐文学》。歌曲《白衣女》于2003年获延边州文联主办的"满天星之歌"评选活动一等奖。组织申报的"朝鲜族象帽舞"被文化部批准为"国家级非物质性文化遗产"。

张文元（1952— ）

音乐教育家。湖北人。毕业于武汉音乐学院，长江大学副教授。其作曲的电视片《路，在脚下延伸》获国家新闻出版署、国家教育部"全国普通高等院校优秀德育电教教材三等奖"，作曲的电视剧《墨色的五彩》，改编的木管五重奏《北京喜讯到边寨》被播出。出版有《音乐名作赏析》。在湖北省中学教材《音乐》、国家义务教育课程实验教科书《艺术》中担任第一副主编，参与《大学生歌曲集》等书的编写工作。发表有关音乐的各类论文多篇。

张文治（1946— ）

音乐编辑家。四川新都人。1968年毕业于四川音乐学院。长期在凉山州美姑县文化馆、文工队从事音乐创作、群众音乐工作和民间音乐收集整理。后从事音乐编辑、活动组织工作。创作有《下吧！甘甜的春雨》等歌曲及舞蹈音乐，参与编辑《音乐世界》《乐苑》《四川文化艺术志·音乐篇》等书刊，组织多届"蓉城之秋"音乐节等大型音乐活动，在各级报刊上发表《大陆通俗歌曲的独特品格》等评论、随笔近百篇。

张文忠（1941— ）

歌唱家。山东人。1966年毕业于西安音乐学院声乐系。先后任上海乐团合唱队员、陕西乐团歌唱演员、副团长。并在《长征组歌》《黄河大合唱》，交响乐《沙家浜》任领唱。曾带领合唱队参加北京第二届合唱节并获二等奖及陕西省音乐舞蹈汇演合唱一等奖，所演唱的《西北风情组歌》获陕西艺术节二等奖。曾被聘为西安音乐学院声乐课教师，工商学院客座教授。

张文忠（1942— ）

歌词作家。河北盐山人。河北省盐山县文化馆原创作员。作词歌曲《党比母亲亲得多》由蒋大为、马玉涛演唱，《祖国好，党最亲》由张振富、耿连凤演唱，《落叶哪里去了》《有一双眼睛望着我》在央视青歌赛中被参赛选手演唱，《民族团结歌儿多》被省电台作为"每周一歌"播出，《煤矿工人之歌》由中国煤矿文工团演唱、中央电视台播出并录制唱片。

张文祚（1950— ）

音乐编辑家。天津人。1976年毕业于山西大学艺术系声乐专业。1979年后曾在中国歌剧舞剧院、北京西城区少年宫任职。1985年始在北京音乐台任主持人，主任编辑。1986年推出董文华演唱的《血染的风采》，1992年主持"歌迷世界"模拟直播。1993年北京音乐台成立，创办"中国歌曲排行榜"。曾在首体举办两次"十大金曲"演唱会。1997年推出《青藏高原》被评为"五个一工程"奖，并推出"每周一歌"等节目。撰有《每周一歌探索》《论音乐主持人》等文。1999年推出的歌曲《你是这样的人》《从头再来》《中国我属于你》获中宣部、北京市"五个一工程"奖。

张雯蕾（1964— ）

小提琴演奏家。河南孟县人。先后毕业于西安音乐学院附中管弦科和西安音乐学院管弦系。陕西省乐团交响乐队小提琴演奏员。参加各种形式与内容音乐会演出数百场。发表《小提琴演奏中的模式感觉》《演奏——神与人的情感联络者》。被全国社会艺术水平考级管理工作领导小组、中国音协聘为全国小提琴演奏考级考官，陕西省音协授予"优秀教师"称号。

张问仁（1932—1982）

双簧管演奏家。吉林开鲁人。1948年入冀察联大"鲁艺"学习后调中南文工团，1957年毕业于中央音乐学院，后任武汉歌舞剧团乐团副团长。独奏曲有《秋收》《江南春天》《大青山之歌》等。

Z

张西珍（1945— ）

女中音歌唱家。陕西西安人。1960年入中央歌舞团。与田鸣合作演唱女声二重唱，演唱曲目有《清晨我们踏上小道》《年青的朋友来相会》。

张希臣（1952— ）

二胡演奏家。北京人。中国音协二胡学会理事，中国戏曲学院附中客座教授。1965年考入中国音乐学院附中，毕业后任北京艺术学校二胡专业教师。1979年后历任北京文工团乐队首席、独奏演员、乐队队长、指挥，中国杂技团乐队指挥、队长，中国广播民族乐团二胡、高胡演奏员。曾应邀参加"第一届中国民族管弦乐学会会员观摩演奏会"。曾获北京市中青年演员调演表演奖、全国民族器乐调演北京市二胡组第一名。多次赴奥地利、德国、美国等国演出。2005年举办"张希臣二胡独奏音乐会"。

张希和（1953— ）

男高音歌唱家。黑龙江哈尔滨人。中国广播艺术团副团长。1977年毕业于北京广播学院声乐系。同年入中国广播艺术团，担任男高音独唱、领唱，为广播影视录制数百首歌曲。曾参加并组织中央电视台春节晚会工作。多次率团赴日本、美国、加拿大、澳大利亚等国出访演出。

张希南（1938— ）

女钢琴演奏家。湖南人。1964年毕业于沈阳音乐学院，1979年后在西安音乐学院钢琴系任教，副教授。曾在哈尔滨艺术学院从事钢琴教学，并参与编写钢琴教学大纲及教材。曾举办《黄河》钢琴协奏曲与钢琴伴奏《红灯记》的多次演出。撰有《也谈谈钢琴教学技术训练中的几个问题》《我是怎样教巴赫作品》等文，翻译俄语版本《拉赫玛尼诺夫钢琴音乐旋律》一书。

张希乾（1935—已故）

音乐教育家。陕西西安人。1953年毕业于西北艺术学院音乐系。1953年始在西安音乐学院史论教研室任教，并为该院院长办公室主任。

张希圣（1930— ）

音乐教育家。浙江人。曾任宁波市政协委员、音协副主席、教委教研室音乐科教研员，特级教师。1953年毕业于杭州师范学校音乐专业。后任中学音乐教师。先后主编市中、小学音乐教材二十余册，撰有论文《音乐、美育与人才》《步调一致才能得胜利》等多篇，创作器乐曲《龙舟竞渡》《红旗飘扬》及歌曲《送公粮》等多首，为多家单位做辅导和讲座，教授合唱指挥、歌曲作法、音乐欣赏等，培养大批音乐人才。

张希武（1938— ）

歌词作家。山东掖县人。1963年毕业于山东艺术学院音乐师资专业，后从事音乐文学创作。曾任山东歌舞剧院创作室主任、艺术顾问，山东省文化厅艺术指导委员会成员。创作《建筑爱的哥们儿》等歌剧六部，歌词有百余首获奖。歌曲有《打秋千》《计划生育要记心》《高飞的大雁》《母亲的笑容》等。出版歌词集《东方风景》。

张锡璠（1924—2007）

歌词作家。河北安平人。1949年从事歌词创作，后任音协陕西分会副秘书长。作有歌词《毛主席恩情比海深》（合作）《社会主义农村万家春》《飞向生活的海洋》。

张锡海（1964— ）

音乐活动家。江苏无锡人。1985年毕业于北京第二外国语学院，1988年北京外国语学院英语硕士生毕业。同年任职于中国文联国际部，1988年调任中国音协外联部副主任、主任。参与"1999年北京金秋国际音乐节""2007年国际音理会北京大会"及"北京音乐论坛"等多项外事项目的组织工作。多次担任外事接待活动及会议的翻译工作，翻译和撰写多篇文章在《人民音乐》等报刊发表。2008年被选为国际青年音乐联盟选举委员会委员，中国音协外联部港澳台事务办公室主任。

张锡康（1927— ）

音乐教育家。重庆永川人。1952年毕业于原华西大学。曾任西安教育科学研究所研究员、西安教育学院艺术系负责人、副教授。曾在星火乐团、西安市合唱团、华西医大校友合唱团任指挥，指挥过《黄河大合唱》《长征组歌》《毛主席诗词组歌》及清唱剧《弥赛亚》等合唱。曾任西安市及陕西省运动会团体操"延安精神永放光芒"音乐总编导。并主持、起草《全国中学音乐教学大纲》，编写《西安市中学音乐教学试行大纲》等。主编《四川省普通高等院校音乐选修课教材》等。

张锡生（1936— ）

大提琴演奏家。江苏南京人。曾任职于甘肃省敦煌艺术剧院。甘肃省音协理事。1959年毕业于中央音乐学院民乐系，后在兰州艺术学院音乐系任教。1961年调甘肃省歌舞团任乐队大提琴首席。创作有器乐曲《阿克赛的欢乐》，歌曲《多米尼加人民站起来了》。参与大型歌舞音乐《四季长青》，话剧《远方青年》《西安事变》的音乐创作、配器，并任大提琴独奏。指挥排演京剧《红灯记》，交响音乐《沙家浜》，舞剧《白毛女》及大量器乐曲、声乐曲。曾随《丝路花雨》剧组赴朝鲜、法国、意大利访问演出。

张曦萧（1942— ）

小提琴演奏家。江苏吴江人。1967年毕业于上海音乐学院管弦系，后任上海交响乐团副首席，并担任独奏、四重奏。

张喜鹏（1944— ）

作曲家、音乐活动家。陕西西安人。曾为陕西音协副秘书长。1962年入新疆军区部队文工队。1964年任歌曲《毛主席的战士最听党的话》首唱之领唱。作有歌舞剧《罗光燮》《代代传》，歌舞《聋哑人高唱东方红》，歌曲《真象一对亲兄弟》《田野上开着两朵花》《甜甜的葡萄沟》等。1978年转业至陕西音协，任常务理事、对外联络委员会副主任。陕西青联三、四届委员。组织接待数十个国家的音乐家及音乐团体在西安举办学术交流与专场音乐会，多次组织陕西大型音乐活动。

张夏林（1956— ）

作曲家。黑龙江富锦人。湖北电影制片厂作曲。1977年始从事部队音乐工作。1981年开始表音乐作品，曾为蒋大为、张也、刘斌、万山红等著名歌唱家创作过歌曲。代表作有交响诗《真诚》、电视剧《预备军官》音乐及歌曲《南湖望月》。

张先辟（1946— ）

作曲家。湖南祁东人。1975年毕业于湖南师大音乐系。长期从事群众音乐编辑及辅导工作。曾任湖南人民广播电台音乐编辑。作有歌曲《山茶花儿开》《请到我们矿山来》《春天笑了》《太阳和月亮》，器乐曲《山村的早晨》，广播音乐专题《大地的追求》《走遍天涯祖国好》，电视音乐风光片《雁城新歌》，大型历史文献纪录片《百年历程》主题曲，电视剧《嫁到非洲》编曲等。

张先程（1932— ）

作曲家。吉林长春人。1948年入长春文工团，1953年毕业于东北鲁艺作曲系，后为吉林省艺术研究所高级研究员。作有舞蹈音乐《红绸舞》（合作），歌曲《老司机》《女民兵》。是吉剧剧种主要创始者，作有吉剧音乐《燕青卖线》《桃李梅》。

张先迈（1939— ）

大管演奏家。江苏江蒲人。1952年入中央音乐学院少年班。后在中央芭蕾舞团工作。曾随团赴阿尔巴尼亚、罗马尼亚、南斯拉夫、奥地利、德国演出。

张显平（1955— ）

音乐学家。上海人。1978年毕业于复旦大学外文系。1991年赴荷兰学习，获西方音乐史和理论硕士学位。曾任中国驻美国洛杉矶总领事馆文化参赞、上海市浦东新区文化广播电视管理局副局长、上海东方艺术中心主任。现任上海音乐学院副院长、副教授。上海市浦东新区政协副主席、上海市政协委员、上海市对外文化交流协会理事等。从事音乐研究、音乐文献翻译等工作多年。出版发表音乐论文二十余篇和数十万字的音乐译著和译文。

张宪库（1938— ）

作曲家。河南人。曾为西安市音协副主席，陕西省音协理事。先后毕业于西安师范学院音乐系、西安音乐学院作曲系。曾任《长安音乐》副主编、《长安词苑》主编。作有《毛主席，我们永远怀念你》《乡情》，儿童歌曲《校园深夜静悄悄》，民族舞剧《秦俑魂》主题歌及插曲，电视剧《红配蓝》主题歌等大量音乐作品，其中16件获奖、播出或选入教材。撰写、发表文章数篇。

张宪敏（1958— ）

女小提琴演奏家。山东人。1982年进入中央音乐学院外国专家班学习，同年获全国艺术院校教学研讨会演奏优秀奖。1983、1984年分别获河南省"黄河之滨"第一、二届音乐会一等奖。1990年应广东省政府、深圳市委邀请参加"中秋港台侨胞联谊会"及"国庆晚会"演出。同年发起并组建海南"泛安乐团"，举行首场交响音乐会，任小提琴独奏。在1994年中央电视台"东西南北中"专栏中，独奏《黎家代表上北京》。其学生曾在海南的小提琴比赛中包揽全部奖项，并有多人考入广州、上海、北京等地的音乐学院。

张羡声（1954— ）

女音乐教育家。四川广元人。1982年毕业于黑龙江省齐齐哈尔大学音乐系。广东梅州嘉应学院音乐系主任。撰有《流行音乐对学校教育的影响及对策》《从审美兴趣转移看中国传统声乐的发展与变化》《什么是通俗唱法，我国通俗唱法的技术要领》《21世纪中国音乐的思改与前瞻》《谈谈歌唱的感觉》等文。所教学生多人次获全国及广东省比赛大奖。

张相影（1918—1988）

声乐教育家。安徽祁门人。1945年毕业于国立音乐院声乐系。曾任教于山西艺术学院音乐系、天津音乐学院声乐系，曾任天津市歌剧团艺术指导兼声乐教师，音协天津分会常务理事。

张祥雨（1942— ）

大号演奏家。河北人。曾任上海交响乐团大号演奏员，上海管乐协会理事。1958、1964年先后入中央音乐学院附中、上海音乐学院本科管弦系学习长号，后留校参加教改。1973年分配至上海交响乐团任长号、大号演奏员，兼任上海青年宫管弦乐队长号大号教师。参加上海芭蕾舞团伴奏的英国皇家芭蕾舞团及美国交响乐团在沪公演。曾出访香港和赴美国参加在著名卡内基音乐大厅的演出。

张向侠（1958— ）

女歌唱家。甘肃兰州人。1986年毕业于西安音乐学院音教系。陕西师范大学音乐学院声乐系副教授。曾任乾县师范学校、西安高级中学音乐教师。1996年以来，先后获陕西师范大学优秀教学成果奖、教学质量优秀奖，陕西高校人才、社会科学研究优秀成果三等奖，承担校级教改实践招标项目《舞蹈教学论》情境法的实践与探索，获二等奖。发表论文《渐进、字正、示范、入境—音乐教育专业声学教学的几点体会》，并获二等奖。另有论文《艺术教育对人体网络的影响》《礼乐与天象》等。

张小奻（1943— ）

女声乐教育家。重庆人。1964年毕业于中央音乐学院声乐系民族声乐专业，入山西大学任教，并任该校艺术研究所副所长，教授、硕士生导师。山西音协理事。撰有《声乐教学实践》《声乐教学必须重视心理心态的研究》等文。培养的学生除阎维文、聂建华等歌唱家之外，还有十余人考取国内外硕士、博士研究生。多次参加全国声乐、民族声乐、音乐心理学教学科研研讨会，担任山西省高级职称评审及声乐大赛评委。

张小笛（1962— ）

低音提琴演奏家。江苏江宁人。中国爱乐乐团演奏员。1988年毕业于中央音乐学院。曾在中国铁路文工团、中国交响乐团任低音提琴演奏员。1991年在"北京地区青年低音提琴竞奏会"上，获最高奖——优秀表演奖。曾与许多中外知名指挥家、演奏家合作演出。先后随团赴德、法、英、日、意、俄等国及台湾、香港演出。

张小夫（1954— ）

作曲家。吉林长春人。中央音乐学院教授，中国现代电子音乐中心主任，中国音协电子音乐学会会长兼秘书长。师从吴祖强教授，1983年毕业于中央音乐学院作曲系，留校任教。1988年获法国政府奖学金由文化部公派赴法国深造，先后获法国瓦列兹音乐学院现代电子音乐作曲大师班学位和巴黎高等音乐师范学院高级作曲家学位。作有现代电子音乐《不同空间的对话》《天问》《吟》《山鬼》《诺日朗》，交响音乐《满江红》《苏武》《秦俑》《雅鲁藏布》，民族管弦乐《咏春三章》，现代室内乐《玄、渲、悬、泫、旋》，舞剧音乐《未来时代》《瓷魂》以及大量影视音乐。其中多部作品在国际、国内作曲比赛及音乐节中获奖和演出，出版三张个人作品专辑CD唱片。

张小杰（1962— ）

音乐录音师。北京人。1987年毕业于中央音乐学院，同年进入中国唱片总公司工作。先后录制九十余个CD或盒带片号与包括大型电视连续剧《水浒传》歌曲和音乐、电影《鬼子来了》音乐百余部及单曲数十首，其中录制的《好汉歌》《九妹》《一生离不开的是你》有广泛影响。《曼扎经歌》获国家广电总局2002年音乐录制技术质量奖二等奖。在专业杂志发表文章8篇，其中《弦乐队的录制》被编入《中国录音艺术大全》。

张小林（1957— ）

作曲家、音乐活动家。湖南湘潭人。湖南湘潭音协副主席、湘潭市群众艺术馆业务副馆长。从事音乐工作三十多年，创作并获奖的歌曲有《瑶家小阿妹》《中国奔小康》等百余首。组织的大型文艺活动有湖南省第三届青少年运动会开幕式，八一振邦足球队落户湘潭大型文艺晚会以及毛主席诞辰100、105、110周年大型文艺晚会等。

张小玲（1956— ）

女钢琴演奏家。河南郑州人。1998年毕业于郑州大学成人教育学院音乐系。1970年入河南省平顶山市文工团，1978年始在河南省歌舞剧院任演奏员。曾参加河南省第七、八届"黄河之滨"音乐周均获优秀演奏员奖，2001年获河南省艺术歌曲比赛优秀钢琴伴奏奖。撰有《声乐钢琴伴奏的音色运用》（获第八届"黄河之滨"音乐周论文评奖一等奖），《要正视我们的不足—谈第二届中国国际钢琴比赛中国选手的表现》（合作）。

张小梅（1955— ）

女音乐教育家。北京人。北京师范大学艺术与传媒学院副院长。先后毕业于北京师范大学、福建师范大学音乐系，博士学位。撰有《张肖虎与声声慢》《夏之秋与"歌八百壮士"》《千年回首，钟磬齐鸣》等。编著有《最新儿童电子琴教程》《名家名曲》（下），《音乐基础理论译著》。系国家重点课题《高师音乐教育改革及教材》《中小学音乐课程标准》核心组成员，并任《初中音乐实验教材》主编。

张小平（1956— ）

作曲家。甘肃兰州人。1970年入宁夏自治区京剧团任长笛演奏员。1978年考入西安音乐学院管弦系，毕业后任兰州歌舞剧院交响乐团首席长笛演奏员。1986年赴上海音乐学院作曲指挥系深造，1988年结业后任兰州歌舞剧院作曲、常任指挥。2002年执教于华南理工大学艺术系，硕士生导师、艺术学院副院长。作有《蓝花花》《大梦敦煌》《天马潇潇》等多部舞剧音乐。其中《大梦敦煌》音乐获第二届中国舞蹈"荷花杯"最佳作曲奖，舞蹈诗《丝路彩虹》音乐在第二届全国少数民族文艺汇演中获多个奖项。

张小平（1957— ）

音乐活动家。湖北天门人。1991年毕业于南京政治学院，2002年于河南省党校在职研究生班毕业。曾在济南军区某集团军政治部任职。河南开封市委宣传部副部长、市音协主席、省音协理事。出版有《军营的旋律——张小平歌曲集》。作有歌曲《黄河清》，获全军业余文艺汇演优秀作品一等奖。所作民族声乐作品《汴梁西瓜》获全国"大红鹰"杯电视歌手大赛优秀作品奖。曾在大型综艺晚会"黄河酒魂""98抗洪抢险胜利"中担任主创、艺术总监。

张小群（1975— ）

女古筝教育家。山东荣成人。北京舞蹈学院音乐剧系教师。1998年毕业于中国音乐学院，师从邱大成。曾任贵州大学艺术学院教师。撰有《论筝乐的五声二变》，出版CD《谐》。曾在北京、日本举办个人独奏音乐会。

张晓东（1964— ）

笙演奏家。吉林长春人。1989年毕业于吉林艺术学院音乐系。曾任吉林市吉剧团与吉林省吉剧团演奏员、吉林省民族乐团乐队队长。1986年曾随吉林民族乐团赴京演出《文成公主》，1991年获省民族器乐比赛二等奖、葫芦丝演奏奖，1999年获省第三届民族器乐比赛第一名。所教学生韩雪、李龙娜在长春少儿器乐大赛中获得一等奖，有的学生考入中国音乐学院等院校。1999年获吉林省青少年特长大赛优秀指导教师奖。

张晓芬（1969— ）

女歌唱家。河北青龙人。二炮文工团独唱演员。1995年毕业于解放军艺术学院音乐系。先后在辽宁阜新文化局、阜新市艺术团、沈阳军区前进歌舞团任职。并在文化部、中央电视台主办的"共和国的歌声""我和我的祖国""情系西部，共享母爱"及"心连心"艺术团中担任独唱。曾在第九届全国歌手"步步高杯"大赛中获民族唱法三等奖，在第三届军旅歌曲电视大赛中获银奖，在全国"新人新作"大赛中获三等奖。

张晓峰（1931— ）

作曲家。江苏太仓人。曾为江苏太仓荣文艺术学校民族乐团艺术总监、恒通民族乐团艺术指导、香港中国音协顾问。1955年为上海歌剧院扬琴独奏演员，1987年为上海舞剧院创作员。作有扬琴曲《边寨之歌》，唢呐曲《山村来了售货员》，琵琶小协奏曲《琵琶行》，二胡叙事曲《新婚别》（合作），唢呐协奏曲《梁山随想》。编著有《扬琴曲》《扬琴演奏基础》《太仓江南丝竹十大曲》。曾先后在香港、上海和新加坡举办个人作品音乐会。

张晓峰（1957— ）

作曲家。陕西西安人。华南理工大学艺术学院理论作曲系副主任。1985年入上海音乐学院作曲系进修，1992年毕业于西安音乐学院作曲系、留校任教。曾任广东佛山市群众艺术馆培训部主任。作有第一交响曲《劈山救母》，第一长笛协奏曲《春天的幻想》，古筝协奏曲《潮》，二胡协奏曲《神土》，琵琶协奏曲《玉女情》，木管五重奏《猎人和小精灵的游戏》、萨克斯四重奏《岭南狂想之一》、丝弦五重奏《禅》等，并获奖。撰有《九音作曲技法新探》。

张晓国（1958— ）

钢琴教育家。满族。河北承德人。承德市双滦区人大副主任。曾毕业于平泉师范音乐专业、石家庄师范音乐系钢琴专业。1984年始从事钢琴业余教学，培养学生数百人，多人被高校音乐专业及专业团体录取。《舞剧天鹅湖音乐欣赏》在全国论文评选中获二等奖。1993年获河北省科技成果二等奖。

张晓红（1961— ）

女音乐编辑家。江苏苏州人。中国广播艺术团制作部编辑。1984年毕业于安徽师大艺术学院。曾任安徽淮南矿业学院教师、中国广播艺术团乐团手风琴演奏员。参与编辑导演的《刘明源纪念音乐会》获"星光杯"二等奖，《辛沪光与交响诗嘎达梅林》获"星光杯"一等奖，《古国新春》《永远的怀念》获"星光杯"二等奖。

张晓辉（1942— ）

笛子演奏家。天津人。1960年毕业于北京舞蹈学院东方音乐班，曾任中央歌舞团、东方歌舞团独奏演员，演奏有《姑苏行》《五梆子》《荫中鸟》。曾随团多次出国演出。现居日本。

张晓静（1967— ）

女圆号演奏家。江苏南京人。江苏演艺集团交响乐团演奏员。1988、2002年先后毕业于南京艺术学院附中、南京艺术学院大专管弦系。参加伴奏的现代京剧《西施归越》获全国京剧艺术节铜奖，参加演奏《冰与火》《茉莉飘音》等曲目获江苏音乐舞蹈节金奖。多次和国内外指挥家、演奏家、歌唱家同台演出。

张晓林（1959— ）

男高音歌唱家。山东汶上人。毕业于中国音乐学院音乐教育系。山东省泰安艺术学校校长助理，副教授，教务处主任。市音协副主席。曾在两届"山东省青年歌手广播电视大奖赛"中分别获"民族唱法"二等奖、一等奖，"省大中专艺术院校教师技能比赛"获金奖，全国"中华赛歌会"获银奖。论文《走声乐艺术民族化的道路》《也谈声乐艺术民族化》分别获"中国大中专艺术教育学会""中国艺术教育委员会"二等奖、一等奖。被泰安市委宣传部等单位多次授予"优秀先进教育工作者"称号。

张晓玲（1956— ）

女中音歌唱家。北京人。中国歌剧舞剧院独唱演员。第九届"文华表演奖"获得者，中央音乐学院继续教育学院特聘声乐教授。1983年毕业于中央音乐学院声乐系。曾在歌剧《月是故乡明》中饰母亲、《原野》中扮焦母、清唱剧《江姐》中任双枪老太婆、《狂人日记》中演女巫和村妇。曾获第二届全国青年赛优秀歌手奖，文化部优秀演唱奖。1996年在央视春晚独唱《早春》。1997年赴德国进修声乐及声乐教学法。多次参加央视"心连心""赈灾义演"等演出活动。

张晓平（1954— ）

作曲家、指挥家。重庆人。云南省保山市歌舞团团长，保山市音乐曲艺家协会主席。1978年从事专业作曲，曾创作、演出大量音乐作品。在省级以上刊物发表音乐作品三十余首。部分作品曾在国家、省、市级文艺调演和比赛中获奖。曾多次担任各种大中型文艺演出的艺术总监和乐队、合唱指挥。2002年获云南省保山市十大优秀文学艺术家称号。

张晓琪（1951— ）

京胡演奏家。北京人。宁夏京剧团乐队队长。1966年毕业于宁夏艺术学校京胡专业，分配到宁夏京剧团乐队任京胡演奏员。1982年考入中国戏曲学院音乐系进修作曲。毕业回团兼任唱腔音乐设计、配器及指挥。创作作品三十余部，其中《哪吒闹海》叙事曲和戏曲故事《灌娘搬兵》曾获全国戏曲展播三等奖。新编历史剧《大夏春秋》获宁夏音乐创作二等奖。《课本剧集锦》获2000年全国儿童剧优秀剧目展演特别奖。

张晓云（1953— ）

女古筝演奏家。重庆人。西南大学音乐学院表演系副教授。1977年毕业于四川音乐学院师范系。发表《筝史迹源流初论》《电影中的暴力与音乐》等文，出版专著《古筝实用教程》。1993年举办个人独奏音乐会，2004年举办"张晓云古筝教学音乐会"。多次参加各级各类文艺演出担任独奏、重奏、伴奏。指导学生多人次获国家、省市级器乐比赛一、二、三等奖。

张晓钟（1954— ）

音乐教育家。四川自贡人。华南师范大学音乐学院声乐教授、硕士生导师。1983年毕业于西南师范大学，1994年结业于上海音乐学院教师进修班。全国高师声乐学术委员会委员。长期从事高师声乐教学和音乐教育理论及国家课题的研究，撰有大量论文并编著多部教材。其《高师声乐教学改革的理论与实践》项目获广东省教学成果一等奖，论文《高师声乐教学模式探讨》获"全国第四届音乐教育论文评选"一等奖。主持并完成"全国'十五'规划课题"《21世纪高师声乐教学模式的理论与实践》课题的研究。

张孝博（1934— ）

音乐教育家。湖南长沙人。1957年开始创作少儿歌曲，所作歌曲《小放鸭》《祖国有多大》（合作）分别获全国小百灵录像评比作品三等奖，《小放鸭》获第三届全国"民族杯"与小歌手邀请赛作品三等奖，《小放鸭》和《送草莓》还分别获杭州市政府1985和1988年文艺二等奖。曾任杭州市文联委员、省音协常务理事、市音协副主席、市教师合唱团团长。曾被评为杭州市先进工作者，浙江省优秀儿童工作者，杭州市儿童少年先进工作者。

张肖虎（1914—1997）

作曲家、音乐教育家。江苏常州人。曾任中国音乐学院副院长、中国音协音教委副主任。1931年考入清华大学，并随范天祥及外籍教授托诺夫、古普克等学习指挥、钢琴、作曲理论。1936年毕业，留校任音乐教员。新中国成立后，历任北京师范大学音乐系教授，北京艺术学院音乐系主任，中央音乐学院、中国音乐学院作曲系主任、教授等。作有大型民族舞剧音乐《宝莲灯》《珠峰展红旗》，交响诗《苏武》《E大调钢琴协奏曲》，管弦乐曲《浔阳曲》，三弦协奏曲《刘胡兰》，歌曲《声声慢》《长相思》《咏柳》。创作有部分歌剧音乐、民族器乐曲。专著有《五声性调式及其和声处理》《作曲技法》《乐学基础》等。

张效东（1949— ）

指挥家、演奏家。河北威县人。1966年毕业于广西艺术学院音乐系小提琴专业。1989年考入中央乐团社会音乐学院指挥进修班，师从指挥家李德伦。先后任广西歌舞剧院院长，广西交响乐团音乐总监、首席指挥，广西音协副主席。曾执棒广西交响乐团、越南国家交响乐团，演出贝多芬第五交响乐、小提琴协奏曲《梁祝》、钢琴协奏曲《黄河》等，曾与殷承宗等演奏家同台合作演出。组织、策划，并指挥广西一年一度的新年、新春音乐会、广场音乐会、各种类型的交响乐普及音乐会以及大型综艺晚会。

张效敏（1963— ）

二胡演奏家。陕西商州人。陕西省歌舞剧院歌舞团副团长。1988年、2004年分别毕业于西安音乐学院民乐系、中国艺术研究院音乐学系研究生课程班。撰有《"闲居吟"赏析》《改革开放以来二胡音乐创作发展之我见》等文。先后参加大量戏曲、歌舞晚会、音乐会等各种形式的演出及电台、电视台、电影以及CD、DVD光盘的录音。多次随团赴日本、法国、西班牙、香港等地访问演出。曾在西安音院举办个人"毕业音乐会"，1993年获"陕西省音乐舞蹈调演"二胡演奏一等奖，获陕西省"国庆五十周年优秀剧（节）目展演"音乐会二胡演奏一等奖。

张效中（1946— ）

声乐教育家。山西太原人。1969年毕业于中国音乐学院歌剧系。1973年入山西省歌舞剧院歌剧团任演员。1980年调山西省文化艺术学校音乐系任教。曾获市"希望杯"青年演员金杯奖优秀教师辅导奖。所教学生有百名获省声乐比赛各类奖项。撰有《声乐教学之我见》《试谈男声的高音唱法》《声乐浅谈》《声乐教育纵横谈》《功夫在声外》，部分论文获奖。

张笑莲（1935— ）

女小提琴演奏家。辽宁开源人。1949年参加东北文化教育工作队。1951年任东北人民艺术剧院歌剧团乐队演奏员。后调中央实验歌剧院（现中央歌剧院）交响乐团任演奏员，演出过大量中、外歌剧、交响乐。1964年参加演出音乐舞蹈史诗《东方红》。

张撷诚（1930—已故）

指挥家。上海人。1952年入上海歌剧院，后任乐队首席兼指挥，1980年任上海歌舞团指挥，1985年任上海轻音团指挥。

张新化（1961— ）

手风琴演奏家。湖北荆门人。毕业于天津音乐学院。内蒙古广播电视艺术团艺术总监、中国手风琴学会常务理事。合作创作的手风琴与乐队《阴山岩画印象—狩猎》获全国手风琴作品创作评比优秀奖和科研成果一等奖，手风琴二重奏《鄂伦春民歌主题变奏曲》获全国手风琴作品创作评比重奏作品第一名、第五届北京国际手风琴比赛重奏组第二名。主创之一的蒙古剧《蒙根阿依嘎》获中宣部"五个一工程"奖。创作和改编的《惊蛰》《美丽的草原我的家》等手风琴室内乐作品均获奖，部分被选入《全国高等师范院校手风琴教材》。出版《中外手风琴重奏曲集》。

张新林（1957— ）

音乐教育家。山西人。1978起先后在上海音乐学院管弦系、日本京都艺术大学音乐学部、中央音乐学院管弦系学习小号演奏、音乐学等。历任西安音乐学院管弦系小号助教、讲师，解放军艺术学院音乐系副教授。曾在北京、西安、山东、山西、日本等地举办小号独奏音乐会与室内乐专场音乐会，并赴台湾、香港、澳门、广州演出。先后出版《小号入门与提高》与《中外铜管乐器重奏、合奏曲精选》等，撰有《浅谈现代小号演奏艺术》《现代小号演奏艺术初探》及译文《贝多芬音乐中的两个极端》等。

张新民（1929— ）

作曲家。辽宁营口人。1949年入吉林军区文工团，

Z

后在吉林省歌剧团工作。曾在《小二黑结婚》《星星之火》等歌剧中饰演重要角色。作有歌曲《摔灯碗》《一群美国兵》。

张新民（1947— ）

音乐教育家。安徽蚌埠人。曾为蚌埠市教育科学研究所音乐教研员、安徽音协理事、省音乐教育专业委员会副主席、市音乐教育专业委员会主席。小学五年级即有歌曲《小专家》发表于《安徽歌曲》。1981年毕业于安徽师范大学艺术系，后一直从事音乐教学及教学研究。有多篇论文及音乐作品发表或获奖。1994年被评为省优秀教研员，1997年被国家教委授予全国优秀音乐教师光荣称号，2001年被评为全国艺术教育先进个人。

张新民（1949— ）

作曲家。白族。云南维西人。丽江市文化馆副研究员，云南音协理事、丽江市文联副主席、丽江市音协主席。创作有舞蹈音乐《牧场姑娘挤奶忙》，舞剧《黑白争战》，电视音乐片《中国丽江古城》等各类音乐作品。出版《雪岭盛会》等十余盒（张）音乐盒带、CD碟片，发表《摩梭人音乐中的母性色彩》等文十余篇。为《泸沽湖·女神湖》等十余部影视片作曲。其中《纳西人》《喊月亮》等音乐作品获国家与省级多种奖项。2000年被评为云南省首批"德艺双馨中青年音乐家"。

张新珉（1953— ）

作曲家。山西人。毕业于上海音乐学院作曲指挥系。平顶山市音协常务副主席、艺术研究所所长，河南省歌舞剧院特邀作曲。创作各类体裁音乐作品近百部。主要有《单乐章交响曲》，交响序曲《散板》，长笛与钢琴《春歌》，民乐三重奏与打击乐《太平年》，双簧管独奏与打击乐《偶成》，管弦乐《花团锦簇》。另有女声无伴奏合唱《河南风情组曲》，其舞蹈音乐《春天的故事》曾获河南省音乐舞蹈比赛金奖。2001年获文化部少儿"蒲公英奖"。

张新用（1952— ）

作曲家。河南虞城人。1977年毕业于河南大学艺术系。先后任虞城县豫剧团团长、县文化局副局长，1995年始在虞城县广播电视局任党组书记。撰写并发表《先曲后词入歌来》《通俗歌曲的魅力与民族色彩的启示》等十余篇评论。作有《圆圆与弯弯》《向新世纪报到》等二十多首歌曲。《上学路上》《采春天》获"宇宏杯"全国少儿歌曲电视大赛优秀奖，《春到中原》获河南省第三届创作歌曲大赛二等奖等奖项。为县剧团设计唱腔、音乐小戏15部、大戏20部。编纂《虞城县戏曲志》《虞城县曲艺志》（任副主编）。

张兴荣（1941— ）

音乐理论家。云南保山人。云南艺术学院音乐系教授、学术委员会副主任、中国民族管弦乐学会理事。1965年毕业于昆明师范学院艺术系，1980年到上海音乐学院作曲系进修。出版《云南民族器乐荟萃》《云南洞经文化》

等4部著作及《云南少数民族多声部民歌考察记》《哈尼族民间八声部复音唱法的新发现及其艺术特征》等二十余篇论文，合作出版《云南乐器王国考察记》等录像片、CD盘。出访美国、新西兰、荷兰、英国及台湾、香港等国家和地区。

张兴义（1945— ）

音乐教育家。新疆人。曾任新疆教育学院艺术分院音乐系副教授、新疆教育学会音乐教育专业委员会副理事长、新疆广播电视少儿合唱团指挥。1980至1982年进修于天津音乐学院作曲系。长期从事音乐教育及合唱艺术。编著出版各类教材及撰写论文共计数十万字，创作声乐作品百余首。曾指挥新疆广播电视少儿合唱团、新疆教育学院爱乐合唱团演出专场中外名曲合唱音乐会。历任新疆政协第七、八届委员。1988年获自治区优秀专家称号。

张兴运（1953— ）

音乐活动家。陕西咸阳人。咸阳市群艺馆馆长，市非物质文化遗产保护中心主任，陕西省音协理事，咸阳市音协副主席。1975年毕业于西安音乐学院。曾担任《器乐曲集成·陕西卷》编委、《曲艺音乐集成·陕西卷》编委、《器乐曲·咸阳卷》副主编、《曲艺音乐集成·咸阳卷》主编。编著出版《金唢呐——旬邑民间吹打乐》《宗教音乐纵览》《电子琴四十讲》等。作曲的《一路阳光一路歌》获中央文明办、文化部四进社区展演金奖，儿童舞蹈《麦稍黄》获省群星奖创作一等奖。

张星点（1924— ）

作曲家。四川巴中人。前兰州军区师职创作员、甘肃音协常务理事。1937年始从事部队文艺工作。解放战争时期创作歌剧音乐《李福堂》《修公路》《刘胡兰》（合作），歌舞剧《新小放牛》，话剧《参军》，秦腔剧《陈春华》，歌曲《黄龙大解放》。1950年入中央音乐学院学习。1955年任兰州军区文工团音乐教员、创作员。作品有歌剧音乐《全家红》，歌曲《天山南北好风光》《在玛纳斯河畔》《在国境线上》《昆仑铁骑兵》，撰有《论群众歌曲的音乐语言问题》等文。

张修建（1941— ）

词曲作家。四川南充人。1961年考入成都铁路文工团任板胡、二胡演奏员，后调入重庆市歌舞剧团。1992年任重庆市歌剧院艺术室主任，并从事演奏和创作。作有《雾中的城》《月亮送我去赶场》《山城的灯》等多首歌曲。歌曲《山菊花》获文化部"中国当代农民之歌"创作奖，《山里汉子山里妹》获四川广播新歌金奖，舞蹈音乐《枫叶恰似二月花》获全国中老年健身舞蹈汇演一等奖。曾参加重庆民歌集成的收集、整理工作。

张秀芬（1953— ）

女高音歌唱家。河北唐山人。1986年毕业于解放军艺术学院干部培训班。1968年入河北省抚宁县京剧团。曾在京剧《红灯记》《智取威虎山》中分别扮演李铁梅、小常宝，并获河北省戏剧调演第一名。1977年参加全军文艺汇演获优秀表演奖。1979年入北京军区战友歌舞团任独唱演员。在音乐舞蹈史诗《中国革命之歌》中担任独唱。为电视系列片《话说黄河》录制主题歌。1985年随中央慰问团赴西藏演出，1990年赴日本进行文化交流及访问演出。

张秀兰（1956— ）

女音乐教育家。新疆博乐人。1973年从事音乐教育，1992毕业于安徽师范大学音乐系。曾获新疆职工业余歌手大赛"十佳歌手"奖，新疆兵团业余歌手大赛美声组二等奖。2000年举办个人演唱会。多次被评为兵团职工文艺汇演优秀演员。长期坚持教育工作，发表、创作歌曲《会唱歌的民族好风流》《猜猜葡萄有多少》《世纪圆舞曲》等数十首和部分论文。多次获中央音乐学院业余钢琴考级的优秀辅导教师荣誉证书。

张秀丽（1943— ）

女大提琴演奏家。天津人。1957年考入中央音乐学院附中学习大提琴。曾先后在北京舞蹈学校、中国歌舞团、中央民族乐团任大提琴首席。曾出访美国、日本、欧洲、新加坡、马来西亚、台湾、香港等国家和地区。北京金帆少儿民族乐团艺术指导、大提琴教师，并多次获市、区优秀指导教师奖、优秀园丁奖。

张秀琴（1942— ）

女高音歌唱家。北京人。1958年入中央歌舞团，后入中央民族乐团工作，曾在中国音乐学院进修。全国青联委员。获1980年文化部直属院团观摩评比演出声乐二等奖。曾随团出访东南亚及香港。

张秀卿（1948— ）

女小提琴演奏家。北京人。1968年毕业于中央音乐学院管弦科，同年入中央芭蕾舞团任演奏员。曾参加《红色娘子军》《天鹅湖》《睡美人》《草原儿女》《沂蒙颂》《希尔维亚》《吉赛尔》《堂吉诃德》《罗密欧与朱丽叶》《海盗》《水仙女》《胡桃夹子》《林黛玉》《鱼美人》《祝福》《杨贵妃》《雁南飞》的演出。参与舞剧《红色娘子军》的修改及各类音乐会、中外文化交流演出。

张秀艳（1963— ）

女高音歌唱家。河北人。1983年毕业于沈阳音乐学院民族声乐系，留校任教。1986年获全国首届民歌、通俗歌曲大奖赛金奖。1987年获全国"广播新歌"征集获奖歌曲演唱优秀奖。

张旭东（1932— ）

女钢琴教育家。满族。北京人。1953年毕业于北京师范大学，后在内蒙师大、内蒙古行政干部学校任教。1957年任内蒙古艺校钢琴教师，1959年在中央音乐学院钢琴系进修，后返原艺校任教。撰有论文《谈谈关于儿童钢琴教学》。曾为男低音歌唱家杨彼得来蒙讲学举办音乐会担任钢琴伴奏，曾为赵双虎四胡独奏担任钢琴伴奏，已录制唱片出版发行。

张旭明（1957— ）

低音提琴演奏家。山东掖县人。1977年毕业于北京广播学院艺术系。1970年起先后在黑龙江省样板戏学习班、省歌舞团、中国广播交响乐团和中国爱乐乐团任演奏员、声部首席。曾参加贝多芬九部交响曲系列音乐会、纪念柴科夫斯基诞辰150周年系列音乐会、瑞士第38届蒙特利尔艺术节及澳门音乐节。与日本、法国、英国等国家交响乐团交流演出，与世界著名大提琴演奏家马友友合作音乐会，与韩国、日本、美国的指挥家、小提琴家合作演出等。曾赴意大利、瑞士、法国、德国等七个国家三十多个城市演出。撰有《少年儿童学习低音提琴浅论》。

张绪昌（1935— ）

指挥家。湖北武汉人。1945年进入重庆青木关国立音乐院幼儿班，1953年毕业于中央音乐学院少年班，1957年结业于苏联专家巴拉晓夫大班后进入广州乐团。1962年任广东省民族歌舞团指挥。曾指挥过许多中外作曲家的作品，被海南区（省）授予"先进文化工作者"称号。

张绪纲（1933—已故）

作曲家。江西瑞昌人。1953年始从事文艺创作，后任瑞昌县文联副主席兼秘书长。作有歌曲《我们是人民汽车司机》《五百里井冈展新颜》《一滴泉》。

张选模（1952— ）

中提琴演奏家。江苏扬中人。江苏省交响乐团中提琴首席。毕业于南京艺术学院，分别师从著名小提琴教授盛雪与中提琴教授沈西蒂，2001年结业于南艺音乐学院研究生课程进修班。现为南京师范大学音乐学院客座教授。曾获省第二届音舞节中提琴独奏演奏奖。参加演奏交响序曲《弄潮》获第三届省音舞节器乐演奏一等奖，参加演奏的交响乐《霸王鼎》获第四届省音舞节演奏金奖，参加演出歌剧《孙武》获文化部第八届文华新剧目奖。

张学明（1925— ）

女作曲家。河北人。1942年就读于华北联合大学文艺部。曾在天津评剧院二团工作，担任《刘胡兰》《画皮》《李二嫂改嫁》音乐设计。

张学庆（1941— ）

音乐教育家。河北人。1967年毕业于天津河北艺术师院音乐系，曾任河北邯郸县文工团演奏员与河北师院音乐系笛子教师。撰有《胸腔共鸣与笛子的音色》《笛子演奏中的气息控制》《笛管腔的气柱振动与发音》等文。

张学生（1942— ）

扬琴教育家。山东沂水人。1968年毕业于沈阳音乐学院民乐系扬琴专业，后任该院民乐系教授，弹拨教研室主任。辽宁音协民委会委员。出版有《丰收歌儿传北京》《边疆的春天》等扬琴独奏曲。1973年合作研制扬琴双音竹。撰有《扬琴双音竹研制与演奏》《扬琴滚轴垫》等文。其中《东北扬琴学派的演奏技巧与发展》获中国音协、辽宁音协论文比赛优秀奖。创编有扬琴教材五部。曾赴德国、日本等演出。

张学文（1934—2001）

作曲家、民族音乐理论家。云南保山人。云南保山地区行署文化局艺术科调研员。1960至1962年入中央音乐学院音乐理论函授班学习。创作有大量音乐作品。发表、演出、广播、获奖上百件，主要作品有歌曲《富饶美丽的潞江坝》《玛格莎》《山寨多快乐》《彝寨欢歌》《保山太平糕》《玛格莎》，舞蹈曲《蹬窝啰》，器乐曲《景颇山欢笑了》。撰有《花傈僳的双管乐器》等文。主编《中国少数民族乐器考》《云南保山民间音乐》《美的边陲美的歌》。采录民间音乐二百余盘磁带。完成《中国民歌集成·云南卷》（保山分卷）等器乐、戏曲、曲艺分卷。

张学文（1935— ）

长笛教育家。新疆米泉人。1949年从事部队文艺工作。后任新疆艺术学院长笛教师。作有歌剧音乐《阿力哈》，撰有《浅谈长笛演奏技巧》及《长笛初级教本》。

张雪玲（1958— ）

女音乐教育家。江西新余人。1981年毕业于江西宜春师专艺术系。1984年获江西省青年歌手比赛二等奖。1985年任江西省文艺学校新余歌剧班声乐教师和新余高专艺术系声乐客座教师。新余市音舞协会秘书长、江西省声乐学会常务理事、全国社会艺术水平考级声乐类考官。2002年指导的少儿合唱《广场与白鸽》获第二届江西艺术节演出一等奖和辅导奖，2005年指导的少儿合唱《小山村的珍宝》获第三届江西艺术节演出一等奖和辅导奖。

张雪松（1934— ）

音乐编辑家。黑龙江人。1948年入鲁艺文工三团。东北鲁迅文艺学院音乐系毕业。先后在东北文工团、东北人艺工作。1955年调中央歌舞团，后入中央乐团。1964年调文化部艺术局。1975年调人民音乐出版社工作，任副社长。曾起草制订《音像复制行业工人技术等级标准》。并主编音像行业工人技术等级培训统编教材《基础理论与操作技术》。

张雅丽（1960— ）

女高音歌唱家。山西太原人。1984年毕业于天津音乐学院声乐系。煤矿文工团说唱团演员。曾到河南、山东、江苏、山西、吉林等各省市为煤矿工人演出，演唱歌曲有《矿山有条金色的河》《心中的星海》《矿山的女人》《故乡是北京》等。为电视剧《哥儿们，爷儿们，妯娌们》《天涯海角》配唱插曲。

张雅娴（1936— ）

女音乐美学家。河北昌黎人。河北师大音乐系副教授。1961年毕业于天津音乐学院。撰有《论音乐形象的特征》《现代青年美学之前提断想》《民族音乐与世界音乐关系初探》《现代音乐—主体音乐本质力量的现代时显现》《人性辨析》《现代音乐美学研究前提之断想》等文。

张亚光（1958— ）

单簧管演奏家、音乐教育家。黑龙江双城人。毕业于上海音乐学院。黑龙江大学艺术学院教授、西洋管弦教研室主任。中国单簧管协会理事。撰有《莫扎特A大调协奏曲——单簧管演奏史上的里程碑》等文。1990年与指挥家黄晓同合作，在"哈尔滨之夏"音乐会上演出《韦伯c小调单簧管协奏曲》。学生多人考入中央音乐学院、上海音乐学院等音乐院校。多次担任东北地区管乐比赛评委。

张亚民（1931— ）

作曲家。青海湟源人。青海省音协荣誉主席、《中国民间歌曲集成·青海卷》副主编。1954年毕业于西北艺术学院音乐系，先后在青海省民族歌舞团、省电影制片厂、文化厅任音乐创作员。从1954至1994年主持青海音协常务工作，并任《青海歌声》《牧笛》主编。1980年任青海文联办公室主任、副秘书长。作有歌曲《毛主席挥手指航向》《周总理您在我们心中永生》《可爱的青海高原》，歌舞曲《草原上的傍晚》《牧鹅》，舞剧音乐《归来》，歌剧音乐《青山常在》《大黄山下》。

张延鹏（1952— ）

歌唱家。辽宁鞍山人。1978年毕业于中央音乐学院声乐系，同年任中国歌剧舞剧院独唱演员。曾参加各类音乐演出千余场，为中国唱片总公司及中央人民广播电台录制《祖国啊，我为你献上一曲赞美的颂歌》《重阳登高》《清照游春》等多首独唱歌曲。演唱歌曲《美不美去问谁》，被铁道部选用在客运列车中播放。为电影纪录片《青春常在》等数十部影视作品配唱主题歌及插曲。

张岩生（1966— ）

男中音歌唱家。锡伯族。辽宁东沟人。1992、1997年分别毕业于沈阳音乐学院、中央音乐学院声乐系，2000年毕业于上海音乐学院周小燕歌剧中心。先后任辽宁凤城满族自治县歌舞团、省歌剧院演员剧团独唱演员。曾参加各级"新年交响音乐会""闹花灯新春音乐会""心连心艺术团"等大型音乐会的演出，均担任男中音独唱。在歌剧《货郎与小姐》《黑桃皇后》《苍原》等任主要角色。曾获戏剧表演"玫瑰奖"，"仙妮杯"歌剧表演奖，意大利维也纳国际声乐比赛一等奖等。撰有《老"声"常谈》《歌剧艺术与歌剧表演》等文。

张艳荣（1963— ）

女声乐教育家。河北保定人。1987年毕业于河北师范学院，同年入河北师范大学音乐系任教。1993年在中央音乐学院进修。1998年入美国洛杉矶南加州大学深造。相继受聘在河北省歌舞剧院、河北省艺术学校任声乐指导教师。曾演唱《难忘的时光》《母亲河》《英雄赞歌》《中国，我的主题歌》等。曾获河北省青年歌手大奖赛第一名，河北省第一、第二届"音乐之春"声乐比赛一等奖，河北省大学生专业声乐比赛第一名，全国青年歌手电视大赛专业组美声唱法第二名。发表论文《梅尔教学法在高师声乐教学中的运用》。

Z

张艳生（1958— ）

男中音歌唱家。山东人。中国广播艺术团音乐演出部主任。1980年毕业于新影乐团学员班，后进中央音乐学院学习。曾在新影乐团、中国电影乐团任演员。先后为电影、电视剧录制主题歌。

张艳珠（1940— ）

女音乐教育家。广东梅县人。曾毕业于星海音乐学院。长期从事中学和职业中学音乐教学工作，中学高级音乐教师。音乐示范课《樱花》获"全国首届电子琴研讨会"二等奖。所辅导、指挥学校合唱、市老演员合唱团、老干部合唱团、老街合唱团、协和校友合唱团、"虹虹""东方红"合唱团声乐指导兼指挥，先后获广州中小学合唱节比赛，第六、七届国际合唱节获金奖。本人获"优秀合唱辅导"与广州市"园丁颂歌"独唱二等奖。

张燕丽（1936— ）

女歌唱家、声乐教育家。山东济南人。1948年参军，参加过淮海战役、渡江战役。参演《白毛女》《三世仇》《解放》《赤叶河》《兄妹开荒》等歌剧。先后在海政文工团、山西歌舞剧院、中央芭蕾舞团任独唱、领唱。曾就读中央音乐学院声乐系。1981年调中国歌剧舞剧院任声乐教员。创办"社会音乐学院中国歌剧舞剧院艺术系"，任教研室主任。培养的学生多人次获全国声乐比赛奖。

张燕西（1946— ）

音乐编辑家。河北人。1963年入兰州军区文工团任演奏员，曾任陕西人民广播电台音乐编辑。后在陕西音协工作。编导音乐广播诗剧《落叶》《蓝花花》等曾获奖。

张燕影（1931— ）

女歌唱家。山东济南人。曾任海政歌舞团副团长兼声乐指导。1947年参军，曾任海军文工团独唱演员。1958年毕业于中央音乐学院声乐系干修班。自1963年始，相继在歌剧《红珊瑚》《夺印》《三世仇》中扮演主要角色。为《天山行》《花枝俏》《索伦河谷的枪声》等电影配唱《天山路弯又弯》《啊，亲人》《爱是军人的魂》等插曲。为中央电台、湖南电台录制《海风阵阵愁煞人》《啊，和平玫瑰》等歌曲。后参加首都老战士艺术团，多次随团巡回演出，演唱《太阳最红，毛主席最亲》等曲目。出版有《张燕影演唱的歌曲》。

张耀华（1940— ）

女钢琴教育家。海南人。曾任深圳艺术学校钢琴教研组组长、副教授。1961年毕业于北京艺术学院音乐系钢琴专业，留校任教。曾任北京师范学院钢琴教研室副主任。合作出版中学音乐教师教学参考资料—《音乐》，合作编写《手风琴教材》，编写《歌曲伴奏编配及练习》五线谱教材。曾参加北京市第一届合唱节，担任钢琴伴奏。

张耀华（1948— ）

音乐教育家。江苏邳州人。1974年毕业于南京师范大学音乐系。江苏运河中学音乐教师。长期坚持音乐创作，

其中歌曲《挣点钱我再回家》获首届"打工心声"征歌暨演唱大赛二等奖，《心灵的合唱》入编《中国潮金曲》歌曲集，《男兵、女兵》《欢笑歌》入编军旅歌曲集《北疆之声》，《我有一个家》获全国第五届残联艺术汇演创作二等奖，歌舞《运河·航船·海事人》获全国交通系统文艺调演最佳节目奖。

张耀武（1935— ）

小提琴演奏家。山西洪洞人。1947年参加解放军吕梁第十军分区司令部宣传队。转业后先后在中央歌剧舞剧院、中国芭蕾舞剧团、中国歌剧舞剧院乐团工作。曾担任歌剧舞剧院乐团首席、小提琴独奏演员。独奏曲目有小提琴协奏曲《梁祝》及中外部分小提琴名曲。演出实况多次在电台、电视台播放。数十年参加中外歌剧舞剧及交响音乐会演出数百场。数次随各院团赴欧洲国家进行艺术交流演出。

张邺侯（1937— ）

指挥家。云南石屏人。1956年入云南省歌舞团，后任合唱队队长兼指挥。曾任中国音协教委会合唱指挥学会理事。曾指挥昆明聂耳合唱团在省市歌咏节中获一等奖。作有合唱《五月的草原》《节日的焰火》。

张一兵（1959— ）

作曲家。回族。河南人。1978年毕业于河南省戏曲学校并留校，1985年毕业于上海音乐学院作曲系，现任河南省歌舞剧院作曲。主要作品有民族交响乐《木兰颂》，民族管弦乐《戏台》，《郎歌》《主题与变奏》《开舟》《高山流水》及获1986年河南省首届器乐作品比赛一等奖的《舞节》。写有为香港中乐团创作的唢呐与乐队《迎新娘》，为古筝、高音笙、二胡、女声而作的《山鬼》，琵琶与乐队《原韵》，以及舞蹈音乐《少林扇》《春神》《推山》《抬花轿》等。还有大量声乐作品及为电视剧、广播剧作曲。

张一非（1929—2007）

作曲家。山东乳山人。1956年前在部队从事音乐工作。转业至山西后曾任省音协第一届副秘书长，第二届副主席，第三届主席及第五届山西省文联副主席。创作声乐作品二百余首，为二十余部影视和话剧配乐。声乐作品有独唱《河边修起高灌站》，二重唱《我爱美丽的心灵》，三重唱《煤矿工人多光荣》，儿童合唱《春天的小雨》，混声合唱《煤乡赞歌四首》。编著有《怎样指挥唱歌》《二部歌曲写作》《耍孩儿音乐》（记录、整理的地方戏曲），发表有《略谈耍孩儿〈搧坟〉一戏的音乐继承与改革》《浅析耍孩儿〈平曲子〉的曲式结构》等文。

张一希（1929— ）

作曲家。云南人。曾为云南艺术学院音乐学院教授。1956年毕业于中央音乐学院作曲系，师从江定仙及苏联专家西·古诺夫教授。1956至1990年先后在四川音乐学院、湖南艺术学院音乐系、云南艺术学院音乐系任教。曾任原云南艺术学院音乐系作曲理论教研室主任、研究生导师。作

有歌曲《歌唱毛主席》《一道喜讯传下来》《我的大炮说了话》《我们尽情地唱起来》《小朋友和火车》等，钢琴小品《竞技》《赶路》。撰有《合唱写作基础》《钢琴伴奏知识》《混合乐队编配》，制作自学辅导工具"乐理速查仪"。

张一弦（1935— ）

作曲家。福建福州人。1949年从事部队文艺工作。后在贵州省及安顺地区花灯剧团长期从事花灯音乐的搜集、整理、创编工作。曾为安顺地区文联副主席，音协贵州省分会第二届副主席。发表歌曲有《九龙江边荔枝红》《我从苗山归》等二百余首。遵义民歌改编的《幺妹摘菜》广为流传。还为花灯剧《七妹与蛇郎》编曲。1988年出版《张一弦歌曲选》，多首歌曲获全国及省市奖。

张一宜（1943— ）

女音乐教育家。福建永泰人。平顶山市音协常务理事，平顶山音乐教育学会会长。1966年毕业于福建师大音乐系。长期从事音乐教育工作，培养大批中、小、幼音乐教师。创作歌曲《美丽的沙岛》《老师的眼睛》《矿院里飞出五条龙》等，分别获省市优秀创作奖和一、二、三等奖。发表论文《浅谈中师琴法教学》《音乐教学纵谈》。

张一羽（1952— ）

大提琴演奏家。四川成都人。河南安阳音协副主席。曾任安阳文工团大提琴首席。1982年毕业于河南大学音乐系，后任安阳艺术中专教务主任、副校长。编著有《乐理》《视唱》《和声学》《大提琴演奏实用教程》并整理《崔兰田唱腔集》。1988年参加河南省黄河之滨音乐会获优秀演奏员称号，后任安阳市工商银行艺术团编导。《我为工行添光彩》获全国第二届工人征歌银奖，乐舞史诗《商颂》获中国七大古都优秀作品奖。撰有大量文艺评论、随笔。出版文集《艺语轻轻》。

张贻灿（1939— ）

音乐教育家、作曲家。湖南新化人。任职于新化县文化馆。1956年始从事文艺工作。先后在剧团担任编导、作曲、指挥、演员等。曾在中央、省、地发表、播放、演出作品百余件，其中获奖三十余件，歌曲《山里妹子爱爬山》等4首在全国征歌中获奖。论文《介绍风格独特的新化民歌》获省一等奖。1991年获全省"群众歌咏活动优秀辅导员"称号。2001年获省教育厅"优秀钢琴指导教师"称号。2006年出版音乐作品集《歌海扬波》。

张以达（1941— ）

作曲家。重庆人。1963年毕业于中央音乐学院作曲系，后在空政歌舞团艺术室工作。作有民族歌舞剧音乐《铜雀伎》，交响组歌《矿工大合唱》，电视剧音乐《赤橙黄绿青蓝紫》，童声合唱《猜调》。

张以清（1928— ）

音乐编导家。江苏江阴人。中央台文艺部副主任、高级编辑，并兼任《广播歌选》主编。中国音协第四届理事及表演艺术委员会副主任。1953年毕业于江苏师范学院音乐系。1956年入民主德国柏林高等音乐学院进修音乐音响学。长期任中央人民广播电台音乐录音导演，与国内外著名音乐家和著名团体合作，录制贝多芬《第九（合唱）交响曲》、音乐舞蹈史诗《东方红》大量各类优秀音乐作品等。1983年参加国际音理会亚洲论坛并宣读论文。1988年被选为中国音协代表出席第五届全国文联代表大会。

张以慰（1952— ）

作曲家。山东青岛人。青岛大学教授。1967年从事音乐工作，任现代京剧《红云岗》剧组首席长笛。师从杨鸿年、施万春教授学习指挥、作曲。2004年赴维也纳国立表演艺术大学访学获作曲大师班学位。作有管弦乐《路》，古筝与弦乐《秦风》，电视艺术片《共和国之光》《共和国之星》，影视作品《巴山背嫂》《忠诚》《扛》等音乐百余部集，舞蹈音乐数十部，歌曲《深深地鞠躬》《让太阳微笑》《东方的梦想》等百余首。作品多次获"星光奖""群星奖""蒲公英奖"等奖项。著有《中国古代音乐舞蹈史话》。

张以旃（1926— ）

作曲家。河北雄县人。1938年从事部队文艺工作，1951年入中央音乐学院专修科学习。曾任新疆军区文化部部长、音协新疆分会常务理事。作有歌剧音乐《三年间》以及《昆仑山大合唱》等。

张义昌（1954— ）

戏曲音乐家。河南驻马店人。驻马店市音协副主席。1965年参加河南省平舆县曲艺说唱团，后任平舆县豫剧团乐队队长、县人民文化馆业务馆长。创作戏曲音乐多部。担任文艺集成市、县卷的搜集、编纂工作，多次受到省文联、省文化厅的表彰。1996年调入驻马店市汽车运输总公司文联任秘书长。大量音乐作品在省、市获奖或演出发表。多次参与省市重大文艺活动的组织与策划工作。

张义民（1956— ）

双簧管演奏家。内蒙古集宁人。曾进修于内蒙古京剧团、歌舞团、文艺干部学校、中央乐团。历任内蒙古京剧团、歌舞团交响乐团、民族剧院交响乐团双簧管首席。曾在多个大型歌舞晚会、交响音乐会、贝多芬、莫扎特作品音乐会的演出及《森吉德玛》《鄂尔多斯情怀》《银碗》《草原小姐妹》等剧目演出及录音中任双簧管首席，其中《小活佛》《白桦林》独奏获全国、全区独奏一等奖。

张义明（1955— ）

大提琴演奏家。四川成都人。四川广播交响乐团首席大提琴，中国大提琴学会理事。毕业于四川音乐学院，曾在北京、西安进修。曾获全国首届大提琴比赛独奏三等奖、重奏优胜奖。演奏的弦乐四重奏作品获日本东京室内乐比赛一等奖。参与录制影视作品多部，有《十月的风云》《焦裕禄》等。出版发行音像制品《通俗大提琴曲》《人民的儿子》，并举办个人独奏音乐会。2008年获四川省高等教育教学成果三等奖。

张艺军（1951— ）

作曲家。吉林长春人。毕业于吉林艺术学院。1972年考入吉林郭尔罗斯民族歌舞团，任作曲、指挥，创研室主任。吉林音协理事、省青音协、松原市音协副主席。作有管弦乐《喜庆随想曲》，舞剧《乌兰花》，舞蹈《雁乡情》，弦乐四重奏《龙梅》，混声合唱《海外赤子情》，女声三重唱《大雁又回到了故乡》，独唱《草原魂》《咱跟着太阳朝前走》《玛丽娅》等。出版有《金色的海浪花》校园歌曲集。曾获"新世纪优秀人才"称号与"首届东方名人成就"奖。

张艺鸣（1957— ）

音乐教育家、作曲家。江西九江人。先后毕业于江西师大音乐系、上海音乐学院指挥、作曲系。江西九江学院艺术学院作曲、指挥、钢琴副教授。作有歌曲《啊，故乡》《故乡的椰子树》《共青城的夜多美好》《啊，我的月亮，我的太阳》，分别在全国建设者之歌征歌及省级评选中获二等奖等奖项。为歌舞剧《九江抗洪日记》作曲获省一等奖、全国优秀奖，发表《美与时代》《音乐欣赏随想》等文。指挥校合唱团获全国大学生首届艺术歌曲演唱比赛江西一等奖，全国二等奖。本人获优秀指导教师奖。

张艺琴（1927— ）

声乐教育家。四川开江人。曾为四川省喜德县体育局副局长。1954年入西南军区文工团声乐班学习，师从黄源尹、王宝璋。曾任全总文工团及四川省凉山文工团歌唱演员及声乐指导。培养了一批声乐人才。收集、整理大量凉山地区各民族民间音乐，其中彝族民歌《月琴之歌》和《比布姐妞》被收入《中国民歌》，并参与编撰了多部音乐集成。

张毅志（1944— ）

音乐教育家。河北滦县人。毕业于北京师范学院音乐系。曾任北京市第二十七中学高级音乐教师，校金帆民乐团常务副团长、指挥及中国音乐学院业余音乐学校办公室主任，北京宏声音乐艺术学校常务副校长。曾录制4盘音乐教学录像带公开发行，其中2盘教学带曾在中国教育台、北京电视台"教育之窗"中播放。指挥校民乐团多次在全国、市区艺术节中获奖。本人获全国首届陈香梅优秀教师奖，北京市普教系统先进工作者。东城区优秀教师称号。

张应发（1932— ）

小提琴演奏家。广东开平人。1945年考入国立音乐院幼儿班学习小提琴，1950年转入中央音乐学院少年班。毕业后调中央歌舞团乐队工作。1956年调中央乐团交响乐队任演奏员，曾先后任乐队首席、副首席、二提首席以及《梁祝》小提琴协奏曲的独奏。曾在解放军艺术学院与中央乐团社会音乐学院任教。1992年以来曾担任中国音协、中央音乐学院业余小提琴考级评委。1993年获中国音协荣誉奖。

张应娴（1934— ）

女歌唱家。上海人。1952年考入上海乐团合唱队。1963年在上海音乐学院声乐系进修一年。1954年曾参加赴朝慰问团演出。曾在"上海之春"青年独唱音乐会演出独唱，在歌剧《被出卖的新嫁娘》中饰女主角玛仁卡，在交响音乐《沙家浜》中担任阿庆嫂，在"哈尔滨之夏音乐会"担任独唱、重唱，在"贺绿汀作品音乐会"担任领唱，在苏联专家迪利济耶娃训练的音乐会上担任重唱。

张英泉（1946— ）

男高音歌唱家、歌剧表演艺术家。回族。北京人。1966年毕业于中国音乐学院附中。分配至广州军区战士歌舞团任男高音声部长及视唱练耳教员。1975年考入中央歌剧院，后任男高音声部长。曾在歌剧《重上青云岭》《白毛女》《第一百个新娘》《费加罗的婚礼》中饰演主角，在《卡门》中扮演首领。曾与帕瓦洛蒂同台演出《绣花女》，与美国音乐家在音乐剧《乐器推销员》中扮演邓洛甫。三次出访日本演出。编写《视唱练耳教材》。

张颖中（1947— ）

二胡演奏家。回族。湖南长沙人。曾为广西河池地区民族歌舞团团长。1968年毕业于广西艺术学院音乐系。曾任歌剧《宦娘》二胡首席及歌剧《老少齐上阵》指挥。撰有《广西壮族玎尼的研究及其改良》（合作），1985、1988年曾两次获广西乐器改良荣誉奖，1989年获广西壮族自治区人民政府及科委二等奖、文化部三、四等奖、广西文化厅一等科技奖。

张映哲（1928—2005）

女高音歌唱家。辽宁抚顺人。1947年参加部队文艺工作。原空政歌舞团副团长。1957年赴上海声乐研究所学习咽音发声法，于该所进修班毕业。所演唱的毛主席诗词《蝶恋花·答李淑一》《沁园春·雪》等歌曲，以及为电影《英雄儿女》录制的插曲《英雄赞歌》，受到群众的喜爱。在全军第二、第三届文艺汇演中，获优秀演员与演出优秀奖。1960年被评为全国"三八"红旗手。1964年空军授予"优秀歌手"荣誉称号。北京市第三、四届人大代表。1988年获中国人民解放军胜利功勋荣誉章。

张永安（1949— ）

作曲家。重庆人。毕业于中国艺术研究院。重庆市音协副主席。作有声乐曲《赶街天》《七彩的统裙》《老山颂》《奔向阳光》等，并在全国及省、市"五个一工程"中获作品奖。器乐曲《川江魂》《布朗趣话》和《川梆子》分别在全国、省、市获奖并发表，二胡曲《赶街》参加第十四届世界青年联欢节，并在维也纳金色大厅演出。撰写论文《传统川剧高腔帮、打、唱的和谐美》和专著《巴渝戏剧舞乐》等。

张永发（1949— ）

笛子演奏家。山东人。黑龙江省歌舞剧院民族乐团演奏员。毕业于黑龙江省艺校，1990至1997年先后任民族乐团副团长、团长。1988年创作排箫独奏曲《古驿站风铃》，参加全国第一届民乐展播，并收入《中国当代音乐》。1992、1993年两次获省级独奏比赛一等奖。发表数篇论文。多次赴日本、韩国、台湾等地演出，担任独奏。

张永钢（1959— ）

作曲家、音乐教育家。吉林长白人。1974年吉林艺术学院音乐表演系毕业，1989年中国函授音乐学院音乐教育、理论作曲毕业。在吉林省文化厅举办的比赛中多次获小提琴独奏和钢琴独奏一等奖、音乐创作二等奖，在全国征歌中获优秀奖。教学中，辅导学生参加全国音乐考级、多人次获吉林省比赛一等奖。本人多次被评为全国考级优秀教师、音乐园丁，吉林省文化厅、省音协辅导一等奖和优秀教师。

张永光（1962— ）

唢呐演奏家。河北人。1978年任中央歌舞团演奏员。获全国第一届民族器乐独奏观摩演出优秀表演奖。曾随团赴阿曼演出。

张永杰（1942— ）

女声乐教育家。河南开封人。1965年毕业于河南大学音乐系，后任河南大学音乐系副主任、教授、硕士生导师及河南省声乐教育学会副会长。曾获全国高校优秀教师三等奖、河南省高校先进个人二等奖、河南大学教学优秀一等奖。出版专著三部。发表论文二十余篇，其中《民族声乐教材建设与教法改革》获全国音乐教育优秀论文三等奖，《河南豫剧韵味浅探》获中国艺术研究院论文一等奖，《论歌唱的字正腔圆》等三篇获河南省优秀论文一等奖。完成省级科研项目三项。出版《民族声乐教程》《歌唱知识与技能训练》。

张永强（1961— ）

作曲家。甘肃人。甘肃省定西市音协理事、创研室主任。出版、发表、播出音乐作品百余首。并多次在全国性的各种音乐大赛中获奖。歌曲《不要说这是异想天开》被选入全国中小学音乐教材及《中华校园歌曲大家唱MTV专辑》。2003年获敦煌文艺奖。

张永泉（1941— ）

男高音歌唱家。四川人。1964年毕业于四川音乐学院声乐系，后入总政歌舞团合唱队工作。曾在《长征组歌》《演习归来》等合唱中担任独唱及二重唱。作有歌曲《伟大祖国朝气蓬勃》《雪花纷飞》。

张永声（1936— ）

作曲家、音乐教育家。辽宁大连人。1958年毕业于北京艺术师范学院音乐系。曾任教于山西艺术学院、山西大学音乐系，教授。1985年任太原师专副校长，后任辽宁师大音乐系主任。1987年应聘为英国纽卡斯尔大学客座教授。1988年应邀参加德国达姆什坦特"国际新音乐第34届年会"。1991年赴英国威尔士音乐学院讲学。曾任山西省音协理事，太原市音协副主席，太原第六、七届人大常委，大连市第八届政协委员。作品有钢琴协奏曲《坡》，

交响合唱《交城山》，撰有《功能和声理论与中国五声性调式和声》论文。

张永新（1963— ）

女歌唱家。河北黄骅人。1986年考入天津音乐学院声乐系，1990年毕业后进入天津广播电视艺术团任独唱演员。1996年曾获全国新人新歌新风大赛天津赛区民族唱法一等奖。1997年获全国"资格杯"歌手大赛民族唱法银奖，1998年获天津"新人奖"以及天津"中行杯"歌曲比赛特别奖。2003年获全国少儿风采大赛"最佳伯乐奖"以及首届中国少年儿童艺术节"优秀园丁"奖。连续六年参加天津春节晚会和央视"心连心"大型晚会，为各级电台、电视台录制新作品百余首。

张永学（1930—已故）

作曲家。回族。山东莒南人。1945年从事文艺工作。1957年毕业于东北音专作曲系，后在吉林省歌舞剧院工作。作有《长白山大合唱》，组歌《丰碑颂》。

张永智（1949— ）

二胡、擂琴演奏家。北京人。1963年考入中央音乐学院附中，师从刘振华先生学习二胡演奏。1964年转入中国音乐学院附中，1973年分配到中国煤矿文工团任民族管弦乐队首席、乐务及独奏演员。1978年在参加"全国首届独唱独奏音乐调演"中演出二胡独奏《草原新牧民》获优秀奖。1982年师从王福立先生学习擂琴。作有《六畜兴旺》《苏三起解》《智斗》《二进宫》等。培养了众多学生。经常参加中央电视台和全国各省市电视台的演出，为《水浒》等多部影视剧配乐。曾先后赴几十个国家和地区演出。

张咏可（1921— ）

音乐编辑家。重庆人。早年曾先后在国立重庆师范音乐科、国立音乐院、国立上海音专学习，在重庆北碚师范音乐科等校任教。后曾在部队文工团任创作员，1953年任重庆人民广播电台文艺部音乐主编，后任文艺部主任。创作《山城人民迎解放》《欢唱春天》《云霞》等独唱、合唱十多首歌曲。编辑播出《名曲欣赏》，乐曲解说《交响音乐厅》《星期音乐会》等专题节目。撰写音乐稿件二百多篇，组建重庆新歌合唱团、重庆业余音乐学校并任校长。

张咏真（1914—已故）

女音乐教育家。江西南丰人。曾为西安音乐学院钢琴副教授。1935年毕业于上海美术专科学校艺教系。曾任江西南昌中学音乐美术教师、台湾屏东师范学校音乐教师，1949年任上海市立务体女中音乐、美术教师。编写有钢琴和风琴教材，作有歌曲《在毛泽东思想旗帜下》。

张优浅（1946— ）

作曲家。广东揭西人。广东汉乐研究会、梅州市音协理事。1966年汕头戏校毕业后任职于广东汉剧院。先后参加广东省一至八届艺术节、中南戏剧汇演、全国文艺调演、第二届中国艺术节、第五届中国戏剧节，曾随团赴香

港、新加坡、台湾演出。作有《包公与姐姐》《麒麟老道》《春娘曲》《深宫假凤》分别获第二、四届广东省艺术节音乐唱腔设计三等奖、福建省第十七届戏剧展演场景音乐奖、第七届广东省艺术节优秀音乐唱腔设计奖，《阴阳河》《深宫假凤》《花灯案》曾入选第十一、十六届中国戏剧梅花奖参赛剧目。

张友刚（1952— ）

音乐理论家。四川人。1982年毕业于西南师范大学音乐系，1988年进修于中央音乐学院作曲系。历任西南师范大学音像出版社总编、社长，西南大学音乐学院教授、党委书记兼副院长、院长。中国音协中国高校音乐联盟副主席，重庆音协副主席，中国教育学会音乐教育分会常务理事及理论作曲学术委员，西南大学学术委员。发表有《十二音五声调性序列探微》《巴托克音列思维特色研究》《我国八十年代音乐教育》《新中国师范音乐教育论述》等文多篇，主编、参编教材《艺术基础》《大学音乐》《声乐实用基础教程》《音乐欣赏》等。主研全国教育科学"十五"规划重点课题《西南少数民族地区中小学校音乐课程标准实施与民族特色音乐教学实践研究》，主研重庆市教育科学规划课题《数字音乐数据库资源建设与应用研究》等。

张友亮（1944— ）

戏剧表演家。江苏南通人。1965年毕业于江苏戏曲学院话剧表演系。后入中国电视剧团、中国广播电声乐团，2002在中国广播艺术团业务中心任主任。曾参加话剧《雷雨》《江姐》等演出，在广播电视剧团曾拍摄《崂山道士》《手之情》（获电视剧二等奖），组织亚运会全国巡演、中央电视台国际频道春节晚会，曾任央视"艺苑风景线"制片主任。

张友善（1934— ）

圆号演奏家。山东人。1951年参军，后调济南军区军乐队。1956年复员后先后调上海乐团铜管乐队、上海合唱团管弦乐队、兰州电影厂乐团、新影乐团任圆号演奏员，后任中国电影乐团副团长。曾参加"亚历山大·聂夫斯基"清唱剧的演出，参加电影录音，参加芭蕾舞剧《天鹅湖》《海侠》及乐团历次音乐会演出。

张友秀（1941— ）

女钢琴教育家。湖南长沙人。1966年毕业于湖北艺术学院钢琴专业。1988年起从事钢琴业余教育，高级教师。其学生在钢琴考级中喜获佳绩，并分别在1996年全国"星海杯"和1995年省"明珠杯"比赛中获一、二等奖。从1988起分别在《浙江省音乐教育》等刊物发表《山里来的小客人》等多首歌曲，1995年被浙江省音协评为优秀钢琴教师。

张有成（1945— ）

女音乐教育家。湖北武汉人。武汉音乐学院钢琴系教授。湖北省钢琴协会副会长。1956年就读于中南音专附中钢琴专业，1967年毕业于武汉音乐学院钢琴系。曾任湖北省歌剧团钢琴演奏员。录制的独奏、重奏唱片，获"桃李杯"园丁奖。被授予教书育人先进个人。发表专著、论文、音响制品有《钢琴即兴配弹教程》（合著），《巴赫复调钢琴作品教学探讨》《钢琴演奏中的思维训练》《个性、悟性、韧性》等。主编湖北省《钢琴考级教程》。

张有荣（1936—已故）

圆号演奏家。甘肃人。1959年入解放军军乐团任次中音号和圆号演奏员。曾任石家庄高级步兵军乐团演奏员。1956年获北京军区演奏会个人独奏一等奖，1961年入上海军乐训练班进修，1975年第四届全军文艺汇演被评为优秀演奏员。长期从事国家庆典以及外事司礼演出。改编圆号独奏曲《二小放牛郎》。先后为部队、院校、厂矿组建并辅导二十多支军乐团。

张幼彤（1951— ）

歌词作家。北京人。词作《不知道》1989年获中国音乐文学学会第二届全国青年歌词创作三等奖，《沉默者的宣言》1990年获全国首届文学创作综合大奖赛歌词类二等奖。出版歌词集《陌生》。曾任中国音乐文学学会办公室副主任，参与词界许多活动的组织工作。发表《歌词要有文化功底》等音乐评论文章。

张玉兰（1936— ）

女音乐教育家。河北曲阳人。原北京第五十中学音乐教师。1963年毕业于北京艺术学院音乐系。曾在北京第47中学、玉渊潭中学、108中学任音乐教师。为学生教授基本乐理、视唱练耳及声乐的初步训练。多次组织校内歌咏比赛。1986年在区为举办的"金帆杯"文艺比赛中，个人获"优秀节目辅导奖"和"美育园丁奖"。为北京108中学作曲的校歌，获区二等奖。

张玉龙（1942— ）

作曲家。陕西西安人。1966年毕业于中国音乐学院作曲系，分配在中国京剧院工作。1973年调陕西省歌舞剧院歌剧团，1987年任团长。陕西省文联委员、省音协创作委员会副主任兼常务理事、省艺术专业高级职称评委。曾为《张骞》《司马迁》《洪宣娇》《秦俑》《畅想曲》等歌剧及舞剧《天马潇潇》作曲，创作中小型音乐作品百余件。其中民族歌剧音乐《张骞》《司马迁》分别获"文华奖"作曲奖，全国"五个一工程"奖，第三、七届中国戏剧节优秀作曲奖，全国少数民族文艺汇演创作金奖。

张玉文（1957— ）

音乐活动家。北京人。毕业于中央音乐学院艺术管理系。中华文化促进会秘书长。曾任中央音乐学院演出科科长。多年来，组织策划近千场大、中、小型音乐会，并担任主持人。1992年起参与组织20世纪华人音乐经典系列活动，1995年参与主办纪念中华人民共和国国歌音乐会并出任演出总监。1999年在纪念《黄河大合唱》60周年大型音乐会和庆祝澳门回归大型音乐会中担任主持人，参与策划吕思清小提琴协奏曲音乐周并担任北京电视台"周末音乐厅"栏目主持人。

张玉榛（1963— ）

女音乐教育家。山东人。首都师范大学音乐学院副教授、硕士生导师。1983年考入北京师范学院音乐系。1987年毕业后留校任教。主要从事视唱练耳及世界民族音乐教学与研究。现在在中央音乐学院攻读博士学位。科研著述主要有教材两部，论文三十余篇。

张玉芝（1936— ）

女歌唱家。吉林公主岭人。1949年始从事部队文艺工作。1950年入空军政治部文工团，为独唱、领唱及领舞演员。1958年入歌剧团任演员，曾主演《白毛女》《刘三姐》《刘海砍樵》等歌剧。1964年入中央广播合唱团，任合唱及男女声小合唱导演，以及合唱团艺委会委员。1964年参加《东方红》合唱演出。1965年参加《东方红》电影拍摄。1985年参加《中国革命之歌》演出。曾赴澳门参加第二届国际音乐节演出。

张玉柱（1935— ）

歌词作家。天津人。1963年毕业于中国戏曲学院，后任广西艺术学院学报副主编。作有歌词《苗寨六月六》《阿妹不责怪》《不该打坏我的酸菜缸》。

张育瑾（1914—1981）

古琴演奏家。山东胶南人。长期从事音乐教育工作，1961年入山东艺专教授古琴，后入山东海洋学院。曾任音协山东分会常务理事。编有《桐荫山馆琴谱》，撰有《山东诸城古琴》等。

张育青（1938— ）

女钢琴教育家。福建人。原上海音乐学院附中钢琴科教师。1956年上海音乐学院附中毕业。1961年上海音乐学院钢琴系毕业。1962年先后在上海音乐学院附小、附中任钢琴高级讲师，并担任钢琴伴奏。培养一批优秀钢琴人才。编写《秋收起义歌》《扎红头绳》等钢琴教材。撰有《关于钢琴教学中大姆指问题》《关于钢琴教学中弱指训练问题》。

张育鹰（1936—1997）

大提琴演奏家。陕西西安人。中国音协表演艺术委员会委员。1959年毕业于西安音乐学院管弦系。曾任广州乐团交响乐团首席大提琴演奏员，演奏大量中外乐曲。

张元龙（1953— ）

小提琴教育家。山东淄博人。毕业于山东德州学院艺术系。后任沈阳师范学校小提琴、音乐理论教师。编辑《父子同步小提琴电视讲座》教材音像带发行全国，并在央视教育台及多家卫视台播出该讲座获全国第四届电教节目三等奖。1990年任沈阳弦乐研究会会长、辽宁少儿室内重奏乐团团长。1997年中央音乐学院硕士研究生毕业。指导的学生曾获"全国少儿小提琴大赛"第一名。曾应邀担任（澳）安德雷德小提琴客座教授。耶胡迪·梅纽因国际

小提琴比赛指导教师三等奖。2004年巴黎高等音乐学院高级教师学位（博士）肄业。

张元庆（1947— ）

音乐教育家。安徽凤阳人。1974年毕业于安徽师范大学音乐系，并留校担任音乐史与民族音乐教学。1983年在上海音乐学院音乐学系进修，2000年在中央音乐学院现代远程音乐教育中心进修。撰有《电子乐器与电脑音乐系统》《谈重视音乐史知识的教学》《姜白石歌曲译谱问题的比较研究》等文，编著有《基础乐理》《艺术概论与鉴赏教程》。

张约伯（1944— ）

音乐编译家。山西临猗人。1964年任理工大学三院乐团长，1994年任太原教会诗班总指挥。合作编著老年诗歌101首，译配出版外国名歌101首。后任太原教会圣乐艺术团副团长、指挥。曾主编圣诞颂歌300首，《中华圣诗灵歌集》，诗篇雅歌365首等。改编译配修订大量圣乐作品。

张悦宾（1950— ）

古筝演奏家。山东掖县人。大连歌舞团演奏员。1975年毕业于吉林大学。其改编的古筝独奏曲《小小竹排向东流》被编入《古筝教程》，创作并演奏的筝独奏曲《兵车行》《春雨》被收录在古筝演奏专辑《古韵》中。曾获辽宁省器乐比赛二等奖、中国传统筝曲邀请赛专业组一等奖。先后两次应邀赴荷兰参加歌剧《HIER》演出。撰有《浅谈"兵车行"的创作与演奏》。

张跃进（1958— ）

歌词作家。安徽绩溪人。1982年毕业于安徽省师范大学历史系。1984年开始歌词创作，在《词刊》等专业刊物上发表歌词作品数十首，并多次获奖。出版歌词集《碎月滩的月亮》《只要哥哥一片情》入选《中国当代歌词选》。安徽省音协理事，安徽省音乐文学学会理事，黄山市音协理事，歙县文联副主席。

张跃进（1958— ）

笙演奏家、作曲家。河北深州人。河北师范大学音乐学院器乐系主任、副教授、硕士生导师。先后师从潘忠禄、张之良学笙。作有笙独奏曲《山乡》《梆子腔》和数首独唱歌曲。2006年在石家庄举办"张跃进笙独奏音乐会"和"张跃进笙演奏暨作品创作研讨会"。撰有《论笙演奏标识的规范与统一》《论舌位变化对笙吐奏效果的影响》等文。

张跃明（1962— ）

作曲家。安徽庐江人。江西省影视家协会秘书长。1981年毕业于上海师范学院。曾任江西鹰潭人民广播电台台长。歌曲《边境的黄昏》获中央人民广播电台"每周一歌"评比金奖。曾任多部电视片音乐编辑。

张越男（1934— ）

女歌剧表演艺术家。回族。河北文安人。1946年始从

事部队文艺工作。1952年调总政歌舞团，1959年调总政歌剧团。在《白毛女》《两个女红军》《柯山红日》《傲雷一兰》等二十多部大型歌剧中担任主角。首唱了如《北京颂歌》《海上女民兵》《眼望红旗情满怀》《井冈山颂》《56个民族同唱一支歌》等大量创作歌曲。曾随团赴苏联、波兰、罗马尼亚、捷克斯洛伐克、日本、香港演出。在大型音乐舞蹈史诗《东方红》中演唱《松花江上》。曾任总政歌剧团副团长、声乐艺术指导。出版有《中国歌剧选曲集》（合作）和《歌剧、声乐、艺术随笔》。第九届全国人大代表。

张云杰（1958— ）

长笛演奏家。辽宁丹东人。1972年入解放军军乐团学员队学习，先后师从邵伟民，李学全老师。1976年毕业后入军乐团任长笛首席。常年担任司礼工作，迎接过一百多个国家的元首和政府首脑，经常在国宴上担任独奏和领奏，演奏有《渔舟唱晚》《夕阳箫鼓》《乡恋》《梦幻曲》《白毛女》等独奏曲。参加过多届党代会、人大、政协会议的开、闭幕式及国庆大典、香港回归等重大活动的演奏任务。录制多盘磁带和CD盘。编写出版长笛教材《快乐长笛教程》和《长笛考级教材》。

张云卿（1926— ）

男高音歌唱家。辽宁孤山人。1949年毕业于东北鲁艺音乐系，后入中央乐团合唱队工作。曾在清唱剧《沙家浜》中任独唱。1986年赴欧洲维也纳进行音乐考察、学习、讲课和演唱。

张云璋（1943— ）

小提琴演奏家。湖南人。1966年毕业于中央音乐学院管弦系。后任中央芭蕾舞团独奏演员、乐队副首席，中央音乐学院兼课教师。

张云珍（1942— ）

女民歌演唱家。土家族。湖南吉首人。1959年入湖南省湘西土家族苗族自治州民族歌舞团。后在湖南省民族歌舞团工作，曾任团长。湖南省音协声乐艺术委员会副会长。演唱录制唱片的歌曲有《绣花》《土家喜爱咚咚喹》《四季花儿开》《冷水泡茶慢慢浓》等。1986年被湖南省文化厅授予"湖南省优秀中年演员"称号。湖南省政协第五、六、七届委员。

张允琴（1931— ）

女音乐编辑家。北京人。1949年毕业于华北大学三部音乐系。原任中国唱片总公司主任编辑。1950年参加新中国唱片事业的创建，出版首批《人民唱片》号。采录、编辑出版吕骥领唱的《延安颂》、喻宜萱演唱的《牧羊姑娘》、沈湘演唱的《夜半歌声》、马思聪演奏的《思乡曲》等唱片。1964年组录音乐舞蹈史诗《东方红》，全套系列唱片。首届《上海之春》音乐会选录《梁祝小提琴协奏曲》出版唱片。1985年与文化部合作录制出版《聂耳作品全集》《黄河大合唱》、贝多芬《第九交响乐》等大型作品系列唱片。1993年获国务院颁发的"为发展我国文化艺术事业做出突出贡献"奖。

张运龄（1941— ）

扬琴演奏家。广东五华人。广东省广东汉乐学会会长。被广东星海音乐学院特聘为"广东汉乐"艺术指导、羊城汉乐团艺术总监。先后获全国民族管弦乐作品评奖演奏奖，广东艺术节演奏奖及首届省、港、澳广东音乐邀请赛优秀奖，国庆45周年赴京演出获国务院国庆办嘉奖。整理、配器出版三张汉调音乐CD专辑、广东客家山歌专辑。多次参加全国会演和中国艺术节等重大音乐活动。随团到日本及港、澳访问演出。2006年被聘为广东汉乐晋京演出团音乐总监。

张运平（1954— ）

巴松教育家。山东泰安人。山东省艺术学院音乐系主任。曾就学于山东五七艺术学校、上海音乐学院。撰有《浅谈巴松的基础训练》《关于巴松演奏的音乐表现力》等文，其中《浅论巴松的发音与气息运用》获省二等奖。作有歌曲《教师之歌》与《少儿打击乐套曲》。曾获省"最佳艺术指导奖"。

张韵璇（1943— ）

女音乐教育家。辽宁海城人。原中国音乐学院作曲系教研室主任。1967年毕业于中国音乐学院作曲系。曾在广西艺术学院音乐系任教。撰有《作曲技术法则的历史规定性》《论支声归属》《复调音乐的基本概念及学习方法》等文。著有《复调音乐初级教程》《多声部音乐基础》（合作），译著《对位法》。

张韵新（1936— ）

女小提琴演奏家。福建福州人。1959年毕业于中央音乐学院管弦系，后任中央乐团演奏员。曾随团赴美演出。

张再生（1956— ）

小提琴演奏家。山西襄汾人。1971年入兰州豫剧团任乐队小提琴首席，演出《海港》《沙家浜》等京剧。1979年入兰州歌舞剧院乐团，任交响乐团副团长。参加诸多音乐会、晚会演出及与国内外音乐家同台演出等。演奏中外音乐作品多部，其中有贝多芬《第五交响曲》，柴科夫斯基《天鹅湖》，比才《卡门组曲》。多次承担电台、电视台演出录音、录像任务。

张在衡（1938— ）

女音乐教育家。安徽人。1959年毕业于西安音专作曲系。曾在西安市歌舞剧团与西安音乐学院任视唱练耳教师、副教授。编写有《多声部视唱》教材及《儿童视唱教程》，撰有《根据儿童心理特点，确立以节奏训练为中心的视唱练耳教学方法》，并曾在1983年全国视唱练耳教学经验交流会宣读。

张泽伦（1938— ）

戏曲音乐家。河南新乡人。曾供职于河南省豫剧二团。河南省音协理事，河南省民族管弦乐学会副会长。编著有《中国戏曲音乐概论》《二胡演奏艺术》《二胡技巧练习》《张泽伦戏曲音乐文集》等。主编有《中国戏曲唱腔精选》（1、2、3卷），《20世纪外国著名歌曲1000首》等。器乐作品有《二胡与钢琴——豫剧主题随想曲》《D大调小提琴协奏曲》等。声乐作品有《光辉的里程》（大合唱），《咏梅》（女声小合唱）。戏剧音乐作品有《大祭桩》《九死一生》《冯玉祥巡夜》等。

张曾继（1933— ）

男高音歌唱家。安徽全椒人。1949年入伍。1951年开始在安徽省级歌舞团。任声乐队长，歌剧、独唱演员。在歌剧《小二黑结婚》《货郎与小姐》《三个女儿的婚事》《九里湾》《中越友谊》等二十几部戏里主演或担任主要角色。独唱、领唱近四百首中外及安徽名曲。曾作词、曲三十余首，有的在本团演出，有的在刊物发表，有的电台播出。多年从事声乐教学，学生曾在中央、省、市声乐大赛中获奖。

张增亮（1939— ）

板胡演奏家。河北昌黎人。自幼学习板胡，1962年毕业于天津音乐学院留校任教，后任教授、硕士生导师。合作创作出版板胡独奏曲总谱《大清河畔话当年》，作有唢呐曲《山乡新曲》，手风琴独奏曲《牧民歌唱毛主席》获全国创作优秀奖，板胡协奏曲《难忘的岁月》获山西省"三民"调演创作一等奖。出版《张增亮板胡曲选集》，撰有《论板胡的演奏艺术》《论中国民族弓弦乐器即兴演奏》，译有《日本旋律及和声》。

张增荣（1964— ）

作曲家。天津人。天津市歌曲创作研究会副秘书长、宁河文化馆馆长。1980年开始从事文艺演出及创作活动，创作歌曲《请到山里瞧瞧》《号子声声》《森林河，母亲河》《中华永远是一家》分别获文化部"群星奖"铜奖及市创作一、二等奖，撰写发表论文及歌曲数十篇（首），出版有《家乡，不倦的赞歌》。歌曲《中华永远是一家》由于淑珍演唱并录制唱片。

张增山（1939—已故）

二胡演奏家。河北深县人。曾任中央民族乐团演奏员、中国儿童艺术剧院乐队演奏员。1965年毕业于沈阳音乐学院民乐系。演奏曲目有《赛马》《喜送公粮》《非洲战鼓》《战马奔腾》《二泉映月》。作品有二胡独奏曲《山村初晓》《回乡路上》。曾随文化部派遣专家组赴云南怒江傈僳族自治州讲学、演奏。多次赴新加坡、日本、美国、奥地利、香港、台湾等国家、地区演出。1984年赴美国洛杉矶奥林匹克运动会艺术节演出。多年从事业余二胡教学和民乐合奏，众多学生获不同奖项。

张增锡（1934— ）

大提琴教育家。山东宁津人。1947年从事部队音乐工作，1950至1957年进修于上海和中央音乐学院，师从陈鼎臣和王友健教授学习大提琴。1957年始多次出国访问。1978年始任山东师大音乐学院器乐教研室主任、讲师、副教授。曾任中国音协大提琴学会理事、山东音协大提琴学会会长。为国家培养大批优秀人才，活跃在各地音乐舞台。中国音协和山东音协大提琴考级评委，山东音协大提琴教师学会会长。

张兆瑞（1938— ）

女音乐教育家。河南开封人。曾任开封市县街小学高级教师。毕业于开封市第一师范。全国第七届人大代表。曾将歌表演、律动、节奏训练及自制教具运用于课堂，组织校音乐文艺第二课堂。论文有《音乐游戏与儿童智力发展》等，专著有《训练儿童大脑的智力操》。主编《音乐趣味练习》1至5册。1986年被国家教委、中国教育工会评为"全国教育系统劳动模范"并授予"人民教师"奖章，1987年全国总工会授予"全国五一劳动奖章"。

张照祥（1963— ）

胡琴、马头琴演奏家。内蒙古人。任职于内蒙古自治区歌舞剧院。1987年毕业于中央音乐学院。1994年赴蒙古国民族文化艺术大学执教。2003年毕业于日本名古屋艺术大学作曲研究生。2007年获蒙古国艺术大学民族音乐学博士。1988年举办胡琴独奏音乐会。曾赴亚欧十几个国家举办音乐会。曾获蒙古国金秋国际音乐节金奖，内蒙古民族音乐大奖赛一等奖，日本国际音乐大赛金奖。作有《苍狼交响叙事诗》（胡琴、马头琴、四胡与交响乐共同演奏），四胡独奏《追风的骏马》，二胡独奏《伤逝》《楼兰之舞》，马头琴独奏《草原遗音》《丝绸驼队》。出版CD《塞外情思》《无言歌》《马背民族心中的歌》。

张振达（1941— ）

大管演奏家。天津人。原上海交响乐团大管演奏员。1959年毕业于上海文化艺术干部学校。1960年入上海交响乐团，先后任大管演奏员、大管声部首席。曾多次随团赴澳大利亚、新西兰、美国演出。

张振东（1933— ）

音乐活动家。河北人。1947年参加部队文艺工作，曾任济南军区前卫文工团总团副团长、国防科工委政治部文艺处处长，后任国防科工委政治部创作室创作员兼神剑文学艺术学会副秘书长。

张振富（1940—2000）

歌唱家。天津人。1960年从事部队文艺工作，后为北京军区歌舞团演员，长期与耿莲凤合作演唱男女声二重唱，演唱曲目有《祖国一片新面貌》《远方书信乘风来》，独唱曲有《雄伟的天安门》等。

张振国（1955— ）

作曲家。吉林长春人。1986年毕业于沈阳音乐学院作曲系。后任吉林省交响乐团作曲室主任。曾为《大雪小雪又一年》《趟过女人河的男人》等数十部电视剧和电影作曲。2002年创作的歌曲《关东大秋歌》，曾获第二届中国音乐"金钟奖"作品奖。

张振汉（1943— ）

作曲家、音乐教育家。湖北武汉人。湖北老河口市音协常务副主席。1967年毕业于武汉音乐学院民乐系。创作并演奏的笛子曲《在田野上》《齐心协力夺丰收》由上海唱片公司录制唱片。1986年后从事音乐教育工作，培养众多青少年乐手。1987年以来在老河口市策划、组织、指导文艺比赛、演出。在全省少儿器乐大赛中获"优秀园丁"奖。

张振坤（1936—1996）

民歌演唱家。广东兴宁人。曾任梅州市音协主席、广东省音协理事。曾在汕头文工团任歌唱演员，演出《白毛女》《红珊瑚》等歌剧和山歌剧。1976年到梅州艺术学校从事民族声乐创作及教学。1996年参与梅州大型音乐歌舞《客家春秋》音乐创作获省"五个一工程"奖，为中国第一部山歌剧《啼笑冤家》主角配唱，获省级大奖。出版有《张振坤山歌集》。

张振涛（1955— ）

音乐理论家。山东济南人。中国音协第六届理事。1971年起先后在省吕剧团、歌舞团、艺术馆工作。曾就读于山东艺术学院音乐系、中国艺术研究院研究生部、香港中文大学音乐系研究生部，获硕士、文学博士、哲学博士学位。历任中国音乐研究所中国音乐资料馆馆长，《中国音乐年鉴》副主编，香港中文大学《传统仪式音乐研究计划》研究员。中国艺术研究院音乐研究所所长，《中国音乐学》主编兼社长，博士生导师。著有《笙管音位的乐律学研究》《冀中乡村礼俗中的鼓吹乐社——音乐会》《诸野术乐录》等。

张振祥（1949— ）

指挥家、作曲家。北京人。从事音乐及群众文化工作四十余年。曾在中央乐团社会音乐学院师从严良堃、秋里、胡德风进修合唱指挥。顺义区老干部艺术团艺术总监、合唱团首席指挥。创作有《广场圆舞曲》等百余首歌曲。其中多首作品获奖。歌曲《我爱顺添玩具厂》获全国乡镇企业之星歌曲大赛优秀创作奖，《月桂花》在"爱我台湾，心系统一"创作歌曲比赛中获三等奖，《一片阳光》获北京市廉政歌曲优秀创作奖，《祖国，请放心》获中国人民解放军北京卫戍区政治部优秀创作奖，曾获北京市第八届学生合唱节最佳指挥奖。

张镇田（1946— ）

扬琴教育家。北京人。1965年毕业于中央音乐学院附中，后留校任教任附中民乐学科副主任。1975年在文化部"琴筝瑟"改革小组工作。曾随团赴马耳它、意大利、联邦德国演出。

张震武（1940— ）

圆号演奏家、教育家。天津人。自幼考入中央音乐学院少年班，主修钢琴、铜管专业。1961年毕业于中央音乐学院管弦系，师从夏之秋教授。1961至1977年任职于中央芭蕾舞团乐队。1978至1997年受聘中央音乐学院兼职圆号

教师。中国音协圆号学会会长。2000年参与负责主办北京国际圆号艺术节暨第32届国际圆号协会年会。编著有《圆号基础教程》，由人民音乐出版社出版。

张正地（1960— ）

双簧管演奏家。北京人。中国爱乐乐团双簧管首席。1979年毕业于中央音乐学院管乐专修班。先后任中央乐团第一双簧管、中国交响乐团双簧管首席。曾演奏巴赫《小提琴、双簧管双协奏曲》、莫扎特《降E大调交响协奏曲》。并随团赴美洲、欧洲、亚洲及港、澳、台等二十多个国家和地区演出。在美国演出《罗马狂欢节》中任英国管独奏，并录制了大量交响乐及影视音乐。

张正弟（1960— ）

二胡演奏家。江苏南京人。江苏省民族乐团副团长。1982年毕业于南京艺术学院音乐系。曾先后随中国艺术团赴德国柏林参加"地平线艺术节"、赴意大利参加"SPULETO"艺术节演出活动、赴法国参加"巴黎之秋艺术节"、赴西班牙参加"马德里艺术节"等。演奏的作品有《牡丹亭》《江南丝竹集粹》《雪山风啸》。曾获全国演出"优秀演奏奖"、江苏省器乐比赛"园丁奖"、一等奖。出版十余张各类作品CD唱片。

张正平（1934— ）

作曲家。山西运城人。1949年入西北艺校二部。1954年考入西南音专作曲系，毕业后分配到重庆西南人艺歌剧团创作组。创作歌剧《红云崖》（合作），《大巴山游击队》，音乐剧《手风琴进行曲》等。1962年调四川省歌舞剧团，创作《奴隶颂》（合作），《火车飞来大凉山》《观灯》等多部舞剧和舞蹈音乐，其中舞蹈《观灯》获文化部创作一等奖。为多部电影，电视剧作曲。1983年任四川省歌舞剧院院长。

张正新（1933— ）

歌唱家。上海人。1953年考入上海广播乐团。后入北京中央广播合唱团。1957年入选参加苏联声乐专家奥尔菲诺夫声乐学习班，并随专家独唱组赴东北吉林、四平、长春、哈尔滨等地巡回演出。在本团任男低音声部长，担任独唱、男女声二重唱、男声小合唱等节目。70年代中期组建男声四重唱组。改编《啊，朋友再见！》《追捕》等歌曲。1984年随团访日演出、1988年随团参加日本宝塚合唱节国际比赛，获两金、一银奖。

张正宜（1938— ）

女高音歌唱家。上海人。1955年毕业于上海行知艺术师范。1957年起任上海广播艺术团合唱演员，后任独唱演员。80年代起先后任上海月光电子轻音乐队队长、上海广播电视艺术团副团长、团长。上海音协理事。多年来曾率团在上海和国内其它城市演出。为上海电台和电视台录制大量歌曲，并为多部影视片配唱，还曾多次录制始音带CD。1980年始在上海音乐厅举行9场独唱音乐会。1996年赴美国和意大利访问演出。上海市老年大学声乐教师。

Z

张正周（1943—2009）

扬琴演奏家。贵州毕节人。曾为中国民族乐器学会理事、中国民族管弦乐学会扬琴、乐改专业理事。曾从事扬琴演奏和贵州黔剧、花灯编曲、指挥。1977年出版《扬琴演奏法》，后陆续在《乐器》等刊发文十余篇。1983年设计出多种新型民乐器，在文化部论证立项后实施。包括现代七弦琴、新彝族月琴等。其中浪琴获全国文化科技三等奖。任毕节地区文化局金浪器乐公司董事和金浪音乐培训中心任主任。

张之鸽（1943—2009）

打击乐演奏家。湖南益阳人。1961年始参加音乐工作从事打击乐演奏。后在中国电影乐团交响乐队工作。

张之健（1953— ）

单簧管演奏家。青海循化人。1974年参加铁道兵某师文工团，任单簧管演奏员。1978年转业到青海省民族歌舞剧团担任首席单簧管演奏员。先后演奏了罗西尼的《单簧管引子、主题与变奏》、韦伯的《单簧管与弦乐五重奏》《帕米尔之音》协奏曲、《牧马之歌》等作品。参加了钢琴家鲍惠荞的"钢琴独奏音乐会""吕思清、孔祥东小提琴、钢琴独奏音乐会"与小提琴协奏曲《梁祝》、钢琴协奏曲《黄河》的演出。

张之良（1940— ）

笙演奏家、教育家。河北人。中国音乐学院教授。1957年参加文艺工作。1975年在中央音乐学院任教师，1981年调入中国音乐学院从事笙专业教学。出版专著有《笙演奏实用教程》，编著有《中国音乐学院校外考级教材——笙》。出版CD《张之良笙作品专辑——秦王破阵乐》。曾举办"张之良笙作品音乐会"。撰写论文有《白云观早晚坛功课经音乐解析》。2002年获文化部颁发的第四届"区永熙优秀音乐教育奖"。

张之涛（1936— ）

歌词作家。河北深县人。1954年入内蒙古歌舞团任合唱队员，后任音协内蒙分会副秘书长。词作有《我的快骏马》《心上的人》《大青山下好山水》。

张植星（1967— ）

小提琴演奏家。四川阆中人。贵州省六盘水市文工团副团长、乐队首席，六盘水市文联委员、音协副主席。1986年参加《苗岭之声》音乐节小提琴比赛，演奏《流浪者之歌》《西班牙交响曲》等获优秀奖。2002年举办个人小提琴独奏音乐会，演奏《春节序曲》《梁祝》《思乡曲》《金色的炉台》等曲目。2007年获贵州省专业艺术器乐演奏比赛弦乐类三等奖。所培养的学生多人次在全国小提琴比赛中获奖。

张志刚（1940— ）

作曲家。江苏苏州人。浙江省嘉兴市音协副主席。1958年考入南京艺术学院附中，1965年毕业于该院音乐理论作曲系，分配在甘肃庆阳地区文工团任作曲、指挥。创作《夜读》等四部小型歌剧和《欢庆》等多首器乐曲。1979年入浙江省嘉兴市锡剧团，创作《貂蝉》等四部锡剧音乐。1984年入嘉兴群艺馆任副馆长，组建十余支业余艺术团队，并为之创作了二十余首器乐和声乐作品。后任嘉兴市越剧团团长。创办有"星海艺术教育馆"。

张志刚（1968— ）

笛子演奏家。江苏灌南人。江苏省淮海剧团演奏员。1983年毕业于淮安艺术学校器乐科。笛子演奏多次在器乐比赛中获奖。其中1997年参加第三届江苏省民族器乐比赛获竹笛演奏二等奖。2001年参加第四届江苏民族器乐比赛获演奏金奖。2003年创作演出器乐与舞蹈《春到洪泽湖》获第五届江苏省"五星工程奖"金奖，同年参加了"中国箫笛经典演奏会"为希望工程募捐义演。担任多所学校笛子辅导老师，培养多名笛子演奏员。

张志根（1939— ）

音乐编辑家。江苏南京人。中国国际广播电台文艺部主任、高级编辑，北京广播学院客座教授。1964年毕业于北京广播学院新闻系文艺编辑专业，分配至国际台文艺部。编辑制作大量对外广播的音乐节目，主要曲目有《献上一束金达莱——延边歌舞团表演的节目》《91新年特别节目——中外人士新年联欢晚会》《民俗风情的图画——嘉兴民间音乐里的故事》等。发表有《对外文艺广播刍议》《向音乐广播的纵深处开掘》等文。自1995年始，收集并选取中国音乐史中有关人物、作品、乐器、组织、活动等话题，编辑制作专题音乐系列节目"中国音乐史话"，整个系列节目逾百集。

张志海（1948— ）

作曲家。安徽人。原辽宁锦西市音协主席。1964年入伍后从事部队音乐文化工作，并师从沈阳音乐学院刘学严等老师学习作曲。曾担任现代京剧《智取威虎山》《平原作战》首席小提琴、指挥。获奖作品有歌曲《飘带歌》《试验营地进行曲》《兵妹子生来爱唱歌》《月亮舷窗》，舞蹈音乐《哦，水兵》等。出版有歌曲集《试验兵之歌》。曾为多部电视剧、电教片创作主题歌，并为部队、地方培训军乐队、海娃乐队。

张志海（1964— ）

音乐理论家。湖北荆州人。1990年毕业于武汉音乐学院作曲专业。曾任湖北荆州师范学院艺术系副主任、长江大学艺术学院理论教研室主任。2004年任浙江省湖州师范学院艺术学院音乐系主任，副教授。撰有《空间立体化的调思维》《通过对几部和声论著的比较分析看我国五声性和声理论的发展》《论中国风格和声体系的开放性》等文。作有《想家的心情》《不要说我是一朵云》《请不要说》《我的家园》等歌曲。

张志浩（1942— ）

戏曲作曲家。陕西泾阳人。曾任西安市五一剧团作曲兼指挥、西安市音协理事。1973至1975年在西安音乐学院作曲试点班学习。后任陕西省军区五一剧团乐队演奏员。

曾为秦腔《周仁献嫂》设计唱腔,此剧被西影拍成电视艺术片,并获全国优秀艺术片奖。后陆续为秦腔现代戏《枣林湾》《小包公》《汉宫秋月》及《香魂怨》设计唱腔。撰有《忌'挣'求'美'—秦腔花脸唱腔改革的几点尝试》《有关秦腔音乐理论问题的几点思考》等文,参加作曲的秦腔《雪耻志》曾获西安市秦腔调演作曲奖,《三曹父子》获西安市第二届艺术节作曲二等奖。

张志华（1931— ）

长笛教育家。山东龙口人。南京艺术学院教授,曾任江苏管乐学会会长。1946年参加山东省人民文工团。1952年任教于华东艺专音乐系。1955年考入上海音乐学院管弦系学习长笛。1956年赴捷克斯洛伐克国立艺术大学音乐学院留学。自1960年始任教于南京艺术学院音乐系,并长期担任教研室主任。主要论著与译著有《长笛的发展与变革》《长笛改革家波姆及其贡献》《长笛演奏概论》《论管乐器演奏呼吸法》《管乐艺术史年谱》（合作）等。1982年担任全国青少年长笛比赛评委,1988年担任全国少儿西洋管乐器邀请赛评委。

张志辉（1955— ）

作曲家。河北深州人。1969年参加工作。河北师大音乐系理论作曲专业毕业,师从李江。历任深县文艺队、衡水地区文工团、评剧团、群艺馆音乐创作员,1999年调入衡水市艺术研究所专事音乐创作。作有歌曲《足球赛》《党像妈妈亲密密》《走近黄河》,评剧音乐《腊妹子成亲》《林秀贞》,歌剧音乐《天仙配》《三凤求凰》。有的作品获"群星奖"、省"五个一工程"奖等。

张志坚（1960— ）

作曲家。吉林白城人。白城市音协副主席。1979年扶余师范音乐班毕业后,曾到吉林艺术学院、吉林省歌舞剧院学习深造。创作歌曲、舞蹈及影视音乐百余首（部）,管弦乐曲《丰碑》获纪念抗洪胜利音乐作品一等奖,歌曲《走向辉煌》《欢迎你,远方的客人》获全国歌曲创作比赛银奖,《和谐吉林》等6首歌曲获省级比赛一等奖。多次在全市大型纪念活动和春节晚会中分别担任音乐总监、导演、总导演。

张志勤（1936— ）

女小提琴演奏家。天津人。1959年毕业于上海音乐学院,后入中央乐团交响乐队,曾任独奏演员,演奏有《梁山伯与祝英台》《莫斯科的回忆》等曲目。多次随团出国访问演出并在社会音乐学院兼授提琴课。

张志生（1962— ）

笙演奏家。河北井陉人。1983年入中国音乐学院单科进修。1976年入中国广播艺术团民乐团任演奏员。在中央人民广播电台录制播出笙独奏《欢歌阵阵》《渔岛月夜》《凤凰展翅》《荷塘月色》等曲目。在香港龙音公司录制发行十大管乐演奏家独奏专辑《月光下的凤尾竹》、CD唱片《孔雀开屏》。在"富利通国际中国民族乐器大赛"

获笙独奏自选曲目《春潮》优秀演奏奖。曾受邀赴台湾讲学。随团出访日本、奥地利、德国等地演出。

张志文（1931— ）

音乐理论家。辽宁辽阳人。曾先后毕业于辽宁师范、东北师范大学音乐系。1955年始先后任丹东市第五中学音乐教师、辽宁省教师进修学院音乐教研员、省艺术幼儿师范和沈阳市教育学院音乐教师。辽宁教育学院艺术系音乐专业教研室主任。创作少儿歌曲和群众歌曲二十余首,编著《基本乐理教程》,主编《基本乐理教程习题解》,撰文《对几种音律的分析与对比》《一次探索性的教学活动——学员讲答课》。

张志耀（1938— ）

音乐教育家、指挥家。上海人。北京铁道附中音乐教员。1961年毕业于北京艺术学院音乐系。曾任北京海淀区进修学校音乐教研员,海淀音乐教育试验区顾问。参与中学生课外阅读丛书《音乐》等多部著作的编写。辅导并指挥学生合唱团,多次参加海淀区合唱比赛均获奖项,也多次获个人指挥及创作等奖项。指挥金帆合唱团参加"华北合唱节"等重要演出。辅导的学生获得独唱、重唱、独奏等奖项数十次。

张志英（1955— ）

女声乐教育家。江苏常州人。1982年毕业于南京师范学院音乐系。曾先后在常州师范学校、南京晓庄学院、南京师范大学音乐学院从事声乐教育,后任南师大音乐学院声乐教研室主任,副教授。多次在华东地区、江苏声乐比赛中获奖。在教学中培养出一批音乐人材,有的学生曾多次在全国各类声乐比赛中获奖,本人被教育部、中国教育电视台授予优秀园丁奖,并获全国大学生基本功比赛优秀指导教师奖。发表声乐专业论文数十篇。

张志庄（1955— ）

音乐教育家。河南人。1979年毕业于河南大学艺术系。焦作师专艺术系副教授。作有组歌《高墙内的呼唤》获省司法厅创作演出一等奖。在《河南教育学院学报》发表《试论钢琴教学中教师的主导作用》与《钢琴基础课教学模式改革初探》等文。在《中国音乐学》发表《张凤鸣响器班考察实录》,此文获中州音乐论文一等奖。《抬花轿曲牌在丧葬礼仪中的运用》获中州音乐优秀论文三等奖。参编有《钢、风琴弹唱》教材。

张治平（1948— ）

音乐教育家。重庆人。重庆市盲人学校特级音乐教师。1988年结业于天津音乐学院理论作曲专业。创作歌曲数百首,获奖八十余首。《甜甜的咽》《晚归的牧笛》《快乐王子的小船》《黄桷树下有我家》《我爱光明》被编入中、小学音乐教材。《快乐王子的小船》《队旗下面煮野餐》获中国少儿歌曲创作一、二等奖,《川江船二哥》获文化部"群星奖"银奖,《白孩子黑孩子黄孩子》获文化部"蒲公英杯"银奖。

张治荣（1961—）

低音提琴演奏家。河北南宫人。1981年从总政军乐团学员队分配到该团一队任低音提琴演奏员。1988年入中央音乐学院管弦系干部专修科学习。曾兼任中国青年交响乐团低音提琴首席、解放军艺术学院低音提琴教员。多次参加各类艺术节、音乐节及国家外事、司礼演出。演奏由本人独奏、乐团协奏的迪特斯朵夫《E大调低音提琴协奏曲》以及柴科夫斯基系列音乐作品。举行个人独奏音乐会。曾随团赴香港访问演出。

张治忠（1957—）

扬琴演奏家。山东济南人。山东歌舞剧院民族乐团演奏员。1974年毕业于山东"五七"艺校音乐科。曾获第一届北京二胡邀请赛、山东第六届"泉城之秋"音乐会扬琴伴奏奖，获山东首届、华东地区第三届少年儿童民乐汇演优秀园丁奖。曾赴新加坡、澳大利亚演出，1998年赴日本举行扬琴学术讲座。

张致刚（1957—）

次中音号演奏家。辽宁丹东人。1972年入解放军军乐团学员队学习次中音号演奏专业。毕业后分配在该团一队，任演奏员、首席、声部长。参加多届全国人大、政协开幕式和建国35、50周年等国庆大典以及迎送各国首脑和外宾司礼的演奏。曾多次赴日本、芬兰、德国、新加坡等国和香港、澳门地区演出。曾在军乐团内部举办个人独奏音乐会，演奏次中音号的代表作有《彝家寨》《珍珠》等。出版有个人专辑《勇气》。

张智斌（1955—）

歌唱家。陕西人。陕西省广播电视民族乐团歌唱演员。先后为《天宝轶事》《平静的山村》等多部影视剧配歌演唱，曾获全国首届青年歌手电视大奖赛陕西赛区第一名，1986年全国青年民歌、通俗歌曲"孔雀杯"优秀演唱奖及全国第四届青年歌手电视大奖赛优秀歌手奖。1990年由陕西省广播电视厅、陕西音协等举办个人独唱音乐会。

张智深（1956—）

作曲家。黑龙江阿城人。中共黑龙江省委办公厅处长。1981年毕业于大庆石油学院数学系，1984年毕业于大庆石油学院控制论研究生。作有歌曲《狩猎的哥哥回来了》《赫哲渔谣》《我的共和国》《一块过吧》《乡愁》《女娲》等。

张中祥（1933—已故）

音乐教育家。山西运城人。1956年毕业于西北师院艺术系。1979年调西安教育学院艺术系任教，教授。自1981年始，在本院主持创办音乐师资大专班，培训中学音乐教师。创作发表声乐、器乐作品百余件，音乐论文数十篇，有十余件作品获奖。作有钢琴独奏曲《绣荷包》，合唱曲《飞吧！年轻的鹰》，童声合唱《校园深夜静悄悄》《欢乐的百灵鸟》，歌曲《老师应戴光荣花》。主编《西安市初中音乐课本》《乐理与声学初步》，参与《陕西省初中音乐试用课本》《全日制初中音乐课本第四册教学参考

书》的编撰工作。

张中笑（1940—）

民族音乐学家、作曲家。侗族。贵州天柱人。曾任中国少数民族音乐学会副会长。中央民族学院艺术系毕业后，到贵州省歌舞团工作，1972年调省群艺馆。发表演、播歌剧、舞剧（蹈），电视音乐、歌曲作品三百余部（件），合唱《园里牡丹伴芍药》获全国首届"群星奖"（音乐类）第二名，领唱合唱《拉太阳》获首届贵州省政府"文艺奖"一等奖，刊发论文《中国少数民族音乐研究思绪录》等50篇，主编撰写并出版《侗族大歌研究五十年》等书11部。

张忠悌（1952—）

音乐教育家、活动家。天津人。天津市河西区少年宫教师、市音协电子琴专业委员会理事。1990年毕业于中国函授音乐学院音乐教育系。担任创作、排练和指挥的大型乐曲《抗日战争歌曲主题联奏》，曾参加天津举办的"纪念抗日战争胜利五十周年"演出，并由天津电台、电视台播放。改编有电子琴独奏曲《云雀》。多次担任天津地区电子琴考级评委。

张忠耀（1939—）

琵琶演奏家。上海人。中国民族管弦乐学会荣誉理事、琵琶专业委员会常务理事。1964年毕业于上海音乐学院民乐系。中国歌剧舞剧院民族乐团琵琶首席、弹拨乐声部长、团长。参加大型音乐舞蹈史诗《东方红》的演出和电影音乐的录制，担任剧院历年上演的《白毛女》《宝莲灯》《红楼梦》等数十部民族歌剧、舞剧的音乐演奏。先后随团赴美国、日本及香港、澳门演出，率小天使艺术团赴泰国演出，受到泰国总理接见和颁奖。

张仲伏（1929—）

音乐理论家。北京人。1955年毕业于中央音乐学院作曲系，同年起任西安音乐学院理论作曲系教师，副教授。主教基本乐理、歌曲作法、民族音乐概论、民族音乐作品分析、传统和声学。在陕西采风、收录民歌百余首。译有《六全音阶》（［日］松平赖则著），撰写论文《印象派音乐与全音音阶和声》。创作歌曲和小型器乐作品多首。

张仲良（1932—）

低音号演奏家。广东人。1950年始从事部队文艺工作。曾任总政军乐团教员。1964年在全军军乐汇演中获优秀演员奖。

张仲樵（1925—2008）

民族民间音乐研究家。山东龙口人。1944年参加部队音乐工作。1953年在上海音乐学院进修。1960年起任中国音协江苏分会驻会副秘书长、徐州文化局副局长。出版有《胶东民间歌曲》《江苏南北常用曲调》《抒情歌曲》。撰写明清俗曲、吴歌、凤阳歌专论。作有歌曲《迎接1946》《歌唱共产党》《依靠群众》。徐州琴书牌子曲联唱《悦来饭店》获文化部一等奖。长期搜集民间歌曲，考

察民文、民俗、曲艺社会活动，致力于古谱即工尺谱与简谱线谱的研究考证工作。

张仲实（1947— ）

作曲家。江西南康人。1965年开始业余歌曲创作。1976年后调九江市群艺馆从事音乐辅导。江西省音协常务理事。所作歌曲《小猫钓鱼》在"全国小百灵录像赛歌"中获一等奖并入选小学音乐课本，担任音乐主创的儿童歌舞剧《贝贝的奇遇》获文化部首届"蒲公英奖"金奖（合作），歌曲《捕鱼小调》获文化部"群星奖"铜奖，另有《我们生活在亲爱的祖国》《小路弯弯》，舞蹈音乐《储蓄罐》等四十余件作品在全国和江西省各类赛事中获奖。

张重辉（1952— ）

女高音歌唱家。浙江杭州人。1976年始从事独唱，1978年入沈阳音乐学院声乐系学习，后为浙江大学文艺教研室讲师。曾多次在黑龙江、浙江声乐比赛中获奖。

张重祥（1950— ）

作曲家。天津人。1989年毕业于中国函授音乐学院理论作曲系，后曾在沈阳音乐学院管弦系进修单簧管。1971年起，先后任哲里木盟歌舞团演奏员、副指挥与盟艺术学校教务主任及呼和浩特民族歌舞团团长。曾与中央电视台合作任编辑、导演，兼任中国音乐家音像出版社内蒙古编辑部主任和总社编辑。1993年调天津电视台文艺部任导演、作曲，天津广播影视艺术团团长。作有《天海长城》获第五届"五个一工程"奖，并曾获"全国百佳电视艺术工作者"与"天津市德艺双馨"称号，作品多次获得"星光奖"和"金鹰奖"。

张卓娅（1952— ）

女作曲家。江苏南京人。1969年任南京军区前线歌舞团二胡、小提琴演奏员。1977年毕业于上海音乐学院作曲系本科。1977年任南京军区前线歌舞团作曲，1989年至今任总政歌舞团作曲。中国音协《歌曲》杂志编委、中国歌剧研究会理事、中国音乐剧研究会理事。作有歌剧《芳草心》《党的女儿》《野火春风斗古城》，舞剧《繁漪》，合唱套曲《南方有这样一片森林》，电视连续剧音乐《唐明皇》（片头、片尾主题歌5首）《苍天在上》《凤凰琴》《周恩来在上海》《逃之恋》《省委书记》，歌曲《加快步伐朝前走》《雨打芭蕉淅沥沥》《小草》《两地书·母子情》《眷恋》《别姬》《我心永爱》《喊月》《爱情湖》《脉搏》等，以上作品均获国家和军队大奖。多次出任各类音乐大赛评委。1987年应邀参加中国音协等单位联合举办的"中国十位作曲家作品展"活动。

张子海（1946— ）

打击乐演奏家。江苏扬州人。曾任上海交响乐团打击乐演奏员。1960年入上海戏曲学校学习。曾随团赴澳大利亚、日本、美国等国家。

张子龙（1941— ）

指挥家、作曲家。黑龙江齐齐哈尔人。1966年毕业于沈阳音乐学院作曲系指挥专业。1968年分配至山西工作，任山西省歌舞团合唱指挥、山西省歌舞剧院交响乐团指挥、省京剧团乐队指挥。作有独唱与管弦乐《咏梅》、交响组曲《乡音》、交响幻想曲《火神》，民族管弦乐《心愿》及广播剧《人民音乐家麦新》，电视剧《大敌当前》等音乐。担任山西大型文艺晚会《祖国颂》《党在我心中》《龙年元宵晚会》《黄河情韵》《祖国万岁》等音乐创作或指挥。发表音乐评介文章多篇。

张子敏（1926—已故）

手风琴教育家。黑龙江哈尔滨人。1950年中央音乐学院肄业，后为沈阳音乐学院手风琴教授，中国音协手风琴学会顾问。作有手风琴独奏曲《新疆随想曲》，编有《手风琴教学提纲》等。

张子铭（1940— ）

歌剧表演艺术家。天津人。1978年入中国歌剧舞剧院工作。曾演出歌剧《小二黑结婚》《古兰丹姆》《窦娥冤》等。

张子谦（1889—已故）

古琴演奏家。江苏扬州人。1936年与查阜西等创建"今虞琴社"，曾为该社社长。1955年入上海民族乐团。历任全国文联委员。以演奏广陵琴曲《龙翔操》见长。发掘有琴曲打谱《秋鸿》《长情》《楚歌》等。

张子锐（1918— ）

作曲家、乐器改革家。湖北荆门人。1946年考入四川省立艺术专科学校，1954年毕业于中央音乐学院理论作曲系。曾任中央广播民族乐团作曲、配器。撰有《从笙的改良谈芦笙的设计》《简述传统阮的恢复与系列阮的发展》等文。1961年调苏州民族乐器厂，改良传统乐器近七十件计二十余个品种，其中改良胡琴螺蛳琴弓、钢丝弦、直行螺蛳弦轸、调音转调千斤五种。取古琴天（泛），地（散），人（按）三声及六六乐理音位设制大小两种"律吕扬琴"。

张子英（1942— ）

女声乐教育家。四川开县人。1965年毕业于西南师范大学音乐系，后留校任教，声乐副教授。曾合编《自学考试》及函授生用的声乐教材，撰写自学考试大纲，参加编写并出版高等师范院校试用声乐教材《中、外声乐曲选集》各三册。

张自华（1939—已故）

女作曲家。湖南湘乡人。1963年毕业于湖南师范学院音乐理论作曲专业。历任湖南省文联第四、五届委员，湖南省音协副秘书长、秘书长、常务副主席。《中国民间歌曲集成·湖南卷》副主编。曾获全国艺术科学规划领导小组颁发的文艺集成志书编纂二等奖。主持创办《湘江歌声》。作有歌曲《好汉坡上好汉多》《早晨的太阳春天的风》《椰子树啊黄鹂鸟》等。撰有《山高水流长》《让业余音乐之花越开越艳》《努力即人生》等文。曾任《现代

z

和声与中国作品研究》《实用基础和声学》责任编辑。

张自强（1929— ）

　　手风琴演奏家、教育家。上海人。1949年参军后即从事手风琴演奏、教学。1979年从总政歌舞团调解放军艺术学院任教。后受聘于北京师范大学艺术学院、中国音乐学院、中国人民大学作兼职教授。曾为中国音协第五届社会音乐委员会副主任，手风琴学会会长，中国音协、中央音乐学院手风琴专家考级委员会顾问。在总政歌舞团期间出访过亚、欧、非二十余国。著有《手风琴演奏法》。

张宗道（1931— ）

　　笛演奏家。河北人。1952年入中央歌舞团任演奏员。1956年在世界青年联欢节获奖。曾多次随团出国演出。

张宗科（1964— ）

　　作曲家。四川广安人。广安市广安区文化馆馆长。1985年、1990年先后毕业于广安师范学校音乐科、南充教育学院音乐系。撰有《试论群众音乐创作的实质》等论文。创作歌曲、舞蹈音乐二百余件。十余首歌曲获国家、省级奖，其中《乡音乡情》获文化部第九届"群星奖"优秀作品奖，四川省文化厅"群星奖"二等奖。《唱起来的春天》获中国音协、广安市委宣传部主办的"颂小平、唱广安"歌曲大赛优秀作品奖，省"五个一工程"入选作品奖，深圳市纪念小平同志诞辰100周年征歌金奖。

张宗孔（1930— ）

　　管子演奏家。河北安国人。1952年参加音工团，先后任中央歌舞团、中央民族乐团管子独奏演员。多次为中央领导人演出，1957至1959年国庆在天安门城楼为中央领导演出，受到毛主席的接见。曾出访过二十多个国家和地区。1955年赴波兰。获世界青年联欢节管子独奏铜奖。创作、改编演奏并录制唱片的曲目有《放驴》《锔大缸》《柳子调》《翻身道情》《小二番》《大二番》《红绣鞋》《万年欢》、等。多次参加乐器改革，1961年研究改革成功中音唢呐和加键低音管。

张宗明（1948— ）

　　演奏家。四川成都人。曾任四川乐山市歌舞剧团团长、艺术顾问、乐山市音协副主席。从艺四十余年，主要从事器乐演奏及音乐创作。参与组织创作演出的音乐、舞蹈节目在全国及省、市艺术比赛中有数十项获奖。参加的器乐演奏在第四届少数民族艺术节、川南地区音乐舞蹈比赛中分别获一、二等奖。曾率四川省民族歌舞团出访美国、波兰。曾出任专业比赛、评委及演出活动艺术总监。

张祖迪（1930—已故）

　　作曲家。北京人。1949年始从事部队文艺工作，1959年入上海音乐学院作曲系进修。曾任江西省歌舞团创编室主任、音协江西分会第四届常务理事。作有舞蹈音乐《丰收乐》，大歌舞《井冈山颂》。

张祖豫（1941— ）

　　民族管乐演奏家。云南昆明人。云南省歌舞团独奏演员，擅长演奏笛子、巴乌、葫芦丝、吐良。1980年获全国少数民族文艺汇演独奏优秀奖，巴乌改革获云南省乐器改革一等奖。

张尊连（1964— ）

　　二胡演奏家、教育家。山东人。中国音乐学院副教授、硕士生导师、器乐系副主任、弦乐教研室主任。中国民族管弦乐学会胡琴委员会副会长，中国音协二胡学会常务副理事长。1977年考入中央音乐学院附中，1986年毕业并留校任教。1993年获"第三届全国民族展播优秀演奏奖"，1995年获"富利通杯国际中国民族器乐独奏大赛"二胡组三等奖与"文化部珠穆朗玛优秀演奏奖"，2003年获第三届中国音乐"金钟奖"二胡比赛铜奖，1994年在北京音乐厅举办"张尊连二胡独奏音乐会"。所教授的学生在全国多项赛事中获奖。出版有《孔雀胆赋》《二胡名曲伴奏》等CD专辑和《汉宫秋月》VCD专辑。

张祚诚（1941— ）

　　男高音歌唱家、作曲家。山东诸城人。曾任总参政治部文化部艺术中心主任，女子军乐团、烽火艺术团团长。1959年毕业于吉林艺术学院音乐系声乐专业本科。1983年调总参谋部。曾在《黄河大合唱》《工程兵之歌》中任独唱、领唱。主演过《白蛇传》《赤叶河》《货郎与小姐》等歌剧，现代京剧《红灯记》，交响音乐《沙家浜》。曾随团赴边防前线及全国各地巡回演出，赴巴基斯坦、老挝访问演出。作有歌曲《我从祖国原野走过》《金色的太阳照延边》等，在刊物发表并录制唱片、盒带。

章　芳（1957— ）

　　女歌词作家。北京人。毕业于中央民族大学中文系。现就职于中国文联。1982年开始音乐文学创作，作有《心思》《命运靠自己把握》《问自己》等，其中《祖国，祝福你》获广东省广播电影电视局、广东省音协主办的庆祝建党80周年征文和深圳市第四届"鹏城金秋"艺术节文艺汇演金奖，《深情的祝愿》获第二届"中国潮"金曲征歌评选铜奖。

章　辉（1925— ）

　　女曲艺音乐家。江苏徐州人。原中国曲协编辑部副编审。先后在北京文化处音乐工作组从事民间音乐搜集、整理、在北京市群艺馆从事民间艺术（民歌、说唱、器乐）的普查编研。1958年起在中国曲协研究室、编辑部负责有关音乐工作。曾参加评剧《张羽煮海》《金黛莱》《妇女代表》《陈三五娘》等十余个剧目的唱腔设计。编写《单弦音乐》《评剧唱腔选集》（合作），撰写《曲艺音乐研究》论文。为《中国音乐辞典》撰写说唱音乐部分词条及参与《中国大百科全书戏曲曲艺卷》《中国曲艺音乐集成》的编纂。

章　林（1945— ）

　　音乐教育家。江苏宜兴人。1995年毕业于四川教育学

1139

院音教专业（函授），曾任重庆市艺术馆、市工人艺术团手风琴伴奏员，第一、二实验小学教师。1993年任重庆市二十九中音乐教师、管乐指挥。曾获全国、市中学生艺术节管乐合奏一、三等奖，文化部推艺术新人大赛少年器乐组优秀指导奖。编配的中国民歌三首管乐合奏在市高校广为流传。

章 枚（1912—1995）

作曲家、音乐编辑家。广东佛山人。1934年参加上海合唱团，演唱抗日救亡歌曲。新中国成立后，历任上海乐团合唱队指挥、人民音乐出版社副总编辑、中国艺术研究院编译室主任、中国音协理事、上海音协主席。作有歌曲《怒吼吧！长江》《大江东去》《大海》《黄桥烧饼歌》等。1972年举办"章枚声乐作品音乐会"。撰有《发挥合唱艺术的特点》等文，译著有《名歌唱家论歌唱艺术》《西方名音乐家传奇》。

章 鸣（1921—已故）

民族音乐学家、音乐编辑家。江苏扬州人。1946年毕业于重庆国立音乐院，主修钢琴。曾在上海等地任中学音乐教师，1948年在长沙湖南音专从事钢琴教学。新中国成立后，在中央音乐学院音工团任乐队队长兼指挥。1954年在北京师范大学音乐系任钢琴教师。1958年调中国音乐研究所从事民族音乐研究，曾参加《民族音乐概论》编写，担任《中国音乐词典》续编（曲艺音乐）分科主编。1987年被全国艺术科学规划领导小组聘为《中国曲艺音乐集成》全国编辑委员会副主编。1991年出版《语言音乐学纲要》一书。

章 彦（1912—已故）

小提琴教育家。广东广州人。1940年毕业于国立上海音乐专科学校。曾为国立音乐学院教授。新中国成立后历任中央歌舞团指挥、中央音乐学院管弦系主任，教授。译著有《亨利·伍德论指挥》《小提琴演奏技术入门》《外国小提琴家词典》。

章安基（1936—2002）

作曲家。河北泊头人。曾为河北沧州地区文化局艺术科科长。曾任沧州专区文工团、沧州地区京剧团作曲、指挥及中国音协河北分会理事。作品有歌曲《小朋友和小火车》《工人叔叔有办法》《一根扁担两只箩》等，舞蹈音乐《送哥哥进城》曾获1986年第二届河北音乐之春舞蹈音乐创作奖，河北梆子《易水寒》获1989年河北第二届戏剧节音乐唱腔设计一等奖，作曲的杂技《顶技》获1989年河北第三届文艺振兴奖。

章道尊（1927— ）

女钢琴教育家。上海人。1950年毕业于苏州东吴大学。曾举办"章道尊个人钢琴独奏毕业音乐会"。后在北京师范学院音乐系任钢琴副教授。经常参加大型演出活动，任钢琴独奏。培养的学生，多人在国内、国际钢琴比赛中获奖。编有《少年儿童钢琴曲集》，译著有《铃木钢琴教学法》。2000年获北京市文联"表彰从艺五十年作家

艺术家"纪念牌。

章德明（1954— ）

小提琴演奏家。江苏无锡人。江苏省歌舞剧院交响乐团小提琴演奏员。1973年毕业于江苏省艺术学校音乐系。曾在江苏省扬剧团工作。先后与国内许多指挥家及澳大利亚、德国、旅美指挥家合作演出。演奏有莫扎特、贝多芬、李斯特、勃拉姆斯、柴科夫斯基等交响乐。多次与小提琴演奏家俞丽拿合作演出小提琴协奏曲《梁祝》。

章棣和（1935— ）

双簧管演奏家。湖北黄陂人。1951年入中国青年艺术剧院乐队少先班。1956年入中央乐团德国双簧管专家班进修。曾任中央乐团双簧管首席，中央音乐学院兼课教师。演奏《布朗姆斯小提琴协奏曲》受到梅纽因的赞赏，并赠送双簧管一支。

章棣华（1930— ）

音乐编辑家。湖北黄陂人。1949年从事部队文艺工作。曾在朝鲜国立艺术剧院学习指挥。人民音乐出版社副编审。编有《琵琶曲集》《笙曲集》《轻音乐曲集》等。

章国华（1940— ）

音乐教育家。满族。辽宁人。曾为哈尔滨师大音乐系民族器乐教研室主任、副教授。1961年毕业于哈尔滨艺术学院。曾任哈尔滨艺术学院音乐系竹笛教员、哈尔滨歌剧院民乐队演奏员。作有笛子独奏曲《送粮路上》《车队满载丰收粮》，撰有《改良牛角鲍》一文，曾参加《全国笛子教材》《全国师范艺术院校器乐教材》的统编工作。

章荷生（1934— ）

女声乐教育家。江苏南京人。1956年毕业于东北音专声乐系。曾任解放军艺术学院音乐系声乐教员。1956年参加过全国第一届音乐周独唱。录有唱片《摇篮曲》。学生有王秀英、章之宝、刘珊等。

章红艳（1959— ）

女歌唱家。湖南人。兰州军区战斗歌舞团独唱演员。1983年入西安音乐学院声乐系干部专修科学习。曾任陕西榆林文工团独唱演员。1986年获全国民歌、通俗歌曲"孔雀杯"优秀奖、全国第二届青年歌手电视大奖赛专业组民族唱法荧屏奖，1987年获西北五省"宝鸡杯"民歌演唱比赛专业组二等奖、1987年获兰州军区文艺奖三等奖、1986年获甘肃电视台第二届青年歌手电视大奖赛专业组民族唱法一等奖。

章柯瑶（1961— ）

钢琴教育家。北京人。1984年毕业于中国音乐学院钢琴系后留校任教，后任歌系教研室主任。培养了许多优秀音乐人才。多次在全国和省部级声乐大赛中担任钢琴伴奏，1998年参加"桑大杯"全国高等艺术院校艺术歌曲比赛获优秀钢琴伴奏奖。

章连启（1937— ）

音乐教育家。北京人。1956年始从事音乐教育。曾任北京101中学高级音乐教师。著有《中学音乐学科能力目标研究》《中等学校音乐课教案选评》，撰有《漫谈如何培养学生的节奏感》《音乐教育与发展智力的调查报告》。

章芦生（1944— ）

作曲家。江西西昌人。任职于江西南昌市出租汽车公司，江西音协理事。1988年毕业于中国行政函授大学行政管理专业。在《歌曲》等刊发表歌词、歌曲二百余首，数十首获奖，其中词作歌曲《盼到阿哥凯旋归》于1988年获全国"金龙杯"歌曲创作一等奖。《献给母亲的歌》于1995年获全国第五届"群星奖"铜奖，《赞歌献给亲爱的党》于1991年获省电台广播征歌金奖。

章民瞻（1930— ）

女钢琴教育家。江苏人。1955年毕业于中央音乐学院钢琴系。曾在天津音乐学院作曲系任教。译有《德彪西的钢琴音乐》《二部、三部创意曲解释》（合作）。

章培理（1939— ）

女音乐教育家。浙江舟山人。1961年毕业于上海音乐学院钢琴系。曾任云南艺术学院、惠民师院、湖北师院艺术系钢琴教研室副主任、主任，后任厦门大学器乐教研室主任。曾参加广州交易会、北京全国"音乐舞蹈调演"等重要演出。弹奏曲目有贝多芬《第五钢琴协奏曲》《黄河钢琴协奏曲》等，参加"武夷之春"音乐节演奏的钢琴三重奏《腾飞吧，白鹭》获演出奖，撰文《遵守规律，针对特点》。

章培文（1936— ）

女钢琴演奏家。上海人。曾任中央乐团、哈尔滨歌舞剧院、总政歌舞团钢琴演奏员。1973年出访朝鲜。曾为歌唱家张权独唱音乐会伴奏。《中国革命之歌》总乐务。

章秋枫（1955— ）

女音乐教育家。江西余干人。1977至1978年在江西师范学习，1979年起在上饶师专音乐系任教，1995年毕业于江西师大音乐系。发表论文《下巴放松与获得优美歌声》《学习声乐要主动运用意识》等，撰有《音乐小幽默》《离调、即兴转调、颠倒的词》《还算幸运》等。参与编写《基础乐理与视唱练习》。所指导学生参加省级艺术表演中获"草珊瑚"杯全国青年歌手大赛江西选拔赛民族唱法二等奖。

章绍同（1945— ）

作曲家。福建霞浦人。中国音协第六、七届理事。1967年毕业于福建师范学院艺术系，1981年毕业于上海音乐学院作曲指挥系。福建省文联副主席、中国电影音乐学会副会长、福建省音协副主席。曾被授予福建省优秀专家。创作故事片《苦藏的恋情》音乐，获第十届法国亚非拉三大洲电影节最佳音乐奖，儿童故事片《鹤童》《男孩女孩》音乐分获俄罗斯第五、六两届阿尔泰克国际儿童影节最佳音乐奖，影片《相爱在西双版纳》《台湾往事》音乐分获第十八、二十三届电影"金鸡奖"最佳音乐奖。

章雪萍（1930— ）

女低音歌唱家。湖南长沙人。1948年入湖南音专。1951年始先后入中央音乐学院音工团、中央歌舞团、中央乐团合唱队工作。曾为中央乐团艺术辅导室声乐教师。

章亚伦（1959— ）

歌剧表演艺术家。上海人。1983年毕业于中央音乐学院歌剧系。中央歌剧院工作。曾主演歌剧《农村曲》，并在《费加罗的婚礼》《卡门》等剧中扮演角色。1985年获全国聂耳·冼星海声乐作品演唱比赛特别奖。1988年获第九届索菲亚国际青年歌剧歌唱家比赛银牌（金牌空缺）。

章珍芳（1928— ）

女音乐理论家。上海人。1950年毕业于上海沪江大学音乐系。曾任中国艺术研究院音乐研究所副研究员。著有《美国大众音乐》，译有《苏俄音乐与音乐生活1900—1970》，编译《美国歌曲选》。

章之宝（1942— ）

女高音歌唱家。安徽泾县人。1964年毕业于沈阳音乐学院声乐系。曾任辽宁省芭蕾舞团独唱演员、省政协委员。曾多次举办个人独唱音乐会。译有《歌唱的机械原理》（合作）。

招翠馨（1929— ）

女钢琴教育家。广东人。1950年毕业于燕京大学钢琴专业。1957年调中央音乐学院钢琴系，负责培训业余音乐骨干并任钢琴系副教授、教研组长，曾被评为学院优秀教师。合作编写、修订、出版《成年人钢琴应用教程》。撰写两篇教学论文在本院学报上发表，被另两部音乐理论转载。离休后举办个人钢琴独奏音乐会3次，多次担任业余考级评委并编写中国钢琴教材。

招鑑芬（1883—已故）

古琴演奏家。广东南海人。少年时即师从华阳顾卓群学习古七弦琴。1944年因病退休后专门从事古琴研究。新中国成立后任广州市文史研究馆馆员。著有《七弦古琴考》。

召　唤（1972— ）

二胡演奏家。江苏高邮人。江苏艺术剧院民族乐团首席、独奏演员。1990年考入南京艺术学院。1994年进入江苏省民族乐团。1997年起两度获第三、第四届江苏省民族器乐比赛一等奖、江苏省文化艺术"茉莉花奖"、第四届江苏省音乐舞蹈节二胡演奏金奖、"天华杯"全国青年二胡比赛二等奖。2004年在南京大学举办二胡独奏音乐会。曾参加多张民乐专辑、全国获奖戏曲、歌曲及影视音乐的录制，撰有《论民族乐队中首席的作用》等多篇论文。随团赴俄罗斯、意大利、奥地利、西班牙等十余个国家和地区演出。

Z

赵 斌（1956— ）

低音提琴、电贝司演奏家。山东梁山人。1970年师从中央乐团大提琴演奏家张树洐，1978年师从中央歌剧院低音提琴演奏家吴焕焕。1978年始在中国儿童艺术剧院乐队任演奏员。参加演奏录音的剧目有《报童》《奇怪的101》《姑娘，跟我走》等十余部，还编排不同形式的歌舞晚会参加巡演，二十余年参加演出上千场。录制有《献给宝宝》《动物狂欢节》等专辑盒带，举办"梦的年华""纪念毛泽东诞辰100周年"专题音乐会，均有低音提琴与电贝司的独奏。并为全国青年歌手电视大赛决赛伴奏等。

赵 兵（1959— ）

音乐教育家。河南新乡人。新乡市音协副主席、副研究馆员。1978年考入部队文工团从事文艺工作。1981年后在新乡市群众艺术馆从事音乐创作、音乐教育、器乐演奏和群众性文艺活动的组织、辅导、培训及普及教育工作。曾先后组织、举办、参与了河南省历届民间歌舞调演、河南省黄河之滨文艺汇演及各类专业音乐会和全省各类文艺大赛等活动，并多次获全省创作奖、表演奖、辅导奖和组织奖。获全市文化先进工作者和文化先锋称号。

赵 春（1973— ）

作曲家。回族。上海人。南京市群艺馆馆长。1988年毕业于江苏省戏剧学校。所作歌曲《为自己找个理由》获全国第二届"蒲公英"创作金奖，《大地的衣裳》获江苏省"五星工程奖"金奖，舞蹈音乐《秦淮娃娃灯》获第五届"江苏省五星工程奖"金奖，另作有《相聚在平望》《阅江楼上摘片云》等。多年从事电子琴、钢琴教学工作，被省音协授予"优秀教师"称号，并被聘为电子琴、钢琴考级评委。

赵 纯（1964— ）

小提琴教育家。上海人。厦门大学小提琴副教授、中国高校音乐教育学会理事、中国音协小提琴考级评委。1986年毕业于武汉音乐学院。著有《视唱练耳》，撰有《从巴赫到帕格尼尼小提琴音乐中弓的表现艺术及发展》《论小提琴运弓技巧》等文。1996年获厦门大学教学成果奖，数次获全国高校音乐教师器乐比赛一等奖。1999年任菲律宾ST交响乐团首席，2002年第四届柴科夫斯基国际青少年比赛小提琴专家评论员，2004年圣彼得堡音乐学院访问学者。2000年执教的学生在福建省"第九届音乐舞蹈节"小提琴演奏比赛中获金、银、铜等奖项。

赵 聪（1976— ）

女琵琶演奏家。北京人。中央民族乐团演奏员。2000年毕业于中央音乐学院。出版《名家教琵琶》教学VCD及琵琶音乐专辑。曾与国内众多乐团及指挥家合作，演出大型琵琶协奏曲。培养的学生曾获中国青少年艺术新人选拔大赛金奖、银奖。设计的新型背负式琵琶获国家专利。

赵 方（1960— ）

作曲家、音乐教育家。湖北当阳人。1977年毕业于武汉音乐学院小提琴专业。人民大学徐悲鸿艺术学院音乐系主任。先后在宜昌市歌舞团、三峡大学艺术学院、北京歌剧舞剧院任独奏演员、作曲。创作上演大型舞剧三部，歌曲百余首，舞蹈音乐数十部，电视剧音乐21部，电影音乐5部及各种器乐曲。其中大型舞剧《土里巴人》获文化部"文华奖"、湖北花鼓戏《十二月等郎》获中宣部"五个一工程"奖。撰有《20世纪中国音乐教育鸟瞰》《关于〈草原上升起不落的太阳〉——一首经典名歌的诞生、表演、传播的过程》等文。

赵 昉（1931— ）

小提琴演奏家。山西太原人。1949年入中央音乐学院音工团乐队工作。后任中央乐团交响乐队演奏员。

赵 沨（1916—2001）

音乐理论家、教育家、活动家。河南开封人。1931年入河南建华艺术学校学习音乐。1936年投身抗日救亡歌咏活动。1939年在重庆与李凌一起组织新音乐社，主编《新音乐》月刊。1947年在香港与李凌创办中华音乐院任副院长。1948年在新加坡创办中华艺术专科学校，任教授、校长。1949年到北京，历任中华全国音乐工作者协会秘书长、文化部办公厅主任、音乐出版社社长等职。1963年曾兼任中央歌剧舞剧院院长。1956至1983年历任中央音乐学院副院长、院长、名誉院长。曾任《音乐研究》《中央音乐学院学报》《人民音乐》等刊物主编，中国音协第三、四届副主席，中国音协音教委主任，国家教委艺术教育委员会主任，国务院学位委员会艺术学科组长。曾获首届中国音乐"金钟奖"终身成就奖。译配有苏联歌曲《喀秋莎》《共青团员之歌》《人不犯我，我不犯人》《夜莺曲》《假如明天战争》。编译出版《和声学初步》《对位法初步》《赋格初步》《曲调与和声》《和声的进行》。论著有《诗经的音乐及其它》《贝多芬和他的九部交响曲》《音乐与音乐家》等。多次代表中国参加国际音乐学术活动。

赵 锋（1930— ）

大提琴演奏家。满族。黑龙江齐齐哈尔人。曾任职中央民族歌舞团。1948年考入哈尔滨东北音乐工作团，后转沈阳鲁迅文艺学院音工团。1949年调中央音乐学院音工团。1952年初调中央民族歌舞团。长期担任中低音声部长，曾任乐队队长。参加过众多重大演出活动，并历次随团前往全国各地和赴朝鲜、塞浦路斯、马耳他等国演出。

赵 钢（1954— ）

歌唱家。湖北武汉人。武汉歌舞剧院独唱演员。1982年毕业于湖北艺术学院声乐系。曾在《启明星》《郑和》《货郎与小姐》等歌剧中饰男主角。曾为数十台文艺晚会演唱主题歌。参加全国声乐比赛获优秀歌手奖，省、市一等奖。其演唱的百余首歌曲，由电台、电视台播放。1992年赴香港参加神州艺术节演出。1996年随武汉艺术团赴巴黎，为联合国教科文组织总部作专场演出，并赴法国参加"世界民间艺术节"。在"马尔蒂格艺术节"开幕式上，代表各国声乐演员领唱艺术节节歌。多次应邀赴新加坡访问演出。

赵 戈（1966— ）

二胡演奏家。江西南昌人。1978年在武汉音乐学院附中学习，1987年毕业于中央音乐学院民乐系。先后任东方歌舞团民乐队队长、中国广播民族乐团副团长。中国青年民族乐团首席。曾获首届武汉音乐学院二胡比赛第一名、湖北省音乐作品比赛特设优秀演奏奖、全国二胡邀请赛二等奖、全国广东音乐比赛一等奖。1982年举办个人独奏音乐会。1998年参加二胡演奏家联合演出的"精英荟萃音乐会"担任二胡独奏。

赵 河（1935—1985）

作曲家。山东阳信人。曾任山东省歌舞团副团长、中国音协第四届理事、山东音协第三届常务理事。1947年开始从事部队文艺工作。新中国成立后，创作有众多音乐作品。主要作品有交响曲《春天》，舞蹈音乐《做军鞋》，电视剧音乐《凤愿》，歌曲《每当我想起亲爱的祖国》等。

赵 华（1955— ）

女声乐教育家。满族。黑龙江齐齐哈尔人。1982年毕业于江西上饶师专艺术系，后在上海交大文艺系进修，1995年毕业于江西师大音乐学院。曾在江西万年县一中、九江农校、在九江师专任教。2004年始在九江学院任副教授。撰有《我对高师声乐教学的思考》《怎样解决歌唱中的咬字难》等文。获"长江情觅知音"音乐舞蹈比赛声乐表演银奖，江西"永铜杯"青年歌手大赛美声唱法二等奖，"庆七一迎回归"歌唱比赛中年组二等奖。学生徐蓉获省"光大杯"声乐比赛美声组一等奖。

赵 纪（1938— ）

打击乐演奏家、教育家。河北人。曾任哈尔滨歌剧院独奏演员、中央音乐学院教师（借调），1951年入中央音乐学院少年班学习，1959年毕业于中央音乐学院指挥系（苏）巴拉晓夫专家班（主修钢琴、西洋打击乐），1956年参加第一届全国音乐周中央院专场木琴独奏。曾任《中国革命之歌》交响乐团艺术指导、联合乐团打击乐首席兼声部长。创作木琴曲近三十首，多数作品纳入音乐院校教材。出版《架子鼓演奏及练习》，录制出版《中国童谣》盒式带（上、下集），培养西洋打击乐学生近三十名。

赵 坚（1946— ）

长号演奏家、教育家。上海人。1966年毕业于上海音乐学院附中。1979年起先后担任上海交响乐团、上海乐团、上海歌剧院、上海芭蕾舞团、上海电影乐团、澳门交响乐团、上海文联交响乐团等交响乐团的首席长号。曾为上海交响乐团首席长号，中国管乐学会高级顾问、上海管乐学会副会长。还担任上海音乐学院附中、上海师范大学艺术系兼职教师。曾获上海市业余艺术教育荣誉教师证书。编著有《长号吹奏入门》《中外长号经典小品集》《长号考级曲集》《次中音号、上低音号考级曲集》等。

赵 杰（1965— ）

作曲家。河南杞县人。湖北省公安厅宣教处文化科副科长。1990年毕业于武汉音乐学院。曾任河南省歌舞剧院作曲。作有舞蹈音乐《托起明天的太阳》《简颂》，分别获湖北省"楚天群星奖"金奖、第十届全国"群星奖"银奖，中国文联主办的中国民间艺术表演赛金奖。

赵 静（1965— ）

女歌唱家。重庆人。总政歌舞团演员。1990年毕业于中国音乐学院。曾任重庆市曲艺团演员。1992年获第五届全国青年歌手"五洲杯"电视大奖赛民族唱法第二名，1994年获中国音协举办的首届中华歌会歌手大奖赛民族唱法第二名。

赵 钧（1956— ）

作曲家、指挥家。河南武陟人。河南省鹤壁市音协副主席。1975年毕业于河南大学音乐系作曲专业，后任鹤壁市群众艺术馆钢琴和音乐理论辅导教师。1977年调市歌舞团任作曲、指挥、乐队队长、团长等职。作品二胡随想曲《喜庆》，混声四部合唱《春潮滚滚》曾获河南省二等奖。1988年调鹤壁电视台，曾出任鹤壁市春节文艺晚会的总导演，创作歌曲、舞曲、器乐曲、音乐小品百余部（首），其中在中央台播出三十余部（首）。

赵 俊（1963— ）

女歌唱家。浙江人。任职于浙江省艺术学校。曾获省音乐舞蹈节一等奖、全国金奖、文化部"群星奖"银奖。

赵 堃（1932—已故）

歌唱家。天津人。中央乐团合唱队演员。先后任东北音工团、沈阳鲁艺音工团、天津中央音乐学院音工团和中央歌舞团合唱队演员。1953年参加赴朝慰问演出，同年在罗马尼亚举行的第四届世界青年联欢节上获男声小合唱一等奖。参加音乐舞蹈史诗《东方红》《中国革命之歌》及香港《黄河音乐节》等演出。1949年参加第一届文代会并演出。

赵 兰（1958— ）

女高音歌唱家。满族。宁夏人。宁夏大学音乐学院教授。1986年毕业于中央民族大学声乐系。曾两度代表宁夏参加独唱、重唱调演。1986年为电视剧《马本斋》配唱歌曲《松花江上》。2002年获"西部歌手"大赛专业组银奖，演唱曲目《我爱川里的牡丹》《宁夏川好地方》，被中国唱片公司收录并发行。指导学生参加声乐大赛，多次获奖。曾两次获优秀声乐指导教师。发表论文数篇，编著声乐教材一部。

赵 乐（1959— ）

女音乐教育家、歌唱家。山东人。浙江省平湖市音协主席。毕业于沈阳音乐学院。曾在辽宁省歌舞电视艺术片《太阳你好》中担任主题歌领唱。1995年举办"纪念抗日战争胜利五十周年"独唱音乐会。曾获省教育系统艺术论文一等奖，省教育系统首届艺术节独唱一等奖。先后为各音乐类大学输送学生四十余名。2002年被评为省音协先进工作者，并获省第九届人民教育基金会"春蚕奖"。

赵 磊（1947— ）

作曲家。浙江人。其创作的歌《祖国大地尽春风》获甘肃省文艺作品三等奖，《绿色的小诗》获中国音协、林业部"绿叶奖"，舞蹈音乐《赶社火》《闹秧歌》在省民族民间音乐舞蹈调演中获创作三等奖，《小青蛙》获省第二届少儿文艺节创作二等奖，歌曲《丝路童情》获省建党70周年歌曲创作二等奖，《童话的世界》获省教委"校园歌声"创作二等奖，《我的心在黄土高原》获文化部第五届"群星奖"优秀奖，《我放木排出山来》获"中国工人歌曲"三等奖，《尕马儿骑上下四川》获文化部第九届"群星奖"银奖，《羊皮筏子汉》获省建党80周年征歌二等奖。另外，撰写发表了大量关于甘肃民歌研究的文章。

赵 莉（1950— ）

女高音歌唱家。满族。北京人。宁夏歌舞团独唱演员。1983年入中央音乐学院进修。1981年和1985年两次获省声乐比赛二等奖。曾举行独唱音乐会。

赵 丽（1960— ）

女声乐教育家。河北沙河人。淮南师范学院艺术系，副主任、副教授。1982年毕业于安徽师大艺术系。后入淮南师范任教。撰有《论歌唱呼吸及其训练方法》《应重视少儿歌曲创作》《浅谈范唱的重要性》《试论歌唱的规范性》《论花鼓灯艺术多元化构成》《中师声乐教学初探》。作有歌曲《归航》等多首。1989年在由省教委主办的安徽中小学音乐教师音乐会演出中获独唱一等奖，在华东15城市青年文艺全能大奖赛中获金马奖，在"上窑杯"歌手大赛获民族组第一名。

赵 玲（1963— ）

女声乐教育家。四川南充人。任教于四川西华师大音乐系。1993年毕业于西南师大音乐系。培养学生多人在全国性声乐大赛中获奖。2002年举办个人独唱音乐会。撰有《歌唱中呼吸支持力与声音的关系》《声区的统一在歌唱中的地位与作用》《美声唱法与民族唱法在歌唱中的异同》等文。参编《中外声乐曲选集》《乐理与名曲欣赏》。

赵 敏（1938— ）

单簧管演奏家、音乐编辑家。广东广州人。广州市音协副秘书长、广州管乐学会副会长、中国音乐学院考级考官。1965年毕业于中央民族学院艺术系器乐本科，同年任中央民族歌舞团演奏员、首席单簧管。多次参加中央艺术团赴少数民族地区演出。1987年后任广州新时代影音公司编录主任。录制出版声乐、器乐、戏曲、曲艺、电视剧等各类作品数百辑，编录《跳动的旋律》《恋乡情节》《华韵小品》等获国家音像制品多种奖项。

赵 谦（1938— ）

作曲家。广西桂林人。1962年毕业于广西艺术学院音乐系琵琶演奏专业，曾任该系民乐教研室主任、教授，中国民族管弦乐学会会长。作品有琵琶曲《喜春来》《小苹果》《漓江恋》。创编广西渔鼓《叔叔望着红领巾笑》，广西文场《望乡亭》，丝竹小合奏《漓江音画》，二胡独奏曲《金樱花开》，分别在全国优秀曲艺节目调演、广西优秀曲艺节目电视录像评比等比赛中获不同奖项。歌曲作品有《壮山红花》《敬爱的周总理，壮族人民怀念您》《山里姑娘爱山泉》《顶风冒雪探亲人》《女将也要摆战场》《夜思》等。

赵 茜（1963— ）

女小提琴演奏家。北京人。1979年入中央乐团。1985年毕业于中央音乐学院管弦系。曾获南斯拉夫第二届瓦·胡姆尔国际小提琴比赛特别奖、首届梅纽因国际小提琴比赛G类特别奖。后在美国留学。

赵 琼（1933— ）

指挥家。蒙古族。浙江绍兴人。1955年毕业于沈阳音乐学院作曲系。1956年入上海音乐学院指挥专家班进修。曾任总政军乐团指挥。北京歌舞团交响乐队指挥。1964年获全军会演指挥奖。

赵 群（1946— ）

女古筝演奏家。河南人。1959年入中央音乐学院附中，1965年毕业。后曾先后师从王金如、王莉、李婉芬、曹正等学习古筝。1965年入中国铁路文工团任独奏演员。除在全国各地为铁路职工演出外，曾先后赴日本、朝鲜、阿联酋演出，同时从事古筝普及教育工作，先后有数名学生在区、市、全国比赛中获奖。曾任中国音协古筝学会理事兼办公室副主任。

赵 蓉（1961— ）

女高音歌唱家。河北人。1980年毕业于四川省舞蹈学校歌剧科，后为四川省歌舞剧院女高音。先后3次在全国声乐比赛中获银奖、铜奖，一次在省级声乐比赛中获奖。在三部歌剧中扮演女主角，为几十部电影、电视剧配唱主题曲。出版有唱片、盒带、CD光盘等。先后随团赴泰国、新加坡、几内亚、中非、佛得角、葡萄牙、法国演出。

赵 恕（1930—已故）

音乐教育家。辽宁沈阳人。1954年毕业于东北师大音乐系，后留校任教，任音乐系主任。译著有《单簧管演奏教程》。

赵 爽（1963— ）

女音乐编辑家。河北饶阳人。北京电台音乐台主任编辑。1986年毕业于河北师范大学音乐系。曾任河北省群艺馆编辑、河北电台文艺部科长。先后主创音乐专题节目《寻天遥看一千河》《思想起》《音乐的宣言》等。多次获中国广播和河北省广播电视大奖。撰有《新闻元素在广播文艺节目创作中的运用》，获中国新闻论文奖。被评为"北京市优秀新闻工作者"。

赵 汀（1981— ）

女作曲家。黑龙江哈尔滨人。北京电影学院影视音乐创作研究生。2005年毕业于中国音乐学院作曲系本科。为电视连续剧《花季雨季》《深圳女人》《画之缘》《天下兄弟》《牛铁汉和他的女儿》创作音乐，为电影《最后的敬礼》创作音乐及歌曲。参与电影《我的左手》、电视剧《光荣岁月》的音乐制作。歌曲《花季雨季》《快乐校园》《塑造自己》获"五个一工程"奖、中国电视"金鹰奖"等。歌曲《流行新风格》入选国际音乐节。曾为大型文艺晚会创作歌曲。出版《赵汀—影视、少儿歌曲专辑》CD。

赵 霆（1955— ）

小提琴演奏家。广东广州人。1975年毕业于广东人民艺术学院。后到广东粤剧院乐队工作。参加《杜鹃山》《山乡风云》《江姐》《红树湾》等近百场大型戏剧的演出。1980年调珠影乐团工作，后兼任乐团业务办公室副主任。曾参加百余部故事片、记录片、戏曲片、电视剧的音乐配乐录音，其中有的影片获国内外各种奖项。

赵 薇（1944— ）

女小提琴教育家。广东新会人。中央音乐学院小提琴教授。1955年始就读于中央音乐学院少年班至管弦系本科，毕业后留校任教。北京少儿小提琴教育学会会长，全国少儿小提琴教育学会副会长。曾任附中副校长，小提琴学科主任，全国少儿小提琴比赛评委会副主任。曾获建院五十周年"杰出贡献奖"，文化部优秀专业指导教师奖，北京市教书育人优秀教师奖，文化部"区永熙音乐教育奖"。多次应邀担任客座教授，出版著作及教学辅导音像制品几十部。学生多人在国际、国内比赛中获奖。

赵 薇（1968— ）

女歌唱家。吉林扶余人。哈尔滨学院音乐学院音乐系副教授。1991、2000年先后毕业于哈尔滨师大艺术学院音乐系、中国音乐学院研究生部。撰有《多元文化中的世界民族音乐》《试说音乐教育中的听》，编著《中国民歌教学与欣赏》，主持黑龙江省人文社会科学研究项目《大学生的音乐疏导与治疗研究》。曾获第六届央视青歌赛民族唱法荧屏奖、黑龙江省第五届青歌赛民族唱法二等奖、首届中华校园歌曲央视大赛教师组优秀奖、黑龙江20年歌坛回顾大赛金奖。

赵 娴（1961— ）

女音乐教育家。河南开封人。1982年毕业于河南大学艺术学院音乐系，留校任教，副教授。撰有《琵琶艺术教学模式若干问题》《从中西音乐的比较看中西方音乐的生成》（均在《黄钟》刊发），《豫剧的声腔体制和基本曲调》，《豫剧唱腔音乐调式问题探讨》（均有合作），《渐变是明智的选择——戏曲音乐改革管谈》（合作），出版专著《配器法》（合作），1982年参加全国民族器乐北方片观摩比赛获表演奖，《渐变是明智的选择》一文获中国艺术研究院三等奖。

赵 宪（1940— ）

女高音歌唱家。江苏人。1958年考入上海音乐学院声乐系本科学习。1960年起先后任上海音乐学院实验乐团、上海民族乐团声乐演员，1969年调上海乐团任女高音声部长，后任合唱队副队长。曾参加《幸福河大合唱》《黄浦江颂》《十三陵水库大合唱》的演出，参加由中外著名指挥家指挥的合唱《弥赛亚》《创世纪》《卡尔米那·布拉拿》《情歌圆舞曲》《吉普赛圆舞曲》以及贝多芬《第九交响曲》的演出等。

赵 昕（1929—已故）

作曲家。黑龙江密山人。1947年起在部队从事文艺工作，任演奏员。新中国成立后选送至沈阳音乐学院作曲系进修，结业后任空政军乐队创作组组长、歌舞团创作室创作员。四十多年来创作了大量歌曲、舞曲、乐曲和影视音乐。作品有交响诗《鲜血凝成的友谊》，二胡独奏《山丹丹开花红艳艳》，歌曲《我爱白云，我爱蓝天》《护士的青春》，影片《瑶山春》插曲《山里来了解放军》。

赵 欣（1959— ）

男高音歌唱家。黑龙江哈尔滨人。1977年入伍任沈阳军区前进歌剧团演员。1981年获辽宁省"歌唱家乡"声乐大赛一等奖。1982年调入二炮文工团任独唱演员。曾在第五、六届全军汇演中分别获优秀表演奖、一等奖，在全军中青年声乐比赛中获特别奖。1989年毕业于解放军艺术学院音乐系。

赵 欣（1966— ）

女二胡演奏家。河北定州人。中央民族乐团演奏员。曾任中国东方歌舞团乐队演奏员。1987年毕业于中央音乐学院民乐系，师从王国潼、蓝玉崧教授。多次在团里的演出中任独奏，演奏有《秦腔主题随想曲》《赛马》《一枝花》《二泉映月》等。随团两次赴维也纳金色大厅演出。曾参加中法文化年、圣彼得堡中国文化周、埃及中国文化周的演出。

赵 新（1927— ）

男高音歌唱家。河北大厂人。1949年入北京华北大学第三部音乐科学习。辽宁省芭蕾舞团歌队队长。曾随团赴朝、蒙、罗、波、德演出。在歌剧《草原烽火》《阿诗玛》《刘胡兰》中饰演男主角。

赵 新（1930— ）

音乐编辑家。辽宁辽阳人。1951至1954年在哈尔滨鲁艺音乐部、沈阳音专作曲系学习。后任鞍山市文联编辑。音协辽宁分会常务理事。作有歌曲《钢都大合唱》，编辑出版有《钢花奖歌曲集》。

赵 星（1939— ）

作曲家、民族音乐学家。内蒙古包头人。1959年毕业于呼和浩特师范学校数学班，1961年考入中央音乐学院和声函授班，1982年进修于中国音乐学院作曲系。出版民族音乐理论研究专著有《鄂尔多斯民间音乐简述》《民族

Z

音乐艺术论》《蛮汉调研究》。出版民族音诗《E羽调成吉思汗陵祭随想曲》，民族管弦乐《高原古刹》。创作民族管弦乐曲《鄂尔多斯印象》《"九龙"畅想曲》《除夕之夜》，交响合唱《独贵龙的火炬》（合作），笛子协奏曲《四公主》，民族声乐协奏曲《走西口》，中胡协奏曲《马头琴的传说》，民族音画《成吉思汗"纛"祭》。

赵 洵（1943— ）

女小提琴演奏家。山东人。1966年毕业于中央音乐学院管弦系。1979年分配到中央歌剧院交响乐团。参演现代京剧《沙家浜》《杜鹃山》等剧目和"贝多芬第九"等多部交响乐及《蝴蝶夫人》《茶花女》等数十部中外歌剧作品。参加演奏众多中外著名作曲家的交响音乐作品并随团出访芬兰等国。担任电视片《话说长江》，电影《大渡河》等多部影视作品的音乐录制工作。曾在中央音乐学院兼课，培养多名小提琴人才。

赵 岩（1965— ）

男低音歌唱家。山西曲沃人。大连理工大学音乐教研室主任、声乐副教授，大连市音协理事。师从邓映易教授，1989年毕业于山西大学，留校任教。1994年随歌唱家杨洪基，1996年师从中央音乐学院黎信昌教授深造。2002年调入大连理工大学，后公派到意大利米兰国际歌剧学院学习。曾获"国际科学与和平周"歌手大赛二等奖，中央电视台"大红鹰杯"电视歌手大赛优秀奖，获省跨世纪文艺新星称号。2000年始已举办十余场个人独唱音乐会。

赵 彦（1954— ）

女高音歌唱家。山东青岛人。广东省委宣传部文艺处助理调研员。广东音协理事。1991年毕业于广东省文艺职业学院声乐系。曾获1988年"新时代"杯京、津、汉、穗群众文化系列大赛声乐决赛美声唱法二等奖。1992年广东省"三热爱"职工歌手、舞蹈、小品比赛歌曲演唱一等奖。

赵 燕（1956— ）

女音乐教育家。蒙古族。辽宁阜新人。辽宁师范大学音乐学院声乐副教授。1982年毕业于沈阳音乐学院声乐系。曾在丹东歌舞团工作，1984年起先后任沈阳音乐学院附中和沈阳音乐学院民族声乐系声乐教师。1987年获辽宁省首届青年歌手电视大奖赛优秀歌手，1989年获辽宁省第二届青年歌手电视大奖赛第三名。发表多篇论文，合作出版《20世纪中国民族声乐文化引论》。

赵 燕（1957— ）

女歌唱家。四川人。成都艺术剧院演员。四川第一批中国歌剧专业毕业生。曾任成都空军文工团独唱演员，福州空军文工团歌剧院演员，成都赵燕歌剧艺术团理事长。曾在四川省大型演出活动中担任独唱、领唱、男女声二重唱。在四川省成立了第一家群众性的中国歌剧合唱团，并多次在比赛中获奖。还多次组织义演活动，为社会募捐。曾主演、参演多部中国歌剧。

赵 毅（1929—已故）

音乐编辑家。浙江诸暨人。1949年始从事部队音乐工作。曾为浙江群众艺术馆副研究馆员。《中国民族民间器乐曲集成》（浙江卷）副主编。

赵 毅（1931— ）

豫剧作曲家。陕西西安人。1955年毕业于西北艺术学院音乐系作曲专业，分配到河南省歌剧团，后转入河南豫剧院艺术室音乐组。1985年调河南省艺术研究院，先后参与传统戏及新编历史剧《武则天》《三哭殿》及现代戏《打牌坊》《杜鹃山》等戏的编曲。创作歌曲《大队人马那里来》曾获全国群众歌曲评比一等奖，并录制成唱片。参与编曲的《七品芝麻官》被拍成电影，参与并出版《豫剧曲牌音乐》《豫剧音乐》。曾担任中国民族音乐集成河南省编辑办公室副主任，音乐集成（河南卷）副主编，并荣获编撰成果二等奖。河南戏曲音乐学会副会长。

赵 毅（1943— ）

民族音乐理论家。壮族。广西人。中国少数民族音乐学会常务副会长。1967年毕业于中央民族学院艺术系音乐本科。曾任演出团作曲、指挥，有多首曲作获奖。1978年回母校任教，历任资料室主任、艺术研究所所长。出版有《乐海涛声》《民族音乐论稿》等著作，发表论文数十篇。《民族音乐教育之"本土"论》《"族性歌腔"论》曾获中国社科优秀成果一等奖和全国教学先进案例一等奖。现为研究生导师，教授《民族音乐概论》《少数民族音乐研究》等多门专业必修课程。

赵 毅（1956— ）

歌唱家、音乐制作人。满族。天津人。1977年入中央民族歌舞团，师从曾渭贤，1980年师从沈嘉学声乐。作有《排箫浪漫金曲》，为北京电视台"大宝国际影院""京郊大地""今晚我们相识"等栏目创作片头或主题音乐，为专题片《京西抒情》，木偶剧《喜春》，连续剧《十三天假日》作曲。作有《谢谢你》《星星》等10首歌曲，"陕西风情"民歌10首及《诸葛亮》主题歌的录制，电影《火娃》《蓝色的海湾》《奇异的婚配》录音、配音。制作编配有大量音乐作品。担任钢琴、手风琴及合成器演奏，伴奏带（MIDI）制作等。

赵 毅（1967— ）

女声乐教育家。河南信阳人。曾先后毕业于河南许昌教育学院、河南大学音乐学院，2001年任许昌职业技术学院音乐系副教授。2006年在中央音乐学院声乐系进修。出版有《艺术概论》（任副主编），科研课题《艺术教育与社会主义精神文明建设关系研究》获省社科联优秀调研成果二等奖。1998年在许昌举办"赵毅师生独唱音乐会"。撰有《论和声在民族音乐中的运用》《论艺术歌唱的呼吸》《浅谈音乐课堂教学类型的设计》等文。曾获河南省"教学新思维"论文大赛一等奖。

赵 英（1959— ）

女声乐教育家。四川平昌人。四川达州市音协主席。

先后毕业于达县师范专科学校、四川音乐学院、西南师范大学师范系和音乐系。曾任中学音乐教师、音乐系副主任。发表有《高师音乐教学不可忽视重要环节——浅谈对作品的分析与表现》等。在省级各类歌唱比赛中获奖。多次举办独唱、教学音乐会。为电视片《巴山新姿》《红土地放歌》录制主题歌。培养的学生中有数十人获省、市一、二、三等奖。

赵　勇（1955— ）

音乐活动家。内蒙古包头人。包头市昆区文化馆业务干部。1996年毕业于包头教育学院音教系。作有歌曲《草原上的歌》《九曲黄河湾》《赤子心》《八百里河套》《创造明天的辉煌》，均获奖。曾组织策划包头"诗歌广播大赛""少数民族歌手大赛""晚报杯声乐大赛"以及"国防之声""三下乡"等演出活动。撰写《文化艺术工作者与企业文化的发展》《少数民族地区群众文化现状和发展的思考》等文。

赵　勇（1957— ）

扬琴演奏家。吉林长春人。1978年入沈阳音乐学院民乐系进修。后在吉林省民族乐团工作。1981年获省青年演员会演扬琴独奏一等奖。1982年获全国民族器乐独奏观摩演出表演奖。

赵　清（1926— ）

女声乐教育家。四川阆中人。曾为四川音乐学院声乐系副教授兼系副主任。1948年毕业于四川省立艺专。师从著名教授冷竹琴、蔡绍序、郎毓秀及罗马尼亚声乐专家阿克塔夫·克利斯德斯古。曾多次参加演出活动并举办个人独唱音乐会，担任韩德尔清唱剧《弥赛亚》中的女中音独唱。先后被评为先进工作者、优秀教师，退休后获四川省文联授予的"从事文艺工作五十周年荣誉奖状"。

赵　越（1934— ）

歌词作家。湖南桃源人。曾任山西省歌舞剧院编剧，山西省政协第七、八届常委、省音协第四届副主席、第五届顾问。作品有黄河歌舞三部曲《黄河儿女情》《黄河一方土》《黄河水长流》，电视音乐片《太阳之子》《路的记忆》《歌从黄河来》，歌曲《回家》《走西口》《天下黄河九十九道湾》《为你祝福》《小白鸽》等。作品获国家和省、部级奖六十多项，两次获文华奖词作者。2003年作词的歌曲《故乡雨》获第二届中国音乐"金钟奖"。2004年担任总撰稿的舞台艺术片《我的梦》，获美国洛杉矶首届好莱坞国际电影、电视节最佳电视艺术片奖。

赵　越（1942— ）

歌词作家。内蒙古乌兰浩特人。内蒙古音协理事、兴安盟音协副主席。多年从事以草原题材为主的歌词创作。近年在《词刊》《广播歌选》《草原词坛》等发表作品百余首。歌曲《妈妈的呼唤》《草原，绿色的歌》分获1996、2003年内蒙古"五个一工程"奖。部分作品入选国家和省级诗词、歌曲集。曾获兴安盟委、行署授予的"90

年代文学艺术创作成果奖"。出版歌词集《金兴安》。

赵　芝（1939— ）

女歌唱家。北京人。1961年起，先后任新疆石油工人文工团演员、石油管道局文联秘书长、副研究馆员。曾在歌剧《三月三》《春雷》《江姐》中饰演主角。编导多台文艺晚会。歌曲数十首获省部级及国家级奖，部分播出，主要有《石油花》《我是石油，我要燃烧》《编支小曲唱河北》《石油情》《石油工人的妻子》《怎不叫我爱中国》《塔里木的春天多么美》《祝福你中国》等。曾获河北省首届文艺振兴奖、省企业界文艺优秀工作者称号。

赵　准（1939—2008）

音乐教育家。黑龙江哈尔滨人。曾为上海音乐学院管弦系副教授、管弦系大管专业研究生导师，全国管乐学会高级顾问，上海大管研究会会长，上海市闵行区四艺（琴棋书画）业余学校校长。1952年考入中央音乐学院少年班学习钢琴、小提琴、大管。1963年毕业于中央音乐学院管弦系本科，同年赴上海音乐学院管弦系任大管专业教师，曾任管乐教研室副主任、主任，上海音协管乐专业委员会副会长。

赵阿光（1964— ）

钢琴教育家。吉林长春人。1988、1992年先后毕业于东北师范大学音乐系、沈阳音乐学院钢琴系。历任长春师范学院、长春大学、湖北理工大学、广州大学音乐系教师、副主任、副教授。曾在迎新春音乐会、青年歌手电视大奖赛、"雷锋之光"大型文艺晚会等演出中任钢琴独奏伴奏。获省钢琴比赛一等奖、优秀辅导教师奖。撰有《钢琴教学与科学思维能力培养》《如何培养学生声音概念和提高触键技巧》《钢琴演奏中应处理好的集中关系》。

赵阿银（1949— ）

作曲家。吉林洮南人。白城市音协名誉主席，曾任白城市吉剧团团长、市戏剧创作室调研员。1982年从事歌曲创作，作品《人民选择了你》《春来白城》《月亮桥》《回家团圆》《喀什记忆》《读书之歌》等数十首在《歌曲》《歌海》《心声歌刊》刊物发表，并有多首获奖。2002年出版创作歌曲选《科尔沁·绿色的歌》（100首）。

赵安国（1949— ）

作曲家。天津人。1960年考入天津音乐学院附小钢琴专业，后升入附中，1970年大专毕业。后从事部队文艺工作，曾任乐队队长、文工团长。多年来创作有许多反映部队生活的音乐作品，歌曲《政委当兵到咱连》《怨丈夫》等在报刊发表，器乐曲《精忠报国》《长城礼赞》分获全军文艺汇演二、三等奖。2001年后在天津三毛艺校任艺术处主任，撰写《艺术常识》教材二十余万字，被天津教科院批准为中小学艺术教改"十五"规划科研课题。现为天津南开大学文化交流中心客座教授。

赵宝昌（1934— ）

指挥家、双簧管演奏家。吉林通化人。现旅居美国洛

Z

杉矶。1956年任中国电影乐团双簧管演奏员、常任指挥。指挥录制影、视片音乐三百余部（集），有《泪痕》《鹊桥仙》《敌营十八年》《红楼梦》等。1985年任中国电影明星艺术团艺术指导、指挥，赴新加坡、香港演出。1987年指挥施光南、谷建芬、王酩等十位作曲家歌曲新作展音乐会。1991年在洛杉矶指挥演出首次由交响乐队伴奏的整部《黄河大合唱》。美国中国交响乐团成立后，担任总监和指挥。1996年初创建洛杉矶华人艺术团，担任副团长、总监和指挥。2004年在北京音乐堂举办并指挥"旅美指挥家、作曲家赵宝昌作品音乐会"。作有《青春》《爱之诗》等民族管弦乐曲。

赵宝山（1932— ）

男高音歌唱家。天津人。中国合唱协会理事、国际童声合唱表演委员会会员。1950年入天津音工团、天津歌舞剧院。师承莫桂新、魏鸣泉、严良堃。演唱曲目有《叮叮嘡》《防空哨之歌》等。其中《祖国好》为文化部向全国推荐歌曲。在《洪湖赤卫队》《货郎与小姐》《唐宋风韵》等多部剧目中任主角和艺术指导。在天津合唱比赛中蝉联三届获指挥第一名。创作歌曲数十首。曾出访老挝、墨西哥、美国和港、台地区。指导诸多合唱团。被华夏未来艺术中心聘为终身指挥。

赵保成（1947— ）

男高音歌唱家。河南汤阴人。1969年毕业于河南大学艺术系。1970年入河南省歌舞剧院任独唱演员。在交响乐《沙家浜》中演郭建光。曾获河南省黄河之滨音乐会声乐大赛独唱一等奖、河南省新歌演唱评比一等奖。1999年在郑州举办个人独唱音乐会。论文《论歌声中的鼻腔共鸣》《论歌唱中各部肌肉的协调运动》，获河南省音乐论文比赛一等奖。2005年评为"河南省社会艺术教育"名师。

赵保华（1946— ）

巴松演奏家。黑龙江哈尔滨人。1960年入中央广播乐团，1961年在总政军乐团学员队学习，毕业后历任军乐团巴松演奏员、二队巴松声部首席、声部长。先后参加了多届国庆大典及党代会、人大、政协开闭幕式仪式的演奏工作。参加了欢迎各国外宾访华的司礼演出，同时参加公演及为部队演出。

赵保平（1952— ）

双簧管演奏家。陕西西安人。1970年考入陕西省汉中歌剧团。1978年考入西安音乐学院管弦系，1979年入中央乐团深造。1982年毕业留院在管弦系任双簧管专业教师、管弦系主任，后任西安音乐学院交响乐团团长。多年来一直在院交响乐团担任双簧管首席、独奏，与国内外著名指挥合作演出三百多场交响音乐会。2002年应中国交响乐团邀请参团赴台湾演出。在教学中培养的学生在国家、省级重点乐团及艺术学院工作。

赵抱衡（1932— ）

戏曲音乐家、音乐评论家。河南宜阳人。河南文史馆员。1948年参加工作。1952年由中南文艺学院音乐系毕

业。历任艺校教师、剧团编辑、作曲、艺研院评论部主任等。作有越调电影《山村新曲（夫妻俩·卖笊篱）》走豫剧《大河奔流》等三十多部剧目音乐。《河南越调音乐》《豫剧板胡演奏法》《豫剧经典唱100首》等十部专著，《慈夫上帝歌》（与父亲赵绍云合作）入选基督教《赞美诗·新编》。1996年作词作曲的《少林寺武术馆之歌》获金奖。撰有《论越调四弦》《论主题的设置与贯串在戏曲音乐中的应用》等。

赵蓓蓓（1954— ）

女歌唱家。北京人。1986至1989年就读于中央乐团社会音乐学院进修班。中国歌剧舞剧院演员。参加歌剧《古兰丹姆》《星光啊星光》《白毛女》《将军情》《江姐》《原野》演出与"施光南作品音乐会""庆祝香港回归音乐会"等。曾四次借调到文化部应聘资格考评办工作。

赵碧珊（1926— ）

钢琴教育家。广东新会人。1950年毕业于中山大学医学院。1957年后分别在广州音专、广东人民艺术学院音乐系、广州音乐学院、星海音乐学院任钢琴教师。撰有论文《钢琴教学的心理和生理基础》《钢琴弹奏力的运用和生理功能》。

赵碧璇（1937— ）

女钢琴演奏家。广东新会人。1960年毕业于中央音乐学院钢琴系。任该院钢琴艺术指导、副教授。曾获第十二届巴西里约热内卢国际声乐比赛最佳钢琴伴奏奖，第一届"星海·聂耳声乐作品演唱比赛"优秀钢琴伴奏奖。

赵炳炎（1928—已故）

钢琴教育家。山东济南人。1941年就读于济南师范。1948年后从事钢琴教学和合唱指挥。1976年入山东师范学院艺术系，任该系键盘教研室主任，副教授。

赵昌文（1957— ）

作曲家。满族。辽宁人。1988年毕业于吉林省艺术学院音乐系。1991至1994年在东北师范大学主修作曲。曾任吉林合唱协会理事，手风琴协会副秘书长，《轻音乐》编辑部责任编辑，现在长春市幼儿师范学校任教，副教授。发表有文艺评论、歌曲等作品。1992年在长春市举办手风琴独奏音乐会。自90年代起，多次担任考级、器乐比赛及电视台声、器乐比赛评委。

赵长久（1941— ）

中胡演奏家。甘肃人。新疆石河子市文工团原团长，石河子市音协副主席。1961年毕业于兰州艺术学院音乐系。曾任兰州市文工团乐队演奏员。参加本团所有歌舞、歌剧的伴奏。中胡独奏曲目有《草原上》《牧民归来》《挤奶员》，中胡协奏曲《苏武》。先后多次举办石河子市声乐比赛，少年儿童合唱、独唱、独奏等各种比赛。

赵长林（1941— ）

音乐编辑家。吉林人。曾任延边音协副主席、延边日

Z

报社（汉文）文艺部主任。1961年在沈阳音乐学院学习，1962年调汪清县文工团工作，后入石岘造纸厂一中任音乐教员。1971年始在《延边日报社》工作。创作有歌剧音乐及歌曲百余首、歌词三十余首，多次获州、省、全国奖。其中部分歌曲在中央电视台、中国国际广播电台播放。发表论文数篇。

赵常娟（1952— ）

女高音歌唱家。辽宁人。先后毕业于中央音乐学院声乐系和上海音乐学院声乐系。曾任职于国家交响乐团合唱团。多次与中外著名指挥家合作演出了《安魂曲》，贝多芬第九交响乐《欢乐颂》《黄河大合唱》《毛泽东诗词交响合唱作品》等交响合唱作品以及大量的中外合唱作品。近年来随团赴许多国家和地区演出。组织策划几十场中外合唱精品音乐会，多次参加北京、上海的重要演出，并举办个人独唱音乐会。为电影、电视和电台录制过大量歌曲。

赵成高（1956— ）

大号演奏家。辽宁新金人。1972年考入解放军军乐团学员队学习大号。1976年毕业后任学员队分队长。1980年开始在一队担任大号声部首席、声部长。1984、1999年担任联合军乐团大声部长，圆满完成35周年、50周年国庆大典演奏任务。1988、1994与2000年分别赴日、法、德演出。曾参加欢迎美国、俄罗斯总统来华访问等一系列重大外事演奏工作，及全国第十四次党代表大会等诸多会议的仪式演奏。1990年以来，培养一批优秀军乐人才。合作编写《大号考级教程》。

赵承伟（1961— ）

三弦演奏家。北京人。1983年于中国音乐学院毕业后留校任教，后任该院器系弹拨教研室主任。曾获上海"首届江南丝竹比赛"演奏一等奖（集体），"富利通"杯国际中国乐器独奏大赛三弦独奏第二名。参与主编《三弦曲集》《三弦乐曲选集》《三弦独奏曲集》，出版教学光盘《三弦基础教程》。

赵崇仁（1940— ）

笛子演奏家。山西大同人。1963年毕业于中央音乐学院民乐系。后在中央民族歌舞团乐队任演奏员。多年来除舞台演出外，还参与笛子教学工作，被聘为多所大学对笛子专业人才进行培养。1964年参加本团大型音乐会"雅鲁藏布之歌""苍山洱海"等的演奏。随团赴贵州、内蒙古、西藏、广西、宁夏、云南等地演出笛子独奏节目。1987年参加全国第二届少数民族声乐比赛决赛，为宋祖英、朝鲁等8位歌唱家伴奏。曾随团赴日本、南斯拉夫、马耳他、罗马尼亚以及台湾地区演出笛子独奏。

赵春峰（1912—已故）

民族乐器演奏家。山东乐陵人。原为民间艺人。1953年入中央音乐学院，后入中国音乐学院任教，主授唢呐、管子、笙等民族乐器。编有民间器乐曲《开门红》《满堂红》《丰收乐》等，并灌制有唱片。

赵春亭（1911—1984）

唢呐演奏家。河北沧州人。1953年入中央歌舞团，1960年入中央民族乐团任独奏演员。1964年入中国音乐学院任教。编著有《赵春亭唢呐独奏曲选》曾随中国艺术团赴欧、亚各国演出。

赵大光（1964— ）

巴松、萨克斯教育家。吉林人。1992年毕业于吉林艺术学院音乐学院管弦系，留校任教，副教授。曾任沈阳铁路文工团乐队演奏员。1998年主编主讲《萨克斯演奏入门》教学VCD，1999年主编《萨克斯》曲选。2007年获北京国际单簧管、萨克斯艺术节"优秀指导教师奖"。先后担任俄罗斯远东国际管乐比赛、台湾国际萨克斯大赛评委、长春国际单簧管艺术节、北京国际单簧管萨克斯艺术节副秘书长。

赵大力（1962— ）

单簧管演奏家。山东蒙阴人。山东音协管乐专业委员会常务理事、山东大学艺术学院兼职教授、山东省歌舞剧院交响乐团演奏员。先后就读于山东省艺术学校、山东省艺术学院。曾随乐团与国内外数十位指挥家、演奏家、歌唱家合作演奏大量古典主义、浪漫主义和近现代的中外交响乐作品。参与排演歌剧《原野》《江姐》，芭蕾舞剧《吉赛尔》。

赵大新（1954— ）

音乐编辑家、歌词作家。陕西西安人。中国唱片总公司总经理、总编辑。1977年毕业于西北大学中文系。先后策划组织维也纳中国新春音乐会、中国金唱片奖评选活动、中唱之星、华语歌曲、中国星等原厂音乐大赛及中国音像代表团赴法国夏纳展览活动策划组织"中国唱片"品牌《岁月如歌》《中国唱片百年》《中国电影歌曲百年》《中国京剧音画》《中国民歌系列》等重要出版专辑。曾发表有关音乐产业的多篇文章。作词歌曲《永远追随你》获中纪委反腐倡廉歌曲二等奖，《大中华》《淮楚行》《迎盛世举金杯》在《歌曲》刊登。《和谐颂》《冈拉梅朵》及电影插曲《冈拉梅朵》等，均由歌手演唱。

赵丹林（1949— ）

戏曲作曲家。黑龙江哈尔滨人。1968年在黑龙江生产建设兵团一师二团文艺宣传队任作曲、副队长。1975年毕业于黑龙江省呼兰师范音乐科，同年调入哈尔滨阿城评剧团任作曲、大提琴演奏员。1980年任哈尔滨评剧院作曲。曾参加《半月沟》《金兀术》《梦断关山》《海裂》等五十余部评剧、京剧、广播剧、电视剧的作曲，多次获作曲奖。2000年创办哈尔滨赋格钢琴学校。

赵德风（1959— ）

作曲家。江苏丰县人。1983年毕业于济宁学院音乐系。丰县文化馆馆长、县音协主席、县政协委员。创作歌曲百余首、组歌6部、戏曲音乐设计4部。现代梆子戏《接公公》获1986年江苏戏曲大赛音乐设计双优奖，歌曲1995年获中国工人歌曲新作大赛银奖，《双轿舞》音乐设计获

Z

200年江苏民间民俗歌舞大赛二等奖。发表音乐论文4篇。

赵德居（1940— ）

指挥家。辽宁大连人。1960年毕业于沈阳音乐学院管弦系。任辽宁歌剧院指挥兼乐队队长。指挥歌剧《茉莉啊茉莉》，舞剧《小刀会》，交响诗《永恒的怀念》。

赵德廉（1938— ）

长号演奏家。辽宁人。1957年中央音乐学院肄业。曾任北京京剧团演奏员。后在中央歌剧院工作。中央音乐学院兼课教师。曾随团赴苏联演出。

赵德林（1941— ）

扬琴演奏家。吉林洮南人。1961年入吉林艺专音乐系进修。后在吉林省歌舞剧团工作。研制的"A-I型加筝扬琴"获文化部1981-1982年度科技成果四等奖。作有A-1型加筝扬琴独奏曲《松江木排》。

赵德义（1941— ）

音乐教育家、理论家。安徽宿州人。中国音协第六届理事。1956年考入中南音专附中，1964年毕业于湖北艺术学院作曲系。曾任贵州黔东南歌舞剧团乐队指挥兼创作员，武汉音乐学院原院长、教授、学术委员会主席，湖北省文联原副主席、音协主席，中国音协教育委员会副主任。长期从事作曲理论教学与研究，著有《复调音乐基础教程》《和声学基础教程》等，发表论文《现代赋格曲答题的多项性选择》等二十余篇。

赵德震（1932— ）

筝演奏家。锡伯族。辽宁辽阳人。1954年毕业于东北音专器乐系，分配至辽宁歌舞团。作有古筝高胡二重奏《南泥湾》，编创现代四人舞《马路上的杂技》并作曲。研制律吕音位"双体"演奏法乐器有26簧加键笙、三排梯形木琴、斜坡型键盘的风琴、手风琴、乾坤式钢琴（专利权），著述乐器音位学《半音阶调度功能结构形式探索》。运用《易》学总体论及二进制四象模式发明乾坤六线谱、彩色格谱与12音名、12音位、12音度的《十二音列制》全面彻底简化技术。

赵登山（1933— ）

古筝演奏家。山东郓城人。1954年入吉林省歌舞团。后在吉林省民族乐团工作。1985年赴印度参加"国际打击乐节"。1987年举办独奏音乐会。

赵登营（1955— ）

歌唱家、声乐教育家。河北人。1983年毕业于中央音乐学院，1992年获香港演艺学院高级歌剧演艺文凭。1983年入中国歌剧舞剧院担任演员，后任该院歌剧团副团长，1990年入中央音乐学院声歌系任教。曾在北京、香港、新加坡举办个人独唱音乐会。随中国歌剧家代表团访问美国，随中国艺术家代表团访问朝鲜。曾在《白毛女》《原野》《费加罗的婚礼》《艺术家的生涯》《霍夫曼的故事》《托斯卡》等歌剧中扮演重要角色。所教授的学生中

王海涛等先后在国内外声乐比赛中获奖。

赵弟军（1951— ）

作曲家。北京人。毕业于中央音乐学院作曲系。中央民族乐团专职作曲，文化部音乐专业高级职称评委会委员、中国民族管弦乐学会理事。作有二胡协奏曲《黄土魂》，民族管弦乐《走向未来》《小巴郎畅想曲》《彝山娃》，声乐作品《走西口》《草原勒勒车》《在北京握手》《梦》等。曾分获全国新作品大赛一、二等奖。多首作品在维也纳金色大厅、美国卡内基音乐厅及挪威、新加坡、芬兰、以色列、韩国、日本等国家大剧院音乐厅上演。为《沈鸿》《翡翠鸟》《代号利剑》等十余部电视连续剧作曲。

赵东升（1963— ）

二胡演奏家、作曲家。河北人。中央民族乐团二胡首席。曾在文化部"春节晚会""国庆晚会"及大型音乐会"岁月如歌"、中央电视台"同一首歌"、奥运圣火传递庆典仪式、公安部春节晚会、中国文联春节晚会等几十台大型晚会中担任主创人员。器乐作品有《山水间》《秦风》《凌波仙子》《四合院》等。声乐作品有电视剧《临时家庭》主题歌《人间真情》等。作品曾在中央电视台、香港凤凰卫视、北京电视台及中央广播电台播放。曾赴亚、非、欧、美等几十个国家演出。

赵夺良（1961— ）

板胡、二胡演奏家。辽宁丹东人。沈阳音乐学院民乐系教授。1976年入丹东文工团任民乐队首席。1984年毕业于沈阳音乐学院民乐系。1988年由沈阳音乐学院首届研究生课程班毕业。撰有《板胡艺术研究》《地方音乐风格与二胡演奏技法》《舞台音乐表演散论》《微观结构理论》《音画——板胡、二胡曲选》等文。演奏和创作的作品多次在省、全国及国际中国乐器独奏比赛中获奖。出版《赵夺良胡琴演奏专辑》。

赵方幸（1923— ）

女音乐教育家。广东台山人。中央音乐学院作曲系教授。中国视唱练耳学会理事。1948年毕业于国立福建音专。后投身抗日宣传工作，指挥演出救亡歌曲。组织并指挥演出《生产大合唱》选曲和《黄河大合唱》。1951年起任中央音乐学院作曲系视唱练耳教师，教授、研究生导师。出版有《简谱视唱》《儿童视唱练耳教材教程》（1—5册），《视唱基础练习曲105首》《视唱练耳测试题集》《音乐基础知识与测试题集》（合作），曾任文化部表演艺术人员应聘资格考试评委、中央电视台青年歌手电视大赛决赛评委。两次获中央音乐学院颁发的"建设和发展作出重要贡献"荣誉银奖。

赵凤艳（1962— ）

女高音歌唱家、声乐教育家。山东人。1986年毕业于武汉音乐学院。历任本院成教学院声乐教研室主任、音教学院副院长。撰有《科学发展与嗓音保护》《论声区与音域的拓展》等文章，编有《声乐教学曲库·中国

作品第7卷》《音乐教育专业声乐教程》。1987年获中南五省声乐比赛专业组美声唱法优秀奖。曾多次参加各种大型音乐会，担任独唱、领唱。2004年在编钟音乐厅举办"赵风艳教学探索汇报音乐会"。出版CD《21世纪歌唱家集粹》。

赵峰军（1959— ）

女音乐教育家。山东泰安人。1989年毕业于上海音乐学院作曲系。历任贵州省花灯剧团创作员、广东外语艺术职业学院音乐系教师。作有歌曲《小花鹿》《白云，你飘向哪里》《红木树的歌》并获奖。撰有《歌曲创作中词曲结合的重要关系》《贵州花灯概述》等，其中《儿童歌曲创作中情趣性的把握及运用》获论文一等奖。

赵奉先（1938— ）

作曲家。内蒙古乌丹人。1961年毕业于内蒙师大音乐系。为内蒙牙克石林业教育学院高级讲师。作有歌曲《朋友，请到森林来》《雪花，兴安岭的雪花》及《大青山抗日根据地大合唱》（合作）。

赵福林（1956— ）

笙演奏家。辽宁沈阳人。1975年入辽宁省歌舞团。创作并演奏的曲目有《欢乐的新疆》《草原的人们》。1982年获全国民族器乐独奏观摩演出表演奖。

赵复泉（1939— ）

音乐理论家。陕西人。1963年毕业于西安音乐学院理论作曲系。曾任文艺刊物编辑，1986年任陕西省艺术研究所音乐研究室主任。撰写音乐评论《问题不在帽子》《你心目中的艺术是什么》等，音乐史论文章《近现代戏曲音乐发展简析》《唐代大曲辨》《中国文化背景的构成及其在艺术中的反映》等，其论著多次在《人民音乐》，《中国音乐学》，《艺术界》等刊物发表。

赵富平（1967— ）

声乐教育家。山西孝义人。1991年毕业于山西大学音乐系声乐专业。后在山西师大音乐学院任教。1996年任山西师大音乐学院院长、副教授。1995年在首师大进修期间曾举办独唱音乐会，1999年在山西师大再次举办独唱会。撰有《声乐学习中心理操作技能的培养》《关于声乐教学的语言艺术》《谈歌唱发声三要素》等文。《论音乐教育在普通高校的地位和作用》获中国教育报音乐教育论文二等奖。编著《山西民歌赏析》。组织山西师大"烛光"合唱团曾获国际合唱节多项奖励。

赵戈非（1961— ）

音乐教育家。满族。辽宁人。毕业于哈尔滨市师大艺术系，后任艺术学院基础理论教研室主任。1987年曾在沈阳音乐学院教师进修班进修学习一年。编写有《视唱练耳教学论》及《视唱教材》上、下册。曾在国家及省级发表论文二十余篇，创作歌曲二十余首。2001年攻读哈师大教育经济与管理研究生获硕士学位。

赵功义（1950— ）

作曲家。辽宁丹东人。1970年起先后任吉林省军区激扬文创作组创作员、《延吉文艺》主编、吉林省出版局音乐编辑。1980年毕业于东北师大，后任华龄出版社编辑部主任。作品有歌剧、舞剧音乐《边疆人家》《老牧人的心愿》，歌曲《我心中有一只歌的百灵》，两度出版儿童组曲《花儿欢》和《赵功义歌曲自选集》，曾为电视剧《貂蝉》创作插曲《惜别》和《命运》。

赵光新（1936— ）

男高音歌唱家、声乐教育家。四川南溪人。1949年参军。曾在总政歌舞团、军乐团任合唱、独唱演员。1991年任中国音协组联部主任、中国声乐学会副秘书长。首唱有《战士歌唱井冈山》《周总理，人民的好总理》。作有《飞奔啊，骏马》《同一祖先》（获全国"中华歌会"金奖），指导"北京老教授合唱团"获全国合唱比赛多项金奖。在国内外多次举办声乐讲座及范唱音乐会。论著有《声乐入门》《整体呼吸法》《男高音训练新探》。出访亚欧多国。受聘于美国"CCPA"等艺术团。应美国休斯顿总领馆等特邀参加亚特兰大"春晚"和休斯顿"中华情"及西雅图世界名曲音乐会，演出独唱、领唱、二重唱（与格拉斯·Mao合作）。

赵光耀（1918—已故）

音乐教育家、作曲家。山东昌乐人。曾为西南师范大学教授。1935年考入山东省立戏剧学院音乐系，专攻理论作曲。1942年任北碚国立歌剧学校和声教师。谱写并演出了《苏武》《狮国之歌》两部歌剧。出版有《光今歌集》，收入《比期谣》《滑竿歌》等三十余首歌曲，部分歌曲广为传唱。1951年任重庆艺术专科学校和声作曲讲师，后执教于西南师范大学。创作有《京戏吹打》《茉莉花》等钢琴曲及钢琴伴奏曲多首。编撰有《歌曲作法》《配器常识》《曲式与作品分析》等教材及成人教育教材《曲式概论》。

赵光远（1946— ）

小提琴演奏家、教育家。满族。四川成都人。1965年毕业于成都戏剧学校（现为成都艺校），后在四川音乐学院等校进修，并就读于中国函授音乐学院。曾任四川省攀枝花市歌舞剧团演奏员，1993年入成都音乐舞剧院交响乐团任团长。曾排演《江姐》《沂蒙颂》《红灯照》等多部歌剧、舞剧及现代京剧。参加"蓉城之秋"等演出，组织策划多场音乐会演出，担任小提琴独奏并获各种奖项。曾任四川音协小提琴专业教育研究学会常务理事，培养一批小提琴人才。

赵桂芳（1953— ）

女作曲家。山东临沂人。山东沂南县文化局创作室主任。1976年入山东艺术学院进修声乐，1994年全国成人自学考试中文本科毕业。曾任沂南县文工团演奏员。撰写论文二十余篇，其中《试谈大本"嗓"换声的教学方法》《练习发声的过程就是调整人体形态的过程》分别在全国首届"森雀杯"音教论文、音乐作品大赛中获优秀奖、三等奖。创作歌曲、戏剧小品、舞蹈音乐数百件。歌曲《沂蒙山区新状元》获首届全国个体劳动者文艺汇演创作二等奖，《高歌一曲唱家乡》获山东省中小学生歌咏比赛创作一等奖。

赵桂林（1933— ）

中阮演奏家。上海人。中国电影乐团中阮首席。1956年调至新影乐团从事影视音乐演奏工作。1962年在北京艺术学院参加示范独奏，首次将中阮独奏推上乐坛。1980至1996年在中央音乐学院任阮兼课教员。编写《中阮曲集十八首》，其中有《望月》《寒江春回》《早春的草原》等。1985年赴新加坡演出，1989年赴香港参加音乐节独奏、讲学。1998年任中国民族管弦乐学会中阮专家委员会主任，主编《中阮考级曲集》。2003年任阮专业委员会荣誉会长。

赵国安（1947— ）

作曲家。河南新密人。1988年毕业于河南大学音乐系。曾任河南省京剧团副团长，1997年入河南省豫剧三团任助理调研员。为电影艺术片《我爱我爹》，戏曲电视剧《市井人生》《黑娃的婚事》作曲，独立担任14部大型剧目的作曲，曾获全国电影华表奖，全国电视金鹰奖等。曾任河南电视台《梨园春》栏目音乐统筹及乐队指挥。曾为台湾国光豫剧团《中国公主杜兰朵》作曲和配器。撰有《豫剧音乐设计方法谈》等文。

赵国华（1961— ）

作曲家。新疆人。新疆生产建设兵团歌舞团创作员。先后在新疆伊犁师范学院、新疆艺术学院、天津音乐学院作曲系、中国艺术研究院新疆研究生班学习。1980年参加工作，历任文工团演奏员、创作员、群艺馆馆长、伊犁师范学院艺术系副主任。作有舞蹈音乐《银饰金声》，维吾尔剧《古兰木罕》，舞剧音乐《大漠女儿》等。曾获全国少数民族舞蹈比赛作曲三等奖、文化部"文华音乐创作奖"和中宣部"五个一工程"奖。

赵国良（1941— ）

高胡演奏家。辽宁沈阳人。1959年入吉林省歌舞团。后在吉林省民族乐团任乐队首席。合作有民乐曲《油海战歌》《欢迎新社员》等。曾出访朝鲜及肯尼亚等非洲四国。

赵国强（1955— ）

歌剧表演艺术家。黑龙江甘南人。辽宁歌剧院歌剧团演员。1986年毕业于中央音乐学院歌剧系干修班。在多部中外歌剧《苍原》《沧海》《货郎与小姐》《桃花湾》中担任主角及重要角色。曾在贝多芬第九交响曲中担任领唱。在第十届教师节上举办"教师颂"独唱音乐会。参加省内外多场重要演出。录有演唱专辑在全国、省市电台播放。1993年获辽宁电视台"优秀歌手奖"，1997年被评为"全国听众喜爱的歌手"，演出歌剧《苍原》获辽宁戏剧玫瑰奖。

赵国雄（1958— ）

二胡演奏家。北京人。毕业于中国音乐学院，就职于中国歌剧舞剧院民族管弦乐团。中国音协二胡学会理事、中国民族管弦乐学会胡琴专业委员会理事。曾录制过大量个人音乐专辑及影视音乐，其中有电影《活着》，电视剧《篱笆，女人，狗》，《淌过男人河的女人》等多部作品。多次赴美国、加拿大、俄罗斯、奥地利、希腊、以色列、土耳其、日本、韩国、新加坡、泰国等国家演出。

赵海远（1956— ）

作曲家。内蒙古五原人。内蒙古巴彦淖尔市文体局副调研员、市文联副主席。作有歌曲《美丽的蒙古包》《草原的月亮》《八百里河套是我家》《沙窝窝》《摘枸杞的姑娘》《点燃圣灯》《白云在飘马儿在跑》《草原我永远的故乡》《梦中的草原醉人的歌》。舞蹈音乐《走西口》《敖包相会》《朝阳阳花开》，器乐曲《乌拉特之春》《戈壁新曲》及电视剧音乐等。获国家级奖及内蒙古"五个一工程"奖、"萨日纳"奖等省级奖数十项。出版3张个人歌曲作品专辑CD、VCD唱片。

赵寒阳（1954— ）

二胡演奏家、教育家。江苏常州人。中央音乐学院民乐系主任、教授、硕士生导师。中国人才研究会艺术家学部委员、全国二胡考级专家委员会委员。1977年考入中央音乐学院，1979年在该院音乐比赛中获两项一等奖。应邀赴英国、爱尔兰、伊拉克举办音乐会，赴德国、法国、芬兰、意大利、台湾、香港讲学、演出。1982年本科毕业留校任教。出版二胡教材及著作三十余种，发表学术论文七十余篇，乐曲十余首，录制大量音像制品。合作撰稿并主讲电视教学片《儿童学二胡》获全国电视优秀教学片二等奖。

赵红柔（1943— ）

女声乐教育家。满族。吉林人。曾为呼伦贝尔大学艺术系副主任，副教授。1959年入内蒙古师范大学艺术系音乐专业学习，1964年留校任教。曾任内蒙古呼盟艺术学校声乐教师。所编著的《彩虹——呼伦贝尔民歌、创作歌曲60首》获第二届中国民族图书奖。发表论文多篇，创作多首歌曲作品，培养了一批声乐人才，有学生获1996年中央电视台五洲杯青年歌手电视大赛荧屏奖。

赵宏亮（1955— ）

长号演奏家。北京人。河南省歌舞剧院交响乐团长号首席。1970年开始从事音乐工作。演奏作品主要有贝多芬《第五交响曲》，柴科夫斯基《第五、第六交响曲》，管弦乐《红旗颂》，钢琴协奏曲《黄河》《大河情思》《木兰诗篇》等上百部交响乐作品。参加《朝阳沟》《红灯记》等多部戏曲排练演出。撰写有《我对长号的认识》一文，获河南省优秀论文奖。在"黄河之滨"音乐会上获"优秀演奏员"称号。

赵洪生（1968— ）

作曲家、音乐编辑家。北京人。中国石油天然气集团影视中心音乐编辑。1997年在中央音乐学院电子音乐中心学习，2006年毕业于中国石油大学管理系，撰有论文《浅谈MIDI数字音频制作技术在音像教材中的应用》。为电视片《腾龙八千里》同名主题歌作曲获中国石油电视奖一等奖。作有歌曲《生命之海》《音乐颂》，器乐曲《石油主题变奏》。多次担任中国石油春节艺术等活动音乐总监。曾担任首届中国职工艺术节开、闭幕式音乐编辑。

赵洪滔（1931—1977）

民族音乐理论家、音乐史志家。湖南衡阳人。曾任湖南省群艺馆副研究馆员、湖南省音协常务理事。1954年毕业于华中师范学院音乐系。出版有《湖南民间乐曲选》（合作），创作有《沁园春·长沙》《盼归》《父母中国》等数百首歌曲。曾为《布谷鸟又叫了》《全家福》等话剧配乐。器乐小品有《浏阳河》《花鼓调变奏曲》，论文有《湖南通道侗族地区的民间音乐》《〈潇湘水云题解〉存疑》等。《中国民间歌曲集成·湖南卷》常务副主编、《中国曲艺志·湖南卷》主编，曾主持《中国曲艺音乐集成·湖南卷》的编纂工作。

赵洪英（1969— ）

女音乐教育家。北京人。北京市顺义区第三中学音乐教师。2003年毕业于首都师范大学音乐系。曾在北京教育学院、中央歌剧舞剧院进修。作有《军嫂》（合作），《好日子万年长》等歌曲。北京顺义电视台录制歌曲《总书记到顺义来》《好日子万年长》《小小山村故事多》于春节播出。辅导北京顺义三中民乐团，获北京市两届中小学生艺术节民乐比赛一等奖，本人获最佳指挥奖。

赵鸿声（1925— ）

作曲家。北京人。1949年毕业于北京师范大学音乐系。曾任中央新闻纪录电影制片厂作曲。中国电影音乐学会第一、二届理事。作有电影音乐《不屈的阿尔及利亚》《诗人杜甫》。

赵焕琪（1936— ）

琵琶演奏家。辽宁人。曾师从李廷松、杨大钧、吴国樑、王范地学习琵琶演奏。掌握多种民族弹拨乐器的演奏技巧。先后任教于吉林艺术学院、中央民族大学艺术系。

赵会生（1955— ）

音乐史学家。满族。吉林人。东北师范大学音乐学院本科毕业后就职于该校，教授。著有《中国古代音乐史纲要》《图说中国音乐》《简明乐理与视唱》《人类百科大事通览·历史艺体卷》，撰有《大司乐考》《广陵散史料分析》《唐明皇对音乐的历史贡献》《浅论先秦古乐之"和"》《馨宗——中国的第一所音乐学校》及《五四前后的城市爱国歌曲》。

赵惠敏（1941— ）

女声乐教育家。满族。北京人。曾任中国音乐学院音乐教育系声乐教研室主任，副教授，硕士生导师。毕业于北京艺术学院，先后在中国音乐学院歌剧系、音乐教育系及中央音乐学院声乐系任教。先后任王福增、郭淑珍、蒋英教授的助教，到担任本科、研究生的声乐教学实践工作，培养了一批优秀学生，其中二十多名学生在国际国内重要声乐比赛中获奖。1993年撰写《声乐分级管理方案教学大纲》。1999年出版中国音乐学院校外音乐考级少儿声乐教材。2003年出版《高考声乐考前强化辅导》VCD。

赵惠敏（1942— ）

女古筝演奏家。辽宁复县人。1961年入中央民族乐团任乐队学员、演奏员。1964年任中国铁路文工团中阮及古筝演奏员。长期从事乐队训练及排演工作，用古筝等民族乐器为歌剧《永远战斗在青山旁》领奏、伴奏。参加中央电视台广东音乐《喜开镰》《鸟头林》等的录音和录像，参与录制《中国古典音乐专辑》。随团赴阿联酋等国演出。改编《九龙戏水》等作品，编写多部古筝教材。

赵慧娟（1938— ）

女作曲家。浙江镇海人。1959年入湖北艺术学院作曲系学习。后在湖北省歌剧团工作。作有歌剧音乐《泪血樱花》，合唱《山乡我的故乡》，轻音乐《倾诉》。

赵基阳（1935— ）

小提琴教育家。浙江鄞县人。1957年毕业于上海音乐学院管弦系小提琴专业，留校任教于该院附中、附小，先后任附小副校长、校长。曾被评为上海市优秀教育工作者。第八、九届上海市政协委员，上海市音协小提琴专业委员会理事。

赵季平（1945— ）

作曲家。河北束鹿人。1970年毕业于西安音乐学院作曲系，并于中央音乐学院进修。曾任陕西省戏曲剧院副院长。中国音协第五、六届副主席，第七届主席。陕西省歌舞剧院院长，陕西省文联主席、音协主席，西安音乐学院院长。作有民族乐队交响诗《东渡》，管子与乐队《丝绸之路幻想组曲》，第一交响乐《2000》，第二交响乐《和平颂》，舞剧《大漠孤烟直》，歌曲《断桥遗梦》等。1993年应邀在日本东京举办"赵季平作品音乐会"，后又在香港、新加坡及上海、西安、台北举办专场音乐会。曾应柏林爱乐交响乐团之邀赴德国参加"森林音乐会"，并演奏新作品交响画《太阳鸟》《霸王别姬》。由美、英、法联合拍摄人物专题纪录片《中国音乐家赵季平》。为数十部电影、数百集电视剧创作音乐，其中有电影《黄土地》《红高粱》《秋菊打官司》《霸王别姬》《五个女子和一根绳子》，电视剧《水浒》《大宅门》《乔家大院》等。曾两度摘得"金鸡奖"最佳作曲，四度获电视"金鹰奖"和一个"飞天奖"及20世纪华人经典作品奖。2005年在纪念中国电影百年的活动中获"当代中国电影音乐特别成就奖"，2009年获"飞天奖"特别贡献奖。

赵佳梓（1934— ）

音乐学家。江苏句容人。1952年入上海乐团。1962年毕业于上海音乐学院。为该院音研所副研究员。1986年曾赴印度留学。为印度音乐学会会员。从事东方音乐理论研究和教学。

赵家圭（1941— ）

音乐评论家。上海人。1966年毕业于上海音乐学院指挥系。曾任上海《舞台与观众》编辑。后在上海乐团工作。撰有《在创造中国气派的小提琴曲的道路上》《肖邦和他的f小调钢琴协奏曲》等。

赵家琪（1933— ）

作曲家。北京人。1954年毕业于东北音专作曲系。曾任吉林省歌舞团编导室主任。作有合唱《拖拉机说媒》，清唱剧《雷锋的童年》，歌剧音乐《荒草坡之歌》，诗剧音乐《啊，莫里森》，歌曲《卖豆腐小伙》。

赵家珍（1962— ）

女古琴演奏家。浙江人。1984年毕业于中央音乐学院，后留校任教并任民乐团独奏演员。1982年获全国民族器乐独奏观摩演出优秀表演奖。1985年获北京市"优秀文艺工作者"称号。曾多次随团出国演出。

赵建民（1941—）

作曲家。安徽人。郴州市歌舞剧团原团长、指挥。1958年参加文艺工作。作有（含合作）女声独唱《哥爱青山我爱他》，女声二重唱《新人新事传佳话》，舞蹈剧《瑶家阿妹上大学》《一代新矿工》《笑颜开》《烽火红缨》《桑女摘春》，歌剧《枯木逢春》《抓壮丁》《眼睛亮了》《海岛女民兵》《枯木逢春》《青山遮不住》《芙蓉姐》《公寓—13》《黎明从血海升起》等数十部。

赵建荣（1955— ）

作曲家。浙江金华人。金华市群众艺术馆音乐室副主任。1971年毕业于浙江艺校。曾入上海音乐学院作曲指挥系学习。所作曲的舞蹈《十八蝴蝶》获文化部"群星奖"银奖及全国民间舞蹈大赛最佳表演奖，作曲的舞蹈《鲤鱼跳龙门》获第九届"龙潭杯"全国优秀民间花会大赛奖。

赵建忠（1957— ）

巴松演奏家。江苏无锡人。1988年毕业于河南大学艺术系音乐专业。历任河南省豫剧院、歌舞团演奏员，现任歌舞剧院交响乐团团长。先后组织、参加演出数十部戏曲、戏剧、中外歌剧、舞剧、影视剧等作品，参加新编交响豫剧《穆桂英挂帅》晋京演出，本团成功在京举办了《经典·2004交响音乐会》。发表《谈谈声乐艺术的欣赏》《谈谈在管乐教学中的几个误区》等文多篇。在演奏和管理工作的同时，还进行教学辅导工作，培养一批学生考入中央音乐学院等艺术院校。

赵剑波（1965— ）

作曲家、音乐活动家。陕西洋县人。陕西洋县文化馆馆长、汉中音协副主席。1993年毕业于西安音乐学院，1998年毕业于陕西省电大群文管理专业。作有歌曲《请到汉中来》，陕西渔鼓《张骞故里、绿色家园》于2004年分别获省曲艺、小戏新民歌大赛一等奖，舞蹈音乐《旱莲花开》获第五届全国校园春节联欢会演出一等奖，歌曲《火红红的春天》获陕西省"五个一工程"奖。策划、组织市县大型音乐晚会等音乐活动百余次。组建小乐队、合唱队30余个，并负责排练、指挥和演出。

赵剑华（1962— ）

二胡演奏家。上海人。1978年入上海民族乐团。1982年获全国民族器乐独奏观摩演出优秀表演奖。1985年获上海青年演员会演比赛优秀奖。

赵健民（1931— ）

作曲家。山西临猗人。1948年参加部队文艺工作，历任演奏员、指挥。毕业于四川音院与"军艺"干部作曲班。原任成都军区战旗歌舞团创作组长。写有各类不同形式的音乐作品。其歌剧《凉山结盟》获文化部二等奖，合唱《早发白帝城》获文化部"永远辉煌老年合唱节"金奖，《西藏之光》（合作），交响音画《川江行》《为了您祖国》等在全国、全军分别获多种奖项。

赵江虹（1967— ）

女音乐教育家。内蒙古呼和浩特人。江苏省戏剧学校音乐科高级讲师。1990年、1999年先后毕业于内蒙古师大音教系，南京艺术学院成教院音乐表演专业。撰有《论音乐的感情性》《儿童学琴之我见》《钢琴曲〈夕阳箫鼓〉的民族特点与演奏艺术》。

赵金虎（1937— ）

音乐教育家。内蒙古萨拉齐人。1961年毕业于内蒙古师大艺术系作曲理论专业，留校任教。教授。参加集体创作的（执笔）《大青山抗日游击根据地大合唱》获省级大型音乐作品创作奖。编著有《音乐基础知识》《歌曲创作浅谈》（合作），主编《歌曲创作教程》。撰有《均控场与中国现代十二音级音乐》《多部曲式分类及国内外音乐理论家的相关论述》《清末民初传习的二人台牌子曲（出鼓子）及其与中国传统乐学的渊源关系》等文。

赵金力（1959— ）

女作曲家、音乐编辑家。满族。黑龙江鸡西人。1980年毕业于呼伦贝尔盟民族艺术学校，后考入中国函授音乐学院理论作曲系、音乐教育系。内蒙古呼伦贝尔市民族歌舞团创编室副主任。作品有舞蹈音乐《乐、乐、乐》，男声四重唱《我为四化运奶忙》，女声二重唱《森林的早晨》，女声小合唱《红豆飘香》，民乐合奏《"三少"民歌联奏》。其中歌曲《鄂伦春猎人》获盟"五个一工程"奖，《思恋草原》获全国第四届中国民歌"百首金歌"金奖。合作编著《鄂温克民歌100首》。

赵劲良（1936— ）

作曲家。广东新会人。毕业于上海音乐学院附中作曲专业及本科指挥系。曾任上海音协艺术部主任，"上海之春"大型音乐节艺术部主任（主管评委、组台、学术研讨工作），上海音乐定级考试委员会委员、办公室副主任等职。现任向星音乐艺术工作室主持人。撰有《音乐表演艺术个性化教学起点》等文章。钢琴作品《幻想曲》获上海音乐学院钢琴作品比赛三等奖，合唱作品《星》获"上海之春"音乐作品奖。担任"上海之春"艺术部主任期间，获"上海之春"优秀组织奖。

赵晋南（1954— ）

作曲家。山西太原人。1984年毕业于沈阳音乐学院作曲系，并在辽宁大学中文系学习。1976年入沈阳军区前进歌舞团，1991年始调沈阳歌舞团任创编室主任。曾为《是非曲直》《秋天的愤怒》等多部电视剧作曲，为第一至第四届沈阳国际秧歌节大型团体操作曲。作有《国殇》《礼魂》等舞蹈音乐，创作交响合唱《迎来春色换人间》《江姐》，并为本团历年二十多台不同专题创作歌曲三十余首。曾获第四届全军文艺汇演"优秀演奏奖"等多种奖项。撰有《流行音乐中节奏"游移"的运用与思考》《五声性民族调式音乐自由转调的多样性和现代技法》等文。

赵景春（1965— ）

男高音歌唱家。满族。黑龙江同江人。1986年毕业于中央民族大学音舞系，后于解放军艺术学院进修，现任二炮歌舞团演员。先后多次参加"心连心"文艺晚会、中央电视台春节联欢晚会、"双拥晚会"等。曾获得"桃李杯"声乐大赛民族唱法专业组特别奖，"天王杯"广播电视大赛专业组民族唱法一等奖，全国少数民族"和山杯"声乐大奖赛青年专业组民族唱法三等奖，第七届全军文艺汇演二等奖等多项奖励。曾获黑龙江"省级专业拔尖人才"证书。1999年赴老挝庆祝建军50周年演出。

赵景伟（1970— ）

音乐编辑家。北京人。毕业于中央民族大学音乐系，结业于中国传媒大学传媒产业管理研究生班。1993年入中央人民广播电台，先后任总监办公室宣传推广部主任，《音乐之声》期刊编辑部主任。创作、发表有歌曲与音乐作品，其中广告音乐《三枪自行车》获全国广播系统评选一等奖。曾为《北京女人》《川江少年》等电视连续剧与中央电视台《幸运52》《大风车》等栏目作曲。曾发表《景颇民间音乐初探》等文。

赵宽仁（1927—1998）

作曲家。湖北武汉人。1953年毕业于中央音乐学院作曲系，在云南艺术学院音乐系任教。作有《滇池组曲》，舞剧音乐《海鸥》，著有《白族文艺调查》《中国古代乐论选辑》（合作）《主调音乐织体》。

赵奎英（1928— ）

作曲家。辽宁丹东人。1946年入白山艺术学院音乐系学习。曾任辽宁省歌舞团副团长。辽宁省文联第二届委员。音协辽宁分会第三届常务理事。作有《幸福种子开了花》《我爱家乡山和水》。

赵坤宇（1968— ）

小提琴演奏家。辽宁人。中国交响乐团乐队副首席。1991年毕业于中央音乐学院管弦系。1989年任中国青年交响乐团首席与中央音乐学院室内乐首席。1993年任中央乐团室内乐团首席。1990年在第四届全国小提琴比赛中获奖。2001年参加波黑萨拉热窝艺术节担任小提琴独奏。先后随团赴欧洲、美洲、亚洲各国及香港、澳门、台湾演出。为中国唱片公司、中国录音公司录制大量小提琴独奏作品及影视音乐作品。

赵乐梅（1944— ）

女民歌演唱家。山东人。上世纪60年代调入长春市民间艺术团，期间得到周小燕教授和李世荣等的亲自指导，后调省歌舞团任民歌独唱和歌剧演员。曾在山东蓬莱业余剧团演唱吕剧《王定保借当》，在长春民间艺术团歌舞剧《刘三姐》《哑姑娘》中扮演主角，在柳河吕剧团扮演江姐、红嫂，在《山花红似火》《甜蜜的事业》《瞧这媳妇》中担任主角。1988年在上海举办"赵乐梅独唱音乐会"。

赵莉莉（1958— ）

女歌唱家。四川宜宾人。湖北省青联委员，武汉音协理事。1988年毕业于武汉江汉大学艺术系专科。1982年入武汉歌舞剧院任歌剧演员，后在武汉乐团任独唱演员。曾在《嫁娘》《郑和》《启明星》等多部歌剧中扮演主角。多次参加省市大型演出及电视台文艺晚会，演唱中外歌曲近百首。1994年在武汉举办个人独唱音乐会。曾获全国第四届青年歌手大赛美声专业组三等奖、武汉市第二届音乐舞蹈比赛一等奖、湖北省第一届"新人新作"比赛一等奖。

赵力强（1943— ）

女钢琴教育家。辽宁人。云南师大附中音乐教师。曾就读于昆明师范学校、云南艺术学院。曾获2001年云南省第九届"风行杯"电子琴大赛优秀指导教师奖，2004年获第十届全国少儿电子琴云南选拔赛园丁奖，2005年获云南省第五届"希望杯"电子琴大赛一等指导奖。

赵立成（1946— ）

唢呐演奏家。北京人。1960年考入中央民族乐团，先后师从胡海泉、刘凤桐、张天平等。长期担任中央民族乐团首席唢呐。演奏曲目有《百鸟朝凤》《六字开门》《潮州大锣鼓曲》等。擅长演奏中国打击乐器，西安鼓乐《鸭子拌嘴》《老虎磨牙》，浙江锣鼓《渔舟凯歌》，钟磬古乐《梅花三弄》等。编创有潮州大锣鼓《抛网捕鱼》，潮州小锣鼓《粉蝶采花》《画眉跳架》。发表有《唢呐音乐》等文。著有《中国民族乐器》。1984年随团赴美国参加第二十三届奥林匹克艺术节，多次赴新加坡访问演出。

赵丽蓉（1957— ）

女歌唱家。四川三台人。1998年毕业于四川音乐学院教育专业。先后任三台县文工团演员，三台县文化馆音乐辅导干部。曾获四川省歌手选拔赛三等奖，全国乡镇企业歌手大赛民族唱法三等奖，四川省绵阳市青歌赛一等奖。长期从事音乐教育与辅导工作，发表论文数篇，2003年获文化部社图司优秀论文奖。绵阳市音协副主席、三台县音协主席。

赵利新（1953— ）

女合唱指挥家、教育家。河北张家口人。1979年毕业于河北师院音乐系，1996年毕业于河北师范大学音乐系。曾在张家口、石家庄中学任音乐教师。1997年始在石家庄工程技术学校师范部音乐专业任教研组长，高级讲师。撰有《发挥情感因素在音乐教学中的作用》。曾参加专业比赛活动，获得多种奖项。参加1988年河北省"华药杯"手风琴比赛获园丁奖，1989年石家庄第四届合唱音乐会获优秀指挥奖，河北省第二届手风琴比赛获优秀指导教师奖，指挥庆祝建党80周年歌咏比赛获一等奖。曾获河北省首届职业学校优秀教案评比一等奖。

赵连第（1953— ）

作曲家。黑龙江哈尔滨人。央视达文化传播公司音乐总监、广东三正歌舞团创编室主任。创作歌曲《献出你的爱心》获第五届中国广播文艺一等奖，《金光一缕》获第八届中宣部"五个一工程"奖，《读书的女人更美》《我用歌声谢谢你》同获第十一届中国人口文化奖金奖及最佳作品单项奖，《中国好运》获首届全国主旋律歌曲金奖。曾为多部电视剧和文艺晚会创作音乐、歌曲。

赵连丽（1956— ）

女歌剧表演艺术家。江苏人。中央歌剧院演员。1974年考入中央音乐学院。曾在《山花烂漫》《结婚奏鸣曲》《货郎与小姐》《绣花女》《卡门》《蝴蝶夫人》《丑角》等多部中外歌剧中担任女主角。

赵良民（1930— ）

低音提琴演奏家。黑龙江齐齐哈尔人。1948年入东北音工团。后任中央乐团演奏员。曾随团赴波、朝演出。

赵良山（1939— ）

民乐演奏家。辽宁黑山人。厦门大学副教授。1963年毕业于中央音乐学院。多年来从事民族管乐器、埙、笛、箫、巴乌、葫芦丝等乐器的演奏、研究、教学工作。所用各种乐器均为亲手制作。对埙等还进行了改革。1983年通过湖北的《编钟乐舞》，演奏创编的埙曲《哀郢》，使濒临失传的埙出现在北京舞台。1988年出版发行个人埙专辑《陶埙新魂》。撰有《我对古埙的进一步探索》《埙演奏技巧的探索》。1988年获湖北省文化科技进步特别奖，1990年获厦门大学"南强奖"。曾用埙为《良家妇女》《大明宫词》等多部电影、电视剧配乐。曾赴北京、上海及日本、菲律宾、香港、维也纳金色大厅演奏古埙。

赵路伟（1960— ）

作曲家。满族。辽宁营口人。营口市歌舞团创编室主任。1975年在81591部队演出队任作曲、指挥。歌曲《春天小唱》《辽河往事》曾获省"五个一工程"奖，《雅鲁藏布》在全国征集藏族歌曲中获第二名，《使者英雄》获文化部铜奖，《伟大的中国工人》在中国主旋律歌曲征集中获奖，舞蹈音乐《海姐的梦》获省政府一等奖，论文《论音体构造与自然》获东北三省一等奖，电脑音乐《苏武牧羊》获辽宁省首届MIDI音乐大赛金奖。曾为十六集电视连续剧《烽火少年》创作音乐。

赵吕森（1958— ）

作曲家。江苏泗洪人。江苏省宿迁市中小学教学研究副主任，宿迁市音舞协会副主席，市教育学会常务副会长。全国教育系统劳动模范，中学特级教师。1980年开始从事音乐等学科教育教学和教研工作。《教师之歌》《你的爱我难忘记》《走向明天》《童年的小船》等二十余首声乐作品在《歌曲》等刊物上发表或获奖。曾多次策划、组织、主持市级大型文艺节目，并担任独唱或领唱。曾获市、县声乐比赛十佳歌手奖一等奖。

赵履珠（1937— ）

女高音歌唱家。白族。云南大理人。1957年入大理歌舞团。1962年入中国音乐学院声乐系进修班。后在东方歌舞团、云南省歌舞团任独唱演员。曾为电影《五朵金花》配唱插曲。

赵曼琴（1954— ）

古筝演奏家、作曲家。河南人。中国民族管弦乐学会理事、河南省民族管弦乐学会副会长、中奥维也纳音乐学院客座教授。在艺术实践中创立古筝"快速指序技法体系"。1980年应邀在中央音乐学院举办专题讲座，创建河南中国古筝艺术院，有众多学生在海内外多次获作曲、演奏一等奖。出版有《古筝快速指序法概论》《赵曼琴教学筝谱》。作有古筝曲《井冈山上太阳红》《打虎上山》《绣金匾随想曲》《黄河魂》，有的被列为全国古筝九、十级和国际比赛指定曲目。录有音乐特写《古筝技法的开拓者》，电视艺术片《中州筝歌》。曾出访日本，在香港、郑州举办个人作品音乐会。

赵梅枝（1962— ）

女音乐理论家。河南舞阳人。1995年毕业于河南大学音乐系。曾在许昌师范学校任教，2000年任许昌学院音乐学院教研室主任。撰有《唐代宫廷音乐兴盛之缘由剖析》《开启心智的钥匙，提高素养的食粮》《略论中国古代文人之琴志》《钢琴演奏中的若干问题探讨》《论嵇康声乐哀乐论的美学思想剖析》等文。2003年参加河南省社科联课题《关于农村中小学校音乐教育及相关问题研究》获一等奖。主编出版《欧洲音乐史》。

赵孟序（1925—2005）

作曲家。河南孟津人。1942年入延安部队艺术学校音乐系学习，后在延安部队文工团工作，1945年调东北民主联军总政治部文艺科任职。1951年入上海音乐学院进修班学习。1956年后在广东电台工作并任文艺部副主任。作有歌曲《八路军印刷厂歌》《白求恩医科大学校歌》《平川夜歌》《宣传队员之歌》《活捉谢文东》《庆祝天津解放》《五七干校之歌》等，歌剧《长虹万丈》《飞雪扬鞭》《越南战歌》，为毛主席诗词《沁园春》谱曲等。

赵梦鹤（1954— ）

作曲家。河北邯郸人。1983、1986年先后毕业于青岛音乐学校作曲系、邯郸教育学院中文系。历任解放军某部队文工团演奏、创作员，邯郸市工人文化宫文化科长、主任。后任河北音协理事、邯郸市音协副主席、秘书长。作有歌曲《梦乡》《彩霞河》《党的深情》《变迁的乡村》《啊，月亮》，音乐风光片《古赵踏歌行》，音乐剧《流星》。多次担任市职工文艺汇演，声、器乐比赛总导演、评委及中国音协全国器乐考级邯郸考区负责人。

赵敏杰（1936—已故）

歌词作家。河北乐亭人。1953年始从事歌词创作。1962年入辽宁大学中文系进修。后在沈阳歌舞团工作。曾任市音乐文学学会会长。作有《海恋》《四季新歌》等。

赵乃芳（1929— ）

女音乐教育家。吉林人。1948年毕业于东北大学音乐系，后留校任教。

赵培根（1949— ）

音乐活动家。天津人。河北石家庄市音协副主席。从事全市大型群众文化活动的组织策划工作。1995年编导的全市职工庆"五一"文艺晚会获全国总工会电视文艺晚会评比三等奖、《石家庄组歌》获河北省"五个一工程"奖。创作、编导的小型音乐作品数百件，参加各类职工文艺演出数百场。普及业余手风琴教育，培养出多名学生在全国、省、市手风琴比赛中获金奖。

赵培文（1954— ）

女音乐评论家。上海人。《文汇报》文艺部音乐专业记者。1971年任成都军区文工团小提琴演奏员，1978年毕业于上海音乐学院管弦乐系小提琴专业。曾任职上海团市委宣传部，应聘为《人民音乐》《音像世界》特约记者，《音像世界》特约编辑。发表大量音乐评论及音乐专访，其中有《精神与心灵的伴侣——与英国前首相希思谈音乐》《星多歌少说明什么》《民族音乐的现代探索》《艺术歌曲为何不景气》《马骨胡与钢琴的对歌》等。

赵平安（1951— ）

作曲家。土家族。湖北鹤峰人。1989年毕业于中国函授音乐学院，1991年入中国音乐学院进修理论作曲。1970年入恩施州民族歌舞团乐队任长号、二胡演奏员，1979年任州文化馆音舞部主任兼作曲，副研究馆员。作有歌曲《土家姑娘绣被面》《小妹住在白云岩》《我是一个照相迷》《土家苗家心一条》。作有《颂达》《板凳龙》《狩山》等舞蹈音乐。2002年创作声乐作品《拾太阳，拾月亮》获湖北省第四届"音乐舞蹈新人新作"比赛声乐作品奖。

赵屏国（1934— ）

钢琴家、教育家。北京人。中央音乐学院钢琴教授。1957年毕业于中央音乐学院钢琴系，留校任教。培养出一批钢琴家，部分学生在国际国内比赛中获奖。多年来，经常参加重大演出活动，举行纪念贝多芬、肖邦、柴科夫斯基讲座音乐会，莫扎特协奏曲专场音乐会，江文也作品音乐会，还举行了多场双钢琴音乐会等。发表论文《钢琴的

基本弹奏方法》《读谱的学问》《如何演奏贝多芬的（悲怆奏鸣曲）》等。录制《中国钢琴音乐精品》CD、钢琴教学示范片《柴科夫斯基钢琴套曲（四季）的演奏与教学》VCD。应邀担任国际国内钢琴比赛及全国业余钢琴考级评委。在国内及美国、乌克兰、日本、印度尼西亚等国举行多场专题演奏讲座。

赵普生（1953— ）

指挥家。重庆人。南充歌舞剧院乐团指挥、首席小提琴。长期从事指挥、创作及教学工作，曾指挥多部歌剧、舞剧音乐及专场交响音乐会。其中《戏曲联唱》在中国民族歌舞周获音乐一等奖，歌剧作品《风雨送春归》获第三届全国歌剧观摩演出优秀表演奖、四川省"五个一工程"奖，在历届"蓉城之秋"音乐会上均有作品获奖。多篇文章在专业学报上发表。

赵其沛（1937— ）

音乐教育家。北京人。北京市海淀区柏斯文化艺术培训学校校长。第三届北京音协理事、北京合唱协会秘书长、北京教育学院海淀分院原艺术教研室主任、中学高级教师。1957年毕业于北京师范学校，后入北京教师学校进修音乐专业。作有《飞向远方、飞向天涯》《春韵》等近百首少儿歌曲，部分歌曲或发表或播出。参与编写《中学教学全书音乐篇》《音乐知识》《中西音乐欣赏大全》及《中小学生歌曲集》等。被评为北京市优秀教师、北京市美育先进工作者。

赵启雄（1934— ）

女钢琴演奏家。江苏无锡人。1950年毕业于中央音乐学院钢琴系。后留校任声乐系伴奏。后为中央歌剧院钢琴伴奏。曾赴苏、奥、德、捷参加声乐比赛伴奏及演出。

赵庆闰（1928— ）

女钢琴演奏家。江苏无锡人。1951年毕业于燕京大学音乐系。后任中央歌剧院钢琴伴奏，后在中央音乐学院任教。

赵庆霞（1935— ）

女声乐教育家。山东济南人。1956年毕业于山东师范大学艺术系音乐专业，任教于山东艺术学院音乐系演唱专业。1976年入上海音乐学院进修，师从谢绍曾。多次获院、省优秀教师奖、指导教师奖及优秀教学成果奖。曾参加全国民族声乐教学经验交流大会。获奖论文有《我对民族声乐教学的思索》《艺术的韵味与生活的滋味》。受聘为中央电视台特邀演员及大学教授、硕士生导师等。多次举办教学音乐会。2002年应邀赴香港交流演出。

赵庆祥（1932— ）

音乐教育家。满族。辽宁本溪人。1956年毕业于东北师范大学。在哈尔滨师范大学艺术学院音乐系任教。

赵琼霞（1961— ）

女歌唱家。纳西族。云南大理人。海南省音协副主

席、海南省歌舞团艺术总监。1981年毕业于云南省艺校音乐科。1982年获全国少数民族歌手调演比赛"优秀表演奖"（一等奖），1984年毕业于中央民族学院艺术系，后在云南省歌舞团任独唱演员。1986年被中央电视台聘为特约演员并参加1987年中央电视台春节联欢晚会。1988年调入海政歌舞团任独唱演员。1990年调入海南省歌舞团任艺术委员会主任并当选海南省政协委员。1992年被评为有突出贡献的青年专家。

赵仁吉（1955— ）

指挥家。朝鲜族。吉林延吉人。延边音协副主席，延边歌舞团指挥。1978年在延边歌舞团任演员，1984年上海音乐学院指挥专业毕业。1997年在全国"孔雀杯"舞蹈比赛中所创作的舞蹈《天池印象》获优秀作曲奖。1998年所指挥的合唱在全国合唱比赛获专业组表演二等奖。创作歌曲五十多首，其中《中华树》获首届"金钟奖"优秀声乐作品银奖。合唱《长白山，母亲之爱》获全国合唱比赛一等奖。

赵荣春（1957— ）

二胡演奏家。山东人。1977年入吉林省歌舞团。1982年毕业于吉林省艺术学院。任省民族乐团乐队队长。1982年获全国民族器乐独奏观摩演出表演奖。演奏曲目有《陵园行》《莱丽古尔之歌》。

赵汝德（1935— ）

作曲家。广东顺德人。1957年毕业于内蒙师院艺术系。1981年入上海音乐学院作曲指挥系进修。在内蒙师大音乐系任教。作有管弦乐组曲《沸腾的草原》，撰有《五声性和声的音列与间隔结构》。

赵瑞平（1956— ）

男中音歌唱家。山西沁源人。1982年毕业于西北师范大学音乐系。广东深圳宝安区教育局体卫艺术部主任。创作的歌曲《愉快的乐国》在歌曲大赛中获银奖。参加第二届全国青年歌手电视大奖赛获荧屏奖。出版《竖笛演奏教程》（合作），所指导的宝安教师合唱团获第七届国际合唱节金奖。数十名学生考入中国音乐学院、中央戏剧学院等大学和师范院校。

赵润波（1933— ）

女音乐理论家。满族。辽宁人。1949年入长影乐团。后在中央民族歌舞团工作。撰有《满族民间音乐调查报告》《满族民间音乐》。

赵润长（1948— ）

手风琴演奏家。山西阳泉人。1969年入福州军区文工团。曾任阳泉市群艺馆副馆长、市歌舞团团长。2002年任阳泉市艺术研究室主任。曾参加全军专业文艺汇演任手风琴伴奏，并为获歌剧一等奖的《星光啊星光》，担任乐队伴奏。参与创作并执导纪念毛泽东诞辰一百周年大型晚会《太阳颂》。组织阳泉市歌舞团参加中央电视台"心连心"艺术团赴左权演出，参加《祖国万岁》庆祝建国50周年演出。并组织全市戏剧、音乐、舞蹈、曲艺人才，创作出一批优秀作品，共获奖19项。

赵森林（1922—已故）

音乐教育家。河北保定人。1946年始从事部队音乐工作。1952年毕业于中央音乐学院作曲专修科。曾任天津音乐学院民乐系主任及教务处处长。音协天津分会第二届常务理事。

赵社勤（1950— ）

笛子演奏家。广东新会人。就职于广东歌舞剧院民族乐团，中国竹笛学会理事。70年代初毕业于广州音乐专科学校。先后在粤北地区文工团、广东粤剧院任笛子演奏员。80年代先后在广东粤剧学校、广州市艺术学校兼任教学工作。曾作为政府代表团成员，赴日本、波兰、北美国家及港澳访问演出。曾获首届"省港澳器乐大赛"笛子独奏"精英奖"，获广东国际艺术节埙独奏表演奖。研制改造古乐器"陶埙"，将其音域重新排列，使音域扩大并方便演奏。

赵升书（1929— ）

作曲家。浙江人。厦门大学副教授。1956年毕业于上海音乐学院作曲系并留校。1964年任武汉歌舞剧院专职作曲。作有舞蹈音乐《驯马》《江岸红灯》，组歌《红五师战斗在大别山》《光辉的历程》，钢琴三重奏《腾飞吧！白鹭》，合作交响诗《琴台的故事》，琵琶协奏曲《十面埋伏》，为影片《花墙会》作曲配器。发表论文有《丁善德的儿童钢琴组曲》《论黄河大合唱的音乐形象》。曾赴菲律宾任艺术指导、顾问。1992年获厦门大学优秀教学成果二等奖、福建省高校音乐周十年总评先进个人称号。

赵圣兴（1942— ）

双簧管演奏家。浙江人。1960年师从中国交响乐团著名演奏家章棣和。海政歌舞团乐队双簧管首席演奏员。曾完成舞蹈《咏梅》，歌剧《毛主席来到军舰上》，大合唱《毛主席诗词》，舞剧《小刀会》《椰林怒火》，音乐会节目《爱格蒙特序曲》《梁祝》，电影《南海风云》等大量作品的演出伴奏和录音任务。1970年后，担任歌剧团乐队木管声部长，随团排演歌剧《红星照我去战斗》《刘胡兰》《壮丽的婚礼》等。有多名学生在市、区艺术节比赛中获奖。

赵世玮（1946— ）

小提琴演奏家。河北唐山人。1965年毕业于中央音乐学院附中。任空政文工团管弦乐队首席小提琴。

赵世静（1946— ）

女高音歌唱家。河北秦皇岛人。1961年入部队文艺团体从事演唱，后在沈阳军区歌舞剧团工作。演唱有《台湾同胞，我的骨肉兄弟》。

赵世兰（1959— ）

女音乐教育家。江苏涟水人。1982年在河南大学艺术学院学习，1985年在中央乐团声乐艺术研究班进修，1986年至今在洛阳师范学院任教。撰有《高师审美艺术教育德育功效》《歌唱美启迪智慧促进成长》《教师的声音艺术表现》等文。参与编著《钢琴即兴伴奏教程》。曾获河南省第六届民间音乐大赛银奖，论文《高师声乐教学基础理论、考级、艺术实践三位一体构想》获河南省"声乐教育论文评奖"一等奖。曾在校音乐厅举办三次独唱音乐会。

赵淑英（1958— ）

女高音歌唱家。山东济宁人。1977年入贵州省黔南州歌舞团，后任歌队长。1982年毕业于贵州省艺术专科学校声乐专业。1981年获贵州省第一届"苗岭之声"艺术节独唱比赛唯一表演奖，1982年获同类比赛二等奖。1985年出演歌剧《芳草心》任主角，1992年在沈阳参加全国舞剧会演在剧目《婚碑》中担任独唱、领唱。曾赴广州参加第五届艺术节，在都匀参加州"迎接香港回归"大型文艺演出任独唱。2001年参加州委宣传部、文化局主办的花灯歌舞剧《黔南沃土好花红》饰演主角花红。

赵淑云（1946— ）

女高音歌唱家。浙江绍兴人。曾任浙江歌舞团歌队队长、独唱演员，省政协委员。1969年毕业于杭州大学外语系英语专业，1971年入上海音乐学院声乐系、杭州师范艺术系进修。先后主演歌剧《江姐》《货郎与小姐》《伤痕》等。为省电视台录制本省创作歌曲六十余首。1980年获"省专业剧团青年演员会演"二等奖。曾随"中国人民友好访问团"出访美国。

赵束鹿（1947— ）

钢琴教育家。北京人。美国加州专业音乐教师协会会员。上世纪60年代入考入中央音乐学院附中主修钢琴，毕业后到辽宁歌舞团、沈阳音乐学院附中从事演奏与教学工作。1991年赴美留学，攻读钢琴专业研究生课程，曾多次参加国际艺术节演出。1996年回国后在中央音乐学院中和音乐艺术中心任教。1999年在中国人民大学徐悲鸿艺术学院任教。2000年赴美参加美国音乐协会的考级工作，多名学生在比赛中获奖。

赵树义（1936—已故）

民歌演唱家。黑龙江哈尔滨人。1956年入中央歌舞团。后任中央民族乐团独唱演员。曾获全国文艺汇演演员一等奖。1957年获第六届世青节合唱比赛金质奖。并在国庆30周年调演中获奖。

赵恕心（1938— ）

作曲家。内蒙古通辽人。中国少数民族音乐学会常务理事。1959年入中国建筑歌舞剧团。1963年入海政歌舞团。作品有歌舞剧《唱着歌儿上北京》《甘泉井》，歌剧《琴箫月》，声乐套曲《烈士情怀》《海边抒怀》，组歌《各族人民纵情歌唱》，歌曲专集《山河的回音》《儿童歌曲集》《乡音》（景颇语、汉语双语版），《草原风光》（二胡曲集），《笙独奏曲10首》。为《芊芊碧野情》《煤乡情》（兼任音乐指导）《呼伦贝尔情》《美丽

的花环》（兼任音乐指导）《北京女人》《莨山美》等多部电视专题片、电视连续剧作曲。编辑、监制《月光下的恋情》《十五的月亮》《八月潮》等音像制品。

赵双虎（1943— ）

四胡演奏家、教育家。蒙古族。内蒙古兴安盟人。1962年毕业于内蒙古艺术学校，留校任教。1987年调内蒙古大学艺术学院任教。曾在内蒙古电台录过五十多首民歌。创作独奏曲《驯马手》《牧马青年》《欢乐的牧场》《快乐的挤奶员》《伊盟民歌联奏》等。曾随内蒙古艺术团出访非洲三国，参加全国音乐调演和全国少数民族汇演。多年来研究对四胡的改革，出版《高音四胡演奏法》及内蒙古大学《四胡教材》。

赵双吾（1944— ）

词曲作家。浙江温州人。毕业于杭州大学。浙江远大学院副院长、艺术系主任，上海《东方词家》、辽宁《音乐广场》编委。历任上海警备区文工团及文化馆、越剧团、文化宫词曲创编、演奏员、音乐教师。作品散见于《歌曲》《儿童音乐》《词刊》等刊物及多种歌集，并多次获奖。

赵舜才（1930—1995）

作曲家。河北乐亭人。1948年始从事音乐创作。为河北省文化厅副研究馆员。作有歌曲《渔民号子》《中国工人进行曲》，著有《怎样教唱歌》。

赵思恩（1950— ）

歌词作家。山东寿光人。1986年毕业于大学中文系。新疆军区歌舞团团长，新疆音协副主席，新疆音乐文学学会会长。出版有《野骆驼》《白毡房》等词作专辑。发表作品百余万字，并多次结集出版，或由电台、电视台播放，或录制成音像制品。获各类奖百余项。合作（执笔）的歌舞诗《在那遥远的地方》，歌舞《走向辉煌》，乐舞《天山彩虹》获文化部"文华奖"，歌曲《最美还是我们新疆》获中宣部"五个一工程"奖。曾担任多部电视剧、电视专题片、电视文艺晚会的总策划、总撰稿。

赵似兰（1933— ）

女钢琴演奏家。浙江杭州人。1949年毕业于重庆西南美专音乐系。1951年入北京中央戏剧学院，担任舞蹈家吴晓邦领导的舞运班钢琴伴奏。1952年始曾随中央民族文工团赴西南少数民族地区及东北地区采风，搜集、民间音乐。1954年在苏联专家创办的舞蹈学校中任钢琴伴奏。曾任北京舞蹈学院高级讲师、钢琴组副组长。编写过众多教材并出版。此外，还担任《白毛女》《红色娘子军》《天鹅湖》《吉赛尔》等中外剧目的排练和演出。

赵松庭（1924—2001）

笛子演奏家。浙江东阳人。1949年始从事文艺工作。1956年入浙江歌舞团工作。曾任教于上海音乐学院、中国音乐学院。1976年到浙江艺校任教。音协浙江分会常务理事，省政协第六届委员。著有《赵松庭的笛子》《中国竹

笛演奏技巧广播讲座》《笛艺春秋》等。

赵松杨（1955— ）

音乐教育家。河北昌黎人。秦皇岛市群艺馆辅导员。1982年毕业于河北师范学院艺术系。曾任河北昌黎师范学校音乐教师。一直从事钢琴教学工作，教授的学生有三十多名考入音乐艺术院校，四十多名在全国及省、市钢琴比赛中获奖，数百名通过中国音协举办的钢琴考级1—10级，多名学生获优秀奖。

赵宋光（1931— ）

音乐理论家。浙江湖州人。中国音协第四届常务理事。中国传统音乐学会副会长，中国律学学会会长，中国社会科学哲学所副研究员。曾任星海音乐学院院长、教授，广东省音协第四届主席。1954年毕业于中央音乐学院作曲系。1956年在民主德国柏林高等音乐学院学习音乐物理与音乐导演。发明律吕式键盘、和声方位图、三轴协变唱名法。著有《论美音功能》《论五度相生调式体系》。

赵素莲（1946— ）

女中阮演奏家。黑龙江齐齐哈尔人。1962年入中国广播民族乐团，曾任中阮声部首席。录制有中阮独奏曲《摇篮曲》《火把节之夜》。创作有民族管弦乐曲《喜摘葡萄》《月夜欢歌》（获第二届"全国民族管弦乐展播—小型民乐作品征集"作品奖），中阮独奏曲《山寨欢歌》、锁呐独奏曲《报捷》以及少儿歌曲《我爱雪莲花》（获上海"小百灵"优秀歌曲奖），《栽树苗》《瞎子摸象》。中国民族管弦乐学会阮专业委员会荣誉理事。

赵随意（1959— ）

音乐编辑家、活动家。山西临汾人。1982年毕业于山西大学艺术系。山西人民广播电台副总编、主任编辑，省音协音乐活动部主任。在临汾蒲剧院工作期间，曾为几十部蒲剧编谱设计音乐、配器和指挥乐队演出。发表《文艺广播的结构初探》《广播电视文艺节目精品八性》等文。出版有《绝震流行80首》（合作）歌曲选，《亚洲雄风》100首歌曲选。作有《笛子独奏曲集》8首曲目，笛子独奏曲《丰收乐》。分别编辑晋剧、蒲剧、卡拉OK系列大全数十盘录音带，并组织演唱大赛等多项音乐活动。创作歌曲《建筑工人之歌》《祖国我热爱你》《乡情》《一路欢歌》等。

赵薇薇（1963— ）

女音乐文学编辑家。辽宁彰武人。进修于辽宁省戏剧学校，毕业于沈阳音乐学院音乐文学专业。先后在阜新市文化局、《中国音乐报》及文化部中国少数民族文化艺术基金会任创作员、记者及联络部主任。1997年调入中国音协《词刊》编辑部任编辑。所作歌词大多发表于《词刊》《歌曲》，其中《与年相约》获2008年《歌曲》"晨钟奖"，作词歌曲《创业者》获新世纪工人歌曲征集一等奖。出版有《中国戏剧选拾梦集》，并为电视连续剧《西出阳关》创作主题歌《留住你，让我怒放》。

赵为民（1956— ）

音乐理论家。河南尉氏人。中国音乐史学会、中国传统音乐学会理事，河南省音协副主席。1971至1975年在总政军乐团从事大管演奏。1978年毕业于河南大学艺术系音乐专业留校任教，音乐系副主任、教授、硕士生导师。2000年考入中央音乐学院中国古代音乐史专业博士研究生。2002年任河南大学艺术学院院长。发表学术论文二十余篇，参编论著5部。主持全国艺术科学规划项目、省社科规划项目等科研课题5项。承办"中国音乐年鉴第六届学术研讨会""中国传统音乐学会第十届年会"等。

赵惟俭（1935— ）

音乐教育家。江苏南京人。1945年考入国立音乐学院幼年班学习小提琴和钢琴。进入中央音乐学院管弦系后，被选派赴罗马尼亚布加勒斯特"齐普里安·波隆贝斯库"音乐学院学习，获音乐会独奏家文凭毕业。回国后在中央音乐学院任教。曾任小提琴教研室主任、管弦系副主任、社会音乐教育部主任、考级委员会常务副主任兼秘书长等职。出版有《小提琴每日练习》《小提琴音阶教程（1、2、3）》《小提琴教学法》《小提琴双弦快速练习》等。

赵维东（1930— ）

作曲家。天津人。1947年在东北民主联军九纵25师宣传队乐队工作。1950年调46军文工团乐队。1956年转业调中央歌舞团民乐队，先后任副队长、队长。1958年赴日本演出。1960年赴南美、古巴等四国访问。1963年赴苏联等东欧四国演出。作品有民乐合奏《秧歌会》中唢呐独奏《草原新歌》。1959年为《花伞舞》配器，后在第七届世界青年联欢节演出获银质奖章。《秧歌会》1960年由中国唱片社出版发行。

赵维峰（1956— ）

作曲家。河北人。青海师范大学艺术系副教授。撰有《安康藏族民歌概述》《土族民俗及民俗音乐》等文，并创作大量音乐作品，其中歌曲《草原月夜》被选入中央音乐学院声乐教材，器乐组曲《民族音画集》以及钢琴组曲《撒拉族风情速写》由中央电视台录制并播出。

赵伟明（1957— ）

长号演奏家。辽宁丹东人。军乐团一队乐队副首席、长号首席及声部长，独奏演员。1972年考入解放军军乐团学习长号，1976年以优异成绩毕业。参加1997年香港回归交接仪式、国庆35周年大典、外事欢迎仪式和伴宴演奏工作。随团出访日本、法国，随中国艺术团出访澳门参加艺术节。1992年全军文艺汇演获一等奖。已录制上百部电视剧，为中央电视台及多个地方台的春节晚会录制有大量歌曲。

赵文芳（1943— ）

女高音歌唱家。北京通州人。1968年毕业于中国音乐学院声乐系。中国交响乐团声乐演员。曾多次参加"七一""十一"国家庆典及接待外宾的演出。为众多电影、电视剧录音并出版音带。1987至1989年在葡萄牙工作期间参加贝多芬交响乐音乐会等演出。为首届首都合唱节的组织者之一。曾随团赴香港、澳门、台湾等地演出。

赵文娟（1963— ）

女音乐声学家。河北平山人。1984年毕业于甘肃工业大学。中国艺术研究院音乐研究所高级工程师。论文《曾侯乙编钟音高再测量兼及测音工作标准化问题》《阿炳所奏"二泉映月"的音律研究》（合作），发表于《中国音乐学》。电子出版物有《曾侯乙编钟》《中国文化艺术》（均为合作），完成课题《中国乐器音色库》《计算机辅助五线谱制谱系统》《音乐新技术综合研究》《编钟测量系统》《中华和钟》等。

赵文美（1943— ）

女二胡演奏家。安徽亳州人。1964年毕业于中国音乐学院附中二胡专业，同年进入中国广播民族乐团，1985年起兼任团业务秘书。曾赴日本、新加坡、泰国及香港、澳门、台湾等国家和地区演出。先后在北京市西城区、东城区、朝阳区、海淀区、大兴区、平谷县等多所学校担任业余二胡教学。1987年起担任北京市西城区教委校外教育艺术顾问。1999年受到中国音协表彰。

赵希孟（1933— ）

音乐理论家。河北卢龙人。1956年始从事民间音乐研究和歌曲创作。后在伊春市文化局工作。著有《谈东北林区劳动号子音乐》，作有歌曲《森林号子联唱》等。

赵祥生（1939— ）

音乐教育家、大提琴教授。上海人。1952年考入中央音乐学院少年班学习大提琴、钢琴。1956年参加全国第一届音乐周演出，并被拍成电影参加国际"儿童电影节"比赛。1959年参加"贝多芬第九交响乐"等在人民大会堂的中国首演。1959年起兼任中央音乐学院附中大提琴主课教学。1962年毕业于中央音乐学院，同年"支边"到广西艺术学院任教至今。曾出访美国、法国、意大利、德国、奥地利等国家交流、考察。曾任广西文化艺术界首届高级专业职称评审委员会评委、广西高校教师高级专业职称评委会委员。有论文入选《怎样提高大提琴演奏水平》，专著有《实用大提琴曲集》。

赵小滨（1945— ）

女高音歌唱家。满族。黑龙江哈尔滨人。1968年毕业于中国音乐学院声乐系。任中国电影乐团独唱演员。演唱有《我站在铁索桥上》《渔光曲》。

赵小光（1946— ）

小号演奏家、作曲家。河北阜平人。12岁创作乐曲《愉快的劳动》（与人合作），获四川群众文艺汇演创作奖。师从夏之秋教授和柏林教授学习小号，1965年毕业于中央音乐学院附中小号专业，任空政文工团小号演奏员。自创自奏的小号独奏《陕北秋音主题随想曲》被选为中央音乐学院小号考级教材第九级。歌曲作品有《文明花儿开》《中国，我可爱的家乡》《升起来了》等，撰写论文《小号演奏中的呼吸与音准》《我国青少年铜管训练的一些问题》，曾为管弦乐队、管乐队、电声乐队、民乐队配器百余首。

赵小平（1960— ）

音乐教育家。湖南衡阳人。1983年毕业于湖南师范大学音乐系，1986至1988年在上海音乐学院声乐系助教研究生课程班学习。发表论文有湖南师范大学音乐学院教授。湖南省音协副主席、声乐艺术委员会会长，省文联委员。发表有《高师声乐教改初探》《跨世纪的音乐家——威尔第和他的〈茶花女〉》《丁善德和他的歌曲〈想亲娘〉》《论歌唱中的投情体验与抒情体现》等文。曾获全国性专业歌手比赛三等奖，湖南省专业歌手比赛一等奖。曾赴波兰、德国、马来西亚演出。2008年在新加坡维多利亚音乐厅举办个人独唱音乐会。

赵小也（1956— ）

作曲家。河南镇平人。1981年毕业于西安音乐学院钢琴专业。曾任西安市歌舞团、兰州军区战斗歌舞团演奏员。1990年任全总文工团创作室副主任。作有电影音乐《大进军——解放大西北》《塬上的太阳》《劲舞苍穹》《无证》《大沙暴》等十余部，作有纪录片《中华文明》等6部音乐。创作有交响组曲《兰色的梦》（合作），CD《敦煌印象》《天地之间》，电视连续剧《仰望昆仑》《水浒少年》和交响大合唱《莘莘学子奉献中华》等。

赵晓爱（1954— ）

女音乐教育家。广东汕头人。汕头大学艺术教育中心主任，全国高等音乐教育学会理事。1971年参加工作，就职于内蒙古托克托县乌兰牧骑。1982年于内蒙古大艺术系毕业后到华北化工学院、华北航天工业学院任教。讲授《合唱与指挥》《中外名曲赏析》等课程。发表论文《普通高校音乐教育初探》《音乐的德育功能》等。经常参加一些大型文艺演出，曾多次获奖。

赵晓东（1949— ）

音乐教育家。吉林人。毕业于吉林师范学院音乐系留校任教，后任系主任、艺术学院院长。吉林省音协理事，市文联副主席，市音协主席。曾赴吉林艺术学院、中央音乐学院进修音乐理论。主编《音乐赏析》教材。发表有《教无定法，贵在创新》等文。曾策划、组织"贺绿汀百年诞辰作品音乐会"、吉林市"热爱家乡赞美江城"十大金曲征评大赛、吉林市音乐舞蹈艺术节等大型活动。

赵晓华（1954— ）

女高音歌唱家。陕西人。1982年毕业于西安音乐学院声乐系，同年入陕西省乐团合唱队。曾参演"西北音乐周塞上音乐会"，在郑小瑛指挥的《贝多芬第九交响曲》中曾担任领唱，在西安音乐学院曾举办个人独唱音乐会。1988年赴京师从郭淑珍教授。曾获"全国聂耳、冼星海声乐作品比赛"优秀奖，多次在省市声乐比赛中获奖。受聘担任西安音乐学院客座教师。

Z

赵晓南（1949— ）

作曲家、教育家。河南人。1988年毕业于河南大学音乐系，2001年毕业于河南师大音乐系。后为黄河科技学院音乐学院副教授、新乡市文化艺术学校高级讲师。作有合唱《党啊，我们永远跟你走》《永远和你风雨同舟》，唢呐曲《麦场新歌》《卫水情》，唢呐四重奏《甜水进山村》，歌曲《我是打工山里妹》，民乐合奏《嗑瓜子》，四重奏《红梅昂首风搅雪》，二胡协奏曲《桑林怨·读〈诗经·卫风·氓〉》，《第一唢呐协奏曲》，单簧管曲《离离原上草》《g小调单簧管协奏曲》《河南民谣变奏曲》，管弦乐《姹紫嫣红》《喜庆》，撰有《减七和弦——三条变色龙》《第一交响曲·梦回河南》。编有《中国音乐欣赏教学课件》等。

赵晓生（1945— ）

作曲家。上海人。1967年毕业于上海音乐学院钢琴系。1981年毕业于该院作曲研究生班。1981至1984年赴美密苏里歌伦比亚大学进修。曾在上海音乐学院任教。作有钢琴曲《太极》，获1987年上海国际音乐比赛一等奖。

赵新太（1947— ）

指挥家、作曲家。河北邯郸人。毕业于上海音乐学院作曲指挥系。汕头海洋音像出版社社长助理、汕头市音协副主席。曾任河北邯郸歌舞团、湖南邵阳歌舞团、湖南省广播乐团指挥。1988年调汕头，先后组建汕头海洋艺术团并任团长、汕头爱乐交响乐团任团长、音乐总监，并兼任汕头爱乐民乐团指挥。曾指挥演出大量歌剧、舞剧、交响乐及歌舞音乐作品，如"庆祝秋收起义50周年音乐会"，"贝多芬第七交响曲"等。所创作品有管弦乐《酒歌》，交响组曲《湘画三帧》，歌曲《瑶山瑶水好地方》，歌剧音乐《猎狼》等，曾在全国、省市多次获奖。

赵新天（1970— ）

女音乐教育家。山东邹平人。山东省艺术馆培训部主任。先后毕业于山东师范大学艺术系与中央音乐学院音乐学系。曾参与策划、组织山东省农民文化艺术节、山东省少儿艺术大赛、山东省声乐舞蹈大赛等文艺活动和演出，为电视片《长生泉》创作主题歌并多次为参加省级汇演、重要演出担任钢琴伴奏，培养的多名学生在全国、省、市各级比赛中获奖。撰有《带领孩子走进艺术的殿堂》《梦幻的神秘色彩》等文，其中《论音乐教育与人的素质》获第三届"蒲公英"论文金奖。

赵兴泉（1931— ）

男高音歌唱家。辽宁大连人。1949年始从事部队文艺工作。1962年入上海音乐研究所进修。后任济南军区歌舞团声乐指导。音协山东分会声乐研究会副主任。

赵行达（1919—2008）

作曲家。湖北武汉人。30年代从师张肖虎学习和声作曲及单簧管。1945年毕业于北京师范大学音乐系，从师江文也。又先后考入北大、清华外文系。1948年受聘留清华大学任教。1955年调中央民族歌舞团创作研究室。

作品有民族管弦乐曲《雅鲁藏布之歌》，钢琴五重奏《鹰之歌》，弦乐四重奏《行板与快板》，歌剧《金桥银路》（合作），歌曲《昙花》，舞蹈音乐《高飞吧小孔雀》《莲花女》《格桑花》《奴隶之歌》。1964年参加音乐舞蹈史诗《东方红》音乐创作。

赵行道（1921— ）

作曲家、音乐教育家。湖北汉阳人。曾任中央音乐学院作曲系教授、研究生导师、系副主任。1950年毕业于北京燕京大学音乐理论作曲专业。长期执教于中央音乐学院、中国音乐学院作曲系，担任和声、曲式与作品分析、作曲等课程的教学，培养众多学生。翻译《基础和声学》等教材，发表《歌曲创作的基本理论》等系列文章，专著《器乐曲创作的基本理论》等。作有钢琴小组曲《纺车》，混声合唱曲《建设大西北》，童声合唱曲集《苗圃之歌》等。

赵修萍（1941— ）

二胡演奏家。山东淄博人。曾任山东济宁艺校音乐教研室主任。1959年入济宁地区歌舞团，并赴南京前线歌舞团师从二胡演奏家张锐学习，后回团任演奏员。1999年在济宁举办"赵修萍从艺40周年二胡演奏会"。所培养的学生多人考入上海戏剧学院、解放军艺术学院、西安音乐学院等艺术等院校。

赵秀兰（1961— ）

女歌唱家。山东人。1975年考入武夷山市文工团，1985年调入福建省武警总队文工团任独唱演员，1988年师从王品素教授学习声乐。曾在福建电视台播出个人演唱专辑4集，省广播电台播出个人演唱专辑2集，并在"海峡之声"电台播出个人演唱专辑。1990年获武警总部首届文艺调演一等奖，参加中央电视台"五洲杯"青歌赛获民族唱法三等奖。演唱《美丽的闽南》《红军田》《武夷山景水中看》《鸳鸯的故乡》，为大型系列电视剧《聊斋》中《鲁宫女》《狐侠》等多集配唱主题歌、插曲。

赵学廉（1941— ）

大提琴演奏家。天津人。1959年毕业于中央音乐学院管弦系。曾任中央乐团演奏员。曾随独奏、独唱小组赴港澳演出。编有教材《大提琴音阶琶音练习》。

赵雪华（1949— ）

歌唱家。满族。辽宁沈阳人。1970年毕业于内蒙师大音乐系，获音乐教育硕士学位。先后在呼盟民族歌舞团及音乐院校任教声乐、舞蹈等专业课程，副教授。参加创作并获奖的作品有歌舞剧《草原小姐妹》，歌剧《草原红鹰》，古典舞《春江花月夜》《敦煌乐舞》《同是龙的故乡人》及多个民族的歌舞节目。撰写音乐论文及科研课题三十余篇。曾获忠诚音乐教育事业—美育园丁荣誉证书。

赵延善（1935— ）

作曲家。白族。云南大理人。中国合唱协会理事、云南省音协合唱学会和管乐学会副会长。1949年参加革命，

1953年从事专业音乐工作，1957年毕业于解放军总参军乐（指挥）学校。曾任演奏员、创作员，昆明军区歌舞团团长，文工团团长。创作歌曲有《彝家歌唱共产党》（合作），《铃声是我们欢乐的歌唱》，组歌《两山颂》《情洒南疆》，器乐曲《美丽的南疆》《红河情思》《喜庆进行曲》（合作），《南疆颂》《老山兰随想曲》。在1993年中国第三届艺术节开幕式上担任三千人合唱乐团指挥。

赵砚臣（1939— ）

二胡教育家。河北昌黎人。1956年入中央音乐学院附中学习。1959年毕业留校工作。后任天津音乐学院音乐研究所副所长、副教授。著有《二胡基础训练》《广东音乐高胡技法》（合作），《怎样演奏二胡》。

赵艳芳（1961— ）

女扬琴演奏家、教育家。白族。云南大理人。1982年毕业于云南艺术学院音乐系，留校任教。1987年考入西安音乐学院民乐系扬琴演奏与教育专业研究生班。后任厦门大学音乐系主任。多次举办"赵艳芳扬琴独奏音乐会"。出版个人演奏专辑《皓腕凝霜雪》，著有《中国现代专业扬琴教学与研究》，编写《扬琴考级训练问答》，主编《中国扬琴考级曲集》等教材。撰写《中国扬琴文化内涵的探寻》《再论扬琴的文化内涵——世界性与中国品格》等文。2004年在厦门组织和承办第三届中国扬琴艺术研讨会。2006年率学生参加第八届世界扬琴大会并作专场演出。

赵扬琴（1961— ）

女扬琴演奏家。江苏徐州人。1982年毕业于南京师范大学音乐系，后留校任教。曾获全国民族器乐独奏观摩演出优秀表演奖。1987年获江苏首届音舞节优秀演奏奖。

赵一沨（1936— ）

词曲作家。陕西华县人。1957年毕业于西北师范大学音乐系。曾任文工团作曲、指挥、艺术指导。曾创办《咸阳音乐报》。主编"民歌集成""器乐曲集成"陕西卷（咸阳卷），参与《万忠院唢呐曲集》的编撰工作。发表有《咸阳地区民歌概述》《咸阳市民间器乐曲概论》等文。词作有《我的理想多美好》《家乡的歌》，并作有《团结就是力量，团结就是胜利》《总理带头办线线》等歌曲，另有歌剧、歌舞音乐《赶花轿》《劈山救母》，组歌《槐屏青松》（合作）及器乐曲《延安精神颂》。

赵义民（1931— ）

作曲家。辽宁凌源人。1947年从事文艺工作。1953年入东北音专理论作曲系进修。任河北歌舞剧院院长。音协河北分会第四届副主席。作有歌曲《落叶，哪里去了》，歌剧音乐《园林好》（合作）。

赵易山（1966— ）

音乐教育家。北京人。中央音乐学院教务处处长。1989年毕业于中央音乐学院作曲系。合作撰有《电脑网络时代的视唱练耳》《视唱练耳教学的数字化进程》等文，出版《希望之声电子琴综合音乐教程》《视唱练耳》等书

籍。编有中央音乐学院内部教材《初级交响乐作品实用听觉教程》《初级乐队作品实用听觉教程》等。曾任全国青年歌手电视大奖赛综合素质评委。

赵英明（1938— ）

女高音歌唱家。四川人。1966年毕业于沈阳音乐学院声乐系。在天津乐团工作。曾在歌剧《星星之火》《青林密信》中饰主角。多次举行独唱音乐会。

赵营忠（1942— ）

歌唱家。山东人。1959年任营口市歌舞团独唱演员，1962年入辽宁省歌舞团，1964年任前进歌舞团独唱演员，后任歌队队长。演唱歌曲有《克拉玛依之歌》《举杯祝贺》《我见到了毛主席》等。曾参演歌剧《柯山红日》《货郎与小姐》《小二黑结婚》。在歌舞《洗衣歌》、表演唱《拉练路上炉火红》及歌舞剧《幸福水》中担任主角。参加男声四重唱《我们的海岛好》等7首歌曲为团中保留节目。撰有《歌唱的心理卫生》《声乐艺术欣赏的心理特点》。

赵颖睿（1958— ）

作曲家。满族。黑龙江人。1998年获中央人民广播电台颁发的中国广播奖银奖，1999年有两首歌曲获文化部颁发的"群星奖"金奖。

赵永诚（1938— ）

男中音歌唱家。山东掖县人。1953年入东北人民艺术剧院。曾任中央乐团合唱队员，北京音乐厅事业部副主任。

赵永光（1941— ）

女作曲家。山东人。任职于合肥水泥研究设计院。作品多次获奖。《因为有了你》获"全国主旋律征歌"优秀奖，《相爱百年》获"龙凤呈祥中华婚礼庆典入选歌曲"优胜奖，《艺术中国》在原创歌曲大赛中获三等奖，《激情北京》首届新创歌曲选拔活动获二等奖。另作有及大型音乐舞蹈组歌《淮河放歌》。

赵永红（1948— ）

作曲家。藏族。甘肃天祝人。1966年毕业于西北民族学院。在天祝县电影发行放映管理站工作。作有歌曲《北京"曼巴"到草原》，表演唱《选出的队长俺信得过》。

赵永顺（1944— ）

作曲家。安徽蚌埠人。曾为安徽省宿州市音舞协主席。1970年任宿县地区文工团作曲、副团长，1981年任宿县地区文联秘书。曾在中国函授音乐学院理论作曲系毕业。发表《杏花湾》《战友情》《朱德的扁担》等歌曲三十多首。童声合唱《妈妈教我剪窗花》获安徽省委宣传部颁发的一等奖，女声独唱《忘不了您》获第八届安徽省"五个一工程"歌曲创作入围奖。

赵咏山（1936— ）

作曲家。北京人。1961年毕业于中央音乐学院。曾任

中央民族乐团副团长。作有民族乐队组曲《侗乡速写》，舞剧音乐《长恨歌》，京剧音乐《苗岭风雷》。

赵羽儿（1961— ）

女大提琴演奏家。上海人。1984年毕业于中央音乐学院。1982年参加英国朴茨茅斯国际弦乐四重奏比赛并获奖。1984年入上海交响乐团。1987年获美国北伊利诺斯州立大学音乐学院大提琴专业硕士学位。

赵雨薇（1973— ）

女高音歌唱家。湖北武汉人。1995年毕业于武汉音乐学院音乐系、后入中国音乐学院进修，2006年毕业于首师大音乐学院声乐系，获硕士学位。曾任湖北武警文工团教导员，2003年在华中师大音乐学院声乐系任副教授。撰有《浅析歌剧〈原野〉中金子的人物塑造及主要唱段的演唱处理》《走出信息化音乐课程资源的误区》等文。1995年举办个人独唱音乐会，分别用四国原文演唱多部歌剧咏叹调、《神曲》及艺术歌曲和中国歌曲。1998年获"武警文艺奖"演唱一等奖。

赵玉凤（1924— ）

女戏曲演唱家。河南开封人。六岁起学河南坠子。1953年入中央广播说唱团。曾任教于上海音乐学院。1962年入开封市文工团工作。

赵玉华（1934— ）

女中音歌唱家。吉林九台人。1948年从事部队文艺工作。1953年入总政歌舞团合唱团。曾参加音乐舞蹈史诗《东方红》《中国革命之歌》演出。随团赴苏、罗、波、捷、朝等国访问演出。

赵玉良（1957— ）

大号演奏家。辽宁凤城人。解放军军乐团二队大号首席、声部长。1972年考入解放军军乐团学习，1976年毕业。曾于1993至1996年兼任军乐团学员队大号教员。参加数百次国内外重大司礼演奏任务，曾任1990年第十一届亚运会、1999年国庆大典联合军乐团大号声部长。先后随团赴泰国、芬兰、俄罗斯、德国及港澳地区演出，其大号齐奏《狗熊波尔卡》受到欢迎。1999年参与编辑出版《中国音乐学院大号考级教程》。

赵玉龙（1942— ）

作曲家。四川成都人。1966年毕业于中国音乐学院理论作曲系。1969年入峨嵋电影制片厂任作曲、音乐编辑，后调峨影乐团创作组。作有管弦乐曲《四川风光组曲》，歌剧音乐《仇侣》，弦乐合奏《高山流水》。为故事片《迟到的春天》《蛇寨》，电视剧《潮流》《女炊事班长》《朱德》《燃烧吧、海洋》等多部影视片、科教片、记录片作曲。发表论文《革命音乐、民族传统与外来形式》《谈谈故事片的音乐创作》等。曾参加《电影艺术词典》《中国电影论文集》《中国音乐家小传》的编写。

赵玉清（1942— ）

小提琴演奏家。回族。新疆乌鲁木齐人。1960年在新疆电影制片厂乐团任演奏员，1961年在新疆塔城专区文工团任乐队首席，1963年任新疆生产建设兵团歌舞团队长、乐队首席。70年代曾参加全军汇演与全国北京调演，1979年起曾参加自治区慰问团赴西藏、云南、贵州、四川以及赴广州、上海等地的演出，在以上的演出活动中均担任小提琴、艾捷克的演奏。

赵玉枢（1931—已故）

作曲家。吉林通化人。1947年从事部队文艺创作。后在海政歌舞团工作。作有歌曲《振兴中华》，管弦乐《相思树》，舞蹈音乐《战士游戏舞》。

赵玉堂（1942— ）

音乐教育家。江苏南通人。1964年毕业于南京师院音乐系。先后任南通中学艺术教研室主任、省音乐教育专业委员会理事、省中小学教材审查委员会委员、市音乐专业委员会主任、南通师院兼职教授。1986年创办全国第一个电子琴教学班，教学录像被选送联合国教科文组织并由中国教育电视台多次播放。主编、参编音乐教材37册。发表歌曲近二十首、论文三十余篇，作品多次获奖。1994年在北京获文化教育奖。被授予"南通市劳动模范""全国优秀教师"称号。

赵玉远（1955— ）

作曲家、民族器乐演奏家。山东青州人。潍坊市文艺创作室书记、创作员。曾任潍坊市文化局市场办主任等职。为《高山下的花环》《金沙江畔》等多部大型戏曲创作音乐并由山东电台播出。《朝阳沟内传》《元宵迷》的部分唱腔收入《山东吕剧研究》。1993年赴奥地利、维也纳等城市演出时表演唢呐、竹笛、笙一挑三等，并深入当地多所学校讲学。创作《对花》等吹打乐多首，其中《好日子》《翻身道情》获省一等奖。培养的演奏员数十人考入艺术院校。

赵玉斋（1923—1999）

古筝演奏家。山东郓城人。八岁开始学民间音乐。后拜"丝弦大王"王殿玉为师。1953年入沈阳音乐学院任教。曾在全国第一届音乐舞蹈会演获奖。出访过芬兰、瑞典、挪威、丹麦、捷克等国。编有《筝曲选集》《古筝曲集》等。

赵玉璋（1954— ）

歌唱家。满族。北京人。1978年毕业于北京艺术学校。历任北京文工团、中央民族乐团、中华全国总工会文工团独唱演员。曾在"新声新秀音乐会"中被评为"十大新秀"，在"北京新作品声乐比赛"中获美声唱法第一名及优秀演唱奖，在中央电视台大型音乐舞蹈交响诗"共和国的脊梁"中演唱自己作曲的歌曲《万岁！我的祖国》以及参加北京电视台大型音乐艺术片"建设者之歌"的演出。曾在广州举办独唱音乐会，并赴澳门等地演出。

动并出任声乐大赛评委。

钟碧为（1929— ）

女声乐教育家。广西钟山人。1952年毕业于广西艺术专科学校。后为武汉音乐学院声乐讲师。撰有《浅谈"美声"与声乐学派的关系》及《声乐基本知识》。曾多次在河南各地讲学。培养声乐学生多人已成为音乐院校、专业文艺团体骨干，多人次在全国及省市比赛中获奖。

钟春森（1939— ）

音乐编辑家。江西全南人。1963年毕业于北京广播学院文艺专业，后入中央人民广播电台工作。为中央台文艺部副主任、主任编辑。

钟代福（1945— ）

作曲家。四川营山人。南充市音研会常务理事。历任营山中学文艺组长、营山师范艺术组长。1982年获省教委表彰。1988年毕业于中国函授音乐学院。发表歌曲《中华之恋》，歌词《教师之歌》，论文《音乐与智力》等多件。编著出版《校园歌曲》等13部。

钟德珍（1944— ）

女大提琴教育家。湖北武汉人。曾任武汉音乐学院管弦系教研室主任。1967年毕业于湖北艺术学院管弦系。曾任咸丰县文工团副团长。学生在国内外大提琴比赛中获奖。撰有论文《论大提琴发音的共振、共鸣及泛音系统》。自编自演的大提琴独奏曲《河南曲子风》《宝贝》由电台播出。先后受聘于第三届全国大提琴比赛评委、美国蒙哥马利交响乐团冬季大提琴艺术节总监。

钟登齐（1947— ）

大提琴演奏家。四川成都人。1974年毕业于四川音乐学院大提琴专业，后在中央音乐学院进修。1970年始在成都歌舞剧院交响乐团任首席大提琴。参加本院《红色娘子军》《白毛女》《沂蒙颂》《草原英雄小姐妹》《小刀会》《卓瓦桑姆》等舞剧、歌剧、交响音乐会、室内乐音乐会、歌舞晚会的演出。参加与指挥家、歌唱家、演奏家在成都的演出，均担任大提琴首席。曾在成都、德阳举行两套曲目的个人独奏音乐会共三十余场。所教大提琴学生多名被全国、省重点中学录取。2002年获成都市"园丁奖"。有数十篇音乐会评价文章在报刊发表。

钟定权（1934—2002）

作曲家。江西信丰人。1951年入赣南采茶剧团从事戏曲作曲及二胡演奏。担任采茶戏《茶童戏主》《莲妹子》《家》音乐设计。在省文化厅举办的第一届戏剧汇演中《俏妹子》获演奏一等奖，在华东第二届青年戏曲汇演中作曲的双人舞《引蝶》获音乐创作奖，在第二届玉茗花戏剧节中为《烽火奇缘》作曲获一等奖。

钟光全（1937— ）

二胡演奏家。重庆人。曾任中国音协第五届理事、重庆音协副主席。1954年任西南人民艺术剧院歌舞剧团二胡演奏员。1955至1957年在西南音专进修。《中国民族民间器乐曲集成·重庆卷》常务副主编兼办公室主任，《中国民族民间器乐曲集成·四川卷》编委、锣鼓乐责编及"锣鼓乐释文"撰稿，《中国佛教音乐标准曲谱》编委，《佛教文化百科》撰稿人之一。主编《黄杨扁担》《秀山花灯歌曲选》《重庆创作新歌选》。著有《宗教音乐研究》《重庆民俗与道教科仪音乐》《重庆民间器乐艺术特征析》《大山里的天籁》《乐林独步》。发表文稿八十余篇。1989年获四川省集成志书表彰会先进个人奖。

钟国荣（1928— ）

声乐教育家。上海人。曾任内蒙古艺术学院声乐教研室主任。早年参加上海市银钞业合唱团、华联同乐会合唱团、益友社合唱团。1946年参与并组建新声合唱团。1950年入上海音乐学院声乐系。毕业后入中央实验歌剧院二团任演员。1957年支边内蒙古艺术学院任声乐教员，兼职内蒙古师大，社会音院内蒙分院。

钟惠嫦（1955— ）

女中提琴演奏家。广东人。1975年毕业于广东人民艺术学院。广州交响乐团中提琴演奏员。随团与国内外著名指挥家和演奏家成功合作演出一系列作品。曾多次赴港、澳参加艺术节。曾参加1993年全国首届指挥比赛、北京国际音乐节与赴韩国、奥地利、德国、巴黎、荷兰、埃及等地的演出。与广东女高音歌唱家常安、男高音歌唱家吴哲铭合作的"梦之旅"三人演唱组，由太平洋影音公司录制《流淌的歌声》16辑。

钟建华（1943— ）

小提琴演奏家。湖南人。1968年毕业于中央音乐学院管弦系。1969年入中国京剧团任乐队首席。1973年入中央芭蕾舞团任副首席。曾在《天鹅湖》等舞剧中担任独奏乐段。

钟金亮（1955— ）

音乐教育家。四川人。江西上饶师范学院音乐系主任。1980、2000年分别毕业于赣南师院和江西师大音乐系。撰有《目标教学法在儿童钢琴教育中的应用》《音乐欣赏中的审美通感》等文。多次在省市音乐赛事获指导老师奖，其中有1988年上饶地区中小学文艺汇演，1991年上饶地区首届少年儿童电子琴大奖赛，1996年江西省中师声乐、器乐比赛等。

钟敬安（1943— ）

作曲家。四川宜宾人。1962年任演奏员、指挥，1972年从事专业作曲，1987年起任宜宾市歌舞剧团创作室主任。宜宾市音协名誉主席。先后创作歌剧3部、组舞1部及歌曲、器乐曲、舞蹈音乐数百件。获国家级奖3项，获省一、二等奖各3项，并有论文《清商调式简论》发表。

钟静蓬（1945— ）

男中音歌唱家。广西陆川人。1969年毕业于中央音乐学院声乐系。1973年入山东省歌舞团。1980年调全总文工团歌舞团。演唱有《咱们工人有力量》《我为祖国献石油》《满江红》《井冈山》《祖国，慈祥的母亲》《跳蚤之歌》《莫斯科郊外的晚上》《伏尔加船夫曲》《三套车》《我的太阳》《重归苏莲托》《负心人》《斗牛士之歌》等。曾举办个人独唱音乐会并在各类音乐会演出中担任独唱、领唱。

钟峻程（1954— ）

音乐教育家、作曲家。广东兴宁人。1988年毕业于武汉音乐学院作曲系研究生班。后在广西艺术学院音乐学院任教，教授、硕士生导师。多名学生创作的音乐作品在各类比赛中获奖。发表有《十二音体系的零值思辨》《现代和弦结构中的极音》等论文，编著有《基础乐理教程》。创作民族器乐曲《大山人》《遥远的山寨》《蜀道难》《喊山》等，多部作品及论文获奖。创立天韵音乐工作室并任音乐总监，为《红问号》《反伪先锋》《导游小姐》等电视连续剧创作和制作音乐。

钟立民（1925— ）

作曲家、音乐编辑家。江西南昌人。1947年毕业于中山大学外国语言文学系，后就读于广东艺专音乐科。1951年入中央音乐学院研究部为研究生。1953年调入中国音协《歌曲》编辑部，曾任副主编、编审。作有歌曲《美国黑孩子小杰克》《鼓浪屿之波》《我寻找你陶然亭》《火的记忆》《情爱香港》《风雨小楼，春光小道》等。《鼓浪屿之波》曾多次获奖，1998年获厦门文学艺术特别荣誉奖，其旋律在厦门市环岛路上用花岗岩刻成250米长的乐谱，被誉为"世界最长乐谱"。编辑、出版歌曲集有《马思聪歌曲选》（合编），《李焕之声乐作品选集》（责编），《渔光曲——安娥作词歌曲集》，30、40年代歌曲集《难忘的旋律》（主编）等。

钟林学（1954— ）

作曲家。满族。黑龙江绥化人。1971年入大庆文工团任演奏员，后任绥化市北林区群艺馆副馆长。作有大量歌曲。其中《小松鼠之歌》在全国第七届冬运会征歌中获一等奖。《我的黑土地》《包根布吉格》《百年三万六千天》《当代愚公》等分别获奖。《黑土赞歌》在黑龙江电视台2005年春节晚会上演唱，《放歌黑土地》《黑土恋歌》由中央电视台录制成MTV。论文《观念的嬗变与群众文化事业建设关系的探索》《大众化艺术的美学》在东北三省文艺论文评奖中分获一、二等奖。

钟龙宝（1933— ）

音乐编辑家、作曲家。广东人。曾任《椰林歌声》杂志主编。主编出版《五指山征歌获奖作品集》《海南民族歌选》，作有歌曲《每当我想起万泉河》《雷锋我们怀念您》《摇篮曲》《宝岛摇篮曲》《咱村姑娘爱孩子》。撰有《评黎家三月三的歌曲创作》《浅谈轻音乐》《浅谈音乐欣赏》《如何繁荣儿童音乐创作》。获奖作品有《故乡的槟榔树》《海上渔歌》《黎歌向着北京唱》《真诚保险的路》《小枣花的梦》。为电视风光片《文昌纪行》创作主题歌及音乐。海南电台曾播出歌曲专题并作介绍。

钟鸣达（1953— ）

男低音歌唱家、歌剧表演艺术家。北京人。1976年毕业于天津音乐学院。先后在美国声乐专家克拉拉瑞施女士专家班、中央歌剧院与国际声乐艺术院联合主办的国际歌剧大师班学习。2000年担任中央歌剧院歌剧团副团长。曾在歌剧《弄臣》《奥赛罗》《图兰朵》《卡门》《詹尼斯基奇》《女仆从》《费加罗的婚礼》《茶花女》《蝴蝶夫人》《驯悍记》《音乐人》，中国歌剧《草原之歌》《阿依古丽》《护花神》《第100个新娘》《热土》《马可波罗》中担任重要角色。多次在全国声乐大赛中获奖。2001年获文化部、广电部颁发的全国最佳组合金奖。

钟前英（1927— ）

作曲家。海南文昌人。1949年毕业于广东省艺专音乐系，后为中学高级教师。1955年写词作曲的《海南渔歌》被选送参加波兰华沙第五届世界青年联欢节歌曲竞赛。曾任海南大学、海口市七中等十余所大中院校音乐教师。出版有《钟前英歌曲选》。论文《拉小提琴会使人变为聪明》获国际优秀论文奖。2003年获首届海南省音乐"金椰奖"终身荣誉勋章。

钟清明（1943— ）

作曲家。湖北崇阳人。曾为湖北省通城县文化局创作室主任、咸宁地区音协副主席。1960年入武汉市干部训练班音乐科学习，后多次在武汉音乐学院等院校进修，曾参与湖北省艺术研究所《湖北省戏曲志》以及《中国戏曲音乐集成·湖北卷》的编辑工作。创作的双提琴曲《曲曲山路悠悠情》曾参加赴德访问演出，歌曲《醉金秋》获全国民间音乐舞蹈电视大赛三等奖。撰有论文《胡琴起源辩证》《传统曲法初探——以歌诗为基础的声腔发展原则》等被收入全国性音乐理论会议论文集。所研制的高筒提琴曾获湖北省文化厅科技进步一等奖。

钟庆民（1942— ）

作曲家。广西平乐人。广西歌舞团作曲。1964年毕业于广西艺术学院音乐系。创作有歌曲《壮族人民歌唱毛主席》《壮家少年热爱毛主席》《百灵鸟唱了》，电视剧音乐《爸爸妈妈和孩子》，民族器乐曲《踩趓歌》，舞蹈音乐《瑶山学》。曾为全国第四届民运会开幕式"民族之光"创作《金鼓齐鸣》《板鞋竞技》《瑶鼓风韵》《团结胜利》等歌曲。作有话剧音乐《李正海》《主课》，木偶剧音乐《小红哨》《红军标语》，电影纪录片音乐《春风杨柳遍壮乡》，中国首届艺术节歌曲《金色的火塘》等。多件作品获创作奖，有的作品录制唱片在电视台播放。

钟儒慧（1950— ）

二胡演奏家。湖南常德人。湖南省常德艺校器乐教研室教师。1987年毕业于江苏无锡艺专书法艺术科。撰有论文《时逢天命洽童年—王罗生二胡新作"童年"赏析》。曾担任花鼓戏《花打朝》《嘻队长》等十多部戏的主胡，在常德花鼓戏《尤二姐之死》担任二胡独奏，获省巡回演出季二等奖，在常德丝弦《喜笑颜开》中担任主胡，获省社会保险文艺调演一等奖，在大型现代花鼓戏《山里哥哥山里妹》中任二胡首席，获省"五个一工程"奖，在电视剧《愁眉笑脸》中任唱腔指导与主弦，获第19届全国电视剧"飞天奖"及中视戏曲展播戏曲电视一等奖。

钟善金（1963— ）

音乐教育家。江西南康人。东莞理工学院艺术系教授，赣州市音协副主席。1986年毕业于江西师大音乐学院音乐教育专业。1996年在厦门大学研究生院进修音乐教育专业硕士研究生课程。主持或参与国家、省、地级科研、教研课题十余项，在省级以上刊物发表论文、作品二十余篇（首），合作完成专著一部、参与编辑出版教材一部。

钟诗权（1932— ）

作曲家。江西龙南人。师范毕业，艺校结业。曾任剧团音乐指导、作曲、文化馆音乐干部。参与采编《中国民间歌曲集成·江西卷》《中国戏曲音乐集成·江西赣南分卷》《中国民族器乐曲集成·江西卷》等工作。歌曲《税务员之歌》《龙南春光》在全国"黄河口杯"大赛中分获铜奖，《道班旁边一条河》在全国"中国潮"大赛中获银奖。2001年出版《钟诗权音乐作品集》。

钟世申（1950— ）

小号演奏家。四川成都人。上海交响乐团小号演奏员。1969年毕业于上海音乐学院附中，同年入上海京剧团任演奏员。曾随团赴日本、美国等国家及香港地区演出。

钟世珍（1928— ）

女声乐教育家。四川璧山人。1944年在重庆西南美专音乐科学习，后在四川省立艺专音乐科学习声乐。1951年到重庆西南人民艺术学院实验剧团任声乐教员，1959年在重庆江北区文化馆任音乐专职干部。曾为重庆音协理事。多年来从事声乐教学、辅导及合唱训练，所教学生多人入专业表演艺术团体和考入音乐院校。在探索将传统唱法基本原理与民族传统相结合方面有一定收获。

钟绶华（1931— ）

女声乐教育家。江苏武进人。1956年毕业于华中师范大学音乐系。曾在武汉音乐学院声乐系任教。

钟淑芬（1933— ）

女声乐教育家。辽宁大连人。毕业于沈阳音乐学院声乐系。1949年从事文艺工作，曾在东北军区文工团担任独唱演员。1958年调入辽宁歌剧院，先后在歌剧《洪湖赤卫队》《红色种子》《草原烽火》中担任女主角。1972年起在大连歌舞团从事声乐教学，并任艺术指导。为文艺团体、艺术院校输送了数十名专业声乐人才，有的曾在国际、国内声乐大赛中获奖。2004年中国民族管弦乐学会授予"民族艺术终身成就奖"。

钟斯冰（1937— ）

作曲家。江西新余人。曾任高安采茶剧团、江西宜春地区采茶剧团作曲并为电影戏曲片《小保管上任》作曲。曾为江西省音协常务理事、宜春地区音舞协会主席、新余

市文化局艺术科科长兼音舞协会主席、市群艺馆馆长、市文联驻会副主席。创作的歌曲《前进在社会主义大道上》曾在《人民日报》上发表并由中央电台每周一歌教唱。

钟同荣（1936— ）

民族音乐编辑家。江西瑞金人。1955年起先后毕业于江西宁都师范高师部教育专业、江西文艺学院戏剧导演班、中国函授音乐学院音乐教育系。历任江西瑞金艺术大学音乐讲师、文化馆音乐舞蹈工作室主任、歌舞团作曲、导演、音乐指导和市音舞协常务副主席兼秘书长。采录客家山歌、号子、灯歌、小调、风俗歌和革命历史民歌千余首，中央苏区红军歌舞、表演唱28个。整理出版《中央苏区文艺资料汇编》《中央苏区民歌选编》共8集。出版百余件音乐舞蹈等文艺作品。

钟维国（1926—2008）

指挥家、音乐教育家。湖南浏阳人。曾任北京市少年宫合唱指挥教师、中国童声合唱研究会第一届常务副主任。1950年执教于湖南第一师范学校，曾发明竖键教具。著有《小学音乐教学研究》《童声合唱训练与指挥》，主编出版有《童声合唱歌选》《天元童声合唱歌曲集》《童声合唱教材》。1994年为国家教委主持的"全国中小学合唱比赛指导录像带"撰稿并任主讲。改编有《歌唱二小放牛郎》《蓝色的多瑙河》等童声合唱歌曲。作有《我的歌声快快飞吧》《叮咚圆舞曲》《奔向新世纪》《山间的小河》等歌曲及童声合唱曲。参加过多项重大演出活动，任指挥。

钟向安（1948— ）

手风琴演奏家。广东高州人。湛江市音协副主席、湛江市手风琴学会会长、中学高级教师。1982至1985年主办湛江地区中小幼音乐师资培训班。1995年创建湛江市手风琴协会，举办多届中国南方省（区）手风琴大赛。1995年获全国校园歌曲创作先进个人称号。出版有《儿童通俗手风琴教程》《走进校园——钟向安校园歌曲集》。在各级音乐刊物发表作品五十余件。

钟小威（1961— ）

钢琴教育家。广东兴宁人。1981、1998年先后毕业于赣南师专音乐系、星海音乐学院师范教育系。先后任教于江西省金南中学、广东梅州市师范学校、嘉应学院梅州师范分院。为高等院校培养大批合格音乐人才，并有多名学生成为音乐教育和群众文化普及和指导工作的骨干力量。指导学生参加各类音乐比赛、文艺调演，取得优异成绩。校歌《勤奋求实、文明进取》获省教委二等奖。撰有《谈合唱教学在学校素质教育中心作用》。

钟信明（1935— ）

作曲家、指挥家。广西桂平人。1956年毕业于中南音专作曲系，同年入上海音乐学院指挥系苏联专家班进修，1958年结业后到湖北艺术学院作曲系任教并兼学院交响乐团指挥、教授。作有交响曲《长江颂》《九歌》，第二交响曲、小提琴协奏曲《乡情》、庆典序曲、1997前奏曲、

笛子协奏曲《巴楚行》等十余部。多部作品在全国交响音乐作品比赛中获奖。曾兼任原中央乐团、上海交响乐团、上海电影乐团、武汉乐团指挥。1989年在北京举办个人交响乐作品音乐会，出版交响乐作品CD专辑。1991年获湖北省首届"文艺明星奖"。

钟旭来（1952— ）

双簧管演奏家。福建厦门人。厦门歌舞团副团长。1999年毕业于中央党校福建分校法律专业。撰有《双簧管的哨片与口型》《开拓中国歌剧艺术新天地》。担任双簧管演奏的木管五重奏获福建第八届音乐舞蹈节银奖，担任双簧管首席演奏的歌剧《阿美姑娘》于1997年获文华新剧目奖。在多场音乐会中担任首席双簧管演奏，其中有1998年卞祖善执棒的柴科夫斯基第六交响曲《悲怆》，1999年朱晖执棒的《莫扎特三十五交响曲》等。

钟义良（1933— ）

作曲家、音乐教育家。壮族。广西桂平人。1948年入广西艺专音乐科学习。1953年入中央广播民乐团工作。曾任广西艺术学院音乐系教师和南宁地区民族歌舞团音乐编导。作有乐曲《春诗》《龙灯》《赶路》，编著有《民乐配器法》《指挥知识》。

钟佑申（1932— ）

钢琴教育家。江苏无锡人。1955年毕业于上海华东师大音乐系。曾执教于内蒙古师范学院音乐系。发表《师范院校钢琴教学浅论》《对钢琴即兴伴奏教学的探索》等论文。1980年参加全国高校钢琴教材编写会议。1981年调安徽师大艺术学院，任键盘教研室副教授。培养一批音乐人才。曾演奏李斯特第六首匈牙利狂想曲及肖邦第一、第三叙事曲等，并担任安徽省钢琴业余考级评委。后致力于儿童钢琴教学，学生在1996年省"凯旋杯"钢琴大赛中分获四个组别中的一、二、三等奖。

钟泽骐（1938— ）

音乐学家。广西玉林人。1962年毕业于广西艺术学院音乐系。曾任广西艺术研究所音乐研究室副主任、研究员，《民族艺术》杂志社副主编，广西戏曲音乐学会会长。出版《广西戏曲音乐简论》《琴》等4部，发表学术论文、文艺评论、文艺随笔等二十余万字，创作戏曲音乐三十余部、器乐曲8首。1991年获第一届中国戏曲音乐"孔三传奖"。

钟哲亮（1938— ）

作曲家。台湾台北人。1959年始在厦门市文化馆工作。1980年任厦门市南乐团副团长。作有《台湾渔民的歌》《月亮月光光》等歌曲。

钟振发（1937— ）

男中音歌唱家。畲族。福建漳州人。1956年入福建省民间歌舞团。1961年入上海声乐研究所进修。曾任福建省歌舞剧院副院长。全国第六、七届政协委员。

钟子林（1933— ）

音乐学家。浙江杭州人。1949年在部队文工团、文工队任乐队演奏员。1956年考入中央音乐学院作曲系，三年后转音乐学系，1962年毕业留校任教。先后开设《中国民歌》《西方现代音乐》《美国流行音乐》《英语音乐文献阅读》等课程。所著《西方现代音乐概述》获中央音乐学院和文化部"优秀教材奖"，《摇滚乐的历史与风格》获中国高校人文社会科学"优秀成果奖"。2000年中央音乐学院建院50周年获"杰出贡献奖"。

仲 军（1958— ）

作曲家。吉林长春人。武警长春市支队副支队长。1994年毕业于吉林艺术学院作曲专业，1980年起开始从事音乐创作。多次为吉林省运动会开幕式等活动创作音乐，为多部影视节目创作主题歌，其中《你睡觉了》获全国警察之歌征集大赛三等奖，《长春我爱你》获中国长春电影节征歌金奖，《吉林武警之歌》获首届黄河口杯行业金曲展评大赛铜奖。

仲 伟（1921—已故）

女高音歌唱家。山东青岛人。1962年毕业于莫斯科柴科夫斯基音乐学院声乐系。曾任中国音乐学院学术委员会副主任、教授。先后六次获中国音乐学院的表彰奖励。北京市教育系统先进工作者。北京市第八届人大代表。

仲冬和（1939— ）

唢呐教育家。河北邢台人。1960年考入天津音乐学院器乐系主攻唢呐，兼学笙和打击乐。1965年毕业分配到山东艺术学院从事唢呐、笙、打击乐及吹打乐合奏课程的教学。教授、硕士研究生导师。发表论文论著有《吹戏艺术》《唢呐鼓吹与戏曲》《唢呐吹奏法》《爵士套鼓演奏艺术》等。获奖作品有《王小赶脚》《一枝花》《沂蒙小曲》《凤阳歌》等。撰文《坚持探求进取搞好唢呐教学》获省大学组三等奖。《唢呐论文集》获省文化厅、省艺术研究所举办的论著评选二等奖。

仲昭理（1949— ）

歌词作家。山东龙口人。1970年入福州军区前锋歌舞团，1986年调南京军区前线歌舞团，均为创作员。1992年转业至龙口市文化局任副局长。先后进修于中国音乐学院音乐文学班、北京大学中文系、福建省青年文学讲习班。发表歌词数百首，其中《我穿上了新军装》《年轻妈妈的心》《彩云飞》《九龙江流过的地方》《南京的风姿》《祖国，我向你倾诉》等五十余首在省级以上征歌中获奖。出版歌词集《山风海韵》。

周 斌（1934— ）

戏曲音乐理论家。河南淮阳人。曾在河南平顶山市文化局工作。作有豫尉音乐《芝麻官后传》，著有《戏曲润腔初探》《轻声韵研究》《真空教音乐》等。

周 斌（1952— ）

作曲家。江苏人。浙江歌舞团创作室作曲。歌曲《小

Z

城有一支歌》获上海文化局、广电局"首届通俗歌曲创作比赛"优秀奖，《我和新中国同龄》获1985年省电台、省音协"西湖征歌"一等奖，担任作曲的舞蹈《水乡小蓬船》1985年获"华东六省一市舞蹈比赛"二等奖、电视连续剧《华罗庚》获全国电视"金鹰奖"。重新编曲的越剧《西厢记》《白蛇传》《梁祝》等及部分歌曲录制唱片和盒带出版发行。

周 波（1934— ）

作曲家。湖南醴陵人。1950年始从事音乐工作。后在江西省歌舞团任作曲。作有器乐曲《鄱湖渔歌》、舞蹈音乐《踏青》等。

周 畅（1931— ）

音乐学家、音乐教育家。广东大埔人。厦门大学音乐系教授、研究生导师。1956年毕业于中央音乐学院声乐系。第八、九届全国政协委员，第七、八届福建省政协副主席。历任湖北艺术学院副教授，厦门大学音乐系主任，福建省音协副主席。专著有《音乐与美学》，合编《中国现当代音乐家与作品》。

周 方（1919—1992）

作曲家。河北乐亭人。早年就读于燕京大学音乐系，1949年毕业于北京师范大学音乐系。1945年开始从事部队音乐工作，曾任广州军区歌舞团艺术指导。作有小歌剧《金凤树开花》。曾参加音乐舞蹈史诗《东方红》作曲组工作。

周 芳（1970— ）

女歌唱家。黑龙江哈尔滨人。总政歌剧团演员。1989年入伍，2003年毕业于解放军艺术学院音乐系、硕士研究生，解放军艺术学院客座教授。中华全国青联委员。2002年举办个人独唱音乐会，在《克里木参军》《党的女儿》《玉鸟兵站》等多部歌剧中饰演主要角色，1998年获文化部举办的"新人新作"声乐比赛金奖，1999年获全军文艺汇演特别奖。

周 枫（1928— ）

音乐文学翻译家。四川江津人，毕业于同济大学，后在上海乐团艺术室工作多年。曾任上海音协理事。长期从事外国歌剧和声乐作品的翻译介绍，配译过《阿伊达》《托斯卡》《蝙蝠》《风流寡妇》等十余部歌剧和一些片断。出版过《被出卖的新娘》《弄臣》《卡门》《黑桃皇后》《外国歌剧选曲集》（五集）《外国歌剧重唱经典》（三集）《意大利歌曲108首》《17—18世纪歌曲》《外国声乐作品选》等二十余种歌剧、歌剧选曲和歌曲集。译配过《创世纪》《弥赛亚》《欢乐颂》等大、中型合唱作品。撰文三十余篇。

周 歌（1941— ）

作曲家、歌唱家。辽宁大连人。曾任黑龙江省歌舞团编导、作曲、独唱。省老干部艺术团指挥。在为许多国外元首及中央领导的演出中担任《八木小调》《果园

新歌》等节目独唱及领唱。1965年自编自唱的歌曲《从北京到越南》在战地广为流传。所演唱的《都说雷锋回来了》等多首歌曲被省市电台选为"每周一歌"。发表有《白鸽》《井冈儿女歌唱朱总司令》《大地之魂》等歌曲。

周 皓（1929— ）

二胡演奏家。上海人。曾为中国音协胡琴专业委员会顾问、上海音乐学院二胡考级常任评委、上海音协二胡专业委员会常务理事。早年毕业于东吴大学法学院，后潜心钻研江南丝竹和古典音乐。曾任上海民族乐团二胡首席及独奏演员，兼任上海音乐学院二胡教师。合编的《孙文明二胡曲集》由香港上海书局出版，合作录制的江南丝竹音带、CD盘在海内外发行。

周 皓（1959— ）

女歌唱家、声乐教育家。辽宁沈阳人。1978年任沈阳歌舞团独唱演员，2006年任沈阳大学教授。1990年毕业于沈阳音乐学院声乐系。曾获全国"五洲杯"青年歌手电视大奖赛专业组通俗唱法优秀奖。1989年参加文化部举办的全国流行歌曲优秀歌手选拔赛，获"中国流行歌曲十大歌唱国手"之一称号，同年获中国音协举办的全国十五省市青年歌手大赛三等奖。1989年举办个人演唱会。1991年参加中央电视台春节晚会。多次出国访问交流演出。撰写论文十余篇。

周 洪（1935— ）

指挥家、作曲家。北京人。中国音协音乐教育委员会委员。1949年参加部队文工团，担任过乐队小提琴首席。1959年入哈尔滨艺术学院习理论作曲。1963年调入黑龙江省歌舞团任指挥。1990年任广东省音协党组副书记主持工作。作品有合唱《亚非团结之歌》，男声合唱《赫哲渔歌》，女声独唱《贫农女儿回乡来》，舞蹈音乐《鱼水情深》，杂技音乐《溜冰》。组织"哈尔滨音乐之夏""全国民歌新作新唱大赛""全国少年儿童歌曲评奖"等大型音乐活动。

周 虹（1956— ）

作曲家、音乐活动家。天津人。1989年毕业于中央音乐学院干专班。中国音协第六、七届理事、河南歌舞剧演艺集团董事长、河南省音协主席。曾于1989年在北京举办"周虹交响作品音乐会"。作有第一交响曲《清明上河》，第二交响曲《中国舞曲》，交响变奏曲《传说·巫·神·祭·舞》《第一大提琴幻想曲》，二胡协奏曲《太行随想》，古筝与管弦乐《禹之灵》等几十部音乐作品及《五男二女》《商都摇滚》等大量电视音乐。曾为国际少林武术节开幕式及中国洛阳牡丹花会开幕式作曲。《金秋颂》《禹之灵》获文化部第四、五届"群星奖"银奖，歌曲《星光灿烂》《小浪底移民组歌》《共产党人》分获"五个一工程"奖及全国征歌一等奖，舞蹈音乐《愚公魂》获第十届"群星奖"金奖。连续五届获河南省文学艺术优秀成果奖。2002年应邀为央视"七一"晚会《黄河儿女》创作交响作品《红旗渠颂》。交响音诗《大河情

思》在维也纳金色大厅演出。

周 鸿（1955— ）

女音乐教育家。河南人。毕业于河南大学艺术系主修声乐，后在中国音乐学院进修。曾在学校工作多年后调河南新乡市群艺馆。长期致力于群众文化工作。曾多次参与省、市级举办的声乐比赛并获优秀辅导奖、伯乐奖、个人辅导一等奖。论文多篇入选有关论文集，多篇获一、二、三等奖。学生多次参加省、市国家级比赛并获金、银、铜奖。

周 吉（1942—2008）

作曲家、音乐学家。江苏宜兴人。曾任新疆艺术研究所副所长、研究员。中国音协理事、中国传统音乐学会副会长、新疆维吾尔自治区音协副主席。1959年考入新疆话剧团乐队任演奏员，1973年后任新疆歌剧团作曲、指挥。作有歌曲《天山青松根连根》《梦驰天山》，管弦乐曲《纳瓦木卡姆主题随想》，大型乐舞《龟兹古韵》，维吾尔族歌剧音乐《红灯记》《艾里甫与赛乃姆》。参与创作的大型歌舞《天山彩虹》《木卡姆先驱》获文化部“文华奖”新剧目奖、音乐创作奖，《古兰木罕》获中宣部“五个一工程”奖。多次应邀参加国际国内音乐理论研讨会，发表论文《绿洲文化背景上的木卡姆音乐现象》《关于古丝路音乐研究的几点思考》数十篇。整理、研究新疆维吾尔族大型古典套曲《十二木卡姆》，出版专著《丝绸之路的音乐文化》《维吾尔族音乐史》《维吾尔族伊斯兰教礼仪音乐》。

周 菁（1943— ）

女曲艺演唱家。河北宣化人。曾为中国广播艺术团说唱团二人转演员。1962年毕业于中央音乐学院附中声乐专业，录制有二人转、山东琴书、河南坠子、西河大鼓曲目数十首。参加过《中华大家唱卡拉OK曲库》系列音乐专辑的录制，为多部影视作品配唱，出版有演唱专辑《二人转小调》，《二人转单出头》等。创编二人转曲目十多首，并在中央戏剧学院讲授二人转课程。

周 力（1954— ）

音乐教育家。黑龙江哈尔滨人。哈尔滨市动力文化学校特级音乐教师。国家教育部艺术教育委员会委员、哈市音协副主席。毕业于哈尔滨教育学院音乐系。从教以来曾5次代表黑龙江省参加全国音乐教学大赛及交流，并做现场执教。曾获省、市教学成果一等奖。1989年被评为全国优秀教师。1998年指导的哈市童声合唱艺术团获文化部首届合唱比赛一等奖，2000年获北京第五届国际合唱节金奖，2002年获第二届国际奥林匹克合唱比赛银奖。

周 玲（1959— ）

女高音歌唱家。湖南长沙人。西安音乐学院声乐系教授、硕士研究生导师。陕西音协理事及音教委副主任。意大利总统授予的“仁慧之星”骑士勋章获得者。1986年毕业于西安音乐学院声乐系。1993年毕业于意大利帕多瓦·波里尼国立音乐学院，获声乐艺术家最高学位。获陕西“有突出贡献的留学回国人员”“青年音乐家”称号。学生多人在国内外声乐比赛中获奖。多次出任国际国内声乐赛事评委。编写《意大利语语音》《圣母哀歌》声乐教材，撰有《歌剧—文艺复兴运动的必然产物》等文。

周 翙（1931— ）

女声乐教育家。甘肃兰州人。1950年入总政歌舞团，长期从事合唱工作，曾参加全军声乐训练班，随保加利亚契尔金教授进修声乐，后在北京师范学院音乐系任教。

周 龙（1953— ）

作曲家。上海人。1973年入张家口市文工团任指挥。1978年入中央音乐学院作曲系学习。后任中国广播艺术团创作员。作有交响曲《广陵散》，交响诗《渔歌》，芭蕾舞音乐《东施效颦》曾在美国留学。

周 律（1930— ）

戏曲音乐家。河南中牟人。曾任河南音协理事。1949年毕业于河南艺师。后入陈留专区文工团任音乐干事。1957至1991年在郑州市豫剧团任音乐设计。作有《摘棉花》等4首歌曲，录制豫剧《红灯记》《赤道战鼓》《柳河湾》唱腔选段唱片，为电影《巧配鸳鸯》等配乐，撰有《努力塑造无产阶级英雄人物的音乐形象》等文，出版《红灯记》《龙江颂》唱腔等。

周 明（1943— ）

大提琴演奏家。甘肃高台人。1960年入武威市歌舞剧团。曾任武威市音协副主席。曾在西安音乐学院进修大提琴。参加过歌剧《江姐》《红鹰》《洪湖赤卫队》，舞剧《白毛女》《沂蒙颂》，京剧《智取威虎山》《沙家浜》《红灯记》及秦腔、陇剧碗碗腔、郧鄂黄梅戏等的演出。1965年随团进京演出。发表《基层专业艺术团体乐队建设浅议》。组建“奔马少儿艺术团”，多年来培养百名以上大提琴、二胡、板胡专业及业余音乐人才。

周 明（1959— ）

歌唱家。江苏宿迁人。曾在江苏宿迁文工团、徐州歌舞团、济南军区前卫文工团任独唱演员。先后在南京艺术学院音乐系、上海音乐学院进修声乐，并入解放军艺术学院影视文学系函授文学创作。1992年调武警文工团。演唱有《绿色长城》《旗帜颂》等歌曲。在《小二黑结婚》《江姐》《刘三姐》《洪湖赤卫队》等歌剧中担任主要角色。曾获山东电视台歌手大奖赛第二名，中央电视台青年歌手大赛“荧屏奖”，武警部队“金盾艺术奖”。

周 明（1962— ）

女音乐教育家。浙江松阳人。山东艺术学院音乐系小提琴副教授。1984年毕业于山东艺术学院音乐系。曾任山东济南市歌舞剧院乐团小提琴首席。撰有《浅谈小提琴震音的训练及演奏》《莫扎特小提琴协奏曲的赏析与演奏风格》等文。曾获山东省首届“康泰杯”青年小提琴大奖赛小提琴教学辅导一等奖。

周 鹏（1967— ）

作曲家。四川岳池人。广安市音舞协会副主席，岳池县文联副主席。从事音乐教学和音乐创作多年，作有歌曲《冰雪玫瑰》《大地丰碑》《司马光砸缸》《引路的人》。出版有《我的祝福》《平安就是福》《跟彩虹一起成长》，CD专辑《中国畅想曲》。作品多次演出获奖，并收入多部歌集。为社会培养钢琴、声乐、电子琴人才，为高校输送一批优秀学生。

周 琴（1969— ）

女钢琴教育家。江苏连云港人。1990年毕业于南京师大音乐系。1993年入中央音乐学院进修，1997年毕业于首师大硕士研究生，同年留校任首师大音乐学院钢琴系副教授。撰有《影响钢琴演奏的四种记忆因素》《浅谈中国钢琴音乐的历史演进》等文十余篇。编写《中等师范学校教科书器乐（钢琴风琴）》第一册，《歌曲伴奏编创与弹奏》等八部教材。曾多次在精品课程钢琴音乐会，演出钢琴独奏《百鸟朝凤》，贝多芬《第三钢琴协奏曲》。获2005年北京市高等教育教学成果二等奖，首师大优秀教学成果一等奖。

周 蓉（1963— ）

女歌唱家。四川人。多次参与省级及音协组织的各类演出活动，并任独唱，多次在省内外独唱比赛以及黔剧、曲艺等姊妹艺术表演上获得好成绩。

周 珊（1981— ）

女高音歌唱家。重庆人。中国石油长庆油田公司艺术团音乐队演员。2005年毕业于江苏石油学院，曾在西安音乐学院声乐表演系学习一年。参加大型歌舞《长庆颂》，慰问西气东输项目工程，并在新疆项目工程慰问演出等活动中担任独唱、对唱。2002年获中国音协首届全国职工艺术节通俗组二等奖，2005年获甘肃省总工会"长庆杯"职工歌手大赛金奖，同年获中石油文联、音协第五届职工艺术节音乐大赛民族组一等奖，通俗组一等奖。

周 韬（1942— ）

音乐教育家。贵州遵义人。1961年毕业于遵义师范专科学校数学科。从1970年起先后在遵义市六中、贵州电视大学遵义分校任教。曾任遵义市音乐教育研究会理事长，从1994年开始在遵义电大音乐大专班和贵州民族学院成人本科遵义教学班担任《基础乐理》《视唱练耳》教师。创作《糖酒职工之歌》获省厂歌赛三等奖，所辅导的市六中合唱团曾获省合唱节学生组一等奖，本人获指挥奖。

周 韬（1961— ）

琵琶演奏家。上海人。1978年入上海民族乐团。1980年获全国琵琶比赛三等奖。1985年获上海青年演员会演比赛优良奖。

周 填（1935— ）

圆号演奏家。江苏如东人。1950年参军入浙江军区文工团，1952年调解放军军乐团担任演奏员。1963年任军乐团学员队教员。为军内外培养了数以百计的圆号演奏员，许多优秀学生在全国圆号专业比赛中获得一、二等奖。曾任中国音协圆号学会副会长、国际圆号协会会员。

周 望（1961— ）

女古筝演奏家、教育家。陕西人。中央音乐学院民乐系教授、硕士生导师，中国音协古筝学会副秘书长。1977年入中国歌舞团。首录《秦桑曲》宣传推广陕西筝乐。后入中央音乐学院，在附小、附中、大学及研究生班教学，培养众多优秀古筝演奏人才。录制个人演奏专辑，出版《高山流水》《名家名曲·北派古筝精髓》《传统古筝专辑》《古筝教程》等教学VCD。著有《古筝基础教程》《古筝名曲解析》《古筝速成演奏法》《周延甲古筝曲选》《古筝演奏考级教程》。编写《中央音乐学院海内外考级曲目1—9级》。演奏多次获奖。曾赴港、澳、台及美国、东南亚、日本等地讲学、演出。

周 威（1955— ）

歌词作家。安徽合肥人。上海威威广告有限公司总经理。发表歌词作品多首，如电影《庐山恋》插曲《啊，故乡》，《泉水叮咚》插曲《小海螺》，及《祝你生日快乐》《我爱五月的仲春》《花与歌》《故乡恋》等。1988年在上海举办个人作品音乐会，词作《鹿回头传奇》获文化部歌曲创作奖。编导的MTV作品有《上海风光》《海南抒情》《溪口行》《李默然笑谈金陵风光》《曲阜怀想》。

周 维（1961— ）

二胡演奏家。江苏东台人。东方歌舞团音乐指导、乐队指挥、独奏演员。中国音协二胡学会副会长，文化部青联副主席，中央国家机关青联、中央企业青联委员，中国民族管弦乐学会二胡学会常务理事，中国音乐学院、南京艺术学院、武汉音乐学院客座教授。作品《葡萄熟了》《印巴随想曲》《纺织姑娘》《鸽子的风格》《红枫叶随想》《莫斯科的回忆》，分别被选为二胡考级八级和十级的指定曲目。举办"中华弦诗""南方之夜"等大型独奏音乐会，随团赴四十多个国家和地区演出。多次完成文化年开幕式和重要国事演出任务。

周 伟（1959— ）

男中音歌唱家、声乐教育家。陕西安康人。西安电子科技大学艺术教育中心主任。1998年毕业于西安音乐学院教育系。曾在安康地区文工团、歌剧团、歌舞剧团任演员。撰有《艺术教育势在必行》等文，合编《交响音乐赏析》。1992年获中宣部文化部等单位举办的全国中华大家唱卡拉OK大赛美声唱法三等奖。所指导、指挥的合唱团及学生多次在全国、省级比赛中获一、二、三等奖，陕西、全国高校大学生艺术歌曲大赛第二名、第三名及2004年获陕西高校建国55周年合唱比赛第一名。

周 右（1948— ）

女音乐教育家。天津人。曾为河北师范学院音乐系钢琴教师。1961年入天津音院附中，1968年毕业分配至河北邯郸市京剧团任乐队指挥，后调湖南广播电视艺术团任钢琴演奏员。歌曲《党啊，亲爱的妈妈》曲作者之一，所编配的钢琴伴奏谱由音乐出版社出版并被编入各音乐院校的声乐教材。培养的钢琴学生自八十年代以来曾分获湖南、河北钢琴比赛的名次奖，本人亦获伯乐奖，部分学生被中央音院附小、天津、上海音院录取。

周 耘（1947— ）

女钢琴教育家。广东顺德人。中央音乐学院副教授。1967、1982、1985年分别毕业于中央音乐学院附中钢琴科、美国纽约州立大学石溪分校音乐系、美国纽约州大学音乐学院研究生院。曾任天津音乐学院、中央戏剧学院钢琴教师。编有《绿色乡村小先生艺术手册》。曾参与组织、策划美国"琼·金管风琴音乐会"、抗癌活动周艺术大型义演、香港儿童合唱节及中国陶行知研究会举办的培训班活动。

周 耘（1959— ）

音乐理论家。湖北秭归人。先后获武汉音乐学院文学硕士、日本京都艺术大学音乐学硕士、东京艺术大学音乐学博士。武汉音乐学院教授、日本音乐研究会副会长、日本黄檗（禅）文化研究会所研究员。曾任东京新制作座音乐指导。曾在国内外学术刊物上发表民俗音乐、宗教音乐、中日音乐比较等论文数十篇，其中有《中国传统民歌艺术》《天宁梵呗研究》等。主持并完成多项科研课题，获多项音乐创作与表演及音乐论文比赛奖。

周 中（1954— ）

作曲家、音乐教育家。江苏丹阳人。山东泰山职业技术学院工艺美术系主任。1978年毕业于山东德州师专音乐系。曾任德州地区文工团乐队指挥、二胡首席。撰有多篇论文，其中《强调音乐教学活动中的节奏训练》获山东中师音乐研讨会优秀论文奖。男声小合唱《校园情》获山东首届中师音乐舞蹈表演二等奖、创作三等奖，男声四重唱《装粮》获山东首届农民艺术节创作金奖。2000年获山东省中小学素质教育文艺汇演优秀教师二等奖。2003年任山东省专题文艺晚会总导演。

周百秋（1958— ）

女歌唱家。回族。广西人。广西柳州市歌舞团声乐演员、柳州市音协理事。曾毕业于中央民族大学声乐大专班。多次参加声乐大赛并获奖，举行独唱音乐会并多次担任声乐大赛的评委。曾演唱意大利歌剧《托斯卡》中的《为艺术、为爱情》《蝴蝶夫人》中的《当晴朗的一天》等作品。1985年获市舞台艺术"歌仙奖"及首届声乐大奖赛专业组一等奖、市第二届"百花奖"大赛特别奖。

周保田（1954— ）

手风琴演奏家。河北定州人。1976年进修于天津音乐学院手风琴专业。历任内蒙古军区政治部文工团乐队演奏员、队长、创作组组长。2003年后为自由音乐人。作有CD、VCD《草原上的歌》（1—3集），《鄂涅克瑟宾舞曲》两集（合作），由内蒙古音像出版社出版发行。

周本庆（1934— ）

女声乐教育家。天津人。1955年毕业于中央音乐学院声乐系。曾师从罗马尼亚声乐专家阿克塔夫·克利斯德斯库。后任教中央民族学院音乐舞蹈系。学生有玛依拉（塔塔尔族），宋祖英（苗族）。

周碧珍（1921— ）

女歌唱家。广东中山人。1943年重庆国立歌剧学校肄业，1944年重庆青木关国立音乐分院肄业，1949年上海音乐学院毕业。曾主演歌剧《苏武牧羊》。1938年始在港澳粤桂湘赣等参加抗日救亡歌咏活动。1951年任上海华东音工团演员。1953年赴朝鲜慰问演出。1954年随中国文化代表团出访缅甸、印度、印尼等国演出。其演唱的印尼歌曲《梭罗河》获得地广泛赞赏并录制唱片。1952年入上海歌剧院任独唱演员、声乐指导及团附属上海音乐学校校长。

周彬佑（1933— ）

女小提琴教育家。湖北武汉人。1949年入上海音乐学院学习。1955至1960年赴捷克布拉格音乐艺术研究院学习。后任教于上海音乐学院附中弦乐科。

周柄林（1942— ）

音乐编辑家。浙江绍兴人。1962年毕业于沈阳音乐学院附中。音协辽宁分会调研员。曾任《中国民间歌曲集成》（辽宁卷）编辑。撰有《钢琴华佗，妙手佳音》等。

周才佐（1928— ）

音乐活动家。重庆人。1954年毕业于四川音乐学院。先后任职于重庆市音乐工作组、市群众艺术馆、重庆音协。曾为重庆市区县文化馆音乐干部进修班、中小学音乐教师进修班、大中学生音乐骨干培训班、工人文艺干部训练班等授课和举办讲座。深入区县、工厂基层指导活动、培训骨干，组织、辅导业余示范团体重庆市广播新歌合唱团，编写教材、评课、论文评审等。多年来，培养了一大批音乐骨干，并为高等艺术院校和专业文艺团体输送了一批人才。

周长花（1961— ）

女柳琴演奏家。辽宁大连人。1977年入大连歌舞团。1984年入沈阳音乐学院民系进修。后在该院工作。1982年获全国民族器乐独奏观摩演出优秀表演奖。

周成龙（1946— ）

作曲家。上海人。1962年入东海舰队文工团。1984年任上海民族乐团副团长。作有笛子曲《挂红灯》，二胡曲《阿美族舞曲》，古筝曲《苗山春》，葫芦丝曲《欢乐的泼水节》，琵琶协奏曲《西双版纳的晚霞》，中胡协奏曲《科拉沁草原的传说》，二胡协奏曲《江恋》，管子协奏曲《黄河纤夫》，民族管弦乐合奏曲《山菊》《山泉》《山路》，音乐武术剧《少林武魂》（在美国百老汇连续演24场，并获托尼奖提名奖）等。出版个人专辑《大漠日出》等十余张，编著出版《民族器乐合奏曲集》（Ⅱ、Ⅲ），弹拨乐合奏曲（Ⅲ）。2001年组建上海音协民族管

Z

弦乐专业委员会，任会长。组织举办四届"上海·洋泾杯"长三角邀请赛等大型民族音乐活动。

周承华（1938— ）

词曲作家。河北定州人。1962年大学毕业后从教。历任中学教师、主任、校长，定州市音协理事长等职务。1986年创作校园组歌获创作表演特等奖。共创作歌曲百余首，结集出版《家乡颂歌》。创办定州市中老年合唱团和市夕阳红宣传队，广泛开展各项活动。连续多年被市里评为先进。

周诚葆（1941—1985）

圆号演奏家。北京人。1963年毕业于北京艺术学院音乐系。同年到中央乐团任圆号演奏员。1984年调《人民音乐》编辑部任编辑。作有广播音乐故事《音乐家贝多芬》。

周传刚（1956— ）

圆号演奏家。辽宁大连人。1972年考入解放军军乐团，1983年入中央音乐学院大专班学习，1992年任军乐团学员队圆号教员。在圆号演奏和教学当中，随团完成数百次党、国家和军队的内外事司礼演奏任务，完成国庆35周年、国庆50周年大典的演奏任务，多次在参加的各种演出活动中担任独奏、领奏。曾获第三届全军文艺汇演优秀演奏奖。2002年出版《圆号演奏教程》。

周传勋（1933— ）

戏曲音乐家。重庆人。曾任重庆市北碚区文化馆文艺辅导组长、副研究馆员。北碚区文化卫生高级职称评委、北碚文工队和川剧团编导。80年代创建北碚音乐季刊《北泉歌声》并任责任编辑、副主编。为《禹门关》《焦裕禄》等六部川剧创作音乐，为歌剧《张思德之歌》和南北曲艺唱段作曲，执笔完成全部台本并导演、指挥大型歌舞剧《光辉的里程碑》。编写《手风琴》《双手键盘技术基础》《川渝汉族民间音乐》等教材。出版《周传勋从事群众文艺工作四十年音乐舞蹈戏剧曲艺作品选》。为国家级非物质文化遗产项目"重庆车灯"代表性传承人。

周传元（1938— ）

民歌演唱家。山东人。1956年加入铁道兵部队。1959年参加北京国庆"十周年"阅兵。1964年参加全军第三届文艺汇演并获"五好文工团员"称号。同年参加大型音乐舞蹈史诗《东方红》演出。1965年参加由中宣部组建的援越抗美文化小分队。1980年参加全国部分省、市、自治区民歌会演，获优秀节目奖，参加由文化部主办的优秀节目全国巡回演出队。

周春虎（1962— ）

钢琴教育家。江苏人。供职于深圳大学。1984年毕业于河北师范大学音乐学院。1988年考入中央音乐学院钢琴系助教进修班，师从杨峻教授。1991年赴匈牙利李斯特音乐学院深造。1994年出版个人独奏专辑。1997年获河北省教学成果一等奖。2000年举办师生独奏音乐会。2004、

2006年分别指挥深圳大学"采桑子"合唱团参加第七届中国国际合唱节、第八届中国合唱节，均获银奖。被评为深圳大学优秀教师。

周大风（1923— ）

音乐理论家、作曲家。浙江宁波人。曾任中国音协第四届常务理事、音教委副主任，浙江省音协第三届主席、省政协委员。1938年始从事音乐教育及作曲。新中国成立后，创作有众多音乐作品，代表作《采茶舞曲》被联合国教科文组织选作教材。出版有《越剧唱法研究》《小学音乐欣赏》等。

周德馨（1933— ）

声乐教育家。江苏无锡人。1957年毕业于上海音乐学院声乐系。先后在内蒙歌舞团、内蒙艺校、新疆博州歌舞团、博州师范任声乐教员、教研组长及安徽师范大学音乐系声乐教研室主任。撰有《师范院校声乐教学要贯彻的原则》《阻碍歌唱嗓音发展的几个问题》。演唱曲目有《三套车》《手挽手》《歌颂毛泽东思想》《领导我们事业的核心力量》，后二首用蒙语演唱，由电台录制播放。培养的学生有的成为歌唱家或在师大任教。

周东朝（1960— ）

唢呐演奏家。河北永年人。1971年参加永年县剧团，曾代表河北省参加全国音乐调演，并获优秀演奏奖。1975年调中国广播艺术团任唢呐首席。演奏主要曲目有《望平川》《河北梆子腔》《延河之春》等，其中《黄土情》在全国民乐作品征集比赛中获作品、演奏一等奖。曾参加香港亚洲艺术节、中央电视台春节独奏节目、旋转舞台"七一"晚会等，录制独奏曲多首，制作独奏专辑盒带、激光唱片。随团参加赴南非五国、新加坡及香港、澳门等国家与地区的演出。

周东升（1931— ）

音乐教育家。河北人。曾任浙江杭州师院音乐系理论教研室主任。1947年任佳木斯市台江鲁艺文工团演奏员，后任东北鲁艺文工团、东北人艺歌舞团、辽宁歌舞团演奏员、指挥。1956年入上海音乐学院理论作曲系学习，后相继在上海音乐学院、沈阳音乐学院任教。作有多首歌曲以及电影《八月十五庆丰收》《东风劲吹》（合作），独幕歌剧《三代血泪仇》（合作）等。

周恩清（1923— ）

小提琴教育家。上海人。40年代就学于国立上海音专和上海圣约翰大学。曾为中央音乐学院管弦系教授。曾居香港。

周峰山（1934— ）

作曲家、指挥家。山东烟台人。1948年参加部队文艺工作，历任乐队演奏员、舞蹈演员、乐队指挥、文工团副团长，新疆克拉玛依市文化局副局长。指挥有歌剧《江姐》《春雷》，舞剧《白毛女》《红色娘子军》，京剧《红灯记》《沙家浜》。作有歌曲《我为四化把油加》。

为小歌剧《家》，舞蹈《戈壁盛开石油花》谱曲。

周凤岐（1931— ）

低音提琴教育家。江西人。1949年入江西九江军分区文工团。后在云南艺术学院音乐系任教。编有低音提琴练习曲，独奏曲。

周福荣（1943— ）

歌唱家、声乐教育家。江苏吴县人。1963年毕业于上海音乐学院声乐系干部进修班。曾任上海王昆艺术进修学院声乐教师。后任上海合唱团、上海乐团、上海歌剧院独唱演员。曾演唱贝多芬《第九交响曲》、大合唱《森林晨记》并获"上海之春"音乐节优秀演出奖。演唱清唱剧《长恨歌》，《黄河大合唱》中的《河边对口曲》，歌剧《卡门》并曾在上海乐团访问苏联演出的"合唱精品音乐会"中担任歌曲《喀秋莎》的领唱。在上海乐团"舒曼·李斯特作品音乐会"中独唱《在异乡》《两个禁卫兵》。曾任上海乐团业余音乐学校声乐教师。

周复三（1933—2005）

音乐教育家。山东蓬莱人。1955年毕业于山东师范学院艺术系。曾任山东师范大学音乐学院教授、山东师大艺术系主任、省文联委员、省艺教委委员兼音乐组长。曾参与组织、承办第五届国民音乐教育改革研讨会，参加制定全国高等师范院校《歌曲作法教学大纲》。著有《音乐基础理论教程》，主编《大学音乐教程》，合著《歌曲作法教程》《音乐欣赏教程》《中外名曲欣赏》《中学生文艺鉴赏辞典》。

周刚岐（1953— ）

单簧管演奏家。山东莱州人。解放军军乐团演奏员。1972年毕业于解放军艺术学院军乐系。参加1984、1999年国庆大典、广场阅兵的音乐演奏和国内各类形式的音乐会等大量演出。为国家、军队外事司礼演奏近百场。曾获演奏三等奖。在赴比利时、日本演出中担任单簧管首席。

周光耀（1954— ）

作曲家。江苏南通人。湖南省音协荣誉理事、永州市音协副主席、零陵区文联秘书长。曾师从施万春、赵德义教授。1992年结业于中国音乐学院作曲系。发表各类作品数百件，获奖百余件，其中《欢迎您到永州来》《五十六个民族一个圆》《村姑弹起电子琴》《我们是新时代的电业工人》《山里的孩子有点野》《将进酒》《晨读》《美不过咱们新瑶山》《西部印象》等28首歌曲在全国获一、二、三等奖。

周广平（1957— ）

音乐理论家。山西山阴人。1982年广州星海音乐学院音乐教育系毕业，又于该院硕士课程班学习，后任副院长。著有《中外名人与音乐》《音乐教育心理学》。撰有《多元音乐文化的融洽——海外华人音乐》《日本国民音乐教育之一斑》《日本的乐剧——能》等文。所主持的多媒体教学课程《外国音乐史》获广东省多媒体实验课优秀

成果三等奖。

周广乾（1940— ）

作曲家。江苏徐州人。1961年毕业于南京师范大学音乐系。后任淮阴市文化局副局长。音协江苏分会第三届常务理事。长期从事淮海戏音乐创作与研究。担任淮剧《龙江颂》《生死怨》《儿女情》音乐设计。

周广仁（1928— ）

女钢琴家、音乐教育家。浙江宁波人。1942年入上海私立音专，先后师从钱琦、丁善德、李翠贞、杨嘉仁、梅帕器等多位中外名师学习钢琴。1949年在上海中央音乐学院华东分院任教。1951至1953年参加中国青年文工团赴东欧演出。曾担任中央歌舞团、中央乐团钢琴演奏。1955年到中央音乐学院苏联专家塔图良班进修，同时任教，曾任钢琴系教研室主任、系主任，后为中央音乐学院终身教授。1980年赴美国演出，在29所大学介绍中国钢琴音乐发展史。1983至1992年创办"星海"和"乐友"两所青少年业余钢琴学校。1989年在柏林举办独奏音乐会，1995年在伦敦演出莫扎特《A大调钢琴协奏曲》，并担任过二十多次国际钢琴比赛评委。曾任第五届中国音协常务理事。

周贵珠（1944— ）

女声乐教育家。满族。黑龙江哈尔滨人。天津音乐学院声乐系教授、硕士生导师。先后就读于中国音乐学院附中、北京师范学院音乐系，1968年毕业。历任天津音乐学院学术委员会委员，院教代会副主席，附中声乐学科主任，院声乐系民族声乐教研室主任。天津市第十二、十三届人大代表。从70年代末至今，培养一批青年歌唱家、优秀歌唱演员及高等艺术院校教师。撰有《中国民族歌唱艺术审美漫谈》《音乐院校民族声乐教学探究》。

周国安（1941— ）

音乐编辑家、活动家。河北迁安人。1962年就读于解放军艺术学院音乐系声乐专业。1968至1972年在部队从事宣传工作。1979年从北京市邮政局调《音乐周报》社工作，任记者、编辑、副总编、总编，高级编辑。曾任中国音协第五届理事、中国音协合唱联盟副主席兼秘书长。曾在《人民日报》《北京晚报》等发表数十篇音乐评论及通讯报道文章。作品曾三次获北京市好新闻二等奖，两次被评为北京市优秀新闻工作者。曾任中国音乐"金钟奖"声乐及合唱比赛、海峡两岸一、二届合唱节、广西国际民歌节、全国歌手唱云南，及庆祝抗日战争胜利暨反法西斯战争胜利六十周年全国合唱比赛等赛事评委。

周国光（1943— ）

小提琴演奏家。山东宁津人。甘肃省音协理事、西北民族大学艺术学院小提琴客座教授、甘肃音协小提琴教育委员会副会长。毕业于西北师大音乐系，分配至甘肃省歌舞团（现甘肃敦煌艺术剧院）工作，1973年担任该院首席小提琴。演出交响乐及管弦乐曲数十部（首），大、中、小型舞剧音乐十余部，歌舞晚会数十台。受聘西北师大音乐系、甘肃省艺术学校等校（系）教授小提琴。曾任全国

第五届少儿小提琴演奏比赛、首届西部十二省（市）少儿小提琴比赛评委及省级各种器乐比赛评委。发表《论小提琴演奏家的素养》等文多篇。

周国瑾（1921—2005）

音乐理论家。广东广州人。曾任中国音协广东分会主席、名誉主席，广州音专校长。省文化艺术界咨询委员。1940年考入延安鲁艺，后曾任中央党校、华北军政大学文工团研究员、副团长。曾任中国音协第三届常务理事，中国文联第四届委员。省文联第一届副主席，广州第一届人大代表、省政协第三至第六届委员。曾赴苏、匈、美和港澳访问。作品有多幕秧歌剧《丑家川》（获陇东分区文艺创作奖）《周国瑾作品选》。

周国强（1955— ）

作曲家。壮族。广西马山人。广西柳州市文联专职副主席，广西音协理事，柳州市音协主席。1981年毕业于广西艺术学院。先后任中学音乐教师、电台文艺记者、音乐编辑、文艺部主任、节目总监。1981年开始发表歌词、歌曲作品，所创作的歌曲《肯妹出嫁》《金月亮》《牵着太阳上山岗》在全国音乐活动中获二、三等创作奖和金奖。其作曲的《苗家木叶歌》曾获1999年广西"五个一工程"奖。

周国运（1949— ）

作曲家。河南方城人。1965年开始从事群众文化工作。1966年进修于中央音乐学院。1988年毕业于河南大学音乐系。曾任南阳市音舞协会副主席。有大量音乐作品在省级以上刊物、电台、电视台及音乐活动中刊登、播放。歌曲《故乡的月亮》《外婆的杏花庄》分别获河南省五、六届"五个一工程"奖。《八个坚持，八个反对》获全国反腐倡廉歌曲创作二等奖及全国公安机关反腐倡廉歌曲创作一等奖。发表音乐论文十余篇。

周海宏（1963— ）

音乐理论家。辽宁沈阳人。中央音乐学院副院长、教授、音乐心理学博士。1983年毕业于沈阳音乐学院附中钢琴学科，1989年毕业于中央音乐学院，1992年毕业于中央音乐学院研究生班，留校后在音乐美学教研室任教。1996年考入中央音乐学院博士研究生，1999年毕业，获博士学位。曾获全国优秀博士学位论文奖，"高校青年教师奖"。中国音乐心理学学会秘书长、中国数字化音乐教育学会理论委员会主任、中国青年音协理论委员会主任。

周涵绮（1933— ）

女钢琴演奏家。回族。江苏常州人。毕业于上海复旦大学。1953年入上海广播乐团。后为中国广播合唱团演奏员。

周汉曦（1954— ）

音乐活动家。湖北武汉人。任职于湖北省文联。1978年毕业于武汉音乐学院，曾任武汉空军政治部文工团演奏员、湖北省音协专干、《艺术明星》杂志社副主编等。参与《中国民间歌曲集成·湖北卷》《湖北文艺50年》《湖北艺术评论集》等十余部文艺图书的编辑出版，及多项文艺评奖、研讨、活动的组织工作。1997年获"文艺集成志书编纂成果二等奖""民族民间文艺集成志书编纂成果一等奖"。

周汉真（1944— ）

作曲家。河南巩义人。1968年毕业于西安音乐学院。后为陕西省汉中市歌舞剧团指挥、作曲。汉中市音协副主席。撰有《关于儿童合唱训练中的思考》等文。为音乐电视片《栈道情》作曲，该片1999年获中国广播电视学会银奖。歌曲《汉中美》2004年获陕西省旅游歌曲大奖赛三等奖。指挥作品有舞剧《白毛女》、歌剧《江姐》。

周汉忠（1961— ）

音乐活动家。江苏盐城人。1982年毕业于江苏盐城师范学校，2003年就读于南京师范大学音乐专业。曾任江苏省大丰市中学音乐教师。1983年始在大丰文化馆任馆长、副研究馆员。作有《男子汉风采》《卡拉OK》《故乡枫叶情》《流水有情》《只为了梦中的那轮月亮》《梦回故乡》等十余首歌曲。另作有少儿舞蹈音乐《鼓声咚咚》等。部分歌曲曾在省市获奖。

周河生（1943— ）

圆号演奏家。湖北人。1961年毕业于武汉市文化局专业艺术培训班。后就职于武汉人艺。曾参加排演多部大型歌剧、舞剧及交响音乐会，并担任剧院教学工作。曾获教育部、文化部主办的全国义演活动暨2006年全国艺术展示活动最佳指导教师。系湖北省社会艺术水平考级考官。

周荷君（1914— ）

女钢琴教育家。江苏人。1939年毕业于美国梅雷狄夫大学，获文学士后攻读研究生。1946年入上海沪江大学任音乐讲师，主授钢琴。新中国成立后为安徽师院、安徽艺术学院钢琴副教授。1970年起在安徽师大任教。

周亨芳（1941— ）

女歌唱家、声乐教育家。重庆人。海南大学声乐教授、学科带头人。历任四川音乐学院声乐系主任、海南大学艺术学院院长、海南省音协副主席等职。1956年入川音附中，1963年毕业于川音声乐系并留校任教。1978至1980年深造于中央音乐学院干部专修班。在高校教学四十余年，培养了一批优秀声乐人才。出版专著一部，教学音带一套，发表学术论文、作品五十余篇（件），获国家级奖三件。录制唱片、个人专辑、录音曲目数百首。为海南省突出贡献优秀专家。

周恒庆（1932—2008）

作曲家。江苏常州人。曾在中央音乐学院，苏联、保加利亚声乐专家班学习声乐，1950年后在西南军区炮兵文工团、西南军区文工团合唱队、总政歌舞团合唱队任声乐演员兼作曲。1969年后历任常州市工人文化宫文体科、南京市歌舞团创作组作曲、指挥、声乐教学。作有独唱、合唱歌曲《请到我们山区来》《茶山新歌》《青年突击队》《志气歌》《祖国山歌展新容》《绿色的小路》及歌剧

Z

《雪莲泉》等，曾获省汇演奖、创作一等奖。

周恒泽（1939— ）

小提琴演奏家。安徽芜湖人。1958年毕业于中央音乐学院附中，同年任职长影乐团，1977年起任长影乐团管弦乐队首席。期间在电影、电视剧、广播剧中担任小提琴独奏近百余部。如《残雪》《勿忘我》《花开花落》《严峻的历程》《妈妈你在哪里》《十六号病房》《最后八个人》等。创作与改编小提琴齐奏曲《布依干人的节日》《欢乐的草原》，其中《欢乐的草原》由中国唱片社制成唱片。主编有《世界著名小提琴协奏曲精选集》1—6册。

周宏彬（1929— ）

低音提琴演奏家。浙江象山人。1951年毕业于上海沪江大学企业管理系，同时在本校音系系进修，并参加大学生管弦乐团。1951年始在上海交响乐团工作，任低音提琴首席。1960至1965年曾在上海音乐学院管弦训练班及附中任教，培养一批优秀学生。曾随中央乐团、中央歌舞团、上海交响乐团、上海艺术团、上海和平饭店老年爵士乐团，赴欧、美、亚洲十几个国家演出。

周宏德（1943— ）

小提琴演奏家。浙江象山人。1967年毕业于上海音乐学院。1973年任上海京剧团一团乐队演奏员，1979年任上海乐团管弦乐队首席。曾参加贝多芬第九交响乐以及柴科夫斯基、德沃夏克、格什温等作曲家交响乐作品的演出，指挥上海乐团演奏勃拉姆斯、斯特劳斯等的管弦乐小品。参加上海电台举办的星期广播音乐会，翻译（苏）莫斯特拉斯的《帕格尼尼的几首随想曲》。创作轻音乐曲《壮乡的夏夜》。

周化岭（1926— ）

歌唱家、声乐教育家。安徽濉溪人。1944年从事部队文艺工作，在抗日、解放战争中，获独立勋章、解放奖章。1958年毕业于上海音乐学院，曾任南京军区前线歌舞团独唱演员、声乐教员。1959年获苏联艺术家协会"荣誉会员"称号。1964年获全军第三届文艺汇演优秀演员奖、优秀音乐导演奖，1965年获柬埔寨"皇后勋章"。在数十年的声乐教学中，为部队和地方培养了一批优秀演员，有的曾在亚洲音乐节上获得国际声乐比赛大奖。作词歌曲《歌唱毛主席共产党》，入选上海"建国十周年创作成果展览"，被艺术院校选为声乐教材。

周寄键（1953— ）

作曲家。山东金乡人。山东邹城市音舞协会主席。1970年从事部队文艺工作，1984年结业于山东艺术学院。作有歌曲《飘香的小村庄》《赶集路上》《生活的原野》，器乐曲《巧绣》，舞蹈音乐《断玑教子》等。作品在"泉城之秋"音乐会、山东电视台、全国农民歌手大赛演出或播送。曾获本地区太白文艺创作奖。搜集整理唢呐曲《十样景》《叠断桥》被收入《中国民族民间音乐集成》。发表推介《鲁西南平派唢呐》一文，合编《宫调学》。

周佳福（1937—2000）

歌唱家、声乐教育家。北京人。1961年毕业于中国音乐学院声乐专业。1962年入中国歌剧舞剧院任歌剧演员。演出十余部歌剧，曾在歌剧《白毛女》中饰演赵大叔。1982年参建中央乐团社会音乐学院，先后任教务处副主任、歌剧系主任、声乐教研室主任。1988年创建首都联合职工大学艺术系任主任，培养一批歌剧人才。作有独幕歌剧音乐《当心飞走》和多首歌曲。撰有《贝多芬和他的月光奏鸣曲》《浅谈声乐的呼吸》。

周佳丽（1928— ）

女钢琴教育家。浙江诸暨人。1943年入上海国立音专钢琴系学习，师从柯斯脱维基、马果林斯基。1949任香港中华音乐学院钢琴兼职教师，1952任中央实验歌剧院钢琴伴奏。曾获文化部优秀工作二等奖。1959年随中国青年代表团赴阿联酋、叙利亚访问演出。1964年任中国音乐学院歌剧系钢琴伴奏教师，1973任中央音乐学院声歌系钢琴伴奏教师。2002年获北京市文联表彰奖牌。

周佳悦（1941— ）

女音乐编辑家。北京人。1963年毕业于中国音乐学院后从事音乐教育工作，1981年起任中央广播电台对台广播部音乐编辑。编采录制大量对台音乐节目，其中"新春同乐会""欢度端阳节的歌曲乐曲""1986年元宵节海内外弦友南乐会演""生机勃勃的中央民族乐团""介绍台湾藉小提琴家胡阮在京演出"等获不同奖项。撰有《用音乐寻求认同》《鹭岛弦歌》《歌声传送西岸情》《台湾校园歌曲浅谈》等文。

周家长（1931—已故）

声乐教育家、指挥家。辽宁旅顺人。1948年从事音乐教育工作，后调大连歌舞团任演员。1957年后任大连群艺馆、市歌舞团声乐指导、合唱指挥、乐团副团长。大连艺术咨询中心声乐指导、大连老干部合唱团、影视艺员培训基地客座声乐教授。长期辅导基层群众合唱团数十个，组织举办交响音乐《沙家浜》等音乐会的演出，指挥过第二届中国艺术节中"大连之夏"等十余台晚会的合唱。曾应邀赴日本指挥佐贺、大连中日联合合唱团的演出。编创有四重唱及无伴奏合唱曲目。

周家澧（1938—已故）

二胡演奏家。湖南长沙人。曾任湖南省音协二胡专业委员会会长，湖南省民族管弦乐协会常务理事。1962年毕业于湖南师范大学音系系，同年留校任教。1963年在湖南省声乐器乐单项比赛中获冠军。参与系列论文集《器乐琴艺录》的撰写，撰有《纪念五四时代杰出的民族音乐家刘天华》《追求、奉献、挑战——评刘育熙小提琴独奏音乐会》等文。曾组织并主持湖南省二胡考级，湖南省二胡独奏比赛等。

周家雄（1931— ）

音乐教育家。江苏吴县人。曾任浙江艺术学校教师。1962至1965年进修于天津音乐学院作曲系。曾就职于民族

Z

音乐研究所、天津河北梆子剧团。作品小合奏《小马车》曾获浙江省少儿民族器乐比赛优秀改编奖，《笛子与乐队》获浙江省第二届音舞节创作三等奖，民乐合奏《郊游去》获浙江省第一届民族器乐比赛创作二等奖。

周建潮（1955— ）

音乐出版家。江苏铜山人。音乐编辑、编审。中国唱片总公司总经理、中国音像协会副会长、上海音协流行音乐委员会理事长。参与策划的《20世纪华人歌坛明星百集》，策划主编的《世纪歌典》《云之南》《东方大峡谷》获国家音像制品奖，《蒙古利亚》获首届出版政府奖。

周建国（1956— ）

作曲家。河南人。平顶山市音协副主席。1989年大专毕业。1998年入中央音乐学院硕士研究生班进修。现供职于平顶山市文化宫。已有五十多件作品在国家及省、部级获奖，其中《起大梁》获河南省"五个一工程"作品奖。百余首作品在《歌曲》等全国十几家报刊、杂志上发表，部分作品在省和中央电台、电视台及大型晚会上播出和演唱。1992年为省七运会开幕式创作的大型团体操音乐《群星灿烂》由中央交响乐团演奏。

周建华（1954— ）

女音乐教育家。安徽蚌埠人。中国音协电子琴学会理事、埠教院高级讲师。1980年毕业于安徽师大音乐专科，后留校任教，1996年毕业于安徽师大音乐本科。从事电子琴教学，曾在全省音乐教学大奖赛中获一等奖。改编乐曲《山丹丹开花红艳艳》在全国比赛中获奖，并被收编为考级乐曲。指导的学生多次在全国电子琴比赛中获奖，本人获园丁奖。撰有《少儿电子琴教学初探》等文在《中国音乐教育》《音乐周报》发表。

周建明（1939— ）

作曲家。广西柳州人。1963年毕业于广西艺术学院音乐系。后任柳州市文联驻会副主席。音协广西分会第三届常务理事。作有歌曲《采香草》《小小牵牛花》。

周建明（1957— ）

作曲家。广西柳州人。1963年毕业于广西艺术学院理论作曲本科。原河池地区文化局副局长，柳州市群艺馆馆长，市文联专职副主席兼音协主席，市文化局调研员。作有《小小牵牛花》《采香草》《买顶花帽给妹戴》，彩调唱腔《永保这战斗青春》。撰有《仫佬族传统音乐》。出版《甜甜的南方》歌曲选、《彩调艺术浅说》（合著），曾获广西铜鼓奖、广西儿童音乐"终身荣誉奖"。

周建霞（1958— ）

女高音歌唱家。吉林梨树人。中国广播艺术团独唱演员。毕业于内蒙古师范学校音乐班，后调入吉林省歌剧院包桂芳教学小组，师从花腔女高音歌唱家包桂芳。1982年考入中国音乐学院歌剧系，毕业后调中国广播艺术团任独唱演员。先后在哈尔滨、长春、天津、北京等十余个城市举办个人独唱音乐会30余场。曾参加吉林省声乐比赛获一等奖，全国青年歌手电视大赛，获专业组民族唱法第二名。演唱《春风圆舞曲》《有位同志最会笑》《江河水》《摇篮曲》等多首歌曲。出版盒带专辑《湖畔静悄悄》，CD专辑《花儿为什么这样红》。曾参加大型合唱曲《梁山伯与祝英台》的演出，任领唱。多次随团赴日本、法国、意大利演出。

周建信（1936— ）

音乐教育家。福建泉州人。泉州五中高级音乐教师。1956至1958年在福建省歌舞团任歌唱演员，后从事音乐教育。曾任福建省音乐教研会常务理事，泉州市音乐教研会副理事长、音乐教研组长，《泉州音乐》编辑、主编。编写并出版中、小学《音乐教材》及《教参》数套。创作《姑娘采花给谁戴》等数十首歌曲。指挥泉州五中合唱团参加省、市合唱比赛，连续多年获一等奖，并于1991年获全国首届中、小学生合唱录像比赛三等奖。

周建勇（1950— ）

作曲家。河北蠡县人。曾任河北保定市群艺馆副馆长。河北省音协理事。1969年毕业于河北省艺校音乐科，后入河北师范大学进修作曲专业。曾任河北省保定市评剧团演奏员及作曲。其创作的歌曲《风儿悄悄告诉我》等获得省级奖项，《听说你要离去》获中国北方社会主义音乐笔会一等奖，为河北省第八届运动会等活动以及音乐电视片《迷彩的路》等作曲。主持并组织诸多群众音乐活动。

周建中（1948— ）

大提琴演奏家。四川成都人。1969年毕业于西安音乐学院管弦系。曾任陕西铜川市歌舞团乐队演奏员、市群众艺术馆音乐干部、省戏曲研究院乐队队长。作有歌曲《西安，我的根》《山村教师》《中华魂》《矿山男子汉》《甜蜜的歌》《乡里戏班》《边境的黄昏》等千余首，分别在全国各音乐刊物发表。参加演奏《白毛女》《沂蒙颂》《黄河》《梁祝》《蓝色多瑙河》等，参与演奏获奖剧目有《九岩风》《留下真情》《司马迁》《大漠情》等多部。撰有《弓弦乐在秦腔乐队的配备及其特性》。

周金星（1957— ）

歌唱家。江苏人。江苏省歌舞剧院独唱演员。曾任海军东海舰队文工团独唱演员，曾获全军第四届文艺汇演优秀演员奖、第二届全国青年歌手电视大奖赛民族唱法优秀歌手奖、华东六省一市民歌汇演一等奖及广西国际民歌节中国民歌大赛金奖等。曾随团赴意大利、日本演出。

周金英（1950— ）

女高音歌唱家。辽宁大连人。1969年参军到铁道兵文工团任声乐演员。先后师从马玉涛及喻宜萱，林朗西教授。曾担任独唱。领唱、二重唱，节目主持人等。独唱的歌曲《友谊的长城》《凤凰花，我心上的花》录制成唱片。在中央广播电台录制了《我热爱您亲爱的党》《花蕾》《妈妈，请相信我》。作为每周一歌《让青春在四化中闪光》在北京电台和全国多家电台播放。后任中铁建文工团歌队队长，歌舞团副团长。近年来，担任"东安之声"合唱团艺术指导兼指挥。

周锦利（1945— ）

女钢琴教育家。上海人。1965年毕业于上海音乐学院附中钢琴专业。曾任吉林省怀德县文化局副局长，吉林省公主岭戏曲学校、吉林艺术学院音乐教师。撰有《钢琴教与学》《试论钢琴学科建设》《关于钢琴专业教学的几点意见》《祖国——肖邦创作永恒的主题》等文，有的获吉林艺术学院艺术节论文奖。所授学生多人在全国、省市钢琴比赛中获一、二、三等奖，本人获教师园丁奖。

周锦清（1955— ）

女音乐教育家。广东人。广东省音协理事，广东省河源市音协第一届主席，市文联副主席，河源市群艺馆副研究馆员、副馆长。其演唱的歌曲《共产党恩情长》《毛主席光辉照村寨》《知识青年下乡来》获全国独（重）唱、独（重）奏音乐会调演"优秀节目奖"。长期辅导青少年声乐，为各类艺术院校输送了一批学生。创作歌曲《香港印象》《风调雨顺的中国》《我赞美你春风》《山里的妹子》（合作）等分别在广东省群众文艺作品评选，省首届群众音乐、舞蹈比赛，羊城音乐花会音乐作品评选中，获一等奖2个、银奖1个。

周进华（1967— ）

男高音歌唱家。江苏靖江人。1995年毕业于上海音乐学院声乐系（学士学位），先后师从石林、卞敬祖、周小燕。曾任上海歌剧院独唱演员，现任上海师范大学音乐学院声乐系主任、教授。2004年获首届"蝴蝶夫人"国际声乐大赛第二名。曾在歌剧《江姐》《党的女儿》《霸王别姬》《波西米亚人》中担任主角。在大型交响合唱作品《长征组歌》《华夏写意》《黄河大合唱》，普契尼的《弥撒曲》，贺绿汀的《十三陵水库》中担任领唱。主演大型交响幻想史诗《马可波罗与卜鲁罕公主》中的马可波罗，为舞剧《闪闪的红星》配唱。多次成功举办独唱音乐会。出版个人专辑《男高音歌剧咏叹调》。

周菁葆（1945— ）

音乐学家。江苏扬州人。任职于新疆艺术研究院。撰有《木卡姆探微》《维吾尔与伊斯兰教诸国的乐器比较》，著有《丝绸之路的音乐文化》。

周景春（1935— ）

音乐教育家、民族音乐学家。黑龙江呼兰人。曾任沈阳音乐学院教授、音乐学院附属艺术学校副校长、附中校长，院办主任、师范系主任。1953年考入东北音专附中，毕业留沈阳音乐学院任教。多次赴辽宁、吉林、黑龙江、北京、天津等地采风，搜集、整理大量民歌及曲艺音乐，编撰有多部民间音乐教材。出版《单弦牌子曲概论》《乐亭大鼓唱腔结构分析》，发表《西河大鼓唱腔结构分析》《东北"二人转"固有的曲式结构》等论文。曾为《金山战鼓》《红枣情》等东北大鼓编曲。

周景义（1956— ）

作曲家。浙江苍南人。中国社会音乐研究会常务理事，苍南县音协主席、县图书馆馆长。创建"浙闽边界音乐创作研究中心"，并策划举办"浙闽边界歌星大会串"巡回音乐会。为电视剧《山的那边是大海》作曲。《咚咚咚》获第五届全国电视节目"金童奖"三等奖和浙江省第四届少儿节目电视"春芽奖"一等奖。歌曲《打开春天的心扉》《畲家娃娃啊哩啰》分别为获奖。论文《浅谈浙闽边界地区畲族音乐文化之发展》在文化部第十一届"群星奖"评选中获优秀群文科研成果奖。被温州市政府授予"文学艺术银鹿奖"。

周静梅（1928— ）

女音乐教育家。浙江诸暨人。1960年毕业于南京艺术学院音乐系，曾任该院民乐教研室主任。著有《怎样弹琵琶》，撰有《论琵琶教育》《论琵琶表演艺术》等。

周娟姑（1933— ）

女作曲家。青海西宁人。1950年入青海省民族歌舞剧团。1958年从事青海平弦曲艺研究改革。后任音协青海分会副主席。为平弦戏《王昭君》《三月三》谱曲，编著有《青海平弦音乐》。

周俊超（1954— ）

音乐教育家。江苏宿迁人。1979年毕业于南京师范大学音乐系。先后任江苏沭河中学、沭阳师范学校、宿迁学院师范部等校音乐教师、副校长，并担任合唱指挥、音乐欣赏等课程的教学。作有歌曲《欢聚花乡》《春天的故事》等数十首，其中《春天的故事》于2002年获省歌曲比赛二等奖。撰有《农村音乐教育的关键》《小提琴协奏曲"梁祝"与交响民族化》《把握科学发声方法，走出声乐学习误区》等文，编著《清末艺坛二杰》承担译谱部分。

周凯模（1955— ）

女音乐学家。重庆人。星海音乐学院音乐研究所所长兼中国艺术人类学研究会副会长。1982、1987年先后毕业于云南艺术学院作曲专业、上海音乐学院音乐学专业。1993年起被美国哥伦比亚大学聘为合作项目专家，同年任"云南民族音乐学"重点学科带头人。曾主持完成"云南民族艺术概论"四卷。1997年出访菲律宾。1998年获美国"Asia Culture Council"奖助金，同年12月调广州星海音乐学院。2001年考入香港中文大学。著有《云南民族音乐论》获"山花奖"一等奖、广东"精品奖"，并被省音协授予"优秀音乐家奖"。

周克勤（1954— ）

作曲家。江苏人。东台市音协主席、市文化局剧目室专业作曲。自1982年发表《苏绣一枝花》之后发表了大量歌曲，有数十首在全国及省内获奖。撰有《水上人家》《亲爱的祖国》《你走进那片夕阳》《黄海风·三峡情》《红·绿·蓝》《走进七月》《山村的小姑娘》《托起拂晓的太阳》等文。另有《滩涂美》《噢罗罗》分获第四、

Z

五届江苏省"五个一工程"奖。

周克思（1956— ）

小提琴演奏家。湖北鄂州人。1970年入武汉市楚剧团，1992年在武汉市文化局任职，1994年始在武汉乐团，先后任副团长、团长。策划、组织各类交响音乐会，积极开展国际文化交流，与德国、美国等互访和合作演出。创办武汉市"音乐角"，坚持每周举办专场音乐会（并讲解），在乐团积极培养年轻骨干，增加新生力量，与老音乐家真诚合作，共建武汉乐团艺术之家。

周来达（1943— ）

民族音乐理论家。浙江人。中国戏曲音乐理论研究会常务理事，《20世纪中国音乐史论研究文献综录·曲艺音乐卷》副主编。撰有《金·董解元西厢记诸宫调曲谱暨注释》《诸宫调音乐研究》《女子越剧声腔源索》等文。发表《越剧女腔基本调源辨》《管窥两千五百年孟姜女音乐之传播》等文数十篇，其中《中国越剧音乐研究》《关于完善越剧行当唱腔的几点思考》等分获全国奖。

周兰昌（1932—已故）

双簧管演奏家。山东阳谷人。1947年入牡丹江鲁艺文工团。后任中央芭蕾舞团演奏员。曾随团赴罗、南、奥、西德等国演出。

周力礼（1941— ）

女歌唱家。北京人。1957年入武汉歌舞剧院学员班。1974年入上海音乐学院进修声乐。后任武汉歌舞剧院独唱演员。

周立平（1940— ）

单簧管演奏家。上海人。1964年毕业于上海音乐学院管弦系，同年入中央乐团独唱独奏小组，后入交响乐队工作。1982年获文化部直属院团观摩评比演出器乐比赛（木管五重奏）二等奖。

周立中（1947— ）

作曲家。广东开平人。1993年毕业于贵州民院艺术系。曾任贵州省安顺市文化局艺术科科长、贵州省音协理事。创作有歌曲《红枫湖之夏》，少儿歌剧《留下吧，孙悟空》，相声《普查之风》，小品《早点纷争》，电视剧音乐《贵客临门》，琴书《借药》，曲艺《老大姐》，芦笙重奏《春到布依寨》等，分别获奖。撰有《浅谈马场地区苗族民歌特色》等文。参与组织策划歌剧、音乐舞蹈诗画、合唱的排演，多次奖项。

周灵燕（1962— ）

女歌唱家。上海人。空政歌舞团独唱演员。1987年获解放军艺术学院中专文凭。曾为故事片《山菊花》《女兵》，电视剧《青春的浪花》《钟声响了》《战士万岁》，儿童音乐剧《小歌手张绵辉》，广播剧《夜幕下的哈尔滨》配唱主题歌、插曲或全部唱段。在歌剧《白毛女》《红珊瑚》《小二黑结婚》担任主要角色。参加中央

及省市电视台等多种晚会。先后获全军第五届文艺汇演优秀表演奖、第三届全国青年歌手电视大奖赛"江南杯"大赛一等奖及空军中青年歌手声乐比赛优秀歌手奖。

周曼丽（1962— ）

女作曲家。湖北武汉人。湖北省群艺馆少儿部主任。1983年在武汉江汉大学艺术系音乐专业学习，1999年毕业于武汉音乐学院研究生班。作有获奖歌曲《泥蒿菜》，童声合唱《少年的无言》，混声合唱《远方的大雁》《抗洪颂歌》《走进春天里》《做个快乐的小孩》《再唱一曲洪湖水》《新喇叭调》，舞蹈音乐《逃》等。

周美玉（1931— ）

女声乐教育家。山东青岛人。1957年毕业于中央音乐学院声乐系，后任教于中央音乐学院声歌系。学生有叶英、吴霜、马洪海、太美玉、崔岩光、沈嘉。

周明德（1934—已故）

作曲家。四川人。1955年毕业于四川音乐学院。历任解放军军乐团教员、西藏歌舞团、北京歌舞团创作员、作有歌剧音乐《红旗卷起农奴戟》（合作），电影音乐《布达拉宫》《丫丫》（合作）。

周明夫（1960— ）

歌词作家、音乐编导家。山东即墨人。1983年毕业于山东艺术学院戏剧系。2005年毕业于北京广播学院电视系。1998年任中央电视台文艺部副导演，后任央视"同一首歌"策划。2007年为国家大剧院节目策划部负责人。作词歌曲有《世纪坛畅想》《痴情无限》《情满人间》《时代英雄》等。《记住那一天》曾入围中宣部"五个一工程"奖。《健康一二一》为卫生部全民推广歌曲。曾为电影《血纯》，电视连续剧《天剑》主题歌作词，并为20集大型电视诗画《万行长诗颂小平》主题歌作曲。曾导播交响乐、歌剧、舞剧及音乐会数十场。

周明仁（1952— ）

作曲家。贵州遵义人。贵州省音协理事、遵义市音协常务副主席。遵义市政协委员。曾在全国和地方音乐报刊、电台、电视台及各级征歌大赛中，发表、演播、获奖音乐作品三百余件，其中数十件作品在全国获奖。作有歌曲《打工的山里妹子》《遵义之光》《岁月向东流》《长征颂》《奔向大海》《打工的山妹子》《欠你的情太多》《千里苗山大喜庆》《红红的飘》《有一颗星》，舞蹈音乐《呼声》《农家乐》等。

周鸣岐（1961— ）

作曲家。浙江义乌人。义乌市音协主席。曾被评为全国文化系统先进工作者。从事业余音乐创作、合唱指挥。曾获中国企业之声征歌金奖、浙江省音乐新作品一等奖、乡镇文艺汇演创作金奖、社区之歌大赛金奖等。为戏曲、曲艺、舞蹈创作音乐作品。出版有《风动弦歌——周鸣岐创作歌曲集》，配乐道情《八仙拜年》音像制品。

周铭孙（1940— ）

钢琴教育家。上海人。任北京师范大学艺术与传媒学院音乐系教授、博士生导师。中国音协全国考级钢琴专家委员会委员，《钢琴艺术》编委等。1963年毕业于上海音乐学院钢琴系，分配至中央歌剧院。1983年在北师大艺术系专职任教。著有《钢琴考级与钢琴教学》《学钢琴与教钢琴的要领与诀窍》。主编中国音协全国钢琴考级曲目《跨世纪新版》与《基本练习全集》。发表《声音与技术》等文数十篇。录制《中国钢琴名师教室》《中国钢琴家周铭孙》《跟周铭孙教授学钢琴》等音像制品八十余盘，并在中央电视台编撰主持示范《教你学钢琴》等栏目。2000年获北师大首次本科教学"特等奖"。

周乃森（1918— ）

音乐教育家。天津人。1941年毕业于燕京大学。后从事高校音乐教学及指挥。曾为清华大学音乐室副教授。深圳大学音乐教授。

周乃校（1953— ）

二胡演奏家。山东青岛人。1977年毕业于北京广播学院。中国广播艺术团民族乐团演奏员。多年来为广播电台、电视台录制大量节目，并为国内、香港、台湾、法国、日本多家唱片公司录制唱片、盒带、光盘。随团赴全国各地及泰国、日本、新加坡、德国、比利时等国演出，并两次赴维也纳金色大厅演出。

周南捷（1936— ）

作曲家。海南人。1961年毕业于广州音专群音系作曲专业。分配到前线文工团任作曲。1978年转业至海口市文化局，曾任艺术科长、市文艺研究所所长。省文联一届委员、省音协一届副主席、市音协一、二届主席。曾创作舞蹈音乐7部、器乐曲6首、歌曲数百首，百余首在报刊、电台发表。12首在全国获奖、16首在省级获奖。《山歌献给边防军》获中央电台"每周一歌"金奖。《椰子树轻轻摇》获文化部"群星奖"优秀作品奖，《一支短笛轻轻吹》获全国校园歌曲创作奖，出版歌曲专集。

周培兰（1943— ）

作曲家。贵州遵义人。1961年毕业于贵州大学艺术系钢琴专业，曾就读于北京人文函授大学群文管理系及中国逻辑语言函授大学写作专业。1961年任遵义市杂技团乐队队长、作曲、指挥，创作多首杂技伴奏乐曲。作有歌曲《幸福路上步步高》，木管五重奏《娄山欢歌》，双人舞音乐《晨曲》等。编辑出版《纪念遵义会议50周年》歌曲集，组织"遵义之夏艺术节"。在任遵义市文化局副局长时，积极开展群众音乐活动。聘为《中国民间歌曲集成·贵州卷（亿佬族分卷）》副主编，参与民歌收集和编写工作。

周沛然（1918— ）

指挥教育家。浙江镇海人。1938年于武昌艺专肄业。后为内蒙师大音乐系副教授。著有《唱歌指挥法》《合唱指挥法》《大众音乐教程》。

周佩英（1929— ）

女竖琴演奏家。江苏吴县人。1951年毕业于上海沪江大学音乐系。1952年入上海交响乐团。作有竖琴独奏曲《山涧清流》并录制唱片。后赴美进修。

周鹏松（1960— ）

小提琴演奏家。江苏人。哈尔滨歌剧院交响乐团首席，黑龙江省艺术学校小提琴教师。1978年毕业于黑龙江省艺术学校，同年入哈尔滨歌剧院任小提琴独奏演员，1980年入沈阳音乐学院深造，曾任师生交响乐团首席，演奏贝多芬第五交响曲、柴科夫斯基的小提琴协奏曲。同年世界著名小提琴家斯特恩来沈阳讲学，代表学院现场演奏并授课。1986年参加首届哈尔滨器乐比赛获专业组第一名，同年在上海音乐学院深造，其间在复旦大学、同济大学、医科大学举行个人独奏音乐会。

周丕君（1958— ）

竹笛演奏家。天津人。1975年在天津音乐学院附中学习，1982年毕业于天津音乐学院民乐系，后在中国煤矿文工团歌舞团任竹笛演奏员。1982年后参加大型舞剧《丝路花语》的演出，并随团赴日本、苏联、蒙古演出。1994年参加五人小组在国际艺苑演出，任独奏，1999年赴莫斯科国家大剧院演出。录制笛子讲座《跟我学笛子》VCD两盘。任中国煤矿文工团艺校笛子教师，培养了许多学生。

周琪华（1940—2005）

女高音歌唱家。安徽人。1958年毕业于哈尔滨苏联高等音乐学校，后考入黑龙江省歌舞剧院任独唱演员。共演唱中外歌曲数百首。参加过历届"哈尔滨之夏"音乐会，多次参加"沈阳音乐周"和"羊城音乐会"。1964至1981年先后演唱《松花江圆舞曲》录制成唱片。《松花江畔的晚霞》获香港"金唱片"奖，首唱《我爱你，塞北的雪》，被授予"金杯"奖。1983年应邀赴苏举办独唱音乐会，演唱俄罗斯经典歌曲。1995年参加在北京召开的"第四次世界妇女大会"被选为25位"伟大中国母亲"之一。2005年为纪念"第四次世界妇女大会"在北京召开十周年的会议止，被授予"中华杰出女性突出贡献"，获"金质"奖杯。

周启文（1937— ）

男高音歌唱家。吉林德惠人。1956年入吉林省歌舞团。曾在吉林省歌剧团工作。演唱曲目有《共产党是俺主心骨》《新农村新风气》《卖饺子》。

周勤如（1947— ）

作曲家。山东人。1966年毕业于中央音乐学院附中，后入北京京剧院。1983年毕业于中央音乐学院作曲系，后留校任教。作有管弦乐组曲《瑶山风情》，大提琴独奏曲《蓝花花主题变奏曲》等。

周青青（1954— ）

女民族音乐理论家。上海人。1983年毕业于中央音乐学院音乐学系并留校任教。撰写发表的论文有《海南民间

Z

采风录——黎族乐器简介》《河南方言对河南筝曲风格的影响》《汉族民歌的调式与音调结构》《民族音乐结构学术论讨会综述》《郭文景的作品与民间音乐》《黄河扬琴独奏给人的启发》《当前歌曲创作中西北热》等。以《语言学对民族音乐研究的启示》为题，做音乐系列讲座。

周秋雨（1955— ）

女声乐教育家、演唱家。河南南阳人。中央戏剧学院硕士生导师，中国民族声乐研究会理事。1969年始为豫剧演员。先后在《沙家浜》《龙江颂》《朝阳沟》《花木兰》等豫剧中饰演主要角色。1982年毕业于河南大学艺术系，师从武秀芝主修声乐。后师从郭兰英、金铁霖学习民族声乐。曾任郭兰英艺术学校声乐系主任兼校长助理。1992年入中央戏剧学院表演系任教，任声乐教研室主任。编著有《戏剧影视音乐剧声乐教材》，参编《声乐表演基础教程》。撰有《情为声之魂》《郭兰英民族声乐教学艺术漫谈》等文。举办"北京市儿童艺术剧院音乐剧尖子班毕业音乐会"。多次出任青少年艺术大赛评委，全国社会艺术水平考级考官。

周瑞康（1952— ）

音乐编辑家。上海人。1977年毕业于上海音乐学院音乐研究室。后任上海人民广播电台音乐部副主任。《中国民族民间器乐曲集成》（上海卷）编委。合编有《中外名歌名曲欣赏》《音乐欣赏手册》《家庭音乐咨询》。

周润明（1944— ）

三弦演奏家。北京人。1960年入中国广播民族管弦乐团。1988年创办中国宫廷乐社。编著有《三弦基础知识》（合作）《三弦传统乐曲集——周润明演奏谱》，录有《三弦独奏盒带专辑》。曾与瞿希贤合作电影音乐《骆驼祥子》并参加演奏。

周润通（1944— ）

三弦演奏家。北京人。中国民族管弦乐学会三弦专业委员会副会长。1959年考入海政歌舞团，师从白凤岩、白奉霖等名师，担任三弦独奏。创作、录音、出版《乐亭新歌》《春晓》《京韵》《三毛流浪记》等近二十首三弦曲。发表论文《三弦的特点及其体现》。曾为歌剧《刘胡兰》及郭兰英、魏喜奎等演唱配器。培养多名学生考入北京文艺团体从事三弦专业演奏。

周少金（1948— ）

作曲家。云南峨山人。1987年毕业于中央戏剧学院戏剧文学系。撰有《建构云南声乐的多元化格局》《论农村三角文化格局》等论文，出版文艺论文集《文化的选择》，歌曲专辑《合唱、重唱、独唱—周少金创作歌曲选集》。作有歌曲《耕耘者之歌》《彝山美》《抚仙湖月夜》等。戏曲《过了门的未婚妻》等"军人三部曲"先后发表，多次上演并获奖。编辑《滇中文化》72期，为省市大型文艺演出活动作曲，为基层单位编排大量文艺节目。

周生永（1929— ）

低音提琴演奏家。上海人。曾就学于上海复旦大学、沪江大学、上海音乐学院。1957年入上海交响乐团。曾任乐队队长。

周士玮（1937— ）

女钢琴演奏家。上海人。1956年毕业于上海音乐学院。后任教该院管弦系。1987年在全国小提琴中国作品演奏比赛中获伴奏奖。曾在1983、1984年二次赴英国为我国参加国际比赛的青少年小提琴选手伴奏。

周士瑜（1936— ）

女钢琴教育家。上海人。上海音乐学院钢琴系教授，长期从事钢琴教学工作。1994年应鹿特丹音乐学院邀请赴荷兰授课。曾先后赴英国、法国及俄罗斯等国家访问演出。学生多次在国际钢琴比赛中获奖。1995年获莫斯科普洛科菲耶夫国际钢琴比赛"教授学生获第一名参赛成功奖"，2001年获上海音乐学院院长奖。

周世斌（1958— ）

音乐教育家。山东人。首都师范大学音乐学院副院长、教授、音乐心理学硕士生导师，中国音乐教育学学会秘书长，美国全国音乐教育工作者大会会员，中央音乐学院国家重点研究基地特聘专职研究员。曾在西南师范大学音乐系、四川音乐学院任教，兼任成人教育中心副主任。多次赴国外讲学。主教音乐心理学、音乐教育与心理研究方法、音乐教育心理学、中外音乐教育理论与实践研究、音乐欣赏。

周守宏（1956— ）

作曲家。湖北人。1978年毕业于武汉音乐学院。湖北监利县音协主席，监利县文化馆馆长、研究馆员。主编《中国民族民间舞蹈集成》《中国民族民间器乐集成》（湖北卷监利分卷）《监利县革命历史歌曲选》，行业歌曲集《供销合作之歌》。出版创作歌曲选《旋转舞台》。作有歌曲《中国人》，歌舞《田园春晓》《赶会》，器乐曲《梦中情思》，戏剧音乐《渔婆渔妹红军哥》，论文《监利民歌初探》《浅谈和弦类别》等。

周书明（1944— ）

民乐吹奏家。浙江人。1965年毕业于浙江省艺术学校音乐专业。1967年调浙江省歌舞团任演奏员。作有埙曲《昆韵》，唢呐曲《欢庆胜利》，埙筝二重奏《伯仲吟》等。曾参加交响乐《沙家浜》，钢琴伴唱《红灯记》，钢琴协奏曲《黄河》，芭蕾舞剧《白毛女》《红色娘子军》《沂蒙颂》《草原小姐妹》，歌剧《江姐》等的演出。独奏《梅花引》《马灯调》《穆桂英挂帅》分别获省内首届器乐比赛一、二、三等奖。参加的巨笛演奏获吉尼斯世界纪录。曾出访芬兰、德国、美国等演出。

周淑安（1894—1974）

女声乐教育家。福建厦门人。1927年前曾两度赴美国学习音乐理论、钢琴及声乐。1928年回国后曾在上海音专任声乐教授兼声乐组主任，后为沈阳音乐学院声乐系教授。

周淑曹（1941— ）

女音乐教育家。广东人。曾任广东汕头教育艺术中心主任、音协名誉主席。1959年毕业于广州幼儿师范学校，1991年毕业于中国音乐函授学院音乐教育专业。曾任汕头市教育局音乐教研员、教研室副主任。举办中小学音乐知识竞赛、中小学合唱节、校园歌曲创作和演出等。创建汕头中学生金凤交响乐团。主编出版潮汕乡土音乐教材《多采的乡音》6册和《汕头市中小学生音乐欣赏有声教材》。先后被国家教委、全国妇联授予"三八巾帼建功标兵"和"全国优秀中小学音乐教师"称号。

周淑莲（1939— ）

女作曲家。湖北英山人。1959年毕业于武汉市文化局艺术人才专修班并进武汉市楚剧团，后开始从事楚剧音乐创作。1975年毕业于湖北艺术学院理论作曲班与武汉市文化局举办的戏曲理论进修班。1985年为楚剧《狱卒平冤》作曲，获全国戏剧观摩演出音乐设计二等奖。1996年为楚剧《三个鸡蛋》作曲，获武汉市中青年演员比赛优秀作曲奖。曾任《中国戏曲音乐集成·湖北卷》清戏剧种音乐篇主编。撰写出版有《楚剧音乐》。

周淑婉（1930—已故）

女高音歌唱家。四川成都人。1947年入四川艺专学习声乐。1950年从事部队文艺工作。曾任总政歌舞团合唱队声部长、总政歌剧团声乐教员。

周淑真（1965— ）

女声乐教育家。福建漳州人。福建漳州师范学院艺术系副教授。1987年、2004年先后毕业于厦门大学音乐系，1996年结业于北师大艺术教育系硕士生班。撰有《高师声乐教学中的咬字吐字问题》《如何看待教学中的"民族唱法"》等论文多篇。1990年获华东地区小城市文艺全能大赛银奖、声乐第二名，获第五届福建省武夷音舞节"优秀歌手奖"，所辅导的学生获2003年全国少年卡拉OK赛一等奖，本人获"优秀指导教师"称号。

周树雄（1943— ）

作曲家。浙江绍兴人。曾任上海木偶剧团创作室工作。1965年毕业于上海音乐学院。作有《白雪公主》《鹬蚌相争》《东郭先生》等数十部木偶剧音乐，为第五届全运会开幕式歌舞"龙舞"，97香港回归大型史诗话剧《沧海还珠》，儿童剧《甘露十二为使臣》，电视剧《浪花》《古刹剑影》《三字经》等创作音乐。

周松年（1931— ）

歌剧表演艺术家。江苏南通人。曾就职于空政歌剧团、中国煤矿歌剧团。在歌剧《江姐》《白毛女》《王贵与李香香》《柯山红日》等数十部歌剧中担任主要演员。1964年全军文艺汇演演唱《克拉玛依之歌》获奖。曾在10周年国庆时获文化部组织的文艺汇演节目表演奖。2002年北京市首届中老年声乐比赛获"十佳歌唱家"称号。在深入群众演出中获最佳风采奖、特殊贡献奖。

周松山（1949— ）

双簧管演奏家。上海人。上海交响乐团双簧管首席、国际双簧管协会会员。10岁考入上海音乐学院附小，学习小提琴、钢琴，后升入附中学习双簧管，1968年毕业。先后在上海舞蹈学校、上海歌舞团、上海交响乐团任双簧管首席。演奏的双簧管独奏由中央电台、电视台，上海电台、电视台播放并录制唱片。兼任上海音乐学院客座双簧管教授，培养众多学生。随上海交响乐团出访意、法、德、日等十余个国家和地区，曾在美国纽约卡内基音乐厅演出。

周天宝（1927— ）

音乐教育家。浙江临海人。1956年毕业于上海华东师范大学音乐系。后为宁夏大学艺术学院音乐系副教授。宁夏音协第二届理事、音教委副主任，第三届顾问。宁夏音乐教学研究会理事长。

周天祥（1939— ）

大提琴演奏家。四川资阳人。1956年考入中央实验歌剧舞剧院民族乐团，任二胡演奏员。1958年随中国戏曲歌舞团赴法国、比利时、波兰、捷克、英国、瑞士等国演出。1960年师从中央乐团董维光先生学习大提琴。1963年随中央艺术团赴云南德宏参加庆祝傣族、景颇族自治州成立十周年演出。1964年参加音乐舞蹈史诗《东方红》的排练、演出。1965年随中央慰问团参加庆祝新疆维族自治区十周年庆典演出。1978年随中国艺术团赴美国及香港、澳门地区演出。曾担任乐务、分队长、低音声部长、支部书记、副团长等职。

周微我（1935—已故）

女钢琴教育家。上海人。1958年毕业于山东师范学院艺术系。任山东师范大学艺术系键盘教研组教师。曾获山东省钢琴独奏二等奖、钢琴伴奏二等奖、优秀伴奏奖。

周巍峙（1916— ）

作曲家。江苏东台人。1934年参加上海左翼歌咏运动，任中国歌曲工作者协会执行干事，《读书生活》出版社出版部主任。1937年参加八路军。曾任《全民通讯社》编辑、前线记者，中国歌曲作者协会常务理事。1938年赴延安，后历任晋察冀边区音协主席、延安鲁艺文工团副团长，中共张家口市委文委书记，华北联合大学文工团团长，天津市军管会文艺处处长。新中国成立后，历任中央歌舞团团长，中央实验歌剧院院长，文化部艺术局局长、文化部党组书记、副部长、代部长，中国音协第三届副主席、第四届顾问，中国舞协副主席，中国曲协副主席，中国文联第一、三、四届委员，全国艺术科学规划领导小组组长，中国田汉基金会理事长，中国交响乐发展基金会会长，文化部振兴昆曲指导委员会名誉主任。1996年当选为中国文联第六届全委会主席，2001年连任中国文联第七届全委会主席。第五届全国政协委员，第七届全国政协常委。获首届中国音乐"金钟奖"终身成就奖。作有歌曲《上起刺刀来》《前线进行曲》《起来，铁的兄弟》《子弟兵进行曲》《中国人民志愿军战歌》《十里长街送总理》。

周为民（1965— ）

女钢琴教育家。天津人。1988年毕业于北京师大，2003年毕业于中央音乐学院。中国音乐学院钢琴副教授。发表《对世界音乐多元化的思考》《对'五四'时期以来中国艺术歌曲创作的回顾与思考》《民族声乐教学中的即兴钢琴伴奏琐谈》《对民族唱法的几点思考》《从文化的视角谈当代'中国音乐之路'论辩中的'中西关系'问题》等文二十余篇。

周维俊（1939— ）

女歌唱家。四川成都人。1959年毕业于四川音乐学院附中声乐科，后入该院声乐系进修，师从刘亚琴教授。毕业后在青海省民族歌舞剧院，任独唱演员和声乐教员。曾在《革命历史歌舞》中任《松花江上》独唱，在歌剧《春雷》《向阳川》中任领唱，在舞剧《白毛女》中任领唱。演唱的歌曲有《中南海的灯光》《高原赞歌》《祈祷》以及曾广泛传唱的《我是一个黑姑娘》等。

周维民（1942— ）

歌唱家、声乐教育家。江苏赣榆人。四川省歌舞剧院声乐指挥、四川省音协理事。1965年毕业于中央音乐学院声乐系。曾在北京、成都、南宁举办个人独唱音乐会。出访意大利、法国、越南等。1982年演唱《扬起理想的风帆》录制唱片发行。为《四川奇趣录》等二十余部影视片配唱，1993年参加首届广西国际民歌节演唱获金牌。1996年创办四川周维民声乐培训中心，教授众多学生，是廖昌永的启蒙老师。指导童声合唱《熊猫的摇篮》《爷爷、爸爸和我》等歌曲获中宣部"五个一工程"奖、文化部"蒲公英"奖、中国广播文艺奖。多次担任四川、云南及成都军区声乐比赛评委。

周维松（1951— ）

音乐教育家。江苏无锡人。1974年南京师范大学音乐系毕业，后入盐城地区师范学校任教。1982年调江苏省江阴高级中学。培养一批学生考入艺术院校，所辅导的学生在全国音乐比赛中多次获奖。音乐论文、教案及作品多次获省以上奖项。2000年曾举办"周维松作品音乐会"。指挥江阴市天华合唱团参加第六届中国合唱节并获金奖、指挥奖。曾任江阴市音协副主席兼秘书长，市音乐教学专业委员会副主席。

周文龙（1953— ）

歌唱家。江苏无锡人。江苏省盐城市音协副主席。1976年毕业于南京艺术学院音乐系，同年到江苏盐城市歌舞团担任独唱、歌剧演员。在六部歌剧担任主要角色。演唱组歌《'亭子岗'颂》获省优秀歌手奖。1985年任盐城市职工艺术团副团长。1990年参加中国革命老区民歌演唱会获一等奖。1996年任盐城广播电台音乐总监。所撰

音乐专题《烽火中的盐阜抗战歌谣》，电视文艺晚会《广电金秋》获省二等奖，戏曲音乐专题《梁国英的成功三部曲》、音乐节目《非常897·盐城版》获省一等奖。

周文楠（1936— ）

女歌唱家。湖南长沙人。1953年入中央歌舞团学员队，接受系统的音乐教育，并主修声乐。1956年调入中央广播乐团，除在各地巡回演出外，还录制大量歌曲唱片，首唱彝族民歌《在一起》。1962年调入中央乐团，参加重大演出有音乐舞蹈史诗《东方红》等。曾任教于中央乐团附属社会音乐学院。1987年考入国立维也纳音乐学院进修，研习德奥艺术歌曲。旅奥期间，从事声乐教学，并先后举办"中国作品音乐会""中国古典诗词音乐会"等。出版《沃尔夫歌曲选》。

周武彦（1938— ）

音乐理论家。江苏镇江人。1956年就读于南京师大音乐学院。曾任江苏洪泽县黄梅戏剧团专职作曲。后调江苏省淮阴市文化局艺术研究室。先后在省级、国家级以及大学学报上发表各类论文百余篇。其中音乐类论文有《"乐"义三辨》《"徵"义四辨》《论"左旋""右旋"之"顺""逆"》《释"大音希声"》《论"至乐无乐"》。著有《中国古代音乐考释》。

周武占（1971— ）

戏剧板胡演奏家。河南新乡人。1993年毕业于郑州市文化艺术学校器乐专业，2004年毕业于中国艺术研究院音乐学系研究生班。1993年任河南豫剧二团音乐部长。曾获"英协杯"省青年演员戏曲伴奏奖。豫剧《程婴救孤》等获"文华奖"。撰有《浅论音乐在戏曲中的作用》《浅谈戏曲唱腔伴奏的几个特点》等文。出版并发行《豫剧板胡名段欣赏》VCD及盒式带，《周占武板胡演奏音乐会》专辑。创作并演奏大型器乐曲《中原韵豫剧魂》等。

周先娇（1955— ）

女高音歌唱家。湖北人。先后毕业于武汉音乐学院和中央音乐学院，后在湖北省歌舞剧院任独唱演员。曾先后在现代京剧《智取威虎山》《红灯记》《沙家浜》《龙江颂》《杜鹃山》等剧中担任主要角色。多次出国访问演出，演唱了大量中外歌剧和经典声乐作品，并在各大声乐比赛中获奖。1992年调深圳工作。1996年在深圳举办了个人独唱音乐会。

周显宝（1965— ）

音乐理论家。安徽霍邱人。先后就读于安徽师范大学、厦门大学、香港中文大学，从事民族音乐学、中外音乐史、音乐教育学的教学和研究。厦门大学音乐系副教授、音乐学硕士生导师。香港中文大学音乐系民族音乐学方向博士生。多项成果获国际、全国、省部级及全国学术学会奖。曾获美国颁发的"优秀科学学术论文"证书。

周显顺（1959— ）

音乐教育家。吉林四平人。1979年毕业于吉林艺校音

Z

乐科琵琶专业，1983年毕业于吉林艺术学院音乐系琵琶专业。后在吉林省辽源市工人文化宫任主任。1991年始任辽源市文联音协副主席。曾受聘于吉林音乐学院民乐系琵琶教师。多年来除参与市组织各项大型活动外，主要从事琵琶教学工作，有数十名学生考入全国重点专业院校。

周祥钧（1934—已故）

歌词作家。浙江宁波人。1960年入浙江省歌舞团，曾任创作室副主任。词作有《龙井茶，虎跑水》《啊，月亮》等。出版有歌词集《热恋的江南》。

周小惠（1953— ）

女歌唱家、音乐编辑家。重庆人。重庆电视二台总编室副主任。曾任部队文工团独唱演员。1980年入重庆电视台，任音乐编辑、节目主持人。曾为各类节目配制音乐及解说词，为《朱德》《少年时代的聂荣臻》《沉默的情怀》等电视剧配唱主题歌。1986年参加第二届全国青年歌手电视大奖赛获业余组民族唱法第一名。1988年随中国青年艺术家代表团赴日本广岛参加第十五届"广岛和平音乐会"演出，演唱曲目有《红叶红了的时候》及四川民歌《大河涨水浪沙洲》。

周小燕（1917— ）

女高音歌唱家、声乐教育家。湖北武汉人。1935年就读于上海国立音乐专科学校。1938至1947年留学法国。1945年在巴黎演唱A·N·齐尔品所作歌剧《蚌壳》，后在欧洲城市巡演，被誉为"中国之莺"。1947年回国后任教于育才学校和国立音乐专科学校。50至60年代，先后出访亚、美、欧多个国家。70年代起专门致力于声乐教学，学生张建一、高曼华和廖昌永等在国际声乐比赛中获奖。1988年创办周小燕歌剧中心，任艺术总监。曾任上海音乐学院声乐系主任、副院长、教授。中国音协第三、四届副主席，第六、七届顾问。上海音协分会副主席、顾问。第一、二、三届全国人大代表，第五、六、七届全国政协委员。1994年获香港演艺学院荣誉院士称号。获首届中国音乐"金钟奖"终身成就奖、国家级教学成果特等奖、宝钢高雅艺术奖。编有《周小燕教授教唱歌》VCD教材。著有《男高音换声法的训练》《当代世界声乐发展趋势给我们的启示》《声乐艺术的发展轨迹》。

周小玉（1957— ）

女音乐活动家。四川内江人。四川省简阳市文化馆辅导部干部。撰有《业余文艺群体也要加强领导》等文数篇。作有歌曲《长长的小路》《妈妈我该如何对您说》《一生是一支唱不完的歌》《让我亲你吧祖国》《浪花娃娃》等。曾为基层编排、辅导节目，参与组织各种活动与赛事及培训活动。指导的器乐合奏及舞蹈曾获奖。

周晓东（1960— ）

音乐教育家、作曲家。河南周口人。河南省漯河市实验高中艺体教研室主任、市音协副主席兼秘书长。分别毕业于河南大学音乐系、武汉音乐学院作曲系。作有歌曲《漯河师范校歌》《沙河汉子》《漯河市市歌》共

四十余首，其中《母亲河》获省评选二等奖。论文《托起明天的太阳》《中师音乐教育中的素质教育》《中师合唱队的组建与训练》分别获全国和省论文评比特别奖、二等奖。曾获市优秀教师、市青年指挥家及优秀青年文明教师称号。

周晓凡（1969— ）

女钢琴教育家。福建泉州人。先后毕业于厦门大学音乐系、福建师大音乐学院研究生部。泉州师范学院艺术学院副教授。发表《创新激活艺术生命》《考级背后的冷思考》《走近南音文化圈，感受传统艺术魅力》等文十余篇，申报课题《泉州市器乐考级的调查与研究》《高师钢琴教学的改革与实践》《试论高师音乐课标整合》。所教学生在全国、省、市钢琴比赛中获不同奖项。连续多年被评为优秀教师。

周晓梅（1964— ）

女钢琴教育家。安徽利辛人。安徽省师范大学艺术学院音乐系教研室主任。曾进修于上海音乐学院钢琴系。撰有《钢琴演奏—音乐艺术的创造过程》《他山之石—从美国通俗音乐发展历史引发的思考》等文。其中《加强音乐欣赏教学中的认知教育》获第二届全国音乐教育论文评选一等奖。被评为省优秀中青年骨干教师。

周晓平（1956— ）

指挥家。安徽亳州人。安徽省艺术研究院副院长。1978年毕业于安徽省艺术学校，1982年毕业于上海音乐学院，1995至1997年在中央音乐学院指挥系深造。曾任安徽省歌舞剧院副院长、交响乐团团长、首席指挥。现为安徽省音协副主席、安徽作曲家协会副主席，安徽大学艺术学院兼职教授，合肥师范学院客座教授。曾执棒安徽交响乐团演出舞剧《厚土》和现代京剧《青春之歌》并分获安徽省第七、八届"五个一工程"奖。1998年执棒安徽交响乐团赴香港、广州、深圳演出。

周新初（1929— ）

琵琶教育家。浙江海宁人。1949年入上海仲乐音乐馆学习二胡、琵琶。曾任长影乐团民族乐队首席。后任教于吉林艺术学院音乐系。在电影音乐《甲午风云》《五朵金花》中担任琵琶独奏。

周新民（1926—已故）

小提琴教育家。湖北广济人。1948年毕业于北平朝阳法政大学法律系。后任教于湖北艺术学院管弦系。1954年在武汉举行小提琴独奏会。译有《皮尔·罗德小传》及24首随想曲解说。

周新友（1957— ）

音乐教育家。河南汝南人。本科学历。师从上海音乐学院周仲康教授学习作曲指挥。出版《儿童歌曲创作》《儿子教我成功》等。多篇论文在刊物发表或获奖，并在"黄河之滨"音乐会多次获奖。

周新柱（1937— ）

小提琴演奏家、作曲家。重庆人。1954年入重庆市工人文工团，后任全总文工团小提琴演奏员。创作的歌舞曲《迷人的秧歌》获第六届全国群星奖广场舞蹈比赛金奖，此作品曾参加欢庆香港回归文艺晚会及党的十五大闭幕晚会等活动，并在中央电视台播出。作有歌曲《故乡的小路》《归来》，以及小提琴齐奏曲《苏北民歌》《江南好》等。

周兴亚（1944— ）

词曲作家。河北承德人。1963年毕业于平泉师范，1983年进修于天津音乐学院。先后任音乐教师，承德地区群艺馆馆长，地、市社科联副主席兼秘书长，地、市音协副主席。作有《在那太阳的故乡》《我们中华人》等歌曲。曾获"共和国50年音乐作品"入选奖、"全国企业歌曲"评选银奖、"中国企业歌曲电视大赛"奖。

周秀英（1955— ）

女音乐教育家。瑶族。湖南江华人。1976年入湖南师范学院音乐系音乐专业学习。毕业后在湖南零陵师范学校任音乐、舞蹈教师及校长，湖南省特级教师。曾在省、市音乐教学比赛、艺术节获一等奖12项，在刊物发表论文三十余篇，参加编著专业书籍、教材8部。1998年获教育部曾宪梓教育基金会中师优秀教师二等奖。湖南省音教委副会长、永州市舞协副主席、永州职业技术学院副院长。

周旭光（1962— ）

音乐教育家、歌唱家。河北三河人。河北廊坊师范学院音乐学院院长、教授、硕士生导师。1991年毕业于河北师大音乐系，从事音乐理论、声乐、钢琴教学，多名学生已成为音乐骨干。近年来，在《人民音乐》、天津音乐学院学报《天籁》等期刊发表论文及歌曲数十篇（首），获奖二十余项。指导学生表演获教育部及省市奖十余项，主编全国高校系列音乐教材一套。

周学涓（1931— ）

女音乐教育家。重庆人。曾为西南师范大学音乐系钢琴教师。1953年毕业于西南师范大学音乐系。出版《风琴·钢琴弹奏法》、中等师范《琴法》（1、2册），《弹奏指南》（合作）。

周学南（1947— ）

音乐教育家、笙演奏家。安徽太湖人。曾任安徽艺术职业学院副教授，民族器乐教研室主任，省民族管弦乐学会常务理事。1960年考入安徽艺术学院，毕业后留校任教。1984年毕业于上海音乐学院民乐系干部专修班，后继续担任笙专业和视唱练耳、乐理课教学。1987年参加全国江南丝竹演奏大赛，获演奏二等奖。曾先后在安徽省艺术学校、安徽大学艺术学院从事音乐教学工作，并担任班主任、教研室主任、人才培训部主任。培养一批音乐人才，多次获优秀教师、模范班主任等称号。

周学谦（1959— ）

大提琴演奏家。北京人。自幼学习大提琴，师从司徒志文等。曾任中国儿童艺术剧院、中国歌剧舞剧院、中央歌剧院、北京舞蹈学院、东方歌舞团乐队的大提琴演奏员。1984年入中央芭蕾舞团交响乐队任大提琴演奏员。1989年在珠海国际艺术节演出的大型舞剧《唐·吉柯德》中任大提琴独奏。曾参加演出《茶花女》等多部歌剧和国内外多部经典芭蕾舞剧，以及数十部交响乐和室内乐。

周雪丰（1971— ）

女钢琴教育家。重庆人。1993年毕业于西南师范大学音乐学院，留校任教，副教授。2004、2007年先后获西南大学硕士、中国艺术研究院博士学位。先后师从景宗模、但昭义、吕德玉、WillemIbes（圣约翰大学）教授，与俄籍教师薇拉·嘉莉娅学习钢琴。在《中国音乐学》《钢琴艺术》《艺术百家》等刊物上发表论文十余篇。主持过多项科研课题，曾获重庆市论文奖与优秀园丁奖。

周雪华（1952— ）

女作曲家。江苏苏州人。1983年毕业于上海音乐学院戏曲作曲班，1993年结业于上海音乐学院作曲、指挥系现代音乐进修班。曾在解放军总后勤部华东局05宣传队任琵琶演奏员、歌唱演员。1977年任浙江省昆剧团演奏、作曲。为昆剧《伏波将军》《俊丑记》《寻太阳》《司马相如》等作曲，其中有的获奖。为电影《西国记》作曲、配乐，为评弹《苏堤春晓》，六集电视连续剧《笠翁全传》作曲。盒带《江南兰花》获全国"金榜奖"。撰有《论昆剧南曲的阴阳八声》等文。

周雪松（1952— ）

歌唱家。湖北人。1991年于河北师范大学音乐系毕业。1985年以来先后在石家庄市歌舞团任独唱演员，在浙江歌舞总团任独唱演员、合唱团团长。曾分别在石家庄青年演员汇演、省青年歌手比赛中获一等奖。多次参加重要演出活动，如在建党70周年的大型歌舞"七一颂"中任独唱，在"纪念毛泽东诞辰100周年"大型歌舞晚会中担任独唱，1994年担任"祖国颂"的领唱，并在歌剧《原野》中扮演焦大星。

周亚平（1956— ）

音乐教育家。江苏人。蚌埠学院音乐系副教授，安徽省钢琴协会常务理事。担任键盘、声乐教学。毕业于武汉音乐学院。曾多次在《人民音乐》《中国音乐教育》等发表论文，并多次在征文比赛中获奖，创作歌曲在省、市获奖。辅导的学生有多名考入全国各类音乐院校，并有多人次在声乐、钢琴比赛中获奖，本人获指导教师奖。

周亚玉（1940— ）

女作曲家。湖北武汉人。曾为中国交响乐爱好者学会理事。1965年毕业于武汉音乐学院理论作曲系后分配到中国广播艺术团，历任创作员、副团长、艺术室主任、广播交响乐团团长。歌曲《彩色的农村》被评为建国35周年音乐作品一等奖，《都在妈妈的怀抱中》获《解放军歌曲》

优秀奖。策划、制作《弦上蓓蕾》《乐府新韵》《青春的日历》《贾苑之春》等电视艺术片。曾赴澳门参加第四、五届澳门国际音乐节并赴香港演出。

周延甲（1934— ）

秦筝教育家。山西闻喜人。1951年从事地方文艺工作，1959年毕业于西安音乐专科学校，留校任教。后为西安音乐学院民系主任、教授。中国音协筝会副会长、陕西秦筝学会会长、《秦筝》主编。撰写《继承和发扬秦筝陕西流派演奏艺术传统》获省艺术科研优秀论文奖。《古筝迷胡曲集》中16首陕西筝曲入选全国教材。作品《秦桑曲》获中央电视台"山城杯"一等奖。录制《中国筝曲——陕西篇》（CD），《西京调——真秦之声》（VCD）等。曾赴新加坡、韩国、港台等地演奏讲学。培养众多学生，有数十人获奖。曾获陕西省劳动模范、中国民族管弦乐学会民乐艺术终身贡献奖。

周延新（1958— ）

女音乐活动家。满族。河北青龙人。陕西音协组联部副主任。1998年毕业于陕西省广播电视大学群众文化系。合作收集、整理陕北民歌、陕北评书、陕北道情等音乐，编辑出版陕北民歌《延川县卷》《延安地区》（一、二卷），收集编写的陕北民歌剧《货郎相亲》先后在西安市、北京中南海怀仁堂演出。数十次担任延安市大型文艺演出的策划、编导、音乐统筹。辅导陕西秧歌剧《花香时节》获中国剧协调演优秀导演奖。

周耀锟（1945— ）

二胡演奏家。河南荥阳人。曾为中国音乐家协会二胡学会副会长兼秘书长。1958年进中央歌舞团，后任中央民族乐团二胡声部首席、乐队首席兼拉弦乐声部长。1986年被评为文化部首批"尖子演员"，1987年在第一届中国艺术节开幕式上担任"中华千人大乐队"首席。1994年任中、日、韩三国联合组成的"亚洲乐团"第一任首席。1999年赴日本，任日本华乐团和日本华夏音乐学院特邀二胡教授、独奏家和音乐会首席。主要作品有《音乐会练习曲》《美丽的草原》《心》《黄土情》《洁白的哈达》，协奏曲《云周西忆事》《华夏魂》等。已出版个人演奏专辑《川江魂》《黄河》《雪山盟》CD11张及《周耀锟二胡作品集》。先后25次赴世界几十个国家和港澳台地区演出、讲学。

周一波（1953— ）

音乐活动家。陕西丹凤人。中共榆林市委书记。创作陕北民歌剧《三十里铺》，现代眉户剧《枣花山里开》等获陕西省艺术节多项大奖。组织、整理、出版《陕北民歌大全》。策划组织"中国记忆·榆林信天游音乐会"和"中国民乐经典音乐会"等多场大型活动，策划举办"首届榆林·中国陕北民歌音乐节"。

周义界（1942— ）

作曲家。浙江苍南人。浙江省平阳少艺学校艺术团长。曾任职于福州军区歌舞团。编撰有《探索与尝试——

周义界论文集》，出版有《周义界歌曲选》。1964年曾获福州军区文艺调演演唱二等奖，创作的歌曲曾获全国及省名次奖。

周荫昌（1936— ）

音乐教育家、理论作曲家。北京人。教育部艺术教育委员会副主任、全国教育科学美育学科规划组组长、第五届中国音协教育委员会副主任。1956年东北音专附中毕业。1962年毕业于沈阳音乐学院作曲系并留校任教，1979年后任教解放军艺术学院，院学术学位委员会常务副主任、学报常务副主席。"珠江钢琴"全国高校音乐教育专业大学生基本功比赛创办人、主持人，《21世纪高师音乐系列教材》编委会主任、总主编。我国军队文化管理专业创办人。作有歌曲《小红花》《云》《小溪流水响叮咚》入选中小学音乐课传统教材。著有《音乐形象的美学特征》《谈港台"流行歌曲"问题》《音乐艺术赏析》《军队文化管理干部基本教材》《艺术教育与人的素质》及开拓性教学、讲学活动等。1989年获"全国优秀青年思想教育工作者"称号。

周永浩（1933— ）

男高音歌唱家、声乐教育家。浙江诸暨人。1951年入华东革大文工团。1955年任南京市文化馆馆长。1963年毕业于南京艺术学院后分配到中央民族歌舞团任独唱演员、声乐教师。在北京、南京、济南、长沙、西宁等地举行过二十余场独唱音乐会。1992年由中国音协等单位主办的"男高音歌唱家周永浩独唱音乐会"在北京音乐厅举行。曾在首都师大、湖南吉首大学、华侨大学、福建音乐学院任教，并被聘为东北大学大连艺术学院教授。

周永亮（1955— ）

音乐活动家。新疆人。1980年毕业于博州师范音乐专业，1990年于新疆教育学院专科毕业，2000年在新疆艺术学院就读音乐本科。曾在新疆博尔塔拉文工团、博州师范任职。1990年任州音协副主席。出版有《博尔塔拉蒙古族短歌、长调集》，撰有《少数民族中、小学生音乐教育的初探与前景》《牧区寄宿学校如何开展音乐教学》《试论音乐教学大纲在边远地区的落实执行现状》等文。1996年组建"博州职工赛里木合唱团""博州中老年金秋合唱团""教师业余手风琴乐团""文化教育系统业余乐团"，并协助兵团农五师组建"红星合唱团"等。

周永生（1951— ）

打击乐演奏家、作曲家。上海人。上海市宝山区文化馆艺术总监。1977年毕业于上海音乐学院民乐系。作有吹打乐《赶潮》，打击乐《搏》，歌曲《紧贴你的怀抱》等二十余首音乐作品。先后获全国"群星奖"银奖、全国民间音乐舞蹈比赛"丰收奖"、优秀奖、山西国际锣鼓节金奖、上海文化艺术节优秀成果奖、"上海之春"创作演出三等奖。曾赴法国和巴西。

周友华（1944— ）

声乐教育家、嗓音专家。江西永新人。江西新亚学院副院长，江西师大音乐学院教授，江西中医学院嗓音研究所名誉所长、硕士生导师。1967年毕业于江西师范学院艺术系。1972年借调在江西省歌舞团工作，担任独唱、重唱。1979年进修于上海音乐学院声乐系。2001年应意大利米兰洛娃艺术学院邀请进行讲学和访问。创立"三声动力定型教学法"，培养许多国内外获奖歌手，同时还为许多嗓音患者复康了嗓音青春。发表论文数十篇，专著3部。全国高等院校音教会理事、世界科教文卫组织专家、江西声乐学会副会长。

周友金（1956— ）

男高音歌唱家。湖北当阳人。宜昌市艺术学校书记、校长。1984年毕业于武汉音乐学院声乐系。曾获全国民歌大奖赛"银孔雀杯"奖、首届中国长江歌会金奖、全国民歌新作新唱大赛金奖、湖北省"金凤青年文艺奖"。演唱有《满江木排满江歌》《摆手舞，情意长》《卖篾货》《扬鞭催马跑得欢》《山里幺妹爱风流》等。出版《湖北民歌》专集，《歌满三峡》歌曲集及《鄂西山歌演唱风格浅述》。

周友良（1948— ）

作曲家。上海人。苏州市音协副主席。1970年考入苏州市歌舞团任小提琴演奏员。1973年任江苏省苏昆剧团管弦乐队首席。1978年到上海音乐学院作曲系进修。回团后任剧团作曲兼乐队指挥。曾任剧团创作室主任、艺术委员会主任。作品有戏曲音乐、器乐曲及歌曲。先后在《音乐创作》《歌曲》《音乐世界》《云岭歌声》《音乐周报》等音乐刊物以及中央省市的电台和电视台发表、播放数百首作品。作品多次在全国和省内获奖。

周于椿（1930— ）

作曲家。江苏人。1949年始从事部队文艺工作。后在南京军区歌舞团工作。曾为歌剧音乐《红豆曲》《红霞》《芳草心》配器，编有《三弦演奏法》。

周玉坤（1943— ）

女音乐教育家。满族。辽宁沈阳人。1985年就读于全国教育研究班，师从张肖虎教授。在省艺术节及市声乐、器乐、舞蹈大赛中担任组织工作。1992年分别在"市学生艺术节""黄河少林大型文艺晚会"、河南省委与中国教育电视台举办的《教师的风采》中担任编导、组织工作。所作论文、歌曲及辅导童声独唱、合唱、二重唱多次获奖。带培的青年教师多人次获奖。

周煜祥（1938— ）

音乐教育家。江苏人。1961年毕业于南师音系，先后在中学、师范任教。曾任江苏省中专系列艺术学科高级评委、苏州市音协理事、吴江市音舞协会理事长。为高等艺术院校培养与输送一批艺术人才。曾受到苏州市人民政府表彰。多次获教育先进工作者称号。撰写的教育、教学论文与创作的音乐作品，分别在全国、省、市获奖。

周月皓（1955— ）

男高音歌唱家。福建泉州人。福建泉州市歌剧团演员。曾在厦门首届闽南语歌曲青年歌手"金宝杯"广播电视邀请赛中获二等奖，在首届"海峡同乐杯"全国优秀民歌演唱大赛中获优秀歌手奖、二等奖，在福建省"保险杯"民族唱法歌手大赛中获三等奖，在省"芳艺杯"第二届艺术节专业歌舞会演中获演员奖。撰写《谈谈民族歌剧的演唱技巧》发表于1992年《歌剧艺术研究》。

周月华（1955— ）

女作曲家。山东单县人。聊城市群众文化艺术中心副主任。1979年毕业于山东艺术学院。曾任潍坊市歌舞团演员。撰有《音乐——开启孩子智慧之门的金钥匙》《音乐教育与智力开发》等文章。歌曲《孔繁森是咱聊城人》《想》分别获全国孔繁森征歌比赛二等奖、优秀奖，《水城春雨》获全国江北水城征歌三等奖。2003年市妇联授予"三八红旗手"。

周岳琴（1941— ）

女琵琶演奏家。重庆人。成都金牛区文化馆副馆长、副研究馆员。曾在四川省音乐学院学习琵琶，先后进修于中国音乐学院、中央乐团。1962年入哈尔滨歌剧院，任琵琶首席、民乐团副团长等。创作并演出《鄂伦春马队在巡逻》《欢乐的草原》等。演奏曲目有《萨丽哈最听毛主席的话》《战油海》及琵琶协奏曲《孟姜女》。长期从事琵琶教学，培养一批专业人才。曾为电视专题片《金牛回到这片土地》创作主题歌。发表有《初学琵琶如何训练轮指》等文。

周跃元（1960— ）

中提琴演奏家。上海人。中央歌剧院交响乐团演奏员。1978年毕业于上海音乐学院。师从赵基阳等教授。参加剧院一系列的中外歌剧演出，1989年任中提琴声部副首席。在法国指挥家皮里松的指挥下演出贝多芬《第九》等作品。多次随团赴香港、澳门地区及芬兰等国家演出。

周云龙（1940— ）

长笛演奏家。江苏苏州人。1963年毕业于中央音乐学院民乐系。1963年始在中央民族歌舞团管弦乐队任队长。1973年在中央音乐学院管弦系带职学习，参加本团和社会上组织的多种文艺演出、汇演及庆祝活动，并随团赴边远地区、少数民族地区慰问演出。

周云深（1916—1998）

音乐活动家、编辑家。上海人。1935年参加吕骥领导的上海抗日合唱团、文化界救国会、国民救亡歌咏协会第三宣传队及徐州民族解放先锋队，其间作有《慰劳歌》《战时妇女歌》等抗日歌曲。1938年赴延安鲁艺音乐系学习，后任鲁艺实验剧团音乐组长，创作《拆桥破路》等歌曲。抗战胜利后任华北联大文工团秘书、牡丹江鲁艺文工团音乐指导、东北鲁艺音乐系副主任、音乐部研究员。1950年始历任本溪市文教局副局长、文化局长、市文联主任。1957年调北京，任音乐出版社副社长。1978年调中国大百科全书出版社任职。著有《怎样吹口琴》。

周蕴华（1942— ）

女高音歌唱家。湖北人。重庆市歌舞团独唱演员。原重庆市音协常务理事、市政协委员、市文联委员。先后在四川省音乐学院、上海歌剧院，中央乐团进修。曾主演歌剧《刘三姐》《白毛女》。多次赴北京参加重大献礼演出及全国文艺调演。为电台、电视台录制原创歌曲二百余首。为电视片《三峡览胜》《红与绿的随想》《西部之舞》等配唱主题歌。1984年录制出版《山城的灯——周蕴华独唱专辑》盒式磁带。多次随团赴国外演出。

周泽江（1935— ）

作曲家、指挥家。四川成都人。桂林市歌舞团指挥、作曲。曾先后任川西军区文工团、志愿军某军文工团、南京军区军乐团演奏员、作曲、指挥。作有《望月忆》《碑林记事》《蝉》，唢呐与管弦乐协奏曲《考》等，部分作品获1988年"广西第二届音乐舞蹈节"创作奖。曾指挥歌剧《江姐》《洪湖赤卫队》《泪血樱花》，歌舞《艰苦岁月》《漓江渔火》等。

周泽源（1930— ）

音乐编辑家。安徽合肥人。1949年入皖北师范文艺研究班音乐科。后在安徽省群艺馆工作。《中国民族民间歌曲集成》（安徽卷）编委。编有《安徽省第一届民间歌舞会演民歌选集》《安徽民间音乐》（第二集）等。

周照利（1957— ）

作曲家。辽宁大连人。大连歌舞团乐队指挥、作曲。1989年毕业于天津音乐学院作曲指挥系。民族管弦乐《东北风》《新疆风》荣获"21世纪华乐节"创作金奖，大管与乐队《高音之歌》，琵琶协奏曲《翠花女》，舞蹈音乐《碰海人》，歌曲《中国龙》等获省专业比赛一、二等奖及创作奖。曾获"华鑫杯"全国名歌手电视大赛"指挥金奖"。指挥作品有电影《马鲁它》，音乐风光片《北戴河》。为电视剧《悠悠山乡情》《咸土情》《sos来自地狱》及舞剧、话剧、杂技、舞蹈、作曲。

周振邦（1941— ）

大提琴演奏家。黑龙江巴彦人。1959年入黑龙江省歌舞团，后任大提琴首席、指挥。曾多次参加"哈尔滨之夏""羊城音乐花会"、全国音乐调演等。在小合奏《丝路驼铃》中任大提琴领奏并获一等奖。曾随中国艺术团赴法国、几内亚、伊拉克等国演出。作有大提琴齐奏曲、弦乐四重奏、木管五重奏、民乐合奏曲及歌曲敬爱的周总理，人民永远怀念您》。为广播剧《海瑞出山》配写音乐并获全国广播剧音乐一等奖。所培训的阿城市学生交响乐团，曾连续三届获"哈尔滨之夏"音乐会一等奖。

周振锡（1939— ）

作曲家、音乐教育家。湖北天门人。曾为武汉音乐学院师范部副主任，副教授。1964年毕业于河北艺术学院理论作曲系。曾任河北艺术学院理论作曲系助教、湖北电影制片厂音乐创作员。作品有歌曲《人往高处走》，钢琴曲《双撇笋》，小提琴曲《苗族组曲》，琵琶曲《江姐》，管弦乐合奏《序曲·薅草歌》与托卡塔《车水锣鼓>》，小歌舞剧《友谊船》等。编有教材《和声分析习题》《调内和声习题》，翻译《现代匈牙利艺术音乐与民间音乐的关系》等文，撰有《宫音大二度转移的理论与实践》等。

周振亚（1969— ）

音乐教育家。江苏沭阳人。江苏教育学院音乐系副教授。1994年毕业于南京师范大学，2002年毕业于上海师范大学音乐学院。撰有论文《典雅与创新——斯卡拉蒂钢琴奏鸣曲创作浅析》。参编《音乐学科教育展望》。

周正松（1952— ）

音乐教育家、指挥家。江西人。华南师范大学音乐系指挥副教授、硕士生导师。中国高等教育学会音乐专业委员会理事、全国高校合唱委员会主任、国际合唱联盟会员（IFCM），先后毕业于北京师范学院音乐系、中央音乐学院指挥系研究生班、奥地利国立音乐学院维也纳指挥大师班。发表声乐、器乐、论文等七十余件，编著出版《合唱与指挥教程》《交响音乐赏析教程》等7部与56个民族56首合唱CD唱碟。先后获文化部等部门颁发的"合唱指挥奖""新作品创作奖""优秀教材奖"、国际合唱节（新加坡）"最佳指挥奖"等。随团赴美、加、德、奥演出。

周志刚（1959— ）

男高音歌唱家。上海人。2003年毕业于解放军艺术学院文学系。南京军区前线文工团声乐演员。演唱曲目《我比太阳起得早》《源远流长》《等你》《站立的人生》《让辉煌永恒》《生命的放飞》《海燕》，分别选为全国第三届城市运动会、第八届全运会会歌，或获全军文艺汇演、中央电视台青年歌手电视大奖赛、《大众电影》"金鹰奖"一等奖、世纪纪念奖。在大连服装节、第八届全运会、第三届城市运动会、亚残运动会演唱会歌、主题歌。

周志华（1943— ）

大提琴教育家。北京人。1965年毕业于中央音乐学院管弦系，曾在该院附中任教。撰有《黄沅澧教授的教学艺术》，译有《卡萨尔斯谈演奏与研究旋律的构思》。

周志辉（1941— ）

音乐活动家。上海人。1963年毕业于上海音乐学院合唱班。1965年参加战地文工团上海演出队，赴越南创作演出。1982年创办上海乐团音乐学校，出任副校长、校长，并执教音乐欣赏、基本乐理、钢琴等课程。1987年在中国函授音乐学院音乐教育系进修毕业。曾随演出团访问苏联，任演出团秘书长。应邀参加澳门国际音乐节，任演出团团长。并先后任上海乐团合唱队队长、上海演出家协会常务理事、上海声乐艺术爱好者协会副会长、上海乐团副总经理等职。

周志清（1937—1996）

作曲家。广东开平人。曾任职于部队宣传队、军乐

Z

队、广州市文化局艺术处。1972年起在广州市群艺馆任文艺辅导组长、副馆长、馆长。组建有广州市中学生乐团、珠江合唱团，任团长和常任指挥。指挥过《黄河大合唱》《长征》组歌，《红棉颂》。创作有民乐大合奏《欢乐岭南》，获全国第二期"民间音乐舞蹈比赛"创作二等奖，歌曲《海岛之夜》《啊！祖国的土地》《编竹篮》等分别获市专业音乐创作一等奖，全省音乐创作评比一、二等奖。

周志全（1942— ）

二胡演奏家。四川眉山人。先后任职于成都市歌舞团、市民族乐团、四川省曲艺团。长期担任成都市歌舞团二胡独奏演员及民族乐团二胡首席。创编有民乐合奏《春潮》，二胡独奏《山丹丹开花》，二胡与古筝《阳关三叠》等。四川音协、省曲艺团为其举办《周志全二胡独奏音乐会》。论文《浅论二胡运弓的动作和用力变化》曾在北京"二胡学术研讨会"上宣读并发表于《音乐周报》。主编《四川省业余二胡考级曲集》。

周志新（1931— ）

长笛演奏家。上海人。1949年入中央音乐学院长笛专家班。曾任中央音乐学院音工团、中央乐团、中国歌剧舞剧院演奏员。曾移居美国。

周志勇（1959— ）

作曲家。湖北武汉人。1982年毕业于武汉音乐学院。先后任职于武汉歌舞剧院与北京中北电视艺术中心。1987年创作室内乐《涵瑟》《丧鼓》。1988年赴敦煌采风并创作交响诗《西部遐想》。1992至1993年为中国首部百集电视连续剧《京都纪事》创作音乐。1997与1999年先后创作、录制音乐作品集《红盖头》与《大黄河》。歌曲《红杜鹃》获文化部、中国音协音乐作品征集银奖。曾为澳门回归音乐会创作《星星、月亮》。为中央电视台电视连续剧《秦始皇》与多部电视剧创作音乐。

周治彬（1948— ）

作曲家、音乐教育家。福建尤溪人。曾任尤溪县文联主席、副研究馆员。曾参加福建省文联、文化厅组织的多部文艺集成志书编纂工作。作有歌曲《绿色亲情》《我再不是个小淘气》《三林之歌》，三人舞《甜妞妞》音乐，歌词《画三通》。指导的二胡学生参加艺术考级，并在省、市举办的器乐比赛中，分别获奖。2005年被评为"优秀指导教师"，获省文联艺术培训"金牌指导奖"。

周治国（1953— ）

作曲家、演奏家。云南澂江人。1975年进修于云南工农兵大学音乐系。曾任玉溪地区京剧团小号演奏员兼乐队队长、云南玉溪市红塔区文化局副局长。主编《聂耳故乡歌曲集锦》，出版《故乡的旋律》音乐专辑。创作舞蹈音乐《烟叶飘香》获省少儿科普调演创作一等奖，《奇异的果树》《神龟闹海》《华华和他的电子琴》分获第二、三届全省调演综合一等奖。《继承聂耳遗志、唱响时代主旋律》一文获省一等奖，歌曲《龙马山瀑布》等二十余首分获省市一、二、三等奖。所教的多名葫芦丝、巴乌学员参

加全国比赛分获一、二、三等奖。

周仲康（1939— ）

作曲家。上海人。1965年毕业于上海音乐学院作曲系。后在该院任教。1985年在上海举行个人作品音乐会。1986年获首届上海文学艺术奖。作有器乐曲《光》及《庆》均获创作奖。

周仲南（1917— ）

女高音歌唱家。湖南宁乡人。曾任哈尔滨市音协副主席、黑龙江省音协理事。1938年入上海音专学习声乐。1946年在上海兰心剧院举办独唱音乐会。1952年调上海乐团任独唱演员、声乐教研组长兼艺委会副主任。1953年赴朝慰问演出，回国后在上海市举办的"纪念柴科夫斯基逝世60周年音乐会"上演出多首歌剧咏叹调。1956年在上海交响乐团举办的"纪念莫扎特诞辰200周年"专场音乐会上演出。1959年曾到牡丹江农垦局文工团任声乐教员。1962年调哈尔滨歌剧院任声乐教员兼艺术顾问。曾多次获优秀教师奖。1987年哈尔滨市文联等单位，为其举办从事声乐事业50年"专场师生音乐会"。

周柱铨（1928— ）

音乐史学家、钢琴教育家。广东番禺人。自幼学习钢琴，1950年承马思聪院长推荐入中央音乐学院。先后就读于钢琴系、作曲系，1958年毕业于音乐学系。原任哈尔滨师范大学艺术学院音乐系主任、教授。所授课程有作曲、作品分析、中外音乐史、钢琴等。学术成果有《〈乐记〉考辨》《〈乐记〉续考》《黄自的爱国主义创作》《黄自的〈长恨歌〉主题思想新探》，并与孙继南联手主编《中国音乐通史简编》。作有合唱《我爱哈尔滨的夏天》。

周宗汉（1934—1982）

音乐教育家。北京人。1958年毕业于北京艺术师范学院音乐系，后留校任教。历任中国音乐学院、中央音乐学院理论作曲学科、音乐学系教师。曾参加《中国音乐辞典》撰写工作及任《中国百科全书·音乐卷》编辑。

朱 彬（1934— ）

楚剧作曲家。湖北江夏人。1942年随父学艺从事楚剧司鼓。1959年入中南音专进修作曲，后在武汉市楚剧团从事音乐创作。1982年起任楚剧团团长及艺术顾问。作曲的楚剧《佛门状元》获武汉市新作展演优秀作曲奖，《彩凤搏鸦》获第三届中国戏剧节优秀演出奖。《养命的儿子》（合作）获文化部文华新剧目奖、中宣部"五个一工程"奖。《穆桂英休夫》（合作）获湖北省新作展演优秀音乐奖，第三届"孔三传"最佳作曲奖和首届曹禺戏剧奖。《你是一条河》（合作）获湖北省第二届楚剧艺术节作曲金奖。出版《楚剧音乐概论》和《雅韵楚风》。

朱 彬（1954— ）

作曲家。黑龙江哈尔滨人。哈尔滨歌剧院艺术室主任，哈尔滨市音协副主席。1970年开始从事音乐工作。1996年毕业于上海音乐学院作曲、指挥系干部专修班。近

年来创作了多部作品，其中交响序曲《回归——97》，管乐合奏《秧歌》，双簧管协奏曲《秧歌》，民族管弦乐《闹春》等，均在全国及台湾地区所举办的作曲比赛中获奖。2002年作曲的音乐剧《千鹤谣》获得了黑龙江省及哈尔滨市音乐创作大奖。

朱 斌（1955— ）

小提琴教育家。新疆人。深圳市青少年活动中心社区活动部高级教师。1970年入新疆阿勒泰歌舞团，任小提琴演奏员。先后在新疆文工团、宁夏歌舞团、成都军区战旗歌舞团进修。师从胡德风、陆祖龙、陈贻鑫、李吉提学习指挥作曲。曾任乐队指挥兼作曲、副团长、小提琴教师。作有《一对小天鹅》。长期以来培养辅导众多少儿小提琴演奏人才，在省、市音乐比赛中获奖。

朱 灿（1958— ）

作曲家。贵州镇宁人。贵州省镇宁县一中音乐教师。1993年贵州民族学院音乐系毕业。撰有《民族地区的音乐教育优势》《在"音乐课程标准"下做好教师角色的转化》等文。歌曲《爷爷的故事》《知春》《有一块美丽的地方》等分别获奖。1997年获全国优秀音乐教师称号。

朱 光（1923—已故）

小提琴演奏家。辽宁沈阳人。1946年入长春电影制片厂乐团。曾任中国电影乐团交响乐队小提琴首席兼业务队长。

朱 光（1944— ）

作曲家、音乐活动家。福建福州人。毕业于福建师范大学艺术系音乐专业。1963年起在闽西从事音乐教育工作。1980年调福建省文联，曾任福建音协秘书长、副主席、省文联党组成员、秘书长。中国音协理事、省政协第八、九届委员。作品有《请你吃碗太平面》《献上一束迟开的花》，交响大合唱《明天会更好》（合作）等，多首音乐作品在省和全国获奖。策划组织"学校音乐周""企业之声""主力军心声"和"海峡两岸闽南语童谣合唱创作演唱评奖"等大型音乐活动。

朱 海（1915—1983）

广东音乐演奏家。广东新会人。1935年始从事广东音乐演奏活动。1951年参加广州曲艺队工作。1958年入广东音乐曲艺团任演奏员。作有广东音乐《欢乐的春耕》。

朱 海（1958— ）

歌词作家。浙江杭州人。多次参加中央电视台春节晚会、公安部春节晚会、中国农民春节晚会等大型节庆晚会的策划与撰稿。并任央视"心连心"艺术团策划、撰稿，CCTV青歌赛评委，十六届亚运会开、闭幕式策划。"综艺大观""艺术人生""星光大道"等栏目策划、撰稿和监制。作词歌曲有《今夜无眠》《黄帝颂》，电视剧《京华烟云》《金婚》《贞观长歌》等主题歌集片头、片尾曲。作品曾获"飞天奖""星光奖""五个一工程"奖、"金唱片"奖等奖项。

朱 虹（1970— ）

女歌唱家。江苏无锡人。2004年毕业于解放军艺术学院文学系。南京军区政治部文工团歌队独唱演员，曾任无锡市歌舞团演员。先后获亚洲音乐节歌手大赛大奖，罗马尼亚国际流行音乐大赛第四名，全军文艺汇演一等奖、特殊贡献奖，全国广播新歌大赛政府一等奖。

朱 鸿（1960— ）

小提琴演奏家。浙江人。1982年毕业于中央音乐学院。1983年赴澳大利亚悉尼音乐学院学习两年，曾在中央音乐学院管弦室内乐教研室工作。1982年在英国朴茨茅斯国际弦乐四重奏比赛中获"梅纽因奖"。

朱 辉（1926— ）

作曲家。辽宁辽阳人。1948年入东北鲁艺音乐系。1949年入中国铁路文工团，曾任创作员兼指挥。作有舞蹈音乐《春蚕》获全国第一届舞蹈比赛音乐创作三等奖。

朱 辉（1959— ）

音乐活动家。浙江金华人。2004年毕业于江西九江教育学院。先后任九江越剧团乐队副队长，市文化局、市群艺馆艺术辅导部副主任。作有歌曲《深情来自中华》《火火的中国》《新世纪畅想曲》，儿童音乐剧《贝贝的奇遇》，舞蹈音乐《旗魂》《点击未来》等多部作品，获创作一、二等奖及最佳作品奖。发表有《九江佛教音乐溯源》《浅谈音乐艺术的社会功能》《特殊的民间音乐》等文。

朱 建（1924—2008）

作曲家。上海人。就读于上海音专及沪江大学音乐系，后毕业于复旦大学教育系。曾先后在中央音乐学院华东分院、上海人民广播电台音乐组、青海人民广播电台文工团、青海民族歌舞剧团任职。1980年始在上海音乐学院任图书馆馆长并在作曲指挥系任教，副教授。后在上海戏剧学院、上海师范大学音乐学院兼职任教。出版有普劳特《曲体学》，及许米特《指挥棒使用法》译著2本，并撰有各类音乐文字数百篇。

朱 健（1960— ）

钢琴教育家。江苏人。南通师范学院音乐系副主任、副教授。1983年毕业于南京师范学院音乐系。后曾在南通市实验中学、越江中学任教。1990年起在南通教育学院音乐系、南通师范学院音乐系担任钢琴及钢琴即兴伴奏课教学工作。发表过《浅谈钢琴教学中心理素质的培养》《钢琴演奏中的思维训练》等论文十余篇，合写的《人口普查歌》曾在全国推广。南通市钢琴学会副会长。

朱 婕（1945— ）

女作曲家、指挥家。天津人。曾任天津歌舞剧院小提琴演奏员、天津京剧三团现代京剧乐队小提琴首席、广州乐团小提琴演奏员。后任广东歌舞剧院作曲、指挥，广东省合唱协会理事。1995年由广东音协等单位主办"朱婕作品指挥音乐会"。创作的高胡与乐队《自梳女》在第六届"羊城音乐花会"获奖，并被收录中唱出版的CD《二十世纪名人名曲专辑》。《雅鲁藏布大峡谷》序曲于2001年"广东省新世纪音乐会"首演。曾为广东省第三届大学生运动会闭幕式、第三届残疾人运动会、广东省委建党70周年晚会作曲。

朱　菁（1961— ）
女声乐教育家。山东青岛人。宁夏西北第二民族学院音舞系副教授、声乐教研室主任。1985年毕业于西安音乐学院，分配到宁夏歌舞团任独唱演员。1996年随团参加第十四届"四月之春"朝鲜平壤国际艺术节，获独唱金奖。曾在宁夏人民会堂、泰国曼谷举办独唱音乐会。先后赴哈萨克斯坦、阿塞拜疆、日本演出，担任独唱。

朱　静（1963— ）
女音乐教育家。江苏苏州人。1986、1996年先后毕业于南京师范大学音乐系、上海交通大学文学艺术系。先后担任无锡师范学校音乐组教师、广东茂名广播电台文艺部记者、茂名学院艺术教研室主任。作有歌曲《校园之星》《荔乡蜜月》《送您一束紫荆花》等获创作奖，撰有《学习钢琴初论》《论艺术创作中的心理结构》《论音乐形象思维的过程》等多篇。组建业余管弦乐队，排演《黄河大合唱》《长征组歌》。担任多台音乐晚会组织策划、音乐制作与艺术总监。

朱　康（1963— ）
大提琴演奏家。辽宁辽阳人。新疆歌舞团爱乐乐团首席大提琴。1986年毕业于西安音乐学院管弦系。多次与著名指挥家合作演出近百场交响音乐会。曾赴银川、西宁、兰州等地演出，并参加西北五省音乐会。2004年在新年音乐会上担任独奏。2006年在新疆器乐比赛中获独奏、重奏两项特别奖与两个十佳奖。

朱　磊（1974— ）
音乐教育家、演奏家。河南开封人。上海音乐学院现代器乐系主任、副教授。1996年在"首届全国双排键比赛"中获第一名，获"亚太地区国际双排键比赛"一等奖，东京"第32届世界双排键比赛"获第二名，是我国第一位双排键国际比赛获奖者。2000年举办"朱磊双排键中国16城市巡回音乐会"。曾为歌剧《党的女儿》，音乐剧《日出》担任音乐演奏。2002年出版《双排键电子琴车尔尼练习曲集（上、下册）》。录制个人CD及DVD专辑。曾获"宝钢教育基金优秀教师奖"，两届"上海音乐学院院长奖""贺绿汀基金奖"。

朱　丽（1941— ）
女小提琴演奏家。满族。北京人。毕业于中央音乐学院附中。1960至1965年在苏联敖德萨国立音乐学院留学。曾为总政歌剧团乐队首席兼教员。曾获第四届全军文艺汇演演奏奖。

朱　琳（1951— ）
女声乐教育家。福建人。中国音乐学院副教授。1985年毕业于南京艺术学院，师从黄友葵教授。曾任新疆教委

直属实验中学音乐教师。1986年获自治区第二届建设者之歌音乐会三等奖。撰有《孔子礼乐教育思想研究》等文。参与教育部新编中小学音乐教材的编撰工作。

朱　梅（1934— ）
女歌唱家。北京人。1949年始在部队文工团任独唱演员，后在北京军区歌舞团工作。在全军第一届文艺汇演中获一等奖。曾主演歌剧《婆媳俩》《鱼水情》《洪湖赤卫队》等。

朱　墨（1965— ）
歌词作家。江西樟树人。江西樟树市音协主席。1984年毕业于江西宜春师专。在校期间便开始学习歌词创作，先后在地市级以上刊物发表词作数百首。其中获奖歌词有《山民》《山里女人》《山里人唤你》《身为党员》《海门之歌》《百年复旦》等。

朱　培（1946— ）
小提琴演奏家。山东临淄人。1966年毕业于中央音乐学院附中，1973年参加中央乐团交响乐队，1980年考取美国密西根大学最高奖学金，师从美国著名小提琴教授保尔·玛卡诺维斯基和世界著名小提琴大师拉吉诺·里希，1983年获得硕士学位。回国后历任中央乐团独奏独唱小组成员、深圳交响乐团小提琴演奏员、乐队首席。多年活跃在国内外交响乐舞台上，多次举行小提琴独奏会和室内乐重奏音乐会。

朱　鹏（1932— ）
音乐编辑家。辽宁辽阳人。1949年始从事部队音乐工作。后任广播、电视音乐编辑。曾为新疆广播电视厅音像出版社副社长、主任编辑。

朱　青（1962— ）
女声乐教育家。河北任邱人。1985年毕业于河南大学音乐学院声乐系。1989年在河南郑州市外国语中学任音乐教师，1992年始入河南省郑州铁路教育学院艺术系，任音乐教研室主任，副教授。撰有《声情并茂来自细致的分析与体会》《论大学生音乐欣赏能力的培养》《声乐语言的艺术特征》《莫扎特的歌剧艺术》，专著《音乐鉴赏》（副主编）等。曾在郑州教育局、省委教委主办的教学比武中获演唱第一名，获1999年迎"澳门回归"合唱比赛金奖（辅导）等。

朱　砂（1965— ）
女歌唱家。重庆人。中国广播艺术团电声乐团歌唱演员。1979年毕业于四川省艺术学校器乐系，2000年毕业于中国音乐学院、硕士研究生。1989年获全国曲艺调演一等奖，1994年获全国民歌精英赛金奖，与江涛合作演唱的《祝福你香港》和独唱的《幺妹乖》分获中国音乐电视大赛铜奖和银奖，2001年获全国公益歌曲金奖。多次参加中央电视台春节晚会等大型文艺活动。出版个人演唱专辑。先后赴日本、意大利、奥地利、法国、香港、澳门演出。

朱 同（1953— ）

音乐教育家。江苏徐州人。1976年毕业于南京艺术学院双簧管专业。曾先后就读、进修于江苏省文艺学校、南京艺术学院、上海音乐学院。曾任南京艺术学院音乐学院管弦系主任、副院长，教授。国际双簧管乐器学会会员、江苏省管乐学会副秘书长、南艺图书馆馆长。出版过4部著作，发表二十余篇论文。1992年获优秀教学成果奖。1995年赴日本参加千人交响乐联合演出并任中方首席。2001年应邀赴美国参加国际双簧管乐器学会第30届年会及理论研讨会。

朱 彤（1959— ）

音乐编导家。浙江临海人。中央电视台副总编辑、高级编辑。中国音协第七届理事、中国电视表导演协会副秘书长、中国电视艺术家协会文艺委员会副会长。先后毕业于四川戏曲学校，中央戏剧学院，俄罗斯国立戏剧学院，博士学位。曾任央视《综艺大观》导演、《文化视点》制片人、文艺中心主任。曾任央视春晚、青歌赛等大型活动总策划，获"星光""飞天""五个一工程"等奖项。先后被评为北京市优秀教师，全国中青年德艺双馨文艺工作者。第九届全国青联常委、第七届中国文联全委。

朱 炜（1949— ）

中提琴演奏家。浙江余姚人。曾毕业于中央音乐学院附小、附中。1969年入中央乐团，任交响乐队中提琴首席。在该团演奏大量中外交响乐及室内乐作品，并与卡拉扬等国内外指挥家合作演出。曾随团出访朝鲜、马来西亚、西班牙、香港、澳门。1995年被文化部聘为"文化部直属艺术表演团体专业人员应聘资格考评委员会"委员。

朱 霞（1924— ）

女作曲家。江苏人。1946年在华北联大学习。1947年参加抗敌剧社（战友文工团前身），1955年转业到中央电台文艺部，曾任中国音乐组组长、外国音乐组组长、说唱团副团长、创作组组长等职。作有歌曲《生产学习在战斗间》《赤潮曲》《焦裕禄赞歌》《合欢曲》等。

朱 萱（1936— ）

小号教育家。云南人。云南艺术学院音乐学院副教授。云南省管乐学会副会长。1951年入解放军西南军区政治部文工团。1955年调解放军军乐团。曾将云南民歌《赶马调》及声乐曲《让青春更加美丽》改编为管乐曲。1962年在军乐团举行的业务汇报会上获演奏优秀奖。撰有《论小号吹奏的几个问题》。

朱 毅（1955— ）

作曲家。北京人。1983年毕业于中央音乐学院。后任中央音乐学院实验乐团民乐队长。中国民族管弦乐学会理事。创有琵琶独奏《春雨》，筝独奏《楚魂》，弹拨乐组曲《乡村集》，广东音乐《思南》及丝竹乐《咏南》等，并分获全国及本院不同奖项。撰有《弦索十三套结构分析》等。

朱 寅（1938— ）

琵琶演奏家。江苏南通人。曾任中国琵琶研究会长

江流域联席会副主席、江西民族管弦乐学会常务理事。曾获华东地区优秀园丁奖，辅导一等奖。所教学生获2001年"澳美通"杯业余组二等奖，并分别获华东地区第四、六、七届少儿民乐大赛琵琶独奏一等奖和辅导一等奖。1999年辅导学生演出琵琶齐奏，获江西第六届少儿艺术节一等奖和辅导一等奖。

朱 勇（1951— ）

作曲家。山东单县人。河南商丘豫剧一团创作员。1982年入上海音乐学院进修。作有歌曲《豫东小唱》《豫东号子》《豫东摇篮曲》《豫东花灯曲》，戏曲音乐《妙龄女郎》《睢阳忠烈》，舞蹈音乐《舞蹈课》《阳光雨露情满院》《晨曲》等。多首（部）作品获奖。

朱 予（1927— ）

音乐教育家。安徽人。1948年毕业于国立教育学院、1958年毕业于上海音乐学院作曲系。曾在安徽师范大学艺术系任教。中国音协音乐教育委员会委员，音协安徽分会教育委员会第一届主任。

朱 玉（1961— ）

女民歌演唱家。河北人。1983年毕业于沈阳音乐学院民族声乐系并留校任教。1986年获全国青年首届民歌通俗歌曲大奖赛"孔雀杯"银质奖。

朱 忠（1948— ）

二胡演奏家、作曲家。江西萍乡人。曾任萍乡市文艺学校副校长，萍乡市歌舞团副团长。1958年考入萍乡采茶剧团从事戏曲音乐和二胡演奏，1960年任萍乡采茶戏的主胡演奏。80年代考入中国戏曲学院作曲系，后在中央音乐学院选修二胡。多次获省音乐节、戏曲节声乐、器乐作品奖。曾获"98江西首届戏曲器乐比赛"二胡演奏一等奖及江西省文艺集成志书先进个人奖。

朱艾南（1923—已故）

作曲家。江西安福人。1950年入东北艺专学习作曲。曾为吉安群艺馆研究馆员。音协江西分会第三、四届副主席，省政协第四、五届委员。作有歌曲《井冈山上太阳红》《一群孔雀下山峰》，撰有《漫谈创作歌曲》。

朱爱国（1953— ）

音乐教育家。湖北武汉人。武汉音乐学院演艺学院院长、副教授。1989年就读于武汉音乐学院。出版《计算机在音乐应用中所涉及的教学问题》《艺苑英语》（均为合作）等。撰有《阿伦·福特的和声轴及其和声教学的新方法》《建立音乐计算机实验室实现传统学科与现代科技联姻》等文，其中《全音音阶及全音音阶和弦》被美国"柯尔比科学文化信息中心"评为"千禧优秀科学论文"。

朱宝珩（1947— ）

小提琴演奏家。陕西西安人。1968年毕业于西安音乐学院附中管弦系，1987年结业于西安音乐学院作曲专修班。1968年入河南省歌舞剧院交响乐团任乐队首席。参加

演出歌剧《江姐》《洪湖赤卫队》等，舞剧《白毛女》《红色娘子军》等，交响乐《沙家浜》，贝多芬《第一、二、三交响曲》等，管弦乐《红旗颂》《费加罗婚礼序曲》等，独奏《巴赫双小提琴协奏曲》《流浪者之歌》以及重奏等。参与十多场大型音乐演出活动的策划与实施。

朱宝强（1933— ）

作曲家。安徽合肥人。1951年毕业于安徽师范大学。为巢湖地区群众艺术馆副研究馆员。作有《我家宝宝睡觉了》获1987年全国民族民间舞蹈比赛创作二等奖。

朱宝全（1965— ）

音乐教育家。宁夏人。1986年毕业于银川师范，后到宁夏农学院附中任音乐教师。1988年入西安音乐学院，毕业后留校。1988年赴维也纳国立音乐学院学习。宁夏银燕七彩艺术学校校长兼银川电视台银燕七彩艺术团团长。宁夏音协理事、中国音协电子琴学会理事、键盘乐评委。

朱宝勇（1932— ）

歌唱家。安徽人。曾为中国少数民族声乐学会理事，四川民族声乐学会主席，四川师大现代艺术学院声乐系主任，教授。1953年毕业于贵州师大，同年任四川省歌舞剧院独唱演员，1956年全国第一届音乐周独唱《太阳出山》首录唱片。如《马儿快快跑》《黄杨扁担》，以埃及民歌为素材自己作词编曲并演唱的《尼罗河畔的歌声》等，录制唱片、磁带。出访过埃及、叙利亚、黎巴嫩、阿尔巴尼亚及香港。发表有《怎样把歌儿唱好》等论文二十余篇。多次担任国内各类声乐比赛评委。

朱葆菁（1930— ）

女声乐教育家。上海人。上海师大音乐系声乐副教授。1949年参加部队文工团任演员。曾在南京师范大学音乐系学习声乐，后在上海声乐研究所进修三年。1952年参加抗美援朝，后参加全军一、二、三届文艺汇演。多次在上海音乐厅举行的音乐会担任独唱，1964年参加音乐舞蹈史诗《东方红》的排练演出。1978年调上海师范大学音乐系任声乐教师，培养了一批歌手，不少学生成为大、中学校音乐教师。

朱伯诚（1937— ）

大提琴演奏家。辽宁辽阳人。新疆歌舞团、爱乐乐团首席大提琴，新疆音协大提琴学会副会长。1949年随解放军进新疆，先后任职于师宣传队、农六师文工队、新疆生产建设兵团文工团。历任打击乐、二胡、板胡、小提琴、扬琴演奏员，1955年任大提琴演奏员。1962年师从西安音乐学院赵震霄学习大提琴。曾在新疆艺术学院、新疆师范大学、自治区课余少儿音乐学校任大提琴教师。1988年参加济南全国第一届全级别大提琴比赛，获老年组"青松奖"和特别奖。

朱步熹（1942— ）

指挥家。湖北武汉人。1967年毕业于武汉音乐学院理论作曲系。1970年入宜昌地区歌舞团任指挥兼作曲。创作

歌剧《云盘峰》，舞剧《湖中仙子》，舞蹈音乐《搜猎》《阳光》等。1976年应珠江电影制片厂邀请任交响乐团指挥。1981年调武汉音乐学院理论作曲系任教。曾指挥武汉交响乐团、武汉音乐学院交响乐团排演《黄河大合唱》等。参加武汉歌舞剧院《荷花赋》的创作。曾编写《指挥法教程》，撰有论文《指挥运动中的加速与减速》。

朱昌耀（1956— ）

二胡演奏家。江苏南京人。1976年毕业于南京艺术学院音乐系。后任江苏省歌舞团副团长。中国音协二胡学会副会长，江苏省政协第五、六届委员。中国音协第六、七届理事。江苏演艺集团副总经理，江苏省文联副主席、省音协主席，刘天华阿炳中国民族音乐基金会副理事长。1982年获"全国器乐独奏比赛"优秀表演奖（二胡第一名），曾获"江苏省文学艺术奖"等奖项。作有二胡独奏曲《欢庆锣鼓》《江南春色》《苏南小曲》，二胡协奏曲《枫桥夜泊》（合作），创作、演奏及指挥的曲目由海内外多家唱片公司出版。曾十多次赴台湾举办二胡独奏音乐会，并多次赴美、日、英、法、意等国演出。

朱长安（1940— ）

音乐活动家。山东临邑人。1955年起曾任济南军区军乐队演奏员、山东德州地区京剧团乐队指挥、地区艺术馆音乐组干部及济南第二机床厂工会文艺干事。多次在天安门参加"国庆""五一"重大庆祝活动的演奏工作。作有声、器乐作品多首，并任山东艺专大专班、山东师大艺术系小号代课教师。1985年倡导组建了济南职工军乐团并任指挥，城运会军乐团总指挥。

朱超伦（1935— ）

作曲家。山东定陶人。1950年入平原省文工团，后赴天津音乐学院进修。曾任河南省豫剧三团艺术室主任，《中国戏曲音乐集成·河南卷（豫剧卷）》编委。先后为六十余部豫剧创作音乐，在参加河南省历届戏剧大赛中均获奖。所作曲的电视连续剧《常香玉》主题歌《你家在哪里》在全国首届电视剧优秀歌曲评选中获银奖。主持的豫剧音乐《红果红了》获文化部音乐创作奖。合作有电影音乐、电视剧音乐若干部。

朱朝献（1934— ）

指挥家。浙江永康人。1953年入上海交响乐团学习。1950年参军，曾任解放军前锋歌舞剧团演奏员兼指挥，转业后任福建三明市歌舞团团长、浙江婺剧团副团长兼艺术室主任及金华市群艺馆馆长。浙江省音协理事，金咒市音协主席。参加歌舞剧演出千余场，担任演员、指挥。作有歌曲《人民大炮显威风》《千支赞歌献给党》《闹新房》等，为歌剧《三月三》等编配伴奏。主编《中国民间器乐曲集成·金华分卷》《歌曲精选》《施光南歌曲选》等。发表《生活离不开歌》《社会需要美育》等文。

朱成志（1953— ）

歌唱家。湖北武汉人。1989年入中国音乐学院声乐进修班学习。曾任基建工程兵文工团及总政歌舞团歌唱演

员。1985年入武警总部文工团任歌唱演员、歌队分队长。在第二届聂耳·冼星海声乐作品比赛等多项比赛中获得名次。曾参加《中国革命之歌》，赴朝鲜慰问演出。

朱崇懋（1922—已故）

男高音歌唱家。江苏苏州人。新中国成立前为电影制片厂及电台独唱演员。新中国成立后历任华东海军文工团、上海儿童剧团教师及中央广播乐团独唱演员兼指挥。录有《草原上升起不落的太阳》等独唱唱片。

朱崇熹（1938— ）

女高音歌唱家。湖南长沙人。1949年参加工作，任中央歌舞团合唱队演员。曾多次随团出国访问演出。担任歌曲《八月桂花遍地开》领唱及对唱《龙船调》《毛主席派人来》等。

朱崇志（1911—2004）

大提琴演奏家、指挥家。江苏吴县人。曾任四川省音协常务理事。1931年毕业于北平大学艺术学院音乐系，后赴上海国立音乐院进修。新中国成立后，任某部队文工团音乐指导兼指挥，1955年转业至四川省歌舞团任艺术指导。曾在昆明指挥演出贝多芬《第五交响曲》《第六交响曲》。随四川省歌舞团赴全国十大城市演出，指挥合唱《峨嵋组歌》并录制唱片。1983年任"巴蜀歌舞"全台节目总指挥。曾随团赴巴黎参加"中国周"开幕式演出，并赴匈牙利、德国等访问演出，任艺术指导。

朱传迪（1936— ）

作曲家。湖北汉阳人。湖北省群众艺术馆研究馆员。1961年毕业于武汉音乐学院理论作曲系。1980年以前，曾在专业剧团任作曲、指挥，写有歌剧、楚剧、曲艺、舞蹈音乐作品，和声乐、器乐曲多部（首），70年代挖掘、整理、创编的新曲艺品种《宜都梆鼓》，在当地广为流传。1980年以后，从事音乐编辑工作，历任《湖北音乐》《流行歌坛》等杂志主编，《中国曲艺音乐集成·湖北卷》副主编，湖北音像艺术出版社特约作曲家、编审。出版《歌俗丛话》《中国风俗民歌大观》《吉他乐理与弹唱》，发表《民俗歌谣论》等文多篇。

朱春玲（1961— ）

女手风琴教育家。重庆人。西南大学音乐学院副教授。1982年毕业于西南师范学院音乐系。1984年在沈阳音乐学院钢琴系进修。编著有教材《手风琴演奏与技法分析》《教学演讲的方法与技巧》，撰有论文《论音乐与情感的关系》《手风琴与钢琴触键技法差异两题》《论手风琴音乐的时代特征》，曾举办手风琴独奏音乐会。所指导的学生分获昆明"春城杯"师范组、重庆首届大学生艺术展演一等奖。

朱大富（1948— ）

音乐活动家。浙江绍兴人。1973年始从事文艺创作。曾任军校艺术团艺术指导。多次撰写大型文体活动主持词，担任歌咏、诗歌朗诵等比赛评委。主持编写《外国

一百个军事家》，并获江西省第七次社会科学优秀成果二等奖。歌曲《绿色的军营多么美》由全军绿化委员会向全军推荐教唱，《绿色的种子，未来的希望》在江西省征歌评奖中获二等奖，《为了你》刊于中宣部《党建》杂志。

朱德诚（1935— ）

作曲家。湖北武汉人。曾任武汉市第四棉纺厂子弟学校音乐教师，武汉音协理事、武汉儿童歌曲研究会副会长。作有歌曲《这是什么》《吹起金色的小喇叭》《蝴蝶花》《我们参观长江大桥》《小树苗》《看雷锋叔叔的画像》《好妈妈》《当国旗徐徐升起》等，大都在《儿童音乐》《歌曲》等刊物发表，并获多种奖项。部分作品由"中唱"录制唱片出版并选入全国小学音乐统编教材。出版《百灵鸟》《我们快乐地歌唱》等儿童歌曲集。

朱德孚（1951— ）

作曲家。上海人。余姚市文化馆馆长、市音协主席。曾任宁波师范余姚分校专业教师。所辅导的学生数名考入上海音乐学院等专业院校。创作的（声乐、器乐、舞蹈音乐）十余件音乐作品在全国级获奖和发表，数十件音乐作品在省级、宁波市音乐舞蹈节获奖，其中有全国第六届"群星奖"、1996年全国百家电视台MTV音乐展播金奖、全国"五个一工程"提名奖及浙江省"五个一工程"入选奖等。

朱德九（1926— ）

女音乐教育家。上海人。1942至1949年先后毕业于上海音专钢琴系、国立音专声乐系。先后任职于山东大学音乐系、山东师院音乐系、山东艺专音乐系、山东艺术学院音乐系。2003年任声乐硕士生导师。曾发表十余篇有关歌剧、歌剧大师和音乐译文及编译文章。出版的《外国歌剧荟萃》获山东省教委1992年哲学社会科学优秀成果三等奖。

朱定清（1949— ）

女音乐编辑家。湖北江陵人。1968年毕业于北京外国语学校，1975年毕业于内蒙古师范学院艺术系音乐专业。曾任包头市师范学校、廊坊市第三中学音乐教师，在中唱北京分公司工作，后任中央广播电台"音乐之声"主任编辑。曾主持直播第五届中国艺术节开幕式"百花赞"，现场报道《李源潮带小分队送戏下乡到金牛村》，并分获中国文化新闻一、二等奖，采编的专题音乐节目《千年唐韵—阳关三叠》获中国广播二等奖。撰有《对民族音乐广播之我见》。

朱东生（1953— ）

声乐教育家。甘肃兰州人。西北师范大学音乐学院教授。1982年毕业于西北师范大学音乐系，并留校任教。1989至1990年在中央音乐学院深造，先后师从马洪海、吴天球教授。多年来，为甘肃乃至全国培养一批优秀音乐人才。曾先后在《中国音乐》《兰州大学学报》等刊物发表论文二十余篇，获甘肃省社会科学优秀成果二等奖、甘肃高校优秀社会科学成果一等奖。并获省级以上声乐演唱奖十余项。

Z

朱发雄（1966— ）

作曲家。甘肃金昌人。甘肃金昌市师范学校教师、金昌市音协副主席。1998年毕业于西北师范大学。歌曲《五颜六色的童年》1994年获全国少儿歌曲评选三等奖，舞蹈音乐《乳燕飞》2001年获甘肃省第三届中学生文艺汇演金奖。

朱逢博（1937— ）

女高音歌唱家。山东济南人。1960年毕业于同济大学建筑系，后入上海歌剧院从事专业演唱。曾为上海轻音乐团团长。全国政协委员。为舞剧《白毛女》喜儿伴唱。主演歌剧《刘三姐》。曾多次举行独唱音乐会，并演唱《那就是我》《编花篮》《请茶歌》等歌曲。

朱凤平（1920—已故）

音乐教育家。江苏宜兴人。1939年始先后就学于上海国立音专钢琴系、北京师大音乐系、重庆青木关国立音乐学院作曲系。曾在四川音乐学院作曲系任教。

朱凤枝（1958— ）

女高音歌唱家。吉林白山人。白山市音协副主席。1983年在东北师大音乐系进修，1998年入吉林艺术学院音乐教育系进修。曾在市委宣传部工作。多次在国家、省、市声乐比赛和文艺汇演中获一等奖。广播剧《春潮》（合作），获全国市（地、州、盟）广播协会创作一等奖。2004年举办个人独唱音乐会。

朱扶恩（1943— ）

歌唱家。辽宁人。曾为吉林艺术学院声乐教研室主任、副教授。1964年毕业于吉林艺术学院音乐系，同年入吉林省歌舞剧院任演员。曾参演歌剧《血与火的战歌》《甜蜜的事业》以及舞剧《红色娘子军》等，培养一批声乐演唱人才。论文《人体发声机能的演变过程与复原训练》获中国广播文艺研究会优秀论文奖。

朱傅鼎（1923— ）

声乐教育家。浙江杭州人。1949年上海同济大学造船系肄业，同年入中国青年艺术剧院。1956年入中国儿童艺术剧院，1962年入中央民族乐团工作。曾任合唱团队长、声乐教员，艺委会会员，业务办公室负责人。

朱工艾（1953— ）

女长笛演奏家。上海人。上海乐团首席长笛。曾任安徽蚌埠市文工团长笛演奏员兼钢琴伴奏。1980年毕业于上海音乐学院管弦系，后调上海乐团任首席长笛兼独奏演员。参加乐团所有重要演出，并随团赴日本、美国、苏联等地演出。

朱工七（1935— ）

小提琴演奏家。浙江余姚人。1955年中央音乐学院少年班肄业。曾任中央乐团演奏员。曾随团赴日、朝、美等国演出，在音乐会中担任独奏节目。

朱工一（1922—1986）

钢琴教育家、演奏家。浙江余姚人。前中央音乐学院钢琴系主任、教授、研究生导师。国务院学位委员会成员。14岁师从意大利钢琴家梅百器学习指挥、钢琴，后在上海师从邬馥美学习钢琴。在上海、天津、北平等地举办个人钢琴独奏音乐会。1946年任北平艺术专科学校钢琴副教授。新中国成立后，长期执教于中央音乐学院钢琴系，培养了郭志鸿、鲍蕙荞、诸大明、杨峻等钢琴家。1983年应聘任比利时伊丽莎白女王国际钢琴比赛评委。创作有钢琴独奏曲《北平狂想曲》，钢琴协奏曲《南海儿女》（合作）及三首序曲。

朱广庆（1932— ）

作曲家、指挥家。辽宁大连人。1957年毕业于东北音乐专科学校。吉林省音协名誉主席。历任吉林省歌舞剧院副院长，省民族乐团团长，中国音协第四届理事，中国民族管弦乐学会第一届副会长等。作有管弦乐《九歌第一组曲》，民族管弦乐《驷马铜铃》《风雪爬犁》《跑火池》，双管独奏《江河水》（合作整理改编）等各类音乐作品四百余部（首）。

朱广星（1941— ）

音乐活动家、二胡演奏家。江苏南京人。中国音协第五届理事。1964年毕业于南京艺术学院音乐系。曾任北京音协秘书长、副主席，《中国民族民间器乐曲集成·北京卷》编委、《北京地方志文化艺术卷·音乐志》副主编。早年曾在北京文工团任二胡独奏演员、作曲、指挥，后调至北京京剧院，曾指挥京剧《沙家浜》《龙江颂》等剧目，为京剧《状元与小乞丐》《岔路口》设计音乐。2002年获第二届中国音乐"金钟奖"组织奖。

朱贵庆（1956— ）

大提琴教育家。重庆人。四川省舞蹈学校副校长。1975年毕业于四川音乐学院。曾参加数届"蓉城之秋"音乐节，任大提琴首席、独奏演员。培养的大提琴专业学生多名考取各类艺术院校。曾赴澳大利亚和美国的相关音乐院校访问交流。

朱贵钰（1942— ）

作曲家。上海人。1960年就读于江苏戏曲学院，毕业后在江苏昆剧院从事作曲、指挥和研究。曾任《中国戏曲集成·江苏卷》编辑，《中国民族民间器乐音乐集成·南京卷》《江南丝竹》《金陵吹打》常务编委并主编出版《南京锣鼓》。1999年应邀赴台北戏剧学校讲学。曾为数十首古诗词与道乐作曲并在省戏校和茅山道乐团任教。其参与创作的戏剧《珍珠塔》在第七届中国戏剧节中获"优秀配器奖"，后又获文化部第十届"文华音乐创作奖"。

朱国昌（1955— ）

音乐教育家。福建泉州人。1982年毕业于福建省师范大学音乐系。先后在福安师范音乐组、福州师范艺师部及福安市教师进修学校任教师、中教科教研员，1991年在福建宁德师范学校任教。作有歌曲《白云山下赶歌会》《包

Z

山大户进山来》，舞蹈音乐《琵琶行》《莲花童子》，长笛与钢琴《山歌印象》等。撰有《百闻不如一见》《浅谈音准教学的途径与方法》等文，1998年获"曾宪梓教育基金会"授予的中等师范学校优秀教师奖。

朱国梁（1935— ）

音乐教育家。辽宁人。曾任沈阳市和平区教育局教研室音乐教研员。创作少儿等歌曲百余首。其中《教师爱的是什么》《女孩家中一朵花》分别获全国首届中音杯歌曲大赛优秀创作奖、国家计生委组织的征歌活动入围奖。1987年被辽宁少儿出版社"小学生学习指导杂志社"聘为特邀音乐编辑。编辑有少儿歌曲集《孩子们喜爱的歌》。

朱国祥（1942— ）

琵琶演奏家、音乐活动家。山东无棣人。中央民族乐团公共关系部主任。中国少数民族文化艺术基金会理事、声乐学会理事，首都老艺术家协会常务理事兼秘书长。1961年考入中央民族乐团民族乐队任琵琶演奏员，师从秦鹏章、李灿祥。1983至1985年参加大型音乐舞蹈史诗《中国革命之歌》的演出及电影拍摄，任大型交响乐队副队长、民族器乐声部长。1987年以来，组织老艺术家深入基层开展文艺辅导活动，并参加大型文艺演出活动。

朱国志（1940— ）

音乐理论家。湖南邵阳人。1960年入湖南艺术学院音乐理论作曲专业，1964年毕业于湖南师范大学。任职于邵阳群众艺术馆，副研究馆员。曾任邵阳音协主席，名誉主席，湖南省音协理事、荣誉理事。邵阳市政协第四、第五届委员。创作发表、演出、播放音乐作品三十余件，撰写近四十万字音乐论文。出版有《朱国志音乐论文选》。

朱汉民（1958— ）

作曲家。满族。吉林公主岭人。大连市音协秘书长。曾就读于东北师大音乐系，主修作曲。现就职于大连周水子国际机场股份有限公司，中学高级教师，高级政工师。发表论文和作品百余篇（首），其中有六十余篇（首）作品分别获奖，部分歌曲被选入电台每周一歌。曾为6部电视专题片作曲。

朱鸿雁（1943— ）

作曲家、音乐教育家。湖南湘乡人。曾任湘乡、邵阳歌剧团演奏员、乐队队长。1996年调省职业艺术学院邵阳二分校，任该校及吉首大学邵阳大专班作曲教师。作有声乐、器乐、歌舞、花鼓戏、论文等百余件。著有《音乐欣赏讲座》《朱鸿雁声乐作品选》。多件作品获各级奖项。《边疆之鹰》《我们的祖国最美》《分不开》《美好的祝福》等歌曲为中俄文化交流选用。为电视剧《回归》《这是谁家的》谱写音乐。《2008·北京·奥运》歌曲由湖南、北京等多家电台播放。

朱鸿谊（1954— ）

钢琴演奏家。湖北人。所撰《键盘即兴伴奏入门》1987年由山东大学出版社出版，合作发表《成人钢琴教学之浅见》《键盘即兴伴奏入门》获山东省教育厅社会科学优秀成果著作二等奖。曾获全国少年儿童业余钢琴比赛优秀辅导教师奖及山东省高等院校青年教师声乐钢琴比赛二等奖。

朱惠华（1920— ）

女钢琴教育家。湖北武汉人。1940年毕业于金陵女子大学音乐系，1942年任教于成都南虹艺术学校，1943年起任教于成都四川省立艺术专科学校。1951年起，先后任教于湖北省教育学院、华中师范大学音乐系及武汉音乐学院钢琴系。历任讲师、副教授、教授。

朱慧琴（1940—已故）

女音乐教育家。江苏苏州人。1960年毕业于南京师范大学音乐系留校任教，后任音乐系钢琴副教授。曾参与中学教师专业合格证书音乐教材《钢（风）琴》的编写，具体编写部分为一、钢（风）琴弹奏常识，二、钢（风）琴弹奏的技能训练并参加中等师范学校《手风琴教程》第三册的执笔。

朱积聚（1952— ）

歌词作家。浙江鄞县人。上海邵万生商贸合作公司就业中心干事。1970年毕业于上海市九江中学。在《词刊》等刊发表大量词作，有相当部分获奖，其中《渔乡的孩子》于1997年获全国第二届少年儿童歌曲大赛一等奖，《十四的故事》于2001年获文化部全国第二届蒲公英征歌金奖，《旋转的童年》于2005年入选全国少儿歌曲百首优秀推荐歌曲。曾作日本卡通《樱桃小丸子》片头主题歌、电视连续剧《长在红旗下》插曲。

朱继胜（1934— ）

词曲作家。宿州人。第四届安徽音协名誉主席。1950年起先后在治淮文工团、安徽省歌舞团任小提琴演奏员、创作组长、副团长等职，后任安徽省艺研所副所长、所长兼《安徽新戏》主编、顾问，《中国曲艺音乐集成·安徽卷》主编，安徽音协第三届副主席。多年来，发表、出版、上演、播放、录制各类文艺作品千余件，如《双条鼓儿敲起来》《颂歌献给敬爱的周总理》等。

朱霁明（1936— ）

女歌唱家。上海人。1958年毕业于西南音专声乐系，入新疆从事演唱和声乐教学工作。新疆自治区音协二届理事。1984年调四川音乐学院师范系任教。先后在《洪湖赤卫队》《红珊瑚》《刘三姐》《草原向阳花》《马尔乃》等歌剧中担任主要角色。曾在各种音乐会、歌舞晚会中担任独唱演员，参加演出数百场。录制唱片有《春光万里红旗扬》等。多次为新疆电台录制节目，演唱曲目有《娄山关》《我爱你，中国》及《罗西娜咏叹调》等。

朱加农（1945— ）

作曲家。江苏苏州人。1959年就读于贵州大学艺术系音乐附中，后毕业于南京艺术学院音乐系，分配至江苏溧阳工作。曾任江苏省溧阳市广电局副局长、文联副主席。

Z

多年来发表作品数百件，其中有百余件分获各级奖励。歌曲《我是梅园一株梅》《焊花雨》《牛铃响在山道上》《溧阳，我的故乡》《万里一线牵》《山村在欢笑》分别获纪念周恩来诞辰一百周年全国征歌、第三届全国行业工人歌曲评选、江苏省首届音舞节（专业组），全国城市歌曲等征歌评选一等奖、最佳原创金曲奖及最佳作曲奖。曾被江苏省政府授予省农村文化先进工作者称号及嘉奖。

朱佳玲（1942— ）

女钢琴教育家。湖北武汉人。毕业于上海音乐学院附中、解放军艺术学院音乐系，后进修于中央音乐学院。1962年入解放军艺术学院。1968年起先后任职于南京军区业余宣传队、北京铁合金厂宣传队、北京艺术学校、北京歌舞团。1980年回解放军艺术学院，任舞蹈系钢琴教研室教员，培养一批优秀毕业生。编创舞蹈《腰的组合》音乐参加全军第二届文艺汇演。创编、改编钢琴伴奏曲百余首。撰有《给舞蹈插上音乐的翅膀》。1989年被学院评为"优秀教师"。

朱家红（1929— ）

女作曲家。江苏扬州人。1958年毕业于上海音乐学院理论作曲系。同年入安徽艺术学校任教，1963年入合肥师范学院艺术系任教，1979年入安徽师范大学音乐系任教。作有钢琴曲《河北民歌五首》《牛哥》，民歌改编曲《姑嫂对花》（钢琴伴奏谱），二胡曲《千里淮北赛江南》（钢琴伴奏谱），著有教材《和声学》《歌曲钢琴伴奏写作基础》。

朱家明（1956— ）

笙演奏家。黑龙江哈尔滨人。中央民族乐团笙副首席、中国笙协会副会长。1978年入中央民族乐团。1982年荣获文化部"全国民族器乐独奏比赛优秀表演奖·笙组第一名"。在长期的舞台演奏实践中，发展了呼舌、历音、滑音等十几种技巧。第一次把《西班牙斗牛曲》《四小天鹅舞曲》《马刀舞曲》移植到36簧笙上，丰富了民族器乐作品。1999年2月，在维也纳金色大厅表演的独奏《凤凰展翅》，受到热烈欢迎。自1986年以来，出访缅甸、印度、巴基斯坦、日本、韩国、美国、法国、瑞典、丹麦等国家及台湾和香港地区。

朱嘉禾（1946— ）

作曲家。北京人。1987年毕业于中央音乐学院干部进修班。曾分别在宁夏歌舞团、兰州军区战斗文工团任演奏员、专业作曲。作有小提琴协奏曲《西部音诗》及舞蹈音乐、电视剧音乐、声乐作品，曾获全军音乐创作一等奖。

朱嘉琪（1954— ）

作曲。四川成都人。1977年毕业于四川音乐学院作曲系。中国音协第七届理事。四川音协常务副主席兼秘书长、四川《音乐世界》杂志社总编辑、四川文联全委委员。曾任编辑部主任、省音协办公室主任，兼任中共四川省委宣传部专家咨询委员会委员、四川省专家评审委员会委员，四川省艺术高级职称评委。创作、发表音乐作品

三百余首，理论文章六十篇，数十件作品获奖。其中《古老的歌》《日月之恋》《孤雁》等被选入全国艺术院校声乐教材。

朱建华（1955— ）

音乐活动家。江苏丹徒人。苏州市文联党组书记、副主席。曾毕业于河海大学、苏州大学。担任苏州市汽浪区文化馆长期间，组织了一年一届的合唱比赛，二年一届的文化节。组织参加民间音乐、民歌普查活动。在苏州文联先后建立了钢琴、古琴、合唱等多个音协下属分会，每年组织采风创作研讨会，组织各类的征歌，推荐优秀作品参加全国比赛。编有《苏州新歌》，重新组织整理出版《金砂歌曲选》。

朱建民（1941—已故）

作曲家。山东邹平人。1963年毕业于山东艺专音乐系。为山东歌舞剧院创作员。作有歌曲《我的渔家》《乡村大道宽又广》，歌剧音乐《大海作证》（合作）。

朱践耳（1922— ）

作曲家。安徽人。1940年开始创作艺术歌曲。1945年在文艺工作团任作曲和军乐队指挥。1950年始从事电影作曲。1955年赴苏联莫斯科音乐学院作曲系深造。1960年毕业回国。1975年始任上海交响乐团常任作曲，并在上海音乐学院兼教作曲。作有交响曲10部，序曲、交响诗、协奏曲等12部。交响大合唱《英雄诗篇》，钢琴曲、室内乐、民乐合奏等。其中《交响幻想曲》于1981年，《第二交响曲》于1994年均获全国交响音乐作品一等奖。《第四交响曲》获1990年瑞士"玛丽·何塞皇后"国际作曲比赛大奖。交响诗《百年沧桑》1996年获"迎接香港回归"音乐作品唯一金奖。《第十交响曲》1997年受美国哈佛大学佛罗珊音乐基金会委约。六重奏《丝路梦寻》2000年受美国马友友"丝绸之路"公司委约作世界首演。1991年获上海市首届文学艺术"杰出贡献奖"。获第三届中国音乐"金钟奖"终身成就奖。

朱金华（1965— ）

歌唱家。江苏南京人。中国石化音协理事。中国石化南京化学有限公司音舞协会秘书长、职工艺术团团长，南京"江之韵"职工合唱团团长。1987年获江苏省青年歌手大赛第二名、江苏省"十佳"歌手，1991年获化工部全国职工文艺调演二等奖。演唱有《在那巍巍的太子山上》《化工园的早晨》《石化人的情和爱》《党啊！我们永远热爱您》《油河颂》《祖国，我对你说》等歌曲。

朱金键（1946— ）

作曲家。河南安阳人。毕业于上海音乐学院作曲系。曾任河南省音协副主席、郑州市音协主席、河南省爱乐协会副会长，省音协顾问、省合唱联盟副主席。创作及合作大量音乐作品，其中电影音乐《我爱我爸》《程咬金照镜子》，少儿歌剧《鸡毛信》，戏剧《老子儿子弦子》《粉黛冤家》《新版白蛇传》，电视剧《伏羲女娲》《生儿子大奖赛》，杂技音乐《椅子顶》《彩绳飞帽》，歌曲《我

热恋着你》《红烛颂》等数十首作品分获各类奖项。专著有《河南板头曲赏析及其名曲选集》。

朱敬武（1942— ）

作曲家。河南南阳人。南阳市音舞协会主席。河南大学音乐系毕业。曾在省、市文艺团体中任音乐创作兼笛子演奏。两次参加全国音乐会演，所演奏的《银球飞舞》曾在中央电台、电视台播放。创作歌曲《盘古开天地》《月奶奶，黄巴巴》《山妞走四方》获文化部"群星奖"和省、部级等奖。《亲情乡，流水长》和《我的山歌不断头》获省五届、七届"五个一工程"奖。舞蹈《丹江汉子》奖文化部第十届"群星奖"铜奖。

朱敬修（1942— ）

作曲家。河南南阳人。河南大学艺术学院教授、河南省合唱协会副会长。1965年毕业于开封师范学院艺术系音乐专业。长期从事音乐创作与音乐理论研究工作。歌曲《下扬州》获文化部、广电部创作一等奖，《长恨歌》《春到鸡公山》《春风唱着一支歌》，合唱《啊，秋天的云》《谁说女子不如男》，民族管弦乐音诗《木兰辞》，组曲《清明上河图》分别获省级创作奖。撰有《社会与人生的悲歌—斯民特凯"第四弦乐四重奏"的音乐学分析》《北京现代音乐节中国作品刍议》《我国现代音乐创作的喜悦与思考》等文。编著有《歌曲写作基础》《音乐作品分析》《朱敬修合唱曲集》等。

朱卡娃（1955— ）

女声乐教育家。浙江绍兴人。浙江省舟山市群艺馆副研究馆员、创辅部干部。毕业于解放军艺术学院音乐系。1970年起先后在内蒙古生产建设兵团宣传队和福州军区歌舞团任演员。所辅导的学生多名获省文化厅歌手大赛不同奖项。歌曲《阳光沙滩》《中国海》《共同拥有中国》等获省金、银奖，《女兵的年华》《因为爱你》《歌声飞飞》等在《广播歌选》等刊物发表。

朱康勤（1936— ）

作曲家。福建福州人。福州幼师高级讲师。发表作品三百余首，获各级奖的二十余首，其中《捎封信儿到台湾》获省、市少儿歌曲创作比赛一等奖，《校园花儿多鲜艳》获省音乐周创作奖，《我是祖国小主人》获全军幼儿歌曲比赛三等奖，《生日的烛光》获省少儿歌曲创作奖，《纺织女工之歌》《为了明天的太阳》获中国文联企业歌曲征集创作奖，《乖孩子》入选《福建优秀歌曲选》。论文《漫谈幼师音乐欣赏教学》获中国新时期文化艺术创作研讨会创作大赛二等奖，编辑出版《校园歌曲选》。

朱克坚（1941— ）

作曲家。福建闽侯人。1966年毕业于武汉音乐学院作曲系。致力于汉族及广西少数民族音乐的收集、研究和创作。作品涉及歌剧、舞蹈、歌曲和小型器乐曲。作有器乐曲《广西文场音乐十首》《广西彩调音乐七首》。主持《中国民间歌曲集成·广西卷桂林分卷》的编辑工作，《中国民间歌曲集成·广西卷》编委。1988年起从事音像制

品的编辑、制作及发行。

朱昆强（1963— ）

圆号演奏家。安徽蚌埠人。1983年毕业于解放军艺术学院音乐系。先后任总政歌舞团管弦乐队铜管声部长、中央芭蕾舞团首席圆号。曾参加大型音乐舞蹈史诗《中国革命之歌》、"交响乐之春"音乐会演出，任解放军联合交响乐团首席圆号。1991年参加北京第二届全国圆号比赛获第一名。经常与北京各交响乐团合作演出，任圆号协奏曲独奏。曾随中央军委慰问团赴全国各地巡回演出，随中国军事代表团、中国艺术团赴欧洲及东南亚各国演出。并担任文化部直属艺术表演团体专业人员应聘资格考评委员会委员。

朱理维（1955— ）

音乐教育家。广东阳江人。1982年毕业于星海音乐学院，后任广州市师范学校高级讲师。2000年被聘为《广州师训》特约音乐编审，2001年起任广州市教育局职称评审委员会艺术学科组副组长，广州大学科贸学院教师。

朱立群（1968— ）

女高音歌唱家。天津人。1992年毕业于中国音乐学院。中国歌剧舞剧院独唱演员。2001年毕业于上海国际歌剧大师授课班。曾赴德国、瑞士、卢森堡演出。饰演过歌剧的主要角色有《将军情》中的周芳，《刘胡兰》中的刘胡兰，《徐福》中的Kirimon。1990年获中央电视台"五洲杯"全国青年歌手大奖赛专业美声组二等奖，1992年获首届中国民族声乐比赛优秀奖，并举办个人独唱音乐会。曾为电影《青春狂想曲》录制独唱唱段，为电视剧《雍正王朝》《深圳人》录制主要唱段。

朱连喜（1942— ）

扬琴演奏家、教育家。吉林农安人。1965年毕业于吉林艺术学院并留校任教，后任音乐学院民乐系副主任、教授、硕士生导师。曾在中国音乐学院师从项祖华教授学习扬琴。发表论文十余篇，改编、创作多首扬琴曲及扬琴练习曲。其《扬琴独奏曲六首》及解析扬琴独奏曲《林冲夜奔》曾与艺术院校进行交流。作有民乐合奏曲《野营拉练一路歌》《百花盛开迎贵宾》《欢庆胜利年》，二胡曲《心向北京唱丰收》，撰写《优美的民族乐器——扬琴》。制作VCD碟《扬琴入门》。

朱连璋（1956— ）

歌词作家。江苏淮安人。全国人大常委会办公厅管理局局长。1983年毕业于江西财经大学。创作歌曲百余首，部分作品获奖，其中《归航》于1996年获中央电视台年度MTV金奖，《远航》于1998年在中央电视台春晚演唱，《祖国》于2003年在文化部春晚演唱，《梦飞翔》于2006年入选奥组委第三届奥运征集歌曲。

朱廉洁（1954— ）

作曲家。满族。辽宁锦州人。1975年毕业于锦州师范学校。1982年毕业于沈阳音乐学院作曲系。1980年起先后

z

在大庆歌舞团、河北省艺术学校、河北省歌舞剧院、北京房山文化馆、北京MIDI中心任教师、作曲。1993年入北京科学教育电影制片厂。1998年调武警文工团任作曲。作有交响诗《长城随想曲》，交响序曲《油城序曲》，歌剧音乐《她们的心》，舞蹈音乐《莽塬组歌》，话剧音乐《当枫叶红了的时候》，影视音乐《田野又是青纱帐》《敌后武工队》。歌曲《我爱故乡的泥土》《老师亲》《燕都之光》等获各类奖项。

朱良楷（1941— ）

作曲家。浙江镇海人。1959年毕业于上海音乐学院民乐系大专班二胡专业。曾在浙江省歌舞团工作。作有民乐音诗《岳飞》，浙江吹打《渔舟凯歌》，民乐合奏《畲寨歌节夜》。

朱良镇（1946— ）

作曲家。上海人。1969年毕业于上海音乐学院。曾在上海乐团工作。作有合唱音画《千岛湖》，合唱与乐队《新世纪幻想曲》，歌曲《秧苗青青》《我爱五月的仲春》等。

朱玟珍（1934— ）

女声乐教育家。江苏徐州人。1949年入北京青年艺术剧院，后转入东北鲁迅文学艺术学院音乐部学习。1956年毕业于沈阳音乐学院。1957至1976年先后在南京、中央、上海音乐学院进修。曾任西安音乐学院声乐教师、陕西歌舞剧院声乐教师兼演员、延安歌舞团声乐教师。西安音乐学院副教授。从教三十余年，培养众多音乐人才，其中部分学生获省、市演唱奖。发表论文《声乐形象教学初探》《声乐节奏》。

朱梅玲（1936— ）

·女声乐教育家。河北新城人。1951年任成都市文工团话剧演员。1952年任四川省歌舞团舞蹈演员。1953年参加中国人民代表团赴朝鲜演出。1956年就读于四川音乐学院声乐系，毕业留校任教，副教授、研究生导师。曾任成都市音协理事、四川广播合唱团、全兴女子合唱团声乐指导。全国第六届妇代会代表。参加各种类型的独唱音乐会，省、市文艺界联合演出及电视节目并担任独唱。2003年获四川省文联授予的"从事文艺工作50周年荣誉奖"。

朱闽江（1959— ）

作曲家。上海人。浙江丽水市莲都区文化馆副馆长。2002年毕业于浙江省委党校函授学院丽水分校。器乐作品《拉丽雅的祭奠》1984年获丽水地区音乐舞蹈比赛二等奖，歌曲《美丽的畲山等你来》2002年获浙江省歌曲评比一等奖，《畲家歌带歌》2005年获浙江省第五届歌曲新作演唱大赛创作金奖。

朱明观（1949— ）

作曲家、指挥家。江苏吴江人。1974年毕业于南京师范大学音乐系并留校任教，后任器乐教研室主任，副教授。江苏省歌舞剧院民乐团客座指挥兼艺术顾问。曾赴上海音乐学院进修民乐作曲与交响乐指挥。多次担任济南军区前卫歌舞团民乐队客座指挥。曾获江苏省第二届音乐舞蹈节优秀指挥奖，全国大学生文艺汇演优秀指导教师奖。作有长笛独奏曲《秋思》，弦乐钢琴五重奏《丝竹韵》，丝竹乐合奏《举杯邀月》，竹笛与乐队《广陵抒怀》。

朱明新（1951— ）

二胡演奏家。江苏靖江人。江苏常州歌舞团演奏员。1980年毕业于南京艺术学院音乐系。曾任常州锡剧团乐队队长。数十年在民族乐队中担任独奏、领奏，演出数千场，培养的学生多人在省市赛中获奖，在考级中取得优秀成绩，本人获江苏音乐考级优秀指导教师称号。撰有《试论音乐表现与"情感形态"》等文并在刊物发表。

朱明瑛（1949— ）

女歌唱家。满族。辽宁沈阳人。1987年毕业于美国伯克利音乐学院，硕士学位。原东方歌舞团演员，专攻亚洲、非洲、拉丁美洲歌舞艺术，兼学中国古典舞、芭蕾舞、民间舞和钢琴。曾在全国18省市巡演，举办个人演唱会36场，向亚运会捐款百余万元。曾出访27个国家和地区，能用26种语言表演不同国家和地区的歌曲，曾获文化部优秀演员奖、首届金唱片奖、全国十大最受欢迎歌手、中国流行歌坛十年成就奖。编写多种语言、不同国家的歌曲集。演出超过千场，唱片销售量达数百万张。并投资成立国际艺术学校，培养一批艺术人才。

朱南溪（1929— ）

作曲家。江苏灌南人。江苏省音协名誉理事。1947年始从事部队文艺工作，南京军区前线歌舞团创作室主任。1957年毕业于上海音乐学院作曲系。作有歌曲《中国，中国，鲜红的太阳永不落》《贝壳一打响连连》《闪耀吧，大学生体育之光》《深情地喊一声我的香港》，舞曲《丰收歌》《采红菱》，大型歌舞《东海前哨之歌》（合作），舞剧《金凤凰》（合作），小提琴曲《江南春早》，笛子独奏《脚踏水车唱丰收》（合作）。《中国，中国，鲜红的太阳永不落》在中国音协第一届群众歌曲评奖中名列榜首，舞蹈《丰收歌》被评为20世纪经典作品，获金像奖。舞蹈《采红菱》在维也纳第七届世青节比赛中荣获银质奖。

朱宁伯（1928—1996）

管乐演奏家。安徽凤阳人。毕生从事音乐工作，历任演奏员、教员、指挥、编辑、副编审。为空军军乐团首批团员之一。1958年入上海音乐学院学习，后任指挥，培养训练了许多管乐人才，编写了许多管乐作品。曾参加十余次国庆大典演出。后到人民音乐出版社器乐作品编辑室工作。

朱宁玉（1945— ）

女钢琴教育家。江西南昌人。1964年毕业于江西文艺学院音乐系，赣南师范学院副教授、江西电子琴学会副会长。长期任钢琴、电子琴等键盘乐器的独奏、演奏和教学工作。培养了许多学生、并多人次参加全国性比赛，部分学生曾获全国高校音乐教育专业学生基本功比赛"钢琴伴奏奖"和"五项全能"三等奖、全国首届少年儿童艺术节钢琴大赛金奖。发表和获奖的论文有《浅谈高师音乐键盘教学为社会服务的问题》《论手风琴的演奏艺术》。

朱培元（1931— ）

音乐教育家。江苏苏州人。1956年毕业于东北音乐专科学校。同年到西安音乐学院（前身为西北艺术专科学校音乐系）任教至今。曾任西安音乐学院作曲系视唱练耳教研室副主任，教授。中国视唱练耳、乐理学会常务理事。论文有《陕北徽调式民歌分析》，维吾尔民间音乐研究系列文章《新疆维吾尔族民间音乐探源》《维吾尔民歌的音阶和调式》《维吾尔民歌的旋法》《维吾尔民歌的音阶体系及设想》。撰写教材《欧洲中世纪调式》。

朱平秋（1949— ）

女小提琴演奏家。浙江人。广州交响乐团小提琴演奏员。全国社会艺术水平考级考官，广东省小提琴教育学会理事。1965年参加广东省《东方红》大歌舞演出，并参加全省重要艺术活动。与国内外指挥家合作，演奏多部交响音乐、歌剧、芭蕾舞剧。曾随团赴奥地利、法国、荷兰、比利时及香港、澳门地区演出。长期从事少儿小提琴业余教育，多名学生在比赛中获奖。

朱平生（1953— ）

音乐教育家、作曲家。浙江人。浙江省嘉兴学院平湖校区音乐教研室主任，副教授。全国高等师范院校音乐教育专业教材编写委员会编委。嘉兴市音协理事，平湖市音协副主席。先后毕业于安徽师大艺术系、杭州师大音乐学院、上海师大音乐学院硕士生课程班。为全国音乐院校和师范院校输送了一大批人才。作有舞蹈音乐《太阳出来了》，获省残疾人文艺汇演一等奖，《西瓜娃》获省青少年舞蹈大赛三等奖。出版有《中国民族民间音乐欣赏指南》《乐理与视唱》（合著）。

朱启章（1926—2009）

演奏家。湖北武汉人。1938年参加巨魂抗日救亡歌咏团。1949年入南京市文艺工作团，同年入华东海政文工团任单簧管首席，1955年后相继任北京海政文工团乐队小提琴首席、中央广播交响乐团中提琴首席。曾参加由李德伦指挥的三百多场交响乐在人民大会堂演出，参加音乐舞蹈史诗《东方红》演出及电影拍摄。

朱起东（1913—已故）

音乐教育家。浙江余姚人。1938年毕业于上海光华大学。1945年获美国西北大学音乐学院音乐哲学博士。为上海音乐学院理论作曲教授。曾任国际小号家协会会员，音协上海分会铜管乐研究会名誉会长。作有《第二交响曲》《小号独奏曲》、著有《音乐声学基础》《小号的表演艺术》。

朱起鸿（1932— ）

音乐教育家。浙江宁波人。1955年毕业于中央音乐学院作曲系。先后在辽宁人艺音乐组、东北音专、中央音乐学院附中、张家口地区艺术训练班、天津音乐学院、河北艺术师范学院担任理论课教学、钢琴教学、声乐伴奏。1974至1989年在天津音乐学院任管弦系钢琴伴奏与作曲系钢琴共同课教学，副教授。创作有钢琴曲十余首，并发表于《音乐创作》。

朱起芸（1928—1984）

女音乐教育家。浙江鄞县人。1951年毕业于燕京大学音乐系。曾为中央音乐学院副教授。附中理论学科主任。毕生从事音乐基础教育，曾多次被评为优秀教师、北京市"三八红旗手"。

朱庆伟（1936— ）

作曲家。广西钦州人。毕业于江西师范学院音乐专科。曾任文工团长、文化局长、艺术馆长和宣传部长等职务。创作有大量歌舞剧及歌曲，其中有《右江两岸好地方》《壮歌一曲飞北京》《拉大网》《扒瓜园》等，曾在省级刊物发表、出版和获得不同等级的奖励，并在各级电视台播放。先后被评为甲等劳动模范和先进工作者。曾参加艺术科学重点研究项目《中国民间歌曲集成·广西卷》编纂工作，受到文化厅、区民委、区音协等奖励。

朱全维（1928— ）

合唱指挥家。湖北兴山人。1949年入中原大学音乐系。曾任武汉歌舞剧院合唱指挥。曾指挥歌剧《启明星》《九歌》及中外合唱等。

朱荣晖（1911— ）

音乐教育家。广东台山人。1939年就学于延安鲁艺。曾任延安、晋西北等地音乐教师。后任云南艺校校长。

朱汝楫（1932— ）

歌唱家、声乐教育家。江苏奉贤人。1955年毕业于东北音专声乐系。历任辽宁歌舞团声乐演员，辽宁歌剧院附属舞蹈学校、沈阳音乐学院、辽宁省文化艺术职工大学、辽宁儿童艺术剧院声乐教员。1956年参加全国第一届音乐周演出东北民歌《小拜年》，同年参加中国赴朝慰问团演出。为《江姐》《彩云归》《刑场上的婚礼》《刘胡兰》《洪湖赤卫队》等多部歌剧排练指挥及声乐指导。

朱润福（1930— ）

笛萧演奏家、作曲家。上海人。1942年始从事沪剧音乐演奏和创作。1956年调至北京新影乐团，参加影视音乐演奏，如《祝福》《红楼梦》等。作品有《朋友》《紫竹调》《秋夜》《玉芙蓉》《茶山》《姜白石宋曲十八首》《琵琶行》《长恨歌》《木兰辞》《窦娥冤》等，出唱片三十余种。曾随中国电影艺术团等多次赴东南亚、欧洲、澳洲等国演出，并获优秀演出奖。2004年获中国民族管弦乐学会颁发的民乐艺术终身贡献奖。

朱珊珊（1932— ）

女钢琴演奏家。上海人。1952年毕业于上海音乐学院钢琴系。后入中央广播文工团任钢琴演奏员。

Z

朱少伯（1938— ）

指挥家。广东台山人。1962年毕业于西安音乐学院，1979年毕业于上海音乐学院指挥进修班，后回陕西省乐团交响乐队任常务指挥。指挥的作品有《海顿第100交响曲》《莫扎特第40交响曲》及《弦乐小夜曲》《格林卡鲁斯兰与柳德米拉序曲》等近百部，中国作品有《春节序曲》《梁祝》小提琴协奏曲等十几部，还有大量新作品、演出及影视录音、电台录音、与歌唱家合作的中外声乐作品等。曾为西安市政协委员。

朱少坤（1924— ）

音乐理论家。江苏无锡人。曾为上海音乐学院音乐研究所音乐文献专业研究生导师。论著有《半音定位唱名制与综合视唱法》《中华音乐心身学》《简谱的沿革与简谱的改革》。译著有《西方音乐史》《德沃夏克传》《歌唱的艺术》。曾应邀赴法国巴黎音乐学院、里昂特种医学研究会等单位作"中华音乐心身学"学术报告。

朱绍清（1936— ）

大号演奏家。河南温县人。世界大号协会会员，北京大号协会负责人。1951年考入河南省武陟师范，后转入焦作师范学习音乐。1954年入海政文工团任大号演奏员。1962年毕业于中央音乐学院管弦系，后入德国专家班，受教于夏之秋和姆布拉教授。分配至中央芭蕾舞团交响乐团任首席大号。创作大号协奏曲《牧歌》，被美国翻印，成为世界大号著名演奏家斯坦富利士的保留节目。与斯坦富利士合著《大号教材》已在美国出版。编有《大号独奏曲集》，论文有《大号浅谈》。

朱胜民（1954— ）

歌词作家。天津人。天津市音协副主席，天津市文联创作室副主任。1976年开始歌词创作。作词歌曲有中国·天津第四十三届世乒赛会歌《共享阳光》《九月里的这一天》等。曾为电视连续剧《遗案》《哥俩好》《浪漫一百分》《平安家信》《一个姑爷半个儿》《十二楼的流星雨》创作主题歌。获奖儿童歌曲有《中国男孩》《小伞花》《一只小鸟》《彩色的中国》等。1994年获天津市劳动模范称号。

朱石林（1922—已故）

音乐教育家。浙江海盐人。曾任贵州省音协副主席，中国音协第三届常务理事、第四届理事，贵州省政协第四、五届委员。1946年肄业于重庆青木关国立音乐院。新中国成立后，曾任贵州省艺术学校校长。长期从事音乐教育工作，培养众多学生。发表有数篇音乐评论文章。

朱世利（1952— ）

作曲家。江西南昌人。江西艺术职业学院助理调研员。1977年毕业于江西省文艺学校并留校任教，曾任该校副校长。为多部电视剧作曲，并创作多部管弦乐曲、歌曲、器乐曲、舞蹈音乐等百余首（部），有不少作品获省、市级、国家级奖项，并被中央电视台、省、市级电视台选播。主要获奖作品有作曲作词的舞蹈《孤儿的摇篮》《灾后又是丰收年》《金蓑衣》，舞蹈《红孩儿红》及情景合唱《社区是个温馨的家》。

朱世瑞（1954— ）

作曲家。江苏宝应人。1986年毕业于中央音乐学院作曲系研究生班，曾在该院任教。作有乐曲《第一弦乐四重奏》《四川民歌主题变奏曲》，电影音乐《黑炮事件》。撰有《中国当代音乐创作中复调思维的表现形态》。

朱受之（1919— ）

音乐活动家。江苏镇江人。曾任中国音协第三届候补理事，广西壮族自治区音协主席、文联秘书长，自治区政协第四、五届委员。1939年入延安鲁迅文学艺术学院音乐系学习。后相继任职于山西新军前线剧社、抗日军政大学文工团。新中国成立后，长期从事音乐工作，曾主持举办过众多大型音乐活动。

朱树华（1935— ）

作曲家。浙江人。1957年毕业于沈阳音乐学院作曲系。曾在贵州省歌舞团工作。作有舞蹈音乐《金芦笙又吹响了》（合作），舞剧音乐《山花烂漫》（合作）及电影音乐《蔓萝花》。编有《苗族民间歌曲》。

朱顺宝（1942— ）

合唱指挥家。江苏南通人。曾任江苏省南通市音协副主席，南通市春之声合唱团团长、指挥，1959年入北京中国建筑文工团，1963年考入海政文工团从事合唱及歌剧表演。曾参加音乐史诗《东方红》的演出。1977年转业后历任南通市文化局文化科副科长、南通市歌舞团团长。1989、1991年在与日本和泉市合唱团举行的友谊演出中，曾担任南通市合唱团指挥。

朱思思（1972— ）

女作曲家。甘肃平凉人。毕业于西北师范大学音乐系，就读于中央音乐学院师从张小夫学习作曲。先后就职于陕西省艺术师范学院、陕西省歌舞剧院、中国教育电视台等单位，现任教于中央民族大学成教学院音乐系，北京京昆艺术团作曲。作有歌曲《北京胡同》《贺兰山》《祖国，我永恒的妈妈》《金娃儿》等。影视作品有《天边的骆驼》《杜丽丽》《情感空间》《士兵的故事》，并担任大型系列动画片《魔盒与歌声》作曲。多年来从事于少儿声乐教学工作，撰有《思思姐姐教唱歌》。

朱诵邠（1938— ）

作曲家。湖南长沙人。1965年毕业于武汉音乐学院作曲系。曾任广东民族歌舞团、广西歌舞团、广东南方歌舞团作曲，星海音乐学院客座教授。作有《俗·素—中国民歌》等交响曲17部，《龙子情》等民族舞剧音乐4部，《拉木歌》等舞蹈音乐四十余部。论文《论"K2"与差频原理—我国南方少数民族多声部民歌中大二度现象研究》，在1986年全国高等音乐院校和声学学术报告会以及1990年中国东南沿海地区音乐文化学术研讨会上宣讲。

朱廷俊（1937— ）

　　长笛演奏家。青海西宁人。1951年入伍。毕业于西北军区文工团管乐训练班。1956至1957年师从中央歌剧院乐团首席长笛韩中年学习。曾担任西北军区、兰州军区歌舞团第一长笛。兼任兰州地区多所大、中学校及部队长笛教师。创作歌曲、乐曲数十首。女声二重唱《红军扁担代传》由中唱公司录制唱片。1977年获全军第四届文艺汇演"优秀演奏奖"。

朱廷伟（1929— ）

　　作曲家。湖北人。1949年入某军政治部宣传队乐队任演奏员，后历任银川剧院歌舞剧团、自治区文工团乐队队长，宁夏回族自治区群艺馆调研员。曾为歌剧《迎春花开了》《夺印》《会计姑娘》，舞剧《单鼓舞》《伞铃舞》作曲。作有民乐合奏《高台牌子曲》，二胡齐奏《公社春来早》，合唱曲《歌唱祖国》等。《立功光荣歌》获志愿军五十军创作二等奖，《咱们的宁夏就是好》获宁夏文联优秀歌曲奖，《春游》获宁夏少儿歌曲创作三等奖。

朱皖芳（1971— ）

　　女二胡演奏家。广东梅州人。1987至1998年先后在安徽省艺术学校、天津音乐学院学习。安徽音协理事、安徽省民族管弦乐学会理事、马鞍山市音协副主席、马鞍山市歌舞团二胡独奏和乐队首席。1999年获安徽省二胡演奏大赛一等奖。2004年在第七届安徽省艺术节期间曾举办个人二胡独奏音乐会，并出国演出，后在各地举办个人胡琴独奏和二胡独奏音乐会。

朱为中（1968— ）

　　音乐编辑家。安徽滁州人。1994年毕业于安徽师范大学音乐系。1997年毕业于首都师范大学音乐系，获硕士学位。同年入中国音协工作，任《音乐创作》编辑部编辑。副编审。参与编辑的各类音乐类教材、作品集达数十套，主要有《跨世纪新版全国钢琴演奏（业余）考级作品集》《飞来的花瓣——瞿希贤合唱作品选》《中国音乐金钟奖古筝获奖作品选》，中央电大音乐学系列教材。主持编写有《中国声乐经典教材》等。

朱为总（1958— ）

　　演奏家。浙江人。1975年毕业于浙江艺术学校京剧班，后留校在越剧音乐班任教。1978年入浙江昆剧团乐队任队长，后从事戏剧音乐和理论研究。在海内外发表论文五十余万字，曾获第一、二届"中国王国维戏剧论文奖"。1987年毕业于浙江电视广播大学中文系，2001年录取为中国艺术研究院研究生部戏剧学系"访问学者"。曾多次在台湾、香港等地教学和举办讲座。中国科学管理研究院学术委员会（特约）研究员，浙江省戏剧理论工作委员会副主任，《中国戏剧音乐集成·浙江卷》编辑。

朱维宁（1953— ）

　　长笛演奏家。安徽定远人。贵州省音协理事、贵州省歌舞团乐队队长。曾任解放军某部队文工团演奏员。参加芭蕾舞剧《白毛女》《红色娘子军》《山花烂漫》，歌剧

《洪湖赤卫队》《江姐》，钢琴协奏曲《黄河》《长征组歌》，小提琴协奏曲《梁祝》等剧目的演出，担任长笛首席。曾随团赴美国、加拿大、巴拿马、委内瑞拉、厄瓜多尔、菲律宾等国家演出，担任竹笛、巴乌独奏和主奏。

朱文斌（1930—1986）

　　作曲家。天津人。1949年始从事部队文艺创作。原在海政文工团工作。作有歌曲《绣银燕》《渔家姑娘爱大海》，歌剧音乐《壮丽的婚礼》《红星照我去战斗》。曾举办个人作品音乐会。

朱锡华（1918—1987）

　　戏曲音乐教育家。壮族。广西象州人。毕业于广西艺师高级班。曾任广西戏曲学校音乐教研组长。曾任《中国戏曲音乐集成·广西卷》《中国戏曲志·广西卷》编委。合著有《桂剧音乐》《广西戏曲音乐简论》。

朱小健（1963— ）

　　作曲家。江苏兴化人。南京军区联勤部电视中心主任。1984年毕业于南京艺术学院音乐系。曾任江苏文化音像出版社文艺部主任。组织拍摄20集电视剧《春天的故事》获全国"五个一工程"奖、全国"飞天"奖二等奖，歌曲《现代神农的乐章》获全国征歌比赛一等奖，《拥抱明天的辉煌》获全国工人歌曲比赛一等奖。为《英雄泪》等三部电视剧插曲谱曲。举办江苏省首届"金秋卡拉OK大赛"等声乐大赛和作曲家田歌作品音乐会。

朱小秋（1947— ）

　　单簧管演奏家。江苏人。1964年考入北京军区军乐队学习单簧管。复员后相继在中央歌剧舞剧院、中国话剧团、儿童艺术剧院乐队工作。中央乐团交响乐队演奏员。中国音协单簧管学会常务理事。1980年参加中央乐团团座指挥法国的皮里松、美国的大卫·赫伯等及演奏家马友友等来华的音乐会、协奏曲音乐会的演出。随团赴香港、澳门及美国、西班牙、法国、马来西亚演出。曾参加电影《周恩来》的音乐制作。

朱小榕（1950— ）

　　作曲家。山东济南人。毕业于山东艺术学院理论作曲系。曾任济南市歌舞剧院创作室主任。所作曲的歌剧《闪光的心灵》获全国儿童汇演二等奖，《裴丽亚之死》《雪域丰碑——孔繁森》获山东省艺术节作曲一等奖，京剧《永远的爷爷永远的爱》和舞蹈音乐《小山东》均获中央电视台"星光杯"奖，《玉鼓声声》获全国第十届"群星奖"，舞蹈诗《沂蒙风情画》获第十一届全国"文华奖"金奖、全国舞蹈大赛"荷花杯"铜奖，音乐剧《鹤飞》获全国人口文化奖金奖。曾任全国首届城运会大型团体操《龙腾虎跃》特邀指挥。

朱小松（1961— ）

　　歌词作家。上海人。就职于南京市广电局。1981年始从事歌词创作并发表作品。作有组歌《霹雳雄风》，词作《香港的故事》《谁不知道她》等。曾获全军优秀团歌

二等奖、"迎接97香港回归"音乐作品优秀奖、"共和国五十年"征歌优秀作品奖、《歌曲》优秀作品奖、第三届中国音乐"金钟奖"优秀歌曲奖、"中华情"征歌创作奖及"五个一工程"奖。出版歌词集《新世纪的太阳》。

朱小芸（1963— ）

女歌唱家、教育家。安徽芜湖人。任教于安徽省师范大学音乐学院。曾进修于上海音乐学院与中央音乐学院声歌系。先后在安徽"皖江春潮"元旦晚会、96春节联欢晚会，北京"光辉历程、红色经典"音乐会中担任独唱。演唱有《美丽的弋江，可爱的家乡》《一杯美酒》等。音乐电视《公仆赞》由省台作为"每周一歌"播放。撰有《创建声乐教学实验室刍议》《东方音乐的独特风格》等文。编著有《打开音乐之门》中的声乐卷。

朱晓谷（1941— ）

作曲家。安徽合肥人。1956年毕业于上海音乐学院。曾任上海舞剧院作曲兼指挥。中国民族管弦乐学会常务理事、上海分会副会长。作有舞剧音乐《半屏山》，民族器乐曲《舞曲四首》，协奏曲《红楼梦》。

朱晓红（1963— ）

女歌唱家。河北安新人。1986年毕业于解放军艺术学院声乐专业，北京人文函授大学大专毕业。1999年入沈阳军区前进歌舞团任演员。2002年演唱歌曲《为了我们的地球》获"广厦杯"一等奖，1997年演唱拍摄的MTV《飞翔》获第二届军旅歌曲电视大赛专业业组银奖，曾获辽宁省第二届青年歌手电视大赛第二名。录有独唱专辑磁带《中国之恋》等，出版发行有个人CD、VCD专辑，为《第一夫人》《汉宫飞燕》《冰雪情怀》等多部电视剧录制主题歌，多次参加中央及省市台的春节电视晚会。

朱晓生（1956— ）

二胡演奏家。辽宁大连人。1977年考入大连歌舞团，1987年毕业于沈阳音乐学院民乐系。中国二胡学会理事、中国民族管弦乐学会理事、大连市音协第四届副主席。首演由郑冰创作的5部作品曾在台湾、美国的作品大赛中获奖，所演奏的《二泉映月》等7部作品被辑入20世纪中国音乐家大系之中。与中央乐团、中央民族乐团、新加坡国家华乐团等合作，录制CD多张。曾赴欧、亚二十余个国家演出，并参加在香港举行的二胡百年音乐会的演出及在北京举行的全国二胡精英荟萃音乐会的演出。

朱效家（1961— ）

萨克斯演奏家。甘肃人。新疆克拉玛依市歌舞团乐队队长、市非物质文化保护中心副主任。出版发行萨克斯独奏专集音乐光盘《想念》《欢乐》《雨中》《油苗》等三十余首音乐作品，分获全国、自治区"最佳节目奖""优秀节目奖"。长期参加自治区各级音协开展的各项活动，组织各类文艺活动数百次，培养辅导音乐人才数百人。

朱啸林（1938—已故）

打击乐演奏家。北京人。1956年入中央歌舞团，1960

年入中央民族乐团担任领奏和独奏。作有小合奏《果乡新歌》，大合奏《非洲的鼓声》（合作），1982年始任中国音乐学院兼课教师。

朱新华（1943— ）

作曲家。江苏镇江人。曾任江苏省音协副秘书长、《中国民间歌曲集成·江苏卷》常务副主编兼责任编辑。1963年毕业于南京师范学院音乐系作曲专业。创作演出歌剧、钢琴曲等音乐作品多（部）首。作有歌曲《积肥小唱》《亭子港组歌——怀念陈毅军长》《扬子组歌》《长江组歌》（合作），曾获"共和国五十年"音乐作品征集"优秀作品奖"（最高奖），1997年获文化部文艺集成志书个人编纂成果奖，2002年获第二届中国音乐"金钟奖"组织奖。发表《试论江苏民歌的音乐特点》等文多篇。

朱新民（1954— ）

作曲家、指挥家。锡伯族。新疆人。1971年后历任新疆军区独立师文工队、克拉玛依歌舞团、武警新疆边防总队文工团单簧管演奏员、指挥、作曲、团长。作品交响序曲《瀚海的女儿》、舞蹈音乐《春天的遐想》等分别在自治区专业团体会演中获奖，歌曲《女兵的梦》《中国士兵》《教师颂》等分别在自治区和全国武警部队汇演及中央电视台征歌大赛中获作曲一等奖，舞蹈《克拉玛依姑娘》等获最佳作曲奖。指挥作品有小提琴协奏曲《梁祝》，贝多芬《第五交响乐》（命运），《费加罗的婚礼》等曲目。

朱新民（1961— ）

音乐教育家。新疆石河子师范学校高级讲师、音乐教研组组长。新疆钢琴协会副会长、石河子音协副秘书长、石河子钢琴学会会长。1982年起任中学音乐教师。1989年毕业于杭州教育学院音乐系。1997年毕业于新疆师范大学音乐系。从事音乐理论及钢琴教学和普及工作，学生多人次在自治州及全国比赛中获奖，多人考入音乐院校。发表教学论文数篇。

朱信人（1933— ）

小提琴演奏家。江苏常州人。1952年入中央歌舞团、1956年调中央乐团任乐队队员，后任乐团二提首席。与卡拉扬、小泽征尔、奥曼蒂等指挥家及奥依斯特拉赫、梅纽因、斯特恩等小提琴大师合作演出，并参加柏林爱乐、波士顿交响乐团联合公演。1996年任中国交响乐团总经理。曾随乐团赴欧、美、亚洲十余国及港、澳、台地区演出。

朱雄震（1945— ）

小提琴演奏家。上海人。广州交响乐团业务部主任。1963年毕业于中央音乐学院附中后考入广州乐团至今。在参加音乐舞蹈史诗《东方红》的演出中担任第二小提琴声部副首席。在《红色娘子军》《白毛女》《草原儿女》《沂蒙颂》的演出中担任省歌舞团第二小提琴首席。1989年任交响乐团副团长，1992年被聘为乐团业务部主任。曾与国内外指挥家合作演出上百场。

Z

朱秀明（1945— ）

音乐教育家。安徽砀山人。安徽师范大学音乐学院副教授。1969年毕业于合肥师范学院艺术系音乐专业。致力于音乐理论教学工作，培养众多音乐人才。编著有《基本乐理教程》《歌曲作法实用教程》。撰有《如何辨别中国传统民族调式》《谈歌曲中特殊节奏的读法》《调·调式·调性概念质疑与分析》《论黄河大合唱的创作技巧与特点》等文十余篇。

朱秀清（1953— ）

作曲家。江苏扬中人。江苏省扬中市音协主席，就职于市文化体育局。曾在市京剧团任演奏员，1981年调文化馆。1989年毕业于中国音乐学院（函授）作曲专业。主持编导多台文艺晚会并兼任作曲。歌曲《江南吟》获第九届"群星奖"银奖，《数新楼》获全国"蒲公英"奖金奖，《杏花雨》《江南水乡》《永远的绿岛》获江苏省"五个一工程"奖金、银奖。曾举办个人作品音乐会。出版CD唱片作品专辑。

朱秀文（1940— ）

作曲家、指挥家。江苏南通人。1962年毕业于南京师范学院音乐系。历任江苏盐城地区文工团、南通市歌舞团指挥兼作曲。1995年任南通师范学校音乐班理论教师、学科组长后受聘扬州大学艺术学院音乐系任理论教师。指挥公演歌剧、舞剧、管弦乐、合唱、舞蹈等四十余部。创作（独立或合作）歌剧、歌舞剧《雷锋之歌》《第二次握手》等21部，大合唱6部，管弦乐（合奏、协奏）12部（首），舞蹈音乐10部，电视音乐片2部，各种形式声乐曲近百首及音乐理论教材多部。1991年举办"献给母亲的歌"声乐作品音乐会。

朱学义（1930— ）

民族器乐演奏家。宁夏银川人。1944年入秦腔剧社学习二胡、板胡。1949年入部队文工团任演奏员。曾入中央音乐学院西北音干班、朝鲜国立音乐大学进修。1955年调铁道兵文工团任独奏演员，后任乐队队长。创作有《庆丰收》《春来早》《边塞风光》等二胡曲。演奏的二胡曲《过马帮》，板胡独奏曲《工地夜歌》等曲目，由中央电台、电视台播放，并录制唱片。曾随团赴日本、朝鲜访问演出，任独奏。参加全军第二、三、四届文艺汇演，均获优秀演奏奖。

朱雅芬（1929— ）

女钢琴家、教育家。上海人。1954年毕业于上海音乐学院钢琴系。1953年至1956年随艺术团赴欧洲十余国演出。1956年入辽宁省歌舞团（后为辽宁歌剧院）任钢琴独奏演员。1978年调沈阳音乐学院钢琴系任教，1981年至1986年任钢琴系主任，教授。后任教于中国人民大学徐悲鸿艺术学院。录制有教学录像带《儿童钢琴讲座》。译著有《钢琴踏板法指导》（美国约瑟夫·班诺维茨著），1991年至1998年，应邀到美国七所音乐学院讲学及演奏，介绍中国钢琴音乐及中国钢琴教育。

朱雅丽（1957— ）

女歌剧表演艺术家。江苏人。1972年入江苏连云港市文工团任独唱演员。1978年入中国歌剧院工作。主演歌剧《救救她》获文化部1980年直属院团观摩评比演出青年演员表演二等奖。

朱雅青（1924—已故）

钢琴教育家。上海人。曾就读于圣约翰大学、上海音专。并师从苏联钢琴家进修。1954年入上海音乐学院任教。曾获1964年"上海之春"钢琴伴奏奖。曾赴北欧、苏联、瑞士演出。

朱亚荣（1952— ）

音乐编辑家。山西太原人。任职于山西省文联，并担任中国函授音乐学院音乐教育艺术部经理，《中外音乐系列丛书》编委会主任。1969年参加解放军总后勤部某厂文艺宣传队。1977年任中学音乐教师。1982年在参加山西省国防系统职工文艺汇演中，《军工战线形势好》《我呀！最爱这一行》等歌曲获优秀创作奖。曾编辑音乐、音响教材四十余种。先后担任《民族民间音乐》杂志副主编，《中外音乐系列丛书》副主编、主编。编辑出版音乐丛书三十余种，并为部分图书编配卡拉OK录音带。合作编著出版《音乐欣赏入门》，多次发表歌曲及音乐论文。

朱延志（1948— ）

作曲家。辽宁辽阳人。毕业于天津音乐学院作曲专业。1972年调牡丹江"样板团"任创作员、指挥。创作有《战马迎春》《汾水激流》等多部现代京剧音乐。指挥有《平原作战》《杜鹃山》等多部现代京剧。1980年调市广播电台。创作有数十部电视剧、广播剧音乐。其中广播剧《黑妃》，连续剧《许穆夫人》获全国广播剧大赛"音乐奖"和"丹桂杯"奖。另作有反映满族原始狩猎生活的交响组曲《晨》《祭》《猎》及大合唱《八女魂》声乐变奏曲《二小放牛郎》等作品。曾任牡丹江市音协主席。

朱尧洲（1934— ）

演奏家、教育家。湖北人。14岁开始从事部队音乐工作，1955年毕业于上海音乐学院专家班，后任军乐团独奏演员。曾参加全国音乐周小号独奏和参加莫斯科第六届世界青年联欢节单项比赛。1964年为全军军乐会演表演小号独奏《赶车》获表演奖。在从事专职教学工作中，为军内外培养一批小号演奏家。1985年获解放军三总部颁发的"从事国防教育事业三十年"奖章。著有《小号、短号演奏实用教程》及音乐出版社出版的《小号、短号基础教程》VCD视盘一套。

朱耀熹（1940— ）

小提琴演奏家、教育家。湖北武汉人。武汉音乐学院教授、硕士生导师。1964年毕业于武汉音乐学院管弦系，1983年回武汉音乐学院任管弦系副主任。武汉交响乐团团长。曾多次举办个人小提琴独奏音乐会。率武汉交响乐团室内乐队赴北京、天津、上海等城市巡回演出。1993年赴澳门演艺学院任小提琴导师四年。举办柴科夫斯基钢琴三

Z

重奏专题音乐会。创作、演出《丰收即景》《芙蓉春色》等小提琴曲。撰写、编译有《室内乐概述》《漫话小提琴》《小提琴教学文献探源》等文。

朱一立（1924— ）

作曲家。云南南华人。1955年毕业于东北音专作曲系。曾任《云岭歌声》主编。作有合唱《故乡》《毛主席诗词组曲》，著有《在歌声中漫步》《合唱指挥知识》。

朱一平（1957— ）

钢琴演奏家。福建建阳人。福州市钢琴学会秘书长。1982年大学毕业后曾在普通中学、师范学校任教。1978年开始学习钢琴，1983年陆续在《音乐生活》等刊物发表音教论文。1985年获福建省音舞节声乐比赛钢琴伴奏奖。1986年调至福建武警文工团任钢琴演奏、乐队副队长。1991年随中国武警文工团赴朝鲜演出，任钢琴伴奏与电子合成器演奏。1992年转业至福建艺术学校任钢琴主科教师。福建省钢琴考级评委。

朱亦兵（1966— ）

大提琴演奏家。浙江人。中国音协第六、七届理事。1983年毕业于中央音乐学院附中，1987年毕业于法国巴黎国立高等音乐学院。1986年在瑞士日内瓦国际大提琴比赛中获第四名以及评委特别奖。1989至2004年任欧洲传统大型交响乐团之一瑞士巴塞尔交响乐团首席大提琴。2000年以来客席兼任德国巴伐利亚广播交响乐团首席大提琴。中央音乐学院大提琴教授、教研室主任。

朱永珍（1933— ）

女音乐编辑家。上海人。1955年毕业于复旦大学新闻系，分配至上海音乐学院研究所。曾任上海音乐学院宣传部部长。发表大量音乐文章，出版《周小燕的童年》《中国音乐人才的宝库》《音乐家的摇篮》等。主编《上海音乐学院建院六十周年纪念画册》并获上海音乐学院科研成果奖、上海市"银鸽奖"编辑奖。主编《探索者之歌——纪念音乐学家叶栋教授》画册。主持编导并撰写《上海音乐家与台湾同胞新春同乐音乐会》《青春的旋律——"上音"新貌》《小号手在歌唱》等电视专题片。

朱咏北（1958— ）

音乐教育家。湖南南县人。湖南师大音乐学院院长、教授、博士生导师。1982年毕业于湖南师大音乐系留校任教。1988年深造于柏林艺术大学。教育部音乐学科教材评审委员会委员，湖南省音教委副主任，湖南省音协副主席，中国音协第六、七届理事。长期从事钢琴及音乐教育理论的教学和研究工作，其中主讲课程《基础钢琴》被评为国家"精品课程"。主持、参与国家教育规划课题《中小学音乐教育发展与高师音乐教育教学改革》获第三届全国优秀科研成果二等奖，主持国家质量工程项目《三C创新人才培养实验区》获教育部、财政部100万元资助。出版专著8部，主编教材二十余册，其中《钢琴必修教材》被评为湖南省优秀教材和湖南省教学成果二等奖。发表论文三十余篇并多次获奖。2001年被评为湖南省十佳"德艺双馨"

中青年艺术家。

朱詠葵（1906—2004）

音乐编辑家。四川奉节人。1935年毕业于国立上海音专。曾在人民音乐出版社从事编辑工作。高级技师。

朱有臻（1940— ）

女指挥家。浙江人。1959年毕业于中央音乐学院附中钢琴学科。1965年毕业于中央音乐学院指挥系，并分配到广西歌舞团任常任指挥。指挥演出过芭蕾舞剧《白毛女》《红色娘子军》和钢琴协奏曲《黄河》及大型合唱组曲等。1977年回母校执教。与赵方幸教授共同编著出版《中央音乐学院海内外考级丛书之——音乐基础知识测试题集》。曾组建北京天爱合唱团任常任指挥、艺术指导，带领天爱合唱团赴韩国参加第二届国际奥林匹克合唱大奖赛获室内混声合唱银奖与无伴奏宗教合唱组铜奖，并率团出访瑞士、德国、匈牙利、日本、美国及港澳等地演出。

朱玉梅（1936— ）

女民族音乐家。湖南新宁人。1962年毕业于湖北艺术学院声乐系，进修于中国函授音乐学院理论作曲系。1950年入天门县文工队，曾任随县花鼓剧团团长等。撰有《随州花鼓戏音乐》。发表《随州花鼓戏介绍》《随州花鼓戏音乐概述》等文。为《宝莲灯》《中华女儿》等多部随州花鼓戏作曲。参与《中国戏曲志·湖北卷》《中国戏曲音乐集成·湖北卷》的编撰工作。长期从事声乐教学。

朱玉霞（1955— ）

女钢琴演奏家。山东济南人。1970年任济南市歌舞团钢琴、手风琴演奏员，担任独奏、伴奏，所演奏的乐曲在山东电台、电视台播放。曾获日本雅马哈双排电子琴国际演奏、教学证书。中国电子琴专业委员会理事，山东音协电子琴专业委员会会长、手风琴专业委员会副会长。2003年在山东艺术学院举办双排键电子琴独奏音乐会。

朱玉璋（1956— ）

音乐教育家。回族。陕西汉中人。1977年考入西安音乐学院音教系，毕业留校任教。曾担任省教育厅科研计划项目"音乐听觉的生理基础与心理特征"研究。撰有《论音高听觉的形成与培养》《论多声部听觉训练中的听觉辨认》。编写出版《单声部视唱》上册（合作），西安音乐学院视唱练耳教研室主任、教授。全国视唱练耳乐理学会秘书长、陕西音协理事。

朱郁之（1920—1980）

二胡演奏家。河北藁城人。1958年曾任沈阳音乐学院民乐系副主任。原任音协辽宁分会副主席、中国音协理事。作有二胡独奏曲《秧歌调》《鸭绿江之歌》《胜利舞曲》，合作有高胡、筝二重奏《渔舟唱晚》，合著《怎样拉二胡》。

朱垣平（1952— ）

大管演奏家。江苏人。1969年在云南西双版纳红旗农场插队。1970年参军在云南省军区宣传队乐队，复员后到昆明市歌舞团乐队工作。1983年入上海音乐学院管弦系学习。1986年考入中央乐团交响乐队担任大管演奏员。曾举办大管独奏专场音乐会。1996年任中国交响乐团首席大管。2000年任中国爱乐乐团首席大管。

朱援朝（1951— ）

作曲家、音乐活动家。安徽六安人。六安市音舞协会副主席。1970起先后任剧团演奏员、作曲，文化馆音乐辅导，六安市金安区文广局创研室艺术（社文）科长。发表与获奖的作品近百首，其中有歌曲《中国龙飞起来》《大别山抒怀》《阳光不锈》《茶歌联唱》《妈妈您听我说》《腾飞吧，金色的六安》等。为《香椿树》等十余部黄梅戏作曲、配器。多次参于策划和组织市、区文艺晚会和歌咏比赛并出任评委。

朱跃进（1958— ）

小提琴演奏家。江苏涟水人。1979年毕业于北京舞蹈学院音乐班。中国歌舞团轻音乐队演奏员。为文献片《神圣的战争——苏联卫国战争歌曲回顾》作曲配器并演奏，获俄罗斯政府颁发的荣誉奖。为最高人民检察院《交通安全写实》作曲并演奏，获优秀剧目奖。曾为《严寒下的莫斯科》《第二次世界大战》《中越自卫反击战》《中苏自卫反击战》作曲，为中央电视台创作《山魂水魄》《知识产权》《少儿基本体操》《钓鱼》等作曲并配器演奏。作为乐队二提琴首席参加大量芭蕾舞剧、交响乐等演出。

朱跃梅（1958— ）

女音乐教育家。江苏大丰人。1984年毕业于福建师大音乐系，后在该校音乐系理论教研室任教。作有歌曲《多情的鼓浪屿》，撰有《视唱'内心听觉'分析》《音乐数形化刍议》《'视唱练耳'教学中的内心听觉表象分析》《我国古代乐谱识读刍议》《浅论师范院校专业教师教书育人的职责》《浅论音乐疗法》等文。

朱则平（1955— ）

音乐教育家。湖北天门人。湖北省教委教研室中小学音乐教研员，特级教师。曾主编湖北省中小学音乐补充教材，参与编写小学音乐教科书。撰有《当地民间音乐教育在教学中的应用》《建立中国普通音乐教育体系之我见》《美国音乐教育印象》等文，并两次被国家教委派往美国考察国民音乐教育，1989年被评为全国新长征突击手和科技教育新秀。作有清唱剧《陆羽》等音乐作品。

朱泽君（1963— ）

歌词作家。广东茂名人。广东省增城市人民政府市长。先后毕业于华南师大政法系、华南农大经济管理学院。作有歌词《公务员之歌》《真诚的美丽》《高山温泉》《最亲的你》《珠江韵》《真心实意朋友多》《水悠悠，乐悠悠》等，分别由印青、张千一等作曲，由阎维文、谭晶、张也等演唱。

朱泽明（1926—2002）

音乐理论家。四川成都人。先后毕业于四川音乐学院作曲系、中国戏曲学院研究生班。曾在四川音乐学院任教。撰有《弋阳腔发展概况》《王建墓中的乐舞石刻》，编有《中国音乐史》讲义。

朱章琪（1937— ）

女歌剧表演艺术家。江苏宝山人。1952年入中央戏剧学院附属歌舞剧院。曾在中国歌剧院工作。曾主演歌剧《刘胡兰》《洪湖赤卫队》及匈牙利喜歌剧《小牛》。在交响音乐《沙家浜》中饰演阿庆嫂。

朱振山（1955— ）

歌唱家、声乐教育家。河北人。首都师范大学音乐系声乐教研室副主任。1983年毕业于北京师范学院音乐系。多次为中小学音乐教师开设声乐培训班，出任全国及北京各类歌唱比赛评委。参加全国聂耳·冼星海声乐作品比赛，第二届青年歌手电视大奖赛，北京市高校声乐教师比赛获得名次。应聘参加中央歌剧院《弄臣》等歌剧的演出。1994年举办独唱音乐会。撰有《歌唱发声三要素》等文，任《全国高师艺术院校声乐教学曲选》编委。

朱正本（1928— ）

作曲家。安徽凤台人。1949年始从事部队音乐创作。曾在空政文工团工作。作有歌曲《十送红军》《银球飞舞花盛开》，歌舞剧音乐《长山火海》（合作），歌剧音乐《忆娘》（合作）。

朱正勇（1949— ）

作曲家。湖北鄂州人。湖北黄石市歌舞剧院作曲。1982年进修于武汉音乐学院作曲系。曾任黄石市群艺馆音舞部主任、副馆长，黄石市歌舞团副团长。作有歌曲《鹰子哦嗬》《秋月情歌》《红花与绿叶》，舞蹈音乐《叮·当·嗵》《奔向新世纪》《乒节欢歌》，电视片音乐《四姐》《背个媳妇回家来》《世纪末的起诉》等。多首（部）作品获奖。

朱之屏（1928— ）

民族音乐家。湖南邵阳人。1948年为邵阳民谣《帮工莫帮王老五》谱曲。1960年创作歌曲《糖麻花》。1961年创作歌曲《纸老虎，不可怕》获省三等奖。论文《湖南特性羽调初探》《从泛音对湖南民歌的发展谈起》在中国音协编辑出版的《音乐论丛》发表。

朱之谦（1925—已故）

音乐教育家。辽宁大连人。1947年毕业于东北大学教育学院。后为东北师大音乐系教授。音协吉林分会常务理事。著有《外国音乐作品欣赏》《肖邦对音乐体裁的新发展》等。

朱志远（1936—已故）

音乐活动家。江苏常熟人。1952年入部队军乐团。曾任音协新疆分会副秘书长，中国函授音乐学院新疆分院副院长。作有交响音诗《马背小学》。并撰有评论文章多篇。

朱智忠（1962— ）

作曲家、编导家。蒙古族。内蒙古人。中央广播电台主任编辑，《广播歌选》杂志社主编，中央电视台《民歌中国》栏目主编。1989年毕业于中央民族大学音乐学院作曲专业，同年分配到中央电台文艺部任编辑，1993年任中央电台文艺采录组组长、大型节目组组长。2004年任中央电视台CCTV西部民歌电视大赛竞赛组组长、导演。多次获编辑、创作奖。歌曲《爱的语言》获2001年中国广播政府奖、作曲奖，《迁徙》获内蒙古自治区第六届艺术创作政府奖、"萨日纳"作曲奖。为多部电视专题片及电视剧作曲。

朱中庆（1929— ）

作曲家。重庆人。四川省音协吉他专业委员会会长。1950年参加川东军区文工团任小提琴演奏员兼作曲。作有《嘉陵江号子》《螃蟹歌》《闪悠闪》等。搜集四川民歌《黄杨扁担》，整理填词领唱川江号子曲三首，被中国音协民间音乐研究所珍藏。对四川各类号子、民歌有较深入的研究。1982年开始从事吉他教育工作，改编吉他曲《彩云追月》《春江花月夜》等。

朱钟堂（1941— ）

作曲家。上海人。1965年毕业于上海音乐学院作曲系。曾任吉林艺术学院教务处长。作有交响诗《惊雷》，电影音乐《水晶心》，歌曲《北方的雪》。

朱仲禄（1922—2007）

民歌演唱家。青海同仁人。1950年始从事民歌演唱，在继承传统的基础上有发展和创新，被誉为"花儿王"。曾在青海省群众艺术馆工作。曾任音协青海分会副主席。

朱仲一（1919— ）

作曲家。陕西延安人。1938年入西北青校战地文工团。1956年就学于上海音乐学院作曲系。曾任前进歌舞团艺术指导、团长。工程兵政治部文化部副部长兼文工团长。作有联唱《女战斗英雄郭俊卿》，歌剧音乐《无穷花》（合作）。

朱庄儿（1948— ）

手风琴演奏家、教育家。江苏吴江人。鹰潭市音协主席。1988年毕业于江西电大鹰潭分校。分任鹰潭文工团副队长、前线歌舞团乐队演奏员、鹰潭艺术团团长、市群艺馆馆长。作品有学校剧《小马虎和标点符号》（作曲），手风琴独奏《畲山竹》《红云随想曲》《仙水岩随想曲》，参与创作（配器）大型灯剧《无名草》，分别获全国一等奖、省戏剧节音乐设计一等奖、省音舞节一等奖。本人先后获省音舞节、音乐节手风琴演奏一、二等奖。

朱作英（1938— ）

音乐教育家。辽宁大连人。1959年毕业于旅大师专，曾任大连市少年宫副主任、艺术学校校长及中国电子琴学会理事、辽宁省电子琴学会副会长、大连电子琴学会会长。培养众多学生考入国内外文艺团体及艺术院校。曾被评为大连市劳动模范、辽宁省优秀教师、全国少年宫优秀辅导员。为大连电视台制作、在全国播放的电视剧《师生之间》作曲并指挥乐队演奏录音合成。编著有《电子琴速成教程》及《电子琴金曲选》（合编）。

诸信恩（1929— ）

音乐教育家、指挥家。江苏苏州人。1951年毕业于上海沪江大学。1954年始，长期执教于中国舞蹈学校，任中国古典舞、芭蕾舞、中外民间舞的课堂基训钢琴伴奏。编创有大量中国古典舞、芭蕾舞课堂基训教材的曲目。1958年合作民族舞剧音乐《刘胡兰》，1965年创作民族芭蕾舞剧音乐《红嫂》。在北京舞蹈学院首次公演法国古典芭蕾舞剧《无益的谨慎》，任乐队指挥。曾在北京舞蹈学院实验芭蕾舞剧团指挥演出《天鹅舞》《鱼美人》《红色娘子军》等芭蕾舞剧。

诸伊诺（1959— ）

声乐教育家。上海人。上海师大音乐学院社会音乐系副主任。1986年毕业于上海师大。论文《布鲁姆教育目标分类学理论在声乐教学中的应用》获2004年第四届全国音乐教育论文评比三等奖。曾获第三届全国青年歌手电视大赛美声组荧屏奖、90年上海市十佳歌手。

诸有琰（1938— ）

大管演奏家。四川人。先后毕业于华中师院音乐系、湖北艺术学院管弦系大管专业。1963年起任武汉歌舞剧院乐团第一大管。演出大小歌剧四十余部。其中《启明星》《青春之歌》《第二次握手》《喋血恋歌》分别获文化部调演双一等奖、市一等奖。曾参加《白毛女》《洪湖赤卫队》《刘三姐》《东方红》《红色娘子军》等演出。演奏大量中外管弦乐、交响曲、协奏曲、序曲、芭蕾舞曲、合唱音乐及冼星海、巴赫、莫扎特、贝多芬等大师的作品。

诸葛智屏（1947— ）

作曲家。浙江兰溪人。浙江省婺剧团艺术创作委员会原副主任。1960年考入浙江婺剧团，任徽胡演奏、音乐创作及配器。创作有婺剧《白蛇前传》《惜娇恨》（合作）《贺家桥边》（合作）音乐，并曾获奖，另作有徽剧音乐《刘铭传》（合作）及器乐曲《徽调》。录制有《三五七联奏》等。

竹　风（1931— ）

作曲家、音乐理论家。黑龙江人。早年就读于东北鲁迅文艺学院、上海音乐学院，1951年于研究生班毕业。历任沈阳音乐学院作曲系副主任、副院长，中央民族乐团及中央歌舞团副团长。作有歌曲《我的立功喜报到了家》《我的中华》《天鹅之歌》《飞翔吧，祖国》，钢琴曲《东北组曲》，民乐队合奏《欢舞曲》，编著有《歌曲作法》（与丁鸣合著）《作曲法》《论歌曲》《论音乐形式》《中国传统音乐与中国乐器》《中国音乐的巨星》《冼星海与他的黄河大合唱》《时代的歌手——李劫夫同

Z

志》《论交响乐指挥与李德伦的指挥艺术》《厄波特里艺术节散记》等。

竹 岗（1968— ）

作曲家。辽宁人。1992年毕业于中央音乐学院作曲系。曾任北京现代音乐学院双排键电子琴讲师。中国音协电子琴学会理事、中央音乐学院及中国音协全国电子琴和音乐素养考级高级评委。2003年考入中国音乐学院作曲系研究生。主要作品《雪乡行》《瑶寨风情》《戏游舞曲》曾获"星海杯"一、三等奖。交响诗《春之舞》获优秀奖。歌曲《祝愿》，动画音乐《济公外传》《蓝皮鼠和大脸猫》获优秀作品奖。为《北京童谣》系列专辑作曲获银奖。担任音乐制作人的多个MTV和专集，获央视音乐电视大赛银奖、铜奖。

竺惠芳（1936— ）

女声乐教育家。浙江奉化人。1957年毕业于山东师范学院艺术系，留校任声乐教师。1964年入山东省歌舞团任声乐教员。1965年在上海音乐学院进修。1977年调回山东师范学院艺术系，后为副教授。山东音协声乐研究委员会委员，中国音协声乐教育学会常务理事。1997年任山东爱乐合唱团团长，先后率团在全国"夕阳红"老年合唱比赛中获金、银、铜奖，并在省举办的老年艺术节及合唱比赛中分获特别奖、金奖、一等奖。

主 音（1930— ）

作曲家。山东莒南人。山东省音协顾问，济南市音协名誉主席。1945年开始从事文艺工作。1954年毕业于华东艺术专科学校音乐系作曲专业。曾任山东省音协第三届副主席，济南市音协主席，济南市政协第八届委员。作有歌曲《前进！祖国的青年们》，舞蹈音乐《唱灯》，电视音乐片声乐套曲《李清照》（合作）。

祝 盾（1934— ）

双簧管教育家。浙江兰溪人。1958年毕业于中央音乐学院管弦系，后留校任教，教授。作有双簧管独奏曲《牧童之歌》，木管五重奏《山歌向着北京唱》。著有《双簧管演奏法》。

祝 龄（1930— ）

作曲家。重庆綦江人。1949年在部队及地方文艺团体从事作曲。毕业于西南音专作曲系。1973年任教于新疆艺术学院。作品有话剧音乐《在战斗里成长》，合唱曲《参军鞋》，记录片音乐《六亿人民的意志》，歌剧音乐《选军马》，钢琴曲《欢腾》。论文有《维吾尔族音乐中的特殊调式及其和声》《维吾尔族民间歌曲中的弱起节奏》。

祝 荣（1935— ）

女歌唱家。浙江江山人。1949年参加解放军某军文工团任声乐演员，1960年起先后在吉林市豫剧团任戏曲演员，吉林市歌舞团任歌剧、民歌独唱演员，后在吉林市艺术研究所工作。在歌剧《白毛女》《刘胡兰》《王秀鸾》

《王贵与李香香》《长相思》《乔老爷上轿》中扮演主角角色。曾主演15台大型话剧以及豫剧《刘三姐》《朝阳沟》《夺印》等。作词及编曲的《莫让年华付水流》获二等奖。

祝恒谦（1933— ）

作曲家。陕西安康人。毕业于西北艺术学院。作有《世世代代铭记毛主席的恩情》《萨丽哈最听毛主席的话》，交响乐《赛里木湖的传说》，《新疆音画》组曲，弦乐四重奏《牧歌》，钢琴曲《快乐的哈萨克》等。为电影《荒漠人》《努尔尼莎》《孤女恋》等作曲。曾获"骏马奖"银奖、民族团结奖，1992年被评为自治区优秀专家二等奖，2004年获首届"天山文艺奖"金像奖杯。发表《哈萨克民间音乐论述》《新疆民族音乐的写作》等文。出版歌曲集《献给草原的歌》《冬不拉乐曲选》《新疆少数民族歌曲选》。2006年出版《祝恒谦声乐作品200首》。

祝玉刚（1956— ）

小提琴演奏家。满族。辽宁人。内蒙古交响乐团乐队副首席。1982年入上海音乐学院大专班学习。曾参加1974年华北地区文艺调演、1977年庆祝内蒙古自治区成立三十周年演出及1980年全国少数民族调演等。

庄 超（1930—2004）

作曲家。山东莒南人。1944年参军，曾任军文工团音乐队长、师文工队长、军区军乐队长、山东音协副主席兼《山东歌声》主编，山东音协特邀顾问、国际书协学术委员、王羲之研究会研究员。创作、演播歌曲八百余首。《打打打》曾获部队歌曲创作二等奖，《一根扁担二个筐》获部队歌曲一等奖，音乐诗《伟大的战士雷锋》获全国优秀演出奖、优秀创作奖。1984年创作的《山东老年大学校歌》获全国黄河口杯金奖。出版有《庄超作品集》。

庄 辰（1940— ）

女古筝教育家。辽宁大连人。中国音协古筝学会理事、辽宁北国古筝学会副会长、大连古筝学会会长。1955至1964年在东北音专附中和沈阳音乐学院民乐系学习古筝。毕业后曾任河南信阳文工团和大连歌舞团演奏员。1986年调入大连大学，副教授。1995年起从事业余古筝教学，培养了一批古筝学生。曾任1996年"朝阳中国古筝艺术节"及"徐州中国大风杯古筝大赛"评委。2002年在大连举办"庄辰师生古筝音乐会"和研讨会。

庄 汉（1934— ）

作曲家。湖北人。中国音协第四届理事，江苏省音协第三届副主席，江苏省第四、五、六届政协委员。1949年从事部队文艺工作。1961年毕业于南京艺术学院音乐系。长期从事音乐创作，主要作品有交响音画《咕咚》，管弦乐《茉莉花开》，琵琶协奏曲《黄桥决战》等。发表有众多音乐作品及数篇论文。

庄 稼（1937— ）

作曲家。福建晋江人。1958年毕业于福建师范学院艺术系。福建泉州歌剧团创作组副组长。第三届福建省音协常务理事，第二、四届音协理事。作有歌剧音乐《台湾舞女》，山歌剧音乐《补箩记》，组歌《闽西历史民歌大合唱》，歌曲《毛委员来到我家乡》。专著有《庄稼歌曲选》《庄稼民歌合唱曲选》《庄稼歌剧合唱曲选》。1999年获福建省音乐学院"柯贤炳音乐奖金"。

庄　涛（1936— ）

演奏家、歌词作家。四川成都人。任职于成都音乐舞剧院。1951年参军进藏，任西藏军区政治部歌舞团乐队队长。曾3次参加中国艺术团出国访问演出，任独奏演员。1996年毕业于北师大中文系作家班。独奏曲《阿妈列红》获全军文艺汇演优秀演奏奖，大型音乐诗《血脉、雪脉》获中国艺术界名人作品展示会系列大赛优秀奖，歌曲有《云中女神珠穆朗玛》《心中的歌献给亲人解放军》《祖国母亲》，另有《六弦琴之歌》《为什么女儿爱上他》分获四川省优秀作品奖、一等奖。

庄　严（1920—1984）

音乐教育家。江苏常州人。1939年入湘西江苏失学青年工读服务团，后到育才学校工作。1942年始从事音乐教育。1960年为上海市舞蹈学校教务室副主任。作有歌曲《农作舞曲》《太阳一出满天红》等。

庄　映（1919—1989）

作曲家。山东莒南人。中国音协第一届至第四届理事。1934年考入济南师范学校，曾参与抗日救亡宣传活动。1940年毕业于延安鲁迅文学艺术学院音乐系，后长期从事部队文艺工作。新中国成立后，任职于中南军区政治部文化部，1953年调总政歌剧团，后任解放军艺术学院音乐系主任。作有歌曲《说打就打》《咱们比比看》《我爱我的祖国》，歌剧音乐《柯山红日》（合作）《一个志愿军的未婚妻》，歌舞剧音乐《幸福山》。

庄　元（1952— ）

音乐教育家。江苏常州人。南京艺术学院科研处副处长。所作木管、竖琴五重奏《格桑花开》获江苏省音乐创作二等奖。撰有《试论音乐的商品属性》《高等艺术院校研究生教育规模问题与对策》《严肃音乐与通俗音乐应平衡发展》。编写有声教材《常用音乐术语》。

庄　壮（1935— ）

作曲家、音乐理论家。陕西人。甘肃省音协顾问、敦煌研究院研究员。1962年毕业于中央音乐学院作曲系。为《向阳川》（合作）《二次婚礼》等十余部歌剧作曲。作有歌曲二百余首，管弦乐曲《花儿组曲》，民乐合奏《欢腾的社火》，钢琴曲《跑龙灯》等十余首。出版专著《敦煌石窟音乐》。发表论文六十余篇。1992年与郑汝中合作研制出敦煌壁画古乐器54件并搬上舞台演奏，获国家科学技术进步二等奖。独自研制敦煌古乐器近二百件，由甘肃省敦煌艺术剧院在《敦煌乐舞》中使用。主编《中国民间歌曲集成·甘肃卷》。

庄宝泉（1932— ）

音乐教育家。辽宁沈阳人。福建省漳浦县第一中学音乐教研组组长，1948年入东北鲁迅文艺学院音乐系学习。作有歌剧音乐《深山红苗》于1970年在省会人民剧场公演，歌曲《大南坂之歌》于1992年获全国农场系悲农场歌征集金奖。1991年获福建省优秀教师称号，1998年编纂《中国民间歌曲集成·福建卷》受到福建省文化厅表彰。

庄碧林（1936— ）

音乐教育家。福建惠安人。1958年毕业于福建师院音专。曾任泉州师范艺师部副主任、福建省音乐教研会常务理事、省教育学院音乐教研员。泉州市音协副主席、泉州师院艺术学院高级讲师。1959年主编出版《福建省中学音乐课本》，编写《合唱与指挥》等数十册教材。创作《中华·妈妈》《中国在春天里微笑》《师情难忘》等近百首歌曲，有的在全国及省市获奖。其作词编曲的闽南民歌《渔歌》，入选福建省中学音乐教材。1994年福建省政府授予"特级教师"称号。

庄秉纯（1936— ）

长号演奏家。浙江镇海人。1961年上海音乐学院本科毕业后留校任附中长号教师。1961年调中央芭蕾舞团任首席长号。演奏有舞剧《巴黎圣母院》《睡美人》《红色娘子军》《白毛女》《草原儿女》《罗密欧与朱丽叶》等。曾赴香港演出《吉赛尔》《唐吉诃德》及歌剧《阿依达》，赴台湾演出《天鹅湖》。

庄春江（1940— ）

音乐学家、音乐编辑家。福建南靖人。福建音协常务理事、理论委员会主任。1966年于中国音乐学院理论系本科毕业。曾在河北省歌舞剧院创作组、文化局艺术处、福建师大艺术系、省文联任职与任教。1964年起在全国和省级刊物上发表音乐评论及论文多篇，有《福建南音》《三首农民歌曲的启示》《音乐创作散论》《南中国圈的音乐文化》。其中《从'杵乐'谈起》在省首届音乐论文评奖中获一等奖。编有《台港歌曲》《台港抒情歌曲》。主编《八闽乐坛》百多期。

庄春霞（1967— ）

女音乐教育家。福建人。福建晋江市青少年宫主任。曾就读于福建艺校、中国戏曲学院。曾任福建泉州市高甲戏剧团演奏员。撰写论文《主人翁意识是师资队伍建设的灵魂》获省少工委三等奖，歌曲《我是晋江的小白帆》（合作）获福建省第九届音乐舞蹈节合唱比赛银奖。2001年被共青团福建省委授予"新长征突击手"称号，2004年获团中央、文化部"全国青少年优秀工作者"称号。

庄村玫（1958— ）

女音乐教育家。福建漳州人。毕业于福建省师范大学音乐系。先后任福建省龙溪师范学校与漳州教育学院音乐教师。撰有《教师必备知识丛书》《本土音乐与文化变迁》等文。作有歌曲《母亲与紫荆花》《山里娃》在福建省大中专院校第二届校园文化艺术节上分别获特等奖和二等奖。参加策划、组织漳州市庆祝建党76周年"教育的春天"文艺晚会和福建省中师第二届"水仙花杯"作文大赛五彩梦文艺晚会。

庄旦良（1948— ）

作曲家。江苏武进人。江苏武进文化局原副局长，副研究馆员。江苏省常州市音协副主席。1968年在部队宣传队任演员、演奏员、创作员。1971年转地方先后在江苏武进文化馆、文化局从事艺术组织、创作工作。所作歌曲《蓝箭之歌》在由中国音协等单位主办的"世纪之声"全国歌曲大赛中获金奖，《我们是祖国的希望》获《中小学音乐报》主办的全国校园歌曲创作大赛一等奖，《武进精神之歌》入选歌曲集。

庄德淳（1938— ）

作曲家。北京人。1965年毕业于上海音乐学院。曾任上海舞剧院作曲、指挥。作有舞剧音乐《木兰飘香》，歌剧音乐《海峡之花》等。

庄德昆（1950— ）

男高音歌唱家。福建厦门人。曾任福建省歌舞剧院男高音独唱演员。厦门音协副主席。曾进修于中央音乐学院声乐系，师从沈湘、吴天球等教授。1975年获全国"独唱、重唱、独奏、重奏"调演独唱荣誉奖，1979年获省优秀青年演员奖。1981年举办个人独唱音乐会。发表论文《论唱歌艺术的素养》。1996年受聘于厦门大学艺术教育学院客座教授。

庄冠生（1937— ）

作曲家。上海人。曾任河南南阳音舞协会副主席，中央广播民乐团二胡演奏员（兼马头琴独奏），内蒙古曲剧团、南阳曲剧团作曲。1980年起兼任南阳文化艺术学校和声、配器及乐队训练教员。作有民族管弦乐曲、歌曲、歌舞、电视剧、戏曲和曲艺等，先后获各级奖三十余项。曾被河南音协誉为有突出成果的音乐工作者。

庄捃华（1941—1988）

女音乐文学家。江苏常州人。1964年毕业于北京大学中文系。后为中国音乐学院音乐文学专业副教授。著有《歌词特性简论》《音乐文学概论》及歌词《思乡曲》《盐湖花儿》等。

庄泉忠（1939— ）

作曲家。福建惠安人。1961年毕业于南京艺术学院音乐系，后入徐州市歌舞团。先后任演奏员、作曲、艺档室主任。曾为《秋海棠》《南方汽笛》等十多部话剧作曲、配乐。作有歌曲《放歌新世纪》，组歌《铁军的辉煌》等百余首，器乐曲《太湖渔歌》《黄河故道春意浓》和舞曲《情在蓝天》等数十件。近三十件在全国、省、市出版、发表、演播或获省、市奖。参加《徐州文化志》和《清泉·熔炉》优秀歌曲百首编选。发表音乐评论、文艺通讯、回忆录、剧照三百多篇（幅）。

庄如珍（1936— ）

女歌剧表演艺术家。江苏扬州人。曾在大型歌剧《刘三姐》中扮演刘三姐，《红霞》中扮演红霞，《大江东去》中扮演梅英，《春雷》中扮演满妹子，《海娘》中扮演海娘，《洪湖赤卫队》中扮演韩英，在京剧《沙家浜》中扮演阿庆嫂等。将传统唱法、民族唱法及戏曲融合在一起，形成自己的独特风格。曾灌制《丰收歌》《海上南泥湾》等唱片，并由江苏省音像出版社录制民歌专辑。

庄瑞生（1932— ）

歌词作家。江苏金坛人。曾为《词刊》编辑部编辑、副编审，长期任职于音乐出版社和中国音协期刊编辑部。自1980年始从事歌词创作，发表《迷人的地方》《圆圆的》《漂流》《大海——我的向往》《弯弯的月亮》等歌词百余首，有作品获全国和省市一、二等奖。发表有歌词评论《歌词漫谈》《谈感觉》《漫谈歌词》《寻常语》等。在主编《歌词新作》时，发表、推荐了一批有作为的青年词作家及其作品。

庄润深（1946— ）

作曲家。安徽徽州人。1970年入安徽师范大学音乐系任教。1974年在芜湖市歌舞团任作曲。1986年结业于中国音乐学院和中央音乐学院作曲专业。先后在全国、省、市级发表音乐作品几百首及音带、CD等专辑16种。获省级以上创作奖五十余次，其中获安徽省一等奖、"五个一工程"奖及全国奖十余次。其作曲的电视文艺片《皖江春潮》获第十七届电视文艺"星光奖"，电影黄梅戏故事片曾荣获第八届全国"五个一工程"奖、"华表奖"及第21届"金鸡奖"。曾任芜湖市音协副主席。

庄廷春（1962— ）

音乐教育家。山东人。1985年大学毕业，分配到滕州师范从事音乐教育工作。后调枣庄经济学校从事音乐教育，1990年先后任枣庄市轻音乐团业务团长、枣庄市音协常务副主席。音乐作品曾获国家"五个一工程"奖，多名学生在国际国内赛事中多次获奖。2005年任政协枣庄市委员。出版两张个人作品专辑CD唱片。

庄祥顺（1955— ）

音乐教育家。福建泉州人。惠安三中高级教师，惠安音协主席。1977年毕业于福建师大艺术系。2000年参加首都师大音乐骨干教师国家级培训。作曲并参与编导舞蹈《七星灯》获全国比赛一等奖，《张旗扬帆》获第二届"中国艺术节"优秀奖，《赶海》在中央电视台"魅力名镇"艺术展示播出，《阿海》《情系吉祥鸟》分别获省二等奖。部分歌曲、戏曲音乐、民乐合奏、电视配乐等作品曾获奖或展演。2006年评为福建省艺术教育先进个人。

庄秀贞（1937—已故）

女演奏家。福建泉州人。1957年毕业于北京舞蹈学院东方音乐舞蹈班，曾在新影乐团进修中阮。1962年任东方歌舞团演奏员。多次随国家领导人出访国外和参加国内重大外事活动演出。1981年兼任音乐资料研究员，整理亚非

z

拉等国家的音乐、舞蹈伴奏总谱、声乐简谱、音乐理论千余册。曾参加演出的朝鲜舞《喜悦》《海浪歌》并分别获一、二等奖。

庄渝澜（1941— ）

女高音歌唱家。浙江鄞县人。中央乐团社会音乐学院钢琴教师。1959年毕业于中央音乐学院附中，1965年毕业于该院钢琴系。1971至1978年在中央五七艺术大学舞剧系、北京舞蹈学校任钢琴教师。1978年先后在中央乐团学员班、星海音乐学校、中央乐团社会音乐学院为学生钢琴伴奏，并对学生进行乐曲处理、声音要求等的指导。

庄玉明（1954— ）

小号演奏家。黑龙江伊春人。1970年特征文艺兵入伍。1975年入伊春市文工团。1976年调中国广播交响乐团任首席小号、独奏。曾出访欧洲七国，参加日本NHK访华演出。出版小号演奏专辑，录制小号MTV《回到从前》。

庄远莺（1948— ）

女音乐教育家。广东梅州人。云南文化艺术职业学院副教授。云南音协钢琴学会秘书长、全国钢琴考级考官。历任云南各大钢琴赛事评委、钢琴业余考级评委。获省"最佳指导教师奖""耕耘奖""伯乐奖"，文化厅系统先进教师。1998年率学生参加中国音协组织的访问团赴欧洲六国进行文化交流活动。2008年分别获中央音乐学院、中国音协颁发的"优秀指导教师"。撰有《钢琴学习与考级》。

卓英昂（1949— ）

作曲家。贵州六盘水人。六盘水市群众艺术馆馆长。歌曲《文化园是我家》《迎亲歌》等分别获文化部颁发的银奖和甘肃省金奖，《鲜蘑菇》等三首歌曲在刊物上发表。编辑出版有《六盘水创作歌选》。

宗柏（1933— ）

大提琴演奏家、教育家。上海人。中央音乐学院教授。中国大提琴学会顾问、北京音协顾问。1954年考入上海音乐学院管弦系大提琴专业，后被公派到匈牙利李斯特音乐院深造。1960年学成回国长期执教于中央音乐学院，1985及1993年参加全国大提琴比赛的学生均获一等奖。曾先后率团参加匈牙利卡扎斯国际大提琴比赛及第十届柴科夫斯基国际音乐比赛。1986年获匈牙利政府颁发的李斯特奖章。1990年应李斯特音乐院德布勒森分院邀请赴匈牙利讲学。主要译著和论文有《大提琴演奏艺术300年》《怎样提高大提琴演奏水平》及《九首大提琴著名协奏曲及变奏曲的分析及演奏》等。

宗弼（1926— ）

音乐教育家。满族。浙江杭州人。1946年从事部队文艺工作，1949年任上海管乐团团长兼指挥。1956年上海音乐学院作曲系进修，结业后留校任教和从事计算机研究。1986年为上海音乐学院与上海交通大学建立计算机音乐研究室，参与完成"计算机音乐信息系统"的研制，获"国家科技成果奖"。1988年参与完成"乐理教学软件"研制，获文化部教育局"文化科学技术进步奖"。1989年与"交大"计算机系完成了集作曲、编辑、音乐表演、乐谱绘制于一体的"计算机交响乐系统"，属国内首创。为上海计算机音乐协会副会长。

宗江（1928— ）

作曲家。江苏常熟人。1952年毕业于中南部艺音乐系作曲专业。后在广州乐团工作。作有小提琴协奏曲《鹿回头传奇》（合作），合唱套曲《羊城抒情》。撰有《广东汉族民歌音乐初探》等文。

宗伟（1941— ）

男高音歌唱家。回族。安徽安庆人。1964年毕业于天津音乐学院师范系本科，主修声乐。历任河北省歌舞剧院独唱演员、歌队队长、乐团副团长、合唱指挥、声乐指导。中国合唱协会理事、河北音协合唱学会秘书长。曾为《女友》《冰与火》等多部电视剧配唱主题歌。《第二次握手》《何日彩云归》担任主角。2001年指挥石药职工合唱团参加在京举行的全国企业职工合唱大赛，并获金奖、优秀指挥奖。后在河北艺术职业学院、石家庄影视艺术学院教授声乐及任合唱指挥课。

宗国昌（1950— ）

作曲家。山西人。山西省音协理事、运城市音协主席、市工人文化宫主任。1966年毕业于山西省晋南艺术学校音乐专业。1981年毕业于四川音乐学院作曲系。历任中国西厢记研究会理事，运城地区音舞协和曲协副主席兼秘书长。著有《三弦演奏法教程》，作有民族交响叙事曲《西厢记》。唢呐独奏曲《盐工泪》获山西省优秀创作一等奖，《当电解工的新郎新娘》获全国职工调演二等奖。曾被授予山西优秀宣教工作者"五个一工程"奖、市重大贡献人才奖。

宗瑞发（1954— ）

男高音歌唱家。山东烟台人。南京军区前线文工团艺术指导。1980年毕业于上海音乐学院，后赴该院进修歌剧表演。曾在上海、福建、江西等地举办音乐会。多次应邀参加中央电台、电视台及省市电视台的录音录像活动和被公派赴美国、加拿大、蒙古等国演出。主演过歌剧《雪山战歌》，交响乐《沙家浜》及钢琴伴奏《红灯记》。录制首唱的歌曲有《大森林的早晨》《太阳之歌》等。曾为电影《起飞》，电视片《武夷风光》和"中国1978——2008大型文献片"配唱主题歌。作有歌曲《不要远送了战友》《祖国我向您倾诉》等。曾获全国金、银奖和全军文艺汇演优秀表演奖。

宗震名（1909—1990）

作曲家。江苏宜兴人。1931年就读于苏州中山体音专科学校。师从周少梅习二胡。原在镇江市文化局工作。江苏省文联委员。作有二胡曲《归鸿》《丝弦》，民间器乐曲《闹花灯》《农村乐》《满堂红》，发表长篇吴歌《春调孟姜女》。

宗庸卓玛（1964— ）

女歌唱家。藏族。云南迪庆人。1983年毕业于上海音乐学院。全国人大代表、政协委员、云南省音协副主席。在大型歌舞《西藏之光》中担任主唱，获文化部"文华奖"。在全国首届民族声乐大赛、全国少数民族汇演、全国广播歌曲评选中分别获金奖。创作并演唱的《梅里雪山的女儿》《香格里拉》《山谷回声》等作品多次获奖。《德钦情歌》获中国民歌十大金曲奖，其中《故乡的哈达》《神奇的高原》《梅里雪山的女儿》《山谷的回声》《香格里拉》等数十首歌曲较为流传。多次出任央视青歌大赛评委并参加春节联欢晚会、春节歌舞晚会。录制自创歌曲并演唱的专辑多张。先后为电影《红河谷》《宝莲灯》等配唱主题歌及插曲。曾赴美国、英国、加拿大、澳大利亚等三十多个国家演出。

邹　波（1971— ）

女琵琶教育家。山东牟平人。济宁艺术学校音乐教研室教师。毕业于曲阜师范大学音乐系。2000年在济宁市曲艺会演中获琵琶演奏一等奖，2004年在全省艺术学校专业技能大赛中演出琵琶独奏《诉—读〈琵琶行〉有感》并获一等奖，在省第四、五届中等艺术学校会演中获"优秀指导教师奖"。

邹　宏（1961— ）

女歌唱家。山东威海人。1984年毕业于山东省艺术学院，同年留校任教。1987年入山东省歌舞剧院任演员，1991年入海军政治部歌舞团。曾在歌剧《红珊瑚》等剧目中担任主要角色。1998年赴德国卡斯鲁高等音乐学院进修，音域得到拓展，由女中音转变成女高音。曾参加在北京音乐厅举办的中、美、德艺术家联合演出音乐会。演唱曲目有《啊，我的费尔南多》《我走，我走》《你知道吗好妈妈》《赐给我安宁》等外国歌剧选段以及《我爱你，中国》《英雄赞歌》《我和我的祖国》《思乡曲》等。

邹　进（1958— ）

圆号演奏家。贵州贵阳人。先后毕业于贵州省艺术学校音乐系和上海音乐学院管弦系。曾任贵州省黔南州歌舞团、省歌舞团、中国广播交响乐团、中国爱乐乐团演奏员。参加纪念贝多芬、柴科夫斯基系列音乐会。随团赴欧洲七国和美国、日本、韩国演出。参加多届澳门国际音乐节，长春国际电影节，香港、澳门回归专题音乐会及参与歌剧《图兰朵》《罗密欧与朱丽叶》等演出，并参加德意志GD公司录制中国爱乐乐团作品第一套CD与勃拉姆斯的《双钢琴协奏曲》等。

邹　鲁（1927—1972）

音乐教育家。四川人。1949年毕业于四川省艺专音乐系作曲专业。1954年前在成都西南音专任教。1956年曾在莫斯科音乐学院深造。

邹　敏（1932— ）

女民歌演唱家。湖北襄樊人。1952年毕业于中南部队艺术学院戏剧系。1960年入上海声乐研究所进修。曾任湖北省歌剧团声乐教员。随团赴越南、印度、苏联、匈牙利等国演出。

邹　强（1951— ）

词曲作家。山东牟平人。辽宁电视对外传播中心总监。1985年毕业于辽宁大学汉语文学系。创作歌曲、歌词各数百首，其中数十首在全国、省市级比赛中获奖。歌曲《山野情歌》（词）获《歌曲》编辑部2006年"晨钟奖"，《企业家星座》（作曲之一）获全总当代工人征歌二等奖，《山野情歌》（词）《沙滩上的脚印》（曲）《微笑》（曲）等二十余首歌曲在中央等电台、电视台播出。作有电视剧《呼唤》主题歌《太阳雨》（词曲）。

邹　钦（1933— ）

音乐教育家。湖北人。1956年任蕲春县文化馆艺术组组长。1958年考入中南音专声乐系，1963年毕业于湖北艺术学院声乐系，调襄樊市从事音乐教学，并任市音乐中心教研组组长，兼任"市少年合唱团"副团长、声乐指导。1990年获湖北省幼师声乐教学"金杯奖"。1995年组建"襄樊市夕阳红合唱团"出任团长兼指挥。

邹　群（1927—已故）

民族音乐学家。上海人。上海群艺馆民间文艺研究室主任。1948年受聘于中国口琴厂任监制、同年创办中国口琴会，1950年后任哈尔滨工业大学音乐教员、音乐室主任，后任天津公安总队作曲、指挥。《中国民族器乐集成·上海卷》常务副主编。曾为小歌剧《梅娘与桃郎》《摸花轿》等17个剧目作曲和配器。民歌改编和创作的《晴采桑，雨采桑》获1986年华东六省一市民歌会演二等奖。曾负责编写《中国曲艺音乐·上海卷》中的"民间说唱音乐"部分。任《上海民间器乐乐曲选集》主编。

邹　薇（1974— ）

音乐编辑家、演奏家。湖南长沙人。中国音协《儿童音乐》编辑部副主任。1996年毕业于武汉音乐学院。曾任武警文工团钢琴伴奏。主持编辑有《唱响六十年》，湖南文艺出版社出版。2009年任中国音协官方网站负责人，报道第七届中国音乐"金钟奖"、百团万人颂中华、宋祖英鸟巢演唱会、海峡两岸合唱交流等活动。

邹　野（1957— ）

作曲家。四川江津人。1982年毕业于湖北艺术学院作曲系。后在武汉歌舞剧院工作。作有交响组曲《山泉》获第二届"琴台音乐会"一等奖、大型歌剧音乐《郑和》。

邹本初（1939— ）

声乐教育家。辽宁丹东人。1962年毕业于中央音乐学院声乐系，师从喻宜萱教授。同年入中央民族乐团。后师从于沈湘教授20年。学生多人次在国际国内声乐大赛中获奖。著有《歌唱学——沈湘歌唱学体系研究》，成为全国音乐艺术院校声乐师生的理论参考书。2002年始被保定师专聘为名誉教授，被北京古典音乐艺术研究院聘为研员、副院长兼声乐研究所所长。近年来，常在中国网通、中国音乐网上免费义务举行系列声乐讲座。

邹长海（1943—）

歌唱家、声乐教育家。辽宁复县人。中国心理学会广东省分会理事。1969年毕业于沈阳音乐学院，后任沈阳部队前进歌舞团独唱演员。曾举办个人独唱音乐会。1988年始在广东华南师范大学音乐系任教。发表论文《无换声区混声训练探索》，著有《声乐艺术心理学》。2003年执笔并负责编撰《普通高中音乐教材（歌唱模块）》。

邹成义（1933—）

音乐教育家。辽宁大连人。1958年毕业于北京艺术师院音乐系理论作曲专业，师从张肖虎、刘雪庵教授。曾任大连师范、大连师专音乐教师，大连艺术专修学院音乐系主任。兼任辽宁教育学院艺术系客座教授。参加编写全国中师音乐班、中华艺术师范《音乐欣赏》教材（共二册），编写辽宁省中师音乐班《和声与伴奏》教材。论文《和声语言在音乐中的作用》发表于《吉林艺术学院学报》。《关东洲音乐概况》收入《东北沦陷时期音乐概况》（与吕金藻合写）。

邹承瑞（1935—）

音乐理论家、作曲家。四川成都人。1960年毕业于四川音乐学院作曲系，后为该院和声学教授、研究生导师，教务处长。发表《和声布局概论》《调性重叠问题的探讨》《旋律写作技法探讨》《五声音阶旋律的转调和暂转调》《五声音阶旋律调式的判断》《关于"一百八十调"》等有关作曲技术理论教学的论文，及《巴托克与匈牙利民歌》《精妙细腻——印象主义音乐简介》等音乐评论文章。创作声乐、器乐曲多首，并为多部电视剧、话剧写作音乐。

邹德华（1926—）

女歌剧表演艺术家。江苏人。1942年在上海音乐学院学习，毕业后赴美国就读于茱莉亚音乐院，主修歌剧。回国后入中央歌剧院，先后担任主要演员、声乐指导、艺术委员会副主任等。主演的中外歌剧有《草原之歌》《洪湖赤卫队》《南海长城》《望夫云》《茶花女》《青年近卫军》等。曾赴罗马尼亚、朝鲜、蒙古和苏联等国演出并举办独唱音乐会，1980年起相继在美国多个城市举行个人独唱音乐会。1984年促使成立中国音乐剧研究会，并出任会长。1987年组织演出美国音乐剧《乐器推销员》和《异想天开》，后将《日出》改编为音乐剧上演，并创办《中国百老汇》杂志。创作中国原创音乐剧《秧歌浪漫曲》，在北京和上海演出。曾任第五至九届全国政协委员。

邹凤玲（1948—）

女圆号演奏家。四川成都人。成都市音协理事。曾师从四川音乐学院何纵教授学习圆号，并在成都市川剧院、群生川剧团任圆号演奏员。成都市金牛区文化馆音乐干部。创作音乐作品《妈妈的日记》等多首在全国获奖。

邹更新（1924—）

歌唱家、音乐编辑家。广东广州人。1944年毕业于重庆青木关艺术专科学校声乐进修班，1956年毕业于广州音专。1950年起先后任广州银都歌厅、广州星海合唱团演员，广东广播合唱团、华南歌舞团演员、合唱队长。1968年任广东广播电影电视厅总编室音乐编辑。撰有《浅谈声乐与歌唱方法》《谈谈有关呼吸及发声等问题》《唱好一首歌曲是一次艺术再创造》。创作歌曲有《难忘梦中的回忆》《党的光辉照瑶寨》《信任》等数十首。

邹贵志（1956—）

作曲家。仡佬族。贵州道真人。道真中学音乐高级教师。1981年道真师范毕业。曾在贵州省歌舞团进修作曲。遵义市音协副主席、市第三届政协常委、省政协第十届委员。作有歌曲《邓爷爷，我想你》获"贵州省首届文艺奖"二等奖，获奖歌曲还有《无情的哥哥穿草鞋》《恰恰合》《芙蓉江船歌》。舞蹈音乐有《仡家栽秧舞》。并有论文多篇获全国基础教育、贵州省仡佬学会奖。撰写有《傩戏音乐初探》《异彩纷呈的傩戏音乐》于近年在日本早稻田大学刊载。

邹国庆（1951—）

作曲家。江西南昌人。江西师大音乐学院硕士生毕业。历任江西广播电台文艺部副主任、有线电视台文艺部主任、省音协常务理事，广播电视合唱团指挥。为电视文献片作曲的《共和国之魂》《共和国的摇篮》，先后获全国"五个一工程"作品奖。四重奏《春游路上》和歌曲《唱起山歌追太阳》《夏天的伴侣》分获全国大学生文艺汇演二等奖、全国广播节目金奖，电视连续剧《联林珍奇》音乐获海南省优秀音乐创作奖，钢琴小品《牧童歌》，歌曲《真情》《春风叮咛》与歌舞《拾贝》音乐，获江西省二等奖。1996年在江西举办邹国庆作品音乐会。

邹国旺（1945—）

作曲家。江西丰城人。1968年毕业于江西省师范学院艺术系，后入江西乐平市师范学校任教。1969年入乐平市文工团。1973年始在景德镇市群艺馆任音乐创作兼声乐辅导，副馆长。作有歌曲《我是快乐的烧窑工》《瓷厂的深夜》《欢乐的幸福》等数十首，舞蹈音乐《雏鹰展翅》《瓷娃娃》《童心的回响》。任《中国民族民间器乐曲集成江西卷景德镇分卷》及《中国民间歌曲集成江西卷景德镇分卷》的编辑部主任、编委。曾组织全市性的景德镇群众歌咏月活动已坚持二十多年。

邹海平（1957—）

女钢琴教育家。四川人。1982年毕业于河南大学音乐系，留校任教。1989年调海南大学艺术学院钢琴教研室任教，副教授。撰有《艺术思维启动钢琴演奏的艺术创造——关于钢琴教学音乐表现几个问题的探讨》等文，辅导的钢琴学生在香港钢琴公开赛、决赛等赛事中多次获各种奖项。本人曾获海口市第四届少年儿童艺术节幼儿钢琴辅导奖、首届中国经济特区少儿钢琴邀请赛园丁奖。

邹和平（1954—）

作曲家。云南石屏人。任职于云南红河州艺术创作研究室。曾任红河州歌舞团巴松演奏员、副团长，石屏县文化馆馆长。1986年入上海音乐学院管弦系巴松专业进修。作有歌曲《丰收硕果送北京》《红河少年》《唻国哩（词曲）》，小歌舞音乐《十五的月亮》，铓鼓说唱《花腰女》，烟盒弹唱《临安小阿妹》等，其中多首（部）作品获奖。出版《阿庐酒歌》《锡都酒歌》MTV光盘，并任彝族歌曲集《海菜花》副主编。

邹环生（1926—已故）

民歌演唱家。山东长山人。1948年入东北音工团合唱队，后入东北人民艺术剧院音乐舞蹈团。演唱有《翻身五更》，山东琴书《梁山伯与祝英台下山》，东北大鼓等。

邹辉明（1952—）

作曲家。山东烟台人。任职于上海求索影视制片公司。1977年毕业于上海音乐学院作曲指挥系，分配至上海广播乐团任作曲。1985年乐团改组为上海广播电视乐团，后任副团长。主要作品有合唱《大地之歌——献给科学家李四光》，交响诗《西藏印象》，电视连续剧音乐《故土》获优秀作品奖，弦乐五重奏《叙事曲——主题选自（宋·姜白石自度曲）》获三等奖，其他获奖作品有电视音乐风光片《相会在海边》，电影音乐《土裁缝与洋小姐》，电视连续剧音乐《狄仁杰探索传奇》《杨乃武与小白菜》《孽债人》，舞剧音乐《大汉魂》等。

邹建林（1958—）

单簧管演奏家。江西吉安人。江西师大音乐学院副教授，硕士生导师，中国单簧管协会理事。1986年毕业于江西师大音乐系。1991年考取上海音乐学院助教进修班，主修单簧管专业。2003至2004年，为中国艺术研究院高级访问学者。曾有十余篇论文发表于《中国音乐》《人民音乐》等刊物，曾获第四届全国高师改革论文研讨评比一等奖、江西省首届音乐素质研讨会论文一等奖及江西省第二届专业"重奏，合奏，小合奏"比赛一等奖。

邹建平（1955—）

作曲家。江苏无锡人。南京艺术学院院长、教授、博士生导师。第十、十一届全国人大代表，南京市政协副主席，中国音协第六、七届理事，江苏省音协副主席，南京市音协主席。先后毕业于南京艺术学院音乐系作曲专业和上海音乐学院作曲指挥系，并公派赴美国佛罗里达州立大学音乐院留学。1992年回国任教。曾获江苏省教育成果一等奖（合作），发表论文和译文十余篇，在各类音乐创作中获奖二十余次。主要作品有《小交响曲》，为交响乐队和合唱队而作的《交响音诗》（英国首演），管弦乐《朝夕江南》，民族管弦乐《日出印象》《千里江陵》以及室内乐、声乐和影视舞蹈音乐学。

邹建伟（1949—）

作曲家。满族。黑龙江哈尔滨人。哈尔滨歌剧院作曲。1985年毕业于广州音乐学院作曲系。1986年任黑河

民族歌舞团团长。曾在《音乐创作》发表钢琴独奏《海滩》，创作歌剧《风浪河》《逃婚》，音乐剧《黑妹》，1999年在"YAMAHA柏斯杯"东北三省器乐演奏大赛中获"优秀指导教师奖"，多次在全省钢琴比赛中出任评委。

邹健亮（1952—）

钢琴教育家。江西丰城人。江西株洲冶炼厂子弟中学教师。1989年毕业于湖南师大音乐系钢琴专业。撰有论文《谈谈幼儿钢琴的超前辅导》。所教学生曾获全国"珠江杯"钢琴大赛青年组第二名、香港第九届钢琴国际比赛第一名。曾举办"邹健亮钢琴教学音乐会"。

邹居阵（1956—）

作曲家、音乐教育家。四川三台人。四川中江实验中学教研组长、高级音乐讲师。先后毕业于四川广播电视大学、四川师范学院、西南师大音乐学院音乐系。曾任中江永太中学、中江师范学校音乐教师。作有歌曲《山乡扎上银腰带》《朋友，你走好》，电视片音乐《风景这边独好》等，其中歌曲《村支书》（合作）获全国第八届"五个一工程"奖。发表教学论文百余篇。获德阳市"音乐学科带头人""科技拔尖人才"称号。

邹力宏（1964—）

音乐理论家、教育家。江西人。1992年毕业于江西师大音乐学院。江西财经大学艺术学院音乐系主任。出版专著《通俗音乐社会学论》《交响乐论纲》，发表《中国戏曲艺术与中国古典哲学的相关》。辅导的江西财经大学女子合唱团获1999年全国大学生艺术节表演三等奖。2000年获"全国学校艺术教育工作者先进个人"称号。

邹丽霞（1966—）

女音乐教育家。安徽太和人。浙江工商大学艺术教研室音乐副教授。1988、2000年先后毕业于阜阳师范学院音乐系、杭州师范学院音乐系。曾在淮北煤炭师范学院、浙江政治干部管理学院音乐系任教师。发表《普通高校声乐授课模式的探索》《论音乐教育中的愉悦性原则》等文，其中《我国普通高校音乐教育的新理念新问题》于2005年获国家教育部全国首届大学艺术展演论文评选三等奖。

邹敏华（1959—）

女音乐教育家。福建宁化人。1986年毕业于福建师大艺术系音教专业，现任闽江学院音乐系副主任、教授。中国高教学会音教委会和美育专业委员会理事，省普通高校音教研究会副会长。出版《声乐学习100问》，参编高校教材《音乐鉴赏》等六部，撰写《试论中国普通高校音乐教育的课程设置体系》等文数十篇，发表歌曲《手拉手》等多首。曾多次获全国及省、市各种奖项。

邹启炎（1940—）

作曲家。湖南长沙人。1963年毕业于湖北艺术学院。曾任音协湖南分会秘书长。湖南省政协第六届委员。作有

歌曲《手捧鲜果献亲人》《瑶家歌颂毛主席》《家乡有条猛峒河》《千年飞山》《啊，雪峰山》等。2007年起任中国音协《音乐创作》杂志常务副主编。

邹绍良（1953— ）

歌唱家。福建长汀人。毕业于厦门大学。福建省龙岩市新罗区文联主席。历任闽西歌词研究会常务理事、中共新罗区宣传部副部长。1985年获厦门大学首届大学生歌手大奖赛金奖、1988年获福建省四地、市青年歌手大奖赛民族组总分第二。辅导的学生曾获全国大学生艺术歌曲演唱二等奖，全国第三届、第五届少儿卡拉OK大赛福建赛区一等奖、总决赛优秀奖。1994年担任"全国国防后备力量建设'龙岩杯'摄影比赛颁奖文艺晚会"总导演。

邹淑珍（1967— ）

女高音歌唱家、教育家。山东泰安人。西北民族大学音舞学院教师。1995、2001年先后毕业于解放军艺术学院音乐系、西北民族大学音舞学院。曾任兰州军区战斗歌舞团歌队演员。参加两届全国电视青歌赛甘肃赛区分获专业美声唱法一、三等奖。在兰州军区"新年音乐会""合唱交响音乐会"及《黄河大合唱》中担任独唱。2004年举办个人独唱音乐会。发表《歌唱的呼吸运用》《谈美声唱法和民族唱法的咬字吐字》等文。

邹树君（1945—2007）

音乐活动家。山东威海人。山东威海市城市建设开发公司工会原主席兼市音协主席。1970年中国音乐学院声乐系毕业。倡议开展"5·23歌咏活动"，是该活动的主要组织者和策划者，威海现成为全国"歌咏之乡"。教育培养了作曲家戚建波等一批优秀人才。

邹树亮（1946— ）

琵琶演奏家。江西丰城人。曾为湖南省琵琶艺术委员会会长。1984年毕业于武汉音乐学院作曲系。1970年与人合作创作并演奏琵琶协奏曲《红日高照浏阳河》，1975年曾两次参加文化部举办的"全国民族器乐独奏观摩调演"并获奖，1995年合作改编并演奏大琵琶协奏曲《狼牙山五壮士》。出版《琵琶考级指南》《琵琶名师指点》《跟我学琵琶弹唱》书籍与VCD，为《中国名家诗文精品欣赏》《琵琶唱恨》等多张CD配乐。曾应邀赴日本、瑞士、意大利等国进行文化交流。

邹天琴（1954— ）

女音乐编导家。山东莱州人。潍坊电视台文艺部主任。分别毕业于山东艺校、山东高等教育自学考试音乐系、山东经济学院自动化管理系。发表《我谈音乐的创作》《浅谈电视文艺节目的文化品位》等文。创作及编导大量音乐作品、各类晚会及音乐片。其中《乡间路上飞鸿雁》《美丽的风筝城》等，先后获广播电影电视部"星光奖"，山东省优秀电视剧电视文艺评选一、二、三等奖。

邹铁夫（1953— ）

作曲家、音乐制作人。吉林长春人。1970年入吉林省榆树市文工团任小号演奏员，1975年入东北师范大学音乐系学习作曲、指挥和音乐教育。毕业后任省艺术馆《说演谈唱》杂志音乐编辑，《长白歌声》主编，1992年调入深圳先科激光节目出版公司曾任编辑部主任、总编辑。广州天际文化传播有限公司总经理、音乐总监。曾策划、编辑、制作大量音乐作品及超过百张人们喜闻乐听的CD唱片与音乐教学VCD。并多次受邀赴国外讲学交流和参与音乐制作。代表作有歌曲《七月雨绵绵》《沉甸甸的稻穗做红媒》《我是画中人》《妈妈从我梦中走来》《大中华》《迎盛世举金杯》，管弦乐《一九七六的记忆》等。

邹廷恒（1926—已故）

小提琴教育家。广东人。1947年毕业于上海圣约翰大学。曾为武汉音乐学院教授。

邹文琴（1942— ）

女声乐教育家。山东青岛人。1967年毕业于中国音乐学院，任河北省歌舞剧院独唱演员。1980年调回母校执教。教授，硕士生导师。先后获文化部"第二届区永熙优秀音乐教育奖"、北京市"教育教学成果一等奖"、全国"教育教学成果二等奖"。分别受聘于八所院校客座声乐教授，被教育部聘为"2006至2010年表演艺术类专业教学指导委员会专家"。1999年作为建国五十周年重点出版项目，出版了第一套民族声乐教学VCD六张。2004年出版声乐讲座现场教学VCD十余张。2006年出版专著《声乐专业训练百题问答》。多次出任"金钟奖""青歌赛"等全国赛事的声乐评委。

邹文蔚（1969— ）

司鼓演奏家。江苏宜兴人。江苏省锡剧团乐队队长。1989年毕业于江苏省戏剧学校锡剧科。1990、1991年先后毕业于南京艺术学院、南京师大音乐系。曾在江苏省锡剧艺术节，第三届江苏省戏剧节，第六届、第七届江苏省锡剧节中获优秀伴奏奖。

邹向平（1951— ）

作曲家。四川成都人。四川音乐学院作曲系教授。1964年考入四川音乐学院附中学习钢琴。1989年毕业于该院作曲系，并获硕士学位。1992年创作的《鱼凫祭——为埙与管弦乐队》曾获得"黑龙杯"全国管弦乐作曲大赛特别奖。1995在北京举行的"中国风格钢琴曲国际作曲比赛中，其创作的钢琴曲《即兴曲——侗乡鼓楼》获第一名，并在2004年被评为"20世纪华人音乐经典"。1987至1999年，在美国加州大学圣迭戈分校和迈阿密大学住校研习。2000年为美国音乐家创作的大提琴独奏曲《川腔》、钢琴四手联弹《爨》分别在西雅图艺术馆和纽约卡耐基音乐厅首演。

邹小川（1939—1998）

音响编辑家。广东人。中专毕业后考入广东省广播电视艺术团。1979年始在广东电视台文艺部任组长。全国艺术录音协会理事。1985年在全国轻音乐评比中，所录制的《海滩漫步》《渔歌》等5首歌曲获音响导演奖，其中一等奖2首。1990年在全国"每周一歌"评选中，《像雷锋同志那样生活》获导演一等奖。在全国广播新歌评选中，《开拓者进行曲》获音响导演一等奖。对广东乐团、珠影乐团的新创作交响乐、室内乐等进行实况录音并播出。

邹旭平（1936— ）

女大提琴教育家。江苏南通人。1961年毕业于上海音乐学院。后任上海音乐学院附小大提琴教师。学生有高龙、琰小华、倪海叶。曾任中国大提琴学会理事、全国大提琴教师学会秘书。

邹学兰（1953— ）

女作曲家。土家族。重庆人。1978年毕业于四川音乐学院作曲系，任涪陵区歌舞剧团创作员。作有歌曲女声二重唱《醉金秋》获全国第九届"群星奖"银奖，京歌《三峡儿女竞风流》获文化部老年文艺调演戏曲类金奖。

邹友开（1939— ）

歌词作家、音乐编导家。福建闽侯人。曾任中央电视台文艺中心主任。1960年入华东师范大学学习。从事歌词及音乐电视作品创作，作词歌曲有《好大一棵树》《今宵情》《为了谁》等。多次组织并举办央视春节晚会、全国青年歌手电视大奖赛、新年交响音乐会、全国民歌大赛，并筹办了"中国音乐电视""音乐大舞台""星星擂台"等电视文艺栏目。

邹跃飞（1963— ）

合唱指挥家。浙江温州人。温州市群艺馆副馆长，副教授。2003年进修于上海音乐学院作曲指挥系。中国合唱协会常务理事、中国音协合唱联盟理事、浙江合唱协会副理事长、省合唱联盟副主席、温州市合唱协会会长。先后获"全国歌咏比赛"一等奖、"第八届中国合唱节"混声组和女声组两项金奖、第六届中国音乐"金钟奖"首届合唱比赛两项银奖、"CCTV第十三届青歌赛"合唱单项优秀奖、第二届全国大学生艺术展演合唱比赛一等奖，中国音协颁发的优秀指挥奖。2009年获第七届中国音乐"金钟奖"合唱比赛金奖、铜奖。

祖　海（1976— ）

女高音歌唱家。安徽蚌埠人。1998年毕业于中国音乐学院声歌系。历任中国歌舞团、总政歌舞团独唱演员。演唱歌曲有《为了谁》《我家在中国》《欢乐海》《人民公仆》《和谐中国》等多首，制作成音乐电视在中央及地方电视台播出。出版个人演唱专辑《东边太阳西边雨》《天竺少女》《幸福山歌》《好运来》CD、盒带、DVD和VCD。曾获"大红鹰"杯、"康佳"杯电视大奖赛民族唱法第二名，最佳新人奖、"五个一工程"奖、最佳女民歌手等诸多奖项。曾连续七届参加央视春节晚会及新春音乐会、元宵晚会、文化部春节晚会等大型文艺晚会演出。

祖绳武（1931—2009）

音乐活动家。河北昌黎人。1949年始先后在一军文工团、国防科委二十基地文工团从事大管演奏。1978年到中国音协工作。

祖友信（1934— ）

笛子演奏家。河北沧州人。1949年入中国煤矿文工团。创作演出的独奏曲有《幸福的草原》《丰产曲》及合奏曲《欢乐的节日》。

祖振声（1942— ）

音乐评论家、编辑家。北京人。1963年毕业于北京艺术学院音乐系。历任小提琴教师、乐队演奏员、中国音协调研组长、文化部政策法规司研究处处长、人民音乐出版社总编辑、《音乐研究》主编。中国音协第五届理事。著有《音乐熏陶与灵性启蒙》《鉴赏力》《小提琴名人名曲名唱片》，主编《中国音乐指挥家生涯》《俄罗斯及前苏联经典歌曲集》《共和国之恋——60首金曲大家唱》（合作）等，作有歌曲《到那时候，我们会说》被收入《小学音乐教学补充歌曲集》。发表论文、评论二百余篇并有多篇获奖，其中《音乐出版与涉外著作权》获第四届出版科学研究优秀论文奖。曾在中央电视台、北京电视台主演和策划古典音乐节目。

左　江（1919— ）

作曲家。山东柳城人。1959年毕业于上海音乐学院进修班。曾任天津音乐学院文工团、中央广播合唱团创作员，后任广东番禺县中学副校长。作有歌曲《保卫晋西北》《翻身花鼓》《钢铁工人歌》等。

左　霞（1970— ）

女作曲家、音乐活动家。甘肃兰州人。甘肃省音协秘书长。1998年毕业于中央音乐学院音乐学系，硕士研究生。作有歌曲《我们去踏青》《渔家傲》《黄河子孙》，四重奏《孔雀东南飞》，电子琴合奏《刮地风》。其中歌曲《中学生之歌》《太阳总是亮亮的》分获省二等奖。撰有《评朱践耳先生第七交响乐创作特点》《满腔热情地介绍中国钢琴作品——评鲍蕙荞95中国作品音乐会》等文。参与组织各类音乐讲座、评比、考级等活动。

左　因（1940— ）

女竖琴演奏家、教育家。湖南湘阴人。曾为中央音乐学院管弦乐系教授、附中校长、院学术委员会委员、院教师职务评审委员会委员及全国竖琴学会主席。1960年毕业于中央音乐学院，曾进修于上海音乐学院专家班，1965年毕业于莫斯科音乐学院管弦系。创建中央音乐学院竖琴专业，为全国专业院校和团体培养众多优秀竖琴人才。指导完成我国第一位竖琴硕士研究生王艳玲答辩论文。所指导的女子弦乐四重奏获英国国际重奏比赛主席奖。曾率中国少年交响乐团赴瑞士、意大利演出。

左承德（1945— ）

手风琴演奏家。湖南长沙人。曾为长沙市群众艺术馆副研究馆员、湖南省手风琴专业委员会副会长、省音协理论创作委员会委员、长沙市键盘音乐学会会长、市音协理事。有数十首歌曲在省、市电台播放或在音乐刊物上登载。培养大批音乐人才，在省级各类器乐比赛中多次荣获"优秀指导奖"。编著出版有《中国艺术教育特长培训'手风琴名师指点'》。

左焕妽（1940— ）

女作曲家。湖南湘阴人。1965年毕业于上海音乐学院作曲系。同年分配至原上海青年京昆剧团任作曲，1971年调入上海歌剧院任作曲。作有音乐剧《请与我同行》获1989年上海艺术节优秀成果奖，并入选90全国歌剧观摩演出。艺术歌曲《翩翩浮想》《彩色的情歌》，轻音乐小品《一朵白云》，合唱曲《鸟》均获奖。出版有钢琴曲、儿童钢琴曲、儿童歌曲等。曾于1996年获文化局"三八红旗手"称号。

左继承（1956— ）

演奏家、作曲家。河南安阳人。1991年毕业于日本东京艺术大学研究生院，获艺术学硕士学位。中国音乐学院教授、硕士生导师。出版有《唢呐与钢琴、打击乐21世纪新作品集》《二胡新音乐——蓝色梦幻》，二胡《视奏曲集》《唢呐高难度练习曲集》《唢呐21世纪新作品曲集》《唢呐新世纪精品曲库》《唢呐技术20法》等。撰有《日本筝篥谱与中国工尺谱的关联》《西安鼓乐谱与日本雅乐谱之比较》等文数十篇。多次举办新作品音乐会。所发明的"音箫、乐管"两件吹管乐器获文化部"科学技术成果鉴定证书"，发明的多功能唢呐获国家专利。

左开伦（1952— ）

男高音歌唱家。重庆人。重庆市歌剧院演员。1973年任成都空军政治部文工团演员。次年起分别在四川音乐学院声乐系、上海音乐学院进修。曾任广州空政文工团、重庆市歌舞团演员。曾在歌剧《江姐》中饰华为，《雏鹰展翅》中饰洛桑，在《不会融化的雪花》中饰白医生，并在市级活动中担任独唱、领唱及重唱。

左玲花（1951— ）

女作曲家。江西抚州人。江西师大音乐学院教授。硕士生导师。1974年毕业于江西师大音乐系，主修作曲与钢琴，毕业后留校在师大附中任音乐教师，1989年毕业于天津音乐学院作曲系，获硕士学位。在国家级刊物及省级刊物发表音乐作品与论文共35首（篇），获省级奖项15项，代表作有《中华热土》《音苑Party》《拥抱你啊，祖国母亲》。出版有《音乐素质训练》。

左如云（1942— ）

女作曲家。内蒙古呼和浩特人。自治区民族歌舞剧院作曲。1958年参加文艺工作。1982年开始专业作曲。曾在内蒙古师范大学艺术系作曲班进修。作有歌曲《赶车人儿唱丰收》《乳香飘》《我那落地生根的故乡》《我问额尔古纳河的水》等。创作各类作品数百件，有五十余件获全国及自治区级奖励。1981年举办独唱音乐会（合作）。1993年在呼和浩特市举办"左如云声乐作品音乐会"。出版盒式录音带《难忘的草原》《准格尔之声》。

左汝昌（1924— ）

大提琴演奏家、教育家。河北昌黎人。1944年毕业于新京音乐院。1946年任长影电影乐团演奏员。1949年毕业于北平国立艺专音乐系，任艺专交响乐团大提琴首席、重奏和独奏。1945年任北影管弦乐队乐师，后调中国电影乐团任大提琴首席和大提琴组组长。参加近百部电影、电视片音乐录制。演奏多部中外交响乐，多次担任《天鹅湖》《无益的谨慎》《海侠》等芭蕾舞剧的伴奏任务。近年从事教学和弦乐四重奏的演出。

左瑞祥（1956— ）

歌唱家。河北安新人。河北艺术职业学院音乐系教师。1991、2002年分别毕业于中央音乐学院声歌系、中央党校函授学院法律专业本科。曾任河北省歌舞剧院歌舞团演员、河北交响乐团副团长等。1980年、1985年分别获河北省独唱、独奏比赛优秀表演奖、专业组二等奖，1990年获省青年歌手比赛银奖。

左希宾（1918— ）

作曲家。湖南湘阴人。1937年毕业于长沙师范。湖南音协名誉理事。1950年任湖南省文工团（现省花鼓戏剧院）作曲及乐队队长。曾任现代花鼓戏《三里湾》《野鸭洲》等剧目主要作曲，以新的创作手法，使旧花鼓戏音乐注入新的时代感。并分别选入参加北京首届现代戏汇演和广州中南区戏剧汇演，受到好评。在剧目中所创的新腔，流传沿用于全省同剧种之中。

左萱明（1924—已故）

女音乐活动家。江西永新人。1951年毕业于西南师范学院音乐系，曾在音协江西分会工作。作有歌曲《卖粮小唱》，童声二重唱《小春笋》，编有《陕南民间歌曲选集》等。

左一民（1934— ）

戏曲音乐家。江西永新人。1957年毕业于中南音专作曲系。曾任江西省文学艺术研究所副所长。中国戏曲音乐学会首届理事。江西戏曲音乐学会第二届常务副会长。

左翼建（1952— ）

音乐编辑家。湖南湘潭人。上海东方电视台文艺频道音乐编辑、上海电视台文艺中心音乐编辑。曾任南京军区前线歌舞团演奏员兼作曲。作有歌曲《歌唱英雄杨建章》《飞吧，青春的歌声》《生命的放飞》《爱之梦》《祝福亚细亚》等数百首，获不同奖项，或由著名歌唱家演唱、播出，舞蹈音乐《天将晓》（合作）获南京军区文艺创作一等奖。撰有《寓商品性于观赏性之中——浅谈音乐在电视广告中的艺术表现作用》，出版音像专辑《母爱》。

Z

中华全国音乐工作者协会主席、副主席、
常务委员、委员、候补委员及秘书长、副秘书长名单
（一九四九年七月二十三日）

主　　席： 吕　骥

副主席： 马思聪　　　贺绿汀

委　员：

吕　骥★	马思聪★	贺绿汀★	李　凌★	安　波★
向　隅★	何士德★	李焕之	孟　波★	常苏民
张　非★	李劫夫	江定仙★	李元庆	卢　肃
章　枚	赵　沨	舒　模	时乐濛	沈亚威
老志诚★	庄　映	盛家伦	林　路	周巍峙
马　可	沈知白★	缪天瑞★	黄庆和	张文纲
张　鲁	沙　梅	孙　慎	方　靭	

（留有新解放区、待解放区名额八人）　　（有★号者为常务委员）

候补委员： 任　虹　　　李　淦　　　周小燕（女）王云阶　　　李　伟

　　　　　　蒋风之　　　谭抒真　　　瞿希贤（女）唐荣枚（女）

秘书长： 向　隅（1949—1955年任）　　　孟　波（1955年任）

副秘书长： 赵　沨　孙　慎（1953年任）

中国音乐家协会第二届主席、副主席、
常务理事、理事、书记处书记及秘书长、副秘书长名单
（一九六〇年八月四日）

主　席：吕　骥

副主席：马思聪　　　贺绿汀　　　查阜西

理　事：

丁善德	才旦卓玛（女、藏族）	马　可★	马思聪★	王元方★	王之宪
王云阶	王建中	王　昆（女）	王依群	王官福	王冠军
王　莘	王铁锤	方　靭	白　韦	卢　肃	东　峰
史掌元	刘兆江	刘如曾	刘铁山	刘诗昆	冯子存
老志诚	江定仙	任　虹	庄　映	向　隅	孙　慎★
羊路由	关鹤岩（锡伯族）★	良小楼（女）	李元庆	李　伟	李志曙（壮族）
李　波（女）	李劫夫	李　凌	李焕之★	李　淦	李翠贞（女）
李德伦	肖淑娴（女）	沈亚威	沈知白	何占豪★	时乐濛
陈　良	陈　洪	陈麦波	陈　紫	陈献玉	麦　苗（回族）
安　波★	余　林	沙　梅	吕　骥★	阿　泡（女、苗族）	周小燕★（女）
周国瑾	周巍峙★	林昂声	丘侯尚	林俊卿	林　路
杨景成	杨荫浏★	孟　波★	舍拉西（蒙古族）	陆春龄	张文纲
张　斌	金　震（朝鲜族）	洪　飞	哈扎布★（蒙古族）	则克力（维吾尔族）	查阜西★
赵　沨★	柳　荫	姚锦新（女）	高　业	徐兰沅★	徐丽仙（女）
唐荣枚（女）	常苏民★	郭兰英（女）	章　枚	晨　耕（满族）	程　云★
曾雨音	邬析零	喻宜萱★（女）	黄力丁	黄友葵（女）	黄　河
黄　虹（女）	黄贻钧	舒　模	贺绿汀★	蒋风之	费　克
溥雪斋	银　星	缪天瑞★	谭抒真	黎国荃	黎英海
黎锦晖	潘　奇（女）	晓　河	韩启祥	瞿希贤（女）	瞿　维

（有★号者为常务理事）

书记处书记：吕　骥（第一书记）　　　王元方　　　卢　肃　　　孙　慎
　　　　　　江定仙　　　李焕之　　　李　伟　　　李　凌　　　李元庆
　　　　　　周巍峙　　　赵　沨　　　柳　荫　　　潘　奇　　　黎国荃

秘书长：孙　慎

副秘书长：王元方

中国音乐家协会第三届主席、副主席、常务理事、
理事、候补理事、书记处书记及秘书长、副秘书长名单

（一九七九年十一月十一日）

主　席： 吕　骥

副主席： 贺绿汀　　李焕之　　李　凌　　周巍峙　　丁善德
时乐濛　　赵　沨　　才旦卓玛　　孙　慎　　周小燕

理　事：

丁　鸣★	丁善德★	于　坤	于三江（维吾尔族）	马　桦★	马玉涛（女）
才旦卓玛（女、藏族）	尹升山	王　昆（女）	王元方	王云阶	王玉西★
王依群	王基笑★	王震亚	方　靭	邓　韵（女）	史掌元
白　韦	代　尕（藏族）	田　光	生　茂	卢　肃★	孙　慎★
田　歌	加米拉★（女、维吾尔族）	东丹甘（苗族）	冯子存	卡玛尔（哈萨克族）	傅庚辰（满族）
司徒汉	白诚仁	白登朗吉（藏族）	李　伟★	李　坚★（女）	李　群（女）
李　波（女）	李　凌★	李元庆	李志曙★（壮族）	李名强	李春光★
李焕之★	李德伦	李鹰航★	任　虹	庄　映	刘　炽
刘　放	刘天一	刘天浪★	刘兆江	刘如曾	刘恒之
刘诗昆	刘铁山	刘凤锦★	刘淑芳（女）	刘德海	则克力★（维吾尔族）
江定仙	朱石林★	许勇三	关鹤岩★（锡伯族）	关鹤童（锡伯族）	老志诚
肖　民	肖淑娴（女）	宋　扬	苏　扬	沙　青★（满族）	沙　梅
孟　波	陈　良	陈　紫	陈　钢（回族）	陈　洪	陈天戈★
吕　远	吕　骥★	吕水深	何占豪	麦　苗（回族）	汪立三
杜矢甲（回族）	杜鸣心	陆华柏	陆春龄	时白林	时乐濛★
吴乐懿（女）	吴祖强★	杨荫浏	杨秉孙	沈亚威★	张　权（女）
张　非★	张　鲁	张　锐	张文纲	张凤良	张洪岛
张敬安	张棣昌★	严良堃★	易　炎	岳　松★	林　路★
林俊卿	金　震（朝鲜族）	周小燕★（女）	周广仁（女）	周大风	周国瑾★
周巍峙★	郑小瑛（女）	罗念一	宝音德力格（女、蒙古族）	帕夏依香（女、维吾尔族）	
郎毓秀★（女）	草　田★	彦　克	洪　飞★	洪　源	赵　沨★
郭　颂	郭乃安	郭兰英（女）	郭淑珍（女）	施光南	哈扎布（蒙古族）
姚锦新（女）	贺绿汀★	胡德风	夏　白	高　业	唐　诃
唐　韵（女）	唐荣枚（女）	莎　莱★（女）	桑　桐	钱仁康	钱韵玲★（女）
秦咏诚	黄　河★	黄　虹（女）	黄　准（女）	黄力丁	黄飞立
黄友葵★（女）	黄贻钧	寄　明（女）	银　星★	晨　耕（满族）	晓　河
章　枚	盛中国	曹火星★	屠冶九	常苏民★	盘继红（女、瑶族）
梁寒光	程　云	程光华★（满族）	韩中杰	蒋风之	储声虹★

谢功成　　　曾雨音★　　　彭修文★　　喻宜萱（女）　雷振邦（满族）管　林（女）

缪天瑞★　　　黎英海　　　谭抒真　　　潘　奇（女）　解策励（女）德伯希夫★（蒙古族）

冀　洲　　　魏　立（女）　瞿　维★　　瞿希贤（女）

（有★号者为常务理事）

候补理事：

万桐书　　　王寿庭　　　王官福　　　王铁锤　　　邓玉华（女、满族）

刘雪庵　　　朱受之　　　安春振（满族）张　沛　　　张士燮　　　李双江

陈传熙　　　陆仲任　　　沈　湘　　　何士德　　　杨景成　　　施明新

晓　星　　　屠咸若　　　蒋　英（女）廖乃雄　　　廖辅叔

书记处书记：孙　慎（常务书记）苏　扬　　　李业道　　　万苇舟　　　伍雍谊

秘 书 长：孙　慎（兼）

副秘书长：苏　扬　　曹　蓝（女）

中国音乐家协会第四届名誉主席、主席、
副主席、顾问、常务理事、理事、书记处书记及秘书长名单
（一九八五年五月十六日）

名誉主席： 吕　骥　　贺绿汀

主　　席： 李焕之

副 主 席： 丁善德　　才旦卓玛　　孙　慎　　李　凌　　李德伦

时乐濛　　沈亚威　　严良堃　　吴祖强　　周小燕

赵　沨　　施光南　　瞿　维　　瞿希贤

顾　　问： 周巍峙　　喻宜萱

理　　事：

丁　鸣*	丁善德*	才旦卓玛（女、藏族）*	于　坤*	于三江（维吾尔族）	于润洋
于淑珍（女）*	万苇舟	万桐书	马玉涛（女）	马革顺	王　卓
王　莘	王云阶*	王方亮	王玉西*	王安国	王寿庭
王国潼	王品素（女）	王基笑*	王震亚*	王耀华	尹升山*
扎木苏（乌兰杰）（蒙古族）		卜祖善	龙　飞	代　尕（藏族）	田　光
田　歌	生　茂	卢　肃*	加米拉（女、维吾尔族）	东丹甘（苗族）	卡玛勒（哈萨克族）
叶志强	甘宗容（女、壮族）	白诚仁*	白登朗吉（藏族）	司徒汉*	刘文金
刘天浪	刘凤锦	刘如曾	刘明源	刘诗昆*	刘诗嵘
刘念劬	刘恒之*	刘铁山	刘森民	刘锡津	刘德海*
乔　飞	庄　汉	庄　映	吕　远*	吕　冰	吕　骥*
吕水深	吕其明	安国敏（朝鲜族）	安春振（满族）	任　虹	孙　慎*
孙效祖	巩志伟	江定仙*	负恩凤（女）	朱广庆	朱石林
朱践耳*	关鹤童（锡伯族）	肖　民	肖　远（女）	麦　苗（回族）	沈　湘*
沈亚威*	汪立三*	宋大能	何占豪	何纪光（苗族）	何昌林
杜兆植	杜鸣心*	时乐濛*	时白林	严良堃*	苏　扬
邸作人	吴大明	吴乐懿（女）	吴祖强*	吴雁泽*	沙　青（满族）
李　伟*	李　坚	李　凌*	李　淇	李　群（女）	李双江
李业道	李名强	李志曙（壮族）	李学全	李延林*	李春光*
李焕之*	李崇望	李德伦*	陈　洪	陈　钢（回族）	陈　紫
陈天戈	陈志昂	陈传熙	陈铭志	陈燮阳	张　权（女）*
张　非	张　沛	张　锐	张　鲁	张士燮	张以清
张凤良*	张建一	张洪岛	张敬安	张棣昌	阿拉腾奥勒（蒙古族）
郏大为	罗念一	罗忠镕*	杨匡民	杨庶正	杨秉孙*
金　干	金　西	金　波	金　震（朝鲜族）	金凤浩*（朝鲜族）	金复载

林　路	尚德义	郎毓秀（女）	易　炎	茅　地	茅于润
帕夏依香（女、维吾尔族）	郑　南	郑小瑛★（女）	郑石生	郑秋枫★	周　吉
周大风★	周广仁★（女）	周小燕★（女）	彦　克	秋　里	赵　河
赵　沨★	赵宋光★	胡晓平★（女）	胡德风	姜嘉锵	贺绿汀★
姚思源	施万春★	施光南★	施明新	洪　飞★	洪　源
洪　腾（女）	高　梁	高芝兰（女）	郭　颂	郭乃安	郭淑珍★（女）
徐　展	徐　新	徐月初	徐锡宜	晓　河	晓　星
热比亚★（女、维吾尔族）	唐　诃★	莎　莱（女）	桑　桐★	秦咏诚	秦鹏章
莫尔吉夫（蒙古族）	铁　源	钱仁康★	黄　河	黄　虹★（女）	黄　准★（女）
黄飞立	黄友葵★（女）	黄贻钧★	黄晓同	黄翔鹏★	梁　宁（女）
梁寒光	晨　耕（满族）	银　星★	曹火星★	屠冶九	常苏民★
盛中国	彭丽媛（女）	彭修文★	韩　里	韩中杰★	傅　晶
傅庚辰★（满族）	傅海静	蒋　英（女）	蒋风之	程　云★	程光华（满族）
董大勇	童忠良	温可铮	谢功成	储声虹	曾雨音
蓝玉崧	雷雨声	靳梧桐★	解策励（女）	谭冰若	廖乃雄
廖辅叔	缪天瑞★	德伯希夫★（蒙古族）	臧东升	黎英海★	潘振声★
额尔敦朝鲁（蒙古族）		冀　洲★	瞿　维	瞿希贤（女）	

（有★号者为常务理事）

书记处常务书记：晨　耕（1985—1990年任）　　冯光钰（1990年10月任）

书记处书记：　　张　非　万菁舟　刘光亚　李西安　王立平　魏中珂（女）

　　　　　　　顾春雨（1990年10月任）

秘书长：　　　张　非（1985—1990年任）

中国音乐家协会第五届名誉主席、主席、
驻会副主席、副主席、理事及秘书长、副秘书长名单
（一九九九年十二月六日）

名誉主席：吕　骥　　　　李焕之　　　　吴祖强

主　　席：傅庚辰

驻会副主席：吴雁泽

副 主 席：才旦卓玛　　　王世光　　　　王立平　　　　王次炤
　　　　　　李谷一　　　　谷建芬　　　　闵惠芬　　　　陆在易
　　　　　　金铁霖　　　　赵季平　　　　鲍蕙荞

理　　事：

万山红（女）	于　海	于仲德	于润洋
于淑珍（女）	才旦卓玛（女、藏族）	马玉宝（撒拉族）	马玉涛（女）
马伯龙	马荣春	卞祖善	尹铁良
王文章	王世光	王付林	王立平（满族）
王安国	王次炤	王范地	王树人
王祖皆	王晓岭	王耀华	邓玉华（女、满族）
冯光钰	冯晓华（女）	芦秀梅（女）	永儒布（蒙古族）
田玉斌	白朝晖	乔建中	关牧村（女、满族）
刘　璐（女）	刘文金	刘永海	刘亚力（女）
刘安华	刘廷禹	刘秉义	刘锡津
刘德海	印　青	吕其明	多杰仁宗（藏族）
成方圆（女）	朱　光	朱广星	朱信人
朴长寿（朝鲜族）	毕忠义	阎维文	齐鹤茹（女）
何纪光（苗族）	何善昭	佟吉生（锡伯族）	努斯莱提·瓦吉丁（维吾尔族）
吴　军	吴　歌	吴雁泽	宋　飞（女）
宋祖英（女、苗族）	张　弦（女）	张千一（朝鲜族）	张丹红（女）
张文治	张丕基	张华山	张名河
张式功	张桂林	李元华（女、回族）	李双江
李谷一（女）	李京利	李和平	李爱华
杨立青	杨洪基	杨鸿年	汪立三
沙凌祯（女）	谷建芬（女）	邹友开	闵惠芬（女）
陆在易	陈　勇	陈发仁	陈佐湟
陈晓光	陈鹏年	陈燮阳	周国安
孟卫东	孟庆云	屈　塬	林耀基
范哲明	郁钧剑	郑秋枫	金　湘

金铁霖（满族）	俄珠多吉（藏族）	俞丽拿（女）	姚运才
姜嘉锵	娜　拉（女、达斡尔族）	施万春	段五一
祖振声	胡松华（满族）	贺　艺	赵季平
钟光全	饶余燕	徐东蔚	徐沛东
徐俊松	徐锡宜	晓　其	殷秀梅（女）
秦咏诚	郭文景	铁　源	顾春雨
高行素	崔文玉	盛中国	黄万品
黄忠伯	黄越峰	龚耀年	傅　磬
傅庚辰（满族）	彭丽媛（女）	程大兆	程桂兰（女）
童忠良	董文华（女）	韩中才	解金福
鲍蕙荞（女）	臧云飞	蔡松琦	谭丽娟（女）
谭利华	黎信昌	戴嘉枋	魏中珂（女）

秘 书 长： 顾春雨（1999—2004年任）

　　　　　郑会林（2004年7月—2004年12月任）

副秘书长： 张　弦（女）

　　　　　段五一（2004年任—）

中国音乐家协会第六届名誉主席、主席、
驻会副主席、副主席、顾问、理事及秘书长、副秘书长名单

（二〇〇四年十二月十五日通过）

（二〇〇七年九月十八日六届三次理事会更替增补）

名誉主席： 吴祖强

主　　席： 傅庚辰

驻会副主席： 徐沛东

副 主 席： 王世光　　　王立平　　　王次炤　　　叶小钢　　　李谷一

　　　　　　 吴雁泽　　　闵惠芬　　　陆在易　　　金铁霖　　　赵季平

　　　　　　 鲍蕙荞　　　廖昌永　　　谭利华

顾　　问： 才旦卓玛　　孙　慎　　　严良堃　　　时乐濛

　　　　　　 谷建芬　　　周小燕　　　瞿希贤

理　　事：

万山红（女）	于　平	于　海	马玉宝（撒拉族）
丹　增（藏族）	孔庆浩	巴哈尔古丽（女、维吾尔族）	
方　石	方　鸣	王　宁	王世光
王付林	王永吉	王立平（满族）	王次炤
王佑贵	王洗平（女）	王青晓	王祖皆
王原平	王黎光	王耀华	邓玉华（女、满族）
冯晓华（女）	史染朱	叶小钢	田玉斌
白朝晖	艾立群	关　峡（满族）	关牧村（女、满族）
刘　欢	刘　斌	刘云志	刘长安
刘安华	刘晓龙	刘锡津	田晓耕
印　青	多吉欧珠（藏族）	成方圆（女）	朱亦兵
朱咏北	朱昌耀	朱嘉琪	毕忠义
何　山	吕继宏	牟炫甫	许　民
齐巧荔（女）	何训田	何继英（女）	余　隆
余　震	佟吉生（锡伯族）	努斯来提·瓦吉丁（维吾尔族）	
吴　军	吴　斌	吴玉霞（女）	吴雁泽
宋　飞（女）	宋小明	宋祖英（女、苗族）	宋路娃（女）
张　也（女）	张　弦（女）	张千一（朝鲜族）	张礼慧（女）
张立萍（女）	张华山	张名河	张国勇
张振涛	张桂林	张维良	李双江
李心草	李谷一（女）	李京利	李和平

李海鹰	李仲党	杨 青	杨立青
杨洪基	杨燕迪	芦秀梅（女）	闵惠芬（女）
阿拉腾奥勒（蒙古族）	陆在易	陈 勇	陈卫东
陈发仁	陈受谦	陈晓光	陈燮阳
汪 敏（女）	周 虹	孟卫东	孟庆云
孟新洋（满族）	屈 塬	林文增	范哲明
郁钧剑	罗章斌	郎 昆	郑会林
郑 健	金兆钧（满族）	尚飞鸽	金铁霖（满族）
俞 峰	俞丽拿（女）	姚盛昌	姚晓强
柳永根（朝鲜族）	胡小石	赵季平	赵德义
唐永葆	柴永兴	奚其明	徐占海
徐沛东	徐孟东	徐景新	敖昌群
晓 其	殷秀梅（女）	郭 君	郭文景
陶 智（满族）	顾 欣	顾冠仁	顾春雨
顾夏阳	高久林	高山人（女、土家族）	崔文玉
戚建波	曹贤邦	曹德森	盛中国
章绍同	阎维文	黄万品	黄越峰
傅 磬	傅庚辰（满族）	谢林义	彭丽媛（女）
程 牧（满族）	程大兆	路 侃	雷 蕾（女、满族）
鲍元恺	鲍蕙荞（女）	廖昌永	翟志荣
熊 纬	臧云飞	谭利华	滕矢初
腾格尔（蒙古族）	潘兆和	黎晓阳	戴嘉枋
魏德泮	魏 松		

秘 书 长：郑会林（2004—2008年任）

副秘书长：张 弦（女）（2004—2007年任）

　　　　　段五一（2004—2006年任）

　　　　　田晓耕（2007年任—）

　　　　　李培隽（2008年任—）

　　　　　韩新安（2009年任—）

中国音乐家协会第七届名誉主席、主席、
驻会副主席、副主席、顾问、理事及秘书长、副秘书长名单

（二〇〇九年十二月十六日）

名誉主席：吴祖强　傅庚辰
主　　席：赵季平
驻会副主席：徐沛东
副 主 席：

王次炤	叶小钢	印　青	余　隆	宋　飞
宋祖英	张国勇	努斯来提·瓦吉丁		孟卫东
顾　欣	彭丽媛	廖昌永	谭利华	

顾 　 问：

才旦卓玛	王世光	王立平	孙　慎	严良堃
李谷一	吴雁泽	谷建芬	闵惠芬	陆在易
金铁霖	周小燕	鲍蕙荞		

理 　 事：

于　海	于联华（女）	万山红（女）	马玉宝（撒拉族）
马秋华（女）	王　宁	王　亮	王中山（蒙古族）
王付林	王永吉	王次炤	王甫建
王冼平（女）	王建民	王祖皆	王艳梅（女）
王原平	王晓锋	王黎光	王耀华
卞留念	方　石	方　鸣	方天行
孔庆浩	巴哈尔古丽（女、维吾尔族）	邓建栋	艾立群
叶小钢	田　青	田传江	田晓耕
史染朱	白朝晖	印　青	冯伯阳
朴瑞星（朝鲜族）	毕忠义	吕继宏	朱　彤
朱亦兵	朱昌耀	朱咏北	朱嘉琪
任卫新	多吉欧珠（藏族）	刘　青	刘　斌
刘　辉	刘云志	刘长安	齐巧荔（女）
关　峡（满族）	关牧村（女、满族）	安金玉（女）	许　民
许知俊	许舒亚	牟炫甫	苏　越
李　南	李　聪	李小军	李小虹（女）

李心草	李光华	李仲党	李和平
李海鹰	李培隽	杨青	杨燕迪
更嘎才旦（藏族）	吴军	吴斌	吴玉霞（女）
吴甲丁	吴碧霞（女）	何山	何继英（女）
佟吉生（锡伯族）	余隆	余震	余其铿
邹建平	汪敏（女）	宋飞（女）	宋桥
宋小明	宋祖英（女、苗族）	张也（女）	张艺
张大龙	张千一（朝鲜族）	张立萍（女）	张礼慧（女）
张国勇	张桂林	阿拉泰（女、蒙古族）	陈勇
陈卫东	陈小奇	陈光宪	陈晓光
努斯来提·瓦吉丁（维吾尔族）		范哲明	林戈尔
林文增	郁钧剑	尚飞鸽	罗章斌
金兆钧（满族）	周虹	郑健	郎昆
屈塬	孟卫东	孟庆云	孟新洋（满族）
赵季平	赵塔里木	胡宏伟	柯肇雷（满族）
俞峰	美郎多吉（藏族）	费维耀	姚晓强
姚盛昌	敖昌群	莫华伦	顾欣
柴永兴	徐希茅	徐沛东	徐孟东
殷秀梅（女）	翁持更	高久林	郭君
郭文景	席强	唐永葆	唐建平
陶智（满族）	陶亚兵	黄小曼（女）	黄越峰
黄朝瑞（壮族）	曹欢	曹贤邦	曹德森
戚建波	崔文玉	章绍同	阎维文
阎惠昌	梁晓鸣	彭志敏	彭丽媛（女）
彭家鹏	韩红（女、藏族）	韩新安	程牧（满族）
傅磬	谢林义	靳学东	雷蕾（女、满族）
腾格尔（蒙古族）	臧云飞	廖昌永	阚平（女）
谭晶（女）	谭利华	熊纬	黎晓阳
潘兆和	戴嘉枋	魏松（满族）	魏德泮

秘　书　长：徐沛东（兼）

副秘书长：李培隽　田晓耕　韩新安

后 记

当最后一个辞条在编辑手中落定，电脑文档上显示出：14248人，电子邮件随即发往印刷厂，《中国音乐家名录》（2009版）出版在即。

新版《名录》虽历时五年、四次征稿，但留给编辑工作的时间只有半年，要赶在12月出书，难度极大……既然协会领导决心已定，又有广大会员热情支持，担纲这项"工程"的老编辑们二话没说，快速起动、周密安排、精心作业，带领几名年轻人，边征稿边编辑，反复修改订正。协会机关工作人员热心助阵，全力以赴，各地音协也为之提供会员信息及已故会员名单，几经核对，逐一落实。举全协会之力，连续作战，一鼓作气，硬是"抢"编出一部二百五十余万字的辞书。

在编辑过程中，我们常常为音乐家们的成就而自豪，被他们执著追求音乐艺术的精神所打动。虽然有些条目篇幅极小，字里行间却无不浓缩着艺术的精华。这些都激励着我们以高度的责任心去认真对待，不辱使命。尽管如此，由于时间仓促，水平所限，编校工作中肯定有不尽人意的地方，甚至出现差错，敬请批评指正，并在日后修订再版时予以改正。

《中国音乐家名录》（2009版），是一部规模宏大的中国音乐家辞典，一部颇具收藏价值的音乐艺术史料性文献。今天，当我们将这部辞书献给新中国60华诞之时，将更加深切地怀念20年前题签书名的敬爱的邓小平同志，我们将永远铭记。在新编《名录》的工作中，我们也不应忘记曾经为原《名录》付出辛勤劳动的李焕之、张非、晨耕、高泽顺、沈尊光、鄂林木、王正宇、曾宪瑞、徐思萱、陈志远、黄鸿烈、修小波、张浚、龚琪、解瑁、孙巍、陆士彬、于显文、阎佳等，此外，还要向给予《名录》热情帮助的卫金木、马新、冯蕙、陈力等同志，一并深表谢意！

编 者

2009年12月